WAPPEN DER BUNDESLÄNDER

Niedersachsen

Nordrhein-Westfalen

Rheinland-Pfalz

Saarland

Sachsen

Sachsen-Anhalt

Schleswig-Holstein

Thüringen

MODEL/CREIFELDS/LICHTENBERGER/ZIERL

STAATSBÜRGER-TASCHENBUCH

STAATSBÜRGER-TASCHENBUCH

Alles Wissenswerte über
Staat, Verwaltung, Recht und Wirtschaft
mit zahlreichen Schaubildern

Begründet von

Dr. Otto Model
weiland Rechtsanwalt in Bad Godesberg
und Regierungsrat a. D.

Fortgeführt von

Dr. Carl Creifelds und **Dr. Gustav Lichtenberger**
Senatsrat a. D., München
Generalsekretär
des Bay. Verfassungsgerichtshofs,
München

ab der 28. Auflage bearbeitet von

Gerhard Zierl
Ministerialrat, München

Neunundzwanzigste, neubearbeitete Auflage

C.H. BECK'SCHE VERLAGSBUCHHANDLUNG
MÜNCHEN 1997

Die Deutsche Bibliothek – CIP-Einheitsaufnahme

Model, Otto:
Staatsbürger-Taschenbuch : alles Wissenswerte über Staat, Verwaltung, Recht und Wirtschaft mit zahlreichen Schaubildern / begr. von Otto Model. Fortgef. von Carl Creifelds und Gustav Lichtenberger. Ab der 28. Aufl. bearb. von Gerhard Zierl. – 29., neubearb. Aufl. – München : Beck, 1997
ISBN 3 406 43016 3

ISBN 3 406 43016 3

Druck der C. H. Beck'schen Buchdruckerei, Nördlingen
Gedruckt auf säurefreiem, alterungsbeständigem Papier
(hergestellt aus chlorfrei gebleichtem Zellstoff)

Vorwort zur neunundzwanzigsten Auflage

Die vorliegende Neuauflage des Staatsbürger-Taschenbuchs hatte erneut umfangreiche gesetzgeberische Tätigkeit des Deutschen Bundestags sowie zahlreiche Änderungen im Rechts- und Wirtschaftsleben Deutschlands und der Welt zu berücksichtigen und darzustellen. Insbesondere im Bereich des Steuerrechts, des Sozialrechts und der Arbeitsförderung kam es zu zahlreichen Änderungen. Zu erwähnen sind hierbei insbesondere die Jahressteuergesetze 1996 und 1997 sowie das Gesetz zur Reform der Arbeitsförderung. Das Unfallversicherungsrecht wurde neu in das Sozialgesetzbuch eingeordnet, die Neuordnung des Postwesens nahm mit dem Telekommunikationsgesetz ihren Fortgang.

Das Buch befindet sich auf dem Stand von August 1997. In Einzelfällen war es möglich, auch spätere Vorgänge noch zu erfassen. Allen Personen und Behörden, die durch Hinweise oder Korrekturen an der Neuauflage freundlicherweise mitgeholfen haben, sei hiermit herzlich gedankt. Verlag und Bearbeiter sind auch künftig für Anregungen dankbar.

Im August 1997 *Gerhard Zierl*

Zur Person des Bearbeiters

Gerhard Zierl
Ministerialrat
im Bayerischen Staatsministerium der Justiz
früher Staatsanwalt, Richter und
Direktor der Deutschen Richterakademie

Inhaltsverzeichnis

E. Die obersten Bundesbehörden

F. Die Länder

G. Verfassungsorgane und Verwaltungsbehörden der Länder

Zweiter Teil. Verwaltungsrecht

A. Allgemeines Verwaltungsrecht

B. Beamtenrecht

C. Grundzüge des Polizeirechts

D. Sonstiges besonderes Verwaltungsrecht

Dritter Teil. Die Rechtspflege; Bürgerliches Recht und Strafrecht

A. Recht und Rechtspflege

B. Das Gerichtswesen der ordentlichen Gerichtsbarkeit

C. Der Zivilprozeß

D. Der Strafprozeß

E. Die freiwillige Gerichtsbarkeit

F. Das Bürgerliche Gesetzbuch

G. Das Handelsrecht

H. Das Strafrecht

Vierter Teil. Wehrrecht

Fünfter Teil. Steuerrecht

I. Allgemeines Steuerrecht

II. Besitzsteuern

III. Verkehrsteuern

IV. Verbrauchsteuern, Monopole, Zölle

V. Gemeindesteuern

VI. Sonstiges Steuerrecht

Sechster Teil. Arbeits- und Sozialrecht

A. Überblick über das Arbeitsrecht

B. Grundzüge der Sozialversicherung

C. Sonstige sozialrechtliche Vorschriften

Siebenter Teil. Kirchenrecht

I. Kirchenrecht und Staatshoheit

II. Die katholische Kirche

III. Die evangelische Kirche

IV. Sonstige Religionsgesellschaften

V. Kirchenwesen und Religionsübung

Achter Teil. Die Wirtschaft

A. Wirtschaftsrecht und Wirtschaftspolitik

B. Geld-, Bank- und Börsenwesen

Neunter Teil. Völkerrecht. Internationale Beziehungen

Abkürzungsverzeichnis

Die nur in einzelnen Abschnitten verwendeten Abkürzungen sind jeweils dort erläutert oder ergeben sich aus dem jeweiligen Sachzusammenhang

aaO	am angeführten Ort
Abg.	Abgeordnete(r)
Abk.	Abkommen
ABl.	Amtsblatt
Abs.	Absatz
Abt.	Abteilung
a. E.	am Ende
a. F.	alte Fassung
AFG	Arbeitsförderungsgesetz
AG	Aktiengesellschaft oder Amtsgericht
AHK	Alliierte Hohe Kommission
AKG	Allgemeines Kriegsfolgengesetz
AktG	Aktiengesetz
All.	Alliierte
allg.	allgemein
am.	amerikanisch
Änd.	Änderung(en)
AO	Abgabenordnung oder Anordnung
ArbG	Arbeitsgericht
ArbGG	Arbeitsgerichtsgesetz
Art.	Artikel
AusfBest.	Ausführungsbestimmungen
AVG	Angestelltenversicherungsgesetz
AVO	Ausführungsverordnung
AWG	Außenwirtschaftsgesetz
AWV	Außenwirtschaftsverordnung
B	Bund
BAG	Bundesarbeitsgericht
BAnz.	Bundesanzeiger
BArbBl.	Bundesarbeitsblatt
BayBS	Bereinigte Sammlung des bayerischen Landesrechts
BayPAG	Bayerisches Polizeiaufgabengesetz
BayRS	Bayerische Rechtssammlung
BBesG	Bundesbesoldungsgesetz
BBG	Bundesbeamtengesetz
BBiG	Berufsbildungsgesetz
BeamtVG	Beamtenversorgungsgesetz
Bek.	Bekanntmachung(en)
ber.	berichtigt
bes.	besondere
Best.	Bestimmung(en)

best.	bestimmte(r)
bestr.	bestritten
BetrVG	Betriebsverfassungsgesetz
BewG	Bewertungsgesetz
BFH	Bundesfinanzhof
BGB	Bürgerliches Gesetzbuch
BGBl. I (oder II, III)	Bundesgesetzblatt Teil I (II, III) Seite...
BGes.	Bundesgesetz
BGH	Bundesgerichtshof
BGHSt, BGHZ	Entscheidungen des Bundesgerichtshofs in Strafsachen bzw. Zivilsachen
BImSchG	Bundes-Immissionsschutzgesetz
Bkzl.	Bundeskanzler
BMA	Bundesminister für Arbeit und Sozialordnung
BMBau	Bundesminister für Raumordnung, Bauwesen und Städtebau
BMBF	Bundesminister für Bildung, Wissenschaft, Forschung und Technologie
BMF	Bundesminister der Finanzen
BMFSFJ	Bundesminister für Familie, Senioren, Frauen und Jugend
BMG	Bundesminister für Gesundheit
BMI	Bundesminister des Innern
BMietG	Bundesmietengesetz
BMin.	Bundesminister
BMJ	Bundesminister der Justiz
BML	Bundesminister für Ernährung, Landwirtschaft und Forsten
BMPT	Bundesminister für Post und Telekommunikation
BMU	Bundesminister für Umwelt, Naturschutz und Reaktorsicherheit
BMV	Bundesminister für Verkehr
BMVg.	Bundesminister für Verteidigung
BMWi	Bundesminister für Wirtschaft
BMZ	Bundesminister für wirtschaftliche Zusammenarbeit und Entwicklung
BPräs.	Bundespräsident
BR	Bundesrat
BRAGO	Bundesgebührenordnung für Rechtsanwälte
BRAO	Bundesrechtsanwaltsordnung
BReg.	Bundesregierung
BRep	Bundesrepublik Deutschland
BRRG	Beamtenrechtsrahmengesetz
BSHG	Bundessozialhilfegesetz
BStBl. I	Bundessteuerblatt Teil I Seite ...
BT	Bundestag
BVerfG	Bundesverfassungsgericht
BVerfGE	Entscheidungen des Bundesverfassungsgerichts (zitiert nach Band und Seite)
BVerfGG	Gesetz über das Bundesverfassungsgericht
BVerwG	Bundesverwaltungsgericht
BVFG	Bundesvertriebenengesetz
bzw.	beziehungsweise

CDU . . . . . . Christlich-Demokratische Union
CSU . . . . Christlich-Soziale Union

DBBk. . . . . . Deutsche Bundesbank
DDR . . . . . . Deutsche Demokratische Republik
DGO . . . . . . Deutsche Gemeindeordnung
d. h. . . . . das heißt
DKP . . . . Deutsche Kommunistische Partei
DP . . . . Deutsche Partei
DRiG . . . . . . Deutsches Richtergesetz
dt., Dt. . . . . . deutsch(e, es)
Durchf. . . . . . Durchführung(s)
DVBl. . . . . . . Deutsches Verwaltungsblatt
DVO . . . . . . Durchführungsverordnung

EG . . . . Einführungsgesetz oder Europäische Gemeinschaften
EGBGB . . . . . Einführungsgesetz zum Bürgerlichen Gesetzbuche
EGKS . . . . . . Europäische Gemeinschaft für Kohle und Stahl
EheG . . . . . . Ehegesetz, Gesetz Nr. 16 des Kontrollrats
EKD . . . . Evangelische Kirche in Deutschland
ErbStG . . . . . Erbschaftsteuergesetz
Erl. . . . . Erlaß
ERP . . . . European Recovery Program, Europäisches Wiederaufbauprogramm (Marshallplan)
ESt. . . . . Einkommensteuer
EStG . . . . Einkommensteuergesetz
EU . . . . Europäische Union
Euratom . . . . Europäische Atomgemeinschaft
EV . . . . Einigungsvertrag
evg. . . . . evangelisch(e, en)
EVG . . . . Europäische Verteidigungsgemeinschaft
evt. . . . . eventuell
EWG . . . . . . Europäische Wirtschaftsgemeinschaft
EWGV . . . . . EWG-Vertrag
EZU . . . . Europäische Zahlungsunion

FA . . . . Finanzamt
FDP . . . . Freie Demokratische Partei
ff. . . . . folgende
FG . . . . Finanzgericht
FGG . . . . Gesetz über die Angelegenheiten der freiwilligen Gerichtsbarkeit
FGO . . . . Finanzgerichtsordnung
fr. . . . . früher
frz. . . . . französisch

G, Ges. . . . . . Gesetz
GBl. . . . . Gesetzblatt
GewStG. . . . . Gewerbesteuergesetz
GG . . . . Grundgesetz für die Bundesrepublik Deutschland
ggf. . . . . gegebenenfalls
GleichberG. . . Gleichberechtigungsgesetz

GmbH ..... Gesellschaft mit beschränkter Haftung
GMBl. ..... Gemeinsames Ministerialblatt der Bundesministerien
GS .... Preußische Gesetzessammlung
GS NW ..... Sammlung des bereinigten Landesrechts Nordrhein-Westfalen
GüKG ...... Güterkraftverkehrsgesetz
GVBl. ...... Gesetz- und Verordnungsblatt
GVG .... Gerichtsverfassungsgesetz
GVollz. ..... Gerichtsvollzieher

HGB .... Handelsgesetzbuch
h. M. .... herrschende Meinung
HRG .... Hochschulrahmengesetz

i. d. F. .... in der Fassung
i. d. R. .... in der Regel
insbes. ...... insbesondere
i. S. .... im Sinne
i. V. m. ..... in Verbindung mit

Jahrh. ...... Jahrhundert
JArbSchG .... Jugendarbeitsschutzgesetz
JGG .... Jugendgerichtsgesetz
JÖSchG ..... Gesetz zum Schutze der Jugend in der Öffentlichkeit
JZ .... Juristenzeitung

kath. .... katholisch(e, en)
Kfz. .... Kraftfahrzeug
KG .... Kommanditgesellschaft
KGaA ..... Kommanditgesellschaft auf Aktien
KO .... Konkursordnung
KPD ...... Kommunistische Partei Deutschlands
KR(G) ..... Kontrollrat(sgesetz)
KSchG .... Kündigungsschutzgesetz
KStG ..... Körperschaftsteuergesetz
KVStG .... Kapitalverkehrsteuergesetz
KWG ..... Gesetz über das Kreditwesen

LA(G) ..... Lastenausgleich(sgesetz)
lat. .... lateinisch
LDP .... Liberal-Demokratische Partei
LG .... Landgericht
LVG .... Landesverwaltungsgericht
LZB .... Landeszentralbank

m. spät. Änd. . mit späterer Änderung
MABl. ..... Ministerialamtsblatt
MDR ...... Monatsschrift für deutsches Recht
Min. .... Minister(ium)
Mio. .... Millionen
MR(G) .... Militärregierung(sgesetz)

Mrd.	Milliarden
MSchG	Mieterschutzgesetz
NATO	North Atlantic Treaty Organization, Atlantikpakt-Organisation
nat.-soz.	national-sozialistisch (e, en, er, es)
nds.	niedersächsisch(e, es)
n. F.	neue Fassung
NJW	Neue Juristische Wochenschrift
NPD	Nationaldemokratische Partei Deutschlands
NRW	Nordrhein-Westfalen
NVwZ	Neue Zeitschrift für Verwaltungsrecht
OBG	Ordnungsbehördengesetz des Landes Nordrhein-Westfalen
OEEC	Organization for European Economic Cooperation, Organisation für Europäische wirtschaftliche Zusammenarbeit (Marshallplan)
OFD	Oberfinanzdirektion
oHG	offene Handelsgesellschaft
OLG	Oberlandesgericht
OVG	Oberverwaltungsgericht
OWiG	Gesetz über Ordnungswidrigkeiten
pol	polizeilich(e, er, es)
PrPVG	Preußisches Polizeiverwaltungsgesetz
RA	Rechtsanwalt
RArbBl.	Reichsarbeitsblatt
Reg.	Regierung
RGBl.	Reichsgesetzblatt (ab 1922 Teil I, II) Seite. . .
RGes.	Reichsgesetz
RGSt, RGZ . .	Entscheidungen des Reichsgerichts in Strafsachen bzw. Zivilsachen
Rh.Pf.	Rheinland-Pfalz
RKG	Reichsknappschaftsgesetz
RVerf. 1871 . .	Reichsverfassung vom 16. 4. 1871
RVO	Reichsversicherungsordnung
S.	Seite oder Satz
s.	siehe
Sartorius	Sartorius, Bd. I, Verfassungs- und Verwaltungsgesetze der Bundesrepublik Deutschland (Textausgabe)
SBG	Sowjetisch besetztes Gebiet (Teil) Deutschlands
SBZ	Sowjetische Besatzungszone (Deutschlands)
SchlH	Schleswig-Holstein
Schönfelder . .	Schönfelder, Deutsche Gesetze (Textsammlung)
SED	Sozialistische Einheitspartei Deutschlands
SGB (I, V, X) .	Sozialgesetzbuch (Buch I, IV, X)
SGG	Sozialgerichtsgesetz
sog.	sogenannt(e, er, es)
SOG	Sicherheits- und Ordnungsgesetz

sowj. . . . . . . sowjetisch(e, er, es)
SowjZ . . . . . . Sowjetische Besatzungszone
SPD . . . . Sozialdemokratische Partei Deutschlands
StA . . . . Staatsanwalt(schaft)
StGB . . . . . . Strafgesetzbuch
StPO . . . . . . Strafprozeßordnung
StVG . . . . . . Straßenverkehrsgesetz
StVO . . . . . . Straßenverkehrs-Ordnung
StVollzG . . . . Strafvollzugsgesetz
StVZO . . . . . Straßenverkehrs-Zulassungs-Ordnung

TVG . . . . Tarifvertragsgesetz

u. a. . . . . unter anderem
u. a. m. . . . . . und anderes mehr
u. dgl. . . . . . . und dergleichen
UdSSR . . . . . Union der Sozialistischen Sowjetrepubliken
UmstG . . . . . Umstellungsgesetz
UNO . . . . . . United Nations Organization, Vereinte Nationen
USA . . . . United States of America, Vereinigte Staaten von Amerika
UStG . . . . . . Umsatzsteuergesetz
usw. . . . . und so weiter
u. U. . . . . unter Umständen

VA . . . . Verwaltungsakt
Verf. . . . . Verfassung
VerglO . . . . . Vergleichsordnung
VerkBl. . . . . . Verkehrsblatt
Verw. . . . . . . Verwaltung
VGH . . . . . . Verwaltungsgerichtshof
vgl. . . . . vergleiche
VO . . . . Verordnung
VStG . . . . . . Vermögensteuergesetz
VW . . . . Vereinigtes Wirtschaftsgebiet (Bizone)
VwGO . . . . . Verwaltungsgerichtsordnung
VwVfG . . . . . Verwaltungsverfahrensgesetz

WiGBl. . . . . . Gesetzblatt der Verwaltung des Vereinigten Wirtschaftsgebietes (Bizone)
WiStG . . . . . . Wirtschaftsstrafgesetz
WStG . . . . . . Wehrstrafgesetz
WVerf. . . . . . Weimarer Verfassung des Deutschen Reiches vom 11. 8. 1919

z. B. . . . . zum Beispiel
ZPO . . . . Zivilprozeßordnung
zul. . . . . zuletzt
z. Z. . . . . zur Zeit

Beispiel für Verweisungen innerhalb des Werkes: „s. (oder vgl.) 618" bedeutet „s. (vgl.) Abschnitt Nr. 618." Die Verweisung „s. 193 I 1" bedeutet „s. Abschnitt Nr. 193 Unterabschnitt I Nr. 1".

Verzeichnis der Karten und Übersichten

Erster Teil

Staatsrecht

A. Allgemeines (1–10)
B. Die staatliche Entwicklung in Deutschland (11–24)
C. Ausländisches Staatsrecht (31–37)
D. Das Grundgesetz für die Bundesrepublik Deutschland (41–83)
E. Die obersten Bundesbehörden (91–110)
F. Die Länder (114–123)
G. Verfassungsorgane und Verwaltungsbehörden der Länder (130–140)

A. Allgemeines

1. Der Staat
2. Staatsangehörigkeit
3. Staatsauffassungen
4. Staatsformen
5. Entstehung und Untergang von Staaten
6. Staatenverbindungen
7. Die Verfassung (Konstitution)
8. Gewaltentrennung, Gewaltenteilung
9. Die Entwicklung der staatsrechtlichen Struktur Deutschlands (Überblick)
10. Revolutionen, Staatsumwälzungen

1. Der Staat

Der Staat (lat. status = Zustand) ist die politische Einheit einer Gemeinschaft von Menschen (*Staatsvolk*), die in einem bestimmten Gebiet (*Staatsgebiet*) unter einer obersten Gewalt (*Staatsgewalt*) organisiert sind.

Z. Z. bestehen 193 selbständige Staaten (Stand: Sept. 1996)
Über die Rechtfertigung des Staates, besonders durch seinen *Zweck,* Ordnung und Sicherheit der Staatsbürger nach innen und außen zu gewährleisten und ihre Wohlfahrt zu fördern, s. 3.

I. Das *Staatsgebiet*

ist der Bereich der staatlichen Herrschaft (Gebietshoheit). Es braucht nicht einheitlich zusammenzuhängen. Auch *Exklaven,* d.h. von fremdem Staatsgebiet umschlossene Gebietsteile, gehören dazu. Vom einschließenden Gebiet her gesehen spricht man von *Enklaven.* An der Meeresküste reicht das Staatsgebiet 3 Seemeilen in das Meer *(Dreimeilenzone).* Manche, insbesondere nordische Staaten beanspruchen 4, andere 6 (Italien) oder 12 (VR China), Island und einzelne südamerikanische Staaten sogar bis 200 Seemeilen; über die in der Seerechtskonvention vorgesehene Regelung vgl. 920. Das Staatsgebiet erstreckt sich auch auf den Luftraum (*Lufthoheit;* vgl. 920). Auch die aus handelspolitischen Gründen gebildeten *Freihäfen* in Seehandelsplätzen rechnen zum Staatsgebiet.

II. Das *Staatsvolk*

ist die Gesamtheit der Staatsangehörigen. Es kann national gemischt sein (sog. *Nationalitätenstaat;* z.B. Schweiz). *Nation* ist ein Volk, das nach Abstammung, Sprache und Kultur eine Gemeinschaft bildet. Liegen diese Voraussetzungen vor, fallen also Staatsvolk und Nation zusammen, so spricht man von einem *Nationalstaat* (z.B. Deutschland,

Schweden). Soweit in einem solchen ein kleinerer Teil des Staatsvolkes einer anderen Kulturgemeinschaft angehört, ist eine *nationale Minderheit* gegeben (z. B. Dänen in Schleswig- Holstein, Südtiroler in Italien).

Die geschichtliche Entwicklung hat in einigen Fällen zur Teilung einzelner Nationen in zwei Staaten geführt (z. B. VR China und Taiwan, Nord- und Südkorea, bis 1976 Nord- und Südvietnam).

III. Die *Staatsgewalt*

Ein Staat muß über die *Macht* verfügen, seine Anordnungen durchzusetzen. Diese *Staatsgewalt* geht in demokratischen Staaten vom Volke aus (vgl. z. B. Art. 20 Abs. 2 GG), wird aber von ihm i. d. R. nicht unmittelbar ausgeübt (vgl. 4 II 3). Sie organisiert sich durch eine *Verfassung* (vgl. 7), welche die Staatsgewalt verschiedenen Organen anvertraut (Gewaltentrennung und -balancierung, vgl. 4 II 3, 8, 63). Sie besteht kraft eigenen Rechts, und jede andere Gewalt im Staat ist von ihr abgeleitet (z. B. Anstalten und Selbstverwaltungskörperschaften, vgl. 141, 144, 146). Man spricht hinsichtlich der Staatsgewalt auch von (innerer) *Souveränität.* Diese umfaßt die Befugnis, im Staatsgebiet das Recht selbst zu ordnen, die Regierungsform zu bestimmen und Eingriffe abzuwehren. Hiervon zu unterscheiden ist die *äußere Souveränität,* d. h. die Unabhängigkeit der Staatsgewalt von fremder Gewalt und die Fähigkeit des Staates, völkerrechtliche Verträge abzuschließen. Beim *Bundesstaat* hat der Bund als Gesamtstaat die Souveränität nach beiden Richtungen, während die Gliedstaaten zwar eigene Staatlichkeit, nicht aber volle Souveränität (auch nach außen) besitzen.

Der Begriff der Souveränität hat an Bedeutung verloren, nachdem zahlreiche Staaten ihre Hoheitsgewalt zugunsten überstaatlicher Organisationen (UNO, EG, NATO usw.) auf politischem, wirtschaftlichem oder militärischem Gebiet selbst eingeschränkt haben. Vgl. 6 I.

2. Staatsangehörigkeit

I. *Allgemeines*

Die *Staatsangehörigkeit* wird i. d. R. entweder nach dem Abstammungsgrundsatz (jus sanguinis, Blutsrecht) durch die Staatsangehörigkeit der Eltern oder nach dem Territorialitätsgrundsatz (jus soli, Bodenrecht) durch den Ort der Geburt bestimmt. Das deutsche Staatsrecht folgt dem Abstammungssystem, nach welchem die Staatsangehörigkeit der Eltern für die der Kinder maßgebend ist.

Mit Erwerb der Staatsangehörigkeit gehört der Erwerber *(Staatsbürger)* zum Schutzverband des Heimatstaates. Aus der Staatsangehörigkeit ergeben sich Rechte (z. B. Wahlrecht, Zulassung zu öffentlichen Ämtern) und Pflichten (z. B. Treue und Gehorsam gegen Verfassung und Gesetze, Schul-, Steuer- und Wehrpflicht). Der Staatsbürger unterscheidet sich (völkerrechtlich) vom *Ausländer.*

Im Kaiserreich und in der Weimarer Republik gab es i. d. R. nur eine (bayerische, preußische usw.) *Landeszugehörigkeit.* Sie begründete gleichzeitig die mittelbare Reichsangehörigkeit. Durch das Gesetz über den Neuaufbau des Reichs vom 30. 1. 1934 (RGBl. I 75) und die VO vom 5. 2. 1934 (RGBl. I 85) wurde die Landesstaatsangehörigkeit abgeschafft und eine unmittelbare deutsche (Reichs-)-Staatsangehörigkeit eingeführt. Das *Grundgesetz* läßt in Art. 74 Nr. 8 die Möglichkeit zu, die Staatsangehörigkeit in den Ländern besonders zu regeln (konkurrierende Gesetzgebung). Dagegen untersteht die „Staatsangehörigkeit im Bunde" der ausschließlichen Gesetzgebung des Bundes (Art. 73 Nr. 2 GG). Sie darf nicht entzogen werden; Art. 16 Abs. 1 GG bestimmt, daß ihr Verlust nur auf Grund eines Gesetzes und gegen den Willen des Betroffenen nur dann eintreten kann, wenn er dadurch nicht staatenlos wird; dadurch ist der deutschen Staatsangehörigkeit *grundrechtlicher* Schutz gewährt. Über den Begriff der deutschen Staatsangehörigkeit hinausgehend kennt das GG noch den Begriff des *Deutschen* (Art. 116 Abs. 1), der Flüchtlinge und Vertriebene deutscher Volkszugehörigkeit umfaßt, soweit sie im Gebiet des Deutschen Reiches nach dem Stand vom 31. 12. 1937 Aufnahme gefunden haben (vgl. auch Bundesvertriebenengesetz i. d. F. vom 3. 9. 1971, BGBl. I 1565). Die Rechtsstellung *heimatloser Ausländer* im Bundesgebiet behandelt das Bundesgesetz vom 25. 4. 1951 (BGBl. I 269), das diese Personen zum Aufenthalt in der BRep. berechtigt, ohne daß sie einer Aufenthaltserlaubnis nach dem AusländerG bedürfen. Vgl. auch Genfer Abkommen über die Rechtsstellung der Flüchtlinge vom 28. 7. 1951 (BGBl. 1953 II 559), das nach dem Ges. vom 22. 7. 1980 (BGBl. I 1057) auch auf die im Rahmen *humanitärer Hilfsaktionen* der BRep. aufgenommenen Ausländer anzuwenden ist. Über das *Asylrecht* vgl. 49 V.

Zur Verminderung der Staatenlosigkeit ist ein Übereinkommen vom 30. 8. 1961 (BGBl. 1977 II 597) getroffen worden. Auf Grund dessen gewährt das BGes. vom 29. 6. 1977 (BGBl. I 1101) einen Anspruch auf Einbürgerung für Staatenlose, die im Inland geboren und sei 5 Jahren rechtmäßig ansässig sind, wenn sie nicht erheblich bestraft sind und vor Vollendung des 21. Lebensjahres die Einbürgerung beantragen.

Nicht ausgeschlossen ist eine *doppelte Staatsangehörigkeit* (sujet mixte), z. B. wenn vor Erwerb einer ausländischen Staatsangehörigkeit die Genehmigung des Heimatstaates zur Beibehaltung der bisherigen eingeholt wird. S. a. Übereinkommen vom 6. 5. 1963 über die *Mehrstaatigkeit* und über die Wehrpflicht von *Mehrstaatern* (BGes. vom 29. 9. 1969, BGBl. II 1953).

Die Wehrpflicht von Doppelstaatern ist im einzelnen in Abkommen zwischen den beiden beteiligten Staaten geregelt, so z. B. Abkommen vom 10. 10. 1985 zwischen der BRep. und Dänemark über die Wehrpflicht deutsch-dänischer Doppelstaater (Ges. vom 8. 2. 1988, BGBl. II 142).

II. *Erwerb und Verlust der deutschen Staatsangehörigkeit* richten sich nach dem Reichs- und Staatsangehörigkeitsgesetz vom 22. 7. 1913 (RGBl. 583) mit spät. Änd., die u. a. infolge der grundgesetzlich gebotenen *Gleichberechtigung von Mann und Frau* (Art. 3 Abs. 2 GG) erforderlich wurden.

1. Danach wird die deutsche Staatsangehörigkeit erworben

a) durch *Geburt,* bei ehelichen Kinder auf Grund deutscher Staatsangehörigkeit auch nur *eines* Elternteils, bei nichtehelichen auf Grund der der Mutter oder späterer *Legitimation* durch den Vater (s. 305);

b) durch Annahme als Kind (*Adoption*);

c) durch den Staatsakt der *Einbürgerung (Naturalisation)*. Diese *soll* dem Ehegatten eines (einer) Deutschen bei Vorliegen der sonstigen Voraussetzungen (Niederlassung, Unbescholtenheit, Erwerbsfähigkeit usw.) gewährt werden, wenn er seine bisherige Staatsangehörigkeit verliert oder aufgibt, seine Einordnung in die deutschen Lebensverhältnisse gewährleistet ist und erhebliche Belange der BRep. nicht entgegenstehen. Sie *muß* einem nichtehelichen Kind eines Deutschen gewährt werden, wenn die Vaterschaft rechtswirksam festgestellt und wenn es seit 3 Jahren im Inland ansässig ist und den Antrag vor Vollendung des 23. Lebensjahres stellt.

Dagegen ist entsprechend dem internat. Übereinkommen vom 20. 2. 1957 (BGBl. 1973 II 1250) die Staatsangehörigkeit der Ehefrau von der des Mannes unabhängig, wird insbes. nicht wie früher kraft Gesetzes durch Eheschließung mit einem Ausländer verändert.

Über den erleichterten Erwerb der deutschen Staatsangehörigkeit für *deutsche Volkszugehörige* aus östlichen und anderen Gebieten sowie die aus dem Anschluß *Österreichs* sich ergebenden Staatsangehörigkeitsfragen vgl. BGesetze vom 22. 2. 1955 (BGBl. I 65) und 17. 5. 1956 (BGBl. I 431).

2. Die deutsche Staatsangehörigkeit geht *verloren*

a) auf Antrag durch *Entlassung*, die Amtsträgern und Soldaten während Bestehens des Dienst(Amts)verhältnisses sowie grundsätzlich Wehrpflichtigen zu versagen ist;
b) i. d. R. bei Erwerb einer *ausländischen* Staatsangehörigkeit;
c) durch (schriftlichen) *Verzicht* im Falle mehrfacher Staatsangehörigkeit. Er bedarf der Genehmigung der Entlassungsbehörde, die sie aus bestimmten Gründen (z. B. Wehrpflicht) versagen kann;
d) durch Annahme als Kind (Adoption) durch einen Ausländer, falls der Angenommene dadurch dessen Staatsangehörigkeit erwirbt.

3. Staatsauffassungen

Philosophie und Rechtslehre haben sich mit den Fragen beschäftigt, wie der Staat zu rechtfertigen ist, welche Aufgaben er zu erfüllen und welchem Ziel er zuzustreben hat. Darüber bildeten sich verschiedene Theorien, deren wichtigste sind:

I. Die *ethische* oder *Sittlichkeitstheorie*

Die griechischen Philosophen *Plato* (427–347 v. Chr.) und *Aristoteles* (384–322 v. Chr.) sahen die Aufgabe des Staates darin, das Zusammenleben der Menschen in einer Gemeinschaft bestmöglich zu ordnen. Jeder Bürger soll die Funktion, die ihn nach seinen Anlagen zu den höchsten Leistungen befähigt, arbeitsteilig in einer von drei Gruppen ausüben: Erwerbstätige, Krieger und Intellektuelle, denen die Staatslenkung zukommt. Die Herrschaft kann in der Hand eines einzelnen (des „Besten") oder mehrerer oder des gesamten Volkes liegen.

Thomas von Aquin (1225–1274) weist dem Staat die Aufgabe zu, die widerstreitenden individuellen Interessen auszugleichen und dem Gemeinwohl unterzuordnen. Der deutsche Philosoph *G. W. F. Hegel* (1770–1831) sah im Staat eine nach sittlichen und rechtlichen Prinzipien geordnete Gemeinschaft. Den Ausgleich widerstreitender Prinzipien fand er auf Grund des dialektischen Schemas „These – Antithese – Synthese", das später *Karl Marx* als Grundlage für den Gedanken des dialektischen Materialismus (s. u. VII) diente.

II. Die *Lehre vom christlichen Staat*

sah den Zweck des Staates darin, die Herrschaft Gottes auf Erden zu errichten. Das Idealbild entwarf *Augustinus* (354–430) in seiner „Civitas Dei"; in seinem „Gottesstaat" herrscht die gottgegebene Ordnung und damit die geistliche über die weltliche Macht. Darin liegt der Grundgedanke der auch von *Th. v. Aquin* vertretenen mittelalterlichen *Zweischwerterlehre* des Sachsenspiegels.

Während der *Sachsenspiegel* (1230) darlegt, daß Gott zwei Schwerter an Kaiser und Papst als gleichberechtigte Mächte verliehen habe, führt der 1270 erschienene *Schwabenspiegel* aus, daß Gott beide Schwerter der Kirche gegeben habe und daß diese das weltliche Schwert auf Widerruf an den Kaiser weitergebe. Hieraus erklären sich die mittelalterlichen Auseinandersetzungen zwischen Papst und Kaiser (12).

III. Die *Machttheorie*

entwickelt von dem florentinischen Staatsmann *Machiavelli* (1469 bis 1527; bekanntestes Werk „il principe" = der Fürst) in seiner Lehre von der *Staatsraison,* sah die Herrschaft eines einzelnen oder einer Gruppe über die anderen als natur- oder gottgegeben an. Die Ausübung der Macht dient letztlich dem Wohl der Gesamtheit; hinter dieser Zielsetzung tritt die Abwägung von Recht und Unrecht zurück.

Da der Besitz der Macht zum Mißbrauch führen kann, bergen unkontrollierte Staatsformen (wie absolute Monarchie, Diktatur, Einparteienstaat) besondere Gefahren in sich. Der *Faschismus* übersteigerte die organische Staatstheorie und erblickte im faschistischen Staat die Verwirklichung einer moralischen, politischen und wirtschaftlichen Einheit. Zu einem Machtmißbrauch können auch andere auf der Herrschaft einer Gruppe, Partei oder Klasse beruhende Staatssysteme führen, so die extremen Formen *marxistischer* Staatsauffassungen (Klassenherrschaft in der Form der Diktatur der Arbeiterklasse; s. u. VII).

IV. Theorie des *Wohlfahrtsstaats*

Andere Auffassungen stellten die *Sorge für die Wohlfahrt* des einzelnen und der Allgemeinheit als Pflicht des Staates in den Vordergrund.

Vertreter dieser Theorie waren insbesondere *Christian Wolff* (1679–1754) und *Joh. Heinr. Justi,* der von einem weiteren Begriff der Polizei als der das gesamte öffentliche Leben regelnden Staatsmacht ausging (1756 Grundsätze der Polizeiwissenschaft) und in der allgemeinen Wohlfahrt das vornehmliche Ziel des *Polizeistaates* sah. Ihren Gedanken folgten die Herrscher des aufgeklärten Absolutismus (vgl. 4 I 1), so *Friedrich d. Gr.* und der Habsburgerkaiser *Joseph II.*

V. Die *Rechtstheorien*

erklären die Entstehung des Staates aus Rechtsverhältnissen. Man unterscheidet folgende Auffassungen:

1. Die *patriarchalische* Theorie

nimmt an, der Staat sei aus der Familie als seiner Urzelle entstanden. Nach ihr ist der Herrscher der Landesvater, Brüderlichkeit ist oberstes Gesetz.

2. Die *patrimoniale* Theorie

geht auf die privatrechtliche Eigentumslehre zurück. Nach ihr hat sich der Staat als Gebietsherrschaft entwickelt; wem der Grund und Boden gehört, der beherrscht den Staat. So ergab sich die Landeshoheit im alten Deutschen Reich im Anschluß an die patrimoniale Theorie.

3. Die *Vertragstheorien*

rechtfertigen den Staat als eine vertragsmäßige Gründung. Man erklärt den ältesten Staatszustand als auf einem Urvertrag beruhend. Vgl. 5 I 1.

VI. Die *relativen Staatstheorien*

lehnen einen *absoluten,* für alle Zeiten gültigen Staatszweck ab. Sie wollen den Zweck den jeweiligen Bedürfnissen des Staates unter Berücksichtigung der weltanschaulichen oder politischen Einstellung anpassen.

Die Theorie vom *liberalen Rechtsstaat* beschränkte den Staatszweck darauf, die innere und äußere Sicherheit der Staatsbürger zu gewährleisten. Aus dem liberalen Rechtsstaat entwickelte sich im 19. Jahrh. der *Verfassungsstaat,* in dem die staatlichen Organe an Verfassung und Gesetz gebunden und auch Verwaltungsakte einer gerichtlichen Überprüfung unterworfen wurden. Im Zuge der Entwicklung traten als weitere Staatszwecke hinzu: die Überwindung religiöser und sozialer Gegensätze, die Förderung von Gemeinschaftsinteressen, von Kultur und Wissenschaft. Nach neuerer Auffassung soll der Staat die materielle Gerechtigkeit im Rahmen einer freiheitlichen Rechtsordnung so weit wie möglich verwirklichen und für die sozialgerechte Gestaltung der Lebensverhältnisse des Volkes sorgen; er soll insbesondere den Bürgern Hilfe gewähren, die nicht in der Lage sind, sich aus eigener Kraft die materielle Grundlage für ein menschenwürdiges Leben zu schaffen *(Rechts- und Sozialstaat).*

VII. *Sozialistische Staatsauffassungen*

sehen den bestimmenden Staatszweck in der Förderung der gemeinsamen Interessen der Gesellschaft, also im kollektiven Wohl und nicht in der Wahrung der Rechte des einzelnen.

Dies ist die Zielrichtung der *marxistisch-sozialistischen* Staatsauffassung, die auf die Theorien von *Ferdinand Lassalle* (1825–1864), *Karl Marx* (1818–1883) und *Friedrich Engels* (1820–1895) zurückgeht und die von *Wladimir I. Lenin* (1870 bis 1924) ausgebaut wurde. Grundlage der *marxistisch-leninistischen* Staatslehre ist die *materialistische Geschichtsauffassung,* wonach die Verfassungsordnung ebenso wie alle anderen Kulturerscheinungen (Politik, Rechtsprechung usw.) durch die ökonomischen Gegebenheiten bestimmt wird.

Hieraus entwickelten sozialistische Staatstheoretiker das System des „dialektischen Materialismus", der nach allgemeinen Entwicklungsgesetzen in der *Ma-*

terie die Grundlage auch geistiger Bewegungen und Entwicklungen sieht (im Gegensatz zum „Idealismus"). Die jeder Materie innewohnende Eigenschaft der Bewegung erzeugt einen fortschreitenden Prozeß, der von quantitativen zu qualitativen Veränderungen führt. Die Entwicklung wird dabei beeinflußt von den allen Materien immanenten positiven und negativen Kräften, also von Widersprüchen in Form der Auseinandersetzung zwischen gegensätzlichen Tendenzen. Vom Ausgangspunkt der *These* gelangt die Entwicklung über die *Antithese* schließlich zur *Synthese*.

Ein wichtiger Anwendungsbereich des dialektischen Materialismus ist der „historische Materialismus". Infolge der inneren Widersprüche der Materie, die im besonderen der Wirtschaft anhaften, verläuft nach der Auffassung von *Marx* und *Lenin* die historische Entwicklung, entsprechend der Veränderung der Produktivkräfte und Produktionsverhältnisse, konsequent in Stufen von der Urgemeinschaft über die Sklaverei, den Feudalismus und den Kapitalismus zum Sozialismus. Jede dieser Stufen ist bestimmt vom Entwicklungsstand der Produktionsmittel: bei der Urgemeinschaft primitive Werkzeuge, in den folgenden Gesellschaftsordnungen verbessert und sich steigernd über Metallwerkzeuge, Ackergeräte und Webstuhl bis zu den maschinenbetriebenen Fabriken im Zeitalter des Kapitalismus und den großen mechanisierten Industrien der sozialistischen Wirtschaftsordnung.

Mit dem Aufkommen des Privateigentums ist nach dieser Lehre der Gegensatz zwischen Besitzenden und Nichtbesitzenden entstanden. Mit der ökonomischen Entwicklung verändert sich die Ebene der Klassenkämpfe: sie spielen sich zunächst zwischen Freien und Sklaven, später zwischen Patriziern und Plebejern, im Mittelalter zwischen Feudalen und Leibeigenen ab und münden schließlich in den Gegensatz von Kapitalisten- und Arbeiterklasse (Bourgeoisie und Proletariat). Die Überwindung der Klassengegensätze wird durch Schaffung der „klassenlosen Gesellschaft" angestrebt, in der die Diktatur des Proletariats alle politische Macht in sich vereinigt, die Produktion in den Händen der „assoziierten Individuen" konzentriert ist und Klassengegensätze und Klassenherrschaft beseitigt sind. Das wirtschaftliche Ziel ist eine kollektive, zentralistisch gelenkte Produktionsordnung. Die ursprüngliche Theorie, der Staat sei nach Erreichen dieser Ziele als Herrschaftsinstrument entbehrlich, ist zwar auch angesichts der Planungs- und Lenkungsaufgaben namentlich der kommunistischen Staaten nicht aufgegeben; sie wird aber dahin modifiziert, daß der Sowjetstaat der Übergangszeit als Hilfsagentur der Gesellschaft ohne Herrschaftscharakter interpretiert wird, die der Gesellschaft bei der Befriedigung ihrer Bedürfnisse dient.

VIII. *Staatsutopien*

Nur kulturgeschichtliche Bedeutung kommt den *utopischen Staatstheorien* zu, die Bilder von nicht bestehenden, aber anzustrebenden Idealstaaten entwarfen.

Der englische Staatsmann *Thomas Morus* (More, 1478–1535) schuf in seinem Phantasieroman *Utopia* das Idealbild eines kommunistischen Agrarstaates mit kolchosenähnlichem Aufbau, Gleichheit aller Bürger in Arbeitsleistung und Konsum, Sechsstundenarbeitstag. An ihn knüpften an der „Sonnenstaat" des Italieners *Campanella* (1568–1639) und die „Atlantis" des englischen Philosophen *Bacon of Verulam* (1561–1626). Der deutsche Philosoph *Joh. Gottlieb Fichte* (1762–1814) entwickelte einen Vorläufer planwirtschaftlicher Systeme in seinem „geschlossenen Handelsstaat", in dem jedermann das Arbeitsgebiet und dessen Grenzen innerhalb der Gruppen der Urproduzenten, Verteiler und Händler bestimmt werden.

IX. *Anarchismus, Syndikalismus*

Im Gegensatz zu den unterschiedlichen, aber von der Notwendigkeit eines geordneten Staatswesens ausgehenden Staatsauffassungen bekämpft der *Anarchismus* jegliche staatliche Ordnung. Anarchisten verfolgen ein negatives Ziel, weil die von ihnen angestrebte *Anarchie* (griech., Herrschaftslosigkeit) in der Freiheit von jeglicher Bindung an Gesetz und staatliche Ordnung besteht; das Leben in der Gemeinschaft soll sich nicht im Rahmen rechtlicher Regeln abspielen, sondern vom freien Willen der Mitglieder bestimmt werden. Eine anarchistische Komponente findet sich im *Syndikalismus;* er hat mit dem extremen Sozialismus das Ziel der Vergesellschaftung aller Produktionsmittel, deren Verwaltung sog. Arbeitersyndikaten zustehen soll, und mit dem Anarchismus das Streben nach Befreiung von jedem staatlichen Zwang gemein.

Die geistigen Grundlagen des europäischen Anarchismus gehen auf den Engländer *W. Godwin* (1756–1836) zurück; sie wurden in Frankreich von *P.J. Proudhon* (1809–1865), in Rußland von *M.A. Bakunin* (1814–1876) und in Deutschland in der Form eines übersteigerten Individualismus von *Max Stirner* (1806 bis 1856) weiterentwickelt. Die Theorien des Syndikalismus verbreiteten sich in Anlehnung an die Gedankengänge von Proudhon und Bakunin besonders in Frankreich, Italien und Spanien. Die extremen Formen beider Richtungen verbanden sich miteinander in einem sog. *Anarcho-Syndikalismus.* Der politische Anarchismus griff zur Erreichung seiner Ziele häufig zu radikalen Mitteln; im Kampf gegen die staatliche Ordnung, so besonders gegen Staatsoberhäupter im zaristischen Rußland und in anderen Ländern, kam es zu schwersten Provokationen (Attentate, Bombenanschläge usw.).

Gedankengänge solcher Art haben sich weder ideell noch in der praktischen Politik durchsetzen können. Die Theorie der Freiheit von staatlichem Zwang basiert entscheidend auf der Vorstellung, durch ethische Einwirkung die Faktoren Nächstenliebe, Gemeinsinn und Vernunft zur Grundlage menschlichen Zusammenlebens zu erheben. Solche idealistischen Ziele stehen im Widerspruch zu der egoistischen Komponente in der Lebensauffassung vieler Menschen und dem individuellen Streben nach Macht und Einfluß. Diese Realitäten lassen den Verzicht auf die Einwirkung staatlicher Autorität nicht zu.

4. Staatsformen

Das Erscheinungsbild eines Staates wird durch das kulturelle, wirtschaftliche und religiöse Leben des Volkes beeinflußt und verändert. Es zeigt sich in verschiedenartigen *Staatsformen,* die sich nach dem Staatsoberhaupt, dem Träger der Staatsgewalt, der Machtfülle der Herrschenden und der staatlichen Organisation unterscheiden können.

I. *Monarchie und Republik.*

1. Monarchie

Bei der *Monarchie* (Einherrschaft) wird der Staat durch den Monarchen als das Staatsoberhaupt repräsentiert. Der *Monarch* (König, Kaiser, Zar, Schah) kann gewählt werden oder durch Erbfolge auf den Thron gelangen (*Wahl-* bzw. *Erbmonarchie*).

Die Erbfolge wird durch Verfassung oder Thronfolgeordnung geregelt. Die Anwartschaft setzt die Abstammung aus einem bestimmten Herrscherhaus (*Dynastie)* voraus. *Wahlmonarchien* gibt es heute – abgesehen vom Papst als souveränem Herrscher des Vatikanstaates, Malaysia (vgl. 926 III 3) und den Vereinigten Arabischen Emiraten (924 I) – nicht mehr (früher das Heilige Römische Reich). An *Erbmonarchien* bestehen in Europa noch Großbritannien, die Niederlande, Belgien, Luxemburg, Schweden, Norwegen, Dänemark, Monaco und Liechtenstein sowie seit 1975 wieder Spanien.

Man unterscheidet die absolute, die ständische, die konstitutionelle und die parlamentarische Monarchie. Während in der *absoluten* (selbstherrlichen) Monarchie der Herrscher die gesamte Staatsgewalt in seinem Namen und nach seinem Gutdünken ausübte, entstand im 18. Jahrh. nach dem Beispiel Friedrichs d. Gr. („Antimachiavelli") der *aufgeklärte Despotismus,* bei dem sich der Monarch dem Staatsnutzen unterordnete. Der Fürst war der erste Diener des Staates. Die *ständische* Monarchie band die Krone in wichtigen, namentlich in finanziellen Angelegenheiten und Entscheidungen an das Mitspracherecht der *Stände* (Adel, Geistlichkeit, Bürgertum). Ihre Blütezeit war das ausgehende Mittelalter. Die *konstitutionelle* Monarchie verpflichtet den Monarchen auf eine gewaltentrennende Verfassung, die bei Gesetzgebung und Finanzgebarung die Mitwirkung der Volksvertretung erfordert. Allerdings verbleibt das politische Schwergewicht beim Monarchen, der unabhängig von der Volksvertretung die Regierung ernennt und dem allein die Minister verantwortlich sind. Eine demokratische Abwandlung der konstitutionellen Monarchie ist die *parlamentarische* Monarchie, wie sie im 17. Jahrh. in England entstand. Sie baut auf der Volkssouveränität auf und unterscheidet sich von der parlamentarischen Republik formell nur durch die monarchische Staatsspitze. Die Regierung ist hier dem Parlament, nicht mehr dem Monarchen, verantwortlich und bedarf seines Vertrauens (so in Großbritannien, Belgien, Dänemark, Schweden, Norwegen, den Niederlanden).

2. Die *Republik*

(Freistaat, lat. res publicae = öffentliche Angelegenheiten, Staatswesen) bildet den Gegensatz zur Monarchie. Ein direkt (unmittelbar durch das Volk) oder indirekt durch das Parlament oder durch Wahlmänner gewählter *Präsident* nimmt die Rechte des *Staatsoberhauptes* wahr (so in den USA, BRep., Frankreich). Sie können aber auch einem Gremium übertragen sein.

In der *parlamentarischen Republik* ist die Regierung vom Vertrauen des Parlaments abhängig.

II. *Alleinherrschaft – Mehrherrschaft – Volksherrschaft*

Diese Staatsformen bestimmen sich nach dem Träger der Staatsgewalt.

1. *Alleinherrschaft (Monokratie)*

besteht außer bei der Monarchie auch bei einer *Diktatur.* Sie kann nicht nur von einem Monarchen (z. B. Ludwig XIV. von Frankreich), sondern auch von einem *Diktator* ausgeübt werden.

Diktatoren waren z. B. Cromwell, Napoleon I., Mussolini, Hitler, Franco.

2. *Mehrherrschaft*

gab es bei der *Aristokratie* (griech. wörtlich: Herrschaft der Besten) und bei der *Oligarchie* (Herrschaft einer kleinen Gruppe).

Aristokratisch waren der Senat der altrömischen Republik, die Ratsgeschlechter der altdeutschen Städte, die Nobili in Venedig. Beispiele der Mehrherrschaft sind die Räterepubliken (vgl. 35 III).

3. Demokratie

In der *Demokratie (Volksherrschaft)* steht die Staatsgewalt der Gesamtheit der Staatsbürger zu. Das *Volk* ist der Ursprung aller staatlichen Macht; es herrscht *Volkssouveränität.* Es gilt Gleichheit vor dem Gesetz und hinsichtlich der staatsbürgerlichen Rechte. Die demokratische Kontrolle wird durch das Prinzip der *Gewaltenteilung* gewährleistet. Vgl. 8.

Man spricht von einer *repräsentativen* oder *mittelbaren Demokratie,* wenn das Volk durch eine Versammlung von Abgeordneten vertreten wird, im Gegensatz zu der heute seltenen *unmittelbaren Demokratie,* bei welcher die Versammlung des Volkes unmittelbar Entscheidungen trifft (z. B. in den schweizerischen Kantonen und Gemeinden).

Bei einer *demokratischen Monarchie* steht zwar ein Monarch an der Spitze des Staates. Er hat aber im wesentlichen nur repräsentative Aufgaben. Träger der Staatsgewalt sind die Volksvertretung für die Gesetzgebung, die Regierung für die Verwaltung und unabhängige Richter für die Rechtsprechung (parlamentarische Monarchie, s. o. I 1).

In der *demokratischen Republik* obliegt die Gesetzgebung dem aus gewählten Volksvertretern bestehenden Parlament (mittelbare oder repräsentative Demokratie). Hierin besteht der Wesensgehalt der *parlamentarischen Demokratie;* sie ist gekennzeichnet durch die *Trennung der drei Gewalten* Gesetzgebung, vollziehende Gewalt und Rechtsprechung (vgl. Art. 20 Abs. 2 GG). Jede Gewalt kontrolliert die andere, so daß kein Organ ein Übermaß an Macht erhält; doch ist dem Parlament als dem Inhaber der gesetzgebenden Gewalt eine hervorgehobene Stellung zugewiesen. Beispiele für die *parlamentarische Demokratie* sind die Weimarer Republik, der französische Staat und die Bundesrepublik Deutschland, in der die rechtsprechende Gewalt eine sehr starke Position einnimmt. In den USA bildet die starke Stellung des Präsidenten ein Gegengewicht gegen die Vormachtstellung des Parlaments (*sog. Präsidialdemokratie).*

Die *marxistische* Lehre unterscheidet zwischen „bürgerlicher Demokratie" und „Volksdemokratie". Diese allein verkörpere die reale Herrschaft des Volkes, d. h. der arbeitenden Klasse, auch im Ökonomischen. Die Funktion der bürgerlichen Demokratie dagegen sei unter dem Mantel formaler Gleichheit auf die Erhaltung des kapitalistischen Machtsystems gerichtet, das dem Proletariat die Teilhabe an den erarbeiteten Wirtschaftsgütern versage.

III. *Einheitsstaat – Bundesstaat*

ist eine Unterscheidung, die sich aus der staatlichen Organisation ergibt. Sie ist für die deutsche staatsrechtliche Entwicklung von besonderer Bedeutung. Während im *Einheitsstaat* die höchste Gewalt ausschließlich bei einheitlichen, für das ganze Staatsgebiet zuständigen

Organen liegt (*Zentralismus),* ist bei einem *Bundesstaat* die Staatsgewalt zwischen Zentralstaat und Gliedstaaten geteilt.

Je nach dem Umfang, in dem die Staatsverwaltung bei zentralen Instanzen zusammengefaßt ist oder eine *mittelbare Staatsverwaltung* (146) besteht, spricht man von einem *zentralisierten* oder *dezentralisierten* Staat.

Die Tendenz zum Einheitsstaat bezeichnet man als *Unitarismus,* das entgegengesetzte Streben nach Beschränkung der bundesstaatlichen Einheit durch Verselbständigung der Gliedstaaten als *Föderalismus* (foedus = Bündnis), in übersteigerter Form als *Partikularismus* und bei Loslösungsbestrebungen als *Separatismus* (pars = Teil, separare = trennen).

IV. *Absoluter – konstitutioneller Staat*

Der *konstitutionelle Staat* bildet den Gegensatz zum *absolut regierten* Staat, in welchem alle Macht in einer Hand vereinigt ist und jede Willensäußerung des Herrschers Gesetzeskraft hat. Beim konsitutionellen Staat ist die Machtfülle durch eine *Verfassung* (Konstitution) beschränkt bzw. verteilt.

Diese Beschränkung kann inhaltlich (z. B. durch Festlegung von Grundrechten, vgl. 46ff.) oder organisatorisch begründet sein, so insbesondere durch die Mitwirkung von Ständen oder eines Parlaments.

Über die *ständische* und die *konstitutionelle Monarchie* s. o. (I 1).

V. *Polizeistaat, totalitärer Staat – liberaler Staat, Rechtsstaat*

1. Polizeistaat

Im *Polizeistaat* (Verwaltungsstaat) ist im Gegensatz zum *Rechtsstaat* der Machtbereich der Verwaltung so erweitert, daß eine *starke Einmischung in das Privatleben* der Untertanen möglich ist. Die Bezeichnung Polizeistaat wird wegen der darin herrschenden Unfreiheit des einzelnen heute in negativem Sinne gebraucht.

Beispiele für den *Polizeistaat* bieten die absolut regierten Staaten des 17. und 18. Jahrh.

2. Totalitärer Staat

Von einem *totalitären Staat* spricht man, wenn der Staat alle Macht und Autorität für sich beansprucht und die Einzelpersönlichkeit zurücktreten läßt.

Die Forderung nach dem totalitären (totalen) Staat wurde in neuerer Zeit von *Mussolini* aufgestellt und von *Hitler* fortentwickelt. Der totalitäre Staat pflegt den Kult der Größe, verkörpert durch einen an seiner Spitze stehenden *absoluten* Herrscher (Duce, Führer), der sich wie die Cäsaren im alten Rom mit einer Prätorianergarde umgibt. Sein Gewaltcharakter führt meist durch Übersteigerung der außenpolitischen Ziele seinen Untergang herbei. Neue Formen des *Totalitarismus* finden sich in manchen Staaten der Gegenwart, in denen eine zur Macht gelangte politische Richtung versucht, das gesamte Leben einer Gemeinschaft nach ihren Ideen zu formen, sei es durch zeitweises Außerkraftsetzen demokratischer Grundrechte, sei es unter äußerer Aufrechterhaltung demokratischer Formen. Sie manipuliert die öffentliche Meinung durch die in ihrer Hand befindlichen Kommunikationsmittel (Presse, Hörfunk, Fernsehen), beherrscht den Staatsapparat, lenkt die Wirtschaft und durchdringt das Erziehungs-, Bildungs- und Berufsleben mit dem Anspruch auf Ausschließlichkeit des eigenen politischen Gedankenguts. Solche Formen finden sich z. B. in manchen Staaten Süd-Amerikas oder Afrikas.

3. Liberaler Staat, Rechtsstaat

Im Gegensatz dazu beschränkt sich der *liberale Staat* auf die Abwehr innerer und äußerer Gefahren und räumt den Menschen- und Freiheitsrechten den Vorrang ein. Er hat seine Ausprägung im *Rechtsstaat* gefunden, dessen Staatsgewalt an die Verfassung, insbesondere an die Grundrechte des Individuums (Menschenrechte), gebunden ist. Dem staatlichen Machtbereich, in dem die *Gewalten getrennt* sind, sind hierdurch Schranken gesetzt. Den Rechtsstaat kennzeichnet die Bindung der Verwaltung und der Justiz an Recht und Gesetz und die Bindung der Gesetzgebung an die Verfassung. Die bedeutsamen staatlichen Handlungen, vor allem Eingriffe in die Rechtssphäre des einzelnen, müssen sich auf ein formelles Gesetz zurückführen lassen. Weitere Merkmale des Rechtsstaates sind Rechtsgleichheit und Rechtsschutz des einzelnen durch unabhängige Richter.

Die Ursprünge des Rechtsstaats liegen im germanischen Recht, im *Naturrecht* (d. h. dem Recht, das sich aus der menschlichen Natur ableitet und das aus der menschlichen Vernunft erkennbar ist), in der englisch-amerikanischen Geschichte (Habeas-Corpus-Akte 1679, Bill of Rights 1689; vgl. 32 I, 33 I, 46), in der nordamerikanischen Verfassung und der Verfassung der französischen Nationalversammlung. Vgl. 7.

Im *Justizstaat,* einer *Sonderform des Rechtsstaates,* ist der Rechtsprechung ein Übergewicht eingeräumt. Selbst politische Entscheidungen unterliegen der Nachprüfung durch die Gerichte auf ihre Rechtmäßigkeit.

Die staatsrechtliche Entwicklung der westlichen Länder führt mehr und mehr zur Einführung des *Rechts- und Sozialstaats* auf der Grundlage des *Mehrparteiensystems.* Danach wird die politische Willensbildung im Staat durch mehrere Parteien getragen; in der BRep. hat das GG (Art. 21) diese Aufgabe der Parteien ausdrücklich anerkannt. Die Regierung wird i. d. R. von mehreren Parteien gestützt *(Koalition* = Zusammenschluß), oder es stellt nur eine die Regierung, während die andere(n) ihr als *Opposition* gegenübertreten (so in England Labour-Partei und Konservative). Das *Einparteiensystem* dagegen, in dem nur eine Partei zugelassen ist und als Staatspartei auftritt, räumt den dieser nicht angehörenden Staatsbürgern keine Vertretung ihrer Rechte im Parlament ein. Dieses System wird von totalitären Staaten nach der Art der früheren faschistischen und nationalsozialistischen Diktatur bevorzugt.

Die bedeutsame Rolle der *Opposition* im Mehrparteienstaat des parlamentarischen Systems ist z. B. in Art. 55 Abs. 2 der Verfassung von Brandenburg, Art. 40 der Verfassung von Sachsen und in Art. 23a Abs. 2 der hamburg. Verfassung landesverfassungsrechtlich anerkannt.

Auch im Mehrparteienstaat finden sich neuerdings häufig politische Kräfte zusammen, die ihrer zahlenmäßig geringen Bedeutung wegen im Parlament nicht vertreten sind und daher ihre Gegnerschaft zur Regierung in Form der sog. *außerparlamentarischen Opposition* („APO") zur Geltung zu bringen suchen. Sie setzen sich aus verschiedenen Gruppen unterschiedlicher politischer Richtung –

meist an den Rändern des politischen Spektrums – zusammen, denen mehr der Widerspruch gegen das derzeitige Regierungs- und Wirtschaftssystem als ein bestimmtes politisches Ziel gemeinsam ist. Mangels genügender Wirkungsmöglichkeiten durch Presse und andere Kommunikationsmittel manifestiert sich ihre Protesthaltung in Verteilung von Flugschriften, Straßendemonstrationen und drastischen Widerspruchsmethoden, mit denen die Aufmerksamkeit der Öffentlichkeit geweckt werden soll (Verkehrsstörungen u. dgl.). Ähnlicher Mittel – jedoch mit anderer, meist unpolitischer Zielsetzung – bedienen sich gelegentlich die in Einzelfragen oppositionellen sog. Bürgerinitiativen (44 I).

5. Entstehung und Untergang von Staaten

I. *Entstehung von Staaten*

Über die *Entstehung des Staates* bestehen verschiedene Anschauungen. Nach Überwindung der Lehre vom Gottesstaat und der Patrimonialtheorie (über diese und die Patriarchaltheorie vgl. 3 II, V), haben sich im wesentlichen zwei Grundauffassungen herausgebildet:

1. Die ältere Ansicht führte die Entstehung auf einen Vertrag zurück, in dem die einzelnen Individuen sich zu ihrer Sicherung und Unterstützung zusammenschließen und einer Obrigkeit unterwerfen *(Vertragstheorie)*.

Hauptvertreter: *Hugo Grotius* (1583–1645), *Sam. v. Pufendorf* (1632–1694), *Jean Jacques Rousseau* (1712–1778; contrat social), *John Locke* (1632–1704). Ihre Gedanken lieferten das geistige Rüstzeug für die französische Revolution (1789) und begründeten die demokratische Auffassung von der *Volkssouveränität.*

2. Gegenüber dieser verstandesmäßigen Erklärung machte die *historische Schule* geltend, daß sich der Staat aus den Verbänden der Familie, des Stammes und der Völkerschaft allmählich entwickelt habe.

Vertreter dieser Richtung waren *Johann Gottfried Herder* (1744–1803), *Friedrich Karl von Savigny* (1779–1861).

3. Die *Machttheorie* erklärt die Macht zur wesentlichen Entstehungsursache des Staates. Sie tritt *naturrechtlich* auf: die Position des Stärkeren schafft Recht (so z. B. *Kallikles* in *Platons* Dialog „Gorgias"). *B. Spinoza* (1632–1677) leitet das Recht des Stärkeren daraus ab, daß dieser von Natur aus überlegen sei; alle Natur aber sei von Gott geschaffen, dem Ursprung allen Rechts.

Zu erwähnen ist noch die empirische Machttheorie, welche die tatsächlich bestehenden politischen Verhältnisse (*F. Lassalle,* 1825–1864) bzw. die Anwendung von Gewalt *(F. Oppenheimer,* 1864–1943) deskriptiv als das wesentliche Merkmal des Staates ansieht.

4. Bezüglich der das Staatsleben tragenden und gestaltenden Kräfte legt die *materialistische Geschichtstheorie* das entscheidende Gewicht auf die wirtschaftlichen Zusammenhänge; sie meint, daß sich aus wirt-

schaftlichen Veränderungen auch Änderungen der Staatsverfassung ergeben müssen.

So erblickten *Karl Marx* und *Friedrich Engels* die Gründe für die Wandlung des staatlichen Lebens im Übergang vom agrarischen Feudalismus zum geldwirtschaftlichen Kapitalismus. Sie erstrebten die Beseitigung der kapitalistischen Ordnung durch das *sozialistische System*, das sich über eine Diktatur des Proletariats ergeben soll. Vgl. 3 VII. Demgegenüber hat schon *Max Weber* (1864–1920) geltend gemacht, daß nicht nur materialistische, sondern auch geistige Kräfte, wie z. B. religiöse, weltanschauliche oder soziale Auffassungen, die Staatsgestaltung beeinflussen (so z. B. die Theokratie Calvins in Genf, der Kastengeist in Indien).

Staatsgründungen gehen oft auf Vereinbarungen mehrerer beteiligter Staaten oder Mächte zurück, so z. B.

1867 Gründung des Norddeutschen Bundes, vorbereitet durch die Augustverträge;

1871 Gründung des Deutschen Kaiserreichs, vorbereitet durch die Novemberverträge von 1870;

1945 Errichtung deutscher Länder mit Hilfe der Besatzungsmächte.

Staaten können aber auch durch Loslösung eines Staatsteils vom Staatsganzen, einer Kolonie vom Mutterland entstehen (z. B. Trennung der Niederlande von Spanien, Belgiens von den Niederlanden, der nordamerikanischen Staaten von Großbritannien, der südamerikanischen Staaten von Spanien und Portugal, afrikanischer Staaten aus dem früheren Kolonialbesitz).

II. *Untergang von Staaten*

1. Ein Staat geht unter, wenn eines oder alle Elemente, die einen Staat ausmachen (= Staatsgebiet, Staatsvolk, Staatsgewalt), wegfallen, z. B. bei Vertreibung oder Vernichtung der Bevölkerung durch Krieg. Ferner durch *Teilung* eines Staates in mehrere selbständige Teile, durch *Einverleibung* eines selbständigen Staates in einen anderen, durch *Auflösung* eines bisher selbständigen Staates und durch *Zusammenschluß* selbständiger Staaten zu einem Einheitsstaat.

2. Beispiele für den Untergang von Staaten sind:

1806 Untergang des alten Deutschen Reiches nach Austritt der Rheinbundstaaten und Niederlegung der Kaiserkrone durch Franz II. (Auflösung);

1815 Aufteilung Polens auf dem Wiener Kongreß (Einverleibung);

1866 Erwerb von Hannover, Kurhessen, Nassau und der Freistadt Frankfurt a. M. durch Preußen;

1920 Zusammenschluß der Thür. Staaten zum Land Thüringen.

1990 Beitritt der DDR zur BRep.

6. Staatenverbindungen

sind Vereinigungen von Staaten auf *völkerrechtlicher* (vgl. unten I–III) oder *staatsrechtlicher* (vgl. unten IV) Grundlage.

Aus einer *Verbindung von Staaten* kann sich ergeben:

I. ein *Staatenbündnis* oder eine *internationale Organisation*.

Beide beruhen auf einem völkerrechtlichen Vertragsverhältnis zwischen zwei oder mehr Staaten. Diese werden im ersten Falle in ihrer staatlichen Herrschaft und Entscheidung über innerstaatliche Angelegenheiten nicht beeinträchtigt. Im zweiten Falle kann eine Abtretung staatlicher Befugnisse an die Organisation vorliegen.

Solche Vereinbarungen schließen die Staaten in zunehmendem Maße auf politischem, wirtschaftlichem oder militärischem Gebiet ab. Je stärker die *Integration* der Mitgliedstaaten in eine *supranationale Gemeinschaft* durch Übertragung von Aufgaben und Befugnissen, um so mehr kommt dieser die Stellung eines Völkerrechtssubjekts (901, 916) zu; sie ist aber kein selbständiger Staat. Zu den politischen Organisationen dieser Art zählen UNO (909), OAS (930) und WEU (914), zu den wirtschaftlichen die Europäischen Gemeinschaften (916), OEEC (910 III), IWF (918 II), WTO (GATT) (918 IV), zu den überwiegend militärischen die NATO (913).

II. ein *Staatenbund (Konföderation)*

Auch er stellt eine völkerrechtliche Verbindung von Staaten dar.

Diese übertragen einen Teil ihrer staatlichen Aufgaben auf gemeinsame Organe, bleiben aber selbständig. Der Staatenbund tritt zwar nach außen als Einheit auf, ist aber kein selbständiger Staat (Beispiele: Schweiz 1815–1848, Rheinbund 1806–1813, Deutscher Bund 1815–1866, vgl. 9);

III. ein *Staatenstaat*

ist ein völkerrechtliches Unterwerfungsverhältnis eines oder mehrerer Unterstaaten unter einen (herrschenden) Oberstaat.

Nur dieser ist souverän; die Unterstaaten sind nicht souverän; vielmehr tritt nach außen nur der Oberstaat als Gesamtstaat auf. In eigenen innerstaatlichen Angelegenheiten behalten die Unterstaaten jedoch ihre Selbständigkeit. Vgl. 901;

IV. ein *Bundesstaat*

ist eine staatsrechtliche Verbindung von Staaten in der Weise, daß die Teilnehmer *(Gliedstaaten)* Staaten bleiben, aber auch die Verbindung *(Zentralstaat)* einen Staat darstellt. Gliedstaaten und Zentralstaat bilden den *Gesamtstaat*.

Die *Staatsgewalt* ist zwischen *Zentralstaat* und *Gliedstaaten* geteilt; jeder hat die höchste unabhängige Staatsgewalt (innere Souveränität; vgl. 1 III) auf dem ihm nach der Aufgabenverteilung der bundesstaatlichen Verfassung zustehenden Aufgabengebiet (Föderalismus; föderativer Staatsaufbau). Das Recht des Zentralstaates bricht, soweit es dessen verfassungsmäßige Zuständigkeit nicht überschreitet, das Recht der Gliedstaaten (vgl. z. B. Art. 31 GG).

Beispiele eines Bundesstaates: USA seit 1787, Schweiz seit 1848, Norddeutscher Bund, Deutsches Reich von 1871, Bundesrepublik Deutschland (vgl. 42).

Im alten Deutschen Reich war die Staatsgewalt zwischen Bund und Ländern nicht immer klar abgegrenzt. Je nach der Stärke der Reichsgewalt herrschte der *Unitarismus,* der Zug zur zentralen Macht des Einheitsstaates, vor oder gewann der *Föderalismus* an Geltung, welcher die Eigenstaatlichkeit der Länder begünstigte. Man spricht von *stabilen* oder *labilen* Bundesstaaten. Im Deutschen Reich von 1871 und in der Weimarer Republik waren die Länder für alles zuständig, was nicht dem Bunde zugewiesen war. Auch nach dem Grundgesetz (Art. 30) ist die Ausübung der staatlichen Befugnisse und die Erfüllung der staatlichen Aufgaben Sache der Länder, soweit nicht das GG eine andere Regelung getroffen oder zugelassen hat. Vgl. 54.

Keine unmittelbare staatsrechtliche Bedeutung hat die *Personalunion,* bei der zwei selbständige Staaten allein durch die Person des Monarchen miteinander verbunden sind (so England und Hannover 1714–1837). Dagegen besteht bei der *Realunion* eine staats(verfassungs)rechtliche Verbindung zwischen den Staaten durch gemeinsame Institutionen zur einheitlichen Verwaltung etwa der auswärtigen, finanziellen und militärischen Angelegenheiten (z. B. die frühere österr.-ungar. Monarchie).

7. Die Verfassung (Konstitution)

Die Verfassung (Konstitution) ist die grundlegende Norm eines Staates. Sie enthält im allgemeinen die Regeln über Staatsform und -organisation, also über die Aufgaben, Befugnisse und Verfahren der obersten Staatsorgane (organisatorischer Teil), über andere wesentliche Strukturen der Gemeinschaftordnung, über die Grundrechte (vgl. 46–52) und Pflichten der Bürger sowie über die maßgebenden Rechtsgrundsätze und Ziele, die dem Verfassungssystem zugrunde liegen.

Um die Wende des 18. zum 19. Jahrh. erhob sich die Forderung, der Staat müsse eine solche in einem Gesetz niedergelegte Verfassung haben. Man darf freilich nicht annehmen, die Staatsgewalt sei früher in einem verfassungslosen Zustand gewesen; Schranken der Staatsgewalt wurden nur durch andere Faktoren gesetzt, monarchische Befugnisse waren etwa durch *Adel* und *Stände* eingeschränkt. Die politische Kräfteverteilung vollzog sich eben nur noch nicht nach einer geschriebenen Verfassung, sondern nach überkommenen Grundsätzen, nach Verträgen und nach der tatsächlichen Macht der politisch wirkenden Faktoren. Der Ruf nach einer allgemeingültigen, in einem Dokument niedergelegten Grundordnung eines Volkes kam von Nordamerika nach Frankreich und von da nach Deutschland. Die *nordamerikanische Verfassung,* wie sie 1776 in Virginia und 1787 für die Vereinigten Staaten geschaffen wurde, blieb grundlegend für die weitere staatliche Entwicklung. Ihr folgte 1791 Frankreich. In Deutschland erhielten zuerst Sachsen-Weimar-Eisenach (1816), dann Bayern und Baden (1818), später alle deutschen Länder, zuletzt Preußen (1850), Verfassungen.

Eine Verfassung wird in der Regel von einer verfassunggebenden Versammlung (z. B. die *Weimarer Verfassung* vom 11. 8. 1919) als *Gesetz mit Vorrang* vor allen anderen Gesetzen beschlossen. Im Gegensatz hierzu wurde die preußische Verfassung von 1850 vom König der Volksvertretung aufgezwungen (sog. *oktroyierte Verfassung).*

Zur Entstehung der Verfassung der BRep. vgl. 20.

8. Gewaltentrennung, Gewaltenteilung

Die Lehre von der Gewaltentrennung im Staat entstand im 18. Jahrh. und richtete sich gegen den *Absolutismus* (vgl. 3, 4 I 1 und IV). Eine Trennung der staatlichen Gewalten wurde zuerst in England verwirklicht. Die Theorie der Gewaltentrennung wurde von *Montesquieu* in seinem Werke „De l'Esprit des lois" (1748) formuliert.

Die *Staatsgewalt* ist nach ihren Hauptfunktionen aufgeteilt in:

Legislative (Gesetzgebung)	*Exekutive* (Verwaltung)	*Judikative* (Rechtsprechung)

Jede *Teilgewalt* geht unmittelbar aus der Souveränität hervor. Die drei Gewalten sind in ihrem Bereich selbständig, wirken jedoch ineinander und beeinflussen sich gegenseitig. Die *Trennung der Gewalten* bezweckt, *Machtmißbrauch* zu verhindern. Gegenseitige *Kontrolle* soll eine Machtbalance schaffen; sie dient dadurch letztlich dem Schutz und der Freiheit der *Einzelpersönlichkeit.*

Jean Jacques Rousseau betonte in seinem Werk „Contrat social" (= Gesellschaftsvertrag, 1762) den *Vorrang der Gesetzgebung* vor den anderen Gewalten. Ihm folgten die demokratische Staatstheorie und die Verfassungen (Konstitutionen) vieler Staaten, insbesondere die Frankreichs, der USA und der Schweiz (vgl. 31 I, 33 I, 34 I). Auch das GG der BRep. geht von dieser Grundauffassung aus (vgl. 63).

Im *totalitären* Staat verlagert sich der Vorrang auf die Exekutive; es besteht keine Gewaltentrennung mehr. Beispiele aus der Geschichte des 20. Jahrh. sind *Faschismus, Nationalsozialismus,* und *Kommunismus.* Die in Italien von *Mussolini* 1919 ursprünglich in Form von Kampfbünden *(fasci* von fascio = Bündel, Bund) gegen linksradikale Parteien gegründete Bewegung des Faschismus riß nach dem Marsch auf Rom am 28. 10. 1922 die Macht an sich. Mussolini wurde 1925 durch einen Staatsstreich Diktator mit der Bezeichnung Duce (= Führer). Die übrigen Parteien wurden 1926 verboten, das Parlament durch einen vom Duce ernannten *Faschistenrat* ersetzt. Die Opposition wurde unterdrückt; an Stelle der freien Gewerkschaften trat eine staatliche Zwangsorganisation. Die faschistische Partei übernahm auch in den berufsständischen Vertretungen die Führung.

Wesentliche Elemente des Faschismus, besonders den Grundgedanken der Autorität des Führers, das Zurücktreten des Individuums hinter dem Staat und dessen absolute Wertung hat der *Nationalsozialismus* übernommen, der 1933 in Deutschland zur Macht gelangte. Er betonte allerdings weniger die Autorität des Staates als die der Volksgemeinschaft und verschrieb sich völlig dem *Rassismus;* das führte zu rigorosen Maßnahmen gegen die *Juden* und andere sog. „nichtarische" Bevölkerungsteile.

Auch die kommunistisch gelenkten Staaten lehnten auf Grund der marxistisch-leninistischen Staatslehre eine Gewaltentrennung zugunsten des Prinzips der Gewalteneinheit ab, folglich auch eine Kontrolle der Exekutive durch die Justiz. In den „Volksdemokratien" früherer Prägung bestand daher i. d. R. eine Verfassungsgerichtsbarkeit ebensowenig wie eine Verwaltungs-, Finanz- oder Sozialgerichtsbarkeit.

9. Die Entwicklung der staatsrechtlichen Struktur Deutschlands (Überblick)

Im deutschen Raum hat die staatsrechtliche Entwicklung (vgl. 11ff.) zwischen dem Zug zum Zentralismus und der Zersplitterung in kleine Staatsgebiete und dementsprechend auch in der staatlichen Organisation vielfach gewechselt.

Von der *germanischen Völkerschaft,* einer zunächst mehr auf personaler Grundlage und überkommenen Verfassungssätzen beruhenden Gemeinschaft ohne eigentliches Staatsgebiet, führte die Entwicklung über die mannigfachen Formen des Königtums (11) zur Gründung des *Heiligen Römischen Reiches Deutscher Nation* (12). Dieser zunächst mit starker zentraler Reichsgewalt ausgestattete Staatsverband wurde zunehmend geschwächt durch die Machtkämpfe zwischen Kaiser und Papst und durch die Erstarkung der *Territorialfürsten,* hauptsächlich der Kurfürsten. Er sank mit dem Ende des 30jährigen Krieges zu einer Art *Staatenbund* herab, der mit der Niederlegung der Kaiserkrone durch Franz II. (1806) zu bestehen aufhörte.

In den Jahren 1806–1815 bestand keine den zahlreichen deutschen Einzelstaaten übergeordnete gemeinsame Organisation. Erst mit der Gründung des *Deutschen Bundes* (Wiener Kongreß 1815) kam wieder ein Staatenbund zustande, dem 35 Fürsten und 4 freie Reichsstädte angehörten. Ein engerer Zusammenschluß wurde auch in der *Frankfurter Nationalversammlung* (1848) nicht erreicht. Die von ihr ausgearbeitete Reichsverfassung, die einen Bundesstaat schaffen sollte, wurde nicht Wirklichkeit, nachdem der König von Preußen die Kaiserkrone abgelehnt hatte und die infolge des preußisch-österreichischen Gegensatzes funktionsunfähig gewordene Versammlung aufgelöst worden war.

Erst der *Norddeutsche Bund* (1867–1870) war ein *Bundesstaat* auf konstitutioneller Grundlage. Er stand unter der Hegemonie (= Führung) Preußens und war die Vorstufe des Deutschen Reiches, das am 18. 1. 1871 mit der Annahme der Kaiserkrone durch den Preußenkönig Wilhelm I. entstand.

Das *Deutsche Reich von 1871* war ein *Bundesstaat föderativer Art* mit monarchischer Spitze. Wichtigstes Verfassungsorgan war der Bundesrat, die Vertretung der Gliedstaaten, mit zahlenmäßigem Übergewicht Preußens.

Die endlich erreichte Einigkeit brachte dem deutschen Volk einen großen politischen und wirtschaftlichen Aufstieg. Es entstanden Großstädte; Berlin wurde zur Weltstadt. Der Lebensstandard des deutschen Volkes hob sich. Seine wissenschaftlichen, technischen und kulturellen Leistungen verschafften ihm ein hohes Ansehen in der Welt.

Bismarck wußte die Sicherheit des Reiches durch Bündnisse im europäischen Mächtesystem zu verankern. Kolonien wurden erworben. Das Reich schuf als erster Staat eine vorbildliche *Sozialgesetzgebung* (651).

Die innere Festigkeit des Reiches ließ selbst nach dem verlorenen 1. Weltkrieg (1914–1918), als die Fürsten abtraten und die *Republik* an ihre Stelle trat, die Einheit des Reiches kaum ins Wanken geraten. Nach Auflösung der Monarchie mit dem Ende des 1. Weltkrieges (vgl. 15) wurde mit der Weimarer Verfassung vom 11. 8. 1919 ein *republikanischer Bundesstaat unitaristischer Art* errichtet (vgl. 16), der von 1919–1933 andauerte.

Diese Staatsform blieb nach der Machtergreifung durch den Nationalsozialismus 1933 nur äußerlich bestehen. Das Deutsche Reich war formell weiterhin eine Republik, in Wirklichkeit aber eine Diktatur. Es entwickelte sich durch Aufhebung der Reichsländer zu einem *Einheitsstaat mit starkem Zentralismus* (vgl. 18).

Der militärische Zusammenbruch des Reiches und die Kapitulation am 8. 5. 1945 hatten nur eine tatsächliche Auflösung der Reichsgewalt zur Folge, nicht aber auch das formelle Erlöschen des Reichsverbandes. Mit der militärischen Besetzung ging die Staatsgewalt auf die vier Besatzungsmächte über, die erst nach und nach und zunächst den Ländern eine eigene Staatlichkeit zuerkannten (vgl. 22).

Die schließlich mit der Verkündung des Grundgesetzes errichtete *Bundesrepublik Deutschland* ist eine föderative Republik mit demokratischer, rechtsstaatlicher und sozialer Verfassung (Art. 20, 28 Abs. 1 GG; vgl. 42).

10. Revolutionen, Staatsumwälzungen

Die staatliche Ordnung kann durch eine Revolution, d. h. einen *Umsturz,* bei dem eine bisher ausgeschlossene oder benachteiligte Schicht unter *Bruch der Verfassungsordnung* die staatliche Macht ergreift, eine Umwälzung erfahren. Bei der *ständischen* Revolution beseitigten die Stände die monarchische Alleinherrschaft (vgl. 12), bei der *bürgerlichen* Revolution das aufstrebende Bürgertum die feudalmonarchische Staatsordnung. In der *proletarischen* Revolution stürzt die Arbeiterklasse die bürgerliche Gesellschaftsordnung (vgl. 3 VII). Ein Umsturz, bei dem ein an der Staatsgewalt bereits beteiligtes Organ die gegebenen Verfassungsverhältnisse gewaltsam verändert, heißt *Staatsstreich;* ein auf Wiederherstellung (Restauration) der revolutionär geänderten Staatsordnung gerichteter Umsturz wird *Gegenrevolution* genannt.

Ein *Recht zur Revolution* wurde zuerst aus naturrechtlichen Gründen gegenüber der tyrannischen Obrigkeit abgeleitet (Widerstandsrecht). Die Staatstheorie des Positivismus dagegen sieht in jeder Revolution einen Rechtsbruch (Hochverrat). Die geglückte Revolution kann jedoch einen neuen staatlichen bzw. völkerrechtlichen Zustand begründen, der nach innerer Stabilisierung und äußerer Anerkennung faktische Rechtsgültigkeit erlangt. Über die deutsche Revolution am 9. 11. 1918 vgl. 15.

Während manche Lehren ein *Recht auf Revolution* ablehnen und einen *Widerstand* nur im Rahmen einer Notwehr für berechtigt ansehen, wird von anderen die sittliche Notwendigkeit einer Revolution dann anerkannt, wenn die Obrigkeit unrechtmäßig handelt, aber ihre volle Souveränität aufrechterhält oder eine höchste Not des Volkes oder heillose Zerrüttung des Gemeinwohls nach Erschöpfung aller gesetzlichen Mittel keinen anderen Ausweg erkennen läßt (so Leibniz, Suarez u. a. Spätscholastiker). Der Bundesgerichtshof hat ein *Widerstandsrecht* gegen staatliche Maßnahmen bereits im Urt. vom 12. 10. 1965 (NJW 1966, 311f.) als äußerstes Mittel zur Abwehr äußersten staatlichen Unrechts (z. B. gegen eine alle demokratischen Freiheiten unterdrückende Gewaltherrschaft) für gerechtfertigt erklärt, hat es aber durch den Grundsatz der Güterabwägung eingeschränkt: es dürfen keine im Verhältnis zum Befreiungszweck übermäßig starken Mittel angewendet werden (wie z. B. Sprengstoffanschläge, durch die u. a. Krankenhäuser in Mitleidenschaft gezogen werden). Einige Länderverfassungen haben ein Widerstandsrecht und sogar eine Widerstandspflicht insbesondere gegenüber Angriffen auf die demokratische Grundordnung oder die Grundrechte anerkannt (z. B. Bremen Art. 19, Hessen Art. 147). Das GG begründet in dem durch Ges. vom 24. 6. 1968 eingefügten Art. 20 Abs. 4 für alle Deutschen als äußerstes Mittel ein Widerstandsrecht gegenüber jedem, der es unternimmt, die verfassungsmäßige Ordnung zu beseitigen.

Revolten, Putsche, Thronkämpfe, in denen nur um die politische Ordnung eines einzelnen Landes ohne prinzipielle Änderung seiner gesellschaftlichen Struktur oder nur um den Besitz der Macht gekämpft wird, sind keine eigentlichen Revolutionen. Eine ohne Gewaltanwendung durch die Entwicklung sich vollziehende Neugestaltung des Staatswesens unter Beibehaltung der Verfassung pflegt man als *Evolution* zu bezeichnen. Über die außerparlamentarische Opposition vgl. 4 V 3.

Revolutionäre Änderungen können auch unter Wahrung „äußerer Legalität" erfolgen (z. B. *Machtergreifung* des Nationalsozialismus und die Errichtung des sog. Dritten Reiches 1933, s. 18). Die in manchen kommunistisch gelenkten Staaten als „Gegenrevolution" bezeichneten ideologischen Auflehnungen gegen eine streng marxistische Staatsführung waren im Grunde nur innere Auseinandersetzungen über den Kurs der Staatspartei, die auf eine Liberalisierung abzielen (vgl. 923; über die „Kulturrevolution" in China und ihre Gegenströmungen s. 928 II 2).

Während solche Formen der Auflehnung gegen die Staatsgewalt sich vielfach noch im Rahmen der Legalität halten, versucht der *politische Terrorismus* durch Gewaltmethoden wie Bombenattentate, Geiselnahme, Entführung, Einsatz von Schlägertrupps u. dgl. Schrecken (lat. terror) zu erregen, um seine Ziele zu erreichen oder sich an der Macht zu halten.

Geschichtliche Beispiele für den letzteren Fall sind in der französischen Revolution die Terrorherrschaft namentlich von Robespierre und St. Just und ihren jakobinischen Anhängern. Beispiele terroristischer Aktivitäten in der neueren Geschichte bis hin zur Gegenwart finden sich im Unabhängigkeitskampf der Iren bis zur Befreiung 1921, im nordirischen Bürgerkrieg (vgl. 32 V), Aufruhr im spanischen Baskenland und in der Tätigkeit von Guerilla-Organisationen (Tupamaros in Südamerika usw.). Mit solcher Zielrichtung kann der Terrorismus auch ein *internationaler* sein, wie bei den Gewaltanwendungen der Palästinensergruppierungen (932 II 2) in ihrem nicht auf bestimmte Länder begrenzten Kampf gegen Israel; die grenzüberschreitende Wirksamkeit terroristischer Organisationen besteht oft in gegenseitiger Unterstützung bei der Waffenbeschaffung, Schulung in Ausbildungslagern u. dgl. Ziel und Forderungen des politischen Terrorismus richten sich meist auf die Änderung einer bestimmten staatlichen Ordnung oder auf die Freilassung inhaftierter Gesinnungsgenossen, dienen häufig aber auch der Beschaffung finanzieller Mittel für den politischen Kampf.

Bei den staatlichen Umwälzungen am Ende des 1. Weltkriegs (1917 Rußland, 1918 Deutsches Reich, Österreich, Italien) wirkten neben kritischen philosophischen und politischen Einstellungen vielfach auch krasse *soziale Gegensätze* als Gärstoff mit. Die *soziale Frage,* ausgelöst durch die Probleme des menschlichen Zusammenlebens in unterschiedlichen wirtschaftlichen Verhältnissen, wird entscheidend beeinflußt durch den Konflikt zwischen Egoismus und Gemeinschaftsbindung. Die daraus entstehenden Spannungen bedürfen eines Ausgleichs. Wird keine Überbrückung gefunden, entstehen leicht *Krisen* und *Klassenkämpfe.* Die soziale Frage spielt in den Sozialideologien der *Parteien* eine wichtige Rolle und kann durch Massenbewegungen zu Staatsveränderungen führen.

B. Die staatliche Entwicklung in Deutschland

11. Völkerschaft und Königreich

Das deutsche Staatsleben hat sich in einer mehr als tausendjährigen Entwicklung aus germanischen Wurzeln geformt. Die älteren Staatsformen beruhten weniger auf einer staatsrechtlichen Organisation neuerer Prägung als vielmehr auf einem *Personenverband* mit beschränkten zentralen Funktionen und starker Selbstverwaltung. Die *germanischen* Völkerschaften hatten eine einfache, ungeschriebene Verfassung. Erst mit zunehmender Seßhaftigkeit kam zu dem Personenverband das *Staatsgebiet* hinzu. Innerhalb solcher Staatsgebilde bestanden vielfach Untergliederungen (Gau, Hundertschaft). Träger allen Rechts war das *Volk,* dem infolge des geringen Umfangs dieser staatlichen Gebilde die unmittelbare staatliche Willensbildung möglich war. Sie lag in der Hand der Freien, die in der *Volksversammlung* (Landsgemeinde, *Thing)* alle wichtigen Fragen des Gemeinwesens entschieden. Die Vorbereitung oblag dem *Fürsten,* der vom Thing gewählt wurde und abgesetzt werden konnte und der auch die Volksversammlung leitete, und dem *Fürstenrat,* der über Angelegenheiten minderer Bedeutung entscheiden konnte.

Die Bedeutung der Volksversammlung trat in der *Völkerwanderung* zurück. Es entwickelte sich ein *erbliches Königtum* mit straffercr Verwaltung. Der König konnte auf Grund des Bannrechts den Heerbann aufbieten, Anordnungen bei Strafe der Friedlosigkeit durchsetzen und Personen, Orte oder Gegenstände unter seinen Königsfrieden stellen. Mit dem Königtum verband sich das *Herzogtum,* das zunächst von der Völkerschaft zur Führung und für die Dauer eines Krieges eingesetzt, dann aber zur Dauereinrichtung wurde.

Von den *germanischen* Reichsgründungen ist die fränkische die folgenreichste. In der Völkergruppe der Franken erreichten die *Salier* eine führende Stellung und aus ihrem Stamm die *Merowinger,* vor allem Chlodwig (481–511), der ein fränkisches Großreich begründete.

Aus den Hofämtern entwickelte sich allmählich ein Reichsbeamtentum. Die bedeutendsten Hofämter hatten inne: a) Der *Kämmerer* (Schatzmeister), b) der *Truchseß* (Küchenmeister), c) der *Marschall* (comes stabuli), d) der *Schenk* und e) der *Seneschall,* später als Leiter der ganzen Hofhaltung der *Hausmeier* (major domus), ein Amt, aus dem sich die Karolinger zur Herrschaft aufschwangen, das aber in der Folgezeit verschwand. Als Urteilsfinder, später auch Verhandlungsleiter im Königsgericht fungierte der *Pfalzgraf.*

An Stelle der *Gaue* bildeten sich *Grafschaften* als Gerichts- und Verwaltungsbezirke unter Leitung von *Grafen* (in den Grenzgebieten *Markgrafen* mit Sondervollmachten). Sie wurden durch königliche Sendboten kontrolliert.

Zur Belohnung für den Königsdienst erhielten die Gefolgsleute (Vasallen) *Lehen* (feudum). Daher wird der Staat in dieser Gestalt auch *Feudalstaat* genannt. Neben den germanischen Blutadel trat ein *Dienstadel* durch Verleihung von Ämtern und Rechten. Da der kirchliche und weltliche Grundbesitz vielfach von Abgaben freigestellt wurde *(Immunität),* entwickelte sich ein neuer *Fürstenstand* mit ständig steigendem Einfluß.

12. Das Heilige Römische Reich Deutscher Nation (962–1806)

Aus dem germanischen Heereskönigtum (vgl. 11), das die Rechte der Volksversammlung, namentlich Befehls- und Strafgewalt, nach und nach an sich zog, entstand das fränkische Königtum und unter diesem das *Frankenreich* als die größte Reichsbildung des Mittelalters. Die salischen Franken eroberten unter Chlodwig die Reste des Römischen Reichs sowie Teile des Westgoten- und Burgunderreichs. Während aber noch unter *Karl d. Gr.* (768–814) alle deutschen Stämme vereinigt waren, begann unter Ludwig d. Frommen (814–840) der Zerfall, der sich unter seinem Nachfolger fortsetzte (Vertrag von Verdun, 843: Teilung des Reiches in Westfranken, Lothringen und Ostfranken; Verträge von Mersen, 870, und Ribemont, 880: Übergang Westlothringens an Ostfranken). Italien und Burgund wurden selbständig, aus West- und Ostfranken entstanden Frankreich und das Deutsche Reich.

Nach dem Aussterben der ostfränkischen Karolinger wurde der Frankenherzog Konrad I. (911–918) zum deutschen König gewählt. Erst seinem Nachfolger Heinrich I. (919–936), einem Sachsenherzog, gelang es, bei den Stammesherzögen seine Anerkennung als Lehensherr durchzusetzen. Unter ihm und seinem Sohn *Otto I.* (*d. Gr.* 936–973) wurde das Reich vergrößert und gefestigt (Kolonisation der Ostmark, Unterwerfung der Slawen, Unterstellung Polens unter deutsche Oberhoheit). Er erwarb 962 die römische Kaiserkrone, indem er den Papst im Besitzstand des Kirchenstaates bestätigte, zugleich aber eine Treueverpflichtung für sich und seine Nachfolger vor der Weihe beanspruchte. Nach dem Erlöschen des sächsischen Königsstammes (auf Otto I. waren Otto II. und III. und Heinrich II. gefolgt) kamen mit Konrad II. (1024–1039) die fränkischen Salier auf den Königsthron.

Der Staat des frühen Mittelalters hatte bis etwa 1300 den Charakter eines *Feudal- und Lehensstaates.* Der ursprünglich vom Volk, später von den Fürsten gewählte *König* hatte Anspruch auf *Kaiserkrönung* durch den Papst. Er war Heerführer, oberster Gerichts- und Lehensherr und verfügte über das Reichsgebiet und die *Regalien* (Münz-, Berg-, Zoll-, Jagdregal usw.). Die Machtstellung des Kaisers war allerdings beschränkt durch die *Reichstage,* die sich aus den Hoftagen der Könige entwickelt hatten. Sie wurden mit der Zeit zu einer verfassungsmäßigen Einrichtung; die Großen des Reichs hatten Anspruch auf die Reichsstandschaft; die *Reichsstände* mußten vom Kaiser vor Erlaß von Reichsgesetzen, vor Reichsheerfahrten usw. gehört werden.

Seit Mitte des 11. Jahrh. wurden die Geschicke des Reiches wesentlich durch *Machtkämpfe zwischen Kaiser und Papst* und zunehmende *Erstarkung der Fürsten* beeinflußt. Während sich unter Heinrich III. (1039–1056) die Herrschaftsposition des Kaisers noch erhielt, wurde die Zeit der Regentschaft über seinen bis 1056 unmündigen Nachfolger *Heinrich IV.* (1056–1106) von den Fürsten zu dem Versuch benutzt, sich gegenüber dem Königtum größeren Einfluß zu verschaffen. Papst *Gregor VII.* versuchte, gestützt auf eine durch Übertragung des Papstwahlrechts auf die Kardinäle (1059) unter *Nikolaus II.* gestärkte Position, sich vom Übergewicht des Kaisers zu befreien. Auf Grund der *Zweischwerterlehre* (3 II) beanspruchte er die Oberhoheit des geistlichen Amtes über die weltliche Macht und sogar das Recht, den Kaiser abzusetzen, sowie im *Investiturstreit* das alleinige Recht der Investitur („Einkleidung" = Einsetzung) der hohen geistlichen Würdenträger (Bischöfe, Äbte; 1075 Verbot der Laien-Investitur). Heinrich IV., in seinem Kampf gegen den Papst durch die Fürsten wenig unterstützt und durch Einsetzung von Gegenkönigen geschwächt, vermochte den weltlichen Herrschaftsanspruch nicht durchzusetzen und mußte sich dem Papst im Bußgang von *Canossa* (1077) unterwerfen. Erst durch einen Kompromiß zwischen Heinrich V. und dem Papst im *Wormser Konkordat* (1122) wurde der Investiturstreit beendet. Der Kaiser behielt das Recht der weltlichen Investitur der geistlichen Fürsten (Belehnung mit Kirchengütern und weltlichen Regierungsrechten), während sich die Einsetzung in die geistlichen Rechte (Seelsorge) nach kanonischem Recht vollzog (Wahl durch Domkapitel, Konsekration, Verleihung von Ring und Stab durch den Papst), und zwar in regional unterschiedlicher Reihenfolge.

Mit ihrer neuen Stellung schieden die Bischöfe zugleich aus ihrer unmittelbaren Abhängigkeit vom König aus und wurden zu geistlichen Reichsfürsten. Die Entmachtung des Königs setzte sich fort in der Entwicklung des Reichs vom *Lehensstaat* zum *Ständestaat.* Erbitterte innerstaatliche Machtkämpfe begannen unter dem Staufer Konrad III. (1138–1152) mit einem Teil der großen Stammesherzogtümer (Sachsen, Franken, Schwaben, Bayern, Lothringen), die erst unter seinem Nachfolger *Friedrich I. Barbarossa* (1152–1190) verschwanden.

Dessen Nachfolger Heinrich VI. (1190–1197) versuchte vergeblich, die Erblichkeit des Königtums durchzusetzen. Das Recht der Königswahl, ursprünglich von der Volksversammlung, später von allen Reichsfürsten ausgeübt, stand seit dem 13. Jahrh. nur noch *sieben Kurfürsten* zu, von denen drei geistliche und vier weltliche Fürsten waren (Erzbischöfe von Mainz, Köln, Trier; König von Böhmen, Pfalzgraf bei Rhein, Herzog von Sachsen, Markgraf von Brandenburg). Die Abhängigkeit vom Kurfürstenkollegium und die Machtkämpfe mit dem Papsttum trugen zunehmend zur Schwächung des Kaiserreichs bei, vor allem unter Otto IV. (1198–1212) und dem zeitweise als Gegenkönig eingesetzten Staufer Friedrich II. (1212–1250), der die Zustimmung der geistlichen Kurfürsten zur Königswahl seines Sohnes durch weitgehende Übertragung weltlicher Befugnisse erkaufen mußte. Nach dem Tode Konrads IV. (1250–1254) trat ein sog. *Interregnum* bis zur Wahl Rudolfs I. von Habsburg (1273) ein, weil keiner der gewählten Könige allseits anerkannt wurde. Die Schwächen des Königtums nutzten die Kurfürsten, die sich zu einem eigenen Reichsstand entwikkelten, und die übrigen Reichsfürsten zum Ausbau ihrer Territorialherrschaft, während die Städte ihre Selbständigkeit erweiterten und sich gegen die Übergriffe der Fürsten erfolgreich behaupteten (so der 1254 gegründete Rheinische Städtebund). Vergeblich versuchten Albrecht I. (1298–1308) und Heinrich VII. (1308–1313), das Königtum von der Willkür der Kurfürsten zu befreien. Ludwig d. Bayer (1314–1347) verwickelte sich in Kämpfe mit dem Papsttum, versuchte aber zugleich, seine Hausmacht zu stärken. *Karl IV.*, schon 1346 zum Gegenkönig gewählt, wandte sich nach Ludwigs Tode unter Verzicht auf eine universale Reichspolitik mehr der Stärkung seiner innerdeutschen Machtstellung zu; zugleich baute er das Reich durch weitere Gebietserwerbungen aus. Unter seinen Nachfolgern erweiterten die Stände, insbesondere auch die Städtebünde, ihre Machtposition.

Die *Ständegliederung* des späten Mittelalters entwickelte sich aus dem *Lehensrecht*. Dem *Fürstenstand* gehörte an, wer sein Lehen unmittelbar vom König erhalten hatte (Herzog, Pfalzgraf, Markgraf, Landgraf, Erzbischof, Bischof, Reichsabt). Das *Rittertum* entstand aus dem Berufsstand der berittenen Krieger. Das *Bürgertum* entwickelte sich in den Städten, die seit dem 11. Jahrh. als befestigte Märkte aufblühten. Zuziehende Unfreie wurden frei („Stadtluft macht frei"). Die *Bauern* waren meist unfrei mit beschränkter Rechtsfähigkeit, Bindung an die Scholle, Abgaben- und Fronleistungspflicht.

Der *Reichstag*, die Versammlung der Reichsstände, gewann seine staatsrechtliche Gestalt erst in der 2. Hälfte des 15. Jahrh., in dem die Zugehörigkeit zu dem nunmehr wichtigsten Organ der Reichsgewalt abgegrenzt und die Form der Beratungen und Entscheidungen festgelegt wurde. Er gliederte sich seit 1489 in das Kurfürstenkollegium, den Reichsfürstenrat und das Städtekollegium (51 freie Reichsstädte). Diese berieten getrennt über die Gesetzesvorschläge des Kaisers. Bei Übereinstimmung erhielten die Beschlüsse durch seine Genehmigung Rechtskraft. Sie wurden in *Reichsabschieden* zusammengefaßt. Die bereits in der *Goldenen Bulle* (1356) als Königswähler ausdrücklich bestätigten Kurfürsten hatten Vorrechte gegenüber anderen Fürsten (u. a. volle Landeshoheit, autonome Gerichtsbarkeit).

Ebenso wie die Machtstellung des Kaisers war auch die territoriale Macht der *Fürsten* beschränkt durch die *Landstände* (Grundadel, Städte), deren Vertreter die Steuern (Beden) zu bewilligen hatten. Direkte Einnahmen hatte der Fürst nur aus den *Domänen*. In den Städten nahmen die *Patrizier* als Mitglieder der alten Bürgergeschlechter das Regiment in Anspruch. Nach und nach erlangten die *Zünfte* der Handwerker Anteil daran. Einzelne Kaufmannsgeschlechter (*Fugger* und *Welser* in Augsburg) gelangten zu höchster Finanzmacht.

Die weitere Entwicklung des Reichs war bestimmt durch die einsetzenden Religionskämpfe. Sie begannen in Böhmen mit der Erhebung der *Hussiten*, die das Sakrament des Laienkelchs durchsetzten, und fanden ihren Höhepunkt im Zuge der Reformation durch die Thesenverkündung *Luthers* (1517), der durch *Karl V.* von Habsburg (1519 bis

26

1556) auf dem Reichstag zu Worms (1521) in die Acht erklärt wurde. Eine im *Reichsabschied von Speyer* (1526) vereinbarte interimistische Regelung der Konfessionsfrage konnte das Wiederaufflackern der religiösen Auseinandersetzungen auch unter Karls V. Nachfolgern Maximilian II. und Rudolf II. nicht verhindern, zumal das Konzil von Trient (1545–1563) die römisch-katholische Glaubenslehre und die Stellung des Papstes festigte und die Grundlage für die Gegenreformation schuf. Der Verfall des Reichs schritt fort; es wurde nicht nur durch Religionskämpfe, sondern auch durch soziale Auseinandersetzungen (Bauernkriege) immer mehr erschüttert und durch den *Dreißigjährigen Krieg* (1618–1648) der inneren und äußeren Zerstörung preisgegeben. Der *Westfälische Frieden* brachte Gebietsabtretungen an Frankreich und Schweden und das Ausscheiden der Schweiz und der Niederlande aus dem Reichsverband mit sich; er hatte die weitgehende Auflösung des *Feudalstaates* zur Folge und verschaffte den Reichsständen volle *Territorialhoheit.* Das Reich löste sich in nahezu 1300 Fürstentümer und Herrschaften auf, obwohl es formell noch bis 1806 weiterbestand.

Die *Landesherren* erweiterten ihre Macht, wurden souverän und setzten gegenüber den Ständen ihre *absolute Gewalt* durch. Sie erlangten sogar das Recht, mit ausländischen Staaten Bündnisse abzuschließen. Der König von Frankreich als Reichsvogt im Elsaß, der schwedische König als Herr von Vorpommern, Bremen und Verden, der König von Dänemark als Herzog von Holstein erhielten die *Reichsstandschaft.* In dem nur noch als Schattenkaisertum bestehenden Reich entfaltete sich der Dualismus zwischen *Österreich* und *Preußen,* das durch Friedrich d. Gr. mit dem letztlich erfolgreich geführten Siebenjährigen Krieg (1756–1763) gegen Maria Theresia zur Großmacht aufstieg.

Die Schwäche des Reiches begünstigte den Zugriff Frankreichs auf das linke Rheinufer. Durch den *Reichsdeputationshauptschluß* 1803 traten zahllose territoriale Verschiebungen ein; zur Entschädigung der Reichsstände, die von Gebietsabtretungen an Frankreich betroffen waren, wurden alle geistlichen Territorien säkularisiert (verweltlicht) und zahlreiche kleine weltliche Fürstentümer größeren zugeschlagen. 1806 gründeten 16 deutsche Fürsten unter Napoleons Protektorat den *Rheinbund* und nahmen dafür Rangerhöhungen entgegen; Kaiser Franz II. legte die Krone des Römischen Reiches nieder.

13. Der Deutsche Bund (1815–1866)

Die weitere staatliche Entwicklung Deutschlands im Innern wurde nicht nur durch die Beseitigung zahlreicher Kleinstaaten, sondern auch durch neue Formen politischen Lebens geprägt. In Preußen schufen *Stein* und *Hardenberg* eine neue städtische Selbstverwaltung (vgl. 120 I; grundlegend die preuß. Städteordnung von 1808). Sie führten die Gewerbefreiheit ein und befreiten die Bauern durch Aufhebung der Erbuntertänigkeit und Ablösung ihrer dinglichen Lasten. *Scharnhorst* und *Gneisenau* reformierten das Heerwesen auf der Grundlage der *allgemeinen Wehrpflicht.* Die Epoche des *Absolutismus* alter Form war beendet.

Eine Reichsreform gelang jedoch nicht. Der auf dem *Wiener Kongreß* (1815) von 35 Fürsten und 4 Reichsstädten gegründete *Deutsche Bund* war nur ein, nach außen und innen machtloser, völkerrechtlicher *Staatenbund*.

Nur auf wirtschaftlichem Gebiet wurde ein Fortschritt erzielt, indem der 1833 gegründete *Deutsche Zollverein* die Zollschranken beseitigte und eine deutsche Wirtschaftseinheit schuf.

Die Geschicke des Deutschen Bundes leitete der unter österreichischem Vorsitz stehende *Bundestag* in Frankfurt a. M., der eine Konferenz der Gesandten völlig selbständiger Mitgliedstaaten darstellte. *Österreich* und *Preußen* traten sich als Konkurrenten gegenüber. Von dieser *Rivalität* wurde fast das ganze 19. Jahrh. überschattet.

Weder der Wunsch nach nationaler Einheit noch die Bestrebungen, eine freiheitliche verfassungsmäßige Ordnung einzuführen, erfüllten sich. *Fürst Metternich* nutzte die Vormachtstellung Österreichs aus, um einem neuen absolutistischen System zum Vorrang zu verhelfen. Der Einfluß des Volkes auf die Staatsführung war gering, weil das Wahlrecht beschränkt war; die Rechte des Parlaments waren begrenzt. Die in der *Wiener Bundesakte* von 1815 begründeten bürgerlichen Freiheiten wurden nach den „Karlsbader Beschlüssen" (1819) zunehmend wieder eingeengt. Erst unter dem Einfluß der französischen Juli-Revolution (1830) erhielten einige Bundesländer fortschrittliche Verfassungen, die aber wiederum eingeschränkt wurden. Die *bürgerlich-liberale Revolution* von 1848 führte zwar zur *Nationalversammlung* in der *Paulskirche* zu Frankfurt a. M., der viele bedeutende Männer angehörten (Uhland, Gagern, Arndt u. a.), aber zu keinem praktischen Ergebnis. Sie wählte einen Reichsverweser (Erzherzog Johann) und beschloß eine *Reichsverfassung,* die einen Bundesstaat mit einem erblichen Kaiser, einen durch geheime, direkte und allgemeine Wahl gewählten Reichstag und ein Staatenhaus vorsah. *König Friedrich Wilhelm IV.* von Preußen lehnte aber die ihm angetragene Kaiserkrone ab. Die Nationalversammlung ging als Rumpfparlament nach Stuttgart, wo sie aufgelöst wurde. Ein Aufstand in Baden, der die republikanische Einheit Deutschlands erzwingen wollte, wurde niedergeschlagen. Die deutsche Frage blieb ungelöst. Während die sog. *Kleindeutschen* ein Reich ohne Österreich forderten, verlangten die *Großdeutschen* dessen Einbeziehung. Die Entscheidung brachte erst der preuß.-österr. Krieg *1866.* Im Prager Frieden vom 23. 8. 1866 trat Österreich aus dem Deutschen Bunde aus und erkannte den von Preußen zu schaffenden *Norddeutschen Bund* an. Vgl. 14.

14. Norddeutscher Bund (1866–1870). Deutsches Reich (1871–1918)

Nach dem siegreichen Krieg gegen Österreich erreichte *Bismarck* die Gründung des *Norddeutschen Bundes* durch Vertrag zwischen dem König von Preußen und den 18 norddeutschen Staaten sowie den 3 Hansestädten. Der Bund trat nach Annahme seiner Verfassung durch den zu diesem Zweck gewählten Reichstag am 1. 7. 1867 als *Bundesstaat* auf konstitutioneller Grundlage ins Leben.

Organe des Norddeutschen Bundes waren der Bundesrat, das Bundespräsidium, das der König von Preußen innehatte, und der in allgemeiner, gleicher, direkter und geheimer Wahl gewählte Reichstag.

Der Norddeutsche Bund schloß mit den *süddeutschen Staaten,* mit denen Schutz- und Trutzbündnisse eingegangen waren, einen *Zollvereinigungsvertrag*.

Erst der Deutsch-Französische Krieg führte zur politischen Vereinigung von Nord- und Süddeutschland. Im November 1870 traten die süddeutschen Staaten dem Norddeutschen Bund bei. Der König von Preußen nahm am 18. 1. 1871 in Versailles die ihm angetragene Würde eines Deutschen Kaisers an. Das neue Deutsche Reich war geschaffen. Die Zusammenfassung seiner staatsrechtlichen Grundlagen erfolgte nach Zustimmung des Reichstags und der gesetzgebenden Körperschaften der beteiligten Staaten in der Verfassung des Deutschen Reiches vom 16. 4. 1871, die den Inhalt der *Norddeutschen Bundesverfassung* mit den veränderten staatsrechtlichen Verhältnissen in Einklang brachte. Nach der Präambel der Reichsverfassung schloß der König von Preußen namens des Norddeutschen Bundes mit den Landesherren der süddeutschen Staaten einen ewigen Bund zum Schutz des Bundesgebietes, des darin gültigen Rechts und zur Pflege der Wohlfahrt des Deutschen Volkes, der den Namen Deutsches Reich führte und durch Vereinbarung der monarchischen Regierungen seine Verfassung erhielt.

Die *Verfassung vom 16. 4. 1871* verband in geschickter Mischung föderalistische und unitarische Elemente sowie demokratische und monarchische Gedankengänge miteinander. Das *Deutsche Reich der Kaiserzeit,* das auf Vertrag zwischen den 22 deutschen Fürsten und den 3 Hänsestädten beruhte, war ein *Bundesstaat.* Sein Gebiet umfaßte außer den 25 Staaten bzw. Städten das Reichsland *Elsaß-Lothringen.* Träger der Reichsgewalt waren die regierenden deutschen Fürsten und die freien Reichsstädte Hamburg, Bremen und Lübeck; ihr verfassungsmäßiges Organ war der *Bundesrat.* Das Präsidium des Bundes führte der jeweilige König von Preußen als *Deutscher Kaiser.* Er vertrat das Reich völkerrechtlich, konnte im Namen des Reichs Krieg erklären (ohne Zustimmung des Bundesrats nur bei Angriff auf das Reichsgebiet) und Frieden schließen, Verträge mit fremden Staaten eingehen, Gesandte beglaubigen und empfangen. Daneben stand ihm eine Reihe einzelner in der Verfassung festgelegter Befugnisse zu.

Der *Reichstag* ging aus allgemeinen und direkten Wahlen mit geheimer Abstimmung hervor und war an der Gesetzgebung beteiligt. Zum Zustandekommen eines Reichsgesetzes bedurfte es eines übereinstimmenden Mehrheitsbeschlusses des Bundesrates und des Reichstages. Die Ausfertigung der Reichsgesetze standen dem Kaiser zu.

Einziger Minister, jedoch ohne Verantwortung gegenüber dem Reichstag, war der *Reichskanzler,* der vom Kaiser ernannt wurde. Unter ihm standen an der Spitze der Reichsämter *Staatssekretäre.*

Reichskanzler des Kaiserreichs waren: Fürst Bismarck (1871–1890); v. Caprivi (1890–1894); Fürst Hohenlohe (1894–1900); Fürst Bülow (1900–1909); v. Bethmann Hollweg (1909–1917); Michaelis (14. 7.–1. 11. 1917); Graf Hertling (1. 11. 1917–30. 9. 1918); Prinz Max von Baden (3. 10.–9. 11. 1918).

Die *Bundesstaaten* waren nicht nur Verwaltungsbezirke, sondern hatten das Recht der Gesetzgebung; jedoch ging Reichsrecht auf den dem Reich vorbehaltenen Gebieten (insbes. Auswärtiger Dienst, Reichspost, Reichsmarine) dem Landesrecht vor. Das *Heerwesen* war grundsätzlich Sache der Bundesstaaten. Die direkten *Steuern* wurden von den Ländern erhoben, während das Reich auf die indirekten Steuern und die *Zölle* angewiesen war und von den Bundesstaaten

A. Deutsche Länder vor 1864

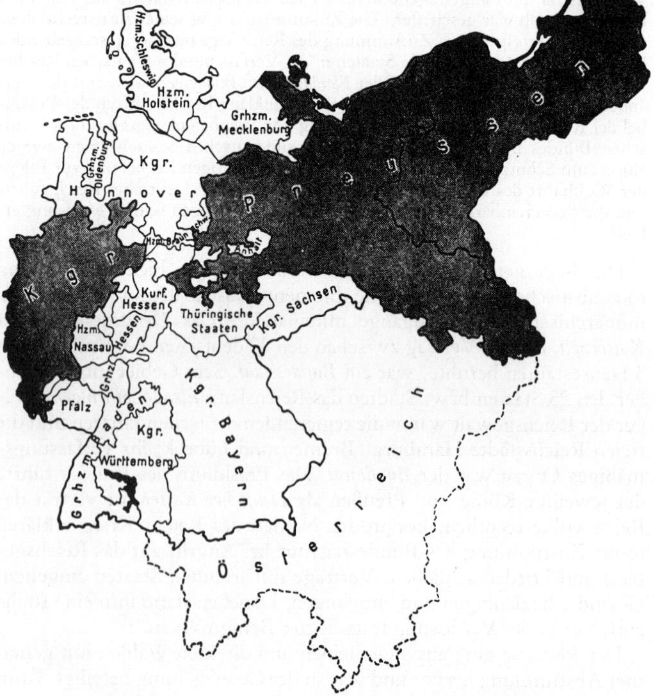

B. Die Staaten des Deutschen Reiches 1871–1918

Preußen
Bayern
Sachsen
Württemberg
Baden
Hessen
Mecklenburg-Schwerin
Mecklenburg-Strelitz
Oldenburg
Braunschweig
Sachsen-Weimar
Sachsen-Meiningen
Sachsen-Altenburg
Sachsen-Coburg-Gotha
Anhalt
Schwarzburg-Rudolstadt
Schwarzburg-Sondershausen
Waldeck
Reuß älterer Linie
Reuß jüngerer Linie
Schaumburg-Lippe
Lippe
Hamburg
Bremen
Lübeck

sog. *Matrikularbeiträge* erhielt („Kostgänger der Länder"). *Bayern* und *Württemberg* genossen Reservatrechte (z. B. Post). *Elsaß-Lothringen* war – nachdem es auf Grund des Krieges 1870/1871 zum Deutschen Reich gekommen war – kein Bundesstaat des Deutschen Reiches, sondern (nur) ein Reichsland. Es hatte einen Sonderstatus und wurde wie eine preußische Provinz verwaltet. Schrittweise wurde seine rechtliche Stellung jedoch der eines Bundesstaates angenähert. Mit dem Verfassungsgesetz von 1911 (RGBl. S. 225) wurde es einem Bundesstaat nahezu gleichgestellt.

Der *Bundesrat* beschloß die Vorlagen an den Reichstag und entschied über die von diesem gefaßten Beschlüsse. Er konnte Ausführungsbestimmungen zu Reichsgesetzen erlassen und entschied öffentlich-rechtliche Streitfälle der Bundesstaaten untereinander und verfassungsrechtliche Streitigkeiten innerhalb eines Bundesstaates.

Der *Reichstag* hatte keinen Einfluß auf die Bildung der Regierung und die Ausübung der vollziehenden Gewalt. Er wurde vom Kaiser einberufen, eröffnet und geschlossen. Zur Auflösung des Reichstags bedurfte es eines Bundesratsbeschlusses und der Zustimmung des Kaisers. Die Abgeordneten des Reichstags genossen unter bestimmten Voraussetzungen Freiheit von Strafverfolgung *(Immunität)*. Politisch gliederte sich der Reichstag in mehrere *Parteien* (Konservative, Nationalliberale, Zentrum, Sozialdemokratische Partei). Der Reichstag hatte keine Möglichkeit, den Reichskanzler zu stürzen. Erst 1918 wurde bestimmt, daß der Kanzler das *Vertrauen des Reichstags* besitzen müsse (vgl. 15).

Der *Kaiser* war im Verhältnis zu den Bundesfürsten nur primus inter pares. Sein Einfluß beruhte auf dem Recht, den Kanzler zu berufen (ohne Zustimmung des Reichstags), und auf den (17 von 58) Stimmen Preußens im Bundesrat. Er war Oberbefehlshaber des Heeres (im Frieden mit gewissen Einschränkungen) und der Reichsmarine. Auch wurden meist preußische Minister zu Staatssekretären des Reiches ernannt.

15. Die Verfassungsänderungen 1918

Vor 1914 wurde das Verfassungsrecht des Kaiserreichs nicht wesentlich geändert. Während des 1. Weltkrieges zielten Reformbestrebungen darauf ab, dem Volk mehr politische Rechte und der Volksvertretung stärkeren Einfluß auf die Regierung einzuräumen. Diese *verfassungsmäßige Neuorientierung* fand in der *Oktoberreform 1918* ihren staatsrechtlichen Niederschlag, der aber durch die Novemberrevolution 1918 überholt wurde.

Obwohl der Kaiser in seiner Eigenschaft als König von Preußen in seiner Osterbotschaft vom 7. 4. 1917 die Abschaffung des preuß. Klassenwahlsystems und die Einführung der unmittelbaren und geheimen Wahl angekündigt hatte, blieb diese Kundgebung zunächst ein Versprechen. Der militärische Zusammenbruch im Sommer 1918 und die Hoffnung, mit einem Eingehen auf die demokratischen Tendenzen der Siegerstaaten erträgliche Waffenstillstands- und Friedensbedingungen zu erhalten, führten zur *Oktoberverfassung von 1918*, durch welche die parlamentarische Verantwortlichkeit des Reichskanzlers und seiner Stellvertreter eingeführt, die Zuständigkeit des Reichstags erweitert und die militärische Kommandogewalt seiner Kontrolle unterstellt wurde.

Eine gesetzmäßige Weiterentwicklung des deutschen Verfassungsrechts wurde durch die *Revolution vom 9. 11. 1918* unterbrochen. An diesem Tage verkündete der Reichskanzler Prinz *Max von Baden* die Abdankung des Kaisers und den

Thronverzicht des Kronprinzen. Die von ihm beabsichtigte Einsetzung einer Regentschaft unterblieb, da der Reichstagsabgeordnete *Philipp Scheidemann* am gleichen Tag in Berlin *die Republik ausrief.* Prinz Max von Baden übertrug das Reichskanzleramt auf den Reichstagsabgeordneten *Friedrich Ebert,* der durch einen Aufruf die Übernahme der Geschäfte durch den aus drei Sozialdemokraten und drei Unabhängigen Sozialdemokraten gebildeten *Rat der Volksbeauftragten* verkündete. Der Bundesrat wurde zur weiteren Ausübung seiner gesetzlichen Verwaltungsbefugnisse ermächtigt.

16. Die Weimarer Republik (1919–1933)

Am 30. 11. 1918 wurden die Wahlen zur *Verfassunggebenden Deutschen Nationalversammlung* ausgeschrieben. Diese trat nach der Wahl vom 19. 1. 1919 am 6. 2. 1919 im Weimarer Nationaltheater zusammen und beschloß zunächst eine Notverfassung. Der Volksbeauftragte *Friedrich Ebert* wurde zum Reichspräsidenten gewählt und berief zur Führung der Reichsgeschäfte ein *Reichsministerium.* Ihre endgültige rechtliche Grundlage erhielt die demokratische Republik in der von der Nationalversammlung beschlossenen *Verfassung vom 11. 8. 1919* (WVerf.), die am 14. 8. 1919 in Kraft trat.

Das Deutsche Reich war nach der WVerf. eine *Republik.* Jedes Land mußte eine freistaatliche Verfassung haben. Die *Staatsgewalt* ging vom Volk aus. Das Reich war ein *Bundesstaat,* in welchem die Staatsgewalt auf Bund und Gliedstaaten verteilt war. *Hoheitszeichen* waren Reichsflagge, Reichswappen und Reichssiegel. Das *Reichsgebiet* bestand aus den Gebieten der 17 deutschen Länder bzw. Städte. Die Rechte der *Länder* waren aber im Vergleich zur Verfassung von 1871 gemindert. Es wurde angesichts des erhöhten Reichsbedarfs eine *Reichsfinanzverwaltung* geschaffen, welche auf Grund der Reichsabgabenordnung von 1919 auch die direkten Steuern (insbes. Einkommen-, Körperschaft-, Vermögensteuer) und die neueingeführte Umsatzsteuer für das Reich erhob. Die Eisenbahnen wurden auf die *Deutsche Reichsbahngesellschaft* übergeführt. Das *Heerwesen* wurde ausschließlich Reichsangelegenheit. Damit sanken die Gesetzgebungsrechte der Länder ab, während sie als Träger der Verwaltung und Inhaber der Polizeigewalt noch erhebliche Bedeutung behielten.

Während das *Reichsgebiet* der Kaiserzeit 22 Staaten und 3 freie Städte umfaßte (s. 14), verringerte sich die Zahl der Länder in der Weimarer Republik auf 17, da die 8 Thüringer Staaten sich am 1. 5. 1920 zum *Land Thüringen* vereinigten und *Waldeck* ab 1. 4. 1929 mit Preußen vereinigt wurde.

Der *Reichstag* repräsentierte das deutsche Volk und seine Souveränität. Wahlberechtigt waren alle über 20 Jahre alten Deutschen. Zu den alten Parteien (konservative Deutschnationale Volkspartei, nationalliberale Deutsche Volkspartei, Zentrum, Sozialdemokraten) traten die KPD, die NSDAP und zahlreiche kleinere Parteien. Der Kanzler bedurfte des *Vertrauens des Reichstages.*

Der *Reichsrat* hatte gegen Gesetzesbeschlüsse des Reichstags nur ein Vetorecht, das vom RT mit ⅔-Mehrheit überstimmt oder durch *Volksentscheid* entkräftet werden konnte. Seine Bedeutung war viel geringer als die des Bundesrats nach der Verfassung von 1871. Die frühere Vormachtstellung Preußens war gebrochen.

Der *Reichspräsident* wurde vom Volk auf 7 Jahre gewählt. Dem ersten Reichspräsidenten *Ebert* folgte Generalfeldmarschall *von Hindenburg* (gest. 1934). Der Präsident vertrat das Reich völkerrechtlich, ernannte die Reichsbeamten und war Oberbefehlshaber der Reichswehr (100000 Mann). Er konnte den Reichstag auflösen und gegen ein von diesem beschlossenes Gesetz einen *Volksentscheid* herbeiführen. In Notfällen konnte er auf Grund des Art. 48 WVerf. *Notverordnungen* erlassen. Diese Ausnahmegesetzgebung wurde unter dem Reichskanzler *Brüning* zur Regel und führte zu einer *Aushöhlung der Verfassung* auf scheinbar legalem Wege.

Im übrigen garantierte die WVerf. die typischen Rechte der liberalen Demokratie, insbesondere Grundrechte und -freiheiten, und wahrte die Gewaltenteilung. Der Mißbrauch der von ihr gewährten Freiheiten führte jedoch letztlich zum Scheitern der Weimarer Republik (vgl. 18).

Reichskanzler der Weimarer Republik waren: Scheidemann (13. 2.–20. 6. 1919); Bauer (21. 6. 1919–26. 3. 1920); Hermann Müller (27. 3.–8. 6. 1920 u. 28. 6. 1928–27. 3. 1930); Fehrenbach (1920–1921); Wirth (1921–1922); Cuno (1922 bis 1923); Stresemann (1923); Marx (1923–1924, 1926–1928); Luther (1925–1926); Brüning (1930–1932); von Papen (1932); von Schleicher (3. 12. 1932–28. 1. 1933).

17. Der Vertrag von Versailles

wurde am 28. 6. 1919 in Versailles von den Alliierten und den assoziierten Mächten und dem Deutschen Reich zur Beendigung des 1. Weltkriegs unterzeichnet; er trat am 10. 1. 1920 in Kraft. Dieser Vertrag legte Deutschland untragbare wirtschaftliche Lasten auf und beschleunigte den Niedergang der Weimarer Republik.

Obwohl Deutschland im Jahre 1918 bereit war, im Rahmen der von US-Präs. *Woodrow Wilson* verkündeten sog. *Wilson'schen 14 Punkte* einen Friedensvertrag abzuschließen, enthielten die Waffenstillstandsbedingungen ein davon weit entferntes Diktat, das am 11. 11. 1918 unter Protest angenommen wurde. Unter dem Druck eines Ultimatums nahm auch die Nationalversammlung am 23. 6. 1919 den Vertrag von Versailles an; er wurde am 28. 6. 1919 unterzeichnet, von den USA aber nicht ratifiziert. Dem eigentlichen, aus einer Einleitung und 15 Teilen mit 440 Artikeln, Unterabschnitten und Anhängen bestehenden Vertrag war die *Völkerbundsatzung* vorangestellt; in Teil 13 enthielt der Vertrag von Versailles das internationale Arbeitsrecht. Die wesentlichsten Belastungen Deutschlands waren neben einer Verfemung des deutschen Volkes durch die *Kriegsschuldthese* Verlust aller Kolonien, Gebietsabtretungen, Abtretung der Rechte des Deutschen Reiches im Ausland, Abtretung von Kunstgegenständen, Reparationen unvernünftigsten Ausmaßes (u. a. 132 Mrd. Goldmark), Internationalisierung von Elbe, Oder, Memel, Donau und Rhein sowie eine 15jährige Besetzung des linken Rheinlandes.

Die Erfüllung der *Reparationen* geriet durch die *Inflation* ins Stocken. Frankreich schritt zu Sanktionen und besetzte 1923 das ganze Ruhrgebiet, was den endgültigen Zerfall der Markwährung zur Folge hatte. Der gegen die Besetzung von der Reichsregierung unter Reichskanzler *Cuno* ausgerufene passive Widerstand wurde, weil letztlich erfolglos, unter der neuen Regierung *Stresemann* wieder aufgegeben. Doch erreichte Stresemann im Verhandlungswege, daß der Rest des Rheinlandes bereits 1930 (statt 1935) geräumt wurde. Die Abstimmung im Saargebiet fand, wie vorgesehen, 1935 statt; sie führte zur Wiedervereinigung mit dem Reich (vgl. 138a I).

Der Kampf gegen den Versailler Vertrag und seine Diskriminierung wurde ein Kernstück der nat.-soz. Propaganda; die Beseitigung der restlichen Beschränkungen des Vertrages stärkte Hitlers Ansehen und trug wesentlich dazu bei, daß große Teile des deutschen Volkes anfänglich seine Politik und die Machterweiterung der Staatsführung billigten (vgl. 18).

18. Die Diktatur Hitlers (1933–1945)

Obwohl auch nach 1933 die *Weimarer Verfassung* formell in Geltung blieb, wurde sie doch praktisch von *Adolf Hitler* außer Kraft gesetzt, der alle verfassungsmäßigen Möglichkeiten für seine Zwecke ausnutzte. Nachdem Hitler am 30. 1. 1933 vom Reichspräsidenten *von Hindenburg* zum *Reichskanzler* ernannt worden war, fand am 5. 3. 1933 eine *Reichstagswahl* statt. Die dabei geschaffene Mehrheit nahm am 24. 3. 1933 das „Gesetz zur Behebung der Not von Volk und Reich" an, das Hitler zum Erlaß von Gesetzen ohne Befragung des Reichstages ermächtigte *(Ermächtigungsgesetz)*.

Bereits am 1. 2. 1933 erließ Hitler einen *Aufruf* an die Deutsche Nation zur gemeinsamen Wiederaufbauarbeit in zwei *Vierjahresplänen*. Am 2. 2. 1933 wurde das Luftfahrt-Kommissariat unter Göring errichtet. Eine NotVO vom 4. 2. 1933 schränkte das Recht der öffentlichen Sammlungen, Versammlungen und das Presserecht ein. Am 18. 2. 1933 erging eine NotVO zur Milderung sozialer Härten, die Invaliden und Kriegsopfer bedachte. Auf Grund des *Reichstagsbrandes* am 27. 2. 1933 nahm Göring 4000 kommunistische Funktionäre in Sicherheitsverwahrung. Die sozialistische Presse wurde verboten. Am 28. 2. 1933 erging eine VO zum Schutz von Volk und Staat, die kommunistische Gegenmaßnahmen unterband. Am 13. 3. 1933 wurde Dr. Goebbels als Leiter des neu errichteten *Propagandaministeriums* eingesetzt. Nach dem Tag von Potsdam (21. 3. 1933) nahm der Reichstag mit 444 gegen 94 Stimmen der SPD das *Ermächtigungsgesetz* an.

Das Verhältnis von *Reich und Ländern* wurde im Sinne eines *zentralistischen Unitarismus* umgestaltet. Die Länder wurden gleichgeschaltet und *Reichsstatthalter* eingesetzt. 1934 wurden die Landtage aufgelöst und die Hoheitsrechte der Länder auf das Reich übertragen. Auch Presse, Jugenderziehung, Bauernschaft, Arbeiterorganisationen, Fachverbände kamen unter nat.-soz. Führung.

Das *Führerprinzip* wurde auf alle Bereiche ausgedehnt. Kollegien und parlamentarische Einrichtungen wurden beseitigt oder ausgeschaltet. In den *Gemeinden* endete die Selbstverwaltung; ein parteimäßig berufener *Bürgermeister* trat an die Spitze der Verwaltung. Deutschland war zum *Einparteienstaat* geworden, der in *totalitärer* Weise unter Ausschaltung anderer Meinungen (Überwachung durch Gestapo und Sicherheitsdienst) alle Gebiete des sozialen Lebens beherrschte. Die *Gewerkschaften* wurden durch die von der NSDAP gesteuerte *Deutsche Arbeitsfront* ausgeschaltet.

Die *Gesetzgebung der Jahre 1933/35* läßt die Entwicklung des totalitären politischen Systems deutlich hervortreten:

31. 3. 1933 Erstes *Gleichschaltungsgesetz;* es vereinfachte die Landesgesetzgebung und regelte die Volksvertretung der Länder neu.
7. 4. 1933 Zweites Gleichschaltungsgesetz; *Reichsstatthalter* eingesetzt.
7. 4. 1933 Gesetz zur Wiederherstellung des Berufsbeamtentums (zur Entfernung politisch mißliebiger Beamter und ihre Ersetzung durch Parteibeamte benutzt).
8. 7. 1933 Gesetz über den Preußischen Staatsrat.
14. 7. 1933 Gesetz gegen die Neubildung von Parteien.
22. 9. 1933 Reichskulturkammergesetz.
29. 9. 1933 Reichserbhofgesetz.
4. 10. 1933 Schriftleitergesetz.
1. 12. 1933 Gesetz zur Sicherung der Einheit von Partei und Staat.
20. 1. 1934 Gesetz zur *Ordnung der nationalen Arbeit.*
30. 1. 1934 Gesetz über den Neuaufbau des Reiches.
20. 12. 1934 Gesetz gegen heimtückische Angriffe auf Staat und Partei.
30. 1. 1935 *Reichsstatthaltergesetz.*
15. 9. 1935 Reichsbürgergesetz und Gesetz zum Schutz des deutschen Blutes und der deutschen Ehre.

Mit der Vereinigung der höchsten gesetzgebenden und vollziehenden Gewalt in einer Hand waren die Grundlagen der demokratischen Republik zerstört. Das Deutsche Reich war zur *Diktatur* geworden. Der Wille Hitlers, der sich nach Hindenburgs Tod zum „Führer und Reichskanzler" ernannt hatte und auch die oberste richterliche Entscheidung beanspruchte, war die alleinige Rechtsquelle geworden. Dadurch, daß die *Weimarer Verfassung,* die formell weiter galt, immer mehr durchlöchert und praktisch außer Kraft gesetzt wurde, ging dem Hitlerreich der Charakter eines *Rechtsstaates* verloren; es verschrieb sich zudem auch in Gesetzgebung und Verwaltung zunehmend einem schrankenlosen Antisemitismus. Die äußerlich in der Form von Gesetzgebungsbeschlüssen des Reichstags zustandegekommenen, in Wahrheit allein auf dem Willen Hitlers beruhenden Gesetze dienten vielfach nicht nur der Ausschaltung politischer Gegner, sondern vor allem der Entfernung der Juden aus dem Bereich des öffentlichen und des Berufslebens. Nach Ausbruch des 2. Weltkrieges und der Besetzung der stark mit jüdischer Bevölkerung durchsetzten polnischen Gebiete steigerte sich die Judenverfolgung zur systematischen Vernichtung in Konzentrationslagern. Eine Widerstandsbewegung, die unter Beteiligung hoher Offiziere am 20. 7. 1944 Hitler durch einen Anschlag zu stürzen versuchte, scheiterte; ihre Führer wurden vom Volksgerichtshof zum Tode oder zu harten Zuchthausstrafen verurteilt.

Zum Totalitarismus im Innern gesellte sich eine äußere Machtpolitik, die eine zunehmende außenpolitische Isolierung Deutschlands zur Folge hatte. Schon am 14. 10. 1933 erklärte das Reich seinen Austritt aus dem Völkerbund. Dies und die Rassenpolitik Hitlers schufen dem Reich immer mehr Feinde in den demokratischen Ländern. Übersteigerte und gewaltsam durchgesetzte Gebietsansprüche führten zum 2. Weltkrieg, der im April/Mai 1945 mit dem totalen militärischen Zusammenbruch des nat.-soz. Deutschland, des sog. „Dritten Reiches", endete, das vielfach so bezeichnet wurde, indem man das Heilige Römische Reich (vgl. 12) als das erste, das Bismarck'sche Kaiserreich (vgl. 14) als das zweite Deutsche Reich ansah und die Weimarer Republik (vgl. 16) überging.

Ein Teil der für die Rechtsbrüche Hauptverantwortlichen wurde nach dem Zusammenbruch 1945 im Prozeß vor dem Alliierten Militär-Gerichtshof in Nürnberg, andere wurden in den während des Krieges von Deutschland besetzten Gebieten oder durch deutsche Gerichte zur Verantwortung gezogen.

19. Die Besatzungszeit und der Wiederaufbau einer deutschen Verwaltung

I. *Beginn der Besatzungszeit*

Nach der bedingungslosen Kapitulation der deutschen Wehrmacht, die am 8. 5. 1945 in Berlin unterzeichnet wurde, übten die *Besatzungsmächte* (USA, Großbritannien, Frankreich, Sowjetunion) die Staatsgewalt nach innen und außen aus.

Die militärische Niederringung und die Besetzung des gesamten Staatsgebietes hatten das Deutsche Reich handlungsunfähig gemacht. Es hörte jedoch nicht auf, als *Staatspersönlichkeit* zu bestehen – ebensowenig wie 1918, als die Fürsten ihre Throne verloren –, obwohl es 1871 als Fürstenbund gegründet worden war. Der Grund liegt darin, daß das *staatliche Gemeinwesen* in Dasein und Einheit auf dem Willen des Volkes beruht. Vgl. 5 I.

In der *Berliner Erklärung* vom 5. 6. 1945 übernahmen die Regierungen des Vereinigten Königreichs von Großbritannien und Nordirland, der Vereinigten Staaten von Amerika, der Union der Sozialistischen Sowjetrepubliken und der Französischen Republik die *oberste Regierungsgewalt* in Deutschland. Art. 13b dieser *Viermächte-Erklärung* bestimmte: „Alle deutschen Behörden und das deutsche Volk haben den Forderungen der Alliierten Vertreter bedingungslos nachzukommen und alle Proklamationen, Befehle, Anordnungen und Anweisungen uneingeschränkt zu befolgen."

Durch das *Potsdamer Abkommen* vom 2. 8. 1945 wurden u.a. Grundsätze für die wirtschaftliche und politische Behandlung Deutschlands festgelegt, so über die Aburteilung der Kriegsverbrecher, die Entnazifizierung, Reparationsleistungen, Industrieentflechtung usw. Ferner wurden territoriale Abmachungen getroffen (Verwaltung des nördlichen Teils von Ostpreußen durch die UdSSR, Unterstellung der übrigen Ostgebiete – südliches Ostpreußen, Pommern, Mark Brandenburg und Schlesien/Oberschlesien östlich der Oder und Lausitzer Neiße – unter polnische Verwaltung; die Festlegung der *Westgrenze Polens* wurde bis zu einer friedensvertraglichen Regelung zurückgestellt). Die Siegermächte teilten Deutschland in *vier Besatzungszonen* (britische, amerikanische, französische, sowjetische). Die oberste Gewalt wurde den *Militärbefehlshabern* in den einzelnen Besatzungszonen übertragen. Sie stimmten ihre Maßnahmen im *Kontrollrat* (KR) aufeinander ab. Die Gesetze des Kontrollrats, zu deren Beschluß Einstimmigkeit erforderlich war, erhielten Geltung erst durch die Verkündung in den einzelnen Zonen. Von diesen Kontrollratsgesetzen sind zu erwähnen: das Gesetz Nr. 1 betr. Aufhebung gewisser nationalsozialistischer Gesetze, das Gesetz Nr. 9 betr. Beschlagnahme und Kontrolle des Vermögens der IG-Farbenindustrie, Gesetz Nr. 10, das die materielle Grundlage für die Nürnberger Kriegsverbrecherprozesse darstellte, und Gesetz Nr. 16 = Ehegesetz. Der Kontrollrat stellte am 20. 3. 1948 seine Tätigkeit ein, nachdem er durch den Auszug der Vertreter der UdSSR beschlußunfähig geworden war.

Die Verwaltung von *Groß-Berlin* wurde einer *Alliierten Kommandantur* übertragen. *Berlin* war keiner der vier Besatzungszonen zugeteilt, sondern sollte von den vier Besatzungsmächten gemeinsam verwaltet werden. Das Gebiet wurde in *vier Sektoren* eingeteilt. Seitdem im Jahre 1948 die Sowjets die Alliierte Kommandantur verlassen haben, bestand diese nur noch aus den Vertretern der drei Westmächte.

II. *Aufbau einer deutschen Verwaltung*

Seit 1946 vollzog sich, uneinheitlich in den verschiedenen Besatzungszonen, der *Aufbau einer deutschen Verwaltung*. Das Ziel der von den Besatzungsmächten gesteuerten Maßnahmen war eine weitgehende *Dezentralisation* und Verlagerung des Schwergewichts auf die lokale Selbstverwaltung.

1. In der *britischen Zone* wurden zunächst 8 Länder gebildet. Dies waren die ehemaligen preußischen Provinzen *Schleswig-Holstein* und Hannover, die alten Länder Oldenburg, Braunschweig und Schaumburg-Lippe, die Hansestädte *Hamburg* und *Bremen* und das aus der früheren preußischen Provinz Westfalen und dem Nordteil der Rheinprovinz gebildete Land *Nordrhein-Westfalen*. Im November 1946 wurden die bisherigen Länder Hannover, Oldenburg, Braunschweig und Schaumburg-Lippe im Zuge einer Neugliederung zum *Land Niedersachsen* zusammengelegt (VO Nr. 55 der Brit. Militärregierung). Vgl. 136.

Durch VO Nr. 70 der Brit. Militärregierung wurde das Land Niedersachsen zum *Rechtsnachfolger* der vier genannten Länder erklärt. Nach Abgabe von Bremen an die amerik. Zone bestand die britische Zone aus den Ländern Schleswig-Holstein, Niedersachsen, Nordrhein-Westfalen und dem Stadt-Staat Hamburg.

Als beratendes Gremium des Zonenbefehlshabers fungierte der sog. *Zonenbeirat,* dem Vertreter der politischen Parteien, der Landesregierungen und der Gewerkschaften angehörten. Als Hilfsorgane der Besatzungsmacht wurden deutsche *Zentralämter* für Wirtschaft, Justiz, Finanzen (Finanzleitstelle Hamburg), Arbeit, Verkehr, Bahn und Post eingerichtet.

2. Der Aufbau in der *amerikanischen* Besatzungszone zeigte eine deutlich *föderalistische* Tendenz. Die Machtstellung der hier zu frühem Zeitpunkt gebildeten Länder *Bayern, Württemberg-Baden* und *Hessen* (1947 kam als viertes Land das ursprünglich zur brit. Zone gehörende *Bremen* hinzu) wurde bewußt gestärkt. Bereits 1946 wurden in den Ländern *Wahlen* zu verfassunggebenden Versammlungen ausgeschrieben, und im Dezember 1946 traten die von diesen beschlossenen Landesverfassungen in Kraft.

Die Länder übernahmen Reichsaufgaben. Ein permanenter Rat der Ministerpräsidenten stimmte als *Länderrat* Gesetzgebung und Verwaltung der Länder aufeinander ab. Als gemeinschaftliche Verwaltungsstellen entstanden der *Ober-*

ste Finanzhof, das Oberpostdirektorium in München und die Generaldirektion für Verkehrswesen in Frankfurt a. M.

3. In der *französischen Zone* vollzog sich der Aufbau deutscher Verwaltungsstellen langsamer. Es wurden zunächst nur kommunale Verwaltungen errichtet. Später ging man an die Bildung von drei Ländern: *Baden, Württemberg-Hohenzollern* und *Rheinland-Pfalz.* Über die Landesverfassungen fand eine Volksabstimmung statt.

Zoneneinheitliche Einrichtungen wie in der amerik. und brit. Besatzungszone gab es in der französischen Zone zunächst nicht. Erst 1947 wurden über die Landesregierungen *Generaldirektionen* für die wichtigsten Verwaltungszweige eingesetzt.

4. Die Entwicklung in der *sowjetischen* Besatzungszone zielte von Anfang an auf Errichtung eines zentralregierten Verwaltungsgebietes ab. Es wurden *Zentralverwaltungen* aufgebaut. Den fünf Ländern der Zone (Brandenburg, Mecklenburg, Sachsen, Sachsen-Anhalt und Thüringen) kam bald nur noch die Funktion höherer Verwaltungseinheiten zu. Vgl. 24 III.

III. *Zusammenschluß der Westzonen*

Zwar hatten die Siegermächte erklärt, daß Deutschland staatlich und wirtschaftlich eine Einheit bilden solle. Infolge der Gegensätze zwischen den Westmächten und der UdSSR vertiefte sich aber die Trennung der vier Besatzungszonen immer mehr. Die Westmächte faßten deshalb einen wirtschaftlichen Zusammenschluß der drei Westzonen ins Auge, der aber wegen der ablehnenden Haltung Frankreichs zunächst nur als wirtschaftliche Vereinigung der brit. und amerik. Zone zur *Bizone* mit Wirkung ab 1. 1. 1947 zustande kam. Erst im März 1948 wurde die franz. Zone einbezogen.

Zunächst wurden fünf mit Ressortministern der Länder besetzte *Bizonale Räte* ins Leben gerufen. Dann wurde durch Proklamation der beiden Militärgouverneure vom 29. 5. 1947 und Gesetz über den vorläufigen Aufbau der Wirtschaftsverwaltung des *Vereinigten Wirtschaftsgebietes (VW)* vom 9. 8. 1947 mit dem *Wirtschaftsrat* das wichtigste Organ der Zweizonenverwaltung gebildet. Dieser setzte sich aus 104 von den Landtagen der beteiligten 8 Länder gewählten Abg. zusammen. Er erhielt zunächst nur wirtschaftliche, später auch gesetzgeberische Befugnisse. Daneben bestand ein *Länderrat* aus 24 Vertretern der Landesregierungen. Er besaß neben dem Recht der Gesetzesinitiative ein *Vetorecht* gegenüber den vom Wirtschaftsrat verabschiedeten Gesetzen, das von diesem nur mit absoluter Mehrheit überstimmt werden konnte. Alle Gesetze bedurften nach Verabschiedung durch Wirtschafts- und Länderrat der Zustimmung des *Bipartite Board,* einer Kontrollinstanz der Besatzungsmächte. Die Exekutive war gegliedert in *fünf Verwaltungen* für Wirtschaft, Ernährung und Landwirtschaft, Arbeit, Finanzen, Verkehr und Post, die von *Direktoren* mit ministerähnlichen Befugnissen unter einem *Oberdirektor* (Dr. Pünder) geleitet wurden. Als Oberbehörden bestanden das *Deutsche Obergericht* in Köln, das zugleich Staatsgerichtshof und oberstes Zivil-, Straf- und Verwaltungsgericht war (aufgehoben durch Ges. vom 27. 12. 1951, BGBl. I 1009), und die *Bank deutscher Länder.*

20. Der Parlamentarische Rat und die Schaffung des Grundgesetzes

Auf der Londoner Außenministerkonferenz im Nov./Dez. 1947 konnten sich die vier „alliierten Großmächte" über die Neuordnung der staatlichen Verhältnisse Gesamtdeutschlands nicht einigen. Auf einer weiteren Londoner Konferenz kamen die Vereinigten Staaten von Amerika, Großbritannien, Frankreich, Belgien, Luxemburg und die Niederlande im Juni 1948 überein, die Einberufung einer *verfassunggebenden Versammlung* für die drei Westzonen zu genehmigen. Diese sollte eine *demokratische* Verfassung mit *föderalistischem* Staatsaufbau schaffen. Die Militärgouverneure gaben den 11 MinPräs. der westdeutschen Länder entsprechende Richtlinien in den sog. *Frankfurter Dokumenten.*

Auf Initiative der Ministerpräsidenten wählten die 11 westdeutschen Landtage im August 1948 65 Abgeordnete in den *Parlamentarischen Rat* (Parl. Rat), die sich ihrer Parteizugehörigkeit nach wie folgt verteilten: CDU/CSU 27, SPD 27, FDP 5, DP 2, Zentrum 2, KPD 2. Hinzu kamen 5 Vertreter Westberlins mit beratender Stimme.

Der Parl. Rat trat am 1. 9. 1948 in Bonn zusammen und wählte *Dr. Adenauer* zum Präsidenten. Die Grundlage für seine Arbeit bildete ein von einem Sachverständigenausschuß in *Herrenchiemsee* erarbeiteter Verfassungsentwurf. Die Mitglieder des Parl. Rates waren von Weisungen unabhängig.

Der Parl. Rat setzte 7 Fachausschüsse zur Vorberatung der einzelnen Verfassungsartikel sowie einen Hauptausschuß ein, der den Verfassungsentwurf in insgesamt vier Lesungen abschließend beriet; in ihm wurden die eigentlichen politischen Entscheidungen getroffen. Über die Wahl der Bezeichnung „Grundgesetz" vgl. 41.

Die drei *Militärgouverneure* beobachteten die Arbeit des Parl. Rates durch Verbindungsstäbe. Der erste Verfassungsentwurf wurde abgelehnt, weil er dem föderalistischen Prinzip zu wenig Rechnung trug. Auch die im März 1949 vorgelegte Endfassung des Grundgesetzes (GG) stieß auf Einwände der Militärgouverneure. Erst nach langwierigen Verhandlungen konnte eine Verständigung erzielt werden.

Am 8. 5. 1949 wurde das GG vom Parl. Rat mit 53 gegen 12 Stimmen angenommen und anschließend den Militärgouverneuren zur Genehmigung vorgelegt. Diese wurde mit den im *Besatzungsstatut* niedergelegten *Vorbehalten* (vgl. 22 I) erteilt; die Besatzungsmächte hatten ferner das Inkrafttreten an die Zustimmung von ⅔ der Länderparlamente geknüpft. Nach Billigung durch fast alle Landtage der deutschen Länder (von den 11 Ländern stimmte nur Bayern dagegen) wurde das GG am 23. 5. 1949 verkündet; es trat am Tage darauf in Kraft (Art. 145 Abs. 2 GG). Vgl. 41ff.

21. Konstituierung der Organe der Bundesrepublik

Wenn man auch die Verkündung des Grundgesetzes (vgl. 20) mit Recht als die Geburtsstunde der *Bundesrepublik Deutschland* (BRep.) ansieht, darf doch nicht verkannt werden, daß der junge Staat erst arbeitsfähig wurde durch die Bildung seiner wichtigsten *Organe:*

Bundestag, Bundesrat, Bundespräsident, Bundesregierung.

Bereits der Parl. Rat hatte ein *Wahlgesetz* geschaffen, auf Grund dessen am 14. 8. 1949 die Wahlen zum *Deutschen Bundestag* als der Volksvertretung der BRep. stattfanden. Diese Wahl stellte eine Mischung von *Persönlichkeits-* und *Listenwahl* dar, wobei man den Prozentsatz der direkt gewählten Abgeordneten etwa mit 60 v. H. einsetzen kann. Zur Zusammensetzung des 1. BT s. 59.

Am *7. 9. 1949* trat der Bundestag in Bonn zusammen. Diese Stadt war durch Beschluß des Parl. Rates zur vorläufigen *Bundeshauptstadt* bestimmt worden. Am gleichen Tag hielt auch der *Bundesrat,* die Vertretung der Länder, seine erste Sitzung ab.

Seit 7. 9. 1949 steht dem Bundestag die Gesetzgebung für die BRep. unter Beteiligung des Bundesrates zu (Art. 122 Abs. 1 GG). Der süddeutsche Länderrat, der Bizonale Wirtschaftsrat und andere zonale bzw. bizonale gesetzgebende Körperschaften wurden aufgelöst.

Am 12. 9. 1949 wählte die *Bundesversammlung,* gebildet aus den 402 Abgeordneten des Bundestags und der gleichen Zahl eigens zu diesem Zweck von den Landtagen entsandter Vertreter (Wahlmänner), in dem durch Art. 54 GG vorgesehenen Verfahren mit 416 von 800 abgegebenen Stimmen den FDP-Abgeordneten *Prof. Dr. Theodor Heuss* zum ersten *Bundespräsidenten* (vgl. 61). Am 15. 9. 1949 wurde der CDU-Abg. *Dr. Konrad Adenauer* vom Bundestag zum *Bundeskanzler* gewählt. Er stellte am 20. 9. 1949 die Mitglieder seines Kabinetts vor. Damit war als letztes der Obersten Bundesorgane die *Bundesregierung* gebildet.

22. Besatzungsstatut, Dreimächtekontrolle

I. *Besatzungsstatut*

Am 10. 4. 1949 wurden dem Parl. Rat in Bonn von den all. Kontrollbehörden das *Besatzungsstatut für Westdeutschland* und das Abkommen über *Dreimächtekontrolle* übermittelt. Danach hörte mit Errichtung der BRep. die Militärregierung als solche auf zu bestehen. Die Kontrollbefugnisse wurden von je einem *Hohen Kommissar* ausgeübt, während die militärischen Funktionen von je einem Oberbefehlshaber wahrgenommen wurden. Die drei Hohen Kommissare bildeten gemeinsam die *Alliierte Hohe Kommission,* die in jedem Land durch einen *Länderkommissar* der betreffenden Besatzungsmacht vertreten war.

Das mit Konstituierung der Bundesregierung am 21. 9. 1949 in Kraft getretene *Besatzungsstatut* übertrug dem deutschen Volk schon während der Besatzungszeit die Selbstverwaltung, behielt aber die oberste staatliche Gewalt und eine Reihe von Machtbefugnissen den Besatzungsbehörden vor.

Auf den Gebieten der *Vorbehaltsklausel* waren die Besatzungsmächte zu Eingriffen in die Grundrechte berechtigt. Solches *Besatzungsrecht* ging dem innerdeutschen Recht vor. Änderungen des GG bedurften einer ausdrücklichen vorherigen Zustimmung der Besatzungsmächte.

II. *Beginn der Integration*

In der Folgezeit änderte sich das Verhältnis zwischen der BRep. und den früheren Besatzungsmächten infolge einer zunehmenden *Integration* in überstaatliche Organisationen.

1. Durch den *Marshallplan* (vgl. 910) wurde der Wiederaufbau der westeuropäischen Wirtschaft gefördert. Die BRep. erhielt im Oktober 1949 die volle Gleichberechtigung im *Europäischen Wirtschaftsrat* (OEEC).

2. Einen weiteren Fortschritt bedeutete das sog. *Petersberg-Abkommen* vom 22. 11. 1949.

Hierdurch wurden die *Demontagen* deutscher Unternehmungen praktisch beendet und der *Schiffbau* freigegeben. Weiter wurde der Beitritt der BRep. zu mehreren internationalen Organisationen sowie zur Ruhrbehörde und die Einrichtung deutscher Konsulate genehmigt.

3. Mit Verwirklichung des *Schumanplans* im Jahre 1951 (vgl. 911) wurden die Bestimmungen des Besatzungsrechts, soweit es sich um die Grundstoffindustrien *Kohle und Eisen* handelt, durch die neuen europäischen Rechtsvorschriften abgelöst und die gegen Deutschland gerichteten Beschränkungen aufgehoben.

4. Der Beitritt der BRep. zur *NATO* (vgl. 913) im Mai 1955 verschaffte ihr Mitgliedschaft im Altantischen Ministerrat, im Militärausschuß und den sonstigen Einrichtungen dieses Paktes.

5. Durch die *Pariser Verträge* (vgl. 915) wurde die *Beendigung des Besatzungsregimes* bis auf die Vorbehalte hinsichtlich Berlin, Deutschland als Ganzes und den *Friedensvertrag* erreicht. Gemäß Erklärung der Drei Mächte vom 27. 5. 1968 (BGBl. I 714) sind die diesen vorbehaltenen Rechte in bezug auf die Sicherheit der *Stationierungsstreitkräfte* mit dem Inkrafttreten der sog. Notstandsgesetzgebung (67) erloschen, nicht aber in Bezug auf die Vier-Mächte-Verantwortung für Deutschland als Ganzes und für Berlin. Zur Beendigung der Vier-Mächte-Verantwortung s. 24 IV 1.

23. Entwicklung zu zwei deutschen Staaten

I. *Bundesrepublik Deutschland und Deutsche Demokratische Republik*

1. *Überblick*

Die Gründung der Bundesrepublik Deutschland (23. 5. 1949) und der Deutschen Demokratischen Republik (DDR) am 7. 10. 1949 sowie die Aufteilung von Berlin in Berlin (West) und Berlin (Ost) bildete den Beginn einer Aufspaltung der staatlichen, politischen, gesellschaftlichen und rechtlichen Entwicklung Deutschlands. Die weitere Geschichte Deutschlands vollzog sich von 1949 an in zwei getrennten Staaten, die verschiedenen gesellschaftlichen und ideologischen Systemen angehörten. Während die Bundesrepublik Deutschland in das westliche System, besonders in die NATO (s. 913) und die EG (s. 813, 916) integriert wurde, bildete die DDR einen Teil des sog. „Ostblocks" (s. 923 I). Ideologisch war die DDR ein sozialistischer Staat auf der Grundlage des Marxismus-Leninismus, die Bundesrepublik Deutschland dagegen ist ein freiheitlicher demokratischer Rechtsstaat.

2. *Völkerrechtliche Lage Deutschlands*

a) *BRep. und DDR in staats- und völkerrechtlicher Sicht*

In staats- und völkerrechtlicher Hinsicht ergab sich durch die Existenz zweier deutscher Staaten eine Vielzahl von Problemen. Die BReg. vertrat stets die Auffassung, daß Deutschland als Ganzes fortbestehe und daß die BReg. allein berechtigt sei, Gesamtdeutschland zu vertreten *(Alleinvertretungsanspruch)*. Im Zusammenhang hiermit stand die sog. *Hallstein-Doktrin,* die besagte, daß die BRep. keine diplomatischen Beziehungen zu solchen Staaten (außer der UdSSR) aufnimmt, welche die DDR anerkennen. Die Hallstein-Doktrin wurde von der BReg. lange Zeit strikt eingehalten, wich im Laufe der Zeit jedoch einer neueren Auffassung. Auf der Grundlage dieser Auffassung erkannte die BReg. die DDR zwar völkerrechtlich auch weiterhin nicht an; sie strebte vielmehr „besondere innerdeutsche Beziehungen nicht völkerrechtlicher Art *innerhalb einer deutschen Nation*" an. Nach Auffassung der BReg. hatten die Vier Mächte die 1945 übernommene Regierungsgewalt über Gesamtdeutschland noch nicht aufgegeben; völkerrechtlich existiere demgemäß noch Gesamtdeutschland, innerhalb dessen BRep. und DDR vorläufige „Teilordnungen" seien (dazu BVerfG NJW 1973, 1539). Die DDR dagegen ging von zwei deutschen Staaten aus, die beide Nachfolgestaaten des untergegangenen Deutschen Reiches seien (Zwei-Staaten-Theorie).

Dementsprechend führte die DDR z. B. 1967 unter Aufgabe des Einheitsgedankens im deutschen Staatsangehörigkeitsrecht eine eigene Staatsbürgerschaft der DDR ein. Bis 1972 hatte der von der BRep. erhobene Alleinvertretungsanspruch für Gesamtdeutschland und die entgegengesetzte Zweistaatenlehre der DDR – abgesehen von sog. „technischen Kontakten" z. B. im Post- und Bahnverkehr – offizielle Beziehungen zwischen den Regierungen beider Gebiete verhindert. Im *„Vertrag über die Grundlagen der Beziehungen zwischen der Bundesrepublik Deutschland und der Deutschen Demokratischen Republik" (Grundvertrag)* vom 21. 12. 1972 (BGes. vom 6. 6. 1973, BGBl. II 421) wurde die Gleichberechtigung beider deutscher Staaten und die Unverletzlichkeit der bestehenden Grenzen sowie die Beschränkungen der Hoheitsgewalt auf das eigene Staatsgebiet anerkannt. Beide Seiten verzichteten auf Gewaltanwendung bei Streitfragen und auf *Alleinvertretungsansprüche.* Statt diplomatischer Missionen wurden „Ständige Vertretungen" eingerichtet, die aber die Vorrechte der Exterritorialen besaßen (vgl. 904). Durch den Grundvertrag wurde es ermöglicht, daß 1973 sowohl die BRep. als auch die DDR der UNO (s. 909) beitreten konnten.

b) *Die staatsrechtliche Stellung Berlins*

Innerhalb Deutschlands galten Besonderheiten für die *staatsrechtliche Stellung Berlins,* da sich die alliierten Siegermächte in bezug auf Berlin und Deutschland als Ganzes Rechte vorbehalten hatten. Gemäß Art. 23 S. 1 GG war Berlin, das in einen West- und einen Ost-Teil getrennt war, ein Land der BRep. Jedoch verbot der Vier-Mächte-Status die volle Eingliederung in die BRep. Berlin durfte wegen der Vorbehalte, welche die drei Westalliierten (USA, Großbritannien, Frankreich) bei Genehmigung des GG und der Berliner Verfassung anbrachten, nicht vom Bund regiert werden. Die Berliner Vertreter in BT und BR hatten im Plenum kein Stimmrecht bei rechtsgestaltenden Abstimmungen oder solchen mit Außenwirkungen, wohl aber in den Ausschüssen, im Vermittlungsausschuß und in der Bundesversammlung. Alle Bundesgesetze, die auch in Berlin gelten sollten, enthielten eine sog. *Berlin-Klausel,* mit der sie erst nach förmlicher Übernahme durch das Abgeordnetenhaus und mit Zustimmung der Westalliierten in Berlin in Kraft traten. Sie galten dann auch in Berlin als Bundesrecht (BVerfG NJW 1966, 723). Das BVerfG hatte in sog. „Berliner-Sachen" nur eine eingeschränkte Entscheidungszuständigkeit.

Rechtsgrundlagen für die besondere Stellung Berlins bildeten zunächst das *Londoner Protokoll* vom 12. 9. 1944 und das sog. „kleine Besatzungsstatut" für Berlin vom 14. 5. 1949, erläutert durch die Erklärung der Außenminister der drei Westmächte vom 23. 10. 1954 über die Grundsätze der künftigen Anwendung des Berlin-Status, und die Erklärung der Alliierten Kommandantur Berlin vom 5. 5. 1955 (GVBl. Berlin S. 335) über die Stellung Berlins (West) nach dem Inkrafttreten der Pariser Verträge (s. 915) – sog. *Berlin-Statut* –. Im Zuge der europäischen Entspannungspolitik hatten die vier Besatzungsmächte am 3. 9. 1971 außerdem das *Vier-Mächte-Abkommen über Berlin* geschlossen (BAnz Nr. 174/72 – Beil.), das die Rechte und Verantwortlichkeiten der Vier Mächte bekräftigte. Das Abkommen legte fest, daß die Bindungen zwischen Berlin (West) und der BRep. aufrechterhalten und weiterentwickelt werden, wobei Berlin (West) kein (konstitutiver) Bestandteil der BRep. war und weiterhin nicht von ihr regiert werden durfte.

Die Vorbehaltsrechte aller vier alliierten Mächte wurden durch den *„Vertrag über die abschließende Regelung in bezug auf Deutschland"* vom 12. 9. 1990 (Ges. vom 11. 10. 1990, BGBl. II 1317) beendet (s. 24 IV 1), nachdem die Drei Mächte schon durch Erklärung vom Juni 1990 (vgl. Bek. vom 12. 6. 1990, BGBl. I 1068) ihre Vorbehalte aufgehoben hatten.

Die Überleitung und Geltung von Bundesrecht, das bisher in Berlin (West) auf Grund alliierter Vorbehaltsrechte nicht oder nicht in vollem Umfang galt, regelt nunmehr das *Gesetz zur Überleitung von Bundesrecht nach Berlin (West)* vom 25. 9. 1990 (BGBl. I 2106).

II. *Strukturen der ehemaligen DDR*

Durch den Beitritt zur BRep. (s. 24 I) hat die DDR staatsrechtlich aufgehört zu existieren. Ihre früheren politischen und rechtlichen Strukturen sind nur noch von historischem Interesse:

Nach ihrer Verfassung war die DDR ein „sozialistischer Staat der Arbeiter und Bauern", die politische Organisation der „Werktätigen in Stadt und Land unter Führung der Arbeiterklasse und ihrer marxistisch-leninistischen Partei". Sonstige Bestimmungen betrafen das „sozialistische Eigentum" (gesamtgesellschaftliches Volkseigentum), das einheitliche sozialistische Bildungssystem und Einrichtungen spezifisch marxistisch-leninistischer Prägung. Für das Wirtschaftssystem war der Grundsatz der Planung und Leitung der Volkswirtschaft

(*Planwirtschaft,* s. 802 II) vorgesehen. Das für die Demokratien westlicher Prägung grundlegende Prinzip der *Gewaltentrennung* (s. 8) war durch das Prinzip der *Gewalteneinheit* ersetzt, das zusammen mit einem in der Verfassung angelegten „demokratischen Zentralismus" den Staatsaufbau bestimmte. Der Rechtsprechung, im demokratischen Staat die „dritte Gewalt" (s. 70), war die Kontrolle der Verwaltung auf Gesetzlichkeit ihres Handelns entzogen; sie war im Gegenteil in ihrer Unabhängigkeit beschränkt und selbst einer staatlichen Kontrolle unterworfen. Der in der ehemaligen DDR herrschende *Zentralismus* bedingte letztlich eine völlige Abhängigkeit von der Verwaltungsspitze; es gab daher auch keine kommunale Selbstverwaltung (120 IV). Bis zu den politischen Umwälzungen 1989/1990 war die *„Sozialistische Einheitspartei Deutschlands" (SED)* die bestimmende politische Kraft in der DDR. Höchste Parteiorgane waren der Parteitag, das Zentralkomitee, das Politbüro und das Sekretariat des Zentralkomitees mit dem Generalsekretär. Die SED hatte eine den Staatsapparat beherrschende Stellung. Anfang Dez. 1989 strich die Volkskammer den Führungsanspruch der SED aus der Verfassung. Auf dem außerordentlichen Parteitag im Dez. 1989 wurden Politbüro und Zentralkomitee abgeschafft; außerdem wurde ein provisorisches neues Parteistatut beschlossen; die Partei benannte sich ferner in *„Partei des demokratischen Sozialismus" (PDS)* um. Der Einfluß der Bürger auf das politische Geschehen war durch das Wahlsystem stärkstens eingeschränkt. Es wurde vor jeder Wahl unter dem beherrschenden Einfluß der „Nationalen Front" und der diese steuernden SED eine *Einheitsliste* aufgestellt, die nach einem stets unveränderten Schlüssel außer den politischen Parteien (vor allem der SED) auch andere Gruppen berücksichtigte. Oberstes Gesetzgebungsorgan war die *Volkskammer,* in der die SED und die kommunistischen Massenorganisationen die Mehrheit hatten. Eine politisch und verwaltungsmäßig überragende Stellung nahm der *Staatsrat* ein, der zwischen den Tagungen der Volkskammer als deren Organ selbständig fungierte. Die Verfassung von 1968 verlieh dem Staatsrat u. a. das Recht, durch rechtsverbindliche Erlasse und Beschlüsse Gesetze der Volkskammer zu verwirklichen, grundsätzliche Beschlüsse in Verteidigungs- und Sicherheitsfragen zu fassen und internationale Verträge abzuschließen. Außerdem vertrat der Staatsrat wie ein *Staatsoberhaupt* die DDR völkerrechtlich. Der *Ministerrat* war als Regierung der ehemaligen DDR die Spitze der Behördenorganisation. Er war das Exekutivorgan der Volkskammer und leitete die Staatspolitik. Das *Ministerium für Staatssicherheit (MfS; Stasi)* hatte Überwachungs- und Bespitzelungsaufgaben. Das *Rechtswesen* war in der ehemaligen DDR als „sozialistisches Recht" ein Mittel zur Verwirklichung der marxistisch-leninistischen Weltanschauung, unterlag also dem Primat der Politik. In der Gesetzgebung zeigte sich dies in der weitgehenden Verwendung unbestimmter Rechtsbegriffe, die bei der Rechtsanwendung weiten Raum für eine Auslegung im Sinne der politischen Zielsetzung ließen: außerdem wurde fast allen Gesetzen eine Präambel als rechtliches und politisches Leitbild für die Gesetzesanwendung vorangestellt. Auch die Bereiche von *Wirtschaft und Arbeit* waren in der DDR sozialistisch geprägt. Zu den wesentlichen Zielen des sozialistischen Staates gehörte die Umformung des Eigentumsbegriffs durch Schaffung eines „sozialistischen Eigentums" und die Gestaltung der Produktionsprozesse nach den Grundsätzen einer zentral gesteuerten Planwirtschaft. Diesen Zielen diente vor allem die Überführung der privaten Wirtschaftsbetriebe in Staats(Volks)eigentum (Schaffung „volkseigener Betriebe" – VEB). In der Landwirtschaft und im Handwerk geschah dies durch Überführung in landwirtschaftliche Produktionsgenossenschaften (LPG) bzw. „Produktionsgenossenschaften des Handwerks" (HPG). Im Arbeitsrecht war ein Streikrecht nicht vorgesehen; die Vertretung der Arbeitnehmer oblag nicht einem gewählten Betriebsrat, sondern der vom FDGB (Freier Deutscher Gewerkschaftsbund) kontrollierten Betriebsgewerkschaftsleitung, der gewisse Mitbestimmungsrechte zustanden.

24. Die Wiedervereinigung Deutschlands

Übersicht:

I. Die Ereignisse 1989/1990
II. Der Einigungsvertrag
III. Die Errichtung der neuen Länder
IV. Außenpolitische Aspekte der Wiedervereinigung

I. *Die Ereignisse 1989/1990*

Ende 1989/Anfang 1990 vollzog sich in der ehemaligen DDR – wie in den meisten Ländern Osteuropas (s. 932 I, IV) – ein grundlegender politischer Wandel. Das herrschende sozialistische (kommunistische) System ist von einer von der großen Mehrzahl der Bevölkerung getragenen, revolutionsähnlich verlaufenen friedlichen Bewegung beseitigt und nach der Durchführung freier Wahlen im März 1990 von einer demokratischen Regierung abgelöst worden. Die *Ursachen* dieser Entwicklung dürften zum einen in der zunehmenden Unzufriedenheit der Menschen mit den inneren und äußeren Auswirkungen des sozialistischen Systems, besonders den rechtlichen und sozialen Beschränkungen (z. B. Einschränkung der Reisefreiheit und Freizügigkeit, Beschränkungen in der Grund- und Menschenrechtsausübung) sowie in der schlechten wirtschaftlichen Lage zu sehen sein. Zum anderen hatten wohl auch die unter den Schlagworten „Perestrojka" (Umwandlung) und „Glasnost" (Offenheit) eingeleiteten Reformen Gorbatschows in der Sowjetunion (s. 35 III) dem gesamten Ostblock und damit auch der ehemaligen DDR ein Vorbild für einen politischen und gesellschaftlichen Wandel gegeben.

Die in den freien Wahlen vom 18. März 1990 in der ehemaligen DDR gewählte Koalitionsregierung unter der Führung von Ministerpräsident *Lothar de Maizière* hatte das Ziel, in Anlehnung an die Strukturen von 1952 durch Wiedererrichtung der früheren Länder der DDR wieder einen föderativen Staatsaufbau zu schaffen und die Wiedervereinigung Deutschlands nach Verhandlungen mit der BRep. auf der Grundlage des Art. 23 S. 2 GG, der anderen Teilen Deutschlands den Beitritt zur BRep. ermöglicht, in die Wege zu leiten. Am 18. 5. 1990 schloß die DDR mit der BRep. den *„Vertrag über die Schaffung einer Währungs-, Wirtschafts- und Sozialunion" (Staatsvertrag)*, BGBl. II 518, über die Bildung einer *Währungs-, Wirtschafts- und Sozialunion* zum 1. 7. 1990. Dieser Staatsvertrag ist als Vorstufe der deutschen Wiedervereinigung zu sehen. Der Staatsvertrag (bestehend aus dem Vertrag selbst, einem Gemeinsamen Protokoll über Leitsätze, den Anlagen I–IX und Protokollerklärungen) sah ein *einheitliches Währungsgebiet* mit der DM als gemeinsamer Währung und der Deutschen Bundesbank als Notenbank dieses Währungsgebiets vor. Grundlage der Wirtschaftsunion ist die *soziale Marktwirtschaft* mit Privateigentum, Leistungswettbewerb, freier Preisbildung und grundsätzlich voller Freizügigkeit von Arbeit, Kapital, Gütern und Dienstleistungen. Die Sozialunion wird bestimmt durch Einführung einer der sozialen Marktwirtschaft entsprechenden Arbeitsrechtsordnung und eines umfassenden Systems der sozialen Sicherung.

Die Wiedervereinigung Deutschlands wurde durch den Beitritt der DDR gemäß Beschluß der Volkskammer vom 23. 8. 1990 (GBl.-DDR I 1324) zur BRep. gem. Art. 23 S. 2 GG am 3. 10. 1990 erreicht. Die rechtlichen Grundlagen für die Wiedervereinigung wurden im „*Vertrag zwischen der Bundesrepublik Deutschland und der Deutschen Demokratischen Republik über die Herstellung der Einheit Deutschlands – Einigungsvertrag*" vom 31. 8. 1990 (BGes. vom 23. 9. 1990, BGBl. II 885) gelegt. Der Vertrag (Einzelheiten s. unten II) regelt u. a. die Inkraftsetzung des Grundgesetzes in der ehemaligen DDR zum 3. 10. 1990 sowie die weitgehende Anwendung des Rechts der BRep. im Beitrittsgebiet, d. h. dem Gebiet der ehemaligen DDR. Die Länder der ehemaligen DDR (Brandenburg, Mecklenburg-Vorpommern, Sachsen, Sachsen-Anhalt und Thüringen) wurden Länder der BRep. In der BT-Wahl vom 3. 12. 1990 wurde das erste gesamtdeutsche Parlament nach dem 2. Weltkrieg gewählt. Die noch vorhandenen Einschränkungen der deutschen Souveränität durch alliierte Vorbehaltsrechte wurden durch den „*Vertrag über die abschließende Regelung in bezug auf Deutschland*" (s. unten IV 1) vom 12. 9. 1990 beseitigt

II. *Der Einigungsvertrag*

Die maßgebenden rechtlichen Fragen der Wiedervereinigung regelt der *Einigungsvertrag" (EV),* s. hierzu oben I und das Ges. vom 23. 9. 1990, BGBl. II 885.

1. *Aufbau und wesentlicher Inhalt des Einigungsvertrags*

a) Der EV geht nach seinem *Vorspruch* aus von dem Wunsch der Menschen in beiden Teilen Deutschlands, gemeinsam in Frieden und Freiheit in einem rechtsstaatlich geordneten, demokratischen und sozialen Bundesstaat zu leben und will durch die deutsche Einheit einen Beitrag zur Einigung Europas und zum Aufbau einer europäischen Friedensordnung leisten; ferner ist er in dem Bewußtsein abgeschlossen, daß die Unverletzlichkeit der Grenzen und der territorialen Integrität und Souveränität aller Staaten in Europa in ihren Grenzen eine grundlegende Bedingung für den Frieden ist (Vorspruch zum EV).

b) Im eigentlichen Vertragsteil sieht der EV als bedeutsamste Bestimmung vor, daß mit dem Wirksamwerden des Beitritts der ehemaligen DDR am 3. 10. 1990 die (neuen) Länder Brandenburg, Mecklenburg-Vorpommern, Sachsen, Sachsen-Anhalt und Thüringen Länder der BRep. werden (Art 1 EV). Berlin ist zur Bundeshauptstadt bestimmt worden; die Frage des Sitzes von Parlament und Regierung wurde gem. Art. 2 Abs. 1 EV im Juni 1991 vom BT zugunsten Berlins entschieden. Die Verlagerung der Verfassungsorgane Bundestag und Bundesregierung nach Berlin ist im Gesetz zur Umsetzung des Beschlusses des BT zur Vollendung der Einheit Deutschlands vom 26. 4. 1994 (BGBl. I 918) näher geregelt. Hinsichtlich des Grundgesetzes sieht der EV vor, daß es grundsätzlich – soweit im EV nicht ausdrücklich etwas anderes vorgesehen ist – mit dem Wirksamwerden des Beitritts in den neuen Ländern gilt (Art. 3 EV). Gleichzeitig wurden beitrittsbedingte Änderungen des Grundgesetzes vorgenommen. Als weitere wichtige Bestimmungen enthält der EV, daß mit dem Wirksamwerden des Beitritts am 3. 10. 1990 in dem Beitrittsgebiet (= Gebiet der ehemaligen DDR) Bundesrecht in Kraft tritt, soweit durch den EV nicht anderes bestimmt ist (Art. 8 EV). Ebenso gelten in diesem Gebiet die Verträge über die Europäischen Gemeinschaften nebst Änderungen und Ergänzungen sowie die internationalen Vereinbarungen, Verträge und Beschlüsse, die in Verbindung mit diesen Verträgen in Kraft getreten sind (Art. 10 EV). Recht der ehemaligen DDR gilt als Landesrecht bzw. Bundesrecht fort, soweit es dem Grundgesetz und dem unmittelbar geltenden Recht der Europäischen Gemeinschaften nicht widerspricht und soweit im EV nicht ausdrücklich etwas anderes bestimmt ist (Art. 9 EV); im übrigen bleibt das in *Anlage II* zum EV aufgeführte Recht der DDR mit den dort genannten Maßgaben in Kraft, soweit es mit dem Grundgesetz und dem Recht der EG vereinbar ist (Art. 9 Abs. 2 EV). Ferner enthält der EV Bestimmungen über die Geltung der völkerrechtlichen Verträge der BRep. und der ehemaligen DDR (Art. 11, 12 EV), über die öffentliche Verwaltung und Rechtspflege (Art. 13–20 EV), über öffentliches Vermögen und Schulden (Art. 21–29 EV). Praktisch besonders bedeutsam ist Art. 25 EV, der bestimmt, daß das *Gesetz zur Privatisierung und Reorganisation des volkseigenen Vermögens – Treuhandgesetz* – vom 17. 6. 1990 (GBl. DDR I 300) m. spät. Änd., insbes. vom 9. 8. 1994 (BGBl. I 2062) mit Wirksamwerden des Beitritts mit Maßgaben weitergilt (Art. 25 Abs. 1 EV). Danach hatte zunächst die *Treuhandanstalt* den Auftrag, die früheren volkseigenen Betriebe der ehemaligen DDR wettbewerblich zu strukturieren und zu privatisieren. Mit Wirkung zum 1. 1. 1995 wurde die Treuhandanstalt in *Bundesanstalt für vereinigungsbedingte Sonderaufgaben* umbenannt. Die liegenschaftsbezogenen und unternehmensbezogenen Aufgaben der Treuhandanstalt wurden zum großen Teil auf das Bundesministerium der Finanzen übertragen. Ferner enthält der EV Regelungen über Arbeit, Soziales, Familie, Frauen, Gesundheitswesen und Umweltschutz (Art. 30–34 EV), über Kultur, Bildung und Wissenschaft, Sport (Art. 35–39 EV) sowie Übergangs- und Schlußbestimmungen (Art. 40–45 EV). In einem anschließenden *„Protokoll"* werden verschiedene Klarstellungen zum EV getroffen. In der folgenden *Anlage I* sind „Besondere Bestimmungen zur Überleitung von Bundesrecht" vorgesehen. *Anlage II* enthält „Besondere Bestimmungen für fortgeltendes Recht der Deutschen Demokratischen Republik". *Anlage III* und Art. 41 Abs. 1 EV machen die *„Gemeinsame Erklärung der Regierungen der Bundesrepublik Deutschland und der Deutschen Demokratischen Republik zur Regelung offener Vermögensfragen"* vom 15. Juni 1990 zum Gegenstand des EV.

2. *Einige wichtige Einzelregelungen des Einigungsvertrages und ihre Fortentwicklung*

a) Mit dem Wirksamwerden des Einigungsvertrages ist das *Gesetz zur Regelung offener Vermögensfragen – Vermögensgesetz (VermG)* –, das die Umsetzung der *Gemeinsamen Erklärung* vom 15. 6. 1990 (s. Anlage III zum EV) darstellt, in Kraft getreten. Das Gesetz, jetzt i. d. F. vom 4. 8. 1997 (BGBl. I 1974) m. spät. Änd., regelt vor allem vermögensrechtliche Ansprüche an Vermögenswerten, die im Gebiet der ehemaligen DDR entschädigungslos enteignet und in Volkseigentum überführt oder unter staatliche Verwaltung gestellt wurden. Das Gesetz gilt auch für Grundstücke, die auf Grund nicht kostendeckender Mieten und hierdurch eingetretener Überschuldung in Volkseigentum übernommen wurden. Ferner gilt das Gesetz entsprechend für Ansprüche von Bürgern, die in der Zeit vom 30. 1. 1933 – 8. 5. 1945 aus rassischen, politischen, religiösen oder weltanschaulichen Gründen verfolgt wurden und Vermögen infolge von Enteignungen verloren haben. Das Gesetz gilt hingegen nicht für Enteignungen auf besatzungsrechtlicher oder besatzungshoheitlicher Grundlage in der Zeit von 1945–1949. Die Herausnahme der Enteignungsvorgänge 1945–1949 aus der allgemein vorgesehenen Rückabwicklung ist nach dem Urteil des BVerfG vom 23. 4. 1991 (NJW 1991, 1597) verfassungsgemäß; der Gesetzgeber ist aber wegen des Gleichbehandlungsgrundsatzes verpflichtet, den Betroffenen eine Ausgleichsleistung (s. u. *Ausgleichsleistungsgesetz*) zu gewähren. Das Gesetz sieht vor, daß enteignete Vermögenswerte an die Berechtigten oder deren Rechtsnachfolger grundsätzlich zurückgegeben werden. Die Rückübertragung ist aber ausgeschlossen, wenn dies von der Natur der Sache her nicht mehr möglich ist oder wenn ein Dritter in redlicher Weise an dem Vermögenswert Eigentum erworben hat; in diesen Fällen wird eine Entschädigung in Geld gewährt. Der Berechtigte kann an Stelle der Rückübertragung aber auch die Entschädigung in Geld wählen. Die Grundsätze der Entschädigung, die Berechnung der Höhe sowie die Bemessungsgrundlagen der Entschädigung regelt das *Entschädigungsgesetz* vom 27. 9. 1994 (BGBl. I 2624). Hiernach wird der Entschädigungsanspruch durch die Zuteilung von übertragbaren Schuldverschreibungen des *Entschädigungsfonds* (§ 9) erfüllt. Die Schuldverschreibungen werden ab 1. 1. 2004 mit 6 v. H. verzinst und vom Jahr 2004 an in 5 gleichen Jahresraten durch Auslosung getilgt. Bemessungsgrundlage der Entschädigung für Grundvermögen und Unternehmen ist der vor der Schädigung zuletzt festgestellte Einheitswert, der mit einem von der jeweiligen Grundstücksnutzung abhängigen Faktor (3–20) zu multiplizieren ist. Bei Unternehmen beträgt der Faktor 1,5. Bei Forderungen wird der Betrag im Verhältnis 2 zu 1 auf Deutsche Mark umgestellt (§§ 3–5). Bereits enthaltene Entschädigungen sind abzuziehen. Mit der Rückübertragung des Eigentums oder der Aufhebung der staatlichen Verwaltung sind die Rechte und Pflichten, die sich aus dem Eigentum ergeben, durch den Berechtigten wahrzunehmen; bestehende Mietverhältnisse werden durch die Rückübertragung in aller Regel nicht berührt. Die Anmeldung entsprechender Ansprüche richtet sich im einzelnen nach der *Verordnung über die Anmeldung vermögensrechtlicher Ansprüche* (AnmeldeVO) jetzt i. d. F. vom 3. 8. 1992 (BGBl. I 1481). Die in dieser VO genannte Anmeldefrist ist keine Ausschlußfrist, d. h., daß auch verspätete Anmeldungen zulässig sind; allerdings läuft der Berechtigte bei Versäumung der Frist Gefahr, daß der Verfügungsberechtigte (z. B. der derzeitige Verwalter) über den Vermögenswert rechtswirksam verfügen kann (s. § 3 Abs. 4 des Gesetzes). Das Vorliegen einer Anmeldung nach der AnmeldeVO führt grundsätzlich zu einer *Verfügungssperre* (Verfügungsbeschränkung), d. h. der derzeitige Verfügungsberechtigte ist verpflichtet, den Abschluß dinglicher Rechtsgeschäfte oder die Eingehung langfristiger vertraglicher Verpflich-tun-gen ohne Zustimmung des Berechtigten zu unterlassen (§ 3 Abs. 3 VermG). Diese Verfügungssperre ist jedoch durch das Ges. zur Beseitigung von Hemmnissen bei der Privatisierung von Unternehmen und zur Förderung von Investitionen (s. dazu unten) zugunsten investiver Vorhaben weitgehend eingeschränkt worden, besonders wenn derzeitiger Verfügungsberechtigter eine öffentlichrechtliche Gebietskörperschaft oder die *Treuhandanstalt* ist (vgl. § 3a VermG a. F. und das Investitionsgesetz). S. ferner die *UnternehmensrückgabeVO* vom 13. 7. 1991 (BGBl. I 1542). Zuständig sind die *Ämter und Landesämter zur Regelung offener Vermögensfragen* in den neuen Bundesländern. Auf Bundesebene ist das *Bundesamt zur Regelung offener Vermögensfragen* errichtet worden. Bei diesen Ämtern sind auch die Ansprüche auf Ausgleichsleistungen nach dem *Ausgleichsleistungsgesetz* vom 27. 9. 1994 (BGBl. I 2628) geltend zu machen. Nach diesem Gesetz können Leistungen zum Ausgleich für nicht mehr rückgängig zu machende Enteignungen auf besatzungsrechtlicher oder besatzungshoheitlicher Grundlage gewährt werden. S. hierzu auch die *FlächenerwerbsVO* vom 20. 12. 1995 (BGBl. I 2072).

Das Vermögensgesetz und das damals ebenfalls in Kraft getretene Investitionsgesetz sind – ebenso wie einige andere Gesetze der ehemaligen DDR, wie z. B. die *Grundstücksverkehrsverordnung* (s. 338), die Gesamtvollstreckungsordnung und das Treuhandgesetz, das D-Markbilanzgesetz, die Grundbuchordnung, das Wohnungseigentumsgesetz – durch das *Gesetz zur Beseitigung von Hemmnissen bei der Privatisierung von Unternehmen und zur Förderung von Investitionen* vom 22. 3. 1991 (BGBl. I 766) geändert worden. Durch dieses Gesetz soll allgemein die wirtschaftliche Entwicklung und vor allem die Investitionstätigkeit in den neuen Bundesländern, die besonders durch die unklaren Eigentumsverhältnisse und die Verfügungssperre bei der Geltendmachung von Rückgabeansprüchen nach dem Vermögensgesetz gehemmt wurde, gefördert werden. Dementsprechend wird zwar grundsätzlich an dem Prinzip der Rückgabe enteigneter Vermögensgegenstände festgehalten, einem Investor wird aber ein gewisser Vorrang vor dem Alteigentümer eingeräumt; im Investitionsgesetz wurden die Möglichkeiten einer Investition außer durch Veräußerung auch auf Vermietung, Verpachtung und Eigeninvestitionen des Verfügungsberechtigten ausgedehnt. Durch das *Gesetz zur Änderung des Vermögensgesetzes und anderer Vorschriften (Zweites Vermögensrechtsänderungsgesetz – 2. VermRÄndG)* vom 14. 7. 1992 (BGBl. I 1257 m. spät. Änd.) sind weitere Verbesserungen vorgenommen worden. Vor allem ist das *Investitionsgesetz* aufgehoben worden; die bisher in verschiedenen Regelungen enthaltenen sog. *Vorfahrtregelungen* (= Vorrang von Investitionsvorhaben vor Rückgabeansprüchen von Alteigentümern) sind im *Investitionsvorranggesetz (InVorG)*, jetzt i. d. F. vom 4. 8. 1997 (BGBl. I 1996), zusammengefaßt und vereinheitlicht worden. Die Vorfahrtregelungen sind bis zum 31. 12. 1998 befristet (§ 27 InVorG). Im *Vermögensgesetz* wurden hauptsächlich folgende Änderungen vorgenommen: Straffung und Vereinfachung der für die Vermögensämter maßgebenden Vorschriften; Befristung der Geltendmachung von Rückgabeansprüchen gem. § 30a VermG bis zum 31. 12. 1992 bzw. 30. 6. 1993 (bei beweglichen Sachen); Aufhebung der staatlichen Verwaltung durch Gesetz zum 31. 12. 1992; Rückübertragung der enteigneten Grundstücke ohne Wiederbegründung der zum Enteignungszeitpunkt eingetragenen Grundpfandrechte, dafür Zahlung eines entsprechenden Ablösebetrags an den Entschädigungsfonds. Durch das in dem Ges. vom 22. 3. 1991 enthaltene *Gesetz über die Feststellung der Zuordnung von ehemals volkseigenem Vermögen (Vermögenszuordnungsgesetz – VZOG),* jetzt i. d. F. vom 29. 3. 1994 (BGBl. I 709), wurden die Voraussetzungen geschaffen, daß die ehemals volkseigenen Grundstücke, die durch verschiedene gesetzliche Regelungen in das Privateigentum von juristischen Personen, besonders der Gemeinden, Städte, Landkreise, der Länder oder des Bundes übergegangen sind, in einer grundbuchrechtlich brauchbaren Form durch Feststellung der Bundesanstalt für vereinigungsbedingte Sonderaufgaben oder der Oberfinanzpräsidenten dem jeweiligen Eigentümer zugeordnet werden können. Die vermögensrechtlichen Angelegenheiten der Wohnungsgenossenschaften im Beitrittsgebiet sind im *Wohnungsgenossenschafts-Vermögensgesetz* vom 26. 6. 1994 (BGBl. I 1437) geregelt. Nach § 1 dieses Gesetzes sind die Genossenschaften Eigentümer des von ihnen für Wohnzwecke genutzten, ehemals volkseigenen Grund und Bodens. Ebenfalls dem Zweck einer Förderung der Wirtschaft in den neuen Bundesländern dient das *Gesetz über die Spaltung der von der Treuhandanstalt verwalteten Unternehmen (SpTrUG)* vom 5. 4. 1991 (BGBl. I 854), das die Aufspaltung von übergroßen, ehemals volkseigenen Unternehmen, die von der Treuhandanstalt verwaltet werden, in wirtschaftlich sinnvollere, kleinere Betriebseinheiten erleichtert. Weitere wesentliche Gesetze zur Förderung des wirtschaftlichen Wachstums in den neuen Ländern sind das *Investitionsförderungsgesetz* Aufbau Ost vom 23. 6. 1993 (BGBl. I 982), das Gesetz über die Errichtung des Fonds *„Deutsche Einheit“* vom 25. 6. 1990 (BGBl. II 518) mit spät. Änd. und das *Erblastentilgungsfonds-Gesetz* vom 23. 6. 1993 (BGBl. I 984). Der Erblastentilgungsfond wird als Sondervermögen des Bundes errichtet und übernimmt ab 1. 1. 1995 die bis zu diesem Zeitpunkt aufgelaufenen Verbindlichkeiten des Kreditabwicklungsfonds (insbes. DDR-Altschulden) und die Verbindlichkeiten der Treuhandanstalt. In Verbindung damit stehen das *Altschuldenregelungsgesetz* vom 6. 3. 1997 (BGBl. I 434) und das *Gesetz über Altschuldenhilfen* für Kommunale Wohnungsunternehmen, Wohnungsgenossenschaften und private Vermieter im Beitrittsgebiet vom 23. 6. 1993 (BGBl. I 986) m. spät. Änd.

Durch das *Währungsumstellungsfolgengesetz* vom 24. 8. 1993 (BGBl. I 1522) soll das Verfahren zur Feststellung von Mißbrauch und von rechtswidrigen Handlungen bei der Währungsumstellung von Mark der DDR in Deutsche Mark verbessert und eine möglichst vollständige Rückführung rechtswidrig umgestellter Guthaben gewährleistet werden.

b) Ferner sind folgende Gesetze der ehemaligen DDR mit dem Wirksamwerden des Einigungsvertrages in Kraft getreten: Das *Gesetz über die Eröffnungsbilanz in Deutscher Mark und die Kapitalneufestsetzung (D-Markbilanzgesetz – DMBilG,* jetzt i. d. F. vom 28. 7. 1994, BGBl. I 1842) m. spät. Änd. sowie das *Gesetz zur Regelung des Kirchensteuerwesens.*

3. In der Vereinbarung zwischen der Bundesrepublik Deutschland und der Deutschen Demokratischen Republik zur Durchführung und Auslegung des am 31. 8. 1990 in Berlin unterzeichneten Vertrages zwischen der Bundesrepublik Deutschland und der Deutschen Demokratischen Republik über die Herstellung der Einheit Deutschlands – Einigungsvertrag – vom 18. 9. 1990 wurden weitere Regelungen zum EV vorgenommen. So werden bezüglich der Vorgehensweise hinsichtlich der vom ehemaligen Staatssicherheitsdienst der DDR gewonnenen personenbezogenen Informationen bestimmte Grundsätze und Erwartungen an den gesamtdeutschen Gesetzgeber festgelegt (Art. 1 der Vereinbarung). Diese Grundsätze sind inzwischen durch das *Ges. über die Unterlagen des Staatssicherheitsdienstes der ehemaligen Deutschen Demokratischen Republik (Stasi-Unterlagen-Gesetz – StUG)* vom 20. 12. 1991 (BGBl. I 2272) m. spät. Änd. festgeschrieben.

Das Gesetz regelt die Erfassung, Erschließung, Verwaltung und Verwendung der Unterlagen des Ministeriums für Staatssicherheit der ehemaligen DDR (§ 1 Abs. 1 StUG). Es sieht besonders ein Auskunftsrecht für jedermann und ein Recht auf Einsicht in die Stasi-Unterlagen für die Betroffenen sowie einen weitgehenden Schutz der Persönlichkeitsrechte der Betroffenen vor. Zuständig für die Verwaltung der betreffenden Unterlagen und die Erteilung von Auskünften oder die Gewährung von Akteneinsicht ist der *Bundesbeauftragte für die Unterlagen des Staatssicherheitsdienstes der ehemaligen DDR* in Berlin. Der Bundesbeauftragte kann zur Erfüllung seiner Aufgaben Informationen (Name, Vorname, Geburtsname, Geburtsort, Personenkennzeichen, letzte Anschrift und das Merkmal „verstorben") aus dem Zentralen Einwohnerregister der ehemaligen DDR verwenden und diese Daten den Gerichten und Strafverfolgungsbehörden übermitteln (§ 2 StUG). S. ferner *Stasi-Unterlagen-Kostenordnung* vom 13. 7. 1992 (BGBl. I 1241) m. spät. Änd. In Art. 20 der Vereinbarung wurde die Absicht zum Ausdruck gebracht, für eine gerechte Entschädigung materieller Verluste der Opfer des NS-Regimes einzutreten. S. hierzu das *Ges. über Entschädigungen für Opfer des Nationalsozialismus im Beitrittsgebiet* vom 22. 4. 1992 (BGBl. I 906). Ferner wurden – auch in Ausfüllung des Art. 9 Abs. 3 EV, der das Inkraftbleiben von Recht der DDR, das nach Unterzeichnung des EV erlassen worden ist, von einer ausdrücklichen (weiteren) Vereinbarung abhängig macht – Bestimmungen über die Fortgeltung von DDR-Recht getroffen (Art. 3 der Vereinbarung) sowie einzelne Regelungen des EV geändert oder berichtigt (Art. 4, 5 der Vereinbarung).

4. *Weitere wichtige Gesetze zur Rechtseinheit und Rechtsbereinigung:*

a) Das *Grundbuchbereinigungsgesetz* vom 20. 12. 1993 (BGBl. I 2182, 2192) regelt die Umstellung wertbeständiger Rechte aus einem Grundstück im Beitrittsgebiet sowie das Erlöschen von Dienstbarkeiten und vergleichbaren Rechten. Ferner enthält es Vorschriften über das Erlöschen nicht eingetragener dinglicher Rechte sowie über die Ablösung von Grundpfandrechten.

b) Gesetz über die Sonderung unvermessener und überbauter Grundstücke nach der Karte (*Bodensonderungsgesetz*) vom 20. 12. 1993 (BGBl. I 2182, 2215) mit SonderungsplanVO vom 2. 12. 1994 (BGBl. I 3701).

c) Durch das Gesetz zur Änderung sachenrechtlicher Bestimmungen *(Sachenrechtsänderungsgesetz)* vom 21. September 1994 (BGBl. I 2457) soll auf dem Gebiet des Sachenrechts bei bebauten Grundstücken die *Rechtseinheit* in Deutschland wieder hergestellt werden. Dies ist deswegen erforderlich, weil in der ehemaligen DDR das Recht zur Nutzung eines Grundstücks weitgehend auf einem System öffentlich-rechtlicher Nutzungszuweisung beruhte. Bestehende Eigentumsverhältnisse blieben außer acht mit der Folge, daß vielfach fremde Grundstücke bebaut wurden. Grund und Boden wurde zum Zwecke der Bebauung zugewiesen, diese Zuweisungen erfolgten zudem in unterschiedlichen Rechtsformen. Mit dem Sachenrechtsänderungsgesetz soll ein Interessenausgleich zwischen den Nutzern und den Eigentümern der überbauten Grundstücke hergestellt werden. In den §§ 1 und 2 wird festgestellt, welche Grundstücke von diesem Gesetz erfaßt werden.

Wesentlicher Inhalt der Sachenrechtsbereinigung ist die in Kapitel 2 geregelte Nutzung fremder Grundstücke durch den Bau oder Erwerb von Gebäuden (§ 1 Nr. 1 i. V. mit §§ 3–111 a). Daneben enthält das Gesetz Regelungen zur Umwandlung alter Erbbaurechte (§ 1 Abs. 1 Nr. 2 i. V. mit § 112), es enthält Regelungen über Rechtsverhältnisse bei gesetzlich entstandenen Miteigentumsanteilen nach § 459 des Zivilgesetzbuches der Deutschen Demokratischen Republik (§ 1 Abs. 1 Nr. 3 i. V. mit §§ 113ff.) und für rechtlich nicht abgesicherte Mitbenutzungen (§ 1 Abs. 1 Nr. 4 i. V. mit §§ 116ff.). Bezüglich des Hauptteils des Gesetzes, der Gebäudebebauung auf fremdem Grundeigentum, stellt das Gesetz folgende Grundsätze auf: Die bauliche Investition des Grundstücknutzers wird, unabhängig von einer rechtlichen Absicherung durch ein dingliches Nutzungsrecht, grundsätzlich gegenüber dem Grundstückseigentümer dauerhaft in ihrem Bestand geschützt. Der Nutzer des Grundstücks erhält grundsätzlich ein Wahlrecht (§ 15 Abs. 1) zwischen einem Anspruch auf Bestellung eines Erbbaurechts gegen Zahlung der Hälfte des üblichen Erbbauzinses (§§ 32ff., insbesondere §§ 43ff.) oder dem Anspruch auf Ankauf des Grundstücks zum halben Verkehrswert (§§ 61ff., § 68 Abs. 1). Der Grundstückseigentümer hat nur ausnahmsweise und erst zweitrangig das Recht, das Gebäude hinzu zu erwerben bzw. bei Fehlen eines selbständigen Gebäudeeigentums die Rechte des Nutzers abzulösen (§§ 14 Abs. 4, 82 Abs. 1). Durch diese Regelungen soll erreicht werden, daß die nach Aufhebung der Planwirtschaft eingetretene Wertsteigerung des Grundeigentums und der hieraus entstandene zufällige Gewinn zwischen Nutzer des Grundstücks und Grundstückseigentümer gleichmäßig aufgeteilt wird. Die §§ 87ff. sehen vor, daß entsprechende Vertragsabschlüsse (sowohl zur Bestellung von Erbbaurechten als auch zum Kauf des Grundstücks oder Gebäudes) im Rahmen eines notariellen Vermittlungsverfahrens erfolgen. Dieses Vermittlungsverfahren ist obligatorisch, eine zivilgerichtliche Klage ist bis zur Durchführung eines solchen Verfahrens unzulässig. Ziel des Verfahrens ist die Formulierung eines den Vorgaben des Gesetzes entsprechenden Vermittlungsvorschlages in Form eines Vertragsentwurfes, der bei übereinstimmendem Parteiwillen sofort beurkundet werden kann. S. hierzu auch die *Sachenrechtsdurchführungs VO* vom 20. 12. 1994 (BGBl. I 3900).

Ergänzt wird das Sachenrechtsänderungsgesetz durch das

d) Gesetz zur Änderung schuldrechtlicher Bestimmungen im Beitrittsgebiet *(Schuldrechtsänderungsgesetz)* vom 21. 9. 1994 (BGBl. I 2538). Dieses Gesetz hat zum Ziel, aus der Zeit vor der Wiedervereinigung herrührende vertragliche Rechtsbeziehungen zwischen Eigentümern und Nutzern von Grundstücken im Beitrittsgebiet den mit der Wiederherstellung der deutschen Einheit veränderten Rahmenbedingungen anzupassen. Kern des Gesetzes ist das Schuldrechtsanpassungsgesetz, das grundsätzlich vorsieht, daß auf die Nutzungsverträge über Grundstücke zur Erholung, Freizeitgestaltung und kleingärtnerischen Bewirtschaftung (§ 1 Abs. 1) das Miet- und Pachtrecht des Bürgerlichen Gesetzbuches Anwendung findet. Gleiches gilt für Grundstücke, die zu Wohn- oder Gewerbezwecken genutzt werden. Um einen sozialverträglichen Interessenausgleich zwischen den Grundstückseigentümern und den Grundstücksnutzern zu gewährleisten, sieht der Entwurf eine Vielzahl von Übergangsregelungen vor. So gilt zugunsten der Nutzer ein mittelfristiger Bestandsschutz, der nur in

Ausnahmefällen durchbrochen werden kann. Eine Kündigung des Nutzungsvertrages durch den Grundstückseigentümer ist in der Übergangszeit, die teilweise bis in das Jahr 2015 reicht, nur möglich, wenn der Grundstückseigentümer ein überwiegendes Interesse an der Vertragsbeendigung hat.

Bei Verträgen über die Nutzung von Grundstücken, die anderen persönlichen Zwecken als Wohnzwecken dienen (Nutzungsverträge über Grundstücke zur Erholung, Freizeitgestaltung und kleingärtnerischen Bewirtschaftung) ist eine ordentliche Kündigung durch den Grundstückseigentümer bis zum Ablauf des 31. Dezember 1999 ausgeschlossen. Vom 1. Januar 2000 bis zum 4. Oktober 2015 bedarf es eines besonderen Interesses des Grundstückseigentümers, das in § 23 Abs. 2 und Abs. 3 näher geregelt ist. Hatte der Nutzer am 3. Oktober 1990 das 60. Lebensjahr vollendet, ist eine Kündigung durch den Grundstückseigentümer zu Lebzeiten dieses Nutzers nicht zulässig (§ 23 Abs. 5). Der Grundstückseigentümer kann vom Nutzer die Zahlung eines Nutzungsentgelts, deren Höhe sich nach der Nutzungsentgeltverordnung vom 22. Juli 1993 (BGBl. I S. 1339) in ihrer jeweils gültigen Fassung richtet, verlangen (§ 20). Bei Überlassungsverträgen zu Wohnzwecken (§§ 34ff.) ist eine Kündigung des Mietvertrages durch den Grundstückseigentümer bis zum Ablauf des 31. Dezember 1995 ausgeschlossen. Bis zum Ablauf des 31. Dezember 2000 kann der Grundstückseigentümer den Mietvertrag nur kündigen, wenn er das auf dem Grundstück stehende Gebäude zu Wohnzwecken für sich, die zu seinem Hausstand gehörenden Personen oder seine Familienangehörigen benötigt und der Ausschluß des Kündigungsrechts dem Grundstückseigentümer angesichts seines Wohnbedarfs und seiner sonstigen berechtigten Interessen auch unter Würdigung der Interessen des Nutzers nicht zugemutet werden kann (§ 38). Regelungen für den Fall, daß aufgrund eines Miet-, Pacht- oder sonstigen Nutzungsvertrages über Grundstücke auf dem Grundstück bis zum Ablauf des 2. Oktober 1990 mit Billigung staatlicher Stellen ein Wohn- oder gewerblichen Zwecken dienendes Bauwerk errichtet wurde, mit dem Bau eines solchen Bauwerks begonnen oder ein solches Bauwerk aufgrund einer vertraglichen Vereinbarung vom vorherigen Nutzer übernommen wurde, finden sich in den §§ 43ff. des Schuldrechtsanpassungsgesetzes. § 57 des Gesetzes sieht ein Vorkaufsrecht des Nutzers vor, wenn das Grundstück erstmals an einen Dritten verkauft wird.

Das Schuldrechtsänderungsgesetz enthält ferner Vorschriften zur Bereinigung der im Beitrittsgebiet zu Erholungszwecken verliehenen Nutzungsrechte (Erholungsnutzungsrechtsgesetz, BGBl. I 2548), zur Regelung des Eigentums an von landwirtschaftlichen Produktionsgenossenschaften vorgenommenen Anpflanzungen (Anpflanzungseigentumsgesetz, BGBl. I 2549) und zur Regelung der Rechtsverhältnisse an Meliorationsanlagen (Meliorationsanlagengesetz BGBl. I 2550). Meliorationsanlagen sind mit dem Erdboden verbundene Beregnungs- und andere Bewässerungs- sowie Entwässerungsanlagen, die der Verbesserung der land- oder forstwirtschaftlichen Bodennutzung dienen (§ 2).

e) Der Verkauf von Mauer- und Grenzgrundstücken an die früheren Eigentümer richtet sich nach dem *Mauergrundstücksgesetz* vom 15. 7. 1996 (BGBl. I 980). Danach können ehemalige Eigentümer oder deren Rechtsnachfolger ihre früheren, jetzt bundeseigenen Mauer- und Grenzgrundstücke zu einem Preis von 25% des Verkehrswertes erwerben. Eine Ausnahme gilt dann, wenn der Bund ein Grundstück für dringende eigene öffentliche Zwecke verwenden oder im öffentlichen Interesse an Dritte veräußern will. Anträge auf Rückerwerb müssen

Bundesrepublik Deutschland
Länder und Regierungsbezirke
Schleswig-Holstein
Mecklenburg-Vorpommern
Hamburg
Lüneburg
Weser-Ems
Bremen
Niedersachsen
Magdeburg
Berlin
Hannover
Brandenburg
Münster
Detmold
Sachsen-Anhalt
Dessau
Nordrhein-Westfalen
Braunschweig
Düsseldorf
Halle
Leipzig
Arnsberg
Kassel
Dresden
Sachsen
Köln
Thüringen
Gießen
Chemnitz
Koblenz
Hessen
Rheinland-Pfalz
Darmstadt
Trier
Unterfranken
Oberfranken
Rheinhessen-Pfalz
Saarland
Mittelfranken
Karlsruhe
Oberpfalz
Stuttgart
Baden-Württemberg
Niederbayern
Bayern
Tübingen
Schwaben
Freiburg
Oberbayern

bis zum Ablauf des 31. 1. 1997 bei der Oberfinanzdirektion gestellt werden, in deren Bezirk das Grundstück liegt.

III. *Die Errichtung der fünf neuen Länder*

Die Verfassung der DDR vom 7. 10. 1949 (GBl. S. 4) ging noch von einem föderativen Staatsaufbau aus; sie bestimmte, daß sich die Republik auf den Ländern aufbaut (Art. 1 Abs. 1) und enthielt Bestimmungen über die *Länderkammer* (Art. 71ff.) und über das Verhältnis von Republik und Ländern (Art. 109ff.) Dementsprechend wurden im Gebiet der ehemaligen DDR nach dem 2. Weltkrieg die Länder Brandenburg, Mecklenburg, Sachsen, Sachsen-Anhalt und Thüringen gegründet. Durch Ges. vom 23. 7. 1952 (GBl. I 613) wurden diese Länder faktisch aber wieder aufgelöst.

Die Länder der Bundesrepublik Deutschland (Stand: 31. 12. 1996)

Bundesländer	Regierungssitz	Fläche 1000 qkm	Einwohner Millionen
Baden-Württemberg	Stuttgart	35,7	10,2
Bayern	München	70,5	11,9
Berlin	Berlin	0,9	3,4
Brandenburg	Potsdam	29,5	2,5
Bremen	Bremen	0,4	0,7
Hamburg	Hamburg	0,8	1,7
Hessen	Wiesbaden	21,1	6,0
Mecklenburg-Vorpommern	Schwerin	23,2	1,8
Niedersachsen	Hannover	47,4	7,6
Nordrhein-Westfalen	Düsseldorf	34,0	17,8
Rheinland-Pfalz	Mainz	19,8	3,9
Saarland	Saarbrücken	2,6	1,1
Sachsen	Dresden	18,3	4,6
Sachsen-Anhalt	Magdeburg	20,4	2,8
Schleswig-Holstein	Kiel	15,7	2,7
Thüringen	Erfurt	16,2	2,5
Bundesgebiet	*Hauptstadt: Berlin* *Regierungssitz: Berlin*	~ 356,9	81,5

Durch das *Verfassungsgesetz zur Bildung von Ländern in der Deutschen Demokratischen Republik – Ländereinführungsgesetz* – vom 22. 7. 1990 (GBl. DDR I 955) wurden in der DDR die Länder *Mecklenburg-Vorpommern, Brandenburg, Sachsen-Anhalt, Sachsen* und *Thüringen* gebildet. Berlin erhielt Landesbefugnisse. Mit dem Wirksamwerden des Beitritts der DDR zur BRep. sind diese Länder zu Ländern der BRep. mit den entsprechenden Gesetzgebungs- und Verwaltungskompetenzen geworden. Da die neuen Länder noch keinen originären Bestand an Landesrecht aufwiesen, ist in Art. 9 Abs. 1 EV festgelegt, daß das Recht der ehemaligen DDR, das nach der Kompetenzordnung des Grundgesetzes Landesrecht ist, in Kraft bleibt, soweit es mit dem Grundgesetz, dem im Beitrittsgebiet in Kraft gesetzten Bundesrecht und dem unmittelbar geltenden Recht der EG vereinbar ist und soweit im Einigungsvertrag nichts anderes bestimmt ist. Danach gelten z.B. das Länderwahlgesetz, die Kommunalverfassung, das Kommunalvermögensgesetz und die Bauordnung der ehemaligen DDR als Landesrecht solange fort, bis das jeweilige Land eigenes Landesrecht setzt.

IV. *Außenpolitische Aspekte der Wiedervereinigung*

1. *„2 + 4-Vertrag" vom 12. 9. 1990*

Die Frage der *Wiedervereinigung* der beiden Teile Deutschlands stand in engem Zusammenhang mit den Rechten, die sich die vier alliierten Siegermächte des 2. Weltkriegs (USA, UdSSR, Großbritannien, Frankreich) in bezug auf Berlin und auf Deutschland als Ganzes einschließlich der Wiedervereinigung und einer *friedensvertraglichen Regelung* vorbehalten hatten. Diese *Vorbehalte* sind für die 3 Westalliierten in Art. 2 des Deutschlandvertrags vom 26. 5. 1952, BGBl. 1955 II 305 (s. 915 I), für die UdSSR in dem Notenwechsel zum Moskauer Abkommen vom 20. 12. 1955 enthalten. Zu einem *Friedensvertrag* ist es seit Ende des 2. Weltkriegs 1945 nicht gekommen. Er scheiterte an gegensätzlichen Auffassungen der Siegermächte. Die UdSSR bestand auf der Forderung, Friedensverträge mit *zwei* deutschen Staaten (BRep. und DDR) abzuschließen. Die Westmächte betrachteten die DDR (trotz völkerrechtlicher Anerkennung) nicht als durch den wahren Willen des Volkes zustande gekommenen Staat, da *freie* Wahlen bisher nicht zugelassen waren. Auf Grund der Ereignisse 1989/90 in der DDR und im ganzen Ostblock (s. 923) kam die Wiedervereinigungsfrage in Bewegung. Die sowjetische Führung erklärte im Feb. 1990, es sei das Recht der Deutschen, über den Zeitpunkt und den Weg zu ihrer Einheit selbst zu bestimmen. BRep. und DDR leiteten die deutsche Wiedervereinigung, vor allem durch Abschluß des Staatsvertrags vom 18. 5. 1990 (s. 24), in die Wege. Die äußeren Bedingungen einer deutschen Wiedervereinigung wurden in sog. „2+4-Gesprächen" (die vier Siegermächte sowie BRep. und DDR) vereinbart.

Durch den *Vertrag über die abschließende Regelung in bezug auf Deutschland* vom 12. 9. 1990, BGes. vom 11. 10. 1990 (BGBl. II 1317), auch als „2 + 4-Vertrag" oder „Souveränitätsvertrag" bezeichnet, wurden diese Gespräche, die die äußeren Aspekte der Herstellung der deutschen Einheit, einschließlich der Fragen der Sicherheit der Nachbarstaaten, klären sollten, abgeschlossen. Der Vertrag enthält die endgültige Regelung der Grenzen in Mitteleuropa, einen Verzicht des vereinten Deutschlands auf die Anwendung von kriegerischer Gewalt und auf atomare, biologische und chemische Waffen sowie die Verpflichtung zu Abrüstungsmaßnahmen hinsichtlich der konventionellen Streitkräfte, Regelungen über den sowjetischen Truppenabzug und den militärischen Status des Gebiets der früheren DDR, die Möglichkeit des vereinten Deutschlands zu freier Bündniszugehörigkeit, die

Beendigung des Viermächtestatus und die Herstellung der *vollen Souveränität* des vereinten Deutschlands.

Im einzelnen sieht der Vertrag folgende Bestimmungen vor: die Bestätigung des endgültigen Charakters der bestehenden Außengrenzen der BRep. und der DDR wird als wesentlicher Bestandteil der Friedensordnung in Europa bezeichnet (Art. 1 Abs. 1). In Art. 1 Abs. 2 ist vorgesehen, daß das vereinte Deutschland und die Republik Polen in einem eigenen völkerrechtlich verbindlichen Vertrag die zwischen ihnen bestehenden Grenzen bestätigen werden (s. unten IV 2). Das vereinte Deutschland erklärt, daß es keinerlei Gebietsansprüche gegen andere Staaten hat und solche auch in Zukunft nicht erheben wird (Art. 1 Abs. 3). Art. 2 enthält das Bekenntnis zum Frieden und besonders den Verzicht auf Führung eines Angriffskriegs. In Art. 3 Abs. 1 verzichten BRep. und DDR auf Herstellung und Besitz von ABC-Waffen sowie auf die Verfügungsgewalt über solche Waffen; nach Art. 3 Abs. 2 verpflichtet sich die Regierung der BRep. im Einvernehmen mit der Regierung der DDR unter Bezugnahme auf eine am 30. 8. 1990 in Wien bei den Verhandlungen über konventionelle Streitkräfte in Europa getroffene Vereinbarung (s. 907 IV), die Streitkräfte des vereinten Deutschlands innerhalb von 3 bis 4 Jahren auf 370000 Mann zu beschränken. Art. 4 sieht vor, daß das vereinte Deutschland und die UdSSR die Bedingungen und die Dauer des Aufenthaltes der sowjetischen Streitkräfte auf dem Gebiet der ehemaligen DDR und die Abwicklung des Abzugs dieser Streitkräfte bis zum 31. 12. 1994 vertraglich regeln werden (s. hierzu unten 3). Art. 5 trifft Bestimmungen zu der Frage, welche Art deutscher Truppen im Gebiet der ehemaligen DDR und Berlin bis zum Abzug der sowjetischen Streitkräfte stationiert werden können. In Art. 6 wird das Recht des vereinten Deutschlands anerkannt, Bündnissen mit allen sich daraus ergebenden Rechten und Pflichten anzugehören. Damit ist die Zugehörigkeit auch des vereinten Deutschlands zu westlichen Bündnissen, besonders zur NATO (s. 913), möglich. Kernpunkt des Vertrags sind aus deutscher Sicht die Bestimmungen des Art. 7: in Art. 7 Abs. 1 beenden die vier Siegermächte des 2. Weltkriegs ihre Rechte und Verantwortlichkeiten in bezug auf Berlin und Deutschland als Ganzes. Als Ergebnis werden die entsprechenden, damit zusammenhängenden vierseitigen Vereinbarungen, Beschlüsse und Praktiken beendet und alle entsprechenden Einrichtungen der Vier Mächte aufgelöst. Damit hat – wie in Art. 7 Abs. 2 festgestellt wird – das vereinte Deutschland volle Souveränität über seine inneren und äußeren Angelegenheiten. Nach Art. 9 tritt der Vertrag zwar erst mit Hinterlegung der letzten Ratifikationsurkunde in Kraft; auf Grund der New-Yorker Deutschland-Erklärung vom 1. 10. 1990 haben die Vier Mächte ihre Rechte und Verantwortlichkeiten aber bereits ab dem 3. 10. 1990, dem Tag der Wiedervereinigung Deutschlands, suspendiert.

2. *Grenzvertrag mit Polen*

Durch den *Vertrag zwischen der Bundesrepublik Deutschland und der Republik Polen über die Bestätigung der zwischen ihnen bestehenden Grenze* vom 14. 11. 1990 (BGes. vom 16. 12. 1991, BGBl. II 1328) haben die BRep. und Polen unter Berücksichtigung des Vertrages über die abschließende Regelung in bezug auf Deutschland vom 12. 9. 1990 erklärt, daß die zwischen ihnen derzeit bestehende Grenze jetzt und in Zukunft unverletzlich ist (Art. 1 des Vertrags). Der Verlauf der Grenze bestimmt sich nach dem Abkommen vom 6. 7. 1950 zwischen der DDR und der Republik Polen (Görlitzer Vertrag, GBl.-DDR II 1205) und den zu seiner Durchführung und Ergänzung geschlossenen Vereinbarungen. Damit ist die *Oder-Neiße-Grenze* völkerrechtlich als die deutsch-polnische Grenze anerkannt. Ferner haben die Parteien sich gegenseitig zur uneingeschränkten Achtung ihrer Souveräntität und territorialen Integrität verpflichtet (Art. 2) und erklärt, daß sie gegeneinander keinerlei Gebietsansprüche haben und solche auch in Zukunft nicht erheben werden.

3. *Verträge mit der ehemaligen Sowjetunion*

Im Zusammenhang mit der deutschen Wiedervereinigung ist auch der zwischen der BRep. und der Sowjetunion im Sept. 1990 geschlossene *„Vertrag über gute Nachbarschaft, Partnerschaft und Zusammenarbeit zwischen der Bundesrepublik Deutschland und der Union der Sozialistischen Sowjetrepubliken“* (BGes. vom 31. 5. 1991, BGBl. II 702) zu sehen.

Im einzelnen enthält der Vertrag vor allem die gegenseitige Anerkennung der territorialen Integrität und politischen Unabhängigkeit, gegenseitige Erklärung, keine Gebietsansprüche zu haben, einen Gewaltverzicht und die Verpflichtung zur friedlichen Beilegung von Konflikten, gegenseitige Reduzierung der Rüstung, Unterstützung des KSZE-Prozesses (s. 923 I), Vereinbarung regelmäßiger gegenseitiger Konsultationen und Kontaktaufnahmen zur Friedenssicherung, Ausbau der zweiseitigen Zusammenarbeit auf wirtschaftlichem, industriellem und wissenschaftlich-technischem Gebiet und dem Gebiet des Umweltschutzes, Erweiterung der Transportverbindungen, Ausbau der kulturellen Beziehungen, Intensivierung des Rechtshilfeverkehrs und Schutz nationaler Minderheiten.

Der Vertrag von 1990 ist eine Fortentwicklung des Moskauer Vertrags von 1970. Mit dem Ziel der politischen Entspannung in Europa hatte die BRep. am 12. 8. 1970 in Moskau einen Vertrag mit der UdSSR über *Gewaltverzicht* und Anerkennung der gegenwärtigen Ostgrenze abgeschlossen (BGes. vom 23. 5. 1972, BGBl. II 353). Er sollte, ohne die vertraglichen Verpflichtungen der Vertragspartner zu dritten Mächten oder Mächtegruppen (NATO, Ostblock) zu berühren, den Ausbau der bilateralen Beziehungen auf wirtschaftlichem, kulturellem und technischem Gebiet einleiten und den Frieden mit den Ostblockstaaten dadurch sichern, daß beide Seiten die bestehenden Grenzen – auch die zur DDR und die *Oder-Neiße-Linie* – als unverletzlich anerkennen und auf Gebietsansprüche verzichten. Mit dem Gewaltverzicht sollte der früher von der UdSSR auf Grund der sog. *Feindstaatenklausel* der UN-Charta (Art. 53, 107) erhobene *Interventionsanspruch* ausgeräumt werden. Der BT hat dem Vertrag trotz politischer und völkerrechtlicher Bedenken einer starken Opposition am 17. 5. 1972 zugestimmt. Er hat aber in einer gemeinsamen Erklärung aller im BT vertretenen Parteien zum Ausdruck gebracht, daß die *Verträge von Moskau und Warschau* die noch offene friedensvertragliche Regelung mit den vier Alliierten nicht vorwegnehmen, das *Selbstbestimmungsrecht* nicht berühren und keine Rechtsgrundlage für die damaligen tatsächlichen Grenzen schaffen. Auch ist in einem Notenwechsel mit den Alliierten deren Verantwortlichkeit für ganz Deutschland und Berlin sowie das Selbstbestimmungsrecht herausgestellt worden.

Neben dem Vertrag über gute Nachbarschaft wurde das durch die Wiedervereinigung geänderte Verhältnis der BRep. zur Sowjetunion in drei weiteren Verträgen geregelt:

„Vertrag zwischen der Bundesrepublik Deutschland und der Union der Sozialistischen Sowjetrepubliken über die Bedingungen des befristeten Aufenthalts und die Moda-

litäten des planmäßigen Abzugs der sowjetischen Truppen aus dem Gebiet der Bundesrepublik Deutschland" (Stationierungsvertrag) vom 12. 10. 1990 (BGes. vom 21. 12. 1990, BGBl. 1991 II 256), das *„Abkommen zwischen der Regierung der Bundesrepublik Deutschland und der Regierung der Union der Sozialistischen Sowjetrepubliken über einige überleitende Maßnahmen"* vom 9. 10. 1990 (BGes. vom 19. 12. 1990, BGBl. 1991 II 1654), das finanzielle Bedingungen regelt, und der *„Vertrag über die Entwicklung einer umfassenden Zusammenarbeit auf dem Gebiet der Wirtschaft, Industrie, Wissenschaft und Technik"* (BGes. vom 2. 7. 1991, BGBl. II 798).

4. *Verträge mit der ehemaligen ČSFR (Tschechoslowakei)*

Der Vertrag mit der ehemaligen Tschechoslowakei vom 11. 12. 1973 (BGBl. 1974 II 989), der die Nichtigkeit des sog. *Münchner Abkommens vom 29. 9. 1938* über die Abtretung des Sudetengebiets zum Gegenstand· hat, enthielt einen Verzicht auf Gewaltanwendung und Gebietsansprüche sowie die Anerkennung der gegenwärtigen Grenzen. Er ließ jedoch die Wirkungen unberührt, die sich für natürliche und juristische Personen aus dem in der Zeit vom 30. 9. 1938 bis 9. 3. 1945 angewendeten Recht ergeben haben, und ist insofern keine Rechtsgrundlage für Ersatzansprüche wegen der Nichtigkeit des Münchner Abkommens. Verfassungsbeschwerden gegen das Zustimmungsgesetz zum deutsch-tschechoslowakischen Vertrag wurden vom BVerfG zurückgewiesen (NJW 1977, 1010).

Nach der Wiedervereinigung Deutschlands wurde am 27. 2. 1992 der *Vertrag zwischen der Bundesrepublik Deutschland und der Tschechischen und Slowakischen Föderativen Republik über gute Nachbarschaft und freundschaftliche Zusammenarbeit* geschlossen (BGes. vom 9. 7. 1992, BGBl. II 462). Der Vertrag greift hinsichtlich der Frage der Nichtigkeit des Münchner Abkommens auf die im Vertrag von 1973 gefundene Formulierung zurück. Er ist im Geiste der Verständigung und Versöhnung auf eine intensive Zusammenarbeit angelegt. Entscheidungen über Vermögensansprüche von Bürgern enthält der Vertrag nicht.

C. Ausländisches Staatsrecht

31. Frankreich

I. *Staatsform und Verfassung*

Frankreich ist eine demokratische, parlamentarische Republik auf der Grundlage der am 28. 9. 1958 durch Volksentscheid angenommenen *Verfassung der 5. Republik* vom 4. 10. 1958. Im Juli 1995 wurde die Verfassung geändert, die Stellung des Präsidenten wurde weiter gestärkt.

II. *Staatsoberhaupt*

Staatsoberhaupt ist der *Präsident der Republik,* der für 7 Jahre direkt gewählt wird. Er hat eine sehr starke Stellung.

Nach Art. 5 d. Verf. wacht der Präs. d. R. über die Verfassung. Er ernennt den Regierungschef *(Premierminister)* und entläßt ihn, sobald dieser ihm den Rücktritt der Regierung erklärt. Auf Vorschlag des Premierministers ernennt und entläßt er die anderen Regierungsmitglieder. Der Präs. d. R. hat den Vorsitz im *Ministerrat.* Er veröffentlicht die Gesetze nach ihrer endgültigen Annahme. Er kann das Parlament um eine neue Beratung des Gesetzes oder einzelner Bestimmungen ersuchen; in vielen Fällen (bei „Reformen auf politischem, wirtschaftlichem und sozialem Gebiet") kann er einen Gesetzesantrag dem *Volksentscheid* unterwerfen. Nach Beratung mit dem Premierminister und den Präsidenten der parlamentarischen Versammlungen kann der Präs. d. R. die *Auflösung der Nationalversammlung* aussprechen; es finden dann allgemeine Wahlen statt. Der Präs. d. R. ist Oberbefehlshaber der Armee und führt den Vorsitz in den Hohen Räten und Ausschüssen der Landesverteidigung. Bei Bedrohung der Republik und Unterbrechung der Tätigkeit der verfassungsmäßigen Staatsorgane ergreift der Präs. d. R. die nach den Umständen gebotenen Maßnahmen nach Beratung mit dem Premierminister, den Präsidenten der Versammlungen und dem Verfassungsrat.

Der *Verfassungsrat* wacht über die Verfassungsmäßigkeit der Gesetze.

III. *Parlament*

Die *Gesetzgebung* obliegt dem *Parlament,* das aus 2 Kammern besteht, der *Nationalversammlung* (577 direkt für 5 Jahre gewählte Abgeordnete) und dem *Senat* (319 für 9 Jahre gewählte Mitglieder).

Auf Grund der *Wahlen* vom Mai 1997 verfügen in der Nationalversammlung die linksgerichteten Parteien (Sozialisten u. a.) über 319 Sitze. Die Neo-Gaullisten ((RPR) haben 134, die Liberalen 108, sonstige 15 Sitze.

IV. *Verwaltungsgliederung*

Verwaltungsmäßig ist Frankreich in 21 Regionen und 96 Departements sowie 4 Übersee-Departements unterteilt. Weitere Untergliederungen sind die Arrondissements, Kantone und Gemeinden. Die Departementsverwaltung wird durch einen *Kommissar der Republik* geleitet. Korsika hat einen Sonderstatus.

32. Großbritannien

I. *Staatsform und Verfassung*

Das *Vereinigte Königreich von Großbritannien und Nordirland* ist eine erbliche parlamentarische Monarchie mit gemischter Thronfolge. Die Krone vererbt sich nach dem Recht der Erstgeburt; doch haben Söhne den Vorrang.

Das *Vereinigte Königreich* besteht aus den 1707 vereinigten Königreichen England und Schottland und dem 1800 hinzugetretenen Nordirland (das ursprünglich ebenfalls einbezogene Südirland hat sich seit 1921 als Republik Eire unabhängig gemacht). Die *Verfassung* ist nicht in einer einheitlichen Verfassungsurkunde, z. T. überhaupt nicht schriftlich niedergelegt, sondern die Frucht eines langsamen historischen Wachstums. Die ältesten Verfassungsgesetze stammen aus dem Mittelalter. Die Grundlage bildet die *Magna Charta Libertatum* von 1215, welche die königlichen Rechte beschränkte und die ständischen Rechte festlegte. Die Petition of Rights (Rechtspetition, 1628) gewährleistete bestimmte Grundrechte und verlieh dem Parlament das alleinige Recht der Besteuerung. Die *Habeas-Corpus-Akte* (1679) garantierte den Schutz der Person vor willkürlicher Verhaftung; sie wirkt insoweit noch heute als Schutzgesetz. In der „glorreichen Revolution" Wilhelms von Oranien 1688 wurden die bürgerlichen und parlamentarischen Rechte endgültig festgelegt und in der *Bill of Rights* 1689 bestätigt. Zum Verfassungsrecht zählen ferner: Act of Settlement (1701) und die Parlamentsgesetze von 1911 und 1949. Staatsoberhaupt ist der König (z. Z. Königin Elisabeth II.).

II. *Parlament*

Das Parlament besteht aus dem *Unterhaus* (House of Commons, 651 Abg.), das als gesetzgebendes Organ der tatsächliche Träger der Souveränität ist (Wahlperiode: 5 Jahre), und dem *Oberhaus* (House of Lords, 1198 Mitgl.), einer Standesvertretung des hohen Adels und der Kirche sowie hoher Richter, der seit 1911 keine entscheidende politische Bedeutung mehr zukommt. Das Oberhaus hat im wesentlichen nur noch beratenden Einfluß auf die Gesetzgebung und kann durch sein *Veto* praktisch nur einen Aufschub des Inkrafttretens eines Gesetzes für ein Jahr erreichen. Die Gesetzgebung über Steuern und Staatsausgaben steht dem Unterhaus allein zu (Finanzprivileg).

Im Unterhaus verfügen nach den Wahlen vom Mai 1997 die Konservative Partei über 165, die Labour Partei über 419, die Liberale Partei/ SDP über 46 und sonstige Parteien über insgesamt 29 Sitze.

Die Mitgliedschaft im *Oberhaus* ist teils erblich, teils beruht sie auf Ernennung. Gewählt werden die schottischen und irischen Lords von ihresgleichen. Der König kann auf Vorschlag des Premierministers neue Pairs ernennen; durch einen solchen „Pairschub" können sich die Mehrheitsverhältnisse des Hauses ändern. Geistliche Lords sind die Bischöfe der anglikanischen Kirche, an ihrer Spitze die Erzbischöfe von York und Canterbury. Weitere Mitglieder sind hohe Richter. Präsident ist der *Lordkanzler* als höchster Richter. Das Oberhaus ist zugleich höchstes Gericht.

Neben den beiden Häusern des Parlaments besteht ein *Geheimer Rat* des Königs. Seine Mitglieder werden von der Krone ehrenhalber berufen. Er tagt nur bei feierlichen Staatsakten.

III. *Regierung*

Die *Regierung* besteht aus dem Premierminister, den Ministern und parlamentarischen Sekretären, von denen die persönlich, parteipolitisch oder ressortmäßig wichtigeren dem *Kabinett* angehören.

Der *Premierminister (Ministerpräsident)* wird vom König ernannt, hat alle wichtigeren Staatsakte dem König vorzulegen und ihm regelmäßig zu berichten. Er leitet die Regierung und muß das Vertrauen der Mehrheit des *Unterhauses* besitzen. Der Premier stellt seine Regierung selbst zusammen.

Der *Lordsiegelbewahrer* hat einen hohen Rang im Hofzeremoniell. Ursprünglich oblag ihm, die Erlasse des Königs mit dem geheimen Siegel der Krone zu versehen; jedoch fiel diese Aufgabe 1884 fort, während der barocke Titel geblieben ist. Er bildet manchmal nur eine Auszeichnung für ältere Staatsmänner.

IV. *Verwaltungsgliederung*

Verwaltungsmäßig ist Großbritannien gegliedert in 39 Counties (Grafschaften) und 7 Metropolitan Counties in England, 8 Counties in Wales, 26 Distrikte in Nordirland und 12 Regionen in Schottland. 1999 wird in Schottland wieder ein eigenes Landesparlament gewählt werden.

Zum *Commonwealth of Nations* s. 931.

Das *Colonial-Empire* setzt sich aus den britischen Kronkolonien, Protektoraten und sonstigen Einflußgebieten zusammen. Die *Kronkolonien* haben einen britischen Gouverneur, einen Verwaltungsrat und eine gesetzgebende Körperschaft. Vgl. 931.

V. *Der Nordirland-Konflikt*

Der 1968 in *Nordirland* (nördl. Ulsterprovinzen) ausgebrochene Bürgerkrieg hat seine Ursachen in konfessionellen und wirtschaftlichen Konflikten zwischen Protestanten und Katholiken. Während das *Vereinigte Königreich* etwa 57 v. H. Anglikaner, 20 v. H. Freikirchenangehörige (Methodisten usw.) und nur 13 v. H. Katholiken umfaßt, die *Republik (Süd-)Irland* dagegen 94 v. H. Katholiken und nur 4 v. H. Protestanten, ist *Nordirland* mit ca. 64 v. H. Protestanten und über 25 v. H. Katholiken konfessionell ungleich stärker gemischt. Die kath. Minderheit erstrebt den Anschluß an Südirland; die prot. Mehrheit möchte die Zugehörigkeit zum Vereinigten Königreich beibehalten, das ihr bei der Abtrennung Südirlands 1921 Sonderrechte in Form eines eigenen Parlaments und einer eigenen Regierung (mit eingeschränkten Kompetenzen) zugestanden hatte. Die Rechte der kath. Minderheit sind nicht nur durch eine ihr ungünstige Wahlkreisverteilung, sondern auch dadurch stark beeinträchtigt, daß das Kommunalwahlrecht an bestimmte Eigentums- oder Besitzrechte geknüpft ist; der wirtschaftlich stärkere prot. Bevölkerungsteil kann daher durch die Wohnungsvergabe indirekt auf die Zusammensetzung der regionalen Parlamente, vor allem in den größeren Städten, Einfluß nehmen.

Die Zuspitzung dieser Gegensätze führte zum bewaffneten Bürgerkonflikt, den die brit. Regierung seit August 1969 durch Verlegung von Truppen nach Nordirland, eine zeitweise Suspendierung der nordirischen Regierung und die Entsendung eines Sonderministers zu neutralisieren suchte. Nach Parlamentswahlen kam 1973 eine Übereinkunft zwischen den Parteien zustande, die erstmals in der 50jährigen Geschichte Nordirlands auch den Katholiken eine Vertretung in der Regierung einräumte. Doch lehnte die prot. Mehrheit des neugewählten Verfassungskonvents diese Bestrebung im Sept. 1973 ab. Im Mai 1984 legte das vom irischen Min.Präs. FitzGerald ins Leben gerufene Irland-Forum, an dem die großen Parteien Irlands und Nordirlands beteiligt sind, Vorschläge für eine Beendigung des Konflikts vor. Im Nov. 1985 schlossen Großbritannien und die Republik Irland ein Nordirland-Abkommen, das Irland ein begrenztes Mitspracherecht bei der Verwaltung der Provinz Ulster einräumt. Eine gemeinsame anglo-irische Ministerkommission soll regelmäßig über Probleme der Verwaltung, Politik und Sicherheit in Nordirland beraten. Im Juli 1992 wurden die Nordirland-Gespräche zwischen Vertretern der irischen Regierung und den vier Parteien Nordirlands wiederaufgenommen. Im Herbst 1994 erklärten sowohl die katholische Irisch-Republikanische Armee (IRA) als auch die protestantischen Untergrundorganisationen, künftig auf Anwendung von Gewalt zu verzichten. Im Februar 1996 wurde die Waffenruhe durch einen Anschlag der IRA beendet. Eine Verhandlungslösung ist nicht in Sicht.

33. Die Vereinigten Staaten von Amerika

I. *Staatsform und Verfassung*

Die Vereinigten Staaten von Amerika sind eine demokratische Präsidialrepublik.

Im Unabhängigkeitskrieg gegen das englische Mutterland erklärten sich 13 frühere Kolonien in Nordamerika am 4. 7. 1776 als unabhängig. Im Frieden von Versailles 1783 wurde ihre Selbständigkeit anerkannt. Am 17. 9. 1787 wurde eine *republikanische Verfassung* aufgestellt, welche 1789 in Kraft trat und mit vielen Änderungen noch heute gilt.

Danach besteht ein *Bundesstaat,* dem seit der Aufnahme von *Alaska* und *Hawaii* (1959) nunmehr 50 Unionsstaaten angehören. Seit der Aufnahme von Hawaii zeigt die amerikanische Flagge *(Sternenbanner)* 50 Sterne. Jeder Gliedstaat hat eine eigene republikanische Verfassung.

Die Verfassung verbürgt den *Schutz der Freiheitsrechte.* Niemand darf ohne Rechtsverfahren seines Eigentums verlustig gehen, keinem Bürger darf ohne ordentliches Verfahren Leben oder Freiheit genommen werden. Die Grundsätze des englischen Verfassungsrechts gelten auch in den USA (z. B. Habeas-Corpus-Akte). Vgl. 32 I.

Die *Verfassungen der Einzelstaaten der USA* entsprechen im Aufbau weitgehend der des Bundes; die Gesetzgebung wird in den meisten Staaten ebenfalls in zwei Häusern wahrgenommen. Das Privatrecht, das Prozeßrecht und das Strafrecht sind mit wenigen Ausnahmen mangels einer Bundeskompetenz Sache der einzelstaatlichen Regelung.

II. *Der Präsident*

der Vereinigten Staaten ist Staatsoberhaupt und Regierungschef. Die *Befugnisse des Präsidenten* der USA übersteigen die der meisten Monarchen. Man bezeichnet daher die amerikanische Verfassung als den Typ der *Präsidialdemokratie*.

Der Präs. kann einmal wiedergewählt werden (Franklin Roosevelt viermal). Als Vorsitzender des Kabinetts (Ministerpräsident) bestimmt der Präsident die (Innen- und Außen-)Politik der USA. Nur ist zum Abschluß internationaler Staatsverträge die Zustimmung des Senats erforderlich. Der auf 4 Jahre vom Volk in indirekter Wahl durch Wahlmänner gewählte *Präsident der USA* hat ein *Vetorecht* gegenüber den ihm vom Kongreß vorgelegten Gesetzentwürfen. Falls er hiervon Gebrauch macht, bedarf es einer Zweidrittelmehrheit in beiden Häusern des Kongresses, um das Gesetz in Kraft treten zu lassen. Der Präsident hat weiter den *Vorsitz im Kabinett,* ist also zugleich *Ministerpräsident,* und ernennt die Minister. Er ist Oberbefehlshaber der Armee, Luftwaffe und Marine und empfiehlt dem Kongreß durch *Botschaften* die von ihm als notwendig angesehenen Maßnahmen (President Message). Der Präsident kann auf Grund einer Anklage des Repräsentantenhauses *(Impeachment)* und einer Verurteilung wegen eines schweren Verbrechens oder Vergehens durch ⅔-Mehrheit des Senats seines Amtes enthoben werden.

Nachdem der 1960 zum Präsidenten gewählte *John F. Kennedy* am 22. 11. 1963 in Dallas (Texas) einem Attentat zum Opfer gefallen war, trat der 1960 als Vizepräsident gewählte *Lyndon B. Johnson* seine Nachfolge an; er wurde 1964 wiedergewählt. Sein 1968 gewählter und 1972 wiedergewählter Nachfolger war *Richard M. Nixon;* nach dessen Rücktritt trat Vizepräsident *Gerald R. Ford* am 9. 8. 1974 an seine Stelle. Von 1977 bis 1980 amtierte *James E. Carter,* am 20. 1. 1981 abgelöst von *Ronald Reagan.* Dessen Nachfolger war von 1989–1993 der vorherige Vizepräsident *George Bush.* Seit Anfang 1993 ist *Bill Clinton* Präsident.

III. *Parlament*

Die Gesetzgebung obliegt dem *Kongreß,* der aus zwei Häusern besteht. Das Unterhaus heißt *Repräsentantenhaus* und besteht aus 435 Mitgliedern, die alle zwei Jahre vom Volk aus dem Bezirk ihres Wohnorts in geheimer unmittelbarer Wahl gewählt werden. Frauen besitzen seit 1920 das Wahlrecht. Das Oberhaus ist der *Senat.* Er hat 100 Mitglieder; je 2 Senatoren werden wie die Mitglieder des Unterhauses in direkter Wahl für jeden der 50 Staaten gewählt. Die Wahl findet alle zwei Jahre für ein Drittel der Senatoren statt (Amtsdauer 6 Jahre), so daß alle zwei Jahre ein Drittel turnusmäßig ausscheidet (ewiger Senat). Senatspräsident ist der *Vizepräsident* der USA, der gleichzeitig mit dem Präsidenten gewählt und bei dessen Ausfall sein Nachfolger für den Rest der Amtszeit wird.

Die *Gesetze* müssen von *beiden* Häusern genehmigt werden. Eine Kriegserklärung unterliegt der Beschlußfassung des Kongresses.

Jedes Kongreßmitglied (nicht die Regierung) ist befugt, ein Gesetz einzubringen. Es finden 3 Lesungen statt. Nach Annahme durch ein Haus geht der Entwurf dem anderen Hause zu. Stimmt auch dieses zu, geht der Entwurf an den Präsidenten der USA, durch dessen Unterschrift er zum Gesetz wird. Unterzeichnet der Präsident nicht, so erlangt der Entwurf nur bei Zustimmung von

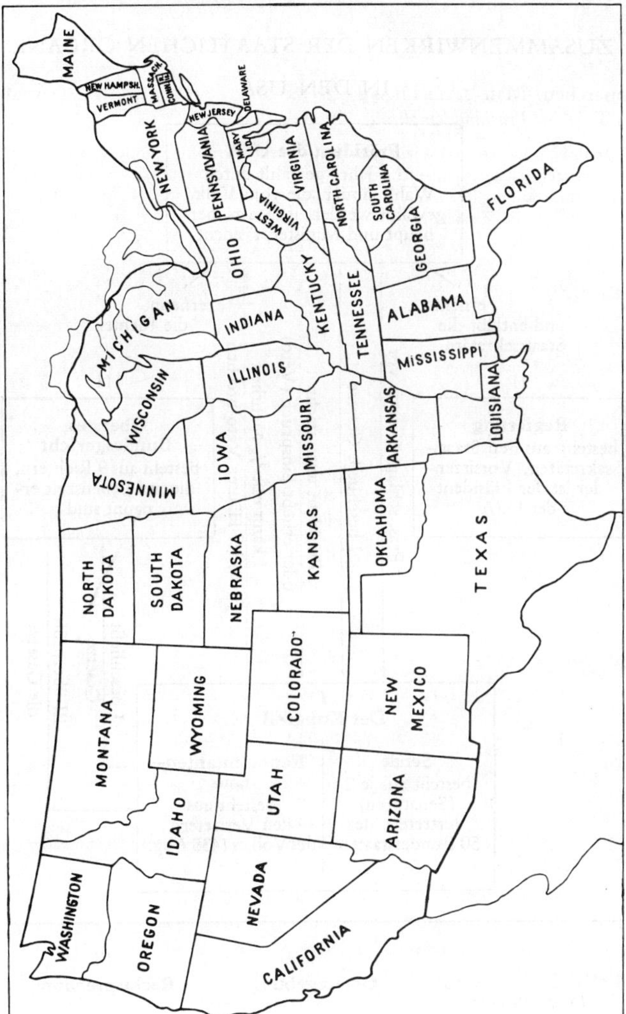

Vereinigte Staaten von Nordamerika

(50 Staaten; außer den auf der Karte eingezeichneten: Alaska und Hawaii)

ZUSAMMENWIRKEN DER STAATLICHEN ORGANE IN DEN USA

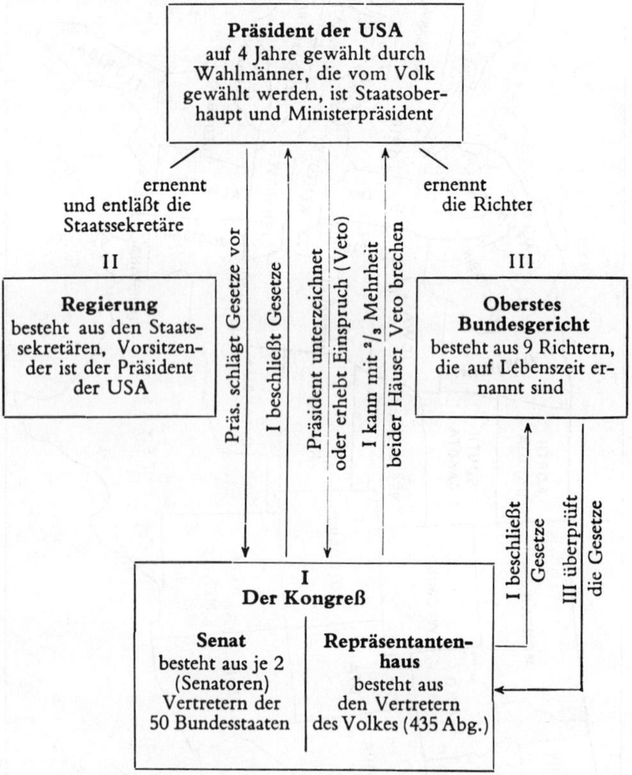
Präsident der USA
auf 4 Jahre gewählt durch Wahlmänner, die vom Volk gewählt werden, ist Staatsoberhaupt und Ministerpräsident
ernennt und entläßt die Staatssekretäre
ernennt die Richter
Präs. schlägt Gesetze vor
I beschließt Gesetze
Präsident unterzeichnet oder erhebt Einspruch (Veto)
I kann mit 2/3 Mehrheit beider Häuser Veto brechen
II
Regierung
besteht aus den Staatssekretären, Vorsitzender ist der Präsident der USA
III
Oberstes Bundesgericht
besteht aus 9 Richtern, die auf Lebenszeit ernannt sind
I beschließt Gesetze
III überprüft die Gesetze
I
Der Kongreß
Senat
besteht aus je 2 (Senatoren) Vertretern der 50 Bundesstaaten
Repräsentantenhaus
besteht aus den Vertretern des Volkes (435 Abg.)

II	I	III
Vollziehende Gewalt (Verwaltung)	**Gesetzgebung**	**Rechtsprechung**

Das Volk

wählt unmittelbar die Senatoren und Abgeordneten;
wählt Wahlmänner und durch sie (mittelbar) den Präsidenten

zwei Dritteln beider Häuser Gesetzeskraft. Für Verfassungsänderungen gelten besondere Vorschriften. Steuergesetze können nur vom Repräsentantenhaus eingebracht werden.

Hauptparteien sind die *Republikaner* und die *Demokraten.* Ursprünglich wies die *Demokratische Partei* eher konservative Züge auf; ihre Politik war maßgeblich bestimmt durch den Widerstand gegen die auf die Sklavenbefreiung drängenden politischen Strömungen und daher gestützt auf die (weißen) Wähler in den Südstaaten. Doch traten schon frühzeitig besonders in den Nordstaaten innerhalb der Partei zunehmend liberale Tendenzen hervor. Dagegen setzte sich die (heutige) *Republikanische Partei* schon frühzeitig für die Erweiterung der Bürgerrechte und die Sklavenbefreiung ein. Beide Parteien unterlagen jedoch mit der Zeit einem politischen Wandel. Sie unterscheiden sich heute zwar in Struktur, Wirken und Ideologie grundsätzlich von europäischen Parteien; mit Vorbehalten können aber jetzt die Republikaner eher der konservativen Richtung, die Demokraten mehr der liberal-progressiven Richtung zugeordnet werden.

Der *Senat* muß Staatsverträgen mit anderen Staaten mit Zweidrittelmehrheit zustimmen. Er genehmigt ferner die Ernennung von hohen Beamten, der Richter des Obersten Bundesgerichts und von Generälen.

IV. *Regierung, Verwaltung und Gerichtsbarkeit*

Die *Minister* (Amtsbezeichnung: Staatssekretär) sind dem Präsidenten verantwortlich. Ein Konflikt der Regierung mit dem Parlament führt nicht zum Rücktritt der Regierung oder eines ihrer Mitglieder. Vielmehr ist das *Präsidialkabinett* (im Gegensatz zu den meisten demokratischen Verfassungen) vom Parlament unabhängig *(Präsidialsystem).* Jeder Minister ist Chef seiner Verwaltung.

Verwaltungsmäßig sind die Vereinigten Staaten in die 50 Einzelstaaten gegliedert.

Die vollziehende Gewalt wird in den Einzelstaaten von einem (auf 2 bis 4 Jahre) vom Volk gewählten *Gouverneur* ausgeübt. Die Gouverneure besitzen ein Vetorecht gegenüber Entscheidungen der gesetzgebenden Organe des Bundesstaates. Sie können Sondersitzungen des Parlaments einberufen und deren Tagesordnung festlegen. Sie bestimmen weitgehend die Aufstellung des Budgets und üben das Gnadenrecht aus. Die Regelung der Steuern und Zölle, die Militärgewalt und die Staatsverträge stehen dem Bund zu.

Oberster Gerichtshof ist das *Oberste Bundesgericht* (Supreme Court of the United States). Es besteht aus 9 Richtern, die vom Präsidenten auf Lebenszeit ernannt werden. Sie entscheiden als Gesamtheit, sofern wenigstens 5 Richter anwesend sind, und befinden auch über die Verfassungsmäßigkeit von Gesetzen. Dem Supreme Court sind Bundes-Berufungs- und Bundes-Bezirksgerichte nachgeordnet.

34. Die Schweiz

I. *Staatsform und Verfassung*

Die Schweiz ist ein demokratisch-parlamentarischer Bundesstaat.

Die Demokratie der Schweiz ist stark *unmittelbar* gestaltet. Dies zeigt sich bei den Wahlen zum Nationalrat und Ständerat und den kantonalen Parlamenten, ferner bei der Volkswahl der Mitglieder von kantonalen Behörden und vor allem bei der *plebiszitären* Abstimmung über kantonale und eidgenössische Gesetze.

Vertreter der schweizerischen Eidgenossenschaft nach außen ist der *Bundespräsident,* der im jährlichen Turnus von der Bundesversammlung (s. unten) gewählt wird.

Die Schweiz ist hervorgegangen aus einem 1291 geschlossenen „Ewigen Bund" dreier Urkantone (Schwyz, Uri, Unterwalden), der mehrfach erweitert und erneuert wurde. Er wurde 1798 in die *Helvetische Republik* umgewandelt, die 1848 den Übergang vom Staatenbund zum *Bundesstaat* vollzog.

Die Verfassung der „Schweizerischen Eidgenossenschaft" wurde 1874 revidiert und am 29. 5. 1874 von der Bundesversammlung verkündet. (Eine Revision dieser Verfassung ist vorgesehen.)

Es besteht Zoll- und Währungseinheit mit dem Fürstentum *Liechtenstein* (Hauptstadt Vaduz), dessen Außenvertretung die Schweiz wahrnimmt. Liechtenstein ist konstitutionelle Erbmonarchie mit Einkammer-Parlament (Landtag).

II. *Parlament*

Die *Bundesversammlung* setzt sich (Zweikammersystem) aus dem *Nationalrat* (200 Abgeordnete, die von den über 20 Jahre alten schweizerischen Aktivbürgern für 4 Jahre gewählt werden) und dem aus 46 Abgeordneten bestehenden *Ständerat* (je 2 aus jedem Kanton) zusammen.

Beide Häuser sind in der Gesetzgebung gleichberechtigt; Bundesgesetze erfordern eine Mehrheit in beiden Räten. Der Bundesversammlung steht die oberste Bundesgewalt zu. Sie verfügt über Notstandsrecht, Kommandogewalt, Defensivkrieg, schließt Bündnisse und Staatsverträge ab, bestellt die obersten Bundesorgane, sanktioniert die Gesetze und überwacht ihre Anwendung.

Im *Nationalrat* halten traditionell drei annähernd gleich starke Parteien eine Mehrheit von zusammen etwa ¾ der Mandate: Sozialdemokratische Partei (SPS), Freisinnig-demokratische Partei (FDP), Christlich-demokratische Volkspartei (CVP). Nach den Wahlen von 1995 ergibt sich folgende Sitzverteilung im Nationalrat: FDP 45, CVP 34, SPS 54, Schweizerische Volkspartei 29, Grüne 9, Sonstige 29.

III. *Regierung*

Die Regierung der Schweiz ist der *Bundesrat.*

Der aus 7 Mitgliedern (Bundesräte = Minister) bestehende *Bundesrat* wird von der Vereinigten Bundesversammlung auf 4 Jahre gewählt und ist während dieses Zeitraumes unabsetzbar. Er bildet die oberste vollziehende Behörde der Eidgenossenschaft. Sein Vorsitzender *(Bundespräsident)* wechselt jährlich; er übt vornehmlich repräsentative Befugnisse aus.

IV. *Verwaltung*

Die staatsrechtliche Grundlage des Bundes (Eidgenossenschaft) bilden die 23 *Kantone,* von denen 3 aus je 2 Halbkantonen bestehen.

Die Kantone besitzen innere Souveränität (vgl. 1 III), soweit nicht ihre Staatsgewalt durch den Bund eingeschränkt ist. Aber der Bund ist legislativ und administrativ nur kraft verfassungsrechtlicher Ermächtigung zuständig; im übrigen besteht eine Vermutung für die kantonale Zuständigkeit.

35. Gemeinschaft unabhängiger Staaten; Rußland

I. *Gemeinschaft unabhängiger Staaten*

Die frühere *Sowjetunion* (Union der Sozialistischen Sowjetrepubliken = UdSSR) wurde Ende 1991 in die *Gemeinschaft unabhängiger Staaten (GUS)* umgewandelt. Die GUS ist ein Staatenbund (s. 6 II) aus unabhängigen Einzelstaaten. Sie strebt eine gemeinsame Außen- und Verteidigungspolitik sowie eine abgestimmte Wirtschaftspolitik an. Die GUS hat eigene Staatsorgane: den *Rat der Staatsoberhäupter* der einzelnen Republiken, der zweimal jährlich unter wechselndem Vorsitz tagt sowie den *Rat der Regierungschefs,* der die maßgebenden Entscheidungen trifft. Es soll ein GUS-Parlament errichtet werden, das jedoch nur beratende Funktion besitzen soll.

Die GUS besteht aus folgenden 12 unabhängigen Republiken: Rußland, Weißrußland, Georgien, Armenien, Ukraine, Aserbaidschan, Kasachstan, Kirgisien, Moldawien, Tadschikistan, Turkmenien, Usbekistan. Keine Mitglieder sind die baltischen Staaten Lettland, Litauen und Estland. Bei der Umsetzung der gemeinsamen Ziele der GUS sind Probleme erkennbar geworden: einzelne Republiken sind durch innere Unruhen und Nationalitätenkonflikte geschwächt; ferner sind die Republiken nicht durchweg bereit, ihre Kompetenzen zu Gunsten der GUS einzuschränken; die Republiken befürchten außerdem z. T. eine Vormachtstellung Rußlands, das die bedeutendste GUS-Republik ist. Sieben Mitgliedstaaten haben im Jan. 1993 eine GUS-Charta über die künftige Zusammenarbeit in den GUS (Koordinierung der Außen-, Sicherheits- und Finanzpolitik sowie die Schaffung übernationaler Organe) unterzeichnet. Zunehmend kommt es auch zu Abkommen, die nur zwischen einigen GUS-Staaten abgeschlossen werden, beispielsweise die Russisch-Ukrainische Kooperation vom Nov. 1995. Zwischen Kasachstan, Kirgistan, Rußland und Weißrußland wurde im März 1996 ein Integrationsvertrag für eine Gemeinschaft Integrierter Staaten (GIS) unterzeichnet.

II. *Rußland*

Die *Russische Föderation* (Rußland) ist nach Bevölkerung, Fläche und politischer, wirtschaftlicher und militärischer Bedeutung die wichtigste Teil-Republik der GUS.

1. Staatsform und Verfassung

Rußland ist eine präsidiale, föderative Republik. Die Föderation besteht – auf der Grundlage des Föderationsvertrags vom März 1992 – aus 21 autonomen Republiken mit jeweils eigenen Verfassungen, Parlamenten und Regierungen und 10 autonomen Kreisen.

Eine neue Verfassung ist seit 12. 12. 1993 in Kraft. Staatsoberhaupt ist der Präsident, der für 4 Jahre allgemein und direkt mit der Möglichkeit der einmaligen Wiederwahl gewählt wird.

2. Parlament und Regierung

Das Zwei-Kammer-Parlament setzt sich aus dem Unterhaus (der *Staatsduma*) mit 450 Mitgliedern und dem Oberhaus (Föderationsrat) mit 178 Mitgliedern zusammen. Wahlen finden alle 4 Jahre statt.

An der Spitze der Regierung steht der *Ministerpräsident*. Neben die Sozialistische Partei der Russischen Arbeiter, die Nachfolgerin der Kommunistischen Partei, sind 1991 zahlreiche neugegründete Parteien getreten.

3. Neueste Entwicklung

Rußland hat erhebliche wirtschaftliche Schwierigkeiten, die Inflationsrate betrug 1995 140%. Die organisierte Kriminalität nimmt vorher nicht gekannte Ausmaße an. Auch innenpolitisch kommt Rußland nicht zur Ruhe. Die Unabhängigkeitsbestrebungen der Republik Tschetschenien führen Ende 1994 zu einer kriegerischen Auseinandersetzung zwischen tschetschenischen Freiheitskämpfern und der russischen Armee, die hohe Verluste auf beiden Seiten fordert. Die Hauptstadt Tschetscheniens, Grosny, wird zerstört. Erst Ende 1996 gelang es, zu einem Waffenstillstand und zu einem Abkommen gegenseitigen Gewaltverzichts zu kommen.

III. *Strukturen der ehemaligen Sowjetunion (UdSSR)*

Sowjet (Rat) war die Bezeichnung für die Arbeiterräte der russischen Revolution von 1905 und später für die *Arbeiter- und Soldatenräte* während der Revolution von 1917.

Die *Verfassung vom 5. 12. 1936* fußte auf dem von *Lenin* aufgebauten Rätesystem und erklärte die UdSSR zum sozialistischen Staat der Arbeiter und Bauern, in dem alle Macht von den Werktätigen ausgeht. Die *Verfassung vom 7. 10. 1977* hielt an dieser Struktur fest.

Entscheidende politische Kraft in der UdSSR war die *Kommunistische Partei* (KPdSU, Bolschewiki); sie hatte folgende Organe: Parteikongreß, Zentralkomitee (ZK), Politbüro, Sekretariat des ZK mit dem Generalsekretär.

Das *Wirtschaftssystem* beruhte bis Mitte der 80er Jahre auf den von *Wladimir I. Lenin* (1870 bis 1924) weiterentwickelten Theorien von *Karl Marx* und *Friedrich Engels* (vgl. 3 VII), dem sog. *Marxismus-Leninismus*.

Marx und Engels hatten sich gegen die marktwirtschaftliche kapitalistische Ordnung des 19. Jahrh. gewandt und die Vergesellschaftung der Produktionsmittel in einem sozialistischen Staat gefordert; damit sollte eine Rationalisierung des Produktionsprozesses verbunden werden, die sich unter Kontrolle der Gemeinschaft und unabhängig vom Gewinnstreben des Unternehmers abwickelt, eine Ausbeutung der Arbeitskraft verhindert und das wirtschaftliche Ergebnis jedem am Produktionsprozeß Beteiligten zugute kommen läßt. Die Erkenntnis, daß diese Ziele nur durch *zentrale Planung* und *Lenkung* erreicht werden können, wurde von Lenin in der Form der *Planwirtschaft* verwirklicht, die jeweils für einen bestimmten Zeitraum den Einsatz der vorhandenen Produktionskräfte und -mittel zur Erzeugung von Konsum-, Investitions- oder Rüstungsgütern regelt.

Nachdem die *Oktoberrevolution 1917* den *Bolschewiken* die Herrschaft über die gemäßigteren *Menschewiken* gebracht hatte, kehrte Lenin aus der Schweiz nach Rußland zurück und entwickelte die Gedanken von Karl Marx zum „dialektischen Materialismus" (vgl. 3 VII) in der politischen Praxis. In Durchführung extrem sozialistischer Staats- und Wirtschaftsauffassungen baute Lenin die sozialistischen *Räterepubliken* auf. Das *Rätesystem* soll durch Wahl und Funktion von Räten auf allen Wirtschafts- und Regierungsstufen die unmittelbare Demokratie sichern und der Gefahr einer Verfälschung des Volkswillens begegnen.

Deshalb ist mit diesem System das „imperative Mandat" (Bindung an Aufträge der Wähler) und die Möglichkeit jederzeitiger Abwahl der Räte verbunden.

Die wirtschaftspolitische Zielsetzung des Kommunismus wurde verwirklicht durch Beseitigung des Großgrundbesitzes, Überführung der Bodenschätze, Wälder und der wichtigsten Industriezweige in Volkseigentum und den Aufbau eines zentralistisch gestalteten Staatswesens. *J. W. Stalin* (1879–1953) trieb die Industrialisierung der Sowjetunion durch die Fünfjahrespläne voran, schuf die Verfassung von 1936 und stellte dem Gedanken der *kommunistischen Weltrevolution* den russisch-nationalen zur Seite. In der Folge des 2. Weltkriegs steigerte sich der sowjetische Einfluß in Europa und Ostasien. Seit 1928 regelt sich die staatliche Wirtschaftslenkung nach den Grundsätzen der in Zeitabständen neu aufgestellten *Fünfjahrespläne*.

Unter *N. S. Chruschtschow* (MinPräs. 1958–1964) zielten verschiedene Bestrebungen auf eine stärkere Dezentralisierung (Volkswirtschaftsräte) sowie die Reorganisation der Landwirtschaft ab. Eine gegenüber dem strengen stalinistischen Kurs teilweise einsetzende politische Liberalisierung war von kurzer Dauer; sie brachte keine grundsätzliche Änderung des Systems. Unter Chruschtschows Nachfolger *A. N. Kossygin* setzte eine stark rückläufige Tendenz ein. Im Vordergrund der Wirtschaftspolitik stand die Förderung der Industrie, insbes. der chemischen. Das in der Landwirtschaft bisher überwiegende System der *Kolchosen* – kollektive Produktionsgenossenschaften mit gemeinschaftlicher Nutzung von Bodenflächen, Maschinen, Vieh usw. durch die Bauern als Anteilseigner – wurde zunehmend verdrängt durch die *Sowchosen,* denen auch die Verfassung von 1977 den Vorzug gibt; in diesen sind größere Landwirtschaftseinheiten auf bestimmte Bereiche (z. B. Milcherzeugung, Viehzucht) spezialisiert, in denen es keine Anteilseigner, sondern nur Lohnarbeiter gibt. Im August 1983 kündigte Staats- und Parteichef *Juri Andropow*, der Nachfolger des am 10. 11. 1982 gestorbenen *Leonid Breschnew*, Wirtschaftsreformen an: Die zentrale Planung sollte zwar beibehalten werden, jedoch sollte in Modellversuchen eine Kombination zwischen zentralisiertem Management und größeren Rechten der einzelnen Betriebe gefunden werden. Andropow starb im Feb. 1984. Sein Nachfolger war zunächst *Konstantin Tschernenko* und dann *Michail Gorbatschow* (seit März 1985). Dessen Reformpolitik zielte unter den Schlagworten *„Perestrojka"* (= Umwandlung) und *„Glasnost"* (= Offenheit) auf eine grundlegende Umgestaltung des politischen, wirtschaftlichen und gesellschaftlichen Systems durch schrittweise Demokratisierung, stärkere Achtung der Menschenrechte, Einführung rechtsstaatlicher Prinzipien und einen kontrollierten Übergang zur Marktwirtschaft in der UdSSR ab. Maßgebende Elemente dieser Politik waren größere Offenheit und Transparenz bei der Regierungsarbeit und in der Berichterstattung durch die Medien, demokratischere Formen bei Personalentscheidungen sowie die Einräumung einer größeren Selbständigkeit der einzelnen Betriebe gegenüber der zentralen Wirtschaftsplanung. Das Scheitern dieser Reformpolitik sowie zunehmende *Nationalitätenkonflikte* und *Unabhängigkeitsbestrebungen,* besonders in den baltischen Staaten, führten neben anderen Ursachen zur Auflösung der Sowjetunion.

36. Österreich

I. *Staatsform und Verfassung*

Österreich ist eine *demokratische Republik,* deren Recht vom Volk ausgeht (Art. 1 BVerfGes.). Österreich ist ein *Bundesstaat,* gebildet aus den selbständigen Ländern: Burgenland, Kärnten, Niederösterreich,

Oberösterreich, Salzburg, Steiermark, Tirol, Vorarlberg und Wien (Art. 2).

Staatsoberhaupt ist der *Bundespräsident,* der vom Volk für 6 Jahre gewählt wird. Er ernennt die *Bundesregierung.*

Nach der Besetzung Österreichs durch die Alliierten (1945) wurde eine *provisorische österreichische Staatsregierung* gebildet und die Grundlagen für die weitere verfassungsrechtliche Entwicklung geschaffen. Dabei wurde auf die vor der Ausschaltung des Nationalrates 1933 vorhandene Verfassungslage zurückgegriffen und durch ein Überleitungsgesetz vom 1. 5. 1945 das *Bundes-Verfassungsgesetz 1929* mit Wirkung vom 19. 12. 1945 wieder in Geltung gesetzt. Es wurde seitdem durch mehrere Novellen geändert und ergänzt, die sich u. a. mit dem Wirkungsbereich des Verwaltungsgerichtshofs, der Rechnungskontrolle, der zivilrechtlichen Haftung von Bund, Ländern und Gemeinden befassen. Durch Abkommen der Alliierten vom 4. 7. 1945 wurde Österreich in den Grenzen von 1937 wiederhergestellt und in vier Besatzungszonen aufgeteilt. Nachdem sich Österreich 1955 ausdrücklich zur Neutralität verpflichtet hatte, erlangte es durch den *Staatsvertrag* vom 15. 5. 1955 „betreffend die Wiederherstellung eines unabhängigen und demokratischen Österreich" seine Selbständigkeit wieder. Der Staatsvertrag verpflichtet Österreich zu einer *dauernden Neutralität.* Mit Wirkung vom 1. 1. 1995 ist Österreich der EU beigetreten.

II. *Parlament*

Das Parlament besteht aus dem *Nationalrat* mit 183 auf 4 Jahre direkt gewählten Abgeordneten und aus dem *Bundesrat,* der aus 63 von den Landtagen bestimmten Mitgliedern besteht. Nationalrat und Bundesrat bilden zusammen die *Bundesversammlung.*

Die *Gesetzgebung* des Bundes übt der *Nationalrat* gemeinsam mit dem *Bundesrat* aus (Art. 24). Jedoch stellt der Nationalrat allein den Gesetzesinhalt fest und entscheidet nach freiem Ermessen, inwieweit er Gesetzesanträge des Bundesrats verfolgen will. Diesem steht der *Einspruch* gegen Gesetzesbeschlüsse des Nationalrates zu; bei wichtigeren Gesetzen ist seine Zustimmung erforderlich. In den Bundesrat, die *Länderkammer,* entsendet das Land mit der größten Bürgerzahl (derzeit Wien) 12, jedes andere Land eine entsprechende Zahl, mindestens 3, von den Landtagen für die Dauer ihrer Legislaturperiode gewählte Mitglieder. Die Gesetzgebung in den Ländern obliegt den Landtagen, die auch die Landesregierungen wählen.

Die Nationalratswahl im Dezember 1995 ergab folgende Sitzverteilung: SPÖ 71, ÖVP 53, FPÖ 40, Grüne 9, LF (Liberales Forum) 10. Die SPÖ hat sich im Juni 1991 in „Sozialdemokratische Partei" umbenannt.

III. *Regierung und Verwaltung*

Die Bundesregierung wird aus dem Bundeskanzler und den Bundesministern gebildet. Sie ist vom Vertrauen des Nationalrats abhängig.

Die Verwaltungsgliederung besteht aus den 9 Bundesländern, jeweils mit eigenen Landtagen und einem Landeshauptmann.

IV. *Südtirol-Frage*

Die Auseinandersetzungen mit Italien um *Südtirol* (Oberetschland, ital. „Alto Adige"), das 1918 im Friedensvertrag von St. Germain Italien zugeschlagen wurde und durch das Gruber-de Gasperi-Abkommen vom 5. 9. 1946 einen Autonomie-Status erhielt, dauerten lange an. Von seiten Österreichs und von der in Südtirol führenden „Südtiroler Volkspartei" unter *Silvius Magnago* wurde immer wieder geltend gemacht, die ital. Behörden verstießen durch planmäßige Ansiedlung von Italienern gegen die der Region zugebilligte Kultur- und Verwaltungsautonomie. Diese sollte schrittweise im Verhandlungswege verwirklicht und in Dekreten der ital. Regierung festgelegt werden. Das geschah bereits durch Einrichtung einer autonomen Sektion Bozen des ital. Verwaltungsgerichtshofs, die in paritätischer Besetzung mit Südtirolern und Italienern letztinstanzlich entscheidet. Durch ein neues Autonomiestatut von 1988 garantiert der italienische Staat die kulturelle und ethnische Eigenständigkeit der deutschen Volksgruppe. Insbesondere ist die deutsche Sprache nunmehr mit der italienischen Sprache bei Behörden völlig gleichgestellt. Wichtige Behörden, wie z. B. der Rechnungshof oder die Staatsbahn, werden nach den Grundsätzen des ethnischen Proporzes besetzt. In der Finanzpolitik soll Südtirol unabhängiger sein.

Der Südtirolkonflikt, der zwischen Italien und Österreich vor der UNO anhängig war, wurde im Juni 1992 formell beigelegt, indem Österreich die italienischen Regelungen zur Autonomie Südtirols als ausreichend anerkannte.

37. Andere europäische Staaten

I. Überblick über die europäischen Verfassungsstrukturen:

Im Verfassungsrecht der übrigen europäischen Staaten ließen sich früher folgende Grundformen unterscheiden: Neben parlamentarischen Demokratien, deren tragendes Prinzip die Gewaltentrennung (8) ist, bestanden die nach dem kommunistischen Rätesystem (35 III) ausgerichteten „Volksdemokratien". Auf Grund des in den osteuropäischen Staaten seit 1989/1990 fortschreitenden politischen und gesellschaftlichen Wandels gleicht sich das Staats- und Verfassungsrecht dieser Staaten immer mehr demokratischen Regierungsformen an (s. 923).

II. Einzelne Staaten

1. Dänemark, Schweden, Norwegen

Die *nordischen Staaten* Dänemark, Schweden und Norwegen weisen in ihrer politischen Struktur weitgehende Übereinstimmung auf. Sie sind konstitutionelle Monarchien und parlamentarische Demokratien mit Einkammersystem in Dänemark („Folketing") und Schweden („Riksdag") und Zweikammersystem in Norwegen („Storting", bestehend aus „Lagting" = Oberhaus und „Odelsting" = Unterhaus). Sie gehören der UNO und zahlreichen dieser angeschlossenen Organisationen sowie dem *Nordischen Rat* an. Dänemark ist seit 1. 1. 1973 Mitglied der EU, Schweden ist mit Wirkung vom 1. 1. 1995 beigetreten. Der beabsichtigte Beitritt Norwegens wurde im November 1994 durch Volksentscheid abgelehnt. Norwegen ist daher weiter Mitglied der EFTA (817). Dänemark und Norwegen sind auch Mitglieder der NATO (913). Von den autonomen dänischen Färöer-Inseln und Grönland (jeweils mit Parlament und Regierung) ist Grönland seit 1. 2. 1985 aus der EG ausgeschieden; es hat aber zollfreien Zugang zum EG-Markt behalten.

2. Island, Finnland

Dem Nordischen Rat gehören auch *Island* und *Finnland* an, beide parlamentarische Republiken (Island: Ober- und Unterhaus; Finnland mit Einkammersystem: „Riksdag"). Während sich Island zur NATO hält, wahrt Finnland strikte politische Neutralität. Finnland ist mit Wirkung vom 1. 1. 1995 der EU beigetreten, beide Staaten gehören dem GATT (917, 918 IV) an, Island auch dem Europarat (912).

3. Irland

Über die parlamentarische (2-Kammer-)Republik *Irland (Eire)* s. 32 I und V.

4. Niederlande, Belgien, Luxemburg

Die *Niederlande* sind eine konstitutionelle Erbmonarchie auf parlamentarischer Grundlage. Staatsoberhaupt ist die Königin. Das Parlament (Staten-Generaal) besteht aus zwei Kammern: die erste Kammer hat 75 Mitglieder, die alle 4 Jahre von den Provinzparlamenten gewählt werden; die zweite Kammer besteht aus 150 Abgeordneten, die für 4 Jahre gewählt sind. Nach den Wahlen von 1994 ergab sich folgende Sitzverteilung in der zweiten Kammer: Christlich Demokratischer Appell 34, Partei der Arbeit 37, Volkspartei für Freiheit und Demokratie 31, Demokraten '66 24, Altenparteien 7, Grüne Linke 5, andere Parteien 12. Verwaltungsmäßig sind die Niederlande in 12 Provinzen (jeweils mit eigenen Parlamenten) gegliedert.

Auch *Belgien* ist eine parlamentarische Monarchie, deren Staatsoberhaupt der König ist. Das Parlament besteht aus zwei Kammern: dem Senat (71 Mitglieder) und dem Abgeordnetenhaus mit 150 für 4 Jahre gewählten Abgeordneten. Die Wahl zum Abgeordnetenhaus vom Mai 1995 hatte folgendes Ergebnis: 29 Sitze für flämische Christdemokraten, 21 für wallon. Sozialisten, 21 für flämische Liberale, 20 für flämische Sozialisten, 79 für andere Parteien. Belgien ist ein föderaler Bundesstaat mit den 3 autonomen Regionen Flandern, Wallonien und Brüssel, jeweils mit eigenem Parlament und eigener Exekutive. Der Zentralregierung verbleiben vor allem die Außen-, Verteidigungs- und Währungspolitik sowie die innere Sicherheit.

Luxemburg ist eine demokratische, konstitutionelle Erbmonarchie (Großherzogtum). Staatsoberhaupt ist der Großherzog. Das Parlament hat 60 auf 5 Jahre gewählte Mitglieder. Bei der Wahl von 1994 ergab sich folgende Sitzverteilung: Christlich-Soziale Volkspartei 21, Sozialistische Arbeiterpartei 17, Demokratische Partei 12, Partei der Privatbeamten 5, Grün-Alternative 5.

5. Italien

Italien ist eine demokratische Republik mit Deputiertenkammer und Senat. Bei den Parlamentswahlen im April 1996 erhielten: Bündnis Ulivo 284, Polo de le liberta 246, Lega Nord 59, Kommunisten 35, andere 6 Sitze der 630 Sitze umfassenden Abgeordnetenkammer. Der Senat hat 322 Abgeordnete. Über die Südtirolfrage s. 36 IV.

6. Spanien

Spanien, seit 1947 auch verfassungsmäßig Monarchie, wurde seit 1939 diktatorisch geleitet von dem Staatschef („Caudillo") *Francisco Franco* bis zu seiner Ablösung durch den bereits seit langem als König prädestinierten Prinz *Juan Carlos de Bourbon,* der als Juan Carlos I. am 27. 11. 1975 den Thron bestieg. Die gesetzgebende Versammlung (Cortes) besteht aus zwei Kammern: Abgeordnetenhaus (Kongreß) und Oberhaus (Senat); Sitzverteilung im Abgeordnetenhaus nach der Wahl vom März 1996: Sozialistische Arbeiterpartei 141, Volkspartei

156, Vereinigte Linke 21, Katalanische Nationalpartei 16, Sonstige 16. Das Staatsorgangesetz 1966 hat daneben einen „Rat des Königreiches“ eingerichtet. Die Verfassung von 1978 erklärt Spanien zum demokratischen und sozialen Rechtsstaat und zur parlamentarischen Monarchie; damit wurden die vom Franco-Regime außer Kraft gesetzten Grundrechte auch formell wieder wirksam. Spanien gehört der NATO und UNO sowie zahlreichen anderen überstaatlichen Organisationen an.

7. *Portugal*

Die korporative Republik *Portugal,* die Mitglied der NATO ist, hat ein Parlament mit einer Kammer; daneben besteht ein Staatsrat und eine Korporativkammer (Ständekammer). Das Land wurde bis April 1974 von einem Regierungschef mit diktatorischen Vollmachten regiert, zuletzt von MinPräs. *Caetano,* der durch eine Militärjunta gestürzt wurde; diese beendete den Kolonialkrieg in Moçambique und Angola, wurde aber unter Führung linksradikaler Kräfte mehrmals umgebildet. Im Febr. 1986 wurde *Mário Soares* zum ersten zivilen Präsidenten Portugals seit 60 Jahren gewählt.

8. *Griechenland*

Griechenland war bis zur Ausrufung der Republik am 1. 6. 1973 formell Monarchie; der König wurde jedoch seit 1967 von einem Regenten vertreten, der zugleich Regierungschef war. Durch eine im Juni 1975 in Kraft getretene neue Verfassung wurde die Monarchie abgeschafft. Die Grundrechte wurden neu formuliert, die Stellung des Staatspräs. durch Einräumung besonderer Vollmachten gestärkt. In einer Verfassungsreform vom März 1986 wurden vor allem die weitgehenden Befugnisse des Staatspräsidenten zugunsten des Parlaments eingeschränkt. Griechenland gehört u. a. der UNO, der NATO und dem Europarat sowie ab 1981 der EG an. Bei den Wahlen im September 1996 erreichte die Panhellenische Sozialistische Bewegung mit 162 der 300 Parlamentssitze die absolute Mehrheit. Stärkste Oppositionspartei ist die Partei Neue Demokratie mit 108 Mandaten. Gegenstand des Konflikts mit der Türkei um *Cypern* ist, ob die Inselrepublik unabhängig bleiben oder in autonome Regionen aufgeteilt werden soll. Nach der (von Präs. Makarios 1963 einseitig aufgehobenen) Verfassung von 1960 ist *Cypern* eine föderative präsidiale Republik mit einem griech. Präs. und einem türk. Vizepräs. Das Parlament soll sich zu 70 v. H. aus griech. und 30 v. H. türk. Abg. zusammensetzen. Seit Ausrufung eines „Föderativen türk.-zyprischen Staates“ 1975 laufen Verhandlungen über eine Verfassungsreform. Die Separation des Nordteils als „Türk. Republik Nordcypern“ im Nov. 1983 wurde nur von der Türkei anerkannt. Eine Gesamtlösung, die vor allem unter Vermittlung der UNO ausgehandelt werden soll, ist bisher nicht erreicht worden.

9. *Türkei*

Die *Türkei* ist der Nachfolgestaat des in der Folge des 1. Weltkrieges zusammengebrochenen Osmanischen Reiches. Hauptsächlich auf der Grundlage des heutigen Staatsgebietes schuf *Mustafa Kemal Pascha (Atatürk)* nach dem 1. Weltkrieg den türkischen Staat im Sinne einer forcierten Modernisierung und Verwestlichung um. *Atatürks* Nachfolger *I. Inönü* hielt das Land im 2. Weltkrieg neutral. 1955 trat die Türkei dem NATO-Bündnis bei, um an ihm einen Rückhalt gegen die Sowjetunion zu haben. Seitdem ist die Türkei der von *Atatürk* eingeleiteten Westorientierung im wesentlichen treu geblieben, obwohl seit zwei Jahrzehnten eine gewisse Re-Islamisierung (vgl. 927 IV) zu beobachten ist und Spannungen mit dem NATO-Partner Griechenland die Effizienz der türkischen NATO-Mitgliedschaft belasten. Durch ein Referendum im Nov. 1982 wurde eine neue Verfassung angenommen. Sie dehnt die Macht des Präsidenten aus, während die Rechte der Parteien, Gewerkschaften und der Presse eingeschränkt werden. Durch ein neues Parteiengesetz (April 1983) wurde die politische Betätigung von Parteien wieder ermöglicht. Bei den Wahlen im Dez. 1995 erreichte die Wohlfahrtspartei 158, die Partei des Rechten Weges 135, die Mutterlandspartei 172, die Demokratische Linkspartei 75 und die Republikanische Volkspartei 50 Sitze.

10. Osteuropäische Länder

Zu den osteuropäischen Ländern Albanien, Bulgarien, Polen, Rumänien, Slowakische Republik, Tschechische Republik und Ungarn s. 923 IV 1–6.

11. Ehemaliges Jugoslawien

Jugoslawien war eine Volksrepublik auf bundesstaatlicher Grundlage. Sie bestand aus folgenden 6 Gliedstaaten: Serbien, Kroatien, Slowenien, Bosnien-Herzegowina, Mazedonien, Montenegro. Die Verfassung stammte von 1974; sie wurde im Nov. 1988 weitreichend vor allem in Richtung einer Neugestaltung der Wirtschaft, geändert. Gegen Ende 1989/Anfang 1990 zeigten sich im Zuge des politischen Wandels im ehemaligen Ostblock (s. 923 I, IV) Tendenzen zur Abspaltung von Teilrepubliken, Regionen und Nationalitäten (Slowenien, Kosovo). Im Jan. 1990 verzichtete die KP Jugoslawiens auf ihr Machtmonopol; ein Mehrparteiensystem wurde angestrebt. Die Teilrepublik Slowenien strich im März 1990 die Bezeichnung „sozialistisch" aus ihrer Verfassung und erklärte ihre wirtschaftliche Unabhängigkeit und im Juli 1990 ihre politische Souveränität. Im Juni 1991 erklärten die Teilrepubliken Slowenien und Kroatien ihre Unabhängigkeit. Die Auseinandersetzungen über die Unabhängigkeitsbestrebungen weiteten sich in der Folgezeit zu mehreren Bürgerkriegen zwischen den einzelnen Bevölkerungsgruppen aus und führten zum völligen Zerfall des früheren Vielvölkerstaates Jugoslawien. Die militärischen Auseinandersetzungen um Bosnien-Herzegowina konnten erst durch das Abkommen von Dayton Ende 1995 beendet werden.

Das *heutige Jugoslawien* besteht im wesentlichen aus Serbien und dem Kosovo. Die früheren Gliedstaaten Kroatien, Slowenien, Bosnien-Herzegowina und Mazedonien sind nunmehr unabhängige, völkerrechtlich anerkannte Staaten.

D. Das Grundgesetz für die Bundesrepublik Deutschland

I. Verfassungsgrundsätze. Grundrechte

41. Bedeutung und Aufbau des Grundgesetzes

Das *Bonner Grundgesetz* (GG) vom 23. 5. 1949 (BGBl. 1) hat Verfassungsrang und steht damit über dem gewöhnlichen Gesetz. Die Bezeichnung „Grundgesetz" wurde gewählt, weil es nur als Zwischenlösung für die BRep. gedacht war. Das Grundgesetz, das nach der 1990 erreichten Vollendung der Einheit und Freiheit Deutschlands für das gesamte deutsche Volk gilt, verliert seine Gültigkeit an dem Tage, an dem eine Verfassung in Kraft tritt, die von dem deutschen Volk in freier Entscheidung beschlossen worden ist (Art. 146 GG).

Über seine Entstehung s. 20.

Der *Aufbau* des GG entspricht dem der meisten demokratischen Verfassungsordnungen. Abschn. I behandelt die Grundrechte (Art. 1–19), Abschn. II das Verhältnis zwischen Bund und Ländern (Art. 20–37). Es folgen die Bestimmungen über die Bundesorgane: in Abschn. III und IV Bundestag und Bundesrat (Art. 38–49, 50 bis 53 mit dem angegliederten Abschn. IVa, Art. 53a „Gemeinsamer Ausschuß" des BT und BR), in Abschn. V und VI Bundespräsident und Bundesregierung (Art. 54–61, 62–69). Die folgenden Abschnitte befassen sich mit den Funktionen der Bundesorgane und der Verwaltung: VII, VIII und VIIIa mit der Bundesgesetzgebung, der Ausführung der Bundesgesetze und der Bundesverwaltung sowie Gemeinschaftsaufgaben (Art. 70–82, 83–91, 91a, 91b), IX und X mit Rechtsprechung und Finanzwesen (Art. 92–104, 104a–115). Abschn. Xa enthält Sondervorschriften für den Verteidigungsfall (Art. 115a–l), Abschn. XI Übergangs- und Schlußbestimmungen (Art. 116–146).

Das GG stellt, ähnlich wie frühere Verfassungen, einen einleitenden Satz *(Präambel)* voran, der Bedeutung, Zweck und Entstehung darlegt; sie lautet in der Fassung, die sie durch den Einigungsvertrag (s. 24 II) erhalten hat:

„Im Bewußtsein seiner Verantwortung vor Gott und den Menschen, von dem Willen beseelt, als gleichberechtigtes Glied in einem vereinten Europa dem Frieden der Welt zu dienen, hat sich das Deutsche Volk kraft seiner verfassungsgebenden Gewalt dieses Grundgesetz gegeben.

Die Deutschen in den Ländern Baden-Württemberg, Bayern, Berlin, Brandenburg, Bremen, Hamburg, Hessen, Mecklenburg-Vorpommern, Niedersachsen, Nordrhein-Westfalen, Rheinland-Pfalz, Saarland, Sachsen, Sachsen-Anhalt, Schleswig-Holstein und Thüringen haben in freier Selbstbestimmung die Einheit und Freiheit Deutschlands vollendet. Damit gilt dieses Grundgesetz für das gesamte Deutsche Volk."

Änderungen des GG sind *Verfassungsänderungen;* sie können nur mit qualifizierten Mehrheiten in Bundestag und Bundesrat beschlossen werden (Art. 79 Abs. 2 GG; vgl. 64 III 1).

Von besonderer Bedeutung unter den Grundgesetzänderungen waren die *Notstandsgesetzgebung* (67) und die Inkraftsetzung des Grundgesetzes in den Ländern Brandenburg, Mecklenburg-Vorpommern, Sachsen, Sachsen-Anhalt und Thüringen durch Art. 3 des Einigungsvertrages vom 31. 8. 1990 (BGBl. II 889) sowie die durch den Beitritt der ehemaligen DDR zur BRep. bedingten Grundgesetzänderungen (Art. 4 des Einigungsvertrags).

Von besonderer Bedeutung unter den Grundgesetzänderungen war ferner die Neufassung des Art. 23 GG vom 21. 12. 1992 (BGBl. I 2086). In dem neuen Art. 23 GG, dem sog. *Europa-Artikel,* wird festgelegt, daß die BRep. zur Verwirklichung eines vereinten Europas bei der Entwicklung der *Europäischen Union* (s. 916 I) mitwirkt, die demokratischen, rechtsstaatlichen, sozialen und förderativen Grundsätzen und dem Prinzip der Subsidiarität verpflichtet ist und einen dem GG vergleichbaren Grundrechtsschutz gewährleistet. Die Übertragung von Hoheitsrechten in diesem Zusammenhang bedarf der Zustimmung des BR. Für die Begründung der europäischen Union und vergleichbare Regelungen, durch die das GG geändert wird, ist eine 2/3-Mehrheit in BT und BR erforderlich. Den Ländern werden bei der Festlegung der Haltung der BRep. in EG-Angelegenheiten, also bei der innerstaatlichen Willensbildung, Mitwirkungsrechte über den BR eingeräumt (Art. 23 Abs. 4–6 GG); auch der BT ist an dieser Willensbildung beteiligt (Art. 23 Abs. 3 GG). S. hierzu das *Ges. über die Zusammenarbeit von Bundesregierung und Deutschem Bundestag in Angelegenheiten der Europäischen Union* und das *Ges. über die Zusammenarbeit von Bund und Ländern in Angelegenheiten der europäischen Union,* beide vom 12. 3. 1993 (BGBl. I 311 und 313).

42. Staatsrechtliches Wesen der Bundesrepublik

Der Name *Bundesrepublik Deutschland* (BRep.) besagt, daß die westdeutschen Länder sich zu einem *Bundesstaat* zusammengeschlossen haben und daß dieser Bund eine *Republik,* ein *Freistaat,* ist. Art. 20 Abs. 1 GG fügt hinzu, daß die BRep. ein *demokratischer* und *sozialer* Bundesstaat ist.

Den *Ländern* ist ihre Eigenstaatlichkeit geblieben; sie sind nicht lediglich, wie im Einheitsstaat, reine staatliche Verwaltungsbezirke

(Provinzen); sie haben eigene Verfassungen, Staatsgebiete und staatliche Gewalten (Gesetzgebung, Verwaltung, Rechtsprechung).

Allerdings ist ihr *Staatsgebiet* zugleich Bundesgebiet. Im übrigen aber stehen die *Hoheitsrechte* der Länder neben denen des Bundes mit den im GG vorgesehenen Abgrenzungen.

Wie in der Weimarer Republik geht die Staatsgewalt vom Volk aus (Art. 20 Abs. 2 GG). Es besteht also *Volkssouveränität*. Somit ist die BRep. eine *demokratische Republik*.

Die BRep. ist ferner ein *sozialer Staat* (Art. 20 Abs. 1 GG), der sich die Fürsorge für alle Teile der Bevölkerung, insbesondere für die wirtschaftlich schlechter gestellten Kreise, angelegen sein läßt, um jedem ein menschenwürdiges Dasein zu ermöglichen.

Sie ist ferner ein *Rechtsstaat,* der Gerechtigkeit und Rechtssicherheit zu gewährleisten hat und die Tätigkeit des Staates an Gesetz und Recht bindet.

Vgl. Art. 20 Abs. 3 GG: „Die Gesetzgebung ist an die verfassungsmäßige Ordnung, die vollziehende Gewalt und die Rechtsprechung sind an Recht und Gesetz gebunden."

Aus diesen Verfassungsgrundsätzen ergibt sich der zentrale Begriff des *sozialen Rechtsstaates,* der als Grundform der modernen Demokratie zugleich für die Länderverfassungen bindend ist (vgl. 54). Das als Verfassungsgrundsatz anerkannte *Sozialstaatsprinzip* besagt, daß das Miteinanderleben in der großen Gemeinschaft von Volk und Staat zwar vom einzelnen die Einordnung in das Ganze und Rücksichtnahme auf die Rechte anderer fordert, ihm aber auch über die Garantie seiner eigenen Rechtsstellung hinaus angemessene Lebensmöglichkeiten gewährleistet. Somit umfaßt die Sozialstaatlichkeit auf der einen Seite verpflichtende Bindungen an das Gemeinwohl (z. B. Sozialgebundenheit des Eigentums, Art. 14 Abs. 2 GG). Auf der anderen Seite gewährt der soziale Staat dem Hilfsbedürftigen ein *subjektives öffentliches Recht* auf Fürsorge, das gerichtlich einklagbar ist (687). Über die sozialrechtlichen Gesetze vgl. 651 ff., 681 ff. sowie 621, 626, 630.

Hoheitszeichen des Bundes sind die *Bundesflagge* (schwarz-rot-gold; Art. 22 GG), das *Bundeswappen* (einköpfiger schwarzer Adler auf goldgelbem Grund) und das *Bundessiegel* (Bundesadler mit Kranz = großes Bundessiegel). Vgl. BGBl. 1950 S. 26, 205 und 1964 I 285. Zu Form und Führung der deutschen Flaggen s. die *Anordnung über die deutschen Flaggen* v. 13. 11. 1996 (BGBl. I 1729). Die *Amtsschilder* der Bundesbehörden bestimmt der Erl. des BPräs. vom 25. 9. 1951 (BGBl. I 927). Über Flaggenrecht und Flaggenführung der See- und Binnenschiffe vgl. das *Flaggenrechtsgesetz* i. d. F. vom 26. 10. 1994 (BGBl. I 3140) m. spät. Änd. und *Flaggenrechtsverordnung* vom 4. 7. 1990 (BGBl. I 1389) m. spät. Änd., über Dienstflaggen der Bundeswehr 451.

Die *Beflaggung der Dienstgebäude* des Bundes regelt ein Erlaß der BReg. vom 30. 6. 1983 (BAnz. Nr. 125) und vom 23. 7. 1991 (BAnz. Nr. 147).

Nationalhymne der BRep. ist die 3. Strophe des „Liedes der Deutschen" von Hoffmann von Fallersleben (s. Briefe des BPräs. vom 19. 8. 1991 und des BKzl. vom 23. 8. 1991, BGBl. I 2135).

43. Das Bundesgebiet

Die Herrschaft des Staates erstreckt sich auf das *Staatsgebiet* (vgl. 1 I). Dieser *Gebietshoheit* unterliegen Staatsangehörige und Ausländer in gleicher Weise. Ausnahmen bestehen für die Gebäude fremder diplomatischer Vertretungen und deren Angehörige *(Exterritorialität)*; vgl. 904.

In jedem *Bundesstaat* besteht eine doppelte *Gebietseinheit:*
a) die des Bundes, die für das ganze Bundesgebiet gilt, und
b) die des Gliedstaates für sein Staatsgebiet.

Das *Bundesgebiet* besteht aus 16 Ländern: Baden- Württemberg (zu welchem durch Volksabstimmung vom 9. 12. 1951 die Länder Baden, Württemberg-Baden und Württemberg-Hohenzollern vereinigt wurden), Bayern, Berlin, Brandenburg, Bremen, Hamburg, Hessen, Mecklenburg-Vorpommern, Niedersachsen, Nordrhein-Westfalen, Rheinland-Pfalz, Saarland, Sachsen, Sachsen-Anhalt, Schleswig-Holstein und Thüringen. Das *Saarland* hatte zunächst die Stellung eines autonomen Gebietes unter französischer Oberhoheit. Es ist der BRep. ab 1. 1. 1957 eingegliedert worden. Vgl. 138a. Die Länder Brandenburg, Mecklenburg-Vorpommern, Sachsen, Sachsen-Anhalt und Thüringen sind durch den Beitritt der ehemaligen DDR zur BRep. am 3. 10. 1990 hinzugekommen (s. 24 I, III).

Art. 29 GG sieht eine *allgemeine Neugliederung der Länder* nach landsmannschaftlicher Verbundenheit, geschichtlichen und kulturellen Zusammenhängen, wirtschaftlicher Zweckmäßigkeit und sozialem Gefüge durch Bundesgesetz vor. Sie soll Länder schaffen, die nach Größe und Leistungsfähigkeit die ihnen obliegenden Aufgaben wirksam erfüllen können. Das Bundesgesetz ist in jedem betroffenen Gebietsteil zum *Volksentscheid* zu stellen, bei dem grundsätzlich die Mehrheit der abgegebenen Stimmen entscheidet. Das Nähere regeln Art. 29 Abs. 5, 6 sowie das Verfahrensgesetz vom 30. 7. 1979 (BGBl. I 1317) nebst DfBest. vom 12. 11. 1984 (BGBl. I 1342). *Sonstige (kleinere) Gebietsänderungen* können gem. Art. 29 Abs. 7, 8 GG durch Staatsvertrag oder durch Bundesgesetz mit Zustimmung des BR erfolgen, wenn das betr. Gebiet höchstens 50000 Einwohner hat. Vgl. hierzu Verfahrensgesetz vom 30. 7. 1979 (BGBl. I 1325). Eine allgemeine Neugliederung wird jedoch durch das komplizierte Verfahren, die Unbestimmtheit der Ziele und die Unklarheit der in Art. 29 Abs. 1 verwendeten Begriffe außerordentlich erschwert. Für den Südwestraum (Baden-Württemberg) war sie durch Art. 118 GG erleichtert worden. Vgl. 130 *(Südweststaat)*, auch über die erfolglosen Bestrebungen zur Wiederherstellung eines selbständigen Landes Baden.

44. Das Bundesvolk

Alle Staatsgewalt geht vom Volke aus (Art. 20 Abs. 2 GG), das Inhaber der *Souveränität* und Träger der Bundesgewalt ist (vgl. 42).

I. *Formen der Ausübung der Staatsgewalt durch das Volk*

Das Volk äußert seinen Willen

1. *unmittelbar*
   a) bei der *Wahl* zum Bundestag (Art. 38 GG);
   b) bei der Abstimmung über die Landeszugehörigkeit eines Gebiets (*Volksentscheid*, Art. 29 GG; vgl. 43).

Ein *Volksbegehren* mit dem Ziel, die bei der Neubildung der Länder nach dem 8. 5. 1945 ohne Volksabstimmung getroffenen Entscheidungen zu ändern, ist infolge Fristablaufs nicht mehr zulässig (Art. 29 Abs. 4 GG);

2. *mittelbar* durch Bundestag (Art. 38ff. GG) und Bundesversammlung (Art. 54 GG). Durch die Bundesversammlung wird der Bundespräsident (Art. 54ff. GG) gewählt. Der Bundestag ist das Gesetzgebungsorgan; ferner wählt er den Bundeskanzler (Art. 63 Abs. 1 GG).

Eine *unmittelbare* Beteiligung des Volkes an der allgemeinen *Gesetzgebung* durch Volksbegehren oder Volksentscheid *(Plebiszit),* wie sie Art. 73 WVerf. vorsah, kennt das GG nicht (über Gebietsänderungen s. o.). Man spricht deshalb von einer *repräsentativen Demokratie,* bei der das Volk nur *mittelbar* durch seine Vertreter mitwirkt (59, 64). Nur mittelbar Einfluß auf die Gesetzgebung, überwiegend dagegen auf das Verwaltungsgeschehen nehmen die sog. *Bürgerinitiativen,* die in Form von Vereinen oder Gesellschaften (306) i. d. R. regional begrenzte Einzelmaßnahmen anstreben, z. B. die Durchführung oder Unterlassung bestimmter Bauvorhaben (Straßen, Kernkraftwerke). Sie werden vor allem zum Umweltschutz (193) aktiv. S. aber hierzu Abschnitt 120 IV, Bürgerentscheid.

II. *Rechte und Pflichten des Bürgers*

Maßgebend für die *Rechtsstellung des Bürgers im Staat* sind einmal die *Grundrechte,* die eine besonders starke, weil verfassungsmäßig garantierte Rechtsstellung verbürgen (46), und die ihnen entsprechenden *Grundpflichten.* Zu den Grundrechten zählen z. B. die persönliche Freiheit, Vereinigungs- und Versammlungsrecht, Eigentum und Erbrecht usw. (46ff.), zu den Grundpflichten die Pflicht zur Verfassungstreue, die Wehrpflicht u. a. m. (51).

Das besondere *Rechtsverhältnis des Bürgers zum Staat* wiederum bestimmt sich nach seinen *staatsbürgerlichen Rechten und Pflichten.* Diese müssen jedem Deutschen in jedem Land der BRep. in gleicher Weise gewährt werden (Art. 33 Abs. 1 GG; sog. *Indigenat*). Umfang und Inhalt der staatsbürgerlichen Rechte und Pflichten werden durch Verfassung und Gesetz bestimmt. Jeder Deutsche hat nach seiner Eignung, Befähigung und fachlichen Leistung gleichen Zugang zu jedem öffentlichen Amte (Art. 33 Abs. 2 GG), und niemand darf wegen seines Geschlechts, seiner Abstammung, seiner Rasse, seiner Sprache, seiner Heimat und Herkunft, seines Glaubens, seiner religiösen oder politischen Anschauungen benachteiligt oder bevorzugt werden (Art. 3 Abs. 3 GG).

An *staatsbürgerlichen Rechten* gewährt das GG:

1. das aktive und passive Wahlrecht zum Bundestag (Art. 38);
2. das Stimmrecht bei Gebietsänderungen (Art. 29);
3. das Recht auf Zulassung zu öffentlichen Ämtern (Art. 33);
4. die Grundrechte, soweit sie das Verhältnis des Bürgers zum Staat betreffen (z. B. das Recht, aus Gewissensgründen den Waffendienst zu verweigern, das Petitionsrecht usw.);
5. das Recht auf den gesetzlichen Richter (Art. 101);
6. das Recht der Verfassungsbeschwerde (Art. 93 Abs. 1 Nr. 4a).

Diesen Rechten stehen *staatsbürgerliche Pflichten* gegenüber:

1. zu Treue und Förderung der Interessen des Bundes und der Länder;
2. zum Gehorsam gegen Verfassung und Gesetze von Bund und Ländern;
3. zu bestimmten Leistungen (Dienst- und Wehrpflicht, Art. 12a GG, ferner Schulpflicht, Pflicht zu Sachleistungen im Interesse der Sicherheit des Bundes

nach dem Bundesleistungsgesetz, vgl. 48 IV, zu ehrenamtlicher Tätigkeit, z. B. Schöffendienst u. a. m.);
4. zum Beitrag zu den öffentlichen Lasten.

45. Die politischen Parteien

I. Begriff und Bedeutung

Die Willensbildung im Staat kann sich nur in kleineren, überschaubaren Gemeinschaften unmittelbar durch das Volk vollziehen (wie z.B. früher in den germanischen Völkerschaften und heute noch in Schweizer Kantonen, vgl. 11, 34). Wächst die Gemeinschaft räumlich und personell, muß sie eine *Volksvertretung* mit der Repräsentation der Staatsbürger und mit der konkreten Willensbildung, insbes. der Gesetzgebung, beauftragen. Während ursprünglich vielfach Standes-, Berufs- und Interessenverbände die Zusammensetzung der Repräsentationsorgane bestimmten (vgl. 12), kam es mit zunehmender Demokratisierung des politischen Lebens, zunächst in England, zur Gründung *politischer Parteien* im heutigen Sinne. Bei diesen liegt seither die Gestaltung der Politik in der *mittelbaren Demokratie* (vgl. 4 II 3 und Art. 21 GG). Freilich wurden und werden die Volksvertretungen nicht immer nach politischen und wirtschaftlichen Programmen gewählt; häufig sind auch weltanschauliche und besonders religiöse Zielsetzungen maßgebend.

Herkömmlicherweise unterscheidet man bei den politischen Parteien zwischen *konservativen, liberalen* und *sozialistischen* (extreme Formen: nationalistisch-reaktionäre, sozialistisch-revolutionäre); hingegen entspricht die traditionelle Unterscheidung zwischen bürgerlichen und Arbeiterparteien heute nicht mehr ihrer tatsächlichen Zusammensetzung. Weltanschauungsparteien finden sich z. B. in den Niederlanden (konfessionelle Richtungen), während Interessenverbände nur noch selten die ausschließlichen Träger einer Partei sind (wie früher bei der deutschen Wirtschaftspartei; anders wieder die vornehmlich den Umweltschutz betreibenden „Grünen").

Die Art der Auswahl der Volksvertreter bestimmt sich nach dem *Wahlsystem*. Man unterscheidet die *Mehrheitswahl* und die *Verhältniswahl,* je nachdem, ob für die Entsendung eines Abgeordneten im einzelnen Wahlkreis die Mehrheit der abgegebenen Stimmen maßgebend ist oder ob im Parlament alle Parteien nach dem Verhältnis der für sie insgesamt abgegebenen Stimmen vertreten sein müssen.

Beide Systeme haben Vor- und Nachteile: Die Mehrheitswahl ist vorwiegend eine Persönlichkeitswahl, wobei aber die Stimmen der Minderheiten verlorengehen; die Verhältniswahl dagegen berücksichtigt auch diese, ist aber überwiegend eine Stimmabgabe für politische Programme und begünstigt die Zersplitterung (so in der Weimarer Republik). Der Zersplitterung sucht man durch *Sperrklauseln* entgegenzuwirken, die Minoritäten bis zu 5 oder 10 v.H. ausschließen. Einen Ausgleich der Vor- und Nachteile bietet weitgehend die in der BRep. festgelegte Kombination der Persönlichkeits- und Verhältniswahl (59 II

1); von den beiden dem Wähler zustehenden Stimmen ist die erste für die Personenwahl, die zweite – letztlich für die Zusammensetzung des Parlaments maßgebende – für die Programmwahl gedacht. Andere Kombinationen bieten das System der *freien Listen,* das dem Wähler gestattet, einzelne Bewerber zu streichen und bei anderen Stimmen zu häufen (zu kumulieren), oder das *Panaschieren,* wobei der Wähler mehrere Stimmen auf verschiedene Listen verteilen kann.

In der BRep. ist die Mitwirkung der Parteien bei der politischen Willensbildung des Volkes verfassungsrechtlich durch Art. 21 GG festgelegt. Ihre *Gründung* ist frei; doch muß ihre *innere Ordnung* demokratischen Grundsätzen entsprechen.

Durch das Ges. über die politischen Parteien – *Parteiengesetz* – i. d. F. vom 31. 1. 1994 (BGBl. I 149) sind die Parteien in der BRep. ausdrücklich als „verfassungsrechtlich notwendiger Bestandteil der freiheitlichen demokratischen Grundordnung" anerkannt; ihre besondere Aufgabe besteht in der „freien, dauernden Mitwirkung an der politischen Willensbildung des Volkes" (§ 1). Richten sich die Ziele oder das Verhalten der Anhänger einer Partei darauf, die freiheitliche demokratische Grundordnung der BRep. zu beeinträchtigen oder zu beseitigen oder den Bestand der BRep. zu gefährden, so ist sie *verfassungswidrig.* Hierüber entscheidet das BVerfG; es verbindet damit die *Auflösung* der Partei und das *Verbot von Ersatzorganisationen* (über die KPD s. u. IV 7). Nicht in den Genuß der öffentlich-rechtlichen Stellung einer Partei gelangen politische Vereinigungen, deren Mitglieder oder Vorstandsmitglieder überwiegend Ausländer sind oder die Sitz oder Geschäftsleitung außerhalb der BRep. haben (§ 2 Abs. 3). Eine Partei hat die aktive und passive Prozeßfähigkeit (§ 3).

II. Aufbau und Finanzierung

Nach dem ParteienG muß eine politische Partei, um als solche anerkannt zu werden, über ein schriftliches *Programm* und eine schriftliche *Satzung* verfügen, die gewisse Mindestbestandteile haben muß (u. a. Name, Gliederung, Zusammensetzung des Vorstandes – mindestens 3 Mitglieder – und der übrigen Organe – mindestens Mitglieder- oder Vertreterversammlung –, Rechte und Pflichten der Mitglieder usw.; §§ 6, 8, 11).

Die Parteien gliedern sich in Gebietsverbände, deren oberstes Organ die Mitglieder- oder Vertreterversammlung ist (Bezeichnung „Parteitag", in kleineren Bereichen „Hauptversammlung"); sie beschließt über Satzung, Parteiprogramm, Beiträge, Schiedsgerichtsordnung, Auflösung oder Verschmelzung mit anderen Parteien, Wahl der Mitglieder des Vorstands u. a. Organe usw. (§§ 7 bis 9). Parteimitglieder und Vertreter in den Parteiorganen haben gleiches Stimmrecht (§ 10 Abs. 2). Wahl der Mitglieder des Vorstands und der Vertretungsorgane sowie Aufstellung der Kandidaten für die Parlamente müssen geheim stattfinden (§ 15 Abs. 2, § 17). Personen, denen das aktive oder passive Wahlrecht gerichtlich aberkannt worden ist, können nicht Parteimitglieder sein. *Ausschluß* aus der Partei ist nur bei Mitgliedern zulässig, die vorsätzlich gegen die Satzung oder gegen erhebliche Grundsätze oder Ordnung der Partei verstoßen und ihr dadurch schweren Schaden zugefügt haben; hierüber entscheidet ein unabhängiges Schiedsgericht, dessen Mitglieder weder dem Vorstand angehören noch Parteiangestellte sein dürfen und gegen dessen Spruch ein höheres Schiedsgericht angerufen werden kann (§§ 10, 14).

Das Bundesverfassungsgericht hat im April 1992 die bisherige *Parteienfinanzierung* in einigen Teilen für verfassungswidrig erklärt und unter Aufgabe der bisherigen dreißigjährigen Rechtsprechung, nach der den Parteien aus staatlichen Mitteln nur Kosten des Wahlkampfes ersetzt werden durften, es nunmehr zugelassen, den Parteien entsprechend ihrer Verwurzelung in der Gesellschaft Zuschüsse als Teilfinanzierung der allgemein ihnen nach dem Grundgesetz obliegenden Tätigkeiten zu gewähren. Verwurzelungsmaßstäbe sind der Erfolg bei Wahlen sowie der beim Einwerben von Mitgliedsbeiträgen und Spenden, die Durchschnittsverdiener den Parteien zuzuwenden in der Lage sind. Durch das Sechste Gesetz u. a. zur Änderung des Parteiengesetzes vom 28. Januar 1994 (BGBl. I 142) hat der Gesetzgeber dementsprechend die Grundsätze der staatlichen Parteienfinanzierung in den §§ 18ff. neu geregelt. Hiernach gilt folgendes:

Die Parteien erhalten jährlich grundsätzlich für die bei den jeweils letzten Europa-, Bundestags- und Landtagswahlen insgesamt erzielten Wählerstimmen für die ersten 5 Mio. Stimmen 1,30 DM je Stimme und darüber hinaus 1,00 DM je Stimme. Darüber hinaus erhalten die Parteien grundsätzlich 0,50 DM je DM für die Summe der Zuwendungen natürlicher Personen bis 6000 DM je Person. Das jährliche *Gesamtvolumen staatlicher Mittel*, das an alle Parteien höchstens ausgezahlt werden darf (absolute Obergrenze), beträgt derzeit 230 Mio DM (§ 18 Abs. 2 PartG). Die Höhe der staatlichen Teilfinanzierung darf bei einer Partei die Summe der von der Partei selbst erwirtschafteten Einnahmen nicht überschreiten (relative Obergrenze, § 18 Abs. 5 PartG). Die *Festsetzung und Auszahlung* der staatlichen Mittel zum 1. Dezember eines jeden Jahres ist von den Parteien schriftlich zum 30. September des jeweils laufenden Jahres beim Präsidenten des Deutschen Bundestages zu beantragen. *Abschlagszahlungen* können gewährt werden (§ 20 PartG). Anspruchsberechtigt sind nur die Parteien, die bei einer Landtagswahl mindestens 1%, bei der Europa- oder Bundestagswahl mindestens 0,5% der Stimmen erlangt haben.

Die Parteien sind berechtigt, *Spenden* entgegen zu nehmen; Spenden, deren Gesamtwert im Jahr 20000 DM übersteigt, sind unter Angaben von Namen und Anschrift des Spenders im *Rechenschaftsbericht* zu verzeichnen (§ 25 PartG). Der Vorstand der Partei hat gem. § 23 zum Ende des Kalenderjahres in diesen Rechenschaftsbericht, der von einem Wirtschaftsprüfer geprüft werden muß, öffentlich über die *Herkunft und Verwendung* der zugeflossenen Mittel Rechenschaft zu geben. Zum Nachweis der Einnahmen und Ausgaben sowie des Vermögens obliegt den Parteien eine *Buchführungspflicht*.

Beiträge und Spenden an politische Parteien ermäßigen für natürliche Personen die tarifliche Einkommensteuer um 50 v. H. der Ausgaben, höchstens um 1500 DM, bei zusammenveranlagten Ehegatten um 3000 DM (§ 34g EStG). Darüber hinaus können bis zu weiteren 3000 DM (bei Zusammenveranlagung: 6000 DM) Zuwendungen als Sonderausgaben geltend gemacht werden (§ 10b EStG).

Bestimmte Spenden dürfen von den Parteien nicht entgegengenommen werden (z. B. Spenden von politischen Stiftungen, gemeinnützigen o. ä. Körperschaften, bestimmte Auslandsspenden, anonyme Spenden über 1000 DM) und müssen an das Präsidium des Deutschen Bundestages weitergeleitet werden.

Entsprechende Regelungen können in den Ländern für die Landtagswahlen ergehen (vgl. z. B. WahlkampfkostenG Bad.-Württbg. vom 1. 8. 1967, GBl. 125, NRW vom 15. 12. 1970, GV.NW. 764, in Bayern s. Art. 59–60 BayLandeswahlG). Nach den Urteilen des BVerfG vom 19. 7. 1966 (NJW 1966, 1499ff.) dürfen den Parteien aus Bundesmitteln nur Kosten des Wahlkampfs ersetzt werden, nicht solche sonstiger Parteiarbeit oder ihrer Organisationen. Kleine Parteien (außer Splittergruppen) dürfen hiervon nicht ausgeschlossen werden.

III. Mandate und Fraktionen

Nach Art. 38 Abs. 1 S. 2 GG sind die Abgeordneten „Vertreter des ganzen Volkes, an Aufträge und Weisungen nicht gebunden und nur ihrem Gewissen unterworfen“ (System der *auftragsfreien Repräsentation*).

Danach soll sich der Abgeordnete nicht als Vertreter seiner Partei fühlen, mag er auch auf Grund der Stimmabgabe der Wähler für diese über eine Landesliste (59 II 1) gewählt worden sein. Weder Bund noch Länder kennen das sog. „imperative Mandat“ und die damit verknüpfte Bindung an Aufträge der Wähler oder der Parteiorganisation, somit auch nicht wie das Rätesystem (35 III) eine Abwählbarkeit des Abgeordneten.

Die Unabhängigkeit der Abgeordneten steht aber dem Zusammenschluß in *Fraktionen* nicht entgegen. Der einzelne Abgeordnete kann Einfluß auf die Gesetzgebung i. d. R. nur innerhalb einer Fraktion (59 IV) nehmen; er hat insbes. allein nicht das Recht der Gesetzesinitiative (vgl. 59 VI). Doch können sich aus solchen Zusammenschlüssen Fragen der Fraktionsdisziplin und der Bindung an Parteibeschlüsse ergeben. Partei- oder Fraktionswechsel eines Abgeordneten hat für sich allein noch keinen Mandatsverlust zur Folge.

Nach den Geschäftsordnungen der Parlamente in Bund und Ländern bestimmt sich, wieviel Abgeordnete zur Bildung einer *Fraktion* erforderlich sind. Diese Vorschriften bestärken den Einfluß der politischen Parteien auf die Parlamente. Um die Vorteile der Fraktionseigenschaft zu genießen, können sich auch politisch unterschiedliche Gruppen zusammenschließen, welche die Mindestzahl nicht aufweisen. Darüber hinaus lassen sich durch Zusammenschluß mehrerer Fraktionen in einer sog. *Fraktionsgemeinschaft* günstigere Stimmverhältnisse erzielen.

IV. Einzelne Parteien:

1. CDU/CSU = Christlich-Demokratische (-Soziale) Union

Die *Christlich-Demokratische Union* wurde 1945 gegründet. Sie will das öffentliche Leben im Dienst des deutschen Volkes und des deutschen Vaterlandes aus christlicher Verantwortung und nach dem christlichen Sittengesetz auf der Grundlage der persönlichen Freiheit demokratisch gestalten. Sie erstrebt als Union die politische Einigung der Angehörigen aller christlichen Konfessionen und als Volkspartei die Vertretung aller Gruppen und Teile des deutschen Volkes. Die politischen Ziele der CDU wurden im Jahre 1978 in einem „Grundsatzprogramm“ zusammengefaßt. Die *Christlich-Soziale Union* ist ebenfalls 1945 gegründet worden, vorwiegend von Anhängern der früheren Bayerischen Volkspartei, die auch im Reichstag der Weimarer Republik vertreten war. Sie ist eine organisatorisch selbständige Partei; ihre Ziele stimmen weitgehend mit denen der CDU überein, berücksichtigen jedoch besonders die innerstaatlichen Belange des Freistaates Bayern, insbesondere in wirtschaftlicher und kultureller Hinsicht. Im Bundestag besteht Fraktionsgemeinschaft mit der CDU.

Nach dem Prinzip der Subsidiarität bejaht die CDU/CSU den föderalistischen Bundesstaat. Sie bekennt sich zum Prinzip des sozialen Rechtsstaates als Verpflichtung des Staates zur sozialen Sicherung aller Bevölkerungsschichten und Bindung aller staatlichen Gewalt an das Verfassungsrecht. Grundlage ihrer Wirtschafts- und Sozialpolitik ist die *ökologische und soziale Marktwirtschaft,* die eine breite Entwicklung des Privateigentums und die Eigeninitiative sowie einen wirklichen Wettbewerb erstrebt. Zur Wirtschaftspolitik fordern die „Stuttgarter Leitsätze" vom Mai 1984 im besonderen flexiblere Formen des Arbeitens, ein leistungsförderndes Steuersystem und die Einbindung des Umweltschutzes in die Marktwirtschaft; für dessen Organisation sollen marktwirtschaftliche Steuerungsmechanismen stärker herangezogen werden. Die CDU/CSU betont das *Elternrecht* für die Erziehung der Jugend und die Bestimmung der Schulart. Außenpolitisch tritt sie für eine politische europäische Gemeinschaft sowie Erhaltung und Ausbau des atlantischen Bündnisses zur Erhaltung des militärischen Gleichgewichts ein. Der CDU-Parteitag verabschiedete im Dez. 1991 in Dresden das *„Dresdner Manifest"*, mit dem die CDU ihre Haltung im Wiedervereinigungsprozeß festlegte. Maßgebendes Ziel der Partei ist danach die Schaffung gleicher Lebensverhältnisse in den alten und neuen Bundesländern. Im Februar 1994 wurde ein neues Grundsatzprogramm unter dem Motto *„Freiheit in Verantwortung"* verabschiedet. In diesem Programm wird das christliche Menschenbild und die Bedeutung von Freiheit, Solidarität und Gerechtigkeit hervorgehoben. Erneut bekennt sich die Partei zur ökologischen und sozialen Marktwirtschaft.

Die Grundsatzkommission der CSU legte im März 1992 den Entwurf eines neuen Grundsatzprogramms vor. Bei der Sozial- und Gesundheitspolitik werden die Gestaltungsspielräume nicht mehr im Ausbau, sondern im Umbau des Sozialstaats gesehen; die Eigenverantwortung soll gestärkt werden. Die Mittelstandspolitik soll weiter vorangetrieben werden. Die notwendige Einigung Europas soll unter Wahrung des Subsidiaritätsprinzips mit einer Stärkung des Föderalismus in der BRep. verbunden sein. Das neue Grundsatzprogramm ist nach Diskussion innerhalb der Partei auf dem Parteitag im Herbst 1993 verabschiedet worden. Im Frühjahr 1996 wurde ein 20 Punkte-Programm zur Wirtschafts- und Sozialpolitik beschlossen.

2. SPD = Sozialdemokratische Partei Deutschlands

1869 von A. Bebel und W. Liebknecht als Sozialdemokratische Arbeiterpartei gegründet, 1875 vereinigt mit dem von F. Lassalle 1863 gegründeten „Allgemeinen Deutschen Arbeiterverein"; auf Initiative *Bismarcks* per Gesetz in ihrer außerparlamentarischen Tätigkeit von 1878 bis 1890 eingeschränkt; 1912 stärkste Partei im Reichstag (34,8%). Am 9. 11. 1918 ruft *Scheidemann* (SPD) in Berlin die freie deutsche Republik aus, der SPD- Vorsitzende *Friedrich Ebert* wird 1919 erster Reichspräsident (bis 1925). Unter Führung von Otto Wels stimmt am 24. 3. 1933 die SPD im Reichstag als einzige Partei geschlossen gegen Hitlers Ermächtigungsgesetz. Von 1933 bis 1945 Kampf in der Illegalität gegen Hitler. 1945 Wiedergründung durch *Kurt Schumacher.* (In der SBZ 1946 Zwangsvereinigung mit der KP zur SED, danach Verbot der SPD.)

Seit ihrer Gründung verbindet die SPD die Forderung nach parlamentarischer Demokratie mit der Forderung nach gesetzlich gesicherter sozialer Gerechtigkeit. Die gegenwärtige Position bestimmt das 1959 angenommene *Godesberger Grundsatzprogramm,* das als Maßstäbe des politischen Handelns die Grundwerte Freiheit, Gerechtigkeit und Solidarität nennt. In Godesberg Lösung vom Typ der *Weltanschauungspartei;* eine Partnerschaft mit den Kirchen wird angestrebt. Ein neues Grundsatzprogramm wird erarbeitet; ein Programmentwurf („Irseer Entwurf") liegt vor, der nach Überarbeitung das Godesberger Programm ersetzen soll. Die SPD fordert innenpolitisch die Sicherung des Wachstums der Wirtschaft, Verbindung von Unternehmerinitiative mit Rahmenplanung, *Kontrolle wirtschaftlicher Macht,* aber Schutz des privaten Eigentums an Produktionsmitteln, soweit es nicht eine gerechte Sozialordnung hindert, *Vollbeschäftigung* und erweiterte *Mitbestimmung* (633). Die Sozialpolitik erstrebt soziale Sicherung aller nach dem Prinzip der solidarischen Haftung. Als wichtigste Gemeinschaftsaufgaben nennt die SPD die *Bildungsreform,* die jedermann den Zugang zu Bildungseinrichtungen nach Begabung und Leistung öffnen soll, eine moderne Gesundheitspolitik, großzügige Hilfe für alte Menschen, Lösung der Verkehrsprobleme, moderne Städteplanung, Verhinderung der Bodenspekulation. Zur Erfüllung dieser Aufgaben soll der Anteil der öffentlichen Ausgaben am Sozialprodukt erheblich gesteigert werden, und zwar vornehmlich für Bildung und Wissenschaft, für Verkehrsinvestitionen sowie für Städtebau, Wohnungswesen und kommunale Gemeinschaftsdienste. Außenpolitisch wird eine Verbesserung und allmähliche Normalisierung des Verhältnisses zu den osteuropäischen Staaten angestrebt, jedoch unter Wahrung des Selbstbestimmungsrechts und der Bindung an die westlichen Bündnisse (EG, NATO usw.). Die Zielvorstellungen der SPD wurden durch den vom Mannheimer Parteitag 1975 verabschiedeten „Ökonomisch-politischen Orientierungsrahmen für 1975 bis 1985" bestätigt und ergänzt. Er konkretisiert – unter Betonung des demokratischen und sozialen Rechtsstaates – die schon in Godesberg herausgestellten Leitpunkte wirtschaftspolitisch durch die Forderung nach gerechter Einkommensverteilung, Sicherung der Arbeitsplätze, Humanisierung der Arbeitswelt und Gleichstellung der Frauen sowie Investitionslenkung und Konjunktursteuerung. Auf dem Parteitag im Dez. 1989 in Berlin beschloß die SPD ein neues Grundsatzprogramm, das das Godesberger Programm ablöst. Das *Berliner Programm,* das das siebte Grundsatzprogramm in der Geschichte der SPD ist, sieht neben dem Festhalten an den Grundlinien des Godesberger Programms (SPD als linke Volkspartei, Eintreten für einen demokratischen Sozialismus und den sozialen Rechtsstaat) vor allem eine ökologische Erneuerung der Industriegesellschaft vor; der Umweltschutz soll ein Gebot wirtschaftlichen Handelns sein. Außerdem werden die 30-Stunden-Woche und die Gleichstellung von Frauen und Männern in Beruf und Familie angestrebt. Im neuen Arbeitsbegriffwird die Arbeit für die Familie oder die Gemeinschaft der Erwerbsarbeit gleichgestellt. Im Nov. 1995 faßt die SPD Beschlüsse zur Europa-, Wirtschafts-, Finanz- und Beschäftigungspolitik („nationaler Beschäftigungspakt").

3. FDP = Freie Demokratische Partei

Die FDP wurde 1945 von Theodor Heuss und Reinhold Maier gegründet; sie knüpft an die Tradition des deutschen Liberalismus an. Die Freiheit und Würde des einzelnen Menschen stehen im Mittelpunkt des Gesellschaftsbildes der FDP. Rechtsstaatliches Denken und Toleranz sind die Grundthesen ihrer gesellschaftspolitischen Konzeption. Das deutsche Bildungswesen muß den Anforderungen von Wirtschaft, Technik und Staat gerecht werden. Die FDP fordert Hilfe für den Leistungsschwachen und eine Alterssicherung für alle sowie einen Ausbau des Sparförderungssystems, der allen die Möglichkeit der Vermögensbildung ohne Zwang durch Anreize bietet. Die Wahrung der Bürgerrechte gegenüber vermeidbaren staatlichen Eingriffen ist eines der Leitbilder der Partei, so in den „Freiburger Thesen" (1971), den „Kieler Thesen" (1977) und den Beschlüssen des Bundesparteitags 1978; sie warnt vor Überreaktionen z. B. bei der Gestaltung des Strafrechts, der Bekämpfung des Terrorismus und bei der Überprüfung vor Einstellung in den öffentlichen Dienst. Weitere Ziele sind die Humanisierung des Wirtschaftslebens und die Gleichberechtigung von Mann und Frau in Politik und Wirtschaft, im besonderen im Berufs- und Arbeitsleben, in der Familie und im Bildungswesen. Die FDP fordert ferner stärkere Beteiligung der Bürger an der Verwaltung (Bürgermitverantwortung) und befürwortet die Einführung eines „Bürgerbegehrens" in den Gemeinden. Auf dem Parteitag 1996 in Karlsruhe wurde der Entwurf eines neuen Grundsatzprogramms, das 1997 verabschiedet werden soll, vorgestellt. Das Programm enthält vor allem Aussagen zur Steuerpolitik, zur Privatisierung und zur Stärkung der Bürgerbeteiligung.

Zu 1–3

Alle drei genannten Parteien sprechen sich für die Zugehörigkeit der BRep. zur *westlichen Welt* aus und erstreben außenpolitisch die *europäische Einigung*. Übereinstimmung besteht auch über die *Verteidigung der Freiheit* und die allgemeine *Wehrpflicht*. Gewisse Abweichungen bestehen vor allem in Fragen der Wirtschaftspolitik, z. B. über die *Beteiligung der Arbeitnehmer am Produktivvermögen* . In Fragen der *Sozialpolitik* bestehen entsprechend der Zusammensetzung der Wählerschaft der einzelnen Parteien unterschiedliche Auffassungen in der Zielrichtung und in strukturellen Reformvorschlägen (z. B. Ausdehnung der Sozialversicherung, Umfang der steuerlichen Belastung von Einkommen und Vermögen usw.). Während in der *Bildungspolitik* weitgehende Übereinstimmung besteht, weist die *Kulturpolitik* gewisse Abweichungen auf, so z. B. die Gestaltung des Verhältnisses zwischen Staat und Kirche, wobei die CDU/CSU eine engere ideologische Verbindung, die SPD Kooperation, die FDP dagegen überwiegend eine Trennung anstrebt.

Alle drei Parteien haben Jugendorganisationen. Die *Jungsozialisten* („Jusos") verfolgen ein betont fortschrittliches Programm mit dem Ziel, die SPD zu einer konsequent sozialistischen Partei weiter zu entwickeln. Nachwuchsorganisation der CDU ist die „Junge Union", die ebenfalls Reformbestrebungen auf allen Gebieten unterstützt und z. B. in Fragen der Wirtschaftspolitik in vielen Punkten dem Arbeitnehmerflügel der Partei angenähert ist. – Als Jugendorganisation der FDP verfechten die „Jungdemokraten" einen Liberalismus mit teilweise radikalen Tendenzen, der weitgehend auf Überwindung des gegenwärtigen kapitalistischen Wirtschaftssystems gerichtet ist. Dies führte nach dem Koalitionswechsel der FDP und ihrem Zusammengehen mit der CDU/CSU im Nov. 1982 zum Ausscheiden der „Jungdemokraten" aus der Partei; an ihre Stelle trat die neugegründete Organisation „Junge Liberale".

4. *Bündnis 90/Die Grünen*

Das aus ostdeutschen Bürgerbewegungen hervorgegangene Bündnis 90 und Die Grünen haben sich im Januar 1993 zu einer Partei zusammengeschlossen. Die Grünen (West) waren erstmals im 10. BT vertreten. Sie verstehen sich als Alternative zu den herkömmlichen Parteien und wollen Denkanstöße zur Neuorientierung des politischen Lebens geben. Zunächst haben sie sich vorwiegend den Bestrebungen des Umweltschutzes (193) und der Humanisierung des menschlichen Lebens verschrieben, richteten ihre Politik folglich auch gegen die Verwendung der Atomenergie, gegen Atomwaffen und Aufrüstung. Satzungsgemäß ist den Grünen das Bekenntnis zur Basisdemokratie eigen, d. h. daß die politische Willensbildung Sache der Parteimitglieder in den untersten Gremien sein muß. Diesem Gedanken sollten auch der regelmäßige Austausch der Mandatsträger nach Ablauf der halben Wahlperiode (Rotationssystem) und das Imperative Mandat (s. o. III) dienen. Letztere Forderungen werden inzwischen kaum mehr erhoben. Themenschwerpunkte waren für Bündnis 90/Die Grünen in den Wahlkämpfen 1994 die gerechtere Lastenverteilung bei der Finanzierung der deutschen Einheit, die Sicherung ökologischer Lebensgrundlagen, die Gleichstellung der Frauen in der Berufswelt und ein Asylrecht ohne Einschränkungen. Auf dem Parteitag im Februar 1994 wurde die Abschaffung von Nato und Bundeswehr gefordert. Militärische Auslandseinsätze der Bundeswehr wurden auf dem Parteitag im Dezember 1995 abgelehnt.

5. Partei des demokratischen Sozialismus (PDS)

Die PDS ist die Nachfolgerin der früheren SED (s. 23 II). Sie war im 12. BT erstmals im BT vertreten, da sie im Wahlgebiet Ost mehr als 5% der Stimmen erhielt und damit die für die 12. BT-Wahl geltenden Anforderungen der getrennten 5%-Klausel erfüllte. Den Einzug in den 13. BT sicherte sich die PDS durch das Erreichen von Direktmandaten in 4 Wahlkreisen (vgl. 59 II 1). Die PDS trat vor der Wiedervereinigung weiter für die Existenz zweier deutscher Staaten ein, die durch eine Konföderation verbunden sein sollten. Ferner ist sie für Abrüstung und den Abzug ausländischer Truppen von deutschem Boden, sowie für eine sozialistische Marktwirtschaft, die vom Staat reguliert wird. Auf ihrem Bundesparteitag im März 1994 nannte sie als wichtigste politische Aufgabe die Schaffung von Arbeitsplätzen. Die Finanzierung soll durch Einsparungen im Wehretat, Abschaffung der Geheimdienste und Eindämmung der Steuerhinterziehung erreicht werden. Das Bundesamt für Verfassungsschutz erklärte im Dezember 1993 die größte Gruppe innerhalb der PDS, die Kommunistische Plattform, für verfassungsfeindlich und stellte sie unter Beobachtung mit nachrichtendienstlichen Mitteln. Auf dem Parteitag im Januar 1996 in Magdeburg bekräftigte die PDS ihre politischen Ziele.

6. Weitere Parteien
sind, da sie die 5%-Klausel (s. 59 II 1) nicht erfüllten oder bei BT-Wahlen bisher nicht angetreten sind, im BT nicht oder nicht mehr vertreten, so die Gesamtdeutsche Partei (DP/BHE), die Deutsche Friedensunion (DFU), die für Neutralisierung der BRep. eintritt, und die Nationaldemokratische Partei (NPD), deren erklärte Ziele eine unabhängige nationale Politik und der Widerstand gegen Überfremdung durch ausländisches Kapital sind; die NPD hat 1966–1968 Mandate nur in Länderparlamenten erringen können (Bad.-Württbg., Bayern, Hessen, Niedersachsen, Schlesw.-Holstein). Auch die 1946 gegründete föderalistische Bayernpartei ist im BT nicht vertreten. Teile der bei den Parlamentswahlen nicht zum Zuge gekommenen Kräftegruppen meist radikaler Richtungen betätigen sich innerhalb der sog. *außerparlamentarischen Opposition* (vgl. 4 V 3).

Die Partei „Die Republikaner" (REP) wurde 1983 gegründet und umschreibt ihre politischen Zielsetzungen als patriotisch und konservativ. Sie fordert eine Einschränkung des Asylrechts sowie des Aufenthaltsrechts für Ausländer und spricht sich gegen ein Wahlrecht für Ausländer aus. Die Mitgliedschaft der BRep. in den EG soll wegen ihrer Auswirkungen auf die deutsche Landwirtschaft überprüft werden. Von ihren Gegnern wird die Partei als rechtsextrem eingestuft. Die Republikaner waren seit Jan. 1989 in Landesparlamenten (vgl. 114) vertreten, seit 1996 jedoch nur noch in Baden-Württemberg; bei der Europawahl im Juni 1994 konnten sie keine Mandate erreichen.

Die frühere Kommunistische Partei Deutschlands (KPD), 1919 von Karl Liebknecht und Rosa Luxemburg gegründet, ist wegen ihrer antidemokratischen Tendenzen durch Urteil des BVerfG vom 17. 8. 1956 (BVerfGE 5, 85) gemäß Art. 21 Abs. 2 GG als verfassungswidrig verboten und aufgelöst worden. Die im September 1968 neugegründete „Deutsche Kommunistische Partei" (DKP) hat, um sich nicht dem Vorwurf auszusetzen, eine verbotene Nachfolgeorganisation der aufgelösten KPD zu sein, ein neues politisches Programm aufgestellt, das sich von verfassungsfeindlichen Tendenzen freihält.

V. Die *Regierungskoalition* des 13. BT aus CDU/CSU und FDP verfügt über insgesamt 341, die Opposition (SPD, Bündnis 90/Die Grünen, PDS) über insgesamt 331 Stimmen (BT-Wahl vom 16. 10. 1994).

46. Die Grundrechte im allgemeinen

I. Begriff

Grundrechte sind verfassungsrechtlich gesicherte und unverbrüchlich gewährte stärkste subjektive Rechte.

Von den Grundrechten zu unterscheiden sind die *institutionellen Garantien;* während jene dem einzelnen eine individuelle Rechtsstellung verbürgen, gewährleisten diese den Bestand bestimmter Einrichtungen wie Ehe, Familie usw. (vgl. 50).

II. Geschichtliche Entwicklung der Grundrechte

In der *französischen Revolution* 1789 wurde auf Antrag *Lafayettes* unter dem Einfluß der Grundrechtsgewährungen der nordamerikanischen Verfassungen eine Erklärung der Menschen- und Bürgerrechte abgegeben unter der Losung „Freiheit, Gleichheit, Brüderlichkeit". Davon ausgehend übernahmen die liberalen Verfassungen des 19. Jahrh. Bestimmungen über Grundrechte.

Während die *WVerf.* im ersten Hauptteil „Aufbau und Aufgaben des Reiches" behandelte und erst im zweiten Hauptteil die „Grundrechte und Grundpflichten der Deutschen" zum Gegenstand hatte, stellt das GG, ebenso wie einige Landesverfassungen, die *Grundrechte* voran. Es betont damit das Gewicht der Grundrechte in der Demokratie und folgt dem Vorbild Englands (1679 Habeas corpus, 1689 Bill of Rights), Amerikas (1776 Unabhängigkeitserklärung der Vereinigten Staaten) und Frankreichs (1789 Proklamation der Menschenrechte in der franz. als der ersten kontinental-europäischen Verf.) sowie den Grundgedanken der *Charta der Vereinten Nationen* vom 26. 6. 1945 (vgl. 909 I).

Zwar hatten die *Preuß. Verfassungsurkunden* von 1848 und 1850 „Rechte der Preußen" aufgestellt, und die Frankfurter Reichsverfassung hatte in den „Grundrechten des Deutschen Volkes" ein *Reformprogramm* des politischen, wirtschaftlichen und geistigen Lebens entwickelt. Die *Reichsverfassung 1871* enthielt jedoch (anders als die Verfassungen der Länder) ebensowenig wie die *Verfassung des Norddeutschen Bundes* Grundrechte, da sie sich im Aufbau des Reiches, in der Organisation der Reichsgewalt und Abgrenzung der Zuständigkeiten erschöpfte. In der *Weimarer Verfassung* bildeten die Grundrechte teilweise nur Programmsätze oder unerzwingbare Zielsetzungen für den Gesetzgeber. Hingegen erklärt das *Grundgesetz* in Art. 1 Abs. 3 die Grundrechte als *unmittelbar bindendes* Recht.

III. Einteilung der Grundrechte

Man unterscheidet:

1. nach der Rechtsquelle die *überstaatlichen* und die *staatsgesetzlichen* Grundrechte; jene stehen unabhängig von innerstaatlichen Verfassungsnormen jedermann zu und können daher durch die Staatsverfassung weder entzogen noch eingeschränkt werden (z. B. der Gleichheitssatz);

2. nach dem Kreis der Berechtigten die *Menschenrechte* (s. 908), die allen Menschen, jedermann, zustehen (vgl. Art. 1 Abs. 1, 2 GG), und die *Bürgerrechte,* die nur Bürger, d. h. „Deutsche", in Anspruch nehmen können

Den Ausdruck „Bürgerrechte" verwendet man auch, um die demokratisch-politischen Rechte des Staatsbürgers, wie Wahl- und Stimmrechte, zu bezeichnen;

3. nach dem Maß der staatlichen Garantie Grundrechte, die nur den allgemein jedem Freiheitsrecht von Verfassungs wegen innewohnenden Schranken unterliegen, und Grundrechte, die durch einfaches Gesetz eingeschränkt werden

können. In keinem Fall darf aber der Wesensgehalt eines Grundrechts angetastet werden (Art. 19 Abs. 2 GG).

IV. Einschränkung von Grundrechten

Die in der Verfassung bei einzelnen Grundrechten vorgesehene Möglichkeit, das betreffende Grundrecht durch Gesetz oder auf Grund eines Gesetzes einzuschränken, nennt man *Gesetzesvorbehalt* (zum Unterschied vom „Vorbehalt des Gesetzes", einem zentralen Begriff des Verwaltungsrechts; vgl. 148 II 1). Das GG legt, um eine unmittelbar wirksame Schranke gegenüber der Staatsgewalt zu errichten, bei jedem dieser Grundrechte nach Möglichkeit fest, inwieweit der Gesetzgeber zu Eingriffen berechtigt ist. Voraussetzung ist, daß das grundrechtbeschränkende Gesetz allgemein und nicht nur für den Einzelfall gilt (Art. 19 Abs. 1 GG). Darüber hinaus sind Einschränkungen ohne ausdrücklichen Gesetzesvorbehalt im GG zulässig, soweit sie sich innerhalb der dem Grundrecht von Natur eigenen Schranken halten, die sich aus der Gemeinschaftsbezogenheit des einzelnen ergeben (z. B. darf die Wahrnehmung des elterlichen Erziehungsrechts, Art. 6 Abs. 2 GG, nicht Rechte der Allgemeinheit oder anderer Personen verletzen).

V. Wirkungsbereich der Grundrechte

Streitig ist, ob die Grundrechte ihre Wirkung nur gegenüber der öffentlichen Gewalt oder auch gegenüber Dritten – namentlich im privaten Bereich – äußern (sog. *Drittwirkung* der Grundrechte). Sie binden nach Art. 1 Abs. 3 GG Gesetzgebung, Verwaltung und Rechtsprechung als unmittelbar geltendes Recht. Andererseits bindet z. B. das *Koalitionsrecht* (vgl. 47 VII) auch Dritte, etwa bei Vertragsabreden. Jedenfalls sind die Verfassungsgrundsätze bei Auslegung eines Rechtssatzes, insbesondere bei Generalklauseln, wie z. B. §§ 138, 242 BGB, zu beachten.

VI. Grundrechtskatalog des Grundgesetzes

Artikel 1 stellt dem Grundrechtskatalog ein Bekenntnis zur *Menschenwürde* und zu den *Menschenrechten* sowie eine allgemeine Erklärung über die rechtliche Bedeutung und den Rechtsgehalt der nachfolgenden Artikel voran.

Die in Art. 2 bis 19, 101, 103, 104 verankerten *Grundrechte* sind:

1. freie Entfaltung der *Persönlichkeit,* körperliche *Unversehrtheit* (Art. 2 Abs. 1, 2);
2. *Freiheit* der Person (Art. 2 Abs. 2 Satz 2 und Art. 104);
3. *Gleichheit* aller Menschen vor dem Gesetz (Art. 3 Abs. 1);
4. *Gleichberechtigung* von Mann und Frau (Art. 3 Abs. 2). Der Staat fördert die tatsächliche Durchführung und wirkt auf die Beseitigung bestehender Nachteile hin (Art. 3 Abs. 2 S. 2);
5. keine Benachteiligung wegen *Geschlecht, Rasse,* Sprache, Heimat, Herkunft, *Glauben,* religiöser und politischer Anschauung (Art. 3 Abs. 3) sowie wegen *Behinderung* (Art. 3 Abs. 3 S. 2);
6. *Glaubens-, Bekenntnis- und Gewissensfreiheit* (Art. 4 Abs. 1, 2);
7. kein Zwang zum *Kriegsdienst mit der Waffe* gegen das eigene Gewissen (Art. 4 Abs. 3);
8. Freiheit der *Meinungsäußerung* (Art. 5);
9. Schutz von *Ehe und Familie* (Art. 6);

10. Staatliche Ordnung von *Schule* und *Religionsunterricht* (Art. 7);
11. *Versammlungsfreiheit* (Art. 8);
12. *Vereinigungsfreiheit* (Art. 9);
13. Unverletzlichkeit des *Brief- und Postgeheimnisses* (Art. 10);
14. *Freizügigkeit* (Art. 11);
15. Freie Arbeitsplatz- und *Berufswahl* (Art. 12);
16. *Unverletzlichkeit der Wohnung* (Art. 13);
17. Gewährleistung von *Eigentum* und *Erbrecht* (Art. 14);
18. *Auslieferungsverbot,* Asylrecht (Art. 16 Abs. 2, Art. 16a);
19. Bitt- und Beschwerderecht (*Petitionsrecht,* Art. 17);
20. *Anrufung der Gerichte* bei Rechtseingriffen durch die öffentliche Gewalt (Art. 19 Abs. 4);

20a. *Schutz* der *natürlichen Lebensgrundlagen* (Art. 20a);
21. Gewährung des *gesetzlichen Richters* (Art. 101) und
22. Einräumung *rechtlichen Gehörs* (Art. 103). Vgl. 57, 70, 74.

Man war bestrebt, die Grundrechte knapp und klar zu fassen. Viele der in der WVerf. enthaltenen 56 Grundrechtsartikel, wie z. B. über Vertragsfreiheit, Wucherverbot, Urheberrecht (Art. 152, 158 WVerf.), erschienen im bürgerlichen Recht hinreichend verankert. Dagegen wurden Eigentumsschutz, Erbrecht (vgl. Art. 153, 154 WVerf., jetzt Art. 14 GG), Sozialbindung von Grund und Boden (Art. 155, 156 bzw. 15), Vereinigungsfreiheit (Art. 159 bzw. 9) als Grundrechte stärker als früher herausgestellt. Außer den spezifisch staatsbürgerlichen Rechten sind als *„Rechte der Deutschen"* die Rechte ausgestaltet, die zum Schutz der politischen Rechte oder der Berufsausübung den Inländern vorbehalten sind (vgl. Art. 8, 9, 11, 12 GG).

In der *Auslegung* der Grundrechte hat sich im Laufe der Zeit eine Wandlung vollzogen. Eine von jeder Gemeinschaft gelöste und vollständige Freiheit, wie sie der liberalen Auffassung vorschwebte, ist heute nicht mehr denkbar. Vielmehr müssen die Grundrechte im Rahmen der Gemeinschaftsgebundenheit des Individuums betrachtet und gewertet werden (BVerfGE 4, 15f.).

VII. Grundrechte in den Landesverfassungen

Soweit in *Landesverfassungen* Grundrechte behandelt sind, bleiben sie aufrechterhalten, wenn die Vorschriften mit dem GG übereinstimmen oder weiter reichen (Art. 142 GG). Insoweit bleiben auch die landesverfassungsrechtlichen Schutzbestimmungen für Grundrechte neben denen des GG bestehen.

So kann z. B. nach Art. 120 der Bayer. Verf. jeder, der sich durch eine behördliche Maßnahme in seinen verfassungsmäßigen Rechten verletzt fühlt, mit einer *Verfassungsbeschwerde* den Bayerischen Verfassungsgerichtshof anrufen.

47. Die Freiheitsrechte

bestehen in den folgenden Grundrechten:

I. *Freie Entfaltung der Persönlichkeit* und *persönliche Freiheit* (Art. 2 Abs. 1 und 2, Art. 104).

1. Freie Entfaltung der Persönlichkeit

Art. 2 Abs. 1 schützt die allgemeine Handlungsfreiheit des Einzelnen. Der Schutzumfang des Grundrechts ist sehr weit gespannt; er umfaßt u. a. auch den Schutz des allgemeinen Persönlichkeitsrechts.

Schranken des Persönlichkeitsrechts sind jedoch dort, wo Rechte anderer verletzt werden oder wo gegen die verfassungsmäßige Ordnung oder das Sittengesetz verstoßen wird. Hier kann das Grundrecht durch einfaches Bundesgesetz eingeschränkt werden.

2. Persönliche Freiheit

Die *persönliche Freiheit* kann nur auf Grund eines förmlichen Gesetzes und unter Beachtung der darin vorgeschriebenen Formen beschränkt werden. Festgehaltene dürfen weder seelisch noch körperlich mißhandelt werden. Die *Polizei* darf aus eigener Machtvollkommenheit niemand länger als bis zum Ablauf des der Ergreifung folgenden Tages in Gewahrsam halten. Die Entscheidung über die Zulässigkeit und Fortdauer einer Freiheitsentziehung steht dem *Richter* zu, dem jeder Festgenommene spätestens am Tag nach der Festnahme vorzuführen ist. Der Richter hat nach Vernehmung zur Sache einen schriftlichen *Haftbefehl* zu erlassen oder die Freilassung anzuordnen (vgl. 275).

Eingriffe in die Freiheit der Person sind darüber hinaus insbes. nach den Strafgesetzen zum Vollzug von Freiheitsstrafen oder freiheitentziehenden Maßregeln der Besserung und Sicherung (396 IV) zulässig, ferner nach einigen Vorschriften der Strafprozeßordnung (z. B. über Untersuchungshaft und vorläufige Festnahme, §§ 112ff., Einweisung in ein psychiatrisches Krankenhaus zur Beobachtung, § 81), nach dem *Gesetz über die internationale Rechtshilfe in Strafsachen* (IRG) vom 27. 6. 1994 (BGBl. I 1537), und vielfach nach anderen verfahrensrechtlichen Bestimmungen (Ordnungshaft als Ordnungs- oder Erzwingungsmittel, § 178 GVG, § 390 ZPO, § 70 StPO; Erzwingungshaft zur Vermögensoffenbarung, § 901 ZPO; persönlicher Arrest, § 918 ZPO) sowie nach den Vorschriften über den Verwaltungszwang (Ersatzzwangshaft, § 16 VerwVollstrG).

Weitere bundesgesetzliche Grundlagen für Eingriffe in die persönliche Freiheit bestehen nach dem *Ausländergesetz* (vgl. 181 I) und auf dem Gebiet der *Seuchenbekämpfung* (vgl. 184 III 4); das gerichtliche Verfahren bei Freiheitsentziehungen auf Grund Bundesrechts regelt das *Ges. über das gerichtliche Verfahren bei Freiheitsentziehungen* vom 29. 6. 1956 (BGBl. I 599). Ferner bestehen Ländergesetze über die *Anstaltsunterbringung gemeingefährlicher Geisteskranker* (185). Die Entscheidung über Anordnung oder Aufrechterhaltung der Freiheitsentziehung ist stets dem Richter vorbehalten (je nach Verfahrensart: Prozeßrichter oder Richter der freiwilligen Gerichtsbarkeit; vgl. 294, 301).

3. Datenschutz

Zum Datenschutz (Recht auf informationelle Selbstbestimmung) entsprechend dem Urteil des BVerfG zum Volkszählungsgesetz 1983 s. 182.

II. *Bekenntnisfreiheit* für Religion und Weltanschauung, Glaubens- und Gewissenfreiheit sowie Kultusfreiheit, d.h. freie Religionsausübung (Art. 4).

III. *Freie Meinungsäußerung* und *-verbreitung* in Wort, Schrift und Bild (Art. 5 Abs. 1, 2).

Hierzu gehören die *Pressefreiheit,* freie Unterrichtungsmöglichkeit, freie Berichterstattung durch Presse, Hörfunk, Fernsehen. Keine *Vorzensur* für Presse, Theater, Lichtspiel, Hörfunk-, Fernsehsendungen. Zulässig aber *Anzeigepflicht* für öffentliche Vorstellungen, Vorträge, Aufführungen usw. Die *Polizei* kann unter den gesetzlichen Voraussetzungen Vorträge oder Aufführungen verbieten. Schranken ferner in den allg. Gesetzen, insbes. zum Schutz der Jugend und der persönlichen Ehre, bei *Demonstrationen* durch die Vorschriften gegen Verkehrsbehinderung, Transportgefährdung usw.

93

IV. *Freiheit* von *Kunst und Wissenschaft,* Forschung und Lehre (Art. 5 Abs. 3).

Die Freiheit der Lehre entbindet aber nicht von der *Treue zur Verfassung* (Abgrenzung u. U. zweifelhaft, etwa bei Konflikt zwischen Recht zu ungehinderter Forschung und Vorschriften gegen Gefährdung des Rechtsstaats, §§ 84ff. StGB).

V. *Versammlungsfreiheit* (Art. 8).

Jeder *Deutsche* hat das Recht, sich an Versammlungen zu beteiligen. *Ausländer* unterliegen Beschränkungen. Nur friedliche Versammlungen (ohne Waffen und ohne Gefahr für den Rechtsfrieden) sind geschützt. Versammlungen unter freiem Himmel können gesetzlich beschränkt werden. Auch kann die *Polizei* Versammlungen überwachen und auflösen, soweit die Polizeigesetze dazu berechtigen. Im Rahmen des Art. 8 GG steckt das Gesetz über Versammlungen und Aufzüge *(Versammlungsgesetz)* i. d. F. vom 15. 11. 1978 (BGBl. I 1789) m. Änd. vom 18. 7. 1985 (BGBl. I 1511) die Grenzen ab, die einerseits der vom GG garantierten Versammlungsfreiheit, andererseits den behördlichen Eingriffen und den Einwirkungen von Privatpersonen in das Versammlungsrecht gezogen sind. Das Versammlungsgesetz unterscheidet grundsätzlich zwischen öffentlichen Versammlungen in geschlossenen Räumen und Versammlungen *unter freiem Himmel,* denen die *Aufzüge* gleichgestellt sind. Beim Aufzug tritt gegenüber der Versammlung die Erörterung öffentlicher Angelegenheiten als Zweck der Veranstaltung zurück und der *Demonstrationszweck* in den Vordergrund.

Für alle Veranstaltungen besteht grundsätzlich *Uniformverbot;* auch dürfen *Waffen* oder ähnlich gefährliche Gegenstände weder mitgeführt noch für die Veranstaltung bereitgehalten oder dorthin geschafft oder verteilt werden (§§ 2, 3 VersammlungsG). Weiter ist verboten, bei öffentlichen Versammlungen unter freiem Himmel oder auf dem Weg dorthin sog. Schutzwaffen (passive Bewaffnung) mit sich zu führen oder an Versammlungen in einer Aufmachung teilzunehmen, die geeignet und den Umständen nach darauf gerichtet ist, eine Feststellung der Identität zu verhindern (*Vermummungsverbot,* § 17a VersammlungsG). Zuwiderhandlungen werden mit Freiheitsstrafe bis zu 1 Jahr oder Geldstrafe bestraft (§ 27 Abs. 2 VersammlungsG). Die Polizei darf Bild- und Tonaufnahmen von Versammlungsteilnehmern anfertigen, wenn tatsächliche Anhaltspunkte die Annahme rechtfertigen, daß von diesen erhebliche Gefahren für die öffentliche Sicherheit oder Ordnung ausgehen (§§ 12a, 19a VersammlungsG). Öffentliche Versammlungen unter freiem Himmel und *Aufzüge* sind 48 Std. vor Bekanntgabe bei der Ordnungsbehörde unter Angabe ihres Gegenstandes anzumelden (§ 14); innerhalb des befriedeten Bannkreises der Gesetzgebungsorgane des Bundes (in Bonn) und der Länder sowie des Bundesverfassungsgerichts (in Karlsruhe) sind sie nach § 16 verboten. Das *Bannmeilengesetz* vom 6. 8. 1955 (BGBl. I 504) umgrenzt die Bannkreise der geschützten Bundesorgane; entsprechende Vorschriften gelten zum Schutz der Länderparlamente. Vgl. 58, 72

VI. *Vereinigungsfreiheit* (Art. 9 Abs. 1, 2).

Alle *Deutschen* haben das Recht, Vereine und Gesellschaften zu bilden. Verboten sind nur Vereinigungen, die sich den Strafgesetzen zuwider betätigen oder gegen die Verfassung oder den Gedanken der Völkerverständigung verstoßen. Das Verbot von Vereinen ist im Gesetz zur Regelung des öffentlichen Vereinsrechts *(Vereinsgesetz)* vom 5. 8. 1964 (BGBl. I 593) m. spät. Änd. nebst DVO vom 28. 7. 1966 (BGBl. I 457) geregelt.

VII. *Koalitionsfreiheit* (Art. 9 Abs. 3).

Jedermann und alle Berufe können zur Wahrung und Förderung der Arbeits- und Wirtschaftsbedingungen Vereinigungen bilden. Jedoch darf ein Beitrittszwang nicht ausgeübt werden. Für Angehörige des öffentlichen Dienstes vgl. § 91 des Bundesbeamtengesetzes (154).

Der *Streik* ist als Kampfmittel der Sozialpartner ebenso wie die *Aussperrung* zulässig; das Streikrecht ist in einzelnen Länderverfassungen ausdrücklich garantiert (Berlin, Bremen, Hessen, Rheinl.-Pfalz, Saarland). Es darf aber kein Zwang zur Teilnahme ausgeübt werden. Vgl. 635 (dort auch über die Zulässigkeit der *Aussperrung*). Die im Verteidigungs- oder Krisenfall zugelassenen besonderen gesetzlichen oder behördlichen Maßnahmen (Dienstverpflichtung usw.) dürfen sich nicht gegen den zur Erreichung echter kollektiver Ziele geführten Streik richten (Art. 9 Abs. 3 S. 3). Damit ist das Streikrecht indirekt auch vom GG anerkannt, aber seine Beschränkung in anderen Fällen nicht ausgeschlossen (in Übereinstimmung mit dem Internat. Pakt über wirtschaftliche, soziale und kulturelle Rechte vom 19. 12. 1966, der innerstaatliche Beschränkungen auch für den öffentl. Dienst für zulässig erklärt; s. 908).

VIII. *Freizügigkeit im Bundesgebiet* (Art. 11).

Sie umfaßt das Recht, sich an einem beliebigen Ort aufzuhalten und niederzulassen und zu diesem Zweck in das Bundesgebiet einzureisen. Einschränkungen sind zur Abwehr bestimmter Gefahren für die Allgemeinheit und aus anderen in Abs. 2 genannten Gründen zulässig. Art. 11 gewährt nicht die Ausreisefreiheit.

IX. *Freie Berufswahl* (Art. 12).

Alle *Deutschen* haben das Recht, Beruf, Arbeitsplatz und Ausbildungsstätte frei zu wählen. Die Berufsausbildung kann durch Gesetz geregelt werden (Prüfungen, Befähigungsnachweis). Dagegen bildet die Prüfung des wirtschaftlichen *Bedürfnisses* keinen Ablehnungsgrund mehr.

Die Festsetzung einer *Altersgrenze* für einzelne Berufe verstößt nicht gegen Art. 12 Abs. 1 GG (BVerfGE 1, 264; 7, 377).

Arbeitszwang kann nur im Rahmen einer für alle gleichen öffentlichen Dienstleistungspflicht angeordnet werden. *Zwangsarbeit* ist nur bei gerichtlich angeordneter Freiheitsentziehung zulässig (Art. 12 Abs. 3 GG).

Im *Verteidigungs-* und sog. *Spannungsfall* kann eine Dienstleistungspflicht für nicht einberufene Wehr- oder Zivildienstpflichtige gesetzlich begründet werden. Ferner sind Einschränkungen des Rechts der Berufs- und Arbeitsplatzwahl zulässig. Frauen vom 18.–55. Lebensjahr können im Bedarfsfall zu Dienstleistungen im zivilen Heilwesen oder in Standortlazaretten herangezogen werden (Art. 12a GG).

Vgl. Übereinkommen Nr. 105 der Internationalen Arbeitsorganisation vom 25. 6. 1957 über die Abschaffung der Zwangsarbeit (BGes. vom 20. 4. 1959, BGBl. II 441) sowie Art. 4 Abs. 2, 3 der Konvention zum Schutze der Menschenrechte und Grundfreiheiten vom 4. 11. 1950 (BGBl. 1952 II 686).

X. *Petitionsrecht* (Art. 17).

Jedermann hat das Recht, sich einzeln oder in Gemeinschaft mit anderen schriftlich mit Bitten oder Beschwerden an die zuständigen Stellen und an die Volksvertretung zu wenden. Diese Stellen haben die Eingaben zu prüfen und zu beantworten bzw. an die zuständigen Stellen weiterzuleiten (vgl. *Petitionsüberweisungsrecht* des Bundestags, 59 VI 2d).

Soldaten ist durch die Wehrbeschwerdeordnung die gemeinschaftliche Petition oder Beschwerde untersagt (456).

48. Die Unverletzlichkeitsrechte

Als solche bezeichnet man folgende Grundrechte, die sich im allgemeinen nur gegenüber der Staatsgewalt auswirken:

I. Recht auf *Leben* und *körperliche Unversehrtheit* (Art. 2 Abs. 2).

Ausgeschlossen sind Maßnahmen wie *Zwangssterilisation* und *Euthanasie* (Sterbehilfe z. B. durch tödlich wirkende schmerzlindernde Mittel).

II. Brief-, Post-, Fernmeldegeheimnis (Art. 10).

Das *Postgeheimnis* erstreckt sich auch auf Postanweisungen, Telegramme, Ferngespräche, schützt aber nur vor Eingriffen der Post. Einschränkungen in Art. 10 Abs. 2; vgl. z. B. das *Ges. zur Überwachung strafrechtlicher und anderer Verbringungsverbote* vom 24. 5. 1961 (BGBl. I 607), das den Zollbehörden die Kontrolle eingeführter Sendungen zwecks Beschlagnahme staatsgefährdender Publikationen gestattet.

Das sog. Abhörgesetz *(Ges. zur Beschränkung des Brief-, Post- und Fernmeldegeheimnisses)* vom 13. 8. 1968 (BGBl. I 949) m. spät. Änd. (zuletzt vom 28. 4. 1997, BGBl. I 966) läßt zur Abwehr drohender Gefahren für die freiheitliche demokratische Grundordnung, den Bestand oder die Sicherheit des Bundes oder eines Landes oder in der Bundesrepublik stationierten Truppen von NATO-Staaten die *Kontrolle von Postsendungen,* des Fernschreib- und Telefonverkehrs und die Aufnahme der abgehörten Mitteilungen auf Tonträger durch bestimmte Sicherheitsbehörden zu (Verfassungsschutz, Militärischer Abschirmdienst, Bundesnachrichtendienst). Voraussetzung ist das Vorliegen tatsächlicher Anhaltspunkte für den Verdacht, daß bestimmte politische Delikte geplant oder bereits begangen worden sind oder werden (Friedensverrat, Hochverrat, Gefährdung des demokratischen Rechtsstaates, Landesverrat oder Gefährdung der äußeren Sicherheit, Straftaten gegen die Landesverteidigung, Zugehörigkeit zu terroristischen oder geheimen Ausländervereinigungen; ausgenommen sind Straftaten von geringerem Gewicht). Außerdem kann die Überwachung des internationalen, nicht leitungsgebundenen Fernmeldeverkehrs zur Sammlung von Nachrichten oder Informationen angeordnet werden, um die Gefahr eines bewaffneten Angriffs auf die Bundesrepublik Deutschland, der Begehung internationaler terroristischer Anschläge in der BRD, der internationalen Verbreitung von Kriegswaffen, der unbefugten Verbringung von Betäubungsmitteln in nicht geringer Menge aus dem Ausland in das Gebiet der BRD, im Ausland begangener Geldfälschungen sowie der Geldwäsche in diesem Zusammenhang rechtzeitig zu erkennen und der Gefahr zu begegnen. Die Anordnung setzt ferner einen Antrag des Leiters einer der genannten Sicherheitsbehörden voraus. Sie wird vom Bundes- oder Landesinnenminister erlassen (bei Gefahr eines bewaffneten Angriffs auf die BRep. vom BMVg.) und ist auf höchstens 3 Monate zu befristen (mit Verlängerungsmöglichkeit); die gewonnenen Unterlagen sind nach endgültiger Auswertung zu vernichten. Ein Gremium aus 9 vom BT bestimmten Abgeordneten ist mindestens halbjährlich über die Durchführung der Maßnahmen nach dem AbhörG zu unterrichten, desgl. monatlich, aber vor Vollzug der Maßnahmen eine von dem Gremium bestellte, in ihren Entscheidungen unabhängige Dreierkommission; erklärt diese einzelne Maßnahmen für unzulässig oder nicht notwendig, so sind sie aufzuheben. Abgesehen von der Anrufung der Kommission ist der Rechtsweg gegen die Maßnahmen nicht zugelassen. Von Beschränkungsmaßnahmen der Sicherheitsbehörden wird der Betroffene nach ihrer Beendigung in Kenntnis gesetzt, wenn eine Gefährdung des Beschränkungszwecks ausgeschlossen werden kann.

Überwachungsanordnungen der genannten Art können auch im *Strafverfahren* bei Verdacht einer der bezeichneten Straftaten, eines Kapitalverbrechens oder einer sonstigen gefährlichen Straftat (Geldfälschung, Freiheitsberaubung, Erpressung usw.) vom Richter getroffen werden, wenn notwendige Ermittlungen sonst aussichtslos oder wesentlich erschwert wären. Die Staatsanwaltschaft kann die Anordnungen nur bei Gefahr im Verzug treffen und muß richterliche Bestätigung einholen (§§ 100a ff. StPO). Die Beteiligten werden unterrichtet, sobald das ohne Gefährdung des Untersuchungszwecks möglich ist (§ 101 Abs. 1 StPO).

III. *Unverletzlichkeit der Wohnung* (Art. 13).

Wohn- und Geschäftsräume sowie jedes befriedete Besitztum waren schon in der preuß. Verf. von 1850 unter Schutz gestellt (ebenso Art. 115 WVerf.). Die Verwaltungsorgane dürfen in die *Freiheit der Wohnung* nur eingreifen, wenn sie ein gesetzlich begründetes Recht dazu haben. Vgl. z. B. §§ 102ff. StPO über *Durchsuchungen*. Ihre Anordnung steht dem Richter, bei Gefahr im Verzug auch der Staatsanwaltschaft und der Polizei zu; diese muß einen Gemeindebeamten oder zwei Gemeindemitglieder zuziehen (§ 105 StPO). Vgl. 168, 273.

Art. 13 Abs. 3 GG gewährt den *Behörden* ein *Eingriffsrecht* zur Abwehr einer gemeinen Gefahr (z. B. Brand) oder einer Lebensgefahr für einzelne Personen und auf Grund eines Gesetzes auch zu weiteren Zwecken (z. B. zur Seuchenbekämpfung, vgl. 184 III 4, 185). Daneben bleiben die gesetzlich begründeten Eingriffsrechte in die Unverletzlichkeit der Wohnung bestehen (z. B. durch Gerichtsvollzieher; auch hier wird – außer bei Gefahr im Verzug – eine richterliche Anordnung vorausgesetzt, BVerfG NJW 1979, 1539).

IV. *Eigentum und Erbrecht* (Art. 14).

Art. 14 Abs. 1 gewährleistet das *Privateigentum* sowohl als Einrichtung wie auch als konkretes Recht in der Hand eines Eigentümers. Das Grundrecht gewährt die Befugnis, jede ungerechtfertigte Einwirkung auf den Eigentumsbestand abzuwehren.

Die Garantie des *Erbrechts* bindet den Gesetzgeber, das Prinzip der Privaterbfolge aufrechtzuerhalten.

Inhalt und Schranken des Eigentums können durch die Gesetze, die allerdings den Wesensgehalt des Eigentumsrechts nicht beeinträchtigen dürfen, bestimmt werden (Art. 14 Abs. 1 S. 2). Vgl. 335. Es können ferner Gesetze ergehen, welche die mit dem Eigentum verbundenen *sozialen Verpflichtungen* (Art. 14 Abs. 2) näher bestimmen (Eigentum verpflichtet).

Enteignung ist jede über die allg. gesetzlichen Schranken hinausgehende Entziehung oder Beschränkung des Eigentums oder sonstiger privater Vermögensrechte durch die öffentliche Gewalt, durch die dem einzelnen ein besonderes Opfer zugunsten der Gemeinschaft abverlangt wird. Das GG läßt eine Enteignung nur auf gesetzlicher Grundlage und nur gegen Entschädigung zu (Art. 14 Abs. 3). Über bundesrechtliche Enteignungsvorschriften vgl. 189 IV, 192 I 5, 198, 824. Landesrechtliche Gesetze sehen Enteignungen insbes. zur Durchführung von Planungsvorhaben (192 I 1ff.) vor; vgl. für Bayern Ges. i. d. F. vom 25. 7. 1978 (GVBl. 625), Hessen Ges. vom 4. 4. 1973 (GVBl. I 107), Niedersachsen Ges. vom 6. 4. 1981 (GVBl. 83). Entgegenstehende Gesetze sind verfassungswidrig und damit nichtig. Die *Sozialisierung*, d. h. die Überführung von Grund und Boden, Naturschätzen und Produktionsmitteln in *Gemeineigentum* oder andere Formen der *Vergesellschaftung* dürfen nur auf Grund eines Gesetzes und nur gegen Entschädigung erfolgen (Art. 15); auch sind sie nicht bei einzelnen Objekten, sondern nur als „Gruppensozialisierung" zulässig (Art. 19 Abs. 1 S. 1).

Nach dem *Bundesleistungsgesetz* (BLG) i. d. F. vom 27. 9. 1961 (BGBl. I 1769) m. spät. Änd. können die Behörden, z. B. zur Abwendung drohender Gefahren für den Bestand des Bundes oder eines Landes oder für Zwecke der Verteidigung bestimmte eigentumsbeschränkende *Leistungen* anfordern.

Über *Schutzbereiche* zwecks Verteidigung vgl. 452.

49. Sonstige Grundrechte

befassen sich z. B. mit den Beziehungen des einzelnen zu den grundgesetzlich anerkannten Gemeinschaften (besonders Ehe, Familie, Kirche, Schule), aber auch zum Staat in seiner Eigenschaft als *Sozialstaat.*

I. Das *Elternrecht* (Art. 6 Abs. 2, 3).

Pflege und Erziehung der Kinder sind das natürliche Recht der Eltern und die zuvörderst ihnen obliegende Pflicht. Damit geht das *elterliche Erziehungsrecht* dem des Staates vor. Der Staat hat nur eine überwachende, unterstützende und ergänzende Funktion. Staatliche *Gemeinschaftserziehung* ist abgelehnt. Über die *religiöse Kindererziehung* vgl. 186 I, 724.

Zum Verfassungsauftrag bezüglich der Stellung unehelicher Kinder gem. Art. 6 Abs. 5 s. 351.

II. Das *Recht auf Errichtung privater Schulen* (Art. 7 Abs. 4).

Es besteht *staatliche Schulaufsicht* (Art. 7 Abs. 1), d. h. Leitung, Verwaltung, Aufstellung der Lehrpläne und -ziele, Lehrmethoden und Lernmittel sowie die Schulordnung werden vom Staat bestimmt. Dieser kann die Aufsicht auf Gemeinden übertragen, die insoweit als Staatsorgan handeln. Keine geistliche Schulaufsicht mehr.

Die Jugendbildung in öffentlichen Schulen erfolgt grundsätzlich in *Volksschulen,* welche die gesamte Jugend aufnehmen, *Mittel-* und *höheren Schulen,* deren Form der Staat bestimmt (über die heutigen Bezeichnungen vgl. 186 II 1). Eine private Volksschule kann nur zugelassen werden, wenn die Unterrichtsverwaltung ein bes. pädagogisches Interesse anerkennt oder wenn sie als Gemeinschafts-, Bekenntnis- oder Weltanschauungsschule (vgl. 186 II 1) errichtet werden soll und keine öffentliche Schule dieser Art in der Gemeinde besteht (Art. 7 Abs. 5). Sonstige Privatschulen sind zulässig, aber genehmigungspflichtig (Art. 7 Abs. 4).

III. Das *Verbot der Ausbürgerung* (Art. 16 Abs. 1 S. 1).

Die Staatsangehörigkeit (vgl. 2) darf nicht zwangsweise entzogen werden. Art. 16 Abs. 1 S. 2 schützt gegen unfreiwilligen Verlust aus sonstigen Gründen.

IV. Das *Auslieferungsverbot* (Art. 16 Abs. 2).

Die Auslieferung eines *Deutschen* ist verboten.

V. Das *Asylrecht* (Art. 16a).

Es schützt *politisch verfolgte Ausländer* vor Auslieferung und *Ausweisung* und wird nur Nichtdeutschen gewährt. Das Asylrecht ist durch das GG zum erstenmal in einer deutschen Verfassung garantiert worden.

Zu den Einzelheiten und zu den Voraussetzungen der Asylgewährung im *Asylverfahrensgesetz* s. 181 II.

Über die Sonderstellung der *heimatlosen Ausländer,* die nicht dem Asylrecht unterliegen, vgl. 2 I.

VI. Der Anspruch auf *staatliche Fürsorge.*

Dieses Recht folgert man aus dem Bekenntnis des GG zum *Sozialstaat* (Art. 20 und 28 Abs. 1 GG). Das *Sozialstaatsprinzip* ist einer der tragenden Grundsätze der BRep. Es hat insbes. im Bundessozialhilfegesetz (687) seinen Ausdruck gefunden.

50. Staatlich garantierte Einrichtungen

Durch das GG werden folgende *Einrichtungen* vom Staat gewährleistet (sog. *Institutsgarantie* oder *institutionelle Garantie*):

I. *Ehe und Familie* (Art. 6).

Die *Ehe* ist die rechtliche Form der Lebensgemeinschaft von Mann und Frau. Sie bildet die Grundlage der Familie. Die *Familie* ist das Urbild jeder menschlichen Gemeinschaft. Sie verbindet als Keimzelle des Volkes Vergangenheit und Zukunft der Volksgemeinschaft, ist die organische Bildungsstätte des Kindes und bildet das Fundament, auf dem Staat, Schule und Kirche aufbauen. Vgl. 341.

II. *Religionsunterricht* (Art. 7 Abs. 3).

Dieser ist in den öffentlichen Schulen mit Ausnahme der bekenntnisfreien (vgl. 186 II 1) *ordentliches Lehrfach.* Die Länder sind verpflichtet, in allen Volks-, Mittel-, höheren und Berufsschulen Religionsunterricht erteilen zu lassen. Dieser *Lehrfachzwang* gilt nach Art. 141 GG nicht in einem Lande, in dem am 1. 1. 1949 eine andere landesrechtliche Regelung bestand (sog. *Bremer Klausel*). Dagegen besteht für die Schüler kein Teilnahmezwang. Das Bestimmungsrecht haben die Erziehungsberechtigten (Art. 7 Abs. 2). Vgl. 724.

III. *Eigentum und Erbrecht* (Art. 14).

Vgl. oben 48 IV.

IV. Die *gemeindliche Selbstverwaltung* (Art. 28 Abs. 2).

Bei ihr wird der organisatorische Zustand der Gemeinden aufrechterhalten, fortgeführt und verbürgt, wie er sich im Laufe des 19. Jahrh. in Deutschland entwickelt hat, aber nur in seinen typischen Grundzügen und seiner Substanz, nicht in seinen Einzelheiten. Selbstverwaltung bedeutet Verwaltung durch eigene selbstbestimmte Organe in eigenem Namen und in eigener Verantwortung. Das Selbstverwaltungsrecht erstreckt sich auf alle Angelegenheiten der örtlichen Gemeinschaft, also auf solche Angelegenheiten, die in der örtlichen Gemeinschaft wurzeln, zu ihr einen Bezug haben und von ihr eigenverantwortlich und vollständig bewältigt werden können.

V. Die *hergebrachten Grundsätze des Berufsbeamtentums* (Art. 33 Abs. 5).

Sie dürfen in ihrem Wesensgehalt nicht angetastet werden. Dazu gehören vor allem: Anstellung i. d. R. auf Lebenszeit, angemessene Alimentierung einschl. Versorgung, Fürsorgepflicht des Dienstherrn, Gewährleistung wohlerworbener Rechte; anderseits Pflicht des Beamten zum Einsatz für den Dienstherrn, besondere Treuepflicht, Bekenntnis zur verfassungsmäßigen Ordnung, uneigennützige Amtsausübung, sein Verhalten innerhalb und außerhalb des Dienstes muß der Achtung und dem Vertrauen gerecht werden, die sein Beruf erfordert.

VI. Der *gesetzliche Richter* (Art. 101).

Niemand darf seinem nach gesetzlicher Vorschrift (Gerichtsverfassungsgesetz, Verfahrensordnung) zuständigen Richter entzogen werden. Wer im Einzelfall zur Entscheidung berufen ist, muß in einer vor Beginn des Geschäftsjahres aufgestellten Geschäftsverteilung so bestimmt sein, daß die Einzelsache nicht durch Eingriff der Justizverwaltung dem Richter entzogen werden kann. Während des Geschäftsjahres darf die Geschäftsverteilung nur aus bestimmten Gründen geändert werden (§§ 21e, g GVG).

51. Grundrechte und Grundpflichten

Das Gegenstück zu den Grundrechten, die dem Berechtigten eine subjektive Rechtsstellung gewähren, bilden die *Grundpflichten,* die freilich im GG nur vereinzelt in Erscheinung treten. In der Rechtslehre ist streitig, welche grundgesetzlich begründeten Pflichten hierzu zählen, und vor allem, ob unter diesen *überstaatliche* (vorstaatliche) bestehen – entsprechend der Unterscheidung bei den Grundrechten; vgl. 46 III 1.

Zu den Grundpflichten können gezählt werden:

- die Pflicht zur Verfassungstreue (vgl. Art. 5 Abs. 3 S. 2 GG),
- die Pflicht der Eltern zur Erziehung der Kinder (Art. 6 Abs. 2 GG),
- die öffentliche Dienstleistungspflicht (Art. 12a GG),
- die Pflicht zum sozialgerechten Gebrauch des Eigentums (Art. 14 Abs. 2 GG).

Auch hier wird gelegentlich zwischen *Menschenpflichten* und *Bürgerpflichten* (entsprechend der Einteilung der Grundrechte, 46 III 2) unterschieden.

Von den Grundrechten und -pflichten zu unterscheiden sind die *staatsbürgerlichen Rechte und Pflichten;* das sind solche, die sich aus dem Verhältnis des Bürgers zum Staat ergeben (z. B. Wahlrecht, Steuerpflicht; vgl. 44 II).

Durch Art. 33 Abs. 1 GG sind jedem Deutschen in jedem Land der BRep. die gleichen staatsbürgerlichen Rechte gewährleistet wie den Landeseinwohnern (*Indigenat*). Zwar können Landesgesetze diese Rechte – z. B. den Zugang zu öffentlichen Ämtern – unabhängig von der Regelung anderer Länder bestimmen, müssen sie aber allen Deutschen in gleicher Weise zukommen lassen. Dasselbe gilt für die Begründung staatsbürgerlicher Pflichten. Über völkerrechtliche Garantien der staatsbürgerlichen Rechte vgl. 908 III.

52. Der Schutz der Grundrechte

ist im Bonner GG im Vergleich zur WVerf. erweitert.

I. *Schutz gegen den Gesetzgeber*

Die Schöpfer des GG hielten es nach den schlechten Erfahrungen mit der Gesetzgebung der Weimarer Republik, in der es zu einer Aushöhlung der Verfassung gekommen war (16, 18), für angebracht, dem Gesetzgeber deutliche Beschränkungen aufzuerlegen, um den wirksamen Bestand der Grundrechte noch zu verstärken. Nach Art. 19 Abs. 1, 2 darf der Gesetzgeber nur durch allgemein und nicht nur für den Einzelfall geltendes Gesetz in die Grundrechte eingreifen (*Gesetzesvorbehalt,* vgl. 46 IV) und in keinem Fall den *Wesensgehalt* eines Grundrechts antasten.

Insbes. sind *Einzeleingriffe* durch Gesetz verboten (z. B. Sozialisierung eines einzelnen Betriebs). Das Gesetz, welches einen Eingriff enthält, muß das Grundrecht unter Angabe des Artikels des GG nennen (sonst nichtig). Was als *Wesensgehalt* eines Grundrechts anzusehen ist, muß im einzelnen Fall, notfalls durch die Rechtsprechung, geklärt werden.

II. *Schutz gegen die Verwaltung*

gewährt Art. 19 Abs. 4 GG. Jeder, der durch die öffentliche Gewalt in seinen Rechten verletzt wird, kann den *Rechtsweg* vor den ordentlichen Gerichten oder den Verwaltungsgerichten beschreiten. Vgl. 149, 151, 456. Über das *Widerstandsrecht* als äußerstes Mittel gegen staatliche Willkür vgl. 10.

III. Verfassungsbeschwerde/Parlamentsbeauftragter

Jedermann kann mit der Behauptung, durch die öffentliche Gewalt (Gesetzgebung, vollziehende Gewalt, Rechtsprechung) in seinen *Grundrechten* verletzt zu sein, nach Erschöpfung aller Rechtsmittel und sonstigen Rechtsbehelfe *Verfassungsbeschwerde* beim *Bundesverfassungsgericht* erheben (§ 90 BVerfGG). Vgl. 74.

Die Einrichtung eines *Parlamentsbeauftragten* nach ausländischen Vorbildern (besonders dem *Ombudsmann* in Schweden), der – ähnlich dem Wehrbeauftragten (s. 459) – unbürokratisch für den Schutz der Grundrechte des einzelnen Bügers eintritt, ist in der BRep. zwar diskutiert, nicht aber verwirklicht worden. Eine ähnliche Funktion kommt dem „Bürgerbeauftragten" in Rheinl.-Pfalz zu, der als Organ des Petitionsausschusses des Landtags fungiert (Ges. vom 3. 5. 1974, GVBl. 187). Weitergehende Befugnisse hat in Österreich die „Volksanwaltschaft" (Dreiergremium). Sie fungiert nicht nur als Beschwerdestelle, sondern kann vermuteten Mißständen auch von Amts wegen nachgehen und den obersten Bundesbehörden ggf. Empfehlungen geben; darüber hinaus kann sie Verordnungen einer Bundesbehörde durch Normenkontrollklage beim Verfassungsgerichtshof anfechten.

IV. Über den Schutz der in *Landesverfassungen* gewährleisteten Grundrechte vgl. 46 VII und 74.

V. Verwirkung von Grundrechten

Den Schutz der Grundrechte *verwirkt,* wer sie zum Kampf gegen die *freiheitliche demokratische Grundordnung* mißbraucht (Art. 18 GG).

Unter einer solchen Grundordnung versteht man eine rechtsstaatliche Herrschaftsordnung, die auf dem Willen der Mehrheit des in freier Selbstbestimmung auf der Grundlage von Freiheit und Gleichheit entscheidenden Volkes beruht und die jegliche Gewalt- und Willkürherrschaft ausschließt. Zu den tragenden Prinzipien der freiheitlichen demokratischen Grundordnung zählen die allgemeinen Menschenrechte, Volkssouveränität, Gewaltenteilung und Verantwortlichkeit der Regierung gegenüber dem Parlament, Unabhängigkeit der Gerichte, Bindung von Justiz und Verwaltung an Recht und Gesetz, Mehrparteiensystem und Chancengleichheit für die Parteien, Recht auf Bildung und Betätigung der Opposition.

Verwirkung bedeutet, daß das Grundrecht dem Mißbrauchenden keinen Schutz mehr gewährt und er sich den Behörden gegenüber nicht mehr auf das Grundrecht berufen kann. Verwirkbar sind aber nur freie Meinungsäußerung, Lehr-, Versammlungs-, Vereinigungsfreiheit, Brief-, Post- und Fernmeldegeheimnis, Eigentum und Asylrecht. Die Verwirkung wird durch das Bundesverfassungsgericht ausgesprochen. Ein Beamter verliert durch die Verwirkung eines Grundrechts die Beamtenrechte (§ 48 BundesbeamtenG).

53. Grundgesetzliche Richtlinien für Gesetzgebung, Verwaltung und Rechtsprechung

Die Grundrechtssätze einer Verfassung können entweder unmittelbares (zwingendes) Recht sein oder aber bloße Programmsätze (Zielsetzungen) für den Gesetzgeber enthalten, die erst durch einen entsprechenden Gesetzgebungsakt wirksam werden. Das Bonner Grundgesetz bestimmt zwar in Art. 1 Abs. 3, daß die im ersten (Grundrechts-) Abschnitt aufgeführten Grundrechte unmittelbar geltendes Recht für Gesetzgebung, vollziehende Gewalt und Rechtsprechung sind. Gleichwohl finden sich auch hier Grundrechtssätze, die programmatisch und nur als Weisung an den Gesetzgeber ergangen sind.

So verbietet z. B. der in Art. 6 Abs. 1 GG statuierte besondere *Schutz der Ehe und Familie* durch den Staat jeden störenden staatlichen Eingriff in die geschützte Rechtsstellung unmittelbar und ist insoweit geltendes Recht. Lediglich Programmsätze hingegen sind die in demselben Artikel enthaltenen Grundrechtsbestimmungen, daß jede Mutter Anspruch auf Schutz und Fürsorge der Gemeinschaft hat (Abs. 4) und daß den unehelichen Kindern die gleichen Bedingungen für ihre leibliche und seelische Entwicklung und ihre Stellung in der Gemeinschaft zu schaffen sind wie den ehelichen (Abs. 5). Dem Auftrag des Abs. 4 entsprechend ist daher schon im Jahre 1952 ein *Mutterschutzgesetz* erlassen worden (621), das Ges. zur Verbesserung der Rechtsstellung des *unehelichen Kindes* dagegen erst im Jahre 1969 (vgl. 351).

Einem Verfassungsauftrag (so BVerfGE 33, 1) entsprach auch der Erlaß des *Strafvollzugsgesetzes* vom 16. 3. 1976, das Eingriffe in Grundrechte des Strafgefangenen oder andere Beschränkungen auf die durch das GG gebotene gesetzliche Grundlage stellte. Vgl. 288 II.

II. Bund und Länder

54. Die Rechtsstellung der Länder

In einem Bundesstaat (s. 6 IV) verteilt sich die staatliche Gewalt auf den Zentralstaat (Bund) und die Gliedstaaten (Länder). Für die *Länder* ergeben sich aus der Zugehörigkeit zum Bund *Rechte und Pflichten.*

I. Die *Rechte der Länder* der BRep. sind im wesentlichen folgende:

1. Eine Änderung des GG, welche die *Gliederung des Bundes in Länder* oder deren grundsätzliche *Mitwirkung bei der Gesetzgebung* berührt, ist unzulässig (Art. 79 Abs. 3).

Der *bundesstaatliche Charakter* der BRep. muß beibehalten werden, um eine *Aushöhlung der Landeszuständigkeit* (wie unter der WVerf.) zu verhindern. Dadurch wird der *Kompetenz des Bundes* eine Schranke gesetzt. Zwar kann der Bund durch verfassungsänderndes Gesetz seine Zuständigkeit auf Kosten der Länder erweitern (vgl. 41). Doch muß die bundesstaatliche Ordnung der BRep. erhalten bleiben, d. h. selbst bei Zusammenschluß einzelner Länder im Rahmen einer gebietlichen Neuordnung (Art. 29) müssen mindestens zwei Länder bestehen bleiben, denen Eigenstaatlichkeit – insbesondere die Gesetzgebungskompetenz in Landesangelegenheiten – zukommt.

2. Die Ausübung der staatlichen Befugnisse und die Erfüllung der staatlichen Aufgaben ist Sache der Länder, soweit das GG keine andere Regelung trifft oder zuläßt (Art. 30).

3. Die Länder haben das ausschließliche *Stimmrecht im Bundesrat* und wirken durch ihn bei Gesetzgebung und Verwaltung des Bundes mit (Art. 50).

4. Die *verfassungsmäßige Ordnung der Länder* in Form eines republikanischen, demokratischen und sozialen Rechtsstaates ist durch den Bund gewährleistet (Art. 28 Abs. 1 und 3). Vgl. 114.

Vgl. Ges. über die Zusammenarbeit des Bundes und der Länder in Angelegenheiten des *Verfassungsschutzes* vom 27. 9. 1950 (BGBl. 682) m. spät. Änd.

5. Die Länder haben Anspruch auf angemessene Berücksichtigung ihrer Bewohner bei Besetzung der Beamtenstellen in den obersten Bundesbehörden (Art. 36) und auf Mitwirkung bei der Bestellung der Leiter der Mittelbehörden der Finanzverwaltung, weil diese zugleich Bundes- und Landesbehörden sind (vgl. 77 und Art. 108 Abs. 1 S. 3).

6. Die Länder haben Anspruch auf Förderung der Landesinteressen bei Verwaltung der *Wasserstraßen* (Art. 89 Abs. 3).

II. Andererseits haben die Länder folgende *Pflichten:*

1. *Treuepflicht* gegenüber dem Bund;

2. *Folgeleistung* gegenüber Gesetzen und Weisungen des Bundes, die im Rahmen der Verfassung ergehen (Art. 83ff.);

3. Aufrechterhaltung einer *verfassungsmäßigen Ordnung* (Art. 28).

Die *Länderverfassungen* müssen den Grundsätzen des republikanischen, demokratischen und sozialen Rechtsstaates i. S. des GG entsprechen (sog. *Verfassungshomogenität* in Bund und Ländern). In diesem Rahmen können die Länder ihre Verfassung eigenstaatlich ordnen und z. B. entscheiden, ob sie einen *Staatspräsidenten* bestellen und das *Zweikammersystem* einführen. Vgl. 114.

4. Die Länder haben jedem Deutschen gleiche *staatsbürgerliche Rechte* zu gewähren (Art. 33 Abs. 1; *Indigenat).*

Keine Benachteiligung eines Deutschen, weil er nicht zur einheimischen Bevölkerung gehört.

5. Alle Behörden der Länder sind allen Bundesbehörden gegenüber zur *Rechts- und Amtshilfe* verpflichtet (Art. 35).

III. Die Erfüllung der Verpflichtungen der Länder kann durch *Bundeszwang* durchgesetzt werden (Art. 37).

Zur Durchführung des Bundeszwangs, der die Zustimmung des Bundesrates voraussetzt, hat die Bundesregierung oder ihr Beauftragter das *Weisungsrecht* gegenüber allen Ländern und ihren Behörden (Art. 37 Abs. 2). Ein Weisungsrecht der BReg. kann ferner bestehen bei Bedrohung des Bestands oder der freiheitlichen demokratischen Grundordnung des Bundes oder eines Landes sowie bei Naturkatastrophen oder besonders schweren Unglücksfällen (vgl. Art. 91 Abs. 2, 35 Abs. 3, s. ferner 67).

Nach Art. 48 WVerf. konnte der Reichspräsident ein Land mit Hilfe der bewaffneten Macht zur Pflichterfüllung anhalten (sog. *Reichsexekution).* Heute ist die Sperrung eines Steueranteils das wirkungsvollste Mittel des Bundeszwangs. Gegen die angeordneten Maßnahmen kann das betroffene Land das *Bundesverfassungsgericht* anrufen (Art. 93 Abs. 1 Nr. 1, 3, evtl. 4).

55. Die Gesetzgebungskompetenz

In einem Bundesstaat ist die Befugnis, Gesetze zu erlassen (Gesetzgebungsbefugnis oder *Gesetzgebungskompetenz*), zwischen dem Zentralstaat (Bund) und den Gliedstaaten (Ländern) aufgeteilt. In der BRep. unterscheidet man die *ausschließliche Gesetzgebung des Bundes,* die *konkurrierende Gesetzgebung* und die *Rahmengesetzgebung des Bundes* sowie die *Gesetzgebung der Länder.* Soweit das GG nicht ausdrücklich dem Bund Gesetzgebungskompetenzen zuweist, haben die Länder die Gesetzgebungsbefugnis (Art. 70 Abs. 1). Bei Meinungsverschiedenheiten entscheidet das BVerfG (Art. 93 Abs. 1 Nr. 2).

I. *Die ausschließliche Gesetzgebung des Bundes*

In diesem Bereich sind die Länder zur Gesetzgebung nur befugt, wenn und soweit sie hierzu in einem Bundesgesetz ausdrücklich ermächtigt werden (Art. 71).

Zur *ausschließlichen* G. des Bundes gehören die Rechtsgebiete, die einheitlich geregelt werden sollen. So die auswärtigen Angelegenheiten, Verteidigung, Wehrpflicht, Grenzschutz, Verkehr von Eisenbahnen des Bundes, Luftverkehr, gewerblicher Rechtsschutz, Urheber- und Verlagsrecht, Bundesstaatsangehörigkeit, Währung, Maße und Gewichte, Postwesen und die Telekommunikation, Zölle und Finanzmonopole (vgl. Art. 73, 105 Abs. 1). Insoweit sind *Ländergesetze ausgeschlossen;* sie sind nichtig, soweit nicht eine Ermächtigung durch Bundesgesetz vorliegt.

II. *Die konkurrierende Gesetzgebung*

Hier können die Länder Gesetze erlassen, solange und soweit der Bund von seiner Gesetzgebungszuständigkeit nicht durch Gesetz Gebrauch gemacht hat (Art. 72 Abs. 1). Insoweit spricht man auch von der *Vorranggesetzgebung des Bundes.* Der Bund hat in diesem Bereich das Gesetzgebungsrecht, wenn und soweit die Herstellung gleichwertiger Lebensverhältnisse im Bundesgebiet oder die Wahrung der Rechts- oder Wirtschaftseinheit im gesamtstaatlichen Interesse eine bundesgesetzliche Regelung erforderlich macht (Art. 72 Abs. 2). Eine bundesgesetzliche Regelung, für die eine Erforderlichkeit im vorstehenden Sinn nicht mehr besteht, kann durch Landesrecht ersetzt werden (Art. 72 Abs. 3).

Die *konkurrierende Gesetzgebung* verleiht dem Bund Kompetenzen, wenn ein *Bedürfnis* nach bundesgesetzlicher Regelung besteht. Dazu gehören insbes. Bürgerl. Recht, Strafrecht, Personenstandswesen, öffentliche Fürsorge, Wirtschafts- und Arbeitsrecht, Straßenverkehr, Gesundheitswesen, Abfallbeseitigung, Luftreinhaltung, Lärmbekämpfung, Staatshaftung, Künstliche Befruchtung beim Menschen, Organtransplantationen, Kraftfahrwesen sowie Besoldungs- und Versorgungsrecht des öffentlichen Dienstes; ferner im Abgabenrecht die Steuern vom Einkommen, Vermögen, von Erbschaften und die meisten Verbrauch- und Verkehrsteuern, insbes. wenn der Bund das Steueraufkommen beansprucht (vgl. Art. 74, 74a, 105 Abs. 2). Ergeht ein Bundesgesetz, so werden bereits erlassene, aber dem neuen Bundesgesetz widersprechende Landesgesetze außer Kraft gesetzt. Die Länder können das Bundesrecht durch eigene Gesetze nur ergänzen. Regelt der Bund eine Materie vollständig (wie z. B. Bürgerl. Recht, Handels-, Straf-, Prozeßrecht), so ist für die Landesgesetzgebung auf diesem Gebiet kein Raum.

III. *Die Rahmengesetzgebung des Bundes (Art. 75)*

Der Bund kann auf gewissen Gebieten *Rahmenvorschriften* für die Gesetzgebung der Länder erlassen, wenn ein *Bedürfnis* hierfür vorliegt. Die Rahmenvorschrift müssen auf Ausfüllung durch den Landesgesetzgeber angelegt sein, sie dürfen nur in Ausnahmefällen in Einzelheiten gehende oder unmittelbar geltende Regelungen enthalten (Art. 75 Abs. 2). Nach Erlaß von Rahmenvorschriften sind die Länder verpflichtet, innerhalb einer bestimmten, angemessenen Frist die erforderlichen Landesgesetze zu erlassen (Art. 75 Abs. 3).

Die *Rahmengesetzgebung* umfaßt insbes. die Rechtsverhältnisse der Beamten und Angestellten des öffentlichen Dienstes (soweit nicht unter II fallend), die allgemeinen Grundsätze des Hochschulwesens, die allgemeinen Rechtsverhältnisse der Presse, Jagdwesen, Naturschutz, Landschaftspflege, Bodenverteilung, Raumordnung, Wasserhaushalt, Melde- und Ausweiswesen, Schutz deutschen Kulturgutes gegen Abwanderung ins Ausland (Art. 75). Die Länder müssen sich nach den vom Bund aufgestellten Grundsätzen richten *(Richtlinien)*. Der Bund muß sich aber auf allgemeine Leitsätze beschränken (z. B. Beamtenrechtsrahmengesetz, vgl. 157).

IV. *Verhältnis des Bundesrechts zum Landesrecht*

Bundesrecht bricht nach Art. 31 Landesrecht. Durch Erlaß eines Bundesgesetzes im Rahmen der Zuständigkeiten des GG wird alles diesen Gegenstand betreffende Landesrecht aufgehoben und Entstehung neuen Landesrechts über diesen Gegenstand ausgeschlossen. Ausnahme nur für *Landesverfassungen*, soweit sie übereinstimmend mit dem GG Grundrechte gewährleisten (Art. 142).

V. *Früheres deutsches Recht*

(Reichs-, Landes-, zonales oder überzonales Recht) gilt innerhalb des bisherigen Geltungsbereiches fort (soweit es dem GG nicht widerspricht, Art. 123 Abs. 1) und wird als Bundesrecht behandelt, wenn es

1. Gegenstände der *ausschließlichen* Gesetzgebung des Bundes betrifft (Art. 124) oder wenn es
2. Gegenstände der *konkurrierenden* Gesetzgebung betrifft, soweit es innerhalb einer oder mehrerer Besatzungszonen einheitlich gilt, oder soweit es sich um Recht handelt, das früheres Reichsrecht nach dem 8. 5. 1945 abgeändert hat (Art. 125).

Meinungsverschiedenheiten über die Frage, ob Recht als Bundes- oder Landesrecht fortgilt, entscheidet das BVerfG (Art. 126).

VI. *Neues Bundesrecht*

Als *neues Bundesrecht* bezeichnet man das von den Bundesorganen auf Grund ihrer ausschließlichen, konkurrierenden oder Rahmenkompetenz nach dem ersten Zusammentreten des Bundestags (7. 9. 1949) gesetzte Recht (Gesetze und Rechtsverordnungen; Art. 122 Abs. 1).

Über *Sammlung des Bundesrechts* s. 64 IV.

56. Die Verwaltungskompetenz

Auch die Verwaltungsbefugnisse und -aufgaben sind – wie die Gesetzgebung (s. 55) – auf Bund und Länder verteilt (Bundesverwaltung und Länderverwaltung). Das GG unterscheidet vier Verwaltungsformen, nämlich die *bundeseigene* Verwaltung (Art. 86, 87 Abs. 1), die *Auftragsverwaltung* der Länder (Art. 85), die *landeseigene* Verwaltung (Art. 30, 83, 84) und die *bundesunmittelbare Selbstverwaltung* (Art. 87 Abs. 2, 3).

I. *Bundeseigene Verwaltung*

Verwaltungszweige mit einer *voll ausgebauten* bundeseigenen Verwaltung (Art. 86, 87 Abs. 1, 87b–f) sind:

1. der *auswärtige Dienst;*
2. das *Bundesfinanzwesen;*
3. die *Eisenbahnverkehrsverwaltung für Eisenbahnen des Bundes;*
4. die *Bundesanstalt für Post und Telekommunikation* für Hoheitsaufgaben in diesem Bereich;
5. die Verwaltung der *Bundeswasserstraßen* und der *Schiffahrt* nach Maßgabe des Art. 89;
6. die *Luftverkehrsverwaltung* (vgl. 198); über die öffentlich-rechtliche oder privat-rechtliche Organisationsform wird durch BGes. entschieden;
7. die *Bundesverteidigung* und *Bundeswehrverwaltung* (vgl. 460);
8. der *Bundesgrenzschutz* (vgl. 95, 160 II 1).

Man unterscheidet die *unmittelbare Bundesverwaltung,* bei welcher der Bund eine bis in die untersten Instanzen mit Bundesbeamten besetzte Behördenorganisation einrichtet, von der *mittelbaren Bundesverwaltung,* die durch bundesunmittelbare Körperschaften und Anstalten des öffentlichen Rechts durchgeführt wird (Art. 86, 87 Abs. 2, 3).

Es bestehen *Oberste Bundesbehörden* (Bundespräsidialamt, Bundeskanzleramt, Bundesministerien, Bundesrechnungshof usw., vgl. 91). Ihnen nachgeordnet sind *Bundesoberbehörden* als Zentralstellen für das ganze Bundesgebiet. Durch einfaches Bundesgesetz wurden z. B. errichtet (Art. 87 Abs. 3 S. 1): Bundesamt für Verfassungsschutz, Bundesgesundheitsamt, Bundesoberseeamt, Bundesamt für Wirtschaft, Bundeskartellamt, Bundesausgleichsamt, Kraftfahrt-Bundesamt, Statistisches Bundesamt, Bundesamt für Finanzen, Bundesverwaltungsamt, Bundesversicherungsamt, Umweltbundesamt. Als *Mittelbehörden* bestehen Oberfinanzdirektionen, Wasser- und Schiffahrtsdirektionen. Als *Unterbehörden* Hauptzollämter (die Finanzämter sind Landesbehörden), Wasser- und Schiffahrtsämter.

II. *Die Auftragsverwaltung* (Art. 85)

sieht eine Verwaltung durch die Länder im Auftrag des Bundes vor. Dieser Verwaltungstyp war in der WVerf. nicht vorgesehen, sondern ist im GG *neu* entwickelt. Die Fälle der Auftragsverwaltung sind im GG abschließend aufgeführt:

1. Bundesautobahnen und sonstige *Fernverkehrstraßen* (Art. 90 Abs. 2);
2. Bundeswasserstraßen auf Antrag und für das Gebiet eines Landes (Art. 89 Abs. 2);
3. in der *Luftverkehrsverwaltung,* soweit bundesgesetzlich bestimmt (Art. 87d Abs. 2);
4. für die dem Bund ganz oder zum Teil zufließenden, von ihm aber nicht verwalteten Steuern (Art. 108 Abs. 2, 3);
5. im *Verteidigungswesen* (einschl. Wehrersatzwesen und Zivilschutz) nach bundesgesetzlicher Regelung (Art. 87b Abs. 2);
6. bei Ausführung von Gesetzen über Erzeugung und Nutzung der *Kernenergie* und über den *Strahlenschutz,* soweit bundesgesetzlich bestimmt (Art. 87c);

7. in Lastenausgleichssachen (Art. 120a);
8. bei bestimmten Geldleistungsgesetzen (Art. 104a Abs. 3 S. 2).

Bei dieser Verwaltungsart bleibt die Behördeneinrichtung den Ländern überlassen. Die Bundesregierung kann aber allgemeine Verwaltungsvorschriften erlassen, die Ausbildung regeln, Mittelbehördenleiter mitbestellen und *Weisungen* erteilen. Teilweise ist die Bundesregierung an die Zustimmung des Bundesrates gebunden.

Für den *Straßenverkehr* ist, da bestimmte Aufgaben auch verwaltungsmäßig eine zentrale Bearbeitung erfordern (wie z. B. Typprüfung, Nachrichtensammlung, Erfahrungssammlung, Statistik), durch Gesetz vom 4. 8. 1951 (BGBl. I 488) ein *Kraftfahrt-Bundesamt* mit dem Sitz in Flensburg errichtet worden. Es untersteht dem Bundesminister für Verkehr; Landesbehörden und Prüfstellen sind ihm nicht unterstellt. Vgl. 101, 408.

III. Die *landeseigene Verwaltung* (Art. 84)

umfaßt außer der Ausführung der Landesgesetze die *Ausführung der Bundesgesetze,* die nicht eine andere Verwaltungsart anordnen (Art. 83). Die Länder führen diese Verwaltung als eigene Angelegenheiten, haben aber die von der BReg. mit Zustimmung des BR erlassenen allgemeinen Verwaltungsvorschriften zu beachten und unterstehen insoweit der Bundesaufsicht.

Die *Bundesaufsicht* erstreckt sich aber nur auf die Gesetzmäßigkeit, nicht auch auf die Zweckmäßigkeit der Verwaltungsmaßnahmen. Von der Bundesregierung bzw. dem zuständigen BMinister gerügte Mängel sind zu beseitigen; in Zweifelsfällen entscheidet der BR. Gegen dessen Beschluß kann das BVerfG angerufen werden.

Bei bestimmten für die Gesamtheit besonders bedeutsamen *Gemeinschaftsaufgaben* wirkt der Bund, wenn seine wirtschaftliche Hilfe erforderlich ist, bei Erfüllung der Länderaufgaben durch Übernahme der Hälfte der Kosten mit (Art. 91a; vgl. *Hochschulbauförderungsgesetz* vom 1. 9. 1969, BGBl. I 1556, sowie Gesetze über die Gemeinschaftsaufgaben „Verbesserung der *Agrarstruktur* und des Küstenschutzes" i. d. F. vom 21. 7. 1988 (BGBl. I 1055) m. spät. Änd. – hier Erstattung von 60 bzw. 70 v. H. der Kosten – und „Verbesserung der regionalen *Wirtschaftsstruktur*" vom 3. 9./6. 10. 1969, BGBl. I 1861). Über die Kostenverteilung bei der *Bildungsplanung* und der *wissenschaftlichen Forschung* können Bund und Länder Vereinbarungen zur Erfüllung überregionaler Aufgaben treffen (Art. 91b).

IV. *Die bundesunmittelbare Selbstverwaltung*

Bei dieser Verwaltungsform überträgt der Bund Verwaltungsaufgaben auf bundesunmittelbare Körperschaften. Hiervon ist bes. auf dem Gebiet der Sozialversicherung Gebrauch gemacht worden.

Die Träger der *Sozialversicherung* werden nach Art. 87 Abs. 2 GG als *bundesunmittelbare Körperschaften* des öffentlichen Rechts geführt, soweit sich ihre Zuständigkeit über das Gebiet eines Landes hinaus erstreckt, z. B. BAnstalt für Arbeit, Bundesversicherungsanstalt für Angestellte. Art. 87 Abs. 2 S. 2 GG sieht eine Ausnahme dann vor, wenn sich der Zuständigkeitsbereich nicht über mehr als drei Länder hinaus erstreckt. Das durch Ges. vom 9. 5. 1956 (BGBl. I 415) errichtete *Bundesversicherungsamt* führt die Aufsicht über die *Sozialversicherungsträger*. Vgl. 100, 146, 653.

108

Die Bundesregierung erläßt die allg. Verwaltungsvorschriften und regelt die Einrichtung der Behörden.

Über die *Bundesbank* vgl. 863.

57. Kompetenzen auf dem Gebiet der Rechtsprechung

Die *Rechtsprechung* ist ein Teil staatlicher Gewalt; sie ist die wichtigste Aufgabe der *Justiz,* der aber auch Verwaltungsaufgaben obliegen. Die Rspr. umfaßt im Bereich der sog. *ordentlichen Gerichtsbarkeit* die Zivilgerichtsbarkeit, die Strafgerichtsbarkeit und die nichtstreitige oder sog. freiwillige Gerichtsbarkeit (z. B. Grundbuch-, Register-, Vormundschafts-, Erbschaftssachen). Zur sog. *besonderen Gerichtsbarkeit* gehören insbes. die allgemeine Verwaltungsgerichtsbarkeit, die Finanzgerichtsbarkeit, die Arbeitsgerichtsbarkeit und die Sozialgerichtsbarkeit.

Grundsätzlich ist die Rspr. Sache der *Länder.* Diese üben sie in der ordentlichen Gerichtsbarkeit durch die Amts-, Land- und Oberlandesgerichte aus (vgl. 205). Wegen der übrigen Gerichtszweige vgl. die Übersicht 204.

Als *Bundesgerichte* sind im GG vorgesehen:

a) das *Bundesverfassungsgericht* für Verfassungsstreitigkeiten in bezug auf das GG (Art. 93, 94; vgl. 72);

b) *Oberste Gerichtshöfe* als höchstrichterliche Instanzen auf den Gebieten der ordentlichen Gerichtsbarkeit (Zivil- und Strafgerichtsbarkeit), der Verwaltungs-, Finanz-, Arbeits- und Sozialgerichtsbarkeit (Art. 95).

Zur Wahrung der Einheitlichkeit der Rechtsprechung dieser Gerichte ist an Stelle des ursprünglich vorgesehenen *Obersten Bundesgerichts* ein *Gemeinsamer Senat* eingerichtet worden (Art. 95 Abs. 3; vgl. 71 III).

Zugelassen sind:

c) ein Bundesgericht für Angelegenheiten des *gewerblichen Rechtsschutzes* (Art. 96 Abs. 1); diese Zuständigkeit ist dem Bundespatentgericht zugewiesen;

d) Wehrstrafgerichte, vor allem für den Verteidigungsfall (Art. 96 Abs. 2);

e) Bundesdiziplinargerichte und Bundesdienstgerichte für Disziplinarverfahren gegen Bundesbeamte (-richter) bzw. gegen Soldaten (Art. 96 Abs. 4).

Das GG stellt im IX. Abschnitt für alle Gerichtszweige des Bundes und der Länder allgemeine Grundsätze über die *Stellung der Richter* und die *Ausübung der Rechtspflege* auf: Unabhängigkeit der Richter (Art. 97), Verbot von Ausnahmegerichten (Art. 101 Abs. 1 S. 1), Anspruch auf Entscheidung durch den gesetzlich vorgesehenen Richter

(Art. 101 Abs. 1 S. 2), Anspruch auf rechtliches Gehör vor Gericht (Art. 103 Abs. 1), Anspruch auf richterliche Entscheidung über Freiheitsentziehung (Art. 104 Abs. 2).

Über Verfahrensgrundsätze der Rechtsprechung vgl. 70. Gegen Mißbrauch richterlicher Gewalt schützt die in Art. 98 zugelassene Richteranklage.

III. Die Obersten Bundesorgane und Bundesbehörden

58. Überblick über die Obersten Bundesorgane

Das GG folgt in der Organisation der Obersten Bundesorgane weitgehend der WVerf., nimmt aber die schlechten Erfahrungen der Jahre 1918 bis 1933 zum Anlaß, Sicherungen gegen eine mögliche Funktionsunfähigkeit einzubauen. Die staatlichen Befugnisse sind auf die höchsten Organe so verteilt, daß sie sich in etwa das *Gleichgewicht* halten, um eine Machtzusammenballung zu vermeiden und mißbräuchliche Anwendung der staatlichen Gewalt auszuschließen.

Die höchsten Organe des Bundes sind, nach der Einteilung des GG geordnet:

I. *Der Bundestag.*

Er ist als Vertretung des Deutschen Volkes das höchste, in der Gesetzgebung letztlich entscheidende Bundesorgan.

Seine Rechte sind gegenüber denen des *Reichstags* der Weimarer Republik etwas eingeschränkt, weil Bundesrat und Bundesregierung stärkere Rechte haben als früher Reichsrat und Reichsregierung.

II. *Der Bundesrat*

als Vertretung der Länder. Er wirkt mit bei der Gesetzgebung und bei der Verwaltung des Bundes.

Seine Stellung ist bedeutender als die des *Reichsrats* der WVerf. Wie dieser verkörpert er das *föderative Element* und gewährleistet den Einfluß der *Länder* auf den Bund als Gegengewicht zum Bundestag.

III. *Der Bundespräsident.*

Er nimmt die Befugnisse wahr, welche i. d. R. einem Staatsoberhaupt zukommen.

Die Stellung des *Reichspräsidenten* der WVerf. war erheblich stärker. Dieser hatte das Recht der Ausnahmegesetzgebung *(Notverordnungen).*

IV. *Die Bundesregierung.*

Sie übt die vollziehende Gewalt aus, soweit diese nicht dem Bundespräsidenten oder dem Bundesrat vorbehalten ist.

Während die frühere Reichsregierung durch ein *Mißtrauensvotum* (Art. 54 WVerf.) ausgeschaltet werden konnte, ist dies heute erschwert *(konstruktives Mißtrauensvotum* – Art. 67, 68 GG –; vgl. 62 II 2). Zwar konnte auch früher ein Mißtrauensvotum nur mit absoluter Stimmenmehrheit beschlossen werden. Es war aber möglich, daß eine Gruppe (z. B. des linken Flügels) dem von einer anderen Gruppe (z. B. des rechten Flügels) gestellten Mißtrauensantrag zustimmte und dadurch die Regierung stürzte, ohne daß eine andere Regierung eine Mehrheit fand.

Durch das *Bannmeilengesetz* vom 6. 8. 1955 (BGBl. I 504) sind Bezirke der Städte Bonn und Beuel zum befriedeten *Bannkreis* für die Gesetzgebungsorgane des Bundes erklärt worden. In diesem sind öffentliche Versammlungen und Aufzüge verboten (§ 16 VersammlungsG; vgl. 47 V).

59. Der Bundestag

Übersicht:

I. Staatsrechtliche Stellung des BT	IV. Die Abgeordneten des BT
II. Zusammensetzung und Wahl des BT	V. Die Verhandlungen des BT
III. Innere Organisation des BT	VI. Die Befugnisse des BT
	VII. Auflösung des BT

I. *Staatsrechtliche Stellung des Bundestages*

Der *Bundestag* (BT) ist die Volksvertretung der BRep. und als maßgebliches Gesetzgebungsgremium ihr wichtigstes Organ. Er *repräsentiert das deutsche Volk* bei Ausübung der Staatshoheit (Repräsentativsystem; vgl. 4 II 3, 44 I). Der BT ist das einzige *Vertretungsorgan* bei der Gesetzgebung, ist darin aber in bestimmtem Umfang durch die vorgeschriebene Mitwirkung des Bundesrates beschränkt, dessen Zustimmung bei wichtigen Gesetzen erforderlich ist (insbesondere bei verfassungsändernden und föderativen, sog. Zustimmungsgesetzen) und der im übrigen ein Einspruchsrecht hat (*modifiziertes Einkammersystem;* vgl. 60).

Ein echtes *Zweikammersystem* besteht z. B. in den USA (Kongreß = Repräsentantenhaus und Senat) und der Schweiz (Nationalrat und Ständerat). Dort sind beide Kammern voneinander unabhängig; zum Zustandekommen eines Gesetzes ist ein übereinstimmender Beschluß beider Kammern erforderlich. In Großbritannien besteht ein modifiziertes System, weil das Unterhaus eine stärkere Stellung hat als das Oberhaus.

Es besteht eine *Vermutung der Zuständigkeit* des BT. Er ist für alle Aufgaben der Bundesstaatsgewalt zuständig, welche nicht anderen Bundesorganen (Bundesrat, Bundespräsident, Bundesregierung) übertragen sind.

II. *Zusammensetzung und Wahl des Bundestages*

Der BT besteht aus Abgeordneten des deutschen Volkes, die nach Art. 38 Abs. 1 in allgemeiner, unmittelbarer, freier, gleicher und geheimer Wahl gewählt werden. Der BT wird auf 4 Jahre gewählt (Art. 39 Abs. 1). Im GG ist nicht festgelegt, ob Mehrheitswahl oder Verhältniswahl stattfindet. Vielmehr behält Art. 38 Abs. 3 diese Regelung einem Bundesgesetz vor.

1. Wahlsystem

Für das *Wahlsystem* ist das *Bundeswahlgesetz* i. d. F. vom 23. 7. 1993 (BGBl. I 1289) m. spät. Änd. maßgebend. Nach § 1 BWahlG werden die 656 Abgeordneten des BT nach den Grundsätzen einer mit der *Personenwahl verbundenen Verhältniswahl* gewählt, und zwar je 328 nach Kreiswahlvorschlägen in den Wahlkreisen und nach Landeswahlvorschlägen (Landeslisten). Ab dem Jahr 2002 soll der Bundestag nur noch 598 Abgeordnete haben, die Zahl der Wahlkreise wird auf 299 verringert.

Am 2. 12. 1990 wurde zum ersten Mal seit dem Ende des 2. Weltkriegs wieder ein gesamtdeutsches Parlament gewählt. Die rechtliche Grundlage für diese gemeinsame Wahl auf den Gebieten der BRep. und der ehemaligen DDR bildete der *„Vertrag zur Vorbereitung und Durchführung der ersten gesamtdeutschen Wahl des Deutschen Bundestages zwischen der Bundesrepublik Deutschland und der Deutschen Demokratischen Republik"*, der sog. Wahlvertrag (s. BGes. vom 29. 8. 1990, BGBl. II 813).

Die Wahl findet nach einer *Wahlkreiseinteilung* statt. Jeder Wähler hat zwei Stimmen: eine *Erststimme* im Wahlkreis und eine *Zweitstimme* für die Wahl nach einer Landesliste. In jedem Wahlkreis wird ein Abg. gewählt. Gewählt ist der Bewerber, der die meisten Stimmen auf sich vereinigt (relative Mehrheit). Bei Stimmengleichheit entscheidet das vom Kreiswahlleiter zu ziehende Los. Für die Wahl nach *Landeslisten* werden für jede Partei die im Lande für sie abgegebenen Zweitstimmen zusammengezählt. Dabei werden die Zweitstimmen der Wähler, die für einen im Wahlkreis erfolgreichen parteilosen Bewerber gestimmt haben, nicht berücksichtigt. Von der Gesamtzahl der im Lande zu wählenden Abg. werden die von den parteilosen Bewerbern in den Wahlkreisen errungenen Sitze abgezogen. Die verbleibenden Sitze wurden früher auf die Parteien im Verhältnis ihrer Zweitstimmen nach dem *Höchstzahlverfahren d'Hondt* verteilt (Teilung der auf jede Liste entfallenden Stimmen durch 1, 2, 3 usw.; Verteilung der Sitze nach den Höchstzahlen). Durch Änderung des Bundeswahlges. vom 8. 3. 1985 (BGBl. I 521) wurde das d'Hondtsche System durch das *Berechnungssystem Hare-Niemeyer* ersetzt. Nach diesem System wird die Gesamtzahl der Abgeordnetensitze mit der Stimmenzahl der einzelnen Partei multipliziert und das Produkt durch die Gesamtzahl der Stimmen aller in den BT gewählten Parteien geteilt; jede Partei erhält sodann so viele Sitze, wie ganze Zahlen sich aus dieser Proportion ergeben. Verbleibende Sitze werden in der Reihenfolge der höchsten Zahlenbruchteile vergeben. Von der für jede Partei ermittelten Abgeordnetenzahl wird die Zahl der von ihr in den Wahlkreisen (direkt) errungenen Sitze abgezogen. Die ihr dann noch zustehenden Sitze werden aus ihrer Landesliste in der dort festgelegten Reihenfolge besetzt. In einem Wahlkreis gewählte Bewerber bleiben auf der Landesliste unberücksichtigt. Entfallen auf eine Landesliste mehr Sitze, als Bewerber benannt sind, so bleiben diese Sitze unbesetzt. In den Wahlkreisen errungene Sitze verbleiben einer Partei auch dann, wenn sie die ihr nach dem Verhältniswahlrecht zustehende Mandatzahl übersteigen (sog. *Überhangmandate)*. In einem solchen Fall erhöht sich die Gesamtzahl der Sitze um die

Unterschiedszahl. Bei der BT-Wahl 1994 erhielt die CDU insgesamt 12 Überhangmandate, was nach Auffassung von Teilen der Opposition zu einer Verzerrung des Wählerwillens führt, da hierdurch die CDU in der Gesamtschau wesentlich weniger Stimmen pro Abgeordnetenmandat erringen mußte als die anderen Parteien und für diese ein Ausgleich (sog. *Ausgleichsmandate*) im Wahlgesetz nicht vorgesehen ist. Bei Verteilung der Sitze auf die Landeslisten werden nur Parteien berücksichtigt, die mindestens 5 v. H. der im Bundesgebiet abgegebenen gültigen Zweitstimmen erhalten oder in mindestens drei Wahlkreisen einen Sitz errungen haben (Ausnahme für nationale Minderheiten). Das Bundesverfassungsgericht hat in seiner Entscheidung vom 10. 4. 1997 sowohl das System der Überhangmandate als auch die „Dreier-Klausel" für verfassungskonform erklärt (Az: 2 BvF 1/95, 2 BvC 3/96). Mehrere Landeslisten derselben Partei können miteinander verbunden werden und gelten dann bei der Sitzverteilung im Verhältnis zu den übrigen Listen als eine Liste; auch hier Verteilung nach dem System Niemeyer (§§ 1–7 BWahlG).

Einzelheiten des Wahlverfahrens, insbes. Wahlorgane, Vorbereitung der Wahl, Wahlhandlung sowie Ermittlung und Feststellung des Wahlergebnisses, regelt die *Bundeswahlordnung* i. d. F. vom 8. 3. 1994 (BGBl. I 495).

Zusammensetzung des Deutschen Bundestages

1. BT 1949–1953 **402 Abg.**

CDU/CSU	SPD	FDP	DP	BP	ZP	Sonst.*
139	131	52	17	17	10	36

* KPD 15, Wirtschaftliche Aufbauvereinigung 12, Deutsche Konservative Partei und Deutsche Reichspartei 5, sonst. 4

2. BT 1953–1957 **487 Abg.**

CDU/CSU	SPD	FDP	BHE	DP	ZP
244	151	48	27	15	2

3. BT 1957–1961 **497 Abg.**

CDU/CSU	SPD	FDP	DP
270	169	41	17

4. BT 1961–1965 **499 Abg.**

CDU/CSU	SPD	FDP
242	190	67

5. BT 1965–1969 **496 Abg.**

CDU/CSU	SPD	FDP
245	202	49

6. BT 1969–1972 **496 Abg.**

CDU/CSU	SPD	FDP
242	224	30
(1972: 248)	(222)	(26)

7. BT 1972–1976 **496 Abg.**

CDU/CSU	SPD	FDP
225	230	41

8. BT 1976–1980 **496 Abg.**

CDU/CSU	SPD	FDP
243	214	39

9. BT 1980–1983 **497 Abg.**

CDU/CSU	SPD	FDP
226	218	53

10. BT 1983–1987 **498 Abg.**

CDU/CSU	SPD	FDP	DIE GRÜNEN
244	193	34	27

11. BT 1987–1990 **497 Abg.**

CDU/CSU	SPD	FDP	DIE GRÜNEN
223	186	46	42

12. BT 1990–1994 **662 Abg.**

CDU/CSU	SPD	FDP	PDS/Linke Liste	Bündnis 90/Grüne
319	239	79	17	8

13. BT 1994–1998 **672 Abg.**

CDU/CSU	SPD	Bündnis 90/Grüne	FDP	PDS
294	252	49	47	30

(zu 2.–11.: Hinzuzurechnen sind 22 seinerzeit nicht voll stimmberechtigte Vertreter des Landes Berlin).

2. Wahlberechtigung

a. *Aktiv wahlberechtigt* ist, d.h. wählen kann jeder deutsche Staatsbürger, welcher das 18. Lebensjahr vollendet und seit mindestens 3 Monaten vor dem Wahltag Wohnsitz oder dauernden Aufenthalt im Bundesgebiet hat. Auch Deutsche, die außerhalb der Bundesrepublik Deutschland leben, haben unter gewissen Voraussetzungen (§ 12 Abs. 2 BWahlG) das aktive Wahlrecht.

Ausgeschlossen von der Wahlberechtigung ist derjenige, für den zur Besorgung aller seiner Angelegenheiten ein Betreuer nicht nur durch einstweilige Anordnung bestellt ist und derjenige, der infolge Richterspruchs (z. B. Strafurteil) das Wahlrecht nicht besitzt. Das gleiche gilt für Personen, die wegen einer im Zustand der Schuldunfähigkeit begangenen Straftat in einem psychiatrischen Krankenhaus untergebracht sind, dagegen nicht für Untersuchungs- und Strafgefangene (§§ 12, 13 BWahlG).

b. *Passives Wahlrecht* (Wählbarkeit) besitzt, d.h. wählbar ist jeder aktiv Wahlberechtigte, der am Wahltag das 18. Lebensjahr vollendet hat und seit mindestens einem Jahr die deutsche Staatsangehörigkeit besitzt (Ausschlußgründe entsprechend a); § 15 BWahlG).

Nach Art. 137 Abs. 1 GG kann die *Wählbarkeit* von *Beamten,* Angestellten des öffentlichen Dienstes, Berufssoldaten, Soldaten auf Zeit und Richtern in Bund, Ländern und Gemeinden gesetzlich beschränkt werden. Nach §§ 5, 6 des AbgeordnetenG (dazu im einzelnen unten IV) ruht das Dienstverhältnis der in den BT gewählten Beamten und Richter vom Tage der Wahlannahme ab (ohne Bezüge) bis 6 Monate nach Beendigung des Mandats. Sie haben aber Anspruch auf Wiedereinstellung nach Beendigung der BT-Mitgliedschaft; auch wird die Mitgliedschaftszeit als Dienstzeit angerechnet. Diese Regelung soll eine Vereinigung legislativer und exekutiver bzw. richterlicher Gewalt verhindern (*Inkompatibilität,* vgl. 61 III). Sie gilt nicht für Bundeskanzler und Bundesminister sowie Mitglieder der Landesregierungen; sie sind nicht Beamte i. e. S. und dürfen dem Bundestag (Bundeskanzler und Bundesminister aber nicht dem Bundesrat) angehören.

3. Die *Wahlkreise*

sind den Land- und Stadtkreisen angepaßt und in *Wahlbezirke* eingeteilt. Die Gemeinden führen ein *Wählerverzeichnis (Wählerliste* oder *Wahlkartei);* die Eintragung ist Voraussetzung für die Wahlrechtsausübung. Wähler, die den für sie bestimmten Wahlraum wegen Ortsabwesenheit, aus beruflichen, gesundheitlichen oder sonstigen wichtigen Gründen zur Stimmabgabe nicht aufsuchen können, erhalten auf Antrag einen *Wahlschein* und können an der Wahl durch Stimmabgabe in einem beliebigen Wahlbezirk dieses Wahlkreises oder durch Briefwahl teilnehmen (§§ 25ff. BWahlO, § 36 BWahlG). Das Wahlrecht darf aber nur einmal und nur persönlich ausgeübt werden (§ 14 Abs. 4 BWahlG).

Wahlvorschläge können von Parteien vorgelegt werden, die im Bundestag oder in einem Landtag seit deren letzter Wahl ununterbrochen mit mindestens 5 Abgeordneten vertreten waren; von anderen Parteien, wenn sie ihre Beteiligung an der Wahl angezeigt haben und der Bundeswahlausschuß ihre Parteieigenschaft festgestellt hat. Im letzteren Fall müssen Kreiswahlvorschläge außerdem von mindestens 200 Wahlberechtigten persönlich und handschriftlich unterzeichnet sein; das gilt auch für andere Kreiswahlvorschläge. Bei Landeslisten neuer Parteien ist Unterschrift von 1 vom Tausend der Wahlberechtigten des Landes bei der letzten BT-Wahl, höchstens jedoch 2000 Wahlberechtigten erforderlich (§§ 18, 20, 27 BWahlG).

Die *Wahlhandlung* ist öffentlich. Gewählt wird mit *Stimmzetteln,* auf denen der Wähler den Vorschlag ankreuzt, für den er stimmt. Die *Wahlprüfung* ist Sache des BT. Er entscheidet auch, ob ein Abg. die Mitgliedschaft verloren hat. Gegen seine Entscheidung Beschwerde an das BVerfG (Art. 41 Abs. 2 GG). Das Wahlprüfungsverfahren regelt das BGes. vom 12. 3. 1951 (BGBl. I 166) m. Änd. zuletzt vom 28. 4. 1995 (BGBl. I 582).

4. Die *Wahlperiode (Legislaturperiode)*

beginnt mit dem ersten Zusammentritt des BT und endet mit dem Zusammentritt eines neuen BT (Art. 39 GG).

III. *Innere Organisation des Bundestages*

Der BT wählt seinen Präsidenten, dessen 4 Stellvertreter und die Schriftführer. Er gibt sich eine *Geschäftsordnung* (i. d. F. vom 2. 7. 1980, BGBl. I 1237, m. letzter Änd. durch Bekanntmachung vom 30. 9. 1995 (BGBl. I 1246).

Der Präsident des BT übt das *Hausrecht* und die *Polizeigewalt* im Gebäude des BT aus. Ohne seine Genehmigung darf in den Räumen des BT keine Durchsuchung oder Beschlagnahme stattfinden (Art. 40 GG).

Bisher waren Präsident des BT: Dr. Erich Köhler (CDU), Dr. Hermann Ehlers (CDU), Dr. Eugen Gerstenmaier (CDU), Kai-Uwe von Hassel (CDU), Annemarie Renger (SPD), Prof. Dr. Karl Carstens (CDU), Richard Stücklen (CSU), Dr. Rainer Barzel (CDU), Dr. Philipp Jenninger (CDU). Z. Z. amtiert Prof. Dr. Rita Süssmuth (CDU).

Organe des BT sind der Präsident, das Präsidium, der Ältestenrat und die Ausschüsse. Der *Präsident* ist Vorsitzer des BT, steht an der Spitze seiner Verwaltung, wahrt die Rechte des BT und vertritt ihn nach außen. Er wird für die Dauer der Wahlperiode gewählt und leitet die Plenarsitzungen. Verletzt ein Abg. die parlamentarische Ordnung, so kann der Präsident eine Rüge oder einen Ordnungsruf erteilen, auch das Wort entziehen und den Abg. von den Verhandlungen des BT bis zu 30 Sitzungstagen ausschließen. Der *Ältestenrat* des BT ist Bindeglied zwischen dem Präsidenten und dem Plenum. Er besteht aus dem Präsidenten, seinen Stellvertretern und 23 von den Fraktionen benannten Mitgliedern. Er unterstützt den Präsidenten bei der Führung der Geschäfte und vermittelt eine Verständigung zwischen den Fraktionen über den Arbeitsplan des BT. Er entwirft ferner den Haushaltsplan des BT, verfügt über die Verwendung der Räume und beschließt über sonstige innere Angelegenheiten des BT. Das *Präsidium* des BT besteht aus dem Präsidenten und seinen Stellvertretern. Die *Schriftführer* beurkunden die Verhandlungen, sammeln und zählen die Stimmen und unterstützen den Präsidenten bei den Sitzungen. Die *Ausschüsse* sind kleine Beratungskörper zur Vorbereitung der Plenarsitzungen, insbes. Vorberatung der zu beschließenden Gesetze. Sie werden für bestimmte Aufgaben und für die ganze Wahlperiode eingerichtet, als Sonderausschüsse auch für Einzelangelegenheiten. Ein *Vermittlungsausschuß* ist für gemeinsame Beratung von Gesetzen zwischen Bundesrat und BT vorgesehen (Art. 77 Abs. 2; vgl. Gesetzgebung 64, 65). Nach Art. 44 kann der BT und muß er auf Antrag eines Viertels seiner Mitglieder einen *Untersuchungsausschuß* einsetzen, der Zeugen und Sachverständige vernehmen und sonstige Ermittlungen durch Gerichte und Verwaltungsbehörden vornehmen lassen kann. Z. Z. bestehen 22 Ausschüsse, von denen die meisten die den Bundesministerien (vgl. 93ff.) entsprechenden Fachbezeichnungen tragen, also „Auswärtiger Ausschuß", „Innenausschuß", „Finanzausschuß" usw.; außerdem je ein Ausschuß für Wahlprüfung, Inneres und Geschäftsordnung, für Haushalt, für Sport und ein Petitionsausschuß. Art. 45a hat den *Ausschuß für auswärtige Angelegenheiten* und den *Verteidigungsausschuß*, Art. 45c den *Petitionsausschuß* (s. u. VI 2d) zu verfassungsrechtlich vorgeschriebenen Institutionen erhoben.

Nach Art. 45 bestellt der BT einen Ausschuß für die Angelegenheiten der Europäischen Union (s. 916 I 1). Er kann diesen Ausschuß ermächtigen, die Rechte des BT gem. Art. 23 gegenüber der BReg. wahrzunehmen.

IV. Die *Abgeordneten des BT*

sind Vertreter des ganzen Volkes; sie sind an Aufträge und Weisungen nicht gebunden und nur ihrem Gewissen unterworfen (Art. 38 Abs. 1 S. 2 GG). Ausschluß oder Austritt aus einer Partei ist daher ohne Einfluß auf die Abgeordneteneigenschaft. Daher ist ein förmlicher *Fraktionszwang* verfassungswidrig; zulässig ist aber, eine Fraktionsdisziplin einzuhalten, wenn dem Abg. die endgültige Entscheidungsfreiheit verbleibt. Über die sog. „Ehrenordnung" (Verhaltensregeln; Anzeigepflichten bez. beruflicher oder entgeltlicher Tätigkeiten) und die Geheimschutzordnung s. Anl. 1 u. 3 zur GeschO des BT.

Die Weisungs- und Gewissensfreiheit verbietet eine Bindung des Abg. durch ein Angestelltenverhältnis, einen Beratervertrag oder eine andere mit Zuwendungen verbundene Beziehung, mit der die Erwartung einer bestimmten Interessenvertretung verknüpft ist (BVerfGE 40, 296). Die *Verhaltensregeln* für Mitglieder des BT (s. Anl. 1 zur GeschOBT) sehen daher für Abg. Anzeigepflichten über Art und Umfang ihrer wirtschaftlichen Betätigung vor. S. hierzu auch die Ausführungsbestimmungen zu den Verhaltensregeln für Mitglieder des BT vom 26. 6. 1987 (BGBl. I 1758).

Nach Art. 46 GG darf ein Abg. zu keiner Zeit wegen seiner Abstimmung oder wegen einer im BT oder in einem Ausschuß getanen Äußerung gerichtlich oder dienstlich verfolgt oder sonst außerhalb des BT zur Verantwortung gezogen werden. Diese *Indemnität* (Verantwortungsfreiheit) deckt nicht Privatgespräche und verleumderische Beleidigungen. Wegen einer mit Strafe bedrohten Handlung darf ein Abg. nur mit Genehmigung des BT zur Verantwortung gezogen oder verhaftet werden *(Immunität)*, außer wenn er bei Begehung der Tat oder im Laufe des folgenden Tages festgenommen wird.

Die Rechtsstellung der Abg. hat sich grundlegend verändert, nachdem das BVerfG im sog. „Diätenurteil" vom 5. 11. 1975 (NJW 1975, 2331) festgestellt hat, daß die Abg. eine Hauptbeschäftigung ausüben, für die sie eine der Bedeutung ihres Amtes angemessene Alimentation aus der Staatskasse verlangen können. Diese ist (außer den echten Aufwendungen für die Tätigkeit) nicht mehr steuerfrei. Auch darf ein zum Abg. gewählter Beamter nicht mehr Ruhegehalt beziehen.

Demgemäß begreift das *BT-Abgeordnetengesetz – AbgG* – i. d. F. vom 21. 2. 1996 (BGBl. I 326) m. spät. Änd. die Tätigkeit des Abg. als *Amt*; ergänzend gilt Beamtenrecht. Das Ges. sichert die persönliche Rechtsstellung des Abg., um die Ausübung eines *freien Mandats* zu gewährleisten. Es verbietet, die Bewerbung um ein Mandat, dessen Annahme und Ausübung – insbes. am Arbeitsplatz – zu behindern, und erklärt *Kündigung* (Entlassung) wegen Annahme oder Ausübung des Mandats bis 1 Jahr nach Mandatsende für unzulässig (Ausnahme: wichtiger Grund). Ein *öffentl.-rechtliches Dienstverhältnis* ruht ab Mandatsannahme (ohne Bezüge) bis 6 Monate nach dessen Ende; es besteht Anspruch auf Wiedereinstellung. Die Mandatszeit ist auf öffentliche und private Dienst(Berufs)zeiten anzurechnen. (§§ 2, 5–7 AbgG).

Die Abg. erhalten eine monatliche *Entschädigung* sowie eine sog. *Amtsausstattung* als Aufwandsentschädigung, insbes. eine Kostenpauschale und Kostenersatz für die Beschäftigung von Mitarbeitern, ferner je nach Dauer der Zugehö-

117

rigkeit zum BT abgestufte Versorgungsbezüge. Sie haben das Recht freier Benutzung aller Verkehrsmittel der Eisenbahnen des Bundes. Kosten für Inlandflüge und Schlafwagenbenutzung werden gegen Nachweis erstattet (§§ 11, 12, 16, 19ff. AbgG).

Die monatliche Entschädigung beträgt ab 1. Juli 1997 11825 DM und ab 1. Januar 1999 12875 DM. Ab diesem Zeitpunkt orientiert sich die monatliche *Abgeordnetenentschädigung* an einem Zwölftel der Jahresbezüge eines Richters bei einem Obersten Gerichtshof des Bundes (Besoldungsgruppe R 6). Das hierfür erforderliche Anpassungsverfahren ist in § 30 AbgG geregelt (§ 11 AbgG). Die *Kostenpauschale* wird ausgehend von einem Betrag von 5978 DM jeweils zum 1. Januar eines jeden Jahres der Entwicklung der allgemeinen Lebenshaltungsausgaben aller privaten Haushalte im vorvergangenen Kalenderjahr angepaßt. Sie beträgt derzeit (Mai 1997) DM 6251.–. Der Präs. und die Vizepräs. erhalten zusätzliche Bezüge. Einem (nicht beurlaubten) Abg., der an einer namentlichen Abstimmung oder Wahl mit Namensaufruf nicht teilnimmt, werden von der Kostenpauschale 75 DM abgezogen, bei Nichteintragung in die täglich ausgelegte Anwesenheitsliste 90 DM (bei Plenarsitzungen 150 DM). Nicht wiedergewählte Abg. erhalten, wenn sie dem BT mindestens ein Jahr angehört haben, ein *Übergangsgeld* in Höhe einer Monatsentschädigung, bei längerer Zugehörigkeit weitere Monatszahlungen für je 1 Mitgliedschaftsjahr. Beim Tod eines Abg. wird den nächsten Angehörigen *Sterbegeld* (2-fache Monatsentschädigung) gezahlt. Eine *Altersentschädigung* erhalten Abg. nach Ausscheiden aus dem BT, wenn sie das 65. Lebensjahr vollendet und dem BT 8 Jahre angehört haben. Mit jedem weiteren Jahr bis zum 18. Jahr der Mitgliedschaft im BT entsteht der Anspruch ein Lebensjahr früher. Die Höhe der Altersentschädigung bemißt sich nach der monatlichen Abgeordnetenentschädigung. Der Steigerungssatz beträgt für jedes Jahr bis zum 23. Jahr der Mitgliedschaft je drei v. H. der Abgeordnetenentschädigung. Frühere Zugehörigkeit zu einem Landesparlament ist anrechnungsfähig. Der überlebende Ehegatte erhält 60 v. H. der Altersentschädigung, Vollwaisen beziehen 20 v. H., Halbwaisen 12 v. H.

Die §§ 45–54 AbgG regeln die Rechtsstellung der *Fraktionen.* Sie sind rechtsfähige Vereinigungen von Abgeordneten des BT und wirken an der Erfüllung der Aufgaben des BT mit. Sie haben Anspruch auf Geld- und Sachleistungen aus dem Bundeshaushalt. Die Geldleistungen setzen sich aus einem Grundbetrag für jede Fraktion, aus einem Betrag für jedes Mitglied und einem weiteren (Oppositions-)Zuschlag für jede Fraktion, die nicht in der Regierung vertreten ist, zusammen. Die Höhe der Beträge bestimmt der BT. Die Fraktionen haben über Herkunft und Verwendung der Mittel öffentlich Rechnung zu legen.

V. *Die Verhandlungen des Bundestages*

Der BT bestimmt den Schluß und den Wiederbeginn seiner *Sitzungen* selbst (sog. *Selbstversammlungsrecht*). Er kann von seinem *Präsidenten* jederzeit einberufen werden. Der Präsident ist zur Einberufung verpflichtet, wenn ein Drittel der Abg. oder der Bundespräsident oder der Bundeskanzler es verlangt (Art. 39 Abs. 3 GG).

Es gibt also keine *Sitzungsperioden*. Der BT tagt gewissermaßen *in Permanenz*. Er muß spätestens am 30. Tag nach der Wahl zusammentreten (Art. 39 Abs. 2 GG). Keine Bindung an einen bestimmten Tag. Vertagung je nach der Geschäftslage.

Der BT verhandelt grundsätzlich öffentlich. Die *Öffentlichkeit* kann jedoch auf Antrag eines Zehntels der Mitglieder des BT oder auf Antrag der Bundesregierung ausgeschlossen werden, wenn sich eine Zweidrittelmehrheit der abgegebenen Stimmen für den Antrag ergibt. Die *Beschlußfassung* erfolgt im allgemeinen, soweit nicht im GG anders bestimmt, mit *einfacher* Mehrheit (Art. 42 Abs. 1, 2 GG). Der BT ist *beschlußfähig,* wenn mehr als die Hälfte seiner Mitglieder anwesend ist (§ 45 GeschO).

Bei *Stimmengleichheit* gilt ein Antrag als abgelehnt.

Die *Geschäftsordnung des BT* (§§ 48ff.) kennt folgende Abstimmungsarten:

a) einfache Abstimmung (durch Aufstehen, Sitzenbleiben, Handerheben),

b) „Hammelsprung" (Durchschreiten der Ja-Tür, der Nein-Tür oder der Stimmenthaltungs-Tür),

c) namentliche Abstimmung (außer bei gewissen Entscheidungen zum Verfahren) und

d) Wahlen mit verdeckten Stimmzetteln (geheime Abstimmung).

Nach der Entsch. des BVerfG vom 14. 7. 1959 (BVerfGE 10, 4) gehört das Recht des Abg., im BT das Wort zu ergreifen, zu seinem verfassungsrechtlichen Status; er kann sein *Stimmrecht* frei ausüben und im Plenum des BT von seinem *Rederecht* selbständig Gebrauch machen. Die Ausübung dieses Rechts unterliegt aber den vom Parlament kraft seiner *Autonomie* gesetzten Schranken (z. B. zeitweiliger Ausschluß eines Abg. von der Teilnahme an Sitzungen, Wortentziehung nach dem dritten Ordnungsruf, Festsetzung der Tagesordnung, Vertagung, Schließung der Beratung). Durch die Regelung der Redezeit (§ 35 GeschO: grundsätzlich 15 Min., auf Verlangen einer Fraktion bis 45 Min.) wird der durch Art. 38 GG gewährleistete Abgeordnetenstatus nicht verletzt. Die *Redebefugnis der Regierungsmitglieder* und der Mitglieder des *Bundesrates* nach Art. 43 Abs. 2 GG kann durch den BT nicht beschränkt werden; sie findet ihre Grenze im Mißbrauchsverbot.

Wie nach der WVerf. verlangt ein einfacher Beschluß die Mehrheit der abgegebenen Stimmen (*einfache* oder *relative Mehrheit;* Art. 42 Abs. 2). Dies gilt jedoch nur, soweit das GG nichts anderes bestimmt. Für bestimmte Beschlüsse ist nach dem GG eine *verstärkte (qualifizierte) Mehrheit* oder die *Mehrheit der Mitglieder (absolute* Stimmenmehrheit) erforderlich, wie folgender Überblick zeigt:

a) *Zweidrittelmehrheit* (der *abgegebenen Stimmen*) ist erforderlich
nach Art. 42 Abs. 1 für Ausschluß der Öffentlichkeit,
nach Art. 77 Abs. 4 für Zurückweisung eines mit Zweidrittelmehrheit des Bundesrates beschlossenen Einspruchs,
nach Art. 80a Abs. 1 für die Feststellung, daß der Spannungsfall, und
nach Art. 115a Abs. 1, daß der Verteidigungsfall eingetreten ist (vgl. 67).
In den Fällen der Art. 77 und 115a muß hinzutreten, daß die *Mehrheit der gesetzlichen Mitgliederzahl* zugestimmt hat.

b) Eine *besondere Zweidrittelmehrheit,* nämlich zwei Drittel der *gesetzlichen Mitgliederzahl* des BT (bei Änd. des GG auch zwei Drittel des Bundesrates) ist notwendig zu einer Änderung des GG (Art. 79 Abs. 2) und zum Beschluß einer Anklage gegen den Bundespräsidenten (Art. 61).

c) *Mehrheit der Mitglieder,* d.h. der gesetzlichen Mitgliederzahl des BT (Art. 121), verlangen Art. 29 Abs. 7 (Verfahrensgesetz zur Änderung von Ländergebieten), die Wahl des Bundeskanzlers, ein Mißtrauensvotum gegen den Bundeskanzler bei gleichzeitiger Wahl eines Nachfolgers, ein Vertrauensvotum für den Bundeskanzler auf seinen Antrag (Art. 63, 67, 68), Zurückweisung eines mit einfacher Mehrheit beschlossenen Einspruchs des Bundesrates (Art. 77 Abs. 4), das Verlangen der Aufhebung von Rechtsvorschriften, die im Spannungsfall (67) auf Grund von Beschlüssen überstaatlicher Organe ergangen sind (Art. 80a Abs. 3), sowie die Einrichtung bundeseigener Mittel- und Unterbehörden für neue Aufgaben (Art. 87 Abs. 3).

Außer bei Beschlüssen spielt die Zustimmung einer *Mindestzahl* von Abg. eine Rolle bei gewissen *Anträgen*. In folgenden Fällen ist die Mehrheit verpflichtet, sich einer *Minderheit zu fügen:*

a) Der BT hat die Pflicht, auf Antrag eines Viertels seiner Mitglieder einen *Untersuchungsausschuß* einzusetzen (Art. 44).

b) Nach Art. 39 Abs. 3 S. 3 ist der BTPräsident verpflichtet, auf Antrag eines Drittels der Mitglieder des BT den BT *einzuberufen*.

c) Nach Art. 93 Abs. 1 Nr. 2 kann ein Drittel der Mitglieder des BT bei Meinungsverschiedenheiten oder Zweifeln über die Vereinbarkeit von Bundes- oder Landesrecht mit dem GG oder von Landesrecht mit sonstigem Bundesrecht das *Bundesverfassungsgericht* anrufen.

Das *Privileg der Berichterstattung (*Art. 42 Abs. 3) entspricht Art. 30 WVerf. Wiedergabe und Verbreitung dessen, was im BT oder in seinen Ausschüssen öffentlich verhandelt worden ist, ist nicht rechtswidrig und von jeder (strafrechtlichen, zivilrechtlichen, disziplinarischen) Verantwortung frei, wenn es sich handelt:

a) um einen *Bericht,* d. h. um die erzählende Darstellung eines historischen Vorgangs in seinem wesentlichen Verlauf, die sachlich (objektiv) gehalten ist – Vermischung mit subjektiven Zutaten (Färbung, Werturteile) nimmt der Darstellung den Charakter des Berichts –, weiter

b) um einen *wahrheitsgetreuen* Bericht, der die Verhandlung richtig (ohne Weglassung wesentlicher Punkte, nicht tendenziös) und vollständig (wenn auch nur einen in sich abgeschlossenen Teil) wiedergibt.

VI. Die *Befugnisse des Bundestags*

erstrecken sich, neben seiner *Autonomie* in der Regelung seiner eigenen Angelegenheiten (s. oben III), auf die Gesetzgebung und die Kontrolle der Bundesregierung.

1. Die Hauptbedeutung des BT liegt auf dem Gebiet der *Gesetzgebung:* Bundesgesetze werden von ihm beschlossen (Art. 77 Abs. 1).

Während nach der Verf. von 1871 die Gesetzgebung Bundesrat und Reichstag gemeinsam zustand, war nach der WVerf. der *Reichstag* alleiniger Gesetzgebungsfaktor (vgl. 16). Nach dem GG steht dem BT die alleinige Gesetzgebung zu; jedoch hat die Vertretung der Länder, der *Bundesrat,* dabei mehr als der *Reichsrat* der WVerf. mitzuwirken (s. o. I u. 60).

Der BT hat das Recht der *Gesetzesinitiative* (wie der Reichstag). Es können *Gesetzesvorschläge* aus der Mitte des Hauses, d. h. von einzelnen oder mehreren Mitgliedern des BT, eingebracht werden. Nach § 76 der Geschäftsordnung des BT ist hierfür eine von einer Fraktion oder von mindestens 5 v. H. der Mitglieder des BT unterzeichnete Vorlage erforderlich.

Der BT beschließt auch über *Gesetze* im nur *formellen* Sinn (völkerrechtliche Verträge, Haushaltsplan, Kreditgewährung, Verteidigungsfall, Friedensschluß; vgl. Art. 59, 110, 115, 115a, l).

2. Kraft seiner *Kontrollrechte* übt der BT Einfluß auf die Führung der Regierungsgeschäfte des Bundes aus. Seine wesentlichen Kontrollrechte sind:

a) Recht auf Anwesenheit der Regierungsmitglieder (Art. 43 Abs. 1);
b) *Interpellationsrecht,* d. h. das Recht auf Beantwortung von Anfragen durch die BReg. (abgeleitet aus Art. 43 Abs. 1);
c) *Enqueterecht* = Einsetzung von Untersuchungsausschüssen (Art. 44);
d) *Petitionsüberweisungsrecht* = Weitergabe von Bitten und Beschwerden an die Bundesregierung und Verlangen von Auskünften. Vgl. 47 X sowie Art. 45c und Ges. über die Befugnisse des *Petitionsausschusses* vom 19. 7. 1975 (BGBl. I 1921);
e) Genehmigung von Staatsverträgen (Art. 59 Abs. 2);
f) Feststellung des Haushaltsplanes (Art. 110 Abs. 2);
g) Rechnungskontrolle (Art. 114);
h) Genehmigung von Bundesanleihen (Art. 115);
i) Wahl des Bundeskanzlers, Mißtrauensvotum gegen ihn bzw. Verweigerung des Vertrauens (Art. 63, 67, 68);
j) Erhebung einer Anklage gegen den BPräs. wegen Gesetzesverletzung (Art. 61 Abs. 1).

3. Auf Grund der *Notstandsgesetzgebung* trifft nach Art. 115a Abs. 1 grundsätzlich der BT die Feststellung, daß der *Verteidigungsfall* eingetreten ist, ferner die Feststellung des *Spannungsfalles* nach Art. 80a Abs. 1. Vgl. 60, 61 IV, 67.

VII. Der *Bundespräsident* kann den BT *auflösen,* wenn

1. der Bundeskanzler bei der Wahl durch den BT nach Art. 63 Abs. 4 nicht mit der Mehrheit der gesetzlichen Mitglieder gewählt wird;
2. eine Vertrauensfrage des Bundeskanzlers nicht die Zustimmung der Mehrheit der Mitglieder des BT gefunden hat, der Bundeskanzler die Auflösung vorschlägt und der BT nicht mit Mehrheit seiner Mitglieder einen anderen Bundeskanzler fristgemäß wählt (Art. 68 Abs. 1).

Mit der *Auflösung* hört der BT auf zu bestehen; die Abg. verlieren ihre Mandate und Vorrechte. Nur das Präsidium und die Ausschüsse für auswärtige Angelegenheiten und für Verteidigung setzen ihre Tätigkeit bis zum Zusammentritt des neuen BT fort. Es müssen Neuwahlen binnen 60 Tagen stattfinden (Art. 39 Abs. 1 S. 3). Ein Selbstauflösungsrecht hat der BT nicht.

60. Der Bundesrat

I. *Staatsrechtliche Stellung des Bundesrates*

Durch den Bundesrat (BR) wirken die *Länder* bei der Gesetzgebung und Verwaltung des Bundes und in Angelegenheiten der Europäischen Union (s. 916 I 1) mit (Art. 50). Der BR dient als Gegengewicht zum BT; er verkörpert das föderative System des Bundes. Er bringt anders als der BT kein parteipolitisches Kräfteverhältnis zum Ausdruck.

Schon die WVerf. hatte sich für das *Bundesratssystem* entschieden. Sie schuf in dem aus Vertretern der Länderregierungen gebildeten *Reichsrat* eine ständige Delegiertenkonferenz sämtlicher Landesregierungen, ließ aber den Reichsrat an Macht und Zuständigkeit weit hinter dem BR der Verf. von 1871 zurücktreten.

Die Stellung des heutigen BR ist eine andere als die des *BR im Kaiserreich* und die des Reichsrats der WVerf. Der *BR des Kaiserreichs von 1871* war Träger der souveränen Reichsgewalt und oberstes Reichsorgan. Er wirkte als Erste Kammer bei der Gesetzgebung mit (*Zweikammersystem),* hatte ein selbständiges Verordnungsrecht und besaß wichtige Befugnisse auf dem Gebiet der Verwaltung. Demgegenüber war die Stellung des *Reichsrats der WVerf.* weit schwächer. Er besaß nur ein Einspruchsrecht gegen Beschlüsse des Reichstags (*Einkammersystem)* und unbedeutende Kontrollrechte hinsichtlich der Reichsverwaltung. Der *jetzige Bundesrat* hält etwa die Mitte zwischen seinen Vorgängern. Er ist zwar nicht Erste Kammer wie der alte BR, muß aber wichtigen Gesetzen *zustimmen* und kann gegen andere Gesetze *Einspruch* einlegen mit dem Ergebnis, daß eine nochmalige Abstimmung im BT erforderlich wird (vgl. IV).

II. *Die Zusammensetzung des Bundesrates*

Der BR besteht aus *Mitgliedern der Regierungen der Länder,* die von diesen bestellt und abberufen werden. Auf Grund der durch Art. 4 Nr. 4 Einigungsvertrag vorgenommenen Änderung des Art. 51 Abs. 2 hat jedes Land mindestens drei Stimmen, Länder mit mehr als zwei Mio. Einwohnern haben vier, Länder mit mehr als sechs Mio. fünf, Länder mit mehr als sieben Mio. haben sechs Stimmen.

Jedes Land kann so viele Mitglieder entsenden, wie es Stimmen hat. Die Stimmen jedes Landes dürfen nur einheitlich abgegeben werden (Art. 51 Abs. 3). Die Mitglieder des BR sind Beauftragte der Landesregierung und an Weisungen ihres Kabinetts gebunden (Ausnahme für in den Vermittlungsausschuß entsandte Mitglieder, Art. 77 Abs. 2 S. 3) Das BT-Mandat ist mit der Mitgliedschaft im BR unvereinbar (*Inkompatibilität;* § 2 GeschOBR). Unter Berücksichtigung der mit dem Einigungsvertrag vorgenommenen Änderung ergibt sich gem. Art. 51 Abs. 2 für die Länder folgende Stimmenzahl im BR: Baden-Württemberg, Bayern, Niedersachsen und Nordrhein-Westfalen je 6, Hessen 5, Berlin, Brandenburg, Rheinland-Pfalz, Sachsen, Sachsen-Anhalt, Schleswig-Holstein und Thüringen je 4, Bremen, Hamburg, Mecklenburg-Vorpommern und Saarland je 3 (insgesamt 69 Stimmen).

III. *Innere Organisation des Bundesrates*

Der BR wählt seinen Präsidenten auf ein Jahr. Der *Präsident* beruft den BR ein und führt den Vorsitz. Der BR gibt sich eine *Geschäftsordnung;* er verhandelt im allgemeinen öffentlich. Er bildet *Ausschüsse,* denen andere Mitglieder oder Beauftragte der Länderregierungen angehören können (Art. 52).

Nach der *Geschäftsordnung* i. d. F. vom 26. 11. 1993 (BGBl. I 2007) m. spät. Änd. wählt der BR 3 Vizepräsidenten und 2 Schriftführer jeweils auf ein Jahr. Der *Präsident* und die *Vizepräsidenten* bilden das *Präsidium.* Daneben besteht ein *Ständiger Beirat* zur Beratung des Präsidenten und Vorbereitung der Sitzungen. Er wird aus den *Bevollmächtigten der Länder* gebildet. Der Präsident des BR ist *Vertreter des Bundespräsidenten* (Art. 57).

Der BR beschließt in *Voll-(Plenar-)Versammlungen,* die vom Präsidenten einberufen werden, regelmäßig mit *absoluter Mehrheit,* d. h. mit Mehrheit der gesetzlichen Stimmenzahl (Art. 52 Abs. 3 S. 1 GG). Eine *qualifizierte Mehrheit* von ⅔ der Stimmen ist zur Bundespräsidentenanklage (Art. 61 Abs. 1) und für die Zustimmung zu verfassungsändernden Gesetzen (Art. 79 Abs. 2) erforderlich.

Wie beim BT liegt auch hier das Schwergewicht der Arbeit in den *Fachausschüssen,* die im wesentlichen nach den Funktionen der Bundesministerien benannt sind (z. B. Finanzausschuß, Rechtsausschuß). Für die Angelegenheiten der Europäischen Union (s. 916 I 1) kann der BR eine Europakammer bilden, deren Beschlüsse als Beschlüsse des BR gelten (Art. 52 Abs. 3a).

Der Konstruktion des BR als einer „Länderkammer" (aber nicht mit gewählten, sondern von den Landesregierungen ernannten und an deren Weisungen gebundenen Ländervertretern) entspricht es, daß die Ministerpräsidenten der Länder wechselnd (in einjährigem Turnus) den Vorsitz im BR führen.

IV. *Die Befugnisse des Bundesrates*

Der BR nimmt an der gesetzgebenden und an der vollziehenden bundesstaatlichen Gewalt teil. Kraft dieser Befugnisse ist er das wichtigste Organ des Bundes nach dem BT.

1. Die Mitwirkung an der *Gesetzgebung* besteht nicht darin, daß der BR einem zu beschließenden Gesetz *stets* zuzustimmen hat. Die Zustimmung ist aber erforderlich bei *Verfassungsänderungen* und wenn der föderative Aufbau des Bundes betroffen wird *(föderative Gesetze und andere Zustimmungsgesetze,* s. u.). Im übrigen hat der BR ein *Einspruchsrecht* gegen Gesetze (Art. 77 Abs. 3). Obwohl der BR durch die Möglichkeit, Gesetze zu verhindern, einer Zweiten Kammer gleicht, fehlt ihm aber das zweite Erfordernis, das der Unabhängigkeit: seine Mitglieder sind nicht gewählt (vgl. II).

Eine wichtige Funktion nimmt der BR in Not- und Ausnahmefällen wahr. Es gelten vom BT abgelehnte Gesetzesvorlagen als zustande gekommen, wenn der *Gesetzgebungsnotstand* erklärt ist und der BR ihnen zustimmt (Art. 81). Vgl. 66.

Die Bundesregierung hat *Gesetzesvorlagen* stets dem BR zuzuleiten (Art. 76 Abs. 2, sog. *Durchlaufverfahren*). Der BR kann auch selbst beim BT (über die Bundesregierung) Gesetzesvorlagen einbringen (*Gesetzesinitiative,* Art. 76 Abs. 3). Zu *Verfassungsänderungen* ist außer einer ⅔-Mehrheit der Mitglieder des BT auch die Zustimmung von ⅔ der Stimmen des BR erforderlich (Art. 79 Abs. 2). *Zustimmungsgesetze* sind insbes. Gesetze, die betreffen: Änderung der Ländergebiete (Art. 29 Abs. 7), Behördenorganisation und Verwaltungsverfahren der Länder bei Ausführung von Bundesgesetzen (Art. 84 Abs. 1) oder Behördenorganisation im Bereich der Auftragsverwaltung (Art. 85 Abs. 1), Einrichtung neuer bundeseigener Mittel- oder Unterbehörden (Art. 87 Abs. 3), Steuern der Länder und Gemeinden (Art. 105 Abs. 3), Aufteilung der Gemeinschaftsteuern (Art. 106 Abs. 3), Verteilung der örtlichen Steueraufkommen (Art. 107), Aufbau und Verfahren der Landes- und Gemeindefinanzbehörden bei bundesrechtlichen Abgaben (Art. 108 Abs. 4, 5), Erweiterung der Gesetzgebungskompetenz des Bundes im Verteidigungsfall (Art. 115c Abs. 1), Behandlung des Reichsvermögens usw. (Art. 134 Abs. 4, 135 Abs. 5). Zustimmungsbedürftig sind ferner gewisse Rechtsverordnungen (vgl. z. B. Art. 80 Abs. 2, 119). Vor allem durch die Zustimmungsbedürftigkeit der meisten VOen kommt dem BR ein bedeutsamer Einfluß zu, da die Bundesgesetze häufig zu ihrem Vollzug durch VOen konkretisiert werden und der BR über das Erfordernis seiner Zustimmung den Inhalt der VOen maßgebend bestimmen kann. In diesem Bereich kann der BR der Bundesregierung auch Vorlagen für den Erlaß von RechtsVO zuleiten (Art. 80 Abs. 3 GG).

Die Mitglieder und Beauftragten des BR haben Zutritt zu Sitzungen des BT und seiner Ausschüsse und das Recht auf Gehör (Art. 43 Abs. 2). Sie können im BT das Wort ergreifen, unterliegen aber der Ordnungsgewalt des BT-Präsidenten. Dagegen steht dem BT kein Recht auf Anhörung im BR zu.

2. Auch an der *vollziehenden Gewalt* ist der Bundesrat weitgehend beteiligt. Teils hat er Verwaltungsakten zuzustimmen, teils hat er über bestimmte Maßnahmen zu beschließen.

Die *Zustimmung des BR* verlangt das GG insbes. zu Maßnahmen des Bundeszwanges (Art. 37 Abs. 1), zum Erlaß allg. Verwaltungsvorschriften über Ausführung von BGesetzen durch die Länder (Art. 85 Abs. 2) oder über die Finanzverwaltung durch die Landesfinanzbehörden (Art. 108 Abs. 7), zur Entsendung von Beauftragten der BReg. zu Landesbehörden ohne Zustimmung der obersten Landesbehörden (Art. 84 Abs. 3 S. 2), zur Feststellung, daß der Verteidigungsfall eingetreten oder beendet ist, und zur Aufhebung der vom Gemeinsamen Ausschuß (67) beschlossenen Gesetze (Art. 115a Abs. 1, 115 l Abs. 1, 2), zur Überführung, Auflösung oder Abwicklung von Sonderverwaltungen (Art. 130 Abs. 1 S. 2).

Ein *Beschluß* des BR ist erforderlich zur Anklage gegen den BPräs. vor dem BVerfG wegen Gesetzesverletzung (Art. 61 Abs. 1) und zur Feststellung von Rechtsverletzungen der Länder bei Ausführung der BGesetze (Art. 84 Abs. 4, sog. *staatsrechtliche Mängelrüge*). Der BR wirkt mit bei Abnahme des Verfassungseides des BPräs. (zusammen mit dem BT; Art. 56 Abs. 1), bei der Wahl der Mitglieder des BVerfG (Art. 94 Abs. 1) und bei Entscheidungen über zweifelhafte Zuständigkeit für Verwaltungsvorschriften und Verwaltungsakte auf Grund alten Reichsrechts (Art. 129 Abs. 1). Er hat Anspruch auf Rechnungslegung durch den BMF (Art. 114) und kann die Aufhebung von Anordnungen verlangen, welche die BReg. beim Staatsnotstand oder in Katastrophenfällen gegen Länder getroffen hat (Art. 35 Abs. 3 S. 2, 91 Abs. 2 S. 2).

Durch BGesetz können dem BR neue Befugnisse eingeräumt werden, da seine Mitwirkungsrechte im GG nicht erschöpfend aufgezählt sind.

Eine Einschränkung der Rechte des BR enthält Art. 113, wonach Beschlüsse des BT und des BR, welche die von der BReg. vorgeschlagenen Ausgaben des Haushaltsplanes erhöhen oder neue Ausgaben in sich schließen oder für die Zukunft mit sich bringen, der Zustimmung der BReg. bedürfen.

V. Sonstiges

Das Zutrittsrecht zum Bundesratsgebäude ist durch die *Hausordnung* des Bundesrates vom 16. 10. 1987 (BGBl. I 2352) geregelt. Im Sept. 1996 beschloß der Bundesrat, seinen Sitz von Bonn nach Berlin zu verlegen.

61. Der Bundespräsident

steht als *Staatsoberhaupt* an der Spitze der Bundesrepublik.

I. *Die Wahl des BPräs.*

wird ohne Aussprache von der *Bundesversammlung* vorgenommen (Art. 54 GG). Diese besteht aus den Mitgliedern des BT und der gleichen Zahl von Mitgliedern, die von den Volksvertretungen der Länder nach den Grundsätzen der Verhältniswahl gewählt werden. Zum

BPräs. wählbar ist jeder Deutsche, der das Wahlrecht zum BT besitzt und das 40. Lebensjahr vollendet hat.

Dagegen wurde der *Reichspräsident* der WVerf. vom Volk gewählt *(plebiszitärer Präsident)*. Gegensatz: der vom Parlament gewählte *parlamentarische* Präsident.

Die *BVersammlung* wird vom BTPräs. einberufen und geleitet. Sie tritt spätestens 30 Tage vor Ablauf der Amtszeit des BPräs., bei vorzeitiger Beendigung innerhalb von 30 Tagen danach zusammen (Art. 54 Abs. 4). Gewählt ist, wer die *absolute Mehrheit* der gesetzlichen Mitglieder der BVersammlung erhält. Wird diese Mehrheit in 2 Wahlgängen von keinem Bewerber erreicht, so ist gewählt, wer in einem weiteren Wahlgang die meisten Stimmen auf sich vereinigt (Art. 54 Abs. 6); es genügt also im dritten Wahlgang *relative Mehrheit*.

Nach dem Gesetz über die Wahl des BPräs. durch die Bundesversammlung vom 25. 4. 1959 (BGBl. I 230) bestimmt der BTPräs. Ort und Zeit des Zusammentritts der Bundesversammlung. Die BReg. stellt rechtzeitig fest, wieviel Mitglieder die einzelnen Landtage zur BVersammlung zu wählen haben. Die Landtage wählen die auf die Länder entfallenden Mitglieder nach Vorschlagslisten. Vorschläge zur Wahl des BPräs. kann jedes Mitglied der BVersammlung einreichen.

II. *Beginn und Dauer des Amtes*

Die fünfjährige Amtszeit des BPräs., der nur einmal wiedergewählt werden darf (Art. 54 Abs. 2), beginnt mit dem Ablauf der Amtszeit des Vorgängers, frühestens mit Annahme der Wahl gegenüber dem BTPräs. (§ 10 WahlG). Der BPräs. leistet bei Amtsantritt vor den versammelten Mitgliedern des BT und des BR einen *Verfassungseid* (Art. 56). Das Amt *endet* durch Ablauf der Amtsdauer, Tod, Verzicht oder Aberkennung des Amtes durch das BVerfG auf Grund einer Anklage durch BT oder BR wegen *vorsätzlicher Gesetzesverletzung* (Art. 61).

In der WVerf. war die *Wiederwahl* (auf je 7 Jahre) unbeschränkt zugelassen. Das GG läßt sie nur einmal nacheinander zu, um die Stellung des BPräs. nicht durch zu lange Amtsdauer zu stark werden zu lassen.

Bisher waren BPräs. der BRep.: Prof. Dr. Theodor Heuss (1949–1959), Dr. h. c. Heinrich Lübke (1959–1969), Dr. Dr. Gustav Heinemann (1969–1974), Walter Scheel (1974–1979), Prof. Dr. Karl Carstens (1979–1984), Dr. Richard Freiherr von Weizsäcker (1984–1994). Seit 1. 7. 1994 amtiert Prof. Dr. Roman Herzog, der am 23. 5. 1994 gewählt wurde.

III. *Die persönliche Stellung des BPräs.*

Der BPräs. ist für die Politik nicht verantwortlich. Alle Anordnungen und Verfügungen der BPräs. bedürfen zu ihrer Gültigkeit (Vollziehbarkeit) der *Gegenzeichnung* durch den Bkzl. oder den zuständigen BMin. (Art. 58). Dadurch übernimmt der Gegenzeichnende die *politische Verantwortung*.

Eine Gegenzeichnung ist nach Art. 58 S. 2 nicht erforderlich bei Ernennung und Entlassung des Bkzl., bei Auflösung des BT gemäß Art. 63 Abs. 4 (Wahl eines Bkzl. ohne Mehrheit der Mitglieder des BT) und bei Ersuchen an einen abtretenden Bkzl. oder BMin., die Geschäfte einstweilen fortzuführen (Art. 69 Abs. 3).

Der BPräs. darf weder der Regierung noch einer gesetzgebenden Körperschaft des Bundes oder eines Landes angehören (*Inkompatibilität,* Unvereinbarkeit). Er darf auch kein anderes besoldetes Amt, kein Gewerbe und keinen Beruf ausüben und weder der Leitung noch dem Aufsichtsrat eines Erwerbsunternehmens angehören (Art. 55). Nicht verwehrt ist die Zugehörigkeit zu einer politischen Partei und die Übernahme von Ehrenämtern.

Auch der BPräs. genießt *Immunität.* Er kann, wie ein BTAbg., nur mit Genehmigung des BT strafrechtlich zur Verantwortung gezogen, verhaftet oder sonst in der persönlichen Freiheit beschränkt werden (Art. 60 Abs. 4). Zivilrechtlich kann der BPräs. wie jeder Deutsche in Anspruch genommen werden.

Die *Bezüge* des BPräs. (Jahresgehalt, pers. Aufwandentschädigung sowie sonstige Mittel für dienstl. Aufwand) werden durch den Bundeshaushaltsplan festgesetzt. Die *Ruhebezüge* regelt das Gesetz vom 17. 6. 1953 (BGBl. I 406) mit Änd. vom 24. 7. 1959 (BGBl. I 525). Scheidet er mit Ablauf seiner Amtszeit oder vorher (z. B. aus gesundheitlichen Gründen) aus, so erhält er einen *Ehrensold* in Höhe der Amtsbezüge (ohne Aufwandsgelder).

IV. *Die amtlichen Funktionen des BPräs.*

Der BPräs. ist als Oberhaupt der BRep. mit den einem *Staatsoberhaupt* zustehenden Befugnissen ausgestattet. Allerdings verfügt er nicht wie der *Reichspräsident* der WVerf. über ein „Notverordnungsrecht" und über Mitwirkungsrechte beim Bundeszwang. Er hat weitgehend repräsentative Aufgaben und übt als neutrale Kraft und Hüter der Verfassung eine ausgleichende Wirkung aus.

1. *Völkerrechtlich* vertritt der BPräs. die BRep. Er schließt die Verträge mit anderen Staaten ab, empfängt und akkreditiert Botschafter und Gesandte fremder Staaten (Art. 59 Abs. 1).

2. *Staatsrechtlich* hat der BPräs. Anteil an der gesetzgebenden und an der vollziehenden Gewalt:

a) An der *gesetzgebenden* Gewalt, indem er die Gesetze ausfertigt und im Bundesgesetzblatt verkündet (Art. 82), die Einberufung des BT verlangen (Art. 39 Abs. 3) und den BT auflösen kann, wenn dieser nicht mit der Mehrheit seiner Mitglieder einen BKzl. wählt oder wenn ein Vertrauensantrag des BKzl. nicht die Zustimmung derselben Mehrheit des BT findet (Art. 63 Abs. 4 S. 3, 68 Abs. 1); er kann für einen Gesetzesvorschlag der BReg. den Gesetzgebungsnotstand mit Zustimmung des BR erklären und ihn dadurch gegen den Willen des BT in Kraft setzen (Art. 81 Abs. 1 S. 1). Vom GG nicht geklärt ist die Frage, was geschieht, wenn der BPräs. es ablehnt, ein vom BT verabschiedetes Gesetz zu unterzeichnen und zu verkünden, weil er es für verfassungswidrig hält.

b) An der *vollziehenden Gewalt* ist der BPräs. wie folgt beteiligt:

aa) Er schlägt dem BT den *Bundeskanzler* vor und ernennt ihn nach erfolgter Wahl (Art. 63); er kann den Bkzl. oder einen BMin. verpflichten, die Geschäfte bis zur Ernennung eines Nachfolgers fortzuführen (Art. 69 Abs. 3).

bb) Er ernennt und entläßt auf Vorschlag des Bkzl. die BMin. (Art. 64 Abs. 1).

cc) Er genehmigt die Geschäftsordnung der *Bundesregierung* und etwaige Änderungen (Art. 65 S. 4). Er kann an den Sitzungen der BReg. beratend teilnehmen und von ihr oder einem BMin. Bericht über den Stand der Regierungsgeschäfte verlangen.

dd) Er ernennt und entläßt die *Bundesrichter* und *Bundesbeamten,* die Offiziere und Unteroffiziere, soweit nichts anderes bestimmt ist (vielfach auf BMin. übertragen = *Delegation,* Art. 60 Abs. 1, 3; vgl. 154, 462).

ee) Er übt das *Begnadigungsrecht* für den Bund aus (Art. 60 Abs. 2; vgl. 288 I).

Begnadigung bedeutet Aufhebung oder Milderung einer verhängten Strafe im Einzelfall, während *Amnestie* einen allg. Erlaß oder die Milderung von Strafen umfaßt. Zur Amnestie ist ein Gesetz erforderlich. Grundsätzlich hat der BPräs. das Begnadigungsrecht nur in Fällen, in denen ein bundeseigenes Gericht (z. B. der Bundesgerichtshof) erkannt hat. Soweit Gerichte der *Länder* gesprochen haben, steht den Ländern das Begnadigungsrecht zu, ausgenommen in erstinstanzlichen Strafsachen des OLG, wenn der Generalbundesanwalt das Amt des Staatsanwalts ausübt (§ 452 StPO, § 120 Abs. 1, 2, 6 GVG). Der BPräs. kann das Recht auf nachgeordnete Behörden übertragen (Art. 60 Abs. 3). Vgl. Anordnung vom 5. 10. 1965 (BGBl. I 1573) m. Änd. vom 3. 11. 1970 (BGBl. I 1513).

Ferner obliegt es dem BPräs., den Beschluß des BT oder des Gemeinsamen Ausschusses von BT und BR, daß der *Verteidigungsfall* eingetreten ist, zu verkünden, ebenso den Beschluß des BT über dessen Beendigung (Art. 115a, 115l). Die Befehls- und Kommandogewalt über die Streitkräfte kommt jedoch nicht ihm, sondern dem Bundesminister der Verteidigung bzw. im Verteidigungsfalle dem Bundeskanzler zu (Art. 65a, 115b).

Das Recht der *Kriegserklärung* hatte nach Art. 11 Abs. 2 der RVerf. von 1871 der Kaiser; er bedurfte außer bei Angriffen auf das Reich der Zustimmung des BR. Nach Art. 45 Abs. 2 WVerf. erfolgten Kriegserklärung und Friedensschluß durch ein (formelles) Reichsgesetz. Das Recht, *Krieg zu erklären* oder *Frieden zu schließen,* ist nach dem GG der Exekutive (Regierung) entzogen und der Legislative zugewiesen. Grundsätzlich steht dem BT die Feststellung (mit ⅔-Mehrheit, mindestens mit der Mehrheit seiner gesetzlichen Mitglieder, auf Antrag der BReg. und mit Zustimmung des BR) zu, daß der *Verteidigungsfall* eingetreten ist. Nur wenn der BT nicht mehr zusammentreten kann oder nicht beschlußfähig ist, trifft diese Feststellung der Gemeinsame Ausschuß des BT und des BR (67) mit ⅔-Mehrheit, mindestens der Mehrheit seiner Mitglieder. Über den *Friedensschluß* wird durch Bundesgesetz entschieden (Art. 115l Abs. 3).

V. *Bundespräsidialamt*

Zur Durchführung seiner Aufgaben steht dem BPräs. das *Bundespräsidialamt* zur Verfügung. Es ist *Oberste Bundesbehörde* (Chef: ein Staatssekretär) und bearbeitet: Protokollangelegenheiten (Empfang von Diplomaten, Begleitung des Bundespräsidenten auf Reisen), Gesetzgebungsfragen, Gnadensachen, öffentliches Dienstrecht, Ordensangelegenheiten (in der Ordenskanzlei), Petitionen, Presse- und Informationssachen.

Die Verleihung und das Recht zum Tragen von Orden und Ehrenzeichen ist geregelt durch Ges. vom 26. 7. 1957 (BGBl. I 844). Über den *Besitznachweis* für vor dem 8. 5. 1945 verliehene Orden und Ehrenzeichen und den Nachweis von Verwundungen und Beschädigungen vgl. VO vom 6. 5. 1959 (BGBl. I 247).

Durch folgende Erlasse des BPräs. sind Orden und Ehrenzeichen *gestiftet* worden:

Erl. vom 7. 9. 1951 (BGBl. I 831): *Verdienstorden der Bundesrepublik* Deutschland für Verdienste um die Demokratie und den Wiederaufbau Deutschlands;

127

hierzu Statut vom 8. 12. 1955 (BGBl. I 749) und Ausführungsbestimmungen vom 20. 12. 1966 (GMBl. 1967, 186).

Erl. vom 14. 7. 1953 (BGBl. I 662): *Grubenwehr-Ehrenzeichen* als Anerkennung für besondere persönliche Verdienste im Grubenrettungswesen. Hierzu Durchführungsbestimmungen vom 14. 7. 1953 (BGBl. I 663).

Ferner wurden *genehmigt* oder *anerkannt:*

Durch Erl. vom 4. 7. 1958 (BGBl. I 422) die Stiftung und Verleihung des *Ordens Pour le mérite für Wissenschaften und Künste*. Durch denselben Erlaß wurden Stiftung und Verleihung folgender *Ehrenzeichen* genehmigt:

1. Ehrenzeichen des Deutschen Roten Kreuzes in 2 Klassen;
2. Deutsches Feuerwehrehrenkreuz in 2 Stufen;
3. *Medaille für Rettung aus Seenot* am Bande der Deutschen Gesellschaft zur Rettung Schiffbrüchiger in 3 Stufen;
4. *Ehrenzeichen der Bundesverkehrswacht* in 2 Klassen.

Stiftung und Verleihung der Ehrenzeichen (5 Klassen) des *Johanniterordens* sind durch Erl. vom 15. 6. 1959/1. 9. 1971 (BGBl. I 293/1543) genehmigt worden.

Als Ehrenzeichen für besondere sportliche Leistungen sind anerkannt: das *Deutsche Sportabzeichen* (in 3 Klassen) und für hervorragende Leistungen (auf Gebieten des sportlichen und musischen Lebens) das *Silberne Lorbeerblatt* (Erl. vom 24. 3. 1964, BGBl. I 242),

ferner durch Erl. vom 3. 8. 1964 (BGBl. I 644) Leistungs- und Lehrabzeichen der *Deutschen Lebensrettungsgesellschaft* und der *Wasserwacht* des Deutschen Roten Kreuzes.

Stiftung und Verleihung der *Goethe-Medaille* sind durch Erl. vom 27. 6. 1975 (BGBl. I 1857),

des *Ehrenzeichens des Technischen Hilfswerks* durch Erl. vom 2. 9. 1975 (BGBl. I 2479) und

des *Ehrenzeichens der Bundeswehr* durch Erl. vom 29. 10. 1980 (BGBl. I 2053) genehmigt worden.

Die *Rettungsmedaille* wird als Ehrenzeichen für eine unter Einsatz des eigenen Lebens erfolgreich durchgeführte Rettung aus Lebensgefahr von den Ländern verliehen.

62. Die Bundesregierung (Bundeskanzler und Bundesminister)

Übersicht:

I. Die Bundesregierung (Kabinett)	V. Kollegialzuständigkeit der Bundesregierung
II. Der Bundeskanzler	VI. Beteiligung der Bundesregierung an der Gesetzgebung
III. Die Bundesminister	
IV. Die Leitung der Bundesregierung	VII. Beteiligung der Bundesregierung an der Verwaltung

I. Die *Bundesregierung (Kabinett)*

besteht aus dem *Bundeskanzler* und den *Bundesministern* (Art. 62). Von ihr werden die staatlichen und politischen Geschäfte erledigt oder gelenkt. Sie ist ein *Kollegialorgan,* in dem aber dem Bkzl. kraft seiner Richtlinienkompetenz (s. u. II) eine führende Stellung zukommt.

Bei der BReg. liegt der Schwerpunkt der *Regierungsaufgaben;* für sie spricht eine Zuständigkeitsvermutung in Regierungs- und Verwaltungsangelegenheiten. Sie ist für alle nicht dem BPräs. vorbehaltenen Geschäfte zuständig und trägt die Verantwortung für deren Gesetzmäßigkeit. Durch Gegenzeichnung übernimmt der Bkzl. oder der zuständige Ressortminister (Art. 58) für die Regierungsakte des BPräs. die politische Verantwortung. Wenn die BReg. im Amt bleiben will, muß sie ihre Maßnahmen dem Willen der Mehrheit des BT anpassen, da der Bkzl. durch ein *Mißtrauensvotum* oder durch Verweigerung des Vertrauens (Art. 67, 68) gestürzt werden kann (s. u. II). Die von der *Parlamentsmehrheit* gebildete BReg. ist mehr als Exponent dieser Mehrheit, denn sie steht als *Spitze der Exekutive* dem *Parlament,* also der Mehrheit und zugleich der Opposition, gegenüber.

Die Bundesregierung setzt sich wie folgt zusammen (Stand: 1. September 1997)
Bundeskanzler *Dr. Helmut Kohl* (CDU)
BM des Auswärtigen *Dr. Klaus Kinkel* (FDP)
BM des Innern *Manfred Kanther* (CDU)
BM der Justiz *Prof. Dr. Edzard Schmidt-Jortzig* (FDP)
BM der Finanzen *Dr. Theodor Waigel* (CSU)
BM für Wirtschaft *Dr. Günter Rexrodt* (FDP)
BM für Ernährung, Landwirtschaft und Forsten *Jochen Borchert* (CDU)
BM für Arbeit und Sozialordnung *Dr. Norbert Blüm* (CDU)
BM der Verteidigung *Volker Rühe* (CDU)
BM für Familie, Senioren, Frauen und Jugend *Claudia Nolte* (CDU)
BM für Gesundheit *Horst Seehofer* (CSU)
BM für Verkehr *Matthias Wissmann* (CDU)
BM für Umwelt, Naturschutz und Reaktorsicherheit *Angela Merkel* (CDU)
BM für Post und Telekommunikation *Dr. Wolfgang Bötsch* (CSU)
BM für Raumordnung, Bauwesen und Städtebau *Klaus Töpfer* (CDU)
BM für Bildung, Wissenschaft, Forschung und Technologie *Jürgen Rüttgers* (CDU)
BM für wirtschaftliche Zusammenarbeit *Carl-Dieter Spranger* (CSU)
BM für besondere Aufgaben und Chef des Bundeskanzleramtes *Friedrich Bohl* (CDU)

II. Der *Bundeskanzler*

leitet die Bundesregierung. Er bestimmt die *Richtlinien der Politik* (Kanzlerprinzip) und trägt dafür die Verantwortung (Art. 65 S. 1).

Dem Bkzl. stehen zu seiner Unterstützung bei der Erfüllung seiner Regierungsaufgaben, insbes. in den Beziehungen zu den gesetzgebenden Körperschaften und auf dem Gebiet der Deutschlandpolitik, neben dem BMin., der Chef des Bundeskanzleramts ist, 2 Staatsminister zur Seite.

1. *Wahl und Ernennung*

Der Bkzl. wird auf Vorschlag des BPräs. vom BT gewählt und anschließend vom BPräs. ernannt (Art. 63). Der BPräs. ist rechtlich frei, wen er als Bkzl. vorschlägt; in der Praxis sollte der Vorgeschlagene allerdings des Vertrauens der BT-Mehrheit gewiß sein.

In der Regel wird der BPräs. die Frage, wer als Bkzl. auszuwählen ist, mit den Führern der Parteien erörtern. Nötigenfalls ist erst eine *Regierungskoalition* zu bilden. Bei einer *großen Koalition* schließen sich mehrere größere, in der politischen Zielsetzung oft voneinander abweichende Kräftegruppen zur Regierungsbildung zusammen. Von einer *kleinen Koalition* spricht man, wenn es sich um einen Zusammenschluß zahlenmäßig weniger starker Gruppen handelt. Im ersten Fall ist die Opposition geringer, im zweiten stärker. Über die im BT bestehende Regierungskoalition vgl. 45 V.

Zur Wahl des Bkzl. ist Mehrheit der Mitglieder des BT erforderlich (Art. 63 Abs. 2). Bei Erreichen dieser Stimmenzahl muß der BPräs. den Gewählten ernennen. Billigt der BT den Vorschlag des BPräs. nicht, so kann er binnen 14 Tagen einen anderen, von ihm selbst ausgewählten Bkzl. mit mehr als der Hälfte seiner Mitglieder wählen (Art. 63 Abs. 3). Kommt diese Wahl nicht zustande, so findet unverzüglich eine Wahl statt, bei welcher die einfache (relative) Mehrheit der abgegebenen Stimmen entscheidet. Erhält der Gewählte dabei weniger als die Stimmen der Mehrheit der Mitglieder des BT (absolute Mehrheit), so braucht der BPräs. den Gewählten nicht zu ernennen; er kann den BT auflösen (Art. 63 Abs. 4).

Gemäß Art. 69 Abs. 1 GG bestimmt der Bkzl. einen BMin. zu seinem Stellvertreter *(Vizekanzler)*. Dieser nimmt bei Abwesenheit oder Verhinderung des Bkzl. dessen Befugnisse wahr.

Es ist üblich, daß der neu ernannte Bkzl. vor dem Parlament eine *Regierungserklärung* abgibt, in welcher er die Grundzüge seiner Politik darlegt. Die Parteien pflegen hierzu, meist durch ihre Fraktionsvorsitzenden, Stellung zu nehmen (sog. *Generaldebatte*).

Bisher waren Bkzl. der BRep.: *Dr. Konrad Adenauer* (1949–1963), *Prof. Dr. Ludwig Erhard* (1963–1966), *Kurt Georg Kiesinger* (1966–1969), *Willi Brandt* (1969–1974), *Helmut Schmidt* (1974–1982), *Dr. Helmut Kohl* (ab Oktober 1982).

2. *Amtsdauer*

Das Amt des Bkzl. *beginnt* mit seiner Ernennung durch den BPräs. Es *endet* außer durch Tod durch freiwilligen Rücktritt, durch *Mißtrauensvotum des BT* unter Wahl eines neuen Bkzl. (Art. 67, 68) und durch Zusammentreten eines neuen BT (Art. 69 Abs. 2); dieser hat einen Bkzl. zu wählen, wobei Wiederwahl des bisherigen Bkzl. zulässig ist.

Bisher wurde nur einmal ein Bkzl. im Wege des konstruktiven Mißtrauensvotums gem. Art. 67 Abs. 1 GG gewählt (Bkzl. Dr. Kohl im Okt. 1982). Der im April 1972 gestellte konstruktive Mißtrauensantrag, an Stelle des damaligen Bkzl. Brandt den Abgeordneten Dr. Barzel zum Bkzl. zu wählen, blieb erfolglos.

3. Dem Bundeskanzler unterstehen unmittelbar:

a) *das Bundeskanzleramt*

Als Arbeitsbehörde dient dem Bkzl. das *Bundeskanzleramt,* das vom BMin. für besondere Aufgaben geleitet wird. Das Amt hat die Stellung einer *obersten Bundesbehörde*. Es besteht aus 6 Abteilungen: (1) Zentralabteilung; Innen und Recht, (2) Auswärtige Beziehungen; Entwicklungspolitik, äußere Sicherheit, (3) Soziales; Umwelt, Verkehr, Agrar, Forschung, (4) Wirtschafts- und Finanzpolitik; Koordinierung neue Länder, (5) Gesellschaftliche und politische Analysen, Kulturelle Angelegenheiten, (6) Bundesnachrichtendienst; Koordinierung der

Nachrichtendienste des Bundes. Dem *Bundeskanzler* sind das „Kanzlerbüro" und der „Arbeitsstab Öffentlichkeitsarbeit und Medienpolitik", dem Chef des Bundeskanzleramtes die „Leitungsgruppe Ministerbüro" und der „Arbeitsstab ChefBK neue Länder" unmittelbar zugeordnet.

b) *Das Presse- und Informationsamt der Bundesregierung*

Leiter ist ein Staatssekretär *(Regierungssprecher)*. Das Amt hat die Aufgabe, BPräs. und BReg. über die internationale Nachrichtenlage und die öffentliche Meinung zu unterrichten, die Presse und sonstige Medien und die Bürger sowie im Zusammenwirken mit dem Auswärtigen Amt auch das Ausland über die Politik der BReg. zu informieren; es soll die Öffentlichkeitsarbeit der BMinisterien koordinieren. Der Information der in- und ausländischen Presse dienen *Pressekonferenzen,* an denen die in Bonn stationierten Korrespondenten der Zeitungen teilnehmen. Auch werden kurze Nachrichten, erläuternde Abhandlungen und anderes Pressematerial herausgegeben, ferner eine periodische Druckschrift, das *„Bulletin"*. Die dem Amt angehörende *Bundesbildstelle* versorgt die Presse und andere Interessenten mit Bildmaterial. Dagegen ist die *Bundespressekonferenz* ein von den Journalisten selbst geschaffener eingetragener Verein. An den mit der BReg. vereinbarten Pressekonferenzen nehmen außer dem Regierungssprecher oder einem seiner beiden Vertreter die *Pressereferenten* der Ministerien, bisweilen auch Bundesminister als Gäste teil.

c) *Der Beauftragte für die Nachrichtendienste*

Zum *Beauftragten für die Nachrichtendienste* ist ein Staatsminister beim Bundeskanzler bestellt. Ihm obliegt die Koordinierung und Intensivierung der Zusammenarbeit des Bundesnachrichtendienstes (BND), des Bundesamtes für Verfassungsschutz (BfV) und des Militärischen Abschirmdienstes (MAD) untereinander und ihre ressortübergreifende Zusammenarbeit mit anderen Behörden und Diensten.

Während das BfV dem Bundesminister des Innern und der MAD dem Bundesminister der Verteidigung unterstehen, ist der BND dem Chef des Bundeskanzleramtes unterstellt. Dies ist im Gesetz über den Bundesnachrichtendienst (s. unten) geregelt.

Der BND versieht den Auslandsnachrichtendienst und hält die BReg. durch Informationen politischer, wirtschaftlicher, technischer und militärischer Art aus dem Ausland auf dem laufenden, während der Inlandsnachrichtendienst in den Händen des Bundesamtes und der Landesämter für Verfassungsschutz liegt (vgl. 95, 175). Das Bundesamt für Verfassungsschutz untersteht dem BMI. Dagegen untersteht das *Amt für den militärischen Abschirmdienst* dem BMVg (94). Über das Recht der Nachrichtendienste zur Kontrolle des Post-, Fernschreib- und Telefonverkehrs vgl. 48 II.

Gesetzliche Grundlagen für die Tätigkeit der Nachrichtendienste und Verfassungsschutzbehörden: Bundesverfassungsschutzgesetz, Gesetz über den Militärischen Abschirmdienst, Gesetz über den Bundesnachrichtendienst, alle i. d. F. vom 20. 12. 1990 (BGBl. I 2954).

Nach dem Ges. *über die parlamentarische Kontrolle nachrichtendienstlicher Tätigkeit* des Bundes vom 11. 4. 1978 (BGBl. I 453) m. spät. Änd. bestellt der BT aus seiner Mitte eine *Kontrollkommission,* deren Kontrolle die BReg. hinsichtlich der Tätigkeit der drei Nachrichtendienste unterliegt. Ihre Beratungen sind geheim, ihre Mitglieder zum Schweigen verpflichtet. Die BReg. unterrichtet die Kommission allgemein über die Tätigkeit der Nachrichtendienste und über Vorgänge von besonderer Bedeutung. Die parlamentarische Kontrolle nach dem Abhörgesetz (48 II) bleibt hiervon unberührt.

III. Die *Bundesminister*

werden auf Vorschlag des Bkzl. vom BPräs. ernannt und entlassen (Art. 64 Abs. 1). Sie sind entweder Fach-(Ressort-)Minister oder Minister ohne Portefeuille; ihre Geschäftsbereiche (Ressorts) sind im GG nicht abgegrenzt. Ihr Amt *endet* außer durch Tod oder Verzicht (Rücktritt) durch Entlassung, die jederzeit erfolgen oder gefordert werden kann, sowie mit Beendigung des Amtes des Bkzl. Die Zahl der *Bundesminister* ist nicht verfassungsmäßig festgelegt; Zahl und Aufgabenbereiche der Bundesminister werden durch Organisationsentscheidung des Bundeskanzlers und durch den vom Bundestag zu beschließenden Bundeshaushalt bestimmt. Die Zahl unterliegt wechselnden Bedürfnissen.

In der Auswahl der BMin. ist der Bkzl. formell nicht gebunden. Er wird sich aber vorsorglich der Zustimmung der Mehrheitsparteien vergewissern. Meist werden die Minister von den an der Regierung beteiligten Parteien gestellt.

Der BPräs. kann keine BMin. vorschlagen. Er kann aber die *Ernennung* der vom Bkzl. Vorgeschlagenen ablehnen. (In der Rechtslehre ist streitig, ob das nur wegen Fehlens der gesetzlichen Voraussetzungen für die Ernennung oder auch aus anderen Gründen geschehen kann.) Die BMin. vertreten sich bei Verhinderung gegenseitig nach einem durch Kollegialbeschluß des BReg. bestimmten Plan. Zur *Geschäftsordnung* der BReg. s. IV.

In der Leitung eines Bundesministeriums als oberster Bundesbehörde wird der BMin. durch seinen *Staatssekretär* (evt. den dienstältesten Staatssekretär) vertreten. Den BMin. können nach dem Ges. vom 24. 7. 1974 (BGBl. I 1538) außerdem *parlamentarische Staatssekretäre* (PStS) zur Unterstützung – namentlich zur Vertretung gegenüber dem BT – beigegeben werden. Sie müssen Mitglieder des BT sein und werden auf Vorschlag des Bkzl., der im Einvernehmen mit dem betr. BMin. gemacht wird, vom BPräs. ernannt. Sie können jederzeit auf demselben Weg entlassen werden und scheiden automatisch aus, wenn sie ihr BT-Mandat verlieren oder der BMin. aus seinem Amt scheidet. Den Aufgabenbereich eines PStS bestimmt der BMin., dem er beigegeben ist (§ 14a GeschO d. BReg.). Die PStS erhalten 75 v.H. der Amtsbezüge eines Bundesministers und entsprechende Versorgung. Im übrigen gelten weitgehend die Vorschriften des Bundesministergesetzes. Einem PStS kann die Bezeichnung „Staatsminister" verliehen werden.

Der Bkzl. und die BMin. leisten bei Amtsübernahme den gleichen *Amtseid* wie der BPräs. (Art. 64 Abs. 2). Sie dürfen kein anderes besoldetes Amt, kein Gewerbe und keinen Beruf ausüben und weder der Leitung noch ohne Zustimmung des BT dem Aufsichtsrat eines auf Erwerb gerichteten Unternehmens angehören (Art. 66). Sie können aber Mitglieder des BT sein und sind es in der Regel.

Nach dem *Bundesministergesetz* i.d.F. vom 27. 7. 1971 (BGBl. I 1166) m. spät. Änd. stehen die Mitglieder der BReg. zum Bund in einem öffentlich-rechtlichen Amtsverhältnis besonderer Art (Ernennung, vom BPräs. vollzogene Urkunde, Eid, *Inkompatibilität* = nicht Mitglied einer Landesregierung, keine Nebenämter oder Nebentätigkeit, Amtsverschwiegenheit, Amtswohnung, Umzugs- und Reisekosten, Versorgung). Eine Anwendung beamtenrechtlicher Vorschriften kommt nur in Frage, soweit es das Gesetz ausdrücklich bestimmt.

IV. Die *Leitung der Bundesregierung*

obliegt dem BKzl. Er führt im Bundeskabinett den Vorsitz und leitet die Geschäfte der BReg. nach einer vom *Kabinett* beschlossenen –

mehrfach geänderten – *Geschäftsordnung* vom 11. 5. 1951 (GMBl. 137). Diese bedarf wie auch jede Änderung der Genehmigung des BPräs. (Art. 65 S. 4).

Wie die WVerf. verbindet auch das GG das sog. *Kanzlerprinzip,* wonach der Bkzl. die Richtlinien der Politik bestimmt und insoweit den BMin übergeordnet ist, mit dem *Kollegialsystem,* nach welchem Meinungsverschiedenheiten von dem aus Bkzl. und BMin. bestehenden *Kollegium* entschieden werden und der Bkzl. nur *primus inter pares* ist, und mit dem *Ressortprinzip,* auf Grund dessen jeder Ressortminister seinen Geschäftsbereich mit eigener Verantwortlichkeit verwaltet, sich aber zu den vom Kanzler festgelegten Richtlinien der Politik nicht in Widerspruch setzen darf (Art. 65).

Durch das *parlamentarische System* ist gesichert, daß die Richtlinien der Politik, welche der Bkzl. bestimmt und für welche er die Verantwortung trägt, dem Willen der Parlamentsmehrheit nicht widersprechen.

Dem BT gegenüber ist der Bkzl. *allein verantwortlich.* Ein Mißtrauensvotum des BT gegen einen BMin. hat daher keine rechtliche Bindungswirkung. Es gibt auch keine Ministeranklage. Der BT kann auch nicht gegen den Willen des Bkzl. die Besetzung oder Umbesetzung eines Ministerpostens erzwingen. Er ist darauf beschränkt, dem Bkzl. das Mißtrauen (mit der Mehrheit seiner Mitglieder) auszusprechen. Erweckt das Verhalten eines BMin. Widerspruch gegen seine Geschäftsführung, so kann die hieraus entstehende *Vertrauenskrise,* auch ohne daß ein Mißtrauensvotum ergeht, zu einer *Regierungskrise* und dadurch zur Regierungsumbildung (unter demselben Kanzler) führen.

Nach der *Geschäftsordnung* sind alle Angelegenheiten, die der BReg. als *Kollegium* unterbreitet werden sollen, vorher von den beteiligten BMin. zu beraten; statt in mündlicher Beratung kann im *Umlaufverfahren* die Zustimmung der Mitglieder der BReg. auf schriftlichem Wege eingeholt werden (§§ 15ff., 20 GeschO).

V. *Kollegialzuständigkeit der Bundesregierung*

Der *Bundesregierung als Kollegium* sind folgende Geschäfte übertragen:

1. Entscheidung von Meinungsverschiedenheiten zw. BMin. (Art. 65 S. 3);
2. Einbringung von *Gesetzesvorlagen* beim BT (Art. 76 Abs. 1);
3. Vorlage der Gesetzesvorlagen des BR an den BT mit Stellungnahme (Art. 76 Abs. 3);
4. Anordnung des *Bundeszwangs* mit Zustimmung des BR (Art. 37);
5. Erteilung von Weisungen und andere Maßnahmen im Fall von Krisen durch Naturkatastrophen oder bei Angriffen auf den Bestand oder die demokratische Grundordnung der BRep. (Art. 35 Abs. 3, 91 Abs. 2; letzterenfalls auch Einsatz von Streitkräften, Art. 87a Abs. 4) sowie besondere Maßnahmen auf Grund erweiterter Befugnisse im Verteidigungsfall (Art. 115f);
6. Antrag auf Erklärung des Gesetzgebungsnotstandes (Art. 81; vgl. 66);
7. Aufsicht über Ausführung der BGesetze durch die Länder (Art. 84 Abs. 3);
8. Zustimmung zu Verträgen der Länder mit auswärtigen Staaten (Art. 32 Abs. 3);
9. Zustimmung zu Beschlüssen des BT und des BR über Erhöhung oder Neueinsetzung von Ausgaben in den Etat (Art. 113);
10. das Verordnungsrecht im Rahmen ihrer Zuständigkeit (s. u. VI 4);
11. der Erlaß allgemeiner Verwaltungsvorschriften (Art. 84 Abs. 2, 85 Abs. 2, 86, 108 Abs. 7; meist an Zustimmung des BR gebunden).

VI. *Beteiligung der Bundesregierung an der Gesetzgebung*

An der *Gesetzgebung* ist die Bundesregierung beteiligt durch folgende Aufgaben:

1. das Recht der *Gesetzesinitiative;* sie kann ebenso wie BT und BR *Gesetzesvorlagen* beim BT einbringen (Art. 76 Abs. 1);
2. das Recht, bei Zustimmungsgesetzen (vgl. 60 IV 1) die Einberufung des Vermittlungsausschusses zu beantragen (Art. 77 Abs. 2 S. 4);
3. das Recht, die Erklärung des Gesetzgebungsnotstandes (vgl. 66) beim BPräs. zu beantragen (Art. 81 Abs. 1);
4. unter bestimmten Voraussetzungen die Befugnis zum Erlaß von Rechtsverordnungen.

Nach Art. 80 können die BReg., ein BMin. oder die Landesregierungen durch Gesetz ermächtigt werden, *Rechtsverordnungen* (vgl. 68, 142) zu erlassen. Jedoch müssen Inhalt, Zweck und Ausmaß der Ermächtigung im Gesetz bestimmt sein; die Rechtsgrundlage ist in der VO anzugeben. Hierher gehören insbes. die Ausführungs-VOen zu BGesetzen. Nach Art. 129 Abs. 1 entscheidet die BReg. im Einvernehmen mit dem BR in Zweifelsfällen, auf welche Stellen eine im fortgeltenden BRecht enthaltene Ermächtigung nach früherem Reichsrecht zum Erlaß von Rechts- VOen übergegangen ist.

Über die Befugnis der *Landesregierungen* zum Erlaß von RechtsVOen vgl. 68.

VII. *Beteiligung der Bundesregierung an der Verwaltung*

Auf dem Gebiet der *vollziehenden Gewalt* liegt der Schwerpunkt bei den *Bundesministern*. Diese führen ihre Aufgaben mit Hilfe der *Bundesministerien* und der diesen nachgeordneten Verwaltungsbehörden durch (vgl. 54, 56).

IV. Die Funktionen der Bundesgewalt

63. Übersicht. Dreiteilung der Gewalten

Nach Art. 20 Abs. 2 geht die *Staatsgewalt* vom Volke aus. Sie wird vom Volke in Wahlen und Abstimmungen und durch getrennte Organe der *Gesetzgebung* (Legislative), der *vollziehenden Gewalt* (Exekutive) und der *Rechtsprechung* (Judikative, Jurisdiktion) ausgeübt. Diese *Dreiteilung der Gewalten* soll die Zusammenballung staatlicher Macht in einer Hand verhindern (vgl. 8).

Während die *Gesetzgebung* dem Bundestag unter Beteiligung des Bundesrates zugewiesen ist, obliegt die Ausführung der Gesetze, die *Verwaltung,* der Bundesregierung und den übrigen Verwaltungsbehörden des Bundes und der Länder. Die *Rechtsprechung* ist unabhängigen Gerichten übertragen. Das GG folgt damit der Lehre von *Montesquieu* (vgl. 8).

Zwischen den *drei Gewalten* bestehen *gegenseitige Kontrollen,* aber auch *organische Verbindungen.* Der BPräs. wird legislativ (so z. B. Art. 82 = Ausfertigung und Verkündung der BGesetze) und rechtspflegend (z. B. Art. 60 Abs. 2 = Begnadigungsrecht) sowie verwaltend (z. B. Art. 60 Abs. 1 = Ernennung von Beamten und Soldaten) tätig. BT und BR wirken nicht nur bei der Gesetzgebung, sondern auch bei der Verwaltung (Art. 110ff. = Haushaltsplan, Rechnungslegung usw.) und Rechtspflege (Amnestie) mit. BT oder BR können den BPräs. vor dem Bundesverfassungsgericht anklagen (Art. 61), der BPräs. kann den BT in Sonderfällen auflösen (Art. 63, 68). Die BReg. ist vom Vertrauen des BT abhängig; andererseits bedarf eine Erhöhung oder Erweiterung von Haushaltsposten ihrer Zustimmung (Art. 113). Die Richter sind an die Gesetze gebunden (Art. 97), können aber deren Rechtsgültigkeit nachprüfen (Art. 100). Vgl. 8, 73, 141.

Die Gewaltenteilung ist zugleich auf politischem Gebiet ein Ausdruck des in der BRep. bestehenden gesellschaftlichen *Pluralismus;* freilich wird die Verteilung und Balancierung der staatlichen Gewalt vielfach ergänzt durch die Einwirkung der Verbände und Gruppen vor allem im wirtschaftlichen Bereich (vgl. 804). Das pluralistische System als *heterogenes* (ungleichartiges) Prinzip bedeutet zugleich eine Absage an den Zwang einer einseitig *homogenen* (gleichartigen) Staatslehre, die autoritär nur ein einzelnes, wirtschaftlich oder politisch begründetes Prinzip (wie z. B. der Marxismus – Leninismus und der Faschismus) als staats- und gesellschaftsbildenden Faktor anerkennt und alle anderen Auffassungen ausschließt. Zum Pluralismus in der Demokratie gehört auch der *Minderheitenschutz,* der es z. B. verbietet, politische Gruppierungen von der Willensbildung auszuschließen (wie im Einparteienstaat, vgl. 4 V 3), es sei denn, sie richten sich gegen den demokratischen Staat oder begünstigen durch ihre zahlenmäßige Schwäche die politische Zersplitterung (zulässig daher die „5%-Klausel", vgl. 59 II 1).

64. Die ordentliche Gesetzgebung des Bundes

Die *ordentliche Gesetzgebung* ist der regelmäßige Weg, auf dem Bundesgesetze zustande kommen (s. hierzu 65) – im Gegensatz zum Ausnahmefall des *Gesetzgebungsnotstands,* zum Gesetzgebungsverfahren nach der *Notstandsverfassung* und zu den *Verordnungen* (vgl. 66, 67, 68). Sie vollzieht sich in folgenden Abschnitten:

a) Einbringen eines Gesetzentwurfs beim BT,

b) Feststellung des Gesetzesinhalts durch den BT,

c) Beteiligung des BR,

d) Ausfertigung des Gesetzes durch den BPräs. nach Gegenzeichnung durch den Bundeskanzler oder die sachlich zuständigen Bundesminister und

e) Verkündung (Publikation) im Bundesgesetzblatt.

I. Die *Einbringung eines Gesetzentwurfs*

beim BT *(Gesetzesinitiative)* steht nach Art. 76 Abs. 1 der *Bundesregierung* (als Kollegium nach Beratung im Kabinett), den *Mitgliedern des*

Bundestages (durch eine Fraktion oder mindestens 5 v. H. der Abgeordneten, vgl. 59 VI) und dem *Bundesrat* zu.

Die *Gesetzesvorlagen der BReg.* (Regelfall) müssen zunächst dem BR zugeleitet werden. Dieser kann binnen 6 Wochen dazu Stellung nehmen (Art. 76 Abs. 2). Erst dann gehen sie über die BReg. an den BT (von der BReg. als eilbedürftig bezeichnete Vorlagen kann diese schon nach 3 Wochen weiterleiten). Die BReg. muß sich zu den Vorschlägen des BR äußern; sie kann ihre Vorlage ändern, darf aber nicht völlig neue Bestimmungen nachschieben. In Einzelfällen läßt die BReg. ihre Vorlagen durch Abgeordnete direkt beim BT einbringen. Bei Gesetzesvorlagen durch *Mitglieder des BT* wirken weder BReg. noch BR bei der Einbringung mit. Der *BR* kann sein Initiativrecht nur durch Vermittlung der BReg. ausüben, da er seine Vorlagen zunächst ihr zur Stellungnahme vorzulegen hat; die Vorlagen sind dem BT binnen 3 Monaten zuzuleiten (Art. 76 Abs. 3). Eine Gesetzesinitiative des Volkes kennt das GG nicht (im Gegensatz zur WVerf.). Nur bei Grenzkorrekturen gibt es eine Volksabstimmung (*Plebiszit,* Art. 29 GG; vgl. 43, 44 I).

II. *Die Feststellung des Gesetzesinhalts*

Nach Art. 77 Abs. 1 werden die BGesetze *vom Bundestag beschlossen.* Sie sind nach ihrer Annahme vom Präsidenten des BT unverzüglich dem BR zuzuleiten. Mit dem Beschluß des BT wird die bisherige Vorlage zum Gesetz erhoben, also der Gesetzesbefehl (Sanktion) erteilt. Dieser kann allerdings vom BR durch *Nichtzustimmung* (bei Zustimmungsgesetzen) oder durch *Einspruchseinlegung* abgelehnt werden.

So auch nach der WVerf. Anders jedoch im Kaiserreich, wo der Gesetzesinhalt durch übereinstimmenden Beschluß von BR und Reichstag festgestellt wurde und der BR die Sanktion vollzog. Dagegen war nach der WVerf. der *Reichstag* alleiniger Gesetzgebungsfaktor. Gegen die von ihm beschlossenen Gesetze konnte der Reichsrat Einspruch einlegen, der aber vom RT überstimmt werden konnte; der Reichspräsident, eine Reichstagsminderheit oder ein Teil der Stimmberechtigten konnten einen Volksentscheid herbeiführen. Auch nach dem GG hat der BT *alleinige Gesetzgebungsfunktion.* Nur bei verfassungsändernden, föderativen und gewissen anderen sog. *Zustimmungsgesetzen* tritt der BR als gleichberechtigter Partner neben den BT, während er bei anderen BGesetzen auf ein Einspruchsrecht beschränkt ist, das der BT überstimmen kann. Will der BR das Zustandekommen eines *einfachen* Gesetzes (Einspruchsgesetzes) verhindern, muß er durch fristgemäße Einlegung des Einspruchs tätig werden. Vgl. Art. 78.

III. Der *Gesetzgebungsweg*

ist verschieden, je nachdem, ob es sich um ein verfassungsänderndes, ein föderatives oder ein einfaches Gesetz handelt.

1. *Verfassungsändernde Gesetze,* d. h. solche, die das GG abändern, müssen vom BT mit einer Mehrheit von zwei Dritteln der gesetzlichen Mitgliederzahl beschlossen werden und bedürfen der Zustimmung von zwei Dritteln der Stimmen des Bundesrates (Art. 79 Abs. 2).

Im Interesse der Übersichtlichkeit der GG-Änderungen, letztlich auch um eine *Durchlöcherung des GG* zu verhüten, muß jedes verfassungsändernde Gesetz ausdrücklich angeben, welcher Artikel des GG geändert oder ergänzt wird (also keine stillschweigende VerfÄnd., Art. 79 Abs. 1). Eine Ausnahme gilt für völkerrechtliche Verträge, die eine Friedensregelung oder den Abbau der besatzungs-

136

rechtlichen Ordnung betreffen oder der Verteidigung dienen; in diesen Fällen genügt eine Ergänzung des Wortlautes des GG dahingehend, daß die Bestimmungen des GG diesen Verträgen nicht entgegenstehen (Art. 79 Abs. 1 S. 2). *Grundrechte* dürfen nicht in ihrem *Wesensgehalt* angetastet werden (Art. 19 Abs. 2). Soweit sie eingeschränkt werden dürfen, muß das eingeschränkte Grundrecht unter Angabe des Artikels genannt sein (Art. 19 Abs. 1, sog. Zitiergebot).

2. *Föderative Gesetze,* die zwar nicht das GG ändern, aber die bundesstaatliche Grundlage des Bundes berühren, und andere ihnen gleichgestellte sog. *Zustimmungsgesetze* (vgl. 60 IV 1) bedürfen der Zustimmung des BR. Es genügt im BT ein Beschluß mit einfacher Mehrheit (Art. 42 Abs. 2), während die Zustimmung des BR mit absoluter Mehrheit (Art. 52 Abs. 3) beschlossen werden muß.

Sowohl bei verfassungsändernden als auch bei föderativen Gesetzen kommt das Gesetz erst mit der Zustimmung des BR zustande (Art. 78). Vorher kann der BR, um eine Änderung des Gesetzesbeschlusses des BT zu erreichen, binnen drei Wochen nach dessen Eingang die Einberufung des *Vermittlungsausschusses* verlangen, der aus je 11 Mitgliedern beider Organe besteht. Dieses Recht haben auch BT und BReg. (Art. 77 Abs. 2 GG). Das Zwischenverfahren ändert nichts an der Zustimmungsbedürftigkeit des Gesetzes.

Für den Vermittlungsausschuß gilt die *Gemeinsame Geschäftsordnung* des BT und des BR vom 19. 4. 1951 (BGBl. II 103) m. Änd. zuletzt vom 16. 5. 1995 (BGBl. I 742); sie regelt in § 1 seine Zusammensetzung.

3. Einfache Bundesgesetze sind alle übrigen (nicht verfassungsändernden oder föderativen) Gesetze. Sie bedürfen nicht der Zustimmung des BR. Dieser hat vielmehr nur ein *Einspruchsrecht* (Art. 77 Abs. 3), dem aber das Zwischenverfahren vor dem *Vermittlungsausschuß* stets vorangehen muß.

Auch hier muß der BR den Vermittlungsausschuß binnen drei Wochen nach Eingang des Gesetzesbeschlusses des BT anrufen. Erzielt der Ausschuß keine Einigung, kann der BR binnen zwei Wochen nach Abschluß des Vermittlungsverfahrens *Einspruch* einlegen. Dieser bedarf keiner Begründung. Er wird *überstimmt,* wenn der BT seinen Beschluß mit derselben (absoluten od. ⅔-)Mehrheit faßt, mit der der BR den Einspruch beschlossen hat (Art. 77 Abs. 4).

Werden durch ein Gesetzgebungsvorhaben mehrere Gesetze entweder neu beschlossen oder geändert, dann wird dieses Gesetzgebungsvorhaben in einem sogenannten *Artikelgesetz* zusammengefaßt. So sind beispielsweise die Jahressteuergesetze in aller Regel Artikelgesetze, da durch sie beispielsweise das Einkommensteuergesetz, das Körperschaftsteuergesetz u. a. geändert werden. Jeder „Artikel" eines derartigen, übergreifenden Gesetzesvorhabens betrifft jeweils ein Gesetz.

4. Über die Mitwirkung des BR beim *Gesetzgebungsnotstand* und seine Beteiligung am Gesetzgebungsverfahren des durch die Notstandsverfassung eingeführten *Gemeinsamen Ausschusses* vgl. 66, 67.

IV. *Ausfertigung und Verkündung der BGesetze.*

Die nach den Vorschriften des GG zustandegekommenen BGesetze werden vom *Bundespräsidenten* nach Gegenzeichnung durch den BKzl.

oder den zuständigen BMin. (vgl. Art. 58) *ausgefertigt* und im Bundesgesetzblatt (BGBl.) verkündet (Art. 82).

Durch die *Ausfertigung* wird die Echtheit des Gesetzestextes beurkundet; sie begründet die unwiderlegbare Vermutung, daß das Gesetz ordnungsmäßig zustandegekommen ist. Die *Verkündung* im BGBl. begründet die Rechtswirksamkeit; ist der Tag des Inkrafttretens nicht ausdrücklich angegeben, tritt das Gesetz mit dem 14. Tag nach Ausgabe des BGBl. in Kraft (Art. 82 Abs. 2 GG). Im Verteidigungsfall ist *vereinfachte Verkündung* durch Rundfunk, Presse oder amtlichen Aushang zulässig, wenn die Verkündung im BGBl. nicht oder nicht rechtzeitig möglich ist (Ges. vom 18. 7. 1975, BGBl. I 1919).

Das *Bundesgesetzblatt* wird vom Bundesjustizministerium herausgegeben. Im Teil I werden Gesetze, Verordnungen und allgemein gültige Beschlüsse usw., im Teil II völkerrechtliche Vereinbarungen (früher auch Verträge mit der DDR) und die zu ihrer Inkraftsetzung oder Durchsetzung erlassenen Rechtsvorschriften sowie Zolltarifvorschriften bekanntgegeben. In dem durch Beschluß der BReg. vom 3. 10. 1957 (BGBl. I 1742) eingerichteten Teil III ist das Bundesrecht veröffentlicht, das nach dem Gesetz über die *Sammlung des Bundesrechts* vom 10. 7. 1958 (BGBl. I 437) als noch fortgeltend festgestellt worden ist. Dieser *Bereinigung* unterlagen das Bundes-Gesetzblatt des Norddeutschen Bundes und des Deutschen Bundes, das Reichsgesetzblatt, das Gesetzblatt der Verwaltung des Vereinigten Wirtschaftsgebietes, das Bundesgesetzblatt und das Verordnungsblatt für die britische Zone. Zu bereinigen war auch das in den Ländern vor dem 7. 9. 1949 (Zusammentritt des BT, vgl. 21) gesetzte Recht, soweit es Bundesrecht geworden ist (vgl. 55 V). Der Tag, bis zu dem die Rechtsvorschriften zu erfassen waren (Abschlußtag), ist nach dem *Abschlußgesetz* vom 28. 12. 1968 (BGBl. I 1451) der 31. 12. 1963. Die nicht in die Sammlung aufgenommenen Rechtsvorschriften sind am 31. 12. 1968 außer Kraft getreten (Ausschlußwirkung). Durch die Aufnahme in die Sammlung wurden aber ungültige Vorschriften nicht gültig, landesrechtliche Vorschriften nicht Bundesrecht.

Auch in den Ländern ist eine *Rechtsbereinigung* durch Aufhebung entbehrlich gewordenen *Landesrechts* durchgeführt worden.

Im *Bundesanzeiger* erfolgen *Bekanntmachungen,* die auf Grund von Gesetzen, Satzungen, Gesellschaftsverträgen, Statuten oder anderen Verträgen zu veröffentlichen sind (Gesetz über Bekanntmachungen vom 17. 5. 1950, BGBl. 183). Über die Verkündung von Rechtsverordnungen vgl. 68.

V. *Eingangsformel*

Einfache Gesetze werden in der Regel mit der Eingangsformel: „Der Bundestag hat das folgende Gesetz beschlossen" eingeleitet und schließen mit der Schlußformel: „Die verfassungsmäßigen Rechte des Bundesrates sind gewahrt" ab. Zustimmungsgesetze tragen die Formel: „Der Bundestag hat mit Zustimmung des Bundesrates das folgende Gesetz beschlossen".

VI. *Gesetzgebung des Bundes*

In der 1.–12. Legislaturperiode des BT sind 7470 Gesetzesvorlagen eingebracht worden, und zwar 4413 von der BReg., 2575 aus der Mitte des BT und 482 vom BR. Von den Vorlagen sind 4881 vom BT verabschiedet worden. Die übrigen erledigten sich anderweit oder wurden nicht mehr verabschiedet; im letzteren Falle müssen sie zur Verabschiedung im neuen BT wieder eingebracht werden.

65. Der Weg der Gesetzgebung

Die Gesetzesinitiative kann von der Bundesregierung, vom Bundesrat oder von Mitgliedern des Bundestages ausgehen. In der größten Zahl der Fälle werden Gesetzesentwürfe von der **BUNDESREGIERUNG** vorgelegt. Regierungsvorlagen werden von den Referenten in den Ministerien ausgearbeitet, zusammen mit einer Begründung über den federführenden Minister dem Kabinett unterbreitet und von diesem beraten. Im Falle der Billigung legt die Bundesregierung sie dem **BUNDESRAT** vor, der in diesem sog. „Ersten Durchgang" dazu Stellung nehmen und Änderungsvorschläge machen kann. Zusammen mit diesen reicht der Bundesrat die Vorlage über die Bundesregierung, die gegebenenfalls zu diesen Änderungsvorschlägen ihrerseits begründete Stellung nimmt, an den **BUNDESTAG** weiter, der in drei Lesungen über die Vorlage berät. Der Bundestag kann die Vorlage zur Vorbereitung seiner Beratungen auch an einen oder mehrere Ausschüsse verweisen. In jeder Lesung wird über die Vorlage abgestimmt. Bei einfacher Mehrheit und in Ausnahmefällen bei Zweidrittelmehrheit ist das Gesetz angenommen und wird nunmehr wiederum dem **BUNDESRAT** vorgelegt. Der weitere Gang des parlamentarischen Verfahrens ist abhängig von der Frage, ob es sich handelt um

ZUSTIMMUNGSBEDÜRFTIGE GESETZE* oder um **NICHT ZUSTIMMUNGSBEDÜRFTIGE GESETZE**

Stimmt der Bundesrat nicht ausdrücklich zu, so ist das Gesetz **GESCHEITERT**

Stimmt der Bundesrat dem Gesetz zu, so wird es nach Gegenzeichnung durch den für die Vorlage zuständigen Ressortminister oder den Kanzler vom **BUNDESPRÄSIDENT** ausgefertigt und im **BUNDESGESETZBLATT** verkündet.

Verzichtet der Bundesrat auf Anrufung des Vermittlungsausschusses, so wird der Entwurf nach Gegenzeichnung durch Ressortminister oder Kanzler vom **BUNDESPRÄSIDENT** ausgefertigt und im **BUNDESGESETZBLATT** verkündet.

Ruft der Bundesrat den **VERMITTLUNGSAUSSCHUSS** an, so kann das Verfahren je nach dessen und nach der anschließenden Stellungnahme von Bundesrat und Bundestag verschiedene Wege gehen.

---

* Auch diese kann der Bundesrat an den *Vermittlungsausschuß* leiten, was jedoch die Zustimmungsbedürftigkeit nicht berührt. Bundestag und Bundesregierung können bei Zustimmungsgesetzen ebenfalls den Vermittlungsausschuß anrufen.

66. Der Gesetzgebungsnotstand

Das GG trifft Vorsorge, daß im Falle innerer politischer Konflikte oder einer von außen her veranlaßten Notstandslage das Funktionieren von Gesetzgebung und Verwaltung sichergestellt ist. Bei einem Konflikt zwischen BReg. und BT anläßlich einer von diesem abgelehnten Gesetzesvorlage kann der *Gesetzgebungsnotstand* erklärt werden. Bei einem durch innere Krisen oder militärische Bedrohung ausgelösten oder drohenden Ausnahmezustand dagegen werden *Notstandsgesetzgebung* und *Notstandsverfassung* wirksam (67).

Der BPräs. kann auf Antrag der BReg. mit Zustimmung des BR den *Gesetzgebungsnotstand erklären,* wenn

a) entweder eine *Vertrauensfrage* des Bundeskanzlers nicht die absolute Mehrheit des BT gefunden hat, dieser aber nicht aufgelöst worden ist (Art. 68) *und* der BT eine *Gesetzesvorlage abgelehnt* hat, obwohl die BReg. sie als dringlich bezeichnet hat (Art. 81 Abs. 1 S. 1);
b) oder wenn der BT eine *Gesetzesvorlage abgelehnt* hat, obwohl der Bundeskanzler mit ihr den *Vertrauensantrag verbunden* hatte (Art. 81 Abs. 1 S. 2).

Die Erklärung des Gesetzgebungsnotstandes hat unterschiedliche Wirkungen, je nachdem, wie der BT sich verhält, wenn die BReg. die abgelehnte Gesetzesvorlage *erneut beim BT einbringt:*

aa) Nimmt der BT sie an, so tritt der normale Gesetzgebungsweg mit Vorlage an den BR usw. ein.
bb) Lehnt der BT hingegen die Vorlage wiederum ab oder nimmt er sie in einer von der BReg. als unannehmbar bezeichneten Fassung an oder verabschiedet er sie nicht binnen 4 Wochen nach erneuter Einbringung, so geht die *Vorlage an den BR* und wird nach dessen Zustimmung Gesetz (Art. 81 Abs. 2).
cc) Auch jede *weitere Gesetzesvorlage* desselben Bkzl. kann innerhalb einer Frist von 6 Monaten nach der ersten Erklärung des Gesetzgebungsnotstandes nach aa) und bb) verabschiedet werden (Art. 81 Abs. 3 S. 1).

Die Gesetzgebung nach Art. 81 unterliegt, um Mißbrauch auszuschalten, folgenden *Einschränkungen:*

1. Während der Amtszeit des gleichen Bkzl. darf nach Ablauf der Sechsmonatsfrist kein weiterer Gesetzgebungsnotstand erklärt werden (Art. 81 Abs. 3 S. 2).
2. Das GG darf durch ein Gesetz nach Art. 81 Abs. 2 weder geändert noch ganz oder teilweise außer Kraft gesetzt werden (Art. 81 Abs. 4).

Ein *Notverordnungsrecht,* wie es die WVerf. dem RPräs. in Art. 48 zuwies (vgl. 16), wurde vom Parl. Rat abgelehnt. Dafür gibt Art. 81 dem BPräs. die Möglichkeit, in einer bei Nichtübereinstimmung von BT und BReg. (darum auch *Regierungsnotstand* genannt) eintretenden Krise, falls er den BT nicht auflöst (Art. 68 Abs. 1; vgl. 59 VII), den Gesetzgebungsnotstand zu erklären, um eine gesetzgeberische Weiterarbeit zu ermöglichen. Diese Erklärung erfordert die Übereinstimmung von BReg., BPräs. und BR. Die erneute Vorlage des Gesetzentwurfs ermöglicht eine Verständigung des BT mit der BReg.

67. Notstandsgesetzgebung und Notstandsverfassung

Die vom *Gesetzgebungsnotstand* (66) zu unterscheidende *Notstandsgesetzgebung* soll für den sog. Notstandsfall die innere und äußere Sicherheit der BRep. und das Funktionieren von Gesetzgebung und Verwaltung gewährleisten, und zwar bei äußerem Notstand (Krieg, Überfall auf das Bundesgebiet) wie auch in Krisenfällen (Bürgerkrieg, politischer Streik). Diesen Zwecken dienen die sog. „einfachen" (nicht verfassungsändernden) Notstandsgesetze, so die im Jahre 1965 erlassenen, aber größtenteils nicht in Kraft gesetzten *Zivilschutzgesetze* – ZivilschutzkorpsG, SelbstschutzG (inzwischen aufgehoben), SchutzbauG –, sowie die zur Aufrechterhaltung der Versorgung ergangenen sog. *Sicherstellungsgesetze* – Ernährungs-, Wirtschafts-, Verkehrs-, WassersicherstellungsG – (vgl. 471). Weitere Notstandsgesetze sind die zur Einschränkung des Post- und Fernmeldegeheimnisses (Art. 10 GG) erlassenen Regelungen, ergänzt durch das sog. AbhörG (48 II), das Ges. über die Erweiterung des *Katastrophenschutzes* (s. 471 III) und das *Arbeitssicherstellungs*G (s. 471 V).

Dieses schränkt für Verteidigungszwecke im Verteidigungs- oder Spannungsfall entsprechend Art. 12a GG in bestimmtem Umfang das Recht zur Beendigung des Arbeitsverhältnisses ein und sieht für Wehrpflichtige die Möglichkeit der Arbeitsverpflichtung sowie für Frauen von 18–55 Jahren im Verteidigungsfall die einer Dienstverpflichtung für das zivile Sanitätswesen oder ortsfeste Lazarette vor.

Für die *Gesetzgebung im Notstandsfall* ist das GG durch Vorschriften über die sog. *Notstandsverfassung* ergänzt worden. Die Gesetzgebungsfunktion nimmt im *Verteidigungsfall* (vgl. 61 IV), solange der Bundestag nicht zusammentreten kann oder nicht beschlußfähig ist, für diesen und den Bundesrat ein *Gemeinsamer Ausschuß* wahr, der zu ⅔ aus Mitgliedern des BT, zu ⅓ aus solchen des BR besteht. Er darf aber das GG weder ändern noch außer Anwendung setzen. Die von dem Ausschuß erlassenen Gesetze kann der BT mit Zustimmung des BR jederzeit aufheben (Art. 53a, 115e, l GG).

Für den *Gemeinsamen Ausschuß* gilt die *Geschäftsordnung* vom 23. 7. 1969 (BGBl. I 1102) m. spät. Änd.

Das Gesetzgebungsrecht des Bundes ist im Verteidigungsfall im Bereich der konkurrierenden Gesetzgebung (55 II) erweitert, das Gesetzgebungsverfahren für dringende Vorlagen vereinfacht (Art. 115c, d GG). Das Weisungsrecht der BReg. gegenüber den Landesbehörden und das Recht zum Einsatz des Bundesgrenzschutzes ist ebenfalls erweitert; umgekehrt können die Länder im Falle der Funktionsunfähigkeit von Bundesorganen notfalls die erforderlichen Maßnahmen an deren Stelle treffen (Art. 115f, i GG). Im Verteidigungsfall und im *Spannungsfall* kann die BReg., insbes. wenn Polizeikräfte nicht ausreichen, Streitkräfte zum Schutz ziviler Objekte einsetzen (Art. 87a Abs. 3 GG).

Der *Spannungsfall* wird vom BT festgestellt (für Dienstverpflichtungen ⅔-Mehrheit erforderlich; Art. 80a GG).

Auch außerhalb eines Verteidigungs- oder Spannungsfalls kann die BReg. Streitkräfte zur Sicherung von Bestand oder Grundordnung des Bundes oder eines Landes oder zur Bekämpfung organisierter bewaffneter Aufständischer einsetzen, wenn die Landesbehörden hierzu nicht bereit oder in der Lage sind und Polizei und Grenzschutz nicht genügen (Art. 87a Abs. 4 GG). Bei *Naturkatastrophen* oder besonders schweren Unglücksfällen kann ein Land Polizeikräfte anderer Länder, Bundesgrenzschutz oder Streitkräfte anfordern; bei überregionalen Krisen kann die BReg. den LReg.en die erforderlichen Weisungen erteilen sowie Bundesgrenzschutz und Streitkräfte einsetzen. Den Bundesgrenzschutz kann ein Land ferner zur Unterstützung seiner Polizei in besonderen Fällen zur Aufrechterhaltung oder Wiederherstellung der öffentlichen Sicherheit oder Ordnung in Anspruch nehmen (Art. 35 Abs. 2, 3 GG). Auch bei Gefahr für den Bestand oder die freiheitliche demokratische Grundordnung des Bundes oder eines Landes kann ein Land Polizeikräfte anderer Länder oder Bundesgrenzschutz anfordern; die BReg. kann, wenn ein Land zur Bekämpfung der Gefahr nicht bereit oder in der Lage ist, die Polizei des Landes und anderer Länder ihren Weisungen unterstellen und Bundesgrenzschutz einsetzen. Auch hier hat die BReg. bei überregionalen Krisen ein Weisungsrecht (Art. 91 GG).

68. Rechtsverordnungen

sind allgemein verbindliche Rechtsvorschriften, die Rechte und Pflichten abstrakt und generell mit der gleichen verbindlichen Wirkung wie Gesetze regeln. Sie werden aber nicht vom ordentlichen Gesetzgeber, sondern auf Grund besonderer *gesetzlicher Ermächtigung* von einer Verwaltungsstelle erlassen. Es handelt sicht also um eine Rechtssetzung durch die Exekutive. Nach Art. 80 Abs. 1 GG kann eine Ermächtigung zum Erlaß einer Rechtsverordnung nur der BReg., einem BMin. oder den Landesregierungen erteilt werden. Inhalt, Zweck und Ausmaß der erteilten Ermächtigung müssen im Gesetz bestimmt sein, d. h. die Ermächtigung darf nicht so unbestimmt sein, daß nicht mehr vorausgesehen werden kann, in welchen Fällen und mit welcher Tendenz von ihr Gebrauch gemacht wird und welchen Inhalt die Verordnung haben kann. Die Ermächtigung zum Erlaß einer Rechtsverordnung kann durch Verordnung weiter übertragen werden, wenn dies im ermächtigenden Gesetz zugelassen ist (Art. 80 Abs. 1 S. 4 GG). Die Rechtsverordnung muß die Rechtsgrundlage angeben. Vgl. 62 VI, 142.

Der *Zustimmung des Bundesrates* bedürfen wegen der Länderinteressen RechtsVOen der BReg. oder eines BMin. über die Gewährleistung der Sicherheit und Ordnung im Eisenbahnverkehr, über Bau und Betrieb der Eisenbahnen des Bundes u. a. sowie RechtsVOen, die auf Grund von Zustimmungsgesetzen oder von BGesetzen ergehen, welche die Länder als Auftrags- oder eigene Angelegenheiten ausführen (Art. 80 Abs. 2 GG). Da grundsätzlich die BGesetze durch die Länder ausgeführt werden, bedarf die große Mehrzahl der RechtsVOen des Bundes der Zustimmung des BR. RechtsVOen werden im BGBl. oder im BAnz. *veröffentlicht* (Ges. über die Verkündung von Rechtsverordnungen 30. 1. 1950, BGBl. 23). Im Gegensatz zu RechtsVOen können *Verwaltungsanordnungen,* da sie nur Organisation und Funktion des Staates und seiner Behörden innerhalb des geltenden Rechts regeln, sich also nur instruktionell an die Behörden, nicht rechtssatzmäßig an die Bürger wenden, von der BReg. ohne besondere gesetzliche Ermächtigung erlassen werden und bedürfen nur ausnahmsweise der Zustimmung des BR (z.B. nach Art. 108 Abs. 7 GG).

69. Beamte und Richter

Das GG behält das Recht des öffentlichen Dienstes besonderen Gesetzen vor, stellt aber für die gesetzliche Regelung einige Grundsätze auf, und zwar:

I. Das *Berufsbeamtentum*

wird aufrechterhalten (sog. *institutionelle Garantie);* nach seinen Grundsätzen ist das Recht des öffentlichen Dienstes zu regeln (Art. 33 Abs. 5).

Damit ist eine Anweisung an Gesetzgebung und Verwaltung in Bund und Ländern erteilt. Sie hat im Beamtenrechtsrahmengesetz und den Beamtengesetzen des Bundes und der Länder ihren Niederschlag gefunden, insbes. in den Vorschriften über fachliche Vorbildung, hauptberufliche Tätigkeit, Treue- und Gehorsamspflicht, unparteiische Amtsführung, lebenslange Anstellung sowie im Rechtswege verfolgbare Ansprüche auf Gehalt und Versorgung. Vgl. 50 V, 154, 157.

II. Zugang zu öffentlichen Ämtern

Jeder Deutsche hat gleichen *Zugang* zu jedem öffentlichen Amt nach Eignung, Befähigung und fachlicher Leistung (Art. 33 Abs. 2).

III. Gleichheitsgrundsatz bei Zulassung

Die *Zulassung* zu öffentlichen Ämtern sowie die im öffentlichen Dienst erworbenen Rechte sind *unabhängig* von Religionsbekenntnis und Weltanschauung (Art. 33 Abs. 3).

Die Grundsätze zu I bis III gelten für Bund, Länder und Gemeinden in gleicher Weise. Sie entsprechen den Grundrechten der *Freiheit, Gleichheit und Unabhängigkeit* der staatsbürgerlichen Rechte vom *Bekenntnis* (Art. 2, 3).

IV. Die *Ausübung hoheitsrechtlicher Befugnisse*

ist als ständige Aufgabe i. d. R. Angehörigen des öffentlichen Dienstes zu übertragen, die in einem öffentlich-rechtlichen *Dienst- und Treueverhältnis* stehen (Art. 33 Abs. 4).

Dies schließt nicht die Betrauung von Angestellten oder Ehrenbeamten mit hoheitsrechtlichen Befugnissen aus. Vgl. 153, 209.

V. *Richter*

sind nicht Beamte, diesen aber weitgehend gleichgestellt. Im Gegensatz zum Beamten ist der Richter unabhängig und nur dem Gesetz unterworfen (Art. 97 GG, § 1 GVG).

Die hauptamtlichen und planmäßig endgültig angestellten Richter können wider ihren Willen nur kraft richterlicher Entscheidung aus gesetzlichen Gründen entlassen, ihres Amtes enthoben oder an eine andere Stelle oder in den Ruhestand versetzt werden.

Art. 97 GG gewährleistet den Richtern aller Zweige der Gerichtsbarkeit (Bundes- wie Landesrichtern) *sachliche* und *persönliche Unabhängigkeit* (so schon preuß. Verf., RVerf. 1871, Art. 102 WVerf.). Es darf keinem Richter vorgeschrieben werden, wie er zu urteilen hat (sachliche Unabhängigkeit). Die persönliche Unabhängigkeit gewährleistet die grundsätzliche Unabsetzbarkeit und Unversetzbarkeit. Dies gilt nicht nur für die *Justiz,* d. h. die durch die BJustizgesetze geregelte ordentliche Gerichtsbarkeit, sondern für die gesamte *Rechtspflege* (vgl. 70, 71, 204, 209).

Das *Deutsche Richtergesetz* i. d. F. vom 19. 4. 1972 (BGBl. I 713) regelt für die Richter in Bund und Ländern (für diese nur durch Rahmenvorschriften) die Rechtsverhältnisse und die Sicherungen für die Gewährleistung der richterlichen Unabhängigkeit. Vgl. 209.

VI. Amts- und Staatshaftung

Bei *Amtspflichtverletzungen* trifft die Verantwortlichkeit den Staat oder die Körperschaft, in deren Dienst der Bedienstete steht (Art. 34).

Nach § 839 BGB macht sich ein *Beamter* (oder in hoheitlicher Funktion handelnder Nichtbeamter, z. B. Angestellter) schadensersatzpflichtig, wenn er vorsätzlich oder fahrlässig die ihm einem Dritten gegenüber obliegende Amtspflicht verletzt. Die Haftung entfällt jedoch, wenn der Verletzte es unterlassen hat, den Schaden durch Gebrauch eines Rechtsmittels abzuwenden; ferner bei fahrlässiger Amtspflichtverletzung, wenn der Verletzte von einem Dritten Schadensersatz erlangen kann (das gilt nicht, wenn der B. bei einer Dienstfahrt einen Verkehrsunfall verschuldet hat, BGH NJW 1977, 1238; 1979, 2043; unzulässig auch Verweisung auf Leistungen einer Krankenversicherung, BGH NJW 1981, 623, 626). Bei Amtspflichtverletzungen durch gerichtliche *Urteile oder urteilsgleiche Entscheidungen* setzt die Amtshaftung grundsätzlich eine mit Strafe bedrohte Handlung voraus (sog. *Spruchrichterprivileg,* § 839 Abs. 2 BGB); das gleiche gilt bei Pflichtverletzungen durch *steuerliche Entscheidungen* (§ 32 AO).

Nach Art. 34 GG haftet aber statt des Beamten dessen Dienstherr. Für durch Amtspflichtverletzung eines Beamten im Rahmen hoheitlichen Handelns entstandenen Schaden haftet dem Verletzten also ausschließlich der *Staat* oder die *Gemeinde,* in deren Dienst der Beamte steht (Staatshaftung). Vgl. 154 II, 332. Weitere Institute einer Staatshaftung sind *richterrechtlich* entwickelt worden, so Ansprüche aus *Aufopferung* und *enteignendem* oder *enteignungsgleichem Eingriff.* Der Staat (Gemeinde) hat ein *Rückgriffsrecht* gegen den Beamten nur bei Vorsatz oder *grober* Fahrlässigkeit. Für die Geltendmachung von Amtspflichtverletzungen ist der Rechtsweg zu den Zivilgerichten eröffnet.

Das *Staatshaftungsgesetz* vom 26. 6. 1981 (BGBl. I 553), das die mittelbare Haftung für Verletzungen öffentlich-rechtlicher Pflichten gegenüber Dritten durch die öffentliche Gewalt durch eine unmittelbare Haftung des Staates ersetzt hatte, ist vom Bundesverfassungsgericht durch Urteil vom 19. 10. 1982 für nichtig erklärt worden (BGBl. 1982 I 1493; NJW 1983, 25).

In den neuen Bundesländern gilt nach dem Einigungsvertrag das *Staatshaftungsgesetz* der ehemaligen DDR vom 12. 5. 1969 (GBl. DDR I 34) mit Maßgaben als Landesrecht weiter. Dieses Gesetz sieht eine unmittelbare, verschuldensunabhängige Haftung des Staates für die schädigenden Folgen eines rechtswidrigen, hoheitlichen Verhaltens vor.

VII. Frühere Angehörige des öffentlichen Dienstes

Nach *Art. 131 GG* sind die Rechtsverhältnisse der sog. *verdrängten Beamten* (einschl. der *Flüchtlinge* und *Vertriebenen),* die am 8. 5. 1945 im öffentlichen Dienst standen und aus anderen als beamtenrechtlichen Gründen ausgeschieden und nicht wiederverwendet sind, durch bes. Gesetz zu regeln.

Maßgebend ist das Gesetz zur Regelung der Rechtsverhältnisse der unter Art. 131 GG fallenden Personen. Vgl. 154 VI.

70. Die Rechtsprechung

I. *Rechtsprechung*

bedeutet verbindliche Feststellung durch eine selbständige, unabhängige, neutrale und allein nach Gesetz und Recht entscheidende Instanz, was bei Anwendung des Rechts auf einen bestimmten Sachverhalt rechtens ist. Die Rechtsprechung bildet einen Teil der *Rechtspflege,* d. h. der auf Erhaltung der Rechtsordnung gerichteten staatlichen Tätigkeit; zum Bereich der Rechtspflege gehört auch die (nichtstreitige) sog. freiwillige Gerichtsbarkeit. Vgl. 294.

Die *rechtsprechende Gewalt,* die sog. Judikative oder auch *Jurisdiktion* – neben Legislative und Exekutive (vgl. 8) häufig als „dritte Gewalt" bezeichnet –, ist nach Art. 92 den Richtern anvertraut (Gewaltenteilung; vgl. 63). Die *Richter* nehmen daher im Recht des öffentlichen Dienstes eine besondere Stellung ein, die in *Richtergesetzen* des Bundes und der Länder geregelt ist (209). Das „Rechtsprechungsmonopol" des Art. 92 schließt freilich nicht aus, daß auch Verwaltungsbehörden oder nichtstaatliche Gerichte (z. B. Berufs- und Ehrengerichte) Rechtsangelegenheiten entscheiden; doch muß die Möglichkeit gerichtlicher Nachprüfung oder wenigstens staatlicher Einfluß in Form der Richterbestätigung gesichert sein (vgl. 152, 211, 213, 516, 571, 572).

II. *Verfahrensgrundsätze*

Art. 101–104 GG stellen folgende Grundsätze für das gerichtliche Verfahren und die Rechtsanwendung auf:

1. Ausnahmegerichte (vgl. 215) sind unzulässig. Niemand darf seinem gesetzlichen Richter entzogen werden (Art. 101 Abs. 1).

2. Die *Todesstrafe* ist *abgeschafft* (Art. 102).

Die Todesstrafe wurde 1871 in das deutsche Strafgesetzbuch aufgenommen. Das GG verwirft den Gedanken der Vergeltung oder Abschreckung durch Tötung des Verbrechers; an die Stelle der Todesstrafe trat lebenslange Freiheitsstrafe. Anträge auf Wiedereinführung der Todesstrafe fanden nicht die erforderliche Zweidrittelmehrheit. Vgl. 396 I, 409.

3. Vor Gericht hat jedermann Anspruch auf *rechtliches Gehör* (Art. 103 Abs. 1).

Obwohl dieser Grundsatz größtenteils in den Prozeßordnungen Ausdruck findet, erhebt ihn Art. 103 als wesentlichen Teil rechtsstaatlichen Denkens erstmals zum Verfassungsgrundsatz.

4. Eine Tat darf nur bestraft werden, wenn die *Strafbarkeit* gesetzlich bestimmt war, *bevor* die Tat begangen wurde (Art. 103 Abs. 2).

Der Satz *nullum crimen sine lege* (keine Bestrafung ohne schon zur Tatzeit bestehendes Strafgesetz) schließt rückwirkende Anwendung der Strafgesetze zum Nachteil des Täters aus. Aber auch die *Höhe* der zulässigen Strafe muß vor der Tat gesetzlich bestimmt sein *(nulla poena sine lege)*. Ebenso §§ 1, 2 StGB.

5. Niemand darf wegen derselben Tat auf Grund der allgemeinen Strafgesetze *mehrmals bestraft* werden (Art. 103 Abs. 3).

Der Grundsatz *„ne bis in idem"* verbietet, den Täter wegen ein und derselben Tat mehrmals zu bestrafen. Er gilt grundsätzlich auch im Verhältnis zwischen kriminellen Strafen und Disziplinar- oder Ordnungsmaßnahmen. Vgl. 156, 455 (dort auch über Ausnahmen).

6. Über Art. 104 (Freiheit der Person) s. 47 I.

71. Die Gerichtshoheit des Bundes

I. *Übersicht*

Die Rechtsprechung ist grundsätzlich den *Ländern* überlassen (vgl. 215). *Bundesgerichte* sind nur:

1. das *Bundesverfassungsgericht* (Art. 93, 94 GG; vgl. 72);
2. die *obersten Gerichtshöfe;*
3. das *Bundespatentgericht;*
4. die *Bundesdisziplinargerichte;*
5. die (fakultativ vorgesehenen) *Wehrstrafgerichte,* die nur im Verteidigungsfall oder gegen Angehörige der Streitkräfte im Ausland oder auf Kriegsschiffen tätig werden (vgl. 451).

Die obersten Gerichtshöfe entscheiden grundsätzlich nur über die Anwendung von *Bundesrecht.* Durch Landesgesetz kann ihnen die letztinstanzliche Entscheidung in Sachen übertragen werden, in denen Landesrecht anzuwenden ist (vgl. Art. 99 GG).

Die Richter der obersten Gerichtshöfe werden von dem zuständigen BMin. gemeinsam mit dem Richterwahlausschuß berufen und vom BPräs. ernannt (Art. 95 Abs. 2 GG, *Richterwahlgesetz* vom 25. 8. 1950, BGBl. 368). Vgl. 209.

II. *Oberste Gerichtshöfe des Bundes* sind:

1. Der *Bundesgerichtshof* (BGH)

in Karlsruhe für die Zivil- und Strafgerichtsbarkeit (sog. ordentliche Gerichtsbarkeit) sowie für Angelegenheiten des *gewerblichen Rechtsschutzes* (Art. 95 Abs. 1, Art. 96 Abs. 1, 3 GG).

Der BGH entscheidet insbes. auf *Revision* gegen Urteile der Oberlandesgerichte in Zivilsachen und i. d. R. gegen erstinstanzliche Urteile der Land- und Oberlandesgerichte in Strafsachen (in diesen wird er jetzt nicht mehr erstinstanzlich tätig). Vgl. 219 IV.

2. Das *Bundesverwaltungsgericht* (BVerwG)

in Berlin, errichtet durch Bundesgesetz vom 23. 9. 1952 (BGBl. I 625). Vgl. jetzt § 2 VwGO.

Das BVerwG ist das für das ganze Bundesgebiet zuständige oberste Verwaltungsgericht für die allg. Verwaltungsgerichtsbarkeit; es entscheidet teils in erster und letzter Instanz, teils auf Revision in letzter Instanz. Vgl. 151.

Der durch Gesetz vom 12. 11. 1951 (BGBl. I 883) und VO vom 5. 1. 1953 (BGBl. I 7) in Berlin als Rechtsmittelinstanz gegen Entscheidungen der *Disziplinarkammern* – jetzt: Bundesdisziplinargericht – errichtete *Bundesdisziplinarhof* ist am 1. 10. 1967 auch organisatorisch dem BVerwG eingegliedert worden.

3. Der *Bundesfinanzhof* (BFH)

in München, errichtet durch Bundesgesetz vom 29. 6. 1950 (BGBl. 257). Vgl. jetzt § 2 FGO.

Der BFH entscheidet anstelle des früheren Reichsfinanzhofs als oberste Instanz in allen Finanz- und Zollstreitigkeiten. Vgl. 78, 512.

4. Das *Bundesarbeitsgericht* (BAG)

in Kassel (zukünftiger Sitz: Erfurt), errichtet durch das Arbeitsgerichtsgesetz vom 3. 9. 1953 (BGBl. I 1267). Vgl. 636.

5. Das *Bundessozialgericht* (BSG)

in Kassel, errichtet durch das Sozialgerichtsgesetz vom 3. 9. 1953 (BGBl. I 1239). Vgl. 689.

III. *Sonstige Bundesgerichte*

Von der Errichtung des in Art. 95 GG ursprünglich vorgesehenen *Obersten Bundesgerichts* ist Abstand genommen worden. Die Wahrung der Einheitlichkeit der Rspr. der obersten Gerichtshöfe obliegt einem *Gemeinsamen Senat* (Sitz Karlsruhe). Er entscheidet, wenn ein oberster Gerichtshof in einer Rechtsfrage von der Entscheidung eines anderen obersten Gerichtshofs oder des Gemeinsamen Senats abweichen will. Der Gemeinsame Senat besteht aus den Präs. der obersten Gerichtshöfe sowie den Vorsitzenden Richtern und je einem weiteren Richter der im Einzelfall beteiligten Senate. Das Verfahren regelt sich nach dem Ges. zur Wahrung der Einheitlichkeit der Rechtsprechung der obersten Gerichtshöfe des Bundes vom 19. 6. 1968 (BGBl. I 661).

Gemäß Gesetz vom 23. 3. 1961 (BGBl. I 274) wurde ein *Bundespatentgericht* in München mit Beschwerde- und Nichtigkeitssenaten errichtet, bei welchem auch Mitglieder mit abgeschlossener technischer Ausbildung zum Richteramt befähigt sind. Über Rechtsbeschwerden und Berufungen gegen Beschlüsse bzw. Urteile des Patentgerichts entscheidet der *Bundesgerichtshof* (Patentsenat); vgl. 219, 387 VIII.

Über das *Bundesdisziplinargericht* für Disziplinarverfahren gegen Bundesbeamte vgl. 156, über das *Dienstgericht des Bundes* für Disziplinar- und andere Angelegenheiten der Richter im Bundesdienst vgl. 209, über *Bundesdienstgerichte* für Disziplinarverfahren gegen Soldaten und zur Entscheidung über Beschwerden der Soldaten vgl. 455.

72. Das Bundesverfassungsgericht

I. *Verfassungsrechtliche Stellung. Besetzung*

Das *Bundesverfassungsgericht* (BVerfG) ist ein Verfassungsorgan und ein allen übrigen Verfassungsorganen gegenüber selbständiger und unabhängiger Gerichtshof des Bundes (§ 1 Abs. 1 BVerfGG). Seine Stellung und Tätigkeit dürfen auch im *Verteidigungsfall* (61 IV) nicht beeinträchtigt, das BVerfGG darf vom *Gemeinsamen Ausschuß* des BT und BR (67) nur im Einvernehmen mit dem Gericht und nur zur Erhaltung seiner Funktionsfähigkeit geändert werden (Art. 115g GG).

Das BVerfG besteht nach Art. 94 aus *Bundesrichtern* und anderen Mitgliedern. Das Nähere über seine Zusammensetzung, insbes. seine Verfassung, das Verfahren, die Wirkung seiner Entscheidungen regelt das *Gesetz über das Bundesverfassungsgericht* (BVerfGG) i. d. F. vom 11. 8. 1993 (BGBl. I 1473).

Die Mitglieder des BVerfG müssen die Befähigung zum Richteramt (209) besitzen und das 40. Lebensjahr vollendet haben. Sie werden je zur Hälfte vom BT und vom BR gewählt. Sie dürfen weder dem BT noch dem BR, der BReg. oder entsprechenden Landesorganen angehören *(Inkompatibilität)*. Ihre Amtszeit dauert 12 Jahre (Wiederwahl unzulässig), längstens bis zum 68. Lebensjahr. Eine andere Berufstätigkeit als die eines Hochschullehrers des Rechts dürfen sie neben ihrem Amt nicht ausüben.

Das BVerfG besteht aus 2 Senaten mit je 8 Richtern, von denen je 3 aus der Zahl der Richter an den obersten Gerichtshöfen des Bundes gewählt werden. Jeder Senat ist beschlußfähig, wenn wenigstens 6 Richter anwesend sind. Das BVerfG gibt sich durch das Plenum eine Geschäftsordnung (§ 1 Abs. 3 BVerfGG). Die *Geschäftsordnung* vom 15. 12. 1986 (BGBl. I 2529) m. Änd. vom 11. 7. 1989 (BGBl. I 1571) enthält organisationsrechtliche und verfahrensergänzende Bestimmungen.

Der Umkreis des BVerfG in Karlsruhe ist zum *Bannkreis* erklärt (*Bannmeilengesetz* vom 6. 8. 1955, BGBl. I 504); in diesem sind öffentliche Versammlungen und Aufzüge verboten (vgl. 47 V, 58).

II. *Zuständigkeit*

Das BVerfG hat nur über rechtliche Fragen zu entscheiden. Im Rahmen der rechtlichen Würdigung können mittelbar auch politisch umstrittene Fragen vom BVerfG entschieden werden. Rein politische Ermessensfragen sind jedoch seiner Beurteilung entzogen (z. B. die Frage der Erforderlichkeit oder Zweckmäßigkeit bestimmter Verteidigungsvorbereitungen).

Nach Art. 93 entscheidet das BVerfG

1. über die *Auslegung des GG* bei Streit über den Umfang der Rechte und Pflichten der obersten Bundesorgane (sog. Organstreitigkeit);
2. bei Meinungsverschiedenheiten oder Zweifeln über *Vereinbarkeit* von Bundesrecht oder von Landesrecht *mit dem GG* oder von Landes- mit Bundesrecht (sog. *abstrakte Normenkontrolle*);

   bei Meinungsverschiedenheiten, ob ein Gesetz den Voraussetzungen des Art. 72 Abs. 2 GG entspricht (*Erforderlichkeit einer bundesgesetzlichen Regelung,* s. 55 II);
3. bei Meinungsverschiedenheiten über *Rechte und Pflichten des Bundes und der Länder,* insbes. bei Ausführung der Bundesgesetze und Ausübung der Bundesaufsicht (sog. Bund-Länder-Streitigkeiten);
4. in anderen *öffentlich-rechtlichen Streitigkeiten zwischen Bund und Ländern,* verschiedenen Ländern oder innerhalb eines Landes, soweit kein anderer Rechtsweg gegeben ist;
5. über *Verfassungsbeschwerden* wegen Verletzung von Grundrechten durch die öffentliche Gewalt (74) oder wegen Verletzung des gemeindlichen Selbstverwaltungsrechts;
6. in den übrigen im GG vorgesehenen Fällen; hier kommt außer Präsidentenanklage (Art. 61), Verwirkungsverfahren (Art. 18), Parteiverbot (Art. 21), Richteranklage (Art. 98), Wahlprüfung (Art. 41) namentlich die konkrete Normenkontrolle nach Art. 100 (vgl. 73) in Betracht.

Eine abschließende Zusammenstellung aller Zuständigkeiten findet sich in § 13 BVerfGG.

Vielfach stellt das BVerfG in seinen Entscheidungen Richtsätze für die Gesetzgebung auf (vgl. z. B. 53, 409). Die Abgrenzung zwischen Rechtsausführungen und politischen Entscheidungen ist öfters umstritten.

III. *Verfahren*

Es ist weitgehende Anwendung der *Offizialmaxime* vorgesehen. Die verfahrensrechtliche Handhabung ist im Gesetz selbst nicht umfassend geregelt; sie ist ggf. aus anderem Prozeßrecht (je nach dem Verfahrensgegenstand ZPO oder StPO oder einer anderen Verfahrensordnung) zu ergänzen und durch Gerichtsgebrauch fortzubilden. Unzulässige oder offensichtlich unbegründete Anträge können durch einstimmigen Beschluß verworfen werden (§ 24 BVerfGG); über die Vorprüfung der Verfassungsbeschwerden durch Kammern vgl. 74. Aus wichtigen Gründen, insbes. zur Vermeidung schwerer Nachteile, kann durch *einstweilige Anordnung* ein Zustand vorläufig geregelt werden (§ 32 BVerfGG). Jeder Richter kann seine abweichende Meinung *(dissenting opinion)* in einem *Sondervotum* niederlegen (§ 30 Abs. 2 BVerfGG und § 55 GeschO). Auch kann der Senat in der Entscheidung das Stimmenverhältnis mitteilen.

73. Richterliches Prüfungsrecht und Normenkontrollverfahren

I. Prüfungsrecht der Richter

Im Rechtsstaat kommt der gerichtlichen Prüfung, ob ein anzuwendendes Gesetz rechtsgültig, insbesondere „verfassungskonform“ ist, besondere Bedeutung zu. Der Richter ist nur dem Gesetz unterworfen, aber auch nur an ein rechtsgültiges Gesetz gebunden. Dementsprechend hat er ein *richterliches Prüfungsrecht* bezüglich der Ordnungsmäßigkeit des von ihm anzuwendenden Gesetzes. Er darf und muß jeweils prüfen, ob das Gesetz formell und materiell gültig ist. Dies ist der Fall, wenn das Gesetz ordnungsgemäß verkündet (s. 64 IV) und nicht durch ein späteres Gesetz aufgehoben oder geändert worden ist sowie keiner Norm höheren Ranges (z. B. Völkerrecht, GG, Bundesrecht, Landesverfassung) widerspricht.

Kommt der Richter auf Grund seiner Überprüfung zu dem Ergebnis, daß das Gesetz ordnungsgemäß zustande gekommen ist und nicht gegen höherrangiges Recht verstößt, so entscheidet er den Rechtsfall unter Anwendung des ihm maßgeblich erscheinenden Gesetzes. Hält er dagegen das Gesetz für verfassungswidrig, so hat er – wenn es bei der Entscheidung auf die Gültigkeit dieses Gesetzes ankommt – das Verfahren auszusetzen und gem. Art. 100 Abs. 1, 2 die Entscheidung des Bundes- oder Landesverfassungsgerichts einzuholen, sofern es sich um ein förmliches Gesetz handelt, das nach dem Inkrafttreten des GG oder der Landesverfassung zustande gekommen ist (sog. *konkrete Normenkontrolle*). Früheres (sog. *vorkonstitutionelles) Recht* (vgl. 142), d. h. Normen, die vor Inkrafttreten des GG erlassen und nicht später vom Gesetzgeber bestätigt worden sind, hat der Richter selbst auf seine Verfassungsmäßigkeit zu überprüfen. Gelangt er dabei zu der Auffassung, das (vorkonstitutionelle) Gesetz verstoße gegen höherrangiges Recht, so hat er es nicht anzuwenden (*Verwerfungsbefugnis*; vgl. BVerfG NJW 1968, 1772, Nr. 2, 3).

Das *gerichtliche Verfahren* ist nicht nur dann auszusetzen, wenn das Gericht zu der Überzeugung kommt, ein Gesetz sei *verfassungswidrig*, sondern auch, wenn es eine landesrechtliche Bestimmung als mit einem Bundesgesetz unvereinbar ansieht. Bei Verletzung von Bundesrecht ist die Entscheidung des BVerfG, bei Verletzung von Landesverfassungsrecht die Entscheidung des betreffenden Landesverfassungsgerichts einzuholen.

II. Normenkontrolle

Die besondere Bedeutung der *Verfassungsgerichte* des Bundes und der Länder liegt darin, daß sie überprüfen, ob anzuwendende Gesetze verfassungsmäßig zustandegekommen sind und ob sie mit dem GG bzw. der Landesverfassung übereinstimmen. Hierbei kann das Verfassungsgericht über den konkreten Rechtsstreit hinaus Meinungsverschiedenheiten und Zweifel klären. Dieses sog. *Normenkontrollverfahren* dient der Prüfung von Rechtsnormen am Maßstab des GG oder der Landesverfassung.

Über das Normenkontrollverfahren vor dem *Oberverwaltungsgericht* vgl. 151 IV.

Die Entscheidungen des BVerfG *binden* die Verfassungsorgane des Bundes und der Länder sowie alle Gerichte und Behörden. Entscheidungen darüber, ob Bundes- oder Landesrecht mit dem GG oder Landesrecht mit dem Bundesrecht vereinbar ist (Art. 93 Abs. 1 Nr. 2, Art. 100 Abs. 1 GG), ob Völkerrecht bindendes innerstaatliches Recht geworden ist (Art. 100 Abs. 2 GG) sowie ob früheres Recht als Bundesrecht fortgilt (Art. 126 GG; vgl. 55 V), haben nach § 31 BVerfGG *Gesetzeskraft*. Das gleiche gilt, wenn ein Gesetz auf Verfassungsbeschwerde hin als mit dem GG vereinbar oder unvereinbar oder für nichtig erklärt wird. Alle diese Entscheidungen werden deshalb im BGBl. veröffentlicht.

74. Die Verfassungsbeschwerde

ist in Art. 93 Abs. 1 Nr. 4a GG und §§ 90ff. BVerfGG als letzter innerstaatlicher Rechtsbehelf für denjenigen zugelassen, der in einem ihm durch das GG gewährleisteten *Grundrecht* oder einem insoweit den Grundrechten gleichgestellten Recht durch einen Akt der öffentlichen Gewalt verletzt ist.

Den Grundrechten *gleichgestellt* sind folgende Rechte: *Widerstandsrecht* bei Angriffen gegen die verfassungsmäßige Ordnung (Art. 20 Abs. 4), *Indigenat* (jeder Deutsche hat in jedem Land der BRep. gleiche Rechte und Pflichten), gleicher Zugang zu öffentlichen Ämtern, Berufsbeamtentum (Art. 33), Wahlrecht (Art. 38), keine Ausnahmegerichte, Anspruch auf den gesetzlichen Richter (Art. 101), rechtliches Gehör vor Gericht, Verbot rückwirkender Anwendung der Strafgesetze und der Doppelbestrafung (Art. 103), Rechtsgarantien bei Freiheitsentzug (Art. 104). Vgl. 46 VI.

Eine *Verfassungsbeschwerde* kann nur erhoben werden, wenn der *Rechtsweg erschöpft* ist, d.h. wenn alle zulässigen Rechtsbehelfe und Rechtsmittel ausgenutzt worden sind. Die Verfassungsbeschwerde ist schriftlich innerhalb 1 Monats seit Bekanntgabe der angegriffenen, begründeten Entscheidung anzubringen und zu begründen. Wiedereinsetzung in den vorigen Stand bei Fristversäumnis ist möglich (§ 93 Abs. 2 BVerfGG). Die Frist beträgt bei Anfechtung von Hoheitsakten, gegen die ein Rechtsweg nicht eröffnet ist, sowie bei Gesetzen 1 Jahr seit Erlaß des Hoheitsaktes bzw. Inkrafttreten des Gesetzes. Voraussetzung für die Zulässigkeit einer Verfassungsbeschwerde gegen ein Gesetz ist, daß der Beschwerdeführer selbst, gegenwärtig und unmittelbar durch das Gesetz, nicht etwa erst durch einen vollziehenden Verwaltungsakt, in einem Grundrecht verletzt ist. Eine *Popularklage,* also eine Klage bzw. Verfassungsbeschwerde gegen ein Gesetz ohne eigenes Betroffensein, ist beim BVerfG nicht möglich (anders dagegen die Popularklage nach Art. 98 S. 4 Bayer. Verfassung, die jedermann zusteht, auch wenn er durch die angegriffene Rechtsnorm selbst nicht beeinträchtigt wird).

Die Verfassungsbeschwerde bedarf der *Annahme zur Entscheidung*. Die bei den Senaten des BVerfG gem. § 15a BVerfGG gebildeten *Kammern* (Besetzung: 3 Richter) können durch einstimmigen Beschluß die Annahme ablehnen, aber auch einstimmig der Verfassungsbeschwerde stattgeben, wenn sie offensichtlich begründet ist, weil das BVerfG die hierfür maßgebliche verfassungsrechtliche Frage bereits entschieden hat und wenn es zur Durchsetzung der Grundrechte oder der gleichgestellten Rechte (s.o.) angezeigt ist. Dies kann auch der Fall sein, wenn dem Beschwerdeführer durch die Versagung der Entscheidung zur Sache ein besonders schwerer Nachteil entsteht (§§ 93a–c BVerfGG). Im übrigen entscheidet der Senat; die Annahme durch den Senat ist beschlossen, wenn mindestens 3 Richter ihr zustimmen (§§ 93b, 93d Abs. 3 BVerfGG). Die vorgenannten Entscheidungen ergehen ohne mündliche Verhandlung und sind unanfechtbar, die Ablehnung der Annahme einer Verfassungsbeschwerde bedarf keiner Begründung (§ 93d Abs. 1 BVerfGG). Das Verfahren beim BVerfG ist kostenfrei; jedoch kann dem Beschwerdeführer eine *Gebühr* bis zu 5000 DM auferlegt werden, wenn die Einlegung der Verfassungsbeschwerde einen Mißbrauch darstellt oder ein Antrag auf Erlaß einer einstweiligen Anordnung mißbräuchlich gestellt ist (§ 34 BVerfGG).

Gibt das BVerfG der Beschwerde statt, so stellt es die Grundrechtsverletzung fest und hebt die angefochtene Maßnahme auf bzw. erklärt das Gesetz für nichtig (§§ 95, 31 BVerfGG).

Auf Länderebene gibt es eine Verfassungsbeschwerde für den Bürger z.B. in Bayern (Art. 120 BV), in Brandenburg (Art. 113 Nr. 4 Brandbg. Verf.), in Hessen (§ 45 Abs. 2 StGHG), in Berlin (§ 14 Nr. 6, §§ 49–54 VfGHG, im Saarland (§ 9 Nr. 13 des Ges. über den Verfassungsgerichtshof), in Sachsen (Art. 81 Abs. 1 Nr. 4 Sächs. Verf.).

V. Das Finanzwesen des Bundes und der Länder

75. Die Finanzhoheit des Bundes und der Länder

Das Finanzwesen ist von größter Bedeutung für Bestand und Funktion des Staates. In einem föderativen Bundesstaat muß die *Finanzhoheit* angemessen zwischen Bund und Ländern verteilt werden. Das GG regelt in Abschnitt X als Kernproblem des Bundesstaates speziell das *Finanzwesen des Bundes und der Länder*. Es spart die Grundsätze über Gesetzgebung, Verwaltung und Rechtsprechung auf diesem Gebiet in den Abschnitten VII–IX aus und faßt sie für das Finanzwesen im X. Abschnitt wegen ihrer Besonderheiten zusammen. Hiervon behandeln die Art. 104a–108 die *Verteilung der Finanzhoheit* auf Bund und Länder, während die Art. 109–115 die wichtigsten Grundsätze für das *Haushaltsrecht des Bundes* enthalten.

Grundsätzlich tragen Bund und Länder gesondert die Ausgaben, die sich aus der Wahrnehmung ihrer Aufgaben ergeben. In *Auftragsangelegenheiten* (56 II) trägt der Bund die Kosten. Führen die Länder Bundesgesetze aus, die Geldleistungen gewähren, kann die Beteiligung des Bundes im Gesetz festgelegt werden. Der Bund kann Ländern und Gemeinden auch *Investitionshilfen* im gesamtwirtschaftlichen Interesse gewähren (Art. 104a).

Dem *Kaiserreich von 1871* floß zwar der Ertrag der Zölle und indirekten Steuern zu; im übrigen war es aber auf die Matrikularbeiträge der Bundesstaaten angewiesen („Kostgänger der Länder") und befand sich in ständiger Finanznot. Im Jahre 1906 kam zu der Brausteuer als erste direkte Steuer die Erbschaft- und Schenkungsteuer hinzu, später Vermögenszuwachssteuer und einmaliger Wehrbeitrag.

In der *Weimarer Republik* dagegen waren fast alle Steuereinnahmen und die Steuerverwaltung auf das Reich übertragen. Die Länder erhielten die benötigten Mittel im Wege des Finanzausgleichs und wurden finanziell vom Reich abhängig („Reichspensionäre").

Das *Grundgesetz* geht einen Mittelweg, indem es das Steueraufkommen etwa gleichmäßig auf Bund und Länder verteilt. Weiter schafft es eine doppelte Finanzverwaltung, die dem föderalistischen Staatsaufbau entspricht.

Nach Art. 120 trägt der Bund die Besatzungskosten, die Kriegsfolgelasten und die Zuschüsse zur Sozialversicherung. Er erhält dafür u. a. einen Teil der Einkommen-, Körperschaft- und Umsatzsteuer (vgl. 76, 79 II 2, 82).

76. Die Gesetzgebung in Finanzangelegenheiten

I. Gesetzgebungsbefugnis des Bundes in Finanzangelegenheiten

Nach Art. 105 hat der Bund folgende Gesetzgebungszuständigkeiten im Finanzwesen:

1. die *ausschließliche Gesetzgebung* (s. 55 I) über Zölle und Finanzmonopole.

Zölle (Einfuhr- oder Ausfuhrzölle) sind Abgaben auf Güter. Sie werden bei der Grenzüberschreitung fällig. Vgl. 554.

Unter einem *Finanzmonopol* versteht man die ausschließliche Berechtigung, aus dem Verkauf bestimmter Waren oder aus bestimmten Dienstleistungen Einkünfte zu erzielen. Über Monopole vgl. 553.

2. die *konkurrierende Gesetzgebung* (s. 55 II) über die übrigen Steuern, deren Aufkommen ihm ganz oder teilweise zusteht (vgl. 79 II 2) oder wenn nach Art. 72 Abs. 2 ein Bedürfnis für die Bundeskompetenz besteht (weil die Regelung über ein Land hinauswirkt oder zur Wahrung der Rechts- oder Wirtschaftseinheit erforderlich ist).

Zu Bundessteuergesetzen ist die Zustimmung des BR erforderlich, wenn das Aufkommen ganz oder zum Teil den Ländern oder Gemeinden zufließt (Art. 105 Abs. 3; insbes. bei Realsteuern).

II. Gesetzgebungsbefugnis der Länder in Finanzangelegenheiten

Die *Länder* haben die Befugnis zur Gesetzgebung über *örtliche Verbrauch-* und *Aufwandsteuern,* sofern diese nicht bundesgesetzlich geregelten Steuern gleichartig sind (Art. 105 Abs. 2a).

77. Die Finanzverwaltung

Abweichend von der WVerf., unter welcher seit der Finanzreform 1919 die Verwaltung sämtlicher Reichssteuern dem Reich zugewiesen war, teilt das GG (Art. 108) die Verwaltung teils dem Bund und teils den Ländern zu. Diese Verteilung der *Verwaltungshoheit* entspricht nicht ganz der *Gesetzgebungshoheit* (vgl. 76).

Nach Art. 108 verwaltet der *Bund* die Zölle, Finanzmonopole, bundesrechtlichen Verbrauchsteuern und Abgaben im Rahmen der Europ. Gemeinschaften, während den *Ländern* die Verwaltung der übrigen Steuern, insbes. der Besitz- und Verkehrsteuern übertragen ist. Zur Verwaltungsvereinfachung kann ein Zusammenwirken von Bundes- und Landesbehörden oder die Verwaltung der Bundessteuern durch Landesbehörden oder umgekehrt gesetzlich bestimmt werden.

Da die *Einkommen-, Körperschaft- und Umsatzsteuern* nach Art. 106 Abs. 3 zum Teil dem Bund zufließen, ist er insoweit an der Verwaltung dieser Steuerarten, die er den Ländern als *Auftragsverwaltung* überläßt, beteiligt (Art. 108 Abs. 3). Die BReg. kann gemäß Art. 85 mit Zustimmung des BR allgemeine Verwaltungsvorschriften erlassen und die einheitliche Ausbildung der Beamten und Angestellten regeln (vgl. 573). Der BMF kann Weisungen an die obersten Landesbehörden erteilen. Seine Aufsicht erstreckt sich auf Gesetzmäßigkeit und Zweckmäßigkeit der Ausführung. Entsprechendes gilt für die von den Ländern auftragsweise verwalteten, dem Bund allein zufließenden *Verkehrsteuern* und die einmaligen *Vermögensabgaben* (Soforthilfe, Lastenausgleich).

Den Behördenaufbau und das Verfahren regelt das *Finanzverwaltungsgesetz* i. d. F. vom 30. 8. 1971 (BGBl. I 1426, 1427) m. spät. Änd. Oberste Finanzbehörden sind der Bundes- und die Landesfinanzminister(-senatoren), Oberbehörden die Bundesschuldenverwaltung, die Bundesmonopolverwaltung für Branntwein, das Bundesamt für Finanzen, das Zollkriminalamt, das Bundesamt zur Regelung offener Vermögensfragen sowie die Bundesaufsichtsämter für das Kreditwesen und für das Versicherungswesen. Als Mittelbehörden des Bundes und zugleich des Landes fungieren die *Oberfinanzdirektionen;* dementsprechend sind ihre Abteilungen für Zölle und Verbrauchsteuern Bundes-, die Abteilungen für Besitz- und Verkehrsteuern Landesbehörden. Örtliche Behörden des Bundes sind die *Hauptzollämter* einschließlich ihrer Dienststellen (Zollämter, Grenzkontrollstellen, Zollkommissariate), Zollfahndungsämter, Bundesvermögensämter und Bundesforstämter, örtliche Landesbehörden sind die Finanzämter.

78. Die Rechtsprechung in Finanzangelegenheiten

Die Finanzgerichtsbarkeit (Art. 108 Abs. 6 GG) wird nach der *Finanzgerichtsordnung* (FGO) vom 6. 10. 1965 (BGBl. I 1477) m. spät. Änd. in den Ländern von einem oder mehreren Finanzgerichten als oberen Landesgerichten, im Bund vom *Bundesfinanzhof* ausgeübt. Diese Spruchkörper sind unabhängige, von den Verwaltungsbehörden getrennte *besondere Verwaltungsgerichte* (vgl. 151 II).

Die FGe, an deren Spitze ein Präsident steht, entscheiden in Senaten mit drei Berufs- und zwei ehrenamtlichen Richtern, soweit nicht ein Einzelrichter entscheidet. Sie sind zuständig für Klagen gegen Finanzbehörden in Abgabensachen (Steuer- und Zollsachen). Mit der Klage kann die Aufhebung (u. U. auch Änderung) eines Verwaltungsaktes, die Verpflichtung zum Erlaß eines abgelehnten oder unterlassenen Verwaltungsaktes oder eine Feststellung über ein Rechtsverhältnis oder die Nichtigkeit eines Verwaltungsaktes begehrt werden (§§ 40, 41 FGO; vgl. 151 IV).

Gegen Bescheide der Finanzbehörde ist nach § 348 AO i. d. R. zunächst der *Einspruch* einzulegen (binnen eines Monats); erst wenn dieser erfolglos bleibt, kann (wiederum binnen eines Monats) die Klage bei dem FG angebracht werden (§§ 44ff. FGO). Das FG entscheidet i. d. R. nach mündlicher Verhandlung durch Urteil, kann aber in geeigneten Fällen auch ohne Verhandlung einen *Gerichtsbescheid* erlassen, gegen den die Beteiligten Revision (wenn sie zugelassen worden ist) oder Nichtzulassungsbeschwerde einlegen oder mündliche Verhandlung beantragen können (§ 90a FGO). Gegen Urteile der FGe ist die Revision an den *Bundesfinanzhof* zulässig, dessen Senate in der Besetzung mit fünf Richtern entscheiden (Präs. oder Vorsitzender Richter, 4 Richter). Revision ist nur zulässig, wenn der Streitgegenstand 1000 DM übersteigt oder wenn das FG sie wegen der grundsätzlichen Bedeutung der Sache, wegen Abweichung seines Urteils von einer Entscheidung des BFH oder wegen Verfahrensmangels zugelassen hat (§ 115 FGO); sie kann nur auf Verletzung des materiellen oder formellen Rechts gestützt werden. Nach dem EntlastungsG für den BFH vom 8. 7. 1975 (BGBl. I 1861) m. spät. Änd. ist bis zum 31. 12. 1999 die Revision nur dann statthaft, wenn das FG oder der BFH sie zugelassen hat; der BFH kann jede Revision durch Beschluß verwerfen, wenn 5 Richter sie einstimmig für unbegründet und eine mündliche Verhandlung nicht für erforderlich halten. Der BFH entscheidet ferner über Beschwerden gegen Beschlüsse und andere nicht urteilsmäßige Erkenntnisse der FGe (§ 128 FGO).

Vor den FGen besteht kein Vertretungszwang; jedoch müssen sich die Beteiligten (zunächst bis 31. 12. 1999) vor dem BFH durch einen Rechtsanwalt, Steuerberater oder Wirtschaftsprüfer vertreten lassen. Der *ordentliche Rechtsweg* ist ausgeschlossen, soweit der *Finanzrechtsweg* gegeben ist (§§ 33, 34 FGO). Dieser Ausschluß erstreckt sich aber nicht auf Ansprüche und Rechtsfragen des bürgerlichen Rechts, die im Steuerbeitreibungsverfahren entstehen; sie gehören in den Bereich der ordentlichen Gerichtsbarkeit.

79. Die Verteilung des Steueraufkommens

I. Allgemeines

Die Verteilung des Steueraufkommens zwischen Bund und Ländern (sog. *vertikaler Finanzausgleich)* kann nach zwei Systemen vorgenommen werden: Beim *Trennsystem* werden die gesamten Erträge aus einzelnen Steuerarten entweder dem Bund, den Ländern oder den Gemeinden zugewiesen. Beim *Verbundsystem* wird aus einzelnen oder mehreren Steuern eine Finanzmasse gebildet, die dem Bund, den Ländern und Gemeinden gemeinsam zusteht und nach bestimmten Schlüsseln unter ihnen aufgeteilt wird. Im GG besteht ein *Mischsystem:* Art. 106 Abs. 1, 2 und 6 weist im Trennsystem u. a. die Erträge der Finanzmonopole, die Zölle, die Abgaben im Rahmen der EG dem Bund, die Vermögensteuer, die Erbschaftsteuer, die Kraftfahrzeugsteuer den Ländern und das Aufkommen der Realsteuern den Gemeinden zu. Dagegen ist in Art. 106 Abs. 3 und 5 hinsichtlich der Einkommensteuer, der Körperschaftsteuer und der Umsatzsteuer das Verbundsystem angewandt.

Die Erwähnung einer Steuerart in Art. 106 bedeutet nicht, daß der Bestand der betreffenden Steuer verfassungsrechtlich garantiert ist; der Gesetzgeber kann vielmehr derartige Steuern auch abschaffen (s. z. B. Straßengüterverkehrsteuer, Kapitalverkehrsteuern).

II. Verteilung des Steueraufkommens im einzelnen

Durch die im *Finanzreformgesetz* vom 12. 5. 1969 (BGBl. I 359) neu gefaßten Art. 106 und 107 werden die Steuern auf Bund und Länder (einschl. Gemeinden) folgendermaßen aufgeteilt:

1. Dem *Bund*

fließen Zölle, Erträge aus Monopolen, fast alle Verbrauchsteuern, ferner die Kapitalverkehr-, die Versicherung- und die Wechselsteuer, einmalige Vermögensabgabe (Lastenausgleich), Abgaben im Rahmen der Europ. Gemeinschaften zu (Art. 106 Abs. 1).

2. Die *Länder*

erhalten die Biersteuer, die Kraftfahrzeugsteuer, einen Teil der Verkehrsteuern, die Vermögen- und Erbschaftsteuer sowie die Abgaben von Spielbanken. Die Verteilung der *Einkommen-* und *Körperschaftsteuer* war lange Zeit Gegenstand des Ringens, da beide Steuern besonders ertragreich sind. Nunmehr ist durch Art. 106 Abs. 3 eine Beteiligung von Bund und Ländern an der *Einkommen-* und der *Körperschaftsteuer* je zur Hälfte festgelegt. Bei der *Umsatzsteuer* ist für 1996 und 1997 eine Verteilung von 50,5 v. H. (Bund) und 49,5 v. H. (Länder) festgesetzt. Vgl. Finanzausgleichsgesetz v. 23. 6. 1993 (BGBl. I 944, 977) m. spät. Änd., zuletzt vom 13. 11. 1995 (BGBl. I 1506).

3. Den *Gemeinden* (Gemeindeverbänden)

steht nach Art. 106 Abs. 6 GG das Aufkommen an *Real-(Objekt-)Steuern* (Grund- und Gewerbesteuer) sowie der örtlichen Verbrauch- und Aufwandsteuern zu (vgl. 503). Weiter fließen ihnen 15 v. H. des örtlichen Aufkommens an Lohn- und Einkommensteuern (nach Zerlegungsgrundsätzen, Art. 107 Abs. 1 GG) sowie 12 v. H. des Aufkommens aus dem Zinsabschlag (s. 534) zu. Sie müssen aber ihrerseits aus ihrem Gewerbesteueraufkommen an das Finanzamt eine Umlage zur Verteilung auf Bund und Länder abführen (*Gemeindefinanzreformgesetz* i. d. F. vom 6. 2. 1995, BGBl. I 189) m. spät. Änd. Im übrigen bestimmt die Landesgesetzgebung, ob und inwieweit das Aufkommen an Landessteuern den Gemeinden (Gemeindeverbänden) zukommt. Für vom Bund veranlaßte besondere Einrichtungen mit Sonderbelastungen der Länder oder Gemeinden gewährt der Bund den erforderlichen *Ausgleich* für Mehrausgaben oder Mindereinnahmen (Art. 106 Abs. 8 GG). Vgl. 82.

III. Finanzausgleich

Während man die Aufteilung der Erträge aus Steuern und anderen Abgaben zwischen *Bund und Ländern* als *vertikalen Finanzausgleich* bezeichnet, besteht der sog. *horizontale Finanzausgleich* darin, daß nach Art. 107 Abs. 2 GG durch Bundesgesetz ein angemessener Ausgleich zwischen leistungsfähigen und leistungsschwachen Ländern angeordnet wird, indem diesen aus Beiträgen leistungsfähiger Länder (Ausgleichsbeiträgen) *Ausgleichszuweisungen* gewährt werden. Das Nähere regeln das Finanzausgleichsgesetz (s. o.) und die für die einzelnen Ausgleichsjahre ergehenden DVOen. Nach Art. 104a Abs. 4 GG kann der Bund den Ländern *Finanzhilfen* für besonders bedeutsame Investitionen gewähren, die zur Abwehr einer Störung des gesamtwirtschaftlichen Gleichgewichts oder zum Ausgleich unterschiedlicher Wirtschaftskraft im Bundesgebiet oder zur Förderung des wirtschaftlichen Wachstums erforderlich sind.

80. Das Haushalts- und Rechnungswesen

Nach Art. 110 GG ist ein *Haushaltsplan (Etat)* aufzustellen, der alle Einnahmen und Ausgaben vollständig enthalten muß, soweit sie voraussehbar sind. Dieser Plan ist ein Voranschlag über Bedarf und Deckung für ein oder mehrere bevorstehende *Haushaltsjahre;* er muß in Einnahme und Ausgabe ausgeglichen sein und wird durch (formelles) Gesetz festgestellt. Das *Haushaltsgesetz* ist in seinen Auswirkungen ein staatsleitender Akt; es darf keine Belastungen vorsehen, die über das Haushaltsjahr hinaus eine Änderung von Gesetzen oder gesetzlichen Einrichtungen voraussetzen oder sonst über das eigentliche *Budgetrecht* hinausgreifen (sog. *Bepackungsverbot*).

Der Bund hat als *eigene Einnahmen:*

a) Erträge aus Zöllen, Monopolen und Verbrauchsteuern, ferner aus Kapitalverkehr-, Versicherung-, Wechselsteuer, einmaligen Vermögensabgaben, Abgaben im Rahmen der Europ. Gemeinschaften (Art. 106 Abs. 1); s. 79 II 1;
b) Verwaltungseinnahmen;
c) Gewinn der Bundesbank;
d) Teile der Einkommen-, Körperschaft- und Umsatzsteuer (Art. 106 Abs. 3).

Der BT darf Gesetze, die eine Erhöhung des Etats über die Ansätze der BReg. hinaus zur Folge haben, nur mit Zustimmung der BReg. beschließen; die Zustimmung ist auch für Gesetze erforderlich, die neue Ausgaben oder Einnahmeminderungen nach sich ziehen (Art. 113). Dadurch soll verhindert werden, daß das Parlament Haushaltsausgaben beschließt oder verursacht, die eine ordentliche Wirtschaftsführung der Exekutive in Frage stellen.

Zur Leistung dringlicher Ausgaben vor Verabschiedung des Etats können die benötigten Mittel im Wege des Kredits von der BReg. beschafft werden (*Notetatsrecht;* Art. 111). Haushaltsüberschreitungen bedürfen der Zustimmung des Bundesfinanzministers, der dem BT und dem BR zur *Rechnungslegung* verpflichtet ist (Art. 112, 114).

Die *Rechnungsprüfung* obliegt dem *Bundesrechnungshof* (109), der als ein den BMinisterien gleichgestelltes Bundesorgan den Staat kontrolliert. Sein Bericht ist die Grundlage für die Beschlüsse von BT und BR, durch die der BReg. *Entlastung* erteilt wird (Art. 114). In den Ländern bestehen *Landesrechnungshöfe* für ihren Bereich mit entsprechenden Aufgaben und Befugnissen.

Verschuldung der öffentlichen Haushalte · Dezember 1995

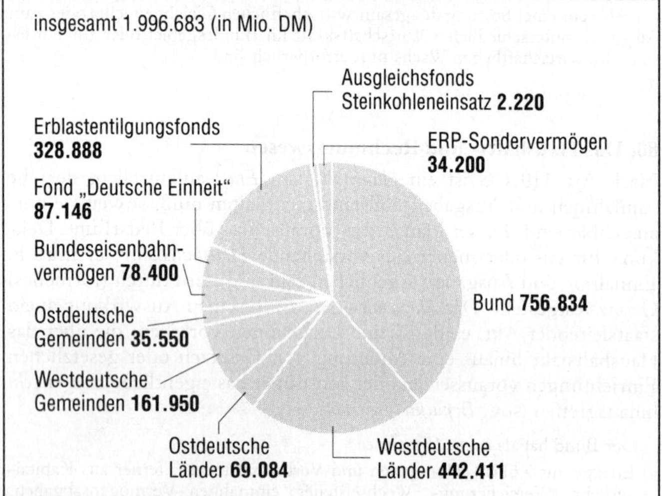

Quelle: Deutsche Bundesbank

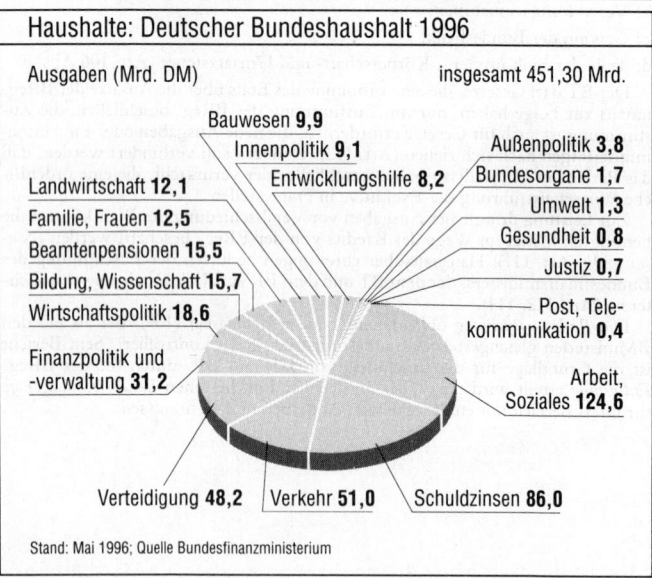

Haushalte: Deutscher Bundeshaushalt 1996

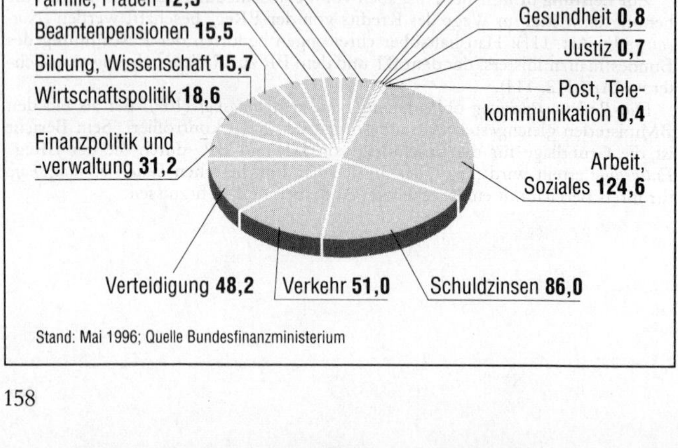

Stand: Mai 1996; Quelle Bundesfinanzministerium

Entwicklung des Bundeshaushalts
(ohne Nachtragshaushalte)

Einnahmen/Ausgaben (in Milliarden DM)

1950	14,6	1974	136,4	1990	300,13
1953	27,9	1975	155,1	1991	410,33
1959	42,9	1978	188,7	1992	422,10
1961	52,2	1979	203,8	1993	435,60
1963	58,2	1980	214,2	1994	479,95
1965	69,1	1983	253,20	1995	477,68
1968	88,4	1984	257,14	1996	451,30
1969	97,8	1985	259,34	1997	439,90
1970	94,3	1988	275,10	1998	461,00
1973	120,2	1989	290,26		

Maßgebend ist die *Bundeshaushaltsordnung* vom 19. 8. 1969 (BGBl. I 1284) – BHO – m. spät. Änd., die neben Art. 114 GG gilt. *Haushaltsjahr* ist das Kalenderjahr. Die BHO regelt Aufstellung und Ausführung des Haushaltsplans, Buchführung und Rechnungslegung, die Rechnungsprüfung durch den *Bundesrechnungshof* (110) und die Anwendung der BHO auf bundesunmittelbare juristische Personen des öffentlichen Rechts (144). Anleihen, Darlehen usw. dürfen nur auf Grund eines Bundesgesetzes aufgenommen werden (Art. 115 GG).

Der über Einnahmen und Ausgaben des Bundes und entsprechend in den Ländern, Gemeinden u. a. öffentlich-rechtlichen Körperschaften aufzustellende *Haushaltsplan* ist das Produkt einer Finanzplanung für ein Haushaltsjahr; er berücksichtigt die finanzielle Entwicklung der folgenden Zeiträume, wobei aber ein Vorgriff auf die nächsten Haushaltsjahre nur in den gesetzlichen Grenzen zulässig ist (s. o. Bepackungsverbot). Die Haushaltswirtschaft des Bundes und der Länder ist grundsätzlich voneinander unabhängig. Doch gelten inhaltlich übereinstimmende Richtlinien für konjunkturgerechte Haushaltswirtschaft, mehrjährige Finanzplanung, Kreditaufnahmen usw. nach dem auf Grund Art. 109 GG ergangenen *Haushaltsgrundsätzegesetz* vom 19. 8. 1969 (BGBl. I 1273) m. spät. Änd. Dieses enthält ergänzende Vorschriften für den Bundeshaushalt und zugleich bindende Rahmenbestimmungen für das Haushaltsrecht der Länder, u. a. auch über die Vergabe von Liefer-, Bau- und Dienstleistungsaufträgen (§ 57a–c). S. auch *Stabilitätsgesetz* (859 II).

Der Kassen- und Rechnungsdienst obliegt den *Finanz-* und *Zollkassen*. In der *Bundesfinanzverwaltung* bestehen *Bundeskassen* bei den Oberfinanzdirektionen (mit Zahlstellen bei den nachgeordneten Dienststellen); sie rechnen die Einnahmen und Ausgaben mit der *Bundeshauptkasse* ab, die beim BMF besteht (§ 79 BHO). In den *Landesfinanzverwaltungen* bestehen *Landesfinanzkassen;* diese rechnen ihre Einnahmen und Ausgaben jeweils mit der *Oberfinanzkasse* (Dienststelle der OFD) ab, in einigen Ländern unmittelbar mit der *Landeshauptkasse*.

81. Das Bundesvermögen

Die Überleitung des *früheren Reichsvermögens* regelt Art. 134. Danach ist das Vermögen des Reiches grundsätzlich *Bundesvermögen* geworden. Soweit es jedoch nach seiner ursprünglichen Zweckbestimmung überwiegend für Verwaltungsaufgaben bestimmt war, die nach dem

GG nicht dem Bund obliegen, ist es unentgeltlich auf die nunmehr zuständigen *Aufgabenträger* bzw. auf die *Länder* zu übertragen. Der Bund kann den Ländern auch sonstiges Vermögen übertragen. Vermögen, das dem Reich von Ländern oder Gemeinden (Gemeindeverbänden) unentgeltlich zur Verfügung gestellt war, fällt diesen wieder zu, soweit es nicht der Bund für eigene Verwaltungsaufgaben benötigt *(Rückfallvermögen)*.

Hiernach kann eine Rückgabe von Vermögen, das dem Reich unentgeltlich zur Verfügung gestellt worden war (z. B. Verwaltungsgebäude), an Länder und Gemeinden notwendig sein. Im Streitfalle entscheidet das BVerfG (Art. 93 Abs. 1 Nr. 4). Die *Haftung der BRep. für Reichsschulden* läßt sich aus Art. 134 nicht herleiten, da das Deutsche Reich und die BRep. nicht identisch sind.

Die Behandlung des Reichsvermögens wurde auf Grund eines Vorbehalts in Art. 134 Abs. 4 zunächst durch Ges. vom 21. 7. 1951 (BGBl. I 467) vorläufig geregelt. Die endgültige Regelung im Verhältnis zwischen Bund, Ländern, Gemeindeverbänden und Gemeinden entsprechend den Grundsätzen des Art. 134 traf das Ges. zur Regelung der Rechtsverhältnisse des Reichsvermögens und der preußischen Beteiligungen *(Reichsvermögengesetz)* vom 16. 5. 1961 (BGBl. I 597).

Zur Regelung der Verbindlichkeiten des Deutschen Reiches, des ehemaligen Landes Preußen und sonstiger nicht mehr bestehender Körperschaften und Anstalten des öffentlichen Rechts sowie zur Regelung der Verbindlichkeiten, die mit dem Übergang von Vermögenswerten nach dem Krieg in Zusammenhang stehen, wurde in das GG Art. 135a eingefügt. In Ausführung dieses Artikels erging das Gesetz zur allgemeinen Regelung durch den Krieg und den Zusammenbruch des Deutschen Reiches entstandener Schäden *(Allgemeines Kriegsfolgengesetz)* vom 5. 11. 1957 (BGBl. I 1747). Im einzelnen vgl. 686 I.

Die Überleitung der Beteiligung des ehemaligen Landes Preußen am Grundkapital der *Deutschen Pfandbriefanstalt* (ehemals Preuß. Landespfandbriefanstalt) auf den Bund behandelte das Gesetz vom 16. 12. 1954 (BGBl. I 439). S. jetzt das Ges. über die Umwandlung der Deutschen Pfandbriefanstalt in eine Aktiengesellschaft vom 20. 12. 1988 (BGBl. I 2310). Vgl. auch das Gesetz zur Errichtung einer Stiftung „Preußischer Kulturbesitz" zur Übertragung von Vermögenswerten des ehemaligen Landes Preußen auf die Stiftung vom 25. 7. 1957 (BGBl. I 841). Finanzträger der Stiftung sind der Bund und die Länder, die im Stiftungsrat entsprechend ihrer Zuschußleistung vertreten sind (s. a. 95).

Über das *Bundeseisenbahnvermögen* s. 101, über den Übergang des Eigentums an *Reichsautobahnen* und *Reichsstraßen* auf den Bund s. Ges. vom 2. 3. 1951 (BGBl. I 157), über die Verwaltung des *ERP-Sondervermögens* s. Ges. vom 31. 8. 1953 (BGBl. I 1312) m. spät. Änd.

82. Lastenverteilung zwischen Bund und Ländern

Die Frage, ob der Bund oder die Länder eine bestimmte Staatsaufgabe zu finanzieren haben, regelt Art. 104a GG: wer nach der verfassungsrechtlichen Aufgabenverteilung zwischen Bund und Ländern eine Aufgabe wahrzunehmen hat, muß die sich daraus ergebenden Kosten aus seinen Haushaltsmitteln bezahlen *(Konnexitätsgrundsatz)*. Die Aufgabenverteilung zwischen Bund und Ländern ergibt sich aus Art. 30 GG sowie den Bestimmungen des GG, die dem Bund Zuständigkeiten zuweisen, so besonders Art. 87, 87b, 87d, 88, 89 GG. Der Bund hat die Lasten der Bundesgesetze nur dann zu tragen, wenn er sie selbst auszuführen hat (bundeseigene Verwaltung gem. Art. 86 GG, s. 56 I) oder wenn ihm das GG die Finanzlast durch besondere Regelungen ausdrücklich auferlegt, so z. B. wenn die Länder im Auftrag des Bundes handeln (Art. 104a Abs. 2 i. V. m. Art. 85 GG, s. 56 II) oder bei bestimmten Geldleistungsgesetzen in Höhe einer vom Gesetzgeber zu bestimmenden Quote (Art. 104a Abs. 3 GG). In allen anderen Fällen haben die Länder die Lasten der Ausführung der Bundesgesetze zu tragen (Art. 104a Abs. 1 i. V. m. Art. 83 GG, s. 56 III).

Nach der Sonderregelung des Art. 120 GG trägt der Bund die Aufwendungen für *Besatzungskosten* und die sonstigen inneren und äußeren *Kriegsfolgelasten* nach näherer Bestimmung von Bundesgesetzen, ferner die Zuschüsse zu den Lasten der *Sozialversicherung* mit Einschluß der Arbeitslosenversicherung und der Arbeitslosenhilfe. Die Überleitung von Lasten und Deckungsmitteln auf den Bund regeln die vier *Überleitungsgesetze* vom 28. 11. 1950 i. d. F. vom 28. 4. 1955, BGBl. I 193, zuletzt geänd. am 20. 12. 1991 (BGBl. I 2317) (Besatzungskosten, Kriegsfolgenhilfe, Verbindlichkeiten im öffentlichen Dienst, Umsiedlung, Rückführung, Sozialversicherung usw.), vom 21. 8. 1951, BGBl. I 774 (persönliche u. a. Kosten der Verwaltung), vom 4. 1. 1952, BGBl. I 1, zuletzt geänd. am 20. 12. 1991 (BGBl. I 2317) und vom 27. 4. 1955, BGBl. I 189 (finanzielle Beziehungen zwischen Bund und Ländern).

Mit dem 1. 4. 1955 sind die Verwaltungsaufgaben der *Kriegsopferversorgung* auf die Länder übergegangen. Vgl. 681 V.

E. Die obersten Bundesbehörden

91. Verwaltungsaufbau der Bundesrepublik Deutschland

Die Verwaltungsspitze des Bundes besteht aus dem BPräs. und der BReg.; diese bedient sich zur Verwaltung bundeseigener Angelegenheiten eines Ober-, Mittel- und Unterbaues. Der Bereich der *vollausgebauten bundeseigenen* Verwaltung ist jedoch eng (s. im einzelnen 56 I). Im übrigen liegt die Ausführung der Bundesgesetze bei Mittel- und Unterbehörden der Länder (in Auftrags- oder landeseigener Verwaltung; 56 II, III).

Man unterscheidet *oberste Bundesbehörden* (das sind die Ministerien sowie das diesen gleichgestellte Bundespräsidialamt, das Bundeskanzleramt, das Presse- und Informationsamt der BReg. und der Bundesrechnungshof), *Bundesoberbehörden* und andere *zentrale Bundesbehörden.*

Zu den Bundesoberbehörden gehören u. a.: Bundesinstitut für Arzneimittel und Medizinprodukte, Bundesinstitut für Infektionskrankheiten und nicht übertragbare Krankheiten (Robert-Koch-Institut), Bundesinstitut für gesundheitlichen Verbraucherschutz und Veterinärmedizin, Bundeskartellamt, Bundesoberseeamt, Bundesversicherungsamt, Bundesverwaltungsamt, Bundesamt für Verfassungsschutz, Statistisches Bundesamt, Kraftfahrt-Bundesamt, Luftfahrt-Bundesamt, Bundesamt für Wirtschaft, Bundesamt für Finanzen, Bundesbaudirektion, Eisenbahn-Bundesamt, Umweltbundesamt.

Zentrale Bundesbehörden sind u. a.: Bundesanstalt für Arbeit, Bundesarchiv, Bundeskriminalamt, Bundesschuldenverwaltung, Deutsches Patentamt.

Der *Bundesrechnungshof* ist im Hinblick auf seine Unabhängigkeit von der BReg. und die Bedeutung seiner Aufgaben als oberste Rechnungsprüfungsbehörde der Bundesorgane und Bundesverwaltung gem. dem Bundesrechnungshofgesetz als oberste Bundesbehörde errichtet und somit eine selbständige Einrichtung neben den Bundesministerien (vgl. 109).

92. Die Bundesregierung

besteht aus dem Bundeskanzler und den Bundesministern. Sie ist – neben ihrer Funktion als politikgestaltendes Verfassungsorgan – zugleich die Spitze der vollziehenden Gewalt (Exekutive) auf Bundesebene. Einzelheiten s. 62.

93. Auswärtiges Amt (AA)

Der Auswärtige Dienst nimmt die *auswärtigen Angelegenheiten* des Bundes wahr, über die der Bund nach Art. 73 Nr. 1 GG die ausschließliche Gesetzgebung hat. Der Auswärtige Dienst besteht aus dem Auswärtigen Amt (Zentrale) und den Auslandsvertretungen (Botschaften und berufskonsularische Vertretungen), die zusammen eine einheitliche oberste Bundesbehörde bilden. Im einzelnen sind Aufgaben Stellung und Organisation sowie die Rechtsverhältnisse der Angehörigen des Auswärtigen Dienstes im *Ges. über den Auswärtigen Dienst* vom 30. 8. 1990 (BGBl. I 1842) geregelt. Das AA gliedert sich in:

Die *Zentralabteilung:* Personalangelegenheiten und Organisation; *2 Politische Abteilungen:* politische Beziehungen der BRep. zu fremden Staaten; Fragen der Vereinten Nationen u. der sonstigen weltweiten zwischenstaatlichen und nichtstaatlichen Organisationen; außenpolitische Fragen, die sich aus der deutschen Einheit ergeben; Fragen der allgemeinen West-Ost-Beziehungen;

Europaabteilung: Fragen der Europäischen Union;

Abteilung des *Beauftragten der Bundesregierung für Fragen der Abrüstung und Rüstungskontrolle:* allgemeine Fragen der Abrüstung und Rüstungskontrolle, Implementierung von Rüstungskontrollabkommen;

Wirtschaftsabteilung: Wirtschaftsbeziehungen der BRep. zum Westen und Wirtschaftsbeziehungen West-Ost, Grundsatzfragen der zwischen- und überstaatlichen wirtschaftlichen Zusammenschlüsse (OECD, GATT usw.); Grundsätze des Nord-Süd-Dialogs; Fragen der intern. Verkehrspolitik, des Post- und Fernmeldewesens; Zusammenarbeit mit den Entwicklungsländern (Finanzielle Zusammenarbeit, Technische Zusammenarbeit);

Rechtsabteilung: alle Rechtsgebiete, die für die Beziehungen zu fremden Staaten von Bedeutung sind (z. B. Völkerrecht, Staats- und Verwaltungsrecht, Gesandtschafts- und Konsularrecht, internat. Zivil- und Strafrecht); Fragen der Heimschaffung und Unterstützung hilfsbedürftiger Deutscher im Ausland, des Sozialrechts und der Sozialpolitik, des beschlagnahmten deutschen Auslandsvermögens sowie die aus Krieg und Besatzung entstandenen Fragen;

Kulturabteilung: kulturelle Beziehungen der BRep. zum Ausland, insbes. Kulturabkommen, Einrichtung und Unterhaltung deutscher Kulturinstitute, Bibliotheken usw. sowie deutscher Schulen im Ausland; internat. kirchliche Beziehungen, Förderung der Beziehungen auf dem Gebiet der Wissenschaft und des Hochschulwesens, internat. Kunst- und Jugendfragen, Film, Rundfunk, Fernsehen, Sport;

Protokoll: Vorbereitung von Staatsbesuchen und Veranstaltungen, Zeremoniell, Betreuung fremder diplomatischer Missionen und Konsulate.

Zur Zeit unterhält die Bundesrepublik Deutschland *Botschaften* in Ägypten, Afghanistan, Albanien, Algerien, Angola, Argentinien, Armenien, Aserbaidschan, Äthiopien, Australien, Bahrain, Bangladesch, Belgien, Benin, Bolivien, Botsuana, Brasilien, Brunei, Bulgarien, Burkina Faso, Burundi, Chile, China, Costa Rica, Côte d' Ivoire, Dänemark, Dominikanische Republik, Ecuador, El Salvador, Eritrea (vorgesehen), Estland, Finnland, Frankreich, Gabun, Georgien, Ghana, Griechenland, Vereinigtes Königreich (Großbritannien und Nordirland), Guatemala, Guinea, Haiti, Honduras, Indien, Indonesien, Irak, Iran, Irland, Island, Israel, Italien, Jamaika, Japan, Jemen, Jordanien, Jugoslawien (Serbien und Montenegro, nicht dipl. anerkannt), Kambodscha, Kamerun, Kanada, Kasachstan, Katar, Kenia, Kirgisistan, Kolumbien, Kongo, Republik Korea, Kroatien, Kuba, Kuwait, Laos, Lettland, Libanon, Liberia, Libyen, Litauen, Luxemburg, Madagaskar, Malawi, Malaysia, Mali, Malta, Marokko, Mauretanien, Mazedonien, Mexiko, Moldau, Mongolei, Mosambik, Myanmar, Namibia, Nepal, Neuseeland, Nicaragua, Niederlande, Niger, Nigeria, Norwegen, Oman, Österreich, Pakistan, Panama, Papua-Neuguinea, Paraguay, Peru, Philippinen, Polen, Portugal, Ruanda, Rumänien, Rußland, Sambia, Saudi-Arabien, Schweden, Schweiz, Senegal. Sierra Leone, Simbabwe, Singapur, Slowakische Republik, Slowenien, Somalia, Spanien, Sri Lanka, Südafrika, Sudan, Syrien, Tadschikistan, Tansania, Thailand, Togo, Trinidad und Tobago, Tschad, Tschechische Republik, Tunesien, Türkei, Turkmenistan, Uganda, Ukraine, Ungarn, Uruguay, Usbekistan, Vatikanstadt (beim Heiligen Stuhl), Venezuela, Vereinigte Arabische Emirate, Vereinigte Staaten von Amerika, Vietnam, Weißrußland, Zaire, Zentralafrikanische Republik, Zypern.

Diplomatische Beziehungen unterhält die BRep. außerdem zu Äquatorialguinea (Vertretung in Kamerun), Andorra (Vertretung in Spanien), Antigua und Barbuda (Vertr. in Trinidad und Tobago), Bahamas (Vertr. in Jamaika), Barbados (Vertr. in Trinidad und Tobago), Belize (Vertr. in Jamaika), Dominica (Vertr. in Trinidad und Tobago), Dschibuti (Vertr. in Jemen), Fidschi (Vertr. in Neuseeland), Gambia (Vertr. in Senegal), Grenada (Vertr. in Trinidad und Tobago), Guinea-Bissau (Vertr. in Senegal), Guyana (Vertr. in Trinidad und Tobago), Kap Verde (Vertr. in Senegal), Kiribati (Vertr. in Neuseeland), Komoren (Vertr. in Madagaskar), Lesotho (Vertretung in Südafrika), Liechtenstein (Vertretung in der Schweiz), Malediven (Vertr. in Sri Lanka), Marshallinseln (Vertretung in den Philippinen), Mauritius (Vertr. in Madagaskar), Mikronesien (Vertretung in den Philippinen), Monaco, Nauru (Vertr. in Australien), Salomonen (Vertr. in Singapur), Samoa (Vertr. in Neuseeland), São Tomé und Principe (Vertr. in Gabun), Seychellen (Vertr. in Kenia), St. Kitts und Nevis (Vertr. in Trinidad und Tobago), St. Lucia (Vertr. in Trinidad und Tobago), St. Vincent und die Grenadinen (Vertr. in Trinidad und Tobago), Suriname (Vertr. in Trinidad und Tobago), Swasiland (Vertr. in Mosambik), Tonga (Vertr. in Neuseeland), Tuvalu (Vertr. in Neuseeland), Vanuatu (Vertr. in Papua-Neuguinea).

Außerdem unterhält die Bundesrepublik folgende *Ständigen Vertretungen bei zwischen- und überstaatlichen Organisationen:*

bei den Vereinten Nationen in New York,
bei dem Büro der Vereinten Nationen und bei den anderen internationalen Organisationen in Genf,
beim Europarat in Straßburg,

bei der Organisation für wirtschaftl. Zusammenarbeit und Entwicklung (OECD) in Paris,
bei der Nordatlantikpakt-Organisation in Brüssel,
bei der Europäischen Union in Brüssel,
bei der Organisation der Vereinten Nationen für Erziehung, Wissenschaft und Kultur (UNESCO), in Paris,
bei dem Büro der Vereinten Nationen und bei den anderen internationalen Organisationen in Wien, bei der Ernährungs- und Landwirtschaftsorganisation der Vereinten Nationen (FAO) und anderen internationalen Organisationen in Rom, bei der Konferenz über Sicherheit und Zusammenarbeit in Europa, Wien, Delegation bei der Genfer Abrüstungskonferenz, Genf.

Fremde Missionen sind in der Bundesrepublik von den oben genannten Staaten beglaubigt.

94. Bundesministerium der Verteidigung (BMVg)

Das Verteidigungsressort steht unter der einheitlichen politischen Leitung eines dem Parlament unmittelbar verantwortlichen Bundesministers. Damit ist die Bundeswehr als Teil der Exekutive der parlamentarischen Kontrolle in vollem Umfang unterstellt.

Der Bundesminister der Verteidigung ist gemäß Art. 65a GG Inhaber der Befehls- und Kommandogewalt im Frieden und damit höchster militärischer Vorgesetzter und oberster Disziplinarvorgesetzter der Soldaten. Im Verteidigungsfall geht die Befehls- und Kommandogewalt auf den Bundeskanzler über (Art. 115b GG).

Die Bundeswehr umfaßt die Streitkräfte, die Bundeswehrverwaltung, die Militärseelsorge und die ihren Bereich betreffende Rechtspflege (Wehrdienstgerichte, s. 451, 456).

Der Minister wird nach Maßgabe interner Aufgabenabgrenzung durch zwei Parlamentarische Staatssekretäre und beamtete Staatssekretäre unterstützt und vertreten. Sie bilden zusammen mit dem Minister die Leitung des Bundesministeriums der Verteidigung.

Der Leitung sind drei Stäbe unmittelbar zugeordnet: der Informations- und Pressestab, der Planungsstab und der Organisationsstab.

Der *Generalinspekteur* der Bundeswehr, sein Stellvertreter, die Inspekteure der Teilstreitkräfte Heer, Luftwaffe und Marine sowie der Inspekteur des Sanitäts- und Gesundheitswesens sind zusammen mit ihren Führungsstäben bzw. der Inspektion des Sanitäts- und Gesundheitswesens die militärische Spitze der Streitkräfte.

Der Hauptabteilungsleiter Rüstung und die Leiter der Abteilungen Personal, Haushalt, Verwaltung und Recht sowie die Leiter der Abteilung Unterbringung, Liegenschafts- und Bauwesen und der Sozialabteilung bilden den administrativen Bereich des Ministeriums.

Im Zuge der deutschen Vereinigung wurde eine Außenstelle des Bundesministeriums der Verteidigung in Strausberg bei Berlin eingerichtet. Die Außenstelle wickelt Aufgaben des ehemaligen Ministeriums für Abrüstung und Verteidigung ab und nimmt gleichzeitig Fachaufgaben des Bundesministeriums der Verteidigung, die unmittelbar die neuen Länder betreffen, wahr.

Als Inhaber der Befehls- und Kommandogewalt unterstehen dem Minister truppendienstlich unmittelbar:

1. Der Stellvertreter des Generalinspekteurs der Bundeswehr mit den ihm truppendienstlich unterstellten Zentralen Militärischen Dienststellen der Bundeswehr;
2. die Inspekteure des Heeres, der Luftwaffe und der Marine mit den ihnen truppendienstlich unterstellten Teilstreitkräften;
3. der Inspekteur des Sanitäts- und Gesundheitswesens mit dem ihm truppendienstlich unterstellten Sanitätsamt der Bundeswehr mit nachgeordnetem Bereich.

Die *volle Souveränität der BRep* seit der Vereinigung hat für die Bundeswehr erweiterte Aufgaben gebracht. War bisher ein Einsatz deutscher Streitkräfte nur im Bündnisfall und im Rahmen der integrierten Kommandostruktur der NATO denkbar, muß künftig auch für die Teilnahme an Friedensmissionen unter dem Dach der Vereinten Nationen (Blauhelm-Einsätze) und für humanitäre Einsätze in nationaler Zuständigkeit organisatorische Vorsorge getroffen werden. S. hierzu auch 451.

Mit Urteil vom 12. 7. 1994 hat das Bundesverfassungsgericht festgestellt, daß die Bundesregierung mit der *Entsendung von Einheiten* der Bundeswehr auf der Grundlage von Beschlüssen der NATO und der WEU, die sich wiederum auf Entschließungen der Vereinten Nationen stützen (Adria, Awacs) oder direkt auf Ersuchen der UN (Somalia) erfolgten, nicht gegen das Grundgesetz verstoßen hat (2 BV E 2/92 u. a.). Das Gericht hat allerdings klargestellt, daß derartige Entsendungsentscheidungen der vorherigen konstitutiven *Zustimmung des Bundestages* bedürfen. Nur bei Gefahr im Verzug dürfe die Bundesregierung zur Aufrechterhaltung der Bündnisfähigkeit der Brep den Einsatz von Streitkräften vorläufig beschließen. Danach müsse das Parlament aber umgehend befaßt werden, entsandte Streitkräfte sind, wenn der BT nicht zustimmt, zurückzurufen.

In Friedenszeiten sind die *Teilstreitkräfte* wie folgt gegliedert:

Dem im BMVg angesiedelten Führungsstab des *Heeres* ist das Heeresführungskommando in Koblenz unterstellt, diesem sind das I.–IV. Korps in Münster, Regensburg, Ulm und Potsdam nachgeordnet. Den 4 Korps unterstehen wiederum die Wehrbereichskommandos I–VIII in Kiel, Hannover, Düsseldorf, Mainz, Sigmaringen, München, Leipzig und Neubrandenburg.

Dem Führungsstab der *Luftwaffe* im BMVg ist u. a. das Luftwaffenführungskommando in Köln-Wahn unterstellt, diesem das Luftwaffenführungsdienstkommando in Köln-Wahn, das Lufttransportkommando in Münster, das Luftwaffenkommando Süd mit Divisionen in Karlsruhe und Birkenfeld und das Luftwaffenkommando Nord in Kalkar mit Divisionen in Gatow und Aurich.

Dem Führungsstab der *Marine* im BMVg untersteht das Marineamt Wilhelmshaven (zukünftig Rostock), das Flottenkommando Flensburg mit den nachgeordneten Flotillen der Marineflieger in Kiel, der Schnellboote in Flensburg (zukünftig Warnemünde), der U-Boote in Kiel (zukünftig Eckernförde), der Zerstörer in Wilhelmshaven, der Minenstreitkräfte in Wilhelmshaven (zukünftig Olpenitz) sowie dem Marineführungsdienstkommando in Kiel und das Marineunterstützungskommando in Wilhelmshaven mit den nachgeordneten Marineabschnittskommandos.

Nach Art. 87b GG wird die *Bundeswehrverwaltung* in bundeseigener Verwaltung mit eigenem Verwaltungsunterbau geführt. Im einzelnen vgl. 460, über die zentrale Verwaltung der Militärseelsorge 461, über die Rechtspflege im Bereich der Bundeswehr (Truppendienstgerichte, Wehrdienstsenate des BVerwG, Bundeswehrdisziplinaranwalt usw.) 455, 456.

166

95. Bundesministerium des Innern (BMI)

Das BMI hat ein weit gespanntes Aufgabengebiet. Es gliedert sich in eine Zentralabteilung und in zehn Fachabteilungen:

Abteilung SG	Sport u. Grundsatzfragen der Innenpolitik, Politische Bildung, Berlin
Abteilung D	Beamtenrecht und sonstiges Personalrecht d. öffentl. Dienstes
Abteilung O	Verwaltungsorganisation, innerbehördliche Verwaltungsorganisation, Kommunalwesen, Statistik
Abteilung V	Verfassung, Staatsrecht und Verwaltung
Abteilung A	Ausländer- und Asylangelegenheiten
Abteilung P	Polizeiangelegenheiten
Abteilung IS	Innere Sicherheit
Abteilung Vt	Vertriebene, Aussiedler, Ostdeutsche Kulturarbeit
Abteilung K	Kultur
Abteilung BGS	Bundesgrenzschutz

Außerdem bestehen beim BMI die Bundesakademie für öffentliche Verwaltung, die Dienststelle des Bundesbeauftragten für den Datenschutz und die Unabhängige Kommission zur Überprüfung des Vermögens der Parteien und Massenorganisationen der DDR.

Der Bundesbeauftragte und die Unabhängige Kommission unterstehen der Rechtsaufsicht der Bundesregierung.

Zum Geschäftsbereich des BMI gehören folgende Dienststellen und Institutionen:

1. Der *Oberbundesanwalt beim Bundesverwaltungsgericht* in Berlin;
2. der *Bundesdisziplinaranwalt* in Frankfurt/M. mit Außenstelle in Berlin;
3. das *Statistische Bundesamt* in Wiesbaden mit Zweigstelle in Berlin und Außenstelle in Düsseldorf;
4. das Bundesinstitut für Bevölkerungsforschung in Wiesbaden;
5. das *Bundesverwaltungsamt* in Köln mit Außenstellen in Berlin, Bad Homburg v. d. H., Friedland, Bramsche, Empfingen, Hamm, Dranse, Dresden, Erfurt, Gießen, Halle, Rastatt, Schönberg, Schwerin, Nürnberg, Osnabrück. – Bundesoberbehörde, errichtet durch Ges. vom 28. 12. 1959 (BGBl. I 829) mit gesetzlich oder durch Delegation übertragenen Verwaltungsaufgaben (z. B. Auslandsschulwesen, Staatsangehörigkeitsangelegenheiten, Ausländerzentralregister, Darlehenseinzug nach dem Bundesausbildungsförderungsgesetz, Aufnahme, Eingliederung und Verteilung der Aussiedler) –;
6. das *Bundesarchiv* in Koblenz mit einer Abteilung Militärarchiv in Freiburg/Br., der Zentralnachweisstelle in Kornelimünster und dem Zwischenarchiv in St. Augustin sowie weiteren Außenstellen in Frankfurt, Rastatt, Berlin, Coswig, Potsdam und Dahlwitz-Hoppegarten.
   S. hierzu das *Bundesarchivgesetz* vom 6. 1. 1988 (BGBl. I 62), zuletzt geändert durch Ges. zur Änd. des Bundesarchivges. vom 13. 3. 1992 (BGBl. I 506);

7. das *Institut für Angewandte Geodäsie* in Frankfurt/M. mit Außenstellen in Berlin, Leipzig, Potsdam und Fundamentalstation Wettzell/Bayr. Wald;
8. die *Bundeszentrale für politische Bildung* in Bonn mit Außenstelle in Berlin und dem Ost-West-Kolleg in Köln;
9. das Bundesinstitut für ostwissenschaftliche und internationale Studien in Köln;
10. das Bundesinstitut für *Sportwissenschaft* in Köln;
11. das Bundesamt für die Anerkennung ausländischer Flüchtlinge in Nürnberg mit insges. 48 Außenstellen in den Bundesländern;
12. der Bundesbeauftragte für Asylangelegenheiten beim Bundesamt für die Anerkennung ausländischer Flüchtlinge in Zirndorf;
13. das *Bundesamt für Verfassungsschutz* in Köln (vgl. 160 II 1);
14. das *Bundeskriminalamt* in Wiesbaden mit den Abteilungen Sicherungsgruppe, Polizeilicher Staatsschutz und Technische Dienste/Verwaltung in Meckenheim-Merl (vgl. 160 II 1);
15. das *Bundesamt für Zivilschutz* in Bonn mit der Katastrophenschutzschule des Bundes in Bad Neuenahr-Ahrweiler und 10 Warnämtern;
16. die *Akademie für zivile Verteidigung* in Bonn;
17. der *Bundesverband für den Selbstschutz* in Bonn mit BVS-Landesstellen;
18. die Beschaffungsstelle des BMI in Bonn;
19. der *Bundesgrenzschutz* (vgl. 160 I, II 1) mit den GS-Präsidien Süd in München, Mitte in Kassel, West in Bonn, Nord in Bad Bramstedt, Ost in Berlin, der GS-Schule in Lübeck und der GS-Direktion in Koblenz;
20. der Bundesbeauftragte für die Unterlagen des Staatssicherheitsdienstes der ehemaligen DDR in Berlin mit Außenstellen in den neuen Bundesländern;
21. das *Bundesausgleichsamt* in Bad Homburg v. d. H.;
22. die Fachhochschule des Bundes in Brühl mit Fachbereichen u. a. in Berlin;
23. das Bundesinstitut für ostdeutsche Kultur und Geschichte in Oldenburg;
24. das Bundesamt für Sicherheit in der Informationstechnik in Bonn mit Außenstellen in Köln und Swisttal;
25. die Bundesanstalt Technisches Hilfswerk in Bonn.

Der Aufsicht des BMI unterstehen außerdem

a) Die *Stiftung „Preußischer Kulturbesitz"*, errichtet durch BGes. vom 25. 7. 1957 (BGBl. I 841 in der Fassung vom 28. 6. 1990 (BGBl. I 1222). Hierzu gehören die ehem. preußischen *Museen*, die ehem. *Preußische Staatsbibliothek*, das Geheime Staatsarchiv, das *Ibero-Amerikanische Institut* in Berlin und das Staatliche Institut für *Musikforschung*. Über die Satzung der Stiftung vgl. VO vom 6. 9. 1961 (BGBl. I 1709);

b) *Die Deutsche Bibliothek* Sitz: Frankfurt/Main (Deutsche Bibliothek), Leipzig (Deutsche Bücherei), Außenstelle in Berlin (Deutsches Musikarchiv), errichtet durch BGes. vom 31. 3. 1969 (BGBl. I S. 265) i. d. F. des Einigungsvertrages vom 31. 8. 1990 (BGBl. II S. 885);

c) Stiftung „Bundeskanzler-Adenauer-Haus" in Bad Honnef-Rhöndorf, errichtet durch BGes. vom 24. 11. 1978, BGBl. I 1821;

d) Heimkehrerstiftung in Bonn, eingerichtet durch KgfÄndG vom 22. 7. 1969, BGBl. I 931);

e) Stiftung Reichspräsident Friedrich-Ebert-Gedenkstätte, errichtet durch BGes. vom 19. 12. 1986 (BGBl. I 2553; 1987 I 1069);

f) Deutsche Ausgleichsbank in Bonn, mit Außenstelle in Berlin, errichtet durch Gesetz vom 28. 10. 1954 (BGBl. I 293) und Gesetz vom 20. 2. 1986 (BGBl. I 297);

g) Stiftung für ehemalige politische Häftlinge in Bonn, errichtet durch das Vierte Gesetz zur Änderung des Häftlingshilfegesetzes vom 22. 7. 1969 (BGBl. I 934);

h) Bundeskanzler-Willy-Brandt-Stiftung in Berlin, errichtet durch Gesetz vom 25. 10. 1994, (BGBl. I 3138);

i) Stiftung „Haus der Geschichte der Bundesrepublik Deutschland" in Bonn, errichtet durch Gesetz vom 28. 2. 1990 (BGBl. I 294).

96. Bundesministerium der Justiz (BMJ)

Das Ministerium ist innerhalb der Bundesregierung gemeinsam mit dem Bundesministerium des Innern für das Verfassungsrecht federführend zuständig. Ferner liegt bei ihm die federführende Zuständigkeit für die klassischen Bereiche des Rechts, beispielsweise für das Bürgerliche Recht, das Strafrecht, das Handels- und Gesellschaftsrecht, das Urheberrecht und den gewerblichen Rechtsschutz, das Gerichtsverfassungs- und Verfahrensrecht für die einzelnen Gerichtsbarkeiten (außer Arbeits- und Sozialgerichtsbarkeit) sowie das Dienst- bzw. Berufsrecht der Richter, Staatsanwälte, Rechtsanwälte und Notare. Das Ministerium ist ferner zuständig für die mit der Herstellung der Einheit Deutschlands erwachsenen Aufgaben im Bereich der strafrechtlichen, verwaltungsrechtlichen und beruflichen Rehabilitierung und der „Offenen Vermögensfragen".

Das Ministerium überprüft die Gesetz- und Verordnungsentwürfe der anderen Bundesministerien sowie zwischenstaatliche Vereinbarungen auf ihre Vereinbarkeit mit dem Grundgesetz und anderen geltenden Rechtsnormen. Dabei wird auch auf die Beachtung der Gesetzestechnik und einer einheitlichen, klaren Gesetzessprache hingewirkt.

Schließlich bereitet das Ministerium die Wahl der Richter des Bundesverfassungsgerichts und der Richter an den obersten Gerichtshöfen des Bundes vor.

Das Ministerium umfaßt folgende Abteilungen:

Z: Zentralabteilung (Justizverwaltung)
R: Rechtspflege
E: Europarecht, Völkerrecht, Rechtsentwicklung
I: Bürgerliches Recht
II: Strafrecht
III: Handels- und Wirtschaftsrecht
IV: Öffentliches Recht
M: Beauftragte für Menschenrechtsfragen

Zum Geschäftsbereich des Bundesministeriums der Justiz gehören:
der Bundesgerichtshof in Karlsruhe mit der Dienststelle Berlin (5. Strafsenat),

der Generalbundesanwalt beim Bundesgerichtshof in Karlsruhe mit den Dienststellen Berlin und Bundeszentralregister (ebenfalls Berlin),
das Bundesverwaltungsgericht in Berlin mit zwei Wehrdienstsenaten in München,
der Bundesfinanzhof in München,
das Bundespatentgericht in München,
das Deutsche Patentamt in München mit der Dienststelle Berlin (Hauptabteilung 5),
das Bundesdisziplinargericht in Frankfurt (Main).

In Berlin ist eine Außenstelle des Bundesministeriums der Justiz eingerichtet.

97. Bundesministerium der Finanzen (BMF)

Der Geschäftsbereich des BMF umfaßt zwei Gruppen von Aufgaben: die des Haushaltsministers und die eines Fachministers als Spitze der Bundesfinanzverwaltung. Als Haushaltsminister obliegen dem BMF die in den Art. 110–115 GG aufgeführten Aufgaben, insbesondere die Aufstellung des Finanzplans, des Entwurfs des Bundeshaushaltsplanes und die Rechnungslegung über Einnahmen und Ausgaben, Vermögen und Schulden des Bundes. In engem Zusammenhang damit steht seine Kompetenz für die Regelung der finanziellen Beziehungen zwischen Bund und Ländern sowie die Währungs-, Geld- und Kreditpolitik. Er ist in allen Kabinettsausschüssen der Bundesregierung vertreten und führt auch den Vorsitz im Finanzplanungsrat, dem die Koordinierung der Haushaltswirtschaft aller öffentlichen Haushaltsträger obliegt.

Als Fachminister steht der BMF an der Spitze der Bundesfinanzbehörden, die nach Artikel 108 GG Zölle, das Branntweinmonopol, die bundesgesetzlich geregelten Verbrauchsteuern einschl. der Einfuhrumsatzsteuer und die Abgaben im Rahmen der Europäischen Gemeinschaft sowie das Bundesvermögen verwalten; ihre Organisation ist im Finanzverwaltungsgesetz (vgl. 77) geregelt. Ferner obliegt ihm die Vorbereitung der Steuergesetzgebung. Für die von den Landesfinanzbehörden verwalteten und ganz oder zum Teil dem Bund zufließenden Steuern (insbesondere die Gemeinschaftsteuern: Einkommensteuer, Körperschaftsteuer und Umsatzsteuer) ist zudem die Bundesauftragsverwaltung mit Weisungs- und Aufsichtsbefugnissen des BMF gegeben.

Über die „klassischen" Aufgaben des Finanzressorts hinaus ist der BMF mit der Abwicklung der finanziellen Auswirkungen des Krieges (einschließlich Wiedergutmachung) beauftragt.

Das Ministerium ist in 9 Abteilungen gegliedert:

Abt. Z:	Organisation und Personalien, Allgemeine Verwaltung,
Abt. I:	Grundsatzfragen der Finanzpolitik, finanzpolitische Fragen einzelner Bereiche,
Abt. II:	Bundeshaushalt,
Abt. III:	Zölle, Verbrauchsteuern, Branntweinmonopol,
Abt. IV:	Besitz- und Verkehrsteuern,
Abt. V:	Finanzbeziehungen zu den Ländern und Gemeinden; Rechtsangelegenheiten, Abwicklung der finanziellen Auswirkungen des Krieges, offene Vermögensfragen,

Abt. VI:	Liegenschaftsangelegenheiten der ausländischen Streitkräfte; Bundesliegenschaften, bewegl. Bundesvermögen;
Abt. VII:	Geld und Kredit,
Abt. VIII:	Bundesbeteiligungen, Treuhand-Nachfolgeorganisationen,
Abt. IX:	Internationale Währungs- und Finanzbeziehungen, Finanzbeziehungen zu der EU.

Zum Ministerium gehören auch die Bundesfinanzakademie (573) und die Bundeshauptkasse (Zentralkasse des Bundes).

Nachgeordnete Bundesfinanzbehörden sind insbesondere
- als Oberbehörden
  die Bundesanstalt für vereinigungsbedingte Sonderaufgaben in Berlin, die Bundesschuldenverwaltung in Bad Homburg v. d. Höhe, die Bundesmonopolverwaltung für Branntwein in Offenbach, das Bundesamt für Finanzen in Bonn, das Zollkriminalamt in Köln, das Bundesamt zur Regelung offener Vermögensfragen in Berlin, das Bundesaufsichtsamt für das Kreditwesen in Berlin, das Bundesaufsichtsamt für das Versicherungswesen in Berlin und das Bundesaufsichtsamt für den Wertpapierhandel in Frankfurt a. M.;
- als Mittelbehörden
  die Oberfinanzdirektionen;
- als örtliche Behörden
  die Hauptzollämter einschl. ihrer Dienststellen (Zollämter, Zollkommissariate), die Zollfahndungsämter, die Bundesvermögensämter und die Bundesforstämter.

Zum Geschäftsbereich des BMF gehört außerdem noch das Bildungszentrum der Bundesfinanzverwaltung mit dem Fachbereich Finanzen der Fachhochschule des Bundes für öffentliche Verwaltung und andere Bildungsstätten.

Schließlich obliegt dem BMF die Aufsicht über einige Körperschaften und Anstalten des öffentlichen Rechts, wie z. B. die Versorgungsanstalt des Bundes und der Länder in Karlsruhe, die Kreditanstalt für Wiederaufbau in Frankfurt (Main), die Deutsche Genossenschaftsbank in Frankfurt (Main) sowie – gemeinsam mit dem BML – die Deutsche Siedlungs- und Landesrentenbank in Berlin und Bonn.

98. Bundesministerium für Wirtschaft (BMWi)

Das Ministerium ist zuständig für alle Aufgaben, die sich für den Bund auf dem Gebiete der Wirtschaft ergeben, insbesondere auf dem Gebiete der europäischen wirtschaftlichen Zusammenarbeit und der gesamten Wirtschaftspolitik, des Handels, der Grundstoffindustrie einschl. des Bergbaus, der Energiepolitik, der gewerblichen Wirtschaft, der Außenwirtschaft und der Verwaltung des ERP-Vermögens.

Neben einer Zentralabteilung für innere Verwaltungsangelegenheiten (Haushalt, Personal, Organisation), Rechts-, Sicherheitsangelegenheiten, die Verwaltung des ERP-Sondervermögens und wirtschaftliche Fragen des Umweltschutzes bestehen 6 Abteilungen: Europapolitik (E), Wirtschaftspolitik (I), Mittelstandspolitik, Dienstleistungswirtschaft, Forschung und Technik, Bildungspolitik (II), Energiepolitik, mineralische Rohstoffe (III), Gewerbliche Wirtschaft – Industriepolitik (IV). Außenwirtschaftspolitik und Entwicklungshilfe (V).

Das Ministerium wird in Berlin vertreten durch die Außenstelle Berlin, hat eine Verbindungsstelle beim Bundesamt für Wehrtechnik und Beschaffung (BWB) in Koblenz und ist maßgebend beteiligt an der Vertretung der Bundesrepublik bei den Europäischen Gemeinschaften (EG) und ihrer Vertretung bei der Nordatlantikpakt-Organisation (NATO).

Die aufgrund des Abkommens über wirtschaftliche Zusammenarbeit zwischen den Vereinigten Staaten von Amerika und der BRep vom 15. 12. 1949 (Ges. vom 31. 1. 1950, BGBl. 9; vgl. *Marshallplan,* 910) zugunsten der BRep entstandenen Vermögenswerte bilden ein Sondervermögen des Bundes. Dieses *ERP-Sondervermögen* ist wie andere Sondervermögen des Bundes (Bundesbahn, Bundespost, Ausgleichsfonds) ein rechtlich unselbständiger Teil des Bundesvermögens (vgl. 81). Der Vermögensbestand des ERP-Sondervermögens belief sich zum Jahresende 1995 auf rd. 22,71 Mrd. DM. Es ist ein revolvierender Fonds, dessen Mittel der Förderung der deutschen Wirtschaft – seit 1990 schwerpunktmäßig in den neuen Bundesländern – und der Wirtschaft der Entwicklungsländer dienen. Die jährlichen ERP-Finanzierungsprogramme werden in einem besonderen Haushaltsplan (ERP-Wirtschaftsplan) veranschlagt.

Zum Geschäftsbereich des Ministeriums gehören:

1. Das *Bundesamt für Wirtschaft* in Eschborn/Ts. mit Außenstelle Bochum (für Anpassungsgeld).
2. Die *Bundesstelle für Außenhandelsinformation* in Köln.
3. Die *Physikalisch-Technische Bundesanstalt* in Braunschweig und Berlin.
4. Die *Bundesanstalt für Materialforschung und -prüfung* in Berlin-Dahlem.
5. Das *Bundeskartellamt* in Berlin.
6. Die *Bundesanstalt für Geowissenschaften und Rohstoffe* in Hannover.
7. Das *Bundesausfuhramt* in Eschborn/Ts.

99. Bundesministerium für Ernährung, Landwirtschaft und Forsten (BML)

Die Agrar- und Ernährungspolitik ist Teil der Wirtschafts- und Gesellschaftspolitik der Bundesregierung. Ihre Ziele und Aufgaben leiten sich unter Berücksichtigung der allgemeinen Rahmenbedingungen vornehmlich aus dem Landwirtschaftsgesetz und dem EWG-Vertrag ab.
Der Aufgabenkreis des BML umfaßt die in seiner Bezeichnung genannten Wirtschaftsbereiche (mit Garten- und Weinbau), ferner die Fischerei, den Tierschutz, die Holzwirtschaft sowie die Landschaftspflege.

Das Ministerium gliedert sich in 8 Abteilungen:

1. Zentralabteilung
2. Koordination und Kommunikation, Außenstelle Berlin
3. Allgemeine Angelegenheiten der Agrarpolitik
4. Agrarische Erzeugung, Veterinärwesen
5. Marktpolitik
6. Entwicklung des ländlichen Raumes
7. Forst- und Holzwirtschaft, Jagd, Forschung und Entwicklung
8. Allgemeine EG-Agrarpolitik, Internationale Agrarpolitik, Fischereipolitik.

Zum Geschäftsbereich des Ministeriums gehört:
Das *Bundessortenamt* in Hannover (vgl. 827 I 5)
als unmittelbar nachgeordnete Bundesoberbehörde,
ferner 10 *Bundesforschungsanstalten,* und zwar
Bundesforschungsanstalt für Landwirtschaft Braunschweig-Völkenrode (FAL), Braunschweig;
Biologische Bundesanstalt für Land- und Forstwirtschaft, Berlin und Braunschweig;
Bundesanstalt für Milchforschung, Kiel;
Bundesforschungsanstalt für Fischerei, Hamburg;
Bundesforschungsanstalt für Forst- und Holzwirtschaft, Hamburg;
Bundesanstalt für Getreide-, Kartoffel- und Fettforschung, Detmold;
Bundesforschungsanstalt für Viruskrankheiten der Tiere, Tübingen;
Bundesanstalt für Fleischforschung, Kulmbach;
Bundesforschungsanstalt für Ernährung, Karlsruhe;
Bundesanstalt für Züchtungsforschung an Kulturpflanzen, Quedlinburg
sowie Zentralstelle für Agrardokumentation und -information, Bonn.

Der Aufsicht des Ministeriums unterstehen:
die Bundesanstalt für Landwirtschaft und Ernährung in Frankfurt a. M., später in Bonn;
der Deutsche Weinfonds (vgl. 815) in Mainz;
der Absatzförderungsfonds der deutschen Land- und Ernährungswirtschaft in Bonn 2;
der Absatzförderungsfonds der deutschen Forstwirtschaft, Bonn 2;
die Deutsche Siedlungs- und Landesrentenbank in Bonn 2 (gemeinsam mit dem Bundesminister der Finanzen).

Beim Ministerium besteht u. a. ein *Wissenschaftlicher Beirat.*

100. Bundesministerium für Arbeit und Sozialordnung (BMA)

Der Aufgabenkreis des Ministeriums umfaßt Arbeitsmarktpolitik, Ausländerpolitik, Arbeitsförderung, Arbeitslosenversicherung, Rentenversicherung, Pflegesicherung und Unfallversicherung, Kriegsopferversorgung, Versorgungsmedizin, Rehabilitation, Arbeitsschutz, Arbeitsrecht, Betriebsverfassungsrecht, internationale Sozialpolitik sowie Sozialbudget und Statistik. Das Ministerium ist außerdem für die Gerichtsverfassung und das gerichtliche Verfahren der Gerichte für Arbeitssachen sowie die Sozialgerichtsbarkeit zuständig.

Für die Durchführung der sich auf diesen Gebieten ergebenden Aufgaben in Gesetzgebung und Verwaltung sind acht Abteilungen gebildet worden:

Zentralabteilung	Personal, Verwaltung, Haushalt, Informationsverarbeitung
Abteilung I	Grundsatz- und Planungsabteilung
Abteilung II	Arbeitsmarktpolitik, Arbeitslosenversicherung
Abteilung III	Arbeitsrecht; Arbeitsschutz
Abteilung IV	Sozialversicherung, Sozialgesetzbuch
Abteilung V	Pflegesicherung, Prävention und Rehabilitation
Abteilung VI	Kriegsopferversorgung, Versorgungsmedizin
Abteilung VII	Europäische und internationale Sozialpolitik

Abteilung VIII Beschäftigung und soziale Integration von Ausländern; sozialpolitische Beratung der Staaten Mittel- und Osteuropas; Personal und Organisation im Geschäftsbereich

Die Beauftragten der Bundesregierung für die Durchführung der Sozialversicherungswahlen, für die Belange der Behinderten und für die Belange der Ausländer sind dem BMA zugeordnet.

Zum *Geschäftsbereich* des Ministeriums gehören:

1. *Bundesarbeitsgericht* in Kassel (zukünftig: Erfurt) als Oberster Gerichtshof für das Gebiet der Arbeitsgerichtsbarkeit;
2. *Bundessozialgericht* in Kassel als Oberster Gerichtshof für das Gebiet der Sozialgerichtsbarkeit;
3. *Bundesversicherungsamt* in Berlin. Es führt die Aufsicht über verschiedene Körperschaften und Anstalten des öffentlichen Rechts, so z. B.
   a) die *Bundesversicherungsanstalt für Angestellte,*
   b) die *Bahnversicherungsanstalt,*
   c) *die Landesversicherungsanstalt Oldenburg-Bremen;* bei der Durchführung des Künstlersozialversicherungsgesetzes führt sie die Bezeichnung „Künstlersozialkasse“,
   d) die *Seekasse,*
   e) die *Bundesknappschaft,*
   f) 34 gewerbliche und 5 landwirtschaftliche Berufsgenossenschaften einschließlich der Alterssicherung der Landwirte sowie die See-Berufsgenossenschaft,
   g) zahlreiche Betriebs- und Ersatzkrankenkassen,
   h) die *See-Krankenkasse,*
   i) 8 Innungskrankenkassen,
   k) 5 landwirtschaftliche Krankenkassen,
   l) *Gesamtverband der landwirtschaftlichen Alterskassen,*
   m) *Bundesverband der landwirtschaftlichen Krankenkassen.*
4. *Bundesausführungsbehörde für Unfallversicherung* in Wilhelmshaven;
5. *Bundesanstalt für Arbeitsschutz* in Dortmund
6. *Bundesanstalt für Arbeitsmedizin* in Berlin

Das Ministerium führt die *Aufsicht* über die *Bundesanstalt für Arbeit* mit der Hauptstelle in Nürnberg und die nachgeordneten *Landesarbeitsämter* und *Arbeitsämter.*

101. Bundesministerium für Verkehr (BMV)

Der Aufgabenbereich des BMV umfaßt folgende Gebiete: Eisenbahnwesen, Straßenverkehr einschl. Kraftfahrwesen, Straßenbau, Binnenschiffahrt und Wasserstraßen, Seeverkehr, Luft- und Raumfahrt einschl. Wetterdienst.

Neben den hierfür eingerichteten Fachabteilungen und dem Leitungsbereich bestehen eine Verkehrspolitische Grundsatzabteilung und eine Zentralabteilung.

Neben den hierfür eingerichteten Fachabteilungen und dem Leitungsbereich bestehen eine Verkehrspolitische Grundsatzabteilung und eine Zentralabteilung. Als fachneutrale Bundesoberbehörde wird das Oberprüfungsamt für die höheren technischen Verwaltungsbeamten in Frankfurt/Main vom BMV beaufsichtigt.

Eisenbahnwesen. Nach Art. 73 Nr. 6a GG hat der Bund die ausschließliche Gesetzgebung für den Verkehr von Eisenbahnen, die ganz oder mehrheitlich im Eigentum des Bundes stehen (Eisenbahnen des Bundes). Die *Eisenbahnverkehrsverwaltung* für Eisenbahnen des Bundes, die als Wirtschaftsunternehmen in privat-rechtlicher Form geführt werden, ist nach Art. 87e GG in bundeseigener Verwaltung zu führen. Nähere Regelungen enthält das Gesetz zur Neuordnung des Eisenbahnwesens *(Eisenbahnneuordnungsgesetz)* vom 27. 12. 1993 (BGBl. I 2378). Hiernach werden das nicht rechtsfähige Sondervermögen „Deutsche Bundesbahn" und das Sondervermögen „Deutsche Reichsbahn" zu einem nicht rechtsfähigen Sondervermögen des Bundes zusammengeführt und vom Bund unter dem Namen *„Bundeseisenbahnvermögen"* verwaltet. Ferner ist zur Erbringung von Eisenbahnverkehrsleistungen, zur Beförderung von Gütern und Personen sowie zum Betreiben der Eisenbahninfrastruktur die *Deutsche Bahn Aktiengesellschaft* mit den Bereichen Personenverkehr, Güterverkehr und Fahrweg gegründet worden. Für diesen Zweck sind der Deutschen Bahn AG erhebliche Teile des Bundeseisenbahnvermögens übertragen worden. Im Aufsichtsrat der AG ist der Bund vertreten.

Dem BMV ist in diesem Bereich das *Eisenbahn-Bundesamt* als selbständige Bundesoberbehörde nachgeordnet.

Straßenverkehr, Kraftfahrwesen, Straßenbau. Nach Art. 74 Nr. 22 GG sind der Straßenverkehr, das Kraftfahrwesen sowie der Bau und die Unterhaltung von Landstraßen des Fernverkehrs Gegenstand der konkurrierenden Gesetzgebung. Der Bund ist Eigentümer der Bundesfernstraßen (Bundesautobahnen, Bundesstraßen außerhalb der Ortsdurchfahrten von Gemeinden über 80000 Einwohner). Der Bund stellt den Bedarfsplan und das Bauprogramm auf; er legt das bautechnische und verkehrstechnische Regelwerk fest und führt den Straßenbauhaushalt. Die Länder oder die nach Landesrecht zuständigen Selbstverwaltungskörperschaften verwalten die Bundesfernstraßen im Auftrage des Bundes (Art. 90 GG); sie unterliegen dabei dessen Weisungsrecht und haften bei Verletzung der Verkehrssicherungspflicht.

Dem BMV sind in diesem Bereich folgende Bundesanstalt und Bundesoberbehörden nachgeordnet:
das *Kraftfahrt-Bundesamt* in Flensburg,
die *Bundesanstalt für Straßenwesen* in Bergisch-Gladbach,
das *Bundesamt für Güterverkehr.*

Verwaltung der Bundeswasserstraßen, Binnen- und Seeschiffahrt. Nach Art. 89 GG verwaltet der Bund die Bundeswasserstraßen. Er nimmt die über den Bereich eines Landes hinausgehenden staatlichen Aufgaben der Binnenschiffahrt und Seeschiffahrt wahr, die ihm durch Gesetz übertragen werden.

Hierfür sind 7 Wasser- und Schiffahrtsdirektionen (Mittelbehörden) sowie 39 Wasser- und Schiffahrtsämter, 6 Wasserstraßenmaschinenämter und jeweils erforderliche Neubauämter (Unterbehörden) als bundeseigene Behörden zuständig.

Dem BMV sind in diesem Bereich folgende Bundesoberbehörden und -anstalten nachgeordnet:

Bundesanstalt für Wasserbau in Karlsruhe,
Bundesanstalt für Gewässerkunde in Koblenz,
Bundesamt für Seeschiffahrt und Hydrographie in Hamburg,
Bundesoberseeamt in Hamburg.

Luft- und Raumfahrt (einschl. Wetterdienst). Nach Art. 73 Nr. 6 GG hat der Bund die ausschließliche Gesetzgebung über den Luftverkehr. Die Luftverkehrsverwaltung wird in bundeseigener Verwaltung geführt (Art. 87d GG).

Dem BMV nachgeordnete Bundesoberbehörden sind im Bereich des Luftverkehrs
das *Luftfahrt-Bundesamt* in Braunschweig,
sowie auf dem Gebiet des Wetterdienstes
der *Deutsche Wetterdienst* in Offenbach.

Über Art. 87d Abs. 1 GG in seiner Fassung vom 14. 7. 1992 i. V. mit § 31b Luftverkehrsgesetz wurde die Deutsche Flugsicherung GmbH mit der Wahrnehmung der Flugsicherungsaufgaben ab 1. 1. 1993 beauftragt.

102. Bundesministerium für Post und Telekommunikation (BMPT)

Nach Inkrafttreten des *Poststrukturgesetzes* (vom 8. 6. 1989, BGBl. I 1026) am 1. 7. 1989 wurden aus dem bisherigen Bundesministerium für das Post- und Fernmeldewesen (BMP), das für alle Angelegenheiten des Post- und Fernmeldewesens zuständig war, betrieblich-unternehmerisch orientierte Aufgaben ausgegliedert, die im BMP als höchster Leitungsinstanz der Deutschen Bundespost (DBP) wahrgenommen worden waren.

Das *Bundesministerium für Post und Telekommunikation (BMPT)* nimmt hoheitliche und politische Aufgaben im Bereich des Post- und Fernmeldewesens wahr. Darunter fallen insbesondere die Vertretung der Eigentümerinteressen des Bundes und die Regulierung der Post- und Telekommunikationsmärkte (s. 839).

Das BMPT gliedert sich in vier Abteilungen, den Leitungsstab und eine Organisationseinheit Beauftragter für Internationale Beziehungen. Die Abteilungen haben folgende Bezeichnung:

(1/2) Grundsatzangelegenheiten, Internationale Angelegenheiten, Regulierungen;

(3) Zulassungen; Genehmigungen; Frequenzordnung; Standardisierung;
(Z) Zentralabteilung.

Zum Geschäftsbereich des BMPT gehören die nachgeordneten Bundesoberbehörden

- Bundesanstalt für Post und Telekommunikation Deutsche Bundespost mit Sitz in Bonn
- Bundesamt für Zulassungen in der Telekommunikation (BZT) in Saarbrükken
- Bundesamt für Post und Telekommunikation (BAPT) mit Hauptsitz in Mainz.

Außerdem führt der BMPT die Aufsicht über die Bundesdruckerei.

Nach der Privatisierung der Deutschen Bundespost durch das Gesetz zur Neuordnung des Postwesens und der Telekommunikation (s. 839) sind die Aufgaben des BMPT weiter zurückgegangen. Mit der Auflösung des Ministeriums ist Anfang 1998 zu rechnen.

103. Bundesministerium für Familie, Senioren, Frauen und Jugend (BMFSFJ)

Das Ministerium umfaßt die Abteilungen:

- Zentrale Verwaltung
- Frauen
- Familie
- Senioren – Ältere Menschen
- Kinder und Jugend
- Zivildienst und Wohlfahrtspflege sowie den Bundesbeauftragten für den Zivildienst

Zum Ministerium gehört außerdem ein Dienstbereich in Berlin.

Der Aufsicht des Ministeriums unterstehen zwei rechtlich selbständige Stiftungen des öffentlichen Rechts (Stiftung „Mutter und Kind – Schutz des ungeborenen Lebens“ und Stiftung „Hilfswerk für behinderte Kinder“).

Zum Geschäftsbereich des Ministeriums gehören:

- die *Bundesprüfstelle für jugendgefährdende Schriften in Bonn.* Sie entscheidet in einem justizförmigen Verfahren über Anträge nach dem Gesetz über jugendgefährdende Schriften.
- das *Bundesamt für den Zivildienst* in Köln durch Bundesgesetz vom 25. 7. 1973 (BGBl. I 669) als selbständige Bundesoberbehörde vorgesehen und durch Bekanntmachung des BMA vom 27. 9. 1973 (Bundesanzeiger Nr. 199 S. 5) errichtet. Es ist für die Anerkennung von Kriegsdienstverweigerern nach § 4 Kriegsdienstverweigerungsgesetz (KDVG) und für die verwaltungsmäßige Durchführung des Zivildienstes zuständig.

Ziel der *Gleichberechtigungspolitik* der Bundesregierung ist die praktische Umsetzung von der im Grundgesetz, Art. 3 Abs. 2, garantierten Gleichberechtigung von Mann und Frau. Dabei geht es der Bundesregierung vor allem um Partnerschaft zwischen Frau und Mann in Familie, Beruf und Gesellschaft und um die Wahlfreiheit der Frauen und Männer hinsichtlich ihrer Lebensplanung. Ein wichtiger Meilenstein ist das 1994 in Kraft getretene Zweite Gleichberechtigungsgesetz, das folgende Schwerpunkte enthält: Frauenförderung in der Bundesverwaltung und bessere Teilzeitarbeitsmöglichkeiten insbesondere auch in Führungspositionen, verstärkte Mitwirkungsmöglichkeiten von Betriebs- und Personalräten in der Frauenförderung, Maßnahmen gegen sexuelle Belästigung am Arbeitsplatz, die Gleichbehandlung von Frauen und Männern am Arbeitsplatz, stärkere Vertretung von Frauen in Gremien im Bereich des Bundes.

Im Mittelpunkt der Arbeit der Frauenabteilung stehen außerdem die Themen:

- Frauen und Beruf, flexiblere Gestaltung der Arbeitswelt, Erleichterung der beruflichen Wiedereingliederung,
- Unterstützung der Frauen in den neuen Bundesländern bei der Umstellung auf die neue Gesellschafts- und Wirtschaftsordnung,
- soziale Sicherung von Frauen,
- Schutz von Frauen und Mädchen vor Gewalt,
- Förderung der ehrenamtlichen politischen Arbeit von Frauen und ihre Partizipation im öffentlichen Leben sowie stärkere gesellschaftliche Anerkennung ehrenamtlichen sozialen Engagements,
- Frauen in besonderen Lebenssituationen, z. B. behinderte Frauen, wohnungslose Frauen,
- internationale Frauenpolitik, z. B. die Vor- und Nachbereitung der 4. Weltfrauenkonferenz 1995 in Peking.

Mit Forschungs- und Modellvorhaben, die die Frauenabteilung durchführt, werden bestimmte Probleme untersucht und die Erkenntnisse in die Praxis umgesetzt. Durch Kontakte zu Verbänden, Parteien, Gewerkschaften, Kirchen und sonstigen gesellschaftlichen Gruppen sowie Gleichstellungsstellen auf Landes- und kommunaler Ebene soll eine bessere Berücksichtigung der Situation von Frauen in allen Bereichen erreicht werden. Besonders intensiven Kontakt unterhält das Ministerium zu den Frauenverbänden, deren Arbeit es unterstützt.

Die Abteilung Frauenpolitik überprüft alle Gesetzgebungsvorhaben und sonstigen Aktivitäten der Bundesregierung auf ihre Auswirkungen auf Frauen. Seit 1987 hat das Ministerium laut Geschäftsordnung der Bundesregierung und der gemeinsamen Geschäftsordnung der Bundesministerien das Initiativrecht, mit dessen Hilfe ein wichtiges frauenpolitisches Thema auf die Tagesordnung einer Kabinettsitzung gebracht werden kann; das Rederecht in wichtigen frauenpolitischen Angelegenheiten neben dem federführenden Ministerium im Bundestag und Bundesrat sowie in den Ausschüssen; das Vertagungsrecht, mit dessen Hilfe im Einvernehmen mit dem Bundeskanzler die Absetzung eines Tagesordnungspunktes im Kabinett verlangt werden kann, sofern das Bundesfrauenministerium vorher nicht ausreichend beteiligt wurde; sowie verbesserte Beteiligungsrechte.

Die Familie ist das tragende Fundament einer menschlichen Gesellschaft; hier praktizieren und lernen Mütter, Väter und Kinder im täglichen Zusammenleben zahlreiche für unsere Gesellschaft unentbehrliche Verhaltensweisen: Liebe und Vertrauen, Toleranz und Rücksichtnahme, gegenseitige Einsatzbereitschaft und die Übernahme von Mitverantwortung.

Die *Familienpolitik* hat das Ziel, gesellschaftliche Rahmenbedingungen zu schaffen, die es Frauen und Männern erleichtern, sich für ein Leben in der Familie mit Kindern zu entscheiden. Hierzu zählen der Ausbau des Familienlastenausgleichs zum echten Familienleistungsausgleich ebenso wie die Förderung eines kinder- und familienfreundlichen Klimas in unserer Gesellschaft durch besondere Hilfen für junge Familien, die bessere Anerkennung von Familienarbeit in Gesellschaft und Rechtsordnung. Eine familienpolitische Aufgabe ersten Ranges ist auch die bessere Vereinbarkeit von Familie und Erwerbstätigkeit, die insbesondere auch für alleinerziehende Mütter und Väter ein wichtiges Anliegen ist. Um die bestehenden Probleme im unternehmerischen und tarifpolitischen

Gestaltungsbereich zu lösen, muß sich die Erkenntnis durchsetzen, daß junge Frauen und Männer dann am ehesten motivierte Arbeitnehmerinnen und Arbeitnehmer sind, wenn sie auch für ihre Belange als Mütter und Väter Rücksicht und Verständnis finden. Das Bundesministerium für Familie, Senioren, Frauen und Jugend fördert daher z. B. modellhaft Beratungsstellen, die Klein- und Mittelbetriebe bei der familienfreundlichen Umgestaltung firmeninterner Arbeitsabläufe unterstützen. Der Förderung einer kinder- und familienfreundlichen Gesellschaft dienen zudem die Fortentwicklung des Ehe- und Familienrechts sowie Hilfen zur Stärkung der Erziehungskraft der Familie (Eltern- und Familienbildung, Ehe-, Familien- und Erziehungsberatung, Familienplanung usw.). Zum Schutz des ungeborenen Lebens stellt das Ministerium der Stiftung „Mutter und Kind – Schutz des ungeborenen Lebens" Finanzhilfen zur Verfügung. Eine besonders dringliche Aufgabe ist auch die Bereitstellung bezahlbaren und kindgerechten Wohnraums in einem kinderfreundlichen Wohnumfeld. Vor allem junge Familien unterliegen im Wettbewerb um angemessene Wohnungen anderen, solventeren Konkurrenten. Dies gilt auch für die unter uns lebenden ausländischen Familien. Bei Vorhaben anderer Ressorts, die für Familie Bedeutung haben, wahrt das Ministerium die familienpolitischen Belange.

Altenpolitik rückt angesichts der demographischen Entwicklung zunehmend in das Blickfeld der Sozial- und Gesellschaftspolitik. Oberstes Ziel ist es, die Situation älterer Menschen zu verbessern und ihnen möglichst lange eine selbständige Lebensführung zu ermöglichen. Altenpolitik wird gestaltet für verschiedene Gruppen älterer Menschen: Dementsprechend vielfältig sind die Maßnahmen, die sich einerseits an die „jungen Alten" richten, andererseits an ältere Menschen mit unterschiedlichem Hilfe- und Pflegebedarf, für die bundesgesetzliche Regelungen wie z. B. das Heimgesetz von besonderer Bedeutung sind.

Zentrales Instrument für die Umsetzung der Seniorenpolitik ist der seit 1992 bestehende Bundesaltenplan. Die Förderung der gesellschaftlichen Beteiligung älterer Menschen ist einer der Schwerpunkte des Bundesaltenplans. Weitere Schwerpunkte sind die Angleichung der Lebensverhältnisse im Vereinten Deutschland, der Ausbau der internationalen Seniorenpolitik und die Unterstützung hilfe- und pflegebedürftiger älterer Menschen, um ihnen soweit wie möglich ihre Selbständigkeit zu erhalten.

Kernstück der Förderung nach dem Bundesaltenplan ist zur Zeit das Modellprogramm „Seniorenbüro", das dazu dient, aktiven älteren Menschen nach ihren Wünschen und Neigungen Aufgaben zu vermitteln, in denen sie ihre Lebenserfahrungen und Kenntnisse für andere einsetzen können. Bundesweit sind 43 Seniorenbüros in das Modellprogramm einbezogen.

Der in den kommenden Jahren und Jahrzehnten zu erwartende Alterungsprozeß der Bevölkerung und die damit verbundenen Konsequenzen für den Einzelnen und die Gesellschaft stellen eine große politische Herausforderung dar. Die Altersforschung hat dabei die wichtige Aufgabe, sich mit den Folgen dieses demographischen Wandels auseinanderzusetzen und einen Beitrag zu einer sachgemäßen Unterrichtung von Politik und Gesellschaft zu leisten.

Mit dem Ersten Altenbericht vom 28. September 1993 liegt erstmals in der Geschichte der Bundesrepublik ein Bericht zur Lebenssituation älterer Menschen vor, der folgende Themenschwerpunkte enthält:

- Erhaltung und Steigerung der Kompetenz im Alter,
- Prävention und Rehabilitation zur Verhinderung von Pflegebedürftigkeit,
- Situation älterer Menschen und der Altenhilfe in den neuen Bundesländern,
- Beitrag der älteren Generation in der Gesellschaft.

Nach eingehender Diskussion hat der Deutsche Bundestag die Bundesregierung aufgefordert, nunmehr in jeder Legislaturperiode einen Altenbericht vorzulegen.

Der Strukturwandel der Altenhilfe in den neuen Bundesländern gewährleistet, daß die Dienste und Einrichtungen dort zur Verfügung stehen, wo sie benötigt werden. Die nachholende Anhebung des Standards und die Erhöhung der Vielfalt sind durch hohe Investitionsaufwendungen und umfangreiche Aktivitäten zur Qualifizierung langjährige Aufgaben, deren Lösung von der Bundesregierung durch gezielte Förderung unterstützt und beschleunigt wird.

Mit dem Anwachsen der Gruppe älterer Arbeitsloser, Vorruheständler und Frührentner sieht die Bundesregierung die Notwendigkeit einer insbesondere auf die Phase der Beendigung des Erwerbslebens gerichteten speziellen Hilfe. Deshalb werden Selbsthilfeaktivitäten und Organisationen gefördert, deren Erfahrungen anregen und helfen sollen, eine Vielzahl von Angeboten zu schaffen, die die Phase des Vorruhestandes erleichtern und bei der Suche und Übernahme einer neuen sinnvollen Tätigkeit unterstützen können.

Die internationale und europäische Altenpolitik dient der Verständigung und dem Kennenlernen älterer Menschen über nationale Grenzen hinweg. Im Vordergrund stehen Maßnahmen der Seniorenbegegnung und des Austausches von Fachkräften der Altenarbeit, sowie die Beratung der Reformstaaten Osteuropas.

Wichtig ist, Senioren über ihre Rechte und über Möglichkeiten der sinnvollen Gestaltung ihres Lebensabschnitts zu informieren. Hier setzt die Öffentlichkeitsarbeit für Senioren an, die mit Hilfe aller geeigneten Medien den unterschiedlichen Gruppen älterer Menschen die hilfreichen Informationen bereit stellt.

Es ist das Ziel der *Kinder- und Jugendpolitik*, die persönliche und soziale Entfaltung der Kinder und Jugendlichen zu unterstützen und Benachteiligungen entgegenzuwirken, indem Eltern und andere Erziehungsberechtigte bei ihren Erziehungsaufgaben unterstützt, Kinder und Jugendliche vor Gefahren geschützt, ihnen zusätzliche Entfaltungs- und Bildungschancen bereitgestellt und kinder- und familienfreundliche Lebens- und Umweltbedingungen geschaffen werden. Damit soll ihre Integration in die gesellschaftliche Entwicklung vor dem Hintergrund des gesellschaftlichen Wandels verbessert werden.

Das BMFSFJ fördert diese Ziele durch die

- federführende oder mitberatende Betreuung besonderer Gesetze des Bundes,
- Wahrnehmung der Interessen von Kindern und Jugendlichen gegenüber den verschiedenen Politikbereichen (Kinder- und Jugendpolitik als Querschnittsaufgabe),
- finanzielle Förderung internationaler, überregionaler und bundeszentraler Einrichtungen und Maßnahmen,
- Anregung von Modellprojekten zur Fortentwicklung der Fachaufgaben und Fachpolitiken.

Dem Kinder- und Jugendschutz dient die Arbeit der Bundesprüfstelle für jugendgefährdende Schriften, die dem BMFSFJ nachgeordnet ist sowie der dem BMFSFJ fachlich unterstellte Aufgabenbereich „sogenannte Jugendsekten und Psychogruppen" beim Bundesverwaltungsamt.

Zentrale gesetzliche Grundlage der Kinder- und Jugendpolitik ist das SGB VIII (Kinder- und Jugendhilfegesetz). Zu den gesetzgeberischen Aufgaben gehört darüber hinaus die Gesetzgebung im Bereich des Jugendschutzes, des Adoptionsrechts, des Adoptionsvermittlungsgesetzes, der freiwilligen Gesetze sowie die Mitberatung von Gesetzen, die Kinder und Jugendliche betreffen, jedoch von anderen Ressorts federführend bearbeitet werden.

Die Jugendpolitik der vergangenen Jahre wurde maßgeblich von der Bewältigung der Deutschen Einheit bestimmt, um jungen Menschen bei ihren umbruchbedingten Orientierungsproblemen beizustehen und soziale Belastungen zu mindern und erträglich zu machen. Nach dem Wegfall der partei- und staatsabhängigen Jugendorganisationen in der ehemaligen DDR galt es, demokratische Jugendstrukturen aufzubauen und für eine – einer freiheitlichen Gesellschaft entsprechenden – Vielfalt von Lebensgestaltungsmöglichkeiten für Jugendliche zu sorgen. Ein Schwerpunkt der Jugendpolitik lag deshalb bei der Unterstützung des Auf- und Ausbaus der Kinder- und Jugendhilfe, insbesondere der Jugendarbeit und Jugendsozialarbeit. Zudem wurden gezielte Förderprogramme mit Bundesmitteln durchgeführt. Zugleich müssen die Unterstützungsnetze für bedürftige und gefährdete Kinder und Jugendliche und ihre Familien umgebaut und neu organisiert werden. Wegen der Umstrukturierung der kommunalen Verwaltungen und Landesverwaltungen sowie des fachlichen Neulandes, das erschlossen werden mußte, waren zahlreiche Probleme und Schwierigkeiten zu überwinden. Insgesamt konnten in den Jahren seit der Vereinigung Deutschlands strukturell wichtige Rahmenbedingungen für eine KJHG-konforme Kinder- und Jugendhilfe geschaffen werden, auf denen in den nächsten Jahren aufgebaut werden muß.

Der Kinder- und Jugendplan des Bundes ist ein breit gefächertes Förderungswerk der Kinder- und Jugendhilfe, durch den bundeszentrale und überregionale Träger, Einrichtungen, Verbände, Veranstaltungen usw. sowie besondere Modellvorhaben finanziell gefördert werden. Der Kinder- und Jugendplan garantiert eine Infrastruktur für mehrere hunderte Träger, Verbände und Einrichtungen auf Bundesebene, die jährlich viele tausende von Veranstaltungen und Projekten durchführen. Dazu gehört auch die Fortbildung von Mitarbeitern, die Entwicklung neuer Konzepte für die praktische Kinder- und Jugendhilfe und die Durchführung von Modellen der unterschiedlichsten Art. Ein Schwerpunkt liegt bei der Förderung der internationalen Jugendarbeit, die mit ihren vielfältigen Formen der Begegnung junger Menschen aus verschiedenen Ländern der internationalen Verständigung und Zusammenarbeit dient. Hierzu gehören als eigenständige binationale Institutionen auch das deutsch-französische Jugendwerk und seit 1993 das deutsch-polnische Jugendwerk.

Die *Wohlfahrtspflege* fällt ebenfalls in den Tätigkeitsbereich des Ministeriums. Hierzu zählen insbesondere die Förderung der Wohlfahrtsverbände und Selbsthilfeorganisationen sowie internationale Fragen. Das Ministerium unterstützt den Selbsthilfegedanken und die Verbände der Freien Wohlfahrtspflege in ihrer Bedeutung für die Sozialstaatlichkeit des Grundgesetzes. Im Rahmen dieser Aufgaben betreut das Ministerium Forschungsvorhaben. Erheblich an Bedeutung hat gerade in den letzten Jahren die Aufgabe der gesellschaftlichen und beruflichen Integration von jungen Aussiedlern gewonnen. Sie werden durch den sog. „Garantiefonds", durch die Förderung von Jugendgemeinschaftswerken und durch die Otto-Benecke-Stiftung unterstützt. Ein breite Vielfalt von Informationsschriften gibt Aufschluß über die Bundespolitik in diesem Bereich und über die Verbände und Organisationen.

Mit dem *Zivildienst* als einer Form der Wehrpflicht erfüllen die anerkannten Kriegsdienstverweigerer dem Allgemeinwohl dienende Aufgaben, in erster Linie im sozialen Bereich, z. B. in der Betreuung von Schwerstbehinderten, oder innerhalb sozialer Hilfsdienste.

104. Bundesministerium für Raumordnung, Bauwesen und Städtebau (BMBau)

Das Ministerium nimmt die Zuständigkeit des Bundes auf den Gebieten der Raumordnung, des Städtebaues, des Wohnungswesens und des

Bauwesens wahr. Zu diesen Gebieten bereitet es die Gesetzgebung des Bundes vor. Außerdem ist es zuständig für das Wohngeld, für die Finanzhilfen des Bundes an die Länder nach Art. 104a Abs. 4 GG zur Förderung des Wohnungs- und Städtebaues sowie für Ausgleichszahlungen an Gemeinden nach Art. 106 Abs. 8 GG in der Region Bonn. Es fördert die Forschung auf städtebaulichem und bautechnischem Gebiet, die Baunormung, Modellvorhaben sowie städtebauliche Wettbewerbe. Ferner obliegt dem Ministerium die Wohnungsfürsorge für Bundesbedienstete. Weiter ist das Ministerium oberste technische Instanz für die Durchführung der Baumaßnahmen der Verfassungsorgane des Bundes, der obersten Bundesbehörden sowie der Bauangelegenheiten der BRep. im Ausland mit Ausnahme der Bauten im Geschäftsbereich des Bundesministers der Verteidigung. Es koordiniert in diesem Zusammenhang auch die Maßnahmen zur Umsetzung des Berlin/Bonn-Gesetzes zur Verlagerung des Sitzes von Parlament und Bundesregierung.

Das Ministerium ist wie folgt gegliedert:

Leitungsstab mit Ministerbüro sowie den Referaten Kabinetts- und Parlamentsangelegenheiten, Allgemeine politische Grundsatzangelegenheiten, Presse; Öffentlichkeitsarbeit;

Abt. Z Zentralabteilung (Personal-, Organisations-, Haushalts-, Finanzangelegenheiten);

Abt. RS Raumordnung und Städtebau (Recht des Städtebaues; Städtebau, Forschung; Raumordnung);

Abt. W Wohnungswesen (Recht des Wohnungswesens; Wohnungsbauförderung, Bauwirtschaft; Wohnungswirtschaft; Mietenpolitik);

Abt. B Bauwesen (Grundsatzangelegenheiten des Bauwesens; Bauangelegenheiten des Bundes; Angelegenheiten der Hauptstadt sowie des Sitzes von Parlament und Regierung).

Das BMBau ist in Berlin durch einen Geschäftsbereich vertreten.

Zum Geschäftsbereich des Ministeriums gehören die *Bundesbaudirektion* (mit Abteilungen in Berlin und Bonn) und die *Bundesforschungsanstalt für Landeskunde und Raumordnung* in Bonn.

105. Bundesministerium für Gesundheit (BMG)

Das BMG wurde durch Organisationserlaß des Bkzl. vom 23. 1. 1991 (BGBl. I 530) mit Wirkung vom 18. 1. 1991 errichtet. Das Ressort ist zuständig für die Bereiche Gesundheit, Verbraucherschutz, Veterinärmedizin, Krankheitsbekämpfung, Krankenversicherung und Sozialhilfe.

Bei der gesetzlichen Krankenversicherung bilden Finanzierungsfragen sowie die Versorgung der Patienten Schwerpunkte. In diesem Zusammenhang spielt auch die Verbesserung der Rahmenbedingungen für die Pflegekräfte eine Rolle. Zu den Aufgaben des BMG gehören die Weiterentwicklung der Gesundheitsvorsorge, die Versorgung von Krebskranken, von chronisch Kranken und die Reform der Versorgung psychisch Kranker. Das BMG ist verantwortlich für die Gebührenordnung für privatärztliche Tätigkeit von Ärzten und Zahnärzten. Darüber hinaus hat es die Gesetzgebungskompetenz für das Krankenversicherungsrecht (Sozialgesetzbuch, 5. Buch) mit den vertraglichen Beziehungen zu den Leistungserbringern sowie für Fragen der Wirtschaftlichkeit und Beitragssatzstabilität.

Vordringliche Aufgaben im Rahmen der Gesundheitsvorsorge und der Krankheitsbekämpfung sind gesundheitliche Aufklärung und Erziehung sowie die Bekämpfung von übertragbaren Krankheiten – insbesondere AIDS – und des Drogen- und Suchtmittelmißbrauchs. Dem Schutz von Patienten und Verbrauchern dienen das Arzneimittelgesetz und das Recht der Medizinprodukte. Neue Behandlungsmöglichkeiten verspricht die moderne Biotechnologie; ihre Förderung sowie der Schutz des Menschen und der Umwelt sind die Zielrichtungen des Gentechnikgesetzes. Das BMG ist auch zuständig für das Heilmittelwerberecht und für die Ausbildung im Bereich der Heilberufe. Weitere Aufgabengebiete liegen in den Bereichen internationales Gesundheitswesen, Hygiene und Seuchenhygiene sowie Gesundheitsschutz und Gesundheitshilfe.

Zielsetzung des Lebensmittelwesen und der Veterinärmedizin sind die Sicherstellung des gesundheitlichen Verbraucherschutzes und des Schutzes vor Verbrauchertäuschungen bei Lebensmitteln, Tabakerzeugnissen, kosmetischen Mitteln und Bedarfsgegenständen. Zusätzliche Schwerpunkte sind die Aufklärung des Verbrauchers über die Vorschriften des Lebensmittelrechts und über die richtige Ernährung.

Das Bundesgesundheitsministerium umfaßt folgende Abteilungen:
Abteilung Z: Zentrale Verwaltung, Internationale Beziehungen
Abteilung 1: Grundsatz- und Planungsabteilung, Sozialrecht
Abteilung 2: Gesundheitsversorgung, Krankenversicherung, Arzneimittel
Abteilung 3: Gesundheitsvorsorge, Krankheitsbekämpfung
Abteilung 4: Verbraucherschutz, Veterinärmedizin

Zum Geschäftsbereich des Ministeriums gehören

a) als Nachfolgeeinrichtungen des mit dem Gesetz über die Neuordnung zentraler Einrichtungen des Gesundheitswesens vom 24. 6. 1994 (BGBl. I 1414) aufgelösten *Bundesgesundheitsamtes* folgende mit gleichem Gesetz errichtete selbständige Bundesoberbehörden:

Bundesinstitut für Arzneimittel und Medizinprodukte mit dem Sitz in Berlin mit den Aufgaben: Zulassung von Fertigarzneimitteln, Registrierung homöopathischer Arzneimittel, Risikoerfassung und Bewertung, Überwachung des Verkehrs mit Betäubungsmitteln, Arbeiten zur medizinischen und technischen Sicherheit, Eignung und Leistung von Medizinprodukten sowie Risikoerfassung und -abwehr in diesem Bereich;

Bundesinstitut für Infektionskrankheiten und nicht übertragbare Krankheiten (Robert-Koch-Institut) mit Sitz in Berlin mit den Aufgaben: Erkennung, Verhütung und Bekämpfung von übertragbaren und nicht übertragbaren Krankheiten, epidemiologische Untersuchungen hierzu, Sammlung und Bewertung von Erkenntnissen zu HIV-Infektionen und AIDS-Erkrankungen, Bereiche der Gentechnik und der Humangenetik, gesundheitliche Fragen des Transports ansteckungsgefährlicher Stoffe oder gentechnisch veränderter Organismen und Produkte;

Bundesinstitut für gesundheitlichen Verbraucherschutz und Veterinärmedizin mit Sitz in Berlin mit den Aufgaben: Sicherung des Gesundheitsschutzes im Hinblick auf Lebensmittel o.ä., Bewertung der Gesundheitsgefährlichkeit von Chemikalien, Erkennen und Aufrechterhalten des Gesundheitsstatus von Einzeltieren und Tierbeständen, Schutz des Menschen vor Krankheiten, die von Tieren auf Menschen übertragen werden können, Fragen der Ernährungsmedizin u. a.;

b) die *Bundeszentrale für gesundheitliche Aufklärung* in Köln-Merheim, durch Erl. vom 20. 7. 1967 (GMBl. 374) als nichtrechtsfähige Bundesanstalt errichtet. Ihre Aufgabe ist es, der Erhaltung und Förderung der Gesundheit der Menschen zu dienen, insbesondere durch Erarbeitung von Grundsätzen und Richtlinien für Inhalt und Methoden der praktischen Gesundheitserziehung, Ausbildung und Fortbildung der auf dem Gebiet der Gesundheitserziehung und -aufklärung tätigen Personen, Koordinierung und Verstärkung der gesundheitlichen Aufklärung und Gesundheitserziehung im Bundesgebiet und Zusammenarbeit mit dem Ausland;

c) das *Deutsche Institut für medizinische Dokumentation und Information* in Köln, als nichtrechtsfähige Bundesanstalt durch Erl. vom 1. 9. 1969 (GMBl. 401) errichtet. Es hat die Aufgabe, in- und ausländische Literatur und sonstige Informationen auf dem Gesamtgebiet der Medizin und ihrer Randgebiete zu erfassen, auszuwerten, zu speichern und der fachlich interessierten Öffentlichkeit bekanntzumachen. Das Institut arbeitet an der Verbesserung von Dokumentations- und Informationssystemen und fördert die Aus- und Fortbildung von Personal für die medizinische Dokumentation und Information insbesondere in der Anwendung moderner Techniken;

d) das *„Paul-Ehrlich-Institut" – Bundesamt für Sera und Impfstoffe* – in Frankfurt (Main), durch BGes. vom 7. 7. 1972 (BGBl. I 1163) als selbständige Bundesoberbehörde errichtet. Das Institut hat insbesondere die Aufgabe, Sera und Impfstoffe zu prüfen und zuzulassen, den Verkehr mit Sera und Impfstoffen, Testallergenen, Testsera und Testantigenen zu überwachen sowie entsprechende Forschungen zu betreiben;

106. Bundesministerium für Bildung, Wissenschaft, Forschung und Technologie (BMBF)

Für Bildung und Wissenschaft sind Bund und Länder gemeinsam verantwortlich. Dem Bund sind vom Grundgesetz eine Reihe von wichtigen Gesetzgebungszuständigkeiten zugewiesen. Außerdem wirken im Rahmen der Gemeinschaftsaufgaben nach den Art. 91a und b GG Bund und Länder in der Bildungsplanung, der Forschungsförderung sowie dem Hochschulbau zusammen. Die Zuständigkeiten im Bildungsbereich liegen überwiegend bei den Ländern; insbesondere sind sie für die allgemeinbildenden und berufsbildenden Schulen verantwortlich.

Das *Bundesministerium für Bildung, Wissenschaft, Forschung und Technologie (BMBF)* erfüllt im Rahmen der Bundeszuständigkeit insbesondere folgende Aufgaben:

– Grundsatz- und Koordinierungsaufgaben sowie Gesetzgebung für die außerschulische berufliche Bildung und Weiterbildung;

- Gesetzgebung der Ausbildungsförderung (BAföG) und deren Finanzierung (zusammen mit den Ländern);
- Regelung der allgemeinen Grundsätze des Hochschulwesens. Ausbau und Neubau von Hochschulen, einschließlich der Hochschulkliniken, zusammen mit den Ländern;
- Förderung begabter Jugendlicher, Studenten und Auszubildender. Förderung des wissenschaftlichen Nachwuchses sowie Förderung des Austausches von Auszubildenden, Studenten, Weiterbildungsteilnehmern, Ausbildern und Wissenschaftlern mit anderen Staaten;
- Zusammenarbeit von Bund und Ländern bei der Bildungsplanung und Forschungsförderung sowie bei der Förderung von Modellversuchen im Bildungsbereich;
- Förderung der Grundlagenforschung und ihrer Organisationen, gemeinsam mit den Ländern;
- Förderung staatlicher Vorsorgeforschung in den Bereichen Umwelt, Energie, Klima, Ökologie und Gesundheit. Förderung der Meeres- und Polarforschung, der Forschung und Entwicklung zur Verbesserung von Arbeitsbedingungen, der Bildungs- und Berufsbildungsforschung sowie der Forschung im Bereich der Geistes- und Sozialwissenschaften;
- Förderung von Schlüsseltechnologien wie Informationstechnik, Biotechnologie, Materialforschung, Laserforschung sowie von Umwelttechnologien;
- Förderung der Energie-, Verkehrs- und Luftfahrtforschung, der Meerestechnik sowie der Weltraumforschung und -technik;
- Förderung von Innovation, Forschungskooperation, Technologietransfer und Fachinformation, besonders im Bereich kleiner und mittlerer Unternehmen;
- Förderung des Ausbaus Bonns zu einem Wissenschaftszentrum auf der Grundlage des Berlin/Bonn Gesetzes vom 26. 4. 1994;
- Stärkung der internationalen Zusammenarbeit in Bildung, Wissenschaft, Forschung und Technologie mit europäischen – zunehmend auch mittel- und osteuropäischen Ländern – und außereuropäischen Staaten und innerhalb internationaler Organisationen wie EU, OECD, UNESCO und Europarat.

Das BMBF führt – zusammen mit den Ländern – die Verhandlungen in der EU zu Programmbeschlüssen und anderen Maßnahmen und koordiniert die Durchführung der Programme. Deutschland nimmt an den EU-Bildungs- und Forschungsprogrammen teil, beteiligt sich an der Europäischen Weltraumorganisation (ESA), an CERN und vielen anderen europäischen und internationalen Organisationen und Programmen.

Die Abteilungen des Ministeriums sind wie folgt gegliedert:

Abt. Z: Zentralabteilung, Haushalt, Personal, Organisation, Statistik, Kostenrechnung

Abt. I: Innovation, Strategische Orientierungen, Internationale Zusammenarbeit

Abt. II: Allgemeine und berufliche Bildung

Abt. III: Hochschulen und Wissenschaftsförderung, Grundlagenforschung

Abt. IV: Energie und Umwelt

Abt. V: Biowissenschaften und Informationstechnik

Abt. VI: Luft- und Raumfahrt, Verkehr, Neue Technologien.

Zum Geschäftsbereich des Ministeriums gehört das Bundesinstitut für Berufsbildung (BIBB), die Deutschen Historischen Institute in Rom und Paris, das Kunsthistorische Institut in Florenz sowie die Biologische Anstalt Helgoland.

107. Bundesministerium für wirtschaftliche Zusammenarbeit und Entwicklung (BMZ)

Das Ministerium nimmt die Aufgaben wahr, die sich für den Bund in der *Entwicklungspolitik* ergeben (vgl. 919 III).

Es besteht aus 3 Abteilungen:

(1) Regionale Entwicklungspolitik; Projekte und Programme der bilateralen Finanziellen und Technischen Zusammenarbeit; Integration aller entwicklungspolitischen Maßnahmen.

(2) Planung und Erfolgskontrolle der Entwicklungspolitik; Multilaterale Zusammenarbeit; Sektorale und übersektorale Bereiche; Förderung der privatwirtschaftlichen Zusammenarbeit in der Entwicklungspolitik.

(3) Allgemeine Verwaltung; Bildung; Personelle Zusammenarbeit; Zusammenarbeit Bund/Länder/Gemeinden; Zusammenarbeit mit öffentlichen und privaten Institutionen der Bundesrepublik Deutschland.

Die Deutsche Gesellschaft für Technische Zusammenarbeit (GTZ) GmbH unterstützt die Bundesregierung bei der Erfüllung ihrer entwicklungspolitischen Aufgaben.

Sie führt als bundeseigene Gesellschaft die früher von der Bundesstelle für Entwicklungshilfe (BfE) und der Deutschen Förderungsgesellschaft für Entwicklungsländer (GAWI) wahrgenommenen Durchführungsaufgaben weiter

Insbesondere wird sie zur Förderung dieses Zweckes

1. im Auftrage der Bundesregierung bei Maßnahmen im Bereich der staatlichen Technischen Zusammenarbeit und
2. mit Zustimmung der Bundesregierung bei Aufträgen von Dritten, insbesondere aus Entwicklungsländern,

tätig.

Die Abwicklung der bilateralen finanziellen Zusammenarbeit erfolgt im wesentlichen über die Kreditanstalt für Wiederaufbau in Frankfurt/Main (KfW).

An der Durchführung entwicklungspolitischer Aufgaben sind weitere Organisationen beteiligt, deren Finanzausstattung ganz oder überwiegend im Bundeshaushalt veranschlagt ist, insbesondere die Deutsche Stiftung für internationale Entwicklung (DSE), Berlin; die DEG-Deutsche Investitions- und Entwicklungsgesellschaft mbH, Köln; das Deutsche Institut für Entwicklungspolitik (DIE), Berlin; der Deutsche Entwicklungsdienst (DED), Berlin und die Carl-Duisberg-Gesellschaft (CDG), Köln.

108. Bundesministerium für Umwelt, Naturschutz und Reaktorsicherheit (BMU)

Dem BMU wurden mit Organisationserlaß des Bundeskanzlers vom 5. 6. 1986 (BGBl. I 864) folgende Zuständigkeiten übertragen:

1. Umweltschutz mit der zentralen Planungs- und Koordinierungskompetenz innerhalb der Bundesregierung einschließlich Rechtsetzungskompetenzen für die Wasserwirtschaft (Rahmenkompetenz), Abfallwirtschaft, Luftreinhaltung, Lärmbekämpfung (konkurrierende Gesetzgebungskompetenz) zuzüglich der Teilaufgaben aus anderen Gesetzgebungsbereichen wie z. B. Umweltchemikalien und Verkehrslärm;

2. Sicherheit kerntechnischer Anlagen und Strahlenschutz mit Rechtsetzungskompetenz (konkurrierende Gesetzgebung) sowie Verwaltungskompetenz für die Aufsicht über die Rechtmäßigkeit und Zweckmäßigkeit beim Vollzug des Atomgesetzes durch die Länder;
3. Naturschutz und Landschaftspflege einschließlich der Rechtsetzungskompetenz (Rahmenkompetenz);
4. Gesundheitliche Belange des Umweltschutzes, Strahlenhygiene Rückstände von Schadstoffen in Lebensmitteln, Chemikalien.

Das Ministerium ist in 6 Abteilungen gegliedert:

Abt. Z:	Zentralabteilung
Abt. G:	Grundsätzliche und wirtschaftliche Fragen der Umweltpolitik, internationale Zusammenarbeit
Abt. WA:	Wasserwirtschaft, Abfallwirtschaft, Bodenschutz, Altlasten
Abt. IG:	Umwelt und Gesundheit, Immissionsschutz, Anlagensicherheit und Verkehr, Chemikaliensicherheit
Abt. N:	Naturschutz und Ökologie
Abt. RS:	Sicherheit kerntechnischer Einrichtungen, Strahlenschutz, nukleare Ver- und Entsorgung

Zum Geschäftsbereich des BMU gehören:
das Umweltbundesamt in Berlin,
das Bundesamt für Naturschutz (s. 193 II) in Bonn und das Bundesamt für Strahlenschutz in Salzgitter.

109. Der Bundesrechnungshof

ist oberste Bundesbehörde, steht also den Bundesministerien gleich (vgl. 91); er hat seinen Sitz in Frankfurt a. M.

Nach Art. 114 GG hat der Bundesfinanzminister dem Bundestag und dem Bundesrat über alle Einnahmen und Ausgaben sowie über das Vermögen und die Schulden alljährlich Rechnung zu legen. Die Rechnung wird durch den *Bundesrechnungshof* geprüft. Dieser ist der BReg. gegenüber selbständig und nur dem Gesetz unterworfen.

Die Aufgaben des Bundesrechnungshofs sind jetzt in §§ 88ff., 111 der *Bundeshaushaltsordnung* (80) geregelt.

Der Bundesrechnungshof wurde durch BGes. vom 27. 11. 1950 (BGBl. 765) errichtet. Maßgebend ist jetzt das *Bundesrechnungshofgesetz* (BRHG) vom 11. 7. 1985 (BGBl. I 1445). An der Spitze dieses Organs der *Staatskontrolle* steht ein Präsident und als sein Vertreter ein Vizepräsident. Die Prüfungsgebiete sind auf 8 Abteilungen verteilt. Die Mitglieder besitzen richterliche Unabhängigkeit. Nach § 18 BRHG ist im förmlichen Disziplinarverfahren gegen Mitglieder des Bundesrechnungshofes das Dienstgericht des Bundes (Bundesgerichtshof, s. 219) zuständig.

Der Präsident des Bundesrechnungshofes ist durch Kabinettsbeschluß vom 8. 1. 1952 mit der Wahrnehmung der Aufgaben des *Bundesbeauftragten für Wirtschaftlichkeit in der Verwaltung* beauftragt worden. Er ist ferner Vorsitzender des Bundesschuldenausschusses und nach § 96 Abs. 2 Bundesbeamtengesetz kraft Gesetzes ständiges Mitglied und Vorsitzender des Bundespersonalausschusses (vgl. 154 V).

F. Die Länder

114. Die Länderverfassungen

müssen nach Art. 28 Abs. 1 GG den Grundsätzen des republikanischen, demokratischen und sozialen Rechtsstaates im Sinne des GG (42, 54) entsprechen. In den Ländern, Kreisen und Gemeinden muß das Volk eine aus allgemeinen, unmittelbaren, freien, gleichen und geheimen Wahlen hervorgegangene Vertretung haben. Der Bund gewährleistet, daß die verfassungsmäßige Ordnung der Länder diesen Bestimmungen und den Grundrechten entspricht (Art. 28 Abs. 3 GG).

Hiernach besteht eine sog. *Verfassungshomogenität* zwischen Bund und Ländern. Dem Art. 28 GG widersprechende Bestimmungen der Länderverfassungen sind verfassungswidrig und ungültig. Die Einführung der *Monarchie* oder einer *Aristokratie,* eines „volksdemokratischen" Systems (4 I 1 und 4 II 2, 3) oder einer anderen Art von Minderheitsherrschaft (z. B. *Räterepublik, Diktatur*) ist demgemäß verboten. Dagegen können die Länder innerhalb der durch Art. 28 GG gezogenen Grenzen ihre staatliche Einrichtung gestalten und z. B. bestimmen, daß das Amt eines Staatspräsidenten geschaffen wird oder ob ein Ein- oder Zweikammersystem eingerichtet werden soll. Vgl. 54. Auch das *Wahlalter* ist nicht allgemeinverbindlich festgelegt; die Länder haben es aber überwiegend wie der Bund (vgl. 59 II 2) dem Eintritt der Volljährigkeit (18 Jahre; vgl. 304) angepaßt. Der Grundsatz der *Inkompatibilität* (Unzulässigkeit gleichzeitiger Betätigung in Gesetzgebung und Verwaltung) ist, wie im Bund (59 II 2b), so auch in den Ländern teils durch Verfassungsbestimmungen, teils in einfachen Gesetzen niedergelegt (vgl. z. B. für Bayern AbgeordnetenG i. d. F. vom 15. 11. 1990, GVBl. 490; für Rheinl.-Pfalz Abgeordnetengesetz vom 21. 7. 1978 (GBVBL 587) m. spät. Änd. Auf Grund der §§ 33, 34 BRRG regeln die Landesgesetze die Rechtsfolgen, die sich dienstrechtlich für Landesbeamte aus der Annahme des Mandats ergeben, z. B. Ruhen des Dienstverhältnisses, Anspruch auf Wiedereinstellung nach Beendigung des Mandats usw.; sie können ähnliche Bestimmungen für den Fall der Ernennung eines Beamten zum Regierungsmitglied oder Parlamentarischen Staatssekretär treffen. Hierzu und über die Amtsentschädigung der Parlamentsmitglieder vgl. die (weitgehend übereinstimmenden) Abgeordnetengesetze der Länder, z. B. Bad.-Württbg. vom 12. 9. 1978 (GBl. 473), NRW vom 24. 4. 1979 (GV.NW. 238).

Außer in Schleswig-Holstein bestehen in den Bundesländern *Staatsgerichtshöfe* oder Landesverfassungsgerichte, denen innerhalb der Landeskompetenz ähnliche Befugnisse wie im Bund dem Bundesverfassungsgericht zustehen. Für Schleswig-Holstein ist das BVerfG zugleich als Landesverfassungsgericht tätig (Art. 99 GG, Art. 36 Abs. 2, 37 Landessatzung Schlesw.-Holst.).

Zusammensetzung der Länderparlamente

(Stand: August 1997)

Landtag **Baden-Württemberg** (Wahl v. 24. 3. 1996)	CDU 69	SPD 39	Grüne 19	FDP 14	Republikaner 14
Landtag **Bayern** (Wahl v. 25. 9. 1994)	CSU 120	SPD 70	Bündnis 90/Grüne 14		
Abgeordnetenhaus **Berlin** (Wahl v. 22. 10. 1995)	CDU 87	SPD 55	Bündnis 90/Grüne 30	PDS 34	
Landtag **Brandenburg** (Wahl v. 11. 9. 1994)	SPD 52	CDU 18	PDS 18		
Bürgerschaft **Bremen** (Wahl v. 14. 5. 1995)	SPD 37	CDU 37	Bündnis 90/Grüne 14	Arbeit f. Bremen 12	
Bürgerschaft **Hamburg** (Wahl v. 19. 9. 1993)	SPD 58	CDU 36	Grüne/GAL 19	Statt-Partei 8	
Landtag **Hessen** (Wahl v. 19. 2. 1995)	CDU 45	SPD 44	Grüne 13	FDP 8	
Landtag **Mecklenburg-Vorpommern** (Wahl v. 16. 10. 1994)	CDU 30	SPD 23	PDS 18		

Landtag **Niedersachsen** (Wahl v. 13. 3. 1994)	SPD 81	CDU 67	Bündnis 90/Grüne 13		
Landtag **Nordrhein-Westfalen** (Wahl v. 14. 5. 1995)	SPD 108	CDU 89	Bündnis 90/Grüne 24		
Landtag **Rheinland-Pfalz** (Wahl v. 24. 3. 1996)	SPD 43	CDU 41	FDP 10	Bündnis 90/Grüne 7	
Landtag **Saarland** (Wahl v. 16. 10. 1994)	SPD 27	CDU 21	Bündnis 90/Grüne 3		
Landtag **Sachsen** (Wahl v. 11. 9. 1994)	CDU 77	SPD 22	PDS 21		
Landtag **Sachsen-Anhalt** (Wahl v. 26. 6. 1994)	CDU 37	SPD 36	PDS 21	Bündnis 90/Grüne 5	
Landtag **Schleswig-Holstein** (Wahl v. 24. 3. 1996)	SPD 33	CDU 30	Bündnis 90/Grüne 6	FDP 4	SSW 2
Landtag **Thüringen** (Wahl v. 16. 10. 1994)	CDU 42	SPD 29	PDS 17		

115. Bildung der Landesregierungen

Da auch die Bundesländer eine demokratische Verfassung haben (s. 42, 114), entscheidet in ihnen die *Mehrheit* des Parlaments über die Bildung der Regierung. Wie im Bund entsteht die Frage, ob bei Gegenüberstehen zweier oder mehrerer politischer Kräftegruppen eine Partei allein regieren kann, oder ob eine Koalition, also eine Vereinbarung zweier oder mehrerer Parteien zur Bildung einer gemeinsamen Regierung, notwendig ist und zustande kommt; die nicht an der Regierung beteiligten Parteien bilden die Opposition. Die Kräfteverhältnisse in den Ländern beeinflussen die *Abstimmung im BR* (vgl. 60), namentlich wenn qualifizierte Mehrheiten erforderlich sind.

Die Koalitionsverhältnisse sind in Bund und Ländern unterschiedlich. Zur Zeit (Stand: August 1997) werden die Regierungen in den Ländern von folgenden Parteien oder Partei-Koalitionen gestellt:
Alleinregierung durch CDU oder CSU: Sachsen, Bayern;
Alleinregierung durch SPD: Saarland, Niedersachsen, Brandenburg;
Koalition aus CDU/SPD: Berlin, Bremen, Thüringen, Mecklenburg-Vorpommern;
Koalition aus CDU/FDP: Baden-Württemberg;
Koalition aus SPD/FDP: Rheinland-Pfalz;
Koalition aus SPD/Bündnis 90/Die Grünen: Hessen, Nordrhein-Westfalen, Sachsen-Anhalt, Schleswig-Holstein;
Koalition aus SPD/Statt-Partei: Hamburg.

116. Ländervertretungen beim Bund

Das GG trägt dem *föderalistischen Aufbau* der Bundesrepublik Deutschland dadurch Rechnung, daß es neben dem Bundestag (Parlament), dem Bundespräsidenten als Staatsoberhaupt und der vom Bundeskanzler geleiteten Bundesregierung den *Bundesrat als Vertretung der Länder* geschaffen hat. Im Bundesrat wirken die Länder bei der Gesetzgebung und bei der Verwaltung des Bundes mit (vgl. 60). Zur Wahrnehmung ihrer Interessen gegenüber der BReg. sind die Länder durch *Bevollmächtigte beim Bund* (i. d. R. Min./Sen.) für Bundesangelegenheiten) in Bonn vertreten.

117. Verwaltungszuständigkeit und Verwaltungsaufbau in den Ländern

I. Die *Verwaltungsorganisation*

beruht nach dem GG auf föderativer Grundlage; die Ausübung der staatlichen Befugnisse und die Erfüllung der staatlichen Aufgaben ist grundsätzlich Sache der Länder (Art. 30 GG). Auch Bundesgesetze führen sie als eigene Angelegenheiten aus, soweit das GG nichts anderes bestimmt oder zuläßt (Art. 83 GG). Der Hauptanteil der Verwaltungsaufgaben entfällt danach auf die Länder. Die Zuständigkeit des Bundes beschränkt sich auf die Materien, die ihm vom GG unmittelbar zugewiesen sind oder die er auf Grund eines Vorbehalts im GG in Bundeseigenverwaltung oder bundesunmittelbare Selbstverwaltung genommen hat (Art. 86–90 GG; vgl. 56 I, II, IV, 145).

Unter die *Verwaltungskompetenz der Länder* fällt somit:

1. die Verwaltung der nicht durch Bundesgesetz geregelten, ausschließlichen Landesangelegenheiten *(Landeseigenverwaltung i. e. S.)*,

2. die Verwaltung zur Ausführung von Bundesgesetzen, die der Bund im Rahmen seiner ausschließlichen oder konkurrierenden Gesetzgebungsbefugnis erlassen hat, als eigene Angelegenheiten *(Landeseigenverwaltung i. w. S.*, Art. 83, 84 GG),
3. die *Bundesauftragsverwaltung* der Länder (Art. 85 GG).

Bei der *Landeseigenverwaltung* i. w. S. hat die BReg. die Rechtsaufsicht über die Landesbehörden und ggf. das Recht der „Mängelrüge" (56 III). Sie hat keine Weisungsrechte gegenüber den Länderbehörden. Sie kann aber für besondere Fälle durch ein Bundesgesetz, das der Zustimmung des BR bedarf, zu Einzelweisungen an die obersten Landesbehörden (Landesministerien) ermächtigt werden (Art. 84 Abs. 5 GG). Soweit es sich um *Bundesauftragsverwaltung* handelt, unterstehen die obersten Landesbehörden den Weisungen der obersten Bundesbehörden (Bundesministerien), Art. 85 Abs. 3 GG. Über die besonderen Weisungsrechte bei staatsgefährdenden Krisen oder Naturkatastrophen (54, 67) vgl. Art. 91 Abs. 2, 35 Abs. 3 GG.

Über das Zusammenwirken von Bundes- und Landesbehörden bei *Gemeinschaftsaufgaben* in verschiedenen Bereichen und namentlich auf dem Gebiet der *Finanzverwaltung* vgl. 56 III, 77.

Die *Einrichtung der Behörden* und das *Verwaltungsverfahren* regeln die Länder bei Landeseigenverwaltung selbst, jedoch bei der Eigenverwaltung *i. w. S.* und der *Bundesauftragsverwaltung* nur, soweit nicht Bundesgesetze mit Zustimmung des BR etwas anderes bestimmen (Art. 84 Abs. 1, 85 Abs. 1 GG).

Das Recht der *Behördenorganisation* richtet sich nach dem jeweiligen Landesverfassungsrecht. Im allgemeinen sind der Aufbau der Landesverwaltung insgesamt und die Zuständigkeiten vom Landesgesetzgeber durch Gesetz zu regeln, während die Einrichtung der Behörden der Landesregierung zusteht (vgl. z. B. Art. 77 Verf.NRW, Art. 77 Abs. 1 Bayer. Verf.).

II. Der *Aufbau der allgemeinen inneren Verwaltung*

in den Ländern ist gekennzeichnet durch die Verbindung von unmittelbarer und mittelbarer Staatsverwaltung. Er gliedert sich i. d. R. in *3 Behördenstufen* (vgl. 145):

Auf der *Oberstufe* und der *Mittelstufe* werden Staatsbehörden (unmittelbare Staatsverwaltung, vgl. 118), auf der *Unterstufe* grundsätzlich kommunale Selbstverwaltungskörperschaften tätig (mittelbare Staatsverwaltung, vgl. 119, 146). Von dieser Verwaltungsgliederung ist zwangsläufig abgewichen in den Stadtstaaten Berlin, Bremen und Hamburg (statt Minister Senatoren) sowie im Saarland und in Brandenburg, Mecklenburg-Vorpommern, Schleswig-Holstein, wo es keine Behördenmittelstufe gibt. Neben diesem dreistufigen Behördenaufbau der allgemeinen Verwaltung bestehen in den meisten Ländern noch staatliche Sonderbehörden, die i. d. R. für spezielle Verwaltungsaufgaben zuständig sind (z. B. Landeskulturamt, Bergamt).

118. Ober- und Mittelstufe

I. Die *Oberstufe*

der allgemeinen Staatsverwaltung bilden die *Ministerien*. Es gibt keine oberste Landesbehörde, die für alle Verwaltungsaufgaben zuständig wäre, sondern zuständig ist jeweils der Minister, in dessen sachlichen Aufgabenbereich die Angelegenheit fällt (z. B. für Steuerfragen der Finanzminister, für Schulangelegenheiten der Kultusminister).

In allen Ländern bestehen, teilweise miteinander kombiniert, Innen-, Justiz-, Finanz-, Wirtschafts-, Verkehrs-, Arbeits-, Sozial- und Kultusministerien (in den Stadt-Staaten Senatsverwaltungen usw.). Für die Gebiete, auf denen der Bund ausschließlich (so Äußeres und Verteidigung) oder hauptsächlich (Wirtschaftliche Zusammenarbeit, Familienfragen) zuständig ist, bestehen keine Landesministerien. Fallen hier den Ländern einzelne Aufgaben zu, so werden sie von anderen Landesministerien oder von Zentralbehörden erledigt.

Der Schwerpunkt der Verwaltung liegt beim *Innenministerium,* das für alle Verwaltungsaufgaben zuständig ist, für die nicht besondere Ministerien vorgesehen sind. Es führt insbesondere die Aufsicht über die nachgeordneten Behörden der allgemeinen inneren Verwaltung.

II. Die *Mittelstufe*

der allgemeinen inneren Staatsverwaltung bilden die *Regierungen* (vgl. 145). Sie sind für alle Aufgaben zuständig, für die nicht eine besondere Verwaltungsbehörde besteht (z. B. Straßenbauverwaltung in manchen Ländern). Ihnen können aber auch Aufgaben anderer Ressorts übertragen werden (z. B. Preisüberwachung aus dem Bereich des Wirtschaftsministeriums). Die Regierungen stehen unter der Aufsicht des Innenministers.

119. Die Unterstufe

Die Unterstufe der allgemeinen Staatsverwaltung wird gebildet durch die *kreisfreien Gemeinden (Städte),* die *Landkreise,* die *Landratsämter* als untere staatliche Verwaltungsbehörden und die *kreisangehörigen Gemeinden.*

I. Eine *kreisfreie Stadt* wird gebildet, wenn eine Gemeinde eine gewisse (in der jeweiligen Gemeinde- oder Kreisordnung bestimmte) Größe erreicht.

Die Stellung als „kreisfreie Stadt" hat nichts zu tun mit der Bezeichnung als „Stadt", die entweder auf historischer Grundlage beruht oder einer Gemeinde neu verliehen wird, wenn sie städtisches Gepräge erreicht. Als „Kreisstadt" wird häufig eine Stadt bezeichnet, die Sitz der Kreisverwaltung ist. Über den Begriff „Große Kreisstadt" s. u. III.

Die kreisfreie Stadt ist eine *Gebietskörperschaft* mit dem Recht der Selbstverwaltung (s. 120), d. h. sie verwaltet ihre *örtlichen Angelegenheiten* selbst unter eigener Verantwortung durch die von den Bürgern bestellten Organe *(„Selbstverwaltungsaufgaben"). Sonstige, insbesondere staatliche* Verwaltungsaufgaben, werden der Stadt durch Gesetz zur Erfüllung übertragen *(„Auftragsangelegenheiten").* Für das Gebiet der

Stadt gibt es keine untere staatliche Verwaltungsbehörde. Deren Aufgaben werden von der Stadt ebenfalls als Auftragsangelegenheit erledigt *(sog. Doppelfunktion in der Verwaltung).*

Zu diesen Auftragsangelegenheiten gehören z. B. die Aufgaben des städtischen Wohnungs-, Standes-, Melde-, Wirtschaftsamtes. Die Stadt unterliegt bei der Erfüllung der ihr übertragenen staatlichen Aufgaben den Weisungen der vorgesetzten Behörde (i. d. R. der Regierung).

II. Die *Landkreise* sind *Kommunalverbände* mit dem Recht der Selbstverwaltung. Das Gebiet des Landkreises bildet zugleich den Bezirk der unteren staatlichen Verwaltungsbehörde. Die Behörden des Landkreises (Landratsamt) haben also wie zu I eine *Doppelfunktion:* zum einen erfüllen sie die ihnen *durch Gesetz übertragenen staatlichen Verwaltungsaufgaben* („Auftragsangelegenheiten") und die *eigenen Kommunalaufgaben:* das sind überörtliche, auf das Kreisgebiet beschränkte Aufgaben, die über das finanzielle oder verwaltungstechnische Leistungsvermögen der Einzelgemeinden hinausgehen („Selbstverwaltungsangelegenheiten"). Zum anderen erledigen sie (durch Landrat bzw. Oberkreisdirektor) in rechtlicher Selbständigkeit vom Landkreis die *rein staatlichen Aufgaben* als untere staatliche Verwaltungsbehörde.

Zu den *Auftragsangelegenheiten* des Landkreises gehören z. B. der Erlaß von Kreisverordnungen, die Gewährung von Mietbeihilfen.

Zu den *Selbstverwaltungsangelegenheiten* des Kreises gehören u. a. das Sozialhilfewesen, Siedlungswesen, Kultur- und Wohlfahrtseinrichtungen (z. B. Krankenhäuser).

Zu den staatlichen Aufgaben des Landratsamtes als unterer staatlicher Verwaltungsbehörde gehören insbes. die Aufsicht über die kreisangehörigen Gemeinden, Bausachen, Straßenverkehrssachen, Naturschutz.

Organe der Kreiskommunalverwaltung sind: Kreistag, Kreisausschuß – ständiger Verwaltungsausschuß, vom Kreistag gewählt, soweit nicht Mitglieder kraft Amtes – (Baden-Württemberg: Der Kreistag kann beschließende und beratende Ausschüsse bilden) und Landrat, in Niedersachsen und Nordrhein-Westfalen der Oberkreisdirektor (statt des Landrats, der nur Vorsitzender des Kreistags ist). Der *Landrat* war vor 1945 Staatsbeamter, der gleichzeitig die Kommunalaufgaben erledigte. Nach 1945 wurde vor allem in der brit. und am. Besatzungszone die kommunale Selbstverwaltung gefördert. Daher ist der Landrat heute i. d. R. kein vom Staat bestellter Beamter mehr, sondern ein auf Kreisebene gewählter Kommunalbeamter.

In den süddeutschen Ländern beschließt der Kreistag oder der Kreisausschuß unter Leitung des Landrats (Hessen: Kreistagsvorsitzenden) in Selbstverwaltungsangelegenheiten. Der Landrat führt die Beschlüsse aus, nimmt die staatlichen Auftragsangelegenheiten wahr und übt die Kommunalaufsicht über die kreisangehörigen Gemeinden aus.

In Niedersachsen, Nordrhein-Westfalen und Schleswig-Holstein sind Beschluß- und Verwaltungsorgane getrennt: Kreistag und in speziell ihm zugewiesenen Angelegenheiten der Kreisausschuß beschließen unter Vorsitz des Landrats (SchlH.: Kreispräsidenten) in allen Selbstverwaltungsangelegenheiten. Ausgeführt werden diese Beschlüsse dagegen von der Kreisverwaltungsbehörde unter Leitung des beamteten Oberkreisdirektors (SchlH.: Landrat), der dabei an die Weisungen des Kreistages oder -ausschusses gebunden ist. Die laufenden

Geschäfte der Kommunalverwaltung erledigt er in eigener Zuständigkeit. Der Oberkreisdirektor führt ferner die staatlichen Auftragsangelegenheiten aus und übt die Kommunalaufsicht aus.

III. Auch die *kreisangehörigen Gemeinden* nehmen Aufgaben der allgemeinen Staatsverwaltung wahr. Ihnen obliegen neben den Selbstverwaltungsaufgaben auch *Staatsauftragsangelegenheiten* als sog. übertragener Wirkungskreis. Landesrechtlich können kreisangehörige Gemeinden zur „Großen Kreisstadt" erklärt werden; ihnen werden Aufgaben der unteren staatlichen Verwaltungsbehörde (Landratsamt) zugewiesen. Im einzelnen s. 120.

IV. Gemeinden oder Gemeindeverbände sind häufig zwecks Erfüllung bestimmter Aufgaben, z. B. zum Betrieb von Verkehrs- oder Versorgungseinrichtungen, zu *Zweckverbänden* zusammengeschlossen; diese können freiwillige *(Freiverbände)* oder *Pflichtverbände* sein.

Außerdem gibt es noch die Rechtsformen der kommunalen Arbeitsgemeinschaft, der öffentlich-rechtlichen Vereinbarung und öffentlich-rechtlicher Spezialverbände (z. B. Wasser- und Bodenverbände, vgl. 191 II).

V. Als höhere (regionale) Kommunalverbände bestehen in Nordrhein-Westfalen die *Landschaftsverbände* (vgl. 137 VI) sowie in Bayern und Rheinland-Pfalz die *Bezirke*. Ihnen gehören Landkreise und kreisfreie Städte an. Sie nehmen bestimmte Aufgaben, insbes. der Wohlfahrtspflege, wahr, die über die Leistungskraft und das Gebiet der Landkreise und Städte hinausgehen.

VI. In Niedersachsen, Rheinland-Pfalz und Schleswig-Holstein bestehen *Samtgemeinden* (Rh.-Pf.: Verbandgemeinde, SchlH.: Amt), die von mehreren Gemeinden gebildet werden. Sie nehmen als Körperschaften öffentlichen Rechts (Gebietskörperschaften) die ihnen von den Gemeinden übertragenen Verwaltungsaufgaben durch eine gemeinsame Organisation wahr, die in Niedersachsen und Rheinland-Pfalz der Gemeindeverfassung entspricht.

120. Die Gemeindeverfassung

I. Die Gemeinden, die das unterste politische Gemeinwesen im Staat bilden, sind *Gebietskörperschaften* mit dem *Recht der Selbstverwaltung*. Darunter versteht man im politischen Sinne allgemein die Verwaltung öffentlicher Angelegenheiten durch die Bürger und die von diesen gewählten Vertretungen, im Rechtssinne die eigenverantwortliche Wahrnehmung öffentlicher Verwaltungsaufgaben durch selbständige Rechtssubjekte (*Selbstverwaltungskörperschaften,* vgl. 119). Die *kommunale Selbstverwaltung* im besonderen besteht in der selbständigen Verwaltung der eigenen, örtlichen Angelegenheiten durch die Gemeinde unter eigener Verantwortung. Das Recht auf Selbstverwaltung ist durch Art. 28 Abs. 2 GG verfassungsrechtlich garantiert. Auch durch die *Europäische Charta der kommunalen Selbstverwaltung vom 15. 10. 1985* (Ges. vom 22. 1. 1987, BGBl. II 65) wird den kommunalen Gebietskörperschaften in Europa das Recht auf Selbstverwaltung zuerkannt. Um die Selbstverwaltung wirkungsvoll durchführen zu können, haben die Gemeinden das Recht der *Autonomie,* d. h. das Recht, Satzungen zur Regelung ihrer Angelegenheiten zu erlassen. Die *Satzung* ist eine allgemein verbindliche Rechtsvorschrift und kann gegen jeden mit den allgemeinen Verwaltungsmitteln durchgesetzt werden.

II. Die Deutsche Gemeindeordnung (DGO) vom 30. 1. 1935 (RGBl. I 49) hatte das Kommunalrecht vereinheitlicht und das nat.-soz. Führerprinzip eingeführt. Nach 1945 haben die für die Regelung des Gemeinderechts zuständigen Länder *Gemeindeordnungen* (GO) erlassen, die den Grundsätzen des demokratischen Staatswesens entsprechen.

Die *Verwaltungstätigkeit* der Gemeinde umfaßt die Selbstverwaltungsangelegenheiten (vgl. 119; sog. *eigener Wirkungskreis*) und die Auftragsangelegenheiten *(übertragener Wirkungskreis)*. Zu den Selbstverwaltungsangelegenheiten gehört grundsätzlich alles, was speziell und ausschließlich die örtliche Gemeinschaft und die einzelnen Gemeindeglieder angeht („Allzuständigkeit" der Gemeinde für alles, was nicht anderen Stellen zugewiesen ist), insbesondere die Versorgung der Gemeinde mit Wasser, Gas, Strom, Unterhaltung der Gemeindestraßen, Gemeindeeinrichtungen, Verwaltung des Gemeindevermögens, örtliche Kultur-, Wohlfahrts- und Gesundheitspflege (z. B. Müllabfuhr). Zur Erfüllung mancher Aufgaben sind die Gemeinden gesetzlich verpflichtet; andere können sie freiwillig übernehmen. Die Auftragsangelegenheiten umfassen die den Gemeinden vom Staat zur Erfüllung zugewiesenen Aufgaben (vgl. 119).

III. Die Gemeindeverfassungen der Bundesländer bestimmen die Organe der Gemeinde und deren Kompetenzen nicht einheitlich. Zum Teil gibt es sogar innerhalb einzelner Bundesländer mehrere Verfassungssysteme. Im Grundsatz lassen sie sich zunächst nach der *monistischen* und der *dualistischen* Form unterscheiden. Bei einer monistischen Verfassung besteht nur *ein* allzuständiges Organ (die Volksvertretung), dem die Verwaltungsspitze untergeordnet ist. Der dualistische Verfassungstyp weist *zwei* Organe auf, die Volks(Gemeinde)vertretung und einen meist von ihr gewählten Gemeindevorstand, der aus einer Einzelperson oder einem Kollegium (monokratische oder kollegialische Verwaltungsspitze) besteht und die laufenden Verwaltungsgeschäfte erledigt.

Danach kann man auf Grund der geschichtlichen Entwicklung folgende Verfassungs*typen* unterscheiden, die in den einzelnen Bundesländern verschieden ausgeprägt und teilweise Mischformen sind:

1. Die *Magistratsverfassung (dualistisch-kollegialisch):*

Vertretungskörperschaft der Einwohner ist die Gemeindevertretung (Stadtverordnetenversammlung), die von einem aus ihrer Mitte gewählten Vorsitzendem geleitet wird und über alle wichtigen Angelegenheiten zu beschließen hat. Verwaltungsbehörde der Gemeinde (Stadt) ist der *Magistrat.* Er besteht aus dem hauptamtlichen Bürgermeister als Vorsitzendem und hauptamtlichen und ehrenamtlichen Beigeordneten (Stadträten). Alle Verwaltungsaufgaben werden vom Magistrat als Kollegium erfüllt.

Die Magistratsverfassung galt früher in den preußischen Gebieten; heute gilt sie in Hessen (s. aber 2) und in den Städten von Schleswig-Holstein.

2. Die *Bürgermeisterverfassung (dualistisch-monokratisch):*

Hier ist der *Bürgermeister* zugleich Vorsitzender der beschließenden Gemeindevertretung und deren ausführendes Organ. Die Gemeindeverwaltung (Magistrat) wird nicht kollegial, sondern monokratisch vom Bürgermeister geführt. Die Beigeordneten sind nur Gehilfen des Bürgermeisters.

Die Bürgermeisterverfassung gilt in Rheinl.-Pfalz und im Saarland, ferner in den Landgemeinden von Schleswig-Holstein sowie wahlweise in den hessischen Gemeinden unter 1500 Einwohnern. In Rheinl.-Pfalz besteht in Städten mit zwei oder mehr hauptamtlichen Beigeordneten, d. h. mit mehr als 25000 Einwohnern, ein Stadtvorstand. Er setzt sich zusammen aus dem Bürgermeister und den Beigeordneten. Er entscheidet in den gesetzlich bestimmten Fällen als Kollegium an Stelle des Bürgermeisters.

3. Die *süddeutsche Ratsverfassung (monistisch):*

Vertretungskörperschaft der Bürger ist der vom Ersten Bürgermeister geleitete *Gemeinde(Stadt)rat.* Der Gemeinderat mit dem Bürgermeister ist gleichzeitig Verwaltungsorgan, soweit er nicht spezielle Sachgebiete beschließenden Ausschüssen zur Verwaltung überträgt. Für die laufenden Angelegenheiten ist der Bürgermeister allein zuständig.

Die Ratsverfassung gilt in Bayern und modifiziert in Baden-Württemberg.

4. Die *norddeutsche Ratsverfassung (monistisch):*

Sie gilt in Nordrhein-Westfalen und modifiziert in Niedersachsen. Hier liegt die Beschluß- und Entscheidungsbefugnis beim *Gemeinde(Stadt)rat,* den der von ihm gewählte Bürgermeister (in kreisfreien Städten: Oberbürgermeister) leitet.

Die Gemeindeverwaltung wird gebildet von hauptamtlichen oder ehrenamtlichen Beigeordneten unter Führung des *Gemeindedirektors (Stadtdirektor, Oberstadtdirektor),* der vom Gemeinderat gewählt wird und der Hauptverwaltungsbeamte der Gemeinde ist. Er führt die Beschlüsse des Gemeinderates aus. Bei Selbstverwaltungsangelegenheiten hat er nur geringe eigene Entschließungsfreiheit, während er die Auftragsangelegenheiten selbständig ausführt.

In Niedersachsen besteht ein Verwaltungsausschuß zur Beschlußfassung über die Angelegenheiten der Gemeinde. Er setzt sich zusammen aus dem Vorsitzenden des Rates (Bürgermeister), Beigeordneten und dem Gemeindedirektor, der die laufenden Geschäfte führt.

IV. Der *Bürgerentscheid* ist in den letzten Jahren zunehmend in den Bundesländern eingeführt worden. In einem Bürgerentscheid können Angelegenheiten, die sich auf das Gebiet einer Gemeinde beschränken, durch die Gemeindebürger im Wege der Abstimmung entschieden werden. Grundsätzlich setzt der Bürgerentscheid ein Vorverfahren, nämlich das sogenannte *Bürgerbegehren* voraus. Zunächst muß ein festgelegter Prozentsatz der Wahlberechtigten einer Gemeinde das Anliegen eines Kreises der Bürger (Bürgerbegehren) mit Unterschriften unterstützen. Wird die notwendige Anzahl der Unterschriften erreicht (Beteiligungsquorum) muß ein Bürgerentscheid durch Wahl durchgeführt werden. In fast allen Bundesländern (Ausnahme: Bayern) ist ein gewisser Prozentsatz von zustimmenden Voten (Zustimmungsquorum zwischen 25 und 30%) für einen erfolgreichen Bürgerentscheid notwendig. In Bremen ist eine 50%ige Beteiligung erforderlich. In Bayern ist ein Zustimmungsquorum nicht vorgesehen, es genügt die Mehrheit der abgegebenen Wählerstimmen. Diese Regelung hat der Bayerische Verfassungsgerichtshof im August 1997 für nichtig erklärt. Bis 1. 1. 2000 muß der Landesgesetzgeber eine Neuregelung finden. In einem Bürgerentscheid können Gemeindeangelegenheiten wie der Bau einer Umgehungsstraße, der Bau eines Museums oder Wohnungsbauprojekte entschieden werden.

121. Die Kulturhoheit der Länder

Kaiserreich, Weimarer Rep. und nat.-soz. Staat hatten sich zu dem Problem staatlicher Kulturpflege im Bundesstaat sehr verschieden eingestellt. Nach einer lockeren Zusammenfassung im Reich von 1871 gab die WVerf. dem Bund zentrale Befugnisse, z. B. im Schulwesen (Art. 142ff.). Das Hitlerreich neigte dagegen entsprechend seiner politischen Zielsetzung (18) zu übermäßiger Zentralisierung. Das GG entschied sich nur für eine *Teilnahme des Bundes* an der staatlichen Kulturpflege, indem die Förderung der wissenschaftlichen Forschung und der Schutz deutschen Kulturgutes vor Abwanderung der konkurrierenden (Vorrang-)Gesetzgebung der BRep. und die Vorschriften für Presse, Film, Naturschutz und Landschaftspflege der Rahmengesetzgebung zugewiesen wurden (Art. 74 Nr. 5, 13, Art. 75 Nr. 2, 3 GG); erst durch Ges. vom 12. 5. 1969 (BGBl. I 363) wurde die Rahmenkompetenz auf die allgemeinen Grundsätze des *Hochschulwesens* erstreckt (Art. 75 Nr. 1a GG). Im übrigen sind die *kulturellen Angelegenheiten,* also alles, was Schule und Erziehung, Wissenschaft und Kunst betrifft, gemäß dem föderalistischen Prinzip des GG *Sache der Länder.* Ihre Verwaltung liegt in den Händen der *Kultusminister* (-senatoren) der Länder. Beim *Bundesinnenminister* werden Angelegenheiten der Kulturpflege in einer Fachabteilung bearbeitet (vgl. 95). Über die im wesentlichen auf Bildungsplanung und Forschung beschränkten Aufgaben des *Bundesministeriums für Bildung, Wissenschaft, Forschung und Technologie* s. 106.

Abweichungen von dieser Einschränkung ergeben sich in auswärtigen Beziehungen, die einen Teil der Außenpolitik bilden und von der *Kulturpolitischen Abteilung des Auswärtigen Amtes* bearbeitet werden (vgl. 93).

Die *Länder* sind bestrebt, ihre Rechte zu wahren und auch länderübergreifende kulturelle Fragen in erster Linie durch eine von ihnen selbst getragene *Gemeinschaftsarbeit* zu regeln. Schon vor Gründung der BRep. schlossen sie das sog. *Königsteiner Abkommen* zur Förderung überregionaler Forschungseinrichtungen und gründeten zu diesem Zweck einen Fonds. Zu diesem übernahm der Bund, dem nach Art. 74 Nr. 13 GG nur die konkurrierende Gesetzgebung auf dem Gebiet der *Förderung der Forschung* zusteht, finanzielle Zuschüsse. Das Abkommen legt einen Beteiligungsschlüssel nach Steueraufkommen und Bevölkerungszahl fest. Der Wunsch des Bundes, die *Max-Planck-Gesellschaft,* die *Deutsche Forschungsgemeinschaft* sowie 31 andere wissenschaftliche Institute in seine ausschließliche finanzielle Obhut zu nehmen, scheiterte am Widerstand der Länder, die eine Gefährdung der Zusammenarbeit der Institute mit den Hochschulen und damit der *Einheit von Forschung und Lehre* befürchteten. Durch Art. 91a, b GG i. d. F. vom 12. 5. 1969/31. 7. 1970 (BGBl. I 359/1161) ist eine verfassungsrechtliche Grundlage für die finanzielle Beteiligung des Bundes an sog. *Gemeinschaftsaufgaben* im Bereich der Hochschulen, der Bildungsplanung und Forschungsvorhaben von überregionaler Bedeutung geschaffen worden (vgl. 56 III). Einzelheiten des Hochschulbaus regelt das Hochschulbauförderungsgesetz vom 1. 9. 1969 (BGBl. I 1556) m. spät. Änd.

In der Bildungsplanung und Forschungsförderung arbeiten Bund und Länder im Rahmen der *Bund-Länder-Kommission für Bildungsplanung und Forschungsförde-*

rung (BLK) zusammen. Rechtsgrundlagen der BLK sind auf Art. 91b GG beruhende Verwaltungsabkommen und Rahmenvereinbarungen zwischen Bund und Ländern. Die BLK ist eine Regierungskommission. Sie ist das ständige Gesprächsforum für alle Bund und Länder gemeinsam berührenden Fragen des Bildungswesens und der Forschungsförderung. Wichtige Aufgaben der BLK in der *Bildungsplanung* sind die Bewältigung der Auswirkungen der demographischen Entwicklung, der strukturellen Veränderungen in der Wirtschaft, der technologischen und ökonomischen Neuerungen und der wachsenden Internationalisierung. In der *Forschungsförderung* bestehen ihre Aufgaben vor allem in der Abstimmung forschungspolitischer Planungen und Entscheidungen von Bund und Ländern, der Planung von Schwerpunktmaßnahmen, der Mitarbeit an den Haushalts- und Wirtschaftsplänen der gemeinsam finanzierten Forschungseinrichtungen und Forschungsförderungsorganisationen sowie die Behandlung von Grundsatzfragen der Fachinformationssysteme. Der Bund beteiligt sich an der Unterhaltung selbständiger Forschungseinrichtungen von überregionaler Bedeutung; seine Zuschüsse fließen über 80 vorher allein von den Ländern unterhaltenen Instituten zu, die auf den verschiedensten Gebieten arbeiten (u.a. Institut für Deutsche Sprache, Bad.-Württ.; Deutsches Museum, Germanisches National-Museum und Institut für Zeitgeschichte, Bayern; Institut für Weltwirtschaft, Schlesw.-Holst.; Institut für Tropenmedizin, Hamburg).

Auch *private* Vereinigungen stellen laufend Mittel für die Förderung der Forschung zur Verfügung, so z. B. die *Stiftung Volkswagenwerk* (804 II) und der *Stifterverband für die Deutsche Wissenschaft,* dem Organisationen, Wirtschaftsunternehmen und Einzelpersonen angehören. Über *Stiftungs- Hochschulen* vgl. 187.

Strukturelle Probleme bestehen vor allem im *Bildungswesen,* dessen Uneinheitlichkeit die Länder durch Regierungsvereinbarungen (Beschlüsse der Kultusministerkonferenz, vgl. 186 I) zu begegnen suchen.

Über *Rundfunk* (Hörfunk, Fernsehen) und *Film* s. 837, 838.

122. Die Rechtsprechung in den Ländern

obliegt nach der im Gerichtsverfassungsgesetz bundesrechtlich geregelten Zuständigkeit im Rahmen der *ordentlichen Gerichtsbarkeit* den *Amts-, Land-* und *Oberlandesgerichten der Länder.* Für die Arbeitsgerichtsbarkeit sind *Arbeits-* und *Landesarbeitsgerichte* eingerichtet.

Ausnahmsweise können Landesgerichte in Strafverfahren wegen Friedensverrats und in *Staatsschutz-Strafsachen* Gerichtsbarkeit des Bundes ausüben (Art. 96 Abs. 5 GG). Vgl. § 120 Abs. 1, 2, 6 GVG.

In der *Verwaltungsgerichtsbarkeit* bestehen in den Ländern allgemeine *Verwaltungsgerichte* und als zweite Instanz ein *Oberverwaltungsgericht* bzw. *Verwaltungsgerichtshof.* Auch die besonderen Verwaltungsgerichtsbarkeiten verfügen über zwei Landesinstanzen, die *Sozial-* und *Landessozialgerichte* für die Sozialgerichtsbarkeit sowie die *Disziplinar-(Dienststraf)kammern* bei den Verwaltungsgerichten und einen *Disziplinar(Dienststraf)hof* für die Disziplinargerichtsbarkeit; anders die Finanzgerichtsbarkeit, in der nur eine Instanz für die Klage in Abgabensachen beim *Finanzgericht* und gegen dessen Urteile unmittelbar die Revision (keine Berufung) gegeben ist.

Als letzte Instanz über den Landesgerichten fungieren *oberste Gerichtshöfe des Bundes*; vgl. hierzu näher 71.

Für alle Gebiete der Rechtsprechung gelten die vom GG aufgestellten Verfahrensgrundsätze (vgl. 70, 73).

123. Kommunale Spitzenverbände

An freiwilligen Zusammenschlüssen, welche die gemeinschaftlichen Interessen der beteiligten Körperschaften vertreten, bestehen:

a) der *Deutsche Städtetag* in Köln-Marienburg;

b) der *Deutsche Landkreistag* in Bonn als Verband der Landkreise;

c) der (aus dem *Deutschen Städtebund* und dem *Deutschen Gemeindetag* zusammengeschlossene) *Deutsche Städte- und Gemeindebund* in Düsseldorf.

Als Untergliederungen sind Landesverbände gebildet.

Ferner bestehen Verbände kommunaler Unternehmen, öffentlicher Verkehrsbetriebe usw., ein Verein für Kommunalwirtschaft und Kommunalpolitik, ein *Dt. Sparkassen- und Giroverband e. V.* und eine kommunale Gemeinschaftsstelle für *Verwaltungsvereinfachung*.

Der Dt. Städtetag befürwortet, soweit es sich um überkommunale Räume handelt, eine schöpferische Neuordnung im Sinne einer *aufgelockerten Stadtlandschaft*. Er tritt ferner für die *Sanierung der Stadtkerne* mit staatlicher Hilfe, Schaffung gesunder Wohngebiete, verstärkten Umweltschutz und finanzielle Entlastung der stark verschuldeten Städte ein. Die Zielsetzung des Dt. Landkreistags geht insbes. dahin, gleichwertige Lebensverhältnisse in allen Gebietsteilen des Staates zu gewährleisten. Der Dt. Städte- und Gemeindebund fördert insbes. die lebendige Eigenart der Mittelstädte, Gemeinden und Dörfer, die Infrastruktur von Ballungsrandzonen und ländlichen Zonen.

G. Verfassungsorgane und Verwaltungsbehörden der Länder

130. Baden-Württemberg

Das Land Baden-Württemberg, das 35751 qkm umfaßt, hat 10,2 Mio. Einwohner. Die am 9. 3. 1952 gewählte verfassunggebende Landesversammlung beschloß die Verfassung vom 11. 11. 1953 (GBl. 173), die am 19. 11. 1953 verkündet und in Kraft getreten ist.

I. *Der Landtag* ist die gewählte Vertretung des Volkes. Er wird nach einem Wahlsystem gewählt, das die Verhältniswahl mit der Persönlichkeitswahl verbindet und – im Gegensatz zur Bundestagswahl – auf Listen gänzlich verzichtet. Alle Abgeordneten werden in den Wahlkreisen gewählt. Jeder Wahlkreis entsendet einen Abgeordneten (Direktmandat) oder auch weitere Abgeordnete, die im Rahmen des Verhältnisausgleichs in ihren Wahlkreisen als dort unterlegene Bewerber Zweitmandate erhalten.

Der Landtag kann im Wege der Selbstauflösung oder durch Volksabstimmung aufgrund eines Volksbegehrens vorzeitig aufgelöst werden.

Der Landtag übt die gesetzgebende Gewalt aus. Er ist an der Bestellung und Abberufung der Regierung beteiligt (s. u.), er kontrolliert die Tätigkeit der Exekutive, er besitzt das Etatrecht und überwacht den Haushaltsvollzug. Bei staatlichen Planungen wirkt der Landtag nach gesetzlicher Regelung oder Absprache mit. Bei wichtigen Vorhaben der Europäischen Gemeinschaft, die das Land oder seine Gesetzgebungskompetenz berühren, ist der Landtag nach der Landesverfassung und einer darauf gestützten Absprache mit der Landesregierung beteiligt. Er wirkt ferner an der Zusammenarbeit der Regionen Europas mit.

Der Landtag hat einen Präsidenten und zwei Vizepräsidenten gewählt. Leitungsorgan des Landtags ist das Präsidium. Es bestehen 11 Fachausschüsse des Landtags, nämlich: der Ständige Ausschuß (Ausschuß für Verfassungs- und Rechtsfragen, zugleich Zwischenausschuß), der Finanzausschuß, der Wirtschaftsausschuß, der Innenausschuß, der Ausschuß für Schule, Jugend und Sport, der Umweltausschuß, der Sozialausschuß, der Verkehrsausschuß, der Ausschuß für Familie, Frauen, Weiterbildung und Kunst, der Ausschuß für Ländlichen Raum und Landwirtschaft, der Ausschuß für Wissenschaft und Forschung, ferner der Petitionsausschuß. Der Landtag kann Untersuchungsausschüsse und Enquetekommissionen einsetzen. Für die Zusammenarbeit mit dem Elsaß besteht eine gemeinsame parlamentarische Arbeitsgruppe.

Der Landtagspräsident ist Dienstvorgesetzter der Landtagsverwaltung, die vom Landtagsdirektor geleitet wird und zwei Abteilungen umfaßt. Es besteht ein Parlamentarischer Beratungsdienst, der den Fraktionen zugeordnet ist.

II. *Die Regierung* übt die vollziehende Gewalt aus. Sie besteht aus

a) dem *Ministerpräsidenten,* der vom Landtag gewählt wird, und

b) den *Ministern,* die vom Ministerpräsidenten berufen werden.

Als weitere Mitglieder der Regierung können *Staatssekretäre,* jedoch nur bis zu einem Drittel der Ministerzahl, und *ehrenamtliche Staatsräte* vom Ministerpräsidenten berufen werden. Die Regierung bedarf zur Amtsübernahme der Bestätigung des Landtags. Außerdem können politische Staatssekretäre ernannt werden, die jedoch kein Stimmrecht im Kabinett besitzen (Ges. vom 19. 7. 1972, GBl. 392).

Der *Ministerpräsident* bestimmt die Richtlinien der Politik, führt den Vorsitz in der Regierung und vertritt das Land nach außen. Er ernennt Richter und Beamte und übt das Gnadenrecht aus (Delegation möglich). Der *Landtag* kann ihm das Vertrauen nur dadurch entziehen, daß er mit Mehrheit seiner Mitglieder einen Nachfolger wählt und die von diesem gebildete Regierung bestätigt. Auf Beschluß von zwei Dritteln der Mitglieder des Landtags muß der MinPräs. ein Mitglied seiner Regierung entlassen.

1. Dem *Ministerpräsidenten* untersteht das *Staatsministerium* mit 6 Abteilungen: I: Personal, Landeshaushalt, allg. Verwaltung, Medienpolitik; II: Finanzpolitik, Inneres, Wohnungsbau, Soziales, Umwelt, Ländlicher Raum, Koordination Bundesrat; III: Wirtschaft, Landesplanung, Verkehr, Bildung, Forschung, Kunst und Kultur; Koordination Ministerpräsidentenkonferenz; IV: Grundsatz und Planung; Koordination Landtag; V: Internationale Angelegenheiten, Europapolitik, Regionale Zusammenarbeit, Protokoll; VI: Pressestelle der Landesregierung.
ferner: Der Minister mit den Geschäftsbereichen: Bundes- und Europaangelegenheiten, Verwaltungsreform und Medienpolitik; Der Landesbeauftragte für Vertriebene, Flüchtlinge, Aussiedler und Kriegsgeschädigte.

Beim Staatsministerium sind eingerichtet: die Geschäftsstelle des Landespersonalausschusses und die Führungsakademie des Landes Baden-Württ. (Karlsruhe).

Zum Geschäftsbereich des Staatsministeriums gehören außerdem:

die Geschäftsstelle des Staatsgerichtshofes, die Vertretung des Landes BW beim Bund in Bonn und in europäischen Angelegenheiten mit Büro in Stuttgart und Informationsbüro des Landes BW in Brüssel sowie die Landeszentrale für politische Bildung.

2. Das *Innenministerium* ist für alle Geschäfte der Staatsverwaltung zuständig, die nicht einem anderen Ministerium zugeteilt sind. Zu seinem Geschäftsbereich gehören u. a. die Angelegenheiten der Verfassung, Wahlen und Abstimmungen; allgemeines Beamtenrecht; Staatsangehörigkeit und Personenstandswesen; öffentliche Sicherheit und Ordnung; Verfassungsschutz; Katastrophenschutz, Feuerwehrwesen und Zivile Verteidigung; Kommunalwesen; Sparkassenwesen; Eingliederung der Vertriebenen und Spätaussiedler einschließlich Lastenausgleich; Ausländer- und Asylrecht, Aufnahme von Flüchtlingen.

Beim Innenministerium ist eingerichtet: Der Landesbeauftragte für den Datenschutz Baden-Württemberg, die Stabsstelle für Verwaltungsstruktur, Information und Kommunikation.
Dem Ministerium sind die allgemeinen Verwaltungsbehörden nachgeordnet, und zwar die vier *Regierungspräsidien* in Stuttgart, Karlsruhe, Freiburg und Tübingen sowie als *untere Verwaltungsbehörden* die Landratsämter, Stadtkreise, Großen Kreisstädte und Verwaltungsgemeinschaften. Sonstige dem Ministerium unmittelbar oder über die Regierungspräsidien nachgeordnete Dienststellen sind das *Landesamt für Verfassungsschutz,* das *Landeskriminalamt,* Bereitschafts-, Wasserschutzpolizeidirektion. Das Ministerium führt außerdem die Rechtsaufsicht über zahlreiche Körperschaften, Anstalten und Stiftungen des öffentlichen Rechts.

3. Das *Ministerium für Kultus, Jugend und Sport* ist zuständig für die schulische Bildung und Erziehung, die Angelegenheiten des Sports, das Wandern, die Jugendpflege, die Beziehungen des Staates zu den Kirchen und sonstigen Religionsgemeinschaften, die Staatsleistungen, das Kirchensteuerrecht.

Zu seinem Geschäftsbereich gehören die allgemeinbildenden und beruflichen Schulen, die Oberschulämter (obere Schulaufsichtsbehörden), die Staatlichen Schulämter (untere Schulaufsichtsbehörden), das Landesinstitut für Erziehung und Unterricht Stuttgart, die Staatlichen Akademien für Lehrerfortbildung, die Staatlichen Seminare für Schulpädagogik, die Staatlichen Seminare für schulpraktische Ausbildung für das Lehramt an Realschulen, die Staatlichen Seminare für schulpraktische Ausbildung für das Lehramt an Grund- und Hauptschulen, die Pädagogischen Fachinstitute und Pädagogischen Fachseminare, das Internationale Institut für Berufsbildung Mannheim, das Haus der Geschichte Baden-Württemberg. Den Oberschulämtern unterstehen die Staatlichen Schulämter, die Gymnasien und die beruflichen Schulen. Den Staatlichen Schulämtern unterstehen die Grund-, Haupt-, Real- und Sonderschulen.

4. Das *Ministerium für Wissenschaft, Forschung und Kunst* ist zuständig für das Hochschulwesen und die Berufsakademien, für die Förderung

von Forschung und Lehre und die Angelegenheiten des Studiums, für die Bibliotheken sowie für das Archivwesen.

Zu seinem Geschäftsbereich gehören 9 Universitäten (Freiburg, Heidelberg, Hohenheim, Karlsruhe, Konstanz, Mannheim, Stuttgart, Tübingen und Ulm); 6 Pädagogische Hochschulen, 24 Fachhochschulen, 8 Berufsakademien, die Landesarchivdirektion mit 6 Staatsarchiven, 2 Landesbibliotheken (Karlsruhe, Stuttgart mit Zentralkatalog) sowie weitere wissenschaftliche Einrichtungen außerhalb des Hochschulbereichs. Das Ministerium übt außerdem die Aufsicht über die Studentenwerke (Anstalten des öffentlichen Rechts) aus.

5. Der Aufgabenbereich des *Justizministeriums* umfaßt sämtliche Verwaltungsangelegenheiten im Bereich der ordentlichen Gerichtsbarkeit, der Verwaltungsgerichtsbarkeit einschließlich des Vertreters des öffentlichen Interesses, der Finanzgerichtsbarkeit, der Sozialgerichtsbarkeit sowie der Disziplinar- und Richterdienstgerichte mit Ausnahme der Dienstaufsicht über den Verwaltungsgerichtshof und den Disziplinarhof; die Ausarbeitung von Gesetzentwürfen und Prüfung verfassungsrechtlicher Fragen, soweit nicht andere Ministerien zuständig sind; die rechtliche Begutachtung von Gesetzentwürfen; die Bearbeitung zwischenstaatlicher Angelegenheiten der Rechtspflege; den Strafvollzug; das Gnadenwesen; die Bewährungshilfe und Gerichtshilfe; die Angelegenheiten der Rechtsanwälte und Notare; die Prüfung und Ausbildung des juristischen Nachwuchses und der Anwärter für die Laufbahnen der vorgenannten Gerichtsbarkeiten; das Recht der Presse.

6. Das *Finanzministerium* ist zuständig für die allgemeine Finanzpolitik und die öffentliche Finanzwirtschaft, das Tarif-, Besoldungs- und Versorgungsrecht, die Wiedergutmachung, das Haushaltswesen, die Steuerverwaltung, die Staatliche Hochbauverwaltung, die Staatliche Liegenschaftsverwaltung (ohne Forsten), die Staatlichen Betriebe und Beteiligungen, das Kreditwesen sowie die Verteidigungslastenverwaltung mit Unterbringungs- und Liegenschaftsfragen der Streitkräfte.

Dem Finanzministerium sind unterstellt:
die Oberfinanzdirektionen in Freiburg, Karlsruhe und Stuttgart (mit Finanzämtern, Staatlichen Liegenschaftsämtern, Staatlichen Hochbauämtern und Finanzschulen), das Landesamt für Besoldung und Versorgung, das Statistische Landesamt, die Staatsschuldenverwaltung, die Fachhochschule für Finanzen, die Staatlichen Münzen in Karlsruhe und Stuttgart, der zoologisch-botanische Garten Wilhelma, das Staatsweingut Meersburg sowie der staatliche Verpachtungsbetrieb.

Beim Finanzministerium ist die Landeshauptkasse eingerichtet.

7. Das *Wirtschaftsministerium* ist zuständig für Wirtschaftspolitik, Wirtschaftsordnung, Wirtschaftsrecht; Wirtschaftsförderung und Unternehmensbetreuung, regionale und sektorale Strukturentwicklung; Frauen in der Wirtschaft; Außenwirtschaft, wirtschaftliche Zusammenarbeit mit den neuen Bundesländern; Messen und Ausstellungen;

Industrie, Mittelstand, Handwerk, Handel, Gewerbe, Freie Berufe; Aufsicht über die Industrie- und Handelskammern sowie die Handwerkskammern und die Ingenieurkammer, Genossenschaftswesen; Industrieansiedlung, Unternehmenskooperation; Fremdenverkehr, Erholung, Kurorte und Bäder (mit Ausnahme der staatlichen Bäder); Energiewirtschaft, Energieaufsicht, Atomenergieanlagen, erneuerbare Energien, rationelle Energieverwendung, Bergbau, Landesgeologie, Rohstoffsicherung; Technologiepolitik, Technologietransfer, wirtschaftsnahe Forschung, technische Entwicklung, Rationalisierung, Produktivitätssteigerung; Geld- und Kreditwesen, Börsenaufsicht, Versicherungswesen (ohne Sozialversicherung), Wirtschaftsprüfungswesen; Preise, Wettbewerb, Kartelle, Verbraucherfragen, öffentliches Auftragswesen; Meß-, Eich- und technisches Prüfwesen; Design; berufliche Bildung im Bereich der gewerblichen Wirtschaft; Entwicklungszusammenarbeit; Landesentwicklung; Landesstruktur, Recht der Raumordnung, Raumbeobachtung, Prognosen; Grundsatzfragen der Raum- und Regionalplanung, grenzüberschreitende Planungszusammenarbeit, raumordnerische Koordination, Regionalverbände; Grundsatzangelegenheiten des Vermessungswesens, Vermessungsrecht, Vermessungsberufe, Vermessungstechnik, Raumordnungs- und Liegenschaftskataster, Organisation der Vermessungsverwaltung; Grundsatzfragen des Städtebaus, städtebauliche Erneuerung und Modernisierung; Bauplanungsrecht, Bauordnungsrecht, Bauaufsicht (ohne Bauarbeiterschutz und Studentenwohnheimbau); Bautechnik, Bauökologie; Architektenrecht, Aufsicht über die Architektenkammer; Wohnungspolitik, Wohnungsrecht, Wohnungsbauförderung, Wohnungswirtschaft; Denkmalschutz und Denkmalpflege; wirtschaftspolitische Fragen in bezug auf die Europäischen Gemeinschaften und andere europäische Institutionen.

Zu seinem Geschäftsbereich zählen u. a. das Landesgewerbeamt in Stuttgart mit dem Beschußamt Ulm und mit den Eichämtern, das Geologische Landesamt, das Landesbergamt, die Forschungs- und Materialprüfungsanstalt, das Landesvermessungsamt mit den Vermessungsämtern und das Landesdenkmalamt. Zu den Einrichtungen im Bereich des Wirtschaftsministeriums gehören u. a. auch das Haus der Wirtschaft, die Gesellschaft für internationale wirtschaftliche Zusammenarbeit und die Steinbeis-Stiftung für Wirtschaftsförderung.

8. Das *Ministerium für Ländlichen Raum* ist zuständig für Landespflege, Landeskultur, Landschaftsentwicklung, Agrarökologie, landschaftsbezogenes Erholungswesen, Gestaltung und Pflege der Kultur- und Erholungslandschaft, Biotoppflege und Biotopvernetzung im Wald sowie außerhalb von Natur- und Landschaftsschutzgebieten, Extensivierung und Ökologisierung der land- und forstwirtschaftlichen Flächen, Koordinierung der Planung für den ländlichen Raum, Strukturmaßnahmen ländlicher Raum, Landwirtschaft einschließlich

Wein- und Gartenbau, ländliche Hauswirtschaft, Beratung, Betreuung, Land- und Forsttechnik, fachliche Aus- und Weiterbildung, Fachschulen, Forschungs- und Versuchswesen, Agrar- und Forstplanung, Sozialstruktur der Landwirtschaft, Agrarmarktstruktur, Agrar- und Waldstruktur, Neuordnung des Dorfes, Kleingartenwesen, Ausgleichsleistungen für die Land- und Forstwirtschaft, Pflanzenschutz, Düngung, produktionsbezogener Bodenschutz, Forstwirtschaft, Holzwirtschaft, Verwaltung des staatlichen Forstvermögens, land- und forstwirtschaftlicher Grundstücksverkehr, Jagd und Fischerei, Agrarmarkt, fachliche Betreuung der Ernährungswirtschaft, Sicherung der Nahrungsmittelversorgung, Vermarktung, gesunde Ernährung, land- und forstwirtschaftliche Zusammenschlüsse, Veterinärwesen.

Zu seinem Geschäftsbereich zählen u. a. das Landesamt für Flurneuordnung und Landentwicklung und die Ämter für Flurneuordnung und Landentwicklung, die Tierzuchtämter, die Ämter für Landwirtschaft, Landschafts- und Bodenkultur, die Staatlichen Tierärztlichen Untersuchungsämter, 12 Lehr-, Versuchs-, Untersuchungs- und Forschungsanstalten auf den verschiedensten Fachgebieten (z. B. Markt, Pflanzenbau, Pflanzenschutz, Wein, Tierhaltung), die Staatlichen Fachschulen für Landwirtschaft, die Forstdirektionen (Stuttgart, Karlsruhe, Freiburg, Tübingen) mit den Staatlichen Forstämtern, die Körperschaftsforstdirektionen, die Forst- und Waldarbeiterschulen und die Forstliche Versuchs- und Forschungsanstalt.

Das Ministerium führt u. a. die Aufsicht über die Landestierärztekammer und Tierseuchenkasse Baden-Württemberg.

9. Das *Sozialministerium* ist zuständig für Arbeitsrecht, Betriebsverfassung und Unternehmensverfassung, Lohn-, Tarif- und Schlichtungswesen, Vermögensbildung in Arbeitnehmerhand; Arbeitsgerichtsbarkeit; Beschäftigung und Arbeitsmarkt, Berufsbildung Behinderter, Berufliche Umschulung, Berufsbildung in der Hauswirtschaft, Heimarbeit; ausländische Arbeitnehmer; Arbeitsschutz und Sicherheit technischer Produkte, Schutz vor gefährlichen Stoffen, Lärmschutz, Unfallverhütung, Arbeitsschutzorganisation im Betrieb, Arbeitsmedizin, Arbeitszeitregelungen, Schutz von Jugendlichen und werdenden Müttern, Sprengstoffwesen, überwachungsbedürftige Anlagen nach der Gewerbeordnung, Strahlenschutz außerhalb kerntechnischer Einrichtungen; Sozialstruktur und Sozialplanung; Soziales Entschädigungsrecht, Kriegsopfer- und Soldatenversorgung und -fürsorge, Versorgung für Opfer von Gewalttaten, für Impfgeschädigte und nach dem Häftlingshilfegesetz, Schwerbehindertenrecht, Kriegsgefangenen- und Heimkehrerangelegenheiten; Sozialversicherung, Altershilfe für Landwirte, Alterssicherung der Selbständigen, Aufsicht über Einrichtungen und Träger der Sozialversicherung, Unfallversicherung, Rehabilitation Behinderter; Gesundheitswesen (insbesondere Seuchen- und Umwelthygiene, Sozialmedizin, öffentlicher Gesundheitsdienst), und Krankenhausfinanzierung einschl. des Pflegesatzwesens (Bedarfs-

planung für Krankenhäuser und medizinisch-technische Großgeräte); Arzneimittel- und Apothekenwesen, Recht und Berufe des Gesundheitswesens, Psychiatrie, Landeskrankenhäuser, Umweltmedizin, Toxikologie, Genetik; Rettungsdienst; Wohlfahrtspflege, Sozialhilfe, Sozialstationen und soziale Dienste, Jugendfürsorge und Jugendschutz, Suchtfragen, Maßnahmen und Hilfen für die ältere Generation, Heimaufsicht; Soziale Berufe, Ausbildungsförderung, Unterhaltssicherung, Sammlungswesen.

Zu seinem Geschäftsbereich gehören das Landesarbeitsgericht mit den Arbeitsgerichten, das Landesversorgungsamt mit den Versorgungsämtern und Kurkliniken, das Landesaufsichtsamt für die Sozialversicherung, die Staatl. Gesundheitsämter, die Psychiatrischen Landeskrankenhäuser, das Landesgesundheitsamt Baden-Württemberg.

Das Ministerium führt u. a. die Aufsicht über die Landesversicherungsanstalten Württemberg und Baden, die Landesärztekammer, die Landeszahnärztekammer, die Landesapothekerkammer und die Versorgungsanstalt für Ärzte, Zahnärzte und Tierärzte.

10. Das *Ministerium für Umwelt und Verkehr* ist zuständig für Grundsatzfragen der Umweltpolitik, Umweltrecht, Klimaschutz, Koordinierung des Umweltschutzes (Land und Bund), internationalen Umweltschutz, Umweltforschung, Naturschutz und Landschaftspflege (einschl. Ausgleichsleistungen), Biotop- und Artenschutz, als oberste Naturschutzbehörde, Ausweisung von Natur- und Landschaftsschutzgebieten, Naturschutzakademie, Naturschutzfonds, Wasserwirtschaft und Wasserrecht, Gewässerschutz, Ausweisung von Wasserschutzgebieten, Kartierung; Immissionsbedingter Bodenschutz, Bewirtschaftungsbeschränkungen, Abfallentsorgung, Abfallwirtschaft, Abfallvermeidung und Abfallverwertung; Lebensmittelwesen und Verbraucherschutz; Umweltinformation, technischer Umweltschutz, Immissionsschutz, Gewerbeaufsicht (ohne Arbeitsschutz); Sicherheit in der Kerntechnik, Aufsicht nach dem Atomgesetz, Umweltradioaktivität, Strahlenschutz mit Ausnahme der Bereiche Medizin und Gewerbe.

Dem Ministerium unterstehen u. a. die Landesanstalt für Umweltschutz, die Staatlichen Gewerbeaufsichtsämter, Ämter für Arbeits- und Immissionsschutz, die Chemischen Landesuntersuchungsanstalten und die Bezirksstellen für Naturschutz und Landschaftspflege.

Im Verkehrsbereich ist es zuständig für Verkehrspolitik, Grundsatzfragen des öffentlichen Personennahverkehrs, Luftverkehr, Eisenbahnen, Bergbahnen und Schiffahrt, Kraftfahrzeug- und Straßenbahntechnik, Verkehrssicherheit, Straßenrecht, Straßenverkehrsrecht und Straßenverkehrswirtschaft, Post- und Telekommunikationswesen, Straßenverkehrs- und Straßenbautechnik, Verkehrmanagement und Generalplanung von Straßen, Bau, Unterhaltung und Betrieb von Straßen, Brücken und Tunnels. Zum Geschäftsbereich gehören das

Landesamt für Straßenwesen mit 5 Autobahnbetriebsämtern und die den Regierungspräsidien nachgeordneten 20 Straßenbauämter.

III. *Die Gesetzgebung.* Die Gesetze werden vom Landtag oder durch Volksabstimmung beschlossen. Gesetzesvorlagen werden von der Regierung, von Abgeordneten des Landtags oder vom Volk durch Volksbegehren eingebracht.

Die Landesregierung kann bei unmittelbarer Gefahr den *Staatsnotstand* verkünden und mit Gesetzeskraft die erforderlichen Maßnahmen treffen, wenn der Landtag verhindert ist, sich alsbald zu versammeln. Die getroffenen Maßnahmen sind aber unverzüglich dem Landtag mitzuteilen, der sie aufheben oder den Staatsnotstand für beendet erklären kann.

Gegen ein vom Landtag beschlossenes oder über ein abgelehntes Gesetz kann die Regierung eine *Volksabstimmung* herbeiführen, wenn dies von einem Drittel der Mitglieder des Landtags beantragt wird. Die Volksabstimmung unterbleibt jedoch, wenn der Landtag das beanstandete Gesetz mit Zweidrittelmehrheit erneut beschließt. Über Abgaben- oder Besoldungsgesetze und ein Haushaltsgesetz darf keine Volksabstimmung erfolgen.

IV. Organe der *Rechtsprechung:*

Der *Staatsgerichtshof* entscheidet über Verfassungsfragen und Zweifel über die Vereinbarkeit von Landesrecht mit der Landesverfassung.

Im Bereich der *ordentlichen Gerichtsbarkeit* bestehen die Oberlandesgerichte Stuttgart und Karlsruhe sowie Land- und Amtsgerichte und Staatsanwaltschaften.

Die *Verwaltungsgerichtsbarkeit* wird wahrgenommen vom Verwaltungsgerichtshof in Mannheim und den Verwaltungsgerichten. *Das Finanzgericht* für Bad.-Wttbg. hat seinen Sitz in Karlsruhe.

Im Bereich der *Arbeitsgerichtsbarkeit* bestehen ein Landesarbeitsgericht (mit Kammern in Tübingen, Mannheim und Freiburg) sowie Arbeitsgerichte, im Bereich der *Sozialgerichtsbarkeit* das Landessozialgericht Stuttgart und Sozialgerichte.

Als *Dienststrafgerichte* amtieren der Disziplinarhof beim Verwaltungsgerichtshof und Disziplinarkammern.

V. *Die Verwaltung* wird durch die Regierung des Landes und die ihr unterstellten Behörden ausgeübt. Den Gemeinden und Gemeindeverbänden ist das Recht der Selbstverwaltung eingeräumt.

In *Kreisen* und *Gemeinden* muß das Volk eine Vertretung haben, die aus allgemeinen, freien, gleichen und geheimen Wahlen hervorgegangen ist. Bei mehreren Wahlvorschlagslisten findet Verhältniswahl statt.

VI. *Das Finanzwesen* handhabt der Landesfinanzminister mit den ihm unterstellten Behörden.

Der Haushaltsplan wird durch Gesetz festgestellt. Der Finanzminister legt dem Landtag Rechnung. Sitz des *Rechnungshofs* ist Karlsruhe.

131. Bayern

Der *Freistaat Bayern,* der 11,8 Mio. (Stand: 31. 12. 1993) Einwohner hat, ist mit einer Fläche von 70554 qkm der Ausdehnung nach das größte Land der BRep.

Die größte Bevölkerungszahl hat dagegen Nordrhein-Westfalen. Die Verfassung des Freistaates Bayern (BayRS 100–1–S), zuletzt geändert am 20. 6. 1984 (GVBl. 223), wurde am 1. 12. 1946 durch Volksentscheid angenommen und am 2. 12. 1946 ausgefertigt; sie trat am 8. 12. 1946 in Kraft.

I. *Parlamentarische Körperschaften sind:*

1. der *Bayerische Landtag* (204 Mitglieder),

2. der *Bayerische Senat* (60 Mitglieder).

Landeswahlgesetz (BayRS 111–1–I), i. d. F. vom 9. 3. 1994 (GVBl. 135); Landeswahlordnung (BayRS 111–1–1–I), i. d. F. vom 4. 5. 1994 (GVBl. 316); Gesetz über den Senat (BayRS 1101–1–I), geändert am 10. 5. 1990 (GVBl. 122).

II. Die *Bayerische Staatsregierung* besteht aus dem Ministerpräsidenten, den 10 Staatsministern (davon einer zugleich Stellvertreter des Ministerpräsidenten) und 10 Staatssekretären.

III. *Bayer. Staatskanzlei und Bayer. Staatsministerien:*

1. *Bayerische Staatskanzlei.* Sie unterstützt den MinPräs. und die Staatsregierung in ihren verfassungsmäßigen Aufgaben (Art. 52 S. 1 Bayer. Verf.).

Dazu gehören insbes. Richtlinienangelegenheiten des Min.Präs., Geschäftsordnung und Geschäftsverteilung der Staatsreg., Koordinierung der Tätigkeit der Staatsministerien, Vorbereitung der Ministerratssitzungen einschl. der Bundesratsangelegenheiten, Europaangelegenheiten, Staatsverträge und Verwaltungsabkommen mit Regierungen anderer Länder, Angelegenheiten der Rechtsbereinigung, Ordens-, Gnaden- und Protokollangelegenheiten, die Pressestelle der Staatsregierung, Grundsatzfragen der Medienpolitik, Angelegenheiten der Bundeswehr und der verbündeten Streitkräfte, Angelegenheiten der Geschäftsstelle des Landespersonalausschusses, der *Landeszentrale für politische Bildung,* Schriftleitung des GVBl, Angelegenheiten des Landesbeauftragten für den Datenschutz und das Haus der Bayerischen Geschichte.

2. *Bayerisches Staatsministerium des Innern.* In den Aufgabenbereich des Ministeriums fallen u. a.: Allgemeine Staatsverwaltung und Wahrung der Einheitlichkeit der Verwaltung; Organisation und Dienstgang der staatl. allgemeinen inneren Verwaltung und deren Verfahren, Angelegenheiten der Landesgrenze, staatl. Auszeichnungen, Bearbeitung von staatsrechtlichen Angelegenheiten, insbesondere Verfassungs- und Verwaltungsrecht, Verwaltungsrechtspflege, Wahlrecht; Ausländerrecht, Staatsangehörigkeitswesen, Einbürgerungen, Namensrecht; Aufsicht über die Versicherungskammer, Staatshaftung, Feiertagsrecht, staatl. Wappenrecht, Sammlungen, Lotterien und Glücksspiele, Stiftungen.
Angelegenheiten der Gemeinden, Gemeindeverbände und kommunalen Zweckverbände, Kommunales Verfassungs- und Wahlrecht, Wirtschafts- und Finanzwesen, Sparkassenwesen, Ehrungen, Aufsicht über den Bayer. kommunalen Prüfungsverband und die Bayer. Verwaltungsschule.

Recht der öffentlichen Sicherheit und Ordnung. Angelegenheiten der Polizei, Verkehrserziehung, Straßenverkehrsrecht, Fahrlehrergesetz. Brand- und Katastrophenschutz, zivile Verteidigung, Zivilschutz, Wehrrecht, Unterhaltssicherungsrecht, Rettungsdienst, Feuerwehr- und Kaminkehrerwesen, vorbeugender Brandschutz, Lawinen- und Sturmwarndienst, Kampfmittelbeseitigung.
Angelegenheiten des Staatsschutzes, Waffen-, Versammlungs- und Vereinsrecht.
Recht der Datenverarbeitung, Datenschutz, Medien- und Presserecht, Personenstands- und Statistikwesen, Aufsicht über die Anstalt für kommunale Datenverarbeitung.
Bauwesen, staatl. Hochbau, Planung und Bautechnik, Straßenrecht, Städtebaurecht, Bauordnungsrecht, Verdingungswesen, Siedlungs- und Wohnungsbau, öffentliches Wohnungsrecht, Wohngeld, Modernisierungs- und Mietrecht, Straßen-, Brücken- und Tunnelbau, Straßenbau, Straßenverkehrstechnik, Straßenplanung, Gesamtverkehrsplan, Landschaftspflege und Umweltgestaltung im Bereich der Staatsbauverwaltung, Enteignungsrecht.

Als Behörden der *Mittelinstanz* unterstehen dem Innenministerium die 7 *Regierungen* von Oberbayern in München, Niederbayern in Landshut, Oberpfalz in Regensburg, Oberfranken in Bayreuth, Mittelfranken in Ansbach, Unterfranken in Würzburg und Schwaben in Augsburg.

Den Regierungen nachgeordnet sind die *Landratsämter* als Staatsbehörden, die Staatlichen Hochbauämter, die Straßenbauämter, u. a. m. Die Landratsämter sind Staatsbehörden, soweit sie staatliche Aufgaben wahrnehmen; im übrigen sind sie Kreisbehörden. Behördenleiter ist der von den Kreisbürgern direkt gewählte *Landrat*.

Dem Innenministerium unterstehen ferner die Polizeipräsidien München, Oberbayern, Niederbayern/Oberpfalz, Oberfranken, Mittelfranken, Unterfranken und Schwaben, die Präsidien der Grenzpolizei und der Bereitschaftspolizei, das Landeskriminalamt, das Polizeiverwaltungsamt, die Beamtenfachhochschule – Fachbereiche Allgemeine Innere Verwaltung und Polizei –, das Landesamt für Verfassungsschutz, das Landesamt für Statistik und Datenverarbeitung, das Landesamt für Wasserwirtschaft, die Landesuntersuchungsämter für das Gesundheitswesen, die Autobahndirektionen, das Landesamt für Brand- und Katastrophenschutz, die Landeshafenverwaltung und die Landeskraftwerke.

3. *Bayerisches Staatsministerium der Justiz.* Das Ministerium bearbeitet als oberste Behörde der bayerischen Justizverwaltung die das Rechtswesen betreffenden Angelegenheiten des Landes; ihm obliegt insbesondere die Bearbeitung der Personal- und Verwaltungsangelegenheiten der ordentlichen Gerichte, der Staatsanwaltschaften und der Justizvollzugsanstalten, des Haushalts und der Gerichtsorganisation, des Notariatswesens und der Angelegenheiten der Rechtsanwaltschaft. Es wirkt bei gesetzgeberischen Maßnahmen des Bundes und des Freistaates Bayern mit. Es übt ferner das Gnadenrecht für den Bereich der ordentlichen Gerichtsbarkeit aus, soweit nicht der Ministerpräsident

zuständig ist. Das dem Ministerium eingegliederte Landesjustizprüfungsamt ist zuständig für das Prüfungswesen für den höheren Justiz- und Verwaltungsdienst und für die übrigen Laufbahnen im Bereich der Justizverwaltung.

Zum Geschäftsbereich gehören die unter IV 4 aufgeführten Gerichte und Staatsanwaltschaften, die Justizvollzugsanstalten sowie die sozialtherapeutische Anstalt in Erlangen.

4. *Bayerisches Staatsministerium für Unterricht, Kultus, Wissenschaft und Kunst.* Die Zuständigkeit des Ministeriums gliedert sich in zwei große Geschäftsbereiche. Zum einen ist dies der Bereich des Schul- und Unterrichtswesens, der allgemeinen Kulturpflege sowie der Religions- und Kirchenangelegenheiten. Der andere Bereich umfaßt die Hochschulangelegenheiten sowie die Förderung von Wissenschaft, Forschung, Lehre und Kunst.

Dem Ministerium untersteht das gesamte Schul- und Unterrichtswesen einschließlich der Lehrerbildung und der Lehrerfortbildung. Ferner ist das Ministerium zuständig für die Erwachsenenbildung, für die Angelegenheiten des Sports und der Jugendpflege, für das Bibliotheks- und Archivwesen sowie für das öffentliche Büchereiwesen und die Pflege und Förderung des Brauchtums, der Volks- und Laienmusik. Die Kultusangelegenheiten im engeren Sinn betreffen die Beziehungen des Staates zu den Religionsgemeinschaften.

Der Aufgabenbereich des Ministeriums erstreckt sich darüber hinaus auf das gesamte Hochschulwesen einschließlich der Hochschulbibliotheken und auf die Förderung von Wissenschaft, Forschung und Kunst. Auch die Angelegenheiten der Körperschaften und sonstigen Einrichtungen der Wissenschafts- und Kunstpflege, der wissenschaftlichen Sammlungen und der Kunstsammlungen, die Ausbildungsförderung, die Denkmalpflege, das Theaterwesen, die berufliche Ausbildung und die Förderung im Bereich der Musik, des Balletts und des Theaters, die Angelegenheiten des Films und die Medienförderung sowie die Aufsicht über das Rundfunkwesen gehören zum Geschäftsbereich des Ministeriums.

Dem Ministerium sind zahlreiche Behörden und Institutionen nachgeordnet. Im Bereich von Schule und Lehrerbildung sind dies neben den staatlichen Schulen die staatlichen Schulämter, die Ministerialbeauftragten für die Gymnasien, für die Fachoberschulen und für die Realschulen, ferner die Staatsinstitute für die Ausbildung an Realschulen und für die Ausbildung von Fachlehrern, die Akademie für Lehrerfortbildung, die staatlichen Fachlehrerausbildungsstätten, die Institute zur Ausbildung pädagogischer Assistenten sowie die staatlichen Landesbildstellen in München und Bayreuth und die Bayerische Landesstelle für den Schulsport. Auch die Staatsinstitute für Schulpädagogik und Bildungsforschung, für Frühpädagogik sowie für Hochschulforschung und Hochschulplanung unterstützen die Arbeit des Ministeriums als unmittelbar nachgeordnete Behörden.

Die bayerischen Staatstheater mit der Bayerischen Staatsoper, dem Staatstheater am Gärtnerplatz, dem Bayerischen Staatsschauspiel und dem Bayerischen Staatsballett unterstehen direkt dem Ministerium. Gleiches gilt für das Zentralinstitut für Kunstgeschichte, das Bayerische Landesamt für Denkmalpflege und alle staatlichen Museen und Sammlungen.

Als rechtsfähige Körperschaften, Anstalten oder Stiftungen des öffentlichen Rechts unterstehen u. a. die Bayerische Akademie der Wissenschaften, die Studentenwerke, die Akademie für politische Bildung, die Coburger Landesstiftung, das Deutsche Museum, das Germanische Nationalmuseum, der Bayerische Rundfunk, die Deutsche Forschungsanstalt für Lebensmittelchemie, der Bayerische Jugendfunk, das Südost-Institut und Osteuropa Institut München der Rechtsaufsicht des Kultusministeriums.

Die dem Ministerium zugeordneten Aufgaben werden im allgemeinen unmittelbar von ihm selbst wahrgenommen. Sonderregelungen gelten im schulischen Bereich. Hier treten als weitere Instanzen die Regierungen und die staatlichen Schulämter hinzu. Zur Durchführung seiner Aufgaben kann sich das Ministerium des Landesschulbeirats, des Landesbeirats für Erwachsenenbildung, des Landessportbeirats, des Beirats für Wissenschafts- und Hochschulfragen sowie des Landesdenkmalrats bedienen.

5. *Bayerisches Staatsministerium der Finanzen.* Es bestehen Abteilungen für Finanzpolitik, Staatshaushalt, Dienstrecht, Steuern, Liegenschaften, Beteiligungen, Rechtsangelegenheiten und für die Vermessungsverwaltung. Die finanzpolitische Abteilung ist für Finanzpolitik, Finanzverfassung, Finanzausgleich, Kabinetts- und Landtagsangelegenheiten zuständig. Die Haushaltsabteilung ist für den bayer. Staatshaushalt, die Finanzplanung und das Kassen- und Rechnungswesen zuständig. Die Dienstrechtsabteilung befaßt sich mit dem Recht des öffentlichen Dienstes und der Personalverwaltung. Die Steuerabteilung bildet die oberste Steuerbehörde im Freistaat Bayern; sie ist für Steuerpolitik und die Aufsicht über die bayer. Finanzämter zuständig. Die Liegenschaftsabteilung ist für die Vermögens- und Liegenschaftsverwaltung zuständig. Die Beteiligungsabteilung beaufsichtigt und verwaltet die staatlichen Beteiligungen vor allem im Kredit-, Energie- und Verkehrssektor. Die Rechtsabteilung befaßt sich mit sämtlichen Rechtsangelegenheiten des Staates, einschließlich der Wiedergutmachung, dem Lastenausgleich, dem Nachlaß-, Vereins- und Stiftungsvermögen, den Verteidigungslasten und der Rechtsbereinigung. Die Vermessungsabteilung ist oberste Vermessungsbehörde im Freistaat Bayern. Zum Geschäftsbereich gehören schließlich auch noch die beiden bayer. Finanzgerichte in München und Nürnberg.

Dem Ministerium als Mittelbehörden nachgeordnet sind die *Oberfinanzdirektionen* München und Nürnberg. Sie sind Landesbehörden, erfüllen jedoch zugleich Bundesaufgaben und unterstehen insoweit als Bundesbehörden auch dem Bundesminister der Finanzen. Im Bereich der Landesverwaltung bestehen die Abteilung für Besitz- und Verkehrsteuern und die Abteilung für Landesvermögen und Bau. Im Bereich der Bundesverwaltung bestehen die Abteilung für Zölle und Verbrauchsteuern und die Abteilung für das Bundesvermögen; angegliedert ist je eine Vorprüfungsstelle und Finanzkasse des Landes und des Bundes.

Den Oberfinanzdirektionen sind als Landesbehörden nachgeordnet die Finanzämter und die Verteidigungslastenämter. Als Bundesbehörden sind nachgeordnet die Hauptzollämter, Zollfahndungsstellen und eine zolltechnische Prüfungs- und Lehranstalt in München sowie die Bundesvermögensämter.

Weitere dem Ministerium nachgeordnete Mittelbehörden sind die Bezirksfinanzdirektionen, die am Ort der Bezirksregierungen eingerichtet sind (Ausnahme: in Bayreuth besteht nur Dienststelle der Bezirksfinanzdirektion Ansbach, die Teilaufgaben wahrnimmt). Zu den Aufgaben der Bezirksfinanzdirektionen gehören besonders Rechts- und Prozeßangelegenheiten, Vermögens- und Liegenschaftsverwaltung, Versorgungsangelegenheiten, Bezügeabrechnung und Kassenaufgaben.

Im Bereich des *Vermessungswesens* sind dem Ministerium das *Bayer. Landesvermessungsamt* sowie die bereits erwähnten Bezirksfinanzdirektionen (außer Regensburg) nachgeordnet. Den Bezirksfinanzdirektionen sind die Vermessungsämter unterstellt.

Dem Ministerium sind u. a. nachgeordnet die *Staatsschuldenverwaltung,* das Landesentschädigungsamt, das Hauptmünzamt, die Staatliche Lotterieverwaltung und die Verwaltung der staatlichen Schlösser, Gärten und Seen und die Bayer. Beamtenfachhochschule.

6. Der Geschäftsbereich des *Bayerischen Staatsministeriums für Wirtschaft, Verkehr und Technologie* umfaßt im wesentlichen die *Wirtschaftspolitik* des Landes, insbesondere wirtschaftspolitische Grundsatzfragen, Fragen der Konjunkturpolitik, Mittelstandsfragen, regionale und sektorale Strukturpolitik, Wirtschaftsförderung durch Kreditprogramme, Investitionszulagen, Bürgschaften usw., Förderung der strukturschwachen Gebiete und der Grenzgebiete, Fragen der Industrieansiedlung (Standortberatung, Industrieansiedlungswerbung), Verbraucherfragen und Fragen des öffentlichen Auftragswesens. Dazu gehören weiter die Aufgaben der Außenwirtschaft, Entwicklungszusammenarbeit und Wirtschaftsbeziehungen zu den neuen Ländern, Energiepolitik (Fragen der Energieversorgung, Ausnützung der Kernenergie zu wirtschaftlichen Zwecken, Energieeinsparung), Technologiefragen, Bergwesen, sonstige Angelegenheiten der *gewerblichen Wirtschaft* (Betreuung von Industrie, Handel, Handwerk, Fremdenverkehr und sonstigem Gewerbe, gewerbliches Ausstellungs- und Messewesen, Berufsbildung, Fragen der gewerblichen Berufsvertretung, Förderung der wirtschaftsnahen Forschung), die Aufgaben des *Wirtschaftsverwaltungsrechts,* insbesondere das Gewerberecht, das Eich- und Beschußwesen, die Aufsicht über die Industrie- und Handelskammern, die Handwerkskammern, die Landesgewerbeanstalt Bayern (Nürnberg) sowie über die genossenschaftlichen Prüfungsverbände, Aufgaben als Landeskartellbehörde sowie auf dem Gebiet der Preisbildung und Preisüberwachung, Aufgaben der Energieaufsicht, der Versicherungsaufsicht, der Börsenaufsicht und auf dem Gebiet des Bankwesens sowie des Geld- und Kapitalverkehrs (Emissionswesen) und die Angelegenheiten der Wirtschaftsprüfer und verwandter Berufe. Schließlich ist es zuständig für das *Verkehrswesen,* insbesondere die Aufgaben der allgemeinen

Verkehrswirtschaft und Verkehrspolitik, die Erstellung und Fortschreibung des Gesamtverkehrsplanes, die Fragen des öffentlichen Personennahverkehrs einschließlich der S-Bahnen, Eisenbahnwesen, Angelegenheiten des Straßenverkehrswesens, insbesondere des Straßenpersonen- und Straßengüterverkehrs, sowie der technischen Überwachung des Kraftfahrzeugverkehrs und der Straßen- und U-Bahnen, die Aufsicht über die Bergbahnen, Fragen der Tarifpolitik und Tarifbildung, den Luftverkehr, insbesondere die Angelegenheiten der Flugplätze, des Luftfahrtpersonals, der Luftfahrtunternehmen, der Luftaufsicht und der Luftfahrtforschung, sowie Fragen der Binnenschiffahrt. Ferner ist das Ministerium zuständig für die Landeshafenverwaltung und den Verkehrswasserbau.

Als Behörden sind dem Ministerium u. a. nachgeordnet:

das *Bayerische Landesamt für Maß und Gewicht* (mit 14 Eichämtern, 12 Außenstellen – Nebeneichämtern –, 1 Eichschule, 2 Beschußämtern).

Der *Aufsicht* des Ministeriums unterstehen:

1. die *Landesgewerbeanstalt Bayern* in Nürnberg mit Zweig- und Außenstellen in Amberg, Ansbach, Aschaffenburg, Augsburg, Bayreuth, Coburg, Deggendorf, Hof, Ingolstadt, Kempten/Allgäu, Landshut, München, Neu-Ulm, Regensburg, Schweinfurt, Traunstein, Weiden und Würzburg;
2. die Industrie- und Handelskammern;
3. die Handwerkskammern.

7. *Bayerisches Staatsministerium für Ernährung, Landwirtschaft und Forsten.* Das Ministerium ist oberste Landesbehörde für die Landwirtschafts-, Flurbereinigungs- und Forstverwaltung. Es ist zuständig für Grundsatzfragen der Agrar- und Forstpolitik, für Angelegenheiten der landwirtschaftlichen Erzeugung, die Strukturpolitik der Landwirtschaft, die Ernährungs- und Marktwirtschaft, die Beratung in der Landwirtschaft sowie in der Ernährung und Hauswirtschaft, die Aus- und Fortbildung in der Land- und Forstwirtschaft, einschl. Fachschulwesen, die ländliche Neuordnung durch Flurbereinigung, einschl. Dorferneuerung, die Waldwirtschaft und das Jagd- und Fischereiwesen.

Zum Geschäftsbereich gehören u. a. die Ämter für Landwirtschaft (mit Landwirtschaftsschulen), die Tierzuchtämter, die Bayerischen Landesanstalten für Betriebswirtschaft und Agrarstruktur, für Bodenkultur und Pflanzenbau, für Ernährung (mit staatlichen Marktbeobachtungsstellen), für Tierzucht, für Fischerei, für Bienenzucht und für Weinbau und Gartenbau, das Landesamt für Pferdezucht und Pferdesport, die Staatliche Führungsakademie für Ernährung, Landwirtschaft und Forsten, die staatlichen Fachakademien für Landwirtschaft, die staatlichen Technikerschulen für Landwirtschaft, die staatlichen Höheren Landbauschulen, die staatlichen Ausbildungsstätten für landwirtschaftlich-technische Assistenten, die staatlichen Lehr- und Versuchsanstalten, die Versuchsgüterverwaltungen, das Bayerische Haupt- und Landgestüt, die Direktionen für ländliche Entwicklung, die Oberforstdirektionen mit den unterstellten Forstämtern und Forstdienststellen, die Bayerische Forstliche Versuchs- und Forschungsanstalt, die Bayerische Landesanstalt für forstliche Saat- und Pflanzenzucht, die Nationalparkverwaltung Bayerischer Wald, die Staatliche Forstschule, die Bayerische Technikerschule für Waldwirtschaft sowie die Waldbauernschule und die Waldarbeiterschulen.

8. *Bayerisches Staatsministerium für Arbeit und Sozialordnung, Familie, Frauen und Gesundheit.* Das Ministerium ist als oberste Landesbehörde zuständig für das gesamte Arbeits- und Sozialrecht. Es bearbeitet Fragen der Gesellschafts-, Sozial- und Arbeitsmarktpolitik, des Arbeitsrechts, der beruflichen Bildung, Angelegenheiten der Familie einschließlich Jugendhilfe, Kindergärten und Altenpolitik, Gesundheitswesen, Gesundheitsvorsorge und Gesundheitshilfe, Krankenhausversorgung, Veterinärwesen, Sozialversicherung, Sozial- und Arbeitsgerichtsbarkeit, Arbeitsschutz, Sicherheitstechnik und technische Überwachung, Lastenausgleich, Angelegenheiten der Vertriebenen, Flüchtlinge und Aussiedler, Rehabilitation und soziale Entschädigung; eingegliedert ist das Landesprüfungsamt für Sozialversicherung. Es ist Leitstelle für die Gleichstellung von Frauen und Männern.

Zum Geschäftsbereich des Ministeriums gehören u. a. *Landesarbeitsgerichte* und Arbeitsgerichte, *Landessozialgericht* und Sozialgerichte, *Landesversorgungsamt* Bayern, Versorgungsämter, Versorgungsärztliche Untersuchungsstellen, Kurkliniken der Versorgungsverwaltung, Landesuntersuchungsämter für das Gesundheitswesen, staatliche Gesundheitsämter, staatliche Veterinärämter, Gewerbeaufsichtsämter, Landesinstitut für Arbeitsschutz, Arbeitsmedizin und Sicherheitstechnik, Akademie für Arbeits- und Sozialmedizin, Landesjugendamt, Deutsches Herzzentrum München des Freistaates Bayern, Krankenhaus mit Rehabilitationsklinik für Rückenmarkverletzte Hohe Warte Bayreuth, Haus des Deutschen Ostens, Heimatauskunftstellen, Unterbringungseinrichtungen der staatl. Flüchtlingsverwaltung.

Der Aufsicht des Ministeriums unterliegen u. a. die Ausgleichsämter, die gesetzlichen Krankenkassen und deren Verbände, die Berufsgenossenschaften, die *Landesversicherungsanstalten,* die kassenärztlichen und kassenzahnärztlichen Vereinigungen.

9. Das *Bayerische Staatsministerium für Landesentwicklung und Umweltfragen* ist oberste Landesplanungsbehörde, oberste Naturschutzbehörde und oberste Landesbehörde für die Fragen des Immissionsschutzes, des Schutzes vor den Gefahren der Kernenergie, des Strahlenschutzes und für die Fragen der Abfallwirtschaft. Es ist ferner zuständig für die Koordinierung aller die Landesentwicklung und die Umweltfragen berührenden Planungen sowie für die Koordinierung der Angelegenheiten von Freizeit und Erholung. Der Aufgabenbereich umfaßt außerdem die vorausschauende Feststellung von Schädigungen und Gefahren für die Natur, die Landschaft, den Boden, das Wasser und die Luft sowie die Erarbeitung von Zielvorstellungen für den Gewässerschutz (wasserwirtschaftliche Rahmenplanung). Ferner gehören zum Geschäftsbereich die Angelegenheiten des Wasserbaus, der Wasserwirtschaft, des Wasser- und Abwasserrechts sowie des Wasserverbandsrechts.

Dem Ministerium sind als Landeszentralbehörden unmittelbar nachgeordnet das Bayer. Landesamt für Umweltschutz, das Landesamt für Wasserwirtschaft, das Bayer. Geologische Landesamt und die Bayer. Landesanstalt für Wasserforschung. Ihm obliegt die Aufsicht über die Akademie für Naturschutz und Landschaftspflege und über die rechtsfähige Stiftung Bayer. Naturschutzfonds.

10. Die *Vertretung des Freistaates Bayern beim Bund* ist einer Staatsministerin für Bundesangelegenheiten als Bevollmächtigte übertragen. Hauptaufgabe ist die Vertretung Bayerns im Bundesrat, die Beobachtung aller wichtigen politischen Vorgänge beim Bund sowie die Herstellung von Kontakten und die Pflege der Verbindungen der Staatsregierung zur Bundesregierung und zum Deutschen Bundestag.

Dienstsitze der Vertretung sind in München, Bonn und Berlin.

IV. *Sonstige Landesbehörden:*

1. *Bayer. Oberster Rechnungshof* (München).

2. *Bayer. Verfassungsgerichtshof* (München). Er hat ähnlich wie das Bundesverfassungsgericht im Bund die Einhaltung der Landesverfassung und der Landesgesetze zu überwachen.

3. Landesbeauftragter für den *Datenschutz*.

4. *Zivil- und Strafgerichte* sind

a) das *Bayer. Oberste Landesgericht* in München mit einer Staatsanwaltschaft. Es ist Revisionsinstanz anstelle des BGH in bürgerlichen Rechtsstreitigkeiten, soweit es um die Auslegung des Landesrechts geht. Es ist ferner zuständig für die Entscheidungen in Strafsachen und Angelegenheiten der freiwilligen Gerichtsbarkeit, die nach Bundesrecht den Oberlandesgerichten obliegen, jedoch in Bayern im Interesse der Einheitlichkeit der Rechtsprechung dem Obersten Landesgericht übertragen sind,

b) die *Oberlandesgerichte* München, Nürnberg und Bamberg mit je einer Staatsanwaltschaft,

c) die *22 Landgerichte* mit je einer Staatsanwaltschaft,

d) die 72 *Amtsgerichte*.

5. *Weitere Gerichte:*

a) Der *Bayer. Verwaltungsgerichtshof* in München, als oberstes Verwaltungsgericht des Landes und Rechtsmittelinstanz gegen Entscheidungen der Verwaltungsgerichte, die für jeden Regierungsbezirk errichtet sind (Oberpfalz und Niederbayern zusammengefaßt). Bei den Verwaltungsgerichten bestehen Landesanwaltschaften, beim Verwaltungsgerichtshof mit einem Generallandesanwalt an der Spitze;

b) *Finanzgerichte* in München und Nürnberg;

c) *Arbeitsgerichte, Landesarbeitsgerichte* in München und Nürnberg;

d) *Sozialgerichte* und als übergeordnete Instanz das Bayer. *Landessozialgericht* in München;

e) Gerichte der Disziplinargerichtsbarkeit sind die *Disziplinarsenate* beim Bayer. Verwaltungsgerichtshof in München (s. o.) und die *Kammern für Disziplinarsachen* bei den Verwaltungsgerichten (s. o.).

132. Berlin

Berlin, das 889 qkm umfaßt, hat 3,5 Mio. Einwohner. Die Verfassung von Berlin vom 1. 9. 1950 ist am 1. 10. 1950 in Kraft getreten. Als Konsequenz aus dem Zusammenschluß beider deutscher Staaten ist sie in der konstituierenden Sitzung des 1. Gesamtberliner Abgeordnetenhauses am 11. 1. 1991 auf ganz Berlin ausgedehnt worden. Die Verfassung erklärt in Art. 1 Abs. 2: „Berlin ist ein Land der Bundesrepublik Deutschland." Über das besondere staatsrechtliche Verhältnis Berlins zum Bund, das vor der Wiedervereinigung bestand, vgl. 23 I 2b. Mit Volksabstimmung vom 22. 10. 1995 wurde eine neue Landesverfassung in Kraft gesetzt.

Nach der Spaltung Deutschlands wurde Berlins *Insellage* inmitten der Sowj. Besatzungszone zu einer die Freiheit Berlins (West) und das Leben seiner Einwohner bedrohenden Gefahr, besonders als die *sowj. Blockade* 1948/49 alle Schienen-, Straßen- und Wasserwege über die Stadt- und Zonengrenzen nach Westdeutschland sperrte. Mit dem Bau der Mauer (13. Aug. 1961) wurde Berlin (West) von seiner natürlichen Umgebung total abgeschnürt. Nach mehreren vorübergehenden Passierschein-Regelungen (ab 1964) führten 1971 das Vier-Mächte-Abkommen und die deutschen Anschlußvereinbarungen zu Erleichterungen im Transit- und Besuchsverkehr. Die Regelungen erloschen mit dem Beitritt der DDR zur Bundesrepublik am 3. Oktober 1990; gleichzeitig wurden seit der Ratifizierung des 4 + 2-Vertrages (s. 24 IV 1) die Bestimmungen des Londoner (Besatzungs)Abkommens von 1944 über Groß-Berlin, z. B. für den Luftverkehr, außer Kraft gesetzt.

I. *Parlamentarische Körperschaft* ist das *Abgeordnetenhaus;* es tagt im Preußischen Landtag, 10111 Berlin, mit z. Z. 21 Ausschüssen.

Dem Landesparlament ist der Berliner Datenschutzbeauftragte zugeordnet.

Die *Landesregierung* Berlins ist der *Senat* von Berlin.

Dem *Senat* gehören an: Der Regierende Bürgermeister, die Bürgermeisterin, die zugleich Senatorin für Arbeit und Frauen ist, sowie die Senatorinnen und Senatoren für die einzelnen Zuständigkeitsbereiche (s. unten II A).

II. *Die Landesverwaltung*

A. *Hauptverwaltung*

Zur Hauptverwaltung gehören die Senatsmitglieder als oberste Landesbehörden, die ihnen nachgeordneten Sonderbehörden und nichtrechtsfähigen Anstalten sowie die Eigenbetriebe (§ 2 Allg. Zuständigkeitsgesetz).

1. Dem *Regierenden Bürgermeister* untersteht die *Senatskanzlei* mit vier Abteilungen: (1) Grundsatzangelegenheiten und Allgemeine Verwaltung, (2) Presse- und Informationsamt, (3) Politische Koordination, (4) Protokoll- und Auslandsangelegenheiten sowie das Landesamt für Verfassungsschutz.

Er führt die Dienst- und Fachaufsicht über die Landeszentrale für politische Bildungsarbeit.

2. Die Senatsverwaltung für Inneres ist zuständig für Fragen des Verfassungs- und Verwaltungsrechts, für Personalverwaltungs-, Be-

soldungs- und Versorgungsangelegenheiten und Stellenpläne, für Polizei-, Ordnungs- und Staatsschutzangelegenheiten, für zivile Notstandsplanung und Zivilschutz, für Fragen der Feuerwehr, für Angelegenheiten der Entschädigung der Opfer der nat.-soz. Verfolgung, für allgemeine Organisationsfragen und Angelegenheiten der elektronischen Datenverarbeitung sowie Datenschutz.

Nachgeordnete Sonderbehörden sind u. a.:

a) *Landesverwaltungsamt Berlin,*

b) der *Polizeipräsident* in Berlin mit den Zentralen Diensten, der *Landespolizeidirektion* mit 7 örtlichen Polizeidirektionen,

c) *Landeseinwohneramt* Berlin,

d) Berliner Feuerwehr,

e) *Statistisches Landesamt,*

f) Landesamt für *Elektronische Datenverarbeitung.*

Nachgeordnete nichtrechtsfähige Anstalten sind z. B.:

a) Fachhochschule für Verwaltung und Rechtspflege,

b) Verwaltungsschule Berlin.

Die *Verwaltungsakademie Berlin* (Anstalt des öffentlichen Rechts) unterliegt der Staatsaufsicht des Senators für Inneres.

3. Der *Senatsverwaltung für Justiz* sind u. a. nachgeordnet:

a) das *Justizprüfungsamt* Berlin,

b) die Staatsanwaltschaft bei dem Kammergericht,

c) die Staatsanwaltschaft bei dem Landgericht.

d) die Justizvollzugsanstalten

Sie führt die Dienstaufsicht über die Gerichte der ordentlichen Gerichtsbarkeit, der allgemeinen Verwaltungsgerichtsbarkeit, der Sozial- und der Finanzgerichtsbarkeit (s. u. V 1, 2, 4, 5), ferner die Staatsaufsicht über die Rechtsanwaltskammer Berlin und die Notarkammer Berlin.

4. Die *Senatsverwaltung für Schule, Jugend und Sport* ist zuständig für die Angelegenheiten der Berliner Schulen, für Fragen der Lehrer- und der Erwachsenenbildung sowie für das Volkshochschulwesen. Er ist oberste Landesbehörde für Berufsbildung, wirkt bei beruflichen Fortbildungs- und Umschulungsmaßnahmen mit und fördert die betriebliche und überbetriebliche Berufsausbildung. Ihm obliegt weiter die Förderung des Sports und die Entwicklung sportlicher Freizeitangebote.

Ihm nachgeordnet sind u. a. als Sonderbehörden das Wissenschaftliche Landesprüfungsamt, das Berufsamt und die Landesbildstelle sowie als nichtrechtsfähige Anstalten u. a. das Pädagogische Zentrum, die Staatliche Technikerschule Berlin, die Fachschule für Binnenhandel, Gaststätten- und Hotelwesen, die Staatliche Ballettschule Berlin und die Schule für Artistik. Seiner Staatsaufsicht unterliegen der Lette-Verein und das Pestalozzi-Fröbel-Haus (Stiftungen des öffentlichen Rechts).

In Berlin (West) führt die 6klassige Grundschule (mit Vorklasse) mit einer modernen Fremdsprache oder Latein in die drei Zweige der Oberschule, die dem begabten Schüler ohne Rücksicht auf seine Herkunft die praktische, technische oder wissenschaftliche Ausbildung bis zur Hochschulreife schulgeldfrei ermöglicht.

Die Oberschule umfaßt drei Zweige: die Hauptschule (7.–10. Kl.), die Realschule (7.–10. Kl.) und das Gymnasium (7.–10. Kl. und 2–3 Jahre Oberstufe); daneben bestehen als unmittelbar auf die Berufserziehung abgestellte Zweige die Fachoberschule, die Berufsschule und die Berufsfachschule. Eine Integrationsform für die 7.–10. Kl. ist die Gesamtschule.

5. Die *Senatsverwaltung für Wissenschaft, Forschung und Kultur* ist zuständig für alle Hochschulangelegenheiten und die Förderung von Wissenschaft und Forschung.

Dem *Senator* nachgeordnet sind u. a. die Versuchsanstalt für Wasserbau und Schiffbau und der Botanische Garten. Er führt die Staatsaufsicht über die *Freie Universität* und die *Technische Universität,* die *Hochschule der Künste,* die rechtsfähigen *Fachhochschulen,* das Studentenwerk und die Akademie der Wissenschaften zu Berlin.

Sie ist ferner für die Förderung der Kultur, für kirchliche Angelegenheiten und für Angelegenheiten des Rundfunks und des Fernsehens in Berlin zuständig.

Dem Senator sind nachgeordnet u. a. die Deutsche Staatsoper Berlin, die Komische Oper, die landeseigenen Museen, die Staatl. Schauspielbühnen, das Philharmonische Orchester und die Staatl. Kunsthalle Berlin. Er ist Staatsaufsichtsbehörde für die Akademie der Künste und den Sender Freies Berlin.

6. Zum Geschäftsbereich der *Senatsverwaltung für Arbeit, Berufliche Bildung und Frauen* gehören folgende Angelegenheiten: Frauenpolitik, Arbeitsmarkt und -recht und Arbeitsförderung.

Sie führt die Aufsicht über die Gerichte für Arbeitssachen.

7. Die *Senatsverwaltung für Gesundheit und Soziales* ist zuständig für allgemeine Fragen des öffentlichen Gesundheitsdienstes, insbesondere auf dem Gebiete des Medizinalwesens, der Umweltmedizin, der Hygiene, der Gesundheitshilfe und Arbeitsmedizin, der Krankenanstalten und des Veterinärwesens.

Als Sonderbehörde ist ihm das Landesprüfungsamt für Gesundheitsberufe, nachgeordnet.

Zum Geschäftsbereich gehören als nichtrechtsfähige Anstalten z. B. die Medizinaluntersuchungsämter, die Landesanstalt für Tropenmedizin, die Sportärztliche Hauptberatungsstelle Berlin. Er führt die Staatsaufsicht über die Ärztekammer, Zahnärztekammer, Tierärztekammer, Apothekerkammer, die landesunmittelbaren Sozialversicherungsträger (z. B. AOK, Landesversicherungsanstalt Berlin) und die kassenärztlichen Vereinigungen.

8. Die *Senatsverwaltung für Bauen, Wohnen und Verkehr* ist zuständig für allgemeine Angelegenheiten des Bau-, Wohnungs- und Vermessungswesens, für den Bau der Stadtautobahn, Brückenbau, Wasser-

und Hafenbau, Bahnbau und Bauaufsicht. Er ist federführend für die verbindliche Bauleitplanung (Bebauungspläne) und nimmt die Aufgaben der Enteignungsbehörde wahr.

Er führt die Staatsaufsicht über das Institut für Bautechnik, die Architektenkammer und die Baukammer Berlin.

9. Die *Senatsverwaltung für Stadtentwicklung, Umweltschutz und Technologie* hat u. a. folgende Aufgaben: Stadtplanung, räumliche Entwicklungsplanung, Umweltschutz, Grünanlagen, Wasserwirtschaft, Naturschutz. Ihm untersteht der Landeskonservator.

Dem Senator sind nachgeordnet das Pflanzenschutzamt, das Fischereiamt und die Berliner Forsten (Landesforstamt und Forstämter). Er führt die Staatsaufsicht u. a. über die Stiftung Naturschutz Berlin und über den Spree-Havelverband.

10. Die *Senatsverwaltung für Wirtschaft und Betriebe* ist zuständig für alle Fragen der Wirtschaft einschließlich Industrie, Handwerk, Handel, des Geld- und Kreditwesens sowie der Ernährungs- und Landwirtschaft.

Dem Senator sind nachgeordnet das Preisamt, das Landesamt für Meß- und Eichwesen und das Verkehrsamt Berlin.

Der Staatsaufsicht des Senators unterliegen u. a. die Wohnungsbau-Kreditanstalt Berlin, die Landesbank Berlin (West), die Industrie- und Handelskammer und die Handwerkskammer.

11. Die *Senatsverwaltung für Finanzen* ist zuständig für die Finanzpolitik und Finanzwirtschaft des Landes Berlin, das Haushalts-, Kassen- und Rechungswesen, Vermögens- und Schuldenverwaltung, Steuerrecht, Landesamt zur Regelung offener Vermögensfragen und Verteidigungslasten. Nachgeordnet sind ihm u. a. folgende Sonderbehörden:

a) die *Oberfinanzdirektion* Berlin mit den Finanzämtern,
b) das *Landesamt für Besatzungslasten,*
c) die *Landeshauptkasse Berlin,*
d) das Ausgleichsamt Berlin,
e) Ausgleichsamt Berlin,
f) Landesamt für Verteidigungslasten,
g) Landeshauptkasse Berlin,
h) Staatliche Münze Berlin.

Der Staatsaufsicht des Sen. f. Fin. unterliegen die *Deutsche Klassenlotterie* Berlin und die Steuerberaterkammer.

B. *Bezirksverwaltungen*

Die Verwaltungen der Berliner Bezirke bilden die Unterstufe der Berliner Landesverwaltung. Die Bezirke sind keine selbständigen Gebietskörperschaften, besitzen also keine Rechtspersönlichkeit. Nach der Verfassung von Berlin und dem Bezirksverwaltungsgesetz i. d. F.

vom 17. 7. 1989 (GVBl. 1494) m. spät. Änd. ist das Gebiet von Berlin insgesamt in 23 Bezirke eingeteilt: Tiergarten, Wedding, Kreuzberg, Charlottenburg, Spandau, Wilmersdorf, Zehlendorf, Schöneberg, Steglitz, Tempelhof, Neukölln und Reinickendorf, Mitte, Prenzlauer Berg, Friedrichshain, Pankow, Weißensee, Treptow, Köpenick, Lichtenberg, Marzahn, Hohenschönhausen und Hellersdorf.

Die in jedem Bezirk Berlins (West) gewählte *Bezirksverordnetenversammlung* (45 Mitgl.) hat Wahl-, Kontroll- und einige wichtige Entscheidungsbefugnisse. Die *Bezirksämter* sind die Verwaltungsbehörden der Bezirke. Das Bezirksamtskollegium besteht aus dem *Bezirksbürgermeister* und 6–7 *Bezirksstadträten*. Die Bezirksämter sind entsprechend der Hauptverwaltung organisiert (Abt. für Personal und Verwaltung, Finanzen, Volksbildung, Sozialwesen, Bauwesen usw.). Sie nehmen überwiegend bezirkseigene Angelegenheiten wahr; hierbei unterliegen sie nur der Rechtsaufsicht des Senats. Bei Wahrnehmung von übertragenen Vorbehaltsaufgaben einschließlich Ordnungsaufgaben unterliegen sie der Fachaufsicht des zuständigen Senatsmitgliedes.

III. Der *Rechnungshof* von Berlin überwacht das Haushaltswesen des Landes Berlin, insbesondere durch Rechnungsprüfungen. Er hat dem Abgeordnetenhaus jährlich einen Prüfungsbericht vorzulegen. Das Abgeordnetenhaus und der Senat können ihm besondere Prüfungsaufträge erteilen.

IV. Der Berliner *Datenschutzbeauftragte* kontrolliert die Einhaltung der Datenschutzvorschriften in der Berliner Verwaltung.

V. Als Organe der *Rechtsprechung* bestehen

1. Im Bereich der *ordentlichen Gerichtsbarkeit (Zivil- und Strafgerichte)*

12 Amtsgerichte, das *Landgericht Berlin* und als oberes Landesgericht das *Kammergericht* (Oberlandesgericht) in Schöneberg. Anklagebehörden sind die Staatsanwaltschaften bei dem Kammergericht und bei dem Landgericht sowie die Amtsanwaltschaft.

2. Das *Verwaltungsgericht* und das *Oberverwaltungsgericht Berlin.*
3. Das *Arbeitsgericht* und das *Landesarbeitsgericht Berlin.*
4. Das *Sozialgericht* und das *Landessozialgericht Berlin.*
5. Das *Finanzgericht Berlin.*

132a. Brandenburg

Das Land umfaßt 29056 qkm und hat 2,5 Mio. Einwohner. Landeshauptstadt ist Potsdam. Wirtschaftlich ist Brandenburg vorwiegend von Land- und Forstwirtschaft geprägt. Im Land leben rund 100000 Sorben als nationale Minderheit.

Die erste Verfassung nach dem 2. Weltkrieg erging am 6. 2. 1947.

Nach der Wiedervereinigung wurde die Verfassung des Landes Brandenburg durch Volksentscheid am 14. 6. 1992 angenommen

(Verfassung vom 20. 8. 1992, GVBl. I 298). Der Landtag besteht aus 88 Abgeordneten.

Die Landesregierung ist wie folgt gegliedert:

I. *Ministerpräsident und Staatskanzlei*

Es bestehen folgende Abteilungen:
Abteilung 1: Verwaltung und Organisation;
Abteilung 2: Regierungsplanung;
Abteilung 3: Koordination;
Abteilung 4: Bundesländer und Europa;
Abteilung 5: Presse- und Informationsamt.

II. *Ministerium des Innern*

Es bestehen folgende Abteilungen:
Abteilung 1: Verfassung, Wahlen, Verwaltungsrecht, Ausländerangelegenheiten;
Abteilung 2: Öffentl. Dienst, Organisation, Haushalt, Personenangelegenheiten, ADV;
Abteilung 3: Komm. Angelegenh., Vermessung, Katastrophen-, Brand- u. Zivilschutz;
Abteilung 4: Polizei;
Abteilung 5: Verfassungsschutz

III. *Ministerium der Justiz und für Bundes- und Europaangelegenheiten*

Es bestehen folgende Abteilungen:
Abteilung 1: Justizverwaltungssachen
insbesondere: Personal, Haushalt u. Organisation, Angelegenheiten der Rechtsanwälte u. Notare;
Abteilung 2: Öffentliches Recht, Privatrecht, Rechtspolitik, Aus- u. Fortbildung
insbesondere: Gesetzgebung u. Angelegenheiten des Öffentlichen Rechts einschließlich Verfassungsrechtliche Fragen des Bundes u. d. Länder;
Abteilung 3: Strafrecht
insbesondere: Gesetzgebung u. Grundsatzfragen des Strafrechts, Fachaufsicht über die Staatsanwaltschaften, Rehabilitierungs- u. Kassationssachen, Gnadensachen;
Abteilung 4: Strafvollzug u. soziale Dienste i. d. Justiz
insbesondere: Fachaufsichten über die Strafvollzugsanstalten, soziale Dienste der Justiz (Gerichtshilfe, Bewährungshilfe, Führungsaufsicht).

Ferner besteht der Arbeitsstab „Grundbuch".

IV. *Ministerium der Finanzen*

Es bestehen folgende Abteilungen:
I. Zentralabteilung
II. Haushalt
III. Steuern
IV. Landesvermögen und Landesschulden
V. Bau.

V. *Ministerium für Wirtschaft, Mittelstand und Technologie*

Es bestehen folgende Abteilungen:
Abteilung 1: Zentrale Aufgaben

Abteilung 2: Wirtschafts-, Struktur- und Technologiepolitik
Abteilung 3: Mittelstand, Wirtschaftsordnung
Abteilung 4: Energiepolitik, Bergwesen.

VI. *Ministerium für Arbeit, Soziales, Gesundheit und Frauen*

Es bestehen folgende Abteilungen:
Abteilung 1: Verwaltung
Abteilung 2: Frauen und Gleichstellung
Abteilung 3: Arbeit
Abteilung 4: Gesundheit
Abteilung 5: Soziales

VII. *Ministerium für Umwelt, Naturschutz und Raumordnung*

Es bestehen folgende Abteilungen:
Zentralabteilung
Abteilung Raumordnung u. Projektplanung
Abteilung Naturschutz u. Landschaftspflege
Abteilung Gewässerschutz u. Wasserwirtschaft
Abteilung Abfallwirtschaft, Altlasten, Bodenschutz
Abteilung Immissionsschutz u. CO_2-Minderung

VIII. *Ministerium für Ernährung, Landwirtschaft und Forsten*

Es bestehen folgende Abteilungen:
Abteilung 1: Verwaltung;
Abteilung 2: Agrarpolitik u. ländlicher Raum;
Abteilung 3: Landwirtschaftliche Produktion, Marktstruktur;
Abteilung 4: Ernährungs- u. Marktpolitik, Lebensmittelüberwachung, Veterinärwesen;
Abteilung 5: Forstwirtschaft.

IX. *Ministerium für Wissenschaft, Forschung und Kultur*

Es bestehen folgende Abteilungen:
Abteilung I: Personal, Haushalt, Organisation, Liegenschaften
Abteilung II: Wissenschaft und Forschung
Abteilung III Kultur.

X. *Ministerium für Bildung, Jugend und Sport*

Es bestehen folgende Abteilungen
Abteilung 1: Verwaltung, Organisation und Rechtsangelegenheiten
Abteilung 2: Bildungspolitische Grundsatzfragen
Abteilung 3: Schulaufsicht, Allgem. Angelegenheiten der beruflichen Bildung und Weiterbildung
Abteilung 4: Schulrecht und Organisation Dienstrecht
Abteilung 5: Jugend und Sport

XI. *Ministerium für Stadtentwicklung, Wohnen und Verkehr*

Das Ministerium hat folgende Abteilungen:
Abteilung Z: Grundsatzangelegenheiten des Ministeriums, Koordination
Abteilung 1: Stadtentwicklung, Denkmalpflege
Abteilung 2: Wohnungsbau und Wohnungswesen
Abteilung 3: Verkehrspolitik
Abteilung 4: Straßenwesen, Straßenverkehr

133. Bremen

Die Freie Hansestadt Bremen ist das kleinste Land der Bundesrepublik. Es zählt rd. 0,7 Mio. Einwohner und hat eine Fläche von 403 qkm (Stand: 1. April 1994). Seine Verfassung vom 21. 10. 1947 (GBl. 251), zul. geändert durch Ges. vom 1. 11. 1994 (GBl. 289), ist am 22. 10. 1947 in Kraft getreten.

Infolge der Eigenart des Stadt-Staates nehmen die Dienststellen der Landesverwaltung zum Teil auch Aufgaben der städtischen Behörden wahr.

I. Die Bremische Bürgerschaft (Landtag) in Bremen stellt die Volksvertretung des Landes dar. Sie besteht aus 80 Bremer und 20 Bremerhavener Vertretern und bildet (staatliche) Deputationen (Ausschüsse) für Finanzen, Justiz und Verfassung, Fischereihafen Bremerhaven, Wissenschaft, Arbeit, Kultur, Häfen, Schiffahrt und Außenhandel, Inneres, Bauwesen, Soziales, Bildung, Sport, Gesundheit, Jugendhilfe, Wirtschaft, Mittelstand und Technologie sowie Umweltschutz. Diese stellen für ihren Verwaltungsbereich den Entwurf zum Haushaltsplan auf und leiten ihn an die Finanzdeputation weiter. Sie beraten und beschließen über die Angelegenheiten ihres Verwaltungszweiges und berichten darüber an Senat und Bürgerschaft.

Bremisches Wahlgesetz i. d. F. vom 23. 5. 1990 (GVBl. 321), Bremische Landeswahlordnung i. d. F. vom 23. 5. 1990 (GVBl. 334); Gesetz über die Deputationen vom 2. 3. 1948 (GBl. 31), i. d. F. vom 20. 1. 1972 (GBl. 7), zuletzt geändert am 19. 12. 1989 (GBl. 433); Bremisches Abgeordnetengesetz v. 16. 10. 1978 (GBl. 209), zuletzt geändert am 9. 1. 1990 (GBl. 1).

Die Bremische Bürgerschaft (Stadtbürgerschaft) besteht lediglich aus den 80 Bremer Vertretern und bildet auch städtische Deputationen (Ausschüsse) für Finanzen, Arbeit, Kultur, Häfen, Schiffahrt und Außenhandel, Inneres, Bauwesen, Soziales, Bildung, Sport, Gesundheit, Jugendhilfe, Wirtschaft, Mittelstand und Technologie, Umweltschutz sowie Stadtentwicklung.

II. Die *Regierung des Landes* bildet der Senat, der zugleich das oberste Verwaltungsorgan der Stadtgemeinde Bremen ist. Der Senat besteht aus 11 Mitgliedern (Geschäftsverteilung im Senat vom 14. Januar 1992) m. spät. Änd., zuletzt vom 16. 8. 1994.

Zwei Mitglieder des Senats sind Bürgermeister; sie werden durch den Senat aus seiner Mitte in geheimer Abstimmung gewählt. Gleichzeitig wählt der Senat einen der beiden Bürgermeister in geheimer Abstimmung zum Präsidenten des Senats.

III. Die Landesbehörden:

1. Der Präsident des Senats ist gleichzeitig Senator für Kirchliche Angelegenheiten und Vorsitzender der Geschäftskommission des Senats. Ihm untersteht die Senatskanzlei mit Staatsabteilung, Koordinierungsabteilung, Abteilung für Protokoll und Auswärtige Angelegenheiten, Planungsabteilung und Informations- und Presseabteilung. In der Senatskanzlei besteht eine Kontaktstelle „Bürgerberatung“. Nachgeordnete Dienststellen der Senatskanzlei:

- Landeszentrale für politische Bildung
- Verbindungsbüro der Freien Hansestadt Bremen bei der Europäischen Union
- Büro Berlin der Freien Hansestadt Bremen.

Die Senatskommission für das Personalwesen ist Zentralstelle für die Bearbeitung
a) aller Personalangelegenheiten der landes- und stadtbremischen Dienststellen,
b) von Angelegenheiten der Organisation, Personalplanung, Personalwirtschaft, des Personalausgleichs und der Personalförderung. Zu ihrem Geschäftsbereich gehören das Aus- und Fortbildungszentrum, die Verwaltungsschule und die Hochschule für öffentliche Verwaltung der Freien Hansestadt Bremen sowie das Rechenzentrum der bremischen Verwaltung.

2. Der *Senator für Inneres* leitet die gesamte innere Verwaltung; dazu zählen insbesondere allgemeine Kommunalangelegenheiten, Ordnungs- und Sicherheitswesen, Staatsschutz, Straßenverkehr, zivile Verteidigung sowie zahlreiche andere Aufgaben. Außerdem ist er die oberste Landesbehörde für die Aufgabenbereiche Sport und Freizeitangelegenheiten. Neben der Abteilung „Allgemeine Verwaltung" bestehen die Abteilungen „Staats-, Kommunal- und Verwaltungsrecht", „Ausländer-, Paß-, Ausweis-, Melderecht", „Öffentliche Sicherheit und Ordnung", „Feuerschutz, Rettungswesen, Katastrophenschutz, zivile Verteidigung, Verfassungsschutz, Straßenverkehrsangelegenheiten".

Nachgeordnete Dienststellen des Senators für Inneres sind:
- Bereitschaftspolizei
- Wasserschutzpolizeiamt
- Landesamt für Verfassungsschutz,
- Statistisches Landesamt
- Landesfeuerwehrschule
- Polizeipräsidium
- Stadtamt
- Feuerwehr
- Standesämter
- Ortsämter
- Sportamt

Zugeordnet sind weiter die Gesellschaft für Öffentliche Bäder mbH und die Bremer Sport- und Freizeit GmbH.

3. Der *Senator für Justiz und Verfassung* ist zuständig für Justizverwaltungs- und Justizvollzugsangelegenheiten, für die rechtliche Beratung des Senats und die rechtsförmliche Prüfung von Gesetz- und Verordnungsentwürfen. Die Senatsverwaltung für Justiz wird derzeit (Mai 1997) vom Bürgermeister mitgeführt.

Zu seinem Geschäftsbereich gehören die ordentlichen Gerichte des Landes Bremen (Oberlandesgericht, Landgericht und 3 Amtsgerichte), die Verwaltungsgerichte (Oberverwaltungsgericht und Verwaltungsgericht), die Sozialgerichte (Landessozialgericht und Sozialgericht), das Finanzgericht Bremen, die Generalstaatsanwaltschaft Bremen und die Justizpressestelle (Leiter: der Gen-

StA), die Staatsanwaltschaft Bremen, das Ausbildungs- und Prüfungsamt für die einstufige Juristenausbildung sowie das Justizvollzugsamt mit den (vollzugsmäßig selbständigen, verwaltungsmäßig unselbständigen) Justizvollzugsanstalten. Der Senator für Justiz und Verfassung ist außerdem in Personalunion der Senatskommissar für den Datenschutz mit der zum Geschäftsbereich gehörenden Dienststelle Landesbeauftragter für den Datenschutz

4. Der *Senator für Bildung, Wissenschaft, Kunst und Sport* ist zuständig für Angelegenheiten der allgemeinbildenden und beruflichen Schulen (ausgenommen Verwaltungsschule, Schulen für Krankenpflegehilfe u. ä.), der Schulplanung und Schulaufsicht, der Lehreraus-, -fort- und Weiterbildung, der Hochschulen (ausgenommen der H. für öffentliche Verwaltung), der Forschung, der Wissenschaft, der Kunst, der Kultur und der außerschulischen Berufsbildung.

Ihm unterstehen außer den genannten Schulen die Erwachsenenschule, die Landesbildstelle, das Wissenschaftliche Institut für Schulpraxis und das Landesrechenzentrum für den Wissenschaftsbereicarum für den Wissenschaftsbereich.

Zu seinem Geschäftsbereich gehören ferner die Universität, die Hochschule für Künste, die Hochschule Bremen, die Hochschule Bremerhaven, das Studentenwerk Bremen, das Alfred-Wegener-Institut für Polar- und Meeresforschung, die amtliche Materialprüfungsanstalt der Freien Hansestadt Bremen.

5. Der *Senator für Arbeit* ist die oberste Landesbehörde auf dem Gebiet des Arbeits- und Sozialrechts sowie für Frauenfragen. Sein Geschäftsbereich umfaßt Arbeits- und Sozialrecht, Arbeitnehmerschutz, Berufsförderung, Weiterbildung, Aufgaben nach dem Schwerbehindertengesetz, Gewerbeaufsicht, Eichwesen, Lastenausgleich, Kriegsopferversorgung, soziales Entschädigungsrecht und Wiedergutmachung.

Nachgeordnete Dienststellen des Senators für Arbeit sind das Versorgungsamt, das Gewerbeaufsichtsamt Bremen, das Gewerbeaufsichtsamt Bremerhaven, das Eichamt Bremen, das Eichamt Bremerhaven und das Ausgleichsamt. Zum Geschäftsbereich gehören das Landesarbeitsgericht Bremen und die Arbeitsgerichte Bremen und Bremerhaven.

6. Der Senator für *Frauen, Gesundheit, Jugend, Soziales und Umweltschutz* hat eine weitgespannte Zuständigkeit. Der *Bereich Jugend und Soziales* ist die oberste Landes- wie auch Kommunalbehörde für Sozial-, Jugend- und Familienhilfe sowie Unterhaltssicherung. Ihm untersteht das Amt für Soziale Dienste (Zusammenfassung von Jugendamt, Sozialamt und Familienfürsorge). Weiteres nachgeordnetes Amt in der Stadtgemeinde Bremen ist die Werkstatt Bremen (Werkstatt für Behinderte sowie Beschäftigungsmaßnahmen für Sozialhilfeempfänger). Alle Hilfen sind – bundesweit einmalig – regional und auf Zielgruppen hin organisiert. Der *Bereich Gesundheit* ist zuständig für das öffentliche Gesundheitswesen: Gesundheitsberufe, Aufsicht über die Kammern der Heilberufe, Schulen der Gesundheitsberufe, Sozialhygiene, Gesundheitserziehung, Gesundheitsökonomie, medizinische Rehabilitation, allgemeine Hygiene (Wasser-, Boden- und Lufthygiene), Umwelthygiene, gesundheitlicher Verbraucherschutz, Abwehr von Seuchen und Infektionskrankheiten, Hafengesundheits- und Quarantäneangelegenheiten, Überwachung von Lebensmitteln und Bedarfsgegenständen, Blutspendewesen, medizinische Fragen des Krankentransport- und

Rettungswesen, des zivilen Bevölkerungs-, Katastrophen- und Strahlenschutzes, Durchführung der Genfer Rote-Kreuz-Abkommen, Bestattungs- und Sektionswesen, Apotheken- und Betäubungsmittelwesen, Verkehr mit Arzneimitteln und Giften.

Krankenhauswesen: Krankenhausplanung, Großgeräte- und Ausbildungsstättenplanung, Investitions- und Fördermitteleinsatz für Krankenhäuser im Lande Bremen, Krankenhaustechnik.

Aufgaben als Träger der kommunalen Krankenhäuser in der Stadtgemeinde Bremen, Aufsicht und Revision, Pflegesatzangelegenheiten, Koordinierung und Abstimmung der Wirtschafts-, Finanz- und Investitionsplanung der kommunalen Krankenhäuser in der Stadtgemeinde Bremen, ADV- und Statistikangelegenheiten des Gesundheitsbereichs.

Veterinärwesen: Überwachung der Einfuhr von Tieren, tierischen Erzeugnissen und von Futtermitteln sowie von Fleisch und Lebensmitteln tierischer Herkunft, tierärztliche Lebensmittelüberwachung, Schlachttier- und Fleischbeschau, veterinärpolizeiliche Überwachung der Schlacht- und Viehhöfe, des Fischereihafens Bremerhaven sowie der Molkereien, Tierschutz, Tierseuchenbekämpfung, Tierkörperbeseitigung.

Nachgeordnete Dienststellen und Krankenhäuser: Hauptgesundheitsamt, Bezirksgesundheitsamt Bremen-Nord, Hafengesundheitsamt Bremen, Hafengesundheits- und Quarantäneamt Bremerhaven, Staatliches Veterinäramt Bremerhaven, Staatliche Chemische Untersuchungsanstalt, Staatliches Hygiene-Institut, Staatliches Veterinäramt Bremen, Staatliches Veterinäruntersuchungsamt Bremen, Tierärztliches Fleischhygieneamt Bremen, kommunale Krankenhäuser in der Stadtgemeinde Bremen (Zentralkrankenhaus St.-Jürgen-Straße, Zentralkrankenhaus Bremen-Ost, Zentralkrankenhaus Bremen-Nord, Zentralkrankenhaus „Links der Weser“ einschließlich Krankenpflegeschulen, Kinderkrankenpflegeschulen, Schulen für Krankenpflegehilfe, Lehranstalt für technische Assistenten in der Medizin), Ausweich- und Hilfskrankenhäuser.

7. Der *Senator für Bau, Verkehr und Stadtentwicklung* gliedert sich in folgende Geschäftsbereiche: Städtebau: Bodenordnung; Städtebauförderung; Maßnahmen nach dem Baugesetzbuch und dem Wohnungsbauerleichterungsgesetz, Stadtbildgestaltung, Städtereklame, Bauordnungswesen, Hochbau, Kataster- und Vermessungswesen, behördliches Fernmeldewesen, Baulenkung, Bauwirtschaft und Verdingungswesen, Bauforschung, Bautechnik, Angelegenheiten der Architekten und Ingenieure.

Baurecht: Bauordnungsrecht, Erschließungsrecht, Wegerecht, Bauwirtschaftsrecht, sonstiges Baurecht, Aufsicht über die Architektenkammer, Enteignung, Gutachterausschuß für Grundstücksbewertung

Wohnungswesen: Wohnungsbau, Wohnungswesen, Siedlungswesen (ausgenommen Siedlungsprogramme im Agrarbereich), Wohngeld

Verkehr: Integrative Verkehrsplanung, Angelegenheiten des öffentlichen Personennahverkehrs einschließlich Beförderungstarife, Schienen-Personen-Nahverkehr, Verkehrsgemeinschaft Bremen-Niedersachsen, gewerblicher Straßen-Personenverkehr, Planung, Bau und Vermietung von Nahverkehrsanlagen. Technische Stadtbahnaufsicht, innerstädtische und regionale Straßenverkehrsangelegenheiten. Straßen- und Brückenbau einschließlich Oberste Landesstraßenbaubehörde, Planung und Durchführung von Maßnahmen zur verkehrlichen Anbindung von Wirtschaftsstandorten.

Verkehrsrecht: Straßenverkehrsordnung.

Nachgeordnete Dienststellen für das Bauwesen sind: das Bauordnungsamt, das Amt für Straßen- und Brückenbau, Bau und Vermietung von Nahverkehrsanlagen (Betrieb gewerblicher Art), das Bauamt Bremen-Nord, die Kataster-

und Vermessungsverwaltung, das Amt für Wohnung und Städtebauförderung sowie das Bremer Hochbaumanagement und die Bremer Kommunikationstechnik als Eigenbetriebe der Stadtgemeinde Bremen.

8. Der *Senator für Wirtschaft, Mittelstand, Technologie und Europaangelegenheiten* gliedert sich in folgende Geschäftsbereiche: Wirtschaftspolitik: Strukturpolitik, Regionalpolitik, Konjunkturpolitik, wirtschaftsbezogene EG-Programme, kommunale Wirtschaftsangelegenheiten.

Wirtschaftsförderung: Industrie und Gewerbe, Ansiedlung, Investitionsförderung, Erschließung von Gewerbeflächen, Förderung kleinerer und mittlerer Unternehmen, neue Technologien, Innovation, Förderung des Dienstleistungssektors, Messe und Ausstellungsförderung, Förderung des Tourismus einschließlich Verkehrsverein, Agrarwirtschaft, Fischwirtschaft, Angelegenheiten des Fischereihafengebietes mit Ausnahme der wasserseitigen Infrastruktur und des Hafenbetriebes, Angelegenheiten der Wirtschaftsförderungsgesellschaft und der hanseatischen Industriebeteiligungen GmbH, Uk-Vorschlagsbehörde.

Wirtschaftsordnung: Kammeraufsicht (mit Ausnahme der bei anderen Ressorts speziell ausgewiesenen Zuständigkeiten), Wirtschaftsrecht (einschließlich Bergwesen), Landeskartellbehörde, Preisprüfung, öffentliches Auftragswesen, Vorsorgegesetze, Verbraucherfragen.

Überregionaler Verkehr: Verkehrsministerkonferenz, Verkehrspolitik in der EG, Post- und Fernmeldewesen, Bundesbahn, gewerblicher Güterverkehr (ohne Hinterlandverkehr), Flughäfen und Landeplätze, Luftverkehr, Fluglärmangelegenheiten, Bundesverkehrswegeplan, Anbindung von Wirtschaftsstandorten.

Nachgeordnete Dienststelle: Bremer Ausschuß für Wirtschaftsforschung

9. Der *Senator für Häfen, überregionalen Verkehr und Außenhandel* gliedert sich in folgende Geschäftsbereiche: Häfen (ausgenommen die Landseite des Fischereihafen-Gebietes): Planung, Bau und Unterhaltung der bremischen Hafenanlagen einschließlich Eisenbahnanlagen und öffentliche Straßen im Hafengebiet, Angelegenheiten der Landeseisenbahn, Hinterlandverkehr einschließlich Güterverkehrs-Tarife, Hafenverwaltung, Grundstücksangelegenheiten im Hafengebiet, Hafenabgaben, Umschlagsentgelte, Zollangelegenheiten in den Häfen, Hafentelematik, Unterweser-Verkehrsabkommen.

Schiffahrt: See- und Binnenschiffahrt einschließlich Förderungsmaßnahmen, Lotswesen, Seemannsrecht und Schiffsbesetzung, Schiffssicherheit, Seeunfalluntersuchung, Sportbootverkehr, Fährangelegenheiten.

Außenhandel: Außenwirtschaftsförderung, Außenwirtschafts- und Hafenrepräsentanzen. Der Senator für Häfen, Schiffahrt und Außenhandel ist außerdem für die Entwicklungszusammenarbeit zuständig.

Nachgeordnete Dienststellen sind das Hafenamt Bremen, das Hafenbauamt, das Hansestadt bremische Amt Bremerhaven, das Seemannsamt und das Seemannsamt Bremerhaven.

10. Der *Senator für Finanzen* bildet die Spitze der Finanzverwaltung und gliedert sich in folgende Geschäftsbereiche.

Allgemeine und zentrale Angelegenheiten: Finanzausgleiche, Finanzreform, überregionale Finanzierungen, Mitwirkung der Finanzverwaltung bei allgemeinen Fragen der Organisation, Automation und Verwaltungsvereinfachung.

Steuern: Allgemeine Abgabenangelegenheiten, Bundes-, Landes-, Gemeindesteuern, Gemeinschaftssteuern, Kirchensteuer, Einheitsbewertung, Zulagen, Wohnungsbauprämien, Vermögensbildung, Betriebsprüfung, Steuerfahndung, Steuerberatungswesen, Zölle und Verbrauchssteuern, Steuerharmonisierung innerhalb der EG, Steuerbeamten-Ausbildung.

Haushaltswesen: Finanzplanung, Haushalte Land und Stadt. Grundsatzfragen der Finanzwirtschaft und der Wirtschaftsbetriebe, finanzwirtschaftliche Angelegenheiten Bremerhavens sowie geschäftsführende Stelle für die Kommunalaufsicht in finanziellen Angelegenheiten. Kostenkontrolle, Mitwirkung bei Beamtenbesoldungs-, Versorgungs- und Tarifangelegenheiten, Kassen-, Buchführung- und Rechnungswesen, Verwaltungskosten- und Kommunalabgabenrecht (ausgenommen Steuern), Eigenbetriebsrecht.

Geld und Kredit, Vermögen: Finanzdispositionen, Vermögens- und Schuldenverwaltung, Darlehen, Bürgschaften, Beteiligungen, steuerliche Angelegenheiten der Freien Hansestadt Bremen (Betriebe gewerblicher Art), Aufsicht über öffentlichrechtliche Kreditinstitute, wie die Sparkasse in Bremen sowie über die Feuerversicherungsanstalt der Freien Hansestadt Bremen, Wohnungs- und Schiffbaufinanzierungen, Haftpflichtangelegenheiten, Vorprüfung, Verteidigungslasten, Liegenschaftswesen, Behördenraumangelegenheiten, Bauangelegenheiten der Finanzverwaltung.

Nachgeordnete Dienststellen sind: die Oberfinanzdirektion (dieser unterstellt: Finanzamt Bremen-Mitte, Ost, West, Nord, Bremerhaven, Finanzamt für Großbetriebsprüfungen), die Landeshauptkasse und das Grundstücksamt.

IV. Bei einzelnen Senatsverwaltungen sind ein oder (für Teilbereiche) mehrere Senatskommissionen gebildet, die sich aus drei oder mehreren Senatoren zusammensetzen.

V. Es besteht ein *Rechnungshof der Freien Hansestadt Bremen.*

VI. *Organe der Rechtspflege* sind:

a) der Staatsgerichtshof der Freien Hansestadt Bremen
b) Das Hanseatische Oberlandesgericht in Bremen, das Landgericht Bremen und die Amtsgerichte Bremen, Bremen-Blumenthal und Bremerhaven
c) Generalstaatsanwaltschaft Bremen und Staatsanwaltschaft Bremen
d) Oberverwaltungsgericht Bremen und das Verwaltungsgericht Bremen
e) das Finanzgericht Bremen
f) das Landesarbeitsgericht Bremen und die Arbeitsgerichte in Bremen und Bremerhaven
g) das Landessozialgericht und das Sozialgericht Bremen
h) Disziplinargerichte, Disziplinarkammer und Disziplinarhof beim Verwaltungs- bzw. Oberverwaltungsgericht (für Richter, Staatsanwälte und Notare beim Land- bzw. Oberlandesgericht).

134. Hamburg

Das Gebiet der „Freien und Hansestadt Hamburg“ umfaßt 748 qkm; hierzu gehören auch die vor der Elbmündung gelegenen Inseln Neuwerk und Scharhörn. Hamburg ist ein Stadtstaat mit 1,7 Mio. Einwohnern. Nach der Verfassung vom 6. 6. 1952 (GVBl. 117), zuletzt geändert am 27. 6. 1986 (GVBl. 167), werden in Hamburg staatliche und gemeindliche Tätigkeit nicht getrennt.

I. Landesparlament

ist die *Bürgerschaft.* Die Bürgerschaft besteht aus 121 Abgeordneten, die nach dem Grundsatz der Verhältniswahl für die Dauer von vier Jahren gewählt werden; dabei ist das gesamte Staatsgebiet ein Wahlkreis. Die Einzelheiten regelt das Wahlgesetz i. d. F. vom 22. 7. 1986 GVBl. 223), zuletzt geändert am 1. 7. 1993 (GVBl. 149, 150).

Die Bürgerschaft bildet Ausschüsse für die wichtigsten Angelegenheiten. Eine Besonderheit stellt der Bürgerausschuß dar (bestehend aus dem Präsidenten und 20 Abgeordneten der Bürgerschaft); der Bürgerausschuß hat ein bedingtes Notbewilligungs- und Notgesetzgebungsrecht, dessen Ausübung von einem Antrag des Senats abhängt.

II. Landesregierung

ist der *Senat;* er bestimmt die Richtlinien der Politik, führt und beaufsichtigt die Verwaltung. Die Mitglieder des Senats (Senatoren) werden von der Bürgerschaft gewählt (z. Z. 12 Mitglieder). Der Senat wählt aus seiner Mitte für die Dauer eines Jahres seinen Präsidenten (Erster Bürgermeister) und dessen Stellvertreter (Zweiter Bürgermeister); die Wiederwahl ist zulässig.

Der Senat handelt als Kollegium; es besteht keine Richtlinienbefugnis des Präsidenten wie nach Art. 65 GG („Kanzlerprinzip", vgl. 62 IV). Der Senat beschließt mit Stimmenmehrheit; bei Stimmengleichheit gibt die Stimme des Präsidenten den Ausschlag. Zu seiner Beratung und zur Bearbeitung seiner Angelegenheiten ernennt der Senat beamtete Staatsräte (vergleichbar Staatssekretären). Aufgrund besonderer Ermächtigung können Senatoren und Staatsräte auch Senatsbeschlüsse (im Verfügungswege) für den Senat fassen.

III. Verwaltungsbehörden

Die Verwaltungsaufgaben Hamburgs werden wahrgenommen durch

1. Senat, Senatskommissionen, Senatsämter,
2. Fachbehörden oder
3. Bezirksämter.

1. Senat, Senatskommissionen, Senatsämter

Abgesehen von den Regierungsfunktionen und der Führung der Verwaltung nimmt der Senat auch selbst Verwaltungsaufgaben wahr. Er kann mit ihrer Durchführung Senatskommissionen und Senatsämter beauftragen.

Den Senatskommissionen gehören in der Regel neben Senatoren auch Staatsräte (mit Stimmrecht) an; ihnen kann für bestimmte Angelegenheiten das Recht übertragen werden, Beschlüsse für den Senat zu fassen.

Senatsämter sind

1.1 die *Senatskanzlei* mit dem Präsidialamt (Senats- und Verfassungsangelegenheiten, Angelegenheiten der Kirchen und der Stiftungen, Rundfunk- und Presserecht), dem Staatsamt (Bundes-, Länder- und Europaangelegenheiten, Auswärtige Angelegenheiten und Protokoll, Konsularangelegenheiten,

Städtepartnerschaften), dem Planungsstab (Ressortkoordination, mittelfristige Investitionsplanung, norddeutsche Zusammenarbeit), der Staatlichen Pressestelle, der Landeszentrale für politische Bildung und der Vertretung Hamburgs beim Bund;

1.2 das *Senatsamt für den Verwaltungsdienst* mit dem Organisationsamt (grundsätzliche Organisationsangelegenheiten, Querschnittsaufgaben, Personalbedarf, Stellenplan und Organisation der Behörden) und dem Personalamt (Beamten- und Tarifrecht, Versorgung, Beamtenernennungen, Ausbildungs- und Nachwuchsfragen); zum Geschäftsbereich des Personalamts gehören auch die Fachhochschule für Öffentliche Verwaltung und die Verwaltungsschule);

1.3 das *Staatsarchiv* (Übernahme, Aufbewahrung und Erschließung staatlichen und privaten Schrift- und Dokumentationsguts sowie dessen Bereitstellung für die Nutzung nach Maßgabe des Hamburgischen Archivgesetzes);

1.4 das *Senatsamt für Bezirksangelegenheiten* (Aufsicht über die sieben Bezirksämter, jedoch nicht in fachlichen Angelegenheiten (dies ist Augabe der jeweiligen Fachbehörde, vgl. Nr. 2). Vertretung der Bezirksämter auf Senatsebene, Wahrnehmung von Koordinierungsfunktionen);

1.5 das *Senatsamt für die Gleichstellung* (Durchsetzung des verfassungsrechtlichen Gleichheitsgebots für Frauen in Gesellschaft, Wirtschaft und Verwaltung Hamburgs).

2. Fachbehörden

Soweit gesetzlich nichts anderes bestimmt ist, werden Verwaltungsaufgaben, die der Senat nicht selbst wahrnimmt, von Fachbehörden und Bezirksämtern (vgl. Nr. 3) selbständig erledigt. Aufgabe der Fachbehörden ist es vor allem, Ressortplanungen zu entwickeln, an der Rechtssetzung des Bundes und des Landes auf dem jeweiligen Fachgebiet mitzuwirken und Entscheidungen des Senats vorzubereiten. Den Fachbehörden obliegen neben staatlichen Aufgaben zum Teil auch gemeindliche und betriebliche Aufgaben. Für die Wahrnehmung der den Bezirksämtern übertragenen fachlichen Aufgaben stellen die Fachbehörden Richtlinien und allgemeine Grundsätze auf und üben insoweit die Fachaufsicht aus.

Oberstes Leitungsgremium der Fachbehörden sind die Deputationen. Ihnen gehören der vom Senat in die Behörde entsandte Senator (als Präses) – ggf. auch mehrere Senatoren (von denen einer der Präses ist) – und 15 vom Parlament gewählte bürgerliche Mitglieder (Deputierte) an. Die Senatoren tragen die Verantwortung für die jeweilige Fachbehörde. Die Deputationen nehmen insbesondere teil an Entscheidungen über Angelegenheiten von grundsätzlicher Bedeutung, des Haushaltsplans und der Organisation ihrer Behörde.

Es bestehen 10 Fachbehörden:

2.1 Die *Justizbehörde* nimmt Aufgaben auf dem Gebiet der Bundes- und der Landesgesetzgebung sowie des Gnadenwesens wahr und ist zuständig für die Rechtsprüfung in Angelegenheiten der Bürgerschaft, des Senats und der Landesbehörden. Ihr obliegt die Dienstaufsicht über die ordentlichen Gerichte, die Verwaltungs- und Disziplinargerichte sowie die Staatsanwaltschaften. Sie führt die Aufsicht über die Vollzugsanstalten.

Zum Geschäftsbereich der Justizbehörde gehört auch der *Hamburgische Datenschutzbeauftragte*.

2.2 Die *Behörde für Schule, Jugend und Berufsbildung* leitet, verwaltet und beaufsichtigt das gesamte staatliche Schulwesen. Sie beaufsichtigt auch die Privatschulen, soweit nicht andere Fachbehörden zuständig sind. Ferner nimmt sie Aufgaben der staatlichen Jugendhilfe und auf dem Gebiet der Berufs- und Weiterbildung wahr.

Zum staatlichen Schulwesen gehören neben den allgemeinbildenden und beruflichen Schulen das Staatliche Studienseminar für die Lehrämter an Hamburger Schulen, das Lehrerprüfungsamt, das Institut für Lehrerfortbildung, die Staatliche Landesbildstelle, die Staatliche Jugendmusikschule, die Dienststelle Schülerhilfe sowie Einrichtungen der Erwachsenenbildung (Landesbetrieb Hamburger Volkshochschule, Staatliche Abendwirtschaftsschule, Staatliche Fremdsprachenschule).

Das *Amt für Jugend* nimmt die Aufgaben des Landesjugendamtes und überbezirkliche Aufgaben der Jugendhilfe wahr (einschließlich Familienförderung, Hilfen zur Erziehung, Kinder- und Jugendarbeit), es führt die Aufsicht über die Kindertagesheime, angeschlossen sind der Landesbetrieb Erziehung und Berufsbildung sowie Ausbildungs- und Berufsvorbereitungseinrichtungen.

2.3 Die *Behörde für Wissenschaft und Forschung* betreibt Hochschulplanung, Wissenschafts- und Forschungsförderung, beaufsichtigt und betreut die Universität Hamburg (einschließlich Universitäts-Krankenhaus Eppendorf), die Technische Universität Hamburg-Harburg, die Fachhochschule Hamburg und die Hochschulen für Wirtschaft und Politik, für bildende Künste sowie für Musik und Theater, das HWWA – Institut für Wirtschaftsforschung – Hamburg und andere wissenschaftliche Institute sowie die Hamburger Sternwarte.

2.4 Die *Kulturbehörde* hat die Aufgabe, Kunst und Kultur in Hamburg zu fördern. Zu ihrem Geschäftsbereich gehören die Staatstheater (Hamburgische Staatsoper, Deutsches Schauspielhaus, Thalia-Theater), die staatlichen Museen, die Kunsthalle, das Planetarium, das Philharmonische Staatsorchester, die Musikhalle und Aufsicht über die öffentlichen Bücherhallen.

Sie ist ferner zuständig für Denkmalschutz, Stadtteilkultur, kulturelle Filmförderung und internationalen Kulturaustausch. Sie unterstützt die Privattheater und zahlreiche andere kulturelle Einrichtungen und Vorhaben.

2.5 Die *Behörde für Arbeit, Gesundheit und Soziales* nimmt Aufgaben auf den Gebieten des Arbeitswesen (Arbeitsmarktpolitik und Arbeitsschutz), der Sozialordnung (Grundsatzfragen des Arbeitsrechts, der Sozialversicherung und der Versorgung), des Gesundheitswesens, der öffentlichen Sozialhilfe und der Rehabilitation sowie des Kriegsfolgen- und Wiedergutmachungsrechts wahr.

Sie ist zuständig für den öffentlichen Gesundheitsdienst (Gesundheitsplanung, Medizinalwesen, Gesundheitsschutz, Hygiene, Gesundheitsvorsorge und -fürsorge, Veterinärwesen, Krankenhauswesen) und die organisatorisch zu einem Landesbetrieb zusammengefaßten staatlichen Krankenhäuser. Zu ihrem Verantwortungsbereich gehören ferner u. a. das Hygienische Institut, die Medizinaluntersuchungsanstalt und das Impfzentrum.

Sie führt die Aufsicht über die landesunmittelbaren Sozialversicherungsträger sowie die Dienstaufsicht über die Arbeits- und Sozialgerichtsbarkeit in Hamburg. Angegliedert ist der Landesbetrieb „Pflegen und Wohnen"; dieser unterhält Behinderten-, Alten- und Pflegeheime sowie Durchgangs- und Wohnunterkünfte.

2.6 Die *Baubehörde* ist schwerpunktmäßig zuständig für Wohnungswesen (Wohnungspolitik, Wohnungsbauplanung und Wohnungsbau), die ministeriellen Aufgaben der Bauaufsicht, Teilbereiche des öffentlichen Hochbaus, Straßen-, Brücken- und Schnellbahnbau, den öffentlichen Hochwasserschutz und für Aufgaben der Verkehrsplanung einschließlich Planung des öffentlichen Personennahverkehrs und Aufsicht über die öffentlichen Verkehrsunternehmen.

Zu hren Aufgaben gehören auch die Landvermessung (mit Herstellung amtlicher Kartenwerke) und die Kampfmittelräumung

2.7 Die *Wirtschaftsbehörde* nimmt in erster Linie Aufgaben der Wirtschafts- und der Landwirtschaftsverwaltung wahr. Hierzu zählen u. a. Wirtschaftspolitik, Fragen der Strukturförderung und Wirtschaftsberatung, der Wirtschaftsordnung (Gewerbeordnung, Kartellwesen, Preisrecht, Eich- und Münzwesen), Angelegenheiten der Außenwirtschaft, des Luftverkehrs und der Schiffahrt sowie Hafenangelegenheiten

Das Amt für Ernährung, Landwirtschaft und Marktwesen nimmt Aufgaben auf den Gebieten der Agrar- und der Ernährungswirtschaft wahr und ist zuständig für Groß-, Spezial- und Wochenmärkte. Das Amt Strom- und Hafenbau ist im Bereich des Hafens zuständig für die baulichen Anlagen und Wasserflächen sowie die Verkehrsanlagen.

2.8 Der *Behörde für Inneres* obliegen Aufgaben auf dem Gebiet der öffentlichen Sicherheit und Ordnung (Polizei, Feuerwehr, Katastrophenschutz, Zivile Verteidigung), der inneren Verwaltung (Einwohner-Zentralamt mit Staatsangehörigkeits- und Ausländerangelegenheiten, Landesamt für Verfassungsschutz, Statistisches Landesamt, Aufenthaltsangelegenheiten der Asylbewerber), der Landesverkehrsverwaltung mit Zulassungsstelle für die Kraftfahrzeuge und Verkehrsteilnehmer sowie der Sportförderung.

2.9 Die *Umweltbehörde* ist insbesondere zuständig für die Planung, Durchführung (einschließlich Messungen) und Koordinierung staatlicher Umweltschutzaufgaben für die Bereiche Boden, Wasser und Luft. Dazu gehören der technische Umweltschutz (Genehmigung und Überwachung genehmigungsbedürftiger Anlagen nach dem Bundes-Immissionsschutzgesetz), Planung der Lärmschutzminderung, Wasserbehördliche Aufgaben, Bodenschutzplanung, Altlastensanierung und Umweltuntersuchungen.

Zu den Aufgaben der Umweltbehörde gehören außerdem die Energiepolitik und die ministeriellen Aufgaben der Abfall- und Abwasserentsorgung; sie führt die Aufsicht über die öffentlich-rechtlichen Anstalten „Stadtreinigung" und „Stadtentwässerung". Bei ihr ressortieren die Landesforstverwaltung, das Garten- und Friedhofsamt, der Landesbetrieb Friedhöfe, das Naturschutzamt und das Geologische Landesamt.

2.10 Die *Finanzbehörde* hat die Aufgabe, den Landeshaushaltsplan und die Haushaltsrechnung aufzustellen. Sie ist zuständig für überregionale Finanzfragen, nimmt Aufgaben der obersten Landesfinanzbehörde für Landessteuern wahr und ist Fachbehörde für Gemeindesteuern. Ihr obliegen die allgemeine Aufsicht und die Vertretung der Gesellschafterinteressen der Unternehmen, an denen Hamburg beteiligt ist, die Sparkassenaufsicht, die Kreditaufnahme, die Verwaltung des Vermögens und der Schulden sowie der Sicherheitsleistungen Hamburgs. Zur Finanzbehörde gehört auch die Liegenschaftsverwaltung. Außerdem ist sie zuständig für Grundsatzangelegenheiten der Informations- und Kommunikationstechnik; angeschlossen ist das Landesamt für Informationstechnik (Rechenzentrum).

Zum Geschäftsbereich der Finanzbehörde gehören auch die Oberfinanzdirektion Hamburg einschl. der Landesvermögens- und Bauabteilung mit dem Finanzbauamt sowie 18 Finanzämter.

3. Bezirksverwaltung

Das Gebiet der Freien und Hansestadt Hamburg ist nach dem Bezirksverwaltungsgesetz vom 22. 5. 1978 (GVBl. 178), zul. geändert am 14. 9. 1988 (GVBl. 179, 180), in sieben Bezirke eingeteilt.

Die *Bezirksämter* führen selbständig die Aufgaben der Verwaltung durch, die nicht wegen ihrer übergeordneten Bedeutung oder Eigenart einer einheitlichen Durchführung bedürfen. Die Bezirke sind keine rechtlich selbständigen Gebietskörperschaften mit eigener Steuerhoheit oder eigenem Haushaltsrecht. In den Teilen der Bezirke, in denen es im Interesse der Bevölkerung zweckmäßig erscheint, nehmen die Bezirksämter ihre Aufgaben durch *Ortsämter* wahr. Die Fachdienststellen der Bezirksämter sind in jeweils fünf Dezernaten zusammengefaßt (Verwaltungs-, Rechts-, Bau-, außerdem Gesundheits- und Umwelt- sowie Jugend- und Sozialdezernat).

Die Bevölkerung wirkt insbesondere durch die Bezirksversammlung an den Angelegenheiten des Bezirks und den Aufgaben des Bezirksamtes mit. Die Bezirksversammlung besteht aus 40 Bezirksabgeordneten, die von der Bevölkerung der Bezirke aus deren Einwohnerschaft auf vier Jahre gewählt werden.

234

IV. Der *Rechnungshof* ist die oberste Rechnungsprüfungsbehörde Hamburgs. Er ist unabhängig, dem Senat gegenüber selbstständig und nur dem Gesetz unterworfen. Seine Mitglieder besitzen richterliche Unabhängigkeit.

V. Organe der Rechtsprechung sind

1. das Hamburgische Verfassungsgericht;
2. das Hanseatische Oberlandesgericht und das Landgericht Hamburg (jeweils mit Staatsanwaltschaft) sowie das Amtsgericht Hamburg mit fünf angeschlossenen Amtsgerichten;
3. das Hamburgische Oberverwaltungsgericht und das Verwaltungsgericht Hamburg;
4. das Finanzgericht Hamburg;
5. das Landesarbeitsgericht Hamburg und das Arbeitsgericht Hamburg;
6. das Landessozialgericht Hamburg und das Sozialgericht Hamburg;
7. der Disziplinarhof Hamburg und das Disziplinargericht Hamburg;
8. der Hamburgische Berufsgerichtshof und das Hamburgische Berufsgericht für die Heilberufe.

135. Hessen

Das Land Hessen wurde durch die Proklam. Nr. 2 der am. MilReg. vom 19. 9. 1945 gebildet. Es entstand aus dem ehem. Volksstaat Hessen mit Ausnahme der linksrhein. Gebiete und den ehem. preuß. Provinzen Kurhessen und Nassau mit Ausnahme der Landkreise Oberwesterwald, Unterwesterwald, Unterlahn und St. Goarshausen. Das Land umfaßt 21114 qkm (Stand: 1. 1. 1989) und rd. 6,01 Mio. Einwohner. Hauptstadt ist Wiesbaden.

Die Verfassung datiert vom 1. 12. 1946 (GVBl. 229) m. Änd. vom 22. 7. 1950 (GVBl. 131), vom 23. 3. 1970 (GVBl. I 281) und vom 20. 3. 1991 (GVBl. I 131).

I. Der *Hessische Landtag* hat seinen Sitz in Wiesbaden. Er ist die parlamentarische Körperschaft des Landes.

Landtagswahlges. i. d. F. vom 19. 2. 1990 (GVBl. I 58). Ges. über die Rechtsverhältnisse der Abgeordneten des Hessischen Landtags (HessAbgG) vom 18. 10. 1989 (GVBl. I 261) m. spät. Änd.

Dem Hessischen Landtag gehören derzeit 110 Abgeordnete an. Der Präsident vertritt das Land Hessen für den Bereich des Landtags. Bei der Verwaltung des Landtags wirkt er mit dem Präsidium zusammen. Neben dem Präsidenten gehören dem Präsidium 5 Vizepräsidentinnen und Vizepräsidenten und 1 weiterer Abgeordneter an.

Für die Verwaltung des Landtags bedient sich der Präsident der Landtagskanzlei.

Der Ältestenrat unterstützt den Präsidenten bei der Geschäftsführung im parlamentarischen Bereich. Dem Ältestenrat (z. Z. 21 Mitglieder) gehören neben den Präsidiumsmitgliedern die Schriftführerinnen und Schriftführer und weitere Abgeordnete an.

Außer dem Hauptausschuß und Europaausschuß als ständigem Ausschuß bestehen folgende Fachausschüsse: Haushaltsausschuß, Petitionsausschuß, Innenausschuß, Kulturpolitischer Ausschuß, Rechtsausschuß, Ausschuß für Wirtschaft und Technik, Ausschuß für Landwirtschaft, Forsten und Landesentwicklung, Umweltausschuß, Ausschuß für Wissenschaft und Kunst, Ausschuß für Wohnungswesen und Städteplanung, Ausschuß für Frauen, Arbeit und Sozialordnung, Ausschuß für Jugend, Familie und Gesundheit; ferner ständige Unterausschüsse für verschiedene Bereiche.

Zum Geschäftsbereich des Landtags gehört der Hessische Datenschutzbeauftragte.

II. Die *Hessische Landesregierung* setzt sich zusammen (Änderungen durch Regierungsneubildung April 1995 möglich) aus dem *Ministerpräsidenten* und dem Minister des Innern, dem Minister der Finanzen, der Ministerin der Justiz, dem Kultusminister, der Ministerin für Wissenschaft und Kunst, dem Minister für Wirtschaft, Verkehr, Technologie und Europa, dem Minister für Umwelt, Energie und Bundesangelegenheiten, der Ministerin für Jugend, Familie und Gesundheit, der Ministerin für Frauen, Arbeit und Sozialordnung, dem Minister für Landesentwicklung, Wohnen, Landwirtschaft, Forsten und Naturschutz.

III. *Die Landesbehörden:*

1. Der *Ministerpräsident* bedient sich zur Führung seiner Geschäfte und der laufenden Geschäfte der Landesregierung der Staatskanzlei.

Unmittelbar unterstellt sind das *Statistische Landesamt* und die Landeszentrale für politische Bildung.

2. Das *Hessische Ministerium des Innern und für Landwirtschaft, Forsten und Naturschutz* ist zuständig für die allgemeine und innere Verwaltung des Landes, Grundsatzfragen der allgem. Behördenorganisation, insbes. Verwaltungsreform, Verwaltungsvereinfachung, Recht des öffentlichen Dienstes, Automatisierte Datenverarbeitung, Durchführung der Wehrgesetzgebung, Allgem. und besond. Verwaltungsrecht (im Rahmen der Zuständigkeitsregelung nach Art. 104 Abs. 2 der hess. Verfassung), Wahlen, Recht der politischen Parteien, Presserecht, Staatsangehörigkeits- und Personenstandswesen, Verfassungsschutz, Datenschutz, Öffentliche Sicherheit und Ordnung (soweit Angelegenheiten der Polizei), Kommunalrecht, Kommunalaufsicht, Gemeindefinanzwirtschaft, Finanzprüfungen, Zivilschutz, Brandschutz, Sport.

Dem Minister sind unmittelbar nachgeordnet:

a) die *Regierungspräsidien* in Darmstadt, Gießen und Kassel, denen die Landräte und Oberbürgermeister als Behörden der Landesverwaltung (bezgl. der Hauptabt. Katasteramt s. u. 7) und die Polizeipräsidien als untere Vollzugspolizeibehörden nachgeordnet sind,
b) das *Landesamt für Verfassungsschutz Hessen,*
c) das Hessische *Landeskriminalamt,*
d) die Direktion der Hessischen Bereitschaftspolizei,
e) das Hessische Wasserschutzpolizeiamt,
f) die Hessische Polizeischule,
g) die Fernmeldeleitstelle der Hessischen Polizei,
h) das Hessische Polizeiverwaltungsamt,

i) die *Verwaltungsfachhochschule* in Wiesbaden,
j) die Hessische Landesfeuerwehrschule,
k) die Hessische Zentrale für Datenverarbeitung.

Es ist ferner zuständig für Berufsbildung, Beratung, Hoheitsaufgaben und Förderungsmaßnahmen in der Landwirtschaft, Entwicklung des ländlichen Raumes, Waldwirtschaft, Hoheits- und Dienstleistungsaufgaben der Forstverwaltung, Agrarproduktion, Markt und Ernährung, Natur- und Artenschutz, Landschaftsökologie und -pflege, Raumordnung und Landesplanung, Bauwesen und Städtebau, Wohnungswirtschaft.

Zum Geschäftsbereich gehören: das Hessische Landesamt für Regionalentwicklung und Landwirtschaft mit Ämtern für Regionalentwicklung, Landschaftspflege und Landwirtschaft, die Hessische Landwirtschaftliche Lehr- und Forschungsanstalt Eichhof, die Hessische Landesanstalt für Tierzucht, das Hessische Bildungsseminar für die Agrarverwaltung, das Hessische Landgestüt, die Verwaltung der Staatsweingüter Kloster Eberbach, die Hessische Landesprüfstelle für Baustatik, die Vogelschutzwarte für Hessen, Rheinland-Pfalz und Saarland, die Hessische Landwirtschaftliche Versuchsanstalt, die Milchwirtschaftliche Lehranstalt, die Lehr- und Versuchsanstalten für Gartenbau, die Abteilungen Forsten, Naturschutz, Regionalplanung, die Dezernate Bauaufsicht und staatliches Bauwesen, kommunales Bauwesen, Bauleitplanung, Baurecht sowie Wohnungs- und Siedlungswesen bei den Regierungspräsidien, die Hessischen Forstämter, die Hessische Landesanstalt für Forsteinrichtung, Waldforschung und Waldökologie, die Hessische Staatsdarre in Wolfgang.

3. Das *Hessische Ministerium der Finanzen* ist zuständig für das Haushalts-, Kassen- und Rechnungswesen, die Steuerverwaltung, die allgemeine Staatsvermögensverwaltung, die staatlichen Finanzierungshilfen, die Fondsverwaltung im sozialen Wohnungsbau, die Staatsschuldenverwaltung, den staatlichen Hochbau, die Staatsbäderverwaltung sowie für die allgemeinen Angelegenheiten der Verteidigungslastenverwaltung.

Ihm unterstehen:

a) die *Oberfinanzdirektion* Frankfurt a. M.;
b) die Steuerverwaltung;
c) die Landesfinanzschule Hessen,
d) die Verwaltungsfachhochschule in Rotenburg a. d. Fulda;
e) die Staatsbauverwaltung;
f) die Staatskassen, die Staatshauptkasse, die Staatl. Rechnungsprüfungsämter, das Rechnungsprüfungsamt für die hess. obersten Landesbehörden, die Zentrale Besoldungsstelle Hessen und die Zentrale Vergütungs- und Lohnstelle Hessen;
g) die Landesbeschaffungsstelle Hessen;
h) die Vertreter der Interessen des Ausgleichsfonds in Hessen;
i) die Verteidigungslastenverwaltung;
j) die Hauptverwaltung der Hessischen Staatsbäder, Verwaltung der Burgen und Schlösser;
k) der Landesbetrieb Ferienhotel und der Landesbetrieb Freilichtmuseum Hessenpark;
l) die Hessische Lotterieverwaltung in Wiesbaden.

4. Dem *Hessischen Ministerium der Justiz und für Europaangelegenheiten* obliegen die Aufgaben der Justizverwaltung. Es wirkt mit bei der Landes- und Bundesgesetzgebung. Seine Dienstaufsicht erstreckt sich auf die ordentliche Gerichtsbarkeit, die Verwaltungs- und Finanzgerichtsbarkeit, die Staatsanwaltschaften und den Justizvollzug, die Richterdienstgerichte sowie die Anwaltsgerichte und den Hessischen Anwaltsgerichtshof. Es übt die Staatsaufsicht über die Rechtsanwalts- und Notarkammern aus. Das Justizministerium besteht aus den Abteilungen für Justizverwaltung, für Zivil- und öffentliches Recht, für Strafrecht und Gnadenwesen sowie für Justizvollzug. Dem Ministerium angegliedert ist das Justizprüfungsamt für die Juristischen Staatsprüfungen.

5. Die Aufgaben des *Hessischen Kultusministeriums* erstrecken sich auf das öffentliche und private Schulwesen einschl. Aus- und Fortbildung der Lehrkräfte (Gymnasien, Hessenkollegs, Gesamtschulen, Realschulen, Grundschulen, Hauptschulen, Sonderschulen, Berufs-, Berufsfach- und Fachschulen, Studien- und Fachseminare, wissenschaftliche Prüfungsämter), Erwachsenenbildung, kirchliche Angelegenheiten.

Dem Ministerium unmittelbar unterstellt sind das Institut für Lehrerfortbildung Fuldatal, das Institut für Bildungsplanung und Schulentwicklung in Wiesbaden, die Erwachsenenbildungsstätte Falkenstein, die Landesbildstelle in Frankfurt a. M. und die Landesstelle Hessen für gewerbliche Berufsförderung in Entwicklungsländern in Groß Gerau. Die Aufgaben der Schulaufsicht werden in der Zentralinstanz vom Kultusminister, in der Mittelinstanz von den Regierungspräsidien und in den unteren Instanzen von den Staatl. Schulämtern wahrgenommen.

6. Das *Hessische Ministerium für Wissenschaft und Kunst* ist zuständig für Fragen der Wissenschafts- und Kulturpolitik und damit für die Hochschulen (einschließlich Hochschulbau und angrenzender Gebiete wie Studentenwerke, Studentenschaften, Studienkollegs, Graduierten- und Ausbildungsförderung) sowie für die übrigen wissenschaftlichen Einrichtungen des Landes Hessen und den Wissens- und Technologietransfer. Die Zuständigkeit umfaßt die wissenschaftlichen Bibliotheken, die Staatsarchive, die Museen, die Schlösser und Gärten, die Theater, Denkmalschutz und -pflege, Literatur sowie andere kulturelle Angelegenheiten.

Dem Ministerium unmittelbar nachgeordnet sind die Universitäten (Technischen Hochschule Darmstadt, Johann Wolfgang Goethe-Universität Frankfurt am Main mit Klinikum, Justus Liebig-Universität Gießen mit Klinikum, Gesamthochschule Kassel, Philipps-Universität Marburg mit Klinikum), die Kunsthochschulen (für Musik und Darstellende Kunst in Frankfurt am Main, für Gestaltung in Offenbach am Main), die Fachhochschulen (Darmstadt, Frankfurt am Main, Fulda, Gießen-Friedberg, Wiesbaden), die außeruniversitären Forschungseinrichtungen (Hessisches Landesamt für geschichtliche Landeskunde in Marburg, Forschungsanstalt Geisenheim), die Staatsarchive (Wiesbaden, Darmstadt, Marburg), die Archivschule Marburg, die staatlichen wissenschaftlichen Bibliotheken (Darmstadt, Fulda, Wiesbaden), die staatlichen Museen (Darmstadt, Bad Homburg v. d.H., Kassel, Wiesbaden), die Verwaltung der staatlichen Schlösser und Gärten (Bad Homburg v. d. H.), das Landesamt für Denkmalpflege (Wiesbaden), die Staatstheater (Darmstadt, Kassel, Wiesbaden) sowie die Filmbewertungsstelle (Wiesbaden).

7. Das *Hessische Ministerium für Wirtschaft, Verkehr und Landesentwicklung* ist zuständig für Fragen der Wirtschaftspolitik, der gewerblichen Wirtschaft und sonstigen Wirtschaftsbereiche, der Verkehrspolitik, des Straßenverkehrs, des Straßenausbaus, des Kataster- und Vermessungswesens sowie des Eichwesens.

Zu seinem Geschäftsbereich gehören:

a) das Hessische Landesamt für Straßen- und Verkehrswesen in Wiesbaden mit 15 Ämtern für Straßen- und Verkehrswesen;
b) das Hessische Landesvermessungsamt in Wiesbaden mit 26 Hauptabteilungen Katasteramt der Landräte bzw. Oberbürgermeister (als Behörden der Landesverwaltung);
c) die Staatliche Technische Überwachung Hessen in Darmstadt mit Ämtern in Frankfurt a. M., Darmstadt und Kassel.
d) die Hessische Eichdirektion mit 7 Eichämtern und 1 Eichamt für Glasmeßgeräte
e) die Landeskartellbehörde Hessen (Einhaltung des Kartellgesetzes)

Der Staatsaufsicht unterstehen: die Industrie- und Handelskammern, die Handwerkskammern, die Landesinnungsverbände, die Ingenieurkammer des Landes Hessen, die Frankfurter Wertpapierbörse, die Deutsche Terminbörse, die Frankfurter Getreide- und Produktenbörse, die Kursmaklerkammer Frankfurt am Main, die Nassauische Sparkasse, die Nassauische Brandversicherungsanstalt Wiesbaden, die Hessische Brandversicherungsanstalt Darmstadt, die Wirtschaftsförderung Hessen Investitionsbank AG, die HLT Gesellschaft für Forschung, Planung, Entwicklung mbH.

Der Staatsaufsicht unterstehen gemeinsam mit dem Thüringer Ministerium für Wirtschaft und Infrastruktur:
der Sparkassen- und Giroverband Hessen-Thüringen, die Landesbank Hessen-Thüringen – Girozentrale, die Hessisch-Thüringische Brandversicherungsanstalt Kassel-Erfurt, die Öffentliche Lebensversicherungsanstalt Hessen-Nassau-Thüringen – Sparkassenversicherung und die Öffentliche Versicherungsanstalt Hessen-Nassau-Thüringen – Sparkassenversicherung –.

8. Das *Hessische Ministerium für Umwelt, Energie, Jugend, Familie und Gesundheit* ist zuständig für Umweltpolitik, Umweltplanung, Umweltverträglichkeit, Immissionsschutz, Gewerbeaufsicht, Wasserwirtschaft, Abfallwirtschaft, Atomaufsicht, Strahlenschutz, Energie, Altlasten, Boden, Bergbau, Familie, Jugend und Gesundheit.

Zum Geschäftsbereich gehören:

a) das Hessische Oberbergamt in Wiesbaden mit drei Bergämtern;
b) Dezernate Abfall, Wasser, Gewerbeaufsicht – Immissions- und Strahlenschutz – als Teile der Regierungspräsidien in Darmstadt, Gießen und Kassel mit acht Wasserwirtschaftsämtern; fünf staatliche Ämter für Immissions- und Strahlenschutz;

c) das Hessische Landesamt für Bodenforschung in Wiesbaden;
d) die Hessische Landesanstalt für Umwelt in Wiesbaden mit Außenstellen in Darmstadt und Kassel.

Die Zuständigkeiten im Bereich Jugend, Familie und Gesundheit erstrecken sich im wesentlichen auf folgende Bereiche:

Familien und Frauen: Förderung von Frauenbildungs- und Familienprojekten, Mütterzentren sowie Zusammenarbeit mit Frauenorganisationen, Förderung von Kinderbetreuung und Kindertagesstätten; Jugendsozialarbeit; Jugendbildung und -erholung; Erziehungsberatung; Altenhilfe, Pflege im Gesundheits- und Sozialwesen, Freie Wohlfahrtspflege; Belange des öffentlichen Gesundheits- und Arzneimittelwesens; Unterbringung und Betreuung ausländischer Flüchtlinge, Bürgerkriegsflüchtlinge, Aussiedler und Aussiedlerinnen, jüdischer Emigranten, ehemaliger politischer Häftlinge sowie Angelegenheiten des Vertriebenenrechts und Lastenausgleich; Wiedergutmachung nationalsozialistischen Unrechts außerhalb der Strafrechtspflege, Maßnahmen zur Unterstützung von NS-Opfern; Lebensmittelüberwachung; Tierschutz und Veterinärwesen.

Zum Geschäftsbereich gehören u. a.: Landesjugendamt Hessen, Hessisches Landesprüfungsamt für Heilberufe, Staatliche Ämter für Lebensmittelüberwachung, Tierschutz und Veterinärwesen, Jugendbildungsstätten des Landes Hessen, Hessisches Fortbildungswerk für soziale Fachkräfte, Hessische Tierseuchenkasse, Staatliche Medizinal-, Lebensmittel- und Veterinäruntersuchungsämter, Hessische Erstaufnahmeeinrichtungen des Landes Hessen für Flüchtlinge, Hessische Übergangswohnheime für Aussiedler und Aussiedlerinnen sowie Heimaufsicht, Erziehungsgeld, Mobile Dienste und Pflegesatzfestsetzung als Teil des Hessischen Landesamtes für Versorgung und Soziales.

Der Staatsaufsicht unterstehen: Landesärztekammer Hessen, Landeszahnärztekammer Hessen, Landesapothekenkammer Hessen, Landestierärztekammer Hessen.

Der Staatsaufsicht unterstehen: Landesärztekammer Hessen, Landeszahnärztekammer Hessen, Landesapothekerkammer Hessen, Landestierärztekammer Hessen.

9. *Die Hessische Ministerin für Frauen, Arbeit und Sozialordnung*

ist zuständig für Frauenpolitik, Arbeitspolitik, Arbeitsmarkt, Sicherheitstechnik, Betrieblicher Gesundheitsschutz und Sozialordnung.

Unmittelbar nachgeordnet:

Hess. Landesamt für Versorgung und Soziales mit den Hess. Ämtern für Versorgung und Soziales, Orthop. Versorgungsstellen, Versorgungsärztl. Untersuchungsstellen, Versorgungskuranstalt, Hessisches Landesprüfungsamt für Krankenversicherung, Hessisches Landesprüfungsamt für Heilberufe, Zentralstelle für Arbeitsschutz bei der Hessischen Landesanstalt für Umwelt, Leitende Gewerbeaufsichtsbeamte in Angelegenheiten des Arbeitsschutzes, Landesarbeitsgericht und Arbeitsgerichte, Landessozialgericht und Sozialgerichte.

Staatsaufsicht:

Landesversicherungsanstalt Hessen, Hessischer Gemeindeunfallversicherungsverband, Land- und Forstwirtschaftliche Berufsgenossenschaft Darmstadt, Landwirtschaftliche Alterskasse Darmstadt, Landwirtschaftliche Krankenkasse Darmstadt, AOK-Landesverband Hessen, Landesverband der Betriebskrankenkassen in Hessen, IKK-Landesverband Hessen, Krankenkasse Eintracht (Ersatzkasse) in Heusenstamm, Medizinischer Dienst der Krankenversicherung in Hessen, Kassenärztliche Vereinigung Hessen, Kassenzahnärztliche Vereinigung Hessen, Berufsständische Versorgungseinrichtungen der Heilberufskammern, Hessische Ausführungsbehörde für Unfallversicherung, Eigenunfallversicherung der Stadt Frankfurt am Main, Landeswohlfahrtsverband Hessen als Hauptfürsorgestelle.

Fachaufsicht:

Öffentlich-rechtliche Zusatzversorgungskassen, Landeswohlfahrtsverband Hessen auf den Gebieten der Volkswohlfahrt, Gewerbeaufsicht im Bereich Arbeitsschutz, Zentralstelle für Arbeitsschutz bei der Hessischen Landesanstalt für Umwelt, Hauptabteilung Dampf- und Drucktechnik sowie Elektro- und Fördertechnik der Technischen Überwachung Hessen, Fachkräfte für Arbeitssicherheit und Betriebsärzte in der Landesverwaltung.

IV. Der *Hess. Rechnungshof* befindet sich in Darmstadt.

V. *Organe der Rechtsprechung* sind

a) der *Staatsgerichtshof* des Landes Hessen in Wiesbaden;
b) das *Oberlandesgericht Frankfurt a.M.* mit fünf Zivilsenaten in Darmstadt und fünf Zivilsenaten in Kassel sowie *Land-* und *Amtsgerichte* (mit staatsanwaltschaftlichen Behörden);
c) der *Hess. Verwaltungsgerichtshof* in Kassel und *Verwaltungsgerichte* in Darmstadt, Frankfurt, Gießen, Kassel und Wiesbaden;
d) das *Hess. Finanzgericht* in Kassel;
e) das *Hess. Landesarbeitsgericht* in Frankfurt a. M. als Rechtsmittelinstanz gegen Entscheidungen der *Arbeitsgerichte;*
f) das *Hess. Landessozialgericht* in Darmstadt als Rechtsmittelinstanz gegen Entscheidungen der *Sozialgerichte;*
g) als Disziplinargerichte der *Disziplinarhof* beim Hess. Verwaltungsgerichtshof und Disziplinarkammern bei den Verwaltungsgerichten.
h) der *Hess. Dienstgerichtshof* für Richter bei dem Oberlandesgericht Frankfurt a. M. und das *Hess. Dienstgericht* für Richter bei dem Landgericht Frankfurt a. M.;
i) der *Hess. Anwaltsgerichtshof* und die Anwaltsgerichte.

135a. Mecklenburg-Vorpommern

hat rd. 1,8 Mio Einwohner und eine Fläche von 23900 qkm. Die Landeshauptstadt ist Schwerin. In den Landesfarben und im Landeswappen (Blau-Weiß-Gelb-Rot und dem Symbol des zweifachen Stierkopfes sowie ein roter Greif und ein roter Adler) sind Mecklenburg und Vorpommern in gleicher Weise repräsentiert. Die Landwirtschaft ist der vorherrschende Erwerbszweig. Nach dem 2. Weltkrieg erging die Verfassung vom 16. 1. 1947.

Die Verfassung Mecklenburg-Vorpommerns datiert vom 23. 5. 1993 (GVBl. 372).

Der Aufbau der Landesverwaltung ist abgeschlossen. In Mecklenburg-Vorpommern wurden die Geschäftsbereiche der Ministerien wie folgt festgelegt:

A. Geschäftsbereich des Ministerpräsidenten – Staatskanzlei – (StK)

1. Allgemeine Abteilung
2. Abteilung Landespolitik
3. Abteilung Presse- und Öffentlichkeitsarbeit

Der Ministerpräsident nimmt die Pflege der Auswärtigen Beziehungen wahr. Dem Ministerpräsidenten ist die Bevollmächtigte des Landes Mecklenburg-Vorpommern beim Bund mit der Landesvertretung zugeordnet.

Weiterhin sind dem Ministerpräsidenten die Frauen- und Gleichstellungsbeauftragte der Landesregierung und der Ausländerbeauftragte der Landesregierung zugeordnet.

B. Geschäftsbereich des Innenministeriums (IM)

1. Allgemeine Abteilung
2. Abteilung Recht, Gesetzgebung und Öffentliches Dienstrecht
3. Abteilung Kommunalangelegenheiten
4. Abteilung Polizei
5. Abteilung Verfassungsschutz
6. Abteilung Reaktorsicherheit und Strahlenschutz
7. Abteilung Kataster- und Vermessungswesen, Feuerwehren und Katastrophenschutz
8. Abteilung Ausländer, Aussiedler und Asylbewerber

C. Geschäftsbereich des Justizministeriums (JM)

1. Allgemeine Abteilung
2. Abteilung Rechtspflege und Europarecht
3. Abteilung Recht
4. Abteilung Justizvollzug und Gnadenwesen

Der Abteilung Rechtspflege und Europarecht ist das Landesjustizprüfungsamt als gesonderte Einrichtung zugeordnet.

D. Geschäftsbereich des Finanzministeriums (FM)

1. Allgemeine Abteilung
2. Abteilung Haushalt und Finanzwirtschaft
3. Abteilung Steuern
4. Abteilung Staatsvermögen und -schulden
5. Abteilung Staatshochbau

E. Geschäftsbereich des Ministeriums für Wirtschaft und Angelegenheiten der Europäischen Union (WM)

1. Allgemeine Abteilung, Technologiepolitik, Absatzförderung
2. Abteilung Wirtschaftsförderung
3. Abteilung Beschäftigungs- und Mittelstandspolitik
4. Abteilung Industriepolitik
5. Abteilung Allgemeine Wirtschaftspolitik
6. Abteilung Verkehrswesen und Straßenbau
7. Abteilung Angelegenheiten der Europäischen Union und Tourismus

Dem Ministerium für Wirtschaft und Angelegenheiten der Europäischen Union ist das Informationsbüro des Landes Mecklenburg-Vorpommern bei der Europäischen Union in Brüssel zugeordnet.

F. Geschäftsbereich des Ministeriums für Landwirtschaft und Naturschutz (LM)

1. Allgemeine Abteilung
2. Abteilung Forstwirtschaft
3. Abteilung Agrarstruktur
4. Abteilung Landwirtschaft, Veterinärwesen und Lebensmittelüberwachung, nachwachsende Rohstoffe
5. Abteilung Ernährungswirtschaft und Fischerei
6. Abteilung Naturschutz und Landschaftspflege

G. Geschäftsbereich des Kultusministeriums (KM)

1. Allgemeine Abteilung
2. Abteilung Schulen
3. Abteilung Wissenschaft und Forschung
4. Abteilung Kultur
5. Abteilung für Jugend und Sport

H. Geschäftsbereich des Ministeriums für Bau, Landesentwicklung und Umwelt (BM)

1. Allgemeine Abteilung
2. Abteilung Bauleitplanung und Bauwesen
3. Abteilung Wohnungswesen und Städtebauförderung
4. Abteilung Raumordnung und Landesplanung
5. Abteilung Immissionsschutz
6. Abteilung Gewässerschutz und Wasserwirtschaft
7. Abteilung Abfallwirtschaft und Altlasten

Die Dienstaufsicht über die Mitarbeiter des Landesamtes für Umwelt und Natur und die Staatlichen Ämter für Umwelt und Natur übt der Minister für Bau, Landesentwicklung und Umwelt aus.

I. Geschäftsbereich des Sozialministeriums (SM)

1. Allgemeine Abteilung
2. Abteilung Arbeit
3. Abteilung Gesundheit
4. Abteilung Soziales
5. Abteilung Frauen und Familie
6. Abteilung Arbeitsschutz und technische Sicherheit – Gewerbeaufsicht

136. Niedersachsen

Das Land Niedersachsen wurde 1946 aus den bisherigen Ländern Oldenburg, Braunschweig und *Schaumburg-Lippe* sowie aus der früheren preußischen Provinz *Hannover* gebildet (vgl. 19). Es umfaßt 47363,59 qkm mit 7,6 Mio. Einwohnern. Landeshauptstadt ist Hannover. Die Verfassung Niedersachsens datiert vom 19. 5. 1993 (GVBl. 107).

I. *Der Landtag* besteht aus mindestens 155 Abgeordneten. Er wählt den Präsidenten, 4 Vizepräsidenten und 10 Schriftführer (Präsidium). Er bildet einen Ältestenrat, ständige Ausschüsse, Sonderausschüsse und Ausschüsse eigener Art im Rahmen der Verfassung und der Geschäftsordnung.

Das Niedersächsische Landeswahlgesetz i. d. F. vom 28. 10. 1988 (GVBl. S. 173), zuletzt geänd. durch Ges. vom 26. 5. 1993 (GVBl. S. 119) und die

Niedersächsische Landeswahlordnung vom 29. 3. 1989 (GVBl. S. 109), geändert durch Verordnung vom 23. 9. 1993 (GVBl. S. 430), regeln das Verfahren für die Landtagswahl. Für die Gemeinde- und Kreiswahlen gelten das Niedersächsische Kommunalwahlgesetz i. d. F. vom 28. 10. 1988 (GVBl. S. 189), geänd. durch Art. 10 des Ges. vom 22. 3. 1990 (GVBl. S. 101), und die Niedersächsische Kommunalwahlordnung vom 1. 2. 1991 (GVBl. S. 47).

II. Die *Landesregierung* besteht aus dem *Ministerpräsidenten* und 10 Ministern und Ministerinnen.

III. *Die Landesbehörden:*

1. Die *Niedersächsische Staatskanzlei* ist Behörde des *Ministerpräsidenten* mit Sitz in Hannover.

Hier ist der Bevollmächtigte des Landes beim Bund angegliedert, der die Interessen des Landes Niedersachsen gegenüber dem Bund vertritt. Durch die Landesvertretung in Bonn nimmt er über den Bundesrat und andere gemeinsame Gremien von Bund und Ländern Einfluß auf Gesetzgebung und Verwaltung des Bundes. Ihm obliegt ferner die Pflege der Beziehungen zwischen Landesregierung und Bundesregierung und die Öffentlichkeitsarbeit des Landes in der Bundeshauptstadt.

Außerdem ist die Staatskanzlei für die internationale Zusammenarbeit und die Zusammenarbeit mit den Entwicklungsländern zuständig.
Dort befindet sich auch die *Presse- und Informationsstelle* der Landesregierung.
Zum Geschäftsbereich der Staatskanzlei gehört die *Staatsarchivverwaltung*.

2. Das *Niedersächsische Innenministerium* verfügt über eine Allgemeine Abteilung, eine Abt. für öffentliche Sicherheit und Ordnung, eine Abt. für Kommunalangelegenheiten, eine Abt. für Spätaussiedler, Ausländer, Lastenausgleich und eine Verwaltungsabteilung sowie über eine Abt. für raumbezogene Aufgaben, Statistik und Zentrale Stelle für Organisationsangelegenheiten.

Zum *Geschäftsbereich* gehören:
das Niedersächsische *Landesverwaltungsamt,*
das Niedersächsische Landesamt für Statistik,
das Niedersächsische Landesamt für Verfassungsschutz,
die Niedersächsische *Fachhochschule* für Verwaltung und Rechtspflege,
das Studieninstitut der allgemeinen Verwaltung,
das Landeskriminalamt Niedersachsen,
die Landespolizeischulde Niedersachsen,
die Landesbereitschaftspolizei Niedersachsen,
die Polizeiausbildungsstelle für Technik und Verkehr Niedersachsen und die Polizeibeschaffungsstelle Niedersachsen,
die Niedersächsischen *Landesfeuerwehrschulen,*
die Katastrophenschutzschule Niedersachsen,
die *Bezirksregierungen* Braunschweig, Hannover, Lüneburg und Weser-Ems in Oldenburg mit Außenstellen in Aurich und Osnabrück. Diesen unterstellte Behörden sind Katasterämter, Polizeidienststellen, Ämter für Agrarstruktur, Domänenämter, Forstämter, Gewerbeaufsichtsämter, Schulaufsichtsämter, Staatli-

che Ämter für Wasser und Abfall, Medizinaluntersuchungsämter, Veterinäruntersuchungsämter, Hafenämter, Fischereiamt, Staatliche Moorverwaltung und Bauamt für Küstenschutz, Chemische Untersuchungsämter.

3. Das *Niedersächsische Finanzministerium* steht an der Spitze der Landesfinanzverwaltung und der Staatshochbauverwaltung. Das Ministerium ist zuständig für den Landeshaushalt, das Landesvermögen, das Steuerwesen, das finanzielle öffentl. Dienstrecht sowie den staatlichen Hochbau. Eingegliedert sind die Niedersächsische *Landeshauptkasse* und die *Vorprüfungsstelle* der obersten Landesbehörden.

Zum Geschäftsbereich gehört die *Oberfinanzdirektion* Hannover mit den Finanzämtern, den Finanzämtern für Großbetriebsprüfung, den Finanzämtern für Fahndung und Strafsachen sowie der Landesfinanzschule in Bad Eilsen und der Fachbereich Steuerverwaltung der Niedersächsischen Fachhochschule für Verwaltung und Rechtspflege in Rinteln/Weser sowie 29 Staatshochbauämter.

4. Das *Niedersächsische Sozialministerium* ist zuständig für Sozialhilfe, Wohlfahrtspflege, Rehabilitation, Sozialversicherung, Kriegsopferversorgung, Kriegsopferfürsorge, Arbeit, Arbeitsschutz, Arbeitsgerichtsbarkeit, Bau- und Bodenrecht, Städtebau, Wohnungswesen, Bauaufsicht und Gesundheit.

Zu seinem Geschäftsbereich gehören:

a) die Gerichte der Arbeitsgerichtsbarkeit,
b) die Verwaltung der Kriegsopferversorgung,
c) das Landesamt für Zentrale Soziale Aufgaben (Landesversorgungsamt/Landessozialamt) mit Landeseigenen Krankenhäusern und Landesbildungszentren für Hörgeschädigte und für Blinde,
d) die Medizinaluntersuchungsämter.

5. Das *Niedersächsische Kultusministerium* ist zuständig für das Schulwesen und die außerschulische Berufsausbildung, Lehrerausbildung, Lehrerweiterbildung und Lehrerfortbildung sowie Jugendhilfe und Kirchen.

Der Geschäftsbereich umfaßt die Schulbehörden sowie die allgemeinbildenden und berufsbildenden Schulen, das Niedersächsische Landesprüfungsamt für Lehrämter, das Nieders. Landesinstitut für Lehrerfortbildung, Lehrerweiterbildung und Unterrichtsforschung, die Ausbildungs- und Studienseminare, die Lehrerfortbildungsheime, das Dezernat „Landesmedienstelle" des Niedersächsischen Landesverwaltungsamtes, Niedersächsisches Landesjugendamt.

6. Das *Niedersächsische Ministerium für Wirtschaft, Technologie und Verkehr* ist zuständig für Wirtschafts- und Technologiepolitik, Energie und Umwelt, Wirtschaftsordnung, Berg- und Eichverwaltung, amtliche Materialprüfung, Bodenforschung, Verkehrspolitik, Straßenbau, Häfen, Mittelstand, Tourismus und Außenwirtschaft.

Zum Geschäftsbereich des Ministeriums gehören:
die Bergverwaltung,
die Eichverwaltung,
die amtliche Materialprüfung,

das Landesamt für Bodenforschung,
die Straßenbauverwaltung,
die Häfen- und Schiffahrtsverwaltung,
der Flughafenkontrolldienst.

7. Das *Niedersächsische Ministerium für Ernährung, Landwirtschaft und Forsten* ist zuständig für landwirtschaftliche Erzeugung, Ernährung, Agrarstruktur, ländliche Siedlung, Forst- und Holzwirtschaft, Waldökologie, Veterinärwesen, Tierschutz, Lebensmittelüberwachung, Fischerei, Bodenschutz, Agrarökologie.

Der Geschäftsbereich umfaßt insbes.
die Agrarstrukturverwaltung (mit den Ämtern für Agrarstruktur),
die Domänenverwaltung (mit Domänenämtern Oldenburg, Norden und Stade),
die Moorverwaltung (Staatl. Moorverwaltung Weser-Ems in Meppen),
die Veterinärverwaltung, die Lebensmittelüberwachung (mit Staatl. Veterinäruntersuchungsämtern in Cuxhaven, Hannover und Oldenburg, Staatl. Lebensmitteluntersuchungsämtern in Braunschweig und Oldenburg sowie dem Staatl. Bedarfsgegenständeuntersuchungsamt in Lüneburg),
die Fischereiverwaltung,
das Nieders. Landesinstitut für Bienenkunde,
die Landesforstverwaltung (mit Staatl. Forstämtern, Nieders. Forstplanungsamt, Nieders. Forstlicher Versuchsanstalt, Waldarbeitsschule Münchehof),
die Gestütverwaltung (Nieders. Landgestüt Celle mit Hengstaufzuchtgestüt in Hunnesrück).

8. Dem *Niedersächsischen Ministerium der Justiz und für Europaangelegenheiten* obliegen die Aufgaben der Justizverwaltung und des Europabeauftragten.

Dessen Dienstaufsicht unterstehen die ordentlichen Gerichte (Oberlandesgerichte, Landgerichte, Amtsgerichte), die Generalstaatsanwaltschaften und Staatsanwaltschaften, die Gerichte der allgemeinen Verwaltungsgerichtsbarkeit (*Niedersächsisches Oberverwaltungsgericht* und *Verwaltungsgerichte*) und der Sozialgerichtsbarkeit (Landessozialgericht Niedersachsen und Sozialgerichte), das *Niedersächsische Finanzgericht,* die Justizvollzugsanstalten, die Ehrengerichtsbarkeit für Rechtsanwälte und die Berufsgerichtsbarkeit für Architekten, Ingenieure, Steuerberater und Steuerbevollmächtigte. Es führt die Aufsicht über die Rechtsanwaltskammern und die Notarkammern. Über die Organe der Rechtsprechung s. u. V.

Der Geschäftsbereich umfaßt weiter die Koordinierung der Europapolitik der Landesregierung, die Unterstützung der Landesinteressen bei der EG und die Förderung des Europagedankens. Hierfür ist ein Verbindungsbüro des Landes Niedersachsen in Brüssel eingerichtet.

9. Im *Niedersächsischen Ministerium für Wissenschaft und Kultur* werden Angelegenheiten von Wissenschaft und Forschung, Hochschulen, Ausbildungsförderung, Kunst und Kulturpflege, Denkmalschutz und Denkmalpflege, Weiterbildung, öffentlichen Bibliotheken, einiger vom Lande verwalteter Stiftungen und Fonds bearbeitet.

Der Geschäftsbereich umfaßt die Universitäten Göttingen, Hannover, Hildesheim, Lüneburg, Oldenburg und Osnabrück, Technische Universitäten

Clausthal und Braunschweig, Medizinische Hochschule Hannover, Tierärztliche Hochschule Hannover, die künstlerisch-wissenschaftlichen Hochschulen (Hochschule für Bildende Künste Braunschweig, Hochschule für Musik und Theater Hannover), die Fachhochschulen (Braunschweig/Wolfenbüttel, Hannover, Hildesheim/Holzminden, Nordostniedersachsen, Oldenburg, Osnabrück, Ostfriesland und Wilhelmshaven), selbständige Institute und Stiftungen im Wissenschaftsbereich einschließlich der wissenschaftlichen Akademien und Gesellschaften; ferner Studentenwerke, Landesbibliotheken, Denkmalbehörden, öffentliche Gärten, Landesmuseen, Staatstheater sowie die Ämter für Ausbildungsförderung und die Klosterkammer in Hannover.

10. Das *Niedersächsische Umweltministerium* ist zuständig für die umweltpolitische Gesamtplanung, Ökologie und Umweltvorsorge, Wasser- und Abfallwirtschaft, Gewerbeaufsicht, Kernenergie und Naturschutz.

Der Geschäftsbereich umfaßt insbesondere
- die Wasser- und Abfallwirtschaftsverwaltung (Niedersächsisches Landesamt für Wasser- und Abfall – NLWA –, Staatliche Ämter für Wasser- und Abfall – StAWA –, Staatliches Amt für Insel – und Küstenschutz),
- die Gewerbeaufsichtsverwaltung (mit Niedersächsischem Landesamt für Immissionsschutz, Gewerbeaufsichtsämtern),
- die Naturschutzverwaltung (mit Niedersächsischem Landesverwaltungsamt (NLVwA) Hannover-Dezernat S 2 – Fachbehörde für Naturschutz, Norddeutsche Naturschutzakademie (NNA) Schneverdingen).

11. Das *Niedersächsische Frauenministerium* ist mit allen frauenrelevanten Themen befaßt. Hierzu zählen die Bereiche Frauenförderung im öffentlichen Dienst, Frauen an den Hochschulen, Ausländerinnen, Asylbewerberinnen, Frauen in besonderen Lebenslagen, Gewalt gegen Frauen und Mädchen, Angelegenheiten nach § 218 StGB, Gen- und Reproduktionstechnologien, Frauenkultur, Frauengruppen, -projekte und Selbsthilfegruppen, Lesben und Transsexuelle, Frauen und Gesundheit, Frauen und Medien, Frauen im Beruf, Berufliche Qualifikation, Mädchen in Schule und Ausbildung, Mädchenarbeit, Kinderbetreuung, Kommunale Frauenbeauftragte, Frauenverbände, Wohnungsbau, Stadt- und Verkehrsplanung, Frauen und Familie, Frauen im Alter, Frauen auf dem Lande.

Des weiteren ist das Frauenministerium zuständig für den Kinder- und Jugendschutz, die Familienbildungsstätten und den Unterhaltsvorschuß. Schließlich obliegt ihm auch der Bereich Familienpolitik einschließlich der vom Land Niedersachsen errichteten Stiftung „Familie in Not".

IV. Der *Niedersächsische Landesrechnungshof* befindet sich in Hildesheim.

V. Organe der *Rechtsprechung* sind

1. der *Staatsgerichtshof* in Bückeburg;
2. in der ordentlichen Gerichtsbarkeit die *Oberlandesgerichte* Braunschweig, Celle und Oldenburg, *Landgerichte* und *Amtsgerichte* sowie die Generalstaatsanwaltschaften und Staatsanwaltschaften;
3. das *Landesarbeitsgericht* in Hannover und *Arbeitsgerichte;*

4. in der allgemeinen Verwaltungsgerichtsbarkeit das *Niedersächsische Oberverwaltungsgericht* in Lüneburg und *Verwaltungsgerichte* in Braunschweig, Hannover, Oldenburg und Stade;
5. das *Landessozialgericht Niedersachsen* in Celle und *Sozialgerichte;*
6. das *Niedersächsische Finanzgericht* in Hannover;
7. als Disziplinargerichte der Niedersächsische *Disziplinarhof* in Lüneburg und die *Disziplinarkammern* bei den Verwaltungsgerichten;
8. der Gerichtshof für Heilberufe in Hannover und die Berufsgerichte für Ärzte, Zahnärzte und Apotheker;
9. der Architekten-Berufsgerichtshof Niedersachsen und das Architekten-Berufsgericht Niedersachsen in Hannover;
10. der Berufsgerichtshof der Ingenieurkammer Niedersachsen in Hannover und das Berufsgericht der Ingenieurkammer Niedersachsen in Hannover;
11. der Niedersächsische Anwaltsgerichtshof für Rechtsanwälte in Celle und die Anwaltsgerichte für die Bezirke der Rechtsanwaltskammern.

137. Nordrhein-Westfalen

Das Land Nordrhein-Westfalen (NRW) wurde 1946 von der Brit. Militärregierung durch Vereinigung der 3 nördlichen Regierungsbezirke der preuß. Rheinprovinz (Aachen, Köln, Düsseldorf) mit der preuß. Provinz Westfalen gebildet. 1947 wurde das Land Lippe angeschlossen.

Das Gebiet von NRW umfaßt 34054 qkm mit 17,8 Mio. Einwohnern. Damit ist NRW das volkreichste deutsche Land, während es räumlich an vierter Stelle steht.

NRW hat 5 Regierungsbezirke: Arnsberg, Detmold, Düsseldorf, Köln und Münster.

Die Verfassung datiert vom 28. 6. 1950 (GS.NW. 3) m. spät. Änd.

I. *Der Landtag des Landes NRW* bildet das *Parlament* (eine Kammer). Er tagt in Düsseldorf.

Die Abgeordneten werden vom Volk in allgemeiner, gleicher, unmittelbarer, geheimer und freier Wahl gewählt (Landeswahlges. i. d. F. vom 16. 8. 1993, GV NW 516, und Landeswahlordnung i. d. F. vom 16. 11. 1979, GV.NW. 737 m. spät. Änd.

Das Präsidium des LT besteht aus der *Landtagspräsidentin,* 2 Vizepräsidenten sowie den Schriftführern. Ferner bestehen ein Ältestenrat, ein Ständiger Ausschuß gem. Art. 40 LV sowie 22 Fachausschüsse. Zur Unterstützung seiner Arbeit ist beim Landtag NW eine Verwaltung eingerichtet. Die Verwaltung des Landtags NW ist eine oberste Landesbehörde. Sie untersteht der Präsidentin, wird vom Direktor beim Landtag geleitet und ist in die Abteilungen Parlament, Verwaltung und Presse- und Informationsdienst gegliedert.

II. *Die Landesregierung des Landes NRW* besteht aus dem *Ministerpräsidenten* als Vorsitzenden und 12 *Ministerinnen bzw. Ministern.*

III. *Die Landesverwaltung von NRW:*

1. *Der Ministerpräsident* wird vom Landtag aus seiner Mitte in geheimer Wahl ohne Aussprache mit mehr als der Hälfte der gesetzlichen Mitgliederzahl gewählt.

Ihm steht die *Staats*kanzlei mit den Abteilungen Recht, Verwaltung, Medien; Auswärtige Beziehungen, Entwicklungspolitik, Neue Flüchtlingspolitik, Europapolitik, Bund-Länder-Beziehungen; Regierungsplanung und Ressortkoordination; dem Landespresse- und Informationsamt sowie der Landeszentrale für politische Bildung zur Seite.

Der Ministerpräsident bedient sich zur Durchführung seiner Aufgaben, soweit sie nicht in der Staatskanzlei bearbeitet werden, der Bezirksregierungen und des Wissenschaftszentrums Nordrhein-Westfalen.

2. Das *Innenministerium* ist zuständig für alle Angelegenheiten der inneren Verwaltung des Landes. Es bestehen Abteilungen für Verfassung, Datenschutz, Verwaltung, Ausländer- und Asylangelegenheiten; Öffentlicher Dienst, Katastrophenschutz und Feuerschutz; Kommunale Angelegenheiten, Vermessung; Polizei; Organisation, Haushalt, Informationstechnik, Zivilschutz; Verfassungsschutz.

Dem Innenministerium sind als Landesoberbehörden nachgeordnet:
a) das Landeskriminalamt;
b) das Landesamt für Datenverarbeitung und Statistik;
c) das Landesvermessungsamt.

Als Landesmittelbehörden sind ihm die 5 Bezirksregierungen in Arnsberg, Detmold, Düsseldorf, Köln und Münster sowie folgende Polizei- und sonstige Einrichtungen unterstellt:
a) die Höhere Landespolizeischule „Carl Severing" in Münster;
b) die Direktion der Bereitschaftspolizei in Selm mit 7 Bereitschaftspolizeiabteilungen und der Landespolizeischule für Diensthundführer;
c) die Polizei-Führungsakademie in Münster;
d) die Landeskriminalschule NRW in Neuss;
e) die Zentralen Polizeitechnischen Dienste in Düsseldorf;
f) das Institut für öffentliche Verwaltung, Hilden;
g) die Fachhochschule für öffentliche Verwaltung, Gelsenkirchen;
h) das Landesprüfungsamt für Verwaltungslaufbahnen, Hilden;
i) die Fortbildungsakademie des Innenministeriums des Landes NRW, Attendorn;
k) 2 gemeinsame Gebietsrechenzentren in Hagen und Köln;
l) die Landesfeuerwehrschule in Münster;
m) die Katastrophenschutzschule NRW in Wesel.

Die 5 Bezirksregierungen, die unter der Leitung des Regierungspräsidenten und eines Regierungsvizepräsidenten stehen, sind nach einem einheitlichen Mustergeschäftsverteilungsplan in 6 Abteilungen und diese in Dezernate gegliedert. Ihnen sind nachgeordnet
a) die Kreispolizeibehörden (KPB) (Polizeipräsidenten, Oberkreisdirektoren als KPB);
b) Staatliche Umweltämter und Staatl. Ämter für Arbeitsschutz;
c) Oberkreisdirektoren als untere staatl. Verwaltungsbehörde;
d) Seemannsämter;
e) Staatliche Bauämter;
f) Schulämter.

3. Das *Finanzministerium* ist zuständig für allgemeine Finanzfragen, für das Haushalts-, Kassen- und Rechnungswesen und für den Finanzausgleich mit dem Bund und den anderen Ländern. Zusammen mit

dem Innenministerium ist es als oberste Landesbehörde zuständig für die Angelegenheiten der Kommunalfinanzen einschließlich des kommunalen Finanzausgleichs.

Ferner ist das Finanzministerium zuständig für die Vermögens- und Schuldenverwaltung des Landes, das Wertpapierwesen der öffentlichen Hand, das Versicherungswesen sowie für Sparkassen und Sparkassenverbände. Zu seinem Geschäftsbereich gehören auch die Verteidigungslastenverwaltung und die Lastenausgleichsverwaltung. Auf dem Gebiet des Besoldungs-, Versorgungs- und Tarifrechts des öffentlichen Dienstes ist das Finanzministerium für Gesetzgebung und Grundsatzfragen zuständig.

Für die Steuerverwaltung ist das Finanzministerium oberste Landesbehörde. Als solche führt es die Dienst- und Fachaufsicht über die Besitz- und Verkehrsteuerabteilungen der *Oberfinanzdirektionen* Düsseldorf, Köln und Münster sowie über die *Finanzämter*. Über die Steuerberaterkammern übt es die Staatsaufsicht aus.

Dem Ministerium unterstehen unmittelbar: die Fachhochschule für Finanzen in Nordkirchen (Kr. Coesfeld), die Landesfinanzschule in Haan, die Fortbildungsakademie der Finanzverwaltung in Bonn-Bad Godesberg, das Rechenzentrum der Finanzverwaltung und das Landesamt für Besoldung und Versorgung in Düsseldorf.

4. Dem *Justizministerium* obliegen die Aufgaben der obersten Landesjustizbehörde. Sie werden in vier Abteilungen bearbeitet (Justizverwaltungsangelegenheiten; Öffentliches Recht, Privatrecht, Justizforschung, Rechtspolitik, Rechtsinformation und Fortbildung; Strafrechtspflege; Strafvollzug). Dem Ministerium ist das Landesjustizprüfungsamt angegliedert.

Dem Justizminister steht die Dienstaufsicht über die ordentlichen Gerichte, die Verwaltungsgerichte und die Finanzgerichte, die Staatsanwaltschaften und den Justizvollzug zu. Als Einrichtungen unterstehen ihm die Fachhochschule für Rechtspflege NRW in Bad Münstereifel, die Justizvollzugsschule NRW in Wuppertal, die Justizakademie NRW in Recklinghausen, die Justizausbildungs- und Fortbildungsstätte in Monschau und die Justizausbildungsstätte Brakel.

5. *Das Ministerium für Schule und Weiterbildung* ist für die Durchführung der kulturellen Aufgaben des Landes verantwortlich. Hierzu gehören:

das allgemeinbildende und berufliche Schulwesen,
der Schul- und Vereinssport,
Einrichtungen der Lehrerausbildung und -fortbildung,
die Weiterbildung, das Bücherei- und Bibliothekswesen, das Archivwesen,
die bildende Kunst, die Musik, das Schrifttum und das Theater- und Filmwesen,
die Angelegenheiten der Kirchen und Religionsgemeinschaften.

Der Minister bedient sich zur Durchführung seiner Aufgaben, soweit sie nicht im Ministerium selbst bearbeitet werden, der ihm nachgeordneten Dienststellen und der Bezirksregierungen, die obere Schulaufsichtsbehörden für alle Schulen mit Ausnahme der bergmännischen berufsbildenden Schulen sind.

6. Das *Ministerium für Wissenschaft und Forschung* ist zuständig für die Universitäten

(Technische Hochschule Aachen, Universität Bielefeld, Universität Bochum, Universität Bonn, Universität Dortmund, Universität Düsseldorf, Universität – Gesamthochschule Duisburg, Universität – Gesamthochschule Essen, Fernuniversität – Gesamthochschule in Hagen, Universität Köln, Deutsche Sporthochschule Köln, Universität Münster, Universität – Gesamthochschule Paderborn, Universität – Gesamthochschule Siegen und Universität – Gesamthochschule Wuppertal);

Fachhochschulen

(Aachen, Bielefeld, Bochum, Dortmund, Düsseldorf, Gelsenkirchen, Köln, Lippe in Lemgo, Märkische Fachhochschule in Iserlohn, Münster, Niederrhein in Krefeld, Rhein-Sieg in Sankt Augustin und Rheinbach, und Bibliotheks- und Dokumentationswesen in Köln);

Kunsthochschulen

(Hochschule für Musik Detmold, Kunstakademie Düsseldorf, Robert-Schumann-Hochschule Düsseldorf, Folkwang-Hochschule Essen, Hochschule für Musik Köln, Kunstakademie Münster; Kunsthochschule für Medien, Köln);

folgende Einrichtungen:

die Sozialakademie in Dortmund, das Zoologische Forschungsinstitut und Museum A. Koenig in Bonn, das Landesspracheninstitut Nordrhein-Westfalen in Bochum, die Zentralstelle für die Vergabe von Studienplätzen (ZVS) in Dortmund, das Landesinstitut Sozialforschungsstelle in Dortmund, das Hochschulbibliothekszentrum in Köln und die Deutsche Zentralbibliothek für Medizin in Köln, die Zentralbibliothek für Landbauwissenschaft, das Kulturwissenschaftliche Institut in Essen;

Pflege der Wissenschaft und Forschung an Hochschulen und an sonstigen regionalen und überregionalen wissenschaftlichen Institutionen.

Kirchliche Hochschulen: Kirchliche Hochschule Bethel, Theologische Fakultät Paderborn, Kirchliche Hochschule Wuppertal, Philosophisch-Theologische Hochschule SVD St. Augustin, Philosophisch-Theologische Hochschule der Redemptoristen in Hennef (Sieg), Philosophisch-Theologische Hochschule der Franziskaner und Kapuziner Münster; Private Hochschulen: Evangelische Fachhochschule Rheinland-Westfalen-Lippe in Bochum, Technische Fachhochschule „Georg Agricola" für Rohstoff, Energie und Umwelt zu Bochum, Katholische Fachhochschule Nordrhein-Westfalen in Köln, Rheinische Fachhochschule Köln, Fachhochschule für das öffentliche Bibliothekswesen Bonn des Borromäusvereins e. V., Universität Witten/Herdecke G.m.b.H.

7. Das *Ministerium für Arbeit, Gesundheit und Soziales* ist für folgende Gebiete zuständig: Landesschlichter, Arbeitsgerichtsbarkeit, Sozialgerichtsbarkeit, Recht der sozialen Sicherheit, Rehabilitation, Recht der

sozialen Entschädigung, Schwerbehinderte, Arbeitsmarkt, Berufliche Bildung, Arbeitsschutz, Strahlenschutz, Sozialwesen, Jugend und Familie, Vertriebene, Flüchtlinge, Aussiedler, Zuwanderer, Heimförderung, Gesundheitswesen.

Zum Geschäftsbereich des Ministeriums gehören u. a.: die *Arbeitsgerichtsbarkeit,* die *Sozialgerichtsbarkeit,* die Versorgungsverwaltung mit dem Landesversorgungsamt NRW und den Versorgungsämtern, die Landesanstalt für Arbeitsschutz, die Staatlichen Ämter für Arbeitsschutz, das *Landesversicherungsamt NRW,* die *Ausführungsbehörde für Unfallversicherung,* die Zentralstelle für den Bergmannversorgungsschein, die Landesstelle für Aussiedler, Zuwanderer und ausländische Flüchtlinge in NRW, das Staatsbad Oeynhausen, das Institut für den öffentlichen Gesundheitsdienst, die Zentralstelle der Länder für Gesundheitsschutz bei Medizinprodukten, das Sozialpädagogische Institut für Kleinkind- und außerschulische Erziehung des Landes NRW, das Wissenschaftszentrum – Institut Arbeit und Technik.

Der Rechtsaufsicht des Ministeriums unterstehen u. a. die Akademie für öffentliches Gesundheitswesen, die Landesverbände der gesetzlichen Krankenkassen, die Kassenärztlichen und Kassenzahnärztlichen Vereinigungen und die Medizinischen Dienste der Krankenversicherung. Das Landesversicherungsamt NRW führt die Rechtsaufsicht über alle landesunmittelbaren Sozialversicherungsträger mit Ausnahme der Krankenkassen, die der Rechtsaufsicht der Versicherungsämter der Kreise und kreisfreien Städte unterliegen.

8. Das *Ministerium für Wirtschaft, Mittelstand, Technologie und Verkehr* ist zuständig für allgemeine Wirtschaftsfragen, insbesondere Strukturfragen, Mittelstand, Preise und Kartelle, für Grundsatzfragen der Technologiepolitik, Koordinierung der Technologieförderung, Entwicklung neuer Technologien, Aufgaben- und Finanzplanung der Großforschungseinrichtungen zusammen mit dem Ministerium für Wissenschaft und Forschung, für Industrie, Handel, Handwerk, Qualifizierung, Berufsbildung, Außenwirtschaft, Bergbau und Geologie, Energiewirtschaft, Energietechnik, Sicherheit in der Kerntechnik, rationelle Energieverwendung, Eichwesen und Materialprüfung, für sonstige Einzelfragen der Wirtschaft, soweit sie nicht anderen Ministerien zugewiesen sind, die Staatsaufsicht über die Landesbank sowie für Post- und Fernmeldewesen.

Seiner Dienst- und Fachaufsicht unterstehen:
das Landesoberbergamt NRW in Dortmund und 6 Bergämter,
die Landeseichdirektion NRW in Köln und 12 Eichämter,
das Geologische Landesamt NRW in Krefeld,
das Materialprüfungsamt NRW in Dortmund.

9. Das *Ministerium für Bundes- und Europaangelegenheiten* vertritt die Interessen des Landes in Bonn, Berlin und Brüssel; es hat seinen Sitz in Bonn.

10. Das *Ministerium für Umwelt, Raumordnung und Landwirtschaft* ist zuständig für: Allgemeine Belange des Umweltschutzes, Immissionsschutz, Raumordnung und Landesplanung, Agrarwirtschaft, Fische-

rei, ländliches Planungs- und Bauwesen, Bodennutzungsschutz, Lebensmittelüberwachung, Veterinärwesen, Gewässerschutz, Wasserwirtschaft, Bodenschutz, Abfallwirtschaft, Agrarordnung, Forst- und Holzwirtschaft, Waldökologie, Landschaftspflege und Naturschutz, Jagd.

Es bedient sich zur Durchführung seiner Aufgaben der Bezirksregierungen und folgender Behörden und Einrichtungen, die seiner Aufsicht unterstehen:
Landesumweltamt in Essen (LUA)
Landesamt für Ernährungswirtschaft und Jagd in Düsseldorf (LEJ)
Landesanstalt für Ökologie, Bodenordnung und Forsten/Landesamt für Agrarordnung in Recklinghausen (LÖBF/LAfAO)
8 Ämter für Agrarordnung (ÄfAO)
2 Direktoren der Landwirtschaftskammern (LK) – Rheinland in Bonn und Westfalen-Lippe in Münster – als Landesbeauftragte (Höhere Forstbehörde)
31 Geschäftsführer der Kreisstellen der LK'en als Landesbeauftragte im Kreise
20 Staatliche Forstämter
25 Leiter von Forstämtern der Landwirtschaftskammern als Landesbeauftragte
4 Jugendwaldheime
12 Staatliche Umweltämter (StUÄ)
Nordrhein-Westfälisches Landgestüt in Warendorf
Chemisches Landes- und Staatl. Veterinäruntersuchungsamt in Münster (CVUA)
3 Staatliche Veterinäruntersuchungsämter (StVUÄ)
Vet.-MTA-Lehranstalt in Krefeld

11. Das *Ministerium für Stadtentwicklung, Kultur und Sport* ist oberste Landesbehörde für die Gebiete Stadtentwicklung, insbesondere Stadterneuerung im Zusammenhang mit Stadtverkehr, Bauleitplanung; Denkmalschutz und Strukturpolitik, Angelegenheiten der Kultur und des Sports.

Es bedient sich zur Durchführung seiner Aufgaben der Bezirksregierungen, der Landschaftsverbände und folgender, seiner Aufsicht unterliegenden Behörden und Einrichtungen:
a) Institut für Landes- und Stadtentwicklungsforschung des Landes NRW in Dortmund,
b) Verwaltung Schloß Brühl.

12. Das *Ministerium für Bauen und Wohnen* ist oberste Landesbehörde für die Gebiete Bauaufsicht und Bautechnik; Wohnungsbau- und Wohnungswesen, insbesondere Wohnungsbauförderung, Wohnungsrecht, Wohnungswirtschaft; Staatlicher Hochbau.

Es bedient sich zur Durchführung seiner Aufgaben der Bezirksregierungen, Oberfinanzdirektionen und folgender, seiner Aufsicht unterliegenden Behörden, Einrichtungen und Anstalten:
a) 31 Staatliche Bauämter,
b) Landesinstitut für Bauwesen und angewandte Bauschadensforschung, Aachen
c) Wohnungsbauförderungsanstalt Nordrhein-Westfalen – Anstalt der Westdeutschen Landesbank – Girozentrale –, Düsseldorf.

13. Das *Ministerium für die Gleichstellung von Frau und Mann* ist zuständig für die Verwirklichung des verfassungsrechtlichen Gebots der Gleichberechtigung von Frau und Mann in Staat und Gesellschaft, in der Arbeitswelt sowie in Kultur, Wissenschaft, Bildung, Ausbildung sowie für die Förderung von Zufluchtsstätten für mißhandelte Frauen (Frauenhäuser) und Selbsthilfegruppen (Frauenberatungsstellen).

Das Ministerium für die Gleichstellung von Frau und Mann bedient sich zur Durchführung seiner Aufgaben, soweit sie nicht im Ministerium selbst erledigt werden, der Bezirksregierungen und der Landschaftsverbände.

IV. Der *Landesrechnungshof* befindet sich in Düsseldorf.

V. Organe der *Rechtsprechung* sind außer dem *Verfassungsgerichtshof* für das Land NRW in Münster:

1. die *Oberlandesgerichte* Düsseldorf, Hamm und Köln mit den nachgeordneten *Land- und Amtsgerichten* sowie die Generalstaatsanwaltschaften Düsseldorf, Hamm und Köln mit den nachgeordneten Staatsanwaltschaften;
2. das *Oberverwaltungsgericht* in Münster mit den nachgeordneten *Verwaltungsgerichten;*
3. die *Finanzgerichte* Düsseldorf, Köln und Münster;
4. die *Landesarbeitsgerichte* Düsseldorf, Köln und Hamm sowie *Arbeitsgerichte;*
5. das *Landessozialgericht* für das Land NRW in Essen und *Sozialgerichte.*

VI. Als höhere Kommunalverbände bestehen in NRW der *Landschaftsverband Rheinland in* Köln und der *Landschaftsverband Westfalen-Lippe* in Münster sowie der Kommunalverband Ruhrgebiet.

Die Verwaltung der Landschaftsverbände umfaßt gemäß ihren Aufgaben neben einer Hauptverwaltung u. a. Abteilungen für Finanzen und Kommunalwirtschaft, Sozialhilfe, Gesundheitspflege, Jugendwohlfahrt (Landesjugendamt), Straßenbau, Hochbau und *landschaftliche Kulturpflege* sowie die Hauptfürsorgestelle für Aufgaben der Kriegsopferfürsorge und nach dem Schwerbehindertengesetz.

Zur Erfüllung ihrer Aufgaben nach der Landschaftsverbandsordnung unterhalten die Landschaftsverbände Kliniken, Fachkrankenhäuser, Rehabilitationseinrichtungen sowie Heime verschiedenster Art; sie sind Träger von Sonderschulen für Sinnes- und Körperbehinderte. Im Bereich der Jugendhilfe haben die Landesjugendämter die Aufsicht über die öffentliche Erziehung (Freiwillige Erziehungshilfe, Fürsorgeerziehung). Zuständig für die Durchführung sind die kommunalen Jugendämter. Dem Dezernat Straßen- und Verkehrswesen unterstehen die Straßenbauämter und Autobahnämter. Im Rahmen der Kommunalwirtschaft sind die Landschaftsverbände an der Westdeutschen Landesbank Girozentrale sowie an den Provinzial Feuer- und Lebensversicherungsanstalten Rheinprovinz (in Düsseldorf) und Westfalen (in Münster) beteiligt.

Der *Kommunalverband Ruhrgebiet* (bis 1979: *Siedlungsverband Ruhrkohlenbezirk)* in Essen nimmt sich als öffentlich-rechtliche Körperschaft kommunaler Schwerpunktaufgaben an, die für diesen industriellen Ballungsraum von besonderer Bedeutung sind.

Dem Verband gehören 11 kreisfreie Städte und 4 Kreise des rheinisch-westfälischen Industriegebietes an.

Diese am 5. 5. 1920 durch preuß. Gesetz betr. die Verbandsordnung für den Siedlungsverband Ruhrkohlenbezirk geschaffene Körperschaft war die erste deutsche *Raumplanungsbehörde,* welche durch Gesetz ihre Rechtsgrundlage erhielt. Der von ihren Schöpfern, dem späteren Reichskanzler *Dr. Luther* und dem Essener Beigeordneten *Dr. Schmidt,* vorgelegte *Generalsiedlungsplan* verhinderte, daß das überfüllte und schnell wachsende *Ruhrgebiet* zu einem planlos verworrenen Industriegelände absank, in dem jede Gemeinde für sich ohne Rücksicht auf größere Gemeinschaftsaufgaben baute. Zweck des Verbandes ist auch heute noch insbesondere die Sicherung ausreichender Grünflächen. Daneben haben sich in den letzten Jahrzehnten beachtliche Aktivitäten auf dem Gebiet des Freizeitwesens und bei der Abfallbeseitigung entwickelt.

VII. Weiter besteht ein *Landesverband Lippe* in Detmold.

Diesem unterstehen die Badeverwaltungen Bad Meinberg und Bad Salzuflen, das Lippische Landesmuseum und die Lippische Landesbibliothek in Detmold.

138. Rheinland-Pfalz

Rheinland-Pfalz wurde aus ehemaligen Teilen Preußens (Regierungsbezirke Koblenz und Trier, vier Landkreise des Regierungsbezirks Wiesbaden), Hessens (Rheinhessen) und Bayern (Pfalz) durch VO des Oberbefehlshabers der französischen Besatzungszone vom 30. 8. 1946 gebildet.

Es ist 19837 qkm groß und hat eine Wohnbevölkerung von 3,9 Mio. Einwohnern. Landeshauptstadt ist Mainz.

Die in einer Volksabstimmung angenommene Landesverfassung datiert vom 18. 5. 1947 (VOBl. 209).

I. In den *Landtag* werden für eine Legislaturperiode von jeweils 5 Jahren 101 Abgeordnete nach den Grundsätzen einer mit der Mehrheitswahl verbundenen Verhältniswahl gewählt (Landeswahlgesetz i. d. F. v. 20. Dezember 1989, GVBl. 1990 S. 13, zuletzt geändert durch Art. 3 des Gesetzes vom 20. Dezember 1991, GVBl. S. 407).

Der Landtag bildet gemäß § 69 der Geschäftsordnung des Landtags z. Z. 13 ständige Fachausschüsse.

Die Landtagsverwaltung umfaßt drei Abteilungen:

Abt. I Allgemeine Verwaltung
Abt. II Wissenschaftlicher Dienst und Parlamentsdienst
Abt. III Interregionale Zusammenarbeit, Öffentlichkeitsarbeit und Dokumentation

II. Der *Ministerpräsident* und 8 Fachminister bilden die *Landesregierung.*

III. Die *Landesbehörden:*

1a. Die *Staatskanzlei* (Chef der Staatskanzlei) umfaßt 5 Abteilungen:

Abt. 1 Zentralabteilung (Personal, Haushalt, Organisation, Protokoll)
Abt. 2 Kabinettsabteilung (Regierungspolitik/Ressortkoordination
Abt. 3 Raumordnung und Landesplanung
Abt. 4 Grundsatzfragen und Regierungsplanung
Abt. 5 Außenbeziehungen und Medien

Die *Landespressestelle* gibt den täglichen Pressedienst, die Staatszeitung und weitere Publikationen heraus. Zum Geschäftsbereich der Staatskanzlei gehören die Hochschule für Verwaltungswissenschaften in Speyer und die Landeszentrale für politische Bildung und die Beauftragte für Ausländerfragen.

1b. Die *Vertretung des Landes beim Bund* (*Bevollmächtigter* des Landes beim Bund und für Europa) umfaßt 2 Abteilungen:
Abt. 1 Bundesangelegenheiten,
Abt. 2 Europa

2. Das Ministerium für *Wirtschaft, Verkehr, Landwirtschaft und Weinbau* ist zuständig für alle Angelegenheiten der Wirtschaft, des Verkehrs, der Landwirtschaft und des Weinbaus; für Planung, Vorbereitung und Durchführung von Maßnahmen der Wirtschaftspolitik und der Verkehrspolitik; für die Hebung der Wirtschaftskraft und Verbesserung der Infrastruktur des Landes; für die Förderung des rheinland-pfälzischen Weinbaus; für Fragen der Agrarpolitik und die Belange der Landwirtschaft. Es gliedert sich in 10 Abteilungen: Zentralabteilung; Wirtschaftspolitik; Industrie, Außenwirtschaft, Handel, Technologie; Wirtschaftsförderung, Mittelstand, Energie; Weinbau; Landentwicklung, Agrarpolitik und Markt; Landwirtschaft; Verkehr; Straßenbau; Konversion, Marketing für den Wirtschaftsstandort Rheinland-Pfalz, Projektmanagement.

Zum Geschäftsbereich des Ministeriums gehören:
das Geologische Landesamt Mainz,
das Oberbergamt Saarbrücken und das Bergamt Koblenz,
die Eichdirektion Bad Kreuznach mit den Eichämtern Bad Kreuznach, Ludwigshafen, Kaiserslautern, Trier und Koblenz,
das Landesamt für Straßen- und Verkehrswesen Koblenz sowie die Straßenprojektämter Dahn, Trier, Vallendar und die
Straßen- und Verkehrsämter Bad Kreuznach, Kaiserslautern, Worms, Gerolstein,
die Staatlichen Lehr- und Versuchs(Forschungs-)anstalten – Berufsbildende Schulen – Bad Neuenahr-Ahrweiler, Mayen, Bad Kreuznach, Simmern, Montabaur, Altenkirchen, Kaiserslautern, Neustadt, Oppenheim, Alzey, Mainz, Bitburg, Prüm, Trier, Bernkastel-Kues,
die Landesanstalten Emmelshausen, Mainz, Alzey, Oberhausen,
die Tierzuchtanstalten Zweibrücken, Münchweiler, Mayen,
die Landwirtschaftskammer Bad Kreuznach,
die Kulturämter Mayen, Simmern, Westerburg, Kaiserslautern, Neustadt, Worms, Bernkastel-Kues, Prüm, Trier und
die Wiederaufbaukasse der rheinland-pfälzischen Weinbaugebiete Mainz.

3. Das *Ministerium des Innern und für Sport* in Mainz ist für die gesamte innere Verwaltung einschl. Staatsrecht, Kommunalwesen, Polizei, Sport, Vermessungs- und Katasterwesen, Katastrophenschutz und Zi-

vile Verteidigung, Verfassungsschutz sowie Ausländerwesen und Europaangelegenheiten zuständig.

Zum Geschäftsbereich des Ministeriums gehören:

a) die Bezirksregierungen Koblenz, Rheinhessen-Pfalz und Trier (das Ministerium des Innern und für Sport übt die Dienstaufsicht aus, die Fachaufsicht obliegt der Staatskanzlei und den Ministerien entsprechend den Aufgaben ihres Geschäftsbereichs);
b) das Landeskriminalamt in Mainz;
c) das Wasserschutzpolizeiamt in Mainz;
d) die Direktion der Bereitschaftspolizei in Mainz;
e) der Fachbereich Polizei der Fachhochschule für öffentliche Verwaltung in Koblenz;
f) die Landespolizeischule in Koblenz;
g) die Fernmeldeleitstelle der Polizei des Landes in Mainz;
h) das Statistische Landesamt in Bad Ems;
i) die Landesfeuerwehrschule in Koblenz;
j) die Katastrophenschutzschule Rheinland-Pfalz/Saarland in Burg (Mosel);
k) das Landesvermessungsamt in Koblenz;
l) die Fachhochschule für öffentliche Verwaltung in Mayen;
m) die Zentrale Verwaltungsschule in Mayen.

Bei den *Bezirksregierungen* bestehen außer einer Zentralabteilung die Abteilungen I. Allgemeine und Innere Verwaltung, II. Unterricht und Kultus, III. Wirtschaft, Raumordnung und Bauverwaltung, IV. Forstdirektion, V. Landwirtschaft und Umwelt.

Den Bezirksregierungen ist jeweils eine *Regierungshauptkasse* angeschlossen.

Den Bezirksregierungen nachgeordnet sind insbesondere die Kreisverwaltungen, soweit sie untere Behörden der allgemeinen Landesverwaltung sind, Polizeipräsidien, Gesundheitsämter, Chemische Untersuchungsämter, Medizinaluntersuchungsämter, Katasterämter, Ämter für Verteidigungslasten, Forstämter, Staatl. Ämter für Wasser- und Abfallwirtschaft und Kulturämter.

Es bestehen 5 Polizeipräsidien, die sich in eine Kriminaldirektion, eine Verkehrsdirektion sowie in regionale Polizeidirektionen gliedern. Die Vollzugspolizei gliedert sich in Schutzpolizei, Kriminalpolizei, Wasserschutzpolizei und Bereitschaftspolizei.

4. Das *Ministerium der Finanzen* bearbeitet die Finanzfragen im Bereich des öffentlichen Dienstes, Haushalt und Finanzausgleich, Steuerwesen, Lastenausgleich, Wiedergutmachung, Bauwesen, Wohnungs- und Siedlungswesen. Es ist oberste Baubehörde.

Dem Ministerium ist die *Landeshauptkasse angeschlossen*.

Zum Geschäftsbereich des Ministeriums gehören:

a) das Amt für Wiedergutmachung in Saarburg
b) die *Oberfinanzdirektion* Koblenz unter Leitung des Oberfinanzpräsidenten mit der üblichen organisatorischen Einteilung in Abteilungen und Referate für Besitz- und Verkehrssteuern, Landesvermögens- und Bausachen, Oberfinanzkasse. Nachgeordnete Dienststellen sind Finanzämter, Staatsbauämter, die Fachhochschule für Finanzen sowie die Landesfinanzschule Rheinland-Pfalz.

5. Das *Ministerium der Justiz* gliedert sich in 5 Abteilungen: (1) Justizverwaltung; (2) Öffentliches Recht; (3) Zivilrecht; Europarecht; (4) Strafrecht; (5) Strafvollzug;

Das Ministerium ist Verfassungsministerium. Die Organisationseinheit „Landesprüfungsamt für Juristen, Aus- und Fortbildung" ist ihm angegliedert.

Zum Geschäftsbereich gehören die ordentliche Gerichtsbarkeit mit den Behörden der Staatsanwaltschaft, die Verwaltungs-, die Sozial-, die Arbeits- und die Finanzgerichtsbarkeit (Rechtspflegeministerium), die Justizvollzugsanstalten und die *Deutsche Richterakademie* in Trier.

Die *Europäische Rechtsakademie Trier,* eine u. a. durch das Europäische Parlament, den Gerichtshof und die Kommission der Europäischen Gemeinschaften geförderte Stiftung mit Sitz in Trier, wird vom Ministerium der Justiz betreut. Sie hat die Aufgabe, Rechtspraktikern aus den Mitgliedstaaten der Europäischen Gemeinschaften und den anderen Staaten Europas vertiefte Kenntnisse des Gemeinschaftsrechts zu vermitteln und ein Forum für einen Erfahrungsaustausch zu bieten.

6. Das *Ministerium für Arbeit, Soziales und Gesundheit* bearbeitet: Arbeit und Sozialversicherung einschließlich Arbeitsschutz und Arbeitsmedizin, Soziales einschließlich Altenpolitik, Rehabilitation, Kriegsopferangelegenheiten und Vertriebenenwesen sowie Krankenhaus- und Gesundheitswesen.

Dem Ministerium angegliedert ist das Landesprüfungsamt für Studierende der Medizin und der Pharmazie.

Zum Geschäftsbereich gehören:

a) das Landesamt für Jugend und Soziales (Sozialhilfe, Landesjugendamt, Oberversicherungsamt, Hauptfürsorgestelle, sozialpädagogische Fortbildung); nachgeordnet: die Landesnervenkliniken, das Neurologische Landeskrankenhaus, das Landessprachheilzentrum, die Landesschulen für Blinde und Sehbehinderte und für Gehörlose und Schwerhörige sowie das Kinderneurologische Zentrum;
b) das Landesversorgungsamt mit den nachgeordneten Versorgungsämtern und der Versorgungskuranstalt;
c) die Landesausführungsbehörde für Unfallversicherung;
d) die den drei Bezirksregierungen nachgeordneten Gesundheitsämter und die Medizinaluntersuchungsämter
und
e) die der Bezirksregierung Koblenz nachgeordnete Staatliche Lehranstalt für technische Assistenten in der Medizin;
f) die der Bezirksregierung Rheinhessen-Pfalz in Neustadt/Weinstraße nachgeordnete Genetische Beratungsstelle und die Zytologische Untersuchungsstelle und
g) die der Bezirksregierung Trier nachgeordneten Staatlichen Lehranstalten für technische Assistenten in der Medizin und der Pharmazie.

7. Das *Ministerium für Kultur, Jugend, Familie und Frauen* verfügt neben einer Abteilung für die allgemeine Verwaltung sowie für Gesetzgebung und Rechtsangelegenheiten über Fachabteilungen für Allgemeine Kulturpflege (Bildende Kunst, Musik, Literaturpflege, Denkmalpflege, Museen und Kirchen), für Jugend und Familie sowie für Frauen.

258

Zum Geschäftsbereich des Ministeriums für Kultur, Jugend, Familie und Frauen gehören u. a.: Landeshauptarchiv mit Landesarchivverwaltung Koblenz und Landesarchiv Speyer, Landesamt für Denkmalpflege mit Verwaltung der staatlichen Schlösser, Landesmuseum Koblenz, Mainz und Trier, Staatliche Landesfachstelle für Büchereiwesen in Koblenz, Staatliche Büchereistelle in Neustadt/W., Staatsorchester Koblenz und Ludwigshafen.

Zum nachgeordneten Bereich der Abteilung Jugend und Familie gehören Teile des Landesamtes für Jugend und Soziales. Die Abteilung Jugend und Familie hat im wesentlichen folgende Aufgaben und Arbeitsschwerpunkte:

Grundsatzfragen der Familienpolitik und des Familienlastenausgleiches, Bundeserziehungsgeldgesetz, Familienförderungsprogramme, Durchführung des Jugendförderungsgesetzes, Zusammenarbeit und Förderung von Trägern der außerschulischen Jugendbildung, Grundsatzfragen der Jugendpolitik, Fachaufsicht über die Jugendwohlfahrtsbehörden, Jugend- und Kinderschutz, Durchführung des Kindertagesstättengesetzes, Staatl. Anerkennung von Sozialarbeitern und Sozialpädagogen, Grundsatzfragen und Förderung der sozialpädagogischen Fort- und Weiterbildung, Grundsatzfragen der Hilfen zur Erziehung, Förderung von sozialen Beratungsstellen, Pflegekinder- und Adoptionswesen, Durchführung des Schwangerenberatungsgesetzes, Maßnahmen gegen Drogen- und Rauschmittelmißbrauch, Förderung der Suchtberatungsstellen, Planung und Ausbau ambulanter und stationärer Einrichtungen der Suchtkrankenhilfe, Drogenbeauftragter des Landes.

Die Abteilung Frauen verfügt über keinen nachgeordneten Bereich. Sie hat folgende Aufgaben und Arbeitsschwerpunkte:

Förderung und Unterstützung von Frauenorganisationen und kommunalen Gleichstellungsstellen, Koordination mit den neuen Bundesländern in Frauenfragen, europäische Frauenpolitik, Rechtsfragen der Frauenpolitik, geschlechtsgerechte Sprache, Förderung der Gleichstellung in den Bereichen Schule, Hochschule, Weiterbildung, Kultur, Kunst, Sport, Forschung und Medien, Gen- und Reproduktionstechnologien, Arbeitsmarktpolitik, Wiedereingliederung, Frauen in naturwissenschaftlichen und technischen Berufen, Frauenförderung in der Privatwirtschaft, Frauenförderung im öffentlichen Dienst, Landesgleichstellungsgesetz; Frauenförderungsprogramme, Frauen im ländlichen Raum, frauenfreundliche Stadt- und Gemeindeplanung, Verkehrs- und Regionalplanung, Jugend, Familie und Soziales, Alleinerziehende, Gewalt gegen Frauen und Kinder, Förderung der Frauenhäuser und Notruf-Modellprojekte, Geschäftsführung des Landesfrauenbeirates.

8. Die Zuständigkeit des *Ministeriums für Bildung, Wissenschaft und Weiterbildung* erstreckt sich u. a. auf folgende Aufgabengebiete:

- Angelegenheiten aller Schularten einschließlich dem Landesprüfungsamt für das Lehramt an Schulen und der Lehrerfort- und Weiterbildung
- Hochschulen, Wissenschaft und Forschung (Hochschulplanung, Forschungsangelegenheiten, Forschungsförderung, Angelegenheiten der Lehre, Studien und Prüfungsangelegenheiten)
- Studentische Angelegenheiten (Studentenwerke, Studentenwohnraumförderung, Förderung nach dem BAföG und sonstige Studienförderung)
- Weiterbildung (Bildungsfreistellungsgesetz, Modellprojekte, wissenschaftliche Weiterbildung)
- Wissenschaftliche Bibliotheken

Zum Geschäftsbereich des Ministeriums für Bildung, Wissenschaft und Weiterbildung gehören insbesondere
- die Staatlichen Studienseminare und das Staatliche Institut für Lehrerfort- und -weiterbildung
- das Pädagogische Zentrum Bad Kreuznach
- das Landesmedienzentrum Koblenz
- die Universitäten Johannes Gutenberg-Universität Mainz mit dem Fachbereich für angewandte Sprachwissenschaften und dem Klinikum der Johannes Gutenberg-Universität, Universität Kaiserslautern, Universität Trier, Universität Koblenz-Landau mit den Abteilungen Koblenz und Landau i. d. Pfalz
- die wissenschaftlichen Hochschulen in freier Trägerschaft: Theologische Fakultät Trier, Theologische Hochschule, Vallendar
- die Stiftungshochschulen Wissenschaftliche Hochschule für Unternehmungsführung
- die Fachhochschule Rheinland-Pfalz mit den Abteilungen Bingen, Kaiserslautern, Koblenz, Mainz Abt. I und Abt. II, Ludwigshafen, Trier, Worms, Zweibrücken
- die Fachhochschulen in freier Trägerschaft: Katholische Fachhochschule, Evangelische Fachhochschule für Sozialwesen
- die wissenschaftlichen Bibliotheken: Pfälzische Landesbibliothek Speyer, Rheinische Landesbibliothek Koblenz

9. Das *Ministerium für Umwelt und Forsten* bearbeitet: Gewerbeaufsicht, Immissions- und Strahlenschutz, Reaktorsicherheit, Umweltchemikalien, Anlagensicherheit, Gentechnik, Gefahrstoffe, Veterinärwesen, Lebensmittelüberwachung, Grundsatzfragen der Umweltpolitik und Landespflege, Forstwirtschaft, Jagd- und Fischereiwesen, Abfallwirtschaft, Altlasten, Technischer Bodenschutz, Wasserwirtschaft.

Dem Ministerium angegliedert ist die Landeszentrale für Umweltaufklärung.

Zum Geschäftsbereich gehören:

a) das Landesamt für Umweltschutz und Gewerbeaufsicht und die Staatlichen Gewerbeaufsichtsämter;
b) das Landesveterinäruntersuchungsamt;
c) die den Bezirksregierungen nachgeordneten Chemischen Untersuchungsämter und die Staatl. Ämter für Wasser- und Abfallwirtschaft;
d) das Landesamt für Wasserwirtschaft;
e) Forstämter;
f) Aus- und Fortbildungsanstalt der Landesforstverwaltung Rheinland-Pfalz;
g) Landeswaldarbeitsschule Rheinland-Pfalz;
h) Forstliche Versuchsanstalt Rheinland-Pfalz.

10. Die *Vertretung des Landes Rheinland-Pfalz beim Bund* ist für die Wahrnehmung der Aufgaben und Interessen des Landes gegenüber den Organen des Bundes zuständig. Darüber hinaus vertritt die Vertretung die Interessen des Landes bei den europäischen Institutionen in Brüssel.

Die Vertretung ist gegliedert in eine Bundesratsabteilung und in eine Europaabteilung. Teil der Europaabteilung ist das Verbindungsbüro Rheinland-Pfalz in Brüssel.

260

IV. Der *Rechnungshof Rheinland-Pfalz*

Der Landesrechnungshof prüft die Haushalts- und Wirtschaftsführung des Landes, der Gemeinden (Gemeindeverbände) und der sonstigen landesunmittelbaren juristischen Personen des öffentlichen Rechts (Art. 120 Abs. 2 Satz 1 der Verfassung für Rheinland-Pfalz in Verbindung mit dem Landesgesetz über den Rechnungshof Rheinland-Pfalz – RHG – vom 20. Dezember 1971, GVBl. 1972, S. 23, Teil V sowie § 111 Abs. 1 Satz 1 der Landeshaushaltsordnung für Rheinland-Pfalz – LHO – vom 20. Dezember 1971, GVBl. 1972, S. 2). Er führt weitere, ihm durch Gesetz oder aufgrund eines Gesetzes übertragene Aufgaben durch.

Der Landesrechnungshof gliedert sich in 8 Prüfungsgebiete. Zu seinem Geschäftsbereich gehören außerdem die Staatlichen Rechnungsämter Koblenz, Neustadt a. d. Weinstraße und Trier.

Der Landesrechnungshof hat seinen Sitz in Speyer.

V. Der *Verfassungsgerichtshof* hat seinen Sitz in Koblenz. Als weitere Gerichte bestehen außer den *Oberlandesgerichten* Koblenz und Zweibrücken und *Land- und Amtsgerichten* das *Oberverwaltungsgericht* in Koblenz und die Verwaltungsgerichte Koblenz, Mainz, Neustadt a. d. Weinstraße und Trier, das *Finanzgericht* in Neustadt, das *Landesarbeitsgericht* und das *Landessozialgericht,* beide Mainz, als Berufungsinstanzen gegen Entscheidungen der *Arbeitsgerichte* und der *Sozialgerichte.*

138a. Saarland

I. *Geschichtliche Entwicklung*

Das Saarland umfaßt ein Gebiet von 2547 qkm mit 1,1 Mio. Einwohnern. Die Verfassung vom 15. 12. 1947 (ABl. 1077) wurde mehrmals, zuletzt durch Ges. vom 9. 6. 1993 (ABl. 626) geändert.

Das *Saargebiet* mit der seit 1381 dem Hause Nassau gehörigen alten Grafschaft Saarbrücken wurde 1815 preußisch, in seinen kleineren östlichen Teilen bayrisch und nach dem ersten Weltkrieg (ab 10. 1. 1920) durch den *Versailler Vertrag* einer Völkerbundregierung unterstellt. Das Eigentum an den Steinkohlengruben (zwischen Neunkirchen und der Südgrenze des Warndt) und deren Ausbeutung wurde dem französischen Staat zugesprochen. Im Jahre 1935 kehrte das Saargebiet nach einer Volksabstimmung, bei der sich 90,76 v. H. für die Rückkehr aussprachen, zum Deutschen Reiche zurück. Von 1940 bis 1945 war das Saarland mit dem bayerischen RegBez. Pfalz zu einer Verwaltungseinheit zusammengefaßt (Saarpfalz bzw. Westmark). Nach dem Zusammenbruch 1945 schuf die französische Besatzungsmacht aus dem Saargebiet, Teilen der einstigen bayerischen Pfalz und Teilen der früheren preußischen Rheinprovinz das Saarland. Durch die Verfassung vom 15. 12. 1947 nahm das Saarland politische Unabhängigkeit von Deutschland in Anspruch und schloß sich wirtschaftlich, zoll- und währungspolitisch an die Französische Republik an. Die unter Widerspruch der BReg. zwischen Frankreich und dem Saarland abgeschlossenen *Saarkonventionen* vom 3. 3. 1950 räumten Frankreich das Recht auf Ausbeutung der Saargruben auf 50 Jahre ein und verstärkten die Autonomie des Saarlandes.

Gegen den Widerspruch der BReg., die das Saarland als Teil Deutschlands betrachtete, wurde das Saarland gleichzeitig mit der BRep. in den *Europarat* als assoziiertes Mitglied aufgenommen (vgl. 912). Der endgültige staatsrechtliche Status sollte durch den Friedensvertrag bestimmt werden.

Nachdem eine Lösung der Saarfrage auf europäischer Ebene nicht gelungen war, schloß die BReg. mit Frankreich im Rahmen der Pariser Konferenz am 23. 10. 1954 das Abkommen über das *Statut der Saar,* dem deutscherseits durch das Gesetz vom 24. 3. 1955 (BGBl. II 295) zugestimmt wurde.

Eine *Volksabstimmuung* vom 23. 10. 1955 ergab die Ablehnung des Statuts mit etwa Zweidrittelmehrheit. Nachdem zwischen den Regierungen der BRep. und Frankreich im *Saarvertrag* vom 27. 10. 1956 (BGes. vom 22. 12. 1956, BGBl. II 1587) eine Verständigung erzielt war, daß das Saarland ab 1. 1. 1957 politisch in die BRep. eingegliedert wird, war der Weg für die staatliche Gestaltung als Bundesland der BRep. frei. Die wirtschaftliche Eingliederung ist am 5. 7. 1959 vollzogen worden.

II. *Die Eingliederung des Saarlandes in die Bundesrepublik.*

Nachdem das Saarland seinen Beitritt nach Art. 23 GG erklärt hatte, beschloß der Bundestag mit Zustimmung des Bundesrats das *Gesetz über die Eingliederung des Saarlandes* vom 23. 12. 1956 (BGBl. I 1011). Danach gilt das GG auch im Saarland, das *Land der BRep.* geworden ist. Zum Bundesrat entsendet das Saarland 3 stimmberechtigte Regierungsvertreter.

Die *Steinkohlenbergwerke* im Saarland sind durch Gesetz vom 27. 7. 1957 (BGBl. I 1103) von der BRep. in eine Aktiengesellschaft mit dem Sitz in Saarbrücken eingebracht worden. Das Saarland ist an dieser AG durch Übernahme von Aktien in Höhe von 26. v. H. des Grundkapitals beteiligt.

III. Die *Einführung von Bundesrecht* im Saarland erfolgte allmählich.

Hierzu erging nach zwei Verordnungen (vom 26. 8. 1957 und 28. 11. 1958) das Gesetz zur *Einführung von Bundesrecht im Saarland* vom 30. 6. 1959 (BGBl. I 313), das mit dem Ende der Übergangszeit (5. 7. 1959) das im ganzen Bundesgebiet geltende Bundesrecht auch im Saarland in Kraft gesetzt hat. Mehrere Rechtsgebiete waren davon ausgenommen; sie sind jedoch jetzt weitgehend durch Sonderregelungen an das Bundesrecht angeglichen.

Die *Umstellung der Währung* erfolgte auf der Basis 100 ffrs = 0,8507 DM (1 DM – 117,5 ffrs) mit Vergünstigungen für saarländische Spargelder. Der Bund half in großzügiger Weise, diese (vierte) Umorientierung der saarländischen Wirtschaft zu überwinden.

IV. Der *Landtag des Saarlandes* tagt in Saarbrücken (51 Abg.).

Landtagswahlgesetz i. d. F. vom 19. 10. 1988 (ABl. 1313) m. spät. Änd. durch Ges. vom 15. 10. 1992 (ABl. 538).

Es bestehen Ausschüsse für Eingaben; Grubensicherheit; Haushalts- und Finanzfragen; Innere Verwaltung; Datenschutz; Bildung, Kultur und Wissenschaft, Verfassungs- und Rechtsfragen, Frauen, Arbeit, Gesundheit und Soziales; Fragen des Verfassungsschutzes; Wirtschaft; Wahlprüfung; Umwelt, Energie und Verkehr; Europafragen sowie eine interfraktionelle Arbeitsgemeinschaft Kohle und Stahl.

Dem Landtag eingegliedert ist der *Landesbeauftragte für Datenschutz*.

V. Auch die *Regierung des Saarlandes* befindet sich in Saarbrücken. Ihr gehören an:

1. Der *Ministerpräsident,* dem eine *Staatskanzlei* mit 4 Abteilungen zur Verfügung steht. Eingegliedert ist das Saarland-Büro in Brüssel.

Der Dienstaufsicht unterstehen das Statistische Landesamt Saarland und das Landesarchiv.

2. Das *Ministerium des Innern* bearbeitet Angelegenheiten der Verfassung; Wahlen, Volksbegehren, Volksentscheide; Polizei- und Versammlungsrecht; Melde-, Paß- und Ausweiswesen; Presserecht; Vereins-, Sammlungs- und Lotteriewesen; Sportwetten; Staatsangehörigkeits- und Personenstandswesen; Gebiets- und Verwaltungsreform; Angelegenheiten der Gemeinden, Gemeindeverbände und kommunalen Zweckverbände; den kommunalen Finanzausgleich; Feuerschutzwesen; Recht des öffentlichen Dienstes, Tarifrecht; Fachhochschule für Verwaltung; Polizei; Verfassungschutz; Zivilschutz und zivile Verteidigung; Desarmierung; Rettungswesen; Datenschutz; Angelegenheiten der Ausländerinnen und Ausländer, Flüchtlinge, Aussiedlerinnen und Aussiedler; Vereinssport.

Zum Geschäftsbereich des Min. d. Innern gehören das *Landesamt für Verfassungsschutz;* die *Landratsämter;* die Fachhochschule für Verwaltung; die Geschäftsstelle des Landespersonalausschusses; die Landesaufnahmestelle für Vertriebene und Flüchtlinge; die Landesfeuerwehrschule; die Rettungsleitstelle; der Kampfmittelräumdienst; die Polizeidirektionen und das Landeskriminalamt.

3. Das *Ministerium für Wirtschaft und Finanzen* hat folgenden Geschäftsbereich:

Wirtschaftspolitik, Mittelstand, sektorale und regionale Wirtschafts- und Strukturfragen; Wirtschaftsordnung und Wirtschaftsrecht, Bank- und Versicherungsaufsicht; öffentliche Kredithilfe, Sparkassenwesen; Grundsatz- und Strukturfragen der Beschäftigungspolitik, Qualifizierung und Weiterbildung zur Vermeidung von Arbeitslosigkeit, berufliche Weiterbildung, außerschulische Berufsbildung; Handel, Gewerbe, Industrie, Handwerk; Eichwesen und Materialprüfung; Fremdenverkehr; Förderprogramme und Fonds der Europäischen Union im Bereich des Ressorts; Außenwirtschaft; Saarvertrag; europäischer Binnenmarkt und Montanfragen; Dienstleistungen einschließlich Technologie und Telekommunikation; Allgemeine Finanzfragen, Finanzplanung, Haushalts-, Kassen- und Rechnungswesen; Finanzausgleich mit Bund und Ländern; Abgabe-, Steuer- und Gebührenrecht; Landessteuerverwaltung; Angelegenheiten der steuerberatenden Berufe; Finanzhilfen in Katastrophenfällen; Vermögens- und Schuldenverwaltung; Öffentliche Wohnungsbauförderung; Planung und Koordinierung der Informationstechnologie und Bürokommunikation, Datenverarbeitungsdienstleistung; Staatshochbau, Hochbauverwaltung; Finanzbauverwaltung; Zentrale Materialbeschaffung.

Nachgeordnete Dienststellen sind die Oberfinanzdirektion Saarbrücken, die Landeshauptkasse, das Staatliche Hochbauamt, das Eichamt, die Finanzämter sowie die Zentrale Datenverarbeitung.

4. Das *Ministerium der Justiz* ist zuständig für Angelegenheiten des Verfassungsgerichtshofes und Recht der Verfassungsgerichtsbarkeit, unbeschadet der Zuständigkeiten des Ministerpräsidenten; für Angelegenheiten der bürgerlichen Rechtspflege, der freiwilligen Gerichtsbarkeit, der Strafrechtspflege und des Verfahrensrechts der Verwaltungs-, Sozial- und Finanzgerichtsbarkeit; Angelegenheiten der Notare, Rechtsanwälte und Rechtsbeistände; Strafvollzug; Gnadenangelegenheiten; Soziale Dienste; Internationaler Rechtshilfeverkehr; Richterdienstrecht; Juristenausbildung; Rechtliche Beratung der Landesregierung auf Sonderauftrag in Fragen von besonderer Bedeutung.

Der Dienstaufsicht des Justizministeriums unterstehen die Gerichte der ordentlichen Gerichtsbarkeit (Saarländisches Oberlandesgericht und Landgericht in Saarbrücken, 11 Amtsgerichte) sowie die Verwaltungs-, Finanz- und Sozialgerichte, die Staatsanwaltschaften und die Justizvollzugsanstalten.

5. Das *Ministerium für Bildung, Kultur und Wissenschaft* ist zuständig für Schulwesen, Schulrecht, Schulaufsicht, Schulverwaltung; Pädagogik und Medienerziehung; allgemeine und politische Weiterbildung; Sport; Kirchenangelegenheiten; Hochschulen, Universitätskliniken, Forschungsförderung; allgemeine Kulturpflege, insbes. Theater, Museen, bildende Kunst, Denkmalpflege; Bibliothekswesen.

Dem Ministerium nachgeordnet sind das Landesinstitut für Pädagogik und Medien, die Landeszentrale für politische Bildung sowie das Deutsch-Französische Sekretariat für den Austausch in der beruflichen Bildung. Ferner das Staatliche Konservatorenamt, das Institut für Landeskunde und das Staatliche Büchereiamt. Es bestehen eine Universität (in Saarbrücken und Homburg), eine Kunsthochschule, eine Musikhochschule und drei Fachhochschulen.

6. Das *Ministerium für Frauen, Arbeit, Gesundheit und Soziales.* Sein Geschäftsbereich umfaßt: Frauenförderung, insbesondere Gleichstellung der Frau in Familie und Beruf; Arbeitsrecht und Arbeitsgerichtsbarkeit; Arbeitsmarktangelegenheiten (soweit nicht dem Wirtschaftsministerium zugeordnet), Lohn- und Tarifwesen; Gewerbeaufsicht, technischer und sozialer Arbeitsschutz, Jugendarbeitsschutz; Integration von Behinderten in Arbeit und Beruf, Hauptfürsorgestelle, Kriegsopfer- und Schwerbehindertenfürsorge; Gesundheitswesen und -fürsorge, Krankenhauswesen, Apothekenwesen; Gesundheitserziehung; öffentlicher Gesundheitsdienst (ohne Rettungswesen); Veterinärwesen; Lebensmittelüberwachung; Angelegenheiten der Heil- und Hilfsberufe; Familienangelegenheiten, Jugendhilfe einschl. vorschulische Erziehung, soziale Angelegenheiten ausländischer Mitbürgerinnen und Mitbürger; Sozialhilfe und allgemeine Wohlfahrtspflege; Sozialversicherung und Altersversicherung der freien Berufe; Behinder-

ten-, Kriegsopfer- und Soldatenversorgung; Versorgungsverwaltung; Kriegsgräberfürsorge; Wiedergutmachung; Lastenausgleich.

Nachgeordnet sind die Staatlichen Gesundheitsämter; Sonderschulen für Gehörlose, Schwerhörige, Blinde und Sehbehinderte; Staatl. Schulen für Körperbehinderte; das Landeskrankenhaus Merzig; das Gewerbeaufsichtsamt des Saarlandes; das Landesamt für Soziales und Versorgung; das Landesjugendamt des Saarlandes; der Staatliche Gewerbearzt; die Veterinärverwaltung.

7. Das *Ministerium für Umwelt, Energie und Verkehr.* Sein Geschäftsbereich umfaßt: Allgemeine Fragen des Umwelt- und Klimaschutzes; Naturschutz, Landschaftsökologie, Artenschutz, Fischereiwesen; Wasserbau, Gewässerpflege; Land- und Ernährungswissenschaft, Forst- und Holzwirtschaft, Jagdwesen; Wasserrecht und Wasserwirtschaft; Abfallrecht und Abfallwirtschaft; Immissions- und Strahlenschutz; Geologie und Bodenschutz; Gentechnik; Zentrale Laboreinrichtungen für die Bereiche Gesundheits- und Veterinärwesen, Lebensmittelüberwachung und Umweltschutz; Energie und Bergbau; Verkehr; Straßenwesen; Raumordnung und Landesplanung; Städtebau und Bauwesen; Vermessungs- und Katasterwesen.

Nachgeordnet sind das Landesamt für Umweltschutz; Staatliches Institut für Gesundheit und Umwelt; Landesamt für Straßenwesen; Oberbergamt für das Saarland und das Land Rheinland-Pfalz sowie das Bergamt Saarbrücken; Forstplanungsanstalt und die staatl. Forstämter; das Forstliche Berufsbildungszentrum; Landesvermessungsamt und die Katasterämter; Amt für Landentwicklung.

VI. Der *Rechnungshof* des Saarlandes hat seinen Sitz in Saarbrücken.

VII. *Organe der Rechtsprechung* sind der *Verfassungsgerichtshof* in Saarbrücken, im Bereich der ordentlichen Gerichtsbarkeit das *Oberlandesgericht Saarbrücken* (mit einem Generalstaatsanwalt) und als untere Instanzen das *Landgericht* Saarbrücken (mit Staatsanwaltschaft) sowie *Amtsgerichte.*

Es bestehen ein *Oberverwaltungsgericht* und ein *Verwaltungsgericht* in Saarlouis sowie für die Finanzgerichtsbarkeit das *Finanzgericht* in Saarbrücken. Die Disziplinargerichtsbarkeit wird vom Dienststrafhof beim Oberverwaltungsgericht und der Dienststrafkammer beim Verwaltungsgericht ausgeübt.

Als Gerichte für Arbeitssachen sind das *Landesarbeitsgericht des Saarlandes in Saarbrücken* sowie *Arbeitsgerichte* errichtet. Das *Landessozialgericht* für das Saarland und das *Sozialgericht* befinden sich in Saarbrücken.

138b. Sachsen

Der Freistaat Sachsen ist mit 4,5 Mio. Einwohnern das bevölkerungsreichste der fünf neuen Länder. Die Landesfläche beträgt 18408 qkm. Landeshauptstadt ist Dresden. Das historische Landeswappen hat 5 schwarze Balken auf goldenem Grund und ist diagonal von einem grünen Rautenkranz durchzogen. Die Landesfarben sind Weiß-Grün. Im Siedlungsgebiet der Sorben können daneben Farben und Wappen der Sorben, im schlesischen Teil die Farben und das Wappen Niederschlesiens gleichberechtigt geführt werden. Wirtschaftlich sind Textil-, Metall- und Elektroindustrie vorherrschend. Das Land war außerdem stets ein wichtiges Handelszentrum mit der bedeutenden Leipziger Messe. Nach dem 2. Weltkrieg erging die Verfassung vom 28. 2. 1947.

Die neue Verfassung des Freistaates Sachsen ist vom 27. 5. 1992 (GVBl. 243). Der Landtag besteht aus 120 Abgeordneten.

Die Geschäftsbereiche der Ministerien werden nach der Bekanntmachung der Regierung des Freistaates Sachsen über die Abgrenzung der Geschäftsbereiche der Ministerien vom 24. 8. 1993 (Sächsisches Amtsblatt S. 1076) m. spät. Änd. wie folgt festgesetzt:

1. Sächsische Staatskanzlei

Grundsätzliche Fragen der Verfassung sowie des Staatsgebietes und seiner Einteilung; Unterstützung des Ministerpräsidenten bei der Bestimmung der Richtlinien der Politik; Verkehr mit dem Landtag; Allgemeine Beziehungen zum Bund und zu den anderen Ländern, grundsätzliche Fragen der Europäischen Gemeinschaften; Vertretung des Freistaates beim Bund und Informationsbüro Sachsen bei den Europäischen Gemeinschaften; Angelegenheiten der Sorben; Angelegenheiten der Streitkräfte, soweit nicht ein anderes Ministerium zuständig ist; Koordinierung der Planungen und der planungsrelevanten Statistik des Landes; Öffentlichkeitsarbeit der Staatsregierung; Allgemeine Fragen der Staatsverwaltung sowie der Organisation und des Aufgabenkreises der Behörden; Gnadensachen, soweit der Ministerpräsident zuständig ist; Protokollangelegenheiten, Konsulatswesen; Rundfunkwesen, Medien; Landeszentrale für politische Bildung; Staatswappen, Gesetz- und Verordnungsblatt, Staatsanzeiger; Landespersonalausschuß; Ordensangelegenheiten; grenzüberschreitende Zusammenarbeit; Koordinierung der regionalen Partnerschaften und der internationalen Beziehungen; Osteuropahilfe für Mittel- und Osteuropa und GUS-Staaten; Normprüfungsausschuß.

2. Sächsisches Staatsministerium des Innern

Zum Geschäftsbereich des Sächsischen Staatsministeriums des Innern gehören alle Geschäfte der Staatsverwaltung, für die nicht ein anderes Ministerium zuständig ist, inbesondere:

Staatsgebiet und Landeseinteilung, Wahlen und Abstimmung, Allgemeines Beamtenrecht (ohne Besoldungs- und Versorgungsrecht), Disziplinarrecht, Personalwesen für den allgemeinen Verwaltungsdienst einschließlich Ausbildung und Fortbildung; Grundsatzfragen sowie Koordinierung von Planung und Einsatz der Informations- und Kommunikationstechnik in der Staatsverwaltung; Staatsangehörigkeit, Personenstandswesen; öffentliche Sicherheit und Ordnung; Verfassungsschutz; allgemeines Verwaltungsrecht; Staatshaftungs- und Regreßrecht; Katastrophenschutz und zivile Verteidigung; Kommunalwesen; Bau-, Wohnungs- und Siedlungswesen einschließlich Bauaufsicht, Wohngeld; Denkmalschutz und Denkmalpflege; Feuerlöschwesen, vorbeugender Feuerschutz, Rettungsdienst; Vermessungswesen; Angelegenheiten der Vertriebenen; Angelegenheiten und Rechte der Ausländer; Datenschutz; Grundbuchwesen; Archivwesen; Statistik.

3. Sächsisches Staatsministerium der Justiz

Bundes- und Landesverfassung;
Vertretung des Freistaates Sachsen vor dem Bundesverfassungsgericht und dem Sächsischen Verfassungsgerichtshof;
Verfassungsgerichtshof des Freistaates Sachsen;
Angelegenheiten der Volksgesetzgebung;
sämtliche Verwaltungsangelegenheiten, Organisation und Dienstaufsicht im Bereich der
a) ordentlichen Gerichtsbarkeit,
b) Verwaltungsgerichtsbarkeit,
c) Finanzgerichtsbarkeit,
d) Sozialgerichtsbarkeit,
e) Arbeitsgerichtsbarkeit,
f) Disziplinargerichtsbarkeit und
g) Staatsanwaltschaft;
sämtliche Verwaltungsangelegenheiten, Organisation und Dienstaufsicht im Bereich
a) des Justizvollzugs,
b) der Bewährungshilfe und
c) der Gerichtshilfe;
Angelegenheiten der Rechtsanwälte und Notare;
Ausarbeitung von Gesetzentwürfen, soweit nicht andere Staatsministerien zuständig sind, rechtliche Begutachtung von Gesetzentwürfen, insbesondere Angelegenheiten des Normprüfungsausschusses (Führung des Vorsitzes, siehe auch Zuständigkeit der Staatskanzlei und des Sächsischen Staatsministeriums des Innern);
Bereinigung von SED-Unrecht, soweit nicht andere Staatsministerien zuständig sind;
Rechtsbereinigung;
Bearbeitung zwischenstaatlicher Angelegenheiten der Rechtspflege;
Grundbuchwesen;
Prüfung und Ausbildung des juristischen Nachwuchses und der Anwärter für die Laufbahnen der genannten Gerichtsbarkeiten und Dienststellen; Fortbildung der Justizbediensteten;
Schulen im Bereich der Rechtspflege und des Strafvollzuges; Rechtsfragen hinsichtlich der Tätigkeit des ehemaligen Ministeriums für Staatssicherheit/Amtes für Nationale Sicherheit; Grundsatzfragen des Staatskirchenrechts und grundlegende vertragliche Beziehungen des Staates zu den Kirchen und sonstigen Religionsgemeinschaften des öffentlichen Rechtes.

4. Sächsisches Staatsministerium der Finanzen

Allgemeine Finanzpolitik und öffentliche Finanzwirtschaft
a) Haushalts-, Kassen- und Rechnungswesen, Finanzplanung,
b) Finanzbeziehungen zu Bund, Ländern und Gemeinden;

Besoldungs-, Versorgungs- und Tarifrecht einschließlich Reise- und Umzugskostenrecht, Beihilferecht; Steuerwesen und Steuerverwaltung, Landes-, Gemeinde- und Bundessteuern, Kosten- und Gebührenwesen; Staatlicher Hochbau;

Vermögen und Schulden
a) staatliche Liegenschaften (ohne Forsten),
b) staatliche Unternehmen und Beteiligungen,
c) Staatsschuldenverwaltung,
d) Kreditfragen,

e) staatliche Bürgschaften,
f) Behördenunterbringung,
g) Wohnungsfürsorge für Bedienstete des Freistaates Sachsen;
Verteidigungslasten und Liegenschaftsfragen der Streitkräfte; Lastenausgleich und Entschädigung; Geld- und Kreditwesen, einschließlich Sparkassenwesen.

5. Sächsisches Staatsministerium für Kultus

Schulische Bildung und Erziehung, insbesondere
a) allgemeinbildende Schulen,
b) berufliche Schulen,
c) Schulen in freier Trägerschaft, Musikschulen;
d) Lehrerausbildung, Pädagogische Fachinstitute und Fachseminare, Lehrerfortbildung,
e) Ausbildungs- und Prüfungsordnungen für die Lehrerausbildung und Durchführung der Lehramtsprüfungen,
f) Bildungsinformation und Bildungsberatung,
g) Fernunterricht,
h) überregionale und internationale Angelegenheiten;
Angelegenheiten des Sports; Jugendpflege, Heimatpflege; Erwachsenenbildung, Volkshochschulen; Beziehungen des Staates zu den Kirchen und sonstigen Religionsgemeinschaften; Schultheater, Volksmusik, Laienmusik.

6. Sächsisches Staatsministerium für Wissenschaft und Kunst

Hochschulen, insbesondere
a) Universitäten einschließlich Universitätskliniken,
b) Kunsthochschulen,
c) Fachhochschulen,
d) Hochschulplanung, Hochschulbau,
e) Zulassungs- und Kapazitätsangelegenheiten,
f) Studien- und Prüfungsordnungen,
g) Fernstudium und wissenschaftliche Weiterbildung,
h) Studentische Angelegenheiten, Studentenwerke,
i) überregionale und internationale Angelegenheiten,
j) Anerkennung und Bewertung ausländischer und inländischer Hochschulabschlüsse;
Ausbildungsförderung an Schulen und Hochschulen; wissenschaftliche, institutionell geförderte Einrichtungen außerhalb des Hochschulbereiches (insbesondere Großforschungseinrichtungen, Institute der Blauen Liste, Einrichtungen der FhG und MPG) und Forschungszentren an Fachhochschulen, Forschungsförderung für Hochschulen und die genannten Einrichtungen, Wissenschaftstransfer (für die Zuständigkeit für Technologietransfer vergleiche Nr. 7); öffentliche und wissenschaftliche Bibliotheken; Pflege und Förderung von Kunst und Kultur; insbesondere
a) staatliche Theater und Orchester,
b) staatliche Museen und Sammlungen, Bildende Kunst,
c) Literatur, Sprache, Film und Video,
d) Künstlerförderung, allgemeine Kunstförderung, Stiftungen,
e) Fachbehörden der Denkmalpflege (fachliche Wahrung der Aufgaben der Denkmalpflege durch die Landesoberbehörde der Denkmalpflege).

7. Sächsisches Staatsministerium für Wirtschaft und Arbeit

Wirtschaftspolitik, Wirtschaftsordnung, Wirtschaftsrecht, Wirtschaftsförderung, regionale und sektorale Strukturentwicklung; Zusammenarbeit mit der

Treuhandanstalt unter Beteiligung des Finanzministeriums; Außenwirtschaft, Messen und Ausstellungen; Industrie, Handwerk, Handel, Freie Berufe, Gewerbe, Aufsicht über die Industrie- und Handelskammern sowie die Handwerkskammern, Angelegenheiten der Wirtschaftsprüfer, Genossenschaftswesen, Ingenieurgesetz, Aufsicht über die Ingenieurkammer; Fremdenverkehr, Erholung, Kurorte und Heilbäder (mit Ausnahme der staatlichen Bäder); Energiewirtschaft, Energieaufsicht, Bergbau und Bergaufsicht, Rohstofferkundung und Standortplanung; Technologieförderung, wirtschaftsnahe Forschungseinrichtungen, Technologiezentren; Börsenaufsicht, Versicherungswesen (ohne Sozialversicherung); Preise, Wettbewerb, Kartelle, Verbraucherfragen, öffentliches Auftragswesen; Meß-, Eich- und technisches Prüfwesen; berufliche Bildung im Bereich der gewerblichen Wirtschaft; Verkehrswesen, insbesondere Verkehrspolitik, Landesverkehrsplanung, öffentlicher Personennahverkehr, Luftverkehr einschließlich Luftaufsicht, Eisenbahnen, Binnenschiffahrt, Fahrzeugtechnik und neue Verkehrstechnologien, Verkehrssicherheit (soweit nicht Aufgabe der Polizei); Autobahn- und Straßenbauverwaltung, Grundsatzfragen des Straßenwesens, Förderung des kommunalen Straßenbaues; Arbeitsrecht, Betriebsverfassung und Unternehmensverfassung, Lohn-, Tarif- und Schlichtungswesen, Vermögensbildung in Arbeitnehmerhand; Beschäftigung und Arbeitsmarkt, berufliche Umschulung; Sozialer Arbeitsschutz und Arbeitsmedizin, Technischer Arbeitsschutz, Sicherheitstechnik und Gerätesicherheit (überwachungsbedürftige Anlagen), Sprengstoffrecht, Gefahrstoffrecht (mit Ausnahme der Belange des Umweltschutzes), Strahlenschutz im Geltungsbereich der Röntgenverordnung; offene Vermögensfragen.

8. Sächsisches Staatsministerium für Landwirtschaft, Ernährung und Forsten

Landes-, Bundes-, EG-Agrarpolitik, Forstpolitik; landwirtschaftliche und gärtnerische Erzeugung einschließlich Freizeitgartenbau und nicht erwerbsmäßige Landbewirtschaftung, Fischerei, nachwachsende Rohstoffe; Agrarstruktur, Agrarförderung einschließlich Ausgleichsleistungen, landwirtschaftlicher Grundstücks- und Pachtverkehr; Vermarktung landwirtschaftlicher und gärtnerischer Erzeugnisse, Agrarmarktstruktur, Absatzförderung; Ernährungswirtschaft, Ernährungssicherstellung, Ernährungsaufklärung; Entwicklung des ländlichen Raumes, Landeskultur, Dorfentwicklung, ländliche Neuordnung, landwirtschaftlicher Meliorations-, Wasser- und Wegebau; umweltgerechte Landwirtschaft einschließlich Gartenbau, Kulturlandschaft einschließlich Landschaftspflege (als oberste Landwirtschafts- und Forstbehörde), agrar- und forstproduktionsbezogener Bodenschutz, Fachaufsicht über die staatlichen Domänen und den staatlichen landwirtschaftlichen Streubesitz; Forstwirtschaft, Waldökologie, Staatswald, Privat- und Körperschaftswald einschließlich Förderung, Holzmarkt, Verwaltung des staatlichen Forstvermögens und der forstlichen Liegenschaften, forstwirtschaftlicher Grundstücksverkehr, Jagdwesen; Aus- und Fortbildung in den Berufen der Land- und Hauswirtschaft, Weiterbildung im ländlichen Raum, land- und hauswirtschaftliches Fachschulwesen; Beratungswesen, angewandte Agrarforschung; fachbezogene Angelegenheiten des Agrarsozialwesens.

9. Sächsisches Staatsministerium für Soziales, Gesundheit und Familie

Sozialstruktur und Sozialplanung; soziale Entschädigung, Kriegsopferfürsorge, Behindertenrecht; Sozialversicherung, Aufsicht über Träger der Sozialversicherung, ihre Verbände und die von ihnen betriebenen Einrichtungen, Berufsbildung in der Sozialversicherung nach dem Berufsbildungsgesetz; Gesundheitswesen, Krankenhausplanung und -finanzierung einschließlich des Pflegesatzwesens, Apotheken- und Arzneimittelwesen, gesundheitlicher Umweltschutz, Recht der (ärztlichen und nichtärztlichen) Heilberufe einschließlich der zugehörigen Berufsfachschulen in freier Trägerschaft; Familienpolitik, Erziehungsgeld, Kindertagesstätten (Kinderkrippen, Kindergärten und Horte), Kinder- und Jugendhilfe (§§ 13ff. KJHG sowie angrenzende Rechtsbereiche), Unterhaltsvorschuß, Unterhaltssicherung, Seniorenpolitik, Altenhilfe; Wohlfahrtspflege, Rehabilitation Behinderter, Sozialhilfe, Sammlungswesen, Eingliederungshilfe nach dem Garantiefonds; soziale und sozialpflegerische Berufe einschließlich Fachschulen in freier Trägerschaft; gesundheitlicher Verbraucherschutz und Lebensmittelüberwachung; Veterinärwesen mit Tierseuchenbekämpfung, Tiergesundheitsschutz, Tierarzneimittelwesen und Tierschutz; Friedhofs-, Bestattungs- und Leichenwesen; Gräber und Denkmäler von Opfern des Krieges und der Gewaltherrschaft; Bereinigung von SED-Unrecht (Durchführung der verwaltungsrechtlichen und beruflichen Rehabilitierung).

10. Sächsisches Staatsministerium für Umwelt und Landesentwicklung

Grundsatzfragen der Umweltpolitik, Umweltrecht, Umweltinformation; Koordinierung des Umweltschutzes (Land und Bund), internationaler Umweltschutz; Umweltforschung; Naturschutz und Landschaftspflege (als oberste Umweltbehörde); Biotop- und Artenschutz; Landschaftsökologie und Landschaftsplanung; Wasserwirtschaft, Gewässerschutz, Grundwasser, Abwasser, Wasserversorgung, Wasserbau; Immissionsschutz, technischer Umweltschutz; Abfallwirtschaft, Abfallentsorgung, Bodenschutz und Altlasten; geologische und bodenkundliche Landesaufnahme, Bodeninformationssysteme; Sicherheit in der Kerntechnik, Aufsicht nach dem Atomgesetz, Umweltradioaktivität, Strahlenschutz, soweit nicht ein anderes Ministerium zuständig ist; Landesentwicklung, Raumordnung, Landes- und Regionalplanung; Gefahrstoffrecht (mit Ausnahme der Belange des Arbeitsschutzes), Anmeldung neuer und Prüfung alter Stoffe; Biotechnologie, Gentechnologie; Verkehrsemmissionen.

11. Das Sächsische Staatsministerium für die Gleichstellung von Frau und Mann ist für die Belange der Gleichstellung zuständig.

138c. Sachsen-Anhalt

hat eine Fläche von 20400 qkm und 2,8 Mio. Einwohner. Landeshauptstadt ist Magdeburg. Wirtschaftlich bedeutend sind vor allem der Bergbau (Braunkohleabbau), Industrie (Chemie, Stahl, Maschinenbau) und Handwerk. Nach dem 2. Weltkrieg wurde die Verfassung vom 10. 1. 1947 erlassen. Die neue Verfassung für Sachsen-Anhalt ist vom 16. 7. 1992 (GVBl. 600). Der Landtag besteht aus 99 Abgeordneten.

Die Zuständigkeitsbereiche der Staatskanzlei und der Ministerien und die Abgrenzung der Geschäftsbereiche sind wie folgt bestimmt:

1. *Staatskanzlei (StK)*

Amtsblattstelle, Angelegenheiten der Rechtsetzung und Rechtsbereinigung, Gnadensachen, Landesrundfunkausschuß, Landeszentrale für politische Bildung, Leitstelle für Frauen- und Gleichstellungsfragen, Medien- und Presserecht, Mittelfristige Planung, Organisation der Landesregierung, Presse- und Informationsamt der Landesregierung, Protokoll, Ressortkoordination, Titel, Orden, Ehrungen, Verfassungsrecht. Die Aufgabenstellung und Zuordnung der Leitstelle für Frauen- und Gleichstellungsfragen des Landes Sachsen-Anhalt ergeben sich aus dem Beschluß der Landesregierung vom 4. 6. 1991 (MBl. LSA S. 237). Der Staatskanzlei ist ferner die Vertretung des Landes beim Bund zugeordnet.

2. *Ministerium des Innern (MI)*

Allgemeines Recht der Gefahrenabwehr, Allgemeines Recht der Wiedergutmachung, Archivwesen, Ausländer-, Asyl- und Vertriebenenwesen, Aus- und Fortbildung, Beamtenrecht, Brand- und Katastrophenschutz, Datenschutz, Enteignung, Gebietsreform, Gräber der Opfer von Kriegs- und Gewaltherrschaft und jüdische Friedhöfe, Grundsatzangelegenheiten der Organisation der Landesverwaltung und der IuK-Technik (Zentrale Stelle), Kommunalangelegenheiten einschließlich Kommunalaufsicht, Landesgrenzen, Mehrzweckrechenzentrum, Militärische Angelegenheiten (ohne Abzug sowjetischer Truppen), Öffentliche Sicherheit und Ordnung, Paß-, Ausweis- und Melderecht, Personalvertretungsrecht, Polizei, Sammlungen, Lotterien und Glücksspiele, Staatsangehörigkeits- und Personenstandsrecht, Statistik, Stiftungen des privaten Rechts, Straßenverkehrsrecht, Symbole und Feiertage, Vereinsrecht, Verfassungsschutz, Vermessungs- und Katasterwesen, Verwaltungsverfahren einschließlich Verwaltungsvollstreckung, Wahlen, Wiedergutmachung einschließlich der verwaltungsrechtlichen Rehabilitierung, Zivile Verteidigung. Die Aufgabenstellung und Zuordnung des Datenschutzbeauftragten bleiben besonderer Regelung vorbehalten.

3. *Ministerium der Justiz (MJ)*

EG-Recht, Freiwillige Gerichtsbarkeit, Gerichtsorganisation und Gerichtsverfassung, Gerichtsverfahrensrecht und -kostenrecht, Gnadensachen, Juristen- und Justizaus- und -fortbildung, Justizverwaltungsangelegenheiten, Justizvollzug, Kommunale Schiedsstellen, Landesjustizprüfungsamt, Mitspracherecht beim Aufbau und der Besetzung juristischer Fakultäten, Notariats- und Anwaltswesen, Ordnungswidrigkeitenrecht, Rechtsetzung und Rechtsbereinigung, Rechtshilfe, Sozialgerichtsbarkeit, Straf- und Strafvollstreckungsrecht, Verfassungsrecht, Zivilrecht.

4. *Ministerium der Finanzen (MF)*

Besoldung, Bürgschaften, Finanzausgleich, Finanzierungshilfen, Kassen-, Rechnungs- und Rechnungsprüfungswesen, Landeshaushalt, Liegenschaften, Mittelfristige Planung, Öffentliche Banken, Schulden, Sparkassen und Versicherungen, Staatlicher Hochbau, Steuerberatende Berufe, Steuern, Steuerverwaltung, Tarifrecht, Vermögen, Versorgung, Verwaltungskosten.

5. *Ministerium für Arbeit, Soziales und Gesundheit (MS)*

Altenheime, Apotheken, Arbeitsschutz, Arzneiwesen, Familienförderung, Gesundheitliche Belange der Gentechnologie, Gewerbeaufsicht, Heil- und Heilhilfsberufe, Heimaufsicht und -gesetz, Hygiene, Jugendschutz, Jugend- und Familienhilfe, Kammern, Krankenhausplanung und -finanzierung, Kriegsopferversorgung, Landeskrankenhäuser, Maßregelvollzug, Öffentlicher Gesundheitsdienst, Pflegesätze, Psychisch Kranke, Rettungswesen, Soziale Betreuung von Behinderten, Sozialhilfe, Sozialversicherung, Sport, Suchtbekämpfung, Wohlfahrtspflege.

6. *Ministerium für Wirtschaft und Technologie (MW)*

Außenwirtschaft, Bergverwaltung einschließlich bergbaulicher Rekultivierung, Berufliche Aus- und Weiterbildung in der Wirtschaft, Bodenforschung, Börse, EG-Binnenmarkt, Eichwesen, Energiewirtschaft, Forschung und Entwicklung der gewerblichen Wirtschaft, Freie Berufe, Fremdenverkehr, Handel, Handwerk, Kammern, Landeskartellbehörde, Materialprüfung, Messewesen, Werbung, Mittelstandsförderung, Öffentliches Auftragswesen, Preisrecht, Private Banken, Privatisierung einschließlich Treuhand, Rohstoffsicherung, Strukturpolitik, Technologiepolitik und -transfer, Umweltfragen der Wirtschaft, Verbraucherschutz, Versicherungsaufsicht, Wirtschaftsförderung, Wirtschaftsnahe Forschungseinrichtungen. Das Ministerium ist ferner zuständig für die Vertretung des Landes bei der EU, für Europaangelegenheiten, Fragen der europäischen Integration und Förderung des Europagedankens, für den interministeriellen Arbeitskreis für Europafragen und für die Verbindung zu den europäischen Gemeinschaftseinrichtungen.

7. *Ministerium für Raumordnung, Landwirtschaft und Umwelt (MLU)*

Agrarpolitik, Agrarstrukturverwaltung, Dorferneuerung im Zusammenhang mit der Verbesserung der Agrarstruktur, Ernährungssicherstellung, Fischwirtschaft, Flurbereinigung, Forstverwaltung einschließlich forstlicher Rekultivierung, Holzwirtschaft, Jagdwesen, Landwirtschaftsförderung, Lebensmittelhygiene, Pflanzenproduktion, Pflanzen- und Bodenschutz, Produktverarbeitung und Absatz, Tierproduktion, Tierseuchenbekämpfung, Veterinärverwaltung, Abfallbeseitigung, Abfallvermeidung, Abfallwirtschaft, Abwasserbehandlung, Altlasten, Anlagensicherheit, Artenschutz, Biologische Sicherheit, Chemikalien- und Produktsicherheit (außer Arbeitsschutz), Emissionsschutz, Gewässer- und Grundwasserschutz, Hochwasserschutz, Immissionsschutz, Kernenergie und Strahlenschutz, Natur- und Landschaftsschutz, Nukleare Entsorgung, Raumordnung, Landesentwicklung, Regionalplanung, Expo 2000, Umweltpolitische Gesamtplanung, Wasserversorgung, Wasserwirtschaft.

8. *Kultusministerium (MK)*

Allgemeinbildendes und berufsbildendes Schulwesen, Ausbildungsförderung, Bibliotheken, Denkmalpflege, Fachhochschulen, Forschungsförderung, Forschungseinrichtungen, Hochschulwesen, Horte, soweit sie Bestandteile der Schulen sind, Kirchenangelegenheiten, Kunst- und Kulturpflege, Lehreraus-, -fort- und -weiterbildung, Lehr- und Lernmittel, Modell- und Schulversuche, Museen, Schulbau, Schulbehörden, Schulentwicklungsplanung.

9. *Ministerium für Wohnungswesen, Städtebau und Verkehr (MWSV)*

Bauaufsicht, Bauplanungsrecht, Städtebau, Städtebauförderung, Stadt- und Dorferneuerung, Verkehrswesen, Infrastrukturplanung, Straßenplanung und -bau, Wohngeld, Wohnrecht, Wohnungsbauförderung, Wohnungswirtschaft.

139. Schleswig-Holstein

Das Land Schleswig-Holstein wurde aus der früheren preuß. Provinz gleichen Namens (samt der zugehörigen früheren Freien und Hansestadt Lübeck) gebildet. Das Gebiet des Landes umfaßt 15730 qkm mit 2,7 Mio. Einwohnern. Hauptstadt ist Kiel. Die Landessatzung vom 13. 12. 1949 i. d. F. der Bek. vom 7. 2. 1984 (GVOBl. 53) wurde als Verfassung des Landes neugefaßt durch Ges. vom 13. 6. 1990 (GVOBl. 391).

I. Der *Landtag des Landes Schleswig-Holstein* tagt im Landeshaus in Kiel (89 Abg.).

Der Landtag wird nach dem Landeswahlgesetz i. d. F. vom 7. 10. 1991 (GVOBl. 442, ber. 637) gewählt. Das Gemeinde- und Kreiswahlgesetz gilt i. d. F. vom 31. 5. 1985 (GVOBl. 146), zuletzt geändert durch Ges. vom 17. 12. 1991 (GVOBl. 693), – dazu Gemeinde- und Kreiswahlordnung vom 17. 3. 1993 (GVOBl. 407) – die Gemeindeordnung i. d. F. vom 2. 4. 1990 (GVOBl. 159), zuletzt geändert durch Ges. vom 21. 6. 1994 (GVOBl. 304) und die Kreisordnung i. d. F. vom 2. 4. 1990 (GVOBl. 193), zul. geänd. durch Ges. vom 6. 12. 1991 (GVOBl. 640). Nach der *Amtsordnung* i. d. F. vom 19. 1. 1994 (GVOBl. 75, ber. 483), mit DVO vom 29. 10. 1990 (GVOBl. 535), sind die *Ämter* ein Zusammenschluß von kreisangehörigen Gemeinden mit einem Amtsausschuß und einem Amtsvorsteher.

Als *Landtagsausschüsse* bestehen der Innen- und Rechtsausschuß, der Finanzausschuß, der Bildungs-, der Agrar-, der Umwelt-, der Wirtschafts-, der Sozial- und der Eingabenausschuß.

II. Die *Landesregierung Schleswig-Holstein* besteht aus der Ministerpräsidentin, 3 Ministerinnen und 6 Ministern.

III. Die Landesbehörden:

1. Die Ministerpräsidentin hat ihren Sitz in Kiel, Landeshaus.

Die Ministerpräsidentin ist der Chef der *Staatskanzlei* mit Abt. 1 – Allgemeine Verwaltung, Bund-Länder, Medien –, Abt. 2 – Ressortkoordinierung, Planung –, Abt. 3 – Landesplanung –, und Abt. 4 – Presse und Information unmittelbar unterstellt. Direkt zugeordnet sind die Stabstelle für auswärtige Angelegenheiten, der Beauftragte für Fragen der deutschen und dänischen Minderheiten und für friesische Angelegenheiten und der Bürgerbeauftragte für soziale Angelegenheiten und Landesbeauftragte für Behinderte.

2. Dem *Minister für Justiz, Bundes- und Europaangelegenheiten* (gleichzeitig Bevollmächtigter des Landes beim Bund) obliegen die ständige Wahrnehmung der Interessen des Landes gegenüber den Organen der BRep. sowie die Europaangelegenheiten mit der Abt. 1 – Allgem. Abteilung und Abt. 2 – Abteilung für Europaangelegenheiten und Nord-Süd-Entwicklungszusammenarbeit.

Er ist ferner zuständig für das Justizwesen, insbesondere für das Vollzugs- und Gnadenwesen sowie alle Rechtsfragen.

Zugeordnet oder nachgeordnet sind u. a.: Oberlandesgericht, Verwaltungs- und Oberverwaltungsgericht Schleswig, Schleswig-Holsteinisches Finanzgericht, Landgericht und Amtsgerichte sowie staatsanwaltschaftliche Behörden.

3. Das *Ministerium für Umwelt, Natur und Forsten* ist zuständig für den Umweltschutz, für die Lebensmittelüberwachung, den gesundheitlichen Umweltschutz, Ökotechnik und Ökowirtschaft, Natur- und Ge-

wässerschutz sowie Wasserwirtschaft, Immissionsschutz, Lebensmittelüberwachung und Gentechnik sowie die Forstwirtschaft.

Nachgeordnet sind u. a.: Lebensmittel- und Veterinäruntersuchungsamt, geologisches Landesamt, Landesamt für Wasserhaushalt und Küsten, Landesamt für Naturschutz und Landschaftspflege, Landesamt Nationalpark „Schleswig-Holsteinisches Wattenmeer", Akademie für Naturschutz, Staatliche Vogelschutzwarte und Gewerbeaufsichtsämter.

4. Der Geschäftsbereich des *Innenministers* gliedert sich in die Abt. 1 – Allgemeine Abteilung, Abt. 2 – Verfassung, Gesetzgebung und öffentliches Dienstrecht, Abt. 3 – Kommunalabteilung, Abt. 4 – Polizeiabteilung, Abt. 5 – Städtebauförderung und Wohnungswesen, Abt. 6 – Ausländer-, Flüchtlings- und Vertriebenenangelegenheiten, Abt. 7 – Verfassungsschutz und Abt. 8 – Bauleitplanung, Bau- und Vermessungswesen.

Zugeordnet sind: Polizeiverwaltungsamt, Landeskriminalamt, Amt für Katastrophenschutz.

Zum Geschäftsbereich gehören weiterhin: Statistisches Landesamt Schleswig-Holstein, Landesvermessungsamt, Landesamt für Ausländerangelegenheiten sowie 17 Katasterämter.

5. Der Geschäftsbereich des *Ministers für Finanzen und Energie* gliedert sich in die Abt. 1 – Allgemeine Abteilung, Abt. 2 – Finanzpolitik, Finanzwirtschaft, Haushalt, Abt. 3 – Steuerabteilung, Abt. 4 – Bauabteilung, Abt. 5 – Wirtschaft und Lastenausgleich, Abt. 6 – Reaktorsicherheit und Abt. 7 – Energiewirtschaft.

Zugeordnet oder nachgeordnet sind: Landesausgleichsamt, Landesbesoldungsamt, Oberfinanzdirektion Kiel, Landeshauptkasse und Landesbezirkskassen, Landesbauämter und Finanzämter.

6. Der Geschäftsbereich des *Ministers für Wirtschaft, Technologie und Verkehr* gliedert sich in die Abt. 1 – Allgemeine Abteilung, Abt. 2 – Wirtschaftspolitik und Wirtschaftsförderung, Abt. 3 – Technik, Mittelstand, Außenwirtschaft, Abt. 4 – Wirtschaftsordnung, Fremdenverkehr, Abt. 5 – Verkehrspolitik und Abt. 6 – Straßenbau und Straßenverkehr.

Zu- oder nachgeordnet sind u. a.: Amt für Eichwesen sowie die Eichämter, Landesamt für Straßenbau und Straßenverkehr sowie die Straßenbau- und Straßenneubauämter, Schleswig-Holsteinische Seemannsschule. In Auftragsverwaltung: Oberbergamt für das Land in Clausthal-Zellerfeld, Bergamt Celle für das Land Schleswig-Holstein und das Bergamt Meppen.

7. Das *Ministerium für Ländliche Räume, Landwirtschaft, Ernährung und Tourismus* hat im wesentlichen die Zuständigkeitsbereiche Ländlicher Raum, Landwirtschaft, Ernährungswirtschaft, Fischerei und Veterinärwesen sowie Fragen des Verkehrs.

Nachgeordnet sind: Sechs Ämter für Land- und Wasserwirtschaft, Pflanzenschutzamt, Fischereiamt des Landes.

8. Das *Ministerium für Arbeit, Gesundheit und Soziales* gliedert sich im wesentlichen in die Abteilung für Arbeit und Sozialordnung, die Gesundheitsabteilung und die Sozialabteilung.

Nachgeordnet sind u. a.: Landesversorgungsamt sowie die Versorgungsämter, Ausführungsbehörde für die Unfallversicherung, Landesarbeitsgericht sowie Arbeitsgerichte, besondere staatliche Schulen und Fachkliniken, Arzneimittelüberwachungsstelle und Gewerbeaufsichtsämter.

9. Der Geschäftsbereich des *Ministeriums für Bildung, Wissenschaft, Forschung und Kultur* gliedert sich in die Abt. 1 – Allgemeine Abteilung, Abt. 2 – Wissenschaft und Hochschulen, Abt. 3 – Forschung und Hochschulmedizin und Abt. 4 – Kultur.

Zu- oder nachgeordnet sind u. a.: Schleswig-Holsteinisches Landesmuseum, Landesamt für Denkmalpflege, Landesamt für Vor- und Frühgeschichte, Landesarchiv, Universitäten und Fachhochschulen, Institut für Weltwirtschaft, Institut für Meereskunde, Landesbücherei.

10. Das *Ministerium für Frauen, Jugend, Wohnungs- und Städtebau* gliedert sich im wesentlichen in Abteilungen für Frauenpolitik, Kinder, Jugend und Familie sowie Wohnungs- und Städtebau.

IV. Der *Landesrechnungshof* hat seinen Sitz in Kiel. Die Aufgaben des *Datenschutzes* werden vom „Landesbeauftragten für den Datenschutz bei der Präsidentin des Schleswig-Holsteinischen Landtages" bearbeitet.

V. Organe der Rechtsprechung sind:

1. das Schl.-H. *Oberlandesgericht* in Schleswig mit Staatsanwaltschaft (Generalstaatsanwalt), die *Land-* und *Amtsgerichte* (mit staatsanwaltschaftl. Behörden);
2. das Schl.-H. *Verwaltungsgericht* in Schleswig, dem das Schl.-H. *Oberverwaltungsgericht* in Schleswig übergeordnet ist;
3. das Schl.-H. *Finanzgericht* in Kiel;
4. das *Landesarbeitsgericht* Schl.-H. in Kiel für Berufungen und Beschwerden gegen Entscheidungen der *Arbeitsgerichte;*
5. das Schl.-H. *Landessozialgericht* in Schleswig als höhere Instanz über den *Sozialgerichten;*
6. der *Disziplinarsenat* und die *Disziplinarkammer* in Schleswig.

140. Thüringen

hat 2,5 Mio. Einwohner bei einer Fläche von 16200 qkm. Regierungssitz ist Erfurt. Landeswappen ist ein rot-silber gestreifter Löwe mit acht silbernen Sternen auf blauem Grund. Die Landesfarben sind weiß-rot. Die Wirtschaft Thüringens ist – neben landwirtschaftlichen Betrieben – von kleinen und mittleren Firmen geprägt. Wichtige Branchen sind die optische Industrie, die Elektrotechnik, der Automobilbau sowie u. a. Glas und Keramik.

Die Verfassung des Freistaates Thüringen, die seit Oktober 1993 vorläufig in Kraft gesetzt war, wurde durch Volksentscheid am 16. 10. 1994 endgültig angenommen.

Die Thüringer Landesregierung ist wie folgt gegliedert:

1. Thüringer Ministerpräsident

Der Ministerpräsident bedient sich zur Führung seiner Geschäfte und der laufenden Geschäfte der Landesregierung der Staatskanzlei und der Frauenbeauftragten der Thüringer Landesregierung.

Die Staatskanzlei hat die Abteilungen:
Abt. 1: Zentralabteilung
Abt. 2: Grundsatzfragen, Ressortkoordinierung
Abt. 3: Bundesstaatsangelegenheiten, Medien

Dem Geschäftsbereich zugeordnet ist die Landeszentrale für politische Bildung.

2. Thüringer Innenministerium

mit den Abteilungen
Abt. 1: Zentrale Angelegenheiten
Abt. 2: Staats- und Verwaltungsrecht
Abt. 3: Kommunale Angelegenheiten
Abt. 4: Öffentliche Sicherheit und Ordnung
Abt. 5: Brand- und Katastrophenschutz, Rettungsdienst
Abt. 6: Kataster- und Vermessungswesen

3. Thüringer Kultusministerium

mit den Abteilungen
Abt. 1: Zentralabteilung
Abt. 2: Grundsatzangelegenheiten für Bildung und Schule
Abt. 3: Allgemeinbildende Schulen
Abt. 4: Berufsbildende Schulen
Abt. 5: Lehrerausbildung und Landesprüfungsamt.

4. Thüringer Ministerium für Justiz und Europaangelegenheiten

mit den Abteilungen:
Abt. I: Justizverwaltung
Abt. II: Zivilrecht, öffentliches Recht
Abt. III: Strafrecht
Abt. IV: Strafvollzug
Abt. V: Aus- und Fortbildung

5. Thüringer Finanzministerium

mit den Abteilungen:
Abt. 1: Zentralabteilung
Abt. 2: Steuerabteilung
Abt. 3: Haushaltsabteilung
Abt. 4: Vermögensverwaltung, Offene Vermögensfragen, Liegenschaften
Abt. 5: Staatlicher Hochbau

6. Thüringer Ministerium für Wirtschaft und Infrastruktur

mit den Abteilungen:
Abt. 1: Zentralabteilung
Abt. 2: Wirtschaftspolitik
Abt. 3: Wirtschaftsförderung und Mittelstand

Abt. 4: Landesplanung und Wohnungsbau
Abt. 5: Verkehr

7. Thüringer Ministerium für Soziales und Gesundheit

mit den Abteilungen:
Abt. 1: Zentralabteilung
Abt. 2: Arbeit, Sozialversicherung, Arbeitsschutz
Abt. 3: Soziales
Abt. 4: Familie, Jugend und Sport
Abt. 5: Veterinärwesen
Abt. 6: Gesundheit

8. Thüringer Ministerium für Landwirtschaft, Naturschutz und Umwelt

mit den Abteilungen:
Abt. 1: Zentralabteilung
Abt. 2: Landwirtschaft, Markt und Ernährung
Abt. 3: Landentwicklung
Abt. 4: Forsten
Abt. 5: Naturschutz, Landschaftspflege
Abt. 6: Immissionsschutz, Strahlenschutz, Bergbau
Abt. 7: Wasserwirtschaft, Abfallwirtschaft

9. Thüringer Ministerium für Wissenschaft, Forschung u. Kultur

mit den Abteilungen:
Abt. Z: Zentralabteilung
Abt. H: Hochschulen
Abt. W: Wissenschaft, Neugründung von Hochschulen
Abt. K: Kulturpolitik, Kunstpflege.
Abt. F: Forschung, Technologie

Zweiter Teil

Verwaltungsrecht

A. Allgemeines Verwaltungsrecht

141. Einführung in das Verwaltungsrecht

Das Verwaltungsrecht ist ein Teil des *öffentlichen Rechts* (jus publicum), d.h. der Rechtsnormen, welche die Rechtsbeziehungen des einzelnen gegenüber einer übergeordneten Gewalt (Staat, Gemeinde, öffentliche Körperschaft) oder die Beziehungen dieser Gewalten untereinander behandeln.

Über den Unterschied zum *Privatrecht (bürgerlichen Recht),* in welchem sich die Beteiligten gleichgeordnet gegenüberstehen, vgl. 202. Im Gegensatz zum Privatrecht ist das öffentliche Recht *zwingendes Recht,* d.h. es kann nicht durch Parteivereinbarung wie z.B. das zivile Vertragsrecht gestaltet werden. Eine Ausnahme gilt für vertragliche Beziehungen, die Träger der *fiskalischen Verwaltung* untereinander oder mit Privatpersonen außerhalb hoheitlicher Tätigkeit eingehen (s.u.), sowie nach Maßgabe der §§ 54ff. VwVfG für den öffentlich-rechtlichen Vertrag (147 I).

Zum Verwaltungsrecht gehören insbes. das Polizei-, Beamten-, Sozial-, Steuerrecht, ferner z.B. Gewerbe-, Bau-, Verkehrs-, Schul- und Hochschulrecht, Wege-, Berg-, Wasserrecht.

Verwalten ist das Besorgen eigener oder fremder Angelegenheiten. Die *Staatsverwaltung* ist die Erfüllung öffentlicher Aufgaben durch die Organe des Staates. Sie bildet einen Teil der Staatsgewalt, die sich in Gesetzgebung, Rechtsprechung und Verwaltung äußert (vgl. *Dreiteilung der Gewalten;* 8, 63). Die (öffentl.) *Verwaltung* umfaßt die Tätigkeit, die der Staat oder ein anderes öffentl.-rechtliches Gemeinwesen (insbes. ein Verband) zur Erreichung seiner Zwecke unter eigener Rechtsordnung entfaltet und die weder Gesetzgebung noch Rechtsprechung ist.

Die *Verwaltung* ist an die *Gesetzgebung,* die den Verwaltungsinstanzen entzogen und dem Parlament zugewiesen ist, gebunden und ihr insofern untergeordnet. Die Gesetzgebung setzt die grundlegenden

Rechtsvorschriften für alle Lebensbereiche fest; die Verwaltung vollzieht sie im Rahmen ihres jeweiligen Aufgabenkreises. Nur ausnahmsweise werden Gesetzgebungsorgane bei bestimmten besonders wichtigen staatsleitenden Akten verwaltungsmäßig tätig (z. B. Haushaltsgesetz, Feststellung des Verteidigungsfalles und Friedensschluß, Ermächtigung zur Aufnahme von Staatskrediten und Anleihen). Umgekehrt wird die Verwaltung rechtsetzend tätig, indem sie Durchführungs(Ausführungs)verordnungen, Polizeiverordnungen u. a. allgemeine Rechtsvorschriften auf Grund gesetzlicher Ermächtigung erläßt.

Das *Verwaltungsrecht* enthält die Rechtsregeln für die Verwaltung, nach denen sich das *Handeln ihrer Organe* und die *Voraussetzungen ihres Tätigwerdens* bestimmen. Das staatliche Handeln kann in einem sog. *Verwaltungsakt* oder in einer sonstigen Verwaltungsäußerung (z. B. Besichtigung, Weganlegung) bestehen. Allgemein spricht man von *Verwaltungsmaßnahmen.* Jedes Verwaltungshandeln ist an das *Recht* gebunden; es bedarf also einer gesetzlichen Grundlage (Grundsatz der Gesetzmäßigkeit der Verwaltung, Grundsatz des Vorbehalts des Gesetzes, s. 148 II 1).

Justiz und Verwaltung stehen gleichberechtigt nebeneinander; sie sind beide den Gesetzen unterworfen. Die *Gerichte* erforschen und beurteilen in der Vergangenheit liegende Ereignisse, indem sie über private Streitigkeiten (Zivilrechtspflege), strafrechtliche Vorfälle (Strafrechtspflege) oder Verwaltungsstreitigkeiten (allgemeine und besondere Verwaltungsgerichtsbarkeit) entscheiden. Dagegen hat die *Verwaltung* die Aufgabe, tatsächliche oder rechtliche Verhältnisse, meist auf öffentlich-rechtlichem Gebiet, zu ordnen, und zwar als gesetzvollziehende oder gestaltende Verwaltung (z. B. Isolierung von Ansteckungsverdächtigen; Verkehrsregelung). Man unterscheidet bei der Verwaltungstätigkeit: die *Eingriffsverwaltung* (z. B. Polizei-, Steuerwesen) und die *Leistungsverwaltung* (Sozial-, Straßenwesen), daneben noch die *fiskalische* (wirtschaftende) Verwaltung. Soweit der Staat nicht hoheitlich tätig wird, sondern als juristische Person am Privatrechtsverkehr teilnimmt *(Fiskus),* unterliegt er den Regeln des Zivilrechts (z. B. Anmieten von Büroräumen für Verwaltungszwecke). Im Vordergrund stehen heute die Leistungsaufgaben der Verwaltung, da der *soziale Rechtsstaat* sich nicht mehr überwiegend auf die Wahrung von Sicherheit und Ordnung beschränkt, sondern sich vornehmlich auch auf dem Gebiet der *Daseinsvorsorge* betätigt.

Innerhalb der Verwaltung unterscheidet man nach dem Verwaltungsträger zwischen *Staatsverwaltung* (Bundes-, Landesverwaltung) und *Kommunalverwaltung,* die außer eigenen auch staatliche Aufgaben durch eigene Organe der Gemeinden, Kreise und Bezirke kraft staatlicher Übertragung erledigt. Über unmittelbare und mittelbare Staatsverwaltung vgl. 56, 146. Nach der Aufgabenzugehörigkeit ist die Fremdverwaltung (*Auftragsverwaltung,* übertragener Wirkungskreis; vgl. 119) von der *Selbstverwaltung* zu unterscheiden; unter dieser versteht man die Wahrnehmung eigener öffentlicher Angelegenheiten durch der Staatsaufsicht unterstehende juristische Personen (Gemeinden, Kreise, Bezirke) mittels eigener Organe und im eigenen Namen. Vgl. 119f.

Wegen der Unterscheidung zwischen *bundeseigener* und *landeseigener Verwaltung* vgl. 56, 145.

142. Rechtsgrundlagen der Verwaltung

Die *Verwaltungstätigkeit* ist wie die Rechtsprechung an Gesetz und Recht gebunden. Die Verwaltungsmaßnahmen müssen *rechtmäßig* sein.

Rechtsquellen des objektiven Verwaltungsrechts sind:

1. das *Gesetz,*
2. die *Rechtsverordnung,*
3. die *autonome Satzung,*
4. das *Gewohnheitsrecht* und die *Observanz,*
5. die *allgemeinen Rechtsgrundsätze.*

Zu 1. Das *Gesetz* kann entweder einfaches oder Verfassungsgesetz sein; die Verfassungen enthalten häufig allgemeine Prinzipien, die Richtlinien für die Verwaltungstätigkeit aufstellen (vgl. 53). Die Gesetze sind solche der Länder oder des Bundes. Dabei bricht Bundesrecht Landesrecht (Art. 31 GG). Wegen der Geltung früherer Gesetze vgl. 55 V.

Das Gesetz ist den anderen Rechtsquellen mit Ausnahme der Verfassung i. d. R. übergeordnet (Vorrang des Gesetzes). Bestimmte Maßnahmen, besonders Eingriffe in Rechte der Bürger, dürfen nur auf Grund eines Gesetzes vorgenommen werden (Vorbehalt des Gesetzes). Vgl. 46 IV, 148 II.

Zu 2. Die *Rechtsverordnung* ist eine im Range unter dem Gesetz stehende Rechtsnorm, bei deren Erlaß bestimmte Formerfordernisse zu beachten sind (insbes. Angabe der Rechtsgrundlage, vgl. Art. 80 GG). Sie dient der Regelung besonderer Verwaltungsmaterien oder der Aus- und Durchführung der Gesetze. Vgl. 62 VI 4, 68.

Zu 3. Die *autonome Satzung* ist die Rechtssatzform, in der kommunale Gebietskörperschaften, Personalkörperschaften oder Anstalten des öffentlichen Rechts als Rechtsetzungssubjekte im Rahmen der ihnen generell oder auf Grund spezialgesetzlicher Delegation zustehenden Verwaltungsautonomie eigene Angelegenheiten mit allgemein verbindlicher Wirkung ordnen (z. B. Bibliotheksbenutzung).

Zu 4. *Gewohnheitsrecht* (s. 201) existiert im *besonderen* Verwaltungsrecht nur in bedeutungslosem Umfang; gleiches gilt für das *Observanzrecht,* das Gewohnheitsrecht kleinerer Rechtskreise. Dagegen beruhen die Grundlagen des *allgemeinen* Verwaltungsrechts (s. 141 ff.) z. T. noch auf Gewohnheitsrecht; sie sind aber neuerdings z. B. hins. des *Verwaltungsverfahrens* in Gesetzesform gefaßt (vgl. 147, 148).

Zu 5. *Allgemeine Rechtsgrundsätze* sind Rechtsprinzipien, abgeleitet aus der Verfassung oder aus allgemeinen Rechtsgedanken, die unmittelbar gelten (z. B. Willkürverbot, Übermaßverbot; vgl. 148 II). Sie dienen der Auslegung und Anwendung des Rechts, aber auch der Ausfüllung von Gesetzeslücken.

143. Öffentliche Sachen

I. Definition

Öffentliche Sachen sind körperliche Gegenstände, die den Zwecken der Verwaltung oder schlechthin der Öffentlichkeit dienen.

Nur wenige Sachen sind von Natur öffentliche Sachen (z. B. Wasserläufe). Die meisten werden es erst durch *Widmung,* und zwar (soweit nicht ein Gesetz oder eine RechtsVO ergeht) i. d. R. durch übereinstimmende Willenserklärung des Eigentümers, des Unterhaltspflichtigen und der zuständigen Verwaltung. Die Widmung ist formlos und kann stillschweigend erfolgen. Mit der Widmung tritt eine Bindung der öffentlichen Sache für einen bestimmten Zweck ein (z. B. Rathaus). Umgekehrt führt eine *Entwidmung* eine Lösung der Bindung herbei (z. B. ein Weg wird eingezogen). Vgl. 189 I. Im übrigen richten sich die *Rechtsverhältnisse* an öffentlichen Sachen, namentlich das Eigentum, weitestgehend nach den Vorschriften des Privatrechts (z. B. Kauf, Verkauf, Vermietung), doch unter Berücksichtigung des öffentlich-rechtlichen Zwecks der Sache; dieser hindert die Vornahme entgegenstehender Rechtsgeschäfte und die Zwangsversteigerung.

II. Man unterscheidet:

1. *Sachen im Gemeingebrauch*

Sie sind der Benutzung durch jedermann zu dienen bestimmt (z. B. öffentliche Wege, Straßen, Parks, Meeresstrand, Brücken, Häfen).

Der *Gemeingebrauch* ist eine bes. Art der Benutzung. Die Sache kann im Rahmen ihrer Zweckbestimmung ohne bes. Zulassung von jedermann frei benutzt werden. Für öffentliche *Wege* setzen die *Straßengesetze,* für *Wasserläufe* die *Wassergesetze* den Umfang des Gemeingebrauchs fest. So kann Baden, Waschen, Schöpfen, Viehtränken, Schwemmen, Kahnfahren gestattet sein, wenn andere dadurch nicht benachteiligt werden. Ein *gesteigerter* Gemeingebrauch besteht für *Anlieger* an öffentlichen Wegen und Straßen oder Wasserläufen. Sie können diese, sofern nicht dadurch der Gemeingebrauch behindert wird, erhöht benutzen (z. B. Kohlenabladen auf dem Bürgersteig, Lichtreklame im Luftraum über der Straße, Balkone, Erker, Baugerüste). Darüber hinaus kann ein *Sondernutzungsrecht* von der Wege- oder Wasserbehörde widerruflich eingeräumt werden (Gebrauchserlaubnis, Nutzungsverleihung, meist gegen Entgelt, z. B. Zeitungskiosk, Marktstand, Stühle und Tische auf der Straße, Gleise usw. über die Straße). Andererseits können bei öffentlichem Interesse *Beschränkungen* des Gemeingebrauchs angeordnet werden. Der einzelne kann dabei beeinträchtigt werden.

2. *Verwaltungsvermögen*

Dieses dient der Erfüllung der Verwaltungsaufgaben; es steht im Eigentum des Verwaltungsträgers (z. B. Dienstgebäude, Schulen, Kasernen, Friedhöfe, Krankenhäuser, Museen, Büchereien, Justizvollzugsanstalten, Geräte).

3. *Finanzvermögen*

das durch seinen Vermögenswert oder seine Erträgnisse (z. B. aus Domänen, Bergwerken, Wasser-, Gas-, Elektrizitätswerken) mittelbar den Zwecken der öffentlichen Verwaltung dient.

144. Die juristischen Personen des öffentlichen Rechts

Juristische Personen des öffentlichen Rechts sind: die Körperschaft des öffentlichen Rechts, die öffentlich-rechtliche Anstalt und die Stiftung des öffentlichen Rechts; sie werden als Träger öffentlicher Verwaltung bezeichnet.

Die juristischen Personen des öffentlichen Rechts können selbstverständlich auch am Privatrechtsverkehr teilnehmen (z. B. Eigentum erwerben). Vgl. 141.

I. Die *Körperschaft des öffentlichen Rechts,*

auch öffentlich-rechtliche K. oder öffentliche K. genannt, ist eine rechtsfähige Verwaltungseinheit mit verbandsmäßiger Rechtsgestalt. Es müssen bei ihr Mitglieder (physische Personen oder Verbände) vorhanden sein. Man unterscheidet *Gebietskörperschaften,* die ein bestimmtes Gebiet umfassen und dessen Bewohner betreuen (z. B. Gemeinden, Landkreise), und *Personalkörperschaften,* die Mitglieder gleicher Berufe oder Interessen verbinden (z. B. Berufsverbände, Wasserverbände sowie andere öffentlich-rechtliche *Genossenschaften*). Die Körperschaft des öffentlichen Rechts entsteht durch Gesetz oder staatlichen Hoheitsakt auf Grund eines Gesetzes. Sie kann Beiträge erheben.

Unter *Leitungsverbänden* versteht man Verbände, welche die Beteiligten eines bestimmten Sozialbereichs zu einem Verband mit Zwangsmitgliedschaft zusammenschließen, welcher der Leitung des Staates unterstellt ist.

II. Die *öffentlich-rechtliche Anstalt*

hat keine Mitglieder, sondern stellt sich als ein Bestand von persönlichen und sächlichen Verwaltungsmitteln dar, der einem besonderen öffentlichen Zweck dauernd zu dienen bestimmt ist (z. B. Schulen, Bibliotheken, Rundfunkanstalten). An die Stelle der Mitglieder treten *Benutzer,* an die Stelle der Beiträge oder Umlagen *Gebühren* für die Inanspruchnahme. Rechtsfähigkeit gehört nicht zum Begriff der öffentlichen Anstalt. Jedoch kann nur eine Anstalt mit eigener Rechtspersönlichkeit selbständig staatliche Aufgaben erledigen.

Die *rechtsfähige öffentlich-rechtliche Anstalt* wird durch staatlichen Hoheitsakt errichtet. Die Anstalt des öffentlichen Rechts kann nach Maßgabe der Anstaltsordnung von allen Personen oder Personenkreisen benutzt werden, die hierfür eine *Gebühr* zahlen. Sie kann nach Maßgabe ihrer Anstaltsordnung ihr Hausrecht ausüben und Störungen abwehren (sog. Anstaltspolizei). *Unselbständige Anstalten* des öffentlichen Rechts (ohne Rechtspersönlichkeit) stellen nur Sondervermögen des Muttergemeinwesens dar (z. B. öffentliche Schulen, Bibliotheken, Krankenhäuser, Wasser-, Gas- und Elektrizitätswerke). Bisweilen besteht *Benutzungszwang* (z. B. Wasserwerk). Man spricht auch von *teilrechtsfähigen Anstalten;* das sind solche, die nur Dritten gegenüber vermögensrechtlich verselbständigt sind.

III. *Die rechtsfähige Stiftung des öffentlichen Rechts*

Eine *Stiftung* (St.), bei der ein *Stifter* eine Vermögensmasse einem bestimmten Zweck widmet, kann im Bereich des Privat- oder des öffentlichen Rechts errichtet werden. Die *private* St. (meist Familienst.) und die öffentliche St., die einem allgemeinen gemeinnützigen oder kirchlichen Zweck dient, erlangen durch Staatsakt Rechtsfähigkeit. Das Recht der St. ist bundesgesetzlich nur in wenigen Bestimmungen geregelt (für die private St. vgl. 306 und §§ 80ff. BGB), im übrigen aber dem Landesrecht (Stiftungsgesetze) überlassen. Die *Stiftung des öffentlichen Rechts* muß über ein Vermögen verfügen, welches bestimmten durch die Stiftungsordnung festgestellten gemeinnützigen Zwecken gewidmet ist, und muß staatlich anerkannt sein.

Von der St. öffentlichen Rechts zu unterscheiden ist die „öffentliche Stiftung"; das ist eine St. öffentlichen oder privaten Rechts, die nicht nur privaten, sondern auch gemeinnützigen Zwecken dient (vgl. z.B. Art. 1 Abs. 3 bayStiftgG.) v. 26. 11. 54 (BayRS 282-1-1-K) m. spät. Änd.

Von der *Anstalt* unterscheidet sich die öffentlich-rechtliche St. dadurch, daß bei ihr die Art der Verwendung des Stiftungsvermögens (Substanz oder Einkünfte) durch die Satzung vorgeschrieben ist. Die Bindung ist hier stärker als bei der Anstalt; jedoch sind die Grenzen flüssig.

145. Der Aufbau der Verwaltung

Jeder *Staat* hat einen Aufbau, eine Gliederung seines Gefüges. Dies zeigt sich beim *Bundesstaat* bereits in der Verfassungssphäre. Als *föderativ* verfaßter Staat läßt die BRep. ihren *Gliedstaaten* die eigene Verfassung und damit die Möglichkeit, einen eigenen politischen Willen zu bilden, allerdings innerhalb der durch das Vorhandensein des Gesamtstaates gegebenen und im GG verankerten Grenzen. Da die Gliedstaaten innerhalb dieser Grenzen *autonom* sind, verfügen sie über eine Regierungsgewalt und Verwaltungsorganisation.

I. Bei einem *Bundesstaat* besteht die Notwendigkeit, die Verwaltung in eine *Bundesverwaltung* und in eine *Verwaltung der Länder* aufzuteilen und abzugrenzen. Vgl. 56, 117.

II. Weiter ist wie in jedem Staat die Verwaltungstätigkeit auch in der BRep. in *Sachgebiete* gegliedert, da es im modernen Staat nicht mehr möglich ist, alle Gebiete der Verwaltung einer einzelnen Behörde zu überlassen. Man unterscheidet

1) die *allgemeine Verwaltung,* welche alle Gebiete staatlicher Verwaltung umfaßt, die nicht Sonderverwaltungen zugewiesen sind, und

2) die *Sonderverwaltungen,* die für Fachgebiete zuständig sind.

Die Entwicklung des 19. und 20. Jahrh. führte zu einer immer stärker werdenden *Ausgliederung von Verwaltungsbehörden* auf Kosten der allgemeinen Verwaltung. In Preußen bestand zunächst als oberste Landeszentralbehörde das unter Friedrich Wilhelm I. geschaffene *Generaldirektorium* als kollegiale Behörde unter Vorsitz des Königs. Es wurde bei der Stein'schen Verwaltungsreform (13) durch das aus den 5 sog. *klassischen Ministerien* (Inneres, Äußeres, Finanzen, Kriegswesen, Justiz) bestehende *Staatsministerium* abgelöst. Hinzu traten 1817 das Min. für geistliche, Unterrichts- und Medizinalangelegenheiten, 1848 das

III: Mittel- und Unterinstanzen

Land	Mittelinstanz: Regierungsbezirke		Untere Instanzen
Baden-Württemberg (130)	Karlsruhe Freiburg	Stuttgart Tübingen	
Bayern (131)	Mittelfranken Oberfranken Unterfranken	Schwaben Niederbayern Oberpfalz Oberbayern	
Hessen (135)	Kassel Darmstadt	Gießen	
Niedersachsen (136)	Braunschweig Hannover	Lüneburg Weser-Ems (in Oldenburg)	
Nordrhein-Westfalen (137)	Köln Düsseldorf	Arnsberg Münster Detmold	Stadtkreise und Landkreise
Rheinland-Pfalz (138)	Trier Koblenz	Rheinhessen-Pfalz	
Sachsen (138b)	Chemnitz, Dresden, Leipzig		
Sachsen-Anhalt (138c)	Dessau, Halle, Magdeburg		
Thüringen (140)	Landesverwaltungsamt		
Brandenburg (132a)	keine		
Mecklenburg-Vorpommern (135a)	keine		
Saarland (138a)	keine		
Schleswig-Holstein (139)	keine		
Berlin (132)	keine		Bezirksämter
Bremen (133)	keine		Ortsämter
Hamburg (134)	keine		Bezirksämter

Min. für Handel, Gewerbe und öffentliche Arbeiten sowie das Min. für Landwirtschaft, Domänen u. Forsten, 1919 das Min. für Volkswohlfahrt.

III. Nach dem *Instanzenzug* unterscheidet man (vgl. 117ff.):

1) die *Zentralverwaltung* (i. d. R. Ministerium oder Landesregierung);
2) die *Mittelinstanz* oder Mittelbehörde (z. B. Regierung, Oberfinanzdirektion);
3) die *Unterinstanz* oder Unterbehörde (z. B. Landrat, Finanzamt, Gemeindeverwaltung usw.). – S. vorstehende Übersicht.

Das *Organisationsrecht,* d. h. die Befugnis, die staatliche oder sonstige Verwaltung in Aufbau und Zuweisung der Funktionen zu ordnen, kann je nach Verfassungsrecht durch Gesetz oder auf Grund eines solchen durch RechtsVO ausgeübt werden (z. B. Errichtung und Aufhebung von Behörden; Abgrenzung von Amtsbezirken). Die Durchführung im einzelnen auf dieser Rechtsgrundlage, z. B. die Einrichtung von Abteilungen einer Behörde, ist innerdienstliche Angelegenheit.

146. Mittelbare Staatsverwaltung

ist die nicht von den Staatsbehörden unmittelbar, sondern von rechtsfähigen selbständigen Verwaltungsträgern wahrgenommene Erfüllung staatlicher Aufgaben in einem gesetzlich bestimmten *begrenzten* Rahmen. Ihre häufigste und erste geschichtliche Erscheinungsform ist die *Selbstverwaltung,* d. h. die eigenverantwortliche Wahrnehmung von Verwaltungsaufgaben, die in den Aufgabenkreis des Staates fallen, durch körperschaftliche rechtsfähige Verbände. Mit ihr ist häufig das Recht der *Autonomie* (Satzungsgewalt) verbunden. Als Träger des Satzungsrechts kommen neben Körperschaften des öffentlichen Rechts auch Anstalten und Stiftungen in Betracht.

Die *Selbstverwaltung* beginnt mit der preuß. *Städteordnung* vom 19. 11. 1808. Als Selbstverwaltungskörper wurden zuerst die Träger der *Sozialversicherung,* ferner die Industrie- und Handelskammern, seit der Handwerkernovelle vom 26. 7. 1897 auch die *Handwerkerverbände* (Innungen, Innungsausschüsse und -verbände) anerkannt. Es folgten die Selbstverwaltungskörper der Wirtschaft und der Kulturpflege. Vgl. 653, 832–834.

Eine Form mittelbarer Staatsverwaltung ist die *mittelbare Bundesverwaltung,* d. h. die Wahrnehmung von Bundesaufgaben durch bundesunmittelbare Körperschaften oder Anstalten des öffentlichen Rechts (z. B. Sozialversicherungsträger, vgl. 653).

Alle nachgeordneten Behörden unterliegen einer *Staatsaufsicht* unterschiedlichen Umfangs. Diese kann auf die *Rechtsaufsicht* beschränkt sein, d. h. darauf, daß sich die Verwaltungstätigkeit im gesetzlichen Rahmen hält. Das gilt insbes., soweit eine nachgeordnete juristische Person öffentlichen Rechts (144) *Selbstverwaltungsaufgaben* wahrnimmt, z. B. die Gemeinde in Sozial- oder Jugendhilfeangelegenheiten (119). Führt sie dagegen staatliche *Auftragsangelegenheiten* aus (119 I; z. B. im Meldewesen), so unterliegt sie der *Fachaufsicht,* die sich auch auf die Kontrolle von *Ermessensentscheidungen* erstreckt und ein Weisungsrecht umfaßt.

147. Das Verwaltungsverfahren

I. Ein eigentliches Verfahren findet in der Verwaltung i. d. R. nur statt, wenn die Behörde eine *nach außen wirkende Tätigkeit* entfaltet mit dem Ziel, einen *Verwaltungsakt* zu erlassen oder einen *öffentlichrechtlichen Vertrag* abzuschließen (§ 9 des Verwaltungsverfahrensgesetzes – VwVfG – vom 25. 5. 1976, BGBl. I 1253) m. spät. Änd.

Ein Verwaltungsverfahren ist darüber hinaus durchzuführen, wenn gesetzlich ein *förmliches Verfahren* vorgesehen ist (z. B. Besteuerungsverfahren, 507; Flurbereinigung, 824 II; Ordnungswidrigkeitenverfahren, 152).

Das Verwaltungsverfahren ist i. d. R. auf den Erlaß eines *Verwaltungsaktes* (dazu im einzelnen 148), ggf. auf den Abschluß eines *Verwaltungsvertrags* gerichtet.

Ein *Verwaltungsvertrag* (öff.-rechtl. Vertrag) behandelt Rechtsverhältnisse des öffentlichen Rechts (zum Unterschied von dem von einer Behörde geschlossenen privatrechtlichen Vertrag, vgl. 141). Er kann zwischen Verwaltungsträgern (z. B. Gemeinden über Wege) oder zwischen einem Verwaltungsträger und einer Privatperson abgeschlossen werden (z. B. Straßenanliegervertrag). Vgl. §§ 54ff. VwVfG. Er bedarf stets der *Schriftform* und unterliegt auch sonst einigen Abweichungen vom Vertrag des Privatrechts, z. B. hins. der Nichtigkeit, der Kündigung oder Anpassung bei Änderung der Verhältnisse sowie der Unterwerfung unter die sofortige Vollstreckung (§§ 59–61 VwVfG).

II. Soweit nicht Sondervorschriften bestehen, regelt das Verwaltungsverfahrensgesetz die Grundzüge für das Verfahren der Verwaltungsbehörden des Bundes, der bundesunmittelbaren Körperschaften, Anstalten usw. sowie der Länder, Gemeinden und Gemeindeverbände in Auftragsangelegenheiten (56 II). Das VwVfG gilt auch für die öff.-rechtliche Verwaltungstätigkeit der Länder und Gemeinden in Selbstverwaltungsangelegenheiten, soweit nicht – was auch bei der Ausführung von Bundesrecht der Fall sein kann – besondere Verwaltungsverfahrensgesetze der Länder eingreifen (s. Zusammenstellung b. Sartorius, Verf.- u. Verwaltungsgesetze, Anm. 2 zum Verwaltungsverfahrensgesetz).

Das Verwaltungsverfahren kann *formlos* und soll einfach, zweckmäßig und zügig durchgeführt werden, soweit nicht durch besondere Rechtsvorschriften eine Form vorgeschrieben ist (§ 10 VwVfG). Das Ges. regelt u. a. den Begriff des Beteiligten, die Mitwirkung von Bevollmächtigten und Beiständen (§§ 13, 14) sowie die Vertretung in sog. *Massenverfahren,* an denen mehr als 50 Personen beteiligt sind (§§ 17–19). Für den Ausschluß von der Amtstätigkeit wegen möglicher Interessenkollision oder Befangenheit gelten nach §§ 20, 21 ähnliche Regeln wie im gerichtlichen Verfahren (235, 271). Über den Untersuchungsgrundsatz (268 V) s. § 24, über die Anhörung (rechtliches Gehör) der Beteiligten § 28; diese haben grundsätzlich das Recht der Akteneinsicht (§ 29).

Sieht das Ges. ein *förmliches* Verfahren vor, so gelten nach §§ 63ff. ergänzende Sondervorschriften insbes. über Vernehmung von Zeugen und Sachverständigen, mündliche Verhandlung sowie die Entscheidung und ihre Bekanntmachung (auch in Massenverfahren). Genehmigungsverfahren sollen beschleunigt durchgeführt werden (§§ 71 a ff. VwVfG). Über die *ehrenamtliche* Tätigkeit im Verwaltungsverfahren – insbes. auch in Ausschüssen –, ihre Entschädigung usw. vgl. §§ 81 ff. VwVfG.

III. Nach dem *Verwaltungszustellungsgesetz* vom 3. 7. 1952 (BGBl. I 379) m. spät. Änd. erfolgen in der Bundesverwaltung (i. w. S.) und der Landesfinanzverwaltung *Zustellungen* entweder durch die Post mit Zustellungsurkunde oder mittels eingeschriebenen Briefes oder durch die Behörde gegen Empfangsbekenntnis oder (bei Behörden) mittels Vorlegens der Urschrift. Das VwZG wird darüber hinaus in vielen Bundes- oder Landesgesetzen für anwendbar erklärt (vgl. z. B. § 56 VwGO).

IV. Für die Inanspruchnahme oder für Leistungen der öffentlichen Verwaltung (kostenpflichtige Amtshandlungen) gilt das *Verwaltungskostengesetz* vom 23. 6. 1970 (BGBl. I 821). Es ist anwendbar für die Behörden des Bundes, der bundesunmittelbaren Körperschaften, Anstalten und Stiftungen öffentlichen Rechts; ferner für die Behörden der Länder, Gemeinden und Gemeindeverbände, soweit sie Bundesrecht ausführen oder als Auftragsverwaltung (56) handeln. Das VwKostG gibt allgemeine Vorschriften und Grundsätze für die Kostenregelung der einzelnen Verwaltungszweige, z. B. für die Angemessenheit der Kosten (= Gebühren und Auslagen), Gebührenermäßigung, Fälligkeit, Säumniszuschläge, Erstattung überzahlter oder zu Unrecht erhobener Kosten, Verjährung, Rechtsbehelfe usw. Dagegen richten sich Stundung, Niederschlagung und Erlaß gem. § 19 VwKostG nach der Bundeshaushaltsordnung (80). Das VwKostG gilt nicht für die Gerichte und die Justizverwaltung (hierzu vgl. 214) und das Patentamt. Für die einzelnen Verwaltungszweige gelten weitere Sonderregelungen, z. B. ZollkostenVO und GebührenVO für Maßnahmen im Straßenverkehr vom 26. 6. 1970 (BGBl. I 848, 865), KostenVO der Luftfahrtverwaltung vom 14. 2. 1984 (BGBl. I 346), AuslandskostenG vom 21. 2. 1978 (BGBl. I 301) mit AuslandskostenVO vom 7. 1. 1980 (BGBl. I 21) für Amtshandlungen der Auslandsvertretungen.

148. Der Verwaltungsakt

Übersicht:

I. Begriff und Arten des Verwaltungsakts	III. Bestandskraft des Verwaltungsakts
II. Der fehlerhafte Verwaltungsakt	IV. Widerruf und Rücknahme
	V. Vollziehung und Vollstreckung

I. *Begriff und Arten des Verwaltungsakts*

1. Definition

Ein *Verwaltungsakt (VA)* ist jede Verfügung, Entscheidung oder andere hoheitliche Maßnahme, die eine Behörde *zur Regelung eines Einzelfalles* auf dem Gebiet des öffentlichen Rechts trifft und die auf unmittelbare Rechtswirkung nach außen gerichtet ist (§ 35 VwVfG, s. 147 I). Der VA unterscheidet sich somit von der Rechtsetzung (Gesetzgebung), die eine allgemeine Regelung trifft, und der Rechtsprechung (vgl. 70).

„Behörde" ist allgemein jedes – wenn auch nicht selbst rechtsfähige – Verwaltungsorgan, dem die Vertretung des Staates oder eines anderen Trägers öffentlicher Verwaltung obliegt, insbes. bei der Wahrnehmung von Aufgaben der öffentl. Verwaltung (§ 1 Abs. 4 VwVfG).

Eine besondere Form des VA ist die *Allgemeinverfügung*. Sie richtet sich – im Gegensatz zur Einzelverfügung – an einen nach allgemeinen Merkmalen bestimmten (oder bestimmbaren) Personenkreis oder betrifft die öffentlich-rechtliche Eigenschaft einer Sache oder ihre Benutzung durch die Allgemeinheit (z. B. Straßensperrung während eines Festzugs).

Zu unterscheiden vom VA ist die *Verordnung*, die sich als Rechtssatz an eine unbestimmte Personenzahl wendet und nicht einen Einzelfall behandelt, sondern viele künftig mögliche Fälle regelt (z. B. Polizei VO, 163 I).

2. Einteilung der Verwaltungsakte

Man teilt die Verwaltungsakte ein

a) nach dem *Inhalt* in
   - aa) *gestaltende* VAe, die eine konkrete Rechtsfolge begründen, ändern oder aufheben (z. B. Genehmigung, Beamtenernennung, Widmung, Entwidmung);
   - bb) *feststellende* VAe. Sie stellen einen Anspruch oder eine persönliche oder sachliche Eigenschaft mit verwaltungsrechtlicher Auswirkung fest (z. B. Entscheidung über Wahlrecht, Einheitswertbescheid, Rentenbescheid, Gehaltsfestsetzung);

b) nach der *rechtlichen Wirkung* in
   - aa) *begünstigende* (berechtigende) VAe, z. B. Baudispens, Konzession;
   - bb) *belastende* (verpflichtende) VAe, z. B. Polizeiverfügung zur Beseitigung eines polizeiwidrigen Zustandes.

   Ein VA kann auch *Doppelwirkung* haben, so wenn er den Adressaten begünstigt und zugleich einen Dritten belastet (Baugenehmigung, die in Nachbarrechte eingreift).

c) Nach der *zeitlichen Wirkung* kann der VA eine *einmalige* oder *dauernde Wirkung* äußern (Steuerbescheid; Widmung eines Weges).

d) Nach der *Bindung der Behörde* kann der VA *ermessensfrei* oder *gebunden* sein; im letzteren Fall besteht ein Anspruch (z. B. auf Erteilung einer Baugenehmigung, Zulassung zur Anwaltschaft) bei Vorliegen der gesetzlichen Voraussetzungen.

Verfahrensmäßig spricht man auch von *mitwirkungsbedürftigen* VAen, so z. B., wenn der Antrag eines Beteiligten oder die Zustimmung einer anderen Behörde vorausgesetzt wird.

Ein VA kann als *Nebenbestimmung* eine Bedingung, Auflage oder Befristung erhalten (z. B. Schankkonzession mit Auflage baulicher Veränderungen, Erlaubnisschein für bestimmte Zeit); im einzelnen s. § 36 VwVfG. Bei der *Auflage* wird der erzwingbare VA sofort wirksam, während die *aufschiebende Bedingung* die Wirksamkeit hinausschiebt und nicht erzwungen werden kann. Die Verwaltungsbehörde kann sich auch den *Widerruf* des VA vorbehalten.

Eine *Form* ist für den VA i. d. R. nicht vorgeschrieben. Er kann also auch mündlich oder durch Zeichen erlassen werden (z. B. Straßensperren). Falls ausnahmsweise *Schriftform* vorgeschrieben ist, sind nichtschriftliche VAe nichtig. Den Betroffenen ist der VA (ggf. mündlich) bekanntzugeben; erst damit wird er wirksam; die Rechtsmittelfrist beginnt erst mit der Bekanntgabe zu laufen. Eine *Begründung* ist beim schriftlichen VA grundsätzlich geboten, aber z. B. entbehrlich, wenn einem Antrag stattgegeben wird, dagegen notwendig bei einem *belastenden VA,* wenn sie sich nicht schon aus den Umständen ergibt (§ 39 VwVfG).

Nicht zu den VAen zählen *behördeninterne Anweisungen,* die keine Wirkung nach außen haben (z. B. Referatsverteilung, Bearbeitungsanweisungen), sowie *behördliche Auskünfte* (soweit nicht gesetzlich vorgesehen, z. B. § 15 SGB I, § 25 VwVfG).

II. Der *fehlerhafte Verwaltungsakt*

1. Begriff des fehlerhaften Verwaltungsakts

Ein VA ist *fehlerhaft,* wenn er rechtswidrig ist, d. h., wenn er den Anforderungen der Rechtsordnung nicht entspricht, z. B. weil er auf einer unrichtigen Rechtsauslegung beruht oder weil er in tatsächlicher Hinsicht unrichtig ist.

Die *Gesetzmäßigkeit* der Verwaltung ist einer der tragenden Grundsätze des Rechtsstaates. Er besagt, daß die vollziehende Gewalt – ebenso wie die Rechtsprechung (vgl. 73) – an Gesetz und Recht gebunden ist (Art. 20 Abs. 3 GG). Für die Exekutive liegt darin die Verpflichtung, in die Rechtssphäre des Bürgers nur auf Grund eines Gesetzes oder einer hierauf beruhenden sonstigen Rechtsnorm – RechtsVO, Satzung (vgl. 201) – einzugreifen; diese Begrenzung wird auch „Vorbehalt des Gesetzes" genannt.

Der Grundsatz der Gesetzmäßigkeit und Rechtmäßigkeit der Verwaltung verlangt außerdem, daß die öffentl. Verwaltung in die Rechtssphäre des Bürgers nur so weit eingreift, als es erforderlich ist; unter mehreren möglichen Maßnahmen ist diejenige zu treffen, die am ehesten geeignet ist, den angestrebten Zweck zu erreichen; auch dürfen die Wirkungen des Eingriffs nicht außer Verhältnis zum beabsichtigten Erfolg stehen *(Verhältnismäßigkeitsgrundsatz* und *Übermaßverbot;* besonders ausgeprägt z. B. im Polizeirecht, s. 162 II).

Ist zu entscheiden, ob ein VA *fehlerhaft* (i. w. S.) ist, so ist zunächst seine *Rechtmäßigkeit* zu prüfen, d. h. ob er den Anforderungen der Rechtsordnung in formeller (verfahrensmäßiger) und materieller Hinsicht entspricht. Ist die Behörde ermächtigt, nach ihrem Ermessen zu entscheiden, so muß sie das *Ermessen pflichtmäßig* ausüben (§ 40 VwVfG; über *Ermessensleistungen* im Sozialrecht vgl. § 39 SGB I). Unzulässig ist sowohl der *Ermessensmißbrauch,* d. h. unsachliches oder unmotiviertes Verfahren (Verbot der Willkür oder Verwaltungswidrigkeit), als auch die *Ermessensüberschreitung,* bei welcher vom Gesetz vorgeschriebene Grundsätze oder Richtlinien nicht beachtet sind. Ähnliches gilt für den *Beurteilungsspielraum,* soweit dieser einer Behörde in einzelnen Bereichen, z. B. bei Prüfungsentscheidungen, eingeräumt ist; hier beschränkt sich die Nachprüfung darauf, ob die Entscheidung von unrichtigen Gesichtspunkten ausgeht oder auf sachfremden oder willkürlichen Erwägungen beruht.

2. Die *Rechtsfolgen* der Fehlerhaftigkeit

sind verschieden je nach dem Gewicht des Fehlers. Allgemein gilt der Grundsatz, daß auch der fehlerhafte VA im Zweifel *gültig* ist, aber *angefochten* und danach aufgehoben werden kann. Es ist also stets zu prüfen, ob ein Fehler von wesentlicher Bedeutung für die Bestandskraft des VA (s. u. III) ist. Von vornherein *nichtig* ist nur ein VA, dessen Mängel offenkundig und so schwer sind, daß er keinesfalls hätte Rechtens erlassen werden können (§ 44 Abs. 1 VwVfG).

Fälle eines offenkundigen schweren Mangels sind z. B. Entscheidungen, die erkennbar in einen anderen Behördenbereich eingreifen (sog. Ressortverwechslung, z. B. Steuerbescheid eines Bauamtes); nicht dagegen die fehlende *sachliche Zuständigkeit,* außer wenn diese eine ausschließliche ist. Weitere Fälle der Nichtigkeit (§ 44 Abs. 2 VwVfG) sind das Fehlen bestimmter äußerer Voraussetzungen (z. B. Aushändigung einer Urkunde bei Beamtenernennung u. dgl.) oder der ortsgebundenen Zuständigkeit (§ 3 Abs. 1 Nr. 1 VwVfG). Nichtig ist auch ein VA, der unausführbar oder auf einen verbotenen oder sittenwidrigen Zweck gerichtet ist. Dagegen sind der Mangel der *örtlichen Zuständigkeit* (von dem genannten Fall abgesehen) oder das Unterbleiben der vorgeschriebenen Mitwirkung einer anderen Behörde oder Stelle keine Nichtigkeitsgründe. Diese und andere Verfahrens- und Formmängel können durch Nachholung des Versäumten *geheilt* werden (§ 44 Abs. 3, § 45 VwVfG). Auch kann die Aufhebung eines VA wegen eines Verstoßes gegen Verfahrens- oder Formvorschriften oder wegen *örtlicher* Unzuständigkeit nicht beansprucht werden, wenn eine andere Sachentscheidung ohnehin nicht ergehen könnte (§ 46 VwVfG). Im übrigen kann ein fehlerhafter VA durch *Umdeutung* aufrechterhalten werden, wenn die Voraussetzungen für den an sich angestrebten VA vorliegen, es sei denn, daß dieser für den Betroffenen ungünstiger wäre oder daß der fehlerhafte VA nicht zurückgenommen werden kann (s. § 47 VwVfG u. unten IV).

Vom nichtigen VA zu unterscheiden ist der „Nichtakt", der gar kein echter VA ist, so insbesondere das *Handeln eines Nichtbeamten* (z. B. Hochstaplers, Hauptmann von Köpenick); hier liegt ein strafrechtlich zu verfolgender Tatbestand vor. Die einzige Ausnahme bildet § 11 Abs. 2 Eheges. vom 20. 2. 1946, wonach die vor einem als *Standesbeamter* auftretenden Nichtbeamten geschlossene *Ehe* gültig bleibt, sofern sie in das *Familienbuch* eingetragen wurde (vgl. 343). Hat aber die Verwaltung einem Schwindler ein Amt irrtümlich übertragen (z. B. auf Grund falscher Papiere), so bleiben dessen Amtshandlungen wirksam, auch wenn die Ernennung mit rückwirkender Kraft für nichtig erklärt wird, weil die Amtstätigkeit *im Interesse der Allgemeinheit* sich nicht ungeschehen machen läßt (vgl. § 14 BBG).

Keinen Einfluß auf die Rechtswirksamkeit haben *offenbare Unrichtigkeiten* wie Schreibfehler, falsche Parteibezeichnung, i. d. R. auch Zitieren eines falschen Gesetzesparagraphen usw. Hier wird einfach *berichtigt* (§ 42 VwVfG).

Somit bedarf es bei einem offenkundig fehlerhaften und daher *nichtigen* VA nicht der Einlegung eines *Rechtsmittels,* wohl aber bei einem *anfechtbaren;* denn dieser ist zunächst gültig und auch vom Betroffenen und der Behörde zu beachten. Er muß innerhalb der Rechtsmittelfrist angefochten werden; wird diese versäumt, ist der Fehler unbeachtlich. Bei einem nichtigen VA genügt dagegen eine entsprechende Feststellung (§ 44 Abs. 5 VwVfG).

III. *Bestandskraft des Verwaltungsaktes*

Ein VA ist *formell bestandskräftig,* wenn die getroffene Maßnahme nicht mehr mit Rechtsmitteln angefochten werden kann (äußere Unanfechtbarkeit). Er erlangt ferner materielle *Bestandskraft* und behält diese, solange er nicht zurückgenommen, widerrufen oder anderwei-

292

tig aufgehoben ist oder sich durch Zeitablauf oder sonstwie erledigt (§ 43 Abs. 2 VwVfG).

Hierbei wird vorausgesetzt, daß der VA einen abgeschlossenen Sachverhalt betrifft und daß er entweder eine Rechtslage gestaltet oder einen Streit entscheidet oder das Bestehen oder Nichtbestehen einer Rechtsstellung (einer Berechtigung) feststellt – s. o. I –. Dagegen wird bloßen *Verwaltungshandlungen* weder Rechtskraft noch Bestandskraft zuteil (z. B. Beurkundungen, Entgegennahme von Erklärungen).

IV. *Widerruf und Rücknahme*

Ein VA weist nicht die Starrheit eines richterlichen Urteils auf, das an einen gegebenen Tatbestand anknüpft, sondern muß sich der ständig *wechselnden Sachlage* anpassen. Eine Verwaltungsbehörde kann daher ihren VA unter gewissen Voraussetzungen, wenn die zugrunde gelegten tatsächlichen oder rechtlichen Verhältnisse sich geändert haben, wieder aufheben.

Man unterscheidet zwischen dem *Widerruf* fehlerfreier und der *Rücknahme* fehlerhafter VAe. Grundsätzlich kann die erlassende Behörde auch einen fehlerfreien VA widerrufen, außer wenn dadurch gegen berechtigte Interessen eines Beteiligten verstoßen wird. Beim begünstigenden VA ist der Widerruf, wenn der Empfänger ein Recht erworben hat (z. B. Benutzungsrecht), nur unter bestimmten Voraussetzungen zulässig, insbes. wenn er in einer Rechtsvorschrift oder in dem VA ausdrücklich vorbehalten ist sowie bei Verstoß gegen Auflagen oder, um schweren Nachteilen für das Gemeinwohl entgegenzuwirken u. dgl. (§ 49 Abs. 2 VwVfG). Bei einer sog. *Gestattung,* die ohnehin nur unter bestimmten Voraussetzungen widerrufen werden darf (z. B. Gaststättenkonzession, § 15 GaststG), ist der Widerruf i. d. R. ausgeschlossen, wenn der Empfänger im Vertrauen auf das Bestehenbleiben des VA bereits vermögensrechtliche Dispositionen getroffen hat. Ist der Widerruf gleichwohl wegen eines unabweisbaren öffentlichen Interesses geboten, besteht Entschädigungspflicht (§ 49 Abs. 5 VwVfG).

Die *Rücknahme* eines fehlerhaften VA ist grundsätzlich auch nach formeller Bestandskraft zulässig, bei einem begünstigenden VA aber nur aus überwiegendem Interesse an der Herstellung des gesetzmäßigen Zustandes. Dies ist insbesondere im Bereich der Leistungsverwaltung von Bedeutung, wobei es darauf ankommen kann, ob der Empfänger die Fehlerhaftigkeit gekannt (insbes. wenn er den VA erschlichen hat) oder grobfahrlässig nicht erkannt hat oder ob ein schutzwürdiges Interesse des Empfängers der Rücknahme entgegensteht. Bei laufenden Leistungen (Renten, Dienstbezüge) ist eine Rücknahme oder Änderung nur für die Zukunft zulässig, weil das Empfangene i. d. R. verbraucht sein wird. Vgl. § 48 VwVfG.

V. *Vollziehung und Vollstreckung*

Im Verwaltungsrecht wird zwischen *Vollziehung* und *Vollstreckung* unterschieden. Erstere ist die Durchführung eines VA, letztere seine zwangsweise Durchsetzung (im Wege des *Verwaltungszwangs),* die von der formalen Bestandskraft des VA (s. oben III) abhängt. Die Behörde kann die Vollziehung ebenso wie die Vollstreckung nach ihrem pflichtgemäßen Ermessen aussetzen, so wenn zu erwarten ist, daß der Betroffene von sich aus den Zustand herstellt, der mit der behördlichen Anordnung erstrebt wird.

Im Wege des *Verwaltungszwangs* kann der Einzelne, dem durch VA ein Tun, Dulden oder Unterlassen auferlegt worden ist und der nicht freiwillig seine Rechtspflicht erfüllt, durch die Verwaltungsbehörde mit Zwangsmitteln dazu angehalten oder der erstrebte Erfolg auf seine Kosten herbeigeführt werden.

Vollstreckungsmaßnahmen werden i. d. R. ohne Inanspruchnahme der Gerichte durchgeführt; sie müssen angemessen sein und dürfen nicht mit sachfremden Zwecken oder Interessen gekoppelt werden. Zwangsmittel müssen vor ihrer Anwendung *angedroht* werden, außer wenn die sofortige Anwendung notwendig ist, um eine drohende Gefahr abzuwenden oder eine Straftat oder Ordnungswidrigkeit zu verhüten (vgl. §§ 9, 13 des *Verwaltungs-Vollstreckungsgesetzes* vom 27. 4. 1953, BGBl. I 157 m. spät. Änd.).

Wie bei Zwangsvollstreckung nach der ZPO unterscheidet man

1. Die *Beitreibung von Geldforderungen* (z. B. Steuern, Gebühren, Kosten), die durch *Pfändung* beweglicher Sachen und Pfandverwertung erfolgt. Maßgebend sind das *Verwaltungs-Vollstreckungsgesetz* und die darin bezeichneten Vorschriften der Abgabenordnung. *Forderungen* werden durch schriftliche Verfügung der Behörde (an Stelle des zivilprozessualen Pfändungs- und Überweisungsbeschlusses) gepfändet. In das unbewegliche Vermögen kann nur durch die ordentlichen Gerichte vollstreckt werden (vgl. §§ 322, 323 AO);
2. die Erzwingung von *Handlungen, Duldungen* oder *Unterlassungen*. Sie können durch *Ersatzvornahme* auf Kosten des Pflichtigen, durch *Zwangsgeld* oder *Ersatzzwangshaft,* die als Beugemittel erst nach gerichtlicher Anordnung vollstreckt werden darf, und durch *unmittelbaren Zwang* erzwungen werden. Der Verwaltungszwang richtet sich i. d. R. gegen das *Vermögen* (z. B. Schließung einer Gaststätte), in gesetzlich ausdrücklich zugelassenen Fällen aber auch gegen die *Person* (z. B. Bekämpfung von Geschlechtskrankheiten). Vgl. 163 III, 184 III 4. S. a. Ges. über den unmittelbaren Zwang bei Ausübung öffentlicher Gewalt durch Vollzugsbeamte des Bundes – UZwG – vom 10. 3. 1961 (BGBl. I 165), für Soldaten und zivile Wachpersonen UZwGBw vom 12. 8. 1965 (BGBl. I 796).

Auch in den Ländern sind Verwaltungs-Vollstreckungsgesetze ergangen; z. B. Bad.-Württbg. am 12. 3. 1974 (GBl. 93), Hessen am 4. 7. 1966 (GVBl. I 151), Nordrh.-Westf. am 13. 5. 1980 (GV.NW. 510), Saarld. am 27. 3. 1974 (ABl. 430).

149. Der Rechtsschutz in der Verwaltung

Gegen einen Verwaltungsakt kann der Betroffene sich mit *formlosen Rechtsbehelfen* oder (förmlichen) *Rechtsmitteln* zur Wehr setzen. Die förmlichen Rechtsmittel führen – i. d. R. über den Widerspruch (s. u.) – im Gegensatz zu den sonstigen Rechtsbehelfen dazu, daß die Behörde den VA nachprüft und einen (förmlichen) Bescheid erteilt. Der Rechtsschutz ist durch die Rechtsweggarantie nach Art. 19 Abs. 4 GG verfassungsmäßig gewährleistet. Soweit nicht eine andere Zuständigkeit begründet ist, ist der ordentliche Rechtsweg gegeben.

Über einen Fall gesetzlichen Ausschlusses des Rechtsweges vgl. § 9 Abs. 6 des sog. Abhörgesetzes vom 13. 8. 1968 (BGBl. I 949); s. 48 II.

I. *Formlose Rechtsbehelfe* sind:

1. *Gegenvorstellung (Remonstration),* die auf den vermeintlichen Fehler hinweist und um Abstellung ersucht. Die Behörde kann dem entsprechen.
2. *Aufsichtsbeschwerde* an die vorgesetzte Behörde.

Mit der *Fachaufsichtsbeschwerde* wird der Inhalt einer Entscheidung, mit der *Dienstaufsichtsbeschwerde* das persönliche Verhalten eines Beamten beanstandet.

Gegenvorstellung und Aufsichtsbeschwerde sind, da keine Rechtsmittel, an keine Form oder Frist gebunden; sie gewähren keinen sicheren Schutz, da die Behörden zwar den Sachverhalt überprüfen und antworten müssen (Art. 17 GG), aber keinen neuen förmlichen Bescheid zu erlassen brauchen.

II. Als förmliche *Rechtsmittel* sind vorgesehen:

1. Der *Widerspruch* gem. §§ 68ff. VwGO. Das *Widerspruchsverfahren* ist als Voraussetzung für die verwaltungsgerichtliche Klage nunmehr grundsätzlich vorgeschrieben. Die Erhebung des Widerspruchs ist an die Einhaltung einer Frist von 1 Monat gebunden. Vgl. 151 V, 626, 672 IV, 689.
2. Die *Klage vor dem Verwaltungsgericht* nach Durchführung des Widerspruchsverfahrens (in manchen Fällen auch unmittelbar zugelassen). Vgl. 151 IV, V.
3. *Anrufung des ordentlichen Gerichts.*

Sie ist nur in gesetzlich bestimmten Fällen möglich, z. B. über die Höhe einer Enteignungsentschädigung. Für alle Klagen eines Beamten aus dem Beamtenverhältnis ist dagegen der Verwaltungsrechtsweg eingeräumt (§ 126 BRRG).

III. Als *außerordentliche Rechtsbehelfe* kommen in Betracht:

1. der Antrag auf *Wiederaufgreifen des Verfahrens.*

Er ist unter bestimmten Voraussetzungen zulässig, aber weitergehend als die Restitutionsklage im Zivilprozeß (246, b) auch bei Änderung der Sach- oder Rechtslage oder Vorlage neuer Beweismittel (§ 51 VwVfG);

2. der Antrag auf *Wiedereinsetzung in den vorigen Stand,* wenn eine gesetzliche Frist oder eine mündliche Verhandlung ohne Verschulden versäumt worden ist (§ 32 VwVfG).

Über den in §§ 23ff. EGGVG geregelten Rechtsweg gegen *Justizverwaltungsakte* vgl. 205. Zur Verfassungsbeschwerde s. 74.

150. Entwicklung und Grundzüge der Verwaltungsgerichtsbarkeit

I. *Geschichtliche Entwicklung*

Nach Ablösung des *absoluten* Staates, in welchem die Verwaltung keiner gerichtlichen Kontrolle unterlag, gewährte der *Verfassungsstaat* schon in der konstitutionellen Monarchie zum Schutz gegen staatliche Übergriffe eine Kontrolle der Verwaltung durch die ordentlichen Gerichte (*Justizstaat). Frankreich* führte 1801 den Grundsatz der Gewaltenteilung durch und richtete eigene Verwaltungsgerichte ein. In Deutschland wurde eine Verwaltungsgerichtsbarkeit in Hessen 1832, in Baden 1863, in Württemberg 1876 und in Bayern 1879 geschaffen. In *Preußen* wurden durch das Landesverwaltungsgesetz von 1883 Kreis- und Stadtverwaltungsgerichte als untere Stufe, Bezirksverwaltungsgerichte als Mittelinstanz und das *Oberverwaltungsgericht* in Berlin als oberste Stufe des Verwaltungsrechtsweges errichtet. Nur das letztere war ein von der Verwaltung gesondertes Gericht, während die beiden unteren Instanzen den Behörden angegliedert und personell mit ihnen verbunden waren.

Im Reich von 1871 lagen Verwaltung und gerichtliche Kontrolle bei den Bundesstaaten. Nur im Aufgabengebiet des Bundesamts für Heimatwesen, des Reichspatentamts, des Reichsversicherungsamts und des Reichsaufsichtsamts für Privatversicherung bestand eine Verwaltungsgerichtsbarkeit des Reiches. Im Weimarer Staat wurden für Finanzverwaltung, Versorgungswesen und Wirtschaft oberste Instanzen in dem Reichsfinanzhof, dem Reichsversorgungsgericht und dem Reichswirtschaftsgericht geschaffen. Das in Art. 166 WVerf. vorgesehene Verwaltungsgericht des Reiches fehlte weiter. Nach 1933 wurden durch die 2. VO über die Vereinfachung der Verwaltung vom 6. 11. 1939 die unteren Verwaltungsgerichte sowie die Finanzgerichte aufgehoben und die Laienrichter abgeschafft. 1941 wurde zwar ein *Reichsverwaltungsgericht* als oberstes Verwaltungsgericht, jedoch nur für Preußen und bestimmte unter reichseigener Verwaltung stehende Gebiete eingerichtet; im übrigen blieben die *Landesverwaltungsgerichte* bestehen. Daneben bestanden weiter Reichsfinanzhof, Reichsversicherungsamt, Reichsaufsichtsamt für Privatversicherung und Reichsoberseeamt. Nach dem Zusammenbruch 1945 wurden alle Verwaltungsgerichte durch das MRG Nr. 2 geschlossen, aber durch das KRG Nr. 36 vom 10. 10. 1946 wieder errichtet; sie wurden je nach dem zonalen Recht unterschiedlich gestaltet. Eine bundeseinheitliche *Verwaltungsgerichtsordnung* erging erst am 21. 1. 1960. Vgl. 151.

II. *Zweck der Verwaltungsgerichtsbarkeit*

ist die *Kontrolle der Verwaltung* und der Schutz der Staatsbürger gegen fehlerhafte Ausübung der staatlichen Gewalt; sie obliegt selbständigen und von den Verwaltungsbehörden unabhängigen Gerichten. Diese *Verwaltungsgerichte* sind für die Entscheidung öffentlich-rechtlicher Streitigkeiten zuständig (einschl. der den *besonderen Verwaltungsgerichten* zugewiesenen Streitigkeiten insbes. der Finanz- und Sozialgerichtsbarkeit).

Nicht zu ihrer Zuständigkeit gehören:

1) *Verfassungsstreitigkeiten.* Sie werden vom BVerfG bzw. den Landesverfassungsgerichten oder Staatsgerichtshöfen der Länder entschieden.
2) *Streitigkeiten des privaten Rechts;* diese sind den ordentlichen Gerichten vorbehalten.
3) Streitigkeiten, die zwar öffentlich-rechtlicher Natur, aber durch besondere Vorschriften den *ordentlichen Gerichten* zugewiesen sind (z. B. Höhe der Enteignungsentschädigung, Ansprüche aus Amtspflichtverletzung von Beamten).

4) *Arbeitsrechtliche Streitigkeiten.* Ihre Entscheidung ist, auch soweit sie öffentl.-rechtlicher Natur sind, den Arbeitsgerichten übertragen. Vgl. 636.

III. *Klage, Rechtsmittel*

Der durch einen Verwaltungsakt Beschwerte kann – i. d. R. aber erst nach vorangegangenem Widerspruchsverfahren – *Klage vor dem Verwaltungsgericht* des Landes (VG) erheben. Gegen dessen Entscheidung ist die Berufung an das *Oberverwaltungsgericht* (OVG, in manchen Ländern Verwaltungsgerichtshof) gegeben. Als Rechtsmittel gegen dessen Entscheidung ist unter gewissen Voraussetzungen die *Revision* an das Bundesverwaltungsgericht zugelassen. Vgl. 151 IV, V, VII.

151. Die Verwaltungsgerichtsordnung

Übersicht:

I. Gerichtsverfassung	VI. Verfahren im ersten Rechtszug
II. Zuständigkeit	VII. Rechtsmittel und Wiederaufnahme
III. Verfahrensgrundsätze	VIII. Kosten und Vollstreckung
IV. Klagearten	IX. Landesgesetze
V. Vorverfahren	

Die Verwaltungsgerichtsordnung (VwGO) vom 21. 1. 1960 (BGBl. I 17) führte am 1. 4. 1960 eine *einheitliche bundesrechtliche Ordnung* für Gerichtsverfassung und gerichtliches Verfahren in Verwaltungssachen ein. Sie bezweckt die Kontrolle der Verwaltung durch *unabhängige Gerichte,* die von der Verwaltung getrennt sind (vgl. 150 II). Erst wenn der *Verwaltungsrechtsweg* erschöpft ist, verbleibt unter besonderen Voraussetzungen noch der Rechtsschutz der *Verfassungsbeschwerde* (vgl. 52 III, 74).

Die VwGO gilt jetzt i. d. F. vom 19. 3. 1991 (BGBl. I 686) m. spät. Änd.

I. Gerichtsverfassung

Die allgemeine Verwaltungsgerichtsbarkeit ist *dreistufig.* In den *Ländern* bestehen als erste und zweite Instanz Verwaltungsgerichte (VG) und Oberverwaltungsgerichte (OVG) bzw. Verwaltungsgerichtshöfe (VGH), im Bund als oberste Instanz das Bundesverwaltungsgericht (BVerwG) in Berlin.

Das VG entscheidet nach mündlicher Verhandlung in *Kammern,* die mit drei *Berufsrichtern* und zwei *ehrenamtlichen Richtern* besetzt sind; diese wirken bei Beschlüssen außerhalb der mündlichen Verhandlung nicht mit (§ 5). Die Kammer soll i. d. R. den Rechtsstreit einem ihrer Mitglieder als Einzelrichter zur Entscheidung übertragen, wenn die Sache keine besonderen Schwierigkeiten tatsächlicher oder rechtlicher Art aufweist und die Rechtssache keine grundsätzliche Bedeutung hat (§ 6). Bei Einverständnis der Parteien kann der Vorsitzende auch allein entscheiden (§ 87a Abs. 2).

Das OVG ist in *Senate* gegliedert. Diese entscheiden mit drei Richtern; die Landesgesetzgebung kann fünf Richter vorsehen, von denen zwei ehrenamtliche Richter sein können (§ 9).

Das durch Ges. vom 23. 9. 1952 (BGBl. I 625) errichtete BVerwG entscheidet in Senaten mit fünf, außerhalb der mündlichen Verhandlung mit drei Richtern (§ 10). Die Einheitlichkeit der Rechtsprechung wahrt der aus dem Präsidenten und je einem Richter der Revisionssenate, in denen der Präsident nicht den Vorsitz führt, bestehende *Große Senat* (§ 11). Ein *Oberbundesanwalt* ist zur Wahrung des öffentlichen Interesses beim BVerwG bestellt (§§ 35–37). Bei den VGen und OVGen bestehen *Landesanwaltschaften* nach Landesrecht.

Die Berufsrichter werden auf Lebenszeit ernannt; sie müssen zum Richteramt befähigt (Richter beim BVerwG außerdem mindestens 35 Jahre alt) sein, sind unabsetzbar und können nur mit ihrer Zustimmung versetzt werden. Zeitliche Begrenzung der Richterfunktion ist nur in bestimmten Fällen zulässig (§§ 15–17).

Die Bezeichnung *Verwaltungsgerichtshof* für das OVG eines Landes kann beibehalten werden (§ 184), so in Baden-Württemberg, Bayern und Hessen.

II. Zuständigkeit

Die in der VwGO geregelte *allgemeine Verwaltungsgerichtsbarkeit* gewährt Rechtsschutz gegenüber allen Verwaltungsakten (VA) und gegenüber sonstigem Verwaltungshandeln. Das frühere Enumerationsprinzip, das diesen Schutz nur in bestimmten Fällen vorsah, ist durch die *Generalklausel* abgelöst, d. h. durch den Grundsatz, daß die Verwaltungsgerichte im Zweifel für *alle öff.-rechtlichen Streitigkeiten* zuständig sind, soweit diese nicht anderen Gerichten ausdrücklich zugewiesen sind (§ 40 Abs. 1). Für Streitigkeiten über bestimmte technische Großvorhaben (z. B. Atomkraftwerke, herkömmliche Kraftwerke, Abfallbeseitigungsanlagen, Flughäfen, Autobahnen) entscheidet das OVG in erster Instanz in der Besetzung von 5 Richtern (§§ 48, 9 Abs. 4). Für vermögensrechtliche Ansprüche aus Aufopferung für das gemeine Wohl und aus öff.-rechtlicher Verwahrung sowie für Schadensersatzansprüche aus der Verletzung öff.-rechtlicher Pflichten – ausgenommen solche aus einem öff.- rechtlichen Vertrag, 147 I – ist dagegen der ordentliche Rechtsweg gegeben. Die besonderen Vorschriften des Beamtenrechts bleiben unberührt (vgl. 149 II 3 und § 40 Abs. 2).

Besondere Verwaltungsgerichte sind die Finanzgerichte (vgl. 78, 512), die Sozialgerichte (689) und die Disziplinargerichte (156, 455).

Außer dem *Rechtsschutz gegenüber VAen* sind den allgemeinen VGen auch sonstige öff.-rechtliche Streitigkeiten durch Gesetz zur Entscheidung übertragen, insbes. die sog. *Parteistreitigkeiten* zwischen gleichgeordneten Rechtsträgern (z. B. zwischen Gemeinden über Gemeingebrauch öff. Sachen, Benutzung öff. Einrichtungen usw.).

Bei einem Zuständigkeitsstreit (*Kompetenzkonflikt*) zwischen einem ordentlichen und einem Verwaltungsgericht entscheidet das zunächst angerufene Gericht über die Zulässigkeit des Rechtswegs mit bindender Wirkung. Erklärt es den Rechtsweg zu ihm für zulässig, so bindet die Entscheidung alle Gerichte der anderen Gerichtsbarkeit. Hält es ihn *nicht* für gegeben, so gilt das gleiche; der Rechtsstreit wird nach Anhörung der Parteien von Amts wegen an das nach Auffassung des angegangenen Gerichts zuständige Gericht verwiesen (§ 173 i. V. m. § 17a GVG).

Für die *örtliche Zuständigkeit* des Verwaltungsgerichts ist bei Klage gegen einen VA der Sitz der Behörde, in deren Bezirk er erlassen wurde (bei überregionalen Behörden der Sitz oder Wohnsitz des Beschwerten), gegebenenfalls der Gerichtsstand der belegenen Sache und sonst der Wohnsitz des Beklagten maßgebend, bei Klagen von Beamten, Wehr- und Zivildienstpflichtigen usw. aus dem Dienstverhältnis der (dienstliche) Wohnsitz des Klägers (§ 52).

III. Verfahrensgrundsätze

Es gelten die Vorschriften des GVG und der ZPO mit folgenden Besonderheiten:

1) Statt des – auch im Zivilprozeß stark eingeschränkten – Parteibetriebes gilt der *Amtsbetrieb* für Benachrichtigungen der Prozeßparteien (§ 56). Die Zustellung veranlaßt das VG nach Maßgabe des *Verwaltungszustellungsgesetzes* vom 3. 7. 1952 (BGBl. I 379). Besonderheiten gelten für sog. Massenverfahren (§ 56a).

2) Statt des zivilprozessualen Verhandlungsgrundsatzes gilt der *Untersuchungsgrundsatz (Offizialmaxime)* für die Erforschung des Sachverhalts; s. u. VI.

3) Ein Versäumnisverfahren findet nicht statt.

4) Eine *Frist für ein Rechtsmittel* oder einen anderen Rechtsbehelf beginnt nur zu laufen, wenn der Beteiligte über den Rechtsbehelf, die anzurufende Stelle und die Frist schriftlich belehrt worden ist (§ 58).

5) Der Oberbundesanwalt oder sonstige *Vertreter des öffentlichen Interesses* (Landesanwalt o. ä.) kann sich am Verfahren beteiligen. Auch kann das Gericht von Amts wegen oder auf Antrag andere rechtlich Interessierte beiladen, damit sie ihre Rechte wahrnehmen können (§§ 63, 65, 66).

6) *Anwaltszwang* besteht vor dem BVerwG und vor den OVG's.

Vor dem VG kann jeder seine Sache selbst vertreten oder sich durch einen Bevollmächtigten vertreten lassen und sich in der mündlichen Verhandlung eines Beistandes bedienen. Vor dem VG kann jede Person als Bevollmächtigter und als Beistand auftreten, die zum sachgemäßen Vortrag fähig ist (§ 67). In Massenverfahren (mehr als 20 Beteiligte) kann das Gericht den Beteiligten – wenn sie nicht durch einen Bevollmächtigten vertreten werden – aufgeben, einen gemeinsamen Bevollmächtigten zu bestellen (§ 67a).

IV. Klagearten

Die VwGO (§§ 42, 43) unterscheidet drei Arten der Klagen:

1) die *Anfechtungsklage,* die auf Aufhebung eines VA gerichtet ist;

2) die *Verpflichtungsklage,* welche die Verurteilung zum Erlaß eines abgelehnten oder unterlassenen VA erstrebt (= *Vornahmeklage, Untätigkeitsklage);*

3) die *Feststellungsklage* auf Feststellung des Bestehens oder Nichtbestehens eines Rechtsverhältnisses oder der Nichtigkeit eines VA.

299

In den Fällen zu 1 und 2 muß der Kläger die Verletzung eines eigenen subjektiven Rechts behaupten und beweisen. Die VwGO kennt keine *Verbandsklage,* mit der z. B. sog. *Bürgerinitiativen* (vgl. 44 I) wirtschaftliche oder sonstige Interessen ihrer Mitglieder geltend machen können, ohne selbst unmittelbar betroffen zu sein (anders im Zivilrecht, vgl. § 13 UWG und 383 sowie § 13 AGB-Ges., s. 315; bezgl. der sog. Popularklage s. 74). Bei der Feststellungsklage zu 3 muß der Kläger ein berechtigtes Interesse an der alsbaldigen Feststellung dartun; dieses fehlt, soweit Gestaltungs- oder Leistungsklage möglich ist oder war.

Außer der Verpflichtungsklage, die eine besondere Leistungsklage ist, kennt das Verwaltungsrecht noch eine *allgemeine Leistungsklage,* insbes. bei Streitigkeiten gleichgeordneter Rechtsträger (z. B. Gemeinden) über öff.-rechtliche Rechtsverhältnisse.

Ein Sonderfall von 3) ist das *Normenkontrollverfahren;* in diesem prüft das Oberverwaltungsgericht die Gültigkeit von Satzungen, die auf dem Baugesetzbuch (s. 192) beruhen, ferner von VOen auf Grund des § 246 Abs. 2 BauGB sowie, wenn das Landesrecht es bestimmt, von anderen im Rang unter einem Landesgesetz stehenden Rechtsvorschriften (RechtsVOen, Satzungen; § 47).

V. Vorverfahren

Anfechtungs- und Verpflichtungsklagen vor dem VG (s. o. IV 1, 2 – 1. Fall) setzen i. d. R. voraus, daß ein *Vorverfahren,* das sog. *Widerspruchsverfahren,* durchgeführt worden ist (§ 68).

Das Vorverfahren beginnt mit *Erhebung des Widerspruchs* gegen den VA (§ 69). Dieser ist innerhalb eines Monats seit Bekanntgabe des VA schriftlich oder zur Niederschrift bei der erlassenden Behörde zu erheben. Die Frist wird auch durch Einlegung bei der Behörde, die den Widerspruchsbescheid zu erlassen hat, gewahrt (§ 70). Ist die Aufhebung oder Änderung eines VA im Widerspruchsverfahren erstmalig mit einer Beschwer verbunden, soll der Betroffene vor Erlaß des Bescheides angehört werden (§ 71). Hält die Behörde den Widerspruch für begründet, so *hilft sie ihm ab* und entscheidet über die Kosten. Andernfalls ergeht ein *Widerspruchsbescheid* durch die nächsthöhere Behörde bzw. die Selbstverwaltungsbehörde (§§ 72, 73). Nach Zustellung des Widerspruchsbescheids muß dann die Anfechtungs- bzw. Vornahmeklage innerhalb eines Monats erhoben werden. (§ 74). Sowohl Widerspruch als auch Klage haben im allgemeinen aufschiebende Wirkung (Ausnahmen s. § 80 Abs. 2; gegen die Anordnung der sofortigen Vollziehung kann die Wiederherstellung der aufschiebenden Wirkung beantragt werden, § 80 Abs. 5).

VI. Verfahren im ersten Rechtszug

Die *verwaltungsgerichtliche Klage* muß schriftlich oder zu Protokoll erhoben werden; sie muß den Kläger, den Beklagten, den Streitgegenstand, Tatsachen und Beweismittel angeben und soll einen bestimmten Antrag enthalten (§§ 81, 82). Das VG prüft, ob alle Prozeßvoraussetzungen gegeben sind, und weist bei Nichtbeseitigung von Mängeln die Klage als *unzulässig* ab. Dies kann ohne mündliche Verhandlung durch einen mit Gründen versehenen *Gerichtsbescheid* geschehen, wenn die Sache keine besonderen tatsächlichen oder rechtlichen Schwierigkeiten aufweist und der Sachverhalt geklärt ist. Der Gerichtsbescheid wirkt als Urteil. Die Beteiligten können innerhalb eines Monats nach

Zustellung gegen den Gerichtsbescheid Rechtsmittel einlegen bzw. mündliche Verhandlung beantragen (§ 84).

In Massenverfahren kann ein Musterverfahren durchgeführt werden (§ 93a).

Anders als im Zivilprozeß gilt im VGVerfahren – ähnlich wie im Strafprozeß und in der freiwilligen Gerichtsbarkeit; vgl. 268 V, 294 – die *Offizialmaxime*. Das VG erforscht den Sachverhalt unter Heranziehung der Beteiligten *von Amts wegen* und ist an Anträge nicht gebunden (§ 86). Jedoch darf das Urteil nicht über das Klagebegehren hinausgehen (§ 88). Verspätetes Vorbringen kann zurückgewiesen werden (§ 87b).

Das Beweisverfahren ist in den §§ 96–99 geregelt. Behörden sind dem VG gegenüber auskunftspflichtig. Die Beteiligten erhalten Akteneinsicht (§ 100). Mündliche Verhandlung findet i. d. R. statt; doch können die Beteiligten auf sie verzichten (§ 101). Über die Durchführung der Verhandlung s. §§ 102–105. Eine Erledigung des Rechtsstreits durch Vergleich ist möglich (§ 106).

Wird eine Streitsache weder durch Gerichtsbescheid noch durch Vergleich erledigt, so entscheidet das VG über die Klage durch *Urteil* nach seiner freien, aus dem Gesamtergebnis des Verfahrens gewonnenen *Überzeugung* (§§ 107, 108). Wird festgestellt, daß der angefochtene VA rechtswidrig ist, so lautet das Urteil auf *Aufhebung* des VA und ggf. des Widerspruchsbescheides bzw., wenn der VA schon vollzogen ist, auf *Rückgängigmachung* der Vollziehung. Das Urteil kann auch den VA aufrechterhalten und die angefochtene Höhe einer Geld- oder Sachleistung oder die angefochtene Feststellung ändern; es kann ferner die Verpflichtung aussprechen, einen abgelehnten oder unterlassenen VA vorzunehmen (§ 113).

Soweit die Verwaltungsbehörde ermächtigt ist, nach ihrem *Ermessen* zu handeln, prüft das VG auch, ob der VA oder die Ablehnung oder Unterlassung des VA rechtswidrig ist, weil die gesetzlichen Grenzen des Ermessens überschritten sind oder von dem Ermessen in einer dem Zweck der Ermächtigung nicht entsprechenden Weise Gebrauch gemacht ist (*Ermessensmißbrauch,* § 114; vgl. 148 II).

Das Urteil wird i. d. R. durch Verkündung im Verhandlungstermin oder durch Zustellung bekanntgegeben (§ 116).

Nach dem Vorbild des Zivilprozesses kann eine *einstweilige Anordnung* bei Gefährdung eines Anspruchs oder aus anderen Gründen ergehen (§ 123).

VII. Rechtsmittel und Wiederaufnahme

Gegen jedes Urteil eines VG steht i. d. R. mindestens ein Rechtsmittel offen, *Berufung oder Revision,* bisweilen auch beide. Nur die erstinstanzlichen Urteile des BVerwG sind endgültig (§ 50). Ferner gibt es in bestimmten Fällen die Beschwerde und die Möglichkeit der Wiederaufnahme.

1. *Berufung*

Das OVG ist als Berufungsinstanz gegen Urteile des VG zweite Tatsacheninstanz und prüft das erstinstanzliche Urteil in vollem Umfang. Die *Berufung* ist allerdings nur möglich, wenn sie von dem Oberverwaltungsgericht zugelassen wird. Die Berufung ist nur zuzulassen, wenn ernstliche Zweifel an der Richtigkeit des Urteils bestehen, wenn die Rechtssache besondere tatsächliche oder rechtliche Schwierigkeiten aufweist, wenn sie grundsätzliche Bedeutung hat, wenn das Urteil von einer Entscheidung des Oberverwaltungsgerichts, des Bundesverwaltungsgerichts, des Gemeinsamen Senats der Obersten Gerichtshöfe des Bundes oder des Bundesverfassungsgerichts abweicht oder wenn ein Verfahrensmangel geltend gemacht werden kann, auf dem die Entscheidung beruhen kann. Neue Tatsachen und Beweismittel dürfen vorgebracht werden und sind zu berücksichtigen, Erklärungen und Beweismittel, die im ersten Rechtszug entgegen einer hierfür gesetzten Frist nicht vorgebracht worden sind, können unter bestimmten Voraussetzungen zurückgewiesen werden (§§ 124, 128, 128a). Soweit Berufung und Revision nacheinander gegeben sind, kann bei Zustimmung des Rechtsmittelgegners vom VG eine *Sprungrevision* zugelassen werden (§ 134).

Die Zulassung der Berufung ist innerhalb eines Monats nach Zustellung des Urteils schriftlich oder zu Protokoll des Urkundsbeamten der Geschäftsstelle bei dem Gericht zu beantragen, dessen Entscheidung angefochten wird (§ 124a). Über diesen Antrag entscheidet das OVG durch Beschluß. Wird die Berufung zugelassen, so ist sie innerhalb eines Monats nach Zustellung des Zulassungsbeschlusses zu begründen. Diese Begründungsfrist kann verlängert werden. Wenn der Berufungskläger das Verfahren trotz Aufforderung des Gerichts länger als drei Monate nicht betreibt, gilt die Berufung als zurückgenommen (§ 126 Abs. 2).

Wenn das OVG eine Berufung einstimmig für begründet oder einstimmig für unbegründet hält, kann es über die Berufung durch Beschluß entscheiden, sofern eine mündliche Verhandlung nicht für erforderlich gehalten wird (§ 130a).

2. *Revision*

Revisionsgericht ist das BVerwG. Im Revisionsverfahren werden nur Rechtsfragen geprüft, nicht dagegen Tatsachenfragen.

Die *Revision* bedarf grundsätzlich der Zulassung durch das OVG oder – auf Nichtzulassungsbeschwerde – durch das BVerwG (§ 132); sie ist nur zuzulassen bei grundsätzlicher Bedeutung der Rechtssache, bei Abweichung von einer Entscheidung des BVerwG oder bei einem Verfahrensmangel. Soweit die Berufung durch Bundesgesetz ausgeschlossen ist, ist die Revision möglich, wenn sie vom VG oder vom BVerwG zugelassen wird (§ 135). Die Revision kann nur auf Verletzung von Bundesrecht oder einer dem Bundesrecht entsprechenden Vorschrift des landesrechtlichen Verwaltungsverfahrensgesetzes (147 II) gestützt werden (§§ 137, 138).

3. *Beschwerde*

Gegen Entscheidungen des VG und seines Vorsitzenden, die nicht Urteile oder Gerichtsbescheide sind, ist die *Beschwerde* an das OVG zulässig (mit Einschränkungen, § 146). Sie muß binnen zwei Wochen dem VG oder dem Beschwerdegericht vorliegen (§ 147). Bei Beschlüssen über die Aussetzung der Vollziehung (§§ 80, 80a) und über einstweilige Anordnungen (§ 123) bedarf die Beschwerde der Zulassung durch das OVG (§ 146 Abs. 4). Das OVG entscheidet durch Beschluß (§ 150). Gegen die Entscheidungen des OVG ist Beschwerde an das BVerwG nur in den in § 152 aufgeführten Fällen möglich, z. B. gegen Nichtzulassung der Revision.

4. *Wiederaufnahme*

Ein rechtskräftig beendetes Verfahren kann nach den §§ 578ff. ZPO wiederaufgenommen werden (§ 153; vgl. 246).

VIII. Kosten und Vollstreckung

Für die Kosten im Verfahren vor den Verwaltungsgerichten gilt das Gerichtskostengesetz (vgl. 214). Für die Vollstreckung gelten die §§ 704ff. ZPO entsprechend (§ 167).

Der Grundsatz, daß der unterliegende Teil die *Kosten des Verfahrens* trägt, gilt auch im verwaltungsgerichtlichen Verfahren (§ 154 Abs. 1). Für ein erfolglos eingelegtes *Rechtsmittel* trägt sie der, welcher das Rechtsmittel eingelegt hat (§ 154 Abs. 2). Bei sofortigem Anerkenntnis können dem Kläger die Kosten zur Last fallen (§ 156). Gebühren und Auslagen eines Rechtsbeistandes sind stets erstattungsfähig.

Für die Vollstreckung ist das *Verwaltungs-Vollstreckungsgesetz* (vgl. 148 V) anzuwenden, falls die öffentliche Hand vollstreckt. Vollstreckungsbehörde ist der Vorsitzende des erstinstanzlichen Gerichts (§ 169). Für Vollstreckungen gegen die öffentliche Hand gelten die §§ 170–172.

IX. Landesgesetze

Sämtliche Länder haben *Ausführungsgesetze* zur VwGO erlassen, in denen die Gerichtsverfassung, das Vorverfahren und z.T. auch Normenkontrollverfahren geregelt werden (Zusammenstellung bei Sartorius, Verfassungs- und Verwaltungsgesetze Nr. 600 vor § 1).

152. Das Verwaltungsunrecht und seine Ahndung

I. Noch unter der WVerf. besaßen einzelne Verwaltungsbehörden bei Zuwiderhandlungen gegen Vorschriften des Verwaltungsrechts eine echte *Strafkompetenz,* z.B. bei Verstößen gegen Bewirtschaftungs- oder Preisvorschriften. Diese Strafbefugnis bestand auch nach dem 2. Weltkrieg noch auf manchen Gebieten, so im *Devisenrecht* nach Maßgabe des Außenwirtschaftsgesetzes (811), im Steuer- und Zollrecht nach Maßgabe der §§ 420–477 AO a.F. und des Zollgesetzes (554 II) usw. Träger dieses Verwaltungsstrafrechts waren die Finanz- und Hauptzollämter, die Oberfinanzdirektionen (Devisenstellen) u.a. Verwaltungsbehörden. Nachdem das BVerfG durch Urt. vom 6. 6. 1967 (BGBl. I 626) zu §§ 421 II, 445, 447 I AO die Ausübung der Strafgewalt durch Verwaltungsbehörden für unzulässig erklärt hat, dürfen diese echte Kriminalstrafen – anders Bußgelder, Erzwingungsmaßnahmen – nicht mehr verhängen; dagegen sind sie an strafrechtlichen Ermittlungen nicht gehindert. Vgl. 516.

II. Zuwiderhandlungen gegen Verwaltungsvorschriften sind – wie andere Bagatellstraftaten im Zuge der Strafrechtsreform (409) – dem Bereich des kriminellen Unrechts weitgehend enthoben worden. Als Mittel der Ahndung dürfen bei Verstößen gegen Ordnungsvorschriften nicht mehr Strafen vorgesehen werden, sondern nur noch *Ordnungsgeld* oder *Ordnungshaft* – i.d.R. 5 bis 1000 DM bzw. 1 Tag bis 6 Wochen – sowie als Beugemittel *Zwangsgeld* (Art. 5, 6 EGStGB vom 2. 3. 1974). Des weiteren gehören zum Verwaltungsunrecht die *Ordnungswidrigkeiten,* die von Verwaltungsbehörden im *Bußgeldverfahren* durch *Geldbußen* geahndet werden können.

Läßt ein Bundes- oder Landesgesetz die Ahndung bestimmter Zuwiderhandlungen durch eine Geldbuße zu, so richtet sich die Verfolgung und Ahndung der Tat, soweit das androhende Gesetz nicht Sondervorschriften enthält, nach dem *Gesetz über Ordnungswidrigkeiten* i. d. F. vom 19. 2. 1987 (BGBl. I 602) m. spät. Änd. Solche Tatbestände sind in zahlreichen Bundes- und Landesgesetzen vorgesehen. Zum Teil enthalten diese Gesetze sog. *Mischtatbestände,* d. h. die Tat kann je nach ihren Auswirkungen als Straftat mit Kriminalstrafe oder als Ordnungswidrigkeit mit Geldbuße geahndet werden, außer wenn der Täter die Zuwiderhandlung beharrlich wiederholt hat. Ordnungswidrigkeiten sind i. d. R. nur bei Vorsatz verfolgbar, es sei denn, daß auch Fahrlässigkeit ausdrücklich mit Geldbuße bedroht ist.

Das *Bußgeldverfahren* ist grundsätzlich ein Verwaltungsverfahren (doch kann die Ordnungswidrigkeit in ein Strafverfahren einbezogen werden), der *Bußgeldbescheid* eine Entscheidung der Verwaltungsbehörde, gegen die aber nicht der Verwaltungsrechtsweg, sondern der *Einspruch* (Einlegungsfrist: 2 Wochen; § 67) an das ordentliche Gericht (Amtsgericht) gegeben ist; gegen dessen Entscheidung ist *Rechtsbeschwerde* (an das Oberlandesgericht) zulässig. Das Bußgeldverfahren kann in ein Strafverfahren übergehen, wenn es wegen persönlichen oder sachlichen Zusammenhangs mit einem wegen einer Straftat anhängigen Verfahren verbunden wird, ferner wenn die Zuwiderhandlung nicht als Ordnungswidrigkeit, sondern als Straftat zu ahnden ist. Das Gericht ist im Bußgeldverfahren an die Beurteilung der Tat als OWi nicht gebunden (§ 81 Abs. 1 OWiG).

III. Das Zweite Gesetz zur Bereinigung von SED-Unrecht (Zweites SED-*Unrechtsbereinigungsgesetz – 2. SED-UnBerG*) vom 23. 6. 1994 (BGBl. I 1311) sieht Möglichkeiten der Rehabilitierung für Opfer schwerwiegenden Verwaltungsunrechts und für Opfer erheblicher politischer Verfolgung im beruflichen Bereich vor. Nach § 1 des in Art. 1 des 2. SED-UnBerG geregelten *Verwaltungsrechtlichen Rehabilitierungsgesetzes (VwRehaG),* jetzt i. d. F. vom 1. 7. 1997 (BGBl. I 1620), ist eine hoheitliche Maßnahme einer Behörde im Beitrittsgebiet aus der Zeit vom 8. Mai 1945 bis zum 2. Oktober 1990 auf Antrag aufzuheben, wenn sie zu einer gesundheitlichen Schädigung, einem Eingriff in Vermögenswerte oder zu einer beruflichen Benachteiligung geführt hat. Die Maßnahme muß ferner in schwerwiegender Weise gegen die Prinzipien der Gerechtigkeit, der Rechtssicherheit oder der Verhältnismäßigkeit verstoßen haben, ihre Folgen müssen noch unmittelbar schwer und unzumutbar nachwirken. Für die Rehabilitierung von aus dem Grenzgebiet der früheren DDR ausgesiedelten Bewohner wird in § 1 Abs. 3 VwRehaG festgestellt, daß die *Zwangsaussiedlungen* mit den tragenden Grundsätzen eines Rechtsstaats schlechthin unvereinbar sind. Durch die Aufhebung einer Maßnahme oder die Feststellung ihrer Rechtswidrigkeit werden Folgeansprüche begründet, deren Art und Umfang sich je nach Eingriff nach dem *Bundesversorgungsgesetz* (s. 681), dem *Vermögensgesetz* (s. 24 II 2a), dem *Investitionsvorranggesetz* (s. 24 II 2a) oder dem *Entschädigungsgesetz* bestimmen.

304

Sofern eine berufliche Beeinträchtigung vorliegt, richten sich die Ansprüche nach dem in Art. 2 des 2. SED-UnBerG geregelten Gesetz über den Ausgleich beruflicher Benachteiligungen für Opfer politischer Verfolgung im Beitrittsgebiet (*Berufliches Rehabilitierungsgesetz – BerReha*G), jetzt i. d. F. vom 1. 7. 1997 (BGBl. I 1625). Wer wegen *politischer Verfolgung* zumindest zeitweise seinen Beruf nicht ausüben oder seine berufsbezogene Ausbildung nicht fortsetzen konnte, kann Ansprüche nach diesem Gesetz geltend machen. Kernstück des BerRehaG ist der Ausgleich von erlittenen Nachteilen in der Rentenversicherung, insbes. die Anrechnung von Verfolgungszeiten als Pflichtbeitragszeiten (§ 11 BerRehaG).

Die Anträge nach dem VwRehaG und dem BerRehaG sind bis zum Ablauf des 31. Dezember 1999, teilweise auch noch bis zum 31. Dezember 2000 zu stellen (Unterhaltsgeld, Ausgleichsleistungen in Geld, §§ 6, 8 BerRehaG). Für die Entgegennahme der Anträge werden in Berlin und den fünf neuen Ländern Rehabilitierungsbehörden errichtet.

B. Beamtenrecht

153. Der öffentliche Dienst

I. Begriff des „öffentlichen Dienstes"

Der Begriff „öffentlicher Dienst" umfaßt *funktionell* alle Tätigkeiten zur Wahrnehmung öffentlicher Aufgaben, *personell* die öffentlichen Dienstverhältnisse, die zwischen Einzelpersonen und öffentlichen Rechtsträgern als Dienstherren bestehen. Die Verwaltungsaufgaben in den Dienststellen des Staates, der öffentlich-rechtlichen Körperschaften und Anstalten werden heute nicht nur von *Beamten,* sondern auch von *Angestellten* und *Arbeitern* wahrgenommen. Die Tätigkeit im öffentlichen Dienst kann also auf einem hoheitsrechtlichen Anstellungsakt (Beamte) oder auf einem privatrechtlichen Dienstvertrag (Angestellte, Arbeiter) beruhen.

Nach wie vor sind aber die wichtigeren Funktionen, nämlich die *Hoheitsaufgaben,* den Berufsbeamten vorbehalten (Art. 33 Abs. 4 GG); das schließt aber die Betrauung von Angestellten mit solchen Aufgaben nicht aus (vgl. 69 IV). Der Vorrang des Berufsbeamten knüpft an eine jahrhundertelange geschichtliche Entwicklung an, die vom „Fürstendiener" des absoluten Monarchen zum „Staatsdiener" führt, dessen Treue- und Gehorsamspflicht – und entsprechend der Anspruch auf Existenzgarantie – nicht mehr gegenüber einer Einzelperson, sondern im Verhältnis zum Staat besteht. Über die verfassungsrechtliche Garantie des Berufsbeamtentums und des freien Zugangs zu öffentlichen Ämtern vgl. 69 I, II.

II. Beamter

ist, wer zum Staat oder zu einer sonstigen juristischen Person des öffentlichen Rechts (144) in einem öffentlich-rechtlichen, gesetzlich besonders geregelten Dienst- und Treueverhältnis steht (Beamtenverhältnis).

Da auch die hoheitliche Tätigkeit der Angestellten des öffentlichen Dienstes unter Strafschutz stehen soll, ist in das StGB (§ 11 Abs. 1 Nr. 2) der Begriff des „Amtsträgers" eingeführt worden; dazu gehören Beamte und Richter sowie alle in einem sonstigen öffentlich-rechtlichen Amtsverhältnis stehenden Personen (z. B. Minister, Notare) und die zur Wahrnehmung öffentlicher Verwaltungsaufgaben besonders Bestellten (z. B. Fleischbeschauer). Im staatsrechtlichen Sinne gehören *Notare* nicht zu den Beamten, ebenso nicht *Minister* (Amtsverhältnis besonderer Art, vgl. 62 III) und *Kirchenbeamte* (719). Vielmehr ist *Beamter* hier nur, wer unter Aushändigung einer Ernennungsurkunde in das *Beamtenverhält-*

nis berufen worden ist. Die *Behördenangestellten* werden auf Grund privatrechtlicher Dienstverträge und des Tarifvertrages vom 23. 2. 1961 (BAT) in den Ämtern und Behörden beschäftigt. Ihnen können behördliche Handlungen (hoheitliche Funktionen), sogar Zeichnungsrechte, übertragen werden. Für die *Arbeiter* des Bundes, der Länder und Gemeinden, bei denen es sich um Leistung überwiegend körperlicher oder mechanischer Tätigkeit handelt, gelten das allgemeine Arbeitsrecht und Manteltarifverträge (MTB II, MTL II vom 27. 2. 1964, MTG II vom 31. 1. 1962).

Richter nehmen im Hinblick auf ihre Unabhängigkeit bei der Rechtsprechung eine Sonderstellung ein. Diese ist in den Richtergesetzen des Bundes und der Länder (209) unter Anlehnung an das Beamtenrecht geregelt.

III. Man unterscheidet folgende Beamtengruppen:

1. *unmittelbare* B., die den Staat (Bund, Land) als Dienstherrn haben, und *mittelbare* B., die im Dienst eines nachgeordneten Dienstherrn stehen (z. B. Gemeinde oder sonstige öffentlich-rechtliche Körperschaft);
2. *Berufsbeamte,* die ihre Tätigkeit als Lebensberuf ausüben, und *Ehrenbeamte,* die keine Besoldung oder Versorgung erhalten (z. B. ehrenamtliche Bürgermeister oder Stadträte);
3. *Beamte auf Lebenszeit* (Regel), *auf Zeit* (z. B. Bürgermeister, Beigeordnete) und *auf Widerruf* oder *auf Probe* (z. B. im Vorbereitungsdienst oder bei Übertragung eines Amtes mit leitender Funktion);
4. nach der *Laufbahn:* B. des einfachen, des mittleren, des gehobenen und des höheren Dienstes;
5. *planmäßige* B. mit im Haushaltsplan ausgewiesener Planstelle und *außerplanmäßige* B. (z. B. Assessoren).

IV. Sicherheitsüberprüfung

Personen, die in einer Behörde oder einer sonstigen öffentlichen Einrichtung tätig sind und Zugang zu *Verschlußsachen* mit der Einstufung „Streng Geheim", „Geheim" oder „VS – Vertraulich" haben oder sich verschaffen können, sind einer *Sicherheitsüberprüfung* zu unterziehen (§§ 1, 2 *Sicherheitsüberprüfungsgesetz* – SÜG – vom 20. 4. 1994 (BGBl. I 867). Unter Verschlußsachen versteht man alle im öffentlichen Interesse geheimhaltungsbedürftigen Tatsachen, Gegenstände oder Erkenntnisse (§ 4 SÜG). Die Arten der Sicherheitsüberprüfung und das Verfahren sind in den §§ 7–23 SÜG geregelt.

154. Das Bundesbeamtengesetz (BBG)

i. d. F. vom 27. 2. 1985 (BGBl. I 479) m. spät. Änd. gilt für die *Bundesbeamten.* Als solche gelten die Personen, die zum Bund oder zu einer bundesunmittelbaren Körperschaft, Anstalt oder Stiftung des öffentlichen Rechts in einem öffentlich-rechtlichen *Dienst- und Treueverhältnis* (Beamtenverhältnis) stehen (§ 2 Abs. 1 BBG).

Unmittelbarer Bundesbeamter ist, wer den Bund zum Dienstherrn hat; *mittelbarer Bundesbeamter,* wer eine bundesunmittelbare Körperschaft, Anstalt oder Stifung des öffentlichen Rechts zum Dienstherrn hat (§ 2 Abs. 2 BBG).

Oberste Dienstbehörde des Beamten (B.) ist die oberste Behörde seines Dienstherrn, in deren Dienstbereich er ein Amt bekleidet (i. d. R. der Ressortminister). *Vorgesetzter* ist, wer Anordnungen für die dienstliche

Tätigkeit erteilen kann. *Dienstvorgesetzter* ist, wer für beamtenrechtliche Entscheidungen in persönlichen Angelegenheiten des Beamten (z. B. Urlaub, Disziplinarmaßnahmen) zuständig ist (§ 3 BBG).

I. *Beginn und Ende des Beamtenverhältnisses*

Eine *Berufung in das Beamtenverhältnis* ist nur zur Wahrnehmung hoheitsrechtlicher oder aus Sicherheitsgründen von Beamten zu versehender Aufgaben zulässig. Sie kann auf Lebenszeit (dauernd), auf Zeit, auf Probe, auf Widerruf oder als Ehrenbeamter erfolgen. Das Beamtenverhältnis wird durch Aushändigung einer Ernennungsurkunde begründet. Es endet außer durch Tod durch Entlassung, Verlust der Beamtenrechte oder Entfernung aus dem Dienst nach den Disziplinargesetzen, ferner durch Eintritt in den Ruhestand. Vgl. §§ 4ff., 28ff. BBG.

Berufen in das Beamtenverhältnis darf nur werden, wer Deutscher im Sinne des Art. 116 des Grundgesetzes ist oder die Staatsangehörigkeit eines anderen Mitgliedstaates der Europäischen Gemeinschaften besitzt, die Gewähr für jederzeitiges Eintreten für die freiheitliche demokratische Grundordnung i. S. des GG bietet und entweder die für seine Laufbahn vorgeschriebene oder übliche Ausbildung besitzt oder die erforderliche Befähigung durch Lebens- oder Berufserfahrung erworben hat. Im Kernbereich hoheitlichen Handelns (z. B. Richteramt) dürfen nur Deutsche in ein Beamtenverhältnis berufen werden. Die Bewerber sind durch *Stellenausschreibung* zu ermitteln. Ihre Auslese ist nach Eignung, Befähigung und fachlicher Leistung ohne Rücksicht auf Geschlecht, Abstammung, Rasse, Glauben, religiöse oder politische Anschauungen, Herkunft oder Beziehungen vorzunehmen.

Ernennung durch den BPräs. oder die ermächtigte Stelle. Nichtigkeit bei Fehlen einer Grundvoraussetzung, Zurücknahme bei arglistiger Täuschung, Bestechung, schweren Vorstrafen usw. Bis zur Zurücknahme oder zum Verbot bei nichtiger Ernennung vorgenommene Amtshandlungen bleiben gültig. Über die vier Laufbahnen der Bundesbeamten s. §§ 15ff. BBG und die *BundeslaufbahnVO* (155).

Versetzung auf Antrag oder bei dienstlichem Bedürfnis, ohne Zustimmung des B. aber nur, wenn das neue Amt gleichwertig ist und dasselbe Endgrundgehalt ergibt. Vorübergehende Abordnung zulässig, zu einem anderen Dienstherrn ohne Zustimmung des B. nur bis zu fünf Jahren. Vgl. §§ 26, 27 BBG.

Entlassung bei Verweigerung des vorgeschriebenen Diensteides, Beibehaltung eines schon bei Ernennung bestehenden Bundestagsmandats trotz Inkompatibilität (114), Verlust der Eigenschaft als Deutscher, unerlaubtem dauernden Aufenthalt im Ausland, Übertritt in den Dienst eines anderen öffentlich-rechtlichen Dienstherrn. Der Beamte kann jederzeit seine Entlassung verlangen; Erledigung der Dienstgeschäfte kann bis zu 3 Monaten verlangt werden. Weiterführung von Amtstiteln nur mit Erlaubnis. Über die Entlassung von B. auf Probe oder auf Widerruf vgl. §§ 31, 32 BBG.

Der BPräs. kann jederzeit Staatssekretäre, Ministerialdirektoren, leitende Beamte des auswärtigen Dienstes, des BAmts für Verfassungsschutz und des Bundesnachrichtendienstes, den BPressechef und dessen Vertreter, den Generalbundesanwalt beim BGH und den Oberbundesanwalt beim BVerwG sowie den Bundesbeauftragten für den Zivildienst (sog. *politische Beamte*) in den *einstweiligen Ruhestand* versetzen (§ 36 BBG). Die Betroffenen müssen bei erneuter Berufung ein gleichwertiges anderes Amt übernehmen.

Verlust der Beamtenrechte tritt ein, wenn ein Beamter wegen vorsätzlicher Tat zu Freiheitsstrafe von einem Jahr oder mehr oder wegen vorsätzlichen Friedens-, Hoch- oder Landesverrats oder Gefährdung des demokratischen Rechtsstaates oder der äußeren Sicherheit zu Freiheitsstrafe von mindestens 6 Monaten verurteilt wird, oder wenn ihm die Befähigung zum Bekleiden öffentlicher Ämter aberkannt wird, oder wenn er auf Grund einer Entscheidung des BVerfG gemäß Art. 18 GG ein Grundrecht verwirkt hat (vgl. 52 V). In diesen Fällen hat er keinen Anspruch auf Dienstbezüge, Versorgung, Amtsbezeichnung und Titel. Dem BPräs. steht hins. des Verlustes der Beamtenrechte das *Gnadenrecht* zu, das er auf andere Stellen übertragen kann (§§ 48–50 BBG).

Nimmt der Beamte die Wahl zum BT-Abgeordneten an, so ruht sein Dienstverhältnis (ohne Bezüge) bis 6 Monate nach Mandatsende; er hat Anspruch auf Wiedereinstellung in ein mindestens gleichwertiges Amt (§§ 5, 6 AbgeordnetenG; vgl. 59 IV).

II. *Pflichten des Beamten*

Der Beamte dient dem ganzen Volk, nicht einer Partei. Er hat seine Aufgaben mit voller Hingabe an seinen Beruf, unparteiisch und gerecht zu erfüllen und auf das Wohl der Allgemeinheit Bedacht zu nehmen. Er muß sich durch sein Gesamtverhalten zur freiheitlichen demokratischen Grundordnung i. S. des GG bekennen und für deren Erhaltung eintreten, bei politischer Betätigung Mäßigung und Zurückhaltung wahren. Vgl. §§ 52, 53 BBG.

Die nach dem sog. *„Radikalen-Beschluß"* der MinPräs. der Länder (abgedr. Bulletin d. BReg. vom 3. 2. 1972 S. 142) früher vorgenommene sog. *Regelfrage* beim Verfassungsschutz über Erkenntnisse bezüglich der Verfassungstreue eines Bewerbers für den öffentlichen Dienst wird nicht mehr durchgeführt. Die Pflicht des Beamten, sich zur freiheitlichen demokratischen Grundordnung i. S. des GG zu bekennen und für deren Erhaltung einzutreten, wird hierdurch jedoch nicht berührt (s. § 35 Abs. 1 S. 3 BRRG, § 52 Abs. 2 BBG).

Weitere Pflichten des B. sind: Uneigennützige Amtsausübung, achtunggebietendes Verhalten in und außer Dienst, Beratung und Unterstützung der Vorgesetzten, Befolgung ihrer Anordnungen sowie allgemeiner Anweisungen, sofern nicht gesetzlich eine Bindung ausgeschlossen und der Beamte nur dem Gesetz unterworfen ist. *Verantwortung* für Rechtmäßigkeit der dienstlichen Handlungen; der B. ist hiervon befreit, wenn sein unmittelbarer Vorgesetzter trotz Hinweises auf Bedenken gegen die Rechtmäßigkeit seine Anordnung aufrechterhält und auch der nächsthöhere Vorgesetzte, an den sich der B. dann wenden muß, die Anordnung bestätigt (anders nur bei erkennbar strafbaren oder ordnungswidrigen Handlungen oder Verstoß gegen die Menschenwürde). Vgl. §§ 54–56 BBG. Der B. ist gehalten, verfassungsfeindlichen Bestrebungen innerhalb und außerhalb des Dienstes entgegenzutreten. Weil die Erfüllung seiner hoheitlichen Aufgaben rechtlich notwendig und wichtigstes Gebot seiner Treuepflicht ist, steht ihm ein *Streikrecht* zur Durchsetzung persönlicher, wirtschaftlicher oder gar politischer Forderungen nach überwieg. Meinung nicht zu (vgl. BVerfGE 8, 1/17 = NJW 1958, 1228; ensprechend für streikähnliches Verhalten, insbes. den sog. „Bummelstreik": BVerwG NJW 1978, 178).

Der *Diensteid* des B. lautet: „Ich schwöre, das Grundgesetz für die Bundesrepublik Deutschland und alle in der Bundesrepublik geltenden Gesetze zu wahren und meine Amtspflichten gewissenhaft zu erfüllen, so wahr mir Gott helfe!" Der Eid kann ohne die Anrufung Gottes oder mit einer gesetzlich zugelassenen Beteuerungsformel einer Religionsgesellschaft geleistet werden (§ 58 BBG).

Weitere Bestimmungen (§§ 59ff. BBG) betreffen die *Beschränkung in der Vornahme von Amtshandlungen* (gegenüber Angehörigen, bei gesetzlichem Ausschluß, Verbot aus zwingenden dienstlichen Gründen), *Amtsverschwiegenheit* und Genehmigung zu Aussagen vor Gericht. Auskünfte an die Presse erteilt der Vorstand der Behörde. Übernahme einer *Nebentätigkeit* (Nebenamt, Nebenbeschäftigung), einer Vormundschaft, Pflegschaft oder Testamentsvollstreckung nur nach vorheriger Genehmigung, desgleichen bei *Nebentätigkeit* mit Vergütung oder Eintritt in ein Organ einer privatwirtschaftlichen Gesellschaft; Genehmigung nicht erforderlich zu schriftstellerischer, wissenschaftlicher, künstlerischer oder Vortragstätigkeit, zu eigener Vermögensverwaltung, zur Tätigkeit in Wahrung von Berufsinteressen in Gewerkschaften, Berufsverbänden oder Selbsthilfeeinrichtungen der Beamten, zu unentgeltlicher Tätigkeit in Organen von Genossenschaften. Vgl. §§ 64ff. und VO über die *Nebentätigkeit* der Bundesbeamten, Berufssoldaten und Soldaten auf Zeit vom 12. 11. 1987 (BGBl. I 2376). *Belohnungen* oder Geschenke dürfen nur mit Zustimmung der obersten Dienstbehörde oder der von ihr ermächtigten Behörde angenommen werden (§ 70), ausländische Titel, Orden und Ehrenzeichen nur mit Genehmigung des BPräs. (§ 71).

Nach der auf Grund des § 72 BBG von der BReg. erlassenen VO über die *Arbeitszeit der Bundesbeamten* i. d. F. vom 24. 9. 1974 (BGBl. I 2357) m. letzter Änd. vom 22. 5. 1990 (BGBl. I 962) beträgt die regelmäßige Arbeitszeit der Bundesbeamten im Durchschnitt 38½ Stunden wöchentlich. Bei Beamten mit pflegebedürftigen Angehörigen oder mindestens einem Kind unter 18 Jahren *ist*, falls sie diese betreuen, *Teilzeitbeschäftigung* zu bewilligen, soweit dienstliche Belange nicht entgegenstehen. In anderen Fällen *kann* Teilzeitarbeit bis zur Hälfte der regelmäßigen Arbeitszeit und bis zur jeweils beantragten Dauer bewilligt werden. Aus arbeitsmarktpolitischen Gründen kann Beamten auch Urlaub ohne Dienstbezüge bis zur Dauer von insg. 6 Jahren bewilligt werden (§§ 72a–d BBG). Zum Urlaub ohne Dienstbezüge nach Vollendung des 55. Lebensjahres s. § 72e BBG. Der B. darf dem Dienst nicht ohne Genehmigung seines Dienstvorgesetzten fernbleiben. Dienstunfähigkeit ist auf Verlangen nachzuweisen. Bei unentschuldigtem schuldhaften Fernbleiben verliert der B. für die Zeit des Fernbleibens seine Dienstbezüge. Disziplinarrechtliche Verfolgung ist dadurch nicht ausgeschlossen. Die *Wohnung* ist so zu nehmen, daß die ordnungsmäßige Wahrnehmung der Dienstgeschäfte nicht beeinträchtigt wird. Vgl. §§ 74, 75 BBG.

Eine *Dienstkleidung* kann vorgeschrieben werden, wenn sie bei Amtsausübung üblich oder erforderlich ist (§ 76). Die Bestimmungen über Dienstkleidung *(Amtstracht)* erläßt der BPräs. Bundesrechtlich ist Dienstkleidung u. a. vorgeschrieben für Bundeszollverwaltung und Bundesgrenzschutz; Amtstracht für das Bundesverfassungsgericht, die Obersten Gerichtshöfe und das Bundespatentgericht.

Die *Nichterfüllung von Pflichten* kann führen zu

a) *Verfolgung wegen Dienstvergehens* (§ 77), falls schuldhafte Verletzung einer Amtspflicht vorliegt. Das nähere bestimmt die *Bundesdisziplinarordnung* (vgl. 156);
b) *Haftung* auf *Schadensersatz* (§ 78).

310

Für *Amtspflichtverletzungen* der B. haftet Dritten gegenüber an Stelle des B. der Staat oder sonstige Dienstherr (Art. 34 GG; vgl. 69 VI – auch über sonstige Einschränkungen). Hat der Dienstherr einem Dritten gemäß Art. 34 Satz 1 GG Schadensersatz geleistet, so ist der Rückgriff (Regreß) gegen den B. nur insoweit zulässig, als dem B. Vorsatz oder *grobe* Fahrlässigkeit zur Last fällt. Verjährung grundsätzl. in 3 Jahren seit Kenntnis. Vgl. 69, 332.

III. Der Beamte hat andererseits folgende *Rechte:*

1. auf *Fürsorge* und *Schutz*.

Der Dienstherr hat im Rahmen des Dienst- und Treueverhältnisses für das Wohl des B. und seiner Familie zu sorgen, ihn bei seiner amtlichen Tätigkeit und in seiner Stellung als B. zu schützen (§ 79). Über den *Mutterschutz* für Beamtinnen vgl. 621; für jugendliche B. gilt nach § 80a das Jugendarbeitsschutzgesetz (623);

2. auf *Amtsbezeichnung* (§ 81).

Sie wird vom BPräs. oder der dazu ermächtigten Behörde festgesetzt. Neben der Amtsbezeichnung darf der B. nur staatlich verliehene *Titel* und *akademische Grade* führen. *Ruhestandsbeamte* dürfen ihre Amtsbezeichnung mit dem Zusatz „außer Dienst" (a. D.) und die im Zusammenhang mit dem Amt verliehenen Titel weiterführen;

3. auf *Dienstbezüge* (§§ 83ff.).

Die *Dienstbezüge* der Beamten, Richter und Berufssoldaten sind im *Bundesbesoldungsgesetz* (BBesG) i. d. F. vom 16. 5. 1997 (BGBl. I 1065) geregelt. Sie bestehen aus Grundgehalt, Familienzuschlag, ggf. Amts- und Stellenzulagen sowie weiteren Zulagen und Vergütungen. Sachbezüge werden nach ihrem wirtschaftlichen Wert angerechnet (§ 10 BBesG).

Der *Familienzuschlag* ist ein variabler Bestandteil der Besoldung. Er wird auch zur Angestelltenvergütung gezahlt und bestimmt sich nach der Tarifklasse (= Berücksichtigung der Besoldungsgruppe) und dem Familienstand (§§ 39ff. BBesG).

Für herausragende besondere Leistungen können *Leistungsprämien* (Einmalzahlungen) und *Leistungszulagen* an Beamte der Besoldungsordnung A bezahlt werden (§ 42a BBesG). Näheres regelt die *Leistungsprämien- und -zulagenVO* vom 1. 7. 1997 (BGBl. I 1598). S. ferner die *LeistungsstufenVO* v. 1. 7. 1997 (BGBl. I 1600).

Mehrarbeitsvergütung wird in Bereichen mit meßbarer Mehrarbeit gezahlt (§ 48 BBesG; über die Bereiche und die Höhe der stundenweisen Entschädigung s. VO vom 13. 3. 1992 (BGBl. I 528) m. spät. Änd. Über *Erschwerniszulagen* für Dienst zu ungünstigen Zeiten (Sonntag usw.), für besonders gefährliche Tätigkeiten (Taucher usw.), in der Krankenpflege u. a. m. vgl. § 47 BBesG und *Erschwerniszulagenverordnung* vom 13. 3. 1992 (BGBl. I 519) m. spät. Änd. Für Auslandsbeamte bestehen Sondervorschriften (§§ 52ff. BBesG). Das BBesG regelt auch die Dienstbezüge der Beamten der Länder, Gemeinden und öffentlich-rechtlichen Körperschaften (§ 1 Abs. 1 Nr. 1). Beamte auf Widerruf im Vorbereitungsdienst *(Anwärter)* erhalten Anwärterbezüge (§§ 59ff. BBesG); dazu VO über Anwärtersonderzuschläge i. d. F. vom 11. 6. 1990 (BGBl. I 1033) m. spät. Änd. sowie VO über Unterrichtsvergütung für Lehramtsanwärter vom 18. 7. 1976 (BGBl. I 1828).

Weihnachtszuwendungen werden nach dem Ges. i. d. F. vom 23. 5. 1975 (BGBl. I 1238) m. spät. Änd. gewährt. Jubiläumszuwendungen können bei

Dienstjubiläen nach § 80b BBG und VO i. d. F. vom 13. 3. 1990 (BGBl. I 487) m. spät. Änd. gezahlt werden. Das jährliche *Urlaubsgeld* regelt das Ges. vom 15. 11. 1977 (BGBl. I 2117) m. spät. Änd.

Der B. hat unverzichtbare Ansprüche auf die laufenden Dienstbezüge; er kann diese nur insoweit abtreten oder verpfänden, als sie der Pfändung unterliegen (§ 84 BBG). Vgl. 254.

Beamte (auch im Vorbereitungsdienst), Richter, Berufs- und Zeitsoldaten erhalten nach dem Ges. vom 23. 5. 1975 (BGBl. I 1173, 1237) m. spät. Änd. zusätzliche monatl. *vermögenswirksame Leistungen* nach dem VermögensbildungsG (618).

4. auf *Versorgungsbezüge* (§ 85).

Die *Versorgung* des B. umfaßt: Ruhegehalt oder Unterhaltsbeitrag, Hinterbliebenenversorgung, Bezüge bei Verschollenheit, Unfallfürsorge, Übergangsgeld und Ausgleich bei besonderen Altersgrenzen (§ 2 des *Beamtenversorgungsgesetzes* – BeamtVG – i. d. F. vom 16. 12. 1994 (BGBl. I 3858) m. spät. Änd.

Die allgemeine *Altersgrenze* ist die Vollendung des 65. Lebensjahres (§ 41 BBG), bei *Polizeivollzugsbeamten des Bundes* das 60. Lebensjahr (§ 5 BPolBG i. d. F. vom 3. 6. 1976, BGBl. I 1357). Der Beamte (Richter) kann vor Erreichen der Altersgrenze seine Versetzung in den Ruhestand ohne Angabe von Gründen beantragen, wenn er das 63. Lebensjahr vollendet hat oder wenn er schwerbehindert ist und das 60. Lebensjahr vollendet hat. Die Hinzuverdienstgrenze beträgt ⅐ der monatlichen Bezugsgröße nach § 42 Abs. 4 S. 2 BBG, § 18 SGB IV.

Zu beamtenversorgungsrechtlichen Übergangsregelungen in den neuen Bundesländern s. Beamtenversorgungs-Übergangsverordnung i. d. F. vom 19. 3. 1993 (BGBl. I 369).

a) Ein *Ruhegehalt* wird nur gewährt, wenn der B. eine Dienstzeit von mindestens 5 Jahren abgeleistet hat oder infolge Krankheit, Verwundung oder sonstiger Dienstbeschädigung, die er ohne grobes Verschulden bei Ausübung oder aus Veranlassung des Dienstes erlitten hat, *dienstunfähig* geworden oder wenn er in den einstweiligen Ruhestand versetzt worden ist (§ 4 BeamtVG).

Ruhegehaltfähige Dienstbezüge sind Grundgehalt, Familienzuschlag und sonstige als ruhegehaltfähig im *Besoldungsrecht* anerkannte Dienstbezüge (§ 5 BeamtVG). Vgl. *Bundesbesoldungsgesetz* (s. o.).

Als *ruhegehaltfähige Dienstzeit* gilt die nach vollendetem 17. Lebensjahr im Beamtenverhältnis zurückgelegte Dienstzeit. Kriegs-, Wehr-, Polizei- und Arbeitsdienst sowie Gefangenschaft werden angerechnet. Wegen der Anrechnung der amtslosen Zeit der sog. verdrängten Beamten nach dem 8. 5. 1945 vgl. § 81 BeamtVG. Angerechnet werden kann die Tätigkeit als Rechtsanwalt oder als gebührenberechtigter Beamter oder Notar ohne Ruhegehaltsberechtigung sowie eine Tätigkeit, durch die der B. besondere Fachkenntnisse auf wissenschaftlichem, künstlerischem, technischem oder wirtschaftlichem Gebiet erworben hat, welche die notwendige Voraussetzung für seine Amtstätigkeit bilden. Vgl. §§ 6ff. BeamtVG.

Das *Ruhegehalt* beträgt für jedes Jahr ruhegehaltsfähiger Dienstzeit 1,875 v. H. der ruhegehaltsfähigen Dienstbezüge, höchstens jedoch 75 v. H (§ 14 BeamtVG).

Wird im Falle der Scheidung dem Ehegatten des B. ein *Versorgungsausgleich* (346 III 3) zuerkannt, so werden die Versorgungsbezüge des B. um die durch Entscheidung des Familiengerichts für den anderen Ehegatten begründeten monatlichen Rentenanwartschaften gekürzt; der monatliche Betrag erhöht sich entsprechend der nach der Scheidung eintretenden gesetzlichen Erhöhung des Ruhegehaltssatzes. Der B. kann die Kürzung durch Leistung eines Kapitalbetrags an den Dienstherrn abwenden (§§ 57, 58 BeamtVG).

b) Ein *Unterhaltsbeitrag* kann einem B. auf Lebenszeit gewährt werden, wenn er vor Ableistung von 5 Dienstjahren wegen Dienstunfähigkeit oder Erreichens der Altersgrenze entlassen wird (§ 15 BeamtVG).

c) Auf Grund der *Hinterbliebenenversorgung* verbleiben den Erben eines verstorbenen B. die für den *Sterbemonat* gezahlten Dienstbezüge (§ 17 BeamtVG). Die nächsten Angehörigen (insbesondere Ehefrau und Abkömmlinge) erhalten nach Maßgabe des § 18 BeamtVG ein *Sterbegeld* in der Höhe des Zweifachen der Dienstbezüge des Verstorbenen. Ferner wird *Witwen-* und *Waisengeld* gezahlt (§§ 19, 23 BeamtVG).

Die Witwe eines ruhegehaltberechtigten B. erhält *Witwengeld,* außer wenn (§ 19 BeamtVG)

aa) die Ehe weniger als drei Monate bestand, es sei denn, daß nicht anzunehmen ist, daß sie in der Absicht geschlossen worden ist, der Witwe lediglich eine Versorgung zu schaffen; oder

bb) die Ehe erst nach Pensionierung geschlossen ist und der B. z. Z. der Eheschließung das 65. Lebensjahr bereits vollendet hatte.

Das Witwengeld beträgt 60 v. H. des Ruhegehalts des B. War die Witwe mehr als 20 Jahre jünger als der B. und ist die Ehe kinderlos geblieben, wird das Witwengeld um bis zu 50 v. H. gekürzt (§ 20 BeamtVG).

Im Falle bb) wird i. d. R. ein *Unterhaltsbeitrag* in Höhe des Witwengeldes gezahlt, jedoch unter Berücksichtigung der Einkünfte der Witwe. Die geschiedene Ehefrau, die das 60. Lebensjahr vollendet hat oder erwerbsunfähig ist oder mindestens ein waisengeldberechtigtes Kind erzieht und die im Fall des Fortbestandes der Ehe Witwengeld erhalten hätte, erhält auf Antrag einen Unterhaltsbeitrag bis zu 5/6 des Witwengeldes, soweit sie z. Z des Todes des Beamten gegen diesen einen Anspruch auf schuldrechtlichen Versorgungsausgleich nach § 1587 f Nr. 2 BGB wegen einer Anwartschaft oder eines Anspruchs nach § 1587 a Abs. 2 Nr. 1 BGB (vgl. 346 III 3) hatte (§ 22 BeamtVG). Bei *Wiederverheiratung* hat die Witwe Anspruch auf *Witwenabfindung* (§ 21 BeamtVG).

Die Vorschriften über die Witwenversorgung gelten entsprechend für den *Witwer* einer verstorbenen Beamtin (§ 28 BeamtVG).

Waisengeld (Vollwaisen 20 v. H., Halbwaisen 12 v. H. des Ruhegehalts des B.) erhalten die leiblichen (auch nichtehelichen) oder adoptierten Kinder eines ruhegehaltberechtigten B. oder Ruhestandsbeamten. Ausgenommen Kinder, die der B. erst nach Eintritt in den Ruhestand und Vollendung des 65. Lebensjahres adoptiert hat (ev. aber Unterhaltsbeitrag bis zu gleicher Höhe; §§ 23, 24 BeamtVG).

d) Im Falle und für die Dauer der *Verschollenheit* eines B. oder Ruhestandsbeamten werden Witwen- und Waisengeld oder ein Unterhaltsbeitrag wie zu b) gezahlt (§ 29 BeamtVG).

e) Die *Unfallfürsorge* umfaßt bei einem *Dienstunfall* des B.: Erstattung von Sachschäden und besonderen Aufwendungen, Heilverfahren, Unfallausgleich nach der Minderung der Erwerbsfähigkeit, Unfallruhegehalt oder Unterhaltsbeitrag, Unfall-Hinterbliebenenversorgung, einmalige Entschädigung bei Minderung der Erwerbsfähigkeit von mehr als 80 v. H. (§§ 30ff. BeamtVG).

Der Begriff des „Dienstunfalls" umfaßt nach § 31 BeamtVG außer den unmittelbar mit der dienstlichen Tätigkeit zusammenhängenden schädigenden Ereignissen auch solche, die auf dem Weg zwischen Wohnung und Dienststelle oder auf dem ersten Weg zur Abhebung überwiesener Geldbeträge vom Gehaltskonto eintreten; ferner die mit der dienstlichen Tätigkeit zusammenhängenden, in der VO vom 20. 6. 1977 (BGBl. I 1004) bezeichneten Krankheiten.
Keine Unfallfürsorge, wenn der Verletzte den Dienstunfall vorsätzlich herbeigeführt hat; bei Nichtbefolgen von Anordnungen zur Heilbehandlung ist Versagung möglich. Anmeldung binnen 2 Jahren beim Dienstvorgesetzten (Ausschlußfrist). Dieser hat jeden Unfall sofort zu untersuchen; das Ergebnis ist den Beteiligten mitzuteilen (§§ 44, 45 BeamtVG).
Weitergehende Ansprüche können auf Grund allgemeiner gesetzlicher Vorschriften gegen einen öffentlich-rechtlichen Dienstherrn oder gegen in seinem Dienst stehende Personen nur geltend gemacht werden, wenn der Dienstunfall durch eine vorsätzliche unerlaubte Handlung einer solchen Person verursacht worden ist. Ersatzansprüche gegen andere Personen bleiben unberührt (§ 46 Abs. 2, 3 BeamtVG).

f) *Übergangsgeld* erhält ein B. mit Dienstbezügen, der nicht auf eigenen Antrag entlassen wird (z. B. ein B. auf Widerruf), falls er ohne Versorgung ausscheidet und auch kein Unterhaltsbeitrag (vgl. oben b) bewilligt wird.

Das *Übergangsgeld* beträgt nach vollendeter einjähriger Dienstzeit das Einfache und bei längerer Beschäftigungszeit für jedes volle Jahr ihrer Dauer die Hälfte, insgesamt höchstens das Sechsfache der Dienstbezüge des letzten Monats (§ 47 BeamtVG).
Zu a)–f). Alle *Versorgungsansprüche* werden durch die oberste Dienstbehörde *festgestellt,* soweit nicht auf nachgeordnete Behörden delegiert (§ 49 BeamtVG).

5. auf *Reise- und Umzugskosten.*

Sie werden nach Maßgabe des *Bundesreisekostengesetzes* (RKG) vom 13. 11. 1973 (BGBl. I 1621) m. spät. Änd. und des *Bundesumzugskostengesetzes* (BUKG) i. d. F. vom 11. 12. 1990 (BGBl. I 2682), *Tage- und Übernachtungsgelder* gemäß §§ 9, 10 RKG, sowie der *ErstattungsVO* vom 22. 1. 1974 (BGBl. I 103) m. spät. Änd. gewährt. Für Auslandsumzüge gelten Sonderbestimmungen.

Eine VO i. d. F. vom 28. 12. 1994 (BGBl. 1995 I 2) m. spät. Änd. regelt die Gewährung von *Trennungsgeld* bei Versetzung oder Abordnung im Inland. Nach der VO über Reisebeihilfen für *Familienheimfahrten* vom 9. 10. 1960 (BGBl. I 826) können verheiratete und ihnen gleichgestellte Beamte in je zwei Monaten vorübergehender auswärtiger Beschäftigung eine *Reisebeihilfe* für eine Familienheimfahrt nach dem bisherigen Wohnort erhalten.

6. auf *Urlaub*.

Dem B. steht *Urlaub* zu (§ 89), und zwar ein alljährlicher Erholungsurlaub unter Fortgewährung seiner Dienstbezüge.

Vgl. VO über den *Erholungsurlaub* der Bundesbeamten und Richter im Bundesdienst i. d. F. vom 25. 4. 1997 (BGBl. I 974) sowie VO über den Erholungs- und Heimaturlaub der im Ausland tätigen Bundesbeamten *(Heimaturlaubsverordnung)* vom 18. 1. 1991 (BGBl. I 144) m. spät. Änd. Die VO über *Sonderurlaub* für Beamte und Richter im Bundesdienst i. d. F. vom 25. 4. 1997 (BGBl. I 978) regelt die Urlaubsgewährung für politische Betätigung, fachliche Fortbildung und sonstige staatspolitisch anerkannte Zwecke. Der B. hat *Anspruch* auf Urlaub unter Fortzahlung der Dienstbezüge für die Teilnahme an Wahlen und Abstimmungen, die Bewerbung um einen Parlamentssitz sowie für die Wahrnehmung amtlicher Termine oder die Ausübung eines Ehrenamtes, wenn hierzu eine gesetzliche Verpflichtung besteht (z. B. Schöffendienst). Urlaub *soll* bzw. kann, wenn nicht dienstliche Gründe entgegenstehen, gewährt werden für gewerkschaftliche, fachliche, staatspolitische, kirchliche oder sportliche Zwecke in der durch § 7 festgelegten Begrenzung, ebenso aus wichtigen persönlichen – insbes. familiären – Anlässen. Für die Tätigkeit in einer kommunalen Vertretung ist Urlaub mit Dienstbezügen zu gewähren (§ 89 Abs. 3 BBG).

Zum Erziehungsurlaub s. *ErziehungsurlaubsVO* i. d. F. vom 25. 4. 1997 (BGBl. I 983).

7. auf *Einsicht in seine Personalakten* (§ 90c).

Das *Einsichtrecht* umfaßt alle den B. betreffenden Vorgänge. Der B. ist über Beschwerden und tatsächliche Behauptungen, die ihm nachteilig werden können, vor Aufnahme in die Personalakten zu hören. Seine Äußerung ist in die Personalakten aufzunehmen (§ 90b).

8. auf *Vereinigungsfreiheit* (§ 91).

Zusammenschluß in *Gewerkschaften* und *Berufsverbänden* ist zulässig. Diese können vom B. mit seiner Vertretung beauftragt werden, soweit nichts anderes gesetzlich bestimmt ist. Keine Maßregelung wegen Betätigung für Gewerkschaft oder Berufsverband.

Zur Frage des *Streikrechts* s. o. II.

9. auf Erteilung eines *Dienstzeugnisses* (§ 92).

Das *Zeugnis* ist auf Antrag des B. von seinem letzten Dienstvorgesetzten über Art und Dauer der bekleideten Ämter zu erteilen; auf Wunsch auch über die ausgeübte Tätigkeit und die Leistungen.

IV. *Beamtenvertretung*

Sie ist für den unmittelbaren und mittelbaren Bundesdienst im *Bundespersonalvertretungsgesetz* geregelt. Vgl. 633 II. Die *Spitzenorganisationen* der zuständigen Gewerkschaften sind bei der Vorbereitung allgemeiner Regelungen der beamtenrechtlichen Verhältnisse zu beteiligen (§ 94 BBG).

V. *Personalverwaltung*

Zur einheitlichen Durchführung der beamtenrechtlichen Vorschriften besteht ein *Bundespersonalausschuß,* der seine Tätigkeit innerhalb der gesetzlichen Schranken unabhängig und in eigener Verantwortung ausübt (§ 95 BBG).

Der Bundespersonalausschuß besteht aus 7 ordentlichen und 7 stellvertretenden Mitgliedern. Ständige ordentliche Mitglieder sind der Präsident des BRechnungshofes als Vorsitzender und der Leiter der Personalrechtsabteilung des BMI. Die übrigen 5 ordentlichen und die stellvertretenden Mitglieder werden vom BPräs. auf Vorschlag des BMI auf 4 Jahre berufen, davon je 3 auf Grund einer Benennung durch die Spitzenorganisationen der zuständigen Gewerkschaften (§ 96). Sie müssen Bundesbeamte sein, sind unabhängig und nur dem Gesetz unterworfen; sie dürfen wegen ihrer Tätigkeit weder dienstlich gemaßregelt noch benachteiligt werden (§ 97). Der Ausschuß wirkt insbes. bei Vorbereitung allgemeiner Regelungen der beamtenrechtlichen Verhältnisse, der Ausbildungs-, Prüfungs- und Fortbildungsvorschriften mit. Er entscheidet über die allgemeine Anerkennung von Prüfungen, nimmt in Angelegenheiten von grundsätzlicher Bedeutung zu Beschwerden von Beamten und zurückgewiesenen Bewerbern Stellung und macht Vorschläge zur Beseitigung von Mängeln in der Handhabung der beamtenrechtlichen Vorschriften (§ 98). Ihm obliegt ferner die Zulassung von Ausnahmen von der Pflicht zur Stellenausschreibung und von Abweichungen von den Regelvorschriften des Laufbahnrechts sowie die Zustimmung zur Hinausschiebung des Eintritts eines Beamten in den Ruhestand (vgl. u. a. § 8 Abs. 2, §§ 21, 41 Abs. 2 BBG). Der Ausschuß hat eine *Geschäftsstelle* im BMI und gibt sich eine *Geschäftsordnung.* Seine Sitzungen sind nicht öffentlich; jedoch kann Beauftragten der beteiligten Verwaltungen, Beschwerdeführern u. a. Personen die Anwesenheit gestattet werden. Beschlüsse werden mit Stimmenmehrheit gefaßt. Zur Beschlußfähigkeit müssen mindestens 5 Mitglieder anwesend sein. Bei Stimmengleichheit entscheidet die Stimme des Vorsitzenden. Es können Beweise erhoben werden. Alle Dienststellen haben Amtshilfe zu leisten. Beschlüsse von allgemeiner Bedeutung werden bekanntgegeben. Soweit dem Ausschuß Entscheidungsbefugnis zusteht, binden seine Beschlüsse die beteiligten Verwaltungen. Die Dienstaufsicht über die Mitglieder des Ausschusses führt der BMI (§§ 99–104).

155. Bundeslaufbahnverordnung

Das *Laufbahnrecht* für die Bundesbeamten ist neben den grundsätzlichen Bestimmungen im Bundesbeamtengesetz (§§ 15–25) in der VO über die Laufbahnen der Bundesbeamten – BLV – i. d. F. vom 8. 3. 1990 (BGBl. I 449) m. spät. Änd. zusammengefaßt. Sie umfaßt auch grundsätzliche Vorschriften über die *Beurteilung* und die *Fortbildung* der Beamten.

Die *Bundeslaufbahn VO* enthält 9 Abschnitte:

I. *Allgemeines* (§§ 1–13: Eignung, Befähigung und fachliche Leistung entscheiden; 4 Laufbahngruppen – einfacher, mittlerer, gehobener, höherer Dienst – mit Laufbahnen jeweils derselben Fachrichtung; Laufbahnwechsel, Probezeit, Anstellung, Beförderung, Erleichterungen für Schwerbehinderte);

II. *Laufbahnbewerber* (§§ 14–33; Gemeinsame Vorschriften, Einfacher, Mittlerer, Gehobener, Höherer Dienst; Zulassung zu einer höheren Laufbahn – *Aufstiegsbeamte* –: §§ 23, 28, 33);

III. *Laufbahnen besonderer Fachrichtungen* (§§ 34–37). In diesen können Vorbereitungsdienst und Laufbahnprüfung durch eine der Laufbahnbefähigung gleichwertige sonstige Bildungsvoraussetzung und eine hauptberufliche Tätigkeit von bestimmter Dauer ersetzt werden (z. B. für Ärzte, Ingenieure, Laboranten).

IV. *Andere Bewerber,* die auf Grund ihrer Lebens- und Berufserfahrung auch ohne die vorgeschriebene Ausbildung und Ablegung von Prüfungen eingestellt werden können (§§ 38, 39). Zulassungsvoraussetzungen sind ein bestimmtes Mindestalter und entweder Zustimmung des Bundespersonalausschusses oder (außer beim einfachen Dienst) Nachweis einer den dienstlichen Anforderungen entsprechenden Prüfung. Laufbahnen, für die eine bestimmte Vorbildung, Ausbildung oder Prüfung rechtlich vorgeschrieben oder nach ihrer Eigenart erforderlich ist, sind anderen Bewerbern verschlossen.

V. *Dienstliche Beurteilung* (§§ 40, 41; mindestens alle 5 Jahre; sie ist dem Beamten bekanntzugeben und zu den Personalakten zu nehmen);

VI.–IX. Fortbildung (§ 42), Übertritt von anderen Dienstherren zum Bund (§ 43), Ausnahmeentscheidungen des Bundespersonalausschusses (§ 44), Übergangs- und Schlußvorschriften (§§ 45–47).

Über die Laufbahnen der *Polizeivollzugsbeamten des Bundes* vgl. § 3 des BundespolizeibeamtenG i. d. F. vom 3. 6. 1976 (BGBl. I 1357) sowie VO i. d. F. vom 20. 10. 1994 (BGBl. I 3152) – *Bundesgrenzschutz* – und VO vom 22. 7. 1971 (BGBl. I 1110) – *Kriminaldienst* –, jeweils m. spät. Änd.

156. Die Bundesdisziplinarordnung

Durch die *Bundesdisziplinarordnung* (BDO) i. d. F. vom 20. 7. 1967 (BGBl. I 751) m. spät. Änd. sind die früher in der *Reichsdienststrafordnung* zusammengefaßten Vorschriften über die Behandlung eines Beamten, der eines Dienstvergehens verdächtig ist, neu geordnet worden.

Während das materielle *Disziplinarrecht* grundlegend in § 77 BBG geregelt ist, behandelt die BDO vorwiegend das Verfahrensrecht. Der Geltungsbereich der BDO umfaßt die im aktiven Dienst stehenden unmittelbaren und die mittelbaren Bundesbeamten (vgl. 154), ferner die Ruhestandsbeamten im einstweiligen oder endgültigen Ruhestand.

Im Gegensatz zum allg. Strafrecht herrscht das sog. *Opportunitätsprinzip,* d. h. der Dienstvorgesetzte und die Einleitungsbehörde entscheiden nach pflichtmäßigem Ermessen, ob wegen eines Dienstvergehens eingeschritten werden soll. Dabei sind nicht nur die bestimmte Tat und das Verhalten des Beamten bei dieser, sondern auch seine Persönlichkeit, seine dienstlichen Leistungen und sein dienstliches und außerdienstliches Verhalten sowohl in positiver als auch in negativer Hinsicht zu werten. Für *Bagatell-Vergehen,* für die als Disziplinarmaßnahme höchstens Geldbuße verwirkt wäre, gilt eine Verjährungsfrist von 2 Jahren, bei Gehaltskürzung 3 Jahre (§ 4 BDO).

Als *Disziplinarmaßnahmen* sieht das Gesetz (§ 5 BDO) vor: Verweis, Geldbuße, Gehaltskürzung, Versetzung in ein Amt derselben Laufbahn mit geringerem Endgrundgehalt, Entfernung aus dem Dienst,

Kürzung des Ruhegehalts und Aberkennung des Ruhegehalts. Während Verweis vom Dienstvorgesetzten, Geldbuße von diesem oder einer vorgesetzten Stelle durch *Disziplinarverfügung* verhängt werden kann (§ 29 BDO), dürfen die strengeren Maßnahmen nur von den Disziplinargerichten im *förmlichen Disziplinarverfahren* ausgesprochen werden.

Schwebt ein *gerichtliches Strafverfahren,* so hat dieses den Vorrang. Ein wegen gleichen Tatbestandes schwebendes Disziplinarverfahren ist i. d. R. bis zur Beendigung des strafgerichtlichen Verfahrens auszusetzen. Bei Freisprechung durch Strafurteil ist disziplinäre Ahndung nur noch zulässig, soweit auch abgesehen vom Straftatbestand ein Dienstvergehen vorliegt (§ 17 BDO). Über die Bindungswirkung der tatsächlichen Feststellungen eines Strafurteils für das Disziplinarverfahren vgl. § 18 BDO.

Gegen eine *Disziplinarverfügung* kann binnen zwei Wochen die Beschwerde an den nächsthöheren Dienstvorgesetzten eingelegt und gegen dessen Entscheidung oder gegen eine Disziplinarverfügung der obersten Dienstbehörde binnen eines Monats die Entscheidung des *Bundesdisziplinargerichts* beantragt werden (§ 31 BDO).

Ein *förmliches Disziplinarverfahren* wird durch schriftliche Verfügung der Einleitungsbehörde eingeleitet. Es gliedert sich in die Untersuchung und in das Verfahren vor den Disziplinargerichten (§§ 33ff. BDO). *Einleitungsbehörde* ist i. d. R. die für die Ernennung des Beamten zuständige Behörde. Sie bestellt – außer wenn der Sachverhalt keiner Klärung mehr bedarf – einen *Untersuchungsführer* (mit Befähigung zum Richteramt), der die Ermittlungen durchführt (§§ 56ff. BDO). Der Beamte kann, um sich von einem Verdacht zu reinigen, ein Disziplinarverfahren gegen sich selbst beantragen (§ 34 BDO).

Ein *Bundesdisziplinaranwalt* (mit Befähigung zum Richteramt) hat die Aufgabe, die einheitliche Ausübung der Disziplinargewalt zu sichern und das Interesse der Verwaltung und der Allgemeinheit in jeder Lage des Verfahrens wahrzunehmen. Er kann bei der Einleitungsbehörde die Einleitung des förmlichen Dienststrafverfahrens beantragen. Er untersteht dem Bundesinnenminister (§§ 37–39 BDO).

Der betroffene Beamte kann sich in jeder Lage des Verfahrens des Beistandes eines *Verteidigers* bedienen; als solche sind außer Rechtsanwälten und Hochschullehrern des Rechts auch Vertreter einer Beamtengewerkschaft, Beamte und Ruhestandsbeamte zugelassen, beim BVerwG jedoch nur bei Befähigung zum Richteramt oder höheren Verwaltungsdienst (§ 40 BDO).

Disziplinargerichte des Bundes sind das *Bundesdisziplinargericht* in Frankfurt a. M., das in Kammern mit 3 Mitgliedern (Vorsitzender, ein rechtskundiger, ein weiterer Beisitzer aus der Laufbahn des Beschuldigten) entscheidet, und das *Bundesverwaltungsgericht* in Berlin, dessen *Disziplinarsenate* mit drei richterlichen Mitgliedern einschließlich des Vorsitzenden und zwei Beamtenbeisitzern erkennen (§§ 41ff. BDO).

Gegen Beschlüsse des Bundesdisziplinargerichts ist binnen 2 Wochen die Beschwerde an das Bundesverwaltungsgericht, gegen Urteile binnen eines Monats nach Zustellung Berufung an das Bundesverwaltungsgericht zulässig (§§ 79, 80 BDO).

Nach § 119 BDO sind die Disziplinarmaßnahmen des Verweises und der Geldbuße nach drei, der Gehaltskürzung nach fünf Jahren i. d. R. aus den Personalakten des B. zu tilgen. Die Ausübung des *Begnadigungsrechts* richtet sich nach der Anordnung des BPräs. vom 5. 10. 1965 (BGBl. I 1573).

In den *Ländern* gelten für Landesbeamte *Landesdisziplinarordnungen* oder Dienststrafordnungen (Dienstordnungen).

157. Beamtenrechtsrahmengesetz und Landesbeamtengesetze

Die Einheit des Beamtenrechts ging 1945 infolge der veränderten staatsrechtlichen Verhältnisse verloren. An die Stelle des früher allgemein gültigen Deutschen Beamtengesetzes (DBG) traten zumeist Landes-Beamtengesetze oder landesrechtliche Abänderungen des DBG, wobei rein nat.-soz. Bestimmungen beseitigt wurden. Nachdem im Bund durch das *Bundesbeamtengesetz* (BBG; vgl. 154) neues Beamtenrecht geschaffen war, ergingen durch das Rahmengesetz zur Vereinheitlichung des Beamtenrechts (BRRG) – jetzt i. d. F. vom 27. 2. 1985 (BGBl. I 462) m. spät. Änd. – *Rahmenvorschriften* über die Rechtsverhältnisse der im öffentlichen Dienst der Länder, Gemeinden und sonstigen juristischen Personen öffentlichen Rechts (144) stehenden Personen.

Die Kompetenz des Bundes zum Erlaß dieser Rahmenbestimmungen ergibt sich aus Art. 72 Abs. 2 und 75 Nr. 1 GG (vgl. 55 III).

Der Aufbau des BRRG folgt der Gliederung des BBG (vgl. 154). Im BRRG werden u. a. Rahmenvorschriften für das Beamtenverhältnis, die Ernennung, die Laufbahnen, die Übertragung leitender Funktionen im Beamtenverhältnis auf Zeit oder auf Probe, ferner Abordnung und Versetzung, Rechtsstellung bei Auflösung oder Umbildung von Behörden, Beendigung des Beamtenverhältnisses und die Rechtsstellung eines zum Mitglied einer Volksvertretung oder der Landesregierung oder zum Parlamentarischen Staatssekretär gewählten bzw. ernannten Beamten gegeben. Weitere Abschnitte befassen sich mit den Pflichten und Rechten des Beamten, den Folgen der Nichterfüllung von Pflichten, dem Schutz seiner rechtlichen Stellung (Beschwerdeweg) und dem Personalwesen.

Im Gegensatz hierzu stellen die Vorschriften des Kapitels II des BRRG keine Anweisungen an die Landesgesetzgeber dar, sondern enthalten unmittelbar anwendbares und einheitlich für alle Dienstherrenbereiche geltendes *Bundesrecht*. Sie betreffen insbes. Dienstherrnfähigkeit, Anerkennung der Vorbildung und Befähigung, Abordnung und Versetzung zu anderen Dienstherren, Fortgeltung von Rechten und Pflichten, Entlassung bei Ernennung zum Soldaten, ferner den Rechtsweg sowie Übertritt und Übernahme bei Umbildung von Körperschaften.

Die *Beamtengesetze der Länder* entsprechen in Aufbau und Inhalt durchweg dem BBG; sie fußen ebenso wie die ergänzenden beamtenrechtlichen Gesetze und VOen auf den gemeinsamen Grundsätzen des Beamtenrechts und den besonderen Bestimmungen des BRRG.

C. Grundzüge des Polizeirechts

160. Die Polizei in Bund und Ländern

I. *Allgemeines*

Das Polizei- und Ordnungsrecht ist ein Teil des besonderen Verwaltungsrechts. Es ist *Gefahrenabwehrrecht,* d. h. Ziel der Regelungen ist es, Gefahren für die öffentliche Sicherheit oder Ordnung abzuwehren (s. dazu 161). Man spricht von Polizei- und Ordnungsrecht, weil die Aufgabe der Gefahrenabwehr nicht nur von der *Vollzugspolizei* (Exekutivpolizei) ausgeführt wird, sondern auch von *Ordnungsbehörden,* Sicherheitsbehörden und allgemeinen Verwaltungsbehörden (z. B. durch Gewerbeaufsichtsämter, Baubehörden, Umweltschutzbehörden, Gesundheitsämter). Unter *„Polizei"* im engeren Sinn versteht man die (zumeist uniformierte) Vollzugspolizei, also die Schutzpolizei, Kriminalpolizei, Bereitschaftspolizei, Wasserschutzpolizei, sowie – im Bereich des Bundes – den Bundesgrenzschutz und das Bundeskriminalamt.

Zu den nicht unter die vollziehende Tätigkeit der Exekutivpolizei fallenden und auf die Verwaltungsbehörden übergegangenen Befugnissen *(Ordnungsaufgaben)* gehören z. B. folgende Gebiete staatlicher Tätigkeit:

a) *Paß-, Melde-* und *Ausweiswesen, Staatsangehörigkeitsfragen* (vgl. 2, 166);
b) *Gewerbe-, Handwerks-, Preisüberwachungsangelegenheiten* (vgl. 183, 806); in den Bereich der *Gewerbeaufsicht* fällt u. a. die Festsetzung der *Sperrstunde* (Polizeistunde) gemäß § 18 GaststättenG. Zusammenstellung der Polizei-VOen der Länder über die Sperrstunde b. Sartorius, Verf.- u. VerwGesetze, Nr. 810;
c) *Straßenverkehrswesen* (vgl. 195);
d) *Jagd-* und *Fischereiwesen* (vgl. 335 III, 404);
e) *Naturschutz, Feld-, Flur-* und *Forstschutz* (vgl. 193, 404);
f) *Gesundheits-* und *Veterinärwesen* (vgl. 184);
g) *öffentliches Wohnungswesen* und *Obdachlosenaufsicht* (vgl. 185);
h) *Fundangelegenheiten* (vgl. 335 I);
i) *Bauaufsicht* (vgl. 192) und *Feuerlöschwesen;*
k) *Wegerecht,* insbes. die Wege- und Wegebauaufsicht und das *Baulinienwesen* (vgl. 189 I);

l) *Wasserrecht,* insbes. die Wasser- und Deichaufsicht (vgl. 189 I, 191);
m) *Wohlfahrtspflege* (in den meisten Ländern, vgl. 185).

In den Ländern bestehen zwei unterschiedliche Systeme der Organisation der Polizei- und Ordnungsbehörden: Nach dem *Trennsystem* stehen Polizei und Ordnungsbehörden (in Bayern: Sicherheitsbehörden) als selbständige Behörden getrennt nebeneinander (so in Bayern, Berlin, Hamburg, Hessen, Niedersachsen, Nordrhein-Westfalen, Schleswig-Holstein). Nach dem *Einheitssystem* (in Baden-Württemberg, Bremen, Rheinland-Pfalz, Saarland) besteht im Grundsatz keine ausdrückliche Trennung zwischen Polizei und Ordnungsbehörden; auch in diesem System sind jedoch Differenzierungen ähnlich dem Trennsystem vorhanden (Zur Organisation der Polizei im einzelnen s. 169).

II. *Gesetzgebungskompetenzen im Polizei- und Ordnungsrecht*

Gemäß Art. 30, 70 GG haben die Länder das Recht zur Gesetzgebung, soweit das Grundgesetz nicht dem Bund Gesetzgebungsbefugnisse verleiht. Das allgemeine Polizei- und Ordnungsrecht, das der präventiv-polizeilichen Gefahrenabwehr (vorbeugenden Gefahrenabwehr) dient, ist in den Art. 73–75 GG nicht als selbständiger Sachbereich aufgeführt und gehört deshalb zur Gesetzgebungskompetenz der Länder. Dem Bund sind nur in bestimmten Bereichen Kompetenzen zugewiesen (s. unten II 1).

Zu beachten ist allerdings auch hier die Trennung zwischen Polizei und Ordnungsverwaltung. Die Ordnungsverwaltung hat spezielle fachspezifische Aufgaben zu erfüllen, die i. d. R. auf der Grundlage der Kompetenzen in Art. 73–75 GG bundesrechtlich geregelt sind, z. B. Gewerberecht, Lebensmittelrecht, Straßenverkehrsrecht. Die Vollzugspolizei dagegen hat – abgesehen von der strafverfolgenden (repressiven), kriminalpolizeilichen Aufgabe, die vor allem in der bundesrechtlichen StPO geregelt ist – allgemeine, nicht fachspezifische Gefahrenabwehraufgaben zu erfüllen, deren Regelung nach der grundgesetzlichen Kompetenzverteilung dem Landesgesetzgeber zusteht.

1. *Gesetzgebungskompetenz des Bundes im Polizeirecht*

Abgesehen von der kompetenzrechtlichen Zuständigkeit des Bundes für die fachspezifischen Aufgaben der Polizei (vor allem Verfolgung von Straftaten und Ordnungswidrigkeiten nach StPO, GVG, OWiG; für die Verkehrspolizei nach StVO, StVZO) hat der Bund auf dem Gebiet des Polizeirechts Gesetzgebungskompetenzen, soweit er selbst als Verwaltungsträger Polizeibehörden unterhalten kann. So vor allem hinsichtlich des Bundeskriminalamtes (Art. 73 Nr. 10, Art. 87 Abs. 1 S. 2 GG), der Bundesgrenzschutzbehörden (Art. 87 Abs. 1 S. 2 GG) und beim Zollgrenzdienst und dem Zollfahndungsdienst (Art. 73 Nr. 5 GG, Zollgesetz).

Über den *Bundesgrenzschutz* (BGS) s. 56 I 8, 95. Dieser untersteht gemäß Gesetz vom 19. 9. 1994 (BGBl. I 2978) dem BMI. Er sichert das Bundesgebiet gegen verbotene Grenzübertritte, insbesondere durch Paßnachschau, und hat bis zu einer Tiefe von 30 km auch alle sonstigen die Sicherheit der Grenzen gefährdenden Störungen zu beseitigen und Gefahren abzuwehren, ist also nicht Zoll-, sondern Polizeibehörde. Umgekehrt ist durch VO vom 25. 3. 1975 (BGBl. I 1068) ein Teil der Aufgaben des Grenzschutzes insbes. im grenzüberschreitenden Verkehr und bei der Grenzüberwachung, der Zollverwaltung übertragen worden. Aufgaben auf dem Gebiet der Seeschiffahrt sind dem BGS und der Zollverwaltung durch VO vom 23. 6. 1982 (BGBl. I 733) zugewiesen worden. Weitere Aufgaben hat der BGS im Notstands- und im Verteidungsfall zu erfüllen (vgl. 67). Ferner obliegt ihm der Schutz von Verfassungsorganen und Ministerien sowie der diplomatischen Vertretungen des Bundes. Auf Ersuchen der Vereinten Nationen (909), der Europäischen Union (916) oder der Westeuropäischen Union (914) kann er für polizeiliche oder andere nichtmilitärische Zwecke auch im Ausland eingesetzt werden. Letztlich können die Länder der BRD den BGS zur Aufrechterhaltung oder Wiederherstellung der öffentlichen Sicherheit und Ordnung oder zur Hilfe z. B. bei einer Naturkatastrophe anfordern (§§ 8, 11 BGSG). Die Verfolgung von Straftaten durch den BGS regelt § 12. Seine Befugnisse – Festnahmen, Durchsuchungen, Beschlagnahmungen usw. – sind polizeiähnlich geregelt (§§ 14ff. BGSG). Über die Organisation (GSPräsidien, -direktion, -ämter usw.) s. §§ 57ff. BGSG. Für die Polizeivollzugsbeamten im Grenzschutz gelten zusätzlich das BPolizeibeamtenG sowie die übrigen Vorschriften des Ges. über die Personalstruktur des BGS vom 3. 6. 1976 (BGBl. I 1357). Zu den Dienstbezeichnungen (meist mit dem Zusatz „i. BGS") s. § 2 der BundesgrenzschutzlaufbahnVO (155).

Durch das *Ges. zur Übertragung der Aufgaben der Bahnpolizei und der Luftsicherheit auf den Bundesgrenzschutz* vom 23. 1. 1992 (BGBl. I 178) wurden dem Bundesgrenzschutz die bahnpolizeilichen Aufgaben sowie der Schutz von Flughäfen übertragen.

Zur Zuständigkeit der einzelnen Bundesgrenzschutzbehörden s. *VO über die Zuständigkeit der Bundesgrenzschutzbehörden* vom 29. 3. 1992 (BGBl. I 794).

Dem *Bundeskriminalamt* obliegt nach dem Ges. vom 7. 7. 1977 (BGBl. I 1650) die Bekämpfung des Straftäters, soweit er sich über das Gebiet eines Landes hinaus betätigt oder voraussichtlich betätigen wird. Zu diesem Zweck hat es die kriminalpolizeiliche Arbeit mit den *Landeskriminalämtern* abzustimmen. Das BKrA führt eine Kriminalstatistik, betreibt Forschung, Auswertung der Nachrichten, Erkennungsdienst, Kriminaltechnik und leitet in Zusammenarbeit mit den Landeseinrichtungen die Zentralfahndung; es ist Nationales Zentralbüro für Interpol. Dem BKrA ist der zur Durchführung der Bekämpfung internationaler gemeiner Verbrecher notwendige Dienstverkehr mit ausländischen Polizei- und Justizbehörden vorbehalten. Die vorbeugende Verbrechensbekämpfung und die Verfolgung begangener Straftaten bleiben Sache der Länder. Ausnahmen: Ersuchen der zuständigen Landesbehörde, Anordnung des BMI aus schwerwiegenden Gründen, Aufträge in Ermittlungsverfahren des Generalbundesanwalts, ferner für die Bekämpfung und Verfolgung des internat. Waffen-, Sprengstoff- und Rauschgifthandels sowie von Angriffen gegen Leib und Leben der Verfassungsorgane, deren persönlicher Schutz dem BKrA außerdem obliegt, soweit nicht der Bundesgrenzschutz zuständig ist.

Das *Bundesamt für Verfassungsschutz* hat in Verbindung mit den *Landesämtern für Verfassungsschutz* die Aufgabe, die *Untergrund-* und *staatsgefährdende Arbeit* staatsfeindlicher Gruppen und Einzelgänger im Inland zu überwachen. Die Zusammenarbeit mit den Ländern ist im Ges. vom 27. 9. 1950 (BGBl. 682) m. Änd. vom 7. 8. 1972 (BGBl. I 1382) geregelt. Über die parlamentarische Kontrolle vgl. 62 II 3c.

2. *Gesetzgebungskompetenz der Länder im Polizeirecht*

Die Gesetzgebungskompetenz für das allgemeine Polizei- und Ordnungsrecht steht den Ländern zu (Art. 70 GG). Auf dieser Kompetenzgrundlage haben alle Länder Polizeigesetze erlassen. Trotz der damit gegebenen grundsätzlichen Unterschiede stimmen die Regelungen in ihrem wesentlichen Gehalt überein.

Als Beispiele sind zu nennen:

Baden-Württemberg: Polizeigesetz i. d. F. vom 13. 1. 1992 (GBl. 1);

Bayern: Gesetz über die Aufgaben und Befugnisse der Bayerischen Staatlichen Polizei (Polizeiaufgabengesetz – BayPAG) i. d. F. vom 14. 9. 1990 (GVBl. 397) m. spät. Änd.;

Bremen: Bremisches Polizeigesetz (BremPolG) vom 21. 3. 1983 (GBl. 141) m. spät. Änd.;

Hessen: Hessisches Gesetz über die öffentliche Sicherheit und Ordnung (HSOG) i. d. F. vom 31. 3. 1994 (GVBl. I 174, ber. 284);

Niedersachsen: Niedersächsisches Gesetz über die öffentliche Sicherheit und Ordnung (Nds.SOG) vom 17. 11. 1981 (GVBl. 347) m. spät. Änd.;

Nordrhein-Westfalen: Polizeigesetz des Landes Nordrhein-Westfalen (PolG NW) i. d. F. vom 24. 2. 1990 (GV.NW. 70) m. spät. Änd.;

Saarland: Saarländisches Polizeigesetz (SPolG) vom 8. 11. 1989 (ABl. 1750) m. spät. Änd.;

Sachsen: Polizeigesetz des Freistaates Sachsen (SächsPolG) vom 30. 7. 1991 (GVBl. 291);

Sachsen-Anhalt: Gesetz über die öffentliche Sicherheit und Ordnung des Landes Sachsen-Anhalt (SOG LSA) vom 19. 12. 1991 (GVBl. 538).

161. Aufgaben und Befugnisse der Polizei

I. *Aufgaben der Polizei*

Polizei und Ordnungsverwaltung haben allgemein die Aufgabe, von der Allgemeinheit oder dem einzelnen *Gefahren* abzuwehren, durch die die *öffentliche Sicherheit oder Ordnung* bedroht wird (vgl. z. B. Art. 2 BayPAG). Sie haben dabei im Rahmen des geltenden Rechts die nach *pflichtgemäßem Ermessen* (vgl. z. B. Art. 5 Abs. 1 BayPAG) notwendigen Maßnahmen zu treffen. Die Vollzugspolizei hat dabei die Aufgaben zu erfüllen, die ein rasches, unaufschiebbares Eingreifen erfordern; im übrigen sind die Behörden der Ordnungsverwaltung zuständig (vgl. z. B. Art. 3 BayPAG). Zum Auftrag der Gefahrenabwehr gehört auch die (präventive = vorbeugende) Verhütung von Straftaten.

Die *öffentliche Sicherheit* in diesem Sinne ist die Unverletzlichkeit der objektiven Rechtsordnung, der subjektiven Rechte und Rechtsgüter des einzelnen sowie der Einrichtungen und Veranstaltungen des Staates und der sonstigen Träger der Hoheitsgewalt (vgl. z. B. § 2 Nr. 2 BremPolG). Schutzgut ist somit das gesamte Recht, einschließlich der privaten Rechte des einzelnen, wie auch das Gemeinwesen und seine Einrichtungen. Da der Begriff der „öffentlichen Sicherheit“ somit umfassend ist, ist das Schutzgut *„öffentliche Ordnung“* praktisch bedeutungslos geworden.

Die *Abwehr von Gefahren* setzt das Vorliegen einer aktuellen und konkreten, d.h. einer im Einzelfall tatsächlich bestehenden Gefahr, und eines *öffentlichen Interesses* voraus. Das öffentliche Interesse wird nur durch Handlungen berührt, die nach außen hin auf andere einwirken, was z.B. bei Alkoholmißbrauch meist nicht der Fall sein wird.

Durch die Worte „nach pflichtgemäßem Ermessen" wird der Polizei ein gewisser Spielraum gewährt, der insbesondere bei Gefahrzuständen von Bedeutung sein kann, die als solche in den Gesetzen nicht gekennzeichnet sind oder für die in Gesetzen oder Dienstvorschriften keine genaue Verhaltensweise vorgeschrieben ist. Die polizeiliche Maßnahme muß *notwendig* und *verhältnismäßig* sein, d.h. ihre Folgen müssen in einem vernünftigen Verhältnis zu der abzuwehrenden Gefahr stehen (insbes. beim Waffengebrauch). Das „pflichtmäßige" Ermessen schaltet *Willkür* aus, gewährt den Polizeibeamten aber einen Ermessensspielraum und soll eine zum Schadensersatz verpflichtende Rechtswidrigkeit ausschließen (s. 162 I).

Die Polizei hat ferner die Aufgaben zu erfüllen, die ihr durch sonstige Gesetze und Rechtsvorschriften zugewiesen werden. Die wichtigste polizeiliche Aufgabe ist in diesem Zusammenhang die *Aufklärung und Verfolgung von Straftaten und Ordnungswidrigkeiten,* die der Polizei durch § 163 StPO und § 53 OWiG zugewiesen werden. Bei dieser Aufgabe wird die Polizei nicht *präventiv* (vorbeugend) tätig, sondern *repressiv* (verfolgend); Aufgaben und Befugnisse werden in diesem Fall nicht durch die Polizeigesetze der Länder, sondern durch StPO und OWiG bestimmt.

II. *Befugnisse der Polizei*

Im Polizeirecht ist zwischen der *Aufgabe* und der *Befugnis,* Maßnahmen zu treffen, zu unterscheiden. Aus der Existenz einer polizeilichen Aufgabe folgt noch nicht, daß die Polizei auch die Befugnis hat, eine bestimmte Maßnahme zu treffen. Polizeiliche Maßnahmen bedeuten sehr oft Eingriffe in die Rechte des einzelnen Bürgers. Sie sind daher nach rechtsstaatlichen Grundsätzen und dem Prinzip des Vorbehalts des Gesetzes (s. 148 II 1) nur zulässig, wenn eine ausdrückliche gesetzliche Regelung die betreffende Maßnahme zuläßt. Entsprechende *Befugnisnormen* bestehen vor allem für polizeiliche Standardmaßnahmen (z.B. Personalienfeststellung, Beschlagnahme, Durchsuchung u.a., s. hierzu 166–168) in speziellen Einzelregelungen der Länderpolizeigesetze sowie in sonstigen Gesetzen, wie z.B. der StPO (sog. Spezialbefugnisse).

Der Polizei kann ferner durch eine gesetzliche *Generalklausel* (Generalermächtigung) allgemein, also ohne genaue Spezifizierung der zu treffenden Maßnahme, die Befugnis eingeräumt werden, die notwendigen Maßnahmen zu treffen, um eine im einzelnen Fall bestehende, konkrete Gefahr für die öffentliche Sicherheit oder Ordnung abzuwehren (s. z.B. die polizeilichen Generalklauseln in Art. 11 BayPAG, § 11 HSOG, § 8 Abs. 1 PolG NW, § 8 SPolG, § 13 SOG LSA). Die Generalklausel ist *subsidiär* zu vorhandenen Spezialermächtigungen,

d. h. die Polizei hat zunächst auf Grund einer speziellen Befugnisnorm – soweit eine solche vorhanden ist – Maßnahmen zu treffen. Wenn eine Spezialermächtigung vorliegt, kann insoweit die Generalklausel nicht als Grundlage für eine polizeiliche Maßnahme herangezogen werden.

162. Grundprinzipien polizeilichen Handelns

I. *Opportunitätsprinzip*

Die Polizei hat nach pflichtgemäßem Ermessen, d. h. ohne Ermessensfehler (Ermessensüberschreitung, Ermessensfehlgebrauch, Nichtgebrauch des Ermessens), zu handeln. Dieses Ermessen erstreckt sich auf die Entscheidung über die Frage, ob eingegriffen werden soll, sowie über den Zeitpunkt und die Art einer polizeilichen Maßnahme. Es umfaßt auch die Möglichkeit, daß die Polizei vom Ergreifen einer Maßnahme absieht (sog. *Opportunitätsprinzip).* Der Polizei soll damit ermöglicht werden, die einzelnen zu erfüllenden Aufgaben nach dem Grad ihrer Wichtigkeit einzuteilen (z. B. Nichteinschreiten bei Bagatellangelegenheiten) und die begrenzten personellen und sachlichen Mittel der Polizei möglichst zweckmäßig einzusetzen. Es besteht somit grundsätzlich kein Anspruch des einzelnen Bürgers auf ein Einschreiten der Polizei; der Bürger hat lediglich einen Anspruch auf fehlerfreien Ermessensgebrauch durch die Polizei. Eine Grenze erreicht das Opportunitätsprinzip allerdings dann, wenn schwere Gefahren für Leib oder Leben sowie für erhebliche Vermögensschäden vorliegen; in diesen Fällen wird eine Ermessensreduzierung dahin anzunehmen sein, daß nur ein Eingreifen als ermessensfehlerfrei erscheint.

II. *Verhältnismäßigkeitsprinzip*

Durch das *Verhältnismäßigkeitsprinzip* wird das Ausmaß des polizeilichen Handelns begrenzt; der Bürger wird durch den Verhältnismäßigkeitsgrundsatz, der in den einzelnen Länderpolizeigesetzen geregelt ist (vgl. z. B. Art. 5 PolG BW, Art. 4 BayPAG, § 4 HSOG, § 2 PolG NW) vor unverhältnismäßigen polizeilichen Eingriffen geschützt.

Im einzelnen umfaßt das Verhältnismäßigkeitsprinzip folgende Grundsätze: die polizeiliche Maßnahme muß zur Gefahrenabwehr geeignet und erforderlich sein *(Grundsatz der Geeignetheit)*; von mehreren geeigneten Maßnahmen muß diejenige ergriffen werden, die den einzelnen und die Allgemeinheit am wenigsten beeinträchtigt *(Grundsatz des mildesten Mittels oder geringsten Eingriffs, Übermaßverbot)*; polizeiliche Maßnahmen dürfen nicht zu einem Schaden führen, der zu dem angestrebten Erfolg außer Verhältnis steht *(Grundsatz der Verhältnismäßigkeit im engeren Sinn, Übermaßverbot)*; in zeitlicher Hinsicht ist eine Maßnahme nur solange zulässig, bis ihr Zweck erreicht ist oder erkennbar wird, daß er nicht mehr erreicht werden kann *(Grundsatz des Verbotes des zeitlichen Übermaßes).*

III. *Legalitätsprinzip*

Nach dem in § 152 Abs. 2, § 163 Abs. 1 StPO festgelegten *Legalitätsprinzip* ist die Polizei ebenso wie die Staatsanwaltschaft verpflichtet, bei allen verfolgbaren Straftaten Ermittlungen einzuleiten (Verfolgungszwang); insoweit steht ihr kein Entscheidungsermessen zu. Das Legalitätsprinzip dient dazu, die Grundsätze der Gleichheit und Gerechtigkeit zu verwirklichen, indem ohne Ansehen der Person bei zureichenden tatsächlichen Anhaltspunkten für eine Straftat die Strafverfolgung betrieben werden muß.

163. Polizeiliches Handeln

I. *Arten polizeilichen Handelns*

Wichtigste Handlungsform ist auch im Polizei- und Ordnungsrecht der *Verwaltungsakt* (VA). Auf diesen ist – soweit spezielle polizeirechtliche Vorschriften nicht gegeben sind – das allgemeine Verwaltungsverfahrensrecht (VwVfG) anzuwenden (zu den Einzelheiten, besonders der Definition des VA und den Rechtmäßigkeitsvoraussetzungen s. 148). Im Polizei- und Ordnungsrecht ist vor allem der befehlende VA bedeutsam, der dem einzelnen ein bestimmtes Tun, Dulden oder Unterlassen gebietet oder verbietet. Der polizeiliche VA kann schriftlich, mündlich oder in anderer Weise erlassen werden (§ 37 VwVfG). Hinsichtlich des *Rechtsschutzes* gilt, daß polizeiliche Maßnahmen, also solche Maßnahmen, die von der Polizei im Rahmen ihrer präventiven (vorbeugenden) polizeilichen Aufgabe (Gefahrenabwehr) – also nicht zur Strafverfolgung (repressive polizeiliche Aufgabe) – getroffen werden (also z. B. Personenfeststellung, Durchsuchung, Sicherstellung, Beschlagnahme zu polizeilichen Zwecken) als Verwaltungsakte mit den gegen diese zulässigen Rechtsbehelfen und Rechtsmitteln (besonders Widerspruch und Anfechtungsklage) anfechtbar sind (s. 149). Bei polizeilichen Eingriffsmaßnahmen im Rahmen der strafverfolgenden Tätigkeit besteht der Rechtsschutz in der nach der StPO möglichen gerichtlichen Kontrolle (s. z. B. § 98 Abs. 2 S. 2 StPO) oder im Verfahren nach §§ 23ff. EGGVG (Antrag auf gerichtliche Entscheidung durch das OLG).

Der polizeiliche VA wird in den Polizeigesetzen zumeist als *„Maßnahme"* bezeichnet. Unter einer Maßnahme sind alle VAe zu verstehen, die einen gezielten Eingriff darstellen. Vom Begriff der Maßnahme wird auch die (polizeiliche) Anordnung umfaßt. Der früher verwandte Begriff der *„Polizeiverfügung"* wird praktisch nicht mehr benutzt. Neben dem polizeilichen VA kommen auch noch *Realakte,* also die Akte der Verwaltung, die im Gegensatz zum VA nicht auf den Eintritt von Rechtsfolgen, sondern auf einen tatsächlichen Erfolg gerichtet sind, in Betracht (Beispiele: Auskünfte, Warnungen, Streifenfahrt, Wegräumen eines auf die Straße gefallenen Baumes u. ä.).

Während sich der polizeiliche VA an bestimmte Personen zwecks Regelung eines Einzelfalles richtet, schreibt die *Polizeiverordnung* (PolVO) als allgemeine Rechtsnorm einem individuell nicht bestimmten

Kreis für gewisse Tatbestände oder Verhältnisse ein bestimmtes Tun oder Unterlassen verbindlich vor. Zum Erlaß derartiger Rechtsnormen ist die Vollzugspolizei nicht befugt; nur die Ordnungsbehörden (Sicherheitsbehörden, Gefahrenabwehrbehörden, Polizeiverwaltungsbehörden) können PolVOen erlassen; die Ermächtigungen für den Erlaß solcher PolVOen sind dementsprechend in den ordnungsbehördlichen Gesetzen (z. B. Bayerisches Landesstraf- und Verordnungsgesetz – BayLStVG, Ordnungsbehördengesetz NW) enthalten. Die Gegenstände, die früher in PolVOen geregelt worden sind, werden allerdings in zunehmendem Maß in Spezialgesetzen geregelt, so daß die Bedeutung der PolVOen zurückgeht.

Ein Rechtsmittel gegen eine PolVO selbst besteht für den Bürger nur durch die in einigen Ländern gewährte Normenkontrolle (s. § 47 Abs. 1 Nr. 2 VwGO i. V.m. Landesrecht; vgl. 149 IV). Der Bürger kann sich aber auf jeden Fall gegen den auf der PolVO beruhenden VA mit den üblichen Rechtsbehelfen und Rechtsmitteln wenden (s. 149).

II. *Polizei- und ordnungsrechtliche Verantwortlichkeit*

Eingriffsmaßnahmen im Polizei- und Ordnungsrecht müssen sich gegen den *Verantwortlichen* richten. Man unterscheidet folgende Arten der Verantwortlichkeit: bei der Verhaltensverantwortlichkeit (wenn eine Person eine Gefahr verursacht hat) ist die Maßnahme gegen diese Person zu richten, gegen den sog. *Störer* der öffentlichen Sicherheit oder Ordnung (*Handlungsstörer*); bei der Zustandsverantwortlichkeit ist die Maßnahme gegen den Inhaber der tatsächlichen Gewalt über die Sache zu richten, von der eine Gefahr ausgeht (sog. *Zustandsstörer*).

Wenn weder ein Handlungsstörer noch ein Zustandsstörer vorhanden ist oder Maßnahmen gegen sie nicht rechtzeitig möglich oder nicht erfolgversprechend sind, kann – wenn dies zur Beseitigung einer Störung oder zur Abwehr einer Gefahr erforderlich ist – eine Maßnahme auch gegen unbeteiligte Dritte, also *„Nichtstörer"*, gerichtet werden (sog. *„polizeilicher Notstand"*). Voraussetzung hierfür ist – neben anderen Voraussetzungen –, daß eine gegenwärtige erhebliche Gefahr abzuwehren ist und der Nichtstörer nicht unverhältnismäßig beeinträchtigt wird (vgl. z. B. Art. 10 BayPAG). Gegebenenfalls hat der in Anspruch genommene Nichtstörer einen Entschädigungsanspruch (vgl. z. B. Art. 70 BayPAG).

III. *Polizeiliche Zwangsmittel*

Um die Befolgung ihrer Anordnung nötigenfalls zu erzwingen, können die Polizeibehörden *Zwangsmittel* einsetzen. Als solche sind, ähnlich dem Verwaltungszwang (§§ 6ff. Verwaltungs-Vollstreckungsgesetz – VwVG; vgl. 148 V), in den Polizeigesetzen vorgesehen:

a) Ausführung der gebotenen Handlung durch einen Dritten auf Kosten des Pflichtigen (*Ersatzvornahme*),

327

b) Festsetzung von *Zwangsgeld,* evtl. *Ersatzzwangshaft,*
c) unmittelbarer *Zwang.*

Voraussetzung ist, daß der Verwaltungsakt unanfechtbar oder daß sein sofortiger Vollzug angeordnet oder einem eingelegten Rechtsmittel keine aufschiebende Wirkung beigelegt ist. Ein sofortiger Vollzug ohne vorausgegangenen VA ist nur zulässig, wenn er zur *Verhinderung einer rechtswidrigen, mit Strafe oder Bußgeld bedrohten Handlung* oder zur Abwehr einer drohenden Gefahr notwendig ist und die Behörde hierbei innerhalb ihrer gesetzlichen Befugnisse handelt (§ 6 VwVG). Andernfalls muß jeder Anwendung eine schriftliche *Androhung* mit Fristsetzung vorangehen. Die Höhe des Zwangsgeldes ist gesetzlich begrenzt. Alle Zwangsmittel können wiederholt angedroht, festgesetzt und vollstreckt werden. Die Umwandlung des nichtbeitreibbaren Zwangsgeldes in *Zwangshaft* hat nach Art. 104 Abs. 2 GG in jedem Falle der *Richter* des Amts- oder Verwaltungsgerichts vorzunehmen. Unmittelbarer Zwang ist nach § 12 VwVG nur zulässig, wenn die anderen Mittel versagen würden. Ist der Pflichtige nicht vorher schriftlich zur Beseitigung bzw. Leistung aufgefordert worden, so fallen entstehende Kosten der Polizei zur Last. Verfügungen des Zwangsverfahrens (148 V) können als Verwaltungsakte mit den gegen diese vorgesehenen Rechtsmitteln (149) angefochten werden.

Unmittelbarer Zwang ist nach dem für die Vollzugsbeamten des Bundes, insbesondere auch Polizeibeamte, geltenden *Ges. über den unmittelbaren Zwang bei Ausübung öffentlicher Gewalt durch Vollzugsbeamte des Bundes* – UZwG – vom 10. 3. 1961 (BGBl. I 165) die Einwirkung auf Personen oder Sachen durch körperliche Gewalt, ihre Hilfsmittel oder Waffen (das sind außer Hieb- und Schußwaffen auch Reizstoffe, z. B. Tränengas, und Explosivmittel). Unter mehreren möglichen Maßnahmen hat der Polizeibeamte stets die mildeste zu wählen, so daß von Waffen an letzter Stelle Gebrauch zu machen ist (so wenn eindringliche Warnung, einfache körperliche Gewalt u. dgl. versagen), von der Schußwaffe nur als äußerstem Mittel. Nach dem *Grundsatz der Verhältnismäßigkeit* darf der zu erwartende Schaden nicht außer Verhältnis zu dem beabsichtigten Erfolg stehen (Körperverletzung bei Verfolgung eines geringfügigen Delikts).

Der *Schußwaffengebrauch* ist nach §§ 10, 12, 13 UZwG nur zulässig, wenn andere Maßnahmen erfolglos angewendet worden oder offensichtlich nicht erfolgversprechend sind. Er darf nur dem Zweck dienen, angriffs- oder fluchtunfähig zu machen. Er ist unzulässig, wenn erkennbar mit hoher Wahrscheinlichkeit Unbeteiligte gefährdet werden, außer wenn es sich beim Einschreiten gegen eine Menschenmenge nicht vermeiden läßt. In aller Regel ist der Schußwaffengebrauch nach dem Grundsatz der Verhältnismäßigkeit nur zulässig zur Verhütung schwerer Straftaten oder zur Verhinderung der Flucht von Personen, die sich in amtlichem Gewahrsam befinden oder einer schweren Straftat verdächtig sind. Gegen eine *Menschenmenge* dürfen Schußwaffen nur gebraucht werden, wenn aus ihr heraus Gewalttaten begangen werden oder unmittelbar bevorstehen und Zwangsmaßnahmen gegen einzelne erfolglos oder nicht erfolgversprechend sind. In allen Fällen ist Schußwaffenanwendung anzudrohen (Abgabe eines Warnschusses genügt); einer Menschenmenge gegenüber ist wiederholte Androhung vorgeschrieben.

Entsprechende Grundsätze gelten nach Landesrecht (vgl. z. B. §§ 53f. PolG BW; Art. 66ff. BayPAG; §§ 63ff. PolG NW).

164. Die polizeiliche Verwarnung

Nach § 56 OWiG (s. 152) steht generell allen Verwaltungsbehörden, die zur Verfolgung von Ordnungswidrigkeiten befugt sind, in geringfügigen Fällen das Recht zu, den Betroffenen zu verwarnen. Ist eine bloße Verwarnung unzureichend, soll daneben ein *Verwarnungsgeld* von 5–75 DM erhoben werden.

Bei *Verkehrszuwiderhandlungen,* die nach § 24 StVG i. Verb. m. § 49 StVO oder § 69a StVZO mit Geldbuße geahndet werden können, kann die Polizei in geringfügigen Fällen nach § 56 OWiG von der Verfolgung absehen, dem Betroffenen eine Verwarnung erteilen und ggf. ein Verwarnungsgeld bis zu 75 DM festsetzen. Die Erteilung der Verwarnung und ggf. die Festsetzung des Verwarnungsgeldes werden im Verkehrszentralregister (408) nicht erfaßt.

Voraussetzung für die Wirksamkeit der mit Verwarnungsgeld verbundenen Verwarnung ist stets, daß der Betroffene nach Belehrung über sein Weigerungsrecht mit beiden Maßnahmen einverstanden ist; die Verwarnung wird ggf. erst wirksam, wenn das Verwarnungsgeld sofort oder innerhalb bestimmter Frist (regelmäßig eine Woche) gezahlt wird. Dann kann die Zuwiderhandlung nicht mehr als Ordnungswidrigkeit verfolgt werden, wohl aber noch als Straftat, wenn sich herausstellt, daß in Wirklichkeit eine solche vorliegt (z. B. nicht nur unzulässiges Überholen, sondern zugleich Straßenverkehrsgefährdung, § 315c StGB). Die zur Verwarnung ermächtigten Beamten müssen sich – ggf. durch Dienstkleidung – ausweisen. Vgl. § 56 Abs. 2–4, § 57 OWiG.

Um eine einheitliche Praxis sicherzustellen, hat der BMV auf Grund des § 27 StVG in einer Allgem. Verwaltungsvorschrift vom 12. 6. 1975 (BAnz. Nr. 109) zuletzt geändert durch Allgemeine Verwaltungsvorschrift vom 26. 1. 1993 (BAnz. Nr. 20) Richtlinien für die Polizei aufgestellt, wann von einer Verwarnung abzusehen oder wann eine solche zu erteilen und in etwa welcher Höhe Verwarnungsgeld festzusetzen ist (z. B. bei verbotenem Halten ohne oder mit Verkehrsbehinderung 20–40 DM, bei Parkzeitüberschreitung je nach Dauer 10–50 DM, bei verbotenem Parken ohne oder mit Verkehrsbehinderung 30–75 DM, bei Überschreiten der zulässigen Höchstgeschwindigkeit je nach km/St 20–60 DM). Ergänzende Verwaltungsvorschriften der Länder regeln das Verfahren bei Verwarnungen im einzelnen und bezeichnen die Voraussetzungen, unter denen i. d. R. ein *Bußgeldverfahren* durchzuführen ist, weil eine Verwarnung nicht genügt (z. B. bei grob verkehrswidrigem oder rücksichtslosem Verhalten, Überschreitung der Höchstgeschwindigkeit um mehr als 15 km, Nichtbeachten der Vorfahrt usw.); vgl. die Verwarnungsgeld- und Bußgeldkataloge, abgedr. unter Nr. 15e der Beck'schen Textausg. „Straßenverkehrsrecht".

165. Hilfsbeamte der Staatsanwaltschaft

Nach § 152 GVG sind die *Hilfsbeamten der Staatsanwaltschaft* in dieser Eigenschaft verpflichtet, den Anordnungen der StA ihres Bezirks und der dieser vorgesetzten Behörde Folge zu leisten, ohne daß es einer Zustimmung des polizeilichen Vorgesetzten bedarf (vgl. 220). Sie sind im allgemeinen für den Bezirk des Landgerichts örtlich zuständig, für den die StA bestellt ist (§ 143 GVG).

Zu Hilfsbeamten der StA sind einzelne *Beamtengruppen* kraft Gesetzes bestellt, so z. B. im Bereich des Steuer- und Zollfahndungsdienstes (§ 404 AO), des Bundeskriminalamts (§ 8 BKrAG) usw. Andere Beamten- oder Angestelltengruppen werden von der LdReg. im Einvernehmen mit der LdJustizverwaltung zu Hilfsbeamten der StA bestellt (§ 152 Abs. 2 GVG; Zusammenstellg. b. Schönfelder, Deutsche Gesetze, Nr. 95 Fußnote zu § 152 GVG).

Auch die nicht der StA unterstellten Polizeibehörden und -beamten haben der StA bei der *Strafverfolgung* Hilfe zu leisten. Jedoch hat hier die StA ein *Ersuchen* an den Leiter der Polizeibehörde zu richten, während sie, falls es sich um Hilfsbeamte der StA handelt, diesen unmittelbar einen *Auftrag* erteilen kann (§§ 161, 163 StPO; vgl. 278).

Zu selbständigen *Beschlagnahmen* und *Durchsuchungen* nach Maßgabe der §§ 98, 105, 111 c, e StPO sind nur die polizeilichen Hilfsbeamten der StA befugt (vgl. 272, 273). Es kann aber auch eine polizeiliche Beschlagnahme oder Durchsuchung nach Polizeirecht erforderlich werden (vgl. 167, 168).

166. Personalienfeststellung durch die Polizei

Als Strafverfolgungsorgan ist die Polizei gem. § 163 StPO berechtigt, die Personalien eines Straftäters oder von Zeugen einer *Straftat* festzustellen (vgl. 220). Zu diesem Zweck kann sie den auf frischer Tat betroffenen oder verfolgten Beschuldigten, der einer Straftat verdächtig ist, vorläufig festnehmen, muß ihn aber spätestens bis Ablauf des nächsten Tages freilassen oder dem Richter vorführen (vgl. 274; gilt nicht bei Ordnungswidrigkeiten, § 46 Abs. 3 OWiG). Liegt eine reine *Polizeiwidrigkeit* vor (z. B. Nichtbeachtung eines in einer PolVO enthaltenen Verbots, dessen Verletzung nur mit Zwangsgeld bedroht ist), so muß ein *polizeilicher Grund* zur Feststellung der Personalien gegeben sein, d. h. eine poliz. Gefahr oder Störung, so daß poliz. Maßnahmen gerechtfertigt sind. Ist dies der Fall, so ergibt sich die Berechtigung des Polizeibeamten zur Personalienfeststellung aus den entsprechenden Spezialbefugnisnormen der Länder-Polizeigesetze. Der Beamte darf bei Weigerung die festzustellende Person der Polizeidienststelle zuführen (sistieren).

Die Länder haben das Recht der Polizei zur Personalienfeststellung, Vorführung und einstweiligen Festhaltung von Personen, soweit es ihr eigener Schutz oder die Aufrechterhaltung der öffentlichen Sicherheit oder Ordnung bzw. die Abwehr einer unmittelbar bevorstehenden Gefahr erfordert, in speziellen Normen geregelt (z. B. § 26 PolG BW; Art. 12, 13 BayPAG; §§ 11, 15 Brem PolG; § 18 HSOG; § 9 PolG NW).

Personen, die einer *Straftat* verdächtig sind, können nach §§ 163b, c StPO von Polizei und Staatsanwaltschaft zur Feststellung ihrer Identität, wenn dies sonst nicht möglich oder erheblich erschwert ist, bis zu 12 Std. festgehalten; sie selbst und mitgeführte Sachen können durchsucht werden; erkennungsdienstliche Maßnahmen können durchgeführt werden. Bei nicht tatverdächtigen Personen ist dies zur Aufklärung einer Straftat in beschränktem Umfang zulässig; Durchsuchungen und erkennungsdienstliche Maßnahmen sind gegen ihren Willen unzulässig. Für die Vorführung vor den Richter und die Benachrichtigung von Angehörigen gilt ähnliches wie bei der Verhaftung (274, 275).

Bei Fahndungsmaßnahmen wegen bestimmter schwerer Straftaten (Tötungsdelikte, Unterstützung terroristischer Vereinigungen, erpresserischer Menschenraub, Geiselnahme, Raub mit Waffen, gewisse gemeingefährliche Straftaten) kann die Polizei an hierzu eingerichteten *Kontrollstellen* auf Straßen Identitätsfeststellungen und hiermit verbundene Durchsuchungen auch bei nicht tatverdächtigen Personen durchführen (§ 111 StPO). Durch den mit Ges. vom 19. 4. 1986 (BGBl. I 537) eingeführten § 163d StPO wird bei Verdacht bestimmter schwerer Straftagen eine sog. *„Schleppnetzfahndung"* ermöglicht, d. h. daß bei polizeilichen Kontrollen und Grenzkontrollen die anfallenden Daten über die Identität von Personen und über sonstige Umstände in einer Datei gespeichert werden können.

Nach dem Gesetz über *Personalausweise* i. d. F. vom 21. 4. 1986 (BGBl. I 548) ist jeder Deutsche i. S. des Art. 116 Abs. 1 GG (s. 2 I), der das 16. Lebensjahr vollendet hat und nach den Landesmeldegesetzen der allgemeinen Meldepflicht unterliegt, verpflichtet, einen Personalausweis zu besitzen und ihn auf Verlangen einer zur Prüfung der Personalien ermächtigten Behörde vorzulegen. Die Verpflichtung besteht nicht für denjenigen, der sich durch einen gültigen Paß ausweisen kann. Der Personalausweis enthält eine Zone für das automatische Lesen *(maschinenlesbarer Ausweis)*. Im Hinblick hierauf enthält das Gesetz verschiedene datenschutzrechtliche Bestimmungen. Die Personalausweise gelten 10 Jahre; erstmalige Ausstellung und Neuausstellung wegen Ablaufs der Gültigkeitsdauer sind – mit Ausnahme der Neuausstellung an Personen unter 21 Jahre – gebührenpflichtig. Die Länder haben Ausführungsbestimmungen erlassen.

S. hierzu die VO zur Bestimmung der Muster der Personalausweise vom 2. 7. 1986 (BGBl. I 1009) mit Änd. vom 20. 1. 1997 (BGBl. I 33).

Die *Meldepflicht* regelt sich nach dem *Melderechtsrahmengesetz* – MRRG – des Bundes i. d. F. vom 24. 6. 1994 (BGBl. I 1430) und den ausfüllenden Landesmeldegesetzen. Die Meldebehörden der Länder registrieren die Einwohner und führen Melderegister, dürfen aber personenbezogene Daten nur auf Grund gesetzlicher Ermächtigung erheben, verarbeiten oder sonst nutzen. Das MRRG regelt grundlegend Datenerhebung und -speicherung, Meldegeheimnis sowie Auskunfts-, Berichtigungs- und Löschungsrechte der registrierten Personen, ferner den Datenaustausch zwischen Behörden. Für die Datenübermittlung zwischen Meldebehörden verschiedener Länder s. Meldedaten-ÜbermittlungsVO des Bundes i. d. F. vom 8. 6. 1995 (BGBl. I 796). Dritten dürfen Auskünfte nur in begrenztem Umfang erteilt werden (Name, Anschrift; anderes nur bei berechtigtem Interesse). In Beherbergungsbetrieben sind Meldevordrucke handschriftlich auszufüllen und zu unterschreiben.

Das *Paßwesen* – Paßzwang für ein- und ausreisende Deutsche – ist geregelt durch das Paßgesetz vom 19. 4. 1986 (BGBl. I 537) m. DurchführungsVO vom 2. 1. 1988 (BGBl. I 13) m. spät. Änd. Der Paß nach dem neuen Paßgesetz enthält eine Zone für das *automatische Lesen;* er wird nach einheitlichem europäischen Muster gestaltet *(Europa-Paß).* S. hierzu VO zur Bestimmung der Muster der Reisepässe der Bundesrepublik Deutschland vom 2. 1. 1988 (BGBl. I 2). Der Paß ist 10 Jahre gültig (bei unter 26 Jahre alten Personen nur 5 Jahre). Eine Verlängerung ist unzulässig. Für *Ausländer* gelten die Sondervorschriften des Ausländergesetzes, s. 181 I; s. dort insbesondere über die Einholung der Aufenthaltserlaubnis durch *Sichtvermerk* (Paßersatz). Für Angehörige der EWG-Staaten vgl. AufenthaltsG/EWG i. d. F. vom 31. 1. 1980 (BGBl. I 116). S. ferner die *Ausländerdatenübermittlungsverordnung* vom 18. 12. 1990 (BGBl. I 2997) und *Ausländerdateienverordnung* vom 18. 12. 1990 (BGBl. I 2999).

167. Polizeiliche Beschlagnahme (Sicherstellung)

Die Sicherstellung von Gegenständen und bei Widerspruch des Betroffenen ihre Beschlagnahme ist nicht nur aus *strafprozessualen* Gründen (§§ 94ff. StPO; vgl. 272) oder zur Verfolgung einer *Ordnungswidrigkeit* (§ 46 Abs. 1 OWiG; vgl. 152), sondern auch aus polizeirechtlichen Gründen unter besonderen Voraussetzungen als rechtmäßige poliz. Maßnahme anerkannt. Man spricht insofern von einer *polizeilichen* Beschlagnahme. Sie ist zulässig zur *Verhütung* strafbedrohter Handlungen, zur Verhinderung ihrer Fortsetzung und zur Abwehr sonstiger Gefahren, welche die öffentliche Sicherheit oder Ordnung bedrohen. Voraussetzung ist, daß geringere poliz. Maßnahmen nicht möglich sind oder nicht zum Ziele führen würden und daß der *Grundsatz der Verhältnismäßigkeit* gewahrt bleibt (s. 162 II).

Unter diesen Voraussetzungen ist zur *Anordnung* einer poliz. Beschlagnahme die Beteiligung des Richters oder Staatsanwalts oder eines Hilfsbeamten der StA nicht erforderlich. Es kann vielmehr jeder Polizeibeamte eine poliz. Beschlagnahme anordnen und durchführen. Rechtsgrundlage sind die besonderen Bestimmungen der Länder für die poliz. Beschlagnahme und das bei ihr zu beobachtende Verfahren (z. B. §§ 32, 33 PolG BW; Art. 25ff. BayPAG; §§ 40–43 HSOG).

Die poliz. Beschlagnahme darf aber nur solange aufrechterhalten bleiben, wie die sie begründenden Voraussetzungen andauern. Bei deren Wegfall ist sie unverzüglich *aufzuheben.*

Die polizeiliche Beschlagnahme ist keine Entziehung oder Beschränkung des Eigentums an den beschlagnahmten Gegenständen, sondern lediglich eine vorübergehende Besitzentziehung. Die Polizei übernimmt mit der Beschlagnahme die Verpflichtungen eines Verwahrers der sichergestellten Gegenstände und muß für ordnungsmäßige Aufbewahrung, Kennzeichnung und Schutz vor Verlust oder Wertminderung Sorge tragen. Andernfalls können sich Schadensersatzansprüche des Eigentümers oder eines sonstigen Berechtigten ergeben.

168. Polizeiliche Durchsuchung

Neben der Durchsuchung von Personen, Sachen oder Wohnungen aus *strafprozessualem* Anlaß (§§ 102ff. StPO; vgl. 273) und entsprechend bei Verfolgung einer Ordnungswidrigkeit (§ 46 Abs. 1 OWiG; vgl. 152) ist eine sog. *polizeiliche Durchsuchung* aus polizeilichen Gründen als zulässig anerkannt. Sie kann sich wie die strafprozessuale auf Personen, Sachen oder Wohnungen erstrecken und ohne Beteiligung eines Richters, Staatsanwalts oder Hilfsbeamten der StA durch jeden Polizeibeamten durchgeführt werden. Voraussetzung ist, daß von Gegenständen oder Zuständen Gefahren für die öffentliche Sicherheit oder Ordnung ausgehen, deren Beseitigung die Durchsuchung erfordert.

Unter diesen Voraussetzungen darf die Polizei *Personen* oder *Sachen* (z. B. Kraftwagen) nach Gegenständen durchsuchen, die der poliz. Beschlagnahme unterliegen (vgl. 173). *Personen,* die verhaftet, vorläufig festgenommen, zwangsgestellt (sistiert) oder in poliz. Gewahrsam genommen werden, können nach Waffen, gefährlichen Werkzeugen u. dgl. durchsucht werden, um Angriffe auf den Polizeibeamten oder Selbsttötung zu verhüten. Bei Durchsuchungen von *Personen* ist die Menschenwürde zu wahren (Art. 1 Abs. 1 GG). Weibliche Personen sind von Frauen zu durchsuchen. Über Durchsuchungen zur Identitätsfeststellung (§ 163b StPO) und an Kontrollstellen bei Fahndungsaktionen (§ 111 StPO) vgl. 172.

Wohnungen können nach Gegenständen, die der poliz. Beschlagnahme unterliegen, oder nach Personen, von denen poliz. Gefahren ausgehen (z. B. nach gemeingefährlichen Geisteskranken), unter Beachtung folgender Rechtsgrundsätze durchsucht werden:

Nach Art. 13 Abs. 1 GG ist die *Wohnung unverletzlich* (vgl. 48 III). Gemäß Art. 13 Abs. 2 GG können jedoch – soweit ein Gesetz dies vorsieht – Durchsuchungen durch den Richter, bei Gefahr im Verzug auch durch die in den Gesetzen vorgesehenen anderen Organe, angeordnet werden; sie dürfen nur in der gesetzlich vorgeschriebenen Form stattfinden.

Nach Art. 13 Abs. 3 GG sind Eingriffe und Beschränkungen, die nicht Durchsuchungen i. S. des Art. 13 Abs. 2 GG sind, zur *Abwendung einer gemeinen Gefahr* oder einer *Lebensgefahr für einzelne Personen,* auf Grund eines Gesetzes auch zur *Verhütung dringender Gefahren* für die öffentliche Sicherheit und Ordnung, vor allem zur Behebung der Raumnot, zur Bekämpfung von Seuchengefahr (hierzu vgl. § 32 Bundes-Seuchengesetz, § 43 Lebensmittel- und Bedarfsgegenständegesetz) oder zum Schutz gefährdeter Jugendlicher zulässig. Danach sind Grundrechtseingriffe zur Abwehr einer gemeinen Gefahr oder einer Lebensgefahr für einzelne Personen unmittelbar aus Art. 13 Abs. 3 GG zulässig; bei Eingriffen zur Verhütung dringender Gefahren für die öffentliche Sicherheit und Ordnung ist eine gesetzliche Grundlage erforderlich. Die Polizeigesetze der Länder enthalten besondere Bestimmungen für die Berechtigung der Polizei zur poliz. Durchsuchung (z. B. §§ 29–31 PolG BW; Art. 21–24 BayPAG).

169. Die Organisation der Polizei

I. Allgemeines

Die Polizei hat sich in Deutschland als Angelegenheit der Länder, nicht des Reiches, entwickelt. Auch die Bundesrepublik Deutschland verfügt nicht über eine eigene allgemeine Bundespolizei. Nach Art. 87 GG kann der Bund nur *Bundesgrenzschutzbehörden,* Zentralstellen für das polizeiliche *Auskunfts-* und *Nachrichtenwesen* sowie für die *Kriminalpolizei,* ferner zur Sammlung von Unterlagen für Zwecke des *Verfassungsschutzes* und gegen Bestrebungen einrichten, die durch Gewaltanwendung auswärtige Belange der BRep. gefährden.

Nach Art. 91 GG kann ein Land zur Abwehr einer drohenden Gefahr für die freiheitliche demokratische Grundordnung oder den Bestand des Bundes oder eines Landes Polizeikräfte anderer Länder anfordern. Ist das bedrohte Land zur Bekämpfung der Gefahr selbst nicht bereit oder in der Lage, so kann die Bundesregierung die Polizei dieses und anderer Länder ihren Weisungen unterstellen sowie Bundesgrenzschutz einsetzen (Art. 91 Abs. 2 GG). Zur Durchführung eines Polizeieinsatzes insbes. zwecks Abwehr eines *Staatsnotstandes* sind in den Ländern *Bereitschaftspolizeien* eingerichtet worden, wobei der Bundesregierung unter freiwilligem Verzicht der Länder auf Hoheitsrechte eine Mitwirkung eingeräumt worden ist.

Über die Einrichtung der *Bereitschaftspolizei (BP)* sind zwischen Bund und Ländern *Verwaltungsabkommen* abgeschlossen worden. Auf dieser Grundlage haben die Länder *staatliche Bereitschaftspolizeien* aufgestellt, die in Sammelunterkünften untergebracht sind, aber nicht militärischen Zwecken dienen. Ihre Aufgabe ist, die mit dem ständigen Vollzugsdienst betrauten Polizeikräfte bei Bedrohung oder Störung der öffentlichen Sicherheit und Ordnung und bei etwaigen Großeinsätzen zu unterstützen. Ferner dienen sie der Schulung und Ausbildung der Polizeibeamten. Ihre Stärke bestimmt sich nach dem Sicherheitsbedürfnis (unter Berücksichtigung möglicher Inanspruchnahme nach Art. 35, 91 GG im Notstandsfall) sowie nach dem Nachwuchsbedarf der Polizei des Landes. Über den Einsatz der BP entscheidet grundsätzlich der Minister (Senator) des Innern, soweit nicht die BReg. ein Weisungs- oder Einsatzrecht – auch über die Landesgrenzen hinaus – hat (vgl. 67). Über Organisation, Gliederung und Ausstattung bestehen einheitliche Richtlinien. Weitere Abmachungen betreffen die Kostenbeteiligung des Bundes. Der als Beauftragter des BMI bestellte *Inspekteur der Bereitschaftspolizeien der Länder* ist befugt, sich nach vorheriger Benachrichtigung des Landesinnenministers über die Einsatzfähigkeit der BP zu unterrichten. Die dienstlichen Verhältnisse der Beamten bestimmen sich nach Landesrecht. In den Ländern bestehen überdies eigene gesetzliche Regelungen für die BP (vgl. § 4 PolOrganisG NRW; Art. 6 bayer. PolOrganisG).

Den Ländern allgemein verblieben ist die *Vollzugspolizei* (Schutzpolizei) mit ihren vielfältigen Aufgaben, die öffentliche Sicherheit und Ordnung zu gewährleisten. Trotz unterschiedlicher Entwicklungen in den Bundesländern ist der Polizeiaufgabenkreis der gleiche geblieben. Unterschiede zeigen sich jedoch in der Gestaltung der unteren Instanzen (Kreis- und Ortspolizei) und in Art und Maß, in der die Gemeinden an der Ausübung der Polizeigewalt beteiligt werden.

In allen Ländern des Bundes steht die *allgemeine Dienstaufsicht* über die Handhabung der Polizeigewalt dem *Innenminister (Senator für Inneres)* des Landes, ggf. im Einvernehmen mit dem fachlich zuständigen

Minister, zu. Die *fachliche Aufsicht* über die Polizeibehörden führt jeder Minister innerhalb seines Zuständigkeitsbereichs. Die unteren Polizeibehörden sind der Aufsicht der oberen Polizeibehörde unterstellt.

Soweit nicht – wie in den Stadtstaaten und den kleinen Ländern – eine Mittelinstanz fehlt, stehen unter den Ministern als sog. *Landespolizeibehörden* die Regierungspräsidenten, und zwar für alle Ressorts (Ausnahmen für Spezialbereiche wie Bahn- und Bergpolizei). *Kreispolizeibehörde* ist der Landrat, der die Aufsicht über die gesamte Polizeiverwaltung im Landkreis einschließlich der kreisangehörigen Städte führt. Dem entsprechen in den Stadtkreisen die *Ortspolizeibehörden*. Soweit die Polizeiverwaltung auf kommunale Stellen übertragen ist, handelt es sich um eine *Auftragsangelegenheit,* nicht um eine Selbstverwaltungsangelegenheit. Die zuständigen Staatsbehörden überwachen die Handhabung der *Ortspolizei* und können den Gemeinden Weisungen erteilen.

II. *Die Organisation der Polizei in einigen Ländern*

1. *Baden-Württemberg*

Das Polizeigesetz von Baden-Württemberg i. d. F. vom 13. 1. 1992 (GBl. 1, ber. S. 596), m. spät. Änd. behandelt im I.–III. Teil das Recht der Polizei (Aufgaben, Maßnahmen, Entschädigung), ihre Organisation und die Aufbringung der Kosten.

Die Organisationsvorschriften unterscheiden die *Polizeibehörden* und den *Polizeivollzugsdienst.*

Polizeibehörden sind die obersten Landesbehörden (Ministerien), die Landespolizeibehörden (Regierungspräsidien), die Kreispolizeibehörden (die unteren Verwaltungsbehörden) und die *Ortspolizeibehörden* (Bürgermeister). *Kreistage* und *Gemeinderäte* sind zur Mitwirkung bei der Wahrnehmung polizeilicher Aufgaben berufen. Die Dienstaufsicht, die Fachaufsicht und das Weisungsrecht sowie die Unterrichtungspflicht sind in den §§ 63–65 in der üblichen Weise geregelt, die allgemeine und besondere sachliche und örtliche Zuständigkeit in §§ 66–69.

Für den *Polizeivollzugsdienst* unterhält das Land Baden-Württemberg folgende Dienststellen (§ 70):

1. das *Landeskriminalamt,* das dem Innenministerium untersteht und dieselben Aufgaben wie in anderen Ländern hat;

2. die *Bereitschaftspolizeidirektion,* die gleichfalls dem Innenministerium untersteht, und die ihr nachgeordneten Dienststellen der Bereitschaftspolizei;

3. die *Wasserschutzpolizeidirektion* mit den nachgeordneten Dienststellen;

4. die *Landespolizeidirektionen* (Stuttgart I und II, Karlsruhe, Freiburg, Tübingen) mit den ihnen nachgeordneten staatlichen Dienststellen. Sie unterstehen der Dienst- und Fachaufsicht des Regierungspräsidiums und des Innenministeriums.

Die Ortspolizeibehörden können sich zur Wahrnehmung bestimmter auf den Gemeindebereich beschränkter poliz. Aufgaben *gemeindlicher Vollzugsbeamter* bedienen. Diese haben dienstlich dann die Stellung von Polizeibeamten (§ 80). Das Innenministerium kann auf Antrag der zuständigen Stelle *Hilfsbeamten der Staatsanwaltschaft* (vgl. 165) die Stellung von Polizeibeamten verleihen (§ 81).

335

2. *Bayern*

Das Gesetz über die Organisation der Bayer. Staatlichen Polizei (*Polizeiorganisationsgesetz* – POG) vom 10. 8. 1976 (BayRS 2012–2–1–I) m. spät. Änd. enthält Allgemeine Bestimmungen und Vorschriften über die Landes-, Grenz-, Bereitschaftspolizei, das Landeskriminalamt und das Polizeiverwaltungsamt, über besondere Zuständigkeit sowie über Dienstkräfte anderer Länder und des Bundes. *Träger der Polizei* ist der *Staat* (Art. 1).

1. Die *Landespolizei* (Art. 4) nimmt den poliz. Vollzugsdienst wahr, soweit nicht besondere örtliche und sachliche Zuständigkeiten anderen Polizeibehörden zugewiesen sind. Dienststellen der Bayerischen Landespolizei sind die *Präsidien, Direktionen, Inspektionen* und *Stationen*.

2. Die *Grenzpolizei* (Art. 5) hat die Landesgrenzen zu überwachen und polizeilich zu schützen. Dazu gehört insbes. die Überwachung des Grenzverkehrs. Ihre Dienstkräfte sind befugt, entlang der Landesgrenze in einem Gebietsstreifen von 30 km Tiefe (Grenzbereich) polizeilich tätig zu werden. Ihre *Dienststellen* sind das Präsidium, Inspektionen und Stationen.

3. Die *Bayerische Bereitschaftspolizei* (Art. 6) ist ein besonderer staatlicher Polizeiverband mit gleichen Aufgaben wie in anderen Ländern. Die Leitung hat das *Präsidium der Bayerischen Bereitschaftspolizei,* eine dem Innenministerium unmittelbar nachgeordnete Dienststelle. Die Verwendung außerhalb Bayerns richtet sich nach Art. 91 GG (vgl. 175).

4. Für Bayern ist ein staatliches *Landeskriminalamt* errichtet und dem Innenministerium unmittelbar nachgeordnet (Art. 7). Seine Aufgaben entsprechen denen der Landeskriminalämter in anderen Ländern und umfassen außer der allgemeinen zentralen Verbrechensbekämpfung im besonderen die poliz. Verfolgung des ungesetzlichen *Rauschgifthandels,* der *Geldfälschung,* des unbefugten Handelns mit Schußwaffen und Munition, der *Sprengstoffdelikte* u. a. m. Das Amt kann in Einzelfällen um erkennungsdienstliche und kriminaltechnische Untersuchungen ersucht oder vom Innenministerium mit der Strafverfolgung beauftragt werden.

5. Die Anforderung von Polizeikräften anderer Länder zur Abwehr einer drohenden Gefahr für den Bestand oder die freiheitliche demokratische Grundordnung des Landes Bayern (Art. 91 Abs. 1 GG) obliegt dem Bayerischen Ministerpräsidenten. Dienstkräfte der Polizei eines anderen Bundeslandes sind, abgesehen von den Sonderfällen der Art. 35 und 91 GG, zu Amtshandlungen in Bayern auf Anforderung oder mit Zustimmung des bayer. Innenministers, zur Abwendung erheblicher Gefahren oder Verfolgung Tatverdächtiger oder Entwichener, wenn die zuständige Polizeibehörde die notwendigen Maßnahmen nicht rechtzeitig treffen kann, ferner zur Durchführung des Schubwesens befugt (Art. 11).

3. *Hamburg*

Das Ges. zum Schutz der öffentlichen Sicherheit und Ordnung vom 14. 3. 1966 (GVBl. 77) m. spät. Änd. – SOG –, enthält insbesondere Regelungen über Maßnahmen zur Gefahrenabwehr und zur Störungsbeseitigung (neben allgemeinen Vorschriften, z. B. über die Störereigenschaft, Regelungen über Personalienfeststellung, Gewahrsam von Personen, Sicherstellung von Sachen, Durchsuchung usw.) sowie über den unmittelbaren Zwang (insbesondere den Schußwaffengebrauch).

Das SOG ermächtigt den Senat zum Erlaß von Rechtsverordnungen zur Gefahrenabwehr. Es regelt, daß jede Verwaltungsbehörde im Rahmen ihres Geschäftsbereichs die erforderlichen Maßnahmen zur Gefahrenabwehr und Störungsbeseitigung durchführt. Unaufschiebbare Maßnahmen darf in allen Fällen der Gefahrenabwehr neben der zuständigen Verwaltungsbehörde auch die Polizei treffen (§ 3).

Die Polizei ist der Behörde für Inneres zugeordnet. Sie gliedert sich in die Landespolizeiverwaltung, die Landespolizeidirektion, die Landesverkehrsverwaltung und die Landespolizeischule. Die Landespolizeidirektion wiederum ist untergliedert in vier Polizeidirektionen (Mitte, West, Ost und Süd), das Landeskriminalamt und zwei Fachdirektionen (Führungs- und Lagedienst sowie Bereitschaftspolizei).

4. *Nordrhein-Westfalen*

In NRW ist nach dem Polizeiorganisationsgesetz vom 13. 7. 1982 (GV.NW. 339) m. spät. Änd. die Polizei *Angelegenheit des Landes*.

Polizeibehörden sind die *Kreispolizeibehörden, die Regierungspräsidenten* (Landesmittelbehörden) und das *Landeskriminalamt* als zentrale Landesdienststelle (Landesoberbehörde).

Kreispolizeibehörden sind im allgemeinen (§ 3):

1. in den Kreisen die *Oberkreisdirektoren;*

2. in den kreisfreien Städten die *Polizeipräsidenten;*

3. für den Zuständigkeitsbereich der Wasserschutzpolizei der *Polizeipräsident der Wasserschutzpolizei*.

Die *örtliche Zuständigkeit* ist i. d. R. auf den eigenen Bezirk beschränkt. Ausnahmen bei Dringlichkeit, Verfolgung von Straftaten auf frischer Tat, zur unmittelbaren Verhütung von Straftaten sowie zur Verfolgung und Wiederergreifung Entwichener, bei Anforderung von Polizeivollzugsbeamten anderer Länder usw. (§§ 7–9).

Die *sachliche* Zuständigkeit ist wie folgt geregelt:

a) Die *Kreispolizeibehörden* sind insbes. zuständig:

1. für die Gefahrenabwehr nach dem Polizeigesetz und für die Erforschung und Verfolgung von Straftaten und Ordnungswidrigkeiten (§ 10);

2. für die gesetzlichen Polizeiaufgaben auf den Gebieten des *Versammlungswesens*, des *Sprengstoff-*, *Waffen-* und *Munitionswesens,* soweit nicht die Regierungspräsidenten zuständig sind (§ 11);

3. für die *Überwachung des Straßenverkehrs* (§ 11);

4. für weitere ihnen durch Gesetz oder Rechtsverordnung übertragene Aufgaben (§ 10).

b) Die *Regierungspräsidenten* sind sachlich zuständig für die durch Gesetz oder Rechtsverordnung ihnen übertragene Angelegenheiten und für die *Überwachung des Straßenverkehrs* auf den Bundesautobahnen (§§ 10, 12).

Bei *Gefahr im Verzug* kann eine Polizeibehörde anstelle einer anderen tätig werden (§ 14 Abs. 1).

Die bei den Kreispolizeibehörden und Regierungspräsidenten eingerichteten *Polizeibeiräte* (§§ 15–18) sollen ein Bindeglied zwischen Bevölkerung, Selbstverwaltung und Polizei sein, ein vertrauensvolles Verhältnis erhalten und fördern sowie die Tätigkeit der Polizei unterstützen. Sie erörtern mit dem Leiter der Polizeibehörde poliz. Angelegenheiten. Der *Polizeibeirat bei den Kreispolizeibehörden* besteht aus 11 Mitgliedern. Diese werden von den Vertretungskörperschaften der Kreise bzw. der kreisfreien Städte für die Dauer ihrer Wahlperiode nach dem d'Hondtschen Verhältniswahlsystem gewählt (Näheres s. § 17). Der Polizeibeirat beim Regierungspräsidenten besteht aus je einem Mitglied der Polizeibeiräte der Kreispolizeibehörden des Regierungsbezirks.

5. *Rheinland-Pfalz*

Das *Polizeiverwaltungsgesetz* von RhPf. i. d. F. vom 10. 11. 1993 (GVBl. 595) behandelt im Ersten Teil (§§ 1–74) die Aufgaben und Befugnisse der Polizei, Polizeiverordnungen und Polizeiverfügungen, Zwangsmittel, sonstige Anordnungen und Entschädigungsansprüche. Die *Organisation der Polizei* ist im Zweiten Teil (§§ 75–100) geregelt.

Träger der Polizeihoheit ist das *Land.* Alle Polizeibehörden handeln in Ausübung staatlicher Gewalt (§ 75).

Allgemeine Polizeibehörden sind die *Ortspolizeibehörden,* die *Kreis-* und die *Bezirkspolizeibehörden.* Alle übrigen sind *Sonderpolizeibehörden;* sie bleiben in ihrer Organisation und besonderen Zuständigkeit unberührt (§§ 77 ff.). *Ortspolizeibehörde* ist die Stadt(Gemeinde)verwaltung. *Kreispolizeibehörden* sind in Landkreisen die *Kreisverwaltung;* in kreisfreien Städten sind die staatlichen Polizeiverwaltungen Kreispolizeibehörde, soweit ihnen Aufgaben zugewiesen wurden (Abschn. A der Anl. zu § 80). Hierzu gehören u. a. vollzugspolizeiliche Aufgaben einschließlich Vollzugshilfe sowie der Schutz privater Rechte. *Bezirkspolizeibehörden* sind die Bezirksregierungen. In verbandsfreien Gemeinden kann der Innenminister nach Anhörung der Gemeindevertretung im Benehmen mit dem Landtags-Innenausschuß staatliche Polizeiverwaltungen bilden oder auflösen (§ 79). Die Landesregierung regelt die sachliche Zuständigkeit der Polizeibehörden (VO über die Zuständigkeit der allgemeinen Polizeibehörden i. d. F. vom 31. 10. 1978, GVBl. 695, m. letzter Änd. vom 11. 5. 1987, GVBl. 149).

Die *Vollzugspolizei* gliedert sich in Schutzpolizei, Kriminalpolizei, Wasserschutzpolizei und Bereitschaftspolizei (§ 85). *Stärke* und *Verteilung* richten sich nach den Aufgaben.

Das *Landeskriminalamt* führt nach Weisungen des Ministers des Innern die fachliche Aufsicht über die kriminalpolizeiliche Tätigkeit der Vollzugspolizeidienststellen; es kann Weisungen erteilen und Richtlinien über vorbeugende Verbrechensbekämpfung sowie Verfolgung strafbarer Handlungen erlassen. Ihm obliegt ferner die fachliche Zusammenarbeit mit den Landeskriminalämtern der übrigen Bundesländer und mit dem Bundeskriminalamt. Seine Aufgaben entsprechen im einzelnen der in anderen Ländern vorgesehenen Regelung. Die Staatsanwaltschaft kann das Landeskriminalamt ersuchen, die Verfolgung einzelner Straftaten zu übernehmen oder an andere Polizeidienststellen abzugeben (§§ 88, 89).

Dienststellen der *Kriminalpolizei* sind nach Bedarf bei den Kreisverwaltungen oder den staatl. Polizeiverwaltungen gebildet (§ 87).

Die Aufgaben der *Wasserschutz-* und der *Bereitschaftspolizei* entsprechen den Vorschriften in anderen Ländern der BRep. (§§ 90, 91).

Aufsichtsbehörden über die *allgemeinen Polizeibehörden* sind die fachlich zuständigen Minister sowie die Bezirksregierungen und Kreisverwaltungen für die ihnen nachgeordneten Dienststellen (§ 83). Dem Minister des Innern unterstehen unmittelbar das Landeskriminalamt, die Polizeischulen, die Bereitschaftspolizei, die Wasserschutzpolizei und die Fernmeldeleitstelle. Die Aufsichtsbehörden können den nachgeordneten Dienststellen Weisungen erteilen. Die Leiter der allgemeinen Polizeibehörden haben sich gegenseitig über Vorkommnisse zu unterrichten, welche die Zuständigkeit der anderen Polizeibehörden berühren

(§ 82). Gemeindliche Vollzugsbeamte können für auf das Gemeindegebiet beschränkte Aufgaben bestellt werden (§ 97).

6. *Schleswig-Holstein*

In Schleswig-Holstein ist der Schutz der Sicherheit und Ordnung (Gefahrenabwehr) nach §§ 162ff. des Landesverwaltungsgesetzes i. d. F. vom 2. 6. 1992 (GVOBl. 243) m. spät. Änd. Landesaufgabe. Er obliegt den Ordnungsbehörden und der Polizei, und zwar je nach der Aufgabenverteilung dem Land, den Gemeinden, Kreisen und Ämtern. Zur sachlichen Zuständigkeit der Polizei insbesondere gehört die Feststellung und Abwehr von Gefahren für die öffentliche Sicherheit oder Ordnung, die Unterrichtung der zuständigen Ordnungsbehörde – Bürgermeister, Amtsvorsteher, Landrat, evtl. Fachminister –, soweit diese für die Gefahrenabwehr zuständig ist (z. B. Gewerbeaufsichtsamt), sowie auf Ersuchen der Ordnungsbehörde die Durchführung von Ermittlungs- und Vollzugsmaßnahmen. Ordnungs- und Polizeibehörden haben zusammenzuarbeiten, sich gegenseitig über bedeutsame Vorkommnisse und Maßnahmen zu unterrichten und zu unterstützen.

Die Organisation der Polizei ist im *Polizeiorganisationsgesetz* vom 9. 12. 1968 (GVOBl. 327), zul. geänd. durch Ges. vom 30. 1. 1992 (GVOBl. 63), geregelt. Es behandelt den Aufbau der Polizei, die Mitwirkung der kommunalen Selbstverwaltung, die örtliche Zuständigkeit, Hilfspolizeibeamte und die Kosten der Polizei. Da SchlH keine Regierungsbezirke hat, entfallen die Landespolizeibehörden. Auch hier ist die Polizei eine *Einrichtung des Landes;* sie untersteht dem Innenminister. Sie gliedert sich in die *Schutzpolizei,* die *Kriminalpolizei* und die *Wasserschutzpolizei* (§ 1).

Polizeiliche Dienststellen:

a) Dienststellen der *Schutzpolizei* sind die *Polizeidirektionen,* die *Polizeiinspektionen* in den kreisfreien Städten und Kreisen sowie die ihnen nachgeordneten *Polizeidienststellen.* Die Polizeidirektionen nehmen alle Aufgaben wahr, die nicht anderen Polizeibehörden zugewiesen sind (§§ 3, 4).

b) Als Dienststellen der *Wasserschutzpolizei* bestehen die Wasserschutzpolizeidirektionen und nachgeordnete Polizeidienststellen (§ 5).

c) Dienststellen der *Kriminalpolizei* sind die *Kriminalpolizeidirektionen* und in Kreisen und kreisfreien Städten *Kriminalpolizeistellen* und *-außenstellen* (§ 6).

Ferner bestehen *Bereitschaftspolizeiabteilungen* und *Verkehrsüberwachungsbereitschaften* (§ 7).

Die *Mitwirkung der kommunalen Selbstverwaltung* (§§ 10 und 12) erfolgt durch *Polizeibeiräte,* als welche die *Kreisausschüsse* in den Kreisen und die *Magistrate* in den Städten mit mehr als 20000 Einwohnern tätig werden. Die Polizeibeiräte sollen für ein vertrauensvolles Verhältnis zwischen Selbstverwaltung und Polizei sorgen und die Polizei bei Durchführung ihrer Aufgaben unterstützen.

Die örtliche Zuständigkeit ist in § 13, die Bestellung von Hilfspolizeibeamten in § 14, die Kosten der Polizei sind in § 15 des Polizeiorganisationsgesetzes behandelt.

D. Sonstiges besonderes Verwaltungsrecht

181. Ausländerrecht; Asylrecht

I. *Ausländerrecht*

Das Ausländerrecht umfaßt vor allem die Bestimmungen über die Einreise, den Aufenthalt, die Niederlassung und Betätigung eines ausländischen Staatsangehörigen in der BRep. Maßgebende Rechtsgrundlagen sind das Ges. über die Einreise und den Aufenthalt von Ausländern im Bundesgebiet (*Ausländergesetz – AuslG*) i. d. F. vom 9. 7. 1990 (BGBl. I 1354) m. spät. Änd. und die VO zur Durchführung des Ausländergesetzes – DVAuslG – vom 18. 12. 1990, BGBl. I 2983 m. spät. Änd.

Ausländer ist jeder, der nicht Deutscher i. S. des Art. 116 Abs. 1 GG ist (§ 1 Abs. 2 AuslG). Ausländer bedürfen für die Einreise und den Aufenthalt im Bundesgebiet einer *Aufenthaltsgenehmigung* (§ 3 Abs. 1 AuslG). Die Aufenthaltsgenehmigung ist vor der Einreise in Form eines *Sichtvermerks* (*Visum*) einzuholen (§ 3 Abs. 3 AuslG). In der DVAuslG sind verschiedene Befreiungen vom Erfordernis der Aufenthaltsgenehmigung vorgesehen; so bedürfen z. B. Staatsangehörige der in Anlage I zur DVAuslG aufgeführten Staaten für Aufenthalte bis zu 3 Monaten keiner Aufenthaltsgenehmigung, wenn sie einen Paß oder Paßersatz besitzen, der zur visumfreien Einreise berechtigt, und wenn sie keine Erwerbstätigkeit aufnehmen (§ 1 Abs. 1 DVAuslG). Die Aufenthaltsgenehmigung wird erteilt als *Aufenthaltserlaubnis* (allgemeines Aufenthaltsrecht ohne Bindung an einen bestimmten Aufenthaltszweck; §§ 15, 17 AuslG), *Aufenthaltsberechtigung* (als Daueraufenthaltsrecht; § 27 AuslG), *Aufenthaltsbewilligung* (für einen bestimmten, seiner Natur nach vorübergehenden Zweck; §§ 28, 29 AuslG) und *Aufenthaltsbefugnis* (für Ausländer, denen aus völkerrechtlichen oder humanitären Gründen der Aufenthalt erlaubt wird oder bei denen eine Abschiebung unmöglich ist; § 30 AuslG). Die Aufenthaltsgenehmigung ist auf Antrag zu erteilen, wenn der Ausländer hierauf einen ausdrücklichen Anspruch hat (§ 6 Abs. 1 AuslG); ansonsten wird die Aufenthaltsgenehmigung auf Grund einer Ermessensentscheidung erteilt (§ 7 AuslG). Die Aufenthaltsgenehmigung wird nach § 7 Abs. 2 AuslG in der Regel versagt, wenn ein *Ausweisungsgrund* vorliegt

(s. §§ 45, 46, 47 AuslG), der Lebensunterhalt des Ausländers nicht gesichert ist oder wenn der Aufenthalt die Interessen der BRep. beeinträchtigt oder gefährdet. Ausweisungsgründe können z. B. sein: Gefährdung der freiheitlichen demokratischen Grundordnung (§ 46 Nr. 1 AuslG), Verbrauch gefährlicher Betäubungsmittel (§ 46 Nr. 4 AuslG) oder die Gefährdung der öffentlichen Gesundheit (§ 46 Nr. 5 AuslG). Obligatorische Ausweisungsgründe sind in § 47 Abs. 1 AuslG enthalten, z. B. die Verurteilung wegen vorsätzlicher Straftaten zu einer Freiheitsstrafe von mindestens 5 Jahren. Eine Aufenthaltsgenehmigung zur Arbeitsaufnahme wird gem. § 10 Abs. 1 AuslG nur nach Maßgabe der ArbeitsaufenthalteVO vom 18. 12. 1990 (BGBl. I 2994) erteilt. Der Familien- und Ehegattennachzug ist in §§ 17, 18 AuslG geregelt. Einem ausländischen Familienangehörigen eines Ausländers kann für die Herstellung und Wahrung der familiären Lebensgemeinschaft eine Aufenthaltserlaubnis erteilt werden; Voraussetzung ist, daß der Ausländer eine Aufenthaltserlaubnis oder Aufenthaltsberechtigung besitzt, ausreichender Wohnraum zur Verfügung steht und der Lebensunterhalt der Familie aus eigenen Mitteln gesichert ist. Besondere Regelungen gelten für den Kindernachzug (§ 20 AuslG) und das Aufenthaltsrecht von Ausländerkindern, die im Bundesgebiet geboren werden (§ 21 AuslG). Die Beendigung des Aufenthalts eines Ausländers in der BRep. ist in den §§ 42ff. AuslG geregelt, so die Begründung der Ausreisepflicht (z. B. durch Ausweisung) und die Durchsetzung der Ausreisepflicht durch Abschiebung (§§ 49, 50 AuslG). Das Verfahren richtet sich nach den §§ 63ff. AuslG. Eine erleichterte Möglichkeit der Einbürgerung, d. h. den Erwerb der deutschen Staatsangehörigkeit, besteht für junge Ausländer und für Ausländer mit langem Aufenthalt (§§ 85, 86 AuslG). Das Einschleusen von Ausländern ist gem. §§ 92a, b mit Geld- oder Freiheitsstrafe bedroht.

In dem Gesetz über das *Ausländerzentralregister* vom 2. 9. 1994 (BGBl. 2265) ist festgelegt, wann Daten eines Ausländers gespeichert oder übermittelt werden dürfen. S. auch AZRG-DurchführungsVO vom 17. 5. 1995 (BGBl. I 695). Das Ausländerzentralregister wird vom Bundesverwaltungsamt (95) geführt.

II. *Asylrecht*

Das Grundrecht auf *Asyl* gewährt Ausländern Schutz vor politischer Verfolgung; Asylberechtigte dürfen nicht ausgeliefert oder ausgewiesen werden. Das Asylrecht gewährt dagegen keinen Schutz bei Aufnahmeanträgen aus anderen Gründen als einer politischen Verfolgung, z. B. wegen wirtschaftlicher Notlagen in ausländischen Staaten. Das Asylrecht ist durch das GG zum erstenmal in einer deutschen Verfassung gewährleistet.

Das früher in Art. 16 Abs. 2 S. 2 GG gewährleistete Asylrecht ist nach Änderung des GG vom 28. 6. 1993 (BGBl. I 1002) nunmehr in Art. 16a GG gewährleistet. Damit besteht auch weiterhin ein individuelles Grundrecht auf Asyl. Dieses Grundrecht wird jedoch durch Art. 16a Abs. 2–5 GG für bestimmte Asylbewerbergruppen eingeschränkt. So schließt Art. 16a Abs. 1 S. 1 GG bei Einreise aus einem *sicheren Drittstaat* aus, daß sich der Asylbewerber auf das Asylgrundrecht berufen kann. Sichere Drittstaaten sind vor allem die EG-Staaten sowie die östlichen und südlichen Nachbarstaaten Deutschlands. Ferner kann durch Gesetz mit Zustimmung des BR eine Liste *sicherer Herkunftsstaaten* bestimmt werden, bei denen die widerlegbare Vermutung besteht, daß der

Asylbewerber dort keine politische Verfolgung zu befürchten hat (Art. 16a Abs. 3 GG). Durch Art. 16a GG werden ferner in bestimmten Fällen aufenthaltsbeendende Maßnahmen unabhängig von einem eingelegten Rechtsmittel ermöglicht. Das Bundesverfassungsgericht hat durch drei Urteile vom 14. Mai 1996 entschieden, daß die Vorschriften des neuen Asylrechts in Art. 16a GG mit dem Grundgesetz vereinbar sind (2 BvR 1938/93, 2 BvR 2315/93, 2 BvR 1507/93).

Die materiellen und formellen Voraussetzungen der Asylgewährung sind im *Asylverfahrensgesetz* (AsylVfG) i. d. F. vom 27. 7. 1993 (BGBl. I 1361) m. spät. Änd. geregelt. Das Gesetz hat u. a. zum Ziel, die Dauer der Asylverfahren – namentlich bei offensichtlich unbegründeten Asylanträgen – zu beschränken. Über einen Asylantrag entscheidet das *Bundesamt für die Anerkennung ausländischer Flüchtlinge* durch einen insoweit weisungsungebundenen Bediensteten (§ 5 Abs. 1, 2 AsylVfG). Die Verfahrensvorschriften (besonders über Asylantrag und Mitwirkungspflichten des Antragstellers, die Aufgaben der Grenzbehörden, Ausländerbehörden und der Polizei, das Verfahren beim Bundesamt sowie über die Maßnahmen zur Aufenthaltsbeendigung, wenn der Antragsteller nicht als Asylberechtigter anerkannt wird) sind in den §§ 12–54 AsylVfG enthalten. Geregelt sind z. B. die Möglichkeit einer Asylgewährung für die Ehefrau und die Kinder eines Asylberechtigten (§ 26 AsylVfG), der Ausschluß von Asyl bei anderweitigem Verfolgungsschutz (§ 27 AsylVfG), die grundsätzliche Unbeachtlichkeit von vom Ausländer selbst nach seiner Flucht geschaffenen Asylgründen, sog. Nachfluchttatbestände (§ 28 AsylVfG) sowie die Voraussetzungen, bei denen ein Asylantrag unbeachtlich (§ 29 AsylVfG) oder offensichtlich unbegründet ist. Ferner bestehen Regelungen über sichere Drittstaaten und sichere Herkunftsstaaten (§a, 29a AsylVfG und Anlagen I, II zum AsylVfG). Ein Asylantrag ist offensichtlich unbegründet, wenn sich der Ausländer nur aus wirtschaftlichen Gründen oder um einer allgemeinen Notsituation oder einer kriegerischen Auseinandersetzung zu entgehen, im Bundesgebiet aufhält (§ 30 AsylVfG) oder wenn er aus einem sicheren Herkunftsstaat stammt und er nicht ausreichend dartun kann, daß ihm dort abweichend von der allgemeinen Lage politische Verfolgung droht (§ 29a Abs. 1 AsylVfG). Ein Widerspruch (s. 151 V) gegen Entscheidungen und Maßnahmen nach dem AsylVfG ist ausgeschlossen (§ 11 AsylVfG). Das Asylgerichtsverfahren ist in den §§ 74–83 AsylVfG geregelt. Wenn ein Asylantrag als unbeachtlich oder offensichtlich unbegründet abgelehnt worden ist, hat die Klage keine aufschiebende Wirkung. Das Urteil des VG, durch das die Klage als offensichtlich unzulässig oder unbegründet abgewiesen wird, ist unanfechtbar; im übrigen ist eine Berufung nur möglich, wenn sie vom OVG zugelassen worden ist (§ 78 Abs. 1, 2 AsylVfG). Die Leistungen an Asylbewerber sind durch das *Asylbewerberleistungsgesetz* i. d. F. vom 5. 8. 1997 (BGBl. I 2022) geregelt. S auch AsylzuständigkeitsbestimmungsVO vom 26. 11. 1993 (BGBl. I 1914).

182. Datenschutz

I. *Allgemeines*

Mit der fortschreitenden Entwicklung moderner Informationstechniken und dem zunehmenden Einsatz der elektronischen Datenverarbeitung begann auch die Diskussion über Erforderlichkeit und Umfang eines Schutzes des Bürgers vor unbegrenzter Nutzung seiner personenbezogenen Daten. In den siebziger Jahren ergingen Landesgesetze zum Datenschutz und das Bundesdatenschutzgesetz vom 27. 1. 1977 (BGBl. I 201), die zum Ziel hatten, die Persönlichkeitssphäre des Menschen bei der Datenverarbeitung zu schützen.

Im sog. *Volkszählungs-Urteil* vom 15. 12. 1983 (NJW 1984, 419) hat das BVerfG folgende Leitlinien zum Datenschutz aufgestellt: Unter den Bedingungen der modernen Datenverarbeitung wird der Schutz des einzelnen gegen unbegrenzte Erhebung, Speicherung, Verwendung und Weitergabe seiner persönlichen Daten von dem allgemeinen Persönlichkeitsrecht des Art. 2 Abs. 1 i. V. mit Art. 1 Abs. 1 GG umfaßt. Das Grundrecht gewährleistet insoweit die Befugnis des einzelnen, grundsätzlich selbst über die Preisgabe und Verwendung seiner persönlichen Daten zu bestimmen (sog. *Recht auf informationelle Selbstbestimmung*). Einschränkungen dieses Rechts sind nur im überwiegenden Allgemeininteresse zulässig; sie bedürfen einer verfassungsmäßigen, den Verhältnismäßigkeitsgrundsatz beachtenden gesetzlichen Grundlage, wobei der Gesetzgeber auch organisatorische und verfahrensrechtliche Vorkehrungen zu treffen hat, welche der Gefahr einer Verletzung des Persönlichkeitsrechts entgegenwirken.

Ein Recht auf Datenschutz ist in den Verfassungen von NRW (Art. 4 Abs. 2) und des Saarlandes (Art. 2) ausdrücklich normiert. S. ferner das Übereinkommen vom 28. 1. 1981 zum Schutz des Menschen bei der automatischen Verarbeitung personenbezogener Daten (BGes. vom 13. 3. 1985, BGBl. II 538).

II. *Das Bundesdatenschutzgesetz (BDSG)*

jetzt i. d. F. vom 20. 12. 1990 (BGBl. I 2954), hat den Zweck, den einzelnen davor zu schützen, daß er durch den Umgang mit seinen personenbezogenen Daten in seinem Persönlichkeitsrecht beeinträchtigt wird (§ 1 Abs. 1 BDSG). Das Gesetz gilt für die Erhebung, Verarbeitung und Nutzung *personenbezogener Daten* durch öffentliche Stellen des Bundes, öffentliche Stellen der Länder (soweit der Datenschutz nicht durch Landesgesetz geregelt ist und soweit sie Bundesrecht ausführen oder als Organe der Rechtspflege tätig werden) und durch nicht-öffentliche Stellen, soweit sie die Daten in oder aus Dateien geschäftsmäßig oder für berufliche oder gewerbliche Zwecke verarbeiten oder nutzen (§ 1 Abs. 2 BDSG). Spezialgesetzliche Vorschriften gehen dem BDSG vor (§ 1 Abs. 4 S. 1 BDSG).

Das BDSG definiert im einzelnen die Begriffe „öffentliche und nicht-öffentliche Stellen" (§ 2 BDSG), „personenbezogene Daten" (§ 3 Abs. 1 BDSG), „Datei" (§ 3 Abs. 2 BDSG) sowie die entscheidenden Datenverarbeitungsvorgänge des „Erhebens", „Verarbeitens" und „Nutzens" (§ 3 Abs. 4–6 BDSG). Die Verarbeitung personenbezogener Daten und deren Nutzung sind nur zulässig, wenn das BDSG oder eine andere Rechtsvorschrift sie erlaubt oder anordnet oder soweit der Betroffene eingewilligt hat (§ 4 Abs. 1 BDSG). Der betroffene Bürger hat – bei Vorliegen der einzelnen Tatbestandsvoraussetzungen – folgende unabdingbaren (§ 6 BDSG) Rechte: auf Auskunft (§§ 19, 34 BDSG) und auf Berichtigung, Löschung oder Sperrung (§§ 20, 35 BDSG). Im übrigen hat er auf Antrag ein Recht auf unentgeltliche Auskunft (§ 19 BDSG) und auf Anrufung des Bundesbeauftragten für den Datenschutz (§ 21 BDSG). Es besteht ein verschuldensunabhängiger (s. hierzu 332a) Schadensersatzanspruch des Bürgers, wenn ihm durch eine unzulässige oder unrichtige automatisierte Datenverarbeitung einer öffentlichen Stelle ein Schaden entsteht (§ 7 BDSG). Bei Geltendmachung eines Schadensersatzanspruchs gegenüber einer nicht-öffentlichen Stelle besteht zu Gunsten des Bürgers eine Beweislastumkehr (§ 8 BDSG).

Das Gesetz regelt im einzelnen die Zulässigkeitsvoraussetzungen für die Datenverarbeitung öffentlicher Stellen (§§ 12ff. BDSG) und nicht-öffentlicher

Stellen und öffentlich-rechtlicher Wettbewerbsunternehmen (§§ 27ff. BDSG). Das Erheben personenbezogener Daten durch öffentliche Stellen ist zulässig, wenn ihre Kenntnis zur Erfüllung der Aufgaben der erhebenden Stelle erforderlich ist (§ 13 Abs. 1 BDSG). Das Speichern, Verändern oder Nutzen personenbezogener Daten ist gem. § 14 Abs. 1 BDSG zulässig, wenn es zur Erfüllung der in der Zuständigkeit der speichernden Stelle liegenden Aufgaben erforderlich ist und es für Zwecke erfolgt, für die die Daten erhoben worden sind (Grundsatz der Zweckbindung). Die Übermittlung von Daten an öffentliche Stellen ist zulässig, wenn sie zur Aufgabenerfüllung der übermittelnden oder empfangenden Stelle erforderlich ist und die Voraussetzungen für eine Nutzung der Daten nach § 14 BDSG vorliegen (§ 15 Abs. 1 BDSG). Bei nicht-öffentlichen Stellen ist das Speichern, Verändern oder Übermitteln personenbezogener Daten zulässig im Rahmen vertraglicher Vereinbarungen, zur Wahrnehmung berechtigter Interessen, bei Daten aus allgemein zugänglichen Quellen oder zur Durchführung wissenschaftlicher Forschungen (§ 28 BDSG). Das BDSG verpflichtet ferner zu technischen und organisatorischen Vorkehrungen zum Datenschutz (§ 9 S. 1 BDSG i. V. m. einer Anlage zum Gesetz.

Die Einhaltung des BDSG wird durch den *Bundesbeauftragten für den Datenschutz* kontrolliert (§§ 24ff. BDSG). Der Bundesbeauftragte wird auf Vorschlag der BReg. vom BT auf 5 Jahre gewählt; er ist in Ausübung seines Amtes unabhängig und nur dem Gesetz unterworfen; er untersteht der Rechtsaufsicht der BReg. Datenverarbeitende nicht-öffentliche Stellen mit mindestens 5 Arbeitnehmern müssen einen Beauftragten für den Datenschutz bestellen (§ 36 BDSG), der die Einhaltung der Vorschriften über den Datenschutz sicherzustellen hat (§ 37 BDSG). Die Ausführung des BDSG und sonstiger datenschutzrechtlicher Vorschriften wird durch die Aufsichtsbehörde kontrolliert (§ 38 BDSG).

Durch das *Justizmitteilungsgesetz* vom 18. 6. 1997 (BGBl. I 1430) ist im einzelnen geregelt, wann personenbezogene Daten von Amts wegen durch Gerichte der ordentlichen Gerichtsbarkeit und Staatsanwaltschaften an öffentliche Stellen des Bundes und der Länder für andere Zwecke als die des Verfahrens, für das die Daten erhoben worden sind, übermittel werden dürfen. Das Gesetz tritt am 1. Juni 1998 in Kraft und ist in das Einführungsgesetz zum Gerichtsverfassungsgesetz (s. 205) eingegliedert, §§ 12–22.

III. *Landesdatenschutzgesetze*

Die Länder haben für ihren Bereich Landesdatenschutzgesetze erlassen (s. Zusammenstellg. der Landesgesetze b. Sartorius, Verf.- u. Verwaltungsgesetze, Anm. 3 zum BDSG). Bei der Erhebung, Verarbeitung und Nutzung personenbezogener Daten durch öffentliche Stellen der Länder gilt in erster Linie das Landesdatenschutzgesetz (vgl. § 1 Abs. 2 Nr. 2 BDSG). Auf Länderebene obliegt die Kontrolle des Datenschutzes den *Landesbeauftragten für den Datenschutz*.

183. Gewerberecht

I. *Gewerbeordnung*

Unter einem *Gewerbe* versteht man eine selbständige planmäßige wirtschaftliche Betätigung, die in der Absicht, Gewinn zu erzielen, ausgeübt wird. Gesetzliche Grundlagen sind die *Gewerbeordnung* (GewO) i. d. F. vom 1. 1. 1987 (BGBl. I 425) m. spät. Änd., ferner Sondergesetze und ergänzende *landesrechtliche* Bestimmungen sowie hinsichtlich besonderer örtlicher Regelungen *Ortssatzungen* der Gemeinden.

Nicht zum Gewerbe zählen *Urproduktion,* insbes. Land- und Forstwirtschaft, *freie Berufe,* öffentliche Dienste, unselbständige Tätigkeiten, hauswirtschaftliche Betätigung, nicht gewerbsmäßige Vermietung, Verpachtung, Unterricht oder Kindererziehung gegen Entgelt (§ 6 GewO).

Es besteht grundsätzlich *Gewerbefreiheit,* d. h. der Betrieb eines Gewerbes ist jedermann gestattet, wenn er die gesetzlichen Voraussetzungen erfüllt (§ 1 GewO). Jedoch bestehen Einschränkungen zur Wahrung der öffentlichen Gesundheit, Sicherheit und Wohlfahrt. Unzulässig ist eine *Bedürfnisprüfung* (vgl. Art. 12 GG).

Ein *stehender Gewerbebetrieb* ist ein solcher mit einer gewerblichen Niederlassung. Er ist anzeigepflichtig bei der Gemeindebehörde, die eine Empfangsbescheinigung erteilt. Hierbei dürfen personenbezogene Daten erhoben werden, bei Vorliegen bestimmter Voraussetzungen ist auch eine Übermittlung der mittels Vordrucks erhobenen Daten an Dritte zulässig (§§ 11, 14 Abs. 4–11 GewO). Ebenso ist ein Wechsel, die Verlegung oder Aufgabe des Betriebes anzuzeigen, ferner das gewerbsmäßige Aufstellen „selbständiger Automaten" (§§ 14, 15 GewO). Andere Vorschriften gelten für das *Reisegewerbe,* d. h. für das persönliche Anbieten von Waren oder Leistungen außerhalb einer gewerblichen Niederlassung ohne vorhergehende Bestellung. Wer ein solches ausüben will, bedarf einer Reisegewerbekarte (§ 55 GewO).

Einer Genehmigung bedarf auch, wer eine private *Kranken- oder Entbindungsanstalt oder Nervenklinik* einrichten will (§ 30 GewO).

Besondere Vorschriften gelten u. a. für die Aufstellung von *Spielgeräten,* für Spielhallen, für das *Bewachungsgewerbe* (s. *BewachungsVO* vom 7. 12. 1995, BGBl. I 1602) und für die *Schaustellungen von Personen* mit Ausnahme von Darbietungen mit überwiegend künstlerischem, sportlichem, akrobatischem oder ähnlichem Charakter (§§ 33a, 33c–33i, 34a GewO).

Für gewerbliche Pfandleiher gelten § 34 GewO und die VO i. d. F. vom 1. 6. 1976 (BGBl. I 1334) m. letzter Änd. vom 7. 11. 1990 (BGBl. I 2476). Für gewerbsmäßige Versteigerer gelten § 34b GewO und die Versteigererverordnung i. d. F. vom 1. 6. 1976 (BGBl. I 1345) m. letzter Änd. vom 7. 11. 1990 (BGBl. I 2476).

Immobilien-, Darlehens- und Investmentmakler sowie die gewerbsmäßigen *Bauträger* und *Baubetreuer* bedürfen der Erlaubnis (§ 34c GewO). Die Makler- und BauträgerVO i. d. F. vom 7. 11. 1990 (BGBl. I 2479) m. spät. Änd., zuletzt vom 14. 2. 1997 (BGBl. I 272), schreibt hierzu insbes. vor, daß bei Inanspruchnahme von Vermögenswerten des Auftraggebers (Anzahlungen usw.) Sicherheit zu leisten oder eine Versicherung abzuschließen ist; Anzahlungen auf die Vertragssumme dürfen nur stufenweise je nach Fortschreiten der Bauarbeiten in bestimmten Grenzen vereinbart werden. Ferner besteht die Pflicht zu getrennter Vermögensverwaltung, Rechnungslegung und Buchführung und zur Aufbewahrung gewisser Unterlagen.

Alle Gewerbebetriebe unterliegen der *Gewerbeaufsicht,* die i. d. R. von den Gewerbeaufsichtsämtern ausgeübt wird. Diesen obliegt nach §§ 139b, g GewO, die Einhaltung der Arbeitsschutzbestimmungen zu überwachen; sie haben nach landesrechtlicher Vorschrift weitere Überwachungsaufgaben (z. B. hins. der genehmigungsbedürftigen Anlagen). S. a. 608, 620.

Bei *Mißbrauch* der gewerblichen Betätigung sind die Verwaltungsbehörden ermächtigt, die *Berufsausübung* unzuverlässiger Personen zu *untersagen*. Voraussetzung ist, daß die Ausübung die Allgemeinheit oder die im Betrieb Beschäftigten gefährdet. Vor der Untersagung soll die zuständige Industrie- und Handelskammer oder Handwerkskammer oder der Genossenschaftsprüfungsverband gehört werden. Bei Gefahr im Verzug kann hiervon Abstand genommen werden; doch sind diese Stellen dann zu unterrichten. Bei Untersagung (wird im *Gewerbezentralregister* eingetragen, §§ 149ff. GewO) ist Betriebsschließung zulässig (§ 35 GewO). Gegen die Untersagung steht der Verwaltungsrechtsweg offen (151).

An offenen Verkaufsstellen, Gaststätten und sonstigen offenen Betriebsstätten ist an der Außenseite oder am Eingang der *Familienname* des Inhabers mit mindestens einem ausgeschriebenen *Vornamen* anzubringen, von Handelsfirmen die Firmenbezeichnung. Nicht im Handelsregister eingetragene Gewerbetreibende (Handwerker und Kleingewerbetreibende) haben sich im schriftlichen rechtsgeschäftlichen Verkehr ebenfalls des Familien- und Vornamens zu bedienen (§§ 15a, b GewO).

II. *Sonstige gewerberechtliche Vorschriften*

Weitere gewerberechtliche Bestimmungen sind u. a. in folgenden Sondergesetzen zur GewO oder sonstigen Gesetzen und Verordnungen enthalten (nach einem Stichwort alphabetisch geordnet):

Arbeitsschutz: s. die Vorschriften zum Arbeitsschutz (620) und zum Jugendarbeitsschutz (623);

Arzneimittel: s. die Vorschriften über die Abgabe von Arzneimitteln, 184 III 3;

Blindenwaren: für den Vertrieb von Blindenwaren gilt das Blindenwarenvertriebsgesetz vom 9. 4. 1965 (BGBl. I 311) mit DVO vom 11. 8. 1965 (BGBl. I 807) jeweils m. spät. Änd., um den Käufer vor betrügerischer Ausnutzung seiner Hilfsbereitschaft zu schützen und echten Blindenwaren den Absatz zu sichern;

Eichung: Eichgesetz i. d. F. vom 23. 3. 1992 (BGBl. I 711) m. spät. Änd. mit Eichordnung i. d. F. vom 12. 8. 1988 (BGBl. I 1657) m. spät. Änd.;

Fertigpackung: FertigpackungsVO i. d. F. vom 8. 3. 1994 (BGBl. I 451);

Gaststätten: Gaststättengesetz vom 5. 5. 1970 (BGBl. I 465) m. spät. Änd., nach dem jeder, der eine Gast- oder Schankwirtschaft betreiben will, einer Erlaubnis (Konzession) bedarf;

Gerätesicherheit: Gesetz über technische Arbeitsmittel (Gerätesicherheitsgesetz) s. 620 II; s. hierzu z. B. VO'en für *Dampfkessel* und *Aufzüge* vom 27. 2. 1980, BGBl. I 173, 205 m. spät. Änd., sowie *Getränkeschankanlagen-VO* vom 27. 11. 1989 (BGBl. I 2044) m. spät. Änd., s. ferner Maschinenlärminformations-VO vom 18. 1. 1991 (BGBl. I 146);

Handwerk: Handwerksordnung, s. 834;

Heimarbeit: Heimarbeitsgesetz, s. 625;

Heime: Erlaubnispflichtig ist auch der Betrieb von *Alten(wohn)heimen* und *Pflegeheimen für Volljährige*. Das Heimgesetz i. d. F. vom 23. 4. 1990 (BGBl. I 763) m. spät. Änd. regelt Mindestanforderungen, Heimvertrag, Buchführungs- und Meldepflichten, Rücknahme und Widerruf der Erlaubnis, Beschäftigungsverbote usw. S. a. VO über *bauliche Mindestanforderungen für Altenheime* usw. i. d. F. vom 3. 5. 1983 (BGBl. I 1550), die Verordnung über die *personellen Anforderungen für Heime* vom 19. 7. 1993 (BGBl. I 1205), die *Pflege-BuchführungsVO* vom 22. 11. 1995 (BGBl. I 1528) sowie über die Mitwirkung von *Heimbeiräten* die VO über die Mitwirkung der Heimbewohner in Angelegenheiten des Heimbetriebs *(Heimmitwirkungsverordnung)* i. d. F. vom 16. 7. 1992 (BGBl. I 1340). Die *HeimsicherungsVO* vom 24. 4. 1978 (BGBl. I 533) regelt die Pflichten der Heimträger im Falle der Entgegennahme von Darlehen o. a. Geldleistungen für die Unterbringung Volljähriger.

Immissionen: Genehmigungsbedürftig sind nach §§ 4ff. BundesimmissionsschutzG (193 I 1) Anlagen, die geeignet sind, schädliche Umwelteinwirkungen hervorzurufen, oder die sonst erhebliche Nachteile, Gefahren oder Belästigungen für die Umgebung herbeiführen können (z. B. Müllverwertung, Gießereien, Kalkwerke, chem. Fabriken, bestimmte Anlagen der eisenverarbeitenden Industrie usw.; s. dazu VO'en über genehmigungsbedürftige Anlagen (193 I 1). Die Errichtung oder der Betrieb nicht genehmigungsbedürftiger, aber mit *schädlichen Umwelteinwirkungen* verbundener Anlagen kann untersagt werden, wenn der Betreiber den Anordnungen zur Beseitigung der Einwirkungen nicht nachkommt (§§ 22ff. BImSchG).

Ladenschluß: Ladenschlußgesetz, s. 608 III;

Lebensmittel: Lebensmittel- und Bedarfsgegenständegesetz, s. 829 II;

Rechtsberatung: die Rechtsberatung außerhalb des Rechtsanwaltsberufs ist im Rechtsberatungsgesetz geregelt, s. 212;

Schornsteinfeger: Ges. und VO vom 15. 9./19. 12. 1969 (BGBl. I 1634, 2363) m. spät. Änd.;

Textilien: Textilkennzeichnungsgesetz i. d. F. vom 14. 8. 1986 (BGBl. I 1285);

Verkehrswesen: Personenbeförderungsgesetz (s. 196), Gükraftverkehrsgesetz (s. 197), Fahrlehrergesetz (s. 195 IV);

Waffen: Waffengesetz mit DVOen, s. 404;

Wettbewerb: Gesetz gegen den unlauteren Wettbewerb, s. 383.

III. *Gentechnikgesetz*

Unter *Gentechnik,* einem Teilgebiet der Biotechnologie, versteht man die Verfahren und Methoden, mit denen das Erbgut von Organismen isoliert, charakterisiert, gezielt verändert und in eine neue Umgebung eingebracht werden kann. Einsatzbereiche der Gentechnik liegen vor allem in der medizinischen Grundlagenforschung, der Entwicklung und Produktion von Arzneimitteln, der Verbesserung der Nahrungs- und Futtermittelerzeugung, der Erzeugung sog. nachwachsender Rohstoffe und der Abfallentsorgung. Risiken der Gentechnik werden in den u. U. nicht mit letzter Sicherheit vorhersehbaren, möglicherweise menschen-, tier- oder umweltpathogenen Eigenschaften gentechnisch veränderter Organismen gesehen.

Zweck des *Ges. zur Regelung von Fragen der Gentechnik (Gentechnikgesetz – GenTG)* i. d. F. v. 16. 12. 1993 (BGBl. I 2066) m. spät. Änd. ist es, Leben und Gesundheit von Menschen, Tiere, Pflanzen sowie die sonstige Umwelt vor möglichen Gefahren gentechnischer Verfahren und Produkte zu schützen und dem Entstehen solcher Gefahren vorzubeugen; gleichzeitig soll der rechtliche Rahmen für die Erforschung, Entwicklung, Nutzung und Förderung der wissenschaftlichen und technischen Möglichkeiten der Gentechnik geschaffen werden (§ 1 GenTG). Das GenTG regelt *nicht* die Anwendung gentechnischer Verfahren am Menschen *(Humangenetik)*. Es regelt die Durchführung gentechnischer Arbeiten in gentechnischen Anlagen (§§ 7–13 GenTG), die Freisetzung gentechnisch veränderter Organismen sowie das Inverkehrbringen von Produkten, die gentechnisch veränderte Organismen enthalten oder aus solchen bestehen (§§ 14–16 GenTG). Gentechnische Anlagen bedürfen der Genehmigung (*Anlagengenehmigung*, § 8 Abs. 1 S. 2 GenTG). Gentechnische Arbeiten werden in vier *Sicherheitsstufen* eingeteilt und – je nach Sicherheitsstufe oder ihrem Zweck (gewerblich oder zur Forschung) oder der erstmaligen oder weiteren Durchführung der Arbeiten – unterschiedlichen behördlichen Anforderungen (vor allem Aufzeichnungs-, Anmelde- und Genehmigungspflichten und öffentliche Anhörungsverfahren) unterworfen (§§ 7ff. GenTG). Freisetzungen und das Inverkehrbringen gentechnisch veränderter Produkte bedürfen der Genehmigung (§ 14 GenTG). Zur Prüfung sicherheitsbedeutsamer Fragen ist beim Bundesinstitut für Infektionskrankheiten eine Sachverständigenkommission *(„Zentrale Kommission für die Biologische Sicherheit" – ZKBS)* eingerichtet (§ 4 GenTG) s. hierzu *ZKBS-VO* i. d. F. vom 5. 8. 1996 (BGBl. I 1232). Für Schäden, die auf gentechnisch erzielten Eigenschaften eines Organismus beruhen, besteht eine *Gefährdungshaftung* (s. 332a) des Betreibers bis zu einem Höchstbetrag von 160 Mio. (§ 33 GenTG). Für den Vollzug des GenTG sind weitgehend die Länder zuständig. Zur Ausfüllung des GenTG wurden folgende VOen erlassen: *Gentechnik-SicherheitsVO* i. d. F. vom 14. 3. 1995 (BGBl. I 297), *Gentechnik-VerfahrensVO* vom 24. 10. 1990 (BGBl. I 2378), *Gentechnik-AufzeichnungsVO* vom 24. 10. 1990 (BGBl. I 2338), *Gentechnik-AnhörungsVO* vom 24. 10. 1990 (BGBl. I 2375), *Gentechnik-BeteiligungsVO* vom 17. 5. 1995 (BGBl. I 734). S. ferner *Bundeskostenverordnung zum Gentechnikgesetz (BGenTGKostV)* vom 9. 10. 1991 (BGBl. I 1972).

Mit dem GenTG werden zwei einschlägige EG-Richtlinien in innerstaatliches Recht umgesetzt.

184. Das Gesundheitswesen

I. Aufgabengebiete des Gesundheitswesens

1. die vorbeugende und beratende Tätigkeit der *Gesundheits-* und *Veterinärfachbehörden* (Gesundheitsämter, Veterinärämter);
2. die Tätigkeit der *Ordnungsbehörden* (Ordnungsämter) zur Gesundheitsüberwachung; ihnen obliegen zusammen mit den Fachbehörden Verhinderung und Bekämpfung von Störungen der öffentlichen Sicherheit und Ordnung durch Krankheiten und Seuchen.

II. Kompetenzen im Gesundheitswesen

Nach Art. 74 Nrn. 19, 19a, 20 GG hat der *Bund* die konkurrierende Gesetzgebung für Maßnahmen gegen gemeingefährliche und übertragbare Krankheiten, für die Zulassung zu ärztlichen u. a. Heilberufen, für die wirtschaftliche Sicherung der Krankenhäuser (einschl. Regelung der Pflegesätze), für den Verkehr mit Arzneien, Heil- und Betäubungsmitteln und Giften, ferner für den Schutz beim Verkehr mit Lebens- und Genußmitteln, Saat- und Pflanzgut und den Schutz der Bäume und Pflanzen. Verwaltungsmäßig ist das Gesundheitswesen zu einem erheblichen Teil Sache der *Landesverwaltung*. Die zentralen Aufgaben des Gesundheitswesens nimmt das Bundesministerium für Gesundheit wahr (105). Zum Geschäftsbereich des BMG gehören Bundesinstitute, die im wesentlichen Aufgaben der Forschung und der Überwachung innerhalb des Gesundheitswesens erfüllen.

III. Wichtige Bereiche des Gesundheitswesens

1. Heilberufe

Wichtigstes Berufsgesetz für die Ärzte ist die *Bundesärzteordnung* i. d. F. vom 16. 4. 1987 (BGBl. I 1218) m. spät. Änd. Sie regelt insbesondere die Voraussetzungen für die Approbation und die Grundsätze für die Ausübung des ärztlichen Berufs.

Der *Arzt* dient der Gesundheit des einzelnen Menschen und des gesamten Volkes. Der ärztliche Beruf ist kein Gewerbe, sondern ein freier Beruf. Wer ihn ausüben will, bedarf der *Approbation* als Arzt oder einer besonderen Erlaubnis. Die Approbation ist zu erteilen an einen Deutschen oder Angehörigen eines anderen EG-Mitgliedstaates, eines anderen Vertragsstaates des EWR-Abkommens, oder heimatlosen Ausländer, der sich nicht als unwürdig oder unzuverlässig erwiesen hat, körperlich und geistig nicht unfähig oder ungeeignet ist und der nach einem Studium der Medizin von mindestens 6 Jahren (davon 8–12 Mon. prakt. Ausbildung in Krankenanstalten) die ärztliche Prüfung bestanden und eine 18monatige Tätigkeit als Arzt im Praktikum abgeleistet hat (§§ 1–3). Über die Erteilung der Approbation entscheidet die zuständige Behörde des Landes, in dem die ärztliche Prüfung abgelegt worden ist, nach Maßgabe der *Approbationsordnung* i. d. F. vom 14. 7. 1987 (BGBl. I 1593) m. spät. Änd. Das *Honorar* der Ärzte richtet sich nach der *Gebührenordnung* i. d. F. vom 9. 2. 1996 (BGBl. I 210) m. spät. Änd. Als Honorar kann bis zum 3,5fachen des Gebührensatzes beansprucht werden (bei mehr als dem 2,3fachen ist besondere Begründung notwendig, bei mehr als dem 3,5fachen oder sonstiger Abweichung ist schriftliche Vereinbarung erforderlich). Die Gebühr ist innerhalb dieses Rahmens unter Berücksichtigung der Schwierigkeit und des Zeitaufwands der einzelnen Leistung, der Umstände bei der Ausführung sowie der örtlichen Verhältnisse zu bestimmen. Für medizinisch-technische Leistungen gelten geringere Gebührensätze (§ 5 Abs. 2 GOÄ).

Für *Heilpraktiker* gilt das HeilpraktGes. nebst DVO vom 17./18. 2. 1939 (RGBl. I 251, 259).

Die Bestallung als *Zahnarzt* regelt das *Ges. über die Ausübung der Zahnheilkunde* i. d. F. vom 16. 4. 1987 (BGBl. I 1225) m. spät. Änd., das auch Regelungen über die Eingliederung der *Dentisten* enthält. Dazu Approbationsordnung vom 26. 1. 1955 (BGBl. I 37) mit spät. Änd. sowie *Gebührenordnung* vom 22. 10. 1987 (BGBl. I 2316) m. spät. Änd. Die Betätigung von EWG-Angehörigen als Zahnärzte ist in § 1 Abs. 2 des Ges. vom 31. 3. 1952 i. d. F. des 1. Gesetzes zur Änderung des Gesetzes über die Ausübung der Zahnheilkunde vom 25. 2. 1983 (BGBl. I 187) geregelt.

Zum Kassenarztrecht s. 673. Das BVerfG hat in einer Entscheidung vom 25. 2. 1960 (NJW 1960, 619) die *Zwangsmitgliedschaft* der bayer. Ärzte in der Bayer. Ärzteversorgung als mit dem GG vereinbar erklärt; sie rechtfertigt sich durch das Allgemeininteresse an der Aufrechterhaltung eines leistungsfähigen Berufsstandes.

Für *Tierärzte* gelten die *BdTierärzteordnung* i. d. F. vom 20. 11. 1981 (BGBl. I 1193) m. spät. Änd., die *Approbationsordnung* vom 22. 4. 1986 (BGBl. I 600) m. spät. Änd. und die *Gebührenordnung* vom 23. 2. 1988 (BGBl. I 191).

Das Ges. über den Beruf der *Hebamme* und des *Entbindungspflegers (Hebam-*

mengesetz) vom 4. 6. 1985 (BGBl. I 902) m. spät. Änd. schreibt für die Führung der Berufsbezeichnung Hebamme/Entbindungspfleger eine 3jährige Ausbildungszeit, das Bestehen einer staatlichen Prüfung und eine landesbehördl. Erlaubnis vor. S. dazu Ausbildungs- und Prüfungsverordnung vom 16. 3. 1987 (BGBl. I 929) m. spät. Änd.; Hebammenhilfe-GebührenVO vom 28. 10. 1986 (BGBl. I 1662) m. spät. Änd.

Nach dem Ges. über *technische Assistenten in der Medizin* vom 2. 8. 1993 (BGBl. I 1402) bedürfen med.-techn. Laboratoriums-, Radiologie- und veterinärmedizin.-techn. Assistenten (-innen) sowie Ass. für Funktionsdiagnostik einer Erlaubnis der zuständigen Verwaltungsbehörde. Sie setzt Teilnahme an einer dreijährigen theoretischen und praktischen Ausbildung voraus, die an staatlich anerkannten Schulen vermittelt wird und mit einer staatlichen Prüfung abschließt. Ähnliche Vorschriften gelten für *pharmazeutisch-technische Assistenten* nach dem Ges. vom 18. 3. 1968 (BGBl. I 228), für Berufe in der Physiotherapie nach dem *Masseur- und Physiotherapeutengesetz* vom 26. 5. 1994 (BGBl I 1084). Den Beruf des *Diätassistenten* regelt das Ges. vom 8. 3. 1994 (BGBl. I 446). Ausbildungs- und PrüfungsO MTA vom 25. 4. 1994 (BGBl. I 922), PharmTA vom 12. 8. 1969 (BGBl. I 1200), Physiotherapeuten vom 6. 12. 1994 (BGBl. I 3786), DiätAss vom 1. 8. 1994 (BGBl. I 2088).

Das Ges. über die Berufe in der Krankenpflege *(Krankenpflegegesetz)* vom 4. 6. 1985 (BGBl. I 893) m. spät. Änd. sieht eine Erlaubnispflicht für das Führen der Berufsbezeichnungen Krankenschwester/Krankenpfleger und Krankenpflegehelferin/Krankenpflegehelfer vor. Die Erlaubnis wird erteilt, wenn die vorgeschriebene Ausbildungszeit (3 Jahre bzw. 1 Jahr) abgeleistet und die staatliche Prüfung bestanden worden ist. Die Erlaubnis wird von der zuständigen Landesbehörde erteilt. Dazu *Ausbildungs- und PrüfungsVO für die Berufe in der Krankenpflege* vom 16. 10. 1985 (BGBl. I 1973). S. a. KrankenpflegeVO vom 28. 9. 1938 (RGBl. I 1310), Säuglings- und KinderpflegeVO vom 15. 11. 1939 (RGBl. I 2239).

Das Ges. zur *wirtschaftlichen Sicherung der Krankenhäuser und zur Regelung der Krankenhauspflegesätze – Krankenhausfinanzierungsgesetz (KHG)* – i. d. F. vom 10. 4. 1991 (BGBl. I 886) m. spät. Änd. bezweckt die wirtschaftliche Sicherung der Krankenhäuser, um eine bedarfsgerechte Versorgung der Bevölkerung mit leistungsfähigen, eigenverantwortlich wirtschaftenden Krankenhäusern zu gewährleisten und zu sozial tragbaren Pflegesätzen beizutragen. S. dazu *BundespflegesatzVO* vom 26. 9. 1994 (BGBl. I 2750) m. spät. Änd.

2. Apothekenwesen

Im *Apothekenwesen* ist seit der Entscheidung des BVerfG vom 11. 6. 1958 (NJW 1958, 1035) die Rechtslage grundlegend verändert. Vorher unterschied man drei Arten von Apothekenbetriebsrechten: *Privilegien,* die veräußerlich und vererblich waren, *Realkonzessionen* = persönliche Betriebsberechtigungen mit dem Recht, der Verwaltungsbehörde einen Nachfolger vorzuschlagen, und *Personalkonzessionen,* d. h. persönliche Berechtigungen, die von der Behörde einem Bewerber nach dem sog. Betriebsberechtigungsdienstalter verliehen wurden, beim Tod des Inhabers bzw. nach Erlöschen seines „Witwenrechts" an den Staat zurückfielen und wieder neu ausgeschrieben wurden. Seit 1894 wurden jedoch in allen Ländern neue Apotheken nur auf der Grundlage der *Personalkonzession* errichtet, die nach dem *Bedürfnis* ausgeschrieben wurden. Nachdem in der am. Besatzungszone die Gewerbefreiheit auch für Apotheken von der Militärregierung verfügt worden war, vermehrte sich die Zahl der Apotheken bedenklich. Um eine geordnete Arzneimittelversorgung der Bevölkerung nicht zu gefährden, ergingen mehrere Gesetze über die vorläufige Regelung der Errichtung neuer Apotheken (sog. *Apothekenstopgesetze*), die vom BVerfG wegen Versto-

350

ßes gegen Art. 12 GG für nichtig erklärt worden sind. Auf Grund der *Niederlassungsfreiheit* ist seither einem approbierten Apotheker, der Deutscher ist und die Anforderungen an praktische Tätigkeit, persönliche Zuverlässigkeit und Eignung erfüllt, die Errichtung einer neuen Apotheke gestattet, auch wenn die Verwaltungsbehörde ein *Bedürfnis* verneint.

Nach dem *Gesetz über das Apothekenwesen* i. d. F. vom 15. 10. 1980 (BGBl. I 1993) m. spät. Änd. obliegt den Apotheken die im öffentl. Interesse gebotene Sicherstellung einer ordnungsgemäßen Arzneimittelversorgung der Bevölkerung. Ein Apotheker bedarf zum Betrieb einer Ap. der Erlaubnis (§ 1). Diese muß einem approbierten Apotheker, der Deutscher, Angehöriger eines der übrigen Mitgliedstaaten der EG, eines anderen Vertragsstaates des EWR-Abkommens oder heimatloser Ausländer ist, auf Antrag erteilt werden, wenn er die für den Betrieb einer Ap. erforderliche Zuverlässigkeit und Leistungsfähigkeit besitzt und keine unzulässigen Bindungen eingegangen ist (§ 2). Er ist zur persönlichen Leitung der Ap. in eigener Verantwortung verpflichtet (§ 7). Mehrere Personen können eine Ap. nur in der Rechtsform einer bürgerlich-rechtlichen Gesellschaft oder einer oHG betreiben und bedürfen alle der Erlaubnis (§ 8). Die *Verpachtung* einer Ap. an einen zugelassenen Apotheker ist nur bei persönlicher Behinderung und wichtigem Grund oder im Todesfall bis zur Wiederverheiratung des erbberechtigten Ehegatten oder bis zur Vollendung des 23. Lebensjahres des jüngsten Kindes statthaft (§ 9). Erben eines Apothekers dürfen eine Ap. bis zu 12 Monate durch einen Apotheker verwalten lassen (§ 13). Im 2. Abschnitt (§§ 14–17) behandelt das ApG Krankenhaus-, Bundeswehr-, Zweig- und Notapotheken. Der 3. Abschnitt (§§ 21, 22) regelt die *behördliche Aufsicht*. Der 4. Abschnitt (§§ 23, 25) enthält Straf- und Bußgeldbestimmungen. Die *Apothekenbetriebsordnung* i. d. F. vom 26. 9. 1995 (BGBl. I 1195) enthält ergänzende Bestimmungen über Apothekenleiter u. a. pharmazeutisches Personal, Betriebsräume, Herstellung, Prüfung, Aufbewahrung und Vorratshaltung von Arzneimitteln, Dienstbereitschaft usw.

Die *Bundes-Apothekerordnung* i. d. F. vom 19. 7. 1989 (BGBl. I 1478) m. spät. Änd. regelt die allgemeine Zulassung zum Apothekerberuf, das Ruhen der Approbation usw.; für diese gilt die *Approbationsordnung* vom 19. 7. 1989 (BGBl. I 1489) m. spät. Änd. Über vorgeprüfte Anwärter *(Apothekerassistenten)* vgl. Ges. vom 4. 12. 1973 (BGBl. I 1813), über die Berufsausbildung zum *Apothekenhelfer* s. VO vom 28. 11. 1972 (BGBl. I 2217).

3. Arzneimittel. Medizinprodukte. Betäubungsmittel

Nach dem Gesetz über den Verkehr mit Arzneimitteln *(Arzneimittelgesetz –* AMG) i. d. F. vom 19. 10. 1994 (BGBl. I 3018) ist die Abgabe von Arzneimitteln grundsätzlich Apotheken vorbehalten, soweit sie nicht für den freien Verkauf vom Gesetzgeber zugelassen sind. S. dazu VO über apothekenpflichtige und freiverkäufliche Arzneimittel vom 24. 11. 1988 (BGBl. I 2150). *Arzneimittel* sind Stoffe oder Zubereitungen aus Stoffen, die vom Hersteller zur Anwendung am oder im menschlichen oder tierischen Körper bestimmt sind, um körperliche oder seelische Zustände oder Funktionen zu diagnostizieren oder zu beeinflussen, menschliche oder tierische Wirkstoffe oder Körperflüssigkeiten zu ersetzen oder Krankheitserreger, körperfremde Stoffe u. dgl. zu beseitigen oder zu neutralisieren (§ 2 Abs. 1 AMG).

Arzneimittel, die zur Abgabe an den Verbraucher bestimmt sind, müssen den Vorschriften des (Deutschen, Europäischen, Homöopathischen) *Arzneibuchs* entsprechen; dazu VO vom 27. 9. 1986 (BGBl. I 1610) m. spät. Änd. Zur Herstellung von Arzneimitteln ist, abgesehen von Apotheken, eine *Herstellungserlaubnis* erforderlich, die nur beim Nachweis der Sachkenntnis erteilt wird (§§ 13 ff. AMG).

Über die Zulassungspflicht bei fertigen Arzneimitteln und Ausnahmen hiervon vgl. §§ 21ff. AMG.

Dagegen sind *Heilmittel* wie z. B. Heilwässer, Heilerde, Heilpflaster usw. sowie Vorbeugungs-, Kräftigungsmittel u. dgl. frei verkäuflich, soweit nicht Verschreibungspflicht besteht oder der Verkauf den Apotheken vorbehalten ist (§§ 43ff. AMG).

Das Arzneimittelgesetz regelt auch die Überwachung des Verkehrs mit Arzneimitteln (s. a. *ArzneimittelpreisVO* vom 14. 11. 1980, BGBl. I 2147) sowie die Verhängung von Strafen und Bußen. Für die zivilrechtliche *Haftung für Arzneimittelschäden,* die zum Tode oder zu einer Körperverletzung geführt haben, gilt weitgehend das Gefährdungsprinzip (332a); sie tritt bei Fehlern im Bereich der Entwicklung oder Herstellung oder mangelnder Information des Verbrauchers ein (§§ 84ff. AMG). Zur Werbung für Arzneimittel u. a. siehe das Gesetz über die Werbung auf dem Gebiete des Heilwesens vom 19. 10. 1994 (BGBl. I 3068).

Das Gesetz über *Medizinprodukte* (*Medizinproduktegesetz* – MPG) vom 2. 8. 1994 (BGBl. I 1963) regelt den Verkehr mit Medizinprodukten (s. u.) und soll für Sicherheit, Eignung und Leistung der Produkte sowie die Gesundheit und den erforderlichen Schutz der Patienten, Anwender und anderer Personen sorgen. Unter Medizinprodukten versteht man insb. Instrumente, Apparate, Vorrichtungen und Stoffe, die zur Anwendung für Menschen gedacht sind und der Erkennung, Verhütung, Überwachung, Behandlung und Linderung von Krankheiten o. ä. dienen. Das MPG regelt u. a. die an Medizinprodukte zu stellenden Anforderungen (§§ 4–16), die klinische Prüfung (§§ 17–19), die Überwachung und den Schutz vor Risiken (§§ 25–32) und legt die Zuständigkeiten hierfür fest (§§ 33ff.).

Im Rahmen internationaler Vereinbarungen – Opiumabkommen vom 23. 1. 1912 (RGBl. 1921 S. 6) und 19. 2. 1925 (Ges. vom 26. 6. 1929, RGBl. II 407) und Betäubungsmittelabkommen vom 13. 7. 1931 (Bek. vom 10. 6. 1933, RGBl. II 319) sowie Übereinkommen der UNO vom 20. 12. 1988 gegen den unerlaubten Verkehr mit Suchtstoffen und psychotropen Stoffen (Suchtstoffübereinkommen) – gilt das *Gesetz über den Verkehr mit Betäubungsmitteln* (früher *Opiumgesetz) – Betäubungsmittelgesetz* – i. d. F. vom 1. 3. 1994 (BGBl. I 358) m. spät. And. Die *Betäubungsmittel-Verschreibungs-VO* gilt jetzt i. d. F. vom 16. 9. 1993 (BGBl. I 1637); s. ferner VO über verschreibungspflichtige Arzneimittel i. d. F. vom 30. 8. 1990 (BGBl. I 1866) m. spät. Änd. und VO über die automatische Verschreibungspflicht vom 26. 6. 1978 (BGBl. I 917) m. spät. Änd. Für die *Einfuhr, Durchfuhr und Ausfuhr* von Betäubungsmitteln gilt die Btm-AußenhandelsVO, für Abgabe und Erwerb im Inland die Btm-BinnenhandelsVO – beide vom 16. 12. 1981 (BGBl. I 1420, 1425). Die Bewirtschaftung der Betäubungsmittel obliegt der beim Bundesinstitut für Arzneimittel und Medizinprodukte (s. 105) eingerichteten Bundes-Opiumstelle. S. a. Btm-KostenVO vom 16. 12. 1981 (BGBl. I 1433). Der Verkehr mit Grundstoffen, die zur unerlaubten Herstellung von Betäubungsmitteln mißbraucht werden können, wird durch das *Grundstoffüberwachungsgesetz* vom 7. 10. 1994 (BGBl. I 2835) kontrolliert.

4. Seuchenbekämpfung

Das *Bundes-Seuchengesetz* i. d. F. vom 18. 12. 1979 (BGBl. I 2262) m. spät. Änd. bezweckt die Verhütung und Bekämpfung *übertragbarer Krankheiten.* Es besteht eine *Meldepflicht* bei bestimmten Krankheiten. Zur *Verhütung* übertragbarer Krankheiten sind *Schutzimpfungen* (auch *Schluckimpfungen* gegen die übertragbare Kinderlähmung – Poliomyelitis –) vorgesehen; außerdem bestehen Vorschriften für das Lebensmittelgewerbe sowie für Arbeiten und Verkehr mit Krankheitserregern. Der *Bekämpfung* übertragbarer Krankheiten dienen Vorschriften über ihre Behandlung, Ermittlungen bei Verdacht von Krankheitsfällen, Schutzmaßnahmen und Maßnahmen gegenüber der Allgemeinheit. Besondere Bestimmungen gelten für Schulen und andere Gemeinschaftseinrichtungen. In besonderen Fällen wird Entschädigung gewährt, z. B. bei Verdienstausfall infolge Absonderung *(Quarantäne)* oder bei *Impfschäden*. Außerdem enthält das Gesetz Bestimmungen über die Kostentragung (z. B. für Untersuchungen oder Schutzmaßnahmen) sowie Straf- und Bußgeldvorschriften.

Auf Grund des § 7 Abs. 1 Bundes-Seuchenges. ist die *LaborberichtsVO* vom 18. 12. 1987 (BGBl. I 2819) ergangen, wonach jeder Arzt, der bei einem Test Antikörper gegen HIV (*AIDS*) feststellt, verpflichtet ist, die positiven Ergebnisse in Form eines anonymen Berichts dem zentralen *AIDS-Infektionsregister* beim Bundesinstitut für Infektionskrankheiten zu melden. Für Personen, die vor dem 1. 1. 1988 durch Blutprodukte mit dem HIV-Virus infiziert wurden, ist humanitäre Hilfe durch das *HIV-Hilfegesetz* vom 24. 7. 1995 (BGBl. I 972) vorgesehen.

Zur *Bekämpfung der Geschlechtskrankheiten* regelt das Gesetz vom 23. 7. 1953 (BGBl. I 700) m. spät. Änd. Pflichten der Kranken und krankheitsverdächtigen Personen, sich untersuchen und behandeln zu lassen, und Pflichten der Ärzte zur Durchführung der Behandlung, Belehrung des Kranken, Meldung an das Gesundheitsamt und Ermittlung der Ansteckungsquelle. Die Aufgaben des *Gesundheitsamts* und der öffentlichen und privaten Fürsorge bestehen in fürsorgerischer Betreuung und Beratung. Zur Befolgung der Vorschriften können Zwangsmaßnahmen durch die Polizeibehörden veranlaßt werden. Zum GeschlKrG sind DVOen vom 28. 12. 1954 (BGBl. I 523) – betr. ärztliche Zeugnisse und Aufzeichnungen, Mahnung des Kranken, Meldungen an die Gesundheitsbehörde – und vom 5. 7. 1955 (BGBl. I 402) – betr. ärztliche Eingriffe – ergangen.

Das Gesetz über die *Pockenschutzimpfung,* das einen *Impfzwang* vorsah, ist aufgehoben worden (BGes. vom 24. 11. 1982, BGBl. I 1529). Über das Verfahren bei *Freiheitsentziehungen* auf Grund des BSeuchenG oder des GeschlKrG vgl. 47 I, 185.

Zum Schutz gegen die Verbreitung von Seuchen durch den zwischenstaatlichen Personen-, Gepäck- und Frachtverkehr sind am 25. 7. 1969 *Internationale Gesundheitsvorschriften* – IGV (jetzt i. d. F. vom 10. 4. 1975, BGBl. II 456) – vereinbart und für die BRep. gemäß Ges. vom 1. 7. 1971 (BGBl. II 865) übernommen worden. Sie regeln u. a. Gesundheitsmaßnahmen bei Ein- und Ausreisen, Gesundheitspässe, die Gesundheitsorganisation in Häfen und Flughäfen sowie gegenseitige Mitteilungspflichten und Auskünfte über Epidemiefälle. Dazu DVOen vom 11. 11. 1971 (BGBl. I 1809, 1811) betr. Luftverkehr und Häfen und VO vom 11. 11. 1976 (BGBl. I 3193) betr. Landverkehr.

Dem Zweck der Krebsbekämpfung dient das *Krebsregistergesetz* vom 4. 11. 1994 (BGBl. I 3351). Es soll insbesondere die Datengrundlagen für die Krebsepidemiologie verbessern.

185. Die Wohlfahrtspflege

besteht in der Sorge für notleidende oder gefährdete Mitmenschen, i. w. S. auch in der Fürsorge und Gefahrenabwehr für die Allgemeinheit. Sie wurde vom preuß. Allgemeinen Landrecht und auch noch von den späteren preußischen Gesetzen zu den Aufgaben der Polizei gerechnet. Da sie aber nach neuerer Staatsauffassung nicht hierzu zählt, wurde sie später aus dem Bereich der Polizei ausgegliedert und den *Gemeinden* und *Kommunalverbänden* übertragen, die sie als *Selbstverwaltungsangelegenheit* wahrnehmen.

So sind in den meisten Ländern den Gemeinden zugewiesen:
a) das *Gesundheitswesen* (184), für das in den Landkreisen und kreisfreien Städten eigene *Gesundheitsämter* eingerichtet sind;
b) die der sog. *Daseinsvorsorge* dienenden *Gemeindeanstalten* (Wasserversorgung, Kanalisation, Abfuhrwesen usw.; vgl. 141);
c) das *Wohnungswesen* einschließlich der Fürsorge und Gefahrabwendung;
d) sonstige Angelegenheiten im Bereich der früheren *„Verwaltungspolizei"*, die heute den Ordnungsbehörden obliegen (160 I), soweit sie der Fürsorge für den Einzelnen und die Allgemeinheit dienen.

Der wichtigste Zweig der öffentlichen Wohlfahrtspflege ist die *Sozialhilfe*. Diese wird neben und in Zusammenarbeit mit den landesrechtlich bestimmten Sozialhilfebehörden großenteils auch von der *freien Wohlfahrtspflege* wahrgenommen (687 IV, V).

Im Rahmen der staatlichen Fürsorge für die Allgemeinheit, insbesondere zum Schutz vor ansteckenden Krankheiten und gemeingefährlichen Personen, sind gegenüber dem Einzelnen Eingriffe in Grundrechte zulässig, soweit entsprechende Gesetzesvorbehalte bestehen. Es handelt sich vor allem um die nach Bundesgesetzen zulässige *Unterbringung* von mit Geschlechts- oder sonstigen übertragbaren Krankheiten behafteten Personen. Das gerichtliche Verfahren bei einer Freiheitsentziehung, die auf Grund von Bundesrecht angeordnet wird, regelt sich nach dem Gesetz über das gerichtliche Verfahren bei Freiheitsentziehungen *(Freiheitsentziehungsgesetz)* vom 29. 6. 1956 (BGBl. I 599) m. spät. Änd.; als materiell-rechtliche Grundlage kommen vor allem das *Ges. zur Bekämpfung der Geschlechtskrankheiten* und das *Bundes-Seuchengesetz* in Betracht (vgl. 184 III 4). *Freiheitsentziehung* i. S. des Freiheitsentziehungsgesetzes ist die Unterbringung einer Person gegen ihren Willen oder im Zustand der Willenlosigkeit in einer Justizvollzugsanstalt, einem Haftraum, einer abgeschlossenen Verwahr-, Fürsorge- oder Krankenanstalt o. dgl. Es bestehen Landesgesetze, welche die Unterbringung von Geisteskranken, Geistesschwachen und Süchtigen – z. T. im Rahmen eines Ges. über Hilfe und Schutzmaßnahmen bei psychischen Krankheiten – regeln (Bremen: Ges. vom 9. 4. 1979, GBl. 123; NRW: Ges. vom 2. 12. 1969, GV.NW. 872).

Die Freiheitsentziehung kann nur vom *Amtsgericht* auf Antrag der zuständigen Verwaltungsbehörde angeordnet werden (dagegen sofortige Beschwerde). Das Freiheitsentziehungsgesetz schreibt für den Regelfall die persönliche Anhörung des Betroffenen vor, ferner ggf. die seines gesetzlichen Vertreters und des Ehegatten; steht er unter elterlicher Sorge (349), sind beide Eltern zu hören. Evtl. ist ein Pfleger zu bestellen. Die Freiheitsentziehung ist in mindestens jährlichen Abständen zu überprüfen. Das Verfahren ist im wesentlichen das der freiwilligen Gerichtsbarkeit (vgl. 294, 301).

186. Schulwesen und Schulrecht

I. *Allgemeines*

Das *Schulrecht* umfaßt Aufbau der Schulen, Schulpflicht, Eltern- und Lehrerrecht, Privatschul- und (i. w. S.) Hochschulrecht. Nur selten sind *Schulen* selbständige Anstalten öffentlichen Rechts, meist vielmehr unselbständige Anstalten des *Trägers der Schule,* der i. d. R. eine Körperschaft des öffentlichen Rechts ist, z. B. Gemeinde oder Staat. Während das Schulrecht vor 1919 Sache der Länder war, stellte die WVerf. erstmals einheitliche Grundsätze für das *Schulwesen* auf. Das

GG läßt dies nicht zu, da die vor 1919 vorhanden gewesene *Kulturhoheit der Länder* wiederhergestellt ist. Es regelt nur noch Elternrecht (Art. 6 Abs. 2 GG), Schulaufsicht des Staates, Religionsunterricht und Privatschulwesen (Art. 7 GG; über das Privatschulwesen vgl. 49 II). Begabtenförderung und Lehrerbildungswesen sind im wesentlichen Ländersache. Auch die *Schulpflicht* ist in den Ländern der BRep. durch Schulgesetze geregelt. Maßgebend für das *Schulverhältnis,* d.h. die Rechtsbeziehungen zwischen Schulträger, Schüler und Erziehungsberechtigten, sind außer den Schulgesetzen die *Schulordnungen* oder *Schulverfassungsgesetze;* sie enthalten Bestimmungen für die einzelnen Schulgattungen, insbesondere über Aufnahme und Ausscheiden aus der Schule, Schulbesuch, Unterrichtsstoff, Unterrichtsbetrieb, Versetzung, Zeugniserteilung, Prüfungen, Zusammenarbeit mit den Eltern, Schülermitverwaltung. Bei Privatschulen bestimmt sich das Schulverhältnis nach den Grundsätzen des Bügerlichen Rechts. Das Gesetz über die *religiöse Kindererziehung* vom 15. 7. 1921 (RGBl. 939) gibt Richtlinien für die Bestimmung der religiösen Erziehung eines Kindes (vgl. 724). Das *Schulunterhaltungsrecht* bestimmt sich grundsätzlich danach, wer Träger der Schule ist (Staat oder Gemeinde); doch können die Kosten z. B. bei kommunalen Schulen zwischen Staat und Gemeinde oder Gemeindeverband (Schulverband, Zweckverband) aufgeteilt werden.

Fehlende landesrechtliche Regelungen werden auf verschiedenen Gebieten teilweise durch *Ländervereinbarungen* ersetzt, die auf den *Kultusministerkonferenzen der Länder* zustande kommen, so z. B. über Schuljahrsbeginn, Ferienordnung, Notenstufen, Fremdsprachenunterricht, Grundsätze über Rechtschreibung und Schulbücher, gegenseitige Anerkennung der Reifezeugnisse, Lehrerbildung u. a. m. Vgl. z. B. Abkommen zur Vereinheitlichung auf dem Gebiete des Schulwesens v. 28. 10. 1964 (abgedr. GBl. Bad.-Württ. 1967, 74; Änd.: GBl. 1972, 126), über gegenseitige Anerkennung der Reifezeugnisse vom 20. 3. 1969 (BAnz. Nr. 68).

II. *Organisation. Allgemeine Grundsätze des Schulverhältnisses*

1. *Organisation*

Schulwesen und *Schulaufsicht* sind regelmäßig Staatsaufgaben. I. d. R. bestehen staatliche und kommunale Schulen nebeneinander. Die Schulaufsicht besteht als Staatsaufsicht vor allem für die kommunalen höheren Schulen. Sie wird in manchen Ländern von *Schulämtern* der Gemeinden als Auftragsangelegenheit wahrgenommen. Der *Schulaufbau* ist in den Ländern verschieden. I. d. R. kennen die Länder der BRep. *Volksschulen* (meist 4 Jahre *Grundschule* und 5 Jahre *Hauptschule),* an die sich 3 Jahre *Berufsschule* (Zweige: Gewerbe, Handel, Landwirtschaft, Hauswirtschaft) anschließen, evtl. die *Berufsaufbauschule.* Statt der Hauptschule kann eine *weiterführende (höhere) Schule* besucht werden, und zwar entweder 6 Jahre *Realschule* mit dem Abschluß der

„mittleren Reife" oder 8–9 Jahre ein *Gymnasium.* Bereits bestehende *vorschulische Einrichtungen* (Tageskindergärten usw. ab 3. Lebensjahr) sind vorerst noch freiwillig; vgl. saarländ. Ges. i. d. F. vom 18. 2. 1975 (ABl. 368).

Ihrem Schulcharakter nach unterscheidet man *Gemeinschaftsschulen,* die nicht nach Bekenntnissen getrennt sind, aber auf christlicher Grundlage beruhen können, *Bekenntnisschulen* und *Weltanschauungsschulen,* die auf eine bestimmte Weltanschauung ausgerichtet sind. Das GG behandelt alle drei als gleichberechtigt. Der Ausbau der *Gesamtschule* ist in den Ländern sehr unterschiedlich; sie soll die verschiedenen Schultypen miteinander verbinden, um das Lernangebot möglichst breit zu fächern. Während bei der *kooperativen* Gesamtschule nur eine räumlich-organisatorische Verbindung der verschiedenen Schultypen mit gemeinsamer Schulleitung und abgestimmten Lehrplänen besteht, sind in der eigentlichen, sog. *integrierten* Gesamtschule die einzelnen Schularten (Haupt-, Realschule, Gymnasium) nicht getrennt; vielmehr werden die Schüler entweder gemeinsam oder in Kursen mit verschiedenem Niveau unterrichtet, aber mit unterschiedlichen Abschlußzielen: Haupt- oder Realschulabschluß oder Berechtigung zum Besuch der Oberstufe des Gymnasiums, die mit dem Abitur die Hochschulreife zuerkennt. Der *Religionsunterricht* ist nach Art. 7 Abs. 3 GG und den meisten Landesverfassungen, abgesehen von den bekenntnisfreien Schulen, ordentliches Lehrfach. Art. 141 GG läßt jedoch für Bremen eine frühere Lösung bestehen, wonach Religionsunterricht durch die Kirchen außerhalb der Schule erteilt wird (sog. *Bremer Klausel;* vgl. 50 II). Die Frage, welcher Schulform gesetzlich ein Vorrang einzuräumen sei, hat zu entsprechenden verfassungsrechtlichen Regelungen geführt (z. B. in Bad.-Württ., Bayern, Rheinld.-Pfalz, Saarland: christl. Gemeinschaftsschule). In Nordrh.-Westf. sind die drei Schultypen bei den Grundschulen gleichgestellt, die Hauptschulen dagegen grundsätzlich Gemeinschaftsschulen (Ges. vom 5. 3. 1968, GV.NW. 36).

Landesrechtliche Vorschriften bestehen über die *Mitwirkung* der Lehrer und Erziehungsberechtigten sowie der Schüler – entsprechend ihrer altersmäßigen Urteilsfähigkeit – beim Schulbetrieb z. T. in den Schul(verfasungs)gesetzen, z. T. in Sondergesetzen (vgl. SchulmitwirkungsG NRW vom 13. 12. 1977, GV.NW. 448). Die *Lehrerbildung* liegt in der Hand der Länder. Durch vertragliche Vereinbarungen mit den Kirchen wurden die Abmachungen über die konfessionellen *Pädagogischen Hochschulen* geändert und diese in simultane umgewandelt.

Die *Lehrpläne der Gymnasien* weichen stark voneinander ab. Meist bestehen Gymnasien in drei Formen, je nachdem, ob Lehrfächer vorwiegend alte oder neue Sprachen oder Mathematik und Naturwissenschaften sind. Daneben bestehen musische und wirtschaftswissenschaftliche, zum Teil auch sozialwissenschaftliche Gymnasien. Überall schließen die höheren Schulen mit der *Hochschulreife* (Abitur) ab.

Die *Berufsschulen (Fortbildungsschulen)* können nur nach abgeschlossener Volksschule oder Absolvierung bestimmter Klassen der Mittel- oder höheren Schule besucht werden.

Fachschulen (z. B. Textil-, Metall-, Bau-, Berg-, Handels-, Verwaltungsschulen) setzen meist als Vorbildung die mittlere Reife oder eine abgeschlossene Lehrzeit voraus. Über Fachhochschulen s. 187 IV.

Schulgeld wird an *staatlichen* Schulen nicht mehr erhoben, auch nicht mehr an höheren Schulen. Beim Besuch weiterführender allgemeinbildender Schulen, Fachschulen, Abendgymnasien usw. werden Zuschüsse, gestaffelt nach Schulart und Schulklasse, gewährt. Je nach den Einkommens- und Vermögensverhältnissen der Familie sind sie beschränkt oder entfallen ganz gemäß dem *Bundesausbildungsförderungsgesetz* i. d. F. vom 6. 6. 1983 (BGBl. I 645) m. spät. Änd. S. auch §§ 40ff. Arbeitsförderungsgesetz (672).

2. *Allgemeine Grundsätze des Schulverhältnisses*

Auf Grund der Entscheidung des BVerfG NJW 1972, 811 ist es nicht mehr möglich, das Schulverhältnis als ein *„besonderes Gewaltverhältnis"* anzusehen, das eigenen, nicht normierten Regeln unterliegt. Vielmehr muß auch das *Schulverhältnis* durch gesetzliche Bestimmungen geregelt sein, soweit der Grundrechtsbereich der Schüler berührt wird. Demgemäß müssen Aufnahme (bei Hochschulen: Zulassung), Versetzung und Entlassung sowie Ordnungsmaßnahmen, Schulstrafen usw. durch entsprechende Schulordnungen geregelt werden. Schulstrafen sind danach i. d. R. erst nach Androhung zulässig. Gegen schwerwiegendere Maßnahmen wie z. B. Disziplinarmaßnahmen oder Ausschluß von der höheren Schule ist der *Verwaltungsrechtsweg* (151) gegeben. Prüfungs- und Versetzungsentscheidungen sind zwar auch gerichtlich nachprüfbare VAe; sie unterliegen aber nur einer begrenzten gerichtlichen Kontrolle auf Ermessensfehler oder das Vorliegen sachfremder Erwägungen; die wertenden Beurteilungen innerhalb der Prüfungsentscheidung sind dagegen nicht gerichtlich überprüfbar.

Die Gestaltung des Unterrichts (Stoff, Inhalt) unterliegt grundsätzlich staatlicher Entscheidung *(Lehrpläne)*; Eltern und Schüler sind nur beteiligt, soweit ihre Rechtspositionen berührt werden (zum *Sexualkundeunterricht* s. BVerfG NJW 1978, 807). Innerhalb der Lehrpläne ist den Lehrern eine begrenzte pädagogische Gestaltungsfreiheit einzuräumen. Zur Verfassungmäßigkeit des *Schulgebets* s. BVerfG NJW 1980, 575. Die körperliche Züchtigung eines Schülers ist grundsätzlich verboten. Die Meinungsfreiheit des Schülers ist zu achten; sie darf jedoch nicht mißbraucht werden. Der Inhalt einer Schülerzeitung muß sich im gesetzlichen Rahmen halten. Auch Versammlungs-, Vereinigungs- und Demonstrationsrecht bestehen in den gesetzlichen Grenzen, d. h. sie dürfen nicht der Schulordnung zuwiderlaufen (z. B. Einhaltung der Unterrichtszeit u. ä.). Ein „Schülerstreik" ist unzulässig.

III. *Wege zur Weiterbildung*

Der in den Ländern bereits weitgehend ausgebaute sog. *zweite Bildungsweg* soll in Vorsemestern, Berufsaufbauschulen, Abendgymnasien usw. begabte junge Praktiker an die Fach- und Hochschulbildung heranführen. Der *dritte Bildungsweg* eröffnet fachlich und allgemein besonders Begabten den Weg zu einem Fachstudium über eine Eignungs(Begabten)prüfung; vgl. z. B. bayer. Ges. i. d. F. vom 29. 11. 1983 (GVBl. 1109, BayRS 2230–2–3–K).

Von diesen Bildungsgängen, die zum Studium führen sollen, zu unterscheiden sind die verschiedenen Formen der beruflichen und außerberuflichen Fort- und Weiterbildung. Die Teilnahme an Maßnahmen der *beruflichen Fortbildung* wird von der Bundesanstalt für Arbeit finanziell gefördert (§§ 41ff. AFG); zum Nachweis des Erfolgs sind Prüfungen vorgesehen (§ 46 BerufsbildungsG vom 14. 8. 1969, BGBl. I 1112; dazu Landesausführungsgesetze, z. B. bayer. Ges. i. d. F. vom 29. 9. 1993 (GVBl. S. 754). Eine Förderung für berufliche Aufstiegsfortbildungsmaßnahmen ist durch das *Aufstiegsfortbildungsförderungsgesetz* vom 23. 4. 1996 (BGBl. I 623) möglich. Große Bedeutung kommt ferner der *Erwachsenenbildung* zu, welche die in Schule, Hochschule oder Beruf erworbene Bildung ergänzen und erweitern soll; sie ist landesrechtlich geregelt (vgl. z. B. bayer. Ges. vom 24. 7. 1974, GVBl. 368: staatl. Förderungsmittel, Ausbildungsvoraussetzungen, Zertifikate über Abschlußprüfungen usw.). Ein breitgefächertes Angebot von Lehrveranstaltungen wird nach den landesrechtlichen Vorschriften über die *Weiterbildung* im beruflichen oder nichtberuflichen Bildungsbereich i. w. S. zur Verfügung gestellt (unter Einschluß z. B. der politischen Bildung, der Eltern- und Familienbildung); vgl. z. B. NRW Ges. vom 8. 2. 1980, i. d. F. vom 7. 5. 1982 (GV.NW. 275). Zu den wichtigsten allgemein zugänglichen Bildungseinrichtungen zählen die *Volkshochschulen;* sie werden von öffentlichen (meist kommunalen), kirchlichen, gewerkschaftlichen u. a. Organisationen getragen und vermitteln allgemeinbildende und berufsfördernde Kenntnisse (über die finanzielle Förderung vgl. z. B. hess. Ges. über Volkshochschulen i. d. F. vom 21. 5. 1981, GVBl. I 198).

Fernunterricht durch nicht staatliche Lehrgänge zwecks Prüfungsvorbereitung mittels Schrift-, Bild- oder Tonmaterial unterliegt zur Verhinderung von Mißbräuchen staatlicher Kontrolle. Das *Fernunterrichtsschutzgesetz* vom 24. 8. 1976 (BGBl. I 2525) m. spät. Änd. regelt u. a. die Vertragsbedingungen, Kündigungs- und Widerrufsrecht für Fernlehrgänge. Diese bedürfen behördlicher Zulassung. Hierfür können die Länder Zentralstellen einrichten, die ein Auskunftsrecht haben. Gerichtsstand für Streitigkeiten aus einem Fernunterrichtsvertrag ist stets der des Wohnsitzes des Teilnehmers (§ 26). S. a. Staatsvertrag der Länder über das Fernunterrichtswesen vom 16. 2. 1978 (abgedr. bayer. GVBl. 650) und Staatsvertrag über die Änderung dieses Staatsvertrags vom 16. 6. 1992 (abgedr. bayer. GVBl. 165).

187. Die Hochschulen

sind Körperschaften des öffentlichen Rechts und staatliche (nur z. T. kirchliche) Einrichtungen – § 58 Abs. 1 Hochschulrahmengesetz (HRG) i. d. F. vom 9. 4. 1987 (BGBl. I 1170) m. spät. Änd. –, die hinsichtlich Lehrbetrieb und Lehrergebnis der Aufsicht der Länder unterstehen. Diese ist aber durch Verfassung oder Hochschulgesetz weitgehend auf eine Rechtsaufsicht (146) beschränkt, die vorwiegend von der Kultusverwaltung des Landes ausgeübt wird; doch bestehen Genehmigungsvorbehalte hinsichtlich Satzungen (inbes. Prüfungsordnungen) u. a. m. Die Hochschulen besitzen *Verwaltungsautonomie* insbes. bei Festlegung der Vorlesungen, Prüfungsrecht und Erlaß einer Hochschulordnung.

Zu den Hochschulen zählen die *Universitäten,* die *Technischen Hochschulen,* die *Wirtschafts-* und *Handelshochschulen,* die Hochschulen für *Musik* und für *bildende Künste,* die *Tierärztlichen* und die *Verwaltungs-Hochschulen,* die *Pädagogischen* sowie die *Fachhochschulen.* Träger ist der Staat oder für Spezialhochschulen eine öffentlich-rechtliche Körperschaft (z. B. die kath. Kirche für theologisch-philosophische Hochschulen).

Der Staat besitzt kein Monopol zur Errichtung von Hochschulen. Je nach Landesrecht sind auch *private Hochschulen* zugelassen, falls sie die Voraussetzungen des HRG erfüllen; so in Hessen (Art. 61 d. Verf.), Rheinld.- Pfalz und Schlesw.-Holstein (HochschulG i. d. F. vom 28. 2. 1990 (GVOBl. 85 §§ 106ff.). Die erste private Hochschule der BRep. in Witten/Herdecke hat 1983 den Lehrbetrieb (zunächst für das Fach Medizin) aufgenommen. Im Herbst 1984 wurde ferner eine Wissenschaftliche Hochschule für Unternehmensführung in Koblenz eröffnet, im Okt. 1986 die Nordische Universität Flensburg/Neumünster mit einer wirtschaftswissenschaftlichen Fakultät in Flensburg und einem ingenieurwissenschaftlichen Institut in Neumünster. Die sog. *Stiftungs-Hochschulen (-Universitäten)* sollen teils der Entlastung überfüllter Fächer dienen (z. B. Medizin), teils stärker berufsbezogen sein (z. B. Wirtschaft), sofern sie nicht ausschließlich der Forschung gewidmet sind. Die Zielrichtung der staatlichen Hochschulen muß aber erhalten bleiben, um eine unerwünschte Spezialisierung zu vermeiden (anders bei Forschungs-Universitäten mit bestimmten Spezialbereichen).

I. *Organisation. Selbstverwaltung*

Die Leitung der Universitäten tradioneller Ordnung oblag dem *Rektor* als dem obersten Universitätsbeamten und dem *Senat*. Dieser bestand aus dem Rektor, seinem Vertreter *(Prorektor)*, der satzungsmäßigen Zahl von Mitgliedern des Lehrkörpers und Vertretern der Studentenschaft. Der Rektor wurde vom Senat auf ein oder zwei Jahre gewählt und von der Landesregierung bestätigt. Die Universität war in *Fakultäten* untergliedert; die in dieser zusammengeschlossenen Universitätslehrer eines Fachs wählten einen *Dekan*.

Nach dem HRG wird die Hochschule entweder durch einen Rektor oder ein Rektorat *(Rektoratsverfassung)* oder durch einen Präsidenten oder ein Präsidialkollegium *(Präsidialverfassung)* geleitet. Der Rektor ist aus dem Kreis der Professoren auf mindestens 2 Jahre zu wählen. Der Präsident nimmt sein Amt hauptberuflich wahr; seine Amtszeit beträgt mindestens 4 Jahre. Die Beschlußfassung über die Grundordnung der Hochschule und die Wahl der Hochschulleitung ist einem zentralen Kollegialorgan („Rat der Hochschule" o. ä.) vorbehalten; in diesem Organ verfügen die Professoren über die absolute Mehrheit der Sitze und der Stimmen. Anstelle der Fakultäten sind *Fachbereiche* getreten, deren Organe der *Fachbereichsrat* und der von diesem zum Vorsitzenden gewählte *Fachbereichssprecher* sind. Vgl. §§ 61–64 HRG. Die Fachbereiche können nach Landesrecht die Bezeichnung „Fakultät" führen (vgl. z. B. Art. 36 Abs. 1 S. 3 BayHochschulG).

Der *Lehrkörper* einer Universität oder wissenschaftlichen Hochschule *bisherigen Rechts* umfaßte planmäßige *ordentliche* und *außerordentliche Professoren* mit voller Beamteneigenschaft sowie *Honorarprofessoren*, denen auf Grund längerer nebenberuflicher Lehrtätigkeit der Professortitel verliehen worden war. Die ordentlichen Professoren (Lehrstuhlinhaber) erhielten nach dem Übertritt in den Ruhestand das volle Gehalt und hatten das Recht, aber nicht die Pflicht, ihre Vorlesungstätigkeit fortzusetzen (die *Emeritierung* wirkte als Entpflichtung). Ferner gehörten zum Lehrkörper *Privat-* und Universitäts-(Diäten-)*Dozenten;* sie konnten zu außerplanmäßigen Professoren (ohne Verleihung einer Planstelle) ernannt werden. Außerdem umfaßte der Lehrkörper *Wissenschaftliche Räte* (habilitierte Wissenschaftler ohne Lehrstuhl, denen bestimmte Lehr- und Forschungsaufgaben zugewiesen sind), *Lehrbeauftragte* und *Lektoren* für Lehraufgaben in bestimmten Fächern.

Das hauptberuflich tätige wissenschaftliche (künstlerische) Personal der Hochschule besteht gemäß §§ 42ff. HRG aus den Professoren, den wissenschaftlichen und künstlerischen Assistenten, den Oberassistenten und Oberingenieuren, den wissenschaftlichen und künstlerischen Mitarbeitern sowie den Lehrkräften für besondere Aufgaben. Landesrechtlich können Hochschuldozenten vorgesehen werden.

Das *Selbstverwaltungsrecht* der Hochschule ist in wichtigen Angelegenheiten wie z. B. Organisation, Studien- und Prüfungsordnungen an ein Zusammenwirken zwischen Hochschule und LdReg. geknüpft; soweit die Hochschule staatliche Aufgaben erfüllt (z. B. solche der Personal- oder Wirtschaftsverwaltung), unterliegt sie nicht nur der Rechts-, sondern auch der Fachaufsicht (vgl. §§ 58–60 HRG). Die Vorschriften über die Mitwirkung bei der Selbstverwaltung und die Zusammensetzung der Hochschulgremien erläßt der Landesgesetzgeber. Zur Möglichkeit von befristeten Arbeitsverträgen mit wissenschaftlichem Personal an den Hochschulen s. Ges. vom 14. 6. 1985 (BGBl. I 1065).

Die *Hochschulordnung* soll in erster Linie die Durchführung des Lehrbetriebs und damit die Ausbildung sicherstellen; sie ist aber nach herrschender Meinung nicht hierauf beschränkt, sondern kann auch Anweisungen für die äußere Ordnung geben (z. B. Verbot des Couleurtragens in der Hochschule).

II. *Die Studenten. Zulassung, Studienförderung*

Die *Studenten* müssen über das *Reifezeugnis* einer höheren Schule oder seinen Ersatz verfügen; sie werden immatrikuliert (aufgenommen). Sonstige *Hörer* erhalten das Benutzungsrecht der Hochschule durch die sog. *kleine Matrikel*, Gasthörerlaubnis oder andere satzungsmäßige Zulassung. Die *Studentenschaft*, deren Einrichtung und Verfassung sich nach Landesrecht bestimmt, bildet einen Teilverband der Hochschule zur selbständigen Erledigung studentischer Angelegenheiten; außerhalb der staatlich verfaßten Studentenschaften besteht ein freiwilliger Zusammenschluß „Vereinigte Deutsche Studentenschaften (VDS)" in der Form eines eingetragenen Vereins (e. V.), der sich darum bemüht, daß den verfaßten Studentenschaften ein politisches Mandat zuerkannt wird (was die Gerichte bisher abgelehnt haben; vgl. BVerwG NJW 1980, 2595). Die Studenten unterstehen der Hochschulordnung und dem akademischen Disziplinarrecht, die Studentenschaft der Rechtsaufsicht der Hochschulleitung und der Kultusverwaltung. Der Abgang von der Hochschule *(Exmatrikulation)* kann, sofern er nicht freiwillig ist, nur bei schwerwiegenden Disziplinarvergehen durch Widerruf der Einschreibung auf längstens zwei Jahre erzwungen werden (§ 28 HRG).

Die Überfüllung der Hochschulen zwingt zur Festsetzung von Höchstzahlen *(numerus clausus)* für überbesetzte Fachrichtungen; die Aufnahme nach einheitlichen Kriterien wird durch eine Zentralstelle in Dortmund nunmehr auf Grund eines Staatsvertrags zwischen den Ländern von 1992 (abgedr. bay. GVBl. 1993, 14) zentral reguliert. Das Zulassungsverfahren ist landesgesetzlich geregelt. Für das Verteilungsverfahren gelten die §§ 27ff. HRG. Die Studienplätze werden von der Zentralstelle unter Berücksichtigung der Ortswünsche und der sozialen Lage der Bewerber vergeben. Ein bestimmtes Kontingent ist vorbehalten für soziale Härtefälle, für besonderen öffentlichen Bedarf, für Ausländer und Staatenlose sowie für Bewerber, die eine Qualifikation in einem anderen, noch nicht abgeschlossenen Studiengang besitzen oder einen anderen Studiengang bereits abgeschlossen haben. Im übrigen entscheidet vorwiegend die Qualifikation des Bewerbers für das gewählte Studienfach, wobei die Wartezeit seit Erwerb der Hochschulreife berücksichtigt wird. Solange die Qualifikationen der Länder noch voneinander abweichen, werden *Landesquoten* unter Berücksichtigung der Bewerberanteile der Länder in einem Studiengang und ihrer Anteile an der 18–21jährigen Bevölkerung gebildet.

Die *Studienförderung* bestimmt sich nach dem *Bundesausbildungsförderungsgesetz* (BAföG), s. 186 II 1, das einen Rechtsanspruch auf individuelle Ausbildungsförderung unter Berücksichtigung des Familieneinkommens und -vermögens begründet. Demgemäß werden Förderungsleistungen durch Gewährung von rückzahlbaren Darlehen erbracht. Bei besonderen Leistungen des Auszubildenden wird ein Teil des Darlehens erlassen (§ 18b). Vgl. hierzu VO über den leistungsabhängigen Teilerlaß von Ausbildungsförderungsdarlehen vom 14. 12. 1983 (BGBl. I 1439) m. letzter Änd. vom 1. 7. 1990 (BGBl. I 998). Studierenden wird Förderung gewährt bis zu 670 DM bei Unterkunft bei den Eltern, bei auswärts Studierenden bis zu 830 DM einschließlich Unterkunft (§ 13). Ggf. kann das Amt für Ausbildungsförderung unterhaltspflichtige Eltern zur Ersatzleistung heranziehen (§ 37).

III. *Studienabschluß. Akademische Grade*

Das Studium kann abgeschlossen werden entweder durch eine *Abschlußprüfung* an der Hochschule, die zur Führung des Diplom- oder Magistergrades einer bestimmten Fachrichtung berechtigt (z. B. Dipl.-Volkswirt, Dipl.-Ing., magister artium), oder durch eine Staatsprüfung (z. B. für Mediziner, Juristen, Lehrer).

Universitäten und Technische Hochschulen sowie einige andere Hochschulen haben zudem das *Promotionsrecht,* d. h. die Berechtigung, die *Doktorwürde* als *akademischen Grad* zu verleihen. Die *wichtigsten Doktortitel* sind: Dr. theol. (= der Theologie, in der evang. Theologie abgekürzt D.), Dr. phil. (= der Philosophie), Dr. jur. (= der Rechte), Dr. med. (= der Medizin), Dr. med. dent. (= der Zahnheilkunde), Dr. med. vet. (= der Tierheilkunde), Dr. rer. pol. (= der Staatswissenschaften), Dr. rer. nat. (= der Naturwissenschaften) und Dr. Ing. (= der Ingenieurwissenschaft).

Ein *Fernstudium* ist bereits seit längerem an der Gesamthochschule Hagen (Fernuniversität) in einigen Fächern möglich.

Über das Recht zur *Führung akademischer* Grade, zu denen neben dem Doktorgrad vor allem der Diplomgrad gehört (z. B. Dipl.-Ing.), vgl. Ges. vom 7. 6. 1939 (RGBl. I 985) mit DVO vom 21. 7. 1939 (RGBl. I 1326). Deutsche bedürfen zur Führung eines *ausländischen akadem. Grades* im Inland einer Genehmigung der Wissenschaftsverwaltung (BVerwG NJW 1968, 668); Ausländer ebenfalls, außer wenn sie sich im Inland in amtlichem Auftrag oder nur vorübergehend und nicht zu Erwerbszwecken aufhalten (über die Rechtslage in Bayern vgl. BayObLG NJW 1967, 2123). Nach einem Abkommen vom 23. 10. 1958 (vgl. bay. GVBl. 1962, 17) gilt die in einem Land der BRep. erteilte Genehmigung auch in den anderen Ländern. Vgl. ferner Gesetz vom 2. 9. 1994 (BGBl. II 2321) zu dem Übereinkommen vom 21. 12. 1979 über die Anerkennung von Studien, Diplomen und Graden im Hochschulbereich in den Staaten der europäischen Region.

IV. *Fachhochschulen, Gesamthochschulen*

Dem ständig wachsenden Bedarf an fachlich besonders ausgebildeten Kräften, die zwar nicht über eine volle Hochschulbildung, aber doch über eine praxisbezogene Ausbildung auf wissenschaftlicher oder künstlerischer Grundlage verfügen, dient die Heranbildung von Fachkräften auf bestimmten Gebieten in *Fachhochschulen,* deren Besuch i. d. R. den Abschluß der Realschule und einer Fachoberschule voraussetzt. Die Fachhochschulen fassen entweder mehrere Fachrichtungen zusammen, die früher selbständig als Ingenieurschulen, Wirtschaftsfachschulen, *Akademien* für Sozialpädagogik usw. bestanden, oder richten sie für einzelne Disziplinen ein. Sie verleihen gem. § 18 HRG Diplomgrade mit dem Zusatz „Fachhochschule" („FH"). Vgl. dazu ergänzende landesrechtliche Regelungen, z. B. für NRW: VO über die Bezeichnung der nach Abschluß eines Fachhochschulstudiums zu verleihenden Diplomgrade etc. (Dipl. VO-FH) vom 22. 6. 1988 (GV.NW. 318) m. spät. Änd.; Bayer. Ges. vom 6. 8. 1980 (GVBl. 445).

Manche Länder sind inzwischen zur Einrichtung von *Gesamthochschulen* übergegangen, die Aufgaben der Universitäten, Fachhochschulen und Kunsthochschulen vereinigen. Bei der Gesamthochschule wird unterschieden zwischen dem vollständigen Zusammenschluß verschiedener Hochschulen zu einer *integrierten* Gesamthochschule und der *kooperativen* Form, bei der unter Aufrechterhaltung der rechtlichen Selbständigkeit der einzelnen Hochschulen lediglich gemeinsame Organe eingerichtet werden. Innerhalb der Gesamthochschule sind inhaltlich und zeitlich gestufte und aufeinander abgestimmte Studiengänge sowie ein erleichterter Übergang in andere Studiengänge vorgesehen.

188. Kinder- und Jugendhilfe. Jugendschutz

I. *Kinder- und Jugendhilfe*

Die Jugendhilfe, d.h. die Zusammenfassung aller außerschulischen Bestrebungen, die auf die körperliche, geistig-seelische und soziale Tüchtigkeit des Jugendlichen gerichtet sind und damit der *Jugendwohlfahrt* dienen, war früher im *Gesetz für Jugendwohlfahrt (JWG)*, zuletzt i. d. F. vom 25. 4. 1977 (BGBl. I 633), geregelt. Da das JWG den gewandelten Anforderungen nicht mehr gerecht wurde, ist die Kinder- und Jugendhilfe ab 1. 1. 1991 durch das *Gesetz zur Neuordnung des Kinder- und Jugendhilferechts (Kinder- und Jugendhilfegesetz – KJHG)* vom 26. 6. 1990 (BGBl. I 1163) m. spät. Änd. neu geregelt worden; das Kinder- und Jugendhilferecht wurde dabei als Buch VIII in das Sozialgesetzbuch (s. 651) übernommen; das SGB VIII gilt jetzt i. d. F. vom 15. 3. 1996 (BGBl. I 479) m. spät. Änd. Die Neuregelung ersetzt das bisher im Jugendhilferecht vorherrschende eingriffs- und ordnungsrechtliche Instrumentarium durch präventiv wirkende, sozialrechtlich geprägte Leistungsangebote unter weitgehendem Verzicht auf Eingriffsbefugnisse. Nach dem Grundgedanken des neuen Rechts soll die öffentliche Jugendhilfe die Eltern bei der Erziehungsaufgabe unterstützen und dadurch die Erziehungssituation von Kindern und Jugendlichen verbessern und diesen das Hineinwachsen in die Gesellschaft erleichtern. Hierzu sieht die Neuregelung ein System von beratenden und unterstützenden Leistungen vor.

Entsprechend diesem Charakter der Neuregelung sind *Fürsorgeerziehung* und *Freiwillige Erziehungshilfe*, die im früheren Recht vorgesehen waren (§§ 62–77 JWG), abgeschafft worden.

1. *Allgemeines*

Jeder junge Mensch hat ein Recht auf Förderung seiner Entwicklung und auf Erziehung zu einer eigenverantwortlichen und gemeinschaftsfähigen Persönlichkeit (§ 1 Abs. 1 SGB VIII). Die Pflege und Erziehung der Kinder sind das natürliche Recht der Eltern und die zuvörderst ihnen obliegende Pflicht; über ihre Betätigung wacht die staatliche Gemeinschaft (§ 1 Abs. 2 SGB VIII). Die Jugendhilfe soll zur Verwirklichung des Erziehungsrechts der jungen Menschen diese in ihrer individuellen und sozialen Entwicklung fördern, Benachteiligungen vermeiden oder abbauen sowie die Eltern bei der Erziehung beraten und unterstützen, Kinder und Jugendliche vor Gefahren für ihr Wohl schützen und dazu beitragen, positive Lebensbedingungen für junge Menschen und ihre Familien sowie eine entsprechende Umwelt zu schaffen (§ 1 Abs. 3 SGB VIII). Hierzu erbringt die Jugendhilfe Leistungen und erfüllt andere Aufgaben zugunsten junger Menschen und Familien (§ 2 SGB VIII). Die Leistungen der Jugendhilfe werden von Trägern der freien und der öffentlichen Jugendhilfe erbracht; andere Aufgaben der Jugendhilfe werden grundsätzlich von Trägern der öffentlichen Jugendhilfe wahrgenommen (§ 3 SGB VIII). Die öffentliche Jugendhilfe soll mit der freien Jugendhilfe partnerschaftlich zusammenarbeiten (§ 4 SGB VIII). Kinder und Jugendliche sind entsprechend ihrem Entwicklungsstand an allen sie betreffenden Entscheidungen der öffentlichen Jugendhilfe zu beteiligen (§ 8 SGB VIII). Die Jugendhilfe befaßt sich gemäß § 7 SGB VIII mit Kindern (bis 14 Jahre) Jugendlichen (14–18 Jahre), jungen Volljährigen (18–27 Jahre), Personensorgeberechtigten und sonstigen Erziehungsberechtigten.

2. *Leistungen und andere Aufgaben der Jugendhilfe*

Die Jugendhilfe umfaßt folgende *Leistungen:* Angebote der Jugendarbeit, der Jugendsozialarbeit und des erzieherischen Kinder- und Jugendschutzes (§§ 11–14 SGB VIII). Die Schwerpunkte der *Jugendarbeit* sind Bildungsangebote, Erholungs- und Freizeitangebote sowie Förderung der Jugendverbände. Die *Jugendsozialarbeit* bemüht sich um den Ausgleich sozialer oder individueller Beeinträchtigungen. Der erzieherische Kinder- und Jugendschutz soll die jungen Menschen befähigen, sich vor gefährdenden Einflüssen zu schützen und sie zur Kritik- und Entscheidungsfähigkeit, Eigenverantwortlichkeit sowie zur Verantwortung gegenüber ihren Mitmenschen führen. Die Einzelheiten über diese Leistungen der Jugendhilfe regelt das Landesrecht (§ 15 SGB VIII). Ferner bestehen folgende Leistungen der Jugendhilfe: Angebote zur Förderung der Erziehung in der Familie (§§ 16–21 SGB VIII), wobei auch Beratung und Unterstützung für Alleinerziehende vorgesehen sind, um hierdurch bei schwangeren Frauen in Konfliktsituationen den Willen zum Kind zu stärken (§ 18 SGB VIII), Angebote zur Förderung von Kindern in Tageseinrichtungen und in Tagespflege (§§ 22–25 SGB VIII), Hilfe zur Erziehung und ergänzende Leistungen (§§ 27–37, 39, 40 SGB VIII) und Hilfe für junge Volljährige und Nachbetreuung (§ 41 SGB VIII). Seit 1. 1. 1996 hat jedes Kind vom vollendeten dritten Lebensjahr an bis zum Schuleintritt Anspruch auf den Besuch eines Kindergartens (§§ 24, 24a SGB VIII).

Andere Aufgaben der Jugendhilfe sind vor allem die Inobhutnahme von Kindern und Jugendlichen (§ 42 SGB VIII), die Herausnahme des Kindes/Jugendlichen aus seinem Umfeld ohne Zustimmung des Personensorgeberechtigten (§ 43 SGB VIII), der Schutz von Kindern und Jugendlichen in Familienpflege und in Einrichtungen durch das Erfordernis einer Pflegeerlaubnis (§ 44 SGB VIII) und einer Erlaubnis für den Betrieb von Einrichtungen, in der Kinder oder Jugendliche ganztägig oder für einen Teil des Tages betreut werden oder Unterkunft erhalten (§ 45 SGB VIII). Die zuständige Behörde soll überprüfen, ob die Voraussetzungen für die Erlaubnis weiterbestehen (§ 46 SGB VIII). Der Träger einer erlaubnispflichtigen Einrichtung hat verschiedene Meldepflichten (§ 47 SGB VIII). Das Nähere hierzu regelt das Landesrecht (§ 49 SGB VIII). Zu den anderen Aufgaben der Jugendhilfe gehört ferner die Mitwirkung in verschiedenen gerichtlichen Verfahren, so bei Vormundschafts- und Familiengerichten, Jugendgerichten (Jugendgerichtshilfe) und bei Verfahren über die Annahme als Kind (§§ 50, 51, 52 SGB VIII). Weiter die Pflegschaft und Vormundschaft für Kinder und Jugendliche gemäß §§ 53–57 SGB VII, besonders die Amtspflegschaft und Amtsvormundschaft des Jugendamts in den durch das BGB vorgesehenen Fällen (§ 55 SGB VIII). So wird das Jugendamt z. B. gem. § 1709 Abs. 1 BGB grundsätzlich Pfleger für nichteheliche Kinder bezüglich der in § 1706 BGB bezeichneten Angelegenheiten (Feststellung der Vaterschaft, Unterhaltsansprüche, Erb- und Pflichtteilsrechte).

3. *Träger der Jugendhilfe*

Die Jugendhilfe wird von *öffentlichen* und *freien Trägern* durchgeführt. Träger der öffentlichen Jugendhilfe sind die örtlichen Träger (Kreise und kreisfreie Städte) und die überörtlichen Träger, die durch das Landesrecht bestimmt werden (§ 69 Abs. 1 SGB VIII). Jeder örtliche Träger errichtet ein *Jugendamt,* jeder überörtliche Träger ein *Landesjugendamt* (§ 69 Abs. 3 SGB VIII). Die Aufgaben des Jugendamts werden durch den *Jugendhilfeausschuß* und durch die Verwaltung des Jugendamts wahrgenommen (§ 70 Abs. 1 SGB VIII). Die Zusammensetzung des Jugendhilfeausschusses (zu ³⁄₅ Mitglieder der Vertretungskörperschaft des Trägers der öffentlichen Jugendhilfe oder von ihr gewählte Personen sowie zu ²⁄₅ Personen, die auf Vorschlag der Träger der freien Jugendhilfe von der Vertretungskörperschaft gewählt werden) ist in § 71 SGB VIII geregelt.

Als Träger der freien Jugendhilfe kann anerkannt werden, wer auf dem Gebiet der Jugendhilfe tätig ist, gemeinnützige Ziele verfolgt, aufgrund der fachlichen und personellen Voraussetzungen erwarten läßt, daß er einen Beitrag zur Jugendhilfe leistet und wer die Gewähr für eine den Zielen des Grundgesetzes förderliche Arbeit bietet (§ 75 SGB VIII). Die Träger der öffentlichen Jugendhilfe sollen die freiwillige Tätigkeit auf dem Gebiet der Jugendhilfe anregen und sie – unter bestimmten Voraussetzungen – fördern (§ 74 SGB VIII).

4. *Zentrale Aufgaben, Statistik und Datenschutz*

Die oberste Landesjugendbehörde hat die Tätigkeit der Träger der öffentlichen und der freien Jugendhilfe und die Weiterentwicklung der Jugendhilfe anzuregen und zu fördern (§ 82 SGB VIII). Die fachlich zuständige oberste Bundesbehörde soll – soweit eine überregionale Bedeutung gegeben ist und eine Förderung durch ein Land allein nicht möglich ist – die Tätigkeit der Jugendhilfe anregen und fördern (§ 83 SGB VIII). Die Bundesregierung legt nach § 84 SGB VIII durch eine von ihr beauftragte Sachverständigenkommission *(Jugendberichtskommission)* dem Bundestag und Bundesrat in jeder Legislaturperiode einen Bericht über die Lage junger Menschen und über die Bestrebungen und Leistungen der Jugendhilfe vor *(Jugendbericht).*

Zur Beurteilung der Auswirkungen des Jugendhilferechts und zu seiner Fortentwicklung werden laufende Erhebungen als Bundesstatistik *(Kinder- und Jugendhilfestatistik)* durchgeführt (§§ 98ff. SGB VIII).

Der Schutz *personenbezogener Daten* im Rahmen der Jugendhilfe ist in den §§ 61ff. SGB VIII geregelt. Personenbezogene Daten dürfen nur erhoben und in Akten und auf Datenträgern gespeichert werden, soweit ihre Kenntnis zur Erfüllung der jeweiligen Aufgabe erforderlich ist (§§ 62, 63 SGB VIII). Sie dürfen nur zu dem Zweck verwendet werden, zu dem sie erhoben worden sind (§ 64 SGB VIII). Dem Betroffenen ist auf Antrag Auskunft über die zu seiner Person gespeicherten Daten zu erteilen (§ 67 SGB VIII).

5. *Zuständigkeit und Kosten*

Die *örtliche* Zuständigkeit des Jugendamts, die sich zumeist nach dem gewöhnlichen Aufenthalt der Eltern, bei einem nichtehelichen Kind der Mutter, der Pflegeperson oder des Kindes oder des Jugendlichen richtet, ist in den §§ 86ff. SGB VIII geregelt. Die *sachliche* Zuständigkeit, besonders die Abgrenzung der Zuständigkeiten zwischen Jugendamt und Landesjugendamt, regelt § 85 SGB VIII.

Für die Inanspruchnahme von Angeboten der Jugendarbeit (§ 11 SGB VIII), der allgemeinen Förderung der Erziehung in der Familie (§ 16 SGB VIII) und

364

der Förderung von Kindern in Tageseinrichtungen (§§ 22, 24 SGB VIII) können Teilnahmebeiträge oder Gebühren festgesetzt werden (§ 90 SGB VIII). Zu den Kosten der Unterbringung eines Jugendlichen in einer sozialpädagogisch begleiteten Wohnform (§ 13 Abs. 3 SGB VIII), der Betreuung und Versorgung des Kindes in Notsituationen, der Hilfe zur Erziehung, der vorläufigen Unterbringung des Kindes oder des Jugendlichen (§ 43 SGB VIII) oder ähnlichen Leistungen werden das Kind oder der Jugendliche und dessen Eltern herangezogen, soweit dies nach ihrem Einkommen und Vermögen zumutbar ist (§§ 91, 92 SGB VIII). Für die Ermittlung des Einkommens und Vermögens und des zumutbaren Kostenbeitrags gelten die einschlägigen Vorschriften des Bundessozialhilfegesetzes entsprechend (§ 93 SGB VIII). Soweit die Kostentragung unzumutbar ist, tragen die Träger der öffentlichen Jugendhilfe die Kosten (§ 92 SGB VIII).

II. *Jugendschutzgesetz*

Das *Ges. zum Schutze der Jugend in der Öffentlichkeit* (Jugendschutzgesetz – JÖSchG) vom 25. 2. 1985 (BGBl. I 425) m. spät. Änd. sieht Schutzmaßnahmen für *Kinder* (K.) und *Jugendliche* (J.) vor, die sich an Orten aufhalten, an denen ihnen eine unmittelbare Gefahr für ihr körperliches, geistiges oder seelisches Wohl droht. K. ist, wer noch nicht 14, J. ist, wer 14, aber noch nicht 18 Jahre alt ist. Bezüglich der Kategorisierung von Filmen arbeiten die Landesjugendbehörden mit der Freiwilligen Selbstkontrolle der Filmwirtschaft (FSK; vgl. 838) zusammen, welche die Prüfung und Freigabe von Filmen für Kinder und Jugendliche vornimmt.

Das JÖSchG legt u. a. fest, daß K. und J. die Anwesenheit bei öffentlichen Filmvorführungen nur gestattet werden kann, soweit der Film für die betreffende Alterskategorie freigegeben ist (Freigabegrenzen: ohne Altersbeschränkung, ab 6 Jahre, ab 12 Jahre, ab 16 Jahre, ab 18 Jahre.

Ähnliches gilt für die öffentliche Vorführung und das Zugänglichmachen von bespielten Videokassetten u. ä. Bildträgern. K. unter 6 Jahren ist die Anwesenheit bei Filmvorführungen nur in Begleitung eines Erziehungsberechtigten gestattet. Ohne Begleitung eines Erziehungsberechtigten müssen K. die Kinos bis spätestens 20 Uhr, J. unter 16 Jahren bis 22 Uhr, J. über 16 Jahren bis 24 Uhr verlassen haben. K. und J. unter 16 Jahren dürfen Gaststätten i. d. R. nur in Begleitung von Erziehungsberechtigten besuchen; ausgenommen sind der zur Einnahme von Mahlzeiten oder Getränken notwendige Aufenthalt oder die Teilnahme an einer Veranstaltung eines anerkannten Trägers der Jugendhilfe. Branntwein und branntweinhaltige Getränke dürfen an K. und J. überhaupt nicht, andere alkoholische Getränke nur an J. über 16 Jahren abgegeben werden. Das Rauchen in der Öffentlichkeit darf K. und J. unter 16 Jahren nicht gestattet werden. Die Anwesenheit bei öffentlichen Tanzveranstaltungen ohne Begleitung eines Erziehungsberechtigten darf K. und J. unter 16 Jahren nicht und J. ab 16 Jahren längstens bis 24 Uhr gestattet werden. Ebenso ist der Aufenthalt in Spielhallen oder ähnlichen Räumen für K. und J. nicht zulässig.

Das JÖSchG gilt nicht für verheiratete J. Bei Zuwiderhandlungen leitet das *Jugendamt* gegen die K. oder J. die gesetzlich zulässigen Maßnahmen ein. Der *Vormundschaftsrichter* kann auf Antrag des Jugendamts oder von Amts wegen Weisungen erteilen. Wer vorsätzlich als Veranstalter oder Gewerbetreibender gegen das JÖSchG verstößt und dadurch entweder wenigstens leichtfertig ein

K. oder einen J. in seiner körperlichen, geistigen oder sittlichen Entwicklung schwer gefährdet oder wer die Tat beharrlich wiederholt, wird bestraft. Ordnungswidrigkeiten können mit Geldbußen geahndet werden.

Weitere Schutzvorschriften enthält das Gesetz über die *Verbreitung jugendgefährdender Schriften* (404). Über *Jugendarbeitsschutz* vgl. 623.

189. Das Straßen- und Wegerecht

I. *Grundzüge*

Dieses Rechtsgebiet ist für die *Bundesfernstraßen* (= Bundesautobahnen und Bundesstraßen mit den Ortsdurchfahrten) bundesrechtlich im *Bundesfernstraßengesetz* (BFStrG) i. d. F. vom 19. 4. 1994 (BGBl. I 854) geregelt, für die übrigen öffentlichen Straßen in den *Straßen- und Wegegesetzen* der Länder. Zu den öffentlichen *Straßen* zählen außer Staats-, Kreis- und Gemeindestraßen u. a. auch öffentliche *Wege* und Plätze.

Zur *Straße* gehört außer dem Straßenkörper auch der Luftraum über diesem und das Zubehör (Verkehrszeichen usw.), bei Bundesstraßen auch Nebenanlagen und Nebenbetriebe an den Autobahnen (§ 1 Abs. 4, § 15 BFStrG). Bei den *Wegen* unterscheidet man *geschlossene,* die nur für den Besitzer bestimmt, und *offene,* die auch dem Verkehr Dritter geöffnet sind; diese können private oder öffentliche Wege sein. Die *öffentlichen* Wege können dem öffentlichen Verkehr nicht kraft Privatrechts entzogen werden; die *privaten* kann der Eigentümer jederzeit schließen, soweit er nicht Dritten ein Benutzungsrecht eingeräumt hat. Andere öffentliche Wege stehen nur einem bestimmten Benutzerkreis zur Verfügung (z. B. *Wirtschaftswege*) oder sind nur für einen beschränkten Verwendungszweck freigegeben und können von der Behörde jederzeit geschlossen werden (z. B. *Leinpfade, Deichwege*). Die *rechtlich-öffentlichen* Wege sind durch Verwaltungsakt (Widmung, s. u.) dem Verkehr eröffnet, die *tatsächlich-öffentlichen* Wege ohne einen solchen (z. B. durch Duldung oder stillschweigende Eröffnung).

Öffentliche Straßen und Wege entstehen durch *Widmung* (143) und Indienststellung seitens der Beteiligten (Eigentümer usw.); für die Widmung ist bei *Straßen* meist ein förmliches Verfahren und öffentliche Bekanntmachung vorgeschrieben. Bei *Wegen* ist aus der jahrelangen Benutzung für den allgemeinen Verkehr nicht notwendig zu folgern, daß der Weg ein öffentlicher ist.

Dies gilt insbesondere für *Fußwege*. Duldet ein Privateigentümer den Durchgang über sein Grundstück, so empfiehlt sich ein Hinweis auf den privatrechtlichen Charakter des Weges (z. B. Tafel „Privatweg").

An öffentlichen Straßen und Wegen besteht *Gemeingebrauch,* d. h. die Benutzung steht jedermann ohne besondere Zulassung frei. Auch gesteigerter Gemeingebrauch (z. B. Überqueren des Bürgersteiges zur Einfahrt) ist gestattet, während eine Sondernutzung (vgl. 143) der Genehmigung des Eigentümers und der *Wegepolizeibehörde* bedarf.

Die Straßen- und Wegegesetze begründen u. a. zur Verkehrssicherheit eine *Streupflicht* bei Schnee und Glätte und regeln die *Wegeunterhaltungspflicht*. Als Ausgleich für die Vorteile werden die *Anlieger* zu *Straßenbaubeiträgen* herangezogen. Vor Beginn eines Baues oder Erwerb von Wegegelände können *Baulinien* festgesetzt werden.

II. *Straßenbaulast. Straßenaufsicht*

Die *Straßenbaulast* obliegt bei *Bundesfernstraßen* (Autobahnen, Bundesstraßen) dem Bund, bei *Landstraßen I. Ordnung* (Staatsstraßen) dem Land, bei *Landstraßen II. Ordnung* (Kreisstraßen) dem Kreis bzw. der kreisfreien Stadt, bei *Gemeindestraßen* (Gemeindeverbindungsstraßen, Ortsstraßen) der Gemeinde, bei sonstigen öffentlichen Straßen dem gesetzlich oder in der Widmungsverfügung Bezeichneten, bei *Eigentümerwegen* dem Grundstückseigentümer, der sie zur Verfügung stellt. Den Gemeinden obliegt die Instandhaltung der *Ortsdurchfahrten,* zu denen sie Zuschüsse erhalten, einschl. der Sorge für *Parkplätze* und den notwendigen Verkehrsraum für den reinen Ortsverkehr. Zur Frage der Straßenbaulast der Gemeinden für Ortsdurchfahrten im Zuge von Bundesfernstraßen s. § 5 Abs. 2, 2a, 3 BFStrG. Zur Entlastung der Gemeinden können Straßen in eine höhere Gruppe aufgestuft werden, womit für die Gemeinde die Unterhaltungspflicht entfällt, oder den Gemeinden können zweckgebundene Mittel zugewiesen werden. Über das *Verkehrsfinanzgesetz* s. 194. Über *Finanzhilfen des Bundes* zu förderungswürdigen Bauvorhaben von mehr als 200000 DM an Straßen und sonstigen Verkehrswegen vgl. *Gemeindeverkehrsfinanzierungsgesetz* i. d. F. vom 28. 1. 1988 (BGBl. I 100) m. spät. Änd. S. auch das *Fernstraßenausbaugesetz* i. d. F. vom 15. 11. 1993 (BGBl. I 1879).

Das *Fernstraßenbauprivatfinanzierungsgesetz* vom 30. 8. 1994 (BGBl. I 2243) sieht vor, daß zur Verstärkung von Investitionen in das Bundesfernstraßennetz (189 III) der Neu- und Ausbau von Bundesfernstraßen von einem *privaten Unternehmer* übernommen werden kann. Dieser hat dann die Rechte und Pflichten des Straßenbaulastträgers. Zur Finanzierung darf der Private *Mautgebühren* für die Benutzung von neu errichteten Brücken, Tunneln und Gebirgspässen sowie mehrstreifigen Bundesstraßen mit getrennten Fahrbahnen erheben. Die Höhe der Mautgebühren richtet sich nach den Kosten für Bau, Erhaltung und Betrieb des Straßenabschnitts sowie nach gefahrener Strecke und Fahrzeugart. Sie wird vom BMV (101) im Einvernehmen mit den jeweiligen obersten Landesstraßenbaubehörden festgesetzt.

Die *Straßenaufsicht* wird von den Ländern im Auftrag des Bundes ausgeübt. Kommt ein Träger der Straßenbaulast einer Anordnung der Straßenaufsichtsbehörde nicht nach, so kann letztere die notwendigen Maßnahmen an seiner Stelle und auf seine Kosten verfügen und vollziehen (§ 20 BFStrG). Soweit die Gemeinden Träger der Straßenbaulast sind, richtet sich die Zuständigkeit zur Verwaltung der Ortsdurchfahrten nach Landesrecht (§ 21 BFStrG).

III. *Bundesfernstraßen und Bundesautobahnen*

Eine *Bundesfernstraße* darf jedermann im Rahmen der *Widmung* und der verkehrsbehördlichen Vorschriften zum Verkehr benutzen (sog. *Gemeingebrauch,* § 7 BFStrG). Dabei hat der *fließende Verkehr* den Vorrang vor dem ruhenden Verkehr. Jede über den Gemeingebrauch hinausgehende *Sondernutzung* bedarf behördlicher *Erlaubnis* seitens der zuständigen Straßenbaubehörde bzw. bei Ortsdurchfahrten der Gemeinde. Diese darf nur auf Zeit oder Widerruf erteilt, es können Auflagen oder Bedingungen festgesetzt oder Sondernutzungsgebühren erhoben werden (§ 8 BFStrG).

Längs der Bundesfernstraßen dürfen *Hochbauten* außerhalb von Erschließungsgelände an Ortsdurchfahrten in einer Entfernung bis zu 40 Metern bei Autobahnen und bis zu 20 Metern bei Bundesstraßen nicht errichtet werden. Für andere Bauanlagen und deren Änderungen in einer Entfernung von 100 bzw. 40 Metern ist eine besondere Genehmigung vorgeschrieben. Wird durch diese Vorschriften die bauliche Nutzung eines Grundstücks, auf deren Zulassung bisher ein Rechtsanspruch bestand, ganz oder teilweise aufgehoben, so können für den Eigentümer Entschädigungsansprüche wegen Wertminderung entstehen (§ 9 BFStrG). Waldungen und Gehölze längs der Bundesfernstraßen können in einer Breite von 40 Metern zu *Schutzwaldungen* erklärt werden (§ 10 BFStrG). Besondere Einrichtungen (wie z. B. Schneezäune usw.) hat der Angrenzer zu dulden. Anpflanzungen u. a. Einrichtungen, welche die Verkehrssicherheit beeinträchtigen, sind unstatthaft (§ 11 BFStrG).

Betriebe an den Autobahnen, die den Belangen der Verkehrsteilnehmer dienen (z. B. Tankstellen, bewachte Parkplätze, Werkstätten, Verlade- und Umschlagsanlagen, Raststätten) und einen unmittelbaren Zugang zu den Bundesautobahnen haben, sind *Nebenbetriebe.* Ihr Bau ist dem Bund vorbehalten. Sie sind i. d. R. zu verpachten (§ 15 BFStrG); über die Polizeistunde (Sperrstunde) vgl. VO vom 26. 6. 1956 (BGBl. I 632) m. spät. Änd.

Für die Benutzung von Bundesautobahnen mit schweren Nutzfahrzeugen werden ab 1. 1. 1995 Gebühren erhoben (Ges. vom 30. 8. 1994 zu dem Übereinkommen vom 9. 2. 1994 über die Erhebung von Gebühren für die Benutzung bestimmter Straßen mit schweren Nutzfahrzeugen, BGBl. II 1765). Die Gebühren sind an das Bundesamt für Güterverkehr (101) zu entrichten. Die Gebühr kann für Kalendertage, Wochen, Monate oder (längstens) für ein Jahr bezahlt werden und ist entfernungsunabhängig.

IV. Planung und Enteignung

Die *Planung* und Linienführung der *Bundesfernstraßen* bestimmt der Bundesverkehrsminister im Einvernehmen mit den beteiligten Bundesministern und im Benehmen mit den Landesplanungsbehörden der beteiligten Länder (§ 16 BFStrG). Die oberste Landesstraßenbaubehörde stellt den Plan fest; dieser bezeichnet den Träger der Straßenbaulast und verpflichtet ihn, die im öffentlichen Interesse notwendigen Anlagen zu errichten und zu unterhalten (§§ 17ff. BFStrG). Bei Planung und Planfeststellung ist die Umweltverträglichkeit zu prüfen. Der Straßenbaulastträger hat zur Erfüllung seiner Aufgaben das *Enteignungsrecht.* Die Enteignung ist zulässig, soweit sie zur Ausführung eines festgestellten Bauvorhabens notwendig ist. Der festgestellte Plan ist für die Enteignungsbehörde bindend. Diese kann in Eilfällen die Straßenbaubehörde vorzeitig in den Besitz der benötigten Grundstücke einweisen (§ 18f). Im übrigen gelten die für öffentl. Straßen erlassenen Enteignungsgesetze der Länder (§ 19 BFStrG). An Grundstücken, die durch das Planfeststellungsverfahren betroffen werden, dürfen bis zu ihrer Übernahme durch den Träger der Straßenbaulast wesentlich wertsteigernde oder den geplanten Straßenbau erheblich erschwerende Veränderungen nicht vorgenommen werden. Dauert die *Veränderungssperre* länger als 4 Jahre, so können die Eigentümer für die dadurch entstehenden Vermögensnachteile vom Träger der Straßenbaulast eine angemessene Entschädigung in Geld und, falls sie in der Nutzung unzumutbar behindert werden, die Übernahme der vom Plan betroffenen Flächen verlangen (§ 9a BFStrG).

Zur Beschleunigung der Planung von Verkehrswegen (vor allem Eisenbahnen des Bundes, Bundesfernstraßen, Bundeswasserstraßen, Flughäfen) in den neuen Bundesländern ist das *Verkehrswegeplanungsbeschleunigungsgesetz* vom 16. 12. 1991 (BGBl. I 2174) m. spät. Änd. ergangen. Das Gesetz ist bis zum 31. 12. 1999 befristet. Durch das *Planungsvereinfachungsgesetz* vom 17. 12. 1993 (BGBl. I 2123) ist das Planfeststellungsverfahren und das Verfahren der vorläufigen Besitzeinweisung vereinfacht worden.

Das Eigentum an Reichsautobahnen und Reichsstraßen ist auf den Bund übergegangen (Gesetz vom 2. 3. 1951, BGBl. I 157). Den *Ausbau* der Bundesfernstraßen behandelt das Fernstraßenausbaugesetz i. d. F. vom 21. 4. 1986 (BGBl. I 558).

Die *Kreuzungsanlagen* im Zuge von Bundesfernstraßen behandelt die *Bundesfernstraßenkreuzungs VO* i. d. F. vom 2. 12. 1975 (BGBl. I 2984), die Kreuzungen von Eisenbahnen und Straßen das *EisenbahnkreuzungsG* i. d. F. vom 21. 3. 1971 (BGBl. I 337) m. spät. Änd. nebst VO vom 2. 9. 1964 (BGBl. I 711) m. Änd. vom 11. 2. 1983 (BGBl. I 85).

190. Das Bergrecht

umfaßt die den *Bergbau,* d. h. die Gewinnung von Bodenschätzen, betreffenden besonderen Rechtsgrundsätze und Rechtsvorschriften. Für das Bergrecht, das früher im wesentlichen landesrechtlich geregelt war, ist das auf Grund der konkurrierenden Gesetzgebungszuständigkeit des Bundes (Art. 74 Nr. 11 GG) erlassene *Bundesberggesetz* – BBergG – vom 13. 8. 1980 (BGBl. I 1310) m. spät. Änd. maßgebend. Es wird durch landesgesetzliche Regelungen vorwiegend verwaltungsrechtlichen Inhalts ergänzt; die insbes. mit der Bergaufsicht, den Genehmigungsverfahren usw. betrauten Dienststellen sind meist Landesbehörden (Bergämter usw.).

Das BBergG unterscheidet zwischen *grundeigenen,* d. h. im Eigentum des Grundeigentümers stehenden, und *bergfreien* Bodenschätzen, die der staatlichen Verfügungsgewalt unterliegen; zu den letzteren gehören alle für die Allgemeinheit besonders wertvollen Mineralien (wie z. B. Gold und Silber, Aluminium, Blei, Eisen, Kupfer, Mangan, Zink und Zinn, Stein- und Braunkohle, Graphit, Flußspat usw.).

Bei den *bergfreien* Bodenschätzen bedarf das *Aufsuchen* (früher „Schürfen") einer behördlichen *Erlaubnis,* die Gewinnung einer *Bewilligung,* sofern sich nicht die Berechtigung aus dem Grundeigentum ergibt (§§ 3, 6ff.); s. a. Unterlagen-BergVO vom 11. 11. 1982 (BGBl. I 1553). Erlaubnis und Bewilligung dürfen nur aus bestimmten Gründen versagt werden (§§ 11ff.). Bestimmte Vorhaben, z. B. die Gewinnung von Kohle, Erdöl, Erdgas oder Aufbereitungseinrichtungen, bedürfen einer *Umweltverträglichkeitsprüfung,* § 1 VO über die Umweltverträglichkeitsprüfung bergbaulicher Vorhaben vom 13. 7. 1990 (BGBl. I 1420). Das *Bergwerkseigentum* bedarf der *Verleihung* und entsteht mit der Zustellung einer *Berechtsamsurkunde* an den Antragsteller; die Verleihung setzt eine Bewilligung zur Gewinnung von Bodenschätzen voraus und kann insbes. versagt werden, wenn mit einer wirtschaftlichen Gewinnung nicht zu rechnen ist (§§ 13, 17). Für die Erlaubnis zum Aufsuchen von Bodenschätzen zu gewerblichen Zwecken ist eine jährliche Feldesabgabe, vom Inhaber einer Bewilligung zur Gewinnung von Bodenschätzen eine jährliche Förderabgabe zu entrichten (§§ 30, 31). Über Erlaubnisse, Bewilligungen und Bergwerkseigentum führen die Bergbehörden *Berechtsamsbücher* und -karten (§§ 75, 76). Wer einen bergfreien Bodenschatz entdeckt, ohne zum Aufsuchen oder Gewinnen berechtigt zu sein, hat der Bergbehörde Anzeige zu machen; er kann vom Abbauberechtigten Ersatz seiner Aufwendungen verlangen (§ 33).

Die *grundeigenen* Bodenschätze kann der Grundeigentümer ohne behördliche Erlaubnis aufsuchen und gewinnen; bezieht er hierbei andere (bergfreie) Bodenschätze ein, greifen die Bestimmungen über die besonderen Voraussetzungen hierfür ein (§ 34: Erlaubnis, Bewilligung, Bergwerkseigentum). Die Verfügung über mitgewonnene Bodenschätze richtet sich nach §§ 42ff.

Wer Bodenschätze auf einem fremden Grundstück aufsuchen will, bedarf der Zustimmung des Grundeigentümers oder sonst Berechtigten und bei Grundstücken, die aufgrund gesetzlicher Vorschrift öffentlichen Zwecken dienen, außerdem der Zustimmung der verwaltenden Behörde (§ 39). Der *grenzüberschreitende* Abbau kann, falls sich die benachbarten Berechtigten nicht einigen, durch behördliche Erweiterung des Gewinnungsrechts *(Zulegung)* gestattet werden, wenn dies aus bergwirtschaftlichen Gründen und im Interesse des Allgemeinwohls geboten ist (vgl. § 35).

Errichtung und Aufnahme eines *Betriebs* zur Aufsuchung, Gewinnung oder Aufbereitung von Bodenschätzen hat der Unternehmer unter Vorlage eines Betriebsplans der Bergbehörde anzuzeigen; der Plan bedarf – evtl. gegen Sicherheitsleistung – der Zulassung. Die zuständige Behörde kann auch die Aufstellung von Rahmenbetriebsplänen verlangen; für die Zulassung solcher Pläne ist ein Planfeststellungsverfahren durchzuführen, wenn das betreffende Vorhaben einer Umweltverträglichkeitsprüfung bedarf (§§ 50ff.). Die für den Betrieb verantwortlichen Personen (Unternehmer, gesetzliche oder satzungsmäßige Vertreter, Beauftragte) müssen die erforderliche Zuverlässigkeit, Fachkunde und körperliche Eignung besitzen; sie sind der Bergbehörde namhaft zu machen (§§ 58ff.).

Die *Bergaufsicht* wird von den landesrechtlich bestimmten Behörden (Bergämter, Oberbergämter usw.) geführt. Sie umfaßt das Recht zur Besichtigung der Bergbaubetriebe, Einsichtnahme in die Unterlagen, Entnahme von Proben usw. sowie die entsprechende Auskunfts- und Duldungspflicht des Bergbauberechtigten (§§ 69, 70). Unerlaubte Tätigkeiten können verhindert, die Beschäftigung ungeeigneter verantwortlicher Personen kann untersagt werden (§§ 72, 73). Auf Bundesebene ist eine *Bundesprüfanstalt für den Bergbau* errichtet (§§ 138ff.).

Ein Bergbauunternehmer kann vom Verfügungsberechtigten eine *Grundabtretung* verlangen, soweit die Erweiterung zur Errichtung oder Führung eines Gewinnungs- oder Aufbereitungsbetriebs notwendig ist; die Abtretung kann das Eigentum, den Besitz oder ein dingliches Recht an einem Grundstück (336) betreffen, aber auch nur die Beschränkung eines solchen Rechts enthalten; Voraussetzung der behördlichen Anordnung ist, daß der Versuch freiwilliger Vereinbarung gescheitert ist und daß die Abtretung dem Wohl der Allgemeinheit dient (§§ 77ff.). Über die Entschädigung des Betroffenen vgl. §§ 84ff., über das Verfahren §§ 91ff. und über den Rechtsweg zu den ordentlichen Gerichten § 144. Andererseits können im Interesse der Aufsuchung und Gewinnung volkswirtschaftlich wichtiger Bodenschätze bei den in Anspruch zu nehmenden Grundstücken durch RechtsVO der LdReg. *Baubeschränkungen* angeordnet werden (§§ 107ff.).

Für *Bergschaden,* d.h. Tötung oder Körperverletzung eines Menschen oder Beschädigung einer Sache aus Anlaß des Bergbaus, besteht Ersatzpflicht des Unternehmers oder sonst Bergbauberechtigten; ausgenommen sind Schäden, die einen beim Bergbau Beschäftigten oder eine dort verwendete Sache betreffen. Die Haftung besteht unabhängig von Verschulden, aber in begrenzter Höhe (§§ 114ff.). Zur Sicherung nichtrealisierbarer Ersatzansprüche ist eine „Bergschadensausfallkasse" errichtet (§§ 122ff.).

Regelungen für Sicherheit und Gesundheitsschutz enthält die *Allgemeine BundesbergVO* vom 23. 10. 1995 (BGBl. I 1466).

Für die Forschungs-, Aufsuchungs- und Abbautätigkeit am *Festlandsockel* und innerhalb der *Küstengewässer* gelten Sondervorschriften (§ 2 Abs. 3, §§ 49, 132ff.). S. hierzu die Festlandsockel-BergVO vom 21. 3. 1989 (BGBl. I 554) m. spät. Änd. Der *Meeresbodenbergbau* ist durch Gesetz vom 6. 6. 1995 (BGBl. I 782), die *wissenschaftliche Meeresforschung* durch Gesetz vom 6. 6. 1995 (BGBl. I 785) geregelt. Vgl. hierzu auch die Ergebnisse der Seerechtskonferenz der Vereinten Nationen, 920.

Für die *Vermessung* im Bergbau, die Markscheidern obliegt, gilt die VO über markscheiderische Arbeiten und Beobachtungen der Oberfläche *(Markscheider-Bergverordnung)* vom 19. 12. 1986 (BGBl. I 2631). Weiter wichtig für den Bergbau sind insbes. das *Reichsknappschaftsgesetz* (s. 671) und das die Durchforschung des Reichsgebiets nach nutzbaren Lagerstätten bezweckende *Lagerstättengesetz* vom 4. 12. 1934 (RGBl. I 1223).

Über Rationalisierung im Steinkohlenbergbau vgl. 830, über das *Mitbestimmungsrecht* der Arbeitnehmer im Bergbau vgl. 633.

191. Das Wasserrecht

I. *Die Gesetzgebungskompetenz für das Wasserrecht*

unterliegt, soweit es sich um Wasserwirtschaft und Landeskultur handelt, der Rahmengesetzgebung, soweit es sich um die Wasserstraßen als Verkehrswege handelt, der konkurrierenden Gesetzgebung des Bundes (Art. 75 Nr. 4, Art. 74 Nr. 21 GG; vgl. 55 II, III). Für den ersteren Bereich ist das *Wasserhaushaltsgesetz* ergangen (s. unten II). Die Rechtsverhältnisse für die Bundeswasserstraßen als Verkehrsträger sind im Wege der konkurrierenden Gesetzgebung im *Bundeswasserstraßengesetz* (s. unten III) geregelt. Im übrigen ist die Ordnung des Wasserrechts kompetenzrechtlich der Landesgesetzgebung überlassen.

II. *Das Wasserhaushaltsgesetz*

Das Gesetz zur Ordnung des Wasserhaushalts *(Wasserhaushaltsgesetz – WHG –)* i. d. F. vom 23. 9. 1986 (BGBl. I 1529) m. spät. Änd. stellt im Interesse der *Grundwasserreinhaltung* und der allgemeinen *Wasserversorgung* Richtlinien für *oberirdische Gewässer,* d. h. für das ständig oder zeitweilig fließende oder stehende oder aus Quellen abfließende Wasser, sowie für das *Grundwasser* auf.

Das *Wasserhaushaltsgesetz* enthält im Teil I gemeinsame Bestimmungen für alle Gewässer, ihre Benutzung, die Erteilung von Erlaubnissen, das Bewilligungsverfahren, Planfeststellungen, Anmeldung alter Rechte und Befugnisse, Wasserschutzgebiete, den Gewässerschutzbeauftragten, die Überwachung der Benutzung und Haftung für Änderung der Beschaffenheit des Wassers. Teil II befaßt sich mit dem erlaubnisfreien Gemeingebrauch, dem Eigentümer- und Anliegergebrauch oberirdischer Gewässer und der Benutzung zu Zwecken der Fischerei, ferner mit der Reinhaltung der oberirdischen Gewässer, ihrer Unterhaltung und ihrem Ausbau. Teil III regelt die erlaubnisfreie Benutzung und die Reinhaltung der Küstengewässer. Teil IV gibt Rahmenbestimmungen für erlaubnisfreie Benutzung und die Reinhaltung des Grundwassers sowie für die Überwachung von Erdaufschlüssen, die über eine bestimmte Tiefe hinaus in den Boden eindringen. Teil V behandelt wasserwirtschaftliche Rahmenpläne und das für die Gewässer zu führende *Wasserbuch* (darüber s. u.), während Teil VI Bußgeld- und Schlußbestimmungen enthält und früheres Landesrecht aufhebt. Da es sich um ein *Rahmengesetz* handelt, wird es durch *Wassergesetze der Länder* ergänzt. In diesen Gesetzen sind die Einteilung der oberirdischen Gewässer, das Eigentum an den Gewässern, Benutzung, Ausbau und Unterhaltung, die Gewässeraufsicht und die zuständigen Verwaltungsbehörden geregelt (Zusammenstellg. b. Sartorius, Verf.- u. Verwaltungsgesetze, Anm. 2 zum WasserhaushaltsG).

Gewässer I. Ordnung sind die Bundeswasserstraßen und die in den Wassergesetzen der Länder in einem Verzeichnis aufgeführten Flüsse und Seen. Das Eigentum steht bei Bundeswasserstraßen dem Bund, im übrigen den Ländern zu. *Gewässer II. Ordnung* sind die für die Wasserwirtschaft wichtigen Strecken natürlicher und künstlicher Wasserläufe, die nicht zur I. Ordnung gehören. Auch hierüber werden bei den höheren Verwaltungsbehörden Verzeichnisse geführt. Zur *III. Ordnung* zählen alle übrigen Wasserläufe; sie stehen wie die der II. Ordnung im Eigentum der Anlieger.

Die Benutzung der Wasserläufe zum *Gemeingebrauch* ist jedermann gestattet (§ 23 WHG). Dazu gehören Baden, Waschen, Schöpfen mit Handgefäßen, Viehtränken, Schwemmen, Kahnfahren, Eislaufen sowie Entnahme von Wasser und Eis für den eigenen Haushalt, sofern dadurch nicht andere benachteiligt werden, und die Ableitung von Abwässern, die in Haushaltungen und der Wirtschaft entstehen. Gewisse weitergehende Benutzungen bedürfen der behördlichen *Erlaubnis* oder *Bewilligung,* insbes. Entnahme und Ableiten von Wasser oder festen Stoffen aus oberirdischen Gewässern, Aufstauen und Absenken solcher Gewässer, Einführen von Stoffen in sie oder in Grundwasser, Entnehmen und Ableiten von Grundwasser. Erlaubnis oder Bewilligung dürfen nicht erteilt werden, wenn die Benutzung das Wohl der Allgemeinheit, insbes. die Wasserversorgung, gefährdet. Das Erlaubnis- bzw. Bewilligungsverfahren muß bei bestimmten Vorhaben den Anforderungen des Ges. über die Umweltverträglichkeitsprüfung (s. 193 I) entsprechen (§§ 7, 9 WHG).

Auch die Bewirtschaftung der Gewässer muß das Wohl der Allgemeinheit im Auge behalten und insbesondere jede Verunreinigung vermeiden. In oberirdische Gewässer dürfen weder feste Stoffe noch verschmutzte Abwässer oder Fremdstoffe eingebracht werden. In das Grundwasser dürfen Stoffe nur mit behördlicher Erlaubnis eingeleitet werden, die zu versagen ist, wenn eine schädliche Verunreinigung oder Veränderung zu besorgen ist. Wer entgegen den Bestimmungen Stoffe einleitet, ist schadensersatzpflichtig (Gefährdungshaftung, 332a). S. hierzu auch die GrundwasserVO vom 18. 3. 1997 (BGBl. I 542). Die Länder regeln Zuständigkeit und Aufsicht über die Beseitigung der Abwässer und die Errichtung von Anlagen hierfür. Rohrleitungsanlagen zur Beförderung wassergefährdender Stoffe bedürfen der *Genehmigung*. Das Lagern, Abfüllen und Umschlagen solcher Stoffe in geeigneten Anlagen steht unter Aufsicht. Betriebe, die Abwässer in größeren Mengen einleiten dürfen, haben einen *Gewässerschutzbeauftragten* zu bestellen.

Nach § 37 WHG sind *Wasserbücher* zu führen, in welche die Rechte der Anlieger an den einzelnen Wasserläufen eingetragen werden, insbesondere Erlaubnisse, die nicht nur vorübergehenden Zwecken dienen, Bewilligungen, alte Rechte und alte Befugnisse sowie Wasserschutzgebiete und Überschwemmungsgebiete. Die Wasserbücher haben nicht die gleiche Funktion wie das Grundbuch und genießen nicht wie dieses öffentlichen Glauben. Immerhin sind sie im Verhältnis des Eingetragenen zur Behörde von Bedeutung. Die Einsicht des Wasserbuches ist jedem gestattet, der ein berechtigtes Interesse hat.

Die *Unterhaltung der Wasserläufe* obliegt bei Bundeswasserstraßen dem Bund, bei Gewässern I. Ordnung i. d. R. dem Land, bei Gewässern II. Ordnung den zu diesem Zweck zu bildenden *Wassergenossenschaften,* kommunalen Zweckverbänden oder den Gebietskörperschaften, bei Gewässern III. Ordnung sowie bei künstlichen Wasserläufen den Wassergenossenschaften, sonst dem Eigentümer und, wenn sich dieser nicht ermitteln läßt, dem *Anlieger* (§ 29 WHG). Zur Unterhaltung von Deichen sind *Deichverbände,* zur Erschließung von Wasserquellen, Begradigung usw. von Wasserläufen sind *Wasserverbände* in der Form eines Zweckverbandes gegründet.

Es bestehen zahlreiche *Wasser- und Bodenverbände.* Ihre Aufgaben können im Ausbau von Gewässern, Bau und Unterhaltung von Anlagen an Gewässern, Abwasserbeseitigung, Beschaffung und Bereitstellung von Wasser u. a. bestehen. Rechtsgrundlage ist nunmehr das Gesetz über Wasser- und Bodenverbände (*Wasserverbandsgesetz* – WVG) vom 12. 2. 1991 (BGBl. I 405).

III. Das *Bundeswasserstraßengesetz*

i. d. F. vom 23. 8. 1990 (BGBl. I 1818) regelt den Gemeingebrauch und das Befahren der Bundeswasserstraßen mit Wasserfahrzeugen, ferner Unterhaltung, Ausbau und Neubau der Bundeswasserstraßen (Planfeststellungsverfahren, Veränderungssperre). Es enthält außerdem strom- und schiffahrtspolizeiliche Bestimmungen sowie Vorschriften über Schiffahrtszeichen, die Befugnisse der Wasser- und Schiffahrtsämter usw.

Bundeswasserstraßen sind die Seewasserstraßen sowie die Binnenwasserstraßen des Bundes, die dem allgemeinen Verkehr dienen. Dazu gehören die früheren Reichswasserstraßen, deren Eigentümer der Bund ist und die er durch eigene Behörden verwaltet (Art. 89 GG). Die vermögensrechtlichen Verhältnisse regelt das Bundesgesetz vom 21. 5. 1951 (BGBl. I 352). Der Ausbau der Wasserstraßen ist neben dem Interesse des Verkehrs auch für den Wasserhaushalt und strukturpolitische Ziele wie die Ansiedlung von Industrie in Randgebieten von Bedeutung (*Mainkanalisierung* für die Großschiffahrtsstraße Rhein-Main-Donau, *Neckar-Wasserstraße, Moselkanalisierung,* Ausbau von Unterweser, Jade und Außenelbe, Saarkanalisierung).

IV. *Sonstige wasserrechtlich bedeutsame Regelungen*

Nach dem *Abwasserabgabengesetz* i. d. F. vom 3. 11. 1994 (BGBl. I 3370) hat der Einleiter von Abwässern eine *Abwasserabgabe* zu entrichten, die von den Ländern erhoben wird (§ 1). Ihre Höhe richtet sich nach der Schädlichkeit der Abwässer, die nach Schadeinheiten (§ 3) bemessen wird.

Der Reinhaltung des Wassers dient u. a. das Ges. über die Umweltverträglichkeit von Wasch- und Reinigungsmitteln – *Wasch- und Reinigungsmittelgesetz* – i. d. F. vom 5. 3. 1987 (BGBl. I 875) m. spät. Änd. S. a. VO über die Abbaubarkeit anionischer und nichtionischer grenzflächenaktiver Stoffe in Wasch- und Reinigungsmitteln vom 30. 1. 1977 (BGBl. I 244). Solche Stoffe müssen zu mindestens 80 v. H. abbaufähig sein. Die unbefugte Verunreinigung von Gewässern ist in § 324 StGB unter Strafe gestellt.

Über das *Wassersicherstellungsgesetz* s. 471 V.

192. Das Baurecht

umfaßt die Vorschriften, die sich auf den bebauten oder noch zu bebauenden Boden beziehen und das *Bauwesen* regeln. Man unterscheidet zwischen dem *Bauplanungsrecht* und dem *Bauordnungsrecht.* Das Bauplanungsrecht umfaßt vor allem Vorschriften zum Recht der allgemeinen Bauplanung, der Bodenordnung einschl. Baulandumlegung und -zusammenlegung, und der Erschließung. Das Bauordnungsrecht enthält die Anforderungen, die ein konkretes Bauvorhaben hinsichtlich der Sicherheit und der baulichen Ausgestaltung erfüllen muß. Nach den kompetenzrechtlichen Vorschriften des Grundgesetzes (Art. 74 Nr. 18, Art. 75 Nr. 4 GG) steht dem Bund die Gesetzgebungskompetenz (konkurrierende Gesetzgebung oder Rahmengesetzgebung, s. 55 II, III) für das Bauplanungsrecht zu, während die Länder die Kompetenz zur Regelung des Bauordnungsrechts haben (s. unten IV). Die Baurechtsvorschriften waren in zahlreiche Reichs-, Bundes-, Landes- und Ortsbestimmungen zersplittert. Eine Zusammenfassung dieser Regelungen wurde zunächst durch das *Bundesbaugesetz* vom 23. 6. 1960 (BGBl. I 341), zuletzt i. d. F. vom 18. 8. 1976 (BGBl. I 2256) sowie durch das *Städtebauförderungsgesetz* i. d. F. vom 18. 8. 1976 (BGBl. I 2318) erreicht. Bundesbaugesetz und Städtebauförderungsgesetz sind durch das nunmehr geltende *Baugesetzbuch* – BauGB – i. d. F. vom 27. 8. 1997 (BGBl. I 2141) zu einer einheitlichen Regelung zusammengefaßt worden.

Von dem im folg. behandelten sog. *objektiven Baurecht* ist das *subjektive Baurecht* zu unterscheiden, d. h. der öffentlich-rechtliche Anspruch des Grundstückseigentümers, bei Erfüllung der gesetzlichen Voraussetzungen auf dem Grundstück ein Bauwerk zu errichten (vgl. 166).

I. Das BauGB

regelt im ersten Kapitel vor allem die Bauleitplanung, die Sicherung der Bauleitplanung, die bauliche und sonstige Nutzung, die Bodenordnung, die Enteignung und die Erschließung. Im zweiten Kapitel, das sich mit dem besonderen Städtebaurecht befaßt, werden vor allem die städtebaulichen Sanierungs- und Entwicklungsmaßnahmen geregelt; außerdem sind Vorschriften über Erhaltungssatzungen, städtebauliche Gebote sowie die Erstellung eines Sozialplans und die Gewährung eines Härteausgleichs bei nachteiligen Auswirkungen von Bebauungsplänen oder Sanierungsmaßnahmen enthalten; ferner Regelungen über die Aufhebung von Miet- oder Pachtverhältnissen. Das dritte Kapitel enthält Regelungen über die Wertermittlung bei Grundstücken sowie die entsprechenden Verfahrensvorschriften und Vorschriften über das Verfahren vor den Kammern (Senaten) für Baulandsachen. Die übergeordnete Planung für größere Gebiete ist Gegenstand der *Raumordnung* (s. u. III).

1. *Bauleitpläne* (vorbereitender Flächennutzungsplan – verbindlicher Bebauungsplan) sollen eine *geordnete städtebauliche Entwicklung* und eine dem Wohl der Allgemeinheit entsprechende sozialgerechte *Bodennutzung* gewährleisten und dazu beitragen, eine menschenwürdige Umwelt zu sichern und die natürlichen Lebensgrundlagen zu schützen und

zu entwickeln. Bei ihrer Aufstellung sind insbes. zu berücksichtigen: die Anforderungen an gesunde Wohn- und Arbeitsverhältnisse, die Wohnbedürfnisse der Bevölkerung, die sozialen und kulturellen Bedürfnisse, die Belange des Umweltschutzes und der Wirtschaft. Mit Grund und Boden soll sparsam und schonend umgegangen werden. Die Pläne sind den Zwecken der *Raumordnung* anzupassen. Öffentliche und private Belange sind gegeneinander und untereinander gerecht abzuwägen (§ 1). Die Pläne werden von den *Gemeinden* aufgestellt und öffentlich ausgelegt; an der Bauplanung sind außer den Trägern öffentlicher Belange auch die Bürger zu beteiligen (§§ 2–4). Für benachbarte Gemeinden können gemeinsame Flächennutzungspläne aufgestellt werden; Gemeinden u. a. Planungsträger können sich zu einem *Planungsverband* zusammenschließen (§§ 204, 205). Im *Flächennutzungsplan* als dem vorbereitenden Bauleitplan ist für das ganze Gemeindegebiet die beabsichtigte Art der Bodennutzung darzustellen. Der Plan bedarf der Genehmigung der höheren Verwaltungsbehörde (§§ 5, 6). Der örtliche *Bebauungsplan* (verbindlicher Bauleitplan) enthält die rechtsverbindlichen Festsetzungen für die *städtebauliche Ordnung* und hat Außenwirkung. Er kennzeichnet Bauland, Verkehrs-, Versorgungs- und Grünflächen, Anpflanzungen u. dgl.; er wird von der Gemeinde als Satzung beschlossen; soweit die Bebauungspläne aus einem Flächennutzungsplan entwickelt worden sind, müssen sie der höheren Verwaltungsbehörde angezeigt werden; andere Bebauungspläne bedürfen der Genehmigung der höheren Verwaltungsbehörde. Flächennutzungs- und Bebauungsplan können im *Parallelverfahren* aufgestellt werden (§§ 8–13). S. a. BaunutzungsVO i. d. F. vom 23. 1. 1990 (BGBl. I 132) m. spät. Änd.

2. *Sicherung der Bauleitplanung*

Hat die Gemeinde beschlossen, einen *Bebauungsplan* aufzustellen, so kann sie zur Sicherung der Bauleitplanung eine *Veränderungssperre* als Satzung beschließen. Diese gilt zunächst für zwei Jahre, kann aber bis zu vier Jahren verlängert werden; auch kann die Gemeinde u. U. eine außer Kraft getretene Sperre erneut beschließen. Dauert die Veränderungssperre länger als 4 Jahre, so ist dem Betroffenen für die dadurch entstandenen Nachteile eine angemessene Entschädigung in Geld zu leisten (§§ 14–18). Im *Bodenverkehr* kann die Teilung eines Grundstücks innerhalb des Geltungsbereichs eines Bebauungsplans oder eines zusammenhängend bebauten Ortsteils zu ihrer Wirksamkeit der *Genehmigung der Baugenehmigungsbehörde* (i. d. R. *Gemeinde*) bedürfen; dasselbe gilt für die Teilung von *Baugrundstücken* außerhalb dieser Gebiete (Außenbereich). Die Genehmigung ist zu versagen, wenn die Teilung oder die mit ihr bezweckte Nutzung mit dem Bebauungsplan unvereinbar wäre. Das Grundbuchamt darf erst bei Vorlage der Genehmigung eintragen (§§ 19–22). Der Gemeinde steht für im Bebauungsplan enthaltene Baugrundstücke für den Gemeinbedarf ein *allgemeines Vorkaufsrecht* zu, ferner ein *besonderes Vorkaufsrecht* für unbebaute Grundstükke und Grundstücke in sog. *Sanierungsgebieten,* d. h. Baugebieten, in denen zur Erzielung gesunder Wohn- und Arbeitsverhältnisse oder aus Gründen der Sicherheit *städtebauliche Mißstände* durch eine wesentliche bauliche Umgestaltung oder durch Neubebauung beseitigt werden sollen; es besteht Entschädigungspflicht für ältere Erwerbsrechte (§§ 24–28). Hiernach haben die Gemeinden die Möglichkeit, einen ausreichenden *Bodenvorrat* zu schaffen.

3. *Regelung der baulichen und sonstigen Nutzung*

Für Vorhaben, welche die Errichtung, Änderung oder Nutzungsänderung von baulichen Anlagen zum Inhalt haben, ist *bauaufsichtliche Genehmigung* erforderlich. Sondervorschriften des öffentl. Rechts, z. B. nach dem BBahnG, BFernstraßenG, LuftverkehrsG (101, 189, 198) bleiben unberührt (§§ 29–38). Für die Inanspruchnahme von Baugrundstücken und anderen Flächen für Gemeinschaftszwecke im Rahmen des Bebauungsplanes ist *Entschädigung* in Geld zu leisten. Der Eigentümer kann verlangen, daß die Gemeinde Grundstücksflächen übernimmt, die zu behalten oder zu nutzen ihm im Hinblick auf den Bebauungsplan wirtschaftlich nicht zuzumuten ist. Streitfälle über Geldentschädigung entscheidet die höhere Verwaltungsbehörde (§§ 40–44).

4. *Bodenordnung*

Im Geltungsbereich eines Bebauungsplanes können zur Erschließung oder Umgestaltung bestimmter Gebiete bebaute und unbebaute Grundstücke durch *Umlegung* neugeordnet werden. Das Umlegungsverfahren kann auch eingeleitet werden, wenn ein Bebauungsplan noch nicht aufgestellt ist; es wird von der Gemeinde durchgeführt (vgl. §§ 45–79). In ähnlicher Weise sind *Grenzregelungen* möglich (§§ 80–84). Bei der *Umlegung* werden die in das Verfahren einbezogenen Grundstücke zusammengefaßt und nach Absonderung des öffentlich genutzten Geländes auf die Beteiligten verteilt; bei der *Grenzregelung* werden Teile benachbarter Grundstücke ausgetauscht oder zugeteilt.

5. *Enteignung* (§§ 85–92)

Nach § 85 kann nur enteignet werden, um

a) entsprechend den Festsetzungen des Bebauungsplanes ein Grundstück zu nutzen oder eine solche Nutzung vorzubereiten;
b) Baulücken zu schließen oder sonst unbebaute Grundstücke der Nutzung zuzuführen;
c) Grundstücke für die Entschädigung in Land zu beschaffen;
d) durch Enteignung entzogene Rechte durch neue Rechte zu ersetzen;
e) Grundstücke einer baulichen Nutzung zuzuführen, wenn ein Eigentümer einem Baugebot nach § 176 Abs. 1, 2 nicht nachkommt;
f) im Geltungsbereich einer Erhaltungssatzung eine bauliche Anlage aus städtebaulichen Gründen oder im Interesse sozialer Belange zu erhalten.

Die *Enteignung* kann in völliger Entziehung oder in Belastung des Eigentums an Grundstücken oder von Rechten an solchen, Begründung von Rechtsverhältnissen, Änderung oder Beseitigung von baulichen Anlagen entspr. dem Bebauungsplan bestehen. Sie ist im einzelnen Fall nur zulässig, wenn das *Wohl der Allgemeinheit* sie erfordert und der Enteignungszweck auf andere zumutbare Weise nicht erreicht werden kann. Auch ist vorauszusetzen, daß der Antragsteller (die Gemeinde) sich ernsthaft um freihändigen Erwerb des Grundstücks zu angemessenen Bedingungen bemüht hat (§§ 86–88). Sind Grundstücke zur Vorbereitung baulicher Nutzung oder, um sie einer solchen zuzuführen, zugunsten der Gemeinde enteignet, so ist diese verpflichtet, sie, soweit sie nicht benötigt werden, an Bauwillige zu veräußern, sobald der Nutzungszweck verwirklicht werden kann (§ 89). Über Enteignung von Grundstücken zur Entschädigung in Land s. § 90. § 92 regelt den Umfang der Enteignung.

Die *Entschädigung* regeln die §§ 93–103. Der Eigentümer ist auf Antrag in Land zu entschädigen, wenn er zur Sicherung seiner Berufstätigkeit (z. B. Gärtnerei) oder der ihm wesensmäßig obliegenden Aufgaben auf Ersatzland angewiesen ist und solches beschafft werden kann (§ 100).

Das *Enteignungsverfahren* (§§ 104–122) wird durch die höhere Verwaltungsbehörde als *Enteignungsbehörde* durchgeführt. Sie bereitet die *mündliche Verhandlung* vor und wirkt auf eine Einigung der Beteiligten hin (§§ 107 ff.). Soweit keine *Einigung* zustande kommt, entscheidet die EBehörde durch *Beschluß* über den EAntrag, sonstige Anträge und Einwendungen. Gibt sie dem EAntrag statt, so entscheidet sie zugleich über Bestehenbleiben oder Begründung von Rechten und über den Übergang von Ersatzland. Der *Enteignungsbeschluß* ist zu begründen und mit Rechtsmittelbelehrung zuzustellen (§ 113). Geldentschädigungen sind zu hinterlegen (§ 118). Das *Verteilungsverfahren* handhabt das *Amtsgericht* im wesentlichen nach den Vorschriften über die Erlösverteilung in der Zwangsversteigerung (§ 119).

6. Die *Erschließung* von Gelände für städtebauliche Aufgaben regeln die §§ 123 ff. Es wird ein *Erschließungsbeitrag* für den Aufwand erhoben, den die Erschließungsanlagen – Straßen, Plätze, Grünflächen, Umweltschutzeinrichtungen usw. – erfordern (§§ 127–135). Bei Eingriffen in die Natur und Landschaft können Maßnahmen für den Naturschutz festgesetzt werden (§ 1a, § 135a).

7. Die *Ermittlung von Grundstückswerten* erfolgt auf Antrag auf Grund von Gutachten der bei den kreisfreien Städten und den Landkreisen gebildeten *Gutachterausschüsse* (§§ 192–199). Diese ermitteln den *gemeinen Wert (Verkehrswert)*; er wird durch den Preis bestimmt, welcher zur Bewertungszeit im gewöhnlichen Geschäftsverkehr nach den Eigenschaften, der sonstigen Beschaffenheit und der Lage des Grundstücks ohne Rücksicht auf ungewöhnliche oder persönliche Verhältnisse zu erzielen wäre. Die *Gutachten* haben keine bindende Wirkung; doch können die Beteiligten eine solche vereinbaren (§ 193 Abs. 4). Bei den Geschäftsstellen der Gutachterausschüsse werden *Kaufpreissammlungen* eingerichtet; auf ihrer Grundlage werden *Richtwerte* festgestellt (§ 196). Die Anwendung gleicher Grundsätze bei der Ermittlung der Verkehrswerte ist in der *WertermittlungsVO* i. d. F. vom 6. 12. 1988 (BGBl. I 2209) vorgesehen. Die Führung und Auswertung der Kaufpreissammlungen wird durch RechtsVO der LdReg. geregelt (§ 199).

8. Über städtebauliche Maßnahmen im Zusammenhang mit der *Verbesserung der Agrarstruktur* s. §§ 187–191.

9. *Allgemeine Vorschriften; Verwaltungsverfahren* (§§ 200–216)

Geregelt werden hier insbes. allgemeine Grundstücksvorschriften, Zuständigkeiten, das Verwaltungsverfahren, Rechtsbehelfsbelehrungen, Ordnungswidrigkeiten und Wirksamkeitsvorausetzungen. Eine allgemeine Vorschrift ist z. B. der in § 202 vorgesehene Schutz des *Mutterbodens*.

10. *Verfahren vor den Kammern (Senaten) für Baulandsachen* (§§ 217–232)

Soweit Verwaltungsakte (VA) durch *Antrag auf gerichtliche Entscheidung* angefochten werden können, entscheidet in Baulandsachen die *Kammer für Baulandsa-*

chen des Landgerichts, in dessen Bezirk die den VA erlassende Stelle ihren Sitz hat (Besetzung: 2 Berufsrichter des LG, 1 Berufsrichter des Verwaltungsgerichts). Der Antrag ist innerhalb eines Monats seit Zustellung des VA bei der Stelle, die ihn erlassen hat, einzureichen. Diese hat ihn mit den Akten dem zuständigen Landgericht vorzulegen (§ 217 Abs. 4). Das *Verfahren* richtet sich nach der ZPO mit einigen Besonderheiten. So kann das Gericht auch *von Amts wegen* Beweise erheben und nach Anhörung der Beteiligten auch solche Tatsachen berücksichtigen, die von ihnen nicht vorgetragen worden sind (§ 221 Abs. 2). Gegen eine *Ermessensentscheidung* kann nur vorgebracht werden, daß sie rechtswidrig ist, weil die gesetzlichen Grenzen des Ermessens überschritten sind oder von dem Ermessen in einer dem Zweck der Ermächtigung nicht entsprechenden Weise Gebrauch gemacht worden ist. Dies gilt jedoch nicht, soweit in dem VA über einen Anspruch auf eine Geldleistung entschieden worden ist (§ 223). Das Urteil des LG bzw. OLG kann den VA hinsichtlich einer Geldleistung ändern oder aufheben und aussprechen, daß die Verwaltungsbehörde unter Beachtung der Rechtsauffassung des Gerichts anderweit zu entscheiden hat. Auch ein Enteignungsbeschluß kann geändert werden; doch ist eine dem Rechtsmittelführer ungünstigere Entscheidung (reformatio in peius, vgl. 282) nicht statthaft. Über die *Berufung* entscheidet das OLG, Senat für Baulandsachen, in Besetzung mit 2 Richtern des OLG und 1 hauptamtlichen Richter eines Oberverwaltungsgerichts (§ 229). Über die Revision entscheidet der BGH (§ 230).

II. Weitere Vorschriften des Bodenrechts beruhen teilweise noch auf früherem Reichsrecht, z. B. das *Reichssiedlungsgesetz,* s. hierzu 824 III.

III. *Bauleitplanung*

1. *Raumordnung*

Die Bauleitplanung wird stark beeinflußt durch das *Raumordnungsgesetz* i. d. F. vom 18. 8. 1997 (BGBl. I 2102); s. ferner *RaumordnungsVO* vom 13. 12. 1990 (BGBl. I 2766) m. spät. Änd. Nach den *Leitvorstellungen* dieses Gesetzes ist die Struktur des Gesamtraums der BRep. so zu entwicklen, daß sie der freien Entfaltung der Persönlichkeit am besten dient, den Schutz der natürlichen Lebensgrundlagen sichert, Gestaltungsmöglichkeiten offenhält und gleichwertige Lebensbedingungen der Menschen in allen Teilräumen bietet. *Grundsätze* der Raumordnung sind u. a. die Entwicklung eines ausgewogenen Verhältnisses von Verdichtungsräumen und ländlichen Gebieten, Sicherung und Weiterentwicklung der Gebiete mit gesunden Lebensbedingungen, Verbesserung der Lebensbedingungen in zurückgebliebenen Gebieten, Schutz von Natur, Landschaft, Boden, Wasser sowie Reinhaltung der Luft, Sicherung der Wasserversorgung, Vermeidung und Entsorgung von Abwasser und Abfällen. Diese Aufgaben obliegen dem Bund und seinen Planungsbehörden im Zusammenwirken mit den Ländern. Es werden unter Mithilfe eines Beirats für Raumordnung Programme zwecks großräumiger Planung und für Investitionen aufgestellt; raumordnungswidrige Planungen sollen untersagt werden. Für regionale Planungen gelten *Landesplanungsgesetze,* z. B. NRW Ges. i. d. F. vom 5. 10. 1989 (GV.NW. 476) m. spät. Änd.; Schlesw.-Holst. Ges. vom 10. 6. 1992 (GVOBl. 342).

2. *Sanierungs- und Entwicklungsrecht*

Das bisher im Städtebauförderungsgesetz (s. o.) geregelte städtebauliche *Sanierungs- und Entwicklungsrecht* ist nunmehr im zweiten Kapitel des BauGB – Besonderes Städtebaurecht – (§§ 136ff.) geregelt. Städte-

378

bauliche *Sanierungsmaßnahmen* sind Maßnahmen, durch die ein Gebiet zur Behebung städtebaulicher Mißstände wesentlich verbessert oder umgestaltet wird (§ 136 Abs. 2). Eine Gemeinde oder ein *Planungsverband* kann zur Beseitigung städtebaulicher Mißstände durch Satzung *Sanierungsgebiete* festlegen, in denen Grundstücksveräußerung, -teilung, -belastung und erhebliche bauliche Veränderungen genehmigungspflichtig sind (§§ 142ff.). Die Sanierungsmaßnahmen – Ordnungs- und Baumaßnahmen – werden entweder von der Gemeinde oder auf Grund vertraglicher Vereinbarungen von den Grundeigentümern durchgeführt. Den Einsatz von *Städtebauförderungsmitteln* regelt § 164a. Es besteht ein erweitertes *Kündigungsrecht* gegenüber *Mietern* und Pächtern (Wohnungen nur bei Nachweis von Ersatzraum), §§ 182ff. Außer Entschädigung für Vermögensnachteile kommt in besonderen Fällen ein wirtschaftlicher *Härteausgleich* in Betracht (§ 181). Das BauGB trifft außerdem Regelungen über *städtebauliche Entwicklungsmaßnahmen* (§§ 165ff.). Die Entwicklungsmaßnahmen werden von der Gemeinde oder einem von ihr beauftragten Entwicklungsträger (§ 167) vorbereitet und durchgeführt. Die Gemeinde kann ferner die Erhaltung baulicher Anlagen und der baulichen Eigenart von Gebieten durch eine *Erhaltungssatzung* sicherstellen (§§ 172ff.) sowie *städtebauliche Gebote* (z. B. Baugebot, Modernisierungs- oder Instandsetzungsgebot, Pflanzgebot, Abbruchgebot) erlassen (§§ 175ff.). – Über die Förderung der Modernisierung von Wohnungen und von energiesparenden Maßnahmen in Gebäuden s. Ges. vom 12. 7. 1978 (BGBl. I 993) m. spät. Änd.

IV. *Bauordnungsrecht*

Die näheren Vorschriften über die Bebauung von Grundstücken enthalten die *Bauordnungen* der Länder (Zusammenstellg. b. Sartorius, Verf.- u. Verwaltungsgesetze, Fußn. 3 zum BauGB), die sich an eine Musterbauordnung anlehnen. Grundsätzlich bedürfen Errichtung, Änderung und Abbruch baulicher Anlagen der Genehmigung *(Baugenehmigung)* der Bauaufsichtsbehörde, ebenso die Nutzungsänderung von Gebäuden oder Räumen. Vorhaben kleineren Ausmaßes oder mit geringeren Gefährdungsmöglichkeiten sind entweder nur anzeigepflichtig oder genehmigungs- und anzeigefrei. Die Bauordnungen regeln ferner die Verantwortlichkeit der Beteiligten (Bauherr, Entwurfsverfasser, Unternehmer, Bauleiter) und das Genehmigungsverfahren, den Bauantrag und die Bauvorlagen sowie deren Behandlung durch die Bauaufsichtsbehörde, ferner Bauanzeige und Baubeginn sowie die Bauabnahme als Voraussetzung für die Ingebrauchnahme genehmigungsbedürftiger baulicher Anlagen.

Nach einer Grundregel sind alle baulichen Anlagen so zu gestalten und zu unterhalten, daß sie die öffentliche Sicherheit oder Ordnung, insbes. Leben oder Gesundheit, nicht gefährden. Diesem Zweck dienen Einzelvorschriften über *Bauabstand, Betriebssicherheit,* werkgerechte Gestaltung der baulichen Anlagen, Standsicherheit und Dauerhaftigkeit, über Schall-, Wärme-, Erschütterungs-, Feuchtigkeits- und Brandschutz sowie über *Verkehrssicherheit,* Belichtung, Beleuchtung, Lüftung und Beheizung. Die *Bauausführung* regeln Bestimmungen über Baustoffe, Bauteile und Bauarten, insbes. über Wände, Decken, Dächer, Treppen, Flure, Fenster und Türen, über Aufzüge, Feuerungsanlagen und

Schornsteine; weitere Vorschriften betreffen Aufenthaltsräume, Wasserversorgung und Abwasser. Nach den Bestimmungen über *Garagen* und Einstellplätze kann der Bauherr je nach dem zu erwartenden Zu- und Abfahrtverkehr verpflichtet sein, zwecks Entlastung der Straßen von parkenden Kraftfahrzeugen *Stellplätze* einzurichten. Sondervorschriften gelten für einzelne Arten von Bauten (landwirtschaftlich genutzte, Baracken usw.). Der Schutz gegen *Baulärm* regelt sich nach dem Bundes-Immissionsschutzgesetz (193).

V. *Sonstige Vorschriften*

Für die Berechtigung zur Führung der Berufsbezeichnung *„Baumeister"* gilt die VO vom 2. 4. 1979 (BGBl. I 419). Für die Bezeichnung *„Bauingenieur"* gelten die Ingenieurgesetze der Länder (vgl. NRW Ges. vom 5. 5. 1970, GV.NW. 312) m. spät. Änd. Die Bezeichnung *„Architekt"* ist ebenfalls durch Ländergesetze geschützt (vgl. bayer. Ges. i. d. F. vom 31. 8. 1994 (GVBl. 934); NRW Ges. vom 15. 12. 1992 (GV.NW. 534); brem. Ges. i. d. F. vom 2. 2. 1990, GBl. 73; rheinld.-pfälz. Ges. vom 4. 4. 1989 (GVBl. 71); hess. Ges. vom 4. 10. 1977, GVBl. I 398). Die Berechnung der Entgelte (Honorar) für *Ingenieur- und Architektenleistungen* richtet sich nach der *Honorarordnung* i. d. F. vom 4. 3. 1991 (BGBl. I 533).

Die *Mindestanforderungen an Unterkünfte,* die ein Gewerbetreibender seinen Arbeitnehmern überläßt, insbes. an *Gemeinschaftsunterkünfte* sowie für Unterkünfte auf *Baustellen* sind in § 120 c GewO, der fortgeltenden AVO vom 21. 2. 1959 (BGBl. I 44) und im Ges. vom 23. 7. 1973 (BGBl. I 905) geregelt.

Über das Inverkehrbringen von Bauprodukten (z. B. Baustoffe, Bauteile, vorgefertigte Bauanlagen wie Fertighäuser) s. das *Bauproduktengesetz* vom 10. 8. 1992 (BGBl. I 1495) m. spät. Änd.

193. Umweltschutz. Naturschutzrecht

I. *Umweltschutz*

Zu einem drängenden Gegenwartsproblem ist die Erhaltung und Reinhaltung der *Umwelt* (Wasser, Boden, Luft, Pflanzen, Tiere) geworden (s. auch 900 III).

Eine Ergänzung des Grundgesetzes (Art. 74 Nr. 24) vom 12. 4. 1972 hat den Bund ermächtigt, im Wege der *konkurrierenden Gesetzgebung* Vorschriften über Abfallbeseitigung, Luftreinhaltung und Lärmbekämpfung zu erlassen. Das Ges. zur Umsetzung der Richtlinie des Rates vom 27. 6. 1985 über die Umweltverträglichkeitsprüfung bei bestimmten öffentlichen und privaten Projekten (85/337/EWG) vom 12. 2. 1990 (BGBl. I 205) – UVPG – m. spät. Änd. will sicherstellen, daß bei bestimmten Anlagen (s. Anlage zu § 3) zur wirksamen Umweltvorsorge nach einheitlichen Grundsätzen eine *Umweltverträglichkeitsprüfung* vorgenommen wird. Zu den Anlagen, bei denen eine UVP vorgeschrieben ist, gehören z. B. kerntechnische Anlagen, Flugplätze, Kraftwerke, Stahlwerke.

Auf Bundesebene ist durch Ges. vom 22. 7. 1974 (BGBl. I 1505) das *Umweltbundesamt* als selbständige Bundesoberbehörde (Sitz: Dessau) geschaffen worden. Dem Umweltbundesamt obliegen hauptsächlich Aufgaben der Planung, Dokumentation und Information in Umweltfragen sowie die wissenschaftliche Unterstützung des BMU bei umweltschützenden Maßnahmen, vor allem bei der Erarbeitung von Rechts- und Verwaltungsvorschriften auf dem Gebiet des Immissionsschutzes und der Abfallwirtschaft.

Eine Verbesserung des Umweltschutzes soll durch den freien Zugang zu umweltbezogenen Informationen, die bei Behörden vorhanden sind, erreicht werden. Das *Umweltinformationsgesetz* vom 8. 7. 1994 (BGBl. I 1490) gibt jedermann einen Anspruch auf derartige Informationen, insbes. über den Zustand der Gewässer, der Luft, des Bodens, der Tier- und Pflanzenwelt und der natürlichen Lebensräume, über Tätigkeiten oder Maßnahmen, die diesen Zustand beeinträchtigen können und über Umweltschutzmaßnahmen. Bei Beeinträchtigung schutzwürdiger Interessen besteht kein Auskunftsanspruch. Das *Umweltstatistikgesetz* vom 21. 9. 1994 (BGBl. I 2530) sieht für Zwecke der Umweltpolitik statistische Erhebungen insb. über Abfallentsorgung, Wasserversorgung und Abwasserbeseitigung, Luftverunreinigungen sowie über ozonschichtschädigende und klimawirksame Stoffe.

Mit dem *Umweltauditgesetz* vom 7. 12. 1995 (BGBl. I 1591) wurde eine EWG-Verordnung über die freiwillige Beteiligung gewerblicher Unternehmen an einem Gemeinschaftssystem für das Umweltmanagement und die Umweltbetriebsprüfung umgesetzt. Zweck des Gesetzes ist insbesondere sicherzustellen, daß unabhängige, zuverlässige und fachkundige Umweltgutachter und Umweltgutachterorganisationen zugelassen werden, eine wirksame Aufsicht über zugelassene Umweltgutachter und Umweltgutachterorganisationen ausgeübt wird und Register über geprüfte Betriebsstandorte gewerblicher Unternehmen geführt werden. Demgemäß werden Anforderungen an Zuverlässigkeit, Unabhängigkeit, Fachkunde usw. von Umweltgutachtern festgelegt (§§ 4–14) sowie Vorschriften über die Aufsicht und Überprüfung erlassen (§§ 15–20). Ferner wird ein Umweltgutachterausschuß und ein Widerspruchsausschuß beim Bundesministerium für Umwelt, Naturschutz und Reaktorsicherheit eingerichtet. Gewerbliche Unternehmen, die alle einschlägigen Umweltvorschriften erfüllen, können in ein Standortregister (§ 32) eingetragen werden. Näheres zur Zulassung von Umweltgutachtern und Umweltgutachterorganisationen regelt die UAG-ZulassungsverfahrensVO vom 18. 12. 1995 (BGBl. I 1841).

In den meisten Ländern der BRep. ist die Pflicht zum Umweltschutz ausdrücklich in der Landesverfassung festgelegt worden.

Durch Ges. vom 18. 7. 1990 (BGBl. I 1448) wurde die *„Deutsche Bundesstiftung Umwelt“* errichtet, deren Aufgabe es ist, Vorhaben zum Schutz der Umwelt unter besonderer Berücksichtigung der mittelständischen Wirtschaft zu fördern.

1. *Immissionsschutz*

Dem Schutz gegen umweltschädliche Einwirkungen und Belästigungen durch geräuschvolle oder verunreinigende Anlagen dient das *Bundes-Immissionsschutzgesetz* i. d. F. vom 14. 5. 1990 (BGBl. I 880) m. spät. Änd. Es regelt das Genehmigungsverfahren bei besonders umweltschädlichen Anlagen und die Pflicht, auch beim Betrieb anderer Anlagen Umweltschäden zu vermeiden. Dem gleichen Zweck dienen Vorschriften über die Beschaffenheit von Brenn- und Treibstoffen, von Kraft-, Luft-, Schienen- und Wasserfahrzeugen u. dgl. Die Luftverunreinigung und der Betrieb störender Anlagen werden – in Betrieben unter Mitwirkung von *Immissionsschutzbeauftragten* – überwacht. Bestimmte Gebiete können durch Anlagenverbote usw. unter Sonderschutz gestellt werden. DVOen zum BImSchG betreffen *Kleinfeuerungsanlagen* (1. DVO i. d. F. vom 14. 3. 1997, BGBl. I 490), *Emissionsbegrenzung von leichtflüchtigen Halogenkohlenwasserstoffen* (2. DVO) vom 10. 12. 1990 (BGBl. I 2694), Schwefelgehalt von leichtem Heizöl und Dieselkraftstoff (3. DVO vom 15. 1. 1975, BGBl. I 264), *genehmigungsbedürftige Anlagen* und *Immissionsschutzbeauftragte* (4.–5. DVO i. d. F. vom 14. 3. 1997 (BGBl. I 504) sowie vom 24. 7. 1985 (BGBl. I 1586), *Holzstaubauswurf* (7. DVO vom 18. 12. 1975, BGBl. I 3133) und *Rasenmäherlärm* (8. DVO i. d. F. vom 13. 7. 1992 (BGBl. I 1248). Die 9. DVO vom 29. 5. 1992 (BGBl. I 1001) stellt Grundsätze für das Genehmigungsverfahren auf. Die 10. DVO vom 13. 12. 1993 (BGBl. I 2036) regelt die Auszeichnung von *Qualitäten von Kraftstoffen*. Die 11. DVO vom 12. 12. 1991 (BGBl. I 2213) regelt die vom Betreiber einer genehmigungspflichtigen Anlage abzugebenden sog. *Emissionserklärungen,* die 12. DVO vom 20. 9. 1991 (BGBl. I 1891) Maßnahmen – insbes. Sicherheits- und Meldepflichten – zur Vorsorge gegen und zur Abwehr von *Störfällen,* die bei genehmigungspflichtigen Anlagen durch Verwendung oder Entstehung umweltschädlicher – insbes. chemischer – Stoffe eintreten können. Die 13. DVO vom 22. 6. 1983 (BGBl. I 719) regelt die Errichtung, die Beschaffenheit und den Betrieb von *Großfeuerungsanlagen;* vor allem sind Grenzwerte für zulässige Emmissionen festgelegt. Die 15. DVO ist die *Baumaschinenlärm-VO* vom 10. 11. 1986 (BGBl. I 1729) m. spät. Änd., während die 16. DVO v. 12. 6. 1990 (BGBl. I 1036) den *Verkehrslärmschutz* regelt. Die 17. DVO vom 23. 11. 1990 (BGBl. I 2545) betrifft *Verbrennungsanlagen für Abfälle und ähnliche brennbare Stoffe,* die 18. DVO vom 18. 7. 1991 (BGBl. I 1588) den *Sportanlagenlärm,* die 19. DVO vom 17. 1. 1992 (BGBl. I 75) *Chlor- und Bromverbindungen als Kraftstoffzusatz,* die 20. DVO vom 7. 10. 1992 (BGBl. I 1727) die *Begrenzung von Kohlenwasserstoffemissionen beim Umfüllen und Lagern von Ottokraftstoffen,* die 21. DVO vom 7. 10. 1992 (BGBl. I 1730) die *Begrenzung von Kohlenwasserstoffemissionen bei der Betankung von Kraftfahrzeugen,* die 22. DVO vom 26. 10. 1993 (BGBl. I 1819) die *Immissionswerte,* die 23. DVO vom 16. 12. 1996 (BGBl. I 1962) die *Konzentrationswerte für Luftverunreinigungen,* die 26. DVO vom 16. 12. 1996 (BGBl. I 1966) *elektromagnetische Felder,* die 27. DVO vom 19. 3. 1997 (BGBl. I 545) die *Anlagen zur Feuerbestattung.*

2. *Sonstige umweltschützende Vorschriften zur Lärmbekämpfung, Abfallbeseitigung und Luftreinhaltung*

Weitere bedeutsame umweltschützende Vorschriften sind z. B. (nach einem Stichwort alphabetisch geordnet):

Abfall: Das *Kreislaufwirtschafts- und Abfallgesetz* vom 27. 9. 1994 (BGBl. I 2705) regelt sowohl die Abfallvermeidung als auch die Abfallentsorgung, d. h. das Gewinnen von Stoffen (Recycling). Zweck des Gesetzes ist die Förderung der Kreislaufwirtschaft zur Schonung der natürlichen Ressourcen und die Sicherung der umweltverträglichen Beseitigung von Abfällen. Das *Abfallverbrin-*

gungsgesetz vom 30. 9. 1994 (BGBl. I 2771) trifft Regelungen über die Überwachung und Kontrolle der grenzüberschreitenden Verbringung von Abfällen; hierzu verschiedene DurchführungsVOen: Bestimmungsverordnung besonders überwachungsbedürftiger Abfälle vom 10. 9. 1996 (BGBl. I 1366), Bestimmungsverordnung überwachungsbedürftiger Abfälle zur Verwertung vom 10. 9. 1996 (BGBl. I 1377), Nachweisverordnung vom 10. 9. 1996 (BGBl. I 1411), Transportgenehmigungsverordnung vom 10. 9. 1996 (BGBl. I 1411), Entsorgungsfachbetriebeverordnung vom 10. 9. 1996 (BGBl. I 1421), Europäische AbfallkatalogsVO vom 13. 9. 1996 (BGBl. I 1428) sowie Abfallwirtschaftskonzept- und Bilanzverordnung vom 13. 9. 1996 (BGBl. I 1447).

Abwasser: Abwasserabgabengesetz, s. 191 IV

Altautos: AltautoVO vom 4. 7. 1997 (BGBl. I 1666)

Altöl: AltölVO vom 27. 10. 1987 (BGBl. I 2335)

Benzin: Benzinbleigesetz, s. 195 III

Chemikalien: Ges. zum Schutz vor gefährlichen Stoffen – *Chemikaliengesetz* – i. d. F. vom 25. 7. 1994 (BGBl. I 1703) m. spät. Änd.; Prüfnachweisverordnung vom 1. 8. 1994 (BGBl. I 1877); s. auch PCB, PCT, VC-Verbotsverordnung vom 18. 7. 1989 (BGBl. I 1482)

Fluglärm: Ges. gegen Fluglärm, s. 198 I

Klärschlamm: Klärschlammverordnung vom 15. 4. 1992 (BGBl. I 912)

Tierkörperbeseitigung: Tierkörperbeseitigungsges. vom 2. 9. 1975 (BGBl. I 2313); VO über Tierkörperbeseitigungsanstalten vom 1. 9. 1976 (BGBl. I 2587)

Umweltkriminalität: Ges. zu Bekämpfung der Umweltkriminalität vom 28. 3. 1980 (BGBl. I 373), das die zahlreichen dem Umweltschutz dienenden Strafbestimmungen im StGB zusammenfaßte und z. T. verschärfte. Strafbar ist vor allem die unbefugte Verunreinigung von Gewässern oder der Luft, die unbefugte Abfallbeseitigung (Gifte, explosionsgefährliche, radioaktive oder stark verunreinigende Stoffe), unerlaubtes Betreiben genehmigungspflichtiger Anlagen sowie vorschriftswidrige Behandlung von Kernbrennstoffen (§§ 324ff. StGB). Durch das 2. Gesetz zur Bekämpfung der Umweltkriminalität vom 27. 6. 1994 (BGBl. I 1440) wurde ein neuer Tatbestand der Bodenverunreinigung eingeführt, ferner wurden die Strafrahmen z. T. verschärft

Waschmittel: Waschmittelgesetz, s. 191 IV.

3. *Umwelthaftungsgesetz*

Durch das *Ges. über die Umwelthaftung* vom 10. 12. 1990 (BGBl. I 2634) ist eine *Gefährdungshaftung* für schädliche Umwelteinwirkungen eingeführt worden. Wird durch eine Umwelteinwirkung, die von einer bestimmten Anlage ausgeht, jemand getötet, an Körper oder Gesundheit verletzt oder wird eine Sache beschädigt, so ist der Inhaber der Anlage zum Schadensersatz verpflichtet (§ 1 UmweltHG). Die betreffenden Anlagen sind im Anhang 1 (zu § 1 UmweltHG) im einzelnen aufgeführt, so z. B. Kraftwerke, Feuerungsanlagen, Zementwerke, chemische Fabriken u. a. Ein Schaden entsteht durch eine Umwelteinwirkung, wenn er durch Stoffe, Erschütterungen, Geräusche, Druck, Strahlen, Gase, Dämpfe, Wärme oder sonstige Erscheinungen verursacht wird, die sich in Boden, Luft oder Wasser ausgebreitet haben (§ 3 Abs. 1 UmweltHG). Bei höherer Gewalt ist ein Schadensersatz ausgeschlossen (§ 4 UmweltHG). Wenn eine Anlage geeignet ist, den entstandenen Schaden verursacht zu haben, so wird vermutet, daß der Schaden durch die Anlage verursacht worden ist (§ 6 Abs. 1 UmweltHG). Diese Kausalitätsvermutung findet keine Anwendung, wenn der Anlageninhaber nachweist, daß die Anlage bestimmungsgemäß betrieben wurde (§ 6 Abs. 2 UmweltHG). Ein bestimmungsgemäßer Betrieb liegt vor, wenn die besonderen Betriebspflichten eingehalten wurden und auch keine Störung des Betriebs vorliegt (§ 6 Abs. 2 UmweltHG). Ebenso greift die Kausalitätsvermutung nicht ein, wenn nach den Gegebenheiten des Einzelfalls ein anderer Umstand geeignet gewesen ist, den Schaden zu verursachen (§ 7 UmweltHG). Der Geschädigte hat Auskunftsansprüche gegen den Anlageninhaber und gegen Behörden (§§ 8, 9 UmweltHG). Die Haftung des Anlageninhabers ist auf 160 Mio. DM begrenzt (§ 15 UmweltHG); für entsprechende Haftungen haben die Inhaber einschlägiger Anlagen eine Deckungsvorsorge (i. d. R. Haftpflichtversicherung) zu treffen (§ 19 UmweltHG).

II. *Naturschutz*

Ein wichtiger Zweig des Umweltschutzes, der *Naturschutz,* ist im *Bundesnaturschutzgesetz* i. d. F. vom 12. 3. 1987 (BGBl. I 889) m. spät. Änd. geregelt. Schutz, Pflege und Entwicklung von *Natur und Landschaft* sollen Leistungs- und Nutzungsfähigkeit der Natur sichern, die Pflanzen- und Tierwelt schützen sowie Natur und Landschaft in ihrer Vielfalt Eigenart und Schönheit erhalten (§ 1). Die vorgesehenen Maßnahmen (§ 2) umfassen auch die Erhaltung des Bodens, der Wasserflächen und der Vegetation, die Erschließung zu Erholungszwecken u. dgl. Es sind *Landschaftsprogramme,* regionale *Landschaftsrahmenpläne,* örtlich *Landschaftspläne* aufzustellen (§§ 5, 6). Mit Gesetz vom 6. 6. 1993 (BGBl. I 1458) wurde ein *Bundesamt für Naturschutz* errichtet, das im Geschäftsbereich des Bundesministeriums für Umwelt, Naturschutz und Reaktorsicherheit ressortiert (108). Es erledigt Verwaltungsaufgaben des Bundes auf den Gebieten des Naturschutzes und der Landschaftspflege und betreibt zur Erfüllung seiner Aufgaben wissenschaftliche Forschung.

Eingriffe in Natur und Landschaft sind möglichst zu vermeiden. Der Verursacher ist in Bau- o. ä. Genehmigungen bei unvermeidbaren Eingriffen zum Ausgleich (Beseitigung erheblicher Beeinträchtigungen) zu verpflichten; das Verfahren muß bei bestimmten Vorhaben dem Ges. über die Umweltverträglichkeitsprüfung entsprechen (§ 8). Das Verhältnis zum Baurecht ist in § 8a geregelt. Grundeigentümer und Nutzungsberechtigte können zur Duldung von Maßnahmen des Naturschutzes und der Landschaftspflege durch Rechtsvorschrift angehalten werden, im besiedelten Bereich auch zur ordnungsgemäßen, dem Gesetzeszweck angemessenen und zumutbaren Pflege (§§ 10, 11).

Besonderen Schutz genießen *Naturschutzgebiete,* Nationalparks, Landschaftsschutzgebiete und Naturparks (§§ 12–16) sowie *Naturdenkmale;* das sind Einzelschöpfungen der Natur, deren besonderer Schutz wegen ihrer Seltenheit, Schönheit oder Eigenart oder aus naturgeschichtlichen o. ä. Gründen erforderlich ist (§ 17). Geschützt sind ferner *wildwachsende Pflanzen,* die nicht vernunftwidrig beseitigt oder genutzt, und *wildlebende Tiere,* die nicht mutwillig beunruhigt oder ohne vernünftigen Grund gefangen, verletzt oder getötet werden dürfen (§ 20d). S. hierzu die *BundesartenschutzVO* i. d. F. vom 18. 9. 1989 (BGBl. I 1677) m. spät. Änd. Der Artenschutz erstreckt sich auch auf die Biotope und sonstigen Lebensbedingungen dieser Tiere und Pflanzen. Bestimmte Biotope, wie z. B. Moore, Dünen, Felsbildungen, Auwälder, sind vor Zerstörung oder Beeinträchtigung geschützt (§ 20c). Die Ein- und Ausfuhr bestimmter geschützter Tiere und Pflanzen ist nur unter bestimmten Voraussetzungen erlaubt (§§ 21 ff.). Errichtung und Betrieb von *Tiergehegen* sind genehmigungspflichtig (§ 24). Das Betreten der *Flur* ist auf eigene Gefahr gestattet, kann aber landesrechtlich eingeschränkt werden (§ 27). Zum Tierschutzgesetz s. 404.

Das BNatSchG ist ein *Rahmengesetz*, dessen Ausfüllung der Landesgesetzgebung überlassen bleibt. Bereits erlassenes Landesrecht ist anzupassen; vgl. die Naturschutzgesetze von Hessen vom 19. 9. 1980 (GVBl. I 309), Hamburg vom 2. 7. 1981 (GVBl. 167), Niedersachsen vom 2. 7. 1990 (GVBl. 235) m. spät. Änd., das LandespflegeG von Rheinld.-Pfalz vom 5. 2. 1979 (GVBl. 36) und das LandschaftsG von NRW vom 26. 6. 1980 (GV.NW. 734).

III. *Waldschutz*

Dem Umweltschutz, aber auch einer sinnvollen wirtschaftlichen Nutzung des Waldes dient das *Bundeswaldgesetz* vom 2. 5. 1975 (BGBl. I 1037) m. Änd. vom 27. 7. 1984 (BGBl. I 1034). Es soll die Forstwirtschaft in den Staats-, Körperschafts- und Privatwäldern fördern, aber zugleich außer der Nutzfunktion auch die Schutz- und Erholungsfunktion des Waldes sichern. Hierbei sind die Interessen der Allgemeinheit und der Waldbesitzer auszugleichen.

Im einzelnen regelt das Gesetz die forstliche Rahmenplanung, die Erhaltung und Bewirtschaftung des Waldes (Beschränkung der Rodung und Umwandlung; besonderer Schutz der zu Schutz- oder Erholungswald erklärten Flächen) sowie die auf Stichprobenbasis durchzuführende Bundeswaldinventur. S. hierzu Bundeswaldinventur-VO vom 10. 3. 1986 (BGBl. I 340). Das Betreten des Waldes zum Zweck der Erholung ist allgemein gestattet. Zur besseren wirtschaftlichen Nutzung sind Forstbetriebsgemeinschaften oder -verbände und andere Zusammenschlüsse zugelassen, die staatlicher Anerkennung oder Aufsicht unterliegen.

Landesrechtliche Schutzvorschriften gelten z. B. nach den *Waldgesetzen* von Bayern i. d. F. vom 25. 8. 1982 (BayRS 7902 – 1 – E), Niedersachsen vom 12. 7. 1973 (GVBl. 233) i. d. F. vom 19. 7. 1978 (GVBl. 595), Bad.-Württemberg vom 4. 4. 1985 (GBl. 106) jew. m. spät. Änd.

IV. *Internationale Bestrebungen zum Umweltschutz*

Zunehmend wird erkannt, daß der Umweltschutz eine internationale Aufgabe ist (s. auch 900 III). Die Zahl der internationalen Übereinkommen, die Zwecken des Umweltschutzes dienen, nimmt daher ständig zu; sie haben vor allem die Verhinderung der Verschmutzung der Meere und der Luft zum Inhalt.

Z. B. *Übereinkommen vom 29. 12. 1972 über die Verhütung der Meeresverschmutzung durch das Einbringen von Abfällen und anderen Stoffen*, BGBl. 1977 II 165, 180; *Internationales Übereinkommen von 1973 vom 2. 11. 1973 zur Verhütung der Meeresverschmutzung durch Schiffe und Protokoll von 1978 vom 17. 2. 1978 zu diesem Übereinkommen*, BGBl. 1982 II 2 m. spät. Änd.; *Übereinkommen vom 4. 6. 1974 zur Verhütung der Meeresverschmutzung vom Lande aus*, BGBl. 1981 II 870, *internationales Übereinkommen über den Schutz der Meeresumwelt des Ostseegebietes und des Nordostatlantiks* (Ges. vom 23. 8. 1994, BGBl. II 1355). S. auch VO (EWG) Nr. 3528/86 über den Schutz des Waldes in der Gemeinschaft gegen Luftverschmutzung (ABl. EG Nr. L 326 S. 2). Dem umfassenden Schutz der Antarktis dient das *Gesetz zur Ausführung des Umweltschutzprotokolls zum Antarktisvertrag* vom 22. 9. 1994 (BGBl. I 2593).

Die auf geographisch umfassende Wirkung abzielende *Konvention über weiträumige grenzüberschreitende Luftverunreinigung vom 13. 11. 1979* (BGBl. 1982 II 373) enthält in erster Linie Absichtserklärungen, den Menschen und seine Umwelt gegen Luftverunreinigung zu schützen. S. hierzu das *Protokoll vom 8. 7. 1985 zu dem Übereinkommen von 1979 über weiträumige grenzüberschreitende Luftverunreinigung betreffend die Verringerung von Schwefelemissionen oder ihres grenzüberschreitenden Flusses um mindestens 30 v. H.* (Ges. vom 19. 12. 1986, BGBl. II 1116) und das *Protokoll vom 19. 11. 1991* (Ges. vom 5. 9. 1994, BGBl. II 2358). Internationaler Schutz für gefährdete Tier- und Pflanzenarten soll u. a. durch das Übereinkommen vom 3. 3. 1973 über den internationalen Handel mit gefährdeten Arten freilebender Tiere und Pflanzen *(Washingtoner Artenschutzübereinkommen)* erreicht werden. (BGBl. 1975 II 773).

S. auch *Übereinkommen vom 19. 9. 1979 über die Erhaltung der europäischen wildlebenden Pflanzen und Tiere und ihrer natürlichen Lebensräume* (BGBl. 1984 II 618) und *Übereinkommen vom 23. 6. 1979 zur Erhaltung der wandernden wildlebenden Tierarten* (BGBl. 1984 II 569) sowie *Übereinkommen zum Schutze der Alpen (Alpenkonvention)*, BGBl. 1994 II 2538 und *Übereinkommen zum Schutz und zur Nutzung grenzüberschreitender Wasserläufe und internationaler Seen* (BGBl. 1994 II 2334).

Umweltgefährdende militärische Maßnahmen sollen durch Übereinkommen vom 18. 5. 1977 über das Verbot der militärischen oder einer sonstigen feindseligen Nutzung umweltverändernder Techniken (*Umweltkriegsübereinkommen)* – BGBl. 1983 II 125 – verhindert werden.

V. *Freiwilliges ökologisches Jahr*

Das Gesetz zur Förderung eines freiwilligen ökologischen Jahres vom 17. 12. 1993 (BGBl. I 2118) gibt jungen Männern und Frauen zwischen 16 und 27 Jahren die Möglichkeit, für die Dauer von zwölf zusammenhängenden Monaten ein freiwilliges ökologisches Jahr zu leisten. Dies soll die Möglichkeit bieten, Persönlichkeit sowie Umweltbewußtsein zu entwickeln und für Natur und Umwelt zu handeln. Überwiegend handelt es sich um praktische Hilfstätigkeit in Einrichtungen, die im Bereich des Natur- und Umweltschutzes tätig sind. Den Teilnehmenden dürfen nur Unterkunft, Verpflegung, Arbeitskleidung und ein angemessenes Taschengeld bezahlt werden. Das freiw. ökol. Jahr kann auch im Ausland geleistet werden.

194. Das Verkehrsrecht (Überblick)

Der *Verkehr* dient der Beförderung von Personen und Gütern (Sachen) und dem Güteraustausch; er übermittelt ferner Nachrichten unter Benutzung von Verkehrsmitteln. *Verkehrswege* sind auf der Erde Wege, Straßen, Schienen, weiter die Gewässer und die Luft. Aufgabe des Gesetzgebers ist die Ordnung aller dieser Bereiche, um Störungen zu vermeiden, Gefahren für die Allgemeinheit zu verhüten und Rechtsansprüche zu regeln. So ergeben sich viele Vorschriften, die sich gruppieren in:

a) *Straßenverkehrsrecht* (s. 195) mit Besonderheiten für *Kraftfahrzeugverkehr, Personenbeförderung* (196) und *Güterkraftverkehr* (197);
b) *Eisenbahnrecht* (s. unten);
c) *Binnenschiffahrts-, Küstenschiffahrts-* und *Seeschiffahrtsrecht* (199);
d) *Luftverkehrsrecht* (198).

Nach Art. 73 Nr. 6a GG hat der Bund die ausschließliche Gesetzgebung für den Verkehr von Eisenbahnen, die ganz oder mehrheitlich im Eigentum des Bundes stehen *(Eisenbahnen des Bundes)*. Die Eisenbahnverkehrsverwaltung für diese Eisenbahnen ist in bundeseigener Verwaltung zu führen. Durch das *Eisenbahnneuordnungsgesetz* vom 27. 12. 1993 (BGBl. I 2378) wurden die Sondervermögen „Deutsche Bundesbahn" und „Deutsche Reichsbahn" zu einem Sondervermögen des Bundes unter dem Namen „Bundeseisenbahnvermögen" zusammengefaßt. Zur Erbringung von Eisenbahnverkehrsleistungen, zur Beförderung von Gütern und Personen sowie zum Betreiben der Eisenbahninfrastruktur wurde die *Deutsche Bahn Aktiengesellschaft* mit den Bereichen Personenverkehr, Güterverkehr und Fahrweg gegründet. Nähere Begriffsbestimmungen, insbesondere Regelungen über die Eisenbahnaufsicht, die Erteilung, Versagung und den Widerruf erforderlicher Genehmigungen für das Erbringen von Eisenbahnverkehrsleistungen und das Betreiben einer Eisenbahninfrastruktur, über die Tarife, über die Planfeststellung und Enteignung beim Bau und Änderung von Betriebsanlagen und der Eisenbahnen sowie Ermächtigungen zum Erlaß von Rechtsverordnungen durch den BMV mit Zustimmung des BR enthält das *Allgemeine Eisenbahngesetz* vom 27. 12. 1993 (BGBl. I 2396). Hierzu gehören insbes. die *Eisenbahnverkehrsordnung* vom 8. 9. 1938 (RGBl. II 663), die Eisenbahn-Bau- und Betriebsordnung vom 8. 5. 1967 (BGBl. II 1563) und die Eisenbahn-Signalordnung vom 7. 10. 1959 (BGBl. II 1563), jew. m. spät. Änd. sowie die *Eisenbahnunternehmer-BerufszugangsVO* vom 27. 10. 1994 (BGBl. I 3203).

Zum *Personennahverkehr* s. Gesetz zur Regionalisierung des öffentlichen Personennahverkehrs vom 27. 12. 1993 (BGBl. I 2395). Die Sicherstellung des Personennahverkehrs ist den Ländern übertragen, denen hierfür gem. Art. 106a GG ein Betrag aus dem Steueraufkommen des Bundes zusteht.

Der Ausbau des Schienenwegenetzes des Bundes richtet sich nach dem *Bundesschienenwegeausbaugesetz* vom 15. 11. 1993 (BGBl. I 1874). Hiernach ist ein Bedarfsplan aufzustellen, der nach Ablauf von 5 Jahren zu überprüfen und ggf. anzupassen ist.

Mit dem Gesetz zur Regelung des Planungsverfahrens für *Magnetschwebebahnen* vom 23. 11. 1994 (BGBl. I 3486) wurden die rechtlichen Voraussetzungen für die Errichtung von Magnetschwebebahnstrecken geschaffen. Planfeststellungs- und Bauaufsichtsbehörde hierfür ist das Eisenbahn-Bundesamt. Durch das Magnetschwebebahnbedarfsgesetz vom 19. 7. 1996 (BGBl. I 1018) wurde der Bedarf für den Neubau einer Magnetschwebebahnstrecke von Berlin nach Hamburg über Schwerin festgestellt. Durch das allgemeine Magnetschwebebahngesetz vom 19. 7. 1996 (BGBl. I 1019) wurden Sicherheitsvorschriften, Genehmigungsvorschriften und Bestimmungen über Beförderungspflicht, Tarife und Überwachung getroffen.

Im internationalen Verkehr auf Eisenbahnlinien bildet das *Übereinkommen vom 9. 5. 1980 über den internationalen Eisenbahnverkehr (COTIF),* ratifiziert durch Ges. vom 23. 1. 1985 (BGBl. II 130), eine einheitliche Rechtsordnung für die Beförderung von Personen, Gepäck und Gütern einschließlich der Haftungsfragen.

Der Gefahrenabwehr dienen neben den einschlägigen Bestimmungen der Verkehrsgesetze u. a. die Vorschriften über die *Beförderung gefährlicher Güter* mit Eisenbahnen, Straßenbahnen, Wasser- und Luftfahrzeugen (Ges. vom 6. 8. 1975, BGBl. I 2121 m. spät. Änd.; *GefahrgutVO Eisenbahn* vom 12. 12. 1995 (BGBl. I 1876) m. spät. Änd. sowie die *Eisenbahn-GefahrgutausnahmeVO* vom 16. 8. 1985 (BGBl. I 1651) m. spät. Änd. Über die GefahrgutVOen für den Straßen- und den Schiffsverkehr s. 197, 199.

Aufgabe der staatlichen *Verkehrspolitik* ist, die Zusammenarbeit der Verkehrsmittel so zu regeln, daß sie sich gegenseitig ergänzen.

Ein Hauptproblem der Verkehrspolitik ist der Ausgleich des Wettbewerbs zwischen „Schiene und Straße“, namentlich zwischen der Güterbeförderung mittels Eisenbahn oder Lastkraftwagen. Dieser Wettstreit hat wiederholt zu gesetzlichen Maßnahmen geführt. Über das *Gemeindeverkehrsfinanzierungsgesetz* vgl. 189 II.

195. Das Straßenverkehrsrecht

ist über eine Reihe von Gesetzen und Verordnungen verstreut, deren wichtigste im folgenden behandelt werden. Die eigentlichen Verkehrsvorschriften und die Bestimmungen über Zulassung und Teilnahme am Straßenverkehr finden sich insbesondere im Straßenverkehrsgesetz, in der Straßenverkehrs-Ordnung und der Straßenverkehrs-Zulassungs-Ordnung (s. u. I – III). Verwaltungsrechtliche Bestimmungen enthalten weiter das Bundesfernstraßengesetz (189), das Personenbeförderungsgesetz (196) sowie das Güterkraftverkehrsgesetz (197). Diese Regelungen werden durch zahlreiche andere Bestimmungen ergänzt.

I. Das *Straßenverkehrsgesetz* (StVG)

vom 19. 12. 1952 (BGBl. I 837) m. spät. Änd. enthält die grundlegenden Verkehrsvorschriften.

Es regelt die Zulassung von Kraftfahrzeugen, Erteilung und Entziehung der Fahrerlaubnis durch die Verwaltungsbehörden, Übungs- und Prüfungsfahrten, Warnungstafeln, die *Haftpflicht des Kraftfahrzeughalters* (vgl. 332a), das Verkehrszentralregister („Verkehrssünderkartei“), Fahrzeugregister sowie Gebühren und Kosten. Die Fahrerlaubnis wird bei erstmaligem Erwerb nur *auf Probe* erteilt (Ausnahmen für die Fahrerlaubnis der Klassen 4 und 5, s. § 12b StVZO); die Probezeit dauert 2 Jahre. Wenn der Inhaber der Fahrerlaubnis während der Probezeit bestimmte Straftaten oder Ordnungswidrigkeiten nach der Anlage zu § 2a StVG begangen hat, ordnet die zuständige Behörde die Teilnahme an einem *Nachschulungskurs* oder die *erneute Ablegung der Befähigungsprüfung* für die erteilte Fahrzeugklasse an (§§ 2a ff. StVG). Herstellung, Vertrieb und Ausgabe von *Fahrzeug-Kennzeichen* sind zum Schutz gegen Mißbrauch unter besondere Überwachung gestellt. Für Zuwiderhandlungen gegen die Vorschriften über den Straßenverkehr (vgl. II) droht das Gesetz Strafen und Geldbußen an (§§ 21 ff. StVG).

Das StVG ist teilweise ein Rahmengesetz. Es wird ergänzt durch die *Straßenverkehrs-Ordnung* (StVO) und die *Straßenverkehrs-Zulassungs-Ordnung* (StVZO), so z. B. hinsichtlich des Verkehrszentralregisters (vgl. §§ 13ff. StVZO und 408).

II. Die *Straßenverkehrs-Ordnung* (StVO)

i. d. F. vom 16. 11. 1970 (BGBl. I 1565), m. spät. Änd., bestimmt, wie sich der Verkehrsteilnehmer im Straßenverkehr zu verhalten hat, während die Straßenverkehrs-Zulassungs-Ordnung (s. u. III) die Voraussetzungen für die Teilnahme am Straßenverkehr behandelt. Jedoch ist die Abgrenzung zwischen StVO und StVZO nicht scharf durchgeführt; beide Rechtsverordnungen überschneiden sich teilweise.

In § 1 stellt die StVO die *Generalklausel* auf, daß im Straßenverkehr ständige Vorsicht und gegenseitige Rücksicht zu üben ist; jedermann hat sich so zu verhalten, daß er keinen anderen gefährdet, schädigt oder mehr behindert oder belästigt, als nach den Umständen unvermeidbar ist. Daneben gibt es *Sonderbestimmungen* für eine bestimmte Verkehrslage (z. B. Vorfahrt, Überholen, Beachten von Verkehrszeichen), deren Nichtbeachtung stets Unrecht darstellt und bei schuldhaftem Handeln auch ohne *konkrete* Gefährdung anderer als *Ordnungswidrigkeit* geahndet werden kann. Nach dem von der Rechtsprechung herausgebildeten *Vertrauensgrundsatz* kann jeder Teilnehmer am Straßenverkehr grundsätzlich darauf vertrauen, daß andere Verkehrsteilnehmer die Verkehrsregeln beachten; das gilt aber nicht, wenn hiermit nach der Verkehrserfahrung oder nach den Umständen nicht sicher gerechnet werden kann (z. B. bei gebrechlichen Personen oder unbeaufsichtigten Kleinkindern).

Verkehrsteilnehmer ist jeder, der am öffentlichen Straßenverkehr teilnimmt (Kraftfahrer, Radfahrer, Fußgänger, Reiter, Lenker eines Fuhrwerks), i. d. R. auch der *Beifahrer*. Wegen der Geschwindigkeit seines Fahrzeuges trifft den Kraftfahrer eine *erhöhte Sorgfaltspflicht*. Erschwerte Verkehrslagen (z. B. Rückwärtsfahren) zwingen zu besonderer Vorsicht. Unkenntnis der Verkehrsregeln entschuldigt nicht. Jeder Verkehrsteilnehmer ist verpflichtet, seine Verkehrstüchtigkeit im Wege der *Selbstkontrolle* zu überprüfen (z. B. Alkoholgenuß, Nervosität, Sehkraftbeeinträchtigung). Besondere Vorsicht ist gegenüber Kindern, Hilfsbedürftigen und älteren Menschen geboten. Kinder bis 12 Jahre sind im Kfz. nach Möglichkeit auf den hinteren Sitzen unterzubringen. Es müssen *Sicherheitsgurte* angelegt werden; bei Kindern unter 12 Jahren und unter 150 cm Körpergröße müssen amtlich genehmigte Rückhalteeinrichtungen für Kinder benutzt werden; ebenso müssen Fahrer und Beifahrer auf Krafträdern (außer sog. Leichtmofas, vgl. Leichtmofa-AusnahmeVO, s. u. III) *Schutzhelme* tragen (§§ 21, 21a StVO). Auf Hindernisse in der Fahrbahn muß der Fahrer stets gefaßt sein. Besondere Sorgfaltspflichten bestehen beim Ein- und Aussteigen. Bei einem Verkehrsunfall hat jeder Beteiligte zu halten, sich über etwaige Folgen zu vergewissern und den Verkehr zu sichern; seine Beteiligung am Unfall muß er anderen Beteiligten oder Geschädigten angeben, auf Verlangen mit Personalangaben. Es besteht grundsätzlich *Wartepflicht* bis zu solchen Feststellungen (sonst ist die Anschrift zu hinterlassen); bei entschuldigtem Entfernen, z. B. um Verletzte ins Krankenhaus zu bringen, sind die Feststellungen nachträglich, z. B. durch Meldung bei der Polizei, zu ermöglichen (§ 34 StVO). Unerlaubtes Entfernen ist strafbar (§ 142 StGB).

Fahrzeuge haben die rechte *Fahrbahn* einzuhalten und möglichst weit rechts zu fahren (§ 2 StVO); Abweichungen hiervon sind je nach Verkehrsdichte zulässig, ebenso daß rechts schneller gefahren wird als links. Innerhalb geschlossener Ortschaften können Pkw und kleinere Lkw den Fahrstreifen frei wählen (§ 7 StVO). Beim *Überholen* darf der Mindestabstand von 1,5 m erheblich überschritten werden, wenn der *Gegenverkehr* es zuläßt. Der zu Überholende darf seine Geschwindigkeit nicht erhöhen (§ 5 StVO). Wer einbiegen will, muß dies rechtzeitig durch den Fahrtrichtungsanzeiger zu erkennen geben; er hat sich frühzeitig möglichst weit rechts bzw. (vor Linkseinbiegen) zur Fahrbahnmitte einzuordnen. Fußgänger müssen die Gehwege und, wenn das nicht möglich ist, den Fahrbahnrand benutzen; auf diesem müssen sie bei Dunkelheit oder schlechter Sicht einzeln hintereinander und außerhalb geschlossener Ortschaften links gehen (§ 25 StVO).

Die *Geschwindigkeit* richtet sich nach den Straßen-, Verkehrs-, Sicht- und Wetterverhältnissen sowie nach den persönlichen Fähigkeiten des Fahrzeugführers und nach den Eigenschaften von Fahrzeug und Ladung (§ 3 StVO). Der *Abstand* von voranfahrenden Fahrzeugen muß so sein, daß bei plötzlichem Bremsen des Vorausfahrenden noch rechtzeitig angehalten werden kann (§ 4 StVO); für den Anhalteweg sind Reaktions- und Bremsenansprechzeit sowie der erforderliche *Bremsweg* zu berücksichtigen. Der erforderliche *Anhalteweg* darf nicht größer sein als die Sichtweite. Eine *Schrecksekunde* billigt die Rechtsprechung nur bei schuldloser Überraschung durch eine Verkehrsgefahr zu, während die natürliche *Reaktionszeit* auf unvorhersehbare Ereignisse stets in Anspruch genommen werden kann. Ein geblendeter Fahrer muß rechts heranfahren und seine Geschwindigkeit auf sofortiges Anhalten einstellen. Geschwindigkeitsbegrenzungen sind für geschlossene Ortschaften (50 km/std), außerhalb solcher für größere Kfz. festgelegt (§ 3 Abs. 3 StVO); sie sind auch beim Überholen einzuhalten. Andererseits darf nicht verkehrsbehindernd langsam gefahren werden. Auf Autobahnen sowie außerhalb geschlossener Ortschaften auf Straßen mit getrennten Fahrbahnen in einer Richtung und Straßen mit zwei Fahrbahnen in beiden Richtungen gilt eine empfohlene, nicht rechtsverbindliche „Richtgeschwindigkeit" von 130 km/std (VO vom 21. 11. 1978, BGBl. I 1824). Die Überschreitung der Richtgeschwindigkeit kann nach der Rechtsprechung des BGH auch bei ansonsten unverschuldetem Unfall zu einer Schadensersatzpflicht führen.

Fahrtrichtungsänderungen sind rechtzeitig anzuzeigen (§ 9 StVO). Ein Vorfahrtsrecht entbindet nicht von der Verpflichtung zur Zeichengebung. *Warnzeichen* sind nur zulässig (und ggf. geboten) bei Gefahrenlage, sonst nur beim Überholen außerhalb geschlossener Ortschaften.

Für die *Vorfahrt* gilt die allgemeine Regel: „rechts vor links", falls keine Verkehrszeichen angebracht sind oder der Verkehr durch besondere Zeichen geregelt ist (§ 8 StVO). Jedoch verbietet die *Rücksichtspflicht,* die Vorfahrt zu erzwingen. An unübersichtlichen Kreuzungen mit gleichberechtigten Straßen (anders bei geregelter Vorfahrt im städtischen Verkehr) müssen beide Verkehrsteilnehmer warten, bis sie Überblick gewonnen haben. An *Fußgängerüberwegen* (die nur benutzt werden *müssen,* wenn die Verkehrslage es erfordert, sowie an Kreuzungen und Einmündungen) ist, wenn der Fußgänger zu erkennen gibt, daß er die Straße überqueren will, langsam zu fahren und nötigenfalls zu halten; Überholen ist verboten. Das gilt nicht für Schienenbahnen (§ 26 StVO). Auch in *verkehrsberuhigten Bereichen* haben Fußgänger den Vorrang vor dem Fahrverkehr; gekennzeichnete *Fußgängerbereiche* sind Fußgängern vorbehalten.

Halten ist unzulässig vor allem an engen und unübersichtlichen Stellen, im Bereich scharfer Kurven, auf Fußgängerüberwegen oder bis 5 m davor, auf Bahnübergängen und an gekennzeichneten Stellen. Das *Parken,* d. h. Halten länger als 3 Min. oder unter Verlassen des Fahrzeugs, ist ferner untersagt bis 5 m vor und hinter Kreuzungen und Einmündungen sowie bis 15 m vor und hinter Haltestellenschildern, an Grundstücksein- und -ausfahrten sowie an bestimmten sonstigen Stellen, wo es gefährdend oder behindernd wirkt. *Parkuhren* und *Parkscheinautomaten* sind Ausdruck eines Parkverbots mit Einschränkung für die Dauer des Laufens der Uhr; Benutzung einer *Parkscheibe* ist mit gleicher Wirkung innerhalb eines bezirklichen Zonenhalteverbots oder an gekennzeichneter Stelle gestattet (§§ 12, 13 StVO). An Haltestellen darf, wenn der haltende Omnibus die Warnblinkanlage eingeschaltet hat, nur Schrittgeschwindigkeit gefahren und nicht überholt werden (§ 20 StVO).

Zuwiderhandlungen gegen die meisten Gebote und Verbote der StVO (vgl. § 49 i. V. m. § 24 StVG) können als *Ordnungswidrigkeiten* mit Geldbuße, bei grober oder beharrlicher Pflichtverletzung auch mit Fahrverbot geahndet werden (§§ 24ff. StVG); über polizeiliche Verwarnung vgl. §§ 56–58 OWiG und 164. Die Geldbußen werden nach der *Bußgeldkatalog-VO* vom 4. 7. 1989 (BGBl. I 1305) m. spät. Änd. festgesetzt. Diese VO enthält die häufigsten Verkehrsverstöße und die für sie im Regelfall, d. h. bei fahrlässiger Begehung und gewöhnlichen Tatumständen, festzusetzenden Geldbußen (Regelsätze), so z. B. bei Mißachtung von Rotlicht 100 DM (bei Gefährdung anderer oder Sachbeschädigung 250 DM und 1 Mon. Fahrverbot), bei überhöhter Geschwindigkeit je nach km/St und Ort (innerhalb oder außerhalb geschlossener Ortschaften) sowie sonstigen Umständen (z. B. Unübersichtlichkeit der Straße, Nebel, geringe Sichtweite o. ä.) 80–450 DM und u. U. Fahrverbot, bei verbotswidrigem Überholen 100–250 DM und u. U. Fahrverbot. Die Regelsätze erhöhen sich bei Vorliegen einer Gefährdung oder Sachbeschädigung. Rechtskräftige Entscheidungen wegen einer Verkehrsordnungswidrigkeit nach den §§ 24, 24a StVG werden in das Verkehrszentralregister (s. 408) eingetragen, wenn eine Geldbuße von mindestens 80 DM festgesetzt worden ist (§ 13 Abs. 1 Nr. 1a StVZO). Wenn in einem Bußgeldverfahren wegen eines Halt- oder Parkverstoßes der verantwortliche Fahrer nicht ermittelt werden kann, so werden dem Halter die Kosten des Verfahrens auferlegt (§ 25a StVG).

Zur Bewertung von Straftaten und Ordnungswidrigkeiten nach Punkten gem. dem „Mehrfachtäter-Punktsystem“ s. 407.

Nach § 315c Abs. 1 Nr. 2 StGB wird mit Freiheitsstrafe bis zu 5 Jahren oder mit Geldstrafe bestraft, wer grob verkehrswidrig und rücksichtslos die *Vorfahrt* nicht beachtet, falsch überholt oder an unübersichtlichen Stellen, an Straßenkreuzungen oder -einmündungen zu schnell fährt und dadurch eine Gefahr für Leib und Leben, sei es auch nur eines einzelnen Menschen, oder für bedeutende Sachwerte herbeiführt, die in fremdem Eigentum stehen.

Als Maßregel der Besserung und Sicherung (396 IV) kann das Gericht die *Erlaubnis zum Führen von Kfz.* entziehen, und zwar auch schon vor Aburteilung durch Beschluß, um die Allgemeinheit vor weiterer Gefährdung zu schützen (§ 111a StPO). Hierzu und über das *Fahrverbot* vgl. 407.

III. Die *Straßenverkehrs-Zulassungs-Ordnung* (StVZO)

i. d. F. vom 28. 9. 1988 (BGBl. I 1793) m. spät. Änd. läßt grundsätzlich jedermann zum Verkehr auf öffentlichen Straßen zu, soweit nicht eine besondere Erlaubnis vorgeschrieben ist (§ 1). Wer infolge geistiger oder körperlicher Mängel sich nicht sicher im Verkehr bewegen kann, darf an ihm nur teilnehmen, wenn in geeigneter Weise Vorsorge getroffen ist, daß er andere nicht gefährdet (§ 2). Wer auf öffentl. Straßen ein *Kraftfahrzeug* führen will, bedarf einer *Fahrer-*

laubnis, die durch eine amtliche Bescheinigung, den *Führerschein,* nachzuweisen ist (§ 4). Zur *Mofa-Prüfbescheinigung* s. § 4a.

Die *Fahrerlaubnisse* sind in 5 Klassen (Klasse 1 mit den Unterteilungen 1a und 1b) eingeteilt. Das Mindestalter der Kfz-Führer beträgt für die Klasse 1 (Krafträder mit mehr als 50 cm^3 oder einer Höchstgeschwindigkeit von mehr als 50 km/h) 20 Jahre, für die Klasse 3 (Pkw) 18 Jahre, für die Klasse 2 (Kfz von mehr als 7,5 t) 21 Jahre und für die Klassen 4 (Kleinkrafträder, Fahrr. m. Hilfsm.) und 5 (Krankenfahrstühle, Zug- oder Arbeitsmaschinen mit einer durch die Bauart bestimmten Höchstgeschwindigkeit von nicht mehr als 25 km/h) 16 Jahre. Bei der Klasse 1a (Krafträder der Klasse 1 mit einer Nennleistung von nicht mehr als 20 kW und einem Leergewicht von nicht weniger als 7 kg/kW) beträgt das Mindestalter 18 Jahre, bei Klasse 1b (Leichtkrafträder) 16 Jahre. Die Verwaltungsbehörde kann Ausnahmen zulassen (§§ 5, 7). Andere Kfz dürfen nur von mindestens 15jährigen geführt werden. Hinsichtlich der Merkmale eines *Leichtmofas* und der für dieses geltenden Vorschriften s. Leichtmofa-AusnahmeVO vom 26. 3. 1993 (BGBl. I 394). Über den Nachweis der Unterweisung bzw. Ausbildung in Unfallhilfe vgl. §§ 8a, b. Wegen der Mindestanforderungen an das Sehvermögen sowie wegen des *Sehtests* s. § 9a. Zur Erteilung der Fahrerlaubnis auf Probe s. oben I. Die Verordnung über den Führerschein vom 19. Juni 1996 (BGBl. I 885) regelt die Gültigkeit ausländischer Fahrerlaubnisse von EU-Bürgern.

Für alle Kfz. und Anhänger besteht grundsätzliche *Zulassungspflicht.* Die Zulassung erfolgt durch Erteilung einer Betriebserlaubnis oder einer EG-Typgenehmigung (s. VO vom 9. 12. 1994, BGBl. I 3755). Ausnahmen gelten für solche, von denen geringere Gefahren ausgehen, z. B. bei Höchstgeschwindigkeit von 6 km/h sowie bei Kleinkrafträdern, Leichtkrafträdern und Fahrrädern mit Hilfsmotor (§§ 16ff.). Für reihenweise gefertigte Kfz. kann eine Allgemeine Betriebserlaubnis erteilt werden (§ 20). Auf Grund der Betriebserlaubnis wird ein *Fahrzeug(Anhänger)brief* ausgefertigt; er dient als Grundlage für die Zuteilung des amtlichen *Kennzeichens;* diese ist bei der Zulassungsstelle zu beantragen, in deren Bezirk das Kfz. seinen regelmäßigen Standort (Heimatort) haben soll. Seit Januar 1995 ist auch das sog. EURO-Kennzeichen (§ 60) zugelassen. Nach Zuteilung des Kennzeichens wird ein *Fahrzeug(Anhänger)schein* mit Angaben über den Halter ausgestellt (§§ 23, 24 StVZO). Auf Antrag ist auch ein sog. *Saisonkennzeichen* zuzuteilen (§ 23 StVZO). Dieses gilt jeweils für einen nach vollen Monaten bemessenen Zeitraum und kann jedes Jahr in dem festgelegten Zeitraum auch wiederholt verwendet werden. Mit rotem Kennzeichen dürfen Prüfungs-, Probe- und Überführungsfahrten auch ohne Betriebserlaubnis ausgeführt werden (§ 28). Die Halter von Fahrzeugen müssen in angemessenen Zeitabständen (i. d. R. 2 Jahre, für Lkw, Omnibusse, Taxis usw. 1 Jahr) die Vorführung der Kfz. und Anhänger zur *technischen Überprüfung* veranlassen, die durch eine *Prüfplakette* nachzuweisen ist (§ 29). Über Pflichtversicherung (Haftpflicht) s. u. IV.

Die StVZO enthält weiter *Bau- und Betriebsvorschriften.* Jedes Kfz. muß für den verkehrsüblichen Betrieb verkehrssicher gebaut und ausgerüstet sein und in betriebssicherem und straßenschonendem Zustand gehalten werden. Hierfür sind Kfz.-Führer und -Halter verantwortlich; letzteren trifft insbesondere eine Überwachungspflicht (§§ 30, 31). Bei Verkehrsverstößen kann dem Kfz.-Halter die Führung eines *Fahrtenbuches* auferlegt werden, wenn der Fahrer nicht festzustellen war (§ 31a). Im Interesse der Verkehrssicherheit und zur Verhütung vermeidbarer Belästigungen bestimmt § 22a StVZO, daß bestimmte Teile von Kraftfahrzeugen und Anhängern in einer amtlich genehmigten Bauart ausgeführt sein müssen. Eine *Fahrzeugteileverordnung* i. d. F. vom 30. 9. 1960 (BGBl. I

782) m. spät. Änd. enthält die näheren Bestimmungen über Prüfung und Kennzeichnung bauartengenehmigungspflichtiger Fahrzeugteile. Über *Sicherheitsgurte* s. § 35a Abs. 5–9. Die Verwendung von *Spikes-Reifen* ist nicht mehr zulässig. Der *Bleigehalt* der Otto-Kraftstoffe für Kfz.-Motoren ist durch das *Benzinbleigesetz* vom 5. 8. 1971 (BGBl. I 1234), m. spät. Änd., begrenzt; dazu 1. DVO vom 7. 12. 1971 (BGBl. I 1966). S. a. BenzinqualitätsVO vom 27. 6. 1988 (BGBl. I 969) m. spät. Änd. Autofahrer, die ein Kraftfahrzeug mit Fremdzündungsmotor oder Kompressionszündungsmotor besitzen, müssen in regelmäßigen Zeitabständen (zwischen 12 und 36 Monaten, s. Anlage VIIIa zu § 47a) durch eine *Abgasuntersuchung* feststellen lassen, ob der Motor ihres Kfz zur Minimierung der Schadstoffemission richtig eingestellt ist. Die Abgasuntersuchung wird vom Technischen Überwachungsverein (TÜV) oder anerkannten Kfz-Werkstätten durchgeführt und durch eine Prüfplakette am vorderen Kfz-Kennzeichen bescheinigt (§ 47a StVZO).

Zuwiderhandlungen gegen Vorschriften der StVZO können als Ordnungswidrigkeiten i. S. des § 24 StVG in den in § 69a StVZO bezeichneten Fällen geahndet werden. Über das Verkehrszentralregister („Verkehrssünderkartei") s. 408. Beim Kraftfahrt-Bundesamt wird ein *Zentrales Fahrzeugregister* über die Fahrzeuge geführt, für die ein Kennzeichen zugeteilt worden ist (§§ 31ff. StVG). Die Erhebung, Speicherung und Übermittlung von Fahrzeug- und Halterdaten ist in der *Fahrzeugregisterverordnung* vom 20. 10. 1987 (BGBl. I 2305) m. spät. Änd. geregelt.

IV. Ferner gelten insbesondere folgende Vorschriften:

Das *Internationale Abkommen über Kraftfahrzeugverkehr* vom 24. 4. 1926 (RGBl. 1930 II 1233) m. letzt. Änd. vom 23. 11. 1982 (BGBl. I 1533) regelt die Zulassung und Kennzeichnung von Kraftfahrzeugen sowie die Fahrerlaubnis im zwischenstaatlichen Verkehr. Die innerstaatliche VO über *internationalen Kraftfahrzeugverkehr* vom 12. 11. 1934 (RGBl. I 1137) m. spät. Änd., behandelt Zulassung und Kennzeichnung ausländischer Kraftfahrzeuge.

Das *Kraftfahrsachverständigengesetz* vom 22. 12. 1971 (BGBl. I 2086) nebst DVO vom 24. 5. 1972 (BGBl. I 854) bestimmt die Voraussetzungen, unter denen *Kraftfahrsachverständige* und *Prüfer für den Kraftfahrzeugverkehr* amtlich anerkannt werden können, und regelt das Prüfungsverfahren. Das *Fahrlehrergesetz* vom 25. 8. 1969 (BGBl. I 1336) nebst DVO vom 16. 9. 1969 (BGBl. I 1763) m. spät. Änd. regelt die Voraussetzungen für die Erteilung der Fahrlehrererlaubnis und der Fahrschulerlaubnis sowie die Anerkennung von Fahrlehrerausbildungsstätten und die Überwachung durch Landesbehörden. S. ferner Fahrschüler-Ausbildungsordnung vom 31. 5. 1976 (BGBl. I 1366) m. spät. Änd. und Fahrlehrer-Ausbildungsordnung vom 13. 5. 1977 (BGBl. I 733) m. Änd. vom 20. 11. 1987 (BGBl. I 2387) sowie Fahrlehrer-Prüfungsordnung vom 27. 7. 1979 (BGBl. I 1263).

Für Kraftfahrzeughalter besteht eine *Pflicht zum Abschluß einer Haftpflichtversicherung* – auch zugunsten des Eigentümers und des Fahrers – zwecks Deckung der durch den Gebrauch des Kfz. entstehenden Personen-, Sach- und sonstigen Vermögensschäden nach Maßgabe des *Pflichtversicherungsgesetzes* vom 5. 4. 1965 (BGBl. I 213) m. spät. Änd., der Kraftfahrzeug-PflichtversicherungsVO vom 29. 7. 1994 (BGBl. I 1837) sowie der VO zur Mindesthöhe vom 26. 5. 1997 (BGBl. I 1240). Auch ausländische Kraftfahrzeuge und Kraftfahrzeuganhänger dürfen in der BRep. auf öffentlichen Straßen oder Plätzen nur beim Bestehen einer entsprechenden Versicherung benutzt werden; vgl. Ges. vom 24. 7. 1956 (BGBl. I 667). Über den Nachweis des Versicherungsschutzes vgl. §§ 29a ff. StVZO; über Wegfall des Versicherungsnachweises für Kfz. aus dem Bereich der EWG und über erweiterten EWG-Versicherungsschutz s. VO vom 8. 5.

1974 (BGBl. I 1062). S. ferner VO zur Erleichterung des Ferienreiseverkehrs auf der Straße *(FerienreiseVO)* vom 13. 5. 1985 (BGBl. I 774) m. letzter Änd. vom 30. 3. 1992 (BGBl. I 743).

Für *Straßenbahnen* besteht eine *Bau- und Betriebsordnung* – BO Strab – vom 11. 12. 1987 (BGBl. I 2648).

Die regelmäßige *Arbeitszeit* für Kraftfahrer und Beifahrer richtet sich nach der EWG-VO Nr. 3820/85 vom 20. 12. 1985 (s. näher 608 II). Das Ges. über das *Fahrpersonal im Straßenverkehr* i. d. F. vom 19. 2. 1987 (BGBl. I 640) und DVO vom 22. 8. 1969 (BGBl. I 1307) jeweils m. spät. Änd. verbietet Akkordlöhne, Prämien oder Zuschläge nach zurückgelegter Fahrstrecke oder beförderten Gütermengen; es ermächtigt den BMV zum Erlaß von Durchführungsbestimmungen zur EWG-VO. Die betreffenden Regelungen entsprechen dem Europ. Übereinkommen vom 1. 7. 1970 über die Arbeit des im *internationalen Straßenverkehr* beschäftigten Fahrpersonals (AETR; BGes. vom 16. 12. 1974, BGBl. II 1473, i. d. F. vom 31. 7. 1985, BGBl. II 889).

196. Das Personenbeförderungsgesetz

Das PBefG i. d. F. vom 8. 8. 1990 (BGBl. I 1690) m. spät. Änd. regelt die entgeltliche oder geschäftsmäßige Beförderung von Personen mit *Straßenbahnen,* Oberleitungsomnibussen *(Obussen)* und *Kraftfahrzeugen* (Kfz.). Wer mit Straßenbahnen, Obussen, mit Kfz. im *Linienverkehr* oder im *Gelegenheitsverkehr* Personen befördert, bedarf einer Genehmigung; ebenso sind genehmigungsbedürftig die Unternehmenserweiterung oder -änderung, die Genehmigungsübertragung und die Übertragung der Betriebsführung (§ 2). Für Straßenbahnen und Obusse bestehen Sonderbestimmungen (§§ 28–41), insbes. über Planfeststellung (bei der die Umweltverträglichkeit zu prüfen ist) und Enteignung, Benutzung öffentl. Straßen, Bau- und Unterhaltungspflicht, Beförderungsentgelte, Fahrpläne. Auch Linienverkehr und Gelegenheitsverkehr mit Kfz. sind besonders geregelt (§§ 42ff., 46ff.), ebenso grenzüberschreitender und Transitverkehr (§§ 52, 53).

Dem PBefG unterliegen nicht Beförderungen mit Pkw, wenn das Gesamtentgelt die Betriebskosten der Fahrt nicht übersteigt sowie Beförderungen von Kranken und Verletzten mit Krankenkraftwagen (§ 1 Abs. 2).

Straßenbahnen sind Schienenbahnen zur Beförderung von Personen im Orts- oder Nachbarschaftsbereich, die den Verkehrsraum öffentl. Straßen benutzen und sich mit ihren baulichen und betrieblichen Einrichtungen sowie ihrer Betriebsweise der Eigenart des Straßenverkehrs anpassen; ebenso, wenn sie zwar einen besonderen Bahnkörper haben, aber den vorbezeichneten Bahnen gleichen oder ähneln; gleichgestellt sind Hoch- und Untergrundbahnen, Schwebebahnen u. dgl. im Orts- oder Nachbarschaftsbereich, nicht aber Berg- und Seilbahnen (§ 4 Abs. 1, 2).

Obusse sind elektr. angetriebene, nicht schienengebundene Straßenfahrzeuge, die ihre Antriebsenergie einer Fahrleitung entnehmen (§ 4 Abs. 3).

Kraftfahrzeuge sind Straßenfahrzeuge, die durch eigene Maschinenkraft bewegt werden, ohne an Schienen oder an eine Fahrleitung gebunden zu sein. Dazu zählen *Personenkraftwagen* (Pkw), die nach Bauart und Ausstattung nicht mehr als 9 Personen (einschl. Führer) zu befördern geeignet und bestimmt sind, ferner *Kraftomnibusse,* die mehr als 9 Personen befördern sollen, und *Lastkraftwa-*

gen (Lkw), die nach Bauart und Einrichtung zur Beförderung von Gütern bestimmt sind (§ 4 Abs. 4).

Linienverkehr ist eine zwischen bestimmten Ausgangs- und Endpunkten eingerichtete regelmäßige Verkehrsverbindung, auf der Fahrgäste an bestimmten Haltestellen ein- und aussteigen können (§ 42). Sonderformen des L. sind der *Berufsverkehr* von Berufstätigen zwischen Wohnung und Arbeitsstätte, die *Schülerfahrten* von Schülern zwischen Wohnung und Lehranstalt, die *Marktfahrten* von Personen zum Besuch von Märkten und Fahrten von Theaterbesuchern (§ 43). Zum *Gelegenheitsverkehr* zählen der Verkehr mit Taxen, Mietomnibussen und Mietwagen sowie Ausflugsfahrten und Ferienziel-Reisen (§ 46). Die Genehmigung zum Betrieb von Taxen kann im öffentlichen Verkehrsinteresse so beschränkt werden, daß die Anzahl der Zulassungen die Funktionsfähigkeit des örtlichen Taxengewerbes nicht bedroht (§ 13 Abs. 4, 5).

Über Aufsicht, Prüfungsbefugnisse und das Rechtsbehelfsverfahren vgl. §§ 54ff.

Für den *Betrieb von Kraftfahrunternehmen im Personenverkehr* regelt die VO vom 21. 6. 1975 (BGBl. I 1573) – BOKraft – m. spät. Änd. Betriebsleitung, Fahrdienst, Beförderung und Verhalten der Fahrgäste, Ausrüstung und Beschaffenheit der Fahrzeuge. Sondervorschriften bestehen für Obus-, Linien- und Droschkenverkehr und für die Untersuchungen der Fahrzeuge. Die *Bau- und Betriebsordnung für Straßenbahnen* – BOStrab; vgl. 195 IV – enthält u. a. Vorschriften über Betriebsleitung, Betriebsanlagen, Beschaffenheit der Fahrzeuge, Fahrzeuglenkung, Verhalten der Fahrgäste usw.

Zum *Internationalen Personenverkehr* vgl. § 57a PBefG sowie die VO für den grenzüberschreitenden Verkehr mit Kraftomnibussen (BusVo EG – PBefG) vom 26. 11. 1993 (BGBl. I 2000).

197. Güterkraftverkehr

ist die Beförderung von Gütern mit Kraftfahrzeugen für andere. Die näheren Bestimmungen enthält das *Güterkraftverkehrsgesetz* (GüKG) i. d. F. vom 3. 11. 1993 (BGBl. I 1839).

Das GüKG ist gemäß Art. 74 Nr. 11 GG im Rahmen der konkurrierenden Gesetzgebung erlassen. Es geht über den Charakter eines Ordnungsgesetzes hinaus, da die Bundesregierung nach § 7 mit dem Ziel bester Verkehrsbedienung darauf hinzuwirken hat, daß die Wettbewerbsbedingungen der verschiedenen Verkehrsträger angeglichen, i. S. eines lauteren Wettbewerbs die Aufgaben unter ihnen volkswirtschaftlich sinnvoll verteilt und Leistungen und Entgelte aufeinander abgestimmt werden *(Koordinierungspflicht).*

Im Güterkraftverkehr wird unterschieden zwischen

a) dem *Güternahverkehr,* d. h. der Beförderung innerhalb der Nahzone, und
b) dem *Güterfernverkehr,* der Güter mit einem Kfz. über die Grenzen der Nahzone hinaus oder außerhalb dieser Grenzen befördert (einschl. „Huckepackverkehr" = Beförderung teilweise mit Kfz., teilweise im Kfz. auf Eisenbahn oder Binnenschiff).

Die *Nahzone* ist das Gebiet innerhalb eines Umkreises von 75 km, gerechnet in der Luftlinie vom Mittelpunkt des *Standorts* des Kfz. (Ortsmittelpunkt) aus. Zur Nahzone gehören alle Gemeinden, deren Ortsmittelpunkt innerhalb der Nahzone liegt (§ 2 GüKG).

Der BMV setzt mit Zustimmung des BR unter Berücksichtigung des öffentlichen Verkehrsbedürfnisses und der Verkehrssicherheit auf den Straßen die Höchstzahl der Kfz. für den allg. Güterfernverkehr fest und teilt sie auf die

Länder auf (§ 9 GüKG). S. Höchstzahlen-VO vom 9. 12. 1986 (BGBl. I 2452) m. spät. Änd.

Der *Güterfernverkehr* ist stets genehmigungspflichtig. Nur zuverlässige, finanziell leistungsfähige Unternehmer dürfen die *Genehmigung* erhalten, wenn sie oder der Geschäftsführer fachlich geeignet sind (§§ 8, 10 GüKG; VO über Nachweis der Eignung und Sachkunde vom 10. 12. 1985, BGBl. I 2218).

Die Unternehmen dürfen ihre gesetzliche Haftung nicht durch Vertrag einschränken und sind gegen alle Schäden, für die sie nach den Beförderungsbedingungen haften, versicherungspflichtig. Sie haben für die Ausfertigung von Beförderungs- und Begleitpapieren zu sorgen, ein *Fahrtenbuch* und ordnungsmäßige Bücher über alle Beförderungsgeschäfte zu führen (§§ 26ff.).

Sondervorschriften bestehen für den *Umzugsverkehr* (§§ 37–44) und für den *Werkverkehr* (§§ 48 bis 52). Darunter fällt jede Beförderung von Gütern für eigene Zwecke eines Unternehmens (Hilfstätigkeit). Der *Werkfernverkehr* ist weder genehmigungs- noch versicherungspflichtig; doch sind für größere Kfz. u. a. Beförderungs- und Begleitpapiere vorgeschrieben.

Im *Güternahverkehr* ist eine *Erlaubnis* erforderlich (§§ 80–89). Die Einhaltung der Vorschriften des GüKG und sonstiger Rechtsvorschriften werden durch das *Bundesamt für Güterverkehr* (s. 101) überwacht (§§ 50ff. GüKG).

Über die *Beförderung gefährlicher Güter auf der Straße* vgl. Europ. Übereinkommen vom 30. 9. 1957 (BGes. vom 18. 8. 1969, BGBl. II 1489) sowie die *GefahrgutVO Straße* i. d. F. vom 12. 12. 1996 (BGBl. I 1886) und *Straßen-GefahrgutausnahmeVO* vom 23. 6. 1993 (BGBl. I 1714) m. spät. Änd. Zur Bestellung von Gefahrgutbeauftragten in bestimmten Beförderungsbetrieben s. VO vom 12. 12. 1989 (BGBl. I 2185). S. ferner Ges. vom 6. 8. 1975 (BGBl. I 2121), das für die Beförderung gefährlicher Güter durch Eisenbahn-, Straßen-, Wasser- und Luftfahrzeuge – nicht nur für den Güterkraftverkehr – gilt. Über gefährliche *Seefrachtgüter* und Beförderung gefährlicher Güter auf *Bundeswasserstraßen* s. 199 III 3.

Zum *grenzüberschreitenden Güterkraftverkehr* vgl. VOen vom 19. 12. 1968 (BGBl. I 1364, 1366) m. spät. Änd. und VO über den grenzüberschreitenden Güterverkehr mit CEMT-Genehmigungen vom 17. 7. 1974 (BGBl. I 1521) m. spät. Änd. Betreffend den *Huckepackverkehr* s. die VO über den grenzüberschreitenden kombinierten Verkehr vom 18. 2. 1988 (BGBl. I 198). m. spät. Änd.

198. Das Luftfahrtrecht

I. Luftfahrtrechtsvorschriften:

Die grundlegenden Vorschriften des Luftfahrtrechts enthält das *Luftverkehrsgesetz* (LuftVG) i. d. F. vom 14. 1. 1981 (BGBl. I 61) m. spät. Änd. Der I. Abschnitt enthält die Vorschriften über den *Luftverkehr.* Der II. Abschnitt regelt die damit zusammenhängende *Haftpflicht,* also privatrechtliche Fragen. Hierbei wird zwischen der Haftung für *nicht beförderte* Personen und Sachen und der Haftung aus dem *Beförderungsvertrag* unterschieden.

Als *Luftfahrtzeuge* (Lfz.) werden Flugzeuge, Drehflügler, Luftschiffe, Segelflugzeuge, Motorsegler, Frei- und Fesselballone, Drachen, Rettungsfallschirme, Flugmodelle u. a. für die Benutzung des Luftraums bestimmte Geräte angesehen (§ 1 LuftVG). Deutsche Lfz. dürfen erst nach einer *Verkehrszulassung* starten und müssen in der *Luftfahrzeugrolle* eingetragen sein (§ 2); dazu BauO, PrüfO und BetriebsO für Luftfahrtgerät vom 16. 8. 1974 (BGBl. I 2058), vom 16. 5. 1968 (BGBl. I 416) und vom 4. 3. 1970 (BGBl. I 262) m. spät. Änd. sowie VO über Flugsicherungsausrüstung der Lfze. vom 11. 6. 1968 (BGBl. I 646). Wer ein Lfz. führt oder bedient, bedarf einer Erlaubnis als *Luftfahrer* (§ 4). Wer Luftfahrer ausbilden will, braucht eine Lehrberechtigung, die nach der VO über Luftfahrtpersonal i. d. F. v. 13. 2. 1984 (BGBl. I 265) m. spät. Änd. erteilt wird *(Fluglehrer)*, und eine besondere Erlaubnis (§ 5).

Die Einrichtung von *Flugplätzen*, einschließlich Umweltverträglichkeitsprüfung, behandeln die §§ 6–19b. *Luftfahrtunternehmen* und Luftfahrtveranstaltungen sind genehmigungspflichtig. Einer besonderen Genehmigung bedarf auch der *Fluglinienverkehr* (§§ 20–24). Die Verkehrsvorschriften (§§ 25–27) erlauben ein Starten und Landen außerhalb der festgelegten Start- und Landebahnen und Betriebszeiten sowie außerhalb genehmigter Flugplätze nur mit behördlicher Erlaubnis und mit Zustimmung des Flugplatzunternehmers bzw. Grundstückseigentümers (Ausnahmen bei Gefahr). Bestimmte *Lufträume* können vorübergehend oder dauernd zu *Luftsperrgebieten* erklärt werden. Waffen, Munition, radioaktive Stoffe, Sprengstoffe usw. dürfen nur mit behördlicher Erlaubnis im Lfz. mitgenommen werden. Die Flugplankoordinierung und die Flugsicherung sind in §§ 27a–27d geregelt. S. hierzu die Beauftragung der „Deutsche Flugsicherung GmbH mit der Wahrnehmung der in § 27c Abs. 2 genannten Aufgaben der Flugsicherung durch VO vom 11. 11. 1992 (BGBl. I 1928).

Es ist für Zwecke der *Zivilluftfahrt* eine *Enteignung* möglich (§ 28). Die *Luftaufsicht* zur Abwehr von Gefahren ist Aufgabe der *Luftfahrtbehörden* und der für die Flugsicherung zuständigen Stelle (§ 29). Sondervorschriften bestehen für die Bundeswehr, den Bundesgrenzschutz, die Polizei und die Stationierungsstreitkräfte (§ 30). Der BMV kann mit Zustimmung des BR RechtsVOen zur Durchführung des Gesetzes erlassen, z. B. über das Verhalten im Luftraum, die Anforderungen an die Luftfahrzeuge, die Erlaubnispflichten usw. (§ 32); s. z. B. *LuftsicherheitsVO* vom 17. 5. 1985 (BGBl. I 788), *VO über Luftpersonal* i. d. F. vom 13. 2. 1984 (BGBl. I 265) m. spät. Änd., sowie *UnterschallVO* vom 1. 7. 1986 (BGBl. I 1097). Zur Erteilung von Erlaubnissen und Berechtigungen für Luftsportgeräte (Ultraleichtflugzeuge, Hängegleiter u. a.) s. VO zur Beauftragung von Luftsportverbänden vom 16. 12. 1993 (BGBl. I 2111). Zum *Schutz gegen Fluglärm*, der nach Möglichkeit zu vermindern ist (§ 29b), bestimmt das Ges. vom 30. 3. 1971 (BGBl. I 282) m. spät. Änd., daß Krankenhäuser, Schulen u. ä. besonders schutzbedürftige Einrichtungen nicht in bestimmten *Lärmschutzbereichen* und Wohnungen nicht in einer Schutzzone errichtet werden dürfen. Wegen des Bauverbots kann Entschädigung, für bauliche *Schallschutzmaßnahmen* (über die Anforderungen hierfür s. VO vom 5. 4. 1974, BGBl. I 903) Aufwendungsersatz verlangt werden.

Über die in den §§ 33–52 geregelte *Haftpflicht* vgl. 332a. Die §§ 58–63 enthalten Straf- und Bußgeldbestimmungen.

Das LuftVG wird ergänzt durch die *Luftverkehrs-Ordnung* (LuftVO) i. d. F. vom 14. 11. 1969 (BGBl. I 2117) m. spät. Änd. und die *Luftverkehrs-Zulassungs-Ordnung* (LuftVZO) i. d. F. vom 13. 3. 1979 (BGBl. I 308) m. spät. Änd. Die LuftVO behandelt die Pflichten der Luftverkehrsteilnehmer und die Luftfahrtregeln; die LuftVZO enthält Vorschriften über die Zulassung des Luftfahrtgeräts, Verwendung und Betrieb, über Flugplätze und Versicherungen.

II. Die Luftverkehrsverwaltung:

Nach Art. 87d GG wird die *Luftverkehrsverwaltung* in bundeseigener Verwaltung geführt. Über die öffentlich-rechtliche oder privat-rechtliche Organisationsform wird durch Bundesgesetz entschieden. Hierdurch ist es möglich, die bisher hoheitliche Aufgabe der Flugsicherung auf privatrechtlicher Grundlage durch Nichtbeamte durchzuführen (s. oben I).

Durch Ges. vom 30. 11. 1954 (BGBl. I 354) wurde ein *Luftfahrt-Bundesamt* als Bundesoberbehörde für Aufgaben der Zivilluftfahrt mit Sitz in Braunschweig errichtet. Es untersteht dem BMV. Kompetenzrechtliche Grundlagen des Ges. sind die Art. 73 Nr. 6 und 87 Abs. 3 GG. Dem Bundesamt obliegt die Prüfung und Überwachung der Luftfahrtgeräte und des Personals auf Luftsicherheit und Lufttüchtigkeit, die Führung der Lfz.-Rolle usw.

Das *Luftverkehrsnachweissicherungsgesetz* vom 5. 6. 1977 (BGBl. I 1322) dient der Sicherung des Nachweises der Eigentümerstellung und der Kontrolle von Luftfahrtunternehmen, soweit es sich um börsennotierte Aktiengesellschaften mit Sitz im Inland handelt.

III. Abkommen zum internationalen Luftverkehr:

Über den *internationalen Luftverkehr* hat die Bundesrepublik Deutschland u. a. mit den USA, Großbritannien, Frankreich und der ehemaligen UdSSR Vereinbarungen getroffen (BGBl. 1956 II 403, 1071, 1077; 1972 II 1525). Die BRep. ist ferner dem Abkommen vom 7. 12. 1944 über die *Internationale Zivilluftfahrt* und der Vereinbarung über den Durchflug im *Internationalen Fluglinienverkehr* durch Gesetz vom 7. 4. 1956 beigetreten (BGBl. II 411). Das Tokioter Abkommen vom 14. 9. 1963 über *strafbare und bestimmte andere an Bord von Luftfahrzeugen begangene Handlungen* (BGes. vom 4. 2. 1969, BGBl. II 121) behandelt die Befugnisse des Lfz-Kommandanten bei Straftaten und anderen gegen die Sicherheit, Ordnung und Disziplin an Bord von Flugzeugen gerichteten Handlungen sowie die Gerichtsbarkeit (i. d. R. Eintragungsstaat) und Maßnahmen bei *Luftpiraterie*. Das in Den Haag am 16. 12. 1970 geschlossene Übereinkommen zur *Bekämpfung der widerrechtlichen Inbesitznahme von Luftfahrzeugen* erweitert die Zuständigkeiten der Gerichtsbarkeit; es regelt ferner die Verpflichtung der Vertragsstaaten zur Hilfeleistung für Kommandant, Passagiere und Flugzeug. Die BRep. ist beiden Abkommen beigetreten (BGes. vom 6. 11. 1972, BGBl. II 1505). Ein weiteres, in Montreal am 23. 9. 1971 getroffenes Übereinkommen zur *Bekämpfung widerrechtlicher Handlungen gegen die Sicherheit der Zivilluftfahrt* (BGes. vom 8. 12. 1977, BGBl. II 1229) verpflichtet die Vertragsstaaten, bestimmte Straftaten mit schwerer Strafe zu bedrohen, die vertraglich festgelegten Maßnahmen zur Strafverfolgung zu treffen, die Taten als Auslieferungsdelikt zu behandeln und Rechtshilfe zu leisten.

Ein Abkommen zur Vereinheitlichung der Regeln über die *Beförderung im internationalen Luftverkehr* wurde in Warschau am 12. 10. 1929 unterzeichnet. Dieses *Warschauer Abkommen* i. d. F. von Den Haag 1955 ist im BGBl. 1958 II 312 bekanntgegeben worden. Es gilt in der BRep. seit 1. 8. 1963 (Bek. vom 14. 8. 1964, BGBl. II 1295).

199. Schiffahrtsrecht

I. *Gesetzgebungs- und Verwaltungskompetenzen*

Für die Schiffahrt auf Binnenwasserstraßen *(Binnenschiffahrt)* sowie für die Schiffahrt auf Hoher See und Seewasserstraßen *(Seeschiffahrt)* steht dem Bund gem. Art. 74 Nr. 21 GG die konkurrierende Gesetzgebungszuständigkeit (s. 55 II) zu.

Art. 89 Abs. 2 S. 2 GG ermöglicht es, dem Bund durch Gesetz die staatlichen überregionalen Aufgaben der Binnenschiffahrt und Aufgaben der Seeschiffahrt zu übertragen. Der Bund hat in Ausübung dieser Ermächtigung das *Binnenschiffahrtsaufgabengesetz* (s. unten II 1) und das *Seeaufgabengesetz* (s. unten III 1) erlassen.

Nach beiden Gesetzen sind für die dort genannten Verwaltungsaufgaben im wesentlichen die Behörden der Wasser- und Schiffahrtsverwaltung des Bundes zuständig, also das BMV, die Wasser- und Schiffahrtsdirektionen als Mittelbehörden und die Schiffahrtsämter als Unterbehörden (s. 101).

II. *Die Binnenschiffahrt*

1. *Verwaltung und allgemeine Ordnung der Binnenschiffahrt*

Binnenschiffahrt ist die Schiffahrt (auch mit Seeschiffen) auf Binnenwasserstraßen. Die Verwaltung und allgemeine Ordnung der Binnenschiffahrt wird vor allem durch das *Gesetz über die Aufgaben des Bundes auf dem Gebiet der Binnenschiffahrt (Binnenschiffahrtsaufgabengesetz)* vom 4. 8. 1986 (BGBl. I 1270) m. spät. Änd. geregelt. Das Gesetz weist dem Bund für die Bundeswasserstraßen (s. 191 III) u. a. die Schiffahrtspolizei, die Schiffseichung (Schiffsvermessung), die Ausstellung von Befähigungszeugnissen und Bescheinigungen über Bau, Ausrüstung, Bemannung und Betrieb der Wasserfahrzeuge, die Erteilung der Erlaubnis zur Fahrt für Wasserfahrzeuge sowie die Abwehr von Gefahren für Leben und Gesundheit der an Bord befindlichen Personen zu.

2. *Verkehrsordnung der Binnenschiffahrt*

Zur Verkehrsordnung (verkehrspolizeiliche Vorschriften) im Rahmen der Binnenschiffahrt sind u. a. folgende Regelungen ergangen:
- *Binnenschiffahrtsstraßen-Ordnung* nebst EinführungsVO vom 1. 5. 1985 (BGBl. I 734) m. spät. Änd.;
- *DonauschiffahrtspolizeiVO* vom 27. 5. 1993, BGBl. I 741;
- *MoselschiffahrtspolizeiVO* nebst EinführungsVO vom 16. 3. 1984 (BGBl. I 473) m. spät. Änd.;
- *Rheinschiffahrtspolizeiverordnung* nebst EinführungsVO vom 16. 8. 1983 (BGBl. I 1145) m. spät. Änd.

3. *Schiffssicherheit bei der Binnenschiffahrt*

Im Interesse der Sicherheit der Binnenschiffahrt, einschließlich des Gütertransports, ergingen u. a. folgende Regelungen:
- *VO über die Schiffssicherheit in der Binnenschiffahrt (Binnenschiffs-Untersuchungsordnung)* vom 17. 3. 1988 (BGBl. I 238) m. spät. Änd. Diese VO regelt die Anforderungen an Bau, Ausrüstung, Einrichtung und Besatzung von Wasserfahrzeugen sowie das Verfahren für deren technischen Zulassung zum Verkehr; ferner enthält sie Regelungen über die Schiffsbesatzung.

- *Rheinschiffs-Untersuchungsordnung* nebst EinführungsVO vom 26. 3. 1976 (BGBl. I 773) mit ähnlichem Regelungsgegenstand wie die Binnenschiffs-Untersuchungsordnung
- *VO über die Beförderung gefährlicher Güter auf dem Rhein (ADNR)* vom 30. 6. 1977 (BGBl. I 1119) m. spät. Änd.; diese VO ist auf alle übrigen Bundeswasserstraßen, außer der Donau, ausgedehnt;
- *GefahrgutVO-Binnenschiffahrt* i. d. F. vom 21. 12. 1994 (BGBl. I 3971).

4. *Sonstige Vorschriften für die Binnenschiffahrt*

Das *Gesetz über Schifferdienstbücher* vom 12. 2. 1951 (BGBl. II 3) schreibt für die Schiffsleute Schifferdienstbücher vor; diese dienen nicht polizeilichen Zwekken, sondern haben lediglich für die Erteilung von Schifferpatenten Bedeutung, die eine bestimmte Fahrzeit auf bestimmten Stromstrecken voraussetzen.

Die Berechtigung zum Führen von Sportbooten auf Binnenschiffahrtsstraßen richtet sich nach der *SportbootführerscheinVO-Binnen* vom 22. 3. 1989, BGBl. I 536.

Zur gerichtlichen Zuständigkeit in Binnenschiffahrtssachen s. 215.

III. *Die Seeschiffahrt*

1. *Verwaltung und allgemeine Ordnung der Seeschiffahrt*

Nach dem *Gesetz über die Aufgaben des Bundes auf dem Gebiet der Seeschiffahrt (Seeaufgabengesetz)* i. d. F. vom 27. 9. 1994 (BGBl. I 2802) m. spät. Änd. obliegen dem Bund auf dem Gebiet der Seeschiffahrt u. a. die Schiffahrtspolizei hinsichtlich der Schiffe, welche die Bundesflagge führen, sowie die Überwachung der Verkehrs- und Betriebssicherheit der Wasserfahrzeuge, die Untersuchung der Seeunfälle, die Schiffsvermessung, die Festsetzung und Überwachung der für die Verkehrssicherheit erforderlichen Mindestbesatzung und der Eignung und Befähigung der Besatzungsmitglieder, der Seenotrettungsdienst, die nautischen und hydrographischen Dienste.

Das *Gesetz über die Untersuchung von Seeunfällen (Seeunfalluntersuchungsgesetz)* vom 6. 12. 1985 (BGBl. I 2146) m. spät. Änd. enthält Regelungen über Zweck, Umfang, Organe und Verfahren der Untersuchung nach Seeunfällen. Es werden *Untersuchungsausschüsse (Seeämter)* tätig. Das Seeamt entscheidet in der Besetzung mit einem rechtskundigen Vorsitzenden und drei ehrenamtlichen Beisitzern; s. auch DVO vom 5. 6. 1986 (BGBl. I 860).

2. *Verkehrsordnung der Seeschiffahrt*

Zur Sicherung der Sicherheit des Seeschiffsverkehrs bestehen u. a. folgende Regelungen:
- Zur Vermeidung von Zusammenstößen unterliegt der Schiffsverkehr auf hoher See den *Internationalen Regeln von 1972 zur Verhütung von Zusammenstößen auf See* (BGBl. 1976 II 1023; s. dazu die VO vom 13. 6. 1977, BGBl. I 813);
- die *Seeschiffahrtsstraßen-Ordnung* vom 15. 4. 1987 (BGBl. I 1266) m. spät. Änd. enthält Regelungen über Sicht- und Schallsignale der Fahrzeuge, Fahrregeln und den ruhenden Verkehr.

3. *Schiffssicherheit bei der Seeschiffahrt*

Für die Schiffssicherheit bei der Seeschiffahrt sind u. a. folgende Vorschriften ergangen:
- *VO über die Sicherheit der Seeschiffe (SchiffssicherheitsVO)* i. d. F. vom 21. 10. 1994 (BGBl. I 3281) m. spät. Änd.;
- *VO über die Beförderung gefährlicher Güter mit Seeschiffen (GefahrgutVO See)* i. d. F. vom 24. 8. 1995 (BGBl. I 1077);
- VO über die *Sicherung der Seefahrt* vom 27. 7. 1993 (BGBl. I 1417).

4. *Sonstige Vorschriften für die Seeschiffahrt*

Die Berechtigung zum Führen von *Sportbooten* auf Seeschiffahrtsstraßen richtet sich nach der *SportbootführerscheinVO-See* vom 20. 12. 1973 (BGBl. I 1988) m. spät. Änd.

Die VO'en über die *Inbetriebnahme* und die *gewerbsmäßige Vermietung von Sportbooten* im *Küstenbereich* vom 24. 7. 1996 (BGBl. I 1341) und auf *Binnenschifffahrtsstraßen* vom 11. 10. 1996 (BGBl. I 1518) regeln die Pflichten des Vermieters (Unternehmers), des Mieters und des Bootsführers; zum *Inverkehrbringen von Sportbooten* s. VO vom 18. 12. 1995 (BGBl. I 1936).

Nach dem *Ges. über die Küstenschiffahrt* i. d. F. vom 27. 9. 1994 (BGBl. I 2809) darf diese nur betrieben werden mit Seeschiffen, die nach dem Flaggenrechtsgesetz (s. 42) die Bundesflagge führen, mit Binnenschiffen, die in einem Schiffsregister der BRep. eingetragen und als seetüchtig befunden sind oder mit Schiffen, die in einem Mitgliedstaat der EG registriert sind und unter der Flagge eines EG-Staates fahren.

Dritter Teil

Die Rechtspflege
Bürgerliches Recht und Strafrecht

A. Recht und Rechtspflege

201. Recht und Rechtsquellen

Das *Recht* im objektiven Sinne ist die *Rechtsordnung,* d.h. die Gesamtheit der Rechtsvorschriften, nach denen sich das Verhältnis der Menschen zueinander, insbes. in ihren Handlungen, sowie ihre Beziehungen zu den öffentlichen Verwaltungsträgern und deren Rechtsbeziehungen untereinander bestimmen. Diese Vorschriften können ausdrücklich gesetzt sein (gesetztes Recht oder *Rechtsnorm*) oder sich als *Gewohnheitsrecht* in langjähriger Übung herausgebildet haben. Dagegen ist subjektives Recht die *Befugnis,* die sich für den einzelnen aus dem objektiven Recht unmitttelbar ergibt (gesetzliches Recht) oder auf Grund des objektiven Rechts erworben wird (erworbenes Recht).

Rechtsquellen sind hiernach:

a) das *gesetzte Recht,* das durch staatlichen Hoheitsakt (Gesetzgebung) geschaffen wird, und
b) das *Gewohnheitsrecht,* das auf langer tatsächlicher Übung beruht und allgemein anerkannt ist;
c) nach neuerer Auffassung auch die jeder Rechtsordnung zugrundeliegenden allgemeinen Rechtsgedanken.

Als *positives Recht* bezeichnet man die (gesetzten oder auch nicht gesetzten) Rechtsnormen, die in einer bestimmten Gemeinschaft und einem bestimmten Bereich effektiv Wirksamkeit haben, d.h. tatsächlich verbindlich (i.d.R. von einer staatlichen Autorität garantiert) sind.

Recht und Moral decken sich nicht immer. Die *Moral* (Sittlichkeit) wendet sich an die Gesinnung des Menschen, während das *Recht* sein äußeres Verhalten im Zusammenleben mit anderen Menschen regelt. Die Moral ist ebenso wie die *Sitte* (die in der Allgemeinheit geltenden Anstandsregeln und Gebräuche) nicht immer wie das mit der Macht des Staates erzwingbare Recht durchzusetzen. Als Schutz insbes. gegen Willkür und Gewalt, auch seitens der Behörden, sind im GG die *Grundrechte* garantiert; das sind verfassungsmäßig verbürgte, elementare Rechte des Einzelnen.

Nicht jedes Recht jedoch ist *erzwingbar* (vgl. Völkerrecht, Kirchenrecht). Auch im Privatrecht kann nicht jeder Anspruch zwangsweise durchgesetzt werden (z.B. Verlöbnis – Eheschließung).

Nicht immer entspricht die Anwendung des gesetzten Rechts, das notwendigerweise für eine Vielzahl von Fällen gilt, im Einzelfall auch der *Billigkeit,* d.h. der (natürlichen) Gerechtigkeit. Manche Rechtsvorschriften lassen daher eine

Anwendung von Billigkeitsgrundsätzen zu, so bei der Deliktshaftung (332) von Kindern und Schuldunfähigen nach § 829 BGB.

202. Öffentliches Recht und Privatrecht

Das staatliche Recht umfaßt das

öffentliche Recht	und das	bürgerliche Recht

I. Das *öffentliche Recht*

umfaßt die Rechtsnormen, welche sich auf das Verhältnis des einzelnen zum Staat und zu den übrigen Trägern öffentlicher Gewalt oder auf das Verhältnis der Verwaltungsträger untereinander beziehen.

Dazu zählen Völkerrecht, Kirchen-, Staats-, Straf-, Prozeßrecht. Die Rechtsbeziehungen öffentlicher Verwaltungsträger zueinander, ihr Aufbau und ihre Aufgabenverteilung zählen i. d. R. ebenfalls zum öffentlichen Recht. Vgl. 141, 183ff.

II. Das *bürgerliche Recht*

auch *Zivil-* oder *Privatrecht* genannt, umfaßt die Rechtssätze, welche sich auf die Rechtsverhältnisse der Menschen als einzelne untereinander beziehen.

Zentrale Privatrechtsordnung ist das Bürgerliche Gesetzbuch (BGB; 302ff.). Daneben enthalten zahlreiche weitere Gesetze Bestimmungen, die nur engere Personenkreise berühren oder spezielle Rechtsverhältnisse regeln. Z. B. enthält das Handelsgesetzbuch das Handelsrecht, das Recht der Kaufleute. Vgl. 363ff.

Zum innerstaatlichen Bürgerlichen Recht gehört auch das sog. *Internationale Privatrecht (IPR)*. Das IPR bestimmt, welches nationale Recht bei Sachverhalten mit Auslandsberührung, z. B. wenn eine Partei eines Rechtsverhältnisses Ausländer ist, anzuwenden ist. Das deutsche IPR ist in Art. 3–37 des Einführungsgesetzes zum BGB (i. d. F. vom 21. 9. 1994, BGBl. I 2494) geregelt. Es enthält die sog. *Kollisionsnormen,* die durch Zuweisung des Sachverhalts an eine bestimmte nationale Rechtsordnung (Anknüpfung) die maßgebenden Rechtsnormen festlegen. Nach dem deutschen IPR ist für diese Anknüpfung zumeist die Staatsangehörigkeit maßgebend (z. B. wird nach Art. 7 Abs. 1 EGBGB die Geschäftsfähigkeit einer Person nach den Gesetzen des Staates beurteilt, dem die Person angehört). Eine Rechtsnorm eines anderen Staates ist allerdings dann nicht anzuwenden, wenn ihre Anwendung mit wesentlichen Grundsätzen des deutschen Rechts, vor allem den Grundrechten, unvereinbar ist, sog. *ordre public* (Art. 6 EGBGB).

Zur Frage, welches nationale Recht bei Fällen mit Auslandsberührung anzuwenden ist, s. auch das Übereinkommen vom 19. 6. 1980 über das auf vertragliche Schuldverhältnisse anzuwendende Recht (Ges. vom 25. 7. 1986, BGBl. II 809).

In der Gesetzgebung sind im allgemeinen das öffentliche Recht und das private Recht getrennt behandelt. Jedoch enthalten die Gesetzeswerke zahlreicher Rechtsgebiete sowohl privatrechtliche als auch öffentlich-rechtliche Vorschriften (z. B. Wettbewerbsrecht, Patentrecht, Arbeitsrecht).

203. Materielles und formelles Recht

Unter *materiellem Recht* versteht man die Normen, die das Recht als solches ordnen (nicht seine Durchsetzung). Das *formelle Recht* hingegen umfaßt die Rechtssätze, die den Streit um das materielle Recht im Anwendungsfall oder seine zwangsweise Durchsetzung ordnen, insbes. also das *Verfahrensrecht* (z. B. Zivilprozeß-, Strafprozeß-, zum Teil Konkursordnung).

Materielles Privatrecht ist das bürgerliche Recht und das Handelsrecht mit den ergänzenden Vorschriften (z. B. Wechselrecht). *Materielles Strafrecht* ist das Strafrecht, soweit es von der Straftat als solcher handelt. *Materielles Konkursrecht* ist das Konkursrecht insoweit, als es die Voraussetzungen und Wirkungen des Konkurses regelt, im Gegensatz zum Konkursverfahrensrecht, das zum formellen Konkursrecht gehört.

Die Unterscheidung ist besonders im *Strafprozeß* von Bedeutung, weil bei der Rechtfertigung einer *Revision* zwischen der Verletzung einer Rechtsnorm über das Verfahren und der Verletzung einer anderen Rechtsnorm unterschieden wird (§ 344 StPO, vgl. 282). Wie in der Konkursordnung ist auch in anderen Gesetzen materielles und formelles Recht zugleich behandelt. So enthalten z. B. *Straffreiheitsgesetze* (Amnestiegesetze) i. d. R. sowohl materielles als formelles Recht, indem sie für begangene, aber noch nicht abgeurteilte Straftaten Straffreiheit gewähren und gleichzeitig bestimmen, daß schon eingeleitete, aber noch nicht abgeschlossene Verfahren einzustellen sind *(Abolition)* und daß rechtskräftig erkannte, noch nicht vollstreckte Strafen erlassen werden *(Amnestie)*. Die Abolition bedarf ebenso wie die Amnestie (allgemeiner Gnadenerweis im Gegensatz zum Einzelgnadenakt, vgl. 288 I) stets eines *Gesetzes*.

204. Rechtspflege und Gerichtswesen

Rechtspflege ist die Tätigkeit der *Justizbehörden*, deren Aufgabe die Anwendung des Rechts im Einzelfall ist, sei es durch *Rechtsprechung*, sei es in anderen Zweigen der Gerichtsbarkeit. Die rechtsprechende Gewalt wird nach den Verfassungen rechtsstaatlicher Demokratien durch unabhängige und nur dem Gesetz unterworfene Gerichte ausgeübt (vgl. Art. 92, 97 GG). Die Gerichte haben hierbei das materielle Recht anzuwenden, d. h. die Vorschriften, welche die Rechtsverhältnisse der Privatpersonen regeln *(Privatrecht)* oder das Recht des Staates, zu strafen *(Strafrecht)*, oder die sich aus dem sonstigen öffentlichen Recht (insbes. *Staats-, Verwaltungsrecht)* ergebenden Rechtsbeziehungen behandeln.

Zur Rechtspflege gehört außer der *streitigen* auch die *freiwillige* (richtiger: nichtstreitige) *Gerichtsbarkeit*, deren Tätigkeit sich nicht auf die Entscheidung von Rechtsstreitigkeiten erstreckt, sondern auf die mehr verwaltungsmäßige Begründung, Veränderung oder Beendigung von Rechtsverhältnissen gerichtet ist (vgl. 294 ff.). Auch die Tätigkeit der *Staatsanwaltschaft* (220) ist Rechtspflege.

Es gibt nur noch staatliche Gerichte. Die frühere private Gerichtsbarkeit der Grundherren ist abgeschafft. Eine *geistliche Gerichtsbarkeit* hat in weltlichen Angelegenheiten keine bürgerlich-rechtliche Wirkung. Vgl. 704.

Über die Rechtsstellung der Richter und das richterliche Prüfungsrecht vgl. 73, über Befähigung zum Richteramt 209.

Überblick über die einzelnen Zweige der Gerichtsbarkeit:

Ordentliche Gerichtsbarkeit	Arbeitsgerichtsbarkeit	Allgem. Verwaltungsgerichtsbarkeit	Sozialgerichtsbarkeit	Finanzgerichtsbarkeit
Amtsgericht	Arbeitsgericht	Verwaltungsgericht	Sozialgericht	
Landgericht				
Oberlandesgericht	Landesarbeitsgericht	Oberverwaltungsgericht (Verwaltungsgerichtshof)	Landessozialgericht	Finanzgericht
Bundesgerichtshof	Bundesarbeitsgericht	Bundesverwaltungsgericht	Bundessozialgericht	Bundesfinanzhof

Über die Zuständigkeit des Bayerischen Obersten Landesgerichts, das teils an Stelle des Oberlandesgerichts, teils an Stelle des Bundesgerichtshofs entscheidet, vgl. 131 IV 4a. Das Oberlandesgericht in Berlin führt die Bezeichnung Kammergericht.

Über die Disziplinargerichtsbarkeit s. 156, 455, über das Bundesverfassungsgericht 72. Verfassungsgerichte der Länder s. 114.

Für Gerichte, an deren Sitz deutsche Gerichtsbarkeit nicht mehr ausgeübt wird (insbes. östlich der Oder-Neiße), begründet das Ges. zur Ergänzung von Zuständigkeiten auf den Gebieten des Bürgerlichen Rechts, des Handelsrechts und des Strafrechts – sog. *Zuständigkeitsergänzungsgesetz* – vom 7. 8. 1952 (BGBl. I 407) eine *Ersatzzuständigkeit.*

Ausnahmen von der Gerichtsbarkeit bestehen bei *Exterritorialität* (904).

205. Gerichtsverfassung

Die Gerichtsbarkeit wird durch die vom Staat eingesetzten Gerichte ausgeübt. Der Staat bestimmt die *Organisation* der Gerichte und die Abgrenzung ihrer Geschäftsbereiche teils in der Verfassung, im übrigen in einer *Gerichtsverfassung*. In der BRep. gilt das *Gerichtsverfassungsgesetz* (GVG) für die *ordentliche Gerichtsbarkeit.* Diese umfaßt die *streitige* Gerichtsbarkeit zur Entscheidung von Zivilsachen (im *Zivilprozeß,* 206), die Strafgerichtsbarkeit (für den *Strafprozeß,* 207) und die sog. *freiwillige Gerichtsbarkeit;* diese befaßt sich mit der Begründung, Veränderung oder Aufhebung von Rechten oder Rechtsverhältnissen, ohne daß ein Rechtsstreit vorliegt (208).

Als *ordentliche Gerichte* bestehen in den *Ländern* Amts-, Land- und Oberlandesgerichte, zu denen auch das Kammergericht in Berlin zählt, und als einziges ordentliches Bundesgericht der *Bundesgerichtshof* in Karlsruhe (vgl. 71 II 1). In Ländern mit mehr als einem Oberlandesgericht kann ein Oberstes Landesgericht errichtet werden (§§ 8, 10 EGGVG, § 199 FGG; bislang nur das *Bayerische Oberste Landesgericht* in München; vgl. 131 IV 4a). Die Gerichtsbarkeit in Strafsachen gegen *Jugendliche und Heranwachsende* obliegt nach dem Jugendgerichtsgesetz den *Jugendgerichten,* die bei den Amts- und Landgerichten gebildet werden (vgl. 291).

Das GVG wurde im Rahmen der *Reichsjustizgesetze* am 27. 1. 1877 erlassen; es gilt jetzt i. d. F. vom 9. 5. 1975 (BGBl. I 1077) m. spät. Änd. Das GVG behandelt in 18 Titeln: I. Gerichtsbarkeit; II. Allgemeine Vorschriften über das Präsidium und die Geschäftsverteilung; III. Amtsgerichte; IV. Schöffengerichte; V. Landgerichte; Va. Strafvollstreckungskammern; VI. (aufgehoben); VII. Kammern für Handelssachen; VIII. Oberlandesgerichte; IX. Bundesgerichtshof; IXa. Zuständigkeit für Wiederaufnahmeverfahren in Strafsachen; X. Staatsanwaltschaft; XI. Geschäftsstelle; XII. Zustellungs- und Vollstreckungsbeamte; XIII. Rechtshilfe; XIV. Öffentlichkeit und Sitzungspolizei; XV. Gerichtssprache; XVI. Beratung und Abstimmung; XVII. Gerichtsferien.

Das zugleich mit dem GVG erlassene *Einführungsgesetz* (EGGVG) erfuhr eine bedeutsame Ergänzung durch die gemäß § 179 der Verwaltungsgerichtsordnung vom 21. 1. 1960 (BGBl. I 17) eingefügten §§ 23ff. Diese regeln in Ausführung des Art. 19 Abs. 4 GG den Rechtsweg gegen Verwaltungsakte der Justizbehörden (Anrufung des Oberlandesgerichts durch Antrag auf gerichtliche Entscheidung). Die durch Ges. vom 30. 9. 1977 (BGBl. I 1877) eingefügten §§ 31ff. normieren die *Kontaktsperre,* die gegen Untersuchungs- oder Strafgefangene verhängt werden kann, wenn sie wegen Straftaten im Zusammenhang mit der Tätigkeit terroristischer oder krimineller Vereinigungen (403) verfolgt werden oder verurteilt worden sind. Nach § 34a (eingefügt durch Änderung des EGGVG durch Ges. vom 4. 12. 1985, BGBl. I 2141) ist dem Gefangenen auf Antrag ein Rechtsanwalt als *Kontaktperson* beizuordnen. Die §§ 12–22, eingefügt durch das *Justizmitteilungsgesetz* (s. 182 II) regeln die Übermittlung personenbezogener Daten.

Die Gerichtsverfassungsbestimmungen für die Arbeitsgerichte, die allgemeinen und besonderen Verwaltungsgerichte sind in den einschlägigen Verfahrensordnungen enthalten (ArbGG, VwGO, FGO, SGG; vgl. 636, 151, 78, 689).

Über die Entwicklung der Arbeitsgerichtsbarkeit vgl. 636, der allgemeinen und der besonderen Verwaltungsgerichtsbarkeit 150 I. Während in diesen Gerichtsbarkeiten seit Ende des 1. Weltkrieges weitgehende Änderungen eingetreten sind, ist die Organisation der ordentlichen Gerichtsbarkeit in den unteren Instanzen (Amts-, Land-, Oberlandesgericht) unverändert geblieben. Lediglich die Zuständigkeit des *Bundesgerichtshofs* weist gegenüber der seines Vorgängers, des *Reichsgerichts (RG),* erhebliche Abweichungen auf. Das mit Inkrafttreten der Reichsjustizgesetze errichtete RG (Sitz Leipzig) – in Handelssachen Nachfolger des von 1871–1879 amtierenden *Reichsoberhandelsgerichts* – war nicht nur für Zivil- und Strafsachen zuständig. Ein Zivilsenat des RG war zugleich *Reichsarbeitsgericht.* Mit dem RG verbunden war der *Reichsdisziplinarhof* für Disziplinarsachen gegen Reichsbeamte; zeitweise angegliedert waren ihm u. a. der *Staatsgerichtshof für das Deutsche Reich* und der *Staatsgerichtshof zum Schutze der Republik.* Die Zuständigkeit für Hoch- und Landesverratssachen wurde dem RG aus politischen Gründen zugunsten des 1934 errichteten *Volksgerichtshofs* entzogen, dessen Senate überwiegend mit ehrenamtlichen Richtern, insbesondere mit NSDAP-Funktionären und hohen Offizieren besetzt waren.

206. Das bürgerliche Streitverfahren

Der *Zivilprozeß* ist das gerichtliche Verfahren zur Verwirklichung bürgerlich-rechtlicher Ansprüche, also das bürgerlich-rechtliche (im Gegensatz zu den öffentlich-rechtlichen) Streitverfahren. Es war bis zu den Reichsjustizgesetzen (vgl. 205) einzelstaatlich geregelt, wurde dann vom Reichsrecht übernommen und erhielt nach dem 2. Weltkrieg eine neue Grundlage in der Neufassung der *Zivilprozeßordnung* durch das RechtseinheitsG vom 12. 9. 1950 (BGBl. 455).

Im sog. *Erkenntnisverfahren* entscheidet das Gericht über das Bestehen eines Anspruchs oder ein sonstiges Rechtsbegehren (z. B. Ehescheidung, Auflösung einer GmbH). Das Verfahren wird durch Klage (im Urteilsverfahren) oder durch einen Antrag (z. B. auf Erlaß eines Mahnbescheides, Ehescheidung) eingeleitet und von den Parteien (Kläger, Beklagter) betrieben. Es endet – ggf. auf Rechtsmittel nach Durchlaufen von zwei oder mehr Instanzen – durch gerichtliches Urteil oder eine diesem gleichstehende Entscheidung (z. B. Vollstreckungsbescheid), sofern nicht ein Prozeßvergleich geschlossen, die Klage zurückgenommen wird oder auf sonstige Art Erledigung eintritt. Über den Verfahrensgang vgl. 239ff. Nach Rechtskraft der gerichtlichen Entscheidung kann sich das *Vollstreckungsverfahren* anschließen, in dem der festgestellte Anspruch vom Gläubiger durchgesetzt wird (Zwangsvollstreckung, 251ff.).

Ein bürgerliches Streitverfahren ist auch das Verfahren vor den *Arbeitsgerichten* (636), soweit es sich um privatrechtliche Ansprüche handelt; meist sind dies Rechtsstreitigkeiten zwischen Arbeitnehmer und Arbeitgeber aus dem Arbeitsverhältnis.

207. Der Strafprozeß

Das Strafprozeßrecht regelt das Verfahren zur gerichtlichen Entscheidung über eine Straftat und deren Ahndung (formelles Strafrecht). Das *Strafrecht* im engeren Sinne enthält das materielle Strafrecht, das bestimmt, welche Handlungen mit Strafe bedroht sind.

Ein Strafverfahren beginnt meist mit dem *Ermittlungsverfahren,* das von der Polizei oder von der Staatsanwaltschaft (in Abgabensachen vom Finanzamt oder einer Zolldienststelle) eingeleitet wird. Es schließt, sofern es nicht mangels Beweises oder aus Rechtsgründen (z. B. wegen Verjährung) eingestellt wird, mit der Erhebung der *Anklage* (oder dem Antrag auf Erlaß eines Strafbefehls) ab. Sodann entscheidet das angerufene Gericht (sofern nicht Strafbefehl ergeht) im *Eröffnungsverfahren,* ob die Anklage zur *Hauptverhandlung* zugelassen wird. In dieser konzentriert sich das *Hauptverfahren,* in dem i. d. R. durch Urteil entschieden wird. Nach Rechtskraft der gerichtlichen Entscheidung, die ggf. erst nach einem Rechtsmittelverfahren eintritt, findet im Falle der Verurteilung das *Vollstreckungsverfahren* statt. Über die einzelnen Abschnitte des Strafprozesses vgl. 267ff., 288.

Sondervorschriften bestehen für das Verfahren in *Abgabensachen* (516) und für das Verfahren wegen *Ordnungswidrigkeiten* (152).

208. Die freiwillige Gerichtsbarkeit

Während die *streitige* Gerichtsbarkeit der Durchsetzung bestehender Rechte dient, befaßt sich die *freiwillige* (nichtstreitige) *Gerichtsbarkeit* mit der Gestaltung von Rechten und Rechtsverhältnissen.

Zu ihren Aufgaben gehören insbesondere die Vormundschafts- und anderen Familiensachen, Personenstandssachen (einschl. Todeserklärung, Todeszeitfeststellung nach dem Verschollenheitsgesetz), Nachlaß-, Grundbuch-, Register- und Handelssachen, Landwirtschaftssachen (Pachtschutz, Höferecht), Beurkundung und Beglaubigung. Vgl. 294ff.

Das Verfahren betrifft meist zivilrechtliche Angelegenheiten und richtet sich im wesentlichen nach dem Reichsgesetz über die Angelegenheiten der freiwilligen Gerichtsbarkeit (FGG), vgl. 294. Es wird teils auf Antrag, teils – wie z. B. in Vormundschaftssachen – von Amts wegen eingeleitet und unterliegt weitgehend dem *Untersuchungsgrundsatz* und dem *Amtsbetrieb* (151, 239).

209. Das Richteramt

Die rechtsprechende Gewalt ist *Richtern* übertragen, die im Dienst des Bundes oder eines Landes stehen. Man unterscheidet Berufsrichter und ehrenamtliche Richter, nach der Vorbildung rechtsgelehrte und Laienrichter. Zu den letzteren zählt man i. e. S. diejenigen ehrenamtlichen Richter, die nicht – wie z. B. in der Handels-, Arbeits-, Sozialgerichtsbarkeit – wegen ihrer besonderen Sachkunde, sondern als Vertreter des Volkes schlechthin tätig werden sollen (z. B. Schöffen).

Bei den ordentlichen Gerichten entscheiden im Zivilprozeß nur *Berufsrichter,* ausgenommen die Kammern für Handelssachen bei den Landgerichten, bei denen zwei ehrenamtliche Richter neben dem vorsitzenden Berufsrichter mitwirken. In Strafsachen sind bei fast allen Tatsacheninstanzen mit Ausnahme der Einzelrichterabteilungen des Amtsgerichts und der nur aus Berufsrichtern bestehenden Strafsenate des Oberlandesgerichts Laienrichter als Beisitzer tätig, also bei den Schöffengerichten und den allgemeinen und besonderen Strafkammern (216, 217). Auch bei den anderen Gerichten werden ehrenamtliche Richter zugezogen, so beim Verwaltungsgericht, beim Finanzgericht, beim Arbeitsgericht und beim Sozialgericht (151, 78, 636, 689).

Die Rechtsstellung der Richter ist im *Deutschen Richtergesetz* (DRiG) i. d. F. vom 19. 4. 1972 (BGBl. I 713) m. spät. Änd. geregelt. Dieses Gesetz betrachtet dem GG gemäß den *Richter* nicht mehr als Beamten, sondern gibt ihm eine seiner besonderen Aufgabe als Repräsentant der dritten Gewalt gerecht werdende eigene Rechtsstellung.

Nach einleitenden Vorschriften behandelt der *1. Teil (Richteramt in Bund und Ländern)* die Befähigung zum Richteramt, das Richterverhältnis, die Unabhängigkeit des Richters, seine besonderen Pflichten und die ehrenamtlichen Richter. Die *Befähigung zum Richteramt* wird durch das Bestehen zweier Prüfungen erworben. Der ersten Prüfung muß ein *Studium der Rechtswissenschaft* von mindestens 3½ Jahren vorangehen, davon mindestens vier Halbjahre an einer Universität der BRep. Zwischen der ersten und der zweiten Prüfung muß ein *Vorbereitungsdienst* von 2 Jahren als *Referendar* liegen (§§ 5–5d). Die in einem Land der

BRep. abgelegte erste Prüfung und die auf den Vorbereitungsdienst verwendete Zeit werden in jedem anderen Bundesland anerkannt. Wer in der BRep. die Befähigung zum Richteramt erworben hat, besitzt sie im Bund und in jedem deutschen Land (§ 6). Ordentliche Professoren der Rechte an einer Universität in der BRep. sind zum Richteramt befähigt (§ 7).

Richter können nur als Richter auf Lebenszeit, auf Zeit, auf Probe oder kraft Auftrags berufen werden (§ 8). Voraussetzung ist, daß der zu Berufende Deutscher i. S. des Art. 116 GG ist, die Gewähr dafür bietet, jederzeit für die freiheitliche demokratische Grundordnung i. S. des GG einzutreten, und die Befähigung zum Richteramt besitzt (§ 9).

Zum *Richter auf Lebenszeit* kann ernannt werden, wer nach Erwerb der Befähigung zum Richteramt mindestens 3 Jahre im richterlichen Dienst tätig gewesen ist (§ 10). Eine Ernennung auf Zeit ist nur unter den durch Bundesgesetz bestimmten Voraussetzungen und nur für die bundesgesetzlich bestimmten Aufgaben zulässig (§ 11). Wer später als Richter oder als Staatsanwalt verwendetwerden soll, kann zum *Richter auf Probe* ernannt werden. Spätestens 5 Jahre nach seiner Ernennung ist der Richter auf Probe zum Richter auf Lebenszeit oder unter Berufung in das Beamtenverhältnis zum Staatsanwalt auf Lebenszeit zu ernennen (§ 12). Ein Richter auf Probe kann ohne seine Zustimmung nur bei einem Gericht, bei einer Behörde der Gerichtsverwaltung oder bei einer Staatsanwaltschaft verwendet werden (§ 13). Über Richter kraft Auftrags s. §§ 14–16. Die *Ernennung der Richter* erfolgt durch Aushändigung einer Urkunde (§ 17); über Richteramtsbezeichnungen s. § 19a. Über Nichtigkeit oder Rücknahme der Ernennung s. §§ 18, 19. Über *Entlassung* aus dem Richterverhältnis s. § 21, Entlassung eines Richters auf Probe oder kraft Auftrags §§ 22, 23. Beendigung des Dienstverhältnisses kann wie beim Beamten (154 I) infolge strafgerichtlicher Verurteilung oder Verwirkung von Grundrechten eintreten (§ 24).

Die in Bund und Ländern verfassungsmäßig gewährleistete *Unabhängigkeit des Richters* behandeln die §§ 25–37. Der Richter ist nur dem Gesetz unterworfen (§ 25). Er untersteht der *Dienstaufsicht* nur, soweit nicht seine Unabhängigkeit beeinträchtigt wird. Behauptet ein Richter eine solche Beeinträchtigung, so entscheidet auf seinen Antrag das Dienstgericht (§§ 26, 62; s. unten).

Bei einer gerichtlichen Entscheidung dürfen bis 28. 2. 1998 nicht mehr als zwei Richter auf Probe oder kraft Auftrags oder abgeordnete Richter mitwirken; ab 1. 3. 1998 darf nicht mehr als ein Richter auf Probe mitwirken; der Vorsitzende in Kollegialgerichten muß Richter auf Lebenszeit sein (§§ 28, 29). Über Versetzungen s. §§ 30–33. Bewirbt sich ein Richter um ein Mandat als *Abgeordneter* des BT oder einer gesetzgebenden Körperschaft des Landes, so hat er vor dem Wahltag Anspruch auf zwei Monate Urlaub ohne Dienstbezüge (§ 3 des AbgeordnetenG; vgl. 59 IV).

Besondere Pflichten des Richters sind Richtereid (§ 38), Wahrung der Unabhängigkeit (§ 39), Verbot der Erstattung von Rechtsgutachten (§ 41), Beratungsgeheimnis (§ 43). Zu Nebentätigkeit ist der Richter nur in der Rechtspflege und der Gerichtsverwaltung verpflichtet (§ 42). Eine Nebentätigkeit als Schiedsrichter oder Schlichter darf nur genehmigt werden, wenn die Parteien den Richter gemeinschaftlich beauftragen oder wenn er von einer unbeteiligten Stelle benannt ist. Die Genehmigung ist zu versagen, wenn der Richter mit der Sache befaßt ist oder nach der Geschäftsverteilung befaßt werden kann (§ 40).

S. a. VO über die Nebentätigkeit der Richter im Bundesdienst vom 15. 10. 1965 (BGBl. I 1719) m. letzter Änd. vom 12. 11. 1987 (BGBl. I 2373).

Ehrenamtliche Richter dürfen nur unter den gesetzlich bestimmten Voraussetzungen tätig werden. Sie sind unabhängig wie Berufsrichter und haben gleiche Pflichten (§§ 44, 45).

Die *Entschädigung* der ehrenamtlichen Richter bei den Gerichten der ordentlichen sowie der allgemeinen Verwaltungs-, der Finanz-, Arbeits- und Sozialgerichtsbarkeit bestimmt sich nach dem Ges. vom 1. 10. 1969 (BGBl. I 1753) m. letzter Änd. vom 24. 6. 1994 (BGBl. I 1325, 1354). Sie erhalten für Zeitversäumnis 8 DM pro Stunde, bei Verdienstausfall bis 30 DM, in Ausnahmefällen bis 60 (u. U. bis 80) DM, ferner Fahrtkosten, Wegegeld und Entschädigung für Aufwand (Tagegeld bei mehr als 6 Std. Sitzungsdauer pauschal 6 DM, bei auswärtigen Sitzungen Reisekosten). Nicht Erwerbstätige mit eigenem Haushalt für mehrere Personen erhalten (an Stelle eines Verdienstausfallersatzes) als Ausgleich für die Versäumung ihrer Hausarbeit eine Entschädigung von 20 DM je Stunde. Die ea. Richter bei den Kammern für Handelssachen werden gemäß § 107 GVG entschädigt (Fahrt-, evtl. Kilometergelder; wenn auswärts wohnhaft: Tage- und Übernachtungsgelder nach beamtenrechtlichen Grundsätzen wie Richter beim Landgericht).

Der *2. Teil* des DRiG (§§ 46–70) gilt für die Rechtsverhältnisse der *Richter im Bundesdienst.* Für sie gelten bis zu einer besonderen Regelung die Vorschriften für Bundesbeamte (vgl. 154).

Über Vertretung im Bundespersonalausschuß s. § 47. Richter auf Lebenszeit an den obersten Gerichtshöfen des Bundes treten ebenso wie andere Richter (Ausnahme: Bundesverfassungsrichter, vgl. § 4 Abs. 3 BVerfGG) mit dem Ende des Monats in den Ruhestand, in dem sie das 65. Lebensjahr vollenden (*Altersgrenze,* § 48). Zur Teilzeitbeschäftigung und zum Urlaub ohne Dienstbezüge s. §§ 48a–b, 76a–b DRiG. Als Richtervertretungen sieht das Gesetz den *Richterrat* für die Beteiligung an allgemeinen und sozialen Angelegenheiten (§§ 50–53) und den *Präsidialrat* für die Beteiligung an der Ernennung eines Richters vor (§§ 54–57). Art. 95 GG schreibt für die Berufung der Richter der obersten Gerichtshöfe (71 I) die Beteiligung eines Wahlausschusses vor. Zur Ausführung ist das *Richterwahlgesetz* vom 25. 8. 1950 (BGBl. I 368) ergangen. Nach § 55 DRiG ist vor jeder Ernennung oder Wahl eines Richters der Präsidialrat des Gerichts, bei welchem der Richter verwendet werden soll, zu beteiligen.

Für die Richter im Bundesdienst ist als *Dienstgericht* des Bundes ein besonderer Senat des BGH bestimmt. Das Dienstgericht, dessen Zuständigkeit sich aus § 62 ergibt, gilt nach § 61 Abs. 4 in Disziplinarsachen (§ 63) als Strafsenat, in Versetzungs- und Prüfungsverfahren (§§ 65, 66) als Zivilsenat i. S. der §§ 132, 136 GVG. Vgl. 219.

In seinem *3. Teil* behandelt das DRiG das Recht der *Richter im Landesdienst.* Die Länder sind verpflichtet, die Rechtsverhältnisse ihrer Richter gemäß den §§ 72–84 und, soweit das DRiG nichts anderes bestimmt, auf der Grundlage der §§ 1–120 des Beamtenrechtsrahmengesetzes (vgl. 157) zu regeln.

Die Länder haben dabei die gemeinsamen Interessen von Bund und Ländern zu berücksichtigen (§ 71). Nach § 71a ist das BeamtenversorgungsG (154 III 4) anzuwenden. Daneben gibt das DRiG selbst für die Regelung des Landesrechts bindende Vorschriften, und zwar über die Bildung des *Richterrates* und des *Präsidialrates* (§§ 72–75) sowie über die Errichtung von Dienstgerichten (§§ 77ff.)

Die *Dienstgerichte* entscheiden in Besetzung mit dem Vorsitzenden und je zur Hälfte ständigen und nichtständigen Beisitzern, die sämtlich Richter auf Lebenszeit sein müssen (§ 77). Das Verfahren vor den Dienstgerichten besteht aus mindestens zwei Rechtszügen. Die Revision an das *Dienstgericht des Bundes* ist nur beschränkt zugelassen (§ 79); für die Revision im Disziplinarverfahren, Versetzungsverfahren und Prüfungsverfahren enthalten die §§ 80–83 bindende Vorschriften. Die Regelung der gesetzlichen Altersgrenze ist ebenso wie die Entscheidung über die Anwendung des DRiG auf die Mitglieder des Verfassungsgerichts den Ländern überlassen (§§ 76, 84).

210. Rechtspfleger

ist ein Beamter des gehobenen Justizdienstes, der auf Grund gesetzlicher Ermächtigung mit der Wahrnehmung richterlicher Aufgaben betraut ist. Rechtsgrundlage ist das *Rechtspflegergesetz* vom 5. 11. 1969 (BGBl. I 2065) m. spät. Änd. Er entscheidet wie ein Richter selbständig und ist hierbei nur dem Gesetz unterworfen, also unabhängig von Weisungen seiner vorgesetzten Dienststelle (§ 9). Bei bestimmten Voraussetzungen hat der Rechtspfleger ihm übertragene Geschäfte dem Richter vorzulegen (s. § 5).

Gegen die Entscheidung des Rechtspflegers ist, soweit das Gesetz nicht etwas anderes bestimmt, die *Erinnerung* zulässig. Sie wird nach den sinngemäß anzuwendenden Vorschriften über die Beschwerde behandelt (§ 11). Der Rechtspfleger kann durch eine neue Entscheidung abhelfen oder muß die Sache dem Richter zur Entscheidung vorlegen. Erst gegen die Entscheidung des Richters ist dann das verfahrensrechtlich zugelassene Rechtsmittel gegeben. Hält jedoch der Richter die Erinnerung für unzulässig oder unbegründet oder ein Rechtsmittel überhaupt nicht für gegeben, so legt er die Sache dem Rechtsmittelgericht vor; die Erinnerung gilt dann als Beschwerde gegen die Entscheidung des Rechtspflegers.

Voraussetzung für die Betrauung mit den Aufgaben eines Rechtspflegers ist ein *Vorbereitungsdienst* von mindestens drei Jahren (davon 1½ Jahre fachwissenschaftlicher Studiengang) und Ablegung der Rechtspflegerprüfung. Ferner dürfen das Amt als Rechtspfleger Beamte ausüben, welche die zweite juristische Staatsprüfung bestanden haben. Wer die erste juristische Staatsprüfung bestanden hat, kann vom Vorbereitungsdienst zum Rechtspfleger auf Antrag teilweise befreit werden. Referendare können zeitweilig mit den Geschäften eines Rechtspflegers betraut werden (§ 2).

Die dem Rechtspfleger *übertragenen Geschäfte* sind vielgestaltig. Er erledigt die meisten früher dem Richter am Amtsgericht zugewiesenen Angelegenheiten der freiwilligen Gerichtsbarkeit. Ihm obliegen grundsätzlich sämtliche Geschäfte in Grundbuch-, Zwangsversteigerungs- und Zwangsverwaltungssachen, Vereins-, Güterrechts- und Musterregistersachen, Verschollenheits-, Aufgebots-, Urkunds- und Hinterlegungssachen; ferner die meisten Angelegenheiten im Mahnverfahren und in der Strafvollstreckung (dazu VO vom 26. 6. 1970, BGBl. I 992 m. spät. Änd.). Andere Bereiche sind teils vom Richter, teils vom Rechtspfleger zu erledigen. Dieser bearbeitet familienrechtliche Angelegenheiten, in denen aber personenrechtliche oder abschließende Entscheidungen meist dem Richter vorbehalten sind. Von Nachlaß- und Teilungssachen sind dem Richter vorbehalten u. a. Entscheidungen über Testamentsvollstrecker, Erbschein u. a. m., bei Handelssachen gewisse Eintragungen und andere wichtige Verfügungen. Im Konkurs- und Vergleichsverfahren entscheidet der Rechtspfleger, soweit der Richter sich die Entscheidung nicht vorbehält, erst im Verfahren nach Entscheidung über die Eröffnung. Allgemein kann der Rechtspfleger auch zur Mitwirkung bei richterlichen Geschäften herangezogen werden, z. B. zur Fertigung von Entwürfen.

211. Die Rechtsanwälte

sind die gesetzlich berufenen, unabhängigen Vertreter und Berater in allen Rechtsangelegenheiten. Sie sind Organ der Rechtspflege und üben kein Gewerbe, sondern einen *freien Beruf* aus.

Der Rechtsanwalt (RA) bedarf zur Aufnahme seiner Tätigkeit der *Zulassung* bei einem bestimmten Gericht. Diese setzt die Befähigung zum Richteramt voraus. Eine Versagung der Zulassung wegen mangelnden Bedürfnisses ist nicht mehr statthaft (kein *numerus clausus*). Sondervorschriften gelten für die Zulassung beim BGH.

Die *Bundesrechtsanwaltsordnung* (BRAO) vom 1. 8. 1959 (BGBl. I 565) m. spät. Änd. insbes. vom 2. 9. 1994 (BGBl. I 2278) vereinheitlichte das deutsche Anwaltsrecht und brachte insbesondere die Abschaffung des Anwärterdienstes (es besteht also kein Vorbereitungsdienst als *Anwaltsassessor* mehr), die Trennung des Ehrengerichts (jetzt: Anwaltsgericht) vom Kammervorstand und eine Klarstellung des Prinzips der *Singularzulassung* (nur beim LG oder OLG; auf Antrag beim AG und übergeordneten LG). In Bad.-Württbg., Bayern, Berlin, Bremen, Hamburg, Saarld., Sachsen, Sachsen-Anhalt und Thüringen besteht nach 5jähriger Anwaltstätigkeit Anspruch auf *Simultanzulassung* auch beim übergeordneten OLG (§ 226 Abs. 2 BRAO). *Standesvertretung* sämtlicher im Bezirk eines OLG zugelassenen RAe ist die *Rechtsanwaltskammer*. Die RA-Kammern und ihr Zusammenschluß, die *Bundesrechtsanwaltskammer,* haben den Status von Körperschaften des öffentlichen Rechts.

Die Anwaltschaft hat eine eigene *Anwaltsgerichtsbarkeit,* durch die bei Pflichtverletzungen Warnung, Verweis, Geldbuße bis 50000 DM, Vertretungsverbot auf bestimmten Rechtsgebieten für 1–5 Jahre oder Ausschluß aus der Anwaltschaft verhängt werden kann. In erster Instanz entscheidet das bei der RA-Kammer gebildete Anwaltsgericht durch eine mit 3 RAen besetzte Kammer, in zweiter Instanz ein Senat (3 RAe, 2 Berufsrichter) des beim OLG errichteten *Anwaltsgerichtshofs.* Soweit Revision zulässig ist oder zugelassen wird, entscheidet darüber der beim BGH gebildete *Senat für Anwaltssachen* (Präs. des BGH bzw. Vorsitzender Richter, 3 Mitglieder des BGH, 3 RAe). Die Berufungs- und die Revisionsfrist betragen jeweils 1 Woche. Der Vorstand der Anwaltskammer hat das Recht, außerhalb des Anwaltsgerichtsverfahrens bei Pflichtverletzungen *Rügen* zu erteilen, gegen die Einspruch, bei Erfolglosigkeit Anrufung des Anwaltsgerichts zulässig ist. Lassen dringende Gründe den Ausschluß aus der Anwaltschaft erwarten, kann ein vorläufiges *Berufs- oder Vertretungsverbot* verhängt werden.

Der RA kann als Vertreter einer Partei vor jedem Gericht und jeder Behörde oder sonstigen Einrichtung des öffentlichen Lebens auftreten, bei den Kollegialgerichten der ordentlichen Gerichtsbarkeit jedoch nur, soweit er dort zugelassen ist, als Verteidiger aber vor jedem Strafgericht. Er hat bezüglich der ihm von seinem Mandanten mitgeteilten Angelegenheiten eine besondere *Schweigepflicht.*

Stellt der RA einem Auftraggeber auf Grund eines ständigen Dienst- oder ähnlichen Beschäftigungsverhältnisses seine Arbeitszeit und Arbeitskraft zur Verfügung (sog. *Syndikusanwalt*), darf er vor Gerichten oder Schiedsgerichten nicht in seiner Eigenschaft als RA tätig werden. Wird ein RA als Richter oder Beamter verwendet, ohne auf Lebenszeit ernannt zu sein, oder ist er vorübergehend als Angestellter *im öffentlichen Dienst* tätig, darf er seinen Beruf als RA nicht ausüben, es sei denn, daß er die ihm übertragenen Aufgaben ehrenamtlich wahrnimmt (§§ 46, 47 BRAO).

Für seine Tätigkeit stehen dem RA *Gebühren* nach Maßgabe der *Bundesgebührenordnung für Rechtsanwälte* – BRAGO – vom 26. 7. 1957 (BGBl. I 907) m. spät. Änd. zu; sie bemessen sich i. d. R. nach dem Gegenstand der Anwaltstätigkeit, der sich z. B. in Zivilsachen nach dem gerichtlichen Streitwert (s. 236, 238), in Strafsachen nach der Gerichtsstufe und der Zahl der Hauptverhandlungstage richtet. Soweit die BRAGO Rahmengebühren vorsieht, ist die Gebühr im Einzelfall nach Bedeutung, Umfang und Schwierigkeit der Sache zu bestimmen. Überschreitung der Rahmengebühr oder einer gesetzlich fixierten Gebühr setzt schriftliche Vereinbarung voraus. Die Vereinbarung geringerer Gebühren oder eines Erfolgshonorars ist unzulässig (§ 49b BRAO).

Wer nach seinen persönlichen und wirtschaftlichen Verhältnissen die Gebühren für die Inanspruchnahme eines RA nicht aufbringen kann, erhält auf Antrag *Prozeßkostenhilfe,* wenn die Rechtsverfolgung nicht aussichtslos oder mutwillig ist (238). Für die Wahrnehmung von Rechten *außerhalb des gerichtlichen Verfahrens* wird ihm, falls er nicht auf andere Weise (z. B. als Mitglied einer Gewerkschaft) rechtliche Betreuung erlangen kann, *Beratungshilfe* nach dem Ges. vom 18. 6. 1980 (BGBl. I 689) gewährt, außer wenn die Rechtsverfolgung mutwillig ist. Das Amtsgericht, das über den Antrag entscheidet (bei Ablehnung ist Erinnerung zulässig), erteilt dem Antragsteller eine Bescheinigung, die ihn berechtigt, die Beratung und erforderlichenfalls außergerichtliche Vertretung durch einen RA seiner Wahl oder eine amtliche Beratungsstelle in Anspruch zu nehmen; die Beratungshilfe kann vom Amtsgericht gewährt werden, sofern eine sofortige Auskunft, ein Hinweis oder eine Antragsaufnahme ausreicht. Der Ratsuchende hat dem in Anspruch genommenen Anwalt eine einmalige Gebühr (20 DM) zu zahlen, deren Erstattung er ggf. von seinem kostenpflichtigen Gegner verlangen kann; eine Honorarvereinbarung darf der RA nicht treffen.

Ein RA, der besondere Kenntnisse z. B. im Strafrecht, im Verwaltungsrecht, Familienrecht, Steuerrecht, Arbeitsrecht oder Sozialrecht erworben hat, kann hierauf durch die Bezeichnung als *Fachanwalt* hinweisen; die Befugnis, eine Fachanwaltsbezeichnung zu führen, verleiht die Rechtsanwaltskammer (§ 43c BRAO). Die notwendigen Anforderungen an den Nachweis der besonderen Kenntnisse regeln die am 11. 3. 1997 in Kraft getretenen, als Satzungen ausgestalteten berufsrechtlichen Regelungen (Berufs- und Fachanwaltsordnung für Rechtsanwälte), die im Dezember 1996 von der Satzungsversammlung der Bundesrechtsanwaltskammer beschlossen wurden. I. d. R. muß der Bewerber mindestens 3 Jahre als RA tätig gewesen sein, ferner können die theoretischen Kenntnisse auf einem Lehrgang mit einer Zeitdauer von mindestens 120 Stunden erworben werden. Zudem ist der Nachweis besonderer praktischer Erfahrung durch selbständige Fallbearbeitungen auf den jeweiligen Fachgebieten erforderlich.

Zu den Grundpflichten eines RA gehört, keine Bindungen einzugehen, die seine berufliche Unabhängigkeit gefährden (§ 43a BRAO). *Werbung* ist nur erlaubt, soweit sie über die berufliche Tätigkeit in Form und Inhalt sachlich unterrichtet (§ 43b BRAO). Der Abschluß einer *Berufshaftpflichtversicherung* ist obligatorisch (§ 51 BRAO). Berufliche Zusammenarbeit und die Bildung von *So-*

zietäten ist möglich (§ 59a BRAO). Nähere Bestimmungen zu den beruflichen Rechten und Pflichten sind in einer *Berufsordnung durch Satzung* zu bestimmen. Die Satzungskompetenz liegt bei der Bundesrechtsanwaltskammer und einer demokratisch zu legitimierenden Satzungsversammlung (§§ 59b, 191aff BRAO).

Nach § 29a BRAO kann der RA auch in anderen Staaten eine Kanzlei unterhalten. Über die Ausbildung zum *Rechtsanwaltsgehilfen* s. VO vom 23. 11. 1987 (BGBl. I 2392) m. spät. Änd.

Anwälte aus EU-Mitgliedsländern oder anderen Vertragsstaaten des EWR-Abkommens dürfen in der BRep. tätig werden, soweit dies nach dem auf Grund der Art. 59, 60 EWGV und der Richtlinie des EG-Rates vom 22. 3. 1977 erlassenen *Rechtsanwaltsdienstleistungsgesetz* (RADG) vom 16. 8. 1980 (BGBl. I 1453) m. spät. Änd. zulässig ist. Sie können sich in der BRep. unter ihrer ausländischen Berufsbezeichnung zur Rechtsbesorgung auf dem Gebiet ausländischen und internationalen Rechts niederlassen, wenn sie auf Antrag in die zuständige Rechtsanwaltskammer aufgenommen sind. Für Anwälte aus Mitgliedstaaten der WTO (918 IV) gilt entsprechendes, allerdings beschränkt auf das Recht des Herkunftsstaates und das Völkerrecht (§ 206 BRAO). Dazu Ges. über die Eignungsprüfung für die Zulassung v. EG-Angehörigen zur Rechtsanwalt- bzw. Patentanwaltschaft vom 6. 7. 1990 (BGBl. I 1349). Durch dieses Ges. wurde die Richtlinie des EG-Rates vom 21. 12. 1988 über eine allgemeine Regelung zur Anerkennung der Hochschuldiplome, die eine mindestens dreijährige Berufsausbildung abschließen, 89/48 EWG – ABl. EG Nr. L 19 (1989), S. 16, in deutsches Recht umgesetzt. S. hierzu ferner die VO über die Eignungsprüfung für die Zulassung zur Rechtsanwaltschaft vom 18. 12. 1990 (BGBl. I 2881) m. spät. Änd.

212. Sonstige Rechtsvertreter

Nicht jedermann darf sich berufsmäßig mit der *Besorgung fremder Rechtsangelegenheiten,* sei es gerichtlich oder außergerichtlich, befassen. Diese obliegt in erster Linie den *Rechtsanwälten* (211). Andere Personen dürfen zwar, soweit nicht *Anwaltszwang* besteht, in Einzelfällen als Bevollmächtigte oder Beistände vor Gericht auftreten, falls sie prozeßfähig sind. Eine *geschäftsmäßige* Besorgung fremder Rechtsangelegenheiten dagegen – gleichgültig ob entgeltlich oder unentgeltlich – ist an die Zulassung durch die Justizverwaltung (Präsident des Amts- bzw. Landgerichts) geknüpft.

Ausnahmen bestehen für behördlich eingesetzte Personen wie Notare, Patentanwälte, Wirtschaftsprüfer, Konkurs- oder Zwangsverwalter oder Beratung durch berufsständische Vereinigungen u. dgl. Sondervorschriften gelten u. a. im Steuer- und Sozialgerichtsverfahren.

Die zur mündlichen Verhandlung nach § 157 Abs. 3 ZPO Zugelassenen heißen *Prozeßagenten*. Diese sowie alle Personen, denen die Erlaubnis zur geschäftsmäßigen Besorgung fremder Rechtsangelegenheiten einschließlich der *Rechtsberatung* und der Einziehung fremder oder zur Einziehung abgetretener Forderungen erteilt ist, dürfen sich *Rechtsbeistände* nennen; doch kann eine andere Bezeichnung (z. B. *Rentenberater*) bestimmt werden, soweit sich die Tätigkeit auf bestimmte Gebiete beschränkt. Vgl. das *Rechtsberatungsgesetz,* das bei Zuwiderhandlungen Geldbuße androht, nebst 1. AVO – beide vom 13. 12. 1935 (RGBl. I 1478, 1481) – sowie 2. AVO vom 3. 4. 1936 (RGBl. I 359). Die Bedürfnisprüfung bei der Zulassung von Prozeßagenten hat das BVerfG (BVerfGE 10, 185) als mit

Art. 12 Abs. 1 GG vereinbar befunden. Die *Gebühren* der Rechtsbeistände (Art. IX des Kostengesetzes vom 26. 7. 1957, BGBl. I 861, 931 m. letzt. Änd. vom 18. 8. 1980, BGBl. I 1503) entsprechen grundsätzlich denen der Rechtsanwälte. Über die Ausbildung zum *Rechtsbeistandsgehilfen* vgl. VO vom 8. 6. 1988 (BGBl. I 736).

213. Notare, Notariate

Der Notar ist unabhängiger Träger eines öffentlichen Amtes auf dem Gebiet der vorsorgenden Rechtspflege. Er ist in besonderem Maße als öffentliches Urkundsorgan berufen. Namentlich obliegt ihm, *Beurkundungen* (z. B. von Gesellschaftsbeschlüssen, Grundstückskaufverträgen, Testamenten, Erbverträgen usw.) und *Beglaubigungen* (z. B. von Unterschriften) vorzunehmen. Vgl. 300. Weiter ist er zuständig zur Entgegennahme von Auflassungen, für Auseinandersetzungen über Nachlässe und eheliche Gütergemeinschaften, für die Verwahrung von Geld, Kostbarkeiten und Wertpapieren, zur Aufnahme von Wechselprotesten, für die Durchführung freiwilliger Versteigerungen usw.

Gesetzliche Grundlage ist die *Bundesnotarordnung* vom 24. 2. 1961 (BGBl. I 98) m. spät. Änd. Sie enthält Vorschriften über I. das Amt des Notars (Bestellung; Ausübung des Amtes; Amtstätigkeit; Abwesenheit und Verhinderung des Notars, Notarvertreter; Erlöschen des Amtes, vorläufige Amtsenthebung, Notariatsverweser; §§ 1–64); II. Notarkammern, Bundesnotarkammer (§§ 65–91); III. Aufsicht, Disziplinarverfahren (§§ 92–110); IV. Übergangs- und Schlußbestimmungen (§§ 111–119).

Es werden so viele Notare bestellt, wie es den Erfordernissen einer geordneten Rechtspflege entspricht (§ 4).

Nach § 10 BNotO ist jedem amtlich bestellten Notar ein bestimmter Ort als Amtssitz (für Kanzlei und Wohnung) zugewiesen; der Amtsbereich des Notars ist der Bezirk des Amtsgerichts, in dem er seinen Amtssitz hat; die Landesjustizverwaltung kann die Grenzen des Amtsbereichs abweichend festlegen (§ 10a Abs. 1); i. d. R. darf der Notar nur in seinem Amtsbezirk (OLG-Bezirk) tätig werden (§ 11). Der Notar ist verpflichtet, sich dienstbereit zu halten, es sei denn, daß für ihn ein Vertreter vorhanden ist. Verhinderungen von mehr als einer Woche sind anzuzeigen; Abwesenheit von mehr als 1 Monat bedarf aufsichtsbehördlicher Genehmigung (§ 38 BNotO).

Als *Disziplinargerichte* für Notare sind Senate für Notarsachen, im ersten Rechtszug beim OLG (Vorsitzender Richter, 1 weiterer Richter, 1 Notar) und im zweiten Rechtszug beim BGH (Vorsitzender Richter und 2 weitere Richter, 2 Notare) zuständig (§§ 99, 101, 106).

Die Gebühren des Notars bestimmen sich nach §§ 140–157 der *Kostenordnung* vom 26. 7. 1957 (BGBl. I 960; vgl. 214).

In Bad.-Württ. sind die *Bezirksnotare* im früheren württembergischen Landesteil, ebenso wie die Notariate im ehemaligen badischen Landesteil, selbständige Behörden der Gerichtsorganisation. Für die Bezirksnotare gilt die BNotO nicht (§ 114). Ihre Zuständigkeit umfaßt (außer der des Notars) die des Grundbuchamts, des Vormundschafts- und des Nachlaßwesens (295–297). Die Bezirksnotare gehen aus der besonders geregelten Notariatslaufbahn des gehobenen Justizdienstes hervor.

Über die Ausbildung zum *Notargehilfen* vgl. VO vom 23. 11. 1987 (BGBl. I 2392) m. spät. Änd.

214. Kostenwesen

Für die Inanspruchnahme öffentlich-rechtlicher Leistungen werden *Gebühren* erhoben (vgl. 501). In bürgerlichen Rechtsstreitigkeiten, in Verfahren vor den allgemeinen Verwaltungsgerichten und den Finanzgerichten, in Konkurs- und Vergleichssachen sowie für Verfahren nach dem Zwangsversteigerungsgesetz, der Strafprozeßordnung, dem Gesetz über Ordnungswidrigkeiten oder dem Strafvollzugsgesetz sind *Kosten* nach dem *Gerichtskostengesetz* – GKG – i. d. F. vom 15. 12. 1975 (BGBl. I 3047) m. spät. Änd. zu zahlen. Die Kosten in Angelegenheiten der freiwilligen Gerichtsbarkeit bestimmen sich dagegen nach der *Kostenordnung* vom 26. 7. 1957 (BGBl. I 960) m. spät. Änd. Über die Gebühren der Rechtsanwälte, Rechtsbeistände und Notare und die Kosten der Gerichtsvollzieher s. 211–213, 223.

In Arbeitsgerichtssachen ist das GKG neben den Sondervorschriften des § 12 ArbGG ergänzend anwendbar. Auch für die Sozialgerichte bestehen Sonderbestimmungen; danach werden von natürlichen Personen nur ausnahmsweise Gerichtskosten erhoben (§§ 183, 184, 192 SGG).

Von Bedeutung sind ferner die *Justizverwaltungskostenordnung* vom 14. 2. 1940 (RGBl. I 357), nach welcher die Justizbehörden Gebühren und Auslagen für Verwaltungsakte – z. B. Beglaubigungen, Rechtshilfeangelegenheiten (225) – berechnen, und die *Justizbeitreibungsordnung* vom 11. 3. 1937 (RGBl. I 298), welche die durch zwangsweise Einziehung von Gebühren oder Kosten entstehenden Ansprüche regelt. Die Entschädigung der *Zeugen* und *Sachverständigen* richtet sich nach dem Ges. vom 1. 10. 1969 (BGBl. I 1756), m. spät. Änd. *Zeugen* erhalten Ersatz der Fahrtkosten sowie für Verdienstausfall 4–25 DM pro Std., höchstens jedoch für 10 Std. tägl. (ohne Verdienstausfall den Mindestsatz, Hausfrauen bei Mehrpersonenhaushalt 20 DM stdl., außer falls dem Zeugen ersichtlich kein Nachteil entstanden ist); bei längerer Abwesenheit als 4 Std. wird zusätzlich Aufwandsentschädigung gezahlt, z. B. Verzehrkosten. *Sachverständige* erhalten eine nach Qualifikation, Schwierigkeit der Begutachtung usw. zu bemessende Stundenvergütung (im Regelfall bis zu 100 DM, bei besonderen Leistungen bis zu 50 v. H. mehr).

B. Das Gerichtswesen der ordentlichen Gerichtsbarkeit

215. Ordentliche und besondere Gerichte

Vor die *ordentlichen Gerichte* (Amts-, Land-, Oberlandesgerichte – in Berlin das Kammergericht, in Bayern außerdem das Oberste Landesgericht –, Bundesgerichtshof) gehören alle nicht besonderen Gerichten zugewiesenen Streitigkeiten sowie die Strafsachen und die Angelegenheiten der (nichtstreitigen) freiwilligen Gerichtsbarkeit (208).

Als *besondere Gerichtsbarkeiten* sieht das GG vor (Art. 95, 96):

a) die *(allgemeine) Verwaltungsgerichtsbarkeit,* ausgeübt durch die Verwaltungs- und Oberverwaltungsgerichte der Länder und als oberste Instanz das *Bundesverwaltungsgericht* in Berlin (vgl. 71 II 2, 150, 151);

b) die *Arbeitsgerichtsbarkeit,* gehandhabt durch die Arbeits- und Landesarbeitsgerichte der Länder und in der obersten Instanz das *Bundesarbeitsgericht* in Kassel (vgl. 71 II 4, 636);

c) die *Sozialgerichtsbarkeit,* wahrgenommen durch die von den Ländern eingerichteten Sozial- und Landessozialgerichte und das *Bundessozialgericht* in Kassel (vgl. 71 II 5, 689 II);

d) die *Finanzgerichtsbarkeit,* in der auf Klage insbes. gegen Entscheidungen der Finanzbehörden die *Finanzgerichte* der Länder und auf Revision gegen deren Entscheidung (z. T. auch in 1. Instanz) der *Bundesfinanzhof* in München tätig werden (vgl. 71 II 3, 78, 512);

e) die *Patentgerichtsbarkeit,* in der das gemäß Art. 96 Abs. 1 GG errichtete (Bundes-)Patentgericht in München als erste Instanz in Angelegenheiten des gewerblichen Rechtsschutzes und als Rechtsmittelinstanz im Rechtsbeschwerde- und im Berufungsverfahren der Patentsenat des *BGH* entscheidet (vgl. 71 III, 387 VIII);

f) die *Disziplinargerichtsbarkeit* (Art. 96 Abs. 4 GG), in der im Bund das Bundesdisziplinargericht (in den Ländern Disziplinar- oder Dienststrafgerichte) und als Rechtsmittelinstanz das *Bundesverwaltungsgericht* (Disziplinarsenate) in Berlin tätig werden (vgl. 156).

Über die *Dienstgerichte* im Dienstverfahren gegen Soldaten vgl. 71 III, 455, über *Wehrstrafgerichte* 451. Weitere Spezialgerichte sind im GG nicht vorgesehen; ihre Einrichtung würde eine Verfassungsänderung voraussetzen. Vgl. 71, 204, 205.

Eine schärfere Abgrenzung zwischen ordentlicher und Verwaltungsgerichtsbarkeit brachte die *Verwaltungsgerichtsordnung* vom 21. 1. 1960 (BGBl. I 17), die in § 41 insbes. die Verweisungsmöglichkeit von einem Gerichtszweig zum anderen neu ordnete (vgl. 151 II). Andererseits wies sie in § 179 die gemäß Art. 19 Abs. 4 GG mögliche richterliche Kontrolle gewisser Justizverwaltungsakte den ordentlichen Gerichten in einem in §§ 23ff. EGGVG geregelten Verfahren zu (vgl. 205).

Für die Entscheidung von Binnenschiffahrtssachen sind nach § 14 GVG besondere Gerichte zugelassen und gemäß Ges. vom 27. 9. 1952 (BGBl. I 641) bei bestimmten Amtsgerichten als besondere Abteilungen eingerichtet (*Schiffahrtsgerichte,* für die Binnenschiffahrt auf dem Rhein: *Rheinschiffahrtsgerichte;* Berufungsinstanz: das Oberlandesgericht als Schiffahrts- bzw. Rheinschiffahrts-Obergericht).

Die gesetzlichen Grundlagen für das Gerichtsverfahren sind in der Zivilprozeßordnung, der Strafprozeßordnung, in der Verwaltungsgerichtsordnung, im Arbeitsgerichtsgesetz, im Sozialgerichtsgesetz und in der Finanzgerichtsordnung sowie in Sondergesetzen (z. B. PatentG) enthalten. Die *Verfahren* unterscheiden sich dadurch, daß in der Zivilgerichtsbarkeit die sog. *Verhandlungsmaxime* herrscht (die Parteien bestimmen den Streitstoff, über den das Gericht zu entscheiden hat; Ausnahmen in Familien-, Kindschafts-, Entmündigungssachen, vgl. 248), während in den verwaltungsgerichtlichen Verfahren und im Strafprozeß nach dem sog. *Untersuchungsprinzip* (Sachverhaltsfeststellung von Amts wegen) vorgegangen wird.

Von den „besonderen Gerichten" zu unterscheiden sind sog. *Ausnahmegerichte,* die zur Entscheidung bestimmter Einzelfälle oder zur Aburteilung bestimmter Personen – oft erst nach Tatbegehung – eingesetzt werden. Sie sind unzulässig. Niemand darf seinem *gesetzlichen Richter* (50 VI) entzogen werden. Vgl. Art. 101 Abs. 1 GG, § 16 GVG.

216. Die Amtsgerichte

sind die untere Instanz der ordentlichen Gerichtsbarkeit. Den Amtsgerichten stehen *Einzelrichter* vor. In der Regel führt ein Richter des Amtsgerichts die Dienstaufsicht, aber nur über die nichtrichterlichen Beamten sowie über die Angestellten und Arbeiter; dagegen steht die Dienstaufsicht über die Richter dem Präsidenten des übergeordneten Landgerichts und nur bei besonders großen Amtsgerichten einem Präsidenten des Amtsgerichts zu (s. z.B. AGGVG Bad.-Württbg. § 16, Bay. Art. 20). Ein Richter des Amtsgerichts kann gleichzeitig Richter bei einem anderen Amtsgericht oder einem Landgericht sein (§ 22 GVG).

I. In *Zivilsachen* entscheidet stets ein Einzelrichter. Zur sachlichen Zuständigkeit s. 236.

II. In *Strafsachen* ist für eine Reihe von Delikten der Einzelrichter *(Strafrichter)* zuständig (vgl. 270 I). Daneben werden für Strafsachen *Schöffengerichte* gebildet. Sie bestehen aus einem Richter als Vorsitzenden und zwei Schöffen (kleines Schöffengericht). Auf Antrag der Staatsanwaltschaft kann jedoch bei umfangreichen Sachen ein zweiter Richter zur Hauptverhandlung zugezogen werden (*erweitertes oder großes Schöffengericht;* §§ 28, 29 GVG).

Das Amt eines Schöffen ist ein Ehrenamt. Die Gemeinden reichen in jedem vierten Jahr dem AG eine *Vorschlagsliste* für Schöffen ein. Dieses stellt die Listen des Bezirks zusammen und bereitet den Beschluß über Einsprüche gegen die Vorschläge vor. Ein beim AG jedes vierte Jahr zusammentretender *Ausschuß* (Richter, 1 Verwaltungsbeamter, 10 Vertrauenspersonen) entscheidet über die Einsprüche und wählt aus der berichtigten Vorschlagsliste mit Zweidrittelmehrheit der Stimmen für die nächsten vier Geschäftsjahre die erforderliche Zahl von Hauptschöffen und Hilfsschöffen. Diese Zahl bestimmt der Präsident des Landgerichts so, daß jeder Hauptschöffe zu höchstens 12 ordentlichen Sitzungstagen im Jahr herangezogen wird. Die Namen der Gewählten werden bei jedem AG in eine *Schöffenliste* aufgenommen. Über Unfähigkeit zum Schöffenamt (insbes. Amtsunfähigkeit kraft Richterspruchs), den Kreis der nicht zu berufenden Personen (Richter und StAe, Geistliche u. a. m.) sowie Ablehnungsgründe (Tätigkeit in Heilberufen, besondere Beanspruchung durch Fürsorge für die Familie, Alter: 65 Jahre) vgl. §§ 32–35 GVG. Das AG setzt die ordentlichen Sitzungstage für das ganze Jahr im voraus fest; die Reihenfolge, in welcher die Hauptschöffen teilnehmen, wird durch Auslosung in öffentlicher Sitzung bestimmt. Die *Hilfsschöffen* werden bei Verhinderung von Hauptschöffen und zu außerordentlichen Sitzungen herangezogen. Die Schöffen leisten einen Eid. Über ihre Entschädigung vgl. 209. Bei unentschuldigtem Ausbleiben – Entbindung von einzelnen Sitzungstagen ist zulässig bei Verhinderung durch unabwendbare Umstände oder Unzumutbarkeit der Dienstleistung – werden sie zu einem Ordnungsgeld und in die verursachten Kosten verurteilt (§§ 45–56 GVG).

Die *Schöffen* üben während der Hauptverhandlung das Richteramt in vollem Umfang und mit gleichem Stimmrecht wie die Richter aus und nehmen auch an den im Laufe einer Hauptverhandlung zu erlassenden Entscheidungen teil, die in keiner Beziehung zu der Urteilsfällung stehen und die auch ohne mündliche Verhandlung erlassen werden können (§ 30 GVG).

Über die Zuständigkeit und Besetzung der Amtsgerichte in *Jugendstrafsachen* vgl. 291, in Schiffahrtssachen 215, in Landwirtschaftssachen 826 II.

217. Die Landgerichte

sind mit dem Präsidenten, Vorsitzenden Richtern und weiteren Richtern besetzt. Es bestehen:

I. *Zivilkammern*

(Besetzung: 3 Berufsrichter) als *erstinstanzliche* Gerichte in bürgerlichen Rechtsstreitigkeiten, die nicht den Amtsgerichten zugewiesen sind, und als *zweitinstanzliche* Gerichte zur Entscheidung über Berufung und Beschwerde gegen amtsgerichtliche Urteile und Beschlüsse (§§ 71, 72, 75 GVG; vgl. 236).

Die Zivilkammer kann den Rechtsstreit, falls er nicht tatsächlich oder rechtlich schwierig oder von grundsätzlicher Bedeutung ist, einem ihrer Mitglieder als *Einzelrichter* zur Entscheidung übertragen (§ 348 ZPO).

Falls von der Landesjustizverwaltung ein Bedürfnis angenommen wird, kann am Sitz des LG oder an einem anderen Ort seines Bezirks eine *Kammer für Handelssachen* (KfH) gebildet werden. Diese tritt in Handelssachen an die Stelle der Zivilkammer (§§ 94ff. GVG), wenn der Kläger es in der Klageschrift beantragt oder der Rechtsstreit auf Antrag des Beklagten von der Zivilkammer an die KfH verwiesen wird. Diese ist mit einem Berufsrichter und zwei Handelsrichtern besetzt, die von der Industrie- und Handelskammer vorgeschlagen und für die Dauer von drei Jahren ernannt werden (§ 108 GVG; Ersatz ihrer Auslagen usw. nach § 107 GVG, vgl. 209). Der Vorsitzende kann bestimmte prozessuale Entscheidungen allein treffen und mit Einverständnis der Parteien auch in der Sache selbst entscheiden (§ 349 ZPO).

Zur Zuständigkeit und Besetzung in Baulandsachen s. 192 I 10, in Berufsgerichtssachen der Wirtschaftsprüfer, Steuerberater und Steuerbevollmächtigten s. 571, 572.

II. *Strafkammern*

zur Entscheidung in Strafsachen; zur Zuständigkeit im einzelnen s. 270 II.

Durch Anordnung der Landesjustizverwaltung kann wegen großer Entfernung vom Landgerichtssitz bei einem AG eine *detachierte Strafkammer* gebildet werden (§ 78 GVG).

Über die Zuständigkeit und die Besetzung des LG in *Jugendstrafsachen* vgl. 291; über die *Strafvollstreckungskammer* s. 288 I, II.

218. Die Oberlandesgerichte

(in Berlin: Kammergericht) sind mit einem Präsidenten, Vorsitzenden Richtern und weiteren Richtern besetzt. Es bestehen:

I. *Zivilsenate*

mit 3 Berufsrichtern, zuständig zur Entscheidung in bürgerlichen Rechtsstreitigkeiten über Berufungen und Beschwerden hauptsächlich gegen Entscheidungen der Landgerichte.

An Stelle des *Zivilsenats* kann im Einverständnis der Parteien auch ein Mitglied als *Einzelrichter* entscheiden. Diesem kann aber auch die Vorbereitung des Urteils zugewiesen werden. Bestimmte prozessuale Entscheidungen minderer Bedeutung sind ihm gesetzlich übertragen (§ 524 ZPO). Über die Zuständigkeit und die Besetzung des OLG in Bauland-, Schiffahrts-, Landwirtschafts- und Kartellsachen vgl. 192 I 10, 215, 826 II, 835, in berufsgerichtlichen Verfahren gegen Rechtsanwälte, Notare, Wirtschaftsprüfer, Steuerberater und Steuerbevollmächtigte 211, 213, 571, 572.

II. *Strafsenate*

in Strafsachen als Gerichte erster, zweiter und dritter Instanz (§§ 115–122 GVG). Zur Zuständigkeit im einzelnen s. 270 III.

III. In *Bayern* besteht außerdem das *Oberste Landesgericht,* dem verschiedene Zuständigkeiten des OLG und des BGH übertragen sind; vgl. 131 IV 4a, 205.

219. Der Bundesgerichtshof (BGH)

ist oberster Gerichtshof (Art. 95 GG) für die ordentliche Gerichtsbarkeit (s. 71). Der Geschäftsgang des BGH wird durch eine vom Plenum beschlossene *Geschäftsordnung* geregelt, die der Bestätigung durch den Bundesrat bedarf (§ 140 GVG).

Der BGH ist mit einem Präsidenten, Vorsitzenden Richtern und weiteren Richtern besetzt. Seine Mitglieder werden durch den Bundesjustizminister gemeinsam mit dem Richterwahlausschuß gemäß dem Richterwahlgesetz (209) berufen und vom Bundespräsidenten ernannt. Voraussetzung ist die Vollendung des 35. Lebensjahres (§§ 124, 125 GVG).

Nach dem Geschäftsverteilungsplan des BGH bestehen 12 *Zivil-* und 5 *Strafsenate* (der 5. in Leipzig), die in der Besetzung von 5 Richtern mit Einschluß des Vorsitzenden entscheiden. Weiter sind beim BGH ein *Kartellsenat* zur Entscheidung über die Rechtsbeschwerde gegen Entscheidungen der OLGe in Kartellangelegenheiten (s. 835 II) und je ein Senat für Anwalts-, Notar-, Patentanwalts-, Wirtschaftsprüfer-, Steuerberater- und Steuerbevollmächtigten-Sachen für die in der Bundesrechtsanwaltsordnung, der Bundesnotarordnung, der Patentanwaltsordnung, der Wirtschaftsprüferordnung und dem Steuerberatungsgesetz dem BGH zugewiesenen Angelegenheiten (211, 213, 571, 572) gebildet. Über die Zuständigkeit in *Patentsachen* s. 71 III, 387 VIII, in Baulandsachen 192 I 10.

Außerdem ist der BGH als *Dienstgericht des Bundes* in denjenigen Angelegenheiten von Richtern bzw. Mitgliedern des Bundesrechnungshofes, Staatsanwälten sowie Bundes- und Landesanwälten zuständig, die ihm durch das Deutsche Richtergesetz übertragen worden sind (s. 209).

In *bürgerlichen* Rechtsstreitigkeiten ist der BGH zuständig für die Verhandlung und Entscheidung über die *Revision* gegen Endurteile der OLGe (bei Sprungrevision auch gegen LG-Urteile, vgl. 245) und in bestimmten Fällen über Beschwerden gegen Beschlüsse des OLG (§ 133 GVG).

Zur Zuständigkeit in *Strafsachen* s. 270 IV.

Je ein *Großer Senat* des BGH für Zivilsachen (Präs. und je ein Mitglied der Zivilsenate) bzw. für Strafsachen (Präs. und je zwei Mitglieder der Strafsenate) entscheidet zur Wahrung der *Rechtseinheit,* wenn ein Zivil- bzw. ein Strafsenat von der Entscheidung eines anderen Zivil- bzw. Strafsenats oder des Großen Senats abweichen will; auch kann der Große Senat in Fragen von grundsätzlicher Bedeutung angerufen werden. Will ein Zivilsenat von der Entscheidung eines Strafsenats oder des Großen Senats für Strafsachen oder ein Strafsenat von der Entscheidung eines Zivilsenats oder des Großen Senats für Zivilsachen oder ein Senat von der früher eingeholten Entscheidung der Vereinigten Großen Senate abweichen, so entscheiden die *Vereinigten Großen Senate* (für Zivil- und für Strafsachen; § 132 GVG).

Beim BGH besteht eine *Bundesanwaltschaft,* die mit einem *Generalbundesanwalt* und Bundesanwälten besetzt ist und die Aufgaben der *Staatsanwaltschaft* in den vor den BGH gehörenden Strafsachen, z. T. auch in den erstinstanzlichen Sachen des OLG, wahrnimmt. Vgl. 220.

Ermittlungsrichter des BGH können in Strafsachen, in denen das OLG in 1. Instanz zuständig ist (218), Untersuchungshandlungen an Stelle des Richters beim Amtsgericht oder neben diesem vornehmen, wenn der Generalbundesanwalt die Ermittlungen führt (§ 169 StPO).

220. Die Staatsanwaltschaft

ist die staatliche Untersuchungs- und Anklagebehörde in Strafsachen. Nach § 141 GVG soll bei jedem Gericht eine *Staatsanwaltschaft* (StA) bestehen. Das Amt der Staatsanwaltschaft wird beim Bundesgerichtshof durch einen *Generalbundesanwalt* und einen oder mehrere Bundesanwälte, bei den Oberlandesgerichten und Landgerichten durch einen oder mehrere *Staatsanwälte,* bei den Amtsgerichten durch einen oder mehrere Staatsanwälte oder *Amtsanwälte* ausgeübt (§ 142 GVG).

Der Generalbundesanwalt kann auch bei den OLGen im Bereich ihrer erstinstanzlichen Zuständigkeit tätig werden (§ 142a GVG). Vgl. 270.

Die *örtliche Zuständigkeit* der Beamten der StA bestimmt sich nach der örtlichen Zuständigkeit des Gerichts, bei welchem die StA bestellt ist. Die ersten Beamten der StA beim OLG und beim LG *(General-* bzw. *Oberstaatsanwalt)* sind befugt, bei allen Gerichten ihres Bezirks die Amtsverrichtungen der StA selbst zu übernehmen oder bestimmte Beamte damit zu beauftragen. *Amtsanwälte* wirken nur beim AG (§§ 143, 145 GVG).

Die Beamten der StA haben den dienstlichen Anweisungen ihrer Vorgesetzten im Rahmen ihrer Bindung an die Rechtsordnung nachzukommen. Die *Staatsanwälte* müssen zum Richteramt befähigt sein, sind aber nichtrichterliche Beamte. Die StA ist in ihren amtlichen Verrichtungen von den Gerichten unabhängig. Die zu *Hilfsbeamten der StA* bestellten (Polizei- u. a.) Beamten haben den Anordnungen der StA ihres Bezirks nachzukommen (§§ 144, 146, 147, 152 GVG). Vgl. 165.

221. Das Bundeszentralregister

Ein amtliches Verzeichnis über strafrechtliche Verurteilungen wurde früher nach der StrafregisterVO vom 17. 2. 1934 (RGBl. I 140) von jeder Staatsanwaltschaft beim Landgericht über die im LG-Bezirk geborenen Verurteilten geführt. Im Interesse einer schnellen und einheitlichen Bearbeitung der Mitteilungen und Auskünfte wurden nach dem *Bundeszentralregistergesetz* i. d. F. vom 21. 9. 1984 (BGBl. I 1229) m. spät. Änd. alle Register zu einem *Bundeszentralregister* in Berlin zusammengefaßt; es untersteht dem Generalbundesanwalt beim BGH.

Der *Registerbehörde* sind alle Verurteilungen mitzuteilen, durch die wegen einer Straftat eine Strafe oder eine Maßregel der Besserung und Sicherung (396) verhängt oder eine Verwarnung mit Strafvorbehalt ausgesprochen worden ist. Es enthält aber auch Eintragungen über Entscheidungen von Verwaltungsbehörden, festgestellte Schuldunfähigkeit u. a. m.

Jedermann (ab 14 Jahren) kann über den ihn betreffenden Inhalt des Registers bei der für ihn zuständigen polizeilichen Meldebehörde ein *Führungszeugnis* beantragen (ggf. also über das Fehlen jeglicher Eintragungen). In das Führungszeugnis *nicht aufgenommen* werden geringere Verurteilungen, insbes. wenn sie einzige Bestrafung sind, so Freiheitsstrafen bis zu 3 Mon., Geldstrafen bis zu 90 Tagessätzen, ferner Jugendstrafen bis zu 2 Jahren bei Strafaussetzung oder nach Beseitigung des Strafmakels (291). Andere Verurteilungen, abgesehen von lebenslanger Freiheitsstrafe und Unterbringung in Sicherungsverwahrung oder in einem psychiatrischen Krankenhaus, erscheinen nach Ablauf von 3 bzw. 5 Jahren nicht mehr. Über Eintragungen, die *nicht in das Führungszeugnis aufgenommen werden* (wegen geringer Höhe oder nach Fristablauf), erteilt das Zentralregister Auskunft nur an Gerichte, Strafverfolgungsbehörden, oberste Bundes- und Landesbehörden sowie Sicherheitsbehörden, ferner in Einbürgerungs-, Ausländer-, Gnaden-, Waffen- und Sprengstoffsachen sowie im Erlaubnisverfahren nach dem Betäubungsmittelgesetz *(unbeschränkte Auskunft).*

Alle im Zentralregister vermerkten Verurteilungen (ausgenommen lebenslange Freiheitsstrafe, Unterbringung in Sicherungsverwahrung oder in einem psychiatrischen Krankenhaus) werden im Register nach bestimmten Fristen *getilgt:* Nach 5 Jahren bei Geldstrafe bis zu 90 Tagessätzen, wenn das Register keine Freiheitsstrafe enthält, bei Freiheitsstrafe bis zu 3 Monaten als einziger Strafe, ferner bei Jugendstrafe bis zu 1 Jahr bzw. bis zu 2 Jahren bei Strafaussetzung oder nach Beseitigung des Strafmakels sowie bei Entziehung der Fahrerlaubnis auf Zeit (407); die Frist beträgt 10 Jahre bei höheren Jugendstrafen sowie den nicht unter die kürzere Frist fallenden Geldstrafen und Freiheitsstrafen bis zu 3 Mon., ferner bei einzigen Freiheitsstrafen von mehr als 3 Mon. bis zu 1 Jahr bei Strafaussetzung. In allen übrigen Fällen, insbes. bei höheren Freiheitsstrafen, ist die Frist 15 Jahre zuzüglich der Dauer der Freiheitsstrafe (§ 46 Abs. 3 BZRG). Ein Strafvermerk verbleibt jedoch im Register, solange die Vollstreckung der Strafe oder Maßregel nicht erledigt ist. Sind mehrere Verurteilungen eingetragen, wird grundsätzlich erst dann getilgt, wenn alle Vermerke tilgungsreif sind. Eintragungen, die nicht der gesetzlichen Tilgung unterliegen, kann der Generalbundesanwalt im Einzelfall von Amts wegen oder auf Antrag tilgen lassen, falls das öffentliche Interesse nicht entgegensteht.

Soweit Verurteilungen in das Führungszeugnis nicht aufgenommen werden oder zu tilgen sind, kann sich der Verurteilte als unbestraft bezeichnen. *Getilgte Verurteilungen* dürfen ihm i. d. R. im Rechtsverkehr nicht mehr vorgehalten und nicht zu seinem Nachteil verwertet werden.

Im Zentralregister können Nachrichten über *Steckbriefe* (vgl. 275) und *Suchvermerke* von Behörden niedergelegt werden. Letztere müssen angeben, aus welchem Grunde der Betroffene gesucht wird.

Über Sondervorschriften für Jugendliche und Heranwachsende, insbes. das Erziehungsregister, vgl. 291, über das Verkehrszentralregister 408.

Bei dem Bundeszentralregister wird auch ein länderübergreifendes, *staatsanwaltschaftliches Verfahrensregister* geführt. Die Staatsanwaltschaften melden zu diesem Register die Personendaten des Beschuldigten, die Tatzeiten und die Tatvorwürfe sowie die Einleitung und Erledigung des Verfahrens (§ 474 StPO).

Wesentlicher Zweck des Registers ist die erleichterte Feststellung etwaiger weiterer, bei einer anderen Staatsanwaltschaft anhängiger Ermittlungsverfahren gegen einen Beschuldigten. Die gespeicherten Daten dürfen nur Strafverfolgungsbehörden für Zwecke eines Strafverfahrens mitgeteilt werden. Unrichtige Daten sind zu berichtigen, bei endgültiger Verfahrenseinstellung oder rechtskräftigem Freispruch sind sie zwei Jahre nach Erledigung des Verfahrens zu löschen, wenn nicht erneut ein Verfahren eingetragen wird (§§ 474ff. StPO).

222. Die Geschäftsstellen der Gerichte. Urkundsbeamte

Nach § 153 GVG wird bei jedem Gericht und jeder Staatsanwaltschaft eine Geschäftsstelle eingerichtet, die mit der erforderlichen Zahl von *Urkundsbeamten* besetzt wird. Die näheren Vorschriften erlassen Bund und Länder für ihren Bereich.

Hinsichtlich der Geschäftsstellen beschränkt sich das GVG auf die allgemeine Anordnung, daß und wo solche einzurichten sind. Der Aufgabenbereich der Geschäftsstelle des Gerichts ergibt sich z. T. aus den Verfahrensordnungen (ZPO, StPO usw.). Der Geschäftsstelle als solcher sind z. B. die Entgegennahme von Anträgen, Bewirkung von Zustellungen, Ausfertigung von Ladungen usw. zugewiesen.

Die wichtigeren Geschäfte obliegen dem *Urkundsbeamten der Geschäftsstelle*. Er ist ein Beamter der Justizverwaltung. Seine Aufgaben kann nach § 153 GVG wahrnehmen, wer nach 2 Jahren Vorbereitungsdienst (davon 6 Mon. Fachlehrgang) die Prüfung für den mittleren Justizdienst oder wer die Rechtspflegerprüfung (210) bestanden hat, nach näherer Rechtsvorschrift auch, wer einen gleichwertigen Wissens- und Leistungsstand aufweist. Der Urkundsbeamte handelt als *Urkundsperson* (d. h. mit öffentlichem Glauben versehene Person) bei Aufnahme von Anträgen usw., Protokollführung, Erteilung von Ausfertigungen usw., als *Bürobeamter* bei Aktenführung und Zustellungen. Er setzt die Prozeßkosten im Kostenfestsetzungsbeschluß fest (vgl. 238). Die bei der Zustellung zu übergebende Abschrift wird durch den Urkundsbeamten der Geschäftsstelle beglaubigt. Die Tätigkeit des *Rechtspflegers* ist seit Erlaß des Rechtspflegergesetzes (210) funktionell von der des Urkundsbeamten der Geschäftsstelle getrennt; doch weist ihm § 24 RpflG insoweit bestimmte schwierigere Aufgaben der Geschäftsstelle zu.

Einfachere Geschäfte erledigen *Beamte des mittleren Dienstes,* insbesondere die Verwaltung des Schriftguts. Eine Vereinheitlichung für Aktenführung und Aktenregister brachte die *Aktenordnung* vom 28. 11. 1934. Danach sind die *Aktenregister* in Buch- oder Karteiform jahrgangsweise sowie Namensverzeichnisse zu führen. Die *Akten* (Prozeßakten usw.) werden als Blattsammlungen oder feste Akten oder in Schnellheftung geführt. Bei Versendung ist ein Kontrollblatt zurückzubehalten. Es sind ein Terminkalender bzw. Geschäftskalender und ein Eingangsregister zu führen. Aushilfsweise können auch Behördenangestellten die Aufgaben der Geschäftsstelle übertragen werden (vgl. 69 IV).

223. Die Gerichtsvollzieher

sind die mit den *Zustellungen, Ladungen* und *Vollstreckungen* betrauten Beamten. Ihre Dienst- und Geschäftsverhältnisse werden bei dem Bundesgerichtshof durch den Bundesjustizminister, bei den Landesgerichten durch die Landesjustizverwaltung bestimmt (§ 154 GVG).

Die *Gerichtsvollzieher* (GVollz.) sind teils selbständige Beamte mit eigenem Bezirk, teils bestehen GVollzÄmter (z. B. in Hamburg, Bayern). Anträge der Parteien gehen an die GVollzVerteilungsstelle des zuständigen Amtsgerichts, welche die Aufträge den GVollz. zuteilt. Der GVollz. handelt stets als *Amtsperson* gemäß den gesetzlichen Vorschriften. Seine Hauptaufgabe ist die Vornahme von *Pfändungen* und *Versteigerungen* sowie die Vollstreckung zur Herausgabe von Sachen (vgl. 251 ff.). Der Gläubiger erteilt hierzu einen Auftrag und übergibt den Vollstreckungstitel. Der GVollz. kann zum Vollzug des Auftrags Wohnung und Behältnisse des Schuldners durchsuchen (s. dazu 48 III), verschlossene Türen und Behältnisse öffnen lassen und Widerstand mit Gewalt oder polizeilicher Hilfe brechen (§ 758 ZPO). Er nimmt über die Vollstreckung ein *Protokoll* auf. Den Titel händigt er erst nach vollständiger Befriedigung des Gläubigers dem Schuldner aus. Bei *Fruchtlosigkeit* erteilt er dem Gläubiger darüber eine Bescheinigung, die als Grundlage für die eidesstattlich versicherte *Vermögensoffenbarung* (252) dient.

Die *Dienst- und Geschäftsverhältnisse* der GVollz. sind in landesrechtlichen (jedoch bundeseinheitlichen) GVollzOrdnungen und *Geschäftsanweisungen* geregelt. Die Aufsicht obliegt dem Amtsgericht, in dessen Bezirk der GVollz. seinen Dienstbereich hat. Für Amtspflichtverletzungen der GVollz. haftet der Staat nach den Grundsätzen der Amtshaftung (vgl. 69 VI, 154 II).

Die Gebühren der Gerichtsvollzieher regelt das Gesetz vom 26. 7. 1957 (BGBl. I 887) m. letzter Änd. vom 24. 6. 1994 (BGBl. 1325, 1351).

224. Die Justiz-(Gerichts-)wachtmeister

Die Stellung der Beamten des einfachen Gerichtsdienstes ist fast ganz landesrechtlich geregelt. Als Organ des Gerichts handelt der *Justiz- oder Gerichtswachtmeister,* wenn er bei der *Amtszustellung* gemäß §§ 211 ff. ZPO die Tätigkeit des Postbediensteten übernimmt. Er ist insoweit auch öffentliche Urkundsperson.

Landesrechtlich sind den Gerichtswachtmeistern auch andere Amtsaufgaben übertragen.

225. Rechtshilfe, Amtshilfe

Die Gerichte haben sich *Rechtshilfe* zu leisten. Sie kommt in Betracht, wenn das ersuchende Gericht die Amtshandlung seiner sachlichen Zuständigkeit nach selbst vornehmen könnte, aber Zweckmäßigkeitsgründe für die Vornahme durch das ersuchte Gericht sprechen (z. B. Vernehmung auswärts wohnender Zeugen). Das Ersuchen um Rechtshilfe ist an das örtlich zuständige Amtsgericht zu richten. Das Verfahren regeln die §§ 156–168 GVG.

Amtshilfe ist gegenüber der Rechtshilfe der weitere Begriff; er umfaßt jede Unterstützung, die eine Behörde einem Gericht oder einer anderen Behörde zur Erreichung eines dienstlichen Zwecks leistet (über die Amtshilfepflicht vgl. insbes. Art. 35 GG).

Sie richtet sich für die *Verwaltungsbehörden* nach §§ 4ff. VwVfG. Sie kann aus rechtlichen Gründen in Anspruch genommen werden, z. B. wenn die ersuchende Behörde selbst die Amtshandlung nicht vornehmen, etwa eine eidesstattliche Versicherung nicht selbst abnehmen kann, oder wenn es aus tatsächlichen Gründen geboten ist, etwa weil der ersuchenden Behörde die notwendigen Dienstkräfte oder Einrichtungen oder die benötigten Unterlagen fehlen, oder um unverhältnismäßigen Aufwand zu ersparen. Die ersuchte Behörde kann die Amtshilfe nur aus Rechtsgründen, wegen eigener Überlastung oder sonstiger unverhältnismäßiger Inanspruchnahme usw. ablehnen. Die Zulässigkeit der verlangten Maßnahme entscheidet sich nach dem Recht der ersuchenden Behörde, die

Durchführung nach dem für die ersuchte Behörde geltenden Recht. Über Kostentragung s. § 8 VwVfG.

In der Gerichtsbarkeit ist Amtshilfegericht das Amtsgericht. Die Pflicht zur Amtshilfe ist nicht in der Gerichtsverfassung geregelt, sondern ergibt sich aus verschiedenen einzelnen Gesetzen.

So ist z. B. *Amtshilfe* zu leisten seitens der Gerichte für
a) Finanzbehörden (§§ 111ff. AO);
b) Versicherungsorgane (§§ 3ff. SGB X).
Sie wird ferner nach Gewohnheitsrecht den Verwaltungsbehörden und der Staatsanwaltschaft in Zivilsachen gewährt.

Der *Rechtshilfeverkehr mit dem Ausland,* namentlich in Zivil- und Strafsachen, vollzieht sich i. d. R. nach besonderen zwischenstaatlichen Verträgen, aber auch außerhalb solcher nach Gegenseitigkeitsvereinbarung. Vgl. *Rechtshilfeordnung für Zivilsachen* (ZRHO) vom 19. 10. 1956 i. d. F. von 1976 (abgedr. b. Piller-Hermann, Justizverwaltgsvorschr., 3g; für Strafsachen vgl. 267, für Arbeitsgerichtssachen vgl. 636. Für die Festsetzung bestimmter Steuern gilt in der EG das *EG-Amtshilfe-Gesetz* vom 19. 12. 1985 (BGBl. I 2436) m. spät. Änd.

226. Öffentliche Verhandlung und Sitzungspolizei

Die Verhandlungen vor dem erkennenden Gericht einschließlich der Verkündung der Urteile und Beschlüsse sind grundsätzlich *öffentlich,* §§ 169ff. GVG (Ausnahmen gelten in Familien-, Kindschafts- und Unterbringungs- sowie in Jugendstrafsachen; vgl. 248, 185, 291). Bei Gefährdung der öffentlichen Ordnung, der Staatssicherheit, der Sittlichkeit oder eines wichtigen Geschäfts- oder Betriebsgeheimnisses oder der persönlichen Sphäre eines Prozeßbeteiligten oder Zeugen sowie für die Vernehmung noch nicht 16jähriger Personen kann das Gericht die Öffentlichkeit für die Verhandlung oder einen Teil derselben ausschließen. Die Urteilsformel muß stets öffentlich verkündet werden.

Nach § 169 Satz 2 GVG sind Ton- und Fernseh-Rundfunkaufnahmen sowie Ton- und Filmaufnahmen zwecks öffentlicher Wiedergabe unzulässig.

Die Aufrechterhaltung der Ordnung in der Sitzung obliegt dem Vorsitzenden. Er handhabt die *„Sitzungspolizei"*.

Parteien, Angeklagte, Zeugen und Sachverständige, die den zur Aufrechterhaltung der Ordnung erlassenen Anordnungen nicht Folge leisten, können auf Gerichtsbeschluß aus dem Sitzungszimmer entfernt und bis zu 24 Std. festgehalten werden. Bei *Ungebühr vor Gericht* kann ein *Ordnungsgeld* bis zu 2000 DM oder *Ordnungshaft* bis zu 1 Woche festgesetzt und sofort vollstreckt werden, unbeschadet der binnen 1 Woche zulässigen Beschwerde (§§ 177, 178, 181 GVG). Gegen Personen, die an der Verhandlung nicht beteiligt sind (z. B. Zuhörer), kann der Vorsitzende die Maßnahmen allein treffen.

227. Die Gerichtssprache

ist *deutsch*. Falls erforderlich, ist vom Gericht ein *Dolmetscher* beizuziehen, der die wesentlichen Teile der Verhandlung zu übertragen hat (§§ 185ff. GVG). Dies gilt i.d.R. auch bei Verhandlung mit tauben oder stummen Personen.

Der Dolmetscher hat eine dem Sachverständigen ähnliche Stellung, kann aber zugleich Zeuge oder Sachverständiger sein. Er wird durch *Voreid* zur treuen und gewissenhaften Übertragung verpflichtet. Seinen Dienst kann ein Urkundsbeamter der Geschäftsstelle wahrnehmen. Die öffentliche Bestellung und Beeidigung von Dolmetschern richtet sich nach Landesrecht, vgl. z.B. Bayer. Dolmetschergesetz i.d.F. vom 1. 8. 1981 (BayRS 300-12-1-J).

228. Beratung und Abstimmung

Jede Entscheidung eines Kollegialgerichts muß auf einer äußerlich erkennbaren *Beratung* und *Abstimmung* beruhen. Dabei dürfen Richter nur in der gesetzlich bestimmten Anzahl mitwirken. Richter, Schöffen sowie andere ehrenamtliche Richter haben über den Hergang bei Beratung und Abstimmung volles *Schweigen* zu bewahren (§§ 43, 45 DRiG).

Der Vorsitzende leitet die Beratung, stellt die Fragen und sammelt die Stimmen. Das (Kollegial-)Gericht entscheidet mit der *Mehrheit* seiner Mitglieder. Bilden sich mehr als zwei Meinungen, so wird die Mehrheit gemäß § 196 GVG festgestellt. Bei Strafurteilen ist für jede dem Angeklagten nachteilige Entscheidung über die Schuldfrage und die Rechtsfolgen der Tat Zweidrittelmehrheit erforderlich (§ 263 StPO). Die Reihenfolge bei der Abstimmung richtet sich bei Richtern nach dem Dienstalter und bei gleichem Dienstalter nach dem Lebensalter, bei ehrenamtlichen Richtern und Schöffen nach dem Lebensalter; der jüngere stimmt vor dem älteren. Schöffen stimmen vor den Richtern. Der *Berichterstatter* stimmt zuerst, der Vorsitzende zuletzt. Bei dem mit 4 Mitgliedern besetzten erweiterten Schöffengericht gibt bei Stimmengleichheit (außer in den Fällen des § 263 StPO) der Vorsitzende den Ausschlag. Vgl. §§ 192–197 GVG.

C. Der Zivilprozeß

233. Die Zivilprozeßordnung

vom 30. 1. 1877 i. d. F. vom 12. 9. 1950 (BGBl. 533) m. zahlreichen spät. Änd. ist für das Verfahren in Zivilsachen maßgebend.

Die ZPO von 1877 brachte die Grundsätze des Parteibetriebs, der mündlichen Verhandlung sowie der Unmittelbarkeit und Öffentlichkeit des Verfahrens zur allgemeinen Geltung. Zur Beschleunigung des Zivilprozesses ergingen Änderungen durch Gesetze vom 17. 5. 1898 (RGBl. 189) und vom 1. 6. 1909 (RGBl. 475) sowie Entlastungsbestimmungen. Die sog. EntlastungsVO vom 13. 2. 1924 (RGBl. I 135) ließ erstmals weitgehend die schriftliche Entscheidung zu (vgl. 234 IV) und versuchte, durch das obligatorische Güteverfahren und die Einschaltung des Einzelrichters den Prozeßgang zu vereinfachen. Ein gleiches Ziel verfolgte die Novelle vom 27. 10. 1933 (RGBl. I 780), welche die Unmittelbarkeit der Beweisaufnahme und die eidliche Parteivernehmung (statt Parteieid) einführte und die Wahrheitspflicht im Prozeß hervorhob. Das RechtseinheitsG von 1950 setzte die amtsgerichtliche Zuständigkeit von 2000 auf 1000 DM herab, stellte den früheren Instanzenzug wieder her und vereinfachte das Zustellungswesen durch Erweiterung des Amtsbetriebs. Ähnliche Zwecke verfolgte auf dem Gebiet der Zwangsvollstreckung das Gesetz vom 20. 8. 1953 (BGBl. I 952). Das Ges. vom 27. 11. 1964 (BGBl. I 933) erhöhte die amtsgerichtliche Zuständigkeit wieder auf 1500 DM. Ab 1. 1. 1975 betrug sie 3000 DM. Die Vereinfachungsnovelle vom 3. 12. 1976 (BGBl. I 3281) bezweckte Vereinfachung des Verfahrens und seine Konzentration auf möglichst nur eine mündliche Verhandlung (ggf. durch Vorschaltung eines schriftlichen Vorverfahrens). Durch das Gesetz zur Erhöhung von Wertgrenzen in der Gerichtsbarkeit vom 8. 12. 1982 (BGBl. I 1615) wurde die amtsgerichtliche Zuständigkeit ab 1. 1. 1983 auf 5000 DM erhöht. Das *Rechtspflege-Vereinfachungsgesetz* vom 17. 12. 1990 (BGBl. I 2847) sah verschiedene Regelungen zur Vereinfachung und Beschleunigung zivilprozessualer Verfahren ab 1. 4. 1991 vor. Besonders wurden die erstinstanzliche Zuständigkeit des Amtsgerichts auf 6000 DM, die Berufungssumme auf 1200 und die Revisionssumme auf 60000 erhöht. Auch das *Gesetz zur Entlastung der Rechtspflege* vom 11. 1. 1993 (BGBl. I 50) zielte – neben Vereinfachungen bei den anderen Gerichtsbarkeiten – darauf ab, vor allem durch Erhöhung der Zuständigkeitsgrenze (Streitwertgrenze) für das AG sowie Erweiterung der amtsgerichtlichen Zuständigkeit auf nicht vermögensrechtliche Streitigkeiten, Erhöhung der Berufungssumme, regelmäßige Übertragung des Rechtsstreits von der LG-Zivilkammer auf den Einzelrichter in bestimmten Fällen sowie Erweiterung der Möglichkeit des schriftlichen Verfahrens und der Möglichkeit, im Urteil auf Tatbestandsbeschreibung und Entscheidungsgründe zu verzichten, die zivilgerichtlichen Verfahren zu vereinfachen, zu straffen und dadurch zu beschleunigen.

Durch das *Gleichberechtigungsgesetz* vom 18. 6. 1957 (BGBl. I 609) und das *Familienrechtsänderungsgesetz* vom 11. 8. 1961 (BGBl. I 1221) sind insbesondere die Vorschriften über den Gerichtsstand in Ehesachen, die Anerkennung ausländischer Entscheidungen in Ehesachen und die Zwangsvollstreckung bei Zugewinngemeinschaft geändert worden, durch das Ges. über die *rechtliche Stellung der nichtehelichen Kinder* vom 19. 8. 1969 (BGBl. I 1234) die §§ 640ff. ZPO über das Verfahren in Kindschaftssachen. Ab 1. 7. 1977 ergab sich mit der Einführung des *Familiengerichts* durch das 1. EherechtsReformG vom 14. 6. 1976 (BGBl. I 1421) eine weitere Änderung des 6. Buches der ZPO für das Verfahren in Ehe- und anderen *Familiensachen*. Zum gleichen Zeitpunkt trat eine *Vereinfachungsnovelle* vom 3. 12. 1976 (BGBl. I 3281) in Kraft. Das Ges. vom 13. 6. 1980 (BGBl. I 677) ersetzte das Armenrecht durch die *Prozeßkostenhilfe*.

Auf die ZPO wird in anderen Gesetzen häufig verwiesen (z. B. § 46 ArbGG). Zivilprozessuale Normen finden sich auch außerhalb der ZPO, z. B. im *Kartellgesetz* (835), bisweilen auch in internationalen Abkommen (vgl. 903 III).

Ein *Haager Übereinkommen über den Zivilprozeß* vom 1. 3. 1954 (BGBl. 1958 II 576; AusführungsG vom 18. 12. 1958, BGBl I 939) regelt die Erledigung von Zustellungen, Rechtshilfeersuchen und die Vollstreckbarkeitserklärung von Kostenentscheidungen im Verhältnis zu den Vertragsstaaten. Das Bundesgesetz vom 18. 7. 1961 (BGBl. I 1033, 1962 II 15) enthält Ausführungsbestimmungen zum Haager Übereinkommen vom 15. 4. 1958 über die Anerkennung und Vollstreckung von Entscheidungen auf dem Gebiet der Unterhaltspflicht gegenüber Kindern (BGBl. 1961 II 1005).

Die ZPO ist in 10 Bücher gegliedert: I Allgemeine Vorschriften, II Verfahren im ersten Rechtszuge, III Rechtsmittel, IV Wiederaufnahme des Verfahrens, V Urkunden- und Wechselprozeß, VI Familien-, Kindschafts-, Unterhaltssachen Minderjähriger, VII Mahnverfahren, VIII Zwangsvollstreckung, IX Aufgebotsverfahren, X Schiedsrichterliches Verfahren.

234. Grundsätze des Zivilprozesses

I. Parteiherrschaft und *Beibringungsgrundsatz*

Die Parteien bestimmen den Gegenstand des Prozesses durch ihre Anträge. Dieser *Verhandlungsgrundsatz* (Berücksichtigung nur des Parteivorbringens) erfährt in Familien- und Kindschaftssachen (248) sowie bei Prüfung der Partei- und Prozeßfähigkeit, Legitimation eines gesetzlichen Vertreters, Zulässigkeit der Rechtsmittel eine Durchbrechung zugunsten des Untersuchungs(Offizial)-prinzips.

II. Aufklärungspflicht des Gerichts (§ 139 ZPO)

Die Aufklärungs- und Fragepflicht des Gerichts ist ein wichtiger Teil der richterlichen Pflichten im Prozeß. Der Vorsitzende hat auf vollständige Erklärung über alle sachlich-rechtlich und prozessual erheblichen Tatsachen, insbes. auf Ergänzung unzureichender Erklärungen und Beweisantritte hinzuwirken. Weiter hat er auf sachdienliche Anträge zu achten und auf Bedenken über von Amts wegen zu berücksichtigende Punkte hinzuweisen. Das Gericht soll in jeder Lage des Verfahrens um *gütliche Beilegung* des Rechtsstreits bemüht sein (§ 279 ZPO).

III. Wahrheitspflicht, Mitwirkungs- und Förderungspflicht der Parteien

Nach § 138 ZPO haben die Parteien ihre Erklärungen über tatsächliche Umstände vollständig und der Wahrheit gemäß abzugeben.

Die Parteien sollen nach Möglichkeit zur beschleunigten Sammlung des Prozeßstoffes beitragen. Sie müssen auf Anordnung des Gerichts persönlich erscheinen. Dem Säumigen drohen prozeßrechtliche Nachteile. Verspätetes Vorbringen kann zurückgewiesen werden. In familienrechtlichen Streitigkeiten haben sich Parteien und Zeugen, soweit es zur Feststellung der Abstammung erforderlich ist, erbkundlichen Untersuchungen zu unterziehen und die Entnahme von Blutproben zwecks *Blutgruppenuntersuchung* zu dulden. Bei wiederholter unberechtigter Verweigerung der Untersuchung kann auch unmittelbarer Zwang angewendet, insbesondere die zwangsweise Vorführung zum Zwecke der Untersuchung angeordnet werden (§ 372a ZPO).

IV. Mündlichkeit, Unmittelbarkeit und Öffentlichkeit

Nach § 128 ZPO verhandeln die Parteien über den Rechtsstreit vor dem erkennenden Gericht *mündlich*; mit Einverständnis der Parteien und in bestimmten anderen Fällen kann das Gericht eine Entscheidung ohne mündliche Verhandlung treffen.

Der *Grundsatz der Mündlichkeit* soll eine straffe *Prozeßleitung* und eine enge Fühlung mit den Prozeßparteien ermöglichen und den Rechtsstreit rasch und richtig zum Ende bringen. Eine mündliche Verhandlung ist entbehrlich, wenn sie alle Prozeßbeteiligten für entbehrlich ansehen. Das begrenzt zugelassene *schriftliche Verfahren* ist jedoch nur dort anzuwenden, wo es das Verfahren vereinfacht und verkürzt sowie – im Verfahren vor dem Amtsgericht – eine schreibungewandte Partei nicht schädigt. Ein schriftliches Verfahren ist auch im Rechtsstreit mit Anwaltszwang zulässig. Eine im schriftlichen Verfahren getroffene Entscheidung (Urteil, Beschluß) ist beiden Parteien zuzustellen. Diese Zustellung ersetzt nur die Verkündung; soweit Parteibetrieb herrscht, muß daher ein im schriftlichen Verfahren ergangenes Urteil durch die Partei zugestellt werden, um die Rechtsmittelfrist in Gang zu setzen.

Der Verfahrensgrundsatz der *Unmittelbarkeit* besagt, daß nur das in der mündlichen Verhandlung Vorgetragene Grundlage der Entscheidung sein darf.

In Anwaltsprozessen oder auf Anordnung des Gerichts wird die mündliche Verhandlung durch Schriftsätze vorbereitet (§§ 129ff. ZPO). Über Öffentlichkeit der Verhandlung vgl. §§ 169–175 GVG und 226.

V. Rechtliches Gehör

Das *rechtliche Gehör* besteht in Gewährung der Gelegenheit zur sachlichen Äußerung. Macht eine Partei hiervon keinen Gebrauch, so hindert dies den Fortgang des Verfahrens nicht. Ist hingegen das Gehör nicht in richtiger Weise gewährt worden, so liegt darin ein wesentlicher Verfahrensmangel.

VI. Freie Beweiswürdigung

Nach § 286 ZPO hat das Gericht unter Berücksichtigung des gesamten Inhalts der Verhandlungen und des Ergebnisses einer etwaigen Beweisaufnahme nach freier Überzeugung zu entscheiden, ob eine tatsächliche Behauptung für wahr oder für nicht wahr zu erachten ist. In den Urteilsgründen ist anzugeben, welche Gesichtspunkte für die richterliche Überzeugung leitend gewesen sind. Unter *Wahrheit* ist dabei ein solcher Grad von Wahrscheinlichkeit zu verstehen, daß er praktisch der Gewißheit gleichkommt.

235. Allgemeine Verfahrensvorschriften der ZPO

Die §§ 1–252 ZPO enthalten die allgemeinen Vorschriften über das Verfahren in Zivilsachen. Sie regeln die sachliche und örtliche Zuständigkeit der Gerichte, Ausschließung und Ablehnung der Gerichtspersonen, Partei- und Prozeßfähigkeit, Beteiligung Dritter am Rechtsstreit, Prozeßbevollmächtigte und Beistände, Prozeßkosten, Sicherheitsleistung, Prozeßkostenhilfe und Prozeßkostenvorschuß, mündliche Verhandlung, Zustellungen, Ladungen, Termine und Fristen, Versäumung von Prozeßhandlungen, Wiedereinsetzung in den vorigen Stand bei Fristversäumung, Unterbrechung und Aussetzung des Verfahrens.

Hier können nur die wesentlichsten Regelungen näher behandelt werden, insbes. die allgemeinen Verfahrensgrundsätze (234), Zuständigkeit (236, 237), Prozeßkosten (238). Über Anwaltszwang s. 239.

Im *Zivilprozeß* ist ein Richter von der Ausübung des Richteramts *ausgeschlossen,* wenn er selbst Partei ist oder zu einer Partei in naher verwandtschaftlicher Beziehung steht, in der anhängigen Sache als Prozeßbevollmächtigter bestellt oder als gesetzlicher Vertreter aufzutreten befugt ist oder war. Weiter auch dann, wenn er in derselben Sache als Zeuge oder Sachverständiger vernommen worden ist oder in einer früheren Instanz beim Erlaß der angefochtenen Entscheidung mitgewirkt hat. Der Richter kann in diesen Fällen und ferner wegen Befangenheit *abgelehnt* werden, wenn ein Grund vorliegt, der Mißtrauen gegen die Unparteilichkeit des Richters rechtfertigen kann (§§ 41, 42 ZPO).

236. Die sachliche Zuständigkeit der Zivilgerichte

Das GVG bestimmt, ob eine Sache in 1. Instanz vor das Amts- oder Landgericht gehört. Die §§ 2ff. ZPO regeln die Festsetzung des *Streitwerts,* der i. d. R. für die sachliche Zuständigkeit und die Höhe der Gerichtskosten und Anwaltsgebühren maßgebend ist.

Man unterscheidet zwischen *vermögensrechtlichen* und *nicht vermögensrechtlichen* Ansprüchen. Erstere sind Ansprüche, die eine vermögensrechtliche Leistung zum Gegenstand haben (z. B. Klage auf Zahlung eines Kaufpreises von 600 DM, auf Herausgabe einer Maschine). Streitwert ist im ersten Fall die Höhe der Forderung (600 DM), im zweiten Fall der Wert der Sachleistung zur Zeit der Klageerhebung. *Nichtvermögensrechtliche* Ansprüche betreffen z. B. Klagen (Anträge) auf Scheidung oder Aufhebung einer Ehe sowie überhaupt Familiensachen. Bei wiederkehrenden Nutzungen oder Leistungen (z. B. Monatsmiete) wird der Streitwert nach dem 3½-fachen Wert des einjährigen Bezugs berechnet (§ 9 ZPO).

In erster Instanz sind sachlich zuständig:

I. Der Richter des AG als Einzelrichter (§§ 23, 23a, 23b GVG, §§ 689, 764 ZPO) für	II. Die Kammer für Handelssachen des Landgerichts (§ 95 GVG) für:	III. Die Zivilkammer des Landgerichts (§ 71 GVG) für:
1. Streitigkeiten bis zu 10000 DM Streitwert; 2. ohne Rücksicht auf den Streitwert für Wohnraum-Mietstreitigkeiten, Streit zwischen Reisenden u. Wirten, aus Beförderungsverträgen, wegen Viehmängel, Wildschadens, aus Leibzuchts- u. Altenteilsverträgen; 3. (als Familiengericht, vgl. 248) Ehe- und Güterrechtssachen, Kindschaftssachen, Ansprüche aus gesetzlicher Unterhaltspflicht; 4. Mahnverfahren, Aufgebotsverfahren, Zwangsvollstrekkungssachen.	*Handelssachen* mit mehr als 10000 DM Streitwert, d. h. Klagen 1. gegen einen Kaufmann aus beiderseitigen Handelsgeschäften; 2. aus Wechseln u. ä. Urkunden; 3. auf Grund des Scheckges.; 4. aus handelsrechtl. Gesellschaftsverträgen, Firmen- u. Musterrecht u. dgl., aus Seerechtsverhältnissen; 5. wegen unlauteren Wettbewerbs mit Ausnahme der Ansprüche aus § 13a UWG, soweit kein beiderseitiges Handelsgeschäft; 6. wegen börsenmäßiger Ansprüche.	alle bürgerlichen Rechtsstreitigkeiten, die nicht den Amtsgerichten zugewiesen sind.

(Zu I 4: zum großen Teil Zuständigkeit des Rechtspflegers gem. § 20 Nrn. 1, 2, 17 RPflG, vgl. 210.)

Die LGe sind weiter zuständig für Anfechtungs- und Nichtigkeitsklagen nach dem Aktiengesetz, dem GmbH-Gesetz, Genossenschaftsgesetz, für Ersatzklagen wegen ungerechtfertigter Strafverfolgung, für Patent- und Gebrauchsmusterstreitsachen und andere Klagen auf Grund von Bestimmungen in anderen Bundesgesetzen.

Die Verhandlung vor der Kammer für Handelssachen findet nur auf Antrag des Klägers oder des Beklagten statt. Vgl. 217.

237. Die örtliche Zuständigkeit der Zivilgerichte

behandelt die ZPO unter der Überschrift *„Gerichtsstand"*; dieser Begriff besagt, welches Gericht für die Entscheidung *örtlich zuständig* ist.

Der *Gerichtsstand* bestimmt sich nach verschiedenen Gesichtspunkten; er ist ein:

a) *gesetzlicher,* falls er in einem Gesetz vorgeschrieben ist (z. B. §§ 246, 249, 275 AktG, §§ 61, 69 GmbHG), oder *vereinbarter,* wenn er vertraglich durch sog. *Prorogation* begründet wurde, was unter Vollkaufleuten (365) grundsätzlich, sonst nur eingeschränkt zulässig ist (§§ 38–40 ZPO);

b) *allgemeiner* Gerichtsstand für alle Streitigkeiten, für die kein besonderer oder ausschließlicher Gerichtsstand gegeben ist (§§ 12–18 ZPO), oder ein *besonderer* Gerichtsstand für bestimmte Streitsachen (§§ 19ff. ZPO);

c) *ausschließlicher* Gerichtsstand, wenn er jeden anderen Gerichtsstand ausschließt, oder *wahlweiser* Gerichtsstand, wenn der Kläger die Wahl hat.

Jede Person hat bei dem Gericht, in dessen Bezirk sie wohnt, ihren *allgemeinen* Gerichtsstand (bei wohnsitzlosen Personen ist der inländische Aufenthaltsort, sonst der letzte Wohnsitz maßgebend). Dort kann jede Klage gegen sie erhoben werden, für die nicht ein ausschließlicher Gerichtsstand begründet ist. Körperschaften, Vereine usw. haben ihren allgemeinen Gerichtsstand am Sitz der Verwaltung. Gegenansprüche können durch *Widerklage* beim Gericht der Klage erhoben werden, wenn sie mit dem Klagegegenstand in rechtlichem Zusammenhang stehen (§ 33 ZPO), z. B. eine Gegenforderung wegen verspäteter Lieferung, mit der gegen die Klageforderung im Rahmen eines Bierlieferungsvertrages aufgerechnet wird; Widerklage auf Lieferung mangelfreier Ware gegenüber der Kaufpreisklage. Vgl. 242, 243, 247.

Ein *ausschließlicher* Gerichtsstand besteht z. B. in Miet- und Grundstücksangelegenheiten (Gerichtsstand der belegenen Sache; §§ 24, 29a ZPO), ein *besonderer* Gerichtsstand in Unterhaltssachen gegen den im Ausland wohnhaften Beklagten und bei Deliktsansprüchen (§§ 23a, 32 ZPO).

238. Die Prozeßkosten

Für die Inanspruchnahme der Gerichte werden *Gebühren* erhoben. Das *Kostenwesen* für die meisten vor die ordentlichen Gerichte gehörenden Rechtssachen ist durch das *Gerichtskostengesetz* – GKG – i. d. F. vom 15. 12. 1975 (BGBl. I 3047) m. spät. Änd. geregelt. Es gilt in zivilrechtlichen Angelegenheiten für das Verfahren nach der ZPO, der KO, der Vergleichsordnung und dem Zwangsversteigerungsgesetz.

Über die Kosten der anderen Verfahrensarten (Straf- und Bußgeldsachen, freiwillige Gerichtsbarkeit, Verwaltungsgerichtsverfahren usw.) sowie der Justizverwaltungsakte vgl. 214.

Die ZPO behandelt in den §§ 91–107 nur die Frage, wer die Prozeßkosten zu tragen hat. Diese zerfallen in die nach dem GKG zu berechnenden *Gerichtskosten,* welche die Parteien dem Land als Träger der Justizhoheit zu entrichten haben, und die *Parteikosten,* welche der Prozeß den Parteien verursacht hat (einschließlich Auslagen, Fahrt- und Anwaltskosten; letztere sind nach der BRAGO zu vergüten, vgl. 211).

Jede Entscheidung des Gerichts muß über die prozeßrechtliche *Kostenpflicht* befinden. Grundsätzlich hat der Unterliegende die Prozeßkosten zu tragen. Falls jede Partei teils obsiegt, teils unterliegt, sind die Kosten i. d. R. gegeneinander aufzuheben oder verhältnismäßig zu teilen. Jedoch kann das Gericht in besonderen Fällen anders entscheiden (§ 92 ZPO). Bei Scheidung, Aufhebung oder Nichtigerklärung einer Ehe – also nicht bei Abweisung des Antrags oder der Klage – sind die Kosten grundsätzlich gegeneinander aufzuheben; aus Billigkeitsgründen kann das Gericht sie aber anderweitig verteilen (§ 93a ZPO).

Eine Kostenentscheidung kann nur zusammen mit der Entscheidung in der Hauptsache angefochten werden (§ 99 Abs. 1 ZPO). Ist die Hauptsache erledigt, so ergeht die Kostenentscheidung nach dem jeweiligen Sach- und Streitstand (§ 91a ZPO); sie unterliegt der sofortigen Beschwerde (§ 91a Abs. 2 ZPO).

Das *Urteil* entscheidet über die Kostenpflicht immer nur dem Grunde nach; über den Antrag auf Festsetzung der zu erstattenden Kosten entscheidet das Gericht des ersten Rechtszugs durch Kostenfestsetzungsbeschluß (§ 104 Abs. 1 ZPO). Bei quotenmäßiger Kostenverteilung fordert das Gericht nach Eingang eines Festsetzungsgesuches den Gegner zur Einreichung seiner Kostenrechnung auf. Nach fruchtlosem Ablauf einer einwöchigen Frist wird ohne Rücksicht auf die Kosten des Gegners entschieden; dieser kann sie nachträglich noch geltend machen, muß aber die Mehrkosten des Nachverfahrens tragen (§ 106 ZPO).

Wer nach seinen persönlichen und wirtschaftlichen Verhältnissen die Prozeßkosten nicht, nur zum Teil oder in Raten aufbringen kann, erhält auf Antrag *Prozeßkostenhilfe,* wenn die Rechtsverfolgung hinreichende Aussicht auf Erfolg hat und nicht mutwillig erscheint (§§ 114ff. ZPO). Er muß die erforderlichen Unterlagen beibringen und seine tatsächlichen Angaben auf Verlangen glaubhaft machen. Je nach seiner Einkommens- und Vermögenslage stellt ihn das Gericht ganz oder zum Teil von Prozeßkosten frei oder gewährt ihm Zahlung in Monatsraten, die sich unter Berücksichtigung des Einkommens und seiner Unterhaltsverpflichtungen nach einer Tabelle berechnen. Würden die Prozeßkosten 4 Monatsraten und die aus dem Vermögen aufzubringenden Teilbeträge nicht übersteigen, wird Prozeßkostenhilfe nicht bewilligt. Wenn erforderlich, insbesondere wenn Anwaltszwang besteht (239) oder wenn der Gegner anwaltlich vertreten ist, wird dem Antragsteller ein Rechtsanwalt seiner Wahl beigeordnet. Die Prozeßkostenhilfe wird jeweils für eine Instanz bewilligt; sie kann auch nur für einen Teil des Anspruchs gewährt werden. Gegen Ablehnung ist Beschwerde gegeben. Das Gericht kann die Bewilligung der Prozeßkostenhilfe aufheben, wenn der Antragsteller sie durch absichtlich unrichtige Darstellung des Streitverhältnisses erlangt oder absichtlich oder aus grober Nachlässigkeit seine persönlichen oder wirtschaftlichen Verhältnisse unrichtig dargestellt hat oder wenn er mit der Zahlung einer Monatsrate länger als 3 Mon. im Rückstand ist. Geht der Prozeß im Ergebnis für den Antragsteller ungünstig aus, ändert die Bewilligung der Prozeßkostenhilfe nichts daran, daß er dem Gegner dessen Kosten erstatten muß (§ 123 ZPO). – Über die Beratungshilfe außerhalb des gerichtlichen Verfahrens vgl. 211.

In *Unterhaltssachen* kann das Prozeßgericht auf Antrag einer Partei durch *einstweilige Anordnung* die Verpflichtung zur Leistung eines *Prozeßkostenvorschusses* regeln (§ 127a ZPO).

239. Das Verfahren im ersten Rechtszuge (§§ 253–510b ZPO)

Der erste Abschnitt regelt das *Verfahren vor den Landgerichten,* und zwar das Verfahren bis zum Urteil, Versäumnisurteil, Verfahren vor dem Einzelrichter, Beweisaufnahme (Augenschein, Zeugenbeweis, Sachverständigenbeweis, Beweis durch Urkunden, Parteivernehmung), Verfahren bei der Abnahme von Eiden, Sicherung des Beweises. Im zweiten Abschnitt werden die Besonderheiten des *Verfahrens vor den Amtsgerichten* behandelt.

Im Verfahren vor den Landgerichten und den höheren Gerichten müssen sich die Parteien durch einen Rechtsanwalt vertreten lassen (*Anwaltszwang,* § 78). Das gilt auch vor den Familiengerichten beim Amtsgericht in Ehesachen, Folgesachen von Scheidungen u. ä.

Zustellungen finden – mit gewissen wichtigen Ausnahmen (Arrestbefehl, einstweilige Verfügung) – auch in Anwaltsprozessen von Amts wegen statt (§ 270). Da auch die *Ladung* der Parteien nach Terminbestimmung durch die Geschäftsstelle zu veranlassen ist (§ 274), ist das landgerichtliche Verfahren, das an sich in besonderem Maße dem *Parteibetrieb* unterliegt, stark dem *Amtsbetrieb* des amtsgerichtlichen Verfahrens angeglichen.

240. Die Erhebung der Klage

Der Staat gewährt jedem *Rechtsschutz,* jedoch nur auf ein *Gesuch* hin. Wo es einer Streitverhandlung im Zivilprozeß bedarf, ergeht das Gesuch in Gestalt der *Klage,* d. h. der Bitte um Rechtsschutz durch Urteil. In Scheidungs- und deren Folgesachen (346) tritt anstelle der Klage eine *Antragsschrift.*

Eine *Klage* kann sich richten auf

a) Verurteilung des Gegners zu einer Leistung oder Unterlassung = *Leistungsklage;*
b) Feststellung eines Rechtsverhältnisses, der Echtheit oder Unechtheit einer Urkunde = *Feststellungsklage;*
c) Begründung, Änderung oder Auflösung eines Rechtsverhältnisses (z. B. Leistungskonkretisierung, Auflösung einer oHG, Anfechtungsklage) = *Gestaltungsklage.*

Nach § 253 ZPO wird die Klage durch Zustellung eines Schriftsatzes, der *Klageschrift,* an den Beklagten erhoben. Diese ist mit etwaigen sonstigen Anträgen und Parteierklärungen, die zugestellt werden sollen, nebst den erforderlichen Abschriften bei dem angerufenen Gericht einzureichen.

Die *Klageschrift* muß das Gericht, die Parteien, Gegenstand und Grund des erhobenen Anspruchs bezeichnen und einen bestimmten Antrag enthalten. Sie soll den Wert des Streitgegenstandes angeben, wenn die Zuständigkeit des Gerichts davon abhängt und nicht eine bestimmte Geldsumme eingeklagt wird, und – beim LG – sich dazu äußern, ob Bedenken gegen die Entscheidung durch den Einzelrichter (217) bestehen.

Die Klage wird bei der Geschäftsstelle des Prozeßgerichts eingereicht. Der Vorsitzende beraumt (i. d. R. erst nach Zahlung der Prozeßgebühr des § 65 GKG) Termin zur mündlichen Verhandlung baldmöglichst an, wobei die *Einlassungsfrist* zu wahren ist. Diese beträgt 2 Wochen, in Meß- und Marktsachen mindestens 24 Std. Es kann auch ein schriftliches Vorverfahren angeordnet werden (s. 242). Die Ladungen erledigt die Geschäftsstelle des Gerichts (§ 274 ZPO).

Soll durch die Zustellung eine Frist gewahrt oder die Verjährung unterbrochen werden, so tritt die Wirkung, sofern die Zustellung demnächst erfolgt, bereits mit dem Eingang des Antrags oder der Erklärung bei Gericht ein (§ 270 Abs. 3 ZPO). Ein Schreiben, das vor Ablauf des letzten Tages der Frist in den *Nachtbriefkasten* des zuständigen Gerichts eingeworfen wird, ist rechtzeitig.

241. Das Verhalten des Beklagten nach der Klageerhebung

Nach Zustellung der Klageschrift hat der Beklagte mehrere Möglichkeiten:

a) er kann den geltend gemachten Anspruch anerkennen (vgl. 242);
b) er kann die tatsächlichen Behauptungen der Klage zugeben, aber Tatsachen geltend machen, welche die vom Kläger behauptete Rechtsfolge ausschließen (z. B. er habe den Kaufpreis bezahlt);
c) er kann die behaupteten Tatsachen bestreiten (z. B. er habe vom Kläger, der Darlehensrückzahlung verlangt, kein Geld erhalten);
d) er kann vorbringen, daß die von ihm zugegebenen Klagetatsachen den Klageanspruch rechtlich nicht ausreichend begründen (Rechtsausführungen);
e) er kann zugeben, aber seinerseits Gegenansprüche geltend machen (z. B. Aufrechnung, vgl. 314, Widerklage, vgl. 242).

Nach § 282 ZPO hat jede Partei unter Bezeichnung der Beweismittel für ihre tatsächlichen Behauptungen Beweis anzutreten und sich über die von der Gegenpartei angegebenen Beweismittel zu erklären. Das muß so rechtzeitig geschehen, daß der Gegner Zeit zur Stellungnahme hat. Erklärungen, die ohne genügende Entschuldigung erst nach einer vom Gericht gesetzten Frist vorgebracht werden, können zurückgewiesen werden (§ 296 ZPO). Des Beweises bedarf alles, was nicht unstreitig, anerkannt, offenkundig, gesetzlich zu vermuten oder zu unterstellen ist.

Beweisantritt ist die Einführung eines *Beweismittels* in den Prozeß zum Beweis einer bestimmten Behauptung. I. d. R. muß jede Partei die Tatsachen beweisen, aus denen sie Rechte herleitet, d. h. sie trifft grundsätzlich die sog. *Beweislast;* läßt sich durch die Beweisaufnahme nicht klären, ob eine behauptete Tatsache wahr oder unwahr ist, so wird zuungunsten dessen entschieden, dem die Beweislast obliegt. Die Erfahrung des Lebens kann bei *freier Beweiswürdigung* weiteren Beweis überflüssig machen. Steht ein gewisser Tatbestand fest, der nach der *Lebenserfahrung* auf eine bestimmte Ursache oder einen bestimmten Ablauf hinweist, so braucht der Beweispflichtige nur diesen Tatbestand darzutun (sog. *Anscheinsbeweis,* prima facie-Beweis). Es ist dann Sache dessen, der einen vom gewöhnlichen Verlauf abweichenden Gang des Geschehens behauptet, ein atypisches Geschehen nachzuweisen.

242. Der Verhandlungstermin

soll im Interesse der *Beschleunigung* des Verfahrens so vorbereitet werden, daß die Streitsache i. d. R. in einem *Haupttermin* erledigt werden kann. Der Vorsitzende ordnet entweder einen frühen ersten Termin an, in dem die Sache nach Möglichkeit erledigt wird; andernfalls ergehen die nötigen Anordnungen zur Vorbereitung des Haupttermins; oder er verfügt das *schriftliche Vorverfahren* und setzt den Parteien Erklärungsfristen. Terminsänderungen sind bei erheblichen Gründen möglich. Ein für die Zeit vom 1. 7. bis 31. 8. (Ferienzeit) bestimmter Termin ist auf Antrag innerhalb einer Woche ab Zugang der Terminsbestimmung i. d. Regel aufzuheben (§ 227 Abs. 3 ZPO).

Eine mündliche Verhandlung ist jedoch nicht obligatorisch. Das Gericht kann mit Zustimmung der Parteien ein *schriftliches Verfahren* anordnen, in vermögensrechtlichen Streitigkeiten auch von Amts wegen, falls keine anwaltliche Vertretung geboten ist, der Streitwert 1500 DM nicht übersteigt und einer Partei das Erscheinen vor Gericht aus wichtigem Grund, insbes. wegen großer Entfernung, nicht zuzumuten ist (§ 128 Abs. 3 ZPO).

Gegen eine Partei (Kläger oder Beklagter), die im Verhandlungstermin nicht erscheint und auch nicht vertreten ist, kann auf Antrag ein *Versäumnisurteil* ergehen (§§ 330, 331 ZPO).

Erscheint der Beklagte und erkennt er den Klageanspruch an, so kann der Kläger ein *Anerkenntnisurteil* erwirken (§ 307 ZPO).

Erscheinen oder verhandeln beide Parteien nicht, so kann das Gericht nach Lage der Akten entscheiden (durch Urteil nur, wenn schon einmal mündlich verhandelt worden ist) oder – bei unverschuldeter Säumnis – auf Antrag einen neuen Termin anberaumen oder das *Ruhen des Verfahrens* anordnen (§ 251a ZPO).

Erscheinen beide Parteien und kommt eine Einigung, z. B. durch Prozeßvergleich (328), nicht zustande, so beginnt die *streitige (kontradiktorische) Verhandlung*.

Die mündliche Verhandlung, die in *Anwaltsprozessen* (239) oder auf richterliche Anordnung durch Schriftsätze vorzubereiten ist (§ 129 ZPO), wird dadurch eingeleitet, daß die Parteien ihre *Anträge* stellen. Vorträge sind in freier Rede zu halten; das Streitverhältnis ist in tatsächlicher und rechtlicher Beziehung zu behandeln, wobei auf Schriftstücke Bezug genommen werden kann (§ 137 ZPO). Soweit das Gericht eine *Beweisaufnahme* für erforderlich hält, erläßt es einen *Beweisbeschluß*. Erst wenn der Rechtsstreit zur Endentscheidung reif ist, erläßt das Gericht ein *Endurteil* (§ 300 ZPO). Das *Sitzungsprotokoll*, das der *Urkundsbeamte* (222) führt, gibt die wesentlichen Vorgänge und die Förmlichkeiten wieder (vgl. §§ 160ff. ZPO, auch über Verwendung von Kurzschrift, Aufzeichnung auf einem Ton- oder Datenträger usw.).

Der Beklagte kann in demselben Prozeß eine *Widerklage* erheben, die mit der Klage in einem rechtlichen Zusammenhang stehen muß (§ 33 ZPO; vgl. 237). In einzelnen Verfahrensarten, die besonders rasch abgeschlossen werden sollen, ist eine Widerklage nicht zugelassen (Urkunden-, Arrestprozeß u. a.); in der Berufungs- und Revisionsinstanz ist sie stark eingeschränkt. Grundsätzlich wird über Klage und Widerklage in demselben Urteil entschieden, sonst durch *Teilurteil* über eine von beiden (§ 301 ZPO).

243. Die gerichtliche Entscheidung

Das Gericht entscheidet unter Berücksichtigung des gesamten Inhalts der Verhandlungen und des Ergebnisses einer etwaigen *Beweisaufnahme* nach freier Überzeugung, ob eine tatsächliche Behauptung für wahr oder für nicht wahr zu erachten ist (Beweiswürdigung; § 286 ZPO) und welche rechtlichen Folgerungen hieraus zu ziehen sind. Im *Urteil* sind die Gründe anzugeben, welche für die richterliche Überzeugung leitend gewesen sind. Wenn die Klage nicht zurückgenommen wird, oder kein *Vergleich* zustande kommt (vgl. 328) oder wenn sich der Rechtsstreit nicht auf sonstige Weise erledigt, wird der Prozeß durch ein abweisendes oder zusprechendes *Urteil* beendet (mit nachsteh. Ausnahmen 1b, 2, 3).

Das Urteil wird in dem Termin *verkündet,* in dem die mündliche Verhandlung geschlossen wird, oder in einem besonderen, i. d. R. nicht über drei Wochen hinaus anzusetzenden *Verkündungstermin* (§ 310 ZPO).

Man unterscheidet:

1. *Endurteile,* und zwar
   a) *Vollendurteile,* die den ganzen Streitfall erledigen;
   b) *Teilurteile,* wenn nur über einen Teil des Klageanspruchs oder über einen von mehreren Ansprüchen oder bei Klage und Widerklage nur über eine von beiden entschieden wird; das abschließende Urteil über den restlichen Prozeßstoff heißt *Schlußurteil;*
2. *Zwischenurteile,* die über einzelne Prozeßfragen im Zwischenstreit entscheiden (z. B. über Prozeßvoraussetzungen) oder die nur über den Grund des Anspruchs befinden;
3. *Vorbehaltsurteile,* die den Streit unter Vorbehalt eines Nachverfahrens über bestimmte Einwendungen des Beklagten erledigen (z. B. Urkunden- und Wechselprozeß, § 599 ZPO; Aufrechnung, § 302 ZPO).

Jedes Urteil muß ein *Rubrum,* d. h. einen *Urteilskopf,* mit Bezeichnung der Parteien, ihrer gesetzlichen Vertreter und Prozeßbevollmächtigten, die Namen der mitwirkenden Richter, den *Tenor,* d. h. die Urteilsformel, einen *Tatbestand* und *Entscheidungsgründe* enthalten (§ 313 ZPO). In bestimmten Fällen können Tatbestand und Entscheidungsgründe entfallen (s. § 313a ZPO).

244. Das Verfahren vor den Amtsgerichten (§§ 495–510b ZPO)

weist Besonderheiten auf. Die wichtigsten Abweichungen gegenüber dem Landgerichtsprozeß sind folgende:

a) *Kein Anwaltszwang* wie vor den Kollegialgerichten (wegen der Ausnahme in Familiensachen vgl. 239);
b) Vorbereitung der mündlichen Verhandlung durch *Schriftsätze* ist, falls nicht vom Gericht angeordnet, nicht erforderlich (§ 129 ZPO);
c) Anträge und andere Erklärungen werden, soweit erforderlich, durch das *Sitzungsprotokoll* festgestellt (§ 510a ZPO);
d) Klage, Erwiderung, Anträge u. a. Erklärungen können schriftlich oder *zu Protokoll der Geschäftsstelle* angebracht werden; die protokollierte Klage wird dem Gegner an Stelle der Klageschrift zugestellt (§§ 496, 498 ZPO);
e) Das Gericht kann sein Verfahren nach billigem Ermessen bestimmen, wenn der Streitgegenstand 1200 DM nicht übersteigt; das Urteil bedarf in diesen

Fällen keines Tatbestands (= Sachverhaltsschilderung). Entscheidungsgründe sind nicht erforderlich, wenn ihr wesentlicher Inhalt in das Protokoll aufgenommen worden ist (§ 495a).

245. Die Rechtsmittel im Zivilprozeß (§§ 511–577 ZPO)

I. Überblick über die gegen Urteile zulässigen Rechtsmittel

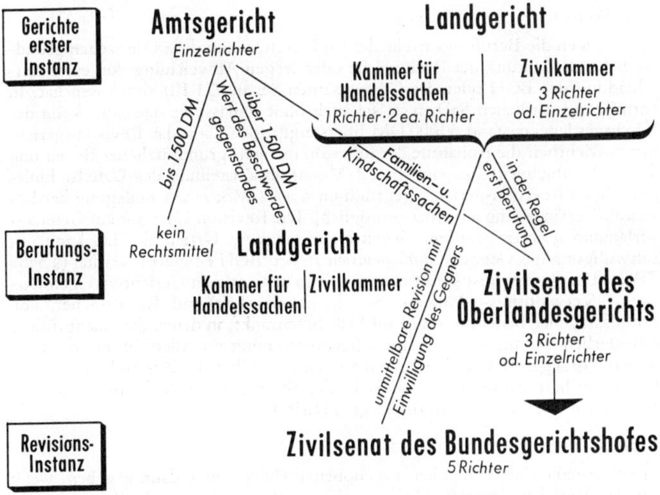

II. Die Rechtsmittel im einzelnen

1. *Berufung*

findet statt gegen *Endurteile erster Instanz* (AG, LG). Über die Berufung entscheidet das übergeordnete LG bzw. OLG. Einlegung beim Berufungsgericht binnen 1 Monat; diese Frist beginnt mit Zustellung des mit vollständiger Begründung versehenen Urteils. Die Berufung ist nur zulässig, wenn der Wert des Beschwerdegegenstandes (= Differenz zwischen Antrag und ergangener Entscheidung) 1500 DM übersteigt (§ 511a ZPO). Bei Streitigkeiten in Wohnraummietsachen ist die Berufung außerdem zulässig, wenn das AG in einer Rechtsfrage von einer Entscheidung eines OLG oder des BGH abgewichen ist und die Entscheidung auf der Abweichung beruht. Zurücknahme ohne Einwilligung des Gegners nur bis zum Beginn der mündlichen Verhandlung des Berufungsbeklagten. Der Berufungskläger muß binnen 1 Monat seit Einlegung sein Rechtsmittel begründen (Verlängerung auf Antrag möglich). Das Berufungsgericht prüft Zulässigkeit und Rechtzeitigkeit (evtl. Verwerfung durch Beschluß, §§ 519b, 520 ZPO). Der Berufungsbeklagte kann sich der Berufung anschließen. Vor dem Berufungsgericht wird der Rechtsstreit von neuem verhandelt. Neues Vorbringen ist zulässig, kann aber bei Verschleppungsabsicht oder grob nachlässiger Unterlassung früheren Vorbringens zurückgewiesen werden. Das erste Urteil darf nur insoweit abgeändert werden, als dies beantragt ist. Das Berufungsgericht verweist die Sache an die erste Instanz zurück, wenn in der Sache selbst noch nicht entschieden ist oder ein wesentlicher Verfahrensmangel vorliegt. Es kann in diesen Fällen auch selbst entscheiden, wenn es sachdienlich ist (§§ 521–540 ZPO).

Gegen ein *Versäumnisurteil* ist keine Berufung, sondern nur der Einspruch an dasselbe Gericht zulässig. Berufung ist gegen ein zweites Versäumnisurteil möglich, wenn sie darauf gestützt wird, daß der Fall der Versäumung nicht vorgelegen habe (§ 513 ZPO).

2. *Revision*

findet gegen die Berufungsurteile des OLG statt, wenn dieses sie wegen grundsätzlicher Bedeutung der Rechtssache oder wegen Abweichung von einer Entscheidung des BGH oder des Gemeinsamen Senats (71 III) zugelassen hat. In vermögensrechtlichen Sachen ist sie auch ohne Zulassung statthaft, wenn der Beschwerdegegenstand 60000 DM übersteigt; doch kann das Revisionsgericht mit ⅔-Mehrheit die Annahme der Revision mangels grundsätzlicher Bedeutung der Sache ablehnen. Revisionsfrist 1 Monat ab Zustellung des Urteils. Einlegung beim Revisionsgericht, Begründungsfrist 1 Monat seit Einlegung der Revision (Verlängerung auf Antrag möglich). Die Revision kann nur auf Gesetzesverletzung gestützt werden. Gegen erstinstanzliche Urteile des LG kann mit Einwilligung des Gegners *Sprungrevision* an den BGH eingelegt werden (§ 566a ZPO). Die Revision ist somit ebenso wie in den anderen Gerichtszweigen (Arbeits-, Verwaltungs-, Finanz-, Sozialgerichtsbarkeit) auf Rechtssachen von grundsätzlicher Bedeutung und auf Fälle beschränkt, in denen die Nachprüfung erforderlich ist, um die Einheit der Rechtsprechung vor allem im Hinblick auf bereits vorliegende Entscheidungen zu wahren. Über die Zuständigkeit des in Bayern in bestimmten Fällen an Stelle des Bundesgerichtshofs entscheidenden *Bayerischen Obersten Landesgerichts* vgl. 131 IV 4a.

3. *Beschwerde*

ist in gesetzlich besonders hervorgehobenen Fällen sowie dann gegeben, wenn ein das Verfahren betreffendes Gesuch zurückgewiesen wird, über das ohne mündliche Verhandlung entschieden werden kann. Sie geht an das im Rechtszug zunächst höhere Gericht. Die *weitere* Beschwerde ist nur bei neuem selbständigen Beschwerdegrund zugelassen. Gegen Beschlüsse des OLG findet im allgemeinen (Ausnahme z. B. in § 519b ZPO) keine Beschwerde oder weitere Beschwerde statt (§ 567 Abs. 4 ZPO). Nur die *sofortige Beschwerde* ist an eine Notfrist von 2 Wochen gebunden (§ 577 ZPO).

246. Wiederaufnahme des Verfahrens

Ein durch rechtskräftiges Endurteil abgeschlossenes Verfahren kann im Zivilprozeß wiederaufgenommen werden (§§ 578-591 ZPO) durch die

a) *Nichtigkeitsklage* (§ 579 ZPO), wenn schwere Verfahrensmängel vorliegen,

z. B. wenn das Gericht nicht vorschriftsmäßig besetzt war, wenn ein kraft Gesetzes ausgeschlossener oder erfolgreich abgelehnter Richter mitgewirkt hat, wenn eine Partei nicht gesetzmäßig vertreten war.

b) *Restitutionsklage* (§ 580 ZPO), wenn geltend gemacht wird, das Urteil beruhe auf der Straftat eines Beteiligten oder werde durch eine neu aufgefundene Urkunde erschüttert.

Z. B. wenn der Gegner bei einer wesentlichen Aussage die Eidespflicht strafbar verletzt hat, wenn sich das Urteil auf eine fälschlich angefertigte oder verfälschte Urkunde stützt, bei strafbaren Wahrheitspflichtverletzungen eines Zeugen oder Sachverständigen, wenn das Urteil durch eine Straftat (z. B. Betrug) erwirkt ist usw.

Diese Klagen müssen innerhalb 1 Monats seit Kenntnis des Anfechtungsgrundes erhoben werden. Sie sind nur innerhalb 5 Jahren seit Rechtskraft des angefochtenen Urteils zulässig (§ 586 ZPO; Ausnahme in Abs. 3). Das Gericht entscheidet zunächst darüber, ob die gesetzlichen Voraussetzungen für die Klage gegeben sind *(Zulässigkeitsverfahren)*, und verwirft andernfalls die Klage als unzulässig. Ist die Klage zulässig und ein Wiederaufnahmegrund gegeben, wird in der Sache neu verhandelt und entschieden (§§ 589, 590 ZPO).

247. Der Urkunden- und Wechselprozeß (§§ 592–605a ZPO)

ist ein abgekürztes Verfahren, das dem Gläubiger beschleunigt einen Vollstreckungstitel verschaffen soll.

Voraussetzungen für den *Urkundenprozeß* sind:

a) Der Anspruch muß auf Leistung einer bestimmten Geldsumme oder einer bestimmten Menge anderer vertretbarer Sachen (307) oder Wertpapiere gerichtet sein.

b) Alle klagebegründenden Tatsachen müssen durch Urkunden bewiesen werden (z. B. Schuldschein, Quittung); für andere Tatsachen, z. B. Einreden, Echtheit oder Unechtheit einer Urkunde, ist als weiteres Beweismittel Parteivernehmung zugelassen.

c) Die Klage muß die Erklärung enthalten, daß im Urkundenprozeß geklagt wird; die Urkunden müssen beigefügt werden.

Der *Wechselprozeß* ist eine Unterart des Urkundenprozesses. Zuständig ist außer dem Gericht des allgemeinen Gerichtsstands des Schuldners auch das des Zahlungsortes. Werden mehrere Wechselverpflichtete verklagt, so kann bei dem für einen Beklagten zuständigen Gericht gegen alle geklagt werden. Die Einlassungs- und Ladungsfristen sind abgekürzt. Zur Geltendmachung von Nebenforderungen (Zinsen, Spesen, Protestkosten, vgl. 380) genügt Glaubhaftmachung, § 605 Abs. 2, § 294 ZPO. Für den *Scheckprozeß* gelten die Vorschriften über den Wechselprozeß entsprechend (§ 605a ZPO).

Widerklagen (237) sind im Urkunden- und Wechselprozeß unzulässig. Einwendungen des Beklagten gegen den Anspruch sind in diesem Verfahren nur beachtlich, wenn der Beklagte den ihm obliegenden Beweis durch Urkunden oder Parteivernehmung des Klägers führt. Andernfalls wird der Beklagte unter Vorbehalt seiner Rechte verurteilt *(Vorbehaltsurteil)*; er kann seine Rechte dann in einem *Nachverfahren* mit den üblichen Beweismitteln (Parteivernehmung, Zeugen, Sachverständige usw.) geltend machen.

248. Familien- und Kindschaftssachen

Die §§ 606–644 ZPO behandeln das Verfahren in *Ehe-* und anderen *Familiensachen,* in *Kindschaftssachen* und in *Unterhaltssachen* nichtehelicher Kinder.

I. Begriffe

1. *Ehesachen*

sind Verfahren, die zum Gegenstand haben

a) den Antrag auf *Scheidung* (§§ 1564ff. BGB);

b) die *Nichtigkeitsklage* (§§ 16ff. Ehegesetz: bei Formmängeln, fehlender Geschäftsfähigkeit, Doppelehe, Verwandtschaft oder Schwägerschaft – letzterenfalls nur, wenn keine Befreiung erfolgt);

c) die *Aufhebungsklage* (§§ 28ff. Ehegesetz: bei mangelnder Einwilligung des gesetzlichen Vertreters, Irrtum über die Eheschließung oder über die Person des anderen Ehegatten, Irrtum über die persönlichen Eigenschaften des anderen Ehegatten, arglistiger Täuschung, Drohung, Wiederverheiratung nach irrtümlicher Todeserklärung);

d) die *Klage auf Feststellung* des Bestehens oder Nichtbestehens einer Ehe nur ausnahmsweise, soweit nicht a), b) oder c) möglich (z. B. bei Zweifeln an der Gültigkeit einer ausländischen Eheschließung);

e) die *Klage auf Herstellung des ehelichen Lebens.*

2. *Kindschaftssachen*

betreffen die Feststellung des Bestehens oder Nichtbestehens eines Eltern-Kindes-Verhältnisses oder der elterlichen Sorge sowie die Anfechtung der Ehelichkeit oder der Vaterschaftsanerkennung. Es gelten viele Besonderheiten, die sich aus dem staatlichen Interesse an diesen Verfahren ergeben (§§ 640ff. ZPO). In diesen Sachen entscheidet das Amtsgericht, ebenso in *Unterhaltssachen* (§§ 641l–644 ZPO: Vereinfachtes Verfahren zur Abänderung von Unterhaltstiteln, Verfahren über den Regelunterhalt nichtehelicher Kinder mit Sondervorschriften über Abänderungsklage, Unterhaltsersatzansprüche Dritter).

II. Zuständigkeit und Verfahren in Ehe- und Familiensachen

In Ehe- und anderen Familiensachen ist das als Abteilung des Amtsgerichts einzurichtende *Familiengericht* (Einzelrichter, § 23b GVG) zuständig, das tunlichst in Verbindung mit dem Hauptprozeß auch in den sog. *Folgesachen* entscheidet (Regelung des Unterhalts, der elterlichen Sorge für die Kinder, Umgangsrecht, Versorgungsausgleich, Hausratsverteilung usw.; sog. *Scheidungsverbund*). Das Verfahren in einer Folgesache kann aber auch unabhängig vom Scheidungsverfahren anhängig gemacht werden. Es richtet sich dann – außer in Unterhalts- und Güterrechtssachen – nach den Grundsätzen der freiwilligen Gerichtsbarkeit (294). In Scheidungs- und Folgesachen (außer Unterhalts- und Güterrechtssachen) tritt an die Stelle der Klageschrift eine *Antragsschrift*. Ist in einer Scheidungssache der Antragsgegner nicht anwaltlich vertreten, so ordnet ihm das Gericht einen Anwalt als Beistand bei, wenn eine zweckmäßige Rechtsverfolgung es erfordert.

Wegen des öffentlichen Interesses an der Erhaltung der Ehen tritt der Parteiwille im Eheprozeß zurück. Das Gericht kann eigene Ermittlungen anstellen. Es gibt kein Versäumnisurteil gegen den Beklagten, keinen vereinbarten Gerichtsstand. Das Gericht soll das persönliche Erscheinen der Parteien anordnen und sie anhören; gegen eine ausgebliebene Partei kann Ordnungsgeld verhängt werden. Die Verhandlung ist nicht öffentlich. Der Prozeßbevollmächtigte bedarf einer besonderen Vollmacht. Das Gericht soll das auf Herstellung des ehelichen Lebens gerichtete Verfahren aussetzen, wenn es zur Aufrechterhaltung der Ehe dienlich erscheint; dasselbe gilt für das Scheidungsverfahren, jedoch nicht gegen den Widerspruch beider Ehegatten, wenn sie länger als 1 Jahr getrennt leben. Die Aussetzung darf einmal wiederholt werden, aber insgesamt 1 Jahr (bei mehr als 3jährigem Getrenntleben: 6 Mon.) nicht überschreiten. Tod einer Partei beendet den Eheprozeß in der Hauptsache. Die Urteile werden von Amts wegen zugestellt. Das Prozeßgericht kann auf Antrag *einstweilige Anordnungen* erlassen, um das Getrenntleben, die gegenseitige Unterhaltspflicht, die Verpflichtung zu Kostenvorschüssen, die elterliche Sorge für gemeinschaftliche Kinder und die Unterhaltspflicht diesen gegenüber sowie die Benutzung von Ehewohnung und Hausrat zu regeln.

Die Antragsschrift in Scheidungssachen muß die entscheidungserheblichen Angaben enthalten, so ob der andere Ehegatte der Scheidung zustimmt (vgl. 346 II 1), und in diesem Falle einen Vorschlag zur Regelung der elterlichen Sorge für minderjährige Kinder (das Gericht kann aber auch von einem übereinstimmenden Vorschlag der Ehegatten abweichen) sowie über das Umgangsrecht, die Regelung der Unterhaltspflicht und die Hausratsverteilung. Endentscheidungen des Familiengerichts in Scheidungs- und ggf. damit verbundenen Folgesachen sowie in Unterhalts- und Güterrechtssachen können mit den gegen Urteile nach der ZPO zugelassenen Rechtsmitteln (245) angefochten werden; jedoch setzt in den letztgenannten Folgesachen die Revision voraus, daß das OLG sie im Urteil zugelassen hat. Für die übrigen, nicht mit einem Scheidungsverfahren verbundenen (isolierten) Folgesachen ist die Beschwerde an das Oberlandesgericht und bei Rechtsverletzung die weitere Beschwerde an den BGH zugelassen, die jedoch i. d. R. an eine Zulassung durch das OLG gebunden ist.

III. Anerkennung ausländischer Entscheidungen

Über die Anerkennung einer von einer ausländischen Behörde getroffenen Entscheidung vgl. § 328a ZPO, über die Zuständigkeit deutscher Gerichte für Ausländer in Ehesachen vgl. § 606a ZPO. *Ausländische Entscheidungen in Ehesachen* werden nur anerkannt, wenn die Landesjustizverwaltung (LJustV) festgestellt hat, daß die Voraussetzungen für die Anerkennung vorliegen. Die Verbürgung der Gegenseitigkeit ist nicht Voraussetzung für die Anerkennung. Hat ein Gericht des Staates entschieden, dem beide Ehegatten zur Zeit der Entscheidung angehörten, so hängt die Anerkennung nicht von einer Feststellung der LJustV ab. Die Entscheidung ergeht auf Antrag. Wird er abgelehnt, kann der Antragsteller das OLG anrufen, in dessen Bezirk die LJustV ihren Sitz hat. Stellt die LJustV fest, daß die Voraussetzungen für die Anerkennung vorliegen, so kann ein Ehegatte, der den Antrag nicht gestellt hat, die Entscheidung des OLG beantragen. Das OLG entscheidet im Verfahren der freiwilligen Gerichtsbarkeit und endgültig. Die Feststellung, daß die Voraussetzungen für die Anerkennung vorliegen oder nicht vorliegen, bindet Gerichte und Verwaltungsbehörden (Art. 7 § 1 FamilienrechtsändG vom 11. 8. 1961, BGBl. I 1221).

249. Das Mahnverfahren (§§ 688–703d ZPO)

soll als abgekürztes zivilprozessuales Verfahren dem Gläubiger alsbald zu einem vollstreckbaren Titel verhelfen. Es ist nur zulässig wegen eines Anspruchs auf Zahlung einer bestimmten Geldsumme in inländischer Währung.

Auf Antrag (Inhaltserfordernisse des Mahnantrags s. § 690 ZPO; z. B. ist im Mahnantrag das Gericht zu bezeichnen, das für ein streitiges Verfahren zuständig ist) des Gläubigers erläßt das Amtsgericht (ohne materielle Prüfung, ob der vom Antragsteller erhobene Anspruch gerechtfertigt ist) einen *Mahnbescheid,*

d. h. den alternativen Befehl an den Schuldner, innerhalb der in dem Bescheid angegebenen Frist bei Vermeidung der Zwangsvollstreckung entweder den Gläubiger zu befriedigen oder *Widerspruch* zu erheben. Das AG stellt den Mahnbescheid dem Schuldner zu und gibt dem Gläubiger Nachricht vom Zustellungstag. Erhebt der Schuldner Widerspruch, so wird auf Antrag einer Partei der Rechtsstreit von Amts wegen an das Gericht abgegeben, das in dem Mahnbescheid entsprechend den Mahnantragsangaben bezeichnet worden ist. Dieses Gericht fordert nunmehr den Antragsteller auf, seinen Anspruch in einer Klageschrift (240) zu begründen; bei Eingang einer Anspruchsbegründung wird wie nach Eingang einer Klage weiter verfahren. Der Antrag auf Durchführung des Verfahrens nach Eingang des Widerspruchs kann schon im Gesuch um Erlaß des Mahnbescheids gestellt werden.

Erhebt der Schuldner keinen Widerspruch, so erläßt das AG auf Antrag des Gläubigers den *Vollstreckungsbescheid* (Vermerk auf der Rückseite des Formulars). Der Antrag ist binnen 6 Monaten seit Zustellung des Mahnbescheids zu stellen. Der Vollstreckungsbescheid steht einem für vorläufig vollstreckbar erklärten Versäumnisurteil (242) gleich. Der Schuldner kann binnen 2 Wochen nach Zustellung *Einspruch* einlegen; dann wird die Sache vor dem Prozeßgericht verhandelt. Der Gläubiger kann nach Zustellung des Vollstreckungsbescheids, die von Amts wegen, auf Antrag des Gläubigers aber von diesem vorgenommen wird, die Zwangsvollstreckung betreiben, falls kein Einspruch eingeht.

Auf Grund von Schuldurkunden, Schecks oder Wechseln kann ein *Urkunden-, Scheck-* oder *Wechselmahnbescheid* erlassen werden (§ 703a ZPO).

Die Durchführung des Mahnverfahrens – über Vordrucke hierfür s. VOen vom 6. 5. 1977 (BGBl. I 693) und 6. 6. 1978 (BGBl. I 705) beide mit spät. Änd. – ist dem *Rechtspfleger* übertragen (§ 20 Nr. 1 RechtspflGes.; vgl. 210).

Soweit durch die Zustellung eine *Frist gewahrt* oder die *Verjährung unterbrochen* wird, tritt diese Wirkung bereits mit Einreichung oder Anbringung des Gesuchs um Erlaß eines Mahnbescheids ein, wenn dieser demnächst zugestellt wird (§ 693 Abs. 2 ZPO).

250. Die Zwangsvollstreckung

ist die mit staatlichen Machtmitteln erzwungene Befriedigung eines privatrechtlichen Anspruchs. Das Verfahren ist in den §§ 704ff. ZPO geregelt.

Beteiligte Parteien sind der die Zwangsvollstreckung (ZV) betreibende Gläubiger und der Schuldner, gegen den die ZV betrieben wird. Voraussetzung ist, daß der Gläubiger gegen den Schuldner einen *vollstreckbaren Titel* erwirkt hat.

Vollstreckungstitel sind in erster Linie *rechtskräftige,* d. h. unanfechtbar gewordene *Urteile,* ferner *Prozeßvergleiche,* Vollstreckungsbescheide im Mahnverfahren (249), *Arreste* und *einstweilige Verfügungen* (258, 259), die Feststellung einer Forderung im Konkurs durch Eintragung in die Konkurstabelle, der Zuschlag in der Zwangsversteigerung. Weiter ist die ZV möglich aus *Urkunden* i. S. des § 794 Abs. 1 Nr. 5 ZPO, d. h. gerichtlichen oder notariellen Urkunden, in denen sich jemand verpflichtet, Geld oder andere vertretbare Sachen oder Wertpapiere zu leisten, und sich der sofortigen ZV unterwirft. Ein Vollstreckungstitel (außer Vollstreckungsbescheid, Arrest, einstweiliger Verfügung) muß vom Urkundsbeamten mit der sog. *Vollstreckungsklausel* versehen sein. Ferner muß der Vollstreckungstitel die Personen, für und gegen die vollstreckt werden soll, genau mit Namen bezeichnen. Der Titel muß spätestens bei Beginn der ZV zugestellt werden.

Um dem Gläubiger schneller, nämlich schon vor Rechtskraft des Urteils die ZV zu ermöglichen, werden die meisten Urteile von Amts wegen (d.h. ohne Antrag des Gläubigers) teils ohne, teils gegen Sicherheit für *vorläufig vollstreckbar* erklärt (§§ 708–710 ZPO). Ist die vorläufige Vollstreckbarkeit im Urteil ausgesprochen, hat dieses für die ZV praktisch die gleiche Bedeutung wie ein rechtskräftiges Urteil.

Die Anerkennung und Vollstreckung ausländischer Gerichtsentscheidungen richtet sich in erster Linie nach den zwischen der BRep. und einzelnen anderen Staaten bestehenden zweiseitigen Anerkennungs- und Vollstreckungsabkommen auf dem Gebiet des Zivil- und Handelsrechts (s. z. B. 248 III, 263, 348) und den zu diesen Verträgen ergangenen Ausführungsgesetzen. S. insoweit auch das allgemeine *Ges. zur Ausführung zwischenstaatlicher Anerkennungs- und Vollstreckungsverträge in Zivil- und Handelssachen* vom 30. 5. 1988 (BGBl. I 662) sowie *Gesetz zu dem Übereinkommen über die gerichtliche Zuständigkeit und die Vollstreckung gerichtlicher Entscheidungen in Zivil- und Handelssachen* vom 30. 9. 1994 (BGBl. II 2658).

251. Die Arten der Zwangsvollstreckung

Die Zwangsvollstreckung wird unterschiedlich durchgeführt, je nachdem, ob sie wegen einer Geldforderung oder wegen anderer Ansprüche betrieben wird, und je nachdem, gegen welches Vermögen des Schuldners sie sich richtet. Man unterscheidet:

I. die Zwangsvollstreckung *wegen Geldforderungen*
   1. in das *bewegliche* Vermögen, und zwar
      a) in körperliche Sachen;
      b) in Forderungen und andere Vermögensrechte;
   2. in das *unbewegliche* Vermögen;

II. die Zwangsvollstreckung *wegen sonstiger Ansprüche,* und zwar
   1. zur Erwirkung der *Herausgabe* von Sachen;
   2. zur Erwirkung von *Handlungen;*
   3. zur Erwirkung von *Duldungen* oder *Unterlassungen*.

Die ZV wegen Geldforderungen in das bewegliche körperliche Vermögen erfolgt mittels Pfändung durch den Gerichtsvollzieher (§§ 803, 808 ZPO; vgl. 252). Die ZV in Forderungen und andere Vermögensrechte obliegt dem Vollstreckungsgericht (§ 828 ZPO; vgl. 253, 254). Für die ZV in das unbewegliche Vermögen gelten die besonderen Vorschriften der §§ 864–871 ZPO und des Zwangsversteigerungsgesetzes (255). Die Herausgabe von Sachen wird durch Wegnahme durch den Gerichtsvollzieher vollstreckt (§§ 883ff. ZPO), während für die Erwirkung von Handlungen, Duldungen oder Unterlassungen das Prozeßgericht zuständig ist (§§ 887ff. ZPO). Vgl. 256, 257.

252. Die Pfändung beweglicher Gegenstände

Die Zwangsvollstreckung wegen Geldforderungen in das bewegliche Vermögen des Schuldners erfolgt durch Pfändung, die der Gerichtsvollzieher vornimmt. Bei den im Gewahrsam des Schuldners befindlichen körperlichen Sachen wird sie dadurch bewirkt, daß der Gerichtsvollzieher die Sachen in Besitz nimmt (§§ 803, 808 ZPO).

Der *Gerichtsvollzieher* ist hier Vollstreckungsorgan. Durch seine Pfändungen werden die Sachen der Verfügungsgewalt des Schuldners entzogen, d. h. öffentlich-rechtlich „verstrickt". Der Schuldner, der trotz Pfändung über die Sachen (Pfandstücke) verfügt, macht sich wegen *Verstrickungsbruchs* strafrechtlich verantwortlich (§ 136 Abs. 1 StGB).

Der *Gläubiger* erwirbt durch die Pfändung ein *Pfändungspfandrecht,* das ihm die gleichen Rechte wie ein sonstiges (rechtsgeschäftliches) Pfandrecht gewährt (§ 804 ZPO). Der Gerichtsvollzieher kann die gepfändeten Sachen an sich nehmen (so i. d. R. bei Geld, Kostbarkeiten, Wertpapieren) oder die Pfändung durch Anbringung von Siegeln (Pfandmarken), deren Entfernung, Beschädigung usw. nach § 136 Abs. 2 StGB strafbar ist, oder durch andere Kennzeichnung bewirken. Ein Warenlager wird durch Anbringung eines Zettels mit genauer Bezeichnung der Pfandstücke gepfändet; nach Möglichkeit werden die gepfändeten Waren von anderen Lagerbeständen abgesondert.

Notwendige Kleidungsstücke, Möbel, Betten, Wäsche, Küchengeräte, Nahrungs-, Feuerungs- und Beleuchtungsmittel sind *unpfändbar.* Weiter sind landwirtschaftliches Inventar, Handwerkszeug u. a. zur Berufsausübung unentbehrliche Gegenstände von der Pfändung ausgeschlossen (§ 811 ZPO). Hierdurch soll eine *Kahlpfändung* vermieden und dem Schuldner die Fortführung eines bescheidenen Haushalts und die Aufrechterhaltung seines Betriebs in bescheidenem Umfang ermöglicht werden. Gleichzeitig soll er vor Inanspruchnahme der öffentlichen Sozialhilfe bewahrt werden. Tiere, die im häuslichen Bereich und nicht zu Erwerbszwecken gehalten werden, sind ebenfalls unpfändbar, jedoch kann bei hohem Wert des Tiers das Vollstreckungsgericht eine Pfändung zulassen (§ 811 c ZPO). Für besonders wertvolle, an sich unpfändbare Gegenstände (z. B. goldene Uhr, Pelzmantel) kann der Gläubiger einfache Ersatzstücke zur Verfügung stellen und dadurch die Pfändung ermöglichen (*Austauschpfändung;* § 811 a ZPO). Die gepfändeten Sachen werden auf ihren gewöhnlichen Verkaufswert geschätzt (§ 813 ZPO).

Gepfändetes Geld liefert der GVollz. an den Gläubiger ab. Andere Gegenstände werden *öffentlich versteigert.*

Die ZV darf sich nur gegen das Vermögen des Schuldners richten. Gehört eine gepfändete Sache nicht dem Schuldner, so kann der Eigentümer Widerspruchsklage erheben (*Interventionsklage).* Der GVollz. ist nicht berechtigt, Gegenstände des Schuldners, die sich im Gewahrsam eines Dritten befinden, ohne Erlaubnis oder Duldungstitel gegen den Dritten zu pfänden. Bereits für andere Gläubiger gepfändete Gegenstände können im Wege einer *Anschlußpfändung* (§ 826 ZPO) erneut gepfändet werden. Der GVollz. kann auch für mehrere Gläubiger gleichzeitig dieselben Sachen pfänden. Er hat über die Pfändung ein Protokoll (*Pfändungsprotokoll)* aufzunehmen, von dem der Gläubiger auf Antrag eine Abschrift erhält.

Bei fruchtloser Pfändung muß der Schuldner auf Antrag des Gläubigers (an Stelle des früheren *Offenbarungseides)* zu gerichtlichem Protokoll an Eides Statt versichern, daß er sein Vermögen in dem von ihm aufzustellenden Verzeichnis vollständig angegeben habe (§ 807 ZPO). Zur Erzwingung der *Vermögensoffenbarung* kann *Haftbefehl* erlassen werden (*Beugehaft;* §§ 901 ff. ZPO). Über Personen, die eine eidesstattliche Versicherung abgegeben haben oder gegen die Haft angeordnet ist, führt das Vollstreckungsgericht ein *Schuldnerverzeichnis* (§§ 915–915h ZPO). S. hierzu auch die VO über das Schuldnerverzeichnis (SchuldnerverzeichnisVO vom 15. 12. 1994, BGBl. I 3822).

253. Der Pfändungs- und Überweisungsbeschluß

Richtet sich die Zwangsvollstreckung wegen Geldforderungen gegen das bewegliche unkörperliche Vermögen, also gegen *Forderungen* oder sonstige Vermögensrechte des Schuldners, so ist nicht der Gerichtsvollzieher zuständig; vielmehr erläßt das *Amtsgericht* auf Antrag des Gläubigers einen *Pfändungs- und Überweisungsbeschluß*. Durch diesen wird dem Drittschuldner die Zahlung an den Schuldner und dem Schuldner die Verfügung über die Forderung verboten; gleichzeitig wird die Forderung dem Gläubiger zur Einziehung oder an Zahlungs Statt überwiesen.

Zuständig ist das AG, bei welchem der Schuldner seinen allgemeinen Gerichtsstand hat, als *Vollstreckungsgericht*. Die Pfändung ist mit Zustellung des Beschlusses an den Drittschuldner bewirkt (§ 829 ZPO). Im Antrag des Gläubigers ist die Forderung genau zu bezeichnen (z. B. Forderung auf Gehalt gegen die Firma X, Mietforderung gegen Y o. ä.). Der Beschluß des AG überweist gleichzeitig die gepfändete Forderung dem Gläubiger nach dessen Wahl zur Einziehung oder an Zahlungs Statt zum Nennwert. I. d. R. findet die Überweisung zur Einziehung statt (§ 835 ZPO). Gewisse Forderungen sind nicht pfändbar (z. B. Aufwandsentschädigungen, Urlaubsgelder, Mehrarbeitszuschläge und Weihnachtsgratifikationen in dem durch § 850a ZPO begrenzten Umfang, unübertragbare Forderungen). Für die Lohnpfändung gelten Besonderheiten (vgl. 254). Über Pfändung von *Postgiroguthaben* s. 382.

Auf Verlangen des Gläubigers hat der *Drittschuldner* binnen zwei Wochen, von der Zustellung des Pfändungsbeschlusses an gerechnet, dem Gläubiger zu erklären, ob und inwieweit er die Forderung als begründet anerkenne und Zahlung zu leisten bereit sei, ob und welche Ansprüche andere Personen an die Forderung stellen, ferner ob und wegen welcher Ansprüche die Forderung bereits für andere Gläubiger gepfändet ist. Diese *Aufforderung* muß in die Zustellungsurkunde aufgenommen werden. Der Drittschuldner haftet dem Gläubiger für aus der Nichterfüllung seiner Verpflichtung entstandenen Schaden (§ 840 ZPO).

Schon vor der Pfändung kann der Gläubiger auf Grund eines vollstreckbaren Schuldtitels dem Drittschuldner und dem Schuldner durch den Gerichtsvollzieher eine *Pfändungsankündigung* zustellen lassen mit der Wirkung, daß die Forderung für ihn beschlagnahmt bleibt, sofern der Pfändungsbeschluß innerhalb eines Monats ab Zustellung der Ankündigung zugestellt wird (auch *Vorpfändung* genannt, § 845 ZPO).

Der *Pflichtteilsanspruch* (362) ist der Pfändung nur unterworfen, wenn er durch Vertrag anerkannt oder rechtshängig geworden ist. Gleiches gilt für den Anspruch eines Ehegatten auf *Zugewinnausgleich* (344). Vgl. § 852 ZPO.

254. Die Lohnpfändung

Nach § 850 ZPO unterliegen das in Geld zahlbare Einkommen der Beamten, Angestellten und Arbeiter aus Dienst- oder Arbeitsverhältnissen, Ruhegelder sowie ähnliche Bezüge der Pfändung nur in dem durch die §§ 850a–850i ZPO festgesetzten Umfang.

Über den Begriff des *Arbeitseinkommens* s. § 850 Abs. 2–4 ZPO. *Unpfändbar* sind (§ 850a ZPO) insbes. die Hälfte der Überstundenvergütung, Urlaubsgeld, Aufwandsentschädigungen, Auslösungsgelder u. dgl., Weihnachtsvergütungen bis zur Hälfte des monatlichen Arbeitseinkommens, höchstens aber bis 540 DM, soziale Zulagen. Bedingt pfändbar, d. h. bei fruchtloser Pfändung in das bewegliche Vermögen gemäß Anordnung des Vollstreckungsgerichts, sind *Renten* und ähnliche Bezüge (§ 850b ZPO). *Pfändungsfrei* ist im allgemeinen Arbeitseinkommen bis 1209 DM monatlich (279 DM wöchentlich, 55,80 DM täglich; § 850c ZPO). Gewährt der Schuldner seinem Ehegatten, einem früheren Ehegatten, einem Verwandten (auch dem nichtehelichen Kind) auf Grund gesetzlicher Verpflichtung Unterhalt, so erhöht sich der unpfändbare Teil des Einkommens auf höchstens 3081 DM monatl. (711 DM wöchentl., 142,20 DM tägl.), und zwar für den ersten Unterhaltsberechtigten um 468 DM monatl. (108 DM wöchentl., 21,60 DM tägl.), für den zweiten bis fünften um je 351 DM monatl. (81 DM wöchentl., 16,20 DM tägl.). Ist das Arbeitseinkommen höher als die danach unpfändbaren Beträge, so ist es hinsichtllich des überschießenden Betrags z. T. (gestaffelt nach der Zahl der Unterhaltsberechtigten) unpfändbar; bei der Berechnung des hiernach unpfändbaren Betrages bleibt der Teil des Arbeitseinkommens der 3796 DM monatlich (876 DM wöchentlich, 175,20 DM täglich) übersteigt, unberücksichtigt, d. h. er ist voll pfändbar (§ 850c Abs. 2 ZPO). Für die sonach vorzunehmende Berechnung des pfändbaren Betrags ist eine *Tabelle* – Anlage 2 (zu § 850c ZPO) – maßgebend, die nach der Zahl der Unterhaltsberechtigten gestaffelt ist. Das Vollstreckungsgericht kann auf Antrag des Gläubigers bestimmen, daß hierbei Unterhaltsberechtigte mit eigenem Einkommen außer Betracht bleiben.

Gewisse *Unterhaltsberechtigte* (Verwandte, Ehegatte usw.) sind bei der Pfändung bevorrechtigt. Für sie kann der Arbeitslohn ohne die obigen Einschränkungen gepfändet werden. Dem Schuldner ist jedoch soviel zu belassen, als er für seinen notwendigen Unterhalt und zur Erfüllung seiner laufenden gesetzlichen Unterhaltspflichten bedarf. Näheres § 850d ZPO.

Für die Berechnung des pfändbaren Arbeitseinkommens ist das *Nettoeinkommen* des Schuldners nach Abzug von Lohnsteuer und Sozialversicherungsbeiträgen zugrundezulegen. Mehrere Arbeitseinkommen werden vom Vollstreckungsgericht auf Antrag zusammengerechnet; der unpfändbare Grundbetrag ist in erster Linie dem Arbeitseinkommen zu entnehmen, das die wesentliche Grundlage der Lebensstellung des Schuldners ist (§ 850e ZPO).

Nach § 850f ZPO kann das Vollstreckungsgericht dem Schuldner auf Antrag einen Teil des pfändbaren Arbeitseinkommens belassen, wenn der Schuldner nachweist, daß bei Anwendung der Pfändungsfreigrenzen nach der Anlage 2 (zu § 850c ZPO) der notwendige Lebensunterhalt für sich und die Personen, denen er Unterhalt zu gewähren hat, nicht gedeckt ist, oder wenn dies mit Rücksicht auf seine besonderen persönlichen oder beruflichen Bedürfnisse oder auf besonders umfangreiche gesetzliche Unterhaltspflichten geboten ist und überwiegende Belange des Gläubigers nicht entgegenstehen.

Ändern sich die Voraussetzungen für die Bemessung des unpfändbaren Teils des Arbeitseinkommens, so hat das Vollstreckungsgericht auf Antrag des

Schuldners oder des Gläubigers den Pfändungsbeschluß entsprechend zu ändern (§ 850g ZPO). Der Pfändung unterliegt auch das *mittelbare Arbeitseinkommen* des Schuldners (Vergütung der Arbeiten an einen Dritten, bei *Lohnschiebungsverträgen* usw.; vgl. § 850h ZPO).

Die Pfändung eines Guthabens bei einem Kreditinstitut, dem das Arbeitseinkommen des Schuldners regelmäßig überwiesen wird, hebt das Vollstreckungsgericht auf Antrag hins. des Teils auf, der dem unpfändbaren Betrag bis zum nächsten Zahlungstermin entspricht. Diese Entscheidung trifft das Gericht auch vorab, um den notwendigen Lebensbedarf des Schuldners bis zum nächsten Zahlungstermin zu sichern. Vgl. § 850k ZPO.

255. Die Zwangsvollstreckung in das unbewegliche Vermögen

In das unbewegliche Vermögen wird vollstreckt durch Eintragung einer *Sicherungshypothek* (338) oder durch *Zwangsverwaltung* des Grundbesitzes oder durch *Zwangsversteigerung* nach Maßgabe des Zwangsversteigerungsgesetzes (ZVG) vom 24. 3. 1897 (RGBl. 97) i. d. F. vom 20. 5. 1898 (RGBl. 713) m. zahlr. spät. Änd. sowie der §§ 864–871 ZPO.

Die *Zwangsversteigerung* kann nur ein Gläubiger betreiben, der über seinen Anspruch einen mit der Vollstreckungsklausel versehenen Vollstreckungstitel besitzt. Der Schuldner muß im Grundbuch als Eigentümer eingetragen oder Erbe des Eingetragenen sein. Zuständig als Vollstreckungsgericht ist das Amtsgericht, in dessen Bezirk das Grundstück belegen ist.

Das Gericht ordnet auf Antrag des betreibenden Gläubigers die Versteigerung an und bestimmt den Versteigerungstermin. In diesem werden die Versteigerungsbedingungen festgestellt, insbes. das *geringste Gebot,* das die Verfahrenskosten und die dem betreibenden Gläubiger im Rang vorgehenden Rechte (z. B. Hypotheken) decken muß. Sodann wird das Grundstück ausgeboten. Ein Teil des geringsten Gebots, nämlich die Verfahrenskosten und bestimmte andere Ansprüche sowie der Teil des *Meistgebots,* der das geringste Gebot übersteigt, muß in bar erlegt werden *(Bargebot).* Dem Meistbietenden wird der Zuschlag erteilt; werden weniger als 7/10 des Grundstücks(Verkehrs)wertes – *Mindestgebot* – geboten, kann der Zuschlag auf Antrag eines Gläubigers, dessen Anspruch durch das Meistgebot nicht gedeckt ist, versagt werden. Durch den Zuschlag erwirbt der Meistbietende das Grundstückseigentum. Rechte, die dem betreibenden Gläubiger vorgehen, bleiben erhalten; nachrangige erlöschen und bestehen nur noch am Versteigerungserlös. Der Erlös wird nach einem *Verteilungsplan* des Gerichts unter die Gläubiger verteilt, die, um daran beteiligt zu sein, ihre nicht im Grundbuch eingetragenen Rechte frühzeitig anmelden müssen.

Im Gegensatz zur Zwangsversteigerung bezweckt die *Zwangsverwaltung* die Befriedigung der Gläubiger aus den Erträgnissen des Grundstücks. Sie kann auch neben der Zwangsversteigerung angeordnet werden.

256. Die Zwangsvollstreckung zur Erwirkung der Herausgabe von Sachen

(z. B. eines Kraftwagens) setzt keinen Geldanspruch, sondern den Anspruch auf bestimmte bewegliche Sachen oder eine bestimmte Menge vertretbarer Sachen (§ 91 BGB; vgl. 307) oder Wertpapiere voraus.

Hier nimmt der Gerichtsvollzieher dem Schuldner die Sache weg und übergibt sie dem Gläubiger. Sind bestimmte Sachen herauszugeben und finden sie sich nicht vor, so muß der Schuldner auf Antrag des Gläubigers zu gerichtlichem Protokoll an Eides Statt versichern, daß er über den Verbleib nichts wisse (§ 883 ZPO).

Befindet sich die herauszugebende Sache im Gewahrsam eines Dritten, so kann sich der Gläubiger den Anspruch des Schuldners auf Herausgabe der Sache zur Einziehung überweisen lassen (§ 886 ZPO) oder beim Prozeßgericht Klage auf Leistung seines Interesses, d. h. Schadensersatz, erheben (§ 893 ZPO).

257. Die Zwangsvollstreckung zur Erwirkung von Handlungen usw.

I. *Ersatzvornahme*

Kann die Handlung auch von einem Dritten vorgenommen werden (*vertretbare Handlung*), so wird der Gläubiger auf Antrag vom Prozeßgericht erster Instanz ermächtigt, die Handlung auf Kosten des Schuldners vornehmen zu lassen (sog. *Ersatzvornahme;* § 887 Abs. 1 ZPO).

Beispiele: Transport von Sachen, Handwerkerleistungen.
Der Schuldner muß zur Vornahme der Handlung verurteilt sein. Er ist vor der Entscheidung zu hören und hat gegen den Gerichtsbeschluß die sofortige Beschwerde (§ 793 ZPO). Er hat die Kosten der Vornahme durch einen Dritten zu tragen und auf Anordnung des Gerichts vorauszuzahlen.

II. *Zwangsgeld, Zwangshaft*

Kann die Handlung nicht von einem Dritten vorgenommen werden (*unvertretbare Handlung*), so wird der Schuldner, wenn die Handlung von seinem Willen abhängt, vom Prozeßgericht erster Instanz durch Zwangsgeld oder Zwangshaft zur Vornahme der Handlung angehalten (§ 888 ZPO).

Beispiele: Rechnungslegung, Auskunftserteilung, Herstellung einer Bilanz, Ausstellung eines Zeugnisses. Bei Verurteilung zur Herstellung des ehelichen Lebens und zur Leistung von Diensten aus einem Dienstvertrag sind Zwangsvollstreckungsmaßnahmen unzulässig (888 Abs. 2 ZPO).
Gegen die Anordnung ist sofortige Beschwerde zulässig (§ 793 ZPO).

III. *Ordnungsgeld*

Ist der Schuldner zu einer *Duldung* oder *Unterlassung* verurteilt, so kann der Gläubiger bei jeder schuldhaften Zuwiderhandlung bei dem Prozeßgericht erster Instanz beantragen, daß der Schuldner zu Ordnungsgeld bis 500000 DM oder Ordnungshaft bis zu 6 Monaten – bei mehreren Zuwiderhandlungen insgesamt höchstens 2 Jahre – verurteilt wird (§ 890 ZPO).

Der Verurteilung, gegen die sofortige Beschwerde zulässig ist (§ 793 ZPO), muß eine entsprechende Androhung vorausgehen, sofern diese nicht – wie meist – schon in dem die Verpflichtung aussprechenden Urteil enthalten ist.

Beispiele: Unterlassung von Besitzstörungen, des Gebrauchs eines Namens oder einer Firma, unzulässiger Rabattgewährung usw.

258. Der Arrest

sichert die künftige Beitreibung einer Geldforderung oder eines Anspruchs, der in eine Geldforderung übergehen kann. Er kann vom Gläubiger schon beantragt werden, ehe ein Prozeß anhängig ist. Voraussetzung ist die Glaubhaftmachung der *Forderung (Arrestanspruch)* und eines *Arrestgrundes,* d. h. der Besorgnis, daß ohne den Arrest die spätere Zwangsvollstreckung vereitelt oder wesentlich erschwert werden würde (§§ 916ff. ZPO).

Zur *Glaubhaftmachung* sind alle Beweismittel zulässig einschließlich der *eidesstattlichen Versicherung* des Antragstellers oder Dritter (§ 920 Abs. 2, § 294 ZPO).

Der *Arrestbefehl* des Gerichts lautet entweder auf Beschlagnahme von Vermögenswerten (*dinglicher* Arrest; so die Regel) oder auf Verhaftung oder andere Beschränkung der Freiheit des Schuldners (*persönlicher* Arrest). Der persönliche Sicherheitsarrest findet jedoch nur statt, wenn er zur Sicherung der gefährdeten Zwangsvollstreckung in das Vermögen des Schuldners erforderlich ist (§ 918 ZPO; Höchstdauer 6 Monate, §§ 933, 913 ZPO).

Für den Arrest ist nach Wahl des Gläubigers das Gericht der Hauptsache (späteres Prozeßgericht) oder das AG zuständig, in dessen Bezirk der mit Arrest zu belegende Gegenstand oder die in ihrer persönlichen Freiheit zu beschränkende Person sich befindet. Der Schuldner kann gegen den Arrestbefehl *Widerspruch* einlegen. Dann setzt das angerufene Gericht Termin zur mündlichen Verhandlung an und entscheidet durch *Endurteil,* das mit Berufung angefochten werden kann (§ 925 ZPO). Der Arrestbeklagte kann dem Arrestkläger vom Gericht eine Frist zur Klageerhebung im ordentlichen Verfahren setzen lassen. Nach erfolglosem Ablauf dieser Frist muß das Arrestgericht den Arrest aufheben (§ 926 ZPO).

Die Vollstreckung aus einem Arrest verschafft dem Gläubiger nur eine Sicherung (Geld wird hinterlegt usw.), keine Befriedigung. Die Vollziehung des Arrestes ist nur binnen 1 Monat seit Verkündung des Arrestbefehls oder seiner Zustellung an den Gläubiger zulässig (§ 929 Abs. 2 ZPO). Erweist sich die Anordnung eines Arrestes als von Anfang an ungerechtfertigt, so ist der Gläubiger schadensersatzpflichtig (§ 945 ZPO).

259. Die einstweilige Verfügung

bezweckt entweder die Sicherung eines strittigen Anspruchs oder die Regelung eines einstweiligen Zustandes (§§ 935, 940 ZPO). Im ersten Fall ist ein Individualanspruch (z. B. auf Herausgabe einer Sache, Unterlassung; kein Geldanspruch) zu sichern; im zweiten Fall ist ein streitiges Rechtsverhältnis vorläufig zu regeln, um wesentliche Nachteile durch Veränderungen usw. zu verhüten (z. B. Notweg).

Die erforderlichen Anordnungen trifft das Gericht nach freiem Ermessen (§ 938 ZPO, z. B. Herausgabe an einen Treuhänder). Die Maßnahme darf aber nicht zu einer Befriedigung des Gläubigers führen. Das Verfahren entspricht im wesentlichen dem Arrestverfahren. Jedoch ergeht *nur in dringenden Fällen* eine Entscheidung ohne mündliche Verhandlung. Zuständig ist das Gericht der Hauptsache; in dringenden Fällen kann beim Kollegialgericht der Vorsitzende entscheiden, wenn mündliche Verhandlung nicht erforderlich ist, sonst auch das Amtsgericht, in dessen Bezirk sich der Streitgegenstand befindet; das Amtsgericht bestimmt hierbei eine Frist zur Klageerhebung und Ladung vor das Gericht der Hauptsache (§ 942 ZPO). Schadensersatzansprüche wie beim Arrest (s. 258 a. E.), wenn sich die einstweilige Verfügung als ungerechtfertigt erweist.

260. Rechtsbehelfe in der Zwangsvollstreckung

Die wichtigsten Rechtsbehelfe gegen unzulässige Vollstreckungen sind:

I. Die *Erinnerung*

gegen die Art und Weise der Zwangsvollstreckung (§ 766 ZPO). Mit ihr kann der Schuldner oder ein anderer Beteiligter (Gläubiger, Drittschuldner) beim Vollstreckungsgericht wegen einer Handlung des Gerichtsvollziehers oder einer Maßnahme des Gerichts vorstellig werden.

Beispiele: Pfändung unpfändbarer Sachen, Unzuständigkeit des Gerichts für den Pfändungs- und Überweisungsbeschluß, Pfändung von im Gewahrsam eines Dritten stehenden Sachen, Nichteinhaltung der Räumungsfrist durch den Gerichtsvollzieher.

Die Erinnerung ist an keine Frist gebunden. Die zur Begründung vorgebrachten Tatsachen sind zu beweisen (nicht nur glaubhaft zu machen). Entscheidung ergeht durch Beschluß. Wird der Erinnerung stattgegeben, so wird die Vollstreckungsmaßnahme aufgehoben bzw. für unzulässig erklärt und dem Gerichtsvollzieher Anweisung zur Aufhebung erteilt.

II. Die *Vollstreckungsgegenklage* (§ 767 ZPO)

Sie wird auf Grund von Einwendungen, die den Anspruch des Gläubigers betreffen, beim Prozeßgericht erster Instanz erhoben und kann nur auf Gründe gestützt werden, die nach der letzten mündlichen Verhandlung entstanden sind.

Beispiele: Nachträgliche Vereinbarung von Ratenzahlungen mit dem Gläubiger, Bezahlung der Urteilsforderung nebst Zinsen und Kosten, nachträgliche Einigung mit dem Gläubiger über Wohnungsräumung.

Die Parteien sind die des Vorprozesses in umgekehrter Parteirolle. Örtlich und sachlich ist das Prozeßgericht erster Instanz ausschließlich zuständig ohne Rücksicht auf den Streitwert. Der Klageantrag lautet: die Zwangsvollstreckung aus dem früheren Urteil für unzulässig zu erklären.

III. Die *Widerspruchs-(Interventions-)Klage*

eines Dritten, der behauptet, daß ihm an dem Gegenstand der Zwangsvollstreckung ein die Veräußerung hinderndes Recht zustehe (§ 771 ZPO).

Beispiele: Pfändung eines gemieteten Klaviers, eines der Ehefrau des Schuldners gehörenden Schrankes, eines unter Eigentumsvorbehalt gelieferten Radioapparates. Der Eigentümer muß den Pfändungsgläubiger zunächst unter Glaubhaftmachung seines Rechtes zur Freigabe auffordern. Kommt dieser der Aufforderung nicht nach, so erhebt er die Interventionsklage bei dem Gericht, in dessen Bezirk vollstreckt worden ist.

Zu I.–III.: Das Gericht kann die Zwangsvollstreckung bis zur Entscheidung über die Erinnerung bzw. die Vollstreckungsgegenklage oder die Interventionsklage *einstweilen einstellen* (§ 766 Abs. 1 S. 2, § 732 Abs. 2, §§ 769, 771 Abs. 3 ZPO).

261. Vollstreckungsschutz. Anfechtung von Rechtshandlungen

I. *Vollstreckungsschutz für den Schuldner*

1. Nach § 765a ZPO kann das Vollstreckungsgericht bei allen Arten der Zwangsvollstreckung auf Antrag des Schuldners *jede* Maßnahme der Zwangsvollstreckung ganz oder teilweise aufheben, untersagen oder einstweilen einstellen, wenn die Maßnahme unter voller Würdigung des Schutzbedürfnisses des Gläubigers wegen ganz besonderer Umstände eine Härte bedeutet, die mit den guten Sitten nicht vereinbar ist.

Beispiele: Versteigerung gepfändeter Saisonartikel würde zu einer Verschleuderung führen; Vollstreckung eines Räumungsurteils gegen einen schwerkranken Schuldner; Zwangsversteigerung von Grundbesitz, obwohl Befriedigung aus Forderungspfändung möglich.

Das Vollstreckungsgericht muß zwischen den beiderseitigen Interessen abwägen. Entscheidung im schriftlichen Verfahren nach Anhörung des Gläubigers; mündliche Verhandlung kann anberaumt werden. Gegen die Entscheidung ist sofortige Beschwerde binnen 2 Wochen nach Zustellung zulässig (§§ 793, 577 Abs. 2 ZPO).

2. Nach § 813a ZPO kann das Vollstreckungsgericht auf Antrag des Schuldners die Verwertung gepfändeter Sachen zweitweilig unter Anordnung von Zahlungsfristen aussetzen.

Voraussetzung ist, daß dies nach der Persönlichkeit des Schuldners und nach seinen wirtschaftlichen Verhältnissen sowie nach der Art der Schuld angemessen erscheint und nicht überwiegende Belange des Gläubigers entgegenstehen. Dieser *Verwertungsaufschub* durch Gerichtsbeschluß steht allen Schuldnern ohne Rücksicht auf Beruf, Gewerbe usw. zu. Ein nicht binnen 2 Wochen seit Pfändung gestellter Antrag kann zurückgewiesen werden. Mehrfache Anordnung ist möglich. Doch darf die Verwertung nicht länger als ein Jahr nach der Pfändung hinausgeschoben werden. Die maßgebenden Tatsachen sind glaubhaft zu machen, der Gegner ist zu hören. Das Gericht soll auf gütliche Abwicklung hinwirken und kann mündliche Verhandlung anordnen. In *Wechselsachen* findet eine Aussetzung der Verwertung gepfändeter Sachen nicht statt.

3. Neben diesen allgemeinen Möglichkeiten bestehen besondere Vorschriften über Vollstreckungsschutz bei Urteilen oder Vergleichen über Wohnungsräumung (§§ 721, 794a ZPO), für Vertragshilfe, für die Binnenschiffahrt, für juristische Personen des öffentlichen Rechts

(§ 882a ZPO), für Landwirte und für Miet- und Pachtzinsen (§§ 851a, b ZPO).

Vgl. ferner das Verbot der *Kahlpfändung* (§ 811 ZPO; s. 252), den Pfändungsschutz beim Arbeitslohn (s. *Lohnpfändung,* 254).

II. Dem *Schutz des Gläubigers*

dient das Gesetz betreffend die Anfechtung von Rechtshandlungen eines Schuldners außerhalb des Konkursverfahrens (*Anfechtungsgesetz*) i. d. F. vom 20. 5. 1898 (RGBl. 709) m. spät. Änd. Danach kann ein Gläubiger, der einen vollstreckbaren Schuldtitel erlangt und dessen Zwangsvollstreckung in das Vermögen des Schuldners nicht zu einer vollständigen Befriedigung geführt hat oder voraussichtlich nicht führen wird, gewisse Rechtshandlungen des Schuldners durch Klage anfechten.

Der *Anfechtung* unterliegen insbes. Rechtshandlungen, die der Schuldner in der dem anderen Teil bekannten *Absicht der Gläubigerbenachteiligung* vorgenommen hat, ferner die im letzten Jahr vor der Anfechtung abgeschlossenen entgeltlichen Verträge mit dem Ehegatten oder nahen Verwandten, schließlich die im letzten Jahr (bei Ehegatten in den letzten zwei Jahren) vor der Anfechtung vorgenommenen Schenkungen.

Im Falle eines Konkurses greift die *konkursmäßige* Anfechtung nach den §§ 29–42 KO ein (s. 264).

262. Das Aufgebotsverfahren (§§ 946–1024 ZPO)

Unter *Aufgebot* versteht man die Aufforderung an unbestimmte oder unbekannte Beteiligte (die Öffentlichkeit), Rechte oder Ansprüche anzumelden. Das Aufgebotsverfahren wird angewendet:

a) für die *Todeserklärung* eines Verschollenen (s. u.);
b) für den *Ausschluß* unbekannter Berechtigter (z. B. von Nachlaßgläubigern);
c) für die *Kraftloserklärung* einer Urkunde (bei Verlust usw.).

Wann ein Aufgebotsverfahren zulässig ist, ergibt sich aus materiell-rechtlichen Vorschriften, z. B. §§ 927, 1970ff. BGB (Aufgebot des Grundstückseigentümers, der Nachlaßgläubiger), § 1162 BGB, Art. 90 WG (Kraftloserklärung eines abhandengekommenen Hypothekenbriefs oder Wechsels).

Das AG erläßt auf Antrag eine öffentliche Aufforderung, Ansprüche oder Rechte anzumelden, widrigenfalls Rechtsnachteile eintreten. Der Aufgebotsbeschluß muß öffentlich durch Anheftung an die Gerichtstafel und einmaliges Einrücken in den Bundesanzeiger, auf Anordnung des Gerichts auch in andere Blätter und mehrmals, *öffentlich bekanntgemacht* werden (§ 948 ZPO). Zwischen Bekanntmachung und Aufgebotstermin muß eine Aufgebotsfrist von mindestens 6 Wochen liegen (§ 950 ZPO). Falls keine Rechte angemeldet werden, ergeht im Aufgebotstermin das *Ausschlußurteil.* Bei Anmeldung setzt das AG entweder das Aufgebotsverfahren bis zur endgültigen Entscheidung über das angemeldete Recht aus oder erläßt ein Ausschlußurteil unter Vorbehalt für das angemeldete Recht (§§ 952, 953). Gegen das Ausschlußurteil ist unter bestimmten Voraussetzungen die *Anfechtungsklage* binnen 1 Monat seit Kenntnis beim

Landgericht, in dessen Bezirk das AG seinen Sitz hat, zulässig (§§ 957, 958 ZPO).

Verschollen ist eine Person, deren Aufenthalt während längerer Zeit unbekannt ist, ohne daß Nachrichten darüber vorliegen, ob sie in dieser Zeit noch gelebt hat oder ob sie gestorben ist, so daß Zweifel an ihrem Fortleben begründet sind. Im allgemeinen ist die *Todeserklärung* zulässig, wenn seit dem Ende des Jahres, in welchem der Verschollene nach den vorhandenen Nachrichten noch gelebt hat, 10 Jahre verstrichen sind. Bei Achtzigjährigen genügen 5 Jahre. Für Verschollenheit nach besonderen Gefahren gelten kürzere Fristen, für die Verschollenen des letzten Weltkriegs bestehen Sondervorschriften, s. *Verschollenheitsgesetz* i. d. F. vom 15. 1. 1951 (BGBl. I 63) m. spät. Änd.

263. Schiedsgerichtliches Verfahren

Die Parteien haben die Möglichkeit, einen Rechtsstreit statt durch ein staatliches Gericht durch ein privat vereinbartes *Schiedsgericht* entscheiden zu lassen. Die Vereinbarung der Bestellung eines Schiedsgerichts muß schriftlich in besonderer Urkunde abgeschlossen sein (§ 1027 ZPO). Für Streitigkeiten über Mietwohnverhältnisse ist sie nicht zulässig, außer bei möblierten oder vorübergehend vermieteten Räumen (§ 1025a ZPO). Das Verfahren wird durch Parteivereinbarung, sonst nach freiem Ermessen der Schiedsrichter bestimmt; Anhörung der Parteien ist stets vorgeschrieben (§ 1034 ZPO). Es endet mit einem Vergleich oder *Schiedsspruch.* Gegen diesen ist kein Rechtsmittel, aber unter bestimmten Voraussetzungen eine *Aufhebungsklage* vor dem ordentlichen Gericht möglich (§ 1041 ZPO).

Das Schiedsgericht entscheidet nach freiem Ermessen. Der mit Gründen zu versehende Schiedsspruch wirkt unter den Parteien wie ein rechtskräftiges Urteil. Doch kann aus ihm die Zwangsvollstreckung nur betrieben werden, wenn er durch Gerichtsbeschluß für vollstreckbar erklärt ist (evt. nach Durchführung eines Widerspruchsverfahrens bei vorläufiger Vollstreckbarkeitserklärung); dann ist Aufhebungsklage unter den Voraussetzungen der Restitutionsklage (vgl. 246, b) binnen Monatsfrist zulässig (§§ 1042 ff. ZPO). Anerkennung und Vollstreckung *ausländischer* Schiedssprüche richten sich nach dem Übereinkommen vom 10. 6. 1958 (Ges. v. 15. 3. 1961, BGBl. II 121).

264. Der Konkurs

dient dem Zweck, das gesamte der Zwangsvollstreckung unterliegende Vermögen *(Konkursmasse)* eines zahlungsunfähigen Schuldners *(Gemeinschuldner)* für die gemeinschaftliche und gleichmäßige Befriedigung der teilnahmeberechtigten Gläubiger *(Konkursgläubiger)* zu verwenden. Rechtsgrundlage ist die *Konkursordnung* (KO) vom 10. 2. 1877 i. d. F. vom 20. 5. 1898 (RGBl. 612) m. spät. Änd.

Das Konkursverfahren wird auf Antrag des Schuldners oder eines Gläubigers *eröffnet* (§ 103 KO), bei Ablehnung eines gerichtlichen Vergleichsverfahrens (s. 265) von Amts wegen (*Anschlußkonkurs,* § 102 Vergleichsordnung). *Konkursgericht* ist das AG, in dessen Bezirk der Gemeinschuldner seinen Wohnsitz bzw.

seine Niederlassung hat. Konkursgrund ist im allgemeinen *Zahlungsunfähigkeit,* die bei Zahlungseinstellung vermutet wird, bei juristischen Personen und Vereinen auch Überschuldung, beim Nachlaßkonkurs nur Überschuldung. Weitere Voraussetzung ist das Vorhandensein einer die Verfahrenskosten deckenden Masse, sofern nicht der Antragsteller einen ausreichenden Vorschuß leistet. Andernfalls wird die Konkurseröffnung mangels Masse abgelehnt (§ 107 KO).

Der Konkurs wird durch Gerichtsbeschluß eröffnet, in dem gleichzeitig der *Konkursverwalter* ernannt, ein Termin für die erste *Gläubigerversammlung* und eine *Frist* für die *Anmeldung* der Forderungen der *Konkursgläubiger* beim Konkursgericht bestimmt wird. Der Konkursverwalter nimmt das gesamte zur Konkursmasse gehörende Vermögen des Gemeinschuldners in Besitz; der Gemeinschuldner ist nicht mehr verfügungsberechtigt. Die angemeldeten Forderungen werden in eine *Tabelle* eingetragen und im allgemeinen Prüfungstermin anerkannt oder bestritten. Das Ergebnis wird in der Konkurstabelle vermerkt; die Feststellung einer Forderung in der Konkurstabelle wirkt wie ein rechtskräftiges Urteil (§ 145 KO).

Gläubiger bestrittener Forderungen müssen gegen den Bestreitenden auf Feststellung ihrer Forderungen klagen; andernfalls werden solche Forderungen bei Verteilungen nicht berücksichtigt (§§ 146, 152 KO). Forderungen unter einer aufschiebenden Bedingung werden bei einer Abschlagszahlung zu dem Betrage berücksichtigt, der auf die unbedingte Forderung fallen würde (§ 154). Auflösend bedingte Forderungen werden bis zum Eintritt der Bedingung wie unbedingte behandelt; hier kann der Konkursverwalter eine Ausschüttung nur zurückhalten, wenn der Gläubiger zu einer Sicherheitsleistung verpflichtet ist und diese nicht leistet (§ 168 Ziff. 4 KO).

Nach dem Prüfungstermin wird, so oft hinreichende bare Masse vorhanden ist, eine *(Abschlags-)Verteilung* an die Konkursgläubiger vorgenommen. Die nicht bare Masse verwertet der Konkursverwalter durch freihändigen Verkauf; Grundbesitz wird auf seinen Antrag vom Gericht zwangsversteigert. Nach Beendigung der Verwertung erfolgt die *Schlußverteilung*.

Reicht die Konkursmasse nicht aus, um alle Gläubiger zu befriedigen, so werden zunächst die Masseschulden und Massekosten nach einer bestimmten Reihenfolge befriedigt. Zu den *Masseschulden* (§ 59 KO) rechnen die Ansprüche aus Geschäften und Handlungen des Konkursverwalters (z. B. Prozeßkosten, Gehälter Weiterbeschäftigter), rückständige Ansprüche auf Lohn (Gehalt), Provision oder betriebliche Altersversorgung oder auf Beiträge für die Sozialversicherungsträger aus den letzten 6 Monaten vor Konkurseröffnung sowie Ansprüche aus einer rechtlosen Bereicherung der Konkursmasse nach Konkurseröffnung. *Massekosten* (§ 58 KO) sind Verfahrenskosten, Ausgaben für die Verwaltung (z. B. Gläubigerausschuß, Vergütung des Konkursverwalters), Unterstützung des Gemeinschuldners. Dann erst werden die eigentlichen Konkursgläubiger in sechs *Rangklassen* befriedigt (§§ 60, 61 KO). Die sog. *bevorrechtigten* fünf Klassen sind folgende:

Klasse I: *rückständige Löhne (Gehälter),* Ansprüche auf Provision oder aus *betrieblicher Altersversorgung* sowie *Sozialbeiträge* für das letzte Jahr vor Konkurseröffnung, soweit nicht Masseschulden;

Klasse II: rückständige *öffentliche Abgaben* für das letzte Jahr vor Konkurseröffnung (insbes. *Steuerforderungen*);

Klasse III: rückständige Forderungen der *Kirchen, Schulen* und *öffentlichen Verbände* sowie gewisser Feuerversicherungsanstalten aus dem letzten Jahr vor Konkurseröffnung;

Klasse IV: *Heil- und Pflegekosten* aus dem letzten Jahr vor Konkurseröffnung;

Klasse V: sog. *Mündelansprüche,* d. h. Forderungen der Kinder und Pflegebefohlenen des Gemeinschuldners aus Anlaß der Vermögensverwaltung, falls sie binnen 2 Jahren nach deren Beendigung gerichtlich geltend gemacht und bis zur Konkurseröffnung verfolgt worden sind.

Die Entscheidung des BAG, daß zu den bevorrechtigten Konkursforderungen auch die Ansprüche der Arbeitnehmer aus einem *Sozialplan* (630) gehören und daß diese vor den Forderungen der Kl. I–V zu befriedigen sind (NJW 1979, 774), ist vom BVerfG als verfassungswidrig aufgehoben worden (NJW 1984, 475).

In Klasse VI folgen alle *übrigen* (nicht bevorrechtigten) Konkursgläubiger. Sie erhalten aus der nach Befriedigung der vorhergehenden Forderungen noch vorhandenen Konkursmasse die sog. *Konkursquote* (Konkursdividende). Wegen des nicht befriedigten Teils ihrer Ansprüche können sie nach Aufhebung des Konkursverfahrens aus einem vollstreckbaren Tabellenauszug gegen den Gemeinschuldner die Zwangsvollstreckung betreiben (§ 164 KO); anders bei *Zwangsvergleich,* s. u.

Der Konkursverwalter hat nach der Schlußverteilung im *Schlußtermin* (Gläubigerversammlung unter Aufsicht des Gerichts) die *Schlußrechnung* und das *Schlußverzeichnis* vorzulegen. Das Gericht beendet nach Genehmigung der Schlußverteilung den Konkurs durch Beschluß.

Weiter kann das Konkursverfahren auch durch Zwangsvergleich, durch Einstellung mangels Masse und auf Antrag des Gemeinschuldners mit Zustimmung aller Konkursgläubiger beendet werden. Der *Zwangsvergleich* setzt einen Vorschlag des Gemeinschuldners voraus, nach dem mindestens 20 v. H. der Forderungen befriedigt werden sollen (§ 187 KO), ferner die Zustimmung der Mehrheit der im Termin anwesenden Gläubiger mit einer Gesamtsumme von ¾ der Forderungen (§ 182 KO). Wegen des nicht befriedigten Teils können die Gläubiger nicht mehr vollstrecken. Wird die Konkurseröffnung mangels Masse abgelehnt, erfolgt die Eintragung des Schuldners in das Schuldnerverzeichnis (252).

Während der Dauer des Konkurses finden Arreste und Zwangsvollstreckungen zugunsten einzelner Konkursgläubiger nicht statt, da die Gläubiger gleichmäßig befriedigt werden sollen. Eine Sonderstellung haben die *Aussonderungsberechtigten,* die Herausgabe der ihnen gehörenden Gegenstände aus der Konkursmasse fordern können (z. B. unter Eigentumsvorbehalt gelieferte), und die *Absonderungsberechtigten,* die an bestimmten Gegenständen des Gemeinschuldners ein vor Konkurseröffnung begründetes Pfandrecht haben und abgesonderte Befriedigung aus diesen Gegenständen verlangen können.

Ein Absonderungs- (nicht Aussonderungs-)recht hat auch der, dem ein Gegenstand *zur Sicherung übereignet* ist; er steht wirtschaftlich einem Pfandgläubiger gleich (vgl. 315). Aus- und Absonderungsberechtigte (§§ 43ff., 47ff. KO) sind also nicht Konkursgläubiger. Von diesen zu unterscheiden sind auch die *Massegläubiger;* sie können wegen Aufwendungen, die sie zur Durchführung des Konkursverfahrens gemacht haben *(Massekosten),* oder aus Ansprüchen, die insbes. aus Geschäften und Handlungen des Konkursverwalters entstanden sind *(Masseschulden),* volle Befriedigung vor den Konkursgläubigern beanspruchen (§§ 57ff. KO).

Rechtshandlungen, die der Gemeinschuldner in der dem anderen Teil bekannten Absicht vorgenommen hat, die Gläubiger zu benachteiligen, unterliegen der *konkursmäßigen Anfechtung* in ähnlicher Weise, wie dies bei der außerkonkursmäßigen Anfechtung im Falle fruchtloser Zwangsvollstreckung (261 II) möglich ist. Bei entgeltlichen gläubigernachteiligen Verträgen, die er mit seinem Ehegatten oder nahen Verwandten im letzten Jahr vor Konkurseröffnung abgeschlossen hat, wird die Benachteiligungsabsicht und deren Kenntnis beim Vertragsgegner vermutet. Ferner sind die Verfügungen anfechtbar, die der Gemeinschuldner unentgeltlich im letzten Jahr oder schenkweise zugunsten seines Ehegatten binnen 2 Jahren vor Konkurseröffnung vorgenommen hat. Schließlich sind gewisse nach der Zahlungseinstellung oder dem Konkursantrag oder in den letzten 10 Tagen vorher vorgenommene gläubigernachteilige Rechtsgeschäfte oder die ungerechtfertigte Befriedigung eines Gläubigers anfechtbar. Vgl. §§ 29–42 KO.

Die *Vergütung* des Konkursverwalters und der Mitglieder des Gläubigerausschusses regelt eine VO vom 25. 5. 1960 (BGBl. I 329) m. Änd. zuletzt vom 11. 6. 1979 (BGBl. I 637)

Die Konkursordnung ist – ebenso wie die Vergleichsordnung – nach dem Einigungsvertrag in den neuen Bundesländern nicht in Kraft gesetzt worden. Im Beitrittsgebiet ist zur Regelung von Insolvenzfällen vielmehr die Verordnung über die Gesamtvollstreckung – *Gesamtvollstreckungsverordnung* – vom 6. 6. 1990 (GBl. DDR 285), i. d. F. vom 23. 5. 1991 (BGBl. I 1185), mit einigen Maßgaben in Kraft geblieben und gilt als Bundesrecht unter der Bezeichnung *Gesamtvollstreckungsordnung* fort. Ebenso gilt die Zweite Verordnung über die Gesamtvollstreckung vom 25. 7. 1990 (GBl. DDR 782), die die Unterbrechung des Gesamtvollstreckungsverfahrens zum Zweck der Sanierung vorsieht, als *Gesetz über die Unterbrechung von Gesamtvollstreckungsverfahren* i. d. F. vom 23. 5. 1991 (BGBl. I 1191) mit Maßgaben fort.

Am 1. 1. 1999 wird die Konkursordnung durch die *Insolvenzordnung* vom 5. 10. 1994 (BGBl. I 2866) abgelöst und grundlegend reformiert. Auf Konkurs- oder Vergleichsverfahren (s. u. 265), die vor dem 1. 1. 1999 beantragt werden, sind die bisherigen gesetzlichen Vorschriften anzuwenden. Wesentliche Neuerung des neuen Insolvenzverfahrens für den Verbraucher wird die Möglichkeit der sogenannten *Restschuldbefreiung* sein. Mit Inkrafttreten des neuen Insolvenzrechts soll der überschuldete Verbraucher die Möglichkeit bekommen, innerhalb absehbarer Zeit schuldenfrei zu werden. Vorbedingung hierfür ist die Aufstellung eines *Schuldenplans* mit Zustimmung der Gläubiger, wobei teilweise die Zustimmung durch gerichtliche Entscheidungen ersetzt werden können und die Einhaltung des im Schuldenplan ausgearbeiteten Zahlungsplanes durch den Schuldner. Wenn sich der Schuldner über einen Zeitraum von sieben Jahren an die vereinbarten Zahlungen hält und keine neue Verschuldung eintritt, so ist nach Ablauf dieser Zeit die Restschuldbefreiung vorgesehen.

265. Das gerichtliche Vergleichsverfahren zur Abwendung des Konkurses bezweckt, einem zwar zahlungsunfähigen, aber sanierungsfähigen und vergleichswürdigen Schuldner zu einem Gesamtvergleich mit seinen Gläubigern zu verhelfen und ein drohendes Konkursverfahren zu vermeiden. Maßgebend ist die *Vergleichsordnung* vom 26. 2. 1935 (RGBl. I 321) m. spät. Änd.

Während im Konkurs liquidiert wird, soll im Vergleichsverfahren das Unternehmen des Schuldners erhalten und allmählich wiederaufgebaut werden. Ein *Vergleichsverwalter* überwacht den Geschäftsbetrieb des Schuldners, der die Verfügungsmacht über sein Vermögen behält. Ein Vergleichsvorschlag muß den Gläubigern wenigstens 35 v. H. ihrer Forderungen und bei Bezahlung mit längerer als Jahresfrist wenigstens 40 v. H. bieten (§ 7 VerglO). Die Vergleichsgläubiger dürfen während des Verfahrens gegen den Schuldner keine Zwangsvollstreckung betreiben. Der gerichtliche *Vergleich* kommt nur zustande, wenn ihm die Mehrheit der im Termin anwesenden Gläubiger mit einer Gesamtsumme von ¾ der Forderungen zustimmt (bei Erlaß von mehr als 50 v. H. der Forderungen muß die Summenmehrheit ⅘ erreichen); § 74 VerglO. Der Vergleich wird erst mit *Bestätigung* durch das Gericht wirksam; er ist Vollstreckungstitel (250).

Die *Vergütung* des Vergleichsverwalters und der Mitglieder des Gläubigerbeirats richtet sich nach der VO vom 25. 5. 1960 (BGBl. I 329); vgl. 264.

D. Der Strafprozeß

267. Die Strafprozeßordnung

datiert vom 1. 2. 1877; sie hat wiederholt umfangreiche und wichtige Änderungen erfahren. Sie gilt jetzt i. d. F. vom 7. 4. 1987 (BGBl. I 1074) m. spät. Änd. Über einzelne Änderungen vgl. 292.

Von Bedeutung war insbes. das 3. Strafrechtsänderungsgesetz vom 4. 8. 1953 (BGBl. I 735); es erweiterte das Recht zur Zeugnisverweigerung wegen eines Berufsgeheimnisses, den Rechtsschutz des Beschuldigten (obligatorische Rechtsbelehrung bei allen fristgebundenen Rechtsmitteln) sowie die Möglichkeiten zur Abwendung des Vollzugs der Untersuchungshaft und vereinfachte das Verfahren. Durch das Gesetz zur Änderung der StPO und des GVG (sog. *Kleine Strafprozeßnovelle*) vom 19. 12. 1964 (BGBl. I 1067) wurden die Vorschriften über die Untersuchungshaft und die Anhörung des Beschuldigten zu seinen Gunsten wesentlich geändert, die Stellung des Verteidigers verbessert, die Richterablehnung erweitert und die Eröffnung des Hauptverfahrens neu geregelt. Weitere wichtige Änderungen erfuhr die StPO im Zusammenhang mit der Neufassung des *Ges. über Ordnungswidrigkeiten* vom 24. 5. 1968 (vgl. 152); hierbei wurde das Verhältnis zwischen Straf- und Bußgeldverfahren, das Einziehungsverfahren u. a. m. auf eine neue Grundlage gestellt. Auch im Zuge der Reform des materiellen Strafrechts (409) ergaben sich Auswirkungen auf die StPO z. B. durch den Wegfall der Übertretungen nach dem *Einführungsgesetz zum Strafgesetzbuch* vom 2. 3. 1974 (BGBl. I 469), das u. a. das vorläufige Berufsverbot einführte. Die Strafverfahrensreformgesetze vom 9. und 20. 12. 1974 (BGBl. I 3393, 3686) brachten zahlreiche Vereinfachungen des Verfahrens, z. B. den Wegfall des Schlußgehörs und der richterlichen Voruntersuchung, aber auch Änderungen, die durch gelegentlichen Mißbrauch der Rechte des Verteidigers und des Angeklagten veranlaßt waren. Hierzu und über das Strafverfahrensänderungsgesetz 1979, das namentlich eine beschleunigte Durchführung des Verfahrens sichern soll, vgl. 292. Durch das *Opferschutzgesetz* vom 18. 12. 1986 (BGBl. I 2496) wurde – vor allem durch Umgestaltung der Nebenklage (s. 284 II) sowie durch eine Erweiterung des Schutzes vor Fragen aus dem persönlichen Lebensbereich und des Ausschlusses der Öffentlichkeit – die Rechtsstellung des Verletzten im Strafverfahren verbessert. Durch das *Strafverfahrensänderungsgesetz* vom 27. 1. 1987 (BGBl. I 475) wurden Regelungen zur Entlastung der Strafjustiz und zur Beschleunigung namentlich umfangreicherer Strafverfahren getroffen. Die Änderungen betrafen vor allem das Recht der Verteidigung, die Hauptverhandlung im ersten Rechtszug, das Berufungsverfahren, das Strafbefehlsverfahren und die Kostenvorschriften. Einzelheiten s. 292, ebenso hinsichtlich des *Gesetzes zur Entlastung der Rechtspflege* vom 11. 1. 1993 (BGBl. I 50).

Die StPO wird ergänzt durch Bestimmungen des GVG (205), insbes. über die sachliche Zuständigkeit der Strafgerichte (vgl. 219, 270) und die Einrichtung der Staatsanwaltschaft (220), Öffentlichkeit der Verhandlungen und Sitzungspolizei (226), Beratung und Abstimmung (228).

Über die *internationale Rechtshilfe in Strafsachen* vgl. 47 I. Über den Verkehr mit dem *Ausland* in strafrechtlichen Angelegenheiten haben die BReg. und die Regierungen der Länder einheitliche Richtlinien vereinbart (Bek. des BMJ vom 18. 9. 1984, BAnz. Nr. 176, Beilage 47/84 mit Änderung vom 15. 2. 1993, BAnz. Nr. 40a).

Die *Rehabilitierung* von Personen, die in der ehemaligen DDR in rechtsstaatswidriger Weise strafgerichtlich verurteilt worden sind, ist in dem durch Art. 1 des *Ersten Gesetzes zur Bereinigung von SED-Unrecht (Erstes SED-Unrechtsbereinigungsgesetz* vom 29. 10. 1992 (BGBl. I 1814) eingeführten *Gesetz über die Rehabilitierung und Entschädigung von Opfern rechtsstaatswidriger Strafverfolgungsmaßnahmen im Beitrittsgebiet (Strafrechtliches Rehabilitierungsgesetz – StrRehaG)* i. d. F. vom 1. 7. 1997 (BGBl. I 1613) geregelt. Das insoweit bisher fortgeltende *Rehabilitierungsgesetz* der ehemaligen DDR vom 6. 9. 1990 (GBl. DDR I 1459) ist aufgehoben. Das StrRehaG sieht vor, daß die strafrechtliche Entscheidung eines staatlichen Gerichts im Beitrittsgebiet aus der Zeit vom 8. 5. 1945 – 2. 10. 1990 auf Antrag aufzuheben ist (Rehabilitierung), soweit sie mit wesentlichen Grundsätzen einer freiheitlichen rechtsstaatlichen Ordnung unvereinbar ist. Dies ist vor allem der Fall, wenn die Entscheidung politischer Verfolgung gedient hat (z. B. bei Verurteilungen wegen ungesetzlicher Verbindungsaufnahme oder ungesetzlichem Grenzübertritt o. ä. Strafvorschriften) oder wenn die angeordneten Rechtsfolgen in grobem Mißverhältnis zu der zugrundeliegenden Tat stehen (§ 1 StrRehaG). Der Antrag kann bis zum 31. 12. 1999 gestellt werden (§ 7 StrRehaG). Zuständig ist das Bezirksgericht/Landgericht, in dessen Bezirk das seinerzeitige Strafverfahren durchgeführt worden ist. Die Rehabilitierung begründet einen Anspruch auf *soziale Ausgleichsleistungen* für die entstandenen Nachteile. Diese Leistungen werden auf Antrag als Kapitalentschädigung und Unterstützungsleistung gewährt (§ 16 StrRehaG). Die Kapitalentschädigung beträgt 300 DM für jeden angefangenen Monat einer rechtsstaatswidrigen Freiheitsentziehung; für Berechtigte, die bis zum 9. 11. 1989 im Beitrittsgebiet gewohnt haben, zusätzlich 250 DM monatlich (§ 17 StrRehaG). Ferner werden Beschädigten- und Hinterbliebenenversorgung gewährt (§§ 21, 22 StrRehaG).

268. Grundsätze des Strafverfahrens

Der Strafprozeß weicht in wesentlichen Punkten von dem i. d. R. vom Parteibetrieb beherrschten Zivilprozeß ab; für ihn gelten:

I. Das *Legalitätsprinzip*

Zur Erhebung der öffentlichen Klage ist die *Staatsanwaltschaft* (StA) berufen. Sie ist, soweit nicht gesetzlich etwas anderes bestimmt ist, *verpflichtet,* wegen aller verfolgbaren Straftaten einzuschreiten, sofern zureichende tatsächliche Anhaltspunkte vorliegen (§ 152 StPO, sog. *Legalitätsprinzip*). Die sog. *Offizialmaxime* besagt, daß die Strafverfolgung grundsätzlich dem Staat, und nicht dem einzelnen Bürger obliegt, vgl. auch 151 III, VI; 294).

Ausnahmsweise besteht *Opportunitätsprinzip* (Einschreiten nach pflichtgemäßem Ermessen) bei *Bagatellsachen,* Auslandstaten, bei gewissen politischen Straftaten (insbes. wegen tätiger Reue), bei Landesverweisung des Täters oder Auslieferung an eine ausländische Regierung, bei unwesentlichen Nebendelikten und Opfern von Erpressungen (§§ 153ff. StPO), ferner in Jugendstrafsachen (§§ 45, 47 JGG) und bei Privatklagedelikten (§ 376 StPO).

II. Der *Grundsatz „in dubio pro reo"* (im Zweifel zugunsten des Beschuldigten oder Angeklagten).

Ohne volle Überzeugung von der Schuld darf das Gericht den Angeklagten nicht verurteilen (§ 261 StPO).

III. Das *Anklageprinzip*

Wo kein Kläger ist, ist kein Richter. Ohne Anklage kommt der weitere Verfahrensabschnitt, in dem das Gericht das Verfahren leitet, nicht in Gang. Da zur Erhebung der öffentlichen Klage die Staatsanwaltschaft berufen ist, spricht man vom *Anklagemonopol* der StA. Dieses ist nur für bestimmte Fälle durchbrochen: Bei Privatklagedelikten kann der Verletzte selbst Klage erheben (284); bei anderen Straftaten kann er u. U. die vom StA abgelehnte Anklage erzwingen (vgl. 278).

IV. Richterliche Vorprüfung vor *Eröffnung des Hauptverfahrens.*

Während im Vor-(Ermittlungs-)Verfahren die StA dominiert, unterliegt ihre Anklage der Prüfung des Gerichts dahin, ob in tatsächlicher Hinsicht die dem Angeklagten zur Last gelegte Tat wahrscheinlich festzustellen und auch in rechtlicher Hinsicht mit einer Verurteilung zu rechnen ist. Nur dann erläßt das Gericht den *Eröffnungsbeschluß,* auf Grund dessen das Hauptverfahren beginnt.

V. Für das *Hauptverfahren* gelten z. T. die gleichen Grundsätze wie im Zivilprozeß (Öffentlichkeit, Mündlichkeit, Unmittelbarkeit, Beschleunigung, Aufklärungspflicht, freie Beweiswürdigung, rechtliches Gehör). Der wichtigste Unterschied besteht darin, daß der Strafprozeß nicht vom Verhandlungsgrundsatz (234 I), sondern vom *Untersuchungsgrundsatz* beherrscht wird, d. h., das Gericht klärt den Sachverhalt von Amts wegen auf; es ist also insoweit nicht an Parteivorbringen gebunden.

269. Die örtliche Zuständigkeit der Strafgerichte

Der *Gerichtsstand* ist bei dem Gericht begründet, in dessen Bezirk die Straftat begangen worden ist. Neben diesem Gerichtsstand des *Begehungsortes (Tatortes)* ist auch das Gericht zuständig, in dessen Bezirk der Angeschuldigte z. Z. der Erhebung der Klage seinen *Wohnsitz* bzw. gewöhnlichen Aufenthalt hat, ferner der Gerichtsstand des *Ergreifungsortes* (§§ 7ff. StPO).

Für Schiffe und Luftfahrzeuge gilt der Gerichtsstand des *Heimathafens*. Bei mehreren Gerichtsständen gebührt der Vorzug dem Gericht, das die Untersuchung zuerst eröffnet hat. Das gemeinschaftliche obere Gericht kann Untersuchung und Entscheidung einem anderen zuständigen Gericht übertragen. Bei zusammenhängenden Strafsachen ist ein Gerichtsstand bei jedem Gericht begründet, das für eine der Strafsachen zuständig ist. Fehlt es an einem zuständigen Gericht, so wird es vom BGH bestimmt; vgl. ferner das Zuständigkeitsergänzungsgesetz (204). Einen Zuständigkeitsstreit entscheidet das gemeinschaftliche obere Gericht.

270. Die sachliche Zuständigkeit

der Strafgerichte wird durch das GVG bestimmt. Zusammenhängende Strafsachen, die einzeln zur Zuständigkeit von Gerichten verschiedener Ordnung gehören würden, können verbunden bei dem Gericht der höheren Zuständigkeit anhängig gemacht werden. Das Gericht kann nachträglich Verbindung oder Trennung beschließen (§§ 1ff. StPO).

Nach dem GVG sind in Strafsachen zuständig:

I. Amtsgericht

1. der Richter beim Amtsgericht als *Einzelrichter* (§ 25 GVG)
   a) als sog. *Ermittlungsrichter* außerhalb der Hauptverhandlung für alle Untersuchungshandlungen einschl. Durchsuchung und Beschlagnahme, Haftbefehl, Rechtshilfe (§ 162 StPO) sowie beim Schöffengericht für alle Entscheidungen außerhalb der Hauptverhandlung, z. B. Eröffnungsbeschluß (§ 30 Abs. 2 GVG);
   b) als *Strafrichter* (Einzelrichter) bei Privatklagedelikten oder wenn eine höhere Strafe als Freiheitsstrafe von zwei Jahren nicht zu erwarten ist (§ 25 GVG);
2. das *Schöffengericht* (§§ 28ff. GVG; vgl. 216) für
   alle zur Zuständigkeit des AG gehörenden Strafsachen, soweit nicht der Einzelrichter entscheidet (alle Verbrechen und Vergehen, falls nicht das LG oder das OLG zuständig ist, s. dazu unten, oder der StA wegen der besonderen Bedeutung des Falles Anklage beim LG erhebt; auch darf weder eine höhere Strafe als vier Jahre Freiheitsstrafe noch Sicherungsverwahrung oder Unterbringung in einem psychiatrischen Krankenhaus zu erwarten sein, § 24 GVG);

II. Landgericht

die *Strafkammer* des Landgerichts (§§ 73ff. GVG):

1. außerhalb der Hauptverhandlung für Beschlußsachen (z. B. Eröffnungsbeschluß, Beschwerde gegen Haftbefehl usw.); Besetzung: 3 Berufsrichter (§§ 73, 76 GVG);
2. als erkennendes Gericht:
   als *große Strafkammer* (Besetzung: 3 Berufsrichter, 2 Schöffen; bei der Eröffnung des Hauptverfahrens beschließt die große Strafkammer eine Besetzung von 2 Berufsrichtern und 2 Schöffen, wenn nicht die Strafkammer als Schwurgericht zuständig ist oder nach dem Umfang oder der Schwierigkeit

der Sache die Mitwirkung eines dritten Richters notwendig erscheint, § 76 Abs. 1 und 2 GVG; diese Regelung tritt mit Ablauf des 31. 12. 2000 außer Kraft) in 1. Instanz für alle Verbrechen, die nicht zur Zuständigkeit des AG oder des OLG gehören, ferner wenn mehr als vier Jahre Freiheitsstrafe oder Unterbringung in einem psychiatrischen Krankenhaus oder in der Sicherungsverwahrung zu erwarten ist oder wenn der StA wegen der besonderen Bedeutung der Sache beim LG Anklage erhebt (§ 74 GVG);
eine große Strafkammer als *Schwurgericht* bei besonders schweren Verbrechen, die auf Tötung gerichtet sind (Mord, Totschlag, Kindestötung) oder den Tod eines Menschen zur Folge hatten (insbes. Geiselnahme, Vergewaltigung, Raub, räuber. Diebstahl oder räuber. Erpressung), bei einigen nach der Begehungsweise besonders schweren Delikten auch ohne Todesfolge, z. B. besonders schwere Brandstiftung, gefährliche Strahlungsverbrechen (§ 74 Abs. 2). Die Zuständigkeit des Schwurgerichts kann auf mehrere Bezirke erstreckt werden (§ 74d GVG).
Eine Strafkammer des LG, in dessen Bezirk das OLG seinen Sitz hat, ist für den Bezirk des OLG für leichtere Fälle von *Friedensverrat, Gefährdung des demokratischen Rechtsstaates* oder der Landesverteidigung, Beteiligung an kriminellen Vereinigungen, *Verschleppung* und politische *Denunziation* zuständig (§ 74a GVG; sog. *Staatsschutzkammer*);
eine große Strafkammer als *Jugendkammer* in Jugendschutzsachen gem. §§ 26, 74b GVG;
eine große Strafkammer als *Wirtschaftsstrafkammer* für handelsrechtliche Delikte (z. B. gegen das Wettbewerbs- oder Aktienrecht, aber auch Betrug, Untreue, Wucher u. a. Vermögensdelikte, wenn die Beurteilung besondere Kenntnis des Wirtschaftslebens erfordert); ihre Zuständigkeit kann auf mehrere LG-Bezirke ausgedehnt werden (§ 74c GVG);
als *kleine Strafkammer* (Besetzung: 1 Berufsrichter, 2 Schöffen) nur als Berufungsinstanz gegen Urteile des Strafrichters (Einzelrichters beim AG) oder des Schöffengerichts (§ 74 Abs. 2, § 76 Abs. 1 GVG).

III. Oberlandesgericht

In *1. Instanz* sind die Strafsenate der OLGe (5 Berufsrichter, § 122 Abs. 2 GVG), in deren Bezirk eine LdReg. ihren Sitz hat, in bestimmten schwerwiegenden Strafsachen zuständig, z. B. bei Friedens-, Hoch-, Landesverrat, Nötigung von Verfassungsorganen und Völkermord (§ 120 Abs. 1 GVG); ferner in den an sich gem. § 74a GVG zur Zuständigkeit der Strafkammer gehörenden politischen Strafsachen (s. oben) sowie für die Verfolgung terroristischer Gewalttaten, wenn der Generalbundesanwalt wegen der besonderen Bedeutung nach § 74a Abs. 2 GVG die Verfolgung übernimmt (§ 120 Abs. 2 Nrn. 1, 2 GVG). Soweit das OLG in 1. Instanz zuständig ist, können *Ermittlungsrichter* des OLG Untersuchungshandlungen an Stelle des Richters beim Amtsgericht oder neben diesem vornehmen (§ 169 StPO).

In *2. Instanz* wird das OLG (Besetzung: 3 Berufsrichter) tätig bei Revisionen gegen Urteile der großen Strafkammer (auch als Schwurgericht), wenn die Revision ausschließlich auf die Verletzung einer landesrechtlichen Norm gestützt wird, und bei Sprungrevision (s. 282).

In *3. Instanz* ist das OLG in gleicher Besetzung Revisionsinstanz gegen Berufungsurteile der großen und kleinen Strafkammer (§ 121 GVG).

IV. Bundesgerichtshof

Der BGH entscheidet über die Revisionen gegen die vom LG (große Strafkammer) im ersten Rechtszug erlassenen Urteile, soweit nicht die Zuständigkeit des OLG begründet ist, sowie gegen die erstinstanzlichen Urteile des OLG (§ 135 GVG). Seine frühere erstinstanzliche Zuständigkeit in Hoch- und Landesverratssachen usw. ist durch Ges. vom 8. 9. 1969 (BGBl. I 1582) dem OLG übertragen worden, um dem Verurteilten eine zweite Instanz zu eröffnen.

V. Über die ergänzende Zuständigkeitsregelung nach dem JGG *(Jugendrichter, Jugendschöffengericht, Jugendkammer)* vgl. 291.

271. Ausschließung und Ablehnung von Gerichtspersonen

Im Strafprozeß ist ein Richter von der Ausübung des Richteramtes *ausgeschlossen,* wenn er selbst durch die Straftat verletzt ist oder zum Beschuldigten oder Verletzten in naher verwandtschaftlicher Beziehung steht, ferner wenn er in der Sache als Beamter der Staatsanwaltschaft oder Polizeibeamter, als Anwalt des Verletzten oder als Verteidiger tätig gewesen oder als Zeuge oder Sachverständiger vernommen worden ist (§ 22 StPO). Der Richter, der in einer früheren Instanz bei der angefochtenen Entscheidung mitgewirkt hat, ist von weiteren Entscheidungen ausgeschlossen (entsprechend im Wiederaufnahmeverfahren; § 23 StPO).

Für die *Ablehnung* gilt im Strafprozeß das gleiche wie im Zivilprozeß. Das Ablehnungsrecht steht dem StA, dem Privatkläger und dem Beschuldigten zu. Die Ablehnung wegen *Befangenheit* ist nur bis zum Beginn der Vernehmung des ersten Angeklagten über seine persönlichen Verhältnisse zulässig. Über das Ablehnungsgesuch entscheidet das Gericht, dem der Abgelehnte angehört (ohne dessen Mitwirkung, falls nicht das Gesuch *unzulässig* ist). Der die Ablehnung für begründet erklärende Beschluß ist unanfechtbar; gegen den sie für unzulässig oder unbegründet erklärenden Beschluß ist – abgesehen vom Urteilsverfahren – sofortige Beschwerde zulässig (§ 28 StPO; entsprechend § 46 ZPO).

Für die Ausschließung und Ablehnung von Schöffen, Urkundsbeamten und Protokollführern gilt im wesentlichen das gleiche; doch entscheidet hier der Vorsitzende des Gerichts, beim Kollegialgericht die richterlichen Mitglieder (§§ 49 ZPO, 31 StPO). Ein gesetzliches Recht zur Ablehnung des Staatsanwalts wegen Befangenheit besteht nicht; seine Ausschließung, z. B. weil er Angehöriger des Beschuldigten ist, kann aber dienstrechtlich begründet sein.

272. Die Beschlagnahme (Sicherstellung)

Nach § 94 StPO können Gegenstände, die als Beweismittel für die Untersuchung von Bedeutung sein können, sichergestellt werden; falls sie nicht freiwillig herausgegeben werden, werden sie *beschlagnahmt.* Zuständig für die Anordnung einer Beschlagnahme sind der Richter, bei Gefahr im Verzug auch die Staatsanwaltschaft und ihre *Hilfsbeamten* (s. 165). Bei Beschlagnahme ohne richterliche Anordnung muß binnen 3 Tagen die richterliche Bestätigung beantragt werden, wenn bei der Beschlagnahme weder der Betroffene noch ein erwachsener Angehöriger anwesend war oder wenn der Betroffene oder ein Angehöriger gegen die Beschlagnahme ausdrücklich Widerspruch erhoben hat (§ 98 StPO).

Der Betroffene kann jederzeit um richterliche Entscheidung nachsuchen. Bis zur Erhebung der öffentlichen Klage entscheidet das Amtsgericht des Bezirks, in dem die Beschlagnahme stattgefunden hat. Nach Klageerhebung muß die StA eine von ihr verfügte Beschlagnahme dem Richter binnen 3 Tagen anzeigen und ihm die beschlagnahmten Gegenstände zur Verfügung stellen.

Für Gegenstände, bei denen dringende Gründe dafür vorliegen, daß ihr Verfall oder die Einziehung (396 II) angeordnet wird, ist Sicherstellung durch Beschlagnahme bzw. Arrest mit ähnlicher Verfahrensregelung zugelassen (§§ 111bff. StPO). Über Presseerzeugnisse s. 392.

Die sog. *Postbeschlagnahme,* d.h. Beschlagnahme der ein- und abgehenden Briefe, Pakete und Telegramme des Beschuldigten auf der Post, ist dem Richter vorbehalten und dem StA nur vorläufig gestattet (§§ 99, 100 StPO). Die gleiche Beschränkung gilt für die (befristete) Anordnung der *Überwachung des Fernmeldeverkehrs* und die Aufnahme von Telefongesprächen des Beschuldigten auf Tonband (§§ 100a, b StPO). Diese Maßnahmen dürfen nur angeordnet werden, wenn bestimmte Tatsachen den Verdacht der Beteiligung an einer schweren politischen Straftat (Friedens-, Hoch-, Landesverrat, Straftaten gegen die Landesverteidigung u. dgl.) oder an einem Kapitalverbrechen begründen (insbes. Mord, Totschlag, Raub, räuberische Erpressung, Straftaten gegen die persönliche Freiheit, gemeingefährliche Verbrechen). Weitere Voraussetzung des Eingriffs in das Fernmeldegeheimnis ist, daß die Sachaufklärung oder die Aufenthaltsermittlung des Beschuldigten sonst aussichtslos oder wesentlich erschwert wäre.

Über die polizeiliche Beschlagnahme s. 167.

273. Durchsuchungen

im Strafprozeß bedeuten eine Beschränkung des Grundrechtes der Unverletzlichkeit der Wohnung (Art. 13 GG; vgl. 48 III, 174). Sie dürfen nach § 105 StPO nur durch den Richter, bei Gefahr im Verzug auch durch die Staatsanwaltschaft und ihre *Hilfsbeamten* angeordnet werden. Sie dienen der Ergreifung des Verdächtigen oder der Auffindung von Beweismitteln.

Eine *Durchsuchung* kann vorgenommen werden (§§ 102ff. StPO):

a) bei einem als Täter oder Teilnehmer oder der Begünstigung, Strafvereitelung oder Hehlerei *Verdächtigen;*
b) bei anderen (unverdächtigen) Personen nur zur Ergreifung des Beschuldigten oder zur Verfolgung von Spuren einer Straftat oder zur Beschlagnahme bestimmter Gegenstände und nur dann, wenn Tatsachen vorliegen, aus denen zu schließen ist, daß die gesuchte Person, Spur oder Sache sich in den zu durchsuchenden Räumen befindet.

In einem Verfahren wegen Bildung oder Unterstützung einer terroristischen Vereinigung (§ 129a StGB) kann der Richter, in Eilfällen der Staatsanwalt eine Durchsuchung von *Wohngebäuden* zwecks Ergreifung eines dringend tatverdächtigen Beschuldigten anordnen, wenn anzunehmen ist, daß er sich in dem Gebäude aufhält.

Eine *Haussuchung zur Nachtzeit* (= vom 1. 4. bis 30. 9. von 21 bis 4, vom 1. 10. bis 31. 3. von 21 bis 6 Uhr früh) in Wohnung, Geschäftsräumen oder im befriedeten Besitztum darf nur erfolgen (§ 104 StPO):

a) bei *Verfolgung auf frischer Tat* oder bei *Gefahr im Verzug* oder wenn es sich um die Wiederergreifung eines entwichenen Gefangenen handelt;

b) in Räumen, die zur Nachtzeit jedermann zugänglich oder der Polizei als Herbergen oder Versammlungsorte bestrafter Personen, als Niederlagen von strafbar erlangten Sachen oder als Schlupfwinkel des Glücksspiels, des illegalen Rauschgift- und Waffenhandels oder der Prostitution bekannt sind.

Über das Recht der Polizei zur Durchsuchung aus polizeilichen Gründen vgl. 174, über die Durchsuchung zwecks Festnahme eines flüchtigen Wehrpflichtigen vgl. 454 VI.

274. Vorläufige Festnahme

kann durch jedermann erfolgen, wenn jemand *auf frischer Tat* betroffen oder verfolgt wird und entweder fluchtverdächtig ist oder seine Persönlichkeit nicht sofort festgestellt werden kann (§ 127 StPO; gilt nicht bei *Ordnungswidrigkeiten,* vgl. 152 und § 46 Abs. 3 OWiG).

In solchen Fällen ist eine richterliche oder polizeiliche Anordnung nicht erforderlich. Staatsanwaltschaft und Polizei sind ferner zur vorläufigen Festnahme befugt bei *Gefahr im Verzug,* wenn die Voraussetzungen eines Haft- oder Unterbringungsbefehls (275) vorliegen. Der Festgenommene ist spätestens am Tage nach der Festnahme dem Richter des Amtsgerichts zur Vernehmung vorzuführen. Dieser entscheidet über Aufhebung oder Fortdauer der Haft; er ordnet entweder die Freilassung an oder erläßt einen Haftbefehl (§ 128 StPO). Bei einem Beschuldigten, der nicht im Inland ansässig ist, kann gegen Sicherheitsleistung von der Festnahme abgesehen werden, wenn nur Fluchtgefahr (275) besteht und weder Freiheitsstrafe noch eine freiheitsentziehende Maßregel der Besserung und Sicherung (396 IV) zu erwarten ist (§ 127a StPO; bedeutsam z. B. bei Verkehrsdelikten von Ausländern). Ist eine unverzügliche Entscheidung im beschleunigten Verfahren (s. 281) wahrscheinlich und zu befürchten, daß der Festgenommene der Hauptverhandlung fernbleibt, kann ebenfalls eine vorläufige Festnahme erfolgen. Ein Haftbefehl aus diesen Gründen darf nur ergehen, wenn die Hauptverhandlung binnen einer Woche zu erwarten ist und muß auf höchstens eine Woche ab dem Tag der Festnahme befristet sein (sog. *Hauptverhandlungshaft,* § 127b StPO).

275. Der Haftbefehl

ist eine schriftliche Anordnung zur Verhaftung (Freiheitsentziehung), gerichtet gegen eine natürliche Person. Er bedeutet eine Ausnahme vom Grundrecht der *Freiheit der Person* (vgl. Habeas-corpus-Grundsatz, Art. 2, 104 GG und 47 I) und ist demgemäß an strenge gesetzliche Voraussetzungen gebunden. Im Strafprozeß kann der *Richter* die *Untersuchungshaft* gegen einen Beschuldigten anordnen und einen Haftbefehl erlassen, wenn dringender Verdacht einer Straftat *(Tatverdacht)* gegeben ist und außerdem ein *Haftgrund* besteht. Das ist der Fall, wenn sich aus *bestimmten Tatsachen* ergibt, daß der Beschuldigte flüchtig ist oder sich verborgen hält oder daß *Fluchtgefahr* oder *Verdunkelungsgefahr* vorliegt; Haftgrund ist ferner *Wiederholungsgefahr* bei schweren Sittlichkeitsdelikten oder in schweren Fällen wiederholter oder fortgesetzter Begehung folgender Straftaten: schwerer Landfriedensbruch, Körperverletzung, Diebstahl, Raub, Erpressung, Hehlerei, Betrug, Brandstiftung, Autostraßenraub oder Betäubungsmittelvergehen. Ist der Beschuldigte eines Mordes, Totschlags, Völkermordes, der Unterstützung einer terroristischen Vereinigung oder der lebengefährdenden Herbeiführung einer Explosion dringend verdächtig, bedarf es keines dieser Haftgründe (§§ 112, 112a StPO). Ist anzunehmen, daß der Beschuldigte bei der Tat schuldunfähig oder vermindert schuldfähig war und daß seine Unterbringung in einem psychiatrischen Krankenhaus oder einer Entziehungsanstalt angeordnet wird, so ergeht ein *Unterbringungsbefehl* (§ 126a StPO).

Der *Haftbefehl* muß schriftlich erlassen werden, den Beschuldigten genau bezeichnen sowie die ihm zur Last gelegte Straftat – einschl. ihrer gesetzlichen Merkmale und der anzuwendenden Strafvorschriften – und die Gründe der Verhaftung angeben (§ 114 StPO). Er ist dem Beschuldigten bekanntzugeben. Der Festgenommene ist unverzüglich, spätestens am folgenden Tage dem Richter vorzuführen. Dieser hat ihn unverzüglich, spätestens am nächsten Tage zu vernehmen und ihm unter Vorhalt der Beschuldigung Gelegenheit zur Verteidigung zu geben (Art. 104 Abs. 3 GG, § 115 StPO; über Hinweise auf das Aussageverweigerungsrecht usw. vgl. 278). Angehörige sind zu benachrichtigen; die Benachrichtigung von Angehörigen ist auch dem Verhafteten selbst zu gestatten, sofern der Untersuchungszweck dadurch nicht gefährdet wird (§ 114b StPO). Der Richter kann den Vollzug des Haftbefehls aussetzen *(Haftverschonung)*, wenn weniger einschneidende Maßnahmen ausreichen, z. B. Sicherheitsleistung (§§ 116, 116a StPO). Ist Haftgrund nur Fluchtverdacht, so ist die Haftverschonung geboten, wenn der Haftzweck durch andere Maßnahmen erreicht werden kann (z. B. Meldepflicht, Aufenthaltsbeschränkungen; wegen Absehen von Festnahme bei Ausländern gegen Sicherheitsleistung vgl. 274). Der Beschuldigte kann jederzeit die gerichtliche Prüfung beantragen, ob der Haftbefehl aufzuheben oder dessen Vollzug auszusetzen ist (*Haftprüfung;* § 117 StPO). Er hat auch das Rechtsmittel der *Beschwerde;* doch schließt ein Rechtsbehelf den anderen aus (§ 117 Abs. 2 StPO). Im Haftprüfungs- oder Beschwerdeverfahren kann er mündliche Verhandlung beantragen (§ 118 StPO).

Der Haftbefehl wird aufgehoben, wenn der Verhaftungsgrund wegfällt oder eine weitere Untersuchungshaft außer Verhältnis zu der zu erwartenden Strafe stehen würde oder wenn der Beschuldigte freigesprochen oder die Eröffnung des Hauptverfahrens abgelehnt wird (§ 120 StPO). Der Beschuldigte darf, solange ein auf Freiheitsstrafe oder eine freiheitsentziehende Maßregel (396 IV) lautendes Urteil noch nicht ergangen ist, höchstens 6 Monate in Haft gehalten werden; darüber hinaus nur, wenn bestimmte wichtige Gründe, namentlich besonderer Umfang oder besondere Schwierigkeit der Ermittlungen, eine Urteilsentscheidung noch nicht zulassen und die weitere Haft rechtfertigen (§ 121 StPO; bei Untersuchungshaft wegen Wiederholungsgefahr beträgt die Frist 1 Jahr, § 122a).

Nach einer rechtskräftigen Verurteilung kann die *Vollstreckungsbehörde* (288) zur Erzwingung des Strafantritts einen *Vorführungs-* oder *Haftbefehl* erlassen, wenn sich der Verurteilte trotz Ladung nicht zum Antritt einer Freiheitsstrafe stellt oder fluchtverdächtig ist; ebenso gegen einen flüchtigen Strafgefangenen (§ 457 StPO).

Auf Grund eines Haftbefehls oder eines Unterbringungsbefehls kann die Staatsanwaltschaft oder der Richter einen *Steckbrief* erlassen, wenn der Beschuldigte flüchtig ist oder sich verborgen hält (§ 131 StPO). Über Niederlegung im Strafregister s. 221 (Steckbriefnachricht, *Suchvermerk*).

Die Entschädigung *für unschuldig erlittene Untersuchungshaft* regelt sich nach dem Ges. über die Entschädigung für Strafverfolgungsmaßnahmen vom 8. 3. 1971 (BGBl. I 157) m. spät. Änd. und der Anordnung über die Entschädigung für Strafverfolgungsmaßnahmen, die zwischen den Landesjustizverwaltungen und dem BMJ vereinbart und in den Ländern durch entsprechende Erlasse eingeführt und später geändert wurde (z. B. NRW: AV vom 2. 8. 1971, JMBl. 183, m. spät. Änd.; Bayern: Bek. vom 2. 8. 1971, JMBl. 119, m. spät. Änd.); im einzelnen s. 283. S. ferner Art. 5 Abs. 5 der Menschenrechtskonvention vom 4. 11. 1950 (BGBl. 1952 II 685).

276. Das Strafverfahren in erster Instanz

Die StPO behandelt im 2. Buch das *Verfahren im ersten Rechtszug* (§§ 151–295) in 6 Abschnitten: öffentliche Klage, Vorbereitung der öffentlichen Klage, Entscheidung über die Eröffnung des Hauptverfahrens, Vorbereitung der Hauptverhandlung, Hauptverhandlung, Verfahren gegen Abwesende.

Die Eröffnung einer gerichtlichen Untersuchung ist durch die Erhebung einer Klage bedingt *(Anklageprinzip)*. Zur Erhebung der öffentlichen Klage ist die *Staatsanwaltschaft* (StA) berufen und, wenn zureichende tatsächliche Anhaltspunkte für eine Straftat vorliegen, auch verpflichtet *(Legalitätsprinzip)*. Bei geringfügigen Vergehen kann mit Zustimmung des Gerichts von einer Anklage abgesehen werden, wenn die Schuld des Täters gering ist und kein öffentliches Interesse an der Verfolgung besteht; die Zustimmung des Gerichts ist nicht erforderlich bei einem Vergehen, das nicht mit einer im Mindestmaß erhöhten Strafe bedroht ist und bei dem die durch die Tat verursachten Folgen gering sind. Ferner kann der StA mit Zustimmung des Gerichts und des Beschuldigten *vorläufig* von der Anklage absehen und zugleich dem Beschuldigten Weisungen erteilen oder Auflagen machen, z. B. Schadenswiedergutmachung, Geldzahlung an gemeinnützige Einrichtungen u. dgl.; Voraussetzung ist, daß diese Auflagen und Weisungen geeignet sind, das öffentliche Interesse an der Strafverfolgung zu beseitigen und die Schwere der Schuld nicht entgegensteht (§§ 153, 153a StPO); wegen vorläufiger Abstandnahme von der öffentl. Klage bei Straftaten, die in Betäubungsmittelabhängigkeit begangen worden sind, bei Nachweis einer Rehabilitationsbehandlung vgl. § 37 BetäubungsmittelG (184 III 3). Ferner kann in besonderen Fällen (bei Auslandstaten, bei Delikten, die neben einer wegen einer anderen Tat verhängten oder zu erwartenden Strafe nicht ins Gewicht fallen, bei Auslieferung des Beschuldigten an eine ausländische Regierung oder Ausweisung sowie bei Nötigungs- oder Erpressungsopfern) nach §§ 153c, 154, 154b, 154c StPO von einer Anklage abgesehen werden. Fallen einzelne Teile einer Tat oder einzelne von mehreren Gesetzesverletzungen für die zu erwartende Strafe oder neben der Verurteilung wegen einer anderen Straftat nicht beträchtlich ins Gewicht, so kann die StA die Strafverfolgung beschränken (§ 154a StPO). Bei leichteren politischen Straftaten kann zur Vermeidung schwerer Nachteile für die BRep. von der Strafverfolgung abgesehen werden, ebenso, wenn überwiegende öffentliche Interessen entgegenstehen, oder bei tätiger Reue des Beschuldigten (§§ 153d, 153e StPO).

Untersuchung und Entscheidung erstrecken sich nur auf die in der Klage bezeichnete Tat und auf die durch die Klage beschuldigten Personen. Die öffentliche Klage kann nach Eröffnung des Hauptverfahrens nicht zurückgenommen werden (§ 156 StPO). Im Sinne der StPO ist *Angeschuldigter* der Beschuldigte, gegen den die öffentliche Klage erhoben ist; *Angeklagter* ist der Beschuldigte oder Angeschuldigte, gegen den die Eröffnung des Hauptverfahrens beschlossen ist (§ 157 StPO).

277. Strafanzeigen

können ebenso wie Anträge auf Strafverfolgung bei der Staatsanwaltschaft, den Behörden und Beamten des Polizeidienstes und den Amtsgerichten mündlich oder schriftlich angebracht werden. Die Staatsanwaltschaft hat, sobald sie durch eine Anzeige oder auf anderem Wege von dem Verdacht einer Straftat Kenntnis erlangt, den Sachverhalt zu ermitteln, um sich entschließen zu können, ob die öffentliche Klage zu erheben ist (§§ 158, 160 StPO).

Sind Anhaltspunkte dafür vorhanden, daß jemand eines nicht natürlichen Todes gestorben ist, oder wird der Leichnam eines Unbekannten gefunden, so sind die Polizei- und Gemeindebehörden zur sofortigen Anzeige an die StA oder das Amtsgericht verpflichtet. Zur Bestattung ist schriftliche Genehmigung der StA erforderlich (§ 159 StPO).

Die *Nichtanzeige* bestimmter geplanter Verbrechen (Angriffskrieg, Hoch- oder Landesverrat, Mord, Totschlag, Geldfälschung, Raub, schwere Straftaten gegen die persönliche Freiheit, gemeingefährliche Verbrechen, Bildung oder Unterstützung terrorist. Vereinigungen u. a.) ist strafbar, wenn jemand von der bevorstehenden Begehung glaubhaft erfahren hat (§ 138 StGB; Ausnahmen für Geistliche sowie bei einem Teil der Delikte für Angehörige, Ärzte, Rechtsanwälte, Verteidiger, wenn sie sich ernsthaft bemühen, die Tat zu verhindern, § 139 StGB).

Von der Strafanzeige, die von jedermann eingereicht werden kann, ist der *Strafantrag* zu unterscheiden, d. h. der Antrag des Verletzten auf Strafverfolgung. Er ist bei einer Reihe von Delikten Prozeßvoraussetzung, insbes. i. d. R. bei Beleidigung, einfacher vorsätzlicher und fahrlässiger Körperverletzung, Sachbeschädigung usw. Der Strafantrag muß binnen 3 Mon. seit Kenntnis von Tat und Täter schriftlich oder zu Protokoll bei Gericht oder Staatsanwaltschaft oder bei der Polizei schriftlich angebracht werden (§§ 77 ff. StGB, § 158 Abs. 2 StPO).

278. Das vorbereitende (Ermittlungs-)Verfahren

Die zur Erforschung des Sachverhalts berufene und verpflichtete Staatsanwaltschaft hat nicht nur die zur *Belastung,* sondern auch die zur *Entlastung des Beschuldigten* dienenden Umstände zu ermitteln und für die Erhebung der Beweise Sorge zu tragen, deren Verlust zu besorgen ist. Ihre Ermittlungen sollen sich auch auf die Umstände erstrecken, die für die Bestimmung der Rechtsfolgen der Tat (insbes. die Strafzumessung) von Bedeutung sind; hierzu kann sie die Gerichtshilfe heranziehen (§ 160 StPO). Die Staatsanwaltschaft kann von allen Behörden Auskunft verlangen und Ermittlungen selbst vornehmen oder durch die Polizei vornehmen lassen (s. 165). Um richterliche Untersuchungshandlungen ist das Amtsgericht zu ersuchen, in dessen Bezirk die Handlung vorzunehmen ist (§§ 161, 162 StPO).

Die *Polizei,* der i. d. R. der erste Zugriff obliegt, hat alle keinen Aufschub gestattenden Anordnungen zu treffen, um die Verdunkelung der Sache zu verhüten (§ 163 StPO). Beschlagnahme, Durchsuchung und vorläufige Festnahme sind ihr bei Gefahr im Verzug auch ohne richterliche Anordnung gestattet; der Haftbefehl ist dem Richter vorbehalten (vgl. 272–275).

Bei der Durchführung des vorbereitenden Verfahrens haben die Ermittlungsbehörden darauf zu achten, daß die grundgesetzlich gewährleisteten Rechte der Beteiligten nicht verletzt werden. Nach Art. 1 Abs. 1 GG, § 136a StPO sind Mißhandlungen, ermüdende Vernehmungen und Anwendung unlauterer oder verwerflicher Mittel verboten (z. B. Täuschung, *Narkoanalyse* oder *Wahrheitsspritzen,* durch die ein Geständnis erzielt werden soll). Wegen der Einschränkung der persönlichen Freiheit vgl. 47 I.

Der Richter des AG kann bei Gefahr im Verzug die erforderlichen Untersuchungshandlungen auch ohne Antrag vornehmen, wenn ein Staatsanwalt nicht erreichbar ist (§ 165 StPO). Der Beschuldigte kann bei Vernehmung durch den Richter die Erhebung von Entlastungsbeweisen beantragen; der Richter muß diese Beweise, soweit er sie für erheblich erachtet, erheben, wenn ihr Verlust zu besorgen ist oder die Beweiserhebung die Freilassung des Beschuldigten begründen kann (§ 166 StPO).

Schon bei der ersten Vernehmung hat die Polizei dem Beschuldigten den Schuldvorwurf vorzuhalten und ihn darauf hinzuweisen, daß er sich hierzu nicht zu äußern brauche und jederzeit – auch schon vor der Vernehmung – einen selbstgewählten Verteidiger befragen könne. Richter und Staatsanwalt haben ihm darüber hinaus die in Betracht kommenden Strafvorschriften anzugeben (§§ 136, 163a StPO). Auf Ladung muß der Beschuldigte vor der Staatsanwaltschaft erscheinen (aber nicht aussagen). Zeugen und Sachverständige sind zum Erscheinen und zur Aussage vor der Staatsanwaltschaft verpflichtet. Diese kann gegen sie ggf. Zwangsmaßnahmen verhängen; die Anordnung von Haft und die *eidliche Vernehmung* sind dem Richter vorbehalten. Vgl. §§ 161a, 163a StPO. Für jeden Beschuldigten sind nicht mehr als drei Verteidiger zugelassen; andererseits darf kein Verteidiger gleichzeitig mehrere Beschuldigte vertreten (§§ 137, 146 StPO). Ein Verteidiger ist in einem besonderen Verfahren vor dem OLG auszuschließen, wenn er hinreichend verdächtig ist, an der Tat beteiligt zu sein oder den Verkehr mit dem inhaftierten Beschuldigten zu Straftaten oder zur Gefährdung der Sicherheit der Vollzugsanstalt (z. B. durch Einschmuggeln von Ausbruchswerkzeug) zu mißbrauchen; ein erweitertes Ausschließungsrecht besteht in Staatsschutzsachen bei Gefährdung der Staatssicherheit und in Verfahren wegen Bildung oder Unterstützung einer terroristischen Vereinigung; vgl. §§ 138a ff. StPO.

Bieten die Ermittlungen genügenden Anlaß zur Erhebung der öffentlichen Klage, so reicht die StA beim zuständigen Gericht eine Anklageschrift ein, falls sie nicht bei leichteren Vergehen den Erlaß eines Strafbefehls (286) beantragt. Die *Anklageschrift* muß die dem Angeschuldigten zur Last gelegte Tat unter Hervorhebung ihrer gesetzlichen Merkmale und des anzuwendenden Strafgesetzes *(Anklagesatz),* die Beweismittel und das angerufene Gericht bezeichnen und – ausgenommen Anklagen beim Einzelrichter des Amtsgerichts – auch die wesentlichen Ermittlungsergebnisse wiedergeben (§ 200 StPO). Erhebt die StA keine Anklage, so stellt sie das Verfahren ein. Hiervon setzt sie den Beschuldigten in Kenntnis, wenn er als solcher vernommen worden ist oder ein Haftbefehl gegen ihn erlassen war; ebenso wenn er um einen Bescheid gebeten hat oder wenn sein besonderes Interesse an der Bekanntgabe ersichtlich ist (§ 170 StPO). Auch der Antragsteller wird von der Einstellung des Verfahrens benachrichtigt; ist er zugleich der Verletzte, so ist er über die Möglichkeiten der Anfechtung (binnen 2 Wochen Beschwerde an GeneralStA, gegen Ablehnung binnen 1 Monat Antrag auf gerichtliche Entscheidung beim OLG; § 172 StPO) und die einzuhaltende Frist und Form – Unterzeichnung durch Rechtsanwalt – zu belehren (sog. *Klageerzwingungsverfahren*). Wer durch eine Strafverfolgungsmaßnahme (Inhaftierung, Beschlagnahme usw.) einen Vermögensschaden erlitten hat, kann bei Einstellung des Verfahrens nach Maßgabe des Ges. über die Entschädigung für Strafverfolgungsmaßnahmen von der Staatskasse *Entschädigung* verlangen, bei Freiheitsentziehung auch für den immateriellen Schaden (dazu im einzelnen 283).

279. Eröffnung des Hauptverfahrens

Prozeßvoraussetzung für die Hauptverhandlung ist ein gerichtlicher *Eröffnungsbeschluß*. Das Gericht beschließt die Eröffnung des Hauptverfahrens, wenn der Angeschuldigte einer Straftat hinreichend verdächtig ist, d. h. wenn die Feststellung der ihm zur Last gelegten Tat wahrscheinlich ist und seine Verurteilung rechtlich begründen würde. Das Landgericht kann das Hauptverfahren vor den erkennenden Gerichten jeder Ordnung (außer OLG) eröffnen, also vor dem Strafrichter oder dem Schöffengericht beim Amtsgericht oder einer großen Strafkammer (§ 209 StPO).

Hierdurch soll ein (negativer) *Kompetenzkonflikt* (vgl. 151 II) zwischen mehreren Gerichten vermieden werden. Im *Eröffnungsbeschluß* läßt das Gericht die Anklage zur Hauptverhandlung zu und bezeichnet wie die *Anklageschrift* (278) die dem Angeschuldigten zur Last gelegte Tat, ihre gesetzlichen Merkmale, das anzuwendende Strafgesetz und das Gericht, vor dem die Hauptverhandlung stattfinden soll (§ 207 StPO). Der Eröffnungsbeschluß kann vom Angeklagten nicht, die Ablehnung der Eröffnung kann von der Staatsanwaltschaft mit sofortiger Beschwerde angefochten werden (§ 210 StPO). Der Eröffnungsbeschluß begründet die Rechtshängigkeit vor dem Gericht und ist dem Angeklagten spätestens mit der Ladung zur Hauptverhandlung (280) zuzustellen.

280. Die Hauptverhandlung (§§ 226–275 StPO)

im Strafprozeß ist die mündliche Verhandlung vor dem erkennenden Gericht. Sie bildet den Schwerpunkt des Verfahrens.

I. *Maßgebende Grundsätze der Hauptverhandlung*

1. *Mündlichkeit,* d. h. Urteilsgrundlage ist nur das in der mündlichen Verhandlung dem Gericht Vorgetragene;
2. *Unmittelbarkeit,* d. h. das Urteil darf sich nur auf den unmittelbaren Eindruck des Gerichts von dem Angeklagten, den Zeugen und anderen Beweismitteln gründen;
3. *Öffentlichkeit* (Ausschluß nur aus besonderen gesetzlichen Gründen; vgl. §§ 169 ff. GVG und 226, 291);
4. *Kontinuität* und Konzentration der Hauptverhandlung, die ein zusammenhängendes Ganzes bildet (§§ 226, 229 StPO).

II. *Ablauf der Hauptverhandlung*

Der *Vorsitzende des Gerichts bestimmt* nach Eröffnung des Hauptverfahrens den *Termin zur Hauptverhandlung*. Der Angeklagte, der Verteidiger, die Zeugen und Sachverständigen werden durch die Geschäftsstelle des Gerichts geladen. Zwischen der Zustellung des Eröffnungsbeschlusses an den Angeklagten und dem Tag der Hauptverhandlung muß eine *Einlassungsfrist* von mindestens 1 Woche liegen; andernfalls kann der Angeklagte bis zum Beginn seiner Vernehmung zur Sache Aussetzung der Verhandlung verlangen. Der Angeklagte kann die Ladung von Zeugen und Sachverständigen beantragen oder sie selbst laden. Zeugen werden nur dann durch einen ersuchten oder beauftragten Richter vernommen, wenn ihrem Erscheinen in der Hauptverhandlung besondere Hindernisse entgegenstehen (§§ 213–225 StPO).

Die Hauptverhandlung beginnt mit dem Aufruf der Sache. Der Vorsitzende stellt sodann fest, ob der Angeklagte und der Verteidiger sowie die geladenen Zeugen und Sachverständigen anwesend sind. Die Zeugen werden dann in der Praxis gemeinsam über ihre Wahrheits- und Beeidungspflicht belehrt (§ 57 StPO). Die Zeugen verlassen sodann den Sitzungssaal. Daraufhin vernimmt der Vorsitzende den Angeklagten über seine persönlichen Verhältnisse. Sodann verliest der Staatsanwalt den *Anklagesatz*. Der Angeklagte wird darauf hingewiesen, daß es ihm freisteht, ob er sich zur Sache äußert. Ist er zur Äußerung bereit, wird er vernommen. Danach folgt die *Beweisaufnahme* (Vernehmung von Zeugen, Sachverständigen, Augenscheinseinnahmen, Verlesung von Urkunden usw.). Die Ablehnung eines Beweisantrages bedarf eines Gerichtsbeschlusses (§§ 243, 244–257 StPO). An die Beweisaufnahme schließt sich der Vortrag *(Plädoyer)* der StA und des Verteidigers an (Sachvortrag und Anträge). Alsdann erhält der Angeklagte das *letzte Wort*. Nach geheimer Beratung verkündet der Vorsitzende den *Urteilsspruch,* der auf Freispruch, Verurteilung, Anordnung einer Maßregel der Besserung und Sicherung oder Einstellung des Verfahrens lauten kann, öffentlich unter Mitteilung der wesentlichen Urteilsgründe und mit einer Rechtsmittelbelehrung (§§ 258–260 StPO).

Die Hauptverhandlung findet in *ununterbrochener* Anwesenheit der Richter, der StA – ggf. auch eines *notwendigen* Verteidigers (§ 140 StPO) – und eines Urkundsbeamten statt. Die Richter dürfen in der Hauptverhandlung nicht wechseln.

Die *Besetzung der Richterbank* ist beim LG und OLG spätestens zu Beginn der Hauptverhandlung bekanntzugeben; der Einwand vorschriftswidriger Besetzung kann dann nur noch bis zum Beginn der Vernehmung des ersten Angeklagten zur Sache erhoben werden. Der Angeklagte darf sich aus der Verhandlung nicht entfernen; ggf. kann ohne ihn verhandelt werden, ebenso wenn er vorsätzlich seine Verhandlungsunfähigkeit herbeigeführt oder seinen Ausschluß veranlaßt hat. In Verhandlungen gegen mehrere Angeklagte kann das Gericht einzelnen von ihnen und ihren (notwendigen) Verteidigern gestatten, sich während der sie nicht betreffenden Teile zu entfernen.

Gegen einen *ausgebliebenen,* nicht genügend entschuldigten Angeklagten kann Haft- oder Vorführungsbefehl ergehen. Ohne den Angeklagten findet eine Hauptverhandlung nur statt, wenn nur Geldstrafe bis zu 180 Tagessätzen, Verwarnung mit Strafvorbehalt, Fahrverbot, Einziehung und ähnliche Maßnahmen, allein oder nebeneinander, und keine Maßregel der Besserung und Sicherung – ausgenommen Entziehung der Fahrerlaubnis – zu erwarten ist; der Angeklagte ist in der Ladung hierauf hinzuweisen. War der Angeklagte durch unabwendbaren Zufall am Erscheinen verhindert oder hatte er keine Kenntnis von der Ladung erhalten, so kann er *Wiedereinsetzung* in den vorigen Stand mit erneuter Hauptverhandlung verlangen. Eine *Entbindung vom Erscheinen* ist auf Antrag zulässig, wenn keine Maßregel der Besserung und Sicherung (außer Entziehung der Fahrerlaubnis) und höchstens Freiheitsstrafe bis zu 6 Monaten, Geldstrafe bis zu 180 Tagessätzen, Verwarnung mit Strafvorbehalt, Fahrverbot, Einziehung usw., allein oder nebeneinander, zu erwarten ist. Soweit ohne den Angeklagten verhandelt werden kann, darf er sich durch einen schriftlich bevollmächtigten Verteidiger vertreten lassen (§§ 230ff. StPO). Über den Ausschluß des Verteidigers s. 278.

Über die Kostenentscheidung vgl. 289, über die Entschädigung der *Zeugen* und *Sachverständigen* 214.

281. Beschleunigtes Verfahren

Im Verfahren vor dem Strafrichter und dem Schöffengericht stellt die Staatsanwaltschaft schriftlich oder mündlich den Antrag auf Entscheidung im beschleunigten Verfahren, wenn die Sache auf Grund des einfachen Sachverhalts oder der klaren Beweislage zur sofortigen Verhandlung geeignet ist (§ 417 StPO). Die Hauptverhandlung wird dann sofort durchgeführt oder mit kürzester Frist anberaumt, ohne daß es einer Anklageschrift und eines Eröffnungsbeschlusses bedarf (§ 418 StPO).

Die Anklage kann bei Beginn der Hauptverhandlung mündlich erhoben werden; der wesentliche Inhalt wird dann in das Sitzungsprotokoll aufgenommen. Die Hauptverhandlung wird kurzfristig anberaumt; zwischen Ladung des Beschuldigten und Hauptverhandlung brauchen nur 24 Stunden zu liegen *(abgekürzte Ladungsfrist)*. Dem Antrag der StA wird vom Strafrichter oder Schöffengericht entsprochen, wenn sich die Sache für ein beschleunigtes Verfahren eignet, insbes. wenn das Gericht seine Strafgewalt voraussichtlich nicht überschreiten würde; im beschleunigten Verfahren darf nämlich auf mehr als 1 Jahr Freiheitsstrafe oder eine Maßregel der Besserung und Sicherung – ausgenommen *Entziehung der Fahrerlaubnis* – nicht erkannt werden. Die Ablehnung ist noch in der Hauptverhandlung möglich; sie ist nicht anfechtbar. Ist eine Freiheitsstrafe von mindestens 6 Monaten zu erwarten, so ist dem Beschuldigten ein Pflichtverteidiger zu bestellen (§ 418 Abs. 4). Für das beschleunigte Verfahren gelten Verfahrenserleichterungen (erleichterte Verlesbarkeit von Urkunden, Bestimmung des Umfanges der Beweisaufnahme durch den Strafrichter, § 420 StPO).

282. Die Rechtsmittel im Strafprozeß

können vom Angeklagten, von seinem gesetzlichen Vertreter oder von seinem Verteidiger (von diesem nicht gegen den ausdrücklichen Willen des Angeklagten) sowie von der Staatsanwaltschaft eingelegt werden (§§ 296ff. StPO). Rechtsmittel sind Beschwerde, Berufung und Revision.

Überblick über die Rechtsmittel gegen Urteile in Strafsachen

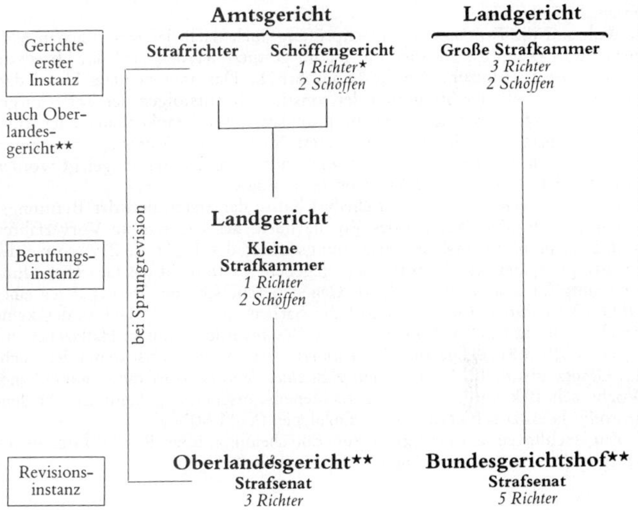

*Auf Antrag der Staatsanwaltschaft kann bei umfangreichen Sachen ein zweiter Richter zur Hauptverhandlung zugezogen werden („Großes Schöffengericht"). Vgl. 216.

**Die OLGe (5 Richter), in deren Bezirk eine LdReg. ihren Sitz hat, sind außerdem in Strafsachen wegen Friedens-, Hoch-, Landesverrats, Völkermordes usw. in erster Instanz zuständig; gegen ihr Urteil ist Revision an den BGH gegeben (vgl. 219, 270). Über die Zuständigkeit des an Stelle der OLGe entscheidenden Bayerischen Obersten Landesgerichts vgl. 131 IV 4a.

Kennzeichen der Rechtsmittel sind:

a) der sog. *Suspensiveffekt,* d. h. die Hemmung der Rechtskraft bis zur Entscheidung des Rechtsmittelgerichts, und

b) der *Devolutiveffekt,* d. h. der Übergang der Entscheidungsbefugnis auf die höhere Instanz.

Die *Berufung* ist gegen die Urteile des Strafrichters und des Schöffengerichts zulässig (§ 312 StPO). In bestimmten Fällen (u. a. wenn der Angeklagte zu einer Geldstrafe von nicht mehr als 15 Tagessätzen verurteilt worden ist, oder wenn der Angeklagte freigesprochen worden ist und die StA eine Geldstrafe von nicht mehr als 30 Tagessätzen beantragt hatte) ist gem. § 313 StPO die Berufung nur zulässig, wenn sie angenommen wird *(Annahmeberufung).* Über die Annahme der Berufung entscheidet das Berufungsgericht (§ 322a StPO); die Berufung wird angenommen, wenn sie nicht offensichtlich unbegründet ist (§ 313 Abs. 2 S. 1 StPO). Die *Revision* ist zulässig gegen die Urteile der Strafkammern und der

Schwurgerichte sowie gegen die im ersten Rechtszug ergangenen Urteile der Oberlandesgerichte (§ 333 StPO). Ein Urteil, gegen das Berufung zulässig ist, kann statt mit der Berufung mit Revision angefochten werden (sog. *Sprungrevision,* § 335 StPO).

Während die *Berufung* eine Nachprüfung auch nach der tatsächlichen Seite herbeiführt, kann die *Revision* nur darauf gestützt werden, daß das Urteil auf einer Gesetzesverletzung beruhe (§ 337 StPO). Das angefochtene Urteil darf in Art und Höhe der Strafe und der sonstigen Rechtsfolgen der Tat – ausgenommen Unterbringung in einem psychiatrischen Krankenhaus oder einer Entziehungsanstalt (396 IV) – nicht zum Nachteil des Angeklagten geändert werden, wenn das Rechtsmittel lediglich zu seinen Gunsten eingelegt worden ist (§ 331 StPO; sog. *Verbot der reformatio in peius*).

Die *Beschwerde* ist gegen Gerichtsbeschlüsse der ersten und der Berufungsinstanz, gegen Verfügungen des Vorsitzenden, des Richters im Vorverfahren (mit Einschränkungen beim Ermittlungsrichter des BGH, s. 219) sowie des beauftragten oder ersuchten Richters gegeben, wenn nicht das Gesetz die Entscheidung für unanfechtbar erklärt. Gegen Beschlüsse oder Verfügungen eines OLG (Ausnahmen für erstinstanzliche Sachen) oder des BGH findet keine Beschwerde statt (§ 304 StPO). Weitere Beschwerde ist nur in Haftsachen zulässig (§ 310 StPO). Die *einfache Beschwerde* ist an keine Frist gebunden; sieht das Gesetz ausdrücklich eine *sofortige Beschwerde* vor, so ist diese binnen einer Woche seit Bekanntgabe der angefochtenen Entscheidung beim entscheidenden oder beim Beschwerdegericht einzulegen (§ 311 StPO).

Zur sachlichen Zuständigkeit zur Entscheidung über Rechtsmittel gegen strafgerichtliche Entscheidungen s. 270.

283. Wiederaufnahme des Verfahrens (§§ 359–373a StPO)

Im Gegensatz zum Wiederaufnahmeverfahren der ZPO (vgl. 246) gibt es im Strafprozeß *keine Nichtigkeitsklage* wegen Verfahrensmängeln. Diese können nur mit den ordentlichen Rechtsmitteln, aber nicht mehr nach Rechtskraft des Strafurteils geltend gemacht werden. Dagegen ist ein *Restitutionsantrag* (Antrag auf Wiederaufnahme des Verfahrens) zugunsten oder zuungunsten eines Verurteilten (Angeklagten) zulässig, wenn sich das rechtskräftige Strafurteil auf eine falsche Urkunde, ein falsches Zeugnis oder Gutachten gründet oder ein Richter oder Schöffe sich einer strafbaren Pflichtverletzung schuldig gemacht hat (§§ 359, 362 StPO). Die Wiederaufnahme eines durch rechtskräftiges Urteil abgeschlossenen Strafverfahrens *zugunsten* des Verurteilten findet auch statt, wenn ein zugrunde gelegtes Zivilurteil durch ein anderes rechtskräftiges Urteil aufgehoben ist, und ferner, wenn neue Tatsachen oder Beweismittel beigebracht sind, die allein oder in Verbindung mit den früher erhobenen Beweisen die Freisprechung des Angeklagten oder in Anwendung eines milderen Strafgesetzes eine geringere Bestrafung oder eine wesentlich andere Entscheidung über eine Maßregel der Besserung und Sicherung zu begründen geeignet sind (§ 359 StPO). *Zuungunsten* des Verurteilten ist die Wiederaufnahme des Verfahrens – abgesehen von den bereits genannten Fällen – auch zulässig, wenn der Freigesprochene vor Gericht oder außergerichtlich ein glaubwürdiges Geständnis ablegt (§ 362 StPO).

Keine Wiederaufnahme, um eine andere Strafzumessung innerhalb desselben Strafgesetzes oder eine Strafmilderung wegen verminderter Schuldfähigkeit herbeizuführen (§ 363 StPO).

Über den Antrag entscheidet ein anderes Gericht (gleicher Ordnung) als dasjenige, das in der Sache entschieden hat (§ 140a GVG). Dem Verurteilten wird auf Antrag bei schwieriger Sach- oder Rechtslage ein Verteidiger bestellt; das gilt schon für die Vorbereitung der Wiederaufnahme, wenn tatsächliche Anhaltspunkte dafür vorliegen, daß bestimmte Beweiserhebungen einen Wiederaufnahmeantrag begründen können, und wenn der Antragsteller mittellos ist (§§ 364a, b StPO). Zunächst wird im *Zulassungsverfahren* entschieden, ob ein gesetzlicher Wiederaufnahmegrund geltend gemacht und unter Beweis gestellt wird (§§ 367, 368 StPO). Nach Zulassung der Wiederaufnahme wird in einer Hauptverhandlung erneut durch Urteil entschieden; ausnahmsweise ist Freisprechung ohne Hauptverhandlung zulässig (§§ 370ff. StPO). Die Vollstreckung des Urteils wird durch den Wiederaufnahmeantrag nicht gehemmt; doch kann das Gericht Aufschub oder Unterbrechung anordnen (§ 360 StPO). Eine Wiederaufnahme des Verfahrens kann auch noch nach Strafvollstreckung und auch nach dem Tode des Verurteilten durchgeführt werden (§ 361 StPO).

Wird eine Verurteilung im Wiederaufnahmeverfahren aufgehoben oder gemildert, so kann der Verurteilte von der Staatskasse nach Maßgabe des Gesetzes über die Entschädigung für Strafverfolgungsmaßnahmen (StrEG) vom 8. 3. 1971 (BGBl. I 157) m. spät. Änd. *Entschädigung* für den ihm durch die Verurteilung entstandenen Vermögensschaden, bei Freiheitsentziehung auch für immateriellen Schaden verlangen; Ausschluß- und Versagungsgründe, z. B. wegen eigener schuldhafter Verursachung, nach §§ 5, 6. Feststellung der Entschädigungspflicht durch das Gericht (§ 8); über Fristen zur Anmeldung des Anspruchs vgl. §§ 10, 12, über Klagefrist bei Ablehnung § 13. Die Höhe der Entschädigung, von der die durch die Haft ersparten Ausgaben des Verurteilten für Unterkunft und Verpflegung abgesetzt werden, richtet sich nach der bundeseinheitlichen Allg. Vfg. vom 2. 8. 1971 (vgl. 275). S. ferner Art. 5 Abs. 5 der Menschenrechtskonvention.

Über die Beseitigung nat.-soz. Unrechtsurteile s. Ges. v. 25. 5. 1990 (BGBl. I 966).

Zur Rehabilitierung von Personen, die in der ehemaligen DDR entgegen verfassungsmäßig garantierten Grund- und Menschenrechten strafrechtlich verurteilt worden sind, s. das *Rehabilitierungsgesetz,* vgl. 267.

284. Beteiligung des Verletzten am Verfahren

sieht die StPO in Form der *Privatklage,* der *Nebenklage* und der zivilrechtlichen Entschädigung des Verletzten (sog. *Adhäsionsverfahren*) vor.

I. Privatklage (§§ 374–394 StPO)

Bei Beleidigung, leichteren Fällen von Körperverletzung, Hausfriedensbruch, Bedrohung, Sachbeschädigung, Verletzung des Briefgeheimnisses oder von Urheber- oder gewerblichen Schutzrechten (385ff.) und unlauterem Wettbewerb (383) erhebt der StA eine Anklage nur, wenn dies im öffentlichen Interesse liegt (§ 376 StPO). Da dies nur selten der Fall ist, der Verletzte aber ein Interesse an der strafrechtlichen Ahndung haben kann, gestattet ihm die StPO, mit *Privatklage* die Zuwiderhandlung zur Bestrafung zu bringen. Bei den meisten Privatklagedelikten (außer unlauterem Wettbewerb, Urheberrechtsverletzung usw.) muß der Klage ein *Sühneversuch* vor einer durch die Landesjustizverwaltung zu bezeichnenden Vergleichsbehörde vorhergehen (§ 380 StPO). In den Ländern sind Rechtsvorschriften über das *Sühneverfahren in Privatklagesachen* ergangen (Zusammenstellg. b. Schönfelder, Dt. Gesetze, Anm. 2 zu § 380 StPO).

Die Klage wird durch Einreichung einer Anklageschrift oder zu Protokoll der Geschäftsstelle erhoben (§ 381 StPO); die Bescheinigung über den erfolglosen Sühneversuch ist mit der Klage einzureichen (§ 380 Abs. 1 S. 2 StPO). Das Gericht teilt dem Beschuldigten die Klageschrift unter Fristsetzung für eine Erklärung mit. Nach deren Eingang entscheidet es, ob das Hauptverfahren zu eröffnen oder die Klage zurückzuweisen ist (§§ 382, 383 StPO). Es kann das Verfahren wegen geringer Tatschuld einstellen, wogegen sofortige Beschwerde zulässig ist (§ 383 Abs. 2 StPO). Im Verfahren nimmt der Privatkläger im wesentlichen die Stellung des StA ein. Der Angeklagte kann sich durch einen Rechtsanwalt vertreten lassen, muß aber auf Anordnung des Gerichts persönlich erscheinen. Er kann auch Widerklage erheben (§§ 387, 388 StPO). Die Privatklage kann bis zum rechtskräftigen Abschluß des Verfahrens zurückgenommen werden (nach Vernehmung des Angeklagten zur Sache in der erstinstanzlichen Hauptverhandlung aber nur mit seiner Zustimmung); sie kann dann nicht von neuem eingereicht werden (§§ 391, 392 StPO). Beim Tod des Privatklägers wird das Verfahren eingestellt; doch können Personen, die neben dem Verletzten klageberechtigt waren (z. B. der gesetzliche Vertreter), die Privatklage binnen 2 Monaten fortsetzen (§ 393 StPO). Der Privatkläger hat einen Kostenvorschuß an das Gericht zu leisten (§§ 379, 379a StPO), sofern ihm nicht Prozeßkostenhilfe gewährt wird. Bei Verurteilung hat der Beschuldigte die Kosten zu tragen.

II. Nebenklage (§§ 395–402 StPO)

Während die Privatklage an die Stelle der öffentlichen Klage tritt, ermöglicht die *Nebenklage* dem Verletzten, sich einer vom StA erhobenen öffentlichen Klage anzuschließen. Zur Nebenklage sind vor allem diejenigen Verletzten einer Straftat berechtigt, die durch schwerwiegende, im einzelnen im Gesetz aufgeführte Straftaten gegen persönliche Rechtsgüter (z. B. Opfer von Sittlichkeitsdelikten, Beleidigungen, Körperverletzungen, Mord- oder Totschlagsversuch) betroffen sind und die Eltern, Kinder, Geschwister und Ehegatten eines durch rechtswidrige Tat Getöteten (§ 395). Ferner ist nebenklageberechtigt, wer durch einen Antrag auf gerichtliche Entscheidung nach § 172 die Erhebung der öffentlichen Klage herbeigeführt hat (s. 278).

Über die Zulassung als Nebenkläger entscheidet das Gericht, bei dem die öffentliche Klage erhoben worden ist. Nach Zulassung hat der Nebenkläger einzelne eigene Verfahrensrechte (§ 397 StPO). Er kann unabhängig vom StA Rechtsmittel einlegen (§ 401 StPO).

III. Adhäsionsverfahren (§§ 403–406c StPO)

Schließlich kann der durch eine Straftat Verletzte oder sein Erbe im Strafverfahren *vermögensrechtliche Ansprüche* gegen den Angeklagten wegen der Straftat geltend machen. Der Antrag kann schriftlich oder zu Protokoll der Geschäftsstelle, in der Hauptverhandlung auch mündlich, gestellt werden (§§ 403, 404 StPO). Das Gericht kann aber von der zivilrechtlichen Entscheidung absehen, wenn der Antrag sich zur Verhandlung im Strafverfahren nicht eignet. Andernfalls entscheidet es über ihn im Strafurteil, das insoweit die Wirkung eines Zivilurteils hat (§§ 405, 406 StPO).

285. Besondere Arten des Strafverfahrens

Als solche sieht die StPO (§§ 407 ff.) vor:

a) das Verfahren bei *Strafbefehlen* (vgl. 286);
b) das *Sicherungsverfahren* (s. u.);
c) das Verfahren bei *Einziehungen* und *Vermögensbeschlagnahmen* (vgl. 287) und
d) das Verfahren bei Festsetzung von Geldbuße (vgl. 152 II) gegen juristische Personen (§ 444).

Dagegen findet seit dem Wegfall der Übertretungen (395) ein Verfahren bei *Strafverfügungen* (§ 413 StPO a. F.) nicht mehr statt.

Im *Sicherungsverfahren* (§§ 413–416 StPO) können gegen einen Straftäter, gegen den das Strafverfahren wegen Schuld- oder Verhandlungsunfähigkeit nicht durchgeführt werden kann, im sog. *objektiven Verfahren* Maßregeln der Besserung und Sicherung gemäß § 71 Abs. 1, 2 StGB selbständig angeordnet werden. Der StA stellt (statt Anklage) einen entsprechenden Antrag, über den in der Hauptverhandlung auch in Abwesenheit des Beschuldigten verhandelt werden kann, wenn sein Zustand oder Sicherheitsgründe seinem Erscheinen vor Gericht entgegenstehen; er ist dann vorher durch einen beauftragten Richter unter Zuziehung eines Sachverständigen zu vernehmen.

286. Der richterliche Strafbefehl

ist als besondere Art des Verfahrens in den §§ 407–412 StPO zugelassen. Die Staatsanwaltschaft kann bei leichteren Vergehen, statt öffentliche Klage zu erheben, beim Amtsgericht den Erlaß eines (schriftlichen) Strafbefehls beantragen. Durch Strafbefehl dürfen nur Geldstrafe (gegen juristische Personen oder Personenvereinigungen nur Geldbuße), Verwarnung mit Strafvorbehalt, Fahrverbot, Verfall, Einziehung, Vernichtung, Unbrauchbarmachung, Bekanntgabe der Verurteilung oder Entziehung der Fahrerlaubnis mit Sperre bis zu zwei Jahren festgesetzt werden. Hat der Angeschuldigte einen Verteidiger, so kann mit Strafbefehl auch Freiheitsstrafe bis zu einem Jahr festgesetzt werden, wenn deren Vollstreckung zur Bewährung ausgesetzt wird.

Erachtet der Richter den Angeschuldigten nicht für hinreichend verdächtig, so lehnt er den Erlaß eines Strafbefehls ab (§ 408 Abs. 2 Satz 1 StPO). Bei sonstigen Bedenken gegen den Antrag der StA ordnet der Richter des AG Hauptverhandlung an. Erläßt er den Strafbefehl, muß dieser die Straftat, das angewendete Gesetz, die Beweismittel und die festgesetzte Strafe und sonstigen Rechtsfolgen angeben und auf die Möglichkeit hinweisen, binnen zwei Wochen seit Zustellung beim Amtsgericht schriftlich oder zu Protokoll der Geschäftsstelle *Einspruch* einzulegen. Wird nicht rechtzeitig *Einspruch* eingelegt, so wird der Strafbefehl rechtskräftig und ist wie ein Urteil vollstreckbar. Wird rechtzeitig Einspruch eingelegt, so wird die *Hauptverhandlung* anberaumt, in der sich der Angeklagte durch einen mit schriftlicher Vollmacht versehenen *Verteidiger* vertreten lassen kann. Beim Urteil ist das Gericht an den Schuld- und Strafausspruch des Strafbefehls nicht gebunden. Erscheint unentschuldigt weder der Angeklagte noch ein Vertreter, wird der Einspruch durch Urteil ohne Beweisaufnahme verworfen.

287. Einziehung, Vermögensbeschlagnahme

Nach §§ 74ff. StGB können Gegenstände, die durch eine vorsätzlich begangene Straftat hervorgebracht (*producta sceleris,* z. B. gefälschte Urkunden) oder zur Begehung eines solchen Deliktes gebraucht oder bestimmt sind (*instrumenta sceleris,* z. B. Schußwaffen), eingezogen werden. Weitere Voraussetzung ist grundsätzlich, daß der Gegenstand im Eigentum eines Tatbeteiligten steht oder daß von ihm eine Gefahr für die Allgemeinheit ausgeht (z. B. Sprengstoff) oder daß die Gefahr der Benutzung zu weiteren Straftaten gegeben ist (z. B. Einbruchswerkzeug). Eigentum eines Dritten unterliegt der Einziehung sonst nur, wenn er es in Kenntnis des Einziehungsgrundes in verwerflicher Weise erworben oder mindestens leichtfertig dazu beigetragen hat, daß der Gegenstand (z. B. Kraftwagen) zur Tatbegehung benutzt worden ist.

Die *Einziehung* ist im Urteil auszusprechen. Sie unterbleibt nach dem Grundsatz der *Verhältnismäßigkeit,* wenn sie zur Bedeutung der Tat und des Tatvorwurfs oder zu der zu erwartenden Strafe oder zum erforderlichen Verfolgungsaufwand in keinem angemessenen Verhältnis stehen würde (§ 74b StGB, § 430 StPO).

Dritte, denen der Einziehungsgegenstand gehört oder die ein Recht an ihm haben (z. B. Pfandrecht), sind zum Verfahren zuzuziehen und zu hören *(Einziehungsbeteiligte);* sie sind zur Hauptverhandlung zu laden und können selbständig Rechtsmittel einlegen (§§ 431ff. StPO). Ist die Verfolgung oder Verurteilung einer bestimmten Person nicht ausführbar, so kann die Einziehung in einem sog. *objektiven Verfahren* selbständig ausgesprochen werden (§ 76a StGB, §§ 440ff. StPO). Der *Antrag* ist seitens der StA oder des Privatklägers bei dem für den Fall der Verfolgung einer bestimmten Person zuständigen Gericht zu stellen. Das Gericht entscheidet grundsätzlich durch Beschluß, gegen den sofortige Beschwerde zulässig ist; nur auf Antrag eines Beteiligten oder auf Anordnung des Gerichts wird nach Hauptverhandlung durch Urteil entschieden, das den üblichen Rechtsmitteln (282) unterliegt

Nach § 443 StPO kann bei Hoch- oder Landesverrat das in der BRep. befindliche *Vermögen* eines Beschuldigten, gegen den die öffentliche Klage erhoben oder Haftbefehl erlassen ist, durch den Richter (vom StA bei Gefahr im Verzug und nur vorläufig) *beschlagnahmt* werden.

288. Strafvollstreckung. Strafvollzug

I. *Strafvollstreckung*

ist jede Maßnahme, die der Ausführung eines rechtskräftigen verurteilenden Straferkenntnisses dient, so die Einforderung und Beitreibung einer Geldstrafe, die Ladung zum Strafantritt und der *Strafvollzug* bei freiheitentziehenden Strafen und Maßregeln der Besserung und Sicherung (s. u. II). Die Strafvollstreckung ist in den §§ 449–463d StPO behandelt. Eine Strafe wird nur auf Grund eines rechtskräftigen Urteils (od. Strafbefehls) vollstreckt; es gibt keine vorläufige Vollstreckbarkeit wie im Zivilprozeß. *Vollstreckungsbehörde* ist die Staatsanwaltschaft, in Jugendsachen der Jugendrichter.

Maßgebend für die Durchführung der Strafvollstreckung ist die *Strafvollstreckungsordnung* vom 15. 2. 1956 (BAnz. Nr. 42) m. wiederholten Änd., zuletzt vom 20. 6. 1991 (BAnz. Nr. 117). Über Entschädigung wegen unschuldig erlittener Strafhaft s. 275, 283.

Das *Begnadigungsrecht* steht in Sachen, in denen Gerichtsbarkeit des Bundes ausgeübt wird, dem Bund, sonst den Ländern zu (§ 452 StPO). Es wird vom BPräs. (vgl. 61) und je nach Bestimmung der Landesverfassung von der Regierung, dem MinPräs. oder dem JustMin. ausgeübt, in beschränktem Umfang auch vom General- oder Oberstaatsanwalt (bedingte Strafaussetzung bei kürzeren Freiheitsstrafen).

Über *Strafaussetzung zur Bewährung* (die keine Gnadenmaßnahme, sondern eine Modifikation der Verurteilung ist) entscheidet i. d. R. das erkennende Gericht zugleich mit dem Urteil. Es setzt nach § 56 StGB die Vollstreckung einer Freiheitsstrafe von nicht mehr als 1 Jahr – ausnahmsweise bis 2 Jahre – aus, wenn zu erwarten ist, daß der Verurteilte sich schon die Verurteilung zur Warnung dienen lassen und nicht mehr straffällig werden wird. Bei mindestens 6 Monaten Freiheitsstrafe wird nicht ausgesetzt, wenn die Verteidigung der Rechtsordnung die Vollstreckung gebietet. Die *Bewährungszeit* beträgt mindestens 2 und höchstens 5 Jahre (§ 56a StGB). Gewährt das Gericht die Strafaussetzung, so können für die Dauer der Bewährungszeit Auflagen und Weisungen erteilt werden (z. B. Wiedergutmachung eines Schadens, Meldepflichten usw.). Auch kann der Verurteilte der Aufsicht eines vom Gericht zu bestellenden *Bewährungshelfers* unterstellt werden. Die Rechtsstellung der hauptamtlichen *Bewährungshelfer* ist durch Gesetze der Länder geregelt. Sie sind i. d. R. Beamte und für einen oder mehrere Gerichtsbezirke bestellt. Dagegen werden die ehrenamtlichen Bewährungshelfer stets besonders vom Gericht bestellt. Bei Durchführung ihrer Aufgaben im Einzelfall unterliegen die Bewährungshelfer nur den Weisungen des Richters. Nach einwandfreiem Ablauf der Bewährungszeit wird die Strafe erlassen; andernfalls widerruft das Gericht die Strafaussetzung.

Eine *vorzeitige Entlassung* kann vom Gericht durch Aussetzung des Restes einer zeitigen Freiheitsstrafe nach Verbüßung von zwei Dritteln (mindestens jedoch von 2 Monaten) – ausnahmsweise nach Verbüßung der Hälfte und von mindestens 6 Monaten – verfügt werden, wenn der Verurteilte einwilligt und der Versuch verantwortet werden kann, ob er sich straffrei führen wird (§ 57 StGB). Die bedingte Aussetzung ist auch bei lebenslanger Freiheitsstrafe nach Strafverbüßung von 15 Jahren unter sonst gleichen Voraussetzungen nach Einholung eines Sachverständigengutachtens (§ 454 Abs. 1 S. 5 StPO) zulässig, außer wenn die besondere Schwere der Tatschuld die weitere Vollstreckung gebietet. Bei Freiheitsstrafe bis zu 2 Jahren (auch restlicher) wegen einer in Betäubungsmittelabhängigkeit begangenen Straftat kann die *Vollstreckungsbehörde* mit Zustimmung des Gerichts die *Vollstreckung* bis zu 2 Jahren *zurückstellen*, wenn sich der Verurteilte einer Entziehungsbehandlung unterzieht; das Gericht kann eine *Anstaltsbehandlung* auf höchstens ⅔ der Strafe anrechnen und ein restliches Drittel zur Bewährung aussetzen; eine sonstige Behandlung kann zur Aussetzung der Strafe oder eines Strafrestes führen. Vgl. §§ 35, 36 BetäubungsmittelG (184 III 3).

Strafaufschub kann dem Verurteilten auf seinen Antrag bis zu 4 Monaten gewährt werden, wenn durch sofortige Vollstreckung ihm oder seiner Familie erhebliche, außerhalb des Strafzwecks liegende Nachteile erwachsen. Die Bewilligung kann an Sicherheitsleistung oder andere Bedingungen geknüpft werden (§ 456 StPO). Ein *Berufsverbot* kann vom Gericht oder der Vollstreckungsbehörde um höchstens 6 Monate aufgeschoben werden, wenn das sofortige Inkrafttreten für den Verurteilten oder seine Angehörigen eine erhebliche, außerhalb des Verbotszweckes liegende *Härte* bedeuten würde (§ 456c StPO).

Ist neben Freiheitsstrafe eine *Anstaltsunterbringung* (396) angeordnet worden, so wird diese, wenn das Gericht nichts anderes bestimmt, i. d. R. vor der Strafe vollzogen; die Vollzugszeit wird dann auf die Strafe angerechnet (§ 67 StGB).

In Strafvollstreckungssachen kann gegen Entscheidungen der StA das Gericht des ersten Rechtszuges angerufen werden, das auch andere Vollstreckungsentscheidungen (z. B. über Gesamtstrafenbildung) trifft. Ist Freiheitsstrafe zu vollstrecken, so entscheidet die *Strafvollstreckungskammer* (je nach Strafhöhe 1 oder 3 Richter), in deren Bezirk die Strafanstalt liegt (§§ 462, 462a StPO, 78a, b GVG).

Der *Strafantritt* kann von der StA durch *Vorführungs-* oder *Haftbefehl* erzwungen werden, wenn sich der Verurteilte auf Ladung nicht stellt oder der Flucht verdächtig ist. Ist er flüchtig oder hält er sich verborgen, so kann ein *Steckbrief* erlassen werden (§ 457 StPO).

Geldstrafen, Bußen und andere Vermögensstrafen werden nach der Justizbeitreibungsordnung (214) vollstreckt; vgl. – auch über Absehen von der Vollstrekkung in Härtefällen, Gewährung von Teilzahlung usw. – §§ 459ff. StPO.

Auf Grund des *Übereinkommens vom 21. 3. 1983 über die Überstellung verurteilter Personen* (BGes. vom 26. 9. 1991, BGBl. II 1006) ist es unter bestimmten Voraussetzungen (u. a. Einigung zwischen Urteils- und Vollstreckungsstaat, Einwilligung des Verurteilten) möglich, die *Überstellung* ausländischer Gefangener zur Vollstreckung der Strafe in ihrem Heimatland oder die Rückführung eines im Ausland strafgerichtlich verurteilten Deutschen zur Strafvollstreckung in der BRep. zu erreichen. S. hierzu *Überstellungsausführungsgesetz – ÜAG* – vom 26. 9. 1991 (BGBl. I 1954).

II. Strafvollzug

Als Teil der *Strafvollstreckung* befaßt sich der *Strafvollzug* mit der Vollziehung der in einer strafgerichtlichen Entscheidung verhängten Freiheitsstrafen und des Jugendarrestes sowie i. w. S. der freiheitentziehenden sichernden Maßregeln (396 IV), soweit sie den Justizbehörden obliegt (insbes. Sicherungsverwahrung).

Das *Strafvollzugsgesetz* vom 16. 3. 1976 (BGBl. I 581, 2088; 1977 I 436) m. spät. Änd. schafft die gesetzliche Grundlage für Rechte und Pflichten der Gefangenen sowie für Leistungspflichten und Eingriffsbefugnisse der Strafvollzugsbehörden. Ziel des Gesetzes ist insbesondere die stärkere Betonung des Besserungszwecks der Strafe und die *Resozialisierung* des Verurteilten, aber auch der Schutz der Allgemeinheit vor weiteren Straftaten. Auf Grund eines Vollzugsplans soll der Gefangene auf ein Leben in sozialer Verantwortung vorbereitet werden. Das Ges. regelt Unterbringung, Besuchsempfang und (grundsätzlich unbeschränkten) Schriftverkehr, Arbeit, die entlohnt wird (nach §§ 43, 200 sind der Bemessung des Arbeitsentgelts 5 v. H. der Bezugsgröße nach § 18 SGB IV zugrunde zu legen, sog. Eckvergütung) und berufliche Ausbildung. Weitere Bestimmungen betreffen Gesundheitsfürsorge, Sicherheit und Ordnung in den Vollzugsanstalten sowie Disziplinarmaßnahmen. Das Ges. regelt ferner das Recht des Gefangenen zur Beschwerde und Anrufung der *Strafvollstreckungskammer*. Der Übergang in die Freiheit soll erleichtert werden durch weitere Ausgestaltung des sog. *offenen Vollzugs* mit gelockerter Beaufsichtigung, Außenbeschäftigung, Sonderurlaub u. a. m. *Soziale Hilfe* wird während des Vollzugs und bei Entlassung gewährt.

Ergänzend gelten RechtsVOen, so die *Jugendarrestvollzugsordnung* i. d. F. vom 30. 11. 1976 (BGBl. I 3270), sowie die Dienst- und Justizvollzugsvorschriften für die Justizvollzugsanstalten (abgedr. in Piller/Hermann, Justizverwaltungsvorschriften, Nr. 2o). Über den *Jugendstrafvollzug* vgl. 291 II.

Für die einzelnen Vollzugsarten bestehen Sondervorschriften, z. B. über mildere Vollzugsform bei Arrest. An Soldaten der Bundeswehr wird Strafarrest von Bundeswehrbehörden vollstreckt, ebenso auf Ersuchen der Vollstreckungsbehörde Freiheitsstrafe bis zu 6 Monaten und Jugendarrest; beides wird dann wie Strafarrest behandelt (Art. 5 EGWehrstrafG; BwVollzugsO vom 29. 11. 1972, BGBl. I 2205).

Der Vollzug der *Untersuchungshaft* an dem noch nicht rechtskräftig verurteilten Inhaftierten richtet sich nach der Untersuchungshaftvollzugsordnung in der ab 1. 1. 1977 geltenden bundeseinheitlichen Fassung (vgl. JMBl. NRW 1977, 23 m. spät. Änd.; JMBl. Bay 1977, 49 m. spät. Änd.).

Gegen Untersuchungs- oder Strafgefangene, die unter dem Verdacht bzw. nach Verurteilung wegen einer mit der Tätigkeit terroristischer oder krimineller Vereinigungen zusammenhängenden Straftat (403) einsitzen, kann *Kontaktsperre* zur Außenwelt, zu Mitgefangenen und zum Verteidiger angeordnet werden, wenn eine auf eine solche Vereinigung zurückzuführende Gefahr für Leib, Leben oder Freiheit einer Person, z. B. durch Entführung, besteht. Die Anordnung trifft der Ld.-JustMin. (überregional der BMJ); sie bedarf gerichtlicher Bestätigung. Vgl. §§ 31ff. EGGVG, Art. 2 d. Ges. vom 30. 9. 1977 (BGBl. I 1877).

289. Die Kosten des Strafverfahrens

Nach § 464 StPO hat jedes Urteil, jeder Strafbefehl und jede eine Untersuchung einstellende gerichtliche Entscheidung zu bestimmen, wer die Kosten des Verfahrens zu tragen hat. Auf Grund dieser *Kostenentscheidung* setzt der Urkundsbeamte der Geschäftsstelle die Höhe der Kosten des Verfahrens fest. Der Angeklagte hat insoweit die Kosten des Verfahrens zu tragen, als diese wegen einer Tat entstanden sind, wegen der er verurteilt ist. Wird er freigesprochen oder das Verfahren eingestellt, so trägt die Staatskasse die Kosten und die notwendigen Auslagen des Angeklagten (z. B. für den Verteidiger); er muß diese selbst tragen, wenn er durch Selbstbezichtigung die Anklage veranlaßt hat; er kann mit ihnen belastet werden, wenn die Anklage auf seine unrichtige Darstellung zurückzuführen oder wenn er nur deshalb nicht verurteilt worden ist, weil ein Verfahrenshindernis vorlag. Der Angeklagte kann von Kosten freigestellt werden, die durch einzelne, nicht zur Verurteilung führende Ermittlungen entstanden sind. Vgl. §§ 465ff. StPO.

An Verfahrenskosten können entstehen:

a) *Gerichtskosten,* d. h. Gebühren, deren Höhe sich nach der Strafe richtet. Sie bestimmen sich nach dem *Gerichtskostengesetz* (vgl. 214), das im 4. Abschnitt (§§ 40–47) die *Gebühren in Strafsachen* und im 5. Abschnitt (§ 48) die Gebühren im gerichtlichen Verfahren nach dem Ges. über *Ordnungswidrigkeiten,* im 6. Abschnitt (§ 48a) nach dem *Strafvollzugsgesetz* (288 II) regelt (s. a. Anlage 1 F, G, H);
b) Kosten, die durch die *Vorbereitung der Anklage* und die *Vollstreckung* von Rechtsfolgen der Tat entstanden sind;
c) *Auslagen* für Zeugen, Sachverständige, Ferngespräche usw. (GKG Anl. 1 I); § 464a StPO).

290. Jugendstrafsachen

I. Jugendgerichtsgesetz

Die strafrechtliche Verantwortung der Jugendlichen, die Strafarten und das Verfahren in *Jugendstrafsachen* sind im *Jugendgerichtsgesetz* (JGG) i. d. F. vom 11. 12. 1974 (BGBl. I 3427) m. spät. Änd. geregelt. Das JGG gilt für *Jugendliche* und *Heranwachsende,* die eine nach den allgemeinen Vorschriften mit Strafe bedrohte Verfehlung begehen.

Das JGG stellt des Zusammenhangs wegen den gerichtsverfassungs- und den verfahrensrechtlichen Vorschriften die Normen des *materiellen Jugendstrafrechts* voran.

II. Zweck des Jugendgerichtsgesetzes

Das JGG bezweckt, straffällig gewordenen jungen Menschen Selbstbesinnung und Einkehr zu ermöglichen und ihnen den Weg zu einem rechtschaffenen Leben offenzuhalten. Die Vorschriften des allgemeinen Strafrechts gelten nur, soweit nicht das JGG etwas anderes bestimmt (§ 2 JGG). Entscheidende Bedeutung im Jugendstrafrecht hat der *Erziehungsgedanke.*

III. Begriffe

Jugendlicher ist, wer z. Z. der Tat 14, aber noch nicht 18, *Heranwachsender,* wer z. Z. der Tat 18, aber noch nicht 21 Jahre alt ist (§ 1 Abs. 2 JGG). Ein z. Z. der Tat noch nicht 14jähriger (Kind) ist strafrechtlich nicht verantwortlich (§ 19 StGB).

Nach § 3 JGG ist ein Jugendlicher strafrechtlich nur verantwortlich, wenn er z. Z. der Tat nach seiner sittlichen und geistigen Entwicklung reif genug ist, das Unrecht der Tat einzusehen und nach dieser Einsicht zu handeln. Das Jugendgericht hat in jedem Fall zu prüfen, ob dieses Unterscheidungs- und Hemmungsvermögen gegeben war. Hält es den Jugendlichen mangels Reife strafrechtlich nicht für verantwortlich, so kann der Richter dieselben erzieherischen Maßnahmen anordnen wie der Vormundschaftsrichter (§ 3 S. 2 JGG, § 1666 BGB).

Begeht ein *Heranwachsender* eine nach allgemeinen Vorschriften mit Strafe bedrohte Verfehlung, so wendet der Richter das für Jugendliche geltende *Jugendstrafrecht* an, wenn der Heranwachsende z. Z. der Tat reifemäßig noch einem Jugendlichen gleichstand oder es sich um eine Jugendverfehlung handelt. Das Höchstmaß der Jugendstrafe für den Heranwachsenden ist 10 Jahre (§ 105 JGG). Wendet der Richter das allgemeine Strafrecht an, so kann er statt lebenslanger Freiheitsstrafe eine zeitige von 10–15 Jahren verhängen; Sicherungsverwahrung darf er nicht anordnen (§ 106 JGG).

IV. Ahndungssystem im Jugendgerichtsgesetz

Verfehlungen von *Jugendlichen* können nach sich ziehen:

1. *Erziehungsmaßregeln,* und zwar (§§ 9–12 JGG):
   a) Erteilung von *Weisungen,* d. h. Geboten und Verboten, welche die Lebensführung des Jugendlichen regeln und dadurch seine Erziehung fördern und sichern sollen (z. B. Aufenthalt, Wohnung, Ausbildungs- oder Arbeitsstelle, Teilnahme am Verkehrsunterricht, Erbringen von Arbeitsleistungen, Betreuungshelfer, sozialer Trainungskurs, Täter-Opfer-Ausgleich, Ver-

bot des Besuchs von Gast- oder Vergnügungsstätten). Die als Erziehungsmaßregel vorgesehene Weisung, Arbeitsleistungen zu erbringen (§ 10 Abs. 1 S. 3 Nr. 4 JGG), verstößt nicht gegen das verfassungsrechtliche Verbot der Zwangsarbeit in Art. 12 Abs. 2 und 3 GG (BVerfG NJW 1988, 45).

b) die Anordnung, *Hilfe zur Erziehung* i. S. des § 12, der auf die Erziehungsbeistandschaft gem. § 30 SGB VIII und auf eine Heimerziehung oder sonstige betreute Wohnform i. S. des § 34 SGB VIII verweist, in Anspruch zu nehmen (vgl. auch 188 I 2).

2. *Zuchtmittel,* und zwar (§§ 13–16 JGG):

a) *Verwarnung,* die dem Jugendlichen das Unrecht eindringlich vorhält;

b) *Erteilung von Auflagen* (z. B. Schaden nach Kräften wiedergutzumachen, sich persönlich bei dem Verletzten zu entschuldigen, Arbeitsleistungen zu erbringen, einen Geldbetrag zugunsten einer gemeinnützigen Einrichtung zu zahlen);

c) *Jugendarrest,* bestehend in Freizeitarrest (eine oder zwei wöchentliche Freizeiten), Kurzarrest oder Dauerarrest (mindestens 1 Woche, höchstens 4 Wochen).

Zuchtmittel haben nicht die Rechtswirkung einer Strafe. Sie werden nicht in das Zentralregister, sondern in ein Erziehungsregister (291) eingetragen.

3. *Jugendstrafe* = Freiheitsentzug in einer Jugendstrafanstalt. Sie wird verhängt, wenn wegen der schädlichen Neigungen des Jugendlichen, die in der Tat hervorgetreten sind, Erziehungsmaßregeln oder Zuchtmittel zur Erziehung nicht ausreichen oder wenn wegen der Schwere der Schuld Strafe erforderlich ist (§ 17 JGG). Das Mindestmaß beträgt 6 Monate, das Höchstmaß 5 Jahre; bei Verbrechen, die nach allg. Strafrecht mit Höchststrafe von mehr als 10 Jahren Freiheitsstrafe bedroht sind, ist das Höchstmaß der Jugendstrafe 10 Jahre. Die Strafrahmen des allg. Strafrechts gelten nicht. Die Jugendstrafe ist so zu bemessen, daß die erforderliche erzieherische Einwirkung erzielt werden kann (§ 18 JGG). Es bestehen besondere Vorschriften über die *Aussetzung* der Jugendstrafe zur Bewährung (§§ 21–26a JGG); auch kann in besonderen Fällen die Verhängung der Jugendstrafe ausgesetzt und das Urteil auf den Schuldspruch beschränkt werden (§§ 27–30 JGG).

V. Anwendung auf Bundeswehrangehörige

Das Jugendstrafrecht gilt auch für *Soldaten* der Bundeswehr mit einigen Sondervorschriften. Hilfe zur Erziehung i. S. des § 12 darf nicht angeordnet werden. Bedarf der Jugendliche oder Heranwachsende nach seiner sittlichen oder geistigen Entwicklung besonderer erzieherischer Einwirkung, so kann der Jugendrichter *Erziehungshilfe durch den Disziplinarvorgesetzten* als Erziehungsmaßregel anordnen. Bei Erteilung von Weisungen und Auflagen soll der Richter die Besonderheiten des Wehrdienstes berücksichtigen. Als ehrenamtlicher Bewährungshelfer kann ein Soldat bestellt werden, der bei dieser Tätigkeit nicht den Anweisungen des Richters untersteht (§ 112a JGG). Die Erziehungshilfe regelt sich nach der VO vom 25. 8. 1958 (BGBl. I 645). Vgl. 457.

291. Jugendgerichte. Jugendstrafverfahren

I. Die *Jugendgerichte*

entscheiden über die Verfehlungen von Jugendlichen. Als Jugendgerichte sind vorgesehen (§§ 33ff. JGG):

a) der Strafrichter beim Amtsgericht als *Jugendrichter,*
b) das *Jugendschöffengericht* beim Amtsgericht (Jugendrichter und 2 Jugendschöffen),
c) die *Jugendkammer* beim Landgericht (3 Richter einschließlich des Vorsitzenden und 2 Jugendschöffen *(große Jugendkammer),* in Verfahren über Berufungen gegen Urteile des Jugendrichters mit dem Vorsitzenden und 2 Jugendschöffen *(kleine Jugendkammer)* § 33b Abs. 1 JGG; bei Eröffnung des Hauptverfahrens beschließt die große Jugendkammer eine Besetzung von 2 Richtern und 2 Jugendschöffen, wenn nicht die Sache zur Zuständigkeit des Schwurgerichts gehört oder nach dem Umfang oder der Schwierigkeit der Sache die Mitwirkung eines dritten Richters notwendig erscheint (§ 33b Abs. 2 JGG; diese Regelung tritt mit Ablauf des 28. 2. 1998 außer Kraft).

Als *Jugendschöffen* sollen i. d. R. je ein Mann und eine Frau herangezogen werden.

Der *Jugendrichter* ist zuständig für Verfehlungen, bei denen nur Erziehungsmaßregeln oder Zuchtmittel (vgl. 290), Nebenstrafen, Nebenfolgen oder Entziehung der Fahrerlaubnis zu erwarten sind und der StA vor dem Jugendrichter Anklage erhebt. Er darf auf Jugendstrafe von mehr als 1 Jahr nicht erkennen und nicht Unterbringung in einem psychiatrischen Krankenhaus anordnen (§ 39 JGG).

Vor das *Jugendschöffengericht* kommen alle Verfehlungen, die nicht zur Zuständigkeit des Jugendrichters oder der Jugendkammer gehören (§ 40 JGG).

Die *Jugendkammer* ist im ersten Rechtszug zuständig für Straftaten, die nach allg. Vorschriften zur Zuständigkeit des Schwurgerichts gehören, ferner für solche, die sie wegen besonderen Umfangs vom Jugendschöffengericht übernimmt, sowie bei Verbindung mit Verfahren gegen Erwachsene, wenn für diese eine große Strafkammer zuständig wäre. In zweiter Instanz entscheidet sie über die Berufung gegen Urteile des Jugendrichters und des Jugendschöffengerichts (§ 41 JGG).

II. Das *Jugendstrafverfahren*

ist in besonderem Maße darauf gerichtet, außer der Klärung und Feststellung des Sachverhalts und seiner rechtlichen Beurteilung die Persönlichkeit des Täters zu erforschen.

Im *Vorverfahren* (278) sollen unter diesem Gesichtspunkt seine persönlichen Verhältnisse ermittelt sowie Erziehungsberechtigte, Schule, Ausbildender usw. gehört werden; der Entwicklungsstand des Jugendlichen ist soweit erforderlich zu klären, ggf. durch Gutachten eines zur Untersuchung von Jugendlichen befähigten Sachverständigen (§ 43 JGG). Ist *Jugendstrafe* zu erwarten, soll der Jugendliche vor Anklageerhebung durch den StA oder den Vorsitzenden des Jugendgerichts vernommen werden (§ 44 JGG). Über die Regelung der §§ 153ff. StPO hinaus (vgl. 276) kann der Richter auf Anregung des StA eine Ermahnung, bestimmte Weisungen (Arbeitsleistungen, Täter-Opfer-Ausgleich, Verkehrsunterricht) durch Beschluß anordnen, wenn diese ausreichen (§§ 45, 47 JGG).

Auch im *Hauptverfahren* haben die besonderen Ziele des Jugendstrafverfahrens Vorrang. Die *Hauptverhandlung* gegen Jugendliche ist *nicht öffentlich* (§ 48). Erziehungsberechtigte und der gesetzliche Vertreter des Jugendlichen sind weitgehend eingeschaltet (§ 67 JGG).

Auf Antrag des StA kann der Jugendrichter im *vereinfachten Verfahren* entscheiden, wenn nur Weisungen, Hilfe zur Erziehung i. S. des § 12 Nr. 1 JGG, Zuchtmittel, Fahrverbot, Fahrerlaubnisentzug mit einer Sperrfrist von höchstens 2 Jahren, Verfall- oder Einziehungsanordnung zu erwarten ist (§ 76 JGG). Ein Strafbefehl ist gegen Jugendliche nicht zulässig; ebensowenig ein beschleunigtes Verfahren, Privat- oder Nebenklage (§§ 79, 80 JGG). *Untersuchungshaft* soll möglichst durch mildere Maßnahmen ersetzt werden, z. B. durch Einweisung in ein Erziehungsheim; bei der Prüfung der Verhältnismäßigkeit sind die besonderen Belastungen des Vollzugs für Jugendliche zu berücksichtigen. Bei Jugendlichen unter 16 Jahren ist Untersuchungshaft wegen Fluchtgefahr nur unter engen Voraussetzungen möglich (§ 72 JGG). Die *Rechtsmittel* sind eingeschränkt, damit die strafrechtlichen Folgen der Tat möglichst bald eintreten; insbes. kann, wer Berufung eingelegt hat, nicht mehr Revision einlegen (§ 55 JGG).

Im Verfahren vor den *Jugendgerichten* wirkt stets die *Jugendgerichtshilfe* mit. Sie obliegt dem *Jugendamt* (188 I 2, 3). Sie soll das Gericht unterstützen, dem Beschuldigten betreuend zur Seite stehen und die erzieherischen, sozialen und fürsorgerischen Gesichtspunkte zur Geltung bringen (§ 38 JGG).

Nicht alle Sondervorschriften gelten jedoch für *Heranwachsende;* so ist insbes. die Hauptverhandlung gegen diese i. d. R. öffentlich; ein vereinfachtes Jugendverfahren sowie Einweisung in ein Erziehungsheim finden nicht statt (§ 109 JGG).

III. Die *Vollstreckung*

leitet der Jugendrichter unter dem Gesichtspunkt der Erziehung (§§ 82–93a JGG). Sondervorschriften bestehen über die *Aussetzung des Restes einer Jugendstrafe zur Bewährung* (§§ 88, 89 JGG) sowie über die Durchführung des Vollzugs (§§ 90ff. JGG; Verwaltungsvorschriften zum Jugendstrafvollzug vom 15. 12. 1976, abgedr. JMBl. NRW 1977, 5 m. spät. Änd.; Bay 1977, 25 m. spät. Änd.; Jugendarrestvollzugsordnung i. d. F. vom 30. 11. 1976, BGBl. I 3270, nebst bundeseinheitlichen Richtlinien – RiJAVollzO – in der ab 1977 gelt. Fassung, abgedr. JMBl. NRW 1977, 148; Bay 1977, 184). Es ist vorgesehen, die Sondervorschriften in einem eigenen *Jugendstrafvollzugsgesetz* und einer *Jugendstrafvollzugsordnung* zusammenzufassen; sie sollen dem besonderen Ziel des Jugendvollzugs dienen, den jungen Straftäter in seiner Persönlichkeit zu festigen, ihm eine geordnete Fortbildung zu ermöglichen und ihm dadurch den Weg zu einer rechtsbruchfreien Zukunft zu ebnen.

Bei einem zu Jugendstrafe Verurteilten kann der *Strafmakel* bei günstiger Zukunftsprognose in einem besonderen Verfahren durch Richterspruch getilgt werden, i. d. R. jedoch frühestens 2 Jahre seit Strafverbüßung oder -erlaß (§§ 97 bis 100 JGG); dies hat insbes. Wirkung für die *Zentralregistereintragung*. Die allgemeinen Fristen für die Tilgung im Register sind für Jugendstrafen gekürzt (221).

Das Bundeszentralregister (s. 221) führt ein *Erziehungsregister,* in das Erziehungsmaßregeln, Zuchtmittel usw. eingetragen werden (§§ 59ff. BZentralregG). Auskunft erhalten nur Strafgerichte und Staatsanwaltschaften für Rechtspflegezwecke, Justizvollzugsbehörden für Strafvollzugssachen, Vormundschaftsgerichte in Sorgerechtsverfahren, Jugend- und Gnadenbehörden. Die

Eintragungen werden von Amts wegen gelöscht, wenn der Betroffene das 24. Lebensjahr vollendet hat (Ausnahmen, wenn Eintragungen im Zentralregister bestehen).

292. Strafprozeßreform

Die Reform des Strafverfahrens wurde zunächst vorrangig von dem Bestreben geleitet, die Rechtsstellung des Beschuldigten entsprechend rechtsstaatlichen Grundsätzen zu sichern, um seinem berechtigten Anspruch auf ein „faires Verfahren" zu genügen. Diesem Gedanken trug das Gesetz zur Änderung der StPO und des GVG vom 19. 12. 1964 (BGBl. I 1067) in der sog. *kleinen Strafprozeßreform* in besonderem Maße Rechnung.

Das Ges. von 1964 schränkte die Voraussetzungen der *Untersuchungshaft* wesentlich ein und begrenzte sie grundsätzlich auf 6 Monate (Ausnahmen sind zugelassen!). Die Pflicht zur Bestellung eines *Verteidigers* wurde erweitert und auf das Vorverfahren ausgedehnt. Sein Recht zur Akteneinsicht wurde präzisiert; sein schriftlicher und mündlicher Verkehr mit dem verhafteten Beschuldigten unterliegt grundsätzlich keiner Kontrolle. Weitere Bestimmungen regeln die Belehrung des Beschuldigten über seine Rechte schon bei der ersten Vernehmung.

Das *(1.) Ges. zur Strafverfahrensreform* vom 9. 12. 1974 (BGBl. I 3393) hatte hauptsächlich die Beschleunigung des Strafprozesses zum Ziel. Der Betroffene sollte Anspruch auf Durchführung des Verfahrens binnen angemessener Frist haben. Der StA erhielt das Recht, im Vorverfahren Erscheinen und Aussage von Zeugen zu erzwingen. *Voruntersuchung,* mündliches Schlußgehör und schriftliche Schlußanhörung (§§ 169a, b StPO a. F.) fielen als entbehrlich und verfahrenshemmend fort. Der Beschleunigung diente schließlich, daß der Richter Strafurteile binnen bestimmter Fristen zu den Akten zu bringen hat.

Im Hinblick auf die in den sog. Terroristenprozessen gemachten Erfahrungen beschränkte das *Ergänzungsgesetz* vom 20. 12. 1974 (BGBl. I 3686), um dem Mißbrauch der Verteidigerrechte entgegenzuwirken, die Zahl der Wahlverteidiger für jeden Beschuldigten auf drei und regelte das Recht zum Ausschluß eines Verteidigers wegen dringenden Verdachts der Tatbeteiligung usw.; ebenso ermöglichte es die Fortführung der Hauptverhandlung gegen einen Beschuldigten, der seine Verhandlungsunfähigkeit oder seinen Ausschluß selbst herbeigeführt hat.

Das *Strafverfahrensänderungsgesetz 1979* vom 5. 10. 1978 (BGBl. I 1645) erweiterte für umfangreiche Verfahren die Möglichkeit der Konzentration auf die schwerwiegenden Tatbestände. Die Rüge unvorschriftsmäßiger Besetzung des Gerichts ist beim LG und OLG ab Beginn der Sacherörterung in der Hauptverhandlung ausgeschlossen, sofern die Besetzung der Richterbank rechtzeitig bekanntgegeben worden ist. Das StVÄG ermöglicht ferner die Abwesenheit einzelner Angeklagter und ihrer Verteidiger bei sie nicht betreffenden Teilen der Hauptverhandlung; es läßt technische Hilfsmittel und vereinfachte Urteilsbegründung in größerem Umfang als früher zu. Strafbefehl kann auch in Schöffengerichtssachen ergehen.

Das *Strafverfahrensänderungsgesetz 1987* vom 27. 1. 1987 (BGBl. I 475) zielte auf die Beschleunigung namentlich umfangreicherer Strafverfahren sowie auf Entlastung der Strafjustiz ab. Der Zeitpunkt für die Ablehnung eines Richters wegen Befangenheit wurde vorverlegt (§ 25 Abs. 1). Eine Unterbrechung der Hauptverhandlung ist in weiteren Fällen, z. B. bei besonders langer Dauer des Verfahrens oder Erkrankung des Angeklagten, möglich (§ 229). Die Möglichkeit, an Stelle der Vernehmung eines Zeugen eine Niederschrift über eine andere Vernehmung oder eine sonst von dem Zeugen stammende schriftliche Erklärung zu verlesen, wurde erweitert (§ 251 Abs. 2). Die Möglichkeit, bei rechtskräftigen Urteilen statt einer Urteilsbegründung auf den zugelassenen Anklagesatz zu verweisen, wurde ausgedehnt (§ 267 Abs. 4 Satz 1). Andere Neuerungen betrafen das Strafbefehlsverfahren, das die Staatsanwaltschaft stets beantragen soll, wenn sie eine Hauptverhandlung nicht für erforderlich hält. Der Übergang vom ordentlichen Verfahren in ein Strafbefehlsverfahren wurde zugelassen (§ 408a). Der Einspruch gegen einen Strafbefehl kann auf bestimmte Beschwerdepunkte beschränkt werden (§ 410 Abs. 2). Die Durchbrechung der Rechtskraft des Strafbefehls zuungunsten des Verurteilten wurde eingeschränkt (§ 373a). Der Beschuldigte hat nunmehr ein Vorschlagsrecht bei der Auswahl des Pflichtverteidigers (§ 142 Abs. 1). Begriff und Rechtsfolge der unzulässigen Mehrfachverteidigung wurden klargestellt (§§ 146, 146a). Die Befugnis des Berufungsgerichts zur Zurückverweisung der Sache an das Amtsgericht wegen Verfahrensfehlern ist entfallen. Weitere Vereinfachungen betrafen die Vornahme von Zustellungen und das Kostenrecht.

Das *Gesetz zur Entlastung zur Rechtspflege* vom 11. 1. 1993 (BGBl. I 50) hatte zum Ziel, alle Gerichtsbarkeiten zu entlasten. Hierzu wurden bei der Strafgerichtsbarkeit u. a. der Sanktionsrahmen des Strafbefehlsverfahrens auf Freiheitsstrafe bis zu 1 Jahr mit Bewährung ausgedehnt, die Annahmeberufung eingeführt in Verfahren, in denen der Angeklagte zu Geldstrafe bis zu 15 Tagessätzen verurteilt oder in denen er freigesprochen worden ist und die StA nicht mehr als 30 Tagessätze beantragt hatte, Erleichterungen bei Behandlung von Beweisanträgen auf Vernehmung eines im Ausland zu ladenden Zeugen geschaffen, die Möglichkeiten der StA, von der Verfolgung eines Vergehens wegen Geringfügigkeit ohne Zustimmung des Gerichts abzusehen, erweitert und die Strafgewalt des Amtsgerichts auf Freiheitsstrafen bis zu 4 Jahren erweitert und die Zuständigkeit der kleinen Strafkammer auf Berufungen gegen Urteile des Schöffengerichts ausgedehnt.

Durch das *Ges. zur Änderung des Strafgesetzbuchs, der Strafprozeßordnung und des Versammlungsgesetzes und zur Einführung einer Kronzeugenregelung bei terroristischen Straftaten* vom 9. 6. 1989 (BGBl. I 1059) m. spät. Änd. wurde außerhalb der Strafprozeßordnung die Möglichkeit geschaffen, bei Angehörigen terroristischer Vereinigungen von der Strafverfolgung oder Bestrafung abzusehen bzw. die Strafe zu mildern (mit Ausnahmen hinsichtlich bestimmter Straftaten, besonders bei Mord), wenn sie Tatsachen offenbaren, die zur Verhinderung oder Aufklärung derartiger Straftaten oder zur Ergreifung des Täters geeignet sind (sog. *Kronzeugenregelung*). Die Regelung gilt nur, wenn die Tatsachen bis zum 31. 12. 1999 offenbart werden. Durch das Verbrechensbekämpfungsgesetz vom 28. 10. 1994 (BGBl. I 3186, 3193) wurde die Kronzeugenregelung auf organisiert begangene Straftaten ausgedehnt.

Das *Ges. zur Beseitigung nat.-soz. Unrechtsurteile* vom 25. 5. 1990 (BGBl. I 966) regelt die Möglichkeit der Aufhebung von Strafurteilen, die in der Zeit zwischen dem 30. 1. 1933 und dem 8. 5. 1945 ergangen sind und denen u.a. Taten zugrunde liegen, die überwiegend aus Gegnerschaft zum Nationalsozialismus begangen worden sind oder die allein nach nat.-soz. Auffassung strafbar waren. Die Aufhebung erfolgt auf Antrag, über den das OLG entscheidet. Antragsberechtigt sind der Verurteilte, im Falle seines Todes ein Angehöriger oder die StA beim zuständigen OLG. Die Aufhebungsmöglichkeit nach § 1 des Ges. besteht nur in Hamburg, Niedersachsen, Nordrhein-Westfalen und Schleswig-Holstein (§ 2 Abs. 1).

Im Interesse der wirksamen Bekämpfung von Betäubungsmittelstraftaten und der organisierten Kriminalität wurden durch das OrgKG vom 15. 7. 1992 (BGBl. I 1302, s. auch 409) effektivere Ermittlungsmöglichkeiten zugelassen: so die *Rasterfahndung*, also der Datenabgleich bestimmter personenbezogener Daten (§§ 98a, 98b StPO), der *Einsatz technischer Mittel* zur Erforschung des Sachverhalts oder des Aufenthaltsorts des Täters ohne Wissen des Betroffenen (z. B. Bildaufzeichnungen, Abhören und Aufzeichnungen des nichtöffentlich gesprochenen Wortes außerhalb von Wohnungen, § 100c StPO) und der Einsatz *Verdeckter Ermittler* (§§ 110a ff. StPO); ferner wurde der Schutz gefährdeter Zeugen durch die Möglichkeit der Geheimhaltung ihrer Identität verbessert (§ 68 Abs. 2, 3 StPO).

Das Strafverfahrensänderungsgesetz – *DNA-Analyse („Genetischer Fingerabdruck")* vom 17. März 1997 (BGBl. I 534) regelt, inwieweit an Blutproben oder sonstigen Körperzellen eines Beschuldigten molekulargenetische Untersuchungen (DNA-Analysen) vorgenommen werden dürfen. Es beschränkt die Untersuchungen dieses sog. „Genetischen Fingerabdrucks" auf die Feststellung der Abstammung und darauf, ob aufgefundenes Spurenmaterial von einem Beschuldigten oder Verletzten stammt. Weitere Untersuchungen sind unzulässig, das Material muß unverzüglich vernichtet werden, wenn es nicht mehr erforderlich ist (§§ 81a III, 81e, 81f StPO).

E. Die freiwillige Gerichtsbarkeit

294. Grundzüge der freiwilligen Gerichtsbarkeit

Die sog. *freiwillige* (nichtstreitige) *Gerichtsbarkeit* unterscheidet sich von der *streitigen* im Gegenstand, weil sie nicht wie diese ausschließlich der Durchsetzung von Ansprüchen dient, und im Verfahren. Dieses ist ihrer besonderen Aufgabe angepaßt, Rechte und Rechtsverhältnisse zu ordnen und zu regeln, so z. B. in Familien-, Personenstands-, Nachlaß-, Grundbuch-, Handelssachen usw. (295–301).

Die freiwillige Gerichtsbarkeit ist nur zum Teil bundesrechtlich geregelt. Maßgebend ist das Reichsgesetz über die Angelegenheiten der freiwilligen Gerichtsbarkeit (FGG) i. d. F. vom 20. 5. 1898 (RGBl. 771) mit zahlreichen Änderungen. Weitere Bestimmungen sind in verschiedenen anderen Bundes- und in Landesgesetzen enthalten.

Organe der freiwilligen Gerichtsbarkeit sind die Amtsgerichte, Notariate bzw. Notare, Standesämter, Jugendämter und Bürgermeister. Im Gegensatz zum streitigen Verfahren in Zivilsachen herrschen *Amtsbetrieb* und *Untersuchungsgrundsatz* (151, 239), d. h. es werden von Amts wegen Ermittlungen angestellt und Beweise aufgenommen (§ 12 FGG). Das Verfahren ist nichtöffentlich. Jedoch sind die Register öffentlich und von jedermann einzusehen; nur beim Grundbuch muß ein berechtigtes Interesse dargelegt werden. Ebenso verlangt *Akteneinsicht* den Nachweis eines berechtigten Interesses. Entscheidungen ergehen durch *Verfügung* oder *Beschluß* und erlangen i. d. R. keine Rechtskraft; sie können daher nachträglich geändert werden (Einschränkungen in § 18 FGG). Als Rechtsmittel ist die *Beschwerde* bzw. in bestimmten Fällen die sofortige Beschwerde an das dem AG übergeordnete LG zugelassen. Gegen dessen Entscheidung ist *weitere Beschwerde* bzw. sofortige weitere Beschwerde an das OLG möglich, wenn eine Gesetzesverletzung behauptet werden kann (§ 27 FGG). Einlegung schriftlich oder zu Protokoll der Geschäftsstelle; Frist für sofortige Beschwerde 2 Wochen, für die einfache Beschwerde keine Frist. Zur Durchführung der gerichtlichen Anordnungen kann nach vorheriger Androhung *Zwangsgeld* festgesetzt werden (§ 33 FGG); nur Anordnungen auf Vorlage oder Herausgabe oder solche, die anders nicht durchsetzbar sind, werden mit Hilfe des Gerichtsvollziehers durchgeführt.

Die *Kosten* bestimmen sich nach der *Kostenordnung*, vgl. 214.

295. Vormundschafts-, Familien-, Betreuungs- und Unterbringungssachen

Mit der Erledigung der *Vormundschaftssachen* ist eine als *Vormundschaftsgericht* bezeichnete Abteilung des Amtsgerichts betraut. Das Vormundschaftsgericht führt die Aufsicht über den *Vormund,* der nach den Bestimmungen des BGB über die Vormundschaft (§§ 1773–1921) einem Minderjährigen, der nicht elterlicher Sorge untersteht, bestellt wird. Es wird ferner in *Betreuungssachen, Pflegschaftssachen* und anderen familienrechtlichen Angelegenheiten (vgl. 341, 349, 352) tätig.

Über die Voraussetzungen der Vormundschaft, Betreuung und Pflegschaft s. 352a.

Solange ein Elternteil lebt, ist i. d. R. eine *Vormundschaft* nicht erforderlich, da die elterliche Sorge vom Vater und von der Mutter ausgeübt wird. Über die Voraussetzungen, unter denen aber auch in diesem Falle ein Vormund bestellt werden muß, s. 352a. *Nichteheliche Kinder* können von Geburt an einen Amtspfleger oder Amtsvormund haben, s. 188 II 5, 351. Ein Vormund wird ferner von Amts wegen bestellt, wenn der Familienstand eines Kindes nicht zu ermitteln ist *(Findelkind).* Im Falle des Todes der Eltern ist als Vormund berufen, wer von den Eltern des Mündels benannt ist (§ 1776 BGB). In anderen Fällen wählt das Vormundschaftsgericht den Vormund aus und verpflichtet ihn zu treuer und gewissenhafter Führung der Vormundschaft; er erhält eine Bestallungsurkunde (§§ 1789–1791 BGB).

Bei der Bestellung und Überwachung der Vormünder wirkt das *Jugendamt* – früher zugleich als *Gemeindewaisenrat* – mit (§ 53 SGB VIII; vgl. 188 I 2, 3).

Das FGG regelt im Zweiten Abschnitt Vormundschafts-, Familien-, Betreuungs- und Unterbringungssachen. Als *allgemeine Vorschriften* bringt das Gesetz Regelungen darüber, daß für die dem Vormundschaftsgericht obliegenden Verrichtungen die Amtsgerichte zuständig sind (§ 35) sowie über die Pflicht eines jeden Gerichts zur Mitteilung an das Vormundschaftsgericht, wenn dessen Tätigwerden erforderlich wird (§ 35a). In den §§ 35b–64 werden die *Vormundschafts- und Familiensachen* geregelt, darunter die Anhörung des Jugendamts durch das Vormundschaftsgericht und das Familiengericht vor bestimmten Entscheidungen (§§ 49, 49a), die Anhörung der Eltern und des Kindes in Angelegenheiten der Personen- und Vermögenssorge durch das Gericht (§ 50a ff.) und das Beschwerderecht der Beteiligten (§§ 57 ff.). In diesem Zusammenhang regelt das FGG auch die Tätigkeit des *Familiengerichts,* soweit sie sich nicht nach der ZPO (vgl. 248) richtet. Dazu gehören hauptsächlich Entscheidungen über den Versorgungsausgleich anläßlich der Ehescheidung (s. 346 III 3 und §§ 1587b ff. BGB). Soweit in diesen Angelegenheiten das FGG anzuwenden ist, tritt das Familiengericht an die Stelle des Vormundschaftsgerichts (vgl. §§ 53b–53g, 64). Die Regelungen über die *Betreuungssachen* (zum Institut der Betreuung s. 352a II) sind in den §§ 65–69m enthalten. Zuständig ist das Vormundschaftsgericht, in dessen Bezirk der Betroffene seinen gewöhnlichen Aufenthalt hat (§ 65 Abs. 1). Vor der Bestellung eines Betreuers hat das Gericht den Betroffenen persönlich anzuhören und sich einen unmittelbaren Eindruck von ihm zu verschaffen (§ 68 Abs. 1). Das Beschwerderecht ist in § 69g geregelt. Für das Verfahren bei *Unterbringungssachen* (zivilrechtliche Freiheitsentziehung für Kinder gem. §§ 1631b, 1705, 1800, 1915 BGB, Betreute gem. § 1906 Abs. 1–3 BGB und für psychisch Kranke nach den Unterbringungsgesetzen der Länder) sind die §§ 70–70n maßgebend. Geregelt sind u. a. Verfahrensfähigkeit (§ 70a), Anhörung des Betroffenen (§ 70c), Äußerungsrechte für andere Personen (§ 70d) sowie Rechtsmittel (§§ 70l, 70m).

296. Nachlaßsachen

Als *Nachlaßgericht* ist das Amtsgericht zuständig, in dessen Bezirk der Erblasser z. Z. des Erbfalls seinen Wohnsitz oder Aufenthalt gehabt hat (§ 73 FGG). Es hat, wenn die Erben unbekannt sind oder ungewiß ist, ob sie die Erbschaft angenommen haben, für die Sicherung zu sorgen, soweit ein Bedürfnis vorliegt (§ 1960 BGB). Dazu wird i. d. R. ein *Nachlaßpfleger* bestellt, der die notwendigen laufenden Geschäfte bis zum Eintritt der Erben führt (§§ 74, 75 FGG). Ein Nachlaßpfleger ist ferner zu bestellen, wenn ein Nachlaßgläubiger vor Annahme der Erbschaft seinen Anspruch einklagen will (§§ 1958, 1961 BGB). Eine *Nachlaßverwaltung* wird zum Zwecke der Verwaltung des Nachlasses und zur Befriedigung der Nachlaßgläubiger angeordnet, wenn es ein Erbe oder ein Nachlaßgläubiger (wegen Gefährdung seines Anspruchs) beantragt (§ 1981 BGB).

Während der *Nachlaßpfleger* nur den Nachlaß für den Erben sichern soll, kann der *Nachlaßverwalter* darüber hinaus zwecks Erfüllung von Nachlaßverbindlichkeiten über Nachlaßgegenstände verfügen. Er übt ähnlich dem Konkursverwalter ein öffentliches Amt aus und ist für seine Tätigkeit sowohl den Erben als auch den Nachlaßgläubigern verantwortlich (§§ 1984, 1985 BGB).

Verfahrensvorschriften für das Nachlaßgericht in den §§ 80ff. FGG betreffen das Beschwerderecht der Beteiligten, das Erbscheinsverfahren, die Erbauseinandersetzung u. a. m.

297. Grundbuchsachen

Nach der das formelle Grundbuchrecht enthaltenden *Grundbuchordnung* – GBO – vom 26. 5. 1994 (BGBl. I 1114) wird das *Grundbuch* vom Amtsgericht als *Grundbuchamt* geführt.

Das *Grundbuch* ist ein öffentliches Buch, das über Grundstücke und Rechte an Grundstücken Aufschluß gibt. Jedes *Grundstück* erhält im Grundbuch ein Grundbuchblatt, das Lage, Größe, Kulturart, Bebauung und vor allem die Rechtsverhältnisse des Grundstücks angibt (Bestandsverzeichnis, Abt. I Eigentumsverhältnisse, Abt. II Belastungen, außer den in Abt. III eingetragenen Grundpfandrechten). Nur auf Antrag werden eingetragen die Grundstücke der öffentlichen Hand (Bund, Länder) und der Kirchen, öffentliche Wege und Gewässer und Grundbesitz der öffentlichen Bahnunternehmungen. Grundstücksgleiche Rechte (z. B. Erbbaurecht, Bergwerkseigentum) sind in einem besonderen Erbbau- bzw. Bergwerksgrundbuch eingetragen. Die grundbuchmäßige Behandlung des *Wohnungseigentums* regelt eine Verfügung vom 24. 1. 1995 (BGBl. I 134).

Die tatsächlichen Angaben über das Grundstück werden dem *Kataster* (einem vorwiegend für Steuerzwecke angelegten vermessungstechnischen Verzeichnis) und Flurkarten entnommen und durch Nachtragen etwaiger Änderungen auf dem laufenden gehalten.

Einsicht in das Grundbuch ist jedem gestattet, der ein berechtigtes Interesse darlegt. Die Grundbuchordnung bestimmt, in welcher Weise die Eintragungen vorzunehmen sind. Im übrigen richten sich Einrichtung und Führung der Grundbücher nach der AVO zur GBO und der Vfg. vom 24. 1. 1995 (BGBl. I 114) m. spät. Änd. sowie der Gebäudegrundbuchverfügung v. 15. 7. 1994

(BGBl. I 1606) m. spät. Änd. Der Inhalt des Grundbuchs gilt bis zum Beweis des Gegenteils als richtig *(Schutz des guten Glaubens)*. Vgl. 338.

Zerstörte oder abhanden gekommene Grundbücher werden von Amts wegen wiederhergestellt (VO vom 26. 7. 1940, RGBl. I 1048).

Durch Rechtsverordnung der Landesregierung kann bestimmt werden, daß das Grundbuch in maschineller Form als automatisierte Datei geführt wird (§§ 126ff. GBO).

298. Handelssachen

Jeder Vollkaufmann i. S. des Handelsgesetzbuchs (365) muß seine Firma und den Ort seiner Niederlassung sowie jede Änderung seiner Firma oder des Inhabers zur Eintragung in das *Handelsregister* anmelden. Das Handelsregister ist ein öffentliches, vom Amtsgericht geführtes Buch (oder eine in maschineller Form geführte automatisierte Datei) mit Urkundencharakter, das über die Rechtsverhältnisse der in seinem Bezirk bestehenden Handelsfirmen Auskunft gibt. Das materielle Registerrecht enthalten die §§ 8–16 HGB und die gesellschaftsrechtlichen Nebengesetze (vgl. 372). Das Verfahren richtet sich nach den §§ 125–158 FGG, einer *Handelsregisterverfügung* vom 12. 8. 1937 (wiederholt geändert) und nach landesgesetzlichen Bestimmungen.

Das Handelsregister besteht aus zwei Abteilungen: Abt. A für die Firmen der Einzelkaufleute, der offenen Handels- und der Kommanditgesellschaften und der Unternehmen öffentlich-rechtlicher Körperschaften; Abt. B für die Firmen der Aktiengesellschaften, der Kommanditgesellschaften auf Aktien, der GmbH und der Versicherungsvereine auf Gegenseitigkeit. Für die eingetragenen Genossenschaften wird ein *Genossenschaftsregister* geführt. Vgl. 301, 372 III.

Die Wirkungen einer Eintragung im Handelsregister sind andere als beim *Grundbuch,* das öffentlichen (positiven) Glauben besitzt. Ist eine im HReg. einzutragende Tatsache, z. B. das Erlöschen einer Prokura, nicht eingetragen und bekanntgemacht, braucht ein Dritter sie nicht gegen sich gelten zu lassen *(negative Publizität),* außer wenn er sie kennt. Ist sie dagegen eingetragen, so muß jedermann sie vom 16. Tag nach der Bekanntmachung ab gegen sich gelten lassen (er kann also mit dem entlassenen Prokuristen nicht mehr gültig Geschäfte abschließen; *positive Publizität*); § 15 HGB. Eine Eintragung erfolgt nur dann von Amts wegen, wenn das Gesetz dies vorsieht, i. d. R. aber auf Grund einer (öffentlich beglaubigten) *Anmeldung*. Die Anmeldung kann mittels Zwangsgeldes erzwungen werden (§§ 14 HGB, 132ff. FGG). Die Eintragung hat im allgemeinen nur deklatorische Bedeutung (rechtsbezeugend), bei juristischen Personen wirkt sie hingegen rechtserzeugend (konstitutiv); z. B. entsteht eine AG als juristische Person mit der Eintragung. Die Eintragungen werden im Bundesanzeiger und in einer Tageszeitung bekanntgemacht.

299. Vereinssachen. Güterrechtsregister

Beim Amtsgericht wird ferner für die in § 21 BGB erwähnten Vereine ein *Vereinsregister* geführt, in das Vereine, die Rechtsfähigkeit erlangen wollen, eingetragen werden. Hierzu hat der Vorstand den Verein in öffentlich beglaubigter Form zur Eintragung anzumelden und die Satzung sowie abschriftlich die Urkunden über die Bestellung des Vorstandes einzureichen (§ 59 BGB). Auch Änderungen sind anzumelden.

Der Vereinszweck darf nicht auf einen wirtschaftlichen Geschäftsbetrieb gerichtet sein, sondern muß ein *idealer* sein (z. B. künstlerisch, wissenschaftlich, sportlich, religiös, politisch, sozial). Der *eingetragene Verein* führt den Zusatz „e.V.". Das Vereinsregister genießt keinen öffentlichen Glauben wie das Grundbuch, sondern nur sog. *negative Publizität* (298) hins. des Erlöschens von Vorstandsämtern (§ 68 BGB). Ein *wirtschaftlicher Verein* erlangt Rechtsfähigkeit durch staatliche Verleihung (§ 22 BGB). Jedoch gelten für die wichtigsten Personenzusammenschlüsse Sonderbestimmungen (z. B. Aktiengesellschaften, GmbH, Genossenschaften). Vgl. 372 II 1 und 3, III.

Das *Güterrechtsregister* weist alle vom gesetzlichen Güterstand, also der Zugewinngemeinschaft (vgl. 344 II 1), abweichenden vermögensrechtlichen Verhältnisse der Ehegatten aus.

Auch das *Güterrechtsregister* genießt nur negativen öffentlichen Glauben, d. h. Dritte können sich nicht auf die Richtigkeit einer Eintragung verlassen, wohl aber auf ihr Fehlen (z. B. darauf, daß ein den gesetzlichen Güterstand ändernder Ehevertrag nicht eingetragen ist). Vgl. §§ 1412, 1558ff. BGB und 344.

Verfahrensvorschriften des FGG finden sich für das Vereinsrecht in §§ 159–160a, 162, für das Güterrechtsregister in §§ 161, 162.

300. Beurkundungswesen

Bei der *Beurkundung* von Rechtsgeschäften oder Erklärungen wird der gesamte Inhalt des Rechtsvorgangs festgestellt und bezeugt. Dagegen bezieht sich die *öffentliche Beglaubigung* einer Erklärung nur auf die Unterschrift des Erklärenden (§ 129 Abs. 1 BGB). Seit dem Inkrafttreten des Beurkundungsgesetzes vom 28. 8. 1969 (BGBl. I 1513) ist für *Beurkundungen* i. d. R. der *Notar* zuständig, das *Amtsgericht* dagegen nur noch in bestimmten Fällen, z. B. für die Aufnahme eines Vaterschaftsanerkenntnisses (§§ 1, 62 BeurkG).

Für die öffentliche Beglaubigung ist ebenfalls der Notar zuständig. Doch können die Länder auch andere Personen oder Stellen zur Beglaubigung von Abschriften oder Unterschriften ermächtigen. Dagegen hat die *amtliche Beglaubigung* von Abschriften, Unterschriften u. dgl. durch Polizei- oder Gemeindebehörden usw. nur Beweiskraft für Verwaltungszwecke. Vgl. §§ 63, 65 BeurkG. Über die Beglaubigung von Abschriften oder Unterschriften im Behördenverkehr vgl. §§ 33, 34 VerwaltungsverfahrensG).

Öffentliche Beglaubigung ist u. a. vorgeschrieben für die Anmeldungen zum Handels-, Vereins- und Güterrechtsregister (§§ 12ff. HGB, §§ 77, 1560 BGB), für die Ausschlagung einer Erbschaft (§ 1945 BGB) und für Erklärungen im Grundbuchverkehr (§§ 29ff. GBO).

Notarielle Beurkundung erfordern u. a. die Verpflichtung zur Übereignung des gesamten Vermögens (§ 311 BGB), Grundstückskaufvertrag (§ 313 BGB), Schenkungsversprechen (§ 518 BGB), Güterrechtsverträge (§ 1410 BGB), das öffentl. Testament (§ 2232 BGB), Erbschaftsverkauf (§ 2371 BGB), Erbvertrag (§ 2276 BGB).

Das Beurkundungsgesetz gibt die einzelnen Verfahrensvorschriften, u. a. über Prüfungs- und Belehrungspflicht des Notars, Form der Niederschrift, Unterzeichnung und Behandlung notarieller Urkunden, Erteilung von Ausfertigungen und Abschriften, Ersetzung der Urkunden bei Verlust, Zerstörung oder Abhandenkommen. Es bestimmt ferner, in welchen Fällen der Notar wegen möglicher Interessenkollision von der Vornahme einer Beurkundung ausgeschlossen ist oder sie ablehnen soll (z. B. weil er an dem zu beurkundenden Rechtsgeschäft beteiligt ist oder er oder ein Angehöriger daraus einen Vorteil erlangt) und in welcher Weise er sich Gewißheit von der Identität der Beteiligten verschafft.

301. Andere Angelegenheiten der freiwilligen Gerichtsbarkeit

Außer den vorstehend aufgeführten Angelegenheiten gehören in das Gebiet der freiwilligen Gerichtsbarkeit u. a. auch:

I. die beim Amtsgericht an Stelle des Grundbuchs für See- und Binnenschiffe geführten *Schiffsregister* und Register für *Rechte an Luftfahrzeugen* (vgl. 333, 340, 379 III);

Eingetragene Schiffe werden wie Grundstücke behandelt (Gesetz vom 15. 11. 1940, RGBl. I 1499). Eintragungspflichtig sind *Seeschiffe* mit über 50 cbm Rauminhalt, *Binnenschiffe* mit über 20 t Tragfähigkeit oder mind. 10 cbm Wasserverdrängung; ferner Binnenschlepper und -tanker sowie Stoßboote. Registerbehörde ist das Amtsgericht, das drei getrennte Register (Seeschiffs-, Binnenschiffs-, Schiffsbauregister) führt. Vgl. *Schiffsregisterordnung* i. d. F. vom 26. 5. 1994 (BGBl. I 1133) m. spät. Änd. Entsprechend wird für Luftfahrzeuge ein *Luftfahrtregister* geführt (vgl. 333).

Zur Übertragung des Eigentums an eingetragenen *Seeschiffen* genügt die bloße Einigung; die Eintragung im Schiffsregister hat nur berichtigenden Charakter. Bei eingetragenen *Binnenschiffen* muß die Eintragung des Eigentumsübergangs hinzukommen. Bei nicht eingetragenen Schiffen ist wie bei beweglichen Sachen Einigung und Übergabe erforderlich (335 I); doch genügt bei Seeschiffen bloße Einigung, wenn sie auf sofortigen Eigentumsübergang gerichtet ist.

II. die Tätigkeit der *Hinterlegungsstellen,* geregelt durch die Hinterlegungsordnung vom 10. 3. 1937 (RGBl. I 285) i. d. F. vom 12. 9. 1950 (BGBl. 455) m. spät. Änd.;

Bei einer *Hinterlegung* wird eine hinterlegungsfähige Sache (Geld, Wertpapiere, Urkunden, Kostbarkeiten) einer öffentlichen Verwahrungsstelle übergeben. Eine Hinterlegung kann entweder zur Sicherheitsleistung erfolgen (§§ 232 ff. BGB, 108 ff. ZPO) oder zur Erfüllung einer Verbindlichkeit in bestimmten Fällen (§ 372 BGB; vgl. 314).

III. der Ausspruch der Adoption bei der *Annahme als Kind,* vgl. 305, 352;

IV. die Führung des *Genossenschaftsregisters,* das die Rechtsverhältnisse der Genossenschaften (372 III) beurkundet (VO über das Genossenschaftsregister vom 22. 11. 1923, RGBl. I 1123, m. spät. Änd.);

V. Ablegung von Verklarungen von See- und Binnenschiffen (§§ 522 ff. HGB, §§ 11–14 Binnenschiffahrtsgesetz i. d. F. vom 20. 5. 1898);

Unter einer *Verklarung* versteht man eine förmliche Verhandlung, die nach jedem Unfall stattfinden muß, der ein Seeschiff auf der Reise betroffen hat (§§ 522ff. HGB).

VI. Maßnahmen nach dem Bundesgesetz über das *gerichtliche Verfahren bei Freiheitsentziehungen* vom 29. 6. 1956 (BGBl. I 599) und den Landesunterbringungsgesetzen (vgl. 185).

F. Das Bürgerliche Gesetzbuch

302. Das Bürgerliche Gesetzbuch (BGB)
303. Der **Allgemeine Teil** des BGB (I. Buch, §§ 1–240)
304. Natürliche Personen. Rechts- und Geschäftsfähigkeit
305. Namensrecht. Namensschutz
306. Personenvereinigungen und juristische Personen
307. Sachen
308. Die Rechtsgeschäfte
309. Stellvertretung. Vollmacht
310. Verjährung
311. Das **Recht der Schuldverhältnisse** (BGB II. Buch, §§ 241–853)
312. Gesamtschuldner. Gesamtgläubiger
313. Abtretung von Ansprüchen (Zession)
314. Erlöschen der Schuldverhältnisse
315. Vertragstypen des BGB
316. Kauf, Tausch, Schenkung
317. Miete, Pacht
318. Die Leihe
319. Das Darlehen
320. Dienst- und Werkvertrag
320a. Der Maklervertrag
321. Die Auslobung
322. Der Auftrag
323. Verwahrung. Beherbergung
324. Gesellschaft. Gemeinschaft
325. Die Leibrente
326. Spiel und Wette
327. Bürgschaft
328. Der Vergleich
329. Schuldversprechen. Schuldanerkenntnis
330. Die Anweisung
331. Ungerechtfertigte Bereicherung
332. Unerlaubte Handlung
332a. Gefährdungshaftung. Verkehrshaftpflicht
333. Das **Sachenrecht** (BGB III. Buch, §§ 854–1296)
334. Der Besitz
335. Das Eigentum
335a. Wohnungseigentum, Dauerwohnrecht
336. Beschränkung des Eigentums durch dingliche Rechte
337. Hypothek, Grundschuld, Rentenschuld
338. Eintragungen im Grundbuch
339. Nießbrauch
340. Pfandrecht
341. Das **Familienrecht** (BGB IV. Buch, §§ 1297–1921)
342. Das Verlöbnis
343. Die Eheschließung und ihre Wirkungen
344. Eheliches Güterrecht
345. Ehenichtigkeit. Eheaufhebung
346. Ehescheidung
347. Verwandschaft
348. Unterhaltspflicht
349. Die elterliche Sorge
350. Ausstattung. Aussteuer
351. Nichteheliche Kinder
352. Die Adoption
352a. Vormundschaft. Betreuung. Pflegschaft
353. Das **Erbrecht** (BGB V. Buch, §§ 1922–2385)
354. Die gesetzliche Erbfolge des BGB
355. Vor- und Nacherbfolge
356. Vermächtnis. Auflage
357. Testamentsvollstrecker
358. Öffentliches, eigenhändiges, Nottestament
359. Gemeinschaftliches Testament
360. Der Erbvertrag
361. Erbschein
362. Pflichtteil

302. Das Bürgerliche Gesetzbuch (BGB)

vom 18. 8. 1896, in Kraft getreten am 1. 1. 1900, bildet die Grundlage des gesamten deutschen bürgerlichen Rechts (Privatrechts, 202).

Das BGB enthält 2385 Paragraphen in 5 Büchern: I Allgemeiner Teil, II Recht der Schuldverhältnisse, III Sachenrecht, IV Familienrecht, V Erbrecht. Ergänzt wird das BGB durch das *Einführungsgesetz* (i. d. F. vom 21. 9. 1994, BGBl. I 2494 m. spät. Änd.) in dem das Verhältnis zum ausländischen Recht (s. hierzu 202 II), zum älteren Reichsrecht und zum Landesrecht behandelt ist, und eine Reihe von privatrechtl. Nebengesetzen z. B. Ehegesetz, Ges. über Haustürgeschäfte (s. 315), Verbraucherkreditgesetz (s. 319), Haftpflichtgesetz, AGB-Gesetz.

Größere Änderungen brachten nach 1945 insbes. das *Ges. zur Wiederherstellung der Rechtseinheit auf dem Gebiet der Gerichtsverfassung, der bürgerlichen Rechtspflege, des Strafverfahrens und des Kostenrechts* vom 12. 9. 1950 (BGBl. I 455) sowie das *Ges. zur Wiederherstellung der Gesetzeseinheit auf dem Gebiete des bürgerlichen Rechts* vom 5. 3. 1953 (BGBl. I 33); dieses fügte in Sondergesetzen außerhalb des BGB befindliche bürgerlich-rechtliche Vorschriften sowie das *Testamentsgesetz* vom 31. 7. 1938 wieder in das BGB ein. Wichtige Änderungen brachten ferner das *Gleichberechtigungsgesetz* vom 18. 6. 1957 (BGBl. I 609) sowie das *Familienrechtsänderungsgesetz* vom 11. 8. 1961 (BGBl. I 1221). Auch mietrechtliche Vorschriften (805 II, 806 II) griffen in das BGB ein. Das GleichberechtigungsG betraf das Familienrecht durch Einführung der *Zugewinngemeinschaft* als gesetzlichen Güterstand und Erhöhung des gesetzlichen Erbteils des überlebenden Ehegatten, das FamilienrechtsänderungsG betraf das Scheidungs- und das Kindesrecht. Die in Art. 6 Abs. 5 GG angeordnete Verbesserung der Rechtsstellung der nichtehelich Geborenen verwirklichte erst das *Ges. über die rechtliche Stellung der nichtehelichen Kinder* vom 19. 8. 1969 (BGBl. I 1243); vgl. 351. Die *Ehe- und Familienrechtsreform* wurde eingeleitet durch das erste Ges. vom 14. 6. 1976 (BGBl. I 1421). Im Scheidungsrecht ersetzte es das Verschuldens- durch das Zerrüttungsprinzip und führte den Grundsatz ein, daß einen Unterhaltsanspruch gegen den geschiedenen Ehegatten nur erheben kann, wer nicht selbst für sich sorgen kann, allerdings mit Einschränkungen, z. B. durch den Versorgungsausgleich (vgl. 346 III 3). Weitere wichtige Änderungen betreffen das Namensrecht (305) sowie die Regelung des Verhältnisses zu den Kindern nach der Scheidung. Auch das Adoptionsgesetz vom 2. 7. 1976 (BGBl. I 1749) ist von erheblicher Bedeutung (vgl. 352), ebenso das Gesetz zur Neuregelung des Rechts der elterlichen Sorge vom 18. 7. 1979 (BGBl. I 1061; vgl. 349). Zum Schutz des Verbrauchers wurden durch das Reisevertragsgesetz vom 4. 5. 1979 (BGBl. I 509) die §§ 651a–k in das BGB eingefügt (s. 320). Einschneidende Änderungen im Familienrecht brachte das *Gesetz zur Reform des Rechts der Vormundschaft und Pflegschaft für Volljährige (Betreuungsgesetz – BtG)* vom 12. 9. 1990, BGBl. I 2002, durch das die Entmündigung abgeschafft und die bisherige Vormundschaft über Volljährige und die Gebrechlichkeitspflegschaft durch das Institut der Betreuung ersetzt wurden (s. 352a).

Das BGB gilt nach dem Einigungsvertrag nach Maßgabe von Übergangsvorschriften, die in das EGBGB aufgenommen worden sind (vgl. Art. 230–236 EGBGB), auch in den neuen Bundesländern. Ausgenommen von der Geltung sind unter anderem § 622 BGB (Kündigung von Arbeitsverhältnissen) und die §§ 1706–1710 BGB (elterliche Sorge für nichteheliche Kinder). Nach den Übergangsvorschriften gelten in den neuen Bundesländern z. B. folgende Besonderheiten: Gebäude, die nach früherem DDR-Recht vom Grundstückseigentum unabhängiges Eigentum waren, gehören nicht zu den Bestandteilen eines Grundstücks, so daß hier auch weiterhin das Eigentum am Grundstück und am

Gebäude auseinanderfallen (Art. 231 § 5, Art. 233 § 4 EGBGB). S. hierzu auch 335 I. Für Schuldverhältnisse, die vor dem Beitritt der DDR zur BRep. entstanden sind, gilt weiter das bisherige DDR-Recht (Art. 232 § 1 EGBGB). Zum ehelichen Güterrecht in den neuen Bundesländern s. 344 I.

303. Der Allgemeine Teil des BGB (I. Buch, §§ 1–240)

behandelt für das gesamte bürgerliche Recht geltende Rechtsbegriffe, insbesondere das Personenrecht (vgl. 304–306), Sachen (307), Rechtsgeschäfte (308), Stellvertretung und Vollmacht (309), Fristen, Termine, Verjährung (310), Ausübung von Rechten, Selbstverteidigung und Selbsthilfe, Sicherheitsleistung.

304. Natürliche Personen. Rechts- und Geschäftsfähigkeit

Beim *Personenrecht* ist zwischen der *Einzelperson* (physischen Person) und der *Personenvereinigung* (vgl. 306) zu unterscheiden. Jeder natürliche Mensch ist mit Vollendung der Geburt rechtsfähig. Die *Rechtsfähigkeit,* d. h. die Fähigkeit, Träger von Rechten und Pflichten zu sein, endet mit dem Tode (nicht mit der Todeserklärung, die nur eine widerlegbare Vermutung gibt). Von der Rechtsfähigkeit zu unterscheiden ist die *Handlungsfähigkeit,* die unterteilt wird in die *Geschäftsfähigkeit,* d. h. die Fähigkeit, Rechtsgeschäfte wirksam vornehmen zu können, und die *Deliktsfähigkeit,* d. h. die rechtliche Verantwortlichkeit für gesetzwidrige Handlungen (Delikte).

Die volle Geschäftsfähigkeit tritt mit der *Volljährigkeit* ein, d. h. mit Vollendung des 18. Lebensjahres. *Minderjährige* sind bis zur Vollendung des 7. Lebensjahres *geschäftsunfähig,* vom 7. bis 18. Lebensjahre *beschränkt geschäftsfähig*.

Beschränkt Geschäftsfähige können Rechtsgeschäfte nur mit Einwilligung ihres gesetzlichen Vertreters abschließen; ohne Einwilligung nur solche, durch die sie lediglich einen rechtlichen Vorteil erlangen (z. B. Schenkung, aber nicht Schenkung mit Auflage). Ein ohne diese Einwilligung abgeschlossener Vertrag erlangt erst durch nachfolgende Genehmigung des gesetzlichen Vertreters Wirksamkeit (§ 108 BGB). Gültig ist dagegen ein Rechtsgeschäft, wenn der Minderjährige die ihm obliegende Leistung aus den ihm zur freien Verfügung überlassenen Mitteln erbringt (*Taschengeld;* § 110 BGB). Minderjährige, die zum selbständigen Betrieb eines Erwerbsgeschäfts oder zum Eintritt in ein Dienst- oder Arbeitsverhältnis ermächtigt sind, gelten für die in diesen Bereich fallenden Rechtsgeschäfte als voll geschäftsfähig (§§ 112, 113 BGB). Ein volljährig Gewordener kann innerhalb der vorgeschriebenen Frist auch selbst den Vertrag genehmigen.

Geschäftsunfähig sind außer Minderjährigen unter 7 Jahren solche Personen, die sich in einem die freie Willensbestimmung ausschließenden Zustand krankhafter Störung der Geistestätigkeit befinden, sofern dieser Zustand nicht seiner Natur nach nur ein vorübergehender ist (§ 104 BGB). Willenserklärungen eines Geschäftsunfähigen sind nichtig. Willenserklärungen gegenüber einem Geschäftsunfähigen werden erst wirksam, wenn sie dem gesetzlichen Vertreter (Vater, Mutter, Vormund) zugehen.

Auch die Willenserklärung eines Bewußtlosen oder vorübergehend geistig Gestörten ist unwirksam (§ 105 Abs. 2 BGB; z. B. ein sinnlos Betrunkener unterschreibt einen Wechsel).

Geschäftsunfähige sind für den durch unerlaubte Handlung (332) anderen zugefügten Schaden nicht verantwortlich. Minderjährige vom 7. bis zum vollendeten 18. Lebensjahr nur, wenn sie bei Begehung der Tat die zur Erkenntnis der Verantwortlichkeit erforderliche Einsicht besessen haben; das gleiche gilt für einen Taubstummen. Auch wenn danach keine Verantwortlichkeit besteht, ist *Schadensersatz nach Billigkeit* zu leisten, falls kein Aufsichtspflichtiger haftet (§§ 828, 829 BGB). Im *Jugendstrafrecht* gelten für die Verantwortlichkeit andere Grundsätze (Grenzen sind das 14. bzw. 18. Lebensjahr). Vgl. 290.

Die Regeln des bürgerlichen Rechts über die Handlungsfähigkeit greifen auch in andere Rechtsgebiete über (vgl. z. B. Verwaltungsvertragsrecht, 147 I); sie werden jedoch durch zahlreiche Sonderregelungen modifiziert. Danach hängt die Fähigkeit zu rechtswirksamem Handeln häufig von einem bestimmten Lebensalter ab, so z. B. die Testierfähigkeit (358) vom Erreichen des 16. Lebensjahres.

Die *rechtliche Bedeutung des Lebensalters* und die mit seinem Fortschreiten wachsenden Befugnisse und Pflichten sind aus der nachstehenden Zusammenstellung ersichtlich.

6. Lj.:	Beginn der Schulpflicht (nach den Landesschulgesetzen)
7. Lj.:	beschränkte Geschäftsfähigkeit (§§ 106ff. BGB)
	beschränkte Deliktsfähigkeit nach bürgerl. Recht (§ 828 Abs. 2 BGB)
10., 12. Lj.:	Recht auf Anhörung bzw. Zustimmungserfordernis zum Bekenntniswechsel (Ges. über d. relig. Kindererziehung)
14. Lj.:	volle Religionsmündigkeit
	bedingte Strafmündigkeit (§ 1 Abs. 2, § 3 JGG)
16. Lj.:	beschränkte Testierfähigkeit (§ 2229 Abs. 1, § 2247 Abs. 4 BGB)
	Beginn der Eidesfähigkeit (§§ 393, 455 Abs. 2 ZPO, § 60 Nr. 1 StPO)
	Ehefähigkeit (§ 1 Abs. 2 EheG)
	Möglichkeit zum Erwerb der Fahrerlaubnis Kl. 1b, 4 und 5 (§ 7 StVZO)
	Pflicht zum Besitz eines Personalausweises (§ 1 PersAuswG)
	Ende des bedingten Gaststättenverbots, des allgem. Verbots zur Teilnahme an öffentl. Tanzveranstaltungen und des Verbots öffentl. Tabakgenusses sowie des absoluten Verbots von alkohol. Getränken zum eigenen Genuß – außer Branntwein – (§§ 3, 4, 5, 9 JÖSchG)
18. Lj.:	aktives und passives Wahlrecht zum Bundestag und den Länderparlamenten
	Volljährigkeit, volle Geschäfts- und Testierfähigkeit (§ 2, 2229 BGB)
	Ehemündigkeit (§ 1 Abs. 1 EheG)
	volle Deliktsfähigkeit (§ 828 Abs. 2 BGB)
	Strafmündigkeit als Heranwachsender (§§ 1, 105, 106 JGG)
	Erlaubnis zum Genuß von Branntwein, unbeschränktes Recht zur Teilnahme an öffentl. Tanzveranstaltungen (§§ 4, 5 JÖSchG)
	aktives und passives Wahlrecht zum Betriebsrat (§ 7 BetrVG)
	Möglichkeit zum Erwerb der Fahrerlaubnis Kl. 1a und 3 (§ 7 StVZO)
	Beginn der Wehrpflicht (§ 1 WehrpflG)

21. Lj.: volle strafrechtliche Verantwortlichkeit als Erwachsener (§ 1 Abs. 2 JGG)
Möglichkeit zum Erwerb der Fahrerlaubnis Kl. 2 (§ 7 StVZO)

24 Lj.: Berechtigung zur Ausbildung von Handwerkslehrlingen (§ 21 Abs. 3 HandwO)

25. Lj.: Adoptionsfähigkeit (§ 1743 BGB)
Befähigung zum Amt eines Schöffen/ehrenamtlichen Richters beim Arbeits- oder Sozialgericht (§ 33 GVG, § 21 ArbGG, § 16 SGG)

27. Lj.: Fähigkeit, als Beamter auf Lebenszeit angestellt zu werden (§ 6 BRRG, § 9 BBG)

30. Lj.: Befähigung zum Amt eines Handelsrichters/ehrenamtlichen Richters beim Verwaltungs- oder Finanzgericht (§ 109 GVG; § 20 VwGO; § 17 FGO)

35. Lj.: Befähigung zum Richter an einem Obersten Bundesgericht (§ 125 Abs. 2 GVG, § 15 Abs. 3 VwGO usw.)

40. Lj.: Befähigung zum Amt des BPräs. (Art. 54 Abs. 1 S. 2 GG) oder eines Richters beim BVerfG (§ 3 Abs. 1 BVerfGG)

45. Lj.: Ende der Wehrpflicht für Mannschaften in Friedenszeiten (§ 3 Abs. 3 WehrpflG)

53., 55., 57., 59. Lj.: Altersgrenze für Berufsunteroffiziere bzw. Truppenoffiziere (§ 45 SoldG) (ab 1. 1. 2002 ein Jahr höher)

60. Lj.: Altersgrenze für andere Berufssoldaten (ab 1. 1. 2002 ein Jahr höher)
Ende der Wehrpflicht für Offiziere und Unteroffiziere sowie für alle im Verteidigungsfall (§ 3 Abs. 4, 5 WehrpflG)
in der Rentenversicherung möglicher Beginn der Altersrente für Frauen (§ 39 SGB VI) sowie für Schwerbehinderte, Berufs- oder Erwerbsunfähige (§ 37 SGB VI)

62. Lj.: Versetzung von Beamten in den Ruhestand auf Antrag (§ 42 Abs. 4 BBG)

63. Lj.: Beitragsfreiheit in der Arbeitslosenversicherung (§ 169 AFG)
Altersrente für langjährig Versicherte (§ 36 SGB VI)

65. Lj.: Altersgrenze für Beamte und Richter (§ 41 BBG, § 48 DRiG)
Regelaltersrente in der Rentenversicherung (§ 35 SGB VI)

70. Lj.: Höchstgrenze bei Hinausschiebung des Eintritts in den Ruhestand für Beamte (§ 41 Abs. 2 BBG)

305. Namensrecht. Namensschutz

I. *Namensrecht*

Der *Name* einer Person besteht aus einem oder mehreren *Vornamen,* den die Eltern bestimmen, und dem *Familiennamen,* der mit der Geburt erworben wird. Nach § 1355 BGB ist der Ehe- und Familienname nicht mehr, wie nach früherem Recht, der Name des Mannes, dem die Frau durch öffentlich beglaubigte Erklärung gegenüber dem Standesbeamten ihren Mädchennamen hinzufügen konnte. Vielmehr sollen die Ehegatten einen gemeinsamen Familiennamen *(Ehenamen)* bestimmen (§ 1355 Abs. 1 BGB). Hierfür können Sie nur den *Geburtsna-*

men des Mannes oder den der Frau wählen. Das bedeutet, daß geschiedene oder verwitwete Ehegatten den in einer Vorehe „erheirateten" Namen nicht zum Ehenamen einer neuen Ehe bestimmen können. Die Bestimmung des Ehenamens erfolgt bei der Eheschließung, kann aber auch bis zu fünf Jahren danach nachgeholt werden. Der Ehegatte, dessen Geburtsname nicht Familienname wird, kann seinen Geburtsnamen oder den zur Zeit der Bestimmung des Ehenamens geführten Namen dem Ehenamen voranstellen oder anfügen. Dies gilt nicht, wenn der Ehename aus mehreren Namen besteht. In diesem Fall kann nur einer dieser Namen vorangestellt oder angefügt werden. Bestimmen die Ehegatten keinen gemeinsamen Ehenamen, so behält jeder Ehegatte den Namen bei, den er zu Zeit der Eheschließung geführt hat. Ein verwitweter oder geschiedener Ehegatte behält grundsätzlich den Ehenamen. Er kann aber durch Erklärung gegenüber dem Standesbeamten seinen Geburtsnamen oder den Namen wieder annehmen, den er zur Zeit der Eheschließung geführt hat.

Eheliche Kinder erhalten den Ehenamen der Eltern als Geburtsnamen. Ist kein Ehename bestimmt worden, so erhält das Kind entweder den Namen des Vaters oder den der Mutter als Geburtsnamen. Dies bestimmen die Eltern mit Wirkung auch für weitere Kinder. Können sich die Eltern innerhalb eines Monats nach der Geburt nicht einigen, so überträgt das Vormundschaftsgericht nach Anhörung durch unanfechtbaren Beschluß einem Elternteil das *Bestimmungsrecht* (§ 1616 BGB). Ein nichteheliches Kind erhält den Familiennamen seiner Mutter (§ 1617 BGB).

II. *Schutz des Namens*

Der Träger des Namens hat ein absolutes, gegen jeden wirksames Recht. Er kann bei dessen Bestreiten oder Verletzung durch unbefugten Gebrauch des gleichen Namens von dem Mißbrauchenden Beseitigung verlangen bzw. auf Unterlassung klagen (§ 12 BGB).

III. *Namensänderung*

Die höhere Verwaltungsbehörde kann auf Antrag eines deutschen Staatsangehörigen oder auch eines Staatenlosen, der seinen Wohnsitz oder gewöhnlichen Aufenthalt im Bundesgebiet hat, eine *Änderung* seines Vornamens oder Familiennamens bewilligen, wenn ein wichtiger Grund vorliegt (z. B. lächerlicher Name, Aussterben eines Familiennamens).

Das Nähere bestimmt das Ges. über die Änderung von Familiennamen und Vornamen vom 5. 1. 1938 (RGBl. I 9) m. letzter Änd. vom 12. 9. 1990 (BGBl. I 2002), nebst DVO vom 7. 1. 1938 (RGBl. I 12) m. Änd. vom 18. 4. 1975 (BGBl. I 967) und die Allgem. Verwaltungsvorschrift zum Ges. über die Änderung von Familiennamen und Vornamen (NamÄndVwV) vom 11. 8. 1980 (BAnz. 153, Beilage 26/80).

Der *Familienname* ändert sich *kraft Gesetzes* in folgenden Fällen:

a) Bei Nichtigerklärung der Ehe tritt hinsichtlich der Namen der vor der Eheschließung geltende Rechtszustand ein.

b) Durch Verheiratung seiner Eltern erlangt das *nichteheliche Kind* die rechtliche Stellung eines ehelichen Kindes und den Ehenamen der Eltern, jedoch bei Namensänderung gem. § 1355 BGB ab seinem 5. Lebensjahr nur mit seinem Einverständnis (§§ 1719, 1720 BGB); sog. *Legitimation.*

c) Mit gleicher Wirkung kann ein *nichteheliches Kind* auf Antrag seines Vaters durch eine Entscheidung des VormG *für ehelich erklärt* werden (§§ 1723, 1736 BGB), ebenso auf Antrag des Kindes, wenn die Eltern verlobt waren und das Verlöbnis durch Tod eines Teils aufgelöst worden ist (§§ 1740 a ff. BGB). Im ersten Fall erhält das Kind den Familiennamen des Vaters, aber nicht den hinzugefügten (§ 1737 BGB), im zweiten Fall grundsätzlich den des überlebenden Elternteils (§§ 1740 f, g BGB).

d) Durch die *Annahme als Kind* erlangt dieses die rechtliche Stellung eines ehelichen Kindes des Annehmenden und erhält grundsätzlich dessen Familiennamen, aber nicht den hinzugefügten Namen (§ 1757 BGB). Es verliert ihn mit der Aufhebung des Adoptionsvertrags (§ 1765 BGB). Vgl. 352.

e) Der Ehemann einer nichtehelichen Mutter und diese können deren *nichtehelichem Kind,* das nicht von dem Ehemann stammt, durch Erklärung gegenüber dem Standesbeamten ihren Ehenamen, der Vater des Kindes seinen Familiennamen – ohne den hinzugefügten Namen – erteilen (§ 1618 BGB; *Namenserteilung).* Die Erklärungen der Beteiligten müssen öffentlich beglaubigt sein. Zur Namensführung nach *Ehescheidung* s. 346 III 4.

IV. Sonstiges

Adelsbezeichnungen gelten nach Art. 109 Abs. 3 Satz 2 WVerf. nur als Teil des Namens. Erwerb und Verlust des *Adels* bestimmen sich nicht mehr wie früher nur nach öffentlichem Recht, sondern nach den für den Erwerb und Verlust des Namens geltenden Bestimmungen des BGB.

Knaben dürfen mit Ausnahme des Beivornamens Maria keine weiblichen Vornamen erhalten.

Transsexuelle können, wenn eine Änderung ihres Empfindens nicht zu erwarten ist, nach dreijähriger Dauer beim Amtsgericht beantragen, daß sie ihre Vornamen ändern dürfen; dann wird ein entsprechender Randvermerk im Geburtenbuch eingetragen. Die Voraussetzung, daß der Transsexuelle mindestens 25 Jahre alt sein muß, hat das Bundesverfassungsgericht für nichtig erklärt (NJW 1982, 2061). Ist der Antragsteller unverheiratet und dauernd fortpflanzungsunfähig und hat er sich einer operativen Geschlechtsumwandlung unterzogen, kann er gerichtliche Feststellung der Geschlechtszugehörigkeit beantragen (Transsexuellengesetz vom 10. 9. 1980, BGBl. I 1654 m. spät. Änd.).

306. Personenvereinigungen und juristische Personen

I. *Personenvereinigungen*

sind Zusammenschlüsse, die rechtsfähig sein können; sie können einen festen oder einen wechselnden Mitgliederbestand haben. *Nicht rechtsfähig* ist insbes. die *Gesellschaft des bürgerlichen Rechts,* bei der sich zwei oder mehrere Personen zur Erreichung eines gemeinsamen Zweckes zusammenschließen. Von der Gesellschaft verschieden ist der *nichtrechtsfähige Verein,* auf den zwar dieselben Vorschriften Anwendung finden, der aber nicht wie die Gesellschaft auf bestimmte Personen beschränkt ist, sondern durch den Wechsel von Mitgliedern in seinem Bestande nicht berührt wird. Er kann als Verein vor Gericht verklagt werden, während bei der Gesellschaft die einzelnen Gesellschafter verklagt werden müssen.

Der *Gesellschaftsvertrag* kann im allgemeinen formlos abgeschlossen werden, falls nicht wegen der übernommenen Pflichten Formvorschriften eingreifen (z. B. Einbringung von Grundbesitz; § 313 BGB).

Personenvereinigungen des *Handelsrechts* sind insbes. die *offene Handelsgesellschaft* (oHG), die *Kommanditgesellschaft* (KG) und die *stille Gesellschaft*, sog. Personengesellschaften; desgl. die *Genossenschaft,* die zwar Kaufmann, aber keine Handelsgesellschaft ist. Vgl. 372.

II. *Juristische Personen*

sind Personenvereinigungen oder Vermögensmassen, denen die Rechtsordnung eine allgemeine Rechtsfähigkeit zuerkennt. Während der natürlichen Person die Rechtsfähigkeit angeboren ist, erlangt die juristische Person sie erst bei Erfüllung bestimmter gesetzlicher Voraussetzungen (meist Eintragung in einem Register).

Zum Unterschied von der Personenvereinigung tritt bei der juristischen Person die Mitgliedschaft der natürlichen Person hinter dem von ihr unabhängigen eigenen Rechtsträger (Rechtssubjekt) zurück.

Man unterscheidet zwischen den juristischen Personen des *öffentlichen Rechts* (vgl. 144), unter denen bes. der *Fiskus* hervortritt (Staat als Träger von Vermögensrechten, 141), und den juristischen Personen des Privatrechts, die private Zwecke verfolgen und deren Entstehung und Verfassung vom Privatrecht geregelt wird. Von den juristischen Personen des *Privatrechts* behandelt das BGB nur die *rechtsfähigen Vereine* und die *Stiftungen.*

Vereine, deren Zweck nicht auf einen wirtschaftlichen Geschäftsbetrieb gerichtet ist (z. B. Kunst-, Sport-, Geselligkeitsvereine), erlangen die Rechtsfähigkeit durch Eintragung in das beim Amtsgericht geführte *Vereinsregister* (vgl. 299 und § 21 BGB). Der Verein muß einen Namen haben, der ihn von anderen am Ort befindlichen eingetragenen Vereinen unterscheidet, ferner einen Sitz, einen Vorstand und eine Satzung, die Bestimmungen u. a. über die Mitgliederversammlung enthält. Er soll bei Anmeldung aus mindestens 7 Personen bestehen. Vor der Eintragung ist die Anmeldung des Vereins der zuständigen Verwaltungsbehörde zwecks Prüfung mitzuteilen, ob gegen die Eintragung Einspruch erhoben werden soll. Mit der Eintragung erhält der Verein die Bezeichnung „eingetragener Verein" (e. V.; §§ 55–79 BGB).

Rechtsfähige Vereine mit wirtschaftlichen Zwecken weist insbes. das Handelsrecht auf, nämlich Kapitalgesellschaften (Aktiengesellschaft, Kommanditgesellschaft auf Aktien, Gesellschaft mit beschränkter Haftung) sowie Erwerbs- und Wirtschaftsgenossenschaften. Vgl. 372.

Eine *Stiftung* ist eine als selbständige Rechtspersönlichkeit behandelte Vermögensmasse, deren Erträgnisse einem bestimmten dauernden Zweck gewidmet sind. Zu ihrer Entstehung sind ein Stiftungsgeschäft (bzw. letztwillige Verfügung) und staatliche Genehmigung erforderlich (§§ 80–88 BGB). Über die Stiftung öffentlichen Rechts und den Begriff „öffentliche Stiftung" vgl. 144.

307. Sachen

I. *Definition*

Sachen i. S. des Rechts sind nur *körperliche Gegenstände* (§§ 90ff. BGB). Während die Person (Rechtssubjekt) der Träger von Rechten und Pflichten ist, bildet die *Sache* den Gegenstand von Rechten (Rechtsobjekt). Von den Sachen zu unterscheiden sind die *Rechte* (z. B. Urheber-, Namensrecht), die man mit den Sachen unter dem Oberbegriff *Gegenstände* zusammenfaßt.

Eine *Sache* kann fest, flüssig oder gasförmig und muß abgrenzbar sein. Der menschliche Körper ist niemals Sache, sondern bildet das Äußere der Person und das Gegenstück zur Sache. Eine Mehrheit von Sachen kann als Sachgesamtheit zu einem bestimmten Zweck zusammengefaßt werden (z. B. Bibliothek, Warenlager). Ein Inbegriff verschiedener Gegenstände, die Gesamtheit der Aktiva einer Person, macht ein *Vermögen* aus.

II. *Einteilung der Sachen*

Man teilt die *Sachen* ein in

1. *bewegliche* und *unbewegliche* Sachen (Mobilien – Immobilien);
2. *vertretbare* und *unvertretbare* Sachen, je nachdem, ob sie im Verkehr nach Maß, Zahl oder Gewicht bestimmt zu werden pflegen (z. B. Geld, Kohlen, Mehl, Kaffee) oder nicht (z. B. Grundstück, Schiff, Pferd). Der Unterschied spielt eine Rolle insbes. beim Darlehen, das nur in vertretbaren Sachen bestehen kann, für den Urkunden- und Wechselprozeß und bei der Zwangsvollstreckung (vgl. 319, 247, 256);
3. *verbrauchbare* und *nicht verbrauchbare* Sachen, je nachdem, ob ihre bestimmungsgemäße Verwendung in Verbrauch oder Veräußerung besteht (z. B. Lebensmittel, Geld) oder nicht (z. B. Gebäude, Auto). Der Unterschied ist beim Nießbrauch (339) und bei der Nutznießung von Bedeutung;
4. *teilbare* und *nicht teilbare* Sachen, je nachdem, ob sie ohne Wertänderung zerlegt werden können (z. B. Tuche, Wein) oder nicht (z. B. Maschine, Schmuckstück).

Tiere sind keine Sachen; die für Sachen geltenden Vorschriften sind auf Tiere aber i. d. R. entsprechend anzuwenden (§ 90a BGB).

III. *Wesentliche Bestandteile, Zubehör, Früchte*

1. *Wesentliche Bestandteile*

sind solche Bestandteile einer Sache, die voneinander nicht getrennt werden können, ohne daß der eine oder andere zerstört oder in seinem Wesen verändert wird (§ 93 BGB). Sie können nicht Gegenstand besonderer Rechte sein, teilen also das rechtliche Schicksal der Hauptsache (z. B. das Dach beim Haus, Zentralheizung im Neubau).

2. *Zubehör*

einer Sache sind bewegliche Sachen, die, ohne Bestandteil der Hauptsache zu sein, dem wirtschaftlichen Zweck der Hauptsache zu dienen bestimmt sind und zu ihr in einem entsprechenden räumlichen Verhältnis stehen (z. B. Maschinen einer Fabrik, Wirtschaftsinventar eines Landgutes). Zubehör teilt nur im Zweifel das rechtliche Schicksal der Hauptsache (§§ 97, 98, 314 BGB).

3. *Früchte*

Unter den *Früchten einer Sache* versteht das BGB die auf natürlichem Wege aus einer anderen entstehenden Sachen (z. B. Tierjunge, Baumfrüchte), ferner die sonstige Ausbeute, die eine Sache ihrer Bestimmung gemäß gewährt (z. B. Holz aus dem Forst, Torf aus Torfstich), und endlich *Erträge,* die eine Sache vermöge eines Rechtsverhältnisses gewährt (z. B. auf Grund eines Miet- oder Pachtverhältnisses). *Früchte eines Rechtes* sind dessen Erträge (z. B. Zinsen eines Darlehens). *Nutzungen* sind die Früchte einer Sache oder eines Rechtes sowie die Vorteile, die der Gebrauch der Sache oder des Rechts gewährt (z. B. der Pächter hat neben dem Recht, die Früchte eines Gutes zu ernten, auch das Recht, auf dem Gut zu wohnen). Vgl. §§ 99ff. BGB.

308. Die Rechtsgeschäfte

bestehen aus einer oder mehreren *Willenserklärungen.* Die Rechtsgeschäfte (§§ 104–185 BGB) werden eingeteilt in:

a) *einseitige* Rechtsgeschäfte, die sein können
   1. *streng einseitig* = jede Willenserklärung einer Person ohne Rücksicht darauf, ob sie einer anderen zugeht (z. B. Testament, Auslobung; sog. nichtempfangsbedürftige Willenserklärung);
   2. *empfangsbedürftige* Willenserklärungen, die erst wirksam werden, wenn sie einem anderen zugehen (z. B. Kündigung, Mahnung);

b) *mehrseitige* Rechtsgeschäfte oder *Verträge.* Der Vertrag entsteht aus zwei sich entsprechenden Willenserklärungen (Angebot und Annahme).

Die *Verträge* können nur eine Vertragspartei verpflichten (so z. B. bei Schenkung, Darlehen, Leihvertrag) oder auf beiden Seiten Leistungsverpflichtungen hervorrufen (so bei Kauf, Tausch, Miete, Werkvertrag). Diese letzteren heißen *gegenseitige Verträge.*

Nach § 133 BGB ist bei der *Auslegung* einer Willenserklärung der wirkliche Wille zu erforschen und nicht an dem buchstäblichen Sinne des Ausdrucks zu haften. Verträge sind so auszulegen, wie *Treu und Glauben* mit Rücksicht auf die *Verkehrssitte* es erfordern (§ 157 BGB).

Die *Rechtsgeschäfte* werden ferner eingeteilt in

a) Geschäfte *unter Lebenden* und

b) *von Todes wegen* (Testament, Erbvertrag = Verfügungen von Todes wegen).

Man muß zwischen Verpflichtung und Verfügung unterscheiden. Unter einer *Verfügung* versteht man ein Rechtsgeschäft, das unmittelbar Rechte überträgt, belastet, verändert oder aufhebt, während eine *Verpflichtung* dem Schuldner nur die Pflicht auferlegt, den bezweckten Rechtserfolg durch eine Verfügung herbeizuführen. Beim Abschluß eines Kaufvertrages verpflichtet sich der Verkäufer, die Kaufsache zu liefern und dem Käufer das Eigentum daran zu verschaffen; mit der Übergabe der Sache zwecks Eigentumsübertragung verfügt er über sie und erfüllt seine Verkäuferverpflichtung.

Weiter unterscheidet man u. a. zwischen entgeltlichen und unentgeltlichen, abstrakten und kausalen Rechtsgeschäften; die Unterscheidung richtet sich danach, ob das Rechtsgeschäft von einem Rechtsgrund (lat. causa) abhängig ist, z. B. Kauf, oder nicht, z. B. Wechselverpflichtung.

Grundsätzlich sind die Rechtsgeschäfte formfrei. Ausnahmsweise bestehen *Formvorschriften;* z. B. müssen Mietverträge über Grundstücke, wenn sie länger als ein Jahr laufen sollen, schriftlich abgeschlossen werden. Wird die Schriftform nicht beachtet, so gilt der Vertrag als für unbestimmte Zeit geschlossen; die Kündigung ist jedoch nicht für eine frühere Zeit als für den Schluß des ersten

Jahres zulässig (§ 566 BGB). Kaufverträge über Grundstücke bedürfen der notariellen Beurkundung (§ 313 BGB).

Nichtbeachtung der gesetzlichen Form macht ein Rechtsgeschäft nichtig, ebenso Verstoß gegen ein gesetzliches Verbot oder gegen die *guten Sitten* (§§ 134, 138 BGB). Entspricht jedoch ein nichtiges Rechtsgeschäft den Erfordernissen eines anderen Rechtsgeschäfts, so gilt das letztere, wenn anzunehmen ist, daß dessen Geltung bei Kenntnis der Nichtigkeit gewollt sein würde (= Umdeutung; § 140 BGB).

309. Stellvertretung. Vollmacht

Stellvertretung liegt vor, wenn jemand an Stelle und im Namen eines anderen rechtsgeschäftlich handelt mit der Wirkung, daß die Rechtsfolgen in der Person des Vertretenen eintreten (§§ 164ff. BGB). Die Berechtigung zur Stellvertretung *(Vertretungsmacht)* kann auf dem Gesetz beruhen (*gesetzliche Vertretung,* z. B. durch Eltern, Vormund) oder durch Rechtsgeschäft begründet sein *(Vollmacht).*

Die Stellung eines *gesetzlichen Vertreters* haben u. a. die Organe der juristischen Personen (z. B. Vorstand einer AG), die amtlichen Vertreter von Sondervermögen (z. B. Konkursverwalter, Nachlaßpfleger).

Für bestimmte Rechtsgeschäfte ist die Stellvertretung *ausgeschlossen,* so besonders im Familien- und Erbrecht (Eheschließung, § 13 Ehegesetz; Testament, § 2064 BGB; für den Erblasser beim Erbvertrag, § 2274 BGB) = höchstpersönliche Rechtsgeschäfte.

Tritt die Stellvertretung nach außen nicht in Erscheinung, sondern handelt der Stellvertreter im eigenen Namen, aber für fremde Rechnung, so spricht man von *mittelbarer,* dagegen bei Stellvertretung im fremden Namen von unmittelbarer (direkter) Stellvertretung.

Beim *Handeln ohne Vertretungsmacht,* wenn also der Vertreter weder gesetzlich noch rechtsgeschäftlich zur Stellvertretung berechtigt ist, hängt die Wirksamkeit des Rechtsgeschäfts von der Genehmigung des Vertretenen ab. Bis zur Genehmigung ist das Geschäft schwebend unwirksam und der Vertragspartner zum Widerruf berechtigt (§ 177 BGB).

Zur Vermeidung einer *Interessenkollision* ist es dem Vertreter grundsätzlich nicht gestattet, im Namen des Vertretenen mit sich selbst oder als Vertreter mehrerer Personen ein Rechtsgeschäft zwischen diesen vorzunehmen (§ 181 BGB). Erlaubt ist ein solches *Selbstkontrahieren* des Vertreters nur, wenn es ihm ausdrücklich vom Vertretenen gestattet ist oder wenn das Rechtsgeschäft ausschließlich in der Erfüllung einer Verbindlichkeit besteht.

310. Verjährung

Das Recht, von einem anderen ein Tun oder Unterlassen zu verlangen *(Anspruch),* unterliegt der *Verjährung* (§§ 194ff. BGB). Die regelmäßige Verjährungsfrist beträgt 30 Jahre. Viele Ansprüche des täglichen Lebens verjähren jedoch mit dem 31. 12. des zweiten auf die Entstehung des Anspruchs folgenden Jahres, besonders Ansprüche aus Lieferungs- oder Leistungsgeschäften, Lohn-, Gehalts-, Honoraransprüche usw. (§ 196 BGB). Der Verpflichtete kann nach Beendigung der Verjährung die Leistung verweigern *(Verjährungseinrede),* Geleistetes jedoch nicht zurückfordern (§ 222 BGB). Wenn der Beklagte die Verjährung nicht ausdrücklich geltend macht, darf das Gericht die Verjährung des Anspruchs nicht berücksichtigen (*Einrede* der Verjährung).

In *6 Monaten* verjähren die *Gewährleistungsansprüche* des Käufers auf Wandelung, Minderung oder Schadensersatz wegen Mangels der Kaufsache bei beweglichen Sachen (bei Grundstücken in einem Jahr; § 477 BGB), die Ersatzansprüche des Vermieters und Verleihers wegen Verschlechterungen der Miet- bzw. geliehenen Sache und des Mieters und des Entleihers wegen Verwendungen auf die Miet- bzw. Leihsache (§§ 558, 606 BGB). In gleicher Weise werden die Ansprüche des Bestellers beim Werkvertrag behandelt (§ 638 BGB). Noch kürzer ist die Verjährungsfrist beim *Viehkauf,* bei dem die Gewährleistungsansprüche schon *6 Wochen* vom Ende der Gewährfrist ab verjähren (§ 490 BGB). Vgl. 316.

In *3 Jahren* seit Kenntnis des Verletzten vom Schaden und der Person des Ersatzpflichtigen verjähren Ansprüche aus unerlaubter Handlung (§ 852 BGB); in *4 Jahren* ab Jahresende nach Entstehung des Anspruchs regelmäßig wiederkehrende Leistungen wie Zinsen, Renten, Unterhaltsansprüche (§ 197 BGB).

Die Verjährung wird *unterbrochen* durch Anerkennung des Anspruchs (die auch in einer Abschlags- oder Zinszahlung liegen kann) oder durch gerichtliche Geltendmachung *(nicht* bloße *Mahnung).* Nach Ende der Unterbrechung beginnt die Verjährungsfrist von neuem (§§ 208ff., 217 BGB). Dagegen läuft bei *Hemmung* der Verjährung, die insbesondere für die Dauer einer *Stundung* und während schwebender Verhandlungen über Schadensersatzansprüche wegen unerlaubter Handlung wirkt, die vorher begonnene Verjährungsfrist weiter (§§ 202ff., 205, 852 Abs. 2 BGB).

Unverjährbar sind gewisse Ansprüche aus familienrechtlichen Verhältnissen, aus eingetragenen Grundstücksrechten, aus Nachbarrecht (§ 924 BGB), auf Aufhebung einer Gemeinschaft (§§ 758, 2042 BGB).

311. Das Recht der Schuldverhältnisse (BGB II. Buch, §§ 241–853)

behandelt das persönliche schuldrechtliche Verhältnis, das zwischen dem Leistungsberechtigten (Gläubiger) und dem zur Leistung Verpflichteten (Schuldner) besteht, während das Verhältnis zwischen Person und Sache, das Sachenrecht, im III. Buch geregelt ist.

Schuldverhältnis ist die rechtliche Beziehung zwischen zwei oder mehr Personen, kraft deren der eine (Gläubiger) gegen den anderen (Schuldner) ein Recht auf ein Tun oder Unterlassen, einen Anspruch oder eine Forderung, hat. Diesem Anspruch des Gläubigers entspricht auf seiten des Schuldners die Verbindlichkeit bzw. die Haftung (§§ 241ff. BGB).

Man bezeichnet das Schuldverhältnis im Gegensatz zum *dinglichen* Recht des Sachenrechts auch als *obligatorisches* Rechtsverhältnis (obligare lat. = verpflichten).

Ein Schuldverhältnis kann begründet werden durch
a) gesetzliche Vorschrift (z. B. familienrechtlicher Unterhaltsanspruch),
b) Rechtsgeschäft, meistens Vertrag, oder
c) unerlaubte Handlung; z. B. schuldhafte Schädigung eines anderen (§§ 823ff. BGB; vgl. 332).

Es kann auf Leistung einer Sache, auf Vornahme einer Handlung, auf Duldung oder auf ein Unterlassen gerichtet sein.

Nach § 242 BGB hat der Schuldner die Leistung so zu bewirken, wie es *Treu und Glauben* mit Rücksicht auf die *Verkehrssitte* erfordern. Vgl. 308.

Wichtig ist, ob eine bestimmte Sache (Stückschuld, *Speziesschuld)* geschuldet wird oder ob es sich um eine *Gattungsschuld* handelt. Bei letzterer ist der geschuldete Gegenstand nur der *Gattung* nach bestimmt (z. B. ein Fahrrad), während bei der Speziesschuld eine im einzelnen bestimmte Sache geschuldet wird (z. B. das Haus Mittelstraße 42). Wird die Leistung durch Zufall *unmöglich,* so ist der Schuldner bei Speziesschulden frei, während er bei einer Gattungsschuld so lange zu leisten hat, als die Leistung aus der Gattung möglich ist. Die häufigste Gattungsschuld ist die Geldschuld.

Von den denkbaren *Störungen des Schuldverhältnisses* hat das BGB nur die Rechtsfolgen ausdrücklich geregelt, die bei *Verzug* (= Verspätung der Leistung, vgl. §§ 284ff., 326) oder *Unmöglichkeit* der Leistung (vgl. §§ 280, 323ff.) eintreten. Gewohnheitsrechtlich (s. 201) hat sich die Rechtsfigur der sog. *„positiven Vertragsverletzung"* für Leistungsstörungen, die nicht Verzug oder Unmöglichkeit sind und die auch nicht durch gesetzliche Gewährleistungsvorschriften erfaßt werden, herausgebildet (Hauptfälle: Schlechtleistung, Verletzung von Nebenpflichten). Grundsätzlich hat der Schuldner für verschuldete derartige Vertragsverletzungen ebenso einzustehen wie für Verzug oder Unmöglichkeit.

Eine Schadensersatzpflicht, z. B. aus Vertragsverletzung oder unerlaubter Handlung, kann sich durch *mitwirkendes Verschulden* des Geschädigten mindern oder sogar entfallen; dies hängt von den Umständen, insbes. davon ab, inwieweit der Schaden vorwiegend von dem einen oder dem anderen Teil verursacht worden ist (§ 254 BGB). Vgl. 332a.

312. Gesamtschuldner. Gesamtgläubiger

Bei einem Schuldverhältnis können auf der Schuldner- wie auf der Gläubigerseite mehrere Personen stehen. *Schulden mehrere* eine Leistung und ist diese teilbar, so gilt im Zweifel jeder Schuldner als zu gleichem Anteil verpflichtet. Ist die Leistung unteilbar, so haften sämtliche Schuldner als *Gesamtschuldner,* d. h. jeder muß die ganze Leistung bewirken; jedoch kann sie der Gläubiger nur einmal fordern (§§ 420, 421, 431 BGB).

Bei *mehreren Gläubigern* einer teilbaren Leistung hat im Zweifel jeder Gläubiger einen gleichen Anteil zu beanspruchen (§ 420 BGB). Sollen sie *Gesamtgläubiger* sein, so muß ausdrücklich vereinbart sein, daß jeder Gläubiger berechtigt ist, die ganze Leistung zu fordern; dies gilt auch für unteilbare Leistungen (§ 428 BGB).

Ein *Gesamtschuldverhältnis* entsteht:

a) wenn eine unteilbare Leistung geschuldet wird (§ 431 BGB);
b) wenn sich mehrere Schuldner gemeinschaftlich durch Vertrag zu einer teilbaren Leistung verpflichten (§ 427 BGB);
c) in vom Gesetz bestimmten Einzelfällen (z. B. § 840 BGB unerlaubte Handlung mehrerer, § 769 BGB mehrere Bürgen, § 2058 BGB Miterben). Vgl. 327, 332.

Die *Gesamtgläubigerschaft* kann durch Rechtsgeschäft oder Gesetz (so bei mehreren Vermächtnisnehmern im Falle des § 2151 Abs. 3 BGB) entstehen.

Im Innenverhältnis untereinander sind Gesamtgläubiger und Gesamtschuldner grundsätzlich zum Ausgleich verpflichtet (§§ 426, 430 BGB).

313. Abtretung von Ansprüchen (Zession)

Forderungen und andere Rechte können durch Vertrag zwischen dem Gläubiger und einem Dritten übertragen (abgetreten) werden (§§ 398ff. BGB). *Unübertragbar* sind jedoch Ansprüche,

a) bei denen die Übertragung durch Rechtsgeschäft zwischen Gläubiger und Schuldner *ausgeschlossen* ist (§ 399 BGB) oder
b) sich die Unübertragbarkeit aus *Sinn und Zweck* des Rechtsgeschäfts ergibt (z. B. Werkvertrag, Altenteil);
c) die *unpfändbar* sind (§ 400 BGB);
d) die das *Gesetz* ausdrücklich für *unübertragbar* erklärt (z. B. § 514 BGB Vorkaufsrecht, § 717 BGB Ansprüche aus dem Gesellschaftsverhältnis).

Der Abtretungsvertrag ist grundsätzlich formfrei; in einzelnen Fällen sind bestimmte Formen vorgeschrieben (z. B. Hypothekenabtretung). Mit der Abtretung gehen *Sicherungsrechte* (z. B. aus Hypothek, Pfandrecht, Bürgschaft) kraft Gesetzes auf den Abtretungsempfänger über (§ 401 BGB). Über *Vorausabtretung* einer künftigen Forderung beim sog. *verlängerten Eigentumsvorbehalt* vgl. 315. Wichtig ist, dem Schuldner die Abtretung mitzuteilen, da er sonst mit befreiender Wirkung an den bisherigen Gläubiger leisten kann (§ 407 BGB).

314. Erlöschen der Schuldverhältnisse

Das BGB nennt in den §§ 362ff. als Erlöschensgründe der Schuldverhältnisse:

I. *Erfüllung,* d. h. Bewirken der geschuldeten Leistung an den Gläubiger (§§ 362–371);

II. *Hinterlegung* (§§ 372–386);

Zur *Hinterlegung* ist ein Schuldner bei *Annahmeverzug* des Gläubigers berechtigt. Ferner dann, wenn er aus einem anderen in der Person des Gläubigers liegenden Grund oder wegen Ungewißheit über die Person des Gläubigers seine Verbindlichkeit nicht oder nicht mit Sicherheit erfüllen kann. Vgl. 301.

III. *Aufrechnung* (§§ 387–396) = *Tilgung einer Schuld* durch Verrechnung mit einer Gegenforderung;

Voraussetzungen der *Aufrechnung* auf Seiten des Schuldners sind eine voll wirksame Forderung, Gegenseitigkeit, Gleichartigkeit und Fälligkeit der Gegenforderung (§ 387 BGB). Die Verjährung schließt die Aufrechnung nicht aus, wenn die verjährte Forderung zu der Zeit, zu welcher sie gegen die andere Forderung aufgerechnet werden konnte, noch nicht verjährt war (§ 390 BGB). Über Besonderheiten der Aufrechnung im Konkurs s. §§ 53–55 KO. *Gegen* eine *unpfändbare Forderung* (z. B. auf Arbeitslohn) kann i. d. R. nicht aufgerechnet werden, ebensowenig *gegen* eine Forderung aus *vorsätzlicher* unerlaubter Handlung (z. B. Diebstahl); §§ 394, 393 BGB.

IV. *Erlaß* (§ 397) durch formlosen Vertrag zwischen Schuldner und Gläubiger.

315. Vertragstypen des BGB

In den §§ 433–853 regelt das BGB *einzelne Schuldverhältnisse.* Für sie gelten die allgemeinen, grundsätzlich für alle Schuldverhältnisse maßgebenden allgemeinen schuldrechtlichen Bestimmungen (§§ 241–432) nur insoweit, als in den Regelungen über das jeweilige Schuldverhältnis nichts Abweichendes bestimmt ist. Es gilt – anders als im Sachen-, Familien- und Erbrecht, wo nur die dort näher festgelegten Verträge abgeschlossen werden können – im Schuldrecht grundsätzlich *Vertragsfreiheit,* d. h. die Vertragsparteien können den Vertrag beliebig gestalten; sie müssen nur die unabdingbaren Rechtsgrundsätze (z. B. gute Sitten, gesetzliche Verbote) beachten. Auch die Bestimmungen über einzelne Schuldverhältnisse greifen nur Platz, soweit die Parteien nichts anderes vereinbart haben. Es sind *Vertragstypen,* die der Gesetzgeber zur Verfügung stellt, die aber durch Parteigestaltung abgewandelt werden können.

Im Wandel der Wirtschaftsstruktur haben sich *neue Vertragstypen* herausgebildet, die noch keinen Niederschlag im Gesetz gefunden haben. Das gilt z. B. für den *Sicherungsübereignungsvertrag,* bei dem abweichend von den §§ 1205, 1206 BGB anstelle der Übergabe der Sache, durch die ein Pfandrecht begründet wird, dem Kreditgeber das treuhänderische (fiduziarische) Eigentum verschafft, die Sache aber im Besitz des Schuldners belassen wird (der Gläubiger hat dann im Konkurs des Schuldners kein Aussonderungsrecht, sondern nur ein Recht auf abgesonderte Befriedigung wie ein Pfandgläubiger; vgl. 264). Durch die Rechtsprechung herausgebildet worden ist auch der *verlängerte Eigentumsvorbehalt,* bei dem sich der Lieferant die Ansprüche des Schuldners aus der Weiterveräußerung an Dritterwerber im voraus abtreten läßt. Ähnlich beim *Trödlervertrag* (Übergabe einer Sache mit der Abrede, entweder später den Preis zu bezahlen oder die Sache zurückzugeben) und beim *Sortimentsvertrag* im Buchhandel (Rückgaberecht des Buchhändlers, sog. Remittenden); hier findet Kaufrecht entsprechende Anwendung (§ 445 BGB).

Öfters finden sich sog. *gemischte Verträge,* die Elemente verschiedener Vertragstypen enthalten, z. B. Hotelbestellung des Urlaubsreisenden: Miete (Zimmer), Kauf (Verpflegung), Dienstvertrag (Bedienung). Hier entscheidet sich nach Inhalt und Zweck der Vereinbarungen, inwieweit die Vorschriften über die einzelnen Vertragstypen anzuwenden sind.

Eine Typisierung des Vertragsinhalts liegt in den *Allgemeinen Geschäftsbedingungen,* die bei Lieferungs- und Leistungsverträgen vielfach üblich sind (Banken, Spediteure, Versicherungen; vgl. 818, 375, 872). Sie regeln z. B. Leistungsort, Zahlungsart, Gerichtsstand usw. und enthalten häufig *Freizeichnungsklauseln* mit Haftungsfreistellungen für eine Vertragspartei. Die AGB werden nach dem Ges. vom 9. 12. 1976 (BGBl. I 3317), m. letzter Änd. vom 19. 7. 1996 (BGBl. I 1013), Bestandteil des Grundvertrags nur bei ausdrücklichem Hinweis, Möglichkeit der Kenntnisnahme und Einverständnis der Vertragspartei. Sie können für bestimmte Rechtsgeschäfte im voraus vereinbart werden (wie bisher schon bei Banken, Versicherungen, Spediteuren usw.). Unwirksam sind Klauseln, die den Vertragsgegner unangemessen benachteiligen oder die dem Verwender der AGB einseitig gewisse Vorteile hins. der Geltendmachung seiner Rechte einräumen, z. B. Aufrechnungsverbot, Ausschluß der Haftung für grobes Verschulden, überhöhte Schadenspauschalierung. Das AGB-Gesetz gilt auch für Verträge nach ausländischem Recht, wenn bei diesem Vertrag ein enger Zusammenhang mit dem Gebiet der Bundesrepublik Deutschland besteht (z. B. bei Werbefahrten ins Ausland). Die Schutzvorschriften gelten jedoch gegenüber Kaufleuten im Handelsverkehr nur in beschränktem Umfang. Unterlassungs- und Widerrufsansprüche können nur von rechtsfähigen Verbänden bestimmter Art (z. B. Verbraucherverbänden) durch Klage geltend gemacht werden; die Klagen und Urteile werden beim Bundeskartellamt registriert.

Ergänzende gesetzliche Regelungen zu einzelnen oder mehreren Vertragstypen finden sich in verschiedenen Nebengesetzen, wie z. B. dem Verbraucherkreditgesetz, dem Miethöhegesetz oder dem *Gesetz über den Widerruf von Haustürgeschäften und ähnlichen Geschäften* vom 16. 1. 1986 (BGBl. I 122) m. spät. Änd. Nach diesem Gesetz kann der Kunde ein sog. *Haustürgeschäft* (ebenso Vertragsabschlüsse auf sog. Kaffeefahrten) innerhalb einer Woche schriftlich widerrufen.

316. Kauf, Tausch, Schenkung

I. Der *Kaufvertrag*

ist ein gegenseitiger Vertrag, durch den sich der Verkäufer verpflichtet, dem Käufer den Kaufgegenstand dauernd zu verschaffen, während der Käufer sich zur Zahlung des Kaufpreises und Abnahme des Kaufgegenstandes verpflichtet. Besteht die Gegenleistung nicht in Geld, sondern in der Hingabe einer anderen Sache, so liegt ein *Tauschvertrag* vor (§§ 433ff., 515 BGB).

Der Kaufvertrag ist grundsätzlich formfrei (Ausnahmen z. B. beim Grundstücks- und Erbschaftskauf, §§ 313, 2371 BGB). Der *Verkäufer* haftet für *Rechts-* und *Sachmängel.* Er muß also die Sache frei von Rechten verschaffen, die von Dritten gegen den Käufer geltend gemacht werden können (z. B. Pfandrecht). Beim Kauf einer Forderung oder eines sonstigen Rechts haftet er aber nur für deren Bestehen *(Verität),* nicht für Zahlungsfähigkeit des Schuldners *(Bonität).* Bei Sachen trifft den Verkäufer die *Gewährleistungspflicht,* d. h., er muß für Fehler der Sache und für zugesicherte Eigenschaften einstehen. Der Gewährleistungsanspruch gibt dem Käufer das Recht, *Wandelung* (Rückgängigmachen des Kaufes) oder *Minderung* des Kaufpreises zu verlangen (§ 462 BGB); bei Gattungssachen (s. 311) kann er statt dessen Neulieferung fordern (§ 480 BGB). Bei arglistigem Verschweigen eines Mangels oder Fehlen einer zugesicherten Eigenschaft kann Schadensersatz beansprucht werden (§ 463 BGB). Die Gewährleistungsansprüche verjähren bei beweglichen Sachen in 6 Monaten seit Ablieferung, bei Grundstücken in einem Jahr seit Übergabe (§ 477 BGB). Außer der Abnahmepflicht treffen den Käufer *Nebenpflichten,* z. B. die Übernahme der Kosten für eine von ihm verlangte *Versendung* nach einem anderen Ort, beim Grundstückskauf die Kosten für Auflassung und Grundbucheintragung (§§ 448, 449 BGB). Das sog. *Flaschenpfand* ist eine darlehensähnliche Verpflichtung des Käufers zur Rückgabe entsprechender Flaschen.

Über den Unterschied zwischen Verpflichtungs- und Verfügungsgeschäft (Eigentumsübertragung) beim Kauf s. 308. Über Gefahrübergang beim Versendungskauf vgl. § 447 BGB, über Kauf und *Werklieferungsvertrag* s. 320. Für den Abschluß und die Abwicklung von *internationalen Kaufverträgen* s. das Übereinkommen der Vereinten Nationen vom 11. 4. 1980 über Verträge über den internationalen Warenkauf (BGBl. 1989 II 586).

Bei *Abzahlungsgeschäften* (Kauf beweglicher Sachen unter Vereinbarung von Teilzahlung, meist verbunden mit Eigentumsvorbehalt, s. 315) sah das *Abzah-*

lungsgesetz zum Schutz des Käufers verschiedene einschränkende Regelungen (vor allem Schriftform des Vertrags, Widerrufsrecht) vor. An die Stelle des Abzahlungsgesetzes ist nunmehr das *Verbraucherkeditgesetz* (s. 319) getreten, das unter anderen Fällen der Kreditgewährung auch den Abzahlungskauf erfaßt und Schutzvorschriften für den Abzahlungskäufer enthält.

II. Die *Schenkung*

ist ein Vertrag, durch den jemand aus seinem Vermögen einen anderen bereichert, wenn sich beide über die Unentgeltlichkeit einig sind. Das Handgeschenk ist formfrei; dagegen bedarf das *Schenkungsversprechen* der notariellen Beurkundung (§§ 516ff. BGB).

Eine Schenkung kann durch Erklärung gegenüber dem Beschenkten widerrufen werden, wenn dieser sich durch eine schwere Verfehlung gegen den Schenker oder dessen nahe Angehörige *groben Undanks* schuldig gemacht hat. Die Herausgabe des Geschenks kann aber nur nach den Vorschriften über die ungerechtfertigte Bereicherung (331) verlangt werden, d.h. grundsätzlich nur, soweit der Beschenkte noch bereichert ist (also z.B. den geschuldeten Gegenstand noch besitzt). Vgl. §§ 530, 531 BGB. Über Steuerpflicht (Schenkungsteuer) s. 539.

317. Miete, Pacht

I. *Miete*

1. Der *Mietvertrag*

verpflichtet den Vermieter, die vermietete Sache dem Mieter gegen einen vereinbarten Mietpreis zum Gebrauch zu überlassen (§ 535 BGB). Der Vertrag ist grundsätzlich formlos. Mietverträge über Grundstücke oder Räume bedürfen aber der Schriftform, wenn sie länger als ein Jahr dauern sollen; sonst gelten sie für unbestimmte Zeit (§§ 566, 580 BGB).

Text des vom BMJ erarbeiteten *Mustermietvertrags* s. BAnz. 1976 Nr. 22 (Beil.). Über Wohnungsmakler s. 320a.

Der *Vermieter* hat ein *Pfandrecht* an den eingebrachten Sachen des Mieters (§ 559 BGB). Der Mieter ist unter bestimmten Voraussetzungen verpflichtet, *Erhaltungs-, Verbesserungs- und Modernisierungsarbeiten,* sowie Arbeiten zur Einsparung von Heizenergie zu dulden (§§ 541a, 541b BGB). Eine *Mietkaution* kann nur bis zur dreifachen Höhe des Monatsmietzinses verlangt werden; sie ist vom Vermieter getrennt von seinem Vermögen verzinslich anzulegen (§ 550b BGB).

2. *Kündigung des Mietvertrags*

Nach § 565 BGB richtet sich die *Kündigungsfrist* bei Grundstücken und Räumen mangels vertraglicher Vereinbarung nach dem Zeitraum, für den der Mietzins bemessen ist. Ist er nach Tagen festgesetzt, gilt tägliche Kündigung; bei wöchentlichem Mietzins muß zu Beginn der Woche auf deren Ende gekündigt werden, bei monatlichem oder nach längeren Zeiträumen berechnetem Mietzins ist bis zum 3. Werktag des Monats zum Ende des übernächsten Monats zu kündigen (bei *Geschäftsräumen* ist die Kündigung am 3. Werktag eines Kalendervierteljahres zum Ablauf des nächsten Kalendervierteljahres zulässig). Die Kündigung für *Wohnraum* ist grundsätzlich spätestens am 3. Werktag zum Ablauf des übernächsten Monats auszusprechen; nach 5, 8 und 10 Jahren verlängert sich die Frist um jeweils drei Monate. Kürzere Fristen dürfen zugunsten des Vermieters nur bei Vermietung zu vorübergehendem Gebrauch vereinbart werden. Bei möbliert vermieteten Räumen, die nicht einer Familie überlassen sind, ist Kündigung bei monatlichem oder nach längeren Fristen bemessenem Mietzins bis zum 15. d. M. für dessen Ende zulässig.

Bei Eigenbedarf des Vermieters oder bei Planung konkreter, erheblicher Baumaßnahmen in absehbarer Zukunft sind *Zeitmietverträge* mit einer Mietdauer von höchstens 5 Jahren möglich, bei denen der Mieter nach Ablauf der Mietzeit kein Fortsetzungsverlangen stellen kann (§ 564c BGB).

Über *Werkwohnungen* vgl. 612.

Nach § 564b BGB ist bei Wohnraum eine *Kündigung des Vermieters* nur zugelassen, wenn er ein berechtigtes Interesse an der Beendigung des Mietverhältnisses hat (insbes. *Eigenbedarf,* schuldhafte nicht unerhebliche Vertragsverletzung durch den Mieter, Behinderung an angemessener wirtschaftlicher Verwertung des Grundstücks sowie beim Ausbau nicht zum Wohnen bestimmter Nebenräume zu Wohnraum, wenn die Kündigung auf diese Räume beschränkt wird). Ausnahmen gelten für Mietverhältnisse in einem vom Vermieter selbst bewohnten Wohngebäude mit nicht mehr als 2 Wohnungen oder mit 3 Wohnungen, wenn mindestens 1 Wohnung nach dem 31. 5. 1990 und vor dem 1. 6. 1999 ausgebaut oder erweitert worden ist und wenn der Vermieter bei Vertragsabschluß auf diese Kündigungsmöglichkeit hingewiesen hat (§ 564b Abs. 4). Ausnahmen gelten ferner für vorübergehend vermieteten Wohnraum, für Wohnraum, der Teil der vom Vermieter selbst bewohnten Wohnung ist und den er möbliert vermietet hat sowie für Wohnraum in Studenten- oder Jugendwohnheimen. Ausnahmen gelten weiter für Ferienhäuser und Ferienwohnungen in Ferienhausgebieten, wenn sie vor dem 1. 6. 1995 vermietet worden sind und wenn der Vermieter vor der Vermietung auf die Zweckbestimmung des Wohnraums und die besondere Kündigungsmöglichkeit hingewiesen hat. Eine Ausnahme besteht außerdem für Wohnraum, den eine juristische Person des öffentlichen Rechts (z. B. eine Gemeinde) im Rahmen ihrer Aufgabenerfüllung gemietet hat, um ihn Personen mit dringendem Wohnungsbedarf oder in Ausbildung befindlichen Personen zu überlassen, wenn sie auf die Zweckbestimmung des Wohnraums und die besondere Kündigungsmöglichkeit hingewiesen hat (§ 564b Abs. 7 Nrn. 1–5).

Ist bei einer vermieteten Wohnung nach der Überlassung an den Mieter Wohnungseigentum begründet und dann veräußert worden, kann der Erwerber Eigenbedarf nicht vor Ablauf von 3 Jahren seit der Veräußerung an ihn geltend machen (§ 564b Abs. 2 Nr. 2 Satz 2 BGB); in bestimmten Fällen kann diese Frist 5 Jahre betragen (vgl. § 564b Abs. 2 Nr. 2 Sätze 3 und 4 BGB). Bei einem Verkauf derartiger Wohnungen steht dem Mieter ein *Vorkaufsrecht* zu (§ 570b BGB).

Bei Mietverträgen über *Wohnraum* ermöglicht die sog. *Sozialklausel* (§ 556a BGB) dem Mieter einen *Widerspruch* gegen die Kündigung, wenn diese für ihn oder seine Familie unter Würdigung aller Umstände und der berechtigten Interessen des Vermieters eine Härte bedeuten würde; das ist auch der Fall, wenn angemessener Ersatzraum zu zumutbaren Bedingungen nicht zu beschaffen ist, was der Mieter ggf. beweisen muß. Er kann Fortsetzung des Mietverhältnisses auf angemessene Zeit oder unter angemessen geänderten Bedingungen (z. B. Mietpreis) verlangen, worüber notfalls durch Urteil entschieden wird. Kündigung und Widerspruch bedürfen der Schriftform; der Widerspruch ist spätestens zwei Monate vor Vertragsende anzubringen, es sei denn, der Vermieter hat den

Mieter nicht rechtzeitig auf Möglichkeit, Form und Frist des Widerspruchs hingewiesen, was er nach § 564a BGB tun soll (nicht muß). Der Mieter kann die Fortsetzung des Mietverhältnisses nicht verlangen, wenn er selbst gekündigt hat oder der Vermieter aus *wichtigem Grund* kündigen kann. Diese Grundsätze gelten auch bei Ablauf eines zeitlich begrenzten Mietvertrags ohne Kündigung (§ 556b BGB). Über die Bewilligung von *Räumungsfristen* für Wohnräume im Zwangsvollstreckungsverfahren vgl. §§ 721, 794a ZPO.

3. *Miethöhe*

Das *Ges. zur Regelung der Miethöhe* (MHG) vom 18. 12. 1974 (BGBl. I 3604) m. spät. Änd. verbietet bei Wohnraum Kündigungen zwecks Mieterhöhung; doch kann der Vermieter, wenn der Mietzins 1 Jahr unverändert geblieben ist, durch begründete schriftliche Erklärung die Zustimmung des Mieters zur Erhöhung auf die ortsübliche *Vergleichsmiete* verlangen; jedoch kann der Mietzins innerhalb von 3 Jahren nicht um mehr als 30 v. H. erhöht werden. Bei Wohnraum, der vor dem 1. 1. 1981 fertiggestellt worden ist und bei dem die Miete bislang mehr als 8 DM je Quadratmeter betrug, darf bis zum 1. 9. 1998 lediglich um höchstens 20 v. H. erhöht werden. Der Mieter hat nach Eingang der Erklärung des Vermieters bis zum Ende des zweiten Monats, der auf den Zugang des Mieterhöhungsverlangens folgt, Überlegungsfrist; stimmt er der Erhöhung nicht zu, kann der Vermieter binnen weiterer 2 Monate auf Erhöhung klagen. Unabhängig hiervon kann er werterhöhende oder notwendige *bauliche Änderungen* zum Anlaß für eine Mieterhöhung nehmen. Auch darf er eine Erhöhung der Betriebs- und Kapitalkosten (Hypothekenzinsen usw.) auf die Mieter anteilig umlegen. Ein Erhöhungsverlangen berechtigt den Mieter zur Kündigung.

Es kann auch für höchstens 10 Jahre im voraus eine Mietsteigerung in bestimmten Abständen vereinbart werden *(Staffelmiete)*. Der Mietzins muß auch innerhalb einer solchen Vereinbarung jeweils 1 Jahr unverändert bleiben. Durch schriftliche Vereinbarung kann auch eine (genehmigungspflichtige) *Mietgleitklausel* in den Mietvertrag aufgenommen werden, s. hierzu auch 853 (III).

4. *Untervermietung*

Eine *Untervermietung* bedarf der Erlaubnis des Vermieters (§ 549 BGB). Auf diese hat der Hauptmieter von *Wohnraum* Anspruch, wenn *nach* Abschluß des Mietvertrags für ihn ein berechtigtes Interesse entsteht und die Untervermietung dem Vermieter zumutbar ist; dieser kann i. d. R. Untermietzuschlag beanspruchen. Für das Verhältnis Hauptmieter/Untermieter gelten die Vorschriften des Mietrechts. Ein unmittelbares Rechtsverhältnis Vermieter/Untermieter besteht nicht; doch hat der Hauptmieter dem Vermieter gegenüber für Verschulden des Untermieters (z. B. Beschädigung der Mietsache) einzustehen. Das Untermietverhältnis erlischt nicht ohne weiteres mit dem Hauptmietverhältnis; doch kann der Vermieter vom Mieter und vom Untermieter Räumung verlangen (§ 556 Abs. 1, 3 BGB). Eine *Umgehung des Mieterschutzes* durch gewerbliche Zwischenvermietung ist nicht möglich (§ 549a BGB).

5. *Sonderregelungen*

bestehen für *Studenten- und Jugendwohnheime* (vgl. § 550b Abs. 4, § 564b Abs. 7 Nr. 3 BGB, § 10 Abs. 3 Nr. 4 MHG).

6. *Leasingvertrag*

Eine Abart der Miete ist der *Leasingvertrag*, bei dem der Mieter das Risiko für Beschädigung, Untergang und Instandhaltung wie beim Kauf trägt; dafür bemißt sich der *Leasingzins* nicht nach dem Gebrauchs-, sondern nach dem Substanzwert. Beim *Mietkauf*, der oft mit einem Leasingvertrag verbunden wird, kann der Mieter durch einseitige Erklärung rückwirkend den Miet- in einen Kaufvertrag umwandeln, wobei die gezahlte Miete auf den Kaufpreis angerechnet wird.

7. In den *neuen Bundesländern*

gelten nach den Regelungen des Einigungsvertrags folgende Besonderheiten: Mietverhältnisse richten sich ab dem Zeitpunkt des Beitritts grundsätzlich nach den Vorschriften des BGB. Es gelten aber verschiedene Sonderbestimmungen, so kann sich der Eigentümer nicht auf berechtigte Interessen i. S. des § 564b Abs. 2 Nr. 3 BGB (angemessene wirtschaftliche Verwertung des Grundstücks) zur Kündigung berufen. Das Ges. zur Regelung der Miethöhe ist nur beschränkt anzuwenden (§ 11 MiethöheG). Das Miethöhegesetz ist für Wohnungen, die nach dem Beitritt ohne öffentliche Mittel fertiggestellt, wiederhergerichtet oder für Wohnzwecke erstmals bereitgestellt werden, anwendbar. Für die übrigen Wohnungen gilt das Gesetz zur Überleitung preisgebundenen Wohnraums im Beitrittsgebiet in das allgemeine Miethöherecht (*Mietenüberleitungsgesetz* vom 6. 6. 1995 (BGBl. I 748).

II. Der *Pachtvertrag*

gewährt dem Pächter den Gebrauch und die Nutzung des verpachteten Gegenstandes, während der Verpächter den vereinbarten Pachtzins verlangen kann. Auch Rechte (z. B. Jagdrecht) können verpachtet werden (§§ 581 ff. BGB).

Für das *Pachtverhältnis* gelten folgende Besonderheiten:

Das *Verpächterpfandrecht* sichert alle Rückstände und künftigen Pachtraten; es umfaßt bei landwirtschaftlichen Grundstücken die Früchte und das nach § 811 Nr. 4 ZPO unpfändbare Zubehör (§§ 559, 581 Abs. 2, 585 BGB). Für *Landpachtverträge,* d. h. die Verpachtung eines Grundstücks überwiegend zur Landwirtschaft, gelten die §§ 585 ff. BGB, das Ges. über die Anzeige und Beanstandung von Landpachtverträgen *(Landpachtverkehrsgesetz)* vom 8. 11. 1985 (BGBl. I 2075) sowie das Ges. über das gerichtliche Verfahren in Landwirtschaftssachen vom 21. 7. 1953 (BGBl. I 667). Vgl. 826 II.

Pachtverträge über *Kleingärten* waren nach der VO vom 23. 5. 1942 i. d. F. vom 15. 12. 1944 (RGBl. I 347) vom Verpächter nur unter bestimmten Voraussetzungen kündbar. Die Beschränkung hat das BVerfG (BGBl. 1979 I 1998) für private Verpächter für unwirksam erklärt. Das gilt auch für die entsprechenden Vorschriften der Kleingarten- und Kleinpachtlandordnung vom 31. 7. 1919 (RGBl. 1371), bei Kleingärten für das ErgänzungsG vom 28. 7. 1969 (BGBl. I 1013). Das Kleingartenrecht ist nunmehr durch das Bundeskleingartengesetz vom 28. 2. 1983 (BGBl. I 210) m. letzter Änd. vom 8. 4. 1994 (BGBl. I 766) geregelt. Vor allem sind die Kündigungsmöglichkeiten für den Verpächter erweitert worden (§§ 8 ff.). § 5 enthält eine Begrenzung des Pachtzinses.

III. Das *Teilzeit-Wohnrechtegesetz*

vom 20. 12. 1996 (BGBl. I 2154) regelt Verträge über die Teilzeitnutzung von Wohngebäuden (sog. Time-Sharing-Verträge). Das Gesetz findet immer dann Anwendung, wenn gegen Zahlung eines Gesamtbetrages das Recht erworben wird, eine Immobilie oder einen Teil davon zu einem bestimmten Zeitraum über mindestens drei Jahre hinweg zu nutzen. Derartige Verträge müssen schriftlich abgeschlossen werden (§ 3), der Anbieter hat dem Interessenten einen ausführlichen Prospekt mit Pflichtangaben (§ 4) auszuhändigen. Dem Erwerber wird ein Widerrufsrecht eingeräumt, das binnen einer Frist von 10 Tagen schriftlich ausgeübt werden kann (§ 5 Abs. 1). Eine vereinbarte Finanzierung des Vertrages wird erst wirksam, wenn der Vertrag über die Teilzeitnutzung nicht widerrufen wird, vor Ablauf von 10 Tagen nach Aushändigung der Vertragsurkunde darf der Anbieter keine Anzahlungen entgegennehmen (§§ 6, 7).

318. Die Leihe

ist ein Vertrag, durch den der Verleiher verpflichtet wird, dem Entleiher den unentgeltlichen Gebrauch einer Sache zu gestatten (§ 598 BGB). Pflichten des Entleihers entstehen erst mit der Überlassung der Sache.

Unterschied zur *Miete* (317): die Unentgeltlichkeit; zum *Darlehen* (319): die geliehene Sache wird nur zum Gebrauch, nicht Verbrauch überlassen.

Rückgabepflicht nach Zeitablauf bzw. Gebrauch. Ist die Vertragsdauer weder vertraglich noch durch den Zweck bestimmt, so kann der Verleiher die Sache jederzeit zurückfordern. Der Entleiher hat die gewöhnlichen Erhaltungskosten zu tragen; für Veränderungen oder Verschlechterungen, die auf vertragsmäßigen Gebrauch zurückzuführen sind (z. B. normale Abnutzung), braucht er nicht aufzukommen (§§ 599 ff. BGB).

319. Das Darlehen

ist ein Vertrag, durch den der Darleiher dem Darlehensempfänger eine Summe Geldes oder anderer vertretbarer Sachen (307) unter der Verpflichtung gewährt, das Empfangene in Sachen von gleicher Art, Güte und Menge zurückzuerstatten (§ 607 BGB).

Mangels einer Zeitvereinbarung hängt die Fälligkeit des Darlehens davon ab, daß der Gläubiger oder der Schuldner das Darlehen kündigt. Die *Kündigungsfrist* beträgt bei Darlehen von mehr als 300 DM 3 Monate, bei geringeren Darlehen 1 Monat. Sind Zinsen nicht vereinbart, so kann der Schuldner auch ohne Kündigungsfrist zurückzahlen (§ 609 BGB). Festverzinsliche Darlehen können für die Dauer der Zinsbindung nicht gekündigt werden; die Höchstbindung beträgt 10 Jahre. Sonstige verzinsliche Darlehen, die nicht durch ein Grundpfandrecht gesichert sind, können nach Ablauf von 6 Monaten mit einer Kündigungsfrist von 3 Monaten gekündigt werden. Darlehen mit variablem Zinssatz sind mit einer Frist von 3 Monaten kündbar (§ 609 a).

Der Darlehensvertrag ist ein sog. *Realvertrag;* ein solcher liegt vor, wenn außer dem Vertragsschluß, der Einigung der Parteien, noch eine tatsächliche Handlung erforderlich ist, hier die Übergabe des Darlehens.

Das Versprechen, einem anderen ein Darlehen zu geben, erfolgt in einem *Vorvertrag* und kann widerrufen werden, wenn in den Vermögensverhältnissen des Darlehensnehmers eine wesentliche Verschlechterung eintritt, die den Anspruch auf Rückzahlung gefährdet (§ 610 BGB).

Eine besondere Art der Darlehensaufnahme sind die *Anleihen* von Staat, Körperschaften und Privatpersonen (z. B. AG). Sie dienen zur Deckung eines größeren Geldbedarfs durch Fremdkapital und werden entweder unmittelbar durch Zeichnung des Publikums oder durch Vermittlung einer Bank oder Bankengruppe aufgenommen.

Gewerbliche Kredit- und Kreditvermittlungsverträge mit einem Verbraucher, bei denen der Kreditbetrag 400 DM übersteigt, unterfallen dem *Verbraucherkreditgesetz (VerbrKrG)* vom 17. 12. 1990 (BGBl. I 2840) m. spät. Änd., das eine EG-Richtlinie von 1986 umsetzt. Das Gesetz erfaßt – mit Ausnahme von Verträgen bis 400 DM, zinsgünstigeren Arbeitgeberdarlehen und Verträgen mit einem Nettokreditbetrag bis 400 DM – die üblichen Kreditverträge, aber auch sonstige Kreditgewährungen wie z. B. Überziehungskredite, Zahlungen mit Kreditkarte (s. 855), Abzahlungskäufe, Gewährung von Dienstleistungen gegen Teilzahlung. Für die einzelnen Kreditformen gelten z. T. Sonderregelungen, so z. B. für den Versandhandel (§ 8 VerbrKrG). *Kreditverträge im allgemeinen,* also vor allem Gelddarlehensverträge, bedürfen der schriftlichen Form, sind dem Verbraucher in Abschrift auszuhändigen und müssen folgende Angaben enthalten: Nettokreditbetrag, wenn möglich den Gesamtbetrag aller vom Verbraucher zu entrichtenden Teilzahlungen einschließlich Zinsen und sonstiger Kosten, Art der Rückzahlung des Kredits, Zinssatz und alle sonstigen Kreditkosten, den *effektiven Jahreszins,* die Kosten einer Restschuld- oder sonstigen Versicherung, zu bestellende Sicherheiten (§ 4 Abs. 1 Nr. 1 VerbrKrG). Bei Verträgen über *Lieferung einer bestimmten Sache oder Leistung* gegen Teilzahlungen, also vor allem bei *Abzahlungskäufen,* muß die Vertragsurkunde folgende Angaben enthalten: Barzahlungspreis, Teilzahlungspreis (Gesamtbetrag aller Teilzahlungen, einschließliche Zinsen und sonstiger Kosten), Betrag, Zahl und Fälligkeit der einzelnen Teilzahlungen, den effektiven Jahreszins, Versicherungskosten, die Vereinbarung eines Eigentumsvorbehaltes oder einer anderen Sicherheit (§ 4 Abs. 1 Nr. 2 VerbrKrG). Bei *Überziehungskrediten* besteht eine Informationspflicht des Kreditinstituts vor und während der Kontoüberziehung (vgl. § 5 VerbrKrG). Der Kreditvertrag ist grundsätzlich (abgesehen von verschiedenen Heilungsmöglichkeiten nach § 6 Abs. 2, 3 VerbrKrG) *nichtig,* wenn die Schriftform insgesamt nicht eingehalten ist oder wenn eine der vorgeschriebenen Angaben (mit Ausnahme der Angaben über Sicherheiten) fehlt (§ 6 Abs. 1 VerbrKrG). Der Verbraucher kann seine Vertragserklärung innerhalb 1 Woche schriftlich *widerrufen* (§ 7 Abs. 1 VerbrKrG). Der Widerruf gilt als nicht erfolgt, wenn das Darlehen empfangen wurde und nicht binnen 2 Wochen zurückgezahlt wird (§ 7 Abs. 3 VerbrKrG). Bei Verzug des Verbrauchers ist der geschuldete Betrag pauschal mit 5% über dem jeweiligen Diskontsatz der Deutschen Bundesbank zu verzinsen, wenn nicht der Kreditgeber einen höheren oder der Verbraucher einen niedrigeren Schaden nachweist (§ 11 VerbrKrG). Teilzahlungen werden in einer anderen Reihenfolge als in § 367 Abs. 1 BGB angerechnet (§ 11 Abs. 3 VerbrKrG). Eine *Gesamtfälligstellung* (Kreditkündigung) ist bei einem Teilzahlungskredit nur möglich, wenn der Verbraucher mit mindestens 2 aufeinanderfolgenden Teilzahlungen mit mindestens 10 v. H. in Verzug ist und der Kreditgeber dem Verbraucher erfolglos eine 2wöchige Frist zur Zahlung gesetzt hat (§ 12 VerbrKrG).

320. Dienst- und Werkvertrag

Unter einem *Dienstvertrag* versteht das BGB (§§ 611–630) einen gegenseitigen Vertrag, durch den sich der eine Teil zur Leistung von Diensten, der andere zur Bezahlung verpflichtet. Vom *Werkvertrag* (§§ 631–651) unterscheidet sich der Dienstvertrag dadurch, daß bei ihm *Dienste* während einer bestimmten oder unbestimmten Zeit geschuldet werden, während beim Werkvertrag ein gewisser *Erfolg* gegen Entgelt herbeizuführen ist.

Das *Entgelt* kann beim Dienstvertrag in verschiedener Weise, als Zeitlohn oder als Stücklohn, gewährt werden (vgl. 610, auch über Akkordarbeit). Für die häufigsten Dienstverträge des täglichen Lebens, die *Arbeitsverträge,* gelten so viele Sonderbestimmungen, daß die Vorschriften des BGB nur noch ergänzend zur Anwendung kommen. Siehe *Arbeitsrecht,* 603, 604. I. d. R. muß der Verpflichtete die Dienste persönlich leisten; auch der Anspruch des Berechtigten auf die Dienste ist grundsätzlich nicht übertragbar (Ausnahme: Betriebsübergang, vgl. § 613a BGB). Eine nur vorübergehende Dienstleistungsverhinderung berührt den Vergütungsanspruch des Verpflichteten nicht (z. B. Aufsuchen eines Arztes); vgl. § 616 BGB und 614. Über *Kündigung* s. 629.

Der *Werkunternehmer* haftet dafür, daß das Werk die zugesicherten Eigenschaften hat und nicht mit Fehlern behaftet ist, welche die vertragliche oder übliche Gebrauchsfähigkeit wesentlich mindern. Andernfalls hat der Besteller das Recht der Wandlung oder Minderung (wie beim Kauf, 316), aber erst, nachdem er dem Unternehmer eine angemessene Frist zur Beseitigung des Mangels gesetzt hat; er kann Schadensersatz verlangen, wenn der Unternehmer den Mangel zu vertreten hat (§§ 633–635 BGB). Über Verjährung der Ansprüche s. 310. Für *Baumängel* sind meist die besonderen Bestimmungen der *Verdingungsordnung für Bauleistungen* (*VOB,* Fassung von 1992) vertraglich vereinbart (Verjährungsfrist i. d. R. 2 Jahre). Der Werkunternehmer hat ein *gesetzliches Pfandrecht* wegen seines Werklohns, wenn die Sache bei der Herstellung oder zum Zwecke der Ausbesserung in seinen Besitz gelangt ist (§ 647 BGB; vgl. 340). Zur *Bauhandwerkersicherung* s. § 648a BGB.

Eine besondere Art des Werkvertrages ist der *Verlagsvertrag* (391).

Besonderheiten gelten für den *Werklieferungsvertrag* (§ 651 BGB), bei dem der Unternehmer den Stoff der zu bearbeitenden Sache liefert (Kleiderstoff vom Schneider); hier gelten bei vertretbaren Sachen (s. 307) die Kaufvorschriften, bei unvertretbaren (Maßanzug!) teils Kauf-, teils Werkvertragsbestimmungen (diese für Herstellungs-, Abnahme- und Gewährleistungspflicht).

Bei einem *Architektenvertrag* liegt i. d. R. ein Werkvertrag vor, da der Architekt letztlich einen Erfolg, nämlich die Errichtung eines mangelfreien Bauwerks, schuldet. *Arztverträge* können Dienstverträge (Behandlung) oder Werkverträge (Operation) sein.

Ein Vertrag eigener Art ist der *Reisevertrag* (§§ 651a ff. BGB). Er verpflichtet den Reiseveranstalter, die vereinbarten Leistungen gegen Zahlung des Reisepreises zu erbringen. Eine Preiserhöhung nach Vertragsabschluß ist nur in engen Grenzen möglich (§ 651a Abs. 3 BGB). Im Falle einer Erhöhung um mehr als 5 v. H. oder einer erheblichen Änderung einer wesentlichen Reiseleistung kann der Reisende vom Vertrag zurücktreten. Der Reiseveranstalter hat durch eine Versicherung oder eine Garantie eines Kreditinstituts sicherzustellen, daß dem Reisenden bei Ausfall der Reise wegen Zahlungsunfähigkeit oder Konkurses des Veranstalters der Reisepreis erstattet wird und daß ihm notwendige Aufwendungen für die Rückreise ersetzt werden, wenn der Veranstalter nach Antritt der Reise zahlungsunfähig wird. Dem Reisenden ist die Versicherung oder die Bankbürgschaft durch Übergabe eines *Sicherungsscheins* nachzuweisen. Vor Übergabe des Sicherungsscheins darf der Veranstalter keine Zahlungen fordern. Der Veranstalter haftet für die zugesagten Leistungen (s. hierzu die VO über die Informationspflichten von Reiseveranstaltern vom 14. 11. 1994, BGBl. I 3436) nach Gewährleistungsgrundsätzen ähnlich dem Kauf (316). Der Reisende hat das Recht zur Benennung eines Ersatzmannes oder zum Rücktritt vor Reisebeginn (mit Teilvergütungspflicht). Ein Kündigungsrecht besteht für beide Teile bei erheblicher Erschwerung oder Behinderung der Reise durch höhere Gewalt. Bei erheblichen Mängeln hat der Reisende ein Kündigungsrecht nach fruchtloser Fristsetzung zur Abhilfe; hat der Veranstalter den Mangel zu vertreten, muß er Schadensersatz leisten. Er kann – außer bei Körperschäden – seine Haftung auf den dreifachen Reisepreis beschränken, soweit er nur für leichte Fahrlässigkeit (auch seiner Erfüllungsgehilfen, z. B. Reiseleiter) einzutreten hat oder soweit er für Verschulden eines Leistungsträgers (z. B. Hotel) haftet. Anmeldefrist für Ansprüche des Reisenden 1 Monat, Verjährung der Ansprüche binnen 6 Monaten (jeweils ab dem vorgesehenen Reiseende). Die Sondervorschriften der §§ 651a ff. BGB gelten nicht für das Verschaffen von *Einzelleistungen* (z. B. Bahnfahrt) oder bloße *Vermittlung*.

320a. Der Maklervertrag

verpflichtet den Auftraggeber, dem Makler für den Nachweis der Gelegenheit zu einem Vertragsabschluß oder für dessen Vermittlung *(Nachweis- bzw. Vermittlungsmakler)* eine Provision zu zahlen, falls der Vertrag *infolge der Maklertätigkeit* zustande kommt (§ 652 BGB). Die Höhe der Provision bestimmt sich nach der Vereinbarung, sonst nach einer etwa bestehenden Taxe oder nach Ortsüblichkeit (§ 653 BGB). Den Makler trifft eine *Treuepflicht,* d. h. er darf für den anderen Teil nicht tätig werden (§ 654 BGB).

Der Maklervertrag ist, da entgeltlich, kein Auftrag (322), i. d. R. auch weder Dienst- noch Werkvertrag (320), außer wenn der Makler sich zum Tätigwerden ausdrücklich verpflichtet. Dies ist der Fall beim „Alleinauftrag", bei dem der Auftraggeber auf die Inanspruchnahme anderer Makler verzichtet (bei Verstoß ist er schadensersatzpflichtig); auch hier behält er aber das Recht zur freien Entschließung, ob er von der nachgewiesenen Möglichkeit des Vertragsabschlusses Gebrauch machen will. Das grundsätzliche Recht jederzeitigen *Widerrufs* des Maklervertrags wird beim Alleinauftrag i. d. R. für eine bestimmte Zeit ausgeschlossen, während deren die Tätigkeitspflicht des Maklers besteht.

Der Makler ist *Zivil-* oder *Handelsmakler* (hierüber 371). Zu ersteren zählen Grundstücks-, Wohnungs- und Ehemakler. Dagegen ist die Stellenvermittlung der Bundesanstalt für Arbeit vorbehalten (s. 602 und § 4 AFG). Über die Erlaubnispflicht und andere Sonderpflichten für *Immobilien-, Darlehens-* und *Investmentmakler* vgl. 183 und § 34c GewO.

Der *Wohnungsmakler* darf ein Entgelt für die Vermittlung von Wohnräumen nur beanspruchen, wenn er vom Vermieter beauftragt und seine Tätigkeit für den Mietvertrag *ursächlich* ist; auch dann aber nicht, wenn er selbst Eigentümer, Verwalter oder Vermieter der Wohnung oder an einem entsprechend tätigen Rechtsträger beteiligt ist. Er darf keine Vorschüsse fordern, vereinbaren oder entgegennehmen, ebensowenig Nebenleistungen (Einschreibgebühren u. dgl.). Das Entgelt darf zwei Monatsmieten zuzügl. der gesetzl. Umsatzsteuer nicht übersteigen. Ges. zur Regelung der Wohnungsvermittlung vom 4. 11. 1971 (BGBl. I 1747) m. spät. Änd.

Auf den *Ehemäklerlohn* besteht kein klagbarer Anspruch. Doch kann das gleichwohl Geleistete nicht deshalb zurückgefordert werden (§ 656 BGB); daher werden Ehemäkler i. d. R. nur nach Vorschußzahlung tätig. Die Unklagbarkeit darf nach § 656 Abs. 2 BGB auch nicht durch ein abstraktes Schuldanerkenntnis

(329) umgangen werden; das gilt auch für einen mit dem Ehemäklervertrag gekoppelten Darlehensvertrag mit einem Kreditinstitut, wenn die Abschlüsse voneinander abhängig gemacht worden sind oder wenn zwischen Makler und Geldgeber eine ständige auf solche Geschäfte gerichtete Verbindung besteht.

321. Die Auslobung

ist ein einseitiges Versprechen, durch das jemand durch öffentliche Bekanntmachung zusagt, für die Vornahme einer Handlung, insbesondere die Herbeiführung eines Erfolgs, eine Belohnung zu zahlen (§ 657 BGB).

Eine besondere Art der Auslobung ist das *Preisausschreiben,* bei dem i. d. R. ein Wettbewerb um den Preis veranlaßt wird und die Preisverteilung von der Entscheidung eines Preisrichters abhängt. Zur Gültigkeit ist erforderlich, daß im Preisausschreiben eine Frist genannt wird, binnen deren die Leistung zu erbringen bzw. die Lösung einzusenden ist, um eine Verzögerung durch den Auslobenden oder den Preisrichter zu verhindern (§ 661 BGB). Ist die zu erbringende Leistung sehr leicht zu bewerkstelligen, so daß es sich praktisch um eine Auslosung des Preises handelt (wie meist bei Zeitungspreisausschreiben), so liegt rechtlich eine *Ausspielung* (§ 763 BGB; vgl. 326) vor.

322. Der Auftrag

ist ein Vertrag, durch den sich der Beauftragte verpflichtet, für den Auftraggeber ein ihm von diesem übertragenes Geschäft *unentgeltlich* zu besorgen (§ 662 BGB).

Wer sich öffentlich zur Besorgung bestimmter Geschäfte anbietet (z. B. Versicherungsabschlüsse), muß, wenn er einen Auftrag nicht annehmen will, diesen zur Vermeidung einer Schadensersatzpflicht unverzüglich ablehnen (§ 663 BGB). Der Beauftragte ist verpflichtet, dem Auftraggeber *Auskunft* zu erteilen und das durch die Ausführung des Auftrags Erlangte herauszugeben (§§ 666, 667 BGB), kann aber Ersatz seiner *Aufwendungen* verlangen (§ 670 BGB).

Meist ist mit einem Auftrag eine *Vollmacht* (s. 309) verbunden; doch sind beide voneinander zu unterscheiden. Bei Entgelt liegt kein Auftrag, sondern ein Dienst- oder Werkvertrag vor (vgl. 320).

Ist jemand an der Besorgung einer Angelegenheit verhindert, so kann ein anderer im Wege der *Geschäftsführung ohne Auftrag* (§§ 677–687 BGB) für ihn tätig werden, ohne von ihm beauftragt oder sonst (z. B. als Vormund) dazu berechtigt zu sein. Er kann Aufwendungsersatz verlangen, wenn er im Interesse und mit (wenn auch nur mutmaßlichem) Willen des Geschäftsherrn gehandelt hat; anderenfalls hat er nur einen Bereicherungsanspruch (§§ 683, 684 BGB).

323. Verwahrung. Beherbergung

I. Verwahrung

Durch den *Verwahrungsvertrag* (§§ 688–700 BGB) verpflichtet sich der Verwahrer, eine fremde bewegliche Sache für einen anderen, den Hinterleger, entgeltlich oder unentgeltlich aufzubewahren.

Der Verwahrungsvertrag kommt erst mit der Übergabe der zu verwahrenden Sachen zustande (*Realvertrag*, vgl. 319).

Im *Handelsrecht* finden sich besondere Arten des Verwahrungsvertrags, insbesondere das *Lagergeschäft* (vgl. 376). Der Verwahrungsvertrag der Banken über Wertpapiere ist im *Depotgesetz* geregelt (vgl. 384).

Werden vertretbare Sachen in der Weise hinterlegt, daß das Eigentum auf den Verwahrer übergeht (*depositum irregulare*), so finden die Vorschriften über das Darlehen Anwendung (§ 700 BGB; sog. *Summenverwahrung*, darlehensartiger oder *unregelmäßiger Verwahrungsvertrag*).

II. Beherbergung

Ein *Gastwirt*, der gewerbsmäßig Fremde zur *Beherbergung* aufnimmt, hat einem Gast den Schaden zu ersetzen, den dieser durch Verlust oder Beschädigung eingebrachter Sachen (ausgenommen Fahrzeuge nebst Inhalt und lebende Tiere) erleidet, falls der Gast den Schaden unverzüglich nach Feststellung meldet (§§ 701 ff. BGB).

Eingebracht ist schon eine von einem Beauftragten des Gastwirts vor der Aufnahme in Obhut genommene Sache (Gepäck). Die Haftung ist begrenzt auf das 100fache des Tagesbeherbergungspreises, mindestens jedoch 1000 und höchstens 6000 DM, bei Geld, Wertpapieren und Kostbarkeiten höchstens 1500 DM (weil der Gastwirt diese auf Verlangen ins Depot nehmen muß). Die Höchstgrenzen gelten nicht für deponierte Sachen oder wenn der Gastwirt oder seine Leute den Schaden verschuldet haben. Dem Gastwirt steht ein *gesetzliches Pfandrecht* an den eingebrachten Sachen des Gastes für seine Ansprüche zu (§ 704 BGB). Vgl. 340 und über den Beherbergungsvertrag 315.

324. Gesellschaft. Gemeinschaft

I. Gesellschaft

Die Vorschriften des BGB über die *Gesellschaft* (§§ 705–740) finden auf *Personengesellschaften* Anwendung, bei denen nicht (wie bei der AG und der GmbH) das Kapital im Vordergrund steht, sondern die Tätigkeit der beteiligten Gesellschafter. Die handelsrechtlichen Personengesellschaften (oHG, KG, stille Gesellschaft) dienen Zwecken des Handels und sind im HGB behandelt (vgl. 306, 372 I). Die Personengesellschaft des BGB, die bürgerlich-rechtliche Gesellschaft, kann jeden erlaubten Zweck zum Gegenstand haben (z. B. gemeinsames Lotteriespiel), auch auf einen wirtschaftlichen Zweck gerichtet sein (z. B. Kartell).

Die Gesellschaft bürgerlichen Rechts ist die Grundform aller Personengesellschaften; die für sie geltenden Bestimmungen sind deshalb ergänzend auf die Handelsgesellschaften anzuwenden, soweit für diese keine Sonderregelung besteht. Der *Gesellschaftsvertrag* ist grundsätzlich formfrei (anders z. B. bei Einbringung eines Grundstücks, § 313 BGB). Die wichtigsten Rechte der Gesellschafter sind das Informationsrecht, das Recht auf Gewinnbeteiligung und das Geschäftsführungsrecht, das mangels anderweitiger Vereinbarung (ebenso wie die Vertretung der Gesellschaft gegenüber Dritten) allen Gesellschaftern zusteht. Die *Haftung* für die Verbindlichkeiten der Gesellschaft trifft grundsätzlich alle Gesellschafter als Gesamtschuldner (312). Bei der Gesellschaft kann jeder Gesellschafter kündigen (bei Gesellschaften auf Zeit nur aus wichtigem Grund) und dadurch Auflösung und Auseinandersetzung herbeiführen (§§ 723, 730ff. BGB).

II. Gemeinschaft

Steht ein Recht mehreren gemeinschaftlich zu, so bilden diese eine *Gemeinschaft nach Bruchteilen,* falls nicht gesetzlich bestimmt ist, daß sie eine *Gemeinschaft zur gesamten Hand* bilden (§ 741 BGB).

1. Bei der *Bruchteilsgemeinschaft* hat jeder Beteiligte einen ziffernmäßig bestimmten Anteil an dem gemeinschaftlichen Gegenstand (z. B. ⅓ eines Grundstücks) und kann über diesen Anteil frei verfügen (§§ 742, 747 BGB).
2. Bei der *Gesamthandsgemeinschaft* bildet das Vermögen der Gesamthandsgemeinschaft eine vom übrigen Vermögen der Berechtigten getrennte rechtliche Einheit, bei der der einzelne über seinen Anteil nicht frei verfügen darf (§§ 718, 719, 1419 BGB; Ausnahme beim Erbteil, § 2033 Abs. 1 BGB). Ein Gesamthandsverhältnis liegt vor bei der Gesellschaft des bürgerlichen Rechts (§§ 705ff. BGB), bei der ehelichen Gütergemeinschaft (§§ 1415ff. BGB) und bei der Erbengemeinschaft (§§ 2032ff. BGB).

325. Die Leibrente

besteht in der regelmäßig wiederkehrenden Leistung von Geld oder anderen vertretbaren Sachen (z. B. Lebensmittel). Sie beruht meist auf einem Vertrag, durch den sich jemand zur Gewährung der Leibrente verpflichtet (im Zweifel auf Lebenszeit, § 759 BGB). Sie kann auch durch letztwillige Verfügung (z. B. als Vermächtnis) begründet werden.

Man unterscheidet zwischen dem Leibrentenrecht als solchem, dem sog. *Stammrecht,* und dem Anspruch auf die jeweils wiederkehrenden Rentenleistungen. Die Erklärung, durch die eine Leibrente versprochen wird, bedarf zu ihrer Gültigkeit der *Schriftform* (§ 761 BGB). Bei schenkungsweisem Versprechen ist notarielle Beurkundung erforderlich (§ 518 BGB), ebenso bei *Altenteilsverträgen,* die in Verbindung mit *Grundstücksüberlassungen* geschlossen werden (§ 313 BGB).

326. Spiel und Wette

begründen keine einklagbare Verbindlichkeit. Jedoch kann das auf Grund von Spiel oder Wette Geleistete nicht deshalb zurückgefordert werden (§ 762 BGB).

Wette ist die Aufstellung widerstreitender Behauptungen unter Gewinnzusage für den Obsiegenden. Beim *Spiel* wird eine Gewinnzusage zur Unterhaltung oder Gewinnerzielung unter entgegengesetzten (oft zufallsbestimmten) Bedingungen gemacht. *Lotterie* und *Ausspielung* sind Arten des Spiels nach bestimmtem Plan gegen bestimmten Einsatz, erstere mit Geld-, letztere mit Sachgewinn. Sie werden zu einklagbaren Geschäften, wenn sie staatlich genehmigt sind (§ 763 BGB). Nach dem *Rennwett- und Lotteriegesetz* vom 8. 4. 1922 (RGBl. I 393) m. spät. Änd. sind Lotterien und Ausspielungen sowie der *Totalisator* und *Buchmacher* bei Pferderennen unter bestimmten Voraussetzungen zugelassen, jedoch besonderen Steuern unterworfen (vgl. 542).

Als Spiel gilt auch das sog. *Differenzgeschäft,* ein Vertrag auf Lieferung von Waren oder Wertpapieren, bei dem statt der Lieferung nur der durch das Steigen oder Fallen des Börsenpreises während der Lieferzeit bestimmte Preisunterschiede vom Verlierer an den Gewinner gezahlt werden soll, § 764 BGB. Anders beim *Börsentermingeschäft,* s. 868.

327. Bürgschaft

Durch den Bürgschaftsvertrag verpflichtet sich der *Bürge* dem Gläubiger eines anderen gegenüber, für die Verbindlichkeit des Hauptschuldners einzustehen, d. h. die Schuld selbst zu erfüllen, falls der Hauptschuldner nicht erfüllen sollte. Das Bürgschaftsversprechen bedarf (außer wenn der Bürge Vollkaufmann ist und ein Handelsgeschäft vorliegt) der *Schriftform.* Vgl. §§ 765, 766 BGB; §§ 350, 351 HGB.

Verbürgen sich mehrere für dieselbe Verbindlichkeit, so haften sie als *Gesamtschuldner,* auch wenn sie die Bürgschaft nicht gemeinschaftlich übernehmen. Der Bürge hat die *Einrede der Vorausklage* (Gläubiger muß erst den Hauptschuldner in Anspruch nehmen), wenn er nicht darauf verzichtet hat (*selbstschuldnerische Bürgschaft*), ferner nicht bei Konkurs, Anspruchsgefährdung wegen Wohnsitzveränderung oder Unpfändbarkeit des Hauptschuldners (§§ 771, 773 BGB) sowie bei der kaufmännischen Bürgschaft (§§ 349, 351 HGB). S. a. 313 (Übergang des Bürgschaftsanspruchs bei Forderungsabtretung). Soweit der Bürge den Gläubiger befriedigt, erwirbt er kraft Gesetzes die Forderung gegen den Hauptschuldner (§ 774 BGB).

328. Der Vergleich

ist ein gegenseitiger Vertrag, durch den ein Streit oder eine Ungewißheit der Beteiligten über ein Rechtsverhältnis im Wege gegenseitigen Nachgebens beseitigt wird (§ 779 BGB).

Ein Vergleich ist *unwirksam,* wenn der nach seinem Inhalt als bestehend zugrunde gelegte Sachverhalt der Wirklichkeit nicht entspricht und der Streit oder die Ungewißheit bei Kenntnis der Sachlage nicht entstanden wäre (Erben haben sich über Auslegung eines Testaments verglichen, das sich als ungültig erweist).

Eine besondere Art des Vergleichs ist der *Prozeßvergleich,* der sich von dem außergerichtlichen Vergleich dadurch unterscheidet, daß er vollstreckbar ist (vgl. 243, 250). Für den *Zwangsvergleich* gelten die besonderen Bestimmungen der Konkursordnung (264), für das gerichtliche Vergleichsverfahren zur Abwendung des Konkurses die der Vergleichsordnung (265).

329. Schuldversprechen. Schuldanerkenntnis

Ein *Schuldversprechen* ist ein (einseitig verpflichtender) Vertrag, durch den eine Leistung in der Weise versprochen wird, daß das Versprechen die Verpflichtung selbständig begründen soll (§ 780 BGB).

Das *Schuldanerkenntnis* ist ein Vertrag, durch den das Bestehen eines Schuldverhältnisses anerkannt wird (§ 781 BGB).

Beide sind abstrakte, vom Versprechensgrund gelöste Rechtsgeschäfte (Gegensatz: kausale Geschäfte, vgl. 308) und bedürfen zu ihrer

Gültigkeit der *Schriftform*. Ausnahmen: bei Vollkaufleuten und bei Abgabe der Erklärung im Wege einer Abrechnung oder eines Vergleichs (§§ 350, 351 HGB, § 782 BGB).

Schuldversprechen liegen u. a. vor bei den *Inhaberpapieren,* d. h. Urkunden, in denen sich der Aussteller, ohne einen bestimmten Gläubiger zu nennen, zu einer Leistung an den Inhaber der Urkunde verpflichtet (z. B. Schuldverschreibungen der Länder). Über *Schuldverschreibungen auf den Inhaber* vgl. §§ 793 ff. BGB und 869.

330. Die Anweisung

ist die schriftliche Ermächtigung des Anweisenden für den Anweisungsempfänger, bei dem angewiesenen Dritten im eigenen Namen eine Leistung von Geld, Wertpapieren oder anderen vertretbaren Sachen (307) in Empfang zu nehmen. Sie enthält gleichzeitig die Ermächtigung für den Angewiesenen, die Leistung vorzunehmen (§ 783 BGB).

Der angewiesene Dritte ist aber gegenüber dem Anweisungsempfänger nur dann zur Leistung verpflichtet, wenn er die Anweisung durch schriftlichen Vermerk angenommen hat *(Akzept)*; er braucht nur gegen Aushändigung der Anweisung zu leisten (§§ 784, 785 BGB). Sonderformen sind die *kaufmännische Anweisung* (§§ 363, 365 HGB), der *Scheck* und der gezogene Wechsel (s. 380, 381) sowie der *Orderlagerschein* (vgl. 376). Keine Anweisung ist die *Postanweisung,* die nur ein Rechtsverhältnis zwischen Einzahler und Post begründet.

331. Ungerechtfertigte Bereicherung

Als *ungerechtfertigte Bereicherung* bezeichnet das BGB (§§ 812–822) eine Reihe rechtlich unbegründeter Vermögensverschiebungen, die durch den Erwerb eines Rechtes, einer Sache, einer Forderung oder des Besitzes, Befreiung von einer Verbindlichkeit oder Ersparung von Aufwendungen eingetreten sind. Wer ohne rechtlichen Grund auf Kosten eines anderen etwas erlangt hat, ist zur Herausgabe verpflichtet.

Die Vermögensverschiebung muß unmittelbar zwischen dem Berechtigten und dem Bereicherten erfolgt sein. Ausnahmen:

a) Ein Nichtberechtigter verfügt unentgeltlich, aber rechtswirksam zum Nachteil des Berechtigten (z. B. der Entleiher eines Buches verschenkt dieses an einen Gutgläubigen). Hier muß auch der Dritte herausgeben (§ 816 Abs. 1 Satz 2).

b) Ein Bereicherter wendet den erlangten Vermögensvorteil unentgeltlich einem Dritten zu (§ 822 BGB). Auch hier ist der Dritte herausgabepflichtig, soweit dadurch die Herausgabepflicht des ursprünglich Bereicherten ausgeschlossen ist (weil er nicht mehr bereichert ist, § 818 Abs. 3 BGB).

Das BGB unterscheidet folgende 7 Bereicherungsfälle:

1. Der rechtliche Grund fehlt von vornherein (z. B. der der Vermögensverschiebung zugrundeliegende Vertrag ist nichtig; § 812 Abs. 1 Satz 1).
2. Der rechtliche Grund fällt weg (z. B. bei auflösender Bedingung; § 812 Abs. 1 Satz 2).

3. Anerkennung oder Leistung einer Nichtschuld (§§ 812 Abs. 1 Satz 1, 813, 814).
4. Der bezweckte Erfolg tritt nicht ein (z. B. die Tochter, die eine Aussteuer erhalten hat, heiratet nicht; § 812 Abs. 1 Satz 2, § 815).
5. Der Geltendmachung der erfüllten Verbindlichkeit steht eine dauernde Einrede entgegen (z. B. beschränkte Erbenhaftung). Keine Rückforderung bei Verjährung (§ 222 Abs. 2), Spiel und Wette (§ 762), Anstandsleistungen, Kenntnis des Nichtbestehens der Schuld (§§ 813, 814).
6. Verfügung eines Nichtberechtigten (§ 816 Abs. 1 Satz 2, vgl. oben) oder befreiende Leistung an einen Nichtberechtigten (§ 816 Abs. 2; z. B. Zahlung an den früheren Gläubiger in Unkenntnis der Forderungsabtretung, § 407).
7. Leistung gegen ein gesetzliches Verbot oder gegen die guten Sitten, falls nur der Empfänger dagegen verstößt (§ 817).

Weitere Bestimmungen über Herausgabe der Bereicherung in den § 516 Abs. 2 Satz 3, § 527 Abs. 1, § 528 Abs. 1 BGB (Schenkung) u. a. Vorschriften.

Besteht Herausgabepflicht, so sind auch die gezogenen Nutzungen (307) sowie etwaige *Surrogate* (z. B. Versicherungsleistung bei Zerstörung der Sache) herauszugeben. Die Herausgabepflicht entfällt, wenn der Verpflichtete nicht mehr bereichert ist, außer wenn er beim Empfang des Gegenstandes den Mangel des Rechtsgrundes gekannt hat (§§ 818, 819 BGB).

332. Unerlaubte Handlung

ist jedes unberechtigte schuldhafte (vorsätzliche oder fahrlässige) Eingreifen in einen fremden Rechtskreis, durch das einem anderen Schaden zugefügt wird. Das BGB behandelt die unerlaubte Handlung in den §§ 823–853. Wer widerrechtlich einem anderen vorsätzlich oder fahrlässig durch Verletzung von Rechten oder Rechtsgütern Schaden zufügt, ist in folgenden vom BGB normierten Fällen zum Schadensersatz verpflichtet:

1. *Tötung;*
2. *Körperverletzung* = jeder äußere Eingriff in die körperliche Unversehrtheit;
3. *Gesundheitsschädigung* = Störung der inneren Lebensvorgänge (z. B. Nervenschock);
4. Verletzung der *Freiheit;* auch der Entschließungsfreiheit (z. B. durch Nötigung);
5. Verletzung des *Eigentums (z. B. Diebstahl, Sachbeschädigung)*;
6. Verletzung eines anderen (absoluten) *Rechts* (z. B. Störung des Gewerbebetriebes, Verletzung des allgemeinen Persönlichkeitsrechts; nicht eines Forderungsrechts);
7. Verletzung eines *Schutzgesetzes* (§ 823 Abs. 2; Schutzgesetze sind z. B. Arbeitszeitordnung, Arzneimittelgesetz, Gewerbeordnung, Urheberrechtsgesetz, Verkehrsgesetze);
8. *Kreditgefährdung* durch unwahre Behauptungen (§ 824 BGB);
9. Bestimmung zum außerehelichen Beischlaf (§ 825 BGB) durch Hinterlist, Drohung oder Mißbrauch eines Abhängigkeitsverhältnisses;
10. vorsätzliche *sittenwidrige Schädigung* (§ 826 BGB; z. B. Boykott, *Schwarze Liste*).

Der Umfang des zu leistenden Schadensersatzes bestimmt sich nach den allgemeinen Bestimmungen (§§ 249 ff. BGB). Danach ist der Zustand herzustellen, der ohne das schädigende Ereignis bestehen würde. Außer dem materiellen

Schaden kann *Schmerzensgeld* verlangt werden, wenn die unerlaubte Handlung in einer Körperverletzung, Gesundheitsschädigung, Freiheitsentziehung oder in einer sittlichen Verfehlung gegen eine Frau besteht (§ 847 BGB), nach der Rechtsprechung auch bei Verletzung allgemeiner Persönlichkeitsrechte. Wird durch eine Körperverletzung oder Gesundheitsschädigung die Erwerbsfähigkeit des Verletzten aufgehoben oder gemindert, so ist eine Geldrente zu zahlen; aus wichtigem Grund kann Kapitalisierung verlangt werden (§ 843 BGB). Dritte können Ersatzansprüche stellen, wenn sie durch die unerlaubte Handlung Dienstleistungen des Verletzten, die diesem kraft Gesetzes im Haushalt oder Gewerbebetrieb oblagen, oder im Falle der Tötung gesetzliche Unterhaltsansprüche verlieren; §§ 844, 845 BGB. Die Kosten der Beerdigung eines Getöteten sind zu zahlen.

Mehrere Täter haften als *Gesamtschuldner* (§ 840 BGB). Der Verletzte kann von jedem Täter Ersatz des gesamten Schadens fordern. Mehrere Täter sind untereinander zum Ausgleich verpflichtet (§ 426 BGB; vgl. 312).

Nicht verantwortlich sind infolge *Bewußtlosigkeit* oder krankhafter Störung der Geistestätigkeit *Schuldunfähige* sowie *Kinder* bis zu 7 Jahren. *Jugendliche* zwischen 7 und 18 Jahren sind dann nicht verantwortlich, wenn sie die zur Erkenntnis der Verantwortlichkeit erforderliche Einsicht nicht besitzen (§§ 827, 828 BGB). Doch kann in diesen Fällen, sofern nicht ein aufsichtspflichtiger Dritter (z. B. Eltern) haftbar gemacht werden kann, vom Schädiger Ersatz verlangt werden, wenn es der Billigkeit entspricht, nach den Umständen des Falles eine Schadloshaltung erforderlich erscheint und dem Verpflichteten dadurch nicht die Mittel zum angemessenen Unterhalt und zur Erfüllung seiner gesetzlichen Unterhaltsverpflichtungen entzogen werden (§ 829 BGB).

Vielfach ist eine unerlaubte Handlung zugleich eine Straftat, bei deren strafgerichtlicher Verfolgung der Verletzte als *Nebenkläger* auftreten kann (vgl. 284). So insbesondere bei Körperverletzung im Straßenverkehr.

Als Sonderfall regelt § 831 BGB die Haftung für den *Verrichtungsgehilfen,* insbes. den für eine Tätigkeit bestellten Angestellten (z. B. Werkprokurist, Kraftfahrer); bei diesem kann sich der Geschäftsherr – anders als bei vertraglicher Haftung nach § 278 BGB – durch den Nachweis sorgfältiger Auswahl und Überwachung von der Haftung befreien. Der *Tierhalter* haftet nach § 833 BGB, wenn ohne sein Verschulden ein von ihm gehaltenes Tier Menschen oder Sachen einen Schaden zufügt, außer wenn es sich um ein *Haustier* handelt, das dem Beruf, der Erwerbstätigkeit oder dem Unterhalt des Tierhalters dient, und die Sorgfaltspflicht erfüllt ist.

Auch ein schuldhafter Verstoß gegen die *Verkehrssicherungspflicht* kann als unerlaubte Handlung zum Schadensersatz führen. Wer einen Verkehr eröffnet, muß die erforderlichen Sicherungsmaßnahmen zum Schutz Dritter treffen (Baugrube auf der Straße, Warenhaus, Treppe im Miethaus). Haftbar ist, wer den Verkehr eröffnet oder duldet, also nicht notwendig der Eigentümer.

Die Ersatzansprüche *verjähren* grundsätzlich in 3 Jahren (§ 852 BGB); im einzelnen vgl. 310.

332a. Gefährdungshaftung. Verkehrshaftpflicht

I. Wesen der Gefährdungshaftung

Die Verletzung eines gesetzlich geschützten Rechtsguts kann in bestimmten Fällen auch dann eine Schadensersatzpflicht begründen, wenn sie *nicht schuldhaft* geschehen ist. Hierher gehören insbesondere die Fälle der *Gefährdungshaftung,* in denen der Eigentümer einer Sache, eines Betriebs usw. auch *ohne Verschulden* für die Schadensfolgen einzutreten hat, die aus einer von der Sache oder Sachgesamtheit ausgehenden Gefahr entstehen; so im Falle der *Tierhalterhaftung* nach § 833 S. 1 BGB (vgl. 332) und vor allem auf Grund der *Betriebsgefahr,* die der Betrieb von Kraft- und Luftfahrzeugen, Schienenbahnen, Gas- und Elektrizitätswerken, Atomanlagen usw. mit sich bringt.

II. Gefährdungshaftung des Kraftfahrzeughalters

Die *Haftpflicht des Kraftfahrzeughalters* ist als Gefährdungshaftung ausgestaltet. Wird bei dem Betrieb eines Kfz. ein Mensch getötet, der Körper oder die Gesundheit eines Menschen verletzt oder eine Sache beschädigt, so ist der Halter des Kfz. verpflichtet, dem Verletzten den daraus entstehenden Schaden auch ohne Nachweis eines Verschuldens zu ersetzen (§ 7 StVG).

Die Ersatzpflicht ist *ausgeschlossen,* wenn der Unfall durch ein unabwendbares Ereignis verursacht ist, außer wenn die Ursache in einem Fehler oder Versagen des Kfz. liegt (§ 7 Abs. 2 StVG). Benutzt ein Unbefugter das Kfz., so haftet er an Stelle des Halters; neben ihm haftet auch der Halter, wenn er die Benutzung schuldhaft ermöglicht hat (§ 7 Abs. 3 StVG). Die Bestimmungen gelten auch, wenn der Unfall durch ein Kraftrad oder Moped verursacht worden ist. Ausgenommen sind Unfälle durch Kfze, die auf ebener Bahn mit keiner höheren Geschwindigkeit als 20 km/h fahren können, oder wenn der Verletzte bei dem Betrieb des Kfz. tätig war (§ 8 StVG). Gegenüber *Insassen* haftet der Halter für Personenschaden nur dann, wenn es sich um entgeltliche, geschäftsmäßige Personenbeförderung handelt, und für Sachschaden nur, wenn eine beförderte Person die Sache an sich trägt oder mit sich führt (§ 8a Abs. 1 StVG). Die Verpflichtung dieses Halters, wegen Tötung oder Verletzung beförderter Personen Schadensersatz zu leisten, kann durch Vertrag weder ausgeschlossen noch eingeschränkt werden (§ 8a Abs. 2 StVG). Bei mitwirkendem Verschulden des Verletzten hängt die Verpflichtung zum Ersatz sowie der Umfang des zu leistenden Ersatzes von den Umständen und insbesondere davon ab, wieweit der Schaden vorwiegend von dem einen oder dem anderen Teil verursacht worden ist (§§ 9 StVG, 254 BGB).

Bei unentgeltlichen *Gefälligkeitsfahrten* entfällt die Haftung selbst für leichte Fahrlässigkeit nicht ohne weiteres; vielmehr ist eine Freistellung nur bei Vorliegen besonderer Umstände gerechtfertigt (z. B. Mitfahrt in Kenntnis der Angetrunkenheit des Fahrers oder des schlechten Zustandes des Pkw).

Der Ersatzpflichtige haftet bei Tötung oder Körperverletzung nur bis zu einem Kapitalbetrag von 500000 DM oder bis zu einem Rentenbetrag von jährlich 30000 DM (bei Tötung oder Verletzung mehrerer Personen: 750000 bzw. 45000 DM), bei Sachbeschädigung bis zu 100000 DM (*Haftungsbegrenzung,* § 12 StVG).

Für die Verjährung der Schadensersatzansprüche gelten die Vorschriften über unerlaubte Handlungen (332). Sie werden aber vorher schon *verwirkt,* wenn der Ersatzberechtigte nicht binnen zwei Monaten seit Kenntnis von Schaden und Ersatzpflichtigem diesem den Unfall anzeigt, es sei denn, der Verpflichtete erlangt auf andere Weise vom Unfall Kenntnis oder der Berechtigte ist durch Umstände, die er nicht zu vertreten hat, an der Anzeige verhindert (§§ 14, 15 StVG). Der Anspruch nach dem StVG konkurriert mit dem aus unerlaubter Handlung; dieser ist für den Berechtigten günstiger hinsichtlich der Möglichkeit, Schmerzensgeld zu erlangen (§ 847 BGB), setzt aber Verschuldensnachweis voraus.

Häufig kann ein Unfallverletzter keinen Schadensersatz erlangen, weil der Schuldige sich durch Unfallflucht der Feststellung entzogen hat oder weil das Kfz. vorschriftswidrig nicht versichert war. In diesen und einigen anderen Fällen (Auslandsunfall) hat er auf Grund des § 12 des *Pflichtversicherungsgesetzes* i. d. F. vom 5. 4. 1965 (BGBl. I 213) und der *VO über den Entschädigungsfonds für Schäden aus Kraftfahrzeugunfällen* vom 14. 12. 1965 (BGBl. I 2093) m. spät. Änd. einen Entschädigungsanspruch, den er gegen einen vom Verein „Verkehrsopferhilfe e. V." in Hamburg verwalteten Fonds geltend machen kann. Es handelt sich um einen Rechtsanspruch, der ggf. im Klagewege durchgesetzt werden kann, wenn die bei der Verkehrsopferhilfe bestehende Schiedsstelle ohne Erfolg angerufen worden ist.

III. Gefährdungshaftung für Luftfahrzeuge

Auch die Haftpflicht des Halters eines *Luftfahrzeugs* gegenüber *nicht beförderten* Personen und Sachen ist unter dem Gesichtspunkt der Gefährdungshaftung geregelt, während für die Schadensersatzpflicht aus dem *Beförderungsvertrag* der Grundsatz des vermuteten Verschuldens gilt (§§ 33ff., 44ff. Luftverkehrsgesetz).

Hinsichtlich der *Haftpflicht* gegenüber *nicht beförderten* Personen und Sachen besteht die sog. *Gefährdungshaftpflicht* aus dem Betrieb, d. h. Haftung auch ohne Verschulden des LfzHalters, und zwar sogar – anders als nach Straßenverkehrsrecht – für höhere Gewalt (§ 33). Jedoch wird mitwirkendes Verschulden des Verletzten gemäß § 254 BGB berücksichtigt (§ 34). Als Höchstgrenze der Haftung bestimmt § 37 bei Lfz. bis 1200 kg Fluggewicht 5 Mio. DM; sie erhöht sich mit dem Fluggewicht und beträgt bei mehr als 1200 bis 2000 kg 7,5 Mio. DM, bei mehr als 2000 kg bis 5700 kg Gewicht 15 Mio. DM, bei mehr als 5700 kg bis 14000 kg Gewicht 40 Mio. DM und bei mehr als 14000 kg 100 Mio. DM. Bei Sach- und Personenschäden wird vorzugsweise der letztere ersetzt. Bei durch militärische Lfz. verursachten Schäden gilt die Haftungsbegrenzung nicht (§ 53). Schadensersatzansprüche verjähren wie bei unerlaubten Handlungen (332); bei Unterlassung der Unfallanzeige binnen 3 Monaten werden sie verwirkt (§ 40).

Die Haftung aus einem *Beförderungsvertrag* behandeln die §§ 44–52. Grundsätzlich haftet der Halter des Lfz.; er kann sich aber exkulpieren. Der Höhe nach ist seine Haftung begrenzt auf 320000 DM je Person und 67,50 DM pro kg eines beförderten Gutes (Reisegepäck pro Passagier 3200 DM). Bei Vorsatz oder grober Fahrlässigkeit bleibt die Haftung nach den allgemeinen gesetzlichen Bestimmungen unberührt. Ein vertraglicher Ausschluß seitens des Luftfahrtunternehmens ist unwirksam. Die Luftfahrtunternehmen sind verpflichtet, die Fluggäste gegen Unfälle mit mindestens 35000 DM für den Todesfall zu versichern (§ 50).

IV. Weitere wichtige Fälle der Gefährdungshaftung

1. die *Schienenbahn-* (Eisenbahn-, Straßenbahn-) *Betriebshaftung* im *Haftpflichtgesetz* i. d. F. vom 4. 1. 1978 (BGBl. I 145), das eine Gefährdungshaftung – auch für Schwebebahnen – für Tötung oder Verletzung von Personen oder Beschädigung von Sachen begründet. Haftungsausschluß bei höherer Gewalt (bei Straßenbahnen: unabwendbares Ereignis, das weder auf Fehler am Fahrzeug noch bei den Einrichtungen beruht); bei mitwirkendem Verschulden des Geschädigten Haftungsausschluß oder -minderung gem. § 254 BGB. Das Ges. regelt ferner eine Gefährdungshaftung für *Gas- und Elektrizitätswerke;* für den Betrieb von Bergwerken, Steinbrüchen oder Fabriken normiert es eine Haftung nur für Personenschäden und bei Verschulden;

2. die Haftung für Schädigungen durch *Atomanlagen* im Atomgesetz (vgl. 816 II);
3. die Haftung des Grundstückseigentümers für *Immissionen* in § 906 BGB und nach dem BImSchG (vgl. 335);
4. die Haftung für *Wild- und Jagdschäden* im Bundesjagdgesetz (vgl. 335 III 1);
5. die Haftung nach dem *Umwelthaftungsgesetz* (193 I 3).
6. Weitere Fälle der Gefährdungshaftung sind: § 84 Arzneimittelgesetz, § 114 Bundesberggesetz (s. 190), § 32 Gentechnikgesetz (s. 183 III), § 22 Wasserhaushaltsgesetz (s. 191 II).

V. Produkthaftungsgesetz

Eine der Gefährdungshaftung ähnliche Haftung sieht das *Gesetz über die Haftung für fehlerhafte Produkte (Produkthaftungsgesetz – ProdHaftG)* vom 15. 12. 1989 (BGBl. I 2198) m. spät. Änd. vor. Durch das ProdHaftG wurde die Richtlinie der EG vom 25. 7. 1985 zur Angleichung der Rechts- und Verwaltungsvorschriften der Mitgliedstaaten über die Haftung für fehlerhafte Produkte (Nr. 85/374/EWG, ABlEG Nr. L 210/29) in nationales Recht umgesetzt.

Nach § 1 Abs. 1 ProdHaftG haftet der Hersteller eines fehlerhaften Produkts *verschuldensunabhängig* für alle durch dieses Produkt verursachten Körper- und Gesundheitsschäden. Bei Beschädigung von Sachen haftet er nur, wenn eine andere Sache als das fehlerhafte Produkt beschädigt wird und diese ihrer Art nach für den privaten Ge- und Verbrauch bestimmt war. Die Ersatzpflicht des Herstellers ist u. a. ausgeschlossen, wenn das Produkt zum Zeitpunkt, als es in den Verkehr gebracht wurde, zwingenden Rechtsvorschriften entsprach oder wenn der Fehler nach dem Stand der Wissenschaft und Technik nicht erkannt werden konnte (§ 1 Abs. 2 ProdHaftG). Produkt i. S. des ProdHaftG ist jede bewegliche Sache mit Ausnahme von landwirtschaftlichen Naturprodukten, die nicht verarbeitet worden sind. Ein Fehler liegt vor, wenn das Produkt nicht die Sicherheit bietet, die unter Berücksichtigung aller Umstände von ihm erwartet werden kann (§ 3 ProdHaftG). Hersteller i. S. des ProdHaftG ist auch derjenige, der ein fremdes Produkt mit eigenem Namen oder Warenzeichen versieht sowie der Importeur (§ 4 Abs. 1, 2 ProdHaftG). Kann der Hersteller nicht festgestellt werden, so haftet der Lieferant, wenn er dem Geschädigten nicht innerhalb eines Monats den Hersteller benennt. Bei Sachbeschädigung hat der Geschädigte einen Schaden bis zu 1125 DM selbst zu tragen (Selbstbeteiligung), § 11 ProdHaftG). Die Produkthaftung kann nicht durch Individualabreden oder Allgemeine Geschäftsbedingungen abbedungen werden (§ 14 ProdHaftG). Der Produkthaftungsanspruch verjährt in 3 Jahren. Er erlischt 10 Jahre nach Inverkehrbringen (§ 13 ProdHaftG). Das ProdHaftG gilt nicht für fehlerhafte Arzneimittel (§ 15 ProdHaftG). Eine Haftung aufgrund anderer Vorschriften wird durch das ProdHaftG nicht ausgeschlossen (§ 15 Abs. 2 ProdHaftG).

In Ergänzung hierzu steht das *Produktsicherheitsgesetz* vom 22. 4. 1997 (BGBl. I 934), das bewirken soll, daß Hersteller und Händler dem Verbraucher nur sichere Produkte zur privaten Nutzung überlassen. Durch dieses Gesetz wird auch festgelegt, daß vor Gefahren, die von einem Produkt ausgehen, die Öffentlichkeit gewarnt werden darf (§ 8).

VI. Im Hinblick auf die erweiterte Haftpflicht, die auf der erhöhten Betriebsgefahr beruht, ist für die Halter von Kraft- und Luftfahrzeugen eine *Haftpflichtversicherung* gesetzlich vorgeschrieben (vgl. 195 IV; für Lfz. §§ 43, 50 LuftVG, s. o. III).

333. Das Sachenrecht (BGB III. Buch, §§ 854–1296)

regelt die Herrschafts- (dinglichen) Rechte an Sachen. Während die im Recht der Schuldverhältnisse (II. Buch) behandelten Forderungsrechte nur einen Leistungsanspruch gegen einen bestimmten Schuldner verleihen, wirken sich die dinglichen Rechte als Herrschaftsrechte von Personen über Sachen gegen jedermann aus (absolute Rechte).

Soweit einer Person ein Recht an einer Sache zusteht, spricht man von einem *dinglichen Recht.* Soweit sich die Sachherrschaft nur rein tatsächlich äußert, nennt man sie den *Besitz* einer Sache. Das Vollrecht an einer Sache ist das *Eigentum,* während die *beschränkten dinglichen Rechte* (wie Nießbrauch, Pfandrechte usw.) nur eine Teilherrschaft gewähren. Die Formen der dinglichen Rechte sind ihrer Zahl nach beschränkt und inhaltlich fest bestimmt (insoweit keine Vertragsfreiheit wie im Schuldrecht). Das BGB kennt als dingliche Rechte an beweglichen Sachen nur Eigentum, Pfandrecht und Nießbrauch; an Grundstücken: Eigentum, Erbbaurecht, Vorkaufsrecht, Dienstbarkeiten, Reallasten, Hypotheken, Grundschulden, Rentenschulden.

Das Sachenrecht des BGB wird ergänzt durch weitere Rechtsquellen, z. B. das *Ges. über Rechte an Schiffen* und Schiffsbauwerken vom 15. 11. 1940 (RGBl. I 1499) und das Ges. *über Rechte an Luftfahrzeugen* vom 26. 2. 1959 (BGBl. I 57), die beide ein (besitzloses) Registerpfandrecht – vgl. 340 – zulassen; ferner durch das *Pachtkreditgesetz* (828), das *Wohnungseigentumgesetz* (335a), die VO über das Erbbaurecht (336 II 1), das landesrechtliche *Nachbarrecht* (z. B. Licht- und Fensterrecht; vgl. Art. 124 EGBGB) und das *Höferecht* (825).

334. Der Besitz

ist die tatsächliche Gewalt über eine Sache. Man unterscheidet zwischen dem unmittelbaren und dem mittelbaren Besitz sowie zwischen *Eigen-* und *Fremdbesitz,* je nachdem der Besitzer die Sache als ihm gehörend besitzt oder nicht.

Unmittelbarer Besitzer ist, wer eine Sache tatsächlich in der Gewalt hat (z. B. als Entleiher, Pächter). *Mittelbarer Besitzer* ist die Person, welcher der unmittelbare Besitzer kraft eines bestimmten Rechtsverhältnisses den Besitz vermittelt; er übt zwar nicht die unmittelbare Herrschaft über die Sache aus, wird aber vom Gesetz ebenfalls als Besitzer behandelt (§ 868 BGB). Leitet der mittelbare Besitzer seinen Besitz wieder von einem Dritten ab, so ist auch der Dritte (entfernterer) mittelbarer Besitzer (§ 871 BGB). So ist z. B. bei Untervermietung der Untermieter unmittelbarer Besitzer, der Untervermieter mittelbarer Besitzer und der Hauptvermieter entfernterer mittelbarer Besitzer.

Wer eine Sache mit einem anderen gemeinschaftlich besitzt, ist *Mitbesitzer;* wer einen Teil einer einheitlichen Sache besitzt, ist Teilbesitzer (§§ 865, 866 BGB).

Der Besitz wird *erworben* durch Erlangung der tatsächlichen Gewalt über die Sache (§ 854 BGB). Es ist kein rechtlicher, sondern nur ein tatsächlicher Wille zum Erwerb erforderlich. Auf die *Erben* geht dagegen der Besitz beim Erbfall kraft Gesetzes über, also auch ohne daß sie die tatsächliche Gewalt erlangen (§ 857 BGB). Der unmittelbare Besitz endigt durch freiwillige Aufgabe oder unfreiwilligen Verlust der tatsächlichen Gewalt, nicht hingegen durch vorübergehende Behinderung an der Ausübung (§ 856 BGB).

Der Besitzer genießt *Besitzschutz* gegen *verbotene Eigenmacht* Dritter (§ 858 BGB). Er kann gegen Besitzstörungen Gewalt anwenden und *Selbsthilfe* ausüben, insbes. eine entwendete Sache dem auf frischer Tat angetroffenen oder verfolgten Täter wieder abnehmen, bei einem Grundstück den Störer vertreiben (§ 859 BGB). Zulässige *Besitzklagen* sind die Besitzentziehungsklage auf Wiedereinräumung des Besitzes und die Besitzstörungsklage auf Beseitigung und Unterlassung weiterer Besitzstörung (§§ 861, 862 BGB). Gelangt eine Sache auf ein anderes Grundstück, so hat der Besitzer einen *Abholungsanspruch* (§ 867 BGB).

Besitzdiener (Besitzgehilfe) ist, wer die tatsächliche Gewalt über eine Sache für einen anderen (den Besitzer oder Besitzherrn) ausübt, aber auf Grund eines persönlichen oder sozialen Abhängigkeitsverhältnisses den Weisungen des anderen bezüglich der Sache zu folgen hat (§ 855 BGB; z. B. Ladenverkäufer). Hier ist nur der andere (Besitzherr) Besitzer.

335. Das Eigentum

I. Nach § 903 BGB kann der Eigentümer einer Sache, soweit nicht das Gesetz oder Rechte Dritter entgegenstehen, mit der Sache nach Belieben verfahren und andere von jeder Einwirkung ausschließen. Gegenüber diesem einer liberalistischen Einstellung entspringenden Grundsatz hebt Art. 14 Abs. 2 Satz 1 GG die *soziale Bindung des Eigentums* hervor („Eigentum verpflichtet"). Dies gilt für Grundbesitz in erhöhtem Maße.

Auch in den neuen Bundesländern gelten ab 3. 10. 1990 der einheitliche Eigentumsbegriff des BGB, wie er durch § 903 BGB umschrieben ist, sowie die sonstigen eigentumsrechtlich maßgebenden BGB-Bestimmungen (Art. 233 § 2 Abs. 1 EGBGB). Ausnahmen bestehen bei Gebäuden, die auf seinerzeit volkseigenen Grundstücken errichtet worden sind. Sie sind nicht zwingend wesentliche Bestandteile des Grundstücks, wie es die Regel des § 94 BGB vorsähe; an diesen Gebäuden kann somit gesondertes Eigentum bestehen (Art. 231 § 5 Abs. 1, Art. 233 § 4 Abs. 1 EGBGB). Für dieses Gebäudeeigentum gelten ab 3. 10. 1990 die BGB-Vorschriften über Grundstücksrechte, also vor allem die §§ 873–902 BGB entsprechend.

Erwerb und Verlust des Eigentums ist verschieden bei Grundstükken und bei beweglichen Sachen:

a) *Grundeigentum* wird erworben:

1. durch *rechtsgeschäftliche Übertragung,* die eine Einigung (*Auflassung* vor Notar, §§ 873, 925 BGB) und Eintragung im Grundbuch erfordert;
2. durch *Ersitzung,* wenn jemand ein Grundstück 30 Jahre lang im Eigenbesitz hat und entweder zu Unrecht im Grundbuch eingetragen ist (*Tabularersitzung;* § 900 BGB) oder ein Ausschlußurteil gegen den Eigentümer erwirkt (*Kontratabularersitzung;* § 927 BGB);
3. durch *Zuschlag in der Zwangsversteigerung* (255);
4. durch *Enteignungsbeschluß* (48 IV, 189 IV, 192, 824);
5. durch *Gesamtrechtsnachfolge* (z. B. Erbschaft, § 1922 BGB, Gütergemeinschaft, § 1416 BGB);
6. durch *Aneignung* einer herrenlosen Sache (§ 928 BGB, Art. 129, 190 EGBGB).

Das Grundeigentum geht *verloren* entsprechend den Arten, auf die es erworben werden kann (außer Nrn. 5 und 6), insbes. durch rechtsgeschäftliche Übertragung, Ersitzung, Zwangsversteigerung, Enteignung, ferner durch Verzicht oder Ausschlußurteil gegen einen unbekannten Eigentümer.

b) *An beweglichen Sachen* (Fahrnis) wird Eigentum erworben:

1. rechtsgeschäftlich durch *Einigung und Übergabe* oder, falls der Erwerber schon im Besitz der Sache ist, nur Einigung (§ 929 BGB; Besonderheiten für *Seeschiffe* und *Binnenschiffe;* s. 301, 379 IV und § 929a BGB);
2. rechtsgeschäftlich durch Einigung und *Besitzkonstitut,* d.h. anstelle der Übergabe wird vereinbart, daß der Veräußerer die veräußerte Sache weiter als Fremdbesitzer auf Grund eines schuldrechtlichen Vertrags, z.B. Miete, Leihe, Verwahrung, im Besitz behält (§ 930 BGB);
3. rechtsgeschäftlich durch *Einigung und Abtretung des Herausgabeanspruchs* gegen einen Dritten, der die Sache im Besitz hat (§ 931 BGB);
4. vom *Nichteigentümer* bei rechtsgeschäftlichem Erwerb im *guten Glauben* an das Eigentum des Veräußerers (§§ 932–934 BGB). Dies gilt jedoch nicht bei gestohlenen, verlorenen oder sonst abhanden gekommenen Sachen, sofern es sich nicht um Geld, Inhaberpapiere oder öffentlich versteigerte Sachen handelt (§ 935 BGB);
5. ferner *kraft Gesetzes* durch *Ersitzung* (10 Jahre, § 937), Verbindung mit einem Grundstück oder einer anderen Sache als wesentlicher Bestandteil (§§ 946, 947), Vermischung (§ 948), Verarbeitung (§ 950), Ausbeutung fremder Sachen auf Grund eines Aneignungsrechts (§ 954), Aneignung einer herrenlosen Sache (§ 958) und *Fund,* falls sich der Empfangsberechtigte binnen 6 Monaten nach Anzeige nicht meldet (§ 973 BGB).

Finder ist, wer eine verlorene Sache an sich nimmt. Er hat dem *Verlierer* (wenn dieser unbekannt ist, der zuständigen Behörde – Fundbüro –) oder dem Eigentümer oder einem sonst Empfangsberechtigten, z.B. dem Briefadressaten, den Fund unverzüglich anzuzeigen, außer bei Kleinfunden im Wert von höchstens 10 DM. Ferner muß er die gefundene Sache verwahren, sofern er sie nicht der Ordnungsbehörde abliefert, Tiere auch füttern und schließlich die Sache dem Empfangsberechtigten herausgeben. Dafür hat er Anspruch auf Ersatz der Aufwendungen, die er für erforderlich ansehen konnte (z.B. Futterkosten für ein zugelaufenes Tier), und auf *Finderlohn.* Dieser beträgt bei Sachen im Wert bis zu 1000 DM 5 v.H. und von dem Mehrwert 3 v.H.; bei Tieren stets 3 v.H. Sachen, die in Räumen öffentlicher Behörden, in Eisenbahnen oder Straßenbahnen gefunden werden, sind an die zuständige Dienststelle abzuliefern (Finderlohn ab 100 DM Wert, aber nur ½ des sonstigen Satzes). Im einzelnen vgl. §§ 965ff. BGB.

Das Eigentum an beweglichen Sachen geht *verloren* mit Erwerb durch einen anderen sowie durch freiwillige Aufgabe des Eigentums (derelictio); die Sache wird dann herrenlos und ist fremder Aneignung zugänglich.

II. Der Eigentümer hat folgende *Ansprüche:*

a) die Klage auf Herausgabe gegen den nicht berechtigten Besitzer (§ 985 BGB);
b) die *Eigentumsfreiheitsklage* (negatorische Klage) auf Beseitigung einer Störung und künftige *Unterlassung* (§ 1004 BGB).

Nach § 906 BGB kann der Grundstückseigentümer die Zuführung von Gasen, Dämpfen, Gerüchen, Rauch, Ruß, Wärme, Geräusch, Erschütterungen u.ä. von einem anderen Grundstück ausgehende Einwirkungen *(Immissionen)* nicht verbieten, soweit die Einwirkung die Benutzung seines Grundstücks nicht oder nur unwesentlich beeinträchtigt. Das gleiche gilt insoweit, als eine wesentliche Beeinträchtigung durch eine *ortsübliche Benutzung* des anderen Grundstücks herbeigeführt wird und nicht durch Maßnahmen verhindert werden kann, die Benutzern dieser Art wirtschaftlich zumutbar sind; hat der Grundstückseigentümer hiernach eine Einwirkung zu dulden, so kann er von dem Benutzer des anderen Grundstücks einen *angemessenen Ausgleich in Geld* verlangen, wenn die Einwirkung eine ortsübliche Benutzung seines Grundstücks oder dessen Ertrag über das zumutbare Maß hinaus beeinträchtigt. Die Zuführung durch eine besondere Leitung ist unzulässig. Geht die Störung von einer behördlich genehmigten Anlage aus, so kann nicht die Einstellung des Betriebs der Anlage verlangt werden, sondern nur Schutz durch entsprechende Maßnahmen oder Schadensersatz (§ 14 BImSchG, vgl. 193). Bereits vorher ergangene landesrechtliche *Immissionsschutzgesetze* verpflichten jeden, der eine Anlage errichtet, zu Schutzmaßnahmen gegen Luftverunreinigung, Geräusche und Erschütterungen, um die *Nachbarschaft* und die Allgemeinheit vor Gefahren, erheblichen Nachteilen oder Belästigungen durch Immissionen entsprechend dem jeweiligen Stand der Technik zu schützen. Diese Vorschriften bleiben in Kraft, soweit sie nicht vom Bundesrecht verdrängt werden.

III. Mit dem Grundstückseigentum verbunden (§ 96 BGB) ist das Recht auf Ausübung der *Jagd* und der *Fischerei*.

1. Das (subjektive) *Jagdrecht*

ist die auschließliche Befugnis, auf einem be stimmten Gebiet wildlebende Tiere, die dem Jagdrecht unterliegen (Wild), zu hegen, auf sie die Jagd auszuüben und sie sich anzueignen (§ 1 des Bundesjagdgesetzes i. d. F. vom 29. 9. 1976, BGBl. I 2849) m. spät. Änd. Das Jagdrecht wird entweder im *Eigenjagdbezirk* von einer Person oder Personengemeinschaft oder in einem gemeinschaftlichen Jagdbezirk von einer *Jagdgenossenschaft* (Körperschaft öffentlichen Rechts) ausgeübt. Auch können *Hegegemeinschaften* gebildet werden. Zur Erhaltung eines artenreinen und gesunden Wildbestandes ist die *Hege* erforderlich; es sind die Grundsätze deutscher Weidgerechtigkeit zu beachten. *Jagdbare Tiere* sind das in § 2 BJagdG aufgeführte *Haarwild* (auch *Wildkaninchen*) und *Federwild*. Weitere Bestimmungen regeln die Jagdpacht, die forstwirtschaftliche Förderung, die Erteilung des Jagdscheins und den Jagdschutz. Verboten ist die unbefugte Beunruhigung des Wildes sowie die Zufügung vermeidbarer Schmerzen oder Leiden. *Wildschaden* an den im Jagdbezirk belegenen Grundstücken muß ersetzt werden, bei wertvollen Anlagen (z. B. Forstkulturen) aber nur, wenn Schutzvorrichtungen angebracht sind. Für Wildschaden an Grundstücken außerhalb des Jagdbezirks gelten die Vorschriften über unerlaubte Handlung (332). Mißbräuchliche Jagdausübung, z. B. Treibjagd auf Feldern mit reifender Frucht, verpflichtet stets zum Ersatz des *Jagdschadens* (§ 33 BJagdG).

Eine VO über die *Jagdzeiten* vom 2. 4. 1977 (BGBl. I 531) bestimmt auf Grund des § 22 BJagdG die Zeiten, in denen die Jagd auf die einzelnen Wildarten ausgeübt werden darf. Die Jagdbehörde kann im Einzelfall genehmigen, daß außerhalb der Jagdzeiten sowie innerhalb dieser über den Abschußplan hinaus krankes oder kümmerndes Wild erlegt werden darf. Die *WildschutzVO* vom 25. 10. 1985 (BGBl. I 2040 dient dem Schutz bestimmter Wildarten. Sie enthält Verbote und Gebote (außer für Jagdberechtigte) bezgl. der Inbesitznahme, des Haltens und Veräußerns, Aufzeichnungs- und Kennzeichnungspflichten für gewerbsmäßige Präparatoren und Händler, Nachweis der Besitzberechtigung für bestimmte Tierarten u. dgl.

Zur Durchführung des Bundesjagdgesetzes sind *Landesjagdgesetze* ergangen.

2. Das (subjektive) *Fischereirecht*

begründet die Befugnis, in Binnengewässern Fische, Krebse und andere nutzbare Wassertiere, z. B. Muscheln, die nicht Gegenstand des Jagdrechts sind, zu jagen und sich anzueignen. Es steht grundsätzlich dem Eigentümer des Gewässers zu. Wer den Fischfang ausüben will, bedarf der Erlaubnis des Inhabers des Fischereirechts; er muß ferner einen Berechtigungsschein bei sich führen (es gelten die einschlägigen landesrechtl. Vorschriften; Zusammenstellg. bei Erbs-Kohlhaas, Strafrechtl. Nebenges., F 83, II.).

Die große Hochsee- und Heringsfischerei ist von der Fischereischeinpflicht ausgenommen. Vgl. auch das internat. *Fischerei-Übereinkommen* vom 9. 3. 1964 (BGes. vom 15. 9. 1969, BGBl. II 1897); es betrifft Vereinbarungen darüber, innerhalb welcher Zonen außerhalb des eigenen Hoheitsgebietes Fischfang zulässig ist.

Über wirtschaftliche Vorschriften für die Fischerei vgl. 827 II.

335a. Wohnungseigentum, Dauerwohnrecht

Da Wohnhäuser als wesentliche Bestandteile eines Grundstücks grundsätzlich im Eigentum des Grundeigentümers stehen (§ 93 BGB; vgl. 307), konnte früher Teileigentum an einem Wohngebäude oder einer Wohnung für einen anderen Berechtigten nicht begründet werden. Um einer größeren Bevölkerungsschicht, die nicht zu einem Volleigentum an einem Grundstück gelangen kann, wenigstens eine diesem nahekommende Rechtsstellung zu verschaffen, wurde das Wohnungsrecht durch das *Wohnungseigentumsgesetz* (Ges. über das Wohnungseigentum und das Dauerwohnrecht vom 15. 3. 1951, BGBl. I 175) – WEG – um die Formen des *Wohnungseigentums* und des *Dauerwohnrechts* bereichert.

I. Der Inhalt des Wohnungseigentums

Das Wohnungseigentum gewährt die Möglichkeit, Eigentum an Teilen eines Gebäudes ähnlich dem im Ausland und früher bereits in Süddeutschland verbreiteten *Stockwerkseigentum* (vgl. Art. 189, 182 EGBGB) zu erwerben. Das Wohnungseigentum besteht gem. § 1 WEG aus dem *Sondereigentum* an einer Wohnung samt den zugehörigen Bestandteilen (Innenwände usw.) in Verbindung mit einem Miteigentumsanteil nach Bruchteilen an dem gemeinschaftlichen Eigentum. Teile eines Gebäudes, die nicht Wohnzwecken dienen, z. B. Geschäftsräume, werden als *Teileigentum* bezeichnet (§ 1 Abs. 3). Zum *Miteigentum* gehören alle Gebäudeteile, die für Bestand oder Sicherheit des Hauses erforderlich sind (Grundstück, Fundament, Dach) oder dem gemeinschaftlichen Gebrauch der Wohnungseigentümer dienen (Treppenhaus, Heizungsanlage), § 5 Abs. 2 WEG. Sondereigentum und Miteigentumsanteil sind untrennbar miteinander verbunden, können daher auch nur gemeinschaftlich übertragen oder – z. B. durch Hypotheken – belastet werden; Rechte am Miteigentumsanteil erstrecken sich auf das Sondereigentum (§ 6 WEG).

Begründet wird das WE durch Vertrag der Miteigentümer oder durch Teilung des bisherigen Alleineigentums (§§ 3, 8 WEG). Die Rechtsänderung erfordert die Einigung der Beteiligten (*Auflassung,* vgl. 335 I) und die Eintragung im

Grundbuch (§ 4 WEG). Auch der Verpflichtungsvertrag bedarf notarieller Beurkundung wie der Grundstückskaufvertrag (§ 313 BGB). Für jeden Miteigentumsanteil und das hiermit verbundene Sondereigentum wird ein besonderes Grundbuchblatt angelegt (*Wohnungsgrundbuch*, Teileigentumsgrundbuch, § 7 WEG; s. 297).

II. Die Eigentümergemeinschaft

Das *Rechtsverhältnis der Miteigentümer* untereinander bestimmt sich nach den speziellen Bestimmungen des WEG und den Grundsätzen der Gemeinschaft (324); eine Auflösung der Gemeinschaft kann nicht verlangt werden (§§ 10, 11 WEG). Dagegen ist jeder Wohnungseigentümer berechtigt, über Sondereigentum und Miteigentumsanteil durch Übertragung oder Belastung zu verfügen. Im gemeinsamen Nutzungsinteresse kann die Veräußerung vertraglich an die Zustimmung aller Miteigentümer gebunden werden; diese darf aber nur aus wichtigem Grund versagt werden (§ 12 WEG; z. B. bei Gefahr gewerblicher Nutzung in einem Wohnhaus). Jeder Wohnungseigentümer kann sein Sondereigentum (Wohnung) frei nutzen, muß aber die Verpflichtungen beachten, die sich aus dem Gemeinschaftsverhältnis ergeben. Er darf durch die Nutzung andere Eigentümer nicht schädigen oder über das unvermeidliche Maß hinaus belästigen oder stören; er hat dafür zu sorgen, daß diese Pflicht durch die seinem Hausstand oder Geschäftsbetrieb angehörenden Personen eingehalten wird (§§ 13, 14 WEG). Für die Nutzung des Sondereigentums und vor allem des gemeinschaftlichen Eigentums ist in erster Linie die vereinbarte Gebrauchsregelung maßgebend. Auch die Hausverwaltung ist Sache der Vereinbarung; ergänzend gelten die §§ 15ff., 20ff. WEG.

Die *Eigentümerversammlung* beschließt eine Hausordnung und bestellt einen *Verwalter* (auf höchstens 5 Jahre; Verlängerungsmöglichkeit). Dieser hat mindestens einmal jährlich eine Eigentümerversammlung einzuberufen, der er den jeweils für ein Jahr aufzustellenden Wirtschaftsplan und nach Jahresablauf die Abrechnung zur Beschlußfassung vorzulegen hat. Ihm obliegt die ordnungsmäßige Verwaltung (Instandhaltung des Hauses, Leistung der laufenden Zahlungen, Verwaltung der gemeinschaftlichen Gelder auf Sonderkonten usw.). Er hat eine Instandsetzungsrücklage zu bilden. Nutzungen und Lasten (z. B. Straßen- und Müllabfuhrgebühren, Versicherungen) sind auf die Miteigentümer umzulegen. Die Eigentümerversammlung faßt ihre Beschlüsse in gemeinsamen Angelegenheiten mit Stimmenmehrheit (schriftliche Beschlußfassung im Umlaufwege nur bei Einstimmigkeit zulässig). Sie kann einen *Verwaltungsbeirat* (Vorsitzender, 2 Beisitzer) aus ihrer Mitte bestellen; er wird vom Vorsitzenden nach Bedarf einberufen, hat den Verwalter zu unterstützen und den Wirtschaftsplan sowie Abrechnungen zu prüfen.

Ein Wohnungseigentümer, der sich einer schweren Verletzung seiner Pflichten gegenüber den Miteigentümern schuldig macht, insbesondere beharrlich deren Erfüllung verweigert oder seiner Kostentragungspflicht nicht nachkommt, kann auf Grund eines Beschlusses der Miteigentümer auf Veräußerung seines WE verklagt werden. Das Urteil ersetzt die bei freiwilliger

Versteigerung und Übertragung des WE auf den Ersteher erforderlichen Erklärungen des Eigentümers. Bei sonstigen Streitigkeiten aus dem Gemeinschaftsverhältnis, insbesondere wegen der laufenden Verwaltung, kann der Richter der *freiwilligen Gerichtsbarkeit* (294) angerufen werden.

III. Das Wohnungserbbaurecht

Das WEG kennt auch ein *Wohnungserbbaurecht* (§ 30). Steht ein Erbbaurecht, d. h. das Recht, auf einem fremden Grundstück ein Bauwerk zu haben (336 II 1), mehreren Berechtigten in Bruchteilsgemeinschaft zu, so können die Anteile in der Weise beschränkt werden, daß jedem Mitberechtigten das Sondereigentum an einer bestimmten Wohnung in dem auf Grund des Erbbaurechts errichteten Gebäude eingeräumt wird.

IV. Das Dauerwohnrecht nach dem Wohnungseigentumsgesetz

Da sich das dingliche Wohnungsrecht (§ 1093 BGB), eine Unterart der beschränkten persönlichen Dienstbarkeit (vgl. 336), vielfach als nicht ausreichende Rechtsgrundlage erwiesen hat, gestattet das WEG (§§ 31 ff.) die Begründung eines *Dauerwohnrechts*. Dieses belastet das Grundstück in der Weise, daß der Berechtigte unter Ausschluß des Eigentümers eine bestimmte Wohnung in einem Gebäude bewohnen oder sonstwie nutzen darf (bei gewerblichen Räumen *Dauernutzungsrecht* genannt). Dieses Dauerwohn(nutzungs)recht ist ein beschränktes dingliches Recht (336), das aber im Gegensatz zum dinglichen Wohnungsrecht veräußerlich und vererblich ist. Es wird wie das WE im Grundbuch eingetragen und umfaßt die Befugnis, die Wohnung zu vermieten. Das Dauerwohnrecht soll nur an in sich abgeschlossenen Wohnungen begründet werden. Es kann vereinbart werden, daß es unter bestimmten Voraussetzungen, z. B. beim Tod des zuletzt versterbenden Ehegatten, an den Grundstückseigentümer zurückfällt *(Heimfallanspruch)*.

336. Beschränkung des Eigentums durch dingliche Rechte

Das Eigentum kann durch andere dingliche Rechte beschränkt werden. Bei beweglichen Sachen kennt das BGB nur Pfandrecht und Nießbrauch, während die Zahl der dinglichen Rechte an Grundstükken weit größer ist (vgl. 333).

I. Dingliche Rechte an *beweglichen Sachen*

1) Das *Pfandrecht* ist das an einer Sache bestehende dingliche Recht des Gläubigers einer Forderung, den Gegenstand zur Befriedigung seiner persönlichen Forderung zu verwerten (§§ 1204–1296 BGB). Vgl. 340. Dies geschieht bei beweglichen Sachen durch öffentliche Versteigerung des Pfandes.

2) Zum *Nießbrauch* s. 339.

II. Dingliche Rechte an *Grundstücken*

1) *Dienstbarkeiten*
sind auf ein Dulden oder Unterlassen gerichtete beschränkte dingliche Rechte an einem Grundstück. Man unterscheidet die Grunddienstbarkeit, die beschränkte persönliche Dienstbarkeit, den Nießbrauch und das Erbbaurecht.

Grunddienstbarkeit ist die Belastung eines Grundstücks in der Weise, daß der jeweilige Eigentümer eines anderen Grundstücks (sog. herrschendes Grundstück) das belastete Grundstück (sog. dienendes Grundstück) in einzelnen Beziehungen benutzen darf (z. B. *Wegegerechtigkeit*) oder bestimmte Handlungen auf dem belasteten Grundstück nicht vorgenommen oder Nachbarrechte nicht ausgeübt werden dürfen (z. B. Errichtung von Gebäuden, zulässige Immissionen, vgl. 335 II), § 1018 BGB.

Die *beschränkte persönliche Dienstbarkeit* ist der Grunddienstbarkeit verwandt; jedoch ist bei ihr nicht der jeweilige Eigentümer eines (herrschenden) Grundstücks, sondern eine bestimmte Person berechtigt, mit deren Tod sie endet (§§ 1090, 1061 BGB). Die Berechtigung kann in einem *Wohnungsrecht* bestehen (§ 1093 BGB).

Zum *Nießbrauch* s. 339. Er ist bei Grundstücken die umfassendste aller Dienstbarkeiten (§ 1030 BGB).

Durch das in der VO vom 15. 1. 1919 (RGBl. 72) geregelte *Erbbaurecht* wird das Grundstück in der Weise belastet, daß dem Erbbauberechtigten das veräußerliche und vererbliche Recht zusteht, auf oder unter der Oberfläche des Grundstücks ein Bauwerk zu haben. Hierfür ist ein *Erbbauzins* zu entrichten, dessen vertraglich vereinbarte Erhöhung bei *Wohngebäuden* nur im Rahmen der allgemeinen wirtschaftlichen Entwicklung und jeweils erst nach 3 Jahren verlangt werden kann. Das Erbbaurecht wird i. d. R. für bestimmte Zeit bestellt (z. B. 90 oder 99 Jahre). Nach Erlöschen wird das Bauwerk Eigentum des Grundstückseigentümers. Falls nicht vertraglich ausgeschlossen, ist der Erbbauberechtigte zu entschädigen. Auf das Erbbaurecht finden im allgemeinen die für Grundstücke geltenden Vorschriften Anwendung. Es wird dafür ein besonderes Grundbuchblatt angelegt. Darin können Hypotheken, Grund- und Rentenschulden wie bei Grundstücken eingetragen werden.

Über *Wohnungseigentum, Wohnungserbbaurecht, Dauerwohnrecht* s. 335 a.

2) *Reallast und Grundpfandrechte*

Die *Reallast* belastet ein Grundstück in der Weise, daß an den Berechtigten wiederkehrende Leistungen aus dem Grundstück zu entrichten sind (§ 1105 BGB; z. B. Altenteil, Leibrente).

Grundpfandrechte sind die Hypothek, die Grundschuld und die Rentenschuld, s. im einzelnen 337. Während bei beweglichen Sachen das Pfand durch öffentliche Versteigerung verwertet wird, geschieht dies bei Grundpfandrechten nach dem Zwangsversteigerungsgesetz, vgl. 255.

3) *Dingliches Vorkaufsrecht*

Bei einem dinglichen Vorkaufsrecht kann der Berechtigte bei einem Verkauf an einen Dritten in den Kaufvertrag eintreten (§§ 1094, 1098, 505 BGB).

337. Hypothek, Grundschuld, Rentenschuld (§§ 1113–1203 BGB)

Grundstückspfandrechte sind die Hypothek, die Grundschuld und die Rentenschuld.

I. *Hypothek*

Sie ist ein Grundstückspfandrecht, bei welchem neben dem persönlichen Schuldner auch das Grundstück für eine Forderung haftet. Die Hypothek ist akzessorisch, d. h. vom Bestand der Forderung abhängig. Wird dem Gläubiger ein Hypothekenbrief erteilt, so spricht man von einer *Brief-*, andernfalls von einer *Buchhypothek;*

Besondere Arten der Hypothek sind:

1) die *Sicherungshypothek.* Sie bezweckt ausschließlich die Sicherung von (persönlichen) Forderungen und kann nur geltend gemacht werden, soweit eine Forderung besteht. Diese ist also nachzuweisen (§ 1184 BGB);
2) die *Höchstbetrags-(Maximal-)Hypothek* (§ 1190 BGB). Hier steht die Forderung der Höhe nach nicht fest; nur der Höchstbetrag wird eingetragen. Es handelt sich um eine Abart der Sicherungshypothek, die besonders zur Sicherung von Krediten im Kontokorrentverkehr verwendet wird;
3) die *Gesamthypothek,* bei der mehrere Grundstücke (meist desselben Eigentümers) zur Sicherung einer Forderung belastet werden und jedes Grundstück für die gesamte Forderung haftet (§ 1132 BGB);
4) die *Tilgungshypothek,* bei welcher der Schuldner gleichbleibende jährliche Beträge zu zahlen hat, die sowohl die Hypothekenzinsen als auch einen Amortisationsbetrag umfassen (dieser steigt infolgedessen jährlich, weil der zurückgezahlte Kapitalanteil nicht mehr verzinst wird);
5) die *Zwangshypothek.* Sie wird im Gegensatz zu den anderen nicht rechtsgeschäftlich bestellt, sondern auf Antrag des Gläubigers, der einen vollstreckbaren Titel besitzt, im Wege der Zwangsvollstreckung in das unbewegliche Vermögen eingetragen (aber nur für einen Betrag von mehr als 500 DM); sie ist stets eine Sicherungshypothek (§ 866 ZPO; vgl. 255).

II. *Grundschuld*

Bei ihr ist aus dem Grundstück eine bestimmte Geldsumme an den Gläubiger zu zahlen, ohne daß eine persönliche Forderung vorausgesetzt wird. Auch hier kann ein Brief erteilt werden *(Brief-,* sonst *Buchgrundschuld);*

Die *Grundschuld* unterscheidet sich von der Hypothek dadurch, daß sie ihrem Wesen nach von einer Forderung unabhängig ist. Der Gläubiger braucht das Bestehen einer persönlichen Forderung nicht nachzuweisen, um sein Recht am Grundstück zu verwirklichen. Aus diesem Grund wird der Grundschuld im Kreditverkehr der Vorzug vor der Hypothek gegeben.

III. *Rentenschuld*

Sie ist eine besondere Art der Grundschuld; bei ihr ist an regelmäßig wiederkehrenden Terminen eine bestimmte Geldsumme (rentenmäßig) aus dem Grundstück an den Berechtigten zu zahlen.

338. Eintragungen im Grundbuch

betreffen im wesentlichen (s. 297) das Eigentum an einem Grundstück und die dieses beschränkenden Rechte (336 II). Sie werden von dem beim AG bestehenden *Grundbuchamt* vorgenommen. Das materielle Grundbuchrecht ist im BGB enthalten, während sich das formelle in der Grundbuchordnung (GBO) findet; vgl. 297.

Grundsätze des Grundbuchrechts sind:

a) das *Spezialitätsprinzip* = eingetragene Grundstücke und Rechte müssen genau bestimmt sein;
b) *Eintragungsgrundsatz* = jede rechtsgeschäftliche Begründung, Änderung oder Übertragung von Grundstücksrechten erfordert eine inhaltlich gleiche Eintragung im Grundbuch;

c) *materielles Konsensprinzip* (§ 873 BGB) = zur Änderung von Grundstücksrechten ist außer der Eintragung die Einigung des Berechtigten und des anderen Teils erforderlich;
d) *materielles Publizitätsprinzip* (§ 892 BGB) = das Grundbuch genießt *öffentlichen Glauben*; sein Inhalt gilt als richtig, sofern nicht der Erwerber die Unrichtigkeit kennt;
e) *Prioritätsgrundsatz* (§ 879 BGB) = das *Rangverhältnis* mehrerer Belastungen bestimmt sich nach der Reihenfolge der Eintragungen, bei Eintragung in verschiedenen Abteilungen nach dem Datum der Eintragung.

Dem Grundbuchamt gegenüber genügt *(formelles Konsensprinzip)* die Vorlage der (beglaubigten) Eintragungsbewilligung des Betroffenen (§ 19 GBO). Nur bei Auflassung eines Grundstücks und bei Bestellung, Änderung und Übertragung eines Erbbaurechts muß die Einigung der Parteien dem Grundbuchamt nachgewiesen werden (§ 20 GBO).

Zum Schutz eines noch nicht eingetragenen Rechts kann eine *Vormerkung*, für eine spätere Eintragung kann ein *Rangvorbehalt* und gegenüber einer Unrichtigkeit des Grundbuchs kann ein *Widerspruch* eingetragen werden (§§ 881, 883, 894, 899 BGB).

Zum Erfordernis einer *Grundstücksverkehrsgenehmigung* bei Grundstücksveräußerungen und Erbbaurechtsbestellungen in den neuen Bundesländern s. die *Grundstücksverkehrsordnung* i. d. F. vom 3. 8. 1992 (BGBl. I 1477) m. spät. Änd.

339. Nießbrauch

ist das dingliche Recht, die Nutzungen eines in fremdem Eigentum stehenden Gegenstandes (bewegliche Sache, Recht, Grundstück) zu ziehen (§§ 1030–1089 BGB).

Der Nießbrauch ist ein auf die Person des Berechtigten abgestelltes *höchstpersönliches Recht;* er kann weder durch Rechtsgeschäft übertragen noch vererbt werden (§§ 1059, 1061 BGB). Jedoch kann die *Ausübung* eines Nießbrauchs einem anderen überlassen werden. Der Nießbraucher kann nicht über die ihm zum Nießbrauch überlassene Sache verfügen.

Das BGB unterscheidet den Nießbrauch an beweglichen Sachen, an Rechten, an einer Forderung, an einem Vermögen und an Grundstücken.

Der Nutznießer einer *beweglichen Sache* hat das Recht zum Besitz und zur Nutzung. Er erwirbt die Sachfrüchte, auch wenn im Übermaß gezogen, mit der Trennung, hat aber den Wert der über das Normalmaß gezogenen Früchte nach Erlöschen des Nießbrauchs dem Eigentümer u. U. zu ersetzen (§ 1039 BGB).

An *verbrauchbaren Sachen* ist nur ein uneigentlicher Nießbrauch möglich. Hier gehen die Sachen selbst in das Eigentum des Nießbrauchers über; er kann darüber verfügen, muß aber bei Beendigung des Nießbrauchs den Wert ersetzen (§ 1067 BGB).

An einem *Recht* kann ein Nießbrauch nur bestellt werden, wenn das Recht übertragbar ist und Nutzungen abwerfen kann (§ 1069 BGB).

Beim Nießbrauch an einer *unverzinslichen Forderung* ist der Nießbraucher zur Kündigung und Einziehung berechtigt; der Gläubiger erwirbt das Eigentum, der Nießbraucher den Nießbrauch an dem Geleisteten (§§ 1074, 1075 BGB). Bei einer *verzinslichen Forderung* verfügt der Nießbraucher nur über die Zinsen kraft seines Nießbrauchs. Über die Forderung (Kapital) können nur Nießbraucher und Forderungsberechtigter gemeinsam verfügen (z. B. kündigen, in Empfang nehmen). Das eingezogene Kapital ist verzinslich und mündelsicher anzulegen und unterliegt wieder dem Nießbrauch (vgl. §§ 1076–1079 BGB).

Für den Nießbrauch an *Inhaberpapieren* (vgl. 329) gilt die Besonderheit, daß der Besitz des Stammpapiers und der Erneuerungsscheine dem Eigentümer und dem Nießbraucher gemeinsam, hingegen Zins-, Renten- und Gewinnanteilscheine dem Nießbraucher allein zustehen (§ 1081 BGB).

Der *Nießbrauch an einem Grundstück* ist das auf die Person des Berechtigten abgestellte beschränkte dingliche Recht, die gesamten Nutzungen des Grundstücks zu ziehen. Der Nießbrauch kann auf Lebenszeit des Berechtigten, aber auch auf kürzere Zeit bestellt werden. Seine Zeitdauer kann auch von einer auflösenden Bedingung abhängig gemacht werden (z. B. Wegfall bei Wiederverheiratung). Der Nießbraucher trägt die öffentlichen und privaten Lasten (§ 1047 BGB); jedoch kann hierüber mit dinglicher Wirkung eine abweichende Vereinbarung getroffen werden, die der Eintragung im Grundbuch bedarf.

Das BGB kennt keinen einheitlichen Nießbrauch an einem *Vermögen*; vielmehr ist der Nießbrauch an den einzelnen Sachen und Rechten zu bestellen (§ 1085 BGB). Nur wird zugunsten der Gläubiger des Nießbrauchbestellers ein einheitliches Sondervermögen angenommen (§§ 1086, 1088 BGB); der Besteller kann zur Befriedigung eines Gläubigers Rückgabe der hierzu erforderlichen Gegenstände vom Nießbraucher verlangen (§ 1087 BGB).

340. Pfandrecht

ist das dingliche Recht, sich wegen einer Forderung aus einem fremden Gegenstand zu befriedigen. Das Pfandrecht (§§ 1204–1296 BGB) entsteht:

a) rechtsgeschäftlich durch *Verpfändung*, d. h. Bestellung durch Vertrag (vertragliches Pfandrecht);
b) durch *Gesetz* (gesetzliches Pfandrecht);
c) durch *Pfändung* im Wege der Zwangsvollstreckung (Pfändungspfandrecht). Vgl. 252, 253.

Gegenstand des Pfandrechts können bewegliche Sachen und Rechte sein. Pfandrechte an Grundstücken werden dagegen als Hypothek, Grundschuld oder Rentenschuld bestellt (vgl. 337).

Das Pfandrecht an beweglichen Sachen und Rechten ist streng akzessorisch, d. h. abhängig vom Bestand der gesicherten Forderung; diese muß eine Geldforderung sein oder in eine solche verwandelt werden können. Zur *rechtsgeschäftlichen Bestellung* des Pfandrechts ist Einigung zwischen Verpfänder und Pfandgläubiger sowie Übergabe der verpfändeten Sache *(Besitzübergabe)* erforderlich; die Verpfändung von Rechten erfolgt wie deren Übertragung, erfordert also ggf. Übergabe rechtsbegründender Urkunden (Hypothekenbrief o. dgl.), die Verpfändung einer Forderung Einigung und Anzeige an den Drittschuldner. Ohne Besitz kein Pfandrecht an der Sache; mit Rückgabe der Pfandsache an Verpfänder oder Eigentümer geht es unter. Die Besitzübergabe kann aber ersetzt werden durch die bloße Einigung, daß der bereits im Besitz befindliche Gläubiger die Sache als Pfand behalten soll; ferner durch Abtretung des Herausgabeanspruchs gegen einen Dritten, der unmittelbarer Besitzer ist, und Anzeige der Verpfändung an diesen. Nicht jedoch durch constitutum possessorium (Vereinbarung eines Besitzkonstituts wie beim Eigentumserwerb, s. 335 I). Über den Unterschied zum Sicherungseigentum vgl. 315.

Besitzlose Registerpfandrechte entstehen nach dem *Ges. über Rechte an Schiffen und Schiffsbauwerken* vom 15. 11. 1940 (RGBl. I 1499) an im Schiffsregister eingetragenen Schiffen durch Einigung zwischen Eigentümer und Gläubiger und Eintragung des Pfandrechts in das Schiffsregister; entsprechend nach dem *Ges. über Rechte an Luftfahrzeugen* vom 26. 2. 1959 (BGBl. I 57) an in die Luftfahrzeugrolle eingetragenen Lfz. durch Einigung und Eintragung in das Register für Pfandrechte an Luftfahrzeugen. Nach dem *Pachtkreditgesetz* (vgl. 828) entsteht das Pfandrecht, das ein Pächter einem Kreditinstitut an dem ihm gehörenden landwirtschaftlichen Grundstücksinventar einräumt, durch Einigung der Vertragsparteien und Niederlegung des Vertrags beim Amtsgericht.

Durch die Verpfändung entsteht ein gesetzliches Schuldverhältnis zwischen Verpfänder und Pfandgläubiger, das letzteren verpflichtet, die Pfandsache ordnungsmäßig zu verwahren. Die *Verwertung* der Pfandsache ist erst möglich, wenn die gesicherte Forderung fällig und nicht getilgt wird *(Pfandreife)*. Die Pfandsache wird grundsätzlich durch öffentliche Versteigerung verwertet. Im Einverständnis mit dem Eigentümer kann eine andere Verwertungsart gewählt werden. Der *Erlös* gebührt in Höhe der gesicherten Forderung dem Pfandgläubiger und bringt die Forderung insoweit zum Erlöschen. Im übrigen tritt er an die Stelle des Pfandes und steht dem Eigentümer der Pfandsache zu (§§ 1247ff. BGB).

Gesetzliche Pfandrechte sind u. a. die des Vermieters (vgl. 317), des Werkunternehmers (320), des Gastwirts (323), des Kommissionärs, Spediteurs und Lagerhalters (374–376). Bei den drei erstgenannten ist die Besitzerlangung die Voraussetzung der Entstehung des Pfandrechts, während bei den anderen der Satz „kein Pfandrecht ohne Besitz" nicht gilt, soweit die Übergabe der sog. Traditionspapiere die Besitzübertragung ersetzt. Für das kraft Gesetzes entstandene Pfandrecht gelten im allgemeinen die Vorschriften über das rechtsgeschäftlich begründete Pfandrecht (§ 1257 BGB).

341. Das Familienrecht (BGB IV. Buch, §§ 1297–1921)
umfaßt die Rechtsnormen, welche sich auf die persönliche und wirtschaftliche Stellung der Mitglieder einer Familie zueinander und zu Dritten beziehen. Es behandelt in 3 Abschnitten: Bürgerliche Ehe, Verwandtschaft und Vormundschaft.

Zahlreiche Bestimmungen über die Beziehungen zwischen Mann und Frau, insbesondere in vermögensrechtlicher Hinsicht, sind durch den *Gleichheitsgrundsatz* des GG (Art. 3, 117) mit dem 1. 4. 1953 außer Kraft gesetzt worden, soweit sie mit diesem unvereinbar waren. Die daraus entstehenden Fragen wurden aber erst durch das *Gleichberechtigungsgesetz* vom 18. 6. 1957 (BGBl. I 609) gesetzlich geklärt; die neue Regelung trat zwar großenteils erst am 1. 7. 1958 in Kraft, wurde aber vorher schon als Richtlinie beachtet.

An die Stelle der Vorschriften der §§ 1303–1352, 1564–1587 BGB waren zunächst die Bestimmungen des Ehegesetzes vom 6. 7. 1938 getreten. Nunmehr gilt das *Ehegesetz vom 20. 2. 1946* (KRG Nr. 16), jedoch nur noch hinsichtlich

Eheschließung, Nichtigkeit und Aufhebung der Ehe. Es wird ergänzt durch die *Hausratsverordnung* (6. DOV zum EheG) vom 21. 10. 1944 (RGBl. I 256), nach der der Richter bei mangelnder Einigung der geschiedenen Ehegatten die Rechtsverhältnisse an Ehewohnung und Hausrat nach der Scheidung unter Hintansetzung von Eigentums- und Schuldrecht nach *Recht und Billigkeit* gestalten kann. Das *1. EherechtsreformG* vom 14. 6. 1976 (BGBl. I 1421) brachte wichtige Änderungen im Namens- und vor allem im Ehescheidungsrecht. Hinsichtlich der anschließenden Gesetze zur Regelung von Härten beim Versorgungsausgleich s. 346 III 3. Das Adoptionsrecht wurde durch Ges. vom 2. 7. 1976 (BGBl. I 1749), das Recht der elterlichen Sorge durch das Ges. vom 18. 7. 1979 (BGBl. I 1061) weitgehend neu gestaltet. Bedeutsame Änderungen im Vormundschafts- und Pflegschaftsrecht bringt das *Gesetz zur Reform des Rechts der Vormundschaft und Pflegschaft für Volljährige (Betreuungsgesetz – BtG)* vom 12. 9. 1990, BGBl. I 2002, durch das die Entmündigung abgeschafft und die bisherige Vormundschaft über Volljährige und die Gebrechlichkeitspflegschaft durch das Institut der Betreuung ersetzt wurden (s. 352a).

Als weitere das Familienrecht berührende Gesetze sind zu nennen: das Ges. über die religiöse Kindererziehung vom 15. 7. 1921 (RGBl. 939), das *Kinder- und Jugendhilfegesetz* (SGB VIII, vgl. 188 I), das Amtsvormundschaft und -pflegschaft behandelt, und das *Personenstandsgesetz* vom 8. 8. 1957 (BGBl. I 1126) mit AVO i. d. F. vom 25. 2. 1977 (BGBl. I 377) – jeweils m. spät. Änd.

Das alte *Personenstandsgesetz* vom 6. 2. 1875 kannte nur die Beurkundung von Geburt, Heirat und Tod, ohne eine Verbindung der den einzelnen Menschen betreffenden Eintragungen oder Zusammenfassung der Angehörigen einer Familie herbeizuführen. Dem Beispiel der Schweiz und von Württemberg folgend, sah das Personenstandsgesetz vom 3. 11. 1937 (RGBl. I 1146) ein *Familienregister* vor, in dem jede Familie ein Blatt zur Aufzeichnung der Angehörigen der Familie erhielt. Es bildete zusammen mit dem *Heiratsregister* das *Familienbuch*. Letzteres wurde von dem Standesbeamten des Orts geführt, an dem die Ehegatten geheiratet hatten; ihm mußten alle einzutragenden Tatsachen mitgeteilt werden (System des unwandelbaren Führungsortes). Aus Zweckmäßigkeitsgründen und um die Heimatvertriebenen in die Personenstandsbuchführung einzugliedern, führte die Novelle zum Personenstandsgesetz vom 18. 5. 1957 (BGBl. I 518) das (württembergische) System des *wandernden Familienbuches* ein, nach welchem das Familienregister am Eheschließungsort angelegt wird und bei Verlegung des Wohnsitzes die Ehegatten als *Familienbuch* begleitet, während das *Heirats-* ebenso wie *Geburten-* und *Sterbebuch* am Beurkundungsort verbleiben. Die besondere Beweiskraft des Heiratsregisters ist auf das Familienbuch ausgedehnt worden. Im Familienbuch werden die Ehegatten, ihre Eltern und die gemeinschaftlichen Kinder eingetragen. Das Familienbuch wird stets nach der Eheschließung, sonst auf Antrag angelegt. Das religiöse Bekenntnis wird in den Personenstandsbüchern nur mit Einverständnis der Beteiligten vermerkt. Gegen ablehnende Entscheidungen des *Standesbeamten* kann die Entscheidung des Amtsgerichts angerufen werden. Auch kann der Standesbeamte sie in Zweifelsfällen herbeiführen.

Wegen des öffentlichen Interesses am Bestand von Ehe und Familie (vgl. Art. 6 GG und 50 I, 103) tritt der Grundsatz der *Vertragsfreiheit* im Familienrecht zurück; die Bestimmungen sind meist zwingender Natur.

342. Das Verlöbnis
ist ein formfreier familienrechtlicher Vertrag auf Eingehung der Ehe. Obwohl die Partner versprochen haben, die Ehe miteinander einzugehen, kann *nicht* darauf *geklagt* werden. Das Versprechen einer *Vertragsstrafe* für den Fall der Weigerung ist nichtig (§ 1297 BGB).

Da das *Verlöbnis* den allgemeinen Vorschriften über Rechtsgeschäfte und Verträge unterliegt, bedürfen Minderjährige der Zustimmung ihres gesetzlichen Vertreters (§ 107 BGB). Ein ohne diese Zustimmung abgeschlossenes Verlöbnis ist schwebend unwirksam und wird erst mit der Genehmigung rückwirkend wirksam oder aber auch mit der Volljährigkeit, falls der bisher Minderjährige erklärt, er wolle das Verlöbnis fortsetzen (§ 108 BGB).

Die Verlobten haben das Recht jederzeitigen Rücktritts. Jedoch hat bei grundlosem *Rücktritt* der andere Teil bzw. haben seine Eltern einen *Schadensersatzanspruch* wegen besonderer Aufwendungen, ebenso der Verlobte, dem der andere schuldhaft einen wichtigen Rücktrittsgrund gegeben hat; jedoch kein Schadensersatzanspruch bei Rücktritt des anderen Teils aus wichtigem Grund oder Verschulden des Geschädigten (§§ 1298, 1299 BGB). Die unbescholtene Verlobte, die dem Bräutigam die Beiwohnung gestattet hat, kann ein *Kranzgeld* beanspruchen (§ 1300 BGB; *Deflorationsanspruch*). Rückgabe der Verlobungsgeschenke nach Bereicherungsgrundsätzen, wenn die Eheschließung unterbleibt (§ 1301 BGB). Alle Ansprüche verjähren in 2 Jahren seit Auflösung des Verlöbnisses (§ 1302 BGB).

343. Die Eheschließung und ihre Wirkungen

I. *Formalien der Eheschließung*

Die Eheschließung ist ein familienrechtlicher Vertrag, der zwischen Mann und Frau vor dem Standesbeamten persönlich und bei gleichzeitiger Anwesenheit dadurch abgeschlossen wird, daß beide erklären, die Ehe miteinander eingehen zu wollen (§ 13 Abs. 1 EheG).

Vor der Eheschließung soll der Standesbeamte die Verlobten befragen, ob sie eine Erklärung über die Wahl des Ehenamens abgeben wollen (s. 305 und § 13a Abs. 1 EheG).

Nach der bis 31. 12. 1974 geltenden Regelung durfte ein Mann heiraten, wenn er das 21. Lebensjahr vollendet hatte, eine Frau bereits nach Vollendung des 16. Lebensjahres. Sowohl der Mann als auch die Frau konnte von diesem Erfordernis der *Ehemündigkeit* befreit werden (der Mann unter bestimmten weiteren Voraussetzungen). Vom 1. 1. 1975 ab ist das Ehemündigkeitsalter für Mann und Frau auf 18 Jahre herabgesetzt; Befreiung durch das Vormundschaftsgericht ist möglich, wenn der Antragsteller 16 Jahre alt und der künftige Ehepartner volljährig ist (§ 1 EheG). Abgesehen hiervon bleibt es für Minderjährige oder sonst beschränkt Geschäftsfähige (304) beim Erfordernis der Einwilligung des gesetzlichen Vertreters, ggf. auch eines Sorgeberechtigten; diese kann vom Vormundschaftsgericht ersetzt werden (§ 3 EheG).

Der Eheschließung soll ein *Aufgebot* vorausgehen (Befreiung durch den Standesbeamten möglich, § 12 EheG). Zuständig ist der Standesbeamte, in dessen Bezirk einer der Verlobten Wohnsitz oder gewöhnlichen Aufenthalt hat, mangels eines solchen das Standesamt Berlin I bzw. die Hauptstandesämter München, Baden-Baden und Hamburg (§ 15 EheG). Das Aufgebot soll klären, ob

Eheverbote bestehen. Diese hindern eine Eheschließung endgültig, wenn es sich um *trennende* Verbote handelt (fehlende Geschäftsfähigkeit, Verwandtschaft in gerader Linie oder Geschwisterschaft, Doppelehe; vgl. 345, 1b, c, d); in anderen Fällen (*aufschiebende* Verbote) ist Beseitigung des Hindernisses möglich (z. B. Schwägerschaft in gerader Linie). Vgl. §§ 4ff. EheG.

Der *Standesbeamte* soll an die Verlobten in Gegenwart von zwei Zeugen die Frage richten, ob sie die Ehe miteinander eingehen wollen. Nach Bejahung soll er im Namen des Rechts aussprechen, daß die Verlobten nunmehr rechtmäßig verbundene Eheleute sind. Die Eheschließung wird vom Standesbeamten in das *Familienbuch* eingetragen (§ 14 EheG).

Zum Schutze des öffentlichen Glaubens ist auch die vor einem Nichtstandesbeamten geschlossene Ehe voll wirksam, wenn dieser das Amt öffentlich ausgeübt und die Ehe in das Familienbuch eingetragen hat (§ 11 EheG).

Nach dem Ges. vom 23. 6. 1950 (BGBl. 226) mit Änd. vom 7. 3. 1956 (BGBl. I 104) kann die Landesjustizverwaltung Verbindungen von Verlobten, denen aus rassischen Gründen die standesamtliche Eheschließung unmöglich gemacht worden war, sowie Verbindungen politisch Verfolgter (*freie Ehen*) als rechtswirksam anerkennen.

Nach dem Ges. über die Anerkennung von *Nottrauungen* vom 2. 12. 1950 (BGBl. 778) sind in der Zeit vom 1. 1. 1945 bis zum 1. 8. 1948 vor einem „Notstandesbeamten" (z. B. Lagerkommandant, richterlicher Militärjustizbeamter) oder einem Geistlichen geschlossene Ehen rechtsgültig.

Nach dem Ges. vom 29. 3. 1951 (BGBl. I 215) sind die auf Grund eines „Führer-Erlasses" vom 6. 11. 1941 ausgesprochenen *nachträglichen Eheschließungen von Frauen Gefallener* hinsichtlich *Familiennamen,* Versorgung, Versicherung, Ehelichkeit der Kinder usw. anerkannt.

Die *kirchliche Trauung* hat nur kirchliche Wirkung. Sie darf erst nach der standesamtlichen stattfinden (Verstoß ist Ordnungswidrigkeit, gleichwohl aber nicht mit Geldbuße bedroht; §§ 67, 67a PersonenstandsG).

II. Die Rechtswirkungen der Eheschließung

sind in den §§ 1353ff. BGB geregelt. Die Ehe begründet vor allem die *Verpflichtung zur ehelichen Lebensgemeinschaft* (Ausnahmen bei Scheitern der Ehe oder wenn das Herstellungsverlangen mißbräuchlich wäre, § 1353 Abs. 2) und die gegenseitige *Unterhaltspflicht* gemäß §§ 1360ff. Über die Wahl des *Ehenamens* s. 305.

Während nach dem bis 30. 6. 1977 geltenden Recht die Leitung des Haushalts der Frau in eigener Verantwortung oblag, gilt ab 1. 7. 1977 der Grundsatz, daß die Ehegatten eine Vereinbarung über die *Haushaltsführung* treffen. Nach § 1356 BGB kann jeder Ehegatte erwerbstätig sein, soweit das mit seinen Pflichten in Ehe und Familie vereinbar ist. Unabhängig davon ist jeder Ehegatte nach § 1357 BGB berechtigt, zur angemessenen Deckung des Lebensbedarfs der Familie Rechtsgeschäfte mit Wirkung auch für und gegen den anderen Ehegatten abzuschließen (außer bei Getrenntleben). Der Umfang dieses Verpflichtungsrechts (früher *Schlüsselgewalt* der Frau) richtet sich nach den Lebensverhältnissen der Ehegatten; er umfaßt die laufenden Ausgaben, aber nicht außergewöhnliche wie z. B. Wohnungsmiete oder -kauf, Wechselverbindlichkeiten, langfristige Teilzahlungsverträge. Ausschluß des Verpflichtungsrechts wirkt Dritten gegenüber nur bei Eintragung im Güterrechtsregister (vgl. 299).

Über die *Unterhaltspflicht* s. 348.

Die Aufnahme einer *nichtehelichen Lebensgemeinschaft* hat nicht die Rechtswirkungen einer gültig geschlossenen Ehe; vor allem begründet sie keine gegenseitigen Unterhalts- oder gesetzlichen Erbansprüche oder einen Anspruch auf Witwenrente.

344. Eheliches Güterrecht

I. Überblick und geschichtliche Entwicklung

Die Eheschließung wirkt sich auch auf das Vermögen der Ehegatten aus. Die gesetzlichen Vorschriften hierüber, das *Ehegüterrecht,* geben den Ehegatten mehrere Möglichkeiten, ihre Vermögensverhältnisse zu regeln, indem sie einen bestimmten *Güterstand* vereinbaren. Seit Inkrafttreten des Gleichberechtigungsgesetzes am 1. 7. 1958 sind drei Güterstände möglich: die Zugewinngemeinschaft, die Gütertrennung oder die Gütergemeinschaft.

Als *gesetzlicher* Güterstand galt seit 1900 der Güterstand der *Verwaltung und Nutznießung* des Mannes am eingebrachten Gut der Frau. Da dieser mit dem Grundsatz der *Gleichberechtigung* nicht vereinbar war, ist er nach allgemeiner Ansicht seit 1. 4. 1953 aufgehoben. An seine Stelle trat am 1. 4. 1953 als gesetzlicher Güterstand die *Gütertrennung* und ab 1. 7. 1958 die durch das *Gleichberechtigungsgesetz* eingeführte *Zugewinngemeinschaft* (§ 1363 BGB). Diese gilt auch zwischen Ehegatten, die am 31. 3. 1953 im damaligen gesetzlichen Güterstand der Verwaltung und Nutznießung des Ehemannes lebten; doch konnte jeder Teil bis 30. 6. 1958 Gütertrennung verlangen. Die *vertraglichen* Güterstände waren bis 30. 6. 1958: *Allgemeine Gütergemeinschaft, Errungenschaftsgemeinschaft* und *Fahrnisgemeinschaft,* nachdem der frühere vertragliche Güterstand der Gütertrennung gesetzlicher Güterstand geworden war. Seit 1. 7. 1958 sind nur noch *Gütergemeinschaft* und *Gütertrennung* als Vertragsgüterstände zugelassen (§§ 1414 ff. BGB).

In den *neuen Bundesländern* gilt bezüglich des ehelichen Güterrechts folgendes: Für Ehegatten, die zum Beitrittszeitpunkt im gesetzlichen Güterstand der *Eigentums- und Vermögensgemeinschaft* des Familiengesetzbuches der DDR gelebt haben, gilt von diesem Zeitpunkt an der gesetzliche Güterstand der Zugewinngemeinschaft (s. unten II 1). Jeder Ehegatte kann bis zum 3. 10. 1992 gegenüber dem Kreisgericht erklären, daß für die Ehe der bisherige gesetzliche Güterstand fortgelten solle (Art. 234 § 4 EGBGB).

II. Die einzelnen Güterstände

1. *Zugewinngemeinschaft (ZgG)*

Die Ehegatten leben im (gesetzlichen) *Güterstand der Zugewinngemeinschaft,* wenn sie nicht durch notariell beurkundeten *Ehevertrag* einen anderen zugelassenen Güterstand vereinbaren (§§ 1363, 1410 BGB).

Bei der *Zugewinngemeinschaft* werden das Vermögen des Mannes und das der Frau nicht etwa gemeinschaftliches Vermögen (wie beim Gesamtgut der Gütergemeinschaft), sondern die beiderseitigen Vermögen bleiben getrennt, und zwar einschließlich des Vermögens, das ein Ehegatte nach der Eheschließung erwirbt. Der in der Ehe erzielte *Zugewinn* wird erst ausgeglichen, wenn die ZgG endet. Jeder Gatte verwaltet (wie bei Gütertrennung) sein Vermögen selbständig, unterliegt aber bestimmten *Verfügungsbeschränkungen* (Haushaltsgegenstände, Vermögen im ganzen; §§ 1365–1369 BGB). Endet die ZgG nicht durch Tod eines Ehegatten, sondern bei *Lebzeiten* beider Gatten durch Scheidung, Aufhebung der Ehe, Aufhebung der ZgG durch Vertrag oder durch Urteil bei Klage auf vorzeitigen Ausgleich, so ist der Zugewinn festzustellen und auszugleichen (§ 1372 BGB). Zugewinn ist der Betrag, um den das Endvermögen eines Ehegatten sein Anfangsvermögen übersteigt. Wer während der Ehe mehr Zg erzielt hat als der Ehepartner, muß diesem die Hälfte des Überschusses auszahlen (§§ 1374–1378 BGB).

Um Meinungsverschiedenheiten zu verhüten, die sich nach dieser Berechnungsart bei Eheauflösung durch *Tod eines Gatten* ergeben können, bestimmt § 1371 Abs. 1 BGB, daß in diesem Falle der Ausgleich des Zg dadurch verwirklicht wird, daß sich der *gesetzliche Erbteil* des überlebenden Ehegatten (354) um ¼ erhöht (*erbrechtliche* Regelung). Dabei ist unerheblich, ob ein Zg erzielt ist und ob der überlebende Ehegatte nicht etwa den höheren Zg aufweist. Der überlebende Ehegatte kann aber auch, falls er nicht erbt oder eine Erbeinsetzung oder ein Vermächtnis ausschlägt, die *güterrechtliche* Regelung wählen und Ausgleich des Zg und Pflichtteil (362) nach seinem nicht erhöhten gesetzlichen Erbteil verlangen (§ 1371 Abs. 2, 3 BGB). Der Pflichtteilsanspruch entfällt nur dann, wenn der überlebende Ehegatte durch Vertrag mit seinem verstorbenen Gatten auf sein gesetzliches Erbrecht oder sein Pflichtteilsrecht verzichtet hatte. Über Pfändbarkeit des Anspruchs auf *Zugewinnausgleich* s. 253, über erbschaftsteuerliche Behandlung s. 539.

Hinterläßt der erstverstorbene Ehegatte erbberechtigte Abkömmlinge, die nicht aus seiner letzten Ehe stammen (z. B. Kinder erster Ehe bei einer Zweitehe), so ist der überlebende Ehegatte verpflichtet, den *Stiefkindern* im Bedürfnisfall die Mittel zu einer angemessenen Ausbildung aus dem zu seinem gesetzlichen Erbteil gemäß § 1371 Abs. 1 BGB gewährten zusätzlichen Viertel zur Verfügung zu stellen (§ 1371 Abs. 4 BGB).

550

2. Gütertrennung

Im Güterstand der *Gütertrennung* sind die Vermögen der Ehegatten rechtlich getrennt; jeder kann sein Vermögen allein verwalten und frei darüber verfügen. Mit Ausnahme von Geschäften im Rahmen der sog. Schlüsselgewalt (§ 1357 BGB) haftet jeder Ehegatte nur für seine eigenen Schulden. Die Ehegatten stehen sich bei diesem Güterstand somit in vermögensrechtlicher Hinsicht wie Unverheiratete gegenüber.

Gütertrennung tritt vor allem ein, wenn dies durch einen Ehevertrag bei gleichzeitiger Anwesenheit beider Ehegatten vor einem Notar (§ 1410 BGB) ausdrücklich vereinbart wird. In einigen Fällen kann sie auch kraft Gesetzes entstehen (vgl. z. B. § 1414 BGB).

3. Gütergemeinschaft

kann nur durch einen Ehevertrag entstehen (§§ 1410, 1415ff. BGB). Das in die Ehe eingebrachte und das während der Ehe erworbene Vermögen wird i. d. R. gemeinschaftliches Vermögen der Ehegatten (*Gesamtgut,* § 1416 BGB). Daneben können die Ehegatten *Sondergut* haben; dies sind die Gegenstände, die nicht durch Rechtsgeschäft übertragen werden können (§ 1417 BGB), also z. B. unpfändbare Forderungen. Außerdem können einem Ehegatten Vermögensgegenstände als Alleineigentum vorbehalten sein (*Vorbehaltsgut,* § 1418 BGB).

III. Güterrechtsregister; Eigentumsvermutung

Nach § 1412 BGB können Ehegatten, wenn sie den gesetzlichen Güterstand ausgeschlossen oder geändert haben, hieraus einem Dritten gegenüber Einwendungen nur herleiten, wenn der Ehevertrag im *Güterrechtsregister* des zuständigen Amtsgerichts eingetragen oder dem Dritten bekannt war. Vgl. 299. Das Güterrechtsregister genießt nicht wie das *Grundbuch* öffentlichen Glauben derart, daß sein Inhalt als richtig gilt. Seinen Inhalt müssen Dritte gegen sich gelten lassen, nicht aber eintragungspflichtige Tatsachen (z. B. Abschluß eines Gütervertrags), die nicht eingetragen sind (sog. *negative Publizität* im Gegensatz zum positiven öffentlichen Glauben des Grundbuchs; vgl. 299, 338).

Allgemein besteht zugunsten der Gläubiger des Mannes und der Gläubiger der Frau eine *Eigentumsvermutung* dahin, daß die im Besitz eines oder beider Ehegatten befindlichen beweglichen Sachen dem jeweiligen Schuldner gehören. Dies gilt nicht, wenn die Ehegatten getrennt leben und sich die Sachen im Besitz des Nichtschuldners befinden (§ 1362 BGB).

345. Ehenichtigkeit. Eheaufhebung

Die *Auflösung einer Ehe* ist – außer durch Tod eines Ehegatten oder Scheidung (346) – nur dadurch möglich, daß sie durch gerichtliches Urteil für *nichtig* erklärt oder *aufgehoben* wird. Zu einer solchen Entscheidung können nur bestimmte, im *Ehegesetz* bezeichnete Gründe führen. Diese sind bei der Ehenichtigkeit entweder das Fehlen wichtiger Voraussetzungen oder schwere Formmängel bei der Eheschließung, die entweder überhaupt nicht oder nur in bestimmten Fällen geheilt werden können; Aufhebungsgründe dagegen bestehen bei weniger schwerwiegenden Mängeln, die einer Heilung zugänglich sind.

1. *Nichtigkeitsgründe* sind (§§ 17–21 EheG):
a) *mangelnde Form* der Eheschließung (343). Hier besteht Heilungsmöglichkeit durch (i. d. R.) fünfjähriges Zusammenleben der Ehegatten;
b) *Fehlen der Geschäftsfähigkeit* (auch Bewußtlosigkeit, nur vorübergehende geistige Störung), falls nicht nach Wegfall des Mangels der Wille zur Fortsetzung der Ehe hervorgetreten ist;
c) *Doppelehe;*
d) verbotene Ehe unter *Verwandten* in gerader Linie oder Geschwistern oder *Verschwägerten* in gerader Linie (bei diesen Heilungsmöglichkeit durch Befreiung von dem Ehehindernis).

2. *Eheaufhebungsgründe* (§§ 30–34, 39 EheG) sind:
a) Mangel der Einwilligung des gesetzlichen Vertreters beim *Geschäftsbeschränkten;*
b) bestimmte *Willensmängel,* denen ein Ehegatte *bei der Eheschließung* unterliegt, und zwar *Irrtum* darüber, daß es sich um eine Eheschließung handelt, oder über die Person des anderen Ehegatten (beide Fälle nur in Ausnahmelagen denkbar), Irrtum über wesenswichtige persönliche Eigenschaften des anderen Ehegatten, die den Irrenden bei Kenntnis der Sachlage und verständiger Würdigung des Wesens der Ehe von der Heirat abgehalten haben würden (erhebliche geistige oder körperliche Erkrankung, frühere Straftaten von nicht unerheblichem Ausmaß), *arglistige Täuschung* (nicht über Vermögensverhältnisse) unter den gleichen engeren Voraussetzungen sowie *widerrechtliche Drohung;*
c) Wiederverheiratung, nachdem der frühere Ehegatte eines der Ehepartner *irrtümlich für tot erklärt* worden war.

In den Fällen a) und b) ist Heilung durch Fortsetzung der Ehe nach Wegfall der Geschäftsbeschränkung oder Drohung bzw. nach Kenntnis von Irrtum oder Täuschung möglich.

Sowohl Nichtigerklärung wie Aufhebung setzen eine entsprechende *Klage im Eheprozeß* (248) voraus; doch ist die Aufhebungsklage an bestimmte Fristen gebunden. Der wesentliche Unterschied in der Wirkung des rechtskräftigen Urteils besteht darin, daß die *Ehenichtigkeit* grundsätzlich Rückwirkung hat (die Ehe gilt als nicht geschlossen), während die *Eheaufhebung* nur für die Zukunft wirkt. Im Interesse Dritter bestehen aber Ausnahmen von der Rückwirkung: die Kinder aus nichtigen Ehen gelten weiterhin als ehelich; gutgläubige Dritte werden hinsichtlich abgeschlossener Rechtsgeschäfte geschützt. Bei Eheaufhebung dagegen, die erst von der Rechtskraft des Urteils ab wirkt, treten dieselben Rechtswirkungen wie bei der *Scheidung* ein (346 III). Vgl. §§ 23ff., 35ff. EheG; § 1591 Abs. 1 BGB.

346. Ehescheidung

I. Begriff

Die Ehescheidung ist die Auflösung der Ehe für die Zukunft durch *Scheidungsurteil* aus Gründen, die während der Ehe eingetreten sind (im Gegensatz zur *Ehenichtigkeit* und zur *Eheaufhebung* aus Gründen, die bereits bei Eheschließung vorlagen oder dieser anhaften; vgl. 345).

II. Scheidungsvoraussetzungen

1. Geltendes Recht

Durch das *ab 1. 7. 1977* geltende Scheidungsrecht (1. EherechtsreformG vom 14. 6. 1976, BGBl. I 1421) wurde die Anknüpfung an Schuld- und Zerrüttungsvoraussetzungen gelöst. Scheidung kann nach §§ 1565ff. BGB ohne Rücksicht auf Verschulden verlangt werden, wenn die *Ehe gescheitert* ist und die Wiederherstellung der ehelichen Gemeinschaft nicht mehr erwartet werden kann. Das Scheitern der Ehe wird nach 3jährigem Getrenntleben, bei Einverständnis der Ehegatten mit der Scheidung schon nach 1jähriger Trennung unwiderlegbar vermutet. Leben die Ehegatten aber noch nicht 1 Jahr getrennt, so darf die Ehe nur geschieden werden, wenn ihre Fortsetzung für den Scheidungswilligen aus Gründen, die in der Person des anderen Ehegatten liegen, eine unzumutbare Härte sein würde. Eine weitere *Härteklausel* enthält § 1568 BGB für den Fall, daß die Ehe zwar als gescheitert anzusehen ist, daß aber besondere Gesichtspunkte für ihre Aufrechterhaltung sprechen, nämlich, wenn die Fortsetzung der Ehe im Interesse gemeinsamer Kinder notwendig ist oder wenn die Scheidung für den mit ihr nicht einverstandenen Ehegatten wegen ganz besonderer Umstände eine unzumutbare schwere Härte darstellen würde.

2. Früheres Recht

Die *Scheidungsgründe* waren *nach dem bis 30. 6. 1977 gültigen Recht* im Ehegesetz vom 20. 2. 1946 (§§ 42–48) erschöpfend geregelt. Grundvoraussetzung für eine Scheidung war eine unheilbare *Zerrüttung* der Ehe. Hinzutreten mußte bei Scheidung aus *Verschulden* entweder *Ehebruch* (absoluter Scheidungsgrund, bei dem die Zerrüttung gesetzlich vermutet wurde) oder eine andere *schwere Eheverfehlung* oder *ehrloses oder unsittliches Verhalten*.

Ohne Verschulden konnte bis 30. 6. 1977 geschieden werden wegen eines Verhaltens, das auf *geistiger Störung* beruhte, bei *Geisteskrankheit* eines Ehegatten, bei schweren ansteckenden oder ekelerregenden *Krankheiten* oder bei *dreijähriger Trennung* der Ehegatten und tiefgreifender Zerrüttung der Ehe.

III. Scheidungsfolgen

1. Unterhalt

Wie die Scheidung, richten sich auch deren Folgen nicht nach Schuld-, sondern nach objektiven Merkmalen (§§ 1569ff.). Für seinen Unterhalt hat grundsätzlich jeder geschiedene Ehegatte selbst zu sorgen. Einen Unterhaltsanspruch gegen den anderen hat aber der Ehegatte, von dem eine Erwerbstätigkeit wegen Alters oder Krankheit oder, weil ihm die Pflege eines gemeinsamen Kindes obliegt, nicht erwartet werden kann; ebenso, soweit er keinen angemessenen Erwerb finden kann oder seine Einkünfte nicht ausreichen.

Auch andere schwerwiegende Gründe können die Verweisung auf eigene Erwerbstätigkeit grob unbillig erscheinen lassen. Umgekehrt ist bei besonderen Gründen ein Unterhaltsanspruch zu versagen, herabzusetzen oder zeitlich zu begrenzen, wenn die Inanspruchnahme des Verpflichteten grob unbillig wäre, z. B. bei kurzer Ehedauer oder schweren Straftaten des Berechtigten gegen den Unterhaltsverpflichteten (§§ 1576, 1579 BGB).

2. Elterliche Sorge

Wird die Ehe geschieden, so bestimmt das Familiengericht, welchem Elternteil die *elterliche Sorge* für ein gemeinschaftliches Kind zusteht (§ 1671 Abs. 1 BGB). Der andere Ehegatte hat ein *Umgangsrecht* (§ 1634 BGB). Die Regelung des § 1671 Abs. 4 S. 1 BGB, wonach ein gemeinsames Sorgerecht beider Eltern auch dann ausgeschlossen ist, wenn sie es gemeinsam ausüben können und wollen, ist vom BVerfG (NJW 1983, 101) wegen Verstoßes gegen das Elternrecht (Art. 6 Abs. 2 S. 1 GG; s. 49 I) für verfassungswidrig erklärt worden. Das Sorgerecht kann also sowohl einem Elternteil allein als auch beiden gemeinsam, wenn sie dies wollen, übertragen werden.

3. Versorgung

Die Versorgungsnachteile, die einem Ehegatten infolge der Eheschließung entstanden sind, sollen in Anlehnung an den Zugewinnausgleich (344) ausgeglichen werden: Die Ansprüche auf Sozialversicherungsrente, Ruhegeld usw., die jeder Ehegatte während der Ehe *zusätzlich* erworben hat, werden gegenübergestellt; sodann wird die *Hälfte des Wertunterschiedes* dem Ehegatten mit geringeren Versorgungsrechten zu Lasten des Ehegatten gutgebracht, der werthöhere Ansprüche hat. Der Ausgleich erfolgt, wenn es sich um öffentlich-rechtliche Rentenanwartschaften handelt, durch Zuweisung eines Anspruchteils an den Berechtigten *(Renten-Splitting;* bei anderen Versorgungsansprüchen, z. B. aus einem Beamtenverhältnis, durch *fiktive Nachversicherung* unter entsprechender Kürzung der Versorgungsbezüge, sog. *Quasi-Splitting),* oder – nach der zunächst geltenden Regelung – dadurch, daß der Verpflichtete für den Berechtigten auf Grund einer *Renten-Nachversicherung* entsprechende Beiträge leistet. Die Höhe der Rente, die z. B. der Ehemann der nicht (mehr) berufstätigen Ehefrau zu übertragen hat, richtet sich nach der Höhe des Verdienstes und der Dauer der Ehe. Hat die Ehefrau eigene Versorgungsansprüche, wird die Rente des Mannes weniger gekürzt. Berücksichtigt wird ggf. zugunsten des Verpflichteten, daß der Berechtigte nach der Scheidung eine versicherungspflichtige Tätigkeit aufnimmt. Ist keine dieser Regelungen durchführbar, hat der Verpflichtete eine *Ausgleichsrente* in Höhe der Hälfte des jeweils übersteigenden Betrags zu zahlen *(schuldrechtlicher Versorgungsausgleich).* Abweichende *Vereinbarungen,* insbesondere durch Ehevertrag (344), haben den Vorrang vor der gesetzlichen Regelung; sie bedürfen jedoch notarieller Form und familiengerichtlicher Genehmigung, die bei nicht ausreichender Sicherung des Berechtigten verweigert werden soll. Im einzelnen vgl. §§ 1587a ff. BGB.

Die Ausgleichsformen des Rentensplittings, des Quasi-Splittings und des schuldrechtlichen Versorgungsausgleichs sind – abgesehen von der Notwendigkeit einer Regelung von Härtefällen – verfassungsgemäß (BVerfG NJW 1980, 692). Dagegen hat das BVerfG die Ausgleichsform der Beitragszahlung in der gesetzlichen Rentenversicherung für verfassungswidrig erklärt (NJW 1983, 1417). *Das Gesetz zur Regelung von Härten im Versorgungsausgleich* vom 21. 2. 1983 (BGBl. I 105) m. spät. Änd. hat dementsprechend die Beitragsverpflichtung beseitigt und Regelungen für Härtefälle getroffen. Nach der Entscheidung des BVerfG vom 8. 4. 1986 (NJW 1986, 1321) ist § 2 und § 13 (z. T.) dieses Gesetzes wegen Verstoßes gegen den Gleichheitsgrundsatz verfassungswidrig. Auf Grund dieser Entscheidung des BVerfG wurde das *Gesetz über weitere Maßnahmen auf dem Gebiet des Versorgungsausgleichs* vom 8. 12. 1986 (BGBl. I 2317) m. spät. Änd. erlassen, durch das die Nachteile, die der schuldrechtliche Versorgungsausgleich für den ausgleichsberechtigten Ehegatten unter Umständen mit sich bringen kann, vermieden werden sollen.

Auf das Beitrittsgebiet ist der Versorgungsausgleich übergeleitet worden (Ges. vom 25. 7. 1991, BGBl. I, 1606, 1702).

4. Sonstige Scheidungsfolgen

Der geschiedene Ehegatte behält den Ehenamen, kann aber durch Erklärung, die der öffentlichen Beglaubigung bedarf, gegenüber dem Standesbeamten seinen Geburtsnamen oder den zur Zeit der Eheschließung geführten Namen wieder annehmen (§ 1355 Abs. 4 BGB). Güterrechtlich wird beim gesetzlichen Güterstand der Zugewinngemeinschaft der Zugewinn ausgeglichen (§§ 1372ff. BGB, s. 344 II 1); bei Gütergemeinschaft hat eine Auseinandersetzung zu erfolgen. Mit der Ehescheidung entfallen die allgemeinen Ehewirkungen, wie z. B. die Verpflichtung zur ehelichen Lebensgemeinschaft oder die sog. „Schlüsselgewalt", sowie Erb- und Pflichtteilsrechte gegenüber dem anderen Ehegatten.

IV. *Verfahren*

Über das Verfahren bei Ehescheidung, Festsetzung des Versorgungsausgleichs, Regelung der Wohnungs- und Hausratsverhältnisse usw. vgl. 248, 295.

347. Verwandtschaft

ist die auf *Abstammung* beruhende Rechtsbeziehung zwischen natürlichen Personen *(Blutsverwandtschaft)*. Die *Verwandten* gliedern sich in:

a) Verwandte *gerader Linie* = Personen, von denen die eine von der anderen abstammt (z. B. Großeltern-Eltern-Kinder-Enkel);

b) Verwandte *in der Seitenlinie* = Personen, die nicht in gerader Linie verwandt sind, die aber von derselben dritten Person abstammen (z. B. Geschwister, Onkel und Neffe, Vetter und Kusine).

Der *Grad der Verwandtschaft* bestimmt sich nach der Zahl der sie vermittelnden Geburten (§ 1589 BGB). Danach sind Eltern und Kinder in gerader Linie im ersten Grade verwandt, Großeltern und Enkel im zweiten Grade. Bei Seitenverwandtschaften sind die Geburten beider Seiten zu zählen. So sind Geschwister im 2., Onkel und Neffe im 3. Grade in der Seitenlinie verwandt.

Ein *nichteheliches Kind* gilt (entgegen § 1589 Abs. 2 BGB a. F.) jetzt auch im Rechtssinne als mit seinem Vater verwandt (vgl. 351). Nicht miteinander verwandt sind dagegen *Verlobte* und *Ehegatten*.

Von rechtlicher Bedeutung ist die Verwandtschaft z. B. im Eherecht als Ehehindernis (§§ 4, 21 EheG), für die Unterhaltspflicht (§§ 1601ff. BGB), für das Verhältnis zwischen Eltern und Kindern (§§ 1616ff. BGB), für die gesetzliche Erbfolge (§§ 1924ff. BGB) und das Pflichtteilsrecht (§§ 2033ff. BGB), ferner bei Ausschließung von Gerichtspersonen (§§ 41ff. ZPO, §§ 22ff. StPO) usw.

Die Verwandten eines Ehegatten sind mit dem anderen Ehegatten verschwägert (dagegen nicht Verwandte des einen mit Verwandten des anderen Ehegatten!). Linie und Grad der *Schwägerschaft* bestimmen sich nach Linie und Grad der sie vermittelnden Verwandtschaft (§ 1590 BGB). Somit sind Schwiegereltern und -kinder sowie Stiefeltern und -kinder im 1. Grad in gerader Linie verschwägert, Ehegatten mit den Geschwistern des anderen Ehegatten (Schwägern) im 2. Grad in der Seitenlinie.

348. Unterhaltspflicht

besteht nach dem BGB
a) zwischen *Verwandten in gerader Linie* (§§ 1601 ff.);
b) zwischen *Ehegatten* (§§ 1360 ff.; nach Scheidung: §§ 1569 ff.);
c) für den Erzeuger eines nichtehelichen Kindes (§§ 1615 a ff.).

Der *Anspruch* auf den Unterhalt ist unverjährbar; dagegen können einzelne Raten verjähren (4 Jahre; vgl. § 197 BGB). Der Anspruch ist unvererblich und erlischt mit dem Tod des Berechtigten, i. d. R. auch beim Tod des Verpflichteten (Ausnahmen für fällige Leistungen usw., § 1615 BGB, und bei geschiedenen Ehegatten, §§ 1586 ff. BGB). Da der Anspruch zweckgebunden ist, kann für die Vergangenheit nur bei Verzug oder ab Rechtshängigkeit Unterhalt gefordert werden (§ 1613 BGB). Aus gleichem Grund kann für die Zukunft nicht verzichtet werden (§ 1614 BGB). Jedoch können in Scheidung liegende Ehegatten schon vor Rechtskraft des Scheidungsurteils über den Unterhalt für die Zeit *nach der Scheidung* Vereinbarungen treffen (§ 1585 c BGB). Solche Vereinbarungen sind nicht etwa deshalb nichtig, weil sie die Ehescheidung erleichtern oder ermöglichen, sondern nur, wenn die Ehegatten im Zusammenhang mit der getroffenen Vereinbarung einen nicht oder nicht mehr bestehenden Scheidungsgrund geltend machen oder wenn sich anderweitig aus dem Inhalt der Vereinbarung oder aus sonstigen Umständen des Falles ergibt, daß sie den guten Sitten widerspricht. Über Vereinbarungen zum Versorgungsausgleich vgl. 346 III 3 und § 1587 o BGB.

Die Unterhaltspflicht unter Verwandten setzt *Bedürftigkeit* des Berechtigten und *Leistungsfähigkeit* des Verpflichteten voraus, ausgenommen bei dem von Eltern gegenüber unverheirateten minderjährigen Kindern zu leistenden Unterhalt (vgl. §§ 1602, 1603 BGB). Der Unterhaltsanspruch des Ehegatten (§ 1360 a BGB) umfaßt außer dem zur Haushaltsführung notwendigen *Wirtschaftsgeld* ein angemessenes *Taschengeld*. Für nichteheliche Kinder s. 351.

Eine Neufestsetzung der durch Urteil festgelegten Unterhaltszahlung kann bei Änderung der Voraussetzungen durch Abänderungsklage gemäß § 323 ZPO verlangt werden. Die Anpassung der einem Minderjährigen auf Grund gerichtlicher Festsetzung oder Vereinbarung zu zahlenden Unterhaltsrente kann jeder Beteiligte bei Änderung der wirtschaftlichen Verhältnisse aufgrund der jeweils geltenden, von der BReg. erlassenen AnpassungsVO verlangen, die spätestens alle zwei Jahre zu überprüfen ist (§ 1612 a BGB; Art. 5 § 1 d. Ges. vom 29. 7. 1976, BGBl. I 2029). Vgl. AnpassungsVO 1995 vom 25. 9. 1997 (BGBl. I 1190). Die Neufestsetzung kann in einem vereinfachten Verfahren erfolgen (§§ 641 l ff. ZPO).

Leistet der Verpflichtete einem *noch nicht 12jährigen Kind,* das im Haushalt eines ledigen, verwitweten, geschiedenen oder dauernd getrennt lebenden Elternteils lebt, nicht regelmäßig mindestens den Regelunterhalt (351), tritt auf Antrag für höchstens 6 Jahre eine landesrechtlich bestimmte Stelle ein; der Ansprüche des Unterhaltsberechtigten gegen den Verpflichteten geht auf das Land über (*UnterhaltsvorschußG* i. d. F. vom 19. 1. 1994 (BGBl. I 165).

Über die Geltendmachung von Unterhaltsansprüchen im Ausland bestehen *Staatsverträge* sowie ein UN-Übereinkommen vom 20. 6. 1956 (BGBl. 1959 II 150). Vgl. ferner Gesetz zu den Haager Übereinkommen vom 2. 10. 1973 über die Anerkennung und Vollstreckung von Unterhaltsentscheidungen sowie über das auf Unterhaltspflichten anzuwendende Recht vom 25. 7. 1986, BGBl. II 825, sowie das Unterhaltsvollstreckungs-Übereinkommens-Ausführungsgesetz vom 25. 7. 1986, BGBl. I 1156.

Durch das *Auslandsunterhaltsgesetz* (AUG) vom 19. 12. 1986 (BGBl. I 2563) wird die Durchsetzung von Unterhaltsansprüchen im Ausland – soweit die Gegenseitigkeit verbürgt ist – erleichtert, indem die deutschen Gerichte und Behörden über eine Zentrale Behörde (Generalbundesanwalt) mit den ausländischen ähnlich den Bestimmungen im UN-Übereinkommen von 1956 (s. o.) zusammenarbeiten können. Die Staaten bei denen die Gegenseitigkeit verbürgt ist, werden im BGBl., Teil I, bekanntgemacht (s. die Aufstellung dieser Bekanntmachungen im Fundstellennachweis A des Bundesrechts, Gliederungsnummer 319-89-1-1 ff.).

349. Die elterliche Sorge

– früher „elterliche Gewalt" – ist der Kern des gesetzlichen Schutzverhältnisses, dem das minderjährige Kind bis zum Eintritt der Volljährigkeit (304), d. h. bis zum 18. Lebensjahr, unterliegt. Die ab 1. 1. 1980 geltende geänderte Bezeichnung des Eltern-Kindes-Verhältnisses verdeutlicht, daß die Fürsorge den Vorrang vor dem Bestimmungsrecht der Eltern hat. Allgemein haben die Eltern das Recht und die Pflicht, für die Person und das Vermögen des Kindes zu sorgen *(Personensorge, Vermögenssorge)* und das Kind auf diesen Gebieten gegenüber Dritten zu vertreten *(gesetzliche Vertretung)*. Die elterliche Sorge für *eheliche Kinder* ist in den §§ 1626–1698 b BGB geregelt. Für *nichteheliche Kinder* gelten Sondervorschriften (351).

Die elterliche Sorge steht *beiden Eltern* zu. Bei Meinungsverschiedenheiten sollte nach § 1628 BGB a. F. der *Vater* unter Rücksichtnahme auf die Auffassung der Mutter entscheiden. Das BVerfG hat jedoch diese Regelung für nichtig erklärt (BGBl. 1959 I 633). Seitdem sind beide Elternteile gleichberechtigt. Bei unlösbaren Meinungsverschiedenheiten bleibt nur die Anrufung des Vormundschaftsgerichts übrig; dieses kann nach § 1628 BGB einem Elternteil die Entscheidung übertragen.

Eltern und Kinder sind einander Beistand und Rücksicht schuldig (§ 1618 a BGB). Recht und Pflicht zur Erziehung und Pflege des Kindes (Art. 6 Abs. 2 GG) umfassen nach § 1626 BGB die Pflicht der Eltern, mit dem Kind entsprechend seinem Entwicklungsstand Fragen der elterlichen Sorge im Sinne eines Einvernehmens zu besprechen. Dementsprechend hat in Vormundschaftssachen (295) das Gericht außer den Eltern auch das Kind *anzuhören,* wenn dessen innere Einstellung für die Entscheidung bedeutsam ist; vom 14. Lebensjahr des Kindes ab besteht erweiterte Anhörungspflicht (§§ 50 a, b FGG). In Ausbildungsfragen müssen die Eltern auf Eignung und Neigung des Kindes Rücksicht nehmen; bei offensichtlichem Verstoß hiergegen entscheidet das Vormundschaftsgericht. Dessen Genehmigung ist bei einer *mit Freiheitsentziehung verbundenen Unterbringung* des Kindes einzuholen. Entwürdigende Erziehungsmethoden sind unzulässig (§§ 1631 ff. BGB).

Die Eltern trifft insbes. bei der Vermögensverwaltung eine Sorgfaltspflicht (§ 1664 BGB). Von bestimmten Rechtsgeschäften sind sie ausgeschlossen, etwa weil sie dem Minderj. persönlich vorbehalten sind (z. B. Testamentserrichtung), oder es muß wegen möglicher Interessenkollision (Geschäfte zwischen Kind und Eltern u. dgl.) oder wegen der besonderen Bedeutung des Rechtsgeschäfts (z. B. Grundstückskauf oder -verkauf) ein Pfleger bestellt bzw. die Genehmigung des Vormundschaftsgerichts eingeholt werden (§ 1629 Abs. 2, § 1643 BGB). Das Sorgerecht kann bei *Mißbrauch,* Vernachlässigung des Kindes oder

Versagen der Eltern entzogen oder beschränkt werden (§§ 1666ff. BGB). Zu Hilfen bei der Erziehung nach dem Kinder- und Jugendhilferecht s. 188 I.

350. Ausstattung. Aussteuer

Unter *Ausstattung* ist alles zu verstehen, was Eltern einem Kind mit Rücksicht auf die Verheiratung oder zur Erlangung einer selbständigen Lebensstellung oder zur Erhaltung der Wirtschaft oder seiner Lebensstellung zuwenden (§ 1624 BGB). Hierfür besteht eine moralische, nicht aber eine rechtliche Verpflichtung. Das Gewährte gilt nur insoweit als Schenkung, als es über die Vermögensverhältnisse der Eltern hinausgeht.

Ein klagbarer Anspruch auf eine *Aussteuer* (Unterart der Ausstattung) stand nach dem durch das Gleichberechtigungsgesetz aufgehobenen § 1620 BGB a. F. einer Tochter gegen den Vater, in zweiter Linie gegen die Mutter zur Einrichtung des Haushalts zu. Eine solche Rechtspflicht besteht jetzt nur noch im Rahmen der allgemeinen Unterhaltspflicht (348).

351. Nichteheliche Kinder

Durch das *Gesetz über die rechtliche Stellung der nichtehelichen Kinder* vom 19. 8. 1969 (BGBl. I 1243) wurde mit Wirkung vom 1. 7. 1970 in Ausführung des Verfassungsauftrags des Art. 121 WVerf. und des Art. 6 Abs. 5 GG die Stellung des *nichtehelichen K.* der des ehelichen weitgehend angenähert. Seither besteht Verwandtschaft rechtlich auch mit dem Vater und dessen Verwandten, und das Unterhaltsrecht entspricht weitgehend dem des ehelichen K. (§§ 1602, 1603 BGB).

Nach früherer Rechtslage hatte das *nichteheliche Kind* bis 30. 6. 1970 nur im Verhältnis zur Mutter und ihren Verwandten die rechtliche Stellung eines ehelichen K., war mit ihnen verwandt und mit dem Ehemann der Mutter verschwägert. Daraus ergaben sich zwischen ihm und der Mutter Unterhalts-, Erb- und Pflichtteilsansprüche (362). Dagegen galt es trotz Blutsverwandtschaft im Rechtssinne als *mit dem Vater nicht verwandt* (§ 1589 Abs. 2 BGB a. F.), hatte gegen ihn aber bis zum 18. Lebensjahr einen Unterhaltsanspruch.

Das Maß des Unterhalts richtet sich nach der Lebensstellung beider Eltern. Bis zum vollendeten 18. Lebensjahr ist mindestens der *Regelunterhalt* zu zahlen, außer bei Aufnahme des K. in den Haushalt des Verpflichteten (§§ 1615cff.). Regelunterhalt ist der *Regelbedarf* (dazu *Regelunterhalt-VO* vom 27. 6. 1970, BGBl. I 1010 m. spät. Änd.) abzügl. Kindergeld, -zuschläge u. dgl. Für Sonderbedarf des K. muß der Erzeuger aufkommen. In besonderen Fällen kann er Herabsetzung der Regelleistungen verlangen. Bei Säumnis des Verpflichteten kann das *Unterhaltsvorschußgesetz* (348) eingreifen.

Als Vater wird vermutet, wer der Mutter innerhalb der *Empfängniszeit* (181. bis 302. Tag vor der Geburt des nichtehelichen K., § 1592 BGB) beigewohnt hat. Die Vermutung kann aber durch schwerwiegende Zweifel an der Vaterschaft (§ 1600o BGB) ausgeräumt und z. B. bei *Mehrverkehr* durch *Blutgruppenuntersuchung* oder *erbbiologisches Gutachten* widerlegt werden. Die Vaterschaft gilt als festgestellt entweder bei rechtskräftiger gerichtlicher Entscheidung (auf Klage des K. oder des Vaters) oder bei öffentlich beurkundeter *Anerkennungserklä-*

rung (vor Gericht, Notar, Standesamt oder Jugendamt), die der Zustimmung des K. (ggf. des gesetzlichen Vertreters) bedarf. Die Anerkennung kann nur im Klagewege und in bestimmter Frist – für die Eltern i. d. R. 1 Jahr, für das Kind 2 Jahre ab Kenntnis – angefochten werden (§§ 1600a ff. BGB). Über die *Legitimation* nichtehelicher Kinder s. 305 III.

Die *nichteheliche Mutter* hat gegen den Vater des K. Anspruch auf Ersatz der Entbindungskosten und des Unterhalts für 6 Wochen vor und 8 Wochen nach der Geburt (§ 1615 l BGB). Schon vor der Geburt des K. können seine Ansprüche und die der Mutter für die ersten 3 Monate durch einstweilige Verfügung gesichert werden (§ 1615 o). Hierzu kann der Leibesfrucht ein Pfleger bestellt werden.

Die frühere gesetzliche *Amtsvormundschaft* des Jugendamtes über das K. ist abgelöst durch eine *Amtspflegschaft*, während die *elterliche Sorge* grundsätzlich der Mutter zusteht. Das K. erhält kraft Gesetzes einen *Pfleger* für die Wahrnehmung der in § 1706 BGB bezeichneten Angelegenheiten also betr. Feststellung der Vaterschaft, Unterhalt, Erb- und Pflichtteilsrecht. Gesetzlicher Pfleger ist das Jugendamt, wenn nicht das Gericht schon vor der Geburt des K. einen anderen Pfleger bestellt. Auf Antrag der Mutter bestimmt das Gericht, daß die Pflegschaft nicht eintritt oder aufgehoben wird, wenn das dem Wohl des Kindes nicht widerspricht. Die Mutter hat dann die volle elterliche Sorge (§§ 1705 ff. BGB).

Dem nichtehelichen K. steht gegenüber dem Vater und dessen Angehörigen ein *Erbrecht* zu, dagegen neben ehelichen Abkömmlingen des Vaters und neben dessen überlebendem Ehegatten nur ein *Erbersatzanspruch* in Höhe des Wertes des gesetzlichen Erbteils, das ihm im Falle der Ehelichkeit zustehen würde. Umgekehrt haben auch der nichteheliche Vater und dessen Abkömmlinge einen gleichen Anspruch beim Tode des K. Der Anspruch ist wie der *Pflichtteilsanspruch* (362) ein Geldanspruch (§ 1934a BGB). Über einen Anspruch des 21-, aber noch nicht 27jährigen K. auf *vorzeitigen Erbausgleich* vgl. § 1934d BGB.

In den *neuen Bundesländern* gelten bezüglich der nichtehelichen Kinder folgende Besonderheiten: Nach dem durch den Einigungsvertrag eingeführten Art. 230 Abs. 1 EGBGB ist zwar grundsätzlich die Geltung des BGB im Beitrittsgebiet vorgesehen, jedoch mit Ausnahme der §§ 1706–1710 BGB. Dies hat zur Folge, daß die elterliche Sorge für ein nichteheliches Kind allein und uneingeschränkt der Mutter zusteht. Nichteheliche Kinder, die vor dem 3. 10. 1990 (Beitritt der DDR zur BRep.) geboren worden sind, behalten das in der ehemaligen DDR den nichtehelichen Kindern eingeräumte volle (gesetzliche) Erbrecht gegenüber dem Vater (Art. 235 § 1 Abs. 2 EGBGB).

352. Die Adoption

(die Annahme als Kind) begründet ein Eltern- und Kindesverhältnis (Wahlkindschaft). Sie wird durch eine auf Antrag des Annehmenden ergehende *Entscheidung des Gerichts* ausgesprochen, §§ 1741 ff. BGB. Die Adoption hat die volle rechtliche Eingliederung des Adoptierten in die Adoptionsfamilie zur Folge (Voll-Adoption, § 1754).

Die volle Eingliederung des Adoptierten und seiner Abkömmlinge in die Familie des Annehmenden hat seine Unterstellung unter die elterliche Sorge (349) sowie gegenseitige Unterhaltspflicht nach den allgemeinen Vorschriften (348) und das gegenseitige gesetzliche Erbrecht (354) zur Folge. Dagegen erlöschen grundsätzlich das Verwandtschaftsverhältnis des Adoptierten und seiner Abkömmlinge zu seinen bisherigen Verwandten und die daraus resultierenden Unterhalts-, Erb- und anderen Ansprüche außer den bereits entstandenen Versorgungsansprüchen (§§ 1754, 1755). Das Kind erhält den Familiennamen des Annehmenden (aber nicht den nach § 1355 Abs. 3 vorangestellten Namen); Änderung der Vornamen sowie die Voranstellung oder Anfügung des bisherigen Familiennamens können zugelassen werden (§ 1757 BGB). S. a. 362.

Ein Ehepaar kann ein Kind als gemeinschaftliches annehmen, ein Lediger allein; ein nichteheliches Kind kann vom Vater oder von der Mutter angenommen werden (§ 1741 Abs. 2, 3).

Der Annehmende muß unbeschränkt geschäftsfähig und mindestens 25 Jahre alt sein, bei annehmenden Ehepaaren der andere Ehegatte mindestens 21 Jahre; letzteres gilt auch bei Adoption des eigenen nichtehelichen Kindes (§ 1743 BGB). Kinderlosigkeit des Annehmenden wird nicht mehr vorausgesetzt, ebensowenig Minderjährigkeit des Kindes (wegen Adoption Volljähriger s. u.). Die Adoption bedarf der Einwilligung des Kindes und ggf. der Zustimmung seines gesetzlichen Vertreters; ist das Kind geschäftsunfähig oder noch nicht 14 Jahre alt, so kann nur der gesetzliche Vertreter die Einwilligung erteilen. Die Adoption eines ehelichen Kindes bedarf ferner der Einwilligung seiner Eltern, die eines nichtehelichen Kindes der der Mutter. Sie kann erst erteilt werden, wenn das Kind 8 Wochen alt ist (§§ 1746, 1747). Gem. der Entscheidung des BVerfG vom 7. 3. 1995 – 1 BvR 790/91 – ist für die Adoption des nichtehelichen Kindes durch die Mutter oder den Stiefvater die Einwilligung des Vaters oder zumindest eine Abwägung mit dessen Belangen erforderlich (BGBl. 1995 I 884). Zulässig ist auch die *Inkognitoadoption* (ohne daß der Einwilligende den Namen des Annehmenden erfährt). Verweigert ein Elternteil die Einwilligung, so kann sie vom Vormundschaftsgericht nur bei erheblicher Pflichtverletzung oder Interesselosigkeit gegenüber dem Kind ersetzt werden; bei Weigerung des Vormunds oder Pflegers ist die Ersetzung schon bei Fehlen eines triftigen Grundes möglich (§ 1748, § 1746 Abs. 3). Die Einwilligung (Vertretung unzulässig) ist in notarieller Form gegenüber dem Vormundschaftsgericht zu erklären; sie darf weder bedingt noch befristet sein und ist unwiderruflich (§ 1750).

Der gerichtliche Ausspruch der Adoption setzt i. d. R. voraus, daß der Annehmende das Kind eine angemessene Zeit in Pflege gehabt hat (§ 1744 BGB). Die Adoption ist nur zulässig, wenn sie dem Wohl des Kindes dient und ein echtes Eltern-Kind-Verhältnis erwarten läßt (also keine *Schein-* oder *Namensadoption*). Überwiegende Interessen der Kinder des Annehmenden oder des Anzunehmenden dürfen nicht entgegenstehen; vermögensrechtliche Interessen sollen aber nicht ausschlaggebend sein (§ 1741 Abs. 1, § 1745).

Auch die *Adoption eines Volljährigen* ist zulässig, wenn sie sittlich gerechtfertigt und ein echtes Eltern-Kind-Verhältnis zu erwarten ist. Sie unterliegt grundsätzlich den gleichen Regeln wie beim Minderjährigen (§ 1767). Doch wird ein Rechtsverhältnis des Adoptierten nur zum Adoptierenden, nicht auch zu dessen Verwandten begründet; andererseits bleiben die Rechte und Pflichten des Adoptierten und seiner Abkömmlinge gegenüber seinen Verwandten unberührt (§ 1770).

Unrechts-Adoptionen, d. h. Adoptionen ohne eine wirksame Einwilligung der leiblichen Eltern, die in der ehemaligen DDR vorgekommen sind, konnten auf *Antrag* aufgehoben werden. (Art. 234 § 13 EGBGB i. d. F. durch das *Ges. zur Änderung adoptionsrechtlicher Fristen – AdoptFristG* – vom 30. 9. 1991, BGBl. I 1930.)

560

Das *Adoptionsvermittlungsgesetz* i. d. F. vom 27. 11. 1989 (BGBl. I 2016) m. spät. Änd. überträgt den Landesjugendämtern und den Jugendämtern die *Vermittlung der Annahme an Kindes Statt.* Sie ist auch dem Diakonischen Werk, dem Deutschen Caritasverband, der Arbeiterwohlfahrt und als geeignet anerkannten Fachverbänden gestattet. Die Vermittlung einer sog. *Ersatzmutter (Leihmutter),* also einer Frau, die bereit ist, sich einer künstlichen oder natürlichen Befruchtung zu unterziehen oder einen nicht von ihr stammenden Embryo auszutragen und das Kind nach der Geburt zur Adoption zu überlassen (§ 13a), ist untersagt.

352a. Vormundschaft. Betreuung. Pflegschaft

I. *Vormundschaft über Minderjährige*

Ein Minderjähriger erhält einen *Vormund,* wenn er nicht unter elterlicher Sorge steht, so wenn beide Elternteile nicht mehr leben oder wenn ihnen die elterliche Sorge nicht zusteht, etwa weil sie ihnen wegen Mißbrauchs, Vernachlässigung des Kindes oder sonstigen Versagens entzogen worden ist (§ 1666 BGB); dasselbe gilt, wenn sie zwar die elterliche Sorge als solche nicht verloren haben, aber das Kind weder personen- noch vermögensrechtlich vertreten dürfen (§ 1773 BGB).

Zur Übernahme einer Vormundschaft ist grundsätzlich jeder Deutsche verpflichtet; sie kann nur aus bestimmten Gründen abgelehnt werden (§§ 1785, 1786 BGB). Zum Vormund kann auch ein (z. B. karitativer) rechtsfähiger Verein oder, wenn ein geeigneter Einzelvormund nicht vorhanden ist, das *Jugendamt* bestellt werden.

Der Vormund vertritt den Pflegebefohlenen (*Mündel)* hinsichtlich seiner Person und seines Vermögens. Die Vormundschaft wird im allgemeinen unentgeltlich als Ehrenamt geführt. In besonderen Fällen, z. B. bei größeren Vermögensverwaltungen, kann das Vormundschaftsgericht einen *Gegenvormund* bestellen, der bei bestimmten Handlungen mitzuwirken hat (§ 1792 BGB).

Der Vormund hat ein *Vermögensverzeichnis* über das Mündelvermögen aufzustellen und dem Vormundschaftsgericht alljährlich Rechnung zu legen (§§ 1802, 1840 BGB). *Mündelgeld* ist nach Maßgabe besonderer Bestimmungen sicher anzulegen (§§ 1806ff. BGB; vgl. 873). Von einigen Verpflichtungen kann der Vormund befreit werden *(befreite Vormundschaft).* Bei wichtigeren Geschäften bedarf er dagegen der gerichtlichen Genehmigung (Grundstücksgeschäfte, Erbschaftsangelegenheiten, Erwerb oder Veräußerung eines Erwerbsgeschäfts, Arbeits- oder Lehrvertrag über mehr als ein Jahr, Kreditaufnahme; §§ 1821, 1822 BGB).

Vormund und Gegenvormund haften dem Mündel für ordnungsmäßige Erfüllung ihrer Aufgaben (§ 1833 BGB).

II. *Betreuung von Volljährigen*

Die nach früherem Recht bestehende Möglichkeit, auch bei Volljährigen (nach Entmündigung) eine Vormundschaft anzuordnen, ist durch das *Gesetz zur Reform des Rechts der Vormundschaft und Pflegschaft für Volljährige (Betreuungsgesetz – BtG)* vom 12. 9. 1990 (BGBl. I 2002) beseitigt worden. Das BtG hat die Institute der Entmündigung und der Gebrechlichkeitspflegschaft abgeschafft und durch das Institut der *Betreuung* ersetzt. Für einen Volljährigen bestellt das Vormundschaftsgericht auf dessen Antrag oder von Amts wegen einen Betreuer, wenn er auf Grund einer psychischen Krankheit oder einer körperlichen, geistigen oder seelischen Behinderung seine Angelegenheiten ganz oder teilweise nicht besorgen kann (§ 1896 Abs. 1 BGB).

Ein Betreuer darf nur für Aufgabenkreise bestellt werden, in denen eine Betreuung erforderlich ist (§ 1896 Abs. 2 S. 1). Sie ist u. a. nicht erforderlich, wenn der Betroffene einer anderen Person eine sog. *Altersvorsorge-Vollmacht* erteilt hat. Zum Betreuer bestellt das Vormundschaftsgericht eine geeignete natürliche Person (§ 1897 Abs. 1 BGB), wobei Wünsche des Volljährigen zu berücksichtigen sind (§ 1897 Abs. 4 BGB); es können auch sog. Vereinsbetreuer, Behördenbetreuer oder hilfsweise ein Betreuungsverein oder eine Betreuungsbehörde bestellt werden (§ 1897 Abs. 2, § 1900 Abs. 1, 4 BGB). Auch im übrigen kann jeder Volljährige schon für den etwaigen (späteren) Fall einer „Betreuung vorsorgen, in dem er in einer *Betreuungsverfügung* (auch *„Alterstestament"* genannt) Anordnungen für den Betreuungsfall trifft, z. B. über die Lebensführung, Vermögensverwaltung, ärztliche Maßnahmen u. ä.; jeder, der ein entsprechendes Schriftstück bestitzt, hat es unverzüglich an das Vormundschaftsgericht abzuliefern, nachdem er von der Einleitung eines Betreuungsverfahrens Kenntnis erlangt hat (§ 1901 a BGB). Trotz Bestellung eines Betreuers bleibt der Betreute, wenn er geschäftsfähig ist, auch weiterhin geschäftsfähig. Das Vormundschaftsgericht kann aber zur Abwendung einer erheblichen Gefahr für den Betreuten anordnen, daß der Betreute zu einer Willenserklärung, die den Aufgabenkreis des Betreuers betrifft, dessen Einwilligung bedarf (*Einwilligungsvorbehalt,* § 1903 BGB). Der Betreuer hat für seinen Aufgabenkreis die Stellung eines gesetzlichen Vertreters des Betreuten (§ 1902 BGB); er hat die Angelegenheiten des Betreuten so zu besorgen, wie es dessen Wohl entspricht. Zum Wohl des Betreuten gehört auch die Möglichkeit, im Rahmen seiner Fähigkeiten sein Leben nach seinen eigenen Wünschen und Vorstellungen zu gestalten (§ 1901 Abs. 1 BGB). Im einzelnen ist das Betreuungsrecht in den §§ 1896–1908 i BGB geregelt; das Gesetz trifft z. B. Regelungen über Probleme wie die Untersuchung des Betreuten, des ärztlichen Eingriffs beim Betreuten, der Sterilisation des Betreuten, der Wohnungsauflösung oder der freiheitsentziehenden zivilrechtlichen Unterbringung des Betreuten. Verfahrensrechtlich sind alle Betreuungssachen beim Vormundschaftsgericht konzentriert; das Verfahren richtet sich nach den §§ 65 ff. FGG.

S. hierzu ferner das *Betreuungsbehördengesetz* (BtBG) vom 12. 9. 1990 (BGBl. I 2002).

III. *Pflegschaft*

Eine *Pflegschaft* wird angeordnet, wenn der Inhaber der elterlichen Sorge oder der Vormund an der Besorgung einzelner Angelegenheiten für Kind oder Mündel (z. B. wegen entgegenstehender Interessen bei Erbangelegenheiten, Unterhaltsklagen) verhindert ist. Sie ist eine gerichtlich angeordnete Fürsorgetätigkeit für einen *bestimmten* Aufgabenkreis, während die Vormundschaft *alle* Angelegenheiten umschließt. Außer dieser *Ergänzungspflegschaft* (§ 1909) regelt das BGB die *Abwesenheitspflegschaft* für die Vermögensangelegenheiten eines abwesenden Volljährigen (§ 1911 BGB) sowie die Pflegschaft für eine Leibesfrucht (§ 1912 BGB), für unbekannte Beteiligte (§ 1913 BGB), für ein *Sammelvermögen* (§ 1914 BGB) und für einen Nachlaß (§ 1961 BGB). Vgl. 295, 296.

Die *Gebrechlichkeitspflegschaft* ist durch das Betreuungsgesetz (s. o. II) abgeschafft.

353. Das Erbrecht (BGB V. Buch, §§ 1922–2385)

regelt den Übergang des Vermögens eines Verstorbenen.

In den 9 Abschnitten des V. Buches des BGB sind Erbfolge, rechtliche Stellung des Erben, Testament, Erbvertrag, Pflichtteil, Erbunwürdigkeit, Erbverzicht, Erbschein und Erbschaftskauf behandelt. Daneben greifen Vorschriften der anderen Bücher des BGB ein. Wichtige Bestimmungen enthält insbesondere das dritte Buch (Sachenrecht); vgl. § 857 (der Besitz geht auf den Erben über), § 1061 (der Nießbrauch erlischt mit dem Tode des Nießbrauchers). Mit dem Erbfall geht das gesamte Vermögen des Erblassers mit allen Rechten und Pflichten auf den (die) Erben über (Gesamtrechtsnachfolge, sog. *Universalsukzession*), insbes. das Eigentum, selbst an Grundstücken. Es bedarf keiner Auflassung und Eintragung im Grundbuch, sondern nur einer Berichtigung des Grundbuchs, die den Einklang zwischen diesem und der wirklichen Rechtslage herstellt.

Besondere Bestimmungen hinsichtlich der *Erbfolge* enthalten ferner die ErbbaurechtsVO (336 II 1) und das *Höferecht* (825).

354. Die gesetzliche Erbfolge des BGB

(§§ 1922–1936) beruht auf dem sog. *Parentelensystem.* Gesetzliche Erben der 1. Parentel (= Erbfolgeordnung) sind die Abkömmlinge des

ERBFOLGE

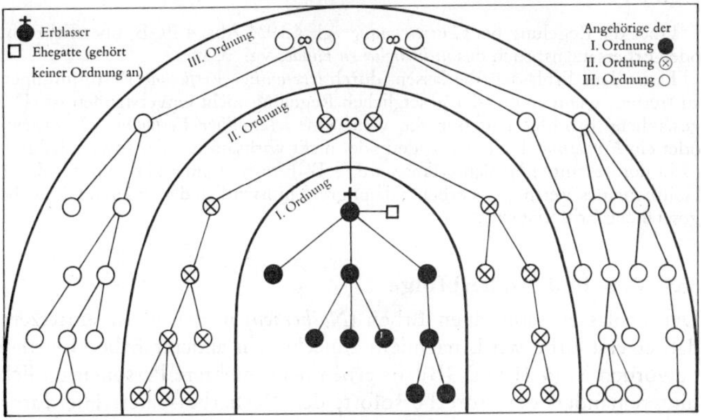

Erblassers (Kinder, Enkel usw.). Neben ihnen erbt der *überlebende Ehegatte* ¼ des Nachlasses. Beim Fehlen von Abkömmlingen kommt die 2. Ordnung zum Zuge, neben welcher der überlebende Ehegatte zu ½ Erbe ist. Gesetzliche Erben der 2. Ordnung sind die Eltern des Erblassers sowie deren Abkömmlinge. Leben beide Eltern, so erben sie allein. Lebt nur ein Elternteil, so erbt er ½. An die Stelle eines verstorbenen Elternteils treten die Geschwister des Erblassers bzw. deren Abkömmlinge.

Gesetzliche Erben der 3. Ordnung sind die Großeltern und deren Abkömmlinge. Neben Großeltern erhält der überlebende Ehegatte die Hälfte; weitere Verwandte schließt der überlebende Ehegatte aus.

Sind Abkömmlinge der ersten drei Parentelen nicht vorhanden und ist kein Ehegatte zu berücksichtigen, so kommen als 4. Parentel die Urgroßeltern und als 5. die entfernteren Voreltern und ihre Deszendenz als gesetzliche Erben in Betracht. Letzter gesetzlicher Erbe ist der *Fiskus.*

Falls der gesetzliche Güterstand der *Zugewinngemeinschaft* unter den Eheleuten gilt, erhöht sich gemäß § 1371 Abs. 1 BGB beim Tod eines Ehegatten der *gesetzliche Erbteil* des überlebenden Ehegatten um ¼. Der überlebende Ehegatte erbt dann als gesetzlicher Erbe neben Kindern oder Enkeln ½ (statt ¼) und neben Eltern oder Geschwistern des Erblassers ¾ (statt ½). Sein *Pflichtteil* (s. 362) beträgt bei Zugewinngemeinschaft die Hälfte dieser erhöhten Erbteile, also ¼ neben Erben der 1. Ordnung und ⅜ neben Verwandten der 2. Erbfolgeordnung. Nach § 1371 Abs. 2, 3 BGB kann der überlebende Ehegatte bei Zugewinngemeinschaft statt dieser erbrechtlichen Regelung, falls er nicht bedacht worden ist oder ausschlägt, den Ausgleich des Zugewinns nach der güterrechtlichen Regelung verlangen und ferner den Pflichtteil nach Maßgabe des nicht erhöhten gesetzlichen Erbteils geltend machen (vgl. 344).

Über die Regelung bei *Gütertrennung* vgl. § 1931 Abs. 4 BGB, über Erbrecht oder Erbersatzanspruch des *nichtehelichen Kindes* vgl. 351.

Es ist dem Erblasser überlassen, durch *letztwillige Verfügung* Bestimmungen zu treffen, wenn er mit der gesetzlichen Regelung nicht einverstanden ist. Die gesetzliche Erbfolge tritt nur ein, wenn eine *letztwillige Verfügung (Testament)* oder ein *Erbvertrag* nicht vorhanden oder nicht wirksam ist oder soweit dadurch nicht der gesamte Nachlaß erfaßt wird (z. B. E testiert „mein Freund X soll die Hälfte meines Vermögens erben"; dann greift hinsichtlich der anderen Hälfte die gesetzliche Erbfolge ein).

355. Vor- und Nacherbfolge

Der Erblasser kann einen Erben (*Nacherben*) in der Weise einsetzen, daß er erst Erbe wird, nachdem zunächst ein anderer Erbe *(Vorerbe)* geworden ist (§ 2100 BGB). Es erben dann mehrere Personen zeitlich hintereinander: der Vorerbe sofort, der Nacherbe später. Hierdurch kann das Vermögen erhalten, seine Nutzung aber mehreren nacheinander zugewendet werden.

Je nach Anordnung des Erblassers tritt die Nacherbfolge entweder mit dem *Tod des Vorerben* oder mit einem *anderen Ereignis* (z. B. Wiederverheiratung) oder zu einem anders bestimmten Zeitpunkt (z. B. Volljährigkeit des Nacherben) ein, § 2103 BGB.

Der Erblasser kann auch *mehrere Nacherben hintereinander* derart einsetzen, daß die Erbschaft dem späteren Nacherben erst anfällt, nachdem der vor ihm Berufene aufgehört hat, Erbe zu sein. Das BGB begrenzt die Zahl der Nacherben nicht, wohl aber die Bindung des Nachlasses – abgesehen von einigen Ausnahmen – auf 30 Jahre nach dem Tod des Erblassers (§ 2109); dann wird der Nachlaß frei.

Der Vorerbe kann grundsätzlich über Nachlaßgegenstände wie ein Vollerbe verfügen, ist aber im Interesse des Nacherben in der Verfügung nicht unerheblich beschränkt; er darf insbes. nicht verfügen über ein Grundstück oder ein Recht an einem Grundstück (Hypothek, Grundschuld usw.) und auch keine unentgeltlichen Verfügungen treffen (§§ 2112–2114 BGB). Von diesen Einschränkungen kann ihn der Erblasser befreien, indem er ihn als *befreiten Vorerben* oder den Nacherben *auf den Überrest* einsetzt. Auch dann sind unentgeltliche Verfügungen nicht zulässig. Der Erblasser kann ferner einen Testamentsvollstrecker einsetzen. Über das *Nachvermächtnis* s. 356.

Erbschaftsteuerlich ist Vor- und Nacherbschaft ungünstig, weil sowohl der Vorerbe als Vollerbe wie auch nach Maßgabe des § 6 ErbStG (539) der Nacherbe steuerpflichtig ist.

356. Vermächtnis. Auflage

Vermächtnis ist die vom Erblasser durch Testament oder Erbvertrag angeordnete Zuwendung eines Vermögensvorteils, ohne daß der Bedachte (Vermächtnisnehmer) Erbe wird (§ 1939 BGB). Während ein Erbe als Gesamtrechtsnachfolger in die Rechtsstellung des Erblassers einrückt, entsteht für den Vermächtnisnehmer nur ein schuldrechtlicher Anspruch gegen den Erben auf Erfüllung des Vermächtnisses (§§ 2147ff. BGB).

Vorausvermächtnis ist das einem Miterben zugewendete Vermächtnis. Bei einem *Wahlvermächtnis* kann der Bedachte einen von mehreren Gegenständen wählen. Bei einem *Gattungsvermächtnis* hat der Beschwerte eine nur der Gattung nach bestimmte Sache, auch wenn sie nicht zum Nachlaß gehört, zu leisten. Ist ein bestimmter Gegenstand in Kenntnis der Tatsache vermacht, daß er nicht zur Erbmasse gehört, aber in diese gelangen soll, so liegt ein *Verschaffungsvermächtnis* vor (z. B. Kaufrechtsvermächtnis). Ein *Untervermächtnis* ist vom Vermächtnisnehmer an einen Dritten zu erfüllen. Wird ein *Nachvermächtnis* angeordnet, so hat der Erstvermächtnisnehmer entsprechend der Nacherbfolge (355) zu dem festgesetzten Zeitpunkt den vermachten Gegenstand an den Nachvermächtnisnehmer herauszugeben.

Durch eine *Auflage* kann der Erblasser im Testament den Erben oder einen Vermächtnisnehmer zu einer Leistung an einen Dritten verpflichten, ohne daß für diesen ein Anspruch entsteht (§§ 1940, 2192ff. BGB). Damit die Auflage erfüllt wird, kann ihre Vollziehung zwar nicht von dem Bedachten, aber z. B. vom Miterben und von jedem gefordert werden, dem bei Wegfall des Beschwerten das Zugewendete zukäme (z. B. Erbe des Beschwerten).

357. Testamentsvollstrecker

Der Erblasser kann zur Ausführung seiner letztwilligen Verfügungen, insbesondere zur ordnungsmäßigen Befriedigung der Nachlaßgläubiger und zwecks Auseinandersetzung unter mehreren Miterben, einen Testamentsvollstrecker ernennen (§§ 2197ff. BGB).

Man unterscheidet den *Abwicklungs-Testamentsvollstrecker,* der in der Hauptsache die Erbauseinandersetzung regelt, und den *Verwaltungs-Testamentsvollstrekker,* welcher den Nachlaß für eine bestimmte Zeit betreut und verwaltet (z. B. einen Geschäftsbetrieb bei minderjährigen Erben).

Findet der Erblasser keine geeignete Persönlichkeit, die er ernennen kann, so kann er sich damit begnügen, eine Testamentsvollstreckung *anzuordnen,* und das *Gericht* um Ernennung eines geeigneten Testamentsvollstreckers ersuchen. Dies ist angebracht, da ein Ernannter das Amt nicht anzunehmen braucht. Ohne Anordnung aber findet eine Ernennung nicht statt.

Es können *mehrere Testamentsvollstrecker* (z. B. bei größeren Vermögen) bestimmt werden. Auch kann ein *Miterbe* (z. B. Ehefrau) als Testamentsvollstrekker eingesetzt werden, nicht jedoch ein Alleinerbe.

Der Testamentsvollstrecker hat Anspruch auf angemessene *Vergütung* (i. d. R. 1–5 v. H. des Reinnachlasses).

358. Öffentliches, eigenhändiges, Nottestament

Das *öffentliche Testament* wird vor einem Notar errichtet. Dabei kann der Erblasser seinen letzten Willen mündlich erklären oder eine – offene oder verschlossene – Schrift mit der Erklärung überreichen, daß sie seinen letzen Willen enthalte (§ 2232 BGB).

Das *eigenhändige (Privat-)Testament* (§ 2247 BGB) wird ohne Zuziehung einer Urkundsperson oder von Zeugen vom Erblasser (Testator) allein durch eine von ihm eigenhändig geschriebene und unterschriebene Erklärung errichtet. Orts- und Zeitangabe ist zwar nicht mehr Gültigkeitserfordernis, aber zweckmäßig, zumal das letzte Testament maßgebend ist (§§ 2253ff. BGB).

Minderjährige sowie Personen, die nicht schreiben oder lesen können, dürfen nur ein öffentliches Testament durch mündliche Erklärung (Minderj. auch durch Übergabe einer offenen Schrift) errichten; § 2233 BGB.

Ein Minderjähriger kann ein Testament erst errichten, wenn er das 16. Lebensjahr vollendet hat *(Testierfähigkeit),* dann aber ohne Zustimmung des gesetzlichen Vertreters (§ 2229 BGB).

Auch ein in fremder Sprache abgefaßtes Testament ist gültig. Es ist gleichgültig, ob Tinte, Bleistift oder ein anderes Schreibmittel verwendet wird (aber nicht Maschine!). Auch ein stenographisches Testament ist gültig (aber nicht zu empfehlen, weil oft Zweifel über die Urheberschaft und darüber entstehen, ob es nicht ein bloßer Entwurf sein sollte). Bei mehreren Blättern empfiehlt es sich, sie zusammenzuheften und zu numerieren.

Außerordentliche Testamentsformen sieht das BGB als *Nottestamente* bei *Todesgefahr* zu Protokoll des Bürgermeisters vor 2 Zeugen, bei Verkehrssperre in gleicher Form oder mündlich (protokollarisch) vor 3 Zeugen bzw. als *Seetestament* vor (§§ 2249–2251 BGB). Sie werden 3 Monate nach Errichtung hinfällig, falls der Testator noch lebt (§ 2252 BGB).

359. Gemeinschaftliches Testament

Ein *gemeinschaftliches Testament* (§§ 2265–2273 BGB) kann nur von *Ehegatten* (nicht von Verlobten, Geschwistern u. a. Personen) errichtet werden. Als *Form* steht das eigenhändige (Privat-) und das öffentliche Testament zur Verfügung. Während beim öffentlichen Testament der letzte Wille zu Protokoll erklärt wird, genügt es beim Privattestament, wenn ein Ehegatte das gemeinschaftliche Testament eigenhändig niederschreibt und der andere, falls er nicht Sonderwünsche hat, nur (unter Angabe von Ort und Zeit = Sollvorschrift) unterschreibt.

Das gemeinschaftliche Testament muß räumlich ein einheitliches Ganzes bilden (einheitliche Urkunde, nicht getrennte Bogen).

In *außerordentlicher* Form (vgl. 358) kann ein gemeinschaftliches Testament errichtet werden, wenn die Voraussetzungen hierfür (z. B. Lebensgefahr) nur bei einem Ehegatten vorliegen.

Sehr verbreitet ist das sog. *Berliner Testament* (§ 2269 BGB), bei welchem die Ehegatten in einem gemeinschaftlichen Testament sich gegenseitig als Erben einsetzen und weiter bestimmen, daß nach dem Tode des Letztversterbenden der beiderseitige Nachlaß an einen Dritten (z. B. die Kinder, Enkel oder auch andere Personen) als sog. *Schlußerben* fallen soll. Hier ist im Zweifel anzunehmen, daß der Schlußerbe für den gesamten Nachlaß (das Vermögen beider Ehegatten) als Erbe des zuletzt versterbenden Ehegatten eingesetzt ist.

Von einem *wechselbezüglichen gemeinschaftlichen Testament* spricht man, wenn darin Verfügungen getroffen sind, die in innerer Beziehung zueinander stehen und von denen die eine nur mit Rücksicht auf die andere getroffen ist. In solchem Fall hat die Nichtigkeit oder der Widerruf der einen Verfügung die Unwirksamkeit der anderen zur Folge (§ 2270 Abs. 1 BGB). Aber der Widerruf wechselbezüglicher Verfügungen ist erschwert: Er kann bei Lebzeiten der Ehegatten zwar einseitig, aber bei nachteiliger Wirkung für den anderen Ehegatten nicht durch eine neue Verfügung (Testament), sondern nur durch notariell beurkundete Erklärung gegenüber dem anderen Ehegatten erfolgen. Das Widerrufsrecht erlischt mit dem Tod eines Ehegatten; der überlebende Erbe kann seine Verfügung nur aufheben, wenn er das ihm Zugewendete ausschlägt (§ 2271 BGB). Es empfiehlt sich daher, falls sich die Verhältnisse ändern können, im gemeinschaftlichen Testament dem überlebenden Erben das Recht vorzubehalten, seine letztwillige Verfügung zu ändern.

360. Der Erbvertrag

ist im Gegensatz zum Testament eine den Erblasser bindende und i. d. R. unwiderrufliche Verfügung von Todes wegen. Der Abschluß eines Erbvertrages ist nicht wie das gemeinschaftliche Testament auf Ehegatten beschränkt, sondern auch zwischen anderen Personen möglich. Inhalt des Vertrags können eine Erbeinsetzung, die Anordnung von Vermächtnissen und Auflagen sein. Andere Anordnungen können einbezogen werden, sind aber frei widerruflich. Vgl. §§ 2274 ff. BGB.

Ein Erbvertrag muß bei gleichzeitiger Anwesenheit beider Vertragsteile (Erblasser – Begünstigter) vor einem Notar abgeschlossen werden. Zur Aufhebung bedarf es eines besonderen Aufhebungsvertrages. Nach dem Tod eines Beteiligten ist die vertragsmäßige Aufhebung daher unmöglich (§ 2290). Ehegatten können einen Erbvertrag auch durch gemeinschaftliches Testament aufheben (§ 2292). Zum einseitigen *Rücktritt* ist der Erblasser nur berechtigt, wenn er sich diesen im Erbvertrag vorbehalten oder wenn der Bedachte gegen ihn eine zur Entziehung des Pflichtteils berechtigende Verfehlung begangen hat (362) sowie bei Wegfall einer rechtsgeschäftlich begründeten Verpflichtung zu Unterhalts- oder anderen wiederkehrenden Leistungen, die der Bedachte dem Erblasser auf dessen Lebenszeit zu erbringen hat (§§ 2293ff. BGB).

361. Erbschein

Ein *Erbschein* (§§ 2353–2370 BGB) kann dem Erben vom Nachlaßgericht (296) zum Nachweis seiner Stellung als Erbe erteilt werden. Er ist eine Bescheinigung über das Erbrecht und den Umfang des Erbteils.

Sind mehrere Erben vorhanden, so kann ein *gemeinschaftlicher Erbschein* oder für jeden Erben ein *Teilerbschein* erteilt werden. Einem Vorerben wird ein Erbschein erteilt, der angibt, daß eine *Nacherbfolge* angeordnet ist, wer Nacherbe ist und wann die Nacherbfolge eintritt. Eine *Testamentsvollstreckung* muß gleichfalls im Erbschein angegeben werden.

Antragsberechtigt sind jeder Erbe, der Testamentsvollstrecker, der Nachlaßverwalter oder ein Gläubiger des Erben, der einen vollstreckbaren Titel gegen ihn besitzt (§ 792 ZPO). Die im Antrag gemachten Angaben sind durch Urkunden oder eidesstattliche Versicherung glaubhaft zu machen und vor Gericht oder Notar zu beurkunden. Es ist darzulegen, ob gesetzliche Erbfolge oder Erbfolge auf Grund einer Verfügung von Todes wegen eingreift.

Der Erbschein begründet die (widerlegbare) *Vermutung*, daß dem Inhaber das angegebene Erbrecht zusteht und er nur durch die angegebenen Anordnungen (z. B. Nacherbfolge) beschränkt ist. Der Erbschein gilt einem Dritten gegenüber als richtig, es sei denn, daß dieser die Unrichtigkeit kennt. Ist der Erbschein unrichtig, so wird er von Amts wegen eingezogen oder für kraftlos erklärt (§§ 2361, 2365, 2366 BGB).

362. Pflichtteil

Die grundsätzliche *Testierfreiheit* des Erblassers wird durch das *Pflichtteilsrecht* bestimmter Angehöriger (§§ 2303 bis 2338a BGB) eingeschränkt. Das Recht auf den *Pflichtteil* besteht darin, daß die Berechtigten aus dem Nachlaß des Erblassers, der sie durch Verfügung von Todes wegen (308) von der Erbfolge ausgeschlossen hat, eine *Geldzahlung* in Höhe der Hälfte des Wertes ihres gesetzlichen Erbteils verlangen können. Einen Pflichtteilsanspruch haben nur *Abkömmlinge,* der Ehegatte und die *Eltern* des Erblassers.

Hat der Erblasser dem Pflichtteilsberechtigten zwar ein Erbteil oder ein Vermächtnis zugewendet, erreicht dieses aber nicht die Höhe des Pflichtteils, kann der Berechtigte entsprechende Ergänzung verlangen (*Zusatzpflichtteil,* § 2305 BGB).

Zur *Berechnung des Pflichtteils* ist im Einzelfall die Höhe des gesetzlichen Erbteils und der Geldwert des Nachlasses festzustellen. Maßgebend hierfür ist der Bestand z. Z. des Erbfalles und der gemeine Wert der Nachlaßgegenstände (nicht der Einheitswert). Dabei werden die z. Z. des Erbfalles auf dem Nachlaß lastenden Verbindlichkeiten vom Aktivnachlaß abgesetzt; erst mit dem Tod des

Erblassers entstehende Nachlaßverbindlichkeiten (z. B. Vermächtnisse) bleiben außer Ansatz. Über Anrechnung von *Vorempfängen* und *Ausgleichungen* vgl. §§ 2315, 2316 BGB.

Ein *Adoptivkind* (352) ist gegenüber dem Annehmenden pflichtteilsberechtigt (und umgekehrt), ein *nichteheliches Kind* gegenüber der Mutter und hinsichtl. seines Erb- oder Erbersatzanspruchs (351) auch gegenüber seinem Vater – jeweils ggf. gegenüber Voreltern – (§ 2338a BGB); ebenso besteht umgekehrt ein Pflichtteilsrecht der erbberechtigten Eltern des ne. Kindes.

Eine *Entziehung des Pflichtteilsrechts* durch letztwillige Verfügung ist unter bestimmten Voraussetzungen zulässig (schwere Straftat des Pflichtteilsberechtigten gegen den Erblasser oder dessen nahe Angehörige, böswillige Unterhaltspflichtverletzung, ehrloser oder unsittlicher Lebenswandel; gegenüber den Eltern und dem Ehegatten mit Einschränkungen), §§ 2333ff. BGB.

G. Das Handelsrecht

363. Das Handelsrecht

ist ein Teil des bürgerlichen Rechts im weiteren Sinne. Es umfaßt insbes. die für Kaufleute geltenden besonderen Vorschriften des Privatrechts. Außer dem Handelsgesetzbuch (HGB, s. 364) kommen als ergänzende Bestimmungen zahlreiche weitere Gesetze aus angrenzenden Rechtsgebieten in Betracht, die handelsrechtliche Vorschriften enthalten (vgl. z. B. im folgenden 380, 381, 383–390).

364. Das Handelsgesetzbuch (HGB)

vom 10. 5. 1897 m. spät. Änd. gliedert sich in 5 Bücher: Handelsstand, Handelsgesellschaften und stille Gesellschaft, Handelsbücher, Handelsgeschäfte, Seehandel.

Das HGB bringt ein Sonderrecht für die wirtschaftliche Betätigung der meisten gewerblichen Unternehmer. Das im HGB geregelte Handelsrecht umfaßt im besonderen die Rechtsverhältnisse industrieller Betriebe und weitgehend auch die des Handwerks sowie der Urerzeugung von Grund- und Rohstoffen.

Dem Bundestag (13. Leg.Periode) liegt ein umfangreiches Reformgesetz zum Handelsgesetzbuch vor. Eine Verabschiedung bis zum Ende der Legislaturperiode (Oktober 1998) ist beabsichtigt. Zentraler Punkt der Reform wird die Neudefinierung des Kaufmannsbegriffs sein. Ferner sollen sich kleine Unternehmer (freiwillig) in das Handelsregister, dessen Verfahren ebenfalls reformiert wird, eintragen lassen können. Das Firmenrecht wird liberalisiert, auch Phantasienamen werden künftig zulässig sein.

365. Handelsstand, Handelsregister, Kaufleute

Das 1. Buch des HGB behandelt den *Handelsstand* und grenzt das Anwendungsgebiet des Handelsrechts ab. Es enthält ferner Bestimmungen über das *Handelsregister* (hierzu s. 298), das Firmenrecht, die Handelsbücher und die kaufmännischen Hilfspersonen.

Kaufmann i. S. des HGB ist nur, wer selbständig ein *Handelsgewerbe* betreibt. Wer die Kaufmannseigenschaft besitzt, ist grundsätzlich *Vollkaufmann,* d. h. er hat alle im HGB vorgesehenen Rechte und Pflichten. *Handwerker* und *Kleingewerbetreibende* sind nur *Minderkaufleute,* auf die wesentliche Bestimmungen des HGB, z. B. Firmen-, Prokuren-, Gesellschaftsrecht, keine Anwendung finden (§ 4 HGB). Seit dem Gesetz über die *Kaufmannseigenschaft der Handwerker* vom 31. 3. 1953 (BGBl. I 106) ist jedoch die Zuerkennung der Kaufmannseigenschaft für Großhandwerker usw. erleichtert.

Beim *Vollkaufmann* ist zu unterscheiden:

a) *Mußkaufmann* ist schon kraft seiner Betätigung, wer eines der im § 1 Abs. 2 HGB bezeichneten *Grundhandelsgeschäfte* betreibt. Dies sind: Anschaffung und Weiterveräußerung von Waren oder Wertpapieren, fabrikmäßige Be- oder Verarbeitung von Waren für andere, Prämienversicherung, Bankiergeschäfte, Güter- oder Personenbeförderung, Geschäfte als Kommissionär, Spediteur, Lagerhalter oder Frachtführer, Handelsvertreter, Handelsmakler, Verlags-, Buch- und Kunsthandelsgeschäfte, Großdruckereien. Jeder Gewerbetreibende, dessen Betrieb eines dieser Geschäfte zum Gegenstand hat, erlangt die Kaufmannseigenschaft auch ohne Eintragung in das Handelsregister kraft Gesetzes.
b) *Sollkaufmann* ist, wer ein gewerbliches Unternehmen betreibt, das nach Art und Umfang einen kaufmännischen Geschäftsbetrieb erfordert (z. B. Theater, Hotel, Sanatorium). Er ist verpflichtet, seine Eintragung im Handelsregister herbeizuführen, und erlangt die Kaufmannseigenschaft erst mit der Eintragung (§ 2 HGB).
c) *Kannkaufmann*. Durch *freiwillige Eintragung* in das Handelsregister kann ein Land- oder Forstwirt Kaufmann werden, wenn er ein Unternehmen des unter b) bezeichneten Umfangs oder wenn er ein kaufmännisch zu führendes Nebengewerbe betreibt und für den Betrieb (die Betriebe) die Eintragung veranlaßt (§ 3 HGB).
d) *Kaufleute kraft Rechtsform* sind die Handelsgesellschaften (oHG, KG, AG, KG auf Aktien, GmbH) und die Genossenschaften; das ist (außer bei oHG und KG) auch der Fall, wenn sie kein Handelsgewerbe betreiben. Vgl. 372. Die *Gesellschafter* der oHG und die persönlich haftenden Gesellschafter der KG sind nach h. M. Kaufleute gemäß a).

365a. Die Partnerschaft

Angehörige Freier Berufe können sich ab 1. Juli 1995 zur gemeinsamen Berufsausübung zu einer *Partnerschaft* zusammenschließen (Gesetz über Partnerschaftsgesellschaften Angehöriger Freier Berufe – Partnerschaftsgesellschaftsgesetz – PartGG – vom 25. 7. 1994, BGBl. I 1744).

Die *Partnerschaftsgesellschaft* ist als rechtsfähige Personengesellschaft ausgestaltet, die nur Angehörigen Freier Berufe zugänglich ist, kein Handelsgewerbe ausübt, aber namensrechtsfähig, grundbuchfähig und parteifähig ist. In ihr Vermögen kann vollstreckt werden. Als Ausübung eines Freien Berufs i. S. des BGB gilt z. B. die selbständige Berufstätigkeit der Ärzte, Zahnärzte, Tierärzte, Rechts- und Patentanwälte, Wirtschaftsprüfer, Ingenieure, Architekten, Journalisten, Wissenschaftler, Künstler oder Schriftsteller (§ 1 Abs. 2 PartGG).

Auf die Partnerschaft finden die Vorschriften des BGB, aber in größerem Umfang auch die Vorschriften des *Handelsgesetzbuches* Anwendung. Der Partnerschaftsvertrag bedarf der Schriftform (§ 3), sie ist zur Eintragung in das *Partnerschaftsregister* beim zuständigen Amtsgericht anzumelden (§§ 4, 7). Näheres regelt die *PartnerschaftsregisterVO* vom 16. 6. 1995 (BGBl. I 808). Für die Verbindlichkeiten der Partnerschaft haften neben der Gesellschaft die Partner als Gesamtschuldner. Zur Auflösung oder Liquidation der Partnerschaft s. §§ 9, 10.

366. Firmenrecht

Die *Firma* ist der Name, unter dem der Vollkaufmann (natürliche Person oder Handelsgesellschaft) seine Handelsgeschäfte betreibt und die Unterschrift abgibt (§ 17 HGB).

Der Kaufmann kann unter seiner Firma klagen und verklagt werden. Die Firma als solche kann großen wirtschaftlichen Wert haben (den sog. *goodwill* = Firmenwert, d. i. der die Substanz – Kapital, Betriebsvermögen, Waren usw. – übersteigende tatsächliche Wert einschl. Kundenkreis, Geschäftschancen usw.). Gleichwohl darf die Firma nicht für sich allein ohne das Handelsgeschäft übertragen werden (§ 23 HGB). Man unterscheidet bei einer Firma:

a) den *Firmenkern,* d. h. den notwendigen Bestandteil, und die *Zusätze* (z. B. Samengroßhandlung), die zulässig, aber nicht notwendig sind (§§ 18, 19 HGB);
b) die (nur den Inhabernamen enthaltende) *Personenfirma* und die den Gegenstand des Unternehmens wiedergebende *Sachfirma*.

Für die Firma gelten folgende Grundsätze:

1. *Firmenwahrheit* = keine Irreführung über Inhaber, Art und Umfang;
2. *Firmeneinheit* = der Kaufmann darf für ein Handelsgeschäft nur eine Firma führen (Ausnahme bei Zweigniederlassungen);
3. *Firmen-Ausschließlichkeit* = Unterscheidung von anderen bereits am Ort bestehenden und im Handelsregister eingetragenen Firmen (§ 30 HGB);
4. *Firmen-Öffentlichkeit* = die Firma muß im Handelsregister eingetragen werden (§ 29 HGB).

Die Firma eines *Einzelkaufmanns* besteht aus dem Familiennamen mit mindestens einem ausgeschriebenen Vornamen; die der *oHG* muß den Namen wenigstens eines Gesellschafters mit einem das Vorhandensein einer Gesellschaft andeutenden Zusatz oder die Namen aller Gesellschafter enthalten. Die Firma der

KG muß den Namen wenigstens eines persönlich haftenden Gesellschafters mit einem das Vorhandensein einer Gesellschaft andeutenden Zusatz enthalten. Die Firma der *AG* und der *KG auf Aktien* ist i. d. R. vom Gegenstand des Unternehmens zu entlehnen; sie kann *Sachfirma* sein, doch muß die Bezeichnung AG oder KG auf Aktien hinzugefügt werden. Der Erwerber eines Handelsgeschäfts, der die Firma fortführt, haftet für alle im Betrieb begründeten Verbindlichkeiten des früheren Inhabers (§ 25 HGB). Der frühere Geschäftsinhaber haftet für die Verbindlichkeiten nur, wenn sie innerhalb von 5 Jahren ab Eintragung des neuen Inhabers in das Handelsregister gerichtlich geltend gemacht sind (sog. *Nachhaftungsbegrenzung*, § 26 HGB). Über *GmbH* und *GmbH u. Co.(KG)* vgl. 372 II 3.

Firmenschutz gewähren: § 37 HGB (Klage auf Unterlassung); § 12 BGB (Schutz des Namens); § 16 UWG (gegen Wettbewerb auch außerhalb des Ortes der Niederlassung); § 24 Warenzeichengesetz (gegen Mißbrauch bei der Warenbezeichnung).

367. Handelsbücher, Bilanzen, Inventar

Durch das Gesetz zur Durchführung der Vierten, Siebenten und Achten Richtlinie des Rates der Europäischen Gemeinschaften zur Koordinierung des Gesellschaftsrechtes *(Bilanzrichtlinien-Gesetz)* vom 19. 12. 1985 (BGBl. I 2355) wurden unter der Übernahme von z. T. schon bisher geltendem Recht die allgemein anerkannten Buchführungsgrundsätze im neu eingefügten Dritten Buch des HGB geregelt (§§ 238–263).

Der erste Abschnitt enthält allgemeine Vorschriften, die für alle Kaufleute gelten. Jeder Kaufmann ist verpflichtet, *Bücher* zu führen und in diesen seine Handelsgeschäfte und die Lage seines Vermögens nach den *Grundsätzen ordnungsmäßiger Buchführung* ersichtlich zu machen (§ 238 Abs. 1 S. 1). Außerdem ist zu Beginn und Schluß eines jeden Geschäftsjahrs ein *Inventar* (Verzeichnis der Grundstücke, Forderungen und Schulden, des Bargelds sowie der sonstigen Vermögensgegenstände des Kaufmanns) zu erstellen (§ 240). Jeder Kaufmann hat ferner zu Beginn seines Handelsgewerbes und für den Schluß eines jeden Geschäftsjahrs einen sein Vermögen und seine Schulden darstellenden Abschluß *(Eröffnungsbilanz, Bilanz)* durch Gegenüberstellung der Aktiva und Passiva aufzustellen. Am Schluß des Geschäftsjahrs ist eine *Gewinn- und Verlustrechnung* aufzustellen. Die Bilanz und die Gewinn- und Verlustrechnung bilden den *Jahresabschluß* (§ 242).

Im zweiten Abschnitt sind ergänzende Vorschriften für Kapitalgesellschaften enthalten. Vor allem ist die Gliederung der Bilanz (§ 266 HGB) und der Gewinn- und Verlustrechnung (§ 275 HGB) vorgeschrieben. Für Konzerne gelten besondere Vorschriften hinsichtlich des Abschlusses und des Lageberichts (§§ 290ff. HGB). Der Dritte Abschnitt bringt ergänzende Regelungen für eingetragene Genossenschaften (§§ 336ff. HGB). Besondere Vorschriften gelten für Kreditinstitute und Versicherungsunternehmen (vgl. Ges. zur Durchführung der Richtlinie des Rates der Europäischen Gemeinschaften über den Jahresabschluß und den konsolidierten Abschluß von Banken und anderen Finanzinstituten – *Bankbilanzrichtlinie-Gesetz* – vom 30. 11. 1990, BGBl. I 2570 sowie von Versicherungsunternehmen – *Versicherungsbilanzrichtlinie* – vom 24. 6. 1994 (BGBl. I 1377).

Für die *Bewertung* der im Jahresabschluß ausgewiesenen Vermögensgegenstände und Schulden sind in den §§ 252 ff. allgemeine Grundsätze enthalten. Es gilt das Prinzip der Bilanzwahrheit und -vollständigkeit; der Jahresabschluß hat sämtliche Schulden zu enthalten (§ 246 Abs. 1), für ungewisse Verbindlichkeiten sind *Rückstellungen* (z. B. Pensionsrückstellungen) zu bilden (§ 249 Abs. 1).

Der Kaufmann hat geordnet aufzubewahren: Handelsbücher, Inventare, Eröffnungsbilanzen, Jahresabschlüsse 10 Jahre; die Geschäftskorrespondenz und Buchungsbelege 6 Jahre (§ 257).

Unterlassen ordnungsmäßiger Buchführung führt zu steuerlichen Nachteilen und bei Bankrott zur Bestrafung. Vgl. 510, 522 und §§ 283 ff. StGB.

368. Kaufmännische Hilfspersonen

sind sowohl *selbständige Kaufleute* wie der Kommissionär, Frachtführer, Spediteur und Handelsvertreter als auch *unselbständige* Hilfspersonen: *Handlungsgehilfen* und *kaufmännische Lehrlinge*.

Handlungsgehilfe ist, wer in einem Handelsgewerbe zur Leistung kaufmännischer Dienste gegen Entgelt angestellt ist (§ 59 HGB). Der *kaufmännische Lehrling* (früher „Handlungslehrling") ist zur kaufmännischen Ausbildung beschäftigt; er unterliegt als „Auszubildender" dem Berufsbildungsgesetz (607).

Der *Handlungsgehilfe* darf ohne Einwilligung des Geschäftsherrn weder ein Handelsgewerbe betreiben noch im Handelszweig des Geschäftsherrn für eigene oder fremde Rechnung Geschäfte machen *(Konkurrenzverbot)*. Für die Zeit nach Beendigung des Dienstverhältnisses kann eine sog. *Konkurrenzklausel* vereinbart werden, um den Prinzipal vor Wettbewerb zu schützen. Im einzelnen s. 632.

Vergütung und Urlaubsanspruch des Handlungsgehilfen richten sich, wenn kein *Tarifvertrag* besteht, nach *Ortsgebrauch*. Bei Krankheit sind die Bezüge für 6 Wochen ohne Anrechnung von Versicherungsleistungen weiterzuzahlen. Kündigt der Prinzipal wegen längerer unverschuldeter Behinderung des Gehilfen, so hat er dennoch die Vergütung für 6 Wochen zu zahlen. Die Kündigung des Handlungsgehilfen richtet sich nach § 622 BGB, s. hierzu auch 629 II 1 und weitere Schutzvorschriften aus sozialen Gründen nach dem Kündigungsschutzgesetz; vgl. 630. Vereinbarte Kündigungsfristen müssen für beide Teile gleich sein und wenigstens einen Monat betragen. Ohne Frist kann bei wichtigem Grund (z. B. grober Pflichtverletzung) gekündigt werden. Der Gehilfe hat Anspruch auf ein *Zeugnis* über Art und Dauer der Beschäftigung, das auf Verlangen auf Führung und Leistung zu erstrecken ist.

Der *Ausbildungsvertrag* eines Minderjährigen bedarf der Zustimmung seines gesetzlichen Vertreters (§ 108 BGB). Der Vormund braucht zu einem Vertrag über mehr als ein Jahr die Genehmigung des Vormundschaftsgerichts. Nach Beendigung hat der Ausgebildete Anspruch auf ein Zeugnis über Kenntnisse, Führung, Fähigkeiten und Betragen. Probezeit 1–3 Monate. Der Ausbildende ist für ordnungsmäßige Ausbildung verantwortlich und hat den Besuch einer *Berufsschule* zu überwachen. Vgl. 607. Eine Konkurrenzklausel darf mit dem Auszubildenden nicht vereinbart werden (andernfalls Nichtigkeit).

369. Handlungsbevollmächtigte. Prokuristen

I. *Handlungsvollmacht*

ist die Vollmacht, die ein Kaufmann einem anderen im Rahmen *seines* Handelsgewerbes erteilt (§§ 54ff. HGB). Die Handlungsvollmacht ermächtigt zu allen Geschäften und Rechtshandlungen, die der Betrieb eines derartigen Handelsgewerbes oder die Vornahme derartiger Geschäfte gewöhnlich mit sich bringt.

Bei der *Handlungsvollmacht* unterscheidet man

a) die *Generalvollmacht* zum Betrieb des ganzen Handelsgewerbes (z.B. Geschäftsführer);
b) die *Arthandlungsvollmacht* für eine bestimmte Art von Geschäften (z.B. Einkauf);
c) die *Spezialhandlungsvollmacht* zur Vornahme einzelner abgegrenzter Geschäfte (z.B. Ankauf eines Warenlagers, Anmietung von Räumen usw.).

II. *Prokura*

ist eine Handlungsvollmacht besonderer Art; sie kann nur von einem Vollkaufmann erteilt werden und geht über den Umfang der gewöhnlichen Handlungsvollmacht hinaus. Sie kann Dritten gegenüber nicht eingeschränkt werden. Der *Prokurist* ist zu allen gerichtlichen und außergerichtlichen Geschäften und Handlungen ermächtigt, die der Betrieb *eines* Handelsgewerbes mit sich bringt (§§ 48–50 HGB).

Die *Prokura* kann erteilt werden als

a) *Einzelprokura* = der Prokurist kann allein handeln;
b) *Gesamtprokura* = mehrere Prokuristen dürfen nur gemeinschaftlich handeln (§ 48 Abs. 2 HGB);
c) *Filialprokura* = auf eine von mehreren Niederlassungen beschränkt (§ 50 Abs. 3 HGB).

Zu Grundstücksveräußerungen und -belastungen sind der Prokurist und der Handlungsbevollmächtigte nur auf Grund besonderer Ermächtigung befugt; für den Handlungsbevollmächtigten gilt diese Einschränkung außerdem für die Eingehung von Wechselverbindlichkeiten, Aufnahme von Darlehen und Prozeßführung (§ 49 Abs. 2, § 54 Abs. 2 HGB).

Gegen Dritte wirken Erteilen und Erlöschen der Prokura (anders bei der Handlungsvollmacht!) nur bei Eintragung in das *Handelsregister* (298); §§ 15, 53 Abs. 1, 3 HGB.

370. Der Handelsvertreter

ist im Gegensatz zum Handlungsgehilfen und zum angestellten Geschäftsreisenden als *selbständiger* Gewerbetreibender ständig damit betraut, für einen anderen Unternehmer Geschäfte zu vermitteln oder in dessen Namen abzuschließen *(Vermittlungs-* bzw. *Abschlußvertreter).* Er ist *Kaufmann* nach § 1 Abs. 2 Nr. 7 HGB.

Die §§ 84ff. HGB, die das *Recht der Handelsvertreter* (früher *„Handlungsagenten“*) regeln, sind durch Ges. vom 6. 8. 1953 (BGBl. I 771) umgestaltet und durch das Ges. zur Durchführung der EG-Richtlinie zur Koordinierung des

Rechts der Handelsvertreter vom 23. 10. 1989 (BGBl. I 1910) an die EG-Richtlinie vom 18. 12. 1986 (ABlEG Nr. L 382/17) angeglichen worden. Das jetzige Recht erklärt im Interesse des Handelsvertreters einige Bestimmungen für unabdingbar (z. B. das Recht auf schriftliche Festlegung der Abmachungen, Beschränkung der *Delkrederehaftung* – Einstehen für Erfüllung abgeschlossener Geschäfte –, erhöhte Provision für deren Übernahme, Höchstfrist für Provisionsabrechnung 3 Monate, Kündigungsfrist im ersten Jahr 1 Monat, im zweiten Jahr 2 Monate, im dritten bis fünften Jahr 3 Monate, nach dem fünften Jahr 6 Monate (§ 89 Abs. 1 HGB). *Wettbewerbsabreden* nur schriftlich, für höchstens 2 Jahre nach Vertragsablauf und mit *Karenzentschädigung*). Über Sondervorschriften für den Provisionsanspruch der *Versicherungsvertreter* und *Bausparkassenvertreter* s. § 92 HGB.

Im Gegensatz zum *Handelsmakler* (371) steht der Handelsvertreter in einem *ständigen* Verhältnis zu einem oder mehreren Handelsunternehmen; vom *Kommissionär* (374) unterscheidet sich der Abschluß-Handelsvertreter dadurch, daß er im Namen des Geschäftsherrn (der Kommissionär im eigenen Namen) handelt.

Der Handelsvertreter kann sein:

a) *Bezirksvertreter,* dem die Provision für alle in seinem Bezirk (auch ohne seine Mitwirkung) für oder durch den Geschäftsherrn abgeschlossenen Geschäfte zusteht (§ 87 Abs. 2 HGB);

b) *Platzvertreter,* der ohne Abschlußvollmacht zur Entgegennahme von Mängelrügen u. ä. Erklärungen stets und zum Inkasso je nach Vereinbarung ermächtigt ist (§ 91 Abs. 2 HGB);

c) *Reisevertreter.* Er hat die Befugnisse eines reisenden Handlungsbevollmächtigten und ist meist Handlungsgehilfe (§ 84 Abs. 2 HGB). Er darf Erklärungen wie zu b) entgegennehmen und auch als Abschlußvertreter nur bei besonderer Bevollmächtigung einkassieren oder stunden (§ 55 HGB).

Der *Provisionsanspruch,* dessen Höhe sich – wenn eine Vereinbarung nicht vorliegt – nach den üblichen Sätzen bestimmt, entsteht i. d. R., sobald der Geschäftsherr das vermittelte Geschäft ausgeführt hat; er verjährt in 4 Jahren ab Jahresende. Abrechnungspflicht des Geschäftsherrn monatlich, längstens dreimonatlich. Spesenersatz kann der Handelsvertreter nur verlangen, wenn handelsüblich. Anspruch auf angemessenen *Ausgleich* (höchstens eine nach dem Durchschnitt der letzten 5 Jahre berechnete Jahresprovision) hat der Handelsvertreter, wenn ihm infolge einer von ihm nicht verschuldeten Vertragsbeendigung Provision aus Geschäften mit von ihm geworbenen Kunden entgeht oder wenn der Geschäftsherr auf andere Weise aus der Kundenwerbung Nutzen zieht und wenn der Ausgleich der Billigkeit entspricht. Der Anspruch ist innerhalb eines Jahres nach Beendigung des Vertragsverhältnisses geltend zu machen. Der Anspruch besteht nicht, wenn der Handelsvertreter ohne begründeten Anlaß gekündigt hat oder wenn ihm wegen schuldhaften Verhaltens gekündigt worden ist, oder bei vertraglich vereinbartem Eintritt eines Dritten in das Vertragsverhältnis (§§ 87a–c, 88, 89b HGB).

371. Handelsmakler

ist, wer gewerbsmäßig für andere Personen, ohne von ihnen auf Grund eines Vertragsverhältnisses ständig damit betraut zu sein, die Vermittlung von Verträgen über Anschaffung oder Veräußerung von Gegenständen des Handelsverkehrs übernimmt (§ 93 HGB).

Der *Handelsmakler* ist stets Kaufmann (§ 1 Abs. 2 Nr. 7 HGB). Er ist verpflichtet, über alle abgeschlossenen Geschäfte ein *Tagebuch* zu führen und nach Abschluß eines Geschäfts jeder Partei eine von ihm unterzeichnete *Schlußnote* zuzustellen. Verweigert eine Partei die Annahme der Schlußnote, so muß der Handelsmakler dies der anderen Partei unverzüglich mitteilen. Der Handelsmakler kann sich in der Schlußnote die Bezeichnung der einen Partei vorbehalten; die annehmende Partei ist hieran gebunden, es sei denn, daß gegen den nachträglich bezeichneten Partner begründete Einwendungen zu erheben sind (§§ 94, 95 HGB). Der Handelsmakler ist nicht ermächtigt, eine Zahlung oder eine andere im Vertrag bezeichnete Leistung in Empfang zu nehmen. Er haftet beiden Parteien für den durch sein Verschulden entstandenen Schaden. Ist nichts darüber vereinbart, wer den *Maklerlohn (Courtage)* zu tragen hat, so ist er in Ermangelung eines abweichenden Ortsgebrauches von jeder Partei zur Hälfte zu entrichten (§§ 97–99 HGB). Über den Unterschied zum *Kommissionär* s. 374.

Besondere Arten der Handelsmakler sind:

a) der *Versicherungsmakler* = Kaufmann, der beim Abschluß von Versicherungsverträgen mitwirkt;
b) der *Börsenmakler;* über diesen und den *Kursmakler,* der bei der amtlichen Feststellung des Börsenpreises für Wertpapiere mitwirkt, s. 868.

Über den sog. *Zivilmakler,* insbes. den Grundstücks- und Wohnungsmakler sowie den Ehemakler, vgl. 320a.

372. Handelsgesellschaften, Genossenschaften

Handelsgesellschaften sind Vereinigungen von Personen zum gemeinsamen Betrieb eines Handelsgewerbes unter gemeinsamer Firma. Man unterscheidet Personen- und Kapitalgesellschaften.

I. *Personen(handels)gesellschaften*

1. Offene Handelsgesellschaft (oHG) und Kommanditgesellschaft (KG).

Personenhandelsgesellschaften sind vor allem die oHG und die KG. Beide sind handelsrechtliche Vereinigungen von zwei oder mehr Personen zum Betrieb eines Handelsgewerbes unter gemeinsamer Firma. Beide haben keine eigene Rechtspersönlichkeit (vgl. 306). Sie unterscheiden sich darin, daß bei der oHG alle Gesellschafter den Gesellschaftsgläubigern unbeschränkbar haften, dagegen bei der KG nur ein oder mehrere Gesellschafter *(Komplementäre),* während die Haftung der übrigen *(Kommanditisten)* auf eine bestimmte Einlage beschränkt ist.

OHG und KG entstehen nach innen durch den *Gesellschaftsvertrag,* nach außen mit Beginn des Geschäftsbetriebs, sofern sie ein Grundhandelsgewerbe (365) betreiben, sonst mit der *Eintragung im Handelsregister,* zu dem sie anzumelden sind (§§ 105f., 161f. HGB). Die Firma muß den Namen wenigstens eines Gesellschafters mit einem das Vorhandensein einer Gesellschaft andeutenden Zusatz oder die Namen aller Gesellschafter enthalten (§ 19 HGB). Bei der KG erscheinen aber Kommanditisten nicht in der Firma; sie sind auch von der Geschäftsführung ausgeschlossen, die den persönlich haftenden Gesellschaftern vorbehalten ist, haben aber ein Widerspruchsrecht gegen die über den gewöhnlichen Betrieb des Handelsgewerbes hinausgehenden Geschäfte (§ 164 HGB). Obwohl ohne eigene Rechtspersönlichkeit, besitzen oHG und KG eine gewisse rechtliche Selbständigkeit: sie können unter ihrer Firma Rechte erwerben und Verbindlichkeiten eingehen, Eigentum und andere dingliche Rechte an Grundstücken erwerben, vor Gericht klagen oder verklagt werden (§§ 124, 161 HGB). Zur *Nachhaftung* eines ausgeschiedenen Gesellschafters s. § 160 HGB, vgl. auch 366.

2. Stille Gesellschaft

Bei ihr beteiligt sich jemand an dem von einem anderen betriebenen Handelsgewerbe mit einer Vermögenseinlage gegen Anteil an Gewinn und Verlust (Verlustbeteiligung kann vertraglich ausgeschlossen werden). Die Einlage geht in das Vermögen des Geschäftsinhabers über, so daß ein eigentliches Gesellschaftsvermögen gar nicht vorhanden ist. Nach außen tritt eine Gesellschaft nicht in Erscheinung; der Inhaber führt allein die Geschäfte. Der stille Gesellschafter hat nur Anteil an dem am Schluß des Geschäftsjahres festgestellten Gewinn oder Verlust (§§ 230–237 HGB). Der Unterschied zum Darlehen (319) liegt in der Beteiligung am Betriebsergebnis.

3. Europäische wirtschaftliche Interessenvereinigung (EWIV)

Die Verordnung (EWG) Nr. 2137/85 des Rates der Europäischen Gemeinschaften vom 25. 7. 1985 – Abl. EG Nr. L 119 S. 1 – sieht eine neue, supranationale Gesellschafts-Rechtsform, die *Europäische wirtschaftliche Interessenvereinigung (EWIV),* vor.

Die EWIV soll Unternehmen und Angehörigen freier Berufe die grenzüberschreitende Zusammenarbeit erleichtern. Eine EWIV darf nur auf die Förderung der wirtschaftlichen Tätigkeit ihrer Mitglieder, nicht auf Gewinnerzielung ausgerichtet sein. Sie ist deshalb auf Hilfstätigkeiten beschränkt. Rechtlich ist eine EWIV der deutschen oHG vergleichbar. Oberstes Organ sind die gemeinschaftlich handelnden Mitglieder, von denen – zur Sicherung des supranationalen Charakters der Vereinigung – mindestens zwei aus verschiedenen EG-Staaten kommen müssen. Die EWIV wird durch Geschäftsführer nach außen vertreten. Der Gläubigerschutz ist durch die unbeschränkte gesamtschuldnerische Haftung der Mitglieder gewährleistet. Maßgebende Rechtsvorschriften für die EWIV sind primär die Bestimmungen der EWG-VO selbst, ergänzend für die BRep. das *Ges. zur Ausführung der EWG-Verordnung über die Europäische wirtschaftliche Interessenvereinigung* vom 14. 4. 1988 (BGBl. I 514).

II. *Kapitalgesellschaften*

sind insbes. die *Aktiengesellschaft* (AG), die *Kommanditgesellschaft auf Aktien* (KGaA) und die *Gesellschaft mit beschränkter Haftung* (GmbH). Die Kapitalgesellschaften sind juristische Personen (306); bei ihnen haftet den Gesellschaftsgläubigern nur das Gesellschaftsvermögen, nicht die Gesellschafter persönlich.

In den neuen Bundesländern sind die volkseigenen Betriebe (VEB) und Kombinate sowie sonstige Wirtschaftseinheiten – soweit sie nicht zu Kommunalvermögen wurden – kraft Gesetzes (Gesetz zur Privatisierung und Reorganisation des volkseigenen Vermögens – Treuhandgesetz – vom 17. 6. 1990, GBl. DDR 300) zum 1. 7. 1990 in Kapitalgesellschaften umgewandelt worden; sie waren nach dem auch nach der Wiedervereinigung mit Maßgaben fortgeltenden Treuhandgesetz (s. Art. 25 Abs. 1 Einigungsvertrag) und den dazu ergangenen Durchführungsverordnungen von der Treuhandanstalt zu privatisieren (s. 24 II 1b).

1. Aktiengesellschaft (AG)

Bei der AG ist das Grundkapital – mindestens 100000 DM – in Anteile (Aktien, Mindestnennbetrag 5 DM) zerlegt, deren Inhaber (Aktionäre) den Gesellschaftsgläubigern nur mit ihren Anteilen haften (*Aktiengesetz* vom 6. 9. 1965, BGBl. I 1089, m. spät. Änd.). Eine EinpersonenAG ist möglich. Die *Aktien* können auf den Inhaber oder auf den Namen des Berechtigten lauten. Die AG erlangt Rechtsfähigkeit erst durch Eintragung in das *Handelsregister* (Abt. B; vgl. 298). Ihre *Organe* sind der Vorstand, der Aufsichtsrat (mindestens drei Mitglieder) und die Hauptversammlung. Der Vorstand hat eine Berichtspflicht gegenüber dem Aufsichtsrat. Der Aufsichtsrat bestellt den Vorstand und überwacht dessen Geschäftsführung; er überprüft die Geschäftsbücher und ist gerichtlicher Vertreter der AG gegenüber dem Vorstand. Der Jahresabschluß wird vom Vorstand und vom Aufsichtsrat festgestellt, die dies aber auch der Hauptversammlung überlassen können. Diese entscheidet stets über die Bestellung der Mitglieder des Aufsichtsrats (soweit diese nicht kraft Gesetzes berufen sind, z. B. Arbeitnehmervertreter), über Verwendung des Bilanzgewinns und Entlastung des Vorstandes und des Aufsichtsrates; sie bestellt den Abschlußprüfer und befindet über Satzungsänderungen, Kapitalbeschaffung und -herabsetzung sowie die Auflösung der AG; sie hat ein weitgehendes Recht auf Auskunft gegenüber dem Vorstand. Der Jahresüberschuß kann vom Vorstand und Aufsichtsrat i. d. R. höchstens zur Hälfte für freie Rücklagen verwendet werden. Zu den Veröffentlichungspflichten s. unten IV. Über Anfechtungsklagen gegen Beschlüsse der Hauptversammlung entscheidet das Landgericht. Das Amtsgericht (§ 145 FGG) ordnet bei Verdacht unzulässiger Unterbewertung von Bilanzposten auf Antrag von Aktionären eine Sonderprüfung an.

Sonderbestimmungen bestehen für sog. *verbundene Unternehmen*, d. h. rechtlich selbständige Unternehmen, die im Verhältnis zueinander entweder in Mehrheitsbesitz stehende Unternehmen oder mit Mehrheit beteiligte Unternehmen, abhängige und herrschende Unternehmen, Konzernunternehmen (Zusammenfassung mehrerer unter einheitlicher Leitung eines beherrschenden Unternehmens) oder wechselseitig beteiligte Unternehmen oder Vertragspartner eines Unternehmensvertrags sind (§ 15 AktG). Als *Unternehmensverträge* bezeichnet das AktG (§§ 291 ff.) Beherrschungs- oder Gewinnabführungsverträge, ferner Gewinngemeinschaften, Teilgewinnabführungsverträge, Betriebspacht- und Betriebsüberlassungsverträge, bei Zusammenschluß von AGen mit wirtschaftlichem Übergewicht für eine von ihnen; sie bedürfen insbes. der Zustimmung der Hauptversammlung und sind im Handelsregister einzutragen. Stehen in einem Konzern die Unternehmen unter Leitung einer *Obergesellschaft*, so hat diese eine Konzernbilanz mit Gewinn- und Verlustrechnung aufzustellen. Zur Verschmelzung einer AG mit einer anderen AG s. §§ 339 ff. AktG. Über das Mitbestimmungsrecht s. 633, über Kapitalerhöhung aus Gesellschaftsmitteln s. 537.

2. Kommanditgesellschaft auf Aktien (KGaA)

Bei der KGaA (§§ 278 ff. AktG) haftet mindestens ein Gesellschafter den Gläubigern unbeschränkt, während die übrigen Gesellschafter (Kommanditisten) sich ohne persönliche Haftung nur mit Einlagen auf das in Aktien zerlegte Grundkapital beteiligen. Die Gesellschaft entsteht mit der Eintragung im Handelsregister. Den Vorstand bilden die persönlich haftenden Gesellschafter; die Hauptversammlung besteht aus den Kommandit-Aktionären.

3. Gesellschaft mit beschränkter Haftung (GmbH)

Die GmbH ist im Gesetz i. d. F. vom 20. 5. 1898 (RGBl. 846) m. spät. Änd. geregelt. Sie ist eine juristische Person; obwohl „Gesellschaft", kann sie seit 1. 1. 1981 auch als *Einmanngesellschaft* errichtet und geführt werden (vorher waren für die Errichtung mind. zwei Gesellschafter erforderlich). Durch das Ges. vom 18. 12. 1991 (BGBl. I 2206), das eine Richtlinie der EG umsetzte, wurden die Gläubigerschutzvorschriften bei der Einmann-GmbH hinsichtlich der Dokumentation von „In-sich-Geschäften" des Einmann-Gesellschafters und hinsichtlich der Anmeldung der Vereinigung aller Geschäftsanteile in einer Hand zum Handelsregister erweitert. Das Stammkapital beträgt mindestens 50000 DM, die Stammeinlage eines jeden Gesellschafters bei der Gründung mindestens 500 DM; vor Anmeldung der GmbH beim Handelsregister ist ¼ jeder Stammeinlage, auf das Stammkapital insgesamt mind. 25000 DM, zu leisten. Sämtliche Gesellschafter haften nicht persönlich, sondern nur mit ihren Stammeinlagen. *Organe* der GmbH sind (1 od. mehrere) Geschäftsführer und Gesellschafterversammlung; ein Aufsichtsrat kann bestellt werden (vorgeschrieben in § 77 BetrVG 1952 bei mind. 500 Arbeitnehmern).

Eine Mischform ist die *GmbH u. Co.*, meist eine Kommanditgesellschaft (*GmbH u. Co. KG*), bestehend aus der GmbH als persönlich haftendem Gesellschafter und anderen Personen (meist den Gesellschaftern der GmbH) als Kommanditisten.

III. *Genossenschaften*

Nicht zu den Handelsgesellschaften gehören die *Erwerbs- und Wirtschaftsgenossenschaften*, die aber Kaufleute i. S. des HGB sind. Nach dem Ges. i. d. F. vom 19. 8. 1994 (BGBl. I 2202) sind sie Personenvereinigungen von nicht geschlossener Mitgliederzahl zur Förderung des Erwerbs oder der Wirtschaft ihrer Mitglieder mittels gemeinschaftlichen Geschäftsbetriebs.

Eine G. kann von 7 Personen gegründet werden. Sie erlangt Rechtsfähigkeit durch Eintragung im *Genossenschaftsregister* (vgl. 301). Die G. ist Kaufmann kraft Rechtsform, unabhängig von der Art ihres Betriebes (vgl. 365). Die Firma der G. muß die Bezeichnung „eingetragene Genossenschaft" oder die Abkürzung „eG" enthalten. Für die Verbindlichkeiten haftet den Gläubigern nur das Vermögen der G. Das Statut der G. muß aber Bestimmungen darüber enthalten, ob Genossen für den Fall, daß die Gläubiger im Konkurs der G. nicht befriedigt werden, Nachschüsse zur Konkursmasse unbeschränkt, beschränkt auf eine bestimmte Haftsumme oder überhaupt nicht zu leisten haben.

Die Mitgliedschaft wird durch schriftliche Beitrittserklärung und Eintragung in die Liste der Genossen erworben. Sie wird beendet durch Kündigung, Ausschluß, Übertragung des Geschäftsguthabens, Tod. Rechte und Pflichten des Mitglieds sind im Statut der G. und im GenG festgelegt. *Organe* der G. sind Vorstand, Aufsichtsrat, Generalversammlung; in dieser hat jeder Genosse grundsätzl. eine Stimme (Mehrstimmrecht bis zu drei Stimmen möglich).

Die G. unterliegt der gesetzl. Prüfung durch *Prüfungsverbände*, die im Interesse der Gläubiger der Mitglieder Geschäftsführung und Vermögenslage überprüfen. Jede G. muß einem Prüfungsverband angehören. Die regionalen rechtlich selbständigen Prüfungsverbände bilden im Bundesgebiet drei große Gruppen mit folgenden Spitzenverbänden:

Gewerbliche und ländliche Genossenschaften: Deutscher Genossenschafts- und Raiffeisenverband e. V., Bonn (Zusammenschluß der Schulze-Delitzsch- und Raiffeisen-Organisation).
Konsumgenossenschaften: Revisionsverband der KonsumG e. V., Hamburg.
Wohnungsbaugenossenschaften: Gesamtverband gemeinnütziger Wohnungsunternehmen e. V., Köln.
Die Genossenschaft gibt dem Mittelstand und wirtschaftlich Schwächeren Gelegenheit, sich zum leistungsfähigen und wirtschaftlich bedeutenden Geschäftsbetrieb zusammenzuschließen (Einkaufs-, Verkaufs-, Produktions-, Wohnungsbau-, Kreditgenossenschaften; für letztere vgl. 871). Die AG hingegen wird als Gesellschaftsform für größere Unternehmungen mit hohem Kapitalbedarf bevorzugt, die GmbH bei Gründung mittlerer Unternehmen.

IV. *Prüfung und Offenlegung*

Die Veröffentlichung von *Jahresabschlüssen* war bisher nur für AG, KGaA, Genossenschaften und Versicherungsvereine vorgeschrieben. Dieser Kreis wurde durch das Gesetz über die Rechnungslegung von Großunternehmen und Konzernen vom 15. 8. 1969 (BGBl. I 1189) – *Publizitätsgesetz* – ausgedehnt auf alle Unternehmen, die mindestens zwei der folgenden Voraussetzungen erfüllen: 1. eine Bilanzsumme von mehr als 125 Mio. DM, 2. Umsatzerlös von mehr als 250 Mio. DM, 3. mehr als 5000 Arbeitnehmer.

Durch das *Bilanzrichtlinien-Gesetz* (s. 367) ist die *Prüfung* und *Offenlegung* der Rechnungslegung der Kapitalgesellschaften (AG, KGaA, GmbH) neu geregelt worden: Große und mittelgroße Kapitalgesellschaften müssen den Jahresabschluß (§ 242 Abs. 3 HGB) und ihren Lagebericht (§ 289 HGB) durch einen *Abschlußprüfer* prüfen lassen (§ 316 HGB). Abschlußprüfer können Wirtschaftsprüfer (571) und Wirtschaftsprüfungsgesellschaften, bei mittelgroßen GmbH's auch vereidigte Buchprüfer und Buchprüfungsgesellschaften sein (§ 319 Abs. 1 HGB). Ob eine Gesellschaft klein, mittelgroß oder groß ist, bemißt sich nach Bilanzsumme, Umsatzerlösen und Arbeitnehmern (s. im einzelnen § 267 HGB). Nach § 325 HGB haben Kapitalgesellschaften den Jahresabschluß, den Lagebericht, den Bericht des Aufsichtsrats und – soweit aus diesen Unterlagen nicht schon ersichtlich – den Vorschlag für die Verwendung des Ergebnisses und den Beschluß über die Verwendung unter Angabe des Jahresüberschusses oder Jahresfehlbetrags zum *Handelsregister* (298) einzureichen und im Bundesanzeiger bekanntzumachen, bei welchem Handelsregister diese Unterlagen eingereicht worden sind; große Kapitalgesellschaften haben diese Unterlagen vorher im *Bundesanzeiger bekanntzumachen*. Für kleine und mittelgroße Kapitalgesellschaften bestehen Erleichterungen bei der Offenlegung (§§ 264, 274a, 276, 326, 327 HGB). Bei Personenhandelsgesellschaften richtet sich die Offenlegung nach dem Publizitätsgesetz.

V. *Umwandlung*

Das *Umwandlungsgesetz* vom 28. 10. 1994 (BGBl. I 3210) regelt die Möglichkeiten, Unternehmen durch Umwandlung umzustrukturieren. Gem. § 1 kann eine Umwandlung durch *Verschmelzung,* durch *Spaltung* (Aufspaltung, Abspaltung, Ausgliederung), durch *Vermögensübertragung* und durch *Wechsel der Rechtsform (Formwechsel)* erfolgen. Vorschriften über die Verschmelzung enthalten die §§ 39–122, über die Spaltung die §§ 123–173, über die Vermögensübertragung die §§ 174–189 und über den Formwechsel die §§ 190–304. Bei allen Umwandlungsvorgängen gestaltet sich der verfahrensrechtliche Ablauf im wesentlichen in drei Hauptschritten:

a) Als rechtsgeschäftliche Grundlage für die Übertragung des Vermögens ist von den beteiligten Rechtsträgern ein Vertrag abzuschließen (s. §§ 4ff., 125f., 175f.). Wenn bei einer Spaltung neue Rechtsträger entstehen sollen, tritt an die Stelle des Vertrages ein Spaltungsplan als einseitiges Rechtsgeschäft (§ 136). Beim Formwechsel, bei dem kein anderer Vertragspartner vorhanden ist, ist der Entwurf eines Umwandlungsbeschlusses zu erstellen (§ 192). In allen Fällen sind bestimmte Mindestinhalte vorgeschrieben (§ 5, 126, 194).
b) Die Anteilsinhaber der beteiligten Rechtsträger sind grundsätzlich durch einen besonderen Bericht über die Einzelheiten der geplanten Umwandlung zu unterrichten (s. §§ 8, 127, 162, 192). Ferner ist eine Prüfung durch unabhängige Sachverständige vorgeschrieben. Auf dieser Grundlage beschließen die Anteilseigner über die Umwandlung i. d. R. mit der für Satzungsänderungen vorgeschriebenen Mehrheit (vgl. §§ 13, 63, 128, 176, 177, 193). Für den Beschluß ist notarielle Beurkundung vorgeschrieben.
c) Die Wirksamkeit der Umwandlung, insbes. der Vermögensübergang oder beim Formwechsel das Fortbestehen in der neuen Rechtsform, tritt mit Eintragung im zuständigen Register ein. Zum *Umwandlungssteuerrecht* vgl. 566.

373. Handelsgeschäfte

sind nach §§ 343ff. HGB alle Geschäfte eines Kaufmanns, die zum Betrieb seines Handelsgewerbes gehören. Nach § 344 HGB spricht eine *Vermutung* dafür, daß dies bei allen Rechtsgeschäften eines Kaufmanns, auch wenn sie außerhalb des Handelsbetriebs vorgenommen werden, der Fall ist. Der Gegenbeweis ist aber möglich. Für Handelsgeschäfte stellt das HGB eine Reihe von Sondervorschriften auf, z. B. für Bürgschaft (s. 327), Behandlung von Angeboten, Schutz des guten Glaubens, Zurückbehaltungsrecht. Sie gelten zumeist für alle, auch für einseitige Handelsgeschäfte, bei denen nur auf einer Seite ein Kaufmann, auf der anderen ein Nichtkaufmann beteiligt ist.

Die Hauptarten der *Handelsgeschäfte* sind Handelskauf, Kommissions-, Speditions-, Lager- und Frachtgeschäft. Ein *Handelskauf* liegt vor, wenn ein Kauf Waren oder Wertpapiere zum Gegenstand hat und wenigstens auf einer Seite ein Handelsgeschäft ist (§§ 343, 345 HGB). Für den Handelskauf gelten die Bestimmungen des BGB über den Kauf mit einigen Besonderheiten, welche die rasche Abwicklung der beiderseitigen Ansprüche bezwecken (§§ 373ff. HGB; z. B. Selbsthilfeverkauf bei Annahmeverzug des Käufers, Verpackungsgewicht, Bestimmung der Kaufsache bei Spezifikationskauf). Für *beiderseitigen* Handelskauf bestehen insbesondere strenge Bestimmungen über die *Mängelrüge* (§ 377 HGB). Jeder Käufer hat die Pflicht zur unverzüglichen Untersuchung und Mängelrüge; der beanstandende Käufer die *Aufbewahrungspflicht* (§ 379 HGB), nach vorheriger Androhung aber das Recht, beanstandete verderbliche Ware versteigern zu lassen *(Notverkauf)*.

374. Der Kommissionär

ist ein Kaufmann, der es gewerbsmäßig übernimmt, Waren oder Wertpapiere für Rechnung eines anderen (des Kommittenten) in eigenem Namen zu kaufen oder zu verkaufen (§ 383 HGB).

Der Abschluß in eigenem Namen und die Beschränkung auf Kauf und Verkauf von Waren oder Wertpapieren unterscheidet den Kommissionär vom Handelsmakler (vgl. 371). Da der Kommissionär in eigenem Namen handelt, wird er zunächst aus dem Geschäft unmittelbar berechtigt und verpflichtet. Indessen gehen Vorteile und Nachteile auf Rechnung des *Kommittenten*. Der Kommissionär ist verpflichtet, die für den Kommittenten günstigsten Geschäftsbedingungen anzustreben und die Rechte des Kommittenten auch gegenüber Frachtführern und Schiffern wahrzunehmen (§§ 384ff. HGB). Er hat Anspruch auf *Provision* und Aufwendungsersatz sowie ein *gesetzliches Pfandrecht* am Kommissionsgut (§§ 396, 397 HGB). Vgl. 340.

Handelt es sich um eine Kommission zum Einkauf oder zum Verkauf von Waren oder Wertpapieren mit einem Börsen- oder Marktpreis, so hat der Kommissionär das Recht zum *Selbsteintritt*. Er kann selbst das Gut liefern bzw. als Käufer übernehmen, muß die Börsen- oder Marktpreise bzw. -kurse einhalten und behält sein Pfandrecht und seinen Provisionsanspruch auch in diesem Falle (§§ 400–404 HGB).

375. Der Spediteur

Spediteur ist, wer es gewerbsmäßig übernimmt, Güterversendungen durch Frachtführer oder durch Verfrachter von Seeschiffen für Rechnung eines anderen (des Versenders) in eigenem Namen zu besorgen (§ 407 HGB).

Das *Speditionsgeschäft* ist ein Grundhandelsgeschäft, der Spediteur also Kaufmann (§ 1 Abs. 2 Nr. 6 HGB). Der Speditionsvertrag ist ein *Werkvertrag*; der Spediteur nimmt dem Versender die Sorge für die Versendung des Gutes ab. Seine Stellung ähnelt der des Kommissionärs (374). Er darf nur die ihm vom Frachtführer berechnete Fracht in Rechnung stellen, erhält aber als Vergütung eine *Provision* und hat für Fracht, Provision, Auslagen usw. ein *gesetzliches Pfandrecht* (340) am Gut des Versenders. Er hat das Recht zum *Selbsteintritt*, d. h. zur eigenen Ausführung der Beförderung, und hat dann außer der Provision Anspruch auf die Fracht. Vgl. §§ 408ff. HGB und 377.

Der *Bahnspediteur* ist kein Spediteur i. S. des HGB; er ist als Rollfuhrunternehmer nur Frachtführer. Vgl. 377.

Für alle Geschäftsabschlüsse von Mitgliedern der Spediteur-Landesverbände mit ihren Kunden gelten die *Allgemeinen Deutschen Spediteurbedingungen* – ADSp. – als verbindliche Vertragsgrundlage (abgedr. in Baumbach/Duden/Hopt, Komm. zum HGB, Nr. 19).

376. Der Lagerhalter

ist ein Kaufmann (§ 1 Art. 2 Nr. 6 HGB), der gewerbsmäßig die Lagerung und Aufbewahrung von Gütern übernimmt (§ 416 HGB).

Die *Pflichten* des Lagerhalters (vgl. §§ 417ff HGB) ähneln denen des Kommissionärs (Empfangnahme, Aufbewahrung, Versicherung des Gutes). Der Lagerhalter hat Anspruch auf *Lagergeld* und Erstattung der Auslagen für Fracht und Zölle sowie sonstiger angemessener Aufwendungen für das Gut. Er hat ein *gesetzliches Pfandrecht* (340) am eingelagerten Gut. Über die Einlagerung wird i. d. R. ein *Lagerschein* ausgestellt. Dieser kann sein

a) *Inhaberlagerschein,* wenn er auf den Inhaber lautet (Inhaberpapier);
b) *Rektalagerschein,* wenn er auf den Namen einer bestimmten Person lautet;

c) *Orderlagerschein,* wenn er an Order gestellt ist (Orderpapier mit Transportfunktion, vgl. 378). Ein Orderlagerschein kann nur von staatlich dazu ermächtigten Anstalten ausgestellt werden (§ 363 Abs. 2 HGB; VO über Orderlagerscheine vom 16. 12. 1931, RGBl. I 763).

Über das *Depotgeschäft,* die Aufbewahrung fremder Wertpapiere, s. 384.

377. Der Frachtführer

ist ein Kaufmann, der es gewerbsmäßig übernimmt, die Beförderung von Gütern zu Lande oder auf Flüssen oder sonstigen Binnengewässern auszuführen (§ 425 HGB).

Das Frachtgeschäft beruht auf einem Werkvertrag, den der *Absender* in eigenem Namen, aber für fremde Rechnung (des *Versenders*) mit dem die Beförderung übernehmenden *Frachtführer* abschließt. Führt ein Spediteur die Beförderung selbst aus, so ist er gleichzeitig auch Frachtführer. Sind Absender und *Empfänger* verschiedene Personen, so ist der Frachtvertrag ein Vertrag zugunsten eines Dritten, des Empfängers.

Der Frachtführer kann die Ausstellung eines *Frachtbriefes* verlangen (Beweisurkunde), § 426 HGB. Er hat Anspruch auf Fracht, Auslagen und Vorschüsse und hat ein *gesetzliches Pfandrecht* am Frachtgut (§ 440 HGB).

Der Frachtführer muß auf Verlangen einen *Ladeschein* ausstellen, in dem er sich verpflichtet, das zur Beförderung übernommene Gut an den durch den Ladeschein als Empfänger Ausgewiesenen gegen Zahlung der Fracht und Rückgabe des Ladescheines auszuliefern. Der Ladeschein ist nur im Binnenschiffsverkehr üblich. Er kann, falls er an Order gestellt ist, durch *Indossament* übertragen werden und hat dann Transportfunktion (378). Vgl. §§ 444ff. HGB.

Sondervorschriften gelten nach der *KraftverkehrsO für den Güterfernverkehr* (BAnz. 1958 Nr. 249 m. spät. Änd.), insbes. nach §§ 29ff., für die Haftung des Frachtführers; für den grenzüberschreitenden Verkehr vgl. CMR-Übereinkommen vom 19. 5. 1956/19. 8. 1961 (BGBl. 1961 II 1119; 1962 II 12).

Für das *Eisenbahn-Frachtgeschäft* gelten die Sondervorschriften der §§ 453ff. HGB und die Eisenbahn-VerkehrsO (194). Für die Bahn besteht Kontrahierungszwang. Auch ist ihre Haftung strenger geregelt (§ 454 HGB); doch erlöschen Schadensersatzansprüche grundsätzl. mit Annahme des Gutes durch den Empfänger ohne Beanstandung (vgl. § 93 EVO).

Über das *Seefrachtgeschäft* s. 379 VI.

378. Kaufmännische Orderpapiere

In einem *Orderpapier* verspricht der Aussteller eine Leistung an einen bestimmten Berechtigten „oder an dessen Order". Der Benannte kann dann den Anspruch durch Vermerk auf dem Wertpapier *(Indossament)* auf einen Dritten übertragen. Man unterscheidet

a) *geborene* Orderpapiere, d. h. solche Urkunden, denen kraft Gesetzes die Übertragbarkeit durch Indossament zukommt. Hierzu gehören Wechsel, Namensschecks, Interimsscheine, Namensaktien;
b) *gekorene* Orderpapiere. Sie können nur dann durch Indossament übertragen werden, wenn sie die *Orderklausel* („an Order") tragen, d. h. wenn in ihnen gesagt ist, daß die Leistung an den im Indossa-

ment Bezeichneten zu erbringen ist. Hierzu zählen nach § 363 HGB: Kaufmännische Anweisungen und Verpflichtungsscheine, Konnossemente über an Bord genommene Güter (§§ 642ff. HGB, vgl. 379 VI), Lagerscheine, Ladescheine (vgl. 376, 377), Transportversicherungspolicen (§ 784 HGB).

Die Übertragung durch *Indossament* geschieht durch Vermerk des Inhabers auf dem Papier. Dadurch wird das Papier selbst und damit auch das durch das Papier vertretene Recht weiter übertragen. Orderlagerschein, Ladeschein und Konnossement haben die Funktion von *Traditionspapieren*, d. h. mit ihrer rechtsgültigen Weitergabe geht gleichzeitig das Eigentum an den Waren, Sachen oder Gegenständen auf den Inhaber des Papiers ohne besondere Eigentumsübertragung über (§§ 424, 450, 650 HGB). Diese Papiere stehen daher praktisch an Stelle der Güter.

379. Seehandel

I. Überblick

Das V. Buch des HGB (§§ 476–905) enthält Sondervorschriften über den Seehandel, insbes. über die *Reederei,* das Schiffs- und Seefrachtgeschäft, die *Haverei* (Seeunfall), die Bergung und Hilfeleistung in Seenot, die Rechtsverhältnisse der *Schiffsgläubiger* und die Seeversicherung. Weiter gelten für die *Seeschiffahrt* das *Seemannsgesetz,* das die Rechtsverhältnisse der Schiffsbesatzung regelt (vgl. 627), das Gesetz über die Untersuchung von *Seeunfällen* (Seeunfalluntersuchungsgesetz) vom 6. 12. 1985 (BGBl. I 2146) mit DVO vom 5. 6. 1986 (BGBl. I 860) sowie das *Flaggenrechtsgesetz* und die *Flaggenrechtsverordnung* (s. 42), durch welches das Recht und die Pflicht zur Führung der deutschen Bundesflagge auf Schiffen bestimmt wird.

II. Reeder, Ausrüster, Kapitän

Die wichtigste Person in der Seeschiffahrt ist der *Reeder.* Er ist der Eigentümer eines zum Erwerb durch Seefahrt dienenden Schiffes (§ 484 HGB). Mehrere Personen können die Seeschiffahrt in Form einer *Reederei* betreiben (§ 489 HGB). Die Teilhaber einer R. werden als *Mitreeder,* ihre Anteile als *Schiffsparten* bezeichnet. Durch Beschluß der Mehrheit kann für den Betrieb einer R. ein *Korrespondentreeder* (Schiffsdirektor) bestellt werden (§ 492 HGB). Gewinn und Verlust berechnen sich nach der Partengröße (§ 502 Abs. 1 HGB). Jeder Mitreeder kann seine Part nach den Grundsätzen über die Veräußerung von Rechten unter Eintragung in das *Schiffsregister* veräußern (§ 503 HGB). *Ausrüster* (Scheinreeder) ist, wer ein ihm nicht gehörendes Schiff zum Erwerb durch Seefahrt für seine Rechnung verwendet und es entweder selbst führt oder die Führung einem Kapitän anvertraut (§ 510 HGB); er wird im Verhältnis zu Dritten als Reeder angesehen. Das Seeschiff kann als nackter Schiffskörper (ohne Mannschaft = Bare-boat-Charter) oder (Regel) mit der Besatzung (Employment-Klausel, Baltime-Charter und Deuzeitvertrag) gechartert werden (Schiffsvermietung mit Dienstvertrag). Der Reeder haftet für den Schaden, den eine Person der *Schiffsbesatzung* (Schiffer = *Kapitän,* Schiffsoffiziere, Mannschaften u. a. Schiffsangestellte) in Ausführung ihrer Dienstverrichtung schuldhaft einem Dritten zufügt. Er kann jedoch die Haftung für den bei Verwendung des Schiffs entstandenen

Personen- und Sachschaden begrenzen; die Haftungsbegrenzung wird sodann durch ein gerichtliches Verteilungsverfahren bewirkt (§§ 485 ff. HGB, Verteilungsordnung vom 21. 6. 1972, BGBl. I 953). Der Reeder haftet ferner als Verfrachter für Verschulden seiner Leute (§ 607 HGB). S. außerdem das Übereinkommen von 1976 über die Beschränkung der Haftung für Seeforderungen (Ges. vom 23. 7. 1986, BGBl. II 786). Der *Kapitän* ist Stellvertreter des Reeders auf dem Schiff. Er kann die Mannschaft annehmen, hat das Schiff in einen seetüchtigen Zustand zu setzen und für die Erhaltung der Ladung zu sorgen (§§ 511 ff. HGB). Er haftet unbeschränkt; für Rechtsgeschäfte im Rahmen seiner gesetzlichen Vollmacht haftet auch der Reeder (§ 533 HGB).

III. Eintragung im Seeschiffsregister

Seeschiffe mit mehr als 50 cbm Raumgehalt müssen in das *Seeschiffsregister* beim Amtsgericht des *Heimathafens* eingetragen werden (§ 4 Abs. 1, § 10 SchiffsregO; vgl. 301). Mit der Eintragung ist die Befugnis zur Ausübung des *Flaggenrechts* verbunden (§ 3 FlaggRG). Es wird durch das vom Registergericht ausgestellte *Schiffszertifikat* (§ 60 SchiffsregO) begründet und bewirkt, daß das Seeschiff auf hoher See als Gebietsteil seines Heimatlandes angesehen wird. An Schiffspapieren sind neben dem Schiffszertifikat insbes. der Fahrterlaubnisschein der Seeberufsgenossenschaft, der Meßbrief über die Vermessung des Schiffes, das Schiffstagebuch, die Musterrolle nach §§ 13, 14 SeemansG (vgl. 627) und das vom Kapitän über die gesamte an Bord befindliche Ladung aufzunehmende Ladungsmanifest zu führen. Deutsche Seeschiffe, die zur Führung der Bundesflagge berechtigt sind und die im internationalen Verkehr betrieben werden, sind auf Antrag des Eigentümers zusätzlich in das vom BMV geführte *Internationale Seeschiffahrtsregister* einzutragen (§ 12 FlaggRG).

IV. Erwerb und Verkauf eines Schiffes

richten sich grundsätzlich nach den Vorschriften für bewegliche Sachen (keine Schriftform oder Registereintragung; vgl. 301). Bei registrierten *Seeschiffen* genügt Einigung des Erwerbers und des Veräußerers über den *Eigentumsübergang;* es ist weder Übergabe noch Registrierung erforderlich (§ 2 des Ges. über Rechte an eingetragenen Schiffen und Schiffsbauwerken – SchRG –, vgl. 301). Dasselbe gilt bei nicht registrierten Seeschiffen, wenn Einigkeit besteht, daß das Eigentum sofort übergehen soll (§ 929 a BGB). Auch das Seeschiff auf hoher See kann daher veräußert werden. Erwerb von Nichtberechtigten ist bei nicht eingetragenen Schiffen möglich, wenn der Erwerber bei Übergabe gutgläubig ist, bei eingetragenen Schiffen auf Grund des Schiffsregisters (§ 932 a BGB, § 16 SchRG). Der Erwerb einer *Schiffspart* geschieht durch Einigung und Umschreibung des Registers (§ 503 HGB).

V. Pfandrechte an Schiffen

Durch eine an einem eingetragenen See- oder Binnenschiff bestellte *Schiffshypothek* (Schh.) wird der Gläubiger berechtigt, wegen einer bestimmten Geldsumme Befriedigung aus dem Schiff zu suchen (§ 8 SchRG). Sie wird durch Einigung und Eintragung bestellt (§ 8 Abs. 2, § 3 Abs. 1 SchRG), während ein nicht eingetragenes Seeschiff nach den für bewegliche Sachen geltenden Regeln *verpfändet* wird (§§ 1205 ff. BGB). Die Schh. ist stets Sicherungshypothek (s. 337 I 1) und streng akzessorisch. Sie wird durch Abtretung der Forderung (Einigung und Eintragung) übertragen. Der öffentliche Glaube bezieht sich nur auf den Bestellungsakt (§ 16 SchRG). Einreden kann der Schuldner der Forderung auch gegen den gutgläubigen Erwerber der Schh. geltend machen (§ 41 SchRG). Die Haftung für die Schh. erstreckt sich auf Schiff und Zubehör, soweit es im Eigentum des Schiffseigners steht, auf Bestandteile und Versicherungsforderungen (§§ 31–38 SchRG). Mit der Forderung erlischt auch die Schh. (keine Eigentümergrundschuld möglich). Der Gläubiger befriedigt sich aus der Schh. im Wege der Zwangsvollstreckung durch Hypothekenklage (§ 47 Abs. 1 SchRG). Im übrigen wird in ein eingetragenes Seeschiff durch Eintragung einer Schh. oder durch Zwangsversteigerung (§ 870a ZPO), bei einem nicht eingetragenen Seeschiff dagegen durch Inbesitznahme vollstreckt; dabei wird um den vorderen Mast eine Kette mit einem Siegel gelegt („an-die-Kette-Legen"). Das Schiff, das sich auf der Reise und außerhalb eines Hafens befindet, ist jedoch von einer Zwangsvollstreckung und Arrestierung ausgeschlossen (§ 482 HGB).

Schiffsgläubigerrechte (auf Grund von Ansprüchen der Besatzung, Schadensersatzforderungen, Lotsengelder, Abgaben usw.) begründen *gesetzliche Pfandrechte* an Schiffen, die weder den Besitz des Pfandgläubigers am Schiff notwendig machen noch im Register eintragbar sind. Sie sind gegen jeden dritten Besitzer des Schiffes verfolgbar. Obwohl die Schuld beim Schuldner verbleibt, wandert die Haftung mit dem Schiff. Gegenstand des Schiffsgläubigerrechts sind Schiff, Schiffszubehör und Ansprüche aus Schiffsverlust oder -beschädigung (§§ 754–756 HGB). Die Befriedigung der Schiffsgläubigerrechte richtet sich nach den Vorschriften über die Zwangsvollstreckung; die Klage auf Duldung der Vollstreckung kann sich gegen den Schiffseigentümer, den Ausrüster oder den Kapitän richten (§ 760 HGB).

VI. Das Seefrachtgeschäft

ist die gewerbsmäßige Beförderung von Gütern zur See gegen Entgelt (§§ 556ff. HGB). Der Seefrachtvertrag wird zwischen *Verfrachter* (Frachtunternehmer bzw. Reeder) und *Befrachter* (Absender) abgeschlossen. Je nach der Vereinbarung im Frachtvertrag unterscheidet man: a) den *Raumfrachtvertrag,* der eine Miete des ganzen Schiffes (Vollcharter) oder eines Teiles (Teilcharter) umfassen kann, und b) den *Stückgutfrachtvertrag,* der sich nur auf einzelne Güter bezieht (§ 556 HGB). Bemißt sich der Frachtvertrag nach der Zeit, so kann er c) als *Reisecharter* (nur für eine Reise) oder d) als *Zeitcharter* (für eine bestimmte Zeit) geschlossen werden. Üblich ist die Aufstellung eines Frachtvertrags (*Charterpartie;* § 557 HGB) unter Verwendung von Formularen (z. B. Baltime-Charter). Außer Be- und Verfrachter sind am Frachtvertrag der *Ablader,* der die Güter an das Schiff bringt, und der Empfänger beteiligt. Der Ablader kann die Ausstellung eines *Konnossements* (s. u.) verlangen. Der *Verfrachter* hat grundsätzlich die gewöhnlichen und ungewöhnlichen Kosten der Schiffahrt (sog. *kleine Haverei;* § 621 Abs. 2 HGB) zu tragen. Er braucht die Güter nur gegen Zahlung der Fracht auszuliefern und hat ein *gesetzliches Pfandrecht* am Gut, das er nach Ablieferung der Ladung 30 Tage lang, soweit der Empfänger die Ladung noch im Besitz hat, realisieren kann (§§ 614, 623 HGB). Der Verfrachter wird von Haftung frei, wenn der Befrachter oder Ablader wissentlich falsche Angaben über Art oder Wert des Gutes im Konnossement gemacht hat (§ 609 HGB) oder wenn Ansprüche gegen ihn nicht unverzüglich (Ausschlußfrist 1 Jahr) geltend gemacht sind; im übrigen haftet er nur bis zu einem Betrag von 666,67 Rechnungseinheiten (= Sonderziehungsrechte des Internationalen Währungsfonds, s. 918 II) für das Stück oder die Einheit (§§ 611ff., 658ff. HGB). Der durch ihn Geschädigte hat ein Schiffsgläubigerrecht (s. o.); es haften Schiff und Fracht.

Die Haftung für Schäden, die bei der Beförderung von Reisenden und ihrem Gepäck auf See entstehen, richtet sich gem. § 664 HGB nach der Anlage zu § 664.

Über das *Konnossement* s. §§ 642ff. HGB. Man unterscheidet das Bordkonnossement, das bei Anbordnahme der Ware ausgestellt wird, und das schon vorher ausgestellte Übernahmekonnossement. Das K. wird i. d. R. als *Orderpapier* ausgefertigt und hat Traditionswirkung (378).

VII. Haverei

Große Haverei (lex Rhodia de jactu) bedeutet vorsätzlichen vom Kapitän an Schiff oder Ladung zugefügten Schaden, um Schiff und Ladung zu retten; sie wird von Schiff, Ladung und Fracht gemeinschaftlich getragen (§ 700 HGB). Die *besondere Haverei* umfaßt alle Schäden und Kosten, die weder zur kleinen noch zur großen H. zu rechnen sind, insbes. die durch einen *Schiffszusammenstoß* entstandenen Schäden; sie wird von den Eigentümern des Schiffs und der Ladung jeweils gesondert getragen (§ 701 HGB). Zur Regelung der Folgen der großen H. wurden die international geltenden Regeln der York-Antwerp-Rules i. d. F. von 1950 (zuerst 1864) aufgestellt.

VIII. Berge- und Hilfslohn

Wenn Dritte erfolgreich ein Handelsschiff aus Seenot retten oder an Bord befindliche Sachen bergen, haben sie für *Bergung und Hilfeleistung* Anspruch auf Berge- und Hilfslohn (§§ 740, 751 HGB). Diese Vergütung wird vom *Strandamt* nach billigem Ermessen festgesetzt. Leistet ein Schiff Beistand, so werden dem Reeder die Schäden am Schiff und Mehrkosten für Bergung oder Rettung ersetzt; von dem Rest des Berge- und Hilfslohns erhalten der Reeder zwei Drittel, der Kapitän und die übrige Besatzung je ein Sechstel (§ 749 HGB).

380. Das Wechselrecht

Der *Wechsel* ist ein schuldrechtliches Forderungspapier, in dem die Zahlung einer bestimmten Geldsumme an den jeweiligen Wechselinhaber versprochen wird; er unterliegt strengen Formvorschriften (Wechselstrenge). Die Wechselverpflichtung ist *abstrakt,* d. h. losgelöst von dem zugrundeliegenden Rechtsgeschäft (z. B. Kauf), so daß der Wechselverpflichtete aus diesem gegen den Wechselanspruch keine Einwendungen erheben kann.

Das *Wechselrecht* ist im *Wechselgesetz* vom 21. 6. 1933 (RGBl. I 399) m. letzter Änd. vom 17. 7. 1985 (BGBl. I 1507) geregelt.

Hauptformen des Wechsels sind:

a) der *gezogene Wechsel* (Tratte). Er ist eine Form der Anweisung. Der Aussteller des Wechsels (Trassant) weist den Bezogenen (Trassat) an, an einen Dritten (Wechselnehmer, Remittent) eine bestimmte Summe zu zahlen. Der Bezogene haftet erst, wenn er den Wechsel angenommen hat *(Akzept);*
b) der *eigene (Sola-)Wechsel.* In ihm verspricht der Aussteller (Trassant), den im Wechsel angegebenen Betrag an einen anderen (Remittent) zu zahlen („Gegen diesen Wechsel zahle ich").

Während beim gezogenen Wechsel i. d. R. drei Personen beteiligt sind, sind es beim eigenen Wechsel nur zwei.

Allerdings kann eine Tratte auch an die eigene Order des Ausstellers lauten (Art. 3 Abs. 1 WG), so daß nur zwei Personen beteiligt sind. Der „trassiert-eigene" Wechsel kommt in der Wirkung einem Sola-Wechsel nahe.

Der *gezogene Wechsel (Tratte)* muß folgende 8 Erfordernisse aufweisen:

a) die Bezeichnung als Wechsel im Text (nicht in der Überschrift) = *Wechselklausel,*
b) die unbedingte Anweisung, eine *bestimmte Geldsumme* zu zahlen;
c) den Namen dessen, der zahlen soll *(Bezogener);*
d) die Angabe der *Verfallzeit* (z. B. am ..., bei Sicht, 1 Monat nach Sicht, nach 3 Monaten);
e) die Angabe des *Zahlungsortes;*
f) den Namen dessen, an den oder an dessen Order gezahlt werden soll (Wechselinhaber, *Remittent*);
g) *Tag und Ort* der Ausstellung;
h) die *Unterschrift* des Ausstellers.

Bei Nichteinhaltung dieser strengen Formvorschriften ist der Wechsel i. d. R. (Ausnahmen in Art. 2 Abs. 2–4 WG) nichtig. Fehlende Formerfordernisse können u. U. nachgeholt werden; der Bezogenen kann seine Verpflichtungserklärung blanko abgeben *(Blankowechsel).*

Nach dem Zahlungsort unterscheidet man *Distanzwechsel,* die an einem anderen als dem Ausstellungsort, und *Platzwechsel,* die am Ausstellungsort zahlbar sind.

Das Recht aus dem Wechsel wird übertragen durch *Indossament,* d. h. schriftlichen Übertragungsvermerk auf der Rückseite des Wechsels (z. B. „für mich an die Order der D.-Bank in X. gez. Y"), und Übereignung des Papiers gem. § 929 BGB. Auch ein *Blankoindossament* ist zulässig. Das Indossament hat die sog. *Transportfunktion* (sämtliche Rechte aus dem Wechsel gehen auf den Indossatar über), die *Garantiefunktion* (der Übertragende haftet auf Grund seiner Unterschrift für Annahme und Zahlung wie der Aussteller) und die *Legitimationsfunktion* (der durch ununterbrochene Indossamentenkette Ausgewiesene gilt als rechtmäßiger Wechselinhaber); Art. 14–16 WG. Einwendungen des aus einem Wechsel in Anspruch Genommenen aus seinen unmittelbaren Beziehungen zum Aussteller oder zu einem früheren Inhaber des Wechsels sind i. d. R. ausgeschlossen (Art. 17 WG).

Bei Fälligkeit ist der Wechsel dem Bezogenen (Akzeptanten) zur Einlösung vorzulegen. Eine Verweigerung der Zahlung muß durch *Protest* festgestellt werden, der von einem Notar, Gerichtsvollzieher oder Postbeamten aufzunehmen ist. Der Protest wird auf dem Wechsel oder einem damit verbundenen Blatt (Allonge) vermerkt. Bei Nichteinlösung haften dem Wechselinhaber der Aussteller und sämtliche Indossanten (Übertrager) auf Wechselsumme und Kosten als *Gesamtschuldner.* Der Inanspruchgenommene kann gegen seine Vormänner *Regreß* (Rückgriff) nehmen. Über den *Wechselbürgen* vgl. Art. 30–32 WG. Über den *Wechselprozeß* s. 247.

Durch VO vom 10. 11. 1953 (BGBl. I 1521) sind *Abrechnungsstellen* im Wechsel- und Scheckverkehr bei den Zweigstellen der *Landeszentralbanken* errichtet. Bei diesen können Wechsel und Schecks eingeliefert werden, wenn der Bezogene oder der Dritte, bei dem der Wechsel oder Scheck zahlbar gestellt (domiziliert) ist, bei der Abrechnungsstelle als Teilnehmer am Abrechnungsverkehr zugelassen ist oder durch einen Teilnehmer vertreten wird.

Über *Wechsel-Diskontsätze* vgl. 865.

381. Das Scheckrecht

ist geregelt im *Scheckgesetz* vom 14. 8. 1933 (RGBl. I 597) m. letzter Änd. vom 17. 7. 1985 (BGBl. I 1507).

Der *Scheck* ist eine schriftliche Anweisung an einen Bezogenen (i.d.R. Bank oder sonstiges Kreditinstitut) auf Zahlung einer bestimmten Geldsumme an den im Scheck Bezeichneten. Ein Scheck kann sein:

a) *Namens-* oder *Inhaber*-Scheck, je nachdem, ob er auf einen Namen oder auf den jeweiligen Inhaber lautet.

b) *Bar-* oder *Verrechnungs*-Scheck, je nachdem, ob in bar oder durch Gutschrift auf ein anderes Konto gezahlt werden soll.

Im Bankverkehr ist von den Formen zu a) nur der Inhaberscheck gebräuchlich, da alle Formulare den Vermerk tragen „oder an Überbringer".

Auch beim Scheck, der wie der Wechsel ein abstraktes Schuldversprechen enthält, bestehen strenge *Formvorschriften*: Bezeichnung als Scheck, Datum und Ort der Ausstellung, Zahlungsempfänger (kann auch der Aussteller sein), Namen des Bezogenen (Bank), Anweisung zur Zahlung eines bestimmten Betrags, Unterschrift des Ausstellers. Zahlungsort ist der beim Bezogenen angegebene Ort bzw. der Ausstellungsort. Der Scheck ist bei Sicht zahlbar, so daß sich die Angabe einer Zahlungszeit erübrigt. Der Vermerk „nur zur Verrechnung" verbietet der Bank die Barauszahlung (*Verrechnungsscheck;* Art. 39 ScheckG). Falls die Bank nicht zahlt (mangels Deckung), kann der Scheckempfänger Rückgriff gegen den Aussteller nehmen (Art. 40ff. ScheckG).

Die Übertragung des Schecks erfolgt durch Übergabe des Papiers (beim Orderscheck, der aber ungebräuchlich ist, außerdem durch Indossament wie beim Wechsel, 380). Der Scheck wird bei Vorlegung fällig. Die Vorlegungsfrist beginnt mit dem Tag der Ausstellung und beträgt für Inlandsschecks 8 Tage, für Auslandsschecks 20–70 Tage (Art. 29 ScheckG). Wird die Vorlegungsfrist versäumt, so erlischt der Rückgriffsanspruch des Scheckinhabers gegen den Aussteller und etwaige Indossanten oder Bürgen (Art. 25–27 ScheckG) unbeschadet des Anspruchs gegen den Aussteller, soweit er sich mit Schaden des Scheckinhabers bereichern würde (Art. 58 ScheckG).

383. Unlauterer Wettbewerb

Das Gesetz gegen den unlauteren Wettbewerb – UWG – vom 7. 6. 1909 (RGBl. 499) m. spät. Änd. verbietet im geschäftlichen Verkehr alle Handlungen zum Zwecke des Wettbewerbs, die gegen die *guten Sitten* verstoßen. Diese *Generalklausel* in § 1 UWG gibt eine allgemeine Begriffsbestimmung des unlauteren Wettbewerbs.

Gegen die guten Sitten verstoßen z. B. Aneignung der Arbeitsergebnisse eines anderen, Irreführung, Bestechung, Verleumdung und Behinderung (insbesondere Boykott, Sperre). Verboten sind danach auch unsachliche Reklame, Preisunterbietung, Preisschleudern bei Markenartikeln. Das UWG zählt weiter als *Einzeltatbestände* auf: Unwahre Reklame (§§ 3, 4), Angestelltenbestechung (§ 12), Verursachen von Verwechslungen (§ 16), Anschwärzung (§ 14), Geheimnisverrat (§ 17). Die Konkurswarenankündigung ist nur für Waren erlaubt, die noch zur Konkursmasse gehören (§ 6).

Wer Verkaufsveranstaltungen ankündigt oder durchführt, die außerhalb des regelmäßigen Geschäftsverkehrs stattfinden, der Beschleunigung des Warenabsatzes dienen und die den Eindruck besonderer Kaufvorteile hervorrufen *(Sonderveranstaltungen)* kann auf Unterlassung in Anspruch genommen werden (§ 7 Abs. 1). Das Anbieten von Sonderangeboten im regelmäßigen Geschäftsverkehr zählt nicht hierzu. Ebenso gilt dies nicht für Winter- und Sommerschlußverkäufe sowie für Jubiläumsverkäufe (§ 7 Abs. 3). Ein *Räumungsverkauf* eines vorhandenen Warenvorrats wegen eines Schadensfalles, Umbauvorhabens oder der Aufgabe des gesamten Geschäftsbetriebes, erfordert die Ankündigung mit Angabe des wahren Grundes (§ 8 Abs. 1). Der Räumungsverkauf ist bei der zuständigen amtlichen Berufsvertretung von Handel, Handwerk und Industrie anzuzeigen (§ 8 Abs. 3). Vor- und Nachschieben von Waren ist verboten (§ 8 Abs. 5 Nr. 2). Bei Käufen, die auf Grund von unwahren und zur Irreführung geeigneten Werbeangaben (s. § 4) zustandegekommen sind, besteht ein Rücktrittsrecht für den Käufer (§ 13a).

Wer dem UWG zuwiderhandelt, kann auf *Unterlassung* und *Schadenersatz* verklagt und außerdem *bestraft* bzw. mit Geldbuße belegt werden. Die Zuwiderhandlungen nach dem UWG sind meist Antragsdelikte. Verjährung der zivilrechtlichen Ansprüche 6 Monate nach Kenntnis von Rechtsverletzung und Person des Verletzenden (§ 21). Zur Beilegung von Wettbewerbsstreitigkeiten bestehen *Einigungsstellen* bei den Industrie- und Handelskammern. Über das Recht von Interessenverbänden, Unterlassungsansprüche geltend zu machen, vgl. § 13 Abs. 2.

Im Wettbewerb spielt auch das *Rabattgesetz* vom 25. 11. 1933 (RGBl. I 1011) m. Änd. zuletzt vom 25. 7. 1986 (BGBl. I 1169) nebst DVO vom 21. 2. 1934 (RGBl. I 120) – zuletzt geänd. am 21. 5. 1976 (BGBl. I 1249) – sowie die *ZugabeVO* vom 9. 3. 1932 (RGBl. I 121) m. Änd. zuletzt vom 25. 7. 1994 (BGBl. I 1688) eine Rolle. Danach sind im Einzelverkauf Barzahlungsnachlässe nur bis höchstens 3 v.H. gestattet und Sonderpreise grundsätzlich verboten (Ausnahmen bei Mengenrabatt, für Großverbraucher, Werksangehörige zum Eigenverbrauch u. dgl.). Das Verbot der Rabattgewährung durch Warenhäuser, Einheitspreisgeschäfte u. dgl. (§ 6 RabG) hat das BVerfG für nichtig erklärt (BGBl. 1967 I 626). Als *Zugaben* sind nur Reklamegegenstände von geringem Wert, handelsübliche Rabatte, handelsübliches Zubehör, Kundenzeitschriften, angemessene Erstattung für Fahrtkosten des öffentlichen Personennahverkehrs oder Erteilung von Ratschlägen oder Auskünften zulässig.

Über das Gesetz gegen *Wettbewerbsbeschränkungen* (Kartellgesetz) vgl. 835.

384. Das Depotgesetz

vom 11. 1. 1995 (BGBl. I 34) verpflichtet jeden Kaufmann, der handelsgewerblich Wertpapiere für seine Kunden verwahrt (insbes. Banken), ein *Verwahrungsbuch* zu führen und dem Kunden, für den er Wertpapiere kauft, ein *Stückeverzeichnis* zu übersenden (§§ 14, 18 DepotG).

Das *Depotgeschäft* ist ein Bankgeschäft (865), bei dem die Bank es übernimmt, bestimmte Sachen (Wertpapiere) aufzubewahren und gegebenenfalls zu verwalten. Mit Absendung des Stückeverzeichnisses geht das Eigentum an den darin verzeichneten Wertpapieren auf den Bankkunden (Wertpapierkäufer) über. Dieser kann bei einem Konkurs der Bank ein *Aussonderungsrecht* geltend machen (264); über Konkursvorrechte der Kommittenten, Hinterleger usw. vgl. §§ 32, 33 DepotG.

Man unterscheidet das *Sammeldepot* (Sammelverwahrung), bei dem die Bank die Papiere einer Wertpapiersammelbank zuführen kann (es besteht dann nur Miteigentum der Hinterleger am Sammelbestand), und das *Streifbanddepot* (Sonderverwahrung), bei dem die Wertpapiere gesondert aufzubewahren sind. *Depotunterschlagungen* sind unter Strafe gestellt (§ 34 DepotG).

385. Der Schutz des geistigen Eigentums

Das Recht des Schöpfers (Urhebers) an einem geistigen Werk wird vom Gesetz als eigentumähnliches Recht behandelt. Aus ihm entspringen einerseits persönlichkeitsrechtliche, andererseits vermögensrechtliche Ansprüche.

Durch das *Urheberrecht* im eigentlichen Sinne geschützt sind Werke der *Literatur, Wissenschaft* und *Kunst (*Musik, bildende Kunst, Lichtbild- und Filmkunst). Nicht zum Urheberrecht im eigentlichen Sinne gehört das Recht der Erfindungen, Gebrauchsmuster, Muster und Modelle sowie Handelsmarken. Allen gemeinsam ist der Schutz einer individuellen geistigen Leistung. Während aber dem Urheberrechtsschutz ein kulturelles Schaffen zugrunde liegt, bezieht sich der gewerbliche und technische Rechtsschutz auf Leistungen technischer oder „zivilisatorischer" Art.

Sowohl das Urheberrecht i. e. S. als auch der gewerbliche und technische Rechtsschutz sind bundesrechtlich geregelt. Vgl. 386–390. Durch das *Erstrekkungsgesetz* vom 23. 4. 1992 (BGBl. I 938) wurden alle gewerblichen Schutzrechte (Patente, Gebrauchsmuster, Halbleiterschutzrechte, Geschmacksmuster, Warenzeichen), die vor dem 3. 10. 1990 in der BRep. oder der ehemaligen DDR bestanden, auf ganz Deutschland erstreckt.

Der Schutz im Ausland ist durch *internationale Vereinbarungen* gesichert. Die *Berner Übereinkunft zum Schutze von Werken der Literatur und Kunst* vom 9. 9. 1886 gewährleistete für diese Werke den Angehörigen der Vertragsstaaten gleichen Urheberschutz wie den eigenen Staatsangehörigen. Sie wurde 1908 in Berlin (RGBl. 1910, S. 987), 1928 in Rom (RGBl. 1933 II 890), 1948 in Brüssel (BGBl. 1965 II 1213), 1967 in Stockholm (BGBl. 1970 II 348) und 1971 in Paris (BGBl. 1973 II 1071) revidiert (daher heute: *Revidierte Berner Übereinkunft*). Den Schutz des *gewerblichen* Eigentums gewährleistet die Pariser Verbandsübereinkunft vom 20. 3. 1883, zuletzt revidiert in Lissabon und Stockholm (vgl. BGes. vom 23. 3. 1961, BGBl. II 273, und 5. 6. 1970, BGBl. II 293, 391). Zur Unterdrückung falscher Herkunftsangaben auf Waren wurde das Madrider Abkommen vom 14. 4. 1891 mit Nachträgen getroffen und eine internationale Registrierung von Fabrik- und Handelsmarken vereinbart (RGBl. 1925 II 115; 1928 II 175, 193; 1937 II 583, 604; BGBl. 1961 II 273, 293; 1970 II 293, 444). Vgl. ferner Haager Abkommen vom 6. 11. 1925 über die internationale *Hinterlegung gewerblicher Muster und Modelle* (RGBl. 1928 II 177, 203; 1937 II 583, 617; BGBl. 1962 II 774, 790, 937; 1970 II 293, 448). Am 6. 9. 1952 kam in Genf ein *Welturheberrechtsabkommen* zustande, das durch BGes. vom 24. 2. 1955 (BGBl. II 101) und in der n. F. von Paris 1971 (BGBl. 1973 II 1111) für die BRep. verbindlich erklärt worden ist. Hinzugetreten sind das *Europäische Abkommen zum Schutze von Fernsehsendungen* vom 22. 6. 1960 (BGes. vom 15. 9. 1965, BGBl. II 1234), das *Internationale Abkommen über den Schutz der ausübenden Künstler, der Hersteller von Tonträgern und der Sendeunternehmen* vom 26. 10. 1961 (BGes. vom 15. 9. 1965, BGBl. II 1243) sowie das *Übereinkommen zum Schutz der Hersteller von Tonträgern gegen unerlaubte Vervielfältigung ihrer Tonträger* vom 29. 10. 1971 (BGes. vom 10. 12. 1973, BGBl. II 1669). Am 14. 7. 1967 sind in Stockholm

Übereinkünfte auf dem Gebiet des Schutzes des geistigen Eigentums unterzeichnet worden, welche u. a. die Errichtung einer Weltschutzorganisation (WIPO, autonome Organisation innerhalb der UNO – s. 909) zum Gegenstand haben (BGes. vom 5. 6. 1970, BGBl. II 293).

Den Schutz von Erfindungen, Mustern und Warenzeichen auf *Ausstellungen regelt das Gesetz vom 18. 3. 1904 (RGBl. 141).* Das BMJ gibt im BGBl. das Eintreten des Schutzes für bestimmte Ausstellungen bekannt.

386. Urheberrecht und verwandte Schutzrechte

Das *literarische* und das *künstlerische Urheberrecht,* die früher in getrennten Gesetzen geregelt waren, sind seit 1965 in dem *Gesetz über Urheberrecht und verwandte Schutzrechte* vom 9. 9. 1965 (BGBl. I 1273) m. letzter Änd. vom 23. 6. 1995 (BGBl. I 842) – Urheberrechtsgesetz (UrhG) m. spät. Änd. – zusammengefaßt.

Geschützt sind insbes. Sprachwerke (Schriftwerke und Reden), Programme für Datenverarbeitung, Datenbankwerke, Musikwerke, Werke der bildenden Künste, Lichtbild- und Filmwerke sowie Darstellungen wissenschaftlicher oder technischer Art (§ 2 UrhG). Der Urheber hat das Recht zur Verfügung über das Werk und seine Nutzung sowie zur öffentlichen Wiedergabe. Er hat das Vervielfältigungs-, Verbreitungs- und Ausstellungsrecht sowie das Recht zu Vortrag, Aufführung und Sendung und zur Wiedergabe durch Bild- oder Tonträger oder von Funksendungen (§§ 15ff. UrhG). Er kann einem anderen das *Nutzungsrecht* – auch räumlich, zeitlich oder inhaltlich begrenzt – einräumen (§§ 31ff. UrhG). Ohne seine Einwilligung ist Vervielfältigung und Verbreitung von Werken oder Werkteilen geringen Umfangs für den Kirchen- oder Unterrichtsgebrauch zulässig, ferner Nachdruck amtl. Schriften, Wiedergabe öffentlicher Reden in Tageszeitungen und Verbreitung von Zeitungsartikeln über politische, wirtschaftliche oder religiöse Tagesfragen, ebenso die Wiedergabe von Tagesnachrichten aus Presse oder Funk (§§ 46ff. UrhG). I. d. R. ist dem Urheber hierfür eine *angemessene Vergütung* zu zahlen. An öffentlichen Straßen oder Plätzen bleibend befindliche Werke dürfen durch Lichtbild, Film oder Malerei vervielfältigt werden (§ 59 UrhG). Zulässig ist es, einzelne Vervielfältigungsstücke eines Werks zum privaten und sonstigen eigenen Gebrauch (wissenschaftlichen Gebrauch, Aufnahme in ein eigenes Archiv, eigene Unterrichtung) herzustellen (§ 53 UrhG). Der Urheber hat für derartige Vervielfältigungen einen Anspruch auf Zahlung einer angemessenen Vergütung. Dieser Vergütungsanspruch wird bei Bild- und Tonaufzeichnungen durch eine vom Hersteller bzw. Importeur zu bezahlende sog. *Geräteabgabe* (Abgabe für jedes Bild- oder Tonaufzeichnungsgerät) und eine sog. *Leerkassettenabgabe* (Abgabe für jede unbespielte Kassette) verwirklicht (§ 54 UrhG). Bei reprographischen Vervielfältigungen, besonders bei Fotokopien, besteht ein Anspruch des Urhebers gegen den Hersteller und Importeur von Kopiergeräten sowie gegen bestimmte Großbetreiber von Vervielfältigungsgeräten (§§ 54a, b, c UrhG). Als angemessene Vergütung des Urhebers gelten die in der Anlage zu § 54d UrhG bestimmten Sätze. Danach ist z. B. für jedes Bildaufzeichnungsgerät *(Videorecorder)* eine Abgabe von 18 DM, für jeden Tonträger je Stunde Spieldauer eine Abgabe von 0,12 DM zu bezahlen. Die genannten Vergütungsansprüche können nur durch eine Verwertungsgesellschaft geltend gemacht werden. Bei Benutzung ist, außer wenn sie dem eigenen Gebrauch dient, *Quellenangabe* erforderlich (z. B. in wissenschaftlichen Werken), § 63 UrhG.

Die öffentliche Wiedergabe von Werken, vor allem von Musikwerken, ist grundsätzlich tantiemepflichtig; auch bei Benutzung zu kirchlichen Feierlichkeiten ist dem Urheber eine angemessene Vergütung zu zahlen. Die Vergütungspflicht entfällt für Veranstaltungen der Jugendhilfe, Sozialhilfe, Alten- und Wohlfahrtspflege, Gefangenenbetreuung sowie für Schulveranstaltungen, wenn sie nur einem abgegrenzten Personenkreis zugänglich sind und keinem Erwerbszweck dienen (§ 52 UrhG). Eine *Lizenzierungspflicht* besteht für den Urheber dann, wenn er einem Hersteller von Tonträgern ein *Nutzungsrecht* an einem Musikwerk eingeräumt hat; dann kann jeder andere Tonträgerhersteller gleichfalls die Einräumung eines solchen Nutzungsrechts verlangen, falls nicht schon eine Verwertungsgesellschaft – s. u. – nutzungsberechtigt ist (§ 61 UrhG; sog. *Zwangslizenz*). Für *Computerprogramme* wurden besondere Bestimmungen geschaffen (§ 69a–f, § 137d UrhG).

Unter *verwandten Schutzrechten*, die den Grundsätzen des Urheberrechtsschutzes unterliegen, versteht das Urheberrechtsgesetz (§§ 70ff.) insbes. den Schutz wissenschaftlicher Ausgaben urheberrechtlich ungeschützter Werke oder Texte, den Schutz der Lichtbilder und des ausübenden Künstlers wegen der eigenen schöpferischen Leistung, die in der Wiedergabe eines Werkes besteht (§§ 73–84), ferner den Schutz der Hersteller von Tonträgern, denen die Vervielfältigung und Verbreitung der Aufnahme vorbehalten ist (§§ 85, 86). Besondere Vorschriften erhalten den Sendeunternehmen das Recht zur Nutzung der Sendung (Weitersendung, Vervielfältigung, Fernsehsendung; § 87) und regeln das Recht zur Verfilmung (§ 88); über das Filmurheberrecht s. 838.

Rechtsverletzungen begründen Ansprüche auf *Unterlassung* sowie bei Verschulden auf *Schadenersatz*, u. U. auch wegen des immateriellen Schadens, auf Vernichtung oder Überlassung der Vervielfältigungsstücke sowie auf Auskunft über Herkunft und Vertriebsweg der Vervielfältigungsstücke, (§§ 97ff.), und können zur Strafverfolgung führen (§§ 106ff.; z. T. Antragsdelikte).

Die frühere *Schutzfrist* von 50 Jahren ist auf 70 Jahre verlängert, beginnend mit dem Tode des Urhebers; zugunsten des ausübenden Künstlers, dessen Darbietung auf einem Bild- oder Tonträger aufgenommen worden ist, läuft sie 50 Jahre, beginnend mit dem Erscheinen des Bild- oder Tonträgers bzw. der Darbietung (§§ 64, 82 UrhG). Die Schutzfrist von 70 Jahren wird bei anonymen (pseudonymen) Werken durch Eintragung des Urhebernamens in die *Urheberrolle* gesichert (§ 66 Abs. 2 Nr. 2, § 138 UrhG; VO über die Urheberrolle vom 18. 12. 1965, BGBl. I 2105 m. spät. Änd.). Wichtig ist die *Beteiligung des Urhebers am Gewinn*, wenn durch gewerbsmäßige Weiterveräußerung des Originals eines Werkes der bildenden Kunst ein Erlös vom mindestens 100 DM erzielt wird (*Folgerecht;* Anteil 5 v. H.), sowie der Anspruch auf Heraufsetzung des Entgelts für eine Nutzung, wenn das vereinbarte im groben Mißverhältnis zu den Erträgnissen steht (§§ 26, 36 UrhG). Bei Vermietung oder Verleihung von Vervielfältigungsstücken ist, wenn sie aus Erwerbsgründen geschieht, nach § 27 UrhG eine Vergütung an eine Verwertungsgesellschaft (s. u.) zu zahlen, ebenso bei Ausgabe durch eine öffentliche Bücherei o. dgl. (sog. *Bibliotheksgroschen*).

Das Urheberrecht ist *vererblich*, aber nicht veräußerlich; doch kann es in Erfüllung eines Testaments oder Erbvertrags sowie unter Miterben bei deren Auseinandersetzung übertragen werden (§§ 28, 29 UrhG).

Das Recht der Vervielfältigung von Bildnissen steht nur dem Besteller zu (§ 60 UrhG). Das *Recht am eigenen Bilde* setzt zur Verbreitung oder Ausstellung i. d. R. die Zustimmung des Abgebildeten voraus (Ausnahme z. B. für Bilder aus dem Bereich der Zeitgeschichte, von Versammlungen u. dgl. sowie für Zwecke der Rechtspflege und der öffentlichen Sicherheit); vgl. §§ 22ff. des insoweit aufrechterhaltenen KunstUrhGes. vom 9. 1. 1907.

594

Die Realisierung der Nutzungsrechte und Vergütungsansprüche kann der Berechtigte einer *Verwertungsgesellschaft* übertragen, die Rechte mehrerer Rechtsinhaber zur gemeinsamen Auswertung wahrnimmt. Das ist schon vor Inkrafttreten des UrhG 1965 zwecks Nutzung und Rechtswahrung bei Musikwerken im Rahmen eines Zweckverbandes der Komponisten, der GEMA (Gesellschaft für musikalische Aufführungs- und mechanische Vervielfältigungsrechte), geschehen. Nach dem Ges. über die *Wahrnehmung von Urheberrechten und verwandten Schutzrechten (Urheberrechtswahrnehmungsgesetz)* vom 9. 9. 1965 (BGBl. I 1294) m. spät. Änd. bedürfen solche Gesellschaften einer behördlichen Erlaubnis und unterliegen der öffentlichen Aufsicht. Sie haben Vergütungstarife aufzustellen und Jahresrechnung zu legen, die einer Prüfung unterliegt. Auch für sie besteht ein Abschlußzwang i. S. einer *Zwangslizenz* (s. o.). Über die *Schiedsstelle* gem. § 14 d. Ges. vgl. VO vom 20. 12. 1985 (BGBl. I 2543). Die Verwertungsgesellschaften GEMA (Musik), GVL (Leistungsschutzrechte) und VG Wort sind in der „Zentralstelle für private Überspielungsrechte (ZPÜ)" zusammengeschlossen.

Im Hinblick auf die Wiedervereinigung gelten zur Einführung des Urheberrechtsgesetzes besondere Bestimmungen (s. Einigungsvertrag, Anlage I, Kap. III, Sachgebiet E, Abschnitt II Nr. 2).

387. Das Patentrecht

hat zur Grundlage das *Patentgesetz* (PatG) i. d. F. vom 16. 12. 1980 (BGBl. 1981 I 1) m. spät. Änd. *Patente* werden für *neue Erfindungen*, die auf einer erfinderischen Tätigkeit beruhen und eine gewerbliche Verwertung gestatten, mit der Wirkung erteilt, daß der Patentinhaber allein zu gewerbsmäßiger Herstellung, Gebrauch und Veräußerung des geschützten Gegenstandes befugt ist.

I. Neuheit der Erfindung

Eine *Erfindung* ist nur dann *neu*, wenn sie über den Stand der Technik z. Z. der Anmeldung hinausgeht; hierbei bleibt eine Offenbarung der Erfindung außer Betracht, wenn sie binnen 6 Monaten vor der Anmeldung erfolgt ist und auf einen Mißbrauch zum Nachteil des Anmelders oder seines Rechtsvorgängers zurückgeht. Liegt es für einen Fachmann nicht nahe, daß die Erfindung bereits dem Stande der Technik entspricht (also nichts Neues bringt), so wird angenommen, daß sie auf einer *erfinderischen Tätigkeit* beruht (§§ 1, 3, 4 PatG). Nicht patentiert werden Erfindungen, deren Veröffentlichung oder Verwertung gegen die öffentliche Ordnung oder gegen die guten Sitten verstoßen würde (§ 2).

II. Schutzwirkung. Verwertung des Patents

Ein Patent wird nur auf Antrag erteilt, und zwar dem, der es zuerst anmeldet. Es hat die Wirkung, daß dieser allein den Gegenstand herstellen, anbieten, in Verkehr bringen und gebrauchen oder zu solchen Zwecken einführen oder besitzen darf; der Schutz erstreckt sich auf Verfahren, die Gegenstand eines Patentes sind, und die dadurch unmittelbar hergestellten Erzeugnisse (§§ 9, 10). Man unterscheidet *Haupt-* und *Zusatzpatente*, je nachdem ob es sich um eine erstmalige Erfindung oder um eine Verbesserung handelt. Der Patentinhaber kann das Patent selbst verwerten, es durch andere verwerten lassen oder es ganz oder teilweise, zeitlich beschränkt oder unbeschränkt, räumlich begrenzt oder unbegrenzt an andere übertragen. Das Patent ist veräußerlich und vererblich. Es kann auch ein *Lizenzvertrag* (formlos) geschlossen werden, nach dem das Patent oder seine Verwertung gegen eine (einmalige oder laufende) Lizenzgebühr einem anderen überlassen wird (§ 15). Gegenüber dem *Vorbenutzer* ist die Wirkung des Patents beschränkt. Dieser darf die Erfindung für seinen Betrieb weiternutzen, wenn er sie bereits in Benutzung genommen hatte (§ 12).

III. Anmeldung

Die Erfindung, die geschützt werden soll, wird bei der *Anmeldeabteilung* des Patentamts angemeldet. Dabei ist der zu schützende Gegenstand genau zu bezeichnen und die Erfindung mit bildlichen Darstellungen usw. so zu beschreiben, daß danach die Benutzung durch einen Fachmann möglich erscheint. Ferner muß das, was als patentfähig unter Schutz gestellt werden soll *(Patentanspruch)*, angegeben und Erteilung des Patents beantragt werden (§ 35; PatentanmeldeVO vom 29. 5. 1981, BGBl. I 521 m. spät. Änd.); auch ist eine Zusammenfassung der technischen Daten vorzulegen und binnen 15 Monaten der Erfinder zu benennen (§§ 36, 37; VO über Erfinderbenennung vom 29. 5. 1981, BGBl. I 525). Es ist eine Patentgebühr bei Anmeldung und vom 3. Jahr der Schutzzeit ab eine Jahresgebühr zu zahlen (*Ges. über die Gebühren des Patentamts und des Patentgerichts* i. d. F. vom 18. 8. 1976, BGBl. I 2188 m. spät. Änd.

IV. Vorprüfung. Rechercheverfahren. Entscheidung

Die Prüfungsstelle des Patentamts nimmt eine Vorprüfung daraufhin vor, ob die Anmeldung formell oder sachlich den gesetzlichen Ansprüchen *offensichtlich* nicht genügt; dadurch soll dem Anmelder die Möglichkeit gegeben werden, von dem kostspieligen Anmeldeverfahren ggf. zurückzutreten. Das Patentamt kann dem Anmelder die Beseitigung offenbarer Mängel aufgeben. Erscheint eine patentfähige Erfindung offensichtlich als nicht gegeben, so wird der Antragsteller zur Äußerung binnen einer bestimmten Frist aufgefordert. Werden die Mängel nicht beseitigt oder wird die Anmeldung einer nicht patentfähigen Erfindung aufrechterhalten, so weist die Prüfungsstelle die Anmeldung zurück, wogegen binnen Monatsfrist *Beschwerde* beim Patentamt zulässig ist (§§ 42, 73). Wird die Anmeldung nicht zurückgewiesen, so kann der Anmelder, aber auch jeder Dritte beim Patentamt beantragen, die öffentlichen Druckschriften zu ermitteln, die für die Beurteilung der Patentfähigkeit der Erfindung von Bedeutung sind (§ 43; zuständig ist z. T. das Europ. Patentamt, VO vom 31. 5. 1978, BGBl. I 660, m. spät. Änd.). Dadurch gewinnen Anmelder und Mitbewerber Anhaltspunkte für die Aussichten der Anmeldung. Statt dieses *Rechercheantrags* oder nach Durchführung der Ermittlungen kann beantragt werden, die Anmeldung und die Patentfähigkeit zu prüfen. Ergibt die nunmehr – ggf. nach Anhörung der Beteiligten und Beweiserhebungen – durchgeführte *materielle Prüfung*, daß eine patentfähige Erfindung nicht vorliegt, oder weist die Anmeldung Mängel auf, so benachrichtigt das Patentamt den Anmelder (Patentsucher) hiervon und setzt ihm eine Frist zur Äußerung bzw. Beseitigung der Mängel. Ist die Fristsetzung erfolglos, so weist das Patentamt die Anmeldung durch Beschluß, gegen den ebenfalls Beschwerde gegeben ist, zurück. (§§ 44–48).

V. Erteilung des Patents

Genügt dagegen die Anmeldung den Anforderungen, und sind etwaige Beanstandungen des Patentamts ausgeräumt, so wird das Patent erteilt; der Anmelder kann jedoch die Erteilung 15 Monate – ab Anmeldung gerechnet – aussetzen lassen (§ 49). Die Veröffentlichung unterbleibt, wenn die Erfindung ein *Staatsgeheimnis* ist; vor Anmeldung außerhalb der BRep. muß die Genehmigung der zuständigen obersten Bundesbehörde eingeholt werden (§§ 50–52). Die Erteilung eines Patentes wird nebst der Patentschrift im Patentblatt veröffentlicht; dem Inhaber wird eine Urkunde erteilt. Wird der Prüfungsantrag (§ 44) binnen 7 Jahren seit Anmeldung nicht gestellt oder die Gebühr für die

Anmeldung nicht entrichtet, gilt diese als zurückgenommen (§ 58). Nach Veröffentlichung des Patents im Patentblatt kann jedermann gegen die Erteilung des Patents binnen drei Monaten *Einspruch* erheben, weil die Erfindung nicht patentfähig oder nicht verwertungsfähig sei oder ihr wesentlicher Inhalt eine widerrechtliche Entnahme enthalte oder den Gegenstand der Anmeldung überschreite (§ 59). Diese Gründe berechtigen auch zum *Widerruf* der Erteilung (§§ 21, 61) und *Nichtigerklärung* auf Antrag (§ 22).

VI. Schutzdauer. Patentverletzung

Das Patent dauert 20 Jahre seit Anmeldung (§ 16); zur Möglichkeit eines ergänzenden Schutzes auf Grund von EG-Verordnungen s. § 16a; es erlischt, wenn die Gebühren nicht rechtzeitig gezahlt werden oder wenn der Anmelder den Erfinder nicht benennt oder auf das Patent verzichtet (§ 20). Gestattet der Berechtigte durch schriftliche Erklärung gegenüber dem Patentamt allgemein die Benutzung der Erfindung gegen angemessene Vergütung, so hat er nur die Hälfte der jährlichen Patentgebühr zu entrichten (§ 23). Verweigert er umgekehrt die Einwilligung in eine Lizenznahme trotz Angebots angemessener Vergütung, so erteilt das Patentgericht auf Klage eine *Zwangslizenz*, wenn dies im öffentlichen Interesse geboten ist (§ 24). Die erteilten Patente werden in die beim Patentamt geführte *Patentrolle* eingetragen, in der auch alle Änderungen an Patenten vermerkt werden (ebenso zusätzliche Angaben über den Verfahrensstand der Patentanmeldungen und Patente gem. VO vom 16. 6. 1981, BGBl. I 593). Die Patentrolle ist ein öffentliches Register, in das jedermann Einsicht nehmen kann, ebenso wie in die zugrunde liegenden Akten (soweit diese nicht erteilte Patente oder in den letzten 18 Monaten bekannt gemachte Anmeldungen betreffen: nur bei Glaubhaftmachen eines berechtigten Interesses, §§ 30, 31).

Werden die Rechte eines Patentinhabers verletzt, so kann dieser Unterlassung und, falls der Verletzer schuldhaft gehandelt hat, Schadensersatz beanspruchen (§ 139). Ferner bestehen Ansprüche auf Vernichtung des betreffenden Erzeugnisses, auf Auskunft über Herkunft und Vertriebsweg des betreffenden Erzeugnisses (§§ 140a, 140b). Patentverletzende Erzeugnisse werden auf Antrag und gegen Sicherheitsleistung des Rechtsinhabers bei Ein- oder Ausfuhr von den Zollbehörden beschlagnahmt (§ 142a). Vorsätzliche Verletzung von Patentrechten ist strafbar (§ 142).

VII. Patentbehörden

Für die Bearbeitung der Patentsachen ist das *Deutsche Patentamt in München* (mit Zweigstelle in Berlin) zuständig. Es wurde durch Ges. vom 12. 8. 1949 (WiGBl. 251) für das Vereinigte Wirtschaftsgebiet (19 III) eröffnet, von der Bundesrepublik übernommen und bearbeitet außer den Patenten auch die Angelegenheiten der Gebrauchsmuster und Warenzeichen (vgl. 388, 390). Nach der VO über das Deutsche Patentamt vom 5. 9. 1968 (BGBl. I 997) m. spät. Änd. bestehen bei diesem Amt Patentabteilungen und Prüfungsstellen für Patente, Gebrauchsmusterabteilungen und eine Gebrauchsmusterstelle, Markenabteilungen und Markenstellen. Vgl. § 27 PatG.

Das auf Grund des Europäischen Patentübereinkommens vom 5. 10. 1973 (BGBl. 1976 II 649, 826) in München (Zweigstelle in Berlin) errichtete *Europäische Patentamt* ermöglicht die Anmeldung eines innerhalb der Europäischen Gemeinschaften wirksamen – statt eines nur nationalen – *europäischen Gemeinschaftspatentes*. Das Amt umfaßt 5 Generaldirektionen; die Fachabteilungen sind nach technischen Gebieten aufgeteilt. Die Generaldirektion Recherche verbleibt in Den Haag (Dienststelle in Berlin); die übrigen Generaldirektionen – Prüfung und Einspruch, Beschwerde, Verwaltung, Recht und internationale Angelegenheiten – werden in München eingerichtet. Die Daten werden in einem elektronischen *Patentregister* gespeichert, das über Bildschirm, Mikrofilmausgaben, EDV-Band oder Fernschreibverbindung eingesehen werden kann. Das *Europ. Gemeinschaftspatent-Übereinkommen* vom 15. 12. 1975 (BGBl. 1979 II 843) enthält außer materiellen patentrechtlichen Bestimmungen institutionelle und Verfahrensvorschriften. Zur Anpassung des nationalen Patentrechts an das Gemeinschaftsrecht *(Harmonisierung)* sind innerstaatliche Gesetze ergangen (in der BRep. im Rahmen eines *Gemeinschaftspatentgesetzes* vom 26. 7. 1979, BGBl. I 1269).

Der *Patentzusammenarbeitsvertrag (PCT)* vom 19. 6. 1970 (BGBl. 1976 II 649, 664) ermöglicht den Angehörigen der Vertragsstaaten und den in diesen Ansässigen eine internationale Anmeldung mit Wirkung für alle Vertragsstaaten (und das Europ. Patentamt). Es findet eine internationale Recherche statt. Etwaige nationale Anmeldungen werden 20 Monate ausgesetzt. Die internationale Anmeldung kann auch eine Ausdehnung voraufgegangener nationaler Anmeldungen zum Gegenstand haben.

VIII. Patentgericht. Patentstreitsachen

Für die Angelegenheiten des gewerblichen Rechtsschutzes ist ein *Patentgericht* in München als Bundesgericht errichtet worden. Bei diesem bestehen Beschwerde- und Nichtigkeitssenate, in denen auch *technische Mitglieder* mit abgeschlossener Ausbildung zum Richteramt befähigt sind (§ 65 PatG). Sie entscheiden über Beschwerden gegen Beschlüsse der Prüfungsstellen oder Patentabteilungen sowie über Klagen auf Nichtigkeit oder Zurücknahme eines Patents (§ 66 PatG). Über Rechtsbeschwerden gegen Beschlüsse und Berufungen gegen Urteile des Patentgerichts entscheidet der Patentsenat des BGH (§§ 100, 110 PatG; vgl. 71 III, 219). Dagegen sind für sog. *Patentstreitsachen* die Zivilkammern der Landgerichte in 1. Instanz ausschließlich zuständig. Unter diesen Streitsachen versteht man Zivilprozesse über Ansprüche aus den im PatG geregelten Rechtsverhältnissen, z. B. aus Patentverletzung, Lizenzvertrag (§ 143 Abs. 1 PatG).

IX. Patentanwälte

Als Berater und Vertreter auf dem Gebiet des gewerblichen Rechtsschutzes sind *Patentanwälte* zugelassen, deren Stellung durch die Patentanwaltsordnung vom 7. 9. 1966 (BGBl. I 557) m. spät. Änd., insbes. vom 2. 9. 94 (BGBl. I 2285) geregelt ist; Ausbildungs- und Prüfungsordnung nach § 12 der Patentanwaltsordnung und Prüfungsordnung nach § 10 des Gesetzes über die Eignungsprüfung für die Zulassung zur Patentanwaltschaft (APrO) i. d. F. vom 8. 12. 1977 (BGBl. I 2491) m. spät. Änd. Zur Eignungsprüfung für die Zulassung von EG-Angehörigen zur Patentanwaltschaft s. Ges. über die Eignungsprüfung für die Zulassung zur Rechtsanwaltschaft (211). Über die Ausbildung zum *Patentanwaltsgehilfen* vgl. VO vom 23. 11. 1987 (BGBl. I 2392) m. spät. Änd.

X. Über die *Arbeitnehmererfindung* s. 619.

XI. Über den Schutz der Erfindung (Neuzüchtung) von Pflanzensorten s. *Sortenschutzgesetz* vom 11. 12. 1985 (BGBl. I 2170) m. spät. Änd.

XII. Im Hinblick auf die Wiedervereinigung gelten zur Einführung der Rechtsvorschriften auf dem Gebiet des gewerblichen Rechtsschutzes besondere Bestimmungen (s. Einigungsvertrag, Anlage I, Kap. III, Sachgebiet E, Abschnitt II Nr. 1). Mit dem Wirksamwerden des Beitritts ist das Deutsche Patentamt alleinige Zentralbehörde auf dem Gebiet des gewerblichen Rechtsschutzes. Neuanmeldungen gewerblicher Schutzrechte werden nur noch einheitlich für das gesamte Bundesgebiet erteilt.

388. Gebrauchsmuster

Nach dem *Gebrauchsmustergesetz (GebrMG)* i. d. F. vom 28. 8. 1986 (BGBl. I 1455) m. spät. Änd. werden Erfindungen als Gebrauchsmuster geschützt, die neu sind, auf einem erfinderischen Schritt beruhen und gewerblich anwendbar sind (§ 1 Abs. 1).

Das *Gebrauchsmusterrecht* ergänzt das Patentrecht. Während das Patent die bedeutsamen Erfindungen, den erfinderischen Gedanken, schützt, dient das Gebrauchsmuster dem Schutz der kleineren technischen Erfindungen, der Verkörperung des Gedankens. Auch bei ihm muß es sich um einen Fortschritt der technischen Entwicklung handeln. Dem Gebrauchsmusterschutz unterliegen z. B. Haushaltgeräte, Werkzeuge, elektrische Schaltungen an Arbeitsgeräten u. dgl. Als Gebrauchsmuster werden dagegen nicht geschützt Erfindungen, deren Veröffentlichung oder Verwertung gegen die öffentliche Ordnung oder gegen die guten Sitten verstoßen würden, sowie Pflanzensorten, Tierarten und Verfahren (§ 2). Die Anmeldung des Gebrauchsmusters (dazu *Gebrauchsmusteranmeldeverordnung* vom 12. 11. 1986, BGBl. I 1739 m. spät. Änd.) erfolgt beim Patentamt schriftlich mit Angabe, unter welcher Bezeichnung das beschriebene Gebrauchsmuster eingetragen und was als schutzfähig unter Schutz gestellt werden soll. Dem Antrag ist eine Zeichnung des Gegenstandes beizufügen. Die Gebrauchsmusterstelle beim Patentamt prüft die formellen Voraussetzungen und verfügt die Eintragung in die *Gebrauchsmusterrolle* und Bekanntgabe. Hierdurch erhält der Anmelder die ausschließliche gewerbliche Verwertungsbefugnis des Gebrauchsmusters auf die Dauer von 3 Jahren. Verlängerung um zunächst 3 Jahre und sodann 2 weitere Jahre ist bei Zahlung von Verlängerungsgebühren zulässig. Für *Zwangslizenzen* gelten die Bestimmungen des Patentgesetzes (387) entsprechend. Gegen Beschlüsse im Anmeldungs- und Löschungsverfahren (in diesem entscheidet eine Gebrauchsmusterabteilung des Patentamts) ist Beschwerde zum Bundespatentgericht gegeben. Bei Verletzung greift der gleiche Schutz wie bei Patenten ein. Bei Verletzung des Gebrauchsmusterrechts hat der Verletzte ähnliche Ansprüche wie bei der Urheberrechtsverletzung (s. 386).

Ein Schutzrecht eigener Art mit Ähnlichkeiten zum Urheber-, Patent- und Gebrauchsmusterrecht besteht nach dem Gesetz über den Schutz der Topographien von mikroelektronischen Halbleitererzeugnissen (*Halbleiterschutzgesetz*) vom 22. 10. 1987 (BGBl. I 2294) m. Änd. vom 7. 3. 1990 (BGBl. I 422) für sog. *Mikro-Chips*.

389. Geschmacksmuster

Während sich das Gebrauchsmuster der Erfindung nähert, liegt die Bedeutung eines *Geschmacksmusters* in der ästhetischen Wirkung. Das Geschmacksmuster will weniger praktisch verwertbar sein, als vielmehr wie ein Kunstwerk schön wirken.

Grundlage ist das Gesetz betr. das Urheberrecht an Mustern und Modellen *(Geschmacksmustergesetz)* vom 11. 1. 1876 (RGBl. 11) m. spät. Änd. Es betrifft neue und eigentümliche Erzeugnisse, die zur industriellen Verwertung bestimmt sind. Urheber ist der Entwerfer, d. h. der, welcher das Geschmacksmuster zuerst hergestellt hat. Das Gesetz verbietet jede Nachbildung eines Musters oder Modells in der Absicht, die Nachbildung ohne Genehmigung des Urhebers zu verbreiten. Erlaubt ist Aufnahme von Nachbildungen einzelner Muster und Modelle in ein Schriftwerk sowie Anfertigung einer Einzelkopie ohne die Absicht gewerbsmäßiger Verbreitung und Verwertung. *Schutz gegen Nachbildung* wird nur gewährt bei Eintragung in das *Musterregister* beim Patentamt – Dienststelle Berlin (s. 387 VII). S. hierzu *Musterregisterverordnung* vom 8. 1. 1988 (BGBl. I 78). Schutzdauer 5 Jahre seit Anmeldung, Verlängerung bis zu 20 Jahren möglich. Verbotene Nachbildung ist strafbar und begründet Anspruch auf Auskunft, auf Beseitigung der Beeinträchtigung, auf Vernichtung und ähnliche Maßnahmen, bei Wiederholungsgefahr auf Unterlassung und bei Verschulden auf Schadensersatz (§§ 14, 14a). Für die Anmeldung von Mustern, typographischen Schriftzeichen oder Modellen gilt ergänzend zu den Bestimmungen des Geschmacksmustergesetzes und des Schriftzeichengesetzes die *Musteranmeldeverordnung* vom 8. 1. 1988 (BGBl. I 76).

390. Geschützte Marken

Nach dem Gesetz über den Schutz von Marken und sonstigen Kennzeichen (*Markengesetz* – MarkenG) vom 25. 10. 1994 (BGBl. I 3082) m. spät. Änd., können Marken, geschäftliche Bezeichnungen und geographische Herkunftsangaben geschützt werden. Das MarkenG löst das *Warenzeichengesetz* vom 2. 1. 1968 ab. Der *Markenschutz* entsteht durch Eintragung eines Zeichens als Marke in das vom *Patentamt* geführte Register, durch die Benutzung eines Zeichens im geschäftlichen Verkehr, das als Marke Verkehrsgeltung erworben hat oder durch die notorische Bekanntheit einer Marke. Als Marke können alle Zeichen, insbes. Wörter, Abbildungen, Hörzeichen, dreidimensionale Gestaltungen o. ä. geschützt werden, die geeignet sind, Waren oder Dienstleistungen eines Unternehmers von denjenigen anderer Unternehmer zu unterscheiden.

Von der Eintragung ausgeschlossen sind Waren oder Dienstleistungen, denen jegliche Unterscheidungskraft fehlt, die allgemein gebräuchlich sind (sog. *Freizeichen*), die geeignet sind über Art und Herkunft zu täuschen, die gegen die guten Sitten verstoßen oder Staatswappen o. ä. enthalten.

Der Erwerb des Markenschutzes gewährt dem Inhaber der Marke ein ausschließliches Nutzungsrecht, er hat Dritten gegenüber sowohl einen Anspruch auf Unterlassung als auch im Falle des Verstoßes auf Schadensersatz (§§ 14ff.). Die Anmeldung der Marke beim Patentamt hat schriftlich zu erfolgen und den Anmeldeerfordernissen (§ 32) zu entsprechen. Die Anmeldung begründet einen Anspruch auf Eintragung sofern die Anmeldeerfordernisse erfüllt sind und keine Eintragungshindernisse entgegenstehen. Diese Prüfung erfolgt durch das Patentamt (§§ 36ff.). Innerhalb von drei Monaten nach Veröffentlichung einer Eintragung kann in genau festgelegten Fällen (§ 42) Widerspruch gegen die Eintragung erhoben werden.

Die *Schutzdauer* einer eingetragenen Marke beginnt mit dem Eintragungstag und beträgt 10 Jahre. Eine Verlängerung um jeweils 10 Jahre ist möglich. Zu Verzicht, Verfall und Nichtigkeit sowie zum Löschungsverfahren s. §§ 48f., zum Verfahren vor dem Patentamt §§ 56ff., zum Verfahren vor dem Patentgericht §§ 66ff. Zum Schutz von Kollektivmarken und von Marken nach dem Madrider Markenübereinkommen s. §§ 97ff. bzw. §§ 107ff. Kennzeichenverletzungen sind mit Strafe oder Bußgeld bedroht (§§ 143ff.), die Zollbehörden können Waren, die widerrechtlich mit einer geschützten Marke versehen sind auf Antrag und gegen Sicherheitsleistung des Rechtsinhabers bei Ein- oder Ausfuhr beschlagnahmen (§§ 146ff.). S. hierzu auch die Verordnung zur Ausführung des Markengesetzes *(Markenverordnung)* vom 30. 11. 1994 (BGBl. I 3555).

Anfang Januar 1995 nahm das Europäische Markenamt in Alicante (Spanien) seine Arbeit auf. Durch dieses Amt wird der europaweite Schutz von Marken erleichtert. Die Eintragung des Markenschutzes wirkt in jedem EU-Mitgliedstaat.

391. Das Verlagsrecht

ist das ausschließliche Recht des Verlegers zur Vervielfältigung und Verbreitung eines Werkes der Literatur oder der Tonkunst. Es entspringt dem Verwertungsrecht des Verfassers (386) und wird dem Verleger durch den *Verlagsvertrag* eingeräumt. Dieser verpflichtet den Verfasser, dem Verleger das Werk zur Vervielfältigung und Verbreitung auf eigene Rechnung zu überlassen. Der Verleger ist gehalten, für die Nutzung des Werks zu sorgen (§§ 1, 8 des Ges. über das Verlagsrecht vom 19. 6. 1901, RGBl. 217).

Der Verlagsvertrag legt i. d. R. die Höhe der Auflage und das Honorar fest, das sich meist nach der Auflagenhöhe und dem Absatz richtet (§§ 22, 24). Bei nicht frist- und vertragsgemäßer Ablieferung des Werks hat der Verleger nach erneuter Fristsetzung ein Rücktrittsrecht und Anspruch auf Schadensersatz; der Verfasser kann nach fruchtloser Fristsetzung zurücktreten, wenn der Verleger seine Verpflichtungen nicht erfüllt (§§ 30ff.). Unabhängig hiervon kann ein fristloses Kündigungsrecht aus wichtigem Grunde analog § 626 BGB gegeben sein. Der Verleger kann den Vertrag ferner kündigen, wenn der Vertragszweck nachträglich entfällt (z. B. infolge Änderung der Verhältnisse, die zu der Herausgabe des Werks Anlaß geben sollten), muß dann aber die Vergütung zahlen (§ 18). Mangels besonderer Vereinbarung darf der Verleger nur eine Auflage herausbringen; sind ihm mehrere Auflagen eingeräumt, so gelten im Zweifel die gleichen Abreden (§ 5). Sonderbestimmungen bestehen für Beiträge zu periodischen Druckschriften (Zeitschriften u. dgl.) und Sammelwerken (§§ 41ff.).

392. Das Presserecht

regelt die besonderen Verhältnisse der Presse in ihrer Eigenschaft als Ausdrucksmittel von Gedanken und geistigen Vorstellungen. Die *Pressefreiheit* ist durch Art. 5 Abs. 1 S. 2 GG gewährleistet, der jede Zensur verbietet. Freilich findet sie ihre Schranken in den allgemeinen Gesetzen (Art. 5 Abs. 2 GG).

Berichtet die Presse über Angelegenheiten von öffentlichem Interesse, so nimmt sie *berechtigte Interessen* der Allgemeinheit wahr, soweit ein ernsthaftes *Informationsbedürfnis* der Öffentlichkeit besteht. Das wird bei der Behandlung politischer und sonstiger Tagesfragen i. d. R. der Fall sein. Greift aber die Berichterstattung in die persönliche Sphäre einzelner ein, beeinträchtigt sie insbes. die *Ehre* oder berufliche oder wirtschaftliche Interessen des Betroffenen, so ist die Frage, ob der Eingriff gerechtfertigt ist, nach Gesichtspunkten der Güter- und Interessenabwägung zu entscheiden; der Eingriff muß in einem vertretbaren Verhältnis zum berechtigten Interesse der Öffentlichkeit an sachgemäßer Information stehen. Eine einseitige oder entstellende Darstellung sowie das Eindringen in die Privatsphäre zur Befriedigung der Sensationslust wird durch das Informationsrecht nicht gedeckt. Unrichtige tatsächliche Angaben berechtigen den Betroffenen, eine Richtigstellung zu verlangen. Periodische Druckschriften müssen auf Verlangen kostenlos eine *Gegendarstellung* aufnehmen, wenn diese sich auf tatsächliche Angaben beschränkt; sie muß dann in der gleichen Art wie die beanstandete abgedruckt werden. Ungerechtfertigte Eingriffe in die Persönlichkeitssphäre, die berufliche oder gewerbliche Betätigung können bei Verschulden Schadensersatzansprüche auslösen (§ 823 BGB).

Nach Art. 75 Nr. 2 GG steht dem Bund die *Rahmengesetzgebung* über die allgemeinen Rechtsverhältnisse der Presse zu. Demgemäß soll das bisher nicht aufgehobene *Reichspressegesetz* vom 7. 5. 1874 (RGBl. 65) durch ein Bundesgesetz abgelöst werden. Bis dahin gelten die in den Ländern der BRep. ergangenen *Landespressegesetze* (Zusammenstellg. b. Schlegelberger-Friedrich, Recht d. Gegenwart, „Pressegesetze"). Sie stellen den Grundsatz der Pressefreiheit nochmals heraus und ergänzen ihn meist durch Bestimmungen über die öffentliche Aufgabe der Presse und ihr Informationsrecht; dieses umfaßt einen Anspruch auf Auskunft gegenüber Behörden, die aber unter bestimmten Voraussetzungen (z. B. wenn kraft sonstiger gesetzlicher Vorschriften eine Verschwiegenheitspflicht besteht) verweigert werden kann (so § 4 der meisten LdPressegesetze). Der *Gegendarstellungs(Berichtigungs-)anspruch* ist im Zivilrechtswege zu verfolgen. Die strafprozessuale *Beschlagnahme* von Presseerzeugnissen ist in §§ 111m, n StPO stark eingeengt, bei Beschlagnahme zwecks Einziehung oder Unbrauchbarmachung von *periodischen* Druckwerken dem Richter vorbehalten; bei anderen Druckwerken kann der Staatsanwalt sie bei Gefahr im Verzug anordnen, muß aber binnen 3 Tagen die richterliche Bestätigung einholen. Über das Zeugnisverweigerungsrecht von Presse- und Rundfunkangehörigen und das entsprechende Verbot der Beschlagnahme von Unterlagen vgl. §§ 53, 97, 98 StPO. Soweit Beschlagnahme unzulässig ist, darf auch keine *Durchsuchung* zwecks Auffindung beschlagnahmefreier Gegenstände stattfinden. Über das *Privileg der Berichterstattung über Parlamentsverhandlungen* vgl. Art. 42 Abs. 3 GG und 59 V.

Um einer die Pressefreiheit gefährdenden *Pressekonzentration* zu begegnen, lassen die Vorschriften des Kartellgesetzes über marktbeherrschende Unternehmen (§§ 23ff. GWB; vgl. 835) eine gesteigerte Fusionskontrolle im Pressebereich zu.

H. Das Strafrecht

393. Das Strafrecht

behandelt die Frage, wann eine Strafe verwirkt ist und somit dem Staat das Recht erwächst, im Wege des Strafprozesses (vgl. 267 ff.) Strafe zu verhängen. Die Strafbestimmungen sind im *Strafgesetzbuch* (StGB), zum Teil aber auch in *strafrechtlichen Nebengesetzen* (vgl. 404) enthalten.

Das *Strafrecht* ist ein Teil des öffentlichen Rechts. Die *Strafgewalt* steht allein dem Staat zu, das *Anklagemonopol* der Staatsanwaltschaft. Nur in besonderen Fällen hat der Verletzte das Recht, sich dem Verfahren als Nebenkläger anzuschließen oder die Strafverfolgung im Wege der *Privatklage* zu betreiben (vgl. 284). Über *Antragsdelikte,* bei denen die Strafverfolgung von einem Antrag des Verletzten abhängt, vgl. 277.

Während das *(materielle) Strafrecht* die Straftatbestände und die bei ihrer Erfüllung verwirkten Strafen bestimmt, regelt das *formelle* Strafrecht den Gang des *Strafverfahrens* (StPO, GVG). Nicht zum materiellen Strafrecht im eigentlichen Sinne gehört das *Disziplinarrecht* (vgl. 156, 455), ebensowenig das *Ordnungs(Verwaltungs)unrecht* (vgl. 152, 836). Auch die „Strafmaßnahmen", die im Rahmen der sog. *Betriebsjustiz* (häufig auf Grund von Betriebsvereinbarungen; vgl. 606) wegen innerbetrieblicher Verstöße gegen Verhaltensvorschriften in Form von Geldbußen, Versetzungen, Entzug sozialer Vergünstigungen usw. verhängt werden, fallen nicht unter das Strafrecht.

Eine besondere Regelung hat das Strafrecht für *Jugendliche* und *Heranwachsende* im *Jugendgerichtsgesetz* erfahren, das außer dem auf diese Tätergruppen anwendbaren materiellen Recht auch – und zwar überwiegend – Vorschriften über Gerichtsverfassung und Verfahren vor den Jugendgerichten enthält. Vgl. 290, 291.

394. Das Strafgesetzbuch

vom 15. 5. 1871 (RGBl. 127) i. d. F. vom 10. 3. 1987 (BGBl. I 945) m. spät. Änd. ist in zwei Hauptteile gegliedert:

Allgemeiner Teil	**Besonderer Teil**
(enthält die für alle Straftaten allgemeinen Regelungen, z. B. Versuch, Anstiftung, Schuldfähigkeit usw.)	(enthält die einzelnen Straftatbestände)

Grundlegend für die Reichsstrafgesetzgebung war das preußische Strafgesetzbuch von 1851, das wiederum vom französischen Code pénal (1810) beeinflußt war. Mehrfach geplante Reformen kamen lange Jahre hindurch nicht zum Abschluß. Erst das 2. Strafrechtsreformgesetz vom 4. 7. 1969 (BGBl. I 717) brachte den entscheidenden Durchbruch mit der Umgestaltung des Allgemeinen Teils. An diese schloß sich nach dem 3. und 4. Strafrechtsreformgesetz vom 20. 5. 1970 (BGBl. I 505) und 23. 11. 1973 (BGBl. I 1725) die grundlegende Erneuerung auch des Besonderen Teils durch das EGStGB vom 2. 3. 1974 (BGBl. I 469) an. Die Neufassung des StGB gilt ab 1. 1. 1975. S. a. 409. Zu dem Ges. zur Bekämpfung der Wirtschaftskriminalität s. 836.

395. Die Straftaten

sind nach der angedrohten Strafe eingeteilt. Darin brachte das insoweit am 1. 4. 1970 in Kraft getretene 1. Strafrechtsreformgesetz 1969 (vgl. 409), das Zuchthaus, Gefängnis, Einschließung und Haft zu einer einheitlichen *Freiheitsstrafe* vereinigte, grundlegende Änderungen. Seither gilt gem. § 12 Abs. 1 und 2 StGB die Einteilung in:

Verbrechen	**Vergehen**
(rechtswidrige Taten, die im Mindestmaß mit Freiheitsstrafe von 1 Jahr oder darüber bedroht sind)	(rechtswidrige Taten, die mit einer geringeren Freiheitsstrafe oder Geldstrafe bedroht sind)

Maßgebend für die Einstufung ist die im Gesetz angedrohte Höchststrafe, nicht die im Einzelfall verwirkte Strafe.

Die *Zweiteilung* der Straftaten vereinfacht die Gesetzessprache und ermöglicht unterschiedliche Behandlung der einzelnen Gruppen (z. B. ist bei Verbrechen der Versuch stets, bei Vergehen nur in den ausdrücklich bestimmten Fällen strafbar).

Die Bestimmungen über die *Übertretungen* (mit Freiheitsstrafe bis 6 Wochen oder mit Geldstrafe bis 500 DM bedrohte Handlungen) entfielen ab 1. 1. 1975, weil diese Kategorie von Straftaten aufgeteilt wurde zwischen den Bereichen der Vergehen und der *Ordnungswidrigkeiten*.

396. Hauptstrafen, Nebenstrafe, sonstige Rechtsfolgen

I. Hauptstrafen

Als *Hauptstrafen* kennt das StGB nach Abschaffung der Todesstrafe (Art. 102 GG; vgl. 70) und nach Zusammenfassung der früheren Strafarten *Zuchthaus, Einschließung, Gefängnis* und *Haft* durch das 1. Strafrechtsreformgesetz 1969 zu einer einheitlichen Strafart nur noch:

a) *Freiheitsstrafe,* und zwar entweder als lebenslange oder als zeitige Strafe von 1 Monat bis zu 15 Jahren;
b) *Geldstrafe,* die seit 1. 1. 1975 nicht mehr nach Geldbeträgen, sondern in *Tagessätzen* (mindestens 5, höchstens 360) verhängt wird. Diese bestimmen sich nach den persönlichen und wirtschaftlichen Verhältnissen des Täters unter Zugrundelegung seines Nettoeinkommens und betragen mindestens 2 und höchstens 10000 DM (§ 40 StGB).

Freiheitsstrafe unter 6 Monaten wird aber, weil kurze Freiheitsstrafen i. d. R. wenig wirksam sind und sich sogar schädlich auswirken können, nur verhängt, wenn besondere Umstände in der Tat oder in der Person des Täters dies zur Einwirkung auf den Täter oder zur Verteidigung der Rechtsordnung unerläßlich machen (§ 47 StGB).

Ist Geldstrafe von höchstens 180 Tagessätzen verwirkt, so kann das Gericht eine *Verwarnung mit Strafvorbehalt* aussprechen. Es beschänkt sich dabei auf den Schuldspruch und behält die Verurteilung zu Strafe für den Fall vor, daß der Täter während einer Bewährungszeit (mindestens 1, höchstens 3 Jahre) erneut straffällig wird oder sonst Anlaß zum Widderruf der Aussetzung des Strafausspruchs gibt (§§ 59ff. StGB). Für die Bewährungszeit kann das Gericht dem Verurteilten Auflagen machen (z. B. Schadenswiedergutmachung) oder Weisungen erteilen (Unterhaltszahlung, Heilbehandlung). Auch die *Vermögensstrafe* (Zahlung eines Geldbetrages in Höhe des Tätervermögens, § 43a StGB) ist eine Geldstrafe.

Gesetzliche *Strafschärfungs-* oder *Strafmilderungsgründe* bestehen vor allem für besonders schwere oder minder schwere Fälle. Dagegen sind die Vorschriften über Straferhöhung bei *Rückfall* (zuletzt § 48 StGB) weggefallen.

Über *Jugendstrafe* vgl. 290, über *Strafarrest* 457.

II. Nebenstrafe. Verfall und Einziehung

Als allgemeine *Nebenstrafe* kennt das StGB das *Fahrverbot* (§ 44 StGB) bis zu 3 Monaten (im Unterschied zur Entziehung der Fahrerlaubnis, s. u. und 407).

Besonders geregelt sind die *Verfallerklärung* des durch die Tat erlangten Vermögensvorteils oder des Wertersatzes (§§ 73ff. StGB) sowie die *Einziehung* von Gegenständen, die zur Ausführung einer vorsätzlichen Straftat gedient haben bzw. dazu bestimmt waren oder durch sie hervorgebracht worden sind (§§ 74ff. StGB); diese hat jedoch nicht Straf-, sondern Sicherungscharakter, soweit sie dem Schutz der Allgemeinheit z. B. vor gefährlichen Gegenständen dient.

III. Nebenfolgen

sind im Strafgesetz vorgesehene Rechtsfolgen, die kraft Gesetzes mit einer Verurteilung verbunden sind. Hierzu zählt das StGB den Verlust oder die Aberkennung der Amtsfähigkeit oder des passiven Wahlrechts sowie die Aberkennung des aktiven Wahl- und Stimmrechts (§ 45 StGB). Die *Aberkennung der bürgerlichen Ehrenrechte* ist bereits seit 1. 4. 1970 weggefallen.

IV. Maßregeln der Besserung und Sicherung

sind keine Strafen; sie sollen vielmehr die Wiedereingliederung des Täters in die Gemeinschaft ermöglichen und die Allgemeinheit für die Zukunft schützen.

Folgende Maßregeln können angeordnet werden:

a) Unterbringung in einem *psychiatrischen Krankenhaus* bei Schuldunfähigkeit (statt Strafe) oder verminderter Schuldfähigkeit (neben der Strafe), wenn es die öffentliche Sicherheit erfordert (§ 63 StGB);
b) Unterbringung in einer *Entziehungsanstalt* neben einer Bestrafung wegen Rauschtat oder Volltrunkenheit (§ 64 StGB);
c) *Sicherungsverwahrung* bei Verurteilung von Hangtätern zu höheren Strafen (§ 66 StGB);
d) *Führungsaufsicht* bei Verurteilung zu Freiheitsstrafe von mindestens 6 Monaten wegen einer Straftat, bei der das Gesetz Führungsaufsicht besonders vorsieht, wenn die Gefahr besteht, daß der Täter weitere Straftaten begehen wird (§ 68 StGB);
e) *Entziehung der Fahrerlaubnis* bei Verkehrsdelikten (§§ 69ff. StGB);
f) *Berufsverbot* bei Verletzung beruflicher Pflichten (§§ 70ff. StGB).

Bei der Führungsaufsicht (d) wird der Proband einer Aufsichtsstelle und einem Bewährungshelfer unterstellt. Das Gericht kann ihm Weisungen für die Lebensführung erteilen.

Die Unterbringung zu a–c dauert so lange, wie ihr Zweck es erfordert; doch bestehen Höchstfristen für die Fälle b (2 Jahre) und c für die erste U. in Sicherungsverwahrung (10 Jahre). Die Maßregeln (außer c, d) können, wenn die Straftat im Zustand der Schuldunfähigkeit begangen worden ist und die Staatsanwaltschaft das Strafverfahren deshalb oder wegen Verhandlungsunfähigkeit des Täters nicht durchführt, nach § 71 StGB im sog. Sicherungsverfahren (§§ 413ff. StPO; vgl. 285) angeordnet werden.

V. Täter-Opfer-Ausgleich, Schadenswiedergutmachung

Bemüht sich der Täter, mit dem durch seine Tat Verletzten einen Ausgleich zu erreichen, insbes. durch Schadenswiedergutmachung *(Täter-Opfer-Ausgleich),* so kann das Gericht die Strafe mildern oder bei weniger gravierenden Taten von Strafe absehen. Hierzu können dem Verurteilten auch Auflagen gemacht werden (§§ 46a, 56 Abs. 2, 56b StGB).

397. Vorsatz und Fahrlässigkeit

Ein Täter ist nur dann strafbar, wenn er eine mit Strafe bedrohte Handlung *schuldhaft* begeht. Unter *Schuld* versteht man die innere Beziehung des Täters zu seiner Tat, die in der *Vorwerfbarkeit* liegt. Schuldformen sind:

Vorsatz	**Fahrlässigkeit**
Bewußtsein und Wille, eine rechtswidrige Handlung zu begehen	Außerachtlassen der Sorgfalt, zu der der Täter nach den Umständen des einzelnen Falles und nach seinen persönlichen Fähigkeiten und Kenntnissen imstande und verpflichtet war

Strafbar ist grundsätzlich nur vorsätzliches Handeln, außer wenn auch Fahrlässigkeit in der Einzelvorschrift ausdrücklich unter Strafe gestellt ist (z. B. bei Körperverletzung, Brandstiftung).

Bedingter Vorsatz (dolus eventualis) liegt vor, wenn der Täter nicht unbedingt einen bestimmten strafbaren Erfolg will, wohl aber mit der Möglichkeit rechnet, daß ein solcher Erfolg eintreten wird, und ihn für diesen Fall billigend in Kauf nimmt. Bedingter Vorsatz wird dem Vorsatz gleich beurteilt, reicht aber bei *Absichtsdelikten* nicht aus.

Die *Absicht* setzt voraus, daß es dem Täter darauf ankommt, einen bestimmten Erfolg herbeizuführen, während zum Vorsatz genügt, daß der Täter die Verwirklichung des Tatbestandes als notwendige oder mögliche Folge oder als Begleiterscheinung seines Handelns voraussieht und will. Die Absicht hingegen bezeichnet den Gegenstand der Zielvorstellung als herausgehobenen Willensfaktor. Häufig gilt sie nur für ein einzelnes Tatbestandsmerkmal (z. B. Zueignungsabsicht beim Diebstahl, Bereicherungsabsicht beim Betrug).

398. Der Versuch einer Straftat

ist die Betätigung des Entschlusses, eine Straftat zu verüben, durch Handlungen, durch die der Täter nach seiner Vorstellung zur Verwirklichung eines Tatbestandes unmittelbar ansetzt, ohne daß es zur vollständigen Ausführung der Tat kommt. Der Versuch eines Verbrechens ist stets, der Versuch eines Vergehens nur dann strafbar, wenn es im Gesetz ausdrücklich bestimmt ist (§§ 22, 23 StGB). Der Versuch kann (nicht: muß) milder bestraft werden.

Stets ist *Vorsatz* zum Versuch erforderlich (kein fahrlässiger Versuch).

Weiter muß mit der Ausführung der Tat begonnen sein; *Vorbereitungshandlungen* bleiben straffrei. Ausnahmen z. B. in § 30 StGB (Versuch der Beteiligung, Verabredung eines Verbrechens), § 83 StGB (Vorbereitung des Hochverrats), § 149 StGB (Vorbereitung einer Geldfälschung), § 234a StGB (Verschleppungsvorbereitung).

Strafbar ist auch der sog. *untaugliche* Versuch (z. B. Schuß auf eine Statue in der Meinung, es sei ein Mensch). Die Betätigung des verbrecherischen Willens wird bestraft; doch kann das Gericht die Strafe mildern oder von Strafe absehen, wenn der Täter aus grobem Unverstand die Untauglichkeit des Mittels oder Tatobjekts nicht erkannt hat (§ 23 Abs. 3 StGB). Nicht strafbar hingegen ist ein Versuch, bei dem die Untauglichkeit in der Person des Täters begründet ist (z. B. ein Nichtbeamter nimmt an, er sei Beamter, und läßt sich bestechen). Auch das *Wahnverbrechen* bleibt straffrei (es liegt vor, wenn der Täter irrtümlich glaubt, die vorgenommene Handlung sei strafbar).

Der freiwillige, d.h. ausschließlich durch Willensänderung motivierte *Rücktritt vom* (nicht beendeten) *Versuch* oder die *tätige Reue* (Abwendung des Taterfolges beim beendeten Versuch) machen den Versuch straflos; ist der Taterfolg ohne Zutun des Täters nicht eingetreten, so genügt das freiwillige und ernsthafte Bemühen, die Vollendung zu verhindern (§ 24 StGB).

399. Mittäter, Anstifter, Gehilfe

Täter ist, wer die Tat ausführt. *Mittäterschaft* liegt vor, wenn mehrere eine Tat gemeinschaftlich ausführen (§ 25 StGB). *Teilnehmer* ist, wer den Täter zur Tat anstiftet oder ihm bei der Ausführung hilft. Jeder *Beteiligte* (Mittäter oder Teilnehmer) ist ohne Rücksicht auf die Schuld des anderen nach seiner Schuld zu bestrafen (§ 29 StGB).

Anstifter ist, wer *vorsätzlich* einen anderen zu einer von diesem begangenen vorsätzlichen rechtswidrigen Tat bestimmt (§ 26 StGB).

Gehilfe ist, wer *vorsätzlich* einem anderen zu einer vorsätzlich begangenen rechtswidrigen Tat Hilfe leistet (§ 27 StGB).

Man unterscheidet zwischen *unmittelbarer* und *mittelbarer* Täterschaft, je nachdem ob der Täter die Tat selbst ausführt oder sich zur Ausführung eines anderen als Werkzeug bedient, der selbst z. B. wegen eines Willensmangels nicht strafbar ist. Jeder *Mittäter* muß den Willen haben, die Tat unter Mitwirkung des anderen zu vollbringen. Wirken mehrere bei einer Tat nicht bewußt und gewollt zusammen, so liegt *Nebentäterschaft* vor; jeder ist nur entsprechend seinem eigenen Tun zu bestrafen.

Die *Anstiftung* wird bei allen vorsätzlichen rechtswidrigen Taten bestraft. Die Strafe richtet sich nach dem gesetzlichen Strafrahmen der Tat, zu der angestiftet ist.

Gehilfe ist, wer an einer Tat beteiligt ist, ohne sie als eigene zu wollen; er unterstützt nur einen anderen, den Täter. Der Umfang des Tatbeitrags und des eigenen Interesses an der Tat läßt einen Schluß auf die innere Einstellung und damit eine Unterscheidung zwischen Mittäterschaft und Behilfe im Einzelfall zu. Die Hilfeleistung muß die Haupttat fördern. Die Strafe des Gehilfen muß ermäßigt werden (§ 27 StGB).

Anstiftung und *Beihilfe* werden nur dann bestraft, wenn die Haupttat ausgeführt wird. *Erfolglose* Anstiftung wird nur bestraft nach Maßgabe des § 30 StGB (Auffordern zu einem Verbrechen, ebenso Sichbereiterklären oder dessen Annahme oder Verabreden).

400. Ideal- und Realkonkurrenz

1. Idealkonkurrenz (Tateinheit)

liegt vor, wenn dieselbe Straftat mehrere Strafgesetze oder dasselbe Strafgesetz mehrmals verletzt. Hier wird nur *eine* Strafe verhängt, im ersten Falle aus dem Gesetz, das die schwerste Strafe androht (§ 52 StGB).

Z. B.: A führt sein Kfz. trotz Trunkenheit und verletzt dabei den B = Verkehrsdelikt und fahrlässige Körperverletzung in *Tateinheit*.

II. *Realkonkurrenz* (Tatmehrheit)

liegt vor, wenn ein Täter mehrere selbständige Straftaten begangen hat; in diesem Falle wird eine Gesamtstrafe durch Erhöhung der verwirkten schwersten Strafe gebildet (§§ 53, 54 StGB).

Begeht A (ohne Gesamtvorsatz) in drei Nächten drei Einbrüche in verschiedenen Häusern, so liegt *Tatmehrheit* vor. A verwirkt für jede Handlung eine *Einzelstrafe,* deren schwerste als *Einsatzstrafe* dient. Die *Gesamtstrafe* muß höher als die verwirkte schwerste (Einsatz-)Strafe und niedriger als die Summe aller verwirkten Einzelstrafen sein. Neben der Gesamtstrafe müssen oder können *Nebenstrafen,* Nebenfolgen oder Maßregeln der Besserung und Sicherung (396 II, III, IV) verhängt werden, wenn dies auch nur für eine Einzelhandlung vorgeschrieben oder zugelassen ist. Beim Zusammentreffen von Freiheits- mit *Geldstrafe* kann eine Gesamtfreiheitsstrafe gebildet oder es können beide Strafarten nebeneinander verhängt werden.

401. Rechtfertigungs-, Schuld- und Strafausschließungsgründe

I. Rechtfertigungsgründe

Eine Handlung ist nur dann strafbar, wenn sie *tatbestandsmäßig, rechtswidrig* und *schuldhaft* ist. Wenn die Handlung (der Sachverhalt) einen der gesetzlichen, objektiven Tatbestände erfüllt (= tatbestandsmäßig ist), ist sie i. d. R. auch rechtswidrig, da sie ja verboten ist. Die Rechtswidrigkeit und damit die Strafbarkeit der Tat kann aber aus besonderen Gründen (= *Rechtfertigungsgründe*) entfallen. Diese Rechtfertigungsgründe können sich aus dem Strafrecht oder aus dem sonstigen Recht ergeben.

Gesetzliche Rechtfertigungsgründe sind:

1. *Notwehr* = Verteidigung, um einen gegenwärtigen rechtswidrigen Angriff von sich oder einem anderen abzuwenden (§ 32 StGB);
2. die *zivilrechtlichen Rechtfertigungsgründe,* die wegen der Einheit des Rechts auch im Strafrecht gelten (*Notwehr* § 227 BGB, *Notstand* §§ 228, 904 BGB, Selbsthilfe § 229 BGB, Züchtigungsrecht der Eltern, des Vormunds, §§ 1631, 1800 BGB; ferner solche des *öffentlichen Rechts,* z. B. bei Diensthandlungen des Polizeibeamten oder Gerichtsvollziehers;
3. *rechtfertigender Notstand* (§ 34 StGB). Der Begriff wurde vor der gesetzlichen Regelung von der Rechtsprechung als sog. *übergesetzlicher Notstand* entwickelt. Er ist gegeben, wenn der Täter ein geringerwertiges Rechtsgut einem höheren opfert. Jedoch ist zusätzlich Angemessenheit des angewendeten Mittels erforderlich.

   Beispiel: Geschwindigkeitsüberschreitung bei dringendem Arztbesuch;
4. unter gewissen Voraussetzungen die *Einwilligung* des Betroffenen, insbesondere bei Vermögensdelikten, nicht dagegen bei Tötungsdelikten (bei diesen mißbilligt die Rechtsordnung die Einwilligung, vgl. § 216 StGB) und bei Delikten gegen Rechtsgüter, über die der Betroffene nicht verfügen darf.

II. Schuldausschließungsgründe

Liegt keiner dieser Rechtfertigungsgründe vor, so ist eine tatbestandsmäßig-rechtswidrige Handlung gegeben. Strafbar ist sie aber nur, wenn der Täter auch *schuldhaft,* d. h. vorsätzlich oder fahrlässig (vgl. 397), gehandelt hat und keine *Schuldausschließungsgründe* vorliegen.

Schuldausschließungsgründe sind:

1. *Mangel der Schuldfähigkeit* (§ 20 StGB)

Voraussetzung eines Schuldvorwurfs ist die *Schuldfähigkeit des Täters.* Die Schuldfähigkeit fehlt, wenn der Täter infolge krankhafter seelischer Störung, tiefgreifender Bewußtseinsstörung, Schwachsinns oder schwerer anderer seelischer Abartigkeit unfähig ist, das Unerlaubte der Tat einzusehen (Verstandesmangel) oder nach dieser Einsicht zu handeln (Willensmangel). *Verminderte Schuldfähigkeit* liegt vor, wenn infolge eines solchen anomalen Zustandes die Fähigkeit des Täters, das Unerlaubte seiner Tat einzusehen oder nach dieser Einsicht zu handeln, z. Z. der Tat erheblich vermindert war (§ 21 StGB). Bei Schuldunfähigkeit tritt keine Bestrafung ein, da es an einer Schuld des Täters fehlt (evtl. Sicherungsmaßregel, vgl. 396 IV); bei verminderter Schuldfähigkeit kann die Strafe gemildert werden. Wegen der Schuldfähigkeit Jugendlicher vgl. 290.

2. *Entschuldigender Notstand*

wenn die Handlung in einer vom Täter nicht verursachten, anders nicht zu beseitigenden Lage zur Rettung aus gegenwärtiger Gefahr für Leib, Leben oder Freiheit des Täters oder eines Angehörigen begangen wird (§ 35 StGB). Es genügt jede Gefahr, die für den Täter oder einen Angehörigen ohne eigene Verursachung entstanden und die er nicht hinzunehmen rechtlich verpflichtet ist (z. B. Zurückstoßen eines anderen bei einem Brand, um das eigene Leben zu retten; anders bei Dienstpflicht z. B. als Feuerwehrmann).

3. *Notwehrüberschreitung* (Notwehrexzeß)

ist nicht strafbar, wenn der Täter in Bestürzung, Furcht oder Schrecken über die Grenzen der Verteidigung hinausgegangen ist (§ 33 StGB; z. B. Erschießen eines Diebes).

4. *Pflichtenkollision*

beim übergesetzlichen Notstand (oben I 3), wenn keines der im Widerstreit stehenden Rechtsgüter höherwertig ist und der Täter eines von ihnen im Pflichtenwiderstreit verletzt (bei einer Schiffskatastrophe opfert der Kapitän das Leben einzelner Besatzungsmitglieder, um die anderen zu retten).

5. *Irrtum* über zum gesetzlichen Tatbestand gehörende Umstände.

a) Der sog. *Tatbestandsirrtum* (§ 16 StGB)

(Gegensatz: Rechtsirrtum, s. u.) ist die Kehrseite des Vorsatzes: Vorsatz bedeutet Wissen und Wollen der Tat (s. 397). Kennt der Täter ein gesetzliches Tatbestandsmerkmal nicht, so ist der Vorsatz ausgeschlossen. Zum gesetzlichen Tatbestand, den der Täter kennen muß, gehören die Tatsachen (z. B. muß der Dieb wissen, daß es sich um eine „fremde bewegliche Sache" handelt, § 242 StGB), die Handlung selbst (er muß wissen und wollen, daß er „wegnimmt", was z. B. nicht der Fall ist, wenn er glaubt, der Berechtigte habe ihm die Sache geschenkt), ferner die Vorstellung über die Art, wie der Erfolg eintritt, also den Kausalverlauf, und ggf. die besonderen Folgen der Tat, an die das Gesetz eine schwerere Strafe knüpft (z. B. Todesfolge bei Körperverletzung); insoweit muß ihm wenigstens Fahrlässigkeit zur Last fallen (§ 18 StGB).

b) Verbotsirrtum

Im Gegensatz zum Tatbestandsirrtum betrifft der *Verbotsirrtum* den Irrtum über die Rechtmäßigkeit des Handelns. Für eine Bestrafung des Täters ist erforderlich, daß er auch das *Unrechtsbewußtsein* hat, also weiß, daß er rechtswidrig handelt. Das Fehlen des Unrechtsbewußtseins schließt die Schuld (wenn auch nicht den Vorsatz) aus, es sei denn, der Irrtum ist vermeidbar. In diesem Falle ist der Täter strafbar, kann aber milder bestraft werden (§ 17 StGB).

Ob es sich um einen *Tatbestands-* oder einen *Verbotsirrtum* handelt, hängt davon ab, worauf sich der Irrtum bezieht. Ein Tatbestandsirrtum liegt auch vor, wenn die Kenntnis oder Nichtkenntnis Tatsachen betrifft, aus denen sich ein Rechtfertigungsgrund ergibt (z. B. Notwehr bei Angriff mit einer Holzpistole). Kennt der Täter dagegen den richtigen Sachverhalt, nimmt er aber irrig an, er stelle eine Notwehrlage dar und er dürfe schießen, so liegt ein bloßer *Verbotsirrtum* vor. Beruht der Tatbestandsirrtum auf Fahrlässigkeit, so bleibt der Täter bei Fahrlässigkeitsdelikten aus dieser Norm strafbar; sieht er irrig die Merkmale eines milderen Strafgesetzes als gegeben an (z. B. einfacher Diebstahl, obwohl an einer öffentlichen Kunstsammlung begangen), so kann er wegen vorsätzlicher Begehung nur nach dem milderen Gesetz bestraft werden (§ 16 Abs. 2 StGB).

Der Verbotsirrtum spielt insbesondere auf dem Gebiet der strafrechtlichen Nebengesetze (Wirtschaftsstrafrecht!) eine Rolle. Oft ist es für den Laien schwierig, die Rechtslage zu übersehen, so daß ihm aus der Unkenntnis einer Rechtsvorschrift nicht immer ein Schuldvorwurf gemacht werden kann (wohl aber, wenn ihm zuzumuten ist, sich über die Rechtslage zu informieren).

III. Strafausschließungsgründe und Strafaufhebungsgründe

Liegt weder ein Rechtfertigungsgrund noch ein Schuldausschließungsgrund vor, so ist eine Straftat gegeben. Von der *Strafe* kann den Täter ein persönlicher *Strafausschließungsgrund* (z. B. Strafvereitelung unter Angehörigen, § 258 Abs. 6 StGB) oder *Strafaufhebungsgrund* (Rücktritt, tätige Reue, § 31 StGB) befreien. Der Unterschied zwischen Strafausschließungs- und Strafaufhebungsgründen ist der, daß erstere bereits z. Z. der Tat vorhanden sind und eine Bestrafung des Täters von vornherein ausschließen, letztere dagegen erst nach der Tat eintreten.

402. Verjährung

I. Verfolgungsverjährung

Nach Ablauf einer gewissen Zeit seit Begehung einer Straftat entfällt das Strafbedürfnis; die *Verfolgung* der Tat verjährt, was Ermittlungsbehörden und Gerichte (anders als bei der zivilrechtlichen Verjährung, 310) von Amts wegen zu berücksichtigen haben.

Ausgenommen sind nur die schwersten Delikte: *Mord* und *Völkermord* (§§ 211, 220a StGB). Für alle übrigen Straftaten gelten Verjährungsfristen, die nach der Schwere der gesetzlichen Strafdrohung abgestuft sind (§ 78 StGB). Ist lebenslange Freiheitsstrafe angedroht, beträgt die Frist 30 Jahre, bei Höchststrafdrohung von mehr als 10 Jahren 20 Jahre, bei geringeren Strafdrohungen 10 bzw. 5 Jahre, bei den mildesten Strafdrohungen 3 Jahre (jeweils gerechnet ab Beendigung der Tat oder Eintritt des Erfolges). Die Verjährung wird *unterbrochen* durch bestimmte gegen den Täter gerichtete Amtshandlungen (Vernehmung des Beschuldigten, Beschlagnahme, Durchsuchung, Haftbefehl usw.); sie *ruht* bis zur Vollendung des 18. Lebensjahres des Opfers bei Sexualstraftaten an Kindern und Jugendlichen und solange die Verfolgung aus gesetzlichen Gründen, z. B. wegen Immunität des Beschuldigten (59 IV; 61) gehindert ist. Vgl. §§ 78b, c StGB. Zum Ruhen der Verjährung bei SED-Unrechtstaten s. *Verjährungsgesetz* vom 26. 3. 1993 (BGBl. I 392) und *2. Verjährungsgesetz* vom 27. 9. 1993 (BGBl. I 1657). Durch letzteres ist sichergestellt, daß Straftaten, die dem Recht der ehemaligen DDR unterliegen noch bis 31. 12. 1995 (wenn im Höchstmaß mit Freiheitsstrafe bis zu einem Jahr bedroht) oder bis 31. 12. 1997 (wenn mit Freiheitsstrafe bis zu 5 Jahren bedroht) verfolgt werden können. Ferner bestimmt das Gesetz, daß Mord auch in den neuen Ländern nicht verjährt.

II. Vollstreckungsverjährung

Auch die *Vollstreckung* einer rechtskräftig erkannten Strafe oder Maßregel (396) unterliegt aus ähnlichen Gründen der Verjährung. Ausgenommen sind Verurteilungen wegen Völkermordes sowie zu lebenslanger Freiheitsstrafe (§ 79 StGB).

Die Verjährungsfristen beginnen mit Rechtskraft der Entscheidung. Sie richten sich nach der Höhe der verhängten Strafe und betragen zwischen 3 und 25 Jahren (z. B. bei Geldstrafe bis zu 30 Tagessätzen 3 Jahre, bei höheren Geldstrafen und Freiheitsstrafe bis zu 1 Jahr 5 Jahre, bei höheren Freiheitsstrafen 10, 20 oder 25 Jahre). Bei Maßregeln der Besserung und Sicherung gelten Fristen von 5–10 Jahren (bei Sicherungsverwahrung keine Verjährung). Die Verjährung *ruht* (eine Unterbrechung gibt es hier nicht), solange der Vollstreckung gesetzliche Hinderungsgründe (s. o. I) entgegenstehen, ferner solange dem Verurteilten Strafaussetzung, Strafaufschub oder -unterbrechung oder bei Geldstrafe Teilzahlung o. dgl. gewährt ist (§ 79a StGB). Ausnahmsweise ist eine Verlängerung der Verjährungsfrist möglich (§ 79b StGB).

III. Für *Ordnungswidrigkeiten* (152) gelten entsprechende Regeln nach §§ 31–34 OWiG. Im Regelfalle (angedrohte bzw. verhängte Geldbuße bis 1000 DM) verjährt die Verfolgung in 6 Monaten, die Vollstrekkung in 3 Jahren.

403. Einzelne Straftaten

Der Zweite Teil des StGB (§§ 80–358) behandelt die einzelnen Verbrechen und Vergehen und deren Bestrafung. Es können hier nur die wichtigsten kurz erwähnt werden.

Die Abschnitte 1–8 behandeln Friedensverrat, *Hochverrat,* Gefährdung des demokratischen Rechtsstaates, *Landesverrat,* Straftaten gegen ausländische Staatsmänner und gegen Hoheitszeichen ausländischer Staaten, Straftaten gegen Verfassungsorgane und Wahldelikte, Straftaten gegen die Landesverteidigung,

Widerstand gegen die Staatsgewalt, Straftaten gegen die öffentliche Ordnung, Geld- und Wertzeichenfälschung. Gemeinsame Schutzzwecke sind der Bestand des Staates und die öffentliche Ordnung.

Staatsgeheimnisse i. S. der §§ 93ff. *(Landesverrat)* sind Tatsachen, Gegenstände oder Erkenntnisse (z. B. Schriften, Zeichnungen, Modelle oder Formeln oder Nachrichten darüber), die nur einem begrenzten Personenkreis zugänglich sind und vor einer fremden Macht geheimgehalten werden müssen, um die Gefahr eines schweren Nachteils für die äußere Sicherheit der BRep. abzuwenden. *Landesverrat* begeht, wer eine solche Gefahr dadurch herbeiführt, daß er ein Staatsgeheimnis an eine fremde Macht übermittelt oder es sonst an einen Unbefugten gelangen läßt oder öffentlich bekannt macht, um die BRep. zu benachteiligen oder die fremde Macht zu begünstigen. Wer sich ein Staatsgeheimnis verschafft, um es zu verraten, wird wegen *Ausspähung* von Staatsgeheimnissen bestraft.

Während der Landesverrat sich gegen die äußere Sicherheit der BRep. richtet, ist *Hochverrat* (§§ 81ff.) ein Angriff auf den inneren Bestand oder die verfassungsmäßige Ordnung der BRep. oder eines Bundeslandes mittels Gewalt oder Gewaltandrohung. Die *Gefährdung des demokratischen Rechtsstaates* (§§ 84ff.) kann u. a. begangen werden durch Unterstützung illegaler Parteien, verbotene Propaganda, Vorbereitung von Sabotageakten in fremdem Auftrag, staatsgefährdende Störhandlungen an Fernmeldeeinrichtungen u. dgl. oder Zersetzungsversuche bei Bundeswehr oder öffentlichen Sicherheitsorganen, Verunglimpfung von Verfassungsorganen usw.

Nach § 108e ist strafbar, wer es unternimmt, für eine Wahl oder Abstimmung im Europäischen Parlament oder in einer Volksvertretung des Bundes, der Länder, Gemeinden oder Gemeindeverbänden eine Stimme zu kaufen oder zu verkaufen *(Abgeordnetenbestechung).*

Nach §§ 109–109k werden als *Straftaten gegen die Landesverteidigung* bestraft: Wehrpflichtentziehung durch Verstümmelung oder Täuschung, Störpropaganda gegen die Bundeswehr, Wehrmittelbeschädigung, militärischer Nachrichtendienst, Abbildung militärischer Gegenstände, Anwerben für fremden Wehrdienst.

Unter dem Oberbegriff *Widerstand gegen die Staatsgewalt* faßt das StGB außer der eigentlichen Widerstandsleistung gegen Amtsträger, die sich in rechtmäßiger Amtsausübung befinden, eine Reihe weiterer Delikte zusammen: öffentliche Aufforderung zu Straftaten, Gefangenenbefreiung und Gefangenenmeuterei usw. Zu den *Delikten gegen die öffentliche Ordnung* zählen u. a. Hausfriedensbruch, Landfriedensbruch, Amtsanmaßung und Mißbrauch von Titeln, Nichtanzeige von Kapitalverbrechen (§ 138) und unerlaubtes Entfernen vom Unfallort (§ 142). Bildung *krimineller Vereinigungen* zur Begehung von Straftaten ist in § 129, Bildung *terroristischer Vereinigungen* zwecks Begehung von Tötungs-, schweren Freiheitsdelikten oder schweren gemeingefährlichen Straftaten in § 129a unter Strafe gestellt; strafbar ist auch die Mitgliedschaft bei solchen Vereinigungen, ihre Unterstützung und die Werbung für sie. Nach § 130 ist wegen *Volksverhetzung* strafbar, wer die *Menschenwürde* anderer durch Aufstachelung zum Haß gegen Teile der Bevölkerung, Aufforderung zu Gewaltmaßnahmen gegen sie, Verleumdung oder böswilliges Verächtlichmachen angreift. Nach § 131a wird bestraft, wer durch eine Schrift zu bestimmten, in § 126 bezeichneten Strafen anleitet. Die Aufstachelung zum Rassenhaß in Schriften oder sonstigen Darstellungen stellt § 131 unter Strafe.

Es folgen in den Abschnitten 9–13 Verstöße gegen die Eides- und Wahrheitspflicht vor Gericht, falsche Verdächtigung, Religionsvergehen, Straftaten gegen Personenstand, Ehe und Familie, Delikte gegen die sexuelle Selbstbestimmung (sexueller Mißbrauch von Kindern, Schutzbefohlenen, Anstaltsinsassen; Vergewaltigung, Förderung der Prostitution, Zuhälterei usw.). Durch § 180b *(Menschenhandel)* und § 181 *(schwerer Menschenhandel)* ist der Schutz ausländischer Frauen vor sexueller Ausbeutung verbessert worden. Strafbar ist hierbei, daß der Täter seines Vermögensvorteils wegen auf das Opfer einwirkt, um es in Kenntnis einer Zwangslage zur Aufnahme oder Fortsetzung der Prostitution zu bestimmen oder daß er in Kenntnis der auslandsbedingten Hilflosigkeit des Opfers dieses zu sexuellen Handlungen bringt.

In den Abschnitten 14–26 werden Ehre, Leben, körperliche Unversehrtheit, persönliche Freiheit und Eigentum des Staatsbürgers sowie der persönliche Lebens- und Geheimbereich unter Schutz und Verletzungen (Beleidigung, Körperverletzung, Freiheitsberaubung usw.) unter Strafe gestellt. Alsdann folgen in Abschnitt 27 gemeingefährliche Straftaten (z. B. Brandstiftung), in Abschnitt 28 Straftaten gegen die Umwelt und in Abschnitt 29 Amtsverfehlungen.

Als Straftaten gegen das Leben stellt das StGB *Mord* (wenn Tatmotiv, Tatausführung oder Tatzweck besonders verwerflich ist) und *Totschlag* unter Strafe, ferner Tötung auf Verlangen und Kindestötung (durch die uneheliche Mutter) sowie den unerlaubten Schwangerschaftsabbruch (vgl. 409 a. E.) und den *Völkermord*.

Wegen *Verschleppung* wird nach dem durch Ges. zum *Schutz der persönlichen Freiheit* vom 15. 7. 1951 (BGBl. I 448) eingefügten § 234a StGB bestraft, wer einen anderen durch List, Drohung oder Gewalt in ein Gebiet außerhalb der BRep. verbringt und dadurch der Gefahr aussetzt, aus politischen Gründen verfolgt zu werden und Schaden an Leib oder Leben zu erleiden. Dasselbe Gesetz fügte § 241a ein, der die *politische Verdächtigung* unter Strafe stellt, wenn sie mit der Gefahr einer Schädigung von Leib, Leben oder Freiheit verbunden ist.

Dem Schutz des Individualbereichs dienen u. a. die Strafvorschriften gegen Verletzung des Briefgeheimnisses (§ 202) und des Berufsgeheimnisses (durch Ärzte, Rechtsanwälte usw.; § 203) sowie gegen das unbefugte Abhören des nicht öffentlich gesprochenen Wortes, z. B. eines Telefongesprächs, und dessen Aufnahme auf einen Tonträger sowie Benutzung, Weitergabe oder öffentliche Mitteilung der Aufnahme oder des wesentlichen Inhalts der Aufnahme (§ 201).

Diebstahl liegt vor, wenn jemand eine fremde bewegliche Sache einem anderen in der Absicht rechtswidriger Zueignung wegnimmt (Gewahrsamsbruch). Schwerer Diebstahl ist i. d. R. beim Einbruch, Einsteigen sowie bei Wegnahme besonders geschützter Behältnisse gegeben (§§ 242, 243). Unbefugter Gebrauch fremder Fahrräder und Kraftfahrzeuge ist nach § 248b strafbar (strafbarer Sonderfall des ansonsten straflosen *furtum usus*). *Raub* ist Diebstahl unter Anwendung von Gewalt (§ 249). *Unterschlagung* ist die rechtswidrige Zueignung einer Sache, die der Täter im Besitz oder Gewahrsam hat (§ 246). Diebstahl und Unterschlagung sind, wenn unter Familien- oder Haushaltsangehörigen begangen, Antragsdelikte; grundsätzlich ebenso, wenn an geringwertigen Sachen begangen (§§ 247, 248a).

Erpressung liegt vor, wenn jemand einen anderen gewaltsam oder durch Drohung rechtswidrig zu einer Handlung, Duldung oder Unterlassung nötigt, um sich oder einen Dritten zu Unrecht zu bereichern (§ 253). Dagegen zählt *kidnapping* (erpresserischer Menschenraub, Geiselnahme, §§ 239a, b) zu den Delikten gegen die persönliche Freiheit und *Luftpiraterie* (§ 316c) zu den gemeingefährlichen Delikten.

Begünstigung begeht, wer nach Ausführung einer rechtswidrigen Tat dem Täter Beistand leistet, um ihm die Vorteile der Tat zu sichern. Wegen *Strafvereitelung* macht sich strafbar, wer absichtlich oder wissentlich die Strafverurteilung eines anderen oder die Strafvollstreckung verhindert, außer wenn er (auch) im eigenen Interesse oder dem eines Angehörigen handelt. *Hehler* ist, wer in Bereicherungsabsicht Sachen, die ein anderer durch ein rechtswidriges Vermögensdelikt erlangt hat, ankauft oder sonst an sich bringt oder abzusetzen hilft (§§ 257–262). Die *gewerbsmäßige Bandenhehlerei* ist gem. § 260a, die sog. *Geldwäsche* (Verbergen, Verschleiern oder Erschweren der Ermittlung von Gegenständen, besonders Geldern, die aus einem Verbrechen, bestimmten Betäubungsmittelstraftaten oder Vergehen krimineller Vereinigungen herrühren) nach § 261 strafbar. S. hierzu 409, Geldwäschegesetz.

Betrug liegt vor, wenn jemand in der Absicht, sich oder einem Dritten einen rechtswidrigen Vermögensvorteil zu verschaffen, das Vermögen eines anderen durch Irrtumserregung und eine hierdurch veranlaßte Vermögensverfügung schädigt (§§ 263ff.). Sonderfälle sind der *Computerbetrug* (§ 263a), der *Kapitalanlagebetrug* (§ 264a), *Subventionsbetrug* und der *Kreditbetrug,* durch den der Täter mittels falscher Angaben oder sonstiger unerlaubter Manipulationen Subventionen oder Kredite öffentlicher Behörden oder sonstiger Vergabestellen zu erlangen sucht (§§ 264, 265b).

Der *Mißbrauch von Scheck- und Kreditkarten* ist nach § 266b strafbar.

Urkundenfälschung ist die Verfälschung echter oder die Anfertigung unechter rechtserheblicher Urkunden oder das Gebrauchmachen von ihnen zur Täuschung im Rechtsverkehr (§ 267). Ein Sonderfall ist die Fälschung beweiserheblicher Daten in einem Computer (§ 269).

Der 24. Abschnitt (§§ 283–283d) stellt *Konkursdelikte* unter Strafe, insbesondere betrügerischen *Bankrott,* Vernachlässigung von Buchführungs- und Bilanzpflichten im Falle nachfolgender Zahlungseinstellung sowie Gläubiger- und Schuldnerbegünstigung.

Die Strafbarkeit wettbewerbsbeschränkender Absprachen bei Ausschreibungen und der Bestechlichkeit und Bestechung im geschäftlichen Verkehr (§§ 298–302) wurde durch das Gesetz zur Bekämpfung der *Korruption* v. 13. 8. 1997 (BGBl. I 2038) neu geregelt.

Unter *strafbarem Eigennutz* versteht das StGB u. a. Jagd- und Fischwilderei, unerlaubtes öffentliches oder gewerbsmäßiges Glücksspiel, Vollstreckungsvereitelung und Pfandkehr. Wegen *Wuchers* macht sich strafbar, wer sich unter Ausbeutung der Zwangslage, der Unerfahrenheit, des Mangels an Urteilsvermögen oder erheblicher Willensschwäche eines anderen bei der Kreditgewährung, Wohnraumvermietung oder einer sonstigen Leistung oder bei deren Vermittlung unverhältnismäßige Vorteile verschafft (§ 302a).

Sachbeschädigung ist die vorsätzliche und rechtswidrige Beschädigung oder Zerstörung einer fremden Sache (§ 303; grundsätzlich Antragsdelikt; zudem durch *Privatklage* verfolgbar). Strafbar ist auch, wer rechtswidrig in einem Computer Daten löscht, unbrauchbar macht oder verändert (§ 303a). Spezielle Formen der Sachbeschädigung, wie die Zerstörung von Bauwerken und die Zerstörung wichtiger Arbeitsmittel oder von Kraftfahrzeugen der Polizei oder Bundeswehr werden nach den §§ 305 und 305a bestraft. Unter Strafe gestellt ist ferner die *Computersabotage,* d. h. die Störung der Datenverarbeitung eines anderen Unternehmens (§ 303b).

Unter *schwerer Brandstiftung* versteht man das vorsätzliche Inbrandstecken von Gebäuden, Schiffen, Hütten, die zur menschlichen Wohnung dienen, oder von Räumlichkeiten, die dem zeitweisen Aufenthalt von Menschen dienen. Einfache Brandstiftung liegt vor, wenn andere Gebäude, Vorräte, Früchte auf dem Feld, Waldungen oder Moore in Brand gesteckt werden, falls sie entweder dem Täter nicht gehören oder falls bewohnte Räume gefährdet werden. Auch fahrlässige Brandstiftung ist strafbar. Vgl. §§ 306ff. Zu den gemeingefährlichen Delikten gehören ferner u. a. die Herbeiführung einer gemeingefährlichen Explosion oder Überschwemmung, die Gefährdung des Transport- oder des Straßenverkehrs sowie das Führen von Fahrzeugen trotz Trunkenheit (§§ 315–316), die Begehung strafbedrohter Handlungen im verschuldeten *Vollrausch* (§ 323 a), der Autostraßenraub und die Gefährdung öffentlicher Betriebe wie Eisenbahn, Post usw. oder des Fernmeldebetriebs.

Die durch die Ges. zur Bekämpfung der *Umweltkriminalität* (193 I 2) eingefügten §§ 324 ff. stellen u. a. unter Strafe: bestimmungswidrige Verunreinigung von Gewässern, des Bodens oder der Luft, unerlaubten Umgang mit Kernbrennstoffen, unerlaubtes Betreiben einer genehmigungspflichtigen Anlage, umweltgefährdende Abfallbeseitigung.

Als *Straftat im Amt* wird insbesondere die (aktive) *Bestechung* bestraft, d. h. das Versprechen, Anbieten oder Gewähren von Geschenken oder anderen Vorteilen an Amtsträger, um sie zu pflichtwidrigen Handlungen zu bestimmen. Strafbar ist aber auch die *Vorteilsgewährung* für eine Ermessenshandlung. Strafbare *Vorteilsannahme* ist die Annahme, das Fordern oder Versprechenlassen von Geschenken oder anderen Vorteilen für die Dienstausübung, *Bestechlichkeit* die Annahme usw. für pflichtwidrige Handlungen durch Amtsträger (§§ 331–334). Bei allen einschlägigen Handlungen genügt auch, daß der Vorteil für einen Dritten gefordert oder einem Dritten gewährt wird. Weitere Amtsdelikte sind die Verletzung des Dienstgeheimnisses, Falschbeurkundung, Gebührenüberhebung usw. Wegen des speziellen strafrechtlichen Amtsträgerbegriffs vgl. 153.

404. Strafrechtliche Nebengesetze

Neben dem StGB gibt es eine Reihe von Gesetzen, die – neben der Regelung einer nicht strafrechtlichen Materie – auch strafrechtliche Bestimmungen enthalten und insoweit als Strafgesetze den Regeln des Allgemeinen Teils des StGB (394) unterliegen (sog. Nebenstrafrecht). Strafrechtliche Vorschriften enthalten z. B. die *Gewerbeordnung* (183 I), das *Depotgesetz* (384), das *Gesetz gegen den unlauteren Wettbewerb* (383), das *Urheberrechtsgesetz* (386). Dazu treten die Bestimmungen über den *Straßenverkehr* (vgl. 195), die Gesetze des Steuerrechts, der Sozialversicherung und des Wirtschaftsrechts (vgl. 501 ff., 651 ff., 836).

Das *Ges. zum Schutz von Embryonen (Embryonenschutzgesetz – ESchG)* vom 13. 12. 1990 (BGBl. I 2746) stellt die mißbräuchliche Anwendung von *Fortpflanzungstechniken* (z. B. die Übertragung einer fremden unbefruchteten Eizelle auf eine Frau oder die Entnahme von Embryos von einer Frau und Übertragung auf eine andere) sowie die mißbräuchliche Verwendung menschlicher Embryonen sowie sonstige bestimmte Einflußnahmen (z. B. *Geschlechtswahl* bei der künstlichen Befruchtung, Klonen, Chimären- und Hybridbildung) unter Strafe.

Weitere bedeutsame nebenstrafrechtliche Regelungen enthalten z. B. folgende Gesetze (alphabetisch geordnet):
Betäubungsmittelgesetz, s. 184 III 3;
Bundesjagdgesetz i. d. F. vom 29. 9. 1976 (BGBl. I 2849);
Bundesnaturschutzgesetz (s. hierzu 193 II);
Ges. über die Verbreitung jugendgefährdender Schriften i. d. F. vom 12. 7. 1985 (BGBl. I 1502) mit DVO i. d. F. vom 23. 8. 1962 (BGBl. I 597), beide mit spät. Änd.;

Lebensmittel- und Bedarfsgegenständegesetz (s. hierzu 829 II);
Milchgesetz vom 31. 7. 1930 (RGBl. I 421);
Milch- und Fettgesetz, s. hierzu 807;
Sprengstoffgesetz i. d. F. vom 17. 4. 1986 (BGBl. I 577) m. spät. Änd. mit mehreren DVOen (Fundstellen s. Sartorius, Fußn. 1 bei Nr. 822, Sprengstoffgesetz);
Tierschutzgesetz i. d. F. vom 17. 2. 1993 (BGBl. I 254) m. spät. Änd. Den Schutz von Tieren beim Transport regelt die *TierschutztransportVO* vom 25. 2. 1997 (BGBl. I 348), zur Schlachtung von Tieren s. die *TierschutzschlachtVO* vom 3. 3. 1997 (BGBl. I 405);
Vereinsgesetz vom 5. 8. 1964 (BGBl. I 593) m. spät. Änd. und DVO vom 28. 7. 1966 (BGBl. I 457);
Waffengesetz i. d. F. vom 8. 3. 1976 (BGBl. I 432) mit mehreren DVOen (Fundstellen s. Sartorius, Fußn. 2 bei Nr. 820, Waffengesetz);
Weinrechtsreformgesetz, s. 815, ferner Gesetz zur vorläufigen Aufrechterhaltung weinrechtlicher Vorschriften betreffend Branntwein aus Wein vom 15. Juli 1994 (BGBl. I 1581).

Hinzu kommen Vorschriften des *Landesrechts* (vgl. 405). Über das *Wirtschaftsstrafgesetz* 1954 vgl. 836.

405. Das Landesstrafrecht

Dem *Landesrecht* ist auch auf dem Gebiet des Strafrechts, das gemäß Art. 74 Nr. 1 GG der konkurrierenden Gesetzgebung des Bundes unterliegt (vgl. 55 II), Raum verblieben. Zwar gibt die Zuständigkeit für das Strafrecht dem Bundesgesetzgeber das Recht, jeden Tatbestand zu erfassen, der nach seinem Ermessen als strafwürdig zu erachten ist, ohne daß er dabei auf die Gebiete beschränkt wäre, für die sonst seine Zuständigkeit gegeben ist (h. M.). Soweit der Bund aber von dieser Kompetenz keinen Gebrauch macht, können die Länder Strafgesetze erlassen.

Für das Landesrecht gilt, soweit keine Sonderregelung zugelassen und ergangen ist, der *Allgemeine Teil* des StGB (394). Es darf jedoch Freiheitsstrafe nur von mindestens 1 Monat und im Höchstmaß zwischen 6 Monaten und 2 Jahren oder Geldstrafe (beide Strafarten nur wahlweise, nicht einzeln) sowie Einziehung androhen; für das Abgabenstrafrecht sowie das Feld- und Forstschutzrecht gelten Sonderbestimmungen (Art. 1 Abs. 2, Art. 3, 4 EGStGB vom 2. 3. 1974).

Landesstrafrecht besteht bei verschiedenen Gebieten. In Bayern sind zahlreiche landesstrafrechtliche Bestimmungen im Landesstraf- und Verordnungsgesetz i. d. F. vom 13. 12. 1982 (GVBl. 1098) zusammengefaßt.

Bei den *Landessteuergesetzen* gelten im übrigen für das Strafrecht im wesentlichen gleiche Grundsätze wie für das bundesrechtliche Steuerstrafrecht (515).

406. Blutalkohol im Straßenverkehr. Blutprobe

Wegen der Gefährdung, die sich für den öffentlichen Verkehr durch *Fahren unter Alkoholeinwirkung* ergibt, ist schon das Führen von Fahrzeugen im Verkehr in fahruntüchtigem Zustand unter Strafe gestellt. Auch wenn es nicht zu einem Unfall kommt, wird nach § 316 StGB mit Freiheitsstrafe bis zu einem Jahr oder mit Geldstrafe bestraft, wer ein *Fahrzeug* im Zustand der Trunkenheit führt. Hat ein Fahrzeugführer im Trunkenheitszustand oder einem sonstigen Rauschzustand andere Personen oder bedeutende fremde Sachwerte in Gefahr gebracht, wird die Gefährdung des Verkehrs höher bestraft (§§ 315a, c, d StGB). Das Führen eines *Kraftfahrzeugs* trotz eines Blutalkoholgehalts von 0,8‰ oder mehr, wird in § 24a StVG als Ordnungswidrigkeit mit Geldbuße bedroht, auch wenn keine Trunkenheit i. S. des § 316 StGB nachweisbar oder kein Unfall geschehen ist.

Nach der Rechtsprechung des BGH (Beschluß vom 28. 6. 1990, NJW 1990, 2393) ist für Autofahrer ab 1,1‰ (früher: 1,3‰) Blutalkoholgehalt unwiderleglich *absolute* Fahruntüchtigkeit anzunehmen. Jedoch kann auch schon ein geringerer Alkoholgehalt die Feststellung der (relativen) Fahruntüchtigkeit begründen, wenn äußere Umstände, wie z. B. Fahren in Schlangenlinien oder sonstige Unsicherheiten in der Fahrweise, darauf hindeuten; auch bei Hinzutreten anderer Faktoren (wie Übermüdung, Krankheit, Medikamenteneinnahme) kann diese Feststellung begründet sein.

Für die Feststellung der *Fahruntüchtigkeit* bietet die *Blutprobe* ein wichtiges Beweismittel. Nach §§ 81a, c StPO kann eine körperliche Untersuchung von einem Richter und, wenn eine Verzögerung den Untersuchungszweck gefährden würde, auch vom Staatsanwalt oder einem Hilfsbeamten der StA (s. 165) angeordnet werden. Sie ist bei Verkehrsunfällen i. d. R. zulässig.

Widersetzt sich ein Tatverdächtiger der Blutentnahme, so kann *unmittelbarer Zwang* angewendet werden; dagegen kann der sog. *Alkoholtest* (Blasen in ein Teströhrchen) nicht gefordert werden. Ist bei einer Person, die als Zeuge in Betracht kommt (und die kein Zeugnisverweigerungsrecht hat, §§ 52ff. StPO), die Blutalkoholprobe zur Wahrheitsfeststellung unerläßlich, so darf unmittelbarer Zwang angeordnet werden, aber nur durch den Richter und erst dann, wenn ein nach § 70 StPO festgesetztes Ordnungsgeld erfolglos war oder wenn Gefahr im Verzug ist (§ 81c StPO).

Die Feststellung des Alkoholgehalts im Blut wird i. d. R. zur besseren Kontrolle nach zwei Methoden (Widmark und ADH) durchgeführt. Zunehmend wird eines dieser Verfahren durch das genauere gaschromatographische (GC-)-Verfahren ersetzt.

407. Entziehung der Fahrerlaubnis. Fahrverbot

Wird jemand wegen einer rechtswidrigen Tat, die er als Führer oder im Zusammenhang mit der Führung eines Kraftfahrzeugs (Kfz.) oder unter Verletzung der dem Führer eines Kfz. obliegenden Pflichten begangen hat, zu Strafe verurteilt oder nur wegen Schuldunfähigkeit freigesprochen, so *entzieht* ihm das *Gericht* die *Fahrerlaubnis,* wenn er sich durch die Tat als ungeeignet zum Führen eines Kfz. erwiesen hat; es ordnet zugleich an, daß für bestimmte Zeit (6 Monate bis 5 Jahre) oder für immer keine neue Fahrerlaubnis erteilt werden darf *(Sperre).* §§ 69ff. StGB.

Als ungeeignet zum Führen von Kraftfahrzeugen sind i. d. R. Personen anzusehen, die ein Delikt der Gefährdung des Straßenverkehrs (§ 315c StGB), der *Trunkenheit im Verkehr* (§ 316 StGB), des unerlaubten Entfernens vom Unfallort (§ 142 StGB) mit schwereren Folgen oder eines dieser Delikte in Volltrunkenheit (§ 323a StGB) begangen haben.

Die vergleichsweise mildere Maßnahme gegen Kraftfahrer ist das *Fahrverbot* (§ 44 StGB). Wird jemand wegen einer Straftat, die er beim Führen eines Kfz.

begangen hat, zu Freiheitsstrafe oder Geldstrafe verurteilt, so kann ihm das Gericht für die Dauer von einem bis zu drei Monaten verbieten, Kraftfahrzeuge zu führen. Dieses Fahrverbot hat nicht die Entziehung der Fahrerlaubnis zur Folge. Auch bei Verkehrs*ordnungswidrigkeiten,* die mit *Geldbuße* geahndet werden können, läßt § 25 StVG ein *Fahrverbot der Verwaltungsbehörde* zu, wenn ein Kraftfahrer sie unter *grober oder beharrlicher* Verletzung seiner Verkehrspflicht begangen hat. Ein Fahrverbot soll i. d. R. verhängt werden, wenn der Täter trotz eines Blutalkoholgehalts von 0,8‰ ein Kfz. geführt hat; das gleiche gilt, wenn bei einem Trunkenheitsdelikt ausnahmsweise die Entziehung der Fahrerlaubnis unterbleibt (§§ 24a, 25 StVG, § 44 Abs. 1 S. 2 StGB).

Eine weitere Möglichkeit zur *Entziehung der Fahrerlaubnis* besteht nach § 4 StVG, § 15b StVZO. Die *Verwaltungsbehörde* muß die Fahrerlaubnis entziehen, wenn sich jemand als ungeeignet zum Führen von Kfz. erweist. Die Entziehung durch die Verwaltungsbehörde wird i. d. R. angeordnet, wenn körperliche oder geistige Mängel des Inhabers der Fahrerlaubnis festgestellt werden (bei nur bedingter Eignung ist statt der Entziehung eine *Beschränkung* der Fahrerlaubnis zulässig). Dieses Verfahren setzt keine Straftat voraus; es kann aber z. B. eingeleitet werden, wenn (nichtverkehrsrechtliche) Straftaten die Ungeeignetheit zum Führen von Kfz. ergeben haben. Richtlinien zur Feststellung, ob jemand wegen wiederholter Verkehrszuwiderhandlungen zum Führen eines Kfz. ungeeignet ist, gibt die *„Allgemeine Verwaltungsvorschrift zu § 15b der Straßenverkehrs-Zulassungs-Ordnung (Mehrfachtäter-Punktsystem)* vom 3. 1. 1974 (BAnz. Nr. 8), m. spät. Änd. Die Verwaltung hat zur einheitlichen Behandlung bei ihrer Entscheidung das Punktsystem der §§ 2, 3 der VwV zugrunde zu legen. Danach sind z. B. zu bewerten: Trunkenheit im Verkehr oder Unerlaubtes Entfernen vom Unfallort mit 7 Punkten, Fahren ohne Fahrerlaubnis mit 6 Punkten, gefährliches Überholen mit 4 Punkten, Mißachtung der Vorfahrt oder eines Rotlichts mit 3 Punkten. Ergeben sich insgesamt 9 Punkte, so ist der Betroffene schriftlich zu verwarnen. Bei 14 Punkten wird durch eine von einem Sachverständigen oder Prüfer für den Kfz-Verkehr durchgeführte Prüfung festgestellt, ob der Betroffene noch ausreichende Kenntnisse der Verkehrsvorschriften besitzt. Ergeben sich innerhalb von 2 Jahren 18 Punkte, wird i. d. R. die Fahrerlaubnis entzogen. Bei 18 Punkten innerhalb von mehr als 2 Jahren wird zur Überprüfung der Eignung des Betroffenen zur Führung eines Kfz die Beibringung eines Gutachtens einer amtlich anerkannten medizinisch-psychologischen Untersuchungsstelle angeordnet. Das Kraftfahrt-Bundesamt informiert die zuständigen Behörden, wenn mindestens 9 Punkte im Verkehrszentralregister (s. 408) erreicht werden. Kommt die Entziehung der Fahrerlaubnis wegen einer Straftat in Betracht, so hat das deswegen eingeleitete Strafverfahren den Vorrang. Will die Verwaltungsbehörde in dem von ihr eingeleiteten *Entziehungsverfahren* einen Sachverhalt verwerten, der Gegenstand der Urteilsfindung in einem Strafverfahren war, so darf sie in der Tatsachenfeststellung sowie in der Frage der Täterschuld und der Eignung zum Führen eines Kfz. von dem Urteil nicht zum Nachteil des Betroffenen abweichen. Schweigt das Urteil über die Entziehung, so hat die Verwaltungsbehörde freie Hand.

408. Verkehrszentralregister

Auf Grund der §§ 6, 28, 29 StVG regeln die §§ 13–13d StVZO die *karteimäßige Erfassung* rechtskräftiger Entscheidungen der Strafgerichte und Verwaltungsbehörden, die auf Entziehung der Fahrerlaubnis, Verhängung eines Fahrverbots oder auf Geldbuße von mindestens

80 DM für Verkehrsordnungswidrigkeiten lauten; ferner werden gerichtliche Verurteilungen wegen einer Verkehrsstraftat sowie die Versagung einer Fahrerlaubnis durch die Verwaltungsbehörde, Verzicht, Rücknahme u. dgl. vermerkt.

Einzutragende *Verkehrsstraftaten* sind insbesondere Straßenverkehrsgefährdung, Trunkenheit im Verkehr, Körperverletzung, Fahren ohne Fahrerlaubnis, unerlaubtes Entfernen vom Unfallort, Kennzeichenmißbrauch.

Das Register wird vom *Kraftfahrt-Bundesamt* in Flensburg geführt, das durch Ges. vom 4. 8. 1951 (BGBl. I 488) als Bundesoberbehörde für den Straßenverkehr eingerichtet worden ist.

Auskunft aus dem Register erhalten nur die Gerichte und Behörden, die mit der Verfolgung von Verkehrsstraftaten oder -ordnungswidrigkeiten, mit Verwaltungsmaßnahmen auf Grund der Verkehrsgesetze u. dgl. befaßt sind (§ 30 StVG) sowie der Betroffene selbst. Bestimmte Daten, wie z. B. die Versagung oder Entziehung einer Fahrerlaubnis können von den Fahrerlaubnisbehörden und der Polizei vom Verkehrszentralregister im automatisierten Verfahren abgerufen werden (*Zentrales Verkehrsinformations-System – ZEVIS* – s. § 30a StVG).

Die Eintragungen werden i. d. R. nach 2 Jahren bei Entscheidungen wegen einer Ordnungswidrigkeit sowie bei Jugendstrafen bis zu 1 Jahr mit Strafaussetzung *getilgt*; nach 5 Jahren bei Geldstrafe, Freiheitsstrafe bis zu 3 Monaten oder Jugendstrafen in anderen Fällen, bei Entziehung der Fahrerlaubnis auf Zeit oder Fahrverbot nach § 44 StGB; sonst in 10 Jahren. Sie unterbleibt, solange eine neue Fahrerlaubnis nicht erteilt werden darf; dasselbe gilt, solange eine strafgerichtliche Entscheidung eingetragen ist, für die übrigen Eintragungen, bei Eintragungen über Ordnungswidrigkeiten hins. der übrigen Vermerke über Ordnungswidrigkeiten. Eintragungen sind spätestens zu tilgen, wenn der Strafvermerk nach den Strafregistervorschriften (221) getilgt wird.

409. Strafrechtsreform

Das StGB von 1871 ging in seinem Kern auf das preuß. Gesetz von 1851 zurück (vgl. 394); es entsprach seit langem in manchen Teilen nicht mehr fortschrittlichen Rechtsauffassungen. Bereits vor Jahrzehnten eingeleitete *Reformbestrebungen* brachten zunächst nur Änderungen und Ergänzungen einzelner Teile. Die seit 1953 vom Bundesjustizminister erneut eingeleiteten Vorarbeiten zu einer grundlegenden Reform und die Ergebnisse der aus Vertretern der Wissenschaft und Strafrechtspraxis gebildeten *Großen Strafrechtskommission* führten im Jahre 1962 zum Entwurf eines neuen StGB. der jedoch bei den Beratungen im Bundestag wesentlich umgestaltet wurde. Die bereits durch das 2. Strafrechtsreformgesetz vom 4. 7. 1969 (BGBl. I 717) eingeleitete Neufassung des Allgemeinen Teils und die Anpassung des Besonderen Teils durch das EGStGB vom 2. 3. 1974 (BGBl. I 469) sowie die Neufassung des gesamten StGB vom 2. 1. 1975 (BGBl. I 1) bildeten den Abschluß der Reformarbeiten.

Das *neue StGB* berücksichtigt die Entwicklung der Strafrechtswissenschaft und -rechtsprechung und bringt die geltenden Vorschriften mit den heutigen

Rechtsauffassungen in Einklang (z. B. in der Frage der Schwangerschaftsunterbrechung, der Bestrafung von Sexualdelikten). Es trägt ferner der fortschreitenden Technisierung unseres Lebens (Tonbandaufnahmen, Mißbrauch radioaktiver Substanzen usw.) Rechnung. Auch sind alle Strafvorschriften auf die Strafwürdigkeit der normierten Tatbestände hin überprüft worden, namentlich im Hinblick auf die Abgrenzung zum Ordnungsunrecht (152). Einige Reformvorschläge waren schon vorher im Wege der sog. *Novellengesetzgebung* verwirklicht worden, so durch das Ges. zum Schutz gegen Mißbrauch von Tonaufnahme- und Abhörgeräten vom 22. 12. 1967 (BGBl. I 1360) und die Änderung des politischen Strafrechts durch das 8. Strafrechtsänderungsgesetz vom 25. 6. 1968 (BGBl. I 741). Das 1. Strafrechtsreformgesetz vom 25. 6. 1969 (BGBl. I 645) hat Zuchthaus, Gefängnis, Einschließung und Haft zu einer einheitlichen *Freiheitsstrafe* zusammengefaßt und im Bereich des *Sexualstrafrechts* u. a. die Tatbestände des Ehebruchs, der Sodomie und der Homosexualität unter Erwachsenen beseitigt. Die Bestimmungen über Landfriedensbruch, Auflauf, Aufruhr und Widerstand gegen die Staatsgewalt sind durch das 3. Strafrechtsreformgesetz vom 20. 5. 1970 (BGBl. I 505) unter Berücksichtigung der Demonstrationsfreiheit umgestaltet und z. T. aufgehoben worden. Das (mit den Änderungen durch das EGStGB) am 1. 1. 1975 in Kraft getretene 2. Strafrechtsreformgesetz vom 4. 7. 1969 (BGBl. I 717) setzte das Mindestmaß der Freiheitsstrafe auf 1 Monat fest und sah für die Geldstrafe das *Tagessatzsystem* vor, bei geringen Geldstrafen die *Verwarnung mit Strafvorbehalt* und für Ausnahmefälle das Absehen von Strafe, wenn höchstens 1 Jahr Freiheitsstrafe verwirkt ist. Über den Wegfall der Übertretungen s. 395. Die Maßregeln der Besserung und Sicherung (396 IV) wurden erweitert um die *Führungsaufsicht* und die Unterbringung von schwer Persönlichkeitsgestörten in einer *sozialtherapeutischen Anstalt,* die allerdings schon vor ihrer Umsetzung in die Praxis (vorgesehen war der 1. 1. 1985) als gerichtliche Maßnahme wieder beseitigt wurde (s. Ges. vom 20. 12. 1984, BGBl. I 1654). Die Verjährungsfristen sind schon durch das 9. StrafrechtsÄndG vom 4. 8. 1969 (BGBl. I 1065) verlängert und für *Völkermord* – durch das 16. StrafrechtsÄndG vom 16. 7. 1979 (BGBl. I 1046) auch für die *lebenslange Freiheitsstrafe* – überhaupt gestrichen worden.

Das 4. Strafrechtsreformgesetz vom 23. 11. 1973 (BGBl. I 1725) brachte weitgehende Änderungen im Bereich der Straftaten gegen die Sittlichkeit und gegen Ehe und Familie. Der Begriff der „Unzucht" wurde durch den wertfreien Begriff der „sexuellen Handlungen" ersetzt; die Strafvorschriften richten sich seither gegen die sexuelle Selbstbestimmung. Die Strafbarkeit der Verbreitung unzüchtiger Schriften ist auf den Schutz von Jugendlichen und auf andere wirklich strafwürdige Fälle beschränkt; verboten ist sadistische, pädophile und sodomitische Pornographie. Vergewaltigung u. a. schwere Sittlichkeitsdelikte sind mit strengeren Strafen bedroht.

Unter den wichtigen Neuerungen, die das EGStGB vom 2. 3. 1974 brachte, ist hervorzuheben, daß allgemein die Verhängung von Geld- neben Freiheitsstrafe gestattet ist, wenn der Täter sich durch die Tat vorsätzlich bereichert (oder dies versucht) hat. Andererseits ist die Verfolgung von Vermögensdelikten (Diebstahl, Unterschlagung, Betrug) in Bagatellfällen von einem Strafantrag (277) abhängig gemacht worden. Mit den Änderungen des Besonderen Teils des StGB verbindet das EGStGB eine Bereinigung und Anpassung des *Nebenstrafrechts,* aus dem einige Tatbestände (z. B. Geheimnisbruch) in das StGB als generelle Regelung übernommen wurden.

Eines der schwierigsten Reformvorhaben war die Lösung des strafrechtlichen Problems der Schwangerschaftsunterbrechung (§ 218 StGB). Die Änderung der Vorschrift durch das 5. StrafrechtsreformG vom 18. 6. 1974 (BGBl. I 1297) legalisierte die auch bisher in der Rechtsprechung anerkannte medizinische Indikation und erweiterte sie um die eugenische Indikation. Die darüber hinaus zugelassene Schwangerschaftsunterbrechung binnen 12 Wochen seit Empfängnis wurde vom BVerfG (BGBl. 1975 I 625) als mit dem grundgesetzlich garantierten Recht auf Leben unvereinbar erklärt. Auf Grund der vom BVerfG gegebenen, an Art. 2 Abs. 2 GG orientierten Begrenzung traf das 15. Strafrechtsänderungsgesetz vom 18. 5. 1976 (BGBl. I 1213) sodann eine neue Regelung über die Zulässigkeit des Schwangerschaftsabbruchs (nach einem Beratungsverfahren) in 4 Fällen: zur Abwendung einer Lebensgefahr oder einer schweren Gesundheitsschädigung der Schwangeren *(medizinische Indikation),* binnen 22 Wochen seit Empfängnis zur Verhütung erbkranken und daher unzumutbaren Nachwuchses *(eugenische Indikation),* binnen 12 Wochen seit Empfängnis nach schwerer Sexualstraftat *(ethische Indikation)* und binnen gleicher Frist zur Abwendung einer sonst nicht zu beseitigenden, unzumutbaren Notlage der Schwangeren infolge außergewöhnlicher Belastung *(soziale Indikation).*

Weitere wesentliche Neuerungen brachten das 16. Strafrechtsänderungsgesetz vom 16. 7. 1979 (BGBl. I 1046), durch das Mord für unverjährbar erklärt wurde, sowie das 18. Strafrechtsänderungsgesetz vom 28. 3. 1980 (BGBl. I 373), das den strafrechtlichen Schutz der Umwelt neu regelte. Das Strafaussetzungssystem wurde durch Einbeziehung der lebenslangen Freiheitsstrafe (§ 57a StGB) im 20. Strafrechtsänderungsgesetz vom 8. 12. 1981 (BGBl. I 1329) sowie durch die Möglichkeit, die Vollstreckung des Restes der Freiheitsstrafe nach Verbüßung der Hälfte der Strafe zur Bewährung auszusetzen (23. Strafrechtsänderungsgesetz vom 13. 4. 1986, BGBl. I 393), erweitert. Durch das 23. StÄG wurde außerdem die allgemeine Rückfallvorschrift des § 48 StGB zugunsten des flexibleren § 46 StGB gestrichen. Zum Zweiten Ges. zur Bekämpfung der Wirtschaftskriminalität vom 15. 5. 1986, durch das vor allem die Computerkriminalität sowie der Mißbrauch von Scheck- und Kreditkarten unter Strafe gestellt wurde, s. 836.

Änderungen des materiellen Strafrechts ergaben sich ferner durch das *Ges. zur Bekämpfung des illegalen Rauschgifthandels und anderer Erscheinungsformen der Organisierten Kriminalität (OrgKG)* vom 15. 7. 1992 (BGBl. I 1302): Einführung der Vermögensstrafe außerhalb des Tagessatzsystems (§ 43a StGB), die durch den Wert des Tätervermögens begrenzt ist; Möglichkeit des Verfalls von Gegenständen auch dann, wenn die Umstände die Annahme rechtfertigen, daß diese für rechtswidrige Taten oder aus ihnen erlangt worden sind (§ 73d StGB); Einführung der neuen Tatbestände der Gewerbsmäßigen Bandenhehlerei (§ 260a StGB) und der sog. Geldwäsche (§ 261 StGB) sowie verschiedene Strafschärfungen. Mit dem Gesetz über das Aufspüren von Gewinnen aus schweren Straftaten (*Geldwäschegesetz* – GwG) vom 25. 10. 1993 soll die *Organisierte Kriminalität* wirksamer bekämpft werden. Es sieht vor, daß Banken, Spielbanken, Gewerbetreibende, Vermögensverwalter u. a. verpflichtet sind, bei Bargeschäften über eine Summe von 20000 DM oder mehr den Einzahler oder Auftraggeber zu identifizieren (§§ 2–4 GwG). Die Anzeige einer solchen Finanztransaktion und die Offenlegung des Einzahlers oder Auftraggebers soll den Strafverfolgungsbehörden die Möglichkeit geben, das Geschäft zu überprüfen und im Verdachtsfall einzuschreiten. Die Finanztransaktion darf dann nur durchgeführt werden, wenn die Staatsanwaltschaft zustimmt oder wenn nach dem Abgangstag der Anzeige zwei Werktage vergangen sind und die Durchführung nicht strafprozessual untersagt wurde (§ 11 GwG). Die wesentlichen Daten des Geschäfts müssen aufgezeichnet und zur Verwendung in einschlägigen Strafverfahren sechs Jahre aufbewahrt werden (§ 9 GwG).

Mit dem *Schwangeren- und Familienhilfeänderungsgesetz* vom 21. 8. 1995

(BGBl. I 1050) wurde der jahrelange Streit über die Zulässigkeit von Schwangerschaftsabbrüchen beendet. Gem. § 218a StGB liegt ein strafbarer Abbruch nicht vor, wenn mindestens drei Tage vor dem Eingriff eine Beratung durchgeführt wurde, der Abbruch von einem Arzt vorgenommen wurde und seit der Empfängnis nicht mehr als zwölf Wochen vergangen sind. Ferner darf ein Abbruch der Schwangerschaft nach Vergewaltigung oder bei Gefahr für das Leben oder bei schwerwiegender Beeinträchtigung des körperlichen oder seelischen Gesundheitszustandes einer Schwangeren vorgenommen werden. Die vor dem Abbruch zwingend vorgeschriebene Beratung der Schwangeren soll dem Schutz des ungeborenen Lebens dienen und soll die Frau zur Fortsetzung der Schwangerschaft ermutigen (§ 219 StGB). Durch das 33. StrÄndG vom 1. 7. 1997 (BGBl. I 1607) wurden die Strafvorschriften der sexuellen Nötigung und der Vergewaltigung zusammengefaßt. Seit diesem Zeitpunkt ist auch die Vergewaltigung des Ehegatten strafbar.

Dem Bundestag (13. Leg.Periode) liegt der Entwurf eines 6. Strafrechtsreformgesetzes zur Beratung vor. Hauptziel dieses Gesetzes soll sein, die Strafrahmen des StGB zu harmonisieren und Wertungswidersprüche zwischen den Strafrahmen für Delikte gegen die körperliche Integrität und denen für Eigentumsdelikte zu beseitigen. Ferner berät der BT eine Reform des Sexualstrafrechts mit dem Ziel, den Schutz der Gesellschaft vor gefährlichen Straftätern zu verbessern.

Vierter Teil

Wehrrecht

451. Entwicklung des neuen Wehrrechts

Auf Grund der *Pariser Verträge* (vgl. 915) ist die BRep. verpflichtet, zur Verteidigung der Freien Welt beizutragen. Zur Verwirklichung dieser Verpflichtung und zur Einleitung der *Wehrgesetzgebung* erging zunächst das Gesetz über die vorläufige Rechtsstellung der Freiwilligen in den Streitkräften *(Freiwilligengesetz)* vom 23. 7. 1955 (BGBl. I 449). Dieses Gesetz stellte eine *Übergangslösung* dar, um die Bereitschaft der BRep. zur gemeinsamen Verteidigung dem Ausland gegenüber erkennen zu lassen und um der Bundeswehr vorzubereiten.

Das FreiwG wurde abgelöst durch das *SoldatenG* (s. u.), seine Bestimmungen über die Sicherung des Arbeitsplatzes durch das Ges. über den Einfluß von Eignungsübungen der Streitkräfte auf Vertragsverhältnisse der Arbeitnehmer und Handelsvertreter sowie auf Beamtenverhältnisse vom 20. 1. 1956 (BGBl. I 13). Dieses sog. *Eignungsübungsgesetz* hält für die zu einer Übung zwecks Auswahl freiwilliger Soldaten Einberufenen Arbeitsplatz, Werkswohnung und Versicherungsverhältnisse aufrecht und schließt Nachteile durch Teilnahme an einer Eignungsübung aus. Dazu DVO vom 15. 2. 1956 (BGBl. I 71) über Urlaub, Alters- und Hinterbliebenenversorgung. Wegen des Arbeitsplatzschutzes für die zum *Pflichtwehrdienst* Einberufenen vgl. 624.

Die beim Bund liegende *Wehrhoheit* wurde durch den mit Ges. vom 19. 3. 1956 (BGBl. I 111) in das GG eingefügten Art. 17a verfassungsmäßig verankert. Danach können *Gesetze über Wehrdienst und Ersatzdienst* bestimmen, daß für die Angehörigen der Streitkräfte und des Ersatzdienstes während der Dienstzeit gewisse *Grundrechte* eingeschränkt werden (vgl. 454 VI). Auf dieser Grundlage ergingen das *Gesetz über die Rechtsstellung der Soldaten* vom 19. 3. 1956 (BGBl. I 114), das sog. Soldatengesetz, das vor allem die Rechte und Pflichten der Soldaten bestimmt, und das *Wehrpflichtgesetz* vom 21. 7. 1956 (BGBl. I 651), das die *allgemeine Wehrpflicht* wieder einführte. Vgl. 453, 454.

Verfassungsrechtlich ist der Auftrag der Bundeswehr in Art. 87a GG umrissen: danach werden die Streitkräfte zur *Verteidigung* aufgestellt. Außer zur Verteidigung dürfen die Streitkräfte nur eingesetzt werden, soweit das GG es ausdrücklich zuläßt. Diskutiert wird, ob Einsätze der Bundeswehr im Rahmen der Beistandsverpflichtung, die sich aus dem NATO-Vertrag ergibt (s. 913), auch *„out of area"*, d. h. außerhalb des NATO-Vertragsgebiets, verfassungsrechtlich zulässig sind. Ferner wird in der Verfassungsdiskussion erörtert, ob sich aus der vom GG zugelassenen (vgl. Art. 24 GG) Mitgliedschaft der BRep. in dem kollektiven Sicherheitssystem der UNO (s. 909) ableiten läßt, daß die Bundeswehr bei UN-Einsätzen, also bei friedenserhaltenden UN-Einsätzen ohne Waffeneinsatz, (sog. *Blauhelm-Missionen*) oder auch bei friedensherstellenden (friedenserzwingenden) Kampfeinsätzen, mitwirken kann. Mit Urteil vom 12. 7. 1994 hat das Bundesverfassungsgericht festgestellt, daß die Bundesregierung mit der *Entsendung von Einheiten* der Bundeswehr auf der Grundlage von Beschlüssen der NATO und der WEU, die sich wiederum auf Entschließungen der Vereinten Nationen stützten (Adria, Awacs) oder direkt auf Ersuchen der UN (Somalia) erfolgten, nicht gegen das Grundgesetz verstoßen hat (2 BV E 2/92 u. a.). Das Gericht hat allerdings klargestellt, daß derartige Entsendungsentscheidungen der vorherigen konstitutiven *Zustimmung des Bundestages* bedürfen. Nur bei Gefahr im Verzuge dürfe die Bundesregierung zur Aufrechterhaltung der Bündnisfähigkeit der BRep den Einsatz von Streitkräften vorläufig beschließen. Danach müsse das Parlament aber umgehend befaßt werden, entsandte Streitkräfte sind, wenn der BT nicht zustimmt, zurückzurufen. Mit dem Gesetz zur Änderung wehrpflichtrechtlicher, soldatenrechtlicher, beamtenrechtlicher und anderer Vorschriften vom 24. 7. 1995 (BGBl. I 962) wurden Regelungen für die *besondere Auslandsverwendung* getroffen.

Art. 60 GG bestimmt, daß der BPräs. die Offiziere und Unteroffiziere der Streitkräfte ernennt, soweit gesetzlich nichts anderes bestimmt ist. Weiter wurde Art. 65a GG eingefügt, nach dem der *Bundesminister der Verteidigung* die *Befehls- und Kommandogewalt* über die Streitkräfte hat; diese geht jedoch mit der Verkündung des *Verteidigungsfalles* auf den Bundeskanzler über (Art. 115b GG). Die Feststellung des Verteidigungsfalles obliegt dem BT als der legitimierten Volksvertretung (vgl. 61 IV). Über den vom BT zu bestellenden *Ausschuß für Verteidigung* vgl. Art. 45a GG, über den *Wehrbeauftragten* des BT Art. 45b GG. Die zahlenmäßige Stärke der vom Bund zur Verteidigung aufgestellten Streitkräfte und die Grundzüge ihrer Organisation müssen sich aus dem Haushaltsplan ergeben (Art. 87a GG). Die *Bundeswehrverwaltung* wird in bundeseigener Verwaltung mit eigenem Verwaltungsunterbau geführt (Art. 87b GG); vgl. 94, 460.

Für Disziplinarverfahren gegen Soldaten und für Verfahren über Beschwerden kann der Bund *Disziplinargerichte* errichten (Art. 96 Abs. 4 GG). Weiter können *Wehrstrafgerichte* für die Streitkräfte als Bundesgerichte eingerichtet werden; sie üben die Strafgerichtsbarkeit im Verteidigungsfalle sowie über Angehörige der Streitkräfte aus, die in das Ausland entsandt sind oder sich an Bord von Kriegsschiffen befinden (Art. 96 Abs. 2 GG). Diese Gerichte gehören zum Geschäftsbereich des Bundesjustizministers. Ihre hauptamtlichen Richter müssen die Befähigung zum Richteramt haben. Vgl. 457, 209. Oberster Gerichtshof für die Wehrstrafgerichtsbarkeit ist der *Bundesgerichtshof.*

Dienstflagge, Erkennungszeichen der Flugzeuge. Eine Anordnung des BPräs. vom 25. 5. 1956 (BGBl. I 447) bestimmt als Dienstflagge der Seestreitkräfte der Bundeswehr die *Bundesdienstflagge* in der Form eines Doppelstanders. Truppendienstfahne ist die Bundesdienstflagge in der durch Anordnung vom 18. 9. 1964 (BGBl. I 817) bestimmten Form. Eine Anordnung vom 1. 10. 1956 (BGBl. I 788) sieht als Erkennungszeichen für die Luftfahrzeuge und Kampffahrzeuge der Bundeswehr ein schwarzes Kreuz mit weißer Umrandung vor.

452. Sicherung der Verteidigung

Zur *Sicherung der Verteidigung* sind Gesetze ergangen, die es dem Bund ermöglichen, die für den Verteidigungsfall notwendigen Einrichtungen zu schaffen und im Falle eines Angriffs von außen die erforderlichen Abwehrmaßnahmen zu treffen.

I. Schutzbereiche

Nach dem *Schutzbereichgesetz* vom 7. 12. 1956 (BGBl. I 899) m. spät. Änd. kann das BMVg. zum Schutz und zur Erhaltung von Verteidigungsanlagen nach Anhörung der Landesregierung ein Gebiet zum Schutzbereich erklären.

Voraussetzung ist, daß der erstrebte Erfolg nicht auf andere Weise oder nicht rechtzeitig oder nur mit unverhältnismäßigen Mitteln erreicht werden könnte. Im Sch. ist die Benutzung von Grundstücken beschränkt. Die Landesbehörde hört zuvor die betroffene Gemeinde (Gemeindeverband) und nimmt zu dem Vorhaben unter Berücksichtigung der Erfordernisse der Raumordnung (Städtebau, Naturschutz, landwirtschaftliche und wirtschaftliche Interessen) Stellung. Will der BMVg. davon abweichen, so unterrichtet er die Landesregierung von seiner Entscheidung. Für entstehende Vermögensnachteile ist angemessene *Entschädigung* in Geld durch den Bund zu leisten. Die Festsetzung erfolgt durch von den Landesregierungen bestimmte *Festsetzungsbehörden,* sofern nicht eine gütliche Einigung erzielt wird, mit schriftlichem Bescheid. Dagegen ist binnen zwei Wochen nach Zustellung Beschwerde an die Aufsichtsbehörde gegeben; gegen deren (Beschwerde-)Entscheidung ist binnen zwei Monaten nach Zustellung Klage beim Landgericht, in dessen Bezirk das zum Schutzgebiet erklärte Grundstück liegt, zulässig (§§ 24, 25). Für die Anfechtung der von den Schutzbereichbehörden erlassenen Verwaltungsakte gilt die Verwaltungsgerichtsordnung (§ 26).

II. Die Landbeschaffung

für Aufgaben der Verteidigung regelt das *Landbeschaffungsgesetz* vom 23. 2. 1957 (BGBl. I 134) m. spät. Änd.

Verfahren bei der Auswahl der Grundstücke entsprechend 1. Die Grundstükke sollen nach Möglichkeit frei erworben werden; jedoch ist Enteignung durch die zuständige Landesbehörde gegen Entschädigung durch den Bund zulässig (§§ 2, 10, 17ff., 28ff.). Gegen den Enteignungsbeschluß (§ 47) ist der Verwaltungsrechtsweg eröffnet, während über die Höhe der Entschädigung auf Klage die ordentlichen Gerichte entscheiden (§§ 58, 59).

III. Im Rahmen des *Bundesleistungsgesetzes* (s. 48 IV) können Anforderungen an die Bevölkerung für Verteidigungszwecke (Überlassung beweglicher Sachen oder baulicher Anlagen, Duldung von Einwirkungen usw.) gestellt werden.

IV. Über den Verteidigungsfall, seine Feststellung und die dadurch in Kraft tretende Notstandsverfassung vgl. 67. Über den *zivilen Bevölkerungsschutz* (Katastrophenschutz, Schutzbauten) sowie die Gesetze zur *Sicherstellung von Versorgung, Wirtschaft und Verkehr* im Verteidigungsfalle vgl. 471.

453. Das Soldatengesetz

I. Das Gesetz über die Rechtsstellung der Soldaten i. d. F. vom 15. 12. 1995 (BGBl. I 1737) – *Soldatengesetz (SG)* – bestimmt einleitend (§§ 1–5 SG) die Begriffe des Soldaten, des Vorgesetzten und des Disziplinarvorgesetzten sowie die Dauer des Wehrdienstverhältnisses und legt die Ernennungs- und Verwendungsgrundsätze fest. Die Bestimmungen über die Dienstgradbezeichnungen und die *Uniform* der Soldaten erläßt grundsätzlich der BPräs., der auch das Ernennungs- und Gnadenrecht ausübt; diese Befugnisse können auf andere Stellen, z. B. den BMVg., übertragen (delegiert) werden. S. u. IV.

Die Verwendung von *Frauen* ist in den Laufbahnen des Sanitätsdienstes und des Militärmusikdienstes zulässig.

II. *Die Rechte und Pflichten aller Soldaten* behandeln die §§ 6–36 SG. Der Soldat hat die gleichen Rechte wie jeder andere Staatsbürger; jedoch werden einige Rechte im Rahmen der Erfordernisse des militärischen Dienstes durch seine gesetzlich begründeten Pflichten beschränkt.

Seine *Grundpflicht* ist, der BRep. treu zu dienen und das Recht und die Freiheit des deutschen Volkes tapfer zu verteidigen. Der Soldat muß für die freiheitliche demokratische Grundordnung eintreten. Berufssoldaten und Soldaten auf Zeit, die weitgehend beamtenrechtlichen Grundsätzen unterliegen, leisten einen Diensteid; Soldaten, die auf Grund der Wehrpflicht Wehrdienst leisten, bekennen sich zu ihren Pflichten durch ein feierliches Gelöbnis.

Der *Vorgesetzte* soll in Haltung und Pflichterfüllung ein Beispiel geben. Er hat die Pflicht zur Dienstaufsicht und ist für die Disziplin seiner Untergebenen verantwortlich. Er hat auch für diese zu sorgen und darf Befehle nur zu dienstlichen Zwecken und unter Beachtung der Regeln des Völkerrechts, der Gesetze und der Dienstvorschriften erteilen (§ 10 SG).

Die wesentlichen Soldatenpflichten sind: Gehorsam (§ 11 SG), Kameradschaft (§ 12 SG), Wahrheitspflicht (§ 13 SG), Verschwiegenheit (§ 14 SG), keine politische Betätigung im Dienst zugunsten oder zuungunsten einer bestimmten politischen Richtung (§ 15 SG), einwandfreies Verhalten in und außer Dienst (§ 17 SG), Wahrung der Disziplin. Gemeinschaftsunterkunft und -verpflegung sind in § 18 SG behandelt. Über die politische Betätigung außerhalb des Dienstes, insbes. bei Wahlen zu Volksvertretungen, vgl. Erl. d. BMVg im VMBl 1980, 533 m. spät. Änd.; über das Uniformtragen außerhalb des Dienstes s. § 4a SoldG und VO vom 1. 8. 1986 (BGBl. I 1305).

Auf Grund der §§ 27, 72 Abs. 1 Nr. 2 SG hat die Bundesregierung eine VO über die *Laufbahnen der Soldaten* (Soldatenlaufbahn VO) erlassen, die i. d. F. vom 14. 9. 1994 (BGBl. I 2405) m. spät. Änd. gilt. Zur Führung der Personalakten der Soldaten s. VO vom 31. 8. 1995 (BGBl. I 1159).

Der Soldat hat Anspruch auf Urlaub (§ 28 SG), Geld- und Sachbezüge, Heilfürsorge und Versorgung (§ 30 SG), Fürsorge (§ 31 SG), Dienstzeitbescheinigung oder Dienstzeugnis (§ 32 SG). Vgl. 465–468 über Besoldung, Urlaub, Unterhaltssicherung und Versorgung der ehemaligen Soldaten der Bundeswehr und ihrer Hinterbliebenen.

Die Soldaten erhalten staatsbürgerlichen und völkerrechtlichen Unterricht (§ 33 SG). Das Beschwerderecht ist durch bes. Gesetz geregelt (vgl. 456). Über Vertrauenspersonen bzw. Personalvertretung vgl. 464.

III. Das Soldatengesetz unterscheidet zwischen *Berufssoldaten, Soldaten auf Zeit* (in diesen beiden Gruppen sind auch Frauen zugelassen, aber nur im Sanitäts- und Militärmusikdienst) und Soldaten, die auf Grund der Wehrpflicht Wehrdienst leisten. Die Voraussetzungen für die Begründung des Dienstverhältnisses eines Berufssoldaten oder eines Soldaten auf Zeit regeln die §§ 37ff. SG. Begründung des Dienstverhältnisses und Beförderungen erfolgen durch Aushändigung einer Ernennungsurkunde (§§ 41, 42 SG).

Bei *Berufssoldaten* endet das Dienstverhältnis durch Entlassung, Verlust der Rechtsstellung eines Berufssoldaten, Entfernung aus dem Dienstverhältnis auf Grund eines disziplinargerichtlichen Urteils oder Eintritt in den Ruhestand (§ 43 SG). Nach § 45 SG bildet das vollendete 60. Lebensjahr die allgemeine *Alters-*

grenze für die Berufssoldaten. Als besondere Altersgrenzen sind für die Berufsunteroffiziere die Vollendung des 53., für die Offiziere des Truppendienstes des 53. (Leutnante, Oberleutnante, Hauptleute), des 55. (Majore), des 57. (Oberstleutnante) und des 59. (Obersten), für Offiziere als Strahlflugzeugführer des 41. Lebensjahres sowie für Fachoffiziere des 53. Lebensjahres festgesetzt. Aus Anlaß der Verringerung der Streitkräfte auf 370000 Mann sind diese besonderen Altersgrenzen in den Jahren 1993–1998 jeweils ein Jahr niedriger (s. *Personalstärkegesetz* vom 20. 12. 1991, BGBl. I 2376). Ab 1. 1. 2002 sind die besonderen Altersgrenzen jeweils um ein Jahr höher. Ferner kann nach Vollzeitbeschäftigung von mindestens 20 Jahren und nach Vollendung d. 50 Lebensjahres Urlaub unter Wegfall der Bezüge bis zum Beginn des Ruhestandes gewährt werden (§ 28a SG).

Bei *Soldaten auf Zeit* endet das Dienstverhältnis durch Zeitablauf, Entlassung, Verlust der Rechtsstellung eines Soldaten auf Zeit und Entfernung aus dem Dienstverhältnis (§ 54 SG).

Für Klagen aus dem Wehrdienstverhältnis ist grundsätzlich der *Verwaltungsrechtsweg* gegeben. Die Vertretung des Dienstherrn vor Gericht usw. regelt die Allg. Anordnung vom 9. 6. 1976 (BGBl. I 1492) m. spät. Änd.

In Krisenzeiten kann die Staatsführung, wenn zwingende Gründe der Verteidigung solche Maßnahmen erfordern, zur personellen Verstärkung der Streitkräfte Reserven einberufen oder als mildere Form Entlassungen aus dem Wehrdienst befristet zurückstellen. Nach § 54 Abs. 3 SG kann sie die *Dienstzeit der Soldaten auf Zeit* aus solchen Gründen um drei Monate verlängern.

IV. *Ausführungsvorschriften zum SG* enthalten außer den unter II erwähnten Bestimmungen über Laufbahn, Urlaub usw. insbes. die Anordnungen des BPräs. über die *Ernennung und Entlassung der Soldaten* (462) sowie über die *Dienstgradbezeichnungen* und die *Uniform* der Soldaten (463) und die VO des BMVg. über das militärische *Vorgesetztenverhältnis* (464).

454. Das Wehrpflichtgesetz

Das *Wehrpflichtgesetz* i. d. F. vom 15. 12. 1995 (BGBl. I 1756) m. spät. Änd. legt die *allgemeine Wehrpflicht* fest und regelt den Wehrdienst sowie das Wehrersatzwesen.

I. *Allgemeine Wehrpflicht*

Wehrpflichtig sind alle Männer vom vollendeten 18. Lebensjahr an, die Deutsche i. S. des GG sind und ihren ständigen Aufenthalt in der Bundesrepublik Deutschland oder zwar außerhalb haben, aber entweder ihren früheren ständigen Aufenthalt in der BRep. hatten oder einen Paß oder eine Staatsangehörigkeitsurkunde der BRep. besitzen oder sich auf andere Weise ihrem Schutz unterstellt haben (§ 1 Abs. 1).

Das Wehrpflichtgesetz entspricht der Verfassung (BVerfG NJW 1961, 355): Die Einführung der Wehrpflicht habe weder gegen die Menschenwürde noch gegen das verfassungsrechtliche Wertsystem verstoßen. In den meisten demokratischen Staaten, auch in den dauernd neutralen, bestehe die allgemeine Wehrpflicht, in welcher die Zugehörigkeit zu einem allen Bürgern gemeinsamen

Staatswesen zum Ausdruck komme. Als Träger der obersten Rechtsgüter müsse der Bürger zur Verteidigung bereit sein.

Über die Wehrpflicht von *Mehrstaatern* vgl. 2 I.

Die Wehrpflicht ruht bei ständigem, für die Dauer beabsichtigtem Aufenthalt mit Lebensgrundlage im Ausland. Für Angehörige aufgerufener Jahrgänge, die ihren ständigen Aufenthalt für länger als 3 Monate ohne Genehmigung aus dem Bundesgebiet verlegen, bleibt sie bestehen (§ 1 Abs. 2, 3; § 3 Abs. 2).

Die *Wehrpflicht* wird durch den Wehrdienst oder (bei berechtigter Kriegsdienstverweigerung, s. 469) durch den Zivildienst (470) erfüllt. Sie endet mit Ablauf des Jahres, in dem der Wehrpflichtige das 45. bzw. (bei Offizieren und Unteroffizieren sowie im Verteidigungsfall allgemein) das 60. Lebensjahr vollendet hat (§ 3).

Der auf Grund der Wehrpflicht zu leistende *Wehrdienst* umfaßt

a) den Grundwehrdienst (§ 5),
b) den Wehrdienst in der Verfügungsbereitschaft (§ 5a),
c) Wehrübungen (§ 6),
d) Auslandsverwendung (§ 6a),
e) im Verteidigungsfall den unbefristeten Wehrdienst.

Ungediente Wehrpflichtige gehören zur *Ersatzreserve,* gediente Wehrpflichtige zur *Reserve* (§ 4 Abs. 2).

Der Grundwehrdienst dauert 10 Monate (§ 5 Abs. 1 S. 4).

Der *volle Grundwehrdienst* muß bis zum 25. Lebensjahr geleistet werden (in Zurückstellungsfällen bis zum 28. Lebensjahr sowie bei vorwiegend militärfachlicher Verwendung und vor. nicht einberufenen Entwicklungshelfern sowie in anderen Ausnahmefällen bis zum 32. Lebensjahr). Grundwehrdienst kann in *zeitlich getrennten Abschnitten* geleistet werden, wenn der Wehrpflichtige sonst über das 28. Lebensjahr hinaus aus häuslichen, wirtschaftlichen oder beruflichen Gründen (s. unten d) zurückgestellt werden müßte. Mit dem 25. (bzw. 28. oder 32.) Lebensjahr erlischt die Pflicht, im Frieden Grundwehrdienst zu leisten. Auf Antrag sollen mindestens 17 Jahre alte Wehrpflichtige schon vor Musterung ihres Geburtsjahrganges zum Grundwehrdienst herangezogen werden. Wehrpflichtige müssen die Zeit nachdienen, in der sie dem Wehrdienst schuldhaft unerlaubt ferngeblieben sind oder ihn verweigert haben. Auch soll die Zeit nachgedient werden, in der ein Wehrpflichtiger Freiheitsstrafe, disziplinare Arreststrafe oder Jugendarrest verbüßt hat (§ 5). Nach Abschluß des Wehrdienstes kann der Wehrpflichtige auf Grund einer Anordnung des BMVg. durch Einberufungsbescheid für 2 Monate der *Verfügungsbereitschaft* unterstellt werden (§ 5a).

Eine *Wehrübung* dauert höchstens 3 Monate. Die Gesamtdauer der Übungen beträgt bei Mannschaften höchstens 9, bei Unteroffizieren höchstens 15 und bei Offizieren höchstens 18 Monate (nach dem 35. Lebensj. bei Mannschaften und Unteroffizieren höchstens 3 bzw. 6 Mon.). Wehrpflichtige, die verwendungsfähig sind, aber nicht zum Grundwehrdienst herangezogen werden, können zu Wehrübungen von längerer Dauer einberufen werden (§ 6). Mit seinem Einverständnis kann der Wehrpflichtige für höchstens sieben Monate für eine besondere Auslandsverwendung herangezogen werden (§ 6a). Ferner können Wehrpflichtige im Anschluß an den Grundwehrdienst freiwilligen zusätzlichen Wehrdienst für die Dauer von mindestens 2 und längstens 13 Monaten leisten (§ 6b). Freiwillig geleisteter Wehrdienst wird auf Grundwehrdienst angerechnet; auf Wehrübungen kann er angerechnet werden (§ 7). Folgende *Tauglichkeitsgrade* werden festgestellt (§ 8a): wehrdienstfähig, vorübergehend nicht wehrdienstfähig, (dauernd) nicht wehrdienstfähig. Die Wehrdienstfähigen sind gemäß ärztlicher Beurteilung entweder *voll* oder nur *mit Einschränkung verwendungsfähig* (für bestimmte Tätigkeiten oder in der Grundausbildung *und* für bestimmte Tätigkeiten).

Zum Eintritt in *fremde Streitkräfte* ist die Zustimmung des BMVg. (außer bei Dienstpflicht im Ausland) erforderlich. Er bestimmt im Einzelfall über Anrechnung von Wehrdienst und anderen Diensten in fremden Streitkräften oder Staaten (§ 8).

Wehrdienstausnahmen sind vorgesehen für folgende Fälle:

a) *Nicht* zum Wehrdienst *herangezogen* wird, wer nicht wehrdienstfähig ist (§ 9).

b) *Ausgeschlossen* vom Wehrdienst sind Personen, die wegen eines Verbrechens zu Freiheitsstrafe von mindestens 1 Jahr oder wegen vorsätzlichen Friedens-, Hoch- oder Landesverrats, Gefährdung der äußeren Sicherheit oder Staatsgefährdung zu 6 Monaten Freiheitsstrafe oder mehr verurteilt worden sind, sowie Personen, welche infolge Richterspruchs die Fähigkeit zur Bekleidung öffentlicher Ämter nicht besitzen oder gegen die auf noch nicht erledigte Maßregeln der Besserung und Sicherung nach § 64 oder § 66 StGB – vgl. 396 IV – erkannt ist (§ 10).

c) Vom Wehrdienst *befreit* sind Geistliche, Schwerbehinderte (s. 626), auf Antrag letzte oder einzig überlebende Söhne sowie Wehrpflichtige, deren zwei Brüder vollen Grundwehrdienst geleistet haben (§ 11).

d) *Zurückgestellt* vom Wehrdienst wird, wer vorübergehend nicht wehrdienstfähig oder wer sich in Untersuchungshaft befindet oder nach § 63 StGB in einem psychiatrischen Krankenhaus untergebracht oder eine Freiheitsstrafe verbüßt, ferner Bewerber für die Wahl zum Bundestag, einem Landtag oder zum Europäischen Parlament sowie auf Antrag Kandidaten für ein geistliches Amt und Wehrpflichtige, deren Heranziehung aus häuslichen, wirtschaftlichen oder beruflichen Gründen – auch z. B. wegen Unterbrechung der Ausbildung – eine besondere Härte bedeuten würde (§ 12).

e) Ein Wehrpflichtiger kann *unabkömmlich gestellt* werden, wenn und solange er im öffentlichen Interesse für die von ihm ausgeübte anderweitige Tätigkeit nicht entbehrt werden kann. Hierüber entscheidet die *Wehrersatzbehörde* auf Vorschlag der zuständigen Verwaltungsbehörde (§ 13). Hierzu VOen über Zuständigkeit und Verfahren vom 24. 7. 1962 (BGBl. I 524) und 2. 8. 1963 (BGBl. I 621).

f) Wehrpflichtige, die sich vor Vollendung des 25. Lebensjahres auf mindestens 7 Jahre zum ehrenamtlichen Dienst im Zivil- oder Katastrophenschutz verpflichten, werden, solange sie dort als Helfer mitwirken, nicht zum Wehrdienst herangezogen (§ 13a). Dasselbe gilt für Wehrpflichtige, die in den Polizeivollzugsdienst eintreten oder zum Grenzschutzdienst herangezogen werden (s. u. VI); über die Anrechnung der Dienstzeit auf die Wehrdienstzeit s. §§ 42, 42a. Über Entwicklungshelfer s. § 13b.

II. *Wehrersatzwesen*

Für die Durchführung der Aufgaben des Wehrersatzwesens sind *Wehrersatzbehörden* in bundeseigener Verwaltung errichtet worden. Sie unterstehen dem BMVg. Als Bundesoberbehörde besteht das *Bundesamt für Wehrverwaltung*, dem als Mittelbehörden Wehrbereichsverwaltungen, als Bundesunterbehörden die *Kreiswehrersatzämter* unterstellt sind (§ 14).

632

Zur *Erfassung* der Wehrpflichtigen werden von Erfassungsbehörden (Landesmeldebehörden) Personennachweise angelegt und laufend geführt; sie werden dem Kreiswehrersatzamt zugeleitet (§ 15).

Ungediente Wehrpflichtige werden vor der Heranziehung zum Wehrdienst gemustert. Bei der *Musterung*, die von den Kreiswehrersatzämtern durchgeführt wird, werden sie körperlich und geistig untersucht. Taugliche Wehrpflichtige können auf Eignung für bestimmte Verwendungen geprüft werden. Ob sich ein Wehrpflichtiger zum Wehrdienst zu stellen hat, entscheiden die Kreiswehrersatzämter nach Anhörung des Wehrpflichtigen und Erhebung aller erforderlichen Beweise; sie erteilen über das Ergebnis der Musterung dem Wehrpflichtigen einen schriftlichen *Musterungsbescheid*. Die Wehrpflichtigen werden in Ausführung dieser Bescheide durch die Kreiswehrersatzämter auf Grund der Einberufungsanordnungen des BMVg. zum Wehrdienst einberufen (§§ 16–22; §§ 13–15a *MusterungsVO* i. d. F. vom 16. 12. 1983 (BGBl. I 1457).

Gediente Wehrpflichtige werden nach Prüfung ihrer Verfügbarkeit durch die Wehrersatzbehörden zum Wehrdienst einberufen. Sie sind zu hören und auf Antrag zu untersuchen, wenn seit dem Ausscheiden aus dem Wehrdienst mehr als 2 Jahre verstrichen sind. Entsprechend dem Einberufungsbescheid haben sie sich zum Wehrdienst in der Bundeswehr zu stellen (§ 23 WpflG; §§ 16–18 MusterungsVO).

Die Wehrpflichtigen unterliegen von ihrer Musterung an der *Wehrüberwachung*. Sie haben jede Änderung von Wohnung oder ständigem Aufenthalt sowie die Absicht, mehr als 8 Wochen fernzubleiben, der Wehrersatzbehörde zu melden (§ 24). Wehrpflichtige der aufgerufenen Jahrgänge bedürfen für mehr als 3 Monate Auslandsaufenthalt der Genehmigung (§ 3 Abs. 2). Zum Zwekke der Musterungsvorbereitung und der Wehrüberwachung teilt die Meldebehörde dem zuständigen Kreiswehrersatzamt die Änderung von gespeicherten Personaldaten aller männlichen Deutschen im Alter von 17–32 Jahren mit (§ 24a). Zu Personalakten ungedienter Wehrpflichtiger s. §§ 25–27.

Über die Sicherung des Arbeitsplatzes des Soldaten während des Wehrdienstes durch das *Arbeitsplatzschutzgesetz* vgl. 624 (verstärkter Kündigungsschutz, Ruhen des Arbeitsverhältnisses, Weiterführung der gesetzlichen Krankenversicherung). Der Unterhalt des zum Wehrdienst Einberufenen (bei Verdienstausfall) und seiner Angehörigen wird durch das *Unterhaltssicherungsgesetz* sichergestellt; vgl. 468.

III. *Personalakten und automatisierte Dateien, Kriegsdienstverweigerung*

Die §§ 25–27 WPflG regeln den Umgang mit Personalakten und Daten. Zur Kriegsdienstverweigerung s. im einzelnen 469, 470.

IV. *Beendigung des Wehrdienstes, Verlust des Dienstgrades* (§§ 28–31)

Der Wehrdienst endet durch *Entlassung*, durch Überweisung zum Zivildienst oder durch *Ausschluß* aus der Bundeswehr, der in den Fällen des § 10 eintritt (s. o. I). Der Ausgeschlossene verliert seinen Dienstgrad. Dies tritt ferner ein bei Verurteilung zu Freiheitsstrafe von einem Jahr oder mehr wegen vorsätzlicher Tat oder zu einer (auch geringeren) Freiheitsstrafe wegen vorsätzlichen Hoch- oder Landesverrats o. a. Staatsschutzdelikte.

Entlassungsgründe sind z. B.: Zeitablauf, Fehlen der Wehrpflichtvoraussetzungen, Aufhebung des Einberufungsbescheides, Anerkennung als Kriegsdienstverweigerer, ernstliche Gefährdung der militär. Ordnung oder Sicherheit der Truppe bei Verbleiben in der Bw., Aufstellung für die Wahl zum BT, zu einem Landtag, oder zum Europäischen Parlament, Unabkömmlichstellung, Dienst im Zivil- oder Katastrophenschutz, Dienstunfähigkeit (§ 29).

V. *Rechtsbehelfe* (§§ 32–35)

Für Rechtsstreitigkeiten bei der Ausführung des Wehrpflichtgesetzes ist der Verwaltungsrechtsweg gegeben; maßgeblich ist die Verwaltungsgerichtsordnung (151). Über den *Widerspruch gegen den Musterungsbescheid* und über den Widerspruch gegen den Einberufungsbescheid entscheidet die Wehrbereichsverwaltung (§ 33 Abs. 3, 4).

Der *Widerspruch* gegen den Musterungsbescheid hat aufschiebende Wirkung (§ 33 Abs. 2). Dagegen hat ein Widerspruch gegen den Einberufungsbescheid keine aufschiebende Wirkung, es sei denn, daß der Widerspruch unter Vorlage eines Bescheides über die Unabkömmlichstellung oder über eine für die gesetzliche Mindestzeit eingegangene Verpflichtung zum Dienst als Helfer im Zivil- oder Katastrophenschutz eingelegt und dieser Bescheid bei dem zuständigen Kreiswehrersatzamt geprüft ist (§ 33 Abs. 4). Die Frist für die Einlegung des Widerspruchs beträgt 2 Wochen seit Zustellung des Bescheids (§ 33 Abs. 1). Ist der Musterungsbescheid unanfechtbar geworden, so ist ein Rechtsbehelf gegen den Einberufungsbescheid nur insoweit zulässig, als eine Rechtsverletzung durch diesen Bescheid geltend gemacht wird (§ 33 Abs. 5).

Gegen den Musterungsbescheid kann die *Anfechtungsklage* erhoben werden; die Klage hat aufschiebende Wirkung nur, wenn das Gericht sie auf Antrag anordnet (§ 35). Berufung gegen das Urteil des Verwaltungsgerichts ist ausgeschlossen. Es kann binnen eines Monats nach Urteilszustellung *Revision* beim Bundesverwaltungsgericht eingelegt werden, wenn das Verwaltungsgericht oder das BVerwG die Revision zugelassen hat (§ 34, § 135 VwGO). Sie muß zugelassen werden, wenn das Urteil von einer Entscheidung des Bundesverwaltungsgerichts abweicht, oder die Rechtssache grundsätzliche Bedeutung hat, oder wenn ein Verfahrensmangel gerügt wird und vorliegt.

VI. *Die Übergangs-* und *Schlußvorschriften* (§§ 36–51)

behandeln u.a. Polizeivollzugsbeamte, Grenzschutzdienstpflicht, Wehrpflichtige im Ausland, Zustellung von Bescheiden und Vorführung säumiger Wehrpflichtiger.

Bei Wehrpflichtigen, die der Erfassung oder Musterung oder auf eine Aufforderung der Wehrersatzbehörde, sich persönlich zu melden, unentschuldigt fernbleiben, kann die *Vorführung angeordnet* werden. Die Polizei ist um Durchführung zu ersuchen; sie kann die Räume des Wehrpflichtigen durchsuchen, ebenso – aber nicht zur Nachtzeit – die Räume anderer Personen, die der Gesuchte betritt, um sich dem Zugriff zu entziehen (§ 44). Wer schuldhaft Meldepflichten usw. nicht befolgt, handelt *ordnungswidrig* und kann mit einer Geldbuße belegt werden (§ 45).

Wehrpflichtige der aufgerufenen Jahrgänge können nach § 49 BundesgrenzschutzG (s. 160 II 2) statt zum Wehrdienst zum Polizeivollzugsdienst im *Grenzschutz* herangezogen werden (§ 42a). Für Bereitschaftsübungen und für den Verteidigungsfall enthält § 48 besondere Vorschriften.

Die BReg. ist mit Zustimmung des BR zum Erlaß von *Rechtsverordnungen* über die Unterwerfung von Ausländern und Staatenlosen unter die Wehrpflicht und über sonstige im Gesetz dem Verordnungsweg zugewiesene Angelegenheiten befugt (§ 50).

Die *Grundrechte* der körperlichen Unversehrtheit (Art. 2 Abs. 2 Satz 1 GG), der Freiheit der Person (Art. 2 Abs. 2 Satz 2 GG), der Freizügigkeit (Art. 11 Abs. 1 GG) und der Unverletzlichkeit der Wohnung (Art. 13 GG) sind nach Maßgabe des Wehrpflichtgesetzes eingeschränkt (§ 51).

VII. *Erfassung von Spezialkräften*

Nach § 49 Abs. 1 können Männer vom vollendeten 18. bis zum vollendeten 60. Lebensjahr, die wegen ihrer beruflichen Ausbildung oder Tätigkeit im Verteidigungsfall für Aufgaben verwendet werden sollen, die der Einsatzfähigkeit oder Sicherung der Operationsfreiheit der Streitkräfte dienen, auch ohne Jahrgangsaufruf erfaßt und, soweit ungedient, gemustert werden. Einberufung zu Wehrübungen ist zulässig, bei Mannschaften nur bis zum 45. Lebensjahr.

Nach der VO über die Erfassung von Wehrpflichtigen für bestimmte Aufgaben und über die Auskunftspflicht vom 28. 9. 1961 (BGBl. I 1795) können Wehrpflichtige, die sich zivilberuflich für den Einsatz zu Sicherungs-, Transport-, Bau-, Werkstätten-, Bergungs-, Instandsetzungs-, Sanitäts-, Versorgungs- und Verwaltungsaufgaben besonders eignen, schon im Frieden erfaßt und gemustert werden. In Spannungszeiten, wenn die BReg. die Notwendigkeit feststellt, sind sie verpflichtet, Wehrdienst in einer Wehrübung zu leisten.

455. Die Wehrdisziplinarordnung

I. Die *Wehrdisziplinarordnung* (WDO) i. d. F. vom 4. 9. 1972 (BGBl. I 1665) m. spät. Änd. regelt das Disziplinarrecht der Soldaten. Sie behandelt außerdem (im 1. Teil) die Würdigung besonderer Leistungen durch förmliche *Anerkennungen* im Kompanie- oder Tagesbefehl bzw. im Ministerialblatt des BMVg. Eine derartige Anerkennung kann mit *Sonderurlaub* bis zu 14 Tagen verbunden werden. Der Hauptteil der WDO behandelt die Ahndung von Dienstvergehen der Soldaten und das Verfahren der Disziplinargerichtsbarkeit (*Truppendienstgerichte,* Wehrdienstsenate).

II. Bei der Ahndung von Dienstvergehen ist zu unterscheiden zwischen dem Verfahren bei Verhängung *einfacher* und *gerichtlicher Disziplinarmaßnahmen* (§§ 18, 54).

Werden Tatsachen bekannt, welche den *Verdacht eines Dienstvergehens* rechtfertigen, so hat der *Disziplinarvorgesetzte* den Sachverhalt durch mündliche oder schriftliche Vernehmungen aufzuklären. Der Beschuldigte ist stets zu hören (ob er sich äußern will, steht ihm frei); die Vertrauensperson der Einheit soll über seine Person, zur Sache und zum Disziplinarmaß befragt werden. Liegt ein *Dienstvergehen* vor, so hat der Disziplinarvorgesetzte eine *Prüfungspflicht,* ob er es bei einer Belehrung, Warnung, Zurechtweisung oder einer anderen zulässigen Maßnahme bewenden lassen, ob er eine Disziplinarmaßnahme verhängen, die Tat zur disziplinaren Bestrafung weitermelden oder die Entscheidung der Einleitungsbehörde herbeiführen will. Ist das Dienstvergehen eine *Straftat,* so gibt der Disziplinarvorgesetzte die Sache an die zuständige Strafverfolgungsbehörde ab, wenn dies zur Aufrechterhaltung der militärischen Ordnung oder wegen der Art der Tat oder der Schwere des Unrechts oder der Schuld geboten ist. Er kann die disziplinare Erledigung bis zur Beendigung des auf die Abgabe eingeleiteten oder eines sonstigen wegen derselben Tat schwebenden Strafverfahrens aussetzen (§§ 28, 29). Die strafgerichtlich abgeurteilte Tat kann gleichwohl auch disziplinär geahndet werden; doch sind die tatsächlichen Feststellungen des Strafurteils grundsätzlich bindend und bereits vollstreckte Freiheitsentziehungen anzurechnen (§§ 8, 30). Bei Verhängung einer gerichtlichen Freiheitsstrafe ist eine bereits ausgesprochene disziplinare Arreststrafe zu berücksichtigen (BVerfG NJW 1967, 1651). Noch nicht berücksichtigte Disziplinarmaßnahmen können auf Antrag aufgehoben werden (§ 39).

Ob und wie wegen eines Dienstvergehens disziplinarisch einzuschreiten ist, entscheidet der Disziplinarvorgesetzte nach pflichtmäßigem Ermessen unter Berücksichtigung des gesamten dienstlichen und außerdienstlichen Verhaltens des Beschuldigten (§ 7). Wenn die Aufrechterhaltung der Disziplin es erfordert, kann der Disziplinarvorgesetzte zur *vorläufigen Festnahme* schreiten (§ 17).

III. Einfache *Disziplinarmaßnahmen,* die von Disziplinarvorgesetzten verhängt werden können, sind Verweis, strenger Verweis, Disziplinarbuße (nicht mehr als 1 Monatsbezug), Ausgangsbeschränkung von 1 Tag bis zu 3 Wochen und Disziplinararrest von 3 Tagen bis zu 3 Wochen (§§ 18–22). Die Stufen der Disziplinargewalt und die Zuständigkeitsfragen regeln die §§ 23–27.

Eine Disziplinarmaßnahme darf erst nach Ablauf einer Nacht verhängt werden, nachdem der Disziplinarvorgesetzte von dem Dienstvergehen erfahren hat. Die *Disziplinarverfügung* ist schriftlich festzulegen (§ 33).

Disziplinararrest darf erst verhängt werden, nachdem der *Richter* ihn seiner Art und Dauer nach für rechtmäßig erklärt hat. Über die Rechtmäßigkeit entscheidet ein richterliches Mitglied des zuständigen, notfalls des nächsterreichbaren Truppendienstgerichts (§ 36); ihm steht volle Nachprüfung der Rechtmäßigkeit, insbes. hinsichtlich der Zulässigkeit und Angemessenheit der Disziplinarmaßnahme zu (BVerfG NJW 1968, 243). Gegen eine ablehnende richterliche Entscheidung kann der Disziplinarvorgesetzte binnen 1 Woche das *Truppendienstgericht* (s. u.) anrufen. Dieses hat drei Möglichkeiten: a) es hält Disziplinararrest für angebracht und verhängt ihn selbst; b) es hält ihn nicht für begründet und gibt an den Disziplinarvorgesetzten zur anderweitigen Erledigung ab; c) es hält eine *gerichtliche Disziplinarstrafe* für angebracht und übersendet die Akten der Einleitungsbehörde zur weiteren Entschließung. Die ablehnende richterliche Entscheidung muß begründet werden. Besonderheiten bestehen für das Verhängen und die Vollstreckung von Disziplinararrest an Bord von Schiffen außerhalb der Hoheitsgewässer der BRep. (§ 36 Abs. 5).

Gegen Disziplinarmaßnahmen des Disziplinarvorgesetzten ist die *Beschwerde* nach Maßgabe des § 38 und der Wehrbeschwerdeordnung (456) gegeben.

Jeder Disziplinarvorgesetzte, der eine Disziplinarmaßnahme nachträglich als unberechtigt ansieht, muß bei der für Beschwerden zuständigen Stelle ihre Aufhebung oder Änderung beantragen (§§ 40, 41). Die höheren Disziplinarvorgesetzten überwachen die Ausübung der Disziplinargewalt (§ 42). Es kann *Aussetzung der Vollstreckung* zur Bewährung gewährt werden; die Maßnahme ist, falls inzwischen keine Strafen oder Maßnahmen verhängt werden, nach Ablauf der *Bewährungsfrist* (5 Monate) zu erlassen (§ 45).

IV. *Gerichtliche Disziplinarmaßnahmen* sind: Gehaltskürzung, Beförderungsverbot, Dienstgradherabsetzung, Entfernung aus dem Dienstverhältnis, Kürzung oder Aberkennung des Ruhegehalts.

Sie können nur im *disziplinargerichtlichen Verfahren* durch die *Wehrdienstgerichte* verhängt werden (§§ 62ff.). Als solche sind *Truppendienstgerichte* nach Maßgabe der VO vom 20. 8. 1992 (BGBl. I 1579) eingerichtet, bei denen *Truppendienstkammern* bestehen; diese urteilen in der Besetzung mit einem richterlichen Mitglied als Vorsitzenden und zwei ehrenamtlichen Beisitzern, von denen einer mindestens Stabsoffizier sein, der andere der Dienstgradgruppe des Beschuldigten angehören muß. Wegen der besonderen Bedeutung oder des Umfangs der Sache kann die große Besetzung der Truppendienstkammer vom Vorsitzenden durch Heranziehung zweier weiterer richterlicher Mitglieder angeordnet werden (§§ 69, 70). Das *Verfahren* der Wehrdienstgerichte richtet sich weitgehend nach denselben Grundsätzen wie das Disziplinarverfahren gegen Beamte (156), aber unter Berücksichtigung der besonderen Eigenart des Wehrdienstverhältnisses. Es wird durch schriftliche Verfügung der Einleitungsbehörde formell in Gang gesetzt. Ein *Wehrdisziplinaranwalt* wirkt mit, der – ggf. nach Durchführung einer richterlichen Untersuchung – je nach dem Ergebnis der Erhebungen eine Anschuldigungsschrift als Grundlage der gerichtlichen Hauptverhandlung vorlegt (§§ 74, 90, 96). Als Rechtsmittel ist gegen Urteile der Truppendienstkammer die Berufung, gegen Beschlüsse die Beschwerde an das *Bundesverwaltungsgericht* zugelassen (§§ 109ff.). Bei diesem sind für Wehrdisziplinar- und Beschwerdesachen besondere *Wehrdienstsenate* mit Sitz in München eingerichtet (§ 73; VO vom 30. 8. 1957, BGBl. I 1330).

V. Förmliche Anerkennungen und unanfechtbare Disziplinarmaßnahmen werden in *Disziplinarbücher* eingetragen. Nach bestimmten Fristen (1–5 Jahre) sind einfache Disziplinarmaßnahmen und Gehaltskürzung zu tilgen. Wird der Soldat vor Fristablauf wegen einer anderen Tat rechtskräftig bestraft oder wird gegen ihn eine Disziplinarmaßnahme unanfechtbar verhängt, so beginnt die Frist erneut zu laufen. Die Tilgungen sind in den Disziplinarbüchern und Personalakten vorzunehmen. Nach Tilgung darf der Soldat jede Auskunft über die Tat und über die Disziplinarmaßnahme verweigern und sich insoweit als disziplinar unbestraft bezeichnen (§§ 12, 13).

456. Die Wehrbeschwerdeordnung

Die *Wehrbeschwerdeordnung* (WBO) i. d. F. vom 11. 9. 1972 (BGBl. I 1738) m. spät. Änd. gestaltet in Ausführung des § 34 des Soldatengesetzes das Beschwerderecht des Soldaten und das Verfahren für alle Arten von Beschwerden näher aus. Für das gerichtliche Verfahren nach der WBO ist die gleiche Gerichtsorganisation (*Wehrdienstgerichte*) wie für Disziplinarsachen nach der WehrdisziplinarO (455) zuständig.

Das *Recht der Beschwerde* hat der Soldat, wenn er glaubt, von Vorgesetzten oder Dienststellen der Bundeswehr unrichtig behandelt worden zu sein, oder wenn er sich durch pflichtwidriges Verhalten von Kameraden verletzt glaubt. Ferner kann er mit der Beschwerde geltend machen, daß ein Antrag nicht binnen eines Monats beschieden worden ist. Gegen dienstliche Beurteilungen ist hingegen eine Beschwerde nicht möglich (Ausnahmen bei Verletzung von Rechts- oder

Verwaltungsvorschriften). Unzulässig sind auch Gemeinschaftsbeschwerden (§ 1). Niemand darf dienstlich gemaßregelt oder benachteiligt werden, weil seine Beschwerde nicht auf dem vorgeschriebenen Weg oder nicht fristgerecht eingelegt ist oder weil er eine unbegründete Beschwerde erhoben hat (§ 2).

Die Beschwerde ist binnen zwei Wochen schriftlich oder mündlich einzulegen, aber frühestens nach Ablauf einer Nacht. Die Einschaltung eines Vermittlers ist zulässig. Die Beschwerde hat keine aufschiebende Wirkung. Über sie ist schriftlich zu entscheiden. Gegen diesen Entscheid kann binnen zwei Wochen eine *weitere Beschwerde* beim nächsthöheren Disziplinarvorgesetzten eingelegt werden. Wenn diese erfolglos geblieben ist, kann der Soldat binnen zwei Wochen die *Entscheidung des Truppendienstgerichts* beantragen, wenn er eine Maßnahme für rechtswidrig hält, weil sie seine Rechte verletzt oder weil ein Vorgesetzter gegen seine Vorgesetztenpflichten verstoßen hat oder weil über die weitere Beschwerde innerhalb eines Monats nicht entschieden worden ist (§ 17)

457. Das Wehrstrafgesetz

i. d. F. vom 24. 5. 1974 (BGBl. I 1213) – WStG – m. spät. Änd. enthält nur *materielles Strafrecht* (393), während auf dem Gebiet der Gerichtsverfassung und des Verfahrens bisher keine wesentlichen Abweichungen von der allgemeinen gesetzlichen Regelung vorgesehen sind. Das WStG ist daher von den *ordentlichen Gerichten* wie jedes andere Strafgesetz anzuwenden; besondere *Wehrstrafgerichte* läßt Art. 96 GG nur für einen begrenzten Kreis von Fällen zu (vgl. 451).

Das WStG gilt für Straftaten, die Soldaten der Bundeswehr begehen. Es gilt auch für Straftaten, durch die militärische Vorgesetzte, die nicht Soldaten sind, ihre Pflichten verletzen, sowie für Anstiftung und Beihilfe zu militärischen Straftaten durch Nichtsoldaten (§ 1).

Neben der durchweg angedrohten Freiheitsstrafe läßt das WStG in den meisten Fällen auch *Strafarrest* zu; er beträgt mindestens 2 Wochen und höchstens 6 Monate. Den Vollzug des Strafarrestes durch Behörden der Bundeswehr regelt die *Bundeswehrvollzugsordnung* vom 29. 11. 1972 (BGBl. I 2205).

Militärische Straftaten sind insbes. eigenmächtige Abwesenheit, Fahnenflucht, Selbstverstümmelung, Ungehorsam, Meuterei; bei Vorgesetzten z. B. Mißhandlung, entwürdigende Behandlung, Mißbrauch der Befehlsbefugnis zu unzulässigen Zwecken, Verleiten zu einer rechtswidrigen Tat, Unterdrücken von Beschwerden, Mißbrauch der Disziplinargewalt, mangelhafte Dienstaufsicht (§§ 15–41 WStG).

Ein Untergebener, der einen *Befehl* nicht befolgt, handelt nicht rechtswidrig, wenn der Befehl nicht verbindlich ist, insbes. wenn er nicht zu dienstlichen Zwecken erteilt ist oder die Menschenwürde verletzt oder wenn durch das Befolgen eine Straftat begangen würde (§ 11 SoldatenG). Nimmt der Untergebene irrig an, daß er durch die Ausführung des Befehls eine Straftat begehen würde, kann er nicht wegen Ungehorsams bestraft werden, wenn er den Irrtum nicht vermeiden konnte. Nimmt er irrig an, der Befehl sei aus anderen Gründen nicht verbindlich, so kann Ungehorsamstrafe nur eintreten, wenn der Irrtum vermeidbar war oder wenn ihm Rechtsbehelfe gegen den Befehl zuzumuten waren (§ 22 WStG).

Das Einführungsgesetz zum Wehrstrafgesetz vom 30. 3. 1957 (BGBl. I 306) m. spät. Änd. schränkt die Anwendung des *Jugendstrafrechts* für die Dauer des Wehrdienstverhältnisses eines Jugendlichen oder Heranwachsenden ein. Es behandelt ferner den *Vollzug von Freiheitsstrafen* bei Soldaten der Bundeswehr.

Hat der Jugendrichter nach § 112a Nr. 2 des Jugendgerichtsgesetzes (vgl. 290, 291) *Erziehungshilfe* durch den Disziplinarvorgesetzten rechtskräftig angeordnet, so unterliegt der Soldat den §§ 2–9 der RechtsVO zur Durchführung der Erziehungshilfe durch den Disziplinarvorgesetzten vom 25. 8. 1958 (BGBl. I 645). Es können besondere Auflagen wie Verbot alkoholischer Getränke oder anderer Rauschmittel, des Besuchs von Gaststätten, Vergnügungsstätten oder Spielhallen gemacht und Freizeit- und Urlaubsbeschränkungen vom Disziplinarvorgesetzten angeordnet werden. Hält dieser den Zweck der Erziehungshilfe für erreicht, bevor sie ein Jahr gedauert hat oder der Soldat 22 Jahre alt geworden ist oder aus dem Wehrdienst entlassen wird, so schlägt er dem Vollstrekkungsleiter vor, die Erziehungsmaßregel für erledigt zu erklären (§ 8 der VO). Die Vorschriften der Wehrdisziplinarordnung (455) werden durch die VO nicht berührt. Die Vorschriften der Wehrbeschwerdeordnung (456) finden auch in diesem Verfahren Anwendung (§ 9 der VO).

458. Die Innere Führung in der Bundeswehr

Das Erziehungsziel der Bundeswehr gründet sich auf die im Soldatengesetz (453) niedergelegten allgemeinen soldatischen Pflichten: Treue gegenüber der Bundesrepublik und ihrer verfassungsmäßigen Ordnung, Verteidigung der Freiheit und der Rechtsordnung, Gehorsam, strenge Pflichterfüllung, Disziplin, Kameradschaft und einwandfreies Verhalten im und außer Dienst. In der *Zentralen Dienstvorschrift* „Hilfen für die Innere Führung" (ZDv 10/1) vom 10. 8. 1972 stellt der BMVg. die verfassungsmäßigen Grundlagen und die im GG verankerten Aufgaben der Bundeswehr im Frieden und im Verteidigungs- oder Spannungsfall heraus, wobei die *Integration* der Bw. in die NATO und die Westeuropäische Union hervorgehoben wird. Ferner wird auf die grundgesetzliche Regelung der Befehls- und Kommandogewalt und das Kontrollrecht des Bundestags und seiner Organe (Verteidigungsausschuß, Wehrbeauftragter) hingewiesen. Außerdem sind die Leitsätze für Vorgesetzte in der Bw. dargelegt und durch Beispiele kommentiert; ferner sind wesentliche Aussagen zur Inneren Führung, die ihre Entwicklung von 1951 an deutlich machen, abgedruckt.

Die Regelung im GG und im Soldatengesetz ist die Grundlage für die Innere Führung, der das Leitbild des „Staatsbürgers in Uniform" zugrundeliegt, wie es sich aus den Besonderheiten des Soldatenverhältnisses und der *hierarchischen Ordnung* der Bw. ergibt. Innere Führung soll sich in der Ausbildung, der Menschenführung, Fürsorge und Betreuung, in politischer Bildung, im Wehrrecht und in der soldatischen Ordnung verwirklichen.

Zu den besonderen *Pflichten des Vorgesetzten* gehört es, Würde und Rechte des Soldaten zu respektieren, durch eigene Haltung und Pflichterfüllung innerhalb und außerhalb des Dienstes ein Beispiel zu geben und von seiner Befehlsgewalt im Bewußtsein seiner Verantwortung Gebrauch zu machen. Das gilt besonders bei der Handhabung der Dienstaufsicht und der *Disziplinargewalt.* Der Vorgesetzte soll den Willen des Soldaten zum Gehorsam stärken, indem er ihm die Einsicht in die Notwendigkeit der militärischen Maßnahme vermittelt.

Die Erziehung des Soldaten zur Verantwortungsbereitschaft und Disziplin wird ergänzt durch *staatsbürgerlichen und völkerrechtlichen Unterricht*. Die Kenntnis der innen- und außenpolitischen Zusammenhänge soll im Soldaten die politische Mitverantwortung wecken. Für den *Führungsstil des Vorgesetzten* stellt die ZDv eine Reihe von Leitsätzen auf und ergänzt sie durch Grundsätze über *Ausbildungsmethoden* und *Truppenfürsorge*.

Um dieses Gedankengut in die Bundeswehr hineinzutragen, wurde bereits im September 1956 die *Schule der Bundeswehr für Innere Führung* in Koblenz gegründet (heute: Zentrum Innere Führung). Sie ist die zentrale Lehr- und Forschungsstätte der Bundeswehr auf dem Gebiet der Inneren Führung. Sie vermittelt deren Gedankengut an die Truppe in Lehrgängen und durch die Entwicklung von Ausbildungshilfsmitteln. Die Schule hat ferner die Aufgabe, Entwicklungen in Gesellschaft, Politik und Wissenschaft durch Kontakte mit diesen Bereichen für die Innere Führung nutzbar zu machen.

Seit 1969 ist bei dem BMVg. ein *Beirat für Fragen der Inneren Führung* gebildet. Aufgabe des Beirats ist die Erstellung von gutachtlichen Stellungnahmen zur Beratung des Ministers. Der Beirat umfaßt mindestens 10, höchstens 25 Mitglieder mit besonderer Erfahrung in Erziehung und Menschenführung; sie werden auf 4 Jahre berufen.

459. Der Wehrbeauftragte des Bundestages

Nach Art. 45b GG wird zum Schutz der Grundrechte und als Hilfsorgan des BT bei der Ausübung der *parlamentarischen Kontrolle* ein Wehrbeauftrager des BT berufen. Hierzu erging das Gesetz über den *Wehrbeauftragten des BT* vom 26. 6. 1957 (BGBl. I 652) i. d. F. vom 16. 6. 1982, BGBl. I 677. m. spät. Änd.

Der Wehrbeauftragte des BT (WdBT) wird auf Weisung des BT oder des *Verteidigungsausschusses* zur Prüfung bestimmter Vorgänge tätig, ohne eine solche Weisung nach pflichtgemäßem Ermessen, wenn ihm Umstände bekannt werden, die auf eine *Verletzung der Grundrechte* der Soldaten oder der *Grundsätze über die innere Führung* schließen lassen. Der WdBT erstattet für das Kalenderjahr dem BT einen schriftlichen *Gesamtbericht*; er kann aber dem BT oder dem Verteidigungsausschuß jederzeit Einzelberichte vorlegen (§§ 1, 2).

In Erfüllung seiner Aufgaben kann der WdBT vom BMVg und allen diesem unterstellten Dienststellen und Personen Auskunft und Akteneinsicht verlangen, Truppen, Stäbe und Verwaltungsstellen jederzeit und ohne vorherige Anmeldung besuchen, vom BMVg. Berichte über die Ausübung der Disziplinargewalt in der Bw. und vom BMJ und den Just. Min. der Länder statistische Berichte über die Ausübung der Strafgerichtsbarkeit, soweit dadurch die Streitkräfte oder ihre Soldaten berührt werden, anfordern und Gerichtsverhandlungen beiwohnen (§ 3). Der BT und der Verteidigungsausschuß können allgemeine Richtlinien für die Arbeit des WdBT aufstellen; jedoch ist dieser im übrigen von Weisungen frei (§ 5). Alle Behörden haben dem WdBT *Amtshilfe* zu leisten (§ 4).

Jeder Soldat kann sich einzeln ohne Einhaltung des Dienstweges unmittelbar an den WdBT wenden; er darf für eine solche Anrufung nicht gemaßregelt oder benachteiligt werden (§ 7); anonyme Eingaben und Beschwerden werden nicht bearbeitet (§ 8). Der WdBT braucht den Namen des Beschwerdeführers nicht bekanntzugeben (§ 9). Er hat Geheimhaltungspflicht und bedarf zur Aussage vor Gericht oder zu außergerichtlichen Erklärungen i. d. R. der Genehmigung des BT-Präsidenten, die dieser im Einvernehmen mit dem Verteidigungsausschuß erteilt (§ 10).

Der WdBT wird vom BT in geheimer Wahl mit der Mehrheit seiner Mitglieder auf 5 Jahre gewählt. Wählbar ist jeder/jede Deutsche, der/die das aktive Wahlrecht zum BT besitzt und das 35. Lebensjahr vollendet hat (§§ 13, 14). Der BT-Präsident ernennt den Gewählten. Der WdBT steht in einem öffentlich-rechtlichen Amtsverhältnis und hat seinen Dienstsitz beim BT, bei dessen Haushalt seine Dienststelle berücksichtigt wird (§§ 15, 16).

Bisher waren WdBT: General a. D. von Grolmann, Admiral a. D. Heye, Matthias Hoogen, Major d. R. Fritz-Rudolf Schultz, Karl Wilhelm Berkhan, Willi Weiskirch, Alfred Biehle und Claire Marienfeld.

460. Die Bundeswehrverwaltung

Nach Art. 87b GG wird die *Bundeswehrverwaltung* (BwV) in *bundeseigener* Verwaltung (s. 56 I 7, 94) mit eigenem Verwaltungsunterbau geführt. Sie dient den Aufgaben des Personalwesens und der unmittelbaren Deckung des Sachbedarfs der Streitkräfte. Aufgaben der Beschädigtenversorgung und des Bauwesens können ihr durch BGes. mit Zustimmung des BR übertragen werden.

Weitere Aufgaben des Verteidigungs- und Zivilschutzwesens können mit Zustimmung des BR der BwV oder den Ländern als Auftragsangelegenheiten (56) oder Bundesoberbehörden (91) übertragen werden.

Die BwV umfaßt insbes. das Gebührnis-, Betreuungs-, Kassen- und Rechnungswesen, die Unterkunfts- und Liegenschaftsverwaltung für die Streitkräfte, die Vertretung des Bundesfiskus im Bereich des BMVg., die Personalverwaltung für die Streitkräfte, sonstige Aufgaben auf dem Gebiet der Bereitstellung von Dienstleistungen und Material für den Unterhalt der Streitkräfte, die Beschaffung des Materials, die Fertigungsvorbereitung und die Güteprüfung.

Die BwV im Geschäftsbereich des BMVg. setzt sich zusammen aus dem *Bundesamt für Wehrverwaltung* als Bundesoberbehörde, den *Wehrbereichsverwaltungen* als Mittelbehörden sowie den *Kreiswehrersatzämtern* als untere Verwaltungsstufe (mit Standortverwaltungen usw.). Die Wehrbereichsverwaltungen I bis VII sind in Kiel, Hannover, Düsseldorf, Wiesbaden, Stuttgart, München und Strausberg. Dem *Bundesamt für Wehrtechnik und Beschaffung* (Bundesoberbehörde) sind Beschaffungs- und Erprobungsstellen, der Güteprüfdienst u. a. wehrtechnische Dienststellen unterstellt. Bei den Streitkräften bestehen Abteilungen Verwaltung, Truppen- und Krankenhausverwaltungen. In den USA und Kanada, Frankreich, Niederlande, Belgien, Großbritannien, Italien und Portugal sind Bundeswehrverwaltungsstellen errichtet.

Die Ernennung und Entlassung von Beamten der BwV regelt die Anordnung des BMVg. vom 2. 2. 1968 (BGBl. I 122). Diese Befugnisse sind auf die Präsidenten des Bundesamtes für Wehrtechnik und Beschaffung, des Bundeswehrverwaltungsamtes, der Wehrbereichsverwaltungen, den Generaldekan des Evg. Kirchenamtes und den Generalvikar des Kath. Militärbischofsamtes für die Bw. übertragen. Die Angehörigen der BwV sind nicht Soldaten, sondern unterliegen den Bestimmungen, die für Bedienstete im zivilen öffentlichen Dienst gelten (Bundesbeamtengesetz, vgl. 154; Tarifverträge für Angestellte und Arbeiter des Bundes, vgl. 153).

461. Die Militärseelsorge

Mit Art. 1 d. Ges. vom 26. 7. 1957 (BGBl. II 701) hat der BT dem in Bonn am 22. 2. 1957 unterzeichneten Vertrag der BRep. mit der *Evangelischen Kirche in Deutschland* (EKD; vgl. 716) zur Regelung der *evangelischen Militärseelsorge* zugestimmt.

Auf die *katholischen Militärgeistlichen* sind nach Art. 2 dieses Gesetzes die beamtenrechtlichen Bestimmungen des obigen Vertrages sinngemäß anzuwenden.

Durch den Vertrag soll die *freie religiöse Betätigung* und die Ausübung der *Seelsorge* in der Bundeswehr gewährleistet werden. Es besteht eine ständige evangelische *Militärseelsorge,* die als Teil der kirchlichen Arbeit im Auftrag und unter Aufsicht der Kirche ausgeübt wird (für je 1500 ev. Soldaten ein – meist hauptamtlicher – *Militärgeistlicher).* Nach einem Beschluß der Synode der EKD von 1994 soll die Militärseelsorge zukünftig auf Dauer auch von Pfarrerinnen und Pfarrern gewährleistet werden, die unmittelbar im kirchlichen Dienst stehen. Den Soldaten ist im Rahmen der dienstlichen Möglichkeiten Gelegenheit zu geben, sich am kirchlichen Leben zu beteiligen. Die kirchliche Leitung der Militärseelsorge obliegt dem *Militärbischof,* der vom Rat der EKD nach Fühlungnahme mit der BReg. ernannt wird und abberufen werden kann. Die zentralen Verwaltungsaufgaben nimmt ein *Ev. Kirchenamt für die Bw.* wahr, das ein *Militärgeneraldekan* leitet.

Rechtsgrundlage der kath. Militärseelsorge ist Art. 27 des *Reichskonkordats* vom 20. 7. 1933 (Bek. vom 12. 9. 1933, RGBl. II 679). Die zentralen Verwaltungsaufgaben versieht ein *Katholisches Militärbischofsamt* unter Leitung eines *Generalvikars.* Der Bischof wird vom Papst im Einvernehmen mit der BReg. ernannt.

Das Ev. Kirchenamt für die Bw. und das Kath. Militärbischofsamt sind als Bundesoberbehörden dem BMVg. unmittelbar nachgeordnet. Vgl. 460. Meinungsverschiedenheiten und Sonderregelungen sollen im Wege freundschaftlicher Verständigung erledigt werden.

462. Ernennung und Entlassung der Soldaten

Nach Art. 60 GG steht dem BPräs. die Ernennung und Entlassung der Soldaten (ebenso wie der BBeamten und BRichter) zu, soweit gesetzlich nichts anderes bestimmt ist und der BPräs. seine Befugnis nicht auf andere Behörden oder Dienststellen delegiert (vgl. 61, 154). Durch § 4 Abs. 2 des Soldatengesetzes (453) ist die Zuständigkeit des BPräs. auf Berufssoldaten, Soldaten auf Zeit und Reserveoffiziere beschränkt worden. In seiner Anordnung vom 10. 7. 1969 (BGBl. I 775) m. Änd. vom 17. 3. 1972 (BGBl. I 499) hat der BPräs. sich aber nur die Ernennung und Entlassung der Offiziere der Besoldungsgruppe B vorbehalten und im übrigen die Ausübung seiner Befugnisse dem *Bundesverteidigungsminister* mit dem Recht der Delegierung übertragen. Dieser hat in seiner Anordnung vom 23. 4. 1997 (BGBl. I 990) die Ernennung und Entlassung der *Reserveoffiziere* bis zum Oberstleutnant und der *Offiziersanwärter* dem Amtschef des Personalamtes der Bw. übertragen. Weitere Bestimmungen regeln die Ernennung und Entlassung der Unteroffiziere und Mannschaften.

Im Heer kann der Kompaniechef (Batteriechef, Staffelkapitän) einen Soldaten seines Bereichs zu einem Mannschaftsdienstgrad, der Bataillons-, Regiments- und Brigadekommandeur ihm unterstehende Mannschaften und Unteroffiziere bis zum Stabsunteroffizier befördern. Der Divisionskommandeur hat diese Befugnis für die Soldaten seiner Division, der Kommandierende General für diejenigen seines Korps, soweit das Recht nicht einer nachgeordneten Stelle übertragen ist. Für die übrigen Fälle, für die Beförderung der Angehörigen der Reserve außerhalb des Wehrdienstes und der Angehörigen des Militärmusikdienstes und einige andere Bereiche ist der Leiter der Stammdienststelle des Heeres zuständig. Für die Luftwaffe gelten ähnliche Bestimmungen wie für das Heer. In der Marine ist das Recht zur Ernennung und Entlassung der Unteroffiziere und Mannschaften dem Leiter der Stammdienststelle der Marine übertragen.

Zur Anordnung des BPräs. gelten noch *Durchführungsbestimmungen* vom 9. 6. 1981 (VMBl. 214) m. spät. Änd., die weitgehend den für Beamte und Richter erlassenen Durchführungsbestimmungen entsprechen. Es sind i. d. R. *Ernennungsurkunden* für Berufssoldaten und Soldaten auf Zeit auszufertigen. Eine Urkunde über die *Beendigung des Dienstverhältnisses* erhalten Berufssoldaten, die in den Ruhestand treten oder wegen Erreichens der allgemeinen Altersgrenze, wegen Dienstunfähigkeit oder auf Verlangen ausscheiden; in gewissen anderen Fällen ist nur eine Mitteilung erforderlich.

Über die *Laufbahn-VO* s. 453 II.

463. Dienstgradbezeichnungen und Uniform der Soldaten

Auf Grund der ihm in § 4 Abs. 3 des Soldatengesetzes übertragenen Befugnis erließ der BPräs. die *Anordnung über die Dienstgradbezeichnungen und die Uniform der Soldaten* i. d. F. vom 14. 7. 1978 (BGBl. I 1067) m. spät. Änd. Hierin sind die Dienstgradbezeichnungen für Offiziere, Unteroffiziere und Mannschaften festgesetzt und Vorschriften für die Uniformen gegeben.

Es gibt folgende Dienstgrade der Bundeswehr:

Heer/Luftwaffe	*Marine*
Mannschaften:	
Grenadier, Flieger usw.	Matrose
Gefreiter	Gefreiter
Obergefreiter	Obergefreiter
Hauptgefreiter	Hauptgefreiter
Stabsgefreiter	Stabsgefreiter
Oberstabsgefreiter	Oberstabsgefreiter
Unteroffiziere:	
Unteroffizier/Fahnenjunker	Maat/Seekadett
Stabsunteroffizier	Obermaat

Feldwebel/Fähnrich	Bootsmann/Fähnrich zur See
Oberfeldwebel	Oberbootsmann
Hauptfeldwebel	Hauptbootsmann/Oberfähnrich zur See
Stabsfeldwebel	Stabsbootsmann
Oberstabsfeldwebel	Oberstabsbootmann

Offiziere:

Leutnant	Leutnant zur See
Oberleutnant	Oberleutnant zur See
Hauptmann/Stabsarzt, -apotheker, -veterinär	Kapitänleutnant/Stabsarzt
Stabshauptmann	Stabskapitänleutnant
Major/Oberstabsarzt usw.	Korvettenkapitän/Oberstabsarzt
Oberstleutnant/Oberfeldarzt usw.	Fregattenkapitän/Flotillenarzt
Oberst/Oberstarzt usw.	Kapitän zur See/Flottenarzt

Generale:

Brigadegeneral/Generalarzt, Generalapotheker	Flotillenadmiral/Admiralarzt
Generalmajor/Generalstabsarzt	Konteradmiral/Admiralstabsarzt
Generalleutnant/Generaloberstabsarzt	Vizeadmiral/Admiraloberstabsarzt
General	Admiral

464. Das militärische Vorgesetztenverhältnis

ist in der *Vorgesetztenverordnung* vom 4. 6. 1956 (BGBl. I 459) m. spät. Änd. geregelt. Danach ist die Befehlsbefugnis in und außer Dienst unterschiedlich. Nach § 1 Abs. 1 der VO hat ein Soldat, der einen militärischen Verband, eine militärische Einheit oder Teileinheit führt oder eine militärische Dienststelle leitet, die allgemeine Befugnis, den ihm unterstellten Soldaten *in und außer Dienst* Befehle zu erteilen. Innerhalb umschlossener militärischer Anlagen besteht allgemein eine Befehlsgewalt aller Soldaten einer höheren Dienstgradgruppe in und außer Dienst gegenüber den Soldaten einer niedrigeren Dienstgradgruppe (§ 4 Abs. 3 der VO).

Die *Befehlsbefugnis außer Dienst* besitzen alle *unmittelbaren* Vorgesetzten vom Gruppenführer an aufwärts. Innerhalb umschlossener *militärischer Anlagen,* wozu außer Kasernen, Gebäuden, Hallen, Kantinen, auch Depots, Truppenlager, Übungsplätze, Flugplätze, Schießstände usw. zählen, sofern sie (durch Zaun, Mauer, Hecke oder auf ähnliche Weise) abgegrenzt sind, kann ein Soldat einer höheren Dienstgradgruppe dem Soldaten einer niedrigeren Gruppe in und außer Dienst Befehle erteilen. Dabei gilt die Reihenfolge: Generale, Stabsoffiziere, Hauptleute, Leutnante, Unteroffiziere mit Portepee (alle Feldwebeldienstgrade), Unteroffiziere ohne Portepee (Unteroffiziere, Stabsunteroffiziere), Mannschaften.

Ein *Fachvorgesetzter,* d.h. ein Soldat, dem die Leitung des Fachdienstes von Soldaten obliegt, ist befugt, den Soldaten im Dienst zu fachdienstlichen Zwekken Befehle zu erteilen (§ 2). Ein Soldat mit *besonderem Aufgabenbereich* kann anderen Soldaten die zur Erfüllung seiner Aufgaben erforderlichen Befehle erteilen, auch wenn die Soldaten sich nicht im Dienst befinden (§ 3).

Ein Vorgesetzter kann innerhalb seiner Befehlsbefugnis Untergebene einem Soldaten *für eine bestimmte Aufgabe* vorübergehend unterstellen und damit ein Vorgesetztenverhältnis auf Grund bes. Anordnung begründen (§ 5). *Auf Grund einer Erklärung* kann ein Offizier oder Unteroffizier in und außer Dienst ein Vorgesetztenverhältnis begründen, indem er sich zum Vorgesetzten erklärt, wenn er dies für notwendig hält, weil (§ 6)

1. eine Notlage sofortige Hilfe erfordert,
2. zur Aufrechterhaltung der Disziplin oder Sicherheit ein sofortiges Eingreifen unerläßlich ist oder
3. eine einheitliche Befehlsgebung an Ort und Stelle unabhängig von der gliederungsmäßigen Zusammengehörigkeit der Soldaten zur Behebung einer kritischen Lage hergestellt werden muß.

Niemand kann sich aber zum Vorgesetzten von Soldaten erklären, die über ihn Befehlsbefugnis haben. Mit der Erklärung hat der Erklärende die nach der Lage erforderliche Befehlsbefugnis. In eine fachliche Tätigkeit soll nur ein facherfahrener Offizier oder Unteroffizier eingreifen.

Zu einer wirkungsvollen Dienstgestaltung und zu einer fürsorglichen Berücksichtigung der Belange des einzelnen ist eine Beteiligung der Soldaten vorgesehen. Die Einzelheiten hierzu sind im *Soldatenbeteiligungsgesetz* (SBG) i. d. F. vom 15. 4. 1997 (BGBl. I 766) geregelt. Die Beteiligung der Soldaten erfolgt entweder durch Vertrauenspersonen, Gremien der Vertrauenspersonen und deren Sprecher oder durch Personalvertretungen. Näheres regelt die *Wahlverordnung zum SBG* vom 18. 3. 1997 (BGBl. I 558). Die Amtsdauer beträgt 2 Jahre (§ 9 Abs. 1 SBG).

465. Die Besoldung des Soldaten

Das *Wehrsoldgesetz* i. d. F. vom 24. 1. 1996 (BGBl. I 105) m. spät. Änd. dient der Ausführung des § 30 des SoldatenG, der dem Soldaten einen Anspruch insbes. auf Geld- und Sachbezüge sowie Heilfürsorge gewährt (vgl. 453 II). Das Wehrsoldgesetz gilt nur für Soldaten, die auf Grund der Wehrpflicht Wehrdienst leisten. Dagegen sind die Dienstbezüge der Berufssoldaten und Soldaten auf Zeit (einschl. *vermögenswirksamer Leistungen*) im Bundesbesoldungsrecht geregelt (154 III 3).

Dem Gesetz liegt der Gedanke zugrunde, daß der Staat den Wehrpflichtigen mit allem auszustatten hat, was zur Ausübung des Dienstes gehört, ihm aber auch die Voraussetzungen schaffen muß, seine Freizeit gestalten zu können. Der Wehrpflichtige erhält neben einem Geldbetrag (*Wehrsold, Weihnachtszuwendung*) unentgeltlich Verpflegung, Unterkunft und Dienstbekleidung sowie freie Heilfürsorge (§ 1). Bei kurzen Übungen wird statt Wehrsold ein *Dienstgeld*, bei Entlassung nach mindestens 1 Monat Grundwehrdienst *Entlassungsgeld* gezahlt (§§ 8, 9).

Außer den oben bezeichneten Leistungen, auf die der Wehrpflichtige Anspruch hat, dürfen Zulagen und Zuwendungen nur insoweit gewährt werden, als der Haushaltsplan Mittel dafür zur Verfügung stellt. Bei schuldhaftem unerlaubten Fernbleiben vom Dienst oder Vollzug einer gerichtlichen Freiheitsstrafe entfällt der Anspruch. Die Höhe des Wehrsolds richtet sich nach einer dem Gesetz beigefügten Tabelle. Er beträgt je nach Dienstgrad für Mannschaften tägl. 13,50–21 DM, für Unteroffiziere 21–23, für Offiziere 23–30 DM. Soldaten aus der Besoldungsordnung A mit besonderer zeitlicher Belastung erhalten hierfür eine Vergütung nach der VO vom 2. 6. 1989 (BGBl. I 1075) m. spät. Änd. Soldaten mit Anspruch auf Wehrsold erhalten bei besonderer zeitlicher Belastung eine Vergütung nach der VO vom 2. 6. 1989 (BGBl. I 1076) m. Änd. vom 8. 6. 1990 (BGBl. I 1018).

466. Der Urlaub des Soldaten

regelt sich auf der Ermächtigungsgrundlage des § 28 SoldatenG nach der *Soldatenurlaubsverordnung* i. d. F. vom 14. 5. 1997 (BGBl. I 1134) m. spät. Änd. Dem Soldaten steht *Erholungsurlaub* zu, und zwar dem Soldaten auf Zeit und dem Berufssoldaten grundsätzlich nach den für Bundesbeamte geltenden Vorschriften (vgl. 154 III 6). Während des Grundwehrdienstes wird für jeden vollen Dienstmonat 1/12 des beamtenrechtlichen Urlaubs gewährt, bei Wehrübungen aber nur für Soldaten, die nicht in einem Arbeits- oder Dienstverhältnis stehen und wenn die Übung ununterbrochen länger als 3 Monate dauert.

Außerdem kann Urlaub zur Erhaltung der Einsatzfähigkeit oder zur Wiederherstellung der vollen Dienstfähigkeit gewährt werden. *Sonderurlaub* kann nach Beamtenrecht (154 III 6) bewilligt werden, wobei Sondervorschriften für Urlaub aus wichtigen, insbes. familiären Gründen, und zum medizinischen oder pharmazeutischen Studium gelten.

Zum Erziehungsurlaub (s. 688 II) für Soldaten s. § 28 Abs. 7 SoldatenG und *Erziehungsurlaubsverordnung für Soldaten* i. d. F. vom 25. 4. 1995 (BGBl. I 584).

Aus zwingenden dienstlichen Gründen in einem Urlaubsjahr (1. 1. – 31. 12.) nicht bewilligter Urlaub der Berufs- und Zeitsoldaten ist auf jeden Fall auf das nächste Urlaubsjahr zu übertragen und steht in diesem bis zum 30. 6. zur Verfügung. Soldaten auf Zeit erhalten beim Ausscheiden innerhalb eines Urlaubsjahres für jeden vollen Monat Dienstzeit nur 1/12 des Jahresurlaubs.

467. Die Versorgung des Soldaten

bestimmt sich nach dem Gesetz über die Versorgung für die ehemaligen Soldaten der Bundeswehr und ihre Hinterbliebenen, dem *Soldatenversorgungsgesetz* – SVG – i. d. F. vom 19. 1. 1995 (BGBl. I 50) m. spät. Änd. Das SVG findet nur auf ehemalige Soldaten und ihre Hinterbliebenen Anwendung und unterscheidet zwischen Ansprüchen

a) auf Grund der Rechtsstellung des Soldaten und seiner Dienstzeit = *Dienstzeitversorgung* und
b) auf Grund einer im Wehrdienst erlittenen gesundheitlichen Schädigung = *Beschädigtenversorgung*.

Beide Ansprüche können auch nebeneinander bestehen. Die Versorgung der Hinterbliebenen richtet sich nach den von dem Soldaten erworbenen Ansprüchen.

Das SVG behandelt im I. Teil den persönlichen Geltungsbereich, die Regelung durch Gesetz und die Wehrdienstzeit (§§ 1, 1a, 2), im II. Teil die Berufsförderung und Dienstzeitversorgung der Soldaten auf Zeit (§§ 3–13d), die Dienstzeitversorgung der Berufssoldaten (§§ 14–40), die Versorgung der Hinterbliebenen von Soldaten, auch von weiblichen Soldaten (§§ 41–44a), gemeinsame Vorschriften für Soldaten und ihre Hinterbliebenen (§§ 45–61), Umzugskostenvergütung und einmalige Unfallentschädigung (§§ 62–63a) sowie Übergangsvorschriften (§§ 64–79a); im III. Teil die Beschädigtenversorgung (§§ 80–86), im IV. Teil Fürsorgeleistungen an ehemaligen Soldaten auf Zeit bei Arbeitslosigkeit (Arbeitslosenbeihilfe, Arbeitslosenhilfe, § 86a), im V. Teil Organisation, Verfahren, Rechtsweg (§§ 87, 88a), im VI. Teil Schlußvorschriften (§§ 89–97).

Für Soldaten auf Zeit ist *Berufsförderung* vorgesehen, die in Ausbildung und Weiterbildung für das spätere Berufsleben besteht. Die Bundeswehr berät den Soldaten.

Während seiner Dienstzeit wird dem Soldaten zunächst ein allgemeinberufliches Wissen in besonders hierfür eingerichteten Bildungsstätten, den sog. *BW-Fachschulen*, vermittelt. Anschließend erhält der Soldat nach entsprechender Berufsberatung eine zusätzliche fachliche Ausbildung oder Weiterbildung in Bildungseinrichtungen seiner Berufssparte außerhalb der Bw. Vgl. 472. Schließlich bahnt die Bw. auch die notwendigen Vermittlungen durch die Organe der BAnstalt für Arbeit (s. 602, 672) an. Zwecks Zugangs zum öffentlichen Dienst wird Unteroffizieren und Mannschaften nach i. d. R. mindestens 12jähriger Dienstzeit auf Antrag ein *Eingliederungsschein* (für Beamte) oder *Zulassungsschein* (für Angestellte) erteilt, der bestätigt, daß der Inhaber zu dem Personenkreis gehört, für den im öffentlichen Dienst bestimmte Stellen freigehalten werden; d. i. jede 9. Stelle des gehobenen und jede 6. des mittleren und einfachen Dienstes der öffentl. Bundes- und Landesverwaltung (§§ 9, 10 SVG und DVO vom 16. 12. 1969, BGBl. I 2347). Zur Erleichterung des Übergangs in den Zivilberuf wird eine *Übergangsbeihilfe* gezahlt (§§ 12, 13 SVG).

Berufssoldaten erhalten *Ruhegehalt* entsprechend ihrer ruhegehaltfähigen Dienstzeit oder, falls das Dienstverhältnis infolge eines Dienstunfalls endet, Unfallruhegehalt (§§ 15ff., 27 SVG). Für einen Teil des Ruhegehalts kann *Kapitalabfindung* gewährt werden (§§ 28ff. SVG). Besonders gefährdete Soldaten erhalten neben der allgemeinen Versorgung nach dem SVG eine einmalige *Unfallentschädigung*, wenn sie infolge eines Unfalls beim Flug- oder Sprungdienst, im Bergrettungsdienst, als Kampfschwimmer, bei der Munitionsuntersuchung o. dgl. zu mindestens 80 v. H. erwerbsbeeinträchtigt sind. Entsprechendes gilt für Verletzung bei lebensgefährdendem Einsatz oder in Ausübung des Dienstes durch einen rechtswidrigen Angriff. Im Falle des Todes wird die Entschädigung den Hinterbliebenen gezahlt (§§ 63, 63a SVG und VO i. d. F. vom 29. 6. 1977, BGBl. I 1178) m. spät. Änd.

468. Das Unterhaltssicherungsgesetz

i. d. F. vom 14. 12. 1987 (BGBl. I 2614) m. spät. Änd. soll den Unterhalt der zum Wehrdienst einberufenen Wehrpflichtigen und ihrer Angehörigen sichern. Dagegen werden Arbeitsplatz und soziale Ansprüche (Wohnraum, Erholungsurlaub, Sozialversicherung) durch das *Arbeitsplatzschutzgesetz* (624) gesichert.

Nach § 1 USG erhalten zur Erfüllung der Wehrpflicht einberufene Wehrpflichtige und ihre Familienangehörigen Leistungen zur Sicherung des Lebensbedarfs (*Unterhaltssicherung*). Das USG findet keine Anwendung auf Berufssoldaten, Soldaten auf Zeit, Beamte und Arbeitnehmer, soweit sie Dienstbezüge erhalten. *Familienangehörige* im engeren Sinne, nämlich vor allem die Ehefrau, die Kinder und Stiefkinder, erhalten auf Antrag (§ 4a) Leistungen, deren Höhe sich nach dem monatlichen durchschnittlichen Nettoeinkommen richtet (§ 5); der Wehrpflichtige und z. T. auch die engeren Angehörigen erhalten ferner Sonderleistungen (§ 7, z. B. Krankenhilfe) sowie Mietbeihilfe, Wirtschaftsbeihilfe für den Betrieb, Ersatz der Aufwendungen für Ersatzkräfte (§§ 7a, 7b). Sonstige Familienangehörige (die geschiedene Ehefrau, Eltern, Enkel, Geschwister, Pflegekinder usw.) erhalten Einzelleistungen entsprechend dem bisher vom Wehrpflichtigen geleisteten oder geschuldeten Unterhalt (§ 6). Einkommensteuerpflichtige Einkünfte werden nach Maßgabe des § 11 angerechnet. Wehrpflichtige, die infolge des Wehrdienstes Verdienstverluste erleiden, erhalten auf Antrag eine Verdientausfallentschädigung bis zu einer bestimmten Höchstgrenze (§§ 13ff.). Leistungen nach dem USG sind i. d. R. steuerfrei (§ 15).

Die Leistungen werden durch die landesrechtlich bestimmten Behörden festgestellt und bewilligt, denen die Durchführung im Auftrag des die Kosten tragenden Bundes obliegt (§§ 17ff.).

Die sonstigen Vorschriften des USG sehen u. a. Ausgleichsleistungen in besonderen Härtefällen vor (§ 23). Vorsätzliche oder fahrlässige Verstöße gegen Auskunfts- oder Anzeigepflichten können als Ordnungswidrigkeiten geahndet werden (§ 24).

469. Kriegsdienstverweigerer

Nach Art. 4 Abs. 3 S. 1 GG darf niemand gegen sein Gewissen zum Kriegsdienst mit der Waffe gezwungen werden. Wer jedoch aus Gewissensgründen sich der Beteiligung an jeder Waffenanwendung zwischen Staaten widersetzt und deshalb den Kriegsdienst mit der Waffe verweigert, hat statt des Wehrdienstes einen sog. *Zivildienst* (s. 470) außerhalb der Bw. zu leisten. Durch Ableistung des Zivildienstes ist die Wehrpflicht erfüllt (§ 3 Abs. 1 WehrpflG).

Durch das am 1. 1. 1984 in Kraft getretene Gesetz zur Neuordnung des Rechts der Kriegsdienstverweigerung und des Zivildienstes (*Kriegsdienstverweigerungs-Neuordnungsgesetz* – KDVNG) vom 28. 2. 1983 (BGBl. I 203) mit späteren Änd. wurde das Recht der Kriegsdienstverweigerung neu geregelt; es ist jetzt in Art. 1 des KDVNG als *Kriegsdienstverweigerungsgesetz* – KDVG – normiert. Die Neuregelung ist nach dem Urteil des BVerfG vom 24. 4. 1985 (NJW 1985, 1519) verfassungsgemäß.

Über die Berechtigung, den Kriegsdienst mit der Waffe zu verweigern, wird auf Antrag entschieden. Der Antrag ist schriftlich oder zur Niederschrift beim Kreiswehrersatzamt zu stellen. Er muß die Berufung auf das Grundrecht der Kriegsdienstverweigerung, einen ausführlichen Lebenslauf und eine persönliche, ausführliche Darlegung der Beweggründe für die Gewissensentscheidung enthalten; ein Führungszeugnis ist beizufügen (§ 2 KDVG). Ungediente Wehrpflichtige werden ohne persönliche Anhörung als Kriegsdienstverweigerer anerkannt, wenn die dargelegten Beweggründe das Recht auf Kriegsdienstverweigerung zu begründen geeignet sind und das Gesamtvorbringen und die dem Bundesamt für den Zivildienst bekannten sonstigen Tatsachen keine Zweifel an der Wahrheit der Angaben des Antragstellers begründen (§ 5 KDVG). Über Anträge ungedienter Wehrpflichtiger entscheidet das Bundesamt für den Zivildienst (§ 4 KDVG). Ein Prüfungsverfahren vor den Prüfungsausschüssen und -kammern entfällt für diesen Personenkreis. Für Soldaten, einberufene oder gediente Wehrpflichtige, die Antrag auf Anerkennung als Kriegsdienstverweigerer stellen, wird das Prüfungsverfahren vor den Ausschüssen und Kammern für Kriegsdienstverweigerung durchgeführt (§§ 9ff. KDVG). Gegen ablehnende Entscheidungen des Bundesamtes findet ein Widerspruch nicht statt (§ 17 KDVG). Gegen Entscheidungen der Ausschüsse kann Widerspruch eingelegt werden, über den die Kammern für Kriegsdienstverweigerung entscheiden (§ 18 KDVG). Nach Erschöpfung des Verwaltungsweges – soweit er gegeben ist – können die Verwaltungsgerichte angerufen werden. Dazu VO über das Anerkennungsverfahren (*KriegsdienstverweigerungsVO* vom 2. 1. 1984 (BGBl. I 42).

470. Der Zivildienst

ist durch das *Zivildienstgesetz* (ZDG) i. d. F. vom 28. 9. 1994 (BGBl. I 2811) m. spät. Änd. auf der Grundlage der Vorschriften über die Kriegsdienstverweigerung (Art. 4 Abs. 3 und 12a GG, Art. 1 Kriegsdienstverweigerungs- Neuordnungsgesetz; vgl. 469) als eine Form der Erfüllung der Wehrpflicht geregelt. Das ZDG bestimmt, daß dieser entweder in vom Bundesamt für den Zivildienst anerkannten Beschäftigungsstellen oder in Zivildienstgruppen geleistet werden soll. Die Rechtsstellung des *Zivildienstpflichtigen* ist weitgehend der des Soldaten angepaßt, der auf Grund der Wehrpflicht *Wehrdienst* leistet. Wegen des zivilen Charakters des Zivildienstes gelten jedoch in mancher Hinsicht beamtenrechtliche Regeln.

Dem *Wehrdienst* angenähert sind hauptsächlich die Vorschriften über politische Betätigung (§ 29), Unterkunft und Gemeinschaftsverpflegung (§ 31), Fürsorge, Geld- und Sachbezüge, Reisekosten, Urlaub (§ 35), Erhaltung der Gesundheit und ärztliche Eingriffe (§ 40), Versorgung (§§ 47ff.) sowie die Straf-, Bußgeld- und Disziplinarvorschriften (§§ 52ff.). Der Zivildienst dauert aber 3 Monate länger als der Grundwehrdienst (§ 24 Abs. 2 ZDG), derzeit 13 Monate. Diese Unterschiedlichkeit verstößt nicht gegen das Grundgesetz (BVerfG NJW 1985, 1519).

Beamtenartig geregelt ist dagegen u. a. die regelmäßige Arbeitszeit (§ 32).

Der besonderen Art des Dienstverhältnisses tragen vor allem die Vorschriften über Grundpflichten (§ 27: Gewissenhafte Diensterfüllung, Einfügung in die Gemeinschaft, Gefahrenübernahme, Ausbildung für die vorgesehene Verwendung), Befolgung dienstlicher Anordnungen (§ 30) sowie die Disziplinarvorschriften (§§ 58–70) Rechnung. Dienstliche Anordnungen hat der Dienstpflichtige auszuführen. Erhebt er Bedenken gegen die Rechtmäßigkeit einer dienstlichen Anordnung und wird diese aufrechterhalten, so hat er sie auszuführen, es sei denn, daß die Anordnung nicht zu dienstlichen Zwecken erteilt ist oder die Menschenwürde verletzt oder daß durch das Befolgen eine Straftat begangen würde. Befolgt der Dienstpflichtige eine dienstliche Anordnung, so ist er von der eigenen Verantwortung befreit, sofern nicht die Ausführung strafbar ist und dies entweder von ihm erkannt wird oder nach den ihm bekannten Umständen offensichtlich ist (§ 30).

Bei den *Aufgaben des Zivildienstes*, der dem Gemeinwohl dienen soll, stehen an erster Stelle solche im sozialen Bereich. Daneben kommt auch Dienst in anderen dem Gemeinwohl dienenden Einrichtungen in Betracht. Über deren Anerkennung entscheidet der BMFJ. Die Einrichtungen müssen die Gewähr bieten, daß sie den Aufgaben des Zivildienstes gerecht werden und daß die Dienstpflichtigen dementsprechend beschäftigt, geleitet und betreut werden; auch müssen sie sich einer gewissen Aufsicht unterstellen (§ 4). Die Verwaltungsaufgaben obliegen einem *Bundesamt für den Zivildienst* (Bundesoberbehörde) und dem *Bundesbeauftragten für den Zivildienst*; ferner wird beim BMFJ ein Beirat für den Zivildienst gebildet (§§ 1–2a).

Die Tauglichkeit für den Zivildienst bestimmt sich entsprechend der Tauglichkeit für den Wehrdienst; *Befreiung oder Zurückstellung* kann beim Bundesamt aus ähnlichen Gründen wie beim Wehrdienst beantragt werden (§§ 7ff.; über Befreiung der im Zivil- oder Katastrophenschutz, Entwicklungsdienst, sonstige als friedensfördernd anerkannten Auslandsdienste oder Polizeivollzugsdienst Eingesetzten vgl. §§ 14, 14a, 14b, 15). *Dienstgruppen* werden nach Bedarf aufgestellt (§ 5). Zu einer vertrauensvollen Zusammenarbeit bei der Dienstgestaltung und zu einer fürsorglichen Berücksichtigung der Belange des einzelnen Dienstleistenden ist eine Beteiligung der Zivildienstleistenden in dienstlichen Angelegenheiten vorgesehen. Diese Beteiligung erfolgt regelmäßig durch in geheimer, unmittelbarer Wahl gewählte *Vertrauensmänner* (vgl. *Zivildienstvertrauensmann-Gesetz* vom 16. 1. 1991 (BGBl. I 47). S. hierzu VO über die Wahl der Vertrauensmänner der Zivildienstleistenden vom 16. 1. 1991 (BGBl. I 140).

Die Beschäftigungsstellen sorgen auf ihre Kosten für Unterkunft, Verpflegung und Arbeitskleidung der Dienstleistenden; die Geldbezüge trägt überwiegend der Bund (§ 6).

Für die Zuführung Dienstpflichtiger, die der Einberufung unentschuldigt nicht Folge leisten, gilt nach § 23a entsprechendes wie beim Wehrpflichtigen (vgl. 454 VI). Die Dienstpflichtigen unterliegen bis zum 32. Lebensjahr der *Zivildienstüberwachung*, die mit einer *Meldepflicht* verbunden ist (§ 23). Von der Heranziehung zum Zivildienst kann abgesehen werden, wenn der Wehrpflichtige auch diesem gegenüber Gewissensgründe geltend macht – wie z. B. häufig die Zeugen Jehovas –, aber ein freiwilliges Arbeitsverhältnis in einer Kranken- oder Heil- und Pflegeanstalt nachweist (§ 15a).

471. Ziviler Bevölkerungsschutz

Nach Art. 73 Nr. 1 GG hat der Bund die ausschließliche Gesetzgebung über die Verteidigung einschl. des Schutzes der Zivilbevölkerung. Nach Art. 87b Abs. 2 GG können diese Aufgaben ganz oder teilweise in bundeseigener Verwaltung mit eigenem Verwaltungsaufbau oder von den Ländern im Auftrage des Bundes ausgeführt werden.

I. *Aufgabe des Zivilschutzes*

Nach dem *Gesetz über den Zivilschutz* (ZSG) vom 25. 3. 1997 (BGBl. I 726) ist es Aufgabe des Zivilschutzes, durch nichtmilitärische Maßnahmen die Bevölkerung, ihre Wohnungen und Arbeitsstätten, lebenswichtige zivile Betriebe, Dienststellen und Anlagen sowie das Kulturgut vor Kriegseinwirkungen zu schützen und deren Folgen zu beseitigen oder zu mildern. Behördliche Maßnahmen ergänzen die Selbsthilfe der Bevölkerung. Zum Zivilschutz gehören insbesondere 1. der Selbstschutz (s. u. II), 2. der Warndienst, 3. der Schutzbau (s. u. III), 4. die Aufenthaltsregelung, 5. der Katastrophenschutz (s. u. II), 6. Maßnahmen zum Schutz der Gesundheit, 7. Maßnahmen zum Schutz von Kulturgut. Dem mit Aufgaben des Zivilschutzes betrauten Bundesamt für Zivilschutz unterstehen Warnämter.

II. *Selbstschutz. Katastrophenschutz*

Aufbau, Förderung und Leitung des *Selbstschutzes* der Bevölkerung sowie Förderung des Selbstschutzes der Behörden und Betriebe gegen die besonderen Gefahren, die im Verteidigungsfall drohen, obliegen den Gemeinden (§ 5). Hierbei wirken öffentliche und private Organisationen mit (§ 20). Die Erfassung der besonderen Gefahren, die der Bevölkerung in einem Verteidigungsfall drohen, obliegt dem Bund. Die Warnung vor den besonderen Gefahren im Verteidigungsfall übernehmen im Auftrage des Bundes die bei Katastrophen zuständigen Behörden der Länder (§ 6). Die nach Landesrecht im *Katastrophenschutz* mitwirkenden Einheiten und Einrichtungen nehmen auch die Aufgaben zum Schutz der Bevölkerung vor den besonderen Gefahren und Schäden, die im Verteidigungsfall drohen, wahr (§ 11). Sie werden zu diesem Zwecke ausgestattet und ausgebildet. Die Katastrophenschutzbehörde ist jeweils für die Leitung und Koordinierung aller Hilfsmaßnahmen in ihrem Bereich zuständig (§ 14). Zur Mitwirkung von öffentlichen und privaten Organisationen sowie zu den Rechtsverhältnissen der Helferinnen und Helfer s. §§ 20, 21.

III. *Schutzbauten*

Öffentliche Schutzräume sind die mit Mitteln des Bundes wiederhergestellten Bunker und Stollen sowie die als Mehrzweckbauten in unterirdischen baulichen Anlagen errichteten Schutzräume zum Schutz der Bevölkerung. Sie werden von den Gemeinden verwaltet und unterhalten. Einnahmen aus einer friedensmäßigen Nutzung der Schutzräume stehen den Gemeinden zu (§ 7). Hausschutzräume, die mit Zuschüssen des Bundes oder steuerlich begünstigt gebaut wurden, sind vom Eigentümer oder Nutzungsberechtigten in einem ihrer Bestimmung entsprechenden Zustand zu erhalten (§ 8).

IV. *Sonstige gesetzliche Regelungen*

Im Zusammenhang mit den gesetzlichen Schutzmaßnahmen für die Zivilbevölkerung sind die legislativen Maßnahmen zu erwähnen, die der Versorgung der Bevölkerung und der Aufrechterhaltung von Wirtschaft und Verkehr im Verteidigungsfalle dienen. Hierzu zählen: Das *Ernährungssicherstellungsgesetz* i. d. F. vom 27. 8. 1990 (BGBl. I 1802), das *Wirtschaftssicherstellungsgesetz* i. d. F. vom 3. 10. 1968 (BGBl. I 1069), das *Verkehrssicherstellungsgesetz* i. d. F. vom 8. 10. 1968 (BGBl. I 1082) und das *Wassersicherstellungsgesetz* vom 24. 8. 1965 (BGBl. I 1225), jeweils mit DVOen.

Diese Gesetze dienen der Versorgung mit dem lebenswichtigen Bedarf der Bevölkerung im Verteidigungsfalle und in Krisenfällen; sie sollen das reibungslose Funktionieren von Wirtschaft und Verkehr bei Angriffen auf das Bundesgebiet und in bevorstehenden oder eingetretenen Krisenlagen sicherstellen.

Vorwiegend Verteidigungszwecken, aber auch der Gesundheitsfürsorge für die Bevölkerung im Verteidigungsfalle dient das *Arbeitssicherstellungsgesetz* vom 9. 7. 1968 (BGBl. I 787); vgl. 67. S. hierzu VO über die Feststellung und Dekkung des Arbeitskräftebedarfs nach dem Arbeitssicherstellungsgesetz (ArbSV) vom 30. 5. 1989 (BGBl. I 1071) m. spät. Änd.

472. Bundeswehrfachschulen und -hochschulen

I. Nach §§ 4ff. SoldatenversorgungsG (SVG; s. 467) erhalten Unteroffiziere und Mannschaften auf Zeit für die Zeit nach Beendigung ihres Dienstverhältnisses auf Kosten des Bundes eine Ausbildung oder Weiterbildung für das spätere Berufsleben. Diese besteht in der Vermittlung eines allgemeinberuflichen Wissens in Bildungseinrichtungen der Bw. und in einer zusätzlichen Fachausbildung außerhalb der Bw.

Die allgemeinberufliche Ausbildung in Bildungseinrichtungen der Bw. wird während der Wehrdienstzeit, die zusätzliche fachliche Ausbildung wird in den letzten Monaten vor oder nach Beendigung der Wehrdienstzeit auf Antrag gewährt; ihre Dauer richtet sich nach der abgeleisteten Wehrdienstzeit. Austausch zwischen beiden Ausbildungsformen ist möglich. Vgl. §§ 4–5a SVG; DVO vom 26. 10. 1965 (BGBl. I 1746) m. spät. Änd.

1. Der *allgemeinberufliche Unterricht* soll in Bundewehrfachschulen die Allgemeinbildung erweitern und ein allgemeinberufliches Wissen für die zusätzliche Fachausbildung vermitteln. Er wird eingeteilt in a) einen Grundlehrgang von 1 Studienhalbjahr, b) Lehrgänge von 2 Studienhalbjahren zur Erreichung des Bildungsstandes entsprechend der Fach- oder Mittelschulreife, c) einen Aufbaulehrgang Verwaltung von 3 Studienhalbjahren zur Erlangung des Bildungsstandes eines Beamten des gehobenen nichttechnischen Verwaltungsdienstes sowie d) einen Lehrgang von 2 Studienhalbjahren zur Erlangung eines Bildungsstandes entsprechend der Fachhochschulreife. Ausnahmsweise kann in einem Lehrgang von 5 Studienhalbjahren der Bildungsstand der Hochschulreife angestrebt werden. Längerdienende Soldaten (ab 8 Jahren Dienstzeit) werden in den letzten 6 bzw. 12 Monaten vor Beendigung ihrer Dienstzeit zu den Lehrgängen kommandiert (§§ 1–8 DVO).

2. Die *Fachausbildung* als zusätzliche fachliche Aus- und Weiterbildung der Soldaten auf Zeit soll den Erwerb von Kenntnissen und Fertigkeiten im erlernten Beruf, Umschulung auf einen anderen Beruf oder die Ausbildung für einen Beruf vermitteln, falls der Soldat vor Eintritt in die Bundeswehr eine Berufsausbildung nicht begonnen oder nicht beendet hat. Die Fachausbildung erfolgt auf Antrag in öffentl. od priv. Einrichtungen i. d. R. nach Ende des Dienstverhältnisses. Für Längerdienende ist für die letzten 1–1½ Jahre ihrer Dienstzeit Freistellung vorgesehen (§§ 9–15, 18 DVO). *Unteroffizier-Fachschulen* sind oder werden für 10 Fachrichtungen (Maschinenbau, Elektrotechnik, Sozialpädagogik usw.) mit der Möglichkeit eines Abschlusses als staatl. gepr. Techniker, Betriebswirt usw. eingerichtet.

Die Abschlußprüfung ist in der *Prüfungsordnung* für die Bundeswehrfachschulen i. d. F. vom 25. 4. 1985 (BGBl. I 722) geregelt. Über *Eingliederungs-* und *Zulassungsscheine* nach dem sog. Eingliederungsgesetz vgl. 467.

II. *Bundeswehrhochschulen,* an denen Offiziere der Bw. mit mindestens 12jähriger Dienstverpflichtung unter denselben Voraussetzungen wie an sonstigen Hochschulen (Abitur oder als gleichwertig anerkannte Vorbildung) studieren können, sind am 1. 10. 1973 in Hamburg und München eröffnet worden.

Für sie gelten die Bestimmungen des Hochschulrahmengesetzes (187) über die wissenschaftlichen Hochschulen, insbes. über die Gliederung in *Fachbereiche*, die Zusammensetzung des Lehrkörpers und die Rechtsstellung der Studenten; jedoch bleibt deren disziplinäre Einordnung in die Bw. aufrechterhalten. Die

Dauer des Studiums, das mit dem Erwerb eines Diploms abgeschlossen werden kann, beträgt 3 Jahre. Als Fachbereiche bestehen: Pädagogik, Wirtschafts- und Organisationswissenschaften, Informatik, Maschinenbau, Luft- und Raumfahrttechnik, Elektronik, Bauingenieur- und Vermessungswesen, Betriebswirtschaft und Elektrotechnik.

473. Kontrolle von Kriegswaffen

Nach Art. 26 Abs. 1 GG sind Handlungen, die geeignet sind, das friedliche Zusammenleben der Völker zu stören, insbesondere einen Angriffskrieg vorzubereiten, verfassungswidrig; sie sind unter Strafe zu stellen. Waffen, die zur Kriegführung bestimmt sind, dürfen gemäß Art. 26 Abs. 2 GG nur mit Genehmigung der BReg. hergestellt, befördert und in Verkehr gebracht werden. Hierzu ist das *Ausführungsgesetz zu Art. 26 Abs. 2 des Grundgesetzes (Gesetz über die Kontrolle von Kriegswaffen)* i. d. F. vom 22. 11. 1990 (BGBl. I 2506) m. spät. Änd. ergangen. Zusatzregelungen enthält das Ausführungsgesetz zum Chemiewaffenübereinkommen vom 2. 8. 1994 (BGBl. I 1954) sowie die AusführungsVO hierzu vom 20. 11. 1996 (BGBl. I 1794), um die Verpflichtungen Deutschlands aus dem Übereinkommen über das Verbot der Entwicklung, Herstellung, Lagerung und des Einsatzes chemischer Waffen und über die Vernichtung solcher Waffen vom 13. 1. 1993 erfüllen zu können.

Nach der Begriffsbestimmung in § 1 sind zur Kriegführung bestimmte Waffen *(Kriegswaffen)* die in der Anlage zu dem Gesetz im einzelnen aufgeführten Gegenstände, Stoffe und Organismen *(Kriegswaffenliste)*. Die Kriegswaffenliste ist unterteilt in Teil A (Kriegswaffen, auf deren Herstellung die BRep. verzichtet hat - Atomwaffen, biologische und chemische Waffen) und Teil B (sonstige Kriegswaffen, wie z. B. Raketen, Kampfflugzeuge, Kriegsschiffe, Kampfpanzer, Gewehre, Munition u. a.). Die Herstellung, das Inverkehrbringen, die Beförderung innerhalb des Bundesgebiets oder auf deutschen Seeschiffen von Kriegswaffen sowie die Vermittlung von Auslandsgeschäften über Kriegswaffen bedarf der *Genehmigung* (§§ 2, 3, 4, 4a). Ausnahmen gelten für die Bundeswehr, die Polizeien des Bundes und den Zollgrenzdienst sowie die übrigen für die Aufrechterhaltung der öffentlichen Sicherheit zuständigen Behörden (§ 15). Die Genehmigung kann versagt werden, wenn Grund zu der Annahme besteht, daß ihre Erteilung dem Interesse der BRep. an der Aufrechterhaltung guter Beziehungen zu anderen Ländern zuwiderlaufen würde (§ 6 Abs. 2 Nr. 1); sie muß versagt werden, wenn die Gefahr besteht, daß die Waffen bei einer friedensstörenden Handlung, besonders bei einem Angriffskrieg, verwendet werden oder wenn die Genehmigungserteilung völkerrechtliche Verpflichtungen der BRep. verletzen würde oder wenn der Antragsteller die nowendige Zuverlässigkeit nicht besitzt. (§ 6 Abs. 3). Die Genehmigung kann in bestimmten Fällen als Allgemeine Genehmigung durch RechtsVO erteilt werden (§ 8 Abs. 1). Die Genehmigung kann jederzeit widerrufen werden (§ 7 Abs. 1). Für die Erteilung und den Widerruf einer Genehmigung ist die Bundesregierung zuständig; sie kann diese Zuständigkeit durch RechtsVO – je nach Zuständigkeitsbereich – auf die Bundesminister der Verteidigung, der Finanzen, des Innern und für Wirtschaft übertragen (§ 11). Das Gesetz sieht ferner bestimmte Sorgfalts- und Überwachungspflichten vor (§§ 12 ff.). Überwachungsbehörden sind die Bundesminister für Wirtschaft, für Verkehr sowie der Finanzen und die von ihm bestimmten Zolldienststellen. Der Bundesminister für Wirtschaft kann durch Rechtsverordnung seine Überwachungsbefugnisse auf das *Bundesausfuhramt* (vgl. 811) übertragen (§ 14). Siehe hierzu auch die KriegswaffenmeldeVO vom 24. 1. 1995 (BGBl. I 92). Die Entwicklung, Herstellung, Ein- und Ausfuhr, Beförderung, Überlassung sowie der Besitz u. ä. sind bezüglich Atomwaffen sowie biologischer und chemischer Waffen verboten (§§ 17, 18) und unter Strafe gestellt (§§ 19, 20).

Fünfter Teil

Steuerrecht

I. Allgemeines Steuerrecht

501. Abgaben: Gebühren, Beiträge, Steuern

Die *Steuern* sind ein Teil der öffentlich-rechtlichen *Abgaben;* zu diesen sind ferner *Gebühren,* d.h. Vergütungen für Verwaltungshandlungen (z. B. Paßausstellung, Benutzung öffentlicher Einrichtungen, Kanalgebühren), und *Beiträge* (Abgaben zur Abgeltung besonderer Vorteile, z. B. Straßenanliegerbeiträge) zu zählen. Die Steuern unterscheiden sich von den anderen Abgaben dadurch, daß sie vom Staat (Bund, Ländern, Gemeinden) *ohne Gegenleistung* zur Steigerung der öffentlichen Einkünfte erhoben werden.

Das grundlegende Gesetz des Steuerrechts, die *Abgabenordnung* (505), bestimmt in § 3 Abs. 1 den Begriff der Steuern wie folgt: „Steuern sind Geldleistungen, die nicht eine Gegenleistung für eine besondere Leistung darstellen und von einem öffentlich-rechtlichen Gemeinwesen zur Erzielung von Einnahmen allen auferlegt werden, bei denen der Tatbestand zutrifft, an den das Gesetz die Leistungspflicht knüpft; die Erzielung von Einnahmen kann Nebenzweck sein. Zölle und Abschöpfungen sind Steuern im Sinne dieses Gesetzes".

Das Steuerrecht ist ein Teil des öffentlichen Rechts. Der Staat erläßt auf Grund seiner *Steuerhoheit* die Gesetze und die sie ergänzenden Vorschriften, nach denen die Steuern erhoben werden. Die Steuergesetzgebung steht in der BRep. dem Bund zu, und zwar teils als ausschließliche, teils als konkurrierende Gesetzgebung, und nur in geringem Umfang den Ländern. Die Interessen der Länder sind dadurch gewahrt, daß zu Bundessteuergesetzen die Zustimmung des BR erforderlich ist, wenn das Aufkommen ganz oder zum Teil den Ländern zufließt (Art. 105 GG; vgl. 76 I).

Auch das Steuerrecht steht unter der *Verfassungskontrolle.* So hat das BVerfG auf Verfassungsbeschwerde (vgl. 74) die Haushaltsbesteuerung und zwangsweise Zusammenveranlagung der Ehegatten zur Einkommensteuer sowie die Zusammenveranlagung mit Kindern als mit dem Schutz von Familie und Ehe (Art. 6 GG) unvereinbar und nichtig erklärt (vgl. 528). Es hat ferner die Zweigstellensteuer für Wareneinzelhandelsunternehmen und die Kirchensteuerpflicht des nicht konfessionsgebundenen Ehegatten für den einer Glaubensgemeinschaft angehörenden für verfassungswidrig erklärt (vgl. 557, 703). Eine *rückwirkende* steuerliche Belastung abgeschlossener Tatbestände hat das BVerfG nur zugelassen, wenn der Bürger mit einer solchen Regelung rechnen mußte, wenn der Gesetzgeber Zweifel über die Rechtslage klären wollte oder wenn Gründe des gemeinsamen Wohls eine *Rückwirkungsanordnung* rechtfertigen (Urt. vom 19. 12. 1961, NJW 1962, 292).

502. Einteilung der Steuern

I. Einteilung nach dem Gegenstand der Besteuerung

1. *Besitzsteuern.* Sie werden vom Einkommen (Einkommen-, Lohn-, Körperschaftsteuer) oder vom Ertrag (Gewerbe-, Erbschaftsteuer) oder vom Vermögen (Vermögen-, Grundsteuer) erhoben;
2. *Verkehrsteuern.* Diese knüpfen an Vorgänge des Wirtschaftslebens und des Verkehrs mit Gütern und Leistungen an (z. B. Umsatz-, Kapitalverkehr-, Grunderwerb-, Kraftfahrzeugsteuer);
3. *Verbrauchsteuern.* Sie werden vom Verbrauch bestimmter Güter erhoben, ohne daß ein rechtsgeschäftlicher Vorgang (wie zu 2) damit verbunden zu sein braucht (z. B. Kaffee-, Tabak-, Biersteuer).

Die *Erbschaftsteuer* wird als *Schenkungsteuer* bei einem geschäftlichen Verkehr, nämlich bei einer Schenkung durch freigebige Zuwendung o. dgl. (§ 7 ErbStG), erhoben und gleicht insofern einer Verkehrsteuer. Da sie aber das Vermögen belastet und wie andere Besitzsteuern nach dem Bewertungsgesetz (518) berechnet wird, zählt man sie meist zu den Besitzsteuern.

II. Weitere gebräuchliche Steuereinteilungen sind

1. nach der Ertrags- oder Verwaltungshoheit: *Bundes-, Landes-, Gemeinde-, Gemeinschaft-, Kirchensteuern;*
2. nach dem Steuergegenstand: *Personen(Subjekt)-* und *Real(Objekt)steuern,* je nachdem, ob sich die Steuer nach den persönlichen Verhältnissen des Steuerpflichtigen richtet (z. B. Einkommensteuer) oder ob Bemessungsgrundlage der Wert oder der Ertrag eines bestimmten Objekts ist (z. B. Grundsteuer);
3. *direkte und indirekte Steuern,* unterschieden nach der Auswirkung beim Steuerschuldner (Einkommensteuer einerseits, Kaffee-, Tee- u. a. Verbrauchsteuern andererseits);
4. *laufende* (ordentliche) und *einmalige* (außerordentliche) Steuern, z. B. Einkommensteuer, andererseits Vermögensabgabe.

503. Übersicht über das Steuersystem und die wichtigsten Steuerarten

Ertragshoheit	a) Besitzsteuern	b) Verkehrsteuern	c) Verbrauchsteuern auf
Bund	1. Vermögensabgabe	1. Kapitalverkehr- 2. Versicherung- 3. Wechselsteuer	1. Branntwein 2. Kaffee 3. Mineralöl 4. Schaumwein
Bund und Länder (Gemeinschaftsteuern)	1. Einkommen- (Lohn-, Kapitalertrag-)- 2. Körperschaftsteuer	1. Umsatzsteuer	5. Tabak
Länder	1. Vermögen- 2. Erbschaft- und Schenkungsteuer	1. Kraftfahrzeug- 2. Rennwett- und Lotterie- 3. Feuerschutzsteuer 4. Spielbankenabgabe	1. Bier
Gemeinden	1. Gewerbe- 2. Grundsteuer 3. Anteil an Einkommen-(Lohn)steuer	1. Grunderwerb- 2. Vergnügung- 3. Hunde- 4. Jagd- 5. Schankerlaubnissteuer	1. Getränke

Dem *Bund* fallen außerdem die Einnahmen aus *Zöllen* und *Finanzmonopolen* zu. Hierzu und über die Verteilung der auf Bund, Länder und Gemeinden entfallenden Steuern vgl. 79.

504. Rechtsquellen des Steuerrechts

sind *allgemeine* und *Einzelsteuergesetze*. Erstere gelten für alle Steuerarten, so die Abgabenordnung (505), die Finanzgerichtsordnung (78) und das Finanzverwaltungsgesetz (77). Dazu treten die Gesetze, die *einzelne Steuerarten* regeln (z. B. Einkommen-, Körperschaft-, Vermögen-, Umsatz-, Tabaksteuergesetz). Ergänzungen enthalten *Rechtsverordnungen* und *Durchführungsbestimmungen,* die auf Grund gesetzlicher Ermächtigung erlassen werden. Weitere Rechtsquellen sind die Doppelbesteuerungsabkommen.

Die meisten Rechtsverordnungen bedürfen der *Zustimmung des Bundesrates* (vgl. 68). Rechtmäßig ist ein steuerlicher *Verwaltungsakt* nur, wenn er durch Gesetz oder Rechtsverordnung gedeckt ist (vgl. 148 II). Die *Verwaltungsrichtlinien* und *Erlasse* der Minister binden nur die Verwaltung, nicht aber die Finanzgerichte, da sie kein objektives Recht darstellen.

Außer den allgemeinen und den Einzel-Steuergesetzen werden bisweilen Gesetze erlassen, die eine Gruppe von Steuerarten behandeln; sie führen meist die Bezeichnung „Steuerordnungsgesetz" o. ä. und ergehen im Anschluß an eine grundlegende Umgestaltung des Wirtschaftslebens oder zur Einleitung einer Reform. So folgten der Kontrollratsgesetzgebung gleichzeitig mit der Währungsreform die (Zonen-)Gesetze zur vorläufigen Neuordnung von Steuergesetzen vom 20. 6. 1948. Das *Gesetz zur Neuordnung von Steuern* vom 16. 12. 1954 (BGBl. I 373) brachte als Vorläufer der angestrebten *Großen Steuerreform* Neufassungen des EStG, KStG, des Wohnungsbauprämiengesetzes und des Grundsteuergesetzes sowie Änderungen des ErbStG, der AO und der ertragsteuerlichen Ausfuhrförderung. In ähnlicher Weise enthielten weitere umfassende Änderungen für verschiedene Steuerarten: das Gesetz zur Änderung steuerrechtlicher Vorschriften vom 26. 7. 1957 (BGBl. I 848), das Gesetz zur Änderung steuerrechtlicher Vorschriften auf dem Gebiete der Steuern vom Einkommen und Ertrag und des Verfahrensrechts vom 18. 7. 1958 (BGBl. I 473) sowie das Einführungsgesetz zur AO 1977 (vgl. 505). Das *Steuerentlastungsgesetz 1984* (BGBl. 1983 I 1583) hatte vor allem zum Ziel, durch die steuerliche Entlastung betrieblicher Unternehmen die Investitionskraft und die internationale Wettbewerbsfähigkeit der Wirtschaft zu stärken. Die Steuerbereinigungsgesetze vom 19. 12. 1985 (BGBl. I 2436) und vom 21. 12. 1993 (BGBl. I 2310) brachten zahlreiche Änderungen des formellen und des materiellen Steuerrechts.

505. Die allgemeinen Steuergesetze

des heutigen Steuerrechts sind:

a) die *Abgabenordnung 1977* vom 16. 3. 1976 (BGBl. I 613) m. spät. Änd.

Die AO wird ergänzt insbes. durch das Gesetz über die *Finanzverwaltung* (vgl. 77) und das Verwaltungszustellungsgesetz (vgl. 147 III). Zur Anpassung anderer Steuergesetze erging ein Einführungsgesetz zur AO 1977 – *EGAO* – vom 14. 12. 1976 (BGBl. I 3341) m. spät. Änd.

In die AO 1977 sind einige Einzelgesetze eingearbeitet worden, welche die AO 1919 ergänzt hatten, so das *Steueranpassungsgesetz* vom 16. 10. 1934 (RGBl. I 925) m. spät. Änd., das *Steuersäumnisgesetz* vom 13. 7. 1961 (BGBl. I 993) m. spät. Änd. sowie die VO zur Durchführung der §§ 17–29 StAnpG *(Gemeinnützigkeitsverordnung)* vom 24. 12. 1953 (BGBl. I 1592), ferner die VOen über das *Wareneingangs-* und das *Warenausgangsbuch* vom 20. 6. 1935 (RGBl. I 752) bzw. 20. 6. 1936 (RGBl. I 507) – jeweils m. spät. Änd.

b) das *Bewertungsgesetz* i.d.F. vom 1. 2. 1991 (BGBl. I 230) m. spät. Änd.

Das BewG enthält allgemeine Bewertungsvorschriften, die für die bundesrechtlichen, durch Bundes- oder Landesfinanzbehörden verwalteten Abgaben maßgebend sind. Die besonderen Bewertungsvorschriften behandeln die Einheitsbewertung mit Sondervorschriften für land- und forstwirtschaftliches Vermögen, Grundvermögen und Betriebsvermögen sowie die Bewertung von sonstigem Vermögen, Gesamtvermögen und Inlandsvermögen. Vgl. 518.

506. Die Steueränderungsgesetze

Die *Entwicklung des Steuerrechts* spiegelt sich in den seit 1960 ergangenen *Steueränderungsgesetzen* wider:

Das *SteueränderungsG 1960* vom 30. 7. 1960 (BGBl. I 616) brachte wichtige Änderungen, z. B. für den Abzug gewisser *Betriebsausgaben (Spesen),* die *degressive Abschreibung, Pensionsrückstellungen, Absetzungen für Wohngebäude* und den Abzug von *Bausparbeiträgen.*

Das *SteueränderungsG 1961* vom 13. 7. 1961 (BGBl. I 981) erhöhte u. a. den Freibetrag bei der *Gewerbeertragsteuer* auf 7200 DM und führte für personenbezogene Kapitalgesellschaften einen Freibetrag ein. Bei der *Vermögensteuer* erhöhte es die allgem. Freibeträge. Ferner führte es bei der Einkommensteuer zwecks Gleichstellung mit den Arbeitnehmern zusätzliche *Sonderausgaben-Höchstbeträge* für Kranken- und Altersversicherungsbeiträge der Selbständigen ein und sah Steuervergünstigungen für *Kapitalanlagen in Entwicklungsländern* vor.

Die *Steueränderungsgesetze 1964 und 1965* vom 16. 11. 1964 (BGBl. I 885) und 14. 5. 1965 (BGBl. I 377) brachten für Einkommen- und Lohnsteuer tarifliche und andere Steuererleichterungen, z. B. hins. der *Altersfreibeträge, außerordentlichen Einkünfte* und *Lohnzuschläge.*

Beim *SteueränderungsG 1966* vom 23. 12. 1966 (BGBl. I 702) waren außer verbrauchsteuerlichen wiederum einkommensteuerrechtliche Änderungen wesentlich, u. a. bei den *Werbungskosten* für Benutzung eines Kfz. durch Arbeitnehmer, Mehraufwendungen für doppelte Haushaltführung wegen auswärtiger Beschäftigung und für Familienheimfahrten. Andererseits wurde bei den *Sonderausgaben* für Versicherungsprämien und Bausparbeiträge die Sperrfrist verlängert und das Kumulationsverbot für die Absetzung von Bausparbeiträgen und Aufwendungen nach dem Spar-PrämienG oder dem Wohnungsbau-PrämienG eingeführt.

Von den *drei SteueränderungsG 1967* änderte das erste vom 29. 3. 1967 (BGBl. I 385) *Verbrauchsteuergesetze,* das BranntweinmonopolG und das ZollG: Das zweite vom 21. 12. 1967 (BGBl. I 1254) führte die *Ergänzungsabgabe* zur Einkommen-, Lohn- und Körperschaftsteuer ein. Das dritte vom 22. 12. 1967 (BGBl. I 1334) regelte insbes. die Auswirkungen des UStG 1967 auf das Ertrags- und Vermögensteuerrecht.

Das *SteueränderungsG 1968* vom 20. 2. 1969 (BGBl. I 141) brachte Vergünstigungen bei Sonderausgaben für *Berufsaus- oder -weiterbildung.*

Das *SteueränderungsG 1969* vom 18. 8. 1969 (BGBl. I 1211) betraf u. a. *Investitionszulagen* für Zonenrand- und andere förderungsbedürftige Gebiete sowie zusätzliche Vergünstigungen für Prämien- und Wohnungsbausparer.

Das *(1.) SteueränderungsG 1971* vom 23. 12. 1970 (BGBl. I 1856) brachte Vergünstigungen für Sonntags- und Nachtarbeitszuschläge sowie für Aufwendungen des Arbeitnehmers für Fahrten zwischen Wohnung und Arbeitsstätte. Das *2. SteueränderungsG 1971* vom 10. 8. 1971 (BGBl. I 1266) regelte vorwiegend einkommensteuerliche Fragen in Sonderbereichen.

Das *(1.) SteueränderungsG 1973* vom 26. 6. 1973 (BGBl. I 676) führte einen vorübergehenden Stabilitätszuschlag zur Einkommen-, Lohn- und Körperschaftsteuer ein. Es änderte ferner das Umsatzsteuergesetz, das Investitionszulagengesetz, das Berlinförderungsgesetz und die Verkehrsfinanzgesetze. Im *2. SteueränderungsG 1973* vom 18. 7. 1974 (BGBl. I 1489) ist vor allem die Heraufsetzung der Veranlagungsgrenze für die Einkommensteuer bei zusammenveranlagten Lohnsteuerpflichtigen bedeutsam.

Das *SteueränderungsG 1977* vom 16. 8. 1977 (BGBl. I 1586) erhöhte die Umsatzsteuer und setzte die Vermögensteuer herab; im Einkommensteuerrecht brachte es Verbesserungen namentlich für Arbeitnehmer.

Das *SteueränderungsG 1979* vom 30. 11. 1978 (BGBl. I 1849) brachte Erleichterungen bei der Lohn- und Einkommensteuer durch Erhöhung des Grundfreibetrags, Beseitigung des Tarifsprungs beim Übergang von der Proportional- zur Progressionszone und Einführung eines begrenzten Abzugs von Unterhaltsleistungen an den geschiedenen oder dauernd getrennt lebenden Ehegatten; ferner wurde ein abzugsfähiger Kinderbetreuungsbetrag eingeführt und (ab 1980) der Vorwegabzug von Vorsorgeaufwendungen erhöht. Dagegen wurde die Mehrwertsteuer heraufgesetzt. Ab 1980 wurden Lohnsummen- und Mindestgewerbesteuer abgeschafft und die Freigrenzen bei Gewerbeertragsteuer sowie (ab 1981) Gewerbekapitalsteuer erhöht.

Das *SteueränderungsG 1991* vom 24. 6. 1991 (BGBl. I 1322) diente zur Förderung von Investitionen und Schaffung von Arbeitsplätzen in den neuen Bundesländern.

Das *Steueränderungsgesetz 1992* vom 25. 2. 1992 (BGBl. I 297) hatte zum Ziel, die Familien steuerlich zu entlasten und die Rahmenbedingungen für Investitionen und Arbeitsplätze zu verbessern.

Das *Standortsicherungsgesetz* vom 13. 9. 1993 (BGBl. I 1569) sollte die steuerlichen Bedingungen für Investitionen verbessern und so zur Sicherung des Wirtschaftsstandortes Deutschland im Europäischen Binnenmarkt beitragen.

Eine konsequente Bekämpfung des Mißbrauchs steuerlicher Gestaltungen und die Bereinigung des Steuerrechts hatte das *Mißbrauchsbekämpfungs- und Steuerbereinigungsgesetz* vom 29. 12. 1993 (BGBl. I 2310) zum Ziel.

Die Jahressteuergesetze 1996 (vom 11. 10. 1995, BGBl. I 1250) und 1997 (vom 20. 12. 1996, BGBl. I 2049) brachten umfangreiche Änderungen im Bereich insbesondere der Einkommen-, der Erbschafts- und Schenkungssteuer, der Grunderwerbs- und Vermögenssteuer und bei der Förderung des Wohnungsbaus.

507. Kurzer Überblick über den Inhalt der Abgabenordnung

Die AO bildet die Grundlage des allgemeinen Steuerrechts. Sie enthält im 1. Teil einleitende Vorschriften über den Anwendungsbereich, steuerliche Begriffsbestimmungen, Zuständigkeit der Finanzbehörden (deren Aufbau im Finanzverwaltungsgesetz, vgl. 77, geregelt ist), das Steuergeheimnis und die Haftungsbeschränkung für Amtsträger (vgl. 69 VI). Der 2. Teil behandelt das *Steuerschuldrecht,* insbesondere die Rechtsbeziehungen zwischen dem Steuerpflichtigen und dem Abgabengläubiger, sowie steuerbegünstigte Zwecke und die Haftung Dritter. Die Verfahrensvorschriften des 3. Teils regeln neben allgemeinen Grundsätzen insbesondere das *Besteuerungsverfahren* einschließlich der Rechts- und Amtshilfe und die Verwaltungsakte der Finanzbehörden. Der 4. Teil behandelt die Durchführung des Besteuerungsverfahrens, insbesondere Steuererklärungen, Steuerfestsetzung, Außenprüfung und Steueraufsicht. Der 5. Teil enthält die Bestimmungen über das Erhebungsverfahren, der 6. Teil die Vorschriften über die Vollstreckung und Kostenbestimmungen. Der 7. Teil befaßt sich mit den außergerichtlichen (d. h. nicht in der Finanzgerichtsordnung, vgl. 78, behandelten) Rechtsbehelfen. Der 8. Teil enthält das materielle und formelle steuerliche Straf- und Ordnungswidrigkeitenrecht, der 9. Teil Schlußvorschriften.

Somit enthält die AO neben einigen materiellen Bestimmungen vor allem *Verfahrensrecht.* Die Vorschriften über das Besteuerungsverfahren umfassen auch die *Mitwirkungspflichten* des Steuerpflichtigen, namentlich Buchführungs- und Aufzeichnungspflichten, Anzeige- und Erklärungspflichten. *Außergerichtliche Rechtsbehelfe* sind Einspruch und Beschwerde. Die Bestimmungen über das Straf- und Bußgeldverfahren regeln auch die prozessuale Stellung der Finanzbehörden im Verhältnis zu Staatsanwaltschaft und Gericht.

Die Steuern sind zum Teil auf Grund einer *Festsetzung,* zum Teil ohne eine solche zu entrichten. Sie werden i. d. R. auf Grund einer vom Steuerpflichtigen einzureichenden *Steuererklärung* festgesetzt, in der Fragen hinsichtlich der Grundlagen der Besteuerung (z. B. Einkommen, Vermögen) zu beantworten oder die geforderten Auskünfte über sonstige Verhältnisse zu geben sind (Veranlagung). Das Finanzamt prüft die Erklärung auf ihre Vollständigkeit und Richtigkeit, stellt erforderlichenfalls Ermittlungen an (sog. *steuerliches Erhebungsverfahren*) setzt alsdann die Steuer fest und stellt dem Steuerpflichtigen einen *Bescheid* über die zu zahlende Summe unter Angabe der Zahlungsfrist und der Rechtsmittel zu. Versäumt der Steuerpflichtige die Zahlungsfrist, so kann das Finanzamt die zwangsweise *Beitreibung* der Steuer veranlassen. Über *Rechtsbehelfe* im Besteuerungsverfahren s. 512.

Für das Besteuerungsverfahren und den Steuerprozeß gilt – ähnlich wie im Strafverfahren; vgl. 268 V – der *Ermittlungsgrundsatz.* Die tatsächlichen und rechtlichen Verhältnisse sind von Amts wegen zugunsten und zuungunsten des Steuerpflichtigen zu ermitteln (*Amtsprinzip,* §§ 88, 365 AO). Im Zweifel obliegt dem Finanzamt der Nachweis des Besteuerungstatbestandes; jedoch hat der Steuerpflichtige eine Mitwirkungspflicht. Er hat Auskunft auf berechtigte Fragen zu erteilen. Andererseits haben er und andere Beteiligte (§ 78 AO) Anspruch auf ausreichendes Gehör (vgl. §§ 90, 91, 93, 200 AO).

508. Anwendungsbereich der Abgabenordnung

Nach § 1 Abs. 1 AO gilt diese für alle Steuern, die der Gesetzgebung des Bundes (Art. 105 GG) oder dem Recht der Europäischen Gemeinschaften unterliegen und durch Bundes- oder Landesfinanzbehörden verwaltet werden. Sie hat also insbesondere Geltung für die Umsatz-, Einkommen-, Vermögensteuer, für die Verkehr- und Verbrauchsteuern und die Zölle (vgl. § 3 Abs. 1 S. 2 AO). Auch bei nur teilweiser Verwaltung durch Bundes- oder Landesfinanzbehörden ist die AO anwendbar.

Für die *Realsteuern* (Grund-, Gewerbesteuer) gelten sinngemäß die meisten allgemeinen Vorschriften der AO, ferner das Steuerschuldrecht, die allgemeinen Verfahrensbestimmungen sowie die Vorschriften über das Besteuerungs- und das Erhebungsverfahren, schließlich die materiellen und formellen Straf- und Ordnungswidrigkeitenbestimmungen (§ 1 Abs. 2 AO).

Die AO ist in einigen Ländern – z. T. für bestimmte Steuerarten – gemäß Landesgesetz für anwendbar erklärt worden (so in Berlin durch Ges. i. d. F. vom 21. 6. 1977, GVBl. 1394).

509. Verfahrensgrundsätze der Finanzbehörden

Das Verfahren der Finanzbehörden unterliegt den Grundsätzen des allgemeinen Verwaltungsrechts (141 ff.) mit Besonderheiten, die sich aus abgabenrechtlichen Gesichtspunkten ergeben. Insbesondere die Vorschriften über den *Verwaltungsakt* (§§ 118ff. AO) lehnen sich an die allgemeinen Bestimmungen des Verwaltungsrechts an und stimmen weitgehend mit denen des Verwaltungsverfahrensgesetzes (147, 148) überein. Die *Bestandskraft eines Steuerbescheids* im besonderen erlaubt im Interesse des Vertrauensschutzes der Beteiligten eine Änderung nur unter bestimmten Voraussetzungen (§§ 172ff. AO). Die Ausübung des *Ermessens* der Finanzbehörden unterliegt der allgemeinen gesetzlichen Begrenzung (§ 5 AO; vgl. 148 II).

Die AO regelt die sachliche und örtliche *Zuständigkeit* der Finanzbehörden (§§ 16ff.), die Stellung von Bevollmächtigten und Beiständen (§ 80), Auskunftspflichten, Sachverständigengutachten und andere Beweismittel (§§ 93ff.) und die Wahrung des *Steuergeheimnisses,* das jedoch Durchbrechungen z. B. zugunsten eines Strafverfahrens oder im zwingenden öffentlichen Interesse erfährt (§§ 30, 31). In materieller Hinsicht sind vor allem die Vorschriften über Entstehung und Fälligkeit der Steuerschuld (dazu 511) und die Verjährung (5 Jahre, §§ 228ff.) von Bedeutung. Für die Besteuerung ist es unerheblich, ob ein die Steuerpflicht auslösendes Verhalten gesetz- oder sittenwidrig ist (§§ 40, 41). Andererseits darf die Steuerpflicht nicht durch Mißbrauch rechtlicher Gestaltungsmöglichkeiten umgangen werden (§ 42). Für die Anwendung der Gesetze, die *Steuervergünstigung für gemeinnützige, mildtätige oder kirchliche Zwecke* gewähren, gelten die Sondervorschriften der §§ 51ff. AO.

Bei Nichtzahlung der Steuer werden *Säumniszuschläge* erhoben, sofern nicht rechtzeitig *Stundung* beantragt und bewilligt worden ist (vgl. 513). Ist ein Steueranspruch Gegenstand eines gerichtlichen Verfahrens geworden, so werden Erstattungsforderungen, die durch Herabsetzung des Anspruchs entstehen, von der Rechtshängigkeit ab verzinst (*Erstattungszinsen*); umgekehrt hat der Steuerpflichtige, der Aussetzung der Vollziehung des Steuerbescheids beantragt hat, aber im Prozeß erfolglos geblieben ist, *Aussetzungszinsen* zu entrichten (§§ 236, 237 AO). Auch bei *Stundung* hat er Zinsen zu zahlen (§ 234 AO).

510. Aufzeichnungspflichten. Außenprüfung

Die *steuerliche Buchführungspflicht* trifft nach § 141 AO alle gewerblichen Unternehmer sowie Land(Forst)wirte mit Gesamtumsatz von mehr als 500000 DM im Kalenderjahr oder Betriebsvermögen von mehr als 125000 DM oder selbstbewirtschafteten land(forst)wirtschaftlichen Flächen von mehr als 40000 DM Wirtschaftswert oder Gewinn aus Gewerbebetrieb oder aus Land(Forst)wirtschaft von mehr als 36000 DM (ab 1995 48000 DM).

Unberührt bleibt hiervon die *handelsrechtliche Buchführungspflicht* (367), die auch Grundlage für die Besteuerung ist (§ 140 AO).

Besondere Aufzeichnungspflichten bestehen für die Umsatzsteuer (541) und nach einzelnen einkommensteuerlichen Bestimmungen.

Ferner haben gewerbliche Unternehmer den *Wareneingang* aufzuzeichnen, den *Warenausgang* dann, wenn sie andere Unternehmer zur Weiterveräußerung oder zum Verbrauch als Hilfsstoffe beliefern (§§ 143, 144 AO).

Die früher sog. *Betriebsprüfung* wird nunmehr von den Finanzbehörden als sog. *Außenprüfung* nach §§ 193ff. AO durchgeführt. Sie ist bei gewerblichen oder land(forst)wirtschaftlichen Unternehmen, bei freiberuflich Tätigen und in gewissen anderen Fällen zulässig. Für den Steuerpflichtigen besteht Mitwirkungspflicht; Die Prüfung endet mit einer Schlußbesprechung (§§ 200, 201 AO). Die Außenprüfung findet in regelmäßigen Zeitabständen statt; sie kann jedoch statt dessen als *abgekürzte Außenprüfung* auf die wesentlichen Besteuerungsgrundlagen beschränkt werden (§ 203 AO).

Nach § 147 AO gelten für die *Aufbewahrung von Steuerunterlagen* bestimmte Fristen. Bücher, Inventare und Bilanzen sind – geordnet – 10 Jahre aufzubewahren, Aufzeichnungen, empfangene Handelsbriefe und Kopien abgesandter Handelsbriefe, Buchungsbelege usw. 6 Jahre. Die steuerrechtliche Aufbewahrungspflicht besteht unabhängig von der handelsrechtlichen (367).

511. Steuerfestsetzung. Vorauszahlungen

Die laufenden Steuern werden im allgemeinen nach Ablauf des Kalender- bzw. Wirtschafts-(Geschäfts-)jahres, für das die Steuer erhoben wird, *festgesetzt*. Um jedoch schon früher dem Staat laufende Einnahmen zuzuführen, hat der Steuerpflichtige bei manchen Steuern ohne besondere Aufforderung *Vorauszahlungen* in Vierteljahresbeträgen entsprechend der letzten Veranlagung zu leisten. Etwaige Überzahlungen werden bei der folgenden Veranlagung ausgeglichen.

Der Zeitpunkt der Festsetzung der Steuer ist ohne Einfluß auf die *Entstehung der Steuerschuld*. Der Steuerbescheid hat keine rechtsbegründende, sondern nur deklaratorische Bedeutung. Die *Fälligkeit* der Steuerschuld richtet sich nach den Einzelsteuergesetzen; mangels besonderer Regelung tritt sie mit Entstehung der Steuerschuld ein (§ 220 AO). Der Zeitpunkt der Fälligkeit der Steuerschuld ist insbesondere von Bedeutung für den Beginn der Verjährung und die Geltendmachung im Konkurs (bevorrechtigte Konkursforderung nur ein Jahr vor Eröffnung).

Über die *Entstehung* der Steuerschuld stellt § 38 AO nur den Grundsatz auf, daß die Verwirklichung des gesetzlichen Tatbestandes maßgebend ist, an den die Leistungspflicht geknüpft ist. Im übrigen gelten die Einzelsteuergesetze. Danach entsteht die Steuerschuld bei der Einkommen- und Körperschaftsteuer für Steuerabzugsbeträge im Zeitpunkt des Zufließens der steuerabzugspflichtigen Einkünfte, bei der Körperschaftsteuer für Vorauszahlungen mit Beginn des Kalendervierteljahres und für die veranlagte Steuer i. d. R. mit Ablauf des Festsetzungszeitraums. Bei der Gewerbesteuer entsteht die Steuerschuld für Vorauszahlungen mit Beginn des Kalendervierteljahres, im übrigen mit Ablauf des Festsetzungszeitraums, bei der Umsatzsteuer mit Ablauf des Voranmeldezeitraums, in dem die Entgelte vereinnahmt oder (bei Besteuerung nach vereinbarten Entgelten) die Lieferungen od. Leistungen ausgeführt worden sind.

512. Der Rechtsbehelf im Besteuerungsverfahren

gegen Verwaltungsakte in Abgabeangelegenheiten (das sind i. d. R. Steuerbescheide) sowie in Verfahren zur Vollstreckung von Verwaltungsakten in anderen Angelegenheiten ist der *Einspruch* (§ 347 ff AO).

Gegen Steuerbescheide des Finanzamts kann der Steuerpflichtige binnen eines Monats nach Bekanntgabe *Einspruch* bei dem gleichen Finanzamt einlegen (§§ 347, 355 ff. AO). Dieses prüft die Zulässigkeit; es kann weitere Ermittlungen anstellen (z. B. Zeugen oder Sachverständige hören), wie überhaupt das Einspruchsverfahren zur *Nachprüfung der Sache durch dieselbe Behörde* in vollem Umfang führt. Die Entscheidung des Finanzamts kann den Einspruch als unbegründet zurückweisen oder ihn für begründet erklären und den Steuerbescheid aufheben oder ändern, zum Nachteil des Betroffenen aber nur, wenn er vorher hierzu gehört worden ist (§ 367 AO). Gegen eine ihm ungünstige Entscheidung kann der Steuerpflichtige *Klage bei dem Finanzgericht* erheben (vgl. 78), wenn er geltend macht, in seinen Rechten verletzt zu sein (§ 40 Abs. 2 FGO).

Das Finanzgericht prüft den Steuerfall in tatsächlicher und rechtlicher Hinsicht nach. Gegen seine Entscheidung (den Gerichtsbescheid – soweit die Revision zugelassen worden ist – oder das in öffentlicher Sitzung verkündete Urteil) ist die *Revision* an den *Bundesfinanzhof* (vgl. 78) gegeben, die aber nur auf Rechtsverletzung gestützt werden kann; ferner muß der Streitwert höher als 1000 DM sein oder das Finanzgericht die Revision wegen grundsätzlicher Bedeutung der Streitsache, wegen Abweichung seiner Entscheidung von einem Urteil des BFH oder wegen Verfahrensmangels zugelassen haben (§ 115 FGO). Bis zum 31. 12. 1999 ist die Revision nur statthaft, wenn sie vom FG oder BFH zugelassen worden ist (s. 78).

513. Die Vollstreckung im Steuerrecht

dient der zwangsweisen Einziehung von Steuerforderungen, falls der Steuerpflichtige nicht rechtzeitig zahlt. Das in den §§ 249–346 AO behandelte Verfahren unterliegt ähnlichen Grundsätzen wie die zivilprozessuale Zwangsvollstreckung (250 ff.)

An Stelle des Gerichtsvollziehers tritt ein *Vollziehungsbeamter* des Finanzamts, insbes. bei Pfändung beweglicher Sachen. Forderungen pfändet das FA durch Pfändungsverfügung. Ggf. kann es eidesstattlich versicherte *Vermögensoffenbarung* verlangen. In das unbewegliche Vermögen wird nach den Vorschriften der ZPO (§§ 864 ff.) vollstreckt.

Schuldnern, die eine Steuerschuld nicht zahlen können, kann diese, wenn die Zahlung der Steuer zu einer erheblichen *Härte* führen würde und der Steueranspruch durch *Stundung* nicht gefährdet wird, gestundet werden. Im allgemeinen ist bei Stundung *Sicherheitsleistung* erforderlich; auch sind monatl. ½ v. H. Zinsen zu zahlen (§§ 222, 234, 238 AO). Bei nicht rechtzeitiger Zahlung der Steuer wird für jeden angefangenen Monat der Säumnis ein Säumniszuschlag vom 1 v. H. auf den verspätet entrichteten Steuerbetrag erhoben (§ 240 AO).

Steuern können *niedergeschlagen* werden, wenn ihre Beitreibung keinen Erfolg verspricht oder die Kosten außer Verhältnis zum Steuerbetrag stehen (§ 261 AO). Der Steueranspruch ruht alsdann und lebt wieder auf, wenn sich die Lage des Steuerpflichtigen bessert.

Der Sicherung gefährdeter Steuerforderungen dient der *Arrest,* der als dinglicher Arrest in das bewegliche Vermögen durch Pfändung, in ein Grundstück durch Eintragung einer Sicherungshypothek vollzogen wird; den persönlichen Arrest kann die Finanzbehörde unter gewissen Voraussetzungen beim Amtsgericht beantragen (§§ 324, 326 AO).

514. Erlaß oder Milderung von Steuern im Billigkeitswege

Nach § 227 AO können *im Einzelfall* Steuern ganz oder zum Teil erlassen, erstattet oder angerechnet werden, wenn ihre Einziehung nach Lage des Falles *unbillig* wäre. Unter der gleichen Voraussetzung kann nach § 163 AO die Steuer niedriger festgesetzt oder es können einzelne Besteuerungsgrundlagen, soweit sie die Steuer erhöhen, bei deren Festsetzung unberücksichtigt bleiben; bei Steuern vom Einkommen ist außerdem mit Zustimmung des Steuerpflichtigen eine zeitliche Verschiebung der Besteuerungsgrundlagen zulässig.

Hiernach kommen zwei Gruppen von *Billigkeitsmaßnahmen* in Betracht:
a) der *Erlaß eines Steuerbetrags* und
b) die Veränderung oder Nichtberücksichtigung der *Besteuerungsgrundlagen*.
Solche Billigkeitsmaßnahmen sind in jedem Stadium des Besteuerungsverfahrens, in Gestalt des Erlasses i. d. R. erst nach, aber auch schon vor der Rechtskraft eines Steuerbescheides zulässig.

Gegen die Versagung einer Billigkeitsmaßnahme *(Ermessensentscheidung)* ist, sofern sie ein Teil eines Steuerbescheids ist, der Einspruch (§ 348 AO) gegeben. Gegen eine Einzelverfügung kann Beschwerde (§ 349 AO) und gegen die Entscheidung der letzten Verwaltungsstufe (i. d. R. Oberfinanzdirektion) Klage beim Finanzgericht erhoben werden. Dieses prüft Ermessensentscheidungen daraufhin nach, ob die gesetzlichen Grenzen des Ermessens überschritten oder ob von ihm sachwidriger Gebrauch gemacht worden ist (§ 102 FGO).

515. Das Steuerstrafrecht

i. w. S. umfaßt zwei Arten von Zuwiderhandlungen gegen die Steuergesetze, nämlich die mit krimineller Strafe bedrohten echten *Straftaten* und die nur mit Geldbuße bedrohten *Ordnungswidrigkeiten* (über den Unterschied s. 152). Dementsprechend sind die Verfahrensvorschriften, die zusammen mit dem materiellen Recht im 8. Teil der AO (§§ 369–412) behandelt sind, aufgeteilt in solche über das *Strafverfahren* und das *Bußgeldverfahren*. Neben den besonderen Vorschriften der AO gelten entsprechend die Bestimmungen der allgemeinen Strafgesetze sowie die Strafprozeßordnung, das Gerichtsverfassungsgesetz und das Jugendgerichtsgesetz.

An *Strafen* sind Freiheitsstrafe und Geldstrafe sowie gesetzliche Nebenfolgen (396 I, III und § 375 AO) vorgesehen.

Steuerhinterziehung ist ein Vergehen, das in drei Formen begangen werden kann (§ 370 AO):
a) durch unrichtige oder unvollständige Angaben über steuerlich erhebliche Tatsachen,
b) durch pflichtwidrige Verschleierung solcher Tatsachen,
c) durch pflichtwidrige Nichtverwendung von Steuerzeichen oder -stemplern,

falls der Täter dadurch Steuern verkürzt oder für sich oder für einen anderen ungerechtfertigte Steuervorteile erlangt.

Versuch der Steuerhinterziehung ist strafbar. Bei Steuerhinterziehung wirkt die *Selbstanzeige* strafbefreiend, falls der Täter unrichtige oder unvollständige Angaben berichtigt oder ergänzt *(tätige Reue)*. Sie nutzt nichts mehr, wenn ein Prüfer zur steuerlichen oder steuerstrafrechtlichen Prüfung erschienen ist oder wenn dem Täter oder seinem Vertreter die Einleitung des Straf(Bußgeld)verfahrens bekanntgegeben worden ist oder wenn der Täter wußte oder bei verständiger Würdigung der Sachlage damit rechnen mußte, daß die Tat ganz oder zum Teil bereits entdeckt war. Sind Steuerverkürzungen bereits eingetreten oder Steuervorteile erlangt, so tritt die Straffreiheit nur ein, wenn der Täter die geschuldete Summe nach ihrer Feststellung innerhalb der ihm gestellten angemessenen Frist entrichtet (§ 371 AO).

Als *Bannbruch* wird die verbotswidrige Ein-, Aus- oder Durchfuhr zollpflichtiger Gegenstände ohne ordnungsmäßige Gestellung zur Zollabfertigung bestraft (§ 372 AO). *Steuerhehlerei* begeht, wer in Bereicherungsabsicht Waren usw. an sich bringt, absetzt oder abzusetzen hilft, bei denen Steuern oder Zölle hinterzogen worden sind (§ 374 AO).

Steuerordnungswidrigkeiten werden nur mit Bußgeld geahndet. Dazu zählen die leichtfertige Steuerverkürzung (§ 378 AO), die Steuergefährdung (z. B. durch Ausstellung unrichtiger Belege, unrichtige Buchungen, § 379 AO), ferner die vorsätzlichen oder leichtfertigen Verstöße gegen die Verbrauchsteuervorschriften über Erklärungs- oder Anzeigepflichten, Verpackung und Kennzeichnung von Waren u. dgl. (§ 381 AO) sowie vorsätzliche oder leichtfertige Zollgefährdung (§ 382 AO). Wegen *leichtfertiger Steuerverkürzung* wird nicht belangt, wer vor Bekanntgabe der Einleitung des Verfahrens die unrichtigen oder unvollständigen Angaben bei der Steuerbehörde berichtigt oder ergänzt (§ 378 Abs. 3 AO).

Die *Verletzung des Steuergeheimnisses,* das alle – auch kirchliche – Amtsträger und amtlich zugezogenen Sachverständigen nach §§ 30, 7 AO zu wahren haben, ist nach § 355 StGB strafbares Antragsdelikt (277). Jedoch dürfen sie den Strafverfolgungsbehörden gegenüber vorsätzlich falsche Angaben des Betroffenen sowie solche Tatsachen offenbaren, die keine Steuerstraftat begründen oder an deren Offenbarung ein zwingendes öffentliches Interesse (z. B. zur Ahndung schwerer Delikte) besteht.

516. Das Steuerstrafverfahren

(sowie das bei Steuerordnungswidrigkeiten anzuwendende *Bußgeldverfahren*) ist in den §§ 385ff. AO geregelt.

Nachdem das BVerfG durch Urteil vom 6. 6. 1967 (NJW 1967, 1219) den Erlaß eines *Strafbescheides* durch eine Finanzbehörde und das *Unterwerfungsverfahren* für verfassungswidrig erklärt hatte, weil die rechtsprechende Gewalt in Art. 92 GG dem Richter vorbehalten sei (vgl. 63, 70), sind die Vorschriften über das Steuerstrafverfahren durch das *Ges. zur Änderung strafrechtlicher Vorschriften der Reichsabgabenordnung und anderer Gesetze* – AOStrafÄndG – vom 10. 8. 1967 (BGBl. I 877) dementsprechend neu gefaßt worden. Zwar kann wie früher statt des staatsanwaltschaftlichen Ermittlungsverfahrens (vgl. 278) ein solches der Finanzbehörde stattfinden; diese ist aber beschränkt auf die Einleitung und Durchführung der Ermittlungen in Steuerstrafsachen und die Befugnis, das Verfahren einzustellen; insoweit hat sie die Stellung der Staatsanwaltschaft (§§ 386, 399 AO). Hält die Finanzbehörde dagegen die Durchführung des Verfahrens für geboten, so beantragt sie beim Richter den Erlaß eines Strafbefehls, wenn sie die Sache als für das Strafbefehlsverfahren (vgl. 286) geeignet ansieht; andernfalls legt sie die Akten der Staatsanwaltschaft vor, in deren Hand sodann das weitere Verfahren liegt (§ 400 AO). Erhebt die Staatsanwaltschaft Anklage, so ist die Finanzbehörde im gerichtlichen Verfahren vor wesentlichen Entscheidungen und namentlich in der Hauptverhandlung zu hören (§ 407 AO). Ergibt sich im gerichtlichen Verfahren, daß eine Verurteilung wegen Steuerhinterziehung davon abhängt, ob ein Steueranspruch besteht oder verkürzt oder ein Steuervorteil zu Unrecht gewährt worden ist, so kann das Gericht das Verfahren bis zum Abschluß des Besteuerungsverfahrens aussetzen (§ 396 AO).

Für die Verfolgung von *Steuerordnungswidrigkeiten* (515), die vom Finanzamt mit Geldbuße und den gesetzlichen Nebenfolgen nach dem Gesetz über *Ordnungswidrigkeiten* (152) geahndet werden können, gelten die verfahrensrechtlichen Vorschriften des OWiG sowie sinngemäß die Bestimmungen des Steuerstrafverfahrens über die Zuständigkeit der Finanzbehörde und des Gerichts, die Verteidigung, die Beteiligung der Finanzbehörde am Verfahren usw. nach Maßgabe der §§ 409ff. AO.

Im Steuerstrafverfahren vor der Finanzbehörde können auch Steuerberater, Steuerbevollmächtigte, Wirtschaftsprüfer und vereidigte Buchprüfer (571, 572) selbständig als Verteidiger auftreten, vor Staatsanwaltschaft und Gericht nur in Gemeinschaft mit einem Rechtsanwalt oder Rechtslehrer an einer deutschen Hochschule (§ 392 AO).

517. Übersicht über die wichtigsten Rechtsbehelfe in Steuersachen

	Einspruchs-verfahren	(Straf- und) Bußgeldverfahren
Entscheidung des FA:	Steuerbescheid, sonstige Verwaltungsakte (§ 347 AO)	(Strafbescheide des FA sind nicht mehr zulässig)* Bußgeldbescheid
außergerichtl. Rechtsbehelfe:	Einspruch an FA	
gerichtliche Rechtsbehelfe:	Klage beim FG	Einspruch an AG
	Revision an BFH	Rechtsbeschwerde an OLG

* Straffestsetzungen in Steuersachen können nur durch die ordentlichen Gerichte ergehen. Wegen der Rechtsbehelfe vgl. 282.

518. Das Bewertungsgesetz (BewG)

enthält die materiell-rechtlichen Vorschriften, nach denen die Bemessungsgrundlagen für die an Vermögenswerte anknüpfenden Steuern ermittelt werden, hauptsächlich über die Feststellung der Einheitswerte wirtschaftlicher Einheiten, die für verschiedene Steuern maßgebend sind (z. B. Vermögen-, Grund-, Erbschaftsteuer).

Das BewG (s. 505) hat 4 Teile: Allgemeiner Teil; Besonderer Teil mit 2 Abschnitten: Einheitsbewertung und Sonstiges Vermögen, Gesamtvermögen, Inlandsvermögen; Übergangs- und Schlußbestimmungen und Vorschriften über die Bewertung von Vermögen in den neuen Bundesländern.

Die *Einheitsbewertung* wird vorgenommen für wirtschaftliche Einheiten des land- und forstwirtschaftlichen Betriebs, Grundstücke oder Betriebsgrundstücke und gewerbliche Betriebe. Die Einheitswerte werden allgemein festgestellt *(Hauptfeststellung)* in Zeitabständen von je 6 Jahren für den Grundbesitz und in Abständen von je 3 Jahren für die wirtschaftlichen Einheiten des Betriebsvermögen (§ 21). Durch Rechtsverordnung können diese Zeitabstände verkürzt werden. Zwischenzeitliche Veränderungen führen unter bestimmten Voraussetzungen zu einer *Fortschreibung* oder *Nachfeststellung* (§§ 22, 23). Erster *Hauptfeststellungszeitpunkt* war der 1. 1. 1935. Für Grundbesitz hat die letzte Hauptfeststellung zum 1. 1. 1964 stattgefunden. Der Zeitpunkt der nächsten Hauptfeststellung der Einheitswerte des Grundbesitzes wird durch besonderes Gesetz bestimmt (vgl. Art. 2 Abs. 1 des Ges. zur Änderung des BewG vom 13. 8. 1965, BGBl. I 851). Für die wirtschaftlichen Einheiten des Betriebsvermögens findet, abweichend von § 21 Abs. 1 BewG die nächste Hauptfeststellung auf den 1. 1. 1995 und die darauffolgende Hauptfeststellung auf den 1. 1. 1999 statt (s. § 1 des Ges. vom 23. 6. 1993, BGBl. I 944, 973).

Der *Einheitswert* ist bei *land- und forstwirtschaftlichem Vermögen* der *Ertragswert,* der auf Grund von Vergleichen mit bestimmten Vergleichsbetrieben ermittelt wird. Die danach bestimmten *Hektarwerte* werden auf die Fläche des einzelnen Betriebes umgerechnet (§§ 33ff.). Beim *Grundvermögen,* d.h. dem nicht land- oder forstwirtschaftlich oder betrieblich genutzten Grund und Boden einschl. Gebäuden und Zubehör, werden Mietwohngrundstücke, Geschäfts- sowie gemischt-genutzte Grundstücke sowie Ein- und Zweifamilienhäuser im *Ertragswertverfahren* durch Vervielfältigung der Jahresrohmiete bewertet (§ 78ff.), andere bebaute Grundstücke im *Sachwertverfahren* (§ 83ff). Ab dem 1. 1. 1996 richtet sich bei *Erbschaft oder Schenkung* die Bewertung des bebauten Grundstükkes nicht mehr nach den Einheitswerten, sondern ebenfalls nach dem sog. Ertragswertverfahren. Als Wert eines bebauten Grundstücks wird danach das 12,5fache der für dieses Grundstück im Durchschnitt der letzten drei Jahre vor dem Besteuerungszeitpunkt erzielten Jahresmiete, vermindert um die Wertminderung wegen des Alters des Gebäudes, angesetzt. Wird das Grundstück vom Eigentümer benutzt, so tritt an Stelle der Jahresmiete die übliche Miete. Für die Wertminderung wegen Alters können seit Bezugsfertigkeit des Gebäudes bis zum Besteuerungszeitpunkt jährlich 0,5% höchstens aber 25% des wie vorstehend ermittelten Wertes abgezogen werden. Bei Ein- und Zweifamilienhäusern werden nochmals 20% auf den ermittelten Wert aufgeschlagen (§ 146). Zum *Betriebsvermögen* gehören alle Teile eines Gewerbebetriebes i. S. d. § 15 Abs. 1, 2 EStG, die bei der steuerlichen Gewinnermittlung zum Betriebsvermögen gehören. Sie werden mit den Steuerbilanzwerten bzw. mit den ertragsteuerlichen Werten angesetzt (§§ 95, 109). Betriebsgrundstücke werden als Grund- bzw. als land- oder forstwirtschaftliches Vermögen behandelt, als Betriebsvermögen nur, wenn sie überwiegend für einen Betrieb genutzt werden. Schulden sind vom Rohvermögen abzuziehen. Zum *sonstigen Vermögen* (§§ 110ff. BewG) zählen alle Güter, die nicht zu einer anderen Vermögensart gehören.

Für die Bewertung von *Wertpapieren* und *Anteilen* an Kapitalgesellschaften ist der am Stichtag (31. 12. des dem Festsetzungszeitpunkt vorangehenden Jahres) im amtlichen Handel notierte *niedrigste* Kurs, bei Anteilscheinen der Rücknahmepreis gemäß § 11 Abs. 1, 4 BewG maßgebend; diese Kurse gibt der BMF im Bundessteuerblatt bekannt (§§ 112, 113 BewG). *Nicht notierte Aktien* und Anteile werden nach einem besonderen Verfahren bewertet (§ 113a BewG; AnteilsbewertungsVO vom 19. 1. 1977, BGBl. I 171).

Über den Abzug von *Rückstellungen für Pensionsverpflichtungen* bei der Einheitsbewertung des Betriebsvermögens vgl. § 104 BewG.

II. Besitzsteuern

519. Die Einkommensteuer

ist eine Steuer vom Reineinkommen der natürlichen Personen im Gegensatz zur Körperschaftsteuer der juristischen Personen (s. 536).

Rechtsquellen sind das Einkommensteuergesetz (EStG 1997) i. d. F. vom 16. 4. 1997 (BGBl. I 821) und die EStDV i. d. F. vom 18. 6. 1997 – EStDV 1997 (BGBl. I 1558) m. spät. Änd. Ferner gelten ESt-Richtlinien (EStR) i. d. F. vom 18. 5. 1994 (BStBl. I Sondernummer 1). Die *Richtlinien* sind ebenso wie die zahlreichen Verwaltungsanordnungen keine Rechtsnormen und für die Gerichte nicht verbindlich.

Wie in 79 II 2 dargelegt, werden die Aufkommen an Einkommen- und Körperschaftsteuer auf Bund und Länder verteilt. Dabei wird durch den *horizontalen Finanzausgleich* (79 III) eine Lastenverteilung zwischen leistungsstarken Ländern und leistungsschwachen Ländern erreicht.

Das Ges. über die Steuerberechtigung und die Zerlegung bei der Einkommensteuer und der Körperschaftsteuer *(Zerlegungsgesetz)* i. d. F. vom 25. 2. 1971 (BGBl. I 145) m. spät. Änd. hat dagegen mehr verwaltungstechnische Bedeutung; es bestimmt, welchem Land die Steuer zusteht, wenn ein Steuerpflichtiger seinen Wohnsitz oder seine Niederlassung in ein anderes Land verlegt oder wenn er Betriebstätten in mehreren Ländern unterhält oder Lohnsteuer für Arbeitnehmer abführt, die in anderen Ländern ansässig sind.

520. Unbeschränkte und beschränkte Einkommensteuerpflicht

Unbeschränkt, d. h. mit ihren sämtlichen Einkünften steuerpflichtig, sind natürliche Personen, die im Inland Wohnsitz oder gewöhnlichen Aufenthalt haben. Andere Personen werden nur mit ihren inländischen Einkünften besteuert *(beschränkte Steuerpflicht),* § 1 Abs. 1, 4 EStG.

Nach den mit anderen Staaten abgeschlossenen *Doppelbesteuerungsabkommen* wird die ausländische Einkommensteuer auf die im Inland erhobene Einkommensteuer angerechnet, auf Antrag ist die Steuer bei Ermittlung der Einkünfte abzuziehen. Vgl. 568. Über Maßnahmen gegen *Steuerflucht* bei Verlegung des Wohnsitzes in das Ausland, durch Beteiligung an ausländischen Zwischengesellschaften usw. vgl. 569.

521. Die Einkommensarten

Steuerpflichtig sind nach der abschließenden Aufzählung in § 2 Abs. 1 EStG nur die Einkünfte aus

1. Land- und Forstwirtschaft;
2. Gewerbebetrieb;
3. selbständiger Arbeit;
4. nichtselbständiger Arbeit (hierzu s. 535, Lohnsteuer);
5. Kapitalvermögen;
6. Vermietung und Verpachtung;
7. sonstige Einkünfte i. S. des § 22 EStG (wiederkehrende Bezüge, Spekulationsgeschäfte, besondere Leistungen, Abgeordnetenbezüge u. dgl.).

Was nicht unter eine dieser 7 Einkunftsarten fällt, ist einkommensteuerfrei (z. B. Schenkungen, Erbschaften, Lotteriegewinne, Schadensersatzzahlungen). *Spekulationsgewinne* werden bei Grundstücken besteuert, wenn diese binnen 2 Jahren, bei anderen Wirtschaftsgütern, z. B. Wertpapieren, wenn sie binnen 6 Monaten weiterveräußert werden (§ 23 EStG).

Einkünfte sind bei Land(Forst-)wirtschaft, Gewerbebetrieb und selbständiger Arbeit der Gewinn, bei den anderen Einkunftsarten der Überschuß der Einnahmen über die Werbungskosten (§ 2 Abs. 2 EStG). Bei Land- und Forstwirten und bei Gewerbetreibenden ist der *Gewinn* nach dem *Wirtschaftsjahr* zu ermitteln (bei Land- und Forstwirten i. d. R. 1. 7. bis 30. 6.; bei Gewerbetreibenden das Kalenderjahr, bei eingetragenen Firmen der Bilanzzeitraum). Weicht das Wirtschaftsjahr vom Kalenderjahr ab, so wird der Gewinn bei Land- und Forstwirten auf das Kalenderjahr des Beginns und des Endes entsprechend dem zeitlichen Anteil aufgeteilt; bei Gewerbetreibenden gilt der Gewinn des Wirtschaftsjahres als in dem Kalenderjahr bezogen, in dem das Wirtschaftsjahr endet (§ 4a EStG). Bei nicht buchführungspflichtigen *Land-* und *Forstwirten* wird der Gewinn nach *Durchschnittsätzen* nach Maßgabe des § 13a EStG ermittelt.

Steuerfrei sind u. a. Sozialbezüge, Abfindungen wegen Entlassung aus dem Dienstverhältnis (mit gestaffelten Höchstgrenzen, s. § 3 Nr. 9 EStG, z. B. höchstens DM 24000,– bis zur Vollendung des 49. Lebensjahres), Ausbildungsbeihilfen, bestimmte Stipendien, bestimmte Zinsen und Gewinnanteile, Kindergeld, Ehrensold, Bergmannsprämien (§§ 3ff. EStG).

522. Die Ermittlung des Gewinns

Für die Ermittlung des *Gewinns* bei den ersten 3 Einkunftsarten (s. 521) stellt das EStG vier Ermittlungsweisen auf (§§ 4, 5 EStG):

a) die einfache *Einnahmen-Ausgabenrechnung* (§ 4 Abs. 3 S. 1 EStG), bei der Einnahmen und Ausgaben gegenübergestellt werden und der

Überschuß der Einkommensteuer unterworfen wird (auch Überschußrechnung genannt);

b) die qualifizierte Einnahmen-Ausgabenrechnung, bei der Absetzungen für (technische oder wirtschaftliche) Abnutzung oder Substanzverringerung berücksichtigt werden (§ 4 Abs. 3 S. 3, § 7 EStG);

c) den *Betriebsvermögensvergleich* (§ 4 Abs. 1 EStG), bei dem das Endvermögen mit dem Anfangsvermögen unter Berücksichtigung der Entnahmen und Einlagen verglichen wird (= Bilanzierung);

d) den Betriebsvermögensvergleich nach den Grundsätzen ordnungsmäßiger *kaufmännischer Buchführung,* § 5 EStG (= Bilanzierung).

Die Ermittlungsart zu a) kommt insbesondere für kleinere Kaufleute, Handwerker und freie Berufe in Betracht. Der Betriebsvermögensvergleich zu c) wird von Nichtkaufleuten mit ordnungsgemäßer Buchführung vorgenommen. Im Falle d) müssen *Handelsbilanzen* aufgestellt, bei c) und d) die Bewertungsvorschriften des § 6 EStG beachtet werden (Ansatz grundsätzlich mit den Anschaffungs- oder Herstellungskosten oder mit dem nachweisbaren niedrigeren *Teilwert,* angemessene Abschreibungen für Abnutzung). Über *Rückstellungen* (auch für *Pensionsanwartschaften*) s. 527.

Für die *ordnungsmäßige Buchführung* ist ein besonderes System zur Gewinnermittlung steuerrechtlich nicht vorgeschrieben. Der Steuerpflichtige kann sich unter den zahlreichen Buchführungsarten die für seinen Betrieb am besten passende aussuchen. Stets muß aber sichergestellt sein, daß die Buchführung vollständig und übersichtlich ist und den Betriebsinhaber über den jeweiligen Stand seines Unternehmens auf dem laufenden hält (Einzelheiten in Abschn. 28ff. EStR).

523. Absetzungen für Abnutzung oder Substanzverringerung

I. Begriff

Unter „Absetzungen" versteht § 7 EStG die jährlichen Abschreibungen auf abnutzbare Güter, insbesondere auf die des Anlagevermögens. Diese *Wirtschaftsgüter* sind i. d. R. mit ihren Anschaffungs- oder Herstellungskosten, vermindert um die Absetzungen für Abnutzung (AfA), einzusetzen.

Der *Vorsteuerbetrag* nach § 15 des Umsatzsteuergesetzes (541) gehört, soweit er von der USt abgezogen werden kann, nicht zu den Anschaffungs- oder Herstellungskosten; soweit er nicht abzugsfähig ist, wird er nur in den Grenzen des § 9b EStG berücksichtigt.

II. Abschreibungsmethoden

Man unterscheidet folgende *Abschreibungsmethoden:*

1. die *lineare Abschreibung,* bei welcher alljährlich mit einem gleichbleibenden Hundertsatz der Anschaffungskosten abgeschrieben wird;
2. die *degressive* (ungleichmäßige) Absetzung für Abnutzung mit *gleichbleibendem Hundertsatz* vom jeweiligen Buch-(Rest-)wert. Sie ist für bewegliche Wirtschaftsgüter des Anlagevermögens wahlweise neben 1) zugelassen, darf aber das Dreifache des bei linearer Abschreibung maßgebenden Hundertsatzes und 30 v. H. nicht übersteigen (§ 7 Abs. 2 S. 2 EStG);

3. die *degressive* Absetzung für Abnutzung mit *fallenden* Staffelsätzen, bei welcher immer von den Anschaffungskosten, aber mit gestaffelten Sätzen abgeschrieben wird (z. B. in den ersten 5 Jahren mit 12 v. H., in den letzten 5 Jahren mit 8 v. H.). Sie wird nur ausnahmsweise zugelassen, wenn die tatsächliche Lage die höhere Entwertung in den ersten Jahren rechtfertigt.

III. Absetzungen bei Gebäuden

Bei *Gebäuden,* für die der Bauantrag nach dem 31. 3. 1985 gestellt worden ist und die zu einem Betriebsvermögen gehören und nicht Wohnzwecken dienen, sind jährlich 4 v. H. abzusetzen. Bei anderen Gebäuden – soweit sie nach dem 31. 12. 1924 fertiggestellt worden sind – jährlich 2 v. H. (§ 7 Abs. 4). Bei im Inland belegenen Gebäuden, die vom Steuerpflichtigen hergestellt oder bis zum Ende des Fertigstellungsjahres angeschafft worden sind, können die Anschaffungs- und Herstellungskosten verteilt über 25, 40 bzw. 50 Jahre nach zunächst höheren Abschreibungssätzen, die nach Ablauf bestimmter Zeiträume niedriger werden, abgesetzt werden (§ 7 Abs. 5).

IV. Absetzungen bei Wohngebäuden, Eigenheimzulage

Die staatliche Unterstützung selbstgenutzten Wohnungseigentums richtet sich seit 1. 1. 1996 nach dem *Eigenheimzulagengesetz* i. d. F. vom 26. 3. 1997 (BGBl. I 734). Dieses Gesetz löste die bisherigen Föderungen nach § 7b EStG und § 10e EStG (s. 524) ab. Die Förderung selbstgenutzten Wohnungsbaus ist jetzt nicht mehr abhängig von der Höhe der Steuerprogression.

Der Staat fördert den Wohnungsbau nunmehr durch eine Zulage in Höhe von maximal DM 5000 jährlich für die Dauer von acht Jahren. Für Altbauten ist die Förderung auf die Hälfte, also auf höchstens DM 2500 pro Jahr begrenzt. Zusätzlich wird ein Baukindergeld in Höhe von DM 1500 pro Kind und Jahr ebenfalls beschränkt auf acht Jahre gezahlt (§ 9). Die Auszahlung der Eigenheimzulage erfolgt durch das Wohnsitz-Finanzamt. Sogenannte Vorkosten (Kreditzinsen, Notarkosten u. a.) können mit einem Pauschalbetrag von DM 3500 in Ansatz gebracht werden.

Die Eigenheimzulage wird nur gewährt, wenn der Gesamtbetrag der Einkünfte aus zwei Jahren (Einkommen im Jahr der Anschaffung oder Herstellung sowie aus dem Vorjahr) DM 240000 für Ledige und DM 480000 für Verheiratete nicht überschreitet. Die Einhaltung dieser Einkommengrenzen wird im Laufe der acht Jahre einmal überprüft.

V. Sonstige Absetzungen

Nach § 6 Abs. 2 EStG können Steuerpflichtige sog. *geringwertige Wirtschaftsgüter* des Anlagevermögens, die der Abnutzung unterliegen und einer selbständigen Bewertung und Nutzung fähig sind, sofern ihre Anschaffungs-(Herstellungs-)kosten 800 DM nicht übersteigen, im Jahr der Anschaffung oder Herstellung voll als Betriebsausgaben absetzen.

Zur Förderung kleiner und mittlerer Betriebe besteht nach § 7g EStG unter bestimmten Voraussetzungen die Möglichkeit einer Sonderabschreibung von bis zu insgesamt 20 v. H. der Anschaffungs- oder Herstellungskosten eines neuen beweglichen Wirtschaftguts im Jahr der Anschaffung oder Herstellung und in den folgenden 4 Jahren.

Für bestimmte Investitionen im Beitrittsgebiet (neue Bundesländer) können *Sonderabschreibungen* nach dem *Fördergebietsgesetz* vom 23. 9. 1993 (BGBl. I 1654, 1655), zuletzt geändert am 18. 8. 1997 (BGBl. I 2073), geltend gemacht werden.

524. Betriebsausgaben, Werbungskosten, Sonderausgaben, Pauschbeträge

Bei der Gewinnermittlung durch Einnahmen-Ausgabenrechnung (s. 522) spielen bei Land- und Forstwirtschaft, Gewerbebetrieb und selbständiger Arbeit (sog. Gewinneinkunftsarten i. S. des § 2 Abs. 2 Nr. 1 EStG) die abzugsfähigen *Betriebsausgaben* eine wichtige Rolle. *Werbungskosten* sind bei den sog. Überschußeinkunftsarten i. S. des § 2 Abs. 2 Nr. 2 EStG (also bei nichtselbständiger Arbeit, Kapitalvermögen, Vermietung und Verpachtung, sonstige Einkünfte i. S. des § 22 EStG) zu berücksichtigen. *Sonderausgaben* sind vom Gesamtbetrag der Einkünfte abzuziehen.

I. Betriebsausgaben

sind die Aufwendungen, die durch den Betrieb veranlaßt sind (§ 4 Abs. 4 EStG). Um einem verbreiteten *Spesenmißbrauch* entgegenzutreten, erklärt § 4 Abs. 5 EStG für *nicht abzugsfähig:* Aufwendungen für Geschenke (ausgenommen Zuwendungen an eigene Arbeitnehmer sowie Werbegeschenke bis zu 75 DM Anschaffungs- oder Herstellungskosten), Aufwendungen für Gästehäuser (außer für eigene Arbeitnehmer) sowie für Jagden, Fischerei, Jachten u. ä. *Repräsentationskosten* sowie Geldbußen, Ordnungs- und Verwarnungsgelder. Nicht als Betriebsausgaben abgesetzt werden können ferner andere Aufwendungen, welche die *Lebensführung* des Steuerpflichtigen oder Dritter berühren, soweit sie unangemessen sind. *Bewirtungsspesen* sind absetzbar, wenn sie angemessen und nachgewiesen sind; sie sind nicht absetzbar, soweit sie 80 v. H. der nach allgemeiner Verkehrsauffassung als angemessen anzusehenden Aufwendungen übersteigen.

II. Werbungskosten

sind Aufwendungen zur Erwerbung, Sicherung und Erhaltung der Einnahmen (§ 9 EStG). Dazu gehören auch Schuldzinsen, auf besonderen Verpflichtungsgründen beruhende Renten und dauernde Lasten, soweit sie mit einer Einkunftsart in wirtschaftlichem Zusammenhang stehen; ferner Grund- und Gebäudesteuern, einkommensbezogene Versicherungsprämien, Beiträge zu Berufsverbänden und Berufsständen, Aufwendungen der Arbeitnehmer für Fahrten zwischen Wohnung und Arbeitsstätte sowie für Familienheimfahrten und notwendige Mehraufwendungen für doppelte Haushaltsführung, für Arbeitsmittel wie z. B. für Werkzeug und Berufskleidung, Absetzungen für Abnutzung und für Substanzverringerung (523). Der Arbeitnehmer kann bei Fahrten im eigenen Kfz. zwischen Wohn- und Arbeitsstätte pro Arbeitstag und km 0,70 DM (für Motorrad oder -roller 0,33 DM) als Werbungskosten absetzen *(Kilometerpauschale)*.

Nicht abzugsfähig sind u. a. Kosten der Lebensführung, freiwillige Zuwendungen an andere Personen, Zuwendungen an gesetzlich Unterhaltsberechtigte, Personensteuern, Umsatzsteuer für den Eigenverbrauch sowie Geldstrafen (§ 12 EStG).

III. Sonderausgaben

Die Abzugsfähigkeit der *Sonderausgaben* beruht z. T. auf sozialpolitischen Rücksichten (gewisse Unterhaltsleistungen an den geschiedenen oder getrennt lebenden Ehegatten, Kranken- u. a. Versicherungsbeträge), z. T. auf wirtschaftspolitischen Erwägungen (z. B. Bausparbeiträge zur Erlangung von Baudarlehen). Sie werden gewährt, weil diese Ausgaben die Leistungsfähigkeit des

Steuerpflichtigen mindern. Sie sind z. T. unbeschränkt abzugsfähig (z. B. auf besonderer Verpflichtung beruhende Renten und dauernde Lasten, Kirchensteuer), z. T. sachlich und auf bestimmte *Höchstbeträge* beschränkt (z. B. Aufwendungen für Kranken-, Rentenversicherungen usw., Bausparbeiträge, diese nur zu 50 v. H.) – *sog. Vorsorgeaufwendungen* – jährlich bis 2610 DM, bei zusammenveranlagten Eheleuten 5220 DM; zusätzlich für Versicherungen ein sog. Vorwegabzug von 6000 DM bzw. bei Eheleuten 12000 DM). Für die Beschäftigung einer Haushaltshilfe können bis zu 18000 DM als Sonderausgaben geltend gemacht werden, wenn Pflichtbeiträge zur inländischen gesetzlichen Rentenversicherung geleistet werden (§ 10 Abs. 1 Nr. 8 EStG).

Nach § 10e EStG konnte der Steuerpflichtige von den Herstellungs- oder Anschaffungskosten (zuzüglich der Hälfte der Grundstückskosten) eines selbstbewohnten Hauses oder einer selbstbewohnten Eigentumswohnung, 4 Jahre lang 6 v. H., höchstens jeweils 19800 DM, und in den 4 folgenden Jahren jeweils 5 v. H. höchstens jeweils 16500 DM, wie *Sonderausgaben* abziehen. Dies gilt für Gebäude oder Wohnungen, die nach dem 30. 9. 1991 aber bis sp. 31. 12. 1995 hergestellt oder angeschafft worden sind oder bei denen sp. bis zum 31. 12. 1995 eine Baugenehmigung beantragt worden war. Für Gebäude oder Wohnungen, die nicht bis zum Ende des zweiten auf das Jahr der Fertigstellung folgenden Jahres angeschafft sind, können in den ersten vier Jahren höchstens 9000 DM und in den folgenden 4 Jahren höchstens 7500 DM abgezogen werden. Steuerpflichtige mit Kindern erhalten auf Antrag zusätzlich einen von der Steuerschuld abzuziehenden *Steuerabzugsbetrag* von 1000 DM je Kind (§ 34f Abs. 3 EStG). Die Regelung nach § 10e EStG ersetzte die Förderung nach § 7b EStG und wurde ab 1. 1. 1996 durch das Eigenheimzulagegesetz abgelöst (s. 523).

IV. Pauschbeträge

Falls nicht höhere Werbungskosten und Sonderausgaben nachgewiesen werden, kommen die folgenden *Pauschsätze* bei Ermittlung der Einkünfte zum Abzug:

1. für *Werbungskosten* (§ 9a EStG)
   a) bei Einnahmen aus nichtselbständiger Arbeit ein Arbeitnehmer-Pauschbetrag von 2000 DM;
   b) von den Einnahmen aus Kapitalvermögen 100 DM, für zusammen veranlagte Ehegatten 200 DM;
   c) von wiederkehrenden Bezügen 200 DM;
   d) bei Einnahmen aus Vermietung und Verpachtung ein Pauschbetrag von DM 42,– pro Quadratmeter Wohnfläche;
2. für *Sonderausgaben* (§ 10c EStG)
   Der Sonderausgaben-Pauschbetrag beträgt 108 DM, bei Zusammenveranlagung 216 DM. Für Vorsorgeaufwendungen gilt einheitlich eine Vorsorgepauschale von 20 v. H. des Arbeitslohns, jedoch nur bis zu einem bestimmten Höchstbetrag.

526. Verlustabzug

Nach § 10d EStG können Steuerpflichtige einen *Verlust,* der bei der Ermittlung des Gesamtbetrages der Einkünfte nicht ausgeglichen werden konnte (sog. *Verlustausgleich*), bis zu einem Betrag von 10 Mio. DM wie Sonderausgaben (524) vom Gesamtbetrag der Einkünfte des zweiten (evt. des ersten) dem Veranlagungszeitraum vorangegangenen Veranlagungszeitraumes abziehen (sog. *Verlustrücktrag*). Der Steuerpflichtige kann beantragen, daß auf den *Verlustrücktrag* ganz oder teilweise verzichtet wird. Soweit die nicht ausgeglichenen Verluste den Betrag von 10 Mio. DM übersteigen, sind diese in den folgenden Jahren abzuziehen (sog. *Verlustvortrag*).

Sind außer dem Verlustabzug andere *Sonderausgaben* abzuziehen, so ist der Verlustabzug an letzter Stelle zu berücksichtigen, so daß er unter Umständen weiter zurück- bzw. vorgetragen werden muß.

Zum Abzug ausländischer Verluste s. § 2a EStG.

Hat ein Kommanditist (372 I 1) mit seiner Einlage anteilig für einen Verlust der KG einzutreten, darf er diesen nach § 15a EStG nicht mit Einkünften aus anderen Einkunftsarten (521) verrechnen, soweit bei ihm ein negatives Kapitalkonto entsteht oder sich erhöht; auch ein Ausgleich nach § 10d EStG ist unzulässig (Ausnahmen bei noch nicht geleisteter Einlage). Soweit Ausgleich unzulässig, mindert er die Gewinne in den folgenden Wirtschaftsjahren. Sondervorschriften gelten bei negativen Kapitalkonten auf Grund Einlageminderung durch Entnahmen.

Die Regelung des § 15a EStG soll dem steuerlichen Mißbrauch durch Beteiligung an sog. „Abschreibungsgesellschaften" entgegenwirken.

527. Rückstellungen

können auf der Passivseite der Bilanz für am *Bilanzstichtag* bereits bestehende Lasten oder Schuldverbindlichkeiten sowie für solche Verpflichtungen eingesetzt werden, mit denen der Steuerpflichtige am Stichtag rechnen muß.

Die *Rückstellung* ist zu unterscheiden von der *Rücklage*. Während eine zugelassene Rückstellung den Gewinn mindert, ist dies bei einer *Rücklage* i. d. R. nicht der Fall. Sie bedeutet nur die Abzweigung von Teilen des Gewinns für bestimmte Zwecke (z. B. der Unternehmer stellt 10 v. H. seines Gewinns in eine Rücklage für Neubau eines Gebäudes). Daneben gibt es aus Billigkeitserwägungen und als Instrument der Wirtschaftspolitik (804) steuerfreie Rücklagen. Man spricht aber auch von stillen Rücklagen *(Reserven)*, die in einer vom wirklichen Wert abweichenden Einsetzung von Aktiv- und Passivwerten bestehen. Soweit diese im Rahmen der zulässigen Bewertung gebildet werden, mindern sie den Gewinn.

Rückstellungen für Pensionsanwartschaften dürfen nur vorgenommen werden, wenn diese auf einer schriftlich fixierten rechtlichen Bindung (nicht nur betrieblicher Übung oder Gleichbehandlung, vgl. 617) beruhen. Die jährlichen Rückstellungen, die frühestens mit dem 30. Lebensjahr des Pensionsberechtigten beginnen dürfen, sind nach versicherungsmathematischen Grundsätzen über die Zeit zwischen Pensionszusage und Versicherungsfall gleichmäßig unter Ansatz eines Rechnungszinsfußes von mindestens 6,0 v. H. zu verteilen (§ 6a EStG).

528. Die Ehegattenbesteuerung

Ehegatten werden – soweit sie diese Veranlagungsart wählen – zusammen veranlagt (§ 26 EStG).

Nach § 26 Abs. 1 EStG können *Ehegatten*, die beide unbeschränkt steuerpflichtig sind und nicht dauernd getrennt leben, sofern diese Voraussetzungen zu Beginn des Veranlagungszeitraums bestanden haben oder währenddessen eingetreten sind, zwischen getrennter Veranlagung (§ 26a EStG) und Zusammenveranlagung (§ 26b EStG) *wählen*. Sie werden getrennt veranlagt, wenn nur einer dies verlangt. Ehegatten werden nur dann zusammenveranlagt, wenn beide die Zusammenveranlagung wählen. Die Wahlerklärung ist beim Finanzamt schriftlich oder zu Protokoll abzugeben. Wird keine Erklärung abgegeben, so wird angenommen, daß die Ehegatten die Zusammenveranlagung wünschen (§ 26 Abs. 3 EStG).

Bei *getrennter Veranlagung* sind jedem Ehegatten die von ihm bezogenen Einkünfte zuzurechnen (§ 26a EStG). Bei *Zusammenveranlagung* von Ehegatten ist die Einkommensteuer in der Weise zu ermitteln, daß sie von der Hälfte des zu versteuernden Gesamteinkommens nach der amtlichen EStTabelle errechnet und der sich ergebende Betrag verdoppelt wird (sog. *Splitting*-Verfahren, § 32a Abs. 5 EStG). Dies gilt auch bei verwitweten Personen, die im Zeitpunkt des Todes ihres Ehegatten von diesem nicht dauernd getrennt gelebt haben, stets im darauf folgenden Festsetzungszeitraum; das Zusammenveranlagungsverfahren gilt auch bei Eheauflösung durch Scheidung oder Eheaufhebung, wenn der andere Ehegatte wieder geheiratet hat und Zusammenveranlagung mit dem neuen Ehegatten wählen kann (§ 32a Abs. 6 EStG).

529. Die Höhe der Einkommensteuer

ergibt sich aus der *Einkommensteuertabelle*. Was zu versteuern ist, muß stufenweise errechnet werden (§ 2 Abs. 3–6 EStG).

Zunächst werden die Einkünfte aus den drei Einkunftsarten Land- und Forstwirtschaft, Gewerbe, selbständige Arbeit (521) nach einer der Gewinnermittlungsarten (522) ermittelt, die Einkünfte aus den vier anderen Einkunftsarten (521) nach dem Unterschied zwischen Einnahmen und *Werbungskosten* (524). Dann werden die Gewinne und Überschüsse der 7 Einkunftsarten zusammengerechnet und ein etwaiger Verlustausgleich (526) abgezogen. Daraus ergibt sich nach Abzug des Altersentlastungsbetrags und des Abzugs nach § 13 Abs. 3 EStG der *Gesamtbetrag der Einkünfte*. Hiervon werden die *Sonderausgaben* (524) und *außergewöhnlichen Belastungen* (530) abgesetzt. Das ergibt das *Einkommen*. Sodann werden der Haushaltsfreibetrag nach § 32 Abs. 7 und der Kinderfreibetrag nach § 32 Abs. 6 EStG und andere abzugsfähige Beträge abgezogen, woraus sich das zu *versteuernde Einkommen* ergibt. Dieses bildet die *Bemessungsgrundlage* der ESt. Die tarifliche ESt, vermindert um die Steuerermäßigungen, ergibt die *festzusetzende Einkommensteuer*, deren Höhe an Hand der Tabelle festgestellt wird.

Für die zusammen zu veranlagenden Ehegatten und die ihnen gleichgestellten verwitweten oder geschiedenen Personen (§ 32a Abs. 5, 6 EStG) gilt das *Splittingverfahren* (s. 528); die Splittingrechnung ist in der amtlichen Tabelle (*Einkommensteuer-Splittingtabelle;* s. § 32a Abs. 5 EStG) bereits vorgenommen, so daß der Steuerbetrag daraus abgelesen werden kann. Die Tabelle gem. § 32a Abs. 4 EStG wird für alle Personen angewendet, die nicht zu den in § 32a Abs. 5, 6 EStG Genannten gehören, d.h. für die Unverheirateten und diesen Gleichgestellten (mit Ausnahme der unter § 32a Abs. 6 EStG fallenden Witwer usw., vgl. 528), für die getrenntlebenden und für die getrennt zu veranlagenden Eheleute.

Für jedes Kind wird dem Steuerpflichtigen ein *Kinderfreibetrag* von 3456 DM (mtl. 288 DM), bei Zusammenveranlagung: 6912 DM (mtl. 576 DM), vom Einkommen abgezogen (§ 32 Abs. 6 EStG). Der Kinderfreibetrag wird aber nur alternativ zum Kindergeld (s. 688 I) gewährt. Das Finanzamt prüft, welche Regelung günstiger ist. Außerdem wird einem Steuerpflichtigen, der einen Kinderfreibetrag erhält, ein *Ausbildungsfreibetrag* als Ersatz für Aufwendungen für die in seinem Haushalt untergebrachten in Berufsausbildung stehenden Kinder über dem 18. Lebensjahr von 2400 DM gewährt, für auswärts untergebrachte 4200 DM; für letztere 1800 DM, falls noch nicht 18jährig (§ 33a Abs. 2 EStG). Eigenes Einkommen des Kindes, das 3600 DM im Kalenderjahr übersteigt ist abzuziehen.

Als *Haushaltsfreibetrag* sind bei Steuerpflichtigen, auf die das Splittingverfahren nicht angewendet wird (z. B. Ledige), 5616 DM ohne Rücksicht auf das Alter abzuziehen, wenn mindestens ein Kind vorhanden ist (§ 32 Abs. 7 EStG).

Mindestens 64jährigen Steuerpflichtigen wird ein *Altersentlastungsbetrag* von 40 v. H. – höchstens 3720 DM jährlich – der Einkünfte gewährt, die weder Renten noch Versorgungsbezüge sind (§ 24a EStG). Bewohner von Altenheimen erhalten gem. § 33a Abs. 3 S. 2 EStG einen zusätzlichen Freibetrag von 1200 DM, bei Unterbringung zur dauernden Pflege 1800 DM.

Hinsichtlich des *Einkommensteuertarifs* gilt folgendes (vgl. § 32a EStG): Einem Grundfreibetrag von 12095/24190 DM für 1996 u. 1997, 12365/24730 DM für 1998 und 13067/26134 DM für 1999 (für Ledige/zusammenveranlagte Ehegatten) folgt nach dem Einkommensteuertarif 1996 eine geradlinige (lineare) Steuerprogression, die ab dem Grundfreibetrag mit 25,9% Eingangssteuersatz beginnt und bei einem zu versteuernden Jahreseinkommen von 120042/240084 DM in einen Spitzensteuersatz von 53% mündet. Derzeit (Frühjahr 1997) ist eine erneute Steuerreform in der polit. Diskussion, die eine Änderung der Steuersätze beabsichtigt.

Zur Einkommen- und Körperschaftsteuer wird ab 1. 1. 1995 ein Solidaritätszuschlag von 7,5 v. H. als Ergänzungsabgabe erhoben (Solidaritätszuschlaggesetz 1995 vom 23. 6. 1993, BGBl. I 975). Eine Absenkung auf 5,5 v. H. ab 1. 1. 1998 ist geplant.

530. Außerordentliche Einkünfte, außergewöhnliche Belastungen

Bei der Einkommensteuer werden außergewöhnliche Verhältnisse, die sich aus bestimmten nicht regelmäßigen Einkünften oder besonderen Belastungen ergeben, in unterschiedlichem Umfang begünstigt.

Für *außerordentliche Einkünfte* (bestimmte Veräußerungsgewinne; gewisse Entschädigungen und Nutzungsvergütungen bei Inanspruchnahme von Grundstücken für öffentliche Zwecke; außerordentliche od. Kalamitäts-Holznutzungen) ist als ermäßigter Steuersatz die Hälfte des Durchschnittssatzes (soweit die Einkünfte 30 Mio. DM nicht übersteigen) anzusetzen (§§ 34, 34b EStG).

Die *gesetzlichen oder tariflichen* Zuschläge für Sonntags-, Feiertags- und Nachtarbeit sind steuerfrei, soweit sie bestimmte Grenzen nicht übersteigen (§ 3b EStG).

Bei außergewöhnlicher Belastung eines Steuerpflichtigen (z. B. durch Krankheit, Unfall, Operation, wenn die Ausgaben bestimmte Hundertsätze des Einkommens übersteigen; bei Unterstützung von Angehörigen, Beschäftigung einer Haushaltshilfe in gewissen Fällen) wird auf Antrag eine *Steuerermäßigung* gewährt (§§ 33, 33a EStG). Für Behinderte und Hinterbliebene sowie für Pflegepersonen sieht § 33b EStG den Abzug von Pauschbeträgen vor, soweit nicht die Steuerermäßigung nach § 33 EStG ausgeschöpft wird.

Berücksichtigt werden nach §§ 33, 33a EStG nur *zwangsläufige* Aufwendungen, denen sich der Steuerpflichtige aus rechtlichen, tatsächlichen oder sittlichen Gründen nicht entziehen kann, z. B. bei Ausstattung von Kindern für den Beruf. Die Höhe der *zumutbaren Eigenbelastung* ist nach der Höhe des Einkommens und nach der Kinderzahl gestaffelt. Die Aufwendungen für Dienstleistungen bei der Kinderbetreuung von berufstätigen Alleinerziehenden werden bis zu 4000 DM (zuzüglich 2000 DM für jedes weitere Kind) als außergewöhnliche Belastung anerkannt. Mindestens wird ein Pauschalbetrag von 480 DM je Kind gewährt (§ 33c EStG).

531. Vorauszahlungen auf die Einkommensteuer

sind regelmäßig am 10. 3., 10. 6., 10. 9. und 10. 12. jeden Jahres zu leisten. Ihre Höhe bestimmt sich i. d. R. nach der Steuerfestsetzung im letzten Steuerbescheid (§ 37 EStG).

Das Finanzamt kann die Vorauszahlungen der Steuer anpassen, die sich voraussichtlich für das laufende Kalenderjahr ergibt; Vorauszahlungen werden nicht festgesetzt, wenn sie jährl. 400 DM (vierteljährl. 100 DM) nicht erreichen würden. Als Rechtsmittel gegen eine Vorauszahlungsfestsetzung ist der *Einspruch* an die Finanzbehörde gegeben. Gegen deren Entscheidung kann das Finanzgericht angerufen werden.

Über die Verrechnung der Vorauszahlungen s. 532.

532. Veranlagung der Einkommensteuer

Die Einkommensteuer wird i. d. R. nach Ablauf eines Kalenderjahres (*Veranlagungszeitraum*) auf Grund einer Steuererklärung (§ 25 EStG) veranlagt.

Lohn- und Gehaltsempfänger leisten ihre Einkommensteuer i. d. R. in Form der Lohnsteuer durch den *Steuerabzug vom Arbeitslohn* (vgl. 535). Sie werden veranlagt, wenn sie mehr als 800 DM nichtlohnsteuerpflichtige Einkünfte jährlich haben oder wenn der Steuerpflichtige nebeneinander von mehreren Arbeitgebern Arbeitslohn bezogen hat oder wenn Veranlagung beantragt wird, besonders zur Anrechnung von Lohnsteuer auf die Einkommensteuer (vgl. § 46 EStG, auch über weitere Sonderfälle und § 56 EStGDVO). Zur *Antragsveranlagung* zum Zwecke des Ausgleichs zuviel bezahlter Lohnsteuer s. auch 535.

Ergibt der *Steuerbescheid,* daß die Vorauszahlungen (Lohnsteuerabzüge) die Steuerschuld nicht decken, so ist die *Abschlußzahlung* innerhalb eines Monats nach Zustellung des Bescheides zu leisten. Umgekehrt wird eine Zuvielzahlung gutgeschrieben oder *erstattet.* Vgl. § 36 Abs. 4 EStG.

533. Aufsichtsratsvergütungen,

die von inländischen Kapitalgesellschaften und ähnlichen Unternehmen (AG, GmbH, KG auf Aktien, bergrechtliche Gewerkschaft, Genossenschaft usw.) an die zur Überwachung der Geschäftsführung bestellten Personen (Aufsichts-, Verwaltungsrat) für die Überwachungstätigkeit gezahlt werden, sind Einkommen aus selbständiger Arbeit (§ 18 Abs. 1 Nr. 3 EStG). Vgl. 521.

Bei Aufsichts- und Verwaltungsratsmitgliedern, die nach § 1 EStG *beschränkt steuerpflichtig* sind (s. 520), wird die Einkommensteuer als *Aufsichtsratsteuer* in Höhe von 30 v. H. der Vergütungen erhoben (§ 50a EStG).

534. Steuerabzug vom Kapitalertrag

Von *Gewinnanteilen* aus Aktien, GmbH- und Genossenschafts-Anteilen, Kuxen, Genußscheinen, Zinsen aus bestimmten Industrie- und Gewinnobligationen und Wandelanleihen, Einkommen aus *stiller Gesellschaft* wird nach §§ 43ff. EStG eine *Kapitalertragsteuer* von 25 v. H. (bei bestimmten Wertpapierzinsen 30 v. H.) erhoben, die sich von der allgemeinen Einkommensteuer durch die Erhebungsform unterscheidet. Von der zahlenden Gesellschaft oder auszahlenden Bank ist der entsprechende Teil des auszuschüttenden Ertrages einzubehalten (*Steuerabzug an der Quelle*) und binnen bestimmter Fristen an das Finanzamt abzuführen.

Der Empfänger erhält von der die Steuer einbehaltenden Stelle eine *Bescheinigung,* die er seiner Einkommensteuererklärung beifügen muß, damit die einbehaltene Kapitalertragsteuer auf die veranlagte Einkommensteuer angerechnet wird. Sie hat also gewissermaßen Vorauszahlungscharakter.

Vom Abzug der *Kapitalertragsteuer* wird abgesehen, wenn der Empfänger der Gewinnanteile usw. der Gesellschaft oder Bank, die sonst den Abzug vorzunehmen hätte, eine Bescheinigung des Finanzamts vorlegt, daß er in dem Kalenderjahr voraussichtlich nicht zur Einkommensteuer veranlagt wird (§ 44a EStG). Dies kommt insbesondere dem nicht veranlagten Arbeitnehmer mit Einkommen aus nichtselbständiger Arbeit bis zu 27000 bzw. 54000 DM jährlich (vgl. 532) zugute, sofern seine Nebeneinkünfte (einschl. Dividenden) nicht mehr als 800 DM im Jahr betragen.

Die zum 1. 1. 1989 eingeführte *Quellensteuer* für bestimmte Zinseinkünfte wurde zum 1. 7. 1989 wieder aufgehoben. Die Besteuerung von Zinserträgen ist durch das *Ges. zur Neuregelung der Zinsbesteuerung (Zinsabschlagsgesetz)* vom 9. 11. 1992 (BGBl. I 1853), das die bestehende Kapitalertragsteuer ergänzt, grundlegend neu geregelt worden: ab 1. 1. 1993 unterliegen gem. §§ 43ff. EStG Zinserträge einem von der auszahlenden Stelle (i. d. R. einem Kreditinstitut) vorzunehmenden Abzug *(Zinsabschlag)* von 30 v. H.; bei Einlösung von Zinsscheinen (Kupons) aus Wertpapieren, die sich nicht in einem Bankdepot befinden, sondern privat verwahrt werden (sog. *Tafelgeschäft*), beträgt der Zinsabschlag 35 v. H. Wie hoch die Zinserträge letztlich besteuert werden, bestimmt sich jedoch nach dem Steuersatz, der sich aus der Gesamtermittlung der geschuldeten Steuer ergibt (vgl. insoweit 529). Der Zinsabschlag ist somit lediglich eine Vorauszahlung auf die endgültige Steuerschuld. Der *Sparer-Freibetrag* wurde auf 6000 DM (bei Zusammenveranlagung: 12000 DM) erhöht (§ 20 Abs. 4 EStG).

Das Kreditinstitut nimmt den Abzug des Zinsabschlags bis zur Höhe des Sparer-Freibetrags zuzüglich der Werbungskostenpauschale von 100/200 DM nicht vor, wenn vom Steuerpflichtigen ein *Freistellungsauftrag* (§ 44a EStG) erteilt wird.

535. Die Lohnsteuer

Einkünfte aus nichtselbständiger Arbeit (Gehalt, Arbeitslohn, Sachbezüge, Ruhegeld usw.) unterliegen dem *Steuerabzug an der Quelle (Lohnsteuer)*. Der Arbeitgeber hat den Abzugsbetrag zu berechnen, einzubehalten und an die Finanzkasse abzuführen.

Es handelt sich auch hier um eine besondere Erhebungsform der Einkommensteuer. Die gesetzliche Regelung findet sich in den §§ 19, 38–42f EStG; ferner sind Regelungen enthalten in der Lohnsteuer-Durchführungsverordnung – LStDV 1990 – vom 10. 10. 1989 (BGBl. I 1848) m. spät Änd. sowie den LStRichtlinien i. d. F. vom 20. 12. 1983 (BStBl. I Sdnr. 2/1983).

Grundlage für die Durchführung des Lohnabzugs ist die *Lohnsteuerkarte,* welche die Gemeinde ausstellt und in der Familienstand, Steuerklasse, Zugehörigkeit zu einer Religionsgemeinschaft und ggf. Freibeträge für Werbungskosten, Sonderausgaben usw. angegeben sind. Für die Lohnsteuer haften Arbeitgeber und Arbeitnehmer, jener an erster Stelle.

Nicht zum steuerpflichtigen Arbeitslohn gehören die nach §§ 3ff. EStG steuerbefreiten Einkünfte des Arbeitnehmers (vgl. 521), z. B. Reisekostenvergütungen, bestimmte Abfindungen, Wohngeldzahlungen, Jubiläumsgeschenke bis zu bestimmter Höhe (§ 3 LStDV) , gesetzliche und tarifliche Zuschläge für Sonntags-, Feiertags- und Nachtarbeit (bis zu bestimmten Grenzen, § 3b EStG), *Trinkgelder* bis 2400 DM, *Bergmannsprämien* (610), ferner bestimmte Aufwendungen des Arbeitgebers auf Grund gesetzlicher Verpflichtung für die Zukunftsicherung des Arbeitnehmers (§ 3 Nr. 62 EStG). Zur Bewertung der *Sachbezüge* s. § 8 Abs. 3 EStG.

Die Höhe der Lohnsteuer ergibt sich aus den amtlichen, nach § 38c EStG aufzustellenden Jahres-, Monats-, Wochen- und Tages-Tabellen unter Zugrundelegung der Eintragungen in der Lohnsteuerkarte. Sie errechnet sich in den Klassen I–VI insbes. nach dem Familienstand. Ein Arbeitnehmer-Pauschbetrag von 2000 DM und ein Sonderausgaben-Pauschbetrag von 108/216 DM sowie eine Vorsorgepauschale sind bereits tabellenmäßig berücksichtigt, ebenso der Kinderfreibetrag und der tarifliche Grundfreibetrag. Auf Antrag werden Werbungskosten und Sonderausgaben (ohne Vorsorgeaufwendungen) in die Lohnsteuerkarte eingetragen, soweit sie den Pauschbetrag übersteigen, ferner außergewöhnliche Belastungen sowie Abschreibungen. Etwaige Pauschbeträge für Behinderte und Hinterbliebene werden von Amts wegen eingetragen. Im übrigen kann der Arbeitnehmer die Eintragung des insgesamt in Betracht kommenden Freibetrags beantragen. Der Antrag auf Eintragung setzt voraus, daß die abziehbaren Beträge insgesamt 1200 DM übersteigen (§ 39a Abs. 2 EStG). Bei mehreren Dienstverhältnissen stellt die Gemeindebehörde eine *zweite Steuerkarte* aus und teilt dies dem Finanzamt mit, da dieses dann eine Veranlagung durchführt. Der frühere *Lohnsteuer-Jahresausgleich,* mit dem der Ausgleich zuviel bezahlter Lohnsteuer erreicht werden konnte, ist durch die sog. *Antragsveranlagung* ersetzt worden; wenn zuviel Lohnsteuer bezahlt worden ist, kann der Steuerpflichtige beim Finanzamt einen Antrag auf Veranlagung zur Einkommensteuer stellen und in diesem Verfahren eine Steuererstattung erreichen.

Der Arbeitgeber hat für jeden Arbeitnehmer am Ort der Betriebsstätte ein *Lohnkonto* zu führen.

Der Arbeitnehmer wird zur Einkommensteuer veranlagt, wenn das nichtlohnsteuerpflichtige Nebeneinkommen bestimmte Grenzen übersteigt oder ein sonstiger Veranlagungsgrund vorliegt; vgl. 532.

536. Die Körperschaftsteuer

bildet die Einkommensteuer der Kapitalgesellschaften, Erwerbs- und Wirtschaftsgenossenschaften, Versicherungsvereine auf Gegenseitigkeit, der sonstigen juristischen Personen des privaten Rechts, der nichtrechtsfähigen Vereine, Anstalten, Stiftungen und Zweckvermögen sowie der Betriebe gewerblicher Art von juristischen Personen des öffentlichen Rechts.

I. *Gesetzliche Grundlage*

Gesetzliche Grundlage bildet das *Körperschaftsteuergesetz* (KStG 1996) vom 22. 2. 1996 (BGBl. I 340). Ferner gelten die DVO i. d. F. vom 22. 2. 1996 (BGBl. I 365) und die KSt-Richtlinien i. d. F. vom 14. 3. 1991 (BAnz. Nr. 70a, BStBl. I Sondernummer 1). Das EStG und seine Durchführungsbestimmungen sind, soweit nicht Sondervorschriften eingreifen, entsprechend anzuwenden.

Einkommensteuer und Körperschaftsteuer schließen einander aus; ein Steuerpflichtiger kann nur einer der beiden Steuern unterliegen. Die *Personengesellschaften* (oHG, KG usw.) werden nicht als solche besteuert; vielmehr wird ihr Gewinn nur einheitlich festgestellt, auf die Gesellschafter verteilt und dort zur Einkommensteuer herangezogen. Die Einkünfte eines (typischen) *stillen Gesellschafters* gehören zu seinen Einkünften aus Kapitalvermögen und unterliegen dem Kapitalertragsteuerabzug (s. 534).

Unbeschränkt körperschaftsteuerpflichtig sind Körperschaften, Personenvereinigungen und Vermögensmassen mit Sitz oder Geschäftsleitung im Inland, während ausländische Körperschaften nur *beschränkt* mit ihren inländischen Einkünften zur Körperschaftsteuer herangezogen werden (§§ 1, 2 KStG). *Befreit* (tw. mit Einschränkungen) sind u. a. bestimmte Unternehmen des Bundes sowie kirchlichen, gemeinnützigen oder mildtätigen Zwecken dienende Körperschaften, ferner Pensions-, Kranken- und Sterbekassen sowie andere öffentl.-rechtl. oder berufsständische Versicherungs- und Versorgungseinrichtungen nach Maßgabe der §§ 5, 6 KStG.

Besteuerungsgrundlage ist das zu versteuernde Einkommen (§ 7 Abs. 1 KStG); es wird nach den Vorschriften des EStG (522) und des KStG ermittelt, wobei auch verdeckte Gewinnausschüttungen zu berücksichtigen sind. Bei *buchführungspflichtigen Körperschaften* werden alle Einkünfte als *gewerbliche* behandelt (§ 8 KStG). Dem Bilanzgewinn sind nichtabziehbare Aufwendungen – z. B. die Hälfte der Aufsichtsratsvergütungen – hinzuzurechnen; abziehbare – z. B. Vergütungen an persönlich haftende Gesellschafter für Geschäftsführungstätigkeit bei der KGaA – sind abzusetzen (§§ 9, 10 KStG). Während im Einkommensteuerrecht nur das aus den 7 Einkunftsarten des § 2 EStG (vgl. 521) fließende Einkommen besteuert wird, fallen bei buchführungspflichtigen Körperschaften alle Einkünfte als solche aus Gewerbebetrieb (auch Schenkungen, Erbschaften u. a. einmalige Anfälle) unter die Steuerpflicht.

Von besonderer Bedeutung für die Bestimmung des zu versteuernden Einkommens sind die Sondervorschriften für die Organschaft (§§ 14–19 KStG). Eine sog. *Organschaft* liegt vor, wenn sich eine AG oder eine KGaA (oder eine andere Kapitalgesellschaft, § 17 KStG) auf mindestens 5 Jahre verpflichtet, ihren gesamten Gewinn an ein anderes inländisches gewerbliches Unternehmen abzuführen, wenn sie in den *Organträger* wirtschaftlich und organisatorisch eingegliedert ist und diesem außerdem die Mehrheit ihrer Anteile gehört. Dem Organträger, der auch eine Personengesellschaft oder ein Einzelunternehmen sein kann, ist das Einkommen der Organgesellschaft zuzurechnen (§ 14 S. 1 i. V. m. § 7 Abs. 2 KStG).

Für das zu versteuernde Einkommen bestimmt § 23 Abs. 1 KStG einen allgemeinen Steuersatz von 45 v. H. Für Körperschaften i. S. des § 1 Abs. 1 Nr. 3–6 KStG – ausgenommen Stiftungen –, die keine Gewinne ausschütten, die bei den Empfängern zur Anrechnung berechtigen (z. B. Eigenbetriebe der öffentlichen Hand, Vereine), gewährt § 23 Abs. 2 KStG einen Steuersatz von 42 v. H.

Über (steuerfreie) *Kapitalerhöhung aus Gesellschaftsmitteln* s. 537.

II. *Anrechnungsverfahren*

Das Anrechnungsverfahren des KStG vermeidet die nach dem alten Körperschaftsteuersystem des KStG 1975 aufgetretene *Doppelbelastung* der ausgeschütteten Gewinne steuerpflichtiger Kapitalgesellschaften, indem die Körperschaftsteuerbelastung für ausgeschüttete Gewinne in Höhe von 30 v. H. auf die persönliche Steuerschuld des Anteilseigners angerechnet wird. Auf diese Weise wird lediglich der einbehaltene Gewinn (einschließlich nichtabziehbarer Aufwendungen) mit einer Körperschaftsteuer in Höhe des (Regel-)Steuersatzes nach § 23 Abs. 1 KStG (s. o. I) erfaßt. Demgemäß bestimmt § 27 Abs. 1 KStG, daß sich im Falle der Gewinnausschüttung eine Minderung oder eine Erhöhung der KSt nach dem Unterschiedsbetrag zwischen der sog. *Tarifbelastung* und der sog. *Ausschüttungsbelastung* ergibt.

a) Um die einheitliche Belastung der Ausschüttung mit 30 v. H. (= Ausschüttungsbelastung) herzustellen, muß die Steuerbelastung des ausgeschütteten Gewinns vor Herstellung der Ausschüttungsbelastung (= *Tarifbelastung*) bekannt sein. Diese ergibt sich aus einer Nebenrechnung, wobei das für die Ausschüttung *verwendbare Eigenkapital* je nach der Steuerbelastung, der es unterlegen hat (z. B. steuerfreie Auslandsdividenden, ermäßigt besteuerte Zinserträge), aufzugliedern ist (§ 30 KStG).

b) Aus der Kenntnis der *unterschiedlichen* Tarifbelastung kann die *einheitliche Ausschüttungsbelastung* ermittelt werden. Sie ist das Ergebnis einer Belastungsrechnung gemäß § 27 Abs. 1 KStG, indem sich die Differenz zwischen der Tarifbelastung des als verwendet geltenden Eigenkapitals und der Ausschüttungsbelastung von 30 v. H. für die Kapitalgesellschaft als *Steuererhöhung* oder *Steuerminderung* darstellt.

Bei einem mit 45 v. H. belasteten verwendbaren Eigenkapital muß folgende *Steuerminderungsrechnung* durchgeführt werden, um zu der Ausschüttungsbelastung von 30 v. H. zu gelangen:

Gewinn vor Steuern	100
Körperschaftsteuer 45 v. H.	45
versteuerter Betrag (= verwendbares Eigenkapital)	55
Steuerminderung bei Vollausschüttung (= 45 v. H. − 30 v. H. = 15 v. H.)	15
Bruttodividende	70

Bei einem mit 0 v. H. belasteten verwendbaren Eigenkapital – d. h. Ausschüttung steuerfreier Gewinne – ist die folgende *Steuererhöhungsrechnung* erforderlich, um zu einer Ausschüttungsbelastung von 30 v. H. zu gelangen:

Verwendbares Eigenkapital mit 0 v. H.	100
Ausschüttungssteuersatz 30 v. H. (= Steuererhöhung)	30
Bruttodividende	70

Mit dem dargestellten Ausgleichsmechanismus kann durch „Heraufschleusen" oder „Herabschleusen" der (unterschiedlichen) Tarifbelastung eine stets gleich hohe Ausschüttungsbelastung von 30 v. H. für *alle* ausgeschütteten Gewinne hergestellt und im Anrechnungsverfahren durch die Belastung mit der individuellen ESt des Anteilseigners ersetzt werden.

c) Die KSt wird beim *Anteilseigner* dadurch *angerechnet,* daß die auf die empfangene Dividende entfallende KSt – entsprechend wie die weiterhin erhobene Kapitalertragsteuer (534) – gemäß § 36 Abs. 2 Nr. 3 EStG auf die persönliche Steuerschuld des Anteilseigners angerechnet wird. Anders aber als die Kapitalertragsteuer muß die anzurechnende KSt in gleicher Höhe als Teil der Dividende gemäß § 20 Abs. 1 Nr. 3 EStG zu den Einkünften aus Kapitalvermögen (521) gerechnet werden. Die Dividende besteht demnach aus der von der Gesellschaft gezahlten *Bardividende* und aus der *anzurechnenden Körperschaftsteuer.*

Ist z. B. ein Gewinn von 100 DM auszuschütten, so beträgt die KSt 30 DM (*Ausschüttungsbelastung* = 30 v. H.). Auf die Ausschüttung der restlichen 70 DM (*Bardividende*) entfällt einzubehaltende Kapitalertragsteuer von 30 v. H. = 21 DM, so daß der Anteilsinhaber 49 DM *Nettodividende* erhält, außerdem Bescheinigungen über 30 DM KSt und 21 DM Kapitalertragsteuer; diese wird auf die zu entrichtende ESt angerechnet.

Der anzurechnende Betrag an KSt hat immer die gleiche Höhe ohne Rücksicht darauf, welche Teile des verwendbaren Eigenkapitals ausgeschüttet worden sind. Denn auf einen Gewinn von 100 DM entfallen 30 DM Körperschaftsteuer, so daß 70 DM zur Ausschüttung verbleiben. Damit läßt sich die Höhe der anzurechnenden KSt in einem Bruchteil der Bardividende ausdrücken; sie beträgt $^{30}/_{70}$ = $^{3}/_{7}$ der Bardividende (§ 36 Abs. 2 Nr. 3 EStG). Auf diese Weise sind bei der Veranlagung der Anteilseigner komplizierte Nachforschungen entbehrlich, in welcher Höhe der ausgeschüttete Gewinn bei der Kapitalgesellschaft tatsächlich besteuert war. Soweit die Anteilseigner nicht veranlagt werden (532), werden $^{3}/_{7}$ der Bardividende nach Maßgabe der §§ 36b, 36c EStG *vergütet.*

537. Kapitalerhöhung aus Gesellschaftsmitteln

Das Gesetz über die Kapitalerhöhung aus Gesellschaftsmitteln und über die Verschmelzung von Gesellschaften mit beschränkter Haftung vom 23. 12. 1959 (BGBl. I 789) m. spät. Änd. regelt die *Kapitalerhöhung aus Gesellschaftsmitteln* durch Umwandlung freier Rücklagen in gebundenes Gesellschaftskapital mittels Ausgabe neuer (sog. Berechtigungs-, Zusatz-, Frei-, Gratis-) Aktien oder zusätzlicher Gesellschaftsanteile bei der GmbH oder durch Verschmelzung einer Gesellschaft mit einer GmbH. Es erleichterte ferner den *Erwerb eigener Aktien,* insbes. zur Veräußerung an Arbeitnehmer, durch handels- und steuerrechtliche Vorschriften. Das Ges. vom 23. 12. 1959 ist seit Inkrafttreten des Aktiengesetzes vom 6. 9. 1965 (BGBl. I 1089) auf Aktiengesellschaften und KGaA nicht mehr anwendbar (§ 33 EGAktG vom 6. 9. 1965, BGBl. I 1185).

Erhöht eine Kapitalgesellschaft ihr Nennkapital durch Umwandlung von

Rücklagen in Nennkapital, so gehört der Wert der neuen Anteilsrechte bei den Anteilseignern nicht zu den Einkünften i. S. des § 2 Abs. 1 EStG (521).

Überläßt eine AG oder KGaA *eigene Aktien* an eigene Arbeitnehmer zu einem *Vorzugskurs (Belegschaftsaktien),* so ist der hierin liegende finanzielle Vorteil steuerfrei, soweit er nicht höher ist als der halbe Wert der Vermögensbeteiligung und soweit er insgesamt 500 DM im Kalenderjahr nicht übersteigt. Voraussetzung ist außerdem die Vereinbarung einer Sperrfrist von 6 Jahren, innerhalb derer über die Vermögensbeteiligung – von bestimmten Ausnahmen abgesehen – nicht verfügt werden darf (§ 19a EStG).

538. Die Vermögensteuer

wird ab 1. 1. 1997 nicht mehr erhoben. Sie war eine Besitzsteuer, die vom Vermögen natürlicher Personen und vom Vermögen der Körperschaften erhoben wurde. Der Steuersatz betrug für natürliche Personen 1 v. H. Gesetzliche Grundlage war das Vermögenssteuergesetz i. d. F. vom 14. 11. 1990 (BGBl. I 2467) m. spät. Änd. Das Bundesverfassungsgericht hat mit Beschluß vom 22. 6. 1995, 2 BVL 37/91, BStBl. 1995 II S. 655ff., festgestellt, daß Teile des Vermögenssteuergesetzes verfassungswidrig sind. Da der Bundesrat der vom Bundestag beschlossenen Aufhebung des Vermögenssteuergesetzes nicht zustimmte, gilt es grundsätzlich weiter. Das Bundesverfassungsgericht hatte aber in seinem Beschluß ebenfalls festgelegt, daß die Vermögenssteuer aufgrund dieser gesetzlichen Grundlage nur noch bis längstens 31. 12. 1996 erhoben werden durfte.

539. Erbschaft- und Schenkungsteuer

Das *Erbschaftsteuer- und Schenkungsteuergesetz* i. d. F. vom 27. 2. 1997 (BGBl. I 378) besteuert den Erwerb von Todes wegen, aber auch die *freigebige Zuwendung und Schenkung* unter Lebenden (*vorweggenommene Erbfolge*), ausgenommen die mindestens 10 Jahre zurückliegenden (§ 14 ErbStG). Die Höhe der *Erbschaftsteuer* richtet sich nach der Steuerklasse, die der Erwerber je nach seinem persönlichen Verhältnis zum Erblasser (Schenker) einnimmt, und nach der Höhe des Erwerbs, der nach dem BewG (518) zu bewerten ist. Der Steuersatz ergibt sich aus einer dementsprechend gestaffelten Tabelle (§ 19 Abs. 1 ErbStG).

Die Steuerpflicht tritt für den gesamten Vermögensanfall ein, wenn der Erblasser oder Schenker oder der Erwerber Inländer ist (persönliche Steuerpflicht, § 2 ErbStG). Ausländische *Erbschaftsteuer,* die für im Ausland angefallenes Vermögen festgesetzt worden ist, wird auf Antrag angerechnet, sofern nicht ein Doppelbesteuerungsabkommen (568) eingreift (§ 21 ErbStG).

Das Erbschaftsteuergesetz (§ 15) unterscheidet 3 *Steuerklassen:*

I. Ehegatte, Kinder und Stiefkinder, die Abkömmlinge dieser Kinder und Stiefkinder sowie die Eltern und Voreltern (bei Erwerb von Todes wegen);

II. Eltern, Großeltern und weitere Voreltern (soweit nicht in St.Kl. I); Stiefeltern, Geschwister; Abkömmlinge ersten Grades von Geschwistern; Schwiegereltern; Schwiegerkinder; der geschiedene Ehegatte;
III. alle übrigen Erwerber sowie Zweckzuwendungen

Die Steuerkl. I–II (diese aber nur für die Eltern, Voreltern, Geschwister und deren Abkömmlinge 1. Grades) gelten auch, wenn die Verwandtschaft durch Adoption erloschen ist (§ 1755 BGB).

Der Erwerb des *Ehegatten* bleibt bis 600000 DM frei. Für sonstige Erben der Steuerklasse I beträgt der *Freibetrag* für Kinder 400000 DM, für die übrigen Personen der Steuerklasse I 100000 DM, in der Steuerklasse II 20000 DM und in der Steuerklasse III 10000 DM. Ehegatten und Kindern stehen daneben besondere *Versorgungsfreibeträge* zu (Ehegatten 500000 DM, bei Kindern bis zu 27 Jahren gestaffelt 20000 bis 100000 DM). *Sachliche Befreiungen* bestehen nach § 13 ErbStG in bestimmten Grenzen für *Hausrat* (Kl. I 80000 DM, Kl. II u. III 20000 DM), andere bewegliche Gegenstände, Kunstgegenstände usw., ferner für Zuwendungen an Religionsgesellschaften öff. Rechts sowie zur ausschließlichen Verwendung für kirchliche, gemeinnützige oder mildtätige Zwecke. Wird ein Betrieb durch Erbfall erworben, ist vom Betriebsvermögen ein Freibetrag von 500000 DM abzuziehen. Wird der Betrieb innerhalb von 5 Jahren veräußert oder aufgegeben, ist dieser Betrag nachzuversteuern.

Die *Durchführungsverordnung* i. d. F. vom 19. 1. 1962 (BGBl. I 22) m. spät. Änd. enthält im wesentlichen formelle Vorschriften über Anzeigepflichten.

Das gesetzliche Zusatzviertel des überlebenden Ehegatten bzw. sein Anspruch auf Zugewinnausgleich bei Beendigung des gesetzlichen Güterstandes der *Zugewinngemeinschaft* unter Erben (vgl. 344 und § 1371 Abs. 1–3 BGB) ist von der Erbschaftsteuer freigestellt (§ 5 ErbStG). Über die erbschaftsteuerliche Behandlung des *Vor-* und *Nacherbfalles* vgl. 355. Bei mehrfachem Erwerb desselben Vermögens durch Erbschaft bei Personen der Steuerklasse I innerhalb von 10 Jahren ermäßigt sich der Steuerbetrag (§ 27 ErbStG).

Die Erbschaftsteuer erfaßt auch die vom Erblasser angeordnete Errichtung einer *Familienstiftung* oder die Gründung eines Familienvereins, wobei in Abständen von je 30 Jahren ein Erbfall fingiert wird. Die Besteuerung erfolgt nach Kl. I, jedoch nach der Hälfte des steuerpflichtigen Vermögens; auch werden doppelte Kinderfreibeträge sowie die Verrentung der Steuerschuld gewährt. Vgl. §§ 1 Abs. 1 Nr. 4, 15 Abs. 2, 24 ErbStG.

Tabelle der Erbschaft(Schenkung)steuer. Die Steuer beträgt:

bei steuerpflichtigem Erwerb bis einschl. DM	in der Steuerklasse I v. H.	II v. H.	III v. H.
100000	7	12	17
500000	11	17	23
1000000	15	22	29
10000000	19	27	35
25000000	23	32	41
50000000	27	37	47
über 50000000	30	40	50

III. Verkehrsteuern

541. Die Umsatzsteuer (USt)

ist die wichtigste und ertragreichste Verkehrsteuer. Sie besteuert alle entgeltlichen *Lieferungen und sonstigen Leistungen* des Unternehmers, d. h. innerhalb einer selbständigen gewerblichen oder beruflichen Tätigkeit, ferner den *Eigenverbrauch* (Entnahme oder Verwendung von Gegenständen für betriebsfremde Zwecke) und die *Einfuhr* in das inländische Zollgebiet *(Einfuhrumsatzsteuer)*.

Gesetzliche Grundlage: *Umsatzsteuergesetz* – UStG 1980 – i. d. F. vom 27. 4. 1993 (BGBl. I 565) m. spät. Änd. und UStDV i. d. F. vom 27. 4. 1993 (BGBl. I 600).

Das UStG beruht auf dem System der *Mehrwertsteuer* (Nettoallphasenumsatzsteuer mit Vorsteuerabzug). Danach ist jedem Unternehmer gestattet, die ihm von seinem Vorlieferanten in Rechnung gestellte USt von seiner eigenen Steuerschuld abzuziehen, so daß effektiv nur der Umsatz in Höhe der jeweiligen Wertsteigerung versteuert wird.

Diese Regelung entspricht den Richtlinien der EWG zur Harmonisierung der Rechtsvorschriften der Mitgliedstaaten über die Umsatzsteuer vom 11. 4. 1967 und 17. 5. 1977 (ABl. EG 1967/1301 und 1977 L 145/1). Durch das *Umsatzsteuer-Binnenmarktgesetz* vom 25. 8. 1992 (BGBl. I 1548) ist das Umsatzsteuerrecht an den mit dem Beginn des EG-Binnenmarkts am 1. 1. 1993 verbundenen Wegfall der Steuergrenzen zwischen den EG-Staaten angepaßt worden.

Der Umsatzsteuer unterliegen vor allem die Lieferungen und Leistungen, die ein Unternehmer im Inland gegen Entgelt im Rahmen seines Unternehmens ausführt *(steuerbare Umsätze)*.

Steuerfrei sind u. a. Ausfuhrlieferungen (§ 6 UStG) sowie die Lohnveredelung an Gegenständen der Ausfuhr (§ 7 UStG) und die innergemeinschaftlichen Lieferungen i. S. d. § 6a UStG; ferner Umsätze für die Seeschiffahrt und für die Luftfahrt sowie grenzüberschreitende Beförderungen von Gegenständen und die Beförderungen im internationalen Eisenbahnfrachtverkehr. Die Voraussetzungen müssen buchmäßig nachgewiesen werden (§ 4 Nrn. 1–3, §§ 6–8 UStG sowie §§ 8ff., 18ff. UStDV).

Weitere *Steuerbefreiungen* bestehen z. B. für Lieferungen von Gold an Zentralbanken, die Vermittlung bestimmter steuerfreier Umsätze, die Vermittlung von Umsätzen, die ausschließlich im Drittlandsgebiet bewirkt werden, die Vermittlung von grenzüberschreitenden Beförderungen von Personen mit Luftfahrzeugen oder Seeschiffen (ausgenommen die Vermittlung von Umsätzen durch Reisebüros für Reisende), Kredit- und Kapitalumsätze, durch die Grunderwerbsteuer erfaßte Umsätze, Vermietung und Verpachtung von Grundstücken (§ 4 Nrn. 4, 5, 8, 9, 12 UStG). Steuerfrei (§ 4 Nrn. 14ff. UStG) sind ferner u. a. die heilberufliche Tätigkeit der Ärzte usw., Sozialversicherungsleistungen, die Umsätze der öffentlichen oder der Versorgung Minderbemittelter dienenden Krankenanstalten, die Leistungen der anerkannten Wohlfahrtsverbände, der staatl. od. gemeindl. Theater, Orchester, Museen, Archive und Büchereien, die Beherbergung und Naturalleistungen in Einrichtungen, die überwiegend Jugendliche zu Erziehungs-, Ausbildungs-, Fortbildungs- oder Pflegezwecken aufnehmen, und gewisse Veranstaltungen förderungswürdiger Einrichtungen der Jugendhilfe. Steuerfreie Umsätze sind grundsätzlich vom Vorsteuerabzug ausgeschlossen, Ausnahmen bestehen aber gem. § 15 Abs. 2, 3 UStG für Umsätze nach § 4 Nr. 1–7, § 4 Nr. 8 Buchst. a–g und § 4 Nr. 10 UStG.

Bemessungsgrundlage der USt ist i. d. R. die Solleinnahme, d. h. das Entgelt, das der Empfänger bei einer Lieferung oder Leistung sowie bei einem innergemeinschaftlichen Erwerb als Gegenleistung aufwendet, abzüglich der USt; beim Eigenverbrauch sind je nach dessen Form der Einkaufspreis, die Kosten oder Aufwendungen maßgebend (§ 10 UStG). Bei der Einfuhr wird der Umsatz nach dem zollrechtlichen Wert des Gegenstandes bemessen (§ 11 UStG). Der *Steuersatz* (§ 12 UStG) beträgt ab 1. 1. 1993 regelmäßig 15 v. H.

Ein ermäßigter Satz von 7 v. H. gilt für Lieferungen, Einfuhr, Eigenverbrauch und innergemeinschaftlichen Erwerb bestimmter Gegenstände, die in einer Liste (Anl. zum UStG) zusammengestellt sind, insbes. Erzeugnisse der Landwirtschaft, Bücher, Zeitschriften, Noten usw., ferner für Tätigkeiten von Körperschaften oder Anstalten, die gemeinnützigen, mildtätigen oder kirchlichen Zwecken dienen, u. a. m. Weiter unterliegen Leistungen von nicht staatl. bzw. gemeindl. (s. o.) Theatern, Orchestern, Museen u. ä. sowie solche von bestimmten Nahverkehrsunternehmungen dem ermäßigten Satz.

Eine besondere Regelung gilt für *Kleinunternehmen* (§ 19 UStG). Auch sie unterliegen zwar grundsätzlich der Mehrwertsteuer (nicht ermäßigter Steuersatz). Diese wird jedoch nicht erhoben, wenn der Vorjahresumsatz 32500 DM nicht übersteigt und der voraussichtliche Jahresumsatz unter 100000 DM bleiben wird. In diesem Fall verliert der Unternehmer aber auch das Recht auf Vorsteuerabzug (§§ 15, 15a UStG) und gesonderten Ausweis der Steuer in Rechnungen (§ 14 UStG). Der Unternehmer kann jedoch auf diese Regelung verzichten und die normale Versteuerung wählen.

Eine *Besteuerung nach Durchschnittsätzen* kann auf Antrag für bestimmte nicht buch- oder bilanzpflichtige Unternehmensgruppen zwecks vereinfachter Berechnung der Besteuerungsgrundlagen und der USt stattfinden (§ 23 UStG). Für land- und forstwirtschaftliche Betriebe ist dies bereits in § 24 UStG bestimmt: für die Lieferungen und den Eigenverbrauch von forstwirtschaftlichen Erzeugnissen 5 v. H., ausgenommen Sägewerkserzeugnisse (für diese, soweit in der Anlage zum UStG aufgeführt, 7 v. H.), für sonstige Umsätze, z. B. die Lieferung und den Eigenverbrauch der in der Anlage nicht aufgeführten Sägewerkserzeugnisse, Getränke und alkoholischen Flüssigkeiten, 15 v. H. Die Vorsteuerabzüge betragen 5 v. H. bzw. 9½ v. H. Die Besteuerung der Umsätze von gebrauchten Kraftfahrzeugen, gebrauchten Gegenständen, Kunstgegenständen, Sammlungsstücken und Antiquitäten richtet sich nach § 25a UStG *(Differenzbesteuerung)*.

Zwecks *Abzugs der Vorsteuer* kann der Unternehmer von seinem Lieferanten die Ausstellung von Rechnungen mit gesonderter Anführung der USt verlangen; die Rechnung muß Name und Anschrift des Lieferanten und des Empfängers, Gegenstand und Tag der Leistung, das Entgelt und den darauf entfallenden Steuerbetrag enthalten (§ 14 UStG). Die Vorsteuerbeträge kann der Unternehmer von seiner USt abziehen. Besteht nur teilweise Steuerpflicht, ist entsprechende Aufteilung erforderlich (§ 15 UStG).

Ändern sich bei einem Wirtschaftsgut die Verhältnisse, die für den Vorsteuerabzug maßgeblich waren, so ist nach § 15a UStG eine Berichtigung des Vorsteuerabzugs möglich (vgl. auch §§ 44, 45 UStDV). Bei der Berechnung der USt ist grundsätzlich von der Summe der im Kalenderjahr (Veranlagungszeitraum) vereinbarten Entgelte auszugehen; von der errechneten USt sind die Vorsteuerbeträge abzusetzen (§ 16 UStG). Änderungen der Bemessungsgrundlage sind vom Lieferanten an dem berechneten USt-Betrag, vom Empfänger beim Vorsteuerabzug vorzunehmen (§ 17 UStG). In bestimmten Fällen kann die USt auf Antrag nach vereinnahmten Entgelten berechnet werden (§ 20 UStG).

Die *Einfuhrumsatzsteuer* ist Verbrauchsteuer i. S. der AO. Sie unterliegt grundsätzlich den Vorschriften für Zölle (also auch für Zollbefreiungen). Bemessungsgrundlage ist die Zollschuld oder die Verbrauchsteuer. Die Einfuhr-USt wird durch die Zollämter zusammen mit dem Zoll erhoben. Für die Einfuhr von Gegenständen, die der Abschöpfung unterliegen, gilt das Abschöpfungserhebungsgesetz (809) sinngemäß (§ 21 UStG). S. a. Einfuhr-USt-BefreiungsO 1993 vom 11. 8. 1992 (BGBl. I 1526).

Die USt wird für das vorangegangene Kalenderjahr nachträglich *veranlagt*. Auf die Jahressteuerschuld sind monatliche *Vorauszahlungen* zu entrichten; gleichzeitig ist eine *Voranmeldung* abzugeben, die einer Steuerfestsetzung unter Vorbehalt der Nachprüfung gleichsteht (§ 168 AO). Beträgt die letzte Jahressteuer weniger als 12000 DM, so braucht erst nach Vierteljahresschluß vorangemeldet zu werden (§ 18 UStG). Bezüglich innergemeinschaftlicher Warenlieferungen hat der Unternehmer nach jedem Kalendervierteljahr eine zusammenfassende Meldung gem. § 18a UStG mit bestimmten Angaben (darunter die Umsatzsteuer-Identifikationsnummer gem. § 27a UStG) zu machen.

Der Unternehmer hat *Aufzeichnungspflichten*. Zur Feststellung der USt und ihrer Berechnungsgrundlagen muß er Aufzeichnungen machen u. a. über die vereinbarten Entgelte für die von ihm ausgeführten Lieferungen und Leistungen, die Bemessungsgrundlagen für den Eigenverbrauch, die Entgelte und die Steuern für Lieferungen und Leistungen, die an ihn erbracht worden sind, bei eingeführten Gegenständen über Menge, Bemessungsgrundlage und Einfuhrumsatzsteuer (§ 22 UStG und §§ 63ff. UStDV). Über die Führung von *Steuerheften* im Reisegewerbe vgl. § 22 Abs. 5 UStG und § 68 UStDV.

542. Die Rennwett- und Lotteriesteuer

unterwirft Totalisator- und Buchwetten (*Rennwettsteuer*) und im Inland veranstaltete öffentliche Lotterien und Ausspielungen sowie das Hereinbringen ausländischer Lose ins Inland (*Lotteriesteuer*) der Besteuerung.

Rechtsquelle ist das *Rennwett- und Lotteriegesetz* vom 8. 4. 1922 (RGBl. I 335, 393) m. spät. Änd. und Ausführungsbestimmungen vom 16. 6. 1922 (RZentrBl. 351) m. spät. Änd.

Die Steuer beträgt 16⅔ v. H. der *Wettbeträge* bzw. Wetteinsätze, bei öffentlichen Lotterien 20 v. H. des planmäßigen Preises sämtlicher Lose, bei ausländischen Lotterien 0,25 DM pro angefangene DM des Lospreises. Steuerschuldner ist der Totalisator- Unternehmer oder Buchmacher bzw. der Veranstalter der Lotterie oder Ausspielung.

543. Die Feuerschutzsteuer

wird zur Förderung des Feuerlöschwesens und des vorbeugenden Brandschutzes von den Feuerversicherungsunternehmen erhoben. Sie ähnelt in ihrer Gestaltung der Versicherungsteuer (546).

Rechtsquelle ist das *Feuerschutzsteuergesetz* i. d. F. vom 10. 1. 1996 (BGBl. I 18). Der Steuersatz beträgt i. d. R. 8 v. H. des Versicherungsentgelts.

544. Die Kraftfahrzeugsteuer

wird nach Maßgabe des Kraftfahrzeugsteuergesetzes i. d. F. vom 24. 5. 1994 (BGBl. I 1102) m. spät. Änd. und der Kraftfahrzeugsteuer-DVO i. d. F. vom 24. 5. 1994 (BGBl. I 1145) m. spät. Änd. für das Halten (oder widerrechtliche Benutzen) eines Kraftfahrzeugs zum Verkehr auf öffentlichen Straßen erhoben.

Jeder *Halter eines Kraftfahrzeugs* ist verpflichtet, sein Fahrzeug zur Versteuerung beim Finanzamt *anzumelden.* Das Finanzamt setzt die Steuer auf der Anmeldung fest und gibt sie dem Steuerschuldner durch Steuerbescheid i. S. des § 155 AO bekannt. Halter ausländischer Fahrzeuge erhalten eine *Steuerkarte.*

Steuerbefreiungen bestehen u. a. für Wegebaufahrzeuge im Dienst von Bund, Ländern, Gemeinden, Kfze. der Bundeswehr, Polizei usw., Linienomnibusse, zulassungsfreie Kfz. (vgl. 195 III), die meisten landwirtschaftl. Zugmaschinen, private Krankenfahrzeuge, Kfze. der Vertreter außerdeutscher Staaten bei Gewährung von Gegenseitigkeit sowie für hilflose, blinde und außergewöhnlich gehbehinderte Schwerbehinderte mit entsprechendem Ausweis. Für andere Schwerbehinderte ermäßigt sich die Steuer um 50 v. H., wenn sie in ihrer Bewegungsfähigkeit im Straßenverkehr erheblich beeinträchtigt sind. Die Steuervergünstigungen stehen dem Berechtigten nur für ein Fahrzeug und nur auf Antrag zu (§ 3a KraftStG). Die Steuerermäßigung wird nicht gewährt, solange der Schwerbehinderte das Recht zur unentgeltlichen Beförderung nach § 59 SchwbG beansprucht. Beim *Huckepackverkehr* (197) wird die Steuer erstattet. Vgl. §§ 3, 3a, 4 KraftStG.

Steuerschuldner ist die Person, für welche das Kraftfahrzeug zugelassen ist, und bei widerrechtlicher Benutzung jeder Benutzer; bei ausländischen Kraftfahrzeugen, die im Inland benutzt werden, stets der Benutzer.

Besteuerungsgrundlage ist bei Krafträdern und Personenkraftwagen mit Hubkolbenmotor der *Hubraum,* bei allen anderen Fahrzeugen das *Gesamtgewicht* und die Zahl der Achsen. Beim *Steuersatz* unterscheidet das Gesetz 3 Gruppen von Fahrzeugen (Krafträder und Personenkraftwagen mit Hubkolbenmotor und alle anderen Fahrzeuge), die nach verschiedenen Sätzen besteuert werden (§§ 8, 9). Die Steuer ist jährlich im voraus zu entrichten; bei Beträgen über 1000 bzw. über 2000 DM ist halb- bzw. vierteljährl. Entrichtung des entsprechenden Teils mit einem Aufschlag von 3 bzw. 6 v. H. zulässig.

Für schadstoffarme oder bedingt schadstoffarme Pkw bestehen nach dem *Ges. über steuerliche Maßnahmen zur Förderung des schadstoffarmen Personenkraftwagens* vom 22. 5. 1985 (BGBl. I 784) Steuerbefreiungen bzw. Steuerermäßigungen für einen bestimmten Zeitraum; die Steuervergünstigungen sind nach dem Maß des Schadstoffausstoßes gestaffelt. Die Voraussetzungen, unter denen ein Pkw als schadstoffarm oder bedingt schadstoffarm eingestuft wird, sind in der StVZO bzw. deren Anlagen festgelegt. S. hierzu ferner das Ges. zur Verbesserung der steuerlichen Förderung schadstoffarmer Personenkraftwagen vom 22. 12. 1989 (BGBl. I 2436) und das Ges. zur steuerlichen Förderung besonders schadstoffarmer Personenkraftwagen mit Dieselmotor vom 19. 12. 1990 (BGBl. I 2906). Durch das *Kraftfahrzeugsteueränderungsgesetz 1997* vom 18. 4. 1997 (BGBl. I 805) wurde eine noch stärkere Berücksichtigung der Schadstoffemission bei der Besteuerung von Personenkraftwagen festgelegt.

545. Die Grunderwerbsteuer

ist eine *Verkehrsteuer,* die den Verkehr mit Grundstücken besteuert.

Gesetzliche Grundlage: *Grunderwerbsteuergesetz* (GrEStG) i. d. F. vom 26. 2. 1997 (BGBl. I 418).

Steuergegenstand sind Erwerbsvorgänge, soweit sie sich auf inländische Grundstücke beziehen, vor allem Kaufverträge und andere Überlassungen, evt. die Auflassung oder ein sonstiger Eigentumsübergang (z. B. bestimmte gesellschaftsrechtliche Vorgänge, Eigentumserwerb in der Zwangsversteigerung). Zur Verhinderung von Steuerumgehungen werden auch Abtretungsgeschäfte über Ansprüche auf Übertragung und Rechtsvorgänge besteuert, die es einem anderen rechtlich oder wirtschaftlich ermöglichen, ein inländisches Grundstück zu verwerten.

Ausgenommen von der Besteuerung sind u. a. Bagatellfälle (bis zu 5000 DM), Grundstückserwerbe von Todes wegen und Grundstücksschenkungen, Erwerbe zum Nachlaß gehörender Grundstücke durch Miterben zur Nachlaßteilung und Erwerbe durch den Ehegatten (§ 3). Weitere Ausnahmen in den §§ 4–7.

Steuersatz: 3,5 v. H. (§ 11). Die Steuer bemißt sich nach dem Wert der Gegenleistung (§§ 8, 9). Erwerber und Veräußerer haften gesamtschuldnerisch für die Steuer. Der Erwerber wird erst nach Vorlage einer *Unbedenklichkeitsbescheinigung* des Finanzamts (= Bescheinigung, daß der Eintragung steuerliche Bedenken nicht entgegenstehen, § 22 GrEStG) ins Grundbuch eingetragen.

546. Die Versicherungsteuer

Ihr unterliegen *Versicherungsentgelte,* die auf Grund von Versicherungsverträgen und ähnlichen Abmachungen über im Inland befindliche Gegenstände oder von inländischen Versicherungsnehmern gezahlt werden.

Sie ist eine *Verkehrsteuer* auf den Geldumsatz im Versicherungswesen. Der Steuersatz beträgt i. d. R. 15 v. H. des Versicherungsentgelts, bei der Feuerversicherung 10 v. H., bei der Seeschiffskaskoversicherung 2 v. H., wird aber bei der Hagelversicherung nach der Versicherungssumme (0,20 DM für je 1000 DM) bemessen. Steuerschuldner ist der Versicherungsnehmer; doch haftet auch der Versicherer, der die Steuer für Rechnung des Versicherungsnehmers zu entrichten hat. S. *Versicherungsteuergesetz* i. d. F. vom 10. 1. 1996 (BGBl. I 22) m. spät. Änd. und DVO i. d. F. vom 10. 1. 1996 (BGBl. I 28) m. spät. Änd.

IV. Verbrauchsteuern, Monopole, Zölle

552. Die Verbrauchsteuern

I. Bei den *Verbrauchsteuern* wird die Beschaffung von Gütern, die dem Verbrauch oder Gebrauch dienen, besteuert. Sie werden beim Erzeuger oder Händler erhoben, der sie im Verkaufspreis verrechnet und damit i. d. R. auf den Käufer überwälzt. Das Aufkommen an Verbrauchsteuern steht mit Ausnahme der Biersteuer dem Bund zu.

II. Es bestehen folgende Verbrauchsteuern (vgl. 503):

1. Die *Biersteuer* (Biersteuergesetz 1993 i. d. F. vom 21. 12. 1992, BGBl. I 2150, 2158) m. spät. Änd. mit DVO v. 24. 8. 1994 (BGBl. I 2191) m. spät. Änd.

Sie bestimmt sich nach der Biermenge und entsteht mit der Entfernung des Bieres aus der Brauerei oder mit der Einfuhr von Bier aus Nicht-EG-Staaten. Die Erträge dieser Verbrauchsteuer fließen den Ländern zu.

2. Über die *Branntweinsteuer* s. 553.

3. Die *Kaffeesteuer* (Ges. i. d. F. vom 21. 12. 1992, BGBl. I 2150, 2199) m. spät. Änd. mit DVO v. 14. 10. 1993 (BGBl. I 1747).

Sie wird als Verbrauchsteuer erhoben auf Kaffee (Röstkaffee, auch entkoffeiniert, und löslicher Kaffee).

4. Die *Mineralölsteuer* (MineralölsteuerG i. d. F. vom 21. 12. 1992, BGBl. I 2150, 2185) m. spät. Änd.

wird seit 1930 für Mineralöle erhoben. Die mit der Heizölsteuer 1960 zugunsten des Steinkohlenbergbaus eingeführte Zweckbindung wurde mit Gesetz vom 28. 4. 1971 (BGBl. I 377) allgemein auf die Verwendung zu energiepolitischen Zwecken erweitert. Steuergegenstand ist Mineralöl (Begriffsbestimmung in § 1 MinöStG); die Steuer entsteht mit Entfernung des Mineralöls aus dem Steuerlager und berechnet sich nach der Menge. S. hierzu auch die *Mineralölsteuer-Durchführungs VO* v. 15. 9. 1993 (BGBl. I 1602).

5. Die *Schaumweinsteuer* (Ges. zur Besteuerung von Schaumwein und Zwischenerzeugnissen i. d. F. vom 21. 12. 1992, BGBl. I 2150, 2176).

Die Steuer für Schaumwein beträgt 266 DM/hl. Für Schaumwein mit einem vorhandenen Alkoholgehalt von weniger als 6% vol. 100 DM/hl.

6. Die *Tabaksteuer* (Tabaksteuergesetz i. d. F. vom 21. 12. 1992, BGBl. I 2150) mit DVO vom 14. 10. 1993 (BGBl. I 1738) m. spät. Änd.

Sie ist eine Verbrauchsteuer, die als *Fabriksteuer* von Tabakwaren (Zigaretten, Zigarren, Zigarillos, Rauchtabak) erhoben wird. Die Steuerschuld entsteht durch die Entfernung aus dem Steuerlager. Die Steuer wird durch Anbringung von *Steuerzeichen (Banderolen)* entrichtet. Bemessungsgrundlage ist der Kleinverkaufspreis, den der Verbraucher zahlt.

553. Die Monopole

Unter einem *Monopol* versteht man wirtschaftlich eine Marktform, bei der es für bestimmte Wirtschaftsgüter nur einen einzigen Anbieter oder Abnehmer gibt. Ein *Staatsmonopol* besteht in einer ausschließlich vom Staat genutzten Rechtsstellung. Ein *Finanzmonopol* ist eine besondere Form der Verbrauchbesteuerung, bei der sich der Staat Herstellung und Vertrieb bestimmter Waren vorbehält. In der BRep. besteht ein Monopol dieser Art für Branntwein.

Das *Branntweinmonopol* wurde 1918 an Stelle der Branntweinsteuer eingeführt. Es umfaßt die Übernahme des im Monopolgebiet hergestellten Branntweins aus den Brennereien, die Herstellung von Branntwein aus bestimmten Stoffen, die Einfuhr von Branntwein (außer Rum, Arrak, Likör), die Reinigung und Verwertung von Branntwein und den Branntweinhandel.

An Stelle der früheren Reichsmonopolverwaltung übernahmen 1945 die Länder die Ausübung. Nach Art. 105 Abs. 1 GG steht dem Bund die ausschließliche Gesetzgebung über Finanzmonopole zu; der Ertrag fließt dem Bund zu, der die Monopole durch Bundesfinanzbehörden verwaltet (Art. 106 Abs. 1, Art. 108 Abs. 1 GG). Maßgebend ist das Gesetz über das Branntweinmonopol vom 8. 4. 1922 (RGBl. I 335, 405) m. spät. Änd. S. auch *BranntweinsteuerVO* v. 21. 1. 1994 (BGBl. I 104) m. spät Änd.

Nach dem Ges. vom 8. 8. 1951 (BGBl. I 491) ist oberste Verwaltungsbehörde der *Bundesmonopolverwaltung für Branntwein* das unter Aufsicht des Bundesministers der Finanzen stehende *Bundesmonopolamt* in Offenbach a. M., unter dem eine Verwertungsstelle die kaufmännischen Geschäfte führt. Ein Gewerbeausschuß vertritt die beteiligten Gewerbe und soll vor wichtigen Entscheidungen gehört werden. Bei der Verwaltung wirken die *Zollbehörden* mit.

Die Bundesmonopolverwaltung setzt das Jahresbrennrecht der Brennereien und die Übernahmepreise für Branntwein fest (Brennereiordnung vom 16. 3. 1935, RMBl. 117 m. spät. Änd.). Sie übernimmt den abgelieferten Branntwein, reinigt ihn in bundeseigenen bzw. Lohnbetrieben und setzt ihn als Sprit, Spiritus oder absoluten Alkohol ab. Der von der Monopolverwaltung verwertete Branntwein unterliegt einer *Branntweinsteuer* (Verbrauchsteuer) zwischen 0 und 2550 DM je hl reinen Alkohols (§§ 84, 130ff. BrMG).

554. Die Zölle

I. *Begriffe*

Zölle werden als *Einfuhrzölle* bei der Einfuhr bestimmter vom Ausland hereinkommender Waren oder als *Ausfuhrzölle* bei der Ausfuhr gewisser Waren und Güter erhoben.

Außer Einfuhr- und Ausfuhrzöllen (über deren Aufhebung innerhalb der EWG s. 809, 810) unterscheidet man:

a) *autonome* Zölle, die ein Staat nach eigenen Bedürfnissen bemißt, und *Vertragszölle,* die durch Handelsvertrag mit fremden Staaten vereinbart werden; zu ihnen gehören die sog. *Meistbegünstigungszölle* (s. unten);
b) *Finanzzölle,* die zur Deckung des Geldbedarfs erhoben werden, und *Prohibitiv-* oder *Schutzzölle,* die zum Schutz der heimischen Industrie oder Landwirtschaft die Einfuhr fremder Waren unrentabel machen; *Retorsionszölle,* die als Vergeltungsmaßnahmen im Zoll- oder Wirtschaftskrieg angewendet werden;
c) *Wert-, Gewichts-* und *Stückzölle,* je nach Art der Erhebung.

II. *Gesetzliche Grundlagen*

Das Zollverwaltungsgesetz vom 21. 12. 1992 (BGBl. I 2125) m. spät. Änd. enthält die grundlegenden Vorschriften für das gesamte Zollrecht. Es regelt hauptsächlich die Erfassung des Warenverkehrs, die Zollbehandlung, Verzollung und Zollfreistellung, die Zollverwaltung sowie Zollstraftaten und -ordnungswidrigkeiten.

Der Warenverkehr über die Grenze wird zollamtlich überwacht. Diese Überwachung hat vor allem zu sichern, daß der Zoll erhoben wird. Sie ist Steueraufsicht (§ 209 AO). *Zollgebiet* ist das deutsche Hoheitsgebiet, aber ohne Zollausschlüsse und Zollfreigebiete. *Zollfreigebiete* sind deutsche Schiffe und Luftfahrzeuge in Gebieten, die zu keinem Zollgebiet gehören, die Insel Helgoland und Freihäfen. *Zollgut* darf nur auf Zollstraßen zu bestimmten Zollstunden ein- und ausgeführt werden. Durch Zollabfertigung wird es zum Freigut. Besonderheiten gelten für Schiffe, die an Zollandungsplätzen anlegen, und für Luftfahrzeuge, die nur auf Zollflugplätzen landen dürfen.

Der Zoll wird im Rahmen zwischenstaatlicher Verpflichtungen (z. B. auf Grund des EWG-Vertrages) nach dem Zolltarif erhoben. Als Maßstäbe gelten Zollgewicht, Maß, Stück und Wert. Rechtsgrundlagen des *Zolltarifs* ist die *ZolltarifVO* vom 24. 9. 1986 (BGBl. II 896) m. spät. Änd. S. auch *Einreise-FreimengenVO* vom 3. 12. 1974 (BGBl. I 3377) m. letzter Änd. vom 22. 12. 1994 (BGBl. I 3983) und *Einfuhrumsatzsteuer-BefreiungsVO* vom 5. 6. 1984 (BGBl. I 747) m. spät. Änd. Ferner gilt der Zolltarif der EG. Durch zwischenstaatliche Vereinbarungen können niedrigere Sätze (*Vertragszollsätze*) bestimmt oder es kann Zollfreiheit festgesetzt werden.

Auf Grund des Zollverwaltungsgesetzes erging die *Zollverordnung* vom 23. 12. 1993 (BGBl. I 2449) m. spät. Änd. Daneben treten in zunehmendem Maße unmittelbar geltende VOen der EG.

III. Die *Zollverwaltung*

ist ein Teil der Finanzverwaltung. Die Behörden sind Bundesbehörden. An ihrer Spitze steht der Bundesminister der Finanzen; Mittelbehörden sind die Oberfinanzdirektionen, örtliche Behörden die Hauptzollämter einschließlich ihrer Dienststellen (Zollämter, Grenzkontrollstellen, Zollkommissariate) und die Zollfahndungsämter. Zur Unterstützung der Zollfahndungsämter wurde das *Zollkriminalamt* als Bundesoberbehörde errichtet.

IV. *Meistbegünstigung, internationale Vereinbarungen*

Die *Meistbegünstigungsklausel* ist eine zwischenstaatliche Vereinbarung im Rahmen von Handelsabkommen (s. 903 II), wonach dem Vertragspartner die gleichen Vorteile und Vergünstigungen, insbes. in bezug auf Zölle, eingeräumt werden, die der vertragschließende Staat irgendeinem anderen Staat zugestanden hat und in Zukunft noch zugestehen wird.

Im Rahmen des GATT (s. 918 IV) treten in bestimmten Abständen Konferenzen zur Verhandlung über Zollsätze und andere Fragen des internationalen

Wirtschaftsverkehrs zusammen. Ziel ist der Abbau der Zollschranken und eine Vereinheitlichung der Verkehrsbedingungen auf internationaler Ebene.

V. Gemeindesteuern

555. Landes- und Gemeindesteuern

Nach Art. 106 und 107 GG fließen den Ländern die Erträge aus den Verkehrsteuern (außer Kapitalverkehr-, Versicherung-, Wechsel- und Umsatzsteuer), aus der Biersteuer (Verbrauchsteuer), der Vermögen- und Erbschaftsteuer und der Abgabe der Spielbanken zu. Sie erhalten ferner einen Anteil an der Einkommen-, Körperschaft- und Umsatzsteuer (vgl. 79 II).

Das Aufkommen an *Real-(Objekt-)Steuern* ist ebenso wie das der örtlichen Verbrauch- und Aufwandsteuern den Gemeinden zugewiesen. Diese erhalten ferner einen von der Landesgesetzgebung zu bestimmenden Anteil am Gesamtaufkommen der von Bund und Ländern vereinnahmten *Gemeinschaftsteuern* (503), ebenso einen Anteil an den Landessteuern. Für besondere durch den Bund veranlaßte Aufwendungen oder Mindereinnahmen (sog. Sonderbelastungen) gewährt der Bund einen Ausgleich.

Auch die wichtigsten Realsteuern *(Grundsteuer, Gewerbesteuer)* sind bundesgesetzlich geregelt. Inwieweit den Ländern das Aufkommen aus Landessteuern, Einkommen- und Körperschaftsteuer zufließt, richtet sich nach den von den Finanzbehörden in ihrem Gebiet vereinnahmten Steuern *(örtliches Aufkommen)*. Hierzu kann der Bund in gewissem Umfang Bestimmungen über die sog. *Zerlegung* des Aufkommens treffen. Vgl. Finanzausgleichsgesetz (s. 79 II 2, III) und Zerlegungsgesetz (s. 519).

Für andere den Gemeinden zufließende Steuern muß eine *örtliche Steuerordnung* erlassen und von den Aufsichtsbehörden genehmigt werden. Für die gebräuchlichsten *Gemeindesteuern* sind *Mustersteuerordnungen* verfaßt worden. Die bekanntesten Gemeindesteuern sind die *Gemeindegetränkesteuer,* die *Hundesteuer,* die *Jagdsteuer,* die *Schankerlaubnis-* und die *Vergnügungsteuer* (vgl. 562–564).

556. Die Grundsteuer

ist wie die Gewerbesteuer eine *Real-(Objekt-)* oder *Sachsteuer,* und zwar eine Gemeindesteuer, die von dem im Gemeindegebiet belegenen Grundbesitz erhoben wird.

Unter *Grundbesitz* i. S. des *Grundsteuergesetzes* – GrStG – vom 7. 8. 1973 (BGBl. I 965) wird das land- und forstwirtschaftliche Vermögen, das Grundvermögen und das Betriebsvermögen, soweit es in Betriebsgrundstücken besteht, verstanden. Befreiungen in §§ 3, 4 (z. B. für Grundstücke der öffentlichen

Hand, für gemeinnützigen, mildtätigen, wissenschaftlichen, religiösen Zwekken dienende Grundstücke, Krankenanstalten usw.).

Das Finanzamt setzt auf Grund der *Einheitswerte* nach einer gesetzlich bestimmten Tausendzahl (grundsätzlich 3,5 v. T.) den *Steuermeßbetrag* fest. Die Gemeinde bestimmt den *Hebesatz* und erläßt den *Grundsteuerbescheid*. Gegen die Festsetzung ist Einspruch, ggf. Klage beim Finanzgericht zulässig.

Die Grundsteuer ist zu je einem Viertel am 15. 2., 15. 5., 15. 8. und 15. 11. fällig. Bis zur Bekanntgabe eines neuen Grundsteuerbescheides sind *Vorauszahlungen* gemäß der letzten Festsetzung zu leisten.

Nach §§ 32–34 GrStG ist die Grundsteuer auf Antrag zu *erlassen* für Grundbesitz, dessen Erhaltung wegen seiner Bedeutung für Wissenschaft, Kunst oder Naturschutz im öffentlichen Interesse liegt und bei dem die Kosten i. d. R. die erzielten Einnahmen und die sonstigen Vorteile übersteigen, sowie für Grundbesitz, in dessen Gebäuden Gegenstände von wissenschaftlicher, künstlerischer oder geschichtlicher Bedeutung, insbesondere Sammlungen oder Bibliotheken, dem Zweck der Forschung oder Volksbildung nutzbar gemacht sind, soweit der Rohertrag des Grundbesitzes dadurch nachhaltig gemindert wird; ferner für öffentl. Grünanlagen, Spiel- und Sportplätze, deren Unterhaltungskosten die Erträge übersteigen. *Teilerlaß* wird bei land- und forstwirtschaftlichen Betrieben und bebauten Grundstücken gewährt, wenn der Normalertrag (z. B. durch Mietausfall) um mehr als 20 v. H. gemindert ist, ohne daß der Steuerschuldner dies zu vertreten hat. Die Gemeinden haben auch das Recht, aus Billigkeitsgründen eine abweichende Steuerfestsetzung vorzunehmen oder einen Erlaß der Grundsteuer zu bewilligen (§§ 163, 227 AO).

Vgl. auch Grundsteuer-Richtlinien vom 9. 12. 1978 (BStBl. I 553).

557. Die Gewerbesteuer

ist wie die Grundsteuer eine *Real*-(Objekt-) oder *Sachsteuer,* welcher die stehenden Gewerbe, zu deren Ausübung eine Betriebstätte unterhalten wird, sowie das Reisegewerbe unterliegen. Maßgebend sind das *Gewerbesteuergesetz* (GewStG) i. d. F. vom 21. 3. 1991 (BGBl. I 814) m. spät. Änd. nebst DVO i. d. F. vom 21. 3. 1991 (BGBl. I 831) m. spät. Änd. und die Richtlinien (GewStR 1978) vom 21. 6. 1979 (BStBl. I Sd. Nr. 4). Die Gewerbesteuer ist eine *Gemeindesteuer* (vgl. aber 79 II 3) und eine wesentliche Finanzgrundlage für die Gemeinden.

Als *Realsteuer* knüpft die Gewerbesteuer an das Bestehen eines Betriebes an und nimmt grundsätzlich keine Rücksicht auf die persönliche Leistungsfähigkeit des Unternehmens. Entgegen der Behandlung bei der Einkommensteuer und Vermögensteuer sind die oHG, die KG und die sonstigen Mitunternehmergesellschaften als solche steuerpflichtig (§ 2 GewStG). Betriebsgrundstücke unterliegen gleichzeitig der Grundsteuer; deshalb wird beim Gewerbekapital der Einheitswert der Betriebsgrundstücke abgezogen; beim Gewerbeertrag können 1,2 v. H. des Einheitswerts der Betriebsgrundstücke abgesetzt werden (§§ 9, 12 GewStG).

Bis Ende 1979 gab es 3 Besteuerungsgrundlagen: *Gewerbeertrag, Gewerbekapital* und *Lohnsumme*. Jede Gemeinde mußte die beiden ersten Grundlagen benutzen und konnte als dritte die Lohnsumme wählen. Die Lohnsummensteuer entfiel jedoch ab 1. 1. 1980.

Steuerpflichtig sind die *stehenden Gewerbebetriebe;* die *freien Berufe* sind grundsätzlich von der Gewerbesteuer ausgenommen. *Steuerbefreiungen* bestehen u. a.

für Betriebe der öff. Hand (staatliche Lotterieunternehmen, Bundesbank usw.), ferner zugunsten von Körperschaften, Personenvereinigungen und Vermögensmassen, die gemeinnützige, mildtätige oder kirchliche Zwecke verfolgen – ausgenommen wirtschaftliche Betriebe –, für rechtsfähige Pensions-, Kranken-, Sterbe- und Unterstützungskassen sowie für bestimmte andere öff. geförderte Betriebe und für Produktionsgenossenschaften der Land- und Forstwirtschaft (§ 3 GewStG). Die Gewerbesteuer der *Reisegewerbebetriebe,* zu deren Ausübung es nach der Gewerbeordnung und den Ausführungsbestimmungen dazu einer Reisegewerbekarte bedarf (vgl. 183 I), ist im § 35a GewStG geregelt.

558. Die Gewerbeertragsteuer

Gewerbeertrag ist der nach den Vorschriften des Einkommensteuergesetzes oder des Körperschaftsteuergesetzes zu ermittelnde Gewinn aus dem Gewerbebetrieb, der bei Ermittlung des Einkommens für den dem Erhebungszeitraum entsprechenden Veranlagungszeitraum zu berücksichtigen ist, vermehrt um die Hinzurechnungen (z. B. ein Teil der Dauerschuldzinsen, Renten, dauernde Lasten, Gewinnanteile bestimmter Gesellschafter; §§ 7, 8 GewStG) und vermindert um die Kürzungen (z. B. für Betriebsgrundstücke – s. 557 – und gewisse Gewinnanteile; § 9 GewStG).

Wenn auch der Gewerbeertrag selbständig zu ermitteln ist, so wirkt sich doch eine Änderung des Gewinnes aus Gewerbebetrieb bei Einkommensteuer und Körperschaftsteuer automatisch auf die Gewerbesteuer aus, da nach § 35b GewStG der *Gewerbesteuermeßbescheid* auf Grund einer Änderungsentscheidung über die Einkommen/Körperschaftsteuer von Amts wegen zu ändern ist. Somit kann ein *Einspruch* gegen den Einkommensteuer-, Körperschaftsteuer- oder Gewinnfeststellungsbescheid (bei oHG, KG) auch den gewerbesteuerlich maßgebenden Gewinn ändern.

Durch Anwendung der *Steuermeßzahl* (zwischen 1 und 5 v. H.) ergibt sich der *Steuermeßbetrag* (§ 11 GewStG). Bei natürlichen Personen und Personengesellschaften (372 I) ermäßigt sich der steuerpflichtige Gewerbeertrag um einen Freibetrag von 48000 DM. Weitere Ermäßigungen durch Herabsetzung der Steuermeßzahl bzw. des Steuermeßbetrags bestehen für Hausgewerbetreibende, das Zweite Deutsche Fernsehen bei der Veranstaltung von Werbesendungen usw. (§§ 11 Abs. 3, 4 GewStG).

Über das weitere Berechnungsverfahren s. 561.

559. Die Gewerbekapitalsteuer

Das Gewerbekapitalsteuer wurde mit Wirkung zum 1. 1. 1998 abgeschafft. Bis einschl. Veranlagungszeitraum 1997 gilt: Gewerbekapital i. S. der Gewerbesteuer ist der *Einheitswert* des gewerblichen Betriebes, der auf den letzten Feststellungszeitpunkt vor dem Ende des Erhebungszeitraums lautet, unter Hinzurechnungen und Kürzungen gemäß § 12 Abs. 2, 3 GewStG.

Hinzuzusetzen sind u. a. ein Teil der Dauerschulden, soweit sie den Kürzungsbetrag von 50000 DM übersteigen, Renten und dauernde Lasten, die Einlagen des stillen Gesellschafters, soweit sie bei Feststellung des Einheitswerts abgezogen sind, und die Werte der nicht in Grundbesitz bestehenden, dem Betrieb dienenden Wirtschaftsgüter, die einem Mitunternehmer oder Dritten gehören. *Abzusetzen* ist die Summe der Einheitswerte, mit denen die Betriebsgrundstücke im Einheitswert des Betriebsvermögens enthalten sind, ferner der Wert bestimmter zum Gewerbekapital gehörender Beteiligungen an Unternehmen.

Die *Steuermeßzahl* für das Gewerbekapital beträgt 2 v. T. des auf volle 1000 DM nach unten abgerundeten Betrages. Bleibt dieser unter 120000 DM, wird keine Steuer festgesetzt (§ 13 GewStG).

Über das weitere Berechnungsverfahren s. 561.

560. Die Lohnsummensteuer

Die *Lohnsumme konnte* von den Gemeinden mit Zustimmung der Landesregierung als Besteuerungsgrundlage gewählt werden. Die Lohnsummensteuer bildete einen selbständigen Teil der Gewerbesteuer. Sie *entfiel* ab 1. 1. 1980.

561. Gewerbesteuermeßzahlen

Bei der Berechnung der Gewerbesteuer wird von einem *Steuermeßbetrag* ausgegangen. Dieser wird durch Anwendung einer *Steuermeßzahl* (d. h. einem Hundert- oder Tausendsatz auf den Gewerbeertrag bzw. das Gewerbekapital) ermittelt. Durch Zusammenrechnung der Steuermeßbeträge für Gewerbeertrag und Gewerbekapital wird ein einheitlicher Steuermeßbetrag gebildet (§ 14 GewStG). Die tatsächlich zu zahlende Gewerbesteuer wird nach dem von der Gemeinde für jedes Jahr festzusetzenden Hundertsatz *(Hebesatz)* berechnet (§§ 4, 16 GewStG).

Über die Pflicht zur Abgabe der *Gewerbesteuererklärung* vgl. § 25 GewStDV (557).

Vorauszahlungen sind am 15. 2., 15. 5., 15. 8. und 15. 11. jeden Jahres in Höhe von ¼ der für das Vorjahr veranlagten GewSteuer zu entrichten (§ 19 GewStG).

Unterhält ein Unternehmen in verschiedenen Gemeinden Betriebstätten, so wird jeder beteiligten Gemeinde ein entsprechender Anteil am Steuermeßbetrag zugewiesen. Dazu ergeht ein sog. *Zerlegungsbescheid* (§§ 28–34 GewStG).

562. Die Vergnügungsteuer

ist eine *Gemeindesteuer*, der alle *Vergnügungen* (z. B. Kinovorstellungen, sportliche Veranstaltungen, Tanzlustbarkeiten usw.) unterliegen.

Gesetzliche Grundlagen sind die in einzelnen Ländern erlassenen *Vergnügungsteuergesetze*, die im wesentlichen übereinstimmen. Danach sind *nicht steuerpflichtig* solche Veranstaltungen, die ihrem Charakter nach überwiegend nicht als Vergnügungen anzusehen sind, ferner Veranstaltungen politischer, religiöser, wissenschaftlicher Art u. dgl. Ausgenommen sind auch Theater- und Konzertveranstaltungen, Vorträge sowie Kleinkunstvorführungen, Veranstaltungen im Interesse der Bildung, Jugendpflege oder Leibesübungen, *Filmveranstaltungen* durch kulturelle u. ä. Organisationen. Die Steuer wird entweder als *Kartensteuer* nach dem Eintrittspreis oder als *Pauschsteuer* nach der Reineinnahme, nach dem Einzelpreis oder den Anschaffungskosten von Vorführungsgeräten erhoben.

Durch Sonderbestimmungen ist die Steuer für Filmveranstaltungen ermäßigt oder sie entfällt bei Aufführung von Filmen, die als wertvoll anerkannt sind (838).

Im einzelnen vgl. die Landesgesetze, so Bremen i. d. F. vom 14. 12. 1990 (GBl. 467), Saarland i. d. F. vom 19. 6. 1984 (ABl. 649) m. spät. Änd. Rheinland-Pfalz hat die Gemeinden zur Erhebung von Vergnügungssteuer ermächtigt (Ges. vom 2. 3. 1993, GVBl. 139). Einzelne Länder haben die Steuer aufgehoben (Bad.-Württbg., Bayern, Berlin, Hamburg, Hessen, Niedersachsen).

Zur Verfassungsmäßigkeit der Vergnügungsteuer s. BVerfG NJW 1976, 101.

563. Gemeindegetränkesteuern

können nach Maßgabe der NotVO vom 26. 7. 1930 (RGBl. I 311) und DurchfBest. vom 4. 9. 1930 (RGBl. I 450), deren Vorschriften nach 1945 als Landesrecht beibehalten wurden, oder auf Grund landesgesetzlicher Ermächtigung (Kommunalabgabengesetze) erhoben werden. Sie waren nach dem Finanzausgleichsgesetz vom 9. 4. 1927 auf den Bierkonsum beschränkt, werden aber jetzt auch von Wein, Branntwein, Kaffee, Tee usw. erhoben. In den meisten Ländern der BRep. besteht die Steuer jedoch nicht mehr, im übrigen gebietsweise nur für alkoholische Getränke.

564. Sonstige Gemeindesteuern

sind die *Hundesteuer,* die beim Halten eines Hundes, der nicht beruflich benötigt wird, erhoben wird; die *Jagdsteuer,* welche die Ausübung der Jagd mit einer Gemeindesteuer belegt, und die *Schankerlaubnissteuer,* die bei Erteilung einer Schankkonzession erhoben wird.

Steuerfrei sind Blindenhunde; für Wach- und Zuchthunde gelten ermäßigte Steuersätze.

Die *Jagdsteuer* bemißt sich gem. Jagdsteuermusterordnung vom 7. 2. 1937 (RMinBl. V 1937, 249) beim Eigentümer nach dem Jahresjagdwert, beim Pächter nach der Pachtsumme. Vgl. Jagdsteuermustersatzung NRW vom 1. 12. 1970 (MBl. 1992).

Die *Zweitwohnungssteuer* ist eine örtliche Aufwandsteuer i. S. des Art. 105 Abs. 2a GG, die von Fremdenverkehrsgemeinden auf Grund einer entsprechenden landesgesetzlichen Ermächtigung und einer Satzung erhoben werden kann. Steuergegenstand ist das Innehaben einer Wohnung in einer Gemeinde, ohne sich dort überwiegend aufzuhalten. Steuermaßstab ist der jährliche Mietaufwand. Die Zweitwohnungssteuer ist verfassungsrechtlich zulässig, wenn sie als örtliche Aufwandsteuer ausgestaltet ist. Das BVerfG hat sie nur für verfassungswidrig erklärt, soweit sie lediglich Auswärtigen auferlegt wird (BVerfG NJW 1984, 785).

VI. Sonstiges Steuerrecht

565. Lastenausgleichsabgaben

I. In Anerkennung des Anspruchs der durch den 2. Weltkrieg und seine Folgen besonders betroffenen Bevölkerungsteile auf einen sozial gerechten und volkswirtschaftlich möglichen *Ausgleich von Lasten* erging das Gesetz über den Lastenausgleich *(Lastenausgleichsgesetz* = LAG) vom 14. 8. 1952 (BGBl. I 446), das zugleich den Geschädigten die zur Eingliederung notwendige Hilfe bieten soll. Es gilt jetzt i. d. F. vom 2. 6. 1993 (BGBl. I 845) m. spät. Änd. und ist durch zahlreiche Durchführungsbestimmungen ergänzt worden (s. auch 683).

Das LAG will die Schäden und Verluste, die durch die Vertreibungen und Zerstörungen der Kriegs- und Nachkriegszeit sowie die *Währungsschäden* entstanden sind, teilweise ausgleichen. Sie sollen ausgeglichen werden durch Erhebung von *Ausgleichsabgaben* und die Gewährung von *Ausgleichsleistungen* unter Beachtung bestimmter Ermäßigungsvorschriften bei den Ausgleichsabgaben. Als *Ausgleichsabgaben* wurden erhoben: Vermögensabgabe, Hypothekengewinnabgabe und Kreditgewinnabgabe. Als *Ausgleichsleistungen* werden auf Grund eines Rechtsanspruchs (§ 232 LAG) gewährt: Hauptentschädigung, Kriegsschadenrente, Hausratsentschädigung, Entschädigung im Währungsausgleich für Sparguthaben Vertriebener und Altsparentschädigung; ohne Rechtsanspruch (§ 233 LAG): Eingliederungsdarlehen, Wohnraumhilfe und sonstige Förderungsmaßnahmen, ferner Beihilfen aus einem *Härtefonds*. Nach der 21. Novelle zum LAG vom 18. 8. 1969 (BGBl. I 1232) erhalten Sowjetzonenflüchtlinge ebenfalls grundsätzlich Hauptentschädigung für Vermögensschäden, die sie in der DDR (einschließlich Berlin/Ost) erlitten haben. Die Entschädigung wird nur für existenzvernichtende Schäden oder den Verlust von mitexistenztragenden Werten (z. B. Grundvermögen, Spar- und Bankguthaben) gewährt. Hierzu ergingen u. a. die 2. VO über Ausgleichsleistungen nach dem LAG, jetzt i. d. F. vom 19. 12. 1968 (BGBl. I 1395) m. spät. Änd.

Gewährung und Annahme von Leistungen bedeuten keinen Verzicht auf die Geltendmachung von Ansprüchen auf Rückgabe des von den Vertriebenen zurückgelassenen Vermögens.

Die Verwaltungskosten aus der Durchführung der Lastenausgleichsgesetze und des Allgemeinen Kriegsfolgengesetzes (s. 686) trägt der Bund.

II. *Ausgleichsabgaben*

1. Die *Vermögensabgabe* betrug 50 v. H. des abgabepflichtigen Vermögens (§ 31 LAG). Sie ermäßigte sich bei Kriegssach-, Vertreibungs- oder Ostschäden entsprechend deren Ausmaß (§§ 39–47 LAG).

Unbeschränkt abgabepflichtig waren alle natürlichen Personen, die am 21. 6. 1948 einen Wohnsitz oder gewöhnlichen Aufenthalt in der BRep. oder in Berlin (West) hatten, ebenso Körperschaften, Personenvereinigungen (nicht oHG, KG, stille Gesellschaft, bürgerlich-rechtliche Gesellschaft, Erbengemeinschaft) und Vermögensmassen, wenn sie dort ihre Geschäftsleitung oder ihren Sitz hatten. *Beschränkt* abgabepflichtig waren die Vorgenannten, wenn sie am 21. 6. 1948 weder Wohnsitz noch gewöhnlichen Aufenthalt oder Geschäftsleitung in der BRep. oder in Berlin (West) hatten (§§ 16, 17 LAG).

Die Abgaben begannen am 1. 4. 1949 und liefen von diesem Zeitpunkt ab *30 Jahre*. Da beim Inkrafttreten des LAG schon 3 Jahre verstrichen waren, wurde die Schuld auf 27 Jahre verteilt, beginnend am 1. 4. 1952. Die Schuld war für land- und forstwirtschaftliches Vermögen mit 4, für Mietwohngrundstücke und Einfamilienhäuser mit 4, für gemischtgenutzte Grundstücke mit 5, für Geschäftsgrundstücke, Betriebs- und sonstiges Vermögen mit 6 v. H. zu verzinsen. Unter Zugrundelegung dieser Sätze ergaben sich *Vierteljahresraten* der Vermögensabgabe von 1,1 bzw. 1,4 bzw. 1,7 v. H. Besteht das abgabepflichtige Vermögen aus Einheiten der verschiedenen Vermögensgruppen, so war ein *„gewogener Durchschnittssatz"* zu ermitteln. Hierfür waren *Tabellen* aufgestellt (§§ 34–37 LAG).

Für die *Berechnung des Zeitwerts* der Vermögensabgabe-Vierteljahresbeträge wurden *Tabellen* aufgestellt, in denen Vervielfältiger (Multiplikatoren) angegeben sind, mit denen der Vierteljahresbetrag vervielfältigt wird, worauf das Produkt den Zeitwert ergibt. Dieser ist wichtig für den Abzug als Schuld bei der Vermögensteuer, als Nachlaßverbindlichkeit bei der Erbschaftsteuer, bei der Grunderwerbsteuer im Falle der Übernahme durch den Käufer, bei der Einkommensteuer (Sonderausgabe) usw. Vgl. *Zeitwertverordnung* vom 11. 8. 1954 (BGBl. I 258).

Ein *Erlaß* der Vermögensabgabe war nach der Verwaltungsanordnung vom 19. 11. 1963 (BStBl. I 798) m. spät. Änd. auf Antrag ausnahmsweise wegen *offenbarer Härte* bei natürlichen Personen zulässig, wenn sie den notwendigen Unterhalt für sich und ihre unterhaltsberechtigten Angehörigen nicht oder nicht ausreichend beschaffen können (der zunächst gestundete Betrag kann, wenn Besserung der Notlage nicht zu erwarten ist, nach 3 Jahren erlassen werden); ferner bei *Vermögensverfall,* wenn der Vermögensverlust mehr als 29 v. H. beträgt. Die Höhe des zu erlassenden Betrags war nach der Höhe des Vermögensverlustes gestaffelt.

2. Die *Hypothekengewinnabgabe* wurde auf Schuldnergewinne erhoben, die aus der Umstellung von durch Grundpfandrechte an einem inländischen Grundstück gesicherten RM-Verbindlichkeiten oder im Verhältnis 10:1 umgestellten Grundpfandrechten entstanden sind (§ 91 LAG).

3. Die *Kreditgewinnabgabe* erfaßte den Schuldnergewinn, der dadurch entstanden ist, daß Forderungen und Schulden durch die *Währungsreform* grundsätzlich im Verhältnis 10:1 umgestellt worden sind. Hierdurch entstand für den Schuldner ein Gewinn *(Schuldnergewinn),* während der Gläubiger einen Währungsverlust *(Gläubigerverlust)* erlitt. Diese Währungsgewinne der gewerblichen Wirtschaft wurden durch die Kreditgewinnabgabe erfaßt (§§ 161 ff. LAG).

Die Abgabe erfaßt aber nur den Gewinn bei gewerblichen Betrieben (§ 161 LAG). Die Abgabeschuld ist mit 4 v.H. zu verzinsen und seit 1952 mit 3 v.H. zuzüglich der ersparten Zinsen zu tilgen (§§ 175, 176 LAG).

566. Das Umwandlungssteuerrecht

Durch das *Umwandlungssteuergesetz* vom 28. 10. 1994 (BGBl. I 3267) werden die steuerlichen Folgen einer Unternehmensumstrukturierung durch Umwandlung (vgl. 372 V) geregelt. Es sieht u. a. die steuerneutrale Verschmelzung von *Körperschaften* auf *Personengesellschaften* (372 I) und natürliche Personen, die steuerneutrale Spaltung von Körperschaften und die Möglichkeit des Verlustvortrags bei der Verschmelzung oder Spaltung einer Körperschaft auf eine andere Körperschaft vor. Entsprechendes gilt für den Vermögensübergang von einer *Kapitalgesellschaft* (372 II) auf eine Personengesellschaft beim Formenwechsel von einer Kapitalgesellschaft in eine Personengesellschaft. Vermieden wird ferner eine doppelte steuerliche Berücksichtigung von Versorgungsleistungen für Arbeitnehmer bei Verschmelzung einer Unterstützungskasse auf das Trägerunternehmen. Ziel dieser steuerrechtlichen Regelungen ist, wirtschaftlich gebotene Veränderungen in der Rechtsstruktur eines Unternehmens nicht durch steuerliche Belastungen zu behindern.

567. Steuervergünstigungen für Berlin (West) und Helgoland

I. Berlin (West)

Die für Berlin (West) durch das Berlinförderungsgesetz in der Fassung vom 2. 2. 1990 (BGBl. I 173) gewährten Steuervergünstigungen sind zwischenzeitlich ausgelaufen. Sonderregelungen für Berlin enthält noch das Investitionszulagengesetz 1996 (s. 822 IV).

II. Helgoland

Die Insel Helgoland nimmt schon durch ihre isolierte geographische Lage eine Sonderstellung ein. Während ihres Wiederaufbaues war dort die Freizügigkeit (s. 47 VIII) eingeschränkt. *Zollrechtlich* bildet Helgoland ein Zollfreigebiet (554 II), d.h. die Insel untersteht nicht dem deutschen Zollrecht. Das gleiche gilt für die *Umsatzsteuer,* hinsichtlich derer die Insel gleichfalls wie ein Freihafengebiet nicht zum deutschen Zollgebiet gerechnet wird (s. 541).

Staatsrechtlich gehört die Insel Helgoland zum Land *Schleswig-Holstein.* Nach dem Landesgesetz vom 7. 12. 1959 (GVOBl. 213) wird in Helgoland auf eingeführte alkoholische Getränke, Tabak, Tee und Kaffee (vorbehaltlich der Zollbefreiungen, die im Zollinland für den Reiseverkehr gelten) eine *Gemeindeeinfuhrsteuer* erhoben, die der Gemeinde zufließt.

568. Doppelbesteuerungsverträge

werden häufig zwischen Staaten geschlossen, die in wirtschaftlicher Verbindung stehen; sie sollen eine mehrfache Besteuerung eines Steuerpflichtigen für denselben Steuergegenstand (Einkünfte oder Vermögen) und für denselben Zeitraum vermeiden oder abmildern. Die ausländische Einkommensteuer (Vermögensteuer) wird auf die im Inland erhobene Steuer gleicher Art angerechnet (Anrechnungsmethode). Auch kann eine Minderung der Bemessungsgrundlage durch Berücksichtigung im Ausland gezahlter Steuern oder Pauschalierung für doppelt besteuerte Güter vereinbart werden. Vgl. 520.

Über die *Anrechnung ausländischer Einkommensteuern* vgl. §§ 34c, d EStG. Die §§ 68 a–c EStDV regeln die Behandlung von Einkünften aus mehreren ausländischen Staaten, den Nachweis durch Urkunden und die Berichtigung deutscher Steuerbescheide bei Änderungen der ausländischen Steuer. Wird trotz eines Doppelbesteuerungsabkommens die Doppelbesteuerung für bestimmte Einkünfte nicht beseitigt, so sind die darauf entfallenden ausländischen Steuern vom Einkommen anzurechnen. Es muß sich aber stets um eine Steuer handeln, auf die sich das Doppelbesteuerungsabkommen erstreckt. Andernfalls wird die ausländische Steuer wie eine Sonderausgabe vom Gesamtbetrag der Einkünfte abgezogen (§ 34c Abs. 3, 6 EStG).

569. Maßnahmen gegen Steuerflucht

Verlegt ein Steuerpflichtiger Wohnsitz oder Betriebstätte in einen ausländischen Staat mit niedrigerem Steuerniveau (sog. *Steueroase,* z. B. Liechtenstein, Monaco), so entzieht er dem inländischen Fiskus einen Teil der Abgaben *(Steuerflucht).* Dasselbe gilt, wenn im Rahmen geschäftlicher Auslandsbeziehungen zu abhängigen Firmen zwecks Steuerersparnis Vereinbarungen getroffen werden, die gegenüber unabhängigen Dritten nicht üblich sind. Dem sucht das *Außensteuergesetz* vom 8. 9. 1972 (BGBl. I 1713) m. spät. Änd. entgegenzuwirken. Es betrifft vor allem Steuerpflichtige mit ausländischen Geschäftsbeziehungen zu geschäftlich nahestehenden Personen, mit denen sie eine wesentliche Beteiligung zu mindestens ¼ oder ein beherrschender oder anderweitig begründeter Einfluß verbindet. Werden hierbei besondere Bedingungen zwecks Steuerersparnis vereinbart, so sind die Einkünfte ohne diese Minderung zu berücksichtigen (§ 1). Geregelt sind ferner die Steuerpflicht bei Wohnsitzwechsel in niedrigbesteuernde Gebiete (§§ 2ff.), die Behandlung wesentlicher Beteiligungen bei Wohnsitzwechsel ins Ausland (§§ 6ff.), die Beteiligung an ausländischen Zwischengesellschaften (§§ 7ff.) und Familienstiftungen im Ausland (§§ 15ff.).

Zur Sicherung der hierdurch entstehenden Abgabepflichten begründet § 138 Abs. 2 AO eine *Meldepflicht* bei Gründung oder Erwerb ausländischer Betriebe, Beteiligung an ausländischen Personengesellschaften sowie bei Erwerb von Beteiligungen (mindestens 10 bzw. 25 v. H.) an körperschaftsteuerpflichtigen Unternehmen.

570. Steuerreform

Steuerreformen zielen in aller Regel darauf ab, eine gleichmäßige und gerechte, an den Grundsätzen des sozialen Rechtsstaates orientierte Besteuerung zu erreichen.

Die früher nach dem Stand vom 1. 1. 1935 festgesetzten *Einheitswerte* wurden nach den Wirtschaftsverhältnissen vom 1. 1. 1964 neu festgesetzt; die Erhöhung wirkt sich auf die Vermögen-, Erbschaft- und Grundsteuer aus. Die Steuersätze bei der *Vermögensteuer* für natürliche Personen sowie bei der *Erbschaftsteuer* sind mit Wirkung vom 1. 1. 1974 gesenkt, die Freibeträge erhöht worden. Die Änderungen im *Einkommen-* und *Lohnsteuerrecht* brachten ab 1. 1. 1975 eine Entlastung der niedrigeren Einkommen u. a. durch Erhöhung der Grundfreibeträge und der Freibeträge für Arbeitnehmer, Pensionäre, Körperbehinderte usw. sowie durch Heraufsetzung der Höchstbeträge für die abzugsfähigen Sonderausgaben. Andererseits wurde die Gewährung von Sparprämien und die Abzugsfähigkeit von Sparbeträgen als Sonderausgaben eingeschränkt. Eine allgemeine Entlastung der unteren Einkommen trat durch Verschiebung der oberen Grenze der *Proportionalzone* (s. 529) von 8000/16000 DM auf 16019/32039 DM ein; sie wurde aber teilweise durch Erhöhung des Steuersatzes von 19 auf 22 v. H. ausgeglichen. Dagegen wurden die Sätze der *Progressionszone* im Interesse der Steuergerechtigkeit von 20–53 v. H. auf 30,8–56 v. H. *angehoben*.

Die *Reform der Abgabenordnung* (507) wurde mit der Verkündung der AO 1977 vom 16. 3. 1976 (BGBl. I 613) verwirklicht. Die AO wurde durch Zusammenfassung der Vorschriften des allgemeinen Steuerrechts und des Steuerverwaltungsrechts wieder zu einem *Mantelgesetz* mit dem Ziel einer gleichmäßigen und zugleich unbürokratischen Besteuerung. Die *Körperschaftsteuerreform* als Teil des 3. Steuerreformgesetzes führte mit der Anrechnung der Körperschaftsteuer auf ausgeschüttete Gewinne zu einer grundsätzlichen Umstellung des früheren Systems mit dem Ziel einer stärkeren Beteiligung breiter Schichten der Bevölkerung am *Produktivvermögen* (536).

Schwierigkeiten bereitete die Gestaltung eines „steuergerechten Einkommensteuertarifs" beim *Übergang von der Proportional- zur Progressionszone*. Während zur Entlastung der kleinen und mittleren Einkommen bis zu einer Grenze von 16019/32039 DM ab 1975 ein fester Satz von 22 v. H. galt, wurden die mehrverdienenden Arbeitnehmer infolge der Progression bei Lohnerhöhungen ungleich stärker betroffen als die mit 22 v. H. Besteuerten. Auch hatte die starke Lohnsteuererhöhung bei Doppelverdienern meist Überzahlungen zur Folge, die erst im Lohnsteuerjahresausgleich (535) ausgeglichen werden konnten.

Um solche unerwünschten Auswirkungen zu vermeiden, beseitigte das *Steueränderungsgesetz 1979* (vgl. 506) den sog. Tarifsprung beim Übergang von der Proportional- zur Progressionszone (529); es führte zugleich weitere Entlastungen zugunsten der kleinen und mittleren Einkommen durch Tarifänderungen sowie zusätzliche Steuererleichterungen unter familienpolitischen Gesichtspunkten ein. Eine weitere Tarifverbesserung brachte das *Steuerentlastungsgesetz 1981* durch Einführung einer Zwischenprogressionszone mit langsamer ansteigendem Steuersatz (vgl. 529).

Im Haushaltsbegleitgesetz 1983 vom 20. 12. 1982 (BGBl. I 1857), im Steuerentlastungsgesetz 1984 vom 22. 12. 1983 (BGBl. I 1538) und im Gesetz zur

Verbesserung der Abschreibungsbedingungen für Wirtschaftsgebäude und für moderne Heizungs- und Warmwasseranlagen vom 19. 12. 1985 (BGBl. I 2434) wurden die Steuern zur Wiederbelebung der deutschen Wirtschaft gesenkt.

Eine umfangreiche Steuerreform wurde in drei Stufen 1986, 1988 und 1990 durchgeführt:

In der ersten Stufe wurden ab 1. 1. 1986 durch das *Ges. zur leistungsfördernden Steuersenkung und zur Entlastung der Familie (Steuersenkungsgesetz 1986/1988)* vom 26. 6. 1985 (BGBl. I 153) insbesondere die Familien und die Bezieher kleinerer und mittlerer Einkommen steuerlich entlastet. Unter anderem wurde der Grundfreibetrag um 324 DM auf 4536 DM (bei Verheirateten: 9072 DM) erhöht, der Kinderfreibetrag von 432 auf 2484 DM gesteigert, die Ausbildungsfreibeträge angehoben und die Steuerprogression abgeflacht.

In der zweiten Stufe wurde durch das *Steuersenkungs-Erweiterungsgesetz 1988* vom 14. 7. 1987 (BGBl. I 1629) ab 1. 1. 1988 eine allgemeine Steuersenkung, besonders für Berufstätige, erreicht. 80% dieser Entlastung wurden durch eine weitere Abflachung der Steuerprogression herbeigeführt. Ferner wurde der Grundfreibetrag erneut erhöht (auf 4752 DM/9504 DM), die Ausbildungsfreibeträge wurden nochmals angehoben und die Abschreibungsbedingungen für kleinere und mittlere Betriebe verbessert.

Durch das *Steuerreformgesetz* vom 25. 7. 1988 (BGBl. I 1093) wurde die dritte Stufe erreicht und die Steuerreform insgesamt abgeschlossen; sie kam ab 1. 1. 1990 voll zum Tragen. Ab diesem Zeitpunkt gilt u. a. folgendes: Der Grundfreibetrag, ist auf 5616 (bei Ledigen) und auf 11232 (bei Verheirateten) angehoben; bis zur Höhe dieses Grundfreibetrags braucht keine Einkommensteuer entrichtet zu werden. Der Eingangssteuersatz, d. h. der Steuersatz, mit dem der Einkommensteuertarif beginnt, wurde von 22% auf 19% abgesenkt. Die Progressionszone beginnt bei 8154/16308 DM und endet bei 120041/240082 DM; in dieser Zone wurde ein geradliniger Anstieg der Grenzsteuersätze zwischen dem Eingangssatz von 19% und dem Spitzensatz, der von 56% auf 53% gesenkt wurde, eingeführt (lineare Steuerprogression). Der Spitzensteuersatz von 53% gilt ab 120042/240084 DM. Der Körperschaftsteuersatz wurde von 56% auf 50% gesenkt. Der Kinderfreibetrag wurde pro Kind von 2484 auf 3024 DM erhöht. Die Kapitalertragsteuer wurde auf Zinserträge aus Sparguthaben und Konten ausgedehnt; sie beträgt 10 v. H. Der Sonderausgabenhöchstbetrag für Versicherungen wurde um 1000/2000 DM auf 4000/8000 DM angehoben. Die Werbungskostenpauschale von 564 DM für berufliche Aufwendungen wurde durch einen neuen „Arbeitnehmer-Pauschbetrag" von 2000 DM ersetzt. Der Arbeitnehmerfreibetrag von 480 DM und der Weihnachtsfreibetrag von 600 DM wurden gestrichen. Die Kilometerpauschale für Fahrten von der Wohnung zur Arbeitsstätte im Kfz wurde auf 50 Pfennig pro Kilometer erhöht.

Durch das *Standortsicherungsgesetz* vom 13. 9. 1993 (BGBl. I 1569) und das Mißbrauchsbekämpfungs- und Steuerbereinigungsgesetz vom 29. 12. 1993 (BGBl. I 2310) u. a. bis 1994 ergangene Gesetze sind wiederum Änderungen eingetreten (z. B. Körperschaftssteuersatz auf 45 v. H. gesenkt, Kapitalertragsteuersatz i. d. R. auf 30% festgelegt, Kilometerpauschale auf 0,70 DM angehoben).

Der Bundestag (13. Leg.Periode) berät ein neues Steuerreformvorhaben, durch das die steuerliche Belastung der Bürger (insbes. auch durch Senkung der Spitzensteuersätze) abgesenkt werden soll.

571. Die Wirtschaftsprüferordnung

Das früher sehr unterschiedliche Berufsrecht der *Wirtschaftsprüfer* (Wp.) und der *vereidigten Buchprüfer* (vBp.) ist durch das Gesetz über eine *Berufsordnung der Wirtschaftsprüfer* (Wirtschaftsprüferordnung) vom 24. 7. 1961 (BGBl. I 1049) bundeseinheitlich zusammengefaßt worden. Die WPO gilt jetzt i.d.F. vom 5. 11. 1975 (BGBl. I 2803) m. spät. Änd. insbes. vom 15. 7. 1994 (BGBl. I 1569).

Aufgabe des Wp. ist, betriebliche Prüfungen durchzuführen und deren Ergebnisse zu bestätigen. Außerdem kann er seine Auftraggeber steuerlich beraten und vertreten und als Sachverständiger für wirtschaftliche Betriebsführung wirken. Der Wp. muß als solcher bestellt sein. Er übt einen freien Beruf und kein Gewerbe aus (§§ 1, 2). Wp.-Gesellschaften sind in der Rechtsform der AG, KGaA, GmbH, oHG und KG unter bestimmten Voraussetzungen zugelassen, wenn sie von einem Wp. verantwortlich geführt werden (§§ 27ff.). Wp. und Wp.-Gesellschaften können sich an jedem Ort in der BRep. (binnen 6 Mon. seit Bestellung) niederlassen, Zweigniederlassungen errichten und ohne räumliche Beschränkung tätig werden (§ 3).

Zulassungsvoraussetzung ist grundsätzlich der Abschluß eines wirtschafts- oder rechtswissenschaftlichen, technischen oder landwirtschaftlichen Universitätsstudiums oder eines anderen Universitätsstudiums mit wirtschaftswissenschaftlicher Ausrichtung. Ausnahmen sind möglich (§ 8 Abs. 2). Ferner muß eine praktische Ausbildung, insb. eine Prüfungstätigkeit von wenigstens 4 Jahren nachgewiesen werden (§ 9). Die (schriftliche und mündliche) Prüfung wird vor einem Prüfungsausschuß abgelegt (§§ 12ff.; PrüfungsO vom 31. 7. 1962, BGBl. I 529, m. Änd. zuletzt vom 22. 2. 1995 (BGBl. I 233). Bestellung durch die oberste Landesbehörde, Berufseid (§ 17). Die Bestellung endet durch Tod, Verzicht, rechtskräftigen Ausschluß aus dem Beruf, Rücknahme oder Widerruf (§§ 19, 20). Ein Staatsangehöriger eines EG-Mitgliedstaates oder eines anderen Vertragsstaats des EWR-Abkommens, der ein entsprechendes Befähigungsdiplom erworben hat, kann als Wirtschaftsprüfer bestellt werden, wenn er eine *Eignungsprüfung* abgelegt hat (§§ 131g ff). S. hierzu die *Prüfungsordnung* vom 13. 3. 1991 (BGBl. I 675) m. spät. Änd. Für Bewerber, die am 31. 12. 1989 ihren Wohnsitz im Gebiet der ehemaligen DDR hatten, gilt die Prüfungsordnung vom 13. 3. 1991 (BGBl. I 679) m. spät. And.

Der Wp. hat seinen Beruf unabhängig, gewissenhaft, verschwiegen und eigenverantwortlich auszuüben, sich bei Berichten und Gutachten unparteiisch zu verhalten und das Ansehen des Berufs zu wahren. Mit dem Beruf vereinbar sind u.a. freie Berufe der Technik oder des Rechtswesens, treuhänderische Verwaltungen, wissenschaftliche, schriftstellerische und künstlerische Tätigkeit (§§ 43, 43a, 44). Es muß eine Berufshaftpflichtversicherung abgeschlossen werden, eine Haftungsbeschränkung ist möglich (§§ 54, 54a). Die Berufsbezeichnungen Wp. und vBp. sind geschützt; die Bezeichnungen „Buchprüfer", „Bücherrevisor", „Wirtschaftstreuhänder" dürfen wegen Verwechslungsgefahr nicht mehr geführt werden (§ 132). Die Regelungen über die vBp sind in den §§ 128ff., die durch das Bilanzrichtlinien-Ges. vom 19. 12. 1985 (BGBl. I 2355) neu gestaltet wurden, enthalten.

Die berufliche Selbstverwaltung obliegt einer *Wirtschaftsprüferkammer* (öffentl.-rechtl. Körperschaft, § 4). Diese führt ein Berufsregister.

Die *Wirtschaftsprüferkammer* (Zwangsmitgliedschaft) wahrt und fördert die beruflichen Belange ihrer Mitglieder, zu denen auch die vBp. gehören, berät sie in standesrechtlichen Fragen und beaufsichtigt ihre berufliche Tätigkeit.

Sie kann für das wirtschaftliche Prüfungswesen eine Satzung über die Rechte und Pflichten bei der Ausübung der Berufe des Wp und des vBp *(Berufssatzung)* erlassen (§ 57 Abs. 3). Ihre Organe sind die Wp.-Versammlung, der Beirat und der Vorstand. Sie hat eine Satzung und untersteht der staatlichen Aufsicht des BMWi (§§ 59, 60).

Nach dem Vorbild der BRAO besteht die *Berufsgerichtsbarkeit* selbständig neben der Berufsorganisation. Dem Vorstand der WpKammer ist nur ein Rügerecht bei geringfügigen Verletzungen der Berufspflichten eingeräumt (§ 63). Ein Wp., der seine Pflichten schuldhaft verletzt, wird berufsgerichtlich bestraft (Warnung, Verweis, Geldbuße bis zu 100000 DM, Ausschließung aus dem Beruf; §§ 67, 68). Über Berufsverbot bei zu erwartendem Ausschluß vgl. §§ 111 ff. In erster Instanz entscheidet die *Kammer für WpSachen* des Landgerichts (1 Richter, 2 Wp.), im Berufungsrechtszug der *Senat für WpSachen* des OLG (3 Richter, 2 Wp.) und im Revisionsverfahren der beim BGH gebildete *Senat für WpSachen des BGH* (3 Richter, 2 Wp.), vgl. §§ 72–75. Über das berufsgerichtliche Verfahren im einzelnen s. §§ 81 ff.; die *Revision* ist nur zulässig, wenn das OLG auf Berufsausschließung erkannt oder diese abgelehnt oder wenn es das Rechtsmittel zugelassen hat, weil es sich um Rechtsfragen oder Berufspflichten von grundsätzlicher Bedeutung handelt (§ 107).

572. Das Steuerberatungsgesetz

vom 16. 8. 1961 (BGBl. I 1301) hatte zunächst bundeseinheitlich die Zulassung, Prüfung, Bestellung und die Berufspflichten der *Steuerberater* und *Steuerbevollmächtigten* (früher: Helfer in Steuersachen) geregelt. Es erfaßt seit der Änderung vom 24. 6. 1975 (BGBl. I 1509) die gesamte Hilfeleistung in Steuer- und Monopolsachen einschließlich Straf- und Bußgeldsachen, Buchführung usw. Geschäftsmäßige Hilfeleistung darf von Einzelpersonen und Vereinigungen ohne Rücksicht auf Entgelt nur auf Grund gesetzlicher Befugnis ausgeübt werden (§§ 1, 2). Das StBG gilt jetzt i. d. F. vom 4. 11. 1975 (BGBl. I 2735) m. spät. Änd.

Diese Befugnis besitzen kraft Gesetzes Steuerberater (Stb.), Steuerbevollmächtigte (Stbv.), Steuerberatungsgesellschaften, Rechtsanwälte, Wirtschaftsprüfer, vereidigte Buchprüfer sowie Wirtschaftsprüfungs- und Buchprüfungsgesellschaften; ferner im Rahmen ihrer Berufstätigkeit u. a. Notare, Patentanwälte, Treuhänder sowie Prüfungsverbände und Berufsverbände (§§ 3, 4). Die Vereinbarung von Erfolgshonoraren ist verboten (§ 9). Die von Arbeitnehmern eingerichteten *Lohnsteuerhilfevereine* bedürfen behördlicher Anerkennung, die u. a. Rechtsfähigkeit, eine Satzung und den Nachweis einer Haftpflichtversicherung voraussetzt (§§ 13 ff.). Sie haben Aufzeichnungspflichten vor allem über Einnahmen und Ausgaben, müssen Geschäftsprüfungen durchführen lassen und unterstehen der Aufsicht der OFD (§§ 21, 22, 27). Zum Anerkennungsverfahren der OFD vgl. DVO über Lohnsteuerhilfevereine vom 15. 7. 1975 (BGBl. I 1906) m. spät. Änd.

Stb. und Stbv. bedürfen einer behördlichen Bestellung durch die oberste Landesfinanzbehörde (§§ 32, 40, 42). *Steuerberatungsgesellschaften* können unter bestimmten Voraussetzungen (insbes. wenn die fachliche Leitung sichergestellt ist und wenn die Gesellschafter ausschließlich Steuerberater, Rechtsanwälte, Wirtschaftsprüfer o. ä. Personen sind, vgl. § 50a – Kapitalbindung), in der Form der AG, KGaA oder GmbH anerkannt werden, als oHG oder KG nur, wenn sie wegen ihrer Treuhandtätigkeit im Handelsregister eingetragen sind (§§ 49ff.). Die Bildung von Sozietäten und Bürogemeinschaften als Gesellschaft bürgerlichen Rechts ist mit allen rechts- und wirtschaftsberatenden freien Berufen möglich, s. im einzelnen § 56. Die Ausübung der Steuerberatung ist kein Gewerbe, sondern freier Beruf (§ 32 Abs. 2). Stb. und Stbv. können sich an jedem Ort der BRep. ohne räumliche Beschränkung betätigen und weitere Beratungsstellen unterhalten (§ 34). Die *Gebühren* richten sich nach der VO vom 17. 12. 1981 (BGBl. I 1442) m. spät. Änd.

Als Stb. darf nach § 35 nur bestellt werden, wer die vorgeschriebene Prüfung bestanden hat oder hiervon befreit worden ist (z. B. ein früherer Steuerbeamter). Voraussetzung für die Zulassung zur Prüfung ist ein abgeschlossenes wirtschafts- oder rechtswissenschaftliches Studium und eine dreijährige Tätigkeit auf dem Gebiet des Steuerwesens (bei Fachhochschulstudium: vierjährige Tätigkeit); bei Absolventen einer Realschule genügt die Gehilfenprüfung in einem kaufmännischen, steuer- oder wirtschaftsberatenden Beruf und eine 10jährige steuerliche Berufstätigkeit (§ 36), wobei auch Teilzeitbeschäftigung ausreichen kann. Der Inhalt der Steuerberaterprüfung sowie Verfahrensfragen sind in § 37a ff. geregelt. Die DVO zum StbG vom 12. 11. 1979 (BGBl. I 1922) m. spät. Änd. enthält ergänzende Vorschriften u. a. über Zulassung und Prüfung (§§ 1–33) sowie Bestellung (§§ 34–39) als Stb. oder Stbv., Berufsregister (§§ 45–50). *Rücknahme* der Bestellung ist zulässig insbes. wegen arglistiger Täuschung, *Widerruf* bei Nichtaufnahme der Tätigkeit binnen 6 Mon., Umzug ins Ausland usw. (§ 46 StbG).

Die *Berufspflichten* sind in den §§ 57–72 StbG geregelt. Der Beruf ist unabhängig, eigenverantwortlich, gewissenhaft und verschwiegen auszuüben; Werbung ist, soweit sie über die berufliche Tätigkeit sachlich unterrichtet, zulässig (§§ 8, 57a). Berufshaftpflichtversicherung ist vorgeschrieben (§ 67), eine vertragliche Haftungsbeschränkung ist möglich (§ 67a). Ablehnung eines Auftrags ist unverzüglich zu erklären, sonst Schadensersatzpflicht (§ 63). Nicht vereinbar ist eine gewerbliche Tätigkeit und i. d. R. auch eine Betätigung als Arbeitnehmer (§ 57 Abs. 4). Handakten sind nach Auftragsbeendigung 7 Jahre aufzubewahren (§ 66). Ehemalige Beamte oder Angestellte der Finanzverwaltung dürfen innerhalb von 3 Jahren nach Ausscheiden aus dem öffentl. Dienst nicht für Auftraggeber tätig werden, mit deren Steuerangelegenheiten sie in den letzten 3 Jahren vor dem Ausscheiden materiell befaßt waren (§ 61).

Stb. und Stbv. müssen diese Berufsbezeichnungen im beruflichen Verkehr führen (§ 43); unbefugte Führung ist strafbar (§ 132a StGB). Wegen des Verbots der Bezeichnungen „Buchprüfer“, „Bücherrevisor“, „Wirtschaftstreuhänder“ vgl. 571. Die Berufsbildung zum *Fachgehilfen in steuer- und wirtschaftsberatenden Berufen* regelt die VO vom 15. 2. 1978 (BGBl. I 269).

Zur beruflichen Selbstverwaltung werden *Berufskammern (Steuerberaterkammern)* am Sitz der OFD gebildet, denen alle Stb. und Stbv. des Bezirks angehören müssen (Zwangsmitgliedschaft; §§ 73, 74). Die Kammern (Vorstand, Satzung, Beitragspflicht) wahren die Belange ihrer Mitglieder und führen die Aufsicht über deren berufliche Tätigkeit. Sie sind zu einer *Bundessteuerberaterkammer* zusammengefaßt. Die Aufsicht über die Kammern führt die oberste Landesfinanzbehörde, über die Bundeskammer der BMF.

Ein Stb. oder Stbv., der seine Pflichten schuldhaft verletzt, kann vom Vorstand der Berufskammer gerügt werden; hiergegen ist Einspruch und, wenn dieser erfolglos ist, Antrag auf Entscheidung des LG – Steuerberaterkammer – zulässig (§§ 81, 82). Bei erheblicher Pflichtverletzung können als *berufsgerichtliche Maßnahmen* Warnung, Verweis, Geldbuße bis zu 50000 DM oder Ausschließung aus dem Beruf verhängt werden (§§ 89, 90). Über Berufs- und Vertretungsverbot bei zu erwartendem Ausschluß s. §§ 134ff. Im ersten Rechtszug entscheidet eine Kammer des Landgerichts als Kammer für Stb.- und Stbv.-Sachen (1 Richter, 2 Stb. oder Stbv.), im Berufungsrechtszug ein Senat des OLG als Senat für Stb.- und Stbv.-Sachen beim OLG (3 Richter, 2 Stb. oder Stbv.) und im Revisionsverfahren ein beim BGH gebildeter ebensolcher Senat (§§ 95–97). Die *Revision* ist jedoch nur bei Berufsausschließung oder deren Ablehnung entgegen einem Antrag der Staatsanwaltschaft zulässig oder wenn das OLG sie zugelassen hat, weil es sich um Rechtsfragen oder Berufspflichten von grundsätzlicher Bedeutung handelt (§ 129). Über das Verfahren vgl. im übrigen §§ 105ff.

573. Das Steuerbeamten-Ausbildungsgesetz

Das Steuerbeamten-Ausbildungsgesetz i. d. F. vom 14. 9. 1976 (BGBl. I 2793), m. spät. Änd., sieht für den Dienst in der Steuerverwaltung der Länder eine *bundeseinheitliche Regelung* vor. Nach diesem Gesetz bestimmen sich die Eingangsvoraussetzungen für die Laufbahnbewerber des einfachen, des mittleren, des gehobenen und des höheren Dienstes, der Aufstieg in höhere Laufbahnen, die Einführung der Beamten in die Aufgaben ihrer Laufbahnen und die Beamtenfortbildung (vgl. 155).

Während zum *einfachen Dienst* der erfolgreiche Besuch einer Hauptschule und ein sechsmonatiger Vorbereitungsdienst (ohne Prüfung) ausreicht (§ 2), wird für den *mittleren Dienst* Realschulbildung oder gleichwertiger Bildungsstand, zwei Jahre Vorbereitungsdienst sowie Ablegung der Laufbahnprüfung verlangt. Zum *gehobenen D.* kann zugelassen werden, wer eine zu einem Hochschulstudium berechtigende Schulbildung besitzt. Besonderheiten in § 4 Abs. 2. Der Vorbereitungsdienst dauert 3 Jahre; es finden eine Zwischenprüfung und eine Laufbahnprüfung statt. Den Aufstieg in höhere Laufbahnen behandelt § 6.

Als Laufbahnbewerber für den *höheren Dienst* kann zugelassen werden, wer ein mindestens dreijähriges, durch eine Prüfung abgeschlossenes Studium der Rechtswissenschaften oder der Wirtschafts-, Finanz- und Sozialwissenschaften, einen mindestens zweijährigen Vorbereitungsdienst und Ablegung einer die Befähigung für die Laufbahn vermittelnden zweiten Prüfung nachweist (§ 5). Die Ausbildung dauert 18 Monate; hiervon entfallen 4 Monate auf fachwissenschaftliche Lehrgänge an der *Bundesfinanzakademie* (§ 5 Abs. 2). Die Akademie dient der Durchführung der ergänzenden Studien und der Fortbildung der Beamten des höheren Dienstes (§ 7).

S. a. *Ausbildungs- und Prüfungsordnung* für die Steuerbeamten (StB APO) i. d. F. vom 6. 9. 1982 (BGBl. I 1257).

Sechster Teil

Arbeits- und Sozialrecht

A. Überblick über das Arbeitsrecht

601. Grundlagen des Arbeitsrechts

Das *Arbeitsrecht* umfaßt die Rechtsnormen, die sich auf die *in abhängiger Tätigkeit* geleistete Arbeit beziehen. Es regelt das Verhältnis von *Arbeitgebern* und *Arbeitnehmern*; zu letzteren rechnet, wer auf Grund eines Arbeitsvertrages entweder als *Arbeiter* mit überwiegend körperlicher Arbeit oder als *Angestellter* mit mehr gedanklicher oder geistiger, leitender oder überwachender Tätigkeit beschäftigt ist. Es umfaßt öffentliches Recht (z. B. Arbeitnehmerschutz, Arbeitsgerichtsbarkeit) und Privatrecht (z. B. Arbeitsvertragsrecht, Kündigungsschutz usw.).

Nach Art. 75 Nr. 12 GG gehört das Arbeitsrecht zur *konkurrierenden Gesetzgebung* des Bundes (vgl. hierzu 55 II). Nach Art. 125 GG ist sowohl das Arbeitsrecht des früheren Reiches als auch das des Vereinigten Wirtschaftsgebietes Bundesrecht geworden.

Die gesetzlichen Bestimmungen des Bundes- und Landesrechts werden ergänzt durch *autonome Rechtsnormen* (z. B. Tarifvertrag, Betriebsvereinbarung) und *Gewohnheitsrecht*.

Die Verheißung des Art. 157 der Weimarer Verfassung, ein einheitliches Arbeitsrecht zu schaffen, ging bisher nicht in Erfüllung. Die arbeitsrechtlichen Bestimmungen sind *nicht kodifiziert,* d. h. in einem großen Gesetz zusammengestellt, sondern finden sich weiterhin in nur schwer zu überblickenden *einzelnen* Gesetzen (z. B. BGB, HGB, GewO, Jugendschutzgesetz, Seemannsgesetz usw.). Doch sind durch das *Erste Arbeitsrechtsbereinigungsgesetz* vom 14. 8. 1969 (BGBl. I 1106) wenigstens gewisse Gleichstellungen hins. der Kündigungsbestimmungen erreicht worden. Bereits seit geraumer Zeit wird ein *Arbeitsgesetzbuch* vorbereitet; es soll das Arbeitsrecht vereinfachen und übersichtlicher gestalten. Zum Entwurf eines *Arbeitsvertragsgesetzes* als Teilregelung vgl. 603 II.

Von grundlegender Bedeutung für das Arbeitsrecht ist das *Betriebsverfassungsgesetz* vom 15. 1. 1972 (BGBl. I 13) m. spät. Änd., das insbesondere das Recht der Betriebsräte und die Mitwirkung und Mitbestimmung der Arbeitnehmer behandelt. Vgl. 633. Auch das *Arbeitsförderungsgesetz* vom 25. 6. 1969 (BGBl. I 582) m. spät. Änd. regelt Teil- oder Randgebiete des Arbeitsrechts, insbes. Berufs- und Ausbildungsförderung und Arbeitslosenversicherung. Vgl. 602, 672.

Die arbeitsrechtlichen Bestimmungen der *Gewerbeordnung* (183 I) gelten, soweit nicht speziellere Gesetze vorgehen. Insbesondere sind die Bestimmungen über die Rechtsverhältnisse der gewerblichen Arbeitnehmer anwendbar, soweit sie nicht – z. B. durch das 1. ArbeitsrechtsbereinigungsG – aufgehoben sind. Vgl. 610 (Arbeitslohn), 620 (Unfallverhütung), 614 (Lohnfortzahlung bei Krankheit). Das Recht der *Innungen,* Innungsverbände und *Handwerkskammern* ist in der *Handwerksordnung* geregelt (vgl. 607, 834).

Das *Seearbeitsrecht* ist durch das *Seemannsgesetz* neu geregelt worden. Vgl. 627.

Die Lage auf dem Arbeitsmarkt der BRep. führte zur *Beschäftigung nichtdeutscher Arbeitnehmer* in größerem Maße. Zur Lenkung und Überwachung ihres Arbeitseinsatzes hat das Arbeitsförderungsgesetz der Arbeitsverwaltung (602) Kontrollmöglichkeiten eingeräumt. Vgl. 628.

Streik und Aussperrung (635) sind weder im GG noch in einem Spezialgesetz behandelt; jedoch ist das Streikrecht in einigen Länderverfassungen garantiert. Ein generelles Verbot der Aussperrung in einer Landesverfassung (Art. 29 der hess. Verf.) hat das BAG als mit den tragenden Grundsätzen des geltenden Tarifrechts unvereinbar und daher nichtig erklärt. Aus dem Zusammenhang der Bestimmungen über das Koalitionsrecht zur Förderung der Arbeitsbedingungen und über das Grundrecht der freien Entfaltung der Persönlichkeit (Art. 9 Abs. 3, Art. 2 Abs. 1 GG; vgl. 47 I, VII) sowie aus der Struktur der BRep. als sozialer Rechtsstaat (s. 42, 54) ergibt sich daß der Gesetzgeber vom Bestehen des Rechts zum Arbeitskampf ausgegangen ist.

Dem *Schwerbehindertengesetz,* das alle Bereiche des Arbeitsrechts berührt (z. B. Einstellung, Arbeitnehmerschutz, Kündigung, Urlaub usw.; vgl. 626), kommt im sozialen Staat besonderes Gewicht zu, ebenso dem *Jugendarbeitsschutzgesetz* und dem *Mutterschutzgesetz* (623, 621 II) sowie dem Gesetz zur *Förderung der Vermögensbildung der Arbeitnehmer* (618).

602. Berufs- und Arbeitsplatzwahl. Arbeitsvermittlung

Art. 12 Abs. 1 S. 1 GG gewährleistet allen Deutschen *Berufsfreiheit,* d. h. das Recht, Ausbildungsstätte, Beruf und Arbeitsplatz frei zu wählen. Die Berufs*ausübung* kann durch Gesetz geregelt werden (Art. 12 Abs. 1 S. 2 GG). Diese Regelungsbefugnis des Gesetzgebers erstreckt sich zu einem gewissen Umfang auch auf die Berufs*wahl*. Nach der Stufentheorie des BVerfG im sog. „Apothekenurteil" (BVerfGE 7, 377ff., vgl. 184 III 2), kann die Freiheit der Berufswahl eingeschränkt werden, wenn es der Schutz besonders wichtiger, überragender Gemeinschaftsgüter zwingend erfordert. Die Berufsausübung kann dagegen schon aus vernünftigen Erwägungen des Gemeinwohls geregelt werden. Somit können z. B. Zulassungsvoraussetzungen für Heilberufe, Prüfungsanforderungen für einen Befähigungsnachweis u. ä. festgelegt werden.

Wichtige Aufgaben neben anderen hat auf dem Gebiet der Berufswahl und der Arbeitsaufnahme die *Bundesanstalt für Arbeit* (Sitz: Nürnberg) zu erfüllen. Sie ist eine rechtsfähige Körperschaft des öffentlichen Rechts mit Selbstverwaltung und steht unter der Rechtsaufsicht des BMA (vgl. 100). Sie gliedert sich in die *Hauptstelle,* die *Landesarbeitsämter* und *Arbeitsämter.* Ihre Organe sind der *Vorstand,* der *Verwaltungsrat* und *Verwaltungsausschüsse* bei den Landesarbeits- und Arbeitsämtern; alle Organe setzen sich zu je ⅓ aus Vertretern der Arbeitnehmer (Gewerkschaften), der Arbeitgeber und der öffentlichen Körperschaften zusammen. Vgl. §§ 189ff. des *Arbeitsförderungsgesetzes* – AFG – s. 672 I.

Der Bundesanstalt für Arbeit obliegt insbesondere die Berufsberatung, die Arbeitsvermittlung, die Förderung der Berufsausbildung sowie die Arbeitslosenversicherung (672). Wie die *Berufsberatung*, ist auch die *Arbeitsvermittlung* grundsätzlich der Bundesanstalt vorbehalten (§ 4 AFG). Jedoch ist den Einrichtungen der *freien Wohlfahrtspflege* die nichtgewerbsmäßige Arbeitsvermittlung gestattet (Ges. vom 9. 7. 1954, BGBl. I 179). Ferner ist *Arbeitsvermittlung auch durch Dritte* (private Arbeitsvermittlung) zulässig, allerdings nur mit Erlaubnis der Bundesanstalt. Die Erlaubnis ist zu erteilen, wenn der Antragsteller geeignet und zuverlässig ist, in geordneten Vermögensverhältnissen lebt und über angemessene Geschäftsräume verfügt. Die Erlaubnis ist auf 3 Jahre befristet (§§ 23, 24 AFG). S. hierzu die *ArbeitsvermittlerVO* vom 11. 3. 1994 (BGBl. I 563) m. spät. Änd. Über die *Arbeitsvermittlung von und nach dem Ausland* vgl. §§ 18, 23 AFG und VO vom 28. 6. 1935 (RGBl. I 903); es bestehen zahlreiche zwischenstaatliche Abkommen. Um eine Kontrolle des Beschäftigungsstandes zu ermöglichen, ist jeder Arbeitgeber verpflichtet, die Einstellung und Entlassung von Arbeitnehmern binnen 2 bzw. 6 Wochen über den Träger der Krankenversicherung (658) der Bundesanstalt für Arbeit anzuzeigen (§ 10 AFG, §§ 3, 4 der 2. DatenerfassungsVO vom 29. 5. 1980, BGBl. I 593).

Unter der Hauptabteilung der Bundesanstalt für Arbeit bestehen bei den 11 Landesarbeitsämtern Abteilungen und bei den Arbeitsämtern Unterabteilungen für *Berufsberatung.* Sie beraten Jugendliche und Erwachsene bei der *Berufswahl* unter Berücksichtigung der Neigung und Veranlagung, der persönlichen Verhältnisse, der Lage des *Arbeitsmarktes* und der Berufsaussichten.

Hoheitsaufgaben des Bundes erfüllt die Bundesanstalt auf dem Gebiet der *Schwerbehindertenvermittlung* (s. 626) und des *Kündigungsschutzgesetzes* (s. 630). Weitere Aufgaben sind die Förderung der beruflichen Bildung und die Arbeits- und Berufsförderung Behinderter (sog. *berufliche Rehabilitation)* durch Zuschüsse, Darlehen u. dgl. Durch Ausbildung, Fortbildung oder Umschulung soll die *Mobilität der Arbeitnehmer,* d.h. ihre vielfältige Verwendbarkeit und Beweglichkeit, erhöht werden, um den ständigen technischen und strukturellen Veränderungen in der Wirtschaft gerecht zu werden. Zugleich soll dadurch der Arbeitslosigkeit gesteuert, aber auch dem Mangel an ausgebildeten Fachkräften entgegengewirkt werden. Vgl. 672 und §§ 33–49 AFG.

603. Arbeitsaufnahme. Arbeitsvertragsrecht

I. Mit der Anbahnung eines Arbeitsverhältnisses entsteht bereits vor Abschluß eines Arbeitsvertrages ein *gesetzliches Schuldverhältnis* (311), das für beide Teile Verpflichtungen begründet, so z. B. hinsichtlich der Aufbewahrung der Bewerbungsunterlagen, Ersatz von Reisekosten bei einer vom Arbeitgeber veranlaßten Vorstellung (§§ 662ff. BGB), aber auch zur gegenseitigen Unterrichtung über die vom anderen Teil erwarteten oder gebotenen Leistungen. Schadenersatzansprüche können entstehen, wenn ein Arbeitnehmer im Vertrauen auf Zusagen seine bisherige Stellung kündigt, dann aber nicht eingestellt wird. Über die Gleichbehandlung von Männern und Frauen schon bei Arbeitsaufnahme vgl. 621 I.

Der Arbeitnehmer braucht die ihm vor der Einstellung mündlich oder schriftlich (Fragebogen) gestellten Fragen ohne die Gefahr einer Anfechtung des Arbeitsvertrages wegen Täuschung nur zu beantworten, wenn sie mit der erwarteten Arbeitsleistung im Zusammenhang stehen und der Arbeitgeber unter Berücksichtigung der zu leistenden Arbeit ein berechtigtes Interesse an ihrer Beantwortung hat (z. B. Fragen nach Vorstrafen, Krankheiten usw.; in aller Regel nicht bezüglich Schwangerschaft).

II. Das *Arbeitsvertragsrecht,* der Kernpunkt des Arbeitsrechts, regelt das Verhältnis des Arbeitnehmers zu seinem Arbeitgeber und gestaltet das Arbeitsleben in der Praxis. Der *Arbeitsvertrag* ist ein gegenseitiger Vertrag, der auf beiden Seiten Verpflichtungen (Arbeitsleistung gegen Entgelt) hervorruft. Da aber bei ihm nicht Wirtschaftsgüter ausgetauscht werden und *Arbeit* nicht als Ware oder Handelsgut betrachtet werden darf, erfordern die personenrechtlichen Beziehungen Gemeinschaftsgeist, der sich in *Fürsorgepflicht* und *Treueverhältnis* äußert und solchen Verträgen einen über das Schuldrecht hinausgehenden Gehalt gibt.

Der *Einzelarbeitsvertrag* (604) wird meist überlagert durch das sog. *kollektive Arbeitsrecht,* das im Wege der Gesamtvereinbarung allen von dieser erfaßten Arbeitnehmern für gleiche Verhältnisse *gleiche Arbeitsbedingungen* und gewisse *Mindestansprüche* sichern soll. Das kann durch *Betriebsvereinbarungen* für einen einzelnen Betrieb oder durch *Tarifvertrag* für einen weiteren Bereich geschehen. Vgl. 605, 606.

Die *Befristung* eines Arbeitsverhältnisses bedarf eines sachlichen Grundes, weil sonst der Kündigungsschutz des Arbeitnehmers umgangen werden könnte. Auf Grund des *Ges. über arbeitsrechtliche Vorschriften zur Beschäftigungsförderung* vom 26. 4. 1985 (BGBl. I 710) m. Änd. vom 22. 12. 1989 (BGBl. I 2406) und vom 25. 9. 1996 (BGBl. I 1478) ist jedoch vom 1. 5. 1985 bis zum 31. 12. 2000 die einmalige Befristung von Arbeitsverträgen bis zu 24 Monaten zulässig, wenn ein Arbeitnehmer neu eingestellt oder ein Arbeitnehmer im Anschluß an seine Berufsausbildung nur vorübergehend weiterbeschäftigt werden kann. Sonderregelungen gelten insoweit bei Unternehmensneugründungen.

Für Gebiete, die außerhalb jedes tarifvertraglichen Schutzes liegen, kann der Bundesarbeitsminister *Mindestarbeitsbedingungen* zur Befriedigung der notwendigen sozialen und wirtschaftlichen Bedürfnisse der Arbeitnehmer festsetzen (Ges. vom 11. 1. 1952, BGBl. I 17) m. spät. Änd.

Die Normen des Arbeitsvertragsrechts, die über zahlreiche Rechtsgebiete verstreut sind (vgl. 604ff.), sollen in einem *Arbeitsvertragsgesetz* zusammengefaßt werden; dieses ist als vorweggenommener Teil des künftigen Arbeitsgesetzbuchs (601) gedacht.

604. Der Einzelarbeitsvertrag

wird zwischen dem Arbeitgeber und einem oder mehreren Arbeitnehmern als Dienstvertrag abgeschlossen. Er ist ein schuldrechtlicher Vertrag besonderer Art insofern, als er starke persönliche Beziehungen hervorruft. Die für Einzelarbeitsverhältnisse allgemein maßgebenden Bestimmungen finden sich in BGB, HGB, GewO usw., evtl. in einem Tarifvertrag (605), einer Betriebsvereinbarung (606) oder in Mindestarbeitsbedingungen (603). Wenn für das Arbeitsverhältnis weder ein Tarifvertrag oder eine Betriebsvereinbarung o. ä. existiert, hat der Arbeitgeber spätestens einen Monat nach dem vereinbarten Beginn des Arbeitsverhältnisses die wesentlichen Vertragsbedingungen schriftlich niederzulegen, die Niederschrift zu unterzeichnen und dem Arbeitnehmer auszuhändigen (Gesetz über den Nachweis der für ein Arbeitsverhältnis geltenden wesentlichen Bedingungen – *Nachweisgesetz* – vom 20. 7. 1995, BGBl. I 946). Wenn dem Arbeitnehmer ein schriftlicher Arbeitsvertrag ausgehändigt worden ist, entfällt diese Verpflichtung, wenn der Vertrag die Mindestangaben gem. §§ 1 bis 3 des NachwG enthält.

Vom *Werkvertrag* unterscheidet sich der Arbeitsvertrag dadurch, daß dort ein bestimmtes „Werk“, ein Erfolg, als Ergebnis einer selbständigen Arbeit versprochen wird. Der *Akkordlohnvertrag* mit Bezahlung nach der Arbeitsleistung (Arbeitsquantum) ist ebenfalls ein Arbeits- (nicht Werk-)vertrag. Vgl. 320, 610.

Grundsätzlich besteht *Vertragsfreiheit*. Jedoch sind zwingende Gesetzesvorschriften (z. B. Arbeitnehmerschutz, Arbeitszeit, gute Sitten, § 138 BGB), ferner die unabdingbaren Bestimmungen eines Tarifvertrages, einer Betriebsvereinbarung oder einer Arbeitsordnung zu beachten. Für den gleichfalls ein Arbeitsverhältnis begründenden *Lehr(Ausbildungs)vertrag* bestehen Sonderbestimmungen, z. B. hins. Mindestdauer, *Schriftform* (s. 607). Ein *Konkurrenzverbot* für Handlungsgehilfen bedarf gleichfalls der Schriftform (s. 632). Nach § 5 *Schwerbehindertengesetz* müssen private Arbeitgeber und solche der öffentl. Hand bei mindestens 16 Arbeitsplätzen eine gewisse Zahl Schwerbehinderter beschäftigen (vgl. 626). Für *Jugendliche* bestehen gleichfalls Sonderbestimmungen (s. 623).

Durch den Arbeitsvertrag entstehen *beiderseitige Leistungsverpflichtungen:* Der Arbeitnehmer schuldet die vereinbarten *Dienste,* der Arbeitgeber den *Lohn* (s. 610). Als weitere Pflichten ergeben sich die *Treuepflicht* des Arbeitnehmers, die ihn zur Förderung des Interesses des Arbeitgebers verpflichtet, andererseits die *Fürsorgepflicht* des Arbeitgebers; im Rahmen des *Direktionsrechts* des Arbeitgebers besteht *Gehorsamspflicht* des Arbeitnehmers (vgl. § 121 GewO). Außerdem können sich aus der Art des Arbeitsvertrags *Nebenpflichten* ergeben (z. B. Reinigen des Kraftfahrzeugs durch den Chauffeur, Staubwischen durch die Verkäuferin). Die sog. *Torkontrolle,* d. h. Leibesuntersuchung beim Verlassen des Betriebs, wird bei schonender Durchführung bei bestimmten Betrieben zu dulden sein. Bei *Betriebsübergang* begründet § 613a BGB eine gesamtschuldnerische Haftung des bisherigen und des neuen Inhabers für bereits bestehende Ansprüche des Arbeitnehmers, die bis zu einem Jahr nach dem Übergang fällig werden; eine Kündigung zu Lasten des Arbeitnehmers nur wegen des Betriebsübergangs ist verboten.

Beim sog. *Leiharbeitsverhältnis* stellt der Arbeitgeber den Arbeitnehmer einem anderen Unternehmer zur Arbeitsleistung in dessen Betrieb auf Zeit zur Verfügung, wozu der Arbeitnehmer seine Zustimmung geben muß (§ 613 S. 2 BGB). Der „Entleiher" hat den Anspruch auf die Arbeitsleistung sowie das *Direktionsrecht* und die *Fürsorgepflicht.* Die Pflicht zur Zahlung des Arbeitsentgelts, der Sozialversicherungsbeiträge usw. trifft mangels anderweiter Vereinbarung den „Verleiher"; Kündigungen sind zwischen ihm und dem Arbeitnehmer auszusprechen. *Gewerbsmäßige Arbeitnehmerüberlassung* ist erlaubnispflichtig, *Arbeitnehmerüberlassungsgesetz* i. d. F. vom 3. 2. 1995 (BGBl. I 158) m. spät. Änd., im Baugewerbe jedoch unzulässig (§ 12a AFG). Diese Einschränkung ist verfassungsgemäß (BVerfG NJW 1988, 1195). In bestimmten Fällen bedarf es keiner Erlaubnis; es genügt dann eine Anzeige der Überlassung beim zuständigen Landesarbeitsamt (§ 1a). Der „Verleiher" muß zuverlässig sein und die gesetzlichen Vorschriften einhalten; befristete oder *Kettenarbeitsverträge* (Kündigung und Wiedereinstellung) sowie Überlassung auf mehr als 3 Monate an denselben Entleiher ist unzulässig. Der Entleiher muß den Leiharbeitnehmer vor Beginn der Beschäftigung über etwaige Gefahren für Sicherheit und Gesundheit in seinem Arbeitsbereich unterrichten. Über die Beteiligung der Betriebsräte beider Unternehmen und Maßnahmen gegen illegale Beschäftigung vgl. Art. 1 d. Ges. vom 15. 12. 1981 (BGBl. I 1390).

605. Der Tarifvertrag

(TV) regelt Rechte und Pflichten der Tarifvertragsparteien und kann Rechtsnormen enthalten, die betriebliche und betriebsverfassungsrechtliche Fragen ordnen. Er bedarf der *Schriftform.* Tarifvertragsparteien (*Tarifpartner*) sind *Gewerkschaften* und *Arbeitgeber.* Auch Zusammenschlüsse von Gewerkschaften und Arbeitgebervereinigungen (*Spitzenorganisationen*) können als Parteien oder Bevollmächtigte der ihnen angeschlossenen Verbände einen Tarifvertrag abschließen. Vgl. 634.

Gesetzliche Grundlage bildet das *Tarifvertragsgesetz* (TVG) i. d. F. vom 25. 8. 1969 (BGBl. I 1323) m. spät. Änd.; DVO vom 16. 1. 1989 (BGBl. I 76).

Der *Tarifvertrag* kommt durch freie Vereinbarung der Tarifvertragsparteien zustande, ohne daß es der Mitwirkung einer staatlichen Stelle bedarf. Er hat eine doppelte Funktion: Er regelt einmal *schuldrechtlich* die Rechte und Pflichten der Tarifvertragsparteien; ferner kann er *Rechtsnormen* enthalten, die betriebliche und betriebsverfassungsrechtliche Fragen ordnen (z. B. Lohnzuschläge, Urlaub, Weihnachtszuwendungen). Auch kann das Mitwirkungs- oder Mitbestimmungsrecht des Betriebsrats im Tarifvertrag geregelt werden. Während der *Lohntarifvertrag* sich auf die Regelung von Löhnen (Gehältern) beschränkt und meist für einen kürzeren Zeitraum abgeschlossen wird, umfaßt der *Manteltarifvertrag* eine für längere Zeit gedachte Regelung der allgemeinen Arbeitsbedingungen (Lohngruppeneinteilung, Akkord- und Zulagensystem usw.). Die den Inhalt, insbes. den Lohn, den Abschluß und die Beendigung des Arbeitsverhältnisses ordnenden Bestimmungen des Tarifvertrags gelten unmittelbar und *zwingend* für die Arbeitsverhältnisse aller unter den Geltungsbereich fallenden Arbeitnehmer (*Unabdingbarkeit*). Abweichende Vereinbarungen sind nur zulässig, soweit sie durch den TV gestattet sind oder eine Änderung der Regelungen zugunsten des Arbeitnehmers enthalten (§ 4 Abs. 3 TVG). Der Tarifvertrag kann auf bestimmte Zeit begrenzt werden. Seine Bestimmungen gelten aber weiter, bis sie durch eine neue Vereinbarung ersetzt werden (Prinzip der *Fortwirkung* des TV).

Der TV ist in Urschrift oder begl. Abschrift dem BMA und den ArbMin. der beteiligten Länder einzureichen. Er kann im Einvernehmen mit einem aus den Vertretern der Spitzenorganisationen der Arbeitgeber und Arbeitnehmer bestehenden *Tarifausschuß* für allgemeinverbindlich erklärt werden, wenn die tarifgebundenen Arbeitgeber nicht weniger als 50 v. H. der unter den TV fallenden Arbeitnehmer beschäftigen und die *Allgemeinverbindlicherklärung* im öffentlichen Interesse geboten erscheint (§ 5 Abs. 1 TVG, §§ 4ff. DVO). Über solche Tarifverträge wird beim BMA ein *Tarifregister* geführt (§ 6 TVG, §§ 14ff. DVO). Die Arbeitgeber haben die für ihren Betrieb maßgebenden Tarifverträge an geeigneter Stelle im Betrieb auszulegen (§ 8 TVG). Rechtskräftige Entscheidungen der Arbeitsgerichte, die im Rechtsstreit zwischen Tarifvertragsparteien aus dem TV oder über das Bestehen oder Nichtbestehen des TV ergangen sind, binden Gerichte und Schiedsgerichte in Rechtsstreiten zwischen tarifgebundenen Parteien sowie zwischen diesen und Dritten (§ 9 TVG).

606. Die Betriebsvereinbarung

ist eine *Gesamtvereinbarung* zwischen dem Arbeitgeber einerseits und dem *Betriebsrat* andererseits über die Ordnung und die Arbeitsverhältnisse *des einzelnen Betriebes*. Ihre wichtigste Art ist daher die *Arbeits-* oder *Betriebsordnung*.

Es besteht kein Zwang zum Abschluß einer Betriebsvereinbarung. Jedoch müssen auf Wunsch des Arbeitgebers oder des Betriebsrats Verhandlungen darüber geführt werden. Gegenstand einer Betriebsvereinbarung kann alles sein, was zu den Aufgaben des Betriebsrats gehört (s. 633), z. B. Regelung von Akkord- und Richtlohnsätzen. Unzulässig ist jedoch die Aufnahme von Bestimmungen, die üblicherweise durch Tarifvertrag geregelt werden, insbes. über Arbeitsentgelte und Arbeitsbedingungen (§ 77 Abs. 3 BetrVG).

Die Betriebsvereinbarung ist *schriftlich* festzulegen, zu unterzeichnen und im Betrieb auszulegen (§ 77 Abs. 2 BetrVG). Widerspricht sie einem gültigen Tarifvertrag, so gilt dieser und nicht die Betriebsvereinbarung. Wie der Tarifvertrag wirkt die Betriebsvereinbarung unmittelbar für *alle* Arbeitsverhältnisse des Betriebs; ihre Mindestbedingungen sind unabdingbar zugunsten der Arbeitnehmer. Die Betriebsvereinbarung endet durch Kündigung des Arbeitgebers oder des Betriebsrats, ferner durch Aufhebung im gegenseitigen Einverständnis, durch anderslautende Tarifverträge und durch Beendigung des Betriebs überhaupt. Wie der Tarifvertrag wirkt die Betriebsvereinbarung auch nach ihrer Beendigung noch auf Einzelarbeitsverhältnisse nach (Prinzip der *Fortwirkung*).

607. Das Lehr(Ausbildungs)verhältnis

Die Rechtsvorschriften des Lehrlingsrechts waren früher für kaufmännische Lehrlinge im HGB, für gewerbliche Lehrlinge in der Gewerbeordnung und für Handwerkslehrlinge in der Handwerksordnung enthalten. Nur die Bestimmungen der Handwerksordnung gelten weiter; im übrigen ist das *Berufsbildungsgesetz* (BBiG) vom 14. 8. 1969 (BGBl. I 1112) m. spät. Änd. Grundlage für alle *Ausbildungsverhältnisse* zwischen dem Ausbildenden und dem Auszubildenden (früher *Lehrherr* und *Lehrling*).

Der *Berufsausbildungsvertrag (Lehrvertrag)* ist ein Arbeitsvertrag besonderer Art und untersteht daher dem kollektiven Arbeitsrecht (Tarifvertrag, Betriebsvereinbarung) und dem BGB insoweit, als nicht angesichts des Hauptzweckes der Berufsausbildung Sonderregelungen eingreifen. Er ist in einer von allen Beteiligten zu unterzeichnenden Niederschrift mit Angaben über Dauer, Probezeit (1–3 Monate), Vergütung (mindestens jährliche Steigerung), Urlaub, Kündigungsfristen usw. niederzulegen (§§ 3, 4, 10, 13). *Wettbewerbsverbote* und *Vertragsstrafen* dürfen nicht vereinbart werden (§ 5). Für die Kündigung ist Schriftform erforderlich. Sie ist während der Probezeit jederzeit fristlos zulässig, danach nur noch aus wichtigem Grunde oder vom Auszubildenden wegen Berufsänderung mit 4 Wochen Frist; ein wichtiger Grund kann nur binnen 2 Wochen geltend gemacht werden (§ 15). Der Ausbildende muß persönlich und fachlich geeignet sein (hierzu *Ausbilder-Eignungs VO gewerbliche Wirtschaft* vom 20. 4. 1972, BGBl. I 707 m. spät. Änd. und Sondervorschriften für einzelne Berufszweige). Auch muß eine fachgerechte Ausbildungsstätte vorhanden sein (§§ 20ff.). Die Ausbildung in bestimmten staatlich anerkannten *Ausbildungsberufen* wird durch *Ausbildungsordnungen* geregelt (§§ 25ff.; bezgl. der einzelnen Ausbildungsordnungen s. die Zusammenstellung bei Sartorius, Fußn. 3 zu § 25 HandwO). Für anerkannte Berufe werden Verzeichnisse der Berufsausbildungsverhältnisse geführt (§§ 31–33).

Zu den Pflichten des Ausbildenden gehört neben der Vermittlung der erforderlichen Kenntnisse und Fertigkeiten auch die persönliche Fürsorge für den Auszubildenden. Er hat diesen zum Berufsschulbesuch anzuhalten und ihm bei Beendigung des Ausbildungsverhältnisses ein *Zeugnis* auszustellen, das auf Verlangen des Auszubildenden auch Angaben über Führung, Leistungen und besondere fachliche Fähigkeiten enthalten muß (§§ 6–8). Bei unverschuldeter Krankheit hat der Auszubildende bis zu 6 Wochen Anspruch auf Vergütung (§ 12). Die Durchführung von Zwischen- und *Abschlußprüfungen* richtet sich nach §§ 34ff. und den einzelnen Prüfungsordnungen. Für *Volontäre,* die nur zum Erwerb von Kenntnissen und Fertigkeiten, nicht der Arbeitsleistung wegen eingestellt und deshalb unentgeltlich beschäftigt werden, gelten die Bestimmungen über das Ausbildungsverhältnis entsprechend mit Besonderheiten für den Vertragsabschluß und die Probezeit (§ 19).

Für *Handwerkslehrlinge* bestehen entsprechende Vorschriften in den §§ 21ff. der Handwerksordnung mit einigen Besonderheiten. Zur Ausbildung fachlich geeignet ist, wer das 24. Lebensjahr vollendet und die Meisterprüfung bestanden hat, ferner wer eine andere fachliche Abschlußprüfung abgelegt und entweder die Gesellenprüfung bestanden oder eine vierjährige praktische Tätigkeit abgeleistet hat. Die *Handwerkskammer* überwacht die persönliche und fachliche Eignung der Ausbildenden und die Eignung der Ausbildungsstätten. Sie führt die *Lehrlingsrolle,* in der die Ausbildungsverhältnisse verzeichnet werden. Die Ausbildungsordnungen regeln den Gang der Ausbildung; diese soll mindestens zwei und höchstens drei Jahre dauern (§ 25). S. a. VO über die *Lehrzeitdauer* im Handwerk vom 23. 11. 1960 (BGBl. I 851) m. Änd. zuletzt vom 25. 7. 1969 (BGBl. I 1021). Die Prüfungsordnungen für die Gesellenprüfungen werden von der Handwerkskammer erlassen, bei der Prüfungsausschüsse bestehen.

Die im Interesse der allgemeinen Wirtschafts- und Arbeitspolitik liegende *Förderung der Berufsbildung,* insbesondere durch Planung und Forschung, ist wichtigste Aufgabe des *Bundesinstituts für Berufsbildung* (Organe: Hauptausschuß, Generalsekretär; Fachausschüsse, insbes. für Fragen Behinderter). Es wird vom Bund finanziert und untersteht der Rechtsaufsicht des BMBW. Die Berufsbildungsplanung soll eine abgestimmte, den technischen, wirtschaftlichen und gesellschaftlichen Anforderungen entsprechende Entwicklung der beruflichen Bildung schaffen, die Qualität der Ausbildungsstätten und deren überbetriebliche Einrichtung fördern und bei der Erarbeitung von Ausbildungsordnungen mitwirken. Es führt das Verzeichnis der anerkannten Ausbildungsberufe und entscheidet über die Anerkennung von Fernlehrgängen (186 III). Im einzelnen s. Berufsbildungsförderungsgesetz vom 12. 1. 1994 (BGBl. I 79).

608. Arbeitszeit

I. Allgemeine Arbeitszeitregelung

Eine allgemeine *Arbeitszeitregelung* enthält das Arbeitszeitgesetz (ArbZG) vom 6. 6. 1994 (BGBl. I 1170). Das ArbZG setzt den Achtstundentag fest (§ 3). Allerdings kann die tägliche *Arbeitszeit* auf bis zu 10 Stunden verlängert werden, wenn innerhalb von längstens 6 Monaten ein *Ausgleich* auf durchschnittlich 8 Stunden erfolgt. Arbeitszeit ist die Zeit vom Beginn bis zum Ende der Arbeit ohne die *Ruhepausen* (§ 2). Nach Beendigung der Arbeit muß eine ununterbrochene Ruhezeit von mindestens 11 Stunden gewährt werden (§ 5 Abs. 1), in bestimmten Berufen (Krankenpflege, Gaststättenbetriebe,

Verkehrsbetriebe, Rundfunk und Landwirtschaft) sind Abweichungen möglich (§ 5 Abs. 2, 3). Die Arbeit ist durch im voraus feststehende Ruhepausen von 30 Minuten bei einer Arbeitszeit von mehr als 6 Stunden und von 45 Minuten bei einer Arbeitszeit von mehr als 9 Stunden zu unterbrechen. Die Ruhepausen können in Zeitabschnitte von mindestens 15 Minuten aufgeteilt werden.

Den Zeitpunkt des Arbeitsbeginns und der Beendigung der Arbeit setzt der Arbeitgeber fest; der *Betriebsrat* hat ein *Mitbestimmungsrecht* (§ 87 BetrVG).

Bei *Nachtarbeit* darf die werktägliche Arbeitszeit 8 Stunden nicht überschreiten. Wird sie ausnahmsweise auf 10 Stunden verlängert, so ist ein *Ausgleich* auf durchschnittlich 8 Stunden innerhalb eines Monats herbeizuführen. Nachtarbeitnehmer sind berechtigt, sich vor Beginn der Beschäftigung und danach regelmäßig arbeitsmedizinisch untersuchen zu lassen (§ 6).

Abweichende Regelungen können in einem Tarifvertrag oder in einer Betriebsvereinbarung zugelassen werden, insbes. dann, wenn in die Arbeitszeit regelmäßig und in erheblichem Umfang *Arbeitsbereitschaft* fällt (§ 7).

Für leitende Angestellte, Chefärzte, Leiter von öffentlichen Dienststellen mit Entscheidungsbefugnis in Personalangelegenheiten, Arbeitnehmer, die in häuslicher Gemeinschaft mit ihnen anvertrauten Personen zusammenleben und im liturgischen Bereich der Kirchen und Religionsgemeinschaften gilt das ArbZG nicht.

Die Einhaltung der Arbeitszeitbestimmungen wird vom *Gewerbeaufsichtsamt* überwacht (vgl. 183 I).

II. Sonderregelungen

Besonderheiten gelten für die Arbeitszeit in *Bäckereien und Konditoreien* (§§ 2 Abs. 3 u. 10 ArbZG). Für *Kraftfahrer, Straßenbahnfahrer, Beifahrer* und *Schaffner* enthält die EWG-VO Nr. 3820/85 vom 20. 12. 1985 nebst DVO vom 22. 8. 1969 (BGBl. I 1307) m. spät. Änd. Vorschriften über Mindestalter, Lenk- und Ruhezeiten, Kontrollbücher usw. für das *Fahrpersonal.* Ununterbrochene Lenkung ist nur 4½ Std. und insges. täglich i. d. R. nur bis 9 Std. (innerhalb von 2 aufeinanderfolgenden Wochen nicht länger als 90 Std.) zulässig. S. a. Europäisches Übereinkommen über die Arbeit des im internationalen Straßenverkehr beschäftigten Fahrpersonals – AETR – vom 1. 7. 1970 (BGBl. 1974 II 1473) i. d. F. vom 31. 7. 1985 (BGBl. II 889). Vgl. 195 III.

III. Ladenschlußzeiten

Das *Gesetz über den Ladenschluß* vom 28. 11. 1956 (BGBl. I 875) m. Änd. zuletzt vom 30. 7. 1996 (BGBl. I 1186) schreibt für *Verkaufsstellen,* d. h. Ladengeschäfte aller Art, Tankstellen, Kioske, Basare und ähnliche Einrichtungen, in denen von einer festen Stelle aus ständig Waren zum Verkauf an jedermann feilgehalten werden, bestimmte Ladenschlußzeiten vor. Besonderheiten gelten für Apotheken, Zeitungskioske, Tankstellen, Warenautomaten, Verkaufsstellen auf Personenbahnhöfen, Flughäfen, Fährhäfen, in Kur- und Erholungsorten, in ländlichen Gebieten, für Friseure, Blumengeschäfte und den Marktverkehr. Die Arbeitnehmer sind gegen Zeitüberschreitung geschützt, Zuwiderhandlungen als Straftaten oder Ordnungswidrigkeiten verfolgbar. Die Länder haben innerhalb ihrer Zuständigkeit Verordnungen über den Ladenschluß in ländlichen Gebieten, in Kur-, Erholungs- und Wallfahrtsorten und in der Nähe der Bundesgrenze, namentlich an Samstagen, Sonn- und Feiertagen, erlassen (Zusammenstellung bei Nipperdey, Textslg. Arbeitsrecht, Anm. 3 zu Nr. 357). Nach § 3 LadenschlG dürfen Verkaufsstellen montags bis freitags ab 6.00 Uhr bis

20.00 Uhr, samstags ab 6.00 Uhr bis 16.00 Uhr, an den vier aufeinanderfolgenden Samstagen vor dem 24. Dezember bis 18.00 Uhr geöffnet sein.

IV. Jugendliche

Jugendliche dürfen nur an fünf Tagen wöchentlich beschäftigt werden, ferner grundsätzlich nicht samstags, sonntags und an gesetzlichen Feiertagen sowie am 24. und 31. Dezember nicht ab 14 Uhr. Ausnahmen gelten für bestimmte Betriebsarten (z. B. Gaststätten). Ein Beschäftigungsverbot besteht auch ab 20 Uhr, ausgenommen für Jugendliche ab 16 Jahren zu Ausbildungszwecken in bestimmten Betriebsarten (§§ 14–18 JASchG; vgl. 623).

609. Sonntags- und Feiertagsarbeit

Außer an *Sonntagen,* d. h. an den kalendermäßig feststehenden ersten Tagen der Woche, herrscht auch an Feiertagen grundsätzlich *Arbeitsruhe* (§ 9 ArbZG), vgl. 608 I. Nach dem *Entgeltfortzahlungsgesetz* vom 26. 5. 1994 (BGBl. I 1014, 1065) erhält der Arbeitnehmer für die infolge eines gesetzlichen Feiertags in der Woche ausfallende Arbeitszeit den Arbeitslohn fortgezahlt. Das gilt nicht, wenn er am Arbeitstag vor oder nach dem Feiertag unentschuldigt fernbleibt.

Die Bestimmung der *gesetzlichen Feiertage* obliegt an Stelle der früheren reichseinheitlichen Regelung (Ges. vom 27. 2. 1934, RGBl. I 129) nunmehr der Landesgesetzgebung; einziger bundesgesetzlich bestimmter Feiertag ist der *Tag der Deutschen Einheit* (3. 10.). Vgl. die Nachw. bei Nipperdey, Textslg. Arbeitsrecht, Nr. 250. In allen Ländern sind gesetzliche Feiertage: Neujahr, Karfreitag, Ostermontag, der Christi-Himmelfahrtstag, 1. und 2. Weihnachtsfeiertag. Dazu kommen in katholischen Gegenden Heilige Drei Könige (6. 1.), Fronleichnam, Mariä Himmelfahrt und Allerheiligen (1. 11.). In Süddeutschland wird gebietsweise zwischen gesetzlichen und staatlich geschützten kirchlichen Feiertagen (ohne Lohnzahlung) unterschieden. Zur Finanzierung der Pflegeversicherung (657 a) wurde in 14 Bundesländern der Buß- und Bettag als gesetzlicher Feiertag abgeschafft. Eine Ausnahme bilden Sachsen, das diesen Feiertag beibehielt und Baden-Württemberg, wo der Pfingstmontag als gesetzlicher Feiertag gestrichen wurde. Allerdings wurde er, wie teilweise auch der Buß- und Bettag (so in Bayern), zum staatlich geschützten Feiertag erklärt. Der *1. Mai* ist in allen Ländern als Tag des Bekenntnisses zu Freiheit und Frieden, sozialer Gerechtigkeit, Völkerversöhnung und Menschenwürde zum gesetzlichen Feiertag erklärt; meist besteht die Sonderregelung, daß der Lohn auch zu zahlen ist, wenn dieser Tag auf einen Sonntag fällt. Wird an gesetzlichen Feiertagen gearbeitet, so ist zum Normallohn ein *Zuschlag* gemäß Tarifvertrag oder Betriebsvereinbarung oder in sonst üblicher Höhe zu zahlen; er ist lohnsteuerfrei (535).

Abweichend vom Gebot der *Sonntagsruhe* dürfen Arbeitnehmer beschäftigt werden in Not- und Rettungsdiensten, bei der Feuerwehr, zur Aufrechterhaltung der öffentlichen Sicherheit, für Zwecke der Verteidigung, in Krankenhäusern und Pflegeeinrichtungen, in Gaststätten und dem Beherbergungsgewerbe sowie im Haushalt, bei Musik- und Theateraufführungen o. ä., bei nichtgewerblichen Aktionen von Kirchen, Parteien o. ä., beim Sport und in Freizeiteinrichtungen, in Museen, beim Rundfunk und bei der Presse, bei Messen, Ausstellungen und Märkten, in Verkehrsbetrieben, in Energie- und Wasserversorgungsbetrieben, in der Landwirtschaft, im Bewachungsgewerbe, bei der Reinigung und Instandhaltung von Betriebseinrichtungen soweit erforderlich, zur Verhütung des Verderbens von Naturerzeugnissen oder Rohstoffen und zur Vermeidung einer Zerstörung oder erheblichen Beschädigung der Produktionseinrichtungen (§ 10 ArbZG). Mindestens 15 Sonntage im Jahr müssen *beschäftigungsfrei* bleiben.

610. Der Arbeitslohn

ist das Entgelt für die auf Grund eines Arbeitsvertrags geleistete Arbeit. Für die Bemessung des Arbeitslohnes, die dem Grundsatz der Lohngleichheit für Männer und Frauen unterliegt (vgl. 621 I), haben sich verschiedene *Lohnformen* herausgebildet:

a) der *Zeitlohn* nach der Dauer der Arbeitsleistung;
b) der *Leistungs-* oder *Akkordlohn* nach dem Arbeitsergebnis (Stück-, Gewichts-, Flächenakkord u. dgl.);
c) der *Prämienlohn* als Kombination von beiden.

Als zusätzliche Erfolgsvergütungen kommen Umsatzprovision, Gewinnbeteiligung *(Tantieme)* und Prämien sowie Gratifikationen in Betracht.

Neben *Geldlohn* kann dem Arbeitnehmer auch *Naturallohn* (Wohnung, Verpflegung, landwirtschaftliche Deputate) gewährt werden. Über Bewertung der *Sachbezüge* für die Lohnsteuer vgl. 535, in der Sozialversicherung 652.

Der *Zeitlohn* bildet die Regel. Er wird auch in Tarifvertrag und Betriebsvereinbarung meist vereinbart. Diese sichern dem Arbeitnehmer gewisse Mindestlöhne, während nach oben i. d. R. keine Grenze gesetzt ist. Durch das *Arbeitnehmer-Entsendegesetz* vom 26. 2. 1996 (BGBl. I 227) wird im Bereich des Baugewerbes und der Seeschiffahrt auch bei grenzüberschreitenden Dienstleistungen die Einhaltung des tarifvertraglich vereinbarten Mindestlohns für ausländische Arbeitnehmer sichergestellt. Dieses Gesetz ist bis 1. 9. 1999 befristet. Vielfach wird der Zeitlohn als *Grundlohn* verwendet, auf dem sich die Entlohnung nach dem Arbeitsergebnis (Akkordlohn) aufbaut. Beim *Akkord- oder Stücklohn* richtet sich der Lohn nicht nach der Dauer der Arbeitszeit, sondern nach dem erzielten Arbeitsergebnis ohne Rücksicht auf die verbrauchte Arbeitszeit. Bei Arbeit in Arbeitsgruppen wird meist ein sog. *Gruppen-* oder *Kolonnenakkord* angewendet, bei dem für eine gemeinsame Arbeitsleistung mehrerer Arbeitnehmer mit Hilfe eines Akkordmeisters das Entgelt verteilt wird. In der Praxis sind Zeit- und Akkordlohnsystem bisweilen derart miteinander vermischt, daß ein Mindestlohn garantiert wird, zu dem Prämien hinzutreten. Der sog. *Ecklohn* geht von der Leistung eines Normalarbeiters aus, die mit dem Normallohn (= 100) abgegolten wird, und erhöht ihn entsprechend der Steigerung der subjektiven Leistung (Punkte) um *Prämien* oder *Zuschläge*.

Unter *Gratifikation* versteht man eine Sonderzuwendung, die neben dem vertragsmäßigen Arbeitsentgelt aus besonderem Anlaß (z. B. Weihnachten, Jubiläum) gewährt wird; sie ist von dem (häufig vereinbarten) sog. „13. Monatsgehalt" zu unterscheiden. Ein Rechtsanspruch auf eine *Weihnachtsgratifikation* kann durch Vertrag oder ständige vorbehaltlose Übung begründet werden. Auch wo kein Rechtsanspruch besteht, muß der Arbeitgeber sie gleichmäßig gewähren; er darf nicht einzelne Arbeitnehmer willkürlich ausschließen. Die Weihnachtsgratifikation ist sozialversicherungspflichtig. Über die Pfändbarkeit vgl. 254. Berücksichtigt werden nur Arbeitnehmer, die am 15. 12. dem Betrieb angehören (anders beim 13. Monatsgehalt, das bei vorzeitigem Ausscheiden, u. U. anteilig, verlangt werden kann). Ein *Rückzahlungsvorbehalt* für den Fall des Ausscheidens in nächster Zeit ist bei Beträgen bis 200 DM ausgeschlossen und auch sonst nur begrenzt wirksam (z. B. bei Weihnachtsgeldzahlung in Höhe eines Monatsgehalts für eine Kündigung bis zum 31. 3. des folgenden Jahres).

Über das von der Bundesanstalt für Arbeit im Rahmen der Arbeitslosenversicherung zu zahlende *Kurzarbeitergeld* und das *Winterausfallgeld* im Baugewerbe vgl. 672 III 3 und 6.

Nach dem Ges. über Bergmannsprämien i. d. F. vom 12. 5. 1969 (BGBl. I 434) m. spät. Änd. erhalten Arbeitnehmer des Bergbaues, die unter Tage beschäftigt sind, eine *Bergmannsprämie.* Sie beträgt für jede unter Tage verfahrene volle Schicht 10 DM. Der Arbeitgeber hat die auszuzahlenden Prämien dem Betrag zu entnehmen, den er für seine Arbeitnehmer insgesamt an *Lohnsteuer* einbehalten hat. Der Anspruch auf die Bergmannsprämie ist nicht übertragbar. Die Prämien gelten arbeitsrechtlich, steuerlich und sozialversicherungsrechtlich nicht als Bestandteile des Lohns oder Gehalts (§ 4). Vgl. ferner DVO i. d. F. vom 20. 12. 1977 (BGBl. I 3135).

611. Die Lohnzahlung

Der Lohn wird bei Fehlen besonderer Vereinbarung erst nach Leistung der Arbeit, also nach bestimmten Zeitabschnitten bezahlt. Gewerbliche Arbeitnehmer haben mangels anderweiter Vereinbarung Anspruch auf wöchentliche Lohnzahlung, Angestellte auf monatliche Gehaltszahlung.

Für gewerbliche Arbeitnehmer verbietet die GewO (§§ 115–119) das sog. *Trucksystem,* d. h. die Zahlung des Lohnes in Waren, die der Arbeitnehmer erst veräußern muß, um zu Geld zu kommen.

Fällt die Arbeitsleistung aus, so entfällt i. d. R. der Lohnanspruch. Ausnahmsweise hat jedoch der Arbeitnehmer auch *ohne Arbeitsleistung* Anspruch auf Vergütung:

a) bei *Annahmeverzug* des Arbeitgebers (§ 615 BGB);
b) bei *Unmöglichkeit der Arbeitsleistung,* die der Arbeitgeber zu vertreten hat (§ 324 BGB, z. B. Nichtarbeit wegen Auftragsmangels);
c) bei *Krankheit* gemäß § 616 BGB (s. 614);
d) bei *Urlaub* (s. 613);
e) für lohnzahlungspflichtige *Feiertage* (vgl. 609);
f) unter Umständen bei *Betriebsstörungen.* Das *Betriebsrisiko* bei Arbeitsausfall aus betriebstechnischen Gründen trägt im allgemeinen der Arbeitgeber, ebenso das allgemeine *Wirtschaftsrisiko,* insbesondere bei Auftrags- oder Absatzmangel. Er ist daher auch grundsätzlich bei beiderseits nicht zu vertretenden Ereignissen zur Weiterzahlung des Lohnes verpflichtet. Ausnahmen gelten bei Existenzgefährdung für den Betrieb, ebenso wenn die Ursache der Störung im Bereich des Arbeitnehmers liegt und daher von diesem zu vertreten ist, z. B. bei *Streik (Arbeitskampfrisiko).* Das kann auch bei Fernwirkung eines Streiks der Fall sein, d. h. wenn dieser sich auf an sich nicht streikbeteiligte Betriebe auswirkt (Streik in Zulieferbetrieb hemmt Produktion der Abnehmer); dies jedenfalls dann, wenn die arbeitskampfführenden Verbände (Arbeitgeber, Gewerkschaft) der streikbeteiligten und der nur mittelbar betroffenen Betriebe identisch oder organisatorisch eng verbunden sind (BAG NJW 1981, 937).

612. Werkwohnung und Arbeitsverhältnis

Hat der Arbeitgeber dem Arbeitnehmer Wohnräume mit Rücksicht auf das Arbeitsverhältnis überlassen, so bestehen für diese besondere Kündigungsvorschriften.

Für eine *Werkmietwohnung*, die mit Rücksicht auf den abgeschlossenen Arbeitsvertrag, aber neben diesem durch gesonderten Vertrag vermietet worden ist, besteht erleichterte Kündigungsmöglichkeit nach Beendigung des Arbeitsverhältnisses. Es gelten verkürzte Kündigungsfristen, wenn der Wohnraum für einen anderen Arbeitnehmer benötigt wird. Doch kann der Mieter sich u. U. durch Widerspruch auf die *Sozialklausel* berufen. Das ist nicht zulässig bei sog. *funktionsgebundenen Wohnungen*, z. B. *Hausmeister-Werkmietwohnungen* (§§ 565b–d, 556a BGB). Bei *Werkdienstwohnungen,* die im Rahmen des Arbeitsvertrags vermietet sind, besteht kein besonderer Mietvertrag; gleichwohl gelten nach Auflösung des Arbeitsverhältnisses die Vorschriften des Mietrechts über Kündigung, Widerspruch gegen diese usw. dann, wenn die Wohnung vom Arbeitnehmer ganz oder überwiegend mit Hausrat versehen worden ist oder er in ihr mit seiner Familie einen eigenen Hausstand führt (§ 565e BGB).

613. Das Urlaubsrecht

Das *Mindesturlaubsgesetz für Arbeitnehmer (Bundesurlaubsgesetz)* vom 8. 1. 1963 (BGBl. I 2) m. spät. Änd. sieht einen Anspruch auf bezahlten Erholungsurlaub vor, der nach sechsmonatigem Bestehen des Arbeitsverhältnisses (sog. *Wartezeit*) entsteht. Dieser nach § 13 unabdingbare Mindesturlaub beträgt jährlich *24 Werktage*. Durch Tarifvertrag, Betriebsvereinbarung oder Einzelarbeitsvertrag ist jedoch meist ein höherer *Urlaubsanspruch* begründet.

Als Werktage gelten alle Kalendertage, die nicht Sonn- oder gesetzliche Feiertage sind (§ 3), also auch arbeitsfreie Samstage. Als Teilurlaub kann $1/12$ des Jahresurlaubs für jeden vollen Monat des Bestehens des Arbeitsverhältnisses beansprucht werden (§ 5). *Urlaubsentgelt* ist entsprechend dem Durchschnittsverdienst der letzten 13 Wochen zu zahlen (§ 11). Heimarbeiter und Hausgewerbebetreibende erhalten von ihrem Auftraggeber Urlaubsentgelt in Höhe von 9,1 v. H. des Jahresarbeitsentgelts (§ 12).

Ein Anspruch auf zusätzlichen sog. *Bildungsurlaub* ist zwar in der Privatwirtschaft häufig durch Tarifvertrag oder Betriebsvereinbarung begründet, kraft Bundesrecht aber vorerst nur für Betriebsratsmitglieder zwecks Schulung für ihre Tätigkeit im Betriebsrat (während der Amtszeit 3–4 Wochen nach Maßgabe des § 37 Abs. 7 BetrVG). Weitergehende landesrechtliche Regelungen räumen jedem Arbeitnehmer einen Anspruch auf Urlaub zur politischen, beruflichen oder allgemeinen Weiterbildung in anerkannten Veranstaltungen ein; vgl. für Berlin Ges. vom 24. 10. 1990 (GVBl. 2209), Bremen Ges. vom 18. 12. 1974 (GBl. 348), Hamburg Ges. vom 21. 1. 1974 (GVBl. 6), Hessen Ges. vom 16. 10. 1984 (GVBl. I 261), Niedersachsen Ges. vom 25. 1. 1991 (GVBl. 29) m. spät. Änd., Nordrhein-Westfalen Ges. vom 6. 11. 1984 (GV.NW. 678). Zur Verfassungsmäßigkeit bezahlten Bildungsurlaubs s. BVerfG NJW 1988, 1899.

Aufrechterhalten bleiben die landesrechtlichen Vorschriften über den Zusatzurlaub für Opfer des Nationalsozialismus, über Sonderurlaub für Jugendleiter sowie die urlaubsrechtlichen Bestimmungen des Arbeitsschutzgesetzes, des *Schwerbehindertengesetzes* (Zusatzurlaub von 5 Arbeitstagen, § 47), des Jugendarbeitsschutzgesetzes (623) und des Seemannsgesetzes (627). Bei Erkrankung während des Urlaubs werden die durch ärztliches Zeugnis nachgewiesenen Tage der Arbeitsunfähigkeit auf den Jahresurlaub nicht angerechnet (§ 9), ebenso bei Kuren und Schonungszeiten, soweit Entgeltfortzahlungsanspruch – s. 614 – besteht (§ 10).

Über das Urlaubsrecht der Beamten und Soldaten vgl. 154 III 6, 466.

614. Krankheit des Arbeitnehmers

liegt vor, wenn ein bestimmter regelwidriger körperlicher oder geistiger Zustand Krankenpflege erfordert oder eine vorübergehende Arbeitsunfähigkeit zur Folge hat. Ist die Erkrankung vom Arbeitnehmer *verschuldet* (z. B. durch Trunkenheit, Schlägerei), so braucht der Arbeitgeber das Arbeitsentgelt nicht zu zahlen (§§ 325, 323 BGB). Bei unverschuldeter Krankheit bleibt der Anspruch auf gewisse Zeit bestehen, und zwar für *Angestellte* und für *Arbeiter* sowie für die zu ihrer Berufsausbildung Beschäftigten nach dem *Entgeltfortzahlungsgesetz* vom 26. 5. 1994 (BGBl. I 1014, 1065) m. spät. Änd., insbes. durch das Arbeitsrechtliche Beschäftigungsförderungsgesetz vom 25. 9. 1996 (BGBl. I 1476).

Nach § 616 BGB verliert der Dienstleistungsverpflichtete den Anspruch auf Vergütung nicht, wenn er für eine verhältnismäßig nicht erhebliche Zeit durch einen in seiner Person liegenden Grund ohne sein Verschulden an der Dienstleistung verhindert wird, selbst wenn das Arbeitsverhältnis anläßlich der Erkrankung gekündigt wird. Er muß sich aber den ihm aus einer gesetzlichen Kranken- oder Unfallversicherung für die Zeit der Verhinderung zustehenden Betrag *anrechnen* lassen. Nach § 3 des Entgeltfortzahlungsgesetzes hat der Arbeitnehmer Anspruch auf Arbeitsentgelt für die Zeit der Arbeitsunfähigkeit bis zur Dauer von 6 Wochen, die Höhe der Entgeltfortzahlung ist aber auf 80 v. H. des regelmäßigen Arbeitsentgelts beschränkt. 100 v. H. des Arbeitsentgelts werden nur gezahlt, wenn sich der Arbeitnehmer für je 5 Krankheitstage 1 Urlaubstag anrechnen läßt. Dies ist bis zur Mindestgrenze des Urlaubs nach dem Bundesurlaubsgesetz (613) möglich. Eine Abweichung von dieser gesetzlichen Regelung durch Tarifvertrag ist möglich und wurde vielfach vereinbart. Wird er erneut wegen derselben Krankheit arbeitsunfähig, so hat er wiederum Anspruch auf Entgeltfortzahlung bis zur Dauer von 6 Wochen, wenn er vor der erneuten Arbeitsunfähigkeit mindestens 6 Monate nicht infolge derselben Krankheit arbeitsunfähig war oder wenn seit Beginn der ersten Arbeitsunfähigkeit infolge derselben Krankheit 12 Monate vergangen sind. Der Arbeitnehmer ist verpflichtet, dem Arbeitgeber die Arbeitsunfähigkeit und deren voraussichtliche Dauer unverzüglich mitzuteilen. Dauert die Arbeitsunfähigkeit länger als drei Kalendertage ist spätestens am darauffolgenden Arbeitstag eine ärztliche Bescheinigung vorzulegen. Auf den

Urlaub werden Krankheitstage (von vorstehender Ausnahme abgesehen) nicht angerechnet.

Auch Lehrlingen wird die Vergütung in gleichem Umfang weitergezahlt (s. auch Berufsbildungsgesetz, 607). *Heimarbeiter* können zum Ausgleich für möglichen Entgeltausfall durch Arbeitsunfähigkeit, falls ihnen nicht tarifvertraglich die Leistungen nach dem Lohnfortzahlungsgesetz zustehen, von ihrem Arbeitgeber einen *Zuschlag zum Arbeitsentgelt* in Höhe von 3,4 v. H. beanspruchen. Denselben Anspruch (bei Beschäftigung von höchstens 2 fremden Hilfskräften erhöht auf 6,4 v. H.) haben *Hausgewerbetreibende* (§ 10 Entgeltfortzahlungsgesetz).

Der durch § 616 BGB und das Entgeltfortzahlungsgesetz begründete Anspruch auf Fortzahlung des Arbeitsentgelts besteht für 6 Wochen auch, wenn ein Sozialversicherungsträger (653) die Kosten für ein *Heilverfahren* übernimmt oder eine Vorbeugungs-, Heil- oder *Genesungskur* bewilligt (§ 9 EntgeltfortzahlungG). Die Kurdauer steht insofern einer Arbeitsunfähigkeitszeit gleich. Dem Arbeitgeber ist eine Bescheinigung über die Bewilligung der Kur und deren voraussichtliche Dauer, Kurbeginn usw. vorzulegen. Das gilt entsprechend für eine nach der Kur ärztlich verordnete Schonungszeit, wenn der Arbeitnehmer innerhalb der Frist, für die ein Anspruch auf Lohnfortzahlung besteht, arbeitsunfähig ist. Eine Anrechnung der Behandlungsdauer oder Kurzeit auf den Erholungsurlaub findet bei erwiesener Krankheit i. d. R. nicht statt (vgl. 613).

Während der Fortzahlung des Arbeitsentgelts ruht nach § 49 Nr. 1 SGB V der Anspruch auf Krankengeld. Ähnliches gilt für das aus der Unfallversicherung zu zahlende Verletztengeld während der Fortzahlung des Arbeitsentgelts (§ 560 Abs. 1 RVO).

615. Schwarzarbeit

Das Gesetz *zur Bekämpfung der Schwarzarbeit* i. d. F. vom 6. 2. 1995 (BGBl. I 165) m. spät. Änd. bedroht mit Geldbuße bis 100000 DM:

a) den *Schwarzarbeiter,* der Dienst- oder Werkleistungen für andere in erheblichem Umfang erbringt, obwohl er der Mitwirkungspflicht gegenüber der Arbeitsverwaltung (§ 60 Abs. 1 Nr. 2 SGB I) durch Anzeige von Veränderungen bzw. vom Beginn des selbständigen Betriebs eines stehenden Gewerbes nicht nachgekommen ist oder die erforderliche Reisegewerbekarte nicht erworben hat (183 I) oder ohne Eintragung in der Handwerksrolle ein Handwerk als stehendes Gewerbe selbständig betreibt (§ 1);
b) den *Auftraggeber,* der Dienst- und Werkleistungen in erheblichem Umfang durch Schwarzarbeiter gem. a) ausführen läßt oder als Unternehmer einen Subunternehmer beauftragt und dabei die unerlaubte Beschäftigung ausländischer Arbeitnehmer billigend in Kauf nimmt (§ 2).

Zweck des Gesetzes ist, eine Schädigung ganzer Berufsgruppen, des Staates und der Sozialversicherungsträger durch unkontrollierbare Schwarzarbeit zu verhüten. Unlautere Werbung für Schwarzarbeit ist verboten (§ 4), bei der Vergabe öffentlicher Aufträge sollen Bewerber, die in den zwei Jahren vor Auftragsvergabe Arbeitnehmer illegal beschäftigt haben oder Arbeitnehmerbeiträge zur Sozialversicherung vorenthalten haben (§ 266a StGB), ausgeschlossen werden (§ 5). Das Gesetz nimmt ausdrücklich Leistungen von der Verfolgung aus, die aus *Gefälligkeit* oder im Wege der *Nachbarschaftshilfe* oder durch *Selbsthilfe* im Sinne des § 36 Abs. 2 des II. Wohnungsbaugesetzes (vgl. 821) erbracht werden.

Bei Schwarzarbeit verstoßen beide Beteiligte i. d. R. gegen die Vorschriften über die Abführung von Beiträgen zur Sozialversicherung (s. 655 II, 659 II, 661, 668) sowie gegen die Lohnsteuerpflicht; bei Gastarbeitnehmern können die Bestimmungen über die Arbeitserlaubnis (628) verletzt sein. Privatrechtlich ist der Arbeitsvertrag nicht unwirksam (bestr.); das vereinbarte Entgelt ist für die geleistete Arbeit zu zahlen.

616. Die Haftung des Arbeitgebers und des Arbeitnehmers wegen Verletzung von Pflichten aus dem Arbeitsvertrag oder gegenüber Dritten wird durch die Besonderheiten des Arbeitsverhältnisses beeinflußt. Dieses erzeugt als *personenrechtliches Gemeinschaftsverhältnis* für die Vertragspartner besondere Rechte und Pflichten, bei deren Nichtbeachtung Ansprüche auf Erfüllung oder Schadensersatz entstehen können:

Dem *Arbeitgeber* obliegt vornehmlich eine *Fürsorgepflicht* gegenüber dem Arbeitnehmer; insbesondere hat er für Gesundheitsschutz, Schutz des Eigentums, tatsächliche Beschäftigung und gleiche Behandlung der Arbeitnehmer zu sorgen.

Der *Arbeitnehmer* hat gegenüber dem Arbeitgeber eine besondere *Treuepflicht*. Er hat insbesondere im Rahmen seiner Tätigkeit die Interessen seines Arbeitgebers wahrzunehmen und ihn vor Nachteilen und Schäden zu bewahren.

Die Verpflichtung zum *Gesundheitsschutz* ergibt sich aus den §§ 617, 618 BGB, § 62 HGB, §§ 120a, 120b GewO (vgl. 620). Auf Grund des Arbeitsvertrags kann der Arbeitnehmer auf Erfüllung dieser Pflicht Klage erheben; bei schuldhafter Pflichtverletzung ist der Arbeitgeber zum Schadensersatz verpflichtet. Die Fürsorgepflicht verlangt ferner vom Arbeitgeber, für die sichere Unterbringung der vom Arbeitnehmer üblicherweise in den Betrieb gebrachten Sachen (Kleidung, Fahrzeuge usw.) zu sorgen, soweit zumutbar.

Der *Arbeitnehmer* darf u. a. nicht Betriebs- oder Geschäftsgeheimnisse an dritte Personen preisgeben; er muß, wenn ein Schaden droht, den Arbeitgeber unverzüglich davon benachrichtigen. Er hat den Anweisungen über Art und Durchführung der gemäß dem Arbeitsvertrag von ihm zu erbringenden Leistungen Folge zu leisten, es sei denn, daß sie den gesetzlichen Rahmen überschreiten oder die Ausführung ihm aus anderen (z. B. sittlichen) Gründen nicht zuzumuten ist. Verursacht ein Arbeitnehmer bei seiner Tätigkeit einen Schaden, richtet sich seine Schadensersatzpflicht *(Arbeitnehmerhaftung)* nach dem Grad seiner Fahrlässigkeit. Das Bundesarbeitsgericht hat im Sept. 1994 die vordem nur für die sog. *gefahrgeneigte Arbeit* bestehende Haftungsbeschränkung auf alle Arbeitsbereiche und Berufsgruppen ausgedehnt. Dies in der Erwägung, daß auch einem sorgfältigen Arbeitnehmer gelegentlich Fehler unterlaufen, die für sich allein betrachtet zwar jedesmal vermeidbar wären, mit denen aber angesichts der menschlichen Unzulänglichkeit erfahrungsgemäß zu rechnen ist. Führt ein Arbeitnehmer bei einer solchen Arbeit gegenüber dem Arbeitgeber oder einem Dritten einen Schaden herbei, so gilt in aller Regel im *Innenverhältnis* zwischen Arbeitgeber und Arbeitnehmer folgende Haftungsverteilung: bei *leich-*

ter Fahrlässigkeit des Arbeitnehmers hat der Arbeitgeber den Schaden zu tragen; bei *mittlerer Fahrlässigkeit* wird der Schaden nach den maßgebenden Umständen zwischen Arbeitgeber und Arbeitnehmer nach Quoten verteilt; bei *grober Fahrlässigkeit* und bei *Vorsatz* hat der Arbeitnehmer den Schaden zu tragen (Ansprüche eines geschädigten Dritten werden dadurch nicht berührt). Man spricht von einer *arbeitsbedingten Fahrlässigkeit* des Arbeitnehmers, die auf der menschlichen Unzulänglichkeit beruht, und hält je nach den Umständen des Einzelfalles, insbes. nach dem Grad der dem Arbeitnehmer zur Last fallenden arbeitsbedingten Fahrlässigkeit, einen *innerbetrieblichen Schadensausgleich* für berechtigt. Bei *Vorsatz* oder *grober* Fahrlässigkeit haftet der Arbeitnehmer allein, wobei bei grober Fahrlässigkeit eine Haftungserleichterung in Betracht kommen kann, vor allem dann, wenn der Verdienst des Arbeitnehmers in deutlichem Mißverhältnis zum Schadensrisiko der Tätigkeit steht (BAG NJW 1990, 468). Entsprechendes gilt für die Haftung von *Arbeitnehmern* desselben Betriebes *untereinander.* Zu beachten ist, daß §§ 636, 637 RVO die Haftung für Personenschäden bei *Arbeits(Betriebs)unfällen* – außer den im Straßenverkehr eingetretenen – für Arbeitgeber und Betriebsangehörige untereinander auf Vorsatz beschränken.

617. Betriebliche Altersversorgung

Die Altersversorgung des Arbeitnehmers besteht aus Leistung der *Sozialen Rentenversicherung* (664 ff.) und regelmäßig eigenverantwortlicher Vorsorge des Arbeitnehmers (Ersparnisbildung, Lebensversicherung). Für eine Ergänzung kommt Betriebliche Altersversorgung als freiwillige Sozialleistung des Arbeitgebers in Betracht. Hierfür gibt es verschiedene *Durchführungsformen (unmittelbare Versorgungszusage* des Arbeitgebers, *Direktversicherung, Pensionskasse, Unterstützungskasse).*

Die *Durchführungsformen* unterscheiden sich zunächst durch den *Versorgungsträger* (Arbeitgeber selbst bzw. rechtlich selbständige Einrichtung). Weitere Unterschiede bestehen besonders in der *Finanzierung* und der *steuerlichen Behandlung.*

Bei der *unmittelbaren Versorgungszusage* des Arbeitgebers (sog. Pensionszusage) hat der versorgungsberechtigte Arbeitnehmer im Versorgungsfall einen Rechtsanspruch gegenüber dem Arbeitgeber als Versorgungsträger. Der Arbeitgeber bildet sog. Pensionsrückstellungen in der Bilanz (Innenfinanzierung). Zur Absicherung und Vorausfinanzierung kann er Versorgungs-Rückdeckungsversicherung vereinbaren. Erst die fällige Versorgungsleistung des Arbeitgebers wird – als nachträglich gezahlter Arbeitslohn – beim Arbeitnehmer steuerlich erfaßt.

Direktversicherung oder *Pensionskasse* als Versorgungsträger sichern dem Arbeitnehmer einen Rechtsanspruch gegenüber der Versicherungseinrichtung. Der Arbeitgeber wendet Vorausfinanzierungs- und Zukunftsicherungsleistungen zugunsten des Arbeitnehmers auf, die beim Arbeitnehmer steuerlich erfaßt werden und regelmäßig lohnsteuerbegünstigt sind (EStG § 40b). Dagegen ist fällige Versorgungsleistung als Kapitalzahlung regelmäßig lohn- und einkommensteuerfrei.

Bei der *Unterstützungskasse* als Versorgungsträger gibt es keinen Rechtsanspruch gegenüber dieser Versorgungseinrichtung (z. B. eingetragener Verein). Der Arbeitgeber wendet freiwillig Finanzmittel zu. Entsprechend ist die *Unterstützungskasse* in der Lage, ihren Leistungsplan im Versorgungsfall zu erfüllen. Zur Vorausfinanzierung der Versorgungsleistung kann sie Versorgungs-Rückdeckungsversicherung vereinbaren. Wie bei der *unmittelbaren Versorgungszusage* des Arbeitgebers wird erst die fällige Versorgungsleistung der *Unterstützungskasse* – als nachträglich gezahlter Arbeitslohn – beim Arbeitnehmer steuerlich erfaßt.

Im arbeitsrechtlichen Grund- und Versorgungsverhältnis zwischen Arbeitgeber und Arbeitnehmer ist Anspruchsgrundlage bei einer Betrieblichen Altersversorgung eine individualrechtliche (z. B. Einzelzusage) oder eine kollektivrechtliche Vereinbarung (z. B. Betriebsvereinbarung). Auch *betriebliche Übung* oder der *Gleichbehandlungsgrundsatz* kann Anspruchsgrundlage sein.

Mit einer Versorgungszusage entsteht zunächst eine Versorgungs*anwartschaft* (Versorgungsaussicht bei *Unterstützungskasse*). Im Versorgungsfall (Alter, Invalidität, Tod) besteht Versorgungs*anspruch* (bzw. Versorgungsrecht gemäß Leistungsplan der *Unterstützungskasse*), wenn in der Versorgungszusage vorgesehene Voraussetzungen (z. B. Ablauf einer Wartezeit) erfüllt sind.

Das *Gesetz zur Verbesserung der betrieblichen Altersversorgung* (BetrAVG) vom 19. 12. 1974 (BGBl. I 3610) m. spät. Änd. schützt laufende Leistungen und gesetzlich unverfallbare Anwartschaften (Gleichstellungen bei *Unterstützungskasse*) der Betrieblichen Altersversorgung gegen die wirtschaftlichen Folgen einer Insolvenz des Arbeitgebers und stellt sicher, daß eine Anwartschaft der Betrieblichen Altersversorgung bei vorzeitigem Dienstaustritt des Arbeitnehmers dann grundsätzlich dienstzeitanteilig erhalten bleibt, wenn der ausscheidende Arbeitnehmer mindestens das 35. Lebensjahr vollendet und entweder die Versorgungszusage für ihn mindestens 10 Jahre bestanden hat oder für ihn mindestens 3 Jahre bestanden hat und er eine Betriebszugehörigkeit von mindestens 12 Jahren erfüllt.

Sog. Pensionsrückstellungen als Bilanzposten bei *unmittelbarer Versorgungszusage* des Arbeitgebers werden in der Steuerbilanz des Arbeitgebers nach Erteilung der Versorgungszusage und frühestens zum rechnungsmäßigen Alter 30 des Arbeitnehmers gebildet, wenn die Versorgungszusage rechtsverbindlich und schriftlich erteilt ist, also nicht bei *betrieblicher Übung* oder *Gleichbehandlungsgrundsatz* als Anspruchsgrundlage (EStG § 6 a).

618. Förderung der Vermögensbildung der Arbeitnehmer

Zur Förderung des *Sparwillens* und der *Sparfähigkeit* der Arbeitnehmer erging das Gesetz zur Förderung der Vermögensbildung der Arbeitnehmer vom 12. 7. 1961 (BGBl. I 909). Nunmehr ist das *Fünfte Vermögensbildungsgesetz* i. d. F. vom 4. 3. 1994 (BGBl. I 406) maßgebend. Ziel der letzten Änderungen war es vor allem, die Förderung von Kapitalbeteiligungen der Arbeitnehmer weiter auszubauen und die möglichen Beteiligungsformen zu erweitern.

Vermögenswirksame Leistungen sind Geldleistungen, die der Arbeitgeber in folgenden Anlageformen für den Arbeitnehmer anlegt als

a) Sparbeiträge des Arbeitnehmers auf Grund eines Sparvertrags über Wertpapiere oder andere Vermögensbeteiligungen (§ 2 Abs. 1 Nr. 1, § 4),
b) Aufwendungen des Arbeitnehmers auf Grund eines Wertpapier-Kaufvertrags (§ 2 Abs. 1 Nr. 2, § 5),
c) Aufwendungen des Arbeitnehmers auf Grund eines Beteiligungs-Vertrags oder eines Beteiligungs-Kaufvertrags (§ 2 Abs. 1 Nr. 3, §§ 6, 7),
d) Aufwendungen des Arbeitnehmers nach den Vorschriften des Wohnungsbau-Prämiengesetzes (§ 2 Abs. 1 Nr. 4), s. 819 II,

e) Aufwendungen des Arbeitnehmers zum Bau, Erwerb, Ausbau oder zur Erweiterung eines Wohngebäudes oder einer Eigentumswohnung sowie eines Dauerwohnrechts oder eines Grundstücks im Inland (§ 2 Abs. 1 Nr. 5),
f) Sparbeiträge des Arbeitnehmers auf Grund eines Sparvertrags (§ 2 Abs. 1 Nr. 6, § 8),
g) als Beiträge des Arbeitnehmers auf Grund eines Kapitalversicherungsvertrags (§ 2 Abs. 1 Nr. 7, § 9).

Vermögenswirksame Leistungen können Arbeiter-, Angestellte, Auszubildende, Heimarbeiter sowie Beamte, Richter, Berufssoldaten und Soldaten auf Zeit beanspruchen. Auf schriftliches Verlangen des Arbeitnehmers sind Teile seines Arbeitslohns – unabhängig davon, ob ihm vom Arbeitgeber zusätzliche vermögenswirksame Leistungen gewährt werden – vermögenswirksam anzulegen (§§ 10, 11). Der Arbeitgeber oder Dienstherr kann auf Grund Gesetzes oder durch Tarifvertrag, Betriebsvereinbarung oder Einzelvertrag sowie durch bindende Festsetzungen nach dem Heimarbeitsgesetz (s. 625) verpflichtet sein, vermögenswirksame Leistungen zu gewähren.

Arbeitnehmer mit Einkünften aus nichtselbständiger Arbeit haben für die nach § 2 Abs. 1 Nr. 1 bis 5, Abs. 2 bis 4 angelegten vermögenswirksamen Leistungen (also nicht für Sparbeiträge auf Grund eines Sparvertrags und nicht für Beiträge auf Grund eines Kapitalversicherungsvertrags) Anspruch auf eine *Arbeitnehmer-Sparzulage,* soweit sie 936 DM im Jahr nicht übersteigen (§ 13). Voraussetzung ist, daß das zu versteuernde Einkommen des Arbeitnehmers 27000 DM (bei Zusammenveranlagung: 54000 DM) nicht übersteigt. Die Arbeitnehmer-Sparzulage beträgt 10 v. H. der vermögenswirksamen Leistungen.

Sparzulagen i. S. des Gesetzes gelten – anders als die vermögenswirksamen Leistungen – nicht als steuerpflichtige Einnahmen und nicht als Entgelt i. S. des Sozialversicherungsrechts.

Eine DVO vom 20. 12. 1994 (BGBl. I 3904) regelt u. a. die Mitteilungs- und Anzeigepflichten des Kreditinstituts, des Unternehmens oder des Arbeitgebers und die Rückforderung der Arbeitnehmer-Sparzulage.

619. Arbeitnehmererfindungen

Erfindungen, die ein Arbeitnehmer in Ausführung seiner Arbeitsverpflichtung, gleichgültig, ob mit oder ohne Verwertung von Betriebserfahrungen und Betriebsmitteln, macht, können sog. *Betriebs-* oder *Diensterfindungen* sein. Solche Erfindungen muß der Arbeitnehmer dem Arbeitgeber zur Verfügung stellen; er hat dafür i. d. R. Anspruch auf angemessene Vergütung. Maßgebend ist das *Gesetz über Arbeitnehmererfindungen* vom 25. 7. 1957 (BGBl. I 756) m. spät. Änd.).

Diesem Gesetz unterliegen die (patent- und gebrauchsmusterfähigen) Erfindungen und technischen Verbesserungsvorschläge von Arbeitnehmern im privaten und im öffentlichen Dienst, von Beamten und Soldaten (§§ 1–3). Erfindungen von Arbeitnehmern können gebundene (Dienst-)Erfindungen, die während der Dauer des Arbeitsverhältnisses aus der Tätigkeit entstanden sind oder maßgeblich auf Erfahrungen oder Arbeiten des Betriebes oder der öffentlichen Verwaltung beruhen, oder sonstige (freie) Erfindungen sein (§ 4). Der Arbeitnehmer hat bei Diensterfindungen eine Meldepflicht (§ 5); der Arbeitgeber kann eine Diensterfindung unbeschränkt oder beschränkt in Anspruch nehmen, muß dies aber binnen 4 Monaten nach Meldung schriftlich erklären (§ 6). Es ist eine angemessene Vergütung zu gewähren (§§ 9–11), über deren Bemessung der Bundesarbeitsminister Richtlinien vom 20. 7. 1959 (BAnz. Nr. 156) erlassen hat; sie sind für den öffentl. Dienst entsprechend anzuwenden (Richtl. vom 1. 12. 1960, BAnz. Nr. 237). Danach soll der Wert der Erfindung nach bestimmten Methoden (Lizenzanalogie, erfaßbarer betrieblicher Nutzen oder Schätzung) ermittelt werden. Zur Schutzrechtsanmeldung einer Diensterfindung ist allein der Arbeitgeber berechtigt und grundsätzlich verpflichtet (§§ 13ff.). Besonderheiten gelten für die Wahrung von Betriebsgeheimnissen (§ 17).

Hinsichtlich *freier Erfindungen* besteht eine Mitteilungs- und Anbietungspflicht. Der Arbeitgeber hat binnen 3 Monaten ein *Vorrecht* auf Benutzung zu angemessenen Bedingungen, wenn die Erfindung in seinen Arbeitsbereich fällt (§§ 18, 19). Auch für verwertete *technische Verbesserungsvorschläge* ist eine angemessene Vergütung zu zahlen (§ 20).

Nach einer Entscheidung des Patentamts kann *Erfinder* nur eine natürliche Person, nicht ein Betrieb, sein. Damit wird der Begriff der unpersönlichen Betriebserfindung abgelehnt.

Für Streitfälle ist beim Patentamt eine *Schiedsstelle* errichtet (Vorsitzender mit Befähigung zum Richteramt, 2 Mitglieder des Patentamts). Für das Verfahren gelten die Vorschriften der §§ 1032 Abs. 1, 1034 Abs. 1, 1035, 1036 ZPO sinngemäß. Näheres in den §§ 28–36 des Gesetzes. Eine zweite Schiedsstelle besteht bei der Dienststelle des Patentamts in Berlin (1. DVO vom 1. 10. 1957, BGBl. I 1679). Über die auf Antrag eines Beteiligten erweiterte Besetzung der Schiedsstelle vgl. § 30 d. Ges. und 2. DVO vom 1. 10. 1957 (BGBl. I 1680). Klage vor dem für Patentstreitsachen zuständigen ordentlichen Gericht (387 VIII) kann i. d. R. erst nach vorausgegangenem Verfahren vor der Schiedsstelle erhoben werden (§ 37).

620. Arbeitnehmerschutz. Unfallverhütung

I. *Arbeitnehmerschutz*

wird durch das Gesetz über die Durchführung von Maßnahmen des Arbeitsschutzes zur Verbesserung der Sicherheit und des Gesundheitsschutzes der Beschäftigten bei der Arbeit – *Arbeitsschutzgesetz (ArbSchG)* – vom 7. 8. 1996 (BGBl. I 1246) gewährleistet. Das Arbeitsschutzgesetz dient dazu, Sicherheit und Gesundheitsschutz der Beschäftigten bei der Arbeit sicherzustellen und zu verbessern. Es gilt in allen Tätigkeitsbereichen, allerdings nicht für Hausangestellte in privaten Haushalten und nicht für Beschäftigte auf Seeschiffen. Der Arbeitgeber ist verpflichtet, die erforderlichen Maßnahmen des Arbeitsschutzes zu treffen, seine Maßnahmen auf ihre Wirksamkeit zu überprüfen und sie gegebenenfalls anzupassen. Er muß die Arbeit so gestalten, daß eine Gefährdung für Leben und Gesundheit möglichst vermieden und die verbleibende Gefährdung möglichst gering gehalten wird, Gefahren sind an ihrer Quelle zu bekämpfen (§§ 3, 4 ArbSchG). Ferner muß der Arbeitgeber die Beschäftigten über Sicherheit und Gesundheitsschutz ausreichend und angemessen unterweisen (§ 12 ArbSchG). Die Überwachung des Arbeitsschutzes nach dem Arbeitsschutzgesetz ist staatliche Aufgabe, die Rechte der Behörden zur

Durchführung ihrer Überwachungsaufgaben ergeben sich aus den §§ 21 ff. ArbSchG. Ergänzt wird das Arbeitsschutzgesetz durch weitere öffentlich-rechtliche Verpflichtungen der Arbeitgeber gegenüber dem Staat. Die Einhaltung dieser Verpflichtungen ist Teil der Fürsorgepflicht des Arbeitgebers (604); ihre Verletzung berechtigt den Arbeitnehmer u. U., die Arbeitsleistung zu verweigern bzw. Schadensersatz zu fordern (§§ 276, 823 Abs. 2 BGB).

Die Einhaltung der öffentlich-rechtlichen Arbeitnehmerschutzvorschriften ist durch Strafvorschriften gesichert. Als öffentliche Aufsichtsorgane überwachen die *Gewerbeaufsichtsämter* und staatliche *Gewerbeärzte* die Beachtung der Schutzbestimmungen. Auch die Polizei kann eingreifen, und auf dem Gebiet der Unfallverhütung sind die Aufsichtsbeamten der *Berufsgenossenschaften* zur Mitwirkung berufen (vgl. 663). Bei Nichtbeachtung ihrer Anordnungen ist Ahndung als Ordnungswidrigkeit (152) zulässig; notfalls ist sogar Betriebsschließung möglich.

Vorschriften zum allgemeinen Arbeitnehmerschutz enthalten außer der *Gewerbeordnung* auch das Arbeitszeitgesetz und die Einzelgesetze für die einzelnen Berufsgruppen, insbes. die Bestimmungen über Beschäftigung von *Frauen, Schwerbehinderten* und *Jugendlichen*. Vgl. 183 I, 621, 623, 626. Besondere Vorschriften gelten für die Arbeit im Bergbau (s. *Gesundheitschutz-Bergverordnung* vom 31. 7. 1991, BGBl. I 1751). Das Gesetz zum Schutz vor gefährlichen Stoffen – *Chemikaliengesetz* (s. 193 I 2) beschränkt u. a. die Verwendung *gesundheitsgefährdender Arbeitsstoffe;* dazu VO über gefährliche Stoffe *(GefahrstoffVO)* vom 26. 10. 1993 (BGBl. I 1782) m. spät. Änd. Über Arbeiten in *Druckluft* vgl. Druckluft-VO vom 4. 10. 1972 (BGBl. I 1909) m. spät. Änd. S. hierzu auch die *ArbeitsmittelbenutzungsVO* vom 11. 3. 1997 (BGBl. I 450). Auf Grund des § 120e GewO sind zahlreiche weitere Schutzvorschriften für bestimmte Arten von Betrieben oder Berufsgruppen ergangen, z. B. für Arbeiter in Zink-, Blei- oder Glashütten, Bergwerken usw. Sie sind z. T. ab 1. 5. 1976 ersetzt durch die *ArbeitsstättenVO* vom 20. 3. 1975 (BGBl. I 729) m. spät. Änd., die allgemeine Anforderungen für Unfallschutz und Hygiene in Arbeitsräumen und am Arbeitsplatz aufstellt (§§ 5 ff.: Lüftung, Beleuchtung, Temperatur, bauliche Einrichtung; §§ 13, 15: Feuerschutz, Lärmschutz; §§ 23–28 Beschaffenheit der Arbeitsräume und Arbeitsplätze; §§ 29–39: Pausen-, Umkleide-, Wasch- u. a. sanitäre Räume). Besondere Vorschriften gelten für Behelfsbauten (Baracken), Arbeitsplätze im Freien, Einrichtungen und Unterkünfte an Baustellen (§§ 40–49). S. auch die *BildschirmarbeitsVO* vom 4. 12. 1996 (BGBl. I 1843).

Zum Arbeitnehmerschutz i. w. S. gehört die Aufrechterhaltung von *Sitte und Anstand* im Betrieb, zu der jeder Arbeitgeber gesetzlich verpflichtet ist (§ 120b GewO, § 618 Abs. 2 BGB, § 62 HGB).

II. *Unfallschutz*

Ein Zweig des *Arbeitsschutzes i. w. S.* ist der *Unfallschutz*, der aber z. T. nicht nur Arbeitnehmer, sondern auch Dritte vor Gefahren schützen soll.

Nach § 120a GewO sind die Gewerbeunternehmer verpflichtet, Arbeitsräume, Betriebsvorrichtungen, Maschinen und Gerätschaften so einzurichten und den Betrieb so zu regeln, daß die Arbeitnehmer gegen Gefahren für Leben und Gesundheit soweit geschützt sind, als es die Natur des Betriebes gestattet. Eine entsprechende Pflicht besteht nach § 618 BGB, § 62 HGB für alle Dienstberechtigten.

Durch *Betriebsärzte* soll der vorbeugende Gesundheitsschutz der Arbeitnehmer, durch *Sicherheitsingenieure* u. a. Fachkräfte (Techniker, Meister) sollen technischer Arbeitsschutz und Unfallverhütung gewährleistet werden. Der Arbeitgeber hat diese Einrichtungen nach dem *Arbeitssicherheitsgesetz* vom 12. 12. 1973 (BGBl. I 1885) zu schaffen, wenn Art oder Umfang des Betriebes es erfordert, und einen *Arbeitsschutzausschuß* zu bilden. Die Fachkräfte sind von seinen Weisungen unabhängig. Sie haben mit dem *Betriebsrat* zusammenzuarbeiten. In Betrieben mit mehr als 20 Beschäftigten ist nach § 719 RVO stets ein *Sicherheitsbeauftragter* zu bestellen.

Daneben bestehen besondere Unfallverhütungsvorschriften für einzelne Berufszweige und verschiedene Arten von Gewerbebetrieben (s. o. I). Das *Gesetz über technische Arbeitsmittel (Gerätesicherheitsgesetz)* i. d. F. vom 23. 10. 1992 (BGBl. I 1793) m. spät. Änd. bezweckt den Schutz vor Gefahren, die von Werkzeugen, Arbeitsgeräten und -maschinen, Beförderungsmitteln, Haushalts-, Sport-, Bastelgeräten u. dgl. für Leben und Gesundheit der Benutzer und Dritter ausgehen. Zu diesem Ziele müssen die genannten Geräte den allgemein anerkannten Regeln der Technik und den Arbeitsschutz- und Unfallverhütungsvorschriften entsprechen und gegen die von ihnen ausgehenden Gefahren nach Möglichkeit abgesichert sein. Sicherheitsgeprüfte technische Arbeitsmittel dürfen das Zeichen „GS = geprüfte Sicherheit" führen. Auf der Grundlage des Gerätesicherheitsgesetzes sind zahlreiche Einzelverordnungen ergangen.

621. Frauenarbeit. Mutterschutz. Schutz vor sexueller Belästigung

I. *Frauenarbeit*

unterliegt hinsichtlich ihrer Zulässigkeit und Dauer nach Inkrafttreten des *Arbeitszeitgesetzes* (vgl. 608 I) keinen besonderen Bestimmungen. Die Beschäftigungsverbote und -beschränkungen für Frauen wurden weitgehend aufgehoben, lediglich das Beschäftigungsverbot im Bergbau unter Tage wurde beibehalten.

Die *Gleichberechtigung von Mann und Frau am Arbeitsplatz* ist eine Auswirkung des in Art. 3 GG niedergelegten Gleichheitsgrundsatzes. Die Gleichbehandlung ist auch in den (durch ein EG-Anpassungsgesetz eingefügten) §§ 611 a ff. BGB garantiert. Danach ist bei Begründung, Gestaltung und Kündigung des Arbeitsverhältnisses eine nicht durch die Art der Beschäftigung gerechtfertigte ungleiche Behandlung von Männern und Frauen verboten; das gilt insbes. für die Bemessung des Arbeitsentgelts. Auch bei Stellenausschreibungen sollen Beschränkungen nach dem Geschlecht unterbleiben, die nicht in der Art der Beschäftigung begründet sind.

Zur Durchsetzung der *Gleichberechtigung* im Bereich des öffentlichen Dienstes des Bundes wurden im *2. Gleichberechtigungsgesetz* – 2. GleiBG vom 24. 6. 1994 (BGBl. I 1406) weitere Regelungen getroffen. Hiernach hat jede Dienststelle einen *Frauenförderplan* zu erstellen (§ 4 GleiBG), die §§ 6–9 regeln die Stellenausschreibung, die Einstellung, die Fortbildung und die familiengerechte Arbeitszeit. Gem. § 15 GleiBG ist in jeder Dienststelle mit regelmäßig mehr als 200 Beschäftigten eine *Frauenbeauftragte* zu bestellen. S. hierzu auch die Frauenbeauftragten – WahlVO vom 31. 10. 1994 (BGBl. I 3359), das Frauenförderungsgesetz vom 24. 6. 1994 (BGBl. I 2103) und die Frauenförderstatistikverordnung vom 5. 5. 1995 (BGBl. I 606).

II. *Mutterschutz*

Art. 6 Abs. 4 GG bestimmt, daß jede Mutter Anspruch auf den Schutz und die Fürsorge der Gemeinschaft hat. Diese Bestimmung enthält einen Programmsatz und zugleich eine Weisung an den Gesetzgeber. Der Verwirklichung dieses Verfassungsgrundsatzes dient das *Mutterschutzgesetz* i. d. F. vom 17. 1. 1997 (BGBl. I 22) m. spät. Änd. Es verbietet für die letzten 6 Wochen vor der Niederkunft ohne das ausdrückliche widerrufliche Einverständnis der werdenden Mutter jede Beschäftigung und im übrigen während der Schwangerschaft schwere körperliche Arbeiten. Das Beschäftigungsverbot gilt ferner nach der Niederkunft 8 Wochen, nach Früh- und Mehrlingsgeburten 12 Wochen. Die Schwangerschaft soll dem Arbeitgeber mitgeteilt werden, der sie dann dem Gewerbeaufsichtsamt melden muß. Weitere Einschränkungen gelten für stillende Mütter. Eine *Kündigung* ist während der Schwangerschaft und bis zum Ablauf von 4 Monaten danach im allgemeinen unzulässig. Auch eine fristlose Kündigung wegen wichtigen Grundes erfordert die Zulässigkeitserklärung der Arbeitsschutzbehörde. Die Schwangere selbst kann kündigen; wird sie binnen eines Jahres wieder eingestellt, gilt das Arbeitsverhältnis als nicht unterbrochen.

Während der Schutzfrist erhält die Schwangere steuerfreies *Mutterschaftsgeld* in Höhe des durchschnittlichen Arbeitsentgelts der letzten 3 Mon. vor Beginn der Schutzfrist (§ 200 RVO; s. 659 I); es beträgt höchstens 25 DM je Tag; bei höherem Verdienst erhält sie vom Arbeitgeber den Unterschiedsbetrag zwischen 25 DM und tägl. Arbeitsentgelt (§§ 13, 14 MSchG). Frauen, die nicht Mitglied einer Krankenkasse sind, erhalten zu Lasten des Bundes Mutterschaftsgeld, höchstens jedoch 400 DM (§ 13 Abs. 2 MSchG). Der Arbeitgeber hat für die notwendigen Untersuchungen Freizeit zu gewähren (§ 16 MSchG).

Das Mutterschutzgesetz schafft *zwingendes Recht,* das weder durch vertragliche noch tarifliche Vereinbarungen eingeschränkt oder ausgeschlossen werden kann. Der Wortlaut des Gesetzes ist in Betrieben, die i. d. R. mehr als 3 Frauen beschäftigen, auszuhängen (§ 18 MSchG). Inhaltlich geht das Gesetz noch über die Bestimmungen des Washingtoner Mutterschutzabkommens vom 29. 11. 1919 hinaus, das in Deutschland am 16. 7. 1927 ratifiziert wurde (RGBl. II 497) und noch gilt.

Über den Mutterschutz für *Beamtinnen* erging auf Grund des § 80 Nr. 1 BBG eine besondere Mutterschutzverordnung, jetzt i. d. F. vom 25. 4. 1997 (BGBl. I 986); sie enthält ähnliche Schutzbestimmungen. Über den *Mutterschutz für Soldatinnen* vgl. VO i. d. F. vom 23. 12. 1993 (BGBl. 1994 I 50). S. hierzu auch die *MutterschutzrichtlinienVO* vom 15. 4. 1997 (BGBl. I 782), die dem Schutz werdender oder stillender Mütter beim Umgang mit chemischen Gefahrstoffen, biologischen Arbeitsstoffen, physikalischen Schadfaktoren und sonstigen Arbeitsbedingungen dient.

III. Schutz vor *sexueller Belästigung* am Arbeitsplatz

Arbeitgeber und Dienstvorgesetzte haben die Beschäftigten, ggf. auch durch vorbeugende Maßnahmen, vor sexueller Belästigung am Arbeitsplatz zu schützen (Gesetz zum Schutz der Beschäftigten vor sexueller Belästigung am Arbeitsplatz vom 24. 6. 1994, BGBl. I 1406, 1412). Ziel dieses Gesetzes ist die Wahrung der Würde von Frauen und Männern. Auf entsprechende Beschwerden hat der Arbeitgeber durch geeignete Maßnahmen (Abmahnung, Versetzung, Kündigung) zu reagieren.

622. Hausangestellte

Für *Hausangestellte,* die ausschließlich oder überwiegend für einen gewerblichen Betrieb des Arbeitgebers (z. B. Gaststätte, Hotel) eingestellt werden, gelten die gleichen Bestimmungen wie für gewerbliche Arbeitnehmer. Beschränkt sich jedoch ihre Tätigkeit überwiegend auf den Haushalt, so gilt für sie das Recht des BGB.

Nur stundenweise im Haushalt beschäftigte Arbeitskräfte (Zugehfrauen u. dgl.) gelten nicht als Hausangestellte.

Für die *Schutzmaßnahmen* gegen Unfall- und Gesundheitsschäden gilt § 618 BGB. Arbeitszeit, Freizeit usw. richten sich meist nach tarifvertraglichen Bestimmungen, bei Jugendlichen nach §§ 8, 11ff. JArbSchG (623).

Der *Erholungsurlaub* ist zeitlich vom Haushaltungsvorstand nach Rücksprache mit der Hausangestellten festzulegen. Er kann nach den Bestimmungen des Bundesurlaubsgesetzes (613) erstmals nach ununterbrochener sechsmonatiger Beschäftigung beansprucht werden. An Stelle sonst gewährter Kost und Wohnung ist während des Urlaubs eine Barentschädigung zu zahlen.

Bei *Erkrankung* hat die Hausgehilfin, soweit nicht die Sozialversicherung eintritt (Krankenhauspflege), Anspruch auf Kost und Wohnung sowie Pflege, solange sie sich im Haushalt befindet, längstens aber bis zur Beendigung des Arbeitsverhältnisses (vgl. auch § 617 BGB).

Mangels besonderer Vereinbarung ist eine *Kündigung* mit den für den Arbeitsvertrag von Arbeitern bestimmten Fristen (629) zulässig. Aus wichtigem Grund kann jederzeit fristlos gekündigt werden. Nach Kündigung ist die zur Erlangung einer neuen Arbeitsstelle erforderliche Freizeit zu gewähren. Bei Beendigung des Arbeitsverhältnisses ist ein *Zeugnis* auszustellen (§§ 622, 626, 629, 630 BGB).

623. Jugendarbeitsschutz

Der Schutz der arbeitenden Jugend ist durch das *Jugendarbeitsschutzgesetz* (JArbSchG) vom 12. 4. 1976 (BGBl. I 965) m. letzter Änd. vom 24. 2. 1997 (BGBl. I 311) geregelt. Es enthält Vorschriften insbesondere über Kinderarbeit, Arbeitszeit und Freizeit der Jugendlichen, Beschäftigungsverbote und -beschränkungen, besondere Pflichten des Arbeitgebers sowie die gesundheitliche Betreuung der arbeitenden Jugendlichen.

Der Zweck des JArbSchG ist, Kinderarbeit möglichst ganz auszuschalten, jede übermäßige Inanspruchnahme Jugendlicher zu verhindern, Gesundheit und Arbeitskraft der Beschäftigten zu erhalten und zu fördern, die erforderliche Freizeit und Ausbildung zu gewährleisten und eine gesunde körperliche und geistige Entwicklung der beschäftigten Jugend sicherzustellen.

Die Beschäftigung von *Kindern* (unter 15 Jahren) ist grundsätzlich *verboten*. Ausnahmen sind für Kinder über 13 Jahren für leichte Beschäftigung mit zeitlicher Begrenzung (2–3 Std. täglich) sowie für Kinder über 3 bzw. 6 Jahre bei Musik- und Theateraufführungen, im Rundfunk und bei Filmaufnahmen täglich bis zu 2, 3 oder 4 Std. auf Antrag zugelassen (§§ 5, 6). Die Arbeitszeit der *Jugendlichen* (15–18 J.) ist auf 8 Std. täglich, 40 Std. wöchentlich, in der Landwirtschaft bei über 16jährigen 9 Std. (85 Std. in der Doppelwoche) begrenzt (§ 8). Für Kinder, die nicht mehr der Vollzeitschulpflicht unterliegen, besteht Beschäftigungsverbot mit Ausnahmen für Ausbildungsverhältnisse und leichte Tätigkeiten (diese nur bis 35 Std. wöchentlich, § 7). Beschäftigungsverbote und -beschränkungen bestehen ferner allgemein für gefährliche oder schädliche Tätigkeiten, Akkordarbeit usw. (§§ 22–24). Die Einhaltung von Ruhepausen, Freizeit und Nachtruhe ist im einzelnen geregelt (§§ 11–14); an Samstagen, Sonn- und Feiertagen besteht Beschäftigungsverbot (mit Ausnahmen, §§ 16–18). Urlaub jährlich mindestens 25 Werktage, vor dem 16. bzw. 17. Lebensjahr 30 bzw. 27 Werktage (§ 19). Besonderheiten gelten für die Binnenschiffahrt (§ 20; für die Seeschiffahrt nach §§ 8, 55, 94ff. SeemG, vgl. 627). Dem Arbeitgeber sind besondere Pflichten wie Sorge für Erhaltung von *Gesundheit* und Arbeitskraft, Belehrung über Gefahren usw. auferlegt (§§ 28ff.). Über die Pflicht zur ärztlichen Untersuchung Jugendlicher vor Aufnahme der Beschäftigung vgl. §§ 32ff. und VO vom 16. 10. 1990 (BGBl. I 2221). Die Untersuchung hat sich darauf zu erstrecken, ob die Gesundheit und Entwicklung des Jugendlichen durch die Ausübung bestimmter Arbeiten oder durch die Beschäftigung während bestimmter Zeiten gefährdet wird. Die Kosten trägt das Land.

Die Aufsicht über die Durchführung des JArbSchG obliegt den von den Landesregierungen bestimmten Behörden (§ 51). Bei der obersten Landesaufsichtsbehörde und den Aufsichtsbehörden werden *Ausschüsse für Jugendarbeitsschutz* gebildet, denen Vertreter der Arbeitgeber und der Arbeitnehmer, der Arbeits-, Gesundheits- und Jugendverwaltung und der für die Berufsbildung zuständigen Verwaltung sowie ein Arzt und ein Vertreter des Landesjugendringes angehören müssen (§§ 55, 56). Die Ausschüsse wirken aufklärend über Sinn und Inhalt des JArbSchG und werden in Angelegenheiten von besonderer Bedeutung gehört.

Das JArbSchG gilt auch für *jugendliche Bundesbeamte* (§ 80a BBG) und beim Vollzug gerichtlich angeordneter Freiheitsentziehung (§ 62 JArbSchG). Vgl. ferner die VO über das Verbot der Beschäftigung von Personen unter 18 Jahren mit sittlich gefährdenden Tätigkeiten vom 3. 4. 1964 (BGBl. I 262).

Über den *Jugendschutz* außerhalb der Arbeitszeiten s. das *Jugendschutzgesetz* (188 II).

624. Arbeitsplatz und Wehrdienst

Ein zum *Grundwehrdienst* oder zu einer *Wehrübung* Einberufener soll durch das *Arbeitsplatzschutzgesetz* i. d. F. vom 14. 4. 1980 (BGBl. I 425) m. spät. Änd. vor beruflichen oder betrieblichen Nachteilen bewahrt werden, die aus Anlaß der Einberufung entstehen können. Das Gesetz schützt *Arbeitnehmer* in der privaten Wirtschaft und im öffentlichen

Dienst, in Heimarbeit Beschäftigte, selbständige Handelsvertreter, Beamte und Richter vor dem Verlust des Arbeitsplatzes und sichert ihre sozialen Ansprüche. Dagegen wird der Unterhalt der Einberufenen und ihrer Angehörigen durch das *Unterhaltssicherungsgesetz* (468) gewährleistet. Beide Gesetze gelten nach Maßgabe des § 78 ZDG (470) auch für anerkannte *Kriegsdienstverweigerer,* die Zivildienst leisten.

Bei *Einberufung ruht* das Arbeitsverhältnis für die Dauer des Wehrdienstes, d. h. es entfallen für diese Zeit Arbeitsleistung und Lohnzahlung. Jedoch bleiben Arbeitsverhältnis, Betriebszugehörigkeit und gewisse aus der Treue- und Fürsorgepflicht sich ergebende arbeitsrechtliche Pflichten bestehen. Endete das Arbeitsverhältnis ohnehin (z. B. weil auf bestimmte Zeit eingegangen), so wird es durch die Einberufung nicht verlängert; Ausnahmen jedoch bei Ausbildungs- und Probeverhältnissen.

Das *Ruhen des Arbeitsverhältnisses* berührt eine Verpflichtung zur Wohnraumüberlassung nicht. Ist sie Teil des Arbeitsentgelts, hat der Arbeitnehmer für die Weitergewährung dem Arbeitgeber statt der Arbeitsleistung eine Entschädigung zu zahlen, ebenso für etwa weitergewährte Sachbezüge. Das Recht des Arbeitgebers zur Kündigung aus wichtigem Grunde bleibt bestehen; jedoch stellt die Einberufung keinen wichtigen Grund dar. Eine fristgemäße Kündigung darf ab Zustellung des Einberufungsbescheides bis zur Beendigung des Grundwehrdienstes oder während einer Wehrübung überhaupt nicht, vor und nach diesen Schutzzeiten nicht wegen der Einberufung ausgesprochen werden. Eine Ausnahme besteht für kleine Betriebe bis zu 5 Arbeitnehmern, die für einen unverheirateten Einberufenen eine *Ersatzkraft* einstellen müssen. Die Dreiwochen-Frist für die gegen eine Kündigung nach dem KündigungsschutzG (630) mögliche Klage vor dem Arbeitsgericht beginnt erst zwei Wochen nach Beendigung des Wehrdienstes zu laufen. Der *Urlaub* kann um 1/12 für jeden vollen Monat des Grundwehrdienstes gekürzt werden, jedoch nicht bei einer Wehrübung. Bei Wehrübungen bis zu 3 Tagen ist der Arbeitnehmer von der Arbeitsleistung freigestellt; das Arbeitsentgelt ist weiterzuzahlen, wird aber wie die Sozialleistungen (s. u.) auf Antrag vom Bund (Wehrbereichsverwaltung) erstattet; dazu VO vom 21. 6. 1971, BGBl. I 843.

Bei Fortsetzung des Beschäftigungsverhältnisses nach Beendigung des Wehrdienstes darf dem Arbeitnehmer kein Nachteil entstehen. Die Zeit der Einberufung ist auf die Berufs- und Betriebszugehörigkeit anzurechnen. Eine zusätzliche *Alters- und Hinterbliebenenversorgung* bleibt unberührt. Die Beiträge hat der Arbeitgeber zu entrichten; er kann sie binnen eines Jahres nach dem Wehrdienst bei der Wehrdienststelle zur Erstattung anmelden. In anderen Fällen werden sie dem Wehrpflichtigen erstattet. Nach § 193 SGB V bleibt auch eine *Krankenversicherung* auf Kosten des Bundes während des Wehrdienstes bestehen; doch hat die Krankenkasse nur Leistungen im Rahmen der Familienversicherung (§ 10 SGB V) zu erbringen, da dem Soldaten truppenärztliche Versorgung zusteht.

Die Sozialversicherungsbeiträge zahlt für die Dauer des Wehrdienstes der Bund. Auch die Rechte aus einer Arbeitslosenversicherung oder Arbeitslosenhilfe werden gewahrt.

Entsprechende Regelungen bestehen für *Heimarbeiter* und *Handelsvertreter.* Letztere behalten den Anspruch auf Provision während der Einberufung. Ein Bezirksvertreter hat jedoch dem Unternehmer die aus einer Vertretung entstehenden Aufwendungen zu ersetzen. *Beamte und Richter* sind für die Dauer des Grundwehrdienstes kraft Gesetzes ohne Bezüge, für die Dauer von Wehrübungen mit Bezügen wie bei einem Erholungsurlaub beurlaubt. Soldaten haben binnen 6 Monaten nach Beendigung des Grundwehrdienstes (evtl. nach Abschluß einer anschließenden Berufsausbildung) Anspruch auf vorrangige Berücksichtigung bei Einstellungen in den öffentlichen Dienst.

Der Einberufene hat dem Arbeitgeber (Dienstherrn) den *Einberufungsbescheid* unverzüglich nach Erhalt zur Kenntnis vorzulegen. An Musterungstagen ist das Arbeitsentgelt fortzuzahlen.

625. Heimarbeiter

ist, wer, ohne Gewerbetreibender zu sein, in eigener Wohnung oder selbstgewählter Betriebsstätte allein oder unter Mithilfe von Familienangehörigen im Auftrag von Gewerbetreibenden oder Zwischenmeistern gegen Entgelt arbeitet. *Heimarbeiter* genießen besonderen Schutz nach Maßgabe des *Heimarbeitsgesetzes* vom 14. 3. 1951 (BGBl. I 191).

Den Heimarbeitern können durch einen *Heimarbeitsausschuß* oder durch die zuständige Arbeitsbehörde andere Personen gleichgestellt werden, insbesondere *Zwischenmeister,* d. h. Personen, welche die von Gewerbetreibenden übertragenen Arbeiten an Heimarbeiter oder Hausgewerbetreibende weitergeben. Die Schutzvorschriften gelten auch für *Hausgewerbetreibende,* das sind Gewerbetreibende, die i. d. R. allein oder mit Familienangehörigen oder mit nicht mehr als zwei Hilfskräften (Betriebsarbeitern) in eigener Wohnung oder Betriebsstätte im Auftrag von Gewerbetreibenden oder Zwischenmeistern Waren herstellen, bearbeiten oder verpacken, wobei sie selbst wesentlich am Stück arbeiten. Die Vorschriften können auf Hausgewerbetreibende mit mehr als zwei Betriebsarbeitern ausgedehnt werden.

Das *Heimarbeitsgesetz* soll der Gefahr sozialer Mißstände entgegenwirken. Das Entgelt wird durch Tarifvertrag oder bindende Festsetzung durch den *Heimarbeitsausschuß* geregelt (§ 17ff.) und ist auf eine sichere Grundlage (Stücklohn, Auslegung von Entgeltverzeichnissen, Mithaftung des Auftraggebers) gestellt. Ferner ist ein Kündigungsschutz mit gestaffelten Kündigungsfristen festgelegt (§ 29). Außerdem enthält das Gesetz Vorschriften über die Einrichtung der Arbeitsstätte, die Gefahren für Gesundheit und Sittlichkeit der Beschäftigten und die öffentliche Gesundheit ausschließen sollen (§§ 12ff.). Geregelt sind ferner Auskunfts-, Aufklärungs- und Unterrichtungspflichten sowie das Verbot der Ausgabe von Heimarbeit insbes. bei wiederholten Verstößen gegen das Gesetz (§§ 28, 30).

Die 1. DVO zum Heimarbeitsgesetz i. d. F. vom 27. 1. 1976 (BGBl. I 221) regelt u. a. das Verfahren bei der Gleichstellung (s. o.), die Errichtung von Heimarbeitsausschüssen und das Verfahren vor diesen sowie die Durchführung der allgemeinen Schutzvorschriften.

Über die Sicherung der Heimarbeiter und Hausgewerbetreibenden für den Krankheitsfall s. jetzt das Lohnfortzahlungsgesetz (614).

626. Das Schwerbehindertengesetz

Schon nach dem 1. Weltkrieg wurde die Versorgung der Kriegsbeschädigten durch Einweisung in geeignete Arbeitsplätze ergänzt. Für die Opfer des 2. Weltkrieges ergingen versorgungsrechtliche Vorschriften zunächst auf Länder- und Zonenebene. Eine Vereinheitlichung wurde erst durch das *Bundesversorgungsgesetz* vom 20. 12. 1950 (BGBl. 791; vgl. 681 II) erreicht. Dieses legte aber für das Gebiet der

Arbeits- und *Berufsfürsorge* nur gewisse Grundsätze fest, die der Ergänzung durch besondere Gesetze über die Beschaffung von Arbeitsplätzen für Beschädigte und Hinterbliebene sowie für den Arbeitnehmerschutz bedurften. Diese Aufgaben erfüllte zunächst das *Schwerbeschädigtengesetz* vom 16. 6. 1953 i. d. F. vom 14. 8. 1961 (BGBl. I 1233), dessen Wirkungsbereich durch das an seine Stelle getretene *Schwerbehindertengesetz – SchwbG* – vom 29. 4. 1974 (BGBl. I 1005) erheblich erweitert und von der Ursache der Behinderung (Kriegseinwirkung, Arbeitsunfall, Berufskrankheit usw.) gelöst wurde. Das Ges. gilt jetzt i. d. F. vom 26. 8. 1986 (BGBl. I 1421) m. spät. Änd.

Schwerbehinderter ist, wer infolge eines regelwidrigen, nicht nur vorübergehenden körperlichen, geistigen oder seelischen Zustands eine Behinderung von mindestens 50 v. H. aufweist. Diesem Personenkreis sollen auf Antrag andere Personen gleichgestellt werden, deren Erwerbsfähigkeit nicht nur vorübergehend um weniger als 50 v. H., aber mindestens 30 v. H. gemindert ist und die deshalb in der Arbeitssuche behindert sind (§§ 1, 2, 3).

Grundgedanke des Gesetzes ist, diese Personengruppen arbeitsrechtlich zu schützen und ihre Eingliederung in das Arbeits- und Erwerbsleben zu fördern. Daher legt das Gesetz allen Arbeitgebern die *Verpflichtung zur Beschäftigung* einer angemessenen Zahl Schwerbehinderter (Sch.) auf (§§ 5–12). Bei mindestens 16 Arbeitsplätzen müssen wenigstens 6 v. H. Sch. eingestellt werden (darunter in angemessenem Umfang *Schwerstbehinderte*); durch RechtsVO kann die Pflichtquote bis auf 4 bzw. 10 v. H. geändert werden.

Die *Arbeitgeber* sollen diese Pflichten freiwillig erfüllen; andernfalls haben sie eine monatliche *Ausgleichsabgabe* von 150 DM für jeden unbesetzten Pflichtplatz zu entrichten (§ 11; über die Verwendung der Abgabe s. 2. DVO z. SchwbG vom 28. 3. 1988 (BGBl. I 484); zur Verfassungsmäßigkeit der Ausgleichsabgabe s. BVerfG NJW 1981, 2107). Die Arbeitgeber haben den Sch. durch die Beschäftigung zu ermöglichen, ihre Fähigkeiten und Kenntnisse zu verwerten und weiter zu entwickeln; Arbeitsräume, Betriebsvorrichtungen, Maschinen und Geräte sind entsprechend einzurichten (§ 14).

Die Beschäftigung der Sch. ist durch einen besonderen *Kündigungsschutz* gesichert (§§ 15–22; vgl. 629 II 1 a). Der Sch. hat Anspruch auf einen *Zusatzurlaub* (§ 47; vgl. 613) sowie, wenn er in seiner Bewegungsfähigkeit im Straßenverkehr erheblich beeinträchtigt ist, auf unentgeltliche Beförderung im öffentlichen Personennahverkehr. Abgesehen von bestimmten Schwerbehindertengruppen, z. B. Blinden, ist hierfür Voraussetzung, daß der Sch. für seinen Schwerbehindertenausweis eine Wertmarke zu 120 DM für 1 Jahr erworben hat. Unter bestimmten Voraussetzungen wird auch eine vom Sch. benötigte Begleitperson unentgeltlich befördert (§§ 59 ff.).

Die Durchführung des Gesetzes obliegt den *Hauptfürsorgestellen* und der *Bundesanstalt für Arbeit.* Bei den Arbeitsämtern sind besondere Vermittlungsstellen für Sch. zu bilden. Es bestehen beratende Ausschüsse bei der Bundesanstalt und jeder Hauptfürsorgestelle sowie ein *Beirat für Rehabilitation* der Sch. beim Bundesarbeitsministerium (§§ 30–35). Die Interessen der Sch. werden in den Betrieben außer von den Betriebs(Personal)räten durch besondere

Vertrauensmänner (1. DVO z. SchwbG: Wahlordnung i. d. F. vom 23. 4. 1990, BGBl. I 811) wahrgenommen.

Der gesetzliche Schwerbehindertenschutz *erlischt,* falls der Grad der Minderung der Erwerbsfähigkeit auf weniger als 50 v. H. festgesetzt wird, am Ende des 3. Monats nach Rechtskraft des Festsetzungsbescheides; bei Gleichgestellten nach Widerruf oder Rücknahme der Gleichstellung und entsprechendem Fristablauf. Er kann vorübergehend *entzogen* werden, wenn ein Sch. ohne berechtigten Grund einen zumutbaren Arbeitsplatz zurückweist oder aufgibt oder die Teilnahme an Umschulungsmaßnahmen verweigert oder sonst seine Eingliederung in Beruf und Arbeit schuldhaft vereitelt. Hierüber entscheidet die Hauptfürsorgestelle im Benehmen mit dem Landesarbeitsamt (§§ 38, 39).

Über *Widersprüche* gegen Entscheidungen dieser Dienststellen beschließen besondere *Widerspruchsausschüsse* bei den Hauptfürsorgestellen und den Landesarbeitsämtern (§§ 40ff.). Ihre Zuständigkeit richtet sich nach der Zuständigkeit für die angefochtene Entscheidung. So entscheidet z. B. der Widerspruchsausschuß bei der Hauptfürsorgestelle über Widersprüche, die sich gegen die Zustimmung zu einer Kündigung, gegen die Ablehnung einer Gleichstellung oder gegen sonstige Entscheidungen der Hauptfürsorgestelle richten. Entsprechendes gilt für den Widerspruchsausschuß beim Landesarbeitsamt. Gegen Entscheidungen der Widerspruchsausschüsse kann das *Sozialgericht* angerufen werden.

Die 3. DVO z. SchwbG vom 13. 8. 1980 (BGBl. I 1365) m. spät. Änd. regelt die fachlichen Anforderungen an die *Werkstätten für Behinderte* und das Anerkennungsverfahren, die AusweisVO Schwerbehindertengesetz i. d. F. vom 25. 7. 1991 (BGBl. I 1739) die Ausstellung von *Ausweisen* für Schwerbehinderte.

627. Das Seemannsgesetz

Das *Seemannsrecht* wird durch das *Seemannsgesetz* vom 26. 7. 1957 (BGBl. II 713; SeemG) m. spät. Änd. geregelt.

Das SeemG grenzt in den allgemeinen Vorschriften (§§ 1–10) den in seinen Geltungsbereich fallenden Personenkreis der *Schiffsbesatzung* ab und behandelt im weiteren Seefahrtbücher und Musterung (§§ 11–22), das Heuerverhältnis (§§ 23–79), den Arbeitsschutz (§§ 80–104) und die Ordnung an Bord (§§ 105–113), schließlich Straftaten und Ordnungswidrigkeiten (§§ 115–135).

Soweit das SeemG keine Regelung trifft, finden die allgemeinen Vorschriften des BGB, des HGB, des StGB und des OWiG Anwendung. Das Betriebsverfassungsgesetz gilt für die Seeschiffahrt mit Besonderheiten (§§ 114ff. BetrVG 1972).

Das SeemG gilt für alle *Kauffahrteischiffe,* die nach dem Flaggenrechtsgesetz (s. 42) die Bundesflagge führen. Es regelt die Rechte und Pflichten der *Schiffsbesatzung;* zu dieser gehört nicht der Kapitän, für dessen Rechtsverhältnisse in erster Linie die Bestimmungen des HGB und ergänzend die Vorschriften des BGB über den Dienstvertrag maßgebend sind (379 II, 320). Das SeemG regelt jedoch die besonderen Pflichten des Kapitäns an Bord, insbes. die Einhaltung der Mindestbesetzungsvorschriften und seine Fürsorgepflicht gegenüber der Besatzung (Behandlung der Untergebenen, Schutz der Jugendlichen, ordnungsmäßige Verpflegung, Krankenfürsorge); §§ 95, 108, 118f., 123a. Andererseits steht ihm in Notfällen ein erweitertes Direktionsrecht zu (§ 106).

Das Kernstück des Seearbeitsrechts ist das *Heuerverhältnis,* das schriftlich oder mündlich begründet werden kann; jedoch muß bei mündlicher Vereinbarung dem Schiffsmann ein *Heuerschein* mit gesetzlich bestimmtem Inhalt ausgestellt werden. Zu dem Abschluß des Heuerverhältnisses tritt die *Anmusterung* vor Antritt oder Fortsetzung der Reise; sie besteht in der Verlautbarung des mit dem Schiffsmann geschlossenen Heuervertrages vor einem *Seemannsamt.* Dieses stellt jedem Seefahrtdienst Annehmenden ein *Seefahrtbuch* aus, das zugleich Paßersatz und Ausweispapier ist. Das Verfahren des Amtes richtet sich nach der *SeemannsamtsVO* vom 21. 10. 1981 (BGBl. I 1146).

Es bestehen Sondervorschriften für die Arbeitszeit, für Verpflegung und Unterkunft, Krankenfürsorge, Urlaub und Landgang. Die Kündigung des Heuerverhältnisses richtet sich nach § 63 des Seemannsgesetzes und ist an Fristen gebunden, die sich je nach Dauer des Heuerverhältnisses bis auf sieben Monate zum Ende eines Kalendermonats verlängern können. Nach Beendigung muß die *Abmusterung* in Verlautbarung vor einem Seemannsamt entsprechend der Anmusterung erfolgen. Durch *Tarifverträge* sind *Tarifschiedsgerichte* für die Entscheidung in allen sich aus dem Heuerverhältnis ergebenden Einzelstreitigkeiten zwischen Reederei und Schiffsmann vorgesehen; sie bestehen aus einem richterlichen Vorsitzenden und je einem Beisitzer der Arbeitgeber und der Arbeitnehmer.

Das *Seelotswesen* regelt ein Gesetz vom 13. 9. 1984 (BGBl. I 1213). *Seelotse* ist, wer nach behördlicher Zulassung auf Seeschiffahrtsstraßen außerhalb der Häfen oder über See berufsmäßig Schiffe als orts- und schiffahrtskundiger Berater geleitet. Er gehört nicht zur Schiffsbesatzung.

628. Nichtdeutsche und Gastarbeitnehmer

Die infolge der konjunkturellen Entwicklung der BRep. bis Anfang der siebziger Jahre angespannte Arbeitsmarktsituation führte zur Beschäftigung einer großen Zahl *nichtdeutscher Arbeitnehmer.* Diese Tendenz änderte sich, als sich die wirtschaftliche Lage der BRep. im Verlauf der siebziger Jahre verschlechterte. Neben die Bemühungen um die *wirtschaftliche und soziale Integration* der bereits in der BRep. lebenden Ausländer traten Bestrebungen, die Zahl der Ausländer nicht weiter ansteigen zu lassen. Hierzu wurden ein Anwerbestopp für ausländische Arbeitnehmer verfügt, die nicht aus EG-Ländern stammen, eine Begrenzung des Familiennachzugs angestrebt und finanzielle Anreize geboten, um die Rückkehrbereitschaft von Ausländern zu fördern.

Zur Lenkung und Überwachung des Arbeitseinsatzes nichtdeutscher Arbeitnehmer sind der deutschen Arbeitsverwaltung Kontrollmöglichkeiten eingeräumt:

Die Gastarbeitnehmer bedürfen nach § 19 AFG, soweit nicht in zwischenstaatlichen Verträgen oder in § 17 des Ges. über die Rechtsstellung heimatloser Ausländer (vgl. 2 I) etwas anderes bestimmt ist, einer *Arbeitserlaubnis* (AE). Diese ist unabhängig von dem Einreisesichtvermerk nach dem PaßG und von der nach dem AusländerG erforderlichen Erlaubnis (s. 181 I) einzuholen. Das Verfahren regelt die *ArbeitserlaubnisVO* i. d. F. vom 12. 9. 1980 (BGBl. I 1754) m. spät. Änd. S. hierzu auch die *Anwerbestoppausnahme-VO* vom 21. 12. 1990 (BGBl. I

3012) m. spät. Änd. Die AE kann nach Lage und Entwicklung des Arbeitsmarktes für eine bestimmte Tätigkeit in einem bestimmten Betrieb oder allgemein erteilt werden. Auf sie besteht u.a. Anspruch, wenn der Ausländer sich seit 6 Jahren in der BRep. ununterbrochen aufgehalten hat und eine Aufenthaltserlaubnis oder -befugnis nach dem Ausländergesetz besitzt, ferner für Ehegatten von hier ansässigen Deutschen sowie für anerkannte Asylberechtigte und Flüchtlinge. Weiter erhält ein Ausländer die AE, der vor Vollendung des 18. Lebensjahres eingereist ist und hier einen Schul- oder vergleichbaren Berufsausbildungsabschluß erworben oder einen anerkannten Berufsausbildungsvertrag abgeschlossen hat. Die AE für eine *erstmalige* Beschäftigung kann Ehegatten ausländischer Arbeitnehmer nach einer *Wartezeit* von 1 Jahr erteilt werden. Die AE ist grundsätzlich auf 2–3 Jahre befristet, in bestimmten Fällen (insbes. voraufgegangenem Arbeitsaufenthalt, deutscher Ehegatte) auf 5 Jahre, u. U. auch unbefristet. Werden Ausländer zur Erfüllung eines oder mehrerer Werkverträge beschäftigt, kann die AE bis zur Vollendung des oder der Werke erteilt werden.

Nichtdeutsche Arbeitnehmer sind solche, die nicht Deutsche i. S. des Art. 116 GG sind (s. hierzu 2 I). Der Antrag auf Arbeitserlaubnis ist vor Aufnahme der Beschäftigung vom Arbeitnehmer bei dem Arbeitsamt zu stellen, in dessen Bezirk der Beschäftigungsort liegt.

Befreit von der Arbeitserlaubnis sind Gesellschafter und bestimmte leitende Angestellte von Unternehmen, Besatzungen von Schiffen und Luftfahrzeugen, ausländische Montagearbeiter, kurzzeitig tätige Künstler, ferner Lehrpersonen, wissenschaftliche Mitarbeiter an Hochschulen, vorübergehend beschäftigte Studenten oder Fachschüler, schließlich in fremden diplomatischen oder berufskonsularischen Vertretungen oder internationalen Organisationen Beschäftigte, akkreditierte Journalisten und Berufssportler (§ 9 ArbeitserlaubnisVO). Angehörige der *EWG-Mitgliedstaaten* genießen im Bereich der EWG volle Freizügigkeit und das Recht der Arbeitsaufnahme auf Grund der EWG-VO Nr. 1612/68 vom 15. 10. 1968 (ABl. L 257/1) und des AufenthaltsG/EWG i. d. F. vom 31. 1. 1980 (BGBl. I 116) m. spät. Änd. Sie bedürfen zur Einreise keiner Aufenthaltserlaubnis, falls sie im Besitze eines Passes sind. Die Aufenthaltserlaubnis wird ihnen und ihren Angehörigen (nach 3 Monaten Karenzzeit zur Arbeitssuche) auf Antrag für 5 Jahre erteilt, wenn sie ein nicht nur vorübergehendes Arbeitsverhältnis nachweisen; sie wird auf Antrag verlängert, kann aber unter gewissen Voraussetzungen widerrufen werden. S. hierzu auch die *FreizügigkeitsVO* v. 17. 7. 1997 (BGBl. I 1810).

Nach § 10 ArbeitserlaubnisVO wird die AE ersetzt durch die *Legitimationskarten,* die im Rahmen der amtl. Anwerbung und Vermittlung, und die *Zulassungsbescheinigungen für Gastarbeitnehmer,* die im Rahmen eines mit anderen Staaten vereinbarten Austausches zum Zweck der beruflichen und sprachlichen Fortbildung von einer Dienststelle der Bundesanstalt für Arbeit ausgestellt sind.

Die Arbeitserlaubnis *erlischt* mit Erlöschen der Aufenthaltserlaubnis, bei längerem Auslandsaufenthalt des Arbeitnehmers (i. d. R. mehr als 6 Mon.), bei vorzeitiger Aufhebung des Ausbildungsvertrags und bei Wegfall anderer Voraussetzungen (§ 8 ArbeitserlaubnisVO).

Für den *Arbeitsvertrag* und die Rechte und Pflichten aus diesem gelten die gleichen Bestimmungen wie für deutsche Arbeitnehmer (603, 604). Doch können dem Arbeitgeber gesteigerte *Fürsorgepflichten* im Hinblick auf Sprachschwierigkeiten des Arbeitnehmers, zur Unfallverhütung usw. obliegen. Gast-Arbeitnehmer besitzen das aktive und passive Wahlrecht nach dem Betriebsverfassungsgesetz (633).

Ist eine *Arbeitserlaubnis nicht erteilt*, so ist der Arbeitsvertrag schwebend unwirksam, solange noch mit der Erlaubnis gerechnet werden kann; andernfalls ist er nichtig. Ebenso ist der Arbeitsvertrag nichtig, wenn er in der Absicht geschlossen worden ist, die Erlaubsnisvorschriften zu umgehen. Ist der Arbeitsvertrag schwebend unwirksam, so bedarf es zu seiner Auflösung der Kündigung. Ist er dagegen nichtig, hat aber der Arbeitnehmer die Arbeit bereits aufgenommen, so besteht ein faktisches Arbeitsverhältnis (629 I), aufgrund dessen Entgeltsansprüche aber nur für die Vergangenheit, d. h. bis zur tatsächlichen Beendigung des Arbeitsverhältnisses, erhoben werden können. Dasselbe gilt, wenn die Arbeitserlaubnis entzogen oder nach Ablauf nicht verlängert wird; in diesen Fällen kann der Arbeitgeber das Arbeitsverhältnis fristlos lösen, weil dem Arbeitnehmer die Arbeitsleistung aus von ihm zu vertretenden Gründen unmöglich ist (§ 325 BGB).

Ausländische Arbeitnehmer, die ohne die vorgeschriebene Erlaubnis Beschäftigung ausüben, begehen eine Ordnungswidrigkeit. Das gleiche gilt für Arbeitgeber, die solche Arbeitnehmer beschäftigen; geschieht das zu besonders ungünstigen Bedingungen, so liegt eine Straftat vor. Auch wer sich als Arbeitgeber die amtlichen Vermittlungsgebühren von den nichtdeutschen Arbeitnehmern oder einem Dritten erstatten läßt, begeht eine Ordnungswidrigkeit (§§ 227a, 229 AFG).

629. Beendigung des Arbeitsverhältnisses

I. Überblick

Das Arbeitsverhältnis endet durch Aufhebungsvertrag, Kündigung, Zeitablauf, Tod des Arbeitnehmers; i. d. R. nicht durch Tod des Arbeitgebers, von Sonderfällen abgesehen (vgl. auch § 613 S. 2 BGB), auch nicht durch Betriebsübergang (vgl. § 613a BGB).

Zur Befristung von Arbeitsverhältnissen s. 603 II. Über die Rechtslage bei Streik und Aussperrung vgl. 611, 635. Über die Auswirkungen der Einberufung des Arbeitnehmers zum Wehrdienst vgl. 624, über den Konkurs des Arbeitgebers 631.

Bei *Unwirksamkeit des Arbeitsvertrages*, z. B. Nichtigkeit wegen mangelnder Zustimmung des gesetzlichen Vertreters oder infolge Anfechtung z. B. wegen arglistiger Täuschung über berufliche Voraussetzungen, können zwar keine vertraglichen Ansprüche geltend gemacht werden. Haben aber die Arbeitsleistungen bereits begonnen, so liegt ein sog. *faktisches* (tatsächliches) *Arbeitsverhältnis* vor, das bis zum Zeitpunkt der tatsächlichen Beendigung die gleichen Wirkungen wie ein rechtsgültiger Arbeitsvertrag hat und nur für die Zukunft als nicht bestehend zu behandeln ist. Danach richten sich auch die Entgeltsansprüche.

II. Beendigung durch Kündigung

1. Ordentliche (fristgebundene) Kündigung

Für die ordentliche *Kündigung* gelten, soweit vertraglich nichts anderes vereinbart ist, gesetzliche Fristen.

Durch das Gesetz zur *Vereinheitlichung der Kündigungsfristen* von Arbeitern und Angestellten vom 7. 10. 1993 (BGBl. I 1668) kam der Bundesgesetzgeber einem Auftrag des Bundesverfassungsgerichts nach, das die unterschiedlichen Regelungen für Arbeiter und Angestellte 1990 für verfassungswidrig erklärt hatte. Die Neuregelung geht dabei von dem Gedanken eines allmählich stufenweisen Übergangs von kürzeren Kündigungsfristen zu Beginn des Arbeitsverhältnisses zu längeren Fristen in Abhängigkeit von der Dauer der Betriebszugehörigkeit aus. Die Grundkündigungsfrist beträgt vier Wochen (§ 622 Abs. 1 BGB). Die für eine Kündigung durch den Arbeitgeber verlängerten Fristen beginnen nach zweijähriger Betriebszugehörigkeit mit einer Frist von einem Monat zum Monatsende und erreichen über insgesamt sieben Stufen nach zwanzigjähriger Betriebszugehörigkeit die Höchstdauer von sieben Monaten zum Monatsende (§ 622 Abs. 2 BGB). Bei der Berechnung der Betriebszugehörigkeit für die verlängerten Kündigungsfristen werden nur Zeiten nach Vollendung des 25. Lebensjahres des Arbeitnehmers berücksichtigt. Während einer vereinbarten Probezeit, längstens für sechs Monate, kann mit einer Frist von zwei Wochen gekündigt werden. Durch Tarifverträge können abweichende Regelungen vereinbart werden (§ 622 Abs. 4 BGB). Für Aushilfsangestellte und in Betrieben mit in der Regel nicht mehr als zwanzig Arbeitnehmern gelten Ausnahmeregelungen (§ 622 Abs. 5 BGB).

Zum Kündigungsschutz s. 630.

2. Die *fristlose Kündigung*

ist nur zugelassen, wenn ein wichtiger Grund vorliegt und dem anderen Teil die Fortsetzung des Arbeitsverhältnisses nicht zuzumuten ist; sie muß binnen 2 Wochen seit Kenntnis des Grundes ausgesprochen werden und diesen angeben (§ 626 BGB).

3. Zeit zur Stellensuche

Nach § 629 BGB hat der Arbeitgeber dem Arbeitnehmer nach der *Kündigung* eines *dauernden* Dienstverhältnisses auf Verlangen angemessene Zeit zum Aufsuchen eines anderen Dienstverhältnisses zu gewähren. Unter diesen Voraussetzungen besteht ein arbeitsrechtlicher Anspruch des Arbeitnehmers, daß ihm der Arbeitgeber *angemessene Zeit zur Stellensuche* gewährt. Zeit und Dauer der Freistellung zur Stellensuche sind unter Abwägung der beiderseitigen Interessen nach Treu und Glauben (§ 242 BGB) zu bestimmen. Der *Lohn* ist in voller Höhe auch für die Freistellungszeit zu zahlen. Da es sich um die Ausübung einer gesetzlichen Befugnis handelt, die sich aus dem Arbeitsverhältnis ergibt, liegt eine unverschuldete Arbeitsbehinderung i. S. des § 616 BGB vor. Die Vorschrift des § 629 BGB ist zwingender Natur und kann nicht ausgeschlossen werden;

wohl aber können Dauer und zeitliche Lage der Freistellung für die Stellensuche durch Tarifvertrag, Betriebsvereinbarung oder einzelvertraglich angemessen geregelt werden.

III. Erlöschen von Ansprüchen aus dem Arbeitsverhältnis

Nach § 4 Abs. 1 S. 1 des *Tarifvertragsgesetzes* (s. 605) haben die den Inhalt, den Abschluß und die Beendigung von Arbeitsverhältnissen ordnenden Rechtsnormen des Tarifvertrags *zwingende Geltung* unter den Tarifgebundenen. Mit dem *Ende des Arbeitsverhältnisses* können die aus diesem entstandenen Ansprüche außer durch Erfüllung, Zeitablauf usw. untergehen, insbesondere durch

1. *Verzicht*

(z. B. *Ausgleichsquittung* = Bescheinigung, daß keine Ansprüche mehr bestehen);

2. *Vergleich*

(s. 328) = Vertrag, durch den ein Streit oder die Ungewißheit über ein Rechtsverhältnis im Wege gegenseitigen Nachgebens beseitigt wird;

3. *Verwirkung*

Die *Verwirkung* kann sich aus dem Gesichtspunkt von *Treu und Glauben* im Rechtsverkehr (§ 242 BGB) ergeben. Ein Arbeitnehmer darf mit Erhebung von Ansprüchen nicht so lange warten, daß der Arbeitgeber nach dem bisherigen Verhalten des Arbeitnehmers nicht mehr mit Nachforderungen rechnen muß. Es kommt auf die Umstände des Einzelfalles an. Tarifliche Rechte sind von der Verwirkung ausgeschlossen (§ 4 Abs. 4 S. 2 TVG).

4. *Versäumung einer Ausschlußfrist*

Ausschlußfristen können in Einzelarbeitsverträgen, in Betriebsvereinbarungen oder in Tarifverträgen festgelegt werden, um die baldige Klärung etwa noch bestehender Ansprüche aus dem Arbeitsverhältnis herbeizuführen. Soweit tarifliche Rechte in Betracht kommen, müssen die Ausschlußfristen im Tarifvertrag selbst geregelt sein (§ 4 Abs. 4 S. 3 TVG).

Die *Verjährungsfrist* ist eine gesetzlich vorgeschriebene Frist; sie wird aber nur auf Einrede (§ 222 Abs. 1 BGB) im Prozeß berücksichtigt. Vgl. 310. Dagegen ist die (vertragliche) Ausschlußfrist im Rechtsstreit von Amts wegen zu beachten.

630. Kündigungsschutz

bedeutet im allgemeinen den gesetzlichen Schutz des Arbeitnehmers als des sozial schwächeren Teils gegenüber einer Kündigung durch den Arbeitgeber.

Nach § 102 BetrVG ist vor jeder Kündigung der *Betriebsrat zu hören;* er kann aus bestimmten Gründen *Widerspruch* erheben (vgl. 633). Seine ausdrückliche Zustimmung ist nur erforderlich, wenn diese nach Tarifvertrag oder Betriebsvereinbarung vorausgesetzt wird.

Das *Kündigungsschutzgesetz* (KSchG) i. d. F. vom 25. 8. 1969 (BGBl. I 1317) m. spät. Änd. berührt nicht die Möglichkeit der Auflösung eines Arbeitsvertrags im beiderseitigen Einverständnis, auch nicht das Recht des *Arbeitnehmers* zur Vertragskündigung. Nach § 1 KSchG ist die Kündigung des Arbeitsvertrages *gegenüber einem Arbeitnehmer,* der länger als 6 Monate ohne Unterbrechung in demselben Betrieb oder Unternehmen beschäftigt ist, rechtsunwirksam, wenn sie wegen der Dauer der Betriebszugehörigkeit, des Lebensalters und der Unterhaltspflichten des Arbeitnehmers *ungerechtfertigt* ist, insbes. die Auswahlrichtlinien (vgl. § 95 BetrVG) oder die Möglichkeit anderweiter Unterbringung nicht berücksichtigt.

Eine Kündigung kann aus in der Person oder in dem Verhalten des Arbeitnehmers liegenden oder aus dringenden betrieblichen Gründen gerechtfertigt sein; letzterenfalls müssen die zu Entlassenden nach sozialen Gesichtspunkten ausgewählt werden. Dieser Kündigungsschutz gilt jedoch nicht in Betrieben mit höchstens 10 Arbeitnehmern (§ 23 KSchG), ferner nicht gegenüber leitenden Angestellten oder sog. Repräsentanten (z. B. Geschäftsführer einer GmbH, Vorstandsmitglied), § 14 KSchG. Der Kündigungsschutz entfällt auch bei Kündigung als Arbeitskampfmaßnahme und ist eingeschränkt bei der außerordentlichen Kündigung (§ 13 KSchG).

Eine *Änderungskündigung,* d. h. eine Kündigung, verbunden mit dem Angebot, das Arbeitsverhältnis unter anderen Bedingungen z. B. hins. der Entlohnung fortzusetzen, kann der Arbeitnehmer mit dem Vorbehalt annehmen, daß sie nicht sozial ungerechtfertigt ist. Der Vorbehalt ist innerhalb der Kündigungsfrist, spätestens aber nach 3 Wochen zu erklären (§ 2 KSchG).

Wer geltend machen will, daß die ordentliche oder außerordentliche Kündigung (bei wichtigem Grund) oder Änderungskündigung unbegründet sei, muß binnen 3 Wochen nach Zustellung der Kündigung beim Arbeitsgericht *Klage* auf Feststellung erheben, daß das Arbeitsverhältnis durch die Kündigung nicht aufgelöst (bzw. die Änderung der Arbeitsbedingungen ungerechtfertigt) sei. Der Arbeitnehmer kann auch gegen die ausgesprochene Kündigung binnen einer Woche beim Betriebsrat *Einspruch* einlegen, der, wenn er den Einspruch für begründet erachtet, eine Verständigung mit dem Arbeitgeber herbeizuführen versucht (§§ 3, 4 KSchG). Das Gericht kann bei unverschuldeter Versäumung der Klagefrist eine verspätete Klage zulassen (§ 5 KSchG). Wird die Rechtsunwirksamkeit einer sozial ungerechtfertigten Kündigung nicht rechtzeitig geltend gemacht, so ist die Kündigung, wenn sie nicht aus einem anderen Grunde rechtsunwirksam ist, als von Anfang an wirksam zu behandeln (§ 7 KSchG).

Stellt das Gericht fest, daß das Arbeitsverhältnis durch die Kündigung nicht aufgelöst ist, muß der Arbeitnehmer weiterbeschäftigt werden. Auf den Lohn-(Gehalts)anspruch ist Zwischenverdienst anzurechnen, bei böswillig nicht genutzter Verdienstmöglichkeit in entsprechender Höhe; Leistungen der Sozialversicherung usw. muß der Arbeitgeber erstatten (§ 11 KSchG). Ist dem Arbeitgeber oder dem Arbeitnehmer die Fortsetzung des Arbeitsverhältnisses nicht zuzumuten, so hat das Arbeitsgericht dieses auf Antrag aufzulösen und den

Arbeitgeber zur Zahlung einer *Abfindung* zu verurteilen. Hierfür ist ein Betrag bis zu 12 Monatsverdiensten festzusetzen; bei älteren Arbeitnehmern (50 bzw. 55 Lebensjahre) mit länger bestehendem Arbeitsverhältnis (15 bzw. 20 Jahre) können bis zu 15 bzw. 18 Monatsverdiensten zugesprochen werden (§§ 9, 10 KSchG). Die Abfindung ist innerhalb bestimmter Grenzen einkommen(lohn)-steuerfrei und nicht sozialversicherungspflichtig.

Über *befristete Arbeitsverhältnisse* s. 603 II.

Bei *Arbeitsplatzteilung (Job-sharing)* ist die Kündigung des Arbeitsverhältnisses wegen des Ausscheidens eines anderen Teilnehmers an der Arbeitsplatzteilung unwirksam.

Ein zusätzlicher Kündigungsschutz greift bei *Massenentlassungen* ein, wenn binnen 30 Kalendertagen ein erheblicher Teil der Belegschaft entlassen werden soll (bei 20–59 Arbeitnehmern mehr als 5, bei 60–499 mehr als 25 od. 10 v. H., bei mindestens 500 mehr als 30).

Der Arbeitgeber hat dem Arbeitsamt die beabsichtigte Entlassung frühzeitig mitzuteilen und eine Stellungnahme des Betriebsrats beizufügen. Sodann werden die Kündigungen frühestens 1 Monat nach Eingang der Anzeige wirksam, es sei denn, das Landesarbeitsamt stimmt ihnen zu (§§ 17, 18 KSchG). Eine geplante Betriebsänderung (auch Stillegung), die zur Massenentlassung führt, ist rechtzeitig anzuzeigen (§ 8 AFG). Der Arbeitgeber hat zur Linderung wirtschaftlicher Nachteile für die betroffenen Arbeitnehmer im Zusammenwirken mit dem Betriebsrat einen *Sozialplan* aufzustellen, der als Betriebsvereinbarung gilt. Kommt eine Einigung nicht zustande, kann der Präs. des Landesarbeitsamtes um Vermittlung ersucht und bei Erfolglosigkeit eine Einigungsstelle angerufen werden, die letztlich entscheidet (§ 112 BetrVG). Bei Personalabbau sowie bei neu gegründeten Unternehmen bestehen Einschränkungen in der Erzwingbarkeit des Sozialplans (vgl. § 112a BetrVG). S. a. SozialplanG vom 20. 2. 1985 (BGBl. I 369) m. letzt. Änd. v. 22. 12. 1989 (BGBl. I 2405).

631. Arbeitsverhältnisse im Konkurs des Arbeitgebers

Bei *Konkurs* des Arbeitgebers kann ein Arbeitsvertrag von jedem Vertragsteil gekündigt werden (§ 22 KO). Die Kündigungsfrist ist, falls nicht eine kürzere ausbedungen ist, die gesetzliche (629 II 1).

Rückständige Lohnansprüche der Arbeitnehmer aus dem letzten Jahr vor Konkurseröffnung haben im Konkursverfahren des Arbeitgebers ein *Vorrecht* nach § 61 Nr. 1 KO. Sie gehen allen anderen Forderungen im Range vor. Lohnforderungen aus den letzten 6 Monaten vor und aus der Zeit nach Konkurseröffnung sind Masseschulden und vorweg aus der Konkursmasse zu befriedigen (§ 59 KO).

Über das vom Arbeitsamt auszuzahlende *Konkursausfallgeld* vgl. 672 III 2.

Auch gegen eine Kündigung des Konkursverwalters kann der Arbeitnehmer sozialen *Kündigungsschutz* in Anspruch nehmen (vgl. 630).

632. Wettbewerbsbeschränkungen für Arbeitnehmer

Ein *Handlungsgehilfe* darf während der Dauer seines Arbeitsverhältnisses ohne Einwilligung seines Geschäftsherrn weder ein Handelsgewerbe betreiben noch für fremde oder eigene Rechnung branchenübliche Geschäfte machen (s. 368). Für die Zeit nach Beendigung des Arbeitsverhältnisses ist gesetzlich kein Wettbewerbsverbot festgelegt. Es kann aber vertraglich vereinbart werden (*Konkurrenzklausel*) und bedarf dann zur Gültigkeit der *Schriftform* und der Aushändigung einer vom Arbeitgeber unterzeichneten Urkunde an den Arbeitnehmer (§ 74 Abs. 1 HGB). Inhaltlich muß es sich um schutzwürdige Interessen des Arbeitgebers handeln; das Fortkommen des Arbeitnehmers darf nicht unbillig erschwert werden. Auch ist für diese sog. *Karenzzeit* eine *Entschädigung* zu gewähren.

Ein *Wettbewerbsverbot*, also eine Einschränkung der Verwertung seiner Arbeitskraft nach Beendigung des Arbeitsverhältnisses, kann z. B. berechtigt sein, wenn Geschäfts- oder Betriebsgeheimnisse zu wahren sind oder ein Lieferanten- bzw. Kundenkreis erhalten werden muß. *Klarheit und Eindeutigkeit* der Vereinbarungen ist besonders zu empfehlen und anzustreben. Verbote auf mehr als 2 Jahre werden nicht anerkannt (§ 74a Abs. 1 HGB).

Eine *Entschädigung* ist durch § 74 HGB für Handlungsgehilfen *zwingend* vorgeschrieben. Das Verbot ist nur verbindlich, wenn sich der Arbeitgeber für die gesamte Dauer zur Zahlung einer Entschädigung verpflichtet. Sie muß für jedes Jahr des Verbots mindestens die Hälfte der zuletzt bezogenen vertragsmäßigen Leistungen erreichen. Bei wechselnden Bezügen ist der Durchschnitt der letzten drei Jahre anzusetzen (§ 74b HGB). Die Entschädigung ist in monatlichen Teilen zahlbar. Anderweitiger Erwerb durch Arbeit ist anzurechnen (§ 74c Abs. 1 HGB). Für Tätigkeit außerhalb Europas und für hochbezahlte Arbeitnehmer ist die Gewährung einer Karenzentschädigung nicht zwingend vorgeschrieben (§ 75b HGB). Diese Regelung ist allerdings nach dem Urteil des BAG (NJW 1981, 1174) verfassungswidrig. Nichtig ist die Vereinbarung mit einem Minderjährigen oder wenn der Gehilfe nicht mehr als 1500 Mark, vervielfacht mit dem Lebenshaltungsindex auf der Basis 1913/14, jährlich verdient oder ein Verstoß gegen die guten Sitten (z. B. ehrenwörtliche Bindung) vorliegt (§ 74a HGB). Im Streitfall hat der Richter die Vereinbarung auf ein angemessenes Maß zurückzuführen.

Verletzt der Arbeitnehmer seine Verpflichtungen aus dem Wettbewerbsverbot, so kann der *Arbeitgeber* auf Erfüllung bzw. Unterlassung des verbotenen Wettbewerbs klagen (Zwangsvollstreckung nach § 890 ZPO, vgl. 257). Er kann auch mangels Interesses am Fortbestand vom Vertrag zurücktreten und eine bereits gezahlte Entschädigung zurückfordern. Statt der Erfüllung kann er Schadensersatz wegen Nichterfüllung geltend machen (§§ 325, 326 BGB). Ist eine *Vertragsstrafe* vereinbart, so hat der Arbeitgeber als vierte Möglichkeit den Anspruch auf die Vertragsstrafe. Falls diese für den Fall der nicht gehörigen Erfüllung vereinbart ist, kann der Arbeitgeber die verwirkte Strafe neben der Erfüllung verlangen (§ 341 BGB; Ausnahme gemäß § 75c Abs. 2, § 75b S. 2 HGB bei hochbezahlten Handlungsgehilfen). Sondervorschriften über das Wettbewerbsverbot gegenüber Auszubildenden (unzulässig) und *Volontären* (kein Karenzentgelt) bestehen nach §§ 5, 19 BBiG (607).

Für andere Arbeitnehmer besteht keine gesetzliche Regelung. Doch folgt aus der allgemeinen Treuepflicht des Arbeitnehmers, daß während des Arbeitsverhältnisses berufliche Betätigungen zu unterlassen sind, die dem Arbeitgeber schaden.

Für *gehobene gewerbliche Angestellte* bestimmt § 133f GewO, daß die Vereinbarung ihr berufliches Fortkommen nicht unbillig erschweren darf.

Der *Arbeitnehmer* kann bei Verzug des Arbeitgebers mit Zahlung einer Karenzentschädigung auf Erfüllung klagen, nach Ablauf einer Nachfrist vom Vertrag zurücktreten oder (statt Erfüllung) Schadensersatz wegen Nichterfüllung geltend machen.

Für Streitigkeiten aus Wettbewerbsverboten sind bei Arbeitnehmern im Sinne des Arbeitsgerichtsgesetzes die Arbeitsgerichte, im übrigen die ordentlichen Gerichte zuständig.

633. Betriebsrat. Personalvertretung. Europäischer Betriebsrat

Der *Betriebsrat* besteht aus gewählten Vertretern der Arbeitnehmer eines Betriebes zur Wahrnehmung ihrer Interessen gegenüber dem Arbeitgeber (Unternehmer) in allgemein-betrieblichen, insbes. sozialen, personellen und wirtschaftlichen Angelegenheiten. In der öffentlichen Verwaltung und bei den Gerichten nimmt die *Personalvertretung* diese Aufgaben wahr. Rechtsgrundlagen sind das *Betriebsverfassungsgesetz* (BetrVG) i. d. F. vom 23. 12. 1988 (BGBl. 1989 I 1) und das *Bundespersonalvertretungsgesetz* vom 15. 3. 1974 (BGBl. I 693) m. spät. Änd., das für die Gerichte und Verwaltungen des Bundes gilt, sowie entsprechende Landesgesetze. Vgl. 154 IV.

Zum BetrVG s. die 1. DVO vom 16. 1. 1972 (BGBl. I 49) m. letzter Änd. vom 16. 1. 1995 (BGBl. I 43), die Vorschriften über die *Wahl des Betriebsrats* und der Jugend- und Auszubildendenvertretung enthält.

I. Ein *Betriebsrat*

wird in allen Betrieben gebildet, die i. d. R. mindestens 5 ständige wahlberechtigte Arbeitnehmer beschäftigen. Er hat die *Aufgabe,* den Arbeitgeber zu Maßnahmen anzuregen, die dem Betrieb und der Belegschaft dienlich sind, die Durchführung der Tarifverträge, Betriebsvereinbarungen, Gesetze und Verordnungen zu überwachen, Anregungen der Arbeitnehmer entgegenzunehmen und darüber mit dem Arbeitgeber zu verhandeln, die Eingliederung Schwerbehinderter u. a. Hilfsbedürftiger und der ausländischen Betriebsangehörigen sowie die Beschäftigung älterer Angestellter zu fördern (§ 80 BetrVG).

Über *Konzernbetriebsräte* vgl. §§ 54ff., über *Jugend- und Auszubildendenvertretungen* §§ 60ff. BetrVG.

Der Betriebsrat stützt sich bei seiner Tätigkeit auf die *Betriebsversammlung,* die sämtliche Arbeitnehmer des Betriebes umfaßt und mindestens einmal im Vierteljahr einzuberufen ist. Der Betriebsrat muß der Betriebsversammlung vierteljährlich über seine Tätigkeit berichten (§ 43 BetrVG).

Arbeitgeber und Betriebsrat sollen vertrauensvoll und zum Wohle des Betriebs und seiner Arbeitnehmer unter Berücksichtigung des Gemeinwohls zusammenarbeiten; sie sollen alles tun, um den *Arbeitsfrieden* zu erhalten. Der Betriebsrat soll die gerechte Behandlung aller Arbeitnehmer überwachen, sich aber parteipolitischer Betätigung enthalten. Es sollen allmonatlich Besprechungen mit dem Arbeitgeber stattfinden, bei denen etwaige Meinungsverschiedenheiten geklärt werden können (§ 74 BetrVG). Bei Streitigkeiten aus der Betriebsverfassung werden *Einigungsstellen* tätig, die mit Arbeitgebern und Arbeitnehmern paritätisch besetzt sind und einen unparteiischen Vorsitzenden haben, der bei Nichteinigung vom Arbeitsgericht bestellt wird (§ 76 BetrVG). Ihr Spruch ist i. d. R. nur bei beiderseitiger Unterwerfung verbindlich. Das *Arbeitsgericht* ist zuständig für Streitigkeiten über das personelle *Mitbestimmungsrecht* des Betriebsrats und über andere diesen betreffende betriebsverfassungsrechtliche Angelegenheiten (§ 2a ArbGG).

Der Betriebsrat wird nach den Grundsätzen der Verhältniswahl gewählt (§ 14 BetrVG). Wahlberechtigt ist, wer das 18. Lebensjahr vollendet hat; wählbar, wer wahlberechtigt ist und dem Betrieb mindestens ein halbes Jahr angehört (§§ 8, 7 BetrVG). Arbeiter und Angestellte müssen ihrem zahlenmäßigen Verhältnis entsprechend vertreten sein. Zu wählen ist stets eine ungerade Zahl von Mitgliedern (gestaffelt nach der Beschäftigtenzahl: 1, 3, 5, 7 usw.). Für die Durchführung der Wahl sorgt ein Wahlvorstand. Die Wahlperiode beträgt 4 Jahre (§§ 13 Abs. 1, 21 BetrVG). Die Mitgliedschaft zum Betriebsrat ist ehrenamtlich und unentgeltlich (§ 37 BetrVG). Die Mitglieder genießen einen besonderen Kündigungsschutz: eine *fristgemäße* Kündigung ist während und binnen eines Jahres nach der Amtszeit grundsätzlich unzulässig, außer bei Betriebsstillegung (§ 15 KSchG, vgl. 630); Auszubildende sind als Mitglied des Betriebsrats vor ungerechtfertigter Nichtübernahme in ein Arbeitsverhältnis nach Ausbildungsabschluß geschützt (§ 78a BetrVG).

Leitende Angestellte mit den in § 5 Abs. 3 BetrVG bezeichneten Funktionen (insbes. Personalentscheidungsberechtigte, Prokuristen, Generalbevollmächtigte sowie in herausgehobener Position weitgehend eigenverantwortlich Tätige) gelten nicht als Arbeitnehmer im Sinne dieses Gesetzes. Sie sind daher weder wahlberechtigt noch wählbar zum Betriebsrat und werden von den Betriebsvereinbarungen nicht erfaßt. Vielfach besteht aber für sie eine Vertretung in Form eines *Sprecherausschusses* mit ähnlichen Funktionen wie ein Betriebsrat. S. hierzu *Sprecherausschußgesetz* vom 20. 12. 1988 (BGBl. I 2312) und Wahlordnung zum Sprecherausschußgesetz vom 28. 9. 1989 (BGBl. I 1798).

Der Betriebsrat ist nach §§ 99ff. BetrVG in Betrieben mit mehr als 20 Arbeitnehmern insbes. bei Einstellung, Eingruppierung, Umgruppierung, Versetzung und Entlassung von Arbeitnehmern zu *beteiligen*. Ein *Mitbestimmungsrecht in sozialen Angelegenheiten* hat er in allen Betrieben bei Festsetzung der Arbeitszeit, Pausen, Urlaubszeit und Urlaubsplan, von Akkordsätzen u. dgl., bei sozialen Einrichtungen, Zuweisung und Kündigung von Werkswohnungen, in Fragen der Betriebsordnung, bei Aufstellung von Entlohnungsgrundsätzen und -methoden usw. (§ 87 BetrVG). In Betrieben mit mehr als 20 Arbeitnehmern ist er bei geplanten Betriebsänderungen (z. B. Einschränkung, Stillegung, Verlegung) zu beteiligen. Bei Nichteinigung kann die Vermittlung des Präs. des Landesarbeitsamts und evtl. die *Einigungsstelle* angerufen werden (§§ 111ff. BetrVG).

Gegen eine beabsichtigte Einzelmaßnahme, z. B. eine *Einstellung*, kann der Betriebsrat binnen 1 Woche beim Arbeitgeber schriftlich Bedenken erheben und die Zustimmung aus bestimmten Gründen verweigern (insbes. Verstoß gegen Rechtsvorschriften oder Einstellungsrichtlinien, unberechtigte Benachteiligung von Mitbewerbern, Gefährdung des Betriebsfriedens). Kommt keine Einigung zustande, so kann der Arbeitgeber den Bewerber vorläufig einstellen, muß aber binnen 3 Tagen beim Arbeitsgericht beantragen, die Zustimmung des Betriebsrats zu ersetzen und die Dringlichkeit der sofortigen Einstellung zu bestätigen. Versagt das Gericht die Ersetzung der Zustimmung oder erklärt es die vorläufige Einstellung für offensichtlich nicht dringlich, so darf der Arbeitnehmer nach Ablauf von 2 Wochen seit Rechtskraft der Entscheidung nicht mehr beschäftigt werden (§§ 99, 100 BetrVG). Bei *Kündigung* eines Arbeitnehmers hat der Arbeitgeber dem Betriebsrat die Kündigungsgründe mitzuteilen. Der Betriebsrat kann binnen 1 Woche (bei außerordentlicher Kündigung binnen 3 Tagen) Bedenken erheben. Er kann seinen Widerspruch u. a. darauf stützen, daß soziale Gesichtspunkte unberücksichtigt geblieben sind oder daß der Arbeitnehmer – evtl. nach Umschulung oder unter anderen Bedingungen – weiterbeschäftigt werden kann. Klagt der Arbeitnehmer beim Arbeitsgericht auf Feststellung, daß das Arbeitsverhältnis weiter bestehe, so muß der Arbeitgeber ihn bis zum Verfahrensabschluß weiterbeschäftigen, falls nicht das Gericht auf seinen Antrag ihn hiervon entbindet, weil die Klage aussichtslos oder der Widerspruch des Betriebsrats offensichtlich unbegründet oder die Weiterbeschäftigung dem Arbeitgeber wirtschaftlich nicht zuzumuten ist (§ 102 BetrVG).

Das BetrVG gibt dem *einzelnen Arbeitnehmer* auch bestimmte *Individualrechte*: so ein *Unterrichtungsrecht* (z. B. über die Art seiner Tätigkeit), ein *Anhörungs- und Erörterungsrecht* in den ihn betreffenden Angelegenheiten (z. B. Arbeitsentgelt, Leistungsbeurteilung), das *Einsichtsrecht* in seine *Personalakten* sowie ein *Beschwerderecht* gegenüber dem Betriebsrat und dem Arbeitgeber (§§ 81–85). Auch die Rechte der im Betrieb vertretenen *Gewerkschaften* sind geregelt. Sie sollen auf der Arbeitnehmerseite vertrauensvoll mit dem Arbeitgeber zusammenarbeiten und haben grundsätzlich ein Zugangsrecht zum Betrieb (nach Unterrichtung des Arbeitgebers). Sie haben ferner ein *Informationsrecht* gegenüber dem Betriebsrat über Betriebsversammlungen, können evtl. deren Einberufung verlangen und bei Verstößen des Arbeitgebers oder der Betriebsorgane gegen das Betriebsverfassungsrecht sowie bei der Wahl des Betriebsrats tätig werden (§§ 2, 14, 16, 17, 23, 43, 46 BetrVG).

Bei Unternehmen mit mehr als 100 ständigen Arbeitnehmern wird ein *Wirtschaftsausschuß* gebildet, der den Betriebsrat über Wirtschaftsfragen des Unternehmens unterrichtet (§§ 106ff. BetrVG). Bei einer AG oder KGaA muß der *Aufsichtsrat* zu einem Drittel aus Vertretern der Arbeitnehmer bestehen. Dasselbe gilt bei einer GmbH, bei bergrechtl. Gewerkschaften mit eigener Rechtspersönlichkeit und bei Genossenschaften mit mehr als 500 Arbeitnehmern (§§ 76, 77 *BetrVG 1952*).

In den Aufsichtsräten und Vorständen der in Form einer AG, einer GmbH oder einer bergrechtlichen Gewerkschaft mit eigener Rechtspersönlichkeit und mit mehr als 1000 Arbeitnehmern betriebenen Unternehmen des *Bergbaues* und der *Eisen und Stahl* erzeugenden Industrie haben die Arbeitnehmer ein *Mitbestimmungsrecht* nach Maßgabe des Montan-Mitbestimmungsgesetzes vom 21. 5. 1951 (BGBl. I 347) m. spät. Änd. Als gleichberechtigtes Vorstandsmitglied wird ein *Arbeitsdirektor* bestellt. Der Aufsichtsrat besteht aus 11 Mitgliedern (je 4 Vertreter der Anteilseigner und Arbeitnehmer, 3 weitere Mitglieder). Das Montan-Mitbestimmungsergänzungsgesetz vom 7. 8. 1956 (BGBl. I 707) m. spät. Änd. regelt die Mitbestimmung bei Unternehmen, die auf Grund eines *Organverhältnisses* ein dem Mitbestimmungsrecht unterliegendes *Tochterunternehmen* (Konzernunternehmen) beherrschen. Über die Wahl und Abberufung von Vertretern der Arbeitnehmer aus den Betrieben der Konzernunternehmen s. die Wahlordnung zum Mitbestimmungsergänzungsgesetz vom 23. 1. 1989 (BGBl. I 147). Bestehen die Voraussetzungen für das erweiterte Mitbestimmungsrecht nach dem Ges. vom 21. 5. 1951 oder 7. 8. 1956 während eines Zeitraums von 6 Jahren nicht mehr, z. B. weil die Arbeitnehmerzahl etwa wegen Betriebsaufspaltung unter die Mindestgrenze gesunken ist, wird das betr. Gesetz nicht mehr angewendet.

Beschäftigt eine AG, KGaA, GmbH, eine rechtlich selbständige bergrechtliche Gewerkschaft oder eine Genossenschaft mehr als 2000 Arbeitnehmer, so gilt nach dem *Mitbestimmungsgesetz* vom 4. 5. 1976 (BGBl. I 1153) m. Änd. vom 26. 6. 1990 (BGBl. I 1206) für die Besetzung des *Aufsichtsrats* der Grundsatz der *paritätischen Mitbestimmung,* d. h. Anteilseigner und Arbeitnehmer entsenden je eine gleiche Zahl von Mitgliedern (je nach Zahl der Beschäftigten je 6, 8 oder 10; bei den Arbeitnehmern eine bestimmte Zahl von Gewerkschaftsvertretern). Bei den Arbeitnehmervertretern sind Arbeiter und Angestellte entsprechend ihrem zahlenmäßigen Verhältnis zu bestimmen, mindestens jedoch ein Vertreter jeder Gruppe, und bei den Angestellten mindestens ein leitender Angestellter (s. o.). Für die Wahl und Abberufung der Arbeitnehmermitglieder des Aufsichtsrats gelten drei Wahlordnungen vom 23. 6. 1977 m. spät. Änd., je nachdem, ob das Unternehmen aus einem oder mehreren Betrieben besteht (BGBl. I 861, 893) oder ob auch die Arbeitnehmer anderer Betriebe an der Wahl teilnehmen (Konzernunternehmen u. dgl., BGBl. I 934). Der Aufsichtsratsvorsitzende und sein Stellvertreter werden vom Aufsichtsrat mit ⅔-Mehrheit gewählt; falls eine Wahl nicht zustande kommt, wird der Vorsitzende von den Anteilseignern aus ihrer Mitte und zum Stellvertreter ein Arbeitnehmervertreter bestimmt. Ergibt sich bei Abstimmungen im Aufsichtsrat Stimmengleichheit, so hat der Vorsitzende (nicht sein Stellvertreter) eine zweite Stimme (§ 29). Über die Bestellung eines *Arbeitsdirektors* zum gleichberechtigten Vorstandsmitglied s. § 33 d. Ges.

Das Mitbestimmungsrecht wird ergänzt durch das *Mitbestimmungs-Beibehaltungsgesetz* vom 23. 8. 1994 (BGBl. I 2228).

II. Die *Personalvertretung*

in den öffentlichen Dienststellen ist das Gegenstück zum Betriebsrat. Das *Bundespersonalvertretungsgesetz* gilt für Bundesdienststellen und stellt Rahmenvorschriften für die Länderbehörden auf (§§ 94ff.).

An Stelle des Betriebs (nach dem BetrVG) tritt die Dienststelle – oberste, Mittel-, Unterbehörde –, ihr Leiter an Stelle des Unternehmers, die Personalversammlung (§§ 48ff.) an Stelle der Betriebsversammlung. I. d. R. setzt sich der *Personalrat* (§§ 12ff.) aus Gruppen für Beamte, Angestellte und Arbeiter zusammen (Wahlordnung vom 1. 12. 1994, BGBl. I 3653). Im mehrstufigen Verwaltungsaufbau bestehen örtliche, Bezirks- und Hauptpersonalräte (Stufenvertretungen); ferner sind ggf. Jugend- und Auszubildendenvertretungen sowie Gesamtpersonalräte zu bilden. Zu den Amtszeiten s. Ges. über Amtszeiten von Personalvertretungen und Jugend- und Auszubildendenvertretungen im Bundesdienst vom 11. 12. 1990 (BGBl. I 2682). Das *Mitwirkungs- und Mitbestimmungsrecht* in sozialen und personellen Angelegenheiten (§§ 66ff.) ähnelt dem im BetrVG für die privaten Betriebe geregelten, ist aber auf die Besonderheiten des öffentlichen Dienstes ausgerichtet. Streitigkeiten aus dem Personalvertretungsgesetz entscheiden nicht die Arbeitsgerichte, sondern die Verwaltungsgerichte (durch Fachkammern und -senate); §§ 83, 84. Bei den *Gerichten* werden die Funktionen der Personalvertretung, soweit sie allgemeine und soziale Angelegenheiten der Richter betreffen, vom *Richterrat* wahrgenommen; bei der Ernennung eines Richters ist der *Präsidialrat* zu beteiligen (vgl. 209).

III. Ein *europäischer Betriebsrat*

ist bei gemeinschaftsweit tätigen Unternehmen dann zu errichten, wenn das Unternehmen mindestens 1000 Arbeitnehmer in den Mitgliedstaaten und davon jeweils mindestens 150 Arbeitnehmer in mindestens zwei Mitgliedstaaten beschäftigt. Der europäische Betriebsrat soll der Stärkung des Rechts auf grenzübergreifende Unterrichtung und Anhörung der Arbeitnehmer in derartigen gemeinschaftsweit tätigen Unternehmen oder Unternehmensgruppen stärken (*Europäisches Betriebsräte-Gesetz-EBRG* vom 28. 10. 1996, BGBl. I 1548).

Das Gesetz stellt den Unternehmen frei, kraft Vereinbarung mit den Arbeitnehmern die Modalitäten grenzübergreifender Unterrichtung und Anhörung auszugestalten (§§ 18ff. EBRG). Wenn es zu keiner Vereinbarung kommt, ist ein europäischer Betriebsrat kraft Gesetz gemäß den §§ 21ff. EBRG zu errichten. In diesem Fall ist festgelegt, daß der Betriebsrat aus höchstens 30 Mitgliedern besteht (§ 22 Abs. 1 EBRG). Die Zuständigkeit und Mitwirkungsrechte des europäischen Betriebsrats sind in §§ 31ff. EBRG festgelegt. U. a. hat die zentrale Leitung eines Unternehmens den europäischen Betriebsrat einmal im Kalenderjahr über die Entwicklung der Geschäftslage und die Perspektiven des gemeinschaftsweit tätigen Unternehmens unter rechtzeitiger Vorlage der erforderlichen Unterlagen zu unterrichten und ihn anzuhören.

634. Gewerkschaften. Arbeitgeberverbände

Gewerkschaften sind Arbeitnehmerverbände, die als rechtsfähige oder (so i. d. R.) nichtrechtsfähige Vereine auftreten und die wirtschaftlichen Belange der Arbeitnehmer im Verhältnis zu den Arbeitgebern wahrnehmen.

Die *Arbeitgeberverbände* sind Zusammenschlüsse von Arbeitgebern zwecks gemeinsamer Wahrnehmung der arbeitsrechtlichen und sozialpolitischen Gesamt- und Einzelinteressen ihrer Mitglieder.

Im Zuge der industriellen Entwicklung des Deutschen Reiches bildeten sich *freie* und *christliche Gewerkschaften* mit Untergruppen für Arbeiter, Angestellte und Beamte. Als dritte Art entstanden die *Hirsch-Duncker*schen Gewerkschaften. Nach 1933 wurden die Gewerkschaften aufgelöst; ihr Vermögen fiel der „Deutschen Arbeitsfront" zu, in der Arbeitnehmer und Arbeitgeber zusammengefaßt waren. Nach 1945 entstanden die Gewerkschaften neu; sie werden durch Art. 9 Abs. 3 GG gewährleistet (*Koalitionsfreiheit*; vgl. 47 VII).

Die *Berufsverbände* werden auch als *Sozialpartner* oder als *tariffähige Verbände* bezeichnet. Gegenwärtig bestehen in der Bundesrepublik 49 Fachspitzenverbände (und 1 Gastverband) der *Arbeitgeber* (mit 509 Mitgliedsverbänden), die überfachlich in Landesverbänden zusammengeschlossen sind und einen Spitzenverband in der *Bundesvereinigung der Deutschen Arbeitgeberverbände* (Sitz Köln) unterhalten. Als einzige Organisation auf der Unternehmerseite umfaßt diese Vereinigung die sozialpolitischen Verbände aller Wirtschaftszweige der BRep., also der Industrie, des Handels, des Handwerks, der Banken, der Versicherungen, der Landwirtschaft und des Verkehrs. Der Aufgabenbereich der Arbeitgeberverbände umfaßt insbesondere arbeitsrechtliche Beratung, Beobachtung und Lenkung des Arbeitsmarktes, Berufsberatung und Fortbildung, soziale Betriebsgestaltung und internationale Sozialpolitik.

Auf seiten der *Arbeitnehmer* sind – nachdem sich im April 1989 die IG Druck und Papier und die Gewerkschaft Kunst zur IG Medien zusammengeschlossen haben – 15 Gewerkschaften und Industriegewerkschaften im *Deutschen Gewerkschaftsbund* (DGB) vereinigt (1995: 9,4 Mio. Mitgl.). In seinem „Grundsatzprogramm 1981“ stellt der DGB vor allem sozialpolitische Forderungen heraus: Vollbeschäftigung, Humanisierung der Arbeit, Ausbau der Mitbestimmungsrechte, Beteiligung der Arbeitnehmer am Arbeitsertrag, Ausbau des Systems der sozialen Sicherung, Förderung der beruflichen Bildung und Weiterbildung seiner Mitglieder u. a. m. Der DGB bemüht sich besonders um die Senkung der Lebenshaltungskosten, die Anpassung der Löhne an das Preisniveau und um die Steigerung der Produktivität, ferner um die Verwirklichung des Mitspracherechts der Arbeitnehmer, Ausbildungs- und Bildungsförderung (Bildungsurlaub) sowie den gewerkschaftlichen Wohnungsbau und die Heimstättenerrichtung, Daneben bildete sich die *Deutsche Angestellten-Gewerkschaft* (DAG; 1995: 507000 Mitgl.) mit dem Ziel, die Angestellten gesondert zu organisieren. Ferner besteht ein *Christlicher Gewerkschaftsbund* (CGB). Im *Deutschen Beamtenbund* (DBB; 1995: 1,07 Mio. Mitgl.) schlossen sich auf berufsständischer Basis Beamte, Beamtenanwärter und Ruhestandsbeamte zusammen. Doch ist es zunehmend zu einer Vermischung der Gruppen gekommen: dem DGB gehören auch zahlreiche Angestellte und Beamte an, dem DBB auch Angestellte und Arbeiter. Die acht selbständigen Verbände der leitenden Angestellten sind in einer branchenübergreifenden *Union der Leitenden Angestellten* zusammengeschlossen; nur einige dieser Verbände beanspruchen die Rechtsstellung einer Gewerkschaft, während die übrigen auf die z. T. unternehmerähnlichen Funktionen ihrer Mitglieder abstellen.

Die Berufsverbände der Arbeitgeber und Arbeitnehmer sind vor dem Arbeitsgericht aktiv und passiv parteifähig; sie können klagen und verklagt werden (§ 10 ArbGG). Vgl. 636.

635. Streik und Aussperrung

I. Der *Streik*

ist ein Mittel des *Arbeitskampfes*. Er besteht in der gemeinsamen Arbeitsniederlegung mit dem Ziel, günstigere Arbeitsbedingungen durchzusetzen. In Art. 9 GG (Vereinigungsfreiheit) ist über den Streik nichts gesagt; er ist nicht verboten – in einzelnen Länderverfassungen ist das Streikrecht sogar ausdrücklich garantiert (47 VII) –, muß sich aber im Rahmen der Gesetze halten.

Man unterscheidet den organisierten (von einer Gewerkschaft geleiteten) vom nichtorganisierten (wilden) Streik sowie den nur einen Teil der Betriebe betreffenden *Teilstreik* vom *Generalstreik,* der alle Betriebe erfaßt. Daneben spricht man noch vom Demonstrations-, Warn- oder Proteststreik und vom sog. *Sympathiestreik* für andere streikende Arbeitnehmer. Die sog. *passive Resistenz,* d. h. die Verweigerung ordnungsmäßiger Arbeit (z. B. absichtliche Verlangsamung), ist ebenfalls eine Form des Streiks.

Der Streik darf nicht gegen die tarifvertragliche *Friedenspflicht* der Tarif- oder Betriebspartner verstoßen; er muß *sozialadäquat* sein, d. h. von tariffähigen Parteien zur Durchsetzung echter kollektiver Ziele (Regelung der Arbeitsbedingungen) und in fairer Weise geführt werden. Auch *Warnstreiks,* die früher vor Ausschöpfung aller Verständigungsmöglichkeiten vielfach für unzulässig gehalten wurden, sind zulässig. Das BAG hat einen Warnstreik auch während des Laufs von Tarifverhandlungen für zulässig erklärt, aber erst nach Ablauf der Frist zur Einhaltung der Friedenspflicht. *Dienstverpflichtungen* u. a. gesetzliche oder behördliche Maßnahmen, die im Verteidigungsfall, zur Abwendung von Angriffen auf die freiheitliche demokratische Grundordnung oder bei Naturkatastrophen u. dgl. zugelassen sind, dürfen sich nach der *Arbeitskampfschutzklausel* des Art. 9 Abs. 3 S. 3 GG nicht gegen einen zur Förderung der Arbeits- oder Wirtschaftsbedingungen geführten Streik richten.

Über Lohnfortzahlung beim Streik s. 611. Zum Problem des *Streikrechts der Beamten* s. 154 II.

II. Die *Aussperrung*

Das Gegenstück zum Streik ist die *Aussperrung,* d. h. der Ausschluß der Arbeitnehmer von der Arbeit. Sie ist eine *Kollektivmaßnahme* gegen eine Mehrzahl von Arbeitnehmern. Die *Angriffsaussperrung* ohne einen vorhergehenden Streik ist in jedem Falle unzulässig (BAG, s. u.); praktische Bedeutung kommt auch lediglich der Abwehraussperrung gegen einen ausgebrochenen Streik (auch als *Sympathieaussperrung*) zu. Die A. kann mit oder ohne Kündigung des Arbeitsvertrags vorgenommen werden (*lösende* bzw. *suspendierende* A.). Als Mittel des Arbeitskampfes unterliegt die A. hinsichtlich ihrer Rechtmäßigkeit ähnlichen Grundsätzen wie der Streik.

Alle Arbeitskampfmaßnahmen, insbesondere Streik und Aussperrung, unterliegen dem Grundsatz der *Verhältnismäßigkeit.* Ihre *Einleitung* und *Durchführung* müssen das letzte Mittel (ultima ratio) zur Erreichung des Kampfzieles sein; das gilt auch für die angewandten *Kampfmittel.* Nach Beendigung des Arbeitskampfes müssen beide Seiten dazu beitragen, den Arbeitsfrieden in größtmöglichem Umfang wiederherzustellen. Der Arbeitnehmer hat grundsätzlich Anspruch auf Weiterbeschäftigung bzw. Wiedereinstellung. Vgl. BAG (GS) NJW 1971, 1668.

Gegen die Zulässigkeit der Aussperrung wird namentlich von Gewerkschaftsseite geltend gemacht, sie höhle das Streikrecht und das Koalitionsrecht (Art. 9 Abs. 3 GG) aus und verstoße gegen das Sozialstaatsprinzip (Art. 20 Abs. 1 GG), weil sie für den wirtschaftlich überlegenen Unternehmer eine ungleich stärkere Waffe im Arbeitskampf sei als das Streikrecht des Arbeitnehmers. Das Bundesarbeitsgericht hat jedoch die Abwehraussperrung für grundsätzlich zulässig (und das generelle Verbot der Aussperrung in Art. 29 hess. Verf. für unwirksam) erklärt. Dies gilt vor allem dann, wenn die angreifende (streikende) Gewerkschaft durch besondere Taktiken (begrenzte Teilstreiks, Schwerpunktstreiks) ein Übergewicht erzielen kann. Der Umfang einer Abwehraussperrung muß sich aber in jedem Fall am Grundsatz der *Verhältnismäßig-*

keit orientieren. Der Beschluß eines Arbeitgeberverbandes, auf Schwerpunktstreiks mit der unbefristeten Aussperrung aller Arbeitnehmer eines Tarifgebiets zu reagieren, ist unverhältnismäßig; dem folgende Aussperrungen sind nichtig. Ebenso ist die selektive Aussperrung von Gewerkschaftsmitgliedern nicht zulässig (BAG NJW 1980, 1642).

Nach § 17 des Arbeitsförderungsgesetzes hat der Arbeitgeber den Beginn und die Beendigung eines *Streiks* oder einer *Aussperrung* dem Arbeitsamt in bestimmter Form und Frist anzuzeigen. Sind mehrere Betriebe betroffen, so kann der Arbeitgeberverband für sie die Anzeige erstatten.

Vereinbarungen der Sozialpartner müssen nach einer Entscheidung des Bundesarbeitsgerichts im *Metallarbeiterstreik* in Schleswig-Holstein vom 31. 10. 1958 (NJW 1959, 356) unbedingt eingehalten werden. Wenn vor Ablauf einer in einem *Schlichtungsabkommen* vorgesehenen Überlegungsfrist zu Kampfmaßnahmen geschritten werde, ohne alle Verhandlungsmöglichkeiten auszuschöpfen, liege ein schuldhaftes Verhalten vor, das zum Ersatz des entstandenen Schadens verpflichte. Das Bundesarbeitsgericht hat allgemein ausgesprochen, daß der Tarifpartner, der trotz zweifelhafter Rechtslage einen Arbeitskampf entfesselt, sich schadenersatzpflichtig machen kann (s. NJW 1964, 887 und 1978, 2114). Die Anwendung der Vorschriften über unerlaubte Handlungen (332) wird allgemein bejaht, soweit ein Verstoß gegen § 826 BGB vorliegt, ist aber umstritten hinsichtlich der Anwendung des § 823 Abs. 1, 2 BGB.

636. Arbeitsgerichtsbarkeit

Die Arbeitsgerichte sind zuständig zur Entscheidung privatrechtlicher Streitigkeiten aus Tarifvertrag und Arbeitsvertrag, über die nach dem ArbGG durch *Urteil* entschieden wird, während das *Beschlußverfahren* für Streitigkeiten aus der Betriebsverfassung nach dem Betriebsverfassungsgesetz vorgesehen ist. Maßgebend ist das *Arbeitsgerichtsgesetz* – ArbGG – i. d. F. vom 2. 7. 1979 (BGBl. I 853) m. spät. Änd.

Die *besondere Gerichtsbarkeit* in Arbeitssachen wird durch dreistufig geordnete Gerichte ausgeübt. Das ArbGG regelt in einem gerichtsverfassungsrechtlichen Teil den Gerichtsaufbau, insbesondere Organisation, Errichtung und Verwaltung der Gerichte für Arbeitssachen, und in seinem verfahrensrechtlichen Teil das Urteilsverfahren und das Beschlußverfahren sowie schließlich den Schiedsvertrag in Arbeitsstreitigkeiten (vgl. 637).

In den neuen Bundesländern gilt das *Gesetz über die Errichtung und das Verfahren der Schiedsstellen für Arbeitsrecht* vom 29. 6. 1990 (GBl. DDR 505) mit einigen Maßgaben fort. Die Schiedsstellen sind für Betriebe mit mehr als 50 Arbeitnehmern zwingend vorgeschrieben, in kleineren Betrieben können sie gebildet werden. Sie entscheiden grundsätzlich in allen arbeitsrechtlichen Streitigkeiten; gegen ihre Entscheidungen kann Einspruch bei der Kammer für Arbeitsrecht beim Kreisgericht eingelegt werden.

I. Gerichtsverfassung

Es bestehen Arbeitsgerichte und Landesarbeitsgerichte als Landesgerichte; sie werden durch Gesetz errichtet (§ 14 Abs. 2 ArbGG; s. die Zusammenstellung der einschlägigen landesrechtlichen Bestimmungen bei Nipperdey, Textsammlung Arbeitsrecht, Fußn. 2 zu § 14 Abs. 2 ArbGG). Die Dienstaufsicht obliegt der zuständigen obersten Landesbehörde; diese wird durch Landesrecht bestimmt. Ist zuständige oberste Landesbehörde die oberste Arbeitsbehörde, so handelt sie im Einvernehmen mit der Landesjustizverwaltung; ist zuständige oberste Landesbehörde die Landesjustizverwaltung, so handelt sie im Einvernehmen mit der obersten Arbeitsbehörde des Landes (§§ 14, 15, 33, 34 ArbGG). Als oberste Instanz ist das Bundesarbeitsgericht errichtet. Verwaltung und Dienstaufsicht führt der Bundesarbeitsminister im Einvernehmen mit dem Bundesjustizminister; er kann einen Teil der Geschäfte auf den Präsidenten des Bundesarbeitsgerichts übertragen (§ 40 ArbGG).

In erster Instanz ist das *Arbeitsgericht* (Vorsitzender, je 1 ehrenamtlicher Richter aus den Kreisen der Arbeitgeber und der Arbeitnehmer) zuständig. Zweite (Berufungs-)Instanz ist das *Landesarbeitsgericht* (gleiche Besetzung). Das *Bundesarbeitsgericht* in Kassel (zukünftiger Sitz: Erfurt) als höchste Instanz entscheidet über die Revision gegen Urteile der Landesarbeitsgerichte und über die Sprungrevision bei Übergehung der Berufungsinstanz. Jeder Senat besteht aus dem Vorsitzenden Richter, zwei berufsrichterlichen Beisitzern und je einem ehrenamtlichen Richter aus den Kreisen der Arbeitgeber und der Arbeitnehmer.

II. Zuständigkeit

Das Arbeitsgericht ist *ausschließlich zuständig* für bürgerliche Rechtsstreitigkeiten zwischen Tarifvertragsparteien oder zwischen diesen und Dritten aus Tarifverträgen, über deren Bestehen oder Nichtbestehen und aus unerlaubten Handlungen, soweit es sich um Maßnahmen zum Zwecke des Arbeitskampfes oder um Fragen der Vereinigungsfreiheit handelt. Weiter für bürgerliche Rechtsstreitigkeiten zwischen Arbeitnehmern und Arbeitgebern aus dem Arbeitsverhältnis, über dessen Bestehen oder Nichtbestehen, aus der Eingehung des Arbeitsverhältnisses und dessen Nachwirkungen sowie aus unerlaubten Handlungen, wenn ein Zusammenhang mit dem Arbeitsvertrag gegeben ist (z. B. Beschädigung einer Maschine durch einen Arbeitnehmer). Auch Streitigkeiten zwischen Arbeitnehmern werden bei Zusammenhang mit dem Arbeitsverhältnis vom Arbeitsgericht entschieden, während andere privatrechtliche Streitigkeiten vor die ordentlichen Gerichte gehören. Endlich sind dem Arbeitsgericht die meisten im Betriebsverfassungsgesetz geregelten Rechtsangelegenheiten zur Entscheidung zugewiesen. *Arbeitnehmer* i. S. des ArbGG sind Arbeiter, Angestellte und die zur Berufsausbildung und in Heimarbeit Beschäftigten sowie wirtschaftlich unselbständige arbeitnehmerähnliche Personen. Diese können auch Ansprüche gegen Wohlfahrtseinrichtungen, deren Wirkungskreis sich auf den Betrieb oder das Unternehmen beschränkt, vor dem Arbeitsgericht geltend machen. Die Zuständigkeit des Arbeitsgerichts kann ferner durch Sachzusammenhang oder kraft Vereinbarung begründet werden, soweit nicht eine anderweite ausschließliche Zuständigkeit besteht. Die Zuständigkeit erstreckt sich auch auf festgestellte oder vereinbarte Vergütungen für Arbeitnehmererfindungen und Urheberrechtsansprüche aus Arbeitsverhältnissen. Vgl. §§ 2ff. ArbGG.

III. Urteilsverfahren

Das *Urteilsverfahren* vor dem Arbeitsgericht (§§ 46ff. ArbGG) ist grundsätzlich dasselbe wie vor Amts- und Landgerichten, richtet sich also nach der ZPO. Es bestehen jedoch Besonderheiten, vor allem, um das Verfahren zu beschleunigen. Kündigungsverfahren haben Vorrang (§ 61a ArbGG). Die Urteile sind grundsätzlich schon im Verhandlungstermin zu verkünden und ohne Sicherheitsleistung vorläufig vollstreckbar. Die Gerichtskosten sind niedriger (kein Vorschuß). Die Beweisaufnahme findet grundsätzlich vor dem Prozeßgericht, nicht vor dem Einzelrichter, statt. Gewerkschaften und Arbeitgeberverbände sind parteifähig (§ 10 ArbGG). Ihre Vertreter können vor dem Arbeitsgericht auftreten. Im Verfahren vor dem Landesarbeitsgericht besteht *Anwaltszwang;* jedoch können auch die Verbandsvertreter in zweiter Instanz auftreten (§ 11 ArbGG). Vor dem Bundesarbeitsgericht besteht stets Anwaltszwang. Die Klage kann schriftlich oder mündlich zu Protokoll der Geschäftsstelle des Arbeitsgerichts erhoben werden. Es findet zunächst eine *Güteverhandlung* mit den Parteien vor dem Vorsitzenden allein statt. Er entscheidet auch allein bei Erlaß eines Versäumnis-, Verzichts- oder Anerkenntnisurteils und auf Antrag beider Parteien. In anderen Fällen wird vor der Kammer des Arbeitsgerichts verhandelt (§§ 54, 55 ArbGG). Es gibt nur beschränkte Kostenerstattung; jede (auch die obsiegende) Partei trägt ihre Anwaltskosten und Zeitversäumnis selbst (§ 12a).

Es kann auch ein *Mahnverfahren* (249) nach Maßgabe des § 46a ArbGG stattfinden; über Vordrucke hierfür s. VO vom 15. 12. 1977 (BGBl. I 2625).

Die *Berufung* ist in vermögensrechtlichen Streitigkeiten nur bei einem Beschwerdewert von mehr als 800 DM statthaft; sonst bedarf sie einer Zulassung durch das Arbeitsgericht (§ 64 ArbGG). Die *Revision* ist stets von einer Zulassung abhängig, die auszusprechen ist, wenn die Sache grundsätzliche Bedeutung hat oder wenn das angefochtene Urteil von einer Landesarbeits- oder oberstgerichtlichen Entscheidung abweicht (sog. *Divergenzrevision*), § 72 ArbGG. Auch *Sprungrevision* (245 II 2) ist möglich.

IV. Beschlußverfahren

Im *Beschlußverfahren* entscheidet das ArbG über Streitfälle nach dem Betriebsverfassungsgesetz, die den Betriebsrat, Betriebsvereinbarungen, Einstellungen, Entlassungen u. dgl. betreffen (§§ 80, 2a ArbGG). Als Rechtsmittel gegen die das Verfahren abschließenden Beschlüsse ist die *Beschwerde* (ggf. *Sprungrechtsbeschwerde*), gegen Entscheidungen des Landesarbeitsgerichts die *Rechtsbeschwerde* zugelassen (§§ 87ff., 92ff., 96a ArbGG).

V. Der *Rechtshilfeverkehr mit dem Ausland* auf dem Gebiet der Arbeitsgerichtsbarkeit richtet sich nach den für Zivilsachen geltenden Vorschriften (ZRHO usw., vgl. 225, nach Maßgabe einer bundeseinheitlichen, ab 1. 1. 1960 geltenden Anordnung, abgedr. Piller-Hermann, Justizverwaltungsvorschriften, 3g).

637. Schiedsgerichtsverfahren. Schlichtung

Die Tarifvertragsparteien können für Rechtsstreitigkeiten die Arbeitsgerichtsbarkeit durch Vereinbarung eines *Schiedsgerichts* ersetzen (§§ 101ff. Arbeitsgerichtsgesetz).

Der *Schiedsvertrag* in Arbeitsstreitigkeiten begründet eine prozeßhindernde Einrede. Das Verfahren richtet sich nach freiem Ermessen des aus der gleichen Zahl von Arbeitgebern und Arbeitnehmern (wahlweise zusätzlich Unparteiischen) bestehenden Schiedsgerichts; jedoch müssen gewisse prozessuale Grundregeln beachtet werden (z. B. rechtliches Gehör). Zwangsvollstreckung aus dem *Schiedsspruch* oder Vergleich setzt voraus, daß er vom Vorsitzenden des Arbeitsgerichts für vollstreckbar erklärt worden ist. Für die *Aufhebungsklage* gegen den Schiedsspruch gilt entsprechendes wie nach der ZPO. Vgl. 263 und § 110 ArbGG.

Vom Schiedsgerichtsverfahren ist das Schlichtungsverfahren zu unterscheiden. Die *Schlichtung* ist die Mithilfe zur Beseitigung von Arbeitsstreitigkeiten durch Abschluß eines Tarifvertrages oder einer Betriebsvereinbarung. Sie dient also nicht der Entscheidung von

Rechtsstreitigkeiten, sondern der *Regelung arbeitsrechtlicher Kollektivverhältnisse*.

Bei der *Schlichtung* unterscheidet man das Vermittlungs- und das eigentliche Schlichtungsverfahren. Die *Schlichtungsausschüsse* (Landesbehörden) erlassen mangels Einigung einen *Schiedsspruch*; dieser stellt dann die rechtsgültige Gesamtvereinbarung dar. Beide Parteien sind an den Schiedsspruch aber nur gebunden, wenn sie ihn annehmen oder sich ihm unterwerfen. Eine Verbindlichkeitserklärung von Schiedssprüchen ist landesrechtlich meist nicht vorgesehen. Vgl. die Schlichtungsordnungen der Länder (Nipperdey, Textslg. Arbeitsrecht, Nr. 520ff.).

B. Grundzüge der Sozialversicherung

651. Entwicklung der deutschen Sozialversicherung

Bis in die zweite Hälfte des 19. Jahrh. war die *Fürsorge* für die wirtschaftlich schwache Bevölkerung auf Armenpflege und private Hilfe beschränkt; sie wurde ergänzt durch Hilfskassen der Arbeiterschaft. Durch die kaiserliche Botschaft vom 17. 11. 1881 an den Reichstag wurde die *Sozialversicherung* eingeleitet, die in den folgenden Jahren weiter ausgebaut wurde.

Am 15. 6. 1883 wurde das *Krankenversicherungsgesetz,* am 6. 7. 1884 das *Unfallversicherungsgesetz* und am 22. 6. 1889 das Gesetz betr. die *Invaliditäts-* und *Altersversicherung* verkündet. Die *Reichsversicherungsordnung* (RVO) vom 19. 7. 1911 faßte diese Gesetze zusammen. Sie enthält die für alle Versicherungsarten geltenden gemeinsamen Vorschriften, ordnet die Organisation der Versicherungsträger und Versicherungsbehörden, regelt die Kranken- und die Unfallversicherung sowie die Rentenversicherung der Arbeiter, behandelt die Beziehungen der Versicherungsträger zueinander und zu anderen Verpflichteten und gibt schließlich Bestimmungen für das Versicherungsverfahren. Die RVO wurde durch das Reichsgesetz über die *Angestelltenversicherung* vom 20. 12. 1911 (AVG) – beide neugefaßt am 15. 12. bzw. 28. 5. 1924 (RGBl. I 779, 563) – und für alle im Bergbau Beschäftigten durch das *Reichsknappschaftsgesetz* vom 23. 6. 1923 i. d. F. vom 1. 7. 1926 (RGBl. I 369) ergänzt. Am 16. 7. 1927 trat das Gesetz über *Arbeitsvermittlung und Arbeitslosenversicherung* (später abgelöst durch das *Arbeitsförderungsgesetz)* hinzu. Nach Kriegsende 1945 trat eine starke Zersplitterung des Sozialversicherungsrechts ein. Immerhin wurden durch das *Sozialversicherungs-Anpassungsgesetz* vom 17. 6. 1949 (WiGBl. 99) m. spät. Änd. die *Renten* der neuen Währung und den veränderten Verhältnissen angeglichen.

Nach Errichtung der BRep. hat der Bundesgesetzgeber das Sozialversicherungsrecht ständig weiterentwickelt. Er hat damit dem Grundgedanken des *sozialen Rechtsstaates* (42) und dem Prinzip der *Sozialstaatlichkeit* Rechnung getragen, das in besonderem Maße zur *Daseinsvorsorge* (141, 185) verpflichtet. Durch Gesetz vom 13. 8. 1952 (BGBl. I 437) wurden die *Einkommensgrenzen* in der Sozialversicherung und der Arbeitslosenversicherung erhöht. Da die Rentenbeträge der verteuerten Lebenshaltung nicht mehr entsprachen, ergingen das *Arbeiterrentenversicherungs-Neuregelungsgesetz* (ArVNG) und das *Angestelltenversicherungs-Neuregelungsgesetz* (AnVNG) vom 23. 2. 1957 (BGBl. I 45, 88), die ab 1. 1. 1957 eine jeweils der Entwicklung der Löhne und Gehälter anzupassende sog. *Produktivitätsrente* (dynamische Rente) einführten. Vgl. 667 II, 669.

Die RVO ist seither wiederholt geändert worden, so durch das Gesetz zur Änderung sozialrechtlicher Vorschriften vom 25. 4. 1961 (BGBl. I 465) und das *Unfallversicherungs-Neuregelungsgesetz* vom 30. 4. 1963 (BGBl. I 241; s. 660). Die angestrebte Gesamtreform der Sozialversicherung (sog. *Sozialpaket)* wurde bereits teilweise verwirklicht durch das *Rentenversicherungs-Änderungsgesetz* vom 9. 6. 1965 (BGBl. I 476) und das *Gesetz zur Änderung und Ergänzung des Mutterschutzgesetzes und der Reichsversicherungsordnung* vom 24. 8. 1965 (BGBl. I 912) sowie das 1. u. 2. *Krankenversicherungsänderungsgesetz* (Art. 2 d. Ges. vom 27. 7. 1969, BGBl. I 946; Ges. vom 21. 12. 1970, BGBl. I 1770). Über das *Rentenreformgesetz 1972* vgl. 664.

Das Ges. über die *Angleichung der Leistungen zur Rehabilitation* vom 7. 8. 1974 (BGBl. I 1881) m. spät. Änd. regelte die Grundlagen für die medizinischen, berufsfördernden und ergänzenden Maßnahmen und Leistungen (berufliche Fortbildung, Umschulung, Übergangsgeld usw.) für den Bereich der Kranken-, Renten-, Unfallversicherung, Kriegsopferversorgung usw. Es verpflichtete den Behinderten zur Mitwirkung an den Maßnahmen und statuierte deren Vorrang vor der Bewilligung von Renten für Minderung oder Wegfall der Erwerbsfähigkeit. Das Gesetz über die *Sozialversicherung Behinderter* vom 7. 5. 1975 (BGBl. I 1061) erstreckte die Kranken- und Rentenversicherung auf die körperlich, geistig oder seelisch Behinderten, die in Spezialwerkstätten nach dem Schwerbehindertengesetz oder Blindenwerkstätten, in Anstalten oder Heimen beschäftigt sind und regelmäßig mindestens ⅕ einer normalen Erwerbstätigkeit ausüben. Nach dem Gesundheits-Reformgesetz von 1988 (s. unten) sind Behinderte, die in anerkannten Werkstätten oder Anstalten und Heimen arbeiten, gem. § 5 Abs. 1 Nrn. 7, 8 SGB V gesetzlich krankenversichert. Das *Krankenversicherungs-Weiterentwicklungsgesetz* vom 28. 12. 1976 (BGBl. I 3871) änderte vor allem das Kassenarztrecht (673). Wichtige Änderungen brachte auch das Ges. zur *Kostendämpfung in der Krankenversicherung* vom 27. 6. 1977 (BGBl. I 1069), das zugleich Strukturverbesserungen zur Sicherung einer bedarfsgerechten kassenärztlichen Versorgung und einer ausgewogenen Lastenverteilung vorsieht (dazu Ergänzungsgesetz vom 22. 12. 1981, BGBl. I 1579).

Durch das *Künstlersozialversicherungsgesetz* – KSVG – vom 27. 7. 1981 (BGBl. I 705) m. spät. Änd. wurde die bisher nur für selbständige Musiker, Kunsterzieher und Artisten bestehende Sozialversicherungspflicht (Kranken- und Rentenversicherung) auf alle nicht anderweit kraft Gesetzes versicherten selbständigen Künstler und Publizisten ausgedehnt. Künstler ist, wer Musik, darstellende oder bildende Kunst schafft, ausübt oder lehrt; Publizist ist, wer als Schriftsteller, Journalist oder in anderer Weise publizistisch tätig ist (§ 2 KSVG). Die Mittel für die Künstlersozialversicherung werden durch Beitragsanteile der Versicherten zur einen Hälfte, durch die *Künstlersozialabgabe* und durch einen Bundeszuschuß zur anderen Hälfte aufgebracht (§ 14 KSVG). Zur Zahlung der Künstlersozialabgabe sind gem. § 23 KSVG Unternehmer verpflichtet, die bestimmte Unternehmen, wie z. B. Verlage, Theater, Orchester, Rundfunkanstalten, Herstellung bespielter Bild- und Tonträger, Zirkus, betreiben. Die Abgabe bemißt sich nach einem Vomhundertsatz der gezahlten Entgelte. Der Vomhundertsatz der Künstlersozialabgabe wird getrennt nach den Bereichen Wort, bildende Kunst, Musik und darstellende Kunst festgesetzt (§ 26 Abs. 1 KSVG). Er beträgt für das Jahr 1997 für den Bereich Wort 3,8 v. H., für die Bereiche darstellende Kunst 5,1 v. H., für bildende Kunst 5,9 v. H. und für den Bereich Musik 2,6 v. H. (Künstlersozialabgabe-VO 1997 vom 30. 9. 1996 (BGBl. I 1490). Die Erhebung der Künstlersozialabgabe ist verfassungsgemäß (BVerfG NJW 1987, 3115). Die Landesversicherungsanstalt Oldenburg-Bremen führt unter der Bezeichnung *„Künstlersozialkasse"* das KSVG durch (s. VO über die Satzung der Künstlersozialkasse vom 13. 8. 1982, BGBl. I 1149 m. spät. Änd.). Die Versicherungsleistungen werden aber nicht von der Künstlersozialkasse, sondern vom zuständigen Versicherungsträger erbracht. S. ferner die DVO vom 23. 5. 1984 (BGBl. I 709).

Wesentliche Änderungen sozialrechtlicher Regelungen brachten ferner das Haushaltsbegleitgesetz 1983 (BGBl. 1982 I 1857) und das Haushaltsbegleitgesetz 1984 (BGBl. 1983 I 1532).

Durch das *Gesetz zur Strukturreform im Gesundheitswesen (Gesundheits-Reformgesetz)* vom 20. 12. 1988 (BGBl. I 2477) m. spät. Änd. wurden die Vorschriften über die soziale Krankenversicherung aus der RVO ausgegliedert und als Buch V in das Sozialgesetzbuch aufgenommen. Das Recht der Krankenversicherung wurde dabei bereinigt und – wenn auch z. T. unter Übernahme des bisher geltenden Rechts – umfassend neu geregelt. Anlaß des Gesundheits-Reformgesetzes war vor allem der starke Anstieg der Kosten der sozialen Krankenversicherung in der Vergangenheit.

Durch das Gesetz zur Sicherung und Strukturverbesserung der gesetzlichen Krankenversicherung (*Gesundheitsstrukturgesetz*) vom 21. 12. 1992 (BGBl. I 2266) sollten wegen der weiter ansteigenden Kosten im Gesundheitsbereich kurzfristig Einsparungen erzielt und langfristig wirkende Strukturverbesserungen vorgenommen sowie eine Stabilisierung der Beitragssätze in der Krankenversicherung erreicht werden. S. hierzu auch die VO über die Zuzahlung bei der Abgabe von Arznei- oder Verbandsmitteln v. 9. 9. 1993 (BGBl. I 1557).

Das z. T. bereits verabschiedete *Deutsche Sozialgesetzbuch* soll die sozialrechtlichen Vorschriften in einem Gesetzeswerk zusammenfassen. Zum Regelungsbereich gehören außer der *Sozialversicherung* vor allem die *Sozialförderung* (Ausbildungsförderung, Kindergeld, Wohngeld usw.) sowie die *Sozialversorgung* (Versorgungs-, Flüchtlings-, Heimkehrerwesen usw.; vgl. 681 ff.).

Der Allgemeine Teil des SGB, das *Erste Buch* des SGB *(SGB I),* Ges. vom 11. 12. 1975 (BGBl. 1975 I 3015 m. spät. Änd.), enthält Grundsatz- und Rahmenvorschriften über die *sozialen Rechte* auf Bildungs- und Arbeitsförderung, Sozialversicherung und soziale Entschädigung bei Gesundheitsschäden, Sozialhilfe (687), Eingliederung Behinderter, Wohngeldzuschuß und Jugendhilfe. Er gibt ferner allgemeine Verfahrensvorschriften über Pflichten der Leistungsträger (z. B. über Beratung und Auskunft, Leistungsarten und -verfahren, Rechtsansprüche und deren Erfüllung, Verjährung und Pfändungsgrenzen), aber auch über Mitwirkungspflichten des Leistungsberechtigten u. dgl.

Das *Vierte Buch (SGB IV),* Ges. vom 23. 12. 1976 (BGBl. I 3845) m. spät. Änd., enthält gemeinsame Vorschriften für die Sozialversicherung, so besonders Grundsätze und Begriffsbestimmungen, Leistungen und Beiträge, Meldepflichten des Arbeitgebers, Gesamtsozialversicherungsbeitrag, Träger der Sozialversicherung, Zusammensetzung, Wahl und Verfahren der Selbstverwaltungsorgane sowie die Versicherungsbehörden.

Das *Fünfte Buch (SGB V),* Gesundheits-Reformgesetz vom 20. 12. 1988 (BGBl. I 2477) m. spät. Änd. enthält die Vorschriften über die gesetzliche Krankenversicherung; s. hierzu im einzelnen 657ff.

Das *Sechste Buch (SGB VI)* umfaßt auf Grund des ab 1. 1. 1992 in Kraft getretenen Rentenreformgesetzes vom 18. 12. 1989 (BGBl. I 2261) m. spät. Änd. die Regelungen über die gesetzliche Rentenversicherung; s. hierzu 664.

Das *Siebte Buch (SGB VII),* neu eingeführt durch Gesetz vom 7. 8. 1996 (BGBl. I 1254) enthält die Bestimmungen zur gesetzlichen Unfallversicherung; s. hierzu 660ff.

Das *Achte Buch* i. d. F. vom 3. 5. 1993 (BGBl. I 637) regelt ab 1. 1. 1991 die Kinder- und Jugendhilfe. S. hierzu 188 I.

Im *Zehnten Buch (SGB X),* Ges. vom 18. 8. 1980 (BGBl. I 1469) und vom 4. 11. 1982 (BGBl. I 1450) m. spät. Änd., sind das Verwaltungsverfahren (Zuständigkeit, Verfahrensgrundsätze, Fristen, Verwaltungsakt, öffentlich-rechtlicher Vertrag, Rechtsbehelfe, Kosten), die Zusammenarbeit der Leistungsträger und ihre Beziehungen zu Dritten geregelt. Der Schutz der *Sozialdaten* wurde durch das *Sozialdatenschutzgesetz* vom 13. 6. 1994 (BGBl. I 1229) im einzelnen geregelt. Hiernach hat jedermann Anspruch darauf, daß seine Sozialdaten (Einzelangaben über persönliche oder sachliche Geheimnisse) nicht unbefugt erhoben, verarbeitet oder genutzt werden *(Sozialgeheimnis).* Näheres regeln die §§ 67ff. des SGB X.

Im *Elften Buch (SGB XI),* eingeführt durch das Pflege-Versicherungsgesetz vom 26. 5. 1994 (BGBl. I 1014), sind die Bestimmungen über die Pflegeversicherung enthalten, s. hierzu 657a.

Weitere sozialversicherungsrechtliche Bestimmungen finden sich im *Lohnfortzahlungsgesetz* (614), im *Mutterschutzgesetz* (621), im *Fremdrentengesetz* (674), im *Arbeitsplatzschutzgesetz* (624) u. a. m.

652. Versicherungszwang

Die Sozialversicherung diente ursprünglich der Fürsorge für bestimmte Berufsklassen, die nicht imstande waren, für Zeiten der Arbeitsunfähigkeit oder für den Fall ihres Todes genügend Mittel zurückzulegen. Sie trat ein bei Minderung der Erwerbsfähigkeit infolge von Krankheit, Betriebsunfall, Berufs- und Erwerbsunfähigkeit, Alter oder beim Todesfall. Um möglichst alle in Betracht kommenden Bevölkerungsteile der Versicherung zuzuführen, wurde der *Versicherungszwang* eingeführt, d. h. gewisse gesetzlich bestimmte Personengruppen unterstehen der Versicherung schon dadurch, daß sie sich in einem bestimmten Arbeitsverhältnis befinden.

Diese *Versicherungspflicht* umfaßt in erster Linie *Arbeitnehmer,* d. h. Personen, die als *Arbeiter* hauptsächlich ihre körperliche Arbeitskraft zur Verfügung stellen oder als *Angestellte* überwiegend gedankliche Arbeit leisten. Sie sind *pflichtversichert. Lehrlinge (Auszubildende)* werden je nach Ausbildungsart als Arbeiter oder Angestellte behandelt. Zur Erweiterung der Fürsorge ist der Kreis der Versicherungspflichtigen durch die neuere Gesetzgebung ausgedehnt worden.

Wer aus der Pflichtversicherung ausscheidet, kann sich freiwillig *weiterversichern,* wenn er eine bestimmte Anzahl von Beiträgen entrichtet hat, und zwar in der Krankenversicherung, wenn er in den letzten 5 Jahren vor dem Ausscheiden mindestens 12 Monate oder unmittelbar vor dem Ausscheiden ununterbrochen mindestens 6 Monate versichert war (§ 9 Abs. 1 Nr. 1 SGB V); in der Angestellten- und Arbeiterrentenversicherung besteht die Möglichkeit *nachträglicher Beitragszahlung* für Personen, die wegen ihrer Versorgungsansprüche von der Pflichtversicherung *befreit* sind, wenn sie bereits für 60 Monate Beiträge entrichtet haben (§§ 7, 50 SGB VI). Ferner ist bestimmten Personengruppen der *freiwillige Beitritt* zur Kranken- und Unfallversicherung eingeräumt (vgl. 657, 660).

Bei der Versicherungspflicht unterscheidet man zwischen der *Versicherungspflichtgrenze,* die in der Krankenversicherung gem. § 6 Abs. 1 Nr. 1 SGB V 75 v. H. der in der Rentenversicherung geltenden Beitragsbemessungsgrenze beträgt (Die Beitragsbemessungsgrenze in der Angestellten- und Arbeiterrentenversicherung beträgt ab 1. 1. 1997: 8200 DM, in den neuen Bundesländern: 7100 DM monatlich; hiervon 75 v. H. = 6150 DM, in den neuen Bundesländern: 5325 DM, monatlich als Versicherungspflichtgrenze in der Krankenversicherung) und der *Beitragsbemessungsgrenze,* bis zu der der Verdienst zur Bemessung des Beitrags herangezogen wird. Die BReg. bestimmt durch VO mit Zustimmung des BR im voraus für jedes Jahr die Beitragsbemessungsgrenzen (§ 160 SGB VI). Nach der *Sozialversicherungs-RechengrößenVO* 1997 vom 11. 12. 1996 (BGBl. I 1870) beträgt die Beitragsbemessungsgrenze in der Rentenversicherung der Arbeiter und Angestellten 1997 monatlich 8200 DM, in der Knappschaftsversicherung (vgl. 671) 10 100 DM.

Für die Bewertung der *Sachbezüge* in der Sozialversicherung (freie Kost, Wohnung, Heizung, Beleuchtung und sonstige Sachbezüge) gilt für 1997 die *SachbezugsVO* i. d. F. vom 6. 12. 1996 (BGBl. I 1863).

653. Versicherungsträger

Die Durchführung der Sozialversicherung obliegt besonderen öffentlich-rechtlichen Körperschaften, den sog. *Versicherungsträgern.* Sie verwalten ihre Geschäfte selbst durch Organe, in denen ehrenamtliche Vertreter der Versicherten und der an der Versicherung beteiligten Arbeitgeber tätig sind (*Selbstverwaltung;* vgl. 56 IV, 141, 146). Der Staat beaufsichtigt diese Selbstverwaltung.

Träger der Versicherung sind im wesentlichen: für die Krankenversicherung die *Krankenkassen* der verschiedenen Arten (658), für die Pflegeversicherung die *Pflegekassen* (657 a), für die Unfallversicherung die *Berufsgenossenschaften,* für die Rentenversicherungen die *Versicherungsanstalten,* die Bundesbahn-Versicherungsanstalt, die Seekasse, die Bundesversicherungsanstalt für Angestellte und die Bundesknappschaft, für die Arbeitslosenversicherung die Bundesanstalt für Arbeit (vgl. § 646 RVO, § 4 SGB V, §§ 127, 132, 136 SGB VI, § 3 AFG und Übersicht 656). Die *Selbstverwaltung* der Versicherungsträger richtet sich nach §§ 29 ff. SGB IV. Sie regeln deren Verfassung, Zusammensetzung und Wahl der Organe, Haushalts- und Rechnungswesen, Vermögensverwaltung und Aufsichtsbehörden (vgl. 656). Als *Organe* fungieren die unter Beteiligung der Versicherten und der Arbeitgeber nach der *Wahlordnung* i. d. F. vom 28. 7. 1997 (BGBl. I 1946) gewählte *Vertreterversammlung* und der von dieser bestellte *Vorstand,* dem die Geschäftsführer der Versicherungsträger mit beratender Stimme angehören.

Der Versicherungsträger vergibt an jeden Versicherten eine *Versicherungsnummer.* S. VO über die Vergabe und Zusammensetzung der Versicherungsnummer vom 7. 12. 1987 (BGBl. I 2532) m. spät. Änd. Gem. § 95 SGB IV erhält jeder Beschäftigte einen *Sozialversicherungsausweis.* Dieser Ausweis (eingeführt durch Ges. vom 6. 10. 1989, BGBl. I 1822) dient der Bekämpfung der illegalen

Beschäftigung und soll die mißbräuchliche Inanspruchnahme sozialer Leistungen verhindern. Der Ausweis wird vom Rentenversicherungsträger bei Vergabe einer Versicherungsnummer wie auch auf eigenen Antrag des Versicherten ausgestellt (§ 96 SGB IV). Er enthält die Versicherungsnummer sowie Vor- und Familiennamen (§ 97 SGB IV). S. Sozialversicherungsausweis-VO vom 25. 7. 1990 (BGBl. I 1706) m. spät. Änd. Der Ausweis ist vom Beschäftigten bei Beginn der Beschäftigung dem Arbeitgeber vorzulegen. Bei Bezug von Arbeitslosengeld, Arbeitslosenhilfe u. ä. soll der Leistungsträger die Hinterlegung des Sozialversicherungsausweises verlangen (§ 100 SGB IV).

In den neuen Bundesländern gelten zur Abwicklung des Trägers der Sozialversicherung besondere Vorschriften. Der Träger der Sozialversicherung im Beitrittsgebiet ist zum 1. 1. 1991 in eine rechtsfähige Anstalt des öffentlichen Rechts mit dem Namen „Überleitungsanstalt Sozialversicherung" umgewandelt, die die Aufgaben der Rentenversicherung und der Unfallversicherung längstens bis zum 31. 12. 1991 erfüllt; s. im einzelnen Einigungsvertrag, Anlage I, Kap. VIII, Sachgebiet F, Abschnitt II Nr. 1).

654. Die Versicherungsbehörden

sind im SGB IV §§ 91–94 behandelt. Es bestehen *Versicherungsämter* und ein *Bundesversicherungsamt;* die Länder können weitere Behörden einrichten, z. B. Oberversicherungsämter. Die Versicherungsämter werden i. d. R. bei den unteren Verwaltungsbehörden (Stadt, Kreis) als besondere Abteilungen eingerichtet.

Das *Versicherungsamt* nimmt die ihm gesetzl. zugewiesenen Geschäfte (insbes. Aufsichtsbefugnisse) wahr und erteilt in Versicherungsangelegenheiten Auskunft. *Oberversicherungsämter* bestehen noch in manchen Ländern als Verwaltungsbehörden, soweit ihre Aufgaben nicht auf die Arbeitsministerien der Länder übergegangen sind. Das zur Durchführung von Verwaltungsaufgaben auf dem Gebiet der Sozialversicherung als selbständige Bundesoberbehörde errichtete *Bundesversicherungsamt* in Berlin (Gesetz vom 9. 5. 1956, BGBl. I 415) führt die Aufsicht über die bundesunmittelbaren Sozialversicherungsträger und hat im wesentlichen die Aufgaben und Befugnisse des früheren *Reichsversicherungsamtes* auf dem Gebiete der Verwaltung.

655. Versicherungsleistungen und -beiträge

I. Allgemeines zu den Sozialversicherungsleistungen

Auf die *Leistungen* der Sozialversicherung besteht (wie auf andere gesetzliche Sozialleistungen, z. B. Sozialhilfe, 687) ein *Rechtsanspruch,* soweit sie nicht ausdrücklich, wie z. B. gewisse Zuschüsse, im Gesetz als *Ermessensleistungen* bezeichnet sind (§§ 38, 39 SGB I).

Leistungsansprüche verjähren in 4 Jahren seit Ablauf des Kalenderjahres, in dem sie entstanden sind. Die Frist wird – außer nach den Vorschriften des BGB (310) – unterbrochen durch schriftlichen Antrag oder durch Widerspruch gegen eine Ablehnung (§ 45 SGB I). Sozialleistungen unterliegen nur beschränkt der Pfändung, um den Berechtigten nicht wirtschaftlich zu gefährden: einmalige Geldleistungen nur nach Billigkeitsgrundsätzen, laufende nur im Rahmen der zulässigen Lohnpfändung (254; Ausnahmen zugunsten gesetzlicher Unterhaltsansprüche); ein auf Konto überwiesener Geldbetrag ist 7 Tage unpfändbar, danach – ebenso wie Bargeld – in Höhe des unpfändbaren Teils der Leistungen für die Zeit von der Pfändung bis zum nächsten Zahlungstermin (§§ 54, 55 SGB I).

II. Beiträge (Allgemeines, Gesamtsozialversicherungsbeitrag, Einzugsverfahren)

Ansprüche auf *Beiträge* zur Sozialversicherung verjähren ebenfalls in der genannten Frist, bei vorsätzlicher Vorenthaltung binnen 30 Jahren (§ 25 SGB IV). Über ihre vorzugsweise Behandlung im Konkurs vgl. 264.

Durch Ges. vom 20. 12. 1988 (BGBl. I 2330) wurden die Vorschriften über die *Meldepflichten* des Arbeitgebers sowie das Verfahren bei Einzug des Gesamtsozialversicherungsbeitrags vereinheitlicht. Der Arbeitgeber hat nach § 28a SGB IV eine Meldepflicht u. a. bei Beginn und Ende der Beschäftigung eines Arbeitnehmers; die Meldung, die der *Einzugsstelle* (= Krankenkasse, § 28h Abs. 1 SGB IV) zu erstatten ist, enthält insbesondere die Versicherungsnummer, Vor- und Familiennamen, Geburtsdatum und Staatsangehörigkeit des Beschäftigten sowie Angaben über dessen Tätigkeit (§ 28a Abs. 1, 3 SGB IV). Der Beschäftigte muß dem Arbeitgeber die hierfür erforderlichen Angaben machen und Unterlagen vorlegen (§ 28o SGB IV). Form und Frist der Meldung werden durch VO des BMA festgelegt.

Der *Gesamtsozialversicherungsbeitrag* umfaßt die Beiträge in der gesetzlichen Kranken- und Rentenversicherung sowie zur Arbeitslosenversicherung (§ 28d SGB IV). Der Arbeitgeber hat den vollen Gesamtsozialversicherungsbeitrag einschließlich der Arbeitnehmeranteile an die Krankenkasse (= Einzugsstelle) zu zahlen (§ 28e Abs. 1, § 28h SGB IV), wobei er die auf den Arbeitnehmer entfallenden Beitragsanteile durch Lohnabzug wieder geltend machen kann (§ 28g SGB IV). Der Arbeitgeber hat für jeden Beschäftigten Lohnunterlagen zu führen und geordnet aufzubewahren (§ 28f Abs. 1 SGB IV) sowie der Einzugstelle rechtzeitig einen Beitragsnachweis einzureichen (§ 28f Abs. 3 SGB IV). Die Einzugsstelle hat entsprechende Überwachungspflichten (§ 28p SGB IV).

Auf Ersuchen des Versicherungsträgers kann die zuständige *Vollstreckungsbehörde* (Stadt- oder Gemeindekasse) oder auch die fordernde *Krankenkasse* selbst, wenn sie eigene Vollstreckungs- oder Vollziehungsbeamte hat, Zwangsmaßnahmen gegen den Beitragsschuldner einleiten. Für Pfändungs- und Überweisungsbeschlüsse ist das Vollsteckungsgericht (Amtsgericht) am Sitz der Krankenkasse zuständig.

In den neuen Ländern gilt eine besondere Regelung über das Meldeverfahren zur Sozialversicherung (s. Einigungsvertrag, Anlage I, Kap. VIII, Sachgebiet F, Abschnitt II Nr. 2).

656. Übersicht über die Versicherungsarten

s. Tabelle S. 769

657. Die Krankenversicherung

Durch das Ges. zur Strukturreform im Gesundheitswesen *(Gesundheits-Reformgesetz – GRG)* vom 20. 12. 1988 (BGBl. I 2477) m spät. Änd. wurden die Vorschriften über die gesetzliche Krankenversicherung aus der RVO herausgenommen und unter umfassender Neuregelung in Buch V des Sozialgesetzbuchs eingeordnet. Ergänzende Bestimmungen finden sich im Reichsknappschaftsgesetz, im Mutterschutzgesetz, im Lohnfortzahlungsgesetz sowie im Arbeitsförderungsgesetz. Die soziale Krankenversicherung ist auf dem Grundsatz des Versicherungszwanges aufgebaut und greift bei Krankheit und vorübergehender Arbeitsunfähigkeit infolge von Krankheiten und Unfällen in und außerhalb der Betriebe ein.

Versicherungspflichtig sind bis zur Versicherungspflichtgrenze (= 75 v.H. der Beitragsbemessungsgrenze nach §§ 159, 160 SGB VI, s. § 6 Abs. 1 Nr. 1 SGB V, vgl. 652) Arbeiter und Angestellte; dazu gehören auch die zu ihrer Berufsausbildung Beschäftigten (§ 5 Abs. 1 Nr. 1 SGB V). Voraussetzung ist das Vorliegen einer entgeltlichen Beschäftigung. Versicherungspflichtig sind außerdem Arbeitslose, die Leistungen nach dem Arbeitsförderungsgesetz erhalten, Landwirte, Künstler und Publizisten nach näherer Bestimmung des GAL und des KSVG. *Studenten* sind bis zum Abschluß des 14. Fachsemesters und längstens bis zur Vollendung des 30. Lebensjahres versicherungspflichtig, können aber Befreiung beantragen (§ 5 Abs. 1 Nr. 9, § 8 Abs. 1 Nr. 5 SGB V). *Rentner* sind pflichtversichert, wenn sie mindestens 9/10 der zweiten Hälfte der Zeit zwischen erstmaliger Aufnahme einer Erwerbstätigkeit und Stellung des Rentenantrags auf Grund einer Pflichtversicherung Mitglieder der gesetzlichen Krankenversicherung oder auf Grund einer Pflichtversicherung als Familienangehörige versichert waren; auf Antrag werden sie von der Versicherungspflicht befreit (§ 5 Abs. 1 Nr. 11, § 8 Abs. 1 Nr. 4 SGB V).

Versicherungsfrei sind dagegen Arbeiter und Angestellte, deren regelmäßiges Jahresarbeitsentgelt 75 v.H. der Beitragsbemessungsgrenze in der Rentenversicherung (Jahresarbeitsentgeltgrenze) übersteigt; ferner Beamte, Richter, Zeitsoldaten und sonstige im öffentlichen Dienst Beschäftigte mit Versorgungsanspruch, zeitlich oder entgeltlich geringfügig oder in Nebentätigkeit Beschäftigte, zur wissenschaftlichen Ausbildung oder im Vorbereitungsdienst Tätige (§§ 6, 7 SGB V). *Freiwilliger Beitritt* ist möglich für Personen, die als Mitglieder aus der Versicherungspflicht ausgeschieden sind und in den letzten 5 Jahren vor dem Ausscheiden mindestens 24 Monate oder unmittelbar vor dem Ausscheiden ununterbrochen mindestens 12 Monate versichert waren (§ 9 Abs. 1 Nr. 1 SGB V); ferner für Personen, deren Familienversicherung (§ 10 SGB V) erlischt sowie für Personen, die erstmals eine Beschäftigung aufnehmen und wegen der Höhe ihres Einkommens nicht versicherungspflichtig sind; ferner für Schwerbehinderte unter bestimmten Voraussetzungen. Wer Mitglied bleiben will, muß dies der Krankenkasse innerhalb von 3 Monaten nach Eintreten der jeweiligen Beitrittsvoraussetzungen schriftlich anzeigen (§ 9 SGB V).

Ehegatten und Kinder von Mitgliedern der gesetzlichen Krankenversicherung sind unter bestimmten Voraussetzungen mitversichert (§ 10 Abs. 1–4 SGB V); das Mitglied hat die hiernach Mitversicherten mit den für die Durchführung der Familienversicherung notwendigen Angaben sowie die etwaige Änderung dieser Angaben an die zuständige Krankenkasse zu melden (§ 10 Abs. 6 SGB V).

Das SGB V ist nach den Bestimmungen des Einigungsvertrags am 1. 1. 1991 in den neuen Bundesländern mit einigen Abweichungen in Kraft getreten (s. die Überleitungsregelungen aus Anlaß der Herstellung der Einheit Deutschlands, §§ 308ff SGB V).

656. Übersicht über die Versicherungsarten

I Krankenvers.	II Pflegevers.	III Unfallvers.	IV Rentenvers. d. Arb.	V Rentenvers. d. Ang.	VI Knappschaftsvers.	VII Arbeitslosenvers.
A. Krankenkassen Orts-, Betriebs-, Innungs-, landw. Krankenkassen, Bundesknappschaft, Ersatzkassen, SeeKrankenkasse (s. 658)	Pflegekassen	Berufsgenossenschaften (661), Ausführungsbeh., Gem.-Unfallvers.-verbände	Landesversicherungsanstalten, BBahnVersich. Anstalt, Seekasse (s. 666)	Bundesversicherungsanstalt für Angestellte (s. 669)	Bundesknappschaft (s. 671)	Bundesanstalt für Arbeit (s. 672)
B. Aufsichtsbehörden Versicherungs-, Oberversicher.-ämter, ArbMin., Bundesversicherungsamt	wie bei Krankenvers.	Bundesversicherungsamt bzw. ArbMin. d. Länder		Bundesversicherungsamt	Bundesversicherungsamt	Bundesminister für Arbeit
C. Versicherungspflichtgrenze 75 v.H. der in der Rentenversicherung geltenden Beitragsbemessungsgrenze (s. 652)	keine Grenze	keine Grenze	keine Grenze	keine Grenze	keine Grenze	keine Grenze
D. Aufbringung der Mittel Beiträge vom Grundlohn ½ Arbeitgeber ½ Arbeitnehmer	Beitrag vom Bruttolohn ½ Arbeitgeber, ½ Arbeitnehmer Beitragssatz 1,7 v.H.	Umlagen der Arbeitgeber (Unternehmer)	½ Arbeitgeber, ½ Arbeitnehmer Beitragssatz 1997: 20,3		Beitragssatz 1997: 26,9 v.H.	Beiträge der Arbeitgeber u. Arbeitnehmer je 3,25 v.H. (1997)

E. Spruch- und Beschlußinstanzen in Streitsachen
für alle Versicherungsarten sind die Gerichte der Sozialgerichtsbarkeit (s. 689)

657a. Die Pflegeversicherung

Mit dem Gesetz zur sozialen Absicherung des Risikos der Pflegebedürftigkeit (Pflege-Versicherungsgesetz – PflegeVG) vom 26. 5. 1994 (BGBl. I 1014) m. spät. Änd. wurde zum 1. 1. 1995 die *Pflegeversicherung* als fünfte Säule der Sozialversicherung eingeführt. Die pflegerische Versorgung der Bevölkerung wird als gesamtgesellschaftliche Aufgabe angesehen. Die gesetzlichen Regelungen finden sich im Elften Buch des *Sozialgesetzbuches (SGB XI).* Im Grundsatz gilt, daß die Pflegeversicherung der Krankenversicherung folgt. Wer in der gesetzlichen Krankenversicherung versichert ist, wird in die gesetzliche Pflegeversicherung einbezogen; wer privat krankenversichert ist, ist verpflichtet, eine private Pflegeversicherung abzuschließen. Aufgabe der Pflegeversicherung ist es, Pflegebedürftigen Hilfe zu leisten, die wegen der Schwere der Pflegebedürftigkeit auf solidarische Unterstützung angewiesen sind. Die Ausgaben der Pflegeversicherung werden durch Beiträge der Mitglieder und der Arbeitgeber finanziert. Die Beiträge richten sich nach den beitragspflichtigen Einnahmen der Mitglieder. Für versicherte Familienangehörige fallen keine eigenen Beiträge an (s. hierzu §§ 1, 25 SGB XI).

Die Leistungen der Pflegeversicherung (PV) sollen den Pflegebedürftigen helfen, trotz ihres Hilfebedarfs ein möglichst selbständiges und selbstbestimmtes Leben zu führen, das der Würde des Menschen entspricht. Vorrangig soll häusliche Pflege geleistet werden. Leistungen der PV sind Dienst-, Sach- und Geldleistungen für den Bedarf an Grundpflege und hauswirtschaftlicher Versorgung sowie Kostenerstattung, soweit in den Bestimmungen des SGB XI vorgesehen (§§ 2ff. SGB XI). *Träger* der PV sind die *Pflegekassen,* die rechtsfähige Körperschaften des öffentlichen Rechts mit Selbstverwaltung sind. Bei jeder Krankenkasse wird eine Pflegekasse errichtet, Organe der Pflegekassen sind die Organe der Krankenkassen, bei denen sie errichtet sind (§§ 46, 47 SGB XI). Die Pflegekassen sind für die Sicherstellung der pflegerischen Versorgung ihrer Versicherten verantwortlich.

Als *pflegebedürftig* gelten Personen, die wegen einer körperlichen, geistigen oder seelischen Krankheit oder Behinderung für die gewöhnlichen und regelmäßig wiederkehrenden Verrichtungen im Ablauf des täglichen Lebens auf Dauer, voraussichtlich für mindestens 6 Monate, in erheblichem oder höherem Maße der Hilfe bedürfen. Für die *Gewährung von Leistungen* der PV werden die Pflegebedürftigen entsprechend der Häufigkeit des Hilfebedarfs in drei Pflegestufen eingeteilt: Pflegestufe I für erheblich Pflegebedürftige, die wenigstens einmal täglich für zwei Verrichtungen der Hilfe bedürfen, Pflegestufe II für Schwerpflegebedürftige, die mindestens dreimal täglich Hilfe zu verschiedenen Tageszeiten benötigen sowie Pflegestufe III für Schwerstpflegebedürftige, die täglich rund um die Uhr, auch nachts hilfebedürftig sind. In allen Pflegestufen muß zudem mehrfach in der Woche Hilfe bei der hauswirtschaftlichen Versorgung benötigt werden (§ 15 SGB XI). Über die Einstufung entscheidet der medizinische Dienst der Krankenkassen (§ 18 SGB XI).

Die Leistungen bei häuslicher Pflege (§§ 36ff. SGB XI) werden nach dem *Grad der Pflegebedürftigkeit* gestaffelt. In der Stufe I wird ein Pflegegeld von 400 DM, in der Stufe II von 800 DM und in der Stufe III von 1300 DM gezahlt. Anstelle des Pflegegeldes können auch Sachleistungen von den Pflegekassen beansprucht werden, die höher als die Geldleistungen sein können. Sie betragen in Stufe I bis zu 750 DM, in Stufe II bis zu 1800 DM und in Stufe III bis zu 2800 DM monatlich. In Härtefällen sind Sachleistungen bis zu DM 3750 monatlich möglich. Einmal im Jahr werden für eine Ersatzpflegekraft für bis zu 4 Wochen 1800 DM zur Verfügung gestellt. Schließlich besteht Anspruch auf teilstationäre Pflege in Einrichtungen der Tages- oder Nachtpflege, wenn häusliche Pflege nicht in ausreichendem Umfang sichergestellt werden kann. Hierfür übernimmt die Pflegekasse die Aufwendungen bis zu 750 DM (Stufe I), 1500 DM (Stufe II) und 2100 DM (Stufe III) je Kalendermonat (§ 41 SGB XI). Bei vollstationärer Pflege werden durch die Pflegekasse monatlich die pflegebedingten Aufwendungen bis zu 2800 DM übernommen. In Härtefällen können bis zu 3300 DM bezahlt werden. Die Kosten für Unterkunft und Verpflegung hat der Pflegebedürftige selbst zu tragen (§ 43 SGB XI).

Die Mittel für die PV werden im wesentlichen durch *Beiträge* gedeckt. Der Beitragssatz beträgt seit 1. 7. 1996 1,7 v. H. des Bruttoarbeitsentgelts bis zur *Beitragsbemessungsgrenze* der Rentenversicherung der Arbeiter und Angestellten (s. 652). Die Beiträge sind jeweils zur Hälfte von Arbeitnehmer und Arbeitgeber zu tragen. Zum Ausgleich für den Arbeitgeberanteil wurde ein gesetzlicher Feiertag aufgehoben (überwiegend der Buß- und Bettag, in Baden-Württemberg der Pfingstmontag; Sachsen hat auf eine Streichung verzichtet, der Beitrag ist hier voll vom Arbeitnehmer zu entrichten).

Wer nicht erwerbsmäßig Pflegebedürftige pflegt, wird sozial abgesichert. In diesen Fällen sind die Pflegekassen verpflichtet, Beiträge an die Rentenversicherung abzuführen. Die Höhe der Beiträge richtet sich vor allem nach Zeitaufwand und Pflegestufe (§ 44 SGB XI).

In weiteren Abschnitten werden die Beziehungen der Pflegekassen zu den Leistungserbringern (§§ 69–81 SGB XI), die Pflegevergütung (§§ 82–92 SGB XI), Datenschutz und Statistik (§§ 93–109 SGB XI) und die private Pflegeversicherung (§§ 110, 111 SGB XI) geregelt.

658. Die Krankenkassen

sind rechtsfähige Körperschaften des öffentlichen Rechts mit Selbstverwaltung (§ 4 Abs. 1 SGB V). Die Krankenversicherung ist in folgende Kassenarten gegliedert (§ 4 Abs. 2 SGB V):

1. die *Allgemeinen Ortskrankenkassen* (§§ 143–146 SGB V). Sie werden für örtliche Bezirke gebildet und umfassen alle Versicherungspflichtigen, die nicht einer besonderen Kasse angehören;
2. *Betriebskrankenkassen* (§§ 147–156 SGB V), die für einen oder mehrere Betriebe eines Unternehmens eingerichtet werden können;
3. *Innungskrankenkassen* (§§ 157–164 SGB V), für die in einer oder mehreren Innungen vereinigten Arbeitnehmer;
4. die See-Krankenkasse für die Seeleute (§ 165 SGB V);
5. die *Landwirtschaftlichen Krankenkassen* (§ 166 SGB V), die land(forst)wirtschaftliche Unternehmer und ihre mithelfenden Familienangehörigen umfassen;
6. die *Bundesknappschaft* für den Bergbau (§ 167 SGB V; s. 671);

7. *Ersatzkassen* (§§ 168–171 SGB V), die auf freiwilligem Beitritt beruhen und deren Mitglieder auf Antrag von weiterer Versicherung befreit sind.

Betriebs- und *Innungskrankenkassen* können nur in Betrieben mit mindestens 1000 Beschäftigten und nur errichtet werden, wenn dadurch der Bestand oder die Leistungsfähigkeit der Ortskrankenkassen nicht gefährdet wird, und ihre Leistungsfähigkeit für die Dauer gesichert ist.

Als Ersatzkassen sind zugelassen:
für *Arbeiter:* Braunschweiger Kasse (EK für das Bekleidungsgewerbe), Gärtner-Krankenkasse, Hamburgische Zimmerer-Krankenkasse und Krankenkasse für Buchbinder und Feintäschner, „Neptun" Berufskrankenkasse für die Binnenschiffahrt, Schwäb. Gmünder EK, Buchdrucker-Krankenkasse in Hannover, Brühler Kranken- und Sterbekasse, Krankenkasse „Eintracht" in Heusenstamm; für *Angestellte:* Barmer Ersatzkasse, Techniker-Krankenkasse. Deutsche Angestellten-Krankenkasse, Hamburg-Münchener EK, Hanseatische von 1826 und Merkur EK, Kaufmännische Krankenkasse Halle, Handelskrankenkasse. Neue EK werden nicht mehr zugelassen.

Die Organe der Krankenkassen (vgl. 653) sind die Vertreterversammlung (künftig: Verwaltungsrat) und der Vorstand als Vollzugsorgan. Die Vertreterversammlung erläßt die *Satzung,* die der Zustimmung der Aufsichtsbehörde bedarf.

Die Krankenkassen ziehen auch die Beiträge für die Renten- und die Arbeitslosenversicherung gegen eine besondere Vergütung mit ein (*Gesamtsozialversicherungsbeitrag,* vgl. 655 II, 668, 672 V).

Die Krankenkassen können sich zu *Krankenkassenverbänden* zusammenschließen (§§ 207–219 SGB V). Es bestehen Landesverbände der Orts-, Betriebs- und Innungskrankenkassen; die Landesverbände der einzelnen Kassenarten bilden jeweils einen Bundesverband. Die Verbände haben die ihnen gesetzlich zugewiesenen Aufgaben zu erfüllen; sie unterstützen die Mitgliedskassen bei der Erfüllung ihrer Aufgaben insbesondere durch Beratung und Unterrichtung, Abschluß und Änderung von Verträgen, besonders mit anderen Trägern der Sozialversicherung sowie Übernahme der Vertretung gegenüber anderen Sozialversicherungsträgern und Entscheidung von Zuständigkeitskonflikten.

659. Rechte und Pflichten in der Krankenversicherung

I. Leistungen der Krankenkassen

Die Krankenkassen stellen den Versicherten die in §§ 11–68 SGB V genannten Leistungen unter Beachtung des Wirtschaftlichkeitsgebots (§ 12 SGB V) zur Verfügung, soweit diese Leistungen nicht der Eigenverantwortung der Versicherten zugerechnet werden. Die Versicherten erhalten die Leistungen als Sach- oder Dienstleistungen (§ 2 Abs. 1, 2 SGB V). Freiwillig Versicherte und deren nach Familienangehörigen können anstelle der Sach- oder Dienstleistung Kostenerstattung wählen (§ 13 Abs. 2 SGB V).

Im einzelnen haben die Versicherten Anspruch auf folgende Leistungen (§ 11 Abs. 1 SGB V):

1. zur Förderung der Gesundheit (§ 20 SGB V)

Die Krankenkassen haben die Versicherten allgemein über Gesundheitsgefährdungen und über die Verhütung von Krankheiten aufzuklären und zu beraten. Sie können in der Satzung Ermessensleistungen zur Erhaltung und Förderung der Gesundheit und zur Verhütung von Krankheiten vorsehen. Leistungen zur Verhütung von Krankheiten während eines nicht beruflich bedingten Auslandsaufenthalts dürfen nicht vorgesehen werden.

2. zur Verhütung von Krankheiten (§§ 21–24 SGB V)

Die Krankenkassen haben Maßnahmen zur Erkennung und Verhütung von Zahnerkrankungen ihrer noch nicht zwölfjährigen Versicherten zu fördern und sich an den Kosten der Durchführung zu beteiligen; diese Maßnahmen sollen vornehmlich in Gruppen, besonders in Kindergärten und Schulen durchgeführt werden *(Gruppenprophylaxe)*. Versicherte zwischen dem 6. und 18. Lebensjahr können sich zur Verhütung von Zahnerkrankungen einmal in jedem Kalenderjahr zahnärztlich untersuchen lassen *(Individualprophylaxe)*. Versicherte haben ferner Anspruch auf ärztliche Behandlung und Versorgung *(medizinische Vorsorgeleistungen)*, wenn diese notwendig sind, eine Schwächung der Gesundheit, die in absehbarer Zeit voraussichtlich zu einer Krankheit führen würde, zu beseitigen, der Gefährdung der gesundheitlichen Entwicklung eines Kindes entgegenzuwirken oder um Pflegebedürftigkeit zu vermeiden. Unter den genannten Voraussetzungen können die Krankenkassen Maßnahmen in Form einer Vorsorgekur für Mütter erbringen.

Versicherte haben Anspruch auf ärztliche Beratung über Fragen der *Empfängnisregelung;* Versicherte bis zum vollendeten 20. Lebensjahr haben Anspruch auf Versorgung mit *empfängnisverhütenden Mitteln,* soweit sie ärztlich verordnet werden (§ 24a SGB V). Versicherte haben ferner Anspruch auf Leistungen bei einer *nicht rechtswidrigen Sterilisation* und bei einem *nicht rechtswidrigen Abbruch der Schwangerschaft* durch einen Arzt in einem Krankenhaus oder einer sonstigen hierfür vorgesehenen Einrichtung (§ 24b SGB V).

3. zur Früherkennung von Krankheiten (§§ 25, 26 SGB V)

Versicherte über 35 Jahre haben jedes 2. Jahr Anspruch auf eine ärztliche Gesundheitsuntersuchung zur Früherkennung von Krankheiten, besonders von Herz-Kreislauf- und Nierenerkrankungen sowie der Zuckerkrankheit. Höchstens einmal jährlich besteht – für Frauen frühestens ab dem 20., für Männer ab dem 45. Lebensjahr – Anspruch auf eine Untersuchung zur Früherkennung von Krebserkrankungen. Bei Kindern besteht ein Anspruch bis zur Vollendung des sechsten Lebensjahres und einmal mit Vollendung des zehnten Lebensjahres.

4. zur Behandlung einer Krankheit (§§ 27–52 SGB V)

Versicherte haben Anspruch auf die notwendige Krankenbehandlung; sie umfaßt ärztliche Behandlung, zahnärztliche Behandlung einschließlich der Versorgung mit Zahnersatz, Versorgung mit Arznei-, Verband-, Heil- und Hilfsmitteln, häusliche Krankenpflege und Haushaltshilfe, Krankenhausbehandlung, medizinische und ergänzende Leistungen zur Rehabilitation sowie Belastungserprobung und Arbeitstherapie. Die Leistungen der Krankenbehandlung umfassen auch medizinische Maßnahmen zur Herbeiführung einer Schwangerschaft *(künstliche Befruchtung)* bei einem Ehepaar, wenn die Maßnahmen nach ärztlicher Feststellung erforderlich und aussichtsreich sind und ausschließlich Ei- und Samenzellen der Ehegatten verwendet werden und wenn die Ehegatten sich zuvor über die medizinischen und psychosozialen Gesichtspunkte haben unterrichten lassen. Die Krankenkassen dürfen Maßnahmen zur Herbeiführung einer Schwangerschaft nur durch Ärzte oder Krankenhäuser erbringen lassen, denen durch die zuständige Behörde eine Genehmigung zur Durchführung dieser Maßnahmen erteilt worden ist (§§ 27a, 121a SGB V). Die Versicherten haben Anspruch auf einen Festzuschuß zu der im Rahmen der vertragszahnärztlichen

Versorgung durchgeführten medizinisch notwendigen Versorgung mit *Zahnersatz* (zahnärztliche Behandlung und zahntechnische Leistungen). Die Höhe des Festzuschusses wird vom Bundesausschuß der Zahnärzte und Krankenkassen bestimmt. Der Festzuschuß kann sich um 20 v. H. und weitere 10 v. H. erhöhen, wenn der Versicherte regelmäßige Kontrolluntersuchungen vornehmen läßt und regelmäßige Zahnpflege erkennen läßt. Bei großen Brücken zum Ersatz von mehr als vier Zähnen je Kiefer ist der Festzuschuß begrenzt (§§ 30, 30a, SGB V). Versicherte, die ab 1979 geboren sind, haben i. d. R. keinen Anspruch auf Zuschuß für Kosten von Zahnersatz mehr. Hinsichtlich der Versorgung mit *Arzneimitteln* gilt folgendes: Beim Bundesausschuß der Ärzte und Krankenkassen wird ein *„Institut Arzneimittel in der Krankenversicherung"* errichtet (§ 92a Abs. 1 SGB V). Dieses Institut erstellt eine wirkstoffbezogene Vorschlagsliste verordnungsfähiger Fertigarzneimittel für die Anwendung in der vertragsärztlichen Versorgung. In diese Liste werden u. a. Arzneimittel nicht aufgenommen, für die ein mehr als geringfügiger therapeutischer Nutzen hinsichtlich des Ausmaßes des zu erzielenden Effektes nicht nachgewiesen oder deren therapeutische Zweckmäßigkeit zweifelhaft ist sowie Arzneimittel, die ihrer Zweckbestimmung nach üblicherweise bei geringfügigen Gesundheitsstörungen verordnet werden (§ 92a Abs. 5 SGB V). Der BMG erläßt (erstmalig zum 31. 12. 1995) durch VO diese Vorschlagsliste als Liste verordnungsfähiger Fertigarzneimittel (§ 34a SGB V). Nach Erlaß dieser VO stellt das Arzneimittelinstitut die darin bezeichneten Arzneimittel gegliedert nach Indikationsgebieten, Stoffgruppen und Stoffen sowie Therapierichtungen einschließlich eines Preisvergleichs zusammen; die Zusammenstellung ist im BAnz. bekannt zu machen und den Vertragsärzten zur Verfügung zu stellen (§ 92 Abs. 8 SGB V). Versicherte haben Anspruch auf Versorgung mit Arzneimitteln, soweit die Arzneimittel nach der VO des BMG verordnungsfähig und in der Zusammenstellung des Arzneimittelinstituts enthalten sind (§ 30 Abs. 1 SGB V); über 18 Jahre alte Versicherte haben folgende *Zuzahlungen* zu Arznei- und Verbandmitteln zu leisten: Ab 1. 7. 1997 beträgt die Zuzahlung für kleine Packungsgrößen 9 DM, für mittlere Packungsgrößen 11 DM und für große Packungsgrößen 13 DM je Packung. Ist für Arzneimittel ein *Festbetrag* gem. § 35 SGB V festgesetzt, trägt die Krankenkasse nur die Kosten bis zur Höhe des Festbetrages; die darüber hinausgehenden Kosten hat der Versicherte selbst zu bezahlen (§ 31 Abs. 2 SGB V). Wenn der Vertragsarzt Arzneimittel verordnet, deren Preis über dem Festbetrag liegt, hat er den Versicherten auf die Pflicht zur Zahlung der Mehrkosten hinzuweisen (§ 73 Abs. 5 S. 2 SGB V). Ziel der Festsetzung von Festbeträgen ist es, teure Mittel auszuschließen und an Stelle teurer Markenprodukte wirkungsgleiche billigere Medikamente (sog. *Generika*) einzusetzen. Anspruch besteht gem. §§ 32, 33 SGB V ferner auf Versorgung mit *Heilmitteln und Hilfsmitteln* (z. B. Seh- und Hörhilfen, Körperersatzstücke). Auch bei Hilfsmitteln werden Festbeträge bestimmt (§§ 33, 36 SGB V). Bei Heilmitteln beträgt die Zuzahlung für über 18 Jahre alte Versicherte 15 v. H. (§ 32 Abs. 2 SGB V). Der BMG kann durch VO Heil- und Hilfsmittel von geringem oder umstrittenen therapeutischem Nutzen oder geringem Abgabepreis bestimmen, deren Kosten die Krankenkasse nicht übernimmt (sog. ausgeschlossene Heil- und Hilfsmittel, § 34 SGB V). Versicherte erhalten *Haushaltshilfe,* wenn ihnen wegen Krankenhausbehandlung oder anderen Maßnahmen die Weiterführung des Haushalts nicht möglich ist; Voraussetzung ist ferner, daß im Haushalt ein Kind lebt, das das 12. Lebensjahr noch nicht vollendet hat oder das behindert und auf Hilfe angewiesen ist (§ 38 SGB V). Versicherte haben Anspruch auf *vollstationäre Behandlung* in einem zugelassenen *Krankenhaus* (§ 108 SGB V), wenn die Aufnahme nach Prüfung durch das Krankenhaus erforderlich ist, weil das Behandlungsziel nicht durch teilstationäre, vor- und nachstationäre oder ambulante Behandlung einschließlich häuslicher Krankenpflege erreicht werden kann (§ 39 SGB V). Versicherte, die das 18. Lebensjahr vollendet haben, haben vom Beginn der vollstationären Krankenhausbehandlung für längstens 14 Tage je Kalendertag 17 DM zu bezahlen (§ 39 Abs. 4 SGB V). Versicherte (mit Ausnahmen) haben Anspruch auf *Krankengeld,* wenn die Krankheit sie arbeitsunfähig macht oder wenn sie stationär behandelt werden (§ 44 SGB V). Das Krankengeld beträgt 70 v. H. des regelmäßigen Arbeitsentgelts, jedoch nicht mehr als das Netto-Arbeitsentgelt; es erhöht sich entsprechend der Anhebung der dynamischen Rente in der gesetzlichen Rentenversicherung (§ 47 Abs. 5 SGB V). Krankengeld wird ohne zeitliche Begrenzung gezahlt, für den Fall der Arbeitsunfähigkeit wegen derselben Krankheit jedoch für längstens 78 Wochen innerhalb von 3 Jahren (§ 48 SGB V). Der Anspruch auf Krankengeld ruht, soweit der Versicherte weiter Arbeitsentgelt, Verletztengeld, Arbeitslosengeld oder ähnliche Leistungen erhält (§ 49 SGB V). Das Krankengeld kann ganz oder teilweise versagt werden, wenn sich der Versicherte die Krankheit vorsätzlich zugezogen hat (§ 52 SGB V).

Versicherte, die ärztliche Behandlung in Anspruch nehmen, haben dem Arzt vor Behandlungsbeginn ihre *Krankenversichertenkarte* auszuhändigen (§ 15 Abs. 2 SGB V).

5. bei Schwerpflegebedürftigkeit

Die §§ 53–57 SGB V wurden mit Einführung der Pflegeversicherung zum 1. 1. 1995 aufgehoben. Näheres zur Pflegevers. s. 657a.

6. Sterbegeld (§§ 58, 59 SGB V)

Beim Tod eines Versicherten wird ein Zuschuß zu den Bestattungskosten (Sterbegeld) von 2100 DM bzw. 1050 DM (beim Tod eines im Rahmen der Familienversicherung nach § 10 SGB V Versicherten) bezahlt, wenn der Versicherte am 1. 1. 1989 versichert war.

7. Sonstige Leistungen

Fahrkosten übernimmt die Krankenkasse nur bei Fahrten zur stationären Behandlung und zurück sowie bei allen Rettungsfahrten zum Krankenhaus und bei Fahrten im Krankenwagen mit fachlicher Betreuung (Krankentransport), sowie bei Fahrten zu einer ambulanten Krankenbehandlung wenn dadurch eine an sich gebotene voll- oder teilstationäre Krankenhausbehandlung vermieden oder verkürzt wird, soweit die Kosten 25 DM je einfache Fahrt übersteigen (§ 60 SGB V).

In *Härtefällen* hat die Krankenkasse Versicherte vollständig von der Zuzahlung zu Arznei- und anderen Mitteln zu befreien, den vom Versicherten zu tragenden Teil bei Zahnersatz sowie Fahrkosten zu übernehmen, wenn der Versicherte unzumutbar belastet würde (§ 61 SGB V).

Weibliche Versicherte erhalten Leistungen bei *Schwangerschaft und Mutterschaft* (§§ 195 ff. RVO), bestehend aus ärztlicher Betreuung und Hebammenhilfe, Versorgung mit Arznei-, Verband- und Heilmitteln, stationäre Entbindung, häusliche Pflege, Haushaltshilfe, Mutterschaftsgeld, Entbindungsgeld. Weibliche Versicherte, die bei Arbeitsunfähigkeit Anspruch auf Krankengeld haben oder denen wegen der Schutzfristen nach dem Mutterschutzgesetz kein Arbeitsentgelt gezahlt wird, erhalten *Mutterschaftsgeld* als Ersatz für entgangenen Lohn. Voraussetzung ist, daß in der Zeit vom 10. bis zum 4. Monat vor der Entbindung für mindestens 12 Wochen eine Mitgliedschaft oder ein Arbeitsverhältnis bestanden hat. Als Mutterschaftsgeld wird das um die gesetzlichen Abzüge verminderte Arbeitsentgeld der letzten 3 Kalendermonate vor Beginn der sechswöchigen Schutzfrist, höchstens 25 DM je Kalendertag, gezahlt. Das Mutterschaftsgeld wird vor der Entbindung für 6 Wochen, den Entbindungstag und für 8 Wochen (bei Früh- und Mehrlingsgeburten: 12 Wochen) nach der Entbindung bezahlt (§ 200 RVO). Versicherte, die keinen Anspruch auf Mutterschaftsgeld haben (z. B. Familienversicherte) erhalten ein *Entbindungsgeld* von 150 DM (§ 200b RVO).

8. Leistungen in den neuen Bundesländern

In den neuen Bundesländern bestehen gem. § 310 SGB V verschiedene Abweichungen bei den Leistungen der Krankenversicherung. So ist z. B. bei bestimmten stationären Behandlungen kalendertäglich eine Zuzahlung von 9 DM zu leisten (§ 310 Abs. 1 SGB V).

II. Beitragspflicht

Die Mitglieder der Krankenkassen sind zu *Beiträgen* verpflichtet, die vom Arbeitgeber und vom Versicherten grundsätzlich zu gleichen Teilen zu tragen sind; bis zu einem Monatsverdienst von höchstens 1/7 der Beitragsbemessungsgrenze der gesetzlichen Rentenversicherung (652) trägt der Arbeitgeber die Beiträge allein (§ 249 SGB V).

Die *Höhe der Beiträge* richtet sich nach dem Lohn; sie geht von einem durchschnittlichen Grundlohn aus, wird durch die Satzung festgelegt und meist nach den von den Krankenkassen aufgestellten *Tabellen* ermittelt. Die *Zahlung der Beiträge* obliegt dem Arbeitgeber, der den Anteil des Arbeitnehmers bei der Lohnzahlung abzieht (§ 253 SGB V, §§ 28d ff. SGB IV). Studenten zahlen 7/10 des durchschnittlichen allgemeinen Beitragssatzes der Kranken- und Ersatzkassen; sie tragen die Beiträge allein (§§ 245, 254 SGB V). Rentner zahlen den normalen Beitrag, der sich nach dem durchschnittlichen allgemeinen Beitragssatz der Krankenkassen richtet (§ 247 SGB V). Die Krankenkasse kann in ihrer Satzung sowohl einen Selbstbehalt als auch eine Beitragsrückzahlung bei Nichtinanspruchnahme vorsehen (§§ 53, 54 SGB V).

III. Zur *Krankenversicherung der Landwirte* s. 670.

660. Die Unfallversicherung

ist im VII. Buch des SGB, eingeführt durch das Unfallversicherungs-Einordnungsgesetz vom 7. 8. 1996 (BGBl. I 1254), behandelt. Sie hat die Aufgabe, Arbeitsunfälle und Berufskrankheiten sowie arbeitsbedingte Gesundheitsgefahren mit allen geeigneten Mitteln zu verhüten und nach Eintritt von Arbeitsunfällen oder Berufskrankheiten die Gesundheit und Leistungsfähigkeit der Versicherten wiederherzustellen und sie oder ihre Hinterbliebenen durch Geldleistungen zu entschädigen (§ 1 SGB VII).

Pflichtversichert sind *alle* auf Grund eines Arbeits-, Dienst- oder Lehrverhältnisses Beschäftigten (Arbeiter, Angestellte, auch Vorstandsmitglieder) *ohne Rücksicht auf ein Entgelt* oder dessen Höhe; die im Gesundheits- und Veterinärwesen sowie in der Wohlfahrtspflege Tätigen, Blutspender, Luftschutzhelfer, die bei Unglücksfällen oder gemeiner Gefahr oder Not oder bei der Verfolgung Straftatverdächtiger Hilfeleistenden, Hausgewerbetreibende und Heimarbeiter, Unternehmer in der Landwirtschaft, der Schiffahrt und der Fischerei, Lernende während der Berufsausbildung, Kinder in Kindergärten, Schüler während des Schulbesuchs, Studenten sowie arbeitende Gefangene. *Befreit* sind u. a. Beamte, Mitglieder geistlicher Genossenschaften und Diakonissen, deren Unfallversorgung gesichert ist, gewisse freie Berufe im Gesundheitswesen, unentgeltlich beschäftigte Verwandte des Haushaltsvorstandes. Anderseits ist Unternehmern und ihren im Betrieb tätigen Ehegatten *freiwilliger Beitritt* gestattet. Vgl. §§ 2–6 SGB VII.

Der Abschluß einer *privaten* UV oder Haftpflichtversicherung entbindet nicht von der *gesetzlichen* UV, die eine *Pflichtversicherung* ist.

661. Träger der Unfallversicherung

sind die *Berufsgenossenschaften*. Sie umfassen innerhalb eines festgelegten Bezirks alle Unternehmen bestimmter Betriebsarten und Tätigkeiten. Daneben bestehen staatliche und gemeindliche Ausführungsbehörden und Gemeindeunfallversicherungsverbände sowie besondere Einrichtungen (Eigenunfallversicherung).

Die für eine Reihe von Erwerbszweigen eingerichteten Berufsgenossenschaften (s. Anlage 1 u. 2 zu § 114 SGB VII) sind *Selbstverwaltungskörperschaften* des öffentlichen Rechts. Sie haben das Recht, ihre Satzung und Verwaltung selbst zu bestimmen. Ihre *Organe* sind der Vorstand und die Vertreterversammlung (je zur Hälfte Arbeitgeber und Arbeitnehmer). Die Mittel werden durch Beiträge der Unternehmer im Umlageverfahren aufgebracht; die Höhe der Beiträge richtet sich nach dem Entgelt der Versicherten und nach dem Grad der Unfallgefahr in dem Unternehmen (§§ 152ff. SGB VII).

662. Gegenstand der Unfallversicherung

Aufgaben der Unfallversicherung ist *Prävention* (663), *Rehabilitation* und *Entschädigung*. Rehabilitation und Entschädigung kommen bei *Arbeitsunfällen* und *Berufskrankheiten* in Betracht. Auch verbotswidriges Handeln schließt einen Versicherungsfall nicht aus (§ 7 SGB VII). Der Anspruch kann aber versagt werden, wenn der Verletzte den Arbeitsunfall bei Begehung einer vorsätzlichen Straftat erlitten hat und dies rechtskräftig festgestellt ist.

Unter einem *Arbeitsunfall* versteht man zeitlich begrenzte, von außen auf den Körper einwirkende Ereignisse, die zu einem Gesundheitsschaden oder zum Tod führen. Die Unfallversicherung tritt dann ein, wenn es bei Ausübung der versicherten Tätigkeit oder auf dem Weg von oder zu dieser zu einem Unfall kommt (§ 8 SGB VII). In gewissen Fällen kommt ein Versicherungsschutz auch bei einem Umweg, beispielsweise dann, wenn mit anderen Berufstätigen oder Versicherten gemeinsam ein Fahrzeug benutzt wird, in Betracht. *Berufskrankheiten* sind Krankheiten, die die Bundesregierung durch Rechtsverordnung mit Zustimmung des Bundesrates als Berufskrankheiten bezeichnet und die der Versicherte bei einer versicherten Tätigkeit erleidet. Auch eine Krankheit, die nicht in der Rechtsverordnung bezeichnet ist, ist wie eine Berufskrankheit als Versicherungsfall anzuerkennen, sofern im Zeitpunkt der Entscheidung nach neuen Erkenntnissen der medizinischen Wissenschaft die Voraussetzungen hierfür erfüllt sind (§ 9 SGB VII).

Versicherte haben Anspruch auf *Heilbehandlung* einschließlich Leistungen der medizinischen Rehabilitation sowie auf soziale und berufsfördernde Leistungen. Der Versicherungsträger hat mit allen geeigneten Mitteln möglichst frühzeitig darauf hinzuwirken, daß ein Gesundheitsschaden beseitigt oder gebessert wird, daß Versicherte nach Genesung möglichst auf Dauer wieder beruflich eingegliedert werden, daß bei schwereren Gesundheitsschäden Hilfen zur Bewältigung der Anforderungen des täglichen Lebens gewährt werden und daß erforderlichenfalls auch Leistungen bei Pflegebedürftigkeit erbracht werden. Leistungen zu Heilbehandlung und zu Rehabilitation haben Vorrang vor Rentenleistungen.

Die Heilbehandlung umfaßt insbesondere die Erstversorgung, die ärztliche und zahnärztliche Behandlung, Arznei- und Verbandmittel, Heilmittel, sonstige Hilfsmittel, häusliche Krankenpflege u. a. (§§ 27 bis 34 SGB VII). Ferner können Leistungen zur Rehabilitation (§§ 35 bis 43), bei Pflegebedürftigkeit (§ 44) und *Verletztengeld* (entsprechend Krankengeld, vgl. 659 I 4) für die Dauer der Arbeitsunfähigkeit oder *Übergangsgeld* von (in der Regel) 70 bzw. 80 v. H. des Verletztengeldes während der Dauer einer Maßnahme der *Berufshilfe* gewährt werden. Ziel der Heilbehandlung und der Berufshilfe ist die Wiederherstellung der Arbeitsfähigkeit für die bisherige oder eine andere Tätigkeit. Erforderlichenfalls wird ein Heilverfahren oder die Umschulung auf einen anderen Beruf durchgeführt. Der Anspruch auf Zahlung einer *Rente* besteht bei mindestens 20 v. H. Minderung der Erwerbsfähigkeit, wenn sie länger als 26 Wochen dauert; bei Arbeitsunfähigkeit i. S. der Krankenversicherung wird *Übergangsgeld* gezahlt, das mit Beginn der Rente wegfällt. Die Rente beginnt mit dem Wegfall der Arbeitsunfähigkeit i. S. der Krankenversicherung, sonst mit dem Tag nach dem Unfall. Die Höhe der Renten richtet sich nach dem *Jahresarbeitsverdienst.* Bei völliger Erwerbsunfähigkeit wird die Vollrente (⅔ des Jahresarbeitsverdienstes), bei teilweiser Erwerbsunfähigkeit wird eine entsprechende Teilrente gewährt. Die Rente mindert sich mit der Verringerung der Einbuße an Erwerbsfähigkeit; ist diese um weniger als ⅕ gemindert, so fällt die Rente i. d. R. ganz fort (§ 56 SGB VII). Zur Feststellung erfolgen Nachuntersuchungen. Die Leistungen der Krankenkasse können angerechnet werden. Zwischen Krankenkasse und Berufsgenossenschaft findet Verrechnung statt. Im Todesfall werden *Sterbegeld, Hinterbliebenenrente* (Witwen-, Witwer-, Waisenrente) und *Beihilfen* gewährt (§§ 63ff. SGB VII).

Eine Rente kann durch *Kapitalabfindung* abgelöst werden. Auch kleine Dauerrenten, d. h. bei einer Minderung der Erwerbsfähigkeit um weniger als 40 v. H., können durch einen Kapitalbetrag abgefunden werden.

Besondere Bestimmungen bestehen für die *Seeunfallversicherung,* für die land- und forstwirtschaftliche Unfallversicherung und für *Schwerverletzte*.

663. Unfallverhütung

Aufgabe der Unfallversicherungsträger ist es gemäß § 14 SGB VII, mit allen Mitteln für die Verhütung von Arbeitsunfällen, Berufskrankheiten und arbeitsbedingten Gesundheitsgefahren und für eine wirksame Erste Hilfe zu sorgen. Hierbei sollen sie auch den Ursachen von arbeitsbedingten Gefahren für Leben und Gesundheit nachgehen. Zum Zweck der Verhütung von Arbeitsunfällen können die Unfallversicherungsträger *Unfallverhütungsvorschriften* erlassen (§ 15 SGB VII). Diese enthalten Bestimmungen über betriebliche Einrichtungen und das Verhalten der Versicherten; sie wenden sich an die Unternehmer und die Beschäftigten. Hinzu treten Vorschriften in anderen Gesetzen (z. B. Gewerbeordnung). Vgl. 620.

Nach dem Arbeitsschutzgesetz (620) ist der Unternehmer verpflichtet, die Arbeitsräume, Betriebsvorrichtungen, Maschinen und Gerätschaften unfallsicher bereitzustellen. Unternehmen mit mehr als 20 Beschäftigten müssen *Sicherheitsbeauftragte* bestellen (§ 22 SGB VII). Nach §§ 89, 91 BetrVG (vgl. 633) hat der Betriebsrat auf die Bekämpfung von Unfall- und Gesundheitsgefahren zu achten und die Arbeitsschutzbehörden, die Berufsgenossenschaften und sonstigen Stellen bei der Gefahrenbekämpfung durch Anregungen, Beratung und Auskunft zu unterstützen sowie sich für die Durchführung der Arbeitsschutzvorschriften einzusetzen. Unternehmer und Versicherte sind zur peinlichsten Beachtung der Unfallverhütungsvorschriften gleichermaßen verpflichtet. Über *Betriebsärzte* u. a. Fachkräfte für *Arbeitssicherheit* vgl. 620.

Die *Berufsgenossenschaften* überwachen die Durchführung und beraten ihre Mitglieder. Sie sind zur Anstellung von technischen Aufsichtsbeamten verpflichtet.

Für kaufmännische Angestellte und Hausgehilfinnen kommen die Bestimmungen der GewO über Arbeitnehmerschutz und Unfallverhütung (s. 620) nicht zur Anwendung; es gelten die Vorschriften der §§ 618 BGB, 62 HGB über den Gesundheitsschutz.

664. Die Rentenversicherung und ihre Entwicklung

Die Rentenversicherung in ihrer derzeitigen Form umfaßt drei Zweige: die Rentenversicherung der Arbeiter, der Angestellten und der im Bergbau Beschäftigten. Die Gesetze zur Neuregelung des Rechts der Rentenversicherung der Arbeiter und der Angestellten vom 23. 2. 1957 (BGBl. I 45, 88) brachten eine grundlegende Neugestaltung nach folgenden Gesichtspunkten:

a) Die Renten sollen echte Existenzgrundlage sein und dem jeweiligen Lohn- und Preisniveau und der wechselnden *Wirtschaftsproduktivität* angepaßt werden *(dynamische Rente)*. Zu diesem Zweck wird die Rente in gewissen Zeitabständen überprüft und ggf. erhöht und dadurch *währungsstabil* und wirtschaftskonform gehalten (*Rentenanpassungsgesetze)*.

b) Die in früheren Zeiten entrichteten Beiträge werden unter Berücksichtigung ihrer im Zeitpunkt der Entrichtung gegebenen Kaufkraft den Nominalbeträgen der Kaufkraft im Zeitpunkt der Leistungsfestsetzung gegenübergestellt und entsprechend angerechnet.

c) Maßnahmen zur Vorbeugung und zur Wiederherstellung der Gesundheit sollen als Regelleistungen gewährt werden und den Versicherten möglichst lange vor Berufsunfähigkeit bewahren.

Von 1984 an ist für die Rentenanpassung zum 1. 7. eines jeden Jahres der Lohnanstieg im jeweiligen Vorjahr maßgebend. Die Anpassung des aktuellen Rentenwerts erfolgt durch jährliche VO des Bundesministeriums für Arbeit und Sozialordnung.

Neben der in der Pflichtversicherung bestehenden Möglichkeit einer *Höherversicherung* hat das Rentenreformgesetz vom 16. 10. 1972 (BGBl. I 1965) die *freiwillige Versicherung für Selbständige* wieder eingeführt; auch können nicht Versicherungspflichtige für Zeiten nach vollendetem 16. Lebensjahr *freiwillig Beiträge* entrichten (s. 665). Frühere *Anwartschaften,* die vor Eintritt des Versicherungsfalles bestanden haben, sind aufrechterhalten worden. Sogar erloschene Anwartschaften sind wieder aufgelebt, wenn nach dem 1. 1. 1924 ein einziger Beitrag entrichtet worden und der Versicherungsfall nicht vor dem 1. 4. 1945 eingetreten ist. Bei den *Leistungen* wird zwischen dem Versicherungsfall des Alters, dem der Berufsunfähigkeit und dem der Erwerbsunfähigkeit unterschieden. Grundlegend geändert ist auch die *Berechnung der Renten* (vgl. 667 II, 669).

Das Rentenreformgesetz 1972 hat ferner die *flexible Altersgrenze* (667 I 1) eingeführt.

Auf Grund des *Ges. zur Neuordnung der Hinterbliebenenrenten sowie zur Anerkennung von Kindererziehungszeiten in der gesetzlichen Rentenversicherung* vom 11. 7. 1985 (BGBl. I 1450) wird für jedes Kind ein Erziehungsjahr in der gesetzlichen Rentenversicherung rentenbegründend und rentensteigernd anerkannt. Bei dem erziehenden Elternteil werden die ersten 12 Monate nach dem Geburtsmonat des Kindes als Pflichtversicherungszeit angerechnet. Die Regelung gilt allgemein für den Fall, daß das Kind nach dem 31. 12. 1985 geboren wird. Bei vor dem 1. 1. 1986 geborenen Kindern wird eine Anrechnung nur vorgenommen, wenn die Mutter bei Inkrafttreten des Gesetzes (1. 1. 1986) das 65. Lebensjahr noch nicht vollendet hat.

Für *Berlin* erging das Rentenversicherungsüberleitungsgesetz vom 10. 7. 1952 (GVBl. 588). Die Auswirkungen der Beitragszahlung im Saarland und im übrigen Bundesgebiet einschl. Berlin in der Kranken- und Rentenversicherung regelt das sog. *Auswirkungsgesetz* vom 26. 3. 1959 (BGBl. I 200).

Durch das *Gesetz zur Reform der gesetzlichen Rentenversicherung (Rentenreformgesetz 1992 – RRG 1992)* vom 18. 12. 1989 (BGBl. I 2261) m. spät. Änd., das am 1. 1. 1992 in Kraft trat, wurde das Recht der gesetzlichen Rentenversicherung in Buch VI des Sozialgesetzbuchs neu geregelt. Das RRG bringt unter anderem folgende Regelungen: der Beitragssatz wird jedes Jahr zur Deckung der Ausgaben und zur Aufrechterhaltung einer Schwankungsreserve durch Rechtsverordnung festgesetzt. Die Renten werden jährlich zum 1. 7. durch *Rechtsverordnung* angepaßt; diese Anpassung richtet sich nach den Bruttolöhnen unter Berücksichtigung der Veränderungen der Belastungen durch Steuern und Sozialbeiträge. Ab dem Jahr 1997 (s. das Wachstums- und Beschäftigungsförderungsgesetz v. 25. 9. 1996, BGBl. I 1461) werden die Altersgrenzen von 60 (mit Ausnahme für Berufs- und Erwerbsunfähige, Schwerbehinderte und Bergleute) und 63 Jahren schrittweise angehoben auf die Regelaltersgrenze von 65 Jahren. Wird die Rente früher in Anspruch genommen, mindert sie sich für jedes Jahr der vorzeitigen Inanspruchnahme um 3,6 v. H. Wird sie erst nach dem 65. Lebensjahr in Anspruch genommen, erhöht sie sich um jedes Jahr des späteren Rentenbeginns um 6 v. H. Die beitragsfreien Zeiten, also vor allem *Ausfallzeiten* (z. B. Krankheit, Ausbildung, Arbeitslosigkeit) und Ersatzzeiten (z. B. Kriegsdienst) werden neu geordnet, so werden z. B. Zeiten, in denen Lohnersatzleistungen wie Arbeitslosengeld bezogen wurden, ab 1995 wie Beitragszeiten behandelt; Zeiten der Kindererziehung werden unter bestimmten Voraussetzungen als besondere Berücksichtigungszeiten angerechnet. Das Gesetz weitet ferner die familienbezogenen Elemente der Rentenversicherung aus und sieht eine Mindestbewertung bestimmter Pflichtbeitragszeiten vor. Vertrauensschutz für die bestehenden Ansprüche wird dadurch gewährleistet, daß zum 1. 1. 1992 laufende Renten – mit Ausnahme von Verbesserungen – nicht geändert werden und außerdem besondere Übergangsregelungen vorgesehen sind.

665. Die Rentenversicherung der Arbeiter

Die Rentenversicherung der Arbeiter bezweckt die Versorgung der Arbeiter im Alter, bei Berufs- und Erwerbsunfähigkeit sowie die Versorgung ihrer Hinterbliebenen. Sie war früher in der Reichsversicherungsordnung und im Arbeiterrentenversicherungs-Neuregelungsgesetz geregelt. Ab 1. 1. 1992 ist das *SGB VI (Gesetzliche Rentenversicherung)* vom 18. 12. 1989 (BGBl. I 2261) m. spät. Änd. die Rechtsgrundlage für die Rentenversicherung der Arbeiter (s. 664). Mit diesem Zeitpunkt sind das Arbeiterrentenversicherungs-Neuregelungsgesetz und das Handwerkerversicherungsgesetz, das bisher die Rentenversicherung der selbständigen Handwerker regelte, außer Kraft getreten (Art. 83 Rentenreformgesetz 1992).

Versicherungspflichtig sind grundsätzlich alle Arbeitnehmer und sonstige Beschäftigte, also Personen, die gegen Arbeitsentgelt oder zu ihrer Berufsausbildung beschäftigt sind, Behinderte, die in anerkannten Werkstätten tätig sind oder in Anstalten, Heimen oder ähnlichen Einrichtungen regelmäßig ein Fünftel der Leistung eines voll erwerbsfähigen Beschäftigten erbringen, Personen, die in bestimmten Einrichtungen für eine Erwerbstätigkeit befähigt werden sollen sowie Mitglieder geistlicher Genossenschaften, Diakonissen und Angehörige ähnlicher Gemeinschaften (§ 1 SGB VI); versicherungspflichtig sind ferner unter bestimmten weiteren Voraussetzungen selbständig tätige Lehrer, Pflegepersonen, Hebammen, Seelotsen, Künstler und Publizisten, Hausgewerbetreibende, Küstenschiffer und Handwerker, die in die Handwerksrolle eingetragen sind (§ 2 SGB VI). Selbständige können innerhalb einer Frist von 5 Jahren nach Aufnahme der selbständigen Tätigkeit eine Pflichtversicherung in der Rentenversicherung beantragen (§ 4 Abs. 2 SGB VI). Eine Arbeitsverdienstgrenze wie bei der Krankenversicherung (vgl. 652) besteht nicht, so daß auch Beschäftigte mit einem Arbeitsentgelt über der Beitragsbemessungsgrenze (s. 668) versicherungspflichtig bleiben.

Versicherungsfrei sind Beamte und Richter auf Lebenszeit, sonstige Beschäftigte von juristischen Personen des öffentlichen Rechts, Mitglieder geistlicher Genossenschaften, Diakonissen und Angehörige ähnlicher Gemeinschaften, wenn ihnen eine Versorgungsanwartschaft bei dieser Gemeinschaft gesichert ist, sowie Personen mit einer geringfügigen Beschäftigung und Personen, die eine Vollrente wegen Alters beziehen (§ 5 SGB VI). In bestimmten Fällen kann auf Antrag von der Versicherungspflicht eine *Befreiung* erteilt werden (§ 6 SGB VI). Personen, die nicht versicherungspflichtig sind, können sich für Zeiten von der Vollendung des 16. Lebensjahres an *freiwillig* versichern (§ 7 SGB VI). Versichert sind auch Personen, die nachversichert sind (z. B. Beamte, die ohne Versorgungsanspruch aus dem Dienst ausgeschieden sind) oder für die auf Grund eines Versorgungsausgleichs (s. 346 III 3) Rentenanwartschaften übertragen oder begründet sind. Personen, die versicherungsfrei oder von der Versicherung befreit sind, können sich nur dann freiwillig versichern, wenn sie die allgemeine Wartezeit (5 Jahre, § 50 SBG VI) erfüllt haben (§ 7 Abs. 2 SGB VI).

In den neuen Bundesländern gilt das Rentenreformgesetz 1992 (SGB VI) mit bestimmten Maßgaben ab 1. 1. 1991 (s. Einigungsvertrag, Anlage I, Kap. VIII, Sachgebiet H, Abschnitt III Nr. 1). Es sind in den neuen Ländern zum 1. 1. 1991 je eine Landesversicherungsanstalt als Träger der Rentenversicherung der Arbeiter errichtet worden; die Zuständigkeit der Bundesversicherungsanstalt für Angestellte, der Bundesknappschaft, der Bundesbahn-Versicherungsanstalt und der Seekasse erstreckt sich vom 1. 1. 1991 auf das Beitrittsgebiet.

666. Träger der Rentenversicherung der Arbeiter

sind in erster Linie die *Landesversicherungsanstalten,* die nach näherer Bestimmung der Landesregierung für das Gebiet eines Landes, für Gemeindeverbände oder andere Gebietsteile errichtet werden (§ 127 Nr. 1 SGB VI).

Daneben bestehen die *Bahn-Versicherungsanstalt* für die Bahnbediensteten und die *Seekasse* für Seeleute (§ 127 Nrn. 2, 3 SGB VI) sowie die *Bundesknappschaft* (671) für die im Bergbau Beschäftigten (§ 136 SGB VI).

Die *Landesversicherungsanstalt* ist eine rechtsfähige Körperschaft öffentlichen Rechts. Ihr Sitz wird von der Landesregierung bestimmt. Sie kann auch für mehrere Länder eingerichtet werden. Die Landesversicherungsanstalt umfaßt alle in ihrem Bezirk Beschäftigten, sofern sie nicht in Sonderanstalten versicherungspflichtig sind. Ihre Organe sind der *Vorstand,* der die Eigenschaft einer öffentlichen Behörde hat und in dem Arbeitgeber und Versicherte gleichmäßig vertreten sind, und die *Vertreterversammlung,* die im Wege der Verhältniswahl aus den Kreisen der Versicherten und der Arbeitgeber gebildet wird. Vgl. §§ 31, 44 SGB IV und 653.

667. Leistungen der Rentenversicherung der Arbeiter

Die Rentenversicherung erbringt medizinische, berufsfördernde und ergänzende Leistungen zur *Rehabilitation* (§ 9 SGB VI) und *Renten* wegen Alters, wegen verminderter Erwerbsfähigkeit oder wegen Todes (§ 33 SGB VI).

I. Renten wegen Alters, wegen verminderter Erwerbsfähigkeit oder wegen Todes

Die Rentenversicherung unterscheidet verschiedene Rentenarten nämlich die Rente wegen Alters, wegen verminderter Erwerbsfähigkeit oder wegen Todes (§ 33 SGB VI). Leistungen zur Rehabilitation haben Vorrang vor Rentenleistungen, die bei erfolgreicher Rehabilitation nicht oder voraussichtlich erst zu einem späteren Zeitpunkt zu erbringen sind (§ 9 Abs. 1 S. 2 SGB VI). Voraussetzung für die Zahlung einer Rente ist stets der *Eintritt des Versicherungsfalles* und die Erfüllung einer *Wartezeit* (Zurücklegung einer Mindestversicherungszeit). Die allgemeine Wartezeit ist 5 Jahre (§ 50 SGB VI); sie wird erfüllt mit *Beitragszeiten* (Pflichtbeitragszeiten einschließlich Kindererziehungszeiten, Zeiten mit freiwilligen Beiträgen), *Ersatzzeiten* (insbesondere Zeiten des Kriegsdienstes, der Kriegsgefangenschaft, Verfolgung, Vertreibung) sowie Zeiten aus einem durchgeführten Versorgungsausgleich (s. 346 III 3).

1. Rente wegen Alters

wird geleistet als Regelaltersrente, Altersrente für langjährig Versicherte, Altersrente für Schwerbehinderte, Berufsunfähige oder Erwerbsunfähige, Altersrente wegen Arbeitslosigkeit, Altersrente für Frauen, Altersrente für langjährig unter Tage beschäftigte Bergleute (§ 33 Abs. 2 SGB VI).

Versicherte haben gem. § 35 SGB VI Anspruch auf Altersrente, wenn sie das 65. Lebensjahr vollendet und die allgemeine Wartezeit (5 Jahre, § 50 Abs. 1 Nr. 1 SGB VI) erfüllt haben *(Regelaltersrente).* Ein Anspruch auf *Altersrente für langjährig Versicherte* besteht nach Vollendung des 63. (ab 1. 1. 2002: 65.) Lebensjahres und Erfüllung einer Wartezeit von 35 Jahren (§ 36 SGB VI). Anspruch auf eine *Altersrente für Schwerbehinderte, Berufsunfähige oder Erwerbsunfähige* hat, wer das 60. Lebensjahr vollendet hat, bei Beginn der Altersrente als Schwerbehinderter (§ 1 Schwerbehindertengesetz) anerkannt, berufsunfähig oder erwerbsunfähig ist und die Wartezeit von 35 Jahren erfüllt hat (§ 37 SGB VI). Anspruch auf *Altersrente wegen Arbeitslosigkeit* hat, wer das 61. (mit jährlicher Steigerung bis 2001 zum 65.) Lebensjahr vollendet hat, arbeitslos ist, innerhalb der letzten 1½ Jahre vor Rentenbeginn insgesamt 52 Wochen arbeitslos war, 8 Jahre Pflichtbeitragszeiten in den letzten 10 Jahren vor Rentenbeginn und die Wartezeit von 15 Jahren erfüllt hat. Versicherte Frauen haben Anspruch auf *Altersrente für Frauen* nach Vollendung des 60. (ab 1. 1. 2002: 65.) Lebensjahres, und wenn sie nach Vollendung des 40. Lebensjahres mehr als 10 Jahre Pflichtbeitragszeiten und die Wartezeit von 15 Jahren erfüllt haben (§ 39 SGB VI). Ein vorzeitiger Rentenbezug ab Vollendung des 60. Lebensjahres bleibt möglich, führt aber bei der Rente zu einem dauerhaften Abschlag von 0,3% je vorgezogenem Monat bzw. 3,6% je Jahr.

Durch des *Altersteilzeitgesetz* vom 23. 7. 1996 (BGBl. I 1078) soll älteren Arbeitnehmern durch Altersteilzeitarbeit ein gleitender Übergang vom Erwerbsleben in die Altersrente ermöglicht werden. Durch die Bundesanstalt für Arbeit können ältere Arbeitnehmer, die ihre Arbeitszeit ab Vollendung des 55sten Lebensjahres spätestens ab 31. 7. 2001 vermindern und damit die Einstellung eines sonst arbeitslosen Arbeitnehmers ermöglichen, gefördert werden. Diese Förderung für längstens 5 Jahre wird dem Arbeitgeber geleistet, wobei Voraussetzung ist, daß das Arbeitsentgelt für die Altersteilzeitarbeit einen Mindestnettobetrag erreicht, der jeweils jährlich vom Bundesministerium für Arbeit und Sozialordnung in einer *MindestnettobetragsVO* (für 1997 vom 20. 12. 1996, BGBl. I 2162) festgelegt wird).

Der Anspruch des Versicherten auf eine Rente wegen Alters ist kein Grund, der die Kündigung des Arbeitsverhältnisses durch den Arbeitgeber nach dem Kündigungsschutzgesetz (s. 630) bedingen kann (§ 41 Abs. 4 S. 1 SGB VI). Versicherte können eine Rente wegen Alters in voller Höhe *(Vollrente)* oder als *Teilrente,* die ein Drittel, die Hälfte oder zwei Drittel der erreichten Vollrente beträgt, in Anspruch nehmen (§ 42 SGB VI). Die Teilrente ist eine im Vergleich zur Vollrente in der Höhe herabgesetzte Altersrente; sie gibt dem Versicherten durch die bei der Teilrente höheren Hinzuverdienstgrenzen die Möglichkeit eines gleitenden Übergangs in den Ruhestand. Eine Rente wegen Alters wird vor Vollendung des 65. Lebensjahres nur geleistet, wenn die *Hinzuverdienstgrenze* nicht überschritten wird. Die allgemeine Hinzuverdienstgrenze beträgt gem. § 34 Abs. 3 Nr. 1 SGB VI bei einer Rente wegen Alters als Vollrente ⅐ der monatlichen Bezugsgröße (Bezugsgröße für 1997: 4270 DM monatlich; ⅐ hiervon: 610 DM; s. *Sozialversicherungs-RechengrößenVO* (652). In den neuen Ländern beträgt die Bezugsgröße ab 1. 1. 1997 3640 DM monatlich. Bei einer Teilrente richtet sich die individuelle Hinzuverdienstgrenze bis zur Vollendung des 65. Lebensjahres nach den im letzten Kalenderjahr vor Beginn der ersten Rente wegen Alters erreichten Entgeltpunkten, wenn diese mehr als 0,5 betragen (vgl. im einzelnen § 34 Abs. 3 Nr. 2 SGB VI). Wenn eine Hinzuverdienstgrenze überschritten wird, besteht Anspruch auf die jeweils niedrigere Teilrente. Vom vollendeten 65. Lebensjahr an darf ohne Minderung der Rente hinzuverdient werden.

2. Renten wegen verminderter Erwerbsfähigkeit

a) Rente wegen Berufsunfähigkeit

Versicherte haben bis zur Vollendung des 65. Lebensjahres Anspruch auf *Rente wegen Berufsunfähigkeit,* wenn sie berufsunfähig sind, in den letzten 5 Jahren vor Eintritt der Berufsunfähigkeit 3 Jahre Pflichtbeitragszeiten haben und vor Eintritt der Berufsunfähigkeit die allgemeine Wartezeit (5 Jahre, § 50 Abs. 1 Nr. 2 SGB VI) erfüllt haben (§ 43 Abs. 1 SGB VI). *Berufsunfähig* sind Versicherte, deren Erwerbsfähigkeit wegen Krankheit oder Behinderung auf weniger als die Hälfte derjenigen von körperlich, geistig und seelisch gesunden Versicherten mit ähnlicher Ausbildung und gleichwertigen Kenntnissen und Fähigkeiten gesunken ist (§ 43 Abs. 2 SGB VI).

b) Rente wegen Erwerbsunfähigkeit

Anspruch auf *Rente wegen Erwerbsunfähigkeit* hat der Versicherte, der erwerbsunfähig ist, in den letzten 5 Jahren vor Eintritt der Erwerbsunfähigkeit 3 Jahre Pflichtbeitragszeiten hat und vor Erwerbsunfähigkeitseintritt die allgemeine Wartezeit von 5 Jahren (§ 50 Abs. 1 Nr. 2 SGB VI) erfüllt hat (§ 44 SGB VI). *Erwerbsunfähig* sind Versicherte, die wegen Krankheit oder Behinderung auf nicht absehbare Zeit außerstande sind, eine Erwerbstätigkeit in gewisser Regelmäßigkeit auszuüben oder Arbeitsentgelt oder Arbeitseinkommen zu erzielen, das 1/7 der monatlichen Bezugsgröße übersteigt. Erwerbsunfähig ist nicht, wer eine selbständige Tätigkeit ausübt (§ 44 Abs. 2 SGB VI).

Die Arbeitsmarktlage ist bei der Entscheidung über die Berufs- oder Erwerbsunfähigkeitsrente nicht zu berücksichtigen.

3. Renten wegen Todes

Rente wegen Todes wird geleistet als Witwen- oder Witwerrente, Erziehungsrente, Waisenrente (§ 33 Abs. 4 SGB VI). Witwen oder Witwer, die nicht wieder geheiratet haben, haben nach dem Tode des versicherten Ehegatten Anspruch auf *kleine Witwenrente* oder *kleine Witwerrente* (25% der Erwerbsunfähigkeitsrente des Verstorbenen), wenn der versicherte Ehegatte die allgemeine Wartezeit erfüllt hat. Anspruch auf *große Witwenrente* oder *große Witwerrente* (60% der Erwerbsunfähigkeitsrente des Verstorbenen) haben Witwen oder Witwer, wenn sie ein eigenes Kind oder ein Kind des versicherten Ehegatten, das das 18. Lebensjahr noch nicht vollendet hat, erziehen, das 45. Lebensjahr vollendet haben oder berufs- oder erwerbsunfähig sind. Versicherte haben bis zur Vollendung des 65. Lebensjahres Anspruch auf *Erziehungsrente,* wenn ihre Ehe nach dem 30. 6. 1977 geschieden und der geschiedene Ehegatte gestorben ist, sie ein eigenes Kind oder ein Kind des geschiedenen Ehegatten erziehen, sie nicht wieder geheiratet haben und bis zum Tode des geschiedenen Ehegatten die allgemeine Wartezeit (5 Jahre) erfüllt haben (§ 47 SGB VI). Kinder haben nach dem Tode eines Elternteils Anspruch auf *Halbwaisenrente,* wenn sie noch einen Elternteil haben, der unterhaltspflichtig ist und der verstorbene Elternteil die allgemeine Wartezeit von 5 Jahren erfüllt hatte. Sie haben Anspruch auf *Vollwaisenrente,* wenn kein unterhaltspflichtiger Elternteil mehr vorhanden ist und der verstorbene Elternteil die allgemeine Wartezeit erfüllt hatte. Der Anspruch auf Halb- oder Vollwaisenrente besteht längstens bis zur Vollendung des 18., bei Ausbildung bis zur Vollendung des 27. Lebensjahres.

II. Rentenberechnung ab 1992

Ab 1. 1. 1992 richtet sich die Rentenberechnung auf Grund des Rentenreformgesetzes 1992 (RRG) vom 18. 12. 1989 (BGBl. I 2261) nach folgenden Grundsätzen (vgl. § 63 SGB VI):

1. Die Höhe einer Rente richtet sich vor allem nach der Höhe der während des Versicherungslebens durch Beiträge versicherten Arbeitsentgelte und Arbeitseinkommen (Grundsatz der *Lohn- und Beitragsbezogenheit* der Rente), s. § 63 Abs. 1 SGB VI.
2. Das in den Kalenderjahren durch Beiträge versicherte Arbeitsentgelt und Arbeitseinkommen wird in *Entgeltpunkte (EP)* umgerechnet. Die Versicherung eines Arbeitsentgelts oder Arbeitseinkommens in Höhe des Durchschnittsentgelts eines Kalenderjahres (s. dazu Anlage 1 zum RRG) ergibt einen vollen EP, s. § 63 Abs. 2, § 66 SGB VI. Im einzelnen werden die EPe wie folgt ermittelt: das versicherte Arbeitsentgelt wird bis zur Beitragsbemessungsgrenze zunächst für jedes Kalenderjahr durch das Durchschnittsentgelt aller Versicherten für dasselbe Kalenderjahr geteilt. Beispiel: A hat 1984 DM 17146 verdient; Durchschnittentgelt 1984 war DM 34292; es ergeben

sich damit 0,5 EPe. Die Ermittlung der EPe für ein Kalenderjahr ist unabhängig von der Dauer der Beitragszahlung und von der Höhe der Beiträge. Pflichtbeitragszeiten für eine Berufsausbildung erhalten unabhängig von der Höhe des tatsächlichen Verdienstes mindestens 0,9 EPe je volles Jahr. Für jedes Jahr an Kindererziehungszeit werden 0,75 EPe gutgeschrieben.

3. Für beitragsfreie Zeiten werden EPe angerechnet, deren Höhe von der Höhe der in der übrigen Zeit versicherten Arbeitsentgelte und Arbeitseinkommen abhängig ist (§ 63 Abs. 3 SGB VI).
4. Das Sicherungsziel der jeweiligen Rentenart im Verhältnis zu einer Altersrente wird durch den *Rentenartfaktor (RAF)* bestimmt (§ 63 Abs. 4, § 67 SGB VI). Eine Rente wegen Alters oder wegen Erwerbsunfähigkeit soll eine volle Sicherheit erreichen, deshalb beträgt der RAF 1,0; eine Rente wegen Berufsunfähigkeit bei weiterer Erwerbstätigkeit soll ⅔ des Lebensstandards sichern, deshalb beträgt der RAF 0,6667. S. die einzelnen RAFs in § 67 SGB VI.
5. Bei vorzeitiger Inanspruchnahme einer Altersrente oder bei Verzicht auf eine Altersrente nach dem 65. Lebensjahr werden die Vor- oder Nachteile der unterschiedlichen Rentenbezugsdauer durch einen *Zugangsfaktor (ZF)* ausgeglichen (§ 63 Abs. 5, § 77 SGB VI). Der ZF beträgt grundsätzlich 1,000, wenn eine Altersrente mit Erreichen der maßgeblichen Regelaltersgrenze bewilligt wird und wenn bei einem vorzeitigen Rentenbezug Vorteile nicht auszugleichen sind (z. B. bei Renten wegen verminderter Erwerbsfähigkeit oder Altersrenten für Schwerbehinderte). Ab 2001 mindert sich der ZF für jeden Monat, um den die Rente vor Erreichen der maßgeblichen Altersgrenze in Anspruch genommen wird, um 0,003. Wird die Rente erst nach Vollendung des 65. Lebensjahrs in Anspruch genommen, erhöht sich der ZF für jeden Monat, in dem die Rente nicht in Anspruch genommen wird, um 0,005. Beispiel: A könnte mit einem ZF von 1,0 ab 1. 1. eine Rente beziehen; nimmt er die Rente erst 1 Jahr später in Anspruch, erhöht sich der ZF um 12 × 0,005 auf 1,060, d. h. er erhält eine um 6% höhere Rente. Verknüpft man den ZF mit den EPen, ergeben sich die *persönlichen Entgeltpunkte (PEP)*. Beispiel: A hat 45 EPe; er nimmt seine Rente erst 1 Jahr später in Anspruch und hat deshalb einen ZF von 1,060. Seine PEP sind 45 × 1,060 = 47,7 PEP.
6. Der Monatsbetrag einer Rente ergibt sich, indem die unter Berücksichtigung des ZFs ermittelten persönlichen EPe mit dem Rentenartfaktor und dem *aktuellen Rentenwert (AR)* vervielfältigt werden (§ 63 Abs. 6 SGB VI). Hierdurch wird die Lohnentwicklung und somit auch die eingetretene Geld- und Produktivitätsentwicklung berücksichtigt, so daß die Renten als dynamische Renten oder Produktivitätsrenten bezeichnet werden können.
7. Der AR wird entsprechend der Entwicklung des Durchschnittsentgelts unter Berücksichtigung der Belastungsveränderung bei Arbeitsentgelten und Renten durch Steuern und Beiträge zur Sozialversicherung und zur BfA jährlich angepaßt (§ 63 Abs. 7, § 68 SGB VI). Die Renten müssen zur Sicherung der Stellung der Rentner im Einkommensgefüge dem Lebensstandard der aktiven Generation ständig angepaßt werden *(Dynamisierung)*. Diese Anpassung wird durch den AR vorgenommen. Ab 1992 wird sich der AR so entwickeln, daß dem Grundsatz der gleichzeitigen Entwicklung von Renten und verfügbaren Arbeitsentgelten voll genügt wird. Die BReg. hat durch Rechtsverordnung den zum 1. 7. eines Jahres maßgebenden AR zu bestimmen (§ 69 SGB VI). Die Renten und Rentenanwartschaften werden jährlich zum 1. Juli so angepaßt, wie im vorhergegangenen Jahr die Bruttolöhne unter Berücksichtigung von Belastungsveränderungen durch Steuern und Sozialbeiträge angestiegen sind (Nettoanpassung, s. §§ 65, 68 SGB VI).

Nach diesen Grundsätzen ergibt sich die *monatliche Rente (MR)*, wenn die unter Berücksichtigung des Zugangsfaktors ermittelten persönlichen Entgeltpunkte (PEP), der Rentenartfaktor (RAF) und der aktuelle Rentenwert (AR) mit ihrem Wert bei Rentenbeginn miteinander vervielfältigt werden. Dies ergibt die *Rentenformel:* MR = PEP × RAF × AR (§ 64 SGB VI).

III. Rentenverfahren

Das Verfahren zur Festsetzung und Auszahlung der Rente setzt einen Antrag voraus (§ 115 Abs. 1 SGB VI).

Die Renten werden durch *Rentenbescheid* der Landesversicherungsanstalt festgestellt und durch die Post ausgezahlt (§§ 117–119 SGB VI). Gegen den Bescheid ist der Rechtsweg zum *Sozialgericht* gegeben (689). Für den Versicherten wird ein *Versicherungskonto* geführt, das durch die Versicherungsnummer gekennzeichnet ist. Der Versicherte erhält regelmäßig eine Mitteilung über die dort gespeicherten Daten *(Versicherungsverlauf),* § 149 SGB VI. Der Versicherte, der das 55. Lebensjahr vollendet hat, erhält von Amts wegen Auskunft über die Höhe der bisher erworbenen Anwartschaft auf Altersruhegeld *(Rentenauskunft).* Die Rentenauskunft kann auf Antrag auch jüngeren Versicherten erteilt werden (§ 109 SGB VI).

668. Die Beiträge zur Rentenversicherung der Arbeiter

Die Rentenversicherung wird durch Beiträge der Arbeitgeber und der Versicherten (beide je ½, § 168 Abs. 1 Nr. 1 SGB VI) sowie durch Zuschüsse des Bundes finanziert (§ 213 SGB VI). Die Beiträge werden nach einem Vomhundertsatz *(Beitragssatz)* von der *Beitragsbemessungsgrundlage* (dem Bruttolohn, vgl. § 161ff. SGB VI) erhoben, die nur bis zur *Beitragsbemessungsgrenze* berücksichtigt wird (§ 157 SGB VI). Die Beitragsbemessungsgrenze wird durch Rechtsverordnung der BReg. für jedes Jahr festgesetzt (§ 160 SGB VI; s. *Sozialversicherungs-Rechengrößenverordnung,* 652). Die Beiträge der Versicherten werden ebenso wie die Krankenkassenbeiträge durch die Arbeitgeber vom Lohn einbehalten und zusammen mit den Arbeitgeber-Beiträgen den Krankenkassen (Einzugsstelle) zugeleitet, die den entsprechenden Teil an die Landesversicherungsanstalt weiterleiten (§ 174 SGB VI, §§ 28d ff. SGB IV, s. 655 II). Im übrigen sind – soweit nichts anderes bestimmt ist – die Beiträge von denjenigen, die sie zu tragen haben, unmittelbar an die Träger der Rentenversicherung zu zahlen (§ 173 SGB VI).

Der *Beitragssatz* wird durch Rechtsverordnung der BReg. (§ 160 SGB VI) für jedes Jahr so festgesetzt, daß die Einnahmen der Rentenversicherung – einschließlich des Bundeszuschusses – die Ausgaben decken und daß am Ende des Kalenderjahres eine Schwankungsreserve von einer Monatsausgabe vorhanden ist (§ 158 SGB VI). Der Beitragssatz beträgt im Jahr 1997 20,3 v. H. Für Versicherte, die selbst die Beiträge entrichten, gilt die *RV-BeitragszahlungsVO* vom 30. 10. 1991 (BGBl. I 2057). Bei den zur *Wehr(Zivil)dienstleistung* einberufenen Versicherten trägt der Bund die Beiträge während der Dienstdauer, § 170 Abs. 1 Nr. 1 SGB VI; s. dazu *RV-PauschalbeitragsVO* i. d. F. vom 30. 10. 1991 (BGBl. I 2055).

669. Die Angestelltenversicherung

ist neben der Rentenversicherung der Arbeiter und der Knappschaftsversicherung der dritte Zweig der *Rentenversicherung*. Sie bezweckt wie diese die Alters- und Berufs- bzw. Erwerbsunfähigkeitsversorgung der Angestellten und die Versorgung der Hinterbliebenen.

Der Begriff des *Angestellten* ist ebensowenig wie der des Arbeiters gesetzlich allgemeingültig definiert. Merkmal ist die mehr gedankliche Beschäftigung, die den Angestellten von dem überwiegend körperlich tätigen Handwerker oder Arbeiter unterscheidet. Insbesondere gehören zu den Angestellten leitende Personen, technische Angestellte, Werkmeister, Büroangestellte, Handlungsgehilfen sowie Angestellte in Berufen der Erziehung, des Unterrichts, der Fürsorge, der Kranken- und Wohlfahrtspflege.

Gesetzliche Grundlage für die Rentenversicherung der Angestellten ist ab 1. 1. 1992 das *Sozialgesetzbuch VI (Gesetzliche Rentenversicherung)*. Zum gleichen Zeitpunkt sind die früher maßgeblichen Gesetze, das Angestelltenversicherungsgesetz (AVG) vom 28. 5. 1924 (RGBl. I 563) und das Angestelltenversicherungs-Neuregelungsgesetz vom 23. 2. 1957 (BGBl. I 88) m. zahlr. spät. Änd., außer Kraft getreten.

Träger der Angestelltenversicherung ist gem. § 132 SGB VI die durch Gesetz vom 7. 8. 1953 (BGBl. I 857) errichtete *Bundesversicherungsanstalt für Angestellte*. Vgl. 56 IV, 100. Ihr Sitz ist *Berlin*. Sie ist Körperschaft des öffentlichen Rechts und untersteht der Aufsicht des Bundesversicherungsamts. Ihre Organe sind der Vorstand und die Vertreterversammlung, welche nach §§ 45ff. SGB IV (vgl. 653) gewählt werden.

Für die Versicherungspflicht, die Möglichkeiten der freiwilligen Versicherung, die Versicherungsleistungen und die Beiträge gelten die Bestimmungen des SGB VI, die ab 1. 1. 1992 für alle Arten der Rentenversicherung allein maßgebend sind (s. 664, 665, 667 668).

670. Krankenversicherung und Alterssicherung der Landwirte

I. Gesetzliche Grundlagen

Die soziale Sicherung der selbständig (als Unternehmer) tätigen Land- und Forstwirte ist durch das Gesetz über die Alterssicherung der Landwirte (ALG) (s. u. III) vom 29. 7. 1994 (BGBl. I 1891) m. spät. Änd. geregelt. Zur Krankenversicherung erging das Gesetz über die Krankenversicherung der Landwirte vom 10. 8. 1972 (BGBl. I 1433) – KVLG – m. spät. Änd. sowie das Zweite Gesetz über die Krankenversicherung der Landwirte vom 20. 12. 1988 (BGBl. I 2477, 2557) m. spät. Änd., zuletzt durch das Agrarsozialreformgesetz 1995 vom 29. 7. 1994 (BGBl. I 1890, 1929). Letzteres ist für die meisten Krankenversicherungsleistungen maßgebend.

II. Die *Krankenversicherung* für Landwirte

umfaßt alle Unternehmer der Land(Forst)wirtschaft einschl. Wein-, Obst-, Gemüse-, Gartenbau, Teichwirtschaft und Fischzucht sowie Unternehmer der Seen- und Flußfischerei und der Imkerei nebst mitarbeitenden Familienangehörigen (mindestens 15jährige oder auszubildende). *Pflichtversichert* ist auch, wer das 65. Lebensjahr vollendet hat und während der letzten 15 Jahre mindestens 60 Monate als landw. Unternehmer tätig war. „Unternehmer" ist, für dessen Rechnung das Unternehmen geht, falls dieses – unabhängig vom jeweiligen Unternehmer – eine auf Bodenbewirtschaftung beruhende Existenzgrundlage bildet und die Mindestgröße erreicht (s. hierzu § 1 Abs. 5 ALG). Ein Unternehmer, dessen Einkommen die Versicherungspflichtgrenze (s. 652) übersteigt, kann sich von der Pflichtversicherung befreien lassen. Die Möglichkeit *freiwilliger Versicherung* (652) besteht wie in der allgemeinen Krankenversicherung (§§ 1–6 KVLG 1989).

Auch die *Leistungen* entsprechen der allgemeinen Krankenversicherung (s. 659 I); dazu treten *Betriebshilfe* bis zu 3 Monaten bei längerer Krankheit und *Haushaltshilfe* für eine *Ersatzkraft* zur Führung des Haushalts (§§ 9, 10ff. KVLG 1989). *Träger* der Versicherung sind die bei den landw. Berufsgenossenschaften errichteten *landw. Krankenkassen* (Körperschaften öff. Rechts), die in einem *Bundesverband* zusammengeschlossen sind (§§ 17, 34ff. KVLG 1989). Die Mittel der Krankenversicherung werden durch *Beiträge* der landw. Unternehmer nach *Beitragsklassen,* durch Bundeszuschüsse und durch sonstige Einnahmen aufgebracht (§§ 37ff. KVLG).

III. Die *Alterssicherung* der *Landwirte*

geht davon aus, daß Landwirte und mitarbeitende Familienangehörige, also grundsätzlich auch die Bäuerinnen versicherungs- und beitragspflichtig sind (§ 1 ALG). Landwirte und *mitarbeitende Familienangehörige,* die das 18. Lebensjahr noch nicht oder das 65. Lebensjahr bereits vollendet haben, sind versicherungsfrei. Voraussetzung für die Landwirtseigenschaft ist ferner, daß der Landwirt als Unternehmer ein auf Bodenbewirtschaftung beruhendes Unternehmen der Landwirtschaft betreibt und dieses Unternehmen die Mindestgröße (§ 1 Abs. 5 ALG) erreicht. Befreiung von der Versicherungspflicht, freiwillige Versicherung oder Weiterversicherung ist in bestimmten Fällen möglich (§§ 3–5 ALG).

Anspruch auf *Altersrente* haben Landwirte, wenn sie das 65. Lebensjahr vollendet und die Wartezeit von 15 Jahren erfüllt haben und das Unternehmen der Landwirtschaft abgegeben ist (s. hierzu § 21 ALG). Für mitarbeitende Familienangehörige gilt dies ebenso (§ 11 ALG). Eine vorzeitige Altersrente ab dem 55. Lebensjahr ist möglich, wenn der Betrieb abgegeben und die Wartezeit erfüllt ist und wenn einer der Ehegatten bereits Anspruch auf eine Altersrente vom 65. Lebensjahr an hat. Die Voraussetzungen der Rente wegen *Erwerbsunfähigkeit* regelt § 13 ALG. *Witwen* oder *Witwer,* die nicht wieder geheiratet haben, haben nach dem Tode des Versicherten Anspruch, wenn das Unternehmen der Landwirtschaft des Verstorbenen abgegeben ist, dieser die Wartezeit von 5 Jahren erfüllt hat, der überlebende Ehegatte nicht Landwirt ist und entweder ein noch nicht 18jähriges Kind erzieht oder das 45. Lebensjahr vollendet hat oder erwerbsunfähig ist (§ 14 ALG). Zur *Waisenrente* siehe § 15 ALG.

Die *Rentenberechnung* richtet sich nach §§ 23ff. ALG. Der Monatsbetrag der Alters- oder Erwerbsunfähigkeitsrente ergibt sich durch Vervielfältigung des jeweiligen allgemeinen Rentenwertes, der jeweils zum 1. Juli eines Jahres durch Rechtsverordnung festgesetzt wird, mit der Steigerungszahl, die nach § 23 Abs. 2 und 3 zu ermitteln ist. Die Witwen- oder Witwerrente beträgt das 0,6fache, die Rente für Vollwaisen jeweils das 0,2fache, die für Halbwaisen das 0,2fache der Rente wegen Erwerbsunfähigkeit des oder der Verstorbenen. Die Anpassung der Renten erfolgt jährlich zum 1. Juli. Die Alterssicherung für Landwirte erbringt ferner medizinische und ergänzende Leistungen zur Rehabilitation (§§ 7ff. ALG), bei Arbeitsunfähigkeit, Schwangerschaft und Kuren kann eine Betriebs- und Haushaltshilfe beansprucht werden, wenn dies zur Aufrechterhaltung des Betriebs erforderlich ist (§§ 36ff. ALG).

Für die Erfüllung der Aufgaben der Alterssicherung der Landwirte sind *landwirtschaftliche Alterskassen als Träger* zuständig, die bei jeder landwirtschaftlichen Berufsgenossenschaft errichtet werden. Die landwirtschaftlichen Alterskassen bilden einen Gesamtverband, der eine Körperschaft öffentlichen Rechts ist und seine Tätigkeit durch Satzung regelt (§§ 49ff. ALG).

Die Alterssicherung beruht auf dem Prinzip, daß die Ausgaben eines Kalenderjahres durch die Einnahmen des gleichen Kalenderjahres gedeckt werden. Hierzu werden von den Versicherten Beiträge erhoben. Für 1997 beträgt der Monatsbeitrag 328 DM, in den neuen Bundesländern 282 DM.

Für mitarbeitende Familienangehörige beträgt der Beitrag die Hälfte des Beitrags eines Landwirts (§§ 68ff. ALG). Bei geringem Jahreseinkommen (s. § 32 ALG und *ArbeitseinkommenVO* Landwirtschaft 1995 vom 25. 11. 1994 (BGBl. I 3519) ist ein Beitragszuschuß möglich.

Nach dem *Gesetz zur Förderung der Einstellung der landwirtschaftlichen Erwerbstätigkeit (FELEG)* vom 21. 2. 1989 (BGBl. I 233) m. letzter Änd. vom 29. 7. 1994 (BGBl. I 1932) erhalten Landwirte bei Stillegung oder Abgabe landwirtschaftlich genutzter Flächen auf Antrag eine *Produktionsaufgaberente*. Anspruchsvoraussetzungen sind weiter: Vollendung des 55. Lebensjahres oder – bei Berufsunfähigkeit – des 53. Lebensjahres und Beitragszahlung an die landwirtschaftliche Alterskasse für mindestens 15 Jahre, davon ununterbrochen für mindestens 5 Jahre unmittelbar vor Antragstellung. Die Produktionsaufgaberente besteht aus einem Grundbetrag (berechnet nach dem ALG) und – bei Stillegung von Flächen – einem Flächenzuschlag. Das Gesetz ist bis zum 1. 1. 1997 befristet. S. hierzu auch die StillegungsVO vom 25. 11. 1994 (BGBl. I 3524).

671. Die Knappschaftsversicherung

I. *Gegenstand der Knappschaftsversicherung*

Die Knappschaftsversicherung ist die Sozialversicherung der im Bergbau Tätigen für den Fall der Krankheit, der Berufsunfähigkeit, der Invalidität und des Alters sowie zugunsten der Hinterbliebenen. Sie umfaßt also die *Kranken-* und *Rentenversicherung*.

II. Entwicklung der Knappschaftsverischerung

Die Knappschaftsversicherung ist der älteste Zweig der Sozialversicherung, da sich schon im Mittelalter eine Versorgung erkrankter und verunglückter Bergknappen als notwendig erwies. 1852 bestanden bereits zahlreiche *Knappschaftsvereine,* denen das Preußische Knappschaftsgesetz von 1854 einen gesetzlichen Rückhalt gab und die durch das *Preußische Allgemeine Berggesetz* vom 24. 6. 1865 mit dem Recht der Selbstverwaltung ausgestattet wurden. Das *Reichsknappschaftsgesetz* vom 23. 6. 1923 (RGBl. I 431) faßte die Einzelvereine im Reichsknappschaftsverein zusammen. Nach 1945 war die Reichsknappschaft stillgelegt; es bildeten sich Bezirksknappschaften, die durch das Anpassungsgesetz vom 30. 7. 1949 (WiGBl. 202) zu einer *Arbeitsgemeinschaft* zusammengeführt wurden.

Die früheren *Bezirksknappschaften* (Aachener Knappschaft; Brühler Knappschaft, Köln; Hannoversche Knappschaft; Ruhrknappschaft, Bochum; Niederrheinische Knappschaft, Moers; Hessische Knappschaft, Weilburg/Lahn; Saarknappschaft, Saarbrücken und Süddeutsche Knappschaft, München) wurden wegen des durch den Rückgang des Bergbaus bedingten Sinkens ihrer Mitgliederzahl auf die *Bundesknappschaft* übergeleitet.

III. *Gesetzliche Grundlage*

für die knappschaftliche Rentenversicherung ist ab 1. 1. 1992 das für alle Arten der Rentenversicherung geltende *Sozialgesetzbuch VI (Gesetzliche Rentenversicherung);* gleichzeitig sind das bisher maßgebende Reichsknappschaftsgesetz (RKG) vom 23. 6. 1923 i. d. F. vom 1. 7. 1926 (RGBl. I 369) sowie das Knappschaftsversicherungs-Neuregelungsgesetz vom 21. 5. 1957 (BGBl. I 533) und die Hauerarbeiten-VO vom 4. 3. 1958 (BGBl. I 557) außer Kraft getreten. Die knappschaftlichen Besonderheiten sind in den §§ 76–87 SGB VI berücksichtigt. *Träger* der knappschaftlichen Rentenversicherung ist gem. § 136 SGB VI die *Bundesknappschaft* (Ges. vom 28. 7. 1969, BGBl. I 974) mit Sitz in Bochum.

IV. *Einzelheiten der Knappschaftsversicherung*

Die *Leistungen* in der knappschaftlichen Rentenversicherung entsprechen grundsätzlich denen der Arbeiter und Angestellten, jedoch haben langjährig unter Tage beschäftigte Versicherte einen Anspruch auf Altersrente, wenn sie das 60. Lebensjahr vollendet und die Wartezeit von 25 Jahren erfüllt haben (§ 40 SGB VI). Versicherte haben bis zur Vollendung des 65. Lebensjahres Anspruch auf Rente für Bergleute, wenn sie im Bergbau vermindert berufsfähig sind, in den letzten 5 Jahren vor Eintritt der im Bergbau verminderten Berufsfähigkeit 3 Jahre knappschaftliche Pflichtbeitragszeiten und vor Eintritt der im Bergbau verminderten Berufsfähigkeit die allgemeine Wartezeit in der knappschaftlichen Rentenversicherung erfüllt haben (§ 45 SGB VI).

Der *Beitrag* in der knappschaftlichen Rentenversicherung beträgt 1997 26,9 v. H. des Entgelts.

Die *Beitragsbemessungsgrenze* ist in der knappschaftlichen Rentenversicherung höher als in der Rentenversicherung der Arbeiter und Angestellten; für 1997 beträgt sie 10 100 DM *(Sozialversicherungs-Rechengrößen VO,* s. 652). In den neuen Ländern beträgt die Beitragsbemessungsgrenze ab 1. 1. 1997 8700 DM monatlich.

Die *knappschaftliche Krankenversicherung* ist im SGB VI (Gesetzliche Krankenversicherung) geregelt (s. hierzu im einzelnen 658, 659).

672. Die Arbeitslosenversicherung

hat sich später als die eigentliche Sozialversicherung (Kranken-, Renten-, Unfallversicherung) entwickelt. Erst das Gesetz über Arbeitsvermittlung und Arbeitslosenversicherung (AVAVG) vom 16. 7. 1927 (RGBl. I 187) m. mehrfachen spät. Änd. führte das echte *Versicherungsprinzip,* d. h. die Gewährung eines Rechtsanspruchs auf *Arbeitslosenunterstützung* nach den Grundsätzen von Leistung und Gegenleistung, ein.

I. Gesetzliche Grundlagen

Durch den Rückgang der Arbeitslosigkeit nach 1933 verschob sich der Zweck der Versicherung; die VO vom 5. 9. 1939 (RGBl. I 1674) stellte die Unterstützung auf die Bedürftigkeit ab. Die spätere Rechtslage war uneinheitlich. Meist herrschte wieder das Versicherungsprinzip. Zur Vereinheitlichung wurde durch Ges. vom 10. 3. 1952 (BGBl. I 123) die *Bundesanstalt für Arbeitsvermittlung und Arbeitslosenversicherung* als Träger der Arbeitslosenversicherung mit dem Sitz in Nürnberg errichtet. Sie wird jetzt unter der Bezeichnung *Bundesanstalt für Arbeit* fortgeführt. Über Aufgaben und Organisation der Anstalt vgl. 602 II.

Das AVAVG ist seit dem 1. 7. 1969 abgelöst durch das *Arbeitsförderungsgesetz (AFG)* vom 25. 6. 1969 (BGBl. I 582) m. spät. Änd., das weitgehend zum 31. 12. 1997 außer Kraft tritt. Mit Wirkung vom 1. 1. 1998 wird es vom Arbeitsförderungs-Reformgesetz vom 24. 3. 1997 (BGBl. I 594) abgelöst. Die Arbeitsförderung (SGB III) hat die Aufgabe der Beratung Arbeitssuchender, der Stellenvermittlung und der Hilfe bei Arbeitslosigkeit.

II. Versicherungspflicht

Die Arbeitslosenversicherung besteht nur als *Pflichtversicherung;* es gibt weder eine freiwillige noch eine Weiter- oder Höherversicherung wie in der Rentenversicherung. *Beitragspflichtig (Versicherungspflichtig)* sind die gegen Entgelt beschäftigten Arbeiter und Angestellten sowie Heimarbeiter und Auszubildende. *Beitragspflichtig* sind auch alle Arbeitgeber, und zwar grundsätzlich zur Hälfte (s. u.). *Befreit* sind u. a. über 65 Jahre alte Arbeitnehmer, Beamte, Richter, Berufssoldaten und Personen in vergleichbaren Beschäftigungen, Rentenberechtigte, kurzzeitig oder unständig Beschäftigte, Schüler usw. Die Beitragspflicht beginnt und endet mit dem Arbeitsverhältnis bzw. mit dem Eintritt der Versicherungsfreiheit (§§ 24ff.).

III. Leistungen

Die *Leistungen der Arbeitslosenversicherung* bestehen vor allem in *Arbeitslosengeld (Ag),* Konkursausfallgeld, Arbeitslosenhilfe, Kranken- und Unfallversicherung, Kurzarbeitergeld, Schlechtwettergeld und Winterbauförderung. Die Höhe der Leistungen wird z. T. durch VO bestimmt (vgl. z. B. AFG-LeistungsVO 1997 vom 20. 12. 1996 (BGBl. I 2161).

1. Arbeitslosengeld

Anspruch auf Ag hat bis längstens zum 65. Lebensjahr, wer arbeitslos ist, der Arbeitsvermittlung zur Verfügung steht, die *Anwartschaftszeit* erfüllt, sich beim Arbeitsamt arbeitslos gemeldet und Ag beantragt hat (§ 117). „Zur Verfügung" steht der Arbeitslose, wenn er eine zumutbare, die Beitragspflicht begründende Beschäftigung ausüben kann und darf, dazu auch bereit und für das Arbeitsamt zur Vorsprache erreichbar ist (§ 119). Zur Vermeidung von Arbeitslosigkeit muß er jede zumutbare Möglichkeit der Arbeitssuche nutzen, darf ein Beschäftigungsverhältnis, dessen Fortsetzung zumutbar ist, nicht beenden, bevor er eine neue Beschäftigung hat und muß jede zumutbare Beschäftigung annehmen (§ 2 Abs. 3). Anspruch auf Ag besteht auch bei Arbeitslosigkeit infolge geminderter Erwerbsfähigkeit und bei Krankheit bis zu 6 Wochen (§§ 125, 126). Die Anwartschaftszeit hat erfüllt, wer in der Rahmenfrist (3 Jahre) wenigstens 360 Tage eine beitragspflichtige Beschäftigung hatte. Die Dauer des Anspruchs auf Ag richtet sich gestaffelt nach der Dauer der Beschäftigungszeit. Eine Beschäftigungszeit von insgesamt mindestens 12 Monaten innerhalb der Rahmenfrist begründet eine Anspruchsdauer von 6 Monaten. Die Anspruchsdauer verlängert sich entsprechend der die Beitragspflicht begründenden Beschäftigungsdauer innerhalb der auf 7 Jahre erweiterten Rahmenfrist und des Lebensjahres des Arbeitslosen bei Anspruchbeginn (z. B. Beschäftigungsdauer von mindestens 52 Monaten und 52 Jahre bei Anspruchsbeginn ergibt eine Anspruchsdauer von 26 Monaten, s. § 127). Das Ag beträgt 60 v. H., bei Arbeitnehmern mit mindestens 1 Kind 67 v. H. des vorherigen durchschnittlichen Nettoarbeitsentgelts; es bestimmt sich nach jährlich durch RechtsVO festgelegten Leistungssätzen. Bemessungsgrundlage ist i. d. R. der durchschnittliche Wochenverdienst im Bemessungszeitraum (§ 130). Das Ag ist weitgehend der Pfändung nicht unterworfen, nicht verpfändbar und nicht abtretbar (SGB I §§ 53, 54; s. aber 655 I) und steuerfrei (§ 3 Nr. 2 EStG).

Der Arbeitslose muß den *Antrag* auf Ag persönlich beim zuständigen Arbeitsamt stellen und glaubhaft machen, daß und auf welche Weise er die Anwartschaft erworben hat. Auf Verlangen des Amtes hat er eine vom Arbeitgeber ausgestellte Arbeitsbescheinigung vorzulegen. Über den Antrag entscheidet das Arbeitsamt. Der Empfänger muß sich nur auf Verlangen des Arbeitsamtes persönlich dort melden. Über das Verfahren vgl. §§ 309, 323ff. sowie SGB I §§ 30–67.

2. Konkursausfallgeld

Bei Zahlungsunfähigkeit des Arbeitgebers wird *Konkursausfallgeld* nach dem Nettoeinkommen für die letzten 3 Monate vor Konkurseröffnung gezahlt. Es kann beim Arbeitsamt binnen 2 Monaten nach Konkurseröffnung beantragt werden. Die Mittel werden von den Berufsgenossenschaften im Umlageverfahren aufgebracht (§§ 141a ff., 186b ff. AFG a. F.).

3. Kurzarbeitergeld

Kurzarbeitergeld erhalten Arbeitnehmer, die in einer beitragspflichtigen Beschäftigung stehen, zur Überbrückung vorübergehenden Arbeitsausfalls, jedoch nicht, wenn eine Vermittlung in eine andere zumutbare Arbeitsstelle möglich ist. Der Arbeitsausfall muß unvermeidbar sein und ein bestimmtes Ausmaß erreichen (Ausfall von mehr als 10 v. H. der Arbeitszeit innerhalb von 4 Wochen für mindestens ⅓ der Belegschaft). Das Kurzarbeitergeld beträgt 60 v. H., bei Arbeitnehmern mit mindestens 1 Kind 67 v. H. des Nettoarbeitsentgelts; die Leistungssätze werden durch RechtsVO jährlich festgelegt. Bezugsfrist i. d. R. höchstens 6 Monate. Vgl. §§ 169–181. Der BMA kann bei außergewöhnlichen Verhältnissen auf dem Arbeitsmarkt die Bezugsfrist durch VO verlängern.

4. Förderung der beruflichen Bildung und der Arbeitsaufnahme

Das AFG sieht ferner Maßnahmen zur Verhütung und Beendigung der Arbeitslosigkeit durch Förderung der Arbeitsaufnahme und der beruflichen Ausbildung, Fortbildung und ggf. Umschulung (§§ 45ff.) sowie zur Erleichterung der Arbeitsaufnahme vor (Zuschüsse zu Bewerbungs-, Reise-, Umzugskosten, Arbeitsausrüstung u. dgl.).

5. Berufsfördernde Leistungen zur Rehabilitation

Die *berufsfördernden Leistungen zur Rehabilitation* sollen die Eingliederung der körperlich, geistig oder seelisch Behinderten in den Arbeitsprozeß fördern. Es können u. a. Ausbildungszuschüsse an Arbeitgeber und Übergangsgeld an Arbeitnehmer gewährt werden, die durch berufliche Fortbildung oder Umschulung Entgelteinbuße haben (§§ 97ff.).

6. Förderung der ganzjährigen Beschäftigung in der Bauwirtschaft

Die Zahlung von *Schlechtwettergeld* wurde mit Wirkung vom 29. 2. 1996 abgeschafft. Ab 1. 1. 1996 besteht gem. §§ 212–214 des Arbeitsförderungsgesetzes für Arbeiten in Betrieben des Baugewerbes bei witterungsbedingtem Arbeitsausfall die Möglichkeit, *Wintergeld* oder *Winterausfallgeld* zu beanspruchen.

7. Arbeitslosenhilfe

Arbeitslosenhilfe erhalten bedürftige Arbeitslose, die wegen Nichterfüllung der Anwartschaftszeit keinen Anspruch auf Ag haben und sich beim Arbeitsamt melden, falls sie innerhalb eines Jahres vor dem Tag, an dem die sonstigen Voraussetzungen für den Anspruch auf Arbeitslosenhilfe erfüllt sind (Vorfrist), Ag bezogen oder mind. 5 Monate gearbeitet haben (§ 191). Sie beträgt 57 v. H. des gewöhnlichen Nettoarbeitsentgelts für Arbeitslose mit mindestens 1 Kind, für die übrigen Arbeitslosen 53 v. H. Über Berücksichtigung von Vermögen und Einkommen s. ArbeitslosenhilfeVO vom 7. 8. 1974 (BGBl. I 1929) m. spät. Änd. Die Arbeitslosenhilfe wird für 1 Jahr bewilligt, § 197.

8. Kranken-, Unfall- und Rentenversicherung der Leistungsempfänger

Zusätzliche Leistungen bestehen in der *Kranken-* und *Unfallversicherung* der Empfänger von Ag, Arbeitslosenhilfe, Kurzarbeiter- und Schlechtwettergeld sowie in der *Rentenversicherung* für diese beiden Gruppen.

IV. Rechtsbehelfe

Gegen die Entscheidung des Direktors des Arbeitsamtes kann *Widerspruch* eingelegt werden. Alsdann entscheidet die vom Verwaltungsrat der Bundesanstalt bestimmte Stelle. Gegen deren Entscheidung kann das *Sozialgericht* angerufen werden.

V. Beiträge

Die *Beiträge* zur Arbeitslosenversicherung werden von den Arbeitgebern und Arbeitnehmern je zur Hälfte gezahlt, vom Arbeitgeber allein, wenn das monatliche Arbeitsentgelt ein Siebtel der monatlichen Bezugsgröße nach § 18 SGB IV nicht übersteigt (§§ 341 ff.). Der Beitragssatz für 1997 beträgt 6,5 v. H. (je 3,25 für Arbeitgeber und Arbeitnehmer) des Arbeitsentgelts bis zur Höhe der Beitragsbemessungsgrenze der Rentenversicherung der Arbeiter und Angestellten (§§ 341, 346; s. 668). Die Beiträge sind im Rahmen des *Gesamtsozialversicherungsbeitrags* an die Krankenkassen abzuführen (655 II).

673. Das Kassenarztrecht

Die kassenärztliche Versorgung der Bevölkerung beruht auf dem *Ges. über Kassenarztrecht* vom 17. 8. 1955 (BGBl. I 513) und den §§ 95 bis 106 SGB V. Die mit der ärztlichen Versorgung zusammenhängenden Fragen sind in gemeinsamer *Selbstverwaltung* der Krankenkassen und der Ärzte (Zahnärzte) zu regeln.

An der vertragsärztlichen Versorgung nehmen vor allem zugelassene Ärzte teil. Um die Zulassung als Vertragsarzt kann sich jeder Arzt bewerben, der seine Eintragung in ein Arzt- oder Zahnarztregister (Arztregister) nachweist. Die Eintragung in ein Arztregister erfolgt auf Antrag; sie setzt für Vertragsärzten die Approbation als Arzt und den erfolgreichen Abschluß entweder einer allgemeinmedizinischen Weiterbildung oder einer Weiterbildung in einem anderen Fachgebiet (§ 95 a SGB V), bei Vertragszahnärzten die Ableistung einer zweijährigen Vorbereitungszeit voraus. Das Nähere regeln die *Zulassungsverordnungen* (§ 95 Abs. 2 SGB V), für deren Inhalt § 98 SGB V bestimmte Regelungen vorschreibt. Maßgebend sind insoweit die *Zulassungsverordnung für Vertragsärzte (bzw. Vertragszahnärzte)* vom 28. 5. 1957 (BGBl. I 572, 582) m. spät. Änd. Ärzte, die das 55. Lebensjahr vollendet haben, werden grundsätzlich nicht mehr zugelassen (§ 98 Nr. 12 SGB V).

Zur Sicherstellung der vertragsärztlichen Versorgung stellen die Kassenärztlichen Vereinigungen im Einvernehmen mit den Landesverbänden der Krankenkassen und den Verbänden der Ersatzkassen sowie im Benehmen mit den zuständigen Landesbehörden auf Landesebene *Bedarfspläne* auf (§ 99 SGB V). Bei einer Unterversorgung mit Vertragsärzten in bestimmten Gebieten können die Landesausschüsse (§ 90 SGB V) in anderen Gebieten Zulassungsbeschränkungen nach den Zulassungsverordnungen anordnen. Bei einer *Überversorgung* mit Vertragsärzten hat der Landesausschuß nach den Vorschriften der Zulassungsverordnungen und unter Berücksichtigung der von den Bundesausschüssen (§ 91 SGB V) beschlossenen Richtlinien über einheitliche Verhältniszahlen für den allgemeinen bedarfsgerechten Versorgungsgrad in der vertragsärztlichen Versorgung (§ 101 SGB V) *Zulassungsbeschränkungen* anzuordnen (§ 103 Abs. 1 SGB V). Ab 1. 1. 1999 erfolgt die Zulassung auf Grund von Verhältniszahlen, die gesetzlich festgelegt werden (Bedarfszulassung, § 102 SGB V). Ab 1. 1. 1999 endet – mit Übergangsregelungen – die Zulassung als Vertragsarzt am Ende des Kalendervierteljahres, in dem der Vertragsarzt sein 68. Lebensjahr vollendet (§ 95 Abs. 7 SGB V).

Über die Zulassung entscheidet ein *Zulassungsausschuß,* der für jeden Zulassungsbezirk von der *Kassenärztlichen Vereinigung* (§§ 77ff. SGB V) und dem *Landesverband der Krankenkassen* errichtet wird. Gegen die Entscheidung über die Zulassung ist Widerspruch an den *Berufungsausschuß* zulässig. Das Verfahren vor den Berufungsausschüssen gilt als *Vorverfahren* im Sinne des Sozialgerichtsgesetzes (vgl. 689); nach seiner Durchführung ist Klage beim Sozialgericht möglich.

Die Versicherten können unter den zur vertragsärztlichen Versorgung zugelassenen Ärzten frei wählen (§ 76 SGB V). Die Krankenkasse entrichtet für die gesamte kassenärztliche Versorgung mit befreiender Wirkung eine *Gesamtvergütung* an die Kassenärztliche Vereinigung; diese verteilt die Gesamtvergütung unter die Kassenärzte nach einem im Benehmen mit den Landes- und Bundesverbänden der Krankenkassen (vgl. 658) festgesetzten Verteilungsmaßstab, der Art und Umfang der Leistungen zugrunde legt. Die Höhe der Gesamtvergütung wird in Gesamtverträgen vereinbart (§§ 82ff. SGB V), in denen auch ein Budget als Obergrenze für die insgesamt von den Vertragsärzten veranlaßten Ausgaben für Arznei-, Verband- und Heilmittel sowie arztgruppenspezifische Richtgrößen für das Volumen der je Arzt verordneten Leistungen festgelegt wird (§ 84 Abs. 1, 3 SGB V).

Die *Kassenärztlichen Vereinigungen* schließen mit den Krankenkassen Gesamtverträge über die kassenärztliche Versorgung; Grundlage ist ein *Bundesmantelvertrag,* der u. a. den von einem Bewertungsausschuß ausgearbeiteten einheitlichen *Bewertungsmaßstab* für ärztliche (zahnärztliche) Leistungen enthält (§§ 83, 87 SGB V).

Organe der Kassenärztlichen Vereinigung sind die Vertreterversammlung und der Vorstand. Die von der Vertreterversammlung beschlossene Satzung bedarf der Genehmigung der Aufsichtsbehörde. Die Kassenärztlichen bzw. Kassenzahnärztlichen Vereinigungen und die Landesverbände der Krankenkassen bilden einen *Landesausschuß* der Ärzte (Zahnärzte) und Krankenkassen, ihre Bundesvereinigungen und Bundesverbände unter Einschluß der Bundesknappschaft einen *Bundesausschuß,* welche Richtlinien über die Gewährung einer ausreichenden, zweckmäßigen und wirtschaftlichen Versorgung der Kranken beschließen (§§ 90–94 SGB V).

Kommt ein Vertrag über die kassenärztliche Versorgung nicht zustande, so hat ein für den Bezirk einer oder für die Bezirke mehrerer Kassenärztlicher Vereinigungen errichtetes *Landesschiedsamt* für die kassenärztliche bzw. kassenzahnärztliche Versorgung sich einzuschalten (§ 89 SGB V; VO des BMA vom 28. 5. 1957, BGBl. I 570 m. spät. Änd. – *Schiedsamtsverordnung*). Kommt ein Vertrag nicht zustande, setzt das Schiedsamt mit der Mehrheit seiner Mitglieder innerhalb von 3 Monaten den Vertragsinhalt fest. Bei überregionalen Vereinigungen ist ein *Bundesschiedsamt* zuständig.

Für Bildung und Tätigkeit der *Landesverbände* und *Bundesverbände* der gesetzlichen Krankenkassen sind die §§ 207ff. SGB V maßgebend.

674. Fremdrenten und Auslandsrenten

Das Fremdrentenrecht wurde erstmals durch das Fremdrenten- und Auslandsrentengesetz (FAG) vom 7. 8. 1953 (BGBl. I 848) für das Bundesgebiet einheitlich geregelt. Danach galten als *Fremdrenten* (FR) alle Rentenleistungen aus Versicherungszeiten, die bei einem Versicherungsträger außerhalb des Bundesgebietes und des Landes Berlin oder bei einem stillgelegten, nicht mehr bestehenden oder aufgelösten deutschen Versicherungsträger im Bundesgebiet zurückgelegt sind. Es wurde eine *Ersatzleistung* für die beim früheren Versicherungsträger erworbenen Ansprüche gewährt; Renten wurden als Vorschüsse gezahlt. Seit dem 1. 1. 1959 bestimmen sich alle Ansprüche auf *Fremd-* und *Auslandsrenten* nach Art. 1 des Ges. zur Neuregelung des Fremdrenten- und Auslandsrentenrechts *(FANG)* vom 25. 2. 1960 (BGBl. I 93) – „Fremdrentengesetz“ (FRG) – m. spät. Änd. Danach wird nicht mehr eine Entschädigung nach dem Recht des Herkunftslandes gewährt, sondern die *Vertriebenen und Flüchtlinge* werden so gestellt, als ob sie im Bundesgebiet beschäftigt gewesen wären und den Verdienst eines vergleichbaren deutschen Versicherten erzielt hätten (§§ 7, 14ff.).

Unter den vom FANG erfaßten Personenkreis fallen *Vertriebene,* Deutsche oder frühere deutsche Staatsangehörige, die ihren Aufenthalt in der BRep. genommen haben, jedoch aus kriegsbedingten Gründen ihren früher für sie zuständigen *Versicherungsträger im Ausland* nicht in Anspruch nehmen können; ferner Deutsche, die nach dem 8. 5. 1945 in ein ausländisches Staatsgebiet zur Arbeitsleistung *verbracht* wurden. Weiter *heimatlose Ausländer,* auch wenn sie inzwischen die deutsche Staatsangehörigkeit erworben haben. Endlich auch *Hinterbliebene* der vorstehend genannten Personen, soweit sie Hinterbliebenenrente beanspruchen können (§ 1).

Nach dem FANG werden die bei einem nichtdeutschen Versicherungsträger zurückgelegten Versicherungszeiten so behandelt, wie wenn sie in der gleichen Berufsart und im gleichen Zeitraum im Bundesgebiet zurückgelegt worden wären.

Hinsichtlich der *Glaubhaftmachung* bei Verlust von Unterlagen vgl. 675.

Der Geltungsbereich der Sozialversicherung ist grundsätzlich auf das Inland beschränkt (Territorialitätsprinzip); ihre Leistungen werden daher i. d. R. nur den im Inland Beschäftigten ohne Rücksicht auf die Staatsangehörigkeit gewährt. Für die im Inland zurückgelegten Beitragszeiten werden Renten auch bei Auslandsaufenthalt gezahlt, ebenso für die für einen inländischen Betrieb im Ausland ausgeübte Tätigkeit bei vorübergehender Dauer, auf deutschen Schiffen usw. Bei vorübergehendem Aufenthalt im Ausland wird die volle Rente weitergezahlt (§ 110 SGB VI). Berechnet werden die persönlichen Entgeltpunkte (vgl. 667 II) nach den im Inland zurückgelegten Beitragszeiten. Für beitragslose Zeiten werden die persönlichen Entgeltpunkte in dem Verhältnis berechnet, in dem die nach § 114 SGB VI zu berücksichtigenden Beitragszeiten zu allen Beitragszeiten einschl. der Beschäftigungszeiten nach § 16 FRG stehen; doch ist die Rente für eine auf Grund inländischer Beitragszeiten anrechenbare Ersatzzeit voll zu zahlen. Diese Regelung für die beitragslosen Zeiten gilt nicht für Ausländer. Nach § 113 Abs. 3 SGB VI werden bei Ausländern die persönlichen Entgeltpunkte jedoch nur zu 70 v. H. berücksichtigt. Nach EWG-VOen und internationalen Verträgen können jedoch Sonderregelungen eingreifen.

675. Verlust von Versicherungsunterlagen

Da der Nachweis einer Beitragsentrichtung im allgemeinen durch die *Versicherungskarten* erbracht wird, bilden diese die wichtigste Unterlage für die Geltendmachung und Feststellung von Leistungsansprüchen aus den *Rentenversicherungen.* Verlorene, zerstörte oder unbrauchbar gewordene Versicherungskarten werden durch die Versicherungsträger ersetzt (gilt entsprechend für Versicherungshefte u. ä. Unterlagen). Doch werden Beiträge oder Arbeitsentgelte nur insoweit übertragen, als Umfang und Höhe der Beitragsentrichtung *nachgewiesen* werden. Falls *Versicherungsunterlagen* fehlen, so können die betreffenden Beschäftigungszeiten als Beitragszeiten anerkannt werden, wenn die versicherungspflichtige Tätigkeit glaubhaft gemacht wird (§§ 286a, 286b SGB VI).

Zur *Glaubhaftmachung* genügt eidesstattliche Versicherung.

C. Sonstige sozialrechtliche Vorschriften

681. Die Kriegsopferversorgung

I. Entwicklung

Die Versorgung der kriegsbeschädigten Soldaten und der Kriegshinterbliebenen wurde in früheren Jahrhunderten in Form von Sachleistungen gewährt (Unterkunft in Invalidenheimen usw.), später auch durch Beschäftigung im Staatsdienst und schließlich durch Geldleistungen, so schon durch das Militärpensionsgesetz von 1871. Nach dem 1. Weltkrieg erging das Reichsversorgungsgesetz (RVG) vom 12. 5. 1920; seine Grundsätze galten nach dem Wehrmachtversorgungsgesetz vom 4. 8. 1921/19. 9. 1925 auch für Dienstbeschädigungen der Wehrmachtsangehörigen und nach dem Kriegspersonenschadengesetz vom 15. 7. 1922/22. 12. 1927 ebenso für Zivilpersonen, die durch Kriegsereignisse einen Körperschaden erlitten hatten. Das Wehrmachtsfürsorge- und -versorgungsgesetz vom 26. 8. 1938, das während des 2. Weltkriegs auf zahlreiche Personengruppen ausgedehnt wurde, stellte die Versorgung der Soldaten auf eine neue Grundlage.

Nach 1945 wurde auf Grund besatzungsrechtlicher Vorschriften die Auszahlung von Versorgungsbezügen eingestellt; durch das KRG Nr. 34 vom 20. 8. 1946 wurden alle versorgungsrechtlichen Bestimmungen des Reichs aufgehoben (Ausnahmen in der französischen Besatzungszone). Neue versorgungsrechtliche Vorschriften ergingen in den folgenden Jahren auf Länder- und Zonenebene, wobei das Leistungsrecht teilweise auf der Grundlage gesetzlicher Unfallversicherung ausgestaltet wurde.

II. Bundesversorgungsgesetz

Die Grundlage für die *Versorgung der Opfer des Krieges* bildet nunmehr das *Bundesversorgungsgesetz* (BVG) i. d. F. vom 22. 1. 1982 (BGBl. I 21) m. spät. Änd. Es werden folgende Leistungen gewährt:

1. Versorgungsleistungen

Versorgung erhält, wer durch Militärdienst oder durch die ihm eigentümlichen Verhältnisse, durch unmittelbare Kriegseinwirkung, Kriegsgefangenschaft, Internierung im Ausland wegen deutscher Staatsangehörigkeit oder Volkszugehörigkeit oder damit zusammenhängende unrechtmäßige Straf- oder Zwangsmaßnahmen eine gesundheitliche Schädigung erlitten hat (§§ 1–5). Ist ein Beschädigter an den Folgen der Schädigung verstorben, so erhalten seine *Hinterbliebenen* auf Antrag Versorgung (§ 1 Abs. 5). Die *Versorgung* umfaßt Heilbehandlung,

Versehrtenleibesübungen und Krankenbehandlung, Leistungen der Kriegsopferfürsorge, Beschädigtenrente und Pflegezulage, Bestattungsgeld und Sterbegeld, Hinterbliebenenrente sowie Bestattungsgeld beim Tode von Hinterbliebenen (§ 9). Leistungen der *Kriegsopferfürsorge* sind: Hilfen zur beruflichen Rehabilitation, Krankenhilfe, Hilfe zur Pflege, Hilfe zur Weiterführung des Haushalts, Altenhilfe, Erziehungsbeihilfe, ergänzende Hilfe zum Lebensunterhalt, Erholungs-und Wohnungshilfe, Hilfe in besonderen Lebenslagen, auch für Pflegebedürftigkeit (§§ 25b, 26–27d).

2. Rentenleistungen

Beschädigte erhalten, wenn die Minderung der Erwerbsfähigkeit (MdE) wenigstens 30 v.H. beträgt, eine nach MdE-Graden gestaffelte Grundrente von 213–1115 DM (§ 31 Abs. 1). Für über 65 Jahre alte Schwerbeschädigte erhöht sich die Grundrente um 42–67 DM (§ 31 Abs. 1 Satz 2). Schwerbeschädigte (MdE 50 und mehr v.H.) erhalten außerdem je nach den wirtschaftlichen Verhältnissen als Ausgleichsrente 682–1115 DM (§ 32), einen Ehegattenzuschlag und Kinderzuschläge. Im Falle von Hilflosigkeit wird eine Pflegezulage (Stufen I bis VI: 471–2343 DM) gewährt (§ 35). Für Schwerstbeschädigte ist noch eine besondere Zulage (Stufen I bis VI: 127–793 DM) vorgesehen (§ 31 Abs. 5). Bei besonderem beruflichen Betroffensein wird die MdE höher bewertet oder ein Berufsschadensausgleich gewährt (§§ 29ff.). Wegen des *Vorrangs von Rehabilitationsmaßnahmen* vor Bewilligung einer Rente wegen MdE vgl. § 7 RehabilitationsG vom 7. 8. 1974 (BGBl. I 1881).

Witwen erhalten eine Grundrente von 667 DM und, wenn ihr Einkommen geringer ist als die Hälfte des ohne die Schädigung vom Ehemann erzielten Einkommens, unter bestimmten Voraussetzungen (45. Lebensjahr oder erhebliche Erwerbsbeschränkung usw.) 42,5 v.H. des Unterschiedsbetrags als Schadenausgleich, außerdem ggf. Ausgleichsrente. Im Falle der Wiederverheiratung tritt an die Stelle des Rentenanspruchs eine Abfindung (§§ 40–44). Der Witwer erhält Versorgung wie eine Witwe (§ 43).

Waisen erhalten bis zur Vollendung des 18., bei Schul- oder Berufsausbildung des 27. Lebensjahres, ebenfalls Grund- und Ausgleichsrente. Die monatliche Grundrente beträgt bei Halbwaisen 189 DM, bei Vollwaisen 352 DM; die Ausgleichsrente 352 DM und 460 DM (§§ 45–47).

Witwen und Waisen von Rentenberechtigten, die nicht an einer Schädigung i.S. des BVG verstorben sind, erhalten als Beihilfe i.d.R. ⅔ der Rente (§ 48).

Eltern erhalten eine Rente, wenn sie erwerbsunfähig sind oder das 60. Lebensjahr vollendet haben; sie wird frühestens vom 18. Lebensjahr des Beschädigten an gerechnet. Die Höhe der Elternrente richtet sich danach, ob ein Elternpaar oder nur ein Elternteil anspruchsberechtigt ist, ob eines oder mehrere Kinder verstorben sind und ob das Einkommen der Eltern anzurechnen ist (§§ 49ff.). Der Grundbetrag ist bei einem Elternpaar 904 DM, bei einem Elternteil 631 DM (§ 51).

Welche Einkommen bei Feststellung der Ausgleichsrenten, der Ehegatten- und Kinderzuschläge sowie der Elternrenten anzurechnen sind, ergibt sich aus der *Anrechnungs-VO 1996/1997* vom 24. 6. 1996 (BGBl. I 890) und der dieser beigefügten Tabelle. Für die neuen Bundesländer gilt insoweit die VO vom 24. 6. 1996 (BGBl. I 895).

3. Kapitalabfindung

können nach §§ 72–80 alle Beschädigten, die eine Rente beziehen, unabhängig vom Grad ihrer Erwerbsminderung zum Erwerb oder zur wirtschaftlichen Stärkung ihres eigenen Grundbesitzes erhalten. Der *Antrag* auf K. ist bei dem für die Feststellung der Versorgungsbezüge zuständigen Versorgungsamt schriftlich oder mündlich zu stellen.

Die K. kann auch zum Erwerb oder zur Stärkung eines *Wohnungseigentums* oder zur Erlangung eines Dauerwohnrechts nach dem Wohnungseigentumsgesetz (335a IV) sowie zur Finanzierung eines Bausparvertrags bewilligt werden, ferner zur Finanzierung eines Kaufeigenheims, einer Trägerkleinsiedlung, einer Kaufeigentumswohnung, wenn die baldige Rechtsübertragung gesichert ist. Das gleiche gilt für den Erwerb der Mitgliedschaft in einem als gemeinnützig anerkannten Wohnungs- oder Siedlungsunternehmen mit Anwartschaft auf ein Familienheim, eine Eigentumswohnung oder eine Siedlerstelle. Auch Witwen, die Rente oder Witwenbeihilfe erhalten, gehören zu den Berechtigten. Bei Wiederverheiratung muß die abgefundene Witwe die K. insoweit zurückzahlen, als diese die Gesamtsumme der bis dahin erloschenen Versorgungsbezüge übersteigt.

Voraussetzung ist, daß der Beschädigte das 55. Lebensjahr noch nicht vollendet hat, der Versorgungsanspruch anerkannt und nicht zu erwarten ist, daß innerhalb des Abfindungszeitraums die Rente wegfallen wird. In Ausnahmefällen kann die K. auch nach Vollendung des 55., aber nicht mehr nach dem 65. Lebensjahr bewilligt werden.

Die K. kann einen Betrag bis zur Höhe der Grundrente umfassen. Als *Abfindungssumme* wird das Neunfache des der K. zugrunde liegenden Jahresbetrags gezahlt. Die Abfindung ist auf die für einen Zeitraum von 10 Jahren zustehende Grundrente beschränkt. Mit Ablauf des auf die Auszahlung folgenden Monats erlischt der Anspruch auf die Bezüge, an deren Stelle die K. tritt, für die Dauer von 10 Jahren. Abweichungen gelten, wenn der Antrag erst nach Vollendung des 60. Lebensjahres gestellt wird (z. B. Begrenzung der Abfindung auf die für 5 Jahre zustehende Grundrente). Die ordnungsmäßige Verwendung des Kapitals muß gewährleistet sein. Die K. ist zurückzuzahlen, wenn sie nicht innerhalb einer von der Verwaltungsbehörde bestimmten Frist ordnungsmäßig verwendet worden ist. Bei Rückzahlung leben die der K. zugrunde liegenden Bezüge vom folgenden Monat ab wieder auf.

An Stelle der K. kann gegen Abtretung des Rentenanspruchs auf 10 Jahre ein *Rentenkapitalisierungsbetrag* nach Maßgabe des Ges. vom 27. 4. 1970 (BGBl. I 413) m. Änd. vom 4. 6. 1985 (BGBl. I 910) gewährt werden.

III. Ergänzende Bestimmungen enthalten folgende Rechtsverordnungen:

VO zur Kriegsopferfürsorge vom 16. 1. 1979 (BGBl. I 80) m. spät. Änd.;

VO zu §§ 11 Abs. 3 und § 13 (Hilfsmittel usw.) i. d. F. vom 19. 1. 1971 (BGBl. I 43) m. spät. Änd.;

VO zu § 11a (Versehrtenleibesübungen) vom 29. 7. 1981 (BGBl. I 779) m. spät. Änd.;

VO zu § 15 (Kleidungs-, Wäscheverschleiß) vom 31. 1. 1972 (BGBl. I 105);

VO zu § 19 Abs. 1 (Kostenersatz an Krankenkasse) vom 5. 8. 1965 (BGBl. I 755) m. spät. Änd.;

VO zu § 30 Abs. 3–6 (Berufsschadensausgleich) i. d. F. vom 29. 6. 1984 (BGBl. I 861) m. spät. Änd.;

VO zu § 31 Abs. 5 (Schwerstbeschädigtenzulage) i. d. F. vom 20. 4. 1970 (BGBl. I 410);

VO zu § 33 (Anrechnung von Einkommen auf Ausgleichsrente – AusgleichsrentenVO –) i. d. F. vom 1. 7. 1975 (BGBl. I 1769) m. spät. Änd.; s. ferner für das Gebiet der neuen Bundesländer die VO über das anzurechnende Einkommen vom 18. 12. 1992 (BGBl. I 2345).

VO zu § 64e (Auslandsversorgung) vom 30. 6. 1990 (BGBl. I 1321) m. spät. Änd.

IV. Das BVG ist entsprechend anwendbar auf die *Entschädigung der Opfer von Gewalttaten* bei Verletzungen durch einen vorsätzlichen, rechtswidrigen tätlichen Angriff oder dessen Abwehr (Versagungsgründe: Unbilligkeit, z. B. wegen Mitverursachung durch den Verletzten). Für Streitfälle ist der Weg zu den Sozialgerichten (z. T. zu den Verwaltungsgerichten) eröffnet. Kostenträger ist grundsätzlich das Land, in dessen Bereich die Schädigung eingetreten ist. Der Bund trägt 40 v. H. der Aufwendungen (*Opferentschädigungsgesetz* i. d. F. vom 7. 1. 1985, BGBl. I 1) m. spät. Änd.

V. Organisation, Verfahren und Kosten

Das Bundesversorgungsgesetz wird von den *Ländern als eigene Angelegenheit* (Art. 83 GG) durch die nach dem Organisationsgesetz vom 12. 3. 1951 (BGBl. I 169) m. Änd. vom 24. 7. 1972 (BGBl. I 1284) zuständigen Behörden und Stellen durchgeführt (*Landesversorgungsämter, Versorgungsämter* sowie besondere Einrichtungen zur Heilbehandlung). Das *Verwaltungsverfahren* richtet sich nach dem Gesetz über das Verwaltungsverfahren der Kriegsopferversorgung vom 6. 5. 1976 (BGBl. I 1169) m. spät. Änd. Gegen Verwaltungsakte der Versorgungsbehörden ist nach einem Vorverfahren vor den Verwaltungsbehörden der Rechtsweg zu den Gerichten der Sozialgerichtsbarkeit (689) gegeben.

Die *Aufwendungen* für die Kriegsopferversorgung trägt der *Bund* (Art. 120 GG). Die persönlichen und sächlichen *Verwaltungskosten* haben nach dem 4. Überleitungsgesetz (vgl. 82) die *Länder* aufzubringen. Vgl. auch VO über die vom Bund zu tragenden Aufwendungen für die Heil- und Krankenbehandlung Versorgungsberechtigter in Versorgungskrankenanstalten der Länder (ErstattungsVO – KOV) vom 31. 7. 1967 (BGBl. I 860) m. Änd. vom 12. 3. 1986 (BGBl. I 345)

682. Politische Häftlinge

Hilfsmaßnahmen für Deutsche, die aus politischen Gründen in Gebieten außerhalb der BRep. einschl. Berlin (West) in Gewahrsam genommen wurden, regelt das *Häftlingshilfegesetz* i. d. F. vom 2. 6. 1993 (BGBl. I 838) m. spät. Änd.

Das HHG gewährt den Opfern der politischen Nachkriegsentwicklung in Mittel- und Ostdeutschland und in den übrigen Vertreibungsgebieten Eingliederungshilfen. Berechtigte, die in der Haft Gesundheitsschäden erlitten haben, und Hinterbliebene erhalten gem. § 4 HHG eine Versorgung in entsprechender Anwendung des Bundesversorgungsgesetzes (681 II).

683. Vertriebene, Flüchtlinge, Umsiedler

Die Rechtsstellung und Eingliederung der Vertriebenen sind auf der Kompetenzgrundlage des Art. 74 Nr. 6 GG (konkurrierende Gesetzgebung) durch das *Bundesvertriebenengesetz (BVfG)* i. d. F. vom 2. 6. 1993 (BGBl. I 829), geregelt. Zum Ausgleich von Schäden und Verlusten s. das *Lastenausgleichsgesetz* (565).

Das BVFG enthält in Abschnitt I die Begriffsbestimmung für die drei anerkannten Gruppen von Vertriebenen und Flüchtlingen:

Vertriebener ist insbesondere, wer als deutscher Staatsangehöriger oder deutscher Volkszugehöriger seinen Wohnsitz in den ehemals unter fremder Verwaltung stehenden deutschen Ostgebieten oder in Gebieten außerhalb des Deutschen Reiches nach dem Gebietsstand vom 31. 12. 1937 im Zusammenhang mit den Ereignissen des 2. Weltkrieges infolge Vertreibung, insbesondere Ausweisung oder Flucht, verloren hat (§ 1 BVFG, auch über gleichgestellte Vertreibungsgründe);

Heimatvertriebener ist ein Vertriebener, der am 31. 12. 1937 oder vorher seinen Wohnsitz im Gebiet des Staates hatte, aus dem er vertrieben worden ist und dieses Gebiet vor dem 1. 1. 1993 verlassen hat (§ 2 BVFG);

Sowjetzonenflüchtling ist ein deutscher Staatsangehöriger oder Volkszugehöriger, welcher in der SBZ oder in Berlin (Ost) seinen Wohnsitz hatte und von dort vor dem 1. 7. 1990 geflüchtet ist, um sich einer von ihm nicht zu vertretenden und durch die politischen Verhältnisse bedingten besonderen Zwangslage (insbes. unmittelbare Gefahr für Leib und Leben oder persönliche Freiheit) zu entziehen (§ 3 Abs. 1 BVFG). Eine besondere Zwangslage ist auch bei einem schweren Gewissenskonflikt gegeben. Wirtschaftliche Gründe sind als besondere Zwangslage anzuerkennen, wenn die Existenzgrundlage zerstört oder entscheidend beeinträchtigt worden ist oder wenn die Zerstörung oder entscheidende Beeinträchtigung nahe bevorstand. Von der Anerkennung als Sowjetzonenflüchtling ist ausgeschlossen:
wer dem in der SBZ und im sowjetisch besetzten Sektor von Berlin herrschenden System erheblich Vorschub geleistet hat, wer während der Herrschaft des Nationalsozialismus oder in der SBZ oder im sowjet. besetzten Sektor von Berlin durch sein Verhalten gegen die Grundsätze der Menschlichkeit oder Rechtsstaatlichkeit verstoßen hat, wer die freiheitliche demokratische Grundordnung der BRep. einschl. des Landes Berlin bekämpft hat (§ 3 Abs. 2 BVFG).

Soweit diese Vertriebenen und Flüchtlinge nicht politisch belastet sind, können sie durch *Eingliederung,* insbesondere *Umsiedlung* als Landwirte, Handwerker usw., gefördert werden. Es wird ihnen die Zulassung zu Berufs- und Gewerbeausübung, die Eintragung in die Handwerksrolle usw. erleichtert. Weiter sind Kreditgewährung, Zinsverbilligung, Berücksichtigung bei Vergebung öffentlicher Aufträge, bevorzugte Wohnraumversorgung, Unterbringung in Lehr- und Ausbildungsstellen usw. vorgesehen.

Das BVFG trifft ferner Regelungen über *Spätaussiedler* (§§ 4ff. BVFG).

Zur wirtschaftlichen Eingliederung und Förderung der durch den Krieg und seine Folgen betroffenen Personen, insbesondere der Vertriebenen, Flüchtlinge und Kriegsgeschädigten, beschafft oder gewährt die „Deutsche Ausgleichsbank" Kredite und finanzielle Beihilfen. Die Bank (Sitz: Bonn) ist eine bundesunmittelbare Anstalt des öffentlichen Rechts mit eigener Rechtspersönlichkeit (Ges. i. d. F. vom 23. 9. 1986 (BGBl. I 1544). Die Mittel werden meist über andere Kreditinstitute weitergeleitet.

S. ferner das *Flüchtlingshilfegesetz* i. d. F. vom 15. 5. 1971 (BGBl. I 681) m. spät. Änd. – nebst 2. DVO vom 8. 11. 1965 (BGBl. I 1816); danach erhalten Deutsche, die aus der SBZ im Zuge der Besetzung oder nach dieser für dauernd in die BRep. gezogen sind, bei Existenzverlust oder Erwerbsunfähigkeit Beihilfe zum Lebensunterhalt, soweit sie nicht von diesen Leistungen wie nach § 3 BVFG (s. o.) ausgeschlossen sind.

683a. Unterstützungsabschlußgesetz

Bürger der ehemaligen DDR, die vor dem 3. 10. 1990 durch medizinische Maßnahmen einen erheblichen Gesundheitsschaden erlitten haben, können eine Unterstützung zum Ausgleich der durch die Schädigung bedingten wirtschaftlichen Folgen beantragen. Die Unterstützung kann aus laufenden oder einmaligen Zahlungen bestehen. Näheres sowie die Anspruchsvoraussetzungen regelt das Gesetz über den Abschluß von Unterstützungen der Bürger der ehem. DDR bei Gesundheitsschäden infolge medizinischer Maßnahmen vom 6. 5. 1994 (BGBl. I 990).

Bei den erlittenen Gesundheitsschädigungen handelt es sich im wesentlichen um erhebliche Schädigungen infolge medizinischer Eingriffe mit außergewöhnlich hohen Risiken. Die Durchführung des Gesetzes liegt bei den für die Durchführung des Bundesversorgungsgesetzes (s. 681 II) zuständigen Behörden.

684. Feststellung von Schäden

Die Feststellung von Vertreibungs-, Kriegssach- und Ostschäden regelt das *Feststellungsgesetz* i. d. F. vom 1. 10. 1969 (BGBl. I 1885) m. spät. Änd. Es behandelt die feststellbaren Vermögenswerte und die antragsberechtigten Personen, Schadensberechnung, Organisation und Verfahren. Wie beim Lastenausgleich, besteht auch hier eine zwischen Bund und Ländern aufgeteilte *gemischte Verwaltung* (Art. 120a GG; vgl. 56 II).

Mit der Durchführung der Schadensfeststellung sind die *Ausgleichs-* und *Lastenausgleichsämter* sowie das *Bundesausgleichsamt* (Sitz: Bad Homburg), Ausgleichsausschüsse und Beschwerdeausschüsse befaßt.

Zum FeststG sind zahlreiche DVOen ergangen. Durch die 1. DVO vom 22. 12. 1952 (BGBl. I 845) wurden bei den Landesausgleichsämtern *Heimatauskunftstellen* errichtet, die an der Feststellung von Vertreibungs- und Ostschäden mitwirken.

685. Die Wiedergutmachung

Nach Art. 74 Nr. 9 GG erstreckt sich die konkurrierende Gesetzgebung des Bundes auf die Kriegsschäden und die *Wiedergutmachung* (Wg.) des vom Nationalsozialismus zugefügten Unrechts.

Die individuelle Wg. umfaßt zwei Rechtsgebiete: das *Rückerstattungsrecht*, d. h. die Rückgewähr feststellbarer Vermögensgegenstände, und das *Entschädigungsrecht* mit dem Ersatz sonstiger Personen- und Vermögensschäden.

Das Entschädigungsrecht ist im *Bundesentschädigungsgesetz (BEG)* vom 29. 6. 1956 (BGBl. I 562) m. spät. Änd. geregelt worden. Das Gesetz behandelt in 10 Abschnitten: I. Allg. Vorschriften; II. Schadenstatbestände; III. Bes. Vorschriften für juristische Personen, Anstalten, Personenvereinigungen; IV. Bes. Gruppen von Verfolgten; V. *Aus Gründen ihrer Nationalität Geschädigte (gestrichen);* VI. Befriedigung der Entschädigungsansprüche; VII. Härteausgleich; VIII. Verteilung der Entschädigungslast; IX. Entschädigungsorgane und Verfahren; X. Übergangs- und Schlußvorschriften.

Nach dem BEG hat Anspruch auf Entschädigung, wer aus Gründen politischer Gegnerschaft gegen den Nationalsozialismus oder aus Gründen der Rasse, des Glaubens oder der Weltanschauung durch nat.-soz. Gewaltmaßnahmen verfolgt worden ist und dadurch Schaden an Leben, Körper, Gesundheit, Freiheit, Eigentum, Vermögen, in seinem beruflichen oder wirtschaftlichen Fortkommen erlitten hat *(Verfolgter)*. Das Gesetz regelt die Schadenstatbestände im einzelnen sowie das Verfahren. Als Entschädigung werden geleistet: Rente, Abfindung im Falle der Wiederverheiratung, Kapitalentschädigung, Heilverfahren, Krankenversorgung, Darlehen, Ausbildungsbeihilfen, Hinterbliebenenversorgung. Entschädigungsorgane sind die Entschädigungsbehörden der Länder und die Entschädigungsgerichte (Landgerichte, Oberlandesgerichte, Bundesgerichtshof). Verfahren nach der ZPO mit Abweichungen. Ansprüche mußten grundsätzlich bis 1. 4. 1958 angemeldet, gestellte Anträge konnten nur bis 31. 12. 1965 ergänzt werden.

Zum BEG sind mehrere Durchführungsverordnungen ergangen.

Die *Rückerstattung* ist durch das *Bundesrückerstattungsgesetz – BRüG* – vom 19. 7. 1957 (BGBl. I 734) m. spät. Änd. geregelt worden; es bestimmte die Anmeldung von Ansprüchen aus Geldverbindlichkeiten des Reiches und gleichgestellter Rechtsträger (Reichsbahn, Land Preußen usw.) und setzte eine Frist zur Anmeldung bis 1. 4. 1959 fest.

Zur Entschädigung der Opfer der nat.-soz. Verfolgung haben auf den oben angegebenen Teilgebieten noch Geltung

a) das Gesetz zur Regelung der Wiedergutmachung nat.-soz. Unrechts in der Sozialversicherung i. d. F. vom 22. 12. 1970 (BGBl. I 1846) m. spät. Änd.;
b) das Gesetz zur Wiedergutmachung nat.-soz. Unrechts in der Kriegsopferversorgung vom 25. 6. 1958 (BGBl. I 414) m. spät. Änd.;
c) das Gesetz zur Wiedergutmachung nat.-soz. Unrechts in der Kriegsopferversorgung für Berechtigte im Ausland i. d. F. vom 25. 6. 1958 (BGBl. I 414) m. spät. Änd.

Im übrigen wurde die Entschädigung durch Landesgesetze geregelt.

686. Kriegsfolgenregelung

I. Allgemeines Kriegsfolgengesetz

Die allgemeine Regelung der durch den Krieg und den Zusammenbruch des Deutschen Reiches entstandenen Schäden wird durch das *Allgemeine Kriegsfolgengesetz* – AKG –, BGBl. I 1747 vom 5. 11. 1957, m. spät. Änd., getroffen. Es regelt die Beseitigung der *Schuldenmasse des Deutschen Reiches* von etwa 800 Mrd. in einer der Leistungsfähigkeit des Bundes angepaßten Weise.

Das AKG regelt in vier Teilen: I. Allgemeine Vorschriften (Abgrenzung der Ansprüche, Grundsatz des Erlöschens, Erfüllung und Ablösung nur in den zugelassenen Fällen); II. Erfüllung von (unverbrieften) Ansprüchen (sog. *Verwaltungsschulden*) bei Vorliegen besonderer Tatbestände; III. Ablösung der Ansprüche aus Kapitalanlagen (*Finanzschulden* des Reiches); IV. und V. (aufgehoben); VI. Schlußvorschriften.

Die *Allgemeinen Vorschriften* des AKG in Teil I. (§§ 1–3) behandeln ausschließlich Ansprüche gegen das Deutsche Reich einschließlich der *Sondervermögen* Deutsche Reichsbahn und Deutsche Reichspost, gegen das ehemalige *Land Preu-*

ßen und gegen das Unternehmen *Reichsautobahnen*. Alle Ansprüche gegen diese Rechtsträger erlöschen, soweit nicht durch Sonderregelung eine Entschädigungsleistung vorgesehen ist; dies wurde, um verfassungsrechtliche Bedenken zu beseitigen, im Grundgesetz durch Art. 135a festgelegt. Jedoch bleiben Gesetze des Bundes, der Länder, der Verwaltung des Vereinigten Wirtschaftsgebietes oder der Besatzungsmächte unberührt, in denen Ansprüche gegen die oben genannten Rechtsträger geregelt oder Ansprüche berücksichtigt sind (z. B. LAG, Altsparergesetz, Bundesversorgungsgesetz, Bundesrückerstattungsgesetz usw.). Weiter bleibt die Möglichkeit einer späteren bundesgesetzlichen Regelung offen, die für nichtberücksichtigte Ansprüche doch noch eine Entschädigung gewährt. Nach der sog. *Kommunalklausel* werden Ansprüche gegen Länder und Gemeinden aus Maßnahmen, die vor dem 1. 8. 1945 zur Beseitigung kriegsbedingter Notstände oder zur Durchführung von Anordnungen der Besatzungsmächte getroffen wurden, in die Regelung nach dem AKG einbezogen. Für bestimmte Verbindlichkeiten (z. B. Rückerstattungs-, Reparations-, Restitutionsschäden, Ansprüche gegen die NSDAP und ihre Gliederungen) ist eine besondere gesetzliche Regelung vorbehalten; hierzu s. u. (Reparationsschädengesetz).

Der II. Teil (§§ 4–29) enthält Bestimmungen darüber, welche *unverbrieften Ansprüche* (z. B. Versorgungsrenten, Schadensersatz, Arbeitslohn, Ansprüche aus Miet-, Kauf-, Pachtverträgen oder aus Verwaltungsmaßnahmen) zu erfüllen sind. Soweit solche Ansprüche aus sozialen Gründen berücksichtigt werden, waren sie innerhalb eines Jahres nach Inkrafttreten des Gesetzes bei den OFDen anzumelden.

Teil III (§§ 30–67) behandelt die Ablösung von *Kapitalanlagen,* insbes. verbrieften Reichstiteln. *Ablösungsberechtigt* sind u. a. gewisse (in einer Anlage zum Gesetz aufgeführte) Schuldverschreibungen, verzinsliche Schatzanweisungen, in Schuldbücher eingetragene Kapitalansprüche, Reichsbahnvorzugsaktien. *Nicht* dagegen Reichsschatzwechsel, unverzinsliche Schatzanweisungen, *Mefo-Wechsel,* Betriebsanlageguthaben und die Steuergutscheine I und II. Bestimmte Gläubiger, insbesondere Reich, Reichsbahn, Reichspost, Reichsbank, Sozialversicherungsträger, Geldinstitute, Versicherungsunternehmen, Bausparkassen, sind von der Ablösung ausgeschlossen. Abgelöst wurde in Höhe von *10 v. H. des RM-Nennbetrages.* Besonderheiten gelten für Anleiheablösungsschulden und Auslosungsrechte. Die *Ablösungsschuld* wird als Schuldbuchforderung eingetragen und ab 1. 4. 1955 mit 4 v. H. verzinst; die Zinsen sind steuerfrei. Der Gesamtbetrag der Ablösungsschuld wird in 40 möglichst gleichen Teilbeträgen durch Ziehung von Auslosungsgruppen, beginnend am 1. 4. 1960, getilgt. Klein- und Spitzenbeträge bis 100 DM werden in bar abgelöst (§§ 37–39).

Obwohl das AKG keine Bestimmungen über die *Altsparerentschädigung* enthält, soll auch der Besitz an Reichstiteln in die Altsparerregelung einbezogen werden. Sofern also der Anspruch des Anspruchsberechtigten schon am 1. 1. 1940 bestand, erhält er eine zusätzliche Entschädigung von 10 v. H. seines früheren RM-Nennbetrags.

Das Verfahren wird im wesentlichen nach den Grundsätzen der *Wertpapierbereinigung* durchgeführt. Alle abzulösenden Ansprüche sind bei den *Kreditinstituten* anzumelden, die begründenden Tatsachen glaubhaft zu machen. Die Anmeldestellen leiten die Anmeldungen an die *Bundesschuldenverwaltung* (zentrale Bundesbehörde, errichtet durch VO vom 13. 12. 1949, BGBl. 1950, 1) als Prüfstelle weiter. Diese trägt, wenn sie das Ablösungsrecht als begründet anerkennt, eine Schuldbuchforderung ein. Gegen ihre Feststellung, daß kein Ablösungsrecht besteht, kann binnen eines Monats bei der Prüfstelle *Einspruch* eingelegt werden. Die Prüfstelle hat die Sache, wenn sie dem Einspruch nicht abhilft, der *Kammer für Wertpapierbereinigung* beim Landgericht zur Entscheidung vorzulegen. Gegen deren Entscheidung ist die *sofortige Beschwerde* an das Oberlandesgericht zulässig.

Der VI. Teil (*Schlußvorschriften*; §§ 86–112) sieht u. a. Stundung und Herabsetzung von Ansprüchen aus Schuldverschreibungen, Kraftloserklärung von Wertpapieren und die Erledigung der Verbindlichkeiten der *Konversionskasse für deutsche Auslandsschulden* vor.

II. Besatzungsschädengesetz

Außerhalb des AKG ist die Abgeltung von *Besatzungsschäden* durch das Gesetz vom 1. 12. 1955 (BGBl. I 734) für die bei Beendigung des Besatzungsregimes (vgl. 22, 915) nach den besatzungsrechtlichen Vorschriften noch nicht bzw. nicht völlig abgewickelten Fälle geregelt. Das Ges. über die Abwicklung der *Kriegsgesellschaften* vom 9. 5. 1960 (BGBl. I 303) bestimmte deren Auflösung und die Umstellung von RM-Ansprüchen entsprechend den Vorschriften des DM-Bilanzgesetzes (§§ 47, 74, 75; s. 853). In Betracht kamen Gesellschaften, die für Zwecke der Kriegsfinanzierung oder Kriegsführung errichtet waren und sich am 21. 6. 1948 im Besitz bestimmter Rechtsträger (Reich, Reichsbank, -bahn, -post, NS-Organisationen) befunden haben, vor allem die Metallurgische Forschungsgesellschaft (MEFO) mbH Berlin, die Wirtschaftliche Forschungsgesellschaft mbH Berlin und die Rüstungskontor GmbH Berlin.

III. Reparationsschädengesetz

Das Gesetz zur Abgeltung von Reparations-, Restitutions-, Zerstörungs- und Rückerstattungsschäden – *Reparationsschädengesetz* – vom 12. 2. 1969 (BGBl. I 105) m. spät. Änd. traf sodann die in § 3 AKG vorbehaltene abschließende Regelung dieser Schäden. Es handelt sich um Schäden, die im Zusammenhang mit dem 2. Weltkrieg und dem Zusammenbruch des Reichs 1945 durch Maßnahmen der *Feindmächte,* insbes. der Besatzungsmächte, verursacht worden sind. Die Ansprüche, die nach § 3 AKG bis dahin nicht geltend gemacht werden konnten, betreffen Schäden durch Wegnahme von Wirtschaftsgütern im Wege der Feindvermögensgesetzgebung fremder Staaten oder zwecks Zurückführung in die Wirtschaft der Besatzungsmächte *(Reparationsschäden);* Schäden durch Rückführung von Wirtschaftsgütern, die von deutschen Truppen aus dem besetzten Gebiet fortgeführt und von einem fremden Staat oder der Besatzungsmacht zurückgeführt worden sind *(Restitutionsschäden);* Zerstörung, Beschädigung oder Wegnahme von Wirtschaftsgütern zwecks Beseitigung des deutschen Wirtschaftspotentials *(Zerstörungsschäden);* Schäden durch Inanspruchnahme feststellbarer Vermögensgegenstände auf Grund der Rückerstattungsgesetze (685; *Rückerstattungsschäden*). Vgl. §§ 2–5 RepG.

Berücksichtigt werden nur Schäden an Grund-, Betriebs- oder land- (forst)-wirtschaftlichem Vermögen sowie an Gegenständen, die für die Berufsausübung oder wissenschaftliche Forschung erforderlich sind. Private geldwerte Ansprüche, Anteile an Kapitalgesellschaften, Gewerbeberechtigungen, Urheber- und gewerbliche Schutzrechte kommen, sofern es sich nicht um Rückerstattungsschäden handelt, nur zum Zuge, wenn sie in den unter fremder Verwaltung stehenden Ostgebieten oder außerhalb der früheren Reichsgrenzen entstanden sind (§ 12). Stets ausgenommen sind in der SBZ entstandene Schäden. Anspruchsberechtigt sind nur natürliche Personen, bei Auslandsschäden nur Deutsche oder deutsche Volkszugehörige (§ 13). Weitere Ausschlußtatbestände in §§ 14–16.

Über die Schadensberechnung vgl. §§ 17 ff. Die *Entschädigung* (§§ 31 ff.) ist in Anlehnung an die Hauptentschädigung im Lastenausgleich (683) degressiv gestaffelt; Vollentschädigung wird nur bei kleinen Schäden gewährt; bei größeren

Schäden sinkt der Hundertsatz der Entschädigung allmählich ab, bis der Umstellungssatz für Geldguthaben in Höhe von 6,5 v. H. als lineare Untergrenze erreicht ist. Das RepG wird teils vom Bund, teils als Auftragsangelegenheit (56 II) von den Ländern durchgeführt. Zuständig sind die Ausgleichsbehörden nach dem LAG. Antragsfrist bis 30. 12. 1974, bei später entstehenden Ansprüchen drei Monate.

IV. Wertausgleichsgesetz

Das *Wertausgleichsgesetz* vom 12. 10. 1971 (BGBl. I 1625) regelt die Eigentums- und Ausgleichsansprüche (u. U. eine Erwerbspflicht des Bundes) bei Einbauten, die auf Verlangen der Besatzungsmacht oder einer Behörde auf einem *von der Besatzung genutzten Grundstück* gemacht worden sind.

687. Sozialhilfe

Das Recht der *öffentlichen Fürsorge* ist im *Bundessozialhilfegesetz* (BSHG) i. d. F. vom 23. 3. 1994 (BGBl. I 646) m. spät. Änd. geregelt. Es begründet für Personen, die der Hilfe der Allgemeinheit bedürfen, einen *Rechtsanspruch* auf *Sozialhilfe* (Sh.); die Pflicht, die Kosten der gewährten Hilfe später zu ersetzen, ist erheblich eingeschränkt.

I. Grundsätze

Es gelten die Grundsätze des *Nachrangs der Sh.* und der *individuellen Bemessung* der Hilfe nach Lage des Einzelfalles. Wer sich weder selbst helfen kann noch die erforderliche Hilfe von anderen erhält, hat einen *Anspruch auf Sh.*, die ihm die Führung eines der Menschenwürde entsprechenden Lebens ermöglicht. Die Sh. soll ihren Empfänger soweit wie möglich befähigen, unabhängig von ihr zu leben, wobei er jedoch nach seinen Kräften mitwirken muß. Keine Sh. erhält, wer sich selbst helfen kann oder wer die erforderliche Hilfe von anderen, insbesondere von Angehörigen oder von Trägern anderer Sozialleistungen, z. B. aus der Sozialversicherung (651 ff.) oder nach dem Bundesversorgungsgesetz (681 II), erhält. Der Anspruch auf Sh. kann nicht übertragen, verpfändet oder gepfändet werden (§§ 1–4).

II. Gegenstand der Sozialhilfe

Über Form und Maß der Sh. ist nach pflichtgemäßem Ermessen zu entscheiden, soweit das Gesetz das Ermessen nicht ausschließt. Formen der Sh. sind persönliche Hilfe, Geld- oder Sachleistung (§ 8). Darunter fallen die Hilfe zum Lebensunterhalt, insbesondere Hilfe zur Arbeit (§§ 18–20), laufende und einmalige Leistungen (§§ 21–24). Art und Form richten sich nach der Besonderheit des Einzelfalles, vor allem nach der Person des Hilfeempfängers, der Art des Bedarfs und den örtlichen Verhältnissen. Wünschen des Sh.empfängers wegen der Art der Hilfe ist nach Möglichkeit zu entsprechen; Unterbringung in einer Anstalt, einem Heim o. dgl. aber nur, soweit erforderlich; die offene Hilfe außerhalb einer solchen Einrichtung hat Vorrang (§§ 3, 3a). Bei Weigerung, zumutbare Arbeit zu leisten, besteht kein Anspruch auf Hilfe zum Lebensunterhalt. Bei einem trotz Belehrung fortgesetzt unwirtschaftlichen Verhalten, bei Aufgeben der Arbeitsstelle oder Ablehnung einer Umschulung ohne wichtigen Grund kann die Sh. auf das zum Lebensunterhalt Unerläßliche eingeschränkt werden; ebenso bei absichtlicher Einkommens- oder Vermögensminderung, um die Hilfsbedürftigkeit herbeizuführen (§ 25).

Die *Hilfe in besonderen Lebenslagen* umfaßt Hilfe zur Existenzsicherung, vorbeugende Gesundheitshilfe, Krankenhilfe, Hilfe zur Familienplanung (Kostenübernahme für ärztliche Beratung oder verordnete empfängnisverhütende Mittel), Hilfe für werdende Mütter und Wöchnerinnen, Eingliederungshilfe für Behinderte, Blindenhilfe, Hilfe zur Pflege, Hilfe zur Weiterführung des Haushalts, Hilfe zur Überwindung besonderer sozialer Schwierigkeiten und Altenhilfe (§§ 27–75).

Zu den Geldleistungen und Grundbeträgen der Sozialhilfe in den neuen Bundesländern s. VO vom 17. 10. 1996 (BGBl. I 1532).

Zum BSHG sind ergänzende Verordnungen ergangen, so
VO zu § 22 (Regelsätze) vom 20. 7. 1962 (BGBl. I 515) m. spät. Änd.,
VO zu § 24 Abs. 2 S. 1 (Schwerstbehinderte) vom 28. 6. 1974 (BGBl. I 1365),
VO zu § 47 (Eingliederungshilfe für Behinderte) i. d. F. vom 1. 2. 1975 (BGBl. I 434),
VO zu § 69 Abs. 6 (Pflegegeld nach § 69 Abs. 4 S. 1) vom 26. 6. 1981 (BGBl. I 548),
VO zu § 72 (Hilfe zur Überwindung besonderer sozialer Schwierigkeiten) vom 9. 6. 1976 (BGBl. I 1469) m. spät. Änd.,
VO zu § 76 (Berechnung des Einkommens) vom 28. 11. 1962 (BGBl. I 692),
VO zu § 79 Abs. 1 und 2 und § 81 Abs. 1 (Einkommensgrenzen) vom 12. 5. 1989 (BGBl. I 940),
VO zu § 81 Abs. 5 (Einkommensgrenze) vom 26. 6. 1981 (BGBl. I 548) und
VO zu § 88 Abs. 2 Nr. 8 (Berücksichtigung von Vermögen) vom 11. 2. 1988 (BGBl. I 150) m. spät. Änd.

Sh. wird *Deutschen mit gewöhnlichem Aufenthalt im Ausland* in beschränktem Umfang gewährt (Hilfe zum Lebensunterhalt, Kranken-, Schwangerenhilfe; § 119). Für *Nichtdeutsche mit tatsächlichem Aufenthalt im Inland* gilt entsprechendes; jedoch erhalten Asylbewerber und ausreisepflichtige Ausländer i. d. R. nur Hilfe zum Lebensunterhalt (§ 120).

Einen besonderen Fall der Sh. regelt das Unterhaltsvorschußgesetz (348).

III. Kostentragung

Grundsätzlich ist dem Hilfesuchenden die Aufbringung der Mittel nicht zuzumuten, wenn sein Einkommen bzw. Vermögen bestimmte Grenzen nicht übersteigt. Der 4. Abschnitt des BSHG enthält Bestimmungen über den Einsatz des Einkommens (§§ 76–87) und des Vermögens (§§ 88, 89). Darüber hinaus fallen die Kosten dem Träger der Sh. zur Last.

Nach den §§ 90, 91 gehen die Ansprüche des Hilfeempfängers gegen einen anderen Verpflichteten auf den Sozialhilfeträger in Höhe der von diesem gemachten Aufwendungen kraft Gesetzes über, wenn dem Verpflichteten eine entsprechende schriftliche Anzeige zugeht. Insoweit bestehen aber Einschränkungen gegenüber entfernteren Verwandten und zur Vermeidung von Härten.

Kostenersatz hat i. d. R. nur zu leisten, wer nach Vollendung des 18. Lebensjahres die Hilfebedürftigkeit an sich oder seinen unterhaltsberechtigten Angehörigen durch vorsätzliches oder grobfahrlässiges Verhalten herbeigeführt hat. Von der Heranziehung zum Kostenersatz kann bzw. muß abgesehen werden, soweit sie eine Härte bedeuten oder den Erfolg der Hilfe gefährden würde. Erben sind i. d. R. in bestimmtem Umfang kostenersatzpflichtig, haften aber nur mit dem Nachlaß. Die Kostenersatzansprüche erlöschen nach 3 Jahren. Vgl. §§ 92ff.

IV. Träger der Sozialhilfe

Die Sozialhilfeaufgaben werden von den landesrechtlich bestimmten *Trägern der Sh.* erfüllt. Jeder *Hilfsbedürftige* muß vorläufig von dem Träger unterstützt werden, in dessen Bezirk er sich befindet; endgültig verpflichtet zur Hilfeleistung ist der Sh.träger, in dessen Bezirk sich der Hilfsbedürftige bei Eintritt der Bedürftigkeit aufhält. (Vgl. §§ 96ff.; Zusammenstellung der landesrechtliche Ausführungsgesetze s. Sartorius, Verf.- u. Verw.gesetze, Nr. 410).

Die Sh. wird von örtlichen Trägern und überörtlichen Trägern gewährt (§ 9). Örtliche Träger sind die kreisfreien Städte und die Landkreise; die überörtlichen Träger werden von den Ländern bestimmt (§ 96). Zuständig für die Sozialhilfe ist das *Sozialamt* der Stadt oder des Landkreises.

Nach dem Grundsatz des Nachrangs der Sh. sollen die Sozialbehörden im Einzelfall keine Maßnahmen treffen oder Leistungen (außer Geld) gewähren, wenn die Hilfe durch Einrichtungen der *freien Wohlfahrtspflege* gewährleistet ist. Mit dieser sollen die Träger der Sh. zusammenarbeiten; sie können ihnen Aufgaben übertragen und ihre Einrichtungen, z. B. Heime, Pflegeanstalten usw., ggf. unter Kostenerstattung in Anspruch nehmen (§§ 10, 93).

V. Freie Wohlfahrtspflege

Die privaten Stiftungen, Vereine und Körperschaften, welche sich in der Bundesrepublik dieser Arbeit widmen, sind in *sechs Spitzenverbänden* der freien Wohlfahrtspflege zusammengeschlossen. Dies sind die drei konfessionellen Wohlfahrtsverbände (vgl. 726):

1. „*Deutscher Caritasverband*" als Vereinigung der Liebeswerke der Katholischen Kirche;
2. „*Diakonisches Werk (Innere Mission und Hilfswerk der Evangelischen Kirche in Deutschland)*" und
3. „*Zentralwohlfahrtsstelle der Juden in Deutschland*"

sowie ferner

4. Der „*Hauptausschuß für Arbeiterwohlfahrt*" als Zusammenfassung der auf den humanitären Grundlagen des demokratischen und freiheitlichen Sozialismus beruhenden Fürsorge;
5. das „*Deutsche Rote Kreuz*" mit seinen humanitären Sonderaufgaben der Verwundetenpflege, der Katastrophenhilfe und der Krankenpflege;
6. der „*Deutsche Paritätische Wohlfahrtsverband*" als interkonfessioneller und politisch nicht gebundener Zusammenschluß aller frei-gemeinnützigen Wohlfahrtseinrichtungen, die wegen der jeweiligen Eigenart der anderen Spitzenverbände keinem von ihnen angehören können.

Diese 6 Spitzenverbände sind in der „Bundesarbeitsgemeinschaft der Freien Wohlfahrtspflege Deutschlands" zusammengeschlossen. Sie sind – zusammen mit 4 weiteren Vereinigungen – in § 23 UmsatzsteuerDV als amtlich anerkannte Verbände aufgeführt und erhalten aus den öffentlichen Haushalten Mittel für bestimmte Wohlfahrtsaufgaben zur Verteilung an ihre Mitgliedseinrichtungen. Sie bürgen dem Staat dafür, daß diese Gelder ihrer Zweckbestimmung entsprechend verwendet werden und daß ihre Mitglieder die gesetzlichen Bestimmungen, insbesondere die steuerrechtlichen Vorschriften über die *Gemeinnützigkeit*, einhalten. Ihr Finanzgebaren wird vom Bundesrechnungshof überprüft. Körperschaften, deren Sorge für notleidende oder gefährdete Mitmenschen sich auf das gesundheitliche, sittliche, erzieherische oder wirtschaftliche Wohl erstreckt und Vorbeugung oder Abhilfe bezweckt, sind steuerbegünstigt auch für ihre wirtschaftlichen Geschäftsbetriebe, wenn diese speziell auf die steuerbegünstigten Zwecke ausgerichtet sind (§§ 64ff. AO). Die uneigennützige und ausschließlich das Wohl der Allgemeinheit fördernde Tätigkeit der freien Wohlfahrtspflege hat der Staat dadurch anerkannt, daß *Spenden* an die Spitzenverbände und die ihnen angeschlossenen Einrichtungen bis zur Höhe von 5 v. H. des Gesamtbetrags der Einkünfte oder 2 vom Tausend der Summe der gesamten

Umsätze und der aufgewendeten Löhne und Gehälter steuerfrei bleiben (§ 10b EStG). Das gilt auch für kleinere Verbände (Blindenverband usw.).

VI. Freiwilliges soziales Jahr

Helfer(innen), die zwischen dem 17. und 27. Lebensjahr während 12 zusammenhängender Monate eine ganztägige pflegerische (erzieherische, hauswirtschaftliche) Hilfstätigkeit in einer Einrichtung der Wohlfahrts- oder Gesundheitspflege leisten und hierfür nur Unterkunft, Verpflegung, Arbeitskleidung und Taschengeld beziehen (freiwilliges *soziales Jahr*), können auf Grund einer entsprechenden Bescheinigung steuer- und sozialversicherungsrechtliche Vergünstigungen in Anspruch nehmen (Ges. vom 17. 8. 1964, BGBl. I 640) m. spät. Änd. Insbes. gelten erweiterte Jahresgrenzen beim Kindergeld, für Waisenrenten u. dgl.; die Beiträge der Kranken- und Rentenversicherung trägt der Arbeitgeber allein. Die Tätigkeit ist auch im Ausland möglich, wenn der Träger seinen Hauptsitz im Inland hat.

688. Bundeskindergeldgesetz und Bundeserziehungsgeldgesetz

I. Das Bundeskindergeldgesetz

i. d. F. vom 23. 1. 1997 (BGBl. I 46) – BKGG –. bezweckt, Familien mit Kindern einen wirtschaftlichen Ausgleich für die Mehrbelastung zu gewähren, die ihnen durch Unterhalt und Erziehung der Kinder im Verhältnis zu Ledigen und kinderlos Verheirateten erwachsen.

Kindergeld erhält nach § 1, 2 BKGG, wer in der BRep. Wohnsitz oder gewöhnlichen Aufenthalt hat; ebenso während eines Auslandsaufenthalts vorübergehend abgeordnete Arbeitnehmer oder Angehörige des öffentl. Dienstes, Versorgungsempfänger, Entwicklungshelfer. Es wird für jedes eheliche, nichteheliche, für ehelich erklärte oder adoptierte Kind gezahlt; ferner für jedes in den Haushalt aufgenommene Stief- oder Pflegekind sowie für die aufgenommenen oder überwiegend unterhaltenen Enkel oder Geschwister. Nach dem 18. bis zum 27. Lebensjahr des Kindes besteht der Anspruch nur, wenn es sich in Schul- oder Berufsausbildung befindet und aus dem Ausbildungsverhältnis oder einer Erwerbstätigkeit weniger als 12000 DM jährlich an Einkünften und Bezügen erhält. Dieser Betrag steigt am 1. 1. 1998 auf 12360 DM und am 1. 1. 1999 auf 13020 DM. Der Anspruch besteht auch für ein Kind dieser Jahrgangsgruppe, das ein freiwilliges soziales Jahr (687 VI) ableistet oder wenn es sich wegen körperlicher, geistiger oder seelischer Behinderung nicht selbst unterhalten kann (dann grundsätzlich auch über das 27. Lebensjahr hinaus). Über das 27. Lebensjahr hinaus wird für Söhne, die nach Grundwehr- oder Zivildienst noch in der Ausbildung stehen, für einen dem geleisteten Dienst entsprechenden Zeitraum noch Kindergeld gezahlt. Kinder, die in der BRep. weder Wohnsitz noch gewöhnlichen Aufenthalt haben, werden grundsätzlich nicht berücksichtigt. Das gilt insbesondere bei *Gastarbeitern,* die sonst anspruchsberechtigt sind.

Das Bundeskindergeldgesetz gilt – mit Überleitungsregelungen (§ 44d BKGG) – ab 1. 1. 1991 auch in den neuen Bundesländern. Die in der BRep. tätigen *ausländischen Arbeitnehmer aus den EWG-Ländern* haben Anspruch für die in ihrer Heimat befindlichen Kinder (Art. 73 EWG-VO 1408/71 vom 14. 6. 1971, BGBl. 1972 II 1127, 1144, 1278; § 42 BKGG). Mit anderen Staaten bestehen vertragliche Abmachungen über ein beschränktes Kindergeld für ihre im Herkunftsland lebenden Kinder (Türkei, ehemaliges Jugoslawien).

Das Kindergeld beträgt für das erste und zweite Kind 220 DM, für das dritte

300 DM und für jedes weitere 350 DM. Ab dem Veranlagungszeitraum wird das Kindergeld und der Kinderfreibetrag (s. 529) nur alternativ gewährt. Beim Lohnsteuerjahresausgleich oder bei der Veranlagung zur Einkommensteuer prüfen die Finanzämter, welche Alternative günstiger ist. Ggf. (bei Anwendung des Kinderfreibetrages) wird die Steuerdifferenz gutgeschrieben. Der Anspruch auf Kindergeld kann (außer für Unterhaltsansprüche des Kindes) nicht gepfändet, verpfändet oder abgetreten werden (§§ 25, 53, 54 SGB I); er verjährt in vier Jahren nach Ablauf des Kalenderjahres, für das es zu gewähren war (§ 45 SGB I). Das Kindergeld unterliegt nicht der Einkommen- oder Lohnsteuer (§ 3 Nr. 24 EStG).

Die *Ausführung des BKGG* obliegt der Bundesanstalt für Arbeit und als ihren Dienststellen den Landesarbeitsämtern und Arbeitsämtern. Die Bundesanstalt führt dabei die Bezeichnung „Familienkasse". Das Kindergeld, das jeweils monatlich i.d.R. durch den Arbeitgeber (s. hierzu die *KindergeldauszahlungsVO* vom 10. 11. 1995, BGBl. I 1510) gezahlt wird, ist bei der zuständigen Familienkasse d. *Arbeitsamtes* schriftlich zu beantragen. Die zur Feststellung des Anspruchs erforderlichen Tatsachen sind anzugeben und die Beweismittel zu bezeichnen. Das Arbeitsamt entscheidet über den Anspruch. Abgelehnte Ansprüche sind im Widerspruchsverfahren und auf dem Rechtsweg der Sozialgerichtsbarkeit (689) zu verfolgen (§ 15 BKGG).

Die *Mittel* für das Kindergeld werden vom *Bund* zur Verfügung gestellt.

II. Das Bundeserziehungsgeldgesetz

i. d. F. vom 31. 1. 1994 (BGBl. I 180) soll es einem Elternteil ermöglichen, sich in der ersten Lebensphase des Kindes ohne Behinderung durch eine Erwerbstätigkeit dessen Betreuung und Erziehung zu widmen.

Anspruch auf Erziehungsgeld (§ 1) hat, wer einen Wohnsitz in der BRep. hat, mit einem Kind, für das ihm die Personensorge zusteht, in einem Haushalt lebt und dieses selbst betreut und erzieht und nicht oder nicht voll (d. h. nicht mehr als 19 Arbeitsstunden wöchentlich) erwerbstätig ist. Der Bezug von Sozialleistungen, die sich aus einer vollen Erwerbstätigkeit ableiten, wie Arbeitslosengeld, Krankengeld, Verletztengeld und dergleichen, steht einer vollen Erwerbstätigkeit gleich (§ 2 Abs. 2). Für ein Kind wird nur einer Person Erziehungsgeld gewährt. Erfüllen beide Ehegatten die Anspruchsvoraussetzungen, können sie einen von ihnen zum Berechtigten bestimmen (§ 3 Abs. 1 und 2). In den neuen Bundesländern ist das Gesetz für Kinder anzuwenden, die nach dem 31. 12. 1990 geboren sind.

Das Erziehungsgeld von 600 DM monatlich (§ 5 Abs. 1) wird auf *schriftlichen Antrag* für jeweils ein Lebensjahr gewährt (§ 4 Abs. 2). Es wird vom Tag der Geburt bis zur Vollendung des 18. Lebensmonats gezahlt (für nach dem 31. 12. 1992 geborene Kinder bis zur Vollendung des 24. Lebensmonats). In den ersten 6 Monaten wird das Erziehungsgeld gemindert, wenn das Einkommen bei Verheirateten 100 000 DM, bei sonstigen Berechtigten 75 000 DM übersteigt. Ab dem 7. Monat wird das Erziehungsgeld gemindert, wenn das Einkommen bei Verheirateten 29 400 DM, bei anderen Berechtigten 23 700 DM (zuzüglich 4200 DM für jedes weitere Kind) übersteigt. Wenn das Einkommen die genannten Grenzen überschreitet, so mindert sich das Erziehungsgeld um den zwölften Teil von 40 v. H. des die Grenze übersteigenden Einkommens (§ 5 Abs. 3). Die Stelle, bei der das Erziehungsgeld beantragt wird, ist landesrechtlich bestimmt (z. B. in Bayern die Familienkasse beim Versorgungsamt). Bei Ablehnung und erfolglosem Widerspruch kann das Sozialgericht angerufen werden (§ 13).

810

Nach § 15 haben Arbeitnehmer Anspruch auf *Erziehungsurlaub* bis zur Vollendung des 3. Lebensjahres eines Kindes, das nach dem 31. 12. 1991 geboren ist, wenn sie mit einem Kind, für das ihnen die Personensorge zusteht, in einem Haushalt leben und dieses Kind selbst betreuen und erziehen. Der Anspruch besteht – bei im übrigen gleichen Voraussetzungen – auch bei Stiefkindern, bei zur Adoption aufgenommenen Kindern sowie in bestimmten Fällen bei Kindern, für die dem Arbeitnehmer das Personensorgerecht nicht zusteht. Der Arbeitgeber darf das Arbeitsverhältnis während des Erziehungsurlaubs nicht kündigen (§ 18; Ausnahmen in besonderen Fällen möglich). Während des Erziehungsurlaubs besteht eine beitragsfreie Versicherung in der gesetzlichen Krankenversicherung und in der Arbeitslosenversicherung.

689. Die Sozialgerichtsbarkeit

ist eine besondere Erscheinungsform der Verwaltungsgerichtsbarkeit. Während früher die Verwaltungsbehörden (Versicherungs-, Oberversicherungsämter) zugleich Spruchbehörden bei Streitigkeiten in Angelegenheiten der Sozialversicherung waren – oberste Instanz war das Reichsversicherungsamt –, sind durch das *Sozialgerichtsgesetz* für diese und andere sozialrechtliche Streitsachen gemäß dem Grundsatz der *Gewaltenteilung* (vgl. 4 II 3, 8, 63) von den Verwaltungsbehörden getrennte unabhängige Gerichte geschaffen worden.

I. Gesetzliche Grundlage

Das *Sozialgerichtsgesetz* (SGG) – jetzt i. d. F. vom 23. 9. 1975 (BGBl. I 2535) m. spät. Änd. – regelt die *Gerichtsverfassung* und das *Verfahren* in der Sozialgerichtsbarkeit.

II. Aufbau der Sozialgerichtsbarkeit

Der Gerichtsaufbau der Sozialgerichtsbarkeit ist dreistufig; es bestehen:

1. *Sozialgerichte*

Sie sind Landesgerichte und entscheiden im ersten Rechtszug über alle Streitigkeiten, für die nach § 51 SGG der Rechtsweg vor den Gerichten der Sozialgerichtsbarkeit eröffnet ist. Es werden *Kammern* für Sozialversicherung, Arbeitslosenversicherung usw., Kriegsopferversorgung, Kassenarztrecht, evt. Knappschafts- einschl. Unfallversicherung für den Bergbau gebildet. Jede Kammer entscheidet in der Besetzung mit einem Vorsitzenden (= Berufsrichter) und zwei *ehrenamtlichen Richtern* als Beisitzern. Bei Beschlüssen außerhalb der mündlichen Verhandlung und bei Gerichtsbescheiden wirken die ehrenamtlichen Richter nicht mit. Die Landesregierung führt die Dienstaufsicht; sie kann Aufsichtsbefugnisse dem Präsidenten des Landessozialgerichts oder einem Vorsitzenden des Sozialgerichts übertragen (§§ 7–27).

2. *Landessozialgerichte*

Sie sind gleichfalls Landesgerichte und entscheiden im zweiten Rechtszug über Berufungen gegen Urteile und Beschwerden gegen andere Entscheidungen der Sozialgerichte (§ 29 SGG). Ein Landessozialgericht besteht aus dem Präsidenten, Vorsitzenden Richtern, weiteren Berufsrichtern und ehrenamtlichen Richtern. Es entscheidet als *Senat* in der Besetzung mit 3 Berufs- und 2 ehrenamtlichen Richtern; es werden Fachsenate wie zu a) gebildet (§§ 28–35).

3. *Das Bundessozialgericht*

in Kassel. Es ist ein oberster Gerichtshof (71 II 5) und besteht aus dem Präsidenten, Vorsitzenden Richtern, weiteren Berufsrichtern und ehrenamtlichen Richtern. Die Dienstaufsicht führt der Bundesarbeitsminister. Das Bundessozialgericht entscheidet als *Senat* (3 Berufs-, 2 ehrenamtliche Richter) über das Rechtsmittel der Revision gegen Urteile der Landessozialgerichte, ferner in erster und letzter Instanz über nichtverfassungsrechtliche Streitigkeiten zwischen Bund und Ländern oder zwischen verschiedenen Ländern in den Angelegenheiten des § 51 SGG. Ein Großer Senat sorgt für die Einheitlichkeit der Sozialrechtsprechung (§§ 38–50).

III. Klagearten

Man unterscheidet in der Sozialgerichtsbarkeit folgende *Klagearten* (§§ 54, 55):

1. Die *Anfechtungsklage* gegen einen den Kläger beschwerenden Verwaltungsakt;
2. die *Selbstverwaltungsklage* einer Körperschaft oder Anstalt des öffentlichen Rechts gegen eine das Aufsichtsrecht überschreitende Anordnung der Aufsichtsbehörde;
3. die *Leistungsklage* auf Gewährung einer Leistung (z. B. Rente, Berufsfürsorge usw.);
4. die *Verpflichtungsklage* (Untätigkeitsklage) auf Erlaß eines abgelehnten oder unterlassenen Verwaltungsaktes (§ 88);
5. die *Feststellungsklage,* die über § 256 ZPO hinaus bei Vorliegen eines berechtigten (auch wirtschaftlichen) Interesses an der baldigen Feststellung nicht nur am Bestehen oder Nichtbestehen eines Rechtsverhältnisses, sondern auch an der Nichtigkeit eines Verwaltungsaktes, der Zuständigkeit eines Versicherungsträgers oder der Ursächlichkeit eines Arbeitsunfalles oder einer Berufskrankheit für Gesundheitsbeschädigung oder Tod des Versicherten zulässig ist.

IV. Verfahren

Das *Verfahren* unterscheidet sich wesentlich von dem der ZPO, da die Zuständigkeit der Sozialgerichte sich auf das öffentlich-rechtliche Sozialrecht beschränkt. Es herrscht daher *Amtsprinzip,* d. h. das Gericht hat über den Vortrag der Parteien hinaus den Sachverhalt *von Amts wegen* zu erforschen und ist an Beweisanträge nicht gebunden. Privatrechtliche Streitigkeiten aus dem Sozialbereich dagegen gehören vor die ordentlichen Gerichte (z. B. Erstattungsansprüche eines Arbeitgebers gegen die Krankenkasse, Rechtsbeziehungen zwischen Krankenhäusern und Patienten). Jedoch können privatrechtliche Vorfragen vom Sozialgericht mit entschieden werden, soweit nicht eine Bindung der Gerichte festgelegt ist (wie z. B. bei Entscheidungen über Scheidung einer Ehe, Ehelichkeit eines Kindes usw.). Die bei den Sozialgerichten neben den Berufsgerichten tätigen ehrenamtlichen Richter werden für Spezialgebiete wie z. B. Sozialversicherung, Kriegsopferfürsorge usw. aus den hiermit vertrauten Kreisen berufen; sie haben volle richterliche Unabhängigkeit.

Eine *Klage* ist schon mit Einreichung beim Sozialgericht, unabhängig von der Zustellung, erhoben. Frist 1 Monat nach Zustellung oder Bekanntgabe des Verwaltungsaktes (mit Rechtsmittelbelehrung, §§ 66, 87). Im Regelfalle muß der Klage wie bei anderen verwaltungsgerichtlichen Verfahren (vgl. 151 V) ein *Vorverfahren* vorausgehen, d. h. ein Verwaltungsverfahren, das mit Erhebung des *Widerspruchs* beginnt (§§ 78, 83ff.). Statt von Parteien wird von *„Beteiligten"* gesprochen; dazu gehören außer dem Kläger und dem Beklagten etwaige *Beigeladene,* deren Interessen durch die Entscheidung berührt werden (§ 75).

Das Verfahren kann *ausgesetzt* werden, wenn die Entscheidung von einem familien- oder erbrechtlichen Verhältnis abhängt, das im Zivilprozeß geklärt werden muß, oder von einem anderweit rechtshängigen Rechtsverhältnis (§ 114). Die Akteneinsicht kann beschränkt werden; hiergegen kann das Gericht angerufen werden, das endgültig entscheidet (§ 120). Die Beteiligten können sich durch jeden prozeßfähigen Bevollmächtigen vertreten lassen (§ 73; Vertretungszwang vor dem Bundessozialgericht mit Besonderheiten für Behörden, Gewerkschaften u. a. Verbände, § 166). Das Gericht entscheidet durch Urteil, wobei es nicht an die Fassung der Anträge gebunden ist (§ 123). Bei Nichterscheinen eines Beteiligten kann (nach entsprechendem Hinweis in der Ladung) nach Lage der Akten entschieden werden (§ 126). Das Gericht kann ohne mündliche Verhandlung durch *Gerichtsbescheid* entscheiden, wenn die Sache keine besonderen Schwierigkeiten tatsächlicher oder rechtlicher Art aufweist und der Sachverhalt geklärt ist; der Gerichtsbescheid wirkt als Urteil. Die Beteiligten können innerhalb 1 Monats gegen den Gerichtsbescheid das Rechtsmittel einlegen, das zulässig wäre, wenn das Gericht durch Urteil entschieden hätte; ist Berufung nicht gegeben, kann mündliche Verhandlung beantragt werden (§ 105); ab 1. 3. 1998 ist eine Entscheidung durch Gerichtsbescheid nicht mehr möglich; an die Stelle des Gerichtsbescheids tritt wieder die bis zum 1. 3. 1993 geltende Regelung (= Entscheidung durch Vorbescheid möglich).

Das Verfahren vor den Sozialgerichten ist grundsätzlich kostenfrei; doch können einem Beteiligten die Kosten auferlegt werden, die er dem Gericht oder einem anderen Beteiligten durch Mutwillen, Verschleppung oder Irreführung verursacht hat (§§ 183, 192). Eine Entscheidung ist vollstreckbar, wenn das Gericht nicht Aufschub gewährt (§ 199).

Rechtsmittel sind Berufung (die in bestimmten Fällen der Zulassung bedarf, §§ 144, 145), Revision, die nur gegeben ist, wenn sie in dem Urteil des Landessozialgerichts oder vom BSG zugelassen worden ist (§ 160) und Beschwerde (§ 172). Klage und Rechtsbehelfe nach dem SGG haben in bestimmten Fällen *aufschiebende Wirkung* (§§ 86, 97, 154, 165). Die Vollstreckung zugunsten einer Behörde usw. richtet sich nach dem Verwaltungs-Vollstreckungsgesetz, während im übrigen die entsprechenden Vorschriften der ZPO eingreifen (§§ 198, 200).

Über die *Entschädigung der ehrenamtlichen Richter* vgl. 209.

Alle Länder haben *Ausführungsgesetze* zum SGG erlassen (Zusammenstellung bei Aichberger, Textslg. „Sozialgesetzbuch, Reichsversicherungsordnung“, Nr. 850, Fußn. zu § 7).

Siebenter Teil

Kirchenrecht

I. Kirchenrecht und Staatshoheit

701. Begriff des Kirchenrechts

Das *Kirchenrecht* umfaßt die Rechtssätze, welche sich auf die *Kirche,* d. h. die Gemeinschaft der durch christlichen Glauben verbundenen Personen, und auf kirchliche Verhältnisse beziehen.

Das Wort *„Kirche"* ist von dem griechischen kyriakè (dem Herrn gehörig) abgeleitet. Es bezeichnet äußerlich das christliche Gotteshaus, inhaltlich die im Bekenntnis vereinigte Gemeinde und Glaubensgemeinschaft, die Christenheit eines Landes und der Erde. Der Begriff der *Religionsgesellschaft* (vgl. Art. 137 WVerf.) ist weiter; er umfaßt auch andere christliche sowie die nichtchristlichen Glaubensgemeinschaften (720, 721).

Das *Kirchenrecht* ist nach *katholischer* Auffassung eine religiöse Notwendigkeit, es hat als Quelle das *jus divinum,* das göttliche unveränderliche Recht, und das *jus humanum,* das menschliche veränderliche, vom Papst oder Konzil gesetzte Recht. Nach *evangelischer* Auffassung ist das Kirchenrecht eine praktische Notwendigkeit zur Ordnung des Lebens in der Gemeinde; seine Ableitung ist jedoch im einzelnen umstritten.

Man unterscheidet das *innere* Kirchenrecht, die von der Religionsgemeinschaft selbst zur Regelung ihrer Angelegenheiten geschaffenen Rechtsnormen, und das *äußere* Kirchenrecht, d. h. die Regelung, welche der Staat für sein Verhältnis zur Kirche getroffen hat *(Staatskirchenrecht).*

Das *Staatskirchenrecht* insbesondere ist durch die *Verfassung* und andere staatliche Gesetze oder durch *Verträge* geregelt (vgl. 702–704).

702. Staat und Kirche

Das Verhältnis von Staat und Kirche ist seit dem Urchristentum umstritten. Je nach der Betonung der Sätze des Neuen Testaments (Römer 13,1: „Jedermann sei untertan der Obrigkeit"; Apostelgeschichte 5, 29: „Du sollst Gott mehr gehorchen als den Menschen") ergab sich ein Widerstreit zwischen weltlichen und kirchlichen Vorranganspruchen. Nachdem die Kirche noch über das Mittelalter hinaus ein Weisungsrecht über den Staat beansprucht hatte, führte die Gleichordnung von Staat und Kirche in den siebziger Jahren des 19. Jahrh. zu einem Konflikt in Deutschland (besonders in Preußen) und zum Kulturkampf, der erst durch den versöhnlicheren Papst Leo XIII. und das

Einlenken Bismarcks überwunden wurde. Nachdem es 1918 zu einer Trennung von Staat und Kirche gekommen war, brachte die nationalsozialistische Zeit Ansätze zu einer Kirchenhoheit des Staates mit verstärktem politischen Einfluß auf die Kirchen; dieses Ziel wurde jedoch gegenüber der katholischen Kirche angesichts ihrer fester gefügten Ordnung weit weniger erreicht als gegenüber der evangelischen Kirche.

Über die mittelalterlichen *Zweischwerterlehren* des Sachsenspiegels (1230) und des Schwabenspiegels (1270) s. 3 II, über das Heilige Römische Reich Deutscher Nation s. 12. Im Deutschen Reich und besonders in Preußen führte, nachdem das I. Vatikanische Konzil 1870 das universale Episkopat des Papstes und seine Unfehlbarkeit bei Entscheidungen in Glaubensfragen verkündet hatte, unter der Ägide Bismarcks eine Überbetonung des Gedankens eines absolutistischen Staatskirchenrechts zu heftigen Auseinandersetzungen zwischen Staat und kath. Kirche, die sich bis zum sog. *Kulturkampf* steigerten: In dem Ende 1871 in das StGB eingefügten sog. *Kanzelparagraphen* (§ 130a) wurde die den öffentlichen Frieden gefährdende öffentliche Erörterung staatlicher Angelegenheiten unter Strafe gestellt. Das 1872 erlassene *Jesuitengesetz* verwies die Ordensangehörigen aus dem Reich. In den in Preußen 1873 ergangenen sog. *Maigesetzen* wurden Vorbildung und Anstellung der Geistlichen staatlich geregelt, insbes. die Zulassung zum geistlichen Amt von Schulausbildung und Studium in Deutschland sowie einer staatl. Prüfung abhängig gemacht und ein staatl. Einspruchsrecht gegen die Amtsübertragung eingeführt. Auch wurde die kirchliche Disziplinargewalt staatlich geregelt. Der Widerstand des kath. Episkopats und finanzielle Gegenmaßnahmen des Staates (Einstellung von Leistungen) sowie Zwangsmaßnahmen gegen opponierende Bischöfe trugen zur Verschärfung des Konflikts bei. Erst nach dem Tode des dogmatisch strengen Papstes Pius IX. gelangte Bismarck mit dessen Nachfolger Leo XIII. zu einer Verständigung, in deren Verlauf die Kampfgesetze abgebaut wurden.

Der *Nationalsozialismus* sah in den christlichen Kirchen seine grundsätzlichen Gegner, weil sie den Gleichschaltungs- und Unterdrückungsmaßnahmen des „Dritten Reiches" Widerstand entgegensetzten. Man versuchte, das kirchliche Leben lahmzulegen, griff das kirchliche Schrifttum an, überwachte die Geistlichen und übte in mannigfacher Weise Druck auf sie aus. In die evangelische Kirche drangen starke nat.-soz. Kräfte in Form der Gemeinschaft „Deutsche Christen" ein, die aber infolge der Gegenwirkung der *„Bekennenden Kirche"* nur begrenzte Anhängerschaft fand. Unter dem Druck des Regimes traten 1937 108000 Katholiken und weit mehr evangelische Christen aus der Kirche aus. Trotzdem war der Widerstand beider Kirchen innerlich so stark, daß es Hitler nicht gelang, die Kirchen aus dem Volksleben auszuschalten. Die Zahl der einer Kirche angehörenden Personen sank nicht unter 94 v. H. der Bevölkerung. Als die Kirchen sich nach vielen Opfern unter Pfarrern und Laien nach dem Zusammenbruch des Reiches 1945 von staatlichem Druck befreit sahen, konnten sie einen erheblichen Aufschwung verzeichnen.

In der BRep. besteht auf der Grundlage des GG eine „balancierte" (oder „hinkende") Trennung von Staat und Kirche, im besonderen aber ein partnerschaftliches Verhältnis mit bestimmten gegenseitigen Bindungen (z. B. Hilfe bei Einziehung der Kirchensteuer, besonderer Schutz kirchlicher Einrichtungen, Ausstattung von Religionsgesellschaften mit Körperschaftsrechten usw., vgl. 703).

Im *Ausland* ist die Trennung von Staat und Kirche vielfach ohne kirchenfeindliche Einstellung durchgeführt worden (so in den USA, Brasilien und den meisten Ländern des Commonwealth, vgl. 931). Mit kirchenfeindlicher Richtung vollzog sich die Trennung in Frankreich (Trennungsgesetz 1904), in dem früheren Sowjetrußland und den ehemaligen Ostblockstaaten. Dagegen ist der Katholizismus in manchen Ländern noch *Staatsreligion.* In Italien war dies bisher auf Grund der Lateranverträge (708) der Fall, die jedoch durch ein Konkordat von 1984 insoweit geändert worden sind (zugleich wurden die Bindung weltlicher Behörden an kirchliche Urteile in Ehesachen und das Pflichtfach Religionsunterricht beseitigt). In Spanien ist das Konkordat von 1953, das den Katholizismus zur Staatsreligion erhob, durch neue Abkommen von 1979 aufgehoben worden. In Griechenland ist die griech-.orthodoxe Lehre noch Grundlage der Staatsideologie; auf Cypern ist die Kirche Trägerin des griechischen Nationalismus. Im Iran ist der islamische Schiismus nach der Vertreibung des Schahs (926 II 3) zur Staatsreligion erklärt worden. Dies ist auch in anderen islamischen Ländern der Fall, so in Ägypten, im Sudan, in Pakistan, Marokko und Tunesien. *Staatskirchen* bestehen u. a. in Großbritannien (Anglikanische Kirche in England, Presbyterianische Kirche in Schottland, beide mit dem König als Oberhaupt) sowie Schweden (Evg.-luth. Kirche), wo aber ebenfalls Trennungsbestrebungen eingesetzt haben.

703. Bundesrepublik Deutschland und Kirchen

Grundlage des Verhältnisses zwischen Staat und Kirchen ist in der BRep. Art. 4 GG, wonach die *Freiheit des Glaubens,* des Gewissens und des religiösen oder weltanschaulichen Bekenntnisses unverletzlich und die ungestörte *Religionsausübung* gewährleistet ist. Im übrigen verweist Art. 140 GG auf die Art. 136, 137, 138, 139 und 141 der WVerf. und macht sie zu Bestandteilen des Grundgesetzes. Nach Art. 137 WVerf. besteht *keine Staatskirche,* d. h. keine Verbindung zwischen staatlicher und kirchlicher Verwaltung. Jede Religionsgesellschaft ordnet und verwaltet ihre Angelegenheiten selbständig innerhalb der Schranken der für alle geltenden Gesetze. Sie verleiht ihre Ämter ohne Mitwirkung des Staates oder der bürgerlichen Gemeinde. Die weitere Regelung kirchlicher Fragen als Teil des kulturellen Bereichs ist den Ländern überlassen.

Hiernach gelten die mit Verfassungskraft ausgestatteten Grundsätze der Weimarer Republik über die Kirchen weiter. Da die kirchliche Tätigkeit sich von der staatlichen wesensmäßig grundsätzlich unterscheidet, können die Kirchen nicht wie andere öffentl.-rechtliche Körperschaften dem Staat eingeordnet werden. Über die Militärseelsorge vgl. 461.

Die bürgerlichen und staatsbürgerlichen Rechte und die Zulassung zu den öffentlichen Ämtern sind unabhängig vom religiösen Bekenntnis (Art. 3 Abs. 3, 33 Abs. 3 GG). Es steht jedermann frei, sich mit anderen zu religiösen Gesellschaften zu vereinigen. Der Erwerb der Rechtsfähigkeit durch religiöse Vereinigungen vollzieht sich nach den allgemeinen Grundsätzen für Vereine; eine schon bestehende Eigenschaft als öffentlich-rechtliche Körperschaft wird aufrechterhalten. Art. 138 WVerf. gewährleistet den Religionsgemeinschaften und religiösen Vereinen das Eigentum und andere Rechte am *Kirchengut,* d. h. an den kirchlichen Zwecken dienenden Vermögensgegenständen, und schützt sie vor entschädigungsloser Wegnahme *(Säkularisation)*, nicht aber vor Besteuerung. Der Sonntag und die staatlich anerkannten Feiertage bleiben als Tage der Arbeitsruhe und der seelischen Erhebung gesetzlich geschützt. Die Religionsgesellschaften sind nach Art. 141 WVerf. zur Vornahme religiöser Handlungen im Heer, in Krankenhäusern, Strafanstalten und sonstigen öffentlichen Anstalten zuzulassen, soweit ein Bedürfnis besteht; ein Zwang zur Teilnahme darf nicht ausgeübt werden.

Nach Art. 137 Abs. 6 WVerf. sind die Religionsgesellschaften, die Körperschaften des öffentlichen Rechts sind, berechtigt, auf Grund der bürgerlichen Steuerlisten nach Maßgabe der landesrechtlichen Bestimmungen Steuern zu erheben (wegen der hierbei geleisteten Hilfe des Staates vgl. 704). I. d. R. besteht die *Kirchensteuer* in prozentualen Zuschlägen (8–10 v. H.) zur Einkommen-(Lohn)steuer; ihre Einziehung kann den *Finanzämtern* übertragen werden. Die Einzelheiten sind in den Kirchensteuergesetzen der Länder geregelt. Bei *konfessionsverschiedenen Ehegatten*, d. h. wenn beide steuerberechtigten Kirchen angehören, wird die Kirchensteuer bei Zusammenveranlagung (528) nach der Hälfte der Einkommensteuer, sonst nach der ESt. eines jeden Ehegatten erhoben. Bei *glaubensverschiedenen Ehegatten* (ein Ehegatte gehört keiner steuerberechtigten Kirche an) darf nach den Urteilen des BVerfG vom 14. 12. 1965 (BGBl. 1966 I 65, 66) die Kirchensteuer bei dem einer Religionsgemeinschaft angehörenden Teil nicht mehr nach dem in manchen Landesgesetzen früher enthaltenen Halbteilungsgrundsatz aus der Hälfte des zusammengerechneten Einkommens berechnet werden. Jede Religionsgemeinschaft darf nur den ihr angehörenden Teil besteuern. Wer keiner Religionsgemeinschaft angehört, darf nicht verpflichtet werden, Kirchensteuer nur deshalb zu entrichten, weil sein Ehegatte Mitglied einer Religionsgemeinschaft ist. Über die zeitliche Wirkung des *Kirchenaustritts* auf die Kirchensteuerpflicht s. 725.

Im 4. Jahrhundert, als Kirchen, Klöster und christliche Hospitäler zum Asyl (griech.: heiliger, unter göttlichem Schutz stehender Ort) erklärt wurden, entwickelte sich das sog. *Kirchenasyl*. Wer sich durch Flucht in eine Kirche strafrechtlicher Verfolgung entzog, durfte dort nicht verhaftet werden. In einem Rechtsstaat gibt es für ein Kirchenasyl keine rechtliche Grundlage.

Weitere Rechtsangelegenheiten werden i. d. R. durch *Staatsverträge* zwischen Staat und Kirche geregelt (vgl. 704).

704. Verträge zwischen Staat und Kirche

Zwischen dem Staat und der kath. Kirche wurden schon im Mittelalter als *Konkordate* bezeichnete Vereinbarungen getroffen. Für die evg. Kirche ergab sich die Notwendigkeit vertraglicher Regelungen erst seit dem Umsturz von 1918, der das Staatskirchentum beseitigte und eine *Trennung von Staat und Kirche* herbeiführte.

In der Zeit zwischen den beiden Weltkriegen wurden Konkordate zwischen der kath. Kirche einerseits und den Ländern Bayern (1924), Preußen (1929) und Baden (1932) andererseits abgeschlossen; sie haben ihre Geltung nach 1945 behalten. Auch das *Reichskonkordat*, das am 20. 7. 1933 zwischen der Kirche und dem Deutschen Reich unter Hitler abgeschlossen wurde (RGBl. II 679), ist durch Urteil des Bundesverfassungsgerichts vom 26. 3. 1957 als gültig bestätigt worden.

Das *Konkordat vom 20. 7. 1933* enthält Vereinbarungen über die Rechtsfähigkeit der Kirchengemeinden, der Bistümer und ihrer Anstalten, über das Recht der Kirche zur Besetzung der Kirchenämter, Garantie der Freiheit des Verkehrs zwischen der *Kurie* und den Angehörigen der kath. Kirche, das Recht zur freien Bekanntgabe von Verfügungen der Kirchenbehörden im Rahmen ihrer Zuständigkeit, Bestellung eines päpstlichen Nuntius und eines deutschen Botschafters beim Vatikan, freie Zulassung der kath. Orden, Gewährleistung des Kircheneigentums durch den Staat sowie der Zulassung von kath. Fakultäten, Möglichkeit der Errichtung von Bekenntnisschulen (186 II 1); anderseits das ausschließliche Recht des Staates zur Ziviltrauung und Ausübung der Rechtsprechung in allen Angelegenheiten des Rechts. Die geistliche Gerichtsbarkeit hat keine Wirkung in weltlichen Angelegenheiten.

Die Kirchen haben das Recht, ihre Angehörigen zur Erfüllung der innerkirchlichen Pflichten anzuhalten und hierzu von den ihnen zustehenden Zuchtmitteln (Disziplinargewalt) Gebrauch zu machen. Sie können Mitglieder ihrer Gemeinschaft ausschließen; anderseits ist jeder Kirchenangehörige berechtigt, den *Austritt aus der Kirche* zu erklären. Vgl. 725.

Die *kirchliche Trauung* ist nach dem *Personenstandsgesetz* (s. 341) nur statthaft, wenn eine gültige Eheschließung vor dem zuständigen Standesamt vorausgegangen ist. Zuwiderhandlung ist eine Ordnungswidrigkeit, außer wenn ein Verlobter lebensgefährlich erkrankt und ein Aufschub nicht möglich ist oder ein von der Kirche bestätigter schwerer sittlicher Notstand vorliegt (§ 67).

Oftmals enthalten Verträge zwischen Staat und Kirche die Verpflichtung des Staates zu geldlichen Leistungen zwecks Unterhaltung der oberen Kirchenbehörden (kath. Bischöfe, Domkapitel; evg. kirchliche Zentralbehörden). Ihre in Art. 138 Abs. 1 WVerf. angekündigte Ablösung ist nicht durchgeführt worden. Der Rechtsgrund solcher *Dotationen* ist bisweilen noch im *Patronatsrecht* (s. 723) begründet. Soweit Klöster oder Stifte mit derartigen Dotationspflichten im Wege der *Säkularisation* (Reichsdeputationshauptschluß von 1803) auf die Länder übergegangen sind, trägt das Land als Rechtsnachfolger des Klosters oder Stifts die Dotationspflicht.

Vor allem aus der Säkularisation werden auch gewisse Privilegierungen der Kirchen abgeleitet, die ihnen als öffentl.-rechtl. Körperschaften zugestanden werden, so insbes. das Abzugsverfahren bei der Lohnsteuer (535) und die sonstige Hilfeleistung bei der Einziehung der Kirchensteuer, Gebührenfreiheit bei Beurkundungen u. dgl.

II. Die katholische Kirche

705. Die Verfassung der katholischen Kirche

Nach katholischer Auffassung ist die *Kirche* die von Christus zum Heil der Menschheit gestiftete, von ihm und seinen Nachfolgern auf dem Stuhle Petri regierte Anstalt, eine hierarchische Ordnung im Dienste des Reiches Gottes.

Die kath. Kirche ist in allen deutschen Ländern als Körperschaft des öffentlichen Rechts anerkannt. Deutschland ist kirchlich in *Erzdiözesen* und *Diözesen* eingeteilt, die ihre Angelegenheiten weitgehend selbständig verwalten (vgl. 709).

Durch die territorialen Veränderungen nach dem 2. Weltkrieg wurde auch die gebietliche Gliederung der kath. Kirche in Deutschland betroffen. Die Diözesen östlich der *Oder-Neiße-Linie* blieben zunächst juristisch weiter bestehen; sie wurden aber nicht mehr von deutschen Bischöfen, sondern von Administratoren polnischer Nationalität verwaltet. Erst nach Inkrafttreten des deutsch-polnischen Vertrags vom 7. 12. 1970, in dem die BRep. die Oder-Neiße-Grenze nicht mehr in Frage stellt, hat der Vatikan eine *territoriale Neuordnung der Bistümer* durchgeführt; bis dahin waren für den Geltungsbereich des Reichskonkordats von 1933 (vgl. 704) die Grenzen Deutschlands von 1937 noch als maßgeblich angesehen worden. Am 28. 6. 1972 erfolgte die Aufgliederung in 7 *polnische Bistümer:* Erzbistum Breslau mit den Suffraganbistümern Gorzów (Landsberg) und Oppeln; ferner zur Kirchenprovinz Gnesen gehörig die Bistümer Danzig, Köslin-Kolberg und Stettin-Kammin; sowie zur Kirchenprovinz Warschau gehörig das Bistum Warmia (Ermland mit Sitz in Allenstein).

Im Gebiet der Bundesrepublik Deutschland bestehen folgende Diözesen und Erzdiözesen:

a) *Kölner Kirchenprovinz.* Erzbistum Köln (Ndrh.-Westf.). Suffragane: Aachen, Münster, Essen (Ndrh.-Westf.), Osnabrück (Nds.), Limburg (Hessen), Trier (Rheinld.-Pfalz).
b) *Paderborner Kirchenprovinz.* Erzbistum Paderborn (Ndrh.-Westf.), Suffragane: Hildesheim (Nds.), Fulda (Hessen).
c) *Freiburger Kirchenprovinz.* Erzbistum Freiburg i. B. (Bad.-Württ.). Suffragane: Mainz (Rheinld.-Pfalz), Rottenburg-Stuttgart (Bad.-Württ.).
d) *Bamberger Kirchenprovinz.* Erzbistum Bamberg (Bayern). Suffragane: Würzburg, Eichstätt (Bayern), Speyer (Rheinld.-Pfalz).
e) *München-Freisinger Kirchenprovinz.* Erzbistum München-Freising, Sitz München (Bayern). Suffragane: Augsburg, Passau, Regensburg (Bayern).
f) *Berliner Kirchenprovinz.* Erzbistum Berlin, Suffragane: Erfurt (Thüringen), Görlitz (Sachsen), Magdeburg (Sachsen-Anhalt).
g) *Hamburger Kirchenprovinz.* Erzbistum Hamburg. Suffragane: Schwerin (Meckl.-Vorp.)

Zur Beratung gemeinsamer Angelegenheiten sind die Bischöfe in der *Deutschen Bischofskonferenz* zusammengeschlossen. Sie vertritt den deutschen Episkopat der Regierung gegenüber, soweit sie von den Konferenzmitgliedern Auftrag erhält oder Mitteilungen zu vermitteln sind.

Außer der Deutschen und der Berliner Konferenz, denen Jurisdiktion (706) zukommt, besteht in *Freising* die Konferenz der *bayerischen Bischöfe.*

Die Erzdiözesen und Diözesen in der BRep. sind zur Wahrnehmung überregionaler Aufgaben im rechtlichen und wirtschaftlichen Bereich zu einem „Verband der Diözesen Deutschlands" (öffentl.-rechtl. Körperschaft) zusammengeschlossen.

1995 kam es in Deutschland zu einem *Kirchenvolksbegehren.* Fast 2 Mill. Unterzeichner forderten hierbei u. a. die Gleichberechtigung der Frauen in der Kirche und die Aufhebung des Zölibats.

706. Die Kirchengewalt

Die *Kirchengewalt* beruht auf den der Kirche durch göttliche Anordnung gegebenen Vollmachten. Sie äußert sich in der Verwaltung der Sakramente durch den *Klerus,* .d.h. durch die *Bischöfe* und *Priester* (*potestas ordinis* – Weihegewalt), und in der Regierung der Kirche durch *Papst* und *Bischöfe* (*potestas jurisdictionis* – Verwaltungs- und Rechtsprechungsgewalt).

Für kirchliche Angelegenheiten ist das *kanonische Recht* maßgebend (von griechisch kanon = Maßstab, Regel). Jedoch ist die geistliche Gerichtsbarkeit ohne bürgerlich-rechtliche Wirkung (vgl. 704). In Österreich, Italien und vielen anderen romanischen Staaten hat dagegen das kanon. Recht, oft auf Grund von Konkordaten, auch bürgerliche Wirkung.

Der älteste und umfassendste Teil des gegen Ausgang des Mittelalters entstandenen *Corpus Iuris Canonici* ist das *Decretum Gratiani,* das den älteren kirchlichen Rechtsstoff zusammenfaßte. Sein Verfasser Gratian (bis 1139 im Kloster zu Bologna) konnte die päpstlichen Dekretalen und die Konzilienbeschlüsse nur bis zu seiner Lebenszeit aufnehmen. Danach liefen sie zunächst ungesammelt und einzeln um (sog. Extravagantes), bis 1234 als weitere Bücher des Corpus Iuris Canonici die *Dekretalen Gregors IX.* (fünf Teile: judex, judicium, clerus, sponsalia, crimen), 1298, der *Liber Sextus,* 1311 die *Clementinae* Clemens' V. und weiter die *Extravagantes Johannes' XXII.* und die *Extravagantes communes* hinzutraten. Die Bedeutung des Corpus Iuris Canonici erschöpft sich nicht in der Darstellung des inneren autonomen Kirchenrechts; sie liegt vielmehr darin, daß es in Wettbewerb mit dem weltlichen Recht seiner Zeit trat. Die Gesetze des Corpus Iuris Canonici besaßen für die kath. Kirche bis 1918 Gültigkeit.

Die wichtigste Zusammenfassung des kath. Kirchenrechts ist der *Codex Iuris Canonici,* der seit 1918 kirchliche Gesetzeskraft hat und damit an die Stelle des Corpus Iuris Canonici getreten ist. Er enthielt in fünf Büchern: Allgemeine Vorschriften, Personen-, Sachen-, Prozeß- und Strafrecht. Eine am 27. 11. 1983 in Kraft getretene überarbeitete Fassung des CIC soll Beschlüsse des II. Vatikanischen Konzils (710) verwirklichen. Das Gesetzeswerk ist nunmehr in 7 Bücher aufgeteilt: Allgemeine Normen, Kirchenverfassung, Verkündigungsdienst der Kirche, Sakramente usw., Kirchenvermögen, Strafbestimmungen, Prozeßrecht. Die Leitungsgewalt bleibt Klerikern vorbehalten, Laien können nur zu deren Unterstützung bei Ausübung des Priesteramtes mitwirken (auch Altardienst und Wortgottesdienste), Frauen sind vom Priesteramt ausgeschlossen. Als mitwirkende Laienvertretung können Pastoralräte berufen werden. Bei Pfarrern ist Abberufung oder Versetzung im Interesse des Dienstes möglich. Ein kirchliches Begräbnis ist auch bei Feuerbestattung zulässig und bei Selbsttötung nicht grundsätzlich ausgeschlossen. Über die sog. ökumenische Trauung vgl. 711. Im kirchlichen Strafrecht ist die Zahl der Fälle, in denen die *Exkommunikation* automatisch eintritt, auf 14 beschränkt (u. a. Häresie = Ketzerei od. Irrlehre, Apostasie = Abfall vom Glauben, Schisma = Kirchenspaltung, vollendete Abtreibung, Entweihung der Hostie, Bruch des Beichtgeheimnisses). Eine *Verwaltungsgerichtsbarkeit* ist nicht vorgesehen. Gegen Verwaltungsakte nachgeordneter kirchlicher Behörden ist die Beschwerde an den Bischof gegeben, gegen dessen ablehnende Entscheidung (nach vergeblich beantragter Aufhebung oder Änderung) Beschwerde beim Apostolischen Stuhl.

Für päpstliche Gesetze ist die Form der Konstitution und des motu proprio üblich. Die *Konstitution* regelt Angelegenheiten von großer Wichtigkeit und von bleibender Bedeutung, während das *motu proprio* nicht durch Berichte oder Anfragen Dritter veranlaßt ist, sondern freier Initiative des Papstes entspringt. Nach der äußeren Form unterscheidet man die feierlichen *Bullen* (bulla = Bleisiegel) und die einfacheren *Breven*. Dagegen ist eine *Enzyklika* kein kirchliches Gesetz, sondern ein Rundschreiben, in dem der Papst zu Glaubens- oder sonstigen Fragen Stellung nimmt. Ihr Inhalt ist im Rahmen der dogmatischen Lehrgewalt des Papstes bindend. Vgl. 708. Die Sprache ist lateinisch.

Im Juni 1992 wurde ein neuer *„Katechismus der Katholischen Kirche"* vom Papst genehmigt; dieser sog. *Weltkatechismus* richtet sich an die gesamte Kirche und stellt die derzeit geltende kath. Glaubens- und Morallehre dar.

707. Der Klerus

Unter dem *Klerus* versteht man die durch den Empfang der Diakonatsweihe (früher: der Tonsur) dem Dienste Gottes Geweihten im Gegensatz zum heilsabhängigen, geleiteten Volke, dem laos (griechisch), den *Laien*. Daneben besteht die Gruppe der *Religiosen* (lat. *religiosi*); das sind die Angehörigen der Ordensstände, die ein Gelübde abgelegt haben.

Das ältere Kirchenrecht unterschied zwischen *niederen* und *höheren Weihen* (ordines minores/maiores) mit jeweils mehreren nacheinander zu durchlaufenden Stufen (Ostiarius, Lektor, Exorzist usw./Subdiakon bis zum Bischof). Die kirchliche Gesetzgebung nach dem II. Vatikan. Konzil (710) hat die niederen Weihen teils abgeschafft, aber zwei von ihnen (Lektor, Akolyth = Begleiter, Gehilfe) in der Gruppe der *ministeria* ohne Weihecharakter zusammengefaßt. Als Weihegrade bestehen allein Diakonat, Presbyteriat und Episkopat. Nach der Weihestufe und dem kirchenamtlichen Auftrag *(missio canonica)* bestimmt sich der Umfang der auszuübenden kirchlichen Befugnisse.

Die Priesterweihe findet i. d. R. in der Kathedrale (Hauptkirche, Dom) der Bischofsstadt in feierlicher Form statt. Priester unterliegen dem *Cölibat* (Eheverbot). Wegen ihrer vermögensrechtlichen Ansprüche s. 722. Über die Bestrebungen zur Demokratisierung der hierarchischen Ordnung durch Beteiligung von Laien an der Kirchenverwaltung s. 709.

Eine *Ordensgenossenschaft* ist eine freiwillige, von den kirchlichen Behörden genehmigte Vereinigung von Katholiken gleichen Geschlechts zu einem gemeinsamen Leben nach bestimmter Regel. Ihre Mitglieder haben die Verpflichtung des Gehorsams, der Keuschheit und der Armut. Die Klostergenossenschaften gliedern sich in die eigentliche Ordensgemeinschaft mit feierlichen (ewigen) und die Klosterkongregationen mit einfachen (ewigen oder zeitlichen) Gelübden. Den Orden sind vielfach auch äußere Aufgaben wie Seelsorge, Predigt, Mission, Unterricht und Werke der Barmherzigkeit übertragen. Das Klosterrecht enthält der *Codex Iuris Canonici*. Der Papst ist das geistliche Oberhaupt aller Klosterleute; für ihre Angelegenheiten besteht an der päpstlichen *Kurie* eine eigene Behörde (congregatio de religiosis). Meist, aber nicht immer, sind die religiösen Genossenschaften auch dem Diözesanbischof unterstellt. Die verbandsmäßige Leitung der *Orden* und *Kongregationen* liegt bei den eigenen Oberen (Abt, Äbtissin, Provinzial-, Generalobere, General).

Die bereits bestehenden Orden (insbes. Benediktiner, Franziskaner, Dominikaner, Jesuiten) dürfen nur vom Apostolischen Stuhl aufgehoben, neue nur mit seiner Genehmigung errichtet werden. Zu einem folgenreichen Streit im sog. *Kulturkampf* (702) führten die besonderen Ziele und das Wirken des Jesuitenordens (*Gesellschaft Jesu*, Societas Jesu), der 1534 von Ignatius von Loyola gegründet wurde und der die Ausbreitung und Befestigung der kath. Kirche durch äußere und innere Mission zum Hauptziel hat. Seine Mitglieder sind durch besonderes Gelübde zu unbedingtem Gehorsam gegenüber dem Papst verpflichtet. Er wird von einem auf Lebenszeit gewählten General mit dem Sitz in Rom geleitet und betätigt sich besonders auf schulischem Gebiet. In Deutschland war er durch das im Kulturkampf ergangene *Jesuitengesetz* vom 4. 7. 1872 verboten, das aber 1904 (Aufenthaltsverbot) gemildert und 1917 ganz aufgehoben wurde.

708. Papst, Kurie und Kardinäle

Der *Papst* ist nach kath. Auffassung das von Christus selbst eingesetzte Oberhaupt der gesamten kath. Kirche. Er ist Bischof von Rom, Erzbischof der römischen Kirchenprovinz, Primas von Italien, Patriarch des Abendlandes und Erster der Patriarchen, Primas der Gesamtkirche, Gesetzgeber der Kirche, Inhaber der obersten Lehrgewalt und als solcher nach röm.-kath. Lehre unfehlbar.

Die *Kardinäle* sind vom Papst ernannte geistliche Würdenträger mit Fürstenrang und besonderen Ehrenrechten (u. a. Anrede „Eminenz“). Sie bilden den Senat des Papstes und sind seine obersten Ratgeber. Es bestehen drei Rangklassen: Kardinalbischöfe (Inhaber bestimmter suburbikanischer Bistümer), Kardinalpriester, denen eine römische Titelkirche, und Kardinaldiakone, denen eine Diakonie zugewiesen ist. Das Kardinalskollegium leitet der *Kardinaldekan* (rangältester Kardinalbischof), aber ohne besondere Vorrechte.

Der *Papst* ist höchster Richter der Kirche, oberster Verwalter der kirchlichen Angelegenheiten und Repräsentant der Gesamtkirche. Ihm stehen viele Ehrenrechte zu, u. a. der Fußkuß, die Anrede als Patriarch des Abendlandes, die dreifache Krone (tiara), Hirtenstab, Fischerring, Pallium (Halsbinde). Nach Verlust des Kirchenstaates an das geeinigte Königreich Italien 1870 war der Papst nicht mehr weltlicher Herrscher; jedoch wurde durch die *Lateranverträge* vom 11. 2. 1929 seine Herrschaft über die *Vatikanstadt* anerkannt. Der Papst hat völkerrechtlich die Stellung eines souveränen Monarchen. Die Vatikanstadt umfaßt im wesentlichen die Peterskirche nebst den angrenzenden Palästen und Regierungsgebäuden. Italien erkannte weiterhin das volle Eigentum des Heiligen Stuhles an drei außerhalb gelegenen Patriarchalbasiliken sowie an der Sommerresidenz der Päpste Castel Gandolfo an. Diese Gebäude sind nach internationalem Recht exterritorial. Die Vatikanstadt ist dauernd neutralisiert (921).

Die *Papstwahl* (das Wahlverfahren wurde im Februar 1996 reformiert) erfolgt auf Lebenszeit durch die Kardinäle im *Konklave,* d. h. unter Abschluß von der Außenwelt. Sie erfordert eine Zweidrittelmehrheit der teilnehmenden Kardinäle. Wird die Zweidrittelmehrheit bis einschl. des 30. Wahlgangs nicht erreicht, kann mit absoluter Mehrheit ein neuer Wahlmodus festgelegt werden. Eine Wahl durch Akklamation oder durch delegierte Kardinäle ist nicht mehr zulässig. Die Zahl der wahlberechtigten Kardinäle ist auf 120 begrenzt.

Bedeutsame Verlautbarungen des Papstes enthalten u. a. die Enzyklika „Rerum Novarum“, in der Papst Leo XIII. 1891 die *katholische Soziallehre* festlegte; sie verdammte sowohl den *Kommunismus* als auch den zügellosen *Kapitalismus.* Zu weiteren aktuellen sozialpolitischen Problemen hat Papst Johannes XXIII. in einer Enzyklika von 1961 „Mater et Magistra“ (die Kirche als Mutter und Lehrerin) Stellung genommen, insbes. zur Situation der Entwicklungsländer, der wachsenden Einflußnahme des Staates auf die Wirtschaft und damit auf den Menschen sowie zur Bedeutung des Privateigentums und der Privatinitiative in unserer modernen Welt, aus der richtig verstandene Sozialisierungsbestrebungen nicht mehr wegzudenken seien. Die von Papst Paul VI. am 25. 7. 1968 erlassene Enzyklika „Humanae vitae", die zu der vom II. Vatikanischen Konzil nicht entschiedenen Frage der Geburtenregelung Stellung nimmt (vgl. 710), hat durch den Anspruch auf Bindung aller Katholiken zu Meinungsverschiedenheiten über die Verbindlichkeit päpstlicher Auslegungen und Verlautbarungen im Grenzbereich von Glaubensfragen und Gewissensentscheidungen geführt. Papst Johannes Paul II. tritt in der Enzyklika „Redemptor hominis" vom 4. 3. 1979 für die Verteidigung der Menschenrechte, für eine Umverteilung der Reichtümer und ihre Kontrolle ein und verurteilt das Wettrüsten; im kirchlichen Bereich wird die Kollegialität der Bischofssynoden und der Synoden der Ostkirchen sowie die Notwendigkeit einer Annäherung zwischen den christlichen Glaubensgemeinschaften betont, aber auch die Bedeutung der Unfehlbarkeit des Lehramtes gegenüber neueren Entwicklungen in der Theologie und die Bindung der Priester an das Cölibat. Die im Sept. 1981 veröffentlichte Enzyklika „Laborem exercens" befaßt sich mit sozialpolitischen Themen, vornehmlich mit Fragen der Arbeitswelt, ihrer Humanisierung, der Stellung der Gewerkschaften und der Mitbestimmung. Die Enzyklika „Dominum et vivificantem" hat den Heiligen Geist, die Enzyklika „Redemptoris mater" (März 1987) die Jungfrau Maria zum Gegenstand. Mit Sozialfragen befaßt sich die Anfang 1988 veröffentlichte Enzyklika „Sollicitudo rei socialis". Zum hundersten Jahrestag der Sozial-Enzyklika „Rerum novarum" (s. oben) erging im Mai 1991 die Enzyklika „Centesimus annus", in der zwar die Grunderscheinungen des westlichen Systems, wie z. B. Marktwirtschaft, Privateigentum, Unternehmertum, bejaht werden, zugleich aber vor dessen Auswüchsen (Überschätzung des Marktsystems und des reinen Kapitalismus sowie die negativen Seiten der Konsumgesellschaft) gewarnt wird. Im Okt. 1993 wurde durch Papst Johannes Paul II. die Enzyklika „Veritatis splendor" veröffentlicht, die sich mit Fragen des Glaubens und der Moral beschäftigt und den Anspruch des Papstes auf die Ausübung des kirchlichen Lehramtes in diesen Bereichen bekräftigt. Die Enzyklika „Evangelium vitae" vom März 1997 wendet sich entschieden gegen Abtreibung und Euthanasie und stellt mit Sorge einen tiefgreifenden Wandel in der Betrachtungsweise des Lebens und der zwischenmenschlichen Beziehungen fest. Der Papst spricht sich ferner gegen die Todesstrafe aus.

Als Regierungsorgan steht dem Papst die römische Kurie zur Seite. Sie besteht aus 10 *Kardinalskongregationen* (kollegial organisierten Verwaltungsbehörden, den Ministerien vergleichbar), 3 *Gerichtshöfen* (poenitentiarie, Rota, Apostolische Signatur) und 5 *Ämtern* (officia, darunter die Apostolische Kanzlei und das Staatssekretariat).

Kardinalskongregationen bestehen insbesondere für die Glaubenslehre, für den Klerus, für die Ordensleute, für die Sakramente, für den Gottesdienst sowie die (aus der früheren *K. propaganda fidei* hervorgegangene) *K. für Evangelisation und Glaubensverbreitung*. Unter den Kardinalskongregationen regelt die *Kleruskongregation* die Disziplin des Weltklerus; die *Kongregation für die Evangelisation der Völker* (frühere Bezeichnung: *propaganda fidei)* leitet das Missionswesen. Die frühere Kongregation für äußere Angelegenheiten ist durch einen „Rat für öffentliche Angelegenheiten" ersetzt worden, der die auswärtigen Beziehungen bearbeitet und dem Staatssekretär unterstellt ist. Die mit der Finanz- und Vermögensverwaltung befaßten Dienststellen sind jetzt in einer „Präfektur für die wirtschaftlichen Angelegenheiten des Heiligen Stuhles" zusammengefaßt. In Fragen des Laientums soll die Kurie Laien als Berater hinzuziehen. Vor Entscheidungen in Diözesanfragen muß sie alle betroffenen Bischöfe unterrichten und ihnen Gelegenheit zur Stellungnahme geben. Über die zur Beratung des Papstes errichtete *Bischofssynode* s. 710.

Der erste Beamte der Kurie ist der *Kardinalstaatssekretär,* der das päpstliche Staatssekretariat leitet; sein Amt erlischt mit dem Tode des Papstes. Seine Stellung innerhalb der päpstlichen Verwaltung ist durch die Neuordnung von 1967 der eines MinPräs. angenähert worden. Die als Leiter der Kongregationen fungierenden *Kurienkardinäle* werden nicht mehr auf Lebenszeit ernannt, sondern nur bis zum 80. Lebensjahr; im übrigen erlischt auch ihr Amt mit dem Tode des Papstes.

709. Die weiteren kirchlichen Ämter

Die *Bischöfe* stehen einer *Diözese* vor, in der sie alle priesterlichen Rechte und – vom Papst abhängig – die *Jurisdiktion* (Gesetzgebungs- und Rechtsprechungs- einschl. Strafgewalt) wahrnehmen; sie leiten die kirchliche Verwaltung, insbes. auch die des Kirchenvermögens.

Erzbischöfe sind Bischöfe, denen neben der Leitung ihrer Diözese die Verwaltung einer *Kirchenprovinz,* die mehrere Diözesen umfaßt, übertragen ist.

Der (Residenzial-)*Bischof* wird vom Papst ernannt, in Deutschland auf Grund einer Wahl des *Domkapitels* (Domprobst, Domherren, canonici), wozu der Papst drei Kandidaten vorschlägt; nur in Bayern entscheidet der Papst allein auf Grund eingereichter Vorschlagslisten. Der Staat muß über die Person des Gewählten gehört werden. Vgl. auch Art. 14 des Reichskonkordats vom 20. 7. 1933 (RGBl. II 679).

Unter *Weihbischöfen* versteht man Bischöfe ohne Diözese, die meist zur Unterstützung des regierenden Bischofs bei Ausübung der Weihgewalt in großen Bistümern verwendet werden. Sie sind *Titularbischöfe,* ebenso die einen Ehrenrang bekleidenden nichtresidierenden Bischöfe (ohne Diözese).

Dem Bischof steht vielfach ein *Generalvikar* als Berater und Gehilfe in Verwaltungsgeschäften zur Seite. Zur Entlastung in der gesamten bischöflichen Tätigkeit kann dem Bischof vom Papst ein *Koadjutor* beigegeben werden, insbesondere bei längerer Behinderung durch Krankheit.

Dechant ist ein Geistlicher, dem die Aufsicht über einen mehrere Pfarreien umfassenden *Sprengel* innerhalb der Diözese vom Bischof übertragen ist.

Die *Pfarrer* üben zufolge bischöflichen Auftrags in einer *Parochie,* d.h. in einem bestimmten Bezirk der Diözese (Pfarrei), die Seelsorge aus. Sie nehmen die kirchlichen Amtshandlungen (Taufe, Aufgebot, Eheschließung, Begräbnis usw.) vor und stehen an der Spitze der Gemeindevertretung, der die Vermögensverwaltung obliegt. Ihre Gehilfen sind *Kaplane* und *Kooperatoren.* Ein *Pfarrvikar* (Pfarrkurat) leitet eine Pfarrei, die mit einem Kloster, einer Kapitelkirche o. dgl. voll vereinigt ist.

Durch Motu proprio Pauls VI. vom 27. 6. 1967 ist den Bischofskonferenzen die Entscheidung über die Wiedereinführung des *Diakonats* übertragen worden, das bereits in der Frühkirche bestanden hat. Es war früher eine Stufe auf dem Weg zur Priesterweihe. Nunmehr können die *Diakone* sich mit diesem unteren Weihegrad begnügen und das Diakonat zum Lebensberuf wählen; für jüngere Anwärter ist Ehelosigkeit vorgeschrieben, während Verheiratete von mindestens 35 Jahren mit Zustimmung der Ehefrau den Beruf des Diakons ergreifen können. Ihre Funktionen sind gegenüber denen des Priesters beschränkt. Auch die Neufassung des Codex Iuris Canonici von 1983 hat aber nichts daran geändert, daß Frauen nur zu nichtpriesterlichen Ämtern zugelassen sind. Dies hat Papst Johannes Paul II. in dem Apostolischen Schreiben „Mulieris dignitatem" im Sept. 1988 nochmals bekräftigt; gleichzeitig hat er aber hervorgehoben, daß Männer und Frauen gleichen Anspruch auf Würde und die gleichen Rechte haben. Seit April 1989 haben alle kirchlichen Amtsträger zusätzlich zum Glaubensbekenntnis einen besonderen Treueid auf das kirchliche Lehramt abzulegen.

Wegen der vermögensrechtlichen Ansprüche der Priester vgl. 722.

In vielen Ländern treten innerhalb der Priesterschaft wie auch im Kirchenvolk seit längerem Bestrebungen zutage, die auf eine *Demokratisierung* der kirchlichen Hierarchie abzielen. Nach kirchenamtlicher Auffassung leitet sich das Bischofsamt aus der Nachfolgerschaft nach den Aposteln ab, die ihren Auftrag von Christus erhalten haben. Hierauf stützen sich die bischöfliche Autorität und das umfassende Recht zur Leitung der Diözese; diese Ordnung lasse zwar eine Beratung, aber keine Mitbestimmung durch Priester und Laien zu. Die Gegenmeinung (auch vieler jüngerer Kleriker) weist demgegenüber auf Widersprüche in Stellungnahmen der Bischöfe zu einzelnen Glaubensfragen hin (z. B. *„Holländischer Katechismus"*); somit könne die offizielle kirchliche Lehramtsentscheidung nicht göttlichen Ursprungs sein. Glaubensfragen, Rechtsprobleme und noch mehr solche organisatorischer Art könnten daher nicht autoritär entschieden werden (z. B. Mischehenrecht und -seelsorge, überkonfessionelle Gottesdienste usw.). Unbeschadet der grundsätzlichen Anerkennung des bischöflichen Lehr- und Hirtenamts setzt sich diese Bewegung für eine stärkere Beteiligung der Kleriker unterer Grade z. B. bei der Besetzung höherer kirchlicher Ämter und für eine verantwortliche Heranziehung von Laien in nichttheologischen Bereichen der Kirchenverwaltung (Steuer-, Bauangelegenheiten usw.) ein.

Im Zuge der Demokratisierung der Kirchenverwaltung sind in Anlehnung an die Regelungen im weltlichen Bereich (633) für die nicht dem priesterlichen Dienst angehörenden Mitarbeiter in den Diözesen *Mitarbeitervertretungsordnungen* erlassen worden. Sie regeln die Wahl der Mitarbeitervertretungen (auf 3 Jahre) sowie deren Mitwirkungs-, Anhörungs-, Vorschlags- und Antragsrechte. Die Vertretungen sind zu beteiligen bei Einstellung, Eingruppierung, Beförderung usw. Es bestehen *Schlichtungsstellen.*

710. Konzilien, Synoden

Konzilien sind Versammlungen der Bischöfe und anderer Kleriker, die entweder kraft ihres höheren Amtes ständige Mitglieder sind (Kardinäle, Patriarchen, Primaten, Erzbischöfe, regierende Bischöfe, gefreite Äbte) oder besonders berufen werden. Den Vorsitz führt der Papst oder ein beauftragter Stellvertreter. Unter einem *Provinzialkonzil* versteht man die Versammlung der Bischöfe einer Kirchenprovinz. *Synoden* sind Versammlungen ausgewählter Vertreter zur Beratung kirchlicher Angelegenheiten. So setzt sich z. B. eine *Diözesansynode* aus den höherrangigen und weiteren, vom Bischof berufenen Klerikern einer Diözese zusammen; sie wird vom Bischof geleitet.

Der Papst kann auch ein *ökumenisches* (die Welt umfassendes) *Konzil* einberufen (erstes ökumenisches Konzil in Nicäa 325). Das *Tridentiner Konzil* (1545–1563) stellte im Gegensatz zur protestantischen Lehre von der alleinigen Autorität der Bibel als Glaubensquelle die Autorität der Kirche mit dem Papst als Oberhaupt fest.

Das *I. Vatikanische Konzil* (1869/70) befaßte sich vorwiegend mit der Abwehr von Atheismus und Materialismus; es bekräftigte Primat und universalen Episkopalanspruch des Papstes („episcopus episcoporum“) sowie das Dogma von seiner Unfehlbarkeit *(Infallibilität)* bei den in Glaubensfragen „ex cathedra“ getroffenen Lehrentscheidungen. Über die hierdurch veranlaßte Abspaltung und Gründung der *Altkatholischen Kirche* vgl. 712. Die strenge Dogmatik der Beschlüsse, die innerkirchliche, erst nach längerer Zeit abflauende Auseinandersetzungen, aber auch erbitterte staatliche Reaktionen besonders im deutschen Sprachraum zur Folge hatte, war eine der folgenreichsten Ursachen des *Kulturkampfes* (702).

Ein *II. Vatikanisches Konzil* tagte, von Papst Johannes XXIII. einberufen, von 1962–1965 (mit Unterbrechungen). Es schloß mit 16 Dekreten, in denen richtungweisende Beschlüsse über die Entwicklung der kath. Kirche und ihr Verhältnis zur Umwelt niedergelegt sind. Die Dekrete betreffen insbes. Änderungen der Liturgie und des Rituals, die Ausbildung, Erziehung und das Leben der Priester, die Erneuerung des Ordenslebens, die Missionstätigkeit, die Stellung der Laien in der Kirche (Laienapostolat) sowie Fragen der christlichen Erziehung in Schule und Elternhaus. Die Stellung der Bischöfe wurde gestärkt (Ableitung ihres Amtes nicht mehr durch päpstliche Ernennung, sondern kraft göttlicher Vollmacht) und zur Beratung des Papstes eine Bischofssynode vorgesehen. Schließlich proklamierte das Konzil den Grundsatz der Religionsfreiheit (Gewissensfreiheit, Möglichkeit freier Entfaltung für alle Religionsgemeinschaften) und revidierte die Stellung der kath. Kirche zu anderen Religionsgemeinschaften, die sie erstmalig als Kirchen bezeichnete; die Sakramente und Riten der orthodoxen Ostkirchen wurden ausdrücklich anerkannt. Papst Paul VI. hat im Mai 1967 in einem „Ökumenischen Direktorium“ zur Ausführung der Konzilsbeschlüsse Richtlinien u. a. über Anerkennung nichtkatholischer Taufen, interkonfessioneller Gottesdienste u. dgl. gegeben (wobei Unterschiede – Anerkennung der Ostkirchen, Nichtanerkennung der Reformationskirchen – deutlich hervortreten). In der vom Konzil offengelassenen Frage der *Geburtenregelung* hat Paul VI. in der Enzyklika „Humanae Vitae“ vom 25. 7. 1968 die Auffasssung der Kirche bestätigt, daß Katholiken die Anwendung aller künstlichen Verhütungsmittel, Sterilisation und Abtreibung untersagt ist; Ausnahmen sind nur aus medizinischen Gründen zugelassen. Gegen die Bindung an diese Auffassung hat sich in Kreisen der Katholiken erheblicher Widerspruch erhoben. Die Enzyklika wurde jedoch von Papst Johannes Paul II. in den Jahren 1978 und 1981 bestätigt. In der „Instruktion über die Achtung vor dem beginnenden Leben und die Würde der Fortpflanzung“ (März 1987) hat die kath. Kirche die künstliche Befruchtung abgelehnt.

Zur Verwirklichung der Beschlüsse des II. Vatikanischen Konzils und zur Beratung von Fragen des kirchlichen Lebens wurde von Papst Paul VI. im Jahre 1966 die *Bischofssynode der kath. Kirche* eingesetzt; diese hat jedoch – anders als das Konzil – keine Entscheidungsbefugnis, sondern kann nur Empfehlungen geben und dem Papst zur weiteren Entschließung vorlegen.

711. Die Sakramente

tun nach den Auffassungen beider christlichen Bekenntnisse Gottes unsichtbare Gnade in sichtbaren Zeichen kund; sie bilden daher den Mittelpunkt des kirchlichen Lebens. Während aber die evg. Kirche nur *Taufe* und *Abendmahl* als Sakramente anerkennt, zählt die kath. Kirche sieben Sakramente: Taufe, Abendmahl (*Eucharistie* = „Danksagung“:

Meßopfer und Spendung = Kommunion), Firmung, Buße, Ehe, Krankensalbung und *Priesterweihe*.

Durch das Sakrament der Priesterweihe wird der für die kath. Kirche grundlegende Unterschied zwischen *Klerus* und *Laien* begründet.

Die *Ehe* ist nach kath. Auffassung unauflöslich und endet erst mit dem Tode eines Ehegatten. Die *Mischehe* zwischen einem Katholiken und dem Angehörigen eines anderen christlichen Bekenntnisses ist nach dem Codex Iuris Canonici von 1983 nicht mehr verboten; das Ehehindernis der *mixta religio* ist beseitigt. Jedoch bedarf der kath. Teil zum Abschluß einer konfessionsverschiedenen Ehe der Erlaubnis des Ortspfarrers. Die „Gemeinsame Trauung" (oft fälschlich als „Ökumenische Trauung" bezeichnet) kann aber nur nach dem Ritus der einen oder der anderen Konfession vollzogen werden; die Mitwirkung eines Geistlichen der Konfession, deren Ritus nicht angewendet wird, hat keine kirchenrechtliche Wirkung, sondern beschränkt sich auf den die Trauung umrahmenden Wortgottesdienst. Überdies bedarf der kath. Teil, falls die Trauung nicht nach kath. Ritus erfolgen soll, der Befreiung von der Formpflicht durch den Bischof. Diese und andere Fragen sind Gegenstand Gemeinsamer Empfehlungen der Dt. Bischofskonferenz und der Evg. Kirche in Deutschland (EKD) für die Seelsorge an konfessionsverschiedenen Ehen und Familien.

Da eine kirchenrechtlich gültige und von den Ehegatten durch copula carnalis vollzogene (konsumierte) Ehe nur durch den Tod lösbar ist, wird eine *Ehescheidung* vom kath. Kirchenrecht nicht anerkannt. Wohl aber kennt das kanonische Recht eine *Nichtigerklärung* durch ein kirchliches Ehegericht, wenn die Ehe mangels gehöriger kirchlicher *Eheschließungsform* oder wegen eines *Ehehindernisses* nicht gültig zustandegekommen ist (Mangel der *Ehefähigkeit,* z. B. wegen Doppelehe oder naher Verwandtschaft – nach der neuen Fassung des Codex Iuris Canonici von 1983 auch psychische Anomalie –, oder Mangel des *Ehewillens*: reine Versorgungsehe, Scheidungsvereinbarung). Eine nicht konsumierte Ehe kann durch päpstlichen Dispens gelöst werden. Weiter kennt das kath. Eherecht die *Trennung von Tisch und Bett,* bei der ohne Lösung des Ehebandes das eheliche Zusammenleben aufgehoben wird, aber beide Teile verhindert sind, eine neue Ehe einzugehen. Bei Ehen zwischen Ungetauften, auch wenn sie vollzogen sind, gestattet das sog. *Privilegium Paulinum* die Auflösung, wenn ein Ehepartner sich taufen läßt, der andere aber im Unglauben beharrt; die Auflösung der Ehe tritt ein, wenn der bekehrte Ehegatte eine neue Ehe eingeht.

712. Die altkatholische Kirche

ist ein von der röm.-kath. Kirche nach dem I. Vatikanischen Konzil losgelöster Diözesanverband mit Bischofssitz in Bonn, der zusammen mit anderen autonomen katholischen Bistümern die Utrechter Union bildet.

Die alt-katholische Kirche anerkennt nicht die *Unfehlbarkeit des Papstes* ohne Gesamtkirche (ex sese) und nicht seine oberste Jurisdiktionsvollmacht. Als allgemeinverpflichtend werden nur die Konzilsentscheidungen der ungeteilten Christenheit des 1. Jahrtausends angenommen.

Das *I. Vatikanische Konzil* (1869–1870) erklärte die Unfehlbarkeit des Papstes als Inhaber der obersten Lehrgewalt (Constitutio Pastor aeternus vom 18. 7. 1870) in Sachen des Glaubens und der Sitten, wenn er ex cathedra spricht, d. h. amtlich eine für die gesamte Kirche bestimmte Entscheidung trifft. Zahlreiche Theologen, Priester und Laien, unter ihnen der führende Kirchengeschichtsprofessor *Ignaz Döllinger,* verweigerten die Zustimmung zu diesem neuen Dogma und wurden deshalb exkommuniziert, d.h. aus der katholischen Kirche ausgeschlossen. Es bildeten sich Gottesdienstgemeinden, deren gewählte Vertreter 1873 Joseph Hubert Reinkens zu ihrem Bischof wählten. Die alt-katholische Kirche hat eine bischöflich-synodale Verfassung, die Laien sind in allen Gremien mitbestimmend, nicht nur beratend, die Pfarrer werden von der Gemeindeversammlung, der Bischof von der Synode (⅓ Geistliche, ⅔ Laien) gewählt).

Die alt-katholische Kirche stellt die Eheschließung von Geistlichen frei (kein Zölibatszwang), praktiziert neben der Einzelbeichte die sakramentale allgemeine Bußandacht und hat viele Reformen des II. Vatikanischen Konzils vorweggenommen, so die Landessprache in der Liturgie.

Die alt-katholische Kirche versteht sich seit ihren Anfängen als ökumenische Brückenkirche; bereits 1874/75 fanden in Bonn Unionskonferenzen mit Vertretern orthodoxer, anglikanischer und reformatorischer Kirchen statt. Seit 1931 besteht volle Kirchengemeinschaft zwischen der alt-katholischen und der anglikanischen Kirche. Seit 1985 haben die alt-katholische Kirche und die Evangelische Kirche in Deutschland (EKD) die Einladung der Mitglieder der jeweils anderen Kirchen zum Abendmahl (eucharistische Gastfreundschaft) ausgesprochen.

Es gibt weitere alt-katholische Bistümer in den Niederlanden (seit 1723), der Schweiz, Österreich, Polen, Tschechei, Slowakei, Kroatien, den USA und Kanada sowie auf den Philippinen und synodale Zusammenschlüsse in Frankreich, Italien und Skandinavien.

Die Bistumssynode 1989 hat mit großer Mehrheit die Einbeziehung der Frau in das dreifache Amt der Kirche beschlossen und den Bischof beauftragt, sich in der Internationalen Alt-Katholischen Bischofskonferenz für die Verwirklichung einzusetzen. Das Diakoninnenamt ist bereits freigegeben.

III. Die evangelische Kirche

713. Die Kirche als Glaubensgemeinschaft

Nach evg. Verständnis ist *Kirche* überall dort, wo das Evangelium rein gelehrt und die Sakramente dem göttlichen Wort gemäß verwaltet werden. Nach der Lehre vom *allgemeinen Priestertum der Gläubigen* ist jedes Glied der christlichen Gemeinde nach seinen Gaben zur Verkündigung des Evangeliums berufen.

Die evg. Kirche lehnt deshalb die strenge Scheidung der kath. Kirche zwischen *Klerus* und *Laien* (707) ab. Wortverkündigung und Sakramentsverwaltung sind i. d. R. zwar besonders vorgebildeten Gemeindegliedern (Pfarrern) vorbehalten. Die Ermächtigung hierzu, die sog. *Ordination,* hebt sie jedoch nicht als besonderen Stand aus dem Kreise der Gläubigen heraus.

Die Grundauffassung der heutigen evg. Kirche aller Prägungen geht auf die von *Martin Luther* (1483–1546) eingeleitete *Reformation* zurück. Luther wurde nach Abschluß seiner Studien an der Universität Erfurt 1505 Magister, trat in das Erfurter Augustinerkloster ein und empfing 1507 die Priesterweihe. Er lehrte als Doktor der Theologie an der Universität Wittenberg und schlug dort am 31. 10. 1517 die 95 Thesen über den Ablaß an. Der Streit mit Joh. Tetzel und Dr. Eck drängte Luther vorwärts in der Entwicklung zum *Reformator.* Er betonte die bloß menschlich-geschichtliche Entstehung des Papsttums und bestritt die Unfehlbarkeit der Konzilien. Im Evangelium als dem „Wort Gottes" erblickt seine Lehre das religiöse Gesetz. Auf Grund der unmittelbaren Glaubensbeziehung zwischen Gott und Mensch, die jede priesterliche Mittlerschaft unnötig macht, gelangte er zum Grundsatz des *allgemeinen Priestertums* aller Gläubigen. *Lehrgrundlage* des Luthertums ist die *Augsburgische Konfession* (1530). Nach Verbrennung der päpstlichen Bann-Androhungsbulle am 20. 2. 1520 in Wittenberg vollzog sich der Bruch mit Rom. Als Luther auf dem Reichstag zu Worms 1521 einen Widerruf ablehnte, wurde er in die *Reichsacht* getan, aber von seinem Landesherrn Kurfürst Friedrich dem Weisen auf die *Wartburg* gerettet. Hier übersetzte er das *Neue Testament.* Er vermählte sich 1525 mit der früheren Nonne Katharina von Bora, die ihm drei Söhne und drei Töchter schenkte. Luther übersetzte auch das Alte Testament. Durch seine Übersetzungen wirkte er entscheidend auf die Entwicklung der *deutschen Sprache* ein.

Spätere Reformatoren *(Ulrich Zwingli, Johann Calvin)* unterschieden sich von der Lehre Luthers in der Auffassung des Abendmahls. Während die lutherische Lehre in der Austeilung von Brot und Wein eine solche des Leibes und Blutes Christi sieht, faßt die reformierte Kirche beide nur als Symbole und das Abendmahl nur als Gedächtnisfeier auf. Beide Lehren, die lutherische wie die reformierte, unterscheiden sich vom *Katholizismus* hauptsächlich dadurch, daß sie ein besonderes Priestertum, Marienkult und Heiligenverehrung sowie die Ableitung des Papsttums aus einer Stiftung Christi und seine Unfehlbarkeit in Glaubensfragen nicht und von den Sakramenten nur zwei, Taufe und Abendmahl, anerkennen.

Auf Initiative des preuß. Königs *Friedrich Wilhelm III.* vereinigten sich beide Kirchen in der sog. *Union* (1817). Diese umfaßte die *evangelischen Gemeinden (Konsensgemeinden),* die wie die meisten preußischen Gemeinden den Unterschied der lutherischen und der reformierten Lehre für unerheblich erklärten, sowie *uniert-reformierte* und *uniert-lutherische* Gemeinden. Daneben bestanden rein-reformierte und rein-lutherische Gemeinden, die nicht der Union, aber der *Preußischen Evangelischen Landeskirche* angehörten, sowie die *Altlutheraner,* die seit 1840 als Freikirche anerkannt sind. Seither unterscheidet man Kirchen nach *lutherischem* und *reformiertem* Bekenntnis und neben diesen *unierte* Kirchen, in denen beide Bekenntnisse in Geltung sind. Vertreter aller Richtungen tagen regelmäßig in Leuenburg (Schweiz), um die Unterschiede in der Glaubenslehre zu überwinden; sie erzielten 1973 eine Übereinkunft über Verkündigung, Taufe und Abendmahl *(Leuenburger Konkordie).*

Bestrebungen zur Vereinigung der röm.-kath. und der evg. Kirche ist bisher der Erfolg versagt geblieben, so der von dem kath. Theologen *Max Joseph Metzger* begründeten *Una-Sancta-Bewegung,* die seit 1945 vor allem in Deutschland eine zunehmende Anhängerschaft verzeichnet (Zentrale in der Benediktinerabtei Niederalteich). Auch „Ökumenische Treffen" (wie z. B. Pfingsten 1971 in Augsburg) haben nicht zur Überbrückung der theologischen Differenzpunkte geführt, ebenso nicht zu gemeinsamen Abendmahlsfeiern *(„Interkommunion")*. Eine sog. *Konzelebration,* d. h. die gleichzeitige oder unmittelbar aufeinander folgende Eucharistie und Abendmahlsfeier in gemeinsamen („ökumenischen") Gottesdiensten wird seitens der kath. Kirche abgelehnt, während Anfang 1988 erstmals gemeinsame Eucharistiefeiern lutherischer und altkatholischer Gemeinden stattfanden. Begrenzte Übereinstimmung in der Lehre strebt ein im Jahre 1978 veröffentlichtes Dokument einer „Gemeinsamen röm.-kath./evg.-luth. Kommission" an, das in der Frage der *Eucharistie* (711) im Gegensatz zur evg.-reformierten Auffassung die reale Gegenwart Christi mit Leib und Blut bejaht. Die weiteren Arbeiten der Kommission, die 1985 abgeschlossen werden sollten, ließen jedoch eine volle Übereinstimmung in Grundfragen insbes. der Eucharistie, gemeinsamen Gottesdienste und Behandlung der Mischehen kaum erwarten; sie sind 1984 eingestellt worden.

714. Landesherr und Kirchenregiment

Von den Anfängen der Reformation (vgl. 12) bis zur Revolution 1918 (vgl. 15) war die Entwicklung des Staatskirchenrechts durch den Begriff des *landesherrlichen Kirchenregiments* bestimmt. Jedes Territorium des Römischen Reiches Deutscher Nation (12) hatte sein eigenes Kirchenwesen. Der *Landesherr* beanspruchte das Recht, die Konfession seiner Untertanen nach seinem Bekenntnis zu bestimmen („cuius regio eius religio"). Neben der äußeren Aufsicht über die Kirche übte er in gewissen innerkirchlichen Angelegenheiten auch die *Kirchengewalt* aus (Besetzung kirchlicher Ämter, Erlaß kirchlicher Rechtsnormen).

Im 19. Jahrh. wurde entsprechend der Entwicklung im staatlichen Bereich das landesherrliche Kirchenregiment in der evg. Kirche mehr und mehr eingeschränkt und selbständigen kirchlichen Behörden *(Konsistorien)* übertragen, deren sich der Landesherr bei der Wahrnehmung des Kirchenregiments bediente. Die Kirchenhoheit übte für den Landesherrn der *Kultusminister* aus. Kirchliche *Selbstverwaltungsorgane (Synoden)* erhielten ein verfassungsmäßiges Mitwirkungsrecht.

Mit der staatlichen Umwälzung 1918 entfiel das landesherrliche Kirchenregiment; die Kirchengewalt ging auf die Konsistorien über. Der in der Weimarer Verfassung proklamierte Grundsatz der *Trennung von Staat und Kirche* führte zur Verselbständigung der Landeskirchen, die 1919–1922 eigene Kirchenverfassungen beschlossen.

Die 28 Landeskirchen schlossen sich 1922 im *Deutschen Evangelischen Kirchenbund* zusammen. Dieser war keine einheitliche Kirche. Er nahm vor allem die Interessen der Landeskirchen gegenüber dem Reich und den übrigen Kirchen wahr.

Nach der Machtübernahme durch den Nationalsozialismus 1933 forderten die „Deutschen Christen" die Gründung einer nach dem „Führerprinzip" (vgl. 18) geleiteten Reichskirche. Unter politischem Druck kam es zur Bildung der *Deutschen Evangelischen Kirche (DEK).*

Sie gliederte sich in Landeskirchen, die in Bekenntnis und Kultus selbständig blieben.

Die Versuche des 1933 von der Nationalsynode gewählten „Reichsbischofs", die Landeskirchen in eine Einheitskirche nationalsozialistischer Prägung einzugliedern, scheiterten am Widerstand der *Bekennenden Kirche*. Diese proklamierte auf der Bekenntnissynode 1934 das kirchliche Notrecht und bildete eigene kirchliche Organe.

715. Die gesamtkirchlichen Zusammenschlüsse seit 1945

Nach dem Zusammenbruch des Reichs 1945 verstärkten sich die Bestrebungen, die evg. Kirchen Deutschlands zu vereinigen. Es kam jedoch – hauptsächlich infolge der Unterschiede im Bekenntnis der lutherischen und der übrigen Landeskirchen – am 13. 7. 1948 nur zu einem organisatorischen Zusammenschluß im Rahmen der *Grundordnung der Evangelischen Kirche in Deutschland (EKD)*.

Über die Grundordnung der EKD vgl. 716, über die Verfassung der Gliedkirchen 717.

Die lutherischen Kirchen in der BRep. hatten sich bereits vor Gründung der EKD am 8. 7. 1948 zur *Vereinigten Evangelisch-Lutherischen Kirche Deutschlands (VELKD)* zusammengeschlossen.

Organe sind *Generalsynode, Bischofskonferenz* und Kirchenleitung; Kirchenamt in Hannover. Gliedkirchen sind: Bayern, Braunschweig, Nordelbien, Hannover, Schaumburg-Lippe. Die Gliedkirchen in den neuen Ländern (Sachsen, Thüringen, Mecklenburg), die sich im Nov. 1968 verselbständigt hatten, sind nach der Wiedervereinigung der VELKD beigetreten.

Ein weiterer Zusammenschluß ist die *Evangelische Kirche der Union (EKU)*, in der die aus den früheren Kirchenprovinzen der *Evangelischen Kirche der altpreußischen Union* hervorgegangenen Landeskirchen ihre Gemeinschaft fortsetzen.

Die EKU gliederte sich seit 1972 in zwei Bereiche. Zum Bereich DDR gehörten die Gliedkirchen Anhalt, Berlin-Brandenburg, Görlitz, Greifswald, Kirchenprovinz Sachsen; zum West-Bereich die Gliedkirchen von Berlin (West), Rheinland und Westfalen. Trotz dieser Gliederung verstand sich die EKU weiterhin als eine Kirche. Die Organe (*Synode, Rat*) und die Dienststellen beider Bereiche (*Kirchenkanzleien* in Ost- und West-Berlin) waren verpflichtet, beständig für die Erhaltung und Förderung der „brüderlichen Gemeinschaft" in der EKU zu sorgen.

Die EKU bildete gemeinsam mit anderen unierten bzw. nicht der VELKD angehörenden Landeskirchen 1967 die *Arnoldshainer Konferenz*. In dieser arbeiten die Kirchenleitungen von Baden, Berlin (West), Bremen, Hessen und Nassau, Kurhessen-Waldeck, Lippe, Nordwestdeutschland, Oldenburg, Pfalz, Rheinland und Westfalen sowie gastweise Württemberg und das Reformierte Moderamen zusammen.

Ein regionaler Zusammenschluß ist die 1971 gegründete *Konföderation evg. Kirchen in Niedersachsen* (luth. Landeskirchen Hannover, Braunschweig, Oldenburg und Schaumburg-Lippe; Ref. Kirche in Nordwestdeutschland).

Als freie Vereinigung *reformierter Kirchen* und Kirchengemeinden hat sich seit 1884 der *Reformierte Bund* zur Wahrung des ursprünglichen Anliegens der reformierten Kirche gebildet. Hauptträger sind die Evg.-Reformierte Kirche in Nordwestdeutschland, die Lippische Landeskirche und die meisten Gemeinden reformierter Herkunft in Deutschland.

In der früheren *DDR* schlossen sich nach der Spaltung Deutschlands und dem Inkrafttreten der neuen Verfassung von 1968 die acht Mitgliedkirchen der EKD (Anhalt, Berlin-Brandenburg, Görlitz, Greifswald, Mecklenburg, Provinz Sachsen, Land Sachsen und Thüringen) am 10. 6. 1969 zum *Bund der Evangelischen Kirchen in der DDR (BEK)* zusammen. Dieser war von der EKD organisatorisch getrennt, betonte aber die Partnerschaft mit ihr bei der Wahrnehmung kirchlicher Aufgaben (Art. 4 Abs. 4 der Grundordnung). Demzufolge beschloß die Generalsynode der VELK (DDR) im Juni 1988 die Auflösung dieser Kirche und ihre Angliederung an die BEK (DDR). Im Feb. 1991 beschlossen die EKD und die BEK die Vereinigung; sie verabschiedeten ein Kirchengesetz, das die Grundlage für die Vollendung der kirchlichen Einheit darstellt. Die EKD wurde Rechtsnachfolgerin der BEK.

716. Die Grundordnung der Evangelischen Kirche in Deutschland

Gliedkirchen der EKD sind:

Die Evg.-Luth. Landeskirchen von Bayern, Braunschweig, Hannover, Oldenburg, Schaumburg-Lippe und die nordelbische Kirche (Zusammenschluß der luth. Landeskirchen von Hamburg, Lübeck, Eutin und Schleswig-Holstein), die Evg. Kirchen von Berlin-Brandenburg (Regionalsynode West), von Westfalen, im Rheinland, von Bremen, Hessen und Nassau, von Kurhessen-Waldeck und Württemberg, die Evg. Landeskirche in Baden, die Evg. Kirche der Pfalz, die Lippische Landeskirche und die Evg.-Reformierte Kirche in (Synode evg. ref. Kirchen in Bayern und Nordwestdeutschland). VELKD und Reformierter Bund (715) sind nicht Gliedkirchen der EKD.

Organe der EKD sind:

1. Die *Synode.* Sie beschließt Kirchengesetze, erörtert Fragen des kirchlichen Lebens und gibt dem Rat (s.u. 3) Richtlinien. Die Synode besteht aus 100 Mitgliedern, die von den synodalen Organen der Gliedkirchen auf 6 Jahre gewählt werden. 20 weitere Mitglieder werden vom Rat der EKD berufen. Nicht mehr als die Hälfte der Synodalen dürfen Theologen sein. Die Synode wählt aus ihrer Mitte ein Präsidium für ihre Amtsdauer.

2. Die *Kirchenkonferenz,* bestehend aus je 1 Vertreter der Kirchenleitungen der Gliedkirchen, der aber nicht dem Rat der EKD angehören darf. Leiter ist der Vorsitzende des Rates, dessen Mitglieder an den Sitzungen ohne Stimmrecht teilnehmen.

3. Der *Rat,* bestehend aus 15 Mitgliedern, von denen 14 von der Synode in Gemeinschaft mit der Kirchenkonferenz gewählt werden; weiteres Mitglied ist der Präses der Synode. Der Rat leitet die EKD, vertritt sie nach außen und kann Kundgebungen erlassen, wenn die Synode nicht versammelt ist. Die bisher selbständigen Amtsstellen, die *Kirchenkanzlei* in Hannover-Herrenhausen und das *Kirchliche Außenamt* in Frankfurt/M., sind nunmehr unter der Bezeichnung *„Kirchenamt der EKD"* zusammengefaßt.

4. Bei Meinungsverschiedenheiten entscheidet ein *Schiedsgerichtshof.*

717. Die Verfassung der Gliedkirchen der EKD

Fast alle Gliedkirchen haben sich nach 1945 neue Verfassungen (Ordnungen, Grundordnungen) gegeben. Sie sind in gleicher Weise von *synodalen Elementen* (Gemeinde, Volkskirche) und *konsistorialen Prinzipien* (Behördenverwaltung) beherrscht, die sich wechselseitig ergänzen. Im Zuge der *Demokratisierung* auch der kirchlichen Verfassungen sind Reformbestrebungen im Gange.

Die derzeitigen Verfassungen stimmen im Aufbau (Gemeinde, Kirchenkreis, Landeskirche) im wesentlichen überein, weisen aber in Einzelheiten z. T. beträchtliche Abweichungen auf.

1. *Kirchenmitgliedschaft* wird durch die Taufe, evg. Bekenntnisstand (Zugehörigkeit zu einem in der EKD geltenden Bekenntnis) und durch den Wohnsitz im Bereich einer Gliedkirche der EKD begründet.

Sie besteht zur Kirchengemeinde und zur Gliedkirche des Wohnsitzes und setzt sich bei Umzug in den Bereich einer anderen Gliedkirche innerhalb der EKD fort.

2. Die *Kirchengemeinde* ist das Fundament der kirchlichen Verfassung. Sie ist die mit Körperschaftsrechten (144) ausgestattete Gemeinschaft der Kirchenmitglieder eines örtlich begrenzten Gebietes.

Der *Gemeindekirchenrat* (Kirchenvorstand, *Presbyterium*) vertritt die Gemeinde im Rechtsverkehr. Er besteht aus den Pfarrern, von denen einer den Vorsitz führt, und den von der Gemeinde auf Zeit gewählten Ältesten (*Presbytern*; Zahl je nach Größe der Gemeinde). Mehrere Gemeinden können sich zur Wahrnehmung bestimmter Aufgaben zu *Gemeindeverbänden* (Gesamtverbänden) zusammenschließen.

3. Der *Kirchenkreis (Dekanat),* ebenfalls Körperschaft des öffentlichen Rechts, besteht aus mehreren Gemeinden.

Leitungsorgan ist die *Kreissynode (Dekanatssynode),* deren laufende Geschäfte vom *Synodalvorstand* geführt werden. Die Mitglieder der Kreissynode, die aus Pfarrern und Laien besteht, werden von den Gemeindekirchenräten gewählt. Das zahlenmäßige Verhältnis zwischen Pfarrern und Laien ist gesetzlich festgelegt. Vorsitzender der Kreissynode und des Kreissynodalvorstandes ist i. d. R. der *Superintendent (Dekan).* In den presbyterial-synodal verfaßten Kirchen wird er von der Kreissynode aus den Pfarrern des Kirchenkreises für eine befristete Amtszeit gewählt; in den meisten Kirchen ist er ein von der Kirchenleitung auf Lebenszeit berufener Pfarrer. Er übt die kirchliche Aufsicht und die Seelsorge an den Pfarrern des Kirchenkreises aus. In einigen Landeskirchen sind mehrere Kirchenkreise zum *Sprengel* zusammengefaßt, in dem der *Generalsuperintendent (Propst)* die kirchliche Aufsicht ausübt.

4. Die *Landeskirche* setzt sich aus den Kirchenkreisen zusammen. Sie wird vom *Bischof (Kirchenpräsident, Präses)* repräsentiert und hat ebenfalls Körperschaftsrechte.

Leitungs- und Gesetzgebungsorgan ist die *Landessynode,* deren Mitglieder z. T. von den Kreissynoden gewählt, z. T. von der Kirchenleitung berufen werden oder ihr kraft Amtes angehören. Sie wird von dem von ihr gewählten

Präsidium geleitet. Die Landessynode wählt den Landesbischof (Kirchenpräsidenten, Präses) und die *Kirchenleitung* (Kirchenregierung). Die Kirchenleitung nimmt die Geschäfte der Synode wahr, wenn diese nicht versammelt ist, ferner bestimmte kirchenregimentliche Aufgaben. Vorsitzender ist der Bischof (in Rheinland und Westfalen der Präses der Synode).

Das *Konsistorium* (Landeskirchenamt, Kirchenverwaltung, Oberkirchenrat; i. d. R. Kollegialbehörde) führt die Verwaltung der Landeskirche nach den Weisungen der Kirchenleitung.

718. Gottesdienst, Amtshandlungen, Kirchenzucht

Als wesentlicher Bestandteil gehört zum evg. Gottesdienst die *Wortverkündung (Predigt)*. Grundsätzlich predigen ordinierte Geistliche, zuweilen auch Predigtamtskandidaten.

Hiervon zu unterscheiden ist die Tätigkeit von Laien als *Predigthelfer* und *Lektoren* (s. 719).

Zu den *kirchlichen Amtshandlungen* zählt die Spendung der *Sakramente* – das sind in der evg. Kirche nur Taufe und Abendmahl – sowie Konfirmation, Trauung und *Bestattung*.

Diese kann bei Personen entfallen, die in „offenbarer Sünde" gestorben sind, wozu auch der Selbstmord gerechnet wird. *Feuerbestattung* ist kein Ablehnungsgrund.

Durch die *Taufe* wird die Kirchenmitgliedschaft erworben. Sie wird i. d. R. als Säuglingstaufe geübt (s. aber 720c, n), kann jedoch auf Wunsch der Eltern auch hinausgeschoben werden. Die *Konfirmation* ist die Bestätigung der Taufe; sie ist Voraussetzung für die Teilnahme am Abendmahl und für die Übernahme des Patenamtes.

Die liturgischen Formen der Gottesdienste und Amtshandlungen sind in der sog. *Agende* geregelt, die auf der Tradition der christlichen Kirche beruht, aber zeitentsprechenden Änderungen wie der in neuerer Zeit vielfach geforderten Reform des Gemeindegottesdienstes zugänglich ist. Weitere Grundlagen des kirchlichen Handelns sind die sog. *Lebensordnungen*. Sie behandeln die Spendung der Sakramente, die kirchlichen Amtshandlungen – insbes. die *Trauung* und ihre Voraussetzungen –, Seelsorge, Eintritt in die Kirche und Austritt, Kirchenzucht usw. Sie sind, obwohl in Form von Kirchengesetzen erlassen, keine Rechtsvorschriften mit Zwangs- und Strafcharakter, sondern Richtlinien für eine einheitliche kirchliche Praxis.

Als *Kirchenzuchtmaßnahmen* kommt die Versagung der Teilnahme an den Sakramenten und den kirchlichen Amtshandlungen in Betracht, nicht aber der Ausschluß aus der Gemeinde. Die Maßnahmen sind Angelegenheiten der ganzen Gemeinde und können daher vom Pfarrer, der die seelsorgerliche Verantwortung trägt, nur nach Anhörung des Leitungsorgans der Gemeinde (Gemeindekirchenrat, Presbyterium, Kirchenvorstand) ausgesprochen werden.

719. Die Ämter in der evangelischen Kirche

In der evg. Kirche ist nicht die bischöfliche Hierarchie, sondern die Gemeinde der Träger der Verkündigung des Evangeliums. Das geistliche Amt ist der Gemeinde zugeordnet und nicht ihr übergeordnet. Dem *Pfarrer* (abgeleitet von parochus) oder *Pastor* (Hirte) ist die geistliche Leitung der Gemeinde übertragen. Der Begriff Pfarrer meint mehr die rechtliche Seite des Amtes, der Begriff Pastor die seelsorgerliche.

Die Anstellung im Pfarramt setzt ein abgeschlossenes theologisches Hochschulstudium und eine zweieinhalbjährige kirchliche Ausbildung (Vikariat, Predigerseminar) voraus. Mit der nach dem Studium abgelegten ersten Prüfung erwirbt der Kandidat die Predigterlaubnis *(venia concionandi),* mit dem Abschlußexamen *(pro ministerio)* nach der praktischen Ausbildung das Recht, ein geistliches Amt zu bekleiden. Evg. *Kirchliche Hochschulen* bestehen in Berlin, Bethel, Oberursel und Wuppertal. Die Gliedkirchen unterhalten *Predigerseminare,* so das *Kloster Loccum* der evg.-luth. Landeskirche Hannover, und Fachhochschulen (so die Pfälzische Landeskirche).

Die Übertragung des geistlichen Amtes erfolgt durch die *Ordination.* Sie ist die Ermächtigung und der Auftrag zur öffentlichen Wortverkündigung und zur Sakramentsverwaltung; hiervon zu unterscheiden ist die Berufung *(Einführung)* in ein bestimmtes Pfarramt. Die Anstellung des Pfarrers begründet ein öffentlich-rechtliches Dienstverhältnis auf Lebenszeit, das beamtenrechtliche Züge trägt, jedoch ein Dienstverhältnis besonderer Art ist. Der Pfarrer wird grundsätzlich von der Gemeinde gewählt, zumindest nach deren Anhörung (dann begrenztes Einspruchsrecht). Über Versetzung, Amtsenthebung und Dienstentlassung sowie über vermögensrechtliche Ansprüche vgl. 722.

Der *Pfarrer* ist zuständig für alle Amtshandlungen in seiner Gemeinde (Gemeindebezirk). Ausnahmen erfordern das *Dimissiorale* des zuständigen Pfarrers. Dem Pfarrer obliegen ferner gewisse Verwaltungsaufgaben.

Die Zulassung von *Frauen* (auch verheirateten) zum Pfarramt *(Pastorin, Vikarin)* hat sich in den meisten Landeskirchen nach 1945 durchgesetzt. Zur öffentlichen Wortverkündigung und Sakramentsverwaltung werden zunehmend auch nichtakademisch vorgebildete Theologen *(Prediger)* zugelassen, die unter bestimmten Voraussetzungen sogar in ein volles Pfarramt berufen werden können. *Laien* können mit der Wortverkündigung im Gottesdienst als *Predigthelfer* und *Lektoren* beauftragt werden. Für sie ist eine Ordination nicht vorgesehen, weil es sich um einen örtlich und zeitlich begrenzten Auftrag handelt.

Als Körperschaften des öffentlichen Rechts (144) können die Landeskirchen und kirchlichen Zusammenschlüsse (715) *Beamte* berufen, deren Dienstverhältnis als *öffentlicher Dienst* (153) anerkannt und durch *Kirchenbeamtengesetze* entsprechend dem staatlichen Beamtenrecht (154ff.) geregelt ist; dasselbe gilt für *Besoldung* und *Versorgung* der Kirchenbeamten.

Auf die Dienstverhältnisse der *kirchlichen Angestellten* sind durchweg die Bestimmungen für Angestellte im öffentlichen Dienst (153) anzuwenden.

Entsprechend den Regelungen im *Personalvertretungsrecht* des öffentlichen Dienstes (154, 633) haben die Landeskirchen für ihre Mitarbeiter rechtliche Vorschriften für die *Mitbestimmung* und *Mitwirkung* erlassen; diese Aufgaben obliegen sog. *Mitarbeitervertretungen.* Ihre Vereinheitlichung ist Gegenstand von Verhandlungen, bei denen insbesondere Fragen der Einschaltung der Gewerkschaften, die Regelung arbeitsrechtlicher Verhältnisse durch Tarifvertrag oder – wie von kirchlicher Seite gefordert – in kircheninternen Sondervereinbarungen und der Ausschluß von Arbeitskampfmaßnahmen (635) eine Rolle spielen; deren Zulassung würde nach kirchlicher Auffassung der Struktur der Kirche als einer Dienstgemeinschaft besonderer Art widersprechen.

IV. Sonstige Religionsgesellschaften

720. Freikirchen und Sekten

Neben der evg. und der kath. Kirche bestehen in der BRep. *freireligiöse Vereinigungen* christlichen Gepräges *(Freikirchen),* insbesondere freie evg. Gemeinden, die im 19. Jahrh. entstanden sind und nicht zu den Landeskirchen gehören, und *Sekten,* d. h. Gemeinschaften, die vom allgemeinen bekenntnisgebundenen Kirchentypus in bestimmten Punkten der Lehre abweichen, die aber streng an den Grundsätzen des christlichen Glaubens festhalten. Sofern ihre Mitglieder in der Landeskirche verbleiben, werden sie von den evg. Kirchen wie alle Glieder behandelt. Meist jedoch veranlaßten grundlegende dogmatische Abweichungen die Sekten, die besonders in der Nachkriegszeit aufblühten, zur Abspaltung.

Auch diesen *Religionsgesellschaften* gewähren Art. 4 und 140 GG in Verbindung mit Art. 137 WVerf. freie Vereinigung und Religionsausübung (vgl. 703). Sie ordnen und verwalten ihre Angelegenheiten selbständig innerhalb der Schranken der für alle geltenden Gesetze und erwerben privatrechtliche Rechtsfähigkeit nach dem Vereinsrecht des BGB (306). Sofern sie jedoch beim Inkrafttreten des GG die Stellung von Körperschaften des öffentlichen Rechts besaßen, bleibt ihnen diese erhalten; auch sie stehen unter der Staatsaufsicht der Länder.

Als *christliche freikirchliche Gemeinschaften* sind hervorzuheben:

a) die *Altlutheraner,* die 1835 unter Ablehnung der protestantischen Unionsbestrebungen eigene Gemeinden mit starker Betonung der reinen lutherischen Lehre bildeten (vgl. 713). In der BRep. sind die Mitglieder in den Gemeinden der „Selbständigen Evang.-Luth. Kirche (SELK)“ zusammengeschlossen, deren Synode den Bischof wählt;

b) die *Altkatholiken;* s. 712;

c) die *Baptisten,* eine weitverzweigte christliche Gemeinschaft, die nur die Erwachsenentaufe auf Grund bewußten Bekenntnisses zum Christentum zuläßt. Sie sind Gegner der Staatskirchen und fordern, daß jede Gemeinde selbständig sei und streng nach der Bibel lebe. Entstanden in England, verbreitete sich diese Glaubensrichtung vor allem in Nordamerika und seit 1834 auch in Deutschland;

d) die *Freien evang. Gemeinden;* sie sind in einem Bund der F. E. G. vereinigt, der wiederum mit dem „Bund Evang.-Freikirchlicher Gemeinden“ (Baptisten, Bund freikirchlicher Christen, Elimgemeinden) und der „Evang.-Methodistischen Kirche“ (Methodisten, Evang. Gemeinschaft) zur „Vereinigung Evang. Freikirchen in Deutschland“ zusammengeschlossen ist;

e) die *Evg. Brüderunität,* auch *Herrnhuter Brüdergemeine.* Ihr Stifter war Nikolaus Ludwig Graf *von Zinzendorf,* der auf seinem Gut Berthelsdorf (Oberlausitz) Deutsche aus Mähren, die mit Böhmischen Brüdern in Zusammenhang standen, ansiedelte und die Kolonie Herrnhut gründete, die 1722 Sitz der Brüdergemeine wurde. Die Böhmischen Brüder gingen um 1467 aus den *Hussiten* hervor und erstrebten eine Erneuerung des ganzen Lebens im Sinn des Urchristentums; sie wurden aber im Dreißigjährigen Krieg vernichtet. Reste gingen später in der Erneuerten Brüderunität auf. Die Glaubensrichtung ist vor allem in Nordamerika und Europa verbreitet;

f) die *Adventisten,* eine seit Anfang des 19. Jahrh. aufgetretene christliche Religionsgemeinschaft. Die Adventisten glauben an den nahe bevorstehenden Anbruch eines tausendjährigen Reiches nach Christi Wiederkunft (sog. *Chiliasmus,* vom griech. chilioi = tausend);

g) die *Methodisten,* eine aus der Anglikanischen Kirche, der Staatskirche Englands (entstanden unter Heinrich VIII.), hervorgegangene Religionsgemeinschaft, die Bekehrung nach einer bestimmten Methode (Gnadendurchbruch durch Bußkampf) fordert. Sie entstand aus einer Erweckungspredigt der anglikanischen Theologen Wesley und Whitefield, die 1738 unter herrnhutischen Eindrücken ihre Bekehrung erlebten. Stark vertreten in England und den USA; insgesamt ca. 26 Mio. Mitglieder. In Deutschland Zentralkonferenz und Theologisches Seminar der Evangelisch-methodistischen Kirche in Reutlingen;

h) die *Presbyterianer,* hauptsächlich in Schottland und in den USA verbreitet. Ihre Organisation beruht im Gegensatz zur bischöflichen Anglikanischen Kirche auf der Verfassungsordnung der calvinistischen Gemeinden; sie anerkennt das Prinzip der Ältesten *(Presbyter)* als Führer der Gemeinden und Synoden und legt auch ihren religiösen Anschauungen die Lehren des Calvinismus (vgl. 713) zugrunde;

i) die *Neuapostolische Kirche.* Sie ist eine um 1860 entstandene Abspaltung der *kath.-apostolischen (altapostolischen) Gemeinden,* die etwa 1830 von Anhängern der Anglikanischen Kirche gegründet wurden und die nahe Wiederkunft Christi verkündeten (Vorsteher der ersten kath.-apostolischen Gemeinde in London war *Edward Irving,* nach dem die Anhänger dieser Gemeinden oft fälschlich *Irvingianer* genannt werden). Wie die altapostolischen Gemeinden, die nach dem Tod des letzten „Apostels" zunehmend an Bedeutung verloren, orientiert sich auch die Neuapostolische Kirche nach dem Vorbild der urchristlichen, von Aposteln gegründeten und geführten Gemeinde. Sie hat eine streng hierarchische Ordnung und anerkennt neben einem „Stammapostel" als geistige Autorität in den Gemeinden Apostel mit den Ämtern von Bischöfen, Ältesten usw.;

k) die evg. Religionsgemeinschaft „Gesellschaft der Freunde" (auch *Quäker* genannt), von George Fox 1652 gegründet, in den USA von William Penn organisiert; sie lehnt äußere Kultformen ab und beschränkt den Gottesdienst auf das geistliche Wort. Die Gemeinschaft betont die Friedensliebe und verwirft Kriegsdienst und Eidesleistung; sie ist berühmt geworden durch ihre internationale Hilfstätigkeit in und nach den beiden Weltkriegen;

l) die *Mormonen* („Heilige der letzten Tage"), gegründet 1830 von Joe Smith unter Berufung auf eine angebliche Offenbarung („Buch Mormon"). Sie bildeten ein eigenes, hierarchisch organisiertes Staatswesen in Salt Lake City, das später als Staat Utah in die USA aufgenommen wurde. Zunächst polytheistische Religionsform, Zulassung der Vielweiberei bis zum gesetzlichen Verbot durch die USA, später Übergang zu strengen christlichen Grundsätzen;

m) die *Christliche Wissenschaft* (Christian Science), eine von Mary Baker-Eddy 1866 begründete religiöse Bewegung. Sie will dem Christentum das Element des Heilens wieder einfügen. Sie sucht Heilung im Wege des Gebets und darüber hinaus die vollständige Erlösung von Sünde und Furcht und von den Illusionen materialistischen Denkens.

n) die *Mennoniten* (Taufgesinnte), eine von dem früheren kath. Priester Menno Simons im 16. Jahrh. gestiftete evg. Gemeinschaft des Täufertums. Selbständigkeit der Gemeinde, Erwachsenentaufe nach Unterricht, Bindung an die Bibel ohne festgelegtes Bekenntnis, Verwerfung des Eides und des Waffendienstes sind gemeinsame Eigenart der über die Erde verstreuten Gemeinden. Europäisches Zentrum in den Niederlanden (theologisches Seminar für Berufsprediger); stärkere Verbreitung in Nordamerika und Kanada. Gesamtzahl etwa 1,2 Mio;

o) die *Zeugen Jehovas* („Ernste Bibelforscher"), eine 1910 gegründete religiöse Vereinigung, die an ein tausendjähriges Messiasreich glaubt, Eidesleistung und Wehrdienst ablehnt und daher unter dem nat.-soz. Regime, aber auch in der ehemaligen DDR vielfachen Verfolgungen ausgesetzt war. Trotz starker Anfeindungen – namentlich in kriegführenden Ländern – verfügt die Gemeinschaft über eine große Anhängerschaft. Sie ist auch in Deutschland verbreitet;

p) die *Heilsarmee,* eine in England 1878 von *William Booth* ins Leben gerufene, über die ganze Welt verbreitete religiöse Gemeinschaft, die militärisch organisiert ist und vor allem praktische Nächstenliebe übt. Sie nimmt sich besonders der entkirchlichten und verwahrlosten Großstadtbevölkerung an, legt das Hauptgewicht auf evangelistische Tätigkeit und *soziale Arbeit.* Sie gehört in Deutschland der Arbeitsgemeinschaft Christlicher Kirchen an, spendet aber nicht wie diese Sakramente. Sie betont in ihrer christlichen Lehre die persönliche Bekehrung durch Reue und Buße, der vor allem Freiversammlungen ohne feste Liturgie gewidmet sind. Ihr Sitz ist London. Sie hat einen General, einen Generalstab, männliche und weibliche Offiziere und Soldaten.

q) Die *Pfingstbewegung,* eine in der Zeit der Wende des 20. Jahrhs. entstandene, in Lehre und Organisation vielfach gespaltene christliche Erweckungsbewegung, deren Heilslehre sich in Zungenreden, geistlichen Übungen bis zur Schwärmerei manifestiert; verbreitet vor allem in Nordamerika, England und Deutschland; lebhafte missionarische Tätigkeit.

Mit einigen außenstehenden Vereinigungen hat die EKD 1948 eine *Arbeitsgemeinschaft* gegründet, der auch der Bund Evg.-Freikirchlicher Gemeinden, die Evg.-Methodistische Kirche, die Altkatholische Kirche in Deutschland, die Vereinigung der Mennonitengemeinden und die Evg. Brüderunität angehören. Die Arbeitsgemeinschaft hat sich „Richtlinien" geschaffen (Amtsblatt der EKD 1948, Nr. 6). Lose angeschlossen sind ihr der Bund freier evg. Gemeinden und die (Alt-)Reformierten.

721. Die jüdischen Gemeinden in Deutschland

Nach dem Zusammenbruch des „Dritten Reiches" entstanden 1945 wieder die ersten *jüdischen Gemeinden* in Deutschland, deren Mitgliederzahl aber wegen des relativ hohen Durchschnittsalters der Juden in der BRep. in den letzten Jahren wieder absank. Im Jahre 1993 gab es im Bundesgebiet 69 jüdische Gemeinden. Sie sind in *Landesverbänden* zusammengefaßt, diese wieder in größere *Gruppen* (Interessengemeinschaften) gegliedert.

Anfang 1947 lebten in Deutschland insgesamt 125000 Juden (gegenüber früher fast 1 v.H. der Bevölkerung). Durch die Auswanderung, die nach Gründung des *Staates Israel* (1948) einsetzte, verringerte sich ihre Zahl ständig. In der

BRep., betrug sie 1993 insgesamt ca. 40000. Die Berliner jüdische Gemeinde ist mit ca. 9500 Mitgliedern die größte. Ihr folgen die Gemeinden in München, Köln, Frankfurt, Hamburg und Düsseldorf.

Dachorganisation aller jüdischen Organisationen ist der *Zentralrat der Juden in Deutschland.* Für soziale Wohlfahrtspflege besteht eine Zentralwohlfahrtsstelle der Juden in Deutschland e. V. mit dem Sitz in Frankfurt; *jüdische Altersheime* wurden in Berlin und den größeren Städten des Bundesgebietes eingerichtet. Die Frauenvereine sind im Jüdischen Frauenbund zusammengefaßt. Als jüdische Zeitung erscheint in Düsseldorf die „Allgemeine Wochenzeitung der Juden in Deutschland".

Die *jüdische Gemeinschaft in Deutschland* unterhält 13 *Rabbinate,* insbes. in Berlin, Frankfurt, Stuttgart, München und Dortmund. Diese haben sich zu einer *Rabbinatskonferenz* mit Sitz in Frankfurt a. M. zusammengeschlossen. In Heidelberg besteht seit 1979 eine *Hochschule für Jüdische Studien,* mit dem Abschluß eines Magister Artium in Jüdischen Studien.

V. Kirchenwesen und Religionsübung

722. Kirchliche Gerichtsbarkeit

Die christliche Urgemeinde lehnte die Inanspruchnahme weltlicher Gerichte zur Austragung von Streitigkeiten innerhalb der Gemeinde ab. Das Neue Testament (1. Kor. 6, 1 ff.) weist die Glieder der Gemeinde an, Streitigkeiten durch Spruch eines aus der Gemeinde gewählten Schiedsrichters zu schlichten. Später erhielt das *Bischofsamt* auch richterliche Autorität. Die *Reformation* beseitigte die bischöfliche Jurisdiktion in der evg. Kirche. Sie wurde von den *Konsistorien* übernommen. Im 18. und 19. Jahrh. wurde die Gerichtsbarkeit der Konsistorien aufgehoben.

In der *kath. Kirche* ist die Gerichtsbarkeit ein Teil der *Jurisdiktionsgewalt,* die hier einen umfassenderen Inhalt hat als im allgemeinen Rechtswesen: sie umfaßt außer der Rechtsprechung (in kirchlichen Straf- und Disziplinarsachen, Streitigkeiten betr. Sakramente, Kirchenämter usw.) auch die kirchliche Gesetzgebung und die Verwaltung im inneren Bereich der Kirche. Die höchste Jurisdiktionsgewalt besitzt der *Papst* (über die Gerichtshöfe der Kurie vgl. 708); Konzilsbeschlüsse bedürfen seiner Bestätigung, und Rechtssachen, die in die Jurisdiktion der Bischöfe fallen, kann er an sich ziehen (ius evocandi). Die *Bischöfe* besitzen für ihren Bereich die Jurisdiktion; ihnen obliegt somit auch die erstinstanzliche Rechtspflege, die i. d. R. durch einen *Offizial* (Priester mit den erforderlichen Rechtskenntnissen) ausgeübt wird, soweit sich nicht der Bischof die Entscheidung vorbehält. Über die Anfechtung kirchlicher Verwaltungsakte s. 706.

In der *evg. Kirche* entwickelte sich seit der Verselbständigung der *Landeskirchen* wieder eine eigene *kirchliche Gerichtsbarkeit* entsprechend dem verfassungsrechtlichen Grundsatz, daß jede Religionsgesellschaft ihre Angelegenheiten selbständig ordnet und verwaltet (Art. 137 WVerf., Art. 140 GG). Es wurden kircheneigene *Verfassungs-* und *Verwaltungsgerichte* gebildet, die kirchliche Verwaltungsakte auf ihre Gesetzmäßigkeit in richterlicher Unabhängigkeit überprüfen und Streitigkeiten zwischen kirchlichen Körperschaften entscheiden. Besetzung, Verfahren und Instanzenzug folgen den im staatlichen Bereich entwickelten rechtsstaatlichen Grundsätzen. Die Zuständigkeit kirchlicher Verwaltungsgerichte schließt regelmäßig die Anrufung staatlicher Gerichte aus.

In Grenzfragen ist dies umstritten. Für *vermögensrechtliche Ansprüche* von Geistlichen und Kirchenbeamten ist der Rechtsweg zu den staatlichen Verwaltungsgerichten nur gegeben, wenn eine entsprechende innerkirchliche Regelung besteht (BVerwG vom 27. 10. 1966, NJW 1967, 1672); das ist für die kath. Kirche zu verneinen.

Im Bereich des Dienstrechts ist eine eigene kirchliche *Disziplinargerichtsbarkeit* für *Pfarrer* und *Beamte* geschaffen. Für die *EKD* insbesondere gilt das Disziplinargesetz der EKD vom 11. 3. 1955, das sich weitgehend an das staatliche Disziplinarrecht anlehnt. In erster Instanz entscheiden *Disziplinarkammern,* in zweiter Instanz der *Disziplinarhof.* Die Disziplinarmaßnahmen entsprechen im wesentlichen den beamtenrechtlichen (vgl. 156).

Stellungnahmen zu *Fragen des Bekenntnisses und der Lehre* unterliegen nicht der Disziplinargerichtsbarkeit. Wesentliche Abweichungen von Bekenntnis und Lehre können in verschiedenen Landeskirchen zum Gegenstand eines eigenen rechtsförmigen *Lehrbeanstandungsverfahrens* gemacht werden.

Im Hinblick auf die besondere dienstrechtliche Stellung des Pfarrers sind in verschiedenen Landeskirchen neben dem Disziplinarverfahren besondere *Versetzungsverfahren* für Fälle vorgesehen, in denen disziplinarische Tatbestände nicht vorliegen, eine Ablösung des Pfarrers aber im Interesse der Gemeinde dringend geboten ist.

Über den *Schiedsgerichtshof* der EKD vgl. 716.

723. Das Patronatsrecht

hat sich aus dem *Eigenkirchenwesen* entwickelt, das schon in der germanischen Zeit dem Grundherrn Eigentums- und andere Rechte an den von ihm errichteten kirchlichen Bauten, den kirchlichen Einnahmen usw. sicherte. Das Patronatsrecht als eigenständige Rechtsform kann weder dem öffentlichen noch dem Privatrecht, weder dem geistlichen noch dem weltlichen Recht eindeutig zugerechnet werden. Es haftet meist am Grund und Boden; *Patron* ist i. d. R. dessen jeweiliger Eigentümer. Als wichtigste Pflicht obliegt dem Patron die *kirchliche Baulast.* Andererseits gebührt ihm u. a. das Recht, für eine vakante Stelle einen geeigneten Geistlichen zu präsentieren.

Meist waren Staat, Stadtgemeinden oder Großgrundbesitzer, aber auch Universitäten, alte Schulen, Klöster und deren Rechtsnachfolger die Patrone. Nach dem Preußischen Landrecht erwarb das Patronat, wer eine Kirche erbaute oder wiederaufbaute und hinlänglich dotierte. Das Recht haftete am Grund und Boden, doch mußte der Eigentümer volljähriger Christ sein; andernfalls ruhte das Patronat. Heute sehen Staat und Kirche das Patronat als eine überholte Einrichtung an; Ansprüche aus dem Patronat, z. B. das Recht auf einen Kirchenstuhl und Beisetzung in der Kirche, wurden im Wege der Vereinbarung abgelöst.

Einige *evg. Klöster und Stifte* reichen bis in die vorreformatorische Zeit zurück. Sie wurden in der Reformation in evg. oder karitative Körperschaften übergeführt und entgingen durch Umwandlung in „milde Stiftungen" der Säkularisation (703, 704). Das *Kloster Loccum* ist Körperschaft öffentl. Rechts und Bestandteil der evg.-luth. Gliedkirche Hannover; es unterhält das älteste (seit 1800 bestehende) Predigerseminar Deutschlands. An der Spitze stehen ein Abt (der jeweilige Landesbischof) und 4–6 Konventualen.

724. Die Religion in Erziehung und Unterricht

Nach Art. 6 Abs. 2 GG sind Pflege und Erziehung der Kinder das natürliche Recht der Eltern und die zuvörderst ihnen obliegende Pflicht. Über ihre Betätigung wacht die staatliche Gemeinschaft. Damit ist das *Elternrecht* hinsichtlich Pflege und Erziehung gesichert und eine staatliche Gemeinschaftserziehung abgelehnt. Nach dem fortgeltenden Reichsgesetz über die *religiöse Kindererziehung* vom 15. 7. 1921 (RGBl. 939) entscheidet über diese die freie Einigung der *Eltern*. Mangels einer solchen greift das BGB ein (vgl. 349: Anrufung des Vormundschaftsgerichts). Kein Elternteil kann einseitig bestimmen, daß das Kind in einem anderen Bekenntnis erzogen werden soll als demjenigen, dem beide Eltern zur Zeit der Eheschließung angehörten oder in dem das Kind bisher erzogen worden ist. Ein Bekenntniswechsel bedarf vom 12. Lebensjahr ab der Zustimmung des Kindes. Mit 14 Jahren tritt volle religiöse Mündigkeit ein.

Der Religionsunterricht ist in den öffentlichen Schulen mit Ausnahme der bekenntnisfreien Schulen ordentliches Lehrfach; er wird in Übereinstimmung mit den Grundsätzen der Religionsgemeinschaften erteilt. Die Erziehungsberechtigten haben das Recht, über die Teilnahme des Kindes am Religionsunterricht zu bestimmen (Art. 7 Abs. 2, 3 GG); für die An- und Abmeldung zum Religionsunterricht gilt nach dem Ges. vom 15. 7. 1921 das gleiche Entscheidungsrecht für Eltern und Kind wie für die Zugehörigkeit zu einem Bekenntnis. Im *Schultyp* herrscht in den meisten Ländern die Gemeinschaftsschule vor, in der Religionsunterricht nach der Konfession der Schüler erteilt wird.

Die *theologischen Fakultäten* sind staatliche Einrichtungen; sie stehen zum Teil unter Verfassungsschutz der Länder (so in Hessen und Rheinland-Pfalz). Die neueren Kirchenverträge sehen ein Mitwirkungsrecht der Kirche bei der Besetzung der theologischen und zum Teil auch der philosophischen Lehrstühle vor. Die *Lehrerbildungsanstalten (Pädagogischen Hochschulen)* wurden früher von den Ländern unterschiedlich teils in simultaner, teils in konfessioneller Form geführt, jedoch nach und nach in simultane umgewandelt.

Die evg. Kirchen unterhalten in Deutschland höhere Konfessionsschulen sowie kirchliche Hochschulen (vgl. 719). Die kath. Kirche unterhält neben höheren Lehranstalten und Seminaren mehrere philos.-theol. Hochschulen.

725. Kirchenaustritt und Übertritt

Obwohl der *Kirchenaustritt* überwiegend das innerkirchliche Verhältnis berührt, gilt er als Angelegenheit des Staatskirchenrechts und ist staatlich geregelt. Kindern ist nach Vollendung des 14. Lebensjahres der selbständige Austritt aus der Kirche möglich (vgl. 724). Die Form des Kirchenaustritts ist durch Landesgesetz geregelt (z. B. Niedersachsen, Ges. vom 4. 7. 1973, GVBl. 221; NRW, Ges. vom 26. 5. 1981, GV. NW 260).

Der Austritt ist i. d. R. beim Amtsgericht oder beim Standesbeamten zu Protokoll oder schriftlich (z. T. in öffentlich beglaubigter Form) zu erklären. Das Gericht erteilt dem Ausgetretenen eine Bescheinigung und benachrichtigt die Kirchengemeinde. Die (in den meisten Ländern gebührenfreie) *Austrittserklärung* befreit den Ausgetretenen von seinen Verpflichtungen gegenüber der Religionsgesellschaft, insbesondere von den *steuerlichen,* spätestens mit Ablauf des Kalendermonats der Austrittserklärung (BVerfG NJW 1977, 1279/1281). Eine *modifizierte* Austrittserklärung, d.h. unter Aufrechterhaltung der Zugehörigkeit zur Kirche als Glaubensgemeinschaft, ist in der Wirksamkeit umstr. und nach den Kirchensteuergesetzen einzelner Länder sogar unzulässig (Bremen, Hamburg, Niedersachsen; vgl. NJW 1977, 1732).

Für den *Übertritt* von einer Religionsgemeinschaft zu einer anderen (sog. *Konversion*) ist – anders als beim Austritt – eine Form nicht vorgeschrieben. Er wird vom Staat auch ohne Erklärung vor einer Behörde anerkannt.

726. Die kirchliche Wohlfahrtspflege

Die staatliche *Fürsorge* kann die private und kirchliche Liebestätigkeit nicht entbehren. Die Kirchen haben die Beseitigung leiblicher und sozialer Nöte stets in ihren Aufgabenkreis einbezogen. Ihre *Wohlfahrtseinrichtungen* sind zu hoher Bedeutung gelangt.

I. Die *evg. Kirche* hat die *Innere Mission* als *Liebestätigkeit* zur Bekämpfung leiblicher und sittlicher Nöte geschaffen.

Die Fürsorge- und Sozialarbeit der evg. Kirchen ist ein wesenhafter Zweig ihrer Tätigkeit, die über die mittelalterlichen Formen des Almosen- und Hospitalwesens auch nach der Reformation auf diesen Gebieten sich entfaltete. Im 19. Jahrh. wurden diese Einrichtungen, veranlaßt durch die Rede Wicherns auf dem Kirchentag 1848, im „Central-Ausschuß für die Innere Mission der Deutschen Evg. Kirche" zusammengefaßt.

Das nach dem 2. Weltkrieg von Eugen Gerstenmaier gegründete *„Hilfswerk der Evg. Kirchen in Deutschland"* hatte sich die Linderung der durch Krieg und Zerstörung verursachten Notstände und die Förderung des kirchlichen Wiederaufbaues zur Aufgabe gemacht. In gemeinsamem Dienst aller evg. Kirchen und Gemeinschaften leistete es vor allem mit Unterstützung ausländischer Kirchen in den ersten Jahren nach dem Krieg entscheidende Hilfe für Kinder, Jugendliche, Vertriebene, Heimatlose, Kriegsgefangene, Kriegsversehrte und Heimkehrer.

Im Jahre 1957 wurden die Innere Mission und das Evg. Hilfswerk zum jetzigen *„Diakonischen Werk der Evg. Kirche in Deutschland"* zusammengeführt. Dieses unterhält Heime und Anstalten, in der halboffenen Hilfe Kindergärten, -horte, -krippen und -tagesheime, Altentagesstätten, Mütterschulen, Clubs für Suchtkranke, Sondertagesstätten für behinderte Kinder, Jugendliche und Erwachsene sowie Tagesstätten für ausländische Arbeitnehmer. Im Rahmen der offenen Hilfe bestehen Gemeindepflegestationen, Hauspflegestellen, Ausländerbetreuungsstellen sowie Suchtkrankenhilfe. Ferner werden Mutterhäuser, Schwesternschaften, Diakonenanstalten und Ausbildungsstätten für kirchliche und soziale Berufe unterhalten.

II. In der *kath. Kirche* nimmt der *Deutsche Caritasverband* etwa die gleichen Aufgaben wahr wie das Diakonische Werk der evg. Kirche.

Der *Deutsche Caritasverband* wurde als Zusammenfassung der kath. Wohlfahrtspflege 1897 in Köln durch *Lorenz Werthmann* gegründet und hat seine Zentrale im Lorenz-Werthmann-Haus in Freiburg i. Br. Er ist die von den deutschen Bischöfen anerkannte institutionelle Zusammenfassung und Vertretung der kath. Caritas in Deutschland und widmet sich allen Aufgaben sozialer und caritativer Hilfe. Er umfaßt Diözesan-Caritasverbände und innerhalb dieser Dekanats-, Bezirks-, Kreis- bzw. Ortscaritasverbände. Ihm angeschlossen sind die überregional wirkenden caritativen Fachverbände (z. B. Sozialdienste Kath. Frauen und Männer, Caritas-Konferenzen, Vinzenzkonferenzen, Deutscher Verband kath. Mädchensozialarbeit, Bahnhofsmissionen, Malteser-Hilfsdienst). Der Deutsche Caritasverband pflegt eine enge Zusammenarbeit mit den caritativ tätigen Ordensgemeinschaften. Zur Wahrnehmung internationaler Aufgaben (z. B. Katastrophenhilfe) gehört er der *Caritas Internationalis* mit Sitz in Rom an. Die Caritas unterhält in der BRep. Krankenhäuser, Heime, Tageseinrichtungen und Ausbildungsstätten. Sie berät, betreut und unterstützt einen großen Personenkreis im Rahmen der sog. offenen Hilfe (Erziehungsberatungsstellen, Gemeindekrankenpflegestationen usw.).

III. Über die *Zentralwohlfahrtsstelle der Juden in Deutschland e. V.* vgl. 721.

727. Weltmission und ökumenische Bewegung

I. Die Kirchen leiten ihren Missionsauftrag von der Sendung (lat. missio) der Jünger Jesu zur Verkündigung des Evangeliums ab. Der Raum der Verkündigung ist die ganze bewohnte Erde (griech. ökumene).

Der zunächst auf das Judentum gerichteten Missionsarbeit der Apostel folgte bald die systematische Christianisierung des europäischen Raumes (Germanen, Slawen). An sie knüpfte im Zeitalter der Entdeckungen die insbesondere von den *Jesuiten* getragene kath. Mission in Indien, Japan, China und Südamerika an. Entscheidend für die kath. Missionsgeschichte war die Gründung der Kardinalskongregation „de propaganda fide" (1622). Sie faßte die gesamte kath. Missionsarbeit zusammen und sicherte ihre päpstliche Leitung (vgl. 708). In der BRep. ist für die Missionsarbeit der *Deutsche Katholische Missionsrat* verantwortlich, der die Vorhaben der Missionsorden und sonstigen in der Missionsarbeit tätigen Gemeinschaften und Organe koordiniert.

In der evg. Kirche ist der Missionsgedanke seit dem 18. Jahrh. besonders durch den Pietismus (Brüdergemeinde) gefördert worden. Im 19. Jahrh. kam es zur Gründung von Missionsvereinen und *Missionsgesellschaften,* die unabhängig voneinander und nur in loser Verbindung mit den Kirchen arbeiten. Zu engerer Zusammenarbeit kam es auf Missionskonferenzen (Edinburgher Konferenz 1910) und durch Gründung des Internationalen Missionsrates. In Deutschland sind die Missionsgesellschaften im Deutschen Evg. Missions-Tag (Geschäftsführung: Dt. Evg. Missionsrat) zusammengefaßt.

Die Entstehung selbständiger Kirchen in den Missionsgebieten *Asiens* und *Afrikas* hat die Aufgabenstellung der Missionsgesellschaften seit dem 2. Weltkrieg wesentlich verändert. Sie beschränkt sich zunehmend auf Beratung und Hilfe bei der Bildung einheimischer Kirchen, Einrichtung von Schulen, medizinische Hilfe und Förderung von Aufbauobjekten in den Ländern der „Dritten Welt".

II. Die *ökumenische Bewegung* des 20. Jahrh. hat von der Weltmission, der Jugendarbeit (Weltbund der christlichen Vereine junger Männer – YMCA) und der Studentenseelsorge (Christlicher Studentenweltbund) ihre stärksten Impulse erfahren. Die Bewegungen „Praktisches Christentum" (Weltkonferenz in Stockholm 1925) und „Glauben und Kirchenverfassung" (Weltkonferenz in Lausanne 1927) weckten das Bedürfnis nach Gründung eines internationalen christlichen Rates, der auf der Weltkirchenkonferenz in Amsterdam 1948 als *Ökumenischer Rat der Kirchen* errichtet wurde. Er ist die Gemeinschaft der Kirchen, die „unsern Herrn Jesus Christus als Gott und Heiland anerkennen". Zur Mitgliedschaft sind (Art. 2) alle Kirchen zugelassen, die ihrer Zustimmung zu der Grundlage Ausdruck geben, auf welcher der Ökumenische Rat begründet ist.

Aufgabe des Ökumenischen Rates ist die Fortführung der Arbeit der beiden ökumenischen Bewegungen, Erleichterung eines gemeinsamen Vorgehens der Kirchen, Förderung gemeinsamer Studienarbeit, Vertiefung und Stärkung des ökumenischen Bewußtseins unter den Mitgliedern aller Kirchen, Pflege der Beziehungen zu den konfessionellen Weltbünden (Lutherischer und Reformierter Weltbund) und anderen ökumenischen Bewegungen sowie die Einberufung von *Weltkonferenzen.*

Organe des Ökumenischen Rates sind die *Vollversammlung,* die etwa alle 5 Jahre tagt, der *Zentralausschuß,* der zwischen den Tagungen der Vollversammlung deren Funktionen wahrnimmt, und der aus 12 Mitgliedern des Zentralausschusses bestehende *Exekutivausschuß.* Die Zentrale des Ökumenischen Rates in Genf wird von einem Generalsekretariat geleitet.

Der deutsche Protestantismus wird im Ökumenischen Rat durch die EKD vertreten. Die kath. Kirche gehört ihm nicht an, beteiligt sich aber durch Beobachter an den Vollversammlungen und arbeitet auch mit der Zentrale in Genf zusammen. Die russ.-orthodoxe Kirche ist auf der Vollversammlung in Neu-Delhi 1961 aufgenommen worden. Dem Weltkirchenrat gehören über 300 Kirchen aus ca. 100 Ländern mit rd. 450 Mio. nichtkath. Christen an. Er befaßt sich u. a. mit der kirchlichen *Entwicklungshilfe,* aber auch mit humanitären Grundsatzfragen wie z. B. dem Kampf gegen den *Rassismus.* Zur Förderung von Objekten der Entwicklungshilfe ist die „Ökumenische Entwicklungsgenossenschaft" (EDCS) ins Leben gerufen worden, die eine Bank betreibt; sie hat ihren Sitz in den Niederlanden.

Achter Teil

Die Wirtschaft

A. Wirtschaftsrecht und Wirtschaftspolitik

801. Begriff des Wirtschaftsrechts

Wirtschaftsrecht ist die Gesamtheit der Rechtssätze über das Verhältnis von *Staat und Wirtschaft* sowie über Organisation und Eigenleben der Gesamtwirtschaft, der wirtschaftlichen Verbände und sonstigen Zusammenschlüsse; es umfaßt ferner die Normen, welche die Erwerbstätigkeit der einzelnen Unternehmen einschl. ihrer Zulassung sowie die Begrenzung und Lenkung ihrer Betätigung regeln.

Das *Wirtschaftsrecht* umfaßt insbesondere:

a) das *Wirtschafts-Verfassungsrecht* als Ausdruck des herrschenden Wirtschaftssystems (z. B. Staats-, Plan-, freie Marktwirtschaft). Vgl. 802, 804;
b) das *Wirtschafts-Verwaltungsrecht,* das u. a. das Maß staatlicher Lenkung und Kontrolle bestimmt. In der BRep. besteht grundsätzlich *Gewerbefreiheit,* aber *Kontrolle* der Betriebe durch Gewerbeaufsichtsämter usw. sowie in verschiedenen Bereichen – z. B. Ernährungswirtschaft – eine Marktordnung (803, 805, 807, 814);

c) das *Wirtschaftsprozeßrecht.* Vgl. z. B. das Verfahren in Landwirtschafts-, Flurbereinigungs- und Kartellsachen (826 II, 824, 835);
d) das *Wirtschaftsstrafrecht,* das die Ahndung von Straftaten den ordentlichen Gerichten, reine Ordnungswidrigkeiten aber dem verwaltungsbehördlichen Bußgeldverfahren zuweist (vgl. 152, 836);
e) das *Wirtschafts-Privatrecht,* das die Rechtsverhältnisse der Unternehmen regelt (z. B. Handelsrecht, Urheberrecht, Wettbewerbsrecht; vgl. 363ff.).

Die staatlichen Aufgaben auf dem Gebiet der Wirtschaftspolitik und Wirtschaftslenkung obliegen den *Bundesministern für Wirtschaft* und *für Ernährung, Landwirtschaft und Forsten* (98, 99) sowie den entsprechenden Landesministerien (130ff.) und den diesen nachgeordneten Aufsichtsbehörden (vgl. z. B. 805, 807, 811, 820, 862, 872).

802. Wirtschaftspolitik, Wirtschaftsordnung

I. *Begriffe*

Durch seine *Wirtschaftspolitik* kann der Staat das Wirtschaftsleben beeinflussen. Sie kann sich z. B. auf Steigerung der Erzeugung, Erhaltung des konjunkturellen Gleichgewichts, auf sozial- und bevölkerungspolitische Ziele, auf gerechte Verteilung des Sozialprodukts oder andere Zwecke richten. Ausmaß, Art und Mittel der Wirtschaftspolitik, d. h. des staatlichen Einwirkens auf den Wirtschaftsablauf, sind für die Wirtschaftsordnung bestimmend.

Wirtschaftsordnung (-verfassung) ist die bewußt nach bestimmten gesellschaftlichen Leitideen – insbes. kollektivistischen oder individualistisch-liberalen – geschaffene Organisation des Wirtschaftslebens. Die beiden Hauptformen sind Plan(Verwaltungs)wirtschaft und Marktwirtschaft. Sie kommen in reiner Form im Wirtschaftsleben praktisch nicht vor; vielmehr bildet eine von ihnen die jeweilige Grundstruktur, in die (mehr oder weniger) Elemente der anderen Wirtschaftsform hineingenommen werden; z. B. die (konjunkturell oder politisch) gelenkte Marktwirtschaft (vgl. 803).

Manche Wirtschaftssysteme gaben bereits früher einseitig der Steigerung der inländischen Erzeugung den Vorrang; so der *Merkantilismus* (Merkantilsystem), wie er in Frankreich von *Colbert,* in England von *Cromwell,* in Preußen vom *Großen Kurfürsten* vertreten wurde. Der Außenhandel wurde gefördert, um eine aktive Handelsbilanz zu erreichen; im Lande wurden Handel, Verkehr und Industrie angeregt (Manufakturen, Verlagssystem).

Der Merkantilismus ist eine frühe Form des *Protektionismus,* d. h. einer *Außenhandelspolitik,* die auf den Schutz der inländischen Produzenten gegen ausländische Konkurrenz gerichtet ist, z. B. durch Schutzzölle (554), Erschwerung der Einfuhr mittels Einfuhrsteuern oder Verwaltungsmaßnahmen (kompliziertes Anmeldeverfahren, hohe Gebühren, strenge Sicherheits- und Kontrollvorschriften für Nahrungsmittel usw.) und andere Handelshemmnisse. Weitere Instrumente der Außenhandels- und allgemein der *Außenwirtschaftspolitik* sind die Unterstützung von *Autarkiebestrebungen* (Selbstversorgung, z. B. mit landwirtschaftlichen Erzeugnissen), Interventionen auf dem Devisenmarkt (vgl. 811), Preis- oder Mengenregulierung bei Ein- oder Ausfuhr (vgl. 805, 806). Der Protektionismus und alle sonstigen Hemmnisse des zwischenstaatlichen Wirtschaftsverkehrs werden im Interesse der Liberalisierung des Welthandels bekämpft insbesondere von WTO (GATT) (918 IV) und OECD (910 III), die sich für das Prinzip des *Freihandels* mit voller Konkurrenz auf dem Welt- wie auf dem Binnenmarkt einsetzen.

II. Die innerstaatliche Wirtschaftsordnung

wird insbesondere durch das Maß der staatlichen Regelung, die rechtliche Stellung des Eigentums und der wirtschaftlichen Selbstverwaltungskörper, die Formen der Unternehmungen und des Wettbewerbs, den Einflußbereich des Kapitals und die soziale Stellung der Arbeitnehmer sowie die Grundsätze für die Einkommensverteilung bestimmt.

Man unterscheidet allgemein *erwerbswirtschaftlich* orientierte Wirtschaftssysteme, bei denen Produktionsziel nicht die Versorgung der Bevölkerung mit Gütern, sondern die Gewinnerzielung des Unternehmensträgers ist, und *gemeinwirtschaftliche* Ordnungen; diese werden von einer Gemeinschaft getragen und erstreben in erster Linie die Bedarfsdeckung ihrer Mitglieder.

Erscheinungsformen der beiden Wirtschaftssysteme sind:

a) die *(freie) Marktwirtschaft.* Sie ist eine Wirtschaftsform, in der sich der Austausch von Erzeugnissen und Leistungen auf dem *freien Markt* nach dem Gesetz von Angebot und Nachfrage auf der Grundlage arbeitsteiliger Produktion vollzieht. Es besteht freier Wettbewerb, die Möglichkeit uneingeschränkter Entfaltung des Erwerbsstrebens; staatliche Eingriffe finden nicht statt. Dieses von der klassischen Schule der Volkswirtschaftslehre als gerechte Sozialordnung angesehene *freie Spiel der Kräfte* kann zu starker Entfaltung des Kapitalismus und zur Bildung monopolartiger Zusammenschlüsse (*Kartelle, Syndikate* usw.) führen, deren Machtstellung zum Nachteil der Gesamtwirtschaft ausgenutzt werden kann;

b) die *gelenkte Marktwirtschaft.* Sie gesteht dem Staat gewisse Eingriffe zu, um Auswüchse des kapitalistischen Systems zu verhindern (*soziale Marktwirtschaft,* vgl. 804 II) oder das konjunkturelle Gleichgewicht zu erhalten *(konjunkturell gelenkte Marktwirtschaft).* Je stärker die staatliche Einflußnahme auf Produktion und Preisbildung ist *(Dirigismus),* um so mehr nähert sich die Wirtschaftsordnung der Planwirtschaft;

c) die *Bedarfsdeckungswirtschaft,* die als die Grundform der *Gemeinwirtschaft* ihr Hauptziel in der Versorgung ihrer Mitglieder mit Produktionsgütern sieht. In reiner Form in den – inzwischen zahlenmäßig zurückgegangenen und auch industriell tätigen – israelischen *Kibbuzim* (932 I 2), vor allem aber in der sozialistischen Form der

d) *Planwirtschaft.* Diese erkennt im Gegensatz zur Marktwirtschaft das Prinzip der Selbstregulierung der wirtschaftlichen Vorgänge nicht an, sondern der Staat stellt einen *Gesamtwirtschaftsplan* auf, mit dem er planmäßig die Wirtschaft beeinflußt. Im System der *sozialistischen Planwirtschaft* sollen alle Produktionsmittel verstaatlicht, Berufs- und Arbeitsplatzwahl (weitgehend sogar die Einkommensverwendung) behördlich geregelt und der Wirtschaftsablauf nach dem Gesamtwirtschaftsplan gesteuert werden. Eine *gemäßigtere* sozialistische Planung verlangt nur Verstaatlichung *(Sozialisierung)* der für andere Wirtschaftszweige existenzwichtigen sog. *Schlüsselindustrien* (Energie-, Kohle-, Eisenerzeugung usw.) sowie kontrollierte Wirtschaftslenkung auf wichtigen Gebieten mit dem Hauptziel der *Vollbeschäftigung,* bei der stets ebenso viel Arbeit und entsprechender Lohn vorhanden sein soll, wie Arbeitsuchende zur Verfügung stehen (vgl. 23 II, 804). Über die geschichtlichen Wurzeln der im Rahmen der marxistisch-leninistischen Staatsauffassung entwickelten sozialistischen Planwirtschaft vgl. 3 VII, 35 III.

In der häufig politisch motivierten Wirtschaftsform des *Staatskapitalismus* schafft sich der Staat entweder privatwirtschaftlich zusätzliche Einnahmen (neben Steuern) durch Gründung von oder Beteiligung an Wirtschaftsunternehmen, oder er benutzt solche Formen nur übergangsweise mit dem Ziel späterer *Sozialisierung.* Von der *gemeinnützigen Wirtschaftsführung* (z. B. von Siedlungsunternehmen, Krankenanstalten usw.) unterscheidet er sich durch das Gewinnstreben, von der *Planwirtschaft* durch das Leistungssystem und von der *Sozialisierung* durch die privatwirtschaftliche Form (kein Staatseigentum an Produktionsmitteln). Sofern der Staatskapitalismus im eigenen Gewinninteresse den Wettbewerb mit echten privaten Unternehmen ausschaltet, spricht man von *Staatsmonopolkapitalismus* („Stamokap").

803. Wirtschaftslenkung

ist die unmittelbare Einflußnahme des Staates auf das Wirtschaftsleben. Sie ist ein echtes Mittel staatlicher *Wirtschaftspolitik,* soweit dadurch wirtschaftspolitische (nicht allgemeinpolitische) Zwecke verwirklicht werden sollen. Mittel der Wirtschaftslenkung sind:

a) die *Marktordnung,* d. h. Lenkung des „Marktes" durch Einfuhr- und Zollpolitik, Einflußnahme auf Produktion und Verteilung mittels Anordnungen an Erzeuger und Händler;

b) die *Bewirtschaftung,* d. h. der Erlaß von Verfügungsbeschränkungen oder Preisfestsetzungen hinsichtlich gewisser Verbrauchsgüter (vor allem in Notzeiten), um Verknappungserscheinungen zu überwinden;

c) die *Marktregelung,* d. h. absatzpolitische Maßnahmen zum Ausgleich von Angebot und Nachfrage, z. B. durch Subventionen oder durch Einwirkung auf Kartellabreden innerhalb einzelner Wirtschaftszweige.

Während vor 1914 in Deutschland keine Wirtschaftslenkung bestand und sich der Staat auf indirekte Mittel zur Beeinflussung der Wirtschaft beschränkte (z. B. Zollpolitik), nötigten die Blockade Deutschlands im 1. Weltkrieg und die angespannte Versorgungslage der folgenden Jahre zu Bewirtschaftungsmaßnahmen. Die *Weltwirtschaftskrise* der dreißiger Jahre machte stärkere Eingriffe der Regierung und Lenkungsmaßnahmen notwendig (Brüningsche NotVOen). Der totalitäre Staat trieb ab 1933 diese Entwicklung weiter voran. In und nach dem 2. Weltkrieg wiederholten sich Kriegswirtschaft und Nachkriegsentwicklung in noch schärferer Form als anläßlich des 1. Weltkrieges.

Nach der *Währungsreform* 1948 schlug das Pendel in Rückbesinnung auf freiheitliches Denken stark nach der liberalen Seite aus. Das *Grundgesetz* verankerte auch die wirtschaftliche Freiheit des Einzelnen und garantierte das Eigentum, aber auf der Grundlage der Sozialbindung (48 IV, 335 I). Damit ist die Grenze für Lenkungsvorschriften gesetzt und weder eine dirigistische noch eine liberalistische Ausartung der Wirtschaftsordnung zugelassen.

Als Maßnahme der Wirtschaftslenkung hat sich nach dem 2. Weltkrieg die

Marktordnung insbesondere auf dem Sektor der *Ernährungswirtschaft* immer stärker entwickelt. Im Rahmen der *Europäischen Gemeinschaften* wird sie zunehmend für einzelne Erzeugnisse oder Erzeugnisgruppen mit der Möglichkeit der *Intervention* ausgebildet; dadurch soll ein ausgewogenes Verhältnis zwischen den Versorgungsinteressen der Bevölkerung und der Existenzfähigkeit der Produzenten gesichert werden. Vgl. 804ff., 813ff.

804. Die Wirtschaftspolitik der Bundesrepublik Deutschland

I. *Grundsätze*

Das Grundgesetz verzichtet auf einen Programmsatz und eine Entscheidung über ein bestimmtes Wirtschaftssystem. Richtungweisend ist aber Art. 2 Abs. 1 GG; danach hat jeder das Recht auf *freie Entfaltung seiner Persönlichkeit,* soweit er nicht die Rechte anderer verletzt und nicht gegen die verfassungsmäßige Ordnung oder das Sittengesetz verstößt. Art. 12 GG gewährleistet die freie Wahl des Berufs und des Arbeitsplatzes; doch kann die Berufs*ausübung* durch Gesetz geregelt werden. Vgl. 47 IX, 602.

Für das *Verbandswesen* besteht Organisationsfreiheit. Es hat sich in der BRep. immer mehr entwickelt und ist namentlich im wirtschaftlichen Bereich die hervorstechendste Erscheinungsform des sog. *Pluralismus* (von Plural = Mehrzahl), d.h. des Bestehens und der Wirksamkeit einer Vielfalt von Verbänden und Gruppen, die auf das öffentliche Leben Einfluß nehmen. Während die Willensbildung in der Politik im wesentlichen über das Medium der politischen Parteien (45) verläuft, vollzieht sie sich auf anderen Gebieten durch oft miteinander in Widerstreit stehende Vereinigungen wie Gewerkschaften und Arbeitgeberverbände, Berufsvereinigungen, Kirchen und andere Weltanschauungsgemeinschaften, Bauern-, Beamten- und Fachverbände usw. Wie die Parteien auf politischer Ebene, propagieren auch sie ihre Ziele mit Hilfe der „Massenmedien" Hörfunk und Fernsehen, Presse usw. und gelangen nach den Grundsätzen demokratischer Willensbildung schließlich zur Gemeinsamkeit im Wege freier Vereinbarung (Tarifverträge, Mitbestimmung in Betrieben, Vertragsabschlüsse zwischen Ärzten und Krankenkassenverbänden usw.).

II. Die *Wirtschaftsordnung der BRep.*

ist die *soziale Marktwirtschaft.* Sie bejaht grundsätzlich das freie Spiel der Kräfte und lehnt die *Planwirtschaft* ab, weil sie erfahrungsgemäß die wertvollsten Antriebskräfte (Initiative, Leistungswillen, Verantwortungsbewußtsein) einengt. Entgegen dem *Manchester-Liberalismus,* der unbedingte Freiheit des Handels ohne irgendwelche wirtschafts- und sozialpolitische Eingriffe des Staates forderte, wird aber dem Staat auch im Wirtschaftsleben der BRep. eine wesentliche *Ordnungsaufgabe* zugestanden. Der Staat hat die Bedingungen und den wirtschaftsrechtlichen Rahmen zu setzen, in dem die wirtschaftlichen Entscheidungen aller am Wirtschaftsprozeß Beteiligten sich in Freiheit entfalten können. Dazu gehört u. a. auch die Verhinderung des Entstehens marktbeherrschender Einflüsse. Außer dem ausgleichenden *Wettbewerb* werden die sozialen Anforderungen berücksichtigt; sie setzen der freien Marktwirtschaft dort eine Grenze, wo *soziale* und *kulturelle Belange* entweder dauernd oder zeitweise mit dem Grundsatz des freien Marktes in Widerspruch stehen.

Nach der stufenweisen Lockerung des Bewirtschaftungssystems seit 1945 stand der Aufbau der Wirtschaft in der BRep. unter dem Leitgedanken des Vertrauens auf die Initiative der Unternehmer und ihre soziale Partnerschaft mit den Arbeitnehmern zur gemeinsamen Förderung des Wohlstandes aller Bürger.

Zu dem schnellen wirtschaftlichen Aufstieg der BRep. haben alle am Wirtschaftsprozeß Beteiligten mit ihrer Arbeit und Leistung beigetragen. Jedoch ist erst mit der Einführung der *sozialen Marktwirtschaft* und ihrem weiteren Ausbau das Fundament für die wirtschaftlichen Erfolge und die Verbesserung des *Lebensstandards* (808) gelegt worden.

Eine Beteiligung breiter Volkskreise am Wirtschaftswachstum soll u. a. durch erweiterte Vermögensbildung in Arbeitnehmerhand (618), durch Hebung der Spartätigkeit und durch Beteiligung an Unternehmen mittels Ausgabe von *Volksaktien* gefördert werden. Dazu rechnen Klein-Aktien, die nach dem AktienG schon ab 5 DM zugelassen sind (372 II 1), sowie Aktien zu Vorzugspreisen, die z. B. im Rahmen der *Privatisierung der öffentlichen Hand* bereits bei der Preussag, bei der VEBA (Vereinigte Elektrizitäts- und Bergwerks AG) und beim Volkswagenwerk abgegeben worden sind; die Gewinnanteile des Bundes und Niedersachsens sowie der Erlös aus der Veräußerung der Kleinaktien fließen der *Stiftung Volkswagenwerk* zur Förderung von Wissenschaft und Technik in Forschung und Lehre zu).

III. *Staatliche Eingriffs- und Lenkungsrechte*

Im Rahmen der *sozialen Marktwirtschaft* sind die staatlichen Eingriffs- und Lenkungsrechte zunehmend auf *Überwachungsrechte* beschränkt worden. Mit dem Stabilitätsgesetz (859) hat die BRep. die staatliche Überwachungsfunktion im Interesse der Sicherung der Gesamtwirtschaft, insbesondere des Preisniveaus, des Beschäftigungsstandes und eines angemessenen Wirtschaftswachstums, intensiviert. In der *konjunkturell gelenkten (globalgesteuerten) Marktwirtschaft* stehen der BReg. gesetzliche und verwaltungsmäßige Maßnahmen zur Erhaltung einer gesunden Wirtschaft mit sozialem Gepräge zur Verfügung: Sperrung von Ausgabemitteln, Beschränkung der Kreditaufnahme durch die öffentliche Hand; andererseits Ausgabensteigerung bei abgeschwächter Konjunktur, Subventionen. Über solche und andere Maßnahmen zur Wahrung des Geldwertes (Konjunkturausgleichsrücklage, mehrjährige Finanzplanung, wirtschaftliche Orientierungsdaten für Gebietskörperschaften, Unternehmer und Gewerkschaften) vgl. 859.

Weitere rechtliche und wirtschaftspolitische Handhaben für indirekte Planung und Lenkung besitzt die staatliche Wirtschaftsverwaltung in Gestalt von steuerrechtlichen Differenzierungen, Devisenbestimmungen, Diskont- und Kreditpolitik, Ein- und Ausfuhrlenkung durch Handelsabkommen, Preisbindungen usw. (vgl. 806, 809, 810, 860). Doch werden die innerstaatlichen Regelungen zunehmend überlagert durch das Wirtschaftsrecht der Europ. Gemeinschaften (813ff.).

Die Maßnahmen der Wirtschaftspolitik stützen sich vielfach auf das aus statistischen Erhebungen gewonnene Material. Solche Erhebungen können nach dem Ges. über die *Statistik für Bundeszwecke* vom 22. 1. 1987 (BGBl. I 462) m. spät. Änd. durch Bundesgesetz, in begrenztem Rahmen auch durch RechtsVO der BReg. angeordnet werden. Sie dienen i. d. R. der Vorbereitung von gesetzlichen oder allgemeinen Verwaltungsmaßnahmen. Sie sind geregelt z. B. für Binnenhandel, Außenhandel, Handwerk, Produktion in Gewerbe und Industrie, Landwirtschaft (s. hierzu *Agrarstatistikgesetz* i. d. F. vom 23. 9. 1992 (BGBl. I, 1632), Finanzen und Steuern, Bevölkerung und Erwerbsleben *(Mikrozensus),* s. Ges. vom 17. 1. 1996 (BGBl. I 34) und DVO vom 14. 6. 1985 (BGBl. I 967) m. spät. Änd., Löhne u. a. m. Alle natürlichen und juristischen Personen, Behörden und Einrichtungen sind zur wahrheitsgemäßen Beantwortung der gestellten Fragen verpflichtet. Nach dem Mikrozensusgesetz (s. o.) werden in den Jahren 1996 bis 2004 Erhebungen auf repräsentativer Grundlage über die Bevölkerung und den Arbeitsmarkt sowie die Wohnsituation der Haushalte durchgeführt.

IV. *Bruttosozialprodukt*

Maßstab des Wirtschaftswachstums in der BRep. ist das Ansteigen des *Bruttosozialprodukts.* Es lag im Jahr 1960 bei 303 Mrd. DM und stieg bis auf 675 Mrd. DM im Jahre 1970 und 1485 Mrd. DM im Jahre 1980 sowie rd. 2121 Mrd. DM im Jahr 1988. Im Jahr 1992 betrug es 2769,1 Mrd., 1995 stieg es auf 3445,6 Mrd. DM.

Volkswirtschaftlich bezeichnet man als *Bruttosozialprodukt zu Marktpreisen* die Summe der während eines Zeitraums (ein Jahr) von den inländischen Wirtschaftsfaktoren (Unternehmer usw.) erzielten Produkte abzüglich der *Vorleistungen,* d. h. der vorgelagerten Produktionswerte. Zieht man vom Bruttosozialprodukt die verbrauchsbedingten Abschreibungen (entsprechend der AfA, vgl. 523) ab, so ergibt sich das *Nettosozialprodukt zu Marktpreisen.* Unter *Sozialprodukt* wird hierbei das Ergebnis der wirtschaftlichen Tätigkeit der Inländer (auch der im Ausland ausgeübten), unter *Inlandsprodukt* das Ergebnis der wirtschaftlichen Tätigkeit im Inland (auch der von Ausländern ausgeübten) verstanden. Das *Bruttoinlandsprodukt zu Marktpreisen* ergibt sich aus dem *Bruttoproduktionswert* (Summe der innerhalb der Periode geschaffenen Güter) nach Abzug der Vorleistungen, d. h. der im Zuge der Produktion verbrauchten Güter, Materialien usw. Durch Abzug der Abschreibungen vom Bruttoinlandsprodukt ergibt sich das *Nettoinlandsprodukt zu Marktpreisen.*

805. Lenkungsvorschriften, Bewirtschaftungsmaßnahmen

I. Lenkungsvorschriften und -maßnahmen

Eine einheitliche Regelung für *Lenkungsmaßnahmen des Bundes,* die zulässig sind (vgl. 804 III), besteht nicht, wenn man vom Stabilitätsgesetz (859 II) absieht. Die Lenkungsvorschriften sind vielmehr in zahlreichen Einzelgesetzen enthalten, die voneinander unabhängig sind. Man kann sie etwa folgendermaßen gruppieren:

1. *Allgemein gültig* für die Bereiche der gewerblichen und der Ernährungswirtschaft sind

a) das *Preisgesetz* vom 10. 4. 1948, das allerdings nur noch für einzelne Wirtschaftsbereiche gilt, sowie weitere Preisvorschriften (vgl. 806);

b) die VO über *Auskunftspflicht* vom 13. 7. 1923 (RGBl. I 699, 723), zuletzt geändert am 2. 3. 1974 (BGBl. I 469).

Sie ermächtigt die BReg., die obersten Landesbehörden und die von diesen bestimmten Stellen, Auskunft über wirtschaftliche Verhältnisse von Unternehmungen oder Betrieben zu verlangen. Zu diesem Zweck können Abschriften, Auszüge und Zusammenstellungen aus Geschäftsbüchern gefordert, diese eingesehen sowie Betriebseinrichtungen und Geschäftsräume besichtigt werden;

c) die Bestimmungen über *Ein- und Ausfuhr* (vgl. 809, 810).

2. Für die *gewerbliche Wirtschaft* bestehen insbesondere folgende Lenkungsvorschriften:

a) Art. 3 und 8 des Gesetzes über das *Bundesamt für Wirtschaft* vom 9. 10. 1954 (BGBl. I 281) m. spät. Änd.

Das Bundesamt (Bundesoberbehörde, Sitz Frankfurt/M.) hat die Aufgabe, auf den Gebieten der *Einfuhr*, der *Ausfuhr* (einschließlich der ausfuhrähnlichen Lieferungen von Waren an ausländische Staaten und internationale Organisationen) die Rechtsvorschriften über den Waren-, Dienstleistungs- und Zahlungsverkehr auszuführen, soweit eine zentrale Erledigung erforderlich ist (Art. 3). Es hat die ihm übertragenen Aufgaben gemäß den *marktwirtschaftlichen Grundsätzen der Wirtschaftspolitik* durchzuführen. Es soll in laufender Anpassung an die fortschreitende Entwicklung auf dem *Außenhandelsgebiet* seinen Tätigkeitsbereich in dem Maße einschränken, in dem die BRep. die Freiheit des Waren-, Dienstleistungs- und Zahlungsverkehrs wiederherstellt (Art. 8). Dem Bundesamt können *Sachverständigenausschüsse* mit ehrenamtlichen Mitgliedern für einzelne Fachgebiete beigeordnet werden (Art. 5);

b) die Gesetze über Groß- und Einzelhandel, Versicherungs-, Verkehrs-, Kreditwesen, *Energiewirtschaft* und andere Spezialgesetze (vgl. 818, 830, 831 und 851 ff.).

3. Als Sonderrecht für die *Ernährungswirtschaft* bestehen die Gesetze der *landwirtschaftlichen Marktordnung* (vgl. 807, 809, 814, 815, 823 ff.).

Die *Lenkungsvorschriften* bestehen zur Zeit in:
a) *Einzugs- und Absatzregelungen* im Milch- und FettG (vgl. 807);
b) *Marktzwang* für Vieh nach § 7 des Vieh- und FleischG (vgl. 807);

Zu den Lenkungsvorschriften gehören weiter die Vorschriften über *Vorratshaltung, Mindestgüteanforderungen* (vgl. Handelsklassen, 823; Textilkennzeichnung, 183) und die Festsetzung von Zahlungs- und Lieferungsbedingungen, Verarbeitungs- und Handelsspannen.

Für den *Mengenausgleich* bei der Ein- und Ausfuhr, den *Preisausgleich* zwischen Inlandsware und Einfuhrgütern und für die *Vorratshaltung* sorgt die *Bundesanstalt für Landwirtschaft und Ernährung.* Ihre Organe sind der Präsident und ein aus Vertretern des Bundes und der Länder sowie der beteiligten Wirtschaftskreise zusammengesetzter Verwaltungsrat.

Das *Erdölbevorratungsgesetz* i. d. F. vom 8. 12. 1987 (BGBl. I 2509) soll die Versorgung mit Benzin, Heizöl, Petroleum usw. sicherstellen; Meldepflichten gem. VO vom 27. 11. 1978 (BGBl. I 1840).

S. auch *Ernährungsvorsorgegesetz* v. 20. 8. 1990 (BGBl. I 1766) m. spät. Änd. dessen Ziel die Sicherung einer ausreichenden Versorgung mit Erzeugnissen der Ernährungs- und Landwirtschaft für den Fall einer Versorgungskrise ist.

II. *Bewirtschaftungsmaßnahmen*

sind vor allem in Zeiten kriegsbedingter Verknappung der Konsumgüter notwendig. Mit dem Abklingen der nach dem 2. Weltkrieg besonders fühlbaren Mangellage seit der Währungsreform 1948 verlor die Bewirtschaftung zunehmend an Bedeutung.

Dagegen erwies sich im Hinblick auf die Zerstörung vieler Städte im 2. Weltkrieg eine *Wohnraumbewirtschaftung* noch lange Zeit als notwendig. Auch der *Mieterschutz für Wohnräume* wurde nach dem 2. Weltkrieg erst allmählich gelockert. Über *Mietpreisbindung* vgl. 806 II.

Das *Energiesicherungsgesetz 1975* vom 20. 12. 1974 (BGBl. I 3681) ermächtigt die BReg., Produktion von und Verkehr mit Erdöl, Benzin, elektr. und sonstiger Energie bei Gefährdung des lebenswichtigen Bedarfs zu rationieren; auch können zur Erfüllung internat. Verpflichtungen Bestimmungen über Einfuhr, Ausfuhr und Abgabe von Erdöl(erzeugnissen) erlassen werden. Dazu VerfahrensO zur Festsetzung von Entschädigung und Härteausgleich vom 16. 9. 1974 (BGBl. I 2330). S. a. die VOen zur Sicherung der Versorgung mit Elektrizität und Gas sowie über Lieferbeschränkungen für Kraftstoff und Heizöl in Versorgungskrisen vom 26. 4. 1982 (BGBl. I 514, 517, 520, 536) und *MineralölausgleichsVO* vom 13. 12. 1985 (BGBl. I 2267).

Ergänzende Regelungen sollen dem vermeidbaren Energieverbrauch entgegenwirken. Das *Energieeinsparungsgesetz* vom 22. 7. 1976 (BGBl. I 1873) m. spät. Änd. ermächtigt die BReg., zwecks Vermeidung von Energieverlust mit Zustimmung des BR durch RechtsVO Anforderungen an Wärmeschutz bei Einrichtung von Gebäuden sowie den Einbau energiesparender Heizungs- und Versorgungsanlagen festzulegen und die Verteilung der Betriebskosten auf die Benutzer entsprechend ihrem Verbrauch vorzuschreiben. S. dazu *WärmeschutzVO* vom 16. 8. 1994 (BGBl. I 2121) sowie *HeizungsanlagenVO* vom 22. 3. 1994 (BGBl. I 613). Die *HeizkostenVO* i. d. F. vom 20. 1. 1989 (BGBl. I 115) verpflichtet die Eigentümer zentralbeheizter Gebäude, die Räume mit Vorrichtungen zur Verbrauchserfassung und Verteilung der Kosten für Wärme und Warmwasser zu versehen; die Kosten sind dem Verbrauch der Raumnutzer entsprechend aufzuteilen. Über Förderungsmaßnahmen usw. vgl. *Modernisierungs- und Energieeinsparungsgesetz* i. d. F. vom 12. 7. 1978 (BGBl. I 993). Nach dem *Energieverbrauchskennzeichnungsgesetz* vom 1. 7. 1997 (BGBl. I 1632) kann durch RechtsVO festgelegt werden, daß bei Haushaltsgeräten Angaben zum Energieverbrauch zu machen sind, ebenso können Höchstwerte festgesetzt werden.

Über die Gesetze, die im *Verteidigungsfall* die Versorgung der Bevölkerung und die Aufrechterhaltung von Wirtschaft und Verkehr sicherstellen sollen (Ernährungs-, Wirtschafts-, Verkehrs-, Wassersicherstellungsgesetz), vgl. 471 V.

806. Preisregelung, Preisüberwachung

I. Das Übergangsgesetz über Preisbildung und Preisüberwachung *(Preisgesetz)* vom 10. 4. 1948 (WiGBl. 27) m. spät. Änd. gilt nach dem Gesetz vom 29. 3. 1951 (BGBl. I 223) bis zum Inkrafttreten eines neuen Preisgesetzes weiter. Gesetzliche Preisbindungen bestehen im Hinblick auf die Entwicklung der Marktwirtschaft nur noch auf vereinzelten Gebieten, so zB. im Gesundheitsbereich und bei Sozialwohnungen.

Vgl. Zweite PreisfreigabeVO vom 12. 5. 1982 (BGBl. I 617) m. spät. Änd. Über *Krankenhauspflegesätze* s. 184 III 1; über Preisspannen für Arzneimittel s. die *ArzneimittelpreisVO* vom 14. 11. 1980 (BGBl. I 2147). Über Preisbildung bei *Vergabe öffentlicher Aufträge* vgl. VO PR Nr. 30/53 vom 21. 11. 1953 (BAnz 244)

m. spät. Änd. und über die Preise für Bauleistungen bei öffentlichen oder mit öffentlichen Mitteln finanzierten Aufträgen die VO PR Nr. 1/72 vom 6. 3. 1972 (BGBl. I 293) und die VO PR Nr. 1/84 vom 23. 2. 1984 (BGBl. I 375).

II. Mietpreis

Besondere Bedeutung erlangte schon vor dem 2. Weltkrieg die *Mietpreisbindung*. Nach Kriegsende ergingen Sonderregelungen, die wegen des durch Kriegsschäden noch erhöhten Wohnungsmangels über die Preisbindung hinaus auf *Wohnraumbewirtschaftung* und *Mieterschutz* (hierzu s. 805) ausgedehnt wurden und erst mit der Zunahme des Wohnungsangebots seit 1960 stufenweise bis Mitte der siebziger Jahre im wesentlichen abgebaut werden konnten.

Eine Mietpreisbindung besteht im Kern nur noch für mit öffentlichen Mitteln geförderte Wohnungen des sozialen Wohnungsbaus (Sozialwohnungen). Für *Sozialwohnungen* kann nach dem *Wohnungsbindungsgesetz* i. d. F. vom 19. 8. 1994 (BGBl. I 2167) nach §§ 8ff. höchstens die sog. *Kostenmiete* gefordert werden, die durch eine Wirtschaftlichkeitsberechnung zu ermitteln ist, allenfalls erhöht durch Berücksichtigung höherer Aufwendungen des Vermieters oder von Wertverbesserungen der Wohnung. Für die Ermittlung der *Kostenmiete* bzw. *Vergleichsmiete* bei preisgebundenen Wohnungen, die öffentlich gefördert bzw. steuerbegünstigt oder frei finanziert sind, gilt die *NeubaumietenVO 1970* i. d. F. vom 12. 10. 1990 (BGBl. I 2203) m. spät. Änd. und – soweit die Wirtschaftlichkeit, Wohnfläche oder Aufwendungen zu berechnen sind – die 2. BerechnungsVO (s. 821 II). Zum sozialen Wohnungsbau vgl. im übrigen 821 II.

Um angesichts der steigenden Mietpreise Härten zu vermeiden, gewährt das *Wohngeldgesetz* i. d. F. vom 1. 2. 1993 (BGBl. I 183) m. spät. Änd. auf Antrag einen Miet- oder Lastenzuschuß für Einkommensschwache, wenn die Miete das tragbare Maß übersteigt (§§ 1, 2). Dieses und der Zuschuß werden auf Grund einer Staffelung nach Familienstand, Einkommen, Größe der Gemeinde und Art der Wohnung errechnet (berücksichtigungsfähig z. B. für einen 4-Personen-Haushalt in einer Millionenstadt bei Neubauwohnungen eine Miete bis 1130 DM (§ 8). Die Höhe des Wohngelds ist den Anlagen 1–8 des Wohngeldgesetzes zu entnehmen, s. Bek. der Anlagen i. d. F. vom 11. 3. 1992 (BGBl. I 545). Kein Anspruch insbes., wenn wohngeldgleiche Bezüge aus öffentlichen Kassen gewährt werden oder wenn ein Familienmitglied vermögensteuerpflichtig ist oder wenn die Inanspruchnahme mißbräuchlich wäre (§ 18). Bewilligung i. d. R. für 12 Monate (§ 27); Zuständigkeit nach Landesrecht. Bei Ablehnung steht der Verwaltungsrechtsweg offen, die Berufung aber nur, wenn im erstinstanzlichen Urteil zugelassen (§ 37a). Vgl. ferner WohngeldVO i. d. F. vom 30. 9. 1992 (BGBl. I 1686) über Wohngeld-Mietenermittlung und -Lastenberechnung. Für das Gebiet der ehemaligen DDR gelten Sondervorschriften gem. der VO vom 17. 12. 1990 (BGBl. I 2830) sowie dem *Wohngeldüberleitungsgesetz* vom 21. 11. 1996 (BGBl. I 1781).

Die *Rückerstattung von Baukostenzuschüssen* ist nach § 557a BGB für *Wohnraum* zwingend vorgeschrieben, soweit ein Zuschuß bei Beendigung des Mietverhältnisses nicht „abgewohnt" ist.

III. Eine *Preisangabepflicht* begründen das *Preisangabengesetz* vom 3. 12. 1984 (BGBl. I 1429) und die *PreisangabenVO* vom 14. 3. 1985 (BGBl. I 580) m. spät. Änd., besonders für das Anbieten von Waren und Leistungen, im Handel, in der Werbung, bei Krediten, im Gaststättengewerbe und bei Tankstellen. Die Preisangabe muß die Umsatzsteuer und sonstige Preisbestandteile enthalten (Endpreis).

IV. Wegen *Preisüberhöhung* ist verfolgbar, wer vorsätzlich oder leichtfertig in befugter oder unbefugter Betätigung in einem Beruf oder Gewerbe für Gegenstände oder Leistungen des lebenswichtigen Bedarfs Entgelte fordert, verspricht, vereinbart, annimmt oder gewährt, die infolge einer Beschränkung des

Wettbewerbs oder infolge der Ausnutzung einer wirtschaftlichen Machtstellung oder einer Mangellage unangemessen hoch sind. Auch das Fordern, Sichversprechenlassen oder Annehmen unangemessen hoher Entgelte für *Vermieten oder Vermitteln von Wohnräumen* ist Ordnungswidrigkeit (§§ 4–6 WirtschaftsstrafG 1954 i. d. F. vom 3. 6. 1975, BGBl. I 1313) m. spät. Änd.

807. Ernährungswirtschaftliche Marktordnung

Auf dem *Agrarsektor* ist das Prinzip der *freien Marktwirtschaft* besonderen Einschränkungen unterworfen, um einerseits die Versorgung der Bevölkerung zu sichern und andererseits die eigene Landwirtschaft existenzfähig zu erhalten. Hierzu wurde ein System staatlicher Eingriffsbefugnisse durch Preisfestsetzung, Marktintervention, Einfuhrlenkung, Monopole und Maßnahmen zur gleichmäßigen Güterverteilung begründet. Dies geschah innerstaatlich durch das *Milch- und Fettgesetz,* jetzt i. d. F. vom 10. 12. 1952 (BGBl. I 811) und das *Vieh- und Fleischgesetz,* jetzt i. d. F. vom 21. 3. 1977 (BGBl. I 477) jeweils m. spät. Änd. Diese innerstaatlichen Anordnungen sind in ihrer Bedeutung stark zurückgedrängt worden durch die *Marktordnung der EWG* (814); ihre Wirkung beschränkt sich zumeist auf den organisatorischen Bereich sowie die hygienischen und sicherheitsrechtlichen Vorschriften.

Für *Futtermittel* gilt das FuttermittelG i. d. F. vom 2. 8. 1995 (BGBl. I 990); s. ferner FuttermittelVO i. d. F. vom 11. 11. 1992 (BGBl. I 1898) m. spät. Änd.

Das *Milch- und Fettgesetz* schützt den Verbraucher durch Sorgfaltsvorschriften vor Gesundheitsschädigung durch schlechte, nicht ordnungsgemäß behandelte Ware. Es bestehen Molkerei-Einzugsgebiete und Molkerei-Absatzgebiete, Milchsammelstellen und Rahmstationen. Der Absatz im *Straßenhandel* kann eingeschränkt werden. Die Liefer- und Annahmebeziehungen zwischen Milcherzeugern und Molkereien und zwischen Molkereien und Abnehmern werden von den obersten Landesbehörden überwacht und geregelt. Der BML kann RechtsVOen über Prüfung und Beförderung von Milch erlassen (s. z. B. *Milch-GüteVO* vom 9. 7. 1980, BGBl. I 878, mit spät. Änd. Die Landesregierungen oder die von diesen ermächtigten obersten Landesbehörden können durch RechtsVO den Molkereien, Milchsammelstellen und Rahmstationen *Umlagen* (Ausgleichsabgaben) für abgesetzte Milch usw. auferlegen, um die Milchwirtschaft zu fördern. S. auch die VO über Milcherzeugnisse *(MilcherzeugnisVO)* vom 15. 7. 1970 (BGBl. I 1150) m. spät. Änd. und *ButterVO* vom 16. 12. 1988 (BGBl. I 2286) m. spät. Änd.

Das *Vieh- und Fleischgesetz* mit DVOen erfaßt Rinder, Kälber, Schweine und Schafe. Es sieht einen *Versorgungsplan* vor. Es werden *Schlachtviehgroßmärkte und Schlachtviehmärkte* eingerichtet und regelmäßig mit Schlachtvieh zur Versorgung von Groß- bzw. mittleren Verbrauchsplätzen beschickt. Nach Bedarf können Fleischmärkte und -großmärkte bestimmt werden. Das Gesetz regelt die technische Abwicklung der großen Märkte, wie z. B. Bestimmung der *Markttage,* Marktzeiten, Handel nach Lebendgewicht, Preisfeststellung und Preisnotierung und die Einreihung in *Handelsklassen.* Der Schlachtverkauf durch Landwirtschaftsbetriebe ist jedoch nicht eingeschränkt. Die aus dem Ausland eingeführten Mengen an Schlachtvieh, Fleisch und Fleischerzeugnissen sind der *Bundesanstalt für landwirtschaftliche Marktordnung* anzubieten. Diese ist aber zur

Übernahme nicht verpflichtet. Es werden *Marktverbände* geschaffen, zu denen die am Vieh- und Fleischverkehr beteiligten Organisationen und Berufsgruppen sich freiwillig zusammenschließen können, um ebenfalls auf den inneren Marktausgleich und die Stabilität der Anlieferung und der Preise einzuwirken.

808. Der Lebenshaltungsindex

ist ein statistisches Maß zur Ermittlung der durchschnittlichen Änderung der Lebenshaltungskosten. Er wird ermittelt, indem die durchschnittlichen Lebenshaltungsausgaben (für Güter, Dienstleistungen) in einem bestimmten Zeitpunkt mit 100 angesetzt und die der Weiterentwicklung ensprechenden *Meßzahlen* dazu ins Verhältnis gesetzt werden. Die *Indexzahl*(-ziffer) ist eine besondere Art von Meßzahl, die mehrere zahlenmäßige Entwicklungsreihen zusammenfaßt; hieraus wird sodann ein Mittelwert errechnet. Die Änderung der Indexzahl spiegelt die Entwicklung der Lebenshaltungskosten wider und läßt wichtige Schlüsse auf die Kaufkraftänderung sowie auf die tatsächliche Höhe der Löhne, den *Reallohn,* zu.

Unter Zugrundelegung einer Arbeitnehmerfamilie von 4 Personen mit mittlerem Einkommen (1 Verdienstperson) wird in der BRep. seit 1949 der *Lebensstandard* ermittelt, der den vornehmlich vom Einkommen und von den Preisen der Wirtschafts- und Konsumgüter abhängigen Aufwand für die Lebensgestaltung, also Ernährung, Genußmittel und Getränke, Wohnung, Heizung, Beleuchtung, Hausrat, Bekleidung usw. wiedergibt.

Der vom Statist. Bundesamt ermittelte *Preisindex für die Lebenshaltung* hat sich wie folgt geändert: 1962 = 100; 1968 = 116,4; 1972 = 136,1; seit 1970 = 100 bis 1978 = 150,1. Die Fortentwicklung in den letzten Jahren wurde statistisch wie folgt errechnet: 1976 = 100; 1978 = 106,5; 1979 = 110,9; 1980 = 117,0; 1981 = 123,9; 1982 = 130,5. Geht man von 1980 = 100 aus, so ergibt sich für 1985 ein Index von 121,0, für 1986 ein Index von 120,7, für 1988 wieder 121,0 und für 1988 ein Index von 122,4. Bei einem Ausgangswert von 1985 = 100 ergibt sich für 1989 ein Index von 104,2, für 1990 107,0, für 1991 ein Index von 110,7, für 1992 115,1 und für 1993 ein Index von 119,9.

Das Ges. über die Statistik der *Wirtschaftsrechnungen privater Haushalte* vom 11. 1. 1961 (BGBl. I 18) sieht monatliche Erhebungen bei Haushalten von Arbeitnehmern, Pensions-, Sozialhilfe- und Rentenempfängern sowie jährliche Erhebungen bei Haushalten aller Bevölkerungskreise in 3–5jährigen Abständen vor. Die Erhebungen umfassen die Einnahmen nach ihren Quellen und deren Verwendung für den privaten Verbrauch (nach Art, Menge und Betrag), für Steuern und Abgaben, Beiträge zur Sozialversicherung und zu privaten Versicherungen, Rückzahlung von Schulden, Vermögensbildung usw. Die Erteilung der Auskünfte ist freiwillig. Die Aufbereitung der Erhebungen obliegt dem *Statistischen Bundesamt.* Dieses veröffentlicht in den Statistischen Jahrbüchern auch Preisindices für einzelne Wirtschaftsbereiche, z. B. Produktion und Großhandel, Einzelhandel, Ein- und Ausfuhr, *Baupreise* (bei diesen Anstieg von der Basis 1976 = 100 auf 142,0 im Jahre 1981 und auf 146,0 im Jahre 1982). Beim Ausgangspunkt 1980 = 100 ergibt sich für 1985 eine Steigerung auf 114,5, für 1987 auf 118,6, für 1988 auf 121,2 und für 1989 auf 125,5. Für den Ausgangspunkt 1985 = 100 ergeben sich folgende Werte: für 1987 103,3, für 1989 109,4, für 1991 124,3, für 1992 131,3 und für 1993 137,2.

809. Die Einfuhr (der Import)

ist nach dem Außenwirtschaftsgesetz (811) das Verbringen von Sachen und Elektrizität in das inländische Wirtschaftsgebiet. Sie ist im Rahmen einer *Einfuhrliste* (Anlage zum AWG) für Gebietsansässige genehmigungsfrei. Auch für andere Einfuhren ist durch RechtsVO weitgehende Befreiung von der Genehmigungspflicht erteilt worden. Für diese wie für Einzelgenehmigungen sind *handelspolitische* Gesichtspunkte maßgebend; deshalb sind Begrenzungen der Einfuhrmenge, des Verwendungszwecks u. a. Beschränkungen zugelassen (§§ 10, 12, 13 AWG). Das *Einfuhrverfahren* ist in §§ 22ff. der AußenwirtschaftsVO (811) geregelt. Über den Rechtszustand innerhalb der Europäischen Gemeinschaften s. u.

Die Einfuhr wird auch durch Zollmaßnahmen gelenkt (wobei übrigens der Einfuhrbegriff ein anderer ist als nach dem AWG). So können, um die heimische Wirtschaft zu schützen, sog. *Schutzzölle* vorgesehen werden. In ähnlicher Weise wirken *devisenrechtliche* Bestimmungen auf die Einfuhrmöglichkeiten ein. Über die Zuständigkeit des Bundesamts für Wirtschaft für *Ein- und Ausfuhrregelung* vgl. 805, über das Verhältnis von Import und Export der BRep. (Außenhandelsbilanz) vgl. 810.

Auf dem Gebiet der *Ernährungswirtschaft* bestehen Vorschriften für die Einfuhr nach den Marktgesetzen für Milch und Fett sowie für Vieh und Fleisch (807). Die Überwachung der Einfuhr ist der *Bundesanstalt für Landwirtschaft und Ernährung* (805) übertragen.

Über die *Einfuhrumsatzsteuer* und die Befreiungsvorschriften vgl. 541.

Eine besondere Rechtslage gilt innerhalb der *Europäischen Gemeinschaften* für den sog. EG-Binnenhandel. Hier bestehen grundsätzlich keine Einfuhrbeschränkungen und Verfahrensregelungen. Vgl. 814 (Europäische Marktordnung).

Die Einfuhr von Waren unterliegt nach dem *Abschöpfungserhebungsgesetz* vom 25. 7. 1962 (BGBl. I 453) m. spät. Änd. einer Abgabe in Gestalt der *Abschöpfung*, wenn deren Erhebung in den vom *Rat der EWG* nach Art. 42, 43 des EWG-Vertrags (813) erlassenen VOen vorgeschrieben oder zugelassen ist (§ 1); das ist für wichtige Grundnahrungsmittel geschehen. Die *Abschöpfung*, die durch die Bundesfinanzbehörden nach bestimmten Sätzen erhoben wird, tritt an die Stelle des Zolls; die Vorschriften über Zölle sind entsprechend anzuwenden (§§ 2, 3). Die Bundesanstalt für landwirtschaftliche Marktordnung errechnet die Abschöpfungssätze gem. § 4 im Rahmen der nach dem AußenwirtschaftsG (811) zu erteilenden Einfuhrlizenzen. Besonderheiten gelten für zur Bevorratung eingeführte Waren (§ 6). Der BMF stellt im Einvernehmen mit dem BML durch RechtsVO einen *Abschöpfungstarif* ohne Abschöpfungssätze auf (§ 9). Vgl. hierzu VO vom 26. 11. 1968 (BGBl. II 1043). Gegen die Festsetzung bzw. den Abschöpfungsbescheid sind Einspruch und Anfechtungsklage im Finanzrechtsweg (78) gegeben. Mit zunehmendem Ausbau des EWG-Agrarmarktes (814) beschränkt sich die Abschöpfung auf das Verhältnis zu Drittländern.

810. Die Ausfuhr (der Export)

deutscher Waren in das Ausland erstreckt sich vor allem auf industrielle *Fertigerzeugnisse*. Sie wird als wirtschaftlicher Gegenwert für die notwendige Einfuhr von Lebensmitteln und Rohstoffen staatlich gefördert (so z. B. bei der Umsatzsteuer, 541), zumal ein erweiterter *Außenhandel* den *Lebensstandard* der Bevölkerung verbessert. Die Ausfuhr ist grundsätzlich genehmigungsfrei, kann aber auf Grund des Außenwirtschaftsgesetzes beschränkt werden (vgl. 811, auch über das Genehmigungsverfahren). Im Interesse der Steigerung der Ausfuhr kann die BReg. Sicherheitsleistungen und Gewährleistungen im *Ausfuhrgeschäft* übernehmen (Gesetz i. d. F. vom 11. 10. 1957, BGBl. I 1717). Ein *Ausfuhrzoll* wird innerhalb der EWG nicht erhoben (Art. 16 EWG-Vertrag).

Die *Förderung des Außenhandels* liegt im dringendsten Interesse aller Handel treibenden Länder. Durch den Außenhandel sollen die Vorzüge der internationalen Arbeitsteilung im Wege des Güteraustauschs zum Zuge kommen. Deutschland stellt hauptsächlich Verbrauchsgüter oder industrielle Ausrüstungen für das Ausland her und bezieht im Austausch dafür fremde Verbrauchsgüter oder, was noch wichtiger ist, *Rohstoffe* für die Ernährung oder die industrielle Produktion. Angesichts der knappen Rohstoffdecke, die in der BRep. zur Verfügung steht, und der Unmöglichkeit, die Bevölkerung aus der eigenen landwirtschaftlichen Erzeugung zu versorgen, hat der Außenhandel für die BRep.

Außenhandelsbilanz der BRep. 1994

(lt. Statist. Bundesamt; Angaben in Mrd. DM)

	Import	Export	Überschuß
Gesamter Außenhandel	634,3	727,6	93,3 Export-Ü.

lebenswichtige Bedeutung. Der deutsche Außenhandel weist entsprechend der wirtschaftlichen Struktur einen hohen Ausfuhranteil arbeitsintensiver Erzeugnisse und einen hohen Einfuhranteil landwirtschaftlicher und industrieller Rohstoffe aus. Ausfuhrerschwernisse (nur mit Zustimmung der Bundesanstalt für landwirtschaftliche Marktordnung nach Genehmigung durch den BMin.) bestehen aus anderen als wirtschaftspolitischen Gründen z. B. für die *Ausfuhr von Schlachtvieh* nach § 16 Abs. 5 Vieh- u. FleischG.

Die Außenhandelsbilanzen zeigten bisher ein Anwachsen des Anteils der spezialisierten *Fertigerzeugnisse* an der Ausfuhr, so daß die BRep. einen vorderen Platz in der Reihe der Welthandelsländer einnimmt. Andererseits rief der durch die starke Ausfuhr sich ergebende *Devisenüberhang* schwierige monetäre Aufgaben hervor. Eine entscheidende Rolle spielt im Außenhandel die Währungssituation, besonders Auf- und Abwertungen einzelner Währungen (s. hierzu 853 IV).

811. Außenwirtschaft

Am 1. 9. 1961 trat das *Außenwirtschaftsgesetz* (AWG) vom 28. 4. 1961 (BGBl. I 481) m. spät. Änd. in Kraft, das die Devisenbewirtschaftung beendete. Es geht für die staatliche Kontrolle des Wirtschaftsverkehrs mit dem Ausland von einem grundsätzlich *freien Außenwirtschaftsver-*

kehr aus. Das AWG ist ein *Rahmengesetz.* Es enthält Vorschriften über Beschränkungen und Genehmigungen, Warenverkehr, Dienstleistungs- und Kapitalverkehr sowie Verkehr mit Gold, Mitwirkung der Deutschen Bundesbank, Straf-, Bußgeld- und Überwachungsvorschriften. Mit dem AWG trat die *Außenwirtschaftsverordnung* (AWV) in Kraft; sie enthält Ausführungsbestimmungen insbes. zur Warenaus- und -einfuhr, für den Transithandel, den Dienstleistungs-, Kapital- und Zahlungsverkehr sowie eine Ausfuhrliste und gilt jetzt i. d. F. vom 22. 11. 1993 (BGBl. I 1934).

Unter *Außenwirtschaft* versteht man alle wirtschaftlichen Beziehungen einer nationalen Wirtschaftseinheit zur übrigen Welt. In der Gesamtwirtschaft eines Staates nimmt der *Außenhandel,* der in der gesamten Einfuhr und Ausfuhr erscheinende Warenaustausch, die wichtigste Rolle ein.

Seit 1970 gilt jedoch das Außenwirtschaftsrecht – mit Ausnahmen, namentlich für den Kapitalverkehr – nur noch im Verhältnis der Mitgliedstaaten der Europäischen Gemeinschaften zu Drittländern. Innerhalb der EG dagegen ist deren Gemeinschaftsrecht maßgebend (813).

Das mit diesen Einschränkungen noch anwendbare Außenwirtschaftsgesetz definiert die im Außenhandel verwendeten Begriffe wie Wirtschaftsgebiet, Gemeinschaftsansässige und Gemeinschaftsfremde, Auslandswerte, Waren, Ausfuhr, Einfuhr, Durchfuhr usw. (§ 4). Es sieht *allgemeine Beschränkungsmöglichkeiten* (durch Rechtsverordnung) für Rechtsgeschäfte und Handlungen im Außenwirtschaftsverkehr zwecks Erfüllung zwischenstaatlicher Vereinbarungen, zur Abwehr schädigender Einwirkungen oder schädigender Geld- und Kapitalzuflüsse aus fremden Wirtschaftsgebieten und zum Schutz der Sicherheit und der auswärtigen Interessen vor (§§ 5–7). Der BMWi kann im Einvernehmen mit dem AA und dem BMF auch im *Einzelfall,* also nicht nur allgemein durch VO, die notwendigen Beschränkungen von Rechtsgeschäften oder Handlungen im Außenwirtschaftsverkehr anordnen (§ 2 Abs. 2 AWG). Die *besonderen Beschränkungsmöglichkeiten* betreffen jeweils nur einen einzelnen Bereich des Außenwirtschaftsverkehrs. So ist die *Einfuhr* aller Waren durch Gemeinschaftsfremde genehmigungsbedürftig und im übrigen auf Grund der *Einfuhrliste* nach dem gegenwärtigen Stand der *Liberalisierung* zulässig (§ 10). Für die *Warenausfuhr* enthält das AWG solche Beschränkungen nicht; sie können aber durch RechtsVO besonders bestimmt werden (§ 8; vgl. auch §§ 6, 6a AWV). Der *Kapitalverkehr* kann zur Sicherung des Gleichgewichts der Zahlungsbilanz beschränkt werden, und zwar die *Kapitalausfuhr* insbes. zum Erwerb von ausländischen Grundstükken oder Wertpapieren oder Unterhaltung ausländischer Guthaben, ebenso die *Kapitaleinfuhr;* diese kann auch zur Erhaltung der Kaufkraft der DM beschränkt werden, wenn die Einfuhr einem der genannten Zwecke oder dem Erwerb inländischer Unternehmen dient (§§ 22, 23). Eine *Devisenzwangswirtschaft* alter Art könnte jedoch nur durch besonderes Gesetz eingeführt werden. Rechtsgeschäfte über *Gold* und das Verbringen von Gold über die Grenzen des Wirtschaftsgebietes können ebenfalls eingeschränkt werden (§ 24). Durch VO können besondere Meldepflichten bezüglich Waren und Technologien im kerntechnischen, biologischen oder chemischen Bereich angeordnet werden (§ 26a).

Für die Erteilung von *Genehmigungen* (Verwaltungsakt) sind die von den Landesregierungen bestimmten Behörden zuständig, im Bereich des Kapital- und Zahlungsverkehrs die *Bundesbank,* im Rahmen des Waren- und Dienstleistungsverkehrs oder der ernährungswirtschaftlichen Marktorganisation (807), das durch *Ges. über die Errichtung eines Bundesausfuhramtes* vom 28. 2. 1992

(BGBl. I 376) im Geschäftsbereich des BMWi errichtete *Bundesausfuhramt* (besonders in Fällen außen- oder sicherheitspolitischer Bedeutung), die Bundesämter für Wirtschaft und für Ernährung und Forstwirtschaft oder die Bundesanstalt für landwirtschaftliche Marktordnung (805), je für ihren Bereich. Der Verkauf ausländischer Inhaber- oder Orderschuldverschreibungen bedarf der Genehmigung des BMF (§ 28 Abs. 1, 2). Durch RechtsVO kann die Zuständigkeit zur Genehmigung dem Bundesamt für Wirtschaft, dem Bundesamt für Ernährung und Forstwirtschaft und dem BMV für gewisse Bereiche zugewiesen werden (§ 28 Abs. 3). Die Genehmigung bedarf der Schriftform; sie wird nur auf Antrag erteilt und kann mit Befristungen, Bedingungen, Auflagen oder Widerrufsvorbehalten verbunden werden (§ 30). Ein ohne die erforderliche Genehmigung vorgenommenes Rechtsgeschäft ist unwirksam, wird aber durch nachträgliche Genehmigung vom Zeitpunkt seiner Vornahme ab wirksam (§ 31).

Nach der Strafvorschrift des § 34 AWG können z. B. Ausfuhren, die entgegen gesetzlichen Verboten vorgenommen werden oder ohne Genehmigung vorgenommene Ausfuhren besonders sensitiver Waren oder technischer Unterlagen mit Freiheitsstrafe bis zu 5 Jahren bestraft werden.

Der *zwischenstaatliche Zahlungsverkehr* (Zahlungen nach dem Ausland oder an Ausländer, Entgegennahme von Zahlungen aus dem Ausland oder von Ausländern) bleibt grundsätzlich *genehmigungsfrei*. Doch sind für Leistung und Entgegennahme von Zahlungen *Meldevorschriften* als Grundlage für die Erstellung einer Zahlungsbilanz und für die Beobachtung des Zahlungsverkehrs ergangen (§§ 59–69 AWV). Zur Abwehr unerwünschter Kapitalzuflüsse aus dem Ausland kann durch eine *Depotpflicht* Inländern auferlegt werden, bei Darlehens- oder Kreditverbindlichkeiten gegenüber Ausländern einen bestimmten Hundertsatz (bis 100) bei der Bundesbank zinslos im Depot zu halten (§ 6a AWG).

Eine *Ausfuhrsperre* (Ausfuhrverbot, *Embargo* – span. = Zurückhalten von Schiff und Ladung) kann aus wirtschaftlichen oder politischen Gründen angeordnet werden. Über weitere Maßnahmen der *Außenwirtschaftspolitik* s. 802.

Über die *Außenhandelsbilanz* der BRep. vgl. 810. Eine wichtige Rolle spielt die Erhaltung des *außenwirtschaftlichen Gleichgewichts*. Die hierauf gerichteten Maßnahmen der BReg. müssen auf die Verflechtung der internationalen Wirtschaft und die Erhaltung der Stabilität der deutschen und ausländischen Währungen im Rahmen des multilateralen Zahlungssystems (860, 918) Rücksicht nehmen. Über die einschränkenden Maßnahmen im Zusammenhang mit der DM-Aufwertung (Absicherungsgesetz) s. 853. Statistische Erhebungen zur Beobachtung der Außenwirtschaft werden nach dem Ges. über die Statistik des grenzüberschreitenden Warenverkehrs vom 1. 5. 1957 (BGBl. I 413) nebst DVO i. d. F. vom 8. 2. 1989 (BGBl. I 203) angestellt.

812. Konjunktur

Unter *Konjunktur* versteht man im engeren (umgangssprachlichen) Sinn den jeweiligen Zustand der wirtschaftlichen Gesamtlage, besonders die günstige wirtschaftliche Lage. Volkswirtschaftlich bezeichnet „Konjunktur“ die Veränderungen des Produktionsvolumens der gesamten Wirtschaft durch zusammenwirkende Änderungen der maßgebenden wirtschaftlichen Bedingungen oder auch die wirtschaftliche Aktivität einer Volkswirtschaft im Verhältnis zu der Aktivität im längerfristigen Gleichgewicht. Das Gleichgewicht der Wirtschaft kann auf der Güterseite durch Über- oder Untererzeugung bzw. Verteilungsfehler oder auf der Geldseite durch Wertveränderungen (z. B. Ab- und Aufwertung; s. 853 IV) oder Kreditfehlleitungen gestört werden kann. Aber auch das Verhalten der wirtschaftenden Menschen (z. B. Arbeitsmarkt, Lohngestaltung, Arbeitszeit) oder Natureinflüsse (z. B. Ernteausfall, klimatische Verhältnisse) können Störungen hervorrufen.

Man unterscheidet i. d. R. 4 Hauptabschnitte der Konjunktur:

a) *Tiefstand* (Depression);
b) *Aufschwung* (Expansion);
c) *Hochkonjunktur* (Boom) und
d) *Abschwung* (Kontraktion) oder *Krise,* d. i. ein Teilabschnitt im Ablauf der Konjunktur, in dem eine Hochkonjunktur plötzlich abbricht und im Wege der *Rezession,* d. h. des Rückgangs von Produktion, Kursen und Gewinneinkommen, in einen Tiefstand (eine Depression) übergeht.

Äußere Kennzeichen für eine Krise sind u. a. Absatzstockungen, Häufung von Konkursen, Arbeitslosigkeit und Erschütterung des Kreditmarktes.

Die *Konjunkturforschung* und die für die Wirtschaft wichtigen Konjunktur-Vorhersagen sind zuerst in den USA ausgebildet worden (Harvard-Barometer); in Deutschland werden sie vor allem vom *Deutschen Institut für Wirtschaftsforschung* in Berlin gehandhabt.

Die *Konjunkturpolitik* umfaßt alle Maßnahmen, mit denen die Beseitigung oder Abschwächung unerwünschter wirtschaftlicher Bewegungsvorgänge angestrebt wird. Sie geht von der Erkenntnis aus, daß eine Überhitzung der Konjunktur immer weitere Kreise (Zyklen) durch Preissteigerung, Lohnerhöhung infolge Arbeitskräftemangels usw. nach sich zieht, umgekehrt eine Rezession Arbeitslosigkeit und demzufolge geringere Nachfrage nach Konsumgütern usw. Daher muß eine *antizyklische Wirtschafts- und Finanzpolitik* einer Überhitzung der Konjunktur durch Einschränkung staatlicher Ausgaben, höhere Steuerbelastungen usw. entgegenwirken, einer Rezession dagegen durch öffentliche Aufträge, Steuervergünstigungen u. dgl.

813. Die Europäische Wirtschaftsgemeinschaft (EWG)

Am 25. 3. 1957 unterzeichneten die 6 Länder BRep., Frankreich, Italien, Belgien, Holland und Luxemburg in Rom die Europaverträge – sog. *Römische Verträge* – über einen *Gemeinsamen Markt* (EWG-Vertrag, BGBl. 1957 II 766) und über eine *Atomgemeinschaft* ihrer Länder (EAG-Vertrag, BGBl. 1957 II 1014; vgl. 816 I). Diese Abkommen knüpfen an die im Rahmen des Marshallplans (vgl. 910) eingesetzte OEEC und an die Einrichtungen der *Montanunion* (Gemeinschaft für Kohle und Stahl – EGKS –; Vertrag vom 18. 4. 1951, BGBl. 1952 II 447 m. Änd. BGBl. 1960 II 1573) an, die den europäischen Wiederaufbau ermöglicht und einen gemeinsamen Markt für Kohle, Eisenerz, Schrott, Stahl und Edelstahl entwickelt haben.

Zu den Organen s. 916 II.

Der *EWG-Vertrag* ist auf unbegrenzte Zeit geschlossen und unkündbar. Die von den sechs Gründungsstaaten angestrebte enge wirtschaftlich ausgerichtete Gemeinschaft soll großräumig die Wirtschaftskräfte konzentrieren und steigern. Eine starke Wirtschaftsgemeinschaft kann sich den größeren Anforderungen inmitten der schnellen Entwicklung der Wirtschaftsmächte erfolgreicher anpassen. Der rationelle Ausbau der Produktionsstätten entsprechend den günstigen Standortbedingungen in einem Gemeinsamen Markt verbessert zudem die Konkurrenzfähigkeit auf dem Weltmarkt und trägt zur *Hebung des Lebensstandards* bei. Die Zunahme des *Wirtschaftswachstums* im EWG-Raum ist weitgehend auf die Gemeinschaftsbelebung zurückzuführen.

Die *Aufgabe* der EWG ist es nach Art. 2 EWGV, durch die Errichtung eines *Gemeinsamen Marktes* und die schrittweise Annäherung der Wirtschaftspolitik der Mitgliedstaaten eine harmonische Entwicklung des Wirtschaftslebens innerhalb der Gemeinschaft, eine beständige und ausgewogene Wirtschaftsausweitung, eine größere Stabilität, eine beschleunigte Hebung der Lebenshaltung und engere Beziehungen zwischen den Staaten zu fördern, die in der EWG zusammengeschlossen sind. Der Gemeinsame Markt ist durch den Abbau von Zöllen (Zollunion) und Handelshindernissen, durch die Gewährleistung der Freiheit des Waren-, Dienstleistungs-, Kapital- und Zahlungsverkehrs sowie die Niederlassungsfreiheit für Arbeitnehmer und Unternehmer und durch Harmonisierung auf den Gebieten des Rechts-, Steuer- und Sozialwesens (Rechtsangleichung) weitgehend verwirklicht.

Das *Diskriminierungsverbot* untersagt ungerechtfertigte Ungleichbehandlung (z. B. nach der Nationalität), das *Subventionsverbot* staatliche Beihilfen, die durch Begünstigung einzelner Unternehmen oder Produktionszweige den Wettbewerb verfälschen (vgl. Art. 92–94 EWGV). Durch Verbote (mit Erlaubnisvorbehalt) für *Kartelle* und *abgestimmte Verhaltensweisen, Fusionskontrolle* und Verbot des *Monopolmißbrauchs* sollen Wettbewerbsbeschränkungen (vgl. 835) ausgeschaltet werden, die den Handel zwischen den Mitgliedstaaten beeinträchtigen (Art. 85ff. EWGV).

Zu den Änderungen des EWG-Vertrages durch die *„Einheitliche europäische Akte"* und durch den *„Maastrichter Vertrag"* und die hierbei vorgenommene Änderung der Bezeichnung EWG in „Europäische Gemeinschaft" sowie sonstige Einzelheiten s. 916 I 1.

814. Die Europäische Marktordnung

I. *Gemeinsame Agrarpolitik*

Der Gemeinsame Markt der EG umfaßt auch die Landwirtschaft und den Handel mit landwirtschaftlichen Erzeugnissen (Art. 38 Abs. 1 EWGV). Mit der Entwicklung eines gemeinsamen Marktes für landwirtschaftliche Erzeugnisse muß nach dem EWG-Vertrag die Gestaltung einer gemeinsamen Agrarpolitik (GAP) Hand in Hand gehen (Art. 38 Abs. 4 EWGV).

Ziele der GAP sind die Steigerung der Produktivität der Landwirtschaft, Sicherung eines angemessenen Lebensstandards für die Landwirte, Stabilisierung der Märkte, Sicherstellung der Versorgung und Belieferung der Verbraucher zu angemessenen Preisen (Art. 39 EWGV).

Die *Grundprinzipien der GAP* sind die *Einheit des Marktes,* d. h. daß der EG-Agrarmarkt nach allgemein gültigen Regeln einheitlich organisiert ist und daß jedes Produkt innerhalb der EG frei vermarktet werden kann. Ferner die *finanzielle Solidarität* (= gemeinsame Finanzierung durch alle EG-Mitgliedstaaten) sowie die *Gemeinschaftspräferenz,* d. h. Schutz und Bevorzugung der Agrarerzeugnisse der Mitgliedstaaten.

II. *Instrumente der Agrarmarktorganisation*

Zur Verwirklichung der Ziele der GAP ist eine *gemeinsame Organisation der Agrarmärkte (Marktorganisation)* zu schaffen. Hierfür stehen nach Art. 40 Abs. 2 EWGV drei Organisationsformen zur Wahl: die Schaffung gemeinsamer Wettbewerbsregeln oder die Koordinierung der nationalen Marktordnungen oder die Schaffung einer Europäischen Marktordnung.

Die *Europäische Marktordnung* (z. T. auch als Gemeinsame Marktordnung oder Gemeinsame Marktorganisation bezeichnet) ist die weitreichendste Organisationsform; sie trifft für ein bestimmtes Agrarprodukt (z. B. für Getreide) Regelungen zur Kontrolle und Lenkung des Marktes. Die GAP der EG wird zum weit überwiegenden Teil mit der Organisationsform der gemeinsamen Marktordnungen durchgeführt. Inzwischen sind für die wesentlichen landwirtschaftlichen Erzeugnisse Marktordnungen und damit eine gemeinsame Marktorganisation eingeführt worden (z. B. für Getreide, Milch, Rindfleisch; s. die Übersicht über die Marktordnungen bei Grabitz, Kommentar zum EWG-Vertrag, Art. 40 Rdnr. 119).

Über die Einführung einer Marktordnung beschließt der Rat (s. 916 II 2) gem. Art. 43 Abs. 3 EWGV auf Vorschlag der Kommission (s. 916 II 1) nach Anhörung des Europäischen Parlaments (s. 916 II 5) mit qualifizierter Mehrheit.

1. Inhalt einer Marktordnung

Inhaltlich unterscheiden sich die Marktordnungen je nach Produkt. Es gibt Marktordnungen mit einer umfassenden Preis- und Marktsicherung für das betreffende Produkt und – in unterschiedlichen Abstufungen – Marktordnungen ohne eine solche Sicherung. Im einzelnen kann eine Marktordnung alle für die Marktorganisation eines Erzeugnisses erforderlichen Maßnahmen umfassen, so z. B. Erzeugungs- und Absatzbeihilfen, Schutzklauseln, Subventionen, Preisregelungen, Preisgarantien, Absatzgarantien, Ausgleichsabgaben, Abschöpfungen, Erstattungen und die Einrichtung von „Ausrichtungs-“ und „Garantiefonds“ (vgl. Art. 40 Abs. 3 EWGV). Darüberhinaus besteht eine Vielzahl weiterer Instrumente zur Regelung des Marktes für die einzelnen Erzeugnisse.

2. Preisregelungen in Marktordnungen

Ein wichtiges Element von Marktordnungen können gemeinsame Preissysteme sein. Bedeutsam sind hierbei der *Richtpreis* (der Preis, den die Erzeuger in den Mitgliedstaaten erhalten sollen, also praktisch der Höchstpreis), der *Interventionspreis* (der Mindestpreis, zu dem die staatlichen Interventionsstellen das Agrarprodukt abnehmen müssen, also in der Praxis ein Garantiepreis) und der *Schwellenpreis* (es ist der Mindestpreis, zu dem Agrarprodukte in die EG eingeführt werden dürfen; er entspricht dem Richtpreis, verringert um die Kosten, die notwendig sind, um Marktordnungsprodukte von der Grenze zum Hauptzuschußgebiet zu bringen; durch den Schwellenpreis wird der Außenschutz des EG-Binnenmarkts erreicht, da er so festgesetzt wird, daß Produkte nicht unter dem Richtpreis eingeführt werden können).

Der Grundgedanke des gemeinsamen Preissystems ist ein durch die EG garantiertes und damit die Einkommen der landwirtschaftlichen Erzeuger sicherndes einheitliches Preisniveau. Soweit ein Schutz dieses Preisniveaus gegen einen niedrigeren Weltmarktpreis erforderlich ist, werden an den EG-Außengrenzen

Abschöpfungen („Gleitzölle"), s, hierzu Abschöpfungserhebungsgesetz (809), erhoben, die den Preisvorteil des von außen kommenden (billigeren) Produkts „abschöpfen" und dadurch die (teureren) Produkte des EG-Binnenmarkts schützen. Um die EG-Ausfuhren auf dem Weltmarkt zu fördern, werden *Erstattungen (Beihilfen)* gezahlt, um die EG-Produkte preislich auf dem Weltmarkt wettbewerbsfähig zu machen.

3. Beispiel der Funktionsweise einer Europäischen Marktordnung (Getreide-Marktordnung)

Der EG-Ministerrat legt jährlich für einzelne Getreidearten einen gemeinsamen Interventionspreis in ECU fest; hierdurch wird innerhalb der EG ein einheitliches Getreidepreisniveau erzielt. Alle staatlichen Interventionsstellen (in der BRep. die BALM, s. unten IV) sind verpflichtet, das ihnen angebotene, in der EG erzeugte Getreide zu diesem garantierten Mindestpreis abzunehmen. Soweit eine Verwertung auf dem EG-Markt nicht möglich ist, wird das Getreide eingelagert oder zu „heruntergeschleusten" Preisen exportiert.

III. Finanzierung des EG-Agrarmarkts

Die EG trägt die Kosten der gemeinschaftlichen Agrarpolitik. Auf Grund des Art. 40e EWGV wurde zur Durchführung der Finanzierung der europäischen Agrarmarktpolitik der *Europäische Ausrichtungs- und Garantiefonds für die Landwirtschaft geschaffen (EAGFL).* Der Fonds bezahlt die gesamten Agrarausgaben der EG, also z. B., die Ausfuhrerstattungen, die Kosten für Ankäufe durch die Interventionsstellen, Einkommensbeihilfen, Subventionen u. a. Der EAGFL war zunächst ein selbständiger Fonds und wurde durch Beiträge der Mitgliedstaaten nach einem Beitragsschlüssel gem. Art. 200 EWGV finanziert. Nachdem 1971 die Beiträge der Mitgliedstaaten durch das System eigener Einnahmen der EG ersetzt worden waren, wurde der EAGFL als unselbständiger Teil in den EG-Haushalt eingegliedert; er wird seither im Rahmen des allgemeinen EG-Haushalts finanziert.

Der EAGFL hat 2 Abteilungen: die Abt. Garantie (zuständig für Ausfuhrerstattungen und Interventionen) und die Abt. Ausrichtung (zuständig für die Finanzierung der gemeinschaftlichen Agrarstrukturpolitik).

IV. Verwaltung der Marktordnungen

Die Marktordnungen werden in verwaltungsmäßiger Hinsicht von den Behörden der Mitgliedstaaten durchgeführt. In der BRep. sind zuständig die *Bundesanstalt für landwirtschaftliche Marktordnung (BALM),* s. 809, sowie die Zollbehörden für den Handel mit Drittländern.

Die Durchführung der vom Rat der EWG für die wichtigsten Grundnahrungsmittel erlassenen Verordnungen regelt das Ges. zur Durchführung der Gemeinsamen Marktorganisationen (MOG) i. d. F. vom 20. 9. 1995 (BGBl. I 1146) m. spät. Änd. Das MOG gilt für die Ein- und Ausfuhr, soweit diese nicht innerhalb der EWG frei ist. Marktordnungsstelle ist die *Bundesanstalt für Landwirtschaft u. Ernährung.* S. hierzu das Ges. über die Neuorganisation der Marktordnungsstellen vom 23. 6. 1976 (BGBl. I 1608, 2902) m. spät. Änd. Regulierungsmittel sind Vergünstigungen wie Ausfuhr- und Produktionserstattungen, Erzeuger- und Käuferprämien, Beihilfen, Einfuhrsubventionen und dergl.; ferner Interventionen durch Übernahme, Abgabe und Verwertung von Waren, Ein- und Ausfuhrlizenzen, Abgaben im Rahmen der Produktionsregelungen und anderer Marktordnungszwecke. Zur Überwachung regelt das MOG Melde-, Buchführungs- und Auskunftspflichten sowie die Entnahme von Proben und Warenuntersuchungen.

V. Probleme der Europäischen Agrarmarktpolitik

Das EG-Agrarmarktsystem führte – neben seinen positiven Auswirkungen – auch zu großen Problemen: vor allem durch die garantierten Preise und Absatzgarantien für landwirtschaftliche Erzeugnisse sowie durch Beihilfen und Subventionen wurden erhebliche *landwirtschaftliche Überproduktionen* und Überschüsse erzielt (Stichworte z. B. „Butterberg", „Schweineberg"). Außerdem ist die GAP ursächlich für die enorme *Steigerung der Kosten der Gemeinschaft.* Das System, besonders das Prinzip der Gemeinschaftspräferenz, hat den EG ferner den Vorwurf des Protektionismus eingetragen.

Zur Lösung dieser Probleme wurden verschiedene Reformmaßnahmen durchgeführt, so z. B. Festlegung von Produktionsquoten, Flächenstillegungsprogramme, Einschränkung des Interventionssystems, Einführung von Mitverantwortungsabgaben. Durch eine Mitverantwortungsabgabe (z. B. die Mitverantwortungsabgaben für Getreide oder Milch) wird der Erzeuger eines Marktordnungsprodukts an den Kosten der EG beteiligt; die Abgabe wird in einem Prozentsatz eines der für das betreffende Produkt maßgebenden Preises (z. B. des Richtpreises oder des Interventionspreises) festgesetzt und in einem Abzugsverfahren bezahlt.

Zu einzelnen Reformmaßnahmen s. z. B. die folgenden, auf EG-Regelungen beruhenden Ausführungsbestimmungen: die Milch-Garantiemengen-VO i. d. F. vom 16. 7. 1992 (BGBl. I 1323) m. spät. Änd., das Milchaufgabevergütungsgesetz vom 17. 7. 1984 (BGBl. I 942) m. spät. Änd., das für das Aufgeben eines milcherzeugenden Betriebs eine Vergütung vorsieht; s. hierzu DVO i. d. F. vom 24. 7. 1987 (BGBl. I 1699) m. spät. Änd. sowie die EG-Milchaufgabenvergütungs VO vom 6. 8. 1986 (BGBl. I 1277) m. spät. Änd. S. ferner das Flächenstillegungsgesetz 1991 vom 22. 7. 1991 (BGBl. I 1582) m. spät. Änd. und die Flächenstillegungs VO 1991 vom 28. 11. 1991 (BGBl. I 2147).

815. Weinwirtschaft

Den Anbau, das Verarbeiten, das Inverkehrbringen und die Absatzförderung von Wein und sonstigen Erzeugnissen des Weinbaus regelt, soweit nicht unmittelbar durch Vorschriften der EG geregelt, das Gesetz zur Reform des Weinrechts vom 8. Juli 1994 – Weingesetz – (BGBl. I 1467) m. spät. Änd. Es sieht ferner einen *Deutschen Weinfonds* als Anstalt des öffentlichen Rechts vor.

Das Gesetz sieht *Anbauregelungen* vor und macht, um den Anbau auf ungeeigneten Grundstücken und die Anpflanzung ungeeigneter Rebsorten zu verhindern, die Neuanpflanzung von einer behördlichen Genehmigung abhängig. Die Landesregierungen werden ermächtigt, durch Rechtsverordnung einen Hektarertrag festzulegen, ferner wird die Verwendung von Übermengen geregelt (§§ 9–12). Die Voraussetzungen für Qualitätsweine werden in §§ 17ff, die für Landwein in §§ 22ff festgelegt. Die §§ 27ff regeln die Überwachung der Bestimmungen sowie die Einfuhr aus Drittländern.

Der Qualitäts- und Absatzförderung dient der Deutsche Weinfonds (§§ 37ff), der durch Abgaben der Grundstückseigentümer oder Nutzungsberechtigten finanziert wird. Die Organe des Deutschen Weinfonds sind der Vorstand, der Aufsichtsrat und der Verwaltungsrat.

Verstöße gegen die Vorschriften des Weinrechtsreformgesetzes können als Straftat oder Ordnungswidrigkeit verfolgt werden (§§ 48–52). S. hierzu auch die DVO zum Weingesetz vom 9. 5. 1995 (BGBl. I 630) m. spät. Änd.

816. Euratom

I. Europäische Atomgemeinschaft

Zugleich mit dem EWG-Vertrag ist der *Vertrag über die Europäische Atomgemeinschaft (Euratom)* – BGBl. 1957 II 1014 – am 1. 1. 1958 in Kraft getreten. In der Präambel des Vertrags wird auf die besondere Rolle der *Kernenergie* für die Entwicklung und Belebung der Produktionskräfte der beteiligten Volkswirtschaften hingewiesen. Durch gemeinsame Bemühungen der beteiligten Länder soll eine Kernindustrie entwickelt und in den Dienst der technisch-wirtschaftlichen Entwicklung gestellt werden. Einheitliche Sicherheitsnormen sollen *Leben und Gesundheit der Bevölkerung* und der Arbeitskräfte vor den Gefahren der Kernenergie schützen. Die Mitwirkung anderer Länder und eine Zusammenarbeit mit den internationalen Organisationen für die *friedliche Verwendung* der Atomenergie wird angestrebt.

Die *Organe* der Euratom entsprechen denen der EG, vgl. 916 II.

Die *Kommission* errichtet eine gemeinsame *Kernforschungsstelle*. Zur Ergänzung der Forschung auf nationaler Ebene arbeitet die Kommission in regelmäßigen Abständen *Programme* aus, die von einer gemeinsamen Stelle auszuführen sind. Ein Teil dieser Programme kann durch Vertrag Personen oder Unternehmen der Mitgliedstaaten oder dritten Ländern übertragen werden. Zur Versorgung der Gemeinschaft mit Erzen, Ausgangsstoffen und spaltbaren Stoffen wird eine besondere Agentur eingerichtet, deren Kapitalmehrheit der Gemeinschaft und den Mitgliedstaaten gehört. Die Gemeinschaft ist Eigentümerin der spaltbaren Stoffe, die in den Mitgliedstaaten erzeugt oder in diese eingeführt werden; die Mitgliedsländer sind auf Nutzungsrechte beschränkt. Soweit Mitgliedstaaten vor Inkrafttreten der Euratom mit dritten Staaten Abkommen über die Zusammenarbeit auf dem Kerngebiet geschlossen haben, sind diese im Verhandlungswege auf die Gemeinschaft überzuleiten. Der *Haushalt* der Euratom wird aus *Finanzbeiträgen* der Mitgliedstaaten bestritten.

II. Atomrecht in der Bundesrepublik

In der BRep. erging im Rahmen der konkurrierenden Gesetzgebung des Bundes (Art. 74 Nr. 11a GG) das Gesetz über die friedliche Verwendung der Kernenergie und den Schutz gegen ihre Gefahren *(Atomgesetz)* i. d. F. vom 15. 7. 1985 (BGBl. I 1565) m. spät. Änd. Es bildet das Kernstück des *Atomenergierechts* der BRep. im Rahmen des nationalen Rechts. Sein Zweck ist, die Erforschung, Entwicklung und Nutzung der *Kernenergie* zu friedlichen Zwecken zu fördern, Leben, Gesundheit und Sachgüter vor den Gefahren der Kernenergie und der schädlichen Wirkung ionisierender Strahlen zu schützen und verursachte Schäden auszugleichen. Es soll ferner verhindern, daß durch Anwendung oder Freiwerden der Kernenergie die innere oder äußere Sicherheit der BRep. gefährdet wird, und die Erfüllung internationaler Verpflichtungen der BRep. auf dem Gebiete der Kernenergie und des Strahlenschutzes gewährleisten (s. dazu Pariser und Brüsseler Atomhaftungs-Übereinkommen vom 29. 7. 1960, 17. 12. 1971 und 25. 10. 1974; BGes. vom 8. 7. 1975, BGBl. II 957).

Zum Schutz gegen die von Kernbrennstoffen ausgehenden Gefahren und zur Kontrolle ihrer Verwendung knüpft das AtomG Ein- und Ausfuhr, Beförderung, Verwahrung, Be- und Verarbeitung sowie sonstige Verwendung der Stoffe, ferner Errichtung und Betrieb von Reaktoren an eine behördliche Genehmigung (§§ 3–9). Die Genehmigung eines *Reaktors* setzt voraus (§ 7): Zuverlässigkeit und Fachkunde der Betriebspersonen, bestmögliche technische Vorsorge gegen Schäden, Sicherheitsvorkehrungen gegen Einwirkungen durch Dritte sowie Deckungsvorsorge zur Erfüllung gesetzlicher Schadensersatzverpflichtungen durch eine Haftpflichtversicherung (dazu §§ 13, 14); ferner dürfen keine öffentlichen Interessen entgegenstehen, insbes. solche des Umweltschutzes. Ein *Planfeststellungsverfahren,* bei dem die Umweltverträglichkeit der Anlage zu prüfen ist, hat vorherzugehen (§ 9b). Über Beschränkungen und Auflagen bei der Genehmigung, Zurücknahme und Widerruf vgl. § 17. Genehmigungs- und Überwachungsbehörde ist für Ein- und Ausfuhr das Bundesausfuhramt (811), für andere Genehmigungen usw. die Physikalisch-Technische Bundesanstalt (98), für Reaktoren die oberste Landesbehörde (§§ 22–24).

Das Genehmigungsverfahren regelt die *Atomrechtliche Verfahrensordnung* i. d. F. vom 3. 2. 1995 (BGBl. I 180) insbes. Antragstellung, Umweltverträglichkeit, Beteiligung Dritter, Erörterungstermin, Entscheidung, Teilgenehmigung und Vorbescheid. Für Schäden, die eine genehmigte Anlage durch Kernspaltungs- oder Strahlungswirkungen an Leben, Gesundheit oder Eigentum verursacht, besteht eine summenmäßig grundsätzlich unbegrenzte Haftpflicht auch ohne Verschulden (*Gefährdungshaftung,* s. 332a); lediglich in Spezialfällen ist die Haftpflicht auf einen Höchstbetrag begrenzt (§§ 25ff., 31 AtomG). Über die Strahlenexposition von beruflich strahlenexponierten Personen wird ein *Strahlenschutzregister* geführt (§ 12c).

Die *Strahlenschutz-Verordnung* i. d. F. vom 30. 6. 1989 (BGBl. I 1321) m. spät. Änd. enthält Überwachungs- und Schutzvorschriften; sie regelt insbes. den Umgang mit radioaktiven Stoffen, ihre Beförderung, die Ein- und Ausfuhr, die Errichtung und den Betrieb von Anlagen zur Erzeugung ionisierender Strahlen, ferner die Pflichten der mit radioaktiven Stoffen befaßten Personen zum Schutz von Bevölkerung und Umwelt, die ärztliche Überwachung der beruflich strahlenexponierten Personen, das Strahlenschutzregister (§ 63a) usw. Über den Schutz gegen Strahlenschäden durch *Röntgeneinrichtungen* s. Röntgenverordnung vom 8. 1. 1987 (BGBl. I 114) m. spät. Änd. Die *Deckungsvorsorge* für die erhöhte Haftung nach dem AtomG kann für Anlagen durch eine Haftpflichtversicherung oder durch eine Freistellungs- oder Gewährleistungsverpflichtung eines Dritten getroffen werden (*Deckungsvorsorge-Verordnung* i. d. F. vom 25. 1. 1977, BGBl. I 220). S. ferner die VO über den kerntechnischen Sicherheitsbeauftragten und über die Meldung von Störfällen und sonstigen Ereignissen *(Atomrechtliche Sicherheitsbeauftragten- und Meldeverordnung)* vom 14. 10. 1992 (BGBl. I 1766).

Durch das *Strahlenschutzvorsorgegesetz* vom 19. 12. 1986 (BGBl. I 2610) m. spät. Änd. wurden zum vorsorgenden Schutz der Bevölkerung gegen Strahlenbelastung Regelungen zur Überwachung der Umweltradioaktivität getroffen. Außerdem sind Maßnahmen vorgesehen, um bei kerntechnischen Unfällen die Strahlenexposition der Menschen und die Kontamination der Umwelt so gering wie möglich zu halten. Durch Ges. vom 9. 10. 1989 (BGBl. I 1830) wurde ein *Bundesamt für Strahlenschutz* (Sitz: Salzgitter) errichtet.

III. Internationales Atomrecht

Das Übereinkommen vom 20. 12. 1957 über die Gründung der Europ. Gesellschaft für die Chemische Aufarbeitung bestrahlter Kernbrennstoffe (Ges. vom 26. 5. 1959, BGBl. II 621) begründete die *sog. EUROCHEMIE.*

Während die Euratom eine Gründung der 6 westeuropäischen EWG-Staaten ist, sind in der *Internationalen Atomenergieagentur (IAEO)* in Wien 123 Staaten vertreten. Sie überwacht weltweit die Nuklearanlagen, insbes. nach den Bestimmungen des Kernwaffensperrvertrages. Ferner arbeitet die IAEO Schutzvorschriften für Reaktorsicherheit, Strahlenschutz o. ä. aus und ist Kontrollorgan des Atomsperrvertrags.

Unter dem Eindruck des Kernkraftunfalls im Kraftwerk *Tschernobyl* (Ukraine) wurden auf einer Sonderkonferenz der *IAEO* im Sept. 1986 eine Konvention über die Schaffung eines Frühwarnsystems nach Atomunfällen über die Grenzen hinweg und ein Abkommen über gegenseitige Hilfeleistung nach Atomunfällen abgeschlossen (IAEO-Übereinkommen vom 26. 9. 1986 über die frühzeitige Benachrichtigung bei nuklearen Unfällen sowie über Hilfeleistung bei nuklearen Unfällen oder radiologischen Notfällen, Ges. vom 16. 5. 1989, BGBl. II 434).

817. Die Europäische Freihandelszone

Da der *Gemeinsame Markt* (vgl. 813) einen beachtlichen Wirtschaftsraum darstellt, entstand bei anderen Staaten die Besorgnis, daß sich der Block der EWG durch seinen *gemeinsamen Außenzolltarif* abschirmen und so den internationalen Warenaustausch behindern könnte. Daher beschloß der Rat der *OEEC* (910 III) am 17. 10. 1957, auf einen Zusammenschluß der übrigen Mitglieder dieser Organisation mit der EWG im Wege der Assoziierung hinzuwirken und dadurch eine große *Europäische Freihandelszone* zu schaffen.

Grundgedanke ist, daß ein Land, das mit der *Zollunion* der EWG eine Freihandelszone bildet, nicht dem Zolltarif der Union für seine Ausfuhr unterliegt, aber umgekehrt auch die Ausfuhr der Zollunionsländer nicht durch Einfuhrzölle behindert. Zunächst hatten sich 7 nicht zur EWG gehörende Länder zur Europäischen Freihandelszone (EFTA), auch Kleine Freihandelszone genannt, vereinigt (s. 917). Doch wuchs die Neigung zum Zusammenschluß mit der EWG ständig. Das führte schließlich zu den *Folgeverträgen* zur Erweiterung der EWG, die am 1. 1. 1973 in Kraft traten: zugleich mit dem Beitritt von Großbritannien, Irland und Dänemark zur EWG wurden die Freihandelsverträge der EWG mit Schweden, der Schweiz, Österreich, Finnland, Island und Portugal wirksam; Norwegen hat sich ab 1. 7. 1973 angeschlossen. Danach können industrielle Waren ohne Zoll ausgetauscht werden. Die *Zollschranken* zwischen den EWG-Staaten und den assoziierten Ländern (916 VI) wurden ab 1. 4. 1973 in fünf Stufen jeweils um 20 v. H. *abgebaut;* sie sind für gewerbliche Produkte seit 1. 7. 1977 beseitigt. Ab 1. 1. 1995 sind nur noch Island, Norwegen, Liechtenstein und die Schweiz Mitglieder der EFTA. Die wirtschaftliche Bedeutung der Rest-

EFTA ist im Hinblick auf die von den meisten Mitgliedsländern mit der EG getroffenen Vereinbarungen nur noch gering.

818. Versicherungswesen

Unter *Versicherung* versteht man die entgeltliche Abwälzung eines bestimmten Risikos auf einen anderen. Man unterscheidet:

1. die *öffentlich-rechtliche* Versicherung durch öffentlich-rechtliche Körperschaften (allgemeine Personen- und Schadenversicherung; Sozialversicherung) und
2. die *private* (vertragliche) Versicherung durch Aktiengesellschaften oder Versicherungsvereine auf Gegenseitigkeit für die verschiedenen Versicherungszweige (z. B. Leben, Unfall, Haftpflicht, Feuer, Einbruchdiebstahl, Transport, Wohngebäude, Hausrat).

Während in der Sozialversicherung grundsätzlich und in der öffentl.-rechtl. Feuerversicherung vielfach *Versicherungszwang* besteht, gilt er in der privaten Versicherung nur für bestimmte Versicherungszweige, vor allem für die *Kraftfahrzeug-Haftpflichtversicherung* (vgl. 195 IV).

Eine Versicherung kann nach zwei Systemen vorgenommen werden:

a) als Versicherung *nach Prämien.* Hier verpflichtet sich der Versicherungsunternehmer (Versicherer), gegen eine laufende Prämienzahlung oder bei Zahlung einer einmaligen Festprämie das Risiko des Eintritts eines bestimmten Falles zu übernehmen. Meist wird vorausgesetzt, daß der Versicherungsfall ein rechtliches Interesse beeinträchtigt *(Schadensversicherung);* nur in der Lebens-, Unfall- und teilweise in der Krankenversicherung kann die zu zahlende Summe frei vereinbart werden *(Summenversicherung).* Es kann auch *Prämienrückgewähr* für den Fall vereinbart werden, daß die Versicherung nicht in Anspruch genommen wird;
b) als Versicherung auf *Gegenseitigkeit.* Bei ihr schließen sich die Versicherten zu einer Versicherungsgemeinschaft zusammen und gleichen am Schluß eines Geschäftsjahres die eingetretenen Schäden und Kosten durch eine *Umlage* aus (*Repartitionssystem;* vgl. Unfallversicherung 661), auf die meist *Vorschüsse* gezahlt werden. Diese dienen zur Regulierung der Schäden; durch *Rückversicherung* kann Vorsorge getroffen werden, daß die Mitglieder keine Nachschüsse zu leisten brauchen.

Der *Versicherungsvertrag* nach a) ist ein gegenseitiger Vertrag, durch den sich der *Versicherungsnehmer* zur Zahlung der vereinbarten Prämien, der Versicherungsunternehmer *(Versicherer)* zur Deckung des ungewissen Vermögensbedarfs verpflichtet, der bei dem anderen Vertragsteil oder einem Dritten, dessen Interesse versichert ist *(Versicherter),* eintreten kann. Im letzteren Fall handelt es sich um einen Vertrag *zugunsten eines Dritten,* z. B. bei einer Lebensversicherung, die beim Tod des Versicherten ausgelöst wird. I. d. R. stellt der Versicherungsnehmer einen formularmäßigen Antrag, den der Versicherer durch Aushändigung des Versicherungsscheines *(Versicherungspolice)* annimmt. Sagt der Versicherer schon vor Abschluß der eigentlichen Versicherung Deckung des Risikos zu (sog. *Deckungszusage*), so kommt ein vorläufiges Versicherungsverhältnis zustande.

Gesetzesgrundlage: *Gesetz über den Versicherungsvertrag* vom 30. 5. 1908 (RGBl. 263) m. spät. Änd. Den Einzelverträgen liegen regelmäßig kraft Vereinbarung die *Allgemeinen Versicherungsbedingungen* der betreffenden Versicherungsart (Lebens-, Unfall-, Haftpflichtversicherung usw.) zugrunde. So enthalten

z. B. die *Allgemeinen Bedingungen für die Kraftfahrtversicherung* (AKB) vom 18. 12. 1970 (BAnz. Nr. 243) m. spät. Änd. allgemeine Bestimmungen über Haftpflicht-, Fahrzeug-, Unfall- und Gepäckversicherung (§§ 1–9a; gelten für alle Versicherungszweige). Danach werden behandelt unter B. Haftpflichtversicherung (Umfang der Versicherung, Ausschlüsse; §§ 10–11); C. Fahrzeugversicherung (Umfang der Versicherung, Ersatzleistung, Sachverständigenverfahren, Zahlung der Entschädigung, §§ 12–15; unterschieden wird *Teil- oder Vollkaskoversicherung* – bei dieser auch Selbstbeteiligung möglich –, erstere vor allem gegen Brand und Diebstahl, letztere außerdem gegen Unfall oder böswillige Handlungen Dritter); D. Unfallversicherung (Versicherte Personen, Umfang der Versicherung, Ersatzleistung, Feststellung des Grades der Arbeitsbehinderung, Feststellung der Entschädigung, Zahlung der Entschädigung; §§ 16–21); E. Gepäckversicherung (§ 22). – Eine weitere, besonders verbreitete Versicherungssparte ist die *Hausratversicherung;* für sie gelten die „Allgemeinen Bedingungen für die Neuwertversicherung des Hausrats gegen Feuer-, Einbruchdiebstahl-, Beraubungs-, Leitungswasser- und Sturmschäden (VHB)".

Die Versicherungsbedingungen bedürfen der Genehmigung der *Versicherungsaufsichtsbehörde.* Die Aufsicht übt das *Bundesaufsichtsamt für das Versicherungswesen* in Berlin aus. Vgl. 820.

819. Bausparwesen

I. *Bausparkassen*

Um kapitalschwachen Kreisen das Bauen zu ermöglichen, sind durch das *Gesetz über Bausparkassen* i. d. F. vom 15. 2. 1991 (BGBl. I 454) m. spät. Änd. *Bausparkassen* zugelassen, die unter Staatsaufsicht stehen. Sie gewähren dem Bauwilligen, der einen gewissen Betrag „angespart" hat (40–45 v. H. der Vertragssumme), in einem *Zuteilungsverfahren* ein Baudarlehen, das durch Hypothek oder Grundschuld gesichert wird. Die Bausparmittel sind zweckgebunden; *Sparguthaben* müssen durch Grundpfandrechte (337) gesichert sein. Umgekehrt sind die Einlagen der Bausparer durch die *VO zum Schutz der Gläubiger von Bausparkassen (Bausparkassen-VO)* vom 19. 12. 1990 (BGBl. I 2947) und die darin enthaltenen Verfügungsbeschränkungen geschützt.

Bausparkassen stehen unter Aufsicht des Bundesaufsichtsamts für das Kreditwesen (§ 3 BausparkassenG).

50 v. H. der Beiträge an Bausparkassen können bei der Einkommen(Lohn)-steuer als *Sonderausgaben* abgezogen werden. Es besteht ein *Kumulierungsverbot* mit der Wohnungsbau-Prämie (s. u.), d. h. es kann im gleichen Jahr nur diese Vergünstigung oder der Abzug der Bausparbeiträge als Sonderausgaben in Anspruch genommen werden. Bei Rückzahlung oder Abtretung der Bausparsumme vor Ablauf von 10 Jahren seit Vertragsschluß tritt eine Nachversteuerung ein, wenn die Beträge nicht unverzüglich und unmittelbar zum Wohnungsbau verwendet werden oder wenn nicht sonstige Ausnahmen, wie z. B. Tod oder Arbeitslosigkeit des Bausparers, vorliegen. Vgl. 524 und § 10 Abs. 1 Nr. 3, § 10 Abs. 4, § 10 Abs. 5 Nr. 2 EStG.

II. *Das Wohnungsbau-Prämiengesetz*

i. d. F. vom 30. 7. 1992 (BGBl. I 1405) m. spät. Änd. sieht vor, daß unbeschränkt einkommensteuerpflichtige Sparer nach Ablauf eines Kalenderjahres

Zahlung einer *Wohnungsbau-Prämie* beantragen können. Diese beträgt 10 v. H. der prämienbegünstigten Aufwendungen für Bausparkassenbeiträge oder ähnliche Sparbeiträge zum Wohnungsbau; ausgenommen sind Aufwendungen, für die ein Anspruch auf Sparzulage nach dem 5. VermögensbildungsG besteht. Die prämienbegünstigten Aufwendungen sind auf 1000 DM jährlich begrenzt (für Eheleute 2000 DM). Der Anspruch steht jedoch nur Beziehern von Jahreseinkommen bis 50000 DM (Eheleute: 100000) zu. Bemessungsgrundlage für das Jahreseinkommen ist das *zu versteuernde Einkommen* (529). Das Bausparunternehmen gibt den Antrag an das Finanzamt weiter; dieses überweist ihm den Jahresprämienbetrag zur Gutschrift auf dem Konto des Prämienberechtigten. Es besteht eine Sperrfrist von 7 Jahren; Ausnahmen gelten für Auszahlung oder Verwendung zur Kreditaufnahme bei unverzüglicher Verwendung der Mittel zum Wohnungsbau (auch Modernisierung durch den Mieter), bei Todesfall, Erwerbsunfähigkeit, mindestens 1jähriger Arbeitslosigkeit und unter gewissen Voraussetzungen für in ihr Heimatland zurückkehrende Ausländer (§ 2 Abs. 2). Einzelheiten regelt die DVO i. d. F. vom 29. 6. 1994 (BGBl. I 1446) m. spät. Änd.

820. Versicherungsaufsicht

Die Aufsicht über *Versicherungsunternehmen* obliegt dem Bund. Sie wird von dem durch Ges. vom 31. 7. 1951 (BGBl. I 480) als *Bundesoberbehörde* errichteten *Bundesaufsichtsamt für das Versicherungswesen* (Sitz Berlin) wahrgenommen. Es beaufsichtigt die privaten Versicherungsunternehmen, die im Bundesgebiet Sitz, Niederlassung oder eine Geschäftsstelle haben oder auf andere Weise das Versicherungsgeschäft betreiben. Versicherungsunternehmen mit Sitz in einem anderen Staat der EG werden hingegen hinsichtlich ihrer finanziellen Leistungsfähigkeit ausschließlich von einer Behörde des Herkunftslandes beaufsichtigt.

Betätigt sich ein Unternehmen nur innerhalb eines Bundeslandes, so besteht nur Landesaufsicht.

Das *Bundesaufsichtsamt* ähnelt dem ehemaligen *Reichsaufsichtsamt für Privatversicherung*. Rechtsgrundlage ist das *Versicherungsaufsichtsgesetz* (VAG) i. d. F. vom 17. 12. 1992 (BGBl. I 1993, 2) m. spät. Änd.; DVO vom 21. 4. 1936 (RGBl. I 376).

Die Versicherungsaufsicht erstreckt sich auf die Zulassung von Versicherungsunternehmen und deren laufende Überwachung einschl. der Anlage des Vermögens der Unternehmen und insbesondere des *Deckungsstocks* (Prämienreservefonds) in der Personenversicherung. Der Aufsichtsbehörde stehen Auskunfts- und Prüfungsrechte zu. Sie kann Sonderbeauftragte zur Wahrung der Belange der Versicherten bestellen und Anordnungen für den Geschäftsbetrieb erlassen. Die Rechtsmittel gegen VAe des Bundesaufsichtsamts richten sich nach der VwGO. Vgl. auch VO über die *Kapitalausstattung von Versicherungsunternehmen* vom 13. 12. 1983 (BGBl. I 1451) m. spät. Änd. und VO über die *Rechnungslegung von Versicherungsunternehmen* vom 8. 11. 1994 (BGBl. I 3378) m. spät. Änd. sowie *VO über die Berichterstattung von Versicherungsunternehmen gegenüber dem Bundesaufsichtsamt für das Versicherungswesen* vom 14. 6. 1995 (BGBl. I 858).

Von der Aufsicht nach dem VAG bestehen verschiedene Ausnahmen, so z. B. für Unterstützungseinrichtungen und Unterstützungsvereine der Berufsverbände, für Unterstützungskassen, die auf Grund der Handwerksordnung von Innungen errichtet worden sind, sowie für nichtrechtsfähige Zusammenschlüsse von Gemeinden und Gemeindeverbänden, soweit sie bezwecken, durch Umlegung einen Schadensausgleich bei Schäden auf Grund gesetzlicher Haftpflicht, bei Schäden aus der Haltung von Kraftfahrzeugen oder wegen Leistungen aus der kommunalen Unfallfürsorge herbeizuführen (wegen der Einzelheiten s. § 1 Abs. 3 VAG).

821. Wohnungsbau

Die rechtlichen Voraussetzungen und sonstigen Bedingungen für die Förderung des Wohnungsbaues wurden hauptsächlich durch das Erste und Zweite Wohnungsbaugesetz geschaffen.

I. Das *Erste Wohnungsbaugesetz* vom 24. 4. 1950 i. d. F. vom 25. 8. 1953 (BGBl. I 1047) enthielt Förderungsvorschriften für den gesamten Wohnungsbau. Es unterschied den öffentlich geförderten *sozialen Wohnungsbau,* den *steuerbegünstigten Wohnungsbau* und den *frei finanzierten Wohnungsbau.* Das Ges. wurde ab 1. 1. 1957 durch das Zweite Wohnungsbaugesetz abgelöst und durch Ges. vom 11. 7. 1985 (BGBl. I 1277) sowie vom 14. 7. 1987 (BGBl. I 1625) aufgehoben.

II. Das *Zweite Wohnungsbaugesetz* (Wohnungsbau- und FamilienheimG) i. d. F. vom 19. 8. 1994 (BGBl. I 2138) fördert vordringlich den *sozialen Wohnungsbau* und die Errichtung von *Familieneigenheimen* (Eigenheimen, Kleinsiedlungen, Kaufeigenheimen) sowie von Wohnungen für Einkommensschwache und für *kinderreiche Familien.*

Abweichend von dem starren Richtsatzmietensystem des I. WoBauG läßt es, um eine elastischere Handhabung zu ermöglichen, die *Miete* zu, die zur Dekkung der Aufwendungen erforderlich ist (*Kostenmiete,* § 72), führt aber über die Zinsbedingungen zu einer *Mietverbilligung* gegenüber dem sich sonst ergebenden Mietsatz. Die Bestimmungen über *Mietbeihilfen* sind jetzt ersetzt durch das *Wohngeldgesetz* (vgl. 806 II).

Über die Auflockerung und die stufenweise Aufhebung der *Wohnraumbewirtschaftung* vgl. 805, über die *Mietpreise* s. 806 II.

Das *Wohnungsbindungsgesetz* (s. 806 II) soll verhüten, daß im sozialen Wohnungsbau errichtete Wohnungen *zweckentfremdet* werden. Sie dürfen nur an Sozialwohnungsberechtigte vermietet und anderweit oder für eigene Zwecke des Vermieters nur mit behördlicher Genehmigung verwendet werden. Bei Umwandlung in Eigentumswohnungen, die an Dritte verkauft werden sollen, können die Mieter binnen 6 Monaten ein Vorkaufsrecht geltend machen. Die LdReg. können die *Zweckentfremdung* in Ballungsgebieten an eine Genehmigung binden (Art. 6 Ges. vom 4. 11. 1971, BGBl. I 1745; landesrechtliche Regelungen, z. B. NRW vom 4. 5. 1981, GV.NW. 232). Nach dem Ges. über den *Abbau der Fehlsubventionierung* im Wohnungswesen i. d. F. vom 19. 8. 1994 (BGBl. I 2180) hat der Inhaber einer entgegen dem WohnungsbindungsG genutzten Wohnung in den von der LdReg. bestimmten Gemeinden, in denen die Kostenmieten öffentlich geförderter Mietwohnungen die ortsüblichen Mieten vergleichbarer, nicht preisgebundener Mietwohnungen erheblich unterschreiten, eine *Ausgleichszahlung (Fehlbelegungsabgabe)* zu leisten, wenn sein Einkommen die für die Begünstigten im sozialen Wohnungsbau festgesetzten Grenzen um mehr als 20 v. H. übersteigt. Die Abgabe beträgt 0,50–2,00 DM monatl. je qm, je nach dem Grad des Überschreitens der Einkommensgrenze. Eine Ausgleichszahlung muß nicht erbracht werden, wenn es sich um eine Wohnung handelt, die vom Eigentümer selbst genutzt wird. Die Abgabe ist als solche verfassungsgemäß (BVerfG NJW 1988, 2529).

Die vorzeitige *Ablösung öffentlicher Baudarlehen* nach dem II. WoBauG ermöglichen die §§ 69ff. d. II. WoBauG und die AblösungsVO i. d. F. vom 1. 2. 1966 (BGBl. I 107) m. spät. Änd. Für die Berechnung der Wirtschaftlichkeit, der Lasten und der Wohnflächen nach dem II. WoBauG gilt die 2. BerechnungsVO i. d. F. vom 12. 10. 1990 (BGBl. I 2178) m. spät. Änd.

822. Förderung der Wirtschaft in strukturschwachen Gebieten

I. Anlaß der Wirtschaftsförderungen

Der wirtschaftliche Aufschwung der BRep. hat sich nicht in allen ihren Gebietsteilen gleichmäßig ausgewirkt. Es bedurfte daher besonderer Förderungsmaßnahmen in sog. *strukturschwachen Gebieten,* deren Wirtschaft infolge ihrer Grenzlage, wegen beschränkter Verkehrsverbindungen u. dgl. sich nicht ebenso entwickelt hat wie z. B. in stark industrialisierten Gebieten. Der Bund mußte daher auf Förderungsmaßnahmen namentlich für Berlin und die Zonenrandgebiete sowie in sog. Bundesausbaugebieten und -orten bedacht sein. Diese Förderungsmaßnahmen konnten mit der Wiederherstellung der Deutschen Einheit auslaufen.

II. Für bestimmte Investitionen in den neuen Bundesländern besteht Anspruch auf eine *Investitionszulage* nach dem *Investitionszulagengesetz* 1996 i. d. F. vom 22. 1. 1996 (BGBl. I 60) m. spät. Änd. und dem *Investitionszulagengesetz* 1999 v. 18. 8. 1997 (BGBl. I 2070).

823. Agrarpolitik. Grüner Plan

Eine zielbewußte *Agrarpolitik* muß auf die Herstellung der landwirtschaftlichen Rentabilität und Steigerung der landwirtschaftlichen Erzeugung gerichtet sein. Fundament hierfür ist die Ordnung der Märkte auf dem land- und ernährungswirtschaftlichen Gebiet. Durch die *Marktordnungsgesetze* (vgl. 807) ist innerstaatlich ein System geschaffen worden, das die Landwirtschaft im Rahmen der *sozialen Marktwirtschaft* in den Stand setzt, die Versorgung der BRep. mit Nahrungsmitteln weitgehend zu sichern; zugleich sollen stabile und auskömmliche Preise als Vorbedingung für eine Erzeugungssteigerung erreicht werden. Ziel der Agrarpolitik ist die Hebung der Produktion und der wirtschaftlichen Lage der Ernährungswirtschaft; sie strebt die Anwendung naturwissenschaftlicher Erkenntnisse und *technischer Neuerungen* und die Einordnung des bäuerlichen Betriebs in die neue Produktions- und Arbeitswelt an.

Nach § 1 des Landwirtschaftsgesetzes vom 5. 9. 1955 (BGBl. I 565) ist die Landwirtschaft mit den Mitteln der allgemeinen *Wirtschafts-* und *Agrarpolitik* – insbesondere der Handels-, Steuer-, Kredit- und Preispolitik – in den Stand zu setzen, die für sie bestehenden naturbedingten und wirtschaftlichen Nachteile gegenüber anderen Wirtschaftsbereichen *auszugleichen*. Damit soll gleichzeitig die *soziale Lage* der in der Landwirtschaft tätigen Menschen an die vergleichbarer Berufsgruppen angeglichen werden.

Der BML stellt jährlich die Betriebsergebnisse von 6000–8000 landwirtschaftlichen Betrieben zusammen und wertet sie aus. Weiter werden alle geeigneten Unterlagen der volkswirtschaftlichen Statistik und der landwirtschaftlichen Betriebswirtschaft herangezogen. Zur Beratung beruft der BML einen aus betriebswirtschaftlichen Sachverständigen und praktischen Landwirten bestehenden *Beirat*. Die BReg. legt mit dem Ergebnis der ministeriellen Feststellungen dem Bundestag und dem Bundesrat einen *Bericht* über die Lage der Landwirtschaft und eine Stellungnahme zu den sog. *„kalkulatorischen Posten"* vor, der die vergleichbaren Löhne für fremde und familieneigene Arbeitnehmer in anderen Berufsgruppen, angemessenes Entgelt für die Betriebsleitung (Betriebsleiterzuschlag) und angemessene Verzinsung des betriebsnotwendigen Kapitals berücksichtigt. Mit dem Bericht äußert sich die BReg. über getroffene oder noch zu treffende Maßnahmen, um ein Mißverhältnis zwischen Ertrag und Aufwand zu beheben. Sie stellt die etwa notwendigen Mittel vorsorglich in den Entwurf des Bundeshaushaltsplans ein und begründet sie in dem sog. *Grünen Plan*. Die Entscheidung über die Bereitstellung dieser Mittel trifft der Bundestag.

Ein Mittel zur Verbesserung der Lage der Landwirtschaft ist auch die *Qualitätssteigerung*. Nach dem *Handelsklassengesetz* (s. 827 I 4) können durch RechtsVO gesetzliche *Handelsklassen* eingeführt werden, um Erzeugung, Qualität und Absatz von Erzeugnissen der Landwirtschaft und Fischerei sowie die Marktübersicht zu fördern. Die Erzeugnisse müssen, um nach Handelsklassen in den Verkehr gebracht zu werden, gewisse Mindestmerkmale nach Qualität usw. aufweisen. Auch können Vorschriften über Bezeichnung, Verpackung u. dgl. erlassen werden. Ferner kann bestimmt werden, daß Erzeugnisse nur nach gesetzlichen Handelsklassen in Verkehr gebracht werden dürfen, daß bei Preisangaben nicht ohne Handelsklassenangaben geworben werden darf u. a. m.

Der Förderung der Landwirtschaft und *Steigerung der Erzeugung* dienen auch die *Zusammenlegung* zersplitterter Fluren (vgl. 824 II), zu deren Förderung Haushaltsmittel eingesetzt sind, die *Aufstockung* zu kleiner Betriebe, die *Aussiedlung* aus zu enger Dorflage, die Modernisierung der Gebäude, die verstärkte *Eingliederung* bäuerlicher Heimatvertriebener und Flüchtlinge und wasserwirtschaftliche Maßnahmen.

Statistische Unterlagen für die Agrarpolitik liefern die im Ges. i. d. F. vom 21. 8. 1978 (BGBl. I 1509) vorgesehenen *Erhebungen über Bodennutzung und Ernte* sowie die Erhebungen über *Arbeitskräfte* in der Land- und Forstwirtschaft nach dem Ges. vom 1. 7. 1980 (BGBl. I 820). Nach dem Ges. vom 1. 7. 1980 (BGBl. I 822) wird in jedem zweiten Jahr eine *Agrarberichterstattung* als Bundesstatistik durchgeführt.

824. Bodenrecht, Flurbereinigung, Siedlung

I. Bodenrecht

Ziel von *Bodenrechtsreformen* war es bereits in früheren Jahrhunderten, den Einfluß des Großgrundbesitzes zu verringern und einem größeren Teil der Bevölkerung die Ansiedlung zu ermöglichen. Gemäßigte Bodenreformer (H. George, F. Oppenheimer, A. Damaschke, J. St. Mill) erstrebten dieses Ziel ohne Eingriffe in das Privateigentum durch steuerliche Maßnahmen oder durch Gründung privater Siedlungsgenossenschaften. Hingegen forderten die Vertreter sozialistischer Anschauungen die Überführung von Grund und Boden in Gemeineigentum (K. Marx, K. Kautsky).

Nach 1945 erging in der brit. Zone die MRegVO Nr. 103 über *Bodenreform,* welche die Länderregierungen zu entsprechenden Regelungen ermächtigte und verpflichtete. Ähnlich wurde in den beiden anderen westlichen Zonen verfahren. Diese Regelungen wurden teilweise durch neuere Landesgesetze ersetzt, die aber inzwischen weitgehend ihre Bedeutung verloren haben, zumal eine entschädigungslose *Enteignung* nach Art. 14 Abs. 3 GG unzulässig ist.

Die *Bodenreformgesetze der Länder* zogen in der amerikanischen Zone Grundbesitz über 100 ha, in der britischen Zone über 150 ha zur *Landabgabe* gegen Entschädigung heran. Mangels der erforderlichen Mittel wurde die *Bodenreform* jedoch nur in mäßigem Umfang durchgeführt; manche Länder haben die Bodenreformgesetze ausdrücklich aufgehoben (so Bad.-Württbg. durch Ges. vom 12. 2. 1980, GBl. 122).

Größere Aktualität als die im Bereich des ländlichen Grundbesitzes eingeleitete, aber nicht verwirklichte Bodenreform haben die Reformfragen der *Bodenpolitik,* die sich besonders in Ballungsgebieten aus der Verknappung des Baugrundes und der Verdrängung der Wohnbevölkerung aus den Stadtkernen durch Verwaltungs- oder Geschäftsbauten ergeben.

II. Flurbereinigung

Zur Verbesserung der Produktions- und Arbeitsbedingungen in der Land- und Forstwirtschaft sowie zur Förderung der allgemeinen Landeskultur und der Landesentwicklung kann ländlicher Grundbesitz durch Maßnahmen nach dem *Flurbereinigungsgesetz* i. d. F. vom 16. 3. 1976 (BGBl. I 546) m. spät. Änd. neu geordnet werden (dazu Ausführungsgesetze der Länder).

Die Flurbereinigung wird von den landesrechtlichen Flurbereinigungsbehörden (Flurbereinigungsamt oder -direktion, Kulturamt, Bodenwirtschaftsamt usw.) innerhalb eines Flurbereinigungsgebietes unter Mitwirkung der beteiligten Grundeigentümer und der Träger öffentlicher Belange sowie der landwirtschaftlichen Berufsvertretung (Landwirtschaftskammer) durchgeführt. Die beteiligten Grundeigentümer sind in einer *Teilnehmergemeinschaft* (öffentlich-rechtliche Körperschaft) zusammengefaßt. Sie haben die erforderlichen Flächen zur Verfügung zu stellen und werden mit Land von gleichem Wert abgefunden; für gemeinschaftliche und öffentliche Anlagen (Wege- und Gewässernetz) haben sie die benötigten Flächen nach dem Wertverhältnis ihrer in das Flurbereinigungsverfahren einbezogenen Grundstücke bereitzustellen. Der *Flurbereinigungsplan,* der die neue Flächeneinteilung enthält, wird auf Anordnung der Flurbereinigungsbehörde ausgeführt, sobald er bestandskräftig geworden, d. h. mit Rechtsmitteln der Beteiligten nicht mehr anfechtbar ist.

III. Siedlung

Ziel des *Reichssiedlungsgesetzes* (RSG) vom 11. 8. 1919 (RGBl. 1429) i. d. F. des Grundstücksverkehrsgesetzes (vgl. 826) m. spät. Änd. ist, durch Schaffung gemeinnütziger Siedlungsunternehmen die sog. *klassische Siedlung,* d. h. die Errichtung neuer Siedlerstellen, und die *Anliegersiedlung* (Hebung bestehender Kleinbetriebe bis zur Größe einer selbständigen Ackernahrung) zu fördern. Für die *unmittelbare Förderung* hat dieses Gesetz allerdings kaum noch Bedeutung, da seit dem Gesetz über die Gemeinschaftsaufgabe „Verbesserung der Agrarstruktur und des Küstenschutzes" vom 3. 9. 1969 (BGBl. I 1573) die ländliche Siedlung zugunsten im Geltungsbereich des GG geborener Personen nach Maßgabe der Grundsätze für die Förderung einzelbetrieblicher Investitionen und für die Förderung der ländlichen Siedlung aus Bundes- und Landesmitteln gefördert wird. Die Förderung bezieht sich im wesentlichen auf die Anliegersiedlung, Auffangbetriebe und den Bodenzwischenerwerb.

Das RSG verpflichtet die Länder, gemeinnützige Siedlungsunternehmen zu begründen, neue Ansiedlungen zu schaffen und bestehende Kleinbetriebe bis zur Größe einer selbständigen Ackernahrung zu erweitern. Die Siedlungsunternehmen erhalten das hierzu nötige Land durch Erwerb von Staatsdomänen, Ausübung von *Enteignungsrechten* und gesetzlichen *Vorkaufsrechten;* sie werden hierbei von Landlieferungsverbänden unterstützt. Bei zweckwidriger Verwendung des Grundstücks haben sie ein *Wiederkaufsrecht.*

Der *Verbesserung der Agrarstruktur* dient der im obengenannten Ges. über die Gemeinschaftsaufgabe vorgesehene *Rahmenplan,* der von Bund und Ländern aufzustellen und von diesen durchzuführen ist. Über weitere agrarpolitische Maßnahmen vgl. 814.

Die *Deutsche Siedlungs- und Landesrentenbank* finanziert vor allem solche öffentlichen und privaten Vorhaben, die unmittelbar oder mittelbar der Verbesserung oder Erhaltung der wirtschaftlichen oder strukturellen Verhältnisse des ländlichen Raums dienen (Ges. vom 11. 7. 1989, BGBl. I 1421).

825. Das Höferecht

Nachdem das Kontrollratsgesetz Nr. 45 vom 20. 2. 1947 das nat.-soz. *Erbhofrecht* aufgehoben hatte, führte die Verordnung der britischen Militärregierung Nr. 84 vom 24. 4. 1947 für ihre Zone eine neue *Höfeordnung* ein, welche die früheren Erbhöfe dem neuen Höferecht unterstellte. An ihrer Stelle gilt jetzt in Hamburg, Niedersachsen, Nordrhein-Westfalen und Schleswig-Holstein die Höfeordnung vom 26. 7. 1976 (BGBl. I 1933).

Die HöfeO bezweckt die Erhaltung der Einheit des Hofes dadurch, daß dieser abweichend von der gesetzlichen Erbfolge (354) auf einen von mehreren Miterben übergeht. Bei land- oder forstwirtschaftlich genutzten Betrieben mit mindestens 20000 DM Wirtschaftswert fällt der Hof dem vom Erblasser bestimmten *Hoferben* zu, gegen den die Miterben einen Ausgleichsanspruch in Geld haben (i. d. R. das 1½fache des steuerlichen Einheitswerts, wobei im Einzelfall aufgrund besonderer Umstände nach billigem Ermessen Zuschläge oder Abschläge gemacht werden können). Mangels einer Regelung durch den Erblasser werden Hoferbe nach gesetzlichen Ordnungen zunächst die nach der gesetzlichen Erbfolge berufenen Kinder, nach diesen der Ehegatte, dann die Eltern und schließlich die Geschwister. Innerhalb der gleichen Ordnung ist, falls nicht schon ein Miterbe nach dem Umfang seiner Tätigkeit auf dem Hof zum Hoferben bestimmt ist, je nach Ortsbrauch *Ältesten-* oder *Jüngstenrecht* maßgebend. – Betriebe mit Wirtschaftswert von mehr als 20000 DM sind *kraft Gesetzes* Hof, können diese Eigenschaft aber durch Erklärung des Eigentümers verlieren oder wiedergewinnen; bei 10000 bis 20000 DM Wert ist beides allein von der Erklärung des Eigentümers abhängig. Besondere Bestimmungen gelten für den *Ehegattenhof.* Eine Übergabe des Hofes kann durch notariellen Übergabevertrag im Wege der *vorweggenommenen Hoferbfolge* stattfinden (wegen der gerichtlichen Genehmigungspflicht nach dem Grundstücksverkehrsgesetz – 826 I – vgl. dort §§ 8, 31). S. a. *Verfahrensordnung* vom 29. 3. 1976 (BGBl. I 885) m. spät. Änd. Die ursprüngliche Bevorzugung des männlichen Geschlechts bei der *Hoferbfolge* hat das BVerfG für verfassungswidrig erklärt. In einem Beschluß vom 14. 12. 1994 (1 BvR 720/90) hat das BVerfG die Hoferbfolge, das Anerbenrecht, aber als mit der Verfassung vereinbar erklärt.

In einzelnen Ländern der BRep. gelten Landesgesetze mit unterschiedlichen Regelungen, so in *Bad.-Württbg.* Bad. HofgüterG von 1898/1949 und Württbg. Ges. über das Anerbenrecht von 1930/1948 und 1950, beide m. ÄndG. vom 7. 12. 1965/30. 6. 1970 (GBl. 301/289); in *Bremen* HöfeG i. d. F. vom 19. 7. 1948 (GBl. 124) m. spät. Änd.; in *Hessen* die Landgüterordnung i. d. F. vom 13. 8. 1970, (GVBl. I 548); in *Rheinland-Pfalz* HöfeO vom 7. 10. 1953 (GVBl. 101) i. d. F. vom 18. 4. 1967 (GVBl. 138). In Rheinland-Pfalz gilt z. B. fakultativ Anerbenrecht aufgrund freiwilliger Eintragung in die Höferolle. In den übrigen Ländern, in denen keine Sonderregelung besteht (Bayern, Berlin, Saarland), entscheidet das Erbrecht des BGB (354).

826. Verkehr mit landwirtschaftlichen Grundstücken

I. Grundstücksverkehrsgesetz

Um land- oder forstwirtschaftliche Grundstücke ihrem eigentlichen Nutzungswert zu erhalten, bindet das *Grundstücksverkehrsgesetz* vom 28. 7. 1961 (BGBl. I 1091) m. spät. Änd. die *Veräußerung* eines solchen Grundstücks an eine behördliche Genehmigung. Dasselbe gilt für die Bestellung eines Nießbrauchs, die Einräumung und Veräußerung eines Miteigentumsanteils sowie die Veräußerung eines Erbanteils an einen anderen als einen Miterben, wenn der Nachlaß im wesentlichen aus einem land(forst)wirtschaftlichen Betrieb besteht.

Ausnahmen bei Beteiligung von Bund oder Ländern, Erwerb durch eine als öff.-rechtl. Körperschaft anerkannte Religionsgesellschaft, im Rahmen einer Flurbereinigung (824), eines Siedlungsverfahrens (192 II) oder eines Aussiedlungsverfahrens nach § 37 BVFG (s. 683) oder von Grundstücken innerhalb eines Bebauungsplanes (§ 30 BauGB, vgl. 192 I). Die Länder können Grundstücke bis zu einer bestimmten Größe von der Genehmigungspflicht freistellen.

Versagungsgründe sind insbes. ungesunde Bodenverteilung, unwirtschaftliche Verkleinerung, grobes Mißverhältnis des Erwerbspreises zum Grundstückswert. Liegen solche nicht vor, so muß die Genehmigung erteilt werden. Dem Erwerber können *Auflagen* gemacht oder *Bedingungen* auferlegt werden (z. B. Verpachtung an einen Landwirt, Änderung von Vertragsbestimmungen). Gegen einen ablehnenden oder mit Bedingungen oder Auflagen verbundenen *Bescheid* können die Beteiligten binnen zwei Wochen nach der Zustellung *Antrag auf gerichtliche Entscheidung* stellen. Sonderbestimmungen regeln die gerichtliche Zuweisung eines landwirtschaftlichen Betriebs, der einer Erbengemeinschaft kraft gesetzlicher Erbfolge angefallen ist, ohne Teilung an einen Miterben.

II. Landpachtverkehrsgesetz

Auch das Gesetz über die Anzeige und Beanstandung von Landpachtverträgen *(Landpachtverkehrsgesetz)* vom 8. 11. 1985 (BGBl. I 2075) bezweckt, landwirtschaftlich genutzte Grundstücke ihrer eigentlichen Bestimmung zu erhalten. Es unterwirft *Landpachtverträge,* d. h.

Verträge, durch die Grundstücke überwiegend zur Landwirtschaft gegen Entgelt verpachtet werden (s. § 585 BGB), einer Anzeigepflicht; sie können unter gewissen Voraussetzungen durch die nach Landesrecht zuständige Behörde beanstandet werden, insbes. wenn die Verpachtung zu einer ungesunden Verteilung der Bodennutzung führen würde sowie bei unangemessen hohem Pachtzins.

Will die Behörde einen Landpachtvertrag beanstanden, so fordert sie die Vertragsteile auf, den Vertrag binnen bestimmter Frist zu ändern oder aufzuheben. Wird weder dieser Aufforderung Folge geleistet noch gerichtliche Entscheidung beantragt, gilt der Vertrag als aufgehoben.

Ferner kann jeder Vertragsteil das Landwirtschaftsgericht anrufen, um eine Vertragsänderung wegen wesentlicher Verschiebung der Vertragsgrundlage oder im Falle der Kündigung eine Verlängerung des Landpachtvertrages zu erwirken (s. § 593 Abs. 4, § 595 Abs. 6 BGB).

Das gerichtliche *Verfahren in Landwirtschaftssachen* regelt ein Ges. vom 21. 7. 1953 (BGBl. I 667), zuletzt geändert am 17. 12. 1990 (BGBl. I 2847). Danach sind als *Gerichte in Landwirtschaftssachen* in erster Instanz die *Amtsgerichte* (Amtsrichter, zwei ehrenamtliche Richter), in zweiter Instanz die *Oberlandesgerichte* (drei Mitglieder des Oberlandesgerichts, zwei ehrenamtliche Richter) und in dritter Instanz der *Bundesgerichtshof* zuständig (drei Mitglieder des Bundesgerichtshofs, zwei ehrenamtliche Richter). Die ehrenamtlichen Richter werden jeweils auf vier Jahre berufen. Für das Verfahren gelten im wesentlichen die Vorschriften des FGG (vgl. 294).

827. Regelung der landwirtschaftlichen Erzeugung

I. Bodennutzung und Tierhaltung

Bezüglich der Bodennutzung und Tierhaltung ergingen folgende Gesetze, die der Regelung und Förderung der landwirtschaftlichen Erzeugung dienen: Düngemittelgesetz, Pflanzenschutzgesetz, Tierzuchtgesetz, Handelsklassengesetz und Saatgutverkehrsgesetz.

1. Düngemittelgesetz

vom 15. 11. 1977 (BGBl. I 2134) m. spät. Änd. Düngemittel dürfen gewerbsmäßig nur in Verkehr gebracht werden, wenn sie einem durch RechtsVO zugelassenen *Düngemitteltyp* entsprechen. Auch können zur Ordnung des Verkehrs mit Düngemitteln und zum Schutz des Anwenders Vorschriften über Kennzeichnung und Verpackung erlassen sowie zum Schutz der Gesundheit von Menschen, Tieren oder Pflanzen Verkehrsbeschränkungen angeordnet werden. Die Überwachung obliegt den landesrechtlich zuständigen Behörden. Zur Kennzeichnung vgl. *DüngemittelVO* vom 9. 7. 1991 (BGBl. I 1450) m. spät. Änd. Düngemittel dürfen nur nach guter fachlicher Praxis angewandt werden (§ 1a Düngemittelgesetz).

2. Pflanzenschutzgesetz

i. d. F. vom 15. 9. 1986 (BGBl. I 1505) m. spät. Änd.

Durch das Pflanzenschutzgesetz wird der *Pflanzenschutz* außer auf Bekämpfung von Krankheiten und Schädlingen auch auf Verhütungsmaßnahmen, insbes. gegen Einschleppung von Krankheiten und Schädlingen, ausgedehnt. S. a.

PflanzenbeschauVO i. d. F. vom 10. 5. 1989 (BGBl. I 905) m. spät. Änd. Da Bekämpfungsmittel gegen *Pflanzenschädlinge* entwickelt worden sind, die nach ihrer Wirkung auf den menschlichen Körper als giftig anzusehen sind, regelt die VO über Pflanzenschutzmittel und Pflanzenschutzgeräte *(Pflanzenschutzmittelverordnung)* vom 28. 7. 1987 (BGBl. I 1754) m. spät. Änd. die Zulassung von Pflanzenschutzmitteln und die Anforderungen an die Beschaffenheit von Pflanzenschutzgeräten. S. ferner die *Pflanzenschutz-AnwendungsVO* vom 10. 11. 1992 (BGBl. I 1887), die *Rückstands-Höchstmengenverordnung* vom 1. 9. 1994 (BGBl. I 2299) m. spät. Änd. und VO zum Schutz der Bienen vor Gefahren durch Pflanzenschutzmittel – *Bienenschutz-VO* – vom 19. 12. 1972 (BGBl. I 2515) m. spät. Änd. VOen vom 20. 4. 1972 (BGBl. I 625, 627) enthalten Vorschriften über die Bekämpfung des *Kartoffelkrebses* und des *Kartoffelnematoden*.

S. auch das *Internationale Pflanzenschutzübereinkommen*, Ges. vom 12. 8. 1985 (BGBl. II 982).

3. Tierzuchtgesetz

vom 22. 3. 1994 (BGBl. I 601).

Zweck des Gesetzes ist es, im züchterischen Bereich die Erzeugung von Rindern, Schweinen, Schafen, Ziegen und Pferden so zu fördern, daß die Leistungsfähigkeit der Tiere unter Berücksichtigung der Vitalität, die Wirtschaftlichkeit, die Qualität der tierischen Erzeugnisse erhalten und verbessert wird und daß die genetische Vielfalt erhalten bleibt. Hierzu regelt das Gesetz vor allem die Voraussetzungen für das Anbieten und Abgeben von Zuchttieren, die Durchführung von Leistungsprüfungen, die Anerkennung von *Zuchtorganisationen, Besamungserlaubnis,* Besamungsstationen, Embryotransfereinrichtungen und dergleichen. S. hierzu die VO über Zuchtorganisationen vom 17. 10. 1990 (BGBl. I 2249) m. spät. Änd. Die Durchführung der Maßnahmen obliegt Landes- und Gemeindebehörden.

4. Handelsklassengesetz

Das Handelsklassengesetz i. d. F. 23. 11. 1972 (BGBl. I 2201) m. spät. Änd. (s. a. 823) bezweckt, die Erzeugung, die Güte und den Absatz von Erzeugnissen der Landwirtschaft und Fischerei zu fördern. Es dient also der Wirtschaftsförderung, während das *Lebensmittelgesetz* (s. 829 II) Gefahren für die Volksgesundheit abwenden will. Auf Grund des HandelsklassenG sind Verordnungen über Handelsklassen bei Fleisch, Obst und Gemüse, Geflügel u. a. landwirtschaftliche Erzeugnisse ergangen, vgl. z. B. VO über gesetzliche Handelsklassen für Rindfleisch vom 20. 12. 1991 (BGBl. I 2387).

5. Saatgutverkehrsgesetz

i. d. F. vom 20. 8. 1985 (BGBl. I 1633), m. spät. Änd., m. zahlreichen ErgänzungsVOen.

Zweck des *Saatgutverkehrsgesetzes* ist, die Züchtung wertvoller *Sorten* von Kulturpflanzen zu fördern und die Interessen der Verbraucher an sortenechtem, sortenreinem und hochkeimfähigem Saatgut zu wahren, das möglichst frei von allen den Gebrauch beeinträchtigenden Beimischungen ist. Ein dem BML unterstehendes *Bundessortenamt* (Bundesoberbehörde) führt eine *Sortenliste,* in der die Sortenbezeichnung, wesentliche Merkmale, Name des Züchters usw. eingetragen werden. Das Saatgut darf nur vom Sortenschutzinhaber (zum Sortenschutz s. 387 XI) und nur unter der Sortenbezeichnung gewerbsmäßig vertrieben werden. Zum SaatgutverkehrsG sind zahlreiche DVOen für die einzelnen Saatgutarten ergangen; s. z. B. VO über den Verkehr mit Saatgut landwirtschaftlicher Arten und von Gemüsearten (SaatgutVO) vom 21. 1. 1986 (BGBl. I

146) m. spät. Änd. und PflanzkartoffelVO vom 21. 1. 1986 (BGBl. I 192) m. spät. Änd.

II. Erzeugung und Absatz

Um Erzeugung und Absatz in der Land- und Fischwirtschaft den Markterfordernissen anzupassen, können *Erzeugergemeinschaften* gebildet und diese zu Vereinigungen zusammengeschlossen werden; sie sollen die Produktion marktgerecht regulieren (also nicht schlechthin steigern). Nach dem *Marktstrukturgesetz* i. d. F. vom 26. 9. 1990 (BGBl. I 2134) m. spät. Änd. können ihnen, falls sie juristische Personen des Privatrechts (306) und landesbehördlich anerkannt sind, staatliche Beihilfen für ihre Tätigkeit und für Investitionen gewährt werden. Vgl. auch 814 und über den zentralen Fonds zur Förderung des Absatzes der deutschen Land- und Ernährungswirtschaft das *Absatzfondsgesetz* i. d. F. vom 21. 6. 1993 (BGBl. I 998). Nach dem *Forstabsatzfondsgesetz* vom 13. 12. 1990 (BGBl. I 2760) m. spät. Änd. hat der Forstabsatzfonds, eine Anstalt des öffentlichen Rechts mit Sitz in Bonn, die Aufgabe, den Absatz und die Verwertung von Forstwirtschaftserzeugnissen durch Erschließung und Pflege von Märkten im In- und Ausland zentral zu fördern. S. dazu die *Forstabsatzfondsverordnung* vom 20. 12. 1990 (BGBl. I 3007). Nach dem *Fischwirtschaftsgesetz* vom 3. 3. 1989 (BGBl. I 349) m. spät. Änd. wird zur Förderung des Fischabsatzes durch Erschließung und Pflege des Marktes von bestimmten Betrieben der Seefischerei und von Betrieben, die Fischerzeugnisse herstellen, eine Abgabe erhoben. S. hierzu *Fischwirtschaftsverordnung* vom 28. 12. 1992 (BGBl. I 2403). Es kann ein Zusammenschluß der berufsständischen Organisationen der Fischwirtschaft als *Marktverband* anerkannt werden. S. a. Fischerei-Übereinkommen vom 9. 3. 1964 (BGes. vom 15. 9. 1969, BGBl. II 1897) mit Vereinbarungen darüber, innerhalb welcher Zonen außerhalb der eigenen Hoheitsgewässer Fischfang zugelassen ist. Im übrigen ist die Seefischerei durch das *Seefischereigesetz* vom 12. 7. 1984 (BGBl. I 876) m. spät. Änd. geregelt. S. a. VO zur Durchsetzung des gemeinschaftlichen Fischereirechts vom 18. 4. 1994 (BGBl. I 831) m. spät. Änd. und die SeefischereiVO vom 18. 7. 1989 (BGBl. I 1485) m. spät. Änd.

III. Sonstige Regelungen

Über die Regelung des *europäischen Marktes* s. 814.

Zu erwähnen ist noch das *Tierseuchengesetz* i. d. F. vom 20. 12. 1995 (BGBl. I 2038) m. spät. Änd. mit zahlr. Durchführungsbestimmungen, z. B. der Binnenmarkt-TierseuchenschutzVO i. d. F. vom 31. 3. 1995 (BGBl. I 431), der VO über meldepflichtige Tierkrankheiten vom 9. 8. 1983 (BGBl. I 1095) m. spät. Änd., der TierseuchenerregerVO vom 25. 11. 1985 (BGBl. I 2123), der TierimpfstoffVO vom 12. 11. 1993 (BGBl. I 1886), der Hühner-Salmonellen-VO vom 11. 4. 1994 (BGBl. I 770), der Schweinepest-VO i. d. F. vom 21. 10. 1994 (BGBl. I 3163), der GeflügelpestVO vom 21. 12. 1994 (BGBl. I 3930), der Bienenseuchen-VO i. d. F. vom 24. 11. 1995 (BGBl. I 1553) sowie der FischseuchenVO vom 21. 12. 1994 (BGBl. I 3936). Als Grundlage für agrarpolitische Maßnahmen von Bund oder Ländern findet am 3. 12. jeden Jahres eine *Viehzählung* nach Maßgabe eines Bundesgesetzes i. d. F. vom 1. 7. 1980 (BGBl. I 817) statt.

828. Agrarkredit

Zur Beschaffung von Krediten für die Landwirtschaft und Ernährungswirtschaft (einschl. Forstwirtschaft und Fischerei) wurde durch Ges. vom 11. 5. 1949 die *Landwirtschaftliche Rentenbank* errichtet. Sie gewährt verzinsliche Darlehen an *Kreditinstitute* der Landwirtschaft und an Unternehmen, deren Geschäftsbetrieb für die inländische landwirtschaftliche Erzeugung, Vorratshaltung und den Absatz von allgemeiner Bedeutung ist. Die Kredite sollen in erster Linie die landwirtschaftliche Erzeugung fördern. Die Bank kann *Inhaberschuldverschreibungen* ausgeben. Der Kapitalkreditbeschaffung für landwirtschaftliche Pächter dient das *Pachtkreditgesetz* i. d. F. vom 5. 8. 1951 (BGBl. I 494) m. spät. Änd.

Die *Landwirtschaftliche Rentenbank* ist Anstalt des öffentlichen Rechts, ebenso wie die *Deutsche Genossenschaftsbank,* die gleichfalls die Kreditbeschaffung für die Landwirtschaft betreibt, aber auch die gewerblichen, Konsum- und Wohnungsbaugenossenschaften betreut. Beide sind durch Ges. vom 11. 5. 1949 (WiGBl. 75, 77) gegründet worden (jetzt i. d. F. vom 15. 7. 1963, BGBl. I 465, bzw. 22. 12. 1975, BGBl. I 3171) m. spät. Änd. und haben ihren Sitz in Frankfurt a. M. Nach dem Gesetz über die *Rentenbankgrundschuld* vom 11. 5. 1949 (WiGBl. 79) erlosch die Haftung des im Bundesgebiet befindlichen Vermögens der Landw. Rentenbank für die Verbindlichkeiten aus den Rentenbankscheinen und aus den Rentenbriefen. Jedoch blieb die Belastung der dauernd land-, forstwirtschaftlichen oder gärtnerischen Zwecken dienenden Grundstücke nach der Rentenbankverordnung vom 15. 10. 1923 (RGBl. I 963) und dem Gesetz über die Liquidierung des Umlaufs von Rentenbankscheinen i. d. F. der Verordnung vom 1. 12. 1930 (RGBl. I 517, 592) als *Reallast (Rentenbankgrundschuld)* zugunsten der Landwirtschaftlichen Rentenbank bestehen. Die Rentenbankgrundschuld wird nicht in das Grundbuch eingetragen und geht allen Lasten im Rang vor. Sie ist unkündbar und nicht abtretbar, unterliegt jedoch der Pfändung. Bei Zwangsversteigerung bleibt sie bestehen, auch wenn sie bei Feststellung des geringsten Gebots nicht berücksichtigt wird. Befreit waren Grundstücke im Eigentum von Personen mit geringem Grundbesitz und von öffentlich-rechtlichen Körperschaften, Religionsgemeinschaften oder gesetzlichen Berufsvertretungen.

Über die *Deutsche Siedlungs- und Landesrentenbank* vgl. 824.

Nach dem *Pachtkreditgesetz* kann der Pächter eines landwirtschaftlichen Grundstücks an dem ihm gehörenden Inventar einem zugelassenen Kreditinstitut zur Sicherung eines ihm gewährten Darlehens ein *Pfandrecht ohne Besitzübertragung* (vgl. 340) bestellen. Erforderlich ist Einigung zwischen Pächter und Gläubiger über die Bestellung des Pfandrechts und Niederlegung des *schriftlichen* Verpfändungsvertrages beim zuständigen Amtsgericht.

829. Das Lebensmittelrecht

I. Zweck der lebensmittelrechtlichen Bestimmungen

Das Lebensmittelrecht bezweckt, den Verbraucher vor *gesundheitlicher Schädigung* durch Lebensmittel oder Bedarfsartikel zu bewahren und ihn vor Übervorteilung zu schützen.

II. Das Lebensmittel- und Bedarfsgegenständegesetz

vom 8. 7. 1993 (BGBl. I 1169) m. spät. Änd. ist das Kernstück des Lebensmittelrechts.

Lebensmittel i. S. des Gesetzes sind alle Stoffe, die dazu bestimmt sind, in unverändertem, zubereitetem oder verarbeitetem Zustand von Menschen verzehrt zu werden, soweit nicht der Verzehr anderen als Ernährungs- oder Genußzwecken dient (§ 1). Das Gesetz erfaßt ferner *Tabakerzeugnisse* und kosmetische Mittel (§§ 3, 4) sowie die in § 5 bezeichneten *Bedarfsgegenstände.* Es verbietet, Lebensmittel so herzustellen oder zu behandeln, daß ihr Verzehr *gesundheitsschädlich* wirken kann, sowie Stoffe, die solche Folgen haben können, als Lebensmittel in Verkehr zu bringen (§ 8). Entsprechende Vorschriften gelten für Tabakerzeugnisse, kosmetische Mittel und sonstige Bedarfsgegenstände (§§ 20ff., 24ff., 30ff.). Das gewerbsmäßige Inverkehrbringen gesundheitsschädlicher oder nachgemachter Lm. oder unter irreführender Bezeichnung oder Aufmachung sowie irreführende Werbung sind verboten (§§ 17, 23, 27). Zusatzstoffe zu Lm. dürfen nur in dem zugelassenen Umfang verwendet werden; auch die Strahlenbehandlung ist eingeschränkt (§§ 11–13). Der BMG kann gemeinsam mit dem BML Vorschriften zum Schutz der Gesundheit und gegen Täuschung erlassen und bei Versorgungsgefährdung, für Sonderverpflegung von Soldaten usw. Ausnahmen zulassen (§§ 36, 37). Eine Kommission stellt Leitsätze über Herstellung und Beschaffenheit verkehrsfähiger Lm. auf; diese werden im „Deutschen Lebensmittelbuch" zusammengestellt (§§ 33, 34). Vor dem Erlaß von VOen soll ein jeweils auszuwählender Kreis von Sachkennern aus Wissenschaft, Verbraucherschaft und Wirtschaft gehört werden (§ 39).

Die Überwachungsorgane haben das Recht zu Besichtigungen und Prüfungen und zur Entnahme von Proben (§§ 41ff.). Die Zuständigkeit der Behörden bestimmt sich nach Landesrecht (§ 40).

Zuwiderhandlungen sind i. d. R. als Vergehen strafbar. Neben der Strafe ist Einziehung beanstandeter Gegenstände zulässig. §§ 51ff.

Nach § 47 besteht für nicht den lebensmittelrechtlichen Bestimmungen entsprechende Lebensmittel und Bedarfsgegenstände ein *Einfuhrverbot.* § 47a enthält Ausnahmevorschriften für die Einfuhr von Erzeugnissen aus Mitgliedstaaten der Europäischen Gemeinschaft.

Zu Höchstmengen an Pflanzenschutz- und Schädlingsbekämpfungsmitteln bei Lebensmitteln s. 827 I 2.

III. Lebensmittelrechtliche Verordnungen

Im Lebensmittelrecht sind zahlreiche Verordnungen ergangen. Die wichtigsten sind (nach einem Stichwort alphabetisch geordnet):

Aroma: AromenVO vom 22. 12. 1981 (BGBl. I 1625) m. spät. Änd.;

Bedarfsgegenstände: BedarfsgegenständeVO vom 10. 4. 1992 (BGBl. I 866) m. spät. Änd.;

Bestrahlung: Lebensmittel-Bestrahlungs-VO vom 19. 12. 1959 (BGBl. I 761) m. spät. Änd.;

Bier: BierVO v. 2. 7. 1990 (BGBl. I 1332) m. spät. Änd.;

Diät: DiätVO i. d. F. vom 25. 8. 1988 (BGBl. I 1713) m. spät. Änd.;

Eiprodukte: Eiprodukte-VO vom 17. 12. 1993 (BGBl. I 2288) m. spät. Änd.;

Fisch: Fisch-VO vom 8. 8. 1988 (BGBl. I 1570); Fischhygiene-VO vom 31. 3. 1994 (BGBl. I 737);

Fleisch: Fleisch-VO i. d. F. vom 21. 1. 1982 (BGBl. I 89) m. spät. Änd. und Fleischhygiene-VO i. d. F. vom 21. 5. 1997 (BGBl. I 1138);

Fruchtsaft: Fruchtsaft-VO i. d. F. vom 17. 2. 1982 (BGBl. I 1939) m. spät. Änd.;

Hackfleisch: Hackfleisch-VO vom 10. 5. 1976 (BGBl. I 1186) m. spät. Änd.;
Kaffee: KaffeeVO vom 12. 2. 1981 (BGBl. I 225) m. spät. Änd.;
Kakao: KakaoVO vom 30. 6. 1975 (BGBl. I 1760) m. spät. Änd.;
Käse: Käse-VO i. d. F. vom 14. 4. 1986 (BGBl. I 412) m. spät. Änd.;
Kennzeichnung: Lebensmittel-KennzeichnungsVO i. d. F. vom 6. 9. 1984 (BGBl. I 1221) m. spät. Änd.; VO über die Kennzeichnung von Tabakerzeugnissen und über Höchstmengen von Teer im Zigarettenrauch vom 29. 10. 1991 (BGBl. I 2053) m. spät. Änd.; Los-KennzeichnungsVO vom 23. 6. 1993;
Konfitüren: KonfitürenVO vom 26. 10. 1982 (BGBl. I 1434) m. spät. Änd.;
Kosmetik: Kosmetik-VO i. d. F. vom 19. 6. 1985 (BGBl. I 1082) m. spät. Änd.;
Lebensmittel: LebensmittelhygieneVO vom 5. 8. 1997 (BGBl. I 2008);
Milch: MilchVO vom 24. 4. 1995 (BGBl. I 544) m. spät. Änd.;
Mineralwasser: Mineral- und Tafelwasser-VO vom 1. 8. 1984 (BGBl. I 1036) m. spät. Änd.;
Nährwert: Nährwert-KennzeichnungsVO vom 25. 11. 1994 (BGBl. I 3526);
Schadstoffe: Schadstoff-HöchstmengenVO vom 23. 3. 1988 (BGBl. I 422);
Tabak: Tabak-VO vom 20. 12. 1977 (BGBl. I 2831) m. spät. Änd.; zur Kennzeichnung von Tabakerzeugnissen s. Stichwort „Kennzeichnung";
Tiefgefrorene Lebensmittel: VO über tiefgefrorene Lebensmittel vom 29. 10. 1991 (BGBl. I 2051);
Trinkwasser: TrinkwasserVO vom 5. 12. 1990 (BGBl. I 2612) m. spät. Änd.;
Vitaminisierung: VO über vitaminisierte Lebensmittel vom 1. 9. 1942 (RGBl. I 538) m. spät. Änd.;
Zucker: ZuckerartenVO vom 8. 3. 1976 (BGBl. I 502) m. spät. Änd.;
Zusatzstoffe: Zusatzstoff-VerkehrsVO vom 10. 7. 1984 (BGBl. I 897) m. spät. Änd. und Zusatzstoff-ZulassungsVO vom 22. 12. 1981 (BGBl. I 1625) m. spät. Änd.

IV. Weitere lebensmittelrechtlich bedeutsame gesetzliche Regelungen

sind z. B. das *Fleischhygienegesetz* i. d. F. vom 8. 7. 1993 (BGBl. I 1190), das *Geflügelfleischhygienegesetz* i. d. F. vom 17. 7. 1996 (BGBl. I 991), das *Milch- und Margarinegesetz* vom 25. 7. 1990 (BGBl. I 1471) m. spät. Änd., das *Hopfengesetz* vom 21. 10. 1996 (BGBl. I 1530) und das Vorläufige Biergesetz v. 29. 7. 1993 (BGBl. I 1399).

Der Durchführung der EWG-VO über Bescheinigungen besonderer Merkmale von Agrarerzeugnissen und Lebensmitteln dient das *Lebensmittelspezialitätengesetz* vom 29. 10. 1993 (BGBl. I 1814).

Durch das *Säuglingsnahrungswerbegesetz* vom 10. 10. 1994 (BGBl. I 2846) wird die Werbung für Säuglingsnahrung und Folgenahrung eingeschränkt, insbes. wird jede Werbung verboten, die darauf gerichtet ist, vom Stillen abzuhalten.

830. Energiewirtschaft

Nach dem *Energiewirtschaftsgesetz* vom 13. 12. 1935 (RGBl. I 1451) m. spät. Änd. untersteht die Energiewirtschaft (Elektrizitäts- und Gasversorgung) der Aufsicht des Bundes.

Der BMWi kann von den Energieversorgungsunternehmen jede Auskunft über technische und wirtschaftliche Verhältnisse verlangen. Die Unternehmen haben jede Erweiterung oder Stillegung anzuzeigen; sie haben ihre allgemeinen Bedingungen und Tarife bekanntzugeben und sind verpflichtet, zu diesen Bedingungen jedermann an ihr Versorgungsnetz anzuschließen und zu versorgen (allg. *Anschluß- und Versorgungspflicht,* § 6). In besonderen Fällen besteht ein Untersagungsrecht (§ 8). Auf Antrag eines *Versorgungsunternehmens* kann der BMWi die Enteignung oder Beschränkung von Grundeigentum für zulässig erklären (§ 11). Die Befolgung seiner Anordnungen kann durch *Zwangsgeld* oder *unmittelbaren Zwang* durchgesetzt werden (§ 15). Der BMWi hat auf Grund des § 7 in einer *Bundestarifordnung Elektrizität* i. d. F. vom 18. 12. 1989 (BGBl. I 2255) bindende Grundsätze für die Tarifbildung durch die Elektrizitätsversorgungsunternehmen, die Möglichkeit von Wahltarifen u. dgl. festgelegt; s. ferner VO'en Allgem. Bedingungen für die Gasversorgung und die Elektrizitätsversorgung von Tarifkunden, beide vom 21. 6. 1979 (BGBl. I 676, 684).

Die Versorgung der Bevölkerung und der Wirtschaft mit Heizöl, Petroleum, Benzin und Dieselkraftstoff soll das *Erdölbevorratungsgesetz* sicherstellen. S. 805 I.

Eine fühlbare Verknappung der Erdölzulieferung entstand im Nov. 1973, weil die erdölfördernden arabischen Staaten die Öllieferungen an nicht proarabische Länder einschränkten, um dadurch im Konflikt mit Israel (932) politischen Druck auszuüben. Die hierdurch hervorgerufene *Krise in der Energieversorgung,* die auch europäische Staaten zu Einschränkungen des Energieverbrauches zwang (für die BRep. u. a. durch das *Energiesicherungsgesetz* 1975 und das *Energieeinsparungsgesetz* 1976; vgl. 805 II), konnte im Verhandlungswege gemildert werden. Zum Schutz gegen künftige Energiekrisen schlossen sich 19 ölverbrauchende Industrienationen im November 1974 im Rahmen der OECD (910 III) zu einer *Internationalen Energie-Agentur (IEA)* zusammen. Diese bildet eine für mehrere Monate ausreichende Reserve, die ggf. nach einem Verteilungsschlüssel auf die Mitglieder aufgeteilt wird; diese treffen ihrerseits Maßnahmen zur Beschränkung der Ölnachfrage. Zur Unterstützung von Staaten, die durch den Ölpreisanstieg in ein Zahlungsdefizit geraten, besteht ein *Beistandsfonds* mit Sonderziehungsrechten, für welche die beteiligten Länder Risikobürgschaften übernehmen. Die IEA umfaßt inzwischen 23 Länder.

Die Suche nach neuen Energiequellen erstreckt sich auf viele Bereiche, die Gegenstand experimenteller Forschung sind, z. B. auf die Ausnutzung der *Sonnenenergie* oder der im Erdinnern gespeicherten Wärmemengen *(Geothermik),* ferner auf die Gewinnung von *thermischer Energie* aus der sonnengewärmten Oberfläche der Ozeane und die Verwertung von Abfallstoffen, wärmespeichernden Pflanzen und anderem organischen Material zur Wärmegewinnung *(Biokonversion).* Die Erschließung neuer Energiequellen war auch der Hauptgegenstand der im Aug. 1981 in Nairobi abgehaltenen, von 154 Staaten beschickten *Welt-Energie-Konferenz* der UNO. In der BRep. regelt das Ges. über die Einspeisung von Strom aus erneuerbaren Energien in das öffentliche Netz *(Stromeinspeisungsgesetz)* vom 7. 12. 1990 (BGBl. I 2633) m. spät. Änd. die Abnahme und Vergütung von Strom, der ausschließlich aus Wasserkraft, Windkraft, Sonnenenergie, Deponie- oder Klärgas u. ä. gewonnen wird.

Die Energiekrise wirkte sich anderseits günstig auf den *Steinkohlenbergbau* aus, bei dem sich seit 1958 vor allem infolge Umstellung der Energiewirtschaft auf Elektrizität und Ölfeuerung erhebliche Absatzstockungen einstellten. Diesen sucht das Gesetz zur Förderung der *Rationalisierung* im Steinkohlenbergbau vom 29. 7. 1963 (BGBl. I 549) m. spät. Änd. durch den „Rationalisierungsverband des Steinkohlenbergbaus" (bundesunmittelbare Körperschaft des öffentl. Rechts) zu begegnen. Er wirkt auf wirtschaftliche Zusammenfassung von Steinkohlenbergwerken und ausgleichende Maßnahmen bei der *Stillegung* durch Gewährung von Darlehen, Bürgschaften und Prämien und Finanzierungshilfen hin. Unternehmen des Steinkohlenbergbaues sind gehalten, Produktionskapazität und -stand, Zahl der Arbeitnehmer, Entlassungen usw. dem BMWi in Zeitabständen zu melden (Ges. vom 19. 12. 1977, BGBl. I 2753). S. a. *Gesetz über steuerliche Maßnahmen bei Stillegung von Steinkohlenbergwerken* vom 11. 4. 1967 (BGBl. I 403). Der *Absatzförderung* dienen dagegen die Gesetze zur Förderung der Verwendung von Steinkohle in Kraftwerken vom 12. 8. 1965 (BGBl. I 777) und zur Sicherung des Steinkohleneinsatzes in der Elektrizitätswirtschaft vom 5. 9. 1966 (BGBl. I 545). Andererseits soll zur Sicherung der Elektrizitätsversorgung der Anteil der Gemeinschaftskohle, der zur Erzeugung von Elektrizität und Fernwärme in Kraftwerken dient, auf einer bestimmten Höhe gehalten werden. Mehrkosten, die durch den Kohleeinsatz gegenüber der Verwendung von Heizöl entstehen, werden aus einem Ausgleichsfonds erstattet, dem auch Zuschüsse entnommen werden können (3. *Verstromungsgesetz* i. d. F. vom 19. 4. 1990, BGBl. I 917) m. spät. Änd. Im Interesse einer sicheren Elektrizitätsversorgung erhalten die Bergbauunternehmen bis zum Jahr 2005 Mittel aus dem Bundeshaushalt (5. Verstromungsgesetz 1996 vom 12. 12. 1995, BGBl. I 1639).

831. Groß- und Einzelhandel

I. Als *Großhandel (Engroshandel)*

bezeichnet man den Teil des Handels, der als Vermittler zwischen den verschiedenen Absatzstufen (Handel mit Roh- und Hilfsstoffen bzw. Halbfabrikaten oder Lieferung fertiger Waren an den letzten Verkäufer, den *Einzelhandel)* tätig ist. Für die Zuordnung zum Großhandel ist nicht der Umfang des Geschäfts, sondern seine Art maßgebend. Beim Großhandel mit *Fertigwaren* unterscheidet man:

a) den *Spezial-Grossisten* oder Verteilergroßhändler, der in Mengen Fertigwaren bestimmter Arten bezieht und dem Einzelhändler die benötigten Mengen zuleitet, und
b) den *Engros-Sortimenter,* der die bezogenen Mengen zu Warensortimenten (*Kollektionen)* zusammenstellt und an den Einzelhandel liefert.

II. *Einzelhandel* betreibt,

a) wer *gewerbsmäßig* Waren anschafft und sie unverändert oder nach im Einzelhandel üblicher Be- oder Verarbeitung in einer oder mehreren *offenen* Verkaufsstellen zum Verkauf an jedermann *feilhält;*
b) wer gewerbsmäßig zum Verkauf an jedermann in einer oder mehreren Verkaufsstellen Muster oder Proben zeigt, um *Bestellungen auf Waren* entgegenzunehmen;
c) wer gewerbsmäßig zum Verkauf an jedermann Waren versendet, die nach Katalog, Mustern, Proben oder auf Grund eines sonstigen Angebots bestellt sind (*Versandhandel)*.

Die Regelung des Einzelhandels richtet sich nach den allgemeinen gewerberechtlichen Grundsätzen (s. 183). Sonderregelungen gelten für den Arzneimittelhandel (s. Art. 9 Nr. 3 des ArzneimittelG, s. 184 III 3, und VO über den Nachweis der Sachkenntnis im Einzelhandel mit freiverkäuflichen Arzneimitteln vom 20. 6. 1978, BGBl. I 753). S. ferner die BetriebsVO für Arzneimittelgroßhandelsbetriebe vom 10. 11. 1987 (BGBl. I 2370).

Über Sondervorschriften für *Angehörige von EWG-Ländern* vgl. 1. DV Niederlassungsfreiheit EWG vom 14. 5. 1971 (BGBl. I 677) m. spät. Änd.

832. Wirtschaftliche Organisationen und Verbände

Zur Wahrung gemeinsamer Interessen auf wirtschaftlichem Gebiet bestehen Zusammenschlüsse, die teils staatlicherseits angeordnet sind (Zwangszusammenschlüsse), teils sich als freiwillige Vereinigungen gebildet haben („selbstgewachsene" Gebilde).

I. *Zwangszusammenschlüsse* sind folgende Organisationen:

1. die *Industrie- und Handelskammern*. Sie stellen einen bezirklichen Zusammenschluß der Gewerbetreibenden aller Wirtschaftszweige (mit Ausnahme des Handwerks) dar und nehmen die allgemeinen Belange der Kaufmannschaft wahr (vgl. 833);
2. die *Handwerkskammern* als bezirkliche Zusammenschlüsse der handwerklich Tätigen zur Wahrnehmung gemeinsamer Interessen (vgl. 834);
3. die *Landwirtschaftskammern,* die seit 1894 als berufsständische Vereinigungen zur Wahrnehmung der Belange der Land- und Forstwirtschaft ihres Bezirks errichtet wurden.

Zwangsmitgliedschaft besteht auch bei den *Arbeitskammern,* die jedoch bisher nur in Bremen (Arbeitnehmerkammern; Ges. vom 3. 7. 1956, SaBremR 70-c-1, m. spät. Änd.) und im Saarland (Ges. vom 5. 7. 1967 i. d. F. vom 8. 4. 1983, ABl. 261) errichtet worden sind. Auch sie sind Körperschaften öffentlichen Rechts. Sie haben die Aufgabe, die Interessen der Arbeitnehmer im Einklang mit dem Gemeinwohl zu fördern und Behörden und Gerichte in Fachfragen zu beraten. Ihnen obliegt ferner die Beratung, Schulung und Weiterbildung ihrer Mitglieder sowie deren wirtschafts- und berufspolitische Betreuung.

II. *Freiwillige Zusammenschlüsse*

Auf Grund freiwilligen Zusammenschlusses bestehen zahlreiche Fachverbände, Berufsvereinigungen und Unternehmergruppen. In den meisten Ländern der BRep. nehmen Bauernverbände die beruflichen Interessen der Landwirte wahr. Der Verband der Landwirtschaftskammern, der Deutsche Bauernverband, der Deutsche Raiffeisenverband mit den ländlichen Genossenschaften und die Deutsche Landwirtschafts-Gesellschaft sind im *Zentralausschuß der Deutschen Landwirtschaft* (Sitz: Bonn) zusammengeschlossen.

Durch Beschluß des BVerfG vom 19. 12. 1962 (NJW 1963, 195) ist festgestellt, daß die *Pflichtmitgliedschaft* zu den Industrie- und Handelskammern nicht gegen das GG, insbesondere Art. 9 GG (Vereinigungsfreiheit), verstößt, weil diese Kammern legitime öffentliche Aufgaben zu erfüllen haben.

In der Regel ist jeder Unternehmer nicht nur Mitglied seiner Kammer, sondern wenigstens eines Fachverbandes, einer Berufsvereinigung oder Unternehmerorganisation. Die sozialpolitischen Belange werden von den *Arbeitgeberorganisationen* (s. 605, 634), den *Innungen* (s. 834) und *Fachverbänden* wahrgenommen. Diese stärken außerdem das Zusammengehörigkeitsgefühl und beraten ihre Mitglieder. Gleich den Kammern, welche die Gesamtinteressen der in ihnen vereinigten Berufe zu vertreten haben, nehmen die freiwilligen Zusammenschlüsse in ihrem Bereich die Belange der Wirtschaft wahr, die sie insbesondere auch bei der Gesetzgebung zur Geltung zu bringen suchen.

Die *Spitzenverbände* des Handels, der Industrie, des Handwerks, des Verkehrsgewerbes, der Versicherungen, Banken und Sparkassen sind im *Gemeinschaftsausschuß der Deutschen Gewerblichen Wirtschaft* (Sitz: Bonn) zusammengeschlossen, der sich mit grundsätzlichen und gemeinsam interessierenden Fragen befaßt (z. B. Steuer-, Verkehrs-, Wettbewerbsfragen).

Zusammenschlüsse des *Groß- und Außenhandels* bestanden schon zu Beginn des 20. Jahrh. Nach dem 1. Weltkrieg bildeten sich auf fast allen Fachgebieten eigene Berufsvertretungen, die sich im *Reichsverband des deutschen Groß- und Einzelhandels* zusammenschlossen. Nach 1933 wurden die Organisationen der gewerblichen Wirtschaft mit *Zwangsmitgliedschaft* ausgestattet, der Ernährungsgroßhandel aber dem *Reichsnährstand* zugeteilt. Ab 1945 entwickelte sich das Verbandswesen in den drei westlichen Besatzungszonen unterschiedlich; es bildete sich eine Arbeitsgemeinschaft der *Zonenverbände,* aus der die jetzige Spitzenvertretung, der *Bundesverband des Deutschen Groß- und Außenhandels* e. V. in Bonn, hervorgegangen ist. Er umfaßt alle *Landesverbände* und nennenswerten *Fachverbände* im gewerblichen und im Ernährungssektor. Die Landes- und Bundesfachverbände des *Einzelhandels* sind in der *Hauptgemeinschaft des Deutschen Einzelhandels* in Köln zusammengeschlossen.

Über die *Bundesvereinigung der Dt. Arbeitgeberverbände* als der sozialpolitischen Spitzenorganisation vgl. 634. Weiter besteht als Spitzenorganisation der *Bundesverband der Deutschen Industrie* mit dem Sitz in Köln. Ihm gehören Fachverbände und -gemeinschaften an, die in Landesverbände oder -gruppen gegliedert sind.

Allgemeine Organisationen des selbständigen Unternehmertums sind:

a) die *Arbeitsgemeinschaft selbständiger Unternehmer* (ASU), die sich 1950 in Bonn konstituiert hat, um, ohne Konkurrenz zu Fach- oder Arbeitgeberverbänden, gegenseitigen Gedankenaustausch über die vielfältigen Fragen der Unternehmens-, Betriebs- und Menschenführung zu ermöglichen;

b) der *Bundesverband Junger Unternehmer* (BJU; der ASU angeschlossen, aber selbständig). Er umfaßt vornehmlich (bis zu 40 Jahre alte) Inhaber kleiner oder mittlerer Unternehmen. Er steht mit den Industrie- und Handelskammern und anderen Organisationen der gewerblichen Wirtschaft in Verbindung und hat sich als besondere Aufgabe gestellt, den unternehmerischen Nachwuchs heranzubilden.

Das *Institut der deutschen Wirtschaft (IW)* in Köln hat die Aufgabe, gemeinsame Auffassungen und Ziele der unternehmerischen Wirtschaft auf wissenschaftlicher Grundlage insbesondere der Öffentlichkeit gegenüber zu vertreten. Mit Untersuchungen zu jeweils aktuellen Fragen der Bildungs-, Gesellschafts-, Wirtschafts-, Sozial- und Medienpolitik und deren publizistischen Umsetzung leistet es einen Beitrag zur Sicherung und Fortentwicklung einer freiheitlichen Wirtschafts- und Gesellschaftsordnung. Getragen wird das Institut von 38 wirtschafts- und sozialpolitischen Fachspitzenverbänden als ordentliche Mitglieder und rd. 70 Fach- und Regionalverbänden sowie Unternehmen aus allen Bereichen der Wirtschaft als außerordentliche Mitglieder.

833. Die Industrie- und Handelskammern

sind Körperschaften des öffentlichen Rechts; ihnen gehören kraft Gesetzes alle zur Gewerbesteuer veranlagten natürlichen Personen, Handelsgesellschaften und juristischen Personen des privaten und öffentlichen Rechts an *(Pflichtmitgliedschaft),* die im Bezirk der Kammer eine gewerbliche Niederlassung, eine Betriebsstätte oder eine Verkaufsstelle unterhalten (Kammerzugehörige). Für die in der Handwerksrolle und im Handelsregister eingetragenen Firmen ist die Mitgliedschaft freiwillig.

Aufgabe der IuH-Kammern ist, die Gesamtinteressen der ihnen zugehörigen Gewerbetreibenden wahrzunehmen, für die Förderung der gewerblichen Wirtschaft zu wirken und dabei die wirtschaftlichen Interessen einzelner Gewerbezweige oder Betriebe abwägend und ausgleichend zu berücksichtigen. Dabei obliegt ihnen insbesondere, durch Vorschläge, Gutachten und Berichte die Behörden zu unterstützen und zu beraten sowie für Wahrung von *Anstand und Sitte des ehrbaren Kaufmanns* zu wirken. Durch Gesetz zur vorläufigen Regelung des Rechts der IuH-Kammern vom 18. 12. 1956 (BGBl. I 920) ist eine einheitliche Regelung geschaffen worden.

Die IuH-Kammern sind auf Landesebene in *Arbeitsgemeinschaften* bzw. *Kammervereinigungen* und auf Bundesebene im *Deutschen Industrie- und Handelstag* mit dem Sitz in Bonn zusammengeschlossen. Diese bereits 1861 gegründete Spitzenorganisation betreut auch die deutschen *Auslandshandelskammern,* freie Vereinigungen von Kaufleuten der BRep. und eines ausländischen Staates, die nach Satzung, Funktion und Zusammensetzung ihren Mitgliedern und den beteiligten Volkswirtschaften durch Außenhandelsförderung (vgl. 811) als ehrliche Makler dienen wollen.

Die IuH-Kammern vertreten im Gegensatz zu den wirtschaftlichen *Fachverbänden* (vgl. 832) nicht Einzel- oder Sonderinteressen, sondern haben die allgemeinen Belange der Kaufmannschaft wahrzunehmen. Sie geben für Behörden und Gerichte Gutachten und Stellungnahmen ab und beraten und betreuen im Rahmen ihrer allgemeinen Aufgaben ihre Mitglieder in allen wirtschaftlichen Fragen. Die IuH-Kammern führen die Verzeichnisse der *Berufsausbildungsverhältnisse* für kaufmännisch oder gewerblich Auszubildende (607) und nehmen die Abschlußprüfungen der Auszubildenden ab. Sie unterhalten ferner *Einigungsämter* für Streitigkeiten im Wettbewerb (geregelt durch Verordnungen der Länder).

In der BRep. bestehen z. Z. 83 IuH-Kammern. Die Zahl der deutschen Auslandshandelskammern beträgt 43.

Der *Deutsche IuH-Tag* war ursprünglich ein loser Zusammenschluß und wurde dann die Spitzenorganisation der IuH-Kammern. Wie diese hat er ein Präsidium mit Präs., 2 stellvertretenden Vizepräs. und bis zu 21 weiteren Mitgliedern, einen Hauptausschuß und 18 Fachausschüsse. Die Geschäftsführung des Deutschen IuH-Tages gliedert sich in die Hauptgeschäftsführung und 11 Fachabteilungen.

834. Innungen, Kreishandwerkerschaften und Handwerkskammern

Gesetzliche Grundlage für die Handwerksausübung und für das handwerkliche Organisationsrecht ist die *Handwerksordnung* (HwO) i. d. F. vom 28. 12. 1965 (BGBl. I 1) m. spät. Änd. (s. insbes. vom 20. 12. 1993, BGBl. I 2256). Voraussetzung für die Ausübung eines Handwerks als stehendes Gewerbe ist die Eintragung in die *Handwerksrolle.* Für die Eintragung in die Handwerksrolle wird grundsätzlich das Bestehen der Meisterprüfung oder einer gleichwertigen Prüfung verlangt (§ 7 HwO); über Ausnahmebewilligungen vgl. §§ 8, 9 HwO sowie VOen über die Anerkennung von Prüfungen vom 26. 6. 1981 (BGBl. I 596) m. spät. Änd. sowie VO vom 2. 11. 1982 (BGBl. I 1475); für Angehörige der EWG-Länder vgl. VO vom 4. 8. 1966 (BGBl. I 469) m. spät. Änd. Die Handwerksordnung unterscheidet in ihrer Anlage A bei den Handwerksberufen sieben Gruppen (Bau- und Ausbaugewerbe; Elektro- und Metallgewerbe; Holzgewerbe; Bekleidungs-, Textil- und Ledergewerbe; Nahrungsmittelgewerbe; Gewerbe für Gesundheits- und Körperpflege sowie Chemische- und Reinigungsgewerbe; Glas-, Papier-, keramische und sonstige Gewerbe).

Selbständige Handwerker des gleichen Handwerks oder solcher Handwerke, die sich fachlich oder wirtschaftlich nahestehen, können sich zur Förderung ihrer gemeinsamen gewerblichen Interessen innerhalb eines bestimmten Bezirks zu einer *Handwerksinnung* (Körperschaft des öffentlichen Rechts) zusammenschließen. Zum Teil bedient sich der Staat der Handwerksinnung zur Erfüllung öffentlicher Aufgaben und überträgt ihr zu diesem Zweck Hoheitsgewalt. Zu solchen öffentlichen Aufgaben zählt u. a. die Regelung und Überwachung der Lehrlingsausbildung, die Abnahme der Gesellenprüfung, die Errichtung von Gesellenprüfungsausschüssen und die Durchführung der von der Handwerkskammer erlassenen öffentlich-rechtlichen Vorschriften. Daneben fallen den Innungen weitere Pflichtaufgaben zu, bei denen es ihnen aber im Einzelfall gestattet ist, aus wichtigem Grund von der Durchführung entsprechender Maßnahmen abzusehen. Dazu zählen z. B. Maßnahmen zur Erhöhung der Wirtschaftlichkeit der Betriebe und zur Verbesserung der Arbeitsweise und der Betriebsführung. Schließlich hat die Innung auch noch Aufgaben, deren Wahrnehmung ihr freigestellt ist. Dazu zählt z. B. die Möglichkeit zum Abschluß von Tarifverträgen und die Einrichtung von Schlichtungsstellen zur Beilegung von Streitigkeiten zwischen den Innungsmitgliedern und ihren Auftraggebern.

Die Innungen können als sog. Trägerinnungen eine eigene Krankenkasse *(Innungskrankenkasse)* bilden. Im Interesse eines guten Verhältnisses zwischen den Innungsmitgliedern und den bei ihnen beschäftigten Gesellen wird ein Gesellenausschuß errichtet, der bei bestimmten Fragen, insbesondere bei der Lehrlingsausbildung ein Beteiligungsrecht hat.

Die Innungen (§§ 52–78 HwO) sind fachlich gegliedert und arbeiten i. d. R. auf Kreisebene. Die Innungen sind in der Regel in Landes- und Bundesinnungsverbänden zusammengefaßt (§§ 79–85 HwO) unter bestimmten Voraussetzungen sind auch Landesinnungen bzw. Bundesinnungen zulässig. Die gegenwärtig 7219 Innungen sind auf Bundesebene in 52 Zentralfachverbänden organisiert. Diese sind Mitglied bei der Bundesvereinigung der Fachverbände des Deutschen Handwerks, die ihrerseits dem Zentralverband des Deutschen Handwerks mit Sitz in Bonn angehört.

Sämtliche Innungen eines Land- oder Stadtkreises bilden kraft Gesetzes die *Kreishandwerkerschaft* (§§ 86–89 HwO). Sie nehmen als regional zuständige überfachliche Handwerksorganisation die Gesamtinteressen des selbständigen Handwerks und des handwerksähnlichen Gewerbes sowie die Interessen der Handwerksinnungen ihres Bezirks wahr. Im wesentlichen unterstützen sie die Handwerksinnungen bei der Erfüllung ihrer Aufgaben und führen deren Geschäfte, wenn sie keine eigene Geschäftsführung haben.

Die Vertretung der Interessen des Handwerks auf überörtlicher Ebene obliegt den *Handwerkskammern* (Körperschaften des öffentlichen Rechts) mit Pflichtmitgliedschaft (§§ 90–116). Nach der Gesetzesdefinition (§ 90 Abs. 2 HwO) gehören zur Handwerkskammer die selbständigen Handwerker und die Inhaber handwerksähnlicher Betriebe des Kammerbezirks sowie die Gesellen und Lehrlinge dieser Gewerbetreibenden. Die Handwerkskammern werden von den obersten Landesbehörden (Landeswirtschaftsministerien) errichtet. Diese bestimmen deren Bezirk, der sich in der Regel mit dem der höheren Verwaltungsbehörde (Regierungsbezirk) decken soll. Die Handwerkskammern haben die Interessen des Gesamthandwerks ihres Bezirkes wahrzunehmen. Zu ihren Aufgaben zählt insbesondere die Führung der Handwerksrolle, in welche die selbständigen Handwerker eingetragen werden (VO über die Einrichtung der Handwerksrolle und den Wortlaut der Handwerkskarte vom 2. 3. 1967, BGBl. I 274). Sie regelt die Prüfungsordnungen und die Berufs- (Lehrlings-)-ausbildung, bestellt und vereidigt Sachverständige, erstattet Gutachten, erteilt Auskünfte an Gerichte und Behörden und führt die Aufsicht über die Kreishandwerkerschaften und Innungen ihres Bezirks. In der Bundesrepublik gibt es 56 Handwerkskammern. Sie sind im Deutschen Handwerkskammertag (DHKT) zusammengeschlossen, der ebenfalls dem Zentralverband des Deutschen Handwerks angehört.

Die Betriebe mit einem *handwerksähnlichen Gewerbe* (Anlage B zur HwO mit einer im wesentlichen Vollhandwerken der Anlage A entsprechenden Gruppeneinteilung) sind ebenfalls Mitglied bei der Handwerkskammer. Die Ausübung dieser Gewerbe ist nicht an die Zulassungsvoraussetzungen der für die Anlage A geltenden Handwerksberufe geknüpft. Die handwerksähnlichen Gewerbe unterliegen lediglich einer Anzeigepflicht bei der Handwerkskammer. Die Handwerksordnung findet nur in beschränktem Umfang Anwendung (vgl. §§ 18–20).

Zur Darstellung des Verlaufs und der Struktur der wirtschaftlichen Tätigkeit im Handwerk werden vierteljährliche Erhebungen und, im Abstand von acht bis zehn Jahren, beginnend 1995, Zählungen durchgeführt (*Handwerkstatistikgesetz* – HwStatG vom 7. 3. 1994, BGBl. I 417).

Das Handwerk umfaßte 1994 in Deutschland 127 Fachberufe und 40 handwerksähnliche Gewerbe mit insgesamt 672613 Betrieben und ca. 6085000 Beschäftigten und einem Gesamtumsatz von rund 800 Mrd DM.

Wegen der Altersversorgung für das deutsche Handwerk vgl. 665, über Handwerkslehrlinge s. 607, über das Verbot von Schwarzarbeit s. 615.

835. Wirtschaftskonzentration. Kartellwesen

I. *Wirtschaftskonzentrationen (Auswirkungen, Formen)*

Der Zusammenschluß wirtschaftlicher Unternehmungen kann, wenn er einen erheblichen Teil eines Wirtschaftszweiges erfaßt, unerwünschte Auswirkungen auf die Volkswirtschaft haben. Das gilt insbesondere von *Monopolbildungen* und *Kartellzusammenschlüssen,* die einen gesunden Wettbewerb beeinträchtigen oder ausschließen. Um das zu verhindern, müssen Konzentrationen in der Wirtschaft unterbunden werden, vor allem wenn sie durch die Preisbildung schädliche Folgen für die Verbraucherschaft haben können. Namentlich die *Konzernbildung* kann insofern staatlichen Eingriffen unterliegen.

Der Zusammenschluß mehrerer selbständiger Unternehmungen unter einer einheitlichen wirtschaftlichen Leitung *(Konzern)* oder durch Fusion dient i. d. R.

der *Rationalisierung* oder der Erhöhung der Rentabilität. Man unterscheidet *horizontale* und *vertikale* Konzerne, je nachdem, ob die Konzernbildung mehrere Unternehmen gleicher oder aufeinanderfolgender Produktions- oder Wirtschaftsstufen umfaßt (z. B. mehrere Automobilwerke oder Versicherungsgesellschaften; andererseits Zusammenschluß eines Urproduktionswerkes mit einem Veredelungsbetrieb und einer Verkaufsorganisation). Weiter kann unterschieden werden zwischen *Gleichordnungs-* und *Unterordnungskonzern,* je nachdem, ob den beteiligten Unternehmen gesellschaftsrechtlich die gleiche Rechtsstellung eingeräumt ist oder ob ein oder mehrere Unternehmen von einem anderen beherrscht werden (die „Muttergesellschaft" besitzt die Aktienmehrheit mehrerer „Tochtergesellschaften"). Die häufigsten Formen der Unternehmensverbindung sind die *Interessengemeinschaft* sowie der *Beherrschungsvertrag* und der *Gewinnabführungsvertrag* (vgl. 372 II 1).

Über steuerliche Vorteile wirtschaftlicher Zusammenschlüsse s. 536 (Organschaft), über *Pressekonzentration* s. 392.

II. *Kartellwesen*

Soweit die *Konzernbildung* lediglich innerbetriebliche (produktionstechnische, finanzielle, organisatorische) Zwecke verfolgt, braucht sie sich auf die Gesamtwirtschaft nicht nachteilig auszuwirken. Dagegen widerspricht die Einschränkung des freien Wettbewerbs durch *Kartelle* – oft mit dem Ziel, eine monopolartige Stellung zu erringen – dem Grundgedanken des *Leistungswettbewerbs,* der eine unentbehrliche Triebkraft unseres Wirtschaftslebens ist. Deshalb untersagt das *Gesetz gegen Wettbewerbsbeschränkungen* i. d. F. vom 20. 2. 1990 (BGBl. I 235) m. spät. Änd. – sog. *Kartellgesetz* – grundsätzlich horizontale und vertikale Wettbewerbsbeschränkungen, läßt aber von diesem Verbot zahlreiche Freistellungen und Erlaubnisvorbehalte für bestimmte Sonderfälle zu.

1. *Kartellabreden und andere Bindungen*

Wettbewerbsbeschränkungen durch *Kartellverträge* und *Kartellbeschlüsse,* die geeignet sind, die Erzeugung oder die Marktverhältnisse für den Verkehr mit Waren oder gewerblichen Leistungen durch Beschränkungen des Wettbewerbs zu beeinflussen, sind unwirksam (§ 1). Wer sich über die Unwirksamkeit hinwegsetzt, begeht eine mit Geldbuße bedrohte Ordnungswidrigkeit (§ 38). Es können jedoch *Konditionen-, Rabatt- und Spezialisierungskartelle* nach Anhörung der beteiligten Lieferanten und Abnehmer gebildet werden (§§ 2, 3, 5a, 5b). Sie sind aber *anmeldepflichtig* und nur wirksam, wenn die Kartellbehörde binnen 3 Monaten nicht widerspricht. Zulässig sind ferner Einkaufskooperationen, wenn dadurch der Wettbewerb auf dem Markt nicht wesentlich beeinträchtigt wird und die Wettbewerbsfähigkeit kleiner oder mittlerer Unternehmen verbessert wird (§ 5c). Erlaubnis zu einer Kartellabmachung kann ferner für ein sog. *Strukturkrisenkartell* bei durch Nachfrageänderung eingetretenem Absatzrückgang unter Berücksichtigung der Gesamtwirtschaft und des Gemeinwohls erteilt werden (§ 4). *Wirtschaftliche Rationalisierungskartelle* sind grundsätzlich erlaubnisgebunden (§ 5 Abs. 2–4). Schon durch Anmeldung werden *Normen- und Typenkartelle* (§ 5 Abs. 1) und *Ausfuhrkartelle* ohne Inlandwirkung wirksam; falls diese notwendigerweise zugleich den Inlandsmarkt berühren, sind sie zu genehmigen, sofern nicht inländische Wettbewerbsinteressen entgegenstehen (§ 6). *Importkartelle* können zugelassen werden, wenn die Regelung ausschließlich die Einfuhr betrifft und die deutschen Bezieher keinem wesentlichen Wettbewerb der Anbieter gegenüberstehen (§ 7). Schließlich kann der BMWi zu jeder Kartellbildung die *Erlaubnis* erteilen, wenn ausnahmsweise die Beschränkung des Wettbewerbs aus überwiegenden Gründen der Gesamtwirtschaft und des Gemeinwohls notwendig ist (§ 8).

Alle Kartellverträge und -beschlüsse sind in ein beim *Bundeskartellamt* zu führendes *Kartellregister* einzutragen (§ 9). Sämtliche zugelassenen Kartelle stehen unter Mißbrauchskontrolle und dürfen die von der BRep. in zwischenstaatlichen Abkommen anerkannten Grundsätze über den Verkehr mit Waren oder gewerblichen Leistungen nicht verletzen (§ 12).

Individualverträge, die einen Vertragsbeteiligten in der Freiheit der Gestaltung von Preisen oder Geschäftsbedingungen bei Verträgen mit Dritten über die gelieferten Waren usw. beschränken (sog. *vertikale Bindungen*), sind nichtig (§ 15). Ausnahmen gelten für *Verlagserzeugnisse* (nicht mehr für *Markenwaren,* s. aber § 38a); jedoch können *Preisbindungen* bei mißbräuchlicher Handhabung für unwirksam erklärt werden (§§ 16, 17). *Ausschließlichkeits-* und *Koppelungsklauseln,* wie auch vertikale Absatzbindungen, können für unwirksam erklärt werden, wenn sie die wirtschaftliche Bewegungsfreiheit unbillig einschränken und eine wesentliche Beschränkung des Wettbewerbs auf dem Markt hervorrufen (§ 18). Verträge über Erwerb oder *Benutzung von Patenten, Gebrauchsmustern* oder *Sortenschutzrechten* (Schutz der Erfindung von Pflanzensorten nach dem Sortenschutzgesetz, s. 387 XI) sind unwirksam, soweit sie dem Erwerber oder Lizenznehmer Beschränkungen im Geschäftsverkehr auferlegen, die über den Inhalt des Schutzrechts hinausgehen; jedoch sind Ausnahmen zugelassen (§ 20).

2. Fusionskontrolle

Marktbeherrschende Unternehmen unterliegen bei mißbräuchlicher Ausnutzung ihrer Stellung einem Eingriff der Kartellbehörde (§ 24; *Fusionskontrolle*). Als marktbeherrschend wird ein Unternehmen angesehen, das für eine bestimmte Art von Waren oder gewerbl. Leistungen ohne Wettbewerber oder keinem wesentlichen Wettbewerb ausgesetzt ist oder das eine überragende Marktstellung hat; diese wird bei ⅓ Marktanteil – bei 2–3 Unternehmen bei 50 v. H., bei 4–5 Unternehmen bei ⅔ Marktanteil – kraft Gesetzes vermutet, außer bei begrenzten Umsätzen (§ 22), ebenso bei Zusammenschluß von Unternehmen mit bestimmten hohen Umsätzen (§ 23a). Ein Zusammenschluß von Unternehmen ist anzeigepflichtig, wenn die beteiligten Unternehmen insgesamt im Geschäftsjahr vor dem Zusammenschluß einen Umsatz von mindestens 500 Mio. DM erreichen (§ 23). Hat eines der beteiligten Unternehmen Jahresumsätze von mindestens 2 Mrd. DM oder haben zwei beteiligte Unternehmen Jahresumsätze von jeweils mindestens 1 Mrd. DM, so ist schon das *Vorhaben eines Zusammenschlusses* anzumelden (§ 24a). Eine *Monopolkommission* begutachtet die Entwicklung der Unternehmenskonzentration (§ 24b).

3. Abgestimmte Verhaltensweisen. Verbotene Einzelmaßnahmen

Verboten sind ferner *abgestimmte Verhaltensweisen* mit unzulässiger Kartellwirkung, wettbewerbsbeschränkende Maßnahmen durch Androhen von Nachteilen oder Versprechen von Vorteilen zwecks unzulässiger Bindung (§ 25) sowie Liefer- oder Bezugssperren oder unterschiedliche (diskriminierende) Behandlung durch marktbeherrschende Unternehmen; um einem *Mißbrauch der Nachfragemacht* entgegenzuwirken, ist marktbeherrschenden Unternehmen verboten, ohne sachlich gerechtfertigten Grund Vorzugsbedingungen – z. B. Preisnachlässe – in Anspruch zu nehmen (§ 26; anders z. B. bei Großabnahmen durch Handelsketten u. dgl.). Unternehmen mit überlegener Marktmacht dürfen diese nicht dazu ausnutzen, kleine und mittlere Wettbewerber unbillig zu behindern

(§ 26 Abs. 4). Es obliegt dem Unternehmen mit der überlegenen Marktmacht gegebenenfalls den Anschein, es habe seine Marktmacht unbillig ausgenutzt, zu widerlegen (§ 26 Abs. 5).

4. Wettbewerbsregeln

Wirtschafts- und Berufsvereinigungen können *Wettbewerbsregeln* aufstellen, um einem den Grundsätzen des lauteren Wettbewerbs zuwiderlaufenden Verhalten entgegenzuwirken und ein diesen Grundsätzen entsprechendes Verhalten im Wettbewerb anzuregen. Sie können bei der Kartellbehörde die Anerkennung von Wettbewerbsregeln beantragen (§§ 28–33).

5. Überwachung. Folgen der Verbotsverletzungen

Kartellabmachungen, Preis- und Vertriebsbindungen unterliegen der *Schriftform* (§ 34). Über Schadensersatz- und Unterlassungsansprüche wegen Verletzung von kartellrechtlichen Vorschriften vgl. § 35, über die *Untersagung* unzulässiger Kartellbindungen durch die Kartellbehörde vgl. § 37a. Mehrerlös, der durch Verstöße gegen ein Verbot der Kartellbehörde erlangt worden ist, kann abgeschöpft werden (§ 37b). Gesetzesverstöße können nach §§ 38, 39 als *Ordnungswidrigkeiten* geahndet werden; als solche gelten auch Empfehlungen, die eine Umgehung der im Gesetz ausgesprochenen Verbote oder der Verfügungen der Kartellbehörde bewirken. Erlaubt sind hingegen *Preisempfehlungen für Markenwaren,* die ausdrücklich als *unverbindlich* bezeichnet sind, wenn zu ihrer Durchsetzung kein Druck angewendet und wenn erwartet wird, daß die Preisempfehlung voraussichtlich dem von der Mehrheit ihrer Empfänger geforderten Preis entspricht (§ 38a). Das *Bußgeldverfahren* regeln die §§ 81–85.

6. Kartellbehörden

Zur Wahrnehmung der sich aus dem Kartellgesetz ergebenden Verwaltungsaufgaben und Befugnisse ist ein *Bundeskartellamt* als Bundesoberbehörde (s. 91) mit dem Sitz in Berlin errichtet. Es gehört zum Geschäftsbereich des BMWi. Das Bundeskartellamt ist zuständig für Angelegenheiten von Kartellen i. S. der §§ 4, 6, 7, 16, 23–24a, 38a KartellG und für Fälle der Marktbeeinflussung usw., deren Wirkung über das Gebiet eines Landes hinausgeht. Im übrigen entscheidet der BMWi oder (z. B. bei regionalen Rabatt- und Konditionskartellen) die nach Landesrecht zuständige *oberste Landesbehörde* (§ 44). Das Bundes- oder Landeskartellamt entscheidet auch in Bußgeldsachen.

Die Entscheidungen des Bundeskartellamtes werden von *Beschlußabteilungen* in der Besetzung mit einem Vorsitzenden und zwei Beisitzern getroffen (§ 48). Gegen Verfügungen der Kartellbehörde ist die *Beschwerde* an das für den Sitz der Kartellbehörde zuständige *Oberlandesgericht* bzw. an das für das Bundeskartellamt zuständige Kammergericht in Berlin gegeben (§ 62). Gegen die Beschlüsse des OLG ist die *Rechtsbeschwerde* zulässig, sofern das OLG sie zugelassen hat (das ist vorgeschrieben in grundsätzlichen Rechtsfragen und wenn eine oberstgerichtliche Entscheidung zur Rechtsfortbildung oder zur Sicherung einer einheitlichen Rechtsprechung erforderlich ist), ferner bei bestimmten schweren Verfahrensmängeln (§ 73). Sie kann nur darauf gestützt werden, daß die angegriffene Entscheidung auf einer Verletzung des Gesetzes beruht (§ 75 Abs. 2). Über sie entscheidet der *Bundesgerichtshof.* Bei den OLGen und beim BGH werden *Kartellsenate* gebildet (§§ 92ff.).

7. Ausnahmen vom Geltungsbereich

Auf bestimmte Behörden und Wirtschaftsbereiche findet das Gesetz keine oder nur beschränkte Anwendung (z. B. Luftfahrtunternehmen, Erzeugerbetriebe, Deutsche Bundesbank, Versorgungsunternehmen usw.). Unternehmen mit

Sitz oder Geschäftsleitung im Ausland unterliegen dem Gesetz, soweit sich die Wirkungen ihrer Geschäftstätigkeit auf das Bundesgebiet erstrecken. Vgl. §§ 98ff.

8. Kosten

Vgl. VO über die *Kosten* der Kartellbehörden vom 16. 11. 1970 (BGBl. I 1535).

9. Europäisches Kartellrecht

Das *europ. Kartellrecht* (Art. 85 Abs. 1 EWG-Vertrag) untersagt in weitem Umfang *Kartellvereinbarungen* und *abgestimmte Verhaltensweisen,* die in der Wirkung einem Kartell gleichkommen; das gilt aber nur im Verhältnis der EWG-Länder untereinander. Zur Durchsetzung des Verbots steht der Kommission der Europ. Gemeinschaften ein *Enqueterecht* zu (Art. 89 EWG-Vertrag). Ihre weiteren Befugnisse und das Verwaltungsverfahren sind im wesentlichen in der EWG-VO Nr. 17 vom 6. 2. 1962 (BGBl. II 93) geregelt; dazu Ausführungsgesetz vom 17. 8. 1967 (BGBl. I 911) m. spät. Änd.

III. *Syndikate*

Die Grundregeln des Kartellrechts gelten auch für *Syndikate.* Das sind besonders straff organisierte Kartelle, bei denen in den Verkehr zwischen Hersteller und Verbraucher eine rechtlich selbständige Vertriebs- und Abrechnungsgesellschaft zwischengeschaltet ist.

836. Wirtschaftsstrafrecht

Nach Beseitigung der *Bewirtschaftung* auf der Verbraucherebene *(Bezugscheinsystem)* sind zahlreiche Tatbestände des früheren Wirtschaftsstrafrechts weggefallen. Das *Wirtschaftsstrafgesetz 1954* i. d. F. vom 3. 6. 1975 (BGBl. I 1313) m. spät. Änd. hat den Bereich weiter verkleinert; es erfaßt seit 1. 1. 1975 nur noch:

a) Zuwiderhandlungen gegen *Sicherstellungsgesetze* auf dem Gebiet der Wirtschaft, des Verkehrs, der Ernährung oder der Wasserversorgung (471 V);
b) Verstöße gegen die nach einzelnen Rechtsvorschriften noch bestehende *Preisregelung* (§ 3 WiStG; vgl. 806 I);
c) die *Preisüberhöhung* in Beruf oder Gewerbe, bei Wohnungsvermietung oder -vermittlung (§§ 4–6 WiStG; vgl. 806 IV).

Zuwiderhandlungen sind in den Fällen zu a) je nach ihren Auswirkungen oder der Handlungsweise des Täters entweder *Straftaten,* d. h. *kriminelle Delikte,* die gerichtlich verfolgt und bei Bestrafung im Strafregister vermerkt werden, oder *Ordnungswidrigkeiten,* die im Verwaltungswege mit Geldbuße geahndet werden können (vgl. 152).

Zur weiteren Bekämpfung der *Wirtschaftskriminalität* stellt das Ges. vom 29. 7. 1976 (BGBl. I 2034) die mißbräuchliche Inanspruchnahme von Subventionen und Krediten der öffentlichen Hand als *Subventions-* bzw. *Kreditbetrug* in §§ 264, 265b StGB unter Strafe und erfaßt in § 302a StGB n. F. besser die sozialschädlichen Formen des Wuchers. Durch das *Zweite Ges. zur Bekämpfung der Wirtschaftskriminalität* vom 15. 5. 1986 (BGBl. I 721) wurden Lücken des Strafrechts bei der *Computerkriminalität* geschlossen, die Strafbarkeit bei Kapitalanlagebetrügereien erweitert und der Zahlungsverkehr durch Strafvorschriften über die Fälschung von Euroscheckvordrucken und Euroscheckkarten sowie die mißbräuchliche Verwendung von Scheck- und Kreditkarten weiter geschützt. S. ferner das Ges. gegen mißbräuchliche Inanspruchnahme von Subventionen vom 29. 7. 1976 (BGBl. I 2037).

837. Rundfunk (Hörfunk, Fernsehen)

I. Allgemeines

Der *Rundfunk* (Oberbegriff für Hörfunk und Fernsehen) beruht auf der Verwendung drahtloser Wellen, die für Telephonie, Telegraphie, Bildfunk, *Fernsehen,* Radar und ähnliche Zwecke benutzt werden. In totalitären Staaten ist er als eines der wichtigsten Mittel zur Einflußnahme auf die Öffentlichkeit *(Kommunikationsmittel)* ausschließlich Staatsangelegenheit. In demokratischen Staaten wird der Rundfunk entweder einer staatlich beaufsichtigten und unterstützten Privatunternehmung überlassen – so in den USA – oder durch eine überparteiliche Organisation als *Körperschaft des öffentlichen Rechts* geführt – so in England und bisher grundsätzlich in der BRep. Im *Schulfunk* wird der Rundfunk der Erziehung dienstbar gemacht.

II. Gesetzgebungskompetenz für den Rundfunk

In der BRep. kann eine Gesetzgebungskompetenz für das Rundfunkwesen vom Bund lediglich für den *fernmeldetechnischen* Bereich in Anspruch genommen werden (Art. 73 Nr. 7 GG; vgl. 55 I). Der sonstige Wirkungsbereich, besonders die *Rundfunkorganisation,* fällt in die Zuständigkeit der Länder (Art. 30, 70 GG).

III. Entwicklung des Rundfunks in der Bundesrepublik

Während die amerik. MilReg. jedem der 4 Länder ihrer Zone eine eigene staatsunabhängige Rundfunkanstalt zugestand, blieb der Rundfunk in der brit. Zone zentralisiert; durch VO Nr. 118 der brit. MilRegierung wurde der *Nordwestdeutsche Rundfunk* als obligatorische Gemeinschaftseinrichtung der 4 Länder geschaffen. Als NW eine eigene Rundfunkanstalt beanspruchte, wurde mit Gesetz vom 25. 5. 1954 der *Westdeutsche Rundfunk* in Köln errichtet. Die Länder Niedersachsen, Hamburg und Schleswig-Holstein begründeten zum 1. 10. 1955 den *Norddeutschen Rundfunk* in Hamburg als gemeinsame Sendeanstalt (der Vertrag wurde zunächst 1978 von Schlesw.-Holstein und 1980, wenn auch verspätet, durch Niedersachsen gekündigt, aber am 20. 8. 1980 durch eine neue 3-Länder-Vereinbarung ersetzt). Neben den west- und norddeutschen Sendern und *Radio Bremen* bestehen der *Bayerische Rundfunk,* der *Hessische Rundfunk,* der *Südwestfunk* in Baden-Baden und der *Süddeutsche Rundfunk.* Im Frühjahr 1954 konstituierte sich in Berlin der *Sender Freies Berlin.* Der *Saarländische Rundfunk* wurde durch Landesgesetz als unabhängige Anstalt des öffentlichen Rechts errichtet. Doch gestattet das Saarländische Rundfunkgesetz i. d. F. vom 1. 8. 1968 (ABl. 558) die Errichtung privater Sendeunternehmen mit Genehmigung der Landesregierung (MinPräs.) in Form einer Aktiengesellschaft (372 II 1), die Sitz im Saarland hat; der Konzessionsträger muß eine Konzessionsabgabe zahlen und untersteht der Staatsaufsicht (einzelne privatrechtl. Bestimmungen des Ges., insbes. über den Beirat, hat das BVerfG NJW 1981, 1774 für nichtig erklärt). S. jetzt das Rundfunkgesetz für das Saarland vom 28. 11. 1984 (ABl. 1249). In Niedersachsen läßt das Landesrundfunkges. i. d. F. vom 9. 11. 1993 (GVBl. S. 523) – s. hierzu BVerfG NJW 1987, 239 – die Vergabe von Lizenzen für private Rundfunksender durch die LdReg. zu. Ein Landesrundfunkausschuß (Anstalt des öffentl. Rechts) unter Rechtsaufsicht der zuständigen obersten Landesbehörde kontrolliert die Progammgestaltung. S. auch Landesrundfunkges. SchlH i. d. F. vom 18. 12. 1989 (GVOBl. 225) sowie das Bremische Landesmediengesetz vom 22. 6. 1993 (GBl. 203). Ferner enthält das Landesmediengesetz von Baden-Württemberg i. d. F. vom 17. 3. 1992 (GBl. 189) m. spät. Änd. Regelungen über das Veranstalten von Rundfunk durch Private. In Bayern besteht auf Grund des Art. 111a Bayer. Verf., wonach Rundfunk in Bayern nur in öffentlicher Verantwortung und öffentlich-rechtlicher Trägerschaft zu betreiben ist, eine besondere Situation. S. hierzu das *Ges. über die Entwicklung, Förderung und Veranstaltung privater Rundfunkangebote und anderer Mediendienste in Bayern (Bayerisches Mediengesetz* – BayMG) vom 24. 11. 1992, GVBl. 584. Das erste bundesweite private Fernsehprogramm SAT 1 ist am 1. 1. 1985 gestartet worden. Inzwischen erringen die bundesweit ausgestrahlten Privatsender (RTL, RTL 2, SAT 1, Kabel 1 u. a.) immer mehr Marktanteile und übertreffen teilweise die öffentlich-rechtlichen Sender in der Publikumsgunst. Ferner haben sich eine Vielzahl regionaler oder auch nur örtlicher privater Fernseh- und Rundfunkanbieter etabliert.

Nach der Wiedervereinigung Deutschlands kamen der *Mitteldeutsche Rundfunk* und der *Ostdeutsche Rundfunk Brandenburg* zu den in den alten Bundesländern bestehenden Rundfunkanstalten dazu.

IV. Grundsätze des Rundfunkrechts

Die *Programmgestaltung* muß staatsfrei bleiben, d. h. sie muß unter Ausschluß staatlicher Beherrschung und Einflußnahme Trägern vorbehalten bleiben, welche die Gewähr bieten, daß von der auf dem Recht der freien Meinungsäußerung basierenden *Rundfunkfreiheit* (Art. 5 Abs. 1 S. 2 GG) unter angemessener Beteiligung der politisch, weltanschaulich und wirtschaftlich bedeutsamen Gruppen und unter Wahrung der gebotenen Neutralität Gebrauch gemacht wird (BVerfGE 12, 205 = 1. Fernsehurteil). Die angemessene Beteiligung aller bedeutsamen Gruppen kann in Form der *Binnenpluralität* oder der *Außenpluralität* erreicht werden. Bei einem binnenpluralistisch strukturierten Rundfunk haben die maßgebenden Kräfte intern über Organe des jeweiligen Veranstalters Einfluß auf die Programmgestaltung. Auf diese Weise wird bei den öffentlich-rechtlichen Rundfunkanstalten den Anforderungen der Meinungsvielfalt Rechnung getragen. Bei einer außenpluralistischen Gestaltung wird durch eine Vielzahl konkurrierender Programmveranstalter, die jeweils ihre eigene Meinung vertreten, in der Gesamtsicht aller Programme eine Wiederspiegelung der Meinungsvielfalt erreicht. In diesem Rahmen ist auch der Betrieb *privater Rundfunkanstalten* möglich. In der sich auf der Grundlage der neuen Mediengesetze der Länder (s. dazu oben) herausbildenden *dualen Ordnung* des Rundfunks, d. h. der Veranstaltung von Rundfunk durch öffentlich-rechtliche Anstalten und durch private Anbieter, kommt nach dem Urteil des BVerfG vom 4. Nov. 1986 (NJW 1987, 239) die unerläßliche Grundversorgung den öffentlich-rechtlichen Rundfunkanstalten zu. Solange diese ihre Aufgaben für die demokratische Ordnung und für das kulturelle Leben erfüllen, müssen an die Veranstaltung von privatem Rundfunk hinsichtlich der Breite des Programmangebots und der Sicherung gleichgewichtiger Vielfalt nicht die gleichen hohen Anforderungen gestellt werden wie im öffentlich-rechtlichen Rundfunk. Der Gesetzgeber muß aber auch für den privaten Rundfunk Regelungen treffen, die ein möglichst hohes Maß gleichgewichtiger Vielfalt sichern; maßgebend ist ein Grundstandard (Möglichkeit für alle Meinungsrichtungen, zum Ausdruck zu kommen; Verhinderung von einseitig vorherrschender Meinungsmacht und ungleichgewichtigen Einflusses einzelner Veranstalter). Auch private Anbieter müssen somit ein Mindestmaß an Meinungsvielfalt, Ausgewogenheit und Freiheit vom Staat aufweisen. In Entscheidungen vom März 1987 (1 BvR 147/86, 1 BvR 478/86) und Februar 1991 (1 BvF 1/85, 1 BvF 1/88) hat das BVerfG den Begriff „Grundversorgung“ dahingehend präzisiert, daß hierunter mindestens der derzeitige Bestand an Programmen zu verstehen sei und den Vorrang des öffentlichen Rundfunksystems in Verbindung mit einer Bestands- und Entwicklungsgarantie bestätigt. Diese Garantien hat das BVerfG im Februar 1994 (1 BvL 30/88) bestätigt und um eine Finanzierungsgarantie erweitert. Die Gebührenfestsetzung sei die dem öffentlich-rechtlichen Rundfunk gemäße Finanzierungsart, da sie es erlaube, unabhängig von Werbeaufträgen und Einschaltquoten ein Programm anzubieten, das dem klassischen Rundfunkauftrag entspreche. Darüberhinaus sind Werbeeinnahmen zur Finanzierung zulässig. Die, so das BVerfG „derzeitigen Defizite des privaten Rundfunks an gegenständlicher Breite und thematischer Vielfalt“ sei nur hinzunehmen, soweit und solange die Grundversorgung der Bevölkerung durch den öffentlich-rechtlichen Rundfunk gewährleistet sei. Deshalb sei auch die Gebührenpflicht jedes Teilnehmers ohne Rücksicht auf seine Nutzungsgewohnheiten gerechtfertigt.

V. Rundfunkanstalten in der Bundesrepublik

Als Rundfunkanstalt des Bundes ist gem. Ges. vom 29. 11. 1960 (BGBl. I 862), geändert durch das Rundfunkneuordnungsgesetz vom 20. 12. 1993 (BGBl. I 2246), die *Deutsche Welle* für die Veranstaltung von Rundfunksendungen begründet. Sie hat die Aufgabe, insbes. im Ausland ein umfassendes Bild Deutschlands zu vermitteln. Der innere Aufbau der Rundfunkanstalt zeigt eine Dreigliederung (Rundfunkrat, Verwaltungsrat, Intendant), um Unabhängigkeit und Neutralität zu garantieren. Hinzuweisen ist ferner auf den Sender DeutschlandRadio als nationalen Hörfunk.

Die von den Ländern betriebenen Sender sind mit dem vom Bund errichteten zur „Arbeitsgemeinschaft der öffentlich-rechtlichen Rundfunkanstalten Deutschlands (ARD)“ zusammengeschlossen, deren Geschäftsführung unter ihnen jährlich wechselt.

Das *Fernsehen* wurde in der BRep. erstmals Ende 1952 durch den NWDR aufgenommen. Seit Anfang 1954 beteiligten sich 6 Rundfunkanstalten und der Sender Freies Berlin am Gemeinschaftsprogramm „Deutsches Fernsehen". Ihre Zusammenarbeit beruht auf dem am 27. 3. 1953 geschlossenen und i. d. F. vom 24. 5. 1956 gültigen „Fernsehvertrag". Das von den Ländern am 17. 4. 1959 abgeschlossene Abkommen über die Koordinierung des Ersten Fernsehprogramms soll dem Gemeinschaftsprogramm der Anstalten eine gesetzliche Grundlage geben (vgl. GV.NW 1959, 115). Die Zahl der Fernsehteilnehmer ist inzwischen auf ca. 31,88 Mio. (1993) gestiegen.

Der Plan eines *Zweiten Fernsehprogramms,* das durch den Bund ausgestrahlt werden sollte, hatte einen Streit zwischen Bund und Ländern um die *Rundfunkhoheit* hervorgerufen. Mehrere Länder haben mit der Begründung, der Rundfunk falle nicht unter das zur ausschließlichen Bundesgesetzgebung zählende Post- und Fernmeldewesen (Art. 73 Nr. 7 GG), das BVerfG angerufen, das die von der BReg. gegründete Deutschland-Fernsehen-GmbH wegen Verstoßes gegen Art. 5 GG für verfassungswidrig erklärte (Fernseh-Urteil, s. o.). Daraufhin beschlossen die Länder die Einrichtung des Zweiten Deutschen Fernsehens (ZDF) in Mainz (Staatsvertrag vom 6. 6. 1961).

Ein *Drittes Fernsehprogramm* mit eigenem Rechtsträger besteht nicht; doch wird in allen Ländern von der für das jeweilige Sendegebiet zuständigen Landesrundfunkanstalt ein 3. Programm ausgestrahlt.

ARD und ZDF sind Mitglieder der *Europäischen Rundfunkunion*; sie können damit an grenzüberschreitenden Übertragungen (Eurovision) und am Austauschprogramm aller angeschlossenen Sender für aktuelle Sendungen teilnehmen.

Durch den *Staatsvertrag über den Rundfunk im vereinten Deutschland* vom 31. 8. 1991 (abgedr. bayer. GVBl. 451) wurde unter Einbeziehung der 5 neuen Bundesländer und unter Neufassung der maßgebenden Vertragsgrundlagen (u. a. ARD-Staatsvertrag, ZDF-Staatsvertrag, Rundfunkgebühren- und Rundfunkfinanzierungsstaatsvertrag, Bildschirmtext-Staatsvertrag) eine neue rechtliche Grundlage für den öffentlich-rechtlichen und den privaten Rundfunk in einem dualen Rundfunksystem im wiedervereinigten Deutschland geschaffen.

VI. Spezielle Entwicklungen auf dem Mediengebiet

sind das *Satellitenfernsehen,* d. h. die Ausstrahlung von Fernsehprogrammen über Satelliten, und das *Kabelfernsehen,* d. h. die Ausstrahlung von Programmen über Kabel, was zugleich eine Verbreiterung des Programmangebots ermöglicht. 1986 konnte in der Bundesrepublik eine Einigung aller Länder über die Aufteilung der Sendekanäle des Satelliten TV-Sat 1, der 1987 zu Sendungen eingesetzt werden sollte, zunächst nicht erzielt werden. Durch den sog. Nordschienen-Vertrag (Niedersachsen und Schleswig-Holstein) und den Südschienen-Vertrag (Baden-Württemberg, Bayern, Rheinland-Pfalz) ist die Nutzung der zur Verfügung stehenden Kanäle jedoch geklärt worden. S. den Staatsvertrag über die gemeinsame Nutzung eines Fernseh- und Hörfunkkanals auf Rundfunksatelliten vom 23. 7. 1986, bayer. GVBl. 158 (= Südschienenvertrag). Im April 1987 kam es schließlich zu einem Medienstaatsvertrag der Bundesländer, der das Nebeneinander von öffentlich-rechtlichem und privatem Rundfunk sowie den Satellitenrundfunk (Aufteilung der Satellitenkanäle) regelt. Allerdings kann TV-Sat 1 wegen technischer Probleme nicht genutzt werden, jedoch wurde im Aug. 1989 der TV-Sat 2 in Umlauf gebracht, der für die Direktausstrahlung von Satellitenfernsehen (5 Kanäle) genutzt wird. Mit Gesetz vom 27. 5. 1994 hat der BT dem Europäischen Übereinkommen vom 5. 5. 1989 über das grenzüberschreitende Fernsehen zugestimmt (BGBl. II 638). Kern des Übereinkommens ist die Freiheit des Empfangs und der Weiterverbreitung gem. den Bestimmungen des Übereinkommens.

Bildschirmtext (Btx). bietet dem Bürger die Möglichkeit, in einer Btx-Computerzentrale gespeicherte Daten über Telefon auf den Fernsehschirm abzurufen und dadurch verschiedene Serviceleistungen (z. B. von Tageszeitungen, Behörden, Banken, Industriebetrieben, Reiseveranstaltern, Versandhäusern) in Anspruch zu nehmen. Seit 15. 9. 1983 ist der Anschluß an das Btx-System bundesweit möglich.

Ferner sind zu nennen: *Videotext* (Einblendung von Textzeilen in ein Fernsehbild oder an Stelle eines Fernsehbildes, z. B. in Form einer *Bildschirmzeitung*), Teletex (Textübermittlungsdienst der Deutschen Telekom zwischen den angeschlossenen Teilnehmern), *Telefax* (Fernkopierdienst der Deutschen Telekom) und *Bildtelefon*.

VII. Regelungen zum Funkwesen

Funkamateure können nach dem Ges. über den *Amateurfunk* (v. 23. 6. 1997, BGBl. I 1494) eine Funkstation errichten und betreiben, bedürfen hierzu aber einer Genehmigung der Regulierungsbehörde (s. 839). Die Genehmigung setzt die Ablegung einer Prüfung voraus; s. hierzu VO vom 13. 3. 1967 (BGBl. I 284) m. spät. Änd. Das Europ. Übereinkommen vom 22. 1. 1965 gegen sog. *Piratensender* (BGes. vom 26. 9. 1969, BGBl. II 1939) richtet sich gegen Sender außerhalb der staatl. Hoheitsgebiete, deren Programme im Inland empfangen werden können. Das Gesetz über die *elektromagnetische Verträglichkeit von Geräten* i. d. F. vom 30. August 1995 (BGBl. I 1119) regelt auf Grund von EG-Richtlinien zur Vermeidung von Störungen des Funkverkehrs das Inverkehrbringen von Hochfrequenzgeräten und Funkanlagen an die Einhaltung bestimmter Störungsgrenzwerte; das Bundesamt für Post und Telekommunikation hat ein Überwachungs- und Auskunftsrecht und kann Verstöße als Ordnungswidrigkeiten (152) ahnden. S. a. FunkentstörVO vom 16. 2. 1989 (BGBl. I 244).

838. Filmwesen und Filmrecht

Ein *Film* ist urheberrechtlich ein sog. „verbundenes Werk" (§ 9 UrhG, s. 386), das durch schöpferische geistige Leistung der bei seiner Entstehung Mitwirkenden (Regisseur, Darsteller, Kameramann usw.) geschaffen wird. Diese übertragen i. d. R. dem Filmhersteller die Nutzungsrechte (Aufführung, Verleih usw.), §§ 89, 92 UrhG. Meist entsteht der Film durch Bearbeitung eines vorhandenen (Roman, Bühnenwerk) oder Herstellung eines neuen Werks (Drehbuch, Filmmusik), dessen Urheber dem Filmhersteller das Recht der *Verfilmung* einräumt (§ 88 UrhG). Dieses umfaßt das Nutzungsrecht (Verbreitung, Vorführung, Funksendung) für 10 Jahre, falls nichts anders vereinbart ist, nicht aber das Recht zur Wiederverfilmung. Nach Fristablauf kann der Urheber, falls nichts anderes vereinbart ist, sein Werk anderweit verwerten.

Staatliche Förderungsmaßnahmen zielen darauf ab, daß außer *Spielfilmen* auch eine hinreichende Zahl von *Dokumentar-* und *Kulturfilmen* angeboten wird. Weil diese für den Hersteller wirtschaftlich weniger rentabel sind, versucht die BReg. seit 1950, das Filmschaffen auch in diesem Bereich durch den alljährlich zu vergebenden *Bundesfilmpreis* anzuregen. Für dessen Vergabe u. a. Vergünstigungen ist eine Prädikatsverleihung maßgebend, über die eine auf Grund einer Ländervereinbarung in Wiesbaden errichtete *Filmbewertungsstelle* entscheidet; deren Bewertungen werden von allen Ländern der BRep. anerkannt und u. a. der *Ermäßigung der Vergnügungsteuer* (562) zugrundegelegt. Einen erheblichen Beitrag zur Hebung des allgemeinen Niveaus deutscher Filme leistet die 1949 begründete „Freiwillige Selbstkontrolle der Filmwirtschaft" in Wiesbaden, die den Gefahren zweifelhafter filmischer Produkte vorzubeugen bestrebt ist.

Auf Grund des Ges. über Maßnahmen zur Förderung des deutschen Films – *Filmförderungsgesetz* – FFG – i. d. F. vom 25. 1. 1993 (BGBl. I 66) m. spät. Änd. gewährt die öffentl.-rechtl. *Filmförderungsanstalt* (Organe: Vorstand, Präsidium, Verwaltungsrat) *Förderungshilfen* an Hersteller deutscher Filme, und zwar bei programmfüllenden sog. Referenzfilmen einen Grundbetrag, wenn eine bestimmte Besucherzahl binnen 2 Jahren nachgewiesen wird. Hat der Film ein Gütezeugnis, ein *Prädikat* der Filmbewertungsstelle oder einen Hauptpreis erhalten, sind die Anforderungen geringer. Für Kurzfilme bestehen eigene Förderungsvoraussetzungen. Für die Förderung von Projektfilmen oder Filmvorhaben, des Filmabsatzes oder von Filmtheatern bestehen Sondervorschriften. Es besteht eine Vergabekommission, die über Anträge auf Förderungshilfen entscheidet. Zur Finanzierung der Förderung wird insbesondere die aus dem Umsatz an Eintrittskarten und dem Verkauf oder der Vermietung von Videofilmen berechnete *Filmabgabe* verwendet. Die Abgabe wird bis 31. 12. 1998 erhoben. In den darauf folgenden Jahren läuft die Filmförderung aus; nach Gewährung der letzten Förderungshilfe für programmfüllende Filme gehen Aktiva und Passiva der Filmförderungsanstalt auf den Bund, deren Aufgaben auf das Bundesamt für Wirtschaft (805 I 2) über. S. ferner VO zum Filmförderungsgesetz vom 21. 4. 1993 (BGBl. I 562).

839. Post und Telekommunikation

Mit dem Gesetz zur Änderung des Grundgesetzes vom 30. 8. 1994 (BGBl. I 2245) und dem Gesetz zur Neuordnung des Postwesens und der Telekommunikation (*Postneuordnungsgesetz*) vom 14. 9. 1994 (BGBl. I 2325) wurde die mit dem Poststrukturgesetz vom 1. 7. 1989 (s. 102) eingeleitete *Postreform* fortgeführt und mit der Privatisierung der Deutschen Bundespost abgeschlossen. Abgeschafft ist damit auch das frühere Dienstleistungsmonopol der Deutschen Bundespost, Dienstleistungen auf dem Gebiet des Post- und Telekommunikationswesens können jetzt umfassend auch durch andere Unternehmen erbracht werden. Zur Wahrnehmung der Rechte und Pflichten in Bezug auf die aus den Teilsondervermögen der Deutschen Bundespost hervorgehenden Aktiengesellschaften (s. unten) wurde eine *Bundesanstalt für Post und Telekommunikation Deutsche Bundespost* mit Sitz in Bonn gegründet. Die Bundesanstalt hält, erwirbt und veräußert die Anteile dieser Aktiengesellschaften, nimmt die dem Bund zustehenden Aktionärsrechte wahr und ist zuständig für die Einführung der Aktiengesellschaften am Kapitalmarkt. Organe der Bundesanstalt sind der Vorstand und ein Verwaltungsrat.

Durch das Postumwandlungsgesetz vom 14. 9. 1994 (BGBl. I 2339) wurden die Unternehmen der Deutschen Bundespost (Deutsche Bundespost POSTDIENST, Deutsche Bundespost POSTBANK und Deutsche Bundespost TELEKOM) mit Wirkung vom 1. 1. 1995 in Aktiengesellschaften umgewandelt:

Die *Deutsche Post AG* mit Sitz in Bonn ist ein Dienstleistungsunternehmen für Kommunikation, Transport und Logistik. Sie ist insbes. für Leistungen des Postwesens zuständig. Die *Deutsche Postbank AG* mit Sitz in Bonn ist ein Kreditinstitut und übt damit zusammenhängende Tätigkeiten aus. Die *Deutsche Telekom AG* mit Sitz in Bonn ist im gesamten Bereich der Telekommunikation tätig. Die Organe der Aktiengesellschaften reglen sich nach dem Recht der Aktiengesellschaften (s. 372 II 1).

Zum Personalrecht der Beschäftigten der früheren Deutschen Bundespost s. das *Postpersonalrechtsgesetz* vom 14. 9. 1994 (BGBl. I 2353). Die Beamten der früheren Deutschen Bundespost werden unter Beibehaltung ihres Status als Bundesbeamte bei den in privatrechtlicher Rechtsform geführten Unternehmen weiterbeschäftigt. Zugleich werden mit der Beleihung die Unternehmen ermächtigt, die dem Dienstherrn Bund obliegenden hoheitlichen Befugnisse gegenüber diesen Beamten auszuüben.

Den Abschluß des langjährigen Prozesses der allmählichen Liberalisierung der Telekommunikationsmärkte und der Privatisierung von Dienstleistungen der Telekommunikation bildet das *Telekommunikationsgesetz (TKG)* vom 25. Juli 1996 (BGBl. I 1120). Zweck dieses Gesetzes ist es, durch Regulierung im Bereich der Telekommunikation den Wettbewerb zu fördern und flächendeckend angemessene und ausreichende Dienstleistungen zu gewährleisten sowie eine Frequenzordnung festzulegen. Die Regulierung der Telekommunikation und der Frequenzordnung wird als hoheitliche Aufgabe des Bundes festgestellt. Mit der Regulierung sollen im wesentlichen die Interessen der Nutzer auf dem Gebiet der Telekommunikation und des Funkwesens sowie die Wahrung des Fernmeldegeheimnisses sowie eine flächendekkende Grundversorgung zu erschwinglichen Preisen, ein chancengleicher und funktionsfähiger Wettbewerb, die Sicherstellung einer effizienten und störungsfreien Nutzung von Frequenzen und die Wahrung der Interessen der öffentlichen Sicherheit erreicht werden (§§ 1, 2 TKG).

Im 2. Teil des Gesetzes (§§ 6–22 TKG) werden Fragen der Lizenzpflicht und der Lizenzerteilung geregelt, ferner werden Bestimmungen zur Universaldienstleistung getroffen. Neben Vorschriften zur Entgeltregulierung, zum Netzzugang und zum Kundenschutz (§§ 23ff. TKG) wird auch eine Frequenzordnung (§§ 44ff. TKG) aufgestellt. Zur Wahrnehmung der sich aus dem Telekommunikationsgesetz ergebenden Aufgaben wird im Geschäftsbereich des Bundesministeriums für Wirtschaft eine *Regulierungsbehörde für Telekommunikation und Post* als Bundesoberbehörde mit Sitz in Bonn errichtet (§ 66 TKG). Bei dieser Regulierungsbehörde besteht ein Beirat aus jeweils 9 Mitgliedern des Deutschen Bundestages und des Bundesrates (§ 67 TKG). Aufgabe der Regulierungsbehörde ist die Überwachung der Einhaltung des Telekommunikationsgesetzes und der nach diesem Gesetz oder aufgrund dieses Gesetzes erlassenen Rechtsverordnungen. Im 11. Teil des TKG (§§ 85ff.) werden Bestimmungen zum Fernmeldegeheimnis und zum Datenschutz getroffen.

Aufgrund des Telekommunikationsgesetzes sind zwischenzeitlich mehrere DVO ergangen: die Telekommunikations-Entgeltregulierungsverordnung vom 1. Oktober 1996 (BGBl. I 1492), die Postsicherstellungsverordnung vom 23. Oktober 1996 (BGBl. I 1535), die Postauskunftsverordnung vom 23. Oktober 1996 (BGBl. I 1537), die Post- und Telekommunikations-Zivilschutzverordnung vom 23. Oktober 1996 (BGBl. I 1539), die Feldpostverordnung 1996 (BGBl. I 1543), die Netzzugangsverordnung vom 23. Oktober 1996 (BGBl. I 1568) und die Telekommunikations-Universaldienstleistungsverordnung vom 30. Januar 1997 (BGBl. I 141).

Die Sicherstellung einer ausreichenden Versorgung mit Post- und Telekommunikationsdienstleistungen bei einer Naturkatastrophe, bei einem besonders schweren Unglücksfall sowie im Spannungs- und Verteidigungsfall regelt das *Post- und Telekommunikationssicherstellungsgesetz* vom 14. 9. 1994 (BGBl. I 2378).

Die Kennzeichnung, Zulassung und das Inverkehrbringen von Telekommunikationseinrichtungen regelt die *TelekommunikationszulassungsVO* vom 20. 8. 1997 (BGBl. I 2117). Die Rechte und Pflichten der Deutschen Post AG regeln die *Post-Kundenschutz VO* vom 19. 12. 1995 (BGBl. I 2016) und die *Telekommunikations-Kundenschutz VO* vom 19. 12. 1995 (BGBl. I 2020). In diesen VO werden auch einzuhaltende Qualitätsmerkmale festgelegt.

Durch das *Informations- und Kommunikationsdienstegesetz* vom 22. 7. 1997 (BGBl. I 1870) wurden weitere Rahmenbedingungen für die Telekommunikation geschaffen. Im einzelnen werden durch das *Teledienstegesetz* und das *Teledienstedatenschutzgesetz* Regelungen für die Anbieter derartiger Dienste, ihre Verantwortlichkeit und ihre Rechte und Pflichten getroffen. Wesentlich ist u. a. § 5 des Teledienstegesetzes, wonach Diensteanbieter zwar für eigene Inhalte verantwortlich sind, für fremde Inhalte aber nur eingeschränkt und insbes. dann nicht, wenn sie lediglich den Zugang zur Nutzung vermitteln. Das *Signaturgesetz* schafft die Rahmenbedingungen für sichere digitale Signaturen und zur Verhinderung und Erkennung von Fälschungen.

B. Geld-, Bank- und Börsenwesen

851. Geldwesen im allgemeinen

Geld ist das allgemeine, vom Staat oder Verkehr anerkannte Umsatzmittel der Vermögensbestandteile. Es ist allgemeines Tauschmittel und Wertmaß. Die meist als Tauschmittel verwendeten Edelmetalle (Gold, Silber) führten zum *Währungsgeld,* als der Staat eingriff und das *Verkehrsgeld* zum gesetzlichen Zahlungsmittel erhob.

Während ursprünglich Gebrauchsgegenstände bei den Völkern zum Tausch verwendet wurden (z. B. Tiere, Felle, Salz, Perlen, Stoffe), verdrängten später die Metalle diese Tauschmittel. Sie wurden zunächst gewogen *(Wägegeld),* bis nach staatlichem Eingreifen dieses Zahlungsmittel in Barren gegossen und später zu Münzen geprägt wurde. Dadurch wurde das Metall zum *Münzgeld* (vgl. 854). Später diente das Gold nur noch als Deckungsgrundlage der Währung, während man zum *Papiergeld* überging (vgl. 856).

In hochentwickelten Wirtschaften spielt ferner der *bargeldlose Zahlungsverkehr* durch Buch- oder Giralgeld eine wichtige Rolle (vgl. 855).

Über den Wert des Geldes bestehen verschiedene Theorien.

a) Der *Metallismus* leitet den Wert aus der stofflichen Grundlage ab (z. B. dem Wert des Goldes; so Adolf Wagner, Karl Helfferich).

b) Nach der *Quantitätstheorie* bestimmen sich *Kaufkraft* und *Preisniveau* nach der umsatzbereiten Geldmenge im Verhältnis zu den damit bewerkstelligten Käufen, dem sog. *Handelsvolumen,* unter Berücksichtigung der Umlaufgeschwindigkeit des Geldes. Vgl. 859 I.

c) Die *juristischen Theorien* führen den Geldwert auf eine Übereinkunft der Menschen oder auf staatliche Anerkennung zurück (Konventions-, nominalistische Theorie).

852. Die Währung. Währungssysteme

Unter Währung versteht man die staatlich geordnete Geldverfassung eines Landes (Währungssystem) oder die in einem Land gesetzlich anerkannten Zahlungsmittel (Währungsgeld, Währungseinheit). Währungs- oder *Staatsgeld* ist das vom Staat als allgemeines Zahlungsmittel bestimmte Geld, das von jedermann in Zahlung genommen werden muß *(Kurantgeld)*. Das daneben vom Verkehr anerkannte Geld wird im Gegensatz zum Währungsgeld als *usuelles* oder *Verkehrsgeld* bezeichnet; es hat keinen Zwangkurs.

Man unterscheidet folgende *Währungssysteme:*

a) die *monometallische* Währung, bei der nur ein *Metall* (z. B. Gold) die Grundlage der Währung bildet;
b) die *bimetallistische* Währung, wenn *zwei* Metalle (z. B. Gold und Silber) gleichberechtigt nebeneinander stehen;
c) die *Papierwährung*, wenn das Währungsgeld ausschließlich aus Papiergeld besteht (vgl. 856).

Von *harter* und *weicher* Währung spricht man je nachdem, ob eine Währung *konvertibel* ist, d. h. so stabil, daß sie unbegrenzt zum Wechselkurs gehandelt werden kann, oder ob das wegen eines falschen Wechselkurses und daraus resultierender Devisenbewirtschaftung nicht der Fall ist. S. a. 855, 860 II, III.

Das Deutsche Reich hatte seit 1871 die *Goldwährung*, bei der nur Goldmünzen Zwangskurs hatten. Als auch (Silber-)*Taler* in Zahlung zu nehmen waren, sprach man von einer *„hinkenden Goldwährung"*. Durch die Bankgesetze von 1909 erhielten jedoch die *Noten* der Reichsbank die Eigenschaft eines gesetzlichen Zahlungsmittels. Im 1. Weltkrieg mußte das Reich immer mehr zum Papiergeld übergehen. Gegenüber der Neigung, Zahlung in ausländischer Währung auszubedingen, verpflichtete eine Verordnung vom 7. 11. 1923 (RGBl. I 1081) zur Annahme von Reichsmark bei Inlandsgeschäften. Die erhöhte Ausgabe von Papiergeld führte zur *Inflation* (Aufblähung; vgl. 858), die, nachdem zunächst die *Rentenmark* eingeführt worden war, erst durch Stabilisierung auf der Basis der *Goldkern-* oder *Golddevisen-Währung* (Gesetz vom 30. 8. 1924, RGBl. II 254) behoben wurde. Hierbei dienten Gold und Devisen der Reichsbank lediglich als *Deckung* für umlaufende Banknoten, während Gold selbst nicht mehr im allgemeinen Verkehr war. Über die Währungsreform vom 20. 6. 1948 s. 853 I.

Die Herstellung und Verbreitung nachgeprägter *außer Kurs gesetzter Münzen* ist zwar keine Geldfälschung i. S. des StGB, sie ist aber *Ordnungswidrigkeit* (152) nach § 11a des Ges. über die Ausprägung von Scheidemünzen i. d. F. vom 15. 8. 1974 (BGBl. I 1942). Nach der VO vom 13. 12. 1974 (BGBl. I 3520) dürfen *Medaillen* und *Marken* nur so hergestellt werden, daß eine Verwechselung mit Münzgeld ausgeschlossen ist.

853. Währungsreform, Währungsausgleich, Währungsklauseln, Auf- und Abwertung

I. Währungsreform

Der durch den 2. Weltkrieg und seine Folgen verursachte *Geldüberhang* nötigte zu einer *Geldreform*. Durch die Währungsumstellung nach dem 1. Gesetz zur Neuordnung des Geldwesens vom 20. 6. 1948

(Währungsgesetz) im Zusammenhang mit verschiedenen Durchführungsverordnungen und dem 2. Gesetz zur Neuordnung vom 20. 6. 1948 *(Emissionsgesetz)* wurde die Reichsmark durch das neue von der Bank deutscher Länder ausgegebene Geld *(Deutsche Mark)* ersetzt. Bei Forderungen wurde im Verhältnis 10 RM : 1 DM, bei Löhnen, Gehältern, Miet- und Pachtzinsen und anderen wiederkehrenden Leistungen wurde im Verhältnis 1 RM : 1 DM umgestellt.

Das 3. Neuordnungsgesetz vom 20. 6. 1948 war das *Umstellungsgesetz,* das mit vielen Durchführungsverordnungen die Umstellung alter Forderungen und Verbindlichkeiten regelte. Guthaben bei Kreditinstituten wurden 10:1 umgestellt, aber nur zur Hälfte ausbezahlt, zur anderen Hälfte einem *Festkonto* gutgeschrieben. Hiervon wurden später 7/10 gestrichen (4. Neuordnungsgesetz vom 4. 10. 1948), so daß die endgültige *Abwertung* 100:6,5 betrug. Jeder Einwohner erhielt 60 DM, wofür er 60 RM hinzugeben hatte. Die Kassenbestände und Guthaben der Länder wurden gestrichen; sie erhielten eine sog. *Erstausstattung* in Deutscher Mark. Während die *Sozialversicherung* sowie Pensionen und Leibrenten nach §§ 18, 23 UmstG. zu 100% umgestellt wurden, war dies bei Renten- und Lebensversicherungsverträgen nach dem Ges. vom 11. 6. 1951 (BGBl. I 379) i. d. F. des sog. *Rentenaufbesserungsgesetzes* vom 15. 2. 1952 (BGBl. I 118), falls nach der Währungsreform Prämien nicht zu zahlen waren, ab 1. 4. 1951 nur für die ersten 70 DM der geschuldeten Monatsrente, bei überschießenden Beträgen nur zu 50 bzw. 10% der Fall. Über weitere Rentenaufbesserungen s. Ges. vom 24. 12. 1956 (BGBl. I 1074) für nach dem 31. 12. 1956 fällig gewordene Leistungen und Ges. vom 19. 3. 1963 (BGBl. I 161), das die Umstellung 1:1 für nach dem 30. 6. 1962 fällige Leistungen brachte. S. ferner Ges. zur Regelung von Ansprüchen aus *Lebens- und Rentenversicherungen* vom 5. 8. 1955 (BGBl. I 474), das bestimmten Versicherungsnehmern, insbes. Heimkehrern, Vertriebenen und Flüchtlingen, gewisse früher eingeschränkte Rechte wieder einräumte; es gilt jetzt i. d. F. vom 3. 7. 1964 (BGBl. I 434) m. spät. Änd.

II. Währungsausgleich

Die im *Lastenausgleichsgesetz* (565) vorbehaltene besondere Regelung über einen Währungsausgleich für verlorene Sparguthaben enthielt das *Altsparergesetz* vom 14. 7. 1953 (BGBl. I 495), i. d. F. vom 1. 4. 1959 (BGBl. I 169) m. spät. Änd.; dazu mehrere DVOen. Es gewährte dem *Altsparer,* der am 1. 1. 1940 eine *Spareinlage* im Währungsgebiet oder in West-Berlin hatte, die im Verhältnis 10:1 oder ungünstiger umgestellt ist, unter bestimmten Voraussetzungen eine Aufbesserung bis zu 20 v. H. Für *Sparguthaben Vertriebener* war das Gesetz über einen *Währungsausgleich* vom 27. 3. 1952 (BGBl. I 213) i. d. F. vom 1. 12. 1965 (BGBl. I 2060) mit spät. Änd. und verschiedenen DVOen maßgebend.

Das *Ges. zum Abschluß der Währungsumstellung* vom 17. 12. 1975 (BGBl. I 3123) bestimmte das Erlöschen von Ansprüchen aus Altgeldguthaben und die Verjährung von Ansprüchen gegen Geldinstitute aus der Zeit vor dem 9. 5. 1945 zum 30. 6. 1976; für Auslandsschulden gelten Sonderbestimmungen. Erfaßt werden auch Ansprüche gegen Versicherungsunternehmen, die eine Umstellungsrechnung aufgestellt haben (ausgenommen aufrechterhaltene Lebens- und Rentenversicherungsansprüche). Sog. „tote Depots" (nicht geltend gemachte Wertpapier- oder Grundbuchforderungen) sind auf das Bundesausgleichsamt zu überführen.

III. Währungsklauseln

Unter einer *Währungsklausel* versteht man die Vereinbarung, daß bei einer auf Deutsche Mark lautenden Geldschuld der Betrag der Schuld durch den Kurs einer fremden Währung (z. B. Dollar, Schweizer Franken) oder durch den Preis anderer Güter oder Leistungen oder durch eine Menge Feingold bestimmt werden soll. Nach § 3 des *Währungsgesetzes* i. V. m. § 49 des Außenwirtschaftsgesetzes bedarf eine solche Klausel der Genehmigung der Deutschen Bundesbank (sonst nichtig gemäß § 134 BGB).

Auch sog. *Wertsicherungsklauseln* bedürfen der Genehmigung der Landeszentralbank. Diese wird nach den Genehmigungsgrundsätzen der Bundesbank (BAnz. 1978 Nr. 109; NJW 1978, 2381) nur unter bestimmten Voraussetzungen erteilt, insbes. bei einer Bindung an Preis- oder Wertänderungen nur ausnahmsweise (z. B. für Pensionsleistungen).

Nicht genehmigungspflichtig ist dagegen eine sog. *Spannungsklausel,* die eine Rente oder ein Ruhegehalt in Beziehung zu Änderungen im Gehalt einer bestimmten Angestelltengruppe eines Betriebs setzt. Das gleiche gilt für *Kostenklauseln,* die eine Anpassung an gesteigerte Selbstkosten in langfristigen (Lieferungs-, Miet- u. a.) Verträgen vorsehen. Zulässig ist auch ein *Leistungsvorbehalt,* wonach jede Partei eine Neuvereinbarung der Vertragsleistungen auf Grund der Änderung bestimmter Umstände (z. B. Lebenshaltungsindex) verlangen kann.

IV. Auf- und Abwertung

Keine Währungsreform stellt eine *Aufwertung* oder *Abwertung* dar, weil sie nur den Wechselkurs (Außenkurs der Währung) betrifft, die Währungsreform dagegen den Geldwert im Innern des Landes. Die *Aufwertung* hat zur Folge, daß die Ausfuhrpreise sich erhöhen, während die Einfuhrpreise sinken; bei der Abwertung sind die Auswirkungen umgekehrt.

854. Das Münzwesen

Das Recht der Gesetzgebung auf dem Gebiet des Münzwesens stand früher allein dem *Reich* zu. Bei der Neuordnung des Geldwesens wiesen die Besatzungsmächte der *Bank deutscher Länder* das ausschließliche Recht zu, im Währungsgebiet *Banknoten* und *Münzen* auszugeben. Nunmehr bestimmt Art. 73 Nr. 4 GG, daß der Bund die ausschließliche Gesetzgebung über das *Geld- und Münzwesen* hat.

Nach dem Gesetz über die Ausprägung von *Scheidemünzen* vom 8. 7. 1950 (BGBl. 323) m. spät. Änd. werden an *Bundesmünzen* Scheidemünzen, d. h. Münzen aus Legierungen unedler Metalle, bei denen der Metallwert unter dem Nennwert liegt (auch Kreditmünzen genannt), über 1, 2, 5, 10 und 50 Deutsche Pfennig (Pf.) sowie über 1, 2, 5 und 10 Deutsche Mark (DM) ausgegeben. Die Ausprägungen über den Betrag von 20 DM je Kopf der Bevölkerung hinaus bedürfen der Zustimmung des *Zentralbankrates* der Deutschen Bundesbank.

Auf DM lautende Scheidemünzen brauchen im gewöhnlichen *Zahlungsverkehr* nur bis zum Betrage von 20 DM, auf Pf. lautende Münzen nur bis 5 DM in Zahlung genommen zu werden (§ 3; *beschränkte gesetzliche Zahlungsmittel*). Bundes- und Landeskassen müssen Münzen in jedem Betrag in Zahlung nehmen oder in andere gesetzliche Zahlungsmittel umtauschen.

Die Münzen werden im Auftrag und für Rechnung des Bundes in den *Münzstätten* (München, Stuttgart, Karlsruhe, Hamburg) ausgeprägt und durch die Bundesbank nach Maßgabe des Verkehrsbedarfs in Umlauf gesetzt. Der *Bargeldumlauf* betrug im Jahre 1993 rd. 238,6 Mrd. DM, davon 14,3 Mrd. DM Scheidemünzen.

Über *Nachprägung* vgl. 852.

855. Bargeldloser Zahlungsverkehr

Unter *bargeldlosem (unbarem) Zahlungsverkehr* versteht man die Begleichung einer Geldschuld oder einen sonstigen Zahlungsausgleich durch *Wechsel, Scheck, Überweisung* (Giroverkehr) oder sonstige unbare Weise. Hingegen bezeichnet man die Zahlung durch Banknoten der Zentralbanken als *Barzahlung*.

Der bargeldlose Zahlungsverkehr wurde durch die Gründung von *Girobanken* (1609 Amsterdamer Girobank, 1619 Hamburger Bank) eingeleitet. Der Kunde erhielt gegen Einzahlung in Edelmetallgeld eine *Gutschrift* („Mark Banko"), deren Verrechnungseinheit das *Buch- oder Giralgeld* schuf. Eine *Überweisung* setzt voraus, daß beide Beteiligten ein Konto besitzen und daß das Konto des Empfängers dem Überweisenden bekannt ist.

Weit verbreitet ist das im Rahmen eines Girovertrags vereinbarte *Lastschriftverfahren*. Hierbei kann entweder der Schuldner den Gläubiger ermächtigen, durch seine Bank den geschuldeten Betrag bei der Bank des Schuldners einzuziehen; der Schuldner muß außerdem seine Bank zur Zahlung ermächtigen *(Einziehungsermächtigungsverfahren)*; oder der Schuldner beauftragt seine Bank, den Betrag der Bank des Gläubigers im Wege des Giros im *Abbuchungsverfahren* zu überweisen.

Über den *Scheck* s. 381, über den *Wechsel* 380.

Der *Scheck* wird namentlich verwendet, wenn eine Überweisung nicht in Frage kommt. Er gründet sich auf ein Zahlungsversprechen und wird nur erfüllungshalber angenommen. Er hilft jedoch das Bargeld vermindern, weil der Empfänger ihn i. d. R. zur Bank gibt und die Banken in einem Bereinigungssystem *„Clearing"* alle an einem Tag zu begleichenden Forderungen und Gegenforderungen durch Kompensation ausgleichen *(Abrechnungsverkehr)*. Über *Sparkassen- und Giroverbände* s. 870.

Weitere Formen des bargeldlosen Zahlungsverkehrs sind die Zahlung mittels einer von einem Kreditkartenunternehmen ausgegebenen *Kreditkarte* (z. B. Eurocard, American Express Karte, Diner's Club Karte u. a.) oder das Zahlen mittels *„Electronic Cash"*, d. h. Zahlung nur mit Scheckkarte (ohne Ausstellung eines Schecks) unter (verdeckter) Angabe einer Geheimnummer.

Der *zwischenstaatliche* bargeldlose Zahlungsverkehr hat sich als *bilateraler* und *multilateraler* entwickelt, je nach Beteiligung von zwei oder mehreren Ländern.

Zur Beschleunigung des internationalen Zahlungsverkehrs, aber auch zum Schutz gegen Fälschungen haben sich im Jahre 1977 zahlreiche im zwischenstaatlichen Geschäftsverkehr tätige Banken und Sparkassen zu einer *Gesellschaft für weltweite Fernübertragung von Finanzdaten* (Society for Worldwide Financial Telecommunication, SWIFT) zusammengeschlossen. In diesem Datenfernverarbeitungs-Pool werden Finanznachrichten zwischen den Computern der angeschlossenen Partnerinstitute übermittelt (Überweisungen, Auszahlungsaufträge, Last- und Gutschriften, Devisengeschäfte usw.).

856. Papiergeld, Banknoten

Das *Papiergeld* ist ein Geld ohne Stoffwert, dessen Geltung auf Vertrauen zum Staat beruht. Das ausschließliche Recht zur Ausgabe von Noten und Münzen steht der *Deutschen Bundesbank* zu (vgl. 862).

Die *Banknote* ist ein von der gesetzlich berechtigten Bank *(Notenbank)* ausgestelltes *Geldzeichen,* das auf einen abgerundeten, an den Überbringer bei Sicht zahlbaren Betrag einer Währungseinheit lautet.

Die *Einlösung* der Banknoten kann gegen Metallgeld oder aber auch gegen andere währungsgesetzliche Zahlungsmittel erfolgen.

Von der Deutschen Bundesbank sind *Banknoten* über 5, 10, 20, 50, 100, 200, 500 und 1000 DM ausgegeben worden.

Unbefugte Ausgabe und Verwendung von Geldzeichen ist strafbar. Alle Kreditinstitute sind verpflichtet, *Falschgeld* anzuhalten und an die Bundesbank abzuliefern (§§ 35, 36 BBkG).

857. Staatsschulden, Schatzanweisungen, Auslandsschulden

Nach Art. 115 GG dürfen Geldmittel für den Bund im Wege des *Kredits* nur auf Grund einer der Höhe nach bestimmten oder bestimmbaren Ermächtigung durch Bundesgesetz beschafft werden. Die Einnahmen aus Krediten dürfen die Summe der im Haushalt veranschlagten Ausgaben für Investitionen außer bei Störung des gesamtwirtschaftlichen Gleichgewichts nicht überschreiten.

Kreditermächtigungen werden i. d. R. gemäß § 18 der *Bundeshaushaltsordnung* durch die jährlichen *Haushaltsgesetze* ausgesprochen (vgl. 80).

Staatliche Schulden können durch Ausgabe von *Schuldverschreibungen* (vgl. 329, 869) oder Schatzanweisungen, Eingehung von Wechselverbindlichkeiten oder Aufnahme von Darlehen gegen Schuldschein aufgenommen werden.

Die *Schatzanweisungen* (Schatzscheine) dienen zur Aufnahme einer kurz- oder mittelfristig zurückzuzahlenden Schuld. Sie stellen Anweisungen der Finanzverwaltung auf die Staatskasse dar und können verzinslich oder unverzinslich ausgegeben werden. Im letzteren Falle werden sie wie Wechsel unter Abzug des Diskonts (Zwischenzinses) verkauft. Festverzinsliche Schatzanweisungen können in das *Bundesschuldbuch* der BRep. eingetragen werden (Bek. vom 8. 7. 1963, BGBl. I 462).

Zur Regelung der *deutschen Auslandsschulden* wurde das *Londoner Schuldenabkommen* vom 27. 2. 1953 getroffen (BGes. vom 24. 8. 1953, BGBl. II 331, 556). Dazu Ausführungsges. vom 24. 8. 1953 (BGBl. I 1003) m. spät. Änd. Weitere Vereinbarungen betreffen die Haftung der Bundesrepublik für gewisse österreichische Auslandsschulden (Ges. vom 7. 5. 1954, BGBl. II 504), Regelung von Forderungen der Französischen Republik an die Bundesrepublik (Ges. vom 7. 5. 1954, BGBl. II 519), Forderungen der Schweiz (Ges. vom 7. 3. 1953, BGBl. II 15). Eine besondere Vereinbarung regelt die *Schweizerfranken- Grundschulden* (Ges. vom 15. 5. 1954, BGBl. II 538, 740). Die Ansprüche aus der Deutschland geleisteten *Nachkriegs-Wirtschaftshilfe* sind in Abkommen mit den USA, mit Großbritannien und Frankreich vom 27. 2. 1953 (Ges. vom 24. 8. 1953, BGBl. II 491, 503, 508, 590) behandelt. Die Bereinigung deutscher *Dollarbonds* ist Gegenstand von Abkommen mit den Vereinigten Staaten von Amerika vom 1. 4. 1953 und 16. 8. 1960 (Ges. vom 19. 8. 1953, BGBl. II 300, und 26. 4. 1961,

BGBl. II 461). Während die Bereinigungsgesetze klären sollten, welche Schuldverschreibungen auf ausländische Währung geltend gemacht werden können, regelt das *Auslandsbonds-Entschädigungsgesetz* vom 10. 3. 1960 (BGBl. I 177) die Möglichkeit zur Wiederherstellung der Gläubigerrechte. Die gesetzliche Regelung ist abdingbar; die Beteiligten können insbes. die Abgeltung der Entschädigungsansprüche durch Lieferung von Umtauschstücken vereinbaren.

In dem *Londoner Schuldenabkommen* vom 27. 2. 1953 wurden die Verbindlichkeiten der öffentlichen und privaten Hand für die Vor- und Nachkriegszeit auf rd. 14 Mrd. DM festgesetzt. Diese wurden mittlerweile zurückgezahlt. Die Verpflichtungen aus dem Vertrag mit *Israel* (932) sind in diesen Schulden nicht enthalten.

858. Inflation, Deflation, Reflation

Eine *Inflation* (Aufblähung) entsteht, wenn die Zahlungsmittel über den Liquiditätsbedarf hinaus vermehrt und dadurch entwertet werden, weil ihnen keine entsprechende Menge an Waren gegenübersteht.

Den Gegensatz bildet die *Deflation,* bei der ein Überangebot an Waren und Dienstleistungen einem verminderten Zahlungsmittelumlauf gegenübersteht, wodurch die Kaufkraft der Währung steigt.

Die *Reflation* ist eine künstliche Einführung von Geld in die Volkswirtschaft, um die Preise wieder zu heben. Sie bezweckt die Behebung von Absatzstockungen, welche dadurch entstehen, daß die umlaufende Geldmenge im Verhältnis zur Warenmenge zu gering ist, und die Beseitigung der daraus folgenden Arbeitslosigkeit.

Eine *Inflation* kann dadurch ausgelöst werden, daß der Staat zur Deckung seines Finanzbedarfs in erhöhtem Maße Papiergeld ausgibt. Das Geld kann aber auch durch eine überspannte Kreditgewährung der Banken an Wert verlieren (sog. *Kreditinflation,* vgl. 861). Diese *offene Inflation* kann bei fortgesetzter Kaufkraftsenkung und dadurch bedingter Preissteigerung zur Entwertung der Währung führen.

Eine *versteckte Inflation* (latente Inflation) liegt vor, wenn der Preisspiegel zwar durch wirtschaftspolitische Maßnahmen *(Preisstop)* gehalten, das Geld aber durch Vermehrung entwertet wird, so daß eine *Flucht in die Sachwerte* eintritt.

Um die Ausfuhr ohne Rücksicht auf Gewinn oder Verlust zu steigern und den ausländischen Wettbewerb auszuschalten, werden beim Auslandsabsatz bisweilen niedrigere Verkaufspreise als im Inland festgesetzt (*Dumping*). Dies kann so weit gehen, daß der Auslandspreis sogar unter den Produktionskosten liegt. Insbesondere haben Kartelle einen inländischen Zollschutz zum Dumping ausgenutzt, das dann durch höhere Inlandspreise oder staatliche Subventionen ausgeglichen wurde.

Jede Inflation führt zu einer vorübergehenden Belebung der Wirtschaft durch Steigerung der Ausfuhr (sog. *Valutadumping*), aber zu sozialen Umwälzungen, insbesondere Schädigung der Sparer, Gläubiger, Lohn- und Gehaltsempfänger. Eine weitere Form der Konjunkturstörung ist die *Stagflation,* d. i. eine Wortkombination aus *Stagnation* der Wirtschaft (mangelndes Wachstum, häufig verbunden mit steigender Arbeitslosigkeit) und gleichzeitigem Fortschreiten der *Inflation.*

Die ersten Inflationen erlebte *Frankreich* 1719 und in der Revolution von 1789 *(Assignaten).* Der 1. Weltkrieg brachte Deutschland eine schwere offene Inflation; die Mark sank bis 1923 auf den billionsten Teil ab. Nach dem 2. Weltkrieg kam es in vielen Ländern auf Grund vorbeugender Maßnahmen nur zu einer versteckten Inflation, deren offene Auswirkungen durch die Abwertungen der Währung verhindert wurden (in Deutschland durch die *Währungsreform* vom 20. 6. 1948).

Als Mittel zur *Deflation* (Verminderung des Zahlungsmittelumlaufs) dienen vor allem die Krediteinschränkungen *(Kreditrestriktion)* durch Verweigerung oder Verteuerung der Kredite oder durch eine Währungsabwertung (vgl. 853 IV, 861). Sie kann jedoch auch durch Zurückhalten von Bargeld seitens der Privatwirtschaft (Geldhortung) oder durch Ablehnung angebotener Kredite seitens der Produzenten (Kreditscheu) herbeigeführt werden. Ihre Gefahren sind groß, da sie eine Flucht aus den Sachwerten verursachen und die wirtschaftliche Entwicklung nachhaltig hemmen kann. Die durch die Deflation verursachten Schäden können durch *monetäre Maßnahmen* (z. B. Erhöhung des Geldumlaufs zwecks Anregung privater Investitionen) gemindert und es kann bei geschickter Anwendung unter Umständen das Gleichgewicht wiederhergestellt werden.

Bedenklich ist auch die *Reflation,* die nur von der Geldseite her eine kranke Volkswirtschaft gesundzumachen strebt. So war Roosevelts „New Deal", der 1933 nach Abwertung des Dollars durch gewaltige öffentliche Aufträge die Wiederbelebung der amerikanischen Wirtschaft erreichen wollte, ebenso ein Fehlschlag wie das Experiment der französischen Regierung Blum, das 1936 mit der erneuten Abwertung des Franc begann.

859. Stabilität und Kaufkraft der Währung

I. Grundfragen der Währungsstabilität

Die Stabilität der Währung kann durch inflationistische Tendenzen (858) gefährdet oder erschüttert werden. Diese machen sich in einem ständigen *Preisanstieg* bemerkbar, der vielfach und z. T. gegenseitig bedingt mit Lohnerhöhungen abwechselt (die Aufeinanderfolge wird häufig als „Lohn-Preis-Spirale" bezeichnet). Die Anlässe sind teils innen-, teils außenwirtschaftlicher Natur.

Das Preisgefüge wird wesentlich von den Aufwendungen für Rohstoffe und Produktionsmittel und vom Lohnaufwand bestimmt. Mittelbar wird es von wirtschaftlichen Programmzielen beeinflußt, in deren Vordergrund meist die Forderungen nach kontinuierlichem *Wirtschaftswachstum* und *Vollbeschäftigung* stehen. Weltwirtschaftlich gesehen, ergibt sich die Notwendigkeit des Wachstums der Wirtschaft vor allem aus der ständigen Bevölkerungszunahme und aus dem Streben nach Verbesserung der Lebensbedingungen. Innenwirtschaftlich wird das Wirtschaftswachstum als gegenüber dem Ausland wettbewerbsnotwendig angesehen, die Vollbeschäftigung als unabdingbare Folge des Rechts auf Arbeit. Um sie zu sichern, können sogar „Außenhandelsbarrieren" durch Einschränkung der Einfuhr errichtet werden. Andererseits hat die Ausdehnung der Produktion einen steigenden Kapitalbedarf (und somit eine wachsende Kreditschöpfung) sowie erhöhte Verbrauchstendenzen, eine gesamtwirtschaftliche Übernachfrage und steigenden Bedarf an Arbeitskräften zur Folge, der sich besonders in lohnintensiven Branchen (Baugewerbe, Elektrotechnik, Maschinenbau usw.) auswirkt. Übersteigt dann die durch Lohnerhöhungen ausgelöste Zuwachsrate der Einkommen die Rate des allgemeinen Wirtschaftswachstums, so liegt darin ein preistreibender Faktor, weil das Angebot an Gütern mit der Einkommensentwicklung nicht Schritt hält. Geldwirtschaftlich tritt eine *Vergrö-*

ßerung des Geldumlaufs (854) ein, die außer durch die allgemeine Einkommensexpansion noch durch höhere öffentliche Ausgaben, Zustrom von *Devisen* aus dem Ausland und Geldschöpfung durch die Banken verursacht sein kann. Berücksichtigt man noch die Notwendigkeit einer geordneten äußeren *Handelsbilanz* und den Ausgleich der Zahlungsbilanz (d. h. der Einnahmen und Ausgaben im Zahlungsverkehr mit dem Ausland), so ergibt sich das „magische Viereck" Vollbeschäftigung-Geldwertstabilität-Zahlungsbilanzausgleich-Wirtschaftswachstum. *Dynamische Gehälter* sind daher nur teilweise effektiv, weil die Preisstabilität relativ ist. Auch *Steuererhöhungen,* die durch staatliche Mehrausgaben z. B. im Verteidigungs- und Sozialwesen bedingt sein können, führen wirtschaftlich zur Kosten- und dadurch zur Preissteigerung.

Da Lohnerhöhungen regelmäßig von der inflationären Entwicklung überholt und oft auch deshalb nicht effektiv werden, weil sie einen höheren Steuersatz auslösen, wird gelegentlich Einführung der sog. *Indexierung* befürwortet; sie ist im Ausland (Finnland, Brasilien) versuchsweise, aber ohne dauernden Erfolg praktiziert worden. Sie besagt, daß von dem Grundsatz „Mark = Mark" abgegangen und generell zugelassen wird, Vereinbarungen über Geldleistungen (z. B. in Miet- oder Versicherungsverträgen) mit dem *Lebenshaltungsindex* (808) zu koppeln; solche Vereinbarungen, insbes. derartige *Wertsicherungsklauseln,* sind bisher als inflationsfördernd grundsätzlich verboten (vgl. 853).

II. Stabilitätsgesetz

Nach dem *Gesetz zur Förderung der Stabilität und des Wachstums der Wirtschaft* vom 8. 6. 1967 (BGBl. I 582) m. spät. Änd. sollen Bund und Länder wirtschafts- und finanzpolitische Maßnahmen zur *Wahrung des Geldwertes* aufeinander abstimmen, um ein stabiles Preisniveau, einen hohen Beschäftigungsstand und außenwirtschaftliches Gleichgewicht bei angemessenem Wirtschaftswachstum zu gewährleisten. Die BReg. legt alljährlich dem BT und BR einen Jahreswirtschaftsbericht vor, in dem sie ihre wirtschafts- und finanzpolitischen Ziele darlegt *(Jahresprojekt);* um die genannten Grundziele zu erreichen, kann sie für Gebietskörperschaften, Gewerkschaften und Unternehmerverbände sog. *wirtschaftliche Orientierungsdaten* aufstellen, die Gegenstand eines abgestimmten Verhaltens *(konzertierte Aktion)* sein sollen. Bei übermäßigem Ansteigen der Konsumentennachfrage sollen Mittel zur zusätzlichen Schuldentilgung bei der Bundesbank oder zur Überweisung an eine *Konjunkturausgleichsrücklage* bereitgestellt werden, auf die bei gefährlichem Konjunkturrückgang zurückgegriffen werden kann.

Unerwünschter Konjunktursteigerung soll u. a. mit Sperre von Ausgabemitteln durch den BMF sowie einem Baustopp und einer Beschränkung der Kreditaufnahme durch die öffentliche Hand begegnet werden. Andererseits kann die BReg. bei Konjunkturabschwächung eine Ausgabensteigerung z. B. durch Finanzhilfen für Investitionen der Wirtschaft oder von Ländern oder Gemeinden, Subventionen u. dgl. anordnen; der BMF kann zusätzliche Kredite bis 5 Mrd. DM aufnehmen. Die zusätzlichen Ausgaben sollen aus der Konjunkturausgleichsrücklage gedeckt werden. Um eine Störung des gesamtwirtschaftlichen Gleichgewichts abzuwenden, kann die BReg. mit Zustimmung des BR bestimmen, wie Bund und Länder die Rücklage aufzufüllen haben. Auch kann die Kreditbeschaffung durch Bund, Länder und Gemeinden im Rahmen der bereits bestehenden Haushaltsbewilligungen durch RechtsVO der BReg. beschränkt werden. Ein bei der BReg. gebildeter *Konjunkturrat,* in dem auch Länder und Gemeinden vertreten sind, stellt durch einen besonderen Ausschuß Pläne für jeweils drei Monate auf. Mehrjährige Finanzplanung soll die Kontinuität der Haushaltswirtschaft sichern.

860. Zahlungsbilanz, Wechselkurse, Devisenwirtschaft

I. Die *Zahlungsbilanz*

ist die Gegenüberstellung der gesamten Zahlungen, die im Lauf eines bestimmten Zeitraumes (i. d. R. eines Jahres) zwischen In- und Ausland fällig geworden sind. Vertikal gliedert sie sich in die *Handelsbilanz* (Warenverkehr, Dienstleistungen für ausländische Rechnung wie z. B. Schiffahrt, Versicherungswesen), die *Kapitalbilanz* (internationaler Kapitalaustausch einschließlich der Kapitalerträge), die *unentgeltlichen Zahlungen* (Wiedergutmachung, Reparationen) und die *Devisenbilanz* (den Ausweis von Gold- und Devisenbeständen). Durch Ausfuhr, Dienstleistungen für das Ausland usw. entstehen *Devisen,* d.h. Barmittel oder Forderungen in ausländischer Währung an das Ausland.

II. Der *Devisen-* oder *Wechselkurs*

ist der Preis, der für 100 Einheiten der fremden Währung angelegt werden muß bzw. dafür gezahlt wird.

Man unterscheidet

a) *freie (flexible)* Kurse, bei denen sich das Austauschverhältnis (der Preis der Währungseinheit) nach dem Gesetz von Angebot und Nachfrage auspendelt. Der Wechselkurs spiegelt dann die jeweilige inländische Kaufkraft der Währung wider;

b) *festgesetzte (fixierte)* Kurse. Die Festsetzung kann erfolgen, indem man alle Kurse am Gold orientiert *(Goldparität)* oder an einer repräsentativen Leitwährung, z. B. dem Dollar. Die Kurse können festgesetzt werden durch den einzelnen Staat (z. B. wurde der Kurs der DM im Verhältnis zum Dollar 1948 probeweise auf DM 3.– festgesetzt, 1949 auf DM 4,20 erhöht) oder durch mehrere Staaten gemeinsam in Form eines internationalen Abkommens.

Die Wechselkurse sind 1948 im Abkommen von Bretton Woods für alle Länder der freien Welt festgestellt worden und seit 1949 lange Zeit mit wenigen Ausnahmen unverändert geblieben. Das System fester Wechselkurse kann (im Gegensatz zu flexiblen) nur dann reibungslos funktionieren, wenn die festgesetzten Kurse auch tatsächlich dem Wert der einzelnen Währungen entsprechen, d. h. wenn man für die entsprechende Menge ausländischen Geldes in jedem Land ungefähr das gleiche kaufen kann *(= Kaufkraftparität).* Das ist aber heute häufig nicht mehr der Fall, da die Preise in den Ländern unterschiedlich gestiegen sind, so daß einzelne Länder versucht haben, die Kaufkraftdisparität durch eine Auf- oder Abwertung teilweise auszugleichen, vgl. 853 IV.

III. Die *Devisenbewirtschaftung*

bezweckt die Sicherung der inländischen Währung durch planmäßige Regelung des Devisenverkehrs unter zweckmäßiger Verwendung der vorhandenen und Verteilung anfallender *Devisen* entsprechend der

Dringlichkeit der Einfuhr. Auch kann der Devisenanfall durch Ausfuhrregelung erhöht und die *Kapitalflucht* in das Ausland unterbunden werden. Vgl. 811, 569.

Der freie *Devisenverkehr* war während und nach dem 2. Weltkrieg fast überall aufgehoben. Die Devisenbewirtschaftung wurde erst viel später durch die *freie Konvertierbarkeit* der europäischen Währungen aufgelockert. Nachdem bereits seit 1956 Erleichterungen für den *Reise- und Grenzverkehr,* für den *Reiseverkehr nach dem Ausland* und für den *Zahlungsverkehr mit dem Ausland* gewährt worden waren, erleichterten weitere Bestimmungen Geschäfte mit Wertpapieren, die Aufnahme von Darlehen in deutscher und ausländischer Währung bei Ausländern sowie die Regelung inländischer Erbschaften. Die Gewährung von Krediten durch Deviseninländer an *Devisenausländer* und umgekehrt sowie der *Versicherungsverkehr* wurden gleichfalls liberalisiert. Durch das *Außenwirtschaftsgesetz* vom 28. 4. 1961 (BGBl. I 481; vgl. 811) ist in der BRep. wieder freier Devisenverkehr eingeführt worden.

861. Kreditwesen

Ein *Kredit* kommt dadurch zustande, daß eine Person *(Kreditgeber)* einer anderen *(Kreditnehmer)* eine bestimmte eigene Geldsumme zur wirtschaftlichen Verfügung, meist gegen Zins, überläßt. Man unterscheidet insbesondere folgende Kreditarten:

a) den *langfristigen* Kredit (für Investitionen, Meliorationen usw.), den *mittelfristigen* Kredit (z. B. für zeitweilige Anlagen) und den *kurzfristigen* Kredit (Betriebskredit, z. B. für Wareneinkauf, Wechselkredit);
b) nach der Sicherung den *Personalkredit* (nach der persönlichen Vertrauenswürdigkeit), den *Mobiliarkredit* (unter Übereignung von beweglichen Gütern; wenn es sich um Waren oder Wertpapiere handelt: *Lombardkredit*) und den *Immobiliarkredit,* der durch Eintragung eines Grundpfandrechts (337) im Grundbuch gesichert wird. Vgl. 864.

Zur Kreditvermittlung werden Sparkapitalien bei den *Kreditanstalten* angesammelt. Darüber hinaus können die *Banken,* insbesondere die Zentralnotenbanken, die *Kreditschöpfung* betreiben, indem sie über die angesammelten Mittel hinaus auf Grund zusätzlicher *Geldschöpfung* Kredit gewähren.

Aufgabe der Wirtschaftslenkung *(Wirtschaftspolitik)* ist, eine zu starke Kreditschöpfung, bei welcher der Zahlungsmittelumlauf im Verhältnis zum Güterumlauf zu hoch ist (*Kreditinflation,* vgl. 858), zu vermeiden. Diese Regelung obliegt in der Bundesrepublik vor allem der Deutschen Bundesbank, die als *Zentralnotenbank* ihre Diskontpolitik hiernach einrichtet und notfalls zur *Kreditrestriktion* schreitet, bei der die Kreditansprüche nach der volkswirtschaftlichen Bedeutung befriedigt werden (vgl. 858, 863).

Über die von Kreditinstituten bei der Deutschen Bundesbank zu haltenden *Mindestreserven* vgl. 863 III 2.

Das *Gesetz über das Kreditwesen* (s. 872) soll die gesamtwirtschaftliche Funktionsfähigkeit des Kreditgewerbes wahren und zugleich die Bankgläubiger schützen. Dementsprechend stellt es Errichtung und Betrieb von *Kreditinstituten* unter eingehende Struktur- und Ordnungsvorschriften; Aufsichtsbehörde ist das *Bundesaufsichtsamt für das Kreditwesen* in Berlin. Vgl. 872.

Unter *Kreditlinie* versteht man innerstaatlich den einem Kreditnehmer eingeräumten Kredithöchstbetrag. Im internationalen Handel bezeichnet sie den Betrag, bis zu dem bei bilateralen Verrechnungsabkommen ein Land von seinem Partnerland Kredit erhält. Bei multilateralen Verrechnungsabkommen fixiert die Kreditlinie die Höhe des Kredits, den ein Land der Zentrale geben muß (Gläubigerland) oder den es von der zentralen Verrechnungsstelle erhalten kann (Schuldnerland).

862. Das Bankwesen

Eine *Bank* ist ein Unternehmen zur Vermittlung des Zahlungs- und Kreditverkehrs. Es kann von einer Personengesellschaft oder einer juristischen Person (nicht mehr von einem Einzelkaufmann) betrieben werden. Banken sind die häufigste Form der *Kreditinstitute,* zu denen aber auch *Sparkassen* (870), Kreditgenossenschaften (871) und *Investment-Gesellschaften* (867) zählen.

Alle *Kreditinstitute* (außer der Bundesbank und einigen anderen) bedürfen besonderer staatlicher Genehmigung und unterstehen staatlicher Aufsicht. Sie haben ihre Geschäfte nach den Vorschriften des *Ges. über das Kreditwesen* (s. 872) zu führen, das insbes. Vorschriften über Ausstattung mit Eigenkapital und Liquidität, Vergabe von Großkrediten, Behandlung von Spareinlagen usw. enthält (im einzelnen vgl. 872 *Bankenaufsicht*). Die Bezeichnung „Bank" oder „Bankier" dürfen nur zugelassene Kreditinstitute und ihre Inhaber benutzen.

Man unterscheidet:

a) *Universalbanken,* die alle Arten von Bankgeschäften betreiben (z. B. die deutschen *Großbanken:* Deutsche Bank, Dresdner Bank, Commerzbank);
b) *Depositenbanken,* die insbesondere das *Depositengeschäft* (Verwahrung und Verwaltung fremder Geldeinlagen) pflegen;
c) *Notenbanken,* die vom Staat zur Ausgabe von *Banknoten* (Papiergeld), die als Zahlungsmittel dienen, ermächtigt sind;
d) *Hypothekenbanken,* die langfristig Grundbesitz beleihen und auf Grund von Hypotheken *Pfandbriefe* ausgeben.

Depositenbanken bestehen in reinster Form in England und Frankreich. Sie übernehmen eine Reihe von Bankgeschäften (z. B. Gründungs-, Finanzgeschäfte) nicht. Über *Hypothekenbanken* s. 864.

Kapitalanlagegesellschaften sind Unternehmen, deren Geschäftsbetrieb darauf gerichtet ist, bei ihnen eingelegtes Geld im eigenen Namen für gemeinschaftliche Rechnung der Einleger nach dem Grundsatz der *Risikomischung* in Vermögensgegenständen gesondert von dem eigenen Vermögen in Form von Wertpapier-, Beteiligungs- oder Grundstücks-Sondervermögen anzulegen und über die sich hieraus ergebenden Rechte der Einleger (Anteilinhaber) Urkunden (Anteilscheine) auszustellen. Vgl. 867.

Durch das *Ges. über Unternehmensbeteiligungsgesellschaften* (UBGG) vom 17. 12. 1986 (BGBl. I 2488) m. spät. Änd. werden Aktiengesellschaften (s. 372 II 1) zugelassen, die lediglich Beteiligungskapital sammeln und es der Wirtschaft zur Verfügung stellen. Durch diese Unternehmensbeteiligungsgesellschaften wird nichtbörsennotierten mittelständischen Unternehmen der indirekte Zugang zu Fremdkapital eröffnet und breiten Anlegerschichten die indirekte Beteiligung an mittelständischen Unternehmen ermöglicht.

Eine besondere Stellung nehmen die *Zentralnotenbanken* ein; das sind Notenbanken, denen für ein Staatsgebiet das ausschließliche Recht der Notenausgabe *(Notenprivileg)* zusteht. Zentralnotenbank der BRep. ist die *Deutsche Bundesbank,* s. 863.

Zu den Kreditinstituten, denen öffentliche oder öffentlich geförderte Aufgaben obliegen, zählt auch die durch Ges. vom 5. 11. 1948, jetzt i.d.F. vom 23. 6. 1969 (BGBl. I 573) m. spät. Änd. errichtete *Kreditanstalt für Wiederaufbau.* Sie ist Körperschaft des öffentlichen Rechts und fördert durch mittel- und langfristige Kredite Wiederaufbauvorhaben, soweit andere Kreditinstitute hierzu nicht zur Verfügung stehen. Dagegen ist die *Industriekreditbank* AG in Düsseldorf eine von der Industrie gegründete privatrechtliche Institution. Sie hat – wie früher die Deutsche Industriebank Berlin – aber eine im öffentlichen Interesse liegende Aufgabe zu erfüllen, indem sie mittlere und kleine Gewerbebetriebe mit langfristigen Krediten versorgt. Deshalb erleichtert das Ges. vom 15. 7. 1951 (BGBl. I 447) dieser Bank die Aufnahme von Anleihen; sie ist ermächtigt, nach Art einer Hypothekenbank besondere Deckungsmassen für Inhaberschuldverschreibungen zu bilden.

Über die der Kreditbeschaffung für die Land- und Forstwirtschaft dienenden Kreditinstitute (*Landwirtschaftliche Rentenbank* u.a.) vgl. 828, über die *Lastenausgleichsbank* (Bank für Vertriebene und Geschädigte) 683.

Zentralnotenbank für Großbritannien ist die *Bank von England* (1694 gegründet, 1946 verstaatlicht). Ihr Aufbau beruht im wesentlichen noch auf der Bankakte von 1844. Sie verwaltet auch die Staatskasse und die Staatsschulden. Die *Bank von Frankreich* wurde 1800 als Zentralnotenbank gegründet. Ihr obliegen außer der Notenausgabe Aufgaben der Währungs-, Geld- und Kreditpolitik.

863. Die Deutsche Bundesbank (DBBk)

I. Rechtliche Stellung und gesetzliche Grundlage

Die DBBk ist rechtlich eine Einheitsbank, organisatorisch aber stark dezentralisiert, weil das *Gesetz über die Deutsche Bundesbank* vom 26. 7. 1957 (BGBl. I 745), jetzt i.d.F. vom 22. 10. 1992 (BGBl. I 1782) m. spät. Änd., die *Landeszentralbanken* (LZB) als *Hauptverwaltungen* der DBBk. mit weitgehender Selbständigkeit und Eigenverantwortung beibehält. Es bestehen 9 Landeszentralbanken. Die DBBk. ist eine bundesunmittelbare juristische Person des öffentlichen Rechts mit einem Grundkapital von 290 Mio. DM, das dem Bund zusteht. Der Sitz der Bank ist Frankfurt am Main (§ 2).

Die DBBk. ist zwar verpflichtet, die *allgemeine Wirtschaftspolitik der BReg.* zu unterstützen, ist aber von Weisungen unabhängig (§ 12). Die Mitglieder der BReg. sind berechtigt, an Beratungen des Zentralbankrates ohne Stimmrecht, aber mit Antragsrecht teilzunehmen und auch die Aussetzung einer Beschlußfassung bis zu 2 Wochen zu verlangen. Anderseits soll die BReg. den Präsidenten der

DBBk. zu Beratungen über Angelegenheiten von währungspolitischer Bedeutung hinzuziehen (§ 13).

Die DBBk. nimmt eine Sonderstellung ein. Der Zentralbankrat und das Direktorium (s. unten II) haben die *Stellung von obersten Bundesbehörden,* die LZBen und Hauptstellen die von Bundesbehörden (§ 29). Die Rechtsverhältnisse der Beamten, Angestellten und Arbeiter der DBBk. regelt § 31, die Schweigepflicht der BBankbediensteten § 32.

Die Aufgaben und Befugnisse der DBBk können im Rahmen der Europäischen Union der Europäischen Zentralbank übertragen werden (s. 916 I 1).

II. Organe der DBBk

Organe der DBBk. sind der *Zentralbankrat,* der die Währungs- und Kreditpolitik der Bank bestimmt, allgemeine Richtlinien für Geschäftsführung und Verwaltung aufstellt und gegenüber dem Direktorium und den Vorständen der LZBen weisungsberechtigt ist, das *Direktorium* für die Durchführung der Beschlüsse des Zentralbankrats, Leitung und Verwaltung der Bank, und die *Vorstände der LZBen.* Diese fungieren als Hauptverwaltungen der DBBk., behalten ihren Namen bei und führen die in ihren Bereich fallenden Geschäfte in eigener Verantwortung (§§ 5–8). Der Zentralbankrat besteht aus dem Präsidenten und dem Vizepräsidenten der DBBk., den weiteren Mitgliedern des Direktoriums und den Präsidenten der LZBen.

III. Aufgabe, währungspolitisches Instrumentarium und Geschäftskreis der DBBk

1. Die *Aufgabe* der DBBk. ist, mit Hilfe ihrer währungspolitischen Befugnisse den *Geldumlauf* und die *Kreditversorgung* der Wirtschaft zu regeln mit dem Ziel, die *Währung zu sichern,* und für die bankmäßige Abwicklung des Zahlungsverkehrs im Inland und mit dem Ausland zu sorgen (§ 3).

2. Als Mittel zur Erfüllung dieser Aufgabe stehen ihr folgende währungspolitischen Befugnisse zu (§§ 14–18):

a) Sie kann *Banknoten* (einziges unbeschränktes gesetzliches Zahlungsmittel) *ausgeben* (§ 14). Eine Begrenzung des Notenumlaufs ist nicht vorgesehen; die DBBk. entscheidet über die Menge in eigener alleiniger Verantwortlichkeit.

b) *Diskontpolitik:* Die DBBk. setzt die Zins- und Diskontsätze fest. (*Diskontsatz* ist der Zinssatz, den die Banken beim Ankauf = Diskontierung einer noch nicht fälligen Forderung [Handelswechsel usw.] abziehen, desgl. die Zentralnotenbank = *Rediskontierung.*) Sie kann ferner Kontingentierungen anordnen, d. h. die Menge der Rediskontierungen beschränken, oder eine Auslese bei der Rediskontierung treffen (z. B. Wechsel aus der Bauwirtschaft nicht mehr ankaufen).

c) *Kredit- und Offenmarktpolitik:* Sie bestimmt die Grundsätze ihres Kredit- und Offenmarktgeschäfts, indem sie durch An- und Verkauf von Wertpapieren das Volumen des Geldumlaufs beeinflußt.

d) *Mindestreservepolitik:* Sie setzt für Kreditinstitute eine Mindestreserve in Höhe eines Vomhundertsatzes ihrer Verbindlichkeiten fest (Höchstsatz 30 v. H.).

Die Mindestreserven müssen die Banken als Sichtguthaben bei der DBBk. halten (§ 16).

Z. B. kann die DBBk. durch eine *restriktive Kreditpolitik* den Geldumlauf und die Möglichkeit privater Kreditaufnahme drosseln, um einer überhöhten Investitionstätigkeit der Unternehmer, die zu Preissteigerungen führen kann, entgegenzuwirken. Zu diesem Zweck *(Stabilisierung der Währung)* hat sie verschiedentlich die Diskontsätze heraufgesetzt (vgl. 865 I 2) und die Erhöhung der Mindestreserven angeordnet, so daß die Liquidität der Kreditinstitute sank und sie entsprechend weniger Kredite geben konnten; weiter hat sie Wertpapiere am Geldmarkt, d. h. an die Banken, verkauft und zu diesem Zweck sogar Forderungen (der DBBk. gegen den Bund aus gegebenen Krediten) mit Genehmigung des Staates in Papiere (Schatzwechsel) verwandelt. Wenn die DBBk. die entgegengesetzen monetären Maßnahmen ergreift, kann sie damit den Geldumlauf steigern.

Der Bund, das Sondervermögen Ausgleichsfonds, das ERP-Sondervermögen und die Länder haben ihre flüssigen Mittel bei der DBBk. auf Girokonto einzulegen (§ 17). Die DBBk. ist berechtigt, statistische Erhebungen bei allen Kreditinstituten anzuordnen und durchzuführen (§ 18).

3. Der *Geschäftskreis der DBBk.* ist in den §§ 19–25 umgrenzt. Er umfaßt insbes. Geschäfte mit Kreditinstituten, kurzfristige Kredite an Bund und Länder und Geschäfte am offenen Markt. Die §§ 26–28 regeln Jahresabschluß, Gewinnverteilung und *Ausweis* (viermal monatlich veröffentlichte Bilanz). Nach Zuführung bestimmter Teile des Gewinns zur gesetzlichen Rücklage, zur Bildung weiterer Rücklagen und zu einem Fonds zum Ankauf von Ausgleichsforderungen ist der Rest an den Bund abzuführen (§ 27).

Die DBBk. ist berechtigt, sich an der Bank für Internationalen Zahlungsausgleich (918 I) und mit Zustimmung der BReg. an anderen internationalen Einrichtungen zu beteiligen (§ 4).

864. Die Bodenkreditinstitute und Schiffspfandbriefbanken

Als besondere Einrichtungen schufen die Länder die *Bodenkreditinstitute,* die langfristigen Hypothekarkredit gewähren und durch Ausgabe von *Pfandbriefen* die erforderlichen Kapitalien heranziehen. Sie werden als *Hypothekenbanken* (Pfandbriefanstalten), *Landschaften* oder *Stadtschaften* betrieben.

Friedrich d. Gr. gründete unter Zusammenschluß der Großgrundbesitzer als Debitoren auf regionaler Grundlage 1770 die *Schlesische Landschaft,* die durch Ausgabe von Pfandbriefen die erforderlichen Kapitalien beschaffte. Ähnliche Institute folgten bald. Im Jahre 1835 wurde in München als erste Realkredit-Aktienbank die *Bayerische Hypotheken- und Wechselbank* geschaffen. Die *Zentral-Landschaft für die preußischen Staaten* (1873) war ein Verband landwirtschaftlicher Kreditanstalten, die den Grundeigentümern unkündbare, hypothekarisch gesicherte *Tilgungsdarlehen* in Form von Pfandbriefen gewährte, durch deren Verkauf die Darlehensnehmer sich die Barmittel verschafften. In ähnlicher Weise vermittelt die *Stadtschaft* als öffentlich-rechtliche Körperschaft auf genossenschaftlicher Grundlage hypothekarisch gesicherte Pfandbriefdarlehen auf städtischen Grundstücken. Die von den Boden(Real)kreditinstituten ausgegebenen Schuldverschreibungen zur Deckung von Krediten, die sie an kommunale Körperschaften vergeben, werden als *Kommunalobligationen* bezeichnet; sie sind mündelsicher (873).

Gesetzliche Grundlage bildet für das *Realkreditwesen* das *Hypothekenbankgesetz,* jetzt i. d. F. vom 19. 12. 1990 (BGBl. I 2898) m. spät. Änd., entsprechend auf dem Gebiet des *Schiffskredits* für die *Schiffspfandbriefbanken* das Schiffsbankgesetz i. d. F. vom 8. 5. 1963 (BGBl. I 302) m. spät. Änd. Hypotheken- und Schiffsbanken müssen die Rechtsform einer AG oder KGaA mit mindestens 8 Mio. DM Grundkapital haben. Der Gesamtbetrag der in Umlauf befindlichen Pfandbriefe darf bei Hypothekenbanken das 60fache, bei Schiffspfandbriefbanken das 30fache des haftenden Eigenkapitals nicht übersteigen.

Für die Beschaffung und den Betrieb von *See-* und *Binnenschiffen,* die erhebliche Werte verkörpern, werden häufig langfristige Kredite benötigt. Insbesondere im *Schiffbau* hängt die internationale Konkurrenzfähigkeit weitgehend von der Kreditmöglichkeit ab. Für die Gewinnung ausländischer Reeder zu Bestellungen auf deutschen Werften ist die Finanzierung in einer entsprechenden Währung entscheidend. Deshalb setzt § 36a SchiffsbankG die Schiffsbanken in die Lage, in Ländern mit niedrigem Zinsniveau zinsgünstigere Kredite für die Seeschiffahrt zu beschaffen, als das auf dem deutschen Kapitalmarkt möglich wäre. Die Unternehmen der Seeschiffahrt nehmen in nicht unbedeutendem Umfang durch Schiffshypotheken gesicherte Direktkredite in ausländischer Währung von ausländischen Kreditgebern auf.

Die von den Schiffspfandbriefbanken in Umlauf gebrachten *Schiffspfandbriefe* sind festverzinsliche Wertpapiere, die durch die Schiffshypotheken gedeckt sind.

865. Die Aktiv- und Passivgeschäfte der Banken

Man teilt die Geschäfte einer Bank üblicherweise in *Aktivgeschäfte,* bei denen die Bank Gläubigerin wird, und in *Passivgeschäfte,* bei denen sie Schuldnerin ist, sowie in sog. *indifferente* (sonstige) Geschäfte ein.

I. Die wichtigsten *Aktivgeschäfte* sind

1. das *Kontokorrentgeschäft,* d. h. die Eröffnung einer laufenden Rechnung für einen Kunden (auch als Passivgeschäfte denkbar, falls der Kunde ein Guthaben hat);
2. das *Diskontgeschäft;*

Diskont ist der Zinsbetrag, der bei Erwerb einer noch nicht fälligen Forderung abgezogen wird. Die Diskontierung *(Diskontgeschäft)* ist ein bevorzugtes aktives Kreditgeschäft der Banken, bei dem namentlich Wechsel unter Abzug der bis zum Verfalltag noch ausstehenden Zinsen hereingenommen werden *(Diskontkredit).* Die Wechsel bleiben bei der Bank bis zum Einzugstag liegen oder werden an die Zentralnotenbank rediskontiert.

Der *Diskontsatz* ist der Zinssatz, zu welchem die Zentralnotenbank Wechsel diskontiert. Die rediskontfähigen Wechsel müssen gewissen Vorschriften entsprechen. Die Diskontpolitik der Zentralnotenbank ist ein wichtiges Mittel, um den Geld- und Kapitalmarkt zu regeln, die Kreditgestaltung zu beeinflussen und die Währung stabil zu erhalten. Vgl. 863 III 2b.

Die Diskontbewegung spiegelt die Veränderungen der Wirtschaftslage wider. Die Heraufsetzung des Diskontsatzes soll i. d. R. die Ausgabenpolitik und den Preisauftrieb eindämmen und dadurch inflationären Tendenzen entgegenwirken. Die Herabsetzung dient dagegen der Belebung der Konjunktur, insbes. bei drohender Arbeitslosigkeit, während eine unerwünschte Konjunktursteigerung wieder zu einer Heraufsetzung des Diskontsatzes führt. Der Diskontsatz schwankt dementsprechend je nach den wirtschaftlichen Erfordernissen. So belief er sich ab 14. 9. 1992 auf 8,25%, nach mehrmaligen Senkungen wurde er schließlich ab 19. 4. 1996 auf 2,5% festgesetzt.

3. der *Devisenhandel,* d.h. der An- und Verkauf von Devisen (Wechsel, Schecks oder Anweisungen, die im Ausland in ausländischer Währung zahlbar sind) für eigene und fremde Rechnung;
4. das *Kreditgeschäft,* die Gewährung kurzfristiger Darlehen (Personal- oder Sachkredit, insbes. gegen Verpfändung von Waren oder Wertpapieren, sog. *Lombardgeschäft*).

Darunter fällt die Erteilung eines *Akkreditivs* (Zahlungsversprechen bis zu einem bestimmten Betrag und unter gewissen Voraussetzungen), bei verbindlicher Bestätigung durch die Bank als *Bankavis* bezeichnet;

Unter *Lombardsatz* versteht man den Zinssatz, den die Bundesbank für die von ihr gewährten *Lombardkredite* festsetzt; er liegt meist 1 v.H. (derzeit aber seit 19. 4. 1996 1,5 v.H.) über dem Diskontsatz und verläuft i.d.R. parallel zu dessen Bewegungen.

Die Dt. Bundesbank hat am 16. 2. 1966 ein – später wiederholt geändertes – Verzeichnis der bei ihr beleihbaren Wertpapiere *(Lombardverzeichnis)* herausgegeben (BAnz. 1966 Nr. 45), geänd. 21. 5. 1993 (BAnz. Nr. 106).

5. das *Hypothekengeschäft,* die Einräumung langfristigen Kredits gegen Verpfändung von Grundstücken;

Über die das *Hypothekengeschäft* besonders pflegenden *Bodenkreditinstitute* s. 864, über *Agrarkreditinstitute* 828.

6. das *Depotgeschäft* (vgl. 384).

Die Übergabe von Wertpapieren an einen Bankier kann als *Schrankfachvertrag (Safemiete)* und als geschlossenes oder offenes *Depot* erfolgen. Beim *geschlossenen* Depot hat die Bank nur für die sichere Aufbewahrung in ihren Stahlkammern (Safes) aufzukommen; es handelt sich um einen Verwahrungsvertrag. Wichtiger ist das *offene* Depot, bei dem die Bank auch die Verwaltung der Wertpapiere besorgt (z.B. Abtrennung und Einlösung der Zinsscheine). Hierfür stellt wegen möglicher Bankzusammenbrüche das *Depotgesetz* besondere Pflichten für den Verwahrer auf und bedroht Zuwiderhandlungen mit Strafe (vgl. 384; dort auch über *Sammel-* und *Streifbanddepot).*

Von einem *Depotstimmrecht* spricht man, wenn ein Aktionär, der seine Aktien der Bank zur Aufbewahrung (in das Depot) übergeben hat, die Bank beauftragt, das Stimmrecht gegenüber der Aktiengesellschaft für ihn auszuüben. Der Aktionär kann die Depotbank hierzu für die Dauer von jeweils 15 Monaten schriftlich und jederzeit widerruflich ermächtigen. Er ist vor jeder Hauptversammlung über deren Tagesordnung und die Vorschläge der Bank hierzu so frühzeitig zu informieren, daß er der Bank Weisung erteilen kann, wie sie abstimmen soll (§§ 135, 128 Abs. 2 AktG).

II. Zu den *Passivgeschäften* gehören

1. das *Depositengeschäft;*

Beim *Depositen(Geldverwahrungs)geschäft* empfängt die Bank Geld mit der Vereinbarung, daß das Eigentum daran auf die Bank übergehen soll und sie später einen gleichen Betrag zurückzugeben hat. Je nach der Abmachung stehen dem Einzahler die Gelder entweder täglich oder nach ein- bzw. mehrmonatiger Kündigung zur Verfügung; der Zinssatz richtet sich nach der Dauer der Festlegung. Bei laufender Rechnung richtet die Bank dem Kunden ein *Konto* ein, auf welchem links (Debet) die Entnahmen, rechts (Kredit) die Einzahlungen und Gutschriften verbucht werden.

Depot- und Depositengeschäfte dürfen nur von *Depositenbanken* betrieben werden, die zur Sicherung der Einlagen bestimmte gesetzliche Bedingungen nach dem Ges. über das Kreditwesen (862) erfüllen.

2. die Ausgabe von *Pfandbriefen,* Kommunalobligationen u. dgl. (864);
3. die Aufnahme von Geldern bei anderen Kreditinstituten.

III. Wegen der sonstigen *(indifferenten)* Bankgeschäfte vgl. 866.

866. Indifferente Bankgeschäfte

Unter die sonstigen (indifferenten, d. h. nicht besonders unterschiedenen) Geschäfte der Banken fallen unter anderen

a) der *Zahlungs- und Einziehungsverkehr,* bei dem die Bank für den Kunden die Bezahlung von Rechnungen und anderen Verpflichtungen übernimmt und seine Außenstände und sonstigen Forderungen einzieht;
b) das *Sorten(Geldwechsel)geschäft,* d. h. das Umwechseln ausländischen Geldes in inländisches Geld und umgekehrt;
c) das *Effektengeschäft,* d. h. der An- und Verkauf von Wertpapieren;
d) das *Gründungs-* und *Emissionsgeschäft.*

Beim *Effektengeschäft* berechnet die Bank i. d. R. den An- oder Verkaufspreis, die Stückzinsen, d. h. die seit der letzten Zins- oder Gewinnzahlung aufgelaufenen Zinsen, die Vermittlergebühr (Courtage) und die Provision. Dies auch, wenn die Bank von ihrem *Selbsteintrittsrecht* (374) Gebrauch macht.

Beim *Gründungsgeschäft* beteiligt sich die Bank an der Neugründung oder Umwandlung eines Unternehmens. Beim *Emissionsgeschäft* vermittelt sie die Ausgabe von Wertpapieren, deren Einführung an der Börse und die Ausübung der Bezugsrechte.

Grundlage eines Bankgeschäfts bildet i. d. R. der zwischen Bank und Kunden abgeschlossene Bankvertrag, dem die bei allen Großbanken im Regelfall gleichen *Allgemeinen Geschäftsbedingungen* zugrunde gelegt werden. In diesen werden der Bank u. a. weitergehende Pfandrechte als durch die gesetzlichen Vorschriften (vgl. 340) eingeräumt. Die Bank ist zur Wahrung des *Bankgeheimnisses* verpflichtet und bei Verletzung der *Schweigepflicht* schadensersatzpflichtig; doch bestehen gesetzliche Ausnahmen, z. B. beim Erbschaftsanfall (§ 33 ErbStG, § 5 ErbStDV) sowie auf Grund des allgemeinen Auskunftsrechts des Finanzamts (§§ 93ff. AO), von dem jedoch in der Praxis zurückhaltend Gebrauch gemacht wird (z. B. bei mangelhafter Sachaufklärung durch den Steuerpflichtigen, insbes. im Rahmen der Steuerfahndung; im einzelnen vgl. „Bankenerlaß“ des BMF v. 31. 8. 1979, NJW 1979, 2190). Der normale Gang einer Bankverbindung führt zur Eröffnung eines *Kontokorrentkontos* für den Kunden, auf dem die beiderseitigen Forderungen und Zahlungen verbucht werden. Die Bank gibt dem Kunden über jede Veränderung des Kontos durch Gutschrifts- oder Belastungsanzeige Nachricht.

867. Kapitalanlage(Investment)gesellschaften

I. Begriff

Unter einem Investmenttrust versteht man in England und in den USA eine *Kapitalgesellschaft,* deren Geschäftsbetrieb lediglich in Beteiligungen bei anderen Unternehmungen besteht. Die Gesellschaft beschafft für einen gemeinsamen *Fonds,* der beliebig erweitert werden kann, Aktien und festverzinsliche Wertpapiere und gibt auf den Gesamtbetrag dieses Fonds an ihre Gesellschafter *Zertifikate,* d. h. auf den Namen des ersten Erwerbers ausgestellte *Anteilscheine* aus. Jeder Anteilscheininhaber ist Miteigentümer des Fonds.

II. Deutsche Investmentgesellschaften

Für die deutschen Verhältnisse legte das *Gesetz über Kapitalanlagegesellschaften* i. d. F. vom 14. 1. 1970 (BGBl. I 127) m. spät. Änd. die Verwaltung derartiger Fonds *(Investmentfonds)* in die Hand von *Kapitalanlagegesellschaften* (sog. Investmentgesellschaften). Diese sind Kreditinstitute und unterliegen den für diese geltenden Vorschriften (862), haben aber einen begrenzten Aufgabenkreis. Sie dürfen nur in der Rechtsform einer Aktiengesellschaft oder GmbH betrieben werden. Sie haben die Fonds von ihrem eigenen Vermögen getrennt als *Sondervermögen* zu verwalten.

Die *Investmentgesellschaft* (I.) legt die bei ihr eingezahlten Gelder im eigenen Namen, aber für gemeinschaftliche Rechnung der Anleger nach dem Grundsatz der *Risikomischung* in einem aus Wertpapieren, Beteiligungen, Grundstücken oder Erbbaurechten bestehenden Fonds als Sondervermögen an. Zulässig ist auch eine Anlage als Geldmarkt – Sondervermögen, d. h. Anlage in Bankguthaben oder in verzinslichen Wertpapieren mit noch kurzer Laufzeit oder mindestens jährlicher Zinsanpassung. Wertpapiere werden im Auftrag der I. von einem anderen Kreditinstitut *(Depotbank)* verwahrt. Die von der I. ausgestellten *Anteilscheine* lauten auf einen Anteil an einem mit einem Kennwort bezeichneten Fonds, nicht auf einen Nennbetrag, ähneln äußerlich Aktienurkunden und können wie Aktien gehandelt werden. Sie werden aber nicht an der Börse notiert. Der *Kurs* wird aus dem Wert des Fonds täglich errechnet. Neue Anteilscheine gibt die I. zum Tageskurs aus. Für die eingehenden Gelder werden neue Wertpapiere für den Fonds angeschafft, so daß sich der Kurs der umlaufenden Anteilscheine durch diesen Vorgang nicht ändert. In gleicher Weise können Anteilscheine zum Fonds zurückgegeben und aus seiner Substanz ausbezahlt werden. Die I. erhält ebenso wie die Depotbank für ihre Tätigkeit eine Vergütung und Ersatz ihrer Aufwendungen.

Zum Schutz der Erwerber von Anteilscheinen hat der Käufer bei sog. „Haustürkäufen" das Recht des Rücktritts binnen 2 Wochen (§ 23). Da die *Anteilinhaber* keinen Einfluß auf die Verwaltung der Fonds haben, ist die *Überwachung* durch das Bundesaufsichtsamt für das Kreditwesen angeordnet worden. Damit die I. nicht andere Unternehmen beherrschen kann, schreibt § 8a vor, daß sie Wertpapiere desselben Unternehmens grundsätzlich nur in Höhe von höchstens 5 v. H. des Nennkapitals (bei Mehrstimmrechtsaktien mit höchstens 10 v. H. der Stimmrechte) für ihre Fonds erwerben darf. In das Grundstücks-Sondervermögen dürfen Grundstücke nur nach besonderen Vorschriften aufgenommen werden (§§ 27ff.: Mietwohn-, Geschäfts- od. gemischtgenutzte Grundstücke; unbebaute od. im Zustand der Bebauung befindliche in begrenztem Umfang).

Ausschüttungen auf Anteilscheine sowie die von Sondervermögen vereinnahmten, nicht zur Kostendeckung oder Ausschüttung verwendeten Zinsen und Dividenden gehören zu den einkommensteuerpflichtigen Einkünften aus Kapitalvermögen.

Steuerliche Sondervorschriften gelten insbes. für die Erstattung der anrechenbaren Körperschaftsteuer und der Kapitalertragsteuer, die steuerrechtliche Behandlung der in den Ausschüttungen enthaltenen steuerfreien und couponsteuerpflichtigen Zinsen sowie der bei der Veräußerung von Bezugsrechten erzielten Beträge. Die Investmentgesellschaften sind gehalten, die Gewinnausschüttungen und den auf einen Anteil entfallenden Betrag (unter Aufteilung nach Veräußerungsgewinnen, Zinsen usw.) bekanntzugeben.

Wegen *Unternehmensbeteiligungsgesellschaften* s. 862.

III. Ausländische Investmentgesellschaften

die in großem Umfang namentlich aus den USA auf den deutschen Kapitalmarkt vorgedrungen sind, die aber nicht der Überwachung durch das Bundesaufsichtsamt unterstehen, können nach dem *Auslandsinvestment-Gesetz* vom 28. 7. 1969 (BGBl. I 986) m. spät. Änd. ihre Anteile nur noch unter bestimmten Sicherungen vertreiben (Anzeigepflicht, inländ. Repräsentanz, Vermögensverwahrung durch inländ. Depotbank, regelmäßige Veröffentlichung von Ertragsrechnungen, Beachtung bestimmter Vertragserfordernisse).

868. Börse und Börsengeschäfte

Die Börse ist der ständige Markt für nicht gegenwärtige Waren und vertretbare Werte, an dem die Preise nach gewissen Regeln in bestimmter Weise festgelegt werden. Man unterscheidet:

a) *Fonds- oder Effektenbörsen,* an denen Geld oder Wertpapiere umgesetzt werden;
b) *Waren-* oder *Produktenbörsen,* an denen bestimmte Warengattungen (z. B. Getreide, Baumwolle, Metalle) gehandelt werden;
c) *Devisenbörsen* für den Devisenhandel (865).

Gesetzliche Grundlage ist das *Börsengesetz* i. d. F. vom 17. 7. 1996 (BGBl. I 1030) sowie das *Börsenzulassungs-Gesetz* vom 16. 12. 1986 (BGBl. I 2478) m. spät. Änd. S. ferner die VO über die Zulassung von Wertpapieren zur amtlichen Notierung an einer Wertpapierbörse *(Börsenzulassungs-Verordnung)* i. d. F. vom 17. 7. 1996 (BGBl. I 1052) m. spät. Änd. Auf den börslichen und außerbörslichen Handel von Wertpapieren ist ferner das Gesetz über den Wertpapierhandel vom 26. 7. 1994 (BGBl. I 1749) anzuwenden (*Wertpapierhandelsgesetz* – WpHG). Gem. § 3 WpHG wird ein *Bundesaufsichtsamt für den Wertpapierhandel* errichtet, das als selbständige Bundesoberbehörde beim BMF ressortiert. Das Bundesaufsichtsamt, bei dem ein Wertpapierrat (§ 5) gebildet wird, soll im Rahmen seiner Tätigkeit insbes. sog. *Insidergeschäfte* (§§ 12ff WpHG) verfolgen und bekämpfen. Hierunter versteht man Geschäfte, die ein Insider (§ 13) unter Ausnutzung seiner Kenntnis von einer nicht öffentlichen, kurserheblichen Tatsache beim Kauf oder Verkauf von Wertpapieren tätigt. Die §§ 6 und 7 regeln die Zusammenarbeit mit in- und ausländischen Stellen. Das WpHG sieht ferner Mitteilungs- und Veröffentlichungspflichten bei Veränderungen des Stimmrechtsanteils vor (§§ 21 ff), für Wertpapierdienstleistungsunternehmen werden Verhaltensregeln aufgestellt (§§ 31 ff). § 38 enthält die Strafdrohung für verbotene Insidergeschäfte.

Die Errichtung einer Börse bedarf der Genehmigung der zuständigen obersten Landesbehörde (*Börsenaufsichtsbehörde*). Diese Behörde führt die Aufsicht und kann hierzu einen *Staatskommisar* einsetzen. Die Aufsichtsbehörde kann Auskünfte oder die Vorlage von Unterlagen verlangen und Prüfungen vornehmen (§§ 1, 1a Börsengesetz). An einer Wertpapierbörse wird ein *Börsenrat* gebildet, der eine Börsenordnung als Satzung erläßt. Zur Leitung der Börse wird eine Geschäftsführung für fünf Jahre bestellt, wiederholte Bestellung ist zulässig (§§ 3ff Börsengesetz). Die zur Teilnahme am Börsenhandel zugelassenen *Kursmakler* und freien Makler unterliegen der Aufsicht der Börsenaufsichtsbehörde. Die Kursmakler haben an den Wertpapierbörsen die Börsenpreise (§ 11 Börsengesetz) amtlich festzustellen. Kursmakler (s. auch 371) werden von der Börsenaufsichtsbehörde bestellt und vereidigt (§ 30 Börsengesetz). Die Zulassung von Wertpapieren zum Handel an einer Börse erfolgt, wenn der Antragsteller die entsprechenden Voraussetzungen in einem Prospekt darlegt (§§ 36 ff Börsengesetz). Über die Haftung für unrichtige Angaben im Prospekt vgl. §§ 45 ff. Nach dem *Wertpapier-Verkaufsprospektgesetz (VerkaufsprospektG)* i. d. F. vom 17. 7. 1996 (BGBl. I 1047) m. spät. Änd. muß bei Wertpapieren, die erstmals im Inland öffentlich angeboten werden und die nicht zum Handel an einer inländischen Börse zugelassen sind, der Anbieter einen *Verkaufsprospekt* veröffentlichen (§ 1 VerkaufsprospektG); Ausnahmen bestehen nach den §§ 2, 3 und 4 VerkaufsprospektG bei bestimmten Arten des Angebots (z. B. bei Angebot an Berufs-Wertpapierhändler), bei bestimmten Emittenten (z. B. wenn die Wertpapiere vom Staat oder – bei Schuldverschreibungen – einem inländischen Kreditinstitut ausgegeben werden) oder bei bestimmten Wertpapieren. Bei unrichtigen oder unvollständigen Angaben im Verkaufsprospekt greift die Haftung nach den §§ 45–48 des Börsengesetzes mit einer Verjährungsfrist von 5 Jahren seit Prospektveröffentlichung ein (§ 13 VerkaufsprospektG). S. ferner *Verkaufsprospekt-VO* vom 17. 12. 1990 (BGBl. I 2869).

Die *Börsengeschäfte* sind entweder *Kassageschäfte,* bei denen Lieferung und Zahlung innerhalb kürzester Frist stattfinden, oder *Termingeschäfte,* die erst zu einem bestimmten späteren Zeitpunkt, meist am Monatsende, zu erfüllen sind.

Das *Börsentermingeschäft* hat mit dem allgemeinen *Termin- oder Zeitgeschäft,* das erst einige Zeit nach Geschäftsabschluß zu erfüllen ist (auch *Fixgeschäft* genannt), gemein, daß die gehandelten Gegenstände erst später, meist am letzten Monatstage, geliefert oder bezogen zu werden brauchen. Es wird aber unter Zugrundelegung des börsenmäßig gebildeten Tagespreises und besonderer für den Terminhandel festgesetzter Bedingungen abgeschlossen. Bis zum Liefertermin eintretende Preisänderungen können dem Käufer oder dem Verkäufer zustatten kommen. Die Börsentermingeschäfte zählen daher zu den *Spekulationsgeschäften.* Sie unterliegen den Bestimmungen des *Börsengesetzes* (§§ 50–70), durch welche die Vorschriften des § 764 BGB über das *Differenzgeschäft* (vgl. 326) weitgehend eingeschränkt sind (vgl. § 58). Bei privaten Anlegern gilt diese

926

Einschränkung nur, wenn sie vor Geschäftsabschluß schriftlich über die Risiken eines Termingeschäfts informiert worden sind (§ 53 Abs. 2). S. auch *Börsentermingeschäfts-Zulassungsverordnung* vom 10. 3. 1982 (BGBl. I 320) m. spät. Änd.

Die *Börse* unterscheidet sich von einer *Messe* dadurch, daß bei der letzteren Fabrikate aller Art nach vorgelegten Proben gekauft oder regelmäßig bestellt werden, während bei einer Börse keine Fabrikate, sondern nur vertretbare Sachen (307) gekauft oder verkauft werden.

869. Effekten

sind vertretbare (d. h. durch andere, gleichlautende Papiere ersetzbare) Wertpapiere, die als *Schuldverschreibungen (Obligationen)* ein Forderungsrecht mit bestimmtem Zinsertrag, als *Aktien* oder *Kuxe* ein Anteilsrecht mit dauerndem, aber unbestimmtem Ertrag verkörpern. Zu den Schuldverschreibungen zählen auch *Pfandbriefe,* d. h. durch Hypotheken gesicherte langfristige festverzinsliche Schuldverschreibungen von Grundkreditanstalten.

Über die *Aktiengesellschaft* s. 372 II 1. Die Aktien können als Inhaber- oder Namensaktien ausgegeben werden. Die sog. *Stammaktien* gewähren den Aktionären die normalen gesetzlichen Rechte (Stimmrecht, Dividende), die *Vorzugsaktien* Sonderrechte z. B. durch erhöhte oder garantierte Dividenden. Der *Genußschein* gewährt das Recht auf einen bestimmten Anteil am Reingewinn ohne Aktionärsrechte.

Die *Obligationen* sind *Schuldverschreibungen;* sie müssen entweder Inhaberpapiere oder Namenspapiere mit Orderklausel sein.

Keine echten Inhaberpapiere (329) sind *Sparbücher,* weil in ihnen der Berechtigte benannt ist, aber mit der Maßgabe, daß i. d. R. Zahlung an den jeweiligen Inhaber schuldbefreiend wirkt (§ 808 BGB). Sie werden daher oft als *hinkende Inhaberpapiere* bezeichnet.

Unter *Convertible Bonds* versteht man *Wandelschuldverschreibungen,* d. h. Schuldverschreibungen, die ihren Inhaber berechtigen, innerhalb einer bestimmten Frist unter Zugrundlegung eines Umtauschverhältnisses den Umtausch der Obligationen in Aktien zu verlangen. Sie sind ein Mittelding zwischen Aktien und Obligationen. Durch die Ausgabe von Wandelschuldverschreibungen soll bei der Emission ein höherer Gegenwert erzielt werden, als er bei einfachen Obligationen ohne Umtauschrecht zu erwarten wäre. Es wird gewissermaßen „der künftige Aktienwert" diskontiert. Das *Risiko* trägt der Inhaber des Papiers, weil das bei der Ausgabe gezahlte Aufgeld *(Agio)* dem Unternehmer verbleibt, unabhängig davon, ob sich die Erwartungen verwirklichen.

870. Die Sparkassen

sind Kreditinstitute im Sinne des Gesetzes über das Kreditwesen (vgl. 862, 872), die aufgrund der Sparkassengesetze der Bundesländer und der dazu für jede einzelne Sparkasse erlassenen kommunalen Satzung arbeiten. Dadurch ist die Geschäftstätigkeit einer Sparkasse auf ein bestimmtes Gebiet (Stadt, Landkreis oder Zusammenschluß von kleineren Städten) begrenzt. Zweck dieser Regelung ist sicherzustellen, daß der Bevölkerung und den Unternehmen überall im Bundesgebiet eine Sparkasse als Universal-Kreditinstitut zur Verfügung steht. Die jeweilige Stadt (oder der Landkreis) garantiert als Gewährträger den Bestand der Sparkasse. Dazu unterliegen die Sparkassen neben der Aufsicht des Bundesaufsichtsamtes für das Kreditwesen zusätzlich der Aufsicht ihres Bundeslandes. In Deutschland dürfen nur die *öffentlichen Sparkassen* die Bezeichnung Sparkasse führen.

Die Sparkassen bieten alle Formen der Geldanlage (z. B. Spareinlagen, Sparkassenbriefe, Termineinlagen, Wertpapieran- und -verkauf), alle Kreditmöglichkeiten (z. B. Wohnungsbau-, Wirtschafts-, Konsumenten-, Kommunal- und Agrarkredite), den Zahlungsverkehr (Überweisungen, Schecks, Lastschrift-Abbuchungen) und die finanzielle Abwicklung von Auslandsgeschäften. Als Schwerpunkte ihrer Aufgaben entfallen auf die Sparkassen 50 v. H. aller Spareinlagen, 60 v. H. aller Sparbriefanlagen, etwa die Hälfte aller Wohnungsbaufinanzierungen und aller Privatgirokonten.

Ende 1993 bestanden in der BRep. Deutschland 723 Sparkassen (davon 181 in den neuen Bundesländern) mit 19535 Zweigstellen (davon 2741 in den neuen Bundesländern). Sie sind in regionalen *Sparkassen- und Giroverbänden* zusammengeschlossen. Der *Deutsche Sparkassen- und Giroverband e. V.* in Bonn umfaßt die 14 regionalen Sparkassen- und Giroverbände, 15 regionalen Landesbanken/Girozentralen und die Deutsche Girozentrale sowie die 13 öffentlichen Bausparkassen.

871. Kreditgenossenschaften

sind Kreditinstitute i. S. des Ges. über das Kreditwesen (vgl. 862, 872) in der Rechtsform einer Genossenschaft (vgl. 372 III). Sie betreiben für ihre Mitglieder und mit Nichtmitgliedern Bankgeschäfte aller Art für jedermann (Kontokorrentgeschäfte, Zahlungs- und Einziehungsverkehr, Wechsel- und Scheckgeschäfte, Wertpapier- und Depotgeschäfte, Spareinlagen, Devisenhandel).

Die genossenschaftliche Bankengruppe ist seit 1972 im *Bundesverband der Deutschen Volksbanken und Raiffeisenbanken eV*, Bonn, zusammengeschlossen. Sie besteht aus 2900 rechtlich selbständigen Volksbanken und Raiffeisenbanken (davon 1122 Kreditgenossenschaften mit Warengeschäft) und 3 regionalen Zentralbanken (meist in der Rechtsform einer AG). Das Spitzeninstitut der genossenschaftlichen Bankengruppe ist die DG BANK, Deutsche Genossenschaftsbank, Frankfurt. Die Volksbanken und Raiffeisenbanken haben über 11,5 Mio. Mitglieder und verfügen mit rd. 21000 Bankstellen (ca. 43 v. H. aller deutschen Bankstellen) über das dichteste Bankstellennetz in Europa.

Als Spezialinstitute bestehen im genossenschaftlichen Bankenbereich die Bausparkasse Schwäbisch Hall AG – Bausparkasse der Volksbanken und Raiffeisenbanken –, die R + V Versicherung im Raiffeisen-Volksbankenverbund, die Deutsche Genossenschafts-Hypothekenbank AG und verschiedene weitere Institute, z. B. DEVIF Deutsche Gesellschaft für Investment-Fonds GmbH, Deutsche Immobilien Fonds Aktiengesellschaft (DIFA), DG LEASING GmbH.

Volksbanken sind i. d. R., durch die historische Entwicklung bedingt, besonders im gewerblichen Bereich in der bankmäßigen Betreuung mittelständischer Berufsgruppen tätig.

Raiffeisenbanken (erste Gründungen durch *Friedrich Wilhelm Raiffeisen*, 1818–1888; bis 1972 im Deutschen Raiffeisenverband e. V. verbunden) haben ihr Arbeitsgebiet traditionsgemäß mehr im ländlichen Wirtschaftsbereich. Die generelle Einkommensentwicklung mit Zunahme des Geldvolumens und der wirtschaftliche Strukturwandel auf dem Lande haben jedoch eine Annäherung der Mitglieder- und Kundenstruktur und eine starke Ausdehnung der Geschäftstätigkeit auf Lohn- und Gehaltsempfänger bei den Volksbanken und Raiffeisenbanken eingeleitet.

Über die laufende Überwachung der Genossenschaften durch Prüfungsverbände vgl. 372 III.

872. Bankenaufsicht

Alle Unternehmen, die Bankgeschäfte betreiben *(Kreditinstitute)*, unterstehen der Aufsicht des *Bundesaufsichtsamtes für das Kreditwesen* in Berlin nach Maßgabe des *Gesetzes über das Kreditwesen* – KWG – i. d. F. vom 22. 1. 1996 (BGBl. I 64) m. spät. Änd. Ausgenommen sind insbes. die Bundesbank sowie Sozialversicherungsträger und die besonderer Aufsicht unterstehenden Versicherungen (vgl. 818, 820). Das Bundesaufsichtsamt (selbständige Bundesoberbehörde) hat Mißständen im Kreditwesen entgegenzuwirken, welche die Sicherheit der Vermögenswerte gefährden, die Durchführung der Bankgeschäfte beeinträchtigen oder erhebliche Nachteile für die Gemeinwirtschaft herbeiführen können.

Wer Bankgeschäfte betreiben will, bedarf der schriftlichen Erlaubnis des Bundesaufsichtsamtes, die auch unter Auflagen erteilt werden kann. Einzelkaufleute sind als Bankinhaber nicht mehr zugelassen (vgl. 862).

Das Bundesaufsichtsamt hat in Zusammenarbeit mit der Bundesbank laufend das Kreditgeschäft und die *Liquidität* der Kreditinstitute zu überprüfen (§§ 6ff. KWG). Die Institute müssen über ein bestimmtes haftendes Eigenkapital verfügen, das zur Sicherung ihrer Gläubiger ausreicht; bei der Anlage ihrer Mittel müssen sie auf Erhaltung ihrer Liquidität achten (§§ 10, 11 KWG). Die Vergabe von *Großkrediten*, die 10 v. H. des haftenden Eigenkapitals übersteigen, ist der BBank anzuzeigen. (§§ 13, 13a KWG). Für Kredite von mehr als 3 Millionen DM an denselben Kreditnehmer besteht Anzeigepflicht bei der BBk. (§ 14 KWG). Weitere Beschränkungen bestehen für sog. *Organkredite* an leitende Personen, Teilhaber, Aufsichtsorgane, Angestellte usw.; die Vergabe setzt den einstimmigen Beschluß aller Geschäftsleiter des Instituts und Zustimmung des Aufsichtsorgans voraus; übersteigt ein Kredit bei Personen 250000 DM, bei Unternehmen 5 v. H. des haftenden Eigenkapitels und 250000 DM, ist Anzeige beim Bundesaufsichtsamt und der BBk. vorgeschrieben (§§ 15, 16 KWG).

Die Kreditinstitute haben die Bestellung von Geschäftsleitern, Prokuristen usw. sowie Veränderungen dem Bundesaufsichtsamt und der BBk. anzuzeigen, ebenso Verlegung oder Schließung des Betriebs oder einer Zweigstelle, ferner Verluste, die 25 v. H. des Kapitals übersteigen. Der BBk. sind Monatsausweise einzureichen; Jahresabschlüsse und Prüfungsberichte sind beim Bundesaufsichtsamt und BBk. einzureichen (§§ 24ff. KWG). Das Bundesaufsichtsamt kann Auskünfte über alle Geschäftsangelegenheiten und Vorlage der Bücher verlangen. Bei Gefahr für die Erfüllung der Verpflichtungen des Instituts hat es die notwendigen Maßnahmen zu treffen (§§ 44ff. KWG). Für Zweigstellen *ausländischer* Kreditinstitute gelten Sondervorschriften; für ihre Repräsentanzen besteht Anzeigepflicht gegenüber Bundesaufsichtsamt und BBk. bei Errichtung, Verlegung oder Schließung der Vertretung (§§ 53, 53a–d KWG).

Auch die *Geschäftsbedingungen* der Kreditinstitute unterstehen der ständigen Überwachung. Für die Erstellung der Bilanz und der Gewinn- und Verlustrechnung *(Jahresabschluß)* sind besondere Vorschriften, u. a. Formblätter vorgeschrieben (s. *VO über die Rechnungslegung der Kreditinstitute* vom 10. 2. 1992, BGBl. I 203), VO über die Anlage zum Jahresabschluß v. 13. Okt. 1993 (BGBl. I 1705) und VO über den Inhalt der Prüfungsberichte v. 21. 7. 1994 (BGBl. I 1803). Zum Bankbilanzrichtlinien-Gesetz s. 367.

873. Mündelgelder

Nach §§ 1806, 1807 BGB hat der *Vormund* das zum Vermögen des Mündels gehörende Geld verzinslich und *mündelsicher* anzulegen. Außer sicheren inländischen Hypotheken, Grund- und Rentenschulden sowie Guthaben bei inländischen für mündelsicher erklärten öffentlichen Sparkassen bezeichnet § 1807 BGB folgende Anlagen als mündelsicher:

a) staatliche Schuldverschreibungen oder Schuldbuchforderungen;
b) verbriefte Forderungen, deren Verzinsung vom Bund oder von einem Land gewährleistet ist;
c) Wertpapiere, insbesondere Pfandbriefe und Schuldverschreibungen kommunaler Körperschaften und Kreditanstalten, falls sie von den zuständigen Stellen für mündelsicher erklärt sind.

Über die *Mündelsicherheit* von Pfandbriefen und verwandten Schuldverschreibungen vgl. VO vom 7. 5. 1940 (RGBl. I 756), von Schiffspfandbriefen VO vom 18. 3. 1941 (RGBl. I 156).

Nach § 1811 BGB kann das Vormundschaftsgericht dem Vormund eine von § 1807 BGB abweichende Anlegung von Mündelgeld gestatten. Die Erlaubnis soll nur verweigert werden, wenn die beabsichtigte Art der Anlegung nach Lage des Falles den Grundsätzen einer wirtschaftlichen Vermögensverwaltung zuwiderlaufen würde. Die Gerichte machen im Hinblick auf mögliche Regreßansprüche hiervon allerdings wenig Gebrauch, halten sich vielmehr an den in § 1807 BGB umschriebenen Kreis mündelsicherer Papiere, zu denen Aktien und andere Gesellschaftsanteile nicht zählen.

Über die Mitwirkung eines *Gegenvormunds,* falls ein solcher bestellt ist, vgl. §§ 1809, 1810 BGB.

Neunter Teil

Völkerrecht. Internationale Beziehungen

900. Weltprobleme am Ende des 20. Jahrhunderts

Im Lauf des 20. Jahrh. haben sich spezifisch „moderne" Weltprobleme ergeben, die in dieser Form in früheren Jahrhunderten nicht bekannt waren, weil sie zum größten Teil Konsequenzen der historischen, wirtschaftlichen, sozialen, medizinischen und technischen Entwicklung der Menschheit in den letzten Jahrzehnten sind. Neu an diesen Problemen ist auch, daß sie sich auf die ganze Welt auswirken, während in früheren Zeiten ähnliche Probleme, wie z. B. Hungersnöte oder Umweltkatastrophen, nur einzelne Regionen der Erde betrafen. Als „moderne" Weltprobleme in diesem Sinn kann man die Bevölkerungsexplosion, das Nord-Süd-Ungleichgewicht und die globalen Umweltprobleme bezeichnen.

I. Bevölkerungswachstum

Die Weltbevölkerung ist in den letzten Jahrzehnten stark angestiegen. Diese *„Bevölkerungsexplosion"* ist ein „modernes" Problem: während es bis etwa 1800 dauerte, bis die Weltbevölkerung auf 1 Mrd. Menschen angestiegen war, hat sich das Tempo des Bevölkerungszuwachses seither sehr beschleunigt. Zwischen 1750 und 1900 verdoppelte sich die Menschheit von rd. 800 Mio. auf 1,6 Mrd. Seit 1900 hat sich die Zahl der Menschen verdreifacht. Nach dem Weltbevölkerungsbericht des Bevölkerungsfonds der UNO (UNFPA) lebten zur Jahresmitte 1996 rd. 5,8 Mrd. Menschen auf der Erde, die meisten davon in China (1,2 Mrd.) gefolgt von Indien (896 Mio.) und und den USA (257 Mio.). Jährlich kommen 94 Mio. dazu, von 1997 bis zum Jahr 2020 rechnet die UNO mit einem langsamen Rückgang auf 85 Mio. Zuwachs jährlich. Im Jahr 2025 werden demnach etwa 8,47 Mrd. Menschen die Erde bevölkern. Mehr als die Hälfte des Zuwachses entfalle auf Afrika und Südasien, dort besonders auf die Großstädte. Der Bericht weist ferner auf den Zusammenhang zwischen wirtschaftlicher Entwicklung und Bevölkerungswachstum hin: in Ländern mit höheren Einkommen wachse die Bevölkerung langsamer als in Ländern mit niedrigem Pro-Kopf-Einkommen. Etwa 90% dieses Bevölkerungswachstums entfallen auf Länder der sog. Dritten Welt in Afrika, Asien und Lateinamerika, während in den Industrieländern die Bevölkerungszahlen stagnieren oder sogar rückläufig sind.

Die *Ursachen* für den Bevölkerungsanstieg sind vor allem die Fortschritte in Medizin und Hygiene (Erfolge bei der Seuchenbekämpfung, Verringerung der Kindersterblichkeit, Anstieg der Lebenserwartung) sowie die Verbesserung der allgemeinen Lebensbedingungen.

Aus dem Bevölkerungsanstieg folgen verschiedene *Probleme:* es besteht die Gefahr, daß die natürlichen Ressourcen der Erde nicht mehr ausreichen, um eine stark angestiegene Weltbevölkerung zu ernähren und ihr ein menschenwürdiges Dasein, ohne Hunger und Armut, zu sichern. Schon jetzt treten immer wieder Hungersnöte, besonders in dem vom Bevölkerungsanstieg hauptsächlich betroffenen Afrika auf. Eine Übervölkerung würde zudem soziale und wirtschaftliche Spannungen erzeugen und damit auch die Gefahr von Bürgerkriegen und sonstigen bewaffneten Konflikten mit sich bringen.

Als *Lösung* des Bevölkerungsproblems wird zunächst die Geburtenplanung sowie die Propagierung und Verteilung geburtenbeschränkender Mittel angesehen. Hiergegen bestehen jedoch z. T. psychologische, soziale, nationale und religiöse Widerstände. Langfristig wird daher in der allgemeinen weltweiten Hebung des Lebensstandards (Beseitigung der strukturellen Armut) und des

Bildungsgrades der Menschen die größte Chance im Kampf gegen die Übervölkerung gesehen.

Seit 1954 finden alle zehn Jahre *Weltbevölkerungskonferenzen* statt. 1954 (Rom) und 1965 (Belgrad) lag der Schwerpunkt der Konferenz auf der Diskussion der Geburtenbeschränkung. Die Konferenz von 1974 (Bukarest) war gekennzeichnet von dem Vorwurf der Entwicklungsländer an die Industrieländer, diese verfolgten mit der Propagierung einer Geburtenbeschränkung lediglich eigene wirtschaftliche, neokolonialistische Ziele. Ein *Weltbevölkerungsaktionsplan,* der die Grundsätze nationaler und internationaler Bevölkerungspolitik sowie demographische Fakten und ihre Auswirkungen auf Gesellschaft und Wirtschaft enthält, wurde jedoch angenommen. Die Konferenz von Mexiko Stadt (1984) erweiterte diesen Aktionsplan. In dem Programm wurde das Recht, über die Zahl seiner Kinder selbst zu bestimmen, festgeschrieben. Der Kampf gegen Armut und Arbeitslosigkeit wurde als entscheidend dafür angesehen, der Weltbevölkerung eine menschenwürdige Zukunft zu sichern. Die Verbesserung der sozialen Stellung der Frau wurde als maßgebender Faktor jeder Bevölkerungspolitik erkannt. Die Konferenz in Kairo 1994 beschäftigte sich ebenfalls im Schwerpunkt mit Möglichkeiten der Geburtenkontrolle in den Ländern der Dritten Welt.

II. Nord-Süd-Ungleichgewicht

Zwischen den vorwiegend im Norden liegenden Industrieländern und den vor allem im Süden gelegenen Entwicklungsländern *(Dritte und Vierte Welt)* besteht ein erhebliches wirtschaftliches und soziales Ungleichgewicht; obwohl in den Entwicklungsländern rd. 75% der Weltbevölkerung leben, beträgt ihre Wirtschaftsleistung nur etwa 25% der Leistung der Industrieländer. Diese wirtschaftliche Unterentwicklung führt dazu, daß in der Dritten Welt, hauptsächlich in Afrika und Südasien, rund 1 Mrd. Menschen am Rande des Existenzminimums leben, soziale Folgeprobleme entstehen (strukturelle Armut, Landflucht, Slumbildung, gesellschaftliche Polarisierung) und immer wieder Hungersnöte auftreten. Eine weitere Folge ist, daß die meisten Entwicklungsländer enorme Auslandsschulden aufgebaut haben und durch den Schuldendienst wirtschaftlich zusätzlich belastet und in ihren Entwicklungsmöglichkeiten beeinträchtigt sind. Ende 1995 betrugen die Auslandsschulden der Dritten Welt und des ehemaligen Ostblocks insgesamt rund 2068 Mrd. Dollar *(Verschuldungskrise).* Eine Sanierung der Schulden der Entwicklungsländer soll nach dem sog. *Brady-Plan* vorgenommen werden. Er sieht einen Schuldenerlaß sowie neue Kredite vor, verlangt aber auch Garantien des Internationalen Währungsfonds (918 II) sowie eine Verpflichtung der Schuldnerländer zur Durchführung wirtschaftlicher Stabilisierungsmaßnahmen. Ferner führen die wirtschaftlichen und sozialen Unterschiede in den verschiedenen Teilen der Erde zusammen mit der Bevölkerungsexplosion allgemein zu Flüchtlingsströmen und zu einem zunehmenden *Einwanderungsdruck* besonders auf die westlichen Industrieländer, wie u. a. das Asylantenproblem in der BRep. zeigt. Zu den Entwicklungsländern zählen etwa 170 Staaten. Davon sind rund 20 sog. *Schwellenländer,* die an der Schwelle der Entwicklung zu einem Industriestaat stehen; rund 40 Länder zählen zur sog. *Vierten Welt,* wie die am wenigsten entwickelten Länder bezeichnet werden.

Als *Ursachen* der wirtschaftlichen Unterentwicklung der Entwicklungsländern kommen schwieriges Klima, schlechte geographische Lage, Mangel an bestimmten Rohstoffen, ungünstige geschichtliche Entwicklung, hoher Bevölkerungszuwachs (s. dazu I) sowie sonstige Faktoren, z. B. sozialer oder religiöser Art, in Betracht. Nach dem theoretischen Erklärungsansatz unterscheidet man die *Theorie der endogenen Verursachung,* welche die Ursachen der Unterentwicklung in erster Linie in den eigenen Verhältnissen der Entwicklungsländer selbst sieht, und die *Theorie der exogenen Verursachung*, welche den Grund hierfür in äußeren Einflüssen auf die Entwicklungsländer, vor allem den Nachwirkungen des Kolonialismus und der neuzeitlichen Abhängigkeit (Dependenz) der Länder der Dritten und Vierten Welt von den Industriestaaten, erblickt. Zur Überwindung des Nord-Süd-Ungleichgewichts gewähren viele der Industrienationen Entwicklungshilfe (s. 919), während die Entwicklungsländer eine grundlegend neue Weltwirtschaftsordnung fordern.

III. Globale Umweltprobleme

Die Bewahrung und der Schutz der natürlichen Umwelt des Menschen werden zu einer immer wichtigeren internationalen Aufgabe (s. 193 I, IV). Dies gilt besonders für die Bekämpfung der in den letzten Jahren aufgetretenen weltweiten ökologischen Bedrohungen und die Lösung weiterer Umweltprobleme globalen Ausmaßes.

So nimmt das hauptsächlich durch die Verwendung von Fluorchlorkohlenwasserstoff (FCKW), z. B. als Treibgas in Spraydosen, in Kunststoffschäumen, Reinigungsmitteln oder als Kühlmittel in Kühlschränken, verursachte *Ozonloch* über der Antarktis und neuerdings auch über der Arktis an Umfang zu. Die Ozonschicht schützt die Erde vor der gefährlichen ultravioletten Strahlung. Es besteht die Gefahr, daß das Ozonloch die bevölkerten Gebiete der Erde erreicht und diese dann intensiven Strahlungen ausgesetzt sind. Die *Folgen* einer stärkeren Einwirkung ultravioletter Strahlung können in Augen- und Hauterkrankungen (Hautkrebs) sowie einer Störung des Immunsystems bestehen; gerechnet wird ferner mit starken Ernterückgängen und Beeinträchtigungen der Nahrungskette in den Meeren durch Rückgang der Kleinstlebewesen (Plankton). Die internationalen Bemühungen um einen Schutz der Ozonschicht haben sich im *Übereinkommen vom 22. 3. 1985 zum Schutz der Ozonschicht* (BGBl. 1988 II 901) und im *Montrealer Protokoll vom 16. 9. 1987 über Stoffe, die zu einem Abbau der Ozonschicht führen* (BGBl. 1988 II 1014) m. spät. Änd. niedergeschlagen. Bei einer Konferenz im Mai 1989 in Helsinki haben sich Mitgliedsländer der Umweltorganisation der UNO geeinigt, bis zum Jahr 2000 auf Herstellung und Gebrauch von FCKW zu verzichten. S. hierzu die FCKW-Halon-Verbots-VO vom 6. 5. 1991 (BGBl. I 1090). Nach einem Beschluß der EG-Umweltminister vom März 1992 sollen in der EG Produktion und Verbrauch von FCKW bis zum 1. 1. 1996 völlig eingestellt werden. Die 4. Ozonkonferenz der UNO (November 1992 in Kopenhagen) beschloß, das weltweite Produktions- und Anwendungsverbot für ozonzerstörende Stoffe vom Jahr 2000 auf den 1. 1. 1996 vorzuziehen; FCKW-Ersatzstoffe sollen vom Jahr 2004 an stufenweise abgebaut und ab 2030 völlig verboten sein.

Auch die Entwicklung des *Weltklimas* erscheint bedrohlich. Durch den starken Anstieg von Kohlendioxydemissionen auf Grund der Verbrennung fossiler Energien (Kohle, Öl u. a.), besonders durch die Industrie, entsteht ein sog. *Treibhauseffekt* (globale Erwärmung). Dieser könnte zu einer Ausdehnung der Wüsten, zur Versteppung bisher fruchtbarer Gebiete, zur Abnahme der Wälder und landwirtschaftlichen Nutzflächen, zur Zunahme von Pflanzenschädlingen und durch das Ansteigen des Meeresspiegels zu Überschwemmungen führen. Der Treibhauseffekt wird möglicherweise durch die Rodung der Tropenwälder sowie durch das *Waldsterben* verstärkt, weil Pflanzen Kohlendioxyd aus der Atmosphäre aufnehmen. Ziel der Bundesregierung ist es, die Emmissionen bis zum Jahr 2005 um 30 v. H. gegenüber 1987 zu reduzieren. Als *Gegenmaßnahmen* kommen vor allem in Betracht: weitgehender Verzicht auf FCKW, Einstellung der Waldrodungen, Aufforstungsmaßnahmen, Energieeinsparungen, Einschränkung der Verwendung fossiler Energien (Kohle, Öl, Gas), Eindämmung der Bevölkerungsexplosion, Verringerung des Düngemitteleinsatzes. Im Nov.

1990 fand in Genf eine *Weltklimakonferenz* statt, die auf deren Grundlage bei der UNO-Konferenz über Umwelt und Entwicklung 1992 in Rio de Janeiro eine Klimakonvention verabschiedet wurde. Diese fordert, daß die Industrieländer in den nächsten 20 Jahren den Ausstoß von Kohlendioxid und anderen Gasen, die für den Treibhauseffekt verantwortlich sind, gezielt vermindern. In der BRep. wird FCKW bis 1995, im EG-Raum bis 1997 vom Markt genommen.

Der Unfall im Kernkraftwerk *Tschernobyl* (Ukraine) im April 1986 hat zu einer radioaktiven Strahlenbelastung in weiten Teilen der Welt geführt und dadurch die Möglichkeit und Folgen einer grenzüberschreitenden Umweltverschmutzung aufgezeigt.

Auch die Frage, wie die bisher hauptsächlich genutzten, nicht erneuerbaren Energieträger (Erdöl, Erdgas, Kohle) durch *regenerative Energien* (wie z. B. Sonnenenergie, Erdwärme, Windkraft, Biomasse) ersetzt werden könnten sowie die Frage nach der langfristigen *Rohstoffversorgung* gehört zu den globalen Umweltproblemen.

Nachdem bereits im Juni 1972 unter Teilnahme von 112 Staaten in Stockholm eine erste Umweltkonferenz der Vereinten Nationen stattgefunden hatte, befaßte sich die *Konferenz der Vereinten Nationen für Umwelt und Entwicklung* im Juni 1992 in Rio de Janeiro unter Beteiligung von 178 Staaten erneut mit den globalen Umweltproblemen. Die Konferenz führte zum Abschluß von zwei Konventionen (Klimakonvention, BGBl. 1993 II 1783 und Konvention über Biologische Vielfalt, BGBl. 1993 II 1741) sowie zu einer Walderklärung, der Rio-Deklaration und der „Agenda 21". Ziel der *Klimakonvention* ist es, die Treibhausgaskonzentration in der Atmosphäre so zu begrenzen, daß eine gefährliche Störung des Klimasystems verhindert wird. Die *Artenschutzkonvention* soll weltweit die Tier- und Pflanzenarten und deren natürliche Lebensräume schützen. In der *Walderklärung* wird zum Ausdruck gebracht, daß Wälder auf Dauer gemäß ökologischen Erfordernissen erhalten, bewirtschaftet und geschützt werden sollen. Die *Rio-Deklaration* legt in 27 Grundsätzen die Leitlinien fest, die in Umwelt und Entwicklung künftig das Verhalten der Staaten untereinander und zu ihren Bürgern bestimmen sollen; Umwelt- und Entwicklungsbedürfnisse sollen miteinander in Einklang gebracht werden; betont werden u. a. die Bedeutung der Armutsbekämpfung, das Vorsorgeprinzip, die Bedeutung der Rolle der Frauen in der Umwelt- und Entwicklungspolitik, das Erfordernis einer wirksamen Umweltschutzgesetzgebung und das Verursacherprinzip. Die *„Agenda 21"* ist ein Handlungsprogramm für das 21. Jahrh., das umwelt- und entwicklungspolitische Anweisungen enthält. So sind 115 Aktionspläne vorgesehen, u. a. für internationale Zusammenarbeit bei der Entwicklungshilfe, Armutsbekämpfung, Veränderung der Konsumgewohnheiten, Behandlung der Bevölkerungsdynamik, Gesundheitsvorsorge, den Schutz der Erdatmosphäre, Bekämpfung der Entwaldung, die Erhaltung der biologischen Vielfalt, den Schutz der Meere und der Wasserressourcen, den umweltverträglichen Umgang mit Abfällen, den sparsamen Umgang mit Energie und für die Bildungsförderung. Ferner einigte sich die Rio-Konferenz auf die Einrichtung einer eigenständigen UNO-Kommission, die die Umsetzung der „Agenda 21" überwachen soll. Auf Grundlage der Rio-Konferenz kam es zu weiteren Übereinkommen, wie z. B. der Wüstenkonvention (1994) und dem Internationalen Tropenholzabkommen (1994).

901. Völkerrecht im allgemeinen

Das *Völkerrecht* regelt die Rechte und Pflichten der zur internationalen Völkergemeinschaft gehörenden Staaten untereinander und der Einzelpersonen, sofern sie Träger völkerrechtlicher Rechte und Pflichten sein können, ferner das Recht der internationalen und übernationalen Staatengemeinschaften (vgl. z. B. 916). Es beruht auf folgenden Quellen:
a) völkerrechtlichen Verträgen (*Vertragsrecht,* vgl. 903);
b) Gewohnheit (*Gewohnheitsrecht,* vgl. 201, 920);
c) von den Kulturstaaten anerkannten *Rechtsgrundsätzen.*

Die Entscheidungen internationaler Gerichte und die Völkerrechtslehre zählen nicht hierzu, sind aber Anhaltspunkte für die Feststellung bereits bestehender Völkerrechtsnormen.

Je nach dem Geltungsbereich unterscheidet man das *universale* und das *allgemeine* (für alle oder die meisten Staaten geltende) sowie das *partikulare* und *regionale* (nur für wenige Staaten geltende) *Völkerrecht.* Zu den beiden ersten Gruppen zählen das Gesandtschaftsrecht und die Genfer Konventionen (904, 905), zu den letzteren das Europäische Gemeinschaftsrecht.

Subjekte des Völkerrechts sind grundsätzlich nur *Staaten,* aber auch innerstaatliche Organisationen und sogar Einzelpersonen, soweit sie Träger von Rechten und Pflichten innerhalb des Völkerrechts sind. *Völkerrechtliche Handlungsfähigkeit* steht jedoch nur dem *souveränen* Staat zu, während halbsouveräne Staaten nur insoweit rechtswirksam handeln können, als sie nicht unter der *Oberherrschaft* eines anderen Staates stehen, d. h. von diesem – dem sog. *Suzerän* – abhängig sind. Bei Staatenverbindungen (vgl. 6) steht die völkerrechtliche Handlungsfähigkeit teils der Verbindung, teils den Gliedstaaten, teils beiden zu.

Somit besitzen nur unabhängige (souveräne) Staaten, die nicht durch ein dauerndes Abhängigkeitsverhältnis zu einem anderen Staat an der selbständigen Führung der äußeren Staatsverwaltung verhindert sind, die volle *Völkerrechtsfähigkeit.* Die dem Staat zukommende *Souveränität* wird in monarchischen Staaten auch auf das Staatsoberhaupt bezogen. Auch der *Papst,* der die weltliche Herrschaft über den Kirchenstaat durch dessen Einverleibung in das damalige Königreich Italien (1870) verloren hatte, gilt völkerrechtlich als Oberhaupt eines souveränen Staates (der *Vatikanstadt;* vgl. 708).

Die Staaten sind grundsätzlich *gleichberechtigt,* wenn auch tatsächlich eine Vorherrschaft der *Großmächte* besteht. Alle Staaten haben ein Recht auf Selbständigkeit und Unabhängigkeit. Das *Völkerrecht* und die überstaatlichen Vereinbarungen streben eine ersprießliche Zusammenarbeit der Völker an. Mangels einer Erzwingbarkeit ist das Völkerrecht nur bei freiwilliger Anerkennung und Befolgung seiner Grundsätze praktisch wirksam.

Neben dem Gewohnheitsrecht haben sich gewisse *Bräuche* und *Gepflogenheiten* herausgebildet, die im völkerrechtlichen Verkehr allgemein beachtet werden, wie z. B. die Beglückwünschung staatlicher Würdenträger, Neujahrsempfänge, Staatsbesuche. *Hilfe in Seenot* auf SOS-Ruf ist durch Übereinkommen zum Schutz des menschlichen Lebens auf See (Brüssel 1910, London 1914, 1929, 1960) Vertragsrecht geworden; vgl. insbes. Abkommen vom 23. 9. 1910 (RGBl. 1913, 49) und vom 17. 6. 1960 (BGBl. 1965 II 480).

Über die Fortentwicklung des Völkerrechts und neue völkerrechtliche Probleme, die durch die zunehmende Intensivierung der zwischenstaatlichen Beziehungen in aller Welt hervorgerufen werden, s. 920.

902. Völkerrechtliche Anerkennung von Staaten

Am *völkerrechtlichen Verkehr* nehmen nur Staaten teil, die von den Mitgliedern der Völkergemeinschaft *anerkannt* sind. Die *Entstehung* eines Staates dagegen ist ein tatsächlicher Vorgang der inner- oder vorstaatlichen Machtbildung und unabhängig von der völkerrechtlichen Anerkennung. Beim Entstehen neuer Staaten oder bei Bildung mehrerer Regierungen oder einer neuen Regierung, die nicht auf verfassungsmäßige Weise an die Macht gelangt ist, stehen die Mitglieder der Völkerfamilie vor der Frage, ob sie diese Tatsachen anerkennen wollen oder nicht. Da es für eine solche Entscheidung keine allgemein gültigen Grundsätze gibt, werden sie oft nach innerpolitischen, moralischen oder wirtschaftlichen Gesichtspunkten getroffen. Man unterscheidet dabei die vorläufige widerrufliche *de-facto-Anerkennung* und die endgültige *de-jure-Anerkennung*. Eine ausdrückliche Erklärung ist nicht unbedingt erforderlich; die Anerkennung kann z. B. auch durch Aufrechterhaltung diplomatischer Beziehungen erfolgen.

Daß auch ohne offizielle Anerkennung und ohne Entsendung diplomatischer Vertreter völkerrechtliche Verträge zwischen zwei Staaten möglich sind, zeigen die Beziehungen zwischen der BRep. und *Israel* vor 1965. Streng genommen ist jedoch die Aufnahme staatlichen Verkehrs einer de-facto-Anerkennung gleichzusetzen.

903. Völkerrechtliche Verträge

I. Bedeutung des völkerrechtlichen Vertrags

Da es keine überstaatliche Institution gibt, die Gesetze mit Weltgeltung erlassen könnte, bildet neben dem Gewohnheitsrecht (vgl. 901) das *Vertragsrecht* die Hauptquelle des Völkerrechts. Durch *internationale Verträge* und Übereinkommen werden die Beziehungen der Vertragsstaaten untereinander geregelt. Sie binden nur die beteiligten Staaten.

II. Abschluß völkerrechtlicher Verträge

Völkerrechtliche Verträge *(Zwischenstaatliche Vereinbarungen)* können zwischen zwei Staaten *(Einzel-* oder *bilaterale Verträge)* oder zwischen einer Mehrheit von Staaten geschlossen werden *(Kollektiv-* oder *multilaterale Verträge)*. Sie betreffen z. B. die Stellung der Ausländer im Inland, Staatsangehörigkeitsfragen, Gebietserwerb und -verlust, Rechtshilfe – insbes. Auslieferung von Straftätern –, Schutz von Leben und Gesundheit, den sozialen Schutz der Arbeitnehmer, Anerkennung und Vollstreckung von ausländischen Entscheidungen, vor allem aber Handel und Verkehr *(Handels- und Schiffahrtsverträge)*.

Die völkerrechtlichen Verträge werden i. d. R. vom *Staatsoberhaupt* als Vertreter des Staates geschlossen (vgl. Art. 59 Abs. 1 S. 2 GG). In diplomatischen Vorverhandlungen wird ein Vertragsentwurf formuliert und abgezeichnet *(paraphiert)*. Es folgt meist eine endgültige Festlegung des Vertragstextes durch

Regierungsmitglieder (*Unterzeichnung*). Im anschließenden *parlamentarischen Zustimmungsverfahren* wird nach den innerstaatlichen Verfassungsvorschriften der Vertrag dem Parlament zur Annahme vorgelegt (vgl. Art. 59 Abs. 2 GG). Die Annahme des Vertrages durch das Parlament enthält zugleich die *Transformation,* d.h. die Übernahme der völkerrechtlichen Vereinbarungen in innerstaatliches Recht. Völkerrechtlich verbindlich wird der Vertrag erst durch die *Ratifikation,* d.h. durch die formelle Erklärung eines Staates gegenüber der (den) anderen Vertragspartei(en), durch den Vertrag gebunden zu sein. Diese Erklärung wird durch Übergabe einer i.d.R. vom Staatsoberhaupt unterzeichneten *Ratifikationsurkunde* abgegeben. Die ausgefertigten Ratifikationsurkunden werden bei bilateralen Verträgen *ausgetauscht,* bei multilateralen Verträgen meist *hinterlegt.* Ein nicht ratifikationspflichtiger Vertrag wird schon mit der Unterzeichnung gültig und bindend. Bestimmungen über den Abschluß, das Inkrafttreten und die Anwendung sowie über sonstige Einzelheiten völkerrechtlicher Verträge enthält das *Wiener Übereinkommen über das Recht der Verträge* vom 23. 5. 1969 (Ges. vom 3. 8. 1985, BGBl. II 926). S. auch das Wiener Übereinkommen vom 21. 3. 1986 über das Recht der Verträge zwischen Staaten und internationalen Organisationen oder zwischen internationalen Organisationen (Ges. vom 22. 11. 1990, BGBl. II 1414).

III. Einzelne bedeutsame völkerrechtliche Verträge

Wichtige internationale Verträge haben sich zu anerkanntem internationalem Recht entwickelt, so die *Genfer Konvention* von 1864 zum Schutz der kranken und verwundeten Soldaten und ihre Folgeabkommen (vgl. 905), die *Pariser Seerechtsdeklaration* von 1856, die Petersburger Deklaration über die Verwendung von Explosivgeschossen (1868), die *Haager Landkriegsordnung* von 1907, die Londoner Seerechtsdeklaration von 1909, das Genfer Protokoll zum Verbot des Gaskrieges vom 17. 6. 1925, der Pariser Pakt zur Ächtung des Krieges vom 27. 8. 1928 (*Kelloggpakt;* vgl. 906), die Konvention zum Schutz von Kulturgut bei bewaffneten Konflikten vom 14. 5. 1954 und die New Yorker Abkommen vom 29. 4. 1958 betr. Abgrenzung des Küstenmeeres und die Hohe See, die Fischerei sowie den Festlandsockel (vgl. 920).

Auf Anregung des deutschen Generalpostmeisters *Heinrich von Stephan* wurde 1875 nach dem ersten Weltpostkongreß in Bern (1874) ein Allgemeiner Postverein gegründet und auf dem zweiten Weltpostkongreß in Paris (1878) zum *Weltpostverein* erweitert. Die Vertragsteilnehmer haben auf Grund der 11 Verträge des Weltpostvereins nebst 9 Vollzugsordnungen vom 5. 7. 1974 (BGBl. 1975 II 1513, 1797) betr. Brief-, Paket-, Nachnahmesendungen, Postscheck, Postsparkasse usw. das Recht der gegenseitigen Benutzung ihrer postalischen Einrichtungen in einem einzigen Postgebiet mit festen Gebühren. Jeder Postverwaltung fließen die von ihren Anstalten erhobenen Gebühren zu. Durch Abkommen vom 4. 7. 1947 in Paris wurde der Weltpostverein der UNO angeschlossen (s. 909; Sitz in Bern). S. ferner die Verträge des Weltpostvereins vom 27. 7. 1984 (Ges. vom 28. 1. 1986, BGBl. II 201) und die Verträge des Weltpostvereins vom 14. 12. 1989 (Ges. vom 31. 8. 1992, BGBl. II 749).

Ähnliche Zwecke wie der Weltpostverein verfolgt die durch den Vertrag vom 12. 11. 1965 in Montreux begründete *Internationale Fernmeldeunion* (Sitz Genf), der die BRep. beigetreten ist (BGBl. 1968 II 931). Konstitution und Konvention der Internationalen Fernmeldeunion wurden durch das Übereinkommen von Nizza vom 30. 6. 1989 erneuert. Die BRep hat diesbezüglich mit Gesetz vom 28. 1. 1994 (BGBl. II 146) zugestimmt. Der Vertrag enthält u.a. allgemeine Bestimmungen über das Fernmeldegeheimnis, Errichtung und Schutz der Fernmeldeanlagen und -übertragungswege, die Gebühren, den Vorrang des Fernmeldedienstes für Notrufe und staatliche Zwecke, die Benutzung von Codes usw., ferner besondere Bestimmungen über den Funkdienst (Frequenzen, Notzeichen usw.). Ergänzend gelten Vollzugsordnungen für den Telegraphen-, Fernsprech- und Funkdienst. Es besteht ein Abkommen mit der UNO.

Als wichtige internationale Verträge mit regionaler Begrenzung sind ferner zu nennen: der *Marshallplan* (vgl. 910), der *Schumanplan* (vgl. 911), der *Atlantikpakt* (vgl. 913). Über *Doppelbesteuerungsverträge* s. 520, 568, über das internat. Fischerei-Übereinkommen s. 827 II. Die *politischen Rechte der Frau* behandelt ein Übereinkommen vom 31. 3. 1953 (BGes. vom 25. 9. 1969, BGBl. II 1929); zum Abkommen vom 19. 12. 1966 über bürgerliche und politische Rechte s. 908. Vgl. ferner Haager Kaufrechtsübereinkommen über bewegliche Sachen vom 1. 7. 1964 (BGBl. 1973 II 885) nebst BGes.en vom 17. 7. 1973 (BGBl. I 856, 868); Haager Unterhaltsübereinkommen vom 15. 4. 1958 (BGBl. 1961 II 1005) nebst BGes. vom 18. 7. 1961 (BGBl. I 1033); Haager Übereinkommen über den Zivilprozeß vom 1. 3. 1954 (BGBl. 1958 II 577); Übereinkommen vom 27. 9. 1968 über die gerichtliche Zuständigkeit und die Vollstreckung gerichtlicher Entscheidungen in Zivil- und Handelssachen (BGBl. 1972 II 773) nebst BGes. vom 29. 7. 1972 (BGBl. I 1328). Die vermögensrechtlichen Beziehungen zwischen der BRep. und der Republik *Österreich* sind in einem Staatsvertrag vom 15. 6. 1957 geregelt (BGBl. 1958 II 129). Mit *Belgien* hat die BRep. wiederholt Staatsverträge über Grenzberichtigungen und andere Fragen abgeschlossen, so z. B. am 24. 9. 1956 (BGBl. 1958 II 262). Mit Gesetz vom 15. Juli 1993 (BGBl. II 1010) m. spät. Änd. hat der BT das *Schengener Übereinkommen* zum schrittweisen Abbau der Kontrollen an gemeinsamen Grenzen, das zwischen den Staaten der Benelux-Wirtschaftsunion, Frankreich und der BRep am 19. 6. 1990 geschlossen worden war, ratifiziert. Italien, Spanien, Österreich und Portugal sind dem Abkommen ebenfalls beigetreten.

904. Diplomatische und konsularische Vertretungen

Das aus dem Griechischen hergeleitete Wort *Diplomatie* bezeichnet die Kunst der Verhandlung bei Staatsgeschäften; ihrer bedienen sich vor allem die mit dem völkerrechtlichen Verkehr zwischen den Staaten betrauten höheren Beamten des auswärtigen Dienstes *(Diplomaten)*. Unter dem *diplomatischen Korps* versteht man die Gesamtheit der bei einem Staat beglaubigten ständigen diplomatischen Vertreter fremder Staaten, also die Missionschefs. Sein Wortführer ist der *Doyen,* d. h. das älteste Mitglied = der Botschafter oder Gesandte, der am längsten bei einer Regierung beglaubigt ist. In Staaten, bei denen ein *Apostolischer Nuntius* beglaubigt ist, wird dieser in der Regel als Doyen anerkannt. Im weiteren Sinne zählt man zum Diplomatischen Korps alle Mitglieder der Vertretungen und deren Familienangehörige, die zu den Diplomatenlisten anzumelden sind.

Früher tauschten nur die Großmächte *Botschafter,* die mittleren und kleinen Staaten dagegen *Gesandte* aus; der Unterschied ist heute gegenstandslos. Den diplomatischen Vertretern sind Botschafts- und Legationsräte, Sekretäre, Attachés und Büropersonal beigegeben. Das entsendende Land fragt vor der Entsendung beim Empfangsstaat an, ob ihm die Person des Vertreters genehm ist. Wird das sog. *Agrément* erteilt, so überreicht der Entsandte dem Staatsoberhaupt des fremden Staates sein *Beglaubigungsschreiben.* Die diplomatischen Vertreter vermitteln den politischen Verkehr zwischen den Regierungen des eigenen und des fremden Staates. Sie wirken i. d. R. bei Verträgen beider Staaten und beim Austausch von *Noten* mit (das sind förmliche schriftliche Mitteilungen, die entweder „signiert" = unterzeichnet oder nur als sog. „Verbalnoten" übergeben werden). Die Diplomaten unterstehen dem Minister des Auswärtigen des Entsendestaates.

Die Diplomaten genießen in dem fremden Staat *Unverletzlichkeit* (oft auch als *diplomatische Immunität* bezeichnet) und *Exterritorialität* (lat. ex = aus, terra = Land). Sie werden so behandelt, als ob sie sich im Ausland befänden. Ihre Wohnungen und Amtsräume sind vor fremdem Zugriff geschützt; sie sind von direkten Steuern, Zöllen und Abgaben des fremden Staates befreit (vgl. RdSchr. des BMI vom 14. 3. 1975, GMBl. 337).

Im einzelnen enthält das Wiener Übereinkommen vom 18. 4. 1961 über diplomatische Beziehungen (BGes. vom 6. 8. 1964, BGBl. II 957) die völkerrechtlich verbindlichen Regeln über die Aufgaben der Diplomaten, ihre Beglaubigung und Rangfolge, die Führung von Flagge und Hoheitszeichen, Rechtsstellung und Schutz der Missionsangehörigen (einschl. der Familienmitglieder und Angestellten) und deren Anmeldung beim Außenministerium des Empfangsstaates, Begrenzung des Personalbestandes, Unverletzlichkeit der Missionsangehörigen und der von ihnen benutzten Gebäude und Archive, Abgabenfreiheit, Gewährleistung des Verkehrs mit dem Heimatland, Erklärung zur unerwünschten Person *(persona non grata)* usw.

Die *persönliche Unverletzlichkeit* umfaßt u. a. die grundsätzliche *Befreiung von der Gerichtsbarkeit* des Empfangsstaates im Rahmen des Wiener Übereinkommens (mit Einschränkung auch, wenn der Entsendestaat diesem nicht beigetreten ist; § 18 GVG). Sie gilt im Bereich der Strafgerichtsbarkeit ausnahmslos und grundsätzlich auch für die Zivilgerichtsbarkeit; insoweit bestehen aber Ausnahmen für Klagen, die aus dinglichem Recht (vgl. 333, 336) in bezug auf *privates* unbewegliches Vermögen (das Dienstgebäude dagegen ist exterritorial) oder im Zusammenhang mit der Ausübung einer gewerblichen Tätigkeit oder eines freien Berufs erhoben werden, sowie in Nachlaßsachen. Unzulässig ist dagegen die Pfändung von Bankguthaben, die den Zwecken der ausländischen Mission dienen (BVerfG NJW 1978, 485). Die Befreiung von der Gerichtsbarkeit hat jedoch nicht zur Folge, daß der Exterritoriale von der Beachtung der materiellen Rechtsordnung des Empfangsstaates (also insbesondere des bürgerlichen und des Strafrechts) freigestellt ist; vielmehr bedeutet sie nur, daß die Rechtsordnung ihm gegenüber nicht zwangsweise durchgesetzt werden kann. Die Unverletzlichkeit des *Gesandtschaftsgebäudes* verbietet das Eindringen von Amtsträgern des Empfangsstaates (z. B. Polizei, Gerichtsvollzieher) in das Dienstgebäude der ausländischen Mission und in die Wohnung des Diplomaten. Sie umfaßt aber nach neuerem Völkergewohnheitsrecht nicht mehr das Recht, einem politisch Verfolgten auf längere Zeit diplomatisches *Asyl* zu gewähren, sondern gibt nur die Möglichkeit, ihn bei Gefahr für Leib oder Leben vorübergehend zu schützen; er muß dann aber den Behörden des Empfangsstaates übergeben werden, wobei eine den allgemeinen Rechtsgrundsätzen entsprechende Behandlung ausbedungen werden kann.

Konsuln sind bevollmächtigte Vertreter eines Staates ohne diplomatischen Status; ihnen obliegt in einem anderen Staat die Wahrnehmung vor allem wirtschaftlicher Belange und der Interessen von Angehöri-

940

gen des Entsendestaates. Sie residieren meist an wichtigen Handelsplätzen des Auslandes. Sie können Berufsbeamte oder *Wahlkonsuln (= Honorarkonsuln)* sein.

Man unterscheidet *Generalkonsuln,* Konsuln, Vizekonsuln und Konsularagenten. Ihre Rechtsstellung ist völkerrechtlich im Wiener Übereinkommen vom 24. 4. 1963 über konsularische Beziehungen (BGes. vom 26. 8. 1969, BGBl. II 1585) geregelt, das dem gleichnamigen Übereinkommen über diplomatische Beziehungen in den Grundzügen entspricht. Es behandelt insbes. Rechtsstellung und Aufgaben der Konsuln, ihre Bestellung und Rangfolge, Vornahme von Amtshandlungen, Unverletzlichkeit des Konsulararchivs usw. Die Konsuln – nicht ihre Familienmitglieder und Hausangestellten – unterliegen einer im Vergleich zu Diplomaten beschränkten persönlichen Immunität (vgl. § 19 GVG) und Abgabenfreiheit; insbes. sind sie nur hinsichtlich ihres Archivs exterritorial und genießen persönliche Immunität nur bei Ausübung ihrer Amtstätigkeit.

Das innerstaatliche *Konsularrecht,* insbesondere die Organisation der Bundeskonsulate und die Rechte und Pflichten der Konsuln, ist im *Konsulargesetz* i. d. F. vom 11. 9. 1974 (BGBl. I 2317) geregelt.

Zur Ausübung von Staatshoheitsrechten des Absendestaates bedarf ein Konsul einer Genehmigung des Gastlandes, die ihm mit dem sog. *Exequatur* (lat. = „er übe [sein Amt] aus!") erteilt wird.

905. Die Genfer Konventionen (Rotes Kreuz)

Auf Veranlassung des Schweizers *Henri Dunant,* der später dafür als erster mit dem Friedensnobelpreis ausgezeichnet wurde, lud unter dem Eindruck der Schlacht von *Solferino* (1859) die Schweizer Regierung 1864 die interessierten Länder nach Genf ein, um über die Verbesserung des Loses der Verwundeten und Kranken der im Kriege stehenden Heere zu beraten. Die Beschlüsse dieser internationalen Versammlung wurden in der *Genfer Konvention* (Übereinkunft) von 1864 festgelegt. In weiteren Konventionen von 1899, 1906, 1907 und 1929 wurden Maßnahmen zum Schutze der Verwundeten, der Kriegsgefangenen und der Zivilbevölkerung im Kriege beschlossen. Ihre Einrichtungen werden durch ein *Rotes Kreuz auf weißem Grunde* (Umkehrung der Schweizer Nationalflagge) kenntlich gemacht und vor Mißbrauch geschützt.

Die früheren Verträge sind durch (vier) Genfer Rot-Kreuz-Abkommen vom 12. 8. 1949 ersetzt worden, denen die BRep. laut Gesetz vom 21. 8. 1954 (BGBl. II 781) beigetreten ist:

Die Konvention über die *Verbesserung des Loses der Verwundeten und Kranken der Streitkräfte im Felde* schreibt deren Versorgung im Kriegsfalle vor. Die entsprechende Konvention über die Behandlung der Angehörigen der *Seestreitkräfte* überträgt die Landkriegsbestimmungen auf den Seekrieg.

Die Konvention über die *Behandlung der Kriegsgefangenen* verlangt Einhaltung der allgemeinen Gesetze, menschliche Behandlung und Gesundheitsfürsorge sowie Entlassung nach Beendigung der Feindseligkeiten; sie gestattet Heranziehung zur Arbeit nur bei gesunden Gefangenen (bei Offizieren nicht, bei Unteroffizieren beschränkt) und nur zu nichtmilitärischen Zwecken.

Die Konvention zum *Schutze von Zivilpersonen in Kriegszeiten* sieht im Fall eines Krieges Sicherheitszonen für Frauen, Kinder, Greise, Kranke und Verwundete vor; sie verbietet die *Geiselnahme* und die Einrichtung von Konzentrationslagern. *Partisanenverbände* sind erlaubt, wenn sie von rechtmäßigen Offizieren geführt und wenn von weitem erkennbare Unterscheidungszeichen verwendet, die Waffen offen getragen und die Kriegsgesetze beachtet werden.

Eine im Jahre 1974 einberufene und 1977 abgeschlossene Konferenz von 110 Staaten verabschiedete in Zusatzprotokollen zu den Konventionen von 1949 Vereinbarungen über den erweiterten Schutz der Zivilbevölkerung (Verbot des Flächenbombardements, der Aushungerung, der Zerstörung von Lebensmittellagern und Wasserreserven sowie von Angriffen auf Staudämme, Atomkraftwerke u. dgl.; ferner Verbot von Mißhandlungen, Geiselnahmen und Kollektivstrafen). Andererseits wurde der Begriff des „internationalen Krieges" ausgedehnt auf Kämpfe gegen Kolonialherrschaft, gegen Besetzung und rassistische Regimes. Die Erweiterung verschaffte den sog. *Guerilleros,* d. s. Teilnehmer an Guerilla(= Klein-)kriegen, einen gewissen Schutz als sog. „Kombattanten", falls sie ihre Waffen offen tragen, und als Kriegsgefangene.

Das *Internationale Rote Kreuz* (IRK) besteht aus den nationalen Gesellschaften vom RK (Deutsches, Britisches usw.), dem Internationalen Komitee vom RK und der Liga der Gesellschaften vom RK. Oberstes Organ ist die alle 2 bis 4 Jahre zusammentretende Internationale Konferenz vom RK, auf der Verbesserungen besprochen und den Regierungen empfohlen werden. Es bestehen Landes- und Kreisverbände mit Ortsgruppen. Das DRK unterhält Krankenhäuser, Heilanstalten, Alten-, Kinder- und Erholungsheime und forscht nach Vermißten, Flüchtlingen und Vertriebenen. In Mutterhäusern werden RK-Schwestern ausgebildet.

906. Die Friedensbewegung. Der Völkerbund

Um den *Friedensgedanken,* d. h. die Erhaltung des Friedens unter den Völkern und die Vermeidung von Kriegen, bemühten sich schon im Mittelalter Kirche und Staaten.

Um das Jahr 1000 gebot die *treuga dei (Gottesfrieden)* Waffenruhe von Mittwoch bis Montag früh; Zuwiderhandlungen waren mit kirchlichem Bann bedroht. Kaiser Maximilian I. verkündete 1495 den *Ewigen Landfrieden,* der jede Anwendung des Fehde- und Faustrechts als Landfriedensbruch behandelte. Im 18. Jahrh. war mit dem Emporsteigen Preußens zur Großmacht das europäische Staatensystem in seiner Ausformung bis 1914 abgeschlossen. Im Verhältnis der Mächte untereinander bildete sich der Ordnungsgedanke des *europäischen Gleichgewichts* heraus. 1815 schloß Zar Alexander I. von Rußland mit Preußen und Österreich eine *Heilige Allianz,* nach der ihre Völker als Glieder einer christlichen Gemeinschaft regiert werden sollten. Obwohl ihr fast alle Fürsten Europas beitraten (außer Papst, England, Sultan), erlangte sie keine Bedeutung. Auf den *Haager Friedenskonferenzen* 1899 und 1907 wurde beschlossen, internationale Streitfälle durch ein *Schiedsgericht* friedlich beizulegen. Vor und während des 1. Weltkrieges (1914–1918) versuchte der Papst einen Frieden herbeizuführen. Auch die evangelischen Kirchenbehörden bemühten sich um die Erhaltung des Friedens. Der *Kelloggpakt* zur Ächtung des Krieges vom 27. 8. 1928 verbot allgemein den Krieg zur Austragung internationaler Streitigkeiten; diese sollten ausschließlich mit friedlichen Mitteln bereinigt werden.

Auch die völkerrechtlichen Verhandlungen und Vereinbarungen waren immer mehr vom Friedensgedanken beseelt. Man strebte danach, das Prinzip der Macht durch die Herrschaft des Rechts zu ersetzen. Diese Gedanken führten zu *Völkerbund* und *UNO*.

Der *Völkerbund* wurde 1919 auf Anregung des amerikanischen Präsidenten *Wilson* gegründet, der in einer „14 Punkte-Erklärung" am 8. 1. 1918 einen Friedensvertragsentwurf aufgestellt und u. a. das Selbstbestimmungsrecht der Völker proklamiert hatte. Sein Zweck war die Erhaltung des Friedens durch Herabsetzung der Rüstung und Androhung von Sanktionen gegen Aggressoren. Obwohl sich 63 Nationen ihm anschlossen (Deutschland 1926; nicht USA), vermochte der Völkerbund das nach dem 1. Weltkrieg einsetzende Wettrüsten nicht zu verhindern. Seine Bestrebungen, den Frieden zu erhalten, blieben wirkungslos z. B. beim Einmarsch der Japaner in die Mandschurei (1935) und bei der Annexion Abessiniens durch Italien (1936). Hitler erklärte 1933 den Austritt Deutschlands aus dem Völkerbund. Der Völkerbund wurde 1939 außer Tätigkeit gesetzt. An seine Stelle trat gem. Vertrag vom 26.6. 1945 die *UNO* (vgl. 909).

Friedensappelle an die Völker in aller Welt und ihre Regierungen sind immer wieder insbes. von seiten kirchlicher Autoritäten ergangen, so vom Ökumenischen Rat der Kirchen (vgl. 727), von *Papst Johannes XXIII.*, seinem Nachfolger *Paul VI.* anläßlich des Zweiten Vatikanischen Konzils (s. 710) und von Papst *Johannes Paul II.* (ab 1978).

907. Abrüstung

I. Entwicklung des Abrüstungsgedankens

Besondere Bedeutung i. S. einer Humanisierung der Beziehungen zwischen den Völkern kommt den *Abrüstungsverhandlungen* zu, die schon Ende des 19. Jahrh. (Konferenz 1899 in Den Haag) einsetzten und in Zeitabständen fortgeführt wurden. Das Abrüstungsproblem hängt eng zusammen mit den Bemühungen um ein allgemeines *Sicherheitssystem;* diese begannen mit der *Atlantik-Charta* vom 14. 8. 1941 (zwischen Großbritannien und den USA abgeschlossen) und verstärkten sich seit Ende des 2. Weltkriegs. Eines der Ziele dieser Bestrebungen ist die internationale Kontrolle und die friedliche Verwendung der *Atomenergie;* sie wurden durch wiederholte Resolutionen der UNO-Vollversammlung unterstützt, die für ein allgemeines Verbot der Atomwaffen eintraten.

Das Wettrüsten, namentlich zwischen den Supermächten USA und der früheren UdSSR, hielt trotz aller Bemühungen um Abrüstung jahrzehntelang unvermindert an. Eine effektive Abrüstung konnte nicht erreicht werden; die Rüstung in der Welt hatte vielmehr zu einem so hohen Waffenpotential geführt, daß es möglich war, die Menschheit mehrfach zu vernichten (sog. *Overkill-Kapazität*). Die Tendenz der Abrüstungsverhandlungen ging daher lange Zeit dahin, durch Vereinbarungen wenigstens zu einer *Kontrolle der Rüstung* und zum Ausschluß bestimmter Waffenarten, z. B. chemischer oder biologischer Waffen, zu gelangen. Seit Beginn der achtziger Jahre wurden dagegen zunehmend substantielle Abrüstungsmaßnahmen in die Wege geleitet.

II. Multilaterale Abrüstungsverhandlungen

Die *Abrüstungsverhandlungen* begannen im Rahmen der UNO in den von der Vollversammlung hierfür eingesetzten Ausschüssen und wurden durch Notenwechsel zwischen den Großmächten und auf den *Abrüstungskonferenzen* zumeist in Genf (1958, 1960, 1964) fortgesetzt. Die meist in Genf stattfindenden Verhandlungen brachten jedoch in den grundsätzlichen Fragen zunächst keine Einigung.

Seit März 1962 wurden sodann die Beratungen über eine *allgemeine Abrüstung* von einer aus den 4 westlichen Staaten USA, England, Italien, Kanada, 5 kommunistischen Ländern unter Führung der ehemaligen Sowjetunion (ohne die Volksrepublik China) und 8 „blockfreien" Staaten, darunter Indien, bestehenden *Siebzehner-Konferenz* in Genf fortgesetzt. Weitere Staaten – auch die BRep. – traten hinzu; die Genfer Abrüstungskonferenz umfaßt nunmehr 40 Länder und tagt in jährlichen Sitzungsperioden; sie ist die einzige multilaterale Konferenz über Fragen der Rüstung und Abrüstung. Eine Sonder-Vollversammlung der UNO verabschiedete im Juli 1978 Richtlinien für die künftigen Abrüstungsverhandlungen und beschloß eine Umstrukturierung der Konferenz (Wechsel im Vorsitz usw.). Angestrebt wird ein umfassendes Abkommen über ein Verbot aller Nuklearversuche, Atomwaffen und chemischen Kampfstoffe; kleinere, nicht ausreichend geschützte Länder sollen gegen die Gefahr eines atomaren Überfalls gesichert werden. Eine zweite UNO-Sondervollversammlung über Abrüstung unter Beteiligung von 157 Länderdelegationen endete im Juli 1982 ohne Einigung auf ein umfassendes Programm. Der Schlußbericht stellte vielmehr fest, daß das von der ersten UNO-Sondervollversammlung verabschiedete Aktionsprogramm zum größten Teil nicht verwirklicht worden sei. Auch die dritte Sondergeneralversammlung über Abrüstung im Mai 1988 ergab keine konkreten Ergebnisse. Ziel der Sitzung war es, auf die Verringerung nuklearer und konventioneller Waffen hinzuwirken. Die UNO-Abrüstungskommission hatte der Vollversammlung verschiedene Empfehlungen, u. a. über weltweite Zusammenarbeit bei der Vernichtung chemischer Waffen und über vertrauensbildende Maßnahmen vorgelegt. Im Rahmen der Genfer Abrüstungskonferenz der UNO wurde im Jan. 1993 die Konvention zum weltweiten *Verbot chemischer Waffen* abgeschlossen, der der BT mit Gesetz vom 5. 7. 1994 zugestimmt hat (BGBl. II 806); sie enthält ein Verbot der Herstellung, Lagerung, des Erwerbs und Gebrauchs von Chemiewaffen; vorhandene Waffen sollen innerhalb von 10 Jahren (USA und Rußland: 15 Jahren) vernichtet werden; die Einhaltung des Abkommens wird durch eine Kontrollbehörde in Den Haag überwacht. Aktuelle Themen der Abrüstungskonferenz sind: Verbot aller Atomtests, Verlängerung des Vertrages über die Nichtverbreitung von Atomwaffen, weitere Reduzierung der konventionellen Rüstung in Europa.

III. Abrüstungsverhandlungen zwischen USA und UdSSR/Rußland

Die Abrüstungsverhandlungen zwischen USA und UdSSR bzw. Rußland (seit Ende 1991) sind vor allem auf Kontrolle und Begrenzung der beiderseitigen Atomwaffen gerichtet.

Nicht eigentlich der Abrüstung dienen die Verhandlungen, die über eine *Begrenzung der strategischen Rüstung* in Wien und Helsinki geführt werden (SALT = Strategic Arms Limitation Talks). Am 26. 5. 1972 wurde in einem Teilabkommen eine Begrenzung der Raketenabwehrsysteme (ABM) vereinbart. In einem weiteren Abkommen (SALT II) vom 18. 6. 1979 wurden zusätzliche Rüstungsbeschränkungen hins. des Potentials an strategischen Waffensystemen, des Einsatzes von Trägerraketen und Fernbombern usw. festgelegt. Ferner wurden weitere Schritte zur Beschränkung interkontinentaler strategischer Angriffswaffen und nuklearer Kampfmittel eingeleitet. Sie sollten Gegenstand eines geplanten Übereinkommens „Salt III" werden, zu dessen Abschluß es jedoch infolge der seinerzeit zunehmenden Spannung zwischen USA und UdSSR (vor allem wegen des Einmarsches der UdSSR in Afghanistan) nicht mehr gekommen ist.

Die Abrüstungsverhandlungen zwischen den USA und der UdSSR wurden im Juni 1982 in Genf unter der neuen Bezeichnung „START" (= Strategic Arms Reduction Talks) fortgeführt. Diese Bezeichnung soll eine Richtungsänderung anzeigen, da es nicht mehr nur um eine Begrenzung (Limitation), sondern um eine Verringerung (Reduction) strategischer Atomwaffen gehen soll. Damit wird das mit den SALT-Verhandlungen angestrebte Ziel einer gleichmäßigen Rüstungsverminderung weiterverfolgt. Die START-Verhandlungen wurden im Nov. 1983 von der UdSSR abgebrochen, nachdem auf Grund des sog. NATO-Doppelbeschlusses vom 12. 12. 1979 Ende 1983 mit der Stationierung amerik. Mittelstreckenraketen in Westeuropa begonnen worden war. Der *NATO-Doppelbeschluß* sah vor, daß in erster Linie durch Verhandlungen mit der UdSSR eine Reduzierung der Kernwaffen in Europa erreicht werden sollte; würde dieses Ziel nicht erreicht, so sollte das Nuklearwaffenarsenal in Westeuropa durch Aufstellung neuer Mittelstreckenraketen modernisiert werden. Gleichzeitig brach die UdSSR auch die 1981 mit den USA begonnenen Verhandlungen über die Begrenzung der atomaren Mittelstreckenwaffen in Europa (*INF = Intermediate-Range Nuclear Forces)* ab. Im März 1985 nahmen die USA und die UdSSR die Abrüstungsgespräche in Genf wieder auf. Es wurde über folgende Komplexe verhandelt: strategische nukleare Offensivwaffen (START), nukleare Mittelstreckensysteme (INF), Kurzstreckenwaffen (SRINF) sowie Weltraum- und andere Defensivwaffen. Differenzpunkt war vor allem die Forderung der UdSSR, Fortschritte in den Verhandlungen von einem Verzicht der USA auf das *SDI-Programm* abhängig zu machen. SDI (Strategic Defense Initiative) ist ein amerikanisches Forschungsprogramm, das die Möglichkeiten eines nichtnuklearen Abwehrsystems gegen ballistische Interkontinentalraketen im Weltraum untersucht.

Einen historisch bedeutsamen Fortschritt bei den Abrüstungsbemühungen erreichten die USA und UdSSR durch den Abschluß des *INF-Abkommens* im Dez. 1987. Der Vertrag sieht vor, daß die beiden Mächte ihre landgestützten Atomwaffen mit Reichweiten von 500 bis 5500 km (Mittelstreckenraketen kürzerer und längerer Reichweite) innerhalb von drei Jahren beseitigen. Die Einhaltung des Abkommen wird durch gegenseitige Inspektionen über 13 Jahre hinweg gewährleistet.

Im Juni 1990 wurde ein Abkommen über die allmähliche Verringerung des gegenseitigen Potentials an chemischen Waffen abgeschlossen.

Der START-Vertrag wurde nach 9 Jahren Verhandlung im Juli 1991 unterzeichnet. Er sieht im wesentlichen vor, daß die UdSSR ihre Langstrecken-Atomwaffen von 11000 auf rd. 7000, die USA von 12000 auf 9000 abbauen. Die Einhaltung des Abkommens wird durch eine gemeinsame Kommission überwacht; jede Seite kann jährlich 15 mal die Einrichtungen der anderen Seite inspizieren.

Der zwischen den USA und Rußland im Jan. 1993 abgeschlossene *START-II-Vertrag* geht über die Vereinbarungen in START-I weit hinaus: fast drei Viertel der jeweiligen strategischen Atomwaffen soll bis zum 1. 1. 2003 vernichtet werden; die Gesamtzahl der Atomsprengköpfe auf interkontinentalen Raketen wird auf 3000 für Rußland und 3500 für die USA begrenzt. Alle landgestützten Interkontinentalraketen mit Mehrfachsprengköpfen werden vernichtet. Die Zahl der see- und luftgestützten Sprengköpfe wird verringert.

IV. Abrüstung in Europa

Im Okt. 1973 begann unter Teilnahme von 12 Staaten der NATO (darunter die BRep.) und 7 Staaten des Warschauer Pakts in Wien die *Konferenz über eine gegenseitige ausgewogene Verminderung von Truppen und Rüstungen* in Mitteleuropa (MBFR = Mutual and Balanced Force Reductions). Die Frage der Schaffung eines kollektiven Sicherheitssystems wurde unter Beteiligung fast aller Ostblockstaaten bereits früher auf der *europäischen Sicherheitskonferenz – KSZE –* erörtert (s. 922). Die BRep. kann sich nach Art. 24 Abs. 2 GG einem kollektiven Sicherheitssystem zur Wahrung des Friedens einordnen. Auf dem 3. KSZE-Folgetreffen im Jan. 1989 in Wien wurden *Verhandlungen über Vertrauens- und sicherheitsbildende Maßnahmen in Europa (VVSBM)* vereinbart. Im Jan. 1989 einigten sich NATO und Warschauer Pakt *Verhandlungen über konventionelle Streitkräfte in Europa (VKSE)* aufzunehmen. Beide Verhandlungen wurden im März 1989 begonnen. Im Hinblick auf die Ergebnisse des 3. KSZE-Folgetreffens, besonders die Vereinbarung der VKSE, wurden die MBFR-Verhandlungen im Feb. 1989 beendet.

Im Feb. 1990 haben sich NATO und Warschauer Pakt auf einen Abzug der amerikanischen und sowjetischen Truppen in Mitteleuropa bis zu einer Obergrenze von jeweils 195000 Mann geeinigt. Eine Einigung über das Projekt „Open Sky", das Aufklärungsflüge über dem jeweils anderen Machtgebiet vorsah, kam damals nicht zustande, wurde aber 1992 abgeschlossen (s. 922).

Im Nov. 1990 wurde in Paris eine *„Gemeinsame Erklärung von 22 Staaten"* verabschiedet, in der die Mitgliedstaaten der NATO und des Warschauer Pakts das Ende ihrer Gegnerschaft und einen gegenseitigen Gewaltverzicht vereinbarten und eine Nichtangriffserklärung abgaben. Ebenfalls im Nov. 1990 einigten sich diese Staaten im *„Vertrag über konventionelle Streitkräfte in Europa"* (KSE-Vertrag) auf einen umfassenden Abbau der konventionellen Rüstung in Europa (s. Ges. zu dem Vertrag vom 19. 11. 1990 über konventionelle Streitkräfte in Europa – KSE-Vertrag – vom 12. 12. 1991, BGBl. II 1154). Für jede Seite wurden folgende Obergrenzen vereinbart: 20000 Kampfpanzer, 30000 gepanzerte Kampffahrzeuge, 20000 Artilleriesysteme, 6800 Kampfflugzeuge, 2000 Kampfhubschrauber. Über die Obergrenzen für die Truppen der beiden Seiten konnten bisher keine Vereinbarungen getroffen werden; Verhandlungen über die Reduzierung der Truppenstärken wurden jedoch aufgenommen (VKSE I a). Im Dez. 1990 wurde im Rahmen der Verhandlungen über Vertrauens- und Sicherheitsbildende Maßnahmen das *„Wiener Dokument 1990"* verabschiedet, in dem ein jährlicher Austausch militärischer Informationen, Regelungen zur Verminderungen der Risiken, gegenseitige Kontakte, vorherige Ankündigung und Beobachtung bestimmter militärischer Aktivitäten sowie Bestimmungen über die Einhaltung und Verifikation der jeweiligen Verpflichtungen enthalten sind (s. Bulletin der BReg. 1990, 1493ff.). Zum *„Wiener Dokument 1992"* s. Bulletin der BReg. 1992, 293ff.

Im Rahmen der Wiener Abrüstungskonferenz einigten sich die NATO-Staaten und die Staaten des ehemaligen Warschauer Paktes im Juli 1992 auf Begrenzungen der Truppenstärken. Der Vertrag *(KSE I a-Abkommen)* ergänzt den 1990 abeschlossenen KSE-Vertrag. In der *Abschließenden Akte der Verhandlungen über Personalstärken der konventionellen Streitkräfte in Europa* sind u. a. folgende Begrenzungen der Truppenstärken in Europa enthalten: Rußland 1,45 Mio.; USA 250000; BRep. 345000; Frankreich 325000; Großbritannien 260000. Ferner sind stabilisierende Maßnahmen und Kontroll- und Überprüfungsmechanismen vereinbart worden.

Über sonstige regionale Sicherheitssysteme vgl. 913, 923 II, 925 (NATO, Warschauer Pakt, ANZUS).

V. Einzelne Abkommen zur Rüstungskontrolle

Es ist zwar nicht gelungen, eine generelle Abrüstung zu erreichen. Jedoch konnten auf einigen Teilgebieten Erfolge erzielt werden:

Die in Genf tagende Konferenz über die *Einstellung der Kernwaffenversuche* (sog. *Dreimächtekonferenz:* ehemalige UdSSR, USA, Großbritannien) führte am 5. 8. 1963 zum Vertrag über das *Verbot von Kernwaffenversuchen* in der Atmosphäre, im Weltraum und unter Wasser *(Atomversuchsstop).* Die Dauer dieses Vertrags ist unbegrenzt; ein Rücktrittsrecht (nach Vorankündigung) besteht für jeden Vertragspartner, der durch außergewöhnliche Ereignisse im Hinblick auf den Gegenstand des Vertrags die wichtigsten Interessen seines Landes gefährdet glaubt. Dem Abkommen sind viele Staaten beigetreten (die BRep. gem. Ges. vom 29. 7. 1964, BGBl. II 906); nicht angeschlossen sind Frankreich und Rot-China. Das gleiche gilt für den sog. *Atomwaffensperrvertrag* vom 1. 7. 1968, in dem sich die Vertragspartner verpflichtet haben, Kernwaffen an Nichtkernwaffenstaaten weder weiterzugeben noch diese in der Herstellung zu unterstützen. Die beitretenden Nichtkernwaffenstaaten übernehmen die entsprechende Verpflichtung, Kernwaffen weder zu erwerben noch herzustellen und Sicherungsmaßnahmen sowie Kontrollen zu dulden. Forschung, Erzeugung und Verwendung für *friedliche Zwecke* sind ausdrücklich garantiert. Der Vertrag ist auch von der BRep. ratifiziert worden (Ges. vom 4. 6. 1974, BGBl. II 785), aber unter Vorbehalten, die sich auf ihre Zugehörigkeit zur NATO (913), ihr Verhältnis zur DDR und die Freiheit von Lehre und Forschung für friedliche Zwecke beziehen; s. a. Verifikationsabkommen vom 5. 4. 1973 mit Ausführungsges. vom 7. 1. 1980 (BGBl. I 17). Das Abkommen vom 10. 4. 1972 über das *Verbot bakteriologischer Waffen* ist von zahlreichen Staaten, darunter der BRep., ratifiziert worden, nicht dagegen von Frankreich und der Volksrepublik China. Über die *Meeresboden-Konvention* und den *Antarktis-Vertrag* s. 920. Ein Abkommen zwischen USA und UdSSR vom 22. 6. 1973 zur *Verhütung von Atomkriegen* sieht eine gegenseitige Konsultationspflicht bei Gefahr eines nuklearen Konflikts vor. Zum *Umweltkriegsübereinkommen* s. 193 IV. Auf der Konferenz zur Ächtung chemischer Waffen in Paris im Jan. 1989 einigten sich die 149 Teilnehmerstaaten, chemische Kampfstoffe nicht mehr zu benutzen.

908. Menschenrechte und politische Rechte

I. Der Begriff der Menschenrechte

Unter Menschenrechten versteht man die jedem Menschen kraft seines Menschseins und seiner Würde von Natur zukommenden unveräußerlichen und unverletzlichen Rechte. Der Begriff der Menschenrechte (vgl. des näheren 46 III 2, insbes. über die Abgrenzung zu den *Bürgerrechten*) wurde durch die auf einer Konferenz in San Francisco am 26. 6. 1945 angenommene *Charta der Vereinten Nationen* und die von der Generalversammlung der UNO am 10. 12. 1948 verkündete *„Allgemeine Erklärung der Menschenrechte"* zum Gegenstand internationaler Verlautbarungen gemacht.

Schon in der Charta hatten sich die damaligen Gegner Deutschlands zu den *Grundrechten des Menschen,* Würde und Wert der menschlichen Persönlichkeit, Gleichberechtigung von Mann und Frau u. a. humanitären Grundsätzen bekannt. Auch in der *Atlantik-Charta* (907) war die Bindung an diese Grundrechte herausgestellt worden.

Verfassungsmäßigen Niederschlag fanden die Menschenrechte erstmals in der von den Nachfahren englischer Auswanderer 1776 geschaffenen Verfassung des amerikanischen Staates *Virginia* und bei der Unabhängigkeitserklärung der USA. Die Erklärung über die *unveräußerlichen Menschenrechte* wurde 1789 als Bill of Rights in die *Verfassung der USA* aufgenommen. Diese Grundsätze wurden zum Vorbild der französischen Verfassung nach der Revolution 1789 und der modernen Verfassungen. In Preußen brachte zwar die *Stein- und Hardenbergsche Reform* (1807–1812) die Befreiung der Bauern von der dinglichen und persönlichen Abhängigkeit; eine Verfassung kam aber erst 1850 als *oktroyierte Verfassung* (vgl. 7) zustande. Unter Hitler wurden die Menschenrechte völlig mißachtet (vgl. 18).

II. *Schutz der Menschenrechte durch das Grundgesetz*

Das *Grundgesetz* der BRep. erklärt die Würde des Menschen als unantastbar und ihre Achtung und Wahrung als Verpflichtung aller staatlichen Gewalt. Das Deutsche Volk bekennt sich zu den unverletzlichen und unveräußerlichen *Menschenrechten* als Grundlage jeder menschlichen Gemeinschaft, des Friedens und der Gerechtigkeit in der Welt (Art. 1 GG; vgl. 46).

Zum Schutz der Menschenrechte durch das Verfassungsbeschwerdeverfahren s. 74.

III. *Völkerrechtliche Gewährleistung der Menschenrechte*

1. *Überregionale Gewährleistungen*

Neben der UNO-Charta und der Erklärung der Menschenrechte von 1948 (s. oben I) hat der *Internationale Pakt über bürgerliche und politische Rechte* vom 19. 12. 1966, dem die BRep. gem. Ges. vom 15. 11. 1973 (BGBl. II 1533) beigetreten ist, eine umfassende völkerrechtliche Grundlage für die persönliche Rechtsstellung geschaffen. Er garantiert das *Selbstbestimmungsrecht der Völker* und den Schutz der allgemeinen *politischen Rechte* für jeden Angehörigen der Vertragsstaaten. Zu diesen Rechten zählen insbes. das Recht auf Leben und Freiheit, Freizügigkeit (auch das Recht, das eigene Land freiwillig zu verlassen), Gewissens-, Meinungs- und Religionsfreiheit, Versammlungs- und Koalitionsrecht, Schutz der Ehe, der Familie und des Kindes, Gleichheit aller vor dem Gesetz und Gleichheit der Geschlechter, richterliche Haftkontrolle und rechtsstaatliche Verfahrensgrundsätze sowie das Verbot von Sklaverei und Zwangsarbeit. Durch das *Fakultativprotokoll vom 19. 12. 1966 zum Internationalen Pakt über bürgerliche und politische Rechte* (BGes. vom 21. 12. 1992, BGBl. II 1246) wird Personen, die behaupten, in einem ihrer im Pakt anerkannten Rechte verletzt zu sein, die Möglichkeit zur Individualbeschwerde vor dem Menschenrechtsausschuß der UNO eingeräumt. Der ebenfalls am 19. 12. 1966 geschlossene *Internationale Pakt über wirtschaftliche, soziale und kulturelle Rechte* (BGes. vom 23. 11. 1973, BGBl. II 1569) ergänzt die völkerrechtliche Grundlage für diese Bereiche. Er postuliert u. a. das Recht auf Arbeit und angemessene Entlohnung nach dem Gleichbehandlungsgrundsatz, auf Arbeitspausen, Freizeit und Urlaub, die Koalitionsfreiheit und das Streikrecht (vgl. 47 VII), soweit es nicht innerstaatlich eingeschränkt ist, das Recht auf soziale Sicherheit (einschl. Sozialversicherung), auf angemessenen Lebensstandard und Gesunderhaltung sowie auf Bildung und auf Teilnahme am kulturellen Leben. Das Internationale Übereinkommen zur Beseitigung jeder Form von *Rassendiskriminierung* vom 7. 3. 1966 (BGBl. 1969 II 962) untersagt auf Grund der UNO-Erklärungen über die Menschenrechte jede

Benachteiligung aus rassischen Gründen; es verpflichtet die Vertragsstaaten, durch gesetzliche und behördliche Maßnahmen die noch bestehenden Diskriminierungen zu beseitigen und neue zu verhindern. S. hierzu auch das *Übereinkommen vom 18. 12. 1979 zur Beseitigung jeder Form der Diskriminierung der Frau* (BGes. vom 25. 4. 1985, BGBl. II 647). Zum Übereinkommen über die politischen Rechte der Frau vgl. 903 III. S. ferner das Übereinkommen vom 20. 11. 1989 über die Rechte des Kinds (BGes. vom 17. 2. 1992, BGBl. II 121).

2. *Regionale Gewährleistungen*

Eine regionale völkerrechtliche Garantie haben die Menschenrechte erhalten durch die in Rom am 4. 11. 1950 von den Regierungen der Mitgliedstaaten des Europarates unterzeichnete *Konvention zum Schutze der Menschenrechte und Grundfreiheiten* – EMRK – (BGBl. 1952 II 686). Vgl. 912 V. Der einzelne Bürger kann sich innerhalb einer Frist von 6 Mon. nach Erschöpfung des innerstaatlichen Rechtswegs durch ein an den Generalsekretär des Europarats gerichtetes Gesuch mit einer Individualbeschwerde an die Europäische Kommission für Menschenrechte in Straßburg wenden, wenn er sich in einem Vertragsstaat in einem durch die Konvention garantierten Grundrechte verletzt fühlt und der betreffende Staat erklärt hat, daß er die Zuständigkeit der Kommission auf diesem Gebiet anerkannt hat (Art. 25, 26 MRK).

Die Kommission kann das Gesuch u. a. dann zurückweisen, wenn es unzulässig oder offensichtlich unbegründet ist (Art. 27 MRK). Nimmt die Kommission die Beschwerde an, so versucht sie zunächst einen gütlichen Ausgleich zwischen den Streitparteien. Mißlingt dieser, so berichtet sie dem *Ministerkomitee*, das – falls nicht binnen 3 Monaten der *Europ. Gerichtshof für Menschenrechte* (Mitgliederzahl entsprechend der des Europarates) angerufen wird – mit ⅔-Mehrheit (künftig mit einfacher Mehrheit; vgl. Protokoll Nr. 10 vom 25. 3. 1992 zur EMRK) entscheidet, ob ein Mitgliedstaat die Konvention verletzt hat, und ihm ggf. eine Frist zur Abhilfe setzt (Art. 28ff. MRK). Vgl. Verfahrensordnungen für Kommission i. d. F. vom 4. 9. 1990 (Bek. vom 29. 5. 1991, BGBl. II 838) und Gerichtshof i. d. F. vom 18. 9. 1959 (BGBl. 1979 II 212).

Der *Europäische Gerichtshof für Menschenrechte* (s. 912 V) konnte dagegen bisher von einer natürlichen Person nicht angerufen werden. Durch das Protokoll Nr. 9 vom 6. 11. 1990 zur EMRK (BGBl. 1994 II 491) wird künftig auch dem einzelnen Beschwerdeführer das Recht eingeräumt, seinen Fall im Anschluß an den Bericht der Kommission selbst dem Europäischen Gerichtshof für Menschenrechte zur abschließenden Entscheidung über das Vorliegen einer Konventionsverletzung vorzulegen. Die BRep. hat dem Protokoll mit Gesetz vom 19. 4. 1994 (BGBl. II 490) zugestimmt.

S. ferner die *Gemeinsame Grundrechtserklärung des Europäischen Parlaments, des Rats und der Kommission* vom 5. 4. 1977 (ABl. Nr. C 103 vom 27. 4. 1977, S. 1) und die *Erklärung des Europäischen Parlaments über Grundrechte und Grundfreiheiten* vom 12. 4. 1989. Zur Europäischen Sozialcharta s. 912 V.

Weitere wichtige regionale Gewährleistungen der Menschenrechte sind die *American Convention on Human Rights* vom 22. 11. 1969 und die afrikanische Charta von Banjul *(Banjul Charter on Human and People's Rights)* vom Juni 1981.

909. Die Vereinten Nationen (UNO)

I. *Gründung*

Nach umfangreichen Vorarbeiten wurde am 26. 6. 1945 ein neuer völkerrechtlicher Zusammenschluß mit Unterzeichnung der *Charta der*

Vereinten Nationen in San Francisco geschaffen. Er führt die Bezeichnung *United Nations Organization* (UNO) und ist dem 1939 außer Tätigkeit gesetzten Genfer Völkerbund nachgebildet (vgl. 906).

Wie der Völkerbund erweiterte sich die UNO in Etappen. Heute gehören der UNO 187 Staaten an, dagegen nicht z. B. die Schweiz (Stand: Dez. 1996). Zum Status der PLO s. 932 II 2.

II. Organe der UNO

1. der *Sicherheitsrat*

bestehend aus 15 Mitgliedern, davon 5 ständigen (USA, Rußland, Großbritannien, Frankreich, Volksrep. China); die übrigen (nichtständigen) Mitglieder werden auf 2 Jahre gewählt. In den Jahren 1995 und 1996 war Deutschland eines der nichtständigen Mitglieder des Sicherheitsrats.

Hauptaufgabe des Sicherheitsrates ist es, die zur Erhaltung des Weltfriedens erforderlichen Maßnahmen zu treffen. Seine Mitglieder müssen am Sitz der UNO (New York) jederzeit verfügbar sein. Zur Vermeidung des Krieges dient nach Art. 33ff. der UN-Charta die Aufnahme von Verhandlungen. Nach Art. 39 muß ein Friedensbruch in Form einer Resolution festgestellt sein. Der Sicherheitsrat hat dann die Wahl zwischen friedlichen und militärischen Sanktionsmaßnahmen (Art. 41 und 42). Als friedliche Sanktionen kommen wirtschaftliche Maßnahmen sowie der Abbruch der diplomatischen Beziehungen in Frage. Militärische Maßnahmen werden durch jeweils aus Kontingenten der Mitgliedsnationen zusammengestellte Streitkräfte durchgeführt.

Die Stimmen der ständigen Mitglieder im *Sicherheitsrat* müssen einheitlich abgegeben werden; daher kann durch das *Veto* jeder der fünf Großmächte jede entscheidende Aktion verhindert werden (Prinzip der Einstimmigkeit). Jedoch ist bereits im Jahre 1950 eine Resolution angenommen worden, wonach innerhalb von 24 Stunden die *Vollversammlung* der UNO einberufen werden kann, wenn ein Friedensbruch vorliegt und der Sicherheitsrat durch den Gebrauch des Vetos gehindert ist, seine primäre Verantwortung für die Friedenssicherung wahrzunehmen. In diesem Falle kann die Generalversammlung mit Zweidrittelmehrheit Empfehlungen für gemeinsame Aktionen der Mitgliedstaaten abgeben, die im Falle einer *Aggression* (darüber s. u.) auch die Anwendung von Waffengewalt einschließen können; eine Reform des Sicherheitsrats ist in der Diskussion, da sich insbes. die Entwicklungsländer nicht ausreichend repräsentiert fühlen. Deutschland strebt einen Sitz als ständiges Mitglied im Sicherheitsrat an.

2. die *Generalversammlung*.

Sie setzt sich aus Vertretern aller Mitgliedstaaten (Bevollmächtigte) zusammen und beschließt meist mit einfacher, bei wichtigen Entscheidungen mit *Zweidrittelmehrheit* (Art. 18 Abs. 2). Ihre Hauptaufgabe ist die Abstimmung (Koordinierung) aller auf den Weltfrieden abzielenden Maßnahmen und Bestrebungen.

3. der *Wirtschafts- und Sozialrat*

– ECOSOC, Economic and Social Council – (54 Mitglieder) zur Bearbeitung von Angelegenheiten der Wirtschaft, des Sozialwesens, der Kultur, der Erziehung, der Gesundheit und verwandter Gebiete;

4. der *Treuhandrat*

mit 5 ständigen Mitgliedern (Frankreich, Großbritannien, Rußland, USA, VR China) als Aufsichtsorgan für die der UNO unterstellten Treuhandgebiete.

5. der *Internationale Gerichtshof*

in Den Haag als Nachfolger des Völkerbundsgerichtshofes.

Er setzt sich aus 15 unabhängigen Richtern zusammen, die 15 verschiedenen Staaten angehören müssen. Sie werden von Vollversammlung und Sicherheitsrat auf 9 Jahre gewählt;

Im November 1993 nahm der vom UNO-Sicherheitsrat eingerichtete internationale *Strafgerichtshof für Kriegsverbrecher* aus der ehemaligen sozialistischen Republik Jugoslawien ebenfalls in Den Haag seine Arbeit auf. Das 11-köpfige Richterkollegium wurde im September 1993 von der UNO-Vollversammlung gewählt. Die Bundesrepublik beteiligt sich hieran nach Maßgabe des Gesetzes über die Zusammenarbeit mit dem Internationalen Strafgerichtshof für das ehemalige Jugoslawien vom 10. 4. 1995 (BGBl. I 485).

6. das *Generalsekretariat*

als Verwaltungsorgan der UNO.

Das Sekretariat (Sitz: New York, USA) besteht aus einem *Generalsekretär* und sonstigen Bediensteten. Der Generalsekretär wird auf Empfehlung des Sicherheitsrats von der Generalversammlung ernannt. Er ist der höchste Verwaltungsbeamte der UNO (Art. 97); er erstattet der Generalversammlung alljährlich über die Tätigkeit der Organisation Bericht (Art. 98) und kann die Aufmerksamkeit des Sicherheitsrats auf jede seiner Auffassung nach den Weltfrieden und die internationale Sicherheit gefährdende Angelegenheit lenken (Art. 99). Das Sekretariat registriert und veröffentlicht die internationalen Verträge (Art. 102).

Bisher waren Generalsekretär der UNO: *Trygve Lie,* Norwegen (1946–1953); *Dag Hammarskjöld,* Schweden (1953–1961); *U Thant,* Birma (1961–1971); *Kurt Waldheim,* Österreich (1971–1981); *Javier Perez de Cuellar,* Peru (1982–1991); *Butros Ghali,* Ägypten (1991–1996); *Kofi Annan,* Ghana (seit 1997).

Eine *Europäische Dienststelle der UNO* befindet sich in Genf (Schweiz); dort besteht ferner eine Wirtschaftskommission für Europa (ECE) und ein UN-Informations-Zentrum.

Ein *Übereinkommen* vom 13. 2. 1946 über die *Vorrechte und Immunitäten* der Vereinten Nationen, dem die BRep. gem. Ges. vom 16. 8. 1980 (BGBl. II 941) beigetreten ist, enthält u. a. Bestimmungen über die Rechtspersönlichkeit der UNO, ihr Vermögen, Erleichterungen im Nachrichtenverkehr sowie über die Immunität und andere Vorrechte der Vertreter der Mitgliedsländer, der UNO-Bediensteten und der von der UNO bestellten Sachverständigen, ferner über die Ausstellung von Passierscheinen und über die Beilegung von Streitigkeiten.

An der Aufbringung der *Haushaltsmittel* für die UNO sind in erster Linie die Vereinigten Staaten (25 v. H.), Rußland (6,7 v. H.), Japan (12,45 v. H.), die

Bundesrepublik Deutschland (8,9 v. H.), Frankreich (6,0 v. H.) und Großbritannien (5,0 v. H.) beteiligt. Einige Mitgliedsländer, darunter vor allem die USA, sind mit ihren Beitragszahlungen jedoch im Rückstand, so daß die UNO große finanzielle Probleme hat.

Behörden oder Unterorganisationen der UNO sind u. a. das UNO-Umweltprogramm (UNEP) in Nairobi, die Behörde des Hohen Kommissars der UNO für Flüchtlinge (UNHCR) in Genf und das Weltkinderhilfswerk (UNICEF) in New York. Ende 1993 wurde ein Hochkommissariat für Menschenrechte errichtet, das die Aktivitäten der UNO-Gremien auf dem Gebiet der Menschenrechte koordinieren soll.

Weiter bestehen *Sonderorganisationen der UNO*. Diese sind weltweite Organisationen mit rechtlicher Selbständigkeit im Rahmen der UNO, aber mit eigener, von der UNO unabhängiger Mitgliedschaft. Solche Sonderorganisationen sind u. a.: die Internationale Arbeitsorganisation (ILO) in Genf, die Internationale Bank für Wiederaufbau und Entwicklung und der Internationale Währungsfonds (IMF) in Washington, die UNESCO (United Nations Educational, Scientific and Cultural Organization) in Paris als Einrichtung für Aufgaben der Erziehung, Wissenschaft, Kultur, die Organisation für industrielle Entwicklung (UNIDO) in Wien, der Weltpostverein (UPU) in Bern (Schweiz), die Internationale Organisation für zivile Luftfahrt (ICAO) in Montreal (Kanada), die Ernährungs- und Landwirtschaftsorganisation FAO (Food and Agriculture Organization) in Rom und die Weltgesundheitsorganisation (WHO, World Health Organization) in Genf. Über wirtschaftliche Sonderorganisationen und über die Welthandelskonferenz s. 918 VI, über die Atomenergieagentur (IAEO) s. 816 III, über die Internat. Entwicklungsgesellschaft (IDA) s. 919 IV.

Keine Organisation der UNO, aber in ihrer Zusammensetzung deren Spiegelbild ist die *Interparlamentarische Union (IPU)*. Sie wurde 1889 in Paris gegründet und ist eine lose Vereinigung von Parlamentariern aus westlichen und östlichen wie auch aus Entwicklungsländern (102 Mitgliedsländer im Jahr 1986; Sitz: Genf). Ihre Ziele sind vorwiegend die Wahrung der Rechte des Parlaments, aber auch die Erörterung von Weltproblemen und die Schlichtung internationaler Streitigkeiten durch persönliche Fühlungnahme der Parlamentarier untereinander.

III. Tätigkeit der UNO

In der Geschichte der UNO waren Konflikte in aller Welt immer wieder Gegenstand von Verhandlungen und Entschließungen sowohl in der Vollversammlung wie im Weltsicherheitsrat, so der israelisch-arabische Konflikt (932), die Stellung der rassischen Minderheiten in Südafrika (929 II 4) sowie zahlreiche Streitfälle in Südostasien (vgl. 926) und in den mittel- und südamerikanischen Staaten (Nicaragua, Chile u. a.), bei denen sich die UNO vor allem um die friedliche Beilegung von Streitigkeiten und die Einhaltung der Menschenrechte (908) bemühte.

Häufig muß sich die UNO allerdings auf kaum durchsetzbare Empfehlungen und Entschließungen der Vollversammlung beschränken, namentlich dann, wenn im Weltsicherheitsrat Beschlüsse über Maßnahmen gegen die Störung des Weltfriedens (Art. 40 ff.) am Veto eines ständigen Mitglieds gescheitert sind. Deshalb ist schon frühzeitig angeregt worden, die UNO mit einer ständigen *internationalen*

Streitmacht auszustatten, die unabhängig von einem Veto im Sicherheitsrat eingesetzt werden kann. Hierzu ist es bisher jedoch nicht gekommen.

Immerhin sind auf Grund eines im Sicherheitsrat erzielten Einverständnisses wiederholt Streitkräfte oder Beobachter mehrerer Nationen zur Aufrechterhaltung des Friedens oder zur Überwachung der Einhaltung von Waffenstillstandsvereinbarungen eingesetzt worden; so 1964 und 1974 in Cypern, am Suez-Kanal und in der neutralen Zone an der syrischen Grenze im israelisch-arabischen Konflikt, (932); im Jahre 1978 im Südlibanon, in den israelische Truppen zur Abwehr palästinensischer Guerilla-Angriffe eingedrungen waren. Die Entsendung von Streitkräften ist immer wieder Streitpunkt der Mitglieder der UNO.

Ende 1990/1991 ermöglichte die UNO die Befreiung Kuwaits von der irakischen Besetzung (vgl. 924 II 4). In der Resolution Nr. 660 des UNO-Sicherheitsrats vom 2. 8. 1990 wurde die irakische Invasion verurteilt und gefordert, daß der Irak unverzüglich und bedingungslos seine Truppen zurückziehen solle. In weiteren Resolutionen wurden Gegenmaßnahmen gegen den Irak, darunter eine Handelsblockade, beschlossen. Die Resolution Nr. 678 vom 29. 11. 1990 setzte dem Irak ultimativ eine Frist bis zum 15. 1. 1991 für den Rückzug aus Kuwait, alle Staaten wurden ermächtigt, nach dem fruchtlosen Ablauf dieser Frist die „notwendigen Mittel" einzusetzen, um die irakischen Truppen aus Kuwait zu vertreiben. Nach Fristablauf begann eine multinationale Streitmacht unter Führung der USA auf der Grundlage der Beschlüsse des UNO-Sicherheitsrates den *Golfkrieg,* der zur Befreiung des besetzten Kuwaits im März 1991 führte und den Irak zur Akzeptierung der Waffenstillstandsbedingungen der UNO (vor allem Rückgängigmachung der Annexion Kuwaits, Wiedergutmachung der Schäden, Vernichtung der biologischen und chemischen Waffen sowie von Raketen mit größerer Reichweite) zwang. Bei der in Folge des Golfkriegs einsetzenden Verfolgung der Kurden im Irak verurteilte der UNO-Sicherheitsrat das irakische Vorgehen gegen die Kurden.

Auch in den Jahren 1992–1996 kam es zu mehreren Friedensmissionen der sog. „Blauhelme", die zum Teil noch andauern (Bosnien-Herzegowina, Mosambik, El Salvador, Somalia, Ruanda, Georgien, Liberia und Haiti).

Der Begriff der „Aggression" i. S. des Art. 51 der UN-Charta, der im Völkerrecht eine wichtige Rolle spielt, umfaßt nach einer von der Vollversammlung der UNO am 14. 12. 1974 aus anderem Anlaß verabschiedeten Definition jede Art von Gewaltanwendung gegen einen anderen Staat, die von der Charta nicht gerechtfertigt wird; wer zuerst Gewalt anwendet, gilt „prima facie" als Aggressor.

Weitere Bestrebungen zielen im wirtschaftlichen Bereich darauf ab, die Beziehungen zwischen Industrie- und Entwicklungsländern auf eine neue Grundlage zu stellen; so die Ergebnisse der *UNO-Rohstoffkonferenz* vom 2. 5. 1974, an der 135 Länder teilnahmen (vgl. 919 IV). Die von der UNO auf Initiative der Entwicklungsländer im Dezember 1974 beschlossene *Weltwirtschafts-Charta* zielt darauf ab, den Ländern der „Dritten Welt" einen größeren Anteil am Weltwirtschaftsprodukt zu sichern. Sie bestätigt die volle Souveränität aller Länder über ihre Naturvorkommen und räumt ihnen das Recht ein, ausländische Investitionen und die Tätigkeit übernationaler Unternehmungen zu überwachen.

Auf dem *UNO-Sozialgipfel* im März 1995 in Kopenhagen wurden in einem Aktionsprogramm und einer Zehn-Punkte-Erklärung die weltweite Bekämpfung der Armut, die allgemeine Vollbeschäftigung und die soziale Integration für alle Menschen als Ziele festgeschrieben.

910. Der Marshallplan und die europäische Wirtschaft

Der von dem damaligen amerikanischen Außenminister George C. Marshall am 5. 6. 1947 bekanntgegebene, am 3. 4. 1948 in Kraft getretene Plan ist die Grundlage zahlreicher europäischer Organisationen mit wirtschaftlicher Zielsetzung (vgl. 911ff., 918). Neben seinem unmittelbaren Zweck, den wirtschaftlichen Aufbau Westeuropas durch amerikanische Warenkredite und sonstige Wirtschaftshilfe zu unterstützen, sollte er dazu beitragen, die durch den 2. Weltkrieg funktionell gestörte Wirtschaft wieder zu beleben. Zur Durchführung des Marshallplans wurden folgende Einrichtungen geschaffen:

I. das *ERP (Europäisches Aufbauprogramm* = European Recovery Program).

Bereits am 22. 9. 1947 beschlossen 16 europäische Länder in Paris das vom Ausschuß für Europäische Wirtschaftliche Zusammenarbeit (Committee for European Economic Cooperation = CEEC) ausgearbeitete Programm über die Einfuhr von Ankurbelungsgütern, Handelsausweitungen nach Südostasien und Osteuropa, Wiedereinbau Westdeutschlands in das europäische Wirtschaftsgefüge, Schaffung gesunder Währungen, Abbau der Zölle und Normung gewisser Güter;

II. die *ECA = Verwaltungsbehörde für wirtschaftliche Zusammenarbeit* (Economic Cooperative Administration).

Sie wurde durch das amerikanische Auslandshilfegesetz vom 3. 4. 1948 geschaffen und verteilte für das erste ERP-Jahr 5 Mrd. Dollar;

III. die *OEEC = Organisation für Europäische wirtschaftliche Zusammenarbeit* (Organization for European Economic Cooperation).

Sie wurde am 16. 4. 1948 von 17 europäischen Teilnehmerländern gegründet, um die Verwendung der ERP-Mittel in Zusammenarbeit mit der ECA sicherzustellen und die Wiederaufbaupläne der Mitgliedstaaten zu koordinieren. Die BRep. erhielt 1949 die volle Gleichberechtigung in der OEEC. Nicht beteiligt waren von den europäischen Ländern die Ostblockstaaten und Finnland. Die USA, Kanada und später Jugoslawien wurden assoziierte Mitglieder.

1960 wurde die OEEC in eine neue Organisation, die OECD (Organization for Economic Cooperation and Development = Organisation für wirtschaftliche Zusammenarbeit und Entwicklung) umgestaltet. Durch diese neue Konvention soll die enge wirtschaftliche Zusammenarbeit zwischen den USA und Westeuropa fortgesetzt und der Beitrag Europas zur Entwicklungshilfe (s. 919) erhöht werden. Bei der OECD (Sitz: Paris) bestehen ein Ministerrat, ein Exekutivausschuß, ein Generalsekretariat und zahlreiche Ausschüsse. Unter den Sonderstellen kommt dem Direktorium des *Europäischen Währungsabkommens* (EWA) – jetzt: Komitee für Währungs- und Devisenangelegenheiten (Vertreter der OECD, des IMF, vgl. 918 II, u. a.) – und der Europäischen Atomenergie-Agentur besondere Bedeutung zu. Beobachter der Europäischen Kommission des Gemeinsamen Marktes und sonstiger internationaler Organisationen nehmen an den Arbeiten aller oder einzelner Organe teil. Die OECD umfaßt 27 Mitgliedsstaaten.

Über die *Rückzahlung der Marshallplan-Kredite* wurden zwischen den USA und den Teilnehmerländern Verträge abgeschlossen. Nach dem mit der BRep.

getroffenen Abkommen begründen die Hilfeleistungen eine Forderung gegen die BRep. Von der gesamten amerikanischen Nachkriegswirtschaftshilfe von insgesamt fast 3,3 Mrd. Dollar hatte die BRep. knapp 1,1 Mrd. Dollar an die USA zurückzuzahlen; dies ist inzwischen geschehen. Der Rest von 2,2 Mrd. mußte nicht zurückgezahlt werden.

911. Schumanplan und Montanunion

Gemäß einem vom damaligen französischen Außenminister Schuman im Jahre 1950 aufgestellten Plan wurde am 18. 4. 1951 in Paris die *Europäische Gemeinschaft für Kohle und Stahl* (Europäische Montangemeinschaft, *Montanunion*) gegründet. Die 6 Vertragsstaaten (BRep., Frankreich, Italien, Belgien, die Niederlande, Luxemburg) gliederten ihre Grundstoffindustrien *Kohle und Stahl* aus den nationalen Wirtschaften aus und unterstellten sie der *Montanunion* als der ersten derartigen internationalen Einrichtung (vgl. 813). Ihre Hauptaufgaben sind die Schaffung eines *gemeinsamen Marktes* unter Ausschaltung von Zöllen, Angleichung der Preise, *geordnete Versorgung der Mitgliedstaaten* mit Kohle und Stahl und Verbesserung des allgemeinen *Lebensstandards* durch Erweiterung der Produktion.

Zur Durchführung der Aufgaben der Montanunion wurden folgende *Organe* (mit dem Sitz in Luxemburg) eingesetzt:

Die *Hohe Behörde* (9 Mitgl.) bildete das Verwaltungsorgan der Gemeinschaft; sie ist inzwischen in der *Gemeinsamen Kommission der Europäischen Gemeinschaften* (vgl. 916 II 1) aufgegangen. Ein *Beratender Ausschuß* aus einer gleichen Zahl von Arbeitgebern, Arbeitnehmern, Verbrauchern und Händlern wurde zur Konsultation in wichtigen Fragen berufen.

Der *Ministerrat,* das Vermittlungs(Koordinierungs)organ zwischen der Kommission und den Regierungen der Mitgliedstaaten, setzte sich aus je einem Vertreter der Mitgliedstaaten zusammen. Er ist inzwischen im *Gemeinsamen Rat* der drei europ. Gemeinschaften aufgegangen (vgl. 916 II 2).

Die *Gemeinsame Versammlung* bestand aus Abgeordneten, die von den Parlamenten der Mitgliedstaaten aus ihren Reihen gewählt wurden. An ihrer Stelle entscheidet jetzt die Versammlung der europ. Gemeinschaften (*Europ. Parlament,* 916 II 5).

Der *Gerichtshof* ist inzwischen ebenfalls mit den entsprechenden Organen von EWG und Euratom vereinigt (s. 916 II 4).

912. Der Europarat

I. Gründung

Der *Europarat* wurde am 5. 5. 1949 von zehn europäischen Staaten zum Schutz und zur Förderung ihrer Ideale und Grundsätze und im Interesse des wirtschaftlichen und sozialen Fortschritts gegründet. Er hat nunmehr 40 Mitglieder (Stand: Ende 1996).

Seit 1946 strebte man die Schaffung eines *europäischen Parlaments* an, um die Völker Europas enger zu verbinden. Die Haager Konferenz 1948 schlug die

Bildung einer von den Parlamenten der Staaten zu wählenden beratenden Versammlung zur Vorbereitung einer künftigen Union vor. Im Januar 1949 traten die Außenminister der fünf im *Brüsseler Pakt* (vgl. 914) zusammengeschlossenen Staaten (Frankreich, Großbritannien, Niederlande, Belgien, Luxemburg) zu einer Konferenz in London zusammen und beschlossen, einen *Europarat* mit dem Sitz in *Straßburg* zu schaffen. Nachdem sich Italien, Irland, Dänemark, Schweden und Norwegen angeschlossen hatten, unterzeichneten die 10 Mächte am 5. 5. 1949 in London das Abkommen über das *Statut des Europarats.* Es trat am 3. 8. 1949 in Kraft.

Die BRep. ist Mitglied seit 1951 (Ges. vom 8. 7. 1950, BGBl. 263; Bek. vom 16. 9. 1953, BGBl. II 558).

Seit Januar 1996 haben die USA Beobachterstatus.

II. Ziel des Europarates

ist der Zusammenschluß aller gleichgesinnten Völker Europas zur Sicherung und weiteren Verwirklichung rechtsstaatlichen und demokratischen Denkens, Wahrung der europäischen Kultur und Förderung des wirtschaftlichen und sozialen Fortschritts. Diese Ziele sollen durch Abkommen und gemeinschaftliches Handeln in wirtschaftlichen, kulturellen, wissenschaftlichen, rechtlichen und verwaltungstechnischen Angelegenheiten erreicht werden. Durch Erarbeitung von Konventionen soll ferner der Einigungsprozeß auf dem Kontinent gefördert werden. Die Konventionen haben in den Staaten, in denen sie ratifiziert wurden, Gesetzeskraft. Fragen der nationalen Verteidigung sind ausdrücklich ausgenommen (Art. 1 d. Satzung).

III. Organe

Als Organe sieht das Statut das aus den Außenministern der Mitgliedstaaten bestehende *Ministerkomitee* (mit Sachverständigen-Gremien), die *Beratende Versammlung,* auch *Parlamentarische Versammlung* genannt (281 Abg., davon 18 BRep., vgl. hierzu das Ges. über die Wahl der Vertreter der BRep. zur Parlamentarischen Versammlung des Europarates – EuRatWahlG – vom 6. 12. 1990, BGBl. I 2586) mit Fachausschüssen und das *Generalsekretariat* vor. Das Ministerkomitee kann wichtigere Entschließungen nur einstimmig fassen, die übrigen nur mit ⅔-Mehrheit der abgegebenen Stimmen und einfacher Mehrheit seiner Mitglieder. Die Abg. der Beratenden Versammlung sind von den Parlamenten der Mitgliedstaaten des Europarats gewählte Parlamentarier und (im Gegensatz zu den UNO-Vertretern) an Weisungen nicht gebunden. Im Oktober 1993 beschloß der Europarat die Schaffung eines europäischen Gerichtshofs für Menschenrechte.

IV. Bedeutung für die Bundesrepublik

Für die BRep. bietet der *Europarat* die Möglichkeit, wichtige außenpolitische Fragen zur Erörterung zu stellen. Die Wahrung der *Menschenrechte* ist zum Inhalt der Verfassungen der einzelnen Länder geworden. Die Vertreter der BRep. zur Beratenden Versammlung werden gem. Ges. vom 11. 6. 1951 (BGBl. I 397) i. d. F. vom 4. 8. 1953 (BGBl. I 779) m. spät. Änd. vom BT aus seiner Mitte jeweils für die Dauer seiner Wahlperiode gewählt.

V. Wichtige Konventionen des Europarats

Eines der wichtigsten Vertragswerke des Europarats ist die *Konvention zum Schutze der Menschenrechte und Grundfreiheiten* vom 4. 11. 1950 (BGBl. 1952 II 686), deren Ziel es ist, Garantien für die persönliche Rechtsstellung der Menschen zu schaffen. Zur Möglichkeit, die Menschenrechtskommission wegen Menschenrechtsverletzungen mit einer Beschwerde anzurufen sowie zum Verfahren s. 908 III 2.

Ein weiteres wichtiges Vertragswerk ist das *Europäische Fürsorgeabkommen* vom 11. 12. 1953 (BGBl. 1956 II 564); es soll die Gleichbehandlung aller Staatsangehörigen der Vertragsstaaten in der Fürsorgegesetzgebung sicherstellen. Das *Europäische Niederlassungsabkommen* vom 13. 12. 1955 (BGBl. 1959 II 998) gestattet den Staatsangehörigen der Mitgliedsländer Einreise und Aufenthalt, gewährleistet Freizügigkeit und die Wahrnehmung der bürgerlichen Rechte sowie Verwaltungsschutz, erlaubt die Ausübung einer Erwerbstätigkeit und verbietet Sonderbesteuerung. Die *Europäische Sozialcharta* vom 18. 10. 1961 (BGBl. 1964 II 1262) bezeichnet die von den Vertragsstaaten anzustrebenden sozialen Rechte und Grundsätze und bestimmt die Maßnahmen zu ihrer Verwirklichung insbes. auf dem Gebiet des Arbeitsrechts, des Jugend- und Frauenschutzes, des Gesundheitsschutzes und der sozialen Sicherung. Das *Europäische Auslieferungsübereinkommen* vom 13. 12. 1957 (BGBl. 1964 II 1369) regelt einheitlich die Grundsätze der Auslieferung Straffälliger und Verurteilter; sie ist bei eigenen Staatsangehörigen verboten (vgl. 49 IV). Auch bei politischen und militärischen Straftaten findet sie nicht statt, in Abgabensachen nur auf Grund bilateraler Vereinbarung; sie kann verweigert werden, wenn dem Betroffenen die Todesstrafe droht. S. a. *Europäisches Rechtshilfeabkommen in Strafsachen* vom 20. 4. 1959 (BGBl. 1964 II 1369, 1386). Bestimmte Straftaten von Terroristen gelten nicht als politische (oder mit solchen in Zusammenhang stehende) Delikte. Wird Auslieferung dennoch abgelehnt, besteht Pflicht zur Strafverfolgung im Inland. Dementsprechend ist für solche Straftaten auch die Rechtshilfe erweitert (Art. 1, 2, 8 des *Europäischen Übereinkommens zur Bekämpfung des Terrorismus* vom 27. 1. 1977, BGBl. 1978 II 322). Die *Konvention zur Überführung verurteilter Personen* vom März 1983 sieht Regelungen für die Überführung von im Ausland zu Haft verurteilten Straftätern in ihr Heimatland vor (BGes. vom 26. 9. 1991, BGBl. II 1006). Weitere wichtige Konventionen sind: Das Europäische Datenschutzabkommen von 1981, die Konvention gegen Folter und entwürdigende Behandlung von 1987, die Konvention über grenzüberschreitendes Fernsehen von 1989, die Konventionen zum Schutz nationaler Minderheiten von 1994 und 1995 und die Bioethik-Konvention von 1995. Die Übereinkommen benötigen zu ihrem Inkrafttreten der Ratifikation durch mindestens 12 Mitgliedstaaten.

Das Europäische Übereinkommen zur friedlichen *Beilegung von Streitigkeiten* vom 29. 4. 1957 (BGBl. 1961 II 82) stellt den Vertragsparteien drei verschiedene Verfahren zur Verfügung: Rechtsstreitigkeiten werden dem Internationalen Gerichtshof in Den Haag zur Entscheidung vorgelegt; alle übrigen Streitfälle, insbes. politischer Natur, können einem Vergleichsverfahren vor einer Ständigen oder Besonderen Kommission zugeführt oder einem ad-hoc-Schiedsgericht unterbreitet werden.

913. Der Nord-Atlantik-Pakt (NATO)

I. Gründung und Ziele

Zur Erhaltung des Friedens, der Freiheit auf der Grundlage der Demokratie und der Sicherheit der Völker im nordatlantischen Raum schlossen sich die meisten westeuropäischen Länder und die USA am 4. 4. 1949 in der *(Nord-)Atlantikpakt-Organisation* (NATO – North Atlantic Treaty Organization) zusammen.

Die NATO ist keine überstaatliche Institution. Sie beruht vielmehr auf einem Pakt (Vertrag), in dem kein Mitgliedstaat *Souveränität* aufgegeben hat. Der Vertrag sah die Möglichkeit des Ausscheidens für jede Vertragspartei mit einjähriger Kündigungsfrist nach 20jähriger Dauer des Pakts vor.

II. Mitglieder

waren zunächst 12 Länder (Belgien, Dänemark, Frankreich, Großbritannien, Island, Italien, Kanada, Luxemburg, die Niederlande, Norwegen, Portugal, USA). Später traten Griechenland, die Türkei, die Bundesrepublik Deutschland (Ges. vom 24. 3. 1955, BGBl. II 256) und Spanien (1982) bei, so daß jetzt 16 Staaten der NATO angehören. Die BRep. hat durch Gesetz vom 18. 8. 1961 (BGBl. II 1183) dem Beitritt zu dem Abkommen zwischen den Parteien des Nordatlantikvertrags über die Rechtsstellung ihrer Truppen *(NATO-Truppenstatut)* vom 19. 6. 1951 nebst Zusatzabkommen vom 3. 8. 1959 m. spät. Änd. zugestimmt. Der *deutsche Verteidigungsbeitrag* besteht in der Aufstellung von

Die NATO-Staaten

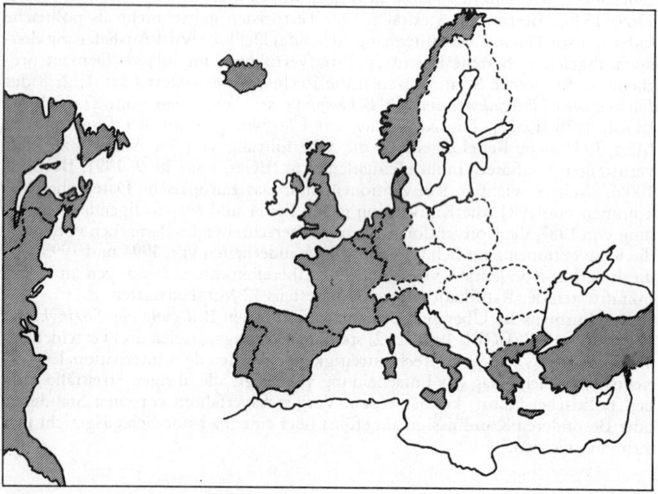

(Belgien, Bundesrepublik Deutschland, Dänemark, Frankreich, Griechenland, Großbritannien, Island, Italien, Kanada, Luxemburg, Niederlande, Norwegen, Portugal, Spanien, Türkei, USA)

Truppenkontingenten (die sämtlich der NATO unterstellt sind – vgl. 94) und einer Beteiligung an den Kosten der NATO in Höhe von ca. 20 v. H. Frankreich schied am 30. 6. 1966 aus der militärischen Integration des Bündnisses aus, blieb aber politisches Mitglied; in Frankreich ist der Wiedereintritt in die NATO in der politischen Diskussion; ebenso Griechenland bei seinem partiellen Ausscheiden am 15. 8. 1974 anläßlich des Cypern-Konfliktes mit der Türkei (die Entscheidung wurde am 20. 10. 1980 rückgängig gemacht).

III. Organe der NATO

1. der *Atlantische Ministerrat* (Nordatlantikrat), in welchen alle Mitgliedstaaten ständige Vertreter im Ministerrang entsenden.

Ferner besteht ein *Ständiger NATO-Rat,* dem die NATO-Botschafter der Mitgliedstaaten angehören;

2. der *Militär-Ausschuß,* der sich aus den Generalstabschefs der Mitgliedstaaten zusammensetzt.

Dieser Ausschuß bildet die höchste militärische Organisation. Da die höchsten Militärs nicht ständig tagen können, sind ihre Stellvertreter in einer *Ständigen Gruppe* vereinigt. Es bestehen als regionale Oberkommandos die Obersten Alliierten Befehlshaber für Europa (s. u.), für den Atlantik in Norfolk (Virginia) sowie das Oberkommando für den Ärmelkanal in Portsmouth und die regionale Planungsgruppe USA-Kanada in Washington und Ottawa;

3. das *Sekretariat,* das von einem *Generalsekretär* geleitet wird.

Seine Aufgabe ist es, die Beschlüsse des Nordatlantikrates vorzubereiten und durchzuführen. Angegliedert sind *Ratsausschüsse,* insbesondere der Politische Ausschuß, der Sicherheitsausschuß und der Wirtschaftsausschuß.

IV. Kommando-Struktur der NATO

Das *Hauptquartier der alliierten Mächte in Europa,* genannt *Shape* (= Supreme Headquarters Allied Powers Europe), früher in Paris, wurde nach Casteau (Belgien) – und zugleich der Ministerrat nebst Sekretariat nach Brüssel – verlegt, nachdem Frankreich wegen grundsätzlicher Differenzen mit der NATO-Führung über die Art der Verteidigung Europas die Integration seiner Streitkräfte zum 1. 7. 1967 aufgekündigt und diese dem Oberbefehl der NATO entzogen hatte.

Die NATO-Kommandostruktur ist zum 1. Juli 1993 den veränderten sicherheitspolitischen Verhältnissen durch Verkleinerung des Systems angepaßt worden. In Europa steht an der Spitze der Oberkommandierende Europa *(SACEUR)* in Casteau. Auf der gleichen Kommandoebene steht der Oberbefehlshaber Atlantik *(SACLANT)* in den USA. Die Kommandoebene darunter wird durch drei Hauptquartiere gebildet: *AFSOUTH* (Neapel), *AFNORTH-WEST* (High Wycombe, Großbritannien) und *AFCENT* (Brunssum, Niederlande). Alle atlantischen Stäbe sind *integriert,* d. h. aus Offizieren aller Nationen zusammengesetzt, über deren Truppen sie verfügen. Eine NATO-Verteidigungsakademie in Rom, ein Normungsausschuß und ein ständiges Büro dienen der Vereinheitlichung der Ausbildung, der Ausrüstung und des Nachrichtendienstes. Mit Atlantikpakt-Mitteln sind *Luftstützpunkte* in Europa und Nordafrika errichtet worden. Zwecks einheitlicher Planung der Rüstungsmaßnahmen besteht eine 1976 begründete *Euro-Group* sowie seit 1977 eine *Independent European Program Group* (IEPG), in der auch Frankreich mitarbeitet.

V. Neueste Entwicklungen

Anfang 1994 boten die NATO-Mitglieder den KSZE – (jetzt OSZE-)Staaten (s. 922) im Programm Partnerschaft für den Frieden militärische Zusammenarbeit an. 21 Staaten nahmen bis Mitte 1994 dieses Angebot an. Mit der Russischen Föderation wurde eine weitergehende Zusammenarbeit vereinbart. Seit 1993 überwacht die NATO im UNO-Auftrag das Waffen- und Wirtschaftsembargo gegen Jugoslawien sowie das militärische Flugverbot im bosnischen Luftraum. Im Juli 1994 wurde eine multinationale Heeresdivision für Mitteleuropa in Dienst gestellt. Im Juni 1996 wurde eine Erneuerung der Kommandostruktur und eine engere Zusammenarbeit mit der WEU (s. 914) beschlossen. Hauptpunkt der politischen Diskussion ist die geplante *Osterweiterung*. Polen, Ungarn, Rumänien, die Tschechische Republik u. a. Staaten Osteuropas streben die Mitgliedschaft in der NATO an, Rußland widersetzt sich bislang vehement diesen Bestrebungen.

914. Der Brüsseler Vertrag und die Westeuropäische Union

Den Ausgangspunkt zu weiterem europäischen Zusammenschluß bildete nicht die von den USA geförderte OEEC (vgl. 910 III, Marshallplan), sondern der von England, Frankreich, den Niederlanden, Belgien und Luxemburg am 17. 3. 1948 auf Anregung des englischen Außenministers Bevin geschlossene sog. *Brüsseler Pakt* (Vertrag über wirtschaftliche, soziale und kulturelle Zusammenarbeit und über kollektive Selbstverteidigung).

Der Brüsseler Vertrag sieht eine Zusammenarbeit in wirtschaftlichen, sozialen und kulturellen Angelegenheiten und zur kollektiven Selbstverteidigung vor. Die Durchführung dieser Aufgaben obliegt dem *Rat der Westeuropäischen Union,* dem ein Amt für Rüstungskontrolle, ein Ständiger Rüstungsausschuß, ein Kultur-, ein Sozialausschuß und ein Ausschuß für öffentliches Gesundheitswesen angegliedert sind. Der Rat erstattet einer aus Vertretern der Vertragsmächte bei der Beratenden Versammlung des *Europarates* bestehenden Versammlung jährlich einen Tätigkeitsbericht. Das Generalsekretariat führt die Verwaltungsgeschäfte. Streitigkeiten untereinander werden zwecks friedlicher Beilegung dem Internationalen Gerichtshof unterbreitet. Durch die Pariser Verträge vom 23. 10. 1954 (vgl. 915) wurden Italien und die BRep. in den Brüsseler Pakt aufgenommen. Dadurch entstand die *Westeuropäische Union* (WEU). Spanien und Portugal wurden im Nov. 1988, Großbritannien 1989, Griechenland im Nov. 1992 aufgenommen.

Die weitere militärische Integration der WEU entwickelte sich bis 1994 im Rahmen der NATO (913), die politische und kulturelle Zusammenarbeit innerhalb des *Europarates* (912) und die wirtschaftliche Zusammenfassung innerhalb der *Montanunion* (911). Die 6 Teilnehmer der Montanunion wiederum begannen im Interesse der westlichen Verteidigung Verhandlungen über die Gründung einer *Europäischen Verteidigungsgemeinschaft (EVG).* Diese führten am 27. 5. 1952 zur Unterzeichnung des sog. *EVG-Vertrages* durch die Außenminister der 6 Schumanplanländer (Belgien, BRep., Frankreich, Italien, Niederlande, Luxemburg). Da dieses Vertragswerk aber erst nach *Ratifikation* durch die gesetzgebenden Körperschaften aller Vertragsstaaten hätte wirksam werden können, diese aber von der französischen Nationalversammlung abgelehnt wurde, traten die Vereinbarungen nicht in Kraft. Erst im Jahre 1955 gelangten die weiterführenden Verhandlungen zu einem Abschluß in den Pariser Verträgen (vgl. 915).

Anfang 1994 beschlossen die zehn der WEU angehörenden Staaten, eigene militärische Kommandostrukturen zu bilden. die WEU soll zum Militärorgan der Europäischen Union ausgebaut werden. Die Militärverbände der WEU werden aus den Streitkräften der Mitgliedstaaten gebildet. Aus belgischen, französischen, luxemburgischen, spanischen und deutschen Soldaten wurde das *Eurokorps* gebildet, dessen Stab in Straßburg angesiedelt ist. Es soll mit einer Stärke von ca. 50000 Soldaten im Oktober 1995 einsatzbereit sein. Im Mai 1994 wurde ein *Konsultationsabkommen* mit neun osteuropäischen Staaten (Bulgarien, Ungarn, Polen, Rumänien, Slowakei, Tschechische Republik, Lettland, Litauen, Estland) abgeschlossen. Im Mai 1995 wurde zwischen der WEU und der NATO ein Sicherheitsabkommen abgeschlossen.

915. Die Pariser Verträge (Überblick)

Nachdem die *Europäische Verteidigungsgemeinschaft* (EVG) gescheitert war (914), einigten sich die westeuropäischen Staaten und die USA über die Inkraftsetzung mehrerer schon am 26. 5. 1952 abgeschlossener Vertragswerke in geänderter Form unter Einbeziehung der BRep. Ein Teil der Vereinbarungen betraf die *Beendigung des Besatzungsregimes* in der BRep. Diese wurde in einem am 23. 10. 1954 in Paris von den Vertretern der BRep. und der *„Drei Mächte"* (USA, Großbritannien, Frankreich) unterzeichneten Protokoll festgestellt. Die Vereinbarungen sind durch Bundesgesetz vom 24. 3. 1955 (BGBl. II 215) genehmigt worden und am 5./6. 5. 1955 in Kraft getreten. Zu nennen sind besonders folgende Teile des Vertragswerks:

I. Vertrag über die Beziehungen zwischen der BRep. und den Drei Mächten (sog. *Deutschlandvertrag* oder *Generalvertrag*).

Nach dem Deutschlandvertrag wurde das *Besatzungsregime* (vgl. 22) aufgehoben; die Alliierte Hohe Kommission sowie die Dienststellen der Landeskommissare in der BRep. wurden aufgelöst. An die Stelle der Hohen Kommission sind *Botschaften* der Drei Mächte getreten. Demgemäß erhielt die BRep. die volle Macht eines *souveränen* Staates über ihre inneren und äußeren Angelegenheiten. *Vorbehalten* blieben jedoch den Drei Mächten ihre bisherigen Rechte und Verantwortlichkeiten in bezug auf *Berlin, Deutschland als Ganzes* einschließlich der Wiedervereinigung Deutschlands und eine *friedensvertragliche Regelung*. Bis zum Abschluß des Friedensvertrags wirkten die Unterzeichnerstaaten zusammen, um mit friedlichen Mitteln ihr *gemeinsames Ziel* zu verwirklichen: „Ein wiedervereinigtes Deutschland, das eine freiheitlich-demokratische Verfassung, ähnlich wie die BRep., besitzt und das in die europäische Gemeinschaft integriert ist" (Art. 7).

Eine Überprüfung *(Revision)* des Deutschlandvertrages sollte nach Art. 10 auf Ersuchen eines Unterzeichnerstaates im Falle der Wiedervereinigung Deutschlands oder der Bildung einer europäischen Föderation oder bei Eintritt eines Ereignisses stattfinden, das nach Auffassung aller Unterzeichnerstaaten von ähnlich grundlegendem Charakter ist.

In Ausführung dieses Vertrages hatten die Hohen Kommissare (vgl. 22) durch Proklamation vom 5. 5. 1955 das *Besatzungsstatut* für aufgehoben erklärt. Über das Außerkrafttreten der Vorbehalte hinsichtlich der Sicherheit der *Stationierungsstreitkräfte* vgl. 22 II 5.

Für *Berlin* galten jedoch weiterhin Vorbehalte und Sonderregelungen, die erst anläßlich der Wiedervereinigung beseitigt wurden (s. 23 I 2b, 24 IV 1). Im übrigen ist die volle Souveränität mit dem „2+4-Vertrag" erreicht worden (s. 24 IV 1).

II. Vertrag über die Rechte und Pflichten ausländischer *Streitkräfte* und ihrer Mitglieder in der BRep. (sog. *Truppenvertrag*), Abkommen über die finanzielle Beteiligung der BRep. an der Verteidigung des Westens *(Finanzvertrag)* und Abkommen über die *steuerliche Behandlung* der Streitkräfte und ihrer Mitglieder. Diese Verträge sind durch das NATO-Truppenstatut vom 19. 6. 1951 (vgl. 913) und das Zusatzabkommen vom 3. 8. 1959 abgelöst worden (BGBl. 1961 II 1183, 1352; 1963 II 745).

III. Vertrag zur Regelung aus Krieg und Besatzung entstandener Fragen *(Überleitungsvertrag)*.

Dieser Vertrag diente vor allem der Überleitung der von den Besatzungsbehörden erlassenen Rechtsvorschriften. Die Organe der BRep. sind grundsätzlich berechtigt, auch *Kontrollratsgesetze* außer Anwendung zu setzen, haben aber zuvor die Drei Mächte zu befragen. Ausgenommen sind die Kontrollratsvorschriften, welche Gesamtdeutschland betreffen oder für die Wiedervereinigung Bedeutung haben.

Entscheidungen der *Besatzungsgerichte* bleiben zwar grundsätzlich in Kraft. Jedoch werden *Strafurteile* dieser Gerichte von einem gemischten *Gnadenausschuß* überprüft, der Gnadenmaßnahmen vorschlagen kann (1. Teil, Art. 7). Deutsche Gerichte dürfen neue Strafverfahren nicht einleiten, wenn die Untersuchung der Tat durch die Strafverfolgungsbehörde einer Besatzungsmacht endgültig abgeschlossen war (Art. 3 Abs. 3b; Ausnahmeregelung im dt.-franz. Abkommen vom 2. 2. 1971; BGes. vom 9. 4. 1975, BGBl. II 431).

916. Die Europäischen Gemeinschaften/Europäische Union

Übersicht:

I. Grundlagen, Entstehung, Rechtsnatur, Ziele	IV. Die Finanzierung der EG
II. Organe	V. Währungsunion
III. Rechtsetzung der Gemeinschaften	VI. Struktur und Außenbeziehungen

I. Grundlagen, Entstehung, Rechtsnatur und Ziele

1. Grundlagen

Unter den Europäischen Gemeinschaften (EG), auch die Europäische Gemeinschaft genannt, versteht man die Europäische Gemeinschaft für Kohle und Stahl (EGKS oder Montanunion), die Europäische Wirtschaftsgemeinschaft (EWG) und die Europäische Atomgemeinschaft (EAG oder Euratom). Rechtsgrundlagen sind die jeweiligen Gründungsverträge (s. 813, 816 I, 911). Jede der drei Gemeinschaften hat zwar eine eigene völkerrechtliche Rechtspersönlichkeit; die Gemeinschaften sind aber untereinander durch gemeinsame Organe sowie durch das Gemeinschaftsrecht, das zudem durch die Rechtsprechung des Europäischen Gerichtshofs vereinheitlicht wird, verbunden.

Eine Zusammenfassung der drei Gründungsverträge in einen einheitlichen Vertrag ist bisher nicht erreicht worden. Es wurden lediglich gemeinsame Organe geschaffen (s. dazu unten II).

Durch die *„Einheitliche Europäische Akte"* vom 28. 2. 1986 (BGBl. II 1102) wurden die vertraglichen Grundlagen der EG zum ersten Mal reformiert. Die Vertragsänderungen sehen die Vollendung des europäischen *Binnenmarkts* bis 31. 12. 1992 vor; außerdem wurden die Rechte des Europäischen Parlaments und der EG-Kommission erweitert sowie das bisherige Einstimmigkeitsprinzip weitgehend durch Mehrheitsentscheidungen ersetzt. Ferner wurde der *Europäische Rat* als Institution festgeschrieben und die Zusammenarbeit bei Forschung, Technologie und Umweltschutz vertraglich festgehalten. Die *Europäische Politische Zusammenarbeit (EPZ)* soll intensiviert werden. Der mit dem 1. 1. 1993 bestehende *EG-Binnenmarkt* sieht vor allem *vier Grundfreiheiten* vor, nämlich den freien Verkehr von Personen, Waren, Dienstleistungen und Kapital. Es existiert damit ein gemeinsamer Markt ohne Schranken zwischen den Mitgliedstaaten.

Die europäischen Gemeinschaften wurden schon früh, besonders nach dem Zusammenschluß ihrer Organe, als Vorstufe zur *politischen Einigung Europas* betrachtet. Einen wichtigen Schritt in dieser Entwicklung stellt der *Vertrag über die Europäische Union* (BGes. vom 28. 12. 1992, BGBl. II 1251) dar, der am 7. 2. 1992 unterzeichnet wurde (*Maastrichter Vertrag*) und am 1. November 1993 in Kraft trat. Gegenstand des Vertrags ist die Gründung der Europäischen Union. Die wichtigste Säule dieser Union ist die EWG (s. 813), die durch den Maastrichter Vertrag in „Europäische Gemeinschaft" (EG) umbenannt worden ist. Eine Völkerrechtsfähigkeit (s. 901) besitzen jedoch nur die bisherigen Gemeinschaften, nicht aber die Europäische Union (s. dazu unten I 3). Mit seinen Urteilen vom 12. 10. 1993 (2 BvR 2134/92 und 2 BvR 2159/92) verwarf das BVerfG 2 Verfassungsbeschwerden, die im Maastrichter Vertrag eine Verletzung des *Demokratieprinzips* und eine – wegen der Übertragung von Souveränitätsrechten auf die zu gründende politische Union – *Beeinträchtigung des Rechts,* als Bürger und Wähler auf die Politik der BRep Einfluß zu nehmen, sahen. Das Demokratieprinzip hindere die BRep nicht an einer Mitgliedschaft in einer supranational organisierten, zwischenstaatlichen Gemeinschaft. Voraussetzung der Mitgliedschaft sei aber, daß eine vom Volk ausgehende Legitimation und Einflußnahme auch innerhalb des Staatenverbundes gesichert ist. Dies hält das BVerfG für gewährleistet, da der Unionsvertrag einen Staatenbund zur Verwirklichung einer immer engeren Union der – staatlich organisierten – Völker Europas begründe, keinen sich auf ein europäisches Staatsvolk stützenden Staat. Die

Gründung „Vereinigter Staaten von Europa" sei derzeit nicht beabsichtigt, die Zusammenarbeit bleibe „intergouvermental", also zwischen den – ihrerseits parlamentarisch kontrollierten – Regierungen der beteiligten Staaten. Hier bleibt nach dem Urteil den Bürgern der BRep ein hinreichender, über das Wahlrecht im Sinne des demokratischen Prinzips auszuübender Entscheidungsspielraum. Im übrigen könne die BRep ihre Mitgliedschaft in dem *„Staatenverbund Europäische Union"* wieder aufkündigen. Wesentlich sei, daß die demokratischen Grundlagen der EU schritthaltend mit der Integration ausgebaut werden und auch im Fortgang der Integration in den Mitgliedstaaten eine lebendige Demokratie erhalten bleibt.

Der Vertrag faßt – unter Änderungen der einzelnen Gründungsverträge – die Gemeinschaftsverträge (EWG, EGKS, EURATOM) in einem einzigen Vertrag über die Europäische Union zusammen; ergänzend wurden Vereinbarungen über die Schafftung einer *Wirtschafts- und Währungsunion* (WWU) und die Schaffung einer *Gemeinsamen Außen- und Sicherheitspolitik* (GASP) sowie die Einbeziehung von Bereichen der Innen- und Justizpolitik getroffen. Bezüglich der WWU ist vorgesehen, in drei Stufen bis spätestens 1. 1. 1999 eine einheitliche Europa-Währung (EURO, s. u. V) in jenen EG-Mitgliedsstaaten einzuführen, die bestimmte Voraussetzungen (besonders: Solidität der öffentlichen Haushalte und niedrige Inflationsrate) erfüllen; die Währungsaufsicht, vor allem im Hinblick auf die Preisstabilität, soll eine unabhängige *Europäische Zentralbank* (EZB) führen (Art. 4a EWGV). In der GASP soll das Prinzip der Mehrheitsentscheidung eingeführt werden; grundsätzliche Entscheidungen sollen zwar weiterhin einstimmig, in bestimmten Bereichen (KSZE, Abrüstung, Kontrolle von Waffenexporten und die Nichtweiterverbreitung von Kernwaffen) jedoch mit ⅔-Mehrheit getroffen werden. Es soll ferner – ohne Beeinträchtigung der Bindung zur NATO (s. 913) – eine eigenständige Verteidigungspolitik mit der Westeuropäischen Union (WEU, s. 914) als Ausführungsorgan entwickelt werden. Die *Kompetenzen der EG* sind in verschiedenen Bereichen (vor allem Umwelt, Forschung und Technologie, transeuropäische Netze, Gesundheit, Verbraucherschutz, Entwicklungspolitik, Bildung, Kultur, Industrie) erweitert oder neu geschaffen worden. In einzelnen Bereichen ist die Beschlußfassung durch den Übergang zu Mehrheitsentscheidungen erleichtert worden. Für die Gestaltung der Union sind gem. Art. 3b EWGV die Geltung des *Subsidiaritätsprinzips* (also Entscheidungsfindung auf der jeweils möglichst untersten, bürgernahen Ebene) und föderative Elemente (vor allem die Schaffung eines *Regionalausschusses,* Art. 198a ff. EWGV) sowie ein umfassender *Grundrechtsschutz* (Art. F Abs. 2 Unionsvertrag) vorgesehen. Das *Europäische Parlament* hat Mitentscheidungsrechte („Kodezision") in den Bereichen Binnenmarkt, Arbeitnehmerfreizügigkeit, Niederlassungsfreiheit, Umwelt, Forschung, transeuropäische Netze, Bildung, Kultur, Gesundheit und Verbraucherschutz erhalten. Außerdem wurde in Art. 8 EWGV eine *europäische Staatsbürgerschaft (Unionsbürgerschaft)* geschaffen, die dem Bürger das aktive und passive Wahlrecht bei Kommunalwahlen auch in anderen Staaten gewährleistet. In der *Sozialpolitik* sollen europäische Regelungen bezüglich der Mindestrechte an Arbeitnehmerrechten getroffen werden (Großbritannien ist an diesen Vereinbarungen nicht beteiligt). Bei der *Innen- und Justizpolitik* werden die Einwanderungs- und Asylpolitik in den Vertrag einbezogen; eine Europäische Kriminalpolizeiliche Behörde *(„Europol")* wird eingerichtet. Eine Revisionskonferenz, auf der notwendige Änderungen des Vertrags geprüft werden sollen, ist für 1996 vorgesehen.

Zur Frage der Beteiligung an der innerstaatlichen Willensbildung in EG-Angelegenheiten s. Art. 23 GG (vgl. 41).

2. Entstehung

Der europäische Zusammenschluß begann bei der OEEC mit der ihr unterstellten EZU (s. 910 III, IV), die zusammen mit anderen Organisationen einen besseren Warenaustausch und Zahlungsausgleich herbeiführte. Die supranationale Institution der Montanunion von 1951 erwies sich als wichtiger Fortschritt auf wirtschftlichem Gebiet, während die geplante Europäische Verteidigungsgemeinschaft 1954 am Widerstand Frankreichs scheiterte (vgl. 914). In der Folgezeit führten weitere Verhandlungen zur Schaffung eines gemeinsamen Marktes für Waren und Dienstleistungen in Europa und zu einer Atomgemeinschaft zur Ausnutzung der Atomenergie für friedliche Zwecke. Die Verträge zur Gründung der EWG und EAG wurden von den 6 Mitgliedstaaten der Montanunion am 25. 3. 1957 in Rom unterzeichnet; sie traten am 1. 1. 1958 in Kraft.

3. Rechtsnatur

Die Rechtsnatur der EG ist umstritten. Allgemein wird ihnen die Eigenschaft *supranationaler autonomer Völkerrechtssubjekte* zugestanden. Umstritten ist aber, ob sie gegenüber den Mitgliedstaaten Souveränitätsrechte besitzen, oder ob es sich um einen Staatenbund eigener Art handelt oder ob ihnen als autonomen Organen lediglich gewisse ihnen von den Mitgliedstaaten übertragenen Befugnisse zustehen. Nach einem Beschluß des BVerfG vom 18. 10. 1967 (NJW 1968, 348) stellen die EG keinen Staat (auch keinen Bundesstaat) dar, sondern eine im Prozeß fortschreitender Integration stehende Gemeinschaft eigener Art. Sie sind eine zwischenstaatliche Einrichtung i. S. des Art. 24 Abs. 1 GG, auf welche die Mitgliedstaaten bestimmte Hoheitsrechte übertragen haben, so daß eine neue, gegenüber der Staatsgewalt der Mitgliedstaaten selbständige und unabhängige öffentliche Gewalt entstanden ist.

4. Ziele

Ziel der Europäischen Gemeinschaften ist es, eine Integration Europas auf wirtschaftlichem und politischem Gebiet herbeizuführen. Die Gemeinschaftsverträge sollen die Grundlagen für einen immer engeren Zusammenschluß der europäischen Völker schaffen (so die Präambel des EWG-Vertrags). Die EU ist zwischenzeitlich der wirtschaftsstärkste Binnenmarkt.

Die *Europäische Union* hat nach Art. B Unionsvertrag (Maastrichter Vertrag, s. o.) folgende *Ziele:*

- die Förderung eines ausgewogenen und dauerhaften wirtschaftlichen und sozialen Fortschritts, insbesondere durch Schaffung eines Raumes ohne Binnengrenzen, durch Stärkung des wirtschaftlichen und sozialen Zusammenhalts und durch Errichtung einer Wirtschafts- und Währungsunion und eine einheitliche Währung;
- die Behauptung ihrer Identität auf internationaler Ebene, insbesondere durch eine gemeinsame Außen- und Sicherheitspolitik;
- die Stärkung des Schutzes der Rechte und Interessen der Angehörigen ihrer Mitgliedstaaten durch Einführung einer Unionsbürgerschaft;
- die Entwicklung einer engen Zusammenarbeit in den Bereichen Justiz und Inneres;
- die volle Wahrung des gemeinschaftlichen Besitzstandes und seine Weiterentwicklung.

II. Organe der Europäischen Gemeinschaften

Nach den Gründungsverträgen hatten die drei Gemeinschaften jeweils eigene Organe (EGKS: Hohe Behörde, Gemeinsame Versammlung, Besonderer Ministerrat, Gerichtshof; EAG und EWG jeweils: Versammlung, Rat, Kommission, Gerichtshof). Schon bei der Gründung von EWG und EAG wurden aber durch das Abkommen über gemeinsame Organe für die Europäischen Gemeinschaften vom 25. 3. 1957 (BGBl. II 1156) eine gemeinsame Versammlung und ein gemeinsamer Gerichtshof (EuGH) geschaffen. Die Versammlung hat sich durch Beschluß vom 30. 3. 1962 (ABl. 1962, 1045) in *„Europäisches Parlament" (EP)* umbenannt. Durch den sog. Fusionsvertrag vom 8. 4. 1965 (BGBl. II 1454) wurden an Stelle der entsprechenden Organe der einzelnen Gemeinschaften der gemeinsame Rat und die gemeinsame Kommission als Gemeinschaftsorgane eingesetzt.

Die EG haben folgende Organe:

1. Die *Kommission*

bestehend aus 20 unabhängigen Mitgliedern, die von den Regierungen der Mitgliedstaaten für 4 Jahre ernannt werden. Sie ist das Hauptorgan der EG; vor allem wirkt sie durch ihr Initiativ- und Vorschlagsrecht an der Gemeinschaftsrechtsetzung mit.

2. Der *gemeinsame Rat (Ministerrat)*

besteht aus je einem (national weisungsgebundenen) Fachminister der 15 nationalen Regierungen. Im Zusammenwirken mit der Kommission ist er das gesetzgebende Organ der EG. Er ist außerdem zuständig für die Vertretung der Gemeinschaften nach außen.

3. Der *Europäische Rat*

Seit 1975 trafen sich die Staats- und Regierungschefs der Mitgliedstaaten jährlich mehrmals im sog. „europäischen Rat" um Grundsatzfragen zu behandeln. Der „europäische Rat" wurde durch die „Einheitliche Europäische Akte" (s. o. I 1) als weitere Institution gemeinschaftsvertraglich festgeschrieben. Er gibt die allgemeinen Leitlinien für die weitere politische Einigung Europas.

4. Der *Europäische Gerichtshof (EuGH)*

mit Sitz in Luxemburg hat die Aufgabe, die Wahrung des Rechts bei der Auslegung und Anwendung der Gemeinschaftsverträge sowie der von Rat oder Kommission erlassenen Normen zu sichern (Art. 164 EWGV). Der EuGH (15 Richter, 9 Generalanwälte) ist vor allem zuständig für Entscheidungen über Streitigkeiten zwischen den Mitgliedstaaten sowie über Klagen der Kommission gegen einen Mitgliedstaat wegen Verletzung der Gemeinschaftsverträge (sog. *Vertragsverletzungsverfahren,* Art. 169 EWGV); ferner entscheidet er über die Rechte und Pflichten der EG-Organe und über den Gerichtsschutz des einzelnen gegen Akte der europäischen Gewalt. So kann bei Verletzung der Gemeinschaftspflichten *Nichtigkeitsklage* (gegen Hoheitsakte der Gemeinschaftsorgane) oder *Untätigkeitsklage* sowie nach Nichtigerklärung eines Gemeinschaftsaktes *Amtshaftungsklage* beim EuGH in Betracht kommen (vgl. Art. 170, 173, 175, 178, 215 EWGV). Das Klagerecht kann anderen Mitgliedstaaten oder Privaten zustehen. Bedeutsam ist ferner das sog. *Vorabentscheidungsverfahren,* in dem der EuGH auf Vorlage eines nationalen Gerichts über gemeinschaftsrechtliche Fragen entscheidet, auf die es bei der Entscheidung des nationalen Gerichts ankommt (Art. 177 EWGV).

Zur Entlastung des EuGH wurde auf Grund eines Beschlusses des Rates vom 24. 10. 1988 dem EuGH an dessen Sitz in Luxemburg ein *Gericht erster Instanz* der Europäischen Gemeinschaften (EuGEI) zugeordnet, das im Okt. 1989 seine Arbeit aufgenommen hat. Das EuGEI hat 15 Richter, die von den Regierungen der Mitgliedstaaten für 6 Jahre ernannt werden; alle 3 Jahre wird das Gericht teilweise neu besetzt (Art. 168a EWGV). Zuständig ist das Gericht als erste Instanz (Tatsacheninstanz) vor allem bei Streitigkeiten zwischen den EG und ihren Bediensteten (Art. 179 EWGV) und bei Nichtigkeits- und Untätigkeitsklagen, die gegen ein Gemeinschaftsorgan erhoben werden und die Anwendung der für Unternehmen geltenden gemeinschaftlichen Wettbewerbsvorschriften zum Gegenstand haben (Art. 173 Abs. 2 EWGV). Gegen die Entscheidungen des EuGEI kann in einer Frist von grundsätzlich 2 Monaten ein auf Rechtsfragen beschränktes Rechtsmittel zum EuGH eingelegt werden (Art. 168a EWGV). Das EuGEI entscheidet auf Grund einer eigenen Verfahrensordnung, s. Verfahrensordnung vom 2. 5. 1991 (ABl. EG Nr. L 136 vom 30. 5. 1991, S. 1).

5. Das *Europäische Parlament (EP)*

besteht aus Vertretern der Völker der in der Gemeinschaft zusammengeschlossenen Staaten (Art. 137 EWG-Vertrag). Es hat 626, für 5 Jahre gewählte Abgeordnete, die weder der Regierung eines Mitgliedstaats noch einem leitenden Gemeinschaftsorgan angehören dürfen (Inkompatibilität). Sitzverteilung: BRep 99, Frankreich, Italien und Großbritannien je 87, Spanien 64, Niederlande 31, Belgien, Griechenland und Portugal je 25, Schweden 22, Österreich 21, Finnland und Dänemark je 16, Irland 15 und Luxemburg 6 Sitze.

Die Rechtsstellung der Abg. aus der BRep. (Mandatsschutz, Indemnität, Immunität, Inkompatibilität, Entschädigung usw.) regelt im einzelnen das *Europaabgeordnetengesetz* vom 6. 4. 1979 (BGBl. I 413) m. spät. Änd.

Die Wahlen zum ersten Europaparlament haben in allen EG-Ländern in der Zeit vom 6.–10. 6. 1979 stattgefunden. In der BRep. (*Europawahlgesetz* i. d. F. vom 8. 3. 1994, BGBl. I 423, sowie *Europawahlordnung* i. d. F. vom 2. 5. 1994 (BGBl. I 957) wird nach den Grundsätzen der Verhältniswahl und nach Listenwahlvorschlägen, die für ein Bundesland oder als gemeinsame Listen für alle Länder aufgestellt werden, gewählt; wie bei der BT-Wahl gelten die 5%-Klausel und das Berechnungsverfahren Hare-Niemeyer (59 II 1). Die 626 Sitze (Stand: 1996) verteilen sich wie folgt: Sozialdemokraten 221, Christdemokraten/Europ. Volkspartei 172, Union für Europa 56, Liberale 52, Vereinigte Europ. Linke 31, Grüne 25, Radikale Europ. Allianz 19, Europa der Nationen 19, Fraktionslose: 31. Davon entfallen auf die BRD: CDU/CSU 47, SPD 40, Grüne 12.

Das EP hatte früher nur beratende Funktion und gewisse Kontrollaufgaben; es hat jedoch in den letzten Jahren seine Mitwirkungsbefugnisse weiter ausdehnen können. Bis 1987 wurde das EP bei der Gesetzgebung in der Regel nur angehört; ohne Anhörung des EP konnte der Ministerrat zwar nicht entscheiden, der Rat war aber frei, die Empfehlungen des EP zu übernehmen oder nicht. Seit Inkrafttreten der „Einheitlichen Europäischen Akte" (EEA) am 1. 7. 1987 hat das EP gewisse materielle Mitwirkungsrechte an der Gesetzgebung der EG: Für die Beschlüsse in Fragen der Herstellung des Binnenmarkts, zur Durchführung der Regionalpolitik sowie z. T. der Forschungs- und Technologiepolitik, besteht nunmehr durch die Einführung von 2 Lesungen im EP ein „Verfahren der Zusammenarbeit" zwischen EP und Rat (Art. 149 Abs. 2 EWGV). Der Rat kann sich bei den betreffenden Beschlüssen über Empfehlungen des EP nur noch einstimmig hinwegsetzen. Folgt er der Auffassung des EP, genügt eine qualifizierte Mehrheit (vgl. Art. 148 EWGV). Ein echtes Mitentscheidungsrecht hat das EP hinsichtlich des Abschlusses von Beitrittsverträgen mit neuen Mitgliedern der Gemeinschaft sowie bei Assoziierungsabkommen mit Drittstaaten (Art. 237, 238 EWGV). Der Rat kann derartige Verträge nur noch mit Zustimmung des EP schließen. Das EP hat ferner ein weitgehendes Mitspracherecht beim EG-Haushalt; aus schwerwiegenden Gründen kann es den gesamten Haushalt ablehnen. Außerdem übt das EP die demokratische Kontrolle über die EG-Kommission aus, die es durch ein Mißtrauensvotum zum Rücktritt zwingen kann (Art. 144 EWGV). Zum Kompetenzzuwachs für das EP durch den Maastrichter Vertrag s. oben I 1.

6. Der *Europäische Rechnungshof*

ist eine unabhängige Rechnungsprüfungsbehörde, die alle Einnahmen und Ausgaben der EG-Organe auf ihre Rechtmäßigkeit, Ordnungsmäßigkeit und Wirtschaftlichkeit überprüft. Er besteht aus 15 Mitgliedern.

7. Weitere Institutionen der EU

sind u. a. die Europäische Umweltagentur in Kopenhagen, die EU-Arzneimittelagentur in London, Europol in Den Haag, die Europäische Drogenüberwachungsstelle in Lissabon, die Europäische Stiftung für Berufsbildung in Turin, das Europäische Veterinäramt in Irland, das Amt für Gesundheit und Sicherheit am Arbeitsplatz und das Europäische Markenamt, beide in Spanien. In Frankfurt am Main wird die Europäische Zentralbank errichtet (s. u. V).

III. Rechtsetzung der Gemeinschaften

Die von den EG erlassenen Rechtsnormen wirken in das innerstaatliche Recht hinein und sind von den Gerichten der Mitgliedsländer anzuwenden; dadurch können sie innerstaatliches Recht überlagern und verdrängen (BVerfG, Beschl. vom 9. 6. 1971, NJW 1971, 2122). Das BVerfG (NJW 1974, 1697) nahm für sich das Recht der Prüfung in Anspruch, ob das Gemeinschaftsrecht einen unverzichtbaren Kernbereich der Grundrechte des GG verletzt (dazu Börner, NJW 1976, 2041). Diese Rechtsprechung hat das BVerfG 1986 jedoch weitgehend revidiert (BVerfG NJW 1987, 577). Das BVerfG stellt in dieser Entscheidung fest, daß das Verfahrensrecht des EuGH rechtsstaatlichen Anforderungen genüge und daß die Rechtsprechung des EuGH einen wirksamen Schutz der Grundrechte gegenüber der Hoheitsgewalt der Gemeinschaften gewährleiste; solange der EuGH sonach einen dem Grundgesetz entsprechenden Grundrechtsschutz gewährleiste, werde das BVerfG seine Gerichtsbarkeit über die Anwendbarkeit von abgeleitetem (sekundärem) Gemeinschaftsrecht nicht mehr ausüben.

Man unterscheidet das sog. *primäre Gemeinschaftsrecht,* das in den Grundverträgen von EWG, Euratom und EGKS (813, 816, 911) und ihren Ergänzungen zu sehen ist, und das *sekundäre Gemeinschaftsrecht,* (auch *„abgeleitetes Recht“* genannt) das sich in den von den Organen der Gemeinschaften erlassenen Verordnungen, Richtlinien, Entscheidungen und anderen Hoheitsakten äußert. Wirken diese bindend in den innerstaatlichen Bereich – d. h. ohne Übernahme durch die Gesetzgebungsorgane der Mitgliedstaaten –, so spricht man von *integriertem Gemeinschaftsrecht;* so bei den unmittelbar anwendbaren Bestimmungen des EWG-Vertrages und den EWG-Verordnungen. Auch Entscheidungen für den Einzelfall können die Mitgliedstaaten sowie natürliche oder juristische Personen unmittelbar binden, nicht dagegen Empfehlungen oder Stellungnahmen des Rates oder der Kommission. Die wichtigsten Rechtsetzungsakte des sekundären Gemeinschaftsrechts sind die Richtlinien und die Verordnungen. Die *EG-Richtlinie* ist eine spezielle Form des Gemeinschaftsrechts, die es in dieser Form in nationalen Rechten nicht gibt. Sie wird vom Rat oder der Kommission erlassen und richtet sich an die Mitgliedstaaten, nicht aber an den einzelnen Bürger. Die Mitgliedstaaten sind innerhalb der ihnen durch die Richtlinie gesetzten Frist verpflichtet, die in der Richtlinie genannten Ziele in nationales Recht umzusetzen, haben hierbei allerdings freie Wahl hinsichtlich der Form und der Mittel der Umsetzung (Art. 189 Abs. 3 EWGV). Die Umsetzungsmaßnahmen sind der

Kommission mitzuteilen. Die Nichteinhaltung der Umsetzungsfrist oder eine ungenügende Umsetzung sind eine EG-Vertragsverletzung, die vor dem EuGH geltend gemacht werden kann (s. oben II 4). Die *EG-Verordnung* ist eine Gemeinschaftsnorm, die vom Rat oder (i. d. R. auf Grund einer Ermächtigung) von der Kommission erlassen wird. Die EG-Verordnung hat allgemeine und unmittelbare Geltung gegenüber den Mitgliedstaaten und deren Bürgern und verdrängt entgegenstehendes nationales Recht (Art. 189 Abs. 2 EWGV).

IV. Die Finanzierung der EG

Von Anfang an wurde angestrebt, die Gemeinschaft aus eigenen Mitteln zu finanzieren. Diese *Eigenfinanzierung* wurde mit Hilfe der an die Gemeinschaft abzuführenden Abschöpfungen und Zölle durchgeführt, die im Jahre 1975 bereits 66 v. H. der Ausgaben deckten. Ergänzend wurden von den Mitgliedsländern Beiträge erhoben. Durch eine 1975 vereinbarte Änderung der Art. 203ff. EWGV wurden dem Europaparlament erweiterte Haushaltsbefugnisse zugestanden und ein Rechnungshof der EG eingeführt. Auf Grund eines Beschlusses des Rates vom 21. 4. 1970 über die Ersetzung der Finanzbeiträge der Mitgliedstaaten durch eigene Mittel der Gemeinschaften wird der Gemeinschaftshaushalt seit 1980 aus eigenen Mitteln, vor allem durch einen Anteil am Mehrwertsteueraufkommen der Mitgliedstaaten auf der Grundlage einer einheitlichen Bemessungsgrundlage (höchstens 1,4% der Bemessungsgrundlage) sowie durch Zölle und Abschöpfungen bei der Einfuhr aus Drittländern, finanziert. Durch den z. Z. maßgebenden *Beschluß des Rates vom 24. 6. 1988 über das System der Eigenmittel der Gemeinschaften* (s. hierzu Ges. vom 20. 12. 1988, BGBl. II 1157) wurde neben den bestehenden drei Eigenmitteln (Abschöpfungen, Zölle, Mehrwertsteueranteil) eine vierte Eigenfinanzierungsquelle, nämlich ein Anteil am Bruttosozialprodukt aller Mitgliedstaaten eingeführt. Bis 1992 ist ein maximaler Eigenmittelbetrag von 1,2% des gesamten jährlichen Bruttosozialprodukts der Mitgliedstaaten (sog. Plafond) vorgesehen. Größter Beitragszahler ist Deutschland vor Frankreich, Großbritannien und Italien.

Über den Haushalt der Gemeinschaft beschließen das Europäische Parlament und der Europäische Rat. Wenn die Einnahmen aus Zöllen und Abschöpfungen die Ausgaben nicht decken, wird von den Mitgliedstaaten nach einem bestimmten Verteilungsschlüssel Mehrwertsteuer angefordert. Auf Grund dieses Systems sowie der Verteilung der Zahlungen der EG aus dem Agrar-, Regional- und Sozialfonds an die einzelnen Mitgliedstaaten zahlen die BRep. und Großbritannien mehr in die Gemeinschaft ein, als sie an Leistungen von der EG erhalten (*sog. Nettozahler*). Großbritannien werden daher verschiedene Zahlungserleichterungen gewährt.

V. Währungsunion

Schon seit 1971 werden Schritte zur Verwirklichung der *Wirtschafts-* und *Währungsunion* unternommen. Angestrebt wurden insbesondere die Koordinierung der Geld- und Kreditpolitik und die Einengung von Wechselkursschwankungen. Es sollte ein eigenständiger Währungsraum mit voller Konvertierbarkeit der Währungen (vgl. 852) und unwiderruflich festgesetzten Paritätsverhältnissen geschaffen werden. Diesen Zweck verfolgte der 1972 von den sechs EWG-Gründungsmitgliedern ins Leben gerufene *Europäische Währungsblock* (Währungsverbund, auch „Währungsschlange“ genannt). Seine Mitgliedsländer wurden verpflichtet, zur Erhaltung einheitlicher Wechselkurse innerhalb des Blocks Kursabweichungen ihrer Währungen durch einen Spielraum von 2,5 v. H. nach oben und unten zu begrenzen.

Zur Vereinfachung des Rechnungswesens und zwecks Festlegung gemeinsamer Agrarpreise wurde 1962 innerhalb der EG eine *Rechnungseinheit* (RE) eingeführt, die als der Gegenwert in nationaler Währung für einen US-Dollar definiert wurde (auch „grüner Dollar" genannt).

Die EG-RE wurde seit 1971 in Sonderziehungsrechten des Internationalen Währungsfonds (918 I) definiert.

Das ab 1. 1. 1979 wirksam gewordene *Europäische Währungssystem (EWS)*, dem derzeit (1. 1. 1995) 10 EG-Mitgliedstaaten angehören (Großbritannien hat seine Mitgliedschaft im Sept. 1992 ausgesetzt), an dessen wichtigstem Instrument, dem Wechselkurs- und Interventionsmechanismus jedoch Griechenland nicht beteiligt ist, schafft eine Europäische Rechnungseinheit „ECU" (European Currency Unit) und bindet die Währungen der Länder durch feste Relationen aneinander. Die Wechselkurse werden durch Festsetzung von *Leitkursen* vertraglich festgeschrieben. Von den festgesetzten Leitkursen dürfen die Notierungen nur mit einer Bandbreite nach oben und unten von 15 v. H. abweichen. Die ECU ist definiert als Summe fester Beträge der EG-Währungen.

Auf Grund des Maastrichter Vertrages (s. oben I 1) ist nunmehr die Verwirklichung der Währungsunion in 3 Stufen bis spätestens 1. 1. 1999 vorgesehen; hierzu müssen die Länder allerdings Stabilitätskriterien erfüllen. So darf z. B. das öffentliche Defizit 3% des Bruttoinlandsproduktes nicht überschreiten, die staatliche Gesamtverschuldung darf höchstens 60% des Bruttoinlandsproduktes ausmachen, die zulässigen Wechselkursschwankungen müssen seit 2 Jahren ohne Abwertung eingehalten worden sein. Sind die Bedingungen Ende 1998 nicht in allen Ländern erfüllt, dann tritt die Währungsunion am 1. 1. 1999 nur für die Länder in Kraft, die die Bedingungen erfüllen.

Im Dez. 1995 wurde auf dem Gipfeltreffen in Madrid beschlossen, der gemeinsamen Währung den Namen *„EURO"* zu geben. Im Dez. 1996 wurde zur Einführung des EURO folgendes vereinbart: Am 1. 1. 1999 beginnt eine *Übergangszeit,* zu der aber bereits *unwiderruflich* und *unveränderbar* der *Umrechnungskurs* der teilnehmenden Währungen untereinander und zum EURO festgelegt wird. Der *Umrechnungskurs* wird auf 6 Stellen (unabhängig vom Komma) festgesetzt (*Beispiel:* 1 EURO = 1,91976 DM).

Der EURO tritt zu dem festgelegten Umrechnungskurs an die Stelle der Währungen der teilnehmenden Mitgliedstaaten. Nationale Währungen gelten als Untereinheit bzw. Ausdrucksform des EURO fort. In bar wird weiterhin mit DM bezahlt (als Ausdrucksform des EURO); EURO-Bargeld gibt es noch nicht. Bezugnahmen auf DM-Beträge in Rechtsinstrumenten (Gesetze, Verordnungen, Verwaltungsvorschriften, Gerichtsurteile, Verträge, Wertpapiere, einseitige Willenserklärung usw.) bleiben als solche erhalten. Die Einführung des EURO gibt als solche keiner Partei das Recht, einen Vertrag einseitig zu ändern oder zu beenden. Neue Rechtsinstrumente können wahlweise auf EURO oder DM Bezug nehmen. Unbare Zahlung (Buchgeld) kann nach Wahl des Schuldners in EURO oder in DM erfolgen (das ist keine Benachteiligung des Gläubigers, da er den *gleichen Wert* bekommt; Gutschrift auf Konto des Gläubigers in derjenigen Denomination, in der er sein Konto führt). Spätestens am 1. 1. 2002 sind *EURO-Banknoten* und *EURO-Münzen* in Umlauf und gesetzliches Zahlungsmittel. Die bisherigen nationalen Banknoten und Münzen gelten daneben nur noch übergangsweise weiter. Bezugnahmen in Rechtsinstrumenten auf nationale Währungen gelten kraft Gemeinschaftsrechts als Bezugnahmen auf den EURO (entsprechend dem festgelegten unveränderlichen Umrechnungskurs und den niedergelegten Rundungsregeln).

Nach Ablauf von sechs Monaten, voraussichtlich also ab 1. 7. 2002, verlieren die nationalen Banknoten und Münzen ihre Eigenschaft als gesetzliche Zahlungsmittel; die Mitgliedstaaten haben das Recht, diese Frist zu verkürzen. EURO-Banknoten und -Münzen sind dann *alleinige* gesetzliche Zahlungsmittel

(Umtausch der DM-Scheine in EURO bei den Banken bleibt möglich gemäß nationalen Gesetzen/Gepflogenheiten).

Ob Deutschland von der Möglichkeit der Verkürzung der Zeitspanne für die parallele Geltung von EURO- und DM-Bargeld Gebrauch machen wird, ist noch völlig offen.

Geschaffen wird ferner eine Europäische Zentralbank. Als Vorläufer der Europ. Zentralbank wurde das *Europäische Währungsinstitut* (EWI) mit Sitz in Frankfurt a. Main errichtet.

VI. Struktur und Außenbeziehungen

Eine wichtige Erweiterung hat die EG ab 1. 1. 1973 durch den Beitritt von Großbritannien, Irland und Dänemark (BGes. vom 2. 10. 1972, BGBl. II 1125) erfahren. Griechenland ist seit 1981 Mitglied, Spanien und Portugal sind der Gemeinschaft am 1. 1. 1986, Österreich, Schweden und Finnland am 1. 1. 1995 beigetreten. Auf dem EU-Gipfel 1994 in Essen wurden erste Schritte für die Vorbereitung eines späteren Beitritts der sechs assoziierten mittel- und osteuropäischen Reformstaaten Polen, Ungarn, der Tschechischen Republik, der Slowakei, Rumänien und Bulgarien verabredet. Ende 1996 lagen zudem Beitrittsgesuche von Estland, Lettland, Litauen und Slovenien vor. Auch Zypern und Malta haben Interesse an einen Beitritt. Anders als der Beitritt begründet die Assoziierung keine Mitgliedschaft in der Gemeinschaft und keine Vertretung in deren Organen, ebensowenig Rechtsbeziehungen der assoziierten Staaten zu den Mitgliedstaaten der Gemeinschaft. Es entsteht lediglich eine Rechtsverbindung eigener Art zwischen der Gemeinschaft und dem Assoziierten, meist unter Errichtung eigener Organe. Durch Beitritt und Assoziierung sowie Handelsabkommen wird eine *große Europäische Freihandelszone* geschaffen. Auch außereuropäische Staaten sind der EWG assoziiert, insbesondere afrikanische (inzwischen insgesamt 66 Länder). Im Abkommen von Lomé (Togo) vom 28. 2. 1975 verpflichtete sich die EG gegenüber 46 Staaten Afrikas, des Karibischen und des Pazifischen Raumes („AKP-Staaten") zur Gewährung von Zollfreiheit und sonstigen wirtschaftlichen Unterstützungen. Das auf 5 Jahre abgeschlossene Abkommen wurde durch ein am 31. 10. 1979 ebenfalls in Lomé unterzeichnetes und ebenso befristetes neues Abkommen mit 58 AKP-Staaten abgelöst. In einem dritten am 8. 12. 1984 in Lomé unterzeichneten Abkommen (BGBl. 1986 II 17) zwischen 66 AKP-Staaten und der EWG, das die bisherigen beiden AKP-EWG-Abkommen ersetzt, wurden die von der EWG aufzubringenden Mittel (Subventionen aus dem Europ. Entwicklungsfonds, Darlehen der Europ. Investitionsbank) beträchtlich aufgestockt. Die wichtigsten Instrumente der EG-AKP-Zusammenarbeit gemäß dem dritten Abkommen von Lomé sind: Handelszugeständnisse, finanzielle und technische Zusammenarbeit und Stabilisierung der Ausfuhrerlöse. In einem vierten Abkommen vom Dez. 1989 (BGes. vom 17. 12. 1990, BGBl. 1991 II 2) wurde das Lomé-Abkommen bis zum Jahr 2000 verlängert. Es sieht neben Entwicklungshilfe vor allem Handelserleichterungen sowie Hilfen bei Verlusten im Rohstoffexport vor.

917. Die Kleine Freihandelszone (EFTA)

Nach Gründung der EWG (813) schlossen sich einige ihr nicht zugehörige europäische Staaten zum Schutz ihrer Wirtschaft zur sog. *Kleinen Freihandelszone,* der European Free Trade Association (EFTA), zusammen. Ein entsprechendes Abkommen wurde am 4. 1. 1960 in Stockholm von Großbritannien, Schweden, Dänemark, Norwegen, Österreich, der Schweiz und Portugal unterzeichnet. Danach sind Ausfuhrzölle zwischen den Mitgliedstaaten verboten und Einfuhrzölle abzubauen. Dagegen ist – anders als bei der EWG – ein gemeinsamer Außenzolltarif nicht vorgesehen.

Das Nebeneinander von EWG und EFTA führte zu zwei rivalisierenden *Handelsblöcken* und war ein starkes Hemmnis für die wirtschaftliche Entwicklung und den Zusammenschluß Europas. Sie stand auch im Widerspruch zu den auf zwischenstaatliche Koordinierung gemeinsamer Wirtschaftsinteressen gerichteten Bestrebungen, die namentlich der Zusammenarbeit in der OECD (910 III) und im GATT (918 IV) zugrunde liegen, denen alle diese Staaten angehören.

Diese Entwicklung ist weitgehend überholt, da sich Großbritannien und Dänemark mit Wirkung ab 1. 1. 1973 der EWG als *Vollmitglieder* und weitere EFTA- Länder als *assoziierte Mitglieder* angeschlossen haben (vgl. 813 VII). Portugal ist 1985 aus der EFTA ausgetreten und seit 1. 1. 1986 Mitglied der EG. Österreich, Schweden und Finnland haben sich mit Wirkung vom 1. 1. 1995 der EU angeschlossen. Mitglieder der EFTA sind derzeit noch Island, Norwegen, Liechtenstein und die Schweiz. Wichtigste Organe sind der Ministerrat, der Beratungsausschuß und das Generalsekretariat. Es besteht ein Freihandelsabkommen mit der EG (s. 916) und seit 1. 7. 1977 Zollfreiheit im Verhältnis zur EG für den Handel mit den meisten gewerblichen Gütern.

Im Mai 1992 schlossen die 19 Mitgliedstaaten der EG und der EFTA den *„Vertrag über den Europäischen Wirtschaftsraum"* (EWR-Abkommen); s. BGes. vom 31. 3. 1993 (BGBl. II 266). Das Abkommen bildet eine neue Grundlage für die Zusammenarbeit zwischen der EG und den EFTA-Staaten, besonders durch eine weitgehende Einbeziehung der EFTA-Staaten in den Europäischen Binnenmarkt der EG (Freizügigkeit der Waren, der Dienstleistungen, der Personen und des Kapitals) sowie sonstige Zusammenarbeit. Es wurden folgende EWR-Organe geschaffen: der *EWR-Rat* (zusammengesetzt aus den Mitgliedern des EG-Rats, Mitgliedern der EG-Kommission sowie je einem Regierungsmitglied jedes EFTA-Staates), der *Gemeinsame EWR-Ausschuß* (geschäftsführendes Organ, zusammengesetzt aus Vertretern der Vertragsparteien), *EFTA-Überwachungsbehörde* und *EFTA-Gerichtshof*. In einer Volksabstimmung im Dez. 1992 lehnte die Schweizer Bevölkerung den Beitritt zum EWR ab.

918. Internationale Wirtschaftsorganisationen: BIZ, IMF, Weltbank, WTO (GATT), IFC, UNCTAD

Neben den auf wirtschaftlichem Gebiet tätigen europäischen Institutionen (s. 910–917) bestehen z. T. sehr bedeutsame *internationale Wirtschafts-, Finanz- und Währungsorganisationen,* von denen die nachstehenden besonderen Einfluß erlangt haben:

I. Die älteste ist die *Bank für Internationalen Zahlungsausgleich* (BIZ) in Basel, errichtet auf der Grundlage des Haager Abkommens vom 20. 1. 1930 (RGBl. 1930 II 45, 288). Mitglieder sind 34 Zentralbanken aus den meisten europäischen Staaten sowie aus den USA, Kanada, Japan, Australien und Südafrika. Aufgabe der BIZ ist es, die Zusammenarbeit der Zentralbanken zu fördern, neue Möglichkeiten für internationale Finanzgeschäfte zu schaffen und als Treuhänder oder Agent bei internationalen Zahlungsgeschäften zu wirken.

Die internationale Währungszusammenarbeit bei der BIZ konkretisiert sich durch regelmäßige Zusammenkünfte der Zentralbankpräsidenten (besonders der *Zehnergruppenländer,* vgl. unten II) sowie zahlreicher Zentralbankexpertengruppen. Die BIZ führt ständige Sekretariate für den Ausschuß für Bankenbestimmungen und -überwachung sowie für den Ausschuß der EG-Zentralbankpräsidenten. Ferner werden Statistiken, Berichte und volkswirtschaftliche Studien (z. T. zusammen mit der OECD, s. 910 III) über Finanz- und Währungsfragen erstellt. Als „Bank der Zentralbanken" nimmt die BIZ von Zentralbanken aus aller Welt Einlagen von 10–15% der Weltwährungsreserven entgegen, die größtenteils auf den internationalen Märkten angelegt werden. Gleichzeitig gewährt die BIZ kurzfristige Darlehen an Zentralbanken oder auch an den IMF (vgl. II). Die BIZ ist zudem im Rahmen des EWS (vgl. 916 V) Agent des Europäischen Fonds für währungspolitische Zusammenarbeit; ferner ist sie seit 1987 Agent für das Clearingsystem für private ECU. Organe der BIZ sind die Generalversammlung, der Verwaltungsrat und die Direktion.

II. Der *Internationale Währungsfonds (IMF; International Monetary Fund),* wurde von 44 Staaten mit Wirkung vom 27. 12. 1945 auf Grund von Verhandlungen in Bretton Woods (1944) gegründet. Das Übereinkommen gilt i. d. F. von 1976 (BGBl. 1978 II 15).

Sitz ist Washington. Heute gehören ihm 185 Staaten an; die BRep. trat 1952 bei (Ges. vom 28. 7. 1952, BGBl. II 637). Aufgabe des IMF ist die Förderung der Stabilität der Währungen, Errichtung eines multilateralen Zahlungssystems (vgl. 860) auf der Basis stabiler Wechselkurse, die Beseitigung von Devisenbeschränkungen sowie Finanzhilfe bei vorübergehenden Schwierigkeiten in den Zahlungsbilanzen der Mitgliedstaaten. Im Bedarfsfall können Mitgliedsländern, die an einem Sonderziehungskonto beteiligt sind, zur Ergänzung ihrer Währungsreserven Kredite in Form von *Sonderziehungsrechten* zugeteilt werden. Der Fonds finanziert sich aus den Beiträgen der Mitgliedsländer, die den nach der Wirtschaftskraft bemessenen Quoten jedes Mitgliedslandes entsprechen. Die Quoten bestimmen über die Stimmrechte und die Höhe der Kredite, die der Fonds gewährt. Die Sonderziehungsrechte werden u. a. in internationalen Abkommen als Reservewährung benutzt, um z. B. für Haftungsbegrenzungen eine allgemein verbindliche Vergleichsgröße zu haben. Der Wert der DM im Verhältnis zum Sonderziehungsrecht wird im Bundesanzeiger laufend veröffentlicht. Der IMF ist eine Organisation der UNO (vgl. 909). Oberste Organe sind der Gouverneursrat, das Direktorium und ein geschäftsführender Direktor sowie der Interimsausschuß, der das politische Lenkungsgremium darstellt. Der IMF arbeitet zusammen mit der OECD (vgl. 910 III) sowie dem GATT.

Der IMF hat durch seine Finanzhilfe z. B. im Jahre 1961 das englische Pfund und 1964 die italienische Währung durch Milliarden-Kredite gestützt und dadurch einen Kursverfall dieser Währungen verhindert. Um die internationale Währungsordnung zu verstärken und gegen krisenhafte Zwischenfälle abzusichern, haben sich 1961 die zehn wichtigsten Industrieländer (USA, England, Frankreich, Italien, Japan, Kanada, die Niederlande, Belgien, Schweden, BRep.) zusammengeschlossen – sog. *„Zehnerklub"*. Nach Beitritt zahlreicher weiterer Länder ist der Ausschuß erweitert worden *(„Zwanziger-Klub"* bzw. später *„Gruppe 24")*. 1995 wurden Bosnien-Herzegowina, 1996 Rußland höhere Kredite bewilligt.

III. Die *Weltbank (International Bank for Reconstruction and Development, IBRD)* wurde gleichzeitig mit dem IMF mit Sitz in Washington gegründet und hat die gleiche Mitgliederzahl wie dieser. Die BRep. trat 1952 bei (Ges. vom 28. 7. 1952, BGBl. II 637).

Die Weltbank ist ebenfalls eine Sonderorganisation der UNO und hat ähnliche Organe wie der IMF. Aufgabe der Weltbank ist, den Mitgliedstaaten bei Investitionen für produktive Zwecke, für den Wiederaufbau und die Entwicklung Hilfe zu gewähren. Ferner soll sie internationale Privatinvestitionen fördern. Kredite werden nur Mitgliedstaaten oder Betrieben in solchen gewährt; sie sind festverzinslich und haben i. d. R. eine Laufzeit von 15 Jahren. Die notwendigen Eigenmittel stammen aus Kapitaleinlagen der Mitgliedstaaten und dem Verkauf eigener Obligationen.

IV. Die *WTO (World Trade Organization/Welthandelsorganisation)* überwacht den Welthandel und den Austausch von Dienstleistungen. Vorläufer war das *Allgemeine Zoll- und Handelsabkommen (GATT; General Agreement on Tariffs and Trade)* wurde am 30. 10. 1947 mit Sitz in Genf begründet. Ihm gehören 125 Länder an (die BRep. gem. Ges. vom 10. 8. 1951, BGBl. II 173).

Grundlage des GATT ist Art. 1 der UN-Charta, der die Zusammenarbeit der Mitgliedstaaten zur Lösung wirtschaftlicher Probleme vorschreibt. Das GATT hat sich zur Aufgabe gesetzt und bisher schrittweise erfolgreich verwirklicht, die handelspolitische Zusammenarbeit der Mitglieder auf der Grundlage der Meistbegünstigung (554 IV) zu koordinieren, die mengenmäßigen Beschränkungen im Außenhandel (Kontingente) zu beseitigen, Diskriminierungen zu bekämpfen und die Mitgliedstaaten zu verpflichten, ihre Zölle herabzusetzen.

Am 15. 4. 1994 unterzeichneten die Mitgliedstaaten ein neues *Welthandelsabkommen,* das eine weitere Liberalisierung des Welthandels und weitere Zollsenkungen vorsieht. Ferner wurde beschlossen, daß ab 1. 1. 1995 die *Welthandelsorganisation WTO* an die Stelle des GATT tritt. In den Gremien der WTO hat jeder der Unterzeichnerstaaten, unabhängig von seiner wirtschaftlichen Stärke, eine Stimme. Oberste Instanz der WTO ist die Ministerkonferenz, die mindestens in jedem 2. Jahr zusammentritt. Die Tagesgeschäfte führt ein Allgemeiner Rat, der Entscheidungen je nach Tragweite mit einfacher oder qualifizierter Mehrheit fällt. Die Leitung der WTO hat ein Generalsekretär, der von der Ministerkonferenz gewählt wird. Ferner gibt es jeweils einen Rat für Dienstleistungen, für Waren und für geistiges Eigentum sowie Komitees für Handel und Entwicklung, Zahlungsbilanzen und Budgetfragen (s. hierzu Gesetz vom 30. 8. 1994, BGBl. II 1438).

V. Zu den wirtschaftlichen Weltorganisationen gehört weiter die *International Finance Corporation (IFC),* die am 25. 5. 1955 als Sonderorganisation der UNO und Tochtergesellschaft der IBRD gegründet wurde und 161 Mitgliedstaaten umfaßt (die BRep. gem. Ges. vom 12. 7. 1956, BGBl. II 747). Ihre Hauptaufgabe ist die Zusammenarbeit mit privaten Investoren, die (i. d. R. in unterentwickelten Ländern) Kapital anlegen wollen (919 IV).

Die IFC ist mit einem Grundkapital ausgestattet, das von den meisten Mitgliedsländern der Weltbank eingezahlt worden ist. Von der Weltbank unterscheidet sie sich dadurch, daß bei ihren Investitionen eine Garantie des kreditgebenden Landes nicht erforderlich ist. Kredite wurden bisher hauptsächlich an südamerikanische Länder gegeben. Sie hat ähnliche Organe wie die Weltbank.

VI. Die *Welthandelskonferenz (UNCTAD, United Nations Conference on Trade and Development),* eine am 30. 12. 1964 gegründete Organisation der UNO (909) mit dem Sitz in Genf (188 Mitgliedstaaten), dient der Liberalisierung der Weltwirtschaft durch wirtschaftlichen Zusammenschluß der Länder auf der Grundlage freizügigen Güteraustauschs (Zollerleichterungen, Erweiterung der Märkte und Warenorganisationen, Entwicklungshilfe, Sicherung der Vollbeschäftigung).

Die Welthandelskonferenz soll alle 3 Jahre zusammentreten. In der Zwischenzeit werden ihre Aufgaben vom *Handels- und Entwicklungsrat* wahrgenommen (Trade and Development Board).

919. Entwicklungshilfe

I. Wesen der Entwicklungshilfe

Entwicklungshilfe (E.) ist die wirtschaftliche (finanzielle und industrielle) Unterstützung der sog. *Entwicklungsländer,* d. h. der meist volkreichen Länder, in denen menschliche Arbeitskraft brachliegt, aber der Lebensstandard vor allem im Vergleich zu den Industrieländern niedrig ist. Das wichtigste Ziel der Entwicklungshilfepolitik, einen Ausgleich zwischen den Interessen der Industrie- und der Entwicklungsländer zu schaffen, ist letztlich in der gegenseitigen Abhängigkeit (sog. *Interdependenz*) dieser beiden Gruppen begründet: die Industrieländer sind auf die Rohstoffe der Entwicklungsländer (Erdöl, Kupfer, Zinn, Mangan usw.) angewiesen; diese müssen sich aber zu deren Gewinnung und Verwertung der technologischen Kapazitäten der Industrieländer bedienen (vgl. auch 900 II).

II. Maßnahmen der Entwicklungshilfe

Zu den vordringlichen Maßnahmen der E. in den fremden Ländern gehören der Ausbau von Verkehrsverbindungen, der Aufbau einer Energieversorgung und die Förderung von Bildungs- und sozialen Einrichtungen wie Lehranstalten, Krankenhäuser usw., ferner die Entsendung von anlernfähigen Fachleuten und Handwerkern.

III. Bundesrepublik und Entwicklungshilfe

Aufgabe der BRep. ist es, angesichts ihrer relativ günstigen Wirtschaftslage neben der Bereitstellung der finanziellen Mittel durch den Bund mittels *Koordinierung der Zuständigkeiten* für zweckmäßige Verteilung der Mittel zu sorgen. Darüber hinaus hat es sich als notwendig erwiesen, die nationale und internationale Zusammenarbeit zu intensivieren und auch die *private Entwicklungshilfe* einzuschalten.

Zu diesem Zweck wurde 1961 ein *Bundesministerium für wirtschaftliche Zusammenarbeit* (jetzt: Bundesministerium für wirtschaftliche Zusammenarbeit und Entwicklung) geschaffen, dem die Aufgaben der Entwicklungshilfe und Entwicklungspolitik übertragen worden sind (vgl. 107), soweit nicht das Auswärtige Amt (93) zuständig ist. Über die an der Durchführung beteiligten Organisationen vgl. 107.

Die BRep. hat einen *Fonds für die Entwicklungshilfe* errichtet, dem die jährlichen Zinsen des *ERP-Vermögens* (s. 98) zufließen. Er ist aber nur als Finanzrückhalt gedacht, während die Kredite für die Entwicklungsobjekte von der *Kreditanstalt für Wiederaufbau* (862) übernommen werden. Diese wird, ähnlich wie die Weltbank, in enger Zusammenarbeit mit den Geschäftsbanken tätig. Die Entwicklungshilfe der BRep. wird zwar ohne Auflagen gegeben, aber es wird darauf geachtet, daß sie sinnvoll verwendet wird. 1996 leistete die BRep. ca. 8,2 Mrd. DM (= etwa 0,32 v. H. des Bruttosozialprodukts) öffentliche Entwicklungshilfe.

Das *Entwicklungshelfer-Gesetz* vom 18. 6. 1969 (BGBl. I 549) m. spät. Änd. regelt die Anerkennung von juristischen Personen des Privatrechts (306) als Träger des Entwicklungsdienstes sowie die Rechtsverhältnisse der Entwicklungshelfer, insbesondere den Abschluß des Dienstvertrages, Haftpflicht- und Krankenversicherung sowie Vorsorge für den Todesfall, Arbeitslosigkeit oder -unfähigkeit. Über Freistellung von Wehr(Zivil-)dienst s. 454, 470.

IV. Internationale Bemühungen zur Entwicklungshilfe

Eine von den führenden Industrienationen und 16 Entwicklungsländern beschickte Ministerkonferenz in Genf führte Mitte 1977 im sog. „Nord-Süd-Dialog" nur in Teilbereichen zu einer Einigung. Vorgesehen wurden die Schaffung eines *Rohstoffausgleichfonds* zur Ausschaltung übermäßiger Preisschwankungen, Sonderaktionen zugunsten der wirtschaftlich schwächsten Länder, Erhöhung der öffentl. Entwicklungshilfe der Industrienationen auf jährlich 0,7% ihres Bruttosozialprodukts (804 IV) und Heraufsetzung des Kapitals der Weltbank (918 III). Dagegen kam es nicht zu den von den Entwicklungsländern geforderten allgemeinen *Schuldenmoratorium,* andererseits auch nicht zur Vereinbarung eines von den Industrienationen angestrebten *Konsultativorgans für Energiefragen.*

Um die Verständigung im „Nord-Süd-Dialog" zu fördern, wurde im Herbst 1977 eine regierungsunabhängige *Kommission für Internationale Entwicklungsfragen* mit dem Sitz in Genf gegründet, der führende Politiker und Wirtschaftsfachleute aus 7 Industrie- und 9 Entwicklungsländern angehören. Sie soll Anregungen für die Verhandlungen zwischen den beiden Staatengruppen vermitteln. Die osteuropäischen Länder, die in der Entwicklungshilfe wenig aktiv sind, nehmen nicht teil. In einem 1980 vorgelegten Bericht fordert die Kommission eine beträchtliche Erhöhung der öffentlichen Entwicklungshilfe und die Einrichtung eines Weltentwicklungshilfefonds, Steigerung der Nahrungsmittelproduktion in den Entwicklungsländern und angemessene Preise für die Produkte dieser Länder, ferner ihre Beteiligung an der Kontrolle und Leistung der internationalen Finanzierungsinstitute, insbes. durch Mitbestimmung in den Entscheidungsgremien der Weltbank, des Internat. Währungsfonds usw.

Im Oktober 1981 fand in *Cancun* (Mexiko) eine Gipfelkonferenz über Entwicklungspolitik statt, an der 22 Staats- und Regierungschefs aus Entwicklungs- und Industrieländern teilnahmen. Man einigte sich darauf, im Rahmen der Vereinten Nationen globale Verhandlungen aufzunehmen insbesondere über die Entwicklung von Ernährungsstrategien, die Stabilisierung der Exporterlöse für die Länder der Dritten Welt sowie die Erschließung neuer und alternativer Energiereserven.

Auch die Weltbank (918 III) ist in die Bemühungen um E. eingeschaltet; sie fördert die wirtschaftliche Entwicklung durch kurz- und langfristige Kredite. Ihre Tochtergesellschaft IFC (*International Finance Corporation,* vgl. 918 V) übernimmt Aufgaben, welche die Weltbank nach ihren Richtlinien nicht wahrnehmen kann. Hierzu gehören insbesondere die Finanzierung von risikoreichen Großobjekten und die Beteiligung an privaten Entwicklungsvorhaben. Die ebenfalls als Tochterorganisation der Weltbank gegründete *International Development Association* (IDA) gewährt Kredite für Zwecke der Entwicklungshilfe zu wesentlich günstigeren Bedingungen als die Weltbank. Sie fördert außer wirtschaftlichen Unternehmungen auch Schulen, Krankenhäuser usw.

Ein Aktionsprogramm der *UNO-Rohstoffkonferenz* vom 2. 5. 1974 zielt darauf ab, die unwirtschaftliche Ausbeutung der Bodenschätze der Entwicklungsländer zu beenden und diesen im Wege der Partnerschaft, insbes. durch Produzentenkartelle, eine angemessene Beteiligung an der Nutzung zu sichern. Fragen dieser Art werden laufend auf den Tagungen der UNCTAD (918 VI) beraten. Auf der Grundlage einer Entschließung über das Integrierte Rohstoffprogramm der UNCTAD von 1976 wurde das *Übereinkommen vom 27. 6. 1980 zur Gründung des Gemeinsamen Fonds für Rohstoffe* (Ges. vom 4. 6. 1985, BGBl. II 714) abgeschlossen. Der Fonds soll finanzielle Hilfen zur Verbesserung des internationalen Handels mit Rohstoffen erbringen und dadurch vor allem die Lage der rohstofferzeugenden Entwicklungsländer verbessern.

Über die Abkommen von Lomé mit den AKP-Staaten vgl. 916 VI.

Manche Länder der „Dritten Welt" können bereits einen wirtschaftlichen Fortschritt verzeichnen; sie haben infolge schnellen industriellen Wachstums und zunehmender Integration in die Weltwirtschaft die Schwelle zur Industrialisierung erreicht und den Bereich unterentwickelter Länder verlassen, sind aber in der sozialen Entwicklung hinter dem wirtschaftlichen Wachstum zurückgeblieben (sog. „Schwellenländer", z. B. Singapur, Taiwan, Süd-Korea). Für diese Länder verfolgt die BReg. ein spezielles Programm kombinierten Einsatzes privater Kredite und öffentlicher Entwicklungshilfe; das gilt besonders für Länder mit großem Importbedarf und starkem Exportdrang.

920. Neue Völkerrechtsprobleme

Neben der Schlichtung von Streitigkeiten dient die *UNO* auch der *Fortbildung des Friedensvölkerrechts* (vgl. 901, 909). In Einzelfällen gibt die Vollversammlung oder der Weltsicherheitsrat Empfehlungen, denen allgemeine Bedeutung zukommt. Die Kompetenz der UNO geht über die des früheren *Völkerbundes* (vgl. 906) insofern hinaus, als für diesen nur das geschriebene Recht (jus scriptum) maßgebend war, während heute auch das ungeschriebene *Gewohnheitsrecht* und *allgemein anerkannte Rechtsgrundsätze* Beachtung verlangen. Schon die fortschreitende Technisierung, das Vordringen in den Luftraum und die

Meerestiefen u. a. Veränderungen lassen immer neue Probleme entstehen, die nur vom internationalen Recht gelöst werden können.

Als Beispiele seien genannt:

a) die Verbesserung des humanitären Völkerrechts zum Schutz der Menschenrechte bei bewaffneten Konflikten (vgl. 903 III, 905, 908, 912 V; s. insbes. 905 zu den Ergebnissen der Konferenz von 1977 zu Fragen des Schutzes der Zivilbevölkerung und des Status der Guerilla-Kämpfer);

b) der Bereich des *Staatsgebietes* (1) und seine Abgrenzung zum *offenen Meer,* das früher „frei von jeder Art staatlicher Raumhoheit" *(Carl Schmitt)* war. Dann wurden allgemein 3, jetzt werden vielfach 4, 6 oder 12 Seemeilen beansprucht; die Ausdehnung auf 50 sm durch *Island* ist vom Internat. Gerichtshof am 25. 7. 1974 für rechtswidrig erklärt worden.
Völkerrechtliche Probleme im Zusammenhang mit den Meeren waren auch Gegenstand der *Seerechtskonferenz* der Vereinten Nationen (begonnen 1973). Die Konferenz erarbeitete 1982 eine neue Internationale Seerechtskonvention. Die wichtigsten Regelungen betreffen die Fragen der Hoheitszone (12 Seemeilen), der Meeresengen (freier Transit für Schiffe und Flugzeuge aller Länder), der *Wirtschaftszonen* (exklusive, 200 Meilen ins Meer reichende Wirtschaftszone für Küstenstaaten), des Festlandsockels (souveräne Rechte der Küstenstaaten über den Festlandsockel, 350 Meilen ins Meer reichend, für Förderung von Öl und Erdgas), des Meeresboden-Bergbaus (*Tiefseebergbau,* insbes. der Abbau von Manganknollen, wird durch eine internationale Meeresboden-Behörde geregelt) und der Entscheidung in Streitfällen (Schlichtung durch einen internationalen Seegerichtshof). Einige führende westliche Industriestaaten (u. a. USA, Japan, Großbritannien) sind der Konvention nicht beigetreten, da sie mit der Regelung des Tiefseebergbaus nicht einverstanden sind. Die BRep. ist dem *Seerechtsübereinkommen* mit Gesetz vom 2. 9. 1994 (BGBl. II 1798) beigetreten. Für die Konvention und die Schaffung einer Internat. Meeresboden-Behörde treten namentlich die Länder der Dritten Welt ein; die Behörde soll verhindern, daß diese Länder, die selbst nicht die notwendigen technologischen Voraussetzungen für die Ausbeutung der Meeresbodenschätze besitzen, durch die technisch überlegenen Industrieländer von der Nutzung ausgeschlossen werden. Die Industrieländer dagegen befürchten, daß die freie Marktwirtschaft auf den Meeren beeinträchtigt wird. Neben den Verhandlungen der Konferenz schlossen die USA, Großbritannien, Frankreich und die BRep. am 2. 9. 1982 ein Abkommen über *vorläufige Regelungen für polymetalische Knollen des Tiefseebodens* (BGBl. II 983), das insbes. die Erteilung der nationalen Abbauberechtigungen, die gegenseitig anerkannt werden, harmonisierte und Verfahrensregelungen traf;

c) die Grenzen des Staatsgebietes nach oben in den *Luftraum* und die Zulässigkeit des Überfliegens fremden Gebietes;

d) das Recht auf die *Stratosphäre;*

e) die Abgrenzung *geduldeter Aufklärung* von unzulässiger *Spionage* (z. B. Einsatz von Aufklärungsflugzeugen oder -satelliten);

f) die Zulässigkeit des *Übergreifens in fremde Souveränitätsrechte* im Wege der Selbstverteidigung und Selbsthilfe (1976 Befreiung der im Flughafen Entebbe/Uganda festgehaltenen Geiseln durch ein israelisches Kommandounternehmen; 1978 Eindringen israelischer Truppen in den Südlibanon zur Abwehr von Guerillaangriffen; 1981 Bombardierung des irakischen Atomreaktors bei Bagdad sowie von Beirut durch die israelische Luftwaffe);

g) die Zulässigkeit der *Entführung eines Straftäters* aus einem anderen Staat (Fälle Eichmann, Argentinien-Israel; Argoud, BRep.-Frankreich; Tschombe, Spanien-Zaire);

h) Maßnahmen zur Verhinderung grenzüberschreitender Umweltverschmutzungen sowie Bemühungen um die Erhaltung gefährdeter Tier- und Pflanzenarten; s. im einzelnen 193 IV.

Das Übereinkommen vom 29. 4. 1958 über die *Hohe See* (BGes. vom 21. 9. 1972, BGBl. II 1089) garantiert für das Meer, soweit es nicht zu den Staats- oder Küstengewässern gehört, die Freiheit der Schiffahrt, der Fischerei, der Kabel- und Rohrlegung und des Überfliegens. Es regelt ferner Maßnahmen gegen *Seeräuberei*. Kriegs- und staatliche Schiffe genießen *Immunität*.

Ebenfalls am 29. 4. 1958 sind in Genf drei weitere Übereinkommen abgeschlossen worden, denen die BRep. jedoch nicht beigetreten ist. Das Übereinkommen über das *Küstenmeer und die Anschlußzonen* geht (ohne abschließende Regelung) von der 12-Meilen-Grenze als der äußersten Ausdehnung des Staatsgebiets aus und gibt Richtlinien für den Grenzverlauf und die Eingriffsmöglichkeiten der Gerichtsbarkeit auf fremden Schiffen. Die BRep. hat durch Proklamation vom 19. Oktober 1994 das deutsche Küstenmeer auf den völkerrechtlich zulässigen Abstand von 12 Seemeilen ausgeweitet (BGBl. I 3428). Das Übereinkommen über die *Fischerei und die Erhaltung von lebenden Schätzen der Hohen See* dient der internationalen Zusammenarbeit zwecks Verhütung der Dezimierung und Ausrottung von Meerestieren.

Die Rechte an der *Unterwasserzone* außerhalb der zum Staatsgebiet gehörenden Dreimeilenzone sind in neuerer Zeit dadurch näher bestimmt worden, daß nach Art. 1, 2 der Genfer Konvention über den *Festlandsockel* vom 29. 4. 1958 der Meeresgrund und Meeresuntergrund bis zu 200 m Tiefe (oder soweit noch Ausbeutung von Naturschätzen möglich ist) dem Anliegerstaat zusteht. Die Abgrenzung im einzelnen bleibt der Vereinbarung zwischen den Anliegern vorbehalten; andernfalls soll die Grenze in der Mitte zwischen den Küsten der Anliegerländer verlaufen. Die über dem Festlandsockel befindliche See gilt dagegen weiterhin als freies Meer, das der Schiffahrt und dem Fischfang allgemein zugänglich ist. Das Aufsuchen und Gewinnen von *Bodenschätzen* (z. B. Öl, Erdgas u. a. Mineralien) im Bereich des deutschen Festlandsockels ist von einer Genehmigung abhängig (vgl. 190, Tiefseebergbau). Die BRep. ist der Konvention nicht beigetreten; vgl. aber Proklamation der BReg. vom 22. 1. 1964 (BGBl. II 104). Die Internationale Konvention vom 11. 2. 1971 über das Verbot der *Anbringung von Atomwaffen* und anderen Massenvernichtungsmitteln *auf dem Meeresboden und im Meeresuntergrund* außerhalb der eigenen 12-Seemeilen-Territorialgewässer gilt auch für die BRep. (Ges. vom 12. 5. 1972, BGBl. II 325); ebenso der *Antarktis-Vertrag* vom 1. 12. 1959 (Ges. vom 22. 12. 1978, BGBl. II 1517), der bestimmt, daß die Antarktis nur für friedliche Zwecke genutzt werden darf, und Kernexplosionen sowie die Beseitigung radioaktiven Abfalls in diesem Gebiet verbietet. S. auch Umweltschutzprotokoll zum Antarktisvertrag, BGBl. 1994 II S. 2478.

Den *Luftraum* beanspruchen manche Staaten nur bis zu einer bestimmten Flughöhe, während andere der Ansicht sind, daß das Sicherheitsbedürfnis eines Staates die Grenzen der *Lufthoheit* bestimme.

Der *Weltraum* ist nach überwiegender Auffassung frei wie das Meer und keiner Hoheitsgewalt unterworfen. Durch internationale Übereinkommen sollen die Staaten verpflichtet werden, keine *Hoheitsrechte auf Himmelskörpern* zu begründen. Der Regelung solcher Fragen dient der Vertrag vom 27. 1. 1967 über die Tätigkeit der Staaten bei der Erforschung und Nutzung des Weltraums *(Weltraumvertrag, Kosmosvertrag);* er verbietet Nutzung des Weltraums für militärische Zwecke (BGes. vom 2. 10. 1969, BGBl. II 1967). Vgl. auch Übereinkommen vom 22. 4. 1968 über die Rettung und Rückführung von Raumfahrern *(Astronauten)* sowie die Rückgabe von Objekten, die in den Weltraum befördert wurden (BGes. vom 14. 5. 1971, BGBl. II 238). Ein Übereinkommen vom 14. 1. 1975 regelt die *Registrierung* von Weltraumgegenständen durch den Startstaat und seine Anzeigepflicht beim UNO-Generalsekretär (BGes. vom 1. 6. 1979, BGBl. II 650), ein *Weltraumhaftungsvertrag* – Übereinkommen vom 29. 3. 1972 – die völkerrechtliche Haftung für Schäden durch solche Objekte (BGes. vom 29. 8. 1975, BGBl. II 1209). S. a. Übereinkommen zur Gründung einer *Europ. Weltraumorganisation* vom 30. 5. 1975 (BGBl. 1976 II 1862).

Während manche Probleme der territorialen Abgrenzung der Hoheitsrechte im Wege solcher internationalen Übereinkommen gelöst werden konnten, sind andere in Konfliktsfällen hervorgetretene Fragen bisher ungelöst geblieben. Dazu gehört insbesondere die *Verletzung der Souveränität fremder Staaten* zum Schutz eigener Rechte und zur *Selbstverteidigung*.

Eingriffe in die *territoriale Unversehrtheit* anderer Staaten durch Gewaltanwendung oder -androhung sind durch Art. 2 Ziff. 4 der praktisch für alle Völker der Welt verbindlichen UN-Charta (909) untersagt. Sie sind nur zugelassen als internationale Aktionen im Vollzug der von den Organen der Völkerrechtsgemeinschaft, insbesondere dem *Weltsicherheitsrat* (909 II 1), beschlossenen Maßnahmen aus Anlaß einer Verletzung des Völkerrechts oder der UN-Charta. Andererseits wird in Art. 51 der UN-Charta das Recht der *Selbstverteidigung* gegen einen bewaffneten Angriff anerkannt, bis der Sicherheitsrat die zur Aufrechterhaltung des Friedens erforderlichen Maßnahmen getroffen hat. Als *bewaffneter Angriff* wird auch die unmittelbare Vorbereitung von Kampfhandlungen angesehen. Darüber hinaus wird völkerrechtlich allgemein ein Recht auf *Notwehr* im Falle eines rechtswidrigen Angriffs bejaht. Die Völkerrechtsordnung gestattet einem Staat, dessen Existenz ohne sein Verschulden unmittelbar bedroht ist, auch durch eine *Blockade* in die Rechte anderer Staaten einzugreifen, wenn es zur Beseitigung der Gefahr unvermeidlich ist.

921. Neutralität

Unter *Neutralität* (N.) im völkerrechtlichen Sinne versteht man die Nichtteilnahme eines Staates an einem Konflikt zwischen anderen Staaten (den Kriegführenden). N. im politischen Sinne bezeichnet die Entschlossenheit eines Staates, sich in einer Zeit *politischer Spannungen* keiner der streitenden Parteien anzuschließen, sondern sich die Freiheit seiner außenpolitischen Entschließungen zu bewahren. Von der N. im Kriegsfalle zu unterscheiden ist die *dauernde Neutralität (Neutralisierung),* d.h. die durch Staatenvertrag festgelegte Verpflichtung, nicht nur bei kriegerischen Auseinandersetzungen zwischen dritten Staaten oder sonstigen Konflikten N. zu beobachten, sondern auch schon im Frieden sich jeder Bündnispolitik oder Beteiligung an machtpolitischen Zusammenschlüssen zu enthalten.

Kraft des die dauernde N. konstituierenden Vertrags sind die übrigen Vertragsstaaten verpflichtet, diese N. zu achten. Der Vertrag kann darüber hinaus auch eine *Garantie* der anderen Staaten oder einzelner von ihnen, d. h. die Zusage des Schutzes gegen Verletzungen der N. von dritter Seite, enthalten. Alsdann entsteht ein *Schutzverhältnis* besonderer Art, das auch dritte am Vertrag nicht beteiligte Staaten beachten müssen, widrigenfalls sie sich einem Konflikt mit dem Schutzstaat aussetzen.

Für die völkerrechtliche N. bedeutsam sind das V. und das XII. *Haager Abkommen* vom 18. 10. 1907 betr. Rechte und Pflichten der Neutralen im Falle eines Landkrieges und eines Seekrieges (RGBl. 1910 S. 151, 343, 375).

N. im politischen Sinne üben insbes. *Indien, Sri Lanka, Finnland* und *Schweden*. Dauernd neutralisierte Staaten sind die *Schweiz* (s. 34), *Österreich* (s. 36 I), die *Vatikanstadt* (s. 708) und waren in Konfliktsfällen z. B. *Island, Tanger, Triest, Belgien* und *Luxemburg*.

Die dauernde N. der *Schweiz* wurde in der Schlußakte des Wiener Kongresses 1815 verankert und während der Kriege 1859, 1866, 1870/71, 1914/18 von allen Beteiligten geachtet und eingehalten, im 2. Weltkrieg dagegen nicht immer. Den Beitritt zum Völkerbund vollzog die Schweiz erst, nachdem der Völkerbundsrat 1920 zugesagt hatte, daß sie an militärischen Aktionen nicht teilzunehmen und den Durchzug von Truppen oder die Vorbereitung militärischer Unternehmungen auf ihrem Gebiet nicht zu dulden brauche. Um solchen Verpflichtungen zu entgehen, ist die Schweiz bisher weder der UNO noch der NATO beigetreten.

Die dauernde N. *Österreichs* beruht auf dem Staatsvertrag vom 15. 5. 1955, auf dem österreichischen Gesetz vom 26. 10. 1955 und auf der Anerkennung durch alle Großmächte.

Die *Vatikanstadt* wurde durch Art. 24 des Lateranvertrages zwischen Italien und dem Heiligen Stuhl vom 11. 2. 1929 zum dauernd neutralen und unverletzlichen Gebiet erklärt. Das *Freie Gebiet Triest* wurde nach dem Vorbild Danzigs durch Art. 21, 22 des Friedensvertrages mit Italien vom 10. 2. 1947 geschaffen. Die Aufrechterhaltung der Autonomie für ein so kleines Gebiet erwies sich aber als unmöglich, so daß es 1954 zwischen Italien und Jugoslawien aufgeteilt wurde. *Island* wurde nach der Trennung von Dänemark 1944 als dauernd neutraler Staat anerkannt. Es gehört jedoch jetzt der NATO an (s. 913).

Die dauernde N. *Belgiens* beruhte auf einem Vertrag von 1831 und den Londoner Verträgen vom 19. 4. 1839. Sie wurde am 4. 8. 1914 durch den Einmarsch deutscher Truppen verletzt. Art. 31 des Versailler Vertrages stellte die Verträge von 1839 als durch die Verhältnisse überholt fest und verpflichtete das Deutsche Reich, der Aufhebung dieser Verträge zuzustimmen. Die dauernde N. von *Luxemburg*, das dem Deutschen Bund bis zu dessen Auflösung 1866 angehört hatte, beruhte auf dem Londoner Vertrag vom 11. 5. 1867. Nachdem sie 1914 durch den Einmarsch deutscher Truppen verletzt worden war, bezeichnete Art. 40 des Versailler Vertrags die dauernde N. Luxemburgs als aufgehoben, ohne daß Luxemburg Signatar dieses Vertrages war.

922. Friedenspolitik

Fast seit einem Jahrhundert dauern schon die Bemühungen an, durch ein System internationaler Vereinbarungen die bewaffneten Auseinandersetzungen zwischen den Völkern zu vermeiden und Konflikte im Verhandlungswege auszutragen. Diese Friedenspolitik gewinnt um so mehr an Bedeutung, je mehr Massenvernichtungsmittel produziert werden, die Gesundheit und Leben ganzer Völker ernstlich bedrohen. Die Entwicklung hat die Menschheit aber nur in begrenztem Maße dem Ziel einer dauerhaften Kriegsverhütung näher gebracht (vgl. 906, 907, 909).

Ein wichtiges Element der von den UNO-Staaten verfolgten internationalen *Friedenspolitik* ist die politische Entspannung in Mitteleuropa, das im Schnittpunkt der militärischen und wirtschaftlichen Interessen von NATO (913) und Ostblock (923) liegt. Diesem Ziel diente die am 1. 8. 1975 auf der *Konferenz über Sicherheit und Zusammenarbeit in Europa* (KSZE) von 33 Staaten Europas (einschl. UdSSR, aber außer Albanien), den USA und Kanada in *Helsinki* unterzeichnete *Schlußakte*. Die Vereinbarungen anerkennen die Gleichberechtigung und das Selbstbestimmungsrecht der Völker, die Souveränität und territoriale Integrität der Staaten, die Unverletzlichkeit ihrer Grenzen sowie das Verbot der Einmischung in innere Angelegenheiten; Streitfälle sind friedlich zu regeln (vgl. Übereinkommen über Vergleichs- und Schiedsverfahren innerhalb der KSZE, Ges. vom 23. 8. 1994, BGBl. II 1326) und völkerrechtliche Verpflichtungen nach Treu und Glauben zu erfüllen; die Zusammenarbeit der Staaten ist auf der Grundlage der UN-Charta zu fördern; die Achtung der Menschenrechte und Grundfreiheiten wird als tragender Grundsatz herausgestellt; den Zielen der Humanität dienen Vereinbarungen über Erleichterungen in der Familienzusammenführung und der Eheschließung zwischen Bürgern verschiedener Staaten. Außerdem wurden Folgetreffen vorgesehen, auf denen die Verwirklichung der Schlußakte überprüft und weiterführende Vereinbarungen getroffen werden sollten. Das 1. Folgetreffen fand von Okt. 1977 bis März 1978 in Belgrad statt. Fortschritte wurden nicht erzielt, weil der Widerstand der UdSSR einen Beschluß in der Frage der in der Schlußakte von Helsinki geforderten Verwirklichung der Menschenrechte verhinderte. Das 2. Folgetreffen (in Madrid) dauerte vom 11. Nov. 1980 bis 9. Sept. 1983. Die 35 Teilnehmerstaaten (15 NATO-, 7 Warschauer-Pakt-, 13 blockfreie Staaten) einigten sich auf ein „Abschließendes Dokument", in dem sie ihre Entschlossenheit bekräftigten, Prinzipien wie den Gewaltverzicht, die Verurteilung und Bekämpfung des Terrorismus und die Anerkennung der Menschenrechte und Grundfreiheiten, zu achten und anzuwenden. Ferner wurde eine verstärkte Zusammenarbeit in Wirtschaft, Wissenschaft, Technik, Umweltschutz, Kultur und Bildung sowie im humanitären Bereich vereinbart. Eines der wichtigsten Ergebnisse war die Einberufung einer *Konferenz über Vertrauens- und Sicherheitsbildende Maßnahmen und Abrüstung in Europa* (KVAE), deren Ziel es sein sollte, Fortschritte bei der Festigung des Vertrauens und der Sicherheit und bei der Verwirklichung der Abrüstung zu erzielen. Die KVAE trat am 17. 1. 1984 in Stockholm zusammen. Im Sept. 1986 wurden in einem Schlußdokument der 35 Teilnehmerstaaten Vereinbarungen über einen Gewaltverzicht (bei Zulassung individueller und kollektiver Selbstverteidigung) sowie über die Ankündigung von Manövern und deren Beobachtung durch Vertreter der anderen Länder, Erstellung von Jahresübersichten meldepflichtiger militärischer Aktivitäten, Zulässigkeit von Großmanövern nach längerfristiger Ankündigung und Kontrolle der Einhaltung der Vereinbarungen durch Manöverinspektionen getroffen.

Das 3. KSZE-Folgetreffen hat am 4. 11. 1986 in Wien begonnen (35 Teilnehmerstaaten). Es endete im Jan. 1989. Das Schlußdokument enthält vor allem Vereinbarungen zum Schutz der Menschenrechte (besonders Recht auf freie Ausreise, Gleichberechtigung von Mann und Frau, Religionsfreiheit, Minderheitenrechte) sowie über wirtschaftliche und militärische Zusammenarbeit; außerdem wurde ein Mandat für weitere europäische Abrüstungskonferenzen erteilt (s. hierzu 907 IV). Weitere Folgetreffen sollen stattfinden, darunter eine Menschenrechtskonferenz 1991 in Moskau.

In dem Schlußdokument der KSZE-Wirtschaftskonferenz (April 1990 in Bonn) verpflichteten sich die 35 Teilnehmerländer einschließlich der Ostblockstaaten zur Einhaltung der Prinzipien der Marktwirtschaft und zur Errichtung von Mehrparteiensystemen.

Im Nov. 1990 beschlossen die KSZE-Teilnehmerstaaten in Paris die *„Pariser Charta für ein neues Europa"*. Sie erklärt, das Zeitalter der Konfrontation zwischen Ost und West und der Teilung Europas sei zu Ende gegangen. Die Demokratie wird als einzige Regierungsform der europäischen Nationen bezeichnet; die Achtung von Menschenrechten, Grundfreiheiten und die Einhaltung der Rechtsstaatlichkeit werden als maßgebende Prinzipien herausgestellt. Die Notwendigkeit wirtschaftlicher Zusammenarbeit auf der Grundlage der Marktwirtschaft wie auch die Notwendigkeit, die Umweltprobleme in Angriff zu nehmen, wird betont. Für den KSZE-Prozeß wurden neue Strukturen geschaffen (mindestens einmal im Jahr Zusammentreffen der Außenminister als „Rat"; Einrichtung eines Konsultativausschusses; Folgetreffen der Teilnehmerstaaten i. d. R. alle 2 Jahre; Schaffung einer parlamentarischen Versammlung der KSZE; Errichtung eines Konfliktverhütungszentrums in Wien). Das Parlament der KSZE (Mitglieder: 245) soll die Umsetzung der KSZE-Prinzipien bewerten und Vorschläge ausarbeiten, aber keine Entscheidungsbefugnisse haben; es entscheidet mit Mehrheit.

Im März 1992 beschloß die KSZE bei den Wiener Verhandlungen über Vertrauens- und Sicherheitsbildende Maßnahmen (KVAE) weitere Maßnahmen, die militärische Spannungen vermindern und den Frieden sicherer machen sollen, so u. a. die vorherige Ankündigung von Truppenerhöhungen und neuen Hauptwaffensystemen, jährlichen Austausch von Informationen über die Streitkräfte und Beschränkung von Manövern mit mehr als 40000 Mann. Die europäischen Abrüstungsmaßnahmen sollen künftig nur im Rahmen der KSZE verhandelt werden; die bisherige Aufspaltung in KSZE und KVAE soll entfallen (s. hierzu Wiener Dokument 1992, abgedr. im Bulletin der BReg. 1992, 967 ff.). Bei der 4. KSZE-Folgekonferenz in Helsinki (März–Juli 1992) beschlossen die mittlerweile 52 Mitgliedstaaten, die KSZE gem. Kapitel 8 der UN-Charta zu einer regionalen Einrichtung der UNO zu machen; in dieser Eigenschaft soll die KSZE künftig selbständig in Krisengebieten eingreifen können, indem sie Beobachter entsendet oder die NATO, WEU oder EG um die Durchführung entsprechender friedensbewahrender Operationen (jedoch keine militärischen Zwangsmaßnahmen) ersucht. Den am 24. 3. 1992 in Helsinki geschlossenen Vertrag über den *Offenen Himmel* hat die BRep mit Ges. vom 25. 11. 1993 (BGBl. II 2046) ratifiziert. Der Vertrag gestattet den Vertragspartnern Beobachtungsflüge über das Territorium der anderen Vertragsstaaten.

Auf ihrem Gipfeltreffen in Budapest im Dezember 1994 einigten sich die nunmehr bereits 53 Mitgliedstaaten auf einen politisch-militärischen Verhaltenskodex mit politisch verbindlichen Regeln für eine demokratische Kontrolle ihrer Polizei, Geheimdienste und Streitkräfte sowie deren Einsatz im In- und Ausland. Ferner einigte man sich auf Grundprinzipien für eine Nichtweiterverbreitung von Massenvernichtungswaffen. Mit Wirkung vom 1. 1. 1995 wurde die KSZE in *OSZE (Organisation für Sicherheit und Zusammenarbeit in Europa)* umbenannt. Die Konferenz zur gesamteuropäischen Sicherheitspolitik verabschiedete im März 1995 in Paris einen Stabilitätspakt, vor allem mit dem Ziel, entstehende Konflikte zwischen den Mitgliedsländern friedlich zu lösen. 1996 überwachte die OSZE die Wahlen in Bosnien-Herzegowina.

923. Osteuropäische Länder

I. Der Begriff „Ostblock"

Als *Ostblock* bezeichnete man im engeren Sinne die ehemalige Sowjetunion und die unter ihrem Einfluß stehenden „Volksdemokratien", die durch zahlreiche Bündnisverträge zusammengeschlossen waren und als sog. *Satellitenstaaten* ihre Politik und ihre Staats- und Gesellschaftsordnung nach der ehemaligen UdSSR als dem führenden Staat ausrichteten. Zu dieser sowjetischen Einflußsphäre gehörten Polen, die ehemalige Tschechoslowakei, Ungarn, Bulgarien, Rumänien sowie die ehemalige Deutsche Demokratische Republik.

Zu den Ostblockstaaten im weiteren Sinne zählten die übrigen kommunistischen Staaten: Volksrepublik China, Nordkorea, Vietnam, die Mongolei und Kuba.

Die lange Zeit als geschlossen erscheinende politische Einheit des Ostblocks wurde im Laufe der Entwicklung, besonders der Ereignisse Ende 1989 und Anfang 1990, auf Grund der politischen, ideologischen, nationalen und vor allem wirtschaftlichen Interessengegensätze der ihm angehörenden Länder sowie wegen des fortschreitenden Abrückens einiger Staaten von der kommunistischen Ideologie, des Verfalls des Machtmonopols und Führungsanspruchs der einzelnen kommunistischen Parteien und der Übernahme demokratischer Elemente, hauptsächlich der Zulassung weiterer politischer Parteien und der Durchführung freier Wahlen, aufgelöst (s. dazu unten).

II. Der Warschauer Pakt

war als Militärbündnis der europäischen Ostblock-Staaten das Gegenstück zur NATO, begründet am 14. 5. 1955 in Warschau durch den *„Vertrag über Freundschaft, Zusammenarbeit und gegenseitigen Beistand“ (Warschauer Vertrag)*.

Die Militärorganisation des Warschauer Pakts wurde im Hinblick auf die veränderte Situation in Europa, wie sie vor allem mit den KSZE-Beschlüssen vom Nov. 1990 eingetreten ist (s. 922), mit Wirkung vom 1. 4. 1991 aufgelöst.

III. COMECON (Rat für gegenseitige Wirtschaftshilfe – RGW)

Der *wirtschaftliche* Zusammenschluß der Ostblock-Länder war der am 25. 1. 1949 gegründete *Rat für gegenseitige Wirtschaftshilfe* (RGW; engl.: COMECON = Council for Mutual Economic Aid), der als Gegengewicht zum Marshallplan (s. 910) ins Leben gerufen worden ist.

Auf Grund der veränderten politischen, gesellschaftlichen und wirtschaftlichen Situation im gesamten Ostblock wurde der COMECON im Juni 1991 aufgelöst.

IV. Neueste Entwicklung

Die politische und wirtschaftliche Entwicklung im Ostblock vollzog sich unterschiedlich, aber stets in enger Ausrichtung an der ehemaligen UdSSR. Die früheren sozialistischen (kommunistischen) Volksrepubliken Albanien, Bulgarien, Polen, Rumänien und Ungarn wiesen in Anlehnung an die ehemalige Sowjetunion eine auf dem Rätesystem fußende, weitgehend übereinstimmende Staatsverfassung auf: Einkammersystem (nach einer Einheitsliste gewähltes Parlament) und als kollektives Staatsoberhaupt einen vom Parlament gewählten Staatsrat (oder dessen Vorsitzenden). Nur in der ehemaligen Tschechoslowakei bestand eine andere Staatsverfassung (s. unten). In allen kommunistischen Ostblockländern war der wirkliche Träger der Staatsgewalt die kommunistische Partei (KP) kraft ihres beherrschenden Einflußes in allen Staatsorganen und der Gesellschaft. In den ersten Jahrzehnten nach dem 2. Weltkrieg wurden in einzelnen Ostblockstaaten Aufstände gegen die kommunistische Herrschaft oder Abweichungen von der kommunistischen Ideologie noch durch Einsatz militärischer Gewalt unterdrückt (so 1953 in der DDR, 1956 in Ungarn, 1968 in der Tschechoslowakei). In den letzten Jahren seit etwa 1985 setzte jedoch – ausgehend von der reformerischen *„Glasnost- und Perestrojka-Politik"* Gorbatschows in der UdSSR (s. 35 III) – ein Wandel ein. Nicht zuletzt wegen der anhaltend schlechten wirtschaftlichen Lage in den Ostblockländern zeigten sich zunehmend Liberalisierungs- und Demokratisierungstendenzen. Ende 1989/Anfang 1990 beschleunigte sich diese Entwicklung. Innerhalb weniger Monate wurden auf Grund zumeist friedlicher revolutionärer Akte der Bevölkerung der meisten Ostblockstaaten die bestehenden kommunistischen Regierungen weitgehend beseitigt, der Führungsanspruch der KP aus den Verfassungen gestrichen, freie Wahlen durchgeführt und unter gleichzeitiger, wenn auch unterschiedlich intensiver Abkehr von der kommunistischen Ideologie weitere Schritte zur Verwirklichung demokratischer und rechtsstaatlicher Verhältnisse eingeleitet und eine Hinwendung zur Marktwirtschaft vollzogen.

Zur Entwicklung in den einzelnen Staaten:

1. Albanien

hielt trotz der Wandlungen in den übrigen osteuropäischen Ländern zunächst an seinem orthodoxen kommunistischen System fest und lehnte Änderungen politischer und wirtschaftlicher Art ab. Im Jan. 1990 wurden allerdings wirtschaftliche und politische Reformen eingeleitet. Im Juli 1990 wurden weitere wirtschaftliche Freiheiten (u. a. Zulassung privater Arbeit) von Handwerkern) eingeräumt. Im Dez. 1990 wurde die Verfassung geändert und das Streikrecht, Religionsfreiheit, das Recht auf Privateigentum und Parteienfreiheit eingeführt. Auf Grund eines neuen Wahlgesetzes wurden neben der KP andere Parteien zugelassen. Bei den ersten freien Wahlen im April 1991 erreichte die KP eine Mehrheit von 67,2%. Eine neue Verfassung soll erarbeitet werden; darin soll Albanien als „Albanische Republik" ohne den Zusatz „sozialistisch" bezeichnet werden. Ein Entwurf wurde allerdings im Oktober 1994 durch Volksentscheid abgelehnt. Im Juni 1991 wurde die erste Mehr-Parteien-Regierung seit 1944 gebildet. Die Kommunistische Partei benannte sich in „Sozialistische Partei Albaniens" um. Ebenfalls im Juni 1991 trat Albanien der KSZE-Schlußakte von Helsinki (s. 922 I) bei. Die desolaten Verhältnisse führten im Juli/Aug. 1991 zu einer Massenflucht von Albaner nach Italien. Im Okt. 1991 wurde Albanien in den Internationalen Währungsfonds (s. 918 II) und in die Weltbank (s. 918 III) aufgenommen. Bei den Wahlen im Mai 1996 gewann die Demokraktische Partei 67,8% der Stimmen, während die Sozialistische Partei auf 26% zurückfiel. Die neue Regierung will die Marktwirtschaft einführen. Im Juli 1992 wurden totalitäre Parteien (vor allem die Kommunistische Partei) verboten, am 18. 1. 1994 gab die Regierung die Preise für Grundnahrungsmittel frei.

2. Bulgarien

Die Planwirtschaft Bulgariens wird auf Grund einer 1986 abgeschlossenen Reform durch marktwirtschaftliche Prinzipien ergänzt. 1988/1989 erklärte die bulgarische Regierung ihren Willen zum politischen und wirtschaftlichen Wandel nach dem Vorbild der Reformpolitik in der UdSSR. Die Führungsrolle der KP wurde im Jan. 1990 aus der bulgarischen Verfassung gestrichen. Im Feb. 1990 trat die kommunistische Regierung zurück. Im Juni 1990 fanden in Bulgarien die ersten freien Wahlen seit dem 2. Weltkrieg statt. Hierbei erreichte die Bulgarische Sozialistische Partei die Mehrheit. Im Juli 1991 wurde eine neue Verfassung verabschiedet. Bulgarien ist hiernach ein „sozialer und demokratischer Rechtsstaat"; der Begriff „sozialistisch" ist gestrichen; der Präs. wird direkt gewählt; gewährleistet werden politischer Pluralismus, Freiheit der Persönlichkeit und Demokratie. Im März 1992 wurden die landwirtschaftlichen Genossenschaften und Kooperativen abgeschafft; die Privatisierung der Staatsunternehmen ist durch Ges. vom April 1992 eingeleitet worden. Auch in den Wahlen vom 18. 12. 1994 erreichte die Bulg. Sozialistische Partei eine klare Mehrheit.

3. Polen

In Polen ergaben sich aus der unter Führung von *Lech Walesa* um die Jahreswende 1980/1981 durch Streiks erzwungenen Anerkennung der parteiunabhängigen Gewerkschaft „Solidarität" zunächst noch keine verfassungsrechtlichen Veränderungen. Die kommunistische „Polnische Vereinigte Arbeiterpartei" (PVAP) blieb herrschende politische Kraft. Die „Solidarität" wurde Okt. 1982 verboten und erst im April 1989 offiziell wieder zugelassen. Ebenfalls im April 1989 wurde im Rahmen politischer und verfassungsrechtlicher Reformen eine zweite Parlamentskammer, der Senat, aus 100 frei zu wählenden Abgeordneten geschaffen; der bisherige Staatsrat wurde aufgelöst und durch das Amt eines Staatspräsidenten ersetzt. Im Juni 1989 wurden teilweise freie Wahlen abgehalten, bei denen die „Solidarität" einen Großteil der möglichen Parlaments- und Senatssitze erhielt. Im Aug. 1989 wurde *Tadeusz Mazowiecki* als erster Nichtkommunist seit Ende der 40er Jahre in einem Ostblockland zum Ministerpräsidenten gewählt. Im Jan. 1990 löste sich die PVAP bei gleichzeitiger Gründung einer „sozialdemokratischen" Nachfolgeorganisation selbst auf, der Führungsanspruch der KP wurde aus der Verfassung gestrichen, der Staatsname von „Volksrepublik Polen" in „Republik Polen" geändert. In der geänderten Verfassung wird Polen zudem nicht mehr als „sozialistischer Staat" sondern als „demokratischer Rechtsstaat" bezeichnet. In wirtschaftlicher Hinsicht wird von den neuen Kräften eine Öffnung zum Westen und die freie Marktwirtschaft angestrebt. Auf Grund einer Verfassungsänderung vom Sept. 1990 wird der polnische Präsident in Zukunft vom Volk gewählt; in den ersten freien Präsidentschaftswahlen in Polen wurde *Lech Walesa,* der Führer der „Solidarität", im Dez. 1990 zum Präsidenten (bis 1995) gewählt. Bei den Parlamentswahlen im Sept. 1993 wurde das nachkommunistische Bündnis der Demokratischen Linken mit 20,4% stärkste Partei, gefolgt von der Bauernpartei (PSL) mit 15,4%. Im Nov. 1992 wurde eine demokratische Verfassung verabschiedet, die jedoch im wesentlichen Organisationsfragen regelt und nur als Übergangsregelung bis zum Inkrafttreten einer vollständigen Verfassung gelten soll. Am 1. 2. 1994 trat der Assoziierungsvertrag mit der EU in Kraft, am 8. 4. 1994 stellte Polen den Antrag auf Aufnahme in die EU.

4. Rumänien

Der Rumänien diktatorisch beherrschende kommunistische Staats- und Parteichef *Nicolae Ceausescu* lehnte noch gegen Jahresende 1989 politische und wirtschaftliche Reformen nach dem Vorbild von Gorbatschows Politik ab und beharrte auf der Führungsrolle der KP. Er wurde im Dez. 1989 durch einen bürgerkriegsähnlichen Volksaufstand gestürzt und hingerichtet. Am 29. Dez. 1989 wurde der Begriff „sozialistisch" aus dem Staatsnamen gestrichen. Freie Wahlen zu einem aus zwei Kammern bestehenden Parlament wurden vorgesehen; die Voraussetzungen für ein Mehrparteiensystem wurden im Jan. 1990 geschaffen. Im Dezember 1991 wurde eine neue Verfassung vom Volk angenommen. Sie bezeichnet Rumänien als einen demokratischen und sozialen Rechtsstaat und garantiert politischen Pluralismus. Bei den Wahlen im Sept. 1992 erhielt die Partei der Sozialen Demokratie 117, die Demokratische Konvention 82 und die Demokratische Partei – Front zur Nationalen Rettung 43 Sitze.

5. Tschechische Republik, Slowakische Republik (früher ČSSR und ČSFR)

Die ČSSR war eine „Föderative Sozialistische Republik"; sie hatte ein gemeinsames Staatsoberhaupt (Präsident), eine Bundesversammlung (200 im Gesamtstaat gewählte Abgeordnete) und eine Länderkammer mit je 75 vom tschechischen und vom slowakischen Nationalrat (Parlament) delegierten Abgeordneten. In der tschechischen und der slowakischen Teilrepublik bestand neben den Nationalräten je eine eigene Regierung.

In der ČSSR bestanden schon in den 60er Jahren Bestrebungen, die Wirtschaftsbeziehungen zu den westlichen Ländern zu intensivieren und zugleich die eigene Wirtschaftspolitik zu liberalisieren (so das von *Ota Sik* entwickelte neue „ökonomische Modell"). Im politischen Bereich traten seit Jan. 1968 Lockerungstendenzen unter *Alexander Dubcek* immer stärker zutage; sie führten zunächst zur Aufhebung der Pressezensur und strebten den Schutz von politischen Minderheiten und die Wiederzulassung anderer Parteien an. Die dadurch sich steigernden Spannungen im Ostblock führten am 21. 8. 1968 zur Besetzung der ČSSR durch Truppen der UdSSR, Polens, Ungarn, Bulgariens und der DDR und zur Entmachtung der Regierung. Diese konnte ihre Tätigkeit erst nach personellen Veränderungen und Rücknahme der Liberalisierungsmaßnahmen wieder aufnehmen. In der ČSSR sind immer wieder freiheitliche Bestrebungen aufgeflammt, so mit der Veröffentlichung der von zahlreichen Reformpolitikern von 1968, Schriftstellern und Künstlern unterzeichneten *„Charta 77"*; sie stellt das verfassungsmäßig garantierte Recht auf Meinungs- und Bekenntnisfreiheit heraus und fordert, von der politischen Verfolgung derer Abstand zu nehmen, die für die unveräußerlichen Grund- und Menschenrechte eintreten.

Anhaltende Demonstrationen der Bevölkerung Ende 1989 führten auch in der ČSSR zur politischen Wende. Im Nov. 1989 schaffte das Parlament den Führungsanspruch der KP ab. Seit Dez. 1989 besteht in der Regierung der ČSSR keine kommunistische Mehrheit mehr. Der Bürgerrechtler und Kritiker des früheren Regimes *Vaclav Havel* wurde zum Staatspräsidenten, *Alexander Dubcek* zum Parlamentspräsidenten gewählt (Dez. 1989/Jan. 1990). Freie und allgemeine Wahlen fanden im Juni 1990 statt; hierbei gewann die revolutionäre Bürgerbewegung „Bürgerforum" eine klare Mehrheit, die bei den Wahlen im Juni 1996 bestätigt wurde. Im April 1990 wurde der Staatsname in *„Tschechische und Slowakische Föderative Republik" (ČSFR)* geändert; die Bezeichnung des Staates als „sozialistisch" wurde aufgegeben. Schon 1991/1992 zeigten sich vor allem durch die Unabhängigkeitsbestrebungen der Slowaken Tendenzen zu einer Aufteilung der ČSFR. Die Slowakei erklärte sich Juli 1992 zu einer souveränen Republik; eine slowakische Verfassung wurde im Sept. 1992 verabschiedet. Die Verfassung der Tschechischen Republik wurde im Dez. 1992 vom Parlament gebilligt. Zum 1. 1. 1993 wurde die seit 1918 bestehende Föderation der Tschechoslowakei aufgelöst und in zwei souveräne Staaten aufgeteilt, die *Tschechische Republik* und die *Slowakische Republik;* beide sind Nachfolgestaaten der ČSFR.

6. Ungarn

Auch in Ungarn kam es 1989/1990 zu einer politischen Umwandlung. Im Okt. 1989 benannte sich die „Volksrepublik Ungarn" in „Republik Ungarn" um. Die Verfassungsänderungen umfaßten weiter die Voraussetzungen für ein Mehrparteiensystem, die Gewährleistung bestimmter Grundrechte wie Versammlungs-, Meinungs- und Religionsfreiheit und die Errichtung eines Verfassungsgerichtshofes. Die (kommunistische) „Ungarische Sozialistische Arbeiterpartei" (USAP) wandelte sich im Okt. 1989 in die „Ungarische Sozialistische Partei" (USP) um; sie sieht sich zwar als Nachfolgerin der alten Partei, will aber nicht mehr eine kommunistische Arbeiterpartei sein, sondern eine Volkspartei mit dem Ziel eines demokratischen Sozialismus. Am 23. Okt. 1989 wurde die Führungsrolle der Kommunistischen Partei aus der Verfassung gestrichen. Im März/April 1990 wurden die ersten freien Wahlen seit 40 Jahren in Ungarn abgehalten. Aus den Parlamentswahlen im Mai 1994 ging die Sozialistische Partei als klarer Sieger hervor, gefolgt von den Freien Demokraten und dem mitte-rechts Bündnis „Demokratisches Forum". Bei einer Verfassungsänderung im Juni 1990 wurde u. a. das Recht auf Eigentum eingeräumt.

924. Die Arabische Liga

I. Gründung

Die Bestrebungen, alle arabischen Länder zu einigen, wurden am Ende des 2. Weltkrieges wieder aufgenommen. Am 22. 3. 1945 bildeten *Ägypten, Irak, Jordanien, Libanon, Saudi-Arabien, Syrien* und *Jemen* die *Arabische Liga* mit dem Sitz in Kairo; dort wurden auch ein Generalsekretariat eingerichtet und regelmäßige Ratstagungen abgehalten. Im Jahre 1953 wurden *Libyen,* 1956 der *Sudan,* 1958 *Marokko* und *Tunesien,* 1961 *Kuwait* und *Algerien* in die Arabische Liga aufgenommen.

Weitere kleinere, unabhängig gewordene Staaten traten bei, so das Sultanat *Oman* und die am 2. 12. 1971 proklamierten *„Vereinigten Arabischen Emirate"* am Persischen Golf, ferner *Bahrein, Katar, Mauretanien, der Südjemen* und *Somalia;* auch die Palästinesische Befreiungs-Organisation (PLO) wurde aufgenommen. Außer dieser umfaßte die Liga 1994 insgesamt 21 Länder; die Mitgliedschaft Ägyptens war von 1979–1989 suspendiert.

Die Gründung der Arabischen Liga geht auf die *panarabische Bewegung* zurück, deren Hauptziele die Befreiung der unter türkischer Herrschaft stehenden arabischen Völker und der Kampf gegen die Bildung eines israelischen Staates waren. Sie erreichte die Loslösung der arabischen Völker von der Türkei, die zu den Verliererstaaten des 1. Weltkriegs gehörte, und nach dem 2. Weltkrieg die Anerkennung aller arabischen Länder (bis auf Jordanien) als *unabhängige Staaten,* die in der Folgezeit in internationale Organisationen aufgenommen wurden. Nicht zuletzt infolge des Palästina-Problems und der Israel-Frage (vgl. 932) wurde die Liga zum Sprachrohr des arabischen Nationalismus. Im September 1993 billigte die Arabische Liga das Gaza-Jericho-Abkommen zwischen der PLO und Israel.

II. Entwicklung in einzelnen Mitgliedstaaten

1. Ägypten

Ägypten, das im 7. Jahrh. n. Chr. von den Arabern besetzt wurde, stand von 1517–1914 unter türkischer Hoheit; Es wurde 1914 zum brit. Protektorat erklärt. Im Jahre 1922 bestätigte England die Unabhängigkeit Ägyptens; 1936 zog es seine Truppen auf die Suezkanalzone zurück, die es in den Jahren 1954–1956 räumte. König Faruk wurde 1952 zur Abdankung gezwungen; 1953 wurde die *Republik* ausgerufen. Abd el *Nasser* wurde 1954 Ministerpräsident. Er enteignete im Juli 1956 die Suezkanalgesellschaft und löste dadurch eine Weltkrise aus, die zum militärischen Angriff Englands, Frankreichs und Israels führte. In dieser *Suezkrise* erreichte die *UNO* (s. 909) den Rückzug der Truppen von ägyptischem Boden und die erneute Öffnung der *Suezkanaldurchfahrt*. Ägypten, eine präsidiale Republik (neue Verfassung von 1980) mit beherrschendem Einfluß des Präsidenten, strebte unter der politischen Führung der Partei „Arabische Sozialistische Union" (neuerdings „National-Demokratische Partei") eine Vormachtstellung innerhalb der Arabischen Liga an. Der innerarabische Konflikt beendete die Führungsrolle Ägyptens.

2. Syrien

Syrien war bis 1918 türkisch, von 1920–1941 französisches Mandatsgebiet und wurde im Jahre 1941 in die Republiken Syrien (Hauptstadt Damaskus) und *Libanon* (Hauptstadt Beirut) aufgeteilt. Beide sind seit 1944 selbständige Staaten mit eigenen Parlamenten. Politische Wirren in Syrien ließen von 1946 bis 1958 einen Staatsstreich dem anderen folgen. Syrien ist eine präsidiale „volksdemokratisch-sozialistische Republik"; es steht unter dem beherrschenden Einfluß der nationalistisch-sozialistischen *Baath-Partei*.

3. Libanon

Der Libanon ist eine unabhängige parlamentarische Republik (Einkammerparlament) mit einem seit 1943 bestehenden konfessionellen Proporzsystem. Das Amt des Staatspräsidenten wird traditionsgemäß mit einem maronitischen Christen, das des MinPräs. mit einem sunnitischen und das des Parl.Präs. mit einem schiitischen Moslem besetzt. Der Libanon ist in zahlreiche rivalisierende politische und konfessionelle Gruppen gespalten, die zudem z. T. von verschiedenen ausländischen Mächten (vor allem Syrien und Israel, aber mindestens indirekt auch die Großmächte) zumindest zeitweise unterstützt oder auch bekämpft werden. Konfessionelle Gruppen sind vor allem die maronitischen, armenischen, griech.-kath. und griech.orthodoxen Christen und die Moslems (Sunniten, Schiiten, Drusen). Eine Ursache für die im Libanon herrschenden Spannungen ist, daß ursprünglich der christlich-maronitische Bevölkerungsteil die Mehrheit besaß, während inzwischen die *Schiiten* in der Mehrzahl sind. Der radikale Flügel der Schiiten hat sich zur *Hisbollah* („Partei Gottes") zusammengeschlossen, während die Gemäßigten die *Amal* („Hoffnung") gebildet haben. Nach Jahren (seit 1975) des Bürgerkrieges hat sich seit 1990 die Lage etwas entspannt. Das Land leidet aber nach wie vor an den Folgen der Zerstörungen. Nach wie vor kommt es zu Gewalttaten. 1992 fanden erstmals seit 1972 wieder Parlamentswahlen statt.

4. Irak

Der Irak (Hauptstadt Bagdad) umfaßt das reiche und fruchtbare Mesopotamien, das Stromtiefland zwischen Euphrat und Tigris. Es stand seit 1534 unter osmanischer Verwaltung, wurde nach dem 1. Weltkrieg britisches Mandat und 1932 selbständig. Nach der provisorischen Verfassung von 1964 und einem „Nationalen Pakt" von 1971 ist der Irak eine „demokratische Volksrepublik". Die politische Führung liegt bei der nationalen und sozialistischen *Baath-Partei* und dem Staatspräs. Zu einer kriegerischen Auseinandersetzung mit dem Iran (926 II 3) führte im Sept. 1980 das Eindringen irakischer Truppen im iranischen Gebiet am Ufer der für die Ölversorgung wichtigen Wasserstraße des Schatt-el-Arab. Der sog. „Golfkrieg" ist durch einen Waffenstillstand seit Aug. 1988 beendet. Der Irak besetzte im Aug. 1990 den Nachbarstaat Kuwait und annektierte ihn. Der Irak befolgte mehrere Resolutionen der UNO, die ihn zum Rückzug aus Kuwait aufforderten, nicht. Auf Grund von Beschlüssen der UNO wurde der Irak daraufhin im Golfkrieg (Jan.–März 1991) von einer von der USA geführten multinationalen Streitmacht gezwungen, sich aus Kuwait zurückzu-

ziehen. Der Irak hat 1993 einer langfristigen Kontrolle seiner Rüstung zugestimmt, das irakische Atompotential mußte zerstört werden. Die Auswirkungen des Ende 1996 noch bestehenden UNO-Embargos auf die Ernährung und medizinische Versorgung der Bevölkerung sind weitreichend. Im Norden des Irak wurde eine Autonome Region Kurdistan geschaffen.

5. Jordanien

Jordanien (bis 1949 Transjordanien) ist seit 1946 unabhängiges, konstitutionelles Königreich (Hauptstadt Amman). Es besteht ein Militärbündnis mit *Saudi-Arabien*. Einen ständigen Streitpunkt mit dem benachbarten Israel (932) bildet die *Jordan-Frage* (Auseinandersetzung um das Wasser des Jordan). Als König *Hussein II.* Mitte 1970 dazu neigte, im Krieg mit Israel einen Friedensplan der USA anzunehmen, erhoben sich arabische Guerillas *(„Volksfront zur Befreiung*

Palästinas"); es kam zur Einsetzung einer Militärregierung durch den König und zum Bürgerkrieg. Im Febr. 1986 beendete König Hussein die Zusammenarbeit mit der PLO (s. 932 II 2), da sie einer Friedenslösung im Konflikt mit Israel im Weg steht. Bei der ersten Mehrparteienwahl seit 1956 am 8. 11. 1993 siegten die gemäßigten Kräfte, die König Hussein in seinen Friedensbemühungen mit Israel unterstützten. Am 25. 7. 1994 wird der seit 1948 mit Israel herrschende Kriegszustand beendet.

6. Saudi-Arabien

Saudi-Arabien umfaßt den größten Teil der Halbinsel *Arabien,* nämlich das Königreich *Nedschd,* d. h. Innerarabien zwischen Jordanien, Irak und Kuweit, Jemen sowie das Königreich *Hedschas* entlang der Küste des Roten Meeres mit der Hauptstadt Mekka und das ehemalige Emirat *Asir.* Der Sultan *Ibn Saud* von Nedschd eroberte 1924/25 Mekka und Medina und vereinigte den größten Teil Arabiens zum Saudi-Arabischen Königreich. Seit 1932 islamische absolute Monarchie. Der König ist nominell auch geistliches Oberhaupt. Es besteht ein nationaler Konsultativrat mit 60 Mitgliedern, die nicht der Königsfamilie angehören. Der Rat hat zwar keine legislativen Befugnisse, es ist aber die erste Institution, die eine Mitwirkung des Volkes an der Politik vorsieht. 1993 wurden 13 Regionen gebildet, an deren Spitze jeweils ein vom König eingesetzter Gouverneur steht. Wirtschaftliche Zusammenarbeit mit den USA. Saudi-Arabien ist das in der OPEC (Organization of Petroleum Exporting Countries) führende ölproduzierende Land; es neigt zu enger Kooperation insbesondere mit den westlichen Ländern durch Austausch von Öl gegen Industrieausrüstungen.

7. Jemen

Der Jemen war in seinem nördlichen Teil bis 1918 Teil des Osmanischen Reiches, sodann Königreich bis 1962 (Ausrufung der Republik). Der Jemen war stets „blockfrei", wenn auch durch vielfache Beziehungen mit den Ostblockstaaten verbunden; er gehört zu den Bandung-Staaten (926). Am 1. 12. 1967 wurde der südliche Teil des Jemen, bis dahin brit. Protektorat *Aden,* als „Demokratische Volksrepublik Südjemen" unabhängig. Der nördliche Teil benannte sich in „Arabische Republik Jemen" (Hauptstadt *Sana*) um. Zwischen beiden Staaten bestehen ideologische Gegensätze. Der Nordjemen ist politisch und wirtschaftlich dem benachbarten Saudi-Arabien verbunden, der Südjemen, die „Demokratische Volksrepublik Jemen", ist dagegen eine sowjetisch beeinflußte sozialistische Volksrepublik. Im Mai 1990 vereinigten sich Nord- und Südjemen unter der Bezeichnung „Republik Jemen", die nach der Verfassung von 1991 eine islamische Präsidialrepublik ist. Oberstes Exekutivorgan ist ein fünfköpfiger Präsidialrat. Die nach wie vor bestehenden Spannungen und Meinungsverschiedenheiten zwischen dem Norden und Süden eskalierten in einem Bürgerkrieg 1994, den letztlich der Nordjemen für sich entschied.

8. Libyen

Libyen umfaßt die Kyrenaika, Tripolitanien und Fessan. Es stand seit 1517 unter türkischer Oberhoheit, wurde 1911 von den Italienern besetzt und nach dem 2. Weltkrieg zunächst von England bzw. Frankreich treuhänderisch verwaltet. Im Jahre 1949 wurde die Kyrenaika als selbständiger Staat der Senussi anerkannt. Im Jahre 1951 wurde L. aus brit.-franz. Militärverwaltung entlassen und unabhängiges Königreich. Am 1. 9. 1969 rief eine Militärjunta die Republik aus (Revolutionsrat unter Oberst *O. M. al Kadhafi*). Die politische Führung liegt in der Hand der „Arab. Sozialist. Union". Die Verfassung vom März 1977 sieht einen Allgemeinen Volkskongreß als Gesetzgebungsorgan und dessen Generalsekretariat als Exekutivorgan vor. Libyen ist seither eine sozialistische Volksrepublik auf der geistigen Grundlage des Islam. Seit 1994 gilt islamisches Recht (Scharia).

9. Sudan

Der Sudan, im nordöstlichen Afrika westlich des abessinischen Hochlandes entlang dem mittleren und oberen Nil gelegen, war seit altersher im Besitz Ägyptens. Er kam auf Grund eines Vertrags von 1899 unter ein anglo-ägyptisches Kondominium mit beherrschendem brit. Einfluß; dieser Status wurde 1953 beseitigt. Nach dem 2. Weltkrieg verlangte Ägypten den Anschluß des Sudans. Der Sudan erklärte sich am 1. 1. 1956 zur unabhängigen Republik und trat der UNO bei. Spannungen mit Ägypten namentlich infolge Grenzstreitigkeiten und wegen des Baues des *Assuan-Staudammes*. Im Mai 1973 wurde eine neue Verfassung erlassen. Der Sudan gehört zu den Ländern, in denen die Regierung zunehmend – beginnend 1983 mit dem Strafrecht und 1984 fortgesetzt mit dem Steuerrecht und dem Zivilrecht – die Gesetzgebung auf die die islamische Glaubenslehre ausrichtet (vgl. 927 II, III, IV); das hat – neben anderen Ursachen – zum Bürgerkrieg der im Norden lebenden moslemischen Araber, die die Regierung tragen, mit den im Südsudan lebenden schwarzafrikanischen Anhängern von christlichen und Naturreligionen geführt. Der Bürgerkrieg dauert weiter an.

10. Algerien

Algerien, nach wechselvoller Geschichte zeitweise zur Türkei gehörend, 1830– 1880 von Frankreich besetzt und seit 1947 Bestandteil Frankreichs, löste sich nach heftigen Kämpfen der Befreiungsfront (FLN) 1962 vom Mutterland. Algerien ist nach der 1976 geänderten Verfassung eine „Republik des revolutionären Sozialismus“ mit Einparteiensystem und dem Islam als Staatsreligion. Die Wahl des Präs. und der Nationalversammlung findet nach allgemeinem Wahlrecht statt. Bei den Parlamentswahlen im Dez. 1991 erzielte die fundamentalistische (s. 927 IV) Islamische Heilsfront (FIS) einen deutlichen Sieg. Da damit eine totale Islamisierung Algeriens bevorstand, verhängte der Staatsrat, der im Januar 1992 unterstützt vom Militär die Macht übernommen hatte, im Feb. 1992 den Ausnahmezustand; die FIS wurde im März 1992 verboten. Derzeit besteht ein Nationaler Übergangsrat mit 178 Mitgliedern. Dem Staatsoberhaupt wurden bis zu den für das Jahr 1997 geplanten freien Wahlen weitgehende Vollmachten eingeräumt.

11. Tunesien

Tunesien, seit 1575 türkisch und von 1881 bis 1946 französ. Protektorat, gehörte sodann der *Französ. Union* an. Es wurde 1956 selbständig und Mitglied der UNO. Der letzte Bei von Tunis wurde 1957 abgesetzt, und Tunesien wurde zu einer präsidialen Republik. Revidierte Verfassung von 1959. Die Sozialistische Destour-Partei, nach einem Machtwechsel 1987 in „Sammelbewegung für eine demokratische Verfassung“ umbenannt, hält fast alle Sitze im Parlament (1-Kammer-System).

12. Marokko

Marokko erklärte 1956 seine Unabhängigkeit und wurde 1957 zum Königreich ausgerufen. Es entstand durch Vereinigung von Französisch-Marokko, Spanisch-Marokko (Protektoratsgebiete auf Grund der Verträge von 1911/12) und Tanger. Marokko ist eine konstitutionelle Monarchie; doch sah schon die

Verfassung von 1962 weitgehende Vollmachten für den König vor, der den Regierungschef und die Minister ernennt, dem Kabinett vorsitzt und das Parlament auflösen konnte. 1970 trat eine neue Verfassung in Kraft, die das bisherige Zweikammersystem durch ein Einkammersystem ersetzte. Nach der im März 1972 durch Referendum bestätigten 3. Konstitution werden ⅔ der Parlamentsmitglieder vom Volk unmittelbar gewählt und ⅓ durch Wahlgremien bestimmt. 1996 wurde die Verfassung erneut geändert, das Zweikammersystem wird wieder eingeführt. In dem seit 1975 schwelenden Konflikt um die Zukunft der ehemaligen Kolonie *Spanisch-Westsahara* konnte Marokko seine Ansprüche noch nicht gegen den politischen Widerstand Algeriens und den militärischen der Guerilla-Organisation „POLISARIO" durchsetzen. Der Waffenstillstand ist im Sept. 1991 in Kraft getreten. Die seit langem vorgesehene Volksabstimmung über die Unabhängigkeit der Westsahara wurde erneut verschoben.

925. Südostasien-Pakte

I. *SEATO*

Am 8. 9. 1954 begründeten die USA in Manila in einem Sicherheitsvertrag nach dem Muster des Nordatlantikpakts (913) mit südostasiatischen Ländern – Philippinen, Nationalchina, Thailand – die South East Asia Treaty Organization (abgekürzt *SEATO*), an der sich auch Pakistan (1972 ausgetreten), Großbritannien, Frankreich (seit 1967 nur noch nominell Mitglied) sowie die britischen Dominien Australien und Neuseeland beteiligten *(Manila-Pakt)*.

Der Pakt bezweckte die gemeinsame Abwehr eines Angriffs auf die Signatarstaaten sowie auf Südvietnam, Laos und Kambodscha. Es wurden ein Ministerrat, ein Ständiger Rat, ein Sekretariat und ein militär. Planungsstab (in Thailand) eingerichtet.

Infolge der politischen Veränderungen in diesen Ländern waren die Zielsetzungen des Paktes in den letzten Jahren überholt. Die beteiligten südostasiatischen Staaten beschlossen deshalb, den Manila-Pakt am 30. 6. 1977 aufzulösen und seine Aufgaben auf die ASEAN überzuleiten.

II. *ASEAN*

Die Association of South-East Asian Nations *(ASEAN)* wurde am 8. 8. 1967 von Indonesien, Malaysia, den Philippinen, Singapur und Thailand zwecks Kooperation in Wirtschaft, Verkehr und Kultur begründet (seit 1984 ist Brunei weiteres Mitglied; im Juli 1992 sind Vietnam und Laos beigetreten).

Sekretariat in Djakarta (Indonesien). Australien ist assoziiert. Die Vertragsstaaten vereinbarten 1977 untereinander Vorzugszölle. Im März 1980 wurde mit der Europ. Wirtschaftsgemeinschaft in Kuala Lumpur ein Wirtschaftsabkommen geschlossen, das für die ASEAN-Staaten Meistbegünstigung (554 IV) und andere Handelserleichterungen, für die EG-Länder verbesserte Investitionsmöglichkeiten und Zugang zu den Rohstoffen Südostasiens sowie einen gemeinsamen Kooperationsausschuß vorsieht. Im Dez. 1987 schlossen die ASEAN-Länder vier Abkommen zur Erleichterung des Handels, Förderung von Gemeinschaftsunternehmen und Ausweitung ihres gemeinsamen Markts.

Gleichzeitig betonten sie, daß ASEAN kein militärisches Bündnis sei. Im Dezember 1995 erklärten die Mitgliedsstaaten ihre Region zur atomwaffenfreien Zone.

III. *ANZUS*

Politische und militärische Ziele verfolgt der sog. *ANZUS-Pakt,* am 1. 9. 1951 zunächst von drei Staaten als Australia-New Zealand-United Staates-Pakt gegründet, am 10. 4. 1971 durch ein Verteidigungsbündnis unter Einbeziehung von Großbritannien, Malaysia und Singapur erweitert.

Organ ist ein Konsultativrat, bestehend aus den Außenministern. Der Pakt bezweckt, die politische Unabhängigkeit und Integrität der Vertragsstaaten im pazifischen Raum zu gewährleisten und ihre Abwehrkraft gegen bewaffnete Angriffe zu stärken. Ursprünglich gegen ein Wiederaufleben des japanischen Expansionismus begründet, dient er nun zur Stabilisierung der Australien und Neuseeland umgebenden Ozeanregionen.

IV. *ASPAC*

Ein Teil der Mitglieder der SEATO gründete am 16. 6. 1966 den *Asiatisch-Pazifischen Rat* (Asian and Pacific Council, *ASPAC*), der indes nur eine lockere Organisation mit politischer, wirtschaftlicher und kultureller Zielsetzung ist. Ihm gehörten zunächst 9 westlich orientierte Staaten des asiatisch-pazifischen Raums an (Australien, Neuseeland, Japan, Malaysia, Thailand, die Philippinen, Nationalchina, Südkorea und Südvietnam); Im Jahre 1973 stellten Australien, Japan und Malaysia ihre Teilnahme ein.

Organe sind die Mitgliederkonferenz, ein Generalsekretär und ein Ständiger Botschafterausschuß.

V. *SAARC*

Als Gegenstück zur ASEAN wurde 1983 eine „Organisation für regionale Zusammenarbeit in Südasien" (SAARC = South Asian Association of Regional Cooperation) gegründet. Sie ist ein Zusammenschluß von 7 Staaten unter Führung Indiens (weitere Mitglieder: Pakistan, Nepal, Bhutan, Bangla Desh, Sri Lanka, Malediven), der die Zusammenarbeit in Landwirtschaft, Post, Fernmeldewesen, Verkehr u. a. fördern soll.

926. Die „blockfreien (bündnisfreien)" Staaten

I. Überblick

Die *Blockfreien-Bewegung* (Movement of Non-Aligned Countries) leitet ihren Namen davon ab, daß sie ursprünglich eine Vereinigung von Ländern darstellte, die keinem der früheren beiden großen Machtblöcke in West und Ost (NATO, s. 913, Warschauer Pakt, s. 923 II) angehörten. Wegen ihrer Mitgliederzahl (Anfang 1997: 115 Staaten sowie die beiden Befreiungsorganisationen PLO, s. 932 II 2, und SWAPO, s. 929 II 5), ihrem großen Anteil an der Weltbevölkerung (rund 75%) und der entsprechenden Zahl ihrer UNO-Sitze kommt ihr politisch vor allem in der UNO (s. 909) und wirtschaftlich im Rahmen des „Nord-Süd-Dialogs“ zwischen Industrieländern und Entwicklungsländern (vgl. 900 II, 919 IV) besonderes Gewicht zu.

1. *Ziele der Bewegung*

waren vor allem die Koordinierung, Formulierung und Vertretung ihrer gemeinsamen politischen, wirtschaftlichen, kulturellen und militärischen Interessen gegenüber den früheren beiden Machtblöcken in Ost und West. Die *Hauptforderungen* sind die Beendigung von Kolonialismus, jeder Form einer Fremdherrschaft sowie des Rassismus, die Schaffung einer neuen Weltwirtschaftsordnung, besonders eine Neuordnung des Verhältnisses zwischen Industrienationen und Dritter Welt (s. 900 II), sowie eine allgemeine Abrüstung. Die Bewegung wird ihre Ziele und ihr Selbstverständnis wegen des Endes des Machtblock-Systems neu bestimmen müssen.

2. *Entwicklung*

Schon im Feb. 1946 hatte der indische Min.präs. *Nehru* eine erste Asienkonferenz nach Delhi einberufen, der 1948 eine zweite folgte. Als eigentlicher Vorläufer der Blockfreien Bewegung gilt die *„Afro-Asiatische Solidaritätskonferenz“* von *Bandung* im Jahre 1955, an der 23 asiatische und 6 afrikanische Staaten teilnahmen. Aus ihr entwickelte sich durch Hinzutreten weiterer Länder die Organisation der Blockfreien. Eine eigentliche Gründungscharta besteht jedoch nicht. Auf der Vorbereitungskonferenz in Kairo (1961) wurden lediglich die Voraussetzungen für die Mitgliedschaft festgelegt.

3. *Organe der Blockfreien-Bewegung*

Die Blockfreien-Bewegung ist nur in einer lockeren Organisation zusammengefaßt. Als Organe können gelten:

a) die *Gipfelkonferenz*

als höchstes Gremium findet i. d. R. alle 3 Jahre an wechselnden Orten statt. Das jeweils gastgebende Land führt die Präsidentschaft bis zur nächsten Gipfelkonferenz. Daneben gibt es weitere Konferenzen auf verschiedenen Ebenen, vor allem die Außenministerkonferenz.

b) das *Koordinationsbüro*

mit Sitz in Belgrad und 66 Mitgliedern ist in der Zeit zwischen den Gipfelkonferenzen das Organ, dem die Koordinierung und Ausführung der Beschlüsse und Programme anvertraut ist. Regelmäßige Treffen des Büros finden in New York statt.

4. *Bisherige Gipfelkonferenzen*

Bei den Diskussionen der Gipfelkonferenzen werden politische und wirtschaftliche Bestrebungen häufig miteinander verknüpft; auch ergeben sich selbst in Grundsatzfragen vielfach Differenzen, die aus ideeller Annäherung an die Ziele eines der beiden Machtblöcke zu erklären sind, aber auch auf unterschiedlichen ökonomischen Positionen beruhen können (z. B. der Sonderstellung der Ölländer). Wegen unterschiedlicher politischer Auffassungen kamen schon auf den früheren Konferenzen (Belgrad 1961, Kairo 1964, Lusaka 1970, Algier 1973) kaum einheitliche Beschlüsse zustande. Auf der 5. Konferenz in Colombo 1976 waren sich die damals 85 Mitgliedstaaten jedoch einig über die Notwendigkeit einer verbesserten Verteilung der Reichtümer durch wirtschaftliche Koordination; auch wandte sich die Konferenz gegen Rassismus und Kolonialismus. Die 6. Konferenz in Havanna 1979 erzielte Einigkeit in der Ablehnung jeder Form von Imperialismus, Kolonialismus und rassischer Diskriminierung sowie im Eintreten für Befreiungsbewegungen jeglicher Art. Die 7. Konferenz in Delhi (1983) wandte sich gegen Kernwaffen und forderte eine Neuordnung des internationalen Finanz- und Währungssystems. Die 8. Konferenz in Harare 1986 forderte die Beendigung des Wettrüstens und Sanktionen gegen die Republik Südafrika wegen der dortigen Apartheid-Politik (s. 929 II 4). Auf der 9. Konferenz (Sept. 1989) in Belgrad wurde in der Schlußdeklaration eine gerechtere Verteilung des Reichtums, die Lösung der Schuldenkrise (s. 900 II) und eine echte Kooperation zwischen den Industrie- und Entwicklungsländern sowie die Wahrung der Menschenrechte gefordert; das Recht des Individuums auf bürgerliche, politische, soziale und kulturelle Freiheit wurde hervorgehoben. Dagegen konnten die Meinungsverschiedenheiten über die regionalen Konflikte (Afghanistan, Libanon, Kambodscha usw.) nicht überbrückt werden. Bei der 10. Konferenz (Sept. 1992 in Jakarta) wurde auf Antrag islamischer Delegationen die Kriegsführung der Serben in Bosnien (s. 37 II 11) verurteilt. Beratungsgegenstände waren außerdem der Nord-Süd-Konflikt und die künftige Stellung der Blockfreien-Bewegung nach dem Ende des früheren Denkens in getrennten Machtblöcken. Bestätigt wurde der Wille zu einer friedlichen Beilegung aller Konflikte in der Welt. Die Forderung nach einer Reform der UNO stand im Mittelpunkt der 11. Konferenz 1995 in Cartagena/Kolumbien. Hauptbegehren ist ein verbessertes Mitspracherecht der Entwicklungsländer im UNO-Sicherheitsrat.

II. Die größten blockfreien Staaten sind:

1. *Indien*

wurde 1947 nach Abtrennung von Pakistan als Union der indischen Staaten ein unabhängiges britisches Dominium mit Gleichberechtigung aller religiösen Gruppen. Es erhielt 1950 eine republikanische Verfassung mit parlamentarischem Regierungssystem und föderalistischem Prinzip, blieb aber im britischen Commonwealth (s. 931). Es bestehen 25 Bundesstaaten mit eigenen Legislativ- und Exekutivorganen sowie 7 Territorien, die der Bundesregierung unmittelbar unterstehen. Parlament mit zwei Kammern („Haus des Volkes" und „Haus der Staaten"). Politisch mit Unterbrechung seit 1977 führend die *Kongreßpartei,* in deren Leitung zunächst Mohandas K. *Gandhi,* Jawaharlal *Nehru,* Lal Bahadur *Schastri* und Indira *Gandhi* aufeinander folgten. Gemäßigter Sozialismus (Versicherungen, Banken und wichtigste Industriezweige sind verstaatlicht) mit antikommunistischer Tendenz. Zwar ging auch aus den Wahlen 1991 (Unterhaus) und 1994 (Oberhaus) die Kongreßpartei als klarer Sieger hervor, bei den Wahlen 1996 zum Unterhaus verlor sie aber ihre klare Mehrheit.

2. *Pakistan*

wurde 1947 als Islam-Staat von Indien abgetrennt. Es zerfiel bis 1971 in *Ostpakistan* im Delta des Ganges und Brahmaputra und das mehr dem mittleren Osten zuneigende *Westpakistan.* Innenpolitisch besteht seit Jahrzehnten ein latenter Streit zwischen Moslems und der hinduistischen Minderheit. Zwischen *Indien* und *Pakistan* bestehen seit 1947 Grenzstreitigkeiten vor allem um *Kaschmir* (vorläuf. Grenzabkommen 1949: der überwiegend moslemische Westen wird von Pakistan, der meist hinduistische größere Teil – Hauptstadt Srinagar – von Indien besetzt). Es kam deshalb immer wieder zu Kriegshandlungen. 1988 wurde ein Nichtangriffspakt vereinbart. Pakistan gehört westlich orientierten internationalen Wirtschaftsorganisationen an (z. B. GATT), bemüht sich aber zugleich um ein gutes Verhältnis zu Ostblockstaaten.

Westpakistan (Islamische Republik Pakistan) ist nach der Verfassung von 1973 eine föderative Republik mit Zweikammersystem. 1988 wurde der Islam (Scharia, s. 927) zum obersten Gesetz erklärt. Bei den Wahlen im Oktober 1993 wurde die Pakistanische Volkspartei stärkste Partei; früher regierende Partei war die Muslim Liga.

Bangla Desh ist präsidiale Volksrepublik (Verfassung von 1972, zuletzt 1991 geändert). Das Parlament hat 330 Abgeordnete, von denen 300 direkt gewählt werden. Die Abgeordneten wählen 30 Frauen dazu. Stärkste Partei seit den Wahlen 1991 ist die Nationalpartei (BNP). Staatsreligion ist der Islam.

Grenzstreitigkeiten bestehen auch zwischen Pakistan und dem angrenzenden *Afghanistan,* das bis 1963 eine kaum beschränkte, erst durch die Verfassung von 1964 begrenzte Monarchie war; seit 17. 7. 1973 ist A. Republik (derzeit ist die Verfassung von 1987 maßgebend). Es ist Mitglied der UNO. Die innere Lage Afghanistans war gekennzeichnet durch politische Machtkämpfe und Aufstände, besonders moslemischer Bevölkerungsteile gegen das frühere, dem Sozialismus zuneigende Regime. Im Dez. 1979 gelangte die marxistische Partscham-Partei durch einen mit militärischer Unterstützung der früheren UdSSR durchgeführten Putsch an die Macht. Die frühere UdSSR unterstützte auch in den folgenden Jahren durch Waffenlieferungen und starken Einsatz eigener Truppen den Kampf der Regierung gegen die moslemischen Aufständischen (Mudjaheddin), zog sich aber im Feb. 1989 völlig zurück. Grundlage hierfür war das Genfer Abkommen vom April 1988, in dem Pakistan, die frühere UdSSR und die USA auf jegliche Interventionen in A. verzichteten. Nationalversammlung mit 217 Mitgliedern, aus den letzten Wahlen im Oktober 1993 ging die Pakistan People's Party als Sieger hervor. Islamische Sitte und Recht (s. 927 III) sind maßgebend.

3. *Iran* (Persien)

war seit 1906 konstitutionelle Monarchie mit Zweikammersystem (Nationalversammlung, Senat). Schah *Mohammed Reza Pahlevi* (seit 1941; im Exil gest. 25. 7. 1980) bemühte sich um soziale Reformen, Ausbau des Bildungswesens, Industrialisierung und Übernahme westlicher Lebensformen, wurde darin aber stark behindert durch reaktionäre Kräfte aus dem religiösen Bereich der Schiiten-Anhänger. Seit Anfang 1979 Studentenunruhen, geschürt durch Marxisten (islamische: *Mudschaheddin-e-Chalqu,* atheistische: *Feddajin-e- Chalqu*) und die verbotene kommunistische *Tudeh*-Partei; es bildete sich eine breite Front gegen das Schah-Regime, entscheidend vorangetrieben durch eine revolutionäre Bewegung, die, angeführt von den religiösen Schiitenführern unter dem Ayatollah *R.M. Chomeini* (gest. 3. 6. 1989), im Febr. 1979 den Sturz des Schahs herbeiführte. Am 1. 4. 1979 wurde auf Grund einer Volksabstimmung die „Islamische Republik" ausgerufen. Die religiös-konservativen Kräfte wandten sich vor allem gegen westliche Einflüsse im öffentlichen und privaten Leben und gegen das Vordringen und die Tätigkeit von Exponenten wirtschaftlicher Konzerne aus den Industriestaaten – insbes. den USA –, die der Schah im Interesse der Modernisierung der Wirtschaft des Landes gefördert hatte. Banken, Versicherungen, der Bergbau, Stahl- und Automobilwerke sowie zahlreiche andere Industriezweige wurden verstaatlicht. Die innerpolitische Entwicklung stand im Zeichen einer religiösen Radikalisierung. Die auf Grund eines Referendums vom 31. 3. 1980 proklamierte Verfassung der „Islamischen Republik Iran" von 1980 erklärte den Islam zur Staatsreligion. Es besteht ein zwölfköpfiger Verfassungsrat (Wächterrat), das Parlament hat 270 Abgeordnete. Im Strafrecht gilt islamisches Recht (Scharia).

4. *Indonesien*

ist eine zentralistische Republik mit Einkammersystem und starker Stellung des Staatspräs., der einen erheblichen Teil der Abgeordneten ernennt. Es umfaßt mehr als 3000 Inseln (darunter Südborneo, Celebes, Sumatra und Java). Es löste sich ab 1945 von den Niederlanden, zu denen 1960 die Beziehungen abgebrochen wurden. Während Sumatra partikularistische Tendenzen zeigt, besteht auf Java erheblicher kommunistischer Einfluß.

5. *Japan*

ist eine parlamentarisch-demokratische Erb-Monarchie. Es besteht ein Zwei-Kammer-System: „Haus der Räte" (Oberhaus) und „Abgeordnetenhaus" (Unterhaus). Die Mitglieder des Oberhauses wechseln alle 3 Jahre zur Hälfte; das Unterhaus, das in der Gesetzgebung letztlich entscheidet, wird auf 4 Jahre gewählt. Staatsoberhaupt ist der Kaiser („Tenno"), der nach der bis 1945 allgemein akzeptierten schintoistischen Staatsideologie göttliche Verehrung genoß und weiterhin als das Symbol Japans und der Einheit des japanischen Volkes gilt. Aus den Wahlen zum Unterhaus 1993 ging die Liberaldemokratische Partei (LPD) als klare Siegerin hervor. Nach dem Zusammenbruch im August 1945 unterstand Japan einer amerikanischen Militärregierung unter General *Mac-Arthur*. 1947 trat eine, zuletzt 1994 geänderte, Verfassung nach amerikanischen Richtlinien in Kraft. Am 8. 9. 1951 schlossen Japan und die USA den Friedensvertrag von San Francisco, der dem Land seine Souveränität zurückgab. Bis heute sind die Beziehungen zwischen Rußland und Japan durch das Kurilen-Problem belastet: Rußland hält die für die Schiffahrt zwischen dem Kriegshafen Wladiwostok und dem offenen Pazifik wichtigen südlichen Kurilen-Inseln seit Kriegsende besetzt. Mit China sind die Senkaku-Inseln umstritten, doch wurde 1978 zwischen beiden Staaten ein Friedensvertrag abgeschlossen. Das Verhältnis zu den USA ist bestimmt durch die Notwendigkeit der Verteidigung der japanischen Inseln mit Hilfe des amerikanischen Atomschirms. Der Aufbau japanischer konventioneller Streitkräfte steht innenpolitischen und verfassungsrechtlichen Hindernissen gegenüber. Auf Grund eines Ges. vom Juni 1992 können jedoch bis zu 2000 Soldaten auf Anforderung der UNO zu friedenserhaltenden Maßnahmen (sog. Blauhelm-Einsätze) ins Ausland entsandt werden. Die weltweit expandierende japanische Wirtschaft setzte sich auf den Märkten Südostasiens gegen europäische und amerikanische Konkurrenz durch und vermochte auch in Europa und den USA beachtliche Marktanteile zu erwerben. Dies führte besonders in den von Japan während des 2. Weltkrieges besetzten Ländern Südostasiens (Philippinen, Malaysia, Burma, Indonesien, Singapur) zu anti-japanischen Ressentiments, welche die japanische Außenpolitik nicht unwesentlich belasten. Um den Vorwürfen zu begegnen, Japan schütze durch Einfuhrhindernisse den eigenen Markt, während es selbst ungehemmt exportiere, hat Japan in letzter Zeit damit begonnen, durch den Abbau von Handelshemmnissen, besonders durch Zollsenkungen, den Import nach Japan zu erleichtern. Gleichzeitig hat es Selbstbeschränkungen seiner Exporte zugesagt.

III. Kleinere blockfreie Staaten:

1. *Myanmar (früher: Burma)*

wurde 1937 von Brit.-Indien gelöst und brit. Kolonie, sodann auf Grund eines Vertrags und einer Verfassung von 1947 selbständige buddhistische Bundesrepublik. Auch nach der am 1. 1. 1974 in Kraft getretenen Verfassung besteht ein diktatorisches Militärregime mit staatssozialistischer Tendenz. Höchstes Entscheidungsgremium ist das aus einer Kammer bestehende Parlament (Volksversammlung). Die wichtigsten Wirtschaftsunternehmen sind verstaatlicht. Hauptstadt ist Yangon (früher: Rangun). Myanmar ist wie Indien neutral. Der Staatsname wurde im Mai 1989 in „Union von Myanmar“ geändert, um zum Ausdruck zu bringen, daß außer den Birmesen weitere Volksgruppen dem Land angehören. Bei den Wahlen im Mai 1990 siegte die zur bisher regierenden Militärjunta in Opposition stehende Nationale Liga für Demokratie. Das Parlament hat aber seine Arbeit bislang nicht aufgenommen. Seit 10. 1. 1993 gibt es eine verfassungsgebende Versammlung, die am 9. 4. 1994 einen Verfassungsentwurf verabschiedet hat.

2. *Ceylon (Sri Lanka)*

war ehemals niederländische, später britische Kolonie; es wurde 1948 unabhängig. C. ist Republik (Einkammersystem) mit sozialistischer Tendenz, außenpolitisch neutral und gehört dem brit. Commonwealth (931) an. Nach der Verfassung von 1978 besteht ein präsidiales Regierungssystem mit Einkammerparlament, Staatspräs., Ministerpräs. und Regierungskabinett. Die Bevölkerung setzt sich hauptsächlich aus Singhalesen (74 v. H.) und Tamilen (18 v. H.) zusammen. Zwischen den buddhistischen Singhalesen und den hinduistischen Tamilen bestehen aus rassischen, religiösen und wirtschaftlichen Gründen Spannungen, die zu ständigen Unruhen führen. Die Tamilen streben daher einen selbständigen Staat in Nord-Ceylon an. Im Juli 1987 schlossen Indien und C. ein Abkommen zur Beendigung des Bürgerkriegs, das vor allem die Selbstverwaltungsrechte der einzelnen Provinzen von C. erweitert. Die tamilischen Ost- und Nordprovinzen können sich unter einer gemeinsamen Provinzialregierung zusammenschließen. Indien soll die Einhaltung der Vereinbarungen – nicht zuletzt auch militärisch – garantieren. Die indischen Truppen haben im März 1990 Sri Lanka verlassen. Siegerin der Wahlen 1994 ist die linksgerichtete Volksallianz (PA).

3. *Malaysia*

(ein Zusammenschluß aus den Gebieten von Malaya, Sarawak und Sabah in Nordborneo) ist ein 1963 begründeter monarchistischer Bundesstaat (weltweit einzige Wahlmonarchie: der König wird von den 9 regierenden Sultanen aus ihrer Mitte für 5 Jahre gewählt) auf parlamentarischer Grundlage (Zweikammersystem). Latenter Rassenkonflikt zwischen dem malaischen Staatsvolk und den Nachfahren chinesischer Einwanderer (beide Bevölkerungsgruppen sind etwa gleich zahlreich).

Das im Nordwesten Borneos gelegene, von Malaysia wie von Indonesien lange Zeit beanspruchte Sultanat *Brunei,* brit. Schutzgebiet bis 1971, sodann unter dem außenpolitischen und Verteidigungsprotektorat Großbritanniens, ist seit 1. 1. 1984 unabhängig.

4. *Vietnam*

in Hinterindien, Teil des früheren *Indochina,* besteht aus den ehem. französischen Protektoraten *Annam* und *Tonking* und der ehem. französischen Kolonie *Kotschinchina.* Im Jahre 1949 erkannte Frankreich durch die Konvention von Saigon die Unabhängigkeit von Vietnam im Rahmen der Indonesischen Konföderation und der Französischen Union an. Infolge Vordringens des kommunistischen Einflusses mußte sich Frankreich aus Indonesien zurückziehen. Während *Nord-Vietnam* von den Kommunisten beherrscht wurde, hielt sich *Süd-Vietnam* zum Westen. Versuche Nordvietnams, die Staatsgewalt auch in Südvietnam an sich zu reißen, veranlaßten die USA als Garantiemacht des Südstaates 1964 zum Eingreifen. Seit 1970 verlagerten sie aber die militärische Gegenwehr auf die Landesstreitkräfte. In einem Waffenstillstandsabkommen wurde 1973 auf der Grundlage des Genfer Abkommens über V. von 1954 der Abzug der ausländischen Streitkräfte vereinbart, ferner für Südv. das Selbstbestimmungsrecht, freie Wahlen unter internationaler Aufsicht u. a. freiheitliche Garantien. Es wurden eine gemeinsame Militär-Kommission von Nord- und Südv. und eine internationale Kontroll- und Überwachungskommission eingesetzt. Gleichwohl drangen 1975 nordvietnamesische Verbände mit Unterstützung Rot-Chinas weiter nach Süden vor und führten mit der Eroberung von Saigon gewaltsam eine Wiedervereinigung des Landes unter kommunistischer Führung herbei. V. ist seit 1980 sozialistische Republik mit Verfassung von 1992 und Ein-Kammer-Parlament (Nationalversammlung). Führende politische Kraft ist die Kommunistische Partei, Hauptstadt ist Hanoi.

5. *Laos*

Das Königreich *Laos* in Hinterindien stand bis 1949 unter französischer Oberhoheit, wurde sodann unabhängig im Rahmen der französ. Union und ist seit 1953 selbständig (seit 1955 UNO-Mitglied). Seit 3. 12. 1975 ist Laos „Demokratische Volksrepublik", das Königtum ist abgeschafft. Am 2. 7. 1976 wurde L. durch eine Nationalversammlung, deren Wahl unter Ausschluß oppositioneller Bewerber zustandegekommen war, zur „Sozialistischen Republik" erklärt. Im März 1989 wurde zum ersten Mal seit über einem Jahrzehnt ein Parlament gewählt. Seit Aug. 1991 besteht eine neue Verfassung, in der der Sozialismus nicht mehr erwähnt wird; die führende Rolle der Volksrevolutionären Partei ist jedoch beibehalten.

6. *Kambodscha*

Das zwischen Thailand, Laos und Südvietnam gelegene *Kambodscha,* stand seit Ende des 19. Jahrh. unter französischem Einfluß. 1949 wurde zwar vertraglich die Unabhängigkeit Kambodschas innerhalb der Französischen Union anerkannt, völlige staatliche Unabhängigkeit erlangte das Land aber erst Ende 1953; diese wurde durch die Genfer Indochina-Konferenz 1955 bestätigt. Das Land verfolgte unter Führung von *Norodom Sihanouk* lange Zeit eine Neutralitätspolitik zwischen den beiden Machtblöcken in Ost und West. Im Lauf der Eskalation des Vietnamkriegs gelangte 1970 durch einen Staatsstreich eine antikommunistische und proamerikanische Gruppe an die Macht, die 1973 nach einem Bürgerkrieg durch die prokommunistischen Roten Khmer abgelöst wurde. Diese übten eine Schreckensherrschaft aus, die etwa 1 Mio. Menschen durch Mord, Hunger und Krankheiten das Leben kostete. 1978/1979 drangen vietnamesische Streitkräfte in Kambodscha ein. Die Invasion richtete sich vornehmlich gegen das Terror-Regime der Roten Khmer und ersetzte deren Herrschaft durch eine vietnamfreundliche Regierung. Diese wird seither von einer aus drei verschiedenen Gruppen (Rote Khmer und zwei Gruppen von Nichtkommunisten) gebildeten Widerstandskoalition bekämpft. Vietnam zog seine Truppen im Sept. 1989 vollständig aus Kambodscha zurück. Nach einigen Jahren des Bürgerkrieges ist Kambodscha seit 1993 eine parlamentarische Monarchie, erneut wurde *Norodom Sihanouk* zum König gewählt. Am 21. 9. 1993 wurde eine neue Verfassung verabschiedet, die als Staatsform die konstitutionelle Monarchie festlegt und ein Mehrparteiensystem vorsieht. 1994 beschloß die Nationalversammlung ein Verbot der Roten Khmer.

7. *Thailand (Siam)*

ist eine konstitutionelle Monarchie mit demokratischer Regierungsform. Nach der Verfassung, die im Dez. 1991 neu erlassen wurde, besteht das Parlament aus zwei Kammern (Abgeordnetenkammer und Senat). Thailand ist wirtschaftlich eines der stärksten Länder Südostasiens. Es steht an der Schwelle zu einem modernen Industriestaat. Doch wurde das Land wiederholt durch Militärputsche erschüttert. Bei den Wahlen vom September 1992 erreichten die demokratischen Parteien eine Mehrheit gegenüber den Parteien, die dem immer noch starken Militär nahestehen. Thailand genießt auch weiterhin die Hilfe der USA namentlich bei der Modernisierung seiner Streitkräfte; die USA sehen in Thailand einen ihrer wichtigsten Verbündeten in Südostasien.

8. Die *Philippinen*

sind eine Inselgruppe mit über 7100 Inseln (die größten davon: Luzon mit der Hauptstadt Manila, Mindanao) im nordmalaischen Archipel. Die Bevölkerung ist ein Gemisch von Malaien, Polynesiern und Einwanderern aus China, Indien, Europa und Arabien. Die Verfassung sieht nach amerikanischem Vorbild einen Präsidenten vor, der Staatsoberhaupt und Regierungschef zugleich ist und vom Volk direkt gewählt wird. Als Legislative besteht ein Parlament aus 2 Kammern (Senat und Abgeordnetenhaus). Das innenpolitische Bild wird bestimmt durch schroffe soziale Gegensätze zwischen Großgrundbesitzern und Kleinbauern sowie anderen armen Bevölkerungsteilen. Die im Spannungsfeld solcher Gegensätze erwachsenen Widerstände finden vielfach auch die Unterstützungen kirchlicher Kreise in der zu ⅘ röm.-kath. Bevölkerung. Mitgliedschaft der Philippinen in der ASEAN (925 II). Eine neue Verfassung, welche die weitgehenden Befugnisse des Staatsoberhaupts einschränkt und eine demokratische Grundordnung herstellt, ist im Februar 1987 in Kraft getreten.

927. Der Islamismus

I. *Bedeutung des Islam in der heutigen Welt*

Der Islam, eine von *Mohammed* (geb. um 570 in Mekka, gest. 632 in Medina) begründete monotheistische Religion, ist eine Weltreligion (ca. 1 Mrd. Moslems). Die islamische Welt umfaßt die arabischen Staaten (vgl. 924) sowie vor allem Türkei, Iran, Indonesien, Afghanistan, Pakistan, Bangladesh, Turkmenistan, Tadschikistan, Kirgisistan, Usbekistan, Kasachstan; islamische Minderheiten bestehen hauptsächlich in Indien und China. Etwa 17% der Weltbevölkerung sind islamischen Glaubens. Geographisch liegt der Kern der islamischen Welt im sog. Nahen Osten, also im Schnittpunkt zwischen Europa, Afrika und Asien. Damit kommt die Kontrolle über wichtige Verkehrsverbindungen, wie z. B. den Suezkanal, und Meeresengen (Dardanellen, Rotes Meer, Straße von Hormuz), sowie vor allem über einen Großteil der Weltvorräte an Erdöl islamischen Staaten zu. Diese Faktoren sowie die Tatsache, daß der Islam nach seinem Selbstverständnis über den religiösen Bereich hinaus umfassend auf alle Lebensbereiche, besonders auf das Recht und den politischen Bereiche einwirkt, machen den islamischen Glauben und den sog. Islamismus (s. dazu unten IV) zu einer der bewegenden Kräfte der Weltpolitik. Der Islamismus beeinflußt durch seine wachsenden Aktivitäten vor allem das Verhältnis der Länder der „Dritten Welt" (s. 900 II) zu den westlichen Industriestaaten.

II. *Inhalt und innere Entwicklung des Islam*

1. *Inhalt des Islam*

Der Islam (arab. „Ergebung" in den Willen Gottes) geht zwar auf einige jüdische und christliche Wurzeln zurück, entwickelte sich aber völlig eigenständig. Prägend ist die streng monotheistische Ausrichtung, d. h. es gibt nur einen einzigen Gott *(Allah);* Mohammed und andere (darunter Moses und Jesus Christus) sind lediglich Propheten, die den von Allah selbst geoffenbarten Glauben überbringen. Eine eigene Priesterschaft oder eine oberste Autorität kennt der Islam nicht, jedoch kommt den Religionsgelehrten *(ulama)* eine besondere Bedeutung innerhalb der islamischen Gesellschaft zu. Der Islam sieht für den Gläubigen *(Moslem)* fünf religiöse Hauptpflichten vor, die sog. „fünf Säulen" *(arkan)* des Glaubens: das Glaubensbekenntnis *(schahadah)* zum einzigen Gott Allah, das täglich fünfmal stattfindende Gebet *(salah),* das Almosengeben *(sakat),* das Fasten in der Zeit von Sonnenaufgang bis Sonnenuntergang während des Monats Ramadan *(saum)* und die Pilgerfahrt nach Mekka *(hadsch),* die wenigstens einmal im Leben unternommen werden soll. Der Pilger hat hierbei verschiedene Rituale, darunter das siebenmalige Umrunden der *Kaaba,* dem zentralen Heiligtum der Moslems in Mekka, auszuführen. Wichtiger Bestandteil des Islam ist ferner das Verbot des Genusses von Alkohol und Schweinefleisch. Zu den Pflichten der islamischen Gemeinde zählt außerdem der *dschihad,* üblicherweise mit „heiliger Krieg" der Moslems gegen die Ungläubigen (Nicht-Moslems) übersetzt; der Begriff, der auch das innere Bemühen des Einzelnen auf dem Weg Allahs umfaßt, besagt, daß der Islam mit politischen, wirtschaftlichen und geistigen Mitteln, unter Umständen auch mit Waffengewalt, verteidigt und auch ausgebreitet werden soll.

Grundlage des islamischen Glaubens und auch eines großen Teils des weltlichen Lebens ist der *Koran,* das heilige Buch der Moslems, das nach deren Glauben unmittelbar das Wort Gottes ist, d. h. daß er in Inhalt und Sprache von Gott selbst stammt und dem Propheten wörtlich mitgeteilt worden ist. Der Koran, der seine heutige Gestalt um 650 erhielt, ist in 114 Kapitel *(Suren)* mit 6000 Versen (*ayat,* d. h. Zeichen) eingeteilt, die religiöse, ethische, juristische und soziale Regelungen enthalten. Neben dem Koran besteht die *Sunna* („Herkommen"). Sie ist ein Komplex aus Tradition, Brauchtum und überlieferter Rechtspraxis. Ein wichtiger Teil der Sunna sind die *Hadithe* (überlieferte Worte des Propheten), denen eine besondere Vorbildwirkung zukommt.

2. *Innere Entwicklung des Islam*

Im Islam wurden frühzeitig Tendenzen zu Abspaltungen wirksam. Anläßlich des Streits um die legitime Nachfolge Mohammeds bildete sich die Partei *(schia)* Alis, des Vetters und Schwiegersohns Mohammeds, die die Auffassung vertrat, nur eine leibliche Herkunft vom Propheten legitimiere zur politischen und geistigen Führerschaft. Hieraus gingen die *Schiiten* hervor, die – neben den allgemeinen islamischen Glaubensüberzeugungen – Heilserwartungen an den *Imam* knüpfen, der als rechtmäßiger Träger der dynastischen Erbfolge nach Mohammed zum echten Führer der Gläubigen und wahren Interpreten des Koran berufen ist. Schon zur Zeit des Kalifen Ali (656–661) sonderten sich die *Charidjiten* von den Schiiten ab; sie halten die strikte Einhaltung des Koran für das entscheidende Kriterium der Legitimität der geistlichen und weltlichen Führung. Die Schiiten teilen sich weiter in die Zaiditen, die Siebener-Schiiten (auch Ismailiten genannt), die sieben Imame anerkennen, und die Zwölfer-Schiiten (auch Imamiten genannt), die zwölf Imame anerkennen. Z. T. sind weitere Gruppierungen vorhanden. Die Zwölfer-Schiiten bilden im Iran die Staatsreligion. Insgesamt sind 12% aller Moslems schiitischen Glaubens.

Die Hauptgruppe der Moslems (80%) bilden die *Sunniten*. Sie erkennen als Nachfolger des Propheten auch solche Personen an, die nicht dessen leibliche Nachkommen sind. In theologischer Hinsicht stützen sie sich neben dem Koran vor allem auf das in der *sunna* überlieferte Herkommen und das durch *hadithe* erläuterte Vorbild Mohammeds.

III. *Das religiöse islamische Recht*

Der Islam ist eine Gesetzesreligion. Religiöse Verhaltensregeln und rechtliche Vorschriften gehen ineinander über. Das islamische religiöse Recht *(scharia)*, das allerdings in keinem islamischen Staat mehr vollständig gilt, ist in seinem Kern nicht systematisiert und kodifiziert. Als oberste Rechtsquelle gilt der Koran. Da dessen Aussagen zur rechtlichen Gestaltung des Lebens nicht ausreichen (nur 600 der 6000 Verse befassen sich mit rechtlichen Sachverhalten), wird die sunna, ergänzt durch den hadith, herangezogen; ferner gilt der allgemeine Konsens *(idschma)* der Glaubensgemeinschaft als Rechtsquelle. Hinzukommen die üblichen juristischen Methoden, wie vor allem der Analogieschluß *(qijas)* und die Heranziehung von Gutachten über frühere Entscheidungen *(fetwas)*.

Inhaltlich regelt die scharia als umfassender Pflichtenkatalog die Beziehungen zu Allah, den Mitmenschen und zur Gemeinschaft. Im Strafrecht sind für bestimmte Delikte drakonische Körperstrafen (z. B. Handabschlagen bei Diebstahl, Steinigung bei Ehebruch, Auspeitschung bei Alkoholgenuß) vorgesehen. Diese Strafen werden jedoch zumeist nicht mehr praktiziert. Im Eherecht sind dem Mann bis zu vier Ehefrauen erlaubt. Die Scheidung kann durch einseitige Erklärung des Mannes erfolgen; die Frau hat das gleiche Recht, wenn dies in einem Ehevertrag vereinbart worden ist. Im Fall der Scheidung hat der Mann – unabhängig von der Schuldfrage – angemessenen Unterhalt zu erbringen. Das Erziehungsrecht für Kinder bis 9 Jahren (in einigen Staaten bis zum 21. Jahr) hat die Frau, danach steht es dem Mann zu.

Einige islamische Staaten haben in den letzten Jahrzehnten moderne Kodifikationen verschiedener Rechtsgebiete, darunter auch des Familien- und Erbrechts, vorgenommen (so z. B. Türkei, Algerien, Ägypten, Tunesien, Irak) und dabei versucht, islamische Rechtstraditionen mit modernem Rechtsverständnis zu verbinden. Andererseits zeigen sich im Gefolge des Islamismus (s. unten IV) auch Bestrebungen, das klassische islamische Recht der scharia wieder stärker zur Geltung zu bringen, so z. B. in Pakistan, das im Mai 1991 die scharia zum obersten Gesetz erklärte und in Lybien (seit 1994).

IV. *Der Islamismus*

In den letzten Jahrzehnten ist in der islamischen Welt eine zunehmende Rückbesinnung auf die ursprünglichen islamischen Traditionen und Werte zu beobachten. Diese Strömungen werden verschieden bezeichnet (z. B. Re-Islamisierung, islamischer Fundamentalismus, Islamismus), meinen aber alle das gleiche Phänomen. Am treffendsten scheint der Begriff *„Islamismus"*, da hierdurch zum Ausdruck gebracht wird, daß die betreffenden Bestrebungen auch politischen Charakter besitzen und eine moderne, politische Ideologie darstellen.

Die prägenden *Kennzeichen* für den Islamismus sind: das Streben nach einer strikten Anwendung von Koran, Sunna, Hadith und Scharia sowie die Forderung nach einer völligen Einheit von Staat und islamischer Religion. Der Islam wird als allumfassendes und vollkommenes System angesehen, das in der Lage ist, alle Bereiche des privaten und öffentlichen Lebens zu gestalten und zu regeln. Der Islamismus will eine Erneuerung des Islam etwa in der Form, wie er zur Zeit des Propheten, die idealisiert wird, bestand; er weist damit eine vergangenheitsorientierte Komponente auf. Besonders bedeutsam ist, daß der Islamismus westliche Einflüsse, vor allem die Folgeerscheinungen der modernen westlichen Zivilisation, ablehnt. Das *Ziel* des Islamismus ist darauf gerichtet, eine eigenständige Gestaltung der Gesellschaft im Sinne der ursprünglichen islamischen Ideale und Wertvorstellungen zu erreichen. Die *Ursache* für den Islamismus liegt vor allem in dem Zusammentreffen der islamischen Welt mit den modernen, pluralistischen westlichen Industriestaaten und deren Begleiterscheinungen, das von islamischer Seite vielfach als Bedrohung der eigenen Identität aufgefaßt wird.

Eine Hinwendung zum Islamismus ist in vielen Ländern zu beobachten, so z. B. in Pakistan, Libyen, Sudan (s. 924 II 9). Der Widerstand gegen westliche Einflüsse wurde in kämpferischer Form aktualisiert im Aufstand gegen den Schah des Iran, der vor allem von religiösen Führern geleitet wurde (s. 926 II 3). In vielen Ländern der „Dritten Welt" (s. 900 II) ist der Islamismus als Ausdruck der Wiederbesinnung auf eigenständige geistige Grundlagen zugleich der Gegenpol zu einem in Jahrzehnten der Kolonialherrschaft und ihrer Folgezeit gewachsenen „Euro-Zentrismus".

Zu den politisch wie religiös radikalen Moslemgruppen zählen die *Moslem-Bruderschaften*. Das ist eine in einer „Islamischen Front" zusammengeschlossene Zahl von Widerstandsgruppen, die durch eine „Islamischen Revolution" die Errichtung einer „wahrhaft islamischen Gesellschaft" und eines islamischen Staates anstreben.

V. *Die Islamische Weltkonferenz*

Ein Träger des Islamismus ist die *Islamische Weltkonferenz* (Islamic Conference Organization – ICO), mit Generalsekretariat in Dschidda. Die ICO wird weitgehend von Saudi-Arabien finanziert. Sie umfaßt 50 Länder, nämlich außer den Mitgliedstaaten der Arabischen Liga (s. 924) auch eine Anzahl schwarzafrikanischer Staaten (s. 929) sowie die Türkei und die PLO (s. 932 II 2). Ziel der ICO ist die Einigkeit und Verbesserung der Zusammenarbeit der islamischen Staaten in religiöser, wirtschaftlicher und politischer Hinsicht.

Die unterschiedlichen Glaubensrichtungen und vor allem die auseinanderlaufenden wirtschaftlichen und politischen Interessen der islamischen Staaten haben bisher eine einheitliche islamische Politik lediglich in Einzelfragen zugelassen. So wurde z. B. bei der Tagung der ICO im Jan. 1981 die russische Invasion in Afghanistan verurteilt. Die 4. Konferenz der ICO im Jan. 1984 in Casablanca (Marokko) lud Ägypten, das nach der Unterzeichnung des Friedensvertrags mit

Israel 1979 ausgeschlossen worden war, zur Rückkehr zur Konferenz ein; die Forderung nach einem unabhängigen Palästinenserstaat wurde wiederholt. Die 5. Konferenz (Jan. 1987 in Kuwait) befaßte sich mit nahezu allen, die islamische Welt betreffenden Fragen (PLO, Israel-Problem, s. 932; Afghanistan, s. 926 II 2; Golfkrieg zwischen Irak und Iran, s. 924 II , 926 II 3). Die 6. Gipfelkonferenz im Dez. 1991 in Dakar sprach sich vor allem für die Fortsetzung des Kampfes gegen Israel bis zur Befreiung der besetzten Gebiete und Jerusalems aus. Die 7. Gipfelkonferenz verurteilte Ende 1993 das Gaza-Jericho-Abkommen zwischen Israel und der PLO (s. 932 I 2).

928. China in der Weltpolitik

Die Volksrepublik China (VRCh) ist der Bevölkerung nach (ca. 1,11 Mrd.) der größte, der Fläche nach der drittgrößte Staat der Erde. Auf Grund seiner großen geschichtlichen und kulturellen Tradition, seines Bevölkerungspotentials, seines Reichtums an Bodenschätzen, aber auch wegen seiner ideologischen Eigenständigkeit kommt China eine bedeutsame Rolle in der Weltpolitik zu.

I. Geschichtliche Entwicklung im 19. und 20. Jahrhundert

China, das auf eine rund viertausendjährige Geschichte zurückblickt, verlor im Laufe des 19. Jahrh. zunehmend an Macht und geriet in wirtschaftliche und politische Abhängigkeit von europäischen Mächten; es mußte zahlreiche, früher seiner Oberhoheit unterstehende Gebiete dem Einfluß Großbritanniens, Frankreichs und des zaristischen Rußlands überlassen. Die innerstaatlichen Verhältnisse, besonders die wirtschaftliche und gesellschaftliche Situation, verschlechterten sich gegen Ende des 19. Jahrh. immer mehr, so daß eine staatliche und soziale Neuordnung unausbleiblich war.

Die Revolution von 1911/1912 unter *Sun Yat-sen* führte zum Ende des Kaiserreichs (Abdankung des letzten Kaisers der Mandschu-Dynastie). China wurde Republik. Die von Sun Yat-sen gegründete *Kuomintang*-Partei eroberte 1925 unter Marschall *Tschiang Kai Schek* 1926/1927 im Kampf gegen die 1921 entstandene Kommunistische Partei (KPCh) ganz China und bildete eine Nationalregierung. Sie unterlag jedoch in dem nach dem japanisch-chinesischen Krieg (1937–1945) ausgebrochenen neuen Bürgerkrieg den Kommunisten unter *Mao Tse-tung* und mußte nach Formosa (Taiwan) ausweichen. Am 1. 10. 1949 wurde die Volksrepublik China proklamiert, in der die kommunistische Partei die Regierungsgewalt hatte. Nach vollständiger Befriedung des eigentlichen China wurden *Sinkiang* und *Tibet* (1951) angegliedert; die *Äußere Mongolei* blieb wegen ihrer engen Anlehnung an die Sowjetunion unabhängig.

II. Innenpolitische Entwicklung der Volksrepublik China

1. Staats- und Verfassungsform

Die Volksrepublik ist ein kommunistischer Staat. Noch in der bis 1974 geltenden Verfassung wurde China als „volksdemokratischer Staat" bezeichnet. Zur Zeit gilt – nach den Verfassungen von 1954, 1975 und 1978 – die Verfassung von 1982, die folgende Grundstruktur aufweist: die Führungsrolle kommt der KPCh zu; der Nationale Volkskongreß (Ein-Kammer-Parlament), das auf 5 Jahre gewählte oberste Gesetzgebungsorgan, besitzt dagegen geringere Bedeutung, da er wegen der großen Zahl der Abgeordneten (fast 3000) höchstens einmal jährlich einberufen wird. Die laufenden Aufgaben werden vom Ständigen Ausschuß wahrgenommen, der Gesetzgebung und Verwaltung überwacht und auch Kontrollrechte gegenüber dem Staatsrat und den obersten Verwaltungsbehörden sowie dem Obersten Gerichtshof besitzt. China hat einen Staatspräsidenten (seit März 1993: Jiang Zemin) sowie einen Ministerpräsidenten (seit April 1988: Li Peng). Die Verfassung von 1982 hat außerdem einen Zentralen Militärrat geschaffen und die Befugnisse des Ständigen Ausschusses des Volkskongresses erweitert. Die Religionsfreiheit wird garantiert, die Betätigung der verschiedenen Glaubensrichtungen (Buddhisten, Moslems, Katholiken u. a.) wird jedoch überwacht und in Grenzen gehalten. Insgesamt lehnt sich die Verfassung von 1982 an die erste Verfassung von 1954 an. Im März 1993 wurde die Verfassung um den Grundsatz der „Sozialistischen Marktwirtschaft" ergänzt.

Verwaltungsmäßig ist die VRCh in 23 Provinzen (einschließlich Taiwan) und 5 autonome Gebiete (Innere Mongolei, Xinjiang, Tibet, Ningxia und Guangxi) sowie in 3 regierungsunmittelbare Städte (Peking, Shanghai, Tientsin) gegliedert. Autonome Gebiete sind Regionen, in denen nationale Minderheiten leben, denen eine gewisse Eigenständigkeit zugestanden wird.

2. Ideologische Entwicklung

Seit ihrer Gründung 1949 ist die VRCh von dem Streit zwischen zwei ideologischen Grundpositionen *(„Kampf der zwei Linien")* geprägt:
die eine Seite – bis zu seinem Tod 1976 vor allem von Mao Tse-tung verkörpert – betonte unter Zurückstellung wirtschaftlich-pragmatischer Überlegungen extrem die kommunistische Anschauung. Nach dieser gesellschaftspolitischen Konzeption soll die Politik und der Klassenkampf (Ziel: die klassenlose Gesellschaft) Vorrang vor allem anderen, auch vor der wirtschaftlichen Entwicklung, haben. Dies äußert sich z. B. darin, daß sich die Entlohnung der Arbeit nach der politischen Einstellung des Arbeitenden und seiner Einstellung gegenüber dem Kollektiv richten soll. Großer Wert wird der *Kollektivierung* der Arbeit in Landwirtschaft und Industrie zugemessen. Die Verbindung der politischen Theorie mit der Praxis sollte dadurch zum Ausdruck kommen, daß Schüler und Studenten zu landwirtschaftlicher Arbeit und Intellektuelle zu körperlicher Arbeit gezwungen werden. Westliche Einflüsse jeglicher Art wurden entschieden abgelehnt.

Die Gegenrichtung betont dagegen – wenngleich immer unter dem Dach einer gemeinsamen kommunistischen Überzeugung – mehr den Wert eines wirtschaftlichen Pragmatismus; sie will die wirtschaftliche und technische Effizienz des Landes steigern und die Konsumbedürfnisse der Menschen wenigstens zum Teil befriedigen; sie ist willens, dazu auch Kontakt mit dem Westen aufzunehmen, um durch Kredite und Wissensaustausch die eigene Wirtschaftsleistung zu steigern. Hierzu werden in kleinerem Umfang auch private Unternehmen gestattet sowie materielle Lohnanreize (individueller Leistungslohn, Prämienzahlung nach Leistung) gewährt.

Die Auseinandersetzung zwischen diesen beiden Linien hat verschiedentlich auch in der äußeren Geschichte der VRCh Ausdruck gefunden: so war die Entmachtung des seinerzeitigen Staatspräsidenten *Liu Shao-tschi* im Jahr 1968 im Verlauf der *„Großen Proletarischen Kulturrevolution"* (1966–1975) ein Zeichen des damaligen Übergewichts der linksextremen Ideologen. Die Kulturrevolution diente Mao Tse-tung und seinen Anhängern dazu, die Macht der „den kapitalistischen Weg gehenden" liberalen Realisten (Pragmatiker) einzudämmen und die revolutionäre Entwicklung zu fördern. Die Kulturrevolution richtete sich u. a. gegen jegliche Form westlicher Kultur und erstrebte gemäß den Lehren Mao Tse-tungs eine Umwälzung der sozialistischen Gesellschaft, um die „Revolution" nicht wie in der UdSSR im Bürokratismus erstarren zu lassen (Idee der „permanenten Revolution"). Demgemäß setzten mit dem Sturz Liu Shaotschis tiefgreifende sozial- und wirtschaftspolitische Änderungen ein: vor allem wurde die Überwachung von Produktion und Wirtschaftsführung jährlich neu gewählten Arbeiterverwaltungsgruppen (bestehend aus Arbeitern, Technikern und Funktionären) übertragen, die auch sonstige soziale Funktionen übernahmen.

Im Gegensatz hierzu zeigte die Verurteilung der sog. *„Viererbande"*, d. i. die Witwe Mao Tse-tungs und drei ihrer führenden Anhänger, die die linksextreme Linie vertraten, im Jahr 1976, daß die Pragmatiker wieder die Oberhand gewonnen hatten. In Abwendung von den Zielen der Kulturrevolution hielten sich die Parteiorgane nunmehr bei Fachentscheidungen über Produktion, Forschung und Erziehung wieder mehr zurück. Darüber hinaus sind Bestrebungen zur Gewährung gewisser Bürgerrechte und zur Ermöglichung privater wirtschaftlicher Initiativen erkennbar. Die zumindest teilweise Abkehr von maoistischen Prinzipien wurde auch durch die Personalentscheidungen des vom XII. Parteikongreß gewählten Zentralkomitees der KPCh im Jahr 1982 bestätigt, indem Vertreter des von *Teng Hsiao-ping* betriebenen Modernisierungskurses (pragmatische Parteilinie) in Führungsstellungen berufen wurden, während die Maoisten aus den zentralen Machtgremien ausgeschieden sind. Ziel der von Teng Hsiaoping verfolgten Reformierungs- und Liberalisierungspolitik sind die „Vier Modernisierungen", nämlich die Modernisierung der Landwirtschaft, der Industrie, der Wissenschaft und Technik und der Landesverteidigung. Erreicht werden sollen diese Ziele durch eine neue Landwirtschaftspolitik (Abschaffung der Volkskommunen, Zulassung freier Märkte u. a.), durch Zulassung privaten Besitzes und privater Erwerbstätigkeit im Handel und im Dienstleistungsbereich sowie durch verstärkten Kontakt mit dem Westen (Aufnahme westlicher Kredite, Wissensaustausch, Förderung des Tourismus).

Ungeachtet der Entwicklungen in der ehemaligen Sowjetunion und – besonders Ende 1989 – in ganz Osteuropa hält die VRCh an ihrem bisherigen politischen System fest. Sämtliche Widersprüche sollen auf der Basis der „Vier Grundprinzipien" gelöst werden, die die Diktatur und Führungsrolle der kommunistischen Partei sowie den sozialistischen Weg und den Marxismus-Leninismus vorsehen.

Auf dem XIV. Parteikongreß im Okt. 1992 wurde allerdings eine gewisse Neuorientierung hin zu einer „sozialistischen Marktwirtschaft" erkennbar, im November 1993 verabschiedete das Zentralkomitee ein entsprechendes Reformprogramm.

3. Neueste Entwicklung

Wirtschaftlich führte der Reformkurs der Regierung in den Jahren 1988/1989 zu einer Überhitzung der Nachfrage und in Verbindung damit zu einer Beschleunigung der Inflation, Arbeitslosigkeit und Außenhandelsdefizit. Auf der Jahrestagung des Volkskongresses 1989 wurde ein Gesetz gebilligt, das den Bürgern ab Okt. 1990 das Recht gibt, gegen staatliche Maßnahmen ein Gericht anzurufen. Ab April 1989 kam es zu Massendemonstrationen, vor allem auf dem Platz des Himmlischen Friedens in Peking, in deren weiteren Verlauf Forderungen nach mehr Freiheit und Demokratie erhoben wurden. Die Kundgebungen wurden am 3./4. 6. 1989 durch das Militär gewaltsam unterdrückt. Im Anschluß kam es zu einer Verhaftungswelle und zu Säuberungen innerhalb der kommunistischen Partei. Ein Gesetz vom Sept. 1990 sieht vor, daß der Bürger gegen Machtmißbrauch und Benachteiligungen durch die Behörden vor Gericht klagen kann. Im Nov. 1990, wie auch bei Erörterung des neuen Fünfjahresplans (1991–1995) im März 1991 erklärte die chinesische Führung, daß an der Führungsrolle der KP und am Sozialismus festgehalten werde. Dennoch wird der Kurs der Öffnung nach Westen fortgesetzt, insbes. im Bereich der Wirtschaft. Am 1. 1. 1994 wird ein offizieller Wechselkurs eingeführt, Mindestlöhne werden vorgeschrieben, die Wochenarbeitszeit wird gesenkt.

III. Internationale Beziehungen der VRCh

1. Anerkennung und Aufnahme in die UNO

Die VRCh wurde zunächst nur von den kommunistischen Staaten sowie ihren unmittelbaren Nachbarn, später von verschiedenen blockfreien Staaten anerkannt. Ihre Aufnahme in die UNO fand dagegen lange Zeit nicht die für „wichtige Fragen" erforderliche 2/3-Mehrheit; dort war China zunächst durch Nationalchina (Taiwan) vertreten. Erst am 26. 10. 1971 wurde die VRCh an Stelle Taiwans aufgenommen, nachdem auch westliche Länder zunehmend diplomatische Beziehungen zu Peking aufgenommen und eine einfache Mehrheit in der UNO für ausreichend erklärt hatten.

2. Verhältnis zur ehemaligen UdSSR und zu Rußland

Zwischen der Sowjetunion und China bestanden auf Grund ideologischer Differenzen, die vor allem aus unterschiedlichen Auffassungen über die Methode der Ausbreitung des Sozialismus resultieren, letztlich aber auf Machtrivalität zurückzuführen sind, Spannungen. Diese führten wiederholt – besonders 1969 und 1978 am Ussurifluß – zu territorialen Auseinandersetzungen und Grenzkämpfen um die von China durch die Verträge von 1858, 1860, 1864 und 1881 an Rußland abgetretenen Gebiete. Grenzverhandlungen blieben erfolglos. In letzter Zeit sind jedoch Bestrebungen im Gange, das Verhältnis zu verbessern, so wurden z. B. die Grenzverhandlungen 1987 wieder aufgenommen. Nachhaltige Ergebnisse wurden bisher allerdings nicht erzielt. Im April 1990 wurden durch einen Besuch des chin. Min.Präs. Li Peng in Moskau die Beziehungen weiter vertieft. Beide Seiten stellten hierbei aber die Eigenständigkeit ihrer Länder und das Recht auf einen eigenen Weg heraus. In einer gemeinsamen Grundlagen-Vereinbarung vom Dez. 1992 erklärten China und Rußland, sie wollten alle Differenzen mit friedlichen Mitteln klären.

3. Verhältnis zu den westlichen Ländern

Ab Ende der siebziger Jahre vollzog sich in China zunehmend eine Abwendung von den in der Kulturrevolution aufgetretenen, in allen Lebensbereichen einseitig auf Autarkie ausgerichteten Tendenzen der extremen linksgerichteten Parteigruppen. Parallel verlief die Aufnahme intensiver Beziehungen zu den westlichen Staaten, wodurch China aus der außenpolitischen Isolierung herausgeführt wurde (Aufnahme diplomatischer Beziehungen mit der BRep. Ende 1972). Die internationale Position Chinas wurde ferner durch die Aufnahme in die UNO und den Weltsicherheitsrat weiter gestärkt. Einen Wendepunkt in der außenpolitischen Entwicklung bedeutete 1979 die Aufnahme diplomatischer Beziehungen zwischen der VRCh und den USA, die bis dahin nur Nationalchina (Taiwan) diplomatisch anerkannt sowie politisch und militärisch unterstützt hatten. Unterschiedliche Bewertungen zu Fragen der Menschenrechte belasten Chinas Verhältnis zu den westlichen Ländern immer wieder.

4. Verhältnis der VRCh zu ihren Nachbarn

Durch Grenzabkommen, z. B. mit Birma, Nepal, Pakistan, Afghanistan und der Mongolei, hat China die Souveränität seiner Nachbarstaaten anerkannt; es beschränkt sich in diesen Ländern auf Unterstützung der ihm politisch nahestehenden Kräfte im Innern. Mit Vietnam kam es vor allem 1979 und 1986/87 wiederholt zu Grenzkämpfen.

IV. Taiwan (Nationalchina)

Die nationale Republik China besteht nur noch auf der Insel Formosa (Taiwan). Taiwan ist am 26. 10. 1971 als Mitglied der Vereinten Nationen (vgl. 906) ausgeschieden. Auch sonst ist Nationalchina außenpolitisch durch die VRCh verdrängt worden. Das Land wird zwar noch von 30 Staaten durch Unterhaltung diplomatischer Beziehungen anerkannt; in vielen Fällen gibt es aber nur noch inoffizielle Kontakte. Auch die USA beschränken sich seither auf wirtschaftliche und indirekte militärische Unterstützung. Die USA haben ferner die Regierung der VRCh als die „legale Regierung von China" anerkannt, das als Einheit bezeichnet wird mit der Folgerung, daß Taiwan als „ein Teil Chinas" gilt. Taiwan ist eine Republik. Es hat eine Nationalversammlung (Parlament) sowie einen Gesetzgebungs- und einen Kontroll-Yuan. Die ursprünglich für ganz China gewählte Nationalversammlung Taiwans ist von 1974 bis 1986 von 2691 auf 1188 Abgeordnete zusammengeschrumpft; weil die auf das Festland entfallenden Mandate nicht neu besetzt werden. Im April 1991 hat Taiwan die faktische Existenz der VRCh anerkannt.

V. Hongkong

Hongkong war bis Juni 1997 britische Kronkolonie. Die „New Territories", ein Teil Hongkongs, wurden 1898 von China für 99 Jahre an Großbritannien verpachtet. Der Pachtvertrag lief 1997 aus. Nach einem Ende 1984 geschlossenen Abkommen zwischen der VRCh und Großbritannien wurde Hongkong am 1. 7. 1997 an China zurückgegeben. Für das Gebiet gelten aber noch 50 Jahre lang Sonderregelungen, wonach Hongkong Sonderverwaltungsgebiet der VRCh mit einem gewissen Selbstbestimmungsrecht unter Beibehaltung des bisherigen kapitalistischen Wirtschaftssystems ist. Ein Entwurf des für Hongkong ab 1997 geltenden Grundgesetzes wurde im Febr. 1990 fertiggestellt.

Die portugiesische Besitzung Macao soll unter ähnlichen Bedingungen 1999 an China zurückgegeben werden.

929. Afrikanische Staaten

I. Überblick

1. *Bedeutung Afrikas*

Afrika ist mit ca. 30 Mio. qkm der drittgrößte Erdteil; seine Bevölkerung von rund 680 Mio. Menschen entspricht etwa 12% der Weltbevölkerung. Die afrikanische Staatengruppe stellt zusammen mit den asiatischen Ländern mehr als die Hälfte der Mitglieder der UNO (s. 909).

2. *Entwicklung im 19. und 20. Jahrhundert*

Die Entwicklung Afrikas im 19. Jahrh. war vor allem durch die Kolonialisierungsbestrebungen europäischer Mächte geprägt. Großbritannien (vor allem Ägypten, Südafrika, Rhodesien, Kenia), Frankreich (besonders Algerien, Französisch Westafrika und Französisch Äquatorialafrika), Portugal (Angola, Mosambik), Belgien (Kongogebiet) und auch Deutschland (Togo, Kamerun, Südwestafrika, Ostafrika) sicherten sich große Gebiete als kolonialen Einflußbereich. Afrikanischer Widerstand gegen die Kolonialherren zu Beginn des 20. Jahrh. (z. B. Herero-Krieg in Südwestafrika, Aufstand der Rifkabylen) führte zwar nicht unmittelbar zum Erfolg, bildete aber den Beginn der Entkolonialisierung. Ägypten wurde 1922 unabhängig, 1931 folgte Südafrika. Nach dem 2. Weltkrieg entstanden in einzelnen afrikanischen Ländern Befreiungsbewegungen, die unter Berufung auf das in der UNO-Charta enthaltene *Selbstbestimmungsrecht der Völker* den Kampf um die Unabhängigkeit aufnahmen. In Nordafrika gestand Frankreich 1956 Marokko und bald darauf Tunesien die Unabhängigkeit zu. Im März 1957 erlangte die britische Kolonie Goldküste (Ghana) als erstes schwarzafrikanisches Kolonialgebiet die Unabhängigkeit. Es folgten 1960 Nigeria, die Zentralafrikanische Republik, Kamerun, Togo sowie 1966 die britischen Protektorate Betschuanaland und Basutoland (jetzt Botswana und Lesotho). Nur in wenigen Gebieten, so in Kenia, Kamerun, Rhodesien, kam es vor Erlangung der Unabhängigkeit zu bewaffneten Aufständen oder regelrechten Kriegen (Algerien, Angola, Mosambik).

3. *Grundprobleme Afrikas*

In der Mehrzahl stehen die Länder des afrikanischen Kontinents – allerdings in unterschiedlichem Maße und mit unterschiedlichem Schwerpunkt – großen Problemen gegenüber. So ist im allgemeinen die Wirtschaftsproduktion niedrig und der Anteil am Welthandel gering, während gleichzeitig die Bevölkerung stark zunimmt (s. 900 I). Nach dem Bevölkerungsbericht der UNO von 1994 wächst die Bevölkerung Afrikas jährlich um rd. 3%; dies ist mehr als das Doppelte des Weltdurchschnitts. Ende des Jahrtausends werden nach diesen Berechnungen 900 Mio. Afrikaner, im Jahr 2025 rd. 1,6 Mrd. in Afrika leben. Die mit dem starken Wachstum der Bevölkerung verbundenen Konsequenzen (Abholzung der Wälder, Zerstörung der Pflanzenwelt, Überweidung und übermäßige Bodennutzung sowie die hieraus resultierende Ausbreitung der Wüsten) bedrohen die Zukunft Afrikas. Große Teile des Kontinents werden immer wieder und immer schwerer von

Hungersnöten bedroht. Die Ursachen hierfür sind ungünstige klimatische Bedingungen (Dürreperioden) und schlechte Ernten, aber auch die häufigen Bürgerkriege sowie Mißwirtschaft. Die Staatsverschuldung ist in der Regel sehr hoch (s. 900 II). In vielen Ländern Afrikas bestehen soziale Spannungen sowie politische Konflikte, die zu Flüchtlingsbewegungen sowie einer latenten politischen Instabilität führen und sich z. T. in Bürgerkriegen und bewaffneten Aktionen von Befreiungsorganisationen entladen (z. B. in Äthiopien, Angola, Somalia, West-Sahara, Tschad).

Über die Wirtschaftsbeziehungen der afrikanischen Staaten zur EG s. 916 VI.

4. *Organisation für die Einheit Afrikas (OAU)*

Die *OAU* (Organization of African Unity) ist der wichtigste Zusammenschluß afrikanischer Staaten. Sie wurde 1963 mit Sitz in Addis Abeba gegründet. Ihre *Ziele* sind die Förderung von Einheit und Solidarität der afrikanischen Staaten, die Koordinierung ihrer Zusammenarbeit, Verteidigung der territorialen Integrität und die Beseitigung aller Formen von Kolonialismus und Rassismus. *Mitglieder* sind 53 unabhängige afrikanische Staaten sowie die Demokratische Arabische Republik Sahara. Die wichtigsten *Organe* der OAU sind die Gipfelkonferenz der Staats- und Regierungschefs, der Ministerrat und das Generalsekretariat.

Die politische Einheit Afrikas wird stark beeinträchtigt durch ideologische, politische, soziale und kulturelle Unterschiede sowie durch nationale Zwistigkeiten innerhalb einzelner Staaten oder mit angrenzenden Ländern. Diese rühren zum großen Teil davon her, daß nach der Unabhängigkeit die von den Kolonialmächten teilweise willkürlich durch einheitliche Stammes-, Sprach- und Kulturgebiete hindurch gezogenen Grenzen unverändert beibehalten worden sind. Die strikte Aufrechterhaltung des territorialen status quo ist sogar eine in der Satzung der OAU festgelegtes verbindliches Prinzip.

Die große Schwierigkeit der afrikanischen Länder, angesichts dieser großen Unterschiede zu einer einheitlichen politischen Linie zu gelangen, zeigen sich vor allem bei den Gipfelkonferenzen der OAU. Einigkeit wurde bei diesen Konferenzen im wesentlichen nur hinsichtlich der Frage der Menschenrechte und der Verurteilung der Apartheid-Politik Südafrikas (s. u. II 4) erzielt. Bei dem Gipfeltreffen der OAU im Juni 1991 in Abuja (Nigeria) haben die Staatschefs von 51 afrikanischen Staaten einen Vertrag über eine „Afrikanische Wirtschaftsgemeinschaft" nach dem Vorbild der EG abgeschlossen. Afrika soll nach diesem Vertrag in 6 Schritten bis zum Jahr 2025 zunächst über regionale Vereinigungen zu einem einheitlichen Wirtschaftsgebiet zusammenwachsen. Im November 1996 wurde in Kairo der Vertrag über eine atomwaffenfreie Zone in Afrika von 49 Mitgliedstaaten unterzeichnet.

II. Entwicklung in einzelnen Staaten

1. *Tschad*

Die Situation im *Tschad* ist durch ethnische und religiöse Gegensätze zwischen den christlich-animistischen schwarzafrikanischen Stämmen im Süden des Landes und dem im Norden lebenden moslemischen arabischen Bevölkerungsteil geprägt. Machtkämpfe zwischen politischen Gruppierungen des Nordens führten zum militärischen Eingreifen Libyens und im Dez. 1980 zu einer de-

Afrika

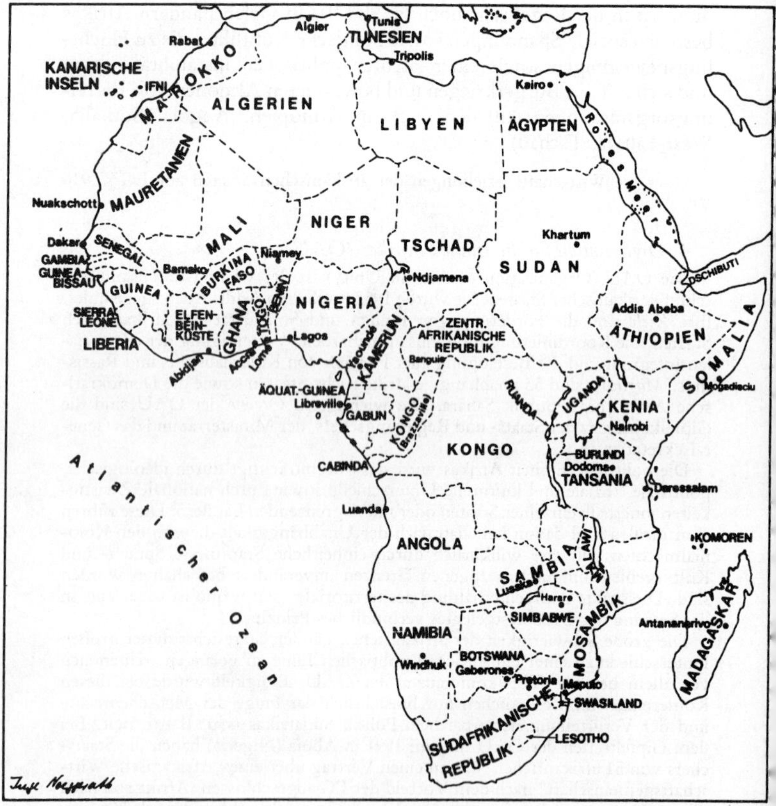

facto-Aufteilung des Landes in eine Nordhälfte unter libyschem Einfluß und eine Südhälfte. Der in der Nordhälfte seit Jahren andauernde Bürgerkrieg ist vor allem eine Folge des Machtkampfes zwischen Staatspräs. *Hissen Habré* und dem früheren Präs. *Goukouni Weddei*. Habré wurde von Frankreich, Weddei von Libyen unterstützt, die beide Truppenkontingente in den Tschad entsandt hatten. Im Feb. 1986 brach der Bürgerkrieg nach einer Waffenruhe erneut aus, wobei auch Frankreich und Libyen wieder in die Kämpfe eingriffen. Der Konflikt zwischen Libyen und dem Tschad wurde im Okt. 1988 beendet. Durch einen Umsturz im Dez. 1990 wurde Präs. Habre gestürzt; der neue Staatschef *Idriss Deby* hat die Einführung der Demokratie mit Mehrparteiensystem angekündigt, 1996 wurde eine neue Verfassung verabschiedet.

2. Nigeria

Nigeria wird seit 1983 überwiegend von einem Militärregime regiert. Zivilregierungen wurden meist nach nur kurzer Regierungszeit gestürzt. Ende 1993 setzte die Militärregierung die alte Verfassung von 1979 wieder in Kraft, alle politischen Aktivitäten der Parteien werden verboten. Die Europäische Union verhängt im Dez. 1993 Sanktionen, um die Militärregierung zum Rücktritt zu bewegen. Im Mai 1994 wird eine Verfassunggebende Versammlung gewählt.

3. Äthiopien

Die Lage in *Äthiopien* war gekennzeichnet durch die Konflikte um *Eritrea* und den *Ogaden*. Die frühere italienische Kolonie Eritrea wurde 1941 von England besetzt und unter Verwaltung genommen. Auf Grund einer Empfehlung der UNO wurde sie 1952 autonomer Bestandteil Äthiopiens. 1962 wurde sie jedoch unter Aufhebung der Autonomie einfacher Bestandteil des Kaiserreichs Äthiopien (Abessinien), bei dem sie auch nach dem Sturz des Kaisers *Haile Selassie* (gest. 27. 8. 1975) und Abschaffung der Monarchie durch eine Militärjunta im Sept. 1974 verblieb. Im Feb. 1977 riß die von Oberst *Mengistu Haile Mariam* geleitete, kommunistisch orientierte militärische Führung die Macht an sich. Sie unterhielt enge Beziehungen zur UdSSR, von der sie auch im Kampf gegen aufständische Minderheiten und verschiedene Rebellengruppen unterstützt wurde. Nach Jahren des Bürgerkrieges siegte die Widerstandsbewegung über Mengistu, der 1991 ins Ausland floh. Seit 1994 ist Äthiopien eine föderale Republik, das Parlament hat 548 Abgeordnete. Eine neue Verfassung ist seit 1995 in Kraft. Eritrea wurde 1993 unabhängig.

4. Südafrika

Die *Südafrikanische Republik* (SR – früher „Union" – Hauptstadt Pretoria, Parlamentssitz Kapstadt) gliedert sich in die 4 Provinzen Kapprovinz, Natal, Transvaal und Oranje-Freistaat. Nur ca. 18 v.H. der Bevölkerung sind Weiße, der Rest Neger, Inder und Mischlinge. Die frühere Politik der Rassendiskriminierung führte im Nov. 1974 zu einem zeitweiligen Ausschluß der SR von bestimmten Funktionen in der UNO. Die Vollversammlung der UNO befürwortete im Dez. 1977 in Empfehlungen an den Weltsicherheitsrat ein Öl-Embargo und den Stop neuer Investitionen in der SR, ebenfalls ohne nachhaltigen Erfolg. Wiederholte Angriffe, die von Guerilla-Verbänden – insbes. dem *African National Congress* (ANC) und der SWAPO (s. u. 5) – von Stützpunkten in Mosambik und (über Namibia) von Angola aus mit Unterstützung kubanischer Söldner auf südafrikanisches Gebiet geführt wurden, veranlaßten die Regierung in Pretoria zu Gegenschlägen und zum Einmarsch in Südangola. Wegen der Apartheid-Politik der südafrikanischen Regierung haben die USA und die EG Wirtschaftssanktionen gegen die SR beschlossen (Sept. 1986). Aus dem Commonwealth (vgl. 931) ist die SR ausgetreten. Anfang 1990 hat die südafrikanische Regierung den bis dahin verbotenen ANC wieder zugelassen. Seit Februar 1991 werden wichtige Apartheid-Gesetze nicht mehr angewandt, eine sofortige Beteiligung des afrikanischen Bevölkerungsteils an der Regierung wurde jedoch noch abgelehnt. Im April 1991 hat die EG ihre Sanktionen gegen die SR aufgehoben. Bis Ende 1991 wurden alle Apartheid-Gesetze aufgehoben. Im März 1992 stimmte die weiße Bevölkerung bei einem Referendum mit 68,7% für eine Politik zur Abschaffung der Rassentrennung. Die im Dez. 1991 eingesetzte Verfassungskonvent (Codesa = Convention for a Democratic South Africa) einigte sich im Mai 1992 darauf, daß in der Übergangsphase bis zu einer Staatsform unter Beteiligung aller Bevölkerungsgruppen alle Parteien an der Exekutive mitwirken sollen; außerdem wurde beschlossen, daß die vier Homelands (s.

unten II 6) wieder mit Südafrika vereinigt werden sollen. Am 22. Dezember 1993 billigte das südafrikanische Parlament eine neue (Übergangs-)Verfassung, die der schwarzen Bevölkerungsmehrheit die politische Gleichberechtigung sichert. *Nationalparlament* und Senat bilden die verfassunggebende Versammlung, die innerhalb der fünfjährigen Legislaturperiode, also bis 1999 die endgültige Verfassung ausarbeiten soll.

Im April 1994 fanden die ersten freien und demokratischen Parlamentswahlen in Südafrika statt. Der ANC gewann hierbei mit 62,6% und 252 Parlamentssitzen annähernd die ⅔-Mehrheit. Die Nationale Partei errang 82, die hauptsächlich von Zulus unterstützte Inkatha – Freiheitspartei 43 Sitze. Am 10. Mai 1994 wurde *Nelson Mandela* zum ersten schwarzen Präsidenten Südafrikas gewählt. Ebenfalls im Mai 1994 hoben die Vereinten Nationen alle noch gegen *Südafrika* bestehenden Sanktionen auf. Am 8. Mai 1996 wurde eine neue Verfassung verabschiedet.

5. Namibia

Namibia, das ehemalige *Deutsch-Südwest-Afrika,* wurde seit 1919 von der Südafrikanischen Union (s. o. 4) zunächst als Treuhandgebiet des Völkerbundes, nach dem 2. Weltkrieg als solches der UNO verwaltet. Diese entzog der SR am 27. 10. 1966 das Mandat, weil die SR das Selbstbestimmungsrecht und andere demokratische Rechte mißachte. Die SR hat dem Beschluß lange Zeit keine Folge geleistet, sondern das Gebiet weiterhin als eigenes behandelt. Jedoch setzte am 16. 8. 1976 eine Verfassungskonferenz (sog. „Turnhallenkonferenz") den 31. 12. 1978 als Termin der Unabhängigkeit fest. 1988 haben sich die USA, Südafrika, Angola und Kuba darauf geeinigt, 1989 die Unabhängigkeit Namibias entsprechend einer UNO-Resolution in die Wege zu leiten. Südafrika zog im Laufe des Jahres 1989 seine Truppen zurück. Bei den Wahlen zur Verfassungsgebenden Versammlung im Nov. 1989 errang die SWAPO die Mehrheit. Eine neue Verfassung (Mehrparteiensystem, Gewaltenteilung, ein vom Parlament auf 5 Jahre mit der Möglichkeit einmaliger Wiederwahl bestimmter Staatspräs.) wurde im Feb. 1990 verabschiedet. Im März 1990 wurde Namibia von Südafrika unabhängig.

6. Transkei, Bophuthatswana, Venda, Ciskei

1976 entließ die Südafrikanische Republik das Teilgebiet *Transkei* (Hptst. Umtata; 3,0 Mio. Einw.) sowie 1977 den Bantu-Staat *Bophuthatswana* (Hptst. Mmbabatho; 1,3 Mio. Einw.), 1979 die *Venda* (Hptst. Thohoyandou; 0,5 Mio. Einw.) und 1981 die *Ciskei* (Hptst. Bisho; 0,6 Mio. Einw.) in die Selbständigkeit. Diese halbsouveränen Gebilde wurden allerdings nicht als selbständige Staaten anerkannt, weil viele ihrer Bewohner nicht in einer Enklave Südafrikas als „Ausländer" leben und demzufolge in südafrikanischen Industriegebieten als „Gastarbeiter" gelten wollen. Die Wiedereingliederung dieser sog. Homelands in Südafrika ist geplant.

7. Simbabwe

Simbabwe war unter dem Namen *(Süd-)Rhodesien* brit. Kronkolonie mit innerer Selbstverwaltung. Hauptstadt Harare (früher: Salisbury). Die von der früheren weißen Minderheitsregierung betriebene Rassenpolitik, die den Farbigen die Gleichstellung mit den Weißen verweigerte, führte im Jahre 1965 zum Konflikt mit Großbritannien und zur einseitigen Unabhängigkeitserklärung durch MinPräs. *Ian Smith.*

Im Sept. 1976 erklärte sich die rhodesische Regierung auf Vermittlung der USA damit einverstanden, daß die Staatsmacht binnen zwei Jahren auf die schwarze Bevölkerungsmehrheit übertragen wird. Die im April 1979 durchgeführten Wahlen brachten dem „Vereinigten Afrikanischen National-Kongreß (UANC)" die absolute Mehrheit. In der Folgezeit flammte der Widerstand der radikalen schwarzen Minderheiten wieder auf; jedoch kam es auf Grund einer in der Londoner Konferenz im Nov. 1979 erzielten Einigung zu einem Waffenstillstand zwischen den Regierungstruppen und den Guerillas. Im April 1980 wurde Rhodesien als Staat Simbabwe unabhängig; es ist eine Präsidialdemokratie und Mitglied des Commonwealth.

Das Mehrparteiensystem ist eingeführt; bei den Wahlen im April 1995 errang die Zimbabwe African National Union (ZANU) 118 der 120 Parlamentssitze.

8. Angola

Ende des 16. Jahrh. begannen die Portugiesen, das Land zu besetzen, bis sie es Ende des 19. Jahrh. völlig kontrollierten. Seit 1961 kämpften verschiedene Befreiungsorganisationen um die Unabhängigkeit des Landes von Portugal, so besonders die 1956 gegründete, sozialistisch orientierte „Volksbewegung zur Befreiung Angolas" (MPLA) und die 1962 gegründete FNLA, von der sich 1966 die „Nationalunion für die völlige Unabhängigkeit Angolas" (UNITA) abspaltete. Im Nov. 1975 wurde Angola unabhängig. In den folgenden Kämpfen um die Staatsführung setzte sich schließlich die von der UdSSR und Kuba unterstützte MPLA durch. Seither herrschte in Angola Bürgerkrieg zwischen der marxistischen Regierung und der von den USA unterstützten Rebellenbewegung UNITA. Der Bürgerkrieg wurde erst durch einen Friedensvertrag im Mai 1991 beendet. Bei den ersten freien Wahlen 1992 errang die MPLA die absolute Mehrheit.

III. Übersicht über die Staaten Afrikas

Bezeichnung	Hauptstadt	Einwohner (in Mio.)
Ägypten	Kairo	62,9
Algerien	Algier	27,9
Angola	Luanda	11,1
Äquatorial-Guinea	Malabo	0,4
Äthiopien	Addis-Abeba	55,0
Benin	Porto-Novo	5,4
Botswana	Gaborone	1,5
Burkina Faso (fr. Obervolta)	Ouagadougou (Wagadugu)	10,3
Burundi	Bujumbura	6,4
Côte d'Ivoire (fr. Elfenbeinküste)	Yamoussoukro	14,3
Dschibuti	Dschibuti	0,5
Gabun	Libreville	1,3
Gambia	Banjul	1,1
Ghana	Accra	17,5
Guinea	Conakry	6,7
Guinea-Bissau	Bissau/Madina do Boé	1,0
Kamerun	Yaoundé	13,2
Kap Verde	Praia	0,4
Kenia	Nairobi	28,3
Komoren	Moroni	0,6
Kongo	Brazzaville	2,6
Lesotho	Maseru	2,1
Liberia	Monrovia	3,0

Bezeichnung	Hauptstadt	Einwohner (in Mio.)
Libyen	Tripolis	5,4
Madagaskar	Antananarivo	14,8
Malawi	Lilongwe	11,1
Mali	Bamako	10,8
Marokko	Rabat	27,0
Mauretanien	Nuakschott	2,3
Mauritius	Port Louis	1,1
Mosambik	Maputo (fr. Lourenco Marques)	16,0
Namibia	Windhuk	1,5
Niger	Niamey	9,2
Nigeria	Abuja	111,7
Ruanda	Kigali	8,0
Sambia	Lusaka	9,5
Sao Tomé u. Principe	Sao Tomé	0,1
Senegal	Dakar	8,3
Seychellen	Victoria	0,07
Sierra Leone	Freetown	4,5
Simbabwe	Harare (fr. Salisbury)	11,0
Somalia	Mogadisciu	9,3
Südafrika	Pretoria	41,5
Sudan	Khartum	28,1
Swasiland	Mbabane	0,8
Tansania	Daressalam/Dodoma	29,7
Togo	Lomé	4,1
Tschad	Ndjamena	6,4
Tunesien	Tunis	8,9
Uganda	Kampala	21,3
Zaire	Kinshasa	43,9
Zentralafrikan. Rep.	Bangui	3,2

930. Organisation der amerikanischen Staaten (OAS)

Die OAS (Organization of American States) wurde auf der Panamerikanischen Konferenz in Bogotá am 30. 4. 1948 von 21 amerikanischen Staaten geschaffen, um die rechtliche und territoriale Unverletzbarkeit der westlichen Hemisphäre zu gewährleisten. Ihre Organe sind seit der „Akte von Buenos Aires" (1967) die Vollversammlung *(Interamerikanische Konferenz)*, der Ständige Rat, der Wirtschafts- und Sozialrat, der Kulturrat, der Interamerikanische Verteidigungsrat und die als ständiges Sekretariat dienende *Panamerikanische Union*. Die OAS umfaßt derzeit 35 Staaten (Stand 1996).

Die *Panamerikanische Bewegung* geht auf *Simon Bolivar* zurück, der sich um die politische Unabhängigkeit der amerikanischen Staaten und die Unantastbarkeit ihrer Staatsgebiete bemühte (1826 panamerikanischer Kongreß in Panama). Die Bewegung wird von den *Vereinigten Staaten* von Amerika in engem Zusammenhang mit der *Monroe-Doktrin* geführt, die auf einer von dem US-Präsidenten James Monroe 1823 formulierten Erklärung beruht. Sie besagte, daß jeder Kolonialerwerb wie auch jede Einmischung europäischer Staaten in inneramerikanische Angelegenheiten den Interessen der USA zuwiderlaufe. Mit der Zeit wurde sie abgewandelt in die Formel „Amerika den Amerikanern“ und damit Grundlage der Solidaritätsauffassung aller Staaten des Kontinents.

Vorgänger der OAS war die auf der ersten Konferenz 1889, dem Panama-Kongreß in Washington, von allen 21 Republiken begründete *Panamerikanische Union* (Pan American Union). Der 7. Kongreß in Buenos Aires (1936) beschloß die Grundsätze der hemisphären Verteidigung, die auf dem 8. Kongreß in Lima 1938 erweitert wurden. Die *Panama-Erklärung* vom 3. 10. 1939 legte einen Sicherheitsgürtel von 300 Seemeilen um die westliche Hemisphäre fest. Die außerordentliche Konferenz in Mexiko 1945 befaßte sich mit den Fragen von Krieg und Frieden, und im *Pakt von Chapultepec* (3. 3. 1945) wurde ein Angriff auf eine der Signatarmächte als gegen alle gerichtet erklärt. Ergänzend deklarierte der *Pakt von Rio* (2. 9. 1947) die gesamte westliche Hemisphäre zu einer vom Nordpol bis zum Südpol unter Einschluß Kanadas und Grönlands reichenden Sicherheitszone.

Man bezeichnet den Süden des Doppelkontinents Amerika als *Latein-* oder *Iberoamerika,* weil seine historische, politische und kulturelle Entwicklung durch die jahrhundertelange *Kolonialherrschaft* der Spanier und in Brasilien der Portugiesen geprägt wurde. Politisch ist *Südamerika* in 12 selbständige Staaten und eine Reihe von den USA, Großbritannien, Frankreich oder den Niederlanden abhängige Gebiete gegliedert. Einschließlich *Mittelamerika* bestehen seit 1903 außer den USA und Kanada 24 souveräne Republiken, die sich wie folgt gliedern lassen:

I. Mittelamerika am Karibischen Meer mit

1. *Mexiko,* seit 1820 unabhängig, mehrfacher Wechsel zwischen Republik und Kaiserreich, jetzt präsidiale Bundesrepublik mit Zweikammersystem (Senat, Deputiertenkammer), besteht aus 31 Gliedstaaten mit eigenen Parlamenten und Exekutiven, dem Bundesdistrikt Mexiko und 2 Territorien. Innenpolitisch stabil, jedoch wirtschaftliche Schwierigkeiten durch hohe Auslandsverschuldung, ungünstige Handelsbilanz, Arbeitslosigkeit, Bauernaufstände gegen die Großgrundbesitzer u. a. sozialpolitische Unruhen. Die politische Macht liegt in den Händen der seit Jahrzehnten führenden „Institutionellen Revolutionären Partei“;
2. *Kuba.* Die westindische Inselrep. *Kuba,* seit der Loslösung von Spanien 1898 unabhängig und bis 1909 unter der Oberhoheit der USA, stand 1952 bis 1959 unter dem diktatorischen Regime des von Großgrundbesitz und Armee gestützten Staatspräs. *F. Batista.* Nach dessen Sturz suchte sein Nachfolger *Fidel Castro Ruz* Annäherung an die ehemalige UdSSR und ließ die in ausländischem Besitz befindlichen Ölgesellschaften enteignen. In dem daraus entstandenen Konflikt ordnete US-Präs. *Kennedy* ein Ausfuhrverbot für Kuba an. Daraufhin schloß Kuba am 2. 9. 1962 mit der UdSSR einen Vertrag über Militärhilfe. Nachdem mit der Errichtung sowjetischer Raketenabschußrampen für mittelstarke Geschosse auf Kuba begonnen worden war, verhängte Kennedy eine *Blockade* über alles für Kuba bestimmte militärische Offensivmaterial. Die Vermittlung des Generalsekretärs *U Thant* und die feste Haltung der USA veranlaßten schließlich die UdSSR *(Chruschtschow)* zum Einlenken. Die Rakentenbasen wurden entfernt und ein weltweiter Konflikt verhütet.

   Innenpolitisch haben sich in Kuba auch auf Grund der neuen *Verfassung von 1976,* die eine Nationalversammlung, einen Staatsrat und einen Ministerrat vorsieht, Veränderungen, insbesondere im kommunistischen Einparteiensystem, nicht ergeben. Kuba ist weiterhin eine sozialistische Republik auf marxistisch-leninistischer Grundlage mit einer Nationalversammlung. Castro lehnte auch 1992 eine Liberalisierung unter Abkehr vom Sozialismus ausdrücklich ab. Die USA haben 1996 ihre Wirtschaftssanktionen gegen Kuba verschärft.

3. *Haiti,* präsidiale Republik, Deputiertenkammer, übervölkertes, wirtschaftlich und sozial überaus schwaches Land. Häufige Grenzstreitigkeiten mit der benachbarten
4. *Dominikanischen Republik,* einer gleichfalls präsidialen Republik; Nationalkongreß (Deputiertenkammer und Senat).
5. *Panama,* bis 1903 Provinz Kolumbiens, präsidiale Republik, Parlament (Nationalversammlung); unter wirtschaftlichem Protektionismus der USA, die bis 1914 (Anerkennung der Unabhängigkeit P.s) den Panama-Kanal fertigstellten und seither Abgaben für die Überlassung der Kanalzone zahlen. 1977 Vereinbarung mit den USA, wonach die von diesen bisher verwaltete Kanalzone im Jahre 2000 auf Panama übergeht (bis dahin Jurisdiktion des Landes mit vorbehaltenen Eingriffsrechten der USA).
6. *Guatemala,* seit 1823 unabhängig, ist eine Präsidialrepublik mit einem Einkammerparlament. Neue Verfassung von 1986. Gegen die Regierung kämpfen verschiedene Guerillabewegungen.
7. *El Salvador,* seit 1821 von Spanien und seit 1841 von der Zentralamerikanischen Föderation unabhängig, ist seit 1983 eine präsidiale Republik mit einem Einkammerparlament. Seit 1980 Bürgerkrieg zwischen der Regierung, die vom Militär, Großgrundbesitzern und den rechten Parteien gestützt wird, und linksorientierten Rebellengruppen, besonders der FMLN, die zum Teil von Nicaragua unterstützt werden. Im Feb. 1992 wurde ein Friedensvertrag unterzeichnet; 1994 erste Wahlen nach dem Bürgerkrieg.
8. *Honduras,* unabhängig seit 1821, ist präsidiale Republik mit Einkammerparlament. Im Jan. 1982 wurde das bis dahin herrschende Militärregime von einer demokratischen Regierung abgelöst.
9. *Nicaragua,* ist eine Präsidialrepublik mit Einkammerparlament. Das Land erklärte sich 1821 vom Generalkapitanat Guatemala und 1823 bei Bildung der Zentralamerikanischen Föderation für unabhängig. Nach dem Sturz der Diktatur der Familie *Somoza* im Juli 1979 übernahm die Sandinistische Befreiungsfront FSLN (benannt nach dem ermordeten General Sandino) die Regierungsgewalt. Gegen die linksgerichtete sandinistische Regierung kämpften von Honduras aus die von den USA unterstützten sog. Contras. Auf Grund freier Wahlen im Feb. 1990 wurden die Sandinisten von einer bürgerlichen Regierung unter *Violeta Chamorro* abgelöst. Auf Grund des langen Bürgerkriegs, wirtschaftlichen Maßnahmen der USA gegen das sandinistische Regime und sonstiger Ursachen befindet sich das Land in einer schlechten wirtschaftlichen Verfassung.
10. *Costa Rica* wurde 1848 endgültig unabhängig. Es ist eine stabile Demokratie in der Form einer präsidialen Republik mit einem Einkammerparlament.

II. Länder des „Spanischen Kontinents":

11. *Venezuela,* 1819–1830 Teil Kolumbiens, seither unabhängig; präsidiale Bundesrepublik (22 Bundesstaaten mit eigener Legislative und Exekutive, Bundesdistrikt Caracas, 2 Bundesterritorien), Kongreß (Senat und Deputiertenkammer).
12. *Kolumbien,* 1819–1830 „Zentralrepublik Groß-Kolumbien"; nach deren Zerfall als „Neu-Granada" unabhängig; 1903 Abtrennung Panamas; zentralistische präsidiale Republik mit 32 Departements, Parlament (Repräsentantenhaus und Senat); seit 1948 ständig bedroht von Versuchen kommunistischer Unterwanderung, 1952 Militärbündnis mit den USA. Politisch führend die

Liberale und die Konservative Partei, die abwechselnd den Staatspräs. stellen; seit Juli 1991 gilt eine neue Verfassung, die die Verfassung von 1886 ersetzt.

13. *Guyana,* ehem. Brit.-G., seit 1966 unabhängig, als „Cooperative Republic" Mitglied des Commonwealth; Präsidialrepublik seit 1980, Parlament (1 Kammer). Dagegen ist Franz.-G. noch Teil des Mutterlandes, während Niederl.-G. als
14. *Suriname* (Republik mit Einkammersystem) und die Niederl. Antillen-Inseln 1975 die Unabhängigkeit erlangt haben; ferner die westindischen Antillen-Inselstaaten
15. *Jamaica,* zunächst span., dann brit. (Kronkolonie ab 1866), seit 1962 souveräne parlamentarische Monarchie im Commonwealth (Staatsoberhaupt der brit. Monarch, vertreten durch Generalgouverneur), Parlament (Zwei Kammern),
16. *Trinidad* und *Tobago,* Zusammenschluß der beiden zunächst spanischen, dann brit. Kolonien (seit 1763 bzw. 1792), seit 1962 souverän und mit verfassungsrechtlichem Status wie 15. Seit 1976 nicht mehr der brit. Krone unterstellte, selbständige präsidiale Republik mit einem aus 2 Kammern bestehenden Parlament;

III. Andenregion:

17. *Ecuador,* 1819–1830 Teil Groß-Kolumbiens, seither selbständig; präsidiale Republik. Nach der Verfassung von 1979 steht die Gesetzgebung wieder einem Parlament (eine Kammer) zu, die Exekutive einer Zivilregierung und dem Präsidenten;
18. *Peru,* seit 1821 von Spanien unabhängig, zeitweise vereinigt mit Bolivien und Groß-Kolumbien; präsidiale zentralistische Republik mit 25 Departements und demokratischem verfassungsgebenden Kongreß. Seit 29. 12. 1993 ist eine durch Referendum angenommene neue Verfassung in Kraft.
19. *Bolivien,* präsidiale Republik, eingeteilt in 9 Departements; Deputiertenkammer und Senat; starke soziale Spannungen und große wirtschaftliche Probleme, insbesondere hohe Auslandsverschuldung.
20. *Chile,* seit 1810 von Spanien unabhängig, präsidiale Republik, Nationalkongreß (Deputiertenkammer und Senat); Abkehr vom Feudalstaat durch soziale Reformen auf nichtmarxistischer Grundlage von Präs. *E. Frei* begonnen, der 1970 durch den marxistisch orientierten *S. Allende* abgelöst wurde; 1971 Verstaatlichung von Kupferminen, Großgrundbesitz und US-Firmen; am 11. 9. 1973 wurde Allende durch eine Militärjunta gestürzt und alle Parteien suspendiert. 1977 Austritt aus dem Andenpakt. Nach einer Verfassungsreform im Aug. 1989 (Beschränkung der Befugnisse des Präsidenten) fanden im Dez. 1989 erstmals seit 1970 wieder freie Wahlen statt; das Militärregime wurde durch eine zivile Regierung abgelöst.

IV. La-Plata-Republiken:

21. *Argentinien,* von Spanien seit 1816 unabhängig, präsidiale Bundesrepublik (22 Provinzen mit eigenen Parlamenten und Regierungen, Bundesdistrikt, 1 Territorium); Kongreß (Senat und Deputiertenkammer), noch Agrarstaat, aber stark industrialisiert, 1944–1955 Diktatur *Juan D. Peróns* mit dem Ziel sozialer Reformen, gestützt durch Arbeiterpartei und Gewerkschaften. Nach seinem Sturz verschiedentlich Regierungswechsel, meist durch Militärputsch ausgelöst. Nach Wahlen im Okt. 1983 übernahm im Dez. 1983 nach fast 8jähriger Militärherrschaft eine demokratische Zivilregierung die Macht.

Mittel- und Südamerika

22. *Uruguay,* seit 1811 unabhängig, dann Brasilien angegliedert und 1828 wieder als Freistaat anerkannt; präsidiale Republik; Parlament: Generalversammlung (Senat und Deputiertenkammer).
23. *Paraguay,* 1610–1767 Jesuitenstaat, seit 1811 unabhängig, 1864–1869 verheerender Krieg gegen Argentinien, Brasilien, Uruguay, 1929–1932 sog. *Chaco*-Krieg mit Bolivien; präsidiale Republik, Kongreß (Senat, Deputiertenkammer); das Land wurde seit 1954 von dem diktatorisch regierenden General A. Stroessner beherrscht; dessen Sturz durch einen Militärputsch im Feb. 1989 führte zu einer Demokratisierung des Landes;
24. *Brasilien,* früher portugiesisch, 1822–1889 Kaiserreich, seither Republik. Seit 1964 stellte das Militär den Staatspräs. 1985 wurde das Militärregime durch die Regierung eines gewählten Präs. abgelöst. Auf Grund von Verfassungsänderungen im Mai 1985 wird der Präsident nunmehr direkt vom Volk gewählt. Eine neue Verfassung, die politische Freiheiten und soziale Rechte gewährleistet, ist im Okt. 1988 in Kraft getreten. B. ist das größte und volkreichste Land Südamerikas, es ist ein Bundesstaat mit 26 Gliedstaaten (mit eigenen Parlamenten und Regierungen) und 1 Bundesdistrikt, in dem Brasilia liegt. Es besteht ein Bundesparlament mit Senat und Deputiertenkammer. B. leidet wirtschaftlich unter hoher Inflation sowie einer starken Auslandsverschuldung. Am 1. 7. 1994 wird eine neue Währung, der „Real" eingeführt, dessen Wert an den US-Dollar gekoppelt ist. Daraufhin sinkt die Preissteigerungsrate erheblich.

Die OAS hat mehrfach in internen Streitfällen als Schlichter gewirkt; so 1956 im Panamakonflikt, 1957 im Grenzstreit zwischen Nicaragua und Honduras, 1978 im Streit um den Beagle-Kanal zwischen Chile und Argentinien, 1981 zwischen Peru und Ecuador. Im Falkland-Konflikt zwischen Argentinien und Großbritannien 1982 kam es wegen der Haltung der USA nicht zu einer einheitlichen Linie der OAS. Die interamerikanische Wirtschaftskonferenz in Buenos Aires (3. 9. 1957) verabschiedete ein auf das maximale wirtschaftliche Wachstum der Mitglieder gerichtetes Wirtschaftsprogramm. Die 8. Generalversammlung (1978) nahm Resolutionen u. a. über die Menschenrechte und die Bekämpfung des Terrorismus an und beschloß die Errichtung eines Interamerikanischen Gerichtshofs für Menschenrechte in Costa Rica.

Die Staaten des amerikanischen Kontinents haben sich z. T. in weiteren Organisationen mit teils politischer, teils militärischer oder – vor allem – wirtschaftlicher Zielsetzung zusammengeschlossen, so z. B. 13 Länder der Karibik (Antigua, Bahamas, Barbados usw.) in der „Caribbean Community and Common Market" – CARICOM –, diese auch mit Unterorganisationen (z. B. Staaten der Ostkaribik in der „Organisation of Eastern Caribbean States" – OECS –). Die sog. *„Contadora-Staaten"* (Mexiko, Panama, Venezuela, Kolumbien) bemühen sich um einen diplomatischen Ausgleich der in den mittelamerikanischen Ländern schwelenden Konflikte. Im April 1988 schlossen Brasilien, Argentinien und Uruguay einen Wirtschaftspakt, der die wirtschaftliche Zusammenarbeit verbessern und im Endziel einen gemeinschaftlichen Markt vorbereiten soll.

Ende 1992 einigten sich die USA, Mexiko und Kanada auf die Schaffung einer *Nordamerikanischen Freihandelszone (NAFTA),* die mit über 370 Mio. Verbrauchern die größte Freihandelszone der Welt ist. Ziel ist es, den Handel und die Investitionen zwischen den drei Mitgliedstaaten zu liberalisieren. Die NAFTA ist offen für weitere Mitglieder.

V. Übersicht über die Staaten Amerikas
(einschließlich der Staaten, die nicht der OAS angehören)

Bezeichnung	Hauptstadt	Einwohner (in Mio.)
Nord- und Mittelamerika		
Antigua	St. John's	0,06
Bahamas	Nassau	0,26
Barbados	Bridgetown	0,26
Belize	Belmopan	0,2
Costa Rica	San José	3,4
Dominica	Roseau	0,07
Dominikanische Republik	Santo Domingo	7,8
El Salvador	San Salvador	5,7
Grenada	Saint George's	0,09
Guatemala	C. de Guatemala	10,6
Haiti	Port-au-Prince	7,2
Honduras	Tegucigalpa	5,7
Jamaika	Kingston	2,4
Kanada	Ottawa	29,5
Kuba	Havanna	11,0
Mexico	Ciudad de México	93,7
Nicaragua	Managua	4,4
Panama	Ciudad de Panamá	2,6
Puerto Rico	San Juan	3,5
St. Kitts u. Nevis	Basseterre	0,04
St. Lucia	Castries	0,1
St. Vincent	Kingstown	0,1
Trinidad u. Tobago	Port of Spain	1,3
Vereinigte Staaten v. Am.	Washington	260,5
Südamerika		
Argentinien	Buenos Aires	34,6
Bolivien	La Paz	7,4
Brasilien	Brasilia	161,8
Chile	Santiago de Chile	14,3
Ecuador	Quito	11,4
Guyana	Georgetown	0,83
Kolumbien	Bogotá	35,1
Paraguay	Asunción	5,0
Peru	Lima	23,8
Suriname	Paramaribo	0,4
Uruguay	Montevideo	3,2
Venezuela	Caracas	21,8

931. Das britische Commonwealth

I. Rechtsnatur des Commonwealth

Das (britische) *Commonwealth of Nations* (C.) ist ein Verband unabhängiger Staaten, aber kein eigenes Völkerrechtssubjekt. Es ist weder Bundesstaat noch Staatenbund (vgl. 6 II, IV), sondern eine eigene staatsrechtliche Verbindung selbständiger Staaten. Die brit. Krone wird heute nur noch von einem Teil der C.-Länder zugleich als eigenes Staatsoberhaupt (repräsentiert durch einen Generalgouverneur) anerkannt – so von Kanada, Australien und Neuseeland –, von den Republiken dagegen nur als Haupt der C.-Gemeinschaft. Auch bei der ersten Gruppe besteht aber keine Personalunion (6 IV), weil es sich nicht um eine zufällige – z. B. durch Erbfall entstandene –, sondern um eine dauernd gewollte Gemeinschaft (mit der Gemeinsamkeit des Königs) handelt.

II. Mitglieder und Organe

Dem C. gehören als gleichberechtigte Mitglieder an: Das Vereinigte Königreich von Großbritannien und Nordirland, Antigua, Australien, die Bahamas, Bangla Desh, Barbados, Belize, Botswana, Brunei, Ceylon (Sri Lanka), Cypern, Dominica, Gambia, Ghana, Grenada, Guyana, Indien, Jamaica, Kanada, Kenia, Kiribati, Lesotho, Malawi, Malaysia, Malediven, Malta, Mauritius, Nauru, Neuseeland, Nigeria, Pakistan, Papua-Neuguinea, Salomon-Inseln, Sambia, Samoa, Seychellen, Sierra Leone, Simbabwe, Singapur, Swasiland, Tansania, Tonga, Trinidad und Tobago, Tuvalu, Uganda, St. Kitts u. Nevis, St. Lucia, St. Vincent, Vanuatu.

Die Britische Krone repräsentiert nur die Einheit des Commonwealth. Die Commonwealth-Konferenz vereinigt unter dem Vorsitz des brit. Premierministers die Ministerpräsidenten der Dominien und Republiken; sie soll Auffassungen und Maßnahmen der vertretenen Staaten in Fragen gemeinschaftlichen Interesses auf den Gebieten des Rechts, der Wirtschaft und der Verteidigung koordinieren. Neben der Commonwealth-Konferenz besteht als weiteres Organ ein Sekretariat in London als Koordinierungsinstanz.

Es besteht ein Gemeinsames Sekretariat (Sitz: London), das seit 1976 bei der UNO den Status eines Beobachters hat.

III. Entwicklung des Commonwealth

Die meisten Commonwealth-Länder gehörten ursprünglich zum *British Empire,* dem Brit. Reich, das den gesamten Kolonialbesitz des Mutterlandes unter der uneingeschränkten Hoheitsgewalt der Britischen Krone vereinigte. Das Brit. Empire setzte sich zusammen aus *Kronkolonien,* in denen die Krone die Legislative ausübte und die dem Kolonialministerium unterstanden, *Protektoraten,* d. h. unter Schutzherrschaft stehenden Ländern, und *Mandaten,* zur Verwaltung übergebenen fremden Besitzungen (z. B. ehemals deutsche Kolonien).

Um die Wende des 19. Jahrh. erhielten die größten Kolonien (*Kanada* 1867, *Australien* 1901, *Neuseeland* und *Südafrikanische Union* 1907) Selbstverwaltungsbefugnisse. Ab 1911 bezeichnete man sie als (self-governing) *Dominions.*

Auf der Reichskonferenz im April 1949 bekräftigten alle Partnerstaaten ihren Entschluß, als freie und gleiche Mitglieder des *Commonwealth of Nations* vereinigt zu bleiben, um in freier Zusammenarbeit nach Frieden, Freiheit und Fortschritt zu streben. Irland trat 1949 aus dem C. aus, die Südafrikanische Republik

1961 wegen der Gegensätze zwischen der Afrikapolitik *Macmillans* und der Rassentrennungspolitik *Verwoerds*.

Während das Commonwealth bis zum Ende des 2. Weltkrieges nur aus Großbritannien und vier unabhängigen Ländern bestand, die ursprünglich britische Kolonien mit vorwiegend britischer Bevölkerung waren und dieselbe Außenpolitik verfolgten, gehören dem C. jetzt 49 Länder in Asien, Afrika, Westindien und anderen Gebieten an. Es bestehen daher große Unterschiede in Tradition und Politik wie auch im wirtschaftlichen Gefüge. Deshalb hat sich England nach Erörterung in der Konferenz der Außenminister des C. zum *Eintritt in die EG* entschlossen (vgl. 916 VI), in deren Rahmen größere Aufgaben schon wegen der engeren räumlichen Verbindung eher zu lösen sind (z. B. auf dem Gebiet der Kernenergie, Elektronik, des Baues von Überschallflugzeugen). Auf politischem Gebiet hat die C.-Konferenz im August 1973 und August 1979 Pläne zur Lösung des *Rhodesien-Konflikts* (929 II 7) aufgestellt. Im Nov. 1983 befaßte sich die Konferenz in Goa (Indien) vorwiegend mit Fragen der Abrüstung, Einwirkung auf die Atommächte zur Verhinderung eines Atomkrieges, ferner mit dem Cypern-Konflikt (37 II 8), der Namibia-Frage (929 II 5), den zur Eskalation treibenden Spannungen in Mittelamerika (930) u. a. aktuellen politischen Problemen. Die 25. Gipfelkonferenz der Commonwealth-Staaten erörterte im Okt. 1985 mögliche Maßnahmen gegen Südafrika (insoweit keine Einigung) sowie Probleme der Weltwirtschaft, des Terrorismus und des Drogenkonsums. Auf der 28. Konferenz (Okt. 1991 in Harare) waren die Menschenrechte der hauptsächliche Beratungsgegenstand. Auf der C.-Konferenz im November 1995 in Auckland wurde die Mitgliedschaft Nigerias vorläufig aufgehoben, verbunden mit der Aufforderung, demokratische Verhältnisse im Land innerhalb von zwei Jahren herzustellen.

IV. Einzelne Commonwealth-Staaten

1. *Kanada*

ist eine parlamentarische Monarchie mit bundesstaatlicher Verfassung (10 Provinzen). Das Parlament besteht aus 2 Kammern („House of Commons" und „Senate", entspr. dem britischen Unter- und Oberhaus). Stärkste Partei ist seit den Wahlen im Mai 1997 die Liberale Partei (155 der 301 Mandate); der Bloc Quebecois hat 44, die Reformpartei 60 Sitze, die neuen Demokraten errangen 21 und die Progressive Konservative Partei 20 Mandate. Die überwiegend (neben Indianern und Eskimos) weiße Bevölkerung stammt von angelsächsischen und französischen Kolonisten ab, die das Land ab dem 16. Jahrh. erschlossen. Die Frankokanadier machen etwa ¼ der Gesamtbevölkerung aus und bewohnen hauptsächlich die Provinz Quebec. Rivalitäten wirtschaftlicher und kultureller Art mit den Anglokanadiern führten bis zur Autonomieforderung für die Provinz Quebec. Diese stimmte auch als einzige Provinz der neuen Verfassung (1982 proklamiert) zunächst nicht zu, erkannte diese aber 1987 gegen Zubilligung eines Sonderstatus an. Eine Verfassungsreform, die vor allem die separatistischen Frankokanadier stärker in die staatliche Föderation einbeziehen und die Minderheitenrechte der Ureinwohner sowie die Zuständigkeiten der Provinzen verbessern wollte, ist bei einer Volksabstimmung im Okt. 1992 gescheitert. Für die Eskimos soll im Nordwesten Kanadas bis 1999 ein eigener Staat mit dem Namen *Nunavut* geschaffen werden.

2. *Australien*

ist eine parlamentarisch-demokratische Monarchie bundesstaatlicher Struktur mit einem Parlament aus 2 Kammern („House of Representatives" und „Senate"). Die Verfassung datiert von 1901. Die verfassungsmäßige Bindung an Großbritannien ist seit 1986 praktisch aufgehoben. Für den 26. 1. 2000 ist die

Ausrufung der Republik vorgesehen. Die Bundesstaaten sind: Queensland (Brisbane), New South Wales (Sydney), Victoria (Melbourne), South Australia (Adelaide), Western Australia (Perth), Tasmania (Hobart); außerdem bestehen: Northern Territory (Darwin), Australian Capital Territory (Canberra). Australien hat einige Inseln als Außenbesitzungen im Indischen und Pazifischen Ozean sowie in der Timor-See und erhebt Anspruch auf einen Sektor der Antarktis. Die wichtigsten Parteien sind die „Liberal Party", die „Australian Labour Party" und die „National Country Party".

3. *Neuseeland*

ist ebenfalls eine parlamentarisch-demokratische Monarchie, allerdings mit 1-Kammer-System („House of Representatives", in dem von den 120 Sitzen 4 für Abgeordnete der Maori-Ureinwohner reserviert sind). Es besteht kein bundesstaatliches, sondern ein zentralistisches Regierungs- und Verwaltungssystem. Die drei wichtigsten Parteien sind die „National Party", die „Labour Party" und die „Alliance Party".

4. Über die *Südafrikanische Union* vgl. 929 II 4.

932. Der Staat Israel

Der moderne Staat Israel (20770 qkm; 5,6 Mio. Einwohner; Hauptstadt Jerusalem) besteht seit 1948. Er ist eine Demokratie mit Einkammersystem (Parlament: die Knesset) und einem Staatspräsidenten als Staatsoberhaupt. Auf Grund des anhaltenden arabisch-israelischen Konflikts, wie auch des Interesses der Großmächte an der gesamten Region bildet Israel einen der Brennpunkte der Weltpolitik.

I. Geschichte

1. Geschichte Palästinas

Wegen seiner geographischen Lage befand sich Palästina immer im Schnittpunkt widerstreitender politischer Interessen und unter dem Einfluß verschiedener Kulturen. Etwa von 1300–1200 v. Chr. wurde das Land von semitischen Stämmen in Besitz genommen. Die jüdische Bevölkerung stand jedoch – abgesehen von relativ kurzen Perioden vor allem unter den Königen David und Salomo (1000–925 v. Chr.) sowie zur Zeit der Hasmonäer (140–63 v. Chr.) – zumeist unter der Herrschaft anderer Mächte, so der Ägypter, Philister, Assyrer, Babylonier, Perser, Griechen, Römer, Byzantiner, Araber, Kreuzritter, Mamelucken, Türken und Briten (im Rahmen einer Mandatsverwaltung).

2. Geschichte des modernen Staates Israel.

Die Errichtung einer nationalen Heimstätte für die seit der Niederwerfung jüdischer Aufstände durch die Römer in den Jahren 70 und 135 n. Chr. über alle Welt verstreuten Juden wurde unter dem Einfluß *Theodor Herzls* bereits vor dem Zionistenkongreß in Basel 1897 gefordert. Sie sollte in dem damals von der Türkei beherrschten Palästina entstehen. Während des 1. Weltkriegs sicherte Großbritannien durch die *Balfour-Deklaration* vom 2. 11. 1917 den Juden seine Unterstützung für eine „rechtlich gesicherte nationale Heimstätte in Palästina" zu. Nach der Niederlage der Türkei übertrug der Völkerbund (s. 906) Großbritannien 1918 das Mandat über Palästina.

In der Folgezeit kam es zwischen der arabischen und jüdischen Bevölkerung Palästinas immer wieder zu Streitigkeiten, nicht zuletzt deshalb, weil die Juden das Gebiet mit Erfolg besiedelten; der Boden wurde ihnen vom *Jüdischen Natio-*

nalfonds, der ihn von arabischen Großgrundbesitzern gekauft hatte, meist in Erbpacht gegeben und von kleinen Siedlergemeinschaften (*Kibbuzzim,* s. 802 II) bestellt. Die Gegensätze verschärften sich nach 1932 durch den Zuzug europäischer Juden, die den nat. soz. Verfolgungsmaßnahmen entgehen wollten. Dies führte 1936–1939 zu Aufständen der Araber. Nach dem 2. Weltkrieg nahm die UNO am 29. 11. 1947 einen Plan zur Teilung des Landes und zur Internationalisierung Jerusalems an. Nachdem Großbritannien das Mandat aufgegeben hatte, proklamierte der *Jüdische Nationalrat* am 14. 5. 1948 den *Staat Israel,* was sofort zum Krieg mit den umliegenden arabischen Staaten führte. Die Auseinandersetzungen endeten 1949 mit der Schaffung einer Demarkationslinie, bei der die Altstadt Jerusalems in jordanischen Besitz kam. Während des Krieges hatte ein Großteil der palästinensischen Araber das Kampfgebiet verlassen; sie wurden von den arabischen Nachbarstaaten in Flüchtlingslagern untergebracht, jedoch nicht integriert. Ein Teil der Probleme der Folgezeit, vor allem die terroristischen Aktivitäten der PLO (s. unten), hat hier seinen Ursprung.

Die tiefgreifenden Spannungen zwischen Israel und seinen arabischen Nachbarn führten auch in den folgenden Jahren mehrfach zu kriegerischen Auseinandersetzungen: Suezkrieg von 1956, Sechs-Tage-Krieg von 1967 und Jom-Kippur-Krieg von 1973. Vor allem im Verlauf des Krieges von 1967 besetzte Israel jordanisches, syrisches und ägyptisches Gebiet; der jordanische Teil Jerusalems kam unter israelische Verwaltung. Die überwiegend israelischen Erfolge in diesen Kriegen waren unter anderem darauf zurückzuführen, daß das Kräftepotential der arabischen Staaten durch innere Uneinigkeit geschwächt war.

Die Bemühungen um eine Lösung des arabisch-israelischen Konflikts sind Teil der Weltpolitik. In einer Resolution vom Nov. 1967 legte der Sicherheitsrat Israel nahe, sich aus den besetzten Teilen der arabischen Länder zurückzuziehen; die arabischen Staaten sollten Israel als Staat anerkennen. In den Jahren 1972, 1975 und 1976 nahm die UNO-Vollversammlung zu dem weiter andauernden Konflikt in ähnlicher Weise Stellung. Die Bemühungen um den Ausgleich des arabisch-israelischen Gegensatzes führten – nachdem der ägyptische Präs. *Sadat* (ermordet im Okt. 1981) und der israelische Min. Präs. *Menachem Begin* im Nov. 1977 unmittelbare Verhandlungen aufgenommen hatten – nach intensiven Bemühungen des US-Präs. *Carter* 1979 zu einem Friedensvertrag zwischen Israel und Ägypten. 1980 nahmen die beiden Staaten diplomatische Beziehungen auf. Trotz Weiterführung der Verhandlungen mit Sadats Nachfolger *Mubarak* und der Räumung der Sinai-Halbinsel durch Israel (April 1982) bestehen auch weiterhin ungelöste Spannungen, die vor allem auf der israelischen Siedlungspolitik in den besetzten arabischen Gebieten, der gesetzlichen Festlegung der Vereinigung der Altstadt Jerusalems mit dem israelischen Westteil der Stadt (1980) und der Annektierung der (syrischen) Golanhöhen im Dez. 1981 beruhen. Diese Aktionen Israels wurden von der UNO-Vollversammlung für völkerrechtswidrig erklärt. Im Okt. 1991 begann in Madrid die *Nahost-Friedenskonferenz,* bei der erstmals seit Gründung des Staates Israel offizielle und direkte Verhandlungen zwischen den Israelis und den Palästinensern sowie den arabischen Nachbarstaaten zur Lösung des Konflikts stattfinden. Grundlagen der Konferenz sind die UNO-Resolutionen 242 (Rückzug der israelischen Streitkräfte aus den besetzten Gebieten; Einstellung aller kriegerischen Handlungen) und 338 (Einleitung von Verhandlungen der beteiligten Parteien). Im September 1993 wird ein Durchbruch in den Verhandlungen erreicht: Der Vorsitzende der PLO (s. u.), Arafat, unterzeichnet am 9. 9. 1993 ein Dokument, in dem die PLO die UNO-Resolutionen 242 und 338 akzeptiert, das Existenzrecht Israels anerkennt und der Gewalt eine Absage erteilt. Im Gegenzug erkennt Israel die PLO als Vertreterin des palästinensischen Volkes an. Am 13. 9. 1994 wird in Washington das Gaza-Jericho-Abkommen unterzeichnet, am 4. 5. 1994 unterzeichnen Ministerpräsident Rabin und PLO-Führer Arafat in Kairo ein Abkommen über die Umsetzung der palästinensischen Autonomie im Gaza-Streifen und im Westjordanland, das zunächst fünf Jahre gilt. Inhalt des Abkommens sind im wesentlichen die Vereinbarung über einen Rückzug der israelischen Armee aus den Autonomiegebieten, die Einsetzung eines die israelische Verwaltung ablösenden Autonomierates, der Übergang der Jurisdiktion auf palästinensische Gerichte (mit Ausnahme über israelische Bürger), der Abschluß eines israelisch-palästinensischen Wirtschaftsabkommens und weitere vertrauensbildende Maßnahmen. Israel verpflichtet sich ferner, Verhandlungen über eine Autonomie für das gesamte Westjordanland aufzunehmen. Am 28. 9. 1995 wird ein zweites Autonomieabkommen unterzeichnet. Seit 1996 werden mit den Vertretern der Palästinenser Verhandlungen über den endgültigen Status der von Israel besetzten Gebiete geführt, wobei es immer wieder zu Unterbrechungen nach Terroranschlägen kommt. Am 27. 10. 1994 unterzeichnen Israel und Jordanien einen Friedensvertrag, mit dem der seit 1948 bestehende Kriegszustand beendet wurde. Israel und Jordanien anerkennen und respektieren hierin gegenseitig die Souveränität, territoriale Integrität und politische Unabhängigkeit.

II. Palästinenser

Der Kampf der im Krieg von 1948 entwurzelten arabischen Bevölkerung Palästinas *(Palästinenser)* um eine Heimat in einem unabhängigen Palästinenserstaat bildet ein Grundproblem der Region, das auch in die übrige Welt ausstrahlt. Da der Wunsch der Palästinenser zurückzukehren, in den Jahren nach 1948 immer weniger realisierbar erschien, entstand die Neigung, durch terroristische Gewalttaten die Welt auf die Lage der Palästinenser aufmerksam zu machen und die beanspruchten Rechte durchzusetzen. Israel, aber auch andere Staaten, haben daher häufig terroristische Gewaltaktionen palästinensischer Gruppen abzuwehren.

Die Palästinenser sind nicht einheitlich organisiert, sondern in eine Vielzahl von Gruppen aufgespaltet. International wird in erster Linie die 1964 gegründete „Palästina-Befreiungs-Organisation (Palestine Liberation Organization, *PLO*)" als Interessenvertretung der Palästinenser angesehen. Die PLO ist ein Dachverband, der unter Führung von *Jassir Arafat* eine Reihe von Unterorganisationen umfaßt, vor allem die von Arafat geleitete Al Fatah. Sie versucht, ihre Ziele hauptsächlich auf politischem Wege zu erreichen, und beschränkt ihre Guerillatätigkeit im wesentlichen auf das israelische Gebiet. Das hat zum Ausscheiden der mehr radikalen und militanten, marxistisch ausgerichteten „Volksfront zur Befreiung Palästinas" (PFLP) geführt. Weitere palästinensische Gruppierungen sind die „Palästinensische Befreiungsfront" (UPLF), die „Demokratische Front für die Befreiung Palästinas" (DFLP), die „Volksfront für die Befreiung Palästinas/Generalkommando" sowie speziell für Terroraktionen gebildete Kommandos mit Bezeichnungen wie z. B. „Schwarzer September". Seit Ende 1974 sind der PLO gewisse Vertretungsrechte vor der UNO zuerkannt; Ende 1979 beschloß die Vollversammlung die Errichtung einer Abteilung für die Rechte der Palästinenser beim Generalsekretariat. Im Aug. 1988 löste König Hussein die Bindungen Jordaniens zum West-Jordanland (Westbank). Im Januar 1996 wurde in den Palästinensischen Autonomiegebieten ein Autonomierat (88 Sitze) gewählt, Vorsitzender des Autonomierats wird *Jassir Arafat*. Im Regierungsprogramm des Autonomierats ist insbes. die Schaffung eines Palästinenserstaates mit Ost-Jerusalem als Hauptstadt als politisches Ziel vorgesehen.

Israel und Nachbargebiete
(Stand vom 1. 1. 1993)

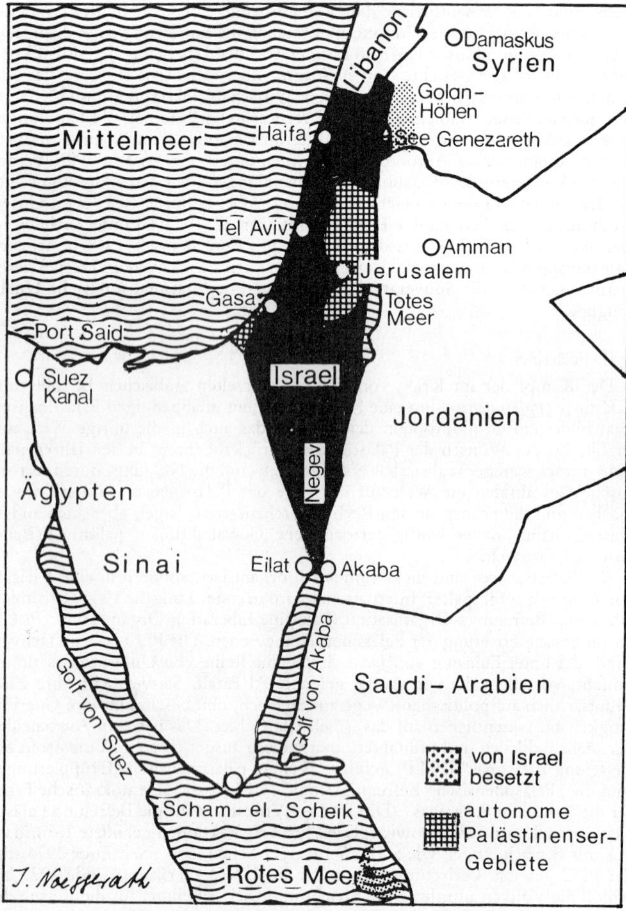

Sachregister

Die Zahlen verweisen auf die Abschnitte und Unterabschnitte des Werkes. Die Hauptfundstellen sind durch Fettdruck hervorgehoben.

FLAGGEN DER BUNDESREPUBLIK DEUTSCHLAND

Standarte des Bundespräsidenten

Bundesflagge

Bundesdienstflagge

Bundesflagge in Bannerform

Bundesdienstflagge in Bannerform